제 24 판

상법강의 (하)

정 찬 형 저

박영사

Lecture on Commercial Law

Volume II

Twenty-Fourth Edition

By

Dr. Chan-Hyung Chung

Professor Emeritus of School of Law,
Korea University

Seoul

Parkyoung Publishing & Company

제24판 서 문

　제23판 출간(2022년 8월 30일) 이후에 새로 나온 대법원판례(판례공보를 기준으로 2022년 6월 1일부터 2024년 5월 15일까지 공표된 판례)를 반영하고, 또한 내용에서 미흡한 부분을 수정·보완하여, 이번에 제24판을 출간하였다.

　이와 같은 수정과 보완으로 제24판은 그 내용이 매우 up-to-date하고 훨씬 충실하여졌다고 본다. 앞으로도 많은 애독자들의 변함 없는 사랑과 성원을 바라며, 미흡한 부분과 새로운 내용은 계속 수정하고 보완할 것을 다짐한다.

　제24판의 출간을 위하여 도와주신 박영사 안종만·안상준 대표이사님, 조성호 이사 및 편집부 이승현 팀장에게 깊은 감사를 드린다.

2024년 7월

정 찬 형 씀

제23판 서 문

　　제22판 출간(2020년 3월 10일) 이후에 개정된 상법(2020. 6. 9, 법 17354호, 시행: 2020. 12. 10)과(전자서명법 전부 개정에 따라 상법 제731조 제 1 항 중 "전자서명 또는 제 2 조 제 3 호에 따른 공인전자서명"을 "전자서명"으로 함) 상법 시행령(2020. 12. 8, 대통령령 31222호, 시행: 2020. 12. 10), 전자서명법(2021. 10. 19, 법 18479호, 시행: 2022. 4. 20), 국제사법(전부개정: 2022. 1. 4, 법 18670호, 시행: 2022. 7. 5), 전자어음의 발행 및 유통에 관한 법률(2020. 6. 9, 법 17354호, 시행: 2020. 12. 10), 전자문서 및 전자거래 기본법(2020. 6. 9, 법 17353호, 시행: 2020. 12. 10)을 반영하고, 새로 나온 대법원판례(판례공보를 기준으로 2020년 1월 1일부터 2022년 5월 15일까지 공표된 판례)를 반영하였으며, 또한 내용에서 미흡한 부분을 수정·보완하여, 이번에 제23판을 출간하였다.

　　이와 같은 수정과 보완으로 제23판은 내용이 매우 up-to-date하고 훨씬 충실하여졌다고 본다. 앞으로 많은 애독자들의 변함 없는 사랑과 성원을 바라며, 미흡한 부분과 새로운 내용은 계속 수정하고 보완할 것을 다짐한다.

　　제23판의 출간을 위하여 도와주신 박영사 안종만·안상준 대표이사님, 조성호 이사 및 편집부 이승현 차장에게 깊은 감사를 드린다.

2022년 6월

정 찬 형 씀

제22판 서 문

제21판 출간(2019년 3월 20일) 이후에 새로 나온 대법원판례(판례공보를 기준으로 2019년 1월 1일부터 2019년 12월 15일까지 공표된 판례)를 반영하고, 또한 내용에서 미흡한 부분을 수정·보완하여, 이번에 제22판을 출간하였다.

이와 같은 수정과 보완으로 이 책의 내용이 매우 up−to−date하고 훨씬 충실하여졌다고 본다. 앞으로 많은 애독자들의 변함 없는 사랑과 성원을 바라며, 미흡한 부분과 새로운 내용은 계속 수정하고 보완할 것을 다짐한다.

제22판의 출간을 위하여 도와주신 박영사의 안종만 회장님, 조성호 이사 및 편집부 이승현 과장에게 깊은 감사를 드린다.

2020년 2월

정 찬 형 씀

제21판 서 문

　제20판 출간(2018년 3월 20일) 이후에 새로 나온 대법원판례(판례공보를 기준으로 2018년 1월 1일부터 2018년 12월 15일까지 공표된 판례)를 반영하고, 또한 내용에서 미흡한 부분을 수정·보완하여(특히, 최근 학회지 등에 발표된 논문 및 판례평석 등을 해당되는 곳에서 인용함), 이번에 제21판을 출간하였다.

　이와 같은 수정과 보완으로 이 책의 내용이 매우 up−to−date하고 훨씬 충실하여졌다고 본다. 앞으로 많은 애독자들의 변함 없는 사랑과 성원을 바라며, 미흡한 부분과 새로운 내용은 계속 수정하고 보완할 것을 다짐한다.

　제21판의 출간을 위하여 도와주신 박영사의 안종만 회장님, 조성호 이사 및 편집부 이승현 과장에게 깊은 감사를 드린다.

2019년 2월
정 찬 형 씀

제20판 서   문

제19판 출간(2017년 3월 15일) 이후에 개정된 상법(2017. 10. 31, 법 14969호, 시행: 2018. 11. 1)(타인의 생명보험에는 그 타인의 서면에 의한 동의를 요하는데, 이 '서면'에는 전자서명법에 따른 전자서명 또는 공인전자서명이 있는 경우로서 대통령령으로 정하는 전자문서를 포함함)을 반영하고, 제19판 이후 새로 나온 대법원 판례(판례공보를 기준으로 2017년 1월 1일부터 2017년 12월 15일까지 공표된 판례)를 반영하였으며, 또한 내용에서 미흡한 부분을 수정·보완하여(특히 보험편의 내용을 많이 수정·보완함) 이번에 제20판을 출간하였다.

이와 같은 수정과 보완으로 이 책의 내용이 매우 up-to-date하고 훨씬 충실하여졌다고 본다. 앞으로 많은 애독자들의 변함 없는 사랑과 성원을 바라며, 미흡한 부분과 새로운 내용은 계속 수정하고 보완할 것을 다짐한다.

제20판의 출간을 위하여 도와주신 박영사의 안종만 회장님, 조성호 이사 및 편집부 이승현 대리에게 깊은 감사를 드린다.

2018년 2월
정 찬 형 씀

제19판 서 문

    제18판 출간(2016년 3월 25일) 이후에 새로 제정된 상법의 특별법인 「보험사기 방지 특별법」(제정: 2016. 3. 29, 법 14123호, 시행: 2016. 9. 30) 및 「항공안전법」(제정: 2016. 3. 29, 법 14116호, 시행: 2017. 3. 30) 등을 반영하고, 제18판 이후 새로 나온 대법원판례(판례공보를 기준으로 2016년 1월 1일부터 2016년 12월 15일까지 공표된 판례)와 중요 하급심판례(각급법원〈제1, 2심〉 판결공보를 기준으로 2016년 1월 10일부터 2016년 12월 10일까지 공표된 판례)를 반영하였으며, 또한 내용에서 미흡한 부분(보험대리상·보험금지급의무의 소멸시효 등)을 수정·보완하여 이번에 제19판을 출간하였다.

    이와 같은 수정과 보완으로 이 책의 내용이 매우 up-to-date하고 훨씬 충실하여졌다고 본다. 앞으로 많은 애독자들의 변함 없는 사랑과 성원을 바라며, 미흡한 부분과 새로운 내용은 계속 수정하고 보완할 것을 다짐한다.

    제19판의 출간을 위하여 도와주신 박영사의 안종만 회장님, 조성호 이사 및 편집부 이승현 대리에게 깊은 감사를 드린다.

2017년 2월

정 찬 형 씀

제18판 서 문

제17판 출간(2015년 2월 25일) 이후에 새로 나온 대법원판례(판례공보를 기준으로 2014년 12월 1일부터 2015년 12월 15일까지 공표된 판례)를 반영하고, 자동차보험계약에 관한 내용을 2014년 6월 30일 현재의 표준약관에 따라 수정하였으며, 생명보험계약에서 자살면책 및 자살면책 제한에 관한 부분 등을 보완하였고, 선박등기에 관한 부분을 수정하여, 이번에 제18판을 출간하였다.

이와 같은 수정과 보완으로 이 책의 내용이 매우 up-to-date하고 훨씬 충실하여졌다고 본다. 앞으로도 많은 애독자들의 변함 없는 사랑과 성원을 바라며, 미흡한 부분과 새로운 내용은 계속 수정하고 보완할 것을 다짐한다.

제18판의 출간을 위하여 도와주신 박영사의 안종만 회장님, 조성호 이사 및 편집부 이승현 대리에게 깊은 감사를 드린다.

2016년 2월
정 찬 형 씀

제17판 서 문

제16판 출간(2014년 1월 25일) 이후에 새로 공포된 보험법에 관한 개정상법 (2014년 3월 11일, 법률 제12397호)(2015년 3월 12일부터 시행)과 항공운송인의 책임한 도액을 상향조정한 항공운송법에 관한 개정상법(2014년 5월 20일, 법률 제12591호)(2014년 5월 20일부터 시행)을 반영하고, 또한 제16판 이후에 새로 나온 대법원 판례(판례공보를 기준으로 2013년 12월 1일부터 2014년 11월 15일까지 공표된 판례)를 반영하였으며, 또한 내용에서 미흡한 부분을 수정·보완하여 이번에 제17판을 출간하였다.

저자는 고려대학교 법학전문대학원 교수를 정년퇴임한 후 이 책에 대하여 종전보다 더욱 열과 성을 다하여 개정·보완하고 있으므로, 그 내용이 훨씬 충실하여졌을 것으로 본다. 애독자들의 변함 없는 사랑과 애용을 바란다.

제17판의 출간을 위하여 도와주신 박영사의 안종만 회장님, 조성호 이사 및 편집부 이승현 대리에게 깊은 감사를 드린다.

2015년 2월
정 찬 형 씀

제16판 서　　문

　제15판 출간(2013년 2월 25일) 이후에 새로 나온 대법원 판례(판례공보를 기준으로 2013년 1월 1일부터 2013년 11월 15일까지 공표된 판례)를 반영하고 내용에서 미흡한 부분을 수정·보완하여 이번에 제16판을 출간하였다.

　저자는 2013년 8월 말로 고려대학교 법학전문대학원 교수를 정년퇴임하고 동년 9월 1일부터 동교 명예교수로 있는데, 이 책에 관하여는 변함없이 열과 성을 다하여 개정·보완하고자 하니 애독자들의 변함없는 사랑과 애용을 바란다.

　제16판의 출간을 위하여 도와주신 박영사의 안종만 회장님, 조성호 부장 및 편집부 엄주양 대리에게 깊은 감사를 드린다.

2014년　1월

정 찬 형 씀

제15판 서 문

제14판 출간(2012년 2월 29일) 이후에 새로 공포되고 전면 개정된 상법시행령 (2012년 4월 10일, 대통령령 제23720호)(2012년 4월 15일부터 시행)과 제14판 이후에 새로 나온 대법원 판례(판례공보를 기준으로 2012년 1월 1일부터 2012년 12월 15일까지 공표된 판례)를 반영하여 이번에 제15판을 출간하였다. 제15판을 출간하면서 내용에서 미흡한 부분도 수정·보완하였다.

제15판도 계속하여 애독자들에게 많은 도움을 줄 수 있기를 바라고, 미흡한 부분에 대하여는 앞으로 계속 수정·보완할 것이다.

제15판의 출간을 위하여 도와준 고려대학교 대학원(법학과) 박사과정에 있으면서 본인의 연구실 조교로 있는 이진효 군과 박영사의 안종만 회장님, 조성호 부장 및 편집부 엄주양 대리에게 깊은 감사를 드린다.

2013년 2월
정 찬 형 씀

제14판 서 문

제13판 출간(2011년 2월 20일) 이후에 새로 공포된 항공운송편을 신설하는 개정 상법(2011년 5월 23일, 법률 제10969호)(2011년 11월 24일부터 시행)을 반영하고, 또한 제13판 이후에 새로 나온 대법원판례(판례공보를 기준으로 2011년 1월 1일부터 2011년 12월 15일까지 공표된 판례)를 반영하여 이번에 제14판을 출간하였다. 제14판을 출간하면서 내용에서 미흡한 부분도 부분적으로 보완·수정하였다.

새로운 내용이 애독자들에게 많은 도움을 줄 수 있기를 바라고, 미흡한 부분에 대하여는 좋은 지적을 바란다.

제14판의 출간을 위하여 도와준 고려대학교 대학원(법학과) 박사과정에 있으면서 본인의 연구실 조교로 있는 우인경 양과 박영사 안종만 회장님 및 편집부 노현 부장과 엄주양 씨에게 깊은 감사를 드린다.

2012년 2월
정 찬 형 씀

제13판 서 문

제12판 출간(2010년 2월 10일) 이후에 새로 나온 법령(2010. 3. 31. 법 10198호로 표현 등을 개정한 어음법과 동 일자 법 10197호로 표현 등을 개정한 수표법〈시행일자: 2010. 3. 31〉)과 대법원판례(판례공보를 기준으로 2009년 12월 1일부터 2010년 12월 15일까지 공표된 판례)를 반영하여 이번에 제13판을 출간하였다.

제13판을 출간하면서 최근 외국의 개정법령(독일의 2009년 보험계약법, 일본의 2008년 보험법 등)을 반영하였고, 또한 출판사와 애독자들의 요구에 의하여 전문 한글화를 하였다. 이와 함께 판례인용 등에서 잘못된 부분 및 내용에서 미흡한 부분도 수정·보완하였다. 위와 같은 수정과 보완으로 이번에 출간된 제13판의 내용이 훨씬 충실하고 up-to-date하여졌다고 본다. 앞으로도 애독자들의 변함 없는 사랑과 성원을 바란다.

제13판의 출간에서 외국의 개정법령을 확인하는 데 도와준 고려대학교 법학전문대학원에 재학중인 차영훈 군, 한글화를 하는 과정에서 전문을 확인·교정하는 데 노고가 많은 본인의 연구실 조교인 우인경 양(고려대학교 대학원 법학과 박사과정), 또한 언제나 변함 없이 도와주시는 박영사의 안종만 회장님·노현 부장 및 엄주양 씨에게 깊은 감사를 드린다.

2011년 1월
정 찬 형 씀

제12판 서 문

제11판 출간(2009년 2월 28일) 이후에 새로 나온 법령(2009. 1. 30. 및 2009. 5. 8. 에 개정된 전자어음의 발행 및 유통에 관한 법률 등)과 대법원판례(판례공보를 기준으로 2009년 1월 1일부터 2009년 11월 15일까지 공표된 판례)를 반영하여 이번에 제12판을 출간하였다.

제12판을 출간하면서 제 6 차 신용장통일규칙(ICC 은행위원회가 2006년 10월 파리 총회에서 개정하고, 2007년 7월 1일부터 시행됨)을 반영하여 해당되는 부분을 수정하였으며, 내용에서 미흡한 부분도 부분적으로 보완·수정하였다. 위와 같은 수정과 보완으로 이번에 출간된 제12판의 내용이 훨씬 충실하고 up-to-date하여졌다고 본다. 앞으로도 애독자들의 변함 없는 사랑과 성원을 바란다.

제12판의 출간을 위하여 도와주신 본인의 지도로 고려대학교 대학원(법학과) 석사과정에 있는 우인경 양과 박영사의 안종만 회장님·노현 부장에게 깊은 감사를 드린다.

2010년 1월
정 찬 형 씀

제11판 서 문

제10판 출간(2008년 2월 20일) 이후에 새로 나온 대법원판례(판례공보를 기준으로 2008년 1월 1일부터 2008년 12월 15일까지 공표된 판례)를 반영하고, 내용에서 미흡한 부분을 보완(유류오염손해배상 책임보험 등)·수정하여 이번에 제11판을 출간하였다.

또한 제11판을 출간하면서 정부가 2008년 8월 6일 국회에 제출한 상법 중 보험편의 개정안 및 2008년 12월 31일 국회에 제출한 상법 중 제6편에 신설되는 항공운송편의 내용을 부록 뒤(색인 앞)에 수록하여 애독자들이 개정이 논의되고 있는 보험편 및 항공운송편의 내용에 대하여 참고할 수 있도록 하였다.

위와 같은 수정과 보완으로 이번에 출간된 제11판의 내용이 훨씬 충실하고 up-to-date하여졌다고 본다. 앞으로도 애독자들의 변함 없는 사랑과 성원을 바란다.

제11판의 출간을 위하여 도와주신 박영사의 안종만 회장님·노현 부장 및 조성호 부장에게 깊은 감사를 드린다.

2009년 1월
정 찬 형 씀

제10판 서 문

　제 9 판 출간(2007. 3. 5) 이후에 나온 대법원판례(판례공보를 기준으로 2007년 1월 1일부터 2007년 12월 15일까지 공표된 판례)를 반영하고, 2007년 8월 3일 법률 제8581호로 공포된(시행: 2008. 8. 4) 상법 중 해상편의 개정내용에 따라 이 책 제 6 편 해상의 내용을 전면 수정하였으며, 어음(수표)교환업무의 전자화를 위한 어음법 일부 개정법률(2007. 5. 17. 공포, 법률 제8441호, 시행: 2007. 11. 18) 및 수표법 일부 개정법률(2007. 5. 17. 공포, 법률 제8440호, 시행: 2007. 11. 18)을 반영하여 이번에 제10판을 출간하였다. 이와 함께 제 9 판의 내용에서 잘못되었거나 미흡한 부분을 제10판에서 수정·보완하였다.

　또한 제10판을 출간하면서 위의 상법 중 해상편의 개정내용(신·구조문대비표) 및 2007년 8월 10일에 입법예고된 상법 중 보험편의 개정안을 부록 뒤(색인 앞)에 수록하여 애독자들이 해상편의 개정내용을 보다 쉽게 이해할 수 있도록 하였고 또한 보험편에서는 어떠한 내용이 개정논의되고 있는가에 대하여 참고할 수 있도록 하였다.

　위와 같은 수정과 보완으로 이번에 출간된 제10판의 내용이 훨씬 충실하고 up-to-date하여졌다고 본다. 앞으로도 애독자들의 변함 없는 사랑과 성원을 바란다.

　제10판의 출간을 위하여 도와주신 본인의 지도로 고려대학교 대학원(법학과) 박사과정에 있는 차영훈 군과 박영사의 안종만 회장님·노현 부장·조성호 차장에게 깊은 감사를 드린다.

2008년　1월

정 찬 형 씀

제 9 판 서 문

　제 8 판 출간(2006년 2월 25일) 이후에 나온 대법원판례(판례공보를 기준으로 2006년 1월 1일부터 2006년 12월 15일까지 공표된 판례)를 반영하고, 내용에서 미흡한 부분을 수정·보완하여 이번에 제 9 판을 출간하였다.

　제 9 판을 출간하면서 현재 국회에 계류중인 상법(해상편) 개정안을 부록 뒤(색인 앞)에 수록하여 어떠한 내용이 개정논의되고 있는가에 대하여 애독자들이 참고할 수 있도록 하였다.

　위와 같은 수정과 보완으로 이번에 출간된 제 9 판의 내용이 훨씬 충실하고 up-to-date하여졌다고 본다. 앞으로도 애독자들의 변함 없는 사랑과 성원을 바란다.

　제 9 판의 출간을 위하여 도와주신 본인의 지도로 고려대학교 대학원(법학과) 박사과정에 있는 차영훈 군과 박영사의 안종만 회장님·노현 부장·조성호 차장에게 깊은 감사를 드린다.

2007년 1월

정 찬 형 씀

제 8 판 서 문

제 8 판을 출간하면서 제7판에서 반영한 대법원판례(판례공보를 기준으로 2004년 12월 15일까지 공표된 판례) 이후에 새로 나온 대법원판례(판례공보를 기준으로 2005년 1월 1일부터 2005년 12월 15일까지 공표된 판례)를 반영하고, 채무자 회생 및 파산에 관한 법률(제정: 2005. 3. 31, 법 7428호) 등 새로 제정되거나 개정된 법령을 반영하였으며, 또한 이 책에서 인용된 국내의 다수의 단행본의 인용면수를 2005년도 등 최신판에 의하여 수정하였다. 또한 제 8 판에서도 내용상 미흡한 부분을 수정·보완하였다.

위와 같은 수정과 보완으로 이번에 출간된 제 8 판의 내용이 훨씬 충실하고 up-to-date하여졌다고 본다. 앞으로도 애독자들의 변함 없는 사랑과 성원을 바란다.

제 8 판의 출간을 위하여 도와주신 본인의 지도로 고려대학교 대학원(법학과) 박사과정에 있는 김홍식 군 및 출판을 맡아주신 박영사의 안종만 회장님·노현 부장·조성호 차장에게 깊은 감사를 드린다.

2006년 1월
정 찬 형 씀

제 7 판 서 문

제 7 판을 출간하면서 제 6 판에서 반영한 대법원판례(판례공보를 기준으로 2003년 12월 15일까지 공표된 판례) 이후에 새로 나온 대법원판례(판례공보를 기준으로 2004년 1월 1일부터 2004년 12월 15일까지 공표된 판례)를 반영하고, 어음·수표법에서는 전자어음의 발행 및 유통에 관한 법률(2004. 3. 22, 법 7197호) 및 동법시행령(2004. 12. 31, 대통령령 18637호)을 반영하여「전자어음법」에 관하여 소개하였으며, 보험법 및 해상법에서는 최근까지 개정된 각종 약관(특히 자동차보험약관)의 내용을 반영하고 또한 실무와 부합하지 않거나 또는 내용 및 체제상 미흡한 부분을 많이 수정·보완하였다.

위와 같은 수정과 보완으로 이번에 출간된 제 7 판의 내용이 훨씬 충실하고 up-to-date하여졌다고 본다. 앞으로도 독자들의 변함 없는 사랑과 성원을 바란다.

제 7 판을 출간함에 있어서 실무와 관련하여 보험법에서 많은 도움을 주신 금융감독원의 최동준 법무실장과 또한 해상법에서 많은 도움을 주신 목포해양대학교의 김인현 교수에게 진심으로 감사를 드린다. 또한 원고교정 등을 도와준 본인의 지도로 고려대학교 대학원(법학과) 박사과정에 있는 김홍식 군 및 출판을 맡아주신 박영사의 안종만 회장님·노현 차장·조성호 차장·박노일 차장·송창섭 씨에게 깊은 감사를 드린다.

2005년 2월

정 찬 형 씀

제 6 판 서 문

제 5 판 출간(2003년 3월 20일) 이후 제 2 인쇄(2003년 8월 10일)를 하면서 오자 및 잘못된 법조문의 인용을 바로 잡고 내용에 있어서 미흡한 부분 등을 부분적으로 수정·보완하였는데, 다수의 개정·추가사항은 제 6 판의 개정내용으로 미루었다.

이번에 제 6 판을 출간하면서 2003년 5월 29일 법 제6891호로 대폭 개정된 보험업법을 위시하여 제 5 판 이후에 새로 제정되었거나 개정된 법령을 반영하고, 제 5 판에서 반영한 대법원판례(판례공보를 기준으로 2002년 12월 15일까지 공표된 판례) 이후에 나온 대법원판례(판례공보를 기준으로 2003년 1월 1일부터 2003년 12월 15일까지 공표된 판례)를 반영하였으며, 또한 2003년도에 국내에서 발간된 법학전문학술지(예컨대, 상사법연구 등)에 게재된 다수의 논문을 반영하고, 이 책에서 인용된 국내의 다수의 단행본의 인용면수를 2003년도 개정판에 의하여 수정하였으며, 내용상 미흡한 부분을 수정·보완하였다.

위와 같은 수정과 보완으로 이번에 출간된 제 6 판의 내용이 훨씬 충실하고 up-to-date하여졌다고 본다. 앞으로도 독자들의 변함 없는 사랑과 성원을 바란다.

제 6 판의 출간을 위하여 도와준 최인호 법학석사·본인의 지도로 고려대학교 대학원(법학과) 석사과정에 있는 정은혜 양 및 박영사의 안종만 회장님·노현 차장·박노일 차장 및 조성호 과장에게 깊은 감사를 드린다.

2004년 2월
정 찬 형 씀

제 5 판 서 문

제 4 판 이후에 개정된 법령(예컨대, 민사소송법·여신전문금융업법 등)을 반영하고, 제 4 판에서 반영한 대법원판례(판례공보를 기준으로 2001년 12월 15일까지 공표된 판례) 이후에 나온 대법원판례(판례공보를 기준으로 2002년 1월 1일부터 2002년 12월 15일까지 공표된 판례)를 반영하였으며, 또한 국내의 최근 법학전문학술지(예컨대, 상사법연구·비교사법 등)에 게재된 다수의 논문을 반영하고, 내용상 미흡한 부분(예컨대, 변액보험 등)을 보완하여 이번에 제 5 판을 출간하였다.

위와 같은 수정과 보완으로 이번에 출간된 제 5 판의 내용이 훨씬 충실하고 up-to-date하여졌다고 본다. 앞으로도 독자들의 변함 없는 사랑과 성원을 바란다.

제 5 판의 출간을 위하여 도와 주신 금융감독원에 조사역으로 재직하면서 본인의 지도로 고려대학교 대학원(법학과) 석사과정에 있는 최인호 군과, 박영사의 안종만 회장님·노현 차장·박노일 차장 및 조성호 과장에게 깊은 감사를 드린다.

2003년 1월
정 찬 형 씀

제 4 판 서   문

　제 3 판 이후에 새로 공포된 법령(국제사법 등) 및 변경된 약관(자동차보험약관 등) 등에 따라 해당부분을 수정하고, 또한 제 3 판에서 반영한 대법원판례(판례공보를 기준으로 2000년 12월 15일까지 공표된 판례) 이후에 나온 대법원판례(판례공보를 기준으로 2001년 1월 1일부터 2001년 12월 15일까지 공표된 판례)를 반영하였으며, 미흡한 부분을 본문 또는 주에서 보완하여 이번에 제 4 판을 출간하였다.

　위와 같은 수정과 보완으로 이번에 출간된 제 4 판의 내용이 훨씬 참신하여, 이 책이 독자들의 변함 없는 사랑과 성원을 계속받을 것으로 믿는다.

　제 4 판의 출간을 위하여 도와준 본인의 고려대학교 대학원(법학과) 석사과정 지도학생이며 2001년 제43회 사법시험에 합격한 장준호 군과, 박영사 안종만 회장님·기획과의 조성호 과장 및 편집부의 송일근 주간님과 노현 과장에게 깊은 감사를 드린다.

2002년 1월

정 찬 형 씀

제3판 서 문

제2판의 미흡한 부분을 보완하고, 참고문헌과 주에서 제2판의 출간 이후에 새로 나온 개정판 교과서를 반영하여 인용면수를 수정하였으며, 제2판에서 반영한 대법원판례(판례공보를 기준으로 1999년 12월 15일까지 공표된 판례) 이후에 나온 대법원판례(판례공보를 기준으로 2000년 1월 1일부터 2000년 12월 15일까지 공표된 판례)를 반영하고, 부록에서 자동차보험 보통약관 및 생명보험 약관을 2000년 4월에 새로 나온 표준약관으로 교체 또는 추가하여 이번에 제3판을 출간하였다.

위와 같은 수정과 보완으로 이번에 출간된 제3판의 내용이 훨씬 참신하고 up-to-date하여졌다고 본다. 앞으로도 독자들의 변함 없는 사랑과 성원을 바란다.

제3판의 출간을 위하여 많이 도와준 금융감독원에 조사역으로 재직하면서 본인의 지도로 고려대학교 대학원(법학과)에서 2001년 2월에 법학석사학위를 받게 될 이재용 군과, 박영사 안종만 회장님·기획과의 조성호 과장 및 이재균 씨·편집부의 송일근 주간님과 노현 과장에게 깊은 감사를 드린다.

2000년 12월

정 찬 형 씀

* *

제3판 2쇄를 발행하면서 2000년 1월 21일 법 6175호로 개정된 보험업법과 2000년 12월 30일 영 17059호로 개정된 보험업법시행령 및 2000년 8월 4일 재경령 161호로 개정된 보험업법시행규칙을 반영하고, 오자 및 탈자를 바로 잡았다.

2001년 3월

정 찬 형 씀

* *

제3판 3쇄를 발행하면서 오자 및 표현에 있어서 미흡한 부분을 바로 잡았다.

2001년 6월

정 찬 형 씀

제 2 판 서 문

초판이 출간된 이후 일부 법령이 개정 또는 폐지되었으며 새로운 대법원판례가 많이 나와 이를 반영하여 이번에 제 2 판을 출간하게 되었다. 제2판을 출간하면서 초판에서 내용이 미흡한 부분을 보완하거나 수정하였으며 참고문헌과 주에서 그 후에 출간된 개정판을 반영하여 인용면수를 수정하였다.

제 4 편 어음법·수표법에서는 상품권법이 1999. 2. 5. 법 5749호로 폐지되어 이를 반영하였고, C.P.어음·무역어음 등에 관한 부분을 금융기관의 최근의 규정에 의하여 수정하였으며, 표지어음에 관한 사항을 추가하였다. 제 5 편 보험에서는 1999. 9. 현재의 자동차보험약관을 반영하여 자동차보험에 관한 부분을 수정하였고, 또한 부록의 개인용 자동차보험약관을 1999. 9. 현재의 약관과 상해보험 보통약관을 1998. 4. 현재의 약관으로 교체하였다. 제 6 편 해상에서는 1999. 2. 5. 법 5809호로 개정된 해난심판법 중 개정법률을 반영하여 '해난심판법'을 '해양사고의 조사 및 심판에 관한 법률'로, '해난구조'를 '해양사고 구조'로 각각 수정하였다.

하권 전편에 걸쳐 초판에서 반영한 대법원판례(판례공보를 기준으로 1998년 6월 15일까지 공표된 판례) 이후에 나온 대법원판례(판례공보를 기준으로 1998년 7월 1일부터 1999년 12월 15일까지 공표된 판례)를 거의 빠짐없이 정리하여 반영하였다.

위와 같은 수정과 보완으로 인하여 이번에 출간된 제 2 판의 내용이 훨씬 참신하고 최신의 내용을 많이 반영하고 있다고 본다. 앞으로도 많은 독자들의 변함 없는 사랑과 성원을 바라며, 계속 심혈을 기울여 이 책을 보완하고 수정하여 항상 up-to-date하고 참신한 내용을 담은 책이 되도록 최선의 노력을 다하겠다.

그 동안 제 2 판의 교정 등을 위하여 수고하여 준 금융감독원에 책임조사담당으로 재직하면서 본인의 지도로 고려대학교 대학원(법학과) 석사과정에 있는 이재용 군에게 깊이 감사한다. 또한 제 2 판의 출간을 맡아주신 박영사 안종만 사장님과 편집 및 제작을 위하여 애써주신 박영사 기획과의 이선주 대리와 편집부의 이재균 씨에게 진심으로 감사를 드린다.

1999년 12월

정 찬 형 씀

서 문

출판사와 독자들의 요청에 의하여 그 동안 본인이 혼신의 힘을 다하여 공저인
「상법원론(상)」 및 「상법원론(하)」에서 집필하고 개고한 내용을 가지고 이번에 단독
으로 「상법강의(상)」과 「상법강의(하)」를 출간하게 되었다.

「상법강의(하)」를 쓰는 데 있어서도 「상법강의(상)」과 동일한 체제와 동일한
집필요령에 의함으로써 균형을 이루도록 하였다. 특히 이 책의 집필에 있어서 어
음·수표법에 관하여는 저자의 졸저인 「어음·수표법강의(제2개정판)」(홍문사간) 및
「사례연구 어음·수표법」(법문사간)을 많이 참조하여 같은 체제로 간명하게 서술하
였으며, 보험·해상법에 관하여는 1991년에 개정된 보험·해상법의 내용을 보다 쉽
게 이해할 수 있도록 하기 위하여 간명하게 설명하면서 이에 관한 최근의 약관(특히
자동차보험에서) 및 대법원판례를 정리하여 소개하였다. 이 책에 있어서도 우리나라
의 학설·판례는 최근에 발표된 것까지를 빠짐없이 수록(또는 인용)하고자 노력하였
는데, 대법원판례는 판례공보를 기준으로 1998년 6월 15일까지 공표된 것을 소개
하였다.

이 책에서 미흡한 부분이나 빠진 부분에 대하여는 지금까지와 같이 많은 독자
들의 변함 없는 좋은 충고와 조언을 바란다. 본인은 많은 독자들의 성원과 격려에
힘입어 앞으로도 심혈을 기울여 이 책을 개정하고 보완할 것을 다짐한다.

그 동안 이 책의 색인작성 등을 위하여 책임감을 갖고 헌신적인 수고를 하여
준 본인의 연구실에 있으며 고려대학교 대학원(법학과) 석사과정에 있는 서기원 군
에게 깊이 감사한다. 또한 이 책의 출간을 맡아주신 박영사 안종만 사장님과 이 책
의 편집 및 제작을 위하여 애써주신 박영사 편집부의 심광명 대리 및 기획과의 조
성호 대리와 이선주 대리에게 진심으로 감사를 드린다.

1998년 7월
고려대학교 법과대학 연구실에서
정 찬 형 씀

주요목차

상법강의(하)

제 4 편   어음법·수표법

제 5 편 보   험

제 6 편 해   상

제 7 편 항공운송

세부목차

제 2 장 어음법·수표법 서론

제 3 장 어음법·수표법 총론

제 4 장　어음법·수표법 각론

제 5 장 전자어음법

제 5 편   보   험

제 1 장   서   론

제 2 장   보험계약

제3장　손해보험

제 4 장 인 보 험

제6편 해 상

제1장 서 론

제 2 장   해상기업조직

제 4 장   해상기업위험

제 5 장 해상기업금융

제 6 장　해상에 관한 국제사법적 규정

제 7 편　항공운송

제 1 장　총　　설 …………………………………… 1113

제 2 장　통　　칙

제 3 장　운　　송

제4장　지상 제3자의 손해에 대한 책임

참고서적 및 인용약어표

Ⅰ. 어음법·수표법

〔한 국 서〕 (가나다순)

저 자	서 명	발행년도	인용약어
강 위 두	상법강의	1985	강
강 위 두	어음·수표법	1996	강, (어)
김 용 태	상법(하)	1969	김(용)
김 용 태	전정 상법(상)	1984	김(용), (상)
박 원 선	새상법(하)	1962	박
박 원 선	수표·어음법(상)	1967	박, (수·어)
서 돈 각 〕 정 완 용 〕	제4전정 상법강의(하)	1996	서·정
서 돈 각 〕 정 완 용 〕	제4전정 상법강의(상)	1999	서·정, (상)
서 돈 각 〕 김 태 주 〕	주석 어음·수표법	1981	주어
서 정 갑	신어음·수표법	1965	서(정)
서 정 갑 외	학설판례 주석어음·수표법	1973	주석
손 주 찬	제11정증보판 상법(하)	2005	손(주)
손 주 찬	제15보정판 상법(상)	2004	손(주), (상)
손 주 찬 〕 정 동 윤 〕 강 봉 수 〕 정 찬 형 〕	주석 어음·수표법(Ⅰ)	1993	주석(Ⅰ)
손 주 찬 〕 강 봉 수 〕 정 찬 형 〕	주석 어음·수표법(Ⅱ)	1994	주석(Ⅱ)
손 주 찬 〕 강 봉 수 〕 정 동 윤 〕 정 찬 형 〕 손 진 화 〕	주석 어음·수표법(Ⅲ)	1996	주석(Ⅲ)
양 승 규	어음법·수표법	1994	양(승), (어)
양 승 규	상법사례연구(증보판)	1983	양(승), (사례)

양 승 규 박 길 준	상법요론[제 3 판]	1993	양 · 박
이 기 수	어음법 · 수표법학(제 4 판)	1998	이(기), (어)
이 범 찬	개정상법강의	1985	이(범)
서 돈 각 이 범 찬	상법예해(하)	1973	이(범), (예해)
이 원 석	어음법 · 수표법	1987	이(원)
이 철 송	어음 · 수표법(제 7 판)	2005	이(철), (어)
이 철 송	회사법강의(제12판)	2005	이(철), (회)
정 동 윤	어음 · 수표법(제 5 판)	2004	정(동)
정 동 윤	회사법(제 7 판)	2001	정(동), (회)
정 무 동	전정판 상법강의(하)	1985	정(무)
정 무 동	전정판 상법강의(상)	1985	정(무), (상)
정 찬 형	제 7 판 어음 · 수표법강의	2009	정(찬)
정 찬 형	사례연구 어음 · 수표법	1987	정(찬), (사례)
정 찬 형	어음 · 수표선의취득연구	1984	정(찬), (선의취득)
정 찬 형	회사법강의(제 3 판)	2003	정(찬), (회)
정 찬 형	상법강의(상)		정(찬), (상)
정 찬 형	상법강의(하)		정(찬), (하)
정 찬 형	상법사례연습(제 4 판)	2006	정(찬), (연습)
정 희 철	상법학(하)	1990	정(희)
정 희 철 저 정찬형 증보	판례교재 어음 · 수표법 (전정증보판)	1985	교재
차 낙 훈	상법(하)	1969	차
채 이 식	상법강의(하)(개정판)	2003	채
최 기 원	제13판 상법학신론(하)	2004	최(기), (하)
최 기 원	제 4 증보판 어음 · 수표법	2001	최(기)
곽 윤 직	전정증보판 민법총칙	1980	곽, (총칙)
곽 윤 직	전정증보판 물권법	1981	곽, (물)
곽 윤 직	전정판 채권총론	1979	곽, (채총)

〔일 본 서〕

松 本 烝 治	手形法	1918	松本
田 中 耕 太 郎	手形法 · 小切手法槪論	1935	田中(耕)
小 町 谷 操 三	商法講義(卷四)	1944	小町谷
前 田 庸	手形法 · 小切手法入門	1983	前田

石井照久著 鴻常夫增補 }	手形法·小切手法	1983	石井·鴻
伊澤孝平	手形法·小切手法	1949	伊澤
大森忠夫	手形法·小切手法講義	1940	大森
石井照久	手形法·小切手法	1970	石井
田中誠二	新版 手形·小切手法 (三全訂版)	1980	田中(誠)
田中誠二	手形法·小切手法詳論 (上)(下)	1968	田中(誠), (上)(下)
田中誠二	新版 銀行取引法 (再全訂版)	1979	田中(誠), 銀行取引法
鈴木竹雄	手形法·小切手法	1976	鈴木
竹田省	手形法·小切手法	1956	竹田
大隅健一郎 河本一郎 }	注釋 手形法·小切手法	1983	大隅·河本
大隅健一郎	改訂 手形法·小切手法講義	1980	大隅
大橋光雄	手形法	1937	大橋
升本喜兵衛	有價證券法	1953	升本
鈴木竹雄 大隅健一郎(共編) }	手形法·小切手法講座 全5卷	1965	鈴木·大隅, 講座 (1~5)
鈴木竹雄 大隅健一郎 上柳克郎 鴻常夫 竹內昭夫(共編) }	新商法演習 3(手形·小切手)	1978	演習

〔영미서〕

Bailey, Henry J.	Brady on Bank Checks, 5th ed.	1979	Bailey
Richardson, Dudley	Guide to Negotiable Instru- ments and Bills of Ex- change Acts, 6th ed.	1980	Richardson
Weber, Charles M.	Commercial Paper in a Nutshell, 2nd ed.	1975	Weber
White/Summers	Handbook of the Law un- der the Uniform Commercial Code(Hornbook Series), 2nd ed.	1980	White/Summers

〔독 일 서〕

Baumbach/ Hefermehl	Wechselgesetz und Scheck- gesetz	1986	Baumbach/ Hefermehl
Brox, Hans	Handelsrecht und Wert- papierrecht 6. Aufl.	1987	Brox
Gierke, J. v.	Das Recht der Wertpapiere	1954	Gierke
Hueck/Canaris	Recht der Wertpapiere	1986	Hueck/Canaris
Jacobi, Ernst	Wechsel und Scheckrecht	1956	Jacobi
Kapfer, Hans	Wechselgesetz und Scheck- gesetz, 6. Aufl.	1967	Kapfer
Meyer—Cording, Ulrich	Wertpapierrecht	1980	Meyer—Cording
Rehfeldt/ Zöllner	Wertpapierrecht, 12. Aufl.	1978	Rehfeldt/Zöllner
Staub/Stranz	Kommentar zum Wechsel- gesetz	1934	Staub/Stranz
Stranz, J. & Martin	Wechselgesetz	1952	Stranz
Ulmer, Eugen	Das Recht der Wertpapiere	1938	Ulmer
Zöllner, Wolfgang	Wertpapierrecht	1982	Zöllner

Ⅱ. 보험·해상

〔한 국 서〕(가나다 순)

저 자	서 명	발행연도	인용약어
김 성 태	보험법강의	2001	김(성), (보)
김 용 태	상법(하)	1969	김(용)
김 인 현	해상법연구	2002	김(인), (해상)
김 인 현	해상법	2003	김(인)
박 세 민	보험법(제 2 판)	2013	박(세), (보)
서 돈 각 〕 정 완 용 〕	제 4 전정 상법강의(하)	1996	서·정
손 주 찬	제10정증보판 상법(하)	2002	손(주)
송 상 현 〕 김 현 〕	신정판 해상법원론	1999	송·김, (해)
양 승 규	보험법(제 5 판)	2005	양(승), (보)
양 승 규	생명보험판례	1979	양(승), (판례)
양 승 규	판례교재 보험법·해상법	1982	교재
양 승 규 〕 박 길 준 〕	상법요론[제 3 판]	1993	양·박

이 균 성	신체계 해상법강론	1988	이(균)
이 균 성	국제해상운송법연구	1984	이(균), (연구)
이 기 수 최 병 규 김 인 현	보험 · 해상법	2003	이(기) 외, (보 · 해)
이 범 찬	개정상법강의	1985	이(범)
이 원 석	해상법 · 보험법	1987	이(원)
장 덕 조	보험법(제 3 판)	2016	장(덕), (보)
정 경 영	상법학강의(개정판)	2009	정(경)
정 무 동	전정판 상법강의(하)	1985	정(무)
정 찬 형	상법강의(상)		정(찬), (상)
정 찬 형	상법강의(하)		정(찬), (하)
정 희 철	상법학(하)	1990	정(희)
채 이 식	상법강의(하)(개정판)	2003	채
채 이 식	상법(Ⅳ)(보험법 · 해상법)	2001	채, (보 · 해)
최 기 원	제13판 상법학신론(하)	2004	최(기), (하)
최 기 원	보험법	1993	최(기), (보)
최 기 원	해상법	1993	최(기), (해)
한 기 정	보험법	2017	한(기), (보)

〔일 본 서〕

大森忠夫	保險法	1956	大森
西島梅治	保險法	1975	西島
石 田 滿	商法Ⅳ(保險法)	1978	石田
戶田修三 · 中村眞澄	國際海上物品運送法	1997	戶田 · 中村

〔구 미 서〕

Bruck/Möller	Kommentar zum Versicherungsvertragsgesetz, 8. Aufl., Bd. Ⅰ (1961), Bd. Ⅳ (1970).		Bruck/Möller
Gierke, J. v.	Versicherungsrecht, Bd. Ⅰ (1937), Bd. Ⅱ (1947)		Gierke
Hoffmann	Privatversicherungsrecht	1983	Hoffmann
Ivamy	Chalmers' Marine Insurance Act, 1906	1966	Chalmers'
Keeton	Insurance Law Text	1971	Keeton
Patterson	Essentials of Insurance Law, 2nd ed.	1957	Patterson

Picard et Besson	Le assurances terrestres en droit français	1950	Picard et Besson
Prölss/Martin	Versicherungsvertrags-gesetz, 24.Aufl.	1988	Prölss/Martin
Schlegelberger	Seeversicherungsrecht	1960	Schlegelberger
Vance	Handbook on the Law of Insurance, 3rd ed.	1951	Vance

Ⅲ. 법령약어(가나다순)

〔거   령〕 ············· 거절증서령(개정: 2011. 8. 19, 대통령령 23077호)

〔공   증〕 ············· 공증인법(개정: 2017. 12. 12, 법 15150호)

〔구   민〕 ············· 구(舊) 민법

〔구   상〕 ············· 구(舊) 상법

〔국사(國私)〕 ·········· 국제사법(전부개정: 2022. 1. 4, 법 18670호)

〔도   선〕 ············· 도선법(개정: 2023. 12. 29, 법 19867호)

〔獨   保〕 ············· 독일 보험법

〔獨   商〕 ············· 독일 상법

〔민〕 ······················· 민법(개정: 2023. 5. 16, 법 19409호)

〔민   소〕 ············· 민사소송법(개정: 2024. 1. 16, 법 20003호)

〔민   집〕 ············· 민사집행법(개정: 2022. 1. 4, 법 18671호)

〔보   업〕 ············· 보험업법(개정: 2024. 2. 6, 법 20242호)

〔보 업 시〕 ············· 보험업법 시행령(개정: 2024. 4. 23, 대통령령 34431호)

〔보업시규〕 ············· 보험업법 시행규칙(개정: 2023. 6. 30, 총리령 1890호)

〔부   등〕 ············· 부동산등기법(개정: 2020. 2. 4, 법 16912호)

〔부 수 단〕 ············· 부정수표 단속법(개정: 2010. 3. 24, 법 10185호)

〔佛   保〕 ············· 프랑스 보험법

〔佛   商〕 ············· 프랑스 상법

〔비   송〕 ············· 비송사건절차법(개정: 2020. 2. 4, 법 16912호)

〔산 재 보〕 ············· 산업재해보상보험법(개정: 2023. 8. 8, 법 19612호)

〔상〕 ······················· 상법(개정: 2020. 12. 29, 법 17764호)

〔상   부〕 ············· 상법 부칙

〔상   시〕 ············· 상법 시행령(개정: 2023. 12. 19, 대통령령 33968호)(이는 종래의 「상법의 일부규정의 시행에 관한 규정」을 명칭변경함)

〔선   등〕 ············· 선박등기법(개정: 2020. 2. 4, 법 16912호)

〔선   박〕 ············· 선박법(개정: 2022. 6. 10, 법 18957호)

〔선 박 시〕 ············· 선박법 시행령(개정: 2019. 10. 8, 대통령령 30106호)

〔선 상 보〕 ············· 선주상호보험조합법(개정: 2020. 12. 8, 법 17636호)

〔선　　안〕············ 선박안전법(개정: 2022. 12. 27, 법 19134호)

〔선 안 시〕············ 선박안전법 시행령(개정: 2023. 6. 20, 대통령령 33557호)

〔선　　원〕············ 선원법(개정: 2024. 1. 23, 법 20127호)

〔선 원 시〕············ 선원법 시행령(개정: 2024. 1. 16, 대통령령 34152호)

〔선　　직〕············ 선박직원법(개정: 2023. 7. 25, 법 19573호)

〔수〕···················· 수표법(개정: 2010. 3. 31, 법 10197호)

〔수　　구〕············ 수상에서의 수색·구조 등에 관한 법률(개정: 2022. 6. 10, 법 18958호)

〔瑞(스위스)保〕········ 스위스 보험법

〔약　　규〕············ 약관의 규제에 관한 법률(개정: 2024. 2. 6, 법 20239호)

〔어〕···················· 어음법(개정: 2010. 3. 31, 법 10198호)

〔여　　금〕············ 여신전문금융업법(개정: 2023. 3. 21, 법 19260호)

〔英 海 保〕············ 영국 해상보험법

〔원 자 배〕············ 원자력 손해배상법(개정: 2021. 4. 20, 법 18143호)

〔유　　배〕············ 유류오염손해배상 보장법(개정: 2020. 2. 18, 법 17051호)

〔日　　商〕············ 일본 상법

〔자　　금〕············ 자본시장과 금융투자업에 관한 법률(제정: 2007. 8. 3, 법 8635호, 개
　　　　　　　　　　정: 2024. 2. 13, 법 20305호)

〔자 금 시〕············ 자본시장과 금융투자업에 관한 법률 시행령(제정: 2008. 7. 29, 대통령령
　　　　　　　　　　20947호, 개정: 2024. 3. 5, 대통령령 34296호)

〔자　　배〕············ 자동차손해배상 보장법(개정: 2024. 2. 20, 법 20340호)

〔자 배 시〕············ 자동차손해배상 보장법 시행령(개정: 2023. 5. 15, 법 33468호)

〔전　　등〕············ 주식·사채 등의 전자등록에 관한 법률(제정: 2016. 3. 22, 법 14096호;
　　　　　　　　　　개정: 2023. 9. 14, 법 19700호)

〔전　　어〕············ 전자어음의 발행 및 유통에 관한 법률(개정: 2020. 6. 9, 법 17354호)

〔전 어 시〕············ 전자어음의 발행 및 유통에 관한 법률 시행령(개정: 2022. 2. 8, 대통령
　　　　　　　　　　령 32393호)

〔제한절차〕············ 선박소유자 등의 책임제한절차에 관한 법률(개정: 2009. 12. 29, 법 9833호)

〔파〕···················· 채무자 회생 및 파산에 관한 법률(개정: 2024. 2. 13, 법 20264호)

〔항　　공〕············ 항공안전법(제정: 2016. 3. 29, 법 14116호, 개정: 2024. 3. 19, 법
　　　　　　　　　　20396호)

〔해　　운〕············ 해운법(개정: 2023. 10. 31, 법 19807호)

〔화재보험〕············ 화재로 인한 재해보상과 보험가입에 관한 법률(개정: 2023. 3. 21, 법
　　　　　　　　　　19265호)

〔A.V.B〕················ Allgemeine Versicherungsbedingungen(독일 보통보험약관)

〔B.E.A〕················ Bills of Exchange Act(영국 환어음법, 1882년 제정)

〔U.C.C〕················ Uniform Commercial Code(미국 통일상법전, 1990년 개정)

〔협 약〕 ·················· United Nations Convention on International Bills of Exchange and International Promissory Notes(국제환어음 및 국제약속어음에 관한 UN협약, 1988. 12. 9 제정)

Ⅳ. 판결·결정약어

〔대 판〕 ·· 대법원판결
〔대판(전)〕 ·· 대법원 전원합의체 판결
〔대 결〕 ·· 대법원결정
〔○○고판〕 ·· ○○고등법원판결
〔○○(민)지판〕 ·· ○○(민사)지방법원판결
〔朝 高 判〕 ·· 조선고등법원판결
〔日最高判〕 ·· 일본 최고재판소판결
〔日 大 判〕 ·· 일본 대심원판결
〔日○○高判〕 ·· 일본 ○○고등재판소판결
〔日○○地判〕 ·· 일본 ○○지방재판소판결
〔대판 1978. 11. 6, 78 다 216〕 ·········· 선고연월일, 사건번호
〔BGH〕 ·· 독일의 Bundesgerichtshof 판결
〔RG〕 ·· 독일의 Reichsgerichtshof 판결

Ⅴ. 판결전거약어

〔집 16 ① 민 20〕 ······························· 대법원판결집 제16권 1호 민사편, 20면
〔고집 1967 민 156〕 ···························· 고등법원판결집 1967년 민사편, 156면
〔카드 2775〕 ·· 판례카드 No. 2775
〔공보 315, 6783〕 ································ 법원공보 315호, 6783면
〔공보 1989, 233〕 ································ 법원공보 1989년, 233면(법원공보는 1996년부터 '판례공보'로 명칭이 바뀌었으며, 1996년 이후의 앞의 숫자는 언제나 연도를 의미함)
〔판공 2016, 333〕 ································ 각급법원(제1, 2심) 판결공보 2016년, 333면
〔신문 3508, 10〕 ·································· 법률신문 제3508호, 10면

제 4 편   어음법·수표법

2

제1장 유가증권법

제1절 유가증권의 의의

제1 유가증권의 개념

유가증권이라는 용어는 독일어인 "Wertpapier"를 번역한 것인데, 이는 증권에 표창된 권리의 면을 중시한 용어이다.[1] 따라서 유가증권의 개념에 관한 연구는 독일법의 해석학에서 발달하였고, 우리나라도 이의 영향을 받고 있는 것이다. 우리나라에서도 유가증권이라는 용어는 일상생활에서뿐만 아니라 각종 법률에서 법전상의 용어로 사용되고 있으나(상 46조·136조, 민소 122조·462조, 형 214조 등), 법률에서 통일적인 정의규정을 두고 있지 않다. 따라서 유가증권의 개념은 학문상의 개념으로 정립될 수밖에 없는데, 이것도 모든 법률에 공통적으로 적용될 수 있는 통일적인 유가증권의 개념을 정립한다는 것은 각 법률의 입법목적이 다르므로 불가능하고 또 불필요하다. 따라서 이 곳에서 설명하는 유가증권의 개념은 유가증권법에서 말하는 유가증권의 개념인데, 이는 크게 다음과 같이 두 가지의 요소로 구성된다.[2]

---

1) 영미법에서는 유가증권이라는 용어는 없고 이에 대응하는 용어로 유통증권(negotiable instrument)이라는 용어가 있는데, 이는 증권의 유통의 면을 중시한 용어이다.

2) 영미법에서 유통증권이란 「증권의 배서 또는 단순한 교부에 의하여 증권상의 권리가 양도되며, 이의 결과 그 증권의 소유권 및 그 증권이 표창하는 권리가 선의의 양수인에게 항변이 절단되어 이전되는 무체재산」이라고 정의되고 있다(Richardson, p. 15). 따라서 영미법상의 유통증권의 개념은 우리의 유가증권의 개념보다는 그 범위가 좁다고 볼 수 있다[이에 관한 상세는 정(찬), 6~9면 참조].

1. 사권(재산권)의 표창

첫째의 요소는 유가증권은 「사권(재산권)을 표창하는(verbriefen) 증권」이라는 점이다. 즉 유가증권은 권리를 증권에 화체(embody; verkörpern)시킨 것인데, 이에 대하여는 아무런 이견이 없다. 이와 같이 권리를 증권에 화체시키는 이유는 무체인 권리를 유체화하여 권리의 존재와 내용을 명확히 함으로써 권리의 유통 및 행사 등에 편의를 도모하기 위해서이다.

1) 유가증권에 표창되는 권리는 공권이 아니라 사권이며(따라서 공권을 표창하는 국적증서·여권 등은 유가증권이 아님), 사권 중에서도 신분권을 제외한 재산권이다. 재산권인 이상 채권이든(채권증권) 물권이든(물권증권) 또는 사원권이든(사원권증권) 불문한다.

2) 유가증권은 권리를 증권에 표창한 증권이므로, 권리를 증권에 표창하지 않고 단순히 권리의 존부 또는 그 내용을 증명하는 데 불과한 증거증권(증거증서)(Beweisurkunde) 또는 채무자가 증권의 소지인에게 이행을 하면 악의·중과실이 없는 한 면책되는 면책증권(자격증권)(Legitimationspapier)과 구별되고, 권리를 증권에 표창한 것이 아니라 증권 그 자체가 법률상 특별한 재산적 가치를 가지는 금권[1](금액권)(Geldschein)과도 구별된다.

유가증권은 일반적으로 증거증권 또는 면책증권으로서의 성질을 갖고 있으나,[2] 증거증권 또는 면책증권은 위와 같이 일반적으로 유가증권과 구별된다.[3] 그러나 면책증권도 유가증권의 성질을 갖고 있는 점에서 민법은 면책증권에 대하여 유가증권(지시채권)에 관한 일부의 규정을 준용하고 있다(민526조).

유가증권은 위와 같이 권리를 인위적으로 증권에 표창시킨 것이므로 이러한 증권이 분실 또는 도난된 경우 등에 증권에서 다시 권리를 분리시킬 필요가 있는데, 이러한 제도가 공시최고절차에 의한 제권판결제도이다. 따라서 권리를 증권에 표창하지도 않은 증거증권이나 면책증권과 증권 그 자체가 고유한 재산적 가치를 가지는 금권에는 제권판결제도가 인정될 여지가 없는데, 이러한 점에서도 유가증권은 증거증권 등과 구별된다.

---

1) 금권(金券)의 예로는 은행권(지폐)·우표·수입인지 등이 있다.

2) 이에 대한 예외로 기명식 화물상환증(선하증권) 등은 유가증권이지만 면책증권으로서의 성질을 갖고 있지 않다.

3) 예컨대 차용증서·매매계약서·영수증 등은 증거증권이지만 유가증권이 아니며, 예금통장·신발표·옷 또는 휴대품보관증·철도수하물상환증 등은 면책증권이지만 유가증권이 아니다.

2. 증권의 소지

둘째의 요소는 유가증권은 그 권리의 행사 등에 「증권의 소지」를 요하는데, 이러한 증권의 소지가 어느 정도로 요구되는가에 대하여 다음과 같이 대표적인 네 개의 학설이 있다.

(1) 제1설

「권리의 발생·이전·행사의 전부 또는 일부」에 증권의 소지를 요하는 것이라고 한다.[1] 이 설에 의하면 권리의 발생·이전·행사의 전부에 증권의 소지를 요하는 유가증권으로서 가장 전형적인 것으로는 어음·수표가 있고(완전유가증권), 권리의 발생·이전·행사의 일부에 증권의 소지를 요하는 유가증권으로는 화물상환증·창고증권·선하증권·주권 등이 있다(불완전유가증권). 불완전유가증권 중에서 화물상환증·창고증권·선하증권·무기명주권 등은 권리의 이전과 행사에 증권의 소지를 요하고, 기명주권 등은 권리의 이전에만 증권의 소지를 요하며, 기명채권(記名債券)·배서금지어음 등과 같은 기명증권은 권리의 행사에만 증권의 소지를 요한다. 그러나 이 설은 권리의 발생에만 증권의 소지를 요하고 권리의 이전 및 행사에는 증권의 소지를 요하지 않는 유가증권도 있는 것 같은 오해가 생길 염려가 있다는 비판이 있다.[2]

(2) 제2설

「권리의 이전(처분)과 행사」에 증권의 소지를 요한다는 것이다.[3] 이 설은 대부분의 유가증권에 공통된 점을 잘 파악하고 있으나, 기명주권의 경우에는 권리의 이전에만 증권의 소지를 요하고($\binom{상\ 336}{조\ 1항}$) 권리의 행사에는 증권의 소지를 요하지 않으므로($\binom{상\ 358}{조\ 참조}$) 기명주권의 유가증권성을 설명함에는 문제점이 있다. 이에 대하여 이 설에서는 기명주권의 경우에도 권리행사에는 직접적으로 증권의 소지를 요하지 않지만, 그 권리행사의 전제조건으로서 주주명부의 명의개서를 위하여는 증권을 소지하고 있어야 하므로 권리의 행사에도 증권의 소지를 요하는 것으로 볼 수 있다고 하여, 기명주권의 유가증권성을 설명한다.[4] 또한 이 설은 권리의 행사에 증권의 소지

---

1) 손(주), 7~8면; 김(용), 242면; 정(무), 282면; 김문환, "유가증권의 유사개념," 「고시계」, 1984. 12, 72면. 이 설은 일본의 통설이다(鈴木, 2면 외).

2) 정(동), 15면; 최(기), 14면.

3) 양·박, 647~648면; 양(승), (어) 38면; 강, 515면; 강, (어) 7면; 이(범), 249면. 스위스 채무법 제965조는 이 설에 따라 유가증권의 개념을 정의하고 있다.

4) 양·박, 647면; 양(승), (어) 37면. 그러나 이 설은 기명주권에 대하여는 이와 같이 설명한다고 하더라도 권리의 이전에 증권의 소지를 요하지 않는 기명증권(기명채권·배서금지어음 등)의 유가증권성을 설명할 수는 없다.

를 요하는 것으로 보면 논리필연적으로 권리의 이전에도 증권의 소지를 요하게 될 것이므로 행사와 이전을 대등하게 취급할 필요가 없다는 점 및 상속이나 회사합병 등과 같은 포괄승계의 경우에는 권리의 이전에 증권의 소지를 요하지 않는다는 점 등을 들어 다음에서 보는 제4설로부터도 비판을 받고 있다.[1]

(3) 제3설

「권리의 이전(처분)」에 증권의 소지를 요한다는 것이다.[2] 이 설에서는 권리의 증권화의 목적이 그 유통성에 있고 모든 유가증권에 공통되는 요소가 권리의 이전에 증권의 소지를 요하는 점을 그 이유로 들고 있다. 그러나 이 설은 무기명증권($\frac{민}{523조}$)이나 지시증권($\frac{민}{508조}$)을 유가증권으로 설명함에는 적합하나, 기명증권($\frac{기명채권, 배서}{금지어음}$·수표·화물상환증·창고증권·선하증권 등)을 유가증권으로 설명할 수 없어 유가증권의 범위가 좁아진다. 또한 이 설은 권리의 이전에 증권의 소지를 요하는 것은 권리의 행사에 증권의 소지를 요하는 데서 오는 당연한 결과이므로 권리의 이전에만 증권의 소지를 요한다고 보는 것은 주객(主客)을 전도한 것이라는 점 및 상속이나 회사합병 등의 포괄승계의 경우에는 권리의 이전에 증권의 소지를 요하지 않는다는 점을 들어 다음에서 보는 제4설로부터 비판을 받고 있다.[3]

(4) 제4설

「권리의 행사(주장)」에 증권의 소지를 요한다는 것이다.[4] 이 설에서는 모든 유가증권에 공통되고 또한 본질적인 요소로 권리의 행사에 증권의 소지를 요하는 점을 들고 있으며, 이의 결과 부수적으로 권리의 이전에 증권의 소지를 요하게 된다고 한다. 따라서 이 설에 의하면 기명증권도 유가증권에 포함되어 유가증권의 범위가 넓어진다. 그런데 이 설에서도 제2설에서와 같이 권리의 행사에 (직접적으로) 증권의 소지를 요하지 않는 기명주권의 유가증권성을 설명함에는 문제가 있다. 이에 대하여 이 설에서는 기명주권의 경우에도 주주가 주주명부에 명의개서를 하려면 증권(주권)의 소지(제시)를 요하므로 이는 간접적으로 권리의 행사에 증권의 소지를 요하는 것이라 하여 유가증권의 개념에 포함시키고 있다.[5]

생각건대, 제2설, 제3설 및 제4설은 모든 유가증권에 공통되는 최소한도의

---

1) 정(동), 15면.
2) 서·정, (상) 166면; 최(기), 16면; Ulmer, S. 21; 小町谷操三, 「商行爲法論」, 1943, 99면 이하.
3) 정(동), 15~16면.
4) 정(동), 16면; 이(기), (어) 19~20면. 독일의 통설이다(Brox, S. 225 외).
5) 정(희), 7~8면; 정(동), 16면.

증권의 소지의 정도를 추출하여 유가증권의 개념을 정의하고자 하는 것인데, 위에서 본 바와 같이 어느 설도 모든 유가증권을 빠짐없이 통일적으로 설명하고 있지 못하다. 따라서 그럴 바에는 제1설에 따라서 유가증권의 개념을 정의하는 것이 보다 적절한 것으로 생각된다. 다만 제1설의 「권리의 발생·이전·행사의 일부」라는 뜻은 수학적으로 계산되는 모든 경우의 일부(예컨대 발생에만 증권의 소지를 요하는 것 등을 포함하여)를 의미하는 것이 아니라, 권리의 이전 및 행사에 증권의 소지를 요하거나(예: 화물상환증·창고증권·선하증권·무기명주권 등), 권리의 이전에만 증권의 소지를 요하거나(예: 기명주권) 또는 권리의 행사에만 증권의 소지를 요하는 것(예: 기명증권1)으로 해석하여야 할 것이다.[2]

제2 유가증권인지 여부가 문제되는 증권

위와 같은 유가증권의 개념에 의하여 다음의 증권이 유가증권인지 여부가 문제되는데, 이를 개별적으로 간단히 검토하여 본다.

1. 기명증권

기명채권(記名債券)(상 479조) 또는 법률상 당연한 지시증권으로서 배서가 금지된 어음(어 11조 2항)·수표(수 14조 2항)·화물상환증(상 단서 130조)·창고증권(상 157조)·선하증권(상 861조)과 같은 기명증권(Rektapapier) 등은 지명채권의 양도에 관한 방식과 그 효력으로써만 양도할 수 있으므로(민 450조), 유가증권에 고유한 간편한 양도방법(배서 또는 교부)에 따른 유통을 목적으로 한 증권이라고 볼 수는 없다. 따라서 이러한 기명증권은 유가증권이 아니라고 보는 견해도 있다.[3] 그러나 이러한 기명증권을 유가증권으로 인정하지 않으면 동일한 형태의 증권을 분리하여 일부에 대하여는 유가증권으로 보고(예컨대 지시식 또는 무기명식 수표 등) 다른 일부에 대하여는 유가증권으로 보지 않는 것(예컨대 배서 금지수표 등)이 되어 타당하다고 할 수 없는 점, 또 기명증권에서 권리의 행사에 증권의 소지를 요하게 하는 것은 단순히 공허한 형식에 불과한 것이 아니고 증거증권과는 다른 특별한 법률상 의의를 갖는다는 점 등에서 볼 때 기명증권도 유가증권이라고 보아야 한다.[4] 이렇게 보면 무기명증권과 지시증권을 협의의 유가증권, 기명증권을

---

1) 기명증권의 경우는 권리의 이전은 지명채권의 양도방법(민 450조)에 의하므로 권리의 이전에 증권의 소지를 요한다고 볼 수 없다. 다만 권리의 행사에 증권의 소지를 요하므로 이를 위하여 권리의 이전에는 지명채권의 양도방법 외에 증권의 이전이 수반된다고 볼 수 있다. 그러나 이 때의 증권의 이전은 증권상 권리의 이전의 요건은 아니라고 보아야 할 것이다.

2) 정(찬), 6면.

3) 앞의 유가증권의 개념에 관한 제2설 및 제3설의 입장; Ulmer, S. 20.

4) 동지: 주석, 38면; 유가증권의 개념에 관한 제1설 및 제4설.

광의의 유가증권으로 볼 수 있겠다.[1]

2. 승차권(승선권)

승차권(승선권)이 유가증권인지 여부에 대하여는 견해가 나뉘어 있다. 즉 이에 대하여 승차권제도는 집단적인 운송관계를 처리하기 위한 기술적 제도로서 유통을 목적으로 하는 것이 아니므로 그의 유가증권성을 부정하는 견해도 있으나,[2] 승차권은 운송채권(운송청구권)[3]을 표창하는 유가증권으로서 그의 유가증권성을 긍정하여야 한다고 본다(통설).[4] 유가증권의 목적은 언제나 유통의 목적에만 있는 것이 아니라는 점과, 승차권의 목적은 유통의 목적에 있는 것이 아니라 획일적이고 신속하게 수행되어야 할 현대의 운송거래에서 필수불가결한 존재라는 점 등에서 볼 때, 승차권의 유가증권성을 인정하고 여객은 이러한 유가증권을 통하여서만 권리를 행사할 수 있다고 보아야 할 것이다.

이러한 승차권의 유가증권성은 승차 후에 발행되는 승차권, 기명식 승차권, 개찰 후의 승차권, 회수승차권 및 정기승차권의 경우에도 동일하게 인정되어야 할 것으로 본다.[5]

3. 항공운송증권

국제항공운송을 규제하고 있는 몬트리올협약(1999년) 및 2011년 5월 개정상법에 의하면 항공운송증권은 (ⅰ) 여객운송에 대한 여객항공권(passenger ticket), (ⅱ) 수하물표(baggage ticket) 및 (ⅲ) 물건운송에 관한 항공화물운송장(airway bill, air consignment note)의 세 가지 종류의 증권으로 규정되어 있다(동 협약 3조~5조, 7조; 상 921조, 922조, 923조). 이 중 여객항공권 및 수하물표는 항공운송인이 작성·교부의무를 부담하지만, 항공화물운송장은 송하인이 작성·교부의무를 부담한다.

여객항공권은 보통 기명식으로 발행되고 이렇게 기명식으로 발행된 항공권은 양도할 수 없는 것으로 특약되어 있으므로(대한항공의 국제여객운송약관 3조 6항 및 국내여객운송약관 10조 3항), 이러한 기명식 여객항공권은 유가증권이 아니고 증거증권 또는 면책증권으로서의 성질만 갖는다고 본다(상 927조 참조).[6]

---

1) 주석, 38~40면 참조.

2) 鈴木竹雄, 「商行爲法·海商法·保險法」(弘文堂, 1954), 53면.

3) 승차권은 운송인이 일반적으로 제공하는 운송시설의 이용에 관한 한 「금전대용증권」으로서의 성질을 가진 유가증권으로 보아야 한다는 견해도 있다[石井照久, 「改訂商法 Ⅱ」(勁草書房, 1959), 101면].

4) 정(찬), (상)(제27판) 393면; 서·정, (상) 238면; 정(동), 21~23면; 동, (총) 344면, 572면; 최(기), (상) 412면(무기명식 승차권의 경우); 註商(Ⅰ), 727면 외. 일본에서는 西原寬一, 「商行爲法」(有斐閣, 1973), 333면 외.

5) 이에 관한 상세는 정찬형, "유가증권의 개념,"「고시계」, 1990. 9, 127~142면; 정(찬), 12~15면 참조.

6) 동지: 정(동), 25면; 김두환, "항공운송인의 책임과 그 입법화에 관한 연구," 법학박사학위논문

또한 수하물표나 항공화물운송장도 유가증권이 아니다. 즉, 수하물표는 육상운송에 있어서의 철도의 수하물상환증과 같이 면책증권으로 보아야 할 것이고,[1] 항공화물운송장은 증거증권(육상운송에 있어서의 화물명세서도) 또는 면책증권으로 보아야 할 것이다.[2]
<small>증거증권으로 보는 것이 통설임</small>

4. 보험증권

보험증권(insurance policy)은 「보험계약이 성립한 후에 그 보험계약의 내용을 증명하기 위하여 보험자가 보험계약자에게 발행하는 증권」인데, 보험자는 보험계약이 성립한 때에는 지체 없이 이를 작성하여 보험계약자에게 교부하여야 할 의무를 부담한다($\frac{상}{1항} 640조}{본문}$). 이러한 보험증권 중 인보험증권은 보험계약의 성질상 유통과 관련하여 지시식 또는 무기명식의 보험증권으로 발행될 수도 없고,[3] 설사 그러한 형식으로 발행되었다 하더라도 유가증권성을 인정할 수 없다(통설).[4] 따라서 보험증권이 유가증권성을 갖는지 여부는 물건보험증권에만 해당하고, 이러한 증권도 지시식 또는 무기명식으로 발행된 경우에만 해당한다.

지시식 또는 무기명식으로 발행된 물건보험증권이 유가증권인지 여부에 대하여는 긍정설[5]과 부정설[6]이 있는데, 우리나라의 통설은 일부긍정설(절충설)이다. 일부긍정설(절충설)은 (지시식 또는 무기명식) 물건보험증권의 유가증권성을 전면적으로 인정하지 않고 일정한 경우에만 인정하는 설인데, 그 내용은 학자에 따라 약간 달리 설명되고 있다. 즉, (ⅰ) 선하증권에 부수하여 유통성이 인정되는 적하보험증권에 대하여만 유가증권성을 인정하는 견해,[7] (ⅱ) 화물상환증·선하증권·창고증권에 부수하여 유통성이 인정되는 물건보험증권에만 유가증권성을 인정하는 견해[8] 등이 있다.

생각건대 보험증권에 대하여는 그의 성질에 반하지 않는다면 가능한 한 유가증권성

(경희대, 1984. 2), 20면.

정찬형, 「상법강의(하)(제13판)」까지는 여객항공권에 대하여 유가증권성을 인정할 수 있다고 하였으나, 여객항공권은 언제나 기명식으로만 발행되고 또한 상법 제927조에서 특칙을 규정하고 있는 점 등에서 볼 때 승차권(승선권)과는 구별되는 점에서 「상법강의(하)(제14판)」부터는 본문과 같이 견해를 바꾼다.

1) 동지: 김두환, 상게논문, 21면.

2) 동지: 김두환, 상게논문, 25면; 정(동), 57면.

3) 반대: 손(주), 536면.

4) 정(찬), 17~19면; 정(희), 392면; 서·정, 370면; 손(주), 541면 외(통설). 그러나 일본에는 지시식의 인보험증권이 발행된 때에는 이것에 유가증권성을 인정하는 견해가 있다(伊澤孝平, 「保險法」, 1958, 106~107면).

5) 채, 478면.

6) 石田滿, 「商法(保險法 Ⅳ)」(靑林書院新社, 1978), 102면.

7) 정(희), 392면; 서·정, 370면.

8) 손(주), 539~540면; 양승규, 「보험법(제5판)」(삼지원, 2005), 135~136면.

을 넓게 인정하여 보험증권의 효용을 증대시키고자 하는 점에서 보면, 위의 일부긍정설
(절충설) 중 (ⅲ)의 견해가 가장 타당하다고 본다.[1] 그러나 위와 같이 일정한 보험증권에
대하여 그의 유가증권성을 인정한다고 하더라도, 보험증권은 그 성질상 문언증권이나 무
인증권이 아니므로 보험자는 보험계약에 기한 항변(고지의무위반, 보험료 불지급, 위험의 증가·변경 등에 기한 항변 등)으로써 그
소지인에게 대항할 수 있고, 또 보험증권상의 권리의 발생은 우연한 사고에 의하여 정하
여지므로, 보험증권은 가장 불완전한 의미에 있어서의 유가증권이라고 볼 수 있다.

5. 상 품 권

상품권이란 「발행자가 일정한 금액(금액상품권)이나 물품(물품상품권) 또는 용역(용
역상품권)의 수량이 기재된 증표를 발행·매출하고, 그 소지자(고객)가 발행자 또는 발행
자와 가맹계약을 맺은 자(가맹점)에게 이를 제시 또는 교부하여 그 증표에 기재된 내용에
따라 상품권 발행자 또는 가맹점으로부터 물품 또는 용역을 제공받을 수 있는 유가증권」
이다(상품권 표준약관(1999. 9.) 21 제정) 1조~3조 참조).[2] 따라서 상품권은 상품권 발행자 또는 그와 가맹계약을 맺은
가맹점에서 물품 또는 용역을 제공받을 수 있는 권리가 표창되고, 이러한 권리의 발생·
이전 및 행사에 증권의 소유(소지)를 요하는 완전유가증권이라고 볼 수 있다.[3]

이러한 상품권의 종류에는 금액상품권·물품상품권 및 용역상품권이 있으며
(동 표준 약관 2조), 고객이 상품권면 금액의 100분의 60 이상에 해당하는 물품 등을 제공받고 잔
액의 반환을 요구하는 경우 발행자 또는 가맹점은 잔액을 현금으로 반환하여야 하며
(동 표준약관 7조 2항), 상품권의 사용기간은 상사채권 소멸시효기간인 5년이다(동 표준 약관 6조).

6. 양도성예금증서(C. D.)

현재 우리나라의 은행에서 발행되는 양도성예금증서(negotiable certificate of deposit,
C. D.)는 무기명할인식으로 발행되고, 최단만기에 제한이 있고(1997년 7월 현재 30일 이상), 만기 이전에
는 중도해지가 불가하여 만기까지 기다려야 하는 대신에 이율이 약간 높게 책정되어 있
으며, 양도가 자유롭고, 만기에 증서와 상환하여 증서상의 표시금액을 지급받도록
되어 있다.[4] 보통의 예금증서(뜸통장 예)는 기명식으로 되어 있고 또 증서상에 기재된 약관

---

1) 정(찬), 19면.

2) 상품권에 대하여는 종래에 상품권법(1961. 12. 27, 법 875호로 제정, 1994. 1. 5, 법 4700호로
전문개정)에 의하여 규율되었으나, 동법은 1999. 2. 5, 법 5749호로 폐지되어(그 이유는 기업의
자유로운 경제활동을 도모하기 위하여 상품권의 발행·유통과 관련된 규제를 폐지한다는 목적임),
현재는 상품권 표준약관(1999. 9. 21 제정) 등에 의하여 규율되고 있다.

3) 동지: 정(동), 24면(상품권은 또한 상인이 이용하는 사적인 금전대용증권이라고 한다).

4) 우리나라에서 이러한 양도성예금증서는 1984. 5. 17자 제12차 금융통화운영위원회 제정 「양도
성예금증서 발행업무와 관련된 수신이율 및 부대조건」에 의하여 1984년 6월에 최초로 발행되었는

에 의하여 양도를 금하고 있어 유가증권으로 볼 수 없고 면책증권으로 보고 있으나 (이에 관하여는 이미 설명함), 위와 같은 양도성예금증서는 예금채권(및 이자)을 표창하고 동 권리의 이전 및 행사에 증서의 소지를 요하는 불완전유가증권으로 볼 수 있다.[1] 위와 같은 양도성예금증서는 은행이 지급을 약속한 증서이므로 — 그 형식에 있어서는 어음의 문언성에 의하여 약속어음이 될 수 없지만 — 그 실질에 있어서는 은행이 발행한 약속어음과 유사하게 볼 수 있다.[2] 따라서 이러한 양도성예금증서에 대하여는 성질에 반하지 않는 한 약속어음에 관한 규정을 준용할 수 있다고 본다. 양도성예금증서는 무기명식으로만 발행되므로 교부만에 의하여 동 증서상의 권리가 이전된다.[3]

7. 선불카드·직불카드

(1) 선불카드(prepaid card)란 「신용카드업자가 대금을 미리 받고 이에 상당하는 금액을 기록(전자 또는 자기적 방법에 의한 기록을 말한다)하여 발행한 증표로서 선불카드소지자의 제시에 따라 신용카드가맹점이 그 기록된 금액의 범위 내에서 물품 또는 용역을 제공할 수 있게 한 증표」를 말하는데(여금 2조 8호), 공중전화카드가 대표적인 예에 속한다고 볼 수 있다.[4] 이러한 선불카드

데, 처음에는 발행조건(최저액면금액은 1억원, 만기는 91일~180일 등)이 매우 엄격하였으나, 그 후에는 금리자유화조치 등으로 인하여 발행조건을 대폭 완화하였다(1997년 7월 현재 최저액면금액과 최장만기 등에 대한 규제를 폐지하고, 증서는 무기명 할인식 양도가능증서로 발행하고 최단만기에 대한 30일의 제한 등만을 유지함)(이에 관한 상세는 한국은행 금융시장국, 「우리나라의 금융시장」, 1999. 7, 47~66면 참조).

1) 동지: 정(동), 56면; 동, "어음법학의 현대적 과제," 「상법논총」(인산정희철선생정년기념)(박영사, 1985), 418면; 한국은행, 전게서, 48면.

2) U. C. C. §3~104 (j) 참조.

3) 동지: 정동윤, 전게논문, 419면; 대판 2000. 5. 16, 99 다 71573(신문 2900, 12)(양도성예금증서는 단순히 교부만으로 양도가 가능하므로 양수인이 할인의 방법으로 이를 취득함에 있어서 그 양도성예금증서가 잘못된 것이라는 의심이 가거나 양도인의 실질적 무권리성을 의심하게 할 만한 특별한 사정이 없는 이상 이 양도성예금증서의 발행인이나 전 소지인에게 반드시 확인한 다음 취득하여야 할 주의의무가 있다고는 할 수 없다); 동 2002. 5. 28, 2001 다 10021(공보 2002, 1507)(양도성예금증서를 취득함에 있어서 통상적인 거래기준으로 판단하여 볼 때 양도인이나 그 양도성예금증서 자체에 의하여 양도인의 실질적 무권리성을 의심하게 할 만한 사정이 있는데도 불구하고 이에 대하여 상당하다고 인정될 만한 조사를 하지 아니하고 만연히 양수한 경우에는 중대한 과실이 있다고 할 것이지만, 한편 양도성예금증서란 원래 단순한 교부만으로써도 양도가 가능하므로 양수인이 할인의 방법으로 이를 취득함에 있어서 그 양도성예금증서가 잘못된 것이라는 의심이 가거나 양도인의 실질적 무권리성을 의심하게 될 만한 특별한 사정이 없는 이상 위 양도성예금증서의 발행인이나 전 소지인에게 반드시 확인한 다음 취득하여야 할 주의의무가 있다고는 할 수 없고, 또한 양도성예금증서는 단순한 교부만으로써 담보제공이 될 수 있고 질권의 목적물이 될 수도 있으므로, 위에서 본 법리는 양도성예금증서에 대하여 질권을 설정받는 방법으로 이를 취득하는 경우에도 마찬가지라고 보아야 한다).

4) 우리나라에서는 1994년 「신용카드업법」의 개정에 의하여 이를 규율하게 되었는데, 1997년에는 여신전문금융업법(1997. 8. 28, 법 5374호)이 제정되어 이 법에 의하여 신용카드업이 시설대여

가 유가증권이냐에 대하여 의문이 있으나, 상품권의 경우와 같이 물품을 구입하거나 용역을 제공받을 수 있는 권리가 표창되고, 이러한 권리의 발생·이전 및 행사에 증권(카드)의 소지를 요하는 완전유가증권이라고 볼 수 있다.[1] 상품권도 크게 보면 이 범주에 들어간다고 볼 수 있으나, 증권의 형식·이를 규제하는 법규(약관)·이용범위 등에서 구별된다고 본다.

(2) 직불카드(debit card)란 「직불카드회원과 신용카드가맹점간에 전자 또는 자기적 방법에 의하여 금융거래계좌에 이체하는 등의 방법으로 물품 또는 용역의 제공과 그 대가의 지급을 동시에 이행할 수 있도록 신용카드업자가 발행한 증표」를 말한다($\frac{여금}{2\text{조}}$ 6호). 이러한 직불카드는 보통 기능이 확장된 현금카드로서 카드소지인의 요구불예금계좌에서 현금자동인출기(Auto Teller Machine, ATM)를 통한 예금인출이나, 직불카드가맹점에서 물품 또는 용역을 제공받고 그의 예금계좌에서 가맹점계좌로 대금이 자동이체되는 기능을 겸비하고 있다. 직불카드가 유가증권인지 여부는 다음에서 설명하는 신용카드의 경우와 유사한데, 신용카드가 증거증권인 것과 같이 직불카드도 유가증권은 아니고 회원자격을 증명하는 증거증권에 불과하다고 본다.[2]

8. 신용카드

신용카드(credit card)란 「이를 제시함으로써 반복하여 신용카드가맹점에서 물품의 구입 또는 용역의 제공을 받을 수 있는 증표로서 신용카드업자가 발행한 것」을 말하는데 ($\frac{여금}{2\text{조}}$ 3호), 이는 물품의 구입이나 용역을 먼저 제공받고 후에 대금을 지급하는 점에서 앞에서 본 선불카드나 직불카드와 구별된다고 볼 수 있다. 이러한 신용카드는 권리 또는 재산권을 표창하는 증권은 아니고, 다만 회원자격을 증명하는 증거증권에 불과하다(통설).[3] 따라서 신용카드는 원인관계인 회원계약과 독립하여 존재하는 무인증권도 아니고, 또 회원의 권리가 신용카드의 발행에 의하여 비로소 창설되는 설권증권도 아니고, 또 원칙적으로 타인에게 양도될 수 없는 일신전속성을 갖는 증권이다. 그러나 신용카드는 카드회원이

업·할부금융업 및 신기술사업금융업 등과 함께 규율되고 있다(참고로 일본에서는 이를 규제하기 위하여 1989년에 「前拂式 證票等の規制等に關する法律」이 제정되었다).

우리나라에서 현재 이용되고 있는 공중전화카드는 한국전기통신공사가 (그 당시) 정보통신부장관의 승인을 받아 1986년 4월 1일에 제정한 「공중전화이용약관(규정)」에 의하여 발행되고 있는데, 이 약관은 공중전화의 통화료의 납입방법의 하나로 공중전화카드에 대하여 규정하고 있다(동 약관 4조 3항 2호). 이 약관에 의하여 우리나라에서 카드공중전화는 1986년 9월 10일자부터 시행되고 있다.

1) 동지: 정(동), 27면.

2) 정(찬), 23면.

3) 정(찬), 23면; 이은영, 「약관규제론」(박영사, 1984), 206면; 정동윤, "신용카드에 관련된 법률문제," 「법학논집」, 제23집(고려대, 1985. 12), 223면 외.

그의 권리를 행사하기 위하여는 반드시 카드가맹점에 신용카드를 제시하여야 하므로 제시증권성을 가지며, 카드가맹점은 외관상 유효한 카드소지인과 거래한 이상 그가 진정한 카드회원이 아닌 경우에도 이로 인한 책임을 부담하지 않으므로 면책증권성을 갖는다.[1]

9. 수표카드(가계수표보증카드)[2]

수표카드란 「가계수표의 피지급성을 증대하기 위하여 수표법 외의 민사법적 차원에서 수표발행인의 청구에 의하여 수표지급인(은행)이 발행한 카드」이다. 이러한 수표카드는 유가증권이 아니고 증거증권이라는 점에 대하여는 이견이 없다.[3] 따라서 이러한 수표카드는 권리(재산권)가 표창된 증권이 아니고, 또 이를 타인에게 양도할 수도 없으며, 또 그 권리의 발생이나 행사에 증권의 소지를 요하는 것도 아니다(이에 관한 상세는 후술함).

제 2 절 유가증권의 기능

제 1 공통적인 기능

유가증권은 무형의 권리를 증권이라는 물체를 통하여 유체화시킨 것으로 자본주의 경제에서 재산의 상품화에 뒤따른 필연적인 현상이다(권리의 증권화현상). 즉 자본주의 경제는 사람의 노동력까지를 포함하여 모든 재산을 상품화하여 거래의 객체로 삼는데, 이러한 재산의 상품화에 뒤따라 권리의 증권화 현상이 발생한다. 따라서 이러한 유가증권을 통하여 추상적인 권리의 존재와 내용이 명백해지고, 권리의 이전 및 기타의 처분을 신속·확실하게 할 수 있다. 따라서 자본주의 경제에서는 가능한 한 많은 권리를 증권화하여 유통의 목적으로 삼고 있다.[4] 이하에서는 유가증권(협의의 유가증권)에 공통하는 기능을 권리양도절차의 간이화의 기능과 권리양도효력의 강화의 기능으로 나누어서 고찰하겠다.[5]

---

1) 이에 관한 상세는 정(찬), 673면 참조.
2) 금융통화위원회에서 1993. 11. 27부터 각 금융기관에게 정액가계수표의 발행을 허용하고 있어, 수표카드는 현재 폐지되지는 않았으나 거의 이용되고 있지 않다.
3) 정(찬), 24면; 정(희), 325면 외.
4) 사회주의 경제에서는 주권·채권(債券) 등은 발행되지 않으며, 수표는 비교적 널리 이용되고 있으나 어음은 대외거래에만 제한적으로 사용되고 있다(Zöllner, §1).
5) 이에 관한 상세한 설명으로는 前田, 2~12면 참조.

1. 권리양도절차의 간이화의 기능

유가증권은 무형의 권리를 유체화(증권화)하여 그러한 권리의 유통성을 높이고 자 하는 데에 제 1 차적인 목적이 있는 것이므로, 이러한 목적에 부응하기 위하여 유가증권($\frac{협의의 유가증권, 즉 지시}{증권 또는 무기명증권}$)은 (지명채권의 양도절차에 비하여) 그 권리양도절차가 아주 간이화되어 있다. 즉, 일반의 지명채권은 유가증권과는 달리 유통성을 그 본질로 하고 있지 않으므로 그 양도성이 광범위하게 제한될 뿐만 아니라,[1] 양도가 인정되는 경우에도 당사자간의 양도에 관한 의사의 합치 외에 채무자 또는 제 3 자에 대한 대항요건을 필요로 한다($\frac{민}{450조}$). 그러나 유가증권은 유통성을 그 본질로 하기 때문에 유가증권으로부터 그 양도성을 제한한다는 것은 보통 있을 수 없고, 오히려 그 양도성을 증대하는 방향으로 규정되어 있다. 따라서 협의의 유가증권($\frac{지시식 또는 무기}{명식 유가증권}$)은 지명채권의 양도방법에 의하지 않고, 배서($\frac{지시증권}{의 경우}$) 또는 교부($\frac{무기명증권}{의 경우}$)라는 간편한 양도방법에 의하여 양도된다($\frac{민 508조·523조, 상 129조 본문·157조·336조}{1항·861조, 어 11조 1항, 수 14조 1항}$)($\frac{이러한 협의의 유가증권을 지명채}{권양도방법에 의하여 양도할 수 있}{는지 여부는 후술함}$).

2. 권리양도효력의 강화의 기능

유가증권은 그의 유통성을 확보하고 이에 따른 거래의 안전을 보호해야 하므로, 이를 위하여 양수인의 지위를 보호하는 방향에서 일반지명채권에서와는 다른 여러 가지의 특칙을 규정하고 있다. 이것도 권리양도절차의 간이화의 기능에서와 같이 협의의 유가증권에만 해당하고 광의의 유가증권에 속하는 기명증권에는 해당되지 않는데, 이에는 다음과 같은 것들이 있다.

(1) 자격수여적 효력 및 선의지급

일반지명채권을 행사하려는 자는 스스로 권리자임을 증명하여야 그의 권리를 행사할 수 있으나, 유가증권상의 권리를 행사하려는 자는 증권의 소지인 ($\frac{지시증권의 경우는 배서의 연속 있는 증권의 소지인}{이고, 무기명증권의 경우는 단순한 증권의 소지인임}$)이 적법한 권리자로 추정되므로($\frac{민 513조, 상 336조 2항,}{어 16조 1항, 수 19조}$) ($\frac{배서의 자격}{수여적 효력}$) 스스로 권리자임을 증명할 필요없이 그의 권리를 행사할 수 있다. 이의 반사적 효과로서 유가증권상의 채무자는 (형식적 자격이 있는) 증권의 소지인에게 사기(악의) 또는 중과실 없이 채무를 이행하면 그가 실질적 무권리자라고 하더라도 면책된다(선의지급)($\frac{민 518조, 어 40조}{3항, 수 35조}$).

---

1) 지명채권의 양도가 제한되는 경우는, 채권의 성질에 의한 제한(민 449조 1항 단서)·법률에 의한 제한 및 당사자의 의사표시에 의한 제한이 있다.

(2) 선의취득 및 인적 항변의 절단

일반지명채권의 경우에는 양수인은 양도인보다 더 큰 권리를 취득할 수 없기 때문에 양도인이 무권리자인 경우에는 양수인은 아무리 선의라고 하더라도 권리를 취득할 수 없으나, 유가증권인 경우에는 선의취득이 인정됨은 물론 동산의 선의취득($^{민}_{249조}$)보다도 그 요건을 완화하여 규정하고 있다($^{민\ 514조,\ 상\ 359조,}_{어16조\ 2항,\ 수\ 21조\ 등}$). 또 일반지명채권의 경우에는 채무자는 그가 양도인에게 대항할 수 있는 모든 항변사유로써 양수인에게 대항할 수 있으나($^{민}_{451조}$), 일정한 유가증권인 경우($^{어음·수표·민법상}_{지시채권\ 등}$)[1]에는 양수인이 그 채무자를 해할 것을 알고 증권을 취득한 경우가 아니면 채무자는 양도인에 대한 인적 항변으로써 양수인에게 대항할 수 없도록 제한하고 있다($^{어\ 17조,\ 수\ 22조,}_{민\ 515조\ 등}$).

제 2 개별적인 기능

각각의 유가증권은 상이한 경제적인 기능을 수행한다. 즉, 어떤 유가증권은 지급 또는 신용기능을 수행하고, 다른 유가증권은 재화의 유통을 촉진시키는 기능을 수행하며, 또 다른 유가증권은 회사의 자본조달 및 투자의 수단으로서의 기능을 수행한다.[2] 이하에서는 모든 유가증권의 개별적인 경제적 기능을 전부 살펴볼 수는 없고, 위에서 본 중요한 유가증권의 경제적 기능에 대해서만 간단히 살펴보겠다.

1. 지급수단으로서의 기능(지급거래적 기능)

지급수단으로서의 기능을 수행하는 대표적인 유가증권은 수표이다($^{어음의\ 기능에도}_{지급기능이\ 있으}$ $^{나,\ 어음의\ 제1차적인\ 기능은\ 다음에서}_{보는\ 바와\ 같이\ 신용수단으로서의\ 기능이다}$). 수표의 경제적 기능은 이외에도 송금기능이 있으나, 수표의 제1차적인 경제적 기능은 지급기능이다. 수표는 어음과는 달리 신용기능이 없고, 수표의 신용증권화를 방지하기 위하여 수표법은 많은 규정을 두고 있다($^{수\ 4조,\ 7조,\ 15조\ 3항,\ 25조\ 2항,\ 28조}_{1항,\ 29조,\ 51조,\ 55조\ 2항\ 등}$).

2. 신용수단으로서의 기능(신용거래적 기능)

신용수단으로서의 기능을 수행하는 대표적인 유가증권은 어음인데, 어음은 제1차적으로 신용창조(Kreditbeschaffung) 및 신용담보(Kreditsicherung)의 수단으로 이용된다. 신용창조기능은 예컨대 물건의 매수인이 매도인에게 매매대금을 어음금액

---

1) 그러나 주권(株券) 등의 경우에는 이러한 인적 항변의 제한이 인정되지 않는다.

2) 이에 관한 상세는 Brox, § 27Ⅲ 참조.

으로 하여 일정기간 경과 후를 만기로 하여 약속어음($^{또는 \ 인수한}_{자기앞 \ 환어음}$)을 발행하는 경우에 발생하고, 신용담보기능은 은행 등으로부터 대출을 받고 이의 담보조로 약속어음($^{또는 \ 매수인이}_{인수한 \ 환어음}$)을 발행하는 경우에 발생한다. 환어음은 신용기능 이외에도 지급기능·송금기능[1] 및 추심기능[2]을 수행하며, 약속어음은 신용기능 이외에도 지급기능 및 추심기능을 수행한다.

3. 재화의 유통을 촉진시키는 기능(상품유통적 기능)

재화의 유통을 촉진시키는 기능을 수행하는 유가증권으로는 화물상환증·창고증권·선하증권 등이 있다. 이러한 유가증권은 물권을 표창하는 것이 아니라 재화의 인도청구권(채권)을 표창하는 것으로서, 동 증권을 통하여 재화의 처분을 용이하게 한다. 이러한 유가증권을 물품증권(Güterpapiere) 또는 인도증권(Traditionspapiere)이라고 한다. 이러한 증권의 교부는 동 증권이 표창하는 권리(인도청구권)를 이전시킬 뿐만 아니라, 동 증권에 관한 재화의 인도와 동일한 효력을 갖는 물권적 효력을 인정하는 점($^{상 \ 133조,}_{157조, \ 861조}$)에 특색이 있다.

4. 자본조달 및 투자의 수단으로서의 기능(자본거래적 기능)

자본조달 및 투자의 수단으로서의 기능을 하는 유가증권은 주권(株券)과 무기명채권(無記名債券)이다. 이러한 유가증권은 발행인에게는 자본조달의 목적에 기여하고, 동 증권의 소지인에게는 투자의 목적에 기여한다. 이러한 유가증권은 자본시장증권(Kapitalmarktpapiere, Effekten) 또는 자본증권으로도 불린다. 이러한 유가증권은 대량발행되고, 소지인에게 일정한 수익($^{이익 \ 또는}_{이자}$)을 가져다 주며, 보통 한국거래소를 통하여 거래되는 점 등에 특색이 있다.

---

1) 특히 국제간의 송금수단으로 환어음이 이용되며, 국내에서의 송금수단으로는 수표·우편환 등이 이용된다. 예를 들어 갑地의 A가 을地의 B에 대하여 송금을 하여야 하는 경우에, A는 갑地의 C은행에게 현금을 납입하고 C로부터 을地에 있는 C의 지점이나 거래은행을 지급인으로 하고 B를 수취인으로 한 환어음을 매입한 후, 이를 을地의 B에 송부하여 B가 을地의 지급은행으로부터 현금의 지급을 받게 한다.

2) 예를 들어 갑地의 A가 을地의 B에게 물건을 송부하고 그 매매대금을 추심하고자 할 때에, A는 B를 지급인으로 하고 자기를 수취인으로 한 환어음을 발행하여 갑地의 C은행으로부터 할인받으면, A는 B로부터 매매대금을 추심한 것이 된다.

제 3 유가증권의 기능상실

(1) 오늘날 컴퓨터는 사회 각 분야의 기존제도를 혁명적으로 크게 변화시키고 있는데, 이는 유가증권제도에 있어서도 예외가 아니다.[1] 즉, 지급기능을 담당하는 수표는 직불카드제도(debit card system)·은행의 전자자금이체제도(Electronic Fund Transfer System, E. F. T. S.)[2] 및 지로(Giro)제도 등으로 많이 대체되고 있고($\genfrac{}{}{0pt}{}{현금\ 없는}{대체거래}$),[3] 신용 및 지급기능을 담당하는 어음은 그의 일부가 전자어음[4] 및 신용카드제도(credit card system) 등으로 대체되고 있으며, 주식의 양도에 있어서 필수불가결한 수단인 주권($\genfrac{}{}{0pt}{}{상\ 336조}{1항\ 참조}$)은 증권예탁결제제도 및 주식의 전자등록($\genfrac{}{}{0pt}{}{상\ 356조의\ 2;}{전등\ 24조\ 이하}$) 등의 출현으로 사실상 유가증권으로서의 기능을 상실하고 있다[5]($\genfrac{}{}{0pt}{}{현물\ 없는}{대체거래}$).

이러한 현상은 권리의 증권화의 역현상으로 「증권의 무체화현상」인데, 독일에서는 이렇게 무체화된 권리를 가치권(Wertrecht)[6]이라 부르고 「유가증권에서 가치권으로」(vom Wertpapier zum körperlosen Wertrecht)라는 표현을 쓰고 있다.[7] 이러

---

1) 이에 관하여는 정경영, 「유가증권 전자화에 관한 법률적 고찰」(한국법제연구원 디지털경제법제 2), 2002. 10; Karl Kreuzer(Hrsg.), *Abschied vom Wertpapier? Dokumentelose Wertbewegungen im Effekten-, Gütertransport und Zahlungsverkehr*, Alfred Metzner Verlag, 1988 등 참조.

2) 이에 관한 법적 문제에 관하여는 정찬형, 「전자자금이체의 법적 문제 및 입법론적 검토」(한국법제연구원 디지털경제법제 4), 2002. 10 참조.

3) 이에 관하여는 Wolfgang Schön(이영철 역), "현금 없는 대체지급거래의 여러 원칙,"「기업법연구」(한국기업법학회), 제8집(2001), 181~234면(출전: Archiv für die civilistische Praxis, Bd. 198〈1998〉, S. 401~456); 정진명, 「전자화폐의 실용화를 위한 법적 기반연구」(한국법제연구원 디지털경제법제 8), 2002. 12; 김영호, "전자지급제도의 법리에 관한 연구(전자상거래 지급결제 중계제도〈PG서비스에 의한 전자자금이체방식의 긴급결제제도〉와 이의 규제를 위한 입법론)," 「상사법연구」, 제21권 1호(2002), 99~143면 등 참조.

4) 전자어음법의 제정에 대하여 찬성하는 견해로는 이철송, 전자어음법의 제정에 관한 연구(연구보고서), 2001. 7. 31; 권종호, "전자어음제도의 도입과 법리적 과제"(2003년 제1회 한국증권법학회 특별세미나 주제발표), 2003. 2. 27. 등이 있고, 반대하는 견해로는 정찬형, "전자어음법의 제정 필요한가?," 「고려법학」, 제41호(2003), 39~61면.

5) 동지: 정(희), 5면.
투자증권(주권·채권)의 무권화(전자증권제도)에 대하여는 정찬형, "전자증권제도의 도입에 따른 법적 과제," 「상사법연구」, 제22권 3호(2003), 11~72면; 동, "전자증권제도 도입에 따른 법적 문제 및 해결방안," 「증권예탁」(증권예탁원), 제40호(2001), 39~87면; 동, "유가증권의 무권화제도,"「비교사법」, 제3권 2호(1996. 12), 179~211면; 이병목, "전자증권제도의 법리에 관한 연구-투자증권을 중심으로," 법학박사학위논문(고려대, 2005. 8); 정찬형, "전자증권제도 도입에 따른 관련제도의 정비·개선," 「예탁결제」(한국예탁결제원), 제100호(2017. 3), 7~80면 등 참조.

6) 이러한 용어의 창시자는 Opitz인데, 가치권이란 증권에 화체되지 않는 권리로서 증권에 화체된 권리와 동일한 내용을 갖는다고 한다(Opitz, *Depotgesetz*, Berlin, 1955, §42 Anm. 12).

7) Hueck/Canaris, §1Ⅲ. 독일에서 가치권이라는 권리형태를 입법적으로 승인한 것으로는 1951년의 공채법(Anleihegesetz)인데, 이것은 우리나라 공사채등록법(1970. 1. 1, 법 2164호)에 해당하

한 가치권은 무체의 채권을 유체화시켰던 증권이 다시 채권으로 환원되는 것이 아니라, 장부증권($^{장부증권}_{이론}$) 또는 전자적 등록증권($^{전자적}_{권리표창이론}$)이라고 볼 수 있다.[1]

(2) 그러면 이러한 새로운 제도는 유가증권의 기능을 완전히 상실시킬 수 있을까. 먼저 수표에 대해서 보면, 수표의 출현으로 현금의 이용이 줄어들긴 하였으나 현금의 이용이 없어질 수 없는 것과 같이, 직불카드 · 전자자금이체 및 은행 지로제도 등의 출현으로 수표의 이용이 줄어들고 있는 것은 사실이나 수표의 이용이 없어질 수는 없다. 따라서 「수표 없는 사회」(checkless society)가 매우 빠른 속도로 오고 있다고 표현하는 견해도 있으나, 「수표 없는 사회」는 앞으로도 존재하지 않을 것이며 직불카드 · 전자자금이체 등에 의한 지급제도와 함께 공존하면서 앞으로도 계속 많이 이용될 것으로 본다.[2] 다음으로 신용카드제도는 어음의 신용 및 지급기능의 일부를 수행하고 있는 것은 사실이나, 그의 금액 및 가맹점 등의 제한으로 그의 이용에는 많은 제한이 있다. 따라서 신용카드제도는 어음의 기능의 일부($^{특히 소액}_{거래에서}$)를 잠식할 수는 있어도 어음의 기능의 전부를 대체할 수는 도저히 없다. 그러므로 어음은 앞으로도 매우 많이 이용되고 또 중요한 유가증권의 하나라고 볼 수 있다.[3] 다음으로 증권예탁결제제도의 출현으로 주권, 채권 등과 같은 투자증권은 그러한 증권이 표창하는 권리의 이전 및 행사에 증권의 소지를 할 필요가 없게 되고 장부상의 기장이 그것을 대신하게 되어, 그러한 유가증권의 본래의 기능을 상실시키고 있는 것은 사실이다. 또한 주식 · 사채 등의 전자등록제도($^{상 356조의 2, 478조}_{3항 등; 전등 24조 이하}$)에 의하여 회사는 정관에 정하는 바에 의하여 전자등록기관의 전자등록부에 등록을 함으로써 주권과 채권을 처음부터 발행하지 않을 수 있다. 그러나 이러한 증권예탁결제제도는 증권 자체가 표창하는 권리(Recht aus dem Papier)보다는 증권의 발행을 전제로 하여 혼합보관된 증권에 대한 권리(Recht am Papier)의 공유권을 중시하는 것으로서, 이는 증권에 화체(化體)된 권리는 제쳐놓고 증권에 대한 공유권만을 문제삼는 것으로서 여전히 많은 법률상의 문제점을 안고 있다.[4] 따라서 증권예탁결제제도에

는 것으로 등록사채의 경우에는 채권이 발행되지 않음으로써 그것은 하나의 가치권으로 인정받게 된다[정(희), 5면 주 2].

1) 정찬형, "전자증권제도의 도입에 따른 법적 과제,"「상사법연구」(한국상사법학회), 제22권 3호 특집호(2003. 10), 19~20면; 이 책의 503~504면(전자어음의 법적 성질 참조).

2) 동지: 정(동), 11~12면; James V. Vergari, "Article 3 and 4 of the Uniform Commercial Code in an Electronic Fund Transfer Environment," *17 Sandiego Law Review* 288(1980).

3) 동지: 정(동), 11~12면.

4) 정희철, "Giro 제도가 유가증권에 미치는 영향,"「법학」(서울대), 제26권 1호(1985. 4), 13~14면.

존재하는 이러한 법률상의 문제가 (적어도) 완전히 해결되기까지에는 그러한 투자증권도 유가증권으로서의 기능을 여전히 갖고 있다고 볼 수 있다. 또한 주식·사채 등의 전자등록제도는 회사의 선택에 의하여 이용할 수 있는 제도이기 때문에 이로 인하여 주권과 사채의 유가증권이 없어졌다고 볼 수 없다. 이러한 전자등록제도는 앞에서 본 바와 같이 새로운 형태의 장부증권 또는 전자적 등록증권이라고 볼 수 있다.

결국 컴퓨터의 도입에 따른 각종의 새로운 제도는 유가증권제도에 많은 영향을 미치고 있는 것은 사실이나, 이러한 새로운 제도가 기존의 유가증권의 기능을 완전히 상실시켰다고는 볼 수 없고 또 앞으로도 유가증권의 기능을 완전히 상실시킬 수도 없다고 본다. 따라서 양 제도는 공존하면서 유가증권은 여전히 중요한 기능을 수행하므로, 유가증권에 대한 법규제와 이에 관한 정확한 이해는 여전히 중요한 문제라고 본다.[1]

제 3 절 유가증권의 종류

유가증권은 그 구별표준에 따라 여러 가지로 분류할 수 있는데, 이 중 중요한 것은 다음과 같다.

1. 증권의 소지가 요구되는 정도에 의한 분류

권리의 발생·이전 및 행사에 어느 정도의 증권의 소지를 요하는가에 따라 다음과 같이 완전유가증권과 불완전유가증권으로 분류된다. 이러한 구별은 앞에서 본 유가증권의 개념에 관한 제 1 설에 의한 구별이며, 제 2 설 내지 제 4 설에 의하는 경우에는 유가증권의 개념을 일원적으로 정의하므로 언제나 완전유가증권이 되어 이러한 구별이 불가능하다.[2]

(1) 완전유가증권(절대적 유가증권)

권리와 증권의 결합정도가 가장 강력하여 권리의 발생·이전·행사의 전부에 증권의 소지를 요하는 유가증권이다. 이의 대표적인 예는 어음과 수표이다. 이러한 완전유가증권은 권리의 발생에도 증권의 작성(소지)이 필요하므로 언제나 설권증권이다.

---

1) 동지: 정(동), 11~12면.
2) 동지: 정(동), 36면 주 1. 그러나 최(기), 16면은 제 3 설의 입장이면서, 같은 책 19~20면은 제 1 설에 따라 완전유가증권과 불완전유가증권으로 분류하고 있는데, 이것은 모순이라고 본다.

(2) 불완전유가증권(상대적 유가증권)

권리와 증권의 결합정도가 덜 밀접하여 권리의 발생·이전·행사의 일부에 증권의 소지를 요하는 유가증권이다. 그런데 이 때의 「일부」라는 의미는 권리의 발생에만 증권의 소지(작성)를 요하는 것 등은 제외되고, 다음과 같이 세 경우에만 해당하는 것으로 보아야 할 것이다. 즉, (ⅰ) 첫째로 권리의 이전 및 행사에 증권의 소지를 요하는 것이 있는데, 이의 예로는 화물상환증·창고증권·선하증권·무기명주권 등이 있다. (ⅱ) 둘째로 권리의 이전에만 증권의 소지를 요하는 것이 있는데, 이의 예로는 기명주권 등이 있다.[1] (ⅲ) 셋째로 권리의 행사에만 증권의 소지(제시)를 요하는 것이 있는데, 이의 예로는 기명채권(記名債券)·배서금지어음 등과 같은 기명증권이 있다.[2]

2. 증권에 화체된 권리에 의한 분류

증권이 어떤 권리를 표창하느냐에 따라 아래와 같이 채권증권(債權證券), 물권증권 및 사원권증권으로 분류된다.

(1) 채권증권

채권증권은 채권을 표창하는 유가증권인데, 이에는 약속어음·채권 등과 같이 금전채권을 표창하는 유가증권(금전증권)과, 화물상환증·창고증권·선하증권·상품권 등과 같이 물품의 인도청구권을 표창하는 유가증권($\substack{물품증권\\물건증권}$또는)이 있다.

인수가 안 된 환어음과 수표의 소지인은 지급인에 대하여 어음금($\substack{또는\\수표금}$)을 수령할 권한만을 가지므로 채권증권이 아니라 「권한증권」이라고 보는 견해가 있으나,[3] 수표 또는 인수가 안 된 환어음의 소지인은 지급인에 대해서는 권리를 갖고 있지 않지만 발행인 또는 배서인에 대해서는 (비록 인수거절 또는 지급거절을 조건으로 하고 있지만) 권리(상환청구권)를 갖고 있기 때문에 역시 채권증권이고 별도로 권한증

---

1) 그러나 권리행사의 전제조건으로서 주주명부의 명의개서에는 주권의 소지(제시)를 요하는 점에서 제2설 및 제4설에서는 간접적으로 권리의 행사에 증권의 소지를 요한다고 설명한다.

2) 기명증권 중에서 기명채권(記名債券)·배서금지화물상환증(창고증권·선하증권) 등은 권리의 발생에 증권의 소지(작성)를 요하지 않으나(비설권증권), 배서금지어음(수표) 등은 권리의 발생에 증권의 소지(작성)를 요한다(설권증권). 다음으로 모든 기명증권의 이전에는 지명채권양도방식뿐만 아니라 「증권의 교부」를 요하는데, 이 때의 증권의 교부는 지시증권 및 무기명증권에서의 (배서) 교부와는 달리 그 자체만으로 양도의 효력이 발생하는 것이 아니므로 권리의 이전에 증권의 소지를 요한다고 볼 수 없다.

3) 정(희), 9면; 최(기), 30면.

권이라고 구분하여 분류할 필요는 없다고 생각한다.[1]

(2) 물권증권

물권증권은 물권을 표창하는 유가증권으로, 독일의 저당증권(Hypotheken-brief)·토지채무증권(Grundschuldbrief)·정기토지채무증권(Rentenschuldbrief) 등이 이에 속한다.[2] 화물상환증·창고증권·선하증권 등은 그의 양도에 의하여 물건의 인도청구권이 이전됨과 동시에 물건을 인도한 것과 같은 물권적 효력이 인정되므로 $\binom{\text{상 133조,}}{\text{157조, 861조}}$ 물권증권으로 오인되기 쉬우나, 동 증권이 표창하는 권리가 물권 그 자체가 아니므로 물권증권이 아니고 채권증권이다.[3] 그러나 이러한 화물상환증 등은 위와 같은 성질로 인하여 인도증권 또는 물품증권(물건증권) 등으로 불린다.

(3) 사원권증권

사원권증권은 사원권$\binom{\text{사단에 있어서의}}{\text{사원인 지위}}$을 표창하는 유가증권으로, 주권이 그 대표적인 예이다. 사원권증권은 채권(債券) 등과 함께 투자증권(자본시장증권)으로 분류되기도 한다. 사원권증권은 주식회사에 있어서의 주권만이 이에 해당하고, 유한회사에 있어서의 사원의 지분증권은 이에 해당하지 않는다. 왜냐하면 유한회사의 사원의 지분은 주식회사의 경우와는 달리 지시식 또는 무기명식의 증권으로 발행될 수없기 때문이다$\binom{\text{상}}{\text{555조}}$. 따라서 유한회사의 사원의 지분증권은 유가증권이 아니라 증거증권으로 분류된다.[4] 합명회사·합자회사 및 유한책임회사의 지분증권도 유한회사의 그것과 동일하다고 본다.

3. 증권상의 권리자를 지정하는 방법에 의한 분류

증권상의 권리자를 어떻게 지정하며 이에 따라 그 증권이 어떠한 방법으로 양도될 수 있는가에 따라, 다음과 같이 기명증권·지시증권·무기명증권 등으로 분류된다.

(1) 기명증권(Rektapapier)

기명증권이란 증권상에 특정인을 권리자로 기재한 유가증권으로서 지시증권이 아닌 것을 말한다. 유가증권 중에는 증권상에 특정인이 권리자로 기재된 경우에도

---

1) 동지: 정(동), 30면; 이(기), 10~11면.
2) 저당증권은 저당권을 표창하는 유가증권이고, 토지채무증권은 토지채무를 표창하는 유가증권이며, 정기토지채무증권은 정기토지채무를 표창하는 유가증권인데, 어떤 경우나 토지등기소가 작성하여 토지소유자에게 교부한다[이에 관한 상세는 최(기), 29면 참조].
3) 동지: 서·정, (상) 167~168면; 채, 15면.
4) 동지: 정(동), 19면; 이(기), 10면.

(예컨대, 기명식 어음·수표·화물
상환증·창고증권·선하증권 등) 법률의 규정에 의하여 당연히 그가 타인을 권리자로 지정할 수 있는 유가증권(법률상 당연한
지시증권)이 있는데(어 11조 1항, 수 14조 1항, 상
130조 본문·157조·861조), 이러한 유가증권은 기명증권이 아니라 다음에서 보는 지시증권에 속한다. 기명증권에 속하는 유가증권으로는 기명채권(記名債券)(상
479조), 배서(지시)금지어음·수표·화물상환증·창고증권·선하증권(어 11조 2항, 수 14조 2항,
상 130조 단서·157조·861조) 등이 있다. 기명증권은 지시증권 등의 양도방법인 배서 또는 교부에 의하여 양도될 수는 없고, 일반지명채권의 양도방법에 따라서만 그리고 그 효력으로써만 양도될 수 있다(어 11조 2항, 수 14조 2항,
민 450조, 상 479조 1항 참조).

기명증권은 유통성이 적으므로 유가증권으로서의 효용이 적으나(선의취득·인적항변
의 절단 등과 같은
유통기능이
없는 점에서), 기명증권도 권리가 증권에 화체된 유가증권이므로 권리의 행사에 증권의 소지(제시)를 요하고,[1] 이의 결과 권리의 이전에도 그 효력요건의 하나로 증권의 교부를 요하는 것이다.[2]

(2) 지시증권(order paper; Orderpapier)

지시증권이란 증권상에 특정인을 권리자로 지정하지만, 한편 그가 지시하는 자도 권리자로 인정하는 유가증권이다. 지시증권에는 당사자의 증권면상의 지시문구에 의하여 지시증권이 되는 「선택적 지시증권」(예컨대, 민법상
지시채권증권 등)과, 증권면상의 지시문구의 기재유무에 불구하고(배서금지의
기재가 없으면) 법률의 규정상 당연히 지시증권이 되는 「법률상 당연한 지시증권」(태생적 지시증권)(예컨대, 어음·수표·화물상환
증·창고증권·선하증권 등)이 있다. 지시증권은 유가증권의 특유한 양도방법인 배서에 의하여 양도되고, 배서의 연속에 의하여 적법한 권리자로 추정받게 된다. 지시증권에는 백지식 배서가 가능하고(어 13조
2항 등) 이러한 백지식 배서에 의하여 지시증권을 취득한 자는 증권을 단순히 교부만에 의하여 제 3 자에게 양도할 수 있는데(어 14조
2항 3호 등), 이 경우에는 지시증권의 양도방법이 다음에서 보는 무기명증권의 양도방법과 동일하게 된다.

---

1) 이러한 점 때문에 양수인이 증권을 소지하고 있으면 채무자에 대한 대항요건을 취하지 아니하여도 그 지위는 안전한데 기명증권의 이러한 기능을 안전기능이라고 하고, 이러한 점은 지시증권 등과 같다고 하며, 이러한 점 때문에 기명증권을 유가증권에 포함시키는 실질적인 이유가 있다고 한다[정(동), 31면].

2) 이 때의 증권의 교부는 지시증권 또는 무기명증권의 경우와 같이 그 자체만으로 효력을 발생하는 것이 아니고 단순히 부수되는 요건이라고 볼 수 있으므로, 권리의 이전에 증권의 소지를 요하는 것으로 볼 수 없다고 함은 이미 앞에서 본 바와 같다. 동지: 대판 1989. 10. 24, 88 다카 20774(공보 862, 1751)(배서금지어음〈기명증권〉을 양도함에는 민법 제450조의 대항요건을 구비하는 외에 동 어음을 인도〈교부〉하여야 하고, 지급을 위하여서는 어음을 제시하여야 하며, 또 어음금을 지급할 때에는 환수하여야 한다).

(3) 무기명증권(bearer paper; Inhaberpapier)

무기명증권이란 증권상에 권리자를 지정하지 않고 증권의 정당소지인을 권리자로 인정하는 유가증권이다. 무기명증권을 소지인출급식증권이라고도 한다. 무기명증권의 대표적인 예는 무기명수표($\frac{수}{1항}\frac{5조}{3호}$)·무기명채권(無記名債券)($\frac{상}{480조}$) 등인데, 이외에 화물상환증·창고증권·선하증권 등도 무기명식의 발행이 해석상 인정되고 있다.[1] (기명)주권도 단순한 교부만에 의하여 양도되므로($\frac{또 \langle기명\rangle주권의 단순한}{점유자도 권리자로 추정되므로}$)($\frac{상}{336조}$)[2] 무기명증권에 속한다고 볼 수 있다.[3] 그러나 어음($\frac{환어음 및}{약속어음}$)은 수취인이 어음의 절대적 기재사항이므로($\frac{어}{75조}\frac{1조}{7호}\cdot$) 무기명증권이 될 수는 없고, 원칙적으로 지시증권에 속한다($\frac{다만 예외적으로 배서금지}{어음은 기명증권에 속한다}$).

(4) 선택무기명증권(alternative Inhaberpapier)

선택무기명증권(지명소지인출급증권)이란 증권상에 특정인을 권리자로 지정하고 있지만, 동시에 증권의 (정당한) 소지인도 권리자가 될 수 있는 뜻을 기재한 유가증권이다. 선택무기명증권은 민법상 증권채권 및 수표에서는 명문으로 인정되고 있는데($\frac{민 525조,}{수 5조 2항}$), 이러한 명문의 규정이 없는 화물상환증·창고증권·선하증권 등에도 인정된다고 본다[4]($\frac{상 65조,}{민 525조}$). 선택무기명증권은 무기명증권과 동일한 효력이 있기 때문에($\frac{민 525조,}{수 5조 2항}$), 이를 무기명증권과 구별하는 것은 그 형식에 있어서는 의미가 있을지 모르나 실질에 있어서는 실익이 없다.

4. 권리의 발생에 증권의 소지(작성)를 요하는지 여부에 따른 분류

(1) 설권증권

증권의 작성에 의하여 비로소 권리가 창설되는 증권을 설권증권(設權證券)(konstitutives Wertpapier)이라고 하는데, 어음·수표 등과 같은 완전유가증권이 이에 속한다.

(2) 비설권증권

이미 존재하는 권리를 단순히 증권에 표창한 증권을 비설권증권(선언증권)(deklaratorisches Wertpapier)이라고 하는데, 화물상환증·창고증권·선하증권·주권

---

1) 동지: 서·정, (상) 168면; 정(동), 64면; 최(기), 21면 외.
2) 이러한 기명주권의 양도방법은 1984년의 상법개정에 의하여 변경된 것인데, 개정 전에는 기명주권은 배서(또는 주권과 이에 주주로 표시된 자의 기명날인 있는 양도증서의 교부)에 의하여 양도되었으므로(개정전 상법 336조 1항) 이는 지시증권에 속하였다.
3) 동지: 정(동), 32면 외.
4) 동지: 정(동), 32면.

등과 같은 불완전유가증권이 이에 속한다.[1]

5. 증권상의 권리와 원인관계와의 관련 여부에 의한 분류

(1) 유인증권

증권상의 권리의 발생이 증권의 발행행위 자체 외에 그 원인관계와 관계를 갖고 있는 증권을 유인증권(요인증권)(kausales Wertpapier)이라고 하는데, 어음·수표 이외의 대부분의 유가증권(화물상환증·주권 등과 같은 불완전유가증권 또는 비설권증권)이 이에 해당한다. 유인증권의 경우에는 원인관계의 부존재·무효·취소 등이 증권상의 행위(특히 발행행위)에 영향을 미친다.

(2) 무인증권

증권상의 권리의 발생이 그 원인관계와 관계가 없는 증권을 무인증권(불요인증권·추상증권⟨abstraktes Wertpapier⟩)이라고 하는데, 어음·수표와 같은 유가증권(완전유가증권·설권증권)이 이에 해당한다.[2] 무인증권의 경우에는 원인관계의 부존재·무효·취소 등이 증권상의 행위(특히 발행위)에 원칙적으로 영향을 미치지 않는다.[3]

6. 증권상의 권리의 효력에 의한 분류

(1) 형식권적 유가증권

증권상의 권리의 내용(범위)이 증권에 기재된 문언만에 의하여 정하여지고, 이의 결과 동 증권을 선의로 취득한 자는 동 증권에 기재된 바에 의하여 권리를 취득하는(또한 채무자는 동 증권에 기재된 바에 의하여 의무를 이행하여야 하는) 증권을 형식권적 유가증권(문언증권)(skrip-turrechtliches Wertpapier)이라고 하는데(이러한 점에서 공신⟨公信⟩의 유가증권임),[4] 앞에서 본 모든 무인증권(어음·수표 등)과 일부의 유인증권(화물상환증·선하증권 등·창고증권·)이 이에 속한다.[5]

---

1) 증거증권의 경우에도 이러한 두 가지 성격이 있어, 예컨대 차용증서는 비설권증권이지만 유언장은 설권증권이다[정(동), 33면].

2) 동지: 대판 1998. 5. 22, 96 다 52205(공보 1998, 1704)(수표행위는 무인행위로서 수표 수수의 원인관계로부터 분리하여 다루어져야 하고, 수표는 원인관계와는 상관 없이 일정한 수표상의 권리를 표창하는 증권이다).

3) 그러나 예외적으로 무인증권의 경우에도 직접 당사자간에는 이를 인적 항변으로 주장할 수 있고(다만 원인관계의 부존재 등의 증명책임을 채무자가 부담하게 되어 —즉, 증명책임의 전환이 있게 되어— 이 점에서 증권의 소지인에게 유리하다), 또 동 증권의 양수인이 이러한 점을 알고 증권을 취득한 때에는 채무자는 악의의 항변을 주장할 수 있다(민 515조, 어 17조, 수 22조 참조).

4) 동지: 정(동), 35면.

5) 유인증권과 형식권적 유가증권(문언증권)과의 관계에 대한 상세는 정(동), 68면 참조(양자는 모순인 것처럼 보이지만 양자는 서로 다른 평면의 관념으로 모순이 아니라고 보는 것이 다수설인데, 유인증권은 문언증권성에 의하여 부분적으로 무인증권화되어 가고 있다고 보는 유력설도 있다고 한다).

(2) 실질권적 유가증권

증권상의 권리의 내용(범위)이 실질관계에 의하여 정하여지고 이의 결과 동 증권을 선의로 취득한 자도 동 증권에 기재된 문언에 의하여만 권리를 취득할 수 없는 (또한 채무자는 동 증권에 기재되지 않은 사항에 의해서도 항변을 주장할 수 있는) 증권을 실질권적 유가증권 (비문언증권) (nichtskripturrechtliches Wertpapier)이라고 하는데, 일부의 유인증권(주권)과 기명증 권이 이에 속한다.

제 4 절 유가증권의 속성

유가증권이란 무형의 권리를 증권에 유체화하여 거래의 수단으로 하는 것으로 서, 이렇게 증권에 유체화된 권리는 유가증권을 통하여 거래가 간편·확실하게 됨 은 물론 또 그 유통성이 증대된다. 이로 인하여 유가증권은 유통성의 보호와 증권 상 채무의 이행의 확보가 강력히 요청되는데, 이에 대하여 유가증권법은 상세하게 규정하고 있다. 이러한 유가증권법상의 규정에 의하여 유가증권에는 다음과 같은 속성이 있게 되는데, 이를 유가증권의 일생과 관련하여 살펴보겠다. 그런데 유가증 권 중에서도 주권(특히 기 명주권)은 유가증권의 법리 이외에 사단법적 법리와 자본시장과 금융투자업에 관한 법률상의 법리에 의하여도 지배를 받으므로 다음에서 보는 유가 증권의 속성이 없는 경우가 많은데, 이것은 주권이 사원권증권이라는 특수성에서 오는 불가피한 현상이다. 이러한 점으로 인하여 주권이 유가증권성을 상실하는 것 은 아니다.

1. 유가증권상의 권리의 성립과 유가증권의 속성(요식증권성)

유가증권상의 권리는 증권의 작성에 의하여 성립되는데, 증권의 작성은 권리 와 증권을 결합시키는 행위로서 보통 각 유가증권에 관하여 법률이 정한 방식과 조 건에 따라서 하게 된다. 이와 같이 유가증권이 법률이 정한 방식(기재사항)과 조건에 따라서 작성되어야 그 효력을 발생하게 되는 것을 유가증권의 요식증권성(formelles Papier)이라 한다. 이러한 요식증권성에는 두 가지가 있는데, 하나는 어음·수표와 같이 법정의 기재사항이 흠결되면 법이 특히 그의 구제를 규정한 경우를 제외하고 는 증권 자체를 무효로 하는 「엄격한(절대적) 요식증권성」과(어 2조), 다른 하나는 화 물상환증·창고증권·선하증권·주권 등과 같이 법정의 기재사항이 흠결되더라도 그것이 본질적인 것이 아닌 한 증권을 무효로 하지 않는 「완화된(상대적) 요식증권성」이 있다(상 128조 2항, 156조 2항, 853조, 356조 등 참조). 엄격한 요식증권성이 있는 유가증권은 법정의 기재사항 이외의 사항을 자유롭게 기재할 수 없으나(법이 특히 허용한 경우에만 기재할 수 있는데, 그 이외의 사항을 기재한 경우에는 효력이 발생하지 않거나 증권을 무효로 함), 완화된 요식증권성이 있는 유가증권은 법정의 기재사항 이외의 기재사항을 자유롭게 기재할 수 있다.

이와 같이 법정의 기재사항을 기재하여 작성된 유가증권은 보통 상대방에게 교부된 때에 작성의 의사표시의 효력이 발생하고 증권작성행위가 완료되는데, 이를 증권의 「발행」(issue; Ausstellung)이라고 한다(어음의 경우 언제 어음의 작성행위가 완료되느냐에 대하여는 학설이 대립되어 있는데 이를 「어음이론」이라고 하며, 이에 관하여는 뒤에서 상술한다).

증권의 작성과 권리의 발생과의 관계에 대하여는, 이미 앞에서 본 바와 같이 증권의 작성에 의하여 비로소 권리가 발생하는 유가증권(설권증권)과, 이미 존재하는 권리를 증권의 작성에 의하여 단지 증권에 표창하는 것뿐인 유가증권(비설권증권)이 있다.

2. 유가증권상의 권리의 양도와 유가증권의 속성(지시증권성·자격수여적 효력·선의취득자의 보호·문언증권성)

(1) 지시증권성

유가증권상의 권리는 보통 유가증권에 고유한 양도방법인 「배서」에 의하여 양도되는데, 이를 유가증권의 「지시증권성」이라 한다. 즉, 앞에서 본 지시증권(선택적 지시증권이든, 법률상 당연한 지시증권이든)은 「배서」에 의하여 증권상의 권리가 양도되는데(민 508조, 상 130조·157조· 861조, 어 11조 1항·77조 1항 1호, 수 14조 1항 등), 이를 유가증권의 속성에서 보면 「지시증권성」이다. 이러한 유가증권의 지시증권성은 협의의 유가증권 중에서 지시증권에만 해당하는 속성이라고 볼 수 있다. 이러한 지시증권성을 갖는 유가증권이 일반지명채권의 양도방법에 의하여 양도될 수 있는지 여부에 대하여는 견해가 나뉘어 있는데, 이에 관하여는 뒤에서 상세히 살펴보겠다.

그러나 기명증권은 유가증권에 고유한 양도방법인 「배서」에 의하여 증권상의 권리가 양도되는 것이 아니므로 지시증권성이 없다. 즉, 배서금지어음·수표·화물상환증·창고증권·선하증권(어 11조 2항, 수 14조 2항, 상 130조 단서·157조·861조) 등은 일반지명채권의 양도방법에 따라서만 그리고 그 효력으로써만 양도될 수 있으므로, 채무자 또는 제 3 자에게 증권상의 권리의 양도를 대항하기 위하여는 민법상 지명채권양도의 대항요건을 밟아야 한다($^{민}_{450조}$). 또한 기명증권인 기명채권(記名債券)의 양도도 회사 기타 제 3 자에게 대항하기 위하여는 상법상 규정된 대항요건($^{취득자의 성명과 주소를 사채원부에}_{기재하고, 그 성명을 채권에 기재함}$)을 밝혀야 한다($^{상}_{479조}$). (기명)주권은 단순한 교부만에 의하여 그 주식이 양도되므로($^{상 336조}_{1항}$) 무기명증권으로 분류될 뿐만 아니라($^{이에 관하여는 유가증권의 종류 중}_{무기명증권에서 이미 설명함}$), 회사에 대한 그 양도의 대항요건으로 주주명부의 명의개서를 요하므로($^{상}_{337조}$) 지시증권성은 없다고 보겠다.

(2) 자격수여적 효력

유가증권상의 권리의 양도와 관련하여 뒤에서 보는 증권상의 선의취득자를 보호하기 위해서나 또는 증권상의 채무자를 면책하기 위한 전제로서 증권상 형식적 자격을 가진 자를 실질적 권리자로 추정하는데, 이를 자격수여적 효력 (Legitimationswirkung)이라 한다. 이러한 자격수여적 효력은 기명증권에는 인정되지 않고 지시증권 또는 무기명증권에만($^{즉, 협의의}_{유가증권에만}$) 인정되는데, 지시증권의 경우에는 배서의 연속에 의하여 또 무기명증권의 경우에는 단순한 소지만에 의하여 형식적 자격을 갖게 되고 이의 결과 자격수여적 효력을 갖는다($^{민 513조, 어 16조 1항·}_{77조 1항 1호, 수 19조}$). 주권($^{특히 기명주권에}_{서 의미가 있음}$)의 경우에도 단순한 점유자는 자격수여적 효력을 갖는 것으로 명문으로 규정하고 있다($^{상 336조}_{2항}$).

(3) 선의취득자의 보호

위의 자격수여적 효력과 관련하여 특히 유통성이 많은 (협의의) 유가증권에 대하여는 거래의 안전을 위하여, 민법의 동산거래에 있어서의 선의취득제도($^{민}_{249조}$)를 더욱 강화하여 선의취득자를 보호하고 있다($^{민 514조·524조, 상 65조·359조,}_{어 16조 2항·77조 1항 1호, 수 21조}$). 그러나 기명증권의 경우에는 그의 유통성을 보호할 필요가 없으므로 선의취득자가 보호되지 않는다.

(4) 문언증권성

위의 선의취득자의 보호와 관련하여 동 증권의 선의취득자는 원칙적으로 동증권에 기재된 바에 의하여 증권상의 권리를 취득하는데, 이를 유가증권의 문언증권성의 속성이라고 한다(형식권적 유가증권).

그런데 선의취득이 인정되는 모든 유가증권이 문언증권성의 속성을 갖는 것은 아니다. 예외적으로 주권의 경우에는 선의취득이 인정되지만 문언증권성의 속성은 없다(실질권적 유가증권). 이것은 주권이 사단법적 원리에 의해서도 지배되는 점에서 오는 특수한 현상이다.

3. 유가증권상의 권리의 행사와 유가증권의 속성(제시증권성·상환증권성·
면책증권성·인적 항변의 절단·추심채무)

(1) 제시증권성

(협의의) 유가증권은 변제기한이 있는 경우에도 그 기한이 도래한 후에 소지인
이 증권을 제시하여 이행을 청구한 때로부터 채무자는 지체책임을 지는데($^{민\ 517·524}_{조,\ 상\ 65조,}$
$^{어\ 38조·77조}_{1항\ 3호,\ 수\ 29조}$), 이를 제시증권성(Vorlegungspapier)이라 한다.[1] 이러한 제시증권성은
지시증권 및 무기명증권뿐만 아니라 기명증권도 갖는다. 그러나 무기명증권에 속하
는 기명주권의 경우에는 주주명부에 명의개서만 하면 주권을 제시하지 않더라도 주
주권을 행사할 수 있으므로 제시증권성이 없다.[2]

(2) 상환증권성

제시증권성과 관련하여 유가증권상의 권리자가 그의 권리를 행사하려면 증권
을 채무자의 변제와 상환하여야 하는데($^{민\ 519조·524조,\ 상\ 129조·157조·861조,}_{어\ 39조\ 1항·77조\ 1항\ 3호,\ 수\ 34조\ 1항}$), 이를 상환증권
성(Einlösungspapier)이라 한다. 대부분의 유가증권은 이러한 상환증권성이 있다. 그
러나 (기명)주권의 경우에는 이러한 상환증권성이 없다.[3] 한편 화물상환증·창고증
권·선하증권 등에 대하여 상법은 명문으로 상환증권성을 규정하고 있으나, 상관습
에 의하여 보증도(保證渡) 또는 가도(假渡)가 인정되고 있으므로 상법상 이러한 증
권의 상환증권성은 사실상 그 효용이 많이 감소되어 있다고 볼 수 있다.[4]

(3) 면책증권성

증권상의 채무자가 앞에서 본 형식적 자격을 가진 자에게($^{즉,\ 자격수여적\ 효력이}_{있는\ 증권의\ 소지인에게}$) 변
제를 하면 비록 그가 무권리자라 하더라도 이에 대하여 채무자가 악의(사기) 또
는 중대한 과실이 없는 한 채무자는 면책되는데($^{민\ 518조,\ 상\ 65조,\ 어}_{40조\ 3항,\ 수\ 35조\ 등}$), 이를 면책증권성
(Legitimationspapier)이라 한다. 유가증권과 면책증권과의 관계에서 이미 본 바와 같
이 대부분의 유가증권은 면책증권성을 가지나, 일부의 유가증권($^{예컨대,\ 배서금지화물상}_{환증·배서금지선하증권·}$
$^{기명채권〈記名債〉}_{券〉\ 등\ 기명증권}$)은 면책증권성을 갖지 않는다. 또한 면책증권성은 있으나 유가증권이

---

1) 배서에 의하여 증권상의 권리를 양도할 수 있는 증권의 성질을 「지시증권성」이라고 하는데, 이
　는 권리의 행사에 증권의 제시를 요하는 「제시증권성」과 구별된다.
　　어음은 이러한 제4증권성·상황증권성 등으로 인하여, 어음을 소지하지 않으면 회생절차에 참가
　하기 위하여 어음채권을 회생채권으로 신고할 수 없다[대판 2016. 10. 27, 2016 다 235091(공보
　2016, 1801)].
2) 동지: 정(동), 38면.
3) (기명)주권의 경우에는 주권의 제시(소지) 없이도 권리를 행사할 수 있다.
4) 동지: 정(동), 38면.

아닌 것도 많다(예컨대, 예금통장·신발표·).
              (휴대품보관증 등

　(4) 인적 항변의 절단

　　민법상 지명채권양도의 일반원칙에 의하면 양수인은 양도인이 갖는 권리 이상
을 취득하지 못하므로 채무자는 양도인에 대한 모든 항변사유로써 양수인에게 대항
할 수 있다(민_{451조}). 민법상의 이러한 일반원칙을 유가증권에도 그대로 적용하면 유가
증권의 양수인의 권리는 매우 불안정하게 되어, 유가증권의 유통은 크게 침해받게
된다. 따라서 유가증권법은 증권상의 채무자는 증권소지인이 선의이면 양도인에 대
한 인적 항변사유로써 증권소지인(양수인)에게 대항할 수 없도록 하여, 유가증권의
유통성과 피지급성을 보호하고 있다(민 515조, 상 65조, 어 17조·). 이러한 인적 항변의 절단
                              (77조 1항 1호, 수 22조
의 성질은 거의 모든 지시증권 및 무기명증권에 존재하나, 기명증권과 기명주권에
는 존재하지 않는다.

　(5) 추심채무

　　민법상 지명채권의 이행장소는 원칙적으로 채권자의 현주소 또는 현영업소이
지만(지참채무)(민_{2항} 467조), 유가증권상의 채무의 이행장소는 원칙적으로 채무자의 현영
업소 또는 현주소이다(민 516조,). 이것은 유가증권이 전전유통되는 성질과 또한 채무
                   (상 65조
자가 증권의 현소지인을 알 수 없는 성질에 기인한다. 따라서 유가증권이 추심채무
라는 성질도 원칙적으로 지시증권 및 무기명증권에만 적용되고, 기명증권에는 적용
되지 않는다. 주권의 경우에는 위와 같은 이유보다는 사단법적 법리의 적용에 의하
여 회사의 영업소에서 채무가 이행되는 경우가 많을 것이다.

제 5 절   유가증권법

1. 유가증권법의 의의

(1) 실질적 의의의 유가증권법

　　실질적 의의의 유가증권법이란 형식적 의의의 유가증권법의 존재유무 또는 그
의 내용의 차이에도 불구하고 존재하는 이론상 통일적인 유가증권에 관한 법인데,
이에는 광의의 유가증권법과 협의의 유가증권법이 있다.

　　「광의의 유가증권법」이란 유가증권의 실체적 법률관계를 규율하는 사법적(私
法的) 규정(민법·상법상 유가증권에 관한)뿐만 아니라, 유가증권에 관한 형벌규정(형 214조) · 공
              (규정, 어음법 및 수표법 등   (이하

시최고에 의한 제권판결에 관한 규정($^{민소\,475}_{조\,이하}$)·어음에 관한 강제집행규정($^{민집\,233}_{조\,이하}$) 및 부정수표단속법 등과 같은 공법적 규정을 포함한다.

그러나 「협의의 유가증권법」이란 유가증권의 실체적 법률관계를 규율하는 사법적(私法的) 규정만을 의미하는데, 일반적으로 유가증권법이라고 말할 때에는 협의의 유가증권법을 의미한다.[1]

(2) 형식적 의의의 유가증권법

형식적 의의의 유가증권법이란 실정성문법인 유가증권법을 의미하는데, 우리나라에는 스위스의 채무법($^{945조}_{이하}$)이나 미국의 통일상법전과 같은 유가증권 전반에 관해서 규율하는 통일적인 법인 형식적 의의의 유가증권법은 없고, 유가증권을 규율하는 법은 여기저기에 흩어져 있다.[2] 이를 살펴보면 다음과 같다.

1) 유가증권 중에서 가장 전형적인 유가증권이고 기업뿐만 아니라 일반인도 널리 이용하는 어음·수표를 규율하는 법으로는, 단행법인 「어음법」과 「수표법」이 있다.

2) 유가증권 중에서 상인만이 발행할 수 있는 화물상환증($^{상\,128조\sim}_{133조}$)·창고증권($^{상\,156조\sim}_{157조}$)·선하증권($^{상\,852조\sim}_{864조}$)·주권($^{상\,355조\sim}_{360조}$) 및 채권(債券)($^{상\,478조\sim}_{480조}$) 등에 관하여는, 「상법전」에서 규정하고 있는데 이는 상법전의 일부를 이루고 있다. 그런데 이러한 유가증권도 기본적으로는 어음·수표의 유가증권성과 공통된 점이 많으므로, 동 유가증권에는 어음법·수표법의 규정이 많이 준용되고 있다($^{예컨대,\,상}_{359조\,등}$).

3) 유가증권 중에서 「금전의 지급청구권, 물건 또는 유가증권의 인도청구권이나 사원의 지위를 표시하는 유가증권」[3]에 대하여는, 「상법 제65조」에서 1개의 포

---

1) 동지: 주석, 70면.
2) 이것은 마치 통일적인 형식적 의의의 행정법이 없고, 행정법이 여기저기 흩어져 있는 것과 같다고 볼 수 있다.
3) 동 규정상 「금전의 지급청구권을 목적으로 하는 유가증권」이란 어음·수표·채권(債券) 등을 의미하는데, 이 때 어음·수표에는 별도의 어음법·수표법이 먼저 적용되므로 동 규정이 적용될 여지가 거의 없고, 채권(債券)에 대하여는 상법이 규정하고 있는 사항(상 478조~480조) 이외의 사항에 대하여 동 규정이 적용될 여지가 있다. 또한 동 규정상 「물건의 인도청구권을 목적으로 하는 유가증권」이란 화물상환증·창고증권·선하증권·상품권 등을 의미하는데, 이 때 화물상환증·창고증권·선하증권에 대하여는 상법이 규정하고 있는 사항(상 128조~133조, 156조~157조, 852조~864조) 이외의 사항에 대하여 동 규정이 적용될 여지가 있고, 상품권에 대하여는 동 규정이 전부 적용될 여지가 있다. 또한 동 규정상 「유가증권의 인도청구권을 목적으로 하는 유가증권」이란 승차권·승선권 등의 인도를 청구할 수 있는 유가증권으로서의 여행권과 같은 것을 의미하는데, 이러한 증권에 대하여는 (비록 그 예가 적지만) 동 규정이 적용될 여지가 있다. 또한 동 규정상 「사원의 지위를 표시하는 유가증권」에는 주권이 이에 해당되어 상법이 규정하고 있는 사항(상 355조~360조) 이외의 사항에 대하여는 동 규정이 적용될 여지가 있다고 본다(동지: 주석, 70~71면). 한편 동 규정의 형식만으로 보면 증권에 표창된 권리의 종류에 의하여 유가증권을 한정하는 것 같

괄규정을 두어 민법의 증권채권에 관한 규정($\frac{민\ 508조\sim}{525조}$) 및 어음법의 규정의 일부 ($\frac{어\ 12조}{1항\cdot2항}$)를 준용하고 있다($\frac{상}{65조}$).

4) 유가증권 중에서 상거래에 수반되어 이용되는 상법 제65조의 유가증권(상업증권)이 아닌 것으로 어음·수표가 아닌 채권증권(債權證券)인 유가증권을 규율하는 규정으로는, 「민법」의 증권채권($\frac{지시채권\cdot무기명채권}{및\ 선택무기명채권}$)에 관한 규정($\frac{민\ 508조\sim}{525조}$)이 있는데 이는 민법전의 일부를 이루고 있다.[1]

5) 위와 같이 우리나라에는 통일적인 형식적 의의의 유가증권법이 없고 유가증권을 규율하는 법은 여기저기에 (때로는 중복하여) 산재하고 있는데, 이것은 유가증권제도가 발달한 것이 그리 오래지 않고 또 각종의 유가증권이 이용되는 분야가 서로 다른 까닭에 부득이한 일이라고 볼 수도 있다.[2] 그러나 앞으로 통일적인 형식적 의의의 유가증권법을 제정하는 것이 입법론상 필요하다고 본다.[3] 그 방법은 민법 또는 상법에 유가증권에 관한 통일적인 규정을 두는 등 여러 가지를 생각할 수도 있으나,[4] 현재 각종의 유가증권에 관한 규정을 해체흡수한 단행법을 제정하는 것이 가장 바람직하다고 본다.[5] 이렇게 통일적인 유가증권법이 제정된다면 이는 민법 또는 상법에도 속하지 않는 사법체계 중 재산법의 새로운 분야를 형성하는 것이라고 보겠다.

2. 유가증권법정주의

유가증권은 그의 유통성 및 피지급성의 확보를 위하여 법의 특별한 보호를 받고 있고, 이러한 유가증권법은 강행법적 성질을 갖고 있다. 따라서 유가증권의 종류

이 보이나, 해석상 이에 한정할 것이 아니라 상거래에 수반하여 이용되는 유가증권으로서 유가증권에 특유한 유통방법인 배서 또는 교부에 의하여 양도할 수 있는 모든 지시증권 및 무기명증권을 포함하는 것으로 해석하여야 할 것이다. 결국 상법 제65조는 상거래 등에 수반되어 이용되는 협의의 유가증권(지시증권 및 무기명증권)에 관한 통칙규정이라고 볼 수 있다.

1) 이론상으로는 이렇게 민법만의 적용을 받는 유가증권의 발행이 가능하지만, 실제에 있어서는 그 예가 없다[곽, (채총) 368면]. 또한 민법의 규정은 어음법·수표법뿐만 아니라 상법의 규정과 거의 동일한데, 이렇게 동일한 내용의 규정을 그것이 적용되는 경우가 거의 없음에도 불구하고 민법에 중복하여 둘 필요가 있는지는 대단히 의문이다[동지: 서·정, (상) 164~165면]. 민법은 또한 기명증권인 유가증권에 대하여는 규정하고 있지 않아 통일성도 없다.

2) 동지: 손(주), 6~7면 외.

3) 동지: 서·정, (상) 170면.

4) 그러나 유가증권이 표창하는 권리는 단순히 채권법과 물권법의 지배 하에 둘 수 없는 특수한 점이 많으므로 이를 민법에 속하게 할 수도 없고, 또 유가증권은 기업(상인)만에 의하여 이용되는 것이 아니라 일반인도 이용하는 제도이므로 상법의 지배 하에 둘 수도 없다.

5) 동지: 高田源淸, 「有價證券法(上)」, 26면.

와 내용 등을 법에 의하여 제한함으로써 그의 남용을 방지하는데, 이것을 유가증권법정주의(Der numerus clausus der Wertpapiere)라고 한다.[1] 유가증권법정주의의 구체적인 예로는, 유가증권에 화체되는 권리는 재산권(채권·물권·사원권)에 한하고 신분권·명예권 등은 유가증권화될 수 없는 점, 유가증권상의 권리의 내용은 증권의 문언만에 의하여 정하여지는 점(다만, 주권은 예외임), 유가증권에고유한 양도방법(직시증권인 경우에는 배서, 무기명증권인 경우에는 교부)이 규정되어 유가증권은 이러한 양도방법에 의하여 양도되는 점 등을 들 수 있다.

　　이러한 유가증권법정주의는 협의의 유가증권(직시증권 및 무기명증권)에만 해당되고, 기명증권에는 해당되지 않는다고 본다.[2] 왜냐하면 기명증권은 권리의 행사에 증권을 제시하여야 하는 외에는 유가증권에 관한 특별규정이 거의 적용될 여지가 없기 때문이다.[3]

---

1) 정(찬), 46면. 동지: 정(희), 12~13면; 동, "유가증권법정주의," 「고시연구」, 1985. 4, 100면; 정(동), 40면; 최(기), 34면(그러나 이를 '유가증권제한주의'라고 한다); Zöllner, S. 24~25.

2) 동지: 정(희), 12면; Zöllner, §4 V(독일의 통설).
　반대: 정(동), 40면(채권을 표창하는 기명증권에는 유가증권법정주의가 적용된다고 한다); 이(기), 29면.

3) 동지: 정(희), 13면; 채, 19면.

제**2**장 어음법·수표법 서론

제1절 어음·수표의 의의

제1 어음·수표의 개념

1. 환어음의 개념

환어음(bill of exchange, draft; gezogener Wechsel, Tratte)이란 「어음의 발행인이 제3자(지급인)에게 일정금액(어음금액)을 일정일(만기)에 어음상의 권리자($^{수취인}_{또는}$ $^{피배}_{서인}$)에게 지급할 것을 무조건으로(무인증권성) 위탁하는(지급위탁증권) 유가증권」이다. 이러한 환어음의 당사자에는 기본당사자와 그 밖의 당사자가 있는데, 이는 다음과 같다.

(1) 기본당사자

환어음의 기본당사자는 발행인·수취인·지급인($^{지급인이~인수한}_{경우에는~인수인}$)이다.

1) 발 행 인 발행인은 어음을 최초로 발행하는 자인데, 어음의 '발행'이란 「발행인이 증권상에 어음요건($^{어}_{1조}$)을 기재하고(요식증권성) 기명날인 또는 서명하여 (설권증권성), 이것을 수취인에게 교부하는 것(발행설)」을 말한다. 환어음의 발행인은 배서인과 같이 상환의무(소구의무)만을 부담하는 것이지($^{어}_{9조}$), 약속어음의 발행인과 같이 주채무를 부담하는 것은 아니다.

2) 수 취 인 환어음에는 반드시 수취인($^{지급을~받을~자~또는~지급}_{을~받을~자를~지시할~자}$)을 기재해야 한다($^{어~1조}_{6호}$). 이러한 수취인은 직접 어음금액을 수령할 수도 있으나, 자기가 어음금액을 수령하지 않고 자기와 교체하여 어음상의 권리자가 될 자(피배서인)를 어음상에 지시할 수도 있는데 이것을 「배서」라고 한다. 이러한 배서에 의한 어음의 양도방법

은 유가증권(지시증권)에 인정된 고유하고 간편한 양도방법이다(지시증권성).

3) 지 급 인　　환어음의 지급인은 발행인에 의하여 지급인으로 지시되어 있는 자인데, 보통 발행인에 대하여 자금관계상 채무를 부담하고 있다. 지급인은 환어음과 수표에만 있는 기본당사자인데, 수표의 지급인은 은행에 한정되어 있는 점($\frac{수}{3조}$)에서 환어음의 지급인과 구별된다.

지급인은 그의 의사와는 관계 없이 발행인의 지시만으로 지급인의 자격을 취득하는 것이므로, 지급인은 어음상의 권리자에 대하여 어음채무를 부담하지 않는다. 그러나 지급인이 어음소지인의 인수제시에 대하여 어음채무를 부담할 의사표시를 한 경우에는 어음채무를 부담하게 되는데, 이것을 「인수」라고 한다. 이러한 인수는 환어음의 지급인만이 할 수 있는데, 환어음의 지급인은 인수에 의하여 「인수인」이 된다.

(2) 그 밖의 당사자

환어음은 위와 같은 기본당사자 외에 다음과 같은 당사자가 있다.

1) 배서인·피배서인　　환어음이 배서에 의하여 제3자에게 양도되는 경우에 양도인을 「배서인」, 양수인(제3자)을 「피배서인」이라고 한다. 최초의 배서인은 수취인이다. 수취인이 환어음을 배서에 의하여 제3자(피배서인)에게 양도하고, 그 피배서인이 다시 동 어음을 배서에 의하여 양도하게 되면 최후의 어음소지인에 이르기까지 형식상 배서가 연달아 있게 되는데, 이것을 「배서의 연속」이라고 한다. 이와 같은 배서의 연속에는 자격수여적 효력이 있게 되고($\frac{어}{1항}$16조), 이의 결과 선의취득($\frac{어}{2항}$16조) 및 지급인의 면책력($\frac{어}{3항}$40조)이 인정된다.

2) 어음보증인·피보증인　　어음채무를 담보할 목적으로 어음상에 보증의 의사표시를 한 자를 「어음보증인」이라 하고, 이러한 보증을 받는 어음채무자를 「피보증인」이라 한다. 환어음에서 보증인이 될 수 있는 자에는 아무런 제한이 없고, 피보증인이 될 수 있는 자는 발행인·배서인·인수인 및 참가인수인이다.

3) 참가인수인·참가지급인·예비지급인　　만기 전의 상환청구(소구)를 저지하기 위하여 특정한 어음채무를 인수한 자를 「참가인수인」이라 하고, 만기 전 또는 만기 후의 상환청구(소구)를 저지할 목적으로서 지급하는 자를 「참가지급인」이라 한다. 이러한 참가인수인과 참가지급인을 합하여 참가인이라고 하는데, 참가인이 미리 어음상에 기재된 경우 이러한 참가인을 「예비지급인」이라 한다.

4) 지급담당자　　환어음에서 지급인 또는 인수인에 갈음하여 지급사무만을 담당하는 자를 「지급담당자」라고 하는데, 지급담당자는 보통 은행이 된다. 이러한 지급담당자는 보통 지급장소와 동일한 개념으로 사용되고 있는데, 엄격히 말하면

전자는 인적 개념이고 후자는 장소적 개념으로 양자는 구별된다. 이와 같이 환어음에서 지급인의 영업소(주소) 이외에서 지급될 수 있도록 지급담당자 또는 지급장소가 기재된 경우를 「제 3 자방지급문언」이라고 하고, 이러한 어음을 「제 3 자방지급어음(타소〈他所〉지급어음)」이라고 한다. 앞에서 본 참가지급인은 자기명의로 지급하는데 대하여 지급담당자는 지급인(인수인) 명의로 지급하는 점에서, 양자는 구별된다.

2. 약속어음의 개념

약속어음(promissory note; eigener Wechsel)이란 「어음의 발행인 자신이 일정일(만기)에 일정금액(어음금액)을 어음상의 권리자($\binom{수취인\ 또는}{피배서인}$)에게 지급할 것을 무조건으로(무인증권성) 약속하는(지급약속증권)[1] 유가증권」이다.

약속어음의 기본당사자는 발행인과 수취인이다. 약속어음이 환어음과 근본적으로 다른 점은, 지급인이 따로 없고 발행인 자신이 환어음의 지급인($\binom{엄격하는}{인수인}$)을 겸하고, 발행인은 언제나 주채무자가 되는 점이다. 또 약속어음에는 환어음과는 달리 인수제도가 없다. 약속어음을 환어음을 기준으로 보면 「인수된 자기앞환어음」에 해당한다고 볼 수 있다. 약속어음의 그 밖의 당사자는 환어음의 경우와 같다.

3. 수표의 개념

수표(check; Scheck)란 「수표의 발행인이 지급인(은행)에게 일정금액(수표금액)을 수표상의 권리자($\binom{지시식인\ 경우에는\ 수취인\ 또는\ 피배서인,}{무기명식인\ 경우에는\ 정당한\ 소지인}$)에게 지급할 것을 무조건으로(무인증권성) 위탁하는(지급위탁증권) 유가증권」이다.

수표는 환어음과 그 법률적 구조가 유사하여 지급위탁증권이고, 기본당사자는 발행인·수취인·지급인이다. 그러나 수표는 (i) 지급인이 은행에 한정되어 있는 점($\binom{수\ 3조}{59조}$), (ii) 만기가 없고 항상 일람출급인 점($\binom{수}{28조}$), (iii) 수취인의 기재가 임의적 기재사항인 점[2]($\binom{수}{5조}$) 등에서 환어음과 근본적으로 구별되고 있다.[3] 수표를 환어음을

---

1) 지급약속증권 중 양도성정기예금증서(C.D.)는 은행의 지급약속증권의 하나로 볼 수 있다.

2) 따라서 소지인출급식(무기명식) 수표가 인정되며, 이러한 수표가 국내에서는 오히려 일반적으로 이용되고 있다.

3) 수표를 환어음과 비교할 때 그 밖에 구별되는 점은 다음과 같다.
　(i) 수취인의 기재가 임의적 기재사항이므로, 소지인출급식(무기명식) 수표의 경우에는 배서인·피배서인이 처음부터 없고 교부만에 의하여 양도된다.
　(ii) 수표에도 보증제도(수 25조 이하)가 있으므로 수표보증인·피보증인이 있으나, 지급인은 인수를 할 수 없고(수 4조) 그 대신 지급보증만을 할 수 있으므로(수 53조 이하) 환어음의 인수인 대신에 지급보증인이 있다.

기준으로 보면 「은행 앞으로 발행된 일람출급의 환어음」에 해당한다고 볼 수 있다.[1]

제2 어음·수표의 법적 성질

어음·수표는 일정한 금액의 지급을 목적으로 하는 유가증권으로서, 그 권리의 발생·이전·행사가 모두 증권에 의하여 이루어지는 가장 완전한 유가증권이다.

1. 일반적 유가증권성

어음·수표는 유가증권이므로 유가증권의 속성인 지시증권성·제시증권성·상환증권성·문언증권성·면책증권성을 갖는 것은 물론이지만, 그 밖에 다음과 같은 특수한 성질을 갖고 있다.

2. 금전채권증권성

어음·수표는 물권 또는 사원권을 표창하는 물권증권 또는 사원권증권과는 달리 채권(債權)을 표창하는 채권증권이기는 하나, 금전의 지급채권을 표창하는 점에서 물건의 인도채권을 표창하는 물건증권(선하증권·화물상환증·창고증권·상품권 등)과 구별되는 금전채권증권이다.

3. 설권증권성

어음·수표상의 권리는 어음·수표의 작성에 의하여 비로소 발생하는 것으로 증권의 작성이 어음·수표상의 권리발생의 절대적 요건이 되는 설권증권(設權證券)이다. 이에 대해서 어음·수표 이외의 모든 유가증권은 이미 발생한 권리를 증권에 표창하는 것이므로 설권증권이 아니다.

4. 무인증권성

어음·수표상의 권리는 원인관계의 무효·취소에 의하여 그 효력에 영향을 받지 않으며, 그 권리의 행사에도 원인관계의 증명을 필요로 하지 않는다. 어음·수표는 이와 같이 증권상의 권리가 원인관계에서 독립되어 있는 무인증권이다. 어음·

(ⅲ) 수표에는 참가제도가 없으므로, 참가인수인·참가지급인·예비지급인이 없다.

(ⅳ) 수표도 환어음의 경우와 같이 지급담당자(은행)가 별도로 기재될 수 있으나(수 8조), 수표는 지급인이 은행이므로(수 3조) 실제로는 지급담당자가 기재되지 않는 것이 일반적이다.

1) U. C. C. §3-104(f)(ⅰ) 및 B. E. A. §73은 수표를 이렇게 정의하고 있다.

수표가 무인증권이라는 명문의 규정은 없으나 지급의 위탁이나 약속이 무조건이어
야 한다는 것(어 1조 2호·75조)과 인적 항변의 절단(어 17조·77조 1항)이 근거가 되는 규정이
라 할 수 있으며, 이는 어음·수표의 유통성을 강화하기 위해 인정된 것이다. 이에
반하여 어음·수표 이외의 모든 유가증권은 유인증권이다.

5. 절대적 요식증권성

대부분의 유가증권은 유통증권으로서 그 권리관계가 증권상에 명시되어야 할
필요가 있으므로 요식증권이다. 그러나 화물상환증·선하증권·창고증권은 증권의
본질에 반하지 않는 한 법정사항을 결하거나 법정사항 이외의 기재를 하는 경우에
도 증권이 무효로 되지 않으나, 어음·수표는 법정사항을 결하면 구제를 예정하는
경우를 제외하고는 증권이 무효이고(어 2조·수 2조), 법정사항 이외의 기재는 그 기재만이
무효가 되는 경우와 어음·수표 자체가 무효로 되는 경우가 있다. 이와 같이 기재사
항의 최소한과 최대한이 법정되어 있는 것을 절대적 요식증권이라고 한다.

제 3 어음·수표의 경제적 기능

1. 환어음의 경제적 기능

환어음의 경제적 기능으로는 신용기능, 송금기능, 추심기능 및 지급기능이 있
다. 이하에서 차례로 고찰하여 본다.

(1) 신용기능

환어음은 제 1 차적으로 신용기능을 수행하는데, 이에는 신용창조기능과 신용
담보기능이 있다(이에 관하여는 유가증권의 개별적 기능에서 이미 설명함). 환어음의 이러한 신용기능은 만기까지의 신
용을 이용하는 기능인데, 환어음의 이러한 신용기능으로 인하여 자금의 시간적 장
애가 극복된다.

1) 신용창조기능   물건의 매매에서 매수인에게 현재 물건구입대금이 없어
매도인이 외상으로 매도하고 매수인이 장래의 일정한 기일(만기)에 물건대금을 지급
하기로 한 경우에, 매수인이 자기앞환어음을 발행하여 인수한 후 이를 매도인에게
교부하면(또는 매도인이 자기지시환어음을 발행 하여 매수인에게 인수시킨 후 소지하면) 동 어음은 매수인에게 만기까지 신용창조기능
을 한다.[1]

---

1) 이 때 매도인은 동 어음을 만기까지 소지하고 있다가 만기에 매수인에 대하여 매매대금(어음금

2) 신용담보기능   위의 예에서 매도인이 물건을 외상으로 매도하지 않아서 매수인이 당장 물건구입대금이 필요한 경우에, 매수인은 자기의 거래은행으로부터 물건구입대금을 대출받고 이를 담보하기 위하여 은행에 대출금액을 어음금액으로 하고 대출기일을 만기로 한 어음(보통은 약속어음이나, 환어음의 경우에는 매수인이 인수한 자기앞환어음)을 발행하여 교부하면 동 어음은 신용담보기능을 하게 된다.[1]

(2) 송금기능

환어음은 국제거래에서의 송금수단으로 많이 이용되는데, 보통 송금인(매수인·수입상)이 자기의 거래은행에 송금할 금액을 납입하고 송금을 의뢰하면 거래은행은 자기의 외국지점 또는 거래관계가 있는 다른 은행을 지급인으로 하고 매도인(수출상)을 수취인으로 하여 환어음을 발행하여 송금인에게 교부하면 송금인은 이를 매도인(수취인)에게 송부한다. 환어음의 이러한 송금기능은 자금의 공간적 장애를 극복시킨다. 또한 위와 같이 발행된 환어음을 송금환(외국환)이라고 하는데, 그 시세가 외환시세이다.

환어음의 이러한 송금기능은 최근의 새로운 제도인 전자자금이체제도·은행 Giro제도 등으로 인하여 국내거래에서는 거의 그 기능이 상실되어 가고 있으나, 국제거래에서는 여전히 중요한 기능을 하고 있다.[2]

(3) 추심기능

환어음의 추심기능은 국제거래에 있어서 수출상(매도인)에게 작용한다. 즉, 한국의 수출상 A가 미국의 수입상 B에게 일정한 물건을 수출(매도)하고 그 대금을 추심코자 하는 경우에, A는 B를 지급인으로 한 환어음을 발행하여 자기의 거래은행으로부터 동 어음을 할인받아 수출대금을 추심할 수 있다. 이 때 동 어음의 수취인은 A일 수도 있고(자기지시환어음) A의 거래은행(할인은행)일 수도 있다. 수취인을 A로 한 경우에는 A는 동 어음을 할인받기 위하여 자기의 거래은행에 배서양도하여

액)을 청구할 수 있으나, 이렇게 하면 매도인은 만기까지 자기의 자금을 사장한 것이 된다. 따라서 매도인은 보통 동 어음을 자기의 채무의 지급을 위하여 채권자에게 양도하거나 또는 자기의 거래 은행으로부터 할인을 받아서 자금화한다. 이와 같이 환어음은 매수인에게는 신용창조기능을 하면서, 한편 매도인에게는 위와 같은 어음할인 등을 통하여 어음의 시간적 장애를 극복시켜 상품을 즉시 자금화하는 기능을 한다. 또한 은행은 어음할인 등을 통하여 자금을 단기간 효율적으로 운용할 수 있게 된다.

1) 이 때 은행은 차용증서 대신에 어음을 받고 대출을 하는데 이를 「어음대출」이라고 하고, 대부분의 은행대출은 이러한 형식에 의하여 이루어지고 있다. 어음의 이러한 기능을 「금융수단으로서의 기능」이라고 하는데, 이에는 위와 같은 경우 외에도 장래에 발생할 채무(당좌대월 또는 고용계약 등에 의한 채무)의 이행을 담보하기 위하여 어음이 발행되는 경우(근담보어음 또는 공탁어음)도 이에 해당한다[이(범), 259~260면].

2) 동지: 정(동), 53면.

야 하나, 수취인을 A의 거래은행으로 한 경우에는 A는 동 어음을 할인받기 위하여 그 어음을 자기의 거래은행에게 교부하기만 하면 된다. 환어음의 이러한 추심기능은 자금의 시간적 장애를 극복시킨다.

이 때에 A는 자기의 거래은행(할인은행)에게 어음금의 지급을 보장하기 위하여 동 어음에 수출상품의 인도청구권을 표창하는 운송증권(선하증권)을 첨부하는데, 이러한 환어음을 「화환어음」(하환어음)이라고 한다. 또한 이러한 화환어음에 수입상 B의 거래은행의 인적 신용인 「상업신용장」이 A의 거래은행의 어음할인에 결부되는 것이 보통이다(이에 관하여는 후술하는 화환어음에서 상술함).

(4) 지급기능

환어음의 수취인이 지급인으로부터 어음금을 지급받으면 동 어음의 발행인·지급인간 및 발행인·수취인간의 대금지급이 자동적으로 종료되는 효과를 갖는다. 예컨대, 한국에 있는 A가 일본에 있는 C로부터 원자재를 수입하고 그 대금을 지급해야 하는데 마침 A는 일본에 있는 B에게 완제품을 수출하고 수출대금을 지급받을 채권이 있는 경우에, A는 B를 지급인으로 하고 C를 수취인으로 한 환어음을 발행하여 C에게 송부하고 C가 동 어음금을 B로부터 지급받으면, A는 B로부터 완제품의 수출대금을 지급받은 것이 되고 또 A는 C에게 원자재의 수입대금을 지급한 것이 된다. 환어음은 이외에 신용기능, 송금기능 및 추심기능과 결합하여 지급기능을 하기도 한다.

2. 약속어음의 경제적 기능

약속어음의 경제적 기능으로는 신용기능, 추심기능 및 지급기능이 있다. 환어음과는 달리 발행인과 지급인이 동일인이므로 송금기능은 없다.

(1) 신용기능

약속어음도 환어음에서와 같이 신용창조기능과 신용담보기능을 수행하는데, 국내거래에서는 이러한 기능을 수행하기 위하여 약속어음의 이용이 아주 보편적으로 이용되고 있다. 예컨대, 물건을 외상으로 구입하고 약속어음을 발행하는 경우 (신용창조기능), 은행으로부터 대출을 받고 그 담보용으로 약속어음을 발행하는 경우 (신용담보기능) 등이다.

(2) 추심기능

상품을 외상으로 판매한 매도인이 매수인으로부터 약속어음을 수취인 또는 피배서인의 자격으로 취득한 경우에, 매도인이 동 어음을 자기의 거래은행으로부터 할인받으면 매매대금을 추심한 것이 된다. 약속어음의 추심기능도 국내거래에서 아주 많이 이용되고 있다.

　(3) 지급기능

　약속어음은 그 자체만으로 지급기능을 수행하는 경우는 드물고, 보통 신용기능 및 추심기능과 결합하여 지급기능을 수행하고 있다.

3. 수표의 경제적 기능

　수표의 경제적 기능으로 본질적이고 가장 중요한 것은 지급기능이고, 이외에 송금기능이 있다. 수표는 어음과는 달리 언제나 일람출금이고 만기가 없으므로 신용기능 및 추심기능이 없다. 특히 수표가 신용기능을 갖지 않는 점은 어음과 근본적으로 구별되는 점이고 이러한 점에서 수표는 「현금의 대용물」이라고 불린다.[1] 그러므로 「어음을 교부하고 매각하는 자는 금전을 필요로 하는 사람이나, 수표를 교부하는 자는 금전을 가지고 있는 사람」이라고 말할 수 있다.[2] 이하에서는 수표의 경제적 기능을 좀더 상세히 살펴본다.

　(1) 지급기능

　수표는 금전거래에 있어서의 현금수수에 따르는 불편과 위험을 제거하는 지급기능을 수행하기 때문에 기업 및 일반인에 의하여 널리 이용되고 있다. 기업은 자기의 거래은행과 당좌거래계약(그 내용은 당좌예금계약〈때로는 이와 함께 당좌차월계약〉, 수표계약 및 상호계산계약임)을 체결하고 당좌수표를 발행하고, 개인은 자기의 거래은행과 가계당좌거래계약(그 내용은 당좌거래계약과 유사함)을 체결하고 가계(당좌)수표[3]를 발행하여 대금지급결제를 한다. 또한 기업이나 개인은 때로는 은행에 현금을 지급하고 은행으로부터 자기앞수표를 교부받아 간편하게 대금지급결제를 하기도 한다. 그러나 수표의 이러한 지급기능은 최근의 새로운 제도인 은행 지로(Giro)제도·전자자금이체제도 등에 의하여 부분적으로 대체되고 있어, 이러한 면에서는 수표의 이용이 감소되고 있다.

---

1) 우리나라의 수표법은 수표의 신용증권화를 방지하기 위하여 많은 규정을 두고 있다. 즉, (i) 수표에는 인수를 금지하고(수 4조), (ii) 이자의 기재를 인정하지 않으며(수 7조), (iii) 지급인의 배서를 무효로 하고(수 15조 3항), (iv) 지급인의 보증을 인정하지 않으며(수 25조 2항), (v) 일람출금만을 인정하고(수 28조 1항), (vi) 지급제시기간이 단축되어 있으며(수 29조), (vii) 소멸시효기간도 단축되어 있고(수 51조), (viii) 지급보증의 효력은 지급제시기간 내에 지급제시한 경우에만 인정되며(수 55조 2항), (ix) 수표에는 참가제도가 없는 점(어 55조~63조, 77조 1항 5호 참조) 등이 이에 해당한다.

2) 동지: 서·정, 285면.

3) 가계수표의 피지급성을 높여 동 수표의 이용을 증대시키기 위하여 은행이 발행하는 가계수표보증카드(수표카드)제도가 있다.

(2) 송금기능

수표의 송금기능은 환어음의 경우와 같다. 즉, 보통은 송금인이 은행 또는 우체국에 송금할 금액을 납입하고 송금을 의뢰하면, 은행 등은 수취인과 동일한 지역의 자기의 지점 또는 거래은행을 지급인으로 하고 송금을 받을 자를 수취인으로 하여 수표(송금수표)를 발행하여 송금의뢰인에게 교부하면, 송금의뢰인은 수취인에게 동 수표를 송부한다. 은행 등은 송금수표(D/D) 이외에도 우편환(M/T) 또는 전신환(T/T) 등의 방법으로 송금업무를 수행한다. 자기앞수표와 송금수표는 은행 등이 발행인이라는 점에서는 같으나, 자기앞수표는 지급인과 발행인이 완전히 같고(^{같은 은행}_{같은 점포임}) 송금수표는 지급인이 발행은행의 다른 점포 또는 발행인의 거래은행 등으로 상이한 점에서 구별된다. 그러나 수표의 이러한 송금기능도 최근의 은행 지로제도·온-라인(on-line) 또는 전자자금이체제도 등에 의하여 많이 대체되고 있다. 따라서 은행 지로제도 또는 전자자금이체제도 등을 이용할 수 있는 범위 내에서는 송금수표는 거의 이용되지 않는다.

4. 어음·수표의 남용

어음·수표는 위에서 본 바와 같이 중요한 경제적 기능을 갖고 있어 현대의 경제생활에서 불가결한 제도이지만, 다음과 같은 남용의 폐단도 있다.

(1) 무인성(추상성)의 남용

어음·수표는 원인관계에 의하여 아무런 영향을 받지 않는 점을 악용하여, 도박채권 또는 폭리행위로 인한 채권을 받기 위하여 어음·수표가 이용되는 경우가 있다.

(2) 요식성의 남용

어음·수표는 가장 엄격한 요식증권(要式證券)으로서 그 요건의 하나라도 빠지면 무효가 되는 점을 악용하여, 어음·수표의 발행인 등이 고의로 어음요건의 일부를 누락시켜 나중에 그 어음·수표를 무효라고 주장하여 어음·수표상의 채무를 면하는 경우가 있다.

(3) 항변절단의 남용

어음·수표의 채무자는 직접의 상대방에게 대항할 수 있는 원인관계상의 항변사유로써 이러한 사실을 모르고 어음·수표를 취득한 자에게 대항할 수 없는 점을 악용하여, 단순히 타인에게 보이기만 하겠다고 하여 어음·수표를 발행받은 자 또는 원인관계가 소멸되었음에도 불구하고 어음·수표를 반환하지 않고 소지하고 있는 자가 자기의 채무를 변제할 목적 등으로 동 어음·수표를 선의의 제 3 자에게 양

도하여 동 어음·수표의 발행인 등이 아무런 원인관계 없이 어음·수표상의 채무를
이행하여야 하는 경우가 있다.

(4) 신용기능의 남용

어음의 경우 만기까지의 신용기능이 있는 점을 악용하여, 만기에 어음금을 지
급할 능력이 없는 자들이 상호간에 융통어음을 발행하고 각자는 동 어음을 타인으
로부터 할인받아 자금을 조달하는 경우가 있다.[1] 이러한 어음을 「기승(騎乘)어음」
(빈어음)(Reitwechsel)이라고 하고, 이 때 적당한 상대방이 없어 어음의 당사자를 실
재하지 아니하는 허무인(虛無人)으로 하여 발행한 어음을 「허무어음」(지하실어음)
(Kellerwechsel)이라고 한다.

그러나 위와 같은 어음·수표제도의 남용의 폐단이 있다고 하더라도 어음·수
표제도는 그 효용이 남용의 폐단보다 훨씬 크고 또 어음·수표제도는 현대의 경제
생활에서 필수불가결한 제도이므로, 어음·수표의 남용을 방지하기 위한 기술적인
개선에 노력하면서 동 제도를 이용하여야 할 것이다. 또한 위에서 본 바와 같이 최
근의 새로운 제도인 은행 Giro제도·전자자금이체제도 등에 의하여 어음·수표의
이용이 감소되기는 하나, 이러한 새로운 제도가 어음·수표의 경제적 기능을 완전
히 대체할 수는 없으므로 어음·수표는 여전히 현대의 경제생활에서 중요한 기능을
수행하고 있다.[2] 이와 함께 어음·수표제도는 고도의 기술적인 제도이므로 동 제도
의 이용에는 상당한 법률적 지식을 가져야 하는 점에서, 이를 위하여는 어음·수표

---

1) 이러한 어음의 수취인에 대하여 사기죄의 성립을 부정한 것으로는 대판 2002. 4. 23, 2001 도
6570(신문 3075, 11)(어음의 발행인이 그 지급기일에 결제되지 않으리라는 점을 예견하였거나 지
급기일에 지급될 수 있다는 확신이 없으면서도 그러한 내용을 상대방에게 고지하지 아니한 채 이
를 속여 어음을 발행·교부하고 상대방으로부터 그 대가를 교부받았다면 사기죄가 성립하는 것이
지만〈대법원 1985. 9. 10. 선고 84 도 2685〉, 이와 달리 어음의 발행인들이 각자 자력이 부족한
상태에서 자금을 편법으로 확보하기 위하여 서로 동액의 융통어음을 발행하여 교환한 경우에는,
특별한 사정이 없는 한 쌍방은 그 상대방의 부실한 자력상태를 용인함과 동시에, 상대방이 발행한
어음이 지급기일에 결제되지 아니할 때에는 자기가 발행한 어음도 결제하지 않겠다는 약정하에 서
로 어음을 교환하는 것이므로, 자기가 발행한 어음이 그 지급기일에 결제되지 않으리라는 점을 예
견하였거나 지급기일에 지급될 수 있다는 확신 없이 상대방으로부터 어음을 교부받았다고 하더라
도 사기죄가 성립하는 것은 아니다).

2) 어음(특히 약속어음)제도의 개선에 관하여는 정찬형, "우리나라 어음제도의 개선방안," 「국회보」
(국회사무처), 1998년 7월호, 67~71면(특히 약속어음제도의 폐지에 반대함); 송강, "어음제도의
개선방안 및 어음에 갈음한 결제제도에 관한 연구," 법학석사학위논문(고려대, 2003. 2); 서헌제,
"어음제도의 문제점과 개선방향에 관한 연구," 「상사법연구」, 제20권 3호(2001), 155~193면; 김
문재, "약속어음제도의 현상과 과제," 「상사법연구」(한국상사법학회), 제36권 제4호(2018. 2),
69~108면(약속어음제도의 미래지향적 개선은 약속어음의 폐지가 아니라, 신용사회로의 조기정착
을 위한 범정부적 정책실시와 대·중소기업들의 상생발전을 도모하기 위한 관련 기업들의 인식전
환에 있다고 함) 등 참조.

법의 많은 보급과 함께 정확한 이해가 있어야 할 것이다.

제 4 환어음·약속어음·수표의 이동(異同)

1. 공 통 점

환어음·약속어음·수표는 모두 앞에서 본 바와 같은 유가증권으로서의 법적 성질에서 공통점을 갖고 있으며,[1] 또한 지급기능을 수행하는 경제적 기능에서 공통점을 갖고 있다.

2. 차 이 점

(1) 환어음과 약속어음의 차이

1) 경제적 기능면에서의 차이   환어음의 경제적 기능에는 신용기능·송금기능·추심기능 및 지급기능이 있으나, 약속어음의 경제적 기능에는 신용기능·추심기능 및 지급기능만이 있고 송금기능이 없는 점이 환어음과 다르다.

2) 법적 면에서의 차이   환어음은 지급위탁증권이고 약속어음은 지급약속증권이라는 근본적인 차이 외에, 다음과 같은 구체적인 차이가 있다.

(개) 기본당사자   환어음의 기본당사자는 발행인·수취인 및 지급인이나, 약속어음의 기본당사자는 발행인 및 수취인이고 지급인이 없는 점이 환어음과 다르다.

(내) 주채무자   환어음은 지급인이 인수한 경우에만 주채무자가 있게 되나, 약속어음의 발행인은 언제나 주채무자가 된다.

(대) 상환(소구)의무자   환어음의 상환(소구)의무자는 발행인 및 배서인이나, 약속어음의 상환(소구)의무자는 배서인뿐이다. 즉, 약속어음의 발행인은 주채무자이지 상환(소구)의무자가 아닌 점에서 환어음과 다르다.

(래) 자금관계   환어음에는 발행인과 지급인 사이에 자금관계가 있으나, 약속어음에는 지급인이 따로 없고 발행인이 지급인을 겸하고 있으므로 자금관계가 없다.

(매) 인수제도   환어음에는 지급인이 따로 있으므로 지급인의 인수제도가 있고, 지급인이 인수를 거절한 경우에는 만기 전의 상환청구(소구) 및 참가인수가 인정된다. 그러나 약속어음에는 지급인이 따로 없으므로 지급인에 의한 인수제도는 있을 수 없고, 따라서 지급인의 인수거절로 인한 만기 전의 상환청구(소구) 및 참가인수도 없다. 그러나 약속어음의 경우에도 발행인의 자력불확실로 인한 만기 전의 상환청구(소구) 및 이를 저지하

---

1) 즉, 환어음·약속어음·수표는 모두 「금전채권증권」, 「완전유가증권」, 「설권증권」, 「절대적 요식증권」, 「무인증권」, 「문언증권」, 「지시증권」, 「제시증권」, 「상환증권」, 「면책증권」이다.

기 위한 참가제도는 인정된다(통설·판례).

(ᅢ) **복본제도** 환어음의 경우에는 어음 상실의 경우를 대비하여 주로 해외로 환어음을 송부하기 위하여 또는 인수를 위하여 환어음을 타지(他地)에 송부할 필요가 있기 때문에 하나의 환어음상의 권리에 대하여 수 통의 어음을 발행하는 복본제도가 인정되고 있으나, 약속어음의 경우에는 발행인과 지급인이 동일한 점에서 이러한 필요가 없기 때문에 복본제도가 인정되지 않는다.

(2) 환어음과 수표의 차이

1) 경제적 기능면에서의 차이 환어음의 경제적 기능에는 신용기능·송금기능·추심기능 및 지급기능이 있으나, 수표의 경제적 기능에는 지급기능 및 송금기능만이 있고 신용기능 및 추심기능이 없는 점이 환어음과 다르다. 어음과 수표의 근본적인 차이는 어음의 제1차적인 경제적 기능은 신용기능임에 반하여, 수표의 제1차적인 경제적 기능은 지급기능인 점이다.[1]

2) 법적 면에서의 차이 환어음과 수표는 모두 지급위탁증권이라는 점에서는 같으나, 위에서 본 바와 같이 그 경제적 기능면에서 근본적으로 구별되므로 이는 법적 면에서도 반영되어 다음과 같은 구체적인 차이가 있다.

(ᄁ) **기본당사자** 환어음과 수표의 기본당사자는 다같이 발행인·수취인·지급인이다. 그러나 환어음의 발행인은 자금을 필요로 하는 자이나 수표의 발행인은 자금을 가지고 있는 자이고, 환어음의 수취인은 절대적 기재사항이나($_{6\text{호}}^{\text{어}1\text{조}}$) 수표의 수취인은 임의적 기재사항이며($_{5\text{조}}^{\text{수}}$), 환어음의 지급인에는 제한이 없으나 수표의 지급인은 은행에 한정되는 점($_{3\text{조}}^{\text{수}}$)은 양자가 구별되는 점이다.

(ᄂ) **주채무자** 환어음은 지급인이 인수한 경우에는 주채무자가 되나, 수표는 인수가 금지되므로($_{4\text{조}}^{\text{수}}$) 항상 주채무자가 없다. 수표의 지급인이 지급보증을 한 경우에 그러한 지급보증인의 지위는 최종상환(소구)의무자의 지위와 같고 환어음의 인수인의 지위와는 다르므로 주채무자가 아니다($_{\text{수 55조의 비교}}^{\text{어 28조와}}$).

(ᄃ) **상환(소구)의무자** 환어음과 수표의 상환(소구)의무자는 다같이 발행인과 배서인이다. 그러나 환어음의 지급인이 인수한 경우에 지급인은 인수인으로서 주채무자이므로 그러한 환어음의 지급인은 상환(소구)의무자가 될 수 없으나($_{28\text{조}}^{\text{어}}$), 수표의 지급인이 지급보증을 한 경우에 그러한 지급보증인은 위에서 본 바와 같이 주채무자가 아니라 최종의 상환(소구)의무자와 같은 지위에 있게 되는 점($_{55\text{조 참조}}^{\text{수 39조,}}$)은 양자가 구별되는 점이다. 또 환어음의 경우에는 수취인이 절대적 기재사항이므로 상환(소구)의무자로서의 배서인이

---

1) 어음의 경우에는 신용기능과 결합하여 지급기능이 있으나, 수표의 경우에는 지급기능과 결합한 신용기능은 없고 오히려 수표법은 수표의 신용증권화를 방지하기 위하여 많은 규정을 두고 있다 (이에 관하여는 수표의 경제적 기능에서 이미 설명함).

언제나 있게 되나, 수표의 경우에는 무기명식(소지인출급식) 수표의 발행이 인정되므로 $\left(\substack{수\ 5조\ 1항\\3호,\ 2항·3항}\right)$ 그러한 수표에서는 상환(소구)의무자로서의 배서인이 없게 되는 점도 양자가 구별되는 점이라고 볼 수 있다.

(라) **자금관계**　　수표도 환어음과 같이 자금관계가 있으나, 환어음의 경우와는 달리 수표의 자금관계는 법에서 엄격히 제한하여 수표의 피지급성을 높이고 있다. 즉, 수표의 지급인은 은행에 한정되고, 발행인은 지급인과 당좌예금계약$\left(\substack{때로는\ 이와\ 함께\\당좌차월계약}\right)$ 및 수표계약을 체결해야 한다[1]$\left(\substack{수\\3조}\right)$. 수표의 발행인이 이에 위반하여 수표를 발행한 경우에는 수표법에 의하여 과태료의 처분을 받을 뿐만 아니라$\left(\substack{수\\67조}\right)$, 부정수표 단속법에 의하여 형사처벌까지 받는다$\left(\substack{동법\\2조,\ 3조}\right)$.

(마) **인수제도**　　환어음에는 인수제도가 있으나, 수표에는 인수제도가 없고$\left(\substack{수\\4조}\right)$ 그 대신에 지급의 불확실성의 결함을 보완하기 위하여 지급보증제도가 인정되고 있음은 이미 설명한 바와 같다.

(바) **상환청구(소구)방법**　　환어음의 경우에는 만기전 상환청구(소구)제도$\left(\substack{어\ 43조\\단서}\right)$와 역어음에 의한 상환청구(소구)방법$\left(\substack{어\\52조}\right)$이 있으나, 수표의 경우에는 만기가 없으므로 만기전 상환청구(소구)제도는 있을 수 없고 또 상환청구(소구)방법의 복잡화를 피하기 위하여 역수표에 의한 상환청구(소구)제도를 인정하지 않고 있다.

또 환어음의 경우에는 상환청구(소구)의 형식적 요건으로서 (인수 또는) 지급거절의 증명방법은 공정증서에 의해서만 하여야 하는데$\left(\substack{어\ 44조\\1항}\right)$, 수표의 지급거절의 증명방법으로는 공정증서뿐만 아니라 「지급인의 선언」 및 「어음교환소의 선언」과 같은 간편한 증명방법이 인정되고 있다$\left(\substack{수\\39조}\right)$.

(사) **지급위탁의 취소**　　환어음의 경우에는 발행인은 지급제시기간의 전후를 불문하고 지급인에 대하여 지급위탁을 취소할 수 있으나, 수표의 경우에는 수표의 피지급성을 높이기 위하여 지급제시기간 경과 후에만 지급위탁의 취소의 효력이 발생하는 것으로 규정하고 있다$\left(\substack{수\ 32조\\1항}\right)$.

이와 관련하여 환어음의 지급인은 지급제시기간 경과 후에는 발행인의 계산으로 지급할 수 없으나, 수표의 지급인은 지급제시기간 경과 후에도 (지급위탁의 취소가 없는 한) 발행인의 계산으로 지급할 수 있다$\left(\substack{수\ 32조\\2항}\right)$.

(아) **횡선제도**　　환어음의 경우에는 어음의 도난·분실 등에 대비하여 횡선제도가 인정되지 않으나, 수표의 경우에는 횡선제도가 인정되고 있다$\left(\substack{수\ 37조~\\38조}\right)$.

(자) **시효기간**　　환어음의 경우에는 주채무자(인수인)에 대한 어음상 권리의 시효기간은 3년, 상환(소구)의무자에 대한 어음상 권리의 시효기간은 1년, 재상환청구(재소구)권

---

1) 보통은 발행인과 지급은행간의 당좌거래계약에 의하여 당좌예금계약(때로는 이와 함께 당좌차월계약)·수표계약 및 상호계산계약이 한꺼번에 이루어진다.

의 시효기간은 6개월이다($^{어}_{70조}$). 그러나 수표의 경우에는 지급보증인에 대한 수표상 권리의 시효기간은 1년($^{수}_{58조}$), 상환(소구)의무자에 대한 수표상 권리의 시효기간은 6개월($^{수\,51조}_{1항}$), 재상환청구(재소구)권의 시효기간은 6개월이다($^{수\,51조}_{2항}$). 따라서 수표상 권리의 시효기간이 환어음상 권리의 시효기간보다 단축되어 있다.

(x) 참가제도   환어음에는 참가제도($^{참가인수·}_{참가지급}$)가 인정되나($^{어\,55조~}_{63조}$), 수표는 간이·신속하게 지급되어야 하므로 참가제도가 인정되지 않는다.

(y) 등본제도   어음에는 주로 어음의 유통을 조장하기 위하여 등본제도가 인정되나($^{어\,67조~}_{68조}$), 수표에는 등본제도가 인정되지 않고 있다.

또 이와 관련하여 수표에도 환어음에서와 같이 복본제도가 인정되나, 수표의 복본발행은 환어음의 경우보다 제한되어 있다($^{즉, 국제간 또는 원격지에 송부}_{되는 경우에 한하여 인정된다}$)($^{수}_{48조}$).

제5 어음·수표의 경제적 분류

어음·수표는 그것이 이용되는 경제적 목적에 따라 다음과 같이 여러 가지의 명칭으로 불리고 있는데, 이로 인하여, 어음·수표의 법적 성질이 달라지는 것은 아니다. 이하에서는 어음·수표의 중요한 경제적인 분류를 설명하겠다.

1. 어음의 경제적 분류

(1) 상업어음·융통어음

이것은 어음발행과 원인행위와의 관계에 의한 분류이다. 즉, 상거래가 원인이 되어 발행되는 어음을 「상업어음」($^{진정어음·진성어음·}_{실\langle實\rangle어음·상품어음}$)(Handelswechsel)이라고 하며, 어음발행의 원인에 현실적인 상거래가 없이 오직 자금융통의 목적을 위하여 발행된 어음을 「융통어음」($^{빈어음·대\langle貸\rangle어음·차\langle借\rangle}_{어음·재정어음·신용어음}$)(accommodation bill; Kreditwechsel)이라고 한다.

광의의 융통어음이란 타인의 자금융통의 목적으로 인수·배서·보증 등의 부속적 어음행위를 한 경우를 포함하나, 협의의 융통어음이란 타인의 자금융통의 목적으로 어음을 발행(기본적 어음행위)한 경우만을 의미한다고 본다. 타인의 자금융통의 목적으로 어음에 인수·배서·보증 등을 한 경우는 어음 자체는 융통의 목적으로 발행된 것이 아니므로 이를 융통어음으로 부르는 것은 적절하지 않고, 다만 융통목적으로 한 인수·배서·보증 등으로 부르면 족하다고 본다.[1] 따라서 보통 융통어음이라 하면 협의의 융통어음만을 말한

---

1) 정찬형, "융통어음의 항변," 「기업과 법」(도암 김교창변호사 화갑기념논문집)(한국사법행정학회, 1997), 664면. 타인의 자금융통의 목적으로 대가관계 없이 어음행위를 한 자(광의의 융통어음행위자)는 어음법상 어음보증인으로서의 방식을 갖추지 아니하였으므로 어음보증인은 될 수 없고, 숨은 어음보증인으로서 어음행위에 따른 어음상의 책임을 지는 점은 말할 나위가 없다. 그런데 이러

다. 또한 융통어음이란 타인에게 신용을 줄 목적으로(즉 피융통자로 하여금 자금을 융통할 수 있도록 하기 위하여) 발행하는 어음이므로, 자기가 자금을 융통하기 위하여 대가관계 없이 발행 또는 양도하는 어음과도 구별된다.[1] 따라서 후술하는 바와 같이 기업이 대가관계 없이 약속어음을 발행하고 단자회사 등으로부터 자금을 융통하는 「기업어음」(Commercial Paper, C.P.어음)이나 타인이 발행한 어음을 양도하고 할인받는 「할인어음」은 협의의 융통어음이 아니라고 본다.

상업어음·융통어음은 보통 국내에서 이용되는데, 법률적으로는 모두 약속어음이다. 기업이 상업어음을 취득한 경우에는 보통 자기의 거래은행으로부터 할인을 받아 자금화하는데(이 때 동 어음의 발행인 등의 신용에 따라 할인율이 상이한 것이 보통임), 이 때 거래은행은 중앙은행으로부터 다시 재할인을 받는다. 기업은 일반적으로 융통어음으로써 거래은행으로부터 할인을 받을 수는 없고, 동 어음은 주로 타인에게 금융을 받게 하거나 또는 채무를 담보하기 위하여 제공된다(따라서 이 때 채권자 등은 융통어음의 발행인의 신용을 이용한다).

융통어음에서 채권자 등이 채무자로부터 변제를 받고 동 어음을 채무자(피융통자)에게 반환하고 채무자가 다시 동 어음을 융통어음의 발행인에게 교부하면 아무런 문제가 없으나, 채권자 등이 채무자로부터 변제를 받지 못하여 동 어음에 기하여 융통어음의 발행인에게 어음상의 권리를 행사하거나 또는 채권자가 제 3 자에게 동 어음을 양도한 경우에는 융통어음의 발행인이 이러한 제 3 자에게 어음상의 채무를 이행하여야 하는지가 문제된다. 이에 대하여 우리 대법원판례는 일관하여 융통자는 어음상의 책임을 부담한다고 판시하고 있다.[2]

채무자가 어음할인대출을 받기 위하여 채권자에게 배서양도한 어음이 (협의의) 융통어음인 경우, 채무자가 파산하였다면 채권자는 (융통어음 발행인에 대하여 어음상의 권리를 행사할 수 있으므로) 파산재단에 속하는 재산에 대하여 담보권을 갖는 것으로 보아 별제권을 행사할 수 있다.[3]

한 융통어음행위자(숨은 어음보증인)는 실질관계(원인관계)에서 타인의 채무를 담보할 목적으로(즉, 타인에게 신용을 줄 목적으로) 어음행위를 한 자이므로 경우에 따라서는 민법상의 보증책임을 부담하는 경우도 있다(어음관계가 원인관계에 미치는 영향).

1) 대판 1996. 5. 14, 96 다 3449(공보 1996, 1852)[이른바 융통어음이라 함은 타인으로 하여금 어음에 의하여 제 3 자로부터 금융을 얻게 할 목적으로 수수되는 어음을 말하는 것이므로, Y가 A에게 할인을 의뢰하면서 이런 어음을 교부한 것이라면 이는 원인관계 없이(대가관계 없이 — 저자 주) 교부된 어음에 불과할 뿐 융통어음이라고는 할 수 없다][이 판결에 대한 평석으로는 정찬형, "어음·수표에 관한 1996년 대법원판례 평석," 「상사법연구」(한국상사법학회), 제16권 1호(1997), 332~334면 참조].

2) 대판 1979. 10. 30, 79 다 479(공보 1979, 12305)[융통어음의 발행인은 피융통자 이외의 제 3 자가 선의이건 또는 악의(융통어음임을 알고 취득한 경우 — 저자 주)이건 간에, 그 취득이 기한후 배서에 의한 것이었다 하더라도 대가관계 없이 발행된 융통어음이었다는 항변으로 대항할 수 없다]; 동 1957. 3. 21, 4290 민상 20(교재, 판결례 [131]); 동 1969. 9. 30, 69 다 975·976(판총 11-2, 994-2) 외.

3) 대판 2010. 1. 14, 2006 다 17201(공보 2010, 305)(구 파산법〈2005. 3. 31. 법률 제7428호 채

(2) 대부어음·할인어음·담보어음

이것은 보통 은행거래에서 어음이 수수되는 목적에 의한 분류이다. 즉, 은행이 금전대부를 하고 그 지급을 확보하기 위하여 차용증서 대신에 차주로부터 받는 어음을 「대부(貸付)어음」이라고 하고, 은행이 어음소지인에 대하여 어음금액으로부터 만기까지의 할인료를 공제하고 자금화하여 주는데 이러한 어음을 「할인어음」이라고 하며, 은행이 차주의 현재 및 장래의 채무의 이행을 담보하기 위하여 보증인 등으로부터 받는 어음을 「담보어음」[1]이라고 한다. 이러한 어음은 모두 일반적으로는 약속어음인데, 대부어음은 차주가 발행인이고, 할인어음은 차주(할인의뢰인)가 배서인이며, 담보어음은 차주의 보증인이 발행인이다. 은행에서 금전대부(대출)를 하는 형식에는 세 가지가 있는데, 어음대부·증서대부 및 어음할인이 그것이다. 어음대부는 은행이 차주로부터 금전대부의 기본증서로서 어음(대부어음)을 징구하고 대부하는 형식이고, 증서대부는 은행이 차주로부터 금전대부의 기본증서로서 차용증서를 징구하고 대부하는 형식이며, 어음할인은 어음(할인어음) 자체를 할인하여 줌으로써 대부하는 형식이다. 어음대부 및 증서대부는 민법상 금전소비대차이고($\frac{민}{598조}$) 이를 증거하기 위하여 은행이 어음 또는 증서를 받는 것이나, 어음할인은 어음 자체의 매매로서 은행과 차주간에 별도의 금전소비대차관계가 존재하지 않는다.[2] 은행과 거

무자 회생 및 파산에 관한 법률 부칙 제 2 조로 폐지〉 제84조는 유치권·질권·저당권 또는 전세권을 가진 자는 그 목적인 재산에 관하여 별제권을 가진다고 규정하고 있는바, 어음의 양도담보권자는 채무자의 어음 발행인에 대한 어음상 청구권에 대하여 담보권을 갖는다는 점에서 별제권을 가지는 것으로 열거된 유치권자나 질권자 등과 다름이 없으므로 구 파산법상 별제권을 행사할 수 있는 권리를 가지는 자로 봄이 상당하고, 그 어음 발행인을 채무자와 함께 채무를 부담하는 자로 볼 수는 없다. 이러한 점에서 채무자가 어음할인대출을 위하여 채권자에게 배서양도한 어음이 융통어음인 경우 융통어음을 발행한 융통자는 피융통자에 대하여 어음상의 책임을 부담하지 아니하지만, 그 어음을 담보로 취득한 채권자에 대하여는 채권자의 선의·악의를 묻지 아니하고 대가 없이 발행된 융통어음이었다는 항변으로 대항할 수 없으므로 융통어음의 담보권으로서의 가치는 의연히 존재하고, 따라서 채무자 자신이 융통자에 대하여 융통어음의 항변 때문에 어음상 권리를 주장할 수 없다고 하더라도 이러한 어음상 권리가 파산재단에 속하지 않는 것이라고 할 수는 없고, 여전히 채권자가 파산재단에 속하는 재산에 대하여 담보권을 설정한 것으로 보아야 한다).

1) 담보어음은 「담보부어음」과 구별되는데, 「담보부어음」이란 어음상의 권리에 물적 담보가 붙어 있는(예컨대, 화환어음과 같이 선하증권이나 화물상환증이 어음채권의 담보로서 붙어 있는) 어음을 말한다.

2) 동지: 대판 2000. 12. 12, 99 다 13669(공보 2001, 274)(Y은행이 X의 연대보증하에 A와 사이에 어음할인거래약정을 체결한 후 타인 발행의 약속어음을 배서양도받고 할인금을 지급하였는데, 위 약정에 적용되는 약관에는 '어음할인을 의뢰하여 할인금을 지급받은 채무자가 거래정지처분 등을 받은 경우에는 어음의 환매채무를 지고 어음금액을 변제하는 것'으로 규정된 경우, 위 어음할인 거래는 어음의 매매로서 위 약속어음은 거래의 목적물에 불과하므로 Y은행이 위 약속어음을 부적법하게 지급제시를 한 채 지급제시기간을 넘겨 A의 소구권을 상실시켰더라도 보증채무를 이행한 X에 대한 관계에서 민법 제485조의 담보 상실 내지 감소에 해당하지 않는다).

반대(차주가 발행인인 어음 또는 수표의 할인의 법적 성질을 소비대차로 본 판례): 대판 2002. 4. 12, 2001 다 55598(공보 2002, 1108)(통상 어음할인이라 함은, 아직 만기가 도래하지 아니한 어음의 소지인이 상대방에게 어음을 양도하고 상대방이 어음의 액면금액에서 만기까지의 이자 기

래처 사이의 여신거래에는 보통거래약관인 은행여신거래기본약관이 적용되는데, 이 약관에
는 어음할인을 포함한 은행과 거래처 사이의 어음거래에 관한 모든 사항이 규정되어 있다.

(3) C.P.어음[1](기업어음)

「C.P.어음」이란 할인기관[2]에 의하여 선정된 적격업체가 자금융통의 목적으로 발행
한 어음을 할인기관이 매입하여 다시 일반투자가에게 매출하는 어음(기업어음)을 말한
다.[3] C.P.어음은 기업이 상거래의 뒷받침이 없이 자금융통의 목적으로 발행하는 것이므
로 경제적으로는 융통어음과 유사한 면이 있고, 또 법률적으로는 보통 약속어음이다. 할
인기관이 C.P.어음(기업어음)을 매입하여 일반투자가에게 매출하는 경우에는 보통 무담보
배서에 의하여 매출하기 때문에 어음소지인은 할인기관에게 어음상의 책임을 물을 수가
없다. 따라서 이 때 어음소지인은 할인기관에 대하여 매도인의 하자담보책임, 어음발행인

타 비용을 공제한 금액을 할인의뢰자에게 교부하는 거래를 말하는 것인데, 수표의 경우에는 만기
가 없으므로 어음할인과 같은 엄격한 의미에서의 수표할인은 존재할 수 없으나 특정기일 전까지
지급제시를 하지 않기로 하고 수표금액에서 그 기간까지의 이자를 공제하는 방법에 의한 수표할인
은 가능한바, 그와 같은 형태의 어음 또는 수표의 할인이 금융기관이 아닌 사인간〈私人間〉에 이루
어진 경우 그 성질이 소비대차에 해당하는 것인지 아니면 어음의 매매에 해당하는 것인지의 여부
는 그 거래의 실태와 당사자의 의사에 의하여 결정되어야 할 것이다. 이러한 점에서 볼 때 금융기
관이 아닌 사인이 거래관계로 알게 된 상대방으로부터 자금의 융통을 요청받고는 거의 대부분 그
상대방이 발행인으로 된 융통어음과 수표를 교부받으면서 그 액면금액에서 만기 등까지의 이자를
공제한 나머지의 금액을 그 상대방에게 교부하였고, 소외 회사가 발행한 어음에 대하여도 그 상대
방이 발행한 어음이나 수표와 같은 형태로 할인거래가 이루어졌다면 그 사인으로서는 그 어음 또
는 수표 자체의 가치에 중점을 두고 이를 매수한 것이 아니라 어음 또는 수표의 할인의뢰인인 그
상대방의 신용이나 자력을 믿고서 그 상대방에게 어음 또는 수표를 담보로 금전을 대여하여 주었
다고 봄이 상당하므로 그 사인과 그 상대방간에는 어음 및 수표의 액면 상당 금액에 대한 원인
관계인 계약이 체결되고, 그 어음 및 수표는 그와 같은 각 계약상의 채무를 담보하기 위하
여 교부된 것으로 볼 여지가 많아 보인다)[이 판결에 대하여 찬성하는 취지의 평석으로는 정진세,
「JURIST」, Vol. 385(2002. 10), 54~58면]; 동 2002. 9. 24, 2000 다 49374(공보 2002, 2479)
(차주가 발행한 약속어음을 담보로 받고 위 약속어음 액면금에 대한 발행일로부터 지급기일 전일
까지 소정 할인료를 공제한 금액을 교부하는, 이른바 어음할인의 법적 성질은 금전소비대차이다).

1) C.P.는 Commercial Paper의 약자인데, 미국의 개정전(1952년) 통일상법전 제 3 장의 제목인
Commercial Paper의 개념과 다르다. 즉, 미국의 개정전(1952년) 통일상법전상 Commercial
Paper는 환어음·약속어음·수표 및 예금증서를 의미하였는데[U. C. C. § 3-104(2)], 우리나라에
서의 C.P.어음은 본문에서와 같이 약속어음의 일부를 의미하기 때문이다. 그런데 미국의 통일상법
전 제 3 장은 1990년에 대폭 개정되면서 그 제목도 Commercial Paper(상업증권)에서 Negotiable
Instruments(유통증권)로 변경되고, 동 법전은 유통증권에 대하여만 정의규정을 두고 있다[U. C.
C § 3-104 (a)].
　기업어음의 문제점과 개선방안에 관하여는 정승화, "기업어음(CP)의 이슈와 개선방안에 관한 법
적 연구," 「경영법률」(한국경영법률학회), 제24집 제 4 호(2014. 7), 213~253면 참조.

2) 1999. 7. 현재 C.P.어음의 할인기관은 종합금융회사·증권회사·여신전문금융회사·투자신탁회
사·보험회사 및 모든 은행으로 확대되었다(이에 관한 상세는 한국은행 금융시장국, 「우리나라의
금융시장」, 1999. 7, 67~88면 참조).

3) 할인기관이 이러한 어음 중 일정한 내용을 가진 어음을 단순히 일반투자가에게 중개하는 어음을
「중개어음」이라고 한다(한불종합금융회사, 업무방법서, 제 5 조 2항 참조).

에 대한 신용도의 조사에 있어서 과실이 있다거나 또는 그 신용도에 관한 진실에 반한 설명 등을 원인으로 한 불법행위책임, C.P.어음의 매매가 소비대차의 성질도 함께 갖는다고 보아 차주로서의 변제책임 등에 근거하여 그 책임을 묻는 경우가 있다.[1] 이 중에서 할인기관에게 차주로서 변제책임을 묻는 것은 할인기관의 어음매출의 성질과 관련하여 문제가될 수 없고, 할인기관에게 매도인으로서 하자담보책임을 묻거나 불법행위책임을 물을 수도 없다.[2]

(4) 화환(하환)어음

「화환(하환)어음(貨換〈荷換〉어음)」이란 어음상의 권리가 운송중의 물건(운송증권)에 의하여 담보되어 있는 어음을 말한다. 이는 법률적으로는 보통 환어음인데, 그 어음이 이용되는 경제적 목적에 착안하여 붙여진 명칭이다. 이는 물적 담보가 붙여진 어음으로서 「담보부어음」이라고도 하는데, 물적 담보가 붙여지지 않은 「무담보어음」(clean bill)이나 보증인 등이 인적 담보를 하기 위하여 채권자에게 교부하는 「담보어음」 등과 구별된다. 화환어음은 상업신용장이 첨부되어 이용되기도 한다. 화환어음에 관한 그 밖의 상세한 것은 후술한다.

(5) 무역어음

「무역어음」이란 신용장 등을 받은 수출상(매도인)이 소요자금을 조달할 목적으로 수출상품을 선적하기 전에 수출대금(신용장상의 금액)의 범위 내에서 인수기관(종합금융회사 또는 외국환은행 등의 금융기관)을 지급인으로 하여 발행한 자기지시환어음을 말한다.[3] 이러한 무역

---

1) 정(동), 58면.

2) 대판 1984. 11. 15, 84 다카 1227(공보 1985, 28)(교재, 판결례 [527])(단자회사가 할인매수한 어음을 다시 일반 제3자에게 어음할인의 방식으로 매출한 것은 그 성질이 어음의 매매라고 볼 것이므로 그 매매의 이행으로 어음을 배서양도함에 있어 배서란에 「지급을 책임지지 않음」이라는 문언을 기재한 것은 특단의 사정이 없는 한 어음상 배서인으로서의 담보책임뿐만 아니라 매매계약상의 채무불이행책임이나 하자담보책임까지 배제하기로 한 취지라고 보아야 한다. C.P.어음의 할인매수 및 매출을 담보하는 단자회사가 개별적으로 시행하여야 할 C.P.적격업체의 심사선정업무를 일원화하여 어음중개실운영위원회로 하여금 전담케 한 것은 단자회사가 개별적으로 시행하는 것보다 더 객관적이고 공정한 방법으로 대상기업의 신용상태와 자산의 건전성 등을 조사케 함으로써 C.P.어음의 공신력을 높이고자 한 것이라고 해석되므로 단자회사가 별도로 C.P.어음 발행회사의 신용상태 등을 조사함이 없이 위 위원회가 조사, 선정한 바에 따라 C.P.적격업체로 인정하였다고 하여도 특단의 사정이 없는 한 단기금융업법 제12조 소정의 확인의무를 다한 것으로서 이를 소홀히 한 과실이 있다 할 수 없다); 동 1989. 6. 27, 88 다카 27652(공보 854, 1158)(단기금융회사가 어음중개실운영위원회가 제정한 기업어음발행 적격업체관리기준에 의하여 적격업체로 선정된 기업이 발행한 무담보기업어음을 매매할 당시에, 발행기업에게 기업어음발행 적격업체로서 해지사유나 발행규제사유가 있다는 점을 알거나 알 수 있었다는 등 특별한 사정이 없다면, 발행기업의 신용상태와 자산의 건전성 등에 관하여 별도로 조사함이 없었더라도 단기금융업법 제12조 소정의 확인의무나 선량한 관리자로서의 주의를 게을리한 책임이 있다고 단정할 수 없다).

3) 외국환은행의 업무방법서에서는 무역어음을 「신용장 등의 수익자가 인수기관과의 일정한 약정하에서 무역어음 발행대상이 되는 신용장 등을 근거로 인수기관을 지급인으로 하여 발행하는 기한부 환어

어음의 발행인(겸 수취인)은 인수기관으로부터 환어음의 인수를 받아 금융기관으로부터 어음할인을 받아 현금화하고, 금융기관은 다시 이 어음을 일반투자가에게 배서하여 $\left(\begin{smallmatrix}매출금융기관이\ 인수한\ 경우에는\ 담보부배서하\\고,\ 인수하지\ 않은\ 경우에는\ 무담보배서를\ 함\end{smallmatrix}\right)$ 할인받는다[1]$\left(\begin{smallmatrix}무역어음의\\할인식\ 매출\end{smallmatrix}\right)$. 수출상은 수출상품의 선적 후에 신용장의 조건에 따라 환어음(화환어음)을 발행하여 선적서류와 함께 위의 무역어음을 인수한 인수기관에 양도하면 인수기관은 이 화환어음에 의하여 무역어음의 결제자금을 상환한다.[2]

이러한 무역어음은 상거래가 원인이 되어 발행되는 어음이므로 상업어음이고, 어음할인에 의하여 자금화하므로 할인어음이다. 또한 무역어음이 환어음이라는 점에서는 화환어음과 같으나, 무역어음은 선적 전에 발행되나 화환어음은 선적 후에 발행되는 점에서 양자는 구별된다. 또한 무역어음이 기업의 소요자금을 조달하는 점에서는 C.P.어음(기업어음)과 같으나, 무역어음은 환어음이고 C.P.어음은 약속어음이라는 점에서 양자는 구별된다.

(6) 표지어음

「표지어음」이란 각 금융기관이 할인·보유하고 있는 상업어음 또는 무역어음(이하 '원어음'이라 함)을 분할 또는 통합하여 새로이 할인식으로 발행한 약속어음을 말한다.[3] 이러한 표지어음은 일반적으로 만기 1년 이내인 원어음의 잔여만기에 기초하여 발행된다. 금융기관이 이러한 표지어음을 발행하는 목적은 원어음의 할인에 따른 자금부담을 경감하고 또한 원어음의 할인금리와 표지어음 발행금리간의 금리차익을 획득하기 위한 것이다.[4]

표지어음을 발행한 금융기관이 원어음의 부도 여부에 관계 없이 어음금을 지급할 의무를 부담하는 점은 어음행위의 무인성에서 당연하다고 볼 수 있다.[5]

이러한 표지어음은 금융기관이 자금융통의 목적으로 발행하는 것이므로 융통어음과 유사하고, 또한 어음할인에 의하여 자금화하므로 할인어음이다. 따라서 은행이 표지어음을 발행하여 발행의뢰인에게 어음할인의 방식으로 매출하는 것은 어음의 매매의 성격을

음」이라고 정의하고 있다(한국외환은행 제정, 무역어음 할인 등 업무방법, 제 1 장 제 1 조 참조).

1) 외국환은행(금융기관)은 보통 이러한 무역어음을 인수·할인 및 매출하는 업무를 담당한다(상게 무역어음 할인 등 업무방법 참조).

2) 무역어음을 인수한 외국환은행은 반드시 무역어음의 발행인이 발행한 화환어음을 매입하여 무역어음의 결제자금에 충당한다(상게 무역어음 할인 등 업무방법, 제 2 장 11조). 이 때 어느 한 은행이 무역어음을 인수한 경우 그 발행의 근거가 된 신용장에 기한 수출환어음은 무역어음을 인수하지 아니한 타은행에서는 매입하지 않기로 한다는 묵시적인 은행간의 결의가 있다[대판 1994. 5. 13, 93 다 58141(공보 970, 1679)].

3) 대판 2014. 6. 26, 2014 다 13167(표지어음의 법적 성격은 어음법 소정의 약속어음에 해당한다).

4) 이에 관하여는 1999. 7. 3자로 개정한 한국은행 금융통화위원회의 「금융기관 표지어음의 발행조건」 및 한국은행 금융시장국, 「우리나라의 금융시장」, 1999. 7, 89~105면 참조.

5) 동지: 한국은행 금융시장국, 상게서, 89면.

가지므로, 발행의뢰인은 표지어음의 발행은행에 대하여 자금의 대가로 발행된 표지어음금의 지급을 청구할 수 있을 뿐 어음과는 별도로 계좌에 관한 예금의 반환을 청구할 수는 없다.[1]

상업어음(약속어음)이나 무역어음(환어음)은 기업이 발행하는 어음인데, 표지어음(약속어음)은 이러한 어음을 취득한 금융기관이 이를 기초로 하여 발행하는 어음인 점에서 양자는 구별된다.

(7) 기   타

금전대부의 기한이 연기되는 등으로 인하여 대부어음(기본어음 또는 구어음)의 만기를 연기하기 위하여 다시 어음을 발행하는데, 이러한 행위를 어음의 개서(改書)라고 하고 이렇게 발행된 어음을 「연기어음」(개서어음)이라고 한다. 또 환어음의 지급인(인수인), 약속어음의 발행인이 무자력 등으로 만기에 지급거절된 어음을 「부도어음」이라고 한다. 또 어음대부·어음할인 등의 거래에서 사용되는 말로 어음상의 채무자가 하나인 어음 (약속어음인 경우에는 발행인만이 있고, 환어음인 경우에는 발행인이 지급인 또는 인수인을 겸한 어음)을 「단명어음」이라고 한다. 또 기업의 회계부기상 사용하는 말로서 대차대조표의 자산의 부에 자산으로서 기재되는 어음을 「받을 어음」 (기업의 외상채권·대금채권 등을 지급받기 위하여 받은 어음)이라고 하고, 대차대조표의 부채의 부에 부채로서 기재되는 어음을 「지급어음」(기업자가 어음상의 주채무자로 되어 있는 어음으로서 외상채무·차금채무 등을 지급하기 위하여 발행한 어음)이라고 한다.[2]

2. 수표의 경제적 분류

(1) 당좌수표·가계수표

사업을 하는 자가 은행과 당좌거래계약을 체결하고 은행에 있는 수표자금의 범위 내에서 발행하는 수표를 「당좌수표」라 하고, 개인이 은행과 가계당좌거래계약을 체결하고 은행에 있는 수표자금의 범위 내에서 발행하는 수표를 「가계수표」라 한다. 이러한 당좌수표 및 가계수표에는 기본당사자인 발행인·수취인 및 지급인이 모두 존재하여 수표법에서 규정하는 전형적인 형식의 수표이다. 가계수표는 (i) 사업자(기업)가 아닌 개인이 발행하고, (ii) 수표금액에 제한이 있는 점 등이 당좌수표와 구별되기는 하나,[3] 그 법률적 성질

---

1) 동지: 대판 2015. 9. 10, 2015 다 27545(공보 2015, 1490)(표지어음은 법적 성격이 어음법 소정의 약속어음에 해당하므로, 은행이 표지어음을 발행하여 발행의뢰인에게 어음할인 방식으로 매출하는 것은 어음의 매매의 성격을 가진다. 따라서 은행이 표지어음을 발행·매출하면서 발행의뢰인에게서 대가로 지급받은 자금을 향후 표지어음금의 지급을 대비하여 별도로 보관·관리하기 위하여 개설한 계좌가 편의상 발행의뢰인의 명의로 되어 있다고 하더라도, 발행의뢰인은 특별한 사정이 없는 한 은행에 대하여 자금의 대가로 발행된 표지어음금의 지급을 구할 수 있을 뿐 어음금과 별도로 계좌에 관한 예금의 반환을 구할 수는 없다).

2) 주석, 89면.

3) 이에 관한 상세는 최준선, "가계수표의 발행한도액 기재의 효력," 법률신문, 제2407호, 13면 및 제2408호, 15면 참조(가계수표의 발행한도액을 무익적 기재사항이라 한다).

은 당좌수표와 완전히 동일하다.

가계수표는 개인이 발행하는 것이기 때문에 당좌수표보다 그 신용이 약하여 잘 이용되지 않을 염려가 있다. 따라서 가계수표의 피지급성을 높여 동 수표의 이용을 증대하기 위하여 가계수표의 지급인이 동 수표의 발행인을 위하여 발행하는 가계수표보증카드(수표카드)의 제도가 있다. 이 가계수표보증카드는 지급은행이 가계수표의 발행인에게 발행하는 것인데, 발행인이 수취인에게 가계수표보증카드를 제시하고 수취인이 위 수표카드를 제시받고 가계수표의 뒷면에 그 수표카드의 번호를 기재하는 등 일정한 요건을 갖추면 지급은행이 위 가계수표의 지급을 담보한다. 이러한 지급은행의 수표카드에 의한 담보책임은 수표법상의 책임이 아니라 민법상의 보증계약의 책임으로, 수표발행인이 지급은행을 대리하여 수취인과 체결하는 것이다.[1]

(2) **보증수표**(자기앞수표)

보증수표는 원래 지급인(은행)이 지급보증한 수표인데, 우리나라에서는 은행의 자기앞수표($3항^{6조}$)를 속칭 「보증수표」 또는 「보수(保手)」라고 부르고 있다. 현재 우리나라에서는 당좌수표의 소지인이 지급은행에 대하여 지급보증을 청구한 때에 지급은행은 지급보증을 하는 대신에 수표발행인의 당좌계정으로부터 그 금액을 공제하고 지급은행의 자기앞수표를 발행하고 있다. 이것은 1956. 3. 27 대한금융단협정에 의하여 「수표의 지급보증은 반드시 지급은행의 자기앞수표에 한한다」고 하여, 당좌수표의 지급보증을 금지한 이후 지금까지 각 은행에서 시행하고 있기 때문이다.[2] 그러므로 우리나라에서는 수표법상의 지급보증제도는 사실상 사문화(死文化)되었다고 볼 수 있다.[3]

(3) **송금수표**

은행이 그 본지점 또는 그 거래은행을 지급인으로 하여 송금의 목적으로 발행하는 수표가 「송금수표」이다. 보증수표(자기앞수표)와 송금수표는 모두 「은행발행수표」이나, 보증수표는 발행인과 지급인이 완전히 동일하나 송금수표는 발행인과 지급인이 상이한 점에 차이가 있다. 그러나 최근에 은행지로제도·온라인입금제도·전자자금이체 등에 의한

---

1) 동지: 정(희), 323~324면.

2) 이와 같이 은행이 지급보증에 갈음하여 자기앞수표를 발행하게 한 이유는, 첫째로 발행인의 파산 등의 경우에 지급자금의 확보에 편리하고, 둘째로 발행인이 작성한 수표용지에 지급보증을 한 경우에는 동 수표가 위조·변조되기 쉬울 뿐만 아니라 이로 인하여 지급보증인은 엄격한 수표채무를 부담하기 때문이다(그러나 이 둘째의 이유는 현재 당좌수표·가계수표의 경우에도 은행에서 인쇄한 수표용지를 사용하고 있기 때문에 큰 의미가 없게 되었다)[정(동), 535~537면].

3) 그런데 우리나라에서는 1993. 11. 27부터 금융기관의 보증가계수표가 실시되고 있어 이를 통하여 수표법상 지급보증에 관한 규정이 부분적으로 실현되고 있다고도 볼 수 있다. 그러나 이 제도는 그 이용이 매우 미미한 점, 보증가계수표의 용지를 정액으로 하여 금융기관이 교부하는 점, 이 제도는 수표카드가 이용되지 않음으로 인하여 수표카드 대신 이용할 수 있도록 한 점 등에서 볼 때, 이 제도가 수표법상의 지급보증제도를 완전히 실현하고 있다고 볼 수는 없다.

새로운 지급제도의 출현으로 국내에서 송금수표의 이용은 급격히 줄어들고 있다.

(4) 우편대체수표(우편수표)

우편대체가입자가 지급을 하기 위하여 우체국을 지급인으로 하여 발행한 수표가 「우편대체수표」이다. 우체국은 「수표법 적용 시 은행과 동일시되는 사람 또는 시설의 지정에 관한 규정」($\binom{수 59조, 개정: 2016. 10.}{25, 대통령령 27556호}$)에 의하여 수표의 지급인이 될 수 있다. 우편수표의 법적 성질은 수표법상의 수표와 같고 일반수표와 같이 어음교환소에서 지급제시될 수 있으나, 우편대체법($\binom{2020. 6. 9,}{법 17354호}$) 및 우편대체법 시행규칙($\binom{2022. 1. 4, 과학기술}{정보통신부령 86호}$) 등과 같은 특별법령이 있어 우편수표에 대하여는 동 특별법령이 수표법에 우선하여 적용된다.

우편대체관서(우체국)는 우편수표의 소지인의 지급청구가 있을 때에는 현금으로 지급하지 않고 우편대체관서의 자기앞수표를 발행·교부할 수 있는데($\binom{우편대체법 시행}{규칙 20조 3호}$), 이것이 「자기앞우편수표」로서 실제에 있어서 많이 이용되고 있다.

(5) 여행자수표(T/C)

1) 「여행자수표」(traveler's check, T/C; Reisescheck)란 해외여행자가 현금의 휴대로 인한 분실·도난 등의 위험을 피하기 위하여 고안된 수표로서, 여행자로 하여금 여행지에서 이 수표와 상환하여 여행지의 화폐로 현금화할 수 있게 하는 자기앞수표와 유사한 유가증권이다.[1] 여행자수표의 제1차적인 기능은 현금대용물로서의 지급수단으로 이용되는 것이 아니라, 수표소지인으로 하여금 외국에서 현금화할 수 있게 하는 점에서 일반수표와 구별된다.

2) 여행자수표는 '수표'라는 명칭으로 되어 있으나, 그 기재내용 등에서 우리 수표법상의 수표로 보기가 어려운 점이 있다. 즉, 여행자수표는 (i) 지급위탁문구가 아니라 지급약속문구로 되어 있는 점($\binom{이 점에서는 약속}{어음과 유사함}$), (ii) 지급지 및 발행일의 기재를 요하지 않는 점, (iii) 발행인의 기명날인 또는 서명이 없고 복사서명으로 되어 있는 점, (iv) 자금관계가 없고 매매약관에 근거하여 발행되는 점($\binom{이 점에서는 자기앞}{수표와 유사함}$) 등에서 우리 수표법상의 수표에는 해당하지 않는다($\binom{수 1조}{3조 참조}$). 그렇다고 우리 어음법상 환어음이나 약속어음에 해당한다고도 볼 수 없다. 따라서 여행자수표는 어음(수표)요건과 관련하여 볼 때 어음법상의 환어음이나 약속어음으로 볼 수도 없고, 또 수표법상의 수표라고도 볼 수 없으며, 이것은 우리나라뿐만 아니라 세계 각국에서 이용되는 제도로서 관습법화한 것이므로 「관습법에 의한 자기앞수표에 유사한 특별한 유가증권」으로 볼 수밖에 없을 것 같다.[2]

3) 여행자가 여행자수표를 발행받으면 즉시 각 장의 수표에 서명을 하고 여행자가

---

1) 우리나라에서는 일반은행의 경우에는 미국은행과의 계약에 의하여 미국은행의 여행자수표를 발매하고 있고, 한국외환은행은 독자적으로 미화표시의 VISA여행자수표를 발매하고 있다[정(희), 318면].

2) 동지: 정(희), 320면.

동 수표를 현금화(또는 양도)할 때에는 매수인(또는 양수인)의 면전에서 다시 한번 부서(副署)(counter sign)를 하여야 하는데, 이러한 서명을 어떻게 볼 것인가가 문제된다. 여행자가 여행자수표를 발행받을 당시에 하는 서명은 자기를 「수취인」으로 지정하기 위하여 하는 서명이고, 그 후에 여행자가 동 수표를 현금화하기 위한 부서는 「수표금의 수령을 증명하는 서명」으로 볼 수 있고 또는 여행자가 동 수표를 양도하기 위한 부서는 「배서인으로서의 서명」이라고 볼 수 있다.[1]

제 2 절   어음법·수표법

제 1   어음법·수표법의 의의

어음법·수표법의 의의도 유가증권법의 의의와 같이 실질적 의의의 어음법·수표법과 형식적 의의의 어음법·수표법으로 나누어 볼 수 있겠다.

1. 실질적 의의의 어음법·수표법

실질적 의의의 어음법·수표법은 이론상(학문상) 통일적인 의미의 어음법·수표법인데, 이에는 다시 광의와 협의의 의의가 있다.[2]

광의의($넓은\atop 의미의$) 실질적 의의의 어음법·수표법이란 「어음·수표에 관한 법의 전체」를 말한다. 즉, 어음·수표에 관한 사법(私法)뿐만 아니라, 어음·수표에 관한 공법(公法)[3]도 포함한다. 이 때의 어음·수표에 관한 사법(私法)에는 어음·수표관계에 고유한 사법만을 의미하는 것이 아니라, 어음·수표관계에 적용될 민법 또는 상법의 규정($즉, 민사어음\atop 법·수표법$)을 포함한다.

협의의($좁은\atop 의미의$) 실질적 의의의 어음법·수표법이란 광의의 실질적 의의의 어음법·수표법에서 어음·수표에 관한 공법 및 민사어음법·수표법을 제외한 「어음·수표관계에 고유한 사법」($고유한 어음\atop 법·수표법$)만을 의미한다. 일반적으로 실질적 의의의 어음

---

1) 동지: 정(희), 319면.

2) 동지: 주석, 122면; 손(주), 3면. 그러나 정(동), 65면은 실질적 의의의 어음법·수표법을 광의의 어음법·수표법과 같은 의미로 사용하고, 형식적 의의의 어음법·수표법을 협의의 어음법·수표법과 같은 의미로 사용하고 있는데, 이는 정확하지 않다고 본다.

3) 어음·수표에 관한 공법은 예컨대, 형법(214조~217조), 부정수표 단속법, 행정법(인지세법, 외국환거래법), 민사소송법(9조, 213조 1항 단서, 476조 이하), 민사집행법(233조), 국제사법(79조~88조), 채무자 회생 및 파산에 관한 법률(333조, 393조) 등을 의미한다.

법·수표법이라고 말할 때는 협의의 의의를 말한다.

협의의 실질적 의의의 어음법·수표법은 대체로 다음에서 보는 형식적 의의의 어음법·수표법과 같다고 볼 수 있으나, 이 양자는 반드시 동일한 것이 아니다. 즉, 형식적 의의의 어음법·수표법은 협의의 실질적 의의의 어음법·수표법 외에 어음·수표의 실질관계에 관한 사항(예컨대, 이득 상환청구권)에 대하여도 규정하고 있고, 이와 반대로 협의의 실질적 의의의 어음법·수표법에 속하는 거절증서령은 형식적 의의의 어음법·수표법에 속하지 않는다.[1]

2. 형식적 의의의 어음법·수표법

형식적 의의의 어음법·수표법은 실정성문법인 어음법·수표법을 의미한다. 즉, 우리나라에서의 형식적 의의의 어음법·수표법은 1961. 1. 20. 법률 제1001호(개정: 1995. 12. 6, 법 5009호; 2007. 5. 17, 법 8441호; 2010. 3. 31, 법 10198호)로 공포된 어음법과, 동 일자에 법률 제1002호(개정: 1995. 12. 6, 법 5010호; 2007. 5. 17, 법 8440호; 2010. 3. 31, 법 10197호)로 공포된 수표법을 의미한다. 이러한 어음법과 수표법은 1995. 12. 6에 일부 개정되어 서명제도가 도입되고 부분적으로 자연스럽지 못한 표현이 정비되었고, 2007. 5. 17에 일부 개정되어(시행: 2007. 11. 18) 어음·수표정보의 전자적 송·수신에 대하여 어음법·수표법에 따른 지급제시의 효력을 부여하여 어음·수표 교환업무의 전자화에 대한 법적 근거를 마련하였으며, 2010. 3. 31에 전면 개정되어(시행: 2010. 3. 31) 용어를 일부 수정하고(예컨대, '소구'를 '상환청구'로 수정함) 표현을 쉬운 용어로 변경하였다.[2]

제2 어음법·수표법의 지위

1. 어음법·수표법과 상법과의 관계

어음법과 수표법은 원래 관습법으로 존재하였으나, 그 후 어음·수표거래의 안전을 위하여 성문화되었고, 성문화의 형식에 있어서도 단행법(單行法)으로 제정하거나(영국·미국·독일 등) 또는 상법전의 일부로 하고 있다(프랑스〈신구〉·일본구법). 우리나라는 어음법과 수표법을 상법전에서 분리하여 단행법으로 제정하고 있다.[3] 따라서 어음법·수표법

---

1) 동지: 정(희), 44면; 주석, 122면.

2) 중국 어음법(票据法)의 소개에 관하여는 吳在晟, "중국 어음법(票据法)에 관한 연구─한국 어음법·수표법과의 비교를 중심으로," 법학석사학위논문(고려대 법무대학원, 2011. 8) 참조.

3) 우리 상법의 제정에 있어서 한때 그 초안은 상법 제6편을 증권법이라 하여 어음과 수표에 관한 규정을 두어서, 어음법과 수표법을 완전히 상법의 일부로 하고 있었다. 그러나 1930년의 어음법통일조약 및 1931년의 수표법통일조약 성립 후의 세계입법례를 보면, 종래 상법의 한 편으로 어음·

이 상법과 어떠한 관계에 있는가는 명백하지 않다. 1962년 이전의 의용상법(依用商法)인 일본법에서는 어음법·수표법이 실질적 의의의 상법에 속한다는 견해와, 속하지 않는다는 두 견해가 대립되어 있었다.[1] 그 이유는 1962년 이전의 의용상법(依用商法)에서는 어음 기타 상업증권에 관한 행위가 상법상 절대적 상행위로 되어 있어서($\frac{舊商}{501조\ 4호}$), 그것을 규정하는 어음법과 수표법은 형식적으로 상행위법에 속하고 상사특별법의 성격을 보유하고 있었기 때문이다.[2]

그러나 현행 우리 상법은 어음·수표행위를 상행위로 규정하고 있지 않을 뿐만 아니라, 실질적 의의의 상법을 기업에 관한 법이라고 할 때 어음·수표는 기업의 독점물이 아니고 일반인도 널리 이용하는 제도인 점에서 어음법·수표법은 실질적 의의의 상법에도 속하지 않는다. 이러한 의미에서 어음법과 수표법이 실질적 의의의 상법에 속한다고 하기보다는, 오히려 다른 유가증권에 관한 법규와 같이 유가증권법으로서 사법(私法)체계 중에서 특수한 지위를 차지하고 있다고 할 것이다. 따라서 어음법·수표법은 형식에서뿐만 아니라 실질적으로도 상법으로부터 독립한 지위를 갖고 있다.[3]

수표에 관한 규정을 두었던 여러 나라에서도 단행법으로 개정하여, 현재 프랑스상법을 제외하고는 대다수의 입법은 상법의 한 편으로 하지 아니하고 단행법으로 하고 있다. 따라서 우리 어음법과 수표법은 이러한 통일조약에 맞추어 제정한다는 이유도 있거니와, 실질적으로도 어음과 수표에 관한 법을 상법으로부터 분리시킬 필요가 있어 단행법으로 제정한 것이다.

어음과 수표에 관한 단행법의 제정에 있어서도, 통일조약에 따른 대륙법계 여러 나라는 어음법에서 환어음과 약속어음만을 규정하고, 수표는 다른 법률로 규정하고 있다. 이것은 어음법통일조약이 1930년에, 수표법통일조약이 1931년에 성립하여, 양법의 제정연혁에 있어서 분리되었다는 것만이 아니고, 이미 말한 바와 같이 그의 경제상 기능의 실질에 중점을 두어서 분리주의를 취한 것인데, 분리주의는 입법의 진보라고 한다. 따라서 우리나라의 어음법·수표법을 제정함에 있어서는 그 규정의 내용에 관하여 통일법을 따랐을 뿐만 아니라, 어음과 수표의 경제상 기능의 차이에서 어음법과 수표법을 각각 단행법으로 제정한 것이다. 이와 같이 통일조약에 따라서 두 법의 형식적 독립성을 철저히 하여 준용형식을 완전히 배제하고 있으므로, 같은 규정이 많이 중복되는 것은 불가피하게 되었다[서·정, 54면 주 1].

1) 실질적 의의의 상법에 속한다는 설: 田中(誠), (上) 3면; 鈴木, 37면, 73면. 실질적 의의의 상법에 속하지 아니한다는 설: 石井·鴻, 69면; 西原寬一, 「日本商法論」, 第 1 卷, 1943, 297면 이하.

2) 동지: 서·정, 54~55면.

3) 동지: 정(희), 45면; 서·정, 55면; 손(주), 5면; 이(범), 261면; 양·박, 660면; 양(승), (어) 80면 외.
    반대: 최(기), 91면.

2. 어음법·수표법과 민법과의 관계

어음법과 수표법은 민법에 대한 특별법이다.[1] 어음·수표는 그 내용인 권리의 면에서는 채권법적 원리에 의하여야 할 것이나, 어음·수표채권이 그 형식인 어음·수표증권에 화체(化體)되어 증권의 이전에 따라 동 권리가 이전하는 관계는 물권법적 원리에 의하여야 할 것이다. 즉, 채권법적 규정인 배서에 관한 어음법 제14조($\frac{수}{17조}$)의 규정은 지명채권양도에 관한 일반규정인 민법 제450조의 특칙이고, 이득상환청구권에 관한 어음법 제79조($\frac{수}{63조}$)는 부당이득에 관한 규정인 민법 제741조에 대한 특칙이다. 또한 물권법적 규정인 선의취득에 관한 어음법 제16조 2항($\frac{수}{21조}$)은 동산의 선의취득에 관한 일반규정인 민법 제249조·제250조·제251조에 대한 특칙이다. 또 어음법·수표법상의 단기시효에 관한 규정($\frac{언\ 70조·71조,}{수\ 51조·52조}$), 보증에 관한 규정($\frac{언\ 30조\ 이하,}{수\ 25조\ 이하}$) 등도 민법에 대한 특칙이다. 따라서 어음법과 수표법에 규정이 없는 부분 중 어음·수표채권(債權)에 관하여는 민법 채권법의 규정, 증권(證券)에 관하여는 민법 물권법의 규정이 각각 보충적으로 적용되어야 한다.[2]

제3 어음법·수표법의 특성

어음·수표제도는 재산권을 어음·수표라는 증권에 유체화(有體化)하여 그의 변제를 확실하게 하는 것과 함께, 그의 유통을 용이하게 하여 주는 수단이다. 따라서 어음법과 수표법의 기본적 이념은 「피지급성(被支給性)의 확보」와 「유통성의 조장」에 있는 것인데, 이 기본적 이념을 실현하기 위하여 어음법·수표법은 다음과 같은 특성을 갖는다.

1. 독립법적 성질

어음법과 수표법은 독립법적 성질을 갖고 있다. 이는 어음법·수표법이라는 성문법이 단행법으로서 독립법적 형식을 갖추고 있다는 의미가 아니라, 실질적으로 통일체를 이

---

1) 민법은 제3편 채권 제1장 총칙 제7절에 지시채권, 동 제8절에 무기명채권에 관하여 규정하고 있는데, 이것을 1958년 이전의 의용민법(依用民法)에서의 증권채권에 관한 규정과 비교하여 볼 때, 의용민법상의 증권채권 규정이 어음·수표에 관한 법규와 일치하지 아니하므로 매우 불비하고 부당한 것이었으나, 현행민법의 증권채권 규정은 이러한 법규의 부조화를 정비하여 어음·수표에 관한 법규와 동일하게 규정하고 있다. 이것은 민법의 상화(商化)현상이라고 볼 수 있다. 이와 같이 의용민법하에서 특별규정의 의미가 있었던 어음법과 수표법의 규정들이 민법에 그대로 들어옴으로써 어음법·수표법의 민법에 대한 특별법적인 의의가 매우 감소되었다고 볼 수 있다[서·정, 55면 주 2].

2) 동지: 서·정, 55~56면.

루며 자급자족의 법률이라는 것을 의미한다. 어음법·수표법도 사법(私法)(재산법)의 일부로서 사법의 일반법인 민법 또는 상법에 대하여 특별법적 관계에 있는 것은 부인할 수 없으나, 어음법과 수표법은 독립법적 성질을 갖고 있으므로 일반법과 특별법의 관계는 매우 희박하고 어음·수표에 관한 사항은 원칙적으로 어음법과 수표법 내에서 해결되고 민법·상법에 의하여 보충될 여지는 아주 적다.[1]

2. 강행법적 성질

어음법·수표법은 「피지급성의 확보」와 「유통성의 조장」을 위하여 어음·수표상의 권리의 발생·이전·행사·소멸에 이르기까지의 전 과정이 모두 법률에 의하여 엄격하게 규율되고 있으므로, 당사자간의 사적 자치의 여지가 거의 없다. 대부분의 어음법·수표법의 규정은 채권법적 규정으로서 원래는 계약자유의 원칙이 적용되어야 할 것이나, 어음·수표는 특정인간의 채권관계의 결제를 목적으로 할 뿐만 아니라 화폐처럼 불특정 다수인간을 전전유통하는 것이므로, 일반공중의 안전과 거래의 원활을 위하여 강행법으로 규정하지 않을 수 없다.[2]

3. 수단적 성질

어음과 수표는 거래관계를 결제하기 위한 수단이므로, 이를 규율하는 어음법과 수표법도 수단적 성질을 갖는다. 어떤 법이든 우리의 사회생활의 수단이 아닌 것이 없지만, 특히 어음법과 수표법은 가장 수단적 성질이 강하다.

4. 비윤리적·기술적 성질

어음법·수표법은 그 국가의 국민감정·도덕·전통을 떠나서 오로지 피지급성의 확보와 유통성의 조장이라는 이념을 실현하기 위하여 합리적 고려에서 나온 법이므로 비윤리적·기술적인 법규이다. 이 때 기술적이라는 것은 어음·수표관계의 이해에는 전문적 지식을 요한다는 의미이다. 어음·수표도 이의 남용에 의하여 도박채권이나 폭리행위에 이용되는 경우도 있으나, 윤리적 판단의 대상이 되는 것은 어음·수표 자체가 아니라 어음·수표에 의하여 달성하려는 목적(원인)이므로 어음법·수표법은 비윤리적이다.[3]

---

1) 동지: 서·정, 56~57면.
2) 동지: 서·정, 57면.
3) 동지: 서·정, 57면.

5. 성문화적 성질

어음법·수표법은 비윤리적·기술적 성질로 인하여 쉽게 성문화(成文化)하는 경향이 있다. 따라서 불문법 국가인 영국·미국 등에서도 어음법과 수표법은 성문법으로 되어 있다.

6. 세계적 성질(통일성)

어음법·수표법의 비윤리적·기술적·수단적 성질로 인하여 어음법·수표법은 특히 세계적 성질(통일성)이 강하다. 또 어음·수표는 실제로 국제대차의 수단으로 국제적으로 유통하므로 세계적 성질을 갖지 않을 수 없다. 어음법·수표법의 세계적 성질을 반영하는 것으로는 제네바에서의 어음법통일조약·수표법통일조약 및 최근의 국제환어음 및 국제약속어음에 관한 UN협약 등을 들 수 있다.

제**3**장 어음법·수표법 총론

제1절 어음행위[1]

제1 어음행위의 의의

어음행위(Wechselerklärung)는 어음이라는 증권상에 행하여지는 법률행위인데, 민법상의 법률행위나 상행위에 비하여 특수성을 가지고 있다. 어음행위라는 용어는 법전상의 용어[2]가 아니라 강학상의 용어인데, 이는 보통 형식적 의의와 실질적 의의로 나뉘어 설명되고 있다.

1. 형식적 의의

어음행위의 형식적 의의는 「기명날인 또는 서명을 불가결의 요건으로 하는 요식(要式)의 증권적 법률행위」이다. 이것은 모든 어음행위에 공통적인 현상으로, 이러한 형식적 의의에 대하여는 이설(異說)이 거의 없다.[3]

2. 실질적 의의

어음행위의 실질적 의의에 대하여는 크게 이를 긍정하는 견해와 부정하는 견해로 나뉜다.

---

1) 수표행위를 포함한다. 이하에서 수표에 관하여 별도의 설명이 없는 한 어음에는 수표를 포함한다.
2) 어음(수표)행위라는 용어는 법전에서는 어음법 제8조 및 수표법 제11조의 표제에서 사용되고 있을 정도이다.
3) 그러나 어음행위의 형식적 의의를 인정하지 않고 실질적 의의만을 인정하는 견해도 있다[이(범), 263면].

1) 긍정하는 견해는 어음행위의 요소인 의사표시의 실질적 목적에 의하여 또는 어음행위의 결과로서 어음채무자가 어음채무를 부담하는 면을 중시하는 견해이다. 즉, 이 견해에서는 실질적 의의의 어음행위를 「어음행위의 결과 어음상의 채무를 부담하게 하는 행위」,[1)]「어음상의 채무의 발생원인이 되는 법률행위」,[2)]「어음행위는 원칙적으로 그 결과로서 어음상의 채무를 발생시키는 법률행위」[3)] 등으로 설명한다.

2) 부정하는 견해는 어음행위자의 제 1 차적인 의사표시의 내용이 상이한 점에 기인하는 견해이다. 즉, 이 견해에서는 「각종의 어음행위를 그 효과의사 내지 목적에서 실질적으로 고찰할 때에는 약속어음의 발행 · 환어음의 인수 · 보증과 같이 어음채무의 부담을 목적으로 하는 행위도 있고, 또는 보통의 배서와 같이 어음상의 권리양도를 목적으로 하는 행위도 있는가 하면, 또는 환어음의 발행과 같이 수취인에게 금전의 수령권한을 부여할 목적으로 하는 지시행위도 있어서, 실질적으로는 어음행위에 공통된 정의를 내릴 수 없어서 형식적 정의로써 만족하고자 한다」고 한다.[4)]

생각건대 어음행위는 각각 다른 의사표시의 목적을 갖고 있으므로(예컨대, 약속어음의 발행은 지급약속이나, 환어음의 발행은 지급위탁이고, 배서는 어음상의 권리의 양도임), 모든 어음행위를 그 내용의 면에서 실질적으로 고찰하여 통일적인 개념구성을 시도하는 것은 불가능할 뿐만 아니라 불필요하다. 더욱이 모든 어음행위의 실질적 목적을 채무부담으로 보는 것도 타당하지 않다. 즉, 상환(소구)의무 등을 어음행위자의 의사표시상의 의무가 아니라 법정의 의무로 본다면 모든 어음행위에 공통적인 사항이 어음채무부담이라고 볼 수는 없을 것이다. 또 무담보배서 등과 같이 어음행위자의 의사에 기하여 어음채무를 부담하지 않는 행위를 어음행위가 아니라고 볼 수는 도저히 없을 것이다. 따라서 어음행위의 실질적 의의를 부정하는 견해에 찬성한다.

---

1) 서(정), 85면. 동지: 이(기), 135면.
2) 이(범), 263~264면. 동지: 손(주), 36면(어음행위의 실질적 의의를 긍정하면서 이를 「어음상의 법률관계의 구성요건인 법률행위」라고 하는데, 너무나 추상적이어서 그 의미가 없다고 본다).
3) 정(동), 85면.
4) 서 · 정, 64면. 동지: 정(희), 61~62면; 김(용), 203면; 양(승), (어) 89면; 양 · 박, 679면.

제 2   어음행위의 종류

약속어음에 있어서 어음행위에는 발행·배서·보증·(참가인수)[1]가 있고, 환어음에 있어서 어음행위에는 발행·배서·보증·인수·참가인수가 있으며, 수표에 있어서 수표행위에는 발행·배서·보증·지급보증이 있다. 즉, 환어음·약속어음·수표에 공통적인 어음행위는 발행·배서·보증이고, 환어음에만 있는 어음행위에는 인수·(참가인수)가 있고, 수표에만 있는 수표행위에는 지급보증이 있다. 지급·참가지급은 변제 또는 변제에 유사한 행위로서 어음행위가 아니다.[2]

위와 같은 어음행위 중에서 발행은 기본어음을 창조하는 행위이므로 「기본적 어음행위」라고 하고, 그 밖의 어음행위는 기본어음 위에 하는 어음행위이기 때문에 「부속적 어음행위」라고 한다. 기본적 어음행위가 요건의 흠결(형식적 하자)로 무효가 되면 그 위에 한 부속적 어음행위도 전부 무효가 되지만, 기본적 어음행위가 실질적 하자(어음행위자의 무능력·무권한 등)로 무효가 되더라도 그 위에 한 부속적 어음행위는 무효가 되지 않는다(어음행위독립의 원칙).

제 3   어음행위의 성립(유효)요건

어음행위는 위에서 본 바와 같이 요식의 증권적 법률행위이므로 어음행위가 유효하게 성립하고 효력을 발생하기 위하여는 증권의 유효한 「작성행위」와, 작성된 증권의 유효한 「교부행위」가 있어야 한다. 증권의 유효한 「작성행위」가 성립하기 위하여는 어음행위자가 증권에 법정의 사항을 기재하고 기명날인 또는 서명하여야 하며(형식적 요건), 어음행위자에게 유효한 법률행위를 할 수 있는 요건이 갖추어져야 한다(실질적 요건). 이와 같이 작성된 증권의 유효한 「교부행위」가 있어야 하는 점에 대하여는 어음이론의 문제로서 여러 가지 학설이 나뉘어 있는데, 어느 설을 취하느냐에 따라 그 결론이 달라진다.

이하에서는 어음행위의 형식적 요건과 실질적 요건을 먼저 살펴보고, 다음으로 어음이론에 대하여 고찰하겠다.

---

1) 약속어음에는 법문상 참가인수에 관한 환어음의 규정이 준용되지 않으므로(어 77조 1항 5호) 「참가인수」의 어음행위가 없으나, 후술하는 바와 같이 해석상 약속어음에도 「참가인수」가 인정된다고 보면(통설) 약속어음에도 「참가인수」의 어음행위가 있다.

2) 동지: 정(동), 85면.

1. 어음행위의 형식적 요건

(1) 법정사항의 기재(요식의 서면행위)

어음행위는 요식행위이므로 각 어음행위에는 어음법에 고유한 방식이 규정되어 있다. 또한 어음행위는 서면행위이므로 각 어음행위는 어음상(다만, 배서나 보증은 어음에 결합한 보충지나 등본에도 가능함)에 하여야 한다. 이들 각 어음행위에 고유한 방식을 규정한 법조문을 소개하면 다음과 같다.

발   행: 어음법 제 1 조(환어음), 어음법 제75조(약속어음), 수표법 제 1 조(수표)

배   서: 어음법 제13조(환어음), 어음법 제77조 1항 1호(약속어음), 수표법 제
　　　　 16조(수표)

보   증: 어음법 제31조(환어음), 어음법 제77조 3항(약속어음), 수표법 제26조
　　　　 (수표)

인   수: 어음법 제25조(환어음)

참가인수: 어음법 제57조(환어음)

지급보증: 수표법 제53조 2항(수표)

(2) 기명날인 또는 서명

모든 어음행위의 형식적 요건으로서 공통된 최소한의 요건은 어음행위자의 기명날인 또는 서명이다.[1]

어음행위의 공통적인 요건인 기명날인에서 「기명」이라 함은 어음행위자의 명칭[2]을 타이프라이터·인쇄·고무인 등으로 기재하는 것을 말하고, 「날인」은 어음행위

---

1) 우리 어음(수표)법이 따르고 있는 제네바통일법 원문에 의하면 원래 「서명」(signature; Unterschrift)으로서 어음행위자 스스로 자서(自署)하는 것을 의미하는 것이나, 우리나라에서는 통일조약의사록에서 서명이란 말을 각국의 사정에 맞도록 할 수 있음을 인정한 바에 따라 어음(수표)법의 제정 당시에는 「기명날인」으로 규정하였다(교재, 55~56면).
　　그러나 비교법적으로 볼 때 영미법계 국가는 물론(B. E. A. § 23; U. C. C. § 3-401), 같은 통일법계 국가에서도 대부분 「기명날인」 대신에 「서명」으로 규정하고 있다(독일 어음법 1조 8호 등). 일본의 어음법도 기명날인 대신에 「서명」으로 규정하면서(일본 어음법 1조 8호, 일본 수표법 1조 6호), 같은 법에서 「본법에서 서명이라 함은 기명날인을 포함한다」고 규정하여(일본 어음법 82조, 수표법 67조), 「서명」과 「기명날인」을 함께 사용하고 있다. 그 후 우리 어음법(1995. 12. 6 공포, 법 제5009호) 및 수표법(1995. 12. 6 공포, 법 제5010호)이 1995년에 개정되어(이 법들은 공포한 날로부터 시행됨) 어음행위의 형식적 요건인 기명날인이 "기명날인 또는 서명"으로 변경되었으므로 서명만으로 하는 어음행위도 가능하게 되었다.
　　참고로 중국(중화인민공화국)의 어음법(1995. 5. 10. 공포, 1996. 1. 1. 시행)도 우리 개정어음(수표)법과 같이 "기명날인 또는 서명"으로 규정하고 있다(동법 4조 이하).
2) 이러한 명칭은 성명·상호·아호 또는 거래계에서 널리 인정된 통칭이면 무방하다(통설).

자의 의사에 의하여 그의 인장($\binom{\text{인장의 종류를}}{\text{불문함}}$)을 찍는 것을 말한다. 또한 「서명」이라 함은 어음행위자의 자필의 성명서명(eigenhändige Namensunterschrift)을 의미하는 것으로,[1] 성명의 전부가 나타나지 않고 이름 및 아호에서 따온 개별적인 철자만을 단순히 수서(手書)하는 것은 서명으로서 인정되지 않는다.[2] 또한 타이프라이터·스탬프·모사 등으로 하는 어음행위자의 성명의 표시도 서명으로 볼 수 없다.[3]

이와 같이 어음행위자에게 기명날인 또는 서명을 요구하는 이유에 대하여는, 어음행위자로 하여금 어음상의 책임을 부담하게 됨을 자각(自覺)시키고(주관적 이유) 어음행위자의 고유한 필적이나 인영(印影)을 어음면에 나타내어 어음취득자로 하여금 어음행위자를 확지시키고 어음의 위조를 방지하고자 하는 것(객관적 이유)이라고 한다(통설).[4] 그러나 오늘날 거래계의 실정에서 볼 때($\binom{\text{특히 타인에 의한 기명}}{\text{날인의 대행의 경우}}$), 서명이 아닌 기명날인의 이러한 이유($\binom{\text{주관적 이유 및}}{\text{객관적 이유}}$)가 타당한가는 매우 의문이다.[5]

기명날인 또는 서명과 관련된 문제는 많이 발생하는데, 이에 관한 국내의 학설·판례를 정리하면 다음과 같다.[6] 어음행위자의 기명날인에서 「기명」은 반드시 그 본명과 일치하여야 하는 것은 아니고,[7] 상호·아호·통칭·예명 등 무엇이든지 거래자 사이에 자기를 표시하는 명칭이면 무방하다(통설).[8] 회사가 어음을 발행한 후에 상호를 변경한 경우에도 동일한 법인으로 인정되는 한 어음발행인으로서 책임을 진다.[9] 기명이 없고 날인만이 있는 어음행위는 무효라고 보아야 할 것이다.[10] 그러나 이 때에 날인이 정당하게 된 경우에는 어음행위자는 상대방 또는 어음소지인으로 하여금 그 명칭의 기재를 대행시킬 의사로써 한 것으로 추정할 수 있으므로,[11] 어음의 정당한 소지인은 기명을 보충할 수 있다고 본다.[12] 기명무인(記名拇印)

---

1) Baumbach/Hefermehl, WG Art. 1 Rdz. 13.

2) BGH 52, 18; NJW 78, 1255.

3) Baumbach/Hefermehl, WG Art. 1 Rdz. 13.

4) 정(희), 63면; 서·정, 66면; 이(범), 265면; 양(승), (어) 92면; 채, 37면; 이(기), 137면 외.

5) 정(찬), 99면. 동지: 서·정, 66면.

6) 이에 관한 상세는 정(찬), (사례) 19~27면 참조.

7) 대판 1969. 7. 22, 69 다 742(판총 11-2, 974-2, 1032-5).

8) 정(찬), 99면; 정(희), 64면; 서·정, 66면; 손(주), 54면; 정(동), 87면 외.

9) 대판 1970. 11. 24, 70 다 2205(집 18 ③ 민 325).

10) 대판 1962. 1. 31, 4294 민상 200(교재, 판결례 [9]); 동 1999. 10. 8, 99 다 30367(공보 1999, 2303)(법인의 대리인이 법인 명의의 배서를 함에 있어 행위자인 대리인의 기명이 누락된 경우에는 그 요건을 갖추지 못한 무효의 배서이다); 이(기), 138면; 채, 37면.

11) 동지: 손(주), 56면.

12) 대판 1980. 3. 11, 79 다 1999(공보 1980, 12706)(이를 간접적으로 긍정함).

또는 기명지장(記名指章)의 어음행위가 유효한가에 대하여, 우리나라의 학설 중에는 이를 긍정하는 소수설도 있으나,[1] 이를 부정하는 다수설[2]이 타당하다고 본다.[3]

이에 대하여 판례는 일관하여 「무인 또는 지장은 그 진부를 육안으로 식별할 수 없고 특수한 기구와 특수한 기능에 의하지 않고는 식별할 수 없으므로 거래상의 유통을 목적으로 하는 어음에 있어서의 기명날인에는 무인 또는 지장을 포함하지 않는다」고 하여, 기명무인 또는 기명지장의 어음행위를 무효라고 판시하고 있다.[4] 기명의 명의와 날인의 명의가 일치하여야 하는가에 대하여, 우리나라의 학설 중에는 거래상 동일성이 인정되는 것을 전제로 하여 불일치를 긍정하는 견해가 있으나,[5] 어음행위자의 의사에 기하여 기명 및 날인이 되면 충분하므로 거래상 동일성이 인정되는 여부에 불문하고 불일치를 긍정하여야 한다고 본다.[6] 이에 대하여 우리나라의 판례는 후자의 견해에서 「… 약속어음에 피고 '황택임'의 기명이 있고 거기에 어떤 인장이 압날되어 있는 이상 그 인장(印章)이 '서상길'로 되어 있어 비록 그 기명과 일치되지 않는다 할지라도 이 약속어음의 문면상으로는 기명과 날인이 있는 것이 되어 외관상 날인이 전혀 없는 경우와는 구별이 되어야 할 것이다」고 판시하고 있다.[7] 또한 이 때에 기명의 명의와 날인의 명의가 상이하므로 누가 어음행위자인지가 문제될 수 있는데, 기명의 명의자를 어음행위자로 보아야 할 것이다.

어음행위는 1인에 의하여 행하여지는 것이 보통이지만, 수인이 함께 하는 경우도 종종 있다. 수인이 어음행위를 하는 경우에 배서(어 13조 1항·77조 1항 1호, 수 16조 1항)와 보증(어 31조 1항·77조

---

1) 정(희), 64면(기명이 자필인 경우에는 자필서명이므로 무인의 효력을 따질 것 없이 기명날인으로서 유효하고, 타필인 경우에는 무인만큼 확실한 것이 없으므로 역시 유효하다. 인장이 문제되는 것은 어음이 위조된 경우인데 무인에 의하여 행위자를 확인할 수 있는데도 불구하고 방식의 흠결을 이유로 어음 자체를 무효로 하는 것은 타당하지 않다. 다만 무인의 문제는 인감거래를 본질로 하고 용지가 통일되어 있는 수표에서는 이것을 따질 실익이 거의 없다).
　참고로 일본에서 이를 긍정하는 견해로는 田中(誠), 131면 등이 있다.

2) 서·정, 67면; 손(주), 56~57면; 정(동), 87면; 양·박, 680면; 김(용), 248면; 강, 92면; 강, (어) 64면; 이(기), 138면; 채, 38면; 이(철), (어) 71면 외.

3) 정(찬), 100면; 정(찬), (사례) 24면.

4) 대판 1956. 4. 26, 4288 민상 424(교재, 판결례 [12]); 동 1962. 11. 1, 62 다 604(교재, 판결례 [8]).

5) 정(희), 64면; 손(주), 55면.

6) 정(찬), 100면; 정(찬), (사례) 25~26면. 동지: 정(동), 87면; 이(기), 138면; 채, 37~38면; 日大判 1933. 9. 15(民集 12-21, 2168).

7) 대판 1978. 2. 28, 77 다 2489(교재, 판결례 [10]). 어음행위자 본인이 무인 또는 지장을 찍은 어음행위는 무효이고, 이 판례에서 보는 바와 같이 타인이 어음행위자의 기명을 하고 기명의 명의와 전혀 다른 날인을 한 어음행위는 유효라고 하면, 기명날인을 요구하는 이유는 거의 그 의미를 상실하였다고 볼 수 있겠다[정(찬), 96면].

$_{26조 \, 1항}^{3항, \, 수}$)은 (어음에 결합한) 보충지에도 할 수 있으나, 그 밖의 어음행위는 어음면상 하여야 한다고 본다.[1] 따라서 수인 중 일부는 발행인란에 기명날인 또는 서명을 하고 나머지는 (어음에 결합한) 보충지에 기명날인 또는 서명을 한 경우에는 모두 공동발행인으로 볼 수는 없다고 본다. 따라서 보충지에 한 기명날인자 또는 서명자는 발행인으로서의 책임은 없고, 발행인을 위한 보증인으로서의 책임만을 부담할 수 있다고 본다.[2] 어음의 발행인란에 수인의 기명날인 또는 서명이 있으나 기명날인자 또는 서명자의 자격표시가 없는 경우에는 이를 모두 공동발행인으로 보아야 하고,[3] 이러한 공동발행인은 어음상 권리자에 대하여 합동책임을 부담한다(통설)[4] $\left(_{1항 \, 4호, \, 수 \, 43조}^{어 \, 47조·77조}\right)$. 따라서 이 때에 어음상 권리자는 공동발행인 전원을 상대로 하여서만 그 어음상의 채무이행을 청구할 수 있는 것이 아니고, 그 중 한 사람에게 그 전부의 지급을 청구할 수도 있다.[5]

2. 어음행위의 실질적 요건

어음행위의 실질적 요건에 대하여는 어음법이 규정하고 있지 않으므로 민법의 법률행위에 관한 일반적인 규정이 적용되나, 다만 어음행위의 특성에서 어떤 경우에는 수정적용되는 경우가 있다. 따라서 어음행위의 실질적 요건(유효요건)도 민법상 법률행위의 실질적 요건(유효요건)과 같다. 즉,

① 어음행위의 당사자가 능력을 갖고 있어야 하고,

② 어음행위의 목적이 가능하고, 적법하며, 사회적 타당성을 갖고, 확정할 수 있어야 하며,

③ 어음행위의 의사표시에 있어서 의사와 표시가 일치하고, 의사표시에 하자가 없어야 한다.

그런데 어음행위는 일정한 금액을 무조건 지급할 것을 목적으로 하는 법률행위이고 또 원인관계로부터 분리되어 유효하게 존재하므로($_{추상성}^{무인성·}$), 위 ②는 어음행위에서 문제될 것이 없다. 즉, 어음행위는 목적이 불가능하거나 확정할 수 없는 것

---

1) 동지: 서·정, 163면; 정(희), 125면; 채, 37면; 日大判 1931. 1. 24.
2) 정(찬), 101면; 정(찬), (사례) 26면.
   반대: 손(주), 192면(보충지에 한 기명날인 또는 서명도 발행인의 기명날인 또는 서명으로서 유효하다고 함).
3) 동지: 손(주), 213면.
4) 정(찬), 101면; 정(희), 125면; 서·정, 163~164면; 손(주), 212면 외.
5) 대판 1970. 8. 31, 70 다 1360. 동지: 日最高判 1961. 7. 31(民集 15-7, 1982).

이 있을 수 없다. 또한 어음행위는 수단적으로 행하여지고 무색적(無色的) 성질(중성적 성질)이 있으므로 그 자체가 사회적 타당성이 없거나 강행법규에 반하는 경우는 없고 원인행위가 이에 해당될 수 있는데, 원인행위가 사회적 타당성이 없는 경우에는 이를 인적 항변사유로 보고(통설[1]·판례[2]), 원인행위가 강행법규에 위반하는 경우에는 판례는 강행법규의 내용에 따라 이를 물적 항변사유[3]로 보기도 하고 또는 인적 항변사유[4]로 보기도 한다(이에 관한 상세는 어음).

따라서 이하에서는 위 ①의 어음능력과 ③의 의사표시의 흠결 또는 하자에 대해서만 설명하겠다.

(1) 어음능력(Wechselfähigkeit)

어음행위가 유효하기 위하여는 어음행위자(당사자)가 어음능력을 갖고 있어야 하는데, 이에는 어음권리능력과 어음행위능력이 있다. 어음권리능력이란 어음행위의 주체가 될 수 있는 능력을 말하고, 어음행위능력이란 스스로 어음행위를 할 수 있는 능력을 말한다.

1) 어음권리능력(Wechselrechtsfähigkeit)   어음권리능력자에는 민법상 권리능력자와 같이 자연인과 법인이 있다. 이 때 자연인은 「생존한 동안」 어음권리능력이 있는데(민3조), 이에 대하여는 특별히 문제될 것이 없다. 그러나 법인은 「법률의 규정에 좇아 정관으로 정한 목적의 범위 내에서」 권리능력이 있으므로(민34조), 어음권리능력도 이와 동일하게 보아야 할 것인지 여부에 대하여 다음과 같은 문제점이 있다.

(개) 회   사   회사의 권리능력이 정관에서 정한 목적에 의하여 제한을 받는지 여부(즉, 민법 제34조가 회사에도 적용되는지 여부)에 대하여는 제한설(적용긍정설)과 무제한설(적용부정설)이 있는데, 무제한설에 의하면 회사의 어음권리능력이 정관에서 정한 목적에 의하여 제한을 받지 않는다는 점은 당연하고,[5] 제한설에서도 회사의 어음행위는 그 자체를 객관적·추상적으로 관찰하여 볼 때 회사의 목적사업을 수행하는 데 필요한 행위이며 어음행위의 원인행위에 의하여 그 어음행위가 목적범위에 들어가는지 여부를 정

---

1) 정(찬), 102면; 정(희), 68~69면; 서·정, 71면; 손(주), 52~53면; 양(승), (어) 99면; 채, 36면 외. 반대: 정(동), 95면.

2) 朝高判 1923. 10. 2(판총 11-2, 971); 同 1940. 4. 2(판총 11-2, 993).

3) 대판 1982. 6. 8, 82 다 150(교재, 판결례 [510]); 동 1986. 6. 24, 86 다 133(공보 781, 29)(농업협동조합법 위반의 경우) 외.

4) 대판 1962. 9. 20, 62 다 383(교재, 판결례 [141])(과거의 이자제한법 위반의 경우인데, 이 법은 1998. 1. 13. 법 5507호로 폐지되었다) 외.

5) 정(찬), 103면; 정(찬), (사례) 32면. 동지: 서·정, (상) 291면.

할 수 없다고 하여 회사의 어음권리능력을 인정한다.[1]

(나) 회사 이외의 법인　　회사 이외의 법인의 어음권리능력도 정관에서 정한 목적에 의하여 제한을 받지 않는다고 본다. 왜냐하면 회사 이외의 법인은 민법 제 34조가 적용되어 정관에서 정한 목적에 의하여 그 권리능력이 제한되나, 어음행위 는 그의 무색적 성질(중성적 성질) 때문에 그 자체가 목적범위 외의 행위가 될 수 없 고 목적범위 외의 행위인지 여부는 그의 원인행위에 의하여 결정되는데 이는 인적 항변의 문제이고 어음행위 자체의 효력과는 무관하다고 보기 때문이다.[2]

(다) 권리능력이 없는 사단·재단　　권리능력이 없는 사단이나 재단이 어음권 리능력을 갖는지 여부에 대하여는, 이러한 사단이나 재단은 권리능력이 없으므로 어음권리능력도 갖지 못한다는 견해가 다수설이나,[3] 이러한 사단이나 재단도 제한 적 범위 내에서 권리능력이 인정되고 있으므로($\frac{민소}{부등}\frac{52조}{26조}$) 어음권리능력을 갖는다고 보는 소수설[4]이 타당하다고 본다.[5] 권리능력이 없는 사단·재단에 대하여 어음권 리능력을 인정하면 사단의 경우에는 어음채무가 권리능력이 없는 사단 자체에 귀속 된다고 볼 수는 없고 권리능력이 없는 사단의 구성원에게 총유적(總有的)으로 귀속 하고(준총유) 그 채무에 대하여 책임을 지는 것은 동 사단의 재산뿐이며, 재단의 경 우에는 재단의 어음채무는 사단과 달라서 구성원이 없으므로 어음채무의 준총유를 인정할 수 없고 「신탁」의 법리에 의하여 관리자 개인에게 귀속된다.

(라) 법인격이 없는 조합　　법인격이 없는 조합은 그 자체가 어음권리능력이 없고 조합원 전원이 권리의무의 주체가 된다(통설).[6] 따라서 동 조합이 어음행위를 함에 있어서는 조합원 전원이 기명날인 또는 서명을 하여야 한다. 그러나 조합원

---

1) 정(희), 65면.

2) 동지: 손(주), 43~44면; 정(동), 90~91면; 양(승), (어) 96면 외.

3) 정(희), 65면(권리능력이 없는 사단은 권리능력이 없으므로, 대표자의 이름을 명기하고 한 경우 를 제외하고 권리능력이 없는 사단의 이름으로 한 어음행위는 효력이 없다); 손(주), 44면; 정(동), 91면; 최(기), 122면 외.

4) 이석형, "법인 아닌 사단·조합의 어음행위,"「어음·수표법에 관한 제문제(하)」, 법관연수자료 (사법연수원), 1985. 12, 1327면; 강, 80면; 이(기), 140~141면; 채, 34면.

5) 정(찬), 103면; 정(찬), (사례) 32~33면. 결과동지: 정(동), 91면(권리능력이 없는 사단이 어음 행위를 한 경우에는 그 단체의 구성원이 사단의 재산만으로 어음상의 책임을 진다 ─ 사단책임설).

6) 정(찬), 104면; 정(찬), (사례) 82~83면; 이석형, 전게 법관연수자료, 1335~1339면; 日最高判 1973. 10. 9(民集 27-9, 1129) 외.
　　이에 반하여 법인격이 없는 조합에 대하여 어음권리능력을 인정하는 견해로는 服部榮三, "組合 の手形行爲,"「手形研究 56」, 1962. 5, 10~12면; 喜多川篤典, "組合の手形署名,"「手形小切 手判例百選(第1版)」, 1963, 17면 등 참조.

전원이 언제나 어음상에 기명날인 또는 서명을 하여야 한다는 것은 신속한 어음거래의 요청에도 맞지 않고 또 실무상으로도 불편한 일이다. 따라서 조합의 어음행위는 조합원 전원이 기명날인 또는 서명을 하지 않고 대표조합원이 그 대표자격을 표시하여 기명날인 또는 서명을 하는 것이 실무상의 관례이고,[1] 또 우리나라의 대법원판례의 입장이기도 한다.[2] 그런데 이와 관련하여 주의할 점은 대표조합원이 그 대표자격을 표시하여 기명날인 또는 서명을 한 것은 법인의 대표기관의 어음행위와는 다르다는 점이다. 즉, 대표조합원은 조합을 대표하여 기명날인 또는 서명을 한 것이 아니라, 다른 조합원을 대리하여 기명날인 또는 서명을 한 것이다. 또한 그 기명날인 또는 서명에 의한 어음채무는 조합 자체가 부담하는 것이 아니라, 조합원 전원이 공동어음행위자로서 합동책임을 부담하는 것이다(조합원합동책임설).[3]

2) **어음행위능력**(Wechselgesehäftsfähigkeit)   어음권리능력은 어음행위의 효과($\substack{권리 \\ 의무}$)가 귀속되는 주체에 관한 능력이나, 어음행위능력은 스스로 유효하게 어음행위를 할 수 있는 능력이다. 따라서 어음행위능력은 어음행위자의 정신적 능력이 전제되고, 법인보다는 자연인의 경우에 특히 문제된다. 어음행위능력에 대하여도 어음법이 특별히 규정한 바가 없으므로 민법의 일반원칙이 적용되는데, 다만 일정한 경우에는 어음행위의 특성으로 인하여 수정적용된다.

(개) **어음의사능력**   어음의사능력은 어음행위능력의 전제가 되는 것으로, 어음의사능력이 없는 자의 어음행위는 언제나 무효이다. 즉, 유아나 술에 만취한 자 등은 어음의사무능력자로서 이러한 자의 어음행위는 언제나 무효가 된다. 그런데 이 때에 무효가 된다는 의미는 의사무능력자의 어음행위만이 무효가 된다는 의미이지, 어음 자체가 무효가 되는 것도 아니고($\substack{어음 자체는 형식적 하자에 \\ 의해서만 무효가 됨}$) 또 다른 어음행위를 무효로 하는 것도 아니다($\substack{어음행위독립 \\ 의 원칙}$). 또한 의사무능력자의 어음행위의 무효의 항변은 어음취득자의 선의·악의를 묻지 않고 주장할 수 있는 물적 항변사유이다. 그러므로 의사무능력자의 어음행위는 대리인이 대리할 수밖에 없다.

(내) **어음행위능력**   민법상 행위능력자는 모두 어음행위능력자로 보아야 할 것이다. 그런데 민법에서는 제한능력자를 규정하고 그 이외의 자를 모두 행위능력

---

1) 교재, 62~63면.

2) 대판 1970. 8. 31, 70 다 1360(교재, 판결례 [19]).

3) 상게 대판 1970. 8. 31, 70 다 1360; 日最高判 1961. 7. 31(民集 15-7, 1982).
    이외에 조합원 또는 대표조합원이 개인적으로 책임을 진다는 입장인 「조합 및 조합원책임설」 [정(동), 92면]과 「대표자개인책임설」(Staub/Stranz, *Kommentar zum Wechselgesetz*, 1934, Art. 7 Anm. 8) 등이 있다.

자로 보고 있으므로, 어음행위에서도 이와 동일하게 보아 민법상 제한능력자는 모두 어음행위무능력자로 보고 그 이외의 자는 모두 어음행위능력자로 보아야 할 것이다. 따라서 어음행위무능력자에는 미성년자, 피한정후견인 및 피성년후견인이 있다.

① 미성년자

(ⅰ) 미성년자가 법정대리인의 동의를 얻지 아니하고 한 어음행위는 원칙적으로 취소할 수 있다(민 5조 2항). 법정대리인의 동의는 원인행위뿐만 아니라 어음행위에 대하여도 존재하여야 한다. 취소는 미성년자 본인이나 법정대리인이 할 수 있는데, 이들이 미성년자의 어음행위를 취소한 경우에는 동 어음행위는 소급하여 효력이 없게 되고(민 141조) 또 이는 어음취득자의 선의·악의를 불문하고 누구에게도 대항할 수 있다(물적 항변사유).

그런데 예외적으로 미성년자가 처분을 허락받은 재산에 대하여 그 재산의 처분방법으로서 하는 어음행위(민 6조), 법정대리인으로부터 허락받은 특정한 영업에 관하여 하는 어음행위(민 8조 1항), 미성년자가 속임수로써 능력자로 믿게 하거나 법정대리인의 동의가 있는 것으로 믿게 한 후에 한 어음행위(민 17조), 혼인을 한 미성년자의 어음행위(민 826조의 2), 만 17세에 달한 미성년자가 유언의 내용으로 하는 어음행위(민 1061조, 1062조), 미성년자가 타인의 대리인으로서 하는 어음행위(민 117조), 미성년자가 법정대리인의 허락을 얻어 회사의 무한책임사원이 된 경우에 그 사원자격으로 하는 어음행위(상 7조) 등에는 그 어음행위에 대하여 법정대리인의 동의가 없어도 유효한 어음행위가 된다.

(ⅱ) 미성년자의 어음행위에 대하여도 민법과는 다른 다음과 같은 두 가지의 특색이 있다.

(a) 첫째는 민법에서는 미성년자가 권리만을 얻거나 의무만을 면하는 행위는 법정대리인의 동의 없이도 할 수 있는데(민 5조 1항 단서), 어음행위에서도 동일하게 인정될 수 있겠느냐의 문제가 있다. 이에 대하여 어음행위도 그 종류에 따라 단순히 권리만을 얻거나(예컨대, 미성년자가 자기지시환어음을 발행하여 지급인의 인수를 받는 경우) 의무만을 면하게 되는 경우도 있으므로 이러한 경우에는 법정대리인의 동의가 없더라도 유효한 어음행위를 할 수 있다는 견해(긍정설)가 있다.[1] 그러나 어음행위자는 제 1 차적인 채무이든(약속어음의 발행인, 환어음의 인수인 및 이들의 보증

_____

1) 손(주), 47면(원칙적으로 긍정설이 타당하다고 하면서, 어음행위의 구체적인 경우에 따라 의무를 부담하는 경우는 동의를 요하고 그러하지 아니한 경우는 동의를 요하지 않는다고 한다); 최(기), 125~126면(그러나 미성년자가 어음을 배서양도하는 때에는 무담보배서가 아니면 이는 민법 제 5 조 1항 단서에 포함되는 행위가 아니라고 한다).

인_등) 또는 제2차적인 채무이든($\substack{배서인, 환어음·수표의\ 발\\ 행인 및 이들의 보증인 등}$) 어음채무를 부담하게 되는 것이 일반적이고 또 이러한 채무는 원인행위와 절단된 엄격한 채무라는 점, 어음행위는 원인행위와 절단된 무색적(無色的) 성질을 가지고 있어 어음행위 자체만으로써 그 여부를 판단할 수 없는 점 등에서 볼 때, 미성년자가 어음행위를 함으로써 권리만을 얻거나 의무만을 면하는 경우는 있을 수 없다고 본다(부정설).[1] 미성년자 등이 수취인 또는 피배서인으로서 어음을 취득하는 경우는 어음행위가 없는 경우이고, 그가 동 어음을 제3자에게 배서양도하는 경우는 보통 어음채무(상환〈소구〉의무)를 부담하기 때문에 민법 제5조 1항 단서의 행위에 해당될 수 없다.[2] 따라서 원인행위가 민법 제5조 1항 단서에 해당하는 경우에도 그 원인행위의 수단으로 하는 어음행위에는 언제나 법정대리인의 동의가 있어야 한다고 본다.

(b) 둘째는 민법에서는 미성년자가 법정대리인의 동의 없이 법률행위를 한 경우에 그 법률행위의 취소의 상대방은 직접의 상대방에 한하는데(민142조), 어음의 경우에도 이와 동일하게 볼 수 있는지 여부가 문제된다. 이에 대하여 어음행위의 취소의 상대방도 민법의 경우와 같이 직접의 상대방에 한한다는 견해도 있으나,[3] 어음행위의 취소에 의하여 가장 직접적인 불이익을 받는 자는 현재의 어음소지인이고 또 어음행위는 행위자의 직접상대방뿐만 아니라 그 후에 어음을 취득한 사람과의 관계를 예견하는 것이므로(복수계약설) 취소의 상대방은 직접상대방뿐만 아니라 현재의 어음소지인($\substack{중간당사자\\ 를 포함}$)을 포함한다고 보아야 할 것이다(통설).[4] 미성년자의 어음행위의 추인의 상대방도 취소의 상대방과 동일하게 보아야 할 것이다.

② 피한정후견인 피한정후견인의 행위능력은 미성년자의 그것과 유사하므로(민13조), 피한정후견인의 어음행위능력도 미성년자의 그것과 유사하다.

③ 피성년후견인 피성년후견인은 원칙적으로 스스로 법률행위를 할 수 없으므로, 그의 법률행위는 취소할 수 있다(민1항10조). 따라서 피성년후견인은 원칙적

---

1) 동지: 정(희), 66면; 정(동), 92면; 정(무), 323면.

2) 미성년자인 어음수취인이 동 어음을 제3자에게 무담보배서하여 양도한 경우에는 그 미성년자가 상환(소구)의무는 부담하지 않지만, 그 자체만으로 권리만을 취득하였다거나 의무만을 면하였다고 는 볼 수 없다.

3) 강, 526면(그러나 동 교수는 추인의 상대방은 중간당사자를 포함하여 현재의 어음소지인을 포함한다고 한다); 강, (어) 58~59면; 日大判 1922. 9. 29(교재, 판결례 [1]).

4) 정(찬), 108면; 정(희), 67면; 서·정, 70면; 정(동), 94면; 손(주), 49면(민법 제142조는 상대방의 보호와 실제에 의사표시를 하는 자의 편의를 고려한 규정으로서 이 취지에 반하지 않는 한 민법에 의해서도 취소의 상대방은 직접적인 상대방에 한정하는 것은 아니라고 한다); 양(승), (어) 98면; 최(기), 127면 외.

으로 어음행위능력이 없고 성년후견인이 대리하여 어음행위를 하여야 한다.

(2) 의사표시의 흠결 또는 하자

1) 어음행위도 법률행위이므로 민법 제107조 이하의 의사표시에 관한 규정이 원칙적으로 적용되어 어음행위가 완전히 유효하기 위하여는 어음행위자의 의사와 표시가 일치하고 하자가 없어야 한다. 따라서 어음행위에서 위와 같은 의사표시의 흠결이나 하자가 있는 경우에는 그러한 어음행위는 무효가 되거나 취소될 수 있다. 즉, 어음행위가 비진의의사표시에 의한 경우($\frac{상대방이 알았거나}{알 수 있었을 경우}$)($\frac{민 107조}{1항 단서}$)와 상대방과 통정한 허위의 의사표시에 의한 경우($\frac{민 108조}{1항}$)[1]에는 무효가 되고, 착오에 의한 의사표시이거나($\frac{어음행위자에 중대한 과실이 없고 또}{어음행위의 중요부분에 착오가 있는 경우}$)($\frac{민 109조}{1항}$) 사기·강박에 의한 의사표시인 경우($\frac{제3자가 사기·강박을 행한 경우에는 상대방이}{그 사실을 알았거나 알 수 있었을 경우}$)($\frac{민 110조}{1항·2항}$)는 취소될 수 있다. 그러나 어떠한 경우에도 위의 무효나 취소는 선의의 제 3 자에게 대항할 수 없다($\frac{민 107조 2항, 108조 2항,}{109조 2항, 110조 3항}$).

2) 민법의 의사표시에 관한 규정을 어음행위에 적용하는 데는 다음과 같은 점을 유의하여야 한다.

(가) 위와 같은 의사표시의 흠결이나 하자는 어음행위 자체에 존재하여야 그러한 어음행위의 무효를 주장하거나 취소할 수 있다. 만일 어음행위 자체에는 의사표시의 흠결이나 하자가 존재하지 않고 그의 원인행위에만 존재하는 경우에는 그러한 어음행위의 무효를 주장하거나 취소할 수는 없고, 인적 항변사유가 될 뿐이다($\frac{어}{17조}$). 또한 어음행위 자체에 의사표시의 흠결이나 하자가 있어 무효 또는 취소된 경우에도 그 어음 자체가 무효로 되는 것은 아니다($\frac{어음 자체는 형식적 하자에}{의해서만 무효가 된다.}$).

(나) 어음행위 자체의 의사표시에 흠결이나 하자가 있어 동 어음행위가 무효 또는 취소되더라도 이를 선의의 제 3 자에게 대항하지 못하는데, 이 때 「선의」의 의미가 무엇인가가 문제된다. 어음의 경우에는 어음법 제10조 단서와 동법 제16조 2항

---

1) 대판 1996. 8. 23, 96 다 18076(공보 1996, 2847)(동일인에 대한 대출액 한도를 제한한 구 상호신용금고법(1995. 1. 5. 법률 4867호로 개정되기 전의 것) 제12조의 적용을 회피하기 위하여 실질적인 주채무자가 실제 대출받고자 하는 채무액 중 일부에 대하여 제 3 자를 형식상의 주채무자로 내세웠고 상호신용금고도 이를 양해하면서 제 3 자에 대하여는 채무자로서의 책임을 지우지 않을 의도하에 제 3 자 명의로 대출관계서류 및 약속어음을 작성받았음을 충분히 추단할 수 있는 경우, 제 3 자는 형식상의 명의만을 빌려 준 자에 불과하고 그 대출계약의 실질적인 당사자는 상호신용금고와 실질적 주채무자이므로, 제 3 자 명의로 되어 있는 대출약정 및 약속어음 발행은 상호신용금고의 양해하에 그에 따른 채무부담 의사 없이 형식적으로 이루어진 것에 불과하여 통정허위표시에 해당하는 무효의 법률행위라 할 것이다); 동 2005. 4. 15, 2004 다 70024(공보 2005, 743)(어음행위에 민법 제108조가 적용됨을 전제로, 실제로 어음상의 권리를 취득하게 할 의사는 없이 단지 채권자들에 의한 채권의 추심이나 강제집행을 피하기 위한 약속어음 발행행위는 통정허위표시로서 무효이다).

단서와의 균형상 「선의」의 의미를 '악의 또는 중과실 없는' 의미로 해석하여야 할 것으로 본다.[1]

(다) 어음행위 자체에 대한 의사표시의 착오나 하자가 있어 동 어음행위를 취소하는 경우에, 취소의 상대방은 미성년자의 어음행위의 경우와 같이 직접의 상대방 뿐만 아니라 현재의 어음소지인(중간당사자를 포함)을 포함한다고 본다.[2]

(라) 어음행위를 강박에 의해서 한 경우는 민법 제110조에 의하여 언제나 취소할 수 있는 어음행위라고 볼 것이 아니라, 다음과 같이 경우를 나누어서 고찰하여야 할 것이다. 즉, (ⅰ) 어음행위자가 예컨대 흉기에 의하여 위협을 받아 행동의 자유를 완전히 빼앗긴 경우와 같이 강박의 정도가 극심한 경우에는(절대적 강박), 강박에 의한 어음행위가 아니고 어음행위 자체가 없는 것으로 보아 이는 무효가 되고 누구에 대하여도 그 무효를 주장할 수 있다고 본다(물적 항변사유).[3] (ⅱ) 어음행위자가 보통의 강박에 의하여 어음행위를 할 것을 요청받고 공포심을 갖게 되어 그 공포심으로 말미암아 어음행위를 한 경우에는, 민법 제110조의 강박에 의한 의사표

---

1) 정(찬), 110~111면; 정(찬), (사례) 36면. 동지: 정(동), 168면.
　　반대: 대판 1997. 5. 16, 96 다 49513(공보 1997, 1832)(어음행위에 착오·사기·강박 등 의사표시에 하자가 있다는 항변은 어음행위의 상대방에 대한 인적 항변에 불과한 것이므로 어음채무자는 소지인이 채무자를 해할 것을 알고 어음을 취득한 경우가 아닌 한 소지인이 중대한 과실로 그러한 사실을 몰랐다고 하더라도 종전 소지인에 대한 인적 항변으로써 대항할 수 없다).
　　민법 제107조 2항, 제108조 2항, 제109조 2항 및 제110조 3항의 「선의」에 무과실을 요하는지 여부에 대하여 우리나라의 민법학자들의 견해는 무과실불요설이 다수설이나, 소수설로서 무중과실설 및 무과실설도 있다. 일본의 다수의 판례도 동산의 선의취득과는 달리 조문상 무과실이 없고 선의의 제3자의 권리취득을 확대한다는 이유로 무과실을 요하지 않는다고 판시한다(日大判 1937. 8. 10〈新聞 4181, 9〉; 同 1942. 3. 23〈法學 11, 1288〉).
　　반대: 日東京控判 1928. 4. 30〈新聞 2859, 12〉)[川島武宜(編), 「注釋民法(3) 總則(3)」(東京: 有斐閣, 1973), § 94 Ⅶ, 176~177면]. 그러나 독일민법상은 과실 있는 제3자는 보호되지 않고 있으며(BGB §§ 122 ②, 123 ②), 허위표시 등의 경우에 제3자는 동산의 선의취득의 경우와 같이 선의·무과실의 경우에만 보호된다[Palandt BGB Kurzkommentare, Bd. 7, 39. Aufl., 1980, § 117 2)].
2) 동지: 대판 1996. 7. 30, 95 다 6861(공보 1996, 2620)(Y상호신용금고가 어음할인거래 채무자인 A를 위한 연대보증인 X로부터 할인대상어음과 별도로 담보목적의 약속어음을 발행·교부받았는데 그 할인대상어음이 위조된 것으로 X가 A로부터 기망당하여 담보목적의 어음을 발행한 경우, X의 어음발행행위는 민법 제110조 2항을 근거로 채무부존재확인을 구하는 소장 부본이 Y에게 송달됨으로써 적법하게 취소되었고, X는 Y로부터 그 약속어음을 발행·교부받은 자이므로 민법 제110조 3항 소정의 선의의 제3자에 해당되지 아니한다); 동 1997. 5. 16, 96 다 49513(공보 1997, 1832)(그러나 그와 같은 의사표시는 선의의 제3자에게 대항할 수 없으므로 어음소지인이 제3자로서 선의인 경우에는 취소의 효과를 주장할 수 없다고 한다).
3) 동지: 정(희), 68면; 최(기), 132면; 곽, (총칙) 387~388면; 대판 1974. 2. 26, 73 다 1143; 동 1998. 2. 27, 97 다 38152(공보 1998, 870)(의사표시자로 하여금 의사결정을 스스로 할 수 있는 여지를 완전히 박탈한 상태에서 의사표시가 이루어져 단지 법률행위의 외형만이 있는 경우는 무효가 된다); U. C. C. § 3-305(a)(1)(ⅱ).

시로 상대방에 대하여 그 어음행위를 취소할 수 있다고 본다(인적 항변사유). (iii) 어음행위자가 강박자의 단순한 협박에 못이겨 요청도 하지 않은 어음행위를 한 경우나(강박과 어음행위와의\n인과관계의 결여) 위법하지 않은 강박에 의하여 어음행위를 한 경우는(강박행위의\n위법성 결여), 유효한 어음행위로 어음행위자는 그러한 어음행위를 취소할 수 없다고 본다(항변\n사유\n가\n아님).[1]

3. 어음의 교부(어음이론)

(1) 어음이론에 관한 학설

어음이론에 관한 학설을 크게 나누어 보면, 어음채무는 기명날인자 또는 서명자와 상대방간의 계약에 의하여 성립한다는 계약설 또는 교부계약설(Vertrags-theorie od. Begebungsvertragstheorie)과, 기명날인자 또는 서명자의 일방적인 기명날인 또는 서명만으로 성립한다는 단독행위설 또는 창조설(Kreationstheorie)이 있고, 이의 중간에 위치하는 절충설로서 발행설·수정창조설·권리외관설(Rechtsscheintheorie) 등이 있다.

1) **교부계약설**(계약설)   이 설에 의하면 어음채무도 일반채무와 같이 당사자간의 계약에 의하여 성립하는데, 이 계약은 어음의 수수가 따르는 요식행위로서 어음이 상대방에 교부되어 도달하는 외에 상대방의 수령능력과 승낙의 의사표시를 요하는 교부계약에 의하여 성립한다고 한다. 즉, 어음채무는 어음의 작성과 교부계약에 의하여 성립한다고 한다.[2]

교부계약설은 어음행위자와 직접당사자 사이의 어음관계를 설명하는 데에는 용이하지만, 간접당사자(그 후의\n어음취득자) 사이의 어음관계를 설명하지 못하는 결점이 있다.[3]

2) **창조설**(단독행위설)   이 설에 의하면 어음채무는 어음행위자가 불특정다수인에 대하여 채무부담의 의사표시를 하는 것만으로 성립하는 단독행위라고 한다. 즉, 어음채무는 어음의 작성에 의하여 성립한다고 한다.[4]

---

1) 동지: 곽, (총칙) 388면. 이에 관한 상세는 정(찬), (사례) 42~43면 참조.

2) 우리나라에서 원칙적으로 이 설을 취하는 견해로는 정(동), 79면이 있다. 일본에서 이 설을 취하는 견해로는 松波,「改正日本手形法」, 131면(純正交付契約說); 小橋,「手形行爲論」, 130면, 188면(상대방은 승낙의 의사표시를 요하지 않고 수령한 어음을 소지하고 있으면 승낙의 의사표시로 인정된다는 수정교부계약설) 등이 있다. 독일에서 이 설을 취하는 견해로는 Baumbach/Hefermehl, Rdn. 41 f.; Rehfeldt/Zöllner, §5 Ⅲ 등이 있다(독일의 통설).

3) 따라서 이러한 결점을 보완하기 위한 설명으로, 제 3 자를 위한 계약설, 승계설, 배서인매개설, 경개설(更改說) 등이 있다.

4) Kuntze, *Die Lehre von den Inhaberpapieren*, 1857; Langen, *Die Kreationstheorie*, 1906;

이러한 창조설은 어음채권자의 설명이 곤란하다는 결점을 갖고 있다. 따라서 창조설의 이러한 결점을 보완하기 위하여 일본에서는 창조설을 수정하는 수정창조설(2단계설)이 있는데, 이 설에서는 어음행위를 다음과 같이 설명하고 있다.[1] 즉, 어음행위는 어음의 작성과 교부라는 2단계의 행위로 이루어지는데, 제 1 단계의 어음의 작성은 기명날인자 또는 서명자의 단독행위(무인행위)로 성립하고, 제 2 단계의 어음의 교부는 기명날인자 또는 서명자와 상대방간의 계약(유인행위)에 의하여 성립하는데, 어음채무는 어음의 작성에 의하여 성립한다고 한다. 따라서 이 설에서는 교부흠결의 경우에 어음취득자는 이미 발생한 어음상의 권리를 예외적으로 선의취득할 수가 있다고 한다.

3) **절 충 설**   앞에서 본 바와 같이 교부계약설과 창조설은 모두 결점을 갖고 있으므로 이러한 결점을 보완하기 위하여 독일에서는 권리외관설이 발생하였고 일본에서는 발행설이 발생하였는데, 권리외관설은 교부계약설의 결점을 보완하고 발행설은 창조설의 결점을 보완하고 있다.

(개) **권리외관설**   이 설에 의하면 어음채무는 원칙적으로 교부계약에 의하여 발생하지만(교부계약설), 어음을 선의로 취득한 제 3 자에 대한 관계에서는 기명날인자 또는 서명자는 어음의 작성에 의하여 어음채무를 부담하는 것과 같은 외관을 야기하고 제 3 자는 이를 신뢰하였으므로 어음작성자는 이에 따른 어음채무를 부담해야 한다는 것이다.[2]

(내) **발 행 설**   발행설에 의하면 어음채무는 어음의 작성과 기명날인자 또는 서명자의 의사에 기한 어음의 점유이전행위라는 단독행위에 의하여 성립한다고 한다.[3]

Ulmer, S. 32 ff.; 田中(耕), 641면 등. 우리나라에서 창조설을 취하는 견해는 없는 것 같다.

1) 鈴木, 143면. 정(동), 74~75면은 이 견해를 수정창조설(2단계설)이라 하여 창조설의 아류로서 별도로 분류하고 있다.

2) 권리외관설은 독일의 「야코비」(Ernst Jacobi) 교수와 「마이어」(Herbert Meyer) 교수에 의하여 발전된 이론으로 독일 및 일본에서의 다수의 견해는 선의의 제 3 자를 보호하기 위하여 계약설 또는 발행설에 권리외관설을 가미하고 있다. 우리나라에서도 권리외관설을 취하는 견해가 있다[최(기), 139면].

3) 이러한 발행설에는 어음의 작성 후 기명날인자 또는 서명자가 상대방에 대하여 어음을 교부하고 그 어음이 상대방에 도달한 때에 어음채무가 성립한다는 설(純正發行說)[石井, 30면]과, 기명날인자 또는 서명자가 그 의사에 기하여 유통의 가능성을 예견하고 타인에게 점유를 이전한 때에 어음채무가 성립한다는 설(修正發行說)[田中(誠), 72면]이 있다.

(2) 우리나라의 학설 및 판례

1) 학   설   우리나라의 학설 중에는 순수한 발행설[1] 또는 권리외관설[2]도 있으나, 대부분의 경우는 교부계약설 또는 발행설에 권리외관설을 보충하여 설명하고 있다. 즉, 「교부계약설이 이론적으로 가장 타당하고 현행법의 체계에도 잘 맞는다. 다만 유통성의 확보를 생명으로 하는 어음거래에 있어서 선의의 제 3 자를 보호하기 위하여 교부계약설은 권리외관설에 의하여 보충되지 않으면 안 된다」고 하여, 권리외관설에 의하여 보충된 교부계약설이 있다.[3] 그런데 일반적으로는 「어음행위도 법률행위인 이상 의사표시의 도달시기는 증권의 '교부'시라고 보아야 할 것이요(교부시설), 다만 행위자의 의사에 반하여 어음이 유통되어 제 3 자가 선의취득을 한 때에는 '외관이론'에 의하여 책임을 져야 한다」고 하거나,[4] 또는 「어음의 교부 전에 어음상의 권리의 발생을 인정할 필요는 없고 작성한 어음을 수령인에게 '교부'하였을 때 어음상의 권리가 발생하는 것이다. 다만 발행인의 임의교부에 의하지 아니하고 어음이 선의의 제 3 자에 의하여 취득되었을 경우에는 발행인은 권리의 '외관'을 부여했으므로 선의의 제 3 자에 대하여 책임을 부담하여야 한다」고 하여,[5] 발행설을 원칙으로 하고 이에 권리외관설을 보충하고 있다.

생각건대 어음행위자와 상대방간은 어음 자체만으로 볼 때 일반적으로 일방은 의무만을 부담하고 다른 일방은 권리만을 취득하는 관계로서 민법상 당사자가 동시에 권리를 취득하고 의무를 부담하는 계약관계는 아니라고 생각된다. 따라서 권리만을 취득하는 상대방에게 어음의 수령능력이 있고 또 수령의 의사표시가 있어야만 비로소 어음채무가 성립한다는 교부계약설에는 찬성할 수 없다. 만일 교부계약설에 의하면 수령능력이 없는 자는 어음상의 권리를 단독으로 취득할 수 없게 되는데, 이것은 제한능력자에 관한 민법의 일반원칙(민법 5조 1항 단서, 10조)에도 반하게 된다. 또 어음채권자가 정하여지지 않은 상태에서 어음의 작성만으로 어음채무가 성립한다는 창조설에도 찬성할 수 없다. 따라서 어음채무는 어음행위자가 어음을 작성하여 이를 상대방에게 교부하기만 하면 상대방의 수령능력이나 수령의 의사표시를 불문하고 성립한다는 발행설이 원칙적으로 가장 타당하다고 생각한다. 그러나 교부흠결의 경우에

---

1) 채, 65면; 이(철), (어) 92면.

2) 최(기), 139면.

3) 정(동), 79면. 그러나 이는 권리외관설의 개념에서 볼 때 권리외관설과 동일하다고 생각한다.

4) 정(희), 71면.

5) 서·정, 178면. 동지: 손(주), 67면; 강, (어) 53면.

선의의 제3자를 보호하기 위하여 권리외관설에 의하여 보충되어야 한다고 생각한
다. 따라서 권리외관설에 의하여 보충된 발행설을 취한다.[1]

　　2) 판　　례　　어음이론에 관하여 우리나라의 판례는 「약속어음의 발행이란
그 작성자가 어음요건을 갖추어 유통시킬 의사로 그 어음에 자기의 이름을 서명날
인하여 상대방에게 교부하는 단독행위이다」라고 하거나,[2] 「이른바 약속어음의 발
행이라 함은 어음용지에 어음요건을 기재한 다음 이에 발행인이 기명날인 또는 서
명한(작성) 후 수취인에게 교부하는 것을 말한다」고 하여,[3] 발행설의 입장에서 판
시하고 있다. 또한 교부흠결이 있는 경우에 「어음을 유통시킬 의사로 어음상에 발
행인으로 기명날인하여 외관을 갖춘 어음을 작성한 자는 그 어음이 도난·분실 등
으로 그의 의사에 의하지 아니하고 유통되었다고 하더라도, 그 소지인이 악의 내지
중과실에 의하여 그 어음을 취득하였음을 주장·입증하지 아니하는 한 발행인으로
서 어음상의 채무를 부담한다」고 판시하여,[4] 권리외관설에 의하여 발행설을 보충
하고 있다.[5]

제4 어음행위의 특성

　　어음행위도 법률행위의 일종이나, 어음의 피지급성과 유통성을 확보하기 위한
요청상 어음행위는 민법의 법률행위에 관한 일반원칙과는 다른 다음과 같은 몇 가
지의 특성이 있다.

---

1) 정(찬), 115~116면; 정(찬), (사례) 56~57면. 영미법도 이와 동지의 내용으로 규정하고 있다
　[B. E. A. §§ 3(1), 21(환어음상의 모든 어음행위는 상대방에게 어음을 교부하여야 그 효력이 발생
　한다. 그러나 어음이 선의취득된 경우에는, 이전의 모든 당사자에 의하여 어음이 유효하게 교부된
　것으로 본다)]; U. C. C. §§ 3-105, 1-201(14)(증권의 발행이란 발행인이 상대방에게 증권상의 권
　리를 부여할 목적으로 증권을 최초로 교부하는 것을 의미한다. 이 때 상대방은 소지인이든 비소지
　인이든 불문하고, 교부란 점유의 임의이전을 의미한다. 이와 같이 증권이 발행되지 않았거나〈교부
　흠결 — 저자 주〉조건부 또는 특수목적으로 증권이 발행되어 이러한 조건 또는 특수목적이 성취
　되지 않은 사실은 인적 항변사유〈defense〉가 된다)].

2) 대판 1989. 10. 24, 88 다카 24776(공보 862, 1755).

3) 서울민사지판 1981. 12. 22, 81 가소 4723(신문 1430, 8).

4) 대판 1999. 11. 26, 99 다 34307(공보 2000, 35). 동지: 대판 1987. 4. 14, 85 다카 1189(공보
　801, 776)(법인이 백지식배서를 하여 보관하고 있는 약속어음을 무권리자가 이를 제3자에게 권
　한 없이 교부하여 할인받은 경우, 어음소지인이 그 어음을 선의취득하는 한 발행인은 어음상의 책
　임을 부담한다)(이 판결에 대한 평석으로는 정동윤, 법률신문, 제1780호, 11면).

5) 동지: BGH NJW 68, 2102; BGH NJW 73, 28; 日最高判 1971. 11. 16(民集 25-8, 1173).

1. 무인성(추상성)

(1) 의   의

어음행위는 매매·금전소비대차 등과 같은 원인관계의 수단으로 행하여지는 것이 일반적이지만, 어음행위는 이러한 원인관계(자금관계)의 부존재·무효·취소 등에 의하여 영향을 받지 않는다(어음관계와 실질관계의 분리). 어음행위의 이러한 특성을 무인성(無因性)·추상성(Abstaktkeit)이라고 하거나, 또는 무색적 성질·중성적 성질이라고도 한다. 그러나 어음행위의 직접당사자 사이에는 원인관계의 부존재·무효·취소 등을 인적 항변으로 주장하여 어음금의 지급을 거절할 수 있다(어음관계와 실질관계의 견련).

(2) 근   거

어음행위의 무인성의 실정법상 근거는 각종 어음행위의 무조건성(발행의 경우는 어 1조 2호·75조 2호, 수 1조 2호; 인수의 경우는 어 26조 1항; 배서의 경우는 어 12조 1항·77조 1항 1호, 수 15조 1항)과 이득상환청구권(어 79조, 수 63조)에 관한 규정에서 나타난다.[1] 이러한 어음행위의 무인성은 어음수수의 직접당사자 사이에는 인적 항변이 허용되므로 어음채권을 행사할 때에 증명책임을 전환하는 기능밖에 없으나, 제 3 자와의 관계에서는 인적 항변이 절단되므로(어 17조 본문·77조 1항 1호, 수 23조 본문) 어음의 피지급성을 확보하여 어음거래의 유통성을 증진시키는 기능을 하고 있다.[2] 이러한 점에서 어음채무는 사법상의 일반채무보다 더 엄격하게 된다(어음엄정).

(3) 인적 항변과의 관계

어음행위의 특성의 하나인 무인성은 어음법 제17조(수22조)의 인적 항변과 관련되는데, 이의 이해를 돕기 위하여 다음의 사례를 통하여 구체적으로 알아본다.

1) Y가 X로부터 물건을 구입하고 약속어음을 발행하여 교부하였는데 그 후 물건에 하자가 있어 매매계약을 해제하고 구입한 물건을 반품하였음에도 불구하고, X가 위 약속어음을 Y에게 반환하지 않고 어음행위의 무인성을 근거로 약속어음금을 지급청구한 경우에 Y는 어음금을 지급할 책임이 있는가? 이 때 X는 어음행위의 무인성에서 어음상의 권리를 취득하고 동 어음이 발행된 원인관계를 입증하지 않더라도 어음금을 지급청구할 수는 있으나[3](어음관계와 원인관계의 분리, 어음행위의 무인성은 직접당사자간에서 증명책임의 전환기능), Y는 원인관

---

1) 그러나 프랑스법에서는 어음채권과 원인채권을 분리하지 않으므로 어음채권을 양도하면 원인채권도 따라서 양도되고, 이득상환청구권도 별도로 인정되지 않고 어음소지인은 자금관계에 기하여 그 권리를 행사할 수 있다(de Juglart et Ippolito, Droit Commercial, I^e volume 2^e partie, 2^e ed.〈1982〉, 261, 276).

2) 어음행위의 무인성의 근거와 기능 등에 대한 상세는 정(동), 102~107면 참조.

3) 대판 1966. 7. 19, 66 다 195.

계에서 매매계약이 해제되었음을 항변할 수 있으므로 어음채무의 지급을 거절할 수 있다[1]$\binom{\text{어음관계와 원인관계의}}{\text{견련, 인적 항변의 허용}}$.

2) 위 1)의 경우에 X가 동 어음을 차입금의 변제조로 Z에게 배서양도하고 Z는 Y·X간의 매매계약이 해제되었음을 모른 경우에, Z는 Y에게 어음금을 지급청구할 수 있는가? Z는 어음행위의 무인성에서 당연히 Y에게 어음금을 지급청구할 수 있고, 이 때 Y는 X에 대한 인적 항변사유로써 Z에게 대항할 수 없으므로$\binom{\text{어 77조 1항}}{\text{1호, 17조 본문}}$ $\binom{\text{인적 항변의}}{\text{절단}}$ Y는 Z에게 어음금을 지급하여야 한다.[2]

3) 위 1)의 경우에 X는 Z에게 자기의 채무를 담보할 목적으로 동 어음을 배서양도하였는데, X가 원인채무를 Z에게 이행하였음에도 불구하고 Z는 동 어음을 X에게 반환하지 않고 Y에게 어음금을 지급청구할 수 있는가? Z는 어음행위의 무인성에서 X와 Z간의 원인채권이 소멸하였어도 어음채권을 갖고 있으나, 이 때 Z가 Y에게 다시 어음금을 지급청구하는 것은 권리남용이 된다. Y는 자기의 항변사유도 없고 또 X가 Z에 대하여 주장할 수 있는 항변$\binom{\text{후자의}}{\text{항변}}$을 원용할 수도 없으므로, 권리남용의 법리에 의하여 지급을 거절할 수밖에 없다[3]$\binom{\text{이에 관하여는 후술하는}}{\text{어음항변에서 상술함}}$.

2. 요 식 성

(1) 어음행위는 요식의 증권적 법률행위이다. 모든 어음행위는 어음법이 각각의 어음행위에 대하여 규정한 법정의 형식을 갖추어야 한다$\binom{\text{이미 설명한 어음행위의 성립요건}}{\text{중 형식적 요건에 관한 부분의 설}}$명$_{\text{참조}}$. 이러한 법정의 형식을 갖추지 않으면 어음행위로서 효력이 없다. 이러한 의미에서 어음행위는 정형성을 갖고, 사적 자치의 원칙이 배제된다.

(2) 어음행위는 서면(증권)상에 하여야 하는데, 이와 같이 서면(증권)상에 하는 어음행위에 의하여 비로소 어음상의 권리가 발생하는 점에서 어음행위는 설권성(設權性)을 갖는다. 어음행위의 이러한 설권성은 무인성을 전제로 하는 어음행위의 속성이다. 위와 같은 어음행위의 요식성은 어음의 유통성을 확보하기 위해서뿐만 아니라, 어음취득자를 보호하기 위하여 법이 정책적으로 인정한 것이다.

---

1) 대판 1987. 12. 22, 86 다카 2769(공보 818, 15) 참조.
2) 대판 1984. 1. 24, 82 다카 1405(교재, 판결례 [509]) 참조[Z가 Y에게 어음금을 지급청구하는 것은 어음행위의 무인성에서 당연히 인정될 뿐만 아니라, 이것이 신의성실의 원칙에 반하거나 권리남용이 될 수도 없다 — 이에 관한 상세는 정(찬), (사례) 422~425면 참조].
3) 이에 관한 상세는 정(찬), (사례) 425~427면, 429~431면 참조.

3. 문 언 성

어음행위의 내용은 어음상의 기재에 의해서만 정하여지고 어음 외의 실질관계에 의하여 영향을 받지 않는다. 어음행위의 문언성은 일단 어음상에 표시된 의사표시의 내용에 관한 것으로서 그것이 당사자의 진의와 일치하지 않는 경우에도 표시된 문언에 따라 당사자에게 어음채무를 부담시키는 것이나, 어음행위의 무인성은 어음행위를 실질관계와 분리하여 실질관계의 부존재·무효·취소 등의 경우에도 어음행위자에게 어음채무를 부담시키는 것이다. 어음은 어음행위의 문언성과 무인성이 결합되어 강력한 유통성을 갖게 된다.

4. 협 동 성

(1) 모든 어음행위는 일정한 금액의 지급과 유통성의 확보라는 공동목적을 가지고 있다. 어음행위는 이러한 목적을 위한 행위로서 수단성과 협동성이라는 특성을 갖고 있다.[1] 어음행위의 이러한 협동성에서 어음채무자의 합동책임이나 어음단체와 같은 개념이 생긴다. 즉, 어음법 제47조 1항은 「환어음의 발행·인수·배서 또는 보증을 한 자는 소지인에 대하여 합동하여 책임을 진다」고 규정하고(어 77조 1항 4호에 의하여 약속어음에도 이를 준용함), 수표법 제43조 1항은 「수표상의 각 채무자는 소지인에 대하여 합동하여 책임을 진다」고 규정하여, 어음채무자의 합동책임을 규정하고 있다.[2]

(2) 어음행위의 이러한 협동성에서 각 당사자의 자격의 겸병이 인정된다. 어음법은 발행인과 지급인의 자격겸병(어 3조 2항, 수 6조 3항) 및 발행인과 수취인의 자격겸병(어 3조 1항, 수 6조 1항)을 명문으로 인정하고 있으며, 통설은 수취인과 지급인의 자격겸병 및 발행인·수취인·지급인의 3당사자의 자격겸병을 인정하고 있다.[3] 따라서 당사자의 자격겸병으로 인하여 채권자와 채무자가 동일인에게 속하는 경우에도 민법의 일반원

---

1) 어음행위의 수단성과 협동성을 어음행위의 특성 중의 하나로 보는 데 의문을 제기하는 견해가 있다. 즉, 이 견해에서는 수단성은 어음행위가 아닌 일반의 법률관계에도 있는 것이라고 하고, 어음채무의 합동성이나 당사자자격의 겸병을 설명하기 위하여 반드시 그 협동성을 전제하여야 하는 것인지는 의문이라고 한다[정(동), 116면]. 그러나 어음행위자의 의사에 불문하고 어음법이 어음채무자의 합동책임 등을 규정한 것은 어음행위의 특성의 하나인 수단성·협동성을 반영한 것으로 볼 수 있다.
2) 이러한 어음채무자의 합동책임은 각 채무자마다 책임발생원인 및 책임범위가 상이하고, 상환(소구)의무자의 채무의 이행은 그 전자(상환〈소구〉의무자)와 주채무자(환어음의 인수인 및 약속어음의 발행인)의 채무에 영향이 없고, 채무자의 1인에 대한 이행청구는 다른 채무자에 영향이 없으며, 어음채무자간에는 부담부분이 없는 점 등에서, 민법상의 연대채무와 구별되고 있다.
3) 서·정, 154면; 정(동), 276면; 이(범), 314면; 정(무), 383~384면 외.

칙인 혼동의 법리가 적용되지 않는다.

5. 독 립 성[1]

(1) 의   의

사법상의 일반원칙에 의하면 선행행위가 무효이면 후속행위도 무효가 되나, 어음행위에서는 선행하는 어음행위가 형식의 흠결 이외에 실질적 무효임에도 불구하고 후속하는 어음행위는 이에 영향을 받지 않고 독립적으로 그 효력이 발생하는데, 이를 「어음행위독립의 원칙」(Grundsatz der Selbständigkeit od. Unabhängigkeit der einzelnen Wechselerklärungen)이라고 한다. 이 원칙은 실질적·내용적으로 어음채무부담의 면에서의 독립성에 관한 것이기 때문에 「어음채무독립의 원칙」 또는 「어음채무부담독립의 원칙」이라고도 불리운다. 어음행위독립의 원칙이 있음으로 인하여 어음취득자는 자기의 취득행위 이전에 행하여진 어음행위의 실질적 유효·무효를 조사하지 않고도 안심하고 어음을 취득할 수 있어, 어음의 유통성이 확보되고 어음신용이 증대되는 것이다.

(2) 근   거

1) 실정법적 근거   대표적인 규정은 어음법 제 7 조$\left(\substack{\text{어 77조 2항}\\\text{수 10조}}\right)$이고, 보증에 대하여는 피보증채무와의 관계에서 어음법 제32조 2항$\left(\substack{\text{어 77조 3항}\\\text{수 27조 2항}}\right)$이 별도로 규정하고 있다. 변조의 효력을 규정한 어음법 제69조$\left(\substack{\text{어 77조 1항}\\\text{7호, 수 50조}}\right)$도 어음채무범위의 면에서 어음행위독립의 원칙을 규정한 것이라고 볼 수 있다.[2]

2) 이론적 근거   어음행위독립의 원칙의 이론적 근거에 대하여 우리나라에서는 크게 당연법칙설(소수설)[3]과 예외법칙설(다수설)[4]로 나뉘어 있다. 어음행위도 법률행위이므로 이에는 일반사법상의 원칙이 적용될 것이나, 이의 예외로서 정책적으로 어음행위독립의 원칙을 규정하여 어음거래의 안전과 유통을 보호하고 있다고

---

1) 이에 관한 상세는 정찬형, "어음(수표)행위독립의 원칙," 「월간고시」, 1986. 11, 114~131면.

2) 동지: 서·정, 84면; 정(동), 108면 외(통설).
   반대: 이(범), 270~271면; 이균성, "어음행위독립의 원칙과 그 적용범위," 「고시연구」, 1985. 11, 128면(이러한 규정은 오히려 직접적으로는 어음행위의 문언성을 표시하고 있다고 보아야 할 것이라고 한다). 이외에 다수설은 어음법 제65조도 어음행위독립의 원칙의 실정법적 근거로 들고 있으나, 이는 수통의 복본에 관한 문제로서 하나의 어음에서 문제되는 어음행위독립의 원칙과는 무관하다고 본다(이에 관한 상세는 정찬형, 전게 월간고시〈1986. 11〉, 116~117면; 정(찬), 116면 참조).

3) 서(정), 89면; 이균성, 전게논문(고시연구, 1985. 11), 129~130면.

4) 서·정, 85면; 정(동), 110면; 손(주), 71면; 양·박, 688면; 양(승), (어) 109면; 이(범), 272면; 정(무), 330면; 강, 543면; 강, (어) 75면; 이(철), (어) 58면 외.

보아야 할 것이므로 예외법칙설이 타당하다고 본다.[1]

(3) 적용범위

어음행위독립의 원칙은 선행하는 어음행위의 실질적 무효 등에 따라 후속하는 어음행위가 영향을 받지 않는다는 것이므로, 선행하는 어음행위가 없거나(발행) 또는 형식적 무효 등의 경우에는 어음행위독립의 원칙이 적용될 여지가 없다. 또한 여러 개의 어음행위 중에서 어떠한 어음행위($\genfrac{}{}{0pt}{}{예컨대,}{인수}$)가 다른 어음행위($\genfrac{}{}{0pt}{}{예컨대,}{배서}$)의 전제가 되어 있지 않을 때에는 처음부터 어음행위독립의 원칙의 적용범위 밖의 일이므로($\genfrac{}{}{0pt}{}{그러나\ 발행과\ 인수\ 사이에는\ 후술하는\ 바와}{같이\ 어음행위독립의\ 원칙이\ 적용된다}$), 그 어음행위(인수)가 형식적 또는 실질적 무효라도 다른 어음행위(배서)에 영향을 미치지 않는다. 이하에서는 어음행위독립의 원칙이 적용되지 않는 경우와 적용되는 경우를 각 어음행위를 중심으로 살펴보기로 한다.

1) 적용되지 않는 경우

(가) **발 행**(환어음·약속어음·수표)   어음행위에 있어서 발행은 기본적 어음행위로 선행하는 어음행위가 전혀 없으므로, 선행하는 어음행위를 전제로 한 어음행위독립의 원칙은 처음부터 적용될 여지가 없다(통설). 따라서 약속어음의 발행인은 주채무자로서 어음행위독립의 원칙과는 무관하게 어음상의 책임을 부담하고($\genfrac{}{}{0pt}{}{어\ 78조}{1항}$), 환어음 및 수표의 발행인은 상환(소구)의무자로서 어음행위독립의 원칙과는 무관하게 법정담보책임을 부담한다($\genfrac{}{}{0pt}{}{어\ 9조}{수\ 12조}$).

(나) **선행행위의 형식적 하자**   어음행위독립의 원칙은 선행행위의 형식적 하자가 없는 경우에 그의 실질적 무효 등에 의하여 영향을 받지 않는다는 원칙이므로, 선행행위에 형식적 하자가 있는 경우에는 적용될 여지가 없다.[2] 발행에 형식적 하자가 있는 경우에는 발행행위 그 자체가 무효일 뿐만 아니라 동 어음상의 모든 부속적 어음행위가 무효이므로, 그 후의 선행행위 자체의 형식적·실질적 하자유무에 불문하고 동 어음상의 모든 어음행위에 어음행위독립의 원칙이 적용되지 않는 것과 동일한 결과가 된다.

(다) **어음채무의 소멸**   어음행위독립의 원칙은 어음행위의 효력발생에 관한 원칙이므로, 일단 유효하게 성립한 어음채무가 소멸한 때에는 이 원칙이 적용될 여지가 없다. 예컨대, 주채무가 소멸한 때에는 상환(소구)의무도 전부 소멸되고, 상환(소구)의무를 이행한 때에는 그 후의 상환(소구)의무도 소멸되므로, 이렇게 소멸되는

---

1) 정(찬), 124면; 정찬형, 전게 월간고시(1986. 11), 119면.
2) 동지: 서·정, 86면; 이(범), 272면; 서(정), 88면; 양·박, 688면; 양(승), (어) 110면; 정(동), 158면; 이(기), 149면; 채, 68면 외(통설).

어음채무에 대하여는 어음행위독립의 원칙이 적용될 여지가 없다.[1]

2) 적용되는 경우

(가) 인 수(환어음)　　　우리나라의 학설 중에는 인수를 발행의 경우와 동일하게 보아 인수에는 선행행위가 없으므로 어음행위독립의 원칙이 적용될 여지가 없다고 설명하는 견해가 있으나,[2] 타당하지 않다고 본다. 왜냐하면 인수는 발행된 어음을 인수하는 것으로 반드시 발행을 전제하고 있으며, 비록 인수가 시간적으로 발행보다 선행하더라도 유효한 발행이 있을 때까지는 인수가 완전한 효력을 발생하지 못하므로, 인수의 선행행위는 발행이라고 보아야 하기 때문이다. 실제로 인수는 지급인이 발행인과의 자금관계에서 하므로, 이러한 점에서도 인수가 발행을 전제로 하고 있는 점은 명백하다. 그러므로 인수에도 어음행위독립의 원칙이 적용되는 것이다.[3] 이렇게 보면 인수인은 어음행위독립의 원칙에 의하여 발행의 실질적 무효에 영향을 받지 않고 어음채무를 부담하고, 그 채무의 내용은 어음법 제28조 1항에 의하여 주채무이다.

(나) 지급보증(수표)　　　환어음의 인수와 같이 수표의 지급보증의 선행행위는 발행이므로, 수표의 지급보증에도 수표행위독립의 원칙이 적용된다고 본다.[4] 따라서 수표의 지급보증인은 발행의 실질적 무효에 의하여 영향을 받지 않고 수표채무를 부담하며($\frac{수}{10조}$), 그 채무의 내용은 종국적인 상환(소구)의무와 같다고 본다($\frac{수}{1항}$55조).

(다) 참가인수(환어음·약속어음)[5]　　　참가인수는 만기 전의 상환청구(소구)를 저지하기 위한 어음행위이므로 선행행위는 피참가인(상환〈소구〉의무자)의 어음행위($\frac{환어음의 경우는 발행·배서,}{약속어음의 경우는 배서}$)가 될 것이므로, 이에는 당연히 어음행위독립의 원칙이 적용된다. 따라서 참가인수인의 어음행위는 피참가인의 어음행위가 실질적으로 무효가 된다고 하더라도 이에 영향을 받지 않고 유효하며, 이 때 참가인수인의 어음채무의 내용은 피참가인의 그것과 동일하다고 보겠다($\frac{어}{1항}$58조).

---

1) 동지: 서·정, 86면; 이(범), 272면; 양·박, 689면; 양(승), (어) 110면.
2) 손(주), 75~76면; 정(무), 330면; 최(기), 105면.
3) 동지: 서·정, 85면; 정(동), 110면; 강, (어) 75면(어음행위독립의 원칙이 인수에 적용되는 데 의문이 없다고 함); 이균성, 전게논문(고시연구, 1985. 11), 132면; 채, 71면.
4) 최(기), 107면은 환어음의 인수에는 어음행위독립의 원칙이 적용될 여지가 없다고 하면서, 수표의 지급보증에는 수표행위독립의 원칙이 적용된다고 하는데, 양자를 구별할 이유가 없다고 본다 [U. C. C. §3-409 (d) 참조].
5) 약속어음의 경우에는 참가인수에 관한 환어음의 규정(어 56조~58조)이 준용되지는 않으나(어 77조 1항 5호 참조), 약속어음에도 만기 전의 상환청구(소구)가 인정되므로 참가인수제도를 인정하여야 한다고 보는 것이 다수설이다[서·정, 283면 외].

(라) **보 증**(환어음·약속어음·수표)　　　보증의 선행행위는 피보증인의 어음행위이므로, 어음행위독립의 원칙이 당연히 적용된다. 어음(수표)법은 이에 대하여 별도의 명문규정을 두어, 피보증채무가 방식의 하자 이외의 사유로 무효가 된 때에도 보증행위의 효력에는 영향이 없다고 규정하고 있다($\substack{\text{어 32조 2항·77조}\\ \text{3항, 수 27조 2항}}$). 이 때 보증인의 어음채무의 내용은 피보증인의 그것과 같다($\substack{\text{어 32조 1항·77조}\\ \text{3항, 수 27조 1항}}$).

(마) **배 서**(환어음·약속어음·수표)　　　배서의 선행행위는 직전의 배서 또는 발행이므로, 이에 대하여 어음행위독립의 원칙이 적용된다는 데 대하여 우리나라에서는 이설(異說)이 없는 것 같다. 판례도 이와 동지에서 「어음의 최종소지인은 그 어음의 최초의 발행행위가 위조되었다고 하더라도 어음행위독립의 원칙상 그 뒤에 유효하게 배서한 배서인에 대하여는 상환청구(소구)권을 행사할 수 있다」고 판시하고 있다.[1]

배서에 어음행위독립의 원칙이 적용되는 점과 관련하여 참고로 다음의 두 가지 점을 지적한다.

1) 일본의 일부의 학설은, 배서는 권리이전을 내용으로 하는 어음행위이며 권리이전의 면에서는 후의 배서는 전의 배서가 무효인 때에는 무효가 된다는 점에서 배서에는 어음행위독립의 원칙이 적용되지 않는다고 설명하는 견해가 있다.[2]

그러나 어음행위독립의 원칙은 배서의 담보적 효력과 관련되는 것인데, 위의 견해가 이와 관련도 없는 배서의 권리이전적 효력과 관련하여 배서에는 어음행위독립의 원칙이 적용되지 않는다고 설명하는 점은 타당하지 않다고 본다. 배서에는 권리이전적 효력($\substack{\text{어 14조·77조 1항}\\ \text{1호, 수 17조}}$)·담보적 효력($\substack{\text{어 15조·77조 1항}\\ \text{1호, 수 18조}}$) 및 자격수여적 효력($\substack{\text{어 16조·77조 1항}\\ \text{1호, 수 19조}}$)이 있는데, 권리이전적 효력과 자격수여적 효력은 다른 어음행위($\substack{\text{발행·보증·인수·}\\ \text{참가인수·지급보증}}$)에는 없는 독특한 효력이나 담보적 효력은 어음채무를 부담한다는 점에서 (그 내용은 다르더라도) 다른 어음행위와 공통적인 효력을 갖고 있다. 어음행위독립의 원칙이 그 실질적·내용적인 면에서 어음채무부담의 독립성에 관한 것이라는 점에서 보면, 동 원칙은 배서의 담보적 효력과 관련하여 설명되어야 한다.[3] 따라서 이렇게 보면 배서의 담보적 효력과 관련된 어음행위독립의 원칙을 배서의 권리이전적 효력과 관련시켜 배서에는 어음행위독립의 원칙이 적용되지 않는다거나 또는 배서의 자격수여적 효력과 관련시켜 선의취득이 인정되는 경우에만 예외적으로 어음행위독립의 원칙이 적용되는 것과 동일한 결과가 된다는 등의 설명은 타

---

1) 대판 1977. 12. 13, 77 다 1753(월보 93, 47).

2) 田中(耕), 123면; 大隅, 29면.

3) 참고로 배서의 권리이전적 효력은 인적 항변의 절단(어 17조·77조 1항 1호, 수 22조)과 관련되고, 배서의 자격수여적 효력은 선의취득(어 16조 2항·77조 1항 1호, 수 21조) 및 선의지급(어 40조 3항·77조 1항 3호, 수 35조)과 관련된다.

당하지 않다고 본다. 그러므로 어음행위독립의 원칙은 배서에도 적용되어(동 원칙이 배서에 적용되는 점에서 다른 어음행위에서 적용되는 경우보다 그 의미가 더 크다고 볼 수 있음) 선행배서의 실질적 무효에 영향을 받지 않고 후속하는 배서인은 독립적으로 어음채무를 부담하며(어 7조·77조, 2항, 수 10조), 그 채무의 내용은 어음법 제15조 1항에 의하여 (반대의 문언이 없으면) 상환(소구)의무를 부담한다고 본다.

2) 어음행위독립의 원칙과 선의취득이 구별되는 점을 간단히 살펴보면 다음과 같다.

① 어음행위독립의 원칙은 발행을 제외한 모든 어음행위에 존재하나, 선의취득은 배서(양도)의 어음행위에만 존재한다.

② 배서의 경우 어음행위독립의 원칙은 배서의 담보적 효력과 관련하여 발생하나, 선의취득은 배서의 자격수여적 효력과 관련하여 발생한다.

③ 어음행위독립의 원칙은 채무부담의 면이요, 선의취득은 권리취득의 면이라는 점에서 양자는 근본적으로 구별된다.

(4) 악의취득자에 대한 적용여부

어음행위독립의 원칙은 선행하는 어음행위의 무효를 「어음행위자」가 알고 있는 경우(악의)에도 적용되는가. 또한 「어음취득자」가 이를 알고 있는 경우(악의)에도 적용되는가.

1) 어음행위자가 악의인 경우   어음행위는 실질적으로 볼 때 어음상의 기재를 내용으로 하는 독립적인 채무부담행위인 면이 있으므로, 형식상 완전한 어음에 기명날인 또는 서명한 자는 선행하는 어음행위의 실질적 무효를 알고 있더라도 자기의 독립적인 어음채무부담의 의사표시인 기명날인 또는 서명에 의하여 어음상의 책임을 부담한다(통설).[1]

2) 어음취득자가 악의인 경우   어음취득자가 악의인 경우에 어음행위독립의 원칙이 적용되는가에 대하여 우리나라에서는 다음과 같이 긍정설(통설)과 부정설(소수설)로 나뉘어 있다.

㈎ 긍 정 설   긍정설에서는 어음행위독립의 원칙의 이론적 근거를 예외법칙으로 보느냐 또는 당연법칙으로 보느냐에 따라 각각 달리 설명되고 있다. 즉, (ⅰ) 예외법칙설에서는, 「어음행위독립의 원칙은 선의취득자의 보호뿐만 아니라 한걸음 더 나아가 어음행위의 확실성을 보장하여 어음의 신용을 높이기 위한 제도이므로, 선행행위의 무효원인이 무엇이든 관계 없이 어음행위의 효력을 인정하여야 하며 또한 어음취득자의 선의·악의에 관계 없이 어음행위의 효력을 인정하여야 한

---

1) 정(찬), 127~128면; 서·정, 89면(위조어음에 기명날인 또는 서명한 자는 위조사실의 知·不知에 상관 없이 책임을 부담한다고 한다); 최(기), 200면(위조어음에 기명날인 또는 서명한 자는 위조의 사실에 대한 선의·악의를 불문하고 그 기재된 문언에 따라 책임을 진다고 한다) 외.

다」고 설명한다(통설).[1] 이에 대하여 (ii) 당연법칙설에서는, 「어음행위는 각각의 어음상의 기재를 자기의 의사표시의 내용으로 하는 법률행위이므로, 어음행위자는 그 문언에 따라서 책임을 부담하고 타인의 행위의 유효·무효에 의하여 영향을 받지 않는 것은 당연하다. 따라서 어음취득자가 선행행위의 무효에 대하여 악의인 경우에도 이 원칙이 적용된다」고 설명한다.[2]

(나) **부 정 설**　　부정설에서는 「어음행위독립의 원칙은 어음의 반환의무를 지는 악의의 어음취득자에게는 적용되지 않는다」고 설명한다.[3]

[사　　견]　　어음행위독립의 원칙은 선행하는 어음행위의 실질적 무효에도 불구하고 형식상 완전한 어음에 한 어음행위에 대하여 독립적인 어음채무를 부담시키는 점에서 채무부담의 면이므로, 권리귀속의 면인 선의취득과는 명백히 구별된다. 따라서 어음취득자의 선의·악의에 의하여 또는 선의취득여부에 의하여 어음행위자의 채무부담여부가 좌우될 수는 없다. 즉, 어음행위독립의 원칙은 어음취득자의 선의의 효과로서 인정되는 것은 결코 아니다.[4] 그러므로 어음행위독립의 원칙은 어음취득자가 악의인 경우에도 적용된다고 보는 긍정설이 타당하다고 본다.

위와 같은 어음행위독립의 원칙을 정확하게 이해하기 위하여 다음의 사례를 통하여 살펴보자. A가 약속어음을 발행하여 미성년자인 수취인 B에게 교부하고, B는 C에게 배서양도하였다. 그런데 그 후 B는 법정대리인의 동의 없이 배서하였다는 이유로 동 배서를 취소하였다. 이 때 C는 동 어음을 이러한 사정을 알고 있는 D에게 배서양도하였고, D는 다시 동 어음을 이러한 사정을 모르는 E에게 배서양도하였다. 이 때 B, C, D는 E에게 어음채무를 부담하는가.

$$A \xrightarrow{} B \xrightarrow{\text{취소}} C \xrightarrow{} D \xrightarrow{} E$$

(발행인)　(미성년자)　(악의)　　(악의)　　(선의)

(C는 어음행위독립의 원칙과 결합하여 배서 당시에 채무를 부담함)

① B는 배서의 취소에 의하여 어음채무를 부담하지 않는데, 무능력의 항변은 물적

---

1) 정(희), 78~99면; 서·정, 86면; 손(주), 75면; 정(동), 115면; 양(승), (어) 112면; 양·박, 689면; 이(범), 272~273면; 강, 544면; 강, (어) 77면; 정(무), 330~331면; 이(기), 152면; 채, 70면 외.

2) 서(정), 91면. 동지: 이균성, 전게 고시연구(1985. 11), 138면.

3) 최(기), 110~111면.

4) 동지: 서·정, 86면.

항변사유이므로 B는 누구에 대하여도 어음채무를 부담하지 않는다. 따라서 E가 선의인 경우에도 어음채무를 부담하지 않는다.

② C는 B의 배서가 취소된 후 동 어음을 D에게 배서양도하였으므로 C는 무권리자로서 배서양도한 것이 된다. 따라서 C의 배서에는 권리이전적 효력은 있을 수 없다(만일 C가 어음취득시에 선의·무중과실이면 선의취득에 관하여 제2설을 취하는 견해에 의하면 C는 어음상의 권리를 선의취득하므로 C의 배서에는 권리이전적 효력이 있다). 그러나 C의 배서에는 담보적 효력과 자격수여적 효력은 있다. C의 배서의 담보적 효력은 어음행위독립의 원칙과 결합하여 형식상 완전한 어음에 C가 배서할 당시에 발생하며, 또한 B의 배서가 취소된 사정에 대하여 C및 D가 악의인 경우에도 발생한다(통설). C의 배서의 자격수여적 효력은 선의취득과 결합되는데 E가 어음을 선의취득할 수 있는 기초를 제공한다. 여기에서 주의할 것은 악의인 D가 어음을 소지하고 있는 동안은 C의 배서에 자격수여적 효력이 없는 것 같으나, C의 배서에는 여전히 자격수여적 효력이 있고 다만 D의 악의로 인하여 D는 동 어음을 선의취득하지 못하는 것이다. 이 때 D는 그의 악의로 인하여 선의취득을 하지 못하여 무권리자이기 때문에 C에 대하여뿐만 아니라 누구에 대하여도 어음상의 권리를 주장하지 못한다. 즉, D가 C에게 어음상의 권리를 행사하지 못하는 것은 D의 무권리에 기인하는 것이지, C가 D의 악의로 인하여 어음채무를 부담하지 않기 때문은 결코 아니다. C는 배서할 당시부터 여전히 어음채무를 부담한다.

위의 사례에서 피상적이고 결과적으로만 보면 악의인 D는 C에게 어음상의 권리를 행사할 수 없고 선의인 E는 C에게 어음상의 권리를 행사할 수 있으므로, 어음행위독립의 원칙이 악의의 어음취득자에 대하여는 적용되지 않는다는 부정설이 타당한 것처럼 생각될 수도 있다. 그러나 이러한 결과는 위에서 본 바와 같이 C의 어음채무부담(배서의 담보적 효력)이 D의 악의로 인하여 발생하지 않고 있다가 E의 선의로 인하여 발생하는 것으로는 도저히 볼 수 없고, C의 어음채무부담은 C가 배서할 당시부터 발생하고 D또는 E의 주관적 요소(선의·악의)에 의한 선의취득여부에 의하여 그의 권리행사 여부가 결정되는 것이다. 또한 만일 부정설과 같이 해석하면 C가 D에게 배서한 이후에는 어음상의 책임이 없다가 D가 E에게 배서양도하여 E가 선의로 취득하는 순간에 그 책임이 발생한다고 보아야 하는데, 이는 어음행위를 한 자의 책임이 (자기의 의사에 기하지도 않고 법률상 규정이 없음에도 불구하고) 타인의 주관적 요소에 의하여 좌우되는 것인데, 이것은 법률행위(의사표시)의 일반적 해석 원칙상 도저히 인정될 수 없는 점에서도 부정설은 타당하지 않다고 본다.[1]

③ D도 어음행위독립의 원칙에 의하여 당연히 E에게 어음채무를 부담한다.

---

1) 이에 관한 상세는 정찬형, 전게 월간고시(1986. 11), 128~131면; 정(찬), 128·130면 참조.

제 5   어음행위의 해석

어음행위도 법률행위이므로 법률행위의 해석에 관한 일반원칙이 원칙적으로 적용되나, 어음행위는 요식의 증권적 법률행위로서 일반적인 법률행위와는 다른 특성이 있으므로 어음행위의 해석에 있어서는 일반적인 법률행위와는 다른 해석원칙이 있는데, 이는 다음과 같다.[1]

1. 어음외관해석의 원칙(어음객관해석의 원칙)

어음외관해석의 원칙이란, 어음행위는 어음상의 기재에 따라 형식적으로 그 효력이 발생하므로 어음채무의 내용은 어음상의 기재에 의해서만 객관적으로 해석하지 않으면 안 된다는 원칙이다. 일반적인 법률행위의 해석에 있어서는 반드시 표시된 문언에만 구속되지 않고 모든 사정을 종합하여 당사자의 진의를 탐구하여 이를 해석하여야 하지만, 어음행위는 어음이 다수자 사이에 유통되기 때문에 일반적인 법률행위와 동일하게 해석될 수는 없다.[2] 이러한 어음외관해석의 원칙은 어음엄정의 원칙(Grundsatz der Wechselstrenge)의 하나의 내용으로 이에 의하여 어음의 유통성이 보장된다.

어음외관해석의 원칙에 의하여 어음면의 기재가 객관적으로 사실과 모순·저촉되는 경우에도 어음행위의 유효 여부 및 어음채무의 내용은 어음면의 기재 자체에 의하여 결정하여야 하며, 어음 외의 사정에 의하여 어음상의 문언을 보충하여 해석하거나 변경하여 해석하여서는 안 된다.[3] 따라서 어음외관해석의 원칙상 어음의 발행일(발행지)은 실제로 어음이 발행된 일자(발행지)를 말하는 것이 아니라, 어음상에 기재된 발행일자(발행지)를 의미한다.[4] 또한 어음외관해석의 원칙상 어음상의 권리내용을 어음 외의 사정에 의하여 변경하여 해석하여서는 안 된다는 예로는 보증목적으로 어음에 배서 또는 인수를 하는 자(숨은 어음보증인)는 어음보증인이 아니라, 배서인 또는 인수인으로서의 어음상의 책임을 부담하

---

1) 어음행위의 해석에 관한 상세는 이(기), 152~160면 참조.

2) 정(동), 98면; 이(기), 153면.

3) 대판 1961. 8. 10, 4293 민상 714; 동 1969. 7. 22, 69 다 742(어음요건의 구비여부는 어음면의 기재 자체에 의하여 판단되어야 한다고 함); 동 2000. 12. 8, 2000 다 33737(공보 2001, 260)(어음행위의 내용은 어디까지나 어음상의 기재에 의하여 객관적으로 해석하여야 하는 것이지, 어음 외의 사정에 의하여 어음상의 기재를 변경하는 방식으로 해석하여서는 아니 된다. 따라서 약속어음의 소지인 갑이 어음의 배서란에 배서인으로 서명날인하면서 을을 피배서인으로 기재한 경우, 위 배서는 을을 피배서인으로 한 기명식 배서로 보아야 하므로 위 배서에 이어 을의 적법한 배서가 없이 위 어음을 취득한 병은 배서의 연속이 흠결되어 위 어음의 적법한 권리자로 추정될 수 없고, 위 배서에 의하여 어음상의 권리가 갑으로부터 병에게로 실질적으로 이전되었다고 볼 수도 없다)[이 판결에 대하여 찬성하는 취지의 평석으로는 전우현, "어음행위의 객관적 해석,"「비교사법」, 제 9 권 1호(2002. 4), 377~417면].

4) 동지: 서·정, 161~162면.

는 점도 들 수 있다.

어음행위자의 실질관계에 근거한 항변사유는 어음상의 권리 자체의 효력 여부와는 무관하므로 어음외관해석의 원칙과도 무관하다. 따라서 물적 항변사유인 어음행위자의 행위능력유무는 어음상에 기재된 일자가 아니라 실제로 어음행위를 한 날을 기준으로 하여 결정되며, 또 어음채무자는 직접 상대방 또는 악의의 어음취득자에 대하여는 어음 외의 사정인 인적 항변사유를 주장할 수 있다.

2. 어음유효해석의 원칙

어음유효해석의 원칙은, 어음을 무효라고 해석하는 것보다는 신의성실의 원칙에 따라 유효로 해석하여야 한다는 원칙이다. 우리나라의 통설·판례는 달력에 존재하지 않는 날, 예컨대 2월 30일 또는 11월 31일을 어음의 발행일 또는 만기로 기재한 경우에는 어음유효해석의 원칙에 따라 이를 유효로 해석하여 2월 말 또는 11월 말로 해석하고 있다.[1]

이러한 어음유효해석의 원칙에 대하여 이것은 어음행위의 요식성을 완화한다거나 또는 법률행위해석의 일반원칙에 불과하다는 이유로 이를 부정하는 견해도 있다.[2] 그러나 어음유효해석의 원칙은 어음의 요식성을 악용하여 어음채무를 면하고자 하는 간악한 어음채무자를 규제하여 어음의 피지급성을 증대함은 물론 당사자의 합리적인 의사에도 합치하는 것이므로, 어음의 요식성을 본질적으로 파괴하지 않는 범위 내에서 인정되어야 할 것이다.[3]

3. 기타의 해석원칙

위의 두 가지의 해석원칙 이외에 학자에 따라서는 어음상의 기재가 다의적(多義的)인 경우에는 어음소지인은 자기에게 유리한 해석을 하여 어음채무자의 책임을 물을 수 있다는 해석원칙,[4] 어음의 피지급성 보장과 유통성 강화라는 어음법의 이념에 맞는 해석원칙[5](목적론적 해석), 어음이 수수될 때의 당사자의 의사는 사회관념 내지 거래관념에 의하여 해석되어야 한다는 원칙[6] 등을 드는 견해도 있으나, 위와 같은 사항은 법률행위의

---

1) 정(동), 288면(발행일에 대하여); 손(주), 208면(발행일에 대하여); 대판 1981. 7. 28, 80 다 1295(교재, 판결례 [233]).
   무효로 보는 견해: Hueck/Canaris, §6 Ⅳ 8; Zöllner, §12 Ⅳ 6; Baumbach/Hefermehl, WG Art. 1 Rdn. 9; ROHG 24, 122; 日大判 1931. 5. 22(교재, 판결례 [255]).

2) 田中(耕), 125면.

3) 동지: 이(기), 156면; 田中(誠), 54~55면.

4) 鈴木竹雄, "手形行爲의 解釋(一)," 「法學協會雜誌」, 1980. 2, 165면.

5) 이(기), 156면; 田中(誠), 52면.

6) 이(기), 156면; 田中(誠), 53면.

일반적인 해석원칙에 불과하거나 또는 어음행위의 해석에 있어서 당연한 사항이므로 어음행위의 해석원칙으로서는 특별한 의미가 없다고 본다.

제 2 절 어음행위의 대리(대표)

제 1 서   설

어음행위는 재산법적 법률행위이므로 대리에 친한 법률행위로서 실제에 있어서 대리인에 의하여 매우 많이 행하여지고 있다. 그런데 어음법상 대리에 관한 규정은 무권대리인의 책임에 관한 1개의 규정($^{\text{어 8조·77조}}_{\text{2항, 수 11조}}$)만이 있을 뿐이므로, 대리에 관한 그 밖의 사항은 민법 또는 상법의 대리에 관한 일반원칙에 의하여 해결된다. 그러나 어음행위는 문언성으로 인한 특색이 있기 때문에 민법 또는 상법의 대리에 관한 규정이 어음행위에 적용되는 경우에도 그대로 적용되지 않고, 그 문언성으로 인하여 약간의 수정을 받는다.

어음행위의 대리에는 형식적 요건($^{\text{본인의 표시, 대리관계의 표시,}}_{\text{대리인의 기명날인 또는 서명}}$)과 실질적 요건($^{\text{대리권}}_{\text{의 존재}}$)이 있으므로 이하에서는 이러한 순서에 따라 설명하고, 마지막으로 무권대리에 관하여 설명한다.

법인의 어음행위는 법인 스스로가 할 수는 없고 법인의 대표기관인 자연인이 하게 되고 그 법률효과는 법인에게 귀속되는 관계상, 자연인의 대리인의 어음행위와 아주 유사하다.[1] 그런데 민법에서는 대리의 개념을 대표의 개념과 일응 구별하고 있다. 즉, (i) 법인의 대표기관은 법인과 서로 대립하는 지위에 서는 것이 아니고, (ii) 대표기관의 행위는 법률이론상 그대로 법인의 행위로 간주되며, (iii) 법인의 대표는 사실행위나 불법행위에 관하여도 성립하는 점에서, 대표는 대리와 구별된다고 한다.[2] 그러나 대표도 그 본질은 대리와 다른 바가 없고 또 대표에 관하여도 대리에 관한 규정이 준용되고 있으므로($^{\text{민 59조}}_{\text{2항}}$), 어음행위의 대리에 관한 설명은 법인의 대표에 관한 설명에도 (그에 관한 특별규정이 없는 한) 그대로 해당된다고 하겠다. 따라서 이하에서도 법인의 대표에 관한 설명을 대리에 관한 설명에서 함께 다

---

1) 법인의 경우에도 대표기관이 아닌 상업사용인 등의 어음행위가 법인에게 귀속되는 관계는 자연인의 대리인의 어음행위와 같다.

2) 곽, (총칙) 406면.

룬다. 이렇게 보면 어음행위의 대리에 관한 설명은 동시에 법인의 어음행위의 성립
요건에 관한 설명이 된다.

대리인 또는 피용자가 직접 본인의 기명날인 또는 서명을 하는 대행은 그 형
식에 있어서 대리와 구별되나,[1] 그 행위의 효과가 본인에게 귀속되는 점에서는 대
리와 유사하다. 대행자가 수권범위 내에서 어음행위를 대행한 경우에는 전적으로
본인 자신의 어음행위로 인정되어 문제될 것이 없으나, 대행자가 수권범위 외의 어
음행위를 대행한 경우(이 때에는 무권대행
으로 위조가 됨)로서 본인에게 어음상의 책임을 지우기 위하여
는 민법 또는 상법상 표현대리에 관한 규정을 유추적용할 수밖에 없다.[2] 어음행위
의 대행에 대해서는 어음의 위조(무권대행)와 중복되지 않는 범위 내에서 관계되는
곳에서 함께 설명한다.

제2 형식적 요건

어음행위의 대리로서 효력을 발생하기 위한 형식적 요건은 (ⅰ) 본인의 표시
(Y), (ⅱ) 대리관계의 표시(대리인) 및 (ⅲ) 대리인의 기명날인 또는 서명(A A의 인)
이라는 3 요소이다. 따라서 이하에서는 이러한 순서로 설명하겠다. 법인의 대표기
관의 어음행위의 형식적 요건도 대리의 경우와 같이 (ⅰ) 본인의 표시(Y주식회사),
(ⅱ) 대표관계의 표시(대표이사) 및 (ⅲ) 대표자의 기명날인 또는 서명(A A의 인)이
다. 대행의 경우에는 (ⅰ) 본인의 기명날인 또는 서명(Y Y의 인)만이 있고, (ⅱ) 대
행관계의 표시 및 (ⅲ) 대행자의 기명날인 또는 서명은 없다.

1. 본인의 표시(현명주의〈顯名主義〉)

(1) 어음행위를 대리(대표)할 때에는 반드시 본인을 명시하여야 한다. 만일 대
리인(대표자)이 본인을 명시하지 않고 어음행위를 한 경우에는 본인에게는 그 행
위의 효과가 귀속되지 않고, 대리인(대표자) 자신만이 어음행위자로서 책임을 진다
(민 115조
본문). 따라서 어음행위에 있어서는 현명주의가 아주 엄격하게 유지되고 있다고
볼 수 있다. 이에 관하여 우리 대법원에서도 「약속어음의 발행인 명의가 단순히 A로
만 되어 있고, 동인(同人)이 Y회사를 위하여 발행하였다는 뜻이 표시되어 있지 않은

---

1) 대행의 경우는 그 형식에 있어서 대리관계의 표시 및 대리인의 기명날인 또는 서명이 없는 점에
   서 대리와 구별된다.

2) 동지: 서·정, 82면; 대판 1969. 9. 30, 69 다 964(교재, 판결례 [30]).

이상, 비록 그 명하(名下)에 날인된 인영이 Y회사의 대표이사 직인이라 할지라도 그 어음은 동인이 Y회사를 대표하여 발행한 것이라고 볼 수 없다」고 판시하고 있다.[1]

(2) 이 때 상대방이 대리인으로서 한 것임을 알았거나 알 수 있었을 경우에도 본인에게 그 행위의 효력이 귀속하지 않는가. 이 때에 민법상의 법률행위에 있어서는 예외적으로 그 행위의 효력이 본인에게 귀속한다($\binom{민}{단서}$ 115조). 그러나 어음행위에는 그 문언성으로 인하여 민법 제115조 단서가 적용되지 않는다.[2] 따라서 상대방이 대리인으로서 한 것임을 알았거나 알 수 있었을 경우에도 본인은 어음상의 책임을 부담하지 않는다. 그러나 민법 제115조 단서는 대리인과 상대방 사이의 원인관계에서는 적용되므로 대리인은 그러한 상대방에 대하여 이를 인적 항변($\binom{어\ 17조·77조}{1항\ 1호,\ 수\ 22조}$)으로 주장하여 그 책임을 면할 수 있다.[3] 이 때에 대리인으로부터 이러한 인적 항변을 가지고 대항받은 상대방은 민법 제115조 단서를 근거로 하여 본인에게 어음상의 책임을 물을 수는 없다. 결국 이 때에 상대방은 본인 및 대리인의 누구에 대하여도 어음상의 권리를 행사할 수 없는 결과가 된다. 그러나 상대방은 본인이 회사($\binom{또는}{법인}$)인 경우에는 회사의 불법행위의 법리($\binom{상\ 389조\ 3항·210조,}{민\ 35조·756조}$)에 의하여 회사에 대하여 어음금액에 상당하는 금액을 손해배상으로 청구할 수는 있다.[4]

(3) 상법 제48조에 의하면 상행위의 대리인은 본인을 위한 것임을 표시하지 아니하여도 그 행위의 효과는 본인에게 귀속한다($\binom{비현명주의}{의\ 원칙}$). 이러한 상법 제48조도 어음행위에는 그 문언성으로 인하여 적용되지 않는다. 따라서 영업상의 대리권을 가진 지배인이 영업주의 영업을 위하여 어음행위를 하면서 영업주를 표시하지 않은 경우에는, 그 행위의 효과는 영업주에게 귀속하지 않고 지배인만이 어음상의 책임을 부담한다. 이 때 상대방이 영업주를 위한 것임을 모른 경우($\binom{과실로\ 알지\ 못한\ 경우,\ 즉}{알\ 수\ 있었을\ 경우를\ 포함}$)에는 지배인에 대해서만 어음상의 책임을 물을 수 있고($\binom{상행위의\ 대리의\ 경우에는\ 상대방은\ 영업주}{및\ 대리인에\ 대하여\ 이행을\ 청구할\ 수\ 있}$ $\binom{음—상}{48조\ 단서}$), 상대방이 영업주를 위한 것임을 알았을 경우에는 지배인은 이를 인적 항변으로 주장할 수 있으므로 결국 상대방은 영업주 및 지배인의 누구에 대하여도 어음상의 권리를 행사할 수 없게 된다($\binom{상행위의\ 대리의\ 경우에는\ 상대방은\ 영업주에}{대하여만\ 이행을\ 청구할\ 수\ 있음\ —\ 상\ 48조\ 본문}$).[5]

---

1) 대판 1979. 3. 27, 78 다 2477(교재, 판결례 [11]).

2) 동지: 서·정, 74면; 정(동), 117면 외.

3) 동지: 서·정, 74면 외.
   반대 : 채, 44면.

4) 동지: 대판 1990. 3. 23, 89 다카 555(공보 872, 943); 동 1968. 1. 31, 67 다 2785; 동 1987. 12. 22, 87 다카 595; 동 1988. 11. 8, 87 다카 733.

5) 상법 제48조의 해석 및 이와 민법 제115조의 비교에 관한 상세는 정(찬), (상)(제27판) 220~

2. 대리(대표)관계의 표시

(1) 대리(대표)관계의 표시는 본인을 위한 어음행위로 인식될 수 있을 정도의 기재가 있으면 된다. 따라서 대리 또는 대표라는 것을 직접 표시하는 문자 이외에, 지배인·지점장·후견인 등의 표시도 대리관계의 표시로서 충분하다.

우리나라의 대법원판례에 의하면 「Y주식회사 A 대표이사 A의 인」과 같이 대표자격의 표시가 A의 날인 안에 들어 있는 경우는 유효한 대표자격의 표시로서 Y회사는 어음상의 책임이 있다고 하였다.[1] 그러나 「Y주식회사 A A의 인」과 같이 대표(대리)자격의 표시가 전혀 없는 경우에는, 유효한 대표(대리)행위로서 볼 수 없다고 하여 Y회사의 어음상의 책임을 부정한 판례와,[2] 어음 외의 사실판단에 의하여 A의 대표(대리)자격을 인정하여 Y회사의 어음상의 책임을 인정한 판례[3]로 나뉘어 있다. 그러나 어음 외의 사실판단에 의하여 유효한 대표(대리)행위라고 본 판례는 어음의 문언증권성 또는 어음외관해석의 원칙에 비추어 타당하지 않다고 본다.[4]

(2) Y주식회사의 대표이사인 A가 「Y주식회사 대표이사 A A의 인」의 형식으로 어음행위를 한 경우에는 대표기관의 어음행위로서 Y회사가 어음상의 책임을 부담하지만($^{상\ 389조}_{1항,\ 209조}$), Y주식회사의 이사인 B가 「Y주식회사 이사 B B의 인」의 형식으로 어음행위를 한 경우에는 대리인의 어음행위로서 Y회사가 어음상의 책임을 부담한다[5]($^{민\ 114조}_{1항}$)($^{이\ 법리는\ 지배인\ 등과\ 같은}_{상업사용인의\ 어음행위에도\ 동일함}$).

(3) Y재단법인의 이사(이사장) A가 「Y재단법인 이사(이사장) A A의 인」의 형식으로 어음행위를 한 경우에는 대표기관의 어음행위로서 Y재단법인이 어음상의 책임을 부담하지만($^{민}_{1항}$59조), Y재단법인의 간사 B가 「Y재단법인 간사 B B의 인」의 형식으로 어음행위를 한 경우에는 대리인의 어음행위로서 Y재단법인이 어음상의 책임을 부담한다[6]($^{민\ 114조}_{1항}$). 그러나 Y재단법인 소속의 X학교의 학교장인 C가 「X학교 학교장 C C의 인」의 형식으로 어음행위를 한 경우에는, Y재단법인 및 대표(대리)관

221면 참조.

1) 대판 1969. 9. 23, 69 다 930(판총 11-2, 1032-3).

2) 대판 1959. 8. 27, 4291 민상 287(판총 11-2, 1031).

3) 대판 1979. 3. 13, 79 다 15(교재, 판결례 [21]).

4) 정(찬), 138면; 정(찬), (사례) 71면. 동지: 협약 제36조 4항(서명이 대리인자격으로 이루어졌는 가의 여부는 어음에 나타난 사실만으로 결정한다).

5) 대판 1974. 6. 25, 73 다 1412(판총 11-2, 980-4-9); 동 1973. 12. 26, 73 다 1436(판총 11-2, 980-4-9).

6) 대판 1968. 5. 28, 68 다 480(교재, 판결례 [22]).

계의 표시가 전혀 없으므로 C의 어음행위가 Y재단법인에 귀속될 여지가 없고 또 학교는 교육을 위한 시설에 불과하여 학교 자체는 권리의무의 귀속의 주체가 될 수 없으므로 C의 어음행위가 X학교에 귀속될 여지도 없어서 결국 C개인의 어음행위가 된다.[1]

3. 대리인(대표자)의 기명날인 또는 서명

(1) 대리인(대표자)이 자기의 기명날인 또는 서명을 하여야 하는 점에서, 대리인이 자기의 기명날인 또는 서명을 하지 않고 직접 본인의 기명날인 또는 서명을 하는 대행과 구별된다. 법인의 경우에는 그 성질상 법인 스스로가 어음행위를 할 수는 없고 법인의 대표기관(대리인)인 자연인이 어음행위를 하여야 하므로, 법인의 어음행위에는 대표기관(대리인)인 자연인의 기명날인 또는 서명이 반드시 존재해야 한다. 따라서 「Y주식회사 Y주식회사의 인」 또는 「Y주식회사 대표이사 사장의 인」과 같이 대표기관(대리인)인 자연인의 기명날인 또는 서명이 전혀 없이 법인의 명칭을 기재하고 법인인(法人印)만을 찍은 어음행위는 무효이다(통설[2]·판례[3]). 또한 법인의 어음행위의 대행도 법인 자체의 대행은 있을 수 없고, 법인의 대표기관 등의 대행만이 있을 수 있다.

(2) 법인의 어음행위는 대표기관이 직접(예컨대, 「Y주식회사 대표이사 A A의 인」)하는 것이 원칙인데, 대리인(이사·지점장·과장 등)이 대표기관의 명의로 대행하는 경우도 많다. 또한 대표기관의 날인도 사인(예컨대, A의 인)이 아니라, 직인(예컨대, 대표이사의 인 또는 Y주식회사 대표이사의 인)으로 하는 경우가 많다. 대행의 경우는 어음행위의 대표(대리)의 형식적 요건과 관련하여서는 전혀 문제될 것이 없고 대행권의 유무만이 문제가 되고, 직인으로써 날인하는 경우는 자연인의 기명날인에서와 같이 기명의 명의와 날인의 명의가 일치하는지 여부의 문제가 있을 수 있는데 이를 인정하여야 할 것으로 본다.[4]

---

1) 대판 1956. 9. 22, 4289 민상 276(판총 11-2, 1048); 동 1971. 2. 23, 70 다 2981(판총 11-2, 1040-2).

2) 서·정, 67면 외.

3) 대판 1964. 10. 31, 63 다 1168(교재, 판결례 [308]); 동 1999. 3. 9, 97 다 7745(공보 1999, 623)(은행 지점장이 수취인이 은행인 약속어음의 배서란에 지점의 명판을 찍고 기명을 생략한 채 자신의 사인만을 날인한 경우 무효의 배서이다).

4) 정(찬), 140면; 정(찬), (사례) 72~73면.

제3　실질적 요건

어음행위가 대리행위로서 유효하게 성립하기 위하여는 위에서 본 형식적 요건의 구비 이외에도, 대리인은 실질적으로 대리권을 갖고 있어야 한다(대리권의 존재). 또한 대리인이 대리권을 갖고 있는 경우에도 일정한 경우에는 본인의 이익을 위하여 그 행위에 대하여 대리권이 제한되는 경우가 있다(대리권의 제한). 이하에서는 이러한 두 가지 점에 대하여 살펴본다.

1. 대리권의 존재

(1) 어음행위에 관하여 대리권이 존재하는지 여부는 대리권 일반에 관한 법리에 따른다. 즉, 어음행위의 대리권도 본인의 대리권수여행위(수권행위)에 의하여 발생하는 「임의대리권」과, 법률의 규정·법원의 선임 또는 지정권자의 지정행위에 의하여 발생하는 「법정대리권」이 있다.[1] 그러나 회사의 대표사원(대표이사)이나 지배인 등은 어음행위에 관한 개별적인 수권행위가 없어도 그 법률상 지위(선임행위)에 의하여 당연히 어음행위를 포함하는 포괄정형적인 대리권(대표권)을 가지며,[2] 이에 대한 제한은 선의의 제3자에게 대항하지 못한다(상 209조, 269조, 389조 3항, 567조, 11조 1항·3항).

(2) 임의대리권의 경우 민법상 수권행위가 불요식행위인 것과 같이 어음행위의 수권행위의 방식에 관하여도 특별한 규정이 없다. 따라서 어음행위의 수권행위에 관해서는 어음면에 기재할 필요도 없고 또 서면으로 할 필요도 없으며, 구두 또는 묵시적으로도 할 수 있다.[3] 그러나 실제 거래계에서는 대리권의 수여를 명백히 하기 위하여 위임장을 교부하는 것과 같이 어음 외의 서면으로 하는 것이 보통이다.

---

1) 법정대리권이 법률의 규정에 의하여 발생하는 경우는 친권자(민 911조, 920조)·후견인(민 932조) 등이고, 법원의 선임행위에 의하여 발생하는 경우는 부재자재산관리인(민 23조, 24조)·상속재산관리인(민 1023조, 1040조, 1044조, 1047조, 1053조 등)·유언집행자(민 1096조) 등이고, 일정한 지정권자의 지정으로 발생하는 경우는 지정후견인(민 931조)·지정유언집행자(민 1093조, 1094조) 등이다.

2) 따라서 주식회사의 대표이사가 회사의 영리목적과 관계 없이 자기의 개인적인 채무변제를 위하여 회사 대표이사 명의로 약속어음을 발행·교부한 경우에는 그 권한을 남용한 것에 불과할 뿐 어음발행의 원인관계가 없는 것이라 할 수 없고, 다만 상대방이 이를 알았거나 알 수 있었을 경우에 한하여 회사는 이를 증명하여 그의 권리의 행사가 신의칙에 반함을 주장하여 그 행위의 효력을 부인할 수 있다(상 389조·209조 1항, 어 17조, 민 2조 1항)[대판 1990. 3. 13, 89 다카 24360(공보 871, 880)]. 동지: 대판 1988. 8. 9, 86 다카 1858(공보 832, 1207). 그러나 상대방이 이를 알았거나 알 수 있었을 경우에 주식회사의 대표이사는 배임미수죄로 처벌받는다[대판(전) 2017. 7. 20, 2014 도 1104].

3) 동지: 서·정, 74~75면.

대리권이 수여되었는가의 여부도 어음 외의 일반적인 증거에 의하여 판단된다.[1] 이러한 대리권이 없는 경우가 무권대리이다.

2. 대리권의 제한

대리권을 갖고 있는 자라도 대리인이 본인과 법률행위를 하거나(자기계약) 또는 동일한 법률행위에 관하여 당사자 쌍방을 대리하는 경우에는(쌍방대리), 본인의 이익을 위하여 본인의 허락이 없으면 할 수 없도록 민법은 규정하고 있다($\frac{민}{124조}$). 또한 위의 민법과 같은 정신으로 회사의 이익을 보호하기 위하여 회사의 업무집행사원(이사)은 회사의 허락이 없으면[2] 자기 또는 제 3 자의 계산으로 회사와 거래(자기거래)를 할 수 없도록 상법은 규정하고 있다($\frac{상\ 199조,\ 269조,}{398조,\ 564조\ 3항}$). 따라서 여기에서 문제되는 것은 민법 제124조 또는 상법 제398조($\frac{상\ 199조,\ 269조,\ 564조}{3항을\ 포함하며,\ 이하\ 같다}$)의 규정이 어음행위에도 적용되는지 여부, 동 규정이 어음행위에도 적용된다고 보는 경우에는 적용되는 거래의 범위 및 동 규정에 위반한 행위의 효력 등이다. 이에 관하여 차례로 간단히 살펴본다.

(1) 민법 제124조 또는 상법 제398조가 어음행위에 적용되는지 여부

1) 민법 제124조 또는 상법 제398조가 어음행위에 적용되는지 여부에 대하여 학설은 긍정설(통설)[3]과 부정설(소수설)[4]로 나뉘어 있다. (ⅰ) 부정설에서는 그 이유를 「어음행위와 같이 수단성을 가지는 무색(無色)의 행위 자체는 이익의 충돌을 일으킬 염려가 없으므로 어음행위는 민법 제124조 단서에 해당하거나 또는 상법 제398조의 적용 외에 있다」고 설명하는데, (ⅱ) 긍정설에서는 그 이유를 「어음행위자는 어음행위에 의하여 원인채무와는 별도로 어음채무를 부담하게 되고 또 어음수수의 직접당사자간에는 원인관계와 어음관계가 상호 영향을 미치고 있으므로 어음행위는 순수하게 수단적 성질만을 갖는다고 볼 수 없는 점 등에서, 당연히 본인과 이익충돌이 생기게 된다」고 설명한다. 생각건대 이 때에는 본인의 이익을 보호할 필요가 있으므로, 어음행위에도 민법 제124조 또는 상법 제398조가 적용된다고 보는

---

1) 대판 1968. 5. 28, 68 다 480(교재, 판결례 [22]).

2) 합명회사의 경우는 「다른 사원의 과반수의 결의」이고(상 199조), 합자회사의 경우는 「유한책임 사원을 포함한 다른 사원의 과반수의 결의」이며(상 269조), 주식회사의 경우는 「이사회의 승인」이고(상 398조), 유한회사의 경우는 「감사가 있는 때에는 그 승인이고, 감사가 없는 때에는 사원총회의 승인」이다(상 564조 3항).

3) 정(희), 73면, 80면; 손(주), 92~95면; 손(주), (상) 799면; 이(범), 276면; 최(기), 149~151면; 정(동), 121면; 이(철), (회) 626면; 양·박, 382면; 양(승), (어) 121~122면; 김(용), 388면; 서(정), 109면; 채, 47면; 이(기), 168면 외.

4) 서·정, 79~80면; 서·정, (상) 446면.

긍정설이 타당하다고 본다.[1]

긍정설에 의하는 경우에도 어음행위 자체에 관하여 언제나 본인의 승인을 별도로 받아야 하는 것은 아니고, 일반적으로는 원인행위에 대하여 본인의 승인이 있으면 어음행위에 대하여도 승인이 있은 것으로 추정할 수 있다. 그러나 융통어음을 발행(배서)하는 것과 같이 원인행위가 문제되지 않는 경우에는 어음행위 자체에 대하여 본인의 승인을 받아야 할 것이다.[2]

2) 우리나라의 대법원판례도 긍정설의 입장에서, 「… 본건 약속어음의 발행에 관하여는 상법 제398조에 의하여 Y회사의 이사회의 승인이 있어야 할 터이므로 원심은 이 점을 심사 판단하였어야 할 것임에도 불구하고 …, (이를 하지 않고) 본건 약속어음 발행행위는 유효한 것으로 판단한 것은 잘못이다」고 판시하고 있다.[3]

(2) 민법 제124조 또는 상법 제398조가 적용되는 거래의 범위[4]

1) 민법 제124조의 법문에 의하면 직접거래로서 하는 자기계약과 쌍방대리에 대하여만 규정하고 있고, 상법 제398조의 법문에 의하면 직접거래로서 하는 자기계약에 대하여만 규정하고 있다. 그러나 상법 제398조의 해석에 있어서 「쌍방대리」가 포함됨은 물론, 민법 제124조 또는 상법 제398조의 각각의 해석에 있어서 형식은 본인(회사)과 제3자간의 거래이나 실질적으로는 본인(회사)과 대리인(이사)간에 이해충돌을 생기게 할 염려가 있는 거래인 「간접거래」를 포함한다(통설[5]·판례[6]).

2) 민법 제124조 또는 상법 제398조의 법문에 의하면 「본인(회사)과 대리인(이사)간의 모든 거래」가 이에 해당하는 것같이 생각되나, 형식상 본인(회사)과 대리인(이사)간의 모든 거래가 이에 해당하는 것이 아니라 그 실질에 의하여 「본인(회사)과 대리인(이사)간의 이해충돌을 생기게 할 염려가 있는 모든 재산상의 행위」가 이에 해당한다(통설[7]·판례[8]).

---

1) 정(찬), 143면; 정(찬), (사례) 92면.

2) 정(찬), 143면; 정(찬), (사례) 93면.

3) 대판 1966. 9. 6, 66 다 1146(교재, 판결례 [45]). 동지: 대판 1978. 3. 28, 78 다 4(교재, 판결례 [46]); 동 1978. 11. 14, 78 다 513(민판집, 251, 130); 日大判 1909. 12. 2(교재, 판결례 [43]); 日最高判 1971. 10. 13.

4) 이에 관한 상세는 정(찬), (상)(제27판) 1076~1077면 참조.

5) 정(동), (회) 441면 외 다수.

6) 대판 1965. 6. 22, 65 다 734(집 13 ① 민 208) 외.

7) 정(동), (회) 439면 외 다수.

8) 대결 1962. 3. 13, 62 라 1(집 10 ① 민 196)(Y주식회사의 대표이사인 A가 자기회사의 채무를 담보하기 위하여 자기앞으로 Y회사의 약속어음을 발행한 것은, 회사와 이해관계가 상반되는 경우가 아님이 분명하여 이사회의 승인이 없더라도 적법하다).

(3) 민법 제124조 또는 상법 제398조 위반의 효력[1]

1) 어음행위가 민법 제124조 또는 상법 제398조에 포함된다고 보고 동조 위반의 어음행위가 있은 경우에는 그 효력이 어떠한가의 문제가 있다. 이는 본인(회사)의 이익보호와 거래안전을 어떻게 조화할 것인가의 문제인데, 어음은 유통증권인 성질상 특히 선의의 제 3 자의 보호가 문제되므로 민법 제124조 또는 상법 제398조 위반의 어음행위의 효력에 대하여는 이 점이 고려되어야 할 것이다. 상법 제398조 위반의 효력에 대하여 우리나라의 학설은 크게 무효설·유효설 및 상대적 무효설로 나뉘어 있는데, 상대적 무효설이 가장 타당하다고 본다.[2] 판례도 일관하여 상대적 무효설을 취하고 있다.[3] 또한 이러한 설명은 민법 제124조의 위반의 효력에 대하여도 동일하게 설명될 수 있다고 본다.

2) 그런데 이 때 민법 제124조 또는 상법 제398조 위반의 효력에 관한 여러 학설과 어음항변과의 관계를 보면 다음과 같다. 즉, (ⅰ) 무효설에 의하면 어음행위자는 자기의 어음행위가 민법 제124조 또는 상법 제398조에 위반되어 무효임을 누구에 대하여도 주장할 수 있으므로 물적 항변사유와 같게 된다. (ⅱ) 유효설에 의하면 민법 제124조 또는 상법 제398조에 위반된 어음행위는 언제나 유효이므로 어음행위는 민법 제124조 또는 상법 제398조의 행위에 포함되지 않는다는 부정설과 결과적으로 같게 된다. (ⅲ) 상대적 무효설에 의하면 선의인 제 3 자에게는 대항할 수 없으나 악의인 제 3 자에게는 대항할 수 있으므로, 민법 제124조 또는 상법 제398조 위반을 인적 항변사유(어음법 제17조가 적용되지 않는 인적 항변사유)로 보는 것과 같게 된다.

제 4 무권대리

어음행위의 무권대리에도 표현대리와 협의의 무권대리가 있다. 따라서 이하에서도 표현대리와 협의의 무권대리의 순서로 설명하고, 마지막으로 어음법에 특별히 규정하고 있는 월권대리에 대하여 설명한다.

---

1) 이에 관한 상세는 정(찬), (상)(제27판) 1083~1084면 참조.
2) 정(찬), (상)(제27판) 1083~1084면.
3) 대판 1973. 10. 31, 73 다 954(집 21 ③ 민 138); 동 1974. 1. 15, 73 다 955(카드 10637); 동 1978. 3. 28, 78 다 4(집 26 ① 민 252); 동 1981. 9. 8, 80 다 2511(집 29 ③ 민 1); 동 1984. 12. 11, 84 다카 1591(신문 1577, 7).

1. 표현대리

(1) 어음행위의 표현대리에 관한 규정

어음행위의 표현대리에 관하여는 어음법에서 무권대리인($\binom{표현대리인 및}{협의의 무권대리인}$)의 책임에 관하여 1개의 조문만 규정하고 있다($\binom{어 8조·77조}{2항, 수 11조}$). 따라서 어음행위의 표현대리에 관하여는 어음법에 규정이 없는 사항에 대하여 민법과 상법의 표현대리에 관한 규정이 적용 또는 유추적용되는데, 이러한 민·상법상의 규정들이 어음행위에 적용 또는 유추적용되는 경우에는 증권적 행위의 특수성으로 인하여 때로는 수정적용되기도 한다.

(2) 어음행위의 표현대리의 성립

어음행위의 표현대리가 언제 성립하는가에 대하여는 어음법에 특별한 규정이 없기 때문에, 민법 및 상법의 표현대리에 관한 규정에 의하여 결정된다.

1) 민법상 표현대리에 관한 규정에 의하여 어음행위의 표현대리가 성립하는 경우는, (i) 본인이 제3자에 대하여 타인에게 어음행위의 대리권을 수여하였음을 표시하였으나 사실은 타인에게 어음행위의 대리권을 수여하지 않은 경우($\binom{민}{125조}$), (ii) 대리인이 대리권의 범위를 넘어 어음행위를 대리한 경우($\binom{민}{126조}$),[1] (iii) 대리인이 대리권소멸 후에 어음행위를 대리한 경우($\binom{민}{129조}$) 등이다. 이 때에 표현대리인과 거래를 하는 제3자(상대방)가 민법의 경우는 「선의·무과실」이거나($\binom{민 125조 단서,}{129조 단서}$) 또는 「대리권이 있다고 믿을 만한 정당한 사유」가 있어야 하는데($\binom{민}{126조}$), 어음의 경우는 「선의·무중과실」이어야 한다고 본다.[2]

또한 이의 판단기준이 되는 제3자는 표현대리인의 직접의 상대방이냐 또는 그 후의 어음취득자도 포함하느냐가 문제된다. 이 경우 민법에서는 항상 직접의 상대방만을 기준으로 하나, 어음은 유통증권이기 때문에 민법과는 달리 표현대리인의

---

1) 대판 1989. 5. 23, 88 다카 22626(월보 226, 87); 동 1989. 3. 28, 87 다카 2152·2153(월보 224, 113); 동 1990. 4. 10, 89 다카 19184(공보 873, 1042)(상대방의 악의를 인정하여 민법 제126조의 적용을 배제함); 동 1991. 6. 11, 91 다 3994(공보 901, 1906); 서울지판 2002. 7. 11, 2002 나 471(신문 3099, 12)(점포를 운영함에 있어 대금결제 등 일부업무를 남편에게 맡겨오면서 자기명의의 수표를 발행하는 것을 묵인하였고 문제된 수표의 교부 전까지 이를 정상적으로 결제하여 왔다면, 처는 그 남편이 자기명의의 수표를 발행할 권한이 있다고 믿게 할 외관을 조성하였다 할 것이어서 처는 민법 제126조의 유추적용에 의하여 그 수표에 대하여 발행인으로서의 책임이 있다).

2) 민법상 법률행위의 표현대리가 성립하기 위하여는 상대방이 「선의·무과실」이어야 한다고 설명하고 있으나[곽, (총칙) 442면, 447면, 450면], 어음행위의 표현대리가 성립하기 위하여는 어음은 유통증권이라는 특성이 있는 점 또 어음법 제10조 및 제16조 2항 등과의 균형상 「선의·무중과실」임을 요한다고 보아 민법의 규정을 수정하여 적용하는 것이 타당하다고 본다.

직접의 상대방뿐만 아니라 그 후의 어음취득자를 포함한다고 본다(통설).[1] 따라서 이 점은 제한능력자의 어음행위의 취소 또는 추인의 상대방과 같다고 본다. 이렇게 보면 이 점은 표현대리에 관한 민법의 규정이 어음행위에 수정적용되는 점이다.

2) 상법상 표현대리에 관한 규정에 의하여 어음행위의 표현대리가 성립하는 대표적인 경우는, (ⅰ) 지배권이 없는 자가 「본점 또는 지점의 본부장·지점장·그 밖에 지배인으로 인정될 만한 명칭」을 가지고 어음행위를 하는 표현지배인($^{상\ 14조}_{1항\ 본문}$)의 경우이다. 그러나 이러한 표현지배인의 규정은 재판상의 어음행위에는 적용되지 않는다($^{상\ 14조}_{1항\ 단서}$). 이 때 표현지배인의 어음행위에 의하여 본인이 어음상의 책임을 지기 위하여는 표현지배인과 어음행위를 하는 상대방은 「선의·무중과실」이어야 한다.[2] 또한 이러한 상대방은 표현지배인의 직접의 상대방에 한하지 않고 「그 후의 어음취득자」를 포함하는데, 이 점은 민법상 표현대리에 관한 규정이 적용되는 경우와 다르다. (ⅱ) 상법상 명문의 규정은 없으나 표현지배인의 규정을 부분적 포괄대리권을 가진 상업사용인에 유추적용하는 경우에는, 이러한 표현과장 등의 어음행위에도 표현대리의 법리가 적용될 수 있을 것이다. (ⅲ) 표현대표이사에 관하여는 상

---

1) 정(찬), 149면; 정(희), 85면; 서·정, 76~77면; 손(주), 85면; 정(동), 131면; 양(승), (어) 127면; 채, 53면; 조은철, "어음행위의 대리에 관한 연구," 법학석사학위논문(고려대, 1996. 2), 64~65면 외.

반대: 강, (어) 102면.

이에 대하여 우리나라의 대법원판례는 제3자는 「직접의 상대방」만을 의미한다고 판시하고 있다[대판 1986. 9. 9, 84 다카 2310(공보 787, 1369); 동 1991. 6. 11, 91 다 3994(공보 901, 1906); 동 1994. 5. 27, 93 다 21521(공보 971, 1813)(이 판결에 반대하는 취지의 평석으로는 정찬형, "어음위조에 표현대리에 관한 규정의 적용에 있어서 제3자의 범위,"「판례월보」, 제290호 〈1994. 11〉, 18~23면 참조); 동 1997. 11. 28, 96 다 21751(공보 1998, 34); 동 1999. 1. 29, 98 다 27470(공보 1999, 366); 동 2002. 12. 10, 2001 다 58443(공보 2003, 331)(표현대리에 관한 민법 제126조의 규정에서 제3자라 함은 당해 표현대리행위의 직접 상대방이 된 자만을 지칭하는 것이고, 약속어음의 보증은 발행인을 위하여 그 어음금채무를 담보할 목적으로 하는 보증인의 단독행위이므로 그 행위의 구체적·실질적인 상대방은 어음의 제3취득자가 아니라 발행인이라 할 것이어서, 약속어음의 보증 부분이 위조된 경우 동 약속어음을 배서·양도하는 제3취득자는 위 보증행위가 민법 제126조 소정의 표현대리행위로서 보증인에게 그 효력이 미친다고 주장할 수 있는 제3자에 해당하지 않는다)].

일본의 판례도 직접의 상대방에게 표현대리가 성립하면 그 후의 어음소지인은 항상 보호받고, 반대로 직접의 상대방에게 표현대리가 성립하지 않으면 그 후의 어음소지인은 항상 보호받지 못한다고 하여, 「직접의 상대방」만을 의미한다고 보는 판례로 일관하고 있다[日最高判 1961. 12. 12 (民集 15-11, 2756) 외].

2) 상법 제14조 2항은 상대방이 악의인 경우에만 표현지배인에 관한 규정이 적용되지 않는다고 규정하고 있으나, 해석상 중과실로 인하여 모른 경우는 악의와 같게 보기 때문에 표현지배인이 성립하기 위한 상대방의 주관적 요건은 「선의·무중과실」이라고 볼 수 있다. 이렇게 보면 어음법 제10조 및 제16조 2항 등의 주관적 요건과도 균형을 이루게 된다.

법 제395조에서 별도의 규정을 두고 있다. 즉, 대표권이 없으면서 사장·부사장·전무·상무 기타 회사를 대표할 권한이 있는 것으로 인정될 만한 명칭을 사용하여 어음행위를 한 이사의 행위에 대하여는 동 규정에 의하여 본인(회사)의 어음상의 책임이 인정된다.[1] 이 때 표현대표이사와 어음행위를 한 상대방의 주관적 요건$\left(\substack{선의·\\무중과실}\right)$ 및 범위$\left(\substack{그 후의 어음\\취득자를 포함}\right)$[2]는 표현지배인의 경우와 같다. (ⅳ) 직접적인 표현대리에 관한 규정은 아니나 표현대리와 같은 정신으로 입법이 된 규정으로는, 지배권(대표권) 또는 부분적 포괄대리권의 불가제한성$\left(\substack{또는\\획일성}\right)\left(\substack{상 11조 3항, 15조 2항, 209조\\2항, 269조, 389조 3항, 567조}\right)$에 위반한 어음행위 또는 고의·과실로 인하여 부실등기된 자$\left(\substack{상\\39조}\right)$의 어음행위에 대하여 본인은 선의의 제 3 자에게 대항하지 못하도록 한 규정들이 있다. 이러한 규정들은 영미법상의 금반언칙(estoppel by representation) 또는 독일법상의 외관법리(Rechtsscheintheorie)와 같은 정신으로 입법이 된 것인데, 동 규정들에 의하여 또한 어음의 유통성도 보호된다고 볼 수 있다. 동 규정들에 있어서 상대방의 주관적 요건$\left(\substack{선의·\\무중과실}\right)$ 및 범위$\left(\substack{그 후의 어음\\취득자를 포함}\right)$는 표현지배인의 경우와 같다.

(3) 어음행위의 표현대리의 효과

위에서 본 바와 같이 민·상법의 규정에 의하여 표현대리(대표)가 성립하면, 그 효과로서 당사자의 책임은 다음과 같다.

1) 본인은 민·상법의 규정에 의하여 당연히 어음상의 책임을 진다. 이로 인하여 표현대리인과 거래하는 상대방의 신뢰이익은 보호된다. 이 때 본인은 표현대리행위에 의하여 전적인 책임을 져야 하는 것이고, 상대방에게 과실이 있다고 하더라도 과실상계를 할 수 없다.[3] 이로 인하여 본인은 표현대리인에 대하여 기초적 내부관계에 있어서의 의무위반 또는 불법행위를 이유로 손해배상을 청구할 수 있다.[4]

---

1) 대판 1977. 5. 10, 76 다 878(집 25 ② 민 1)(Y주식회사의 대표이사인 A가 대표이사직을 사임하고 사임의 등기 전에 A가 동 회사를 대표하여 약속어음을 발행한 경우에 대하여, 대법원은 A가 대표이사로 등기되어 있는 사실만으로는 Y회사에게 귀책사유가 없어 Y회사는 어음상의 책임이 없다고 판시하였다. 그러나 이 경우에 Y회사는 〈상법 제395조의 유추적용 또는〉 상법 제39조에 의하여 어음상의 책임을 부담한다고 본다); 동 1993. 4. 9, 92 다 46172(공보 945, 1364)(회사를 양도한 대표이사가 사임등기를 마칠 때까지 대표이사직에 있음을 기화로 대표이사 개인명의로 발행한 수표에 담보목적으로 양도회사 명의로 배서하여 양도한 경우, 이는 대표이사에게 사실상 대표권이 없었다 하여도 이는 대표권에 관한 내부적 제한에 불과하여 어음소지인에게 대항할 수 없다).

2) 동지: 대판 2003. 9. 26, 2002 다 65073(공보 2003, 2080)(회사를 대표할 권한이 없는 표현대표이사가 다른 대표이사의 명칭을 사용하여 어음행위를 한 경우, 회사가 책임을 지는 선의의 제 3 자의 범위에는 표현대표이사로부터 직접 어음을 취득한 상대방뿐만 아니라, 그로부터 어음을 다시 배서양도받은 제 3 취득자도 포함된다).

3) 동지: 대판 1994. 12. 22, 94 다 24985(공보 985, 626).

4) 동지: 곽, (총칙) 439면.

2) 표현대리인은 무권대리인으로서 어음법 제 8 조 1문($^{어\,77조\,2항,}_{수\,11조}$)에 의하여 어음상의 책임을 진다.[1] 그러나 민법에서는 이러한 경우 표현대리에 의하여 본인의 책임이 확정되면 상대방의 보호는 충분하므로 다시 표현대리인에 대하여 책임을 물을 수 없다($^{즉,\,이\,때에\,민법\,제135조}_{가\,적용되지\,않는다}$)(통설).[2] 따라서 이 점에서 어음행위의 표현대리의 효과와 민법상의 그것은 구별되고 있다. 그러므로 어음행위의 표현대리가 성립하는 경우에는 본인과 표현대리인의 어음상의 책임이 병존하는데, 이 때에 어음소지인은 어음상의 권리를 어떻게 행사할 수 있는가에 대하여 학설은 나뉘어 있다. 즉, 어음소지인은 본인 또는 표현대리인의 어느 일방에 대하여만 책임을 추궁할 수 있다는 택일설(통설)[3]과, 어음소지인은 양자에 대하여 동시에 중첩적으로 책임을 추궁할 수 있다는 중첩설(소수설)[4]로 나뉘어 있는데, 어음소지인은 자력(資力)이 있는 어느 일방에 대하여 책임을 추궁하여 변제를 받으면 어음소지인의 보호에 충분하므로 택일설이 타당하다고 본다.[5]

2. 협의의 무권대리

(1) 어음행위의 협의의 무권대리에 관한 규정

어음행위의 협의의 무권대리에 관하여는 어음법 제 8 조($^{어\,77조\,2항,}_{수\,11조}$) 및 민법 제135조가 적용되는데, 다만 민법 제135조는 어음법 제 8 조에 저촉하는 한 적용되지 않는다. 또한 민법 제135조가 어음법 제 8 조에 저촉되지 않아 적용되는 경우에도 어음행위는 증권적 법률행위라는 특수성으로 인하여 그대로 적용되지 않고 수정적용되는데, 이에 관하여는 후술한다.

---

1) 다만 표현대리가 아니고 단순한 월권대리가 성립하는 경우에는 그 월권대리인은 어음법 제 8 조 3문에 의하여 어음상의 책임을 진다.
   반대: 표현대리를 유권대리의 일종으로 보는 전제하에[이영준, 「민법총칙」(박영사, 1987), 581면; 조은철, 전게 석사학위논문, 54~55면] 표현대리인은 어음상의 책임을 지지 않는다고 하는 견해[조은철, 전게 석사학위논문, 68~69면, 74~75면]와 월권대리로서의 표현대리(민 126조)에만 어음법 제 8 조 3문이 적용되고 어음법 제 8 조 1문은 협의의 무권대리에만 적용되므로 민법 제126조 이외의 표현대리인은 어음상의 책임을 부담하지 않는다는 견해[김문재, "권한을 초과한 어음행위의 대리에 관한 새로운 해석론," 「상사법연구」, 제13집(1994), 347면, 352면, 355면, 360면]가 있다. 그러나 이러한 견해들은 타당하지 않다고 보는데, 이에 관한 상세는 정찬형, "표현대리인 및 월권대리인의 어음상의 책임," 「고시연구」, 1996. 6, 31~41면 참조.

2) 곽, (총칙) 444면 외.

3) 정(희), 89면; 서·정, 76면; 손(주), 83면; 정(동), 126면; 양·박, 692면; 양(승), (어) 128면; 강, (어) 105면; 이(철), (어) 107면 외.

4) 이(범), 280면; 채 54면.

5) 정(찬), 151~152면; 정(찬), (사례) 100면.

(2) 어음행위의 협의의 무권대리의 성립

어음행위의 협의의 무권대리가 성립하기 위하여는 다음의 요건이 필요하다.

1) 본인은 협의의 무권대리인에게 대리권을 수여하지도 않고 또 표현대리가 성립하지도 않으며(이 점은 협의의 무권대리인
의 개념에서 당연함), 또 추인을 하지 않아야 한다.

(가) 협의의 무권대리가 성립하기 위하여는 대리권이 흠결되어야 하는데, 이러한 대리권의 흠결에 대하여 누가 증명책임을 부담할 것인가가 문제된다. 이에 대하여 우리나라의 학설은 (i) 원고(협의의 무권대리인의
상대방 또는 어음소지인)가 추인거절의 사실을 증명해야 한다고 보는 견해(어음소지인증명설)(다수설)[1]와, (ii) 피고(협의의
무권대리인)가 대리권의 존재 또는 추인에 대하여 증명해야 한다고 보는 견해(무권대리인증명설)(소수설)[2]로 나뉘어 있다.

생각건대 어음소지인이 먼저 본인에게 어음금의 지급을 청구하면 본인은 대리권의 흠결(및 추인
거절)을 들어 어음금의 지급을 거절할 것이고, 이 때에 어음소지인이 협의의 무권대리인에게 어음금의 지급을 청구하면 협의의 무권대리인은 대리권의 존재 또는 추인의 사실을 증명하지 못하면 어음법 제 8 조에 의하여 당연히 어음상의 책임을 부담해야 한다고 본다. 따라서 협의의 무권대리인이 증명책임을 부담한다는 견해(소수설)에 찬성한다.[3] 대리권의 흠결에 대한 증명책임을 어음소지인에게 부담시키는 견해는 어음의 유통성 및 피지급성의 확보라는 어음의 이념에서 볼 때도 문제가 있다고 본다.

(나) 협의의 무권대리인의 어음행위에 대하여 본인이 추인할 수 있는가에 대하여 어음법에는 규정이 없으나, 민법 제135조 1항이 적용되어 본인은 당연히 이를 추인할 수 있다고 본다[4](있음). 이 때 「추인의 상대방」은 어음이 유통증권인 성질상 협의의 무권대리인의 어음행위의 직접의 상대방뿐만 아니라, 현재의 어음소지인을 포함한다고 본다.[5]

본인이 협의의 무권대리인의 어음행위를 추인하면 본인은 어음상의 책임을 부

---

1) 정(희), 90~91면; 손(주), 90면; 정(동), 127면; 이(범), 277면 외.

2) 최(기), 164면.

3) 정(찬), 155면.

4) 동지: 대판 1994. 8. 12, 94 다 14186(공보 976, 2297). 그러나 대법원은 「무권대리행위가 범죄가 되는 경우에 그 사실을 알고도 장기간 형사고소를 하지 아니하였다는 사실만으로 무권대리행위에 대한 추인이 있었다고 할 수는 없다」고 판시하고 있다[대판 1998. 2. 10, 97 다 31113(공보 1998, 680)].

5) 동지: 서·정, 78면.

담하게 되는데, 이 때 「협의의 무권대리인의 어음상의 책임과의 관계」는 어떠한가의 문제가 있다. 이에 대하여 우리나라의 학설은 두 가지로 나뉘어 있다. 즉, (ⅰ) 하나는 협의의 무권대리인의 어음상의 책임은 어음법 제 8 조에 의하여 어음행위시에 일단 발생하는데 본인이 추인하게 되면 그 효력은 어음행위시까지 소급하므로 $\binom{민}{133조}$ 협의의 무권대리인의 어음상의 책임은 추인을 해제조건으로 소멸한다고 보는 견해(해제조건설)[1]와, (ⅱ) 어음법 제 8 조는 어음소지인의 신뢰이익을 보호하는 규정인 만큼 협의의 무권대리인의 책임은 어음소지인의 신뢰가 배반당하였을 때인 추인이 거절되었을 때부터$\binom{즉, 추인거절을}{정지조건으로}$ 발생한다고 보는 견해(정지조건설)[2]가 있다.

생각건대 협의의 무권대리인이 추인거절시부터 어음상의 책임을 부담한다고 하면 본인이 추인을 거절한 경우에 어음행위시부터 추인거절시까지는 어음상의 책임을 부담하는 자가 없게 되거나 또는 대리권을 수여한 일도 없고 또 표현책임을 질 귀책사유도 없는 본인$\binom{협의의 무권}{대리의 본인}$에게 어음상의 책임을 부담시키는 것이 되어 부당하므로, 협의의 무권대리인은 어음행위시부터 어음법 제 8 조에 의하여 어음상의 책임을 부담한다고 보아야 할 것이다. 다만 본인이 추인을 한 경우에는 상대방의 신뢰이익은 충분히 보호되고 또 추인의 효력은 원칙적으로 소급하므로$\binom{민\ 133조}{본문}$ 협의의 무권대리인의 책임은 원칙적으로 어음행위시에 소급하여 소멸한다고 본다. 이렇게 볼 때 협의의 무권대리인이 어음상의 책임을 부담하기 위한 요건으로 본인의 추인이 없어야 한다는 의미는 협의의 무권대리인의 책임발생의 시기를 의미하는 것이 아니라, 협의의 무권대리인이 종국적으로 어음상의 책임을 부담하는 요건을 의미한다고 볼 수 있다[3]$\binom{해제조건}{설에 찬성}$.

2) 협의의 무권대리인은 대리인으로서 기명날인 또는 서명을 하고 또 어음행위의 성립(유효)요건을 갖추어야 한다.

㈎ 협의의 무권대리인이 대리인으로서 기명날인 또는 서명(대리방식)을 하지 않고 권한 없이 본인의 기명날인 또는 서명을 대행한 경우에는(대행방식), 협의의 무권대리가 성립하지 않는다. 또한 그러한 무권대행자(위조자)는 그의 기명날인 또는 서명이 어음상에 나타나지도 않으므로 그에게 바로 어음법 제 8 조를 적용하여 책임을 부담시킬 수도 없다.

㈏ 유권대리의 경우에는 대리인이 어음상의 책임을 부담하지 않으므로 대리인

1) 서·정, 78면; 최(기), 166면; 김(용), 209면; 이(범), 277면; 양(승), (어) 129면; 강, (어) 95면.
2) 정(희), 88~89면; 손(주), 90면; 정(동), 126면.
3) 정(찬), 154면.

은 행위능력자임을 요하지 아니하나($^{민}_{117조}$), 무권대리의 경우에는 무권대리인이 어음
상의 책임을 부담하므로($^{어 8조·77조}_{2항, 수 11조}$) 무권대리인은 행위능력자임을 요한다[1]($^{민 135조}_{2항 후단}$).
이 밖에 무권대리인의 어음행위는 일반적인 어음행위의 성립(유효)요건을 갖추어야
한다. 즉, 어음행위의 형식적 요건($^{필요적 기재}_{사항의 기재}$) 및 실질적 요건($^{의사의 흠결 및 의사표시}_{에 하자가 없을 것 등}$) 등을
갖추어야 한다.

3) 상대방 또는 어음소지인은 선의이어야 한다.

협의의 무권대리인이 어음상의 책임을 부담하기 위한 이러한 요건은 협의의
무권대리인과 그의 상대방 사이의 어음관계에서 발생하는 것이 아니라, 원인관계
또는 인적 항변과의 관계에서 발생한다. 즉, 어음관계에서 협의의 무권대리인은 어
음법 제8조 1문에 의하여 상대방이 협의의 무권대리인에게 대리권이 없음을 알았
거나 또는 알 수 있었을 경우에도 일단 어음상의 책임을 부담한다($^{어음관계에서 민}_{제135조 2항 전단}$
$^{은 적용}_{배제됨}$). 그러나 협의의 무권대리인은 이를 원인관계에서는 항변할 수 있으므로, 결
국 협의의 무권대리인이 직접의 상대방에 대하여 어음상의 책임을 부담하기 위하여
는 상대방의 「선의·무과실」을 요건으로 한다($^{원인관계에서 민 제135조}_{2항 전단은 적용됨}$).

또한 상대방으로부터 어음을 취득한 그 후의 어음소지인에 대한 협의의 무권대
리인과의 관계는 그 어음소지인이 협의의 무권대리인의 직접의 상대방에 대한 원인관
계에 기한 항변을 알고 어음을 취득하면($^{따라서 협의의 무권대리인을 해함을}_{알고 어음을 취득한 것이 되면}$) 협의의 무권대리인
은 어음상의 책임을 부담하지 않으므로($^{어 17조}_{단서}$), 이 때에 협의의 무권대리인이 그러한
어음소지인에 대하여 어음상의 책임을 부담하기 위하여는 어음소지인이 「채무자를 해
할 것을 알지 못하고」 어음을 취득할 것을 요건으로 한다. 따라서 이러한 주관적 요건
은 직접의 상대방 또는 그 후의 어음취득자에 따라 각각 상이하다고 볼 수 있다.

(3) 어음행위의 협의의 무권대리의 효과

어음행위의 협의의 무권대리가 성립하면 다음과 같은 효과가 발생한다.

1) 협의의 무권대리인은 어음소지인에 대하여 언제나 어음상의 책임을 부담한
다($^{어 8조 1문·77조}_{2항, 수 11조 1문}$). 민법상 협의의 무권대리가 성립하는 경우에는 상대방의 선택에 좇
아 계약을 이행하든가 또는 손해배상의 책임이 있으나($^{민 135조}_{1항}$), 어음행위에서 협의
의 무권대리가 성립하는 경우에는 어음법 제8조의 특칙에 의하여 상대방의 선택

---

1) 이 때 제한능력자가 무권대리에 의한 어음행위를 한 경우 그러한 제한능력자의 어음상의 책임은
어떠한가. 이에 대하여는 어음은 유통증권인 성질상 민법 제17조(제한능력자의 속임수〈사술〉)의
적용을 확장하여 그러한 제한능력자인 협의의 무권대리인의 책임을 인정하여야 한다는 견해가 있
으나[정(희), 90면], 제한능력자보호의 일반원칙상 그러한 협의의 무권대리인은 자기의 어음행위를
취소할 수 있다고 보아야 할 것이다[정(찬), 155면 주 2. 동지: 최(기), 168면].

을 기다리지 않고 당연히 협의의 무권대리인은 어음상의 책임($_{이행}^{계약의}$)을 부담한다. 이 점은 어음행위의 협의의 무권대리의 효과가 민법상의 그것과 첫째로 구별되는 점이다.

(가) 협의의 무권대리인이 어음소지인에 대하여 부담하는 어음상의 책임의 내용은 대리권이 있었더라면 본인이 부담하게 될 어음상의 책임의 내용과 같다. 따라서 협의의 무권대리인은 본인이 어음상의 책임을 부담하였더라면 주장할 수 있었을 항변사유로써 어음소지인에 대하여 대항할 수 있다.[1] 그러나 본인이 어음관계 및 이의 원인관계 이외의 사유로 갖고 있는 항변사유, 또는 본인이 제한능력자 또는 가설인(假設人) 등이므로 어음상의 책임을 부담할 수 없다는 항변사유로써는 어음소지인에게 대항할 수 없다.[2]

(나) 어음소지인이 이러한 협의의 무권대리인에 대한 권리를 보전하기 위해서는 원래 협의의 무권대리인에 대하여 시효중단의 절차 또는 상환청구의 통지 등의 절차를 밟아야 하겠으나, 현실적으로 어음소지인은 본인에게 이러한 절차를 취하는 경우가 많을 것이므로, 이렇게 한 경우에도 어음소지인은 협의의 무권대리인에게 권리를 보전하기 위한 절차를 다한 것으로 해석하여야 할 것이다.[3]

2) 협의의 무권대리인이 어음소지인에 대하여 어음채무를 이행한 때에는 본인과 동일한 권리를 갖는다($_{2항,\ 수\ 11조\ 2문}^{어\ 8조\ 2문·77조}$). 민법상 협의의 무권대리인이 채무를 이행한 경우에는 권리취득이 문제가 되지 않으나($_{1항\ 참조}^{민\ 135조}$), 어음행위의 협의의 무권대리인이 어음채무를 이행한 경우에는 어음법 제 8 조의 특칙에 의하여 본인의 전자에 대한 어음상의 권리를 취득한다. 이 점은 어음행위의 협의의 무권대리의 효과가 민법상의 그것과 둘째로 구별되는 점이다.

(가) 이 때 협의의 무권대리인이 취득하는 권리는 「본인의 전자에 대한 어음상의 권리」이지, 본인에 대한 권리는 결코 아니다. 협의의 무권대리인이 어음채무를 이행한 경우에 본인에 대하여 취득하는 권리는 민법 제481조의 변제자의 법정대위의 법리에 의한다. 협의의 무권대리인이 어음채무를 이행함으로 인하여 취득하는 권리는 본인의 전자에 대한 어음상의 권리이므로, 본인의 전자가 없는 경우($_{의\ 발행인인\ 경우}^{본인이\ 환어음의}$)에는 그러한 협의의 무권대리인이 어음법 제 8 조 2문에 의하여 권

---

1) 동지: 정(동), 127면; 최(기), 170면; 채, 50면 외.
2) 동지: 정(동), 127면; 최(기), 170면 외.
3) 동지: 정(동), 127면; 최(기), 172면(시효중단에 관하여는 입법론으로 주장함).
   반대: 채, 51면.

리를 취득할 여지가 없다. 또 환어음의 단순한 지급인이나 수표의 지급인의 협의의 무권대리인이 어음금 또는 수표금을 지급한 경우에는 본인이 어음(수표)금을 지급할 채무를 부담하는 자도 아니고 또 그러한 협의의 무권대리인이 어음(수표)상에 기명날인 또는 서명을 한 것도 아니므로, 어음법 제8조($\frac{수}{11조}$)가 적용되지 않아 그러한 협의의 무권대리인은 어떠한 권리도 취득하지 못한다. 보증에 있어서 협의의 무권대리가 성립하는 경우에는 협의의 무권대리인은 어음법 제8조 2문 및 제32조 3항에 의하여 피보증인 및 그 자의 어음채무자에 대하여 어음상의 권리를 취득한다.

(나) 협의의 무권대리인이 본인의 전자에 대하여 어음상의 권리를 취득하여 이를 행사하는 경우에, 그러한 어음채무자는 본인에게 대항할 수 있었던 항변사유로써 협의의 무권대리인에게 대항할 수 있음은 물론이다.[1]

3) 본인은 협의의 무권대리인에 대하여 어떠한 권리를 갖는가.

(가) 협의의 무권대리인이 약속어음을 발행하거나 환어음을 인수하고 어음채무를 이행한 경우와 같이 본인은 전혀 어음상의 권리를 취득하거나 또는 손해를 입지 않은 경우에는, 본인은 협의의 무권대리인에 대하여 어음반환을 청구하거나 또는 손해배상을 청구할 수 없다.

(나) 그러나 협의의 무권대리인이 배서를 한 경우와 같이 본인이 어음상의 권리를 취득했던 경우에는 사정이 다르다. (i) 대리권의 흠결이 선의취득에 의 하여 치유될 수 없다고 보는 견해(제1설)에 의하면 본인은 협의의 무권대리인의 선의의 상대방에 대하여 어음반환을 청구할 수 있고,[2] 이렇게 어음반환을 받으면 본인은 전에 가졌던 자기의 어음상의 권리가 회복되어 전자에 대하여 어음상의 권리를 행사할 수 있다.[3] (ii) 대리권의 흠결이 선의취득에 의하여 치유될 수 있다고 보는 견해(제2설)에 의하면 본인은 협의의 무권대리인의 선의의 상대방에 대하여 어음반환을 청구할 수 없고, 협의의 무권대리인에 대하여 불법행위에 기한 손해배상청구권($\frac{민}{750조}$)만을 갖는다. 또한 본인은 협의의 무권대리인의 상대방이 동 어음을 선의취득한 반사적 효과로서 어음상의 권리를 상실한다.

---

1) 동지: 정(동), 128면; 채, 51면; 이(기), 177면.
2) 그러나 그 후의 어음취득자는 어음을 선의취득할 수 있는데, 이렇게 선의취득한 어음소지인에 대하여는 물론 어음반환을 청구할 수 없다.
3) 따라서 본인의 전자인 어음채무자는 본인이 어음상의 권리를 행사할 때, 협의의 무권대리인에게 대항할 수 있는 항변사유로써 본인에게 대항할 수 없다.

3. 월권대리

(1) 대리권이 있는 대리인이 그 대리권의 범위를 초월하여 어음행위를 한 경우에(예컨대, 100만원까지 어음행위를 하도록 수권 받은 대리인이 150만원의 어음행위를 한 경우), 본인 및 월권대리인의 책임범위가 어떠한가가 문제된다. 이는 대리인에게 대리권이 전혀 없는 경우와 구별된다. 이에 대하여 어음법 제 8 조 3문(어 77조 2항, 수 11조 3문)은 「권한을 초과한 대리인에 관하여도 같다」고 규정하고 있으나, 월권대리인의 책임범위가 전액(위의 예에서 150만원)에 대하여 미치는가 또는 무권대리의 규정이 월권한 부분에 대해서만 적용되어 월권한 금액(위의 예에서 50만원)에 대하여만 미치는가의 문제가 있다. 또한 이와 함께 본인의 책임범위는 어떠한가의 문제도 있다. 이에 대하여는 어음법상 규정이 없기 때문에 해석에 의할 수밖에 없다. 이에 대하여 본인은 수권범위 내(위의 예에서 100만원)에서만 책임을 부담하고, 월권대리인은 전액(위의 예에서 150만원)에 대하여 책임을 부담한다고 본다(통설 · 판례[1]).

참고로 일본에서는 이에 대하여 본인은 책임을 부담하지 않고 월권대리인만이 전액(위의 예에서 150만원)에 대하여 책임을 진다는 본인무책임설[2]과, 본인은 수권범위 내(위의 예에서 100만원)에서만 책임을 지고 월권대리인은 월권한 금액(위의 예에서 50만원)에 대해서만 책임을 진다는 책임분담설[3]도 있다.

그러나 본인무책임설은 월권대리인이 우연히 월권하였다고 하여 본인이 대리권을 수여한 부분에 대하여도 그 책임을 면하게 하는 것은 사법상 대리의 일반원칙에서 볼 때 불합리하여 타당하지 않고, 책임분담설은 어음금불가분의 원칙에 반하고 또한 권리행사의 간이성을 저해하는 점에서 타당하지 않다. 또한 책임분담설은 어음법상 명문의 규정(예컨대, 어 26조 1항, 30조 1항, 69조 등)이 없는 경우에는 어음의 문언증권성 및 유통보호를 위하여 월권대리인이 어음금의 전액(앞의 예에서 150만원)에 대하여 책임을 지는 것으로 해석해야 하는 점에서 볼 때도

---

1) 대판 2001. 2. 23, 2000 다 45303 · 45310(공보 2001, 740)(어음행위의 대리 또는 대행권한을 수여받은 자가 그 수권의 범위를 넘어 어음행위를 한 경우에 본인은 그 수권의 범위 내에서는 대리 또는 대행자와 함께 어음상의 채무를 부담한다고 할 것인바, 원심이 인정한 사실관계에 의하더라도 대리인〈대행자〉은 본인으로부터 금 10,000,000원의 범위 내에서는 본인을 대리하여 연대보증계약을 체결할 권한을 수여받았다는 것이므로, 대리인〈대행자〉이 그 수권의 범위를 벗어나 그들의 채권자에 대한 금 60,000,000원의 손해배상채무를 본인이 연대보증한다는 의미에서 이 사건 약속어음에 발행인으로 본인의 날인을 대행한 것이므로, 수권의 범위를 넘은 부분에 대하여 그 어음행위의 효력이 미치지 않는 것이지만, 수권의 범위 내인 10,000,000원 부분에 대하여는 본인이 어음상의 책임을 부담한다).

2) 蓮井良憲 · 酒卷俊雄 · 志村治美(共著), 「講義手形法 · 小切手法」, 1981, 114~115면.

3) 小橋一郎, 「新版手形法 · 小切手法講義」, 1982, 65면; 중국 어음법 5조 2문 후단.

타당하지 않다고 본다.[1]

또한 우리나라에서도 위와 같은 통설에 대하여 표현대리를 유권대리로 보는 전제 하에 어음법 제 8 조 3문은 표현대리 중의 월권대리인에 대한 책임만을 규정한 것으로 보고, 이 때에 표현대리의 법리에 따라 본인은 그 책임범위가 결정되고 표현대리인(월권대리인)은 어음법 제 8 조 3문에 근거하여 어음금액 전액에 대하여 어음상의 책임을 진다는 견해[2]와, 어음법 제 8 조 1문은 협의의 무권대리에만 적용되고 제 8 조 3문은 표현대리 중 월권대리($\frac{민}{126조}$)의 경우에만 적용되는데 이 때에 본인과 월권대리인은 모두 전액의 어음상의 책임을 진다는 견해[3]가 있는데, 모두 타당하지 않다고 본다.[4]

(2) 위에서 본 바와 같이 월권대리의 경우 본인이 수권범위 내($\frac{위의 예에서}{100만원}$)에서만 책임을 지는 것은 민법·상법상의 표현대리가 성립하지 않는 경우($\frac{예컨대, 월권대리인의}{상대방의 악의 등으로}$$\frac{인한}{경우 등}$)에만 그러한 것이고, 민법·상법상의 표현대리가 성립하는 경우에는 본인은 당연히 전액($\frac{위의 예에서}{150만원}$)에 대하여 책임을 진다. 즉, 월권대리인이 법인의 이사($\frac{민}{60조}$)·지배인($\frac{상}{3항}^{11조}$)·부분적 포괄대리권을 가진 상업사용인($\frac{상}{2항}^{15조}$)·회사대표자($\frac{상}{2항, 269조,}^{209조}$$\frac{389조 2항,}{567조}$)·선장($\frac{상}{751조}$) 등인 경우에는 해당규정에 의하여 본인은 어음금 전액에 대하여 책임을 지게 되고, 또 민법 제126조에 의하여 월권대리인의 상대방이 그 권한이 있다고 믿을 만한 정당한 사유가 있는 경우에는 본인은 어음금 전액에 대하여 책임을 지게 된다.

민법·상법상의 표현대리가 성립하는 경우 월권대리인(표현대리인)은 앞에서 본 바와 같이 어음법 제 8 조 1문에 의하여 어음금 전액에 대하여 어음상의 책임을 부담한다. 따라서 어음소지인은 본인 또는 월권대리인(표현대리인) 중 자력(資力)이 있는 어느 일방에 대하여 책임을 추궁할 수 있는데(택일설), 보통은 본인에 대하여 책임을 추궁하게 될 것이다.

제 5 어음행위의 대행

타인명의에 의한 어음행위에는 대리방식에 의한 경우와 대행방식에 의한 경우가 있는데, 양자는 그 방식(형식)에서 구별된다. 즉, B가 「A대리인 B B의 인」의 형

---

1) 동지: 양(승), (어) 134면; 최(기), 174면; 채, 52면; 이(기), 178면 외.
2) 조은철, 전게 석사학위논문, 73~75면.
3) 김문재, 전게논문(상사법연구 제13집), 351~360면.
4) 이에 관한 상세한 비판은 정찬형, 전게논문(고시연구 1996. 6), 35~41면 참조.

식으로 어음행위를 한 경우는 대리방식이고, B가 「A A의 인」의 형식으로 어음행위를 한 경우는 대행방식으로, 양자는 그 방식(형식)에서 뚜렷이 구별된다. 대행방식에 의한 어음행위에서도 B가 A를 표시하기 위하여 「A A의 인」의 형식으로 어음행위를 한 경우는 기명날인의 대행이고, B가 자기를 표시하기 위하여 「A A의 인」의 형식으로 어음행위를 한 경우는 A의 명의대여가 된다. 기명날인의 대행과 명의대여는 그 형식에서는 같으나, 실질에서 구별되고 있다. 이하에서는 이해의 편의를 위하여 이 양자를 구별하여 설명하겠다.

또한 1995년 개정어음(수표)법에서는 기명날인 또는 서명으로써 어음행위가 가능하므로 적법한 대행으로서 기명날인의 대행뿐만 아니라 서명대행도 가능한 것으로 생각될 수 있으나,[1] 원래 서명은 앞에서 본 바와 같이 자필서명이고[2] 또 기명날인의 대행을 인정하고 있는 이상 동일성의 확인도 어려운 서명대행을 인정할 필요와 실익이 없다는 점에서 적법한 대행으로서 서명대행은 인정하지 않는 것이 타당하다고 본다(그러나 위법한 대행〈위조〉으로서 서명대행은 물론 존재하게 된다). 따라서 이하에서의 대행은 기명날인에 관하여만 설명하겠는데, 무권대행의 경우에는 이 기명날인에 서명이 포함되는 것으로 보아야 할 것이다.

1. 기명날인의 대행

(1) 기명날인의 대행의 법적 성질

1) 타인을 표시하기 위하여 타인의 기명날인을 대행하는 경우, 그 법적 성질이 무엇인가가 문제된다. 이는 기명날인의 법적 성질을 무엇으로 보느냐에 따라 다르다. 기명날인의 법적 성질에 대하여 이를 「법률행위」라고 보는 견해도 있으나,[3] 기명날인 그 자체만에 의하여는 일정한 법률효과가 발생한다고 볼 수 없으므로 기명날인의 법적 성질은 「사실행위」라고 보아야 할 것이다.[4] 기명날인의 법적 성질을 법률행위라고 보면 기명날인의 대행을 대리로써 설명할 수도 있으나, 위와 같이 기명날인의 법적 성질을 사실행위라고 보면 기명날인의 대행을 대리로써 설명할 수 없게 된다. 왜냐하면 사실행위에는 대리가 인정되지 않기 때문이다[5](異說없음).

---

1) 한창희, "약속어음의 발행에 관한 판례연구,"「사법연구」(청헌법학), 제5집(2000. 12), 282면.
2) 따라서 서명대행 또는 서명대리 등의 표현은 적절하지 않다고 본다.
3) 양(승), (어) 136면; 동, "어음행위에 있어서의 기명날인,"「고시연구」, 1981. 9, 29면.
4) 동지: 서·정, 68면.
5) 곽, (총) 403면 외.

2) 따라서 기명날인의 대행에 대하여 우리나라의 통설은 대리가 아니라, 일종의 표시기관에 의한 「본인 자신의 기명날인」이라고 한다.[1] 그러나 대행에 대하여는 어음법 및 민법·상법상의 규정이 없으므로, 이에 관하여는 학설·판례의 해석에 의할 수밖에 없다. 따라서 유권대행의 어음행위인 경우에는 본인 자신의 어음행위로서 본인에게 어음상의 책임을 부담시키고, 무권대행(위조)의 어음행위이나 본인에게 귀책사유가 있는 경우에는 민법·상법상의 표현대리에 관한 규정을 유추적용하여 본인에게 어음상의 책임을 부담시킨다[2](통설·판례).

3) 그런데 기명날인의 대행에 대하여 우리나라의 대법원판례는 「서명대리」라고 하여 대리로써 설명하고 있다.[3] 그러나 앞에서 본 바와 같이 대행은 그 형식(대리문구 및 대리인의 기명 날인〈또는 서명〉이 없음)에 있어서 대리와 뚜렷이 구별되는 점, 기명날인의 법적 성질을 사실행위로 보면 기명날인의 대행에는 대리가 성립할 수 없는 점, 고유의 대행의 경우는 효과의사를 본인이 결정하는 점 등에서 대리와 구별되므로, 기명날인의 대행을 대리로써 설명하는 것은 타당하지 않다고 본다.

(2) 기명날인의 대행의 두 종류

기명날인의 대행에는 다음과 같이 두 종류가 있다.

1) 고유의 대행　　고유의 대행은 대행자에게 전혀 기본적인 대리(대행)권이 없는 경우로서, 대행자는 단순히 본인의 표시기관 내지 수족으로 본인의 기명날인을 기계적으로 대행하는 경우이다(예컨대, 기본적인 대리〈대행〉권이 전혀 없는 경리직원이 대표이사의 지시에 따라서 어음행위를 대행하는 경우). 이러한 대행자는 민법에서 「표시기관으로서의 사자(使者)」에 해당한다.[4] 이러한 고유의 대행은 대리와는 그 형식에 있어서뿐만 아니라, 효과의사를 본인이 결정하는 점에서도 구별된다.

2) 대리적 대행　　대리적 대행은 대행자가 본인으로부터 일정한 범위의 기본적인 대리(대행)권을 수여받고, 그 범위 내에서 개개의 어음행위에서는 스스로 결정하여 본인의 기명날인을 대행하는 경우이다(예컨대, 회사의 경리과장·경리부장·경리담당 상무이사 등이 수권범위 내에서 대표이사의 명의로 어음행위를 하는경우). 대리적 대행의 경우는 효과의사를 대행자가 스스로 결정하는 점에서 고유의 대행과 구별되고 대리와 유사하나, 그 형식에 있어서 역시 대리와 구별된다.[5]

---

1) 서·정, 74면; 정(동), 119면 외.
2) 무권대행의 경우 민법·상법상의 표현대리에 관한 규정을 유추적용하여 본인에게 어음상의 책임을 부담시키는 것은 무권대행자에게 기본적인 대리권이 있는 경우이고, 무권대행자에게 전혀 대리권이 없는 경우에는 민법 제756조(사용자배상책임)에 의하여 본인에게 어음상의 책임을 부담시킨다.
3) 대판 1964. 6. 9, 63 다 1070(교재, 판결례 [26]).
4) 민법상의 사자(使者)에는 「표시기관으로서의 사자」와 「전달기관으로서의 사자」가 있다.
5) 대리적 대행의 경우 효과의사를 대행자가 스스로 결정한다는 점에서 대리적 대행에 의한 어음행

(3) 기명날인의 대행의 요건

1) 형식적 요건   대리와는 달리 대행관계의 표시 및 대행자의 기명날인(또는 서명)이 없고, 직접 본인의 기명날인이 있으면 된다. 법인의 경우에는 자연인과는 달리 법인 스스로 법률행위를 할 수 없고 대표기관인 자연인이 제 3 자와 법률행위를 하여야 하므로, 자연인이 법인 자체의 기명날인을 하는 것(예컨대, Y주식회사)은 대행도 아니고 그러한 기명날인은 무효가 된다.[1] 따라서 법인의 기명날인의 대행은 대표기관 이외의 자(예컨대,)가 대표기관(예컨대,)의 기명날인을 대행하는 경우(예컨대, Y주식회사 대표이사 A A의 인)가 대표적인 예이다.

2) 실질적 요건   대행자가 본인의 기명날인을 대행할 수 있기 위해서는 대행권이 있어야 한다. 즉, 고유의 대행의 경우는 그러한 행위를 하도록 지시받아야 하고, 대리적 대행의 경우는 수권범위 내의 행위이어야 한다(유권대행). 대행자가 지시받지 않은 행위를 본인명의로 하거나(고유의 대행의 경우), 수권범위 외의 행위를 본인명의로 하는 경우(대리적 대행의 경우)는 위조가 된다(무권대행). 일반적으로 대리권이 있다고 하여 반드시 대행권이 있다고 볼 수는 없으나,[2] 대리적 대행의 경우 일정한 범위의 기본적인 대리권을 수여받은 자는 특별한 사정이 없는 한 그 범위 내에서 대행권도 수여받은 것으로 볼 수 있다.

(4) 기명날인의 대행의 효과

1) 유권대행의 경우   대행자가 지시받은 어음행위에 대하여 본인의 기명날인을 대행하거나(고유의 대행의 경우) 또는 수권범위 내의 어음행위에 대하여 본인의 기명날인을 대행한 경우(대리적 대행의 경우)에는, 이것은 본인 자신의 어음행위가 되어 본인이 당연히 어음상의 책임을 부담한다.

2) 무권대행의 경우   대행자가 지시받지 않은 어음행위에 대하여 본인의 기명날인을 대행하거나(고유의 대행의 경우) 또는 수권범위 외의 어음행위에 대하여 본인의 기명날인을 대행한 경우(대리적 대행의 경우)에는, 이것은 위조가 되어 본인이 피위조자로서 어

위를 「어음면상 대리인의 표시가 없을 뿐 실질적으로는 어음행위의 대리이다」고 설명하거나[정 (동), 119면], 또는 「이는 그 형식의 여하에 불구하고 본인을 위한 대리인의 어음행위이다」고 설명하는 견해[임승순, "타인의 명의를 빌린 어음행위," 어음·수표법에 관한 제문제(하)(법관연수자료)(사법연수원), 1985. 12, 1011면]도 있으나, 그 형식에 있어서는 분명히 대리와 구별되는 것이다[동지: 서·정, 74면].

1) 대판 1964. 10. 31, 63 다 1168(교재, 판결례 [308]).

2) 동지: 최(기), 164면.
  반대: 채, 56면.

음상의 책임을 부담하는지 여부가 문제된다($_{효과에서 상세히 설명함}^{이에 관하여는 어음의 위조의}$). 이 때 본인은 원칙적으로 어음상의 책임을 부담하지 않는데, 무권대행자에 대하여 위조의 기회를 준 경우에는 예외적으로 사용자배상책임의 법리($_{756조}^{민}$)에 의하여($_{의 경우}^{고유의 대행}$) 또는 표현대리에 관한 규정이 유추적용되어($_{의 경우}^{대리적 대행}$) 본인(피위조자)이 책임을 진다.

2. 명의대여에 의한 어음행위

B가 자기를 표시하기 위하여 A명의로 어음행위를 한 경우에는, 명의대여자인 A의 어음상의 책임과 명의차용자인 B의 어음상의 책임이 어떠한가가 문제된다.

(1) 명의대여자(A)의 어음상의 책임

1) A가 B에게 자기의 명의를 사용하여 영업할 것을 허락하고 B가 그 영업에 관하여 A의 명의로 어음행위를 하는 경우에는, A는 상법 제24조에 의하여 당연히 어음상의 책임을 부담한다.[1]

2) A가 B에게 영업할 것을 허락한 것이 아니라 단지 어음행위를 하는 때에 자기의 명의사용을 허락하고 B가 A명의로 어음행위를 하는 경우에는, A는 무엇에 근거하여 어음상의 책임을 부담하게 되는가의 문제가 있다. 이에 대하여는 (i) 상법 제24조를 적용하여 A의 어음상의 책임을 인정하여야 한다는 견해,[2] (ii) 상법 제24조를 유추적용하여 표시에 의한 금반언칙에서 A의 어음상의 책임을 인정하여야 한다는 견해,[3] (iii) 어음법 독자의 권리외관이론에서 A의 어음상의 책임을 인정하여야 한다는 견해,[4] (iv) 민법의 표현대리 또는 표현대리일반에 의하여 A의 어음상의 책임을 인정하여야 한다는 견해,[5] (v) B의 어음행위는 광의의 기관에 의한 A 자신의 어음행위로서 A는 어음상의 책임을 져야 한다는 견해[6] 등으로 나뉘어 있다. 생각건대 상법 제24조를 유추적용하여 A의 어음상의 책임을 인정하는 것이 가

---

1) 日最高判 1980. 7. 15(金判 606, 9)(명의대여자가 자기의 명의를 사용하여 영업할 것을 허락하였으나 명의차용자가 영업을 하지 않았더라도 허락한 범위에 속하는 것으로 인정되는 영업을 위하여 발행한 어음에 대하여 상법 제24조를 적용함).

2) 田中(誠), (上) 182면; 大隅·河本, 109면.

3) 양(승), (어) 139면; 강, (어) 109면; 임호영, "어음·수표행위에 있어서의 기명날인에 관한 연구," 법학석사학위논문(서울대, 1985. 8), 27~28면; 이승채, "명의대여에 의한 어음(수표)행위," 「무등춘추」(광주지방변호사회), 제6호(2000. 12), 91면.

4) 임승순, 전게 법관연수자료(하), 1030면(A의 책임은 어음법 독자의 권리외관이론에서 인정된다고 한다); 최(기), 176면.

5) 최(기), 176면; 박태범, "기명날인의 대행," 어음·수표법에 관한 제문제(하)(법관연수자료), 1985. 12, 1085면 주 47(A의 책임은 일종의 표현책임이라고 한다); 鈴木·大隅, 講座(1), 139면.

6) 米澤明, 「名板貸責任の法理」(東京: 有斐閣, 1982), 240면.

장 타당하다고 보므로, (ⅱ)의 견해에 찬성한다.[1]

　3) 위 1) 및 2)의 경우에 명의대여자인 A가 어음상의 책임을 지기 위하여는 B와 거래한 제 3 자가 A를 어음행위자로 오인하여야 하는데, 이러한 제 3 자의 범위는 표현대리에 있어서의 제 3 자와 같이 B가 거래한 직접의 상대방뿐만 아니라 그 후의 어음취득자를 포함한다고 본다.[2]

(2) 명의차용자(B)의 어음상의 책임

　명의차용자(B)의 어음상의 책임에 대하여는, (ⅰ) B가 A의 명칭을 자기를 표시하는 명칭으로서 거래상 관용하고 있는 때에 비로소 B는 어음상의 책임을 부담한다는 견해,[3] (ⅱ) B는 자기를 표시하기 위하여 A의 명칭을 사용한 이상 단지 그 때에만 사용한 경우에도 어음행위자로서 당연히 어음상의 책임을 진다는 견해,[4] (ⅲ) 어음행위의 본질상 B의 어음행위는 성립할 수 없다는 견해[5] 등으로 나뉘어 있다. 생각건대 B가 자기를 표시하기 위한 의사로써 A명의로 어음행위를 한 이상 B가 어음상의 책임을 부담하는 것은 당연하고, 그것이 어음행위의 본질(문언증권성)에 반한다고 볼 수는 없으며 또 그러한 명의사용이 거래상 관용하고 있는지 여부를 불문한다고 본다. 따라서 (ⅱ)의 견해에 찬성한다.[6]

　B가 상대방에 대하여 어음상의 책임을 부담하고 또 A가 상법 제24조의 유추적용에 의하여 어음상의 책임을 부담하는 경우에는, A와 B는 상대방에 대하여 합동책임을 부담한다고 본다.[7]

---

1) 정(찬), 165면; 정(찬), (사례) 104면.
2) 동지: 이승채, 전게논문(무등춘추), 92~93면.
3) 주어, 74면; 日大判 1921. 7. 13(民錄 27, 1318); 동 1933. 12. 6(裁判例 [7] 民 282).
4) 주석, 146면; 이승채, 전게논문(무등춘추), 91~92면; 日最高判 1968. 12. 12(民集 22-13, 2963); 日大阪地判 1957. 3. 7(會法 170, 4).
5) 日最高判 1967. 6. 6(判時 487, 56).
6) 정(찬), 165~166면; 정(찬), (사례) 103면.
7) 동지: 양(승), (어) 139면; 정(동), 134면.

제3절 어음의 위조와 변조

제1 어음의 위조[1]

어음의 위조(forgery; Fälschung)는 대리와 같이 타인에 의한 어음행위이나 대리 방식이 아니라 대행방식에 의한 어음행위이고, 대행방식에 의한 어음행위 중에서도 무권대행에 의한 어음행위이다. 이러한 어음의 위조에 대하여 어음법에서는 제7조의 어음채무의 독립성과 관련하여 위조어음에 기명날인 또는 서명한 자의 어음채무에 대하여만 규정하고 있을 뿐, 그 밖의 점에 대하여는 규정이 없다. 따라서 어음위조에 관한 많은 문제점은 학설·판례에 맡겨져 있다. 어음의 위조에 있어서 가장 문제되는 점은 진실존중의 요구(어음채무자의 보호)와 외관존중의 요구(어음채권자의 보호)를 어떻게 조화·유지시킬 것인가의 점이다.

1. 위조의 의의

(1) 위조의 개념

어음의 위조란 「권한 없는 자가 타인의 기명날인 또는 서명을 위작(僞作)하여 마치 그 타인이 어음행위를 한 것과 같은 외관을 만드는 것」이라고 정의할 수 있다.[2]

이러한 위조의 개념을 분설하면 다음과 같다.

1) 위조는 「타인」의 기명날인 또는 서명을 허위로 나타내는 것인데, 이 때의 타인은 실재인이 아닌 사자(死者)나 가설인이라도 상관 없다(통설). 그러나 실재인의 명의라도 행위자가 「자기를 표시하기 위하여」 사용하는 경우(타인의 허락을 받았든 또는 받지 않았든 불문하고)에는 그 자신의 기명날인 또는 서명이 되기 때문에 위조가 아니다.[3] 위조가 되는 것은 행위자가 타인의 기명날인 또는 서명을 「타인을 표시하기 위하여」 권한 없이 허위로 나타내는 경우이다.[4]

---

1) 이에 관한 상세는 정찬형, "어음·수표의 위조(미국법과 비교를 중심으로)," 「논문집」(경찰대), 제5집(1986), 339~403면 참조.

2) 동지: 정(동), 135면; 대판 1997. 11. 28, 96 다 21751(공보 1998, 34)(수표 발행권한이 없는 은행의 대부계 대리가 예금담당 대리가 자리를 비운 사이에 백지의 자기앞수표 용지를 임의로 가지고 나와 자기앞수표를 발행한 행위는 수표의 위조에 해당한다).

3) 동지: 주석, 176면.

4) 이 때 「타인을 표시하기 위하여」라는 의미는 타인에게 그 행위의 법률효과가 귀속되는 것(즉, 타인의 명의)을 의미하며, 타인에게 그 행위의 경제적 효과가 귀속되는 것(즉, 타인의 계산)을 의

2) 위조는 타인의 기명날인 또는 서명을 「위작(僞作)」하는 것(즉, 허위로 나타내는 것)인데, 위작의 방법에는 제한이 없다. 즉, 타인의 인장을 도용한다든가, 타인으로부터 보관받고 있는 인장을 도용하는 경우, 또는 다른 목적으로 된 타인의 기명날인 또는 서명을 어음의 기명날인 또는 서명에 악용하는 등 그 방법의 여하를 묻지 아니한다(통설). 그러나 기명날인자 또는 서명자가 어음용지임을 인식하고 기명날인 또는 서명한 이상 그 후 기명날인자 또는 서명자의 의사에 반하여 유통된 어음은 교부흠결의 문제(어음이론 의 문제)이고, 위조의 문제가 아니다.[1]

3) 위조는 어음행위가 아니라 사실행위이기 때문에, 위조자의 고의·과실을 요하지 아니한다(통설).

(2) 위조의 대상

1) 위조의 대상은 제한이 없으므로 발행·배서·보증·인수·참가인수·지급보증 등의 모든 어음행위에 위조가 가능하다(통설). 그런데 발행위조의 경우를 「어음의 위조」라고 하고, 배서·보증·인수 등의 위조의 경우를 「어음행위의 위조」라고 하여 구별하여 부르는 경우도 있다.[2]

2) 타인의 기명날인 또는 서명을 권한 없이 변경한 경우(예컨대, 갑의 기명날인 또는 서명을 을이 권한 없이 병으로 변경한 경우)에는, 이를 위조로 볼 것인가 또는 변조로 볼 것인가의 문제가 있다. 이에 대하여 우리나라의 학설 중에는 이를 위조라고 보는 견해(위조설)(소수설)[3]도 있으나, 어음법 제69조(어 77조 1항, 7호, 수 50조)의 '문언의 변조'에서 문언에는 기명날인 또는 서명을 포함하고 또 진정한 기명날인 또는 서명을 한 자(말소된 舊기명날인자 또는 舊서명자)는 그 책임을 부담해야 하므로, 진정한 기명날인자 또는 서명자(위의 예 에서 갑)에 대하여는 변조가 되고 새로운 기

미하지 않는다. 따라서 위조는 타인명의로 하면 충분하고, 누구의 계산으로 하는지 여부는 문제가 되지 않는다고 본다. 그러므로 행위자가 자기의 계산으로 하든 타인의 계산으로 하든 권한 없이 타인명의로 한 어음행위는 모두 위조라고 본다[정(찬), 전게논문(경찰대논문집, 제 5 집), 7면. 동지: 정(동), 136면 외].

그러나 이에 대하여 「권한 없이 타인을 위하여(타인의 계산으로) 타인의 기명날인을 어음면에 나타낸 경우는 자기 자신을 위하여(자기의 계산으로) 허위로 타인의 기명날인을 현출시킨 위조의 경우와는 다르므로, 이는 타인의 무권대리인으로서 기명날인한 것으로 볼 수 있다」고 하여, 자기 자신을 위하여(자기의 계산으로) 권한 없이 타인명의로 기명날인한 경우만을 위조로 보고 타인을 위하여(타인의 계산으로) 권한 없이 타인명의로 기명날인한 경우는 무권대리로 보는 견해도 있다[정(희), 88면; 서·정, 88면; 대판 1987. 4. 14, 85 다카 1189(공보 801, 776); 日大判 1933. 9. 28(民集 12-22, 2362)].

1) 동지: 주석, 176면; 채, 75면.
   반대: 日東京高判 1953. 6. 22(下裁民集 4-6, 910).

2) 정(동), 135면.

3) 서·정, 88면.

명날인자 또는 서명자(위의 예)에 대하여는 위조가 된다고 보아야 한다(위조·변조설)(다수설).[1)]

(3) 위조와 타개념과의 구별

1) 변조와의 구별   위조는 기명날인 또는 서명에 관한 허위이고, 변조는 보통 기명날인 또는 서명 이외의 어음의 의사표시의 내용에 관한 허위이다(통설).[2)] 따라서 위조는 어음행위의 추체를 속이는 것이고 변조는 어음행위의 내용을 속이는 것이며,[3)] 위조는 어음채무의 성립에 관한 허위이고 변조는 어음채무의 내용에 관한 허위이다.[4)] 그러므로 위조의 경우는 특정된 피위조자의 책임유무가 문제되는데, 변조의 경우는 어음상의 모든 기명날인자 또는 서명자의 책임유무(범위)가 문제된다. 또한 위조는 어음채무의 주체에 관한 문제이기 때문에 피위조자라는 개념이 존재하고 이 자의 어음상의 책임이 문제되는데, 변조는 어음채무의 내용에 관한 문제이기 때문에 피변조자라는 개념은 보통 사용되지 않고 어음상의 모든 기명날인자 또는 서명자의 책임이 문제된다. 따라서 어음법 제69조에서도 피변조자라는 용어를 사용하지 않고 「변조 전에 기명날인 또는 서명한 자」로 표현하고 있다.[5)]

2) 무권대리와의 구별   위조와 무권대리는 권한 없이 한다는 점에서는 공통되나, 그 형식(방식)에 있어서 뚜렷이 구별된다. 즉, 위조는 그 형식이 대행방식이나, 무권대리는 대리방식이라는 점에서 양자는 뚜렷이 구별된다.[6)] 또한 위조자의 책임을 부인하는 견해와 피위조자의 추인·표현책임을 부인하는 견해에서는 이러한 점도 위조와 무권대리가 구별되는 점이다.

3) 형법상 위조와의 구별   어음법에서의 어음위조의 문제는 앞에서 본 바와 같이 어음의 형식성·문언성을 중하게 여기는 외관존중의 요구와 진실존중의 요구를 어떻게 조화시키느냐에 중점이 있으나, 형법(형214조)에서의 어음위조의 문제는

---

1) 정(동), 137면; 손(주), 107면; 서(정), 119면; 양·박, 696면; 양(승), (어) 150면; 이 (범), 281면; 주석, 176면; 최(기), 206면.
2) 변조의 대상에 기명날인 또는 서명을 포함한다고 보는 견해에 의하면 기명날인 또는 서명을 권한 없이 변경하는 경우도 변조가 되는데, 이것은 아주 이례적인 경우이다.
3) 정(동), 136면.
4) 동지: 서·정, 88면.
5) 그러나 학자들 중에는 「피변조자」라는 용어를 사용하고 있는 분도 있으나[서(정), 118면; 정(동), 147면], 적절하지 않다고 본다[정(찬), 157면 주 15; 정(찬), (사례) 157면].
6) 앞의 위조의 의의에서 본 바와 같이 타인을 위하여(타인의 계산으로) 권한 없이 타인명의의 기명날인 또는 서명을 대행한 경우를 무권대리로 보는 견해도 있으나, 이는 그 형식에서 무권대리로 볼 수 없고 위조로 보아야 할 것이다.

부정행위자에 대한 제재를 목적으로 하는 점에서 양자는 근본취지를 달리한다. 따라서 어음법에서의 위조는 결과를 중시하여 고의·과실을 요하지 않고 권한 없이 타인명의를 침해하면 위조로 보나,[1] 형법에서의 위조는 동기를 중시하여 고의를 요한다. 따라서 형법에서는 무권대리(대표)[2]나 보충권의 남용[3]도 위조로서 처벌하나, 어음법에서는 이를 위조와 명백히 구별하고 있다.[4]

2. 위조의 효과

위조의 효과로서 피위조자·위조자 및 위조어음 위에 기명날인 또는 서명한 자의 어음소지인에 대한 어음상의 책임이 각각 문제되고, 또한 지급인(지급담당자)의 피위조자에 대한 책임도 문제된다. 이하에서 차례로 살펴보겠다.

(1) 피위조자의 책임

1) 원 칙 피위조자는 스스로 어음행위를 한 것도 아니고 또 타인(위조자)에게 대행권한을 부여한 것도 아니기 때문에, 원칙적으로 누구에 대하여도 어음상의 책임을 지지 아니한다. 즉, 위조의 항변은 물적 항변(절대적 항변)이다(통설). 따라서 피위조자는 어음소지인의 선의·악의를 불문하고 이를 대항할 수 있으며,[5] 피위조자에게 중대한 과실이 있는 경우에도 이러한 중과실이 피위조자에게 표현책임 등의 책임을 생기게 하는 정도에 이르지 않은 경우에는 피위조자는 어음상의 책임을 지지 않는다.[6]

2) 예 외 피위조자는 예외적으로 다음과 같은 경우에는 어음상의 책임을 부담한다.

⑺ 추인에 의한 책임 무권대리의 추인(Genehmigung)에 대하여는 민법에 규정이 있으나($\frac{민\ 130조,}{133조}$), 어음위조의 추인에 대하여는 어음법 및 민법·상법의 어디

---

1) 동지: 박(원), 497~498면.

2) 日大判 1909. 6. 10(刑錄 15, 738).

3) 대판 1972. 6. 13, 72 도 897(이영준 편, 「판례대전」, 1245면).

4) 동지: 주석, 177면; 이정한, "판례를 중심으로 본 어음의 위조에 관한 연구," 법학박사학위논문(연세대, 1978. 2), 6면.

5) 동지: 대판 1965. 10. 19, 65 다 1726(판총 11-2, 977)(약속어음을 다른 사람이 위조하여 발행한 경우에 피위조자는 그 어음을 선의로 양수한 제3자에 대하여도 발행인으로서의 의무를 부담하지 않는다); 동 1992. 7. 28, 92 다 18535(공보 929, 2650)(배서위조가 있는 약속어음에서 배서인〈피위조자 — 저자 주〉이 위조사실을 알지 못하고 진정하게 이루어진 것으로 오인하여 어음소지인에게 어음금을 지급한 경우에는, 배서인은 어음소지인에 대하여 부당이득반환청구권이 있다).

6) 동지: 日最高判 1952. 10. 21(民集 6-9, 841)(위조발행의 경우 피위조자의 중과실의 유무나 수취인의 선의여부와 관계 없이 피위조자는 책임을 지지 않는다).

에도 규정이 없기 때문에 학설은 부정설(소수설)[1]과 긍정설(다수설)[2]로 나뉘어 있다. 부정설에서는 위조의 경우에는 타인을 위한 의사가 없다거나, 어음법상 근거규정이 없다거나 또는 위조는 절대적 무효라는 이유 등으로 위조의 추인을 부정한다. 그러나 위조의 경우에는 타인을 위한 의사가 오히려 형식상 직접적으로 있는 점, 또 추인을 한 피위조자로 하여금 어음상의 책임을 면하게 하는 것은 본인의 의사에 반하는 점, 또 무권대리나 무권대행(위조)은 그 형식(방식)에서만 구별되지 실질적인 면에서는 차이가 없는 점 등에서 볼 때, 민법상 무권대리의 추인의 규정($\frac{민 130조,}{133조}$)을 위조에도 유추적용하여 어음위조의 추인을 인정하는 긍정설이 타당하다고 본다.[3] 이와 같이 피위조자의 추인을 민법 제130조(무권대리)를 유추적용하여 인정하면, 피위조자의 추인에 의하여 위조된 어음행위는 원칙적으로 그 행위시까지 소급하여 효력이 생긴다($\frac{민}{133조}$). 또한 이러한 추인은 명시적으로도 묵시적으로도 할 수 있다.[4]

　　부정설 중에는 피위조자가 위조어음임을 알고 추인한 경우에는 민법 제130조(무권대리)의 유추적용에 의한 추인은 될 수 없지만 민법 제139조 단서(무효행위의 추인)에 의하여 추인한 때로부터 새로운 법률행위로 볼 수 있다는 견해가 있는데,[5] 부정설에서 피위조자의 추인을 이와 같이 해석한다면 긍정설과 부정설은 결과적으로 같아지고, 다만 어음행위의 효력의 발생시기가 다를 뿐이다.[6]

---

1) 서·정, 88~89면; 손(주), 102면; 주석, 179면; 정(무), 322면; 박(원), 500면.

2) 정(희), 99면; 정(동), 138면; 양·박, 693면; 양(승), (어) 147면; 이(범), 282면; 김(용), 261면; 서(정), 178면; 최(기), 193면; 日最高判 1966. 7. 1(判時 459, 74)(妻가 권한없이 夫의 인장을 사용하여 약속어음을 발행한 경우, 夫의 추인에 의하여 발행행위는 처음부터 夫에게 효력이 미친다); U. C. C. §3-403(a).

3) 정(찬), 172~173면; 정(찬), (사례) 115면; 정찬형, 전게논문(경찰대논문집, 제 5 집), 351면. 동지: 대판 1998. 2. 10, 97 다 31113(공보 1998, 680); 동 2017. 6. 8, 2017 다 3499(공보 2017, 1461)(법률행위에 따라 권리가 이전되려면 권리자 또는 처분권한이 있는 자의 처분행위가 있어야 한다. 무권리자가 타인의 권리를 처분한 경우에는 특별한 사정이 없는 한 권리가 이전되지 않는다. 그러나 이러한 경우에 권리자가 무권리자의 처분을 추인하는 것도 자신의 법률관계를 스스로의 의사에 따라 형성할 수 있다는 사적 자치의 원칙에 따라 허용된다. 이러한 추인은 무권리자의 처분이 있음을 알고 해야 하고, 명시적으로 또는 묵시적으로 할 수 있으며, 그 의사표시는 무권리자나 그 상대방 어느 쪽에 해도 무방하다. 권리자가 무권리자의 처분을 추인하면 무권대리에 대해 본인이 추인을 한 경우와 당사자들 사이의 이익상황이 유사하므로, 무권대리의 추인에 관한 민법 제130조, 제133조 등을 무권리자의 추인에 유추적용할 수 있다. 따라서 무권리자의 처분이 계약으로 이루어진 경우에 권리자가 이를 추인하면 원칙적으로 계약의 효과가 계약을 체결했을 때에 소급하여 권리자에게 귀속된다고 보아야 한다).

4) 동지: 정(동), 138면.

5) 손(주), 102면.

6) 동지: 정(찬), 173면; 정찬형, 전게논문(경찰대논문집, 제 5 집), 351면; 정(동), 138면; 주석, 179면.

(나) **피위조자의 귀책사유에 의한 책임**   피위조자의 귀책사유에 의한 책임에는 그 근거에 따라 다음과 같이 표현책임, 사용자배상책임, 신의성실의 책임 및 법정추인에 의한 책임 등이 있다. 이 중 우리나라의 판례는 대부분 표현책임이나 사용자배상책임에 근거하여 판시하고 있다.

(ⅰ) 표현책임   피위조자가 위조자에 대하여 위조의 기회를 준 경우의 하나로 위조자와 피위조자간에 특수한 관계가 있어($\binom{예컨대,\ 회사의\ 경리담당\ 상무이사\ 또는\ 경리과장}{등이\ 회사의\ 대표이사\ 명의로\ 어음을\ 위조한\ 경우}$) 위조자와 거래한 제 3 자($\binom{이\ 경우\ 제\ 3\ 자는\ 앞의\ 표현대리에서\ 본\ 바와\ 같이\ 위조자와\ 거래한}{직접의\ 상대방뿐만\ 아니라\ 그\ 후의\ 어음취득자를\ 포함한다—통설}$)가 위조자에게 그러한 어음행위를 할 권한이 있다고 믿고 또 피위조자에게 제 3 자로 하여금 그러한 신뢰를 하게끔 한 것에 대하여 책임이 있다고 인정되는 경우에는, 민법·상법의 표현대리(대표)에 관한 규정($\binom{민\ 125조·126조·129조,}{상\ 14조·395조\ 등}$)을 어음의 위조(무권대행)에도 유추적용[1]하여 피위조자의 어음상의 책임을 인정하는 것이 통설[2]·판례[3]인데, 타당하다고 본다.

---

1) 이러한 통설 중 정(동), 139면 및 주석, 180면 등은 「민법·상법의 표현대리에 관한 규정이 적용된다」고 하나, 대행은 대리와 그 형식에서 구별되고 또 대행에 관해서는 이러한 규정이 없으므로 대리(대표)에 관한 규정이 유추적용된다고 보는 것이 정확한 표현이라고 본다[정(찬), 160면 주 30; 정(찬), (사례) 144면 주 1]. 동지: 대판 2000. 3. 23, 99 다 50385(공보 2000, 1019)(다른 사람이 본인을 위하여 한다는 대리문구를 어음상에 기재하지 않고 직접 본인 명의로 기명날인을 하여 어음행위를 하는 이른바 기관방식 또는 서명대리방식의 어음행위가 권한 없는 자에 의하여 행하여졌다면 이는 어음행위의 무권대리가 아니라 어음의 위조에 해당하는 것이기는 하나, 그 경우에도 제 3 자가 어음행위를 실제로 한 자에게 그와 같은 어음행위를 할 수 있는 권한이 있다고 믿을 만한 사유가 있고, 본인에게 책임을 질 만한 사유가 있는 때에는 대리방식에 의한 어음행위의 경우와 마찬가지로 민법상의 표현대리 규정을 유추적용하여 본인에게 그 책임을 물을 수 있다).

2) 정(희), 98면; 정(동), 139면 외.

3) 피위조자에게 표현책임을 긍정한 판례: 대판 1968. 7. 16, 68 다 334·335(판총 11-2, 274-15); 동 1968. 7. 30, 68 다 127(집 16 ② 민 324); 동 1969. 9. 30, 69 다 964(교재, 판결례 [30]); 동 1971. 5. 24, 71 다 471(판총 11-2, 980-4-4); 동 1979. 2. 13, 77 다 2436(집 27 ① 민 66); 동 1988. 10. 25, 86 다카 1228(공보 837, 1467); 동 1989. 3. 28, 87 다카 2152·2153(월보 224, 113).

　피위조자에게 표현책임을 부정한 판례: 대판 1978. 3. 28, 77 다 2292(판총 11-2, 980-4-11)(어음행위에 관한 기본적인 대리권이 없는 경우에는 다른 업무에 관하여 대리권이 있는 경우에도 표현대리의 성립을 인정할 수 없다); 동 1999. 1. 29, 98 다 27470(공보 1999, 366)(위조자의 상대방이 위조자에게 어음행위를 할 권한이 있다고 믿은 데에 정당한 사유가 없다); 동 1999. 12. 24, 99 다 13201(공보 2000, 294)(어음행위의 위조에 관하여도 민법상의 표현대리에 관한 규정이 적용 또는 유추적용되고, 다만 이 때 그 규정의 적용을 주장할 수 있는 자는 어음행위의 직접 상대방에 한한다고 할 것이며, 약속어음의 배서행위의 직접 상대방은 당해 배서의 피배서인만을 가리키고 그 피배서인으로부터 다시 어음을 취득한 자는 위 배서행위의 직접 상대방이 아니라 제 3 취득자에 해당하며, 어음의 제 3 취득자는 어음행위의 직접 상대방에게 표현대리가 인정되는 경우에 이를 원용하여 피위조자에 대하여 자신의 어음상의 권리를 행사할 수가 있을 뿐이다. 따라서 B가 A명의의 배서를 위조한 후 B자신의 명의로 배서를 하여 C에게 교부한 경우, A명의의 배서의 직접 상대방은 어디까지나 그 피배서인인 B이고 C는 B로부터 다시 배서양도받아 취득한 자로서 A명의의 배서에 대하여는 제 3 취득자에 해당하므로 C가 A에 대하여 직접 A명의의 배서에 대한 표현대리 책임을 물 그러나 이에 대하여 민법·상법상의 표현대리(대표)에 관한 규정이 (유추)적용되는 것이 아니라 어음의 권리외관이론에 의하여 피위조자의 책임을 인정하여야 한다는 견해도 있고,[1] 어음위조는 비윤리적이라는 이유를 들어 피위조자의 표현책임을 인정하지 않는 견해도 있다.[2]

(ⅱ) 사용자배상책임   피위조자가 위조자에 대하여 위조의 기회를 준 다른 경우로, 위조자가 피위조자의 피용자이고 또 어음의 위조가 사무집행과 관련하여 이루어진 것이면 피위조자는 민법 제756조에 의한 사용자로서 위조자(피용자)의 불법행위로 인한 손해배상책임을 부담한다고 보는 것이 통설[3]·판례[4]인데, 타당하다고 본다. 위조자가 경리직원 등인 경우와 같이 그 명칭에 의하여 외관상 어음행위의 대리권이 있는 것으로 인정될 여지가 전혀 없는 자가 위조한 경우에는, 기본적인 대리권(대행권)이 없으므로 표현대리(대표)에 관한 규정을 유추적용하여 피위조자의 어음상의 책임을 인정할 수가 없고, 민법 제756조의 사용자배상책임의 법리에 의하여 피위조자의 책임을 인정할 수밖에 없다. 다만 이 때 피용자와 거래하는 어음소지인이 피용자의 행위가 사용자의 사무집행행위에 해당하지 않음을 알았거나

을 수 없다); 동 2000. 2. 11, 99 다 47525(공보 2000, 667)(액면금 30억 원의 위조어음의 발행인 인영 부분에 인영 전사 수법으로 종종 사용되는 스카치테이프가 붙어 있고 어음용지책에서 어음용지를 떼어낼 때 통상적으로 하는 이른바 꼭지 간인이 되어 있지 않았음에도 발행인에게 아무런 확인을 하지 않은 경우, 위조어음이 진정한 것이라고 믿은 데에 정당한 사유가 있다고 할 수 없어 민법상 표현대리의 규정이 유추적용되지 않는다); 동 2000. 3. 23, 99 다 50385(공보 2000, 1019)(채무자가 물상보증인으로부터 근저당권설정에 관한 대리권만을 위임받은 후 그의 승낙 없이 채무 전액에 대한 연대보증의 취지로 채권자에게 물상보증인 명의의 약속어음을 발행해 준 경우, 채권자가 채무자에게 위와 같은 어음행위를 할 수 있는 권한이 있다고 믿을 만한 정당한 사유가 없다).

1) 김(용), 215면; 최(기), 180~182면(표현대리에 관한 규정이 유추적용되어 피위조자의 책임이 인정되나, 권리외관이론에 의해서도 피위조자의 책임이 인정된다고 함); 日大阪地判 1958. 8. 25(下民 9, 1697).

2) 박(원), 500면.

3) 손(주), 102면; 정(동), 139면; 양·박, 593면; 양(승), (어) 142면; 최(기), 183면 외.

4) 어음행위의 위조가 그 직무권한 내의 행위로 보아 사용자배상책임(민 756조)의 법리의 적용을 긍정한 판례: 대판 1982. 10. 26, 81 다 509(교재, 판결례 [493]); 동 1988. 11. 22, 86 다카 510(월보 220, 107); 동 1988. 11. 22, 86 다카 1923(공보 839, 11); 서울고판 1984. 5. 23, 83 나 3338(교재, 판결례 [494]); 서울민사지판 1988. 8. 18, 88 가합 15480; 대판 1997. 9. 26, 97 다 21499(공보 1997, 3238)(회사의 지점장이 물품대금을 현금으로 변제받을 목적으로 채무자의 어음할인을 돕기 위하여 〈권한 없이〉 회사 명의로 약속어음에 배서한 경우, 이는 그 직무범위 내에 속하는 것과 같은 외관이 있어 회사는 사용자배상책임을 진다).
  어음행위의 위조가 그 직무권한 내의 행위로 볼 수 없다고 하여 사용자배상책임(민 756조)의 법리의 적용을 부정한 판례: 대판 1996. 1. 26, 95 다 46890(공보 1996, 765)(자동차회사의 판매과 직원인 피용자의 배서위조 및 그 할인행위가 외관상으로도 그 직무권한 내의 행위와 밀접하게 관련된 행위가 아니라는 이유로 사용자배상책임을 부정함).

중대한 과실로 인하여 알지 못한 경우에는 사용자 책임을 물을 수 없다.[1)]

이 때의 피위조자의 책임은 「어음상의 책임」이 아니라 일종의 「불법행위책임」이나, 어음소지인(원고)의 손해액이 어음금액의 상당액이면 동일한 결과가 된다고 본다. 다만 어음할인의 경우 어음소지인의 손해액이 어음금액인가 또는 할인금액인가에 대하여 문제가 있다. 이에 대하여 과거의 우리 대법원판례는 「어음금액」이라고 판시하였으나,[2)] 그 후에는 대법원전원합의체판결로써 판례를 변경하여 「할인금액」이라고 판시하고 있다.[3)] 또한 이 때의 피위조자의 책임은 어디까지나 「불법행위책임」의 일종이므로, 어음소지인에게 과실이 있을 때에는 과실상계가 허용된다.[4)] ($\frac{민 763조,}{396조}$). 배서위조의 경우에는 어음소지인이 상환청구(소구)요건을 갖추지 못하여 피위조자(배서명의인)인 사용자에 대하여 상환청구(소구)권을 상실한 경우에도 이러한 사용자배상책임을 물을 수 있는지 여부가 문제된다. 이에 대하여 우리 대법원판례는 과거에는 「어음소지인의 손해란 배서위조로 인하여 상환청구(소구)권을 행사할 수 없는 어음을 취득함으로써 입은 손해이므로 어음소지인으로서는 그 상환(소

---

1) 동지: 대판 1988. 11. 22, 86 다카 510(월보 220, 107); 동 1988. 11. 22, 86 다카 1923(공보 839, 11); 동 1999. 1. 26, 98 다 39930(공보 1999, 355); 동 2000. 3. 28, 98 다 48934(공보 2000, 1049)(피용자의 불법행위가 외관상 사무집행의 범위 내에 속하는 것으로 보이더라도 그것이 사용자의 사무집행행위에 해당하지 않음을 피해자가 알았거나 중대한 과실로 알지 못한 때에는 사용자에 대하여 그 책임을 물을 수 없다); 동 2002. 12. 10, 2001 다 58443(공보 2003, 331)(피용자의 불법행위가 외관상 사무집행의 범위 내에 속하는 것으로 보이는 경우에 있어서도 피용자의 행위가 사용자나 사용자에 갈음하여 그 사무를 감독하는 자의 사무집행행위에 해당하지 않음을 피해자 자신이 알았거나 중대한 과실로 인하여 알지 못한 경우에는 사용자책임을 물을 수 없다고 할 것인데, 이 경우 중대한 과실이라 함은 거래의 상대방이 조금만 주의를 기울였더라면 피용자의 행위가 그 직무권한 내에서 적법하게 행하여진 것이 아니라는 사정을 알 수 있었음에도 만연히 이를 직무권한 내의 행위라고 믿음으로써 일반인에게 요구되는 주의의무에 현저히 위반하는 것으로 거의 고의에 가까운 정도의 주의를 결여하고, 공평의 관점에서 상대방을 구태여 보호할 필요가 없다고 봄이 상당하다고 인정되는 상태를 말한다).

2) 대판 1985. 12. 10, 85 다카 578; 동 1985. 8. 13, 84 다카 979.

3) 대판(전원합의체판결) 1992. 6. 23, 91 다 43848(공보 926, 2245); 동 1994. 11. 8, 93 다 21514(공보 982, 3236); 동 1999. 1. 29, 98 다 27470(공보 1999, 366)(어음소지인의 손해는 어음의 액면금액이 아니라 그 어음을 취득하기 위하여 지급한 금원이다). 동지: 정(동), 195면(어음소지인의 손해액은 어음금액이 아니고 어음취득의 대가인 현실적 출연액 또는 할인액이라고 함); 동 2003. 1. 10, 2001 다 37071(공보 2003, 601)(위조된 약속어음을 취득함으로써 입은 손해는 다른 특별한 사정이 없는 한 이를 취득하기 위하여 현실적으로 출연한 할인금 상당액일 뿐, 그 어음이 진정한 것이었다면 어음소지인이 지급받았을 것이라고 인정되는 그 어음액면 상당액이라고는 할 수 없고, 이러한 법리는 정당한 작성자에 의하여 남발된 약속어음을 할인의 방법으로 취득함으로써 입은 손해의 경우에도 동일하다).

4) 동지: 양(승), (어) 142면; 정(동), 139~140면; 최(기), 191면; 채, 85면.
   그러나 「표현책임」의 경우에는 어음소지인에게 과실이 있는 경우에도 과실상계가 허용되지 않는다[동지: 대판 1996. 7. 12, 95 다 49554].

구)의무를 물을 수 있는 범위 내에서만 그 손해를 주장할 수 있으므로 이 경우에는 사용자배상책임을 물을 수 없다」고 판시하였으나,[1] 그 후에는 이를 변경하여 「어음소지인의 손해란 어음의 취득시에 지급한 대가의 상실을 의미하는 것이므로 이 경우에도 사용자배상책임을 물을 수 있다」고 판시하고 있다.[2] 생각건대 어음소지인의 이러한 권리는 어음상의 권리가 아니라 민법상 「불법행위책임」의 일종이라고 본다면, 어음소지인은 피위조자인 사용자에 대하여 상환청구(소구)권을 상실하더라도 원인관계에서 사용자배상책임을 물을 수 있다고 본다.[3]

피위조자가 위조어음의 취득자에 대하여 민법 제756조에 의한 사용자배상책임을 부담하는 경우에, 그 청구권의 소멸시효기간의 기산점은 피위조자에게 사용자배상책임이 있다고 주장한 때(어음발행인에 대한 어음금청구 사건의 판결이 확정된 때가 아님)부터 진행한다.[4]

(iii) 신의성실의 책임   피위조자의 위조의 항변이 신의성실의 원칙($\frac{민}{2조}$)에 반하는 경우에는 피위조자는 어음상의 책임을 져야 한다고 한다. 예컨대, 종래에 자주 어음소지인이 취득하였던 동일한 위조자에 의한 위조어음을 피위조자가 이행함으로써 계속적인 위조행위를 가능하게 한 경우에는, 피위조자는 신의성실의 원칙에 의하여 위조의 항변을 주장하지 못하고 어음상의 책임을 져야 한다는 것이다. 이것은 독일의 판례와 학설에서 인정된 것이고[5] 또 영미에서도 금반언칙에 의한 책임으로 인정되고 있는 것인데,[6] 우리나라에서도 이러한 신의성실의 원칙에 의하여 피위조자의 어음상의 책임을 인정할 수 있다는 견해가 있다.[7] 그러나 피위조자에게 이러한 사정이 있으면 앞에서 본 표현책임의 법리나 사용자배상책임의 법리에 의하여 피위조자의 책임을 인정할 수 있을 것이다.

(iv) 법정추인에 의한 책임   피위조자는 원칙적으로 어음금을 지급할 의무가 없는데, 위조인 줄 알면서(악의) 지급한 경우에는 위조의 법정추인이 되어

---

1) 대판 1974. 12. 24, 74 다 808; 동 1990. 4. 10, 89 다카 17331(공보 875, 1233)[이 판결에 반대하는 평석으로는 정동윤, 법률신문, 제1983호(1990. 11. 19), 15면].

2) 대판(전원합의체판결) 1994. 11. 8, 93 다 21514(공보 982, 3236). 동지: 대판 1977. 2. 22, 75 다 1680; 동 1999. 1. 29, 98 다 27470(공보 1999, 366)(어음소지인으로서는 어음의 발행인이나 다른 배서인에 대하여 어음상의 권리를 행사할 수 있는지의 여부를 불문하고 피위조자인 배서명의인에 대하여 사용자배상책임을 물을 수 있다).

3) 정(찬), 177면. 동지: 정(동), 140면.

4) 대판 1992. 6. 12, 91 다 40146(공보 925, 2133).

5) RG 126, 223, 225; BGHZ 47, 110; Hueck/Canaris, §6 Ⅱ 5; Brox, Rdn. 545.

6) B. E. A. §24; U. C. C. §3-403(a).

7) 정(동), 139면; 최(기), 183면; 손(주), 104면; 채, 76면.

$\left(\begin{smallmatrix}민 & 145조 \\ 1호\end{smallmatrix}\right)$ 그 지급이 유효하게 된다.[1] 따라서 이 때에는 피위조자가 마치 어음상의 책임을 부담하게 된 것과 동일한 결과가 된다. 이것은 피위조자의 추인을 인정하는 긍정설에서는 균형을 이루는 해석이라고 볼 수 있다.[2]

피위조자가 위조인 줄 모르고(선의) 지급한 경우에는 원칙적으로 반환을 청구할 수 있을 것이나,[3] 그 지급으로 인하여 어음소지인이 권리보전절차 등을 밟지 않아 어음상의 권리를 상실한 경우에는 민법 제744조의 도의관념에 적합한 비채변제가 되어 피위조자는 반환을 청구할 수 없게 되고 따라서 책임을 부담하는 것과 동일한 결과가 된다.[4] 이와 같은 것은 피위조자가 직접 지급하는 경우뿐만 아니라, 피위조자가 지급인$\left(\begin{smallmatrix}또는 & 지급 \\ 담당자\end{smallmatrix}\right)$인 은행을 통하여 지급하는 경우에도 동일하다고 본다. 다만 피위조자가 지급인$\left(\begin{smallmatrix}또는 & 지급 \\ 담당자\end{smallmatrix}\right)$인 은행을 통하여 지급하는 경우에는 은행과의 면책약관에 의하여 은행이 선의·무과실로 지급한 경우에는 피위조자는 은행에 대하여 반환청구를 할 수 없으므로 피위조자가 사실상 어음상의 책임을 부담하는 것 같은 외관이 있으나,[5] 이 경우에 피위조자는 (직접 또는 은행을 대위하여) 어음금을 수령한 어음소지인에 대하여 (민법 제744조에 해당하지 않는 한) 수령한 어음금의 반환을 청구할 수 있으므로 위의 경우와 별도로 피위조자가 어음상의 책임을 지는 결과가 되는 사유로는 볼 수 없다.

(2) 위조자의 책임

1) 어음상의 책임   위조자가 민법·형법상의 책임을 지는 외에, 어음상의 책임을 지는지 여부에 대하여는 어음의 문언증권성과 관련하여 부정설(다수설)[6]과 긍정설(소수설)[7]로 나뉘어 있다. (i) 부정설에서는 위조자는 타인의 성명을 모용하고 있

---

1) 동지: 최(기), 194면; 양(승), (어) 147면(그 내용은 이와 같이 설명하면서 조문인용은 민법 제 145조 1호가 아니라, 동 제139조 단서를 인용하고 있다).

2) 손(주), 104면은 위조의 추인을 부정하는 입장에서, 이 경우에는 민법 제139조 단서(무효행위의 추인)를 유추하여 유효한 지급이라고 해석한다.

3) 동지: 대판 1992. 7. 28, 92 다 18535(공보 929, 2650)(배서위조가 있는 약속어음에서 피위조자인 배서인이 위조사실을 알지 못하고 진정하게 이루어진 것으로 오인하여 어음소지인에게 어음금을 지급한 경우에는 피위조자는 어음소지인에 대하여 부당이득반환청구권이 있다).

4) 동지: 정(동), 141면; 손(주), 104면; 최(기), 194면; 양·박, 697면; 양(승), (어) 147면.

5) 동지: 최(기), 197면.

6) 서·정, 88면; 박(원), 499면; 서(정), 117면; 김(용), 260면; 이(범), 282면; 정(무), 322면; 강, (어) 125면 외. 동지: 鈴木, 166면 외 다수; 日大判 1925. 3. 14(民集 2-3, 103).

7) 정(희), 103면; 정(동), 141~142면; 손(주), 105면; 양·박, 697면; 양(승), (어) 148면; 주석, 182면. 동지: 최(기), 199면(동 교수는 그 근거에 대하여, 위조자가 어음상의 책임을 부담하는 것은 무권대리이론의 유추적용에 의해서가 아니라 타인명의로 권한 없이 기명날인 또는 서명을 하였다고 하더라도 자기가 어음채무를 부담할 의사가 있는 점에 기인한다고 하나〈위조자행위설〉, 위조

고 어음상에 자기의 성명을 표시하여 어음행위를 한 것이 아니므로 어음의 문언증권성에 비추어 어음채무를 부담시킬 수 있는 기초가 없고(이 점에서 어음상에 대리인으로서 기명날인 또는 서명이 있는 무권대리인의 책임과 구별됨), 또 실제에 있어서도 위조자는 어음상에 표시되어 있지 않으므로 제3자가 그것을 신뢰하는 일도 없다고 하여, 위조자의 어음상의 책임을 부정한다. (ii) 그러나 위조자의 책임을 인정한다고 해서 어음거래의 안전을 해하거나 또는 누구의 이익을 해하는 것도 아니고 오히려 선의자보호에 충실한 것이 되므로, 위조자의 어음상의 책임을 인정하는 긍정설이 타당하다고 본다.[1] 그 근거에 대하여는 무권대리와 무권대행은 그 형식에서는 차이가 있을지라도 그 근본구조는 동일하다고 볼 수 있으므로, 어음법 제8조를 유추적용하여야 한다고 본다. 또 어음의 문언증권성과 관련된 문제점에 대하여 볼 때, 어음의 문언증권성은 유통증권인 어음의 선의의 소지인을 보호하기 위한 취지인데, 이러한 취지에서 보면 위조자의 책임을 긍정하는 것이 이 취지에 반하는 것으로 볼 수도 없다.[2]

위조자의 어음상의 책임을 긍정하는 것이 독일의 통설[3]이고, 또한 일본의 유력설[4] 및 변경된 판례[5]의 입장이기도 하다. 미국 통일법상 위조자는 선의로 어음을 지급한 자 또는 유상으로 어음을 취득한 자에 대하여 책임을 진다.[6]

2) 민법·형법상의 책임   위조자는 위조어음의 소지인에 대하여 민법상 불법행위에 의한 손해배상책임을 부담한다(민750조). 이 때 위조어음의 소지인의 손해는 동 어음의 취득을 위하여 지급한 대가(할인금액)를 기준으로 하여 산출한다.[7]

위조자는 또한 형법상 유가증권위조죄의 처벌을 받게 된다(형214조).

(3) 위조어음 위에 기명날인 또는 서명한 자의 책임

위조어음 위에 기명날인 또는 서명한 자의 책임에 대하여는 우리 어음법상 명

자는 자기가 어음채무를 부담할 의사가 없고 명의인에게 귀속시킬 의사만이 있다는 점에서 볼 때 타당하지 않다고 본다).

1) 정(찬), 183면; 정찬형, 전게논문(경찰대논문집, 제5집), 363면.

2) 동지: 鈴木·大隅, 講座(1), 250면 주 4.

3) Baumbach/Hefermehl, WG Art. 7 Rdn. 2; Hueck/Canaris, §6 III 5; Zöllner, §12 III 3; Meyer-Cording, S. 55; Brox, §31 IV 1 (2).

4) 鈴木·大隅, 講座(1), 249면 외.

5) 日最高判 1974. 6. 28(民集 28-3, 655).

6) U. C. C. §3-403(a) 1문.

7) 대판(전원합의체판결) 1992. 6. 23, 91 다 43848(공보 926, 2245); 동 1993. 8. 24, 93 다 6164·6171(공보 954, 2597). 그러나 이와 같이 판례가 변경되기 전에는 「만기에 지급할 수 있었던 액면금액」을 손해액으로 판시하였다(대판 1985. 8. 13, 84 다카 979).

문규정을 두고 있다. 즉, 어음법 제7조($^{어\ 77조\ 2항,}_{수\ 10조}$)에서 「어음에 … 위조의 기명날인 또는 서명 … 으로 인하여 어음의 기명날인자 또는 서명자나 그 본인($^{피위조자,}_{-\ 저자\ 주}$)에게 의무를 부담하게 할 수 없는 기명날인 또는 서명이 있는 경우에도, 다른 기명날인자 또는 서명자의 채무는 그 효력에 영향을 받지 아니한다」고 규정하고 있다. 이를 어음행위독립의 원칙($^{어음채무독립}_{의\ 원칙}$)이라고 하고, 이 원칙에 의하여 위조어음 위에 기명날인 또는 서명한 자는 어음소지인에게 어음채무를 부담한다. 우리 대법원판례도 동 규정에 의하여 「어음의 최종소지인은 그 어음의 최초의 발행행위가 위조되었다 하더라도 어음행위독립의 원칙상 그 뒤에 유효하게 배서한 배서인에 대하여는 상환청구(소구)권을 행사할 수 있다」고 판시하고 있다.[1]

위조어음 위에 기명날인 또는 서명한 자가 위조어음이라는 사실을 알고(악의) 기명날인 또는 서명한 경우에도 그는 어음상의 책임을 부담한다. 왜냐하면 형식상 완전한 어음에 기명날인 또는 서명한 자는 선행하는 어음행위의 실질적 무효를 알고 있더라도 자기의 독립적인 어음채무부담의 의사표시인 기명날인 또는 서명에 의하여 어음상의 책임을 부담하기 때문이다.[2] 또한 어음소지인이 위조어음이라는 사실을 알고(악의) 어음을 취득한 경우에도 위조어음 위에 기명날인 또는 서명한 자는 어음상의 책임을 진다. 이는 어음행위독립의 원칙이 악의의 어음취득자에 대하여도 적용되는가의 문제인데, 이에 대하여는 이미 어음행위독립의 원칙에서 상세히 설명하였다.

⑷ 위조어음의 지급인의 책임

피위조자와 지급인(지급담당자)[3]간의 계약($^{자금관계\ 또는}_{준자금관계}$)으로 피위조자의 계산으로 지급인이 지급을 하는 경우에, 지급인이 위조어음을 지급한 경우에 지급인은 피위조자에 대하여 어떠한 책임을 부담하는가의 문제가 있다. 앞에서 본 피위조자·위조자 및 위조어음 위에 기명날인 또는 서명한 자의 책임이 어음소지인에 대한 책임임에 반하여, 위조어음을 지급한 지급인의 책임은 피위조자에 대한 책임이다.

지급인이 위조어음을 지급한 경우에 그의 면책유무를 결정하는 근거법원(法源)에 대하여 어음법 제40조 3항($^{어\ 77조\ 1항}_{3호,\ 수\ 35조}$)에 근거하는 것으로 생각될 수도 있으나, 어음법 제40조 3항을 적용하기 위해서는 진정한 어음의 소지인이 무권리자임을 전제로 하는 것이라고 볼 수 있기 때문에 (발행위조의 경우에는 부진정한 어음의) 어음상의

---

1) 대판 1977. 12. 13, 77 다 1753(월보 93, 47).

2) 정(찬), 184면; 정찬형, 전게논문(경찰대논문집, 제5집), 364면.

3) 이 때의 지급인 또는 지급담당자는 보통 은행이다.

권리자인 위조어음의 소지인에게 한 지급에 대하여는 어음법 제40조 3항을 근거로 하여 지급인의 면책유무를 결정할 수는 없고 보통 이에 관한 특별법규·면책약관 또는 상관습 등에 근거하여 지급인의 면책유무를 결정하여야 할 것으로 본다.[1] 이 때 지급인이 은행인 경우에는 보통 당사자간의 면책약관[2]에 의하여 지급인의 면책유무를 결정하는데, 은행과 거래자 사이에는 이미 그러한 상관습이 형성되었음을 인정하여 면책약관의 규정유무에 불문하고 그러한 상관습에 기하여 지급인의 면책유무를 결정할 수도 있다.[3] 그런데 지급인이 은행이 아닌 경우(예컨대, 담순한 환어음의 지급인의 경우)에는 보통 당사자간에 면책약관도 존재하지 않고 또 면책약관과 동일내용의 상관습도 존재한다고 보기 어려울 것인데, 이 때에 지급인의 면책유무는 무엇에 근거하여 결정될 수 있는가. 이 때에는 민법 제470조(채권의 준점유자에 대한 변제)에 근거하여 지급인의 면책유무를 결정할 수밖에 없다고 보며, 또 그렇게 해석하는 것이 상법 제1조 및 민법 제105조·제106조에도 부응하는 해석이라고 본다.[4]

지급인이 면책약관 등에 의하여 면책이 되기 위하여는 어느 정도의 주의로써 지급을 하여야 하는가에 관한 주의의 정도의 문제가 있다. 이에 관하여 보통 면책약관 등에는 「… 신고된 인장과 보통의 주의로써 …」 등으로 표현하고 있는데, 이 때 '보통의 주의'라는 의미는 경과실도 없어야 하는 것을 의미하고,[5] 조사의무의 범위는 '신고된 인장'에 한하지 않고 어음금액 등을 포함한다.[6] 결국 지급인은 면책약관 등의 어떠한 표현에도 불문하고 선의·무과실의 지급이어야 면책이 되고, 지급인이 선의·무과실의 지급을 하여 면책약관 등에 의하여 면책이 되면 지급인은 피위조자(발행인)와의 관계에서는 종국적으로 손실부담을 하지 않는 것이다. 그러나 이 때 피위조자가 어음소지인에 대하여 종국적 책임을 부담하는 것은 결코 아니므로, 피위조자의 손실부담으로 어음금을 지급한 경우에는 피위조자는 부당이득의 법

---

1) 동지: 대판 1971. 3. 9, 70 다 2895(판총 11-2, 1060-10).

2) 예컨대, 한국외환은행 예금거래기본약관 제16조 1항은 「은행은 증권 등에 적힌 인영(또는 서명)을 신고한 인감(또는 서명감)과 육안으로 주의 깊게 비교·대조하여 틀림없다고 여기고… 예금을 지급하였을 때에는 인감이나 서명의 위조·변조 또는 도용이나 그 밖의 다른 사고로 인하여 거래처에 손해가 생겨도 그 책임을 지지 않는다. 다만 은행이 거래처의 인감이나 서명의 위조·변조 또는 도용 사실을 알았거나 알 수 있었을 때는 그러하지 아니하다」라고 규정하고 있다.

3) 서울고판 1972. 12. 15, 71 다 741(판총 11-2, 1062-16).

4) 이에 관한 상세는 정찬형, "위조·변조된 어음·수표를 지급한 지급인의 책임," 「논문집」(경찰대), 제4집, 1984, 343~375면 참조.

5) 대판 1975. 3. 11, 74 다 53(판총 11-2, 1062-18).

6) 대판 1969. 10. 14, 69 다 1237(교재, 판결례 [463]).

리에 의하여 어음소지인에 대하여 지급한 어음금의 반환청구권이 있다.[1]

3. 위조의 증명책임

위조의 증명책임이 어음소지인(원고)에게 있느냐 또는 피위조자(피고)에게 있느냐에 대하여, 우리 어음법상 규정은 없고 견해는 다음과 같이 나뉘어 있다.

(1) 피위조자(피고)에게 증명책임이 있다는 견해(소수설)[2]

이 견해에서는 위조어음의 증명책임에 대하여는 특별한 규정이 없으므로 일반원칙에 따라 위조라는 것을 주장하는 측(피위조자)이 증명책임을 부담한다고 한다.

우리나라의 과거의 대법원판례는 배서가 위조된 약속어음에 대하여, 「약속어음의 배서가 형식적으로 연속되어 있으면 그 소지인은 정당한 권리자로 추정되므로 $\binom{\text{어 }16조 1항,}{77조 1항 1호}$ 배서가 위조된 경우에는 이를 주장하는 사람$\binom{\text{피위조자}}{-\text{저자 주}}$이 그 위조사실 및 소지인이 선의취득을 하지 아니한 사실을 입증하여야 한다」고 하여, 피위조자(피고)에게 증명책임이 있는 것으로 판시하였다.[3]

(2) 어음소지인(원고)에게 증명책임이 있다는 견해(다수설)[4]

이 견해에서는 어음소지인이 피위조자에게 어음금을 청구하면 피위조자는 자기의 기명날인 또는 서명이 위조되었다는 것을 주장하는데 이것은 어음소지인(원고)의 주장사실에 대한 부인(否認)에 불과하므로, 어음소지인(원고)이 피위조자의 기명날인 또는 서명이 진정함을 증명하여야 한다고 한다.

우리 대법원판례는 그 후 전원합의체판결로써 종래의 판례를 변경하여, 「어음에 어음채무자로 기재되어 있는 사람이 자신의 기명날인 또는 서명이 위조된 것이라고 주장하는 경우에는 그 사람에 대해 어음채무의 이행을 청구하는 어음소지인이 그 기명날인 또는 서명이 진정한 것임을 증명하지 않으면 안 된다」고 하여, 어음소지인(원고)에게 증명책임이 있는 것으로 판시하였다.[5]

1) 대판 1992. 7. 28, 92 다 18535(공보 929, 2650)(배서위조가 있는 약속어음에 관한 경우임).
2) 서·정, 89면; 이(범), 283면; 이기수, "위조 있는 어음의 증명책임(판례평석)," 법률신문, 제1889호(1989. 11. 13), 11면; 채, 90면; 田中(誠), 94면.
3) 대판 1987. 7. 7, 86 다카 2154(공보 807, 1296). 이 판결에 찬성하는 취지의 평석으로는 이기수, 법률신문, 제1889호, 11면이 있고, 반대하는 취지의 평석으로는 정동윤, 법률신문, 제1883호, 11면 및 정찬형, 법률신문, 제1956호, 15면이 있다.
4) 정(희), 98면(그러나 배서위조의 경우에는 피위조자측에 입증책임이 있다고 한다); 정(동), 143면; 손(주), 100면; 양(승), (어) 145면; 최(기), 194면; 정(무), 322면; 강, (어) 118면 외. 동지: 鈴木·大隅, 講座(1), 238면 주 4; 石井·鴻, 108면 외.
5) 대판 1993. 8. 24, 93 다 4151(공보 954, 2594); 동 1998. 2. 10, 97 다 31113(공보 1998, 680).

생각건대 피위조자가 어음소지인에 대하여 자기의 기명날인 또는 서명이 위조되었다고 주장하는 것은 어음소지인의 주장에 대한 부인(否認)일 뿐이고 증명책임과 구별되는 것이고 또 아무런 귀책사유가 없는 피위조자를 보호할 필요가 있으므로, 어음소지인(원고)이 위조의 증명책임을 부담한다는 견해에 찬성한다.[1] 이 점은 배서위조의 경우에도 동일하다. 따라서 배서위조의 경우 피위조자에게 위조의 증명책임이 있다고 판시한 과거의 대법원판결은 어음상의 권리의 취득의 면과 어음채무부담의 면을 혼동한 것으로 타당하지 않다고 본다. 즉, 어음소지인이 어음법 제16조 1항에 의하여 권리자로서 추정되고 또 동법 제16조 2항에 의하여 선의취득되는면은 피위조자 이외의 자에 대한 권리취득의 면으로서, 이로 인하여 피위조자가 어음채무를 부담하거나 증명책임을 부담하는 것은 결코 아니다.[2] 따라서 위조의 증명책임은 어음소지인(원고)이 부담한다고 보는 변경된 대법원판결이 타당하다고 본다.[3] 참고로 미국의 통일상법전은 이에 대하여 어음소지인(원고)이 증명책임을 부담하는 것으로 명문으로 규정하여 입법적으로 해결하고 있다.[4]

제2 어음의 변조[5]

어음의 변조에 대하여는 어음법 제69조($\frac{\text{어 77조 1항}}{\text{7호, 수 50조}}$)에서 1개의 조문을 두어 변조전에 기명날인 또는 서명한 자의 책임과 변조 후에 기명날인 또는 서명한 자의 책임에 대하여 규정하고는 있으나, 역시 이 한 개의 조문만으로는 미흡하고 어음변조에 관련된 여러 가지의 문제점은 학설·판례에 맡겨져 있다. 어음의 변조에 있어서도 진실존중의 요구($\frac{\text{변조 전에 기명날인}}{\text{또는 서명한 자의 보호}}$)와 외관존중의 요구($\frac{\text{어음소지인}}{\text{의 보호}}$)를 어떻게 조화·유지시킬 것인가가 가장 중요한 문제점이 된다.

---

1) 정(찬), 188면; 정(찬), (사례) 114면; 정찬형, 전게논문(경찰대논문집 제5집), 387면; 동, "어음(수표)의 위조·변조에 대한 입증책임," 「고시계」, 1993. 8, 17면.

2) 이에 관한 상세는 정찬형, 전게 법률신문(제1956호), 15면; 동, 전게 고시계(1993. 8.), 19~21면; 정동윤, 전게 법률신문(제1883호), 11면; 정(동), 143면 참조.

3) 동지평석: 정동윤, 법률신문, 제2264호(1993. 11. 15), 15면; 정진세, 법률신문, 제2266호(1993. 11. 22), 15면; 최기원, 법률신문, 제2257조(1993. 10. 18), 15면.
   반대평석: 이기수, 법률신문, 제2253호(1993. 10. 4), 15면.

4) U. C. C. § 3-308(a).

5) 이에 관한 상세는 정찬형, "어음·수표의 변조," 「상법논총」(인산정희철선생정년기념)(서울: 박영사, 1985), 433~495면; 김종희, "어음·수표의 변조에 관한 연구," 법학박사학위논문(충남대, 1994. 2) 참조.

1. 변조의 의의

(1) 변조의 개념

어음의 변조(alteration; Verfälschung)란 「권한 없는 자가 원칙적으로 완성된 어음에 대하여 그 내용을 변경하는 것」이라고 정의할 수 있다. 이러한 변조의 개념을 분설하면 다음과 같다.

1) 변조는 「권한 없는 자」가 어음상의 기재내용을 변경하는 것이고, 권한 있는 자가 그 기재내용을 변경하는 것은 변조가 아니라 단순히 「변경」이라고 한다.[1] 즉, 어음행위자가 자기가 한 어음의 기재내용을 변경하는 것은 변경으로 변조가 되지 않는다.[2] 그러나 이미 어음상에 다른 권리 또는 의무를 가진 자가 있는 경우에는 이러한 자의 동의를 받지 않고 한 자기의 기재내용을 변경하는 것은 변조가 된다.[3]

어음에 기명날인 또는 서명한 자가 수 인이 있는 경우에는 전원의 동의를 얻으면 변조가 되지 않지만, 그 중의 일부의 자에 의해서만 동의를 얻고 나머지에 의해서는 동의를 얻지 못할 경우에는 변조가 될 것이다. 다만 변조에 동의한 자는 변조 후의 문언에 따라서 어음상의 책임을 부담한다.[4]

2) 변조는 원칙적으로 「완성된 어음」에 대하여 권한 없이 그 기재내용을 변경하는 것이다. 따라서 변조가 있으려면 어음이 외관상 형식적으로 유효하게 성립하

---

1) 동지: 서·정, 89~90면; 채, 81면 외.

2) 동지: 대판 1993. 7. 13, 93 다 753(공보 952, 2263)(약속어음의 발행인이 그 어음에 수취인으로 기재되어 있는 문언을 발행인 및 배서인 등 어음행위자들의 당초의 어음행위의 목적에 부합되게 정정한 것은, 단순히 착오로 기재된 것을 정정한 것에 불과하므로 어음의 변조에 해당하지 않는다); 동 1995. 5. 9, 94 다 40659(공보 994, 2082)(A가 수취인란을 공란으로 하여 어음을 Y주식회사 대표이사 B에게 발행·교부하였고 Y회사가 X에게 그 어음을 배서양도한 경우, X가 수취인을 'B'라고 보충하였다가 'Y주식회사 대표이사 B'라고 정정한 것은 단순히 착오로 기재된 것을 정정한 것에 불과하고 어음을 변조한 경우에 해당한다고 볼 수 없다).

3) 대판 1981. 11. 24, 80 다 2345(교재, 판결례 [495])(약속어음에 이미 어음보증인이 있는 경우 발행인이 그 보증인의 동의를 받지 않고 수취인을 변경한 것은 변조가 된다); 동 1981. 10. 13, 81 다 726, 81 다카 90(교재, 판결례 [496]); 동 1981. 11. 10, 80 다 2689(교재, 판결례 [497]); 동 1987. 3. 24, 86 다카 37(공보 800, 15)(약속어음에 배서인이 있는 경우 그 배서인의 동의를 받지 않고 발행인이 어음의 기재문언을 변경한 것은 변조임); 동 1989. 10. 24, 88 다카 20774(어음발행인이 그의 어음보증인의 동의를 얻지 않고 수취인명의를 변경기재하였다면 어음보증인에 대한 관계에 있어서는 어음의 변조에 해당하여 그 어음보증인은 변경기재된 수취인에 대하여는 어음보증의 책임이 없다).

4) 이에 대하여 동의하지 않은 자에 대해서는 변조가 되고 동의한 자에 대하여는 변조가 되지 않는다고 보는 견해가 있으나[최(기), 203면], 하나의 행위를 이렇게 이원적으로 설명하는 것은 타당하지 않다고 본다.

고 있어야 한다.[1] 그러나 예외적으로 미완성어음인 백지어음 중의 유효한 기재사항을 권한 없이 변경하는 것도 변조라고 본다(통설).

3) 변조는 어음상의 기재내용을 권한 없이 변경하는 것인데, 변조의 방법은 이를 묻지 아니한다. 따라서 현존문언의 변개(變改)나 그 제거, 신문언의 첨가 등이 모두 이에 포함된다(통설). 약속어음상 공동발행인으로 기명날인 또는 서명한 위에 「보증」이라는 문언을 추가한 경우에도 변조로 보고 있다.[2] 어음의 변조는 변조 후에도 유효한 어음으로 존재하여야 하므로, 변조에 의하여 어음요건이 흠결된 경우에는 변조가 아니라 어음의 말소 또는 훼멸(毀滅)로서 어음의 변조와 구별한다(통설).

4) 변조도 위조와 같이 어음행위가 아니고 사실행위이므로, 변조자의 고의·과실을 요하지 아니한다(통설).

(2) 변조의 대상

변조의 대상은 모든 어음행위의 필요적 기재사항뿐만 아니라, 임의적(유익적) 기재사항에 관하여도 발생할 수 있다(통설). 무익적 기재사항은 어음상의 권리의 내용에 아무런 영향이 없는 사항이므로 이러한 무익적 기재사항을 권한 없이 변경하는 것은 변조라고 볼 수 없다.[3] 유해적 기재사항을 권한 없이 변경하는 것도 그러한 변경전후에 일관하여 완전한 어음으로 존재하는 것이 아니므로 변조라고 볼 수 없다. 통일법계의 판례에 나타난 변조의 대상은 어음금액의 변조가 가장 많으나,[4] 그 밖에 만기[5]·지급지 또는 지급장소[6]·수취인[7]·기명날인 또는 서명[8]·배서금지문구[9] 등의 변조도 있다.

(3) 변조와 타개념과의 구별

1) 위조와의 구별   이는 위조의 의의에서 상세히 설명한 바와 같다.

2) 보충권의 남용과의 구별   변조는 백지어음의 보충권의 남용(부당보충)과 다음과 같은 점에서 구별된다. (ⅰ) 첫째로 변조의 대상은 어음상의 「모든 기재사항」

---

1) 서·정, 89~90면(그러나 실질적으로 유효하게 성립할 필요는 없으므로 위조어음의 변조도 있을 수 있다고 한다); 양·박, 696면.

2) 日大判 1933. 12. 14(商判集〈追Ⅰ〉, 275).

3) 동지: 채, 82면; 이(기), 193면; 최(기), 202면; 田中(誠), 99면.

4) 대판 1975. 3. 11, 74 다 53 외.

5) 日最高判 1975. 8. 29(判時 793, 97) 외.

6) 日大判 1940. 1. 29(民集 19, 69); BGH Ⅱ ZR 129/67, 1969. 9. 18 외.

7) 대판 1981. 10. 13, 81 다 726, 81 다카 90(집 29 ③ 민 146) 외.

8) OGH Ob 540/64, 1964. 6. 23.

9) 日大判 1935. 1. 30(法學 4, 743).

이나, 보충권의 남용의 대상은 「백지부분」에 한정된다. (ⅱ) 둘째로 변조는 「물적 항변사유」이나, 보충권의 남용은 「인적 항변사유」이다.[1]

2. 변조의 효과

변조의 효과로서 변조 전에 기명날인 또는 서명한 자·변조자 및 변조 후에 기명날인 또는 서명한 자의 어음소지인에 대한 어음상의 책임이 각각 문제되고, 또한 변조어음을 지급한 지급인(지급담당자)의 변조 전에 기명날인 또는 서명한 자에 대한 책임도 문제된다. 이하에서 차례로 살펴보겠다.

(1) 변조 전에 기명날인 또는 서명한 자의 책임

1) 원   칙

㈎ 변조 전의 어음에 기명날인 또는 서명을 한 자가 「원문언」에 따라 어음상의 책임을 지는 것은 법문상 명백하다($^{어\ 69조\cdot77조\ 1항}_{7호,\ 수\ 50조}$). 즉, 변조로 인하여 자기가 어음에 기재한 문언이 변경된 자는 그 변조로 인하여 어음상의 책임이 면제되지도 않고,[2] 또 원칙적으로 변조된 문언에 따른 책임을 부담하지도 않는다. 변조 전의 기명날인자 또는 서명자는 변조 전의 원문언을 자기의 의사의 내용으로 하여 어음행위를 하였고 또 이렇게 하여 일단 유효하게 성립한 권리는 증권을 떠나서도 존재할 수 있는 것이므로, 원문언이 변조 후의 문언보다 무겁거나 또는 변조의 결과 어음이 훼멸된 경우에도 원문언에 따라 어음상의 책임을 부담한다.[3] 변조 전의 기명날인자 또는 서명자가 이와 같이 변조 후의 문언에 따라 책임을 지지 않고 변조 전의 문언(원문언)에 따라 책임을 진다는 항변은 「물적 항변(절대적 항변)사유」로서 누구에 대하여도 대항할 수 있다.

㈏ 변조 전의 기명날인자 또는 서명자가 이와 같이 변조 전의 「원문언」에 따

---

1) 어음금액란의 밑에 조그마한 글씨로(또는 연필로) 기재된 보충한도를 흔적 없이 변경하고(또는 지우고) 어음금액을 변경한 경우에는, 이를 변조로 볼 것이 아니라 보충권의 남용의 문제로 보아야 할 것이다[이에 관한 상세는 정(찬), 175~176면 및 정(찬), (사례) 162~163면 참조]. 동지: 서울지판 1994. 8. 4, 94 가단 9273.

2) 동지: 대판 1996. 2. 23, 95 다 49936(공보 1996, 1068)(약속어음의 문언에 변조가 있은 경우 변조 전에 기명날인 또는 서명한 자는 그 변조에 동의하지 않은 이상 변조 후의 문언에 따른 책임을 지지는 아니한다고 하더라도, 변조 전의 원문언에 따른 책임은 지게 된다).
그러나 영국의 환어음법은 변조 전의 기명날인자 또는 서명자는 원칙적으로 어음채무를 면하는 것으로 규정하고 있으며[B. E. A. §64(1)], 미국의 통일상법전은 사기적 변조의 경우에는 그 변조에 의하여 영향을 받은 어음채무자는 원칙적으로 어음채무를 면하는 것으로 규정하고 있다[U. C. C. §3-407(b)].

3) 동지: 정(희), 100~101면; 정(동), 144면.

라서 책임을 부담하는 경우에, 어음금액이 변조된 경우에는 변조 전의 기명날인자 또는 서명자는 어음금의 일부에 대하여만 어음상의 책임을 부담하나(변조로 인하여 어음금액이 증액된 경우), 그 밖의 사항 즉 수취인·만기·지급지(지급장소) 등이 변조된 경우에는 변조 전의 기명날인자 또는 서명자는 변조로 인하여 어음상의 책임을 전혀 부담하지 않게 되는 경우가 많다.[1]

2) 예 외 변조 전의 기명날인자 또는 서명자는 예외적으로 다음과 같은 경우에는 변조 후의 문언에 따라 어음상의 책임을 부담한다.

(개) 변조 전의 기명날인자 또는 서명자가 어음면의 기재변경에 대하여 사전에 「동의」하거나 사후에 「추인」한 경우에는 당연히 변조 후의 문언에 따라 어음상의 책임을 부담한다.[2] 동의의 상대방은 변조어음을 취득한 자기의 후자 및 어음소지인이다. 이러한 자가 수 인인 경우 그 전원에 대하여 동의한 경우에는 변조가 되지 않지만, 그 일부에 대하여만 동의한 경우에는 일단 변조로 보고 동의한 상대방(및 그 후의 어음소지인)에 대하여는 변조 후의 문언에 따라 책임을 부담한다고 본다.[3]

(내) 변조 전의 기명날인자 또는 서명자에게 변조에 대하여 「귀책사유」(표현대리책임·민법 제756조의 사용자배상책임·신의성실의 책임 및 법정추인에 의한 책임을 포함함)가 있는 때에는 변조 전의 기명날인자 또는 서명자는 변조 후의 문언에 따라 그 책임을 진다.[4] 즉, 변조 전의 기명날인자 또는 서명자에게 고의·과실이 있어 변조의 기회를 제공한 경우에는, 그러한 고의·과실은 변조유무를 정하는 데는 무관하나 변조 전의 기명날인자 또는 서명자가 변조 후의 문언에 따라 어음상의 책임을 지게 한다. 예컨대, 변조 전의 기명날인자 또는 서명자가 변조되기 쉽게 어음을 작성하거나(₩과 금액의 사이를 띄운 경우 등) 또는 변조되어도 그 흔적이 남아 있지 않게 어음금액 등을 기재한 경우(연필로 기재한 경우 등)에는 변조 전의 기명날인자 또는 서명자에게 변조에 대한 귀책사유가 있다고 볼 수 있다.[5] 이러한 경우에 변조어음을

---

1) 동지: 대판 1996. 2. 23, 95 다 49936(공보 1996, 1068)(만기가 변조된 경우 어음소지인이 변조 전의 원문언에 따른 지급제시기간 내에 지급제시를 하지 않아 변조 전의 배서인에 대하여 소구권을 행사할 수 없다고 한다). 이에 관련된 구체적인 사례에 관한 상세한 설명으로는 정(찬), (사례) 154면 이하 참조.

2) 동지: 정(동), 145면(추인에 대하여); 손(주), 109면(동의에 대하여); 서(정), 118면; 최(기), 209면.
   반대: 박(원), 500면(추인에 대하여).

3) 그러나 최(기), 203면은 동의하지 않은 상대방에 대해서만 변조가 되고, 동의한 상대방에 대해서는 유효한 변경이 된다고 한다.

4) 동지: 정(동), 145면; 최(기), 209면(외관법리에 의한 책임이라고 함); 손(주), 109면(외관법리에 의한 책임을 긍정함); 서(정), 118면; 채, 82면; 이(기), 195면.

5) 前田, 146~147면.

취득한 자가 변조에 대하여 악의 또는 중과실이 없어야 변조 전의 기명날인자 또는
서명자는 변조 후의 문언에 따라 어음상의 책임을 진다.[1]

(2) 변조자의 책임

1) 어음상의 책임

㈎ 어음소지인이 변조하고 기명날인 또는 서명을 한 경우   이러한 변조자는
변조 후의 어음에 기명날인 또는 서명을 한 자이므로 언제나 변조 후의 어음문언에
따라 어음상의 책임을 져야 한다고 본다(통설).[2]

㈏ 어음소지인이 변조만 하고 기명날인 또는 서명을 하지 않은 경우   이러
한 변조자의 어음상의 책임은 위조자의 어음상의 책임과 같다. 즉, 이러한 변조자는
어음의 문언증권성에서 어음상의 책임을 지지 않는다는 견해(다수설)[3]와, 어음법 제
8조($^{어 77조 2항.}_{수 11조}$)를 유추적용하거나 무권대리에 관한 규정($^{민}_{135조}$)을 준용하여 이러한 변
조자에게 변조된 문언에 따른 어음상의 책임을 인정하는 견해(소수설)[4]로 나뉘어
있다.

생각건대 어음소지인을 보호하고 어음변조를 예방한다는 점에서 볼 때, 또한
변조자의 어음상의 책임을 인정하는 것이 어음의 유통을 보호하고자 하는 본래의
어음의 문언증권성에 반하지 않는 점에서 볼 때, 변조자의 어음상의 책임을 인정하
는 것이 타당하다고 본다.[5]

㈐ 변조자의 어음상의 권리의 취득   변조자가 변조에 의하여 변조된 내용
의 권리를 취득할 수 없는 것은 물론이나, 그가 어음소지인인 경우에는 변조 전의
문언에 따른 어음상의 권리를 상실하지 않으므로 변조 전의 기명날인자 또는 서명
자는 이러한 변조자에 대하여 당연히 어음상의 책임을 부담한다.[6] 그러나 변조자는
자기의 전자에 대한 관계에서는 민법 제750조에 의한 불법행위에 기한 손해배상책

1) 前田, 146~147면.
2) 이에 대하여 일본의 학설 중에는 「어음소지인의 선택에 따라 변조 전의 문언에 따라 책임을 부
   담하기도 하고, 변조 후의 문언에 따라 부담하기도 한다」는 견해도 있으나(前田, 150면), 이는 어
   음법 제69조의 해석상 무리라고 생각되므로 타당하지 않다고 본다[정(찬), 179면 주 97; 정(찬),
   (사례) 164면].
3) 서·정, 90면; 손(주), 110면; 이(범), 283면; 최(기), 213면(동 교수는 같은 책, 199면에서는 위
   조자의 어음상의 책임을 인정하면서, 213면에서는 변조자의 어음상의 책임을 부정하고 있다); 서
   (정), 119면; 박(원), 500면.
4) 정(희), 103면; 정(동), 147면; 양·박, 697면 양(승), (어) 156면. 동지: 日最高判 1974. 6. 28.
5) 정(찬), 197면; 정(찬), (사례) 158면.
6) 서·정, 90면; 손(주), 110면; 서(정), 119면.

임이 있을 것이므로 그 책임에 따라 상계되는 경우도 많을 것이다.[1]

또한 앞에서 본 소수설과 같이 기명날인 또는 서명을 하지 않은 변조자도 어음상의 책임을 부담하는 것으로 해석하면, 이러한 자가 어음상의 의무를 이행하고 어음을 환수한 경우에는 이러한 자에게 어음상의 권리를 취득시켜야 할 것이다(어 8조 2문의 유추해석).[2]

2) 민법·형법상의 책임

(가) 변조자는 변조로 인하여 제 3 자에게 손해를 발생시킨 경우에는 민법 제750조에 의하여 불법행위에 기한 손해배상책임을 진다.

(나) 변조자가 행사할 목적으로 어음을 변조한 경우에는 형법 제214조에 의한 「유가증권변조죄」의 책임을 지기도 하고,[3] 또한 어음을 변조하여 재물의 교부를 받거나 재산상의 이익을 취득한 경우에는 형법 제347조에 의한 「사기죄」의 책임을 지기도 한다.[4]

(3) 변조 후에 기명날인 또는 서명한 자의 책임

변조 후의 어음에 기명날인 또는 서명한 자는 「변조 후의 문언」에 따라서 어음상의 책임을 지는 것은 법문상 명백하다(어 69조·77조 1항 7호, 수 50조). 그 사유는 변조 후의 어음에 기명날인 또는 서명한 자는 변조 후의 문언을 자기의 어음행위의 내용으로 하였고 또 이는 어음채무부담의 문언성이나 어음행위독립의 원칙에서 보아도 당연하기 때문이다.[5] 그러나 변조로 인하여 어음요건이 흠결된 경우에는(이는 이미 설명한 바와 같이 엄격히 보면 변조라고 볼 수 없고 어음의 훼멸 또는 말소라고 볼 수 있음) 동 변조 전에 기명날인 또는 서명한 자는 어음상의 책임을 지나, 동 변조 후에 기명날인 또는 서명한 자는 아무런 어음상의 책임을 지지 아니한다.[6]

변조 후의 어음에 기명날인 또는 서명한 자가 「변조 후의 문언」에 따라 어음상의 책임을 지는 것은 변조 후의 기명날인자 또는 서명자가 변조의 사실에 대하여 선의·악의이든 불문하고, 또 변조어음의 취득자의 선의·악의를 불문한다.[7] 즉, 변

---

1) 田中(誠), 102면.
2) 정(찬), 198면. 동지: 정(희), 103면; 정(동), 149면.
3) 대판 1989. 12. 8, 88 도 753(신문 1903, 7) 참조.
4) 대판 1983. 7. 12, 83 도 680(공보 711, 1217)(어음을 할인받기 위하여 어음상의 지급기일을 변조한 후 약속어음의 전부가 마치 진정한 것처럼 타인을 기망하여 배서양도하고 할인금을 교부받은 경우에는, 비록 그 변조자가 어음법상의 법리에 의하여 변조된 후의 문언에 따라 어음상의 책임을 진다고 하더라도 형사상 사기죄를 구성한다).
5) 동지: 서·정, 91면; 정(동), 145면; 손(주), 109면; 최(기), 211면; 채, 84면.
6) 동지: 정(동), 145면.
7) 동지: 최(기), 211면; 채, 84면.

조어음의 취득자는 변조어음을 악의 또는 중과실로 취득하더라도 변조 후의 기명날 인자 또는 서명자에 대하여는 변조 후의 문언에 따른 어음상의 권리를 취득한다.[1]

그러나 변조 전의 어음에 기명날인 또는 서명을 하였으나 그 어음이 교부 전 에 변조되어 변조자에 의하여 교부된 경우에는 교부흠결의 문제로서 어음이론에 따라 달라지겠다. 즉, 변조 전의 기명날인자 또는 서명자에게 변조에 대한 귀책사 유가 있고 동 어음의 취득자에게 악의·중과실이 없는 한, 변조 전에 기명날인 또는 서명을 한 자는 변조 후의 문언에 따라서 어음상의 책임을 부담하여야 할 것이 다[2]($\binom{\text{권리외관설에 의하여 보충된 교부}}{\text{계약설〈발행설〉의 입장에서}}$).

(4) 변조어음의 지급인의 책임

변조 전의 기명날인자 또는 서명자와 지급인(지급담당자)간의 계약($\binom{\text{자금관계 또는}}{\text{준자금관계}}$) 으로 변조 전의 기명날인자 또는 서명자의 계산으로 지급인이 변조어음을 지급한 경우에, 지급인은 변조 전의 기명날인자 또는 서명자에게 어떠한 책임을 부담하는 가의 문제가 있다. 특히 어음금액이 변조로 인하여 증액된 경우에 증액된 부분에 대하여 그 손실을 지급인이 부담할 것인가 또는 변조 전의 기명날인자 또는 서명자 가 부담할 것인가의 문제가 있다. 이에 대하여도 위조어음의 지급인의 경우와 같이 어음법 제40조 3항($\binom{\text{어 77조 1항}}{\text{3호, 수 35조}}$)에 근거하는 것이 아니라 특별법규·면책약관 또는 상 관습($\binom{\text{특별법규·면책약관 또는}}{\text{상관습이 없으면 민법 제470조}}$)에 근거하여, 지급인에게 고의·과실이 없으면 지급인은 면책된다.[3]

이 때 지급인에게 과실이 있으면 변조 전의 기명날인자 또는 서명자는 지급인 에 대하여 변조로 인하여 (초과)지급된 부분에 대하여 손해배상청구권을 갖는데, 한 편 변조 후의 금액을 지급받은 자에 대하여도 부당이득반환청구권을 갖는다($\binom{\text{변조의 항}}{\text{변은 물적}}$ $\binom{\text{항변으로 어음소지인은 변조 전의 기명날인자 또는}}{\text{서명자의 손실로 지급받을 수 없기 때문이다}}$).[4]

---

1) 동지: 서·정, 90면.

2) 동지: 石井·鴻, 113면.

3) 지급은행의 과실을 인정하여 책임을 인정한 판례: 대판 1975. 3. 11, 74 다 53(판총 11-2, 1062-18)(본 판결은 지급은행이 중과실이 없어 책임을 지지 아니한다는 원심을 파기환송한 것임); 동 1969. 10. 14, 69 다 1237(교재, 판결례 [463]).
   지급은행의 무과실을 인정하여 책임을 부정한 판례: 대판 1969. 1. 21, 68 다 1708(교재, 판결 례 [462]); 동 1977. 4. 12, 76 다 2873(교재, 판결례 [465]); 서울고판 1973. 11. 30, 73 나 478 (교재, 판결례 [466]).

4) 대판 1992. 4. 28, 92 다 4802(공보 922, 1721).

3. 변조의 증명책임

변조의 증명책임에 대하여 어음법에 규정이 없으므로 해석에 의할 수밖에 없다. 이에 대하여 통설은 변조사실이 어음면상 명백한지 여부에 따라 증명책임을 부담하는 자를 구별하여 설명하나,[1] 소수설은 언제나 어음소지인에게 증명책임이 있다고 설명한다.[2] 생각건대 어음의 변조는 위조에 유사한 것이라기보다는 오히려 유효한 기명날인 또는 서명을 이용한 사기에 유사하여 위조와 구별되는 점,[3] 변조가 아주 교묘하여 외관상 전혀 나타나지 않는 경우에는 이를 믿고 취득한 어음소지인을 보호할 필요가 있는 점 등에서 볼 때, 통설이 타당하다고 본다.[4] 이러한 통설에 의하여 어음변조의 증명책임을 나누어서 보면 다음과 같다.

(1) 변조의 사실이 어음면상 명백한 경우

변조의 사실이 어음면상 명백한 경우에는 「어음소지인」이 증명책임을 부담한다. 따라서 어음소지인이 변조 전의 문언에 따른 책임을 주장하자면 피고의 기명날인 또는 서명이 변조 전에 있었다는 것과 원문언을 증명하여야 하고, 어음소지인이 변조 후의 문언에 따른 책임을 주장하자면 피고의 기명날인 또는 서명이 변조 후에 있은 것 또는 변조에 동의(추인)했거나 변조에 귀책사유가 있음을 증명해야 한다.

우리 대법원판례는 변조사실이 어음면상 명백한 경우에 「변조의 사실을 주장하는 자(어음채무자)」가 증명책임을 부담한다고 판시한 것도 있고,[5] 「어음소지인」이 증명책임을 부담한다고 판시한 것도 있어,[6] 어느 입장인지 명백하지 않다. 전자의 판례에 대하여는 통설 및 소수설에 의하여 모두 비판을 받고 있으나,[7] 후자의 판례에 대하여는 통설[8] 및 소수설[9]의 양측으로부터 모두 환영을 받고 있다.

---

1) 정(희), 102면; 서·정, 91~92면; 서(정), 119면 외.

2) 정(동), 148면; 동, "어음변조의 입증책임(대판 1985. 11. 12, 85 다카 131에 대한 판례평석)," 법률신문, 제1617호, 10면; 동, "어음변조의 입증책임(대판 1987. 3. 24, 86 다카 37에 대한 판례평석)," 법률신문, 제1684호, 15면.

3) 대판 1983. 7. 12, 83 도 680 등 참조.

4) 그 이유에 관한 상세는 정(찬), 201면 참조.

5) 대판 1985. 11. 12, 85 다카 131(공보 767, 24)(신문 1615, 9).

6) 대판 1987. 3. 24, 86 다카 37(공보 800, 707).

7) 동지: 정(동), 147~149면; 동, "어음변조의 입증책임(대판 1985. 11. 12, 85 다카 131에 대한 판례평석)," 법률신문, 제1617호(1985. 12. 16), 10면.

8) 서정갑, "어음의 변조(대판 1987. 3. 24, 86 다카 37에 대한 판례평석)," 법률신문, 제1691호 (1987. 7. 20), 15면(이 판례는 통설의 입장을 취하고 있다고 볼 수 있으며, 어음변조의 증명책임에 관한 리딩케이스라고 함).

(2) 변조의 사실이 어음면상 명백하지 않은 경우

변조의 사실이 어음면상 명백하지 않은 경우에는 「변조의 사실을 주장하는 자(어음채무자)」가 증명책임을 부담한다. 따라서 변조 전의 기명날인자 또는 서명자는 변조사실 및 변조 전의 기명날인 또는 서명과 원문언을 증명한 경우에만 변조 전의 문언에 따라서 책임을 부담한다.

우리 대법원판례는 변조사실이 어음면상 명백하지 않은 경우 「변조의 사실을 주장하는 자(어음채무자)」가 증명책임을 부담한다고 판시하고 있어,[1] 이 점에서는 통설의 입장과 일치하고 있다.

제 4 절   백지어음

제 1   총   설

1. 경제적 필요

어음은 엄격한 요식증권으로($^{어}_{수}$ $^{1조·75조}_{1조}$) 어음요건에 흠결이 있는 경우에 어음법상 보충규정($^{어}_{수}$ $^{2조·76조}_{2조}$)이 없는 경우에는 어음으로서 효력이 없게 된다. 그러나 어음행위를 하는 자는 원인관계상의 채무액(어음금액), 변제기일(만기) 또는 수취인 등이 어음교부시에 확정되지 않아 이를 후일 어음소지인에게 보충시킬 의사로써 일부러 이러한 어음요건을 기재하지 않고 백지상태로 하여 어음에 기명날인 또는 서명할 경제상 필요가 있게 된다. 이러한 경제상 필요에 의하여 백지어음은 각국의 학설과 판례에 의하여 상관습법으로 인정되어 왔으며, 이러한 상관습법을 전제로 하여 제네바 통일어음법도 1개 조문을 신설하여 백지어음의 부당보충에 관하여 규정하게 되었는데, 우리 어음법 제10조($^{어}_{수}$ $^{77조}_{13조}$ ^{2항,})도 이에 따르고 있는 것이다.[2]

2. 의   의

백지어음(incomplete or inchoate instrument; Blankowechsel)이라 함은, 「어음행

---

9) 정(동), 148면; 동, "어음변조의 입증책임(대판 1987. 3. 24, 86 다카 37에 대한 판례평석)," 법률신문, 제1684호(1987. 5. 25), 15면.

1) 대판 1990. 2. 9, 89 다카 14165(공보 869, 616).

2) 서·정, 171면; 정(동), 302~303면; 최(기), 328면.

위자가 후일 어음소지인으로 하여금 어음요건의 전부 또는 일부를 보충시킬 의사로써 고의로 이를 기재하지 않고 어음이 될 서면에 기명날인 또는 서명하여 어음행위를 한 미완성의 어음」을 말한다. 이를 분설하면 아래와 같다.

1) 백지어음은 「어음요건」(절대적 기재사항)을 백지로 한 것이고, 어음요건 이외의 유익적 기재사항을 백지로 한 어음을 준백지어음이라 하는데 이에는 백지어음에 관한 규정을 준용하여야 한다(통설).

2) 백지어음에서 「백지로 한 부분」은 어음행위자의 기명날인 또는 서명 이외의 어떠한 사항도 무방하다(통설).

3) 백지어음은 「고의」로 백지로 하여야 한다는 점에서 '미완성어음'(unfertiger Wechsel)이다. 따라서 과실로 불완전하게 작성된 완성된 '불완전어음'(unvollständiger Wechsel)과 구별된다.

제 2 요 건

백지어음이 되기 위하여는 다음의 요건이 필요하다.

1. 백지어음행위자의 기명날인 또는 서명의 존재

백지어음행위자의 기명날인 또는 서명이 존재하여야 한다. 백지어음은 어음행위의 종류에 따라 백지발행·백지인수·백지배서[1]·백지보증 등이 있는 경우에 성립하며, 백지배서 등이 있는 백지어음은 발행의 기명날인 또는 서명에 선행하여 존재한다(통설). 따라서 어음법 제10조는 미완성으로 '발행한'으로 표현하고 있으나, 이는 널리 '교부'의 뜻으로 해석하여야 할 것이다.

2. 어음요건의 전부 또는 일부의 흠결

백지어음이 되기 위하여는 어음요건의 전부 또는 일부의 흠결이 있어야 한다. 어음요건의 전부란 기명날인 또는 서명을 제외한 어음요건의 전부를 의미하고, 어음요건의 일부란 어떠한 어음요건이라도 상관 없다.

---

1) 이를 어음법 제13조 2항(어 77조 1항 1호, 수 16조 2항)의 백지배서와 구별하기 위하여 「배서인의 백지기명날인 또는 백지서명」으로 표현할 수도 있겠다[정(희), 152면]. 이는 배서인이 어음발행 전에 먼저 어음이 될 지편(紙片)에 기명날인 또는 서명하는 경우로, 어음법 제13조 2항이 발행된 어음에 백지배서하는 경우와 구별된다.

그런데 만기의 흠결이 있는 경우에는 어음법 제 2 조 1호($\substack{어 \\ 1호}$ ^{76조})와 관련하여 볼 때, 만기백지의 백지어음으로 볼 것인가,[1] 또는 일람출급어음으로 볼 것인가가[2] 문제된다. 이에 대하여는 우리나라의 판례와 같이 백지어음으로 추정하는 것이 타당하다고 본다.[3]

이 때 동 어음이 백지어음으로 추정된다고 하더라도 어음법 제 2 조 1호가 적용될 여지는 충분히 있다. 즉, 어음행위자가 보충권수여의 의사가 없었음을 입증하거나 또는 어음취득자가 보충을 하지 않고 지급제시하면 동 어음은 그 때에 비로소 보충규정에 의하여 일람출급어음이 되는 것이다.[4] 따라서 만기공란의 어음은 백지어음이 되든가 또는 일람출급어음이 되는 것이지, 무효어음이 될 여지는 없다. 그러나 수취인 등이 공란인 경우에는 백지어음이 되든가 또는 무효어음이 된다.[5]

3. 백지보충권의 존재

(1) 백지보충권(authority to complete; Ausfüllungsbefugnis)이 존재하여야 한다. 백지어음에는 백지보충권이 존재한다는 점에서 이것이 없는 무효인 불완전어음과 구별된다. 그런데 백지보충권의 존재를 결정하는 표준에 대하여는 종래부터 주관설, 객관설, 절충설로 나뉘어져 다음과 같이 설명되고 있다.[6]

1) 주관설은 보충권의 존재유무를 결정하는 표준은 기명날인자 또는 서명자의 의사, 즉 백지어음행위자와 그 상대방간의 보충권수여의 합의의 존재유무에 의하여 보충권의 유무가 결정된다고 한다.[7]

2) 객관설은 기명날인자 또는 서명자의 구체적인 의사에 관계하지 않고 외관상 기명날인자 또는 서명자가 보충을 예정하여 기명날인 또는 서명한 것으로 볼 수 있으면($\substack{예컨대, 어음용지에 한 \\ 기명날인 또는 서명}$) 바로 백지어음이 된다고 한다.[8]

---

1) 대판 1976. 3. 9, 75 다 984(판총 11-2, 1032-15). 동지: 日大判 1925. 12. 23(교재, 판결례 [238]).

2) 日大判 1932. 11. 26(교재, 판결례 [239]).

3) 정(희), 152면; 정(찬), 206면; 양(승), (어) 273면.

4) 동지: 日東京控判 1930. 5. 10(교재, 판결례 [240]).

5) 대판 1966. 10. 11, 66 다 1646(교재, 판결례 [72])(수취인의 기재가 없는 경우, 백지어음으로 추정함); 동 1965. 5. 25, 64 다 1647(교재, 판결례 [74])(수취인의 기재가 없는 경우, 백지어음으로 추정함); 서울민사지판 1973. 10. 12, 73 나 343(교재, 판결례 [73])(지급지, 발행지의 기재가 없는 경우 백지어음으로 추정함).

6) 그러나 주석, 230~231면; 주어, 199~200면; 田中(誠), 245~247면은 주관설, 순객관설, 주관설을 주로 한 절충설로 나누고 있다. 또 서(정), 152~153면은 순주관설, 순객관설, 절충설로 나누고 있다.

7) 田中(耕), 308면; 日大判 1932. 5. 30(民集 11-10, 16); 同 1921. 10. 1(民錄 27, 1692).

3) 절충설은 원칙적으로 주관설에 의하고, 예외적으로 외형상 흠결되어 있는 요건을 장래 보충시킬 것이 예정되어 있는 것으로 인정되는 경우(예컨대, 어음용지를 사용한 경우)에는 이와 같은 서면임을 인식하거나 인식할 수 있는 사정 하에서 이에 기명날인 또는 서명한 이상 그에 의하여 당연히 보충권을 수여한 것으로 인정하고 따라서 백지어음이 성립한다고 한다.[1]

(2) 그런데 우리나라의 학설·판례 중에 위의 의미의 주관설 또는 객관설을 취하는 견해는 없고, 넓은 의미에서 모두 절충설을 취하고 있는데, 다만 그 내용에 있어서는 약간의 차이가 있다. 즉, 통설에 의하면 백지보충권의 유무는 원칙적으로 기명날인자 또는 서명자의 보충권수여의 의사에 의하는데, 예외적으로 기명날인자 또는 서명자의 보충권수여의 의사가 없는 경우에도 백지어음으로 인정될 수 있는 경우에는 선의취득자와의 관계에서 기명날인 또는 서명한 자는 불완전어음이라는 항변을 제출할 수 없다고 한다.[2] 그런데 우리나라의 판례[3] 및 소수설[4]에 의하면 (상대방의 선의·악의에 불문하고—저자 주) 요건흠결의 어음은 일단 백지어음으로 추정된다고 한다. 이 견해에 의하면 기명날인자 또는 서명자가 보충권수여사실이 없음을 증명하면 상대방이 선의이더라도 면책되고, 이를 증명하지 못하면 동 어음상의 책임을 부담해야 한다.

생각건대 백지어음에서 보충권수여사실에 대한 증명책임은 백지어음행위자가 부담한다고 볼 수 있는데,[5] 이로 인하여 기명날인자 또는 서명자가 보충권수여사실이 없음을 증명한 경우에도 기명날인자 또는 서명자에게 책임을 부담시킴은 거래의 안전을 위하여 원래 백지어음이 아닌 무효어음을 백지어음으로 인정하여 기명날인자 또는 서명자에게 책임을 부담시키는 것으로 이는 백지어음을 인정하는 취지에

---

8) 升本, 134면.

1) 서(정), 153면; 주석, 231면; 주어, 200~201면; 鈴木, 207면; 田中(誠), 247면; 日最高判 1960. 11. 1(時報 243, 29); 日大阪高判 1952. 7. 29(下民 3-7, 1044).

2) 정(희), 154면; 서·정, 174면; 정(동), 307면; 양·박, 727면; 양(승), (어) 276면; 손(주), 226면; 정(무), 401면; 서(정), 153면; 주석, 231면; 주어, 200~201면 외.

3) 대판 1966. 10. 11, 66 다 1646(교재, 판결례 [72]); 동 1965. 5. 25, 64 다 1647(교재, 판결례 [74]); 서울민사지판 1973. 10. 12, 73 나 343(교재, 판결례 [73]).

4) 박(원), 493면; 강, 592면[동 교수는 이를 주관적 절충설이라 하였으나 강, (어) 329면에서는 이를 추정설이라 함].

5) 동지: 대판 2001. 4. 24, 2001 다 6718(공보 2001, 1215)(백지약속어음의 경우 발행인이 수취인 또는 그 소지인으로 하여금 백지부분을 보충케 하려는 보충권을 줄 의사로써 발행하였는지의 여부에 관하여는 발행인에게 보충권을 줄 의사로 발행한 것이 아니라는 점, 즉 백지어음이 아니고 불완전어음으로서 무효라는 점에 관한 입증책임이 있다).

반하고 또 기명날인자 또는 서명자에게 가혹하여 부당하다고 생각한다. 따라서 요건흠결의 어음은 백지어음으로 추정되어 기명날인자 또는 서명자가 보충권수여사실이 없음을 증명하면 면책된다고 본다. 그런데 이 때 백지어음으로 추정되는 것은 상대방의 선의·악의에 따라 좌우된다고 볼 수는 없다. 즉, 동일한 어음에 연속된 수 인의 어음취득자가 있는 경우에 그 어음이 악의의 어음취득자에게는 무효어음으로 인정되었다가, 선의의 어음취득자에게는 백지어음으로 추정되는 것으로는 볼 수 없다. 물론 악의의 어음취득자에게는 기명날인자 또는 서명자가 보충권수여사실이 없음을 증명할 필요 없이 악의의 항변을 주장할 수 있다고 하더라도, 백지어음으로서의 추정력이 악의의 취득자에게는 적용되지 않고 선의의 취득자에게만 적용된다고 볼 수는 없다고 생각한다.

4. 백지어음의 교부

백지어음의 교부를 백지어음의 요건으로 설명하는 견해가 있다.[1]

그러나 「백지어음의 교부」를 백지어음의 요건으로 볼 필요는 없다고 본다. 왜냐하면 이는 완성어음의 경우와 같은 것으로 백지어음에만 존재하는 요건으로 볼 수 없을 뿐만 아니라, (후술하는 바와 같이) 백지보충권의 발생시기에 관하여 어음외계약설에 의하면 백지보충권은 어음 외의 계약에 의하여 수여되는 것이므로 백지어음의 교부는 백지보충권을 수여하지도 않으므로 백지어음의 요건으로서 무의미하기 때문이다.[2] 따라서 백지어음행위자의 의사에 반하여 백지어음의 점유가 이탈된 경우(교부흠결의 경우)에도 백지어음행위자가 선의의 어음취득자에 대하여 어음상의 책임을 지는 점은 완성어음의 경우와 같다.[3]

제 3 성   질

백지어음의 성질에 대하여는 (ⅰ) 어음의 일종으로 보는 견해(소수설)[4]와, (ⅱ) 어음이 아닌 특수한 유가증권으로 보는 견해(통설)[5]가 있는데, 백지어음은 어음상

---

1) 정(희), 154~155면; 손(주), 227면; 정(동), 307면.

2) 동지: 서·정, 172~174면; 이(범), 320면; 김(용), 253면; 강, 590면; 강, (어) 330면; 양·박, 726~727면 외.

3) 동지: 日最高判 1971. 11. 16(民集 28-8, 1173).

4) 이(범), 320면; 박(원), 494면; 日大判 1930. 10. 23(民集 9-11, 972).

5) 정(희), 155면; 손(주), 228~229면; 양·박, 726면; 최(기), 327면; 정(동), 303면; 주석, 225면;

의 권리를 표창하는 것이 아니므로 어음이 아닌 특수한 유가증권의 일종이라고 보는 통설이 타당하다고 본다. 따라서 어음법 제10조는 백지어음을 어음의 일종으로 규정한 것이라고는 볼 수 없고,[1] 다만 백지어음이 부당보충되어 완성어음이 된 경우에 동 어음의 취득자를 보호하기 위한 규정으로 볼 수 있다.[2] 백지어음이 완성어음과 동일한 방법에 의하여 유통되는 것은, 완성어음에 관한 규정이 당연히 백지어음에 적용되는 것이 아니라, 다만 상관습법에 의하여 완성어음과 동일한 유통방법이 인정되기 때문이다.[3]

따라서 백지어음이 표창하는 권리는 「어음상의 권리」가 아니라, 「기대권」(정지조건부의 어음상의 권리)과 「보충권」[4]이라고 본다(통설).

제4 백지보충권

1. 보충권의 발생

백지보충권이 언제 발생하느냐에 대하여 백지어음행위설(소수설)과 어음외(外) 계약설(통설)이 대립하고 있다. (i) 백지어음행위설에 의하면, 「보충권은 백지어음행위자의 기명날인 또는 서명에 의하여 발생하므로 이러한 보충권은 백지어음에 표창되어 기명날인자 또는 서명자 자신이 자기가 작성한 백지어음의 소지인으로서 보충권을 소유하게 된다」라고 한다.[5] (ii) 그러나 통설인 어음외계약설에 의하면, 「보충권은 어음행위자와 그 상대방 사이에 어음관계 이외의 일반사법상의 계약에 의하여 상대방에게 수여함으로써 생기는 권리이다」라고 한다.[6]

서(정), 149면; 최준선, "백지어음의 보충권의 제척기간과 그 기산점,"「현대상사법논집」(우계강희갑박사화갑기념논문집), 2001, 316~317면.

1) 정(찬), 210면. 동지: 정(희), 155면.

2) 정찬형, "백지어음(수표),"「상사법의 현대적 과제」(춘강손주찬박사화갑기념논문집)(박영사, 1984), 532면.

3) 동지: 최(기), 327면; 田中(誠), 242면; 鈴木, 212면.

4) 반대: 김문재, "미보충 백지어음의 선의취득,"「상사법연구」, 제21권 1호(2002), 493~494면(백지보충권은 증권상에 표시되지 않고 증권 외에서 당사자간에 부여되는 것이라고 한다).

5) 서(정), 149면; 강, 592면; 강, (어) 333~334면(그러나 보충권은 백지어음의 작성과 임의의 교부에 의하여 발생한다고 한다); 鈴木, 206면; 田中(誠), 245면.

6) 정(희), 157면, 160면(동 교수는 '보충권은 백지어음행위자가 일반사법상의 보충권수여계약에 의하여 이를 상대방에게 수여하고, 백지어음에 기명날인 또는 서명함으로써 무인적〈無因的〉으로 발생한다'고 하여, 어음외계약설과 백지어음행위설을 종합하여 설명하고 있다); 서·정, 174면; 손(주), 230면; 양·박, 727면; 정(동), 313면; 정(무), 403면; 채, 97면; 이(철), (어) 251면.

생각건대 백지어음행위설은 백지어음이 보충권을 표창한다는 점과 보충권의 이전이 어음에 의하여 이전된다는 설명에는 훌륭하나, 사실행위인 기명날인 또는 서명에 의하여 보충권이 발생한다는 점과 백지어음행위자가 기명날인 후 또는 서명 후 교부 전에 보충권을 갖는다는 점에 문제가 있다. 한편, 어음외계약설은 백지어음행위자의 의사에 맞는 설명으로는 훌륭하나, 이 보충권이 언제 백지어음에 표창되고 또 어떻게 해서 표창하게 되는가를 충분히 설명하지 못하는 점에 문제가 있다. 두 설이 위에서 본 바와 같이 모두 장점과 단점이 있으나, 기명날인시 또는 서명시에 보충권이 발생한다는 백지어음행위설은 아무래도 백지어음행위자의 의사에 맞는 해석이라고 볼 수 없으며 또 백지어음행위자가 보충권을 갖는다는 것도 실정에 맞지 않아 타당하다고 할 수 없다.[1] 따라서 보충권은 백지어음행위자와 상대방간의 어음 외의 보충권수여계약에 의하여 상대방에게 발생하고, 이렇게 상대방에게 발생한 보충권이 백지어음에 화체(化體)되어 이전된다고 볼 수밖에 없다. 따라서 통설인 어음외계약설에 찬성한다.[2]

2. 보충권의 성질

보충권은 미완성어음을 완성어음으로 하고, 그 위에 한 어음행위의 효력을 발생시키는 권리로 형성권이다(통설).[3]

그러나 이러한 형성권설에 대하여 의문을 제기하면서 보충권을 「대리권(Vollmacht)의 일종」으로 보는 견해도 있고,[4] 수권설(授權說)(법적 지위설)의 입장에서 「보충권이란 백지어음행위자의 수권에 기하여 백지를 보충함으로써 백지어음을 완성어음으로 성립시킬 수 있는 권능 내지 자격이라고 할 수 있다」는 견해도 있다.[5] 또한 보충권의 성질에 관한 우리나라의 통설인 형성권설과 이설(異說)인 대리권설 및 수권설을 비판하고, 보충권은 하나의 「특수한 권한」이라고 설명하는 견해도 있다.[6]

---

1) 독일의 통설에서도, 「보충권은 백지어음행위자의 의사표시에 의하여 성립하며, 어음소지인은 수권에 의하여 보충권을 취득한다」고 한다(Baumbach/Hefermehl, WG Art. 10 Rdn 3 외 다수).

2) 정(찬), 211면; 정찬형, 전게서(상사법의 현대적 과제), 535~536면.

3) 정(희), 157면; 정(찬), 211면; 서·정, 174면; 손(주), 230면; 강, (어) 333면; 최준선, 전게논문(현대상사법논집), 318면 외 다수.

4) Siegel, *ACP 111*, 95 ff.

5) Baumbach/Hefermehl, WG Art. 10 Rdn. 3. 동지: 納富, 278~279면.

6) 정(동), 313면; 이(기), 118~119면.

3. 보충권의 내용

(1) 보충권의 내용에 대하여 백지어음행위설에서는 「백지보충권은 어음상의 권리와 같이 백지어음행위자와 상대방간의 어음 외의 약정과는 절단된 무인행위에 의한 권리로서 그 내용은 무제한한 추상적인 권리라고 해석되고, 당사자간의 약정은 단지 인적 항변사유에 불과하다고 볼 수 있으며, 어음법 제10조는 이것을 규정한 것이다」고 설명한다.[1]

(2) 그러나 어음외계약설에 의하면 「보충권의 내용은 그 계약에 의하여 한정된 구체적인 권리로서, 어음법 제10조는 어음거래의 안전을 보호하기 위하여 그러한 제한의 합의는 악의 또는 중과실이 없는 제3자에게 대항할 수 없도록 규정한 것이다」고 설명한다.[2]

생각건대 보충권의 발생에 관하여 어음외계약설을 취한다면, 보충권의 내용은 당사자간에 구체적으로 합의한 범위의 한정된 구체적인 권리라고 보아야 할 것이다.

4. 보충권의 존속

(1) 백지어음행위자의 사망, 제한능력, 대리권의 흠결 등에 의하여 영향을 받지 않고 존속한다(통설).[3]

(2) 백지보충권을 일단 부여한 이상 백지어음을 회수하지 않고 보충권만을 철회하거나 제한할 수 없다.[4]

5. 보충권의 남용(부당보충)

(1) 백지어음이 부당보충(unauthorized completion; abredewidrige Ausfüllung)된 경우에 이러한 어음을 부당보충된 사실에 대하여 악의 또는 중과실 없이 취득한 자는 어음법 제10조(수 13조 77조 2항,)에 의하여 보충된 내용대로 권리를 취득하고, 백지어음행위자는 어음소지인에게 부당보충의 항변을 주장하지 못한다.[5]

---

1) 鈴木, 209~210면.
2) 伊澤, 364면; 石井照久, 「商法 Ⅱ」(東京: 勁草書房, 1959), 451면 외 다수.
3) 서·정, 174면; 손(주), 230면 외 다수.
4) 동지: 서(정), 152면; 손(주), 230면. 그러나 서·정, 174면은 「일단 부여된 보충권은 이후 철회될 수 없다」고 한다.
5) 어음소지인의 선의·무중과실을 인정하여 백지어음행위자의 부당보충의 항변을 부정한 판례: 대

(2) 그런데 보충 전의 백지어음을 본래의 보충권의 범위보다 넓은 보충권이 있는 줄 믿고 취득한 자가 스스로 보충하여 어음상의 권리를 행사한 경우에도, 백지어음행위자는 어음법 제10조($^{어}_{수}$ $^{77조 2항}_{13조}$)에 의하여 부당보충의 항변을 주장할 수 없는가에 대하여는 문제가 있다. 이에 대하여 학설은 이 때에도 어음법 제10조($^{어}_{수}$ $^{77조 2항}_{13조}$)가 적용($^{유추적용}_{엄격히는}$)된다는 적용설[1]과 이의 적용을 부정하는 부정설[2]로 나뉘어 있고, 판례는 기본적으로 적용설의 입장이나 결과에서는 부정설과 동일하다.[3]

생각건대 「보충된 어음」($^{비록 백지어음행위자의 의사에}_{반하여 보충되었다 하더라도}$)을 보충된 내용 그대로 믿고 형식상 완전한 어음을 취득한 자와, 「보충되지 않은 백지어음」을 (보충권의 범위에 대하여 어음 자체에 나타나지 않는 양도인의 말만 믿고) 본래의 보충권의 범위보다 넓은 보충권이 있는 줄 믿고 취득한 자는 구별되어야 할 것으로 생각한다. 이는 또한 어음거래의 실제에서 볼 때도, 금액이 백지인 어음을 양도인의 말만 믿고 백지어음행위자

판 1966. 4. 6, 66 다 276(교재, 판결례 [108])(A는 본건 어음의 발행 당초의 정당한 소지인이었다고 하지 않을 수 없고 A가 동 어음의 수취인란을 당초의 약정에 반하여 부당 또는 불법하게 보충하였다 한들 그 보충 후의 선의의 피배서인인 X에 대하여는 그 보충의 부당 또는 불법을 대항할 수 없는 것이다. 그러함에도 불구하고 원판결은 A가 그 수취인란을 함부로 보충하였던 것이라 하여 위 어음은 적법한 수취인의 보충이 없어 아직 약속어음으로서의 완전한 효력을 발생할 수 없는 것이었다고 단정하였으니 그 단정에 법리의 오해가 있다고 하지 않을 수 없다); 동 1995. 6. 30, 95 다 10600(공보 997, 2569)(은행이 상업어음만을 할인하여야 하는 규정에 위반하여 담보용으로 발행된 어음이나 융통어음을 잘못 할인하였다는 사실만으로 곧바로 악의 또는 중과실로 부당보충된 어음을 취득한 때에 해당한다고 볼 수 없다).

어음소지인의 악의·중과실을 인정하여 백지어음행위자의 부당보충의 항변을 인정한 판례: 대판 1995. 12. 8, 94 다 18959(공보 1996, 323)(가계수표의 취득자가 발행인이 아닌 제 3 자에 의해 그 액면이 이면에 기재된 한도액을 넘는 금액으로 보충된 점을 알면서도 취득한 경우 취득시 그 제 3 자에게 그러한 보충권이 있는지 여부를 확인하지 않았다면 '중대한 과실에 의한 취득'이라고 보아야 한다); 동 1999. 2. 9, 98 다 37736(공보 1999, 466)(Y가 A에게 10,000,000원 내지 20,000,000원 정도의 어음할인을 의뢰하면서 백지어음 3매를 교부하였는데 A가 각 어음금액을 105,000,000원, 100,000,000원 및 100,000,000원으로 보충하여 A를 잘 알고 있는 친구인 X에게 차용금채무의 변제조로 교부한 경우, X는 부당보충에 대하여 악의 또는 중과실이 있다).

1) 정(희), 160면; 주석, 241~242면; 서(정), 150~151면; 이(범), 322면; 박(원), 496면; 이(기), 127면; 채, 109면 외(우리나라의 통설); 田中(誠), 259면(日 통설); 日最高判 1961. 11. 24(民集 15-10, 2536); 同 1966. 11. 10(民集 20-9, 1756); 獨 München 高判 1955. 11. 8(교재, 판결례 [85])(동지의 다수판례인용은 Baumbach/Hefermehl, WG Art. 10 Rdn. 8 참조); Baumbach/Hefermehl, WG Art. 10 Rdn. 8; Hueck/Canaris, § 10 Ⅳ 2; Rehfeldt/Zöllner, S. 64~66 외 다수.

2) 鈴木, 214면; Ulmer, S. 198; Schumann, Handelsrecht, Bd. Ⅱ, Teil Ⅱ (Wertpapiere), 1954, S. 100.

3) 대판 1966. 4. 6, 66 다 276(교재, 판결례 [108]); 동 1978. 3. 14, 77 다 2020(월보 96, 61~62)(어음금액이 백지인 어음을 취득하면서 보충권한을 부여받은 자의 지시에 의하여 어음금액란을 보충한 경우에, 보충권의 내용에 관하여 어음 기명날인자 또는 서명자에게 직접 조회하지 않았다면 특별한 사정이 없는 한 취득자에게 중대한 과실이 있다); 동 1995. 8. 22, 95 다 10945(공보 1001, 3244)[이 판결이 반대하는 취지의 평석으로는 최준선, 「판례월보」, 제309호(1996. 6), 22~24면 참조]; 동 1995. 12. 8, 94 다 18959(공보 1996, 323).

에게 조회하지도 않고 그대로 양수하는 자가 있을른지도 의문이다. 어음의 유통성의 확보는 어디까지나 형식상 완전한 어음을 전제로 하는 것인데, 어음도 아닌 미완성의 백지어음의 양수인이 어음상 나타나지도 않은 보충권의 범위에 관한 양도인의 말(의사표시)만을 믿었다고 하여 백지어음행위자의 희생 하에 그러한 양수인을 보호해야 하는지도 의문이다. 유통성을 확보할 가치가 있는 어음은 어디까지나 형식이 완비된 어음이고 그러한 정신에서 입법화된 것이 어음법 제10조라고 생각된다. 이러한 점에서 볼 때, 부정설이 타당하다고 생각한다.[1]

(3) 백지어음을 취득한 자가 스스로 부당보충을 한 경우에 어음법 제10조의 적용여부의 문제를 백지보충권의 범위의 선의취득여부의 문제로 고찰하는 견해가 있다.[2] 그러나 양자는 동일한 문제가 아니라고 생각한다. 왜냐하면 어음법 제10조는 동법 제17조와 함께 항변제한의 문제로,[3] 어음법 제16조 2항의 선의취득의 문제와는 구별되기 때문이다.[4] 따라서 백지보충권의 범위의 선의취득여부의 문제는 「권리귀속의 문제」임에 반하여, 어음법 제10조의 적용여부의 문제는 「채무범위의 문제」이다. 그러나 백지보충권의 범위의 선의취득은 어음법 제10조의 적용여부의 문제(항변제한 의 문제)의 전제가 된다고 볼 수 있다. 왜냐하면 어음소지인이 백지보충권의 범위의 선의취득을 하지 않으면 백지어음행위자에게 어음상의 권리를 행사할 수 없으므로 어음법 제10조가 적용되는지 여부는 문제가 될 수 없기 때문이다.

6. 보충권의 행사기간

(1) 만기 이외의 사항이 백지인 경우

1) 어음의 경우

(개) 주채무자에 대한 관계에서는 어음채무는 만기로부터 3년의 시효로 소멸하므로 보충권은 이 시효기간 내에 행사하여야 한다.[5] 즉, 확정일출급 및 발행일자후

---

1) 정(찬), 216~217면; 정(찬), (선의취득) 37~38면; 정찬형, 전게서(상사법의 현대적 과제), 540~541면.
2) 田中(誠), 250면.
3) 어음법 제10조와 동법 제17조와의 관계에 대하여, 어음법 제10조는 동법 제17조의 특별규정으로 해석하는 견해도 있고(鈴木, 210면 외), 어음법 제10조는 동법 제17조의 일부가 아닌 완전한 독립규정이라고 보는 견해도 있다(Baumbach/Hefermehl, WG Art. 10 Rdn. 8). 양규정 모두 어음항변의 제한에 관한 규정에서는 공통하나, 어음법 제10조는 동법 제17조와는 다른 항변제한에 관한 규정으로 보면 충분할 것이다.
4) 동지: 정(희), 261~262면 외 다수.
5) 동지: 대판 2002. 2. 22, 2001 다 71507(공보 2002, 759)(백지약속어음의 보충권 행사에 의하여 생기는 채권은 어음금 채권이고, 어음법 제77조 1항 8호, 제70조 1항, 제78조 1항에 의하면 약

정기출급어음에 있어서는 「소정의 만기로부터 3년 내」에 보충권을 행사하여야 하고, 일람출급어음에 있어서는 「지급제시기간[1) 내의 지급제시일[2)로부터 3년 내」에 보충권을 행사하여야 하고, 일람후정기출급어음에 있어서는 「인수일자 또는 거절증서의 일자[3)(모두 없는 경우에는 발행일자로 부터 원칙적으로 1년되는 일자)[4) 후 일정기간경과로부터 3년 내」에 보충권을 행사하여야 한다.

(나) 상환(소구)의무자에 대한 관계에서는 (지급 또는 인수)제시기간 내에 완전한 어음을 제시하여야 하므로, 이 기간 내에 보충권을 행사하여야 한다.[5) 즉, 확정일출급어음 및 발행일자후정기출급어음에 있어서는 「지급을 할 날에 이은 2거래일 내」에 보충권을 행사하여야 하고($\binom{\text{어 38조, 44조 3항,}}{\text{77조 1항 3호·4호}}$), 일람출급어음에 있어서는 지급제시에 완전한 어음을 제시하여야 하므로 「지급제시기간 내」($\binom{\text{원칙적으로 발행}}{\text{일자로부터 1년}}$)($\binom{\text{어 34조 1항,}}{\text{77조 1항 2호}}$)에 보충권을 행사하여야 하며, 일람후정기출급어음에 있어서는 인수제시에 완전한 어음을 제시하여야 하므로 「인수제시기간 내」($\binom{\text{원칙적으로 발행}}{\text{일자로부터 1년}}$)($\binom{\text{어 23조,}}{\text{78조 2항}}$)에 보충권을 행사하여야 한다.[6)

2) 수표의 경우   수표에는 만기가 없으므로 발행일 이외의 사항이 백지인 경우가 이에 해당한다. 수표의 지급제시에는 완전한 수표를 제시하여야 하므로, 수

속어음의 발행인에 대한 어음금 채권은 만기의 날로부터 3년간 행사하지 아니하면 소멸시효가 완성되는 점 등을 고려하면, 발행일을 백지로 하여 발행된 약속어음의 백지보충권의 소멸시효기간은 백지보충권을 행사할 수 있는 때로부터 3년으로 봄이 상당하다); 동 1995. 6. 9, 94 다 41812(공보 996, 2378)(백지어음의 보충은 보충권이 시효로 소멸하기까지는 지급기일 후에도 이를 행사할 수 있고, 어음의 주채무인 발행인에 대하여 어음금청구소송을 제기한 경우에는 변론종결시까지만 보충권을 행사하면 된다); 日大判 1920. 12. 27(교재, 판결례 [102])(환어음의 인수인에 대한 관계에서는 만기 후 3년을 경과하지 않는 동안에 한 보충은 유효하다고 함); 동 1930. 3. 4(교재, 판결례 [103])(약속어음의 발행인에 대한 관계에서는 그 채무의 소멸시효가 완성하기까지 보충을 할 수 있다).

1) 일람출급어음의 지급제시기간은 원칙적으로 발행일자로부터 1년이고, 발행인은 이 기간을 단축 또는 연장할 수 있으며, 배서인은 이 기간을 단축할 수 있다(어 34조 1항, 77조 1항 2호).

2) 왜냐하면 일람출급어음에 있어서는 (지급)제시된 때에 만기가 되기 때문이다(어 34조 1항, 77조 1항 2호).

3) 일람후정기출급의 환어음의 만기는 인수의 일자 또는 거절증서의 일자에 의하여 정하여지며(어 35조 1항), 일람후정기출급의 약속어음은 발행인이 어음에 일람의 뜻을 기재하고 일자를 부기하여 기명날인 또는 서명한 날로부터 진행한다(어 78조 2항).

4) 인수일자의 기재도 없고 거절증서도 작성하지 아니한 경우에는 인수인에 대한 관계에서는 인수제시기간(어음법 제23조에 의하여 원칙적으로 1년)의 말일에 인수한 것으로 본다(어 35조 2항, 77조 1항 2호).

5) 동지: 日大判 1930. 3. 4(교재, 판결례 [103])(상환의무자에 대한 관계에서는 거절증서작성기간 내에 요건의 보충을 하여야 한다).

6) 동지: 손(주), 233면; 서(정), 153면.

표의 발행일 이외의 사항이 백지인 경우에는 「지급제시기간 내」($\frac{수}{29조}$)에 보충권을 행사하여야 한다.

(2) 만기가 백지인 경우

1) 어음의 경우 　이에 대하여 학설은 보충권 자체의 소멸시효와 관련하여 설명하고, 그 시효기간에 대하여는 (i) 20년설(보충권은 형성권으로서 소유권도 채권도 아닌 재산권이므로 이의 시효기간과 동일하게 본 것임)($\frac{민\ 162}{조\ 2항}$),1) (ii) 10년설(보충권은 형성권이기는 하나 특정인에 대한 권리로서 채권과 동일시할 수 있으므로 민사채권의 시효기간과 동일하게 봄)($민\ 162\atop조\ 1항$),2) (iii) 5년설(이는 일본에서 주장되고 있는 견해로, 백지보충권의 부여는 「어음에 관한 행위」〈日商 501조 4호〉이거나 이에 준하는 상행위이므로 상사시효와 같이 본 것임)($日商\atop522조$)($우리\ 상\atop법\ 64조$),3) (iv) 10년 또는 5년설(보충권수여계약의 기초가 되는 원인관계상의 채권이 민사채권인가 상사채권인가에 따라 그 시효기간인 10년 또는 5년 내에 행사하여야 한다고 함)($민\ 162조\ 1\atop항,\ 상\ 64조$),4) (v) 3년설(보충권의 행사에 의하여 발생하는 어음상의 권리와 같이 시효기간을 정함)($어\ 70조\ 1항,\atop77조\ 1항\ 8호$),5) (vi) 1년설(일람출급어음의 제시기간에 준하여 보충권의 소멸시효기간을 정함)($어\ 34조\atop1항,\atop77조\ 1항\atop2호$)6)로 나뉘어 있다.

우리나라의 대법원판례는 3년설이다.7)

---

1) 서·정, 175면; 박(원), 495면; 이(범), 321면; 채, 104면; 정(무), 405면; 주어, 205면. 이 견해에서는 기산점을 「백지어음교부시」로 보고 있다. 동지: 日大判 1933. 11. 7(교재, 판결례 [104]).

2) 서(정), 154면.

3) 鈴木, 212면; 田中(誠), 96면; 伊澤, 365면; 日最高判 1961. 11. 24(民集 15-10, 2536). 우리나라에서 이 설을 취하는 분은 없음.

4) 정(희), 159면.

5) 손(주), 235면; 양·박, 728면; 양(승), (어) 280면; 정(동), 317면; 강, 596면; 강, (어) 344면; 주석, 244~245면; 최(기), 343면; 이(철), (어) 261면.

6) 大橋光雄, 「法學論叢」(京大), 第37卷 3號, 561면; 최준선, "백지어음 보충권의 제척기간과 그 기산점," 「고시연구」, 2001. 10, 164~166면; 동, "백지어음 보충권의 제척기간과 그 기산점," 「현대상사법논집」(우계강희갑박사화갑기념논문집), 2001, 322~324면(만기가 백지인 어음의 보충권의 제척기간은 발행일로부터 1년이라고 하는데, 이는 만기 이외의 사항이 백지인 경우와 너무나 불균형하다. 또한 이 견해에서는 발행일과 만기가 모두 백지인 경우에는 먼저 발행일을 보충하여야 한다고 하면서 발행일의 보충권 행사기간에 대하여는 언급이 없다). 그런데 최준선, "백지어음 보충권의 제척기간," 「비교사법」, 제 9 권 3호(2002. 10), 70면, 75~76면은 보충권의 행사기간을 「만기가 백지인 경우 당사자간에 다른 합의가 없는 한 보충권의 행사가 법률상 가능한 때로부터 기산하여 3년의 제척기간에 걸린다고 보는 것이 타당하다」고 하여 견해를 바꾸고 있다.

7) 대판 2003. 5. 30, 2003 다 16214(공보 2003, 1448)(만기를 백지로 한 약속어음을 발행한 경우, 그 보충권의 소멸시효는 다른 특별한 사정이 없는 한 그 어음발행의 원인관계에 비추어 어음상의 권리를 행사하는 것이 법률적으로 가능하게 된 때부터 진행하고〈대법원 1997. 5. 28. 선고 96 다 25050 판결, 대법원 2001. 10. 23. 선고 99 다 64018 판결 등 참조〉, 백지약속어음의 보충권 행사에 의하여 생기는 채권은 어음금 채권이며 어음법 제77조 1항 8호, 제70조 1항, 제78조 1항에 의하면 약속어음의 발행인에 대한 어음금 채권은 만기의 날로부터 3년간 행사하지 아니하면 소멸시효가 완성되는 점 등을 고려하면, 만기를 백지로 하여 발행된 약속어음의 백지보충권의 소멸시효기간은 백지보충권을 행사할 수 있는 때로부터 3년으로 봄이 상당하고〈다만 만기 이외의 어음요건이 백지인 경우 그 백지보충권을 행사할 수 있는 시기는 다른 특별한 사정이 없는 한 만기를 기준으로 할 것이다〉, 당사자 사이에 백지를 보충할 수 있는 시기에 관하여 명시적 또는 묵시적 합의가 있는 경우에는 그 합의된 시기부터 백지보충권의 소멸시효가 진행된다고 할 것이다).

생각건대 보충권의 법적 성질을 형성권으로 본다면, 형성권에는 소멸시효를 인정할 수 없으므로,[1) 위의 학설이 보충권의 행사기간을 시효기간과 관련하여 설명하고 있는 것은 근본적으로 잘못된 것으로 생각된다. 따라서 보충권 자체의 소멸시효기간을 문제삼는 것은 의미가 없고 보충권의 행사기간만이 문제가 되는데, 이 행사기간은 어음의 주채무자에 대한 관계에서 만기 이외의 사항이 백지인 경우에 보충권의 행사기간이 3년인 점과 관련하여 볼 때 3년으로 보는 것이 타당하다고 본다. 그런데 이 때 3년의 기산점을 발행일로 볼 수는 없고(왜냐하면 만기가 도래하지 않은 것을 도래한 것과 같게 취급할 수 없기 때문임), (당사자간에 이에 관한 별도의 합의가 없으면) 일람출급어음의 경우 지급제시가 있으면 만기가 되고 이 지급제시기간은 원칙적으로 발행일로부터 1년인 점과 관련하여 볼 때(어 34조, 77조 1항 2호)「발행일로부터 1년이 되는 시점」으로 해석하여야 할 것으로 본다.[2) 그런데 우리 대법원판례는 보충권 행사기간의 기산점에 대하여 (당사자간에 명시적·묵시적 합의가 없으면)「보충권을 행사할 수 있는 때」로 보고 있다.[3)

2) 수표의 경우   수표의 경우는 만기가 없으므로 발행일이 백지인 경우가 이에 해당한다. 수표의 발행일이 백지인 경우에는 20년 내에 보충권을 행사하여야 한다는 견해도 있으나,[4) 수표의 발행일이 백지인 경우는 수표상의 권리(상환청구〈소구〉권)의 소멸시효기간과 같이 6월 내에 보충권을 행사하여야 한다고 본다(수 51조 1항 참조).[5) 이 때 기산점에 대하여는 (당사자간에 이에 관한 별도의 합의가 없으면) 수표

---

1) 곽, (총칙) 515면; 김(증), (총칙) 446면.

2) 이에 관한 상세는 정찬형, 전게서(상사법의 현대적 과제), 545~546면; 정(찬), 220면 참조.

3) 우리 대법원판례는 보충권의 행사기간의 기산점에 관한 당사자간의 명시적 또는 묵시적 합의를 인정하여「장래의 계속적인 물품거래로 발생할 채무의 지급을 위하여 만기를 백지로 한 약속어음을 발행한 경우, 그 보충권의 소멸시효는 다른 특별한 약정이 없는 한 '그 물품거래가 종료하여 어음상의 권리를 행사하는 것이 법률적으로 가능하게 된 때'부터 진행한다」고 판시하고[대판 1997. 5. 28, 96 다 25050(공보 1997, 1976)],「만기를 백지로 한 약속어음을 발행한 경우, 그 보충권의 소멸시효는 다른 특별한 사정이 없는 한 그 어음발행의 원인관계에 비추어 '어음상의 권리를 행사하는 것이 법률적으로 가능하게 된 때'부터 진행한다」고 판시하고 있다[대판 2003. 5. 30, 2003 다 16214(공보 2003, 1448)].

4) 정(희), 158면.

5) 동지: 대판 2001. 10. 23, 99 다 64018(공보 2001, 2523)(발행일을 백지로 하여 발행된 수표의 백지보충권의 소멸시효기간은 백지수표의 보충권 행사에 의하여 생기는 채권은 수표금채권이고, 수표법 제51조에 의하면 수표의 발행인에 대한 소구권은 제시기간 경과 후 6개월간 행사하지 아니하면 소멸시효가 완성되는 점 등을 고려하면 6개월로 봄이 상당하다)[이 판결에 대하여 그 시효기간을 완성수표에 있어서와 같이 정한 것은 이론적 근거가 없는 판단이라는 취지의 평석으로는 정진세, 법률신문, 제3044호(2002. 1. 21), 14면 참조]; 동 2002. 1. 11, 2001 도 206(공보 2002, 502)(발행일을 백지로 하여 발행된 수표의 백지보충권의 소멸시효는 다른 특별한 사정이 없는 한 그 수표발행의 원인관계에 비추어 발행 당사자 사이에 수표상의 권리행사가 법률적으로 가능하게 된 때부터 진행한다고 보아야 할 것인바, 백지수표의 보충권 행사에 의하여 생기는 채권은 수표금

면상 기준이 되는 일자가 없으므로, 수표상의 권리를 행사하는 자가 실제로 발행한 날을 입증하여 지급제시기간의 종료일을 기산점으로 할 수밖에 없다고 본다.[1]

7. 백지보충의 효과

(1) 백지어음의 소지인이 그가 갖고 있는 보충권을 적법하게 행사하여 백지를 보충한 때에는 보통의 어음과 완전히 동일한 어음이 되어, 동 어음은 어음상의 권리를 표창하게 되고 백지어음행위자는 보충된 문언에 따라 그 책임을 부담하게 된다.[2]

(2) 그런데 보충의 효력이 언제부터 발생하느냐에 대한 시기에 대하여는 학설이 대립되어 있다. 즉, 백지어음행위시까지 소급하여 효력이 발생한다는 소급설(소수설)[3]과, 보충시부터 장래에 향하여만 효력이 발생한다는 불소급설(통설)[4]이 있는데, 불소급설이 타당하다고 생각한다. 따라서 백지어음행위의 효력은 민법 제147조의 준용을 받아 보충이라는 법정조건이 성취한 때로부터 장래에 향하여 효력이 발생한다.

채권이고, 수표법 제51조에 의하여 수표의 발행인에 대한 소구권은 제시기간 경과 후 6개월간 행사하지 아니하면 소멸시효가 완성되는 점 등을 고려하면, 발행일을 백지로 하여 발행된 수표의 백지보충권의 소멸시효기간은 백지보충권을 행사할 수 있는 때로부터 6개월로 봄이 상당하다. 따라서 백지보충권의 소멸시효가 완성된 다음 수표상의 백지부분을 보충하였다고 하더라도 이는 적법한 보충이라고 할 수 없으므로, 소멸시효기간이 완성된 후 백지수표의 백지부분이 보충되어 지급제시되었다면, 그 수표가 예금부족 또는 거래정지처분 등의 사유로 지급거절되었다고 하더라도, 이에 대하여는 부정수표단속법 위반죄의 죄책을 물을 수 없다).

1) 정(찬), 221면; 정찬형, 전게서(상사법의 현대적 과제), 546면. 그러나 상게 대판 2001. 10. 23, 99 다 64018은 「Y가 발행일을 백지로 하여 당좌수표를 발행하여 1992. 6월경 A에게 교부하고, A는 동 백지수표를 1992. 10월경 B에게 교부하였으며, B는 동 백지수표를 1992. 12월경 X에게 부동산매매대금의 지급조로 교부하였으나, X가 1997. 1. 7에 발행일을 보충하여 Y에게 수표금을 청구한 것은 X가 보충권을 행사할 수 있는 시기인 1992. 12월경부터 6개월이 경과한 보충권의 행사이므로 Y는 X에 대하여 소구의무를 부담하지 않는다」고 판시하고 있는데, 전전유통되는 수표에서 최종소지인이 권리를 행사할 수 있는 때를 기산점으로 보는 것은 기산점이 고정되지 않고 수표의 유통에 따라 변동되는 점에서 문제가 있다고 본다.

2) 대판 1993. 12. 10, 93 다 35261(공보 961, 348)(수취인란이 백지인 어음을 정당하게 교부받은 어음소지인은 백지를 보충하여 타에 양도함에 있어 수취인란을 임의로 기재한 다음, 그 수취인을 제1배서의 배서인으로, 자신을 그 피배서인으로 기재한 경우에도 적법하다); 동 1993. 12. 7, 95 다 25165(공보 961, 335)(수취인란이 백지인 어음에서 이의 보충여부를 재판의 기초로 삼기 위하여는 원고로 하여금 원심변론종결일까지 이를 보충하였는지 여부에 관하여 변론할 기회를 주었어야 함에도 불구하고 이를 하지 않고 판단하였음은 석명의무를 다하지 않은 것이다).

3) 최(기), 352면; 田中(耕), 315면.

4) 정(희), 161면; 서·정, 177면; 손(주), 237면; 서(정), 154면; 박(원), 495면; 양(승), (어) 283면; 채, 103면; 정(동), 322면; 주석, 238면; 이(범), 321면; 강, 594면; 강, (어) 339면 외. 동지: 日最高判 1958. 3. 7(民集 12-5, 13).

(3) 그런데 백지어음이 보충시부터 완전한 어음으로서의 효력이 발생한다고 하더라도, 백지어음상에 한 어음행위의 성립시기는 그 행위시이지 보충시가 아니다.[1] 따라서 백지어음행위자의 권리능력, 행위능력 및 대리권의 유무 등은 당해 백지어음행위시를 표준으로 하여 결정된다. 또한 어음의 발행일자·인수일자·배서일자·만기 등도 다른 백지부분의 보충 전에 이미 기재되어 있는 경우에는 그 기재시에 성립되어 있으므로, 기입된 기재를 기준으로 하여 이에 따른 법률효과를 결정하여야 할 것이다. 우리나라의 대법원판례는 기한후배서인지 여부를 종래에는 백지보충시를 기준으로 판단하였으나,[2] 그 후에는 이를 변경하여 어음행위(배서)의 성립시를 기준으로 판단하였다.[3]

제5 백지어음의 양도

1. 근 거

백지어음이 보충 전에도 보통의 어음의 양도방법에 따라 양도될 수 있다는 점에 대하여는 이설(異說)이 없으나, 그 근거에 대하여는 백지어음의 법적 성질을 어떻게 보느냐에 따라서 다음과 같이 달리 설명되고 있다. (ⅰ) 백지어음을 어음의 일종으로 보는 견해에서는 백지어음에 어음의 유통에 관한 규정이 당연히 적용되므로, 백지어음은 보통의 어음의 양도방법에 따라 양도될 수 있다고 설명한다.[4] (ⅱ) 그러나 백지어음을 어음이 아니라고 보는 견해에서는 백지어음은 어음이 아니므로 당연히 어음의 양도방법에 의하여 양도될 수는 없고, 상관습법에 의하여 완성어음의 경우와 동일한 방법에 의하여 또 이것과 동일한 효력을 갖고 유통된다고 설명한다.[5]

생각건대 백지어음을 어음이 아니라고 보는 입장에서 (ⅱ)의 설명이 타당하다고 본다.

---

1) 동지: 정(희), 161면; 정(동), 322면; 양(승), (어) 283면.
2) 대판 1965. 8. 31, 65 다 1217(교재, 판결례 [100])(실제로 배서는 기한 전에 이루어진 경우라도 백지보충이 기한 후에 이루어진 때는 배서의 효력도 백지보충시에 발생하므로 기한후배서이다).
3) 대판(전원합의체판결) 1971. 8. 31, 68 다 1176(교재, 판결례 [101])(만기가 1966. 1. 20인 백지어음에서 실제로 배서가 1966. 1. 10에 이루어지고 백지보충이 1966. 8. 24에 된 경우에는, 어음행위의 성립시기는 그 어음행위 자체의 성립시기로 결정하여야 하므로 기한전배서이다).
4) 이(범), 320면.
5) 서(정), 150면; 주석, 232면; 최(기), 355면.

2. 양도방법

완성어음의 양도방법과 같다. 따라서 수취인 또는 피배서인의 기재가 있는 백지어음은 배서에 의하여(어 13조·77조 1항, 수 16조), 수취인 또는 피배서인의 기재가 없는 백지어음은 교부[1] 또는 배서에 의하여 양도될 수 있다(어 14조 2항·77조 1항 1호, 수 17조 2항).

3. 선의취득

백지어음에 대하여 어음법적 양도방법이 인정되는 당연한 귀결로서 백지어음도 선의취득된다는 점에 대하여는 이견(異見)이 없다. 이 때 백지어음을 선의취득한 자는 그 어음과 함께 백지보충권을 취득하고,[2] 이에 기하여 백지를 보충하여 백지어음행위를 한 자에 대하여 어음상의 권리를 행사할 수 있다.[3]

4. 항변의 절단

백지어음에 대하여 어음법적 양도방법이 인정되는 결과, 백지어음을 선의로(채무자를 해할 것을 알지 못하고) 취득한 자에 대하여 인적 항변의 절단에 의한 보호(어 17조·77조 1항 1호, 수 22조)를 인정하여야 한다고 보는 것이 통설[4]·판례[5]이다.

5. 제권판결

백지어음에도 보통의 어음의 양도방법을 인정하는 이상 백지어음에도 공시최고에 의한 제권판결을 인정하는 것이 통설이다.[6] 그러나 공시최고에 의한 제권판결을 받아도 그 판결문에 백지보충을 할 수 없으므로, 동 판결문에 의하여 지급제시를 할 수는 없다. 따라서 백지어음에 의한 제권판결은 단지 상실된 백지어음의 취득자의 권리행사를 방해한다고 보는 견해도 있으나,[7] 이는 물론 제권판결을 받은

---

1) 동지: 대판 1994. 11. 18, 94 다 23098(공보 983, 53).

2) 반대: 김문재, 전게 상사법연구(제21권 1호), 493~494면, 502~510면(백지보충권은 어음상에 표창되지 않으므로 선의취득의 대상이 아니라고 한다).

3) 동지: 수원지판 1991. 3. 18, 90 가단 27067; 日大判 1930. 10. 23(교재, 판결례 [87]).

4) 서·정, 175면; 손(주), 236면; 서(정), 150면; 이(범), 320면; 정(동), 310면; 채, 102면 외.

5) 대판 1994. 11. 18, 94 다 23098(공보 983, 53)(수취인이 백지인 어음은 인도에 의하여 어음법적으로 유효하게 양도되므로 어음법 제17조가 적용되어 그 어음의 소지인이 선의이면 인적 항변이 절단된다).

6) 서·정, 175면; 손(주), 237면; 서(정), 150면; 박(원), 494면; 이(범), 320면; 정(동), 311면 외.

7) 이영섭(편집대표), 「학설판례 주석민사소송법」(한국사법행정학회, 1972), 924면; 日最高判 1968.

자는 제권판결문에 원고의 보충의 의사를 명기한 서면을 첨부받아 어음금의 지급청구를 할 수 있거나 또는 상법 제360조의 경우와 같이 백지어음을 재발행받아 이에 보충하여 어음상의 권리를 행사할 수 있다고 본다.[1] 그러나 우리 대법원판례는 「제권판결을 취득한 자는 백지부분에 대하여 어음 외의 의사표시에 의하여 보충권을 행사하고 그 어음금의 지급을 구할 수 있다」고 판시하고 있다.[2]

제 6 백지어음에 의한 권리행사

1. 일반적 효력

(1) 백지어음은 유통상에서는 상관습법에 의하여 어음법적 양도방법에 의하여 양도되지만, 그 밖의 점에 있어서는 어음이 아니므로 어음과 같이 취급될 수 없다. 따라서 백지어음에 의하여 주채무자에 대한 어음상의 권리를 행사할 수도 없고, 또 상환(소구)의무자에 대한 상환청구권(소구권)을 보전하는 효력도 없다(통설[3]·판례[4]).

---

4. 12(民集 22-4, 911).

1) 동지: 정동윤, "제권판결이 선고된 백지어음의 보충권의 행사방법," 「고려법학」(고려대법학연구원), 제36호(2001), 292~294면(서면에 의한 보충을 기본으로 하면서 보충적으로 재발행된 백지어음에 보충을 하여야 한다고 한다); 김태주, "백지어음," 「상사법논집」(무애서돈각박사정년기념논문집)(서울: 법문사, 1986), 413면, 428면(재발행된 백지어음에 보충을 하여야 한다고 한다); 주석, 234면; 日最高判 1970. 2. 17(週判 207, 17); 日名古屋高判 1973. 3. 19(교재, 판례 [80]).
반대: 日最高判 1976. 4. 8(교재, 판례 [81])(상실한 백지어음에 관하여 제권판결을 얻은 자에게 상실어음과 동일한 내용의 어음의 재발행청구권을 부인하고 있다).

2) 대판 1998. 9. 4, 97 다 57573(공보 1998, 2392)(제권판결제도는 증권 또는 증서를 상실한 자에게 이를 소지하고 있는 것과 같은 형식적 자격을 부여하여 그 권리를 실현할 수 있도록 하려는 것인 점과, 백지어음의 발행인은 백지보충을 조건으로 하는 어음금지급채무를 부담하게 되고, 백지에 대한 보충권과 백지보충을 조건으로 한 어음상의 권리는 백지어음의 양도와 더불어 양수인에게 이전되어 그 소지인은 언제라도 백지를 보충하여 어음상의 권리를 행사할 수 있으므로, 백지어음은 어음거래상 완성어음과 같은 경제적 가치를 가지면서 유통되고 있는 점을 함께 고려하여 보면, 백지어음에 대한 제권판결을 받은 자는 발행인에 대하여 백지보충권과 백지보충을 조건으로 한 어음상의 권리까지를 모두 민사소송법 제468조에 규정된 '증서에 의한 권리'로서 주장할 수 있다고 봄이 상당하고, 따라서 백지어음의 제권판결을 받은 자는 발행인에 대하여 백지 부분에 대하여 어음 외의 의사표시에 의하여 보충권을 행사하고 그 어음금의 지급을 구할 수 있다). 동지: 大隅·河本, 480면.

3) 정(동), 308면; 이(범), 321면 외 다수.

4) 대판 1970. 3. 10, 66 다 2184(교재, 판례 [96])(백지어음을 제시하였을 때 어음채무자가 곧 지체책임에 빠진다고는 볼 수 없다); 동 1971. 1. 26, 70 다 602(교재, 판례 [95])(수취인란을 보충하지 않은 백지어음소지인은 어음상의 권리를 행사할 수 없다); 동 1992. 3. 10, 91 다 28313(공보 919, 1283); 동 1993. 11. 23, 93 다 27765(공보 960, 181)(어음발행일란의 보충 없이 지급제시한 경우는 적법한 지급제시가 되지 못하여 소구권을 상실한다); 동 1994. 9. 9, 94 다 12098, 94 다 12104(공보 978, 2615); 동 1994. 9. 30, 94 다 8754(공보 979, 2838); 동 1995.

따라서 백지어음의 소지인이 어음금청구소송의 사실심 변론종결일까지 백지부분을 보충하지 않아 패소판결을 받고 그 판결이 확정된 경우, 백지보충권을 행사하여 완성한 어음에 기하여 전소(前訴)의 피고를 상대로 다시 동일한 어음금을 청구할 수는 없다.[1]

(2) 백지어음의 소지인이 백지를 보충한 후 어음상의 권리를 행사하면 적법한 어음상의 권리의 행사인데, 이 때에 어음소지인에게 과연 보충권이 있는지 여부가 문제된다. 이에 대하여 우리 대법원은, 「백지어음에 있어서는 백지보충권은 어음에 부수하여 전전하는 것으로 어음을 정당하게 취득한 자는 그에 관한 보충권도 동시에 취득하는 것으로 해석할 것이다」고 판시하여,[2] 백지어음의 정당소지인에 대하여 백지보충권을 인정하고 있다.

(3) 발행지(및 발행인의 명칭에 부기한 지)의 기재 없는 어음이 백지어음으로 추정된다고 하더라도 이의 보충 없이 한 지급제시가 유효한지 여부가 문제된다. 이러한 어음이 당사자간에 국내에서 발행된 것이 명백한 경우에는 발행지가 준거법을 정하는 데 있어서 일응 추정력만을 갖는 그의 기능에서 볼 때 발행지의 기재가 없는 어음을 유효어음으로 보아 동 어음에 기한 어음상의 권리행사 및 지급제시를 유효로 보아야 할 것이다.[3]

9. 15, 95 다 23071(공보 1002, 3398); 광주고판 1982. 6. 17, 81 나 300(상고불허가)(교재, 판결례 [499])(백지어음에서 백지를 보충하여 적법한 지급제시기간에서 지급제시를 한 사실이 없는 이상 소구의무자에 대한 소구권은 이미 상실되었다). 동지: 日最高判 1958. 3. 7(교재, 판결례 [97])(수취인란이 백지인 채로 한 지급을 위한 제시는 무효이며, 그 제시기간경과 후에 한 보충에 의하여 이 제시가 소급하여 유효해질 수는 없다).

1) 대판 2008. 11. 27, 2008 다 59230(공보 2008, 1789)(약속어음의 소지인이 어음요건의 일부를 흠결한 이른바 백지어음에 기하여 어음금청구소송〈이하 '전소'라고 한다〉을 제기하였다가 위 어음요건의 흠결을 이유로 청구기각의 판결을 받고 위 판결이 확정된 후 위 백지부분을 보충하여 완성한 어음에 기하여 다시 전소의 피고에 대하여 어음금청구소송〈이하 '후소'라고 한다〉을 제기한 경우에는 원고가 전소에서 어음요건의 일부를 오해하거나 그 흠결을 알지 못했다고 하더라도, 전소와 후소는 동일한 권리 또는 법률관계의 존부를 목적으로 하는 것이어서 그 소송물은 동일한 것이라고 보아야 한다. 그리고 확정판결의 기판력은 동일한 당사자 사이의 소송에 있어서 변론종결 전에 당사자가 주장하였거나 주장할 수 있었던 모든 공격 및 방어방법에 미치는 것이므로, 약속어음의 소지인이 전소의 사실심 변론종결일까지 백지보충권을 행사하여 어음금의 지급을 청구할 수 있었음에도 위 변론종결일까지 백지부분을 보충하지 않아 이를 이유로 패소판결을 받고 그 판결이 확정된 후에 백지보충권을 행사하여 어음이 완성된 것을 이유로 전소 피고를 상대로 다시 동일한 어음금을 청구하는 경우에는 위 백지보충권 행사의 주장은 특별한 사정이 없는 한 전소〈前訴〉 판결의 기판력에 의하여 차단되어 허용되지 않는다).

2) 대판 1960. 7. 21, 4293 민상 113(교재, 판결례 [82]). 동지: 日最高判 1959. 8. 18(교재, 판결례 [94]).

3) 정찬형, "어음·수표요건으로서의 「발행지」의 재검토," 「민사판례연구(Ⅶ)」, 118~148면; 동, "발행지의 기재가 흠결된 어음(판례평석)," 법률신문, 제2070호(1991. 10. 21), 15면; 정(찬), 203

우리나라의 대법원판례는 종래에는 발행지를 보충하지 않고 한 지급제시는 그 효력이 없다고 일관하여 판시하였으나,[1] 1998. 4. 23 에는 대법원 전원합의체판결로써 이러한 종래의 판례를 변경하여 국내어음의 경우 발행지의 기재 없는 어음도 유효어음으로 보아 발행지의 기재 없는 어음의 지급제시는 적법하다고 판시하였다.[2]

2. 시효중단과의 관계

시효중단사유에는, (i) 청구, (ii) 압류 또는 가압류 · 가처분, (iii) 승인($\substack{민\\168조}$), (iv) 재소구권의 소송고지로 인한 시효중단($\substack{어\ 80조 \\ 수\ 64조}$)이 있는데, 백지어음에서 문제가 되는 것은 청구와 승인이다. 만일 백지어음으로써 하는 청구와 승인에 대하여 시효중단의 효력을 인정한다면, 이것은 어음상 권리의 시효중단을 위한 청구와 승인에는 어음의 제시가 불요하다는 것과 같게 된다. 왜냐하면 백지어음은 완성어음이 아니므로 이에 의한 제시는 제시의 효력이 없기 때문이다.[3]

이에 대하여 우리나라의 통설은 시효중단을 위한 청구($\substack{재판상의\ 청구이든\ 재판 \\ 외의\ 청구이든\ 불문하고}$)나 승인에는 어음을 제시할 필요가 없다고 본다[4]($\substack{따라서\ 백지어음에\ 의한\ 청구나\ 승인 \\ 에도\ 시효중단의\ 효력이\ 발생한다}$). 우리나라의 대법원판례도 백지어음에 의한 어음금의 청구에 어음상의 권리에 관한 시효중단의 효력을 인정하고 있다.[5] 그러나 이에 반하여, 백지어음에 의한 재판상의 청구에는

면; 정(찬), (사례) 217~220면. 동지: 양(승), (사례) 239면; 박종연, "발행지 · 수취인 등의 기재가 누락된 경우 약속어음 · 수표소지자의 구제방안(하)," 법률신문, 제2062호(1991. 9. 19), 10면.

1) 대판 1967. 9. 5, 67 다 1471; 동 1976. 11. 23, 76 다 214; 동 1979. 8. 14, 79 다 1189; 동 1985. 8. 13, 85 다카 123; 동 1988. 8. 9, 86 다카 1858; 동 1991. 4. 23, 90 다카 7958; 동 1992. 10. 27, 91 다 24724; 동 1995. 9. 15, 95 다 23071.

2) 대판(전원합의체판결) 1998. 4. 23, 95 다 36466(공보 1998, 1338)[이 판결에 찬성하는 취지의 평석으로는 정찬형, "발행지의 기재 없는 약속어음의 지급제시의 효력," 법률신문, 제2692호(1998. 5. 11), 14면; 최준선, "발행지가 흠결된 어음의 유효성," 「판례월보」, 제333호(1998. 6), 39~46면이 있고, 이 판결에 반대하는 취지의 평석으로는 이기수, "어음요건으로서의 발행지," 법률신문, 제2694호(1998. 5. 18), 14면; 최기원, "발행지기재의 흠결과 어음의 효력," 법률신문, 제2698호(1998. 6. 1), 14면이 있다].
  수표에 관하여 이와 동지의 판례로는 대판(전원합의체판결) 1999. 8. 19, 99 다 23383(공보 1999, 1856).

3) 대판 1970. 3. 10, 66 다 2184(교재, 판결례 [96]) 외 다수.

4) 정(희), 280면; 서 · 정, 118면; 손(주), 144면; 정(동), 309면; 주석, 469면; 주어, 509면.

5) 대판(전원합의체판결) 2010. 5. 20, 2009 다 48312(공보 2010, 1143)(만기는 기재되어 있으나 지급지 · 지급을 받을 자 등과 같은 어음요건이 백지인 약속어음의 소지인이 그 백지 부분을 보충하지 않은 상태에서 어음금을 청구하는 것은 어음상의 청구권에 관하여 잠자는 자가 아님을 객관적으로 표명한 것이고 그 청구로써 어음상의 청구권에 관한 소멸시효는 중단된다. 이 경우 백지에 대한 보충권은 그 행사에 의하여 어음상의 청구권을 완성시키는 것에 불과하여 그 보충권이 어음상의 청구권과 별개로 독립하여 시효에 의하여 소멸한다고 볼 것은 아니므로, 어음상의 청구권이

시효중단의 효력이 없다는 소수설도 있다.[1]

통설·판례에 찬성한다. 따라서 백지어음에 의한 청구 또는 승인에도 시효중단
의 효력이 있다고 본다.[2]

제5절　어음의 실질관계

제1　총　　설

(1) 어음이 수수되는 경우에는 그 배후에 어떠한 실질적 이유 내지 목적이 있
다. 이와 같은 어음관계의 이면(裏面)에 있는 관계를 어음의 실질관계(기본관계)
(underlying transaction; Grundverhältnis)라 하고, 이의 법적 성질 및 법적 취급은 어
음법의 문제가 아니라 일반사법의 문제이다.[3] 어음관계는 실질관계와 분리된 추상
적인 법률관계로 존재하지만, 한편 어음관계는 실질관계의 수단에 불과하므로 양자
는 밀접한 관계가 있다.

(2) 어음의 실질관계에는 원인관계(대가관계)($\substack{어음수수의 \\ 직접\ 당사자간}$), 자금관계(보상관계)
($\substack{발행인· \\ 지급인간}$), 어음예약($\substack{어음관계의 \\ 준비단계}$)이 있는데, 이 곳에서는 이에 대하여 차례로 설명한다.

제2　원인관계

1. 의　　의

어음수수의 원인이 되는 법률관계를 원인관계(Kausalverhältnis)라 한다. 원인관
계에는 매매, 증여, 채무의 추심위임, 보증, 채무의 담보, 채무의 변제, 어음개서,[4]

시효중단에 의하여 소멸하지 않고 존속하고 있는 한 이를 행사할 수 있다. 따라서 지급지 및 지급
을 받을 자 부분이 백지로 된 약속어음의 소지인이 그 지급기일로부터 3년이 경과한 후에야 위 백
지 부분을 보충하여 발행인에게 지급제시를 하였으나, 그 소지인이 위 약속어음의 지급기일로부터
3년의 소멸시효기간이 완성되기 전에 그 어음금을 청구하는 소를 제기한 이상, 이로써 위 약속어
음상의 청구권에 대한 소멸시효는 중단되었다).

1) 이(범), 321면; 최(기), 359면(다만 백지어음요건이 수취인 또는 확정일출급어음의 발행일과 같
이 어음의 권리의무의 내용과 무관한 때에는 시효중단의 효력을 인정할 수 있다고 한다).

2) 정(찬), 232면; 정찬형, 전게서(상사법의 현대적 과제), 552~553면.

3) 통일어음법에서는 실질관계에 관한 모든 문제를 통일어음법의 범위 외로 하여, 그 해결을 각국
의 특유한 사법에 맡기거나 학설·판례에 맡기고 있다.

4) 대판 1992. 2. 25, 91 다 14192(공보 918, 1118)(기존채무의 이행을 위하여 교부된 약속어음의

어음할인, 신용제공 등이 있다. 원인관계에는 보통 대가가 수수되는 점에서 원인관계를 대가관계(출연관계)(Valutaverhältnis od. Zuwendungsverhältnis)라고도 한다. 그러나 타인에게 호의로써 어음을 발행·배서하는 융통어음의 경우에는 예외적으로 대가관계가 없는 경우이고,[1] 어음할인의 경우는 원인관계가 어음 자체(엄격히는 어음
상의 권리 어음)의 매매를 목적으로 하여 이루어지는 것이므로 이 경우에는 어음관계의 성립에 의하여 바로 원인관계상의 목적을 달성할 수 있으므로 하자담보의 문제는 별론으로 하고 어음관계를 원인관계와 관련하여 특별히 문제삼을 것이 없다.[2]

2. 어음관계와 원인관계의 분리(어음관계의 추상성)

어음의 유효·무효 또는 어음상의 권리의 발생유무는 원인관계의 존부나 유효·무효에 의하여 영향을 받지 않는다(어 1조·12조 1항·26조 1항·
77조 1항, 수 1조·15조 1항).

3. 어음관계와 원인관계의 견련

(1) 원인관계가 어음관계에 미치는 영향

다음의 사항은 원인관계를 어음관계에 반영하여 어음법이 규정하고 있는 것이다.

1) 인적 항변의 허용(어 17조·77조 1항
1호, 수 22조)

2) 상환청구(소구)권의 인정(어 43조 이하·77조
1항 4호, 수 39조 이하) 이는 원인관계에 의한 담보책임이 어음법에 규정된 것이다.

3) 이득상환청구권의 인정(어 79조,
수 63조) 이는 어음의 원인관계(대가관계)를 고려하여 이로부터 발생하는 실질상의 불공평을 제거하기 위하여 어음소지인에게 인정된 권리이다.

(2) 어음관계가 원인관계에 미치는 영향

이에는 원인관계에서의 기존채무의 지급과 관련하여 어음이 수수되는 경우에 동 어음수수가 기존채무에 어떠한 영향을 미치는가의 문제와, 원인관계에서의 의사표시가 명백하지 않은 경우에 어음관계의 의사표시로써 원인관계의 의사표시로 인정할 수 있는지 여부의 문제가 있다.

소지인인 은행이 어음 되막기 방법에 의하여 그 약속어음을 결재된 것으로 처리하고 새로운 어음을 발행받은 경우, 기존채무는 쌍방간의 약정에 따라 새로운 어음의 지급기일까지 그 지급을 유예해 준 것일 뿐, 기존채무가 소멸되는 것은 아니고 새로운 어음이 만기에 지급되어야만 기존채무가 소멸되는 것이다).

1) 동지: 서·정, 131면; 정(동), 220면.
2) 동지: 정(동), 223면.

1) 당사자 사이에 원인관계에서 기존채무가 있고 그 지급과 관련하여 어음이 수수되는 경우가 일반적인데, 이에는 다음과 같은 세 가지 유형이 있다.

㉮ 기존채무의 「지급을 위하여」(지급의 방법으로서)(as a conditional payment; Zahlungshalber) 어음이 수수되는 경우   일반적으로 채무자가 기존채무에 관하여 당좌수표(또는 인수되지 않은 환어음)를 발행·교부하는 경우에 당사자의 다른 의사가 없으면 당사자의 의사는 그 채무의 지급을 위한 것이라고 추정한다.[1] 이 때에는 기존채무와 어음채무가 병존하고, 행사의 순서는 당사자의 의사가 명백하지 않으면 원칙적으로 어음상의 권리를 먼저 행사하여야 한다(통설[2]·판례[3]).

그런데 이 경우에 우리나라의 판례는 기존채무의 「지급을 위하여」(지급의 방법으로서) 수수된 것으로 추정한다는 판례와,[4] 기존채무의 「지급을 담보(확보)하기 위하여」 수

---

1) 동지: 정(희), 106~107면; 정(동), 230면(원칙적으로 원인관계상의 채무자가 어음상 유일한 채무자가 아닌 경우가 이에 해당한다고 한다); 대판 1960. 11. 24, 4293 민상 286(교재, 판결례 [415]); 동 1998. 11. 27, 97 다 54512·54529(공보 1999, 31)(기존채무의 이행을 위하여 교부된 당좌수표의 소지인이 수표되막기 방법에 의하여 그 당좌수표를 결제된 것으로 처리하는 경우 기존채무는 소멸하지 않는다); 동 1999. 9. 7, 98 다 47283(공보 1999, 2069)(기존채무의 이행을 위하여 발행된 약속어음의 소지인인 금융기관이 어음되막기 방법에 의하여 그 약속어음을 결제된 것으로 처리하는 경우, 외관상 그 금융기관에 어음금 상당의 금액이 입금된 것으로 보이지만 기존채무는 쌍방간의 약정에 따라 새로운 어음의 지급기일까지 그 지급이 유예된 것일 뿐 그로써 기존채무가 소멸하는 것은 아니다); 동 2003. 5. 30, 2003 다 13512(공보 2003, 1436)(채무자가 채권자에게 기존채무의 이행에 관하여 수표를 교부하는 경우 다른 특별한 사정이 없는 한 이는 '지급을 위하여' 교부된 것으로 추정할 것이고, 따라서 기존의 원인채무는 소멸하지 아니하고 수표상의 채무와 병존한다고 보아야 한다).

2) 정(희), 107면(당사자의 의사는 어음상의 권리를 먼저 행사하는 데 있다고 추정한다); 서·정, 133~134면; 양(승), (어) 221면; 정(동), 224면; 채, 114면 외.

3) 대판 1995. 10. 13, 93 다 12213(공보 1005, 3746)(따라서 채권자가 원인채권을 행사하기 위하여는 어음을 채무자에게 반환하여야 하므로, 원인채권을 행사하기 위한 전제로서 지급기일에 어음을 적법히 제시하여 소구권보전절차를 취할 의무가 있다); 동 2000. 9. 5, 2000 다 26333; 동 2001. 2. 13, 2000 다 5961(공보 2001, 643)(어음이 '지급을 위하여' 교부된 것으로 추정되는 경우 채권자는 어음채권과 원인채권 중 어음채권을 먼저 행사하여 만족을 얻을 것을 당사자가 예정하였다고 할 것이어서 채권자로서는 어음채권을 우선 행사하고 그에 의하여 만족을 얻을 수 없는 때 비로소 채무자에 대하여 기존의 원인채권을 행사할 수 있는 것이므로, 채권자가 기존채무의 변제기보다 후의 일자가 만기로 된 어음을 교부받은 때에는 특단의 사정이 없는 한 기존채무의 지급을 유예하는 의사가 있었다고 보아야 한다); 동 2014. 6. 26, 2011 다 101599(매수인이 매도인으로부터 물품을 공급받은 다음 그들 사이의 물품대금 지급방법에 관한 약정에 따라 그 대금의 지급을 위하여 물품 매도인에게 지급기일이 물품공급일자 이후로 된 약속어음을 발행·교부한 경우, 물품대금 지급채무의 이행기는 다른 특별한 사정이 없는 한 그 약속어음의 지급기일이고, 위 약속어음이 발행인에게 발생한 지급정지사유로 그 지급기일이 도래하기 전에 지급거절되었더라도 그 지급거절된 때에 물품대금 지급채무의 이행기가 도래하는 것은 아니다〈대법원 2000. 9. 5. 선고 2000다26333 판결 등 참조〉).

4) 대판 1960. 11. 24, 4293 민상 286(교재, 판결례 [415]); 동 1976. 11. 23, 76 다 1391 외.

수된 것으로 추정한다는 판례로[1] 나뉘어 있다.

(내) 기존채무의 「지급을 담보하기 위하여」(지급을 확보하기 위하여)(Sicherungshalber) 어음이 수수되는 경우

① 일반적으로 채무자가 기존채무에 관하여 약속어음을 발행한 경우에 당사자의 다른 의사가 없으면 당사자의 의사는 기존채무의 지급확보를 위하여 발행한 것으로 추정한다.[2] 이 때에는 기존채무와 어음채무가 병존하고, 행사의 순서는 채권자가 임의의 하나를 선택하여 행사할 수 있다(통설).[3]

그런데 우리나라의 판례는 이 경우에 「지급을 위하여」 수수된 것으로 추정한다는 판례와,[4] 「지급을 담보하기 위하여」 수수된 것으로 추정한다는 판례로[5] 나뉘어 있다.

② 「지급을 담보하기 위하여」 어음이 수수된 경우에는 채권자가 어음채권 또는 원인채권 중 어느 하나를 선택하여 행사할 수 있는데, 어느 채권을 먼저 행사하

---

1) 대판 1956. 7. 28, 4289 민상 313(교재, 판결례 [418]); 동 1957. 6. 20, 4290 민상 1(판총 3-1, 227); 동 1960. 8. 18, 4292 민상 864(교재, 판결례 [185]); 동 1961. 11. 2, 4293 민상 278(교재, 판결례 [419]); 동 1962. 3. 15, 4294 민상 1371(교재, 판결례 [192]·[420]); 동 1997. 4. 25, 97 다 6636(공보 1997, 1604)(채권자가 채무자에게 제 3 자 발행의 가계수표 2매를 할인하여 주었다면 당사자 사이에 수표금 상당의 소비대차계약이 체결되고 그 수표는 소비대차상의 채무를 '담보하기 위하여' 교부된 것이라고 해석하여야 한다) 외.

2) 동지: 정(희), 107면; 정(동), 230면(원칙적으로 원인관계상의 채무자가 어음상 유일한 채무자인 경우가 이에 해당하는데, 예외적으로 제 3 자방지급어음인 경우에는 지급을 위하여 수수된 것으로 추정한다고 한다).

그런데 우리 대법원판례에 의하면 「채무자가 기존채무의 이행에 관하여 제 3 자가 발행한 약속어음을 배서양도하는 경우에는 '그 채무의 지급을 위한 것'으로 추정한다」고 판시한다[대판 1995. 10. 13, 93 다 12213(공보 1005, 3746); 동 1996. 11. 8, 95 다 25060(공보 1997, 713); 동 1997. 3. 28, 97 다 126·133(공보 1997, 1221)]. 그러나 이 경우에도 「당사자의 의사가 '지급에 갈음하여' 교부한 것으로 볼 만한 특별한 사정이 있는 경우에는 이러한 추정은 깨진다」고 판시한다[대판 2010. 12. 23, 2010 다 44019(공보 2011, 216)].

3) 정(희), 107면; 서·정, 134면; 손(주), 170면; 양(승), (어) 221면; 정(동), 229면; 채, 115면 외.

4) 대판 1960. 10. 31, 4291 민상 390(판총 3-1, 229); 동 1969. 2. 4, 68 다 567(판총 3-1, 242-3); 동 2022. 5. 13, 2018 다 224781(공보 2022, 1135)(원인채무의 지급을 위해 어음을 배서·양도한 경우 원인채무와 어음상 채무가 병존하고 있다가 나중에 어음금이 지급되어 어음상 채무가 소멸하면 원인채무도 함께 소멸한다. 이러한 경우 어음금 지급행위가 부인되어 어음소지인인 상대방이 어음금을 반환한 때에는 채무자회생법 제109조 제 1 항에 따라 소멸했던 어음상 채권이 회복되고 어음상 채권의 소멸로 인해 함께 소멸했던 원인채권도 회복된다고 봄이 타당하다).

5) 대판 1964. 6. 2, 63 다 856(교재, 판결례 [190]); 동 1988. 4. 12, 87 다카 541(공보 824, 91)(금원을 차용하면서 차용증서에 갈음하여 약속어음을 발행한 것이라면 어음할인이라기보다는 그 차용금채무의 지급의 담보 내지 확보를 위하여 이루어진 것이라고 판시함); 동 1970. 6. 30, 70 다 517(판총 3-1, 242-12)(기존채무의 변제를 위하여 약속어음을 발행한 경우에 당사자간에 특별한 의사표시가 없으면 변제를 확보하기 위하여 또는 지급방법으로 이를 발행한 것으로 추정한다고 판시함); 동 1990. 3. 27, 89 다카 14110(공보 875, 1225)(위와 동지내용으로 판시함); 동 1990. 5. 22, 89 다카 13322(공보 876, 1343)(위와 동지내용으로 판시함).

느냐에 따라 다른 채권에 미치는 영향과 그 행사요건이 달라진다. 예컨대, Y가 약
속어음을 발행하여 A에게 교부하고 A가 동 어음의 만기를 변제기일로 하여 X로부
터 금전을 차입하고 동 어음을 차입금의 「지급을 담보하기 위하여」 X에게 교부한
경우에, X는 어음채권과 원인채권(대금채권)을 함께 가지고 있고 어느 채권을 먼저
행사하느냐는 X의 선택에 달려 있는데, 어느 채권을 먼저 행사하느냐에 따라 다른
채권에 미치는 영향과 그 행사요건은 다음과 같이 다르다.

　　(i) X가 어음채권을 먼저 행사하는 경우에는 원인채권에 아무런 영향 없이
어음상의 권리를 행사할 수 있다[1]($이 경우에는 동 어음이 「지급을 위하여」 교부된 경우와 완전히 동일하다$). 즉, X는 변제기(만기)
에 원인채권(대금채권)을 행사하지 않고 Y에 대하여 어음금지급청구권을 행사할 수
있는데, 이 때 Y가 지급거절하면 A에 대하여 상환청구(소구)권을 행사할 수 있다.
이 경우에 X가 Y또는 A로부터 어음채무를 이행받으면 원인채권도 소멸하나,[2] Y
및 A로부터 어음채무를 이행받지 못하면 X는 A에 대하여 원인채권이 존속하는 한
원인채권을 행사할 수 있다.

　　위의 예에서 만일 Y가 X로부터 금전을 차입하고 이의 지급을 확보하기 위하
여 Y가 X에게 약속어음을 발행하였는데 X가 Y에게 어음상의 권리를 먼저 행사하
였으나 지급거절된 경우에는, X의 Y에 대한 어음채권뿐만 아니라 원인채권도 시효
중단된다.[3] 그러나 이와 반대로 원인채권을 행사한 것만으로는 어음채권의 소멸시

---

1) 동지: 정(동), 229면; 대판 1976. 11. 23, 76 다 1391(공보 551, 9629).

2) 동지: 정(동), 229면; 대판 1960. 8. 18, 4292 민상 864(교재, 판결례 [185]); 동 2000. 2. 11,
 99 다 5643(공보 2000, 683)(기존채무의 지급을 위하여 또는 지급확보를 위하여 약속어음이 교부
 되어 기존채권과 어음채권이 병존하는 경우 어음채권이 변제나 상계 등에 의하여 소멸하면 기존채
 권 또한 그 목적이 달성되어 소멸하는 것이고, 이러한 법리는 채권자가 어음을 제 3 자에게 배서·
 양도한 후 그 어음소지인과 채무자 사이에서 어음채권의 변제나 상계 등이 이루어진 경우에도 마
 찬가지이다); 동 2000. 3. 24, 99 다 1154(공보 2000, 1038)(원인채권에 대한 압류의 효력이 발생
 하기 전에 원인채권의 지급을 위하여 약속어음을 발행하거나 배서·양도하고 그것이 다시 제 3 자
 에게 양도된 경우에는 그 어음의 소지인에 대한 어음금의 지급이 원인채권에 대한 압류의 효력이
 발생한 후에 이루어졌다 하더라도 그 어음을 발행하거나 배서·양도한 원인채무자는 그 어음금의
 지급에 의하여 원인채권이 소멸하였다는 것을 압류채권자에게 대항할 수 있다).
 　만일 X가 어음소지인으로서 Y또는 A로부터 어음금을 지급받지 않아도 제 3 자에게 대가를 받고
 어음을 양도하고 상환의무를 이행할 필요가 없게 된 때에는 어음채무를 이행받은 것과 동일한 결
 과가 되어 원인채권이 소멸한다[동지: 정(동), 230면; 대판 1976. 4. 13, 75 다 649(민판집 220의
 상, 99)].
 　그러나 채권자가 기존채무의 이행에 관하여 채무자로부터 교부받은 어음을 다시 채무자에게 반
 환하였다면 원인채권을 변제받은 것으로 추정할 수 있으나, 그 어음을 기존채무의 '지급을 위하여'
 또는 '지급확보를 위하여' 교부받기를 거부하는 채권자의 의사에 기하여 이루어진 것이라면 기존
 채무의 변제의 사실은 채무자가 입증하여야 한다[대판 1996. 12. 20, 96 다 41588(공보 1997,
 371)].

효를 중단시키지 못한다.[1]

한편 X의 어음채권이 상환청구(소구)권보전절차의 흠결 또는 소멸시효로 인하여 소멸한 때에는 X는 원인채권을 행사할 수도 있으나,[2] X에게 어음채권이 소멸한 후에 발생하는 이득상환청구권이 발생하는지 여부가 문제된다. 이에 대하여 X의 이득상환청구권을 부정하는 견해도 있으나,[3] (후술하는 바와 같이) X는 원인채권을 행

---

3) 동지: 대판 2002. 2. 26, 2000 다 25484(공보 2002, 781)(원인채권의 지급을 확보하기 위하여 어음이 수수된 당사자 사이에서 채권자가 어음채권을 피보전권리로 하여 채무자의 재산을 가압류함으로써 그 권리를 행사한 경우에는 그 원인채권의 소멸시효를 중단시키는 효력이 있고, 이러한 법리는 채권자가 어음채권을 청구채권으로 하여 채무자의 재산을 압류함으로써 그 권리를 행사한 경우에도 마찬가지이다); 동 2010. 5. 13, 2010 다 6345(공보 2010, 1120)(원인채권의 지급을 확보하기 위하여 어음이 수수된 당사자 사이에서 채권자가 어음채권을 청구채권으로 하여 채무자의 재산을 압류함으로써 그 권리를 행사한 경우에는 그 원인채권의 소멸시효를 중단시키는 효력이 있다. 그러나 이미 어음채권의 소멸시효가 완성된 후에는 그 채권이 소멸되고 시효중단을 인정할 여지가 없으므로, 시효로 소멸된 어음채권을 청구채권으로 하여 채무자의 재산을 압류한다 하더라도 이를 어음채권 내지는 원인채권을 실현하기 위한 적법한 권리행사로 볼 수 없어, 그 압류에 의하여 그 원인채권의 소멸시효가 중단된다고 볼 수 없다. 그런데 채무자가 소멸시효 완성 후 채무를 일부 변제한 때에는 그 액수에 관하여 다툼이 없는 한 그 채무 전체를 묵시적으로 승인한 것으로 보아야 하고, 이 경우 시효완성의 사실을 알고 그 이익을 포기한 것으로 추정된다. 따라서 이미 소멸시효가 완성된 어음채권을 원인으로 하여 집행력 있는 집행권원을 가진 채권자가 채무자의 유체동산에 대한 강제집행을 신청하고, 그 절차에서 채무자의 유체동산 매각대금이 채권자에게 교부되어 그 채무의 일부변제에 충당될 때까지 채무자가 아무런 이의를 진술하지 아니하였다면, 그 강제집행 절차의 진행을 채무자가 알지 못하였다는 등 다른 특별한 사정이 없는 한 채무자는 어음채권에 대한 소멸시효 이익을 포기한 것으로 볼 수 있고, 그 때부터 그 원인채권의 소멸시효 기간도 다시 진행하지만, 이렇게 소멸시효 이익을 포기한 것으로 보기 위해서는 채무자의 유체동산 매각대금이 채권자에게 교부되어 그 채무의 일부변제가 이루어졌음이 증명되어야 한다).

1) 대판 1999. 6. 11, 99 다 16378(공보 1999, 1397).

2) 이 때 X는 특별한 사정이 없는 한 A에 대하여 원인채권을 행사하기 위하여는 어음을 A에게 반환하여야 하므로, X가 A에 대하여 자기의 원인채권을 행사하기 위한 전제로서 지급기일 전에 어음을 적법히 Y에게 제시하여 소구권 보존절차를 취할 의무가 있다고 보는 것이 양자 사이의 형평에 맞는다. 그런데 X가 기존채무의 이행을 위하여 교부받은 어음을 지급기일에 Y에게 적법하게 지급제시를 하지 아니함으로써 소구권이 보전되지 아니하였더라도, 약속어음의 주채무자인 발행인인 Y에게 자력이 있는 한 어음을 반환받은 A가 Y에 대한 어음채권이나 원인채권을 행사하여 자기 채권의 만족을 얻을 수 있기 때문에 아직 손해는 발생하지 아니하고, 지급기일 후에 어음발행인인 Y의 자력이 악화되어 무자력이 됨으로써 X에게 자신의 채무를 이행하여야 할 A가 어음을 반환받더라도 Y에 대한 어음채권과 원인채권의 어느 것도 받을 수 없게 된 때에는 비로소 자신의 채권에 대하여 만족을 얻지 못하게 되는 손해를 입게 되고, 이러한 손해는 어음의 주채무자인 Y의 자력의 악화라는 특별사정으로 인한 손해로서 소구권보전의무를 불이행한 X가 그 채무불이행 당시인 어음의 지급기일에 장차 어음발행인인 Y의 자력이 악화될 것임을 알았거나 알 수 있었을 때에는 그 배상채권으로 상계할 수 있다[대판 1995. 10. 13, 93 다 12213(공보 1005, 3746)].

3) 박(원), 515~516면; 대판 1959. 9. 10, 4291 민상 717(교재, 판결례 [165]) 이래 대법원의 일관된 판례태도이다(교재, 판결례 [474~475] 참조). 그러나 독일에서는 이와 반대로 어음채권이 소멸시효나 소구권보전절차의 흠결로 인하여 소멸하였을 때에는 원인채권을 행사하지 못하고, 이득상환청구권만을 행사할 수 있을 뿐이라는 견해가 있다(Jacobi, S. 292; Hueck/Canaris, § 17 Ⅲ 4).

사할 수도 있고 이득상환청구권을 행사할 수도 있다고 본다.[1]

(ii) X가 어음채권이 있음에도 불구하고 원인채권을 먼저 행사하는 경우에는 채무자인 A를 이중지급의 위험으로부터 보호하기 위하여 X는 A에 대한 원인채권을 어음과 상환하여서만 행사할 수 있다(동시이행항변권)(통설[2]·판례[3]).

그런데 이 때 X가 A에게 어음을 반환하지 않으면 원인채권을 행사할 수 없다는 뜻은, 동 어음의 배서양도에 의하여 원인채권이 소멸하는 것이 아니라, 그 어음이 지급될 때까지는 원인채권이 존속하되 채무자에게 이중지급의 위험이 있기 때문

---

1) 동지: 정(희), 287면; 정(동), 197면; 김(용), 278면; 서(정), 247면; 최(기), 639면; 채, 350면; 이(기), 401면 외. 이득상환청구권의 상대방에 대한 어음상의 권리가 소멸한 것만으로(원인채권을 갖고 있음은 물론 다른 어음채무자가 존재하는 경우에도) X가 이득상환청구권을 갖는다고 보는 견해로는 서·정, 127~128면; 손(주), 154면; 양·박, 708면; 이(범), 302면.

2) 정(희), 108면; 서·정, 134면; 정(동), 226면(동 교수는 225~226면에서 특히 이에 관한 설명이 상세하다); 이(기), 90면; 채, 115면 외.

3) 대판 1962. 4. 12, 4294 민상 1190(교재, 판결례 [195])(약속어음이 기존채무의 지급확보를 위하여 또는 그 담보로 발행된 경우에 있어서는 가령 어음금의 지급이 없더라도 채권자가 그 어음을 유상 또는 무상으로 타인에게 배서양도한 경우에는 다른 특별한 사정이 없는 한 기존채무의 채권자는 채무자에 대하여 기존채무의 지급을 청구할 수 없다고 해석함이 타당하다); 동 1969. 5. 27, 69 다 426(교재, 판결례 [196]); 동 1977. 3. 8, 75 다 1234(교재, 판결례 [198])(기존채무의 지급을 담보하기 위하여 발행된 환어음이 제3자인 은행의 소지에 들어간 경우); 동 1989. 5. 9, 88 다카 7733(신문 1854, 6)(기존채무의 지급을 위하여 채권자에게 약속어음을 발행·교부한 경우에 채무자는 약속어음이 반환되기까지 원인채무의 이행을 거절할 수가 있고 원인채권의 양수인에 대하여도 이같은 항변권을 행사할 수 있다)(이 판결에 찬성하는 취지의 평석으로는 서정갑, 법률신문, 제1880호, 11면); 동 1992. 6. 23, 92 다 886(공보 926, 2247)(채권자가 채무자에게 금원을 대여하고 채무자로부터 어음을 배서교부받은 경우에, 채무자가 채무를 이행하고도 그 약속어음을 반환받지 않는다는 것은 극히 이례에 속하는 것이므로 그 약속어음을 채권자가 소지하고 있다면 특별한 사정이 없는 한 채무이행은 안 된 것이다); 동 1992. 12. 22, 92 다 8712(공보 938, 555)(채무이행확보를 위하여 어음을 발행한 경우, 채무의 이행과 어음의 반환은 동시이행의 관계에 있다); 동 1996. 3. 22, 96 다 1153(공보 1996, 1360)(위의 예에서 X가 A에 대한 채권만을 Z에게 양도한 경우에도 A는 어음의 반환이 없는 한 채무이행을 거절할 수 있으며, 이러한 법리는 그 어음이 X로부터 다른 사람에게 양도되어 그에게 어음금이 지급된 경우뿐만 아니라 X에게 어음금이 지급된 경우에도 동일하다); 동 2001. 5. 8, 2000 다 58880(공보 2001, 1347)(금융기관이 예금자에 대하여 금원을 대출하면서 그 담보 목적으로 약속어음을 발행·교부받았으나 이를 타인에게 배서·양도한 경우, 금융기관으로서는 약속어음을 소지하고 있지 않는 한 그 원인관계에 있는 대출금채권만을 분리하여 따로 행사할 수는 없으며, 이를 자동채권으로 하여 예금반환채무와 상계할 수도 없으므로 위 대출금 채권은 예금자보호법 제32조 제1항 소정의 예금자 등이 해당 부보금융기관에 대하여 지고 있는 채무에 해당하지 않는다).

그러나 "수표가 차용금의 변제와 손해배상책임을 아울러 담보하고 있는 경우에는 차용금이 변제되었다고 하더라도 위 수표채권(동 수표가 손해배상책임을 담보하는 기능 — 저자 주)이 소멸된 것으로 볼 수 없으므로 채권자가 기존채권을 행사하는 데에 동 수표를 반환할 필요가 없다"고 판시하고 있으며[대판 1985. 9. 24, 85 다카 504(공보 764, 39)], "물품대금의 담보목적으로 약속어음이 발행된 경우 물품대금의 일부가 변제되고 나머지 일부가 잔존하면 어음발행인은 잔존하는 물품대금을 어음금액의 범위 내에서 지급할 의무가 있다(따라서 어음소지인은 어음을 물품대금의 채무자에게 반환할 필요가 없다 — 저자 주)"고 판시하고 있다[대판 1999. 12. 7, 99 다 39371(신문 2852, 10)].

에 채무자가 이행을 거절할 수 있다는 뜻이다.[1]

만일 X가 Z에게 배서양도한 이 어음이 시효소멸되었다면, A가 동 어음에 의하여 이중지급의 위험이 없으므로 (Z에게 원인채무를 이행하고 동 어음을 다시 배서양도를 받아 소지하고 있는) X는 동 어음을 A에게 반환하지 않고도 A에게 원인채권을 행사할 수 있다.[2] 따라서 X가 (동 어음을 반환하지 않고) A에게 원인채권을 행사할 수 있는 경우는 X가 Z에게 원인채무를 이행한 경우에만 가능하다. 그러나 X가 Z에 대한 원인채무를 이행할 필요가 없으면서$\binom{\text{예컨대, X가 Z에게 대가를 받고 동 어음을}}{\text{양도한 경우〈어음할인의 경우〉 등}}$ 배서인으로서 상환채무도 면한 경우에는 A에 대한 원인채권도 소멸한다.[3]

---

1) 동지: 정(희), 109면 주 2; 朝高判 1921. 4. 1(판총 3-1, 227)(채무자가 기존채무의 이행을 확보할 목적으로 채권자에 대하여 약속어음을 교부한 경우에 있어서, 채권자가 위 어음을 배서양도하고 그 대가를 받았다 하더라도 이로써 기존채무가 소멸하는 것이 아니고 그 후 어음금이 지급되어 채권자가 상환의무를 이행할 우려가 없게 되었을 때에 비로소 기존채무의 소멸을 초래하는 것이다); 대판 1960. 10. 31, 4291 민상 390(판총 3-1, 229); 동 1976. 4. 13, 75 다 649(민판집 220의 상, 99); 동 1999. 7. 9, 98 다 47542·47559(공보 1999, 1587)(채무자가 어음의 반환이 없음을 이유로 원인채무의 변제를 거절할 수 있는 것은 채무자로 하여금 이중지급의 위험을 면하게 하려는 데에 그 목적이 있는 것이어서 쌍무계약상의 채권채무관계와 다르므로 채무자는 원인채무의 이행기를 도과하면 원칙적으로 이행지체의 책임을 진다).

2) 동지: 정(동), 226면; 대판 1974. 12. 24, 74 다 1296(교재, 판결례 [197])(갑은 원인채무의 변제를 확보하기 위하여 약속어음을 을에게 발행하고, 을은 동 어음을 병에게 배서양도하였다 하더라도 그 어음채권이 시효로 인하여 소멸된 후 병으로부터 다시 배서양도를 받아 소지하고 있는 경우, 갑은 위 원인채권과 그 변제확보를 위하여 발행된 약속어음금 채권을 이중으로 청구당할 위험이 전혀 없게 된 특별사정이 있으니 갑에 대한 기존채권의 청구는〈어음의 반환이 없어도 — 저자 주〉 인용될 것이라고 하였음은 정당하다); 동 2010. 7. 29, 2009 다 69692(공보 2010, 1751)(기존의 원인채권과 어음채권이 병존하는 경우에 채권자가 원인채권을 행사함에 있어서 채무자는 원칙적으로 어음과 상환으로 지급하겠다고 하는 항변으로 채권자에게 대항할 수 있다. 그러나 채무자가 어음의 반환이 없음을 이유로 원인채무의 변제를 거절할 수 있는 것은 채무자로 하여금 무조건적인 원인채무의 이행으로 인한 이중지급의 위험을 면하게 하려는 데 그 목적이 있고, 기존의 원인채권에 터잡은 이행청구권과 상대방의 어음반환청구권 사이에 민법 제536조에 정하는 쌍무계약상의 채권채무관계나 그와 유사한 대가관계가 있기 때문은 아니다. 따라서 어음상 권리가 시효완성으로 소멸하여 채무자에게 이중지급의 위험이 없고 채무자가 다른 어음상 채무자에 대하여 권리를 행사할 수도 없는 경우에는 채권자의 원인채권 행사에 대하여 채무자에게 어음상환의 동시이행항변을 인정할 필요가 없으므로 결국 채무자의 동시이행항변권은 부인된다).

3) 동지: 2002. 12. 24, 2001 다 3917(공보 2003, 437)(수표가 기존 원인채무의 지급확보를 위하여 또는 그 담보를 위하여 발행 또는 교부된 경우에, 채권자가 그 수표를 유상 또는 무상으로 타인에게 양도하였다고 하더라도 그에 의하여 바로 기존 원인채무가 소멸하는 것이 아니고, 수표를 양도한 채권자가 수표상의 상환의무를 종국적으로 면하게 될 때 비로소 기존 원인채무가 소멸한다고 보아야 한다. 따라서 부동산 양도인이 양수인으로부터 매매잔대금으로 교부받은 부동산 전득자 발행의 가계수표를 제 3 자에게 양도하였으나 그 가계수표가 지급거절되자 부동산 전득자가 부정수표 단속법에 의한 처벌을 면하기 위하여 제 3 자에게 대가를 약속하고 이를 회수한 경우, 제 3 자는 더 이상 부동산 양도인에게 상환청구를 할 수 없게 되어 부동산 양도인은 수표상의 상환의무를 종국적으로 면하였다고 할 것이어서 그 매매잔대금 채권도 소멸하였다고 본다); 동 2003. 5. 30, 2003 다 13512(공보 2003, 1436)(기존의 원인채무와 수표상의 채무가 병존하고 있는 한에서는 채무자

한편 Z는 동 어음이 시효소멸된 경우에 X에게 원인채권을 행사할 수도 있으나 발행인인 Y에게 이득상환청구권을 행사할 수도 있다(다수설에 의하면 이와 같이 해석되나, 판례에 의하면 Z에게는 이득상환청구권이 발생하지 않으므로 Z는 X에게 원인채권만을 행사할 수 있다).

(다) 기존채무의 「지급에 갈음하여」(지급자체로서)(in complete satisfaction; an Zahlungs Statt) 어음이 수수되는 경우   일반적으로 채무자가 기존채무에 관하여 은행의 자기앞수표나 은행의 지급보증이 있는 당좌수표와 같이 지급이 확실한 수표를 교부하는 경우에 당사자의 다른 의사가 없으면 당사자의 의사는 지급에 갈음한 것(또는 채무의 본지에 따른 변제의 제공)이라고 본다.[1] 우리나라의 판례도 이와 같은 취지로 판시하고 있다.[2]

이 때에는 기존채무는 소멸하고 어음채무만이 존재하는데, 기존채무의 소멸원인에 대하여는 (i) 경개(更改)설, (ii) 대물변제설, (iii) 당사자의 의사에 따라서 경개인가 대물변제인가가 결정된다는 설이 있다. 우리나라의 통설은 대물변제설인데,[3]

로서는 그 수표상의 상환의무를 면하기 전까지는 이중으로 채무를 지급하게 될 위험을 피하기 위하여 원인관계상의 채권자에 대하여 수표의 반환 없는 기존채권의 지급청구를 거절할 수 있다고 할 것이고, 한편 후일 수표금이 지급되는 등 채무자가 그 수표상의 상환의무를 면할 경우 비로소 기존 원인관계상 채무도 소멸한다고 볼 것이므로 채무자는 원인관계상의 채권자에 대하여 수표상의 상환의무를 면하였음을 사유로 하여 그 원인관계상 채무의 소멸을 주장할 수 있다. 이 때 채무자가 기존채무의 지급을 위하여 채권자에게 수표를 교부하였는데 채권자가 그 수표와 분리하여 기존 원인채권만을 제3자에게 양도한 경우, 채무자는 기존 원인채권의 양도인에 대하여 채권자가 위 수표의 반환 없는 기존 원인채무의 이행을 거절할 수 있는 항변권을 그 채권양도통지를 받기 이전부터 이미 가지고 있었으므로 채권양수인에 대하여도 이와 같은 항변권을 행사할 수 있다. 또한 기존채무의 지급을 위하여 수표를 교부받은 채권자가 그 수표와 분리하여 기존 원인채권만을 제3자에게 양도한 경우, 기존채무의 지급을 위하여 수표를 교부하였다는 것은 채무자와 기존채권의 양도인 사이에서는 그 수표금이 지급되는 등 채무자가 그 수표상의 상환의무를 면하게 되면 원인채무 또한 소멸할 것을 예정하고 있었던 것으로 보아야 할 것인데, 수표금의 지급으로써 기존 원인채무도 소멸할 것을 예정하고 있었던 사정은 그 채권양도통지 이전에 이미 존재하고 있었던 것이므로, 그 채권양도통지 후에 수표금의 지급이 이루어지더라도 이는 양도통지 후에 새로이 발생한 사유로 볼 수는 없다고 할 것이니, 따라서 채무자로서는 기존 원인채권의 양수인에 대하여 기존채무의 지급을 위하여 교부한 수표가 양도통지 이후에 결제되었다는 사유로써 그 기존채무의 소멸을 주장할 수 있다).

1) 동지: 정(희), 107면; 손(주), 169면; 이(기), 83면.

2) 朝高判 1928. 10. 12(판총 3-1, 235)(신용 있는 은행이 발행한 수표는 은행의 영업시간 내는 현금과 같이 취급하게 되는 것이라고 해석되며, 영업시간 외일 때는 채권자가 현금을 곧 타에 사용하는 등의 특단의 사정이 존재하지 않는 한 현금과 같이 해석함이 신의의 원칙에 합치한다고 할 수 있으며 거래상 또한 시인되는 바이다); 대판 1960. 5. 19, 4292 민상 784(판총 3-1, 242)(수표로써 변제제공하는 경우에 있어서는 특별히 채권자의 주소지에 소재하는 은행의 수표만으로 한다는 특약이 있는 등 특단의 사유가 없는 한 신용 있는 은행발행의 수표제공은 일반거래상 현금의 제공과 동일하게 볼 것이므로, 이를 채무본지에 따른 현실제공으로 해석할 것이다); 동 1956. 7. 12, 4289 민상 220(판총 3-1, 242-13)(본건과 같이 금전채무 이행제공의 경우에는 특별한 사정이 없는 한 은행이 보증한 수표를 현금과 동일하게 해석하는 것이 신의의 원칙과 거래상의 실제에 합치하여 타당하다).

타당하다고 생각한다.[1] 왜냐하면 경개로 해석하면 구채무(원인채무)가 존재하지 않는 경우에 신채무(어음채무)도 존재하지 않게 되어 어음의 무인성에 반하기 때문이다.[2]

이와 같이 원인채무의 「지급에 갈음하여」 어음이 수수된 경우에는 원인채무는 대물변제의 법리에 의하여 소멸하게 되어($\frac{민}{466조}$), 채권자는 원인채권을 행사할 수 없고 어음채권만을 행사할 수 있다. 이 때 어음채권이 상환청구(소구)권보전절차의 흠결 또는 소멸시효로 소멸한 때에는 채권자는 어음채권 및 원인채권을 행사할 수 없고 이득상환청구권만을 행사할 수 있을 뿐이다.

원인채무의 「지급에 갈음하여」 어음이 수수된 경우에는 어음의 수수와 동시에 원인채무가 소멸하므로, 원인채권을 위하여 존재한 담보권·보증 등은 특약이 없는 한 그 효력을 잃는다고 보아야 할 것이다.[3]

2) 어음관계에 의하여 원인관계의 채무 등이 인정되는 경우가 있다. 예를 들면, 소비대차상의 채무를 담보하기 위하여 차용증서에 갈음하여 발행된 약속어음에 배서한 자에게 원인채무에 대하여 민법상 보증책임을 부담시킨다든지, 또는 대금채무의 변제기가 이 채무를 위하여 발행된 대부어음의 만기로 추정된다는 것 등이 이에 해당한다.[4]

(가) 전자의 예를 좀더 구체적으로 보면 다음과 같다. 예컨대, A가 X로부터 금전을 차입하면서 수취인 백지의 약속어음을 발행하여 X에게 교부하였는데 X는 A가 신용이 없으니 신용 있는 Y로부터 보증목적의 배서를 받아 올 것을 요청하여 Y는 X에게 자기는 A의 대여금채무를 보증할 의사로써 배서하는 것임을 나타내고 동 어음에 배서한 경우, Y는 X에게 어떠한 책임을 부담하는가의 문제가 있다. 이 때에는 Y가 X에 대하여 「A의 대여금채무를 보증할 의사로써 배서하는 것」임을 명백히 나타낸 경우이므로, Y의 그러한 의사를 존중하여 Y에게 어음상 배서인으로서의 책임 외에 민법상 보증인으로서의 책임도 부담시켜야 할 것이다.[5] 그런데 이 때 A가 발

3) 정(희), 109~110면; 서·정, 135~136면; 양(승), (어) 219면; 정(동), 224면; 채, 114면 외 다수. 동지: 日大判 1919. 4. 1(교재, 판결례 [416]).

1) 정(찬), 248면; 정(찬), (사례) 250면.

2) 동지: 서·정, 135면.

3) 정(찬), 248면; 정(찬), (사례) 251면. 동지: 서·정, 135면; 정(동), 223면.

4) 동지: 정(희), 110면; 채, 118면.

5) 동지: 대판 1984. 2. 14, 81 다카 979(교재, 판결례 [521]); 동 1965. 9. 28, 65 다 1268(교재, 판결례 [423]); 동 1986. 9. 9, 86 다카 1088(공보 787, 45); 동 1987. 8. 25, 87 다카 891(공보 810, 33); 동 1989. 7. 25, 88 다카 19460(공보 856, 1287); 동 1986. 7. 22, 86 다카 783(신문 1649, 9)[본 판결에 대한 평석으로는 정찬형, "어음의 실질관계," 법률신문, 제1661호(1986. 11.

행한 약속어음이 사채(私債)시장에서 쉽게 할인될 수 있도록 하기 위하여 Y가 동 어음에 배서한 것은 배서인으로서의 어음상의 채무를 부담함에 의하여 동 어음에 신용을 부여하려는 것에 불과하고, 위 동 어음이 차용증서에 갈음하여 발행된 것으로 알고 민사상 원인채무를 보증하는 의미로 배서한 것으로는 볼 수 없으므로, Y는 동 어음의 소지인인 X에 대하여 민법상 보증책임을 부담하지 않는다.[1]

─────────────

24), 15면]; 동 1985. 11. 26, 84 다카 2275(공보 768, 13); 동 1988. 10. 25, 88 다 1455(공보 837, 1479); 동 1989. 9. 12, 88 다카 13806(공보 858, 1399); 동 1998. 3. 13, 97 다 52493(공보 1998, 1037)(금전소비대차계약으로 인한 채무에 관하여 제3자가 채무자를 위하여 어음이나 수표를 발행하는 것은 특별한 사정이 없는 한 동일한 채무를 중첩적으로 인수한 것으로 봄이 타당하다. 따라서 제3자가 대여금채무를 지급하기 위하여 발행한 당좌수표를 채권자가 교부받았다거나 그 당좌수표를 채권자에게 발행한 이후 제3자가 매월 이자를 채권자에게 지급하여 왔다는 사정 등만으로는 제3자가 대여금채무를 면책적으로 인수하였다거나 채권자가 채무자와 제3자 사이의 면책적 채무인수의 약정을 묵시적으로 승낙한 것으로 볼 수는 없다).

1) 대판 1992. 12. 22, 92 다 17457(공보 938, 557). 동지: 대판 1988. 3. 8, 87 다 446(공보 823, 27); 동 1987. 12. 8, 87 다카 1105(공보 817, 62); 동 1987. 4. 28, 86 다카 2630(공보 802, 39); 동 1964. 10. 20, 64 다 865(교재, 판결례 [404]); 동 1993. 11. 23, 93 다 23459(공보 960, 117); 동 1994. 8. 26, 94 다 5396(공보 977, 2524); 동 1994. 12. 2, 93 다 59922(공보 984, 426); 동 1997. 12. 9, 97 다 37005(공보 1998, 227)(대여금채무의 지급을 확보하기 위하여 채무자가 발행하는 약속어음에 배서인이 그러한 사실을 알면서 보증의 취지로 대주〈貸主〉의 면전에서 직접 대주의 요구에 응하여 배서하였다고 하더라도 그러한 사실만으로는 원인채무인 대여금채무에 대하여 보증계약이 성립된 것으로 볼 수 없다); 동 2002. 4. 12, 2001 다 55598(공보 2002, 1108)(다른 사람이 발행 또는 배서양도하는 약속어음에 배서인이 된 사람은 그 배서로 인한 어음상의 채무만을 부담하는 것이 원칙이고, 특별히 채권자에 대하여 자기가 그 발행 또는 배서양도의 원인이 된 채무까지 보증하겠다는 뜻으로 배서한 경우에 한하여 그 원인채무에 대한 보증책임을 부담한다); 동 2007. 9. 7, 2006 다 17928(공보 2007, 1556)(수표의 발행인에게 어느 특정인의 채무를 담보하기 위한 것이라는 수표의 사용 목적에 대한 인식이 있었다거나 수표의 발행인이 채권자의 요구에 따라 그 앞에서 직접 수표를 발행·교부하였다는 사정이 있었다 하더라도, 그러한 사실이 수표의 발행인에게 민사상의 보증채무까지 부담할 의사가 있었다고 인정하는 데 있어 적극적인 요소 중의 하나가 될 수 있음은 별론으로 하고, 그러한 사실로부터 바로 수표의 발행인과 채권자 사이에 민사상 보증계약이 성립한다고 추단할 수는 없다. 그보다 더 나아가 채권자의 입장에서 수표 발행시에 원인이 되는 채무에 대한 민사상의 보증채무를 부담할 것까지도 수표의 발행인에게 요구하는 의사가 있었고 수표의 발행인도 채권자의 그러한 의사 및 채무의 내용을 인식하면서 그에 응하여 수표를 발행하였다는 사실, 즉 수표의 발행인이 단순히 수표법상의 상환의무를 부담한다는 형태로 채권자에게 신용을 공여한 것이 아니라 민사상의 보증의 형태로도 신용을 공여한 것이라는 점이 채권자 및 채무자와 수표의 발행인 사이의 관계, 수표의 발행에 이르게 된 동기, 수표의 발행인과 채권자 사이의 교섭과정 및 방법, 수표의 발행으로 인한 실질적 이익의 귀속 등 수표의 발행을 전후한 제반 사정과 거래계의 실정에 비추어 인정될 수 있을 정도에 이르러야만 수표의 발행인과 채권자 사이의 민사상 보증계약의 성립을 인정할 수 있고, 그에 미치지 못하는 경우에는 수표의 발행인은 원칙적으로 수표의 채무자로서 수표가 지급거절된 경우 그 소지인에 대하여 상환청구에 응하지 않으면 안 되는 수표법상의 채무만을 부담할 뿐이다); 동 2009. 10. 29, 2009 다 44884(공보 2009, 1990)(약속어음의 배서인에게 어느 특정인의 채무를 담보하기 위한 것이라는 약속어음의 사용 목적에 대한 인식이 있었다 하더라도 그러한 사실이 약속어음의 배서인에게 민사상의 보증채무까지 부담할 의사가 있었다고 인정하는 데 있어 적극적인 요소 중의 하나가 될 수 있음은 별론으로 하고, 그러한 사실로부터 바로 약속어음의 배서인과 채권자 사이에 민사상 보증

따라서 Y가 X에게 보증의사를 표시하지 않고 단순히 동 어음이 「금융목적으로 발행된 사정」만을 알고서 담보의 의미로 배서한 경우에는 Y에게 민법상 보증책임을 부담시킬 수 없다. 왜냐하면 민법상 보증채무는 보증인$\binom{위\ 예의}{경우\ Y}$과 채권자$\binom{위\ 예의}{경우\ X}$간의 보증계약에 의하여 성립하고, 이러한 보증계약은 청약과 승낙에 의하여 성립하는데, Y가 단순히 「금융목적으로 발행된 사정」만을 알면서 담보의 의미로 배서하는 의사를 민법상 보증계약의 당사자의 의사로 볼 수는 없기 때문이다. 만일 이를 Y의 민법상 보증의 의사로 본다면 이는 배서인(Y)의 의사를 너무 의제하여 배서인에게 너무 가혹한 책임을 지우는 것으로 생각한다. 따라서 Y에게 민법상 보증책임을 부담한다는 뜻의 명백한 의사표시가 있는 등의 특별한 사정이 있는 경우에 한하여 Y에게 민법상 보증책임을 지워야 할 것이다.[1]

(나) 후자의 예를 좀더 구체적으로 보면 다음과 같다. 예컨대, X가 Y에게 금원을 대여하고 Y로부터 A가 발행한 어음을 배서교부받은 경우에는 다른 반증이 없는 한 X는 배서일자에 Y에게 위 금원을 대여한 것으로 보게 되고,[2] 또한 기존채무의 지급과 관련하여 Y가 만기를 백지로 하여 약속어음을 채권자인 X에게 발행한 경우에는 어음이 수수된 당사자 사이의 의사해석으로서는 특별한 사정이 없는 한 기존채무의 변제기는 그보다 뒤의 날짜로 보충된 백지어음의 만기로 유예한 것으로 본다.[3]

계약이 성립한다고 추단할 수는 없다. 그보다 더 나아가 채권자의 입장에서 배서시에 원인이 되는 채무에 대한 민사상의 보증채무를 부담할 것까지도 배서인에게 요구하는 의사가 있었고 배서인도 채권자의 그러한 의사 및 채무의 내용을 인식하면서 그에 응하여 배서하였다는 사실, 즉 배서인이 단순히 어음법상의 상환의무를 부담한다는 형태로 채권자에게 신용을 공여한 것이 아니라 민사상의 보증의 형태로도 신용을 공여한 것이라는 점이 채권자 및 채무자와 배서인 사이의 관계, 배서에 이르게 된 동기, 배서인과 채권자 사이의 교섭 과정 및 방법, 약속어음의 발행으로 인한 실질적 이익의 귀속 등 배서를 전후한 제반 사정과 거래계의 실정에 비추어 인정될 수 있을 정도에 이르러야만 배서인과 채권자 사이의 민사상 보증계약의 성립을 인정할 수 있고, 그에 미치지 못하는 경우에는 배서인은 원칙적으로 약속어음의 채무자로서 약속어음이 지급거절된 경우 그 소지인에 대하여 상환청구에 응하지 않으면 안 되는 어음법상의 채무만을 부담할 뿐이다. 따라서 약속어음의 배서인이 채무자〈어음발행인〉와 채권자의 대여관계의 내용을 알고 배서하였다는 점이나 채권자가 배서인의 보증이 없었다면 대여금을 대여하지 않았을 것이며 이러한 사정을 배서인이 잘 알고 있었다는 점은 배서인에게 민사상 보증채무까지 부담지우는 근거가 되기에 부족하다); 동 2015. 5. 14, 2013 다 49152.

1) 정(찬), 252면; 정(찬), (사례) 257면. 이에 관한 상세한 이유는 정찬형, 전게 법률신문(1986. 11. 24), 15면; 동, "숨은 어음보증인의 원인채무에 대한 보증책임(대판 1987. 12. 8, 87 다카 1105에 대한 판례평석)," 법률신문, 제1741호(1988. 4. 11), 11면 참조. 동지: 대판 1998. 12. 8, 98 다 39923(공보 1999, 105)(보증계약의 성립을 인정하려면 당연히 그 전제로서 보증인의 보증의사가 있어야 하고, 이러한 보증의사의 존재나 보증범위는 이를 엄격하게 제한하여 인정하여야 할 것이다).

2) 대판 1992. 6. 23, 92 다 886(공보 926, 2247).

3) 대판 1990. 6. 26, 89 다카 32606(공보 878, 1572). 동지: 대판 1999. 8. 24, 99 다 24508(공보

제3   자금관계

1. 의   의

자금관계(provision; Deckungsverhältnis)란 환어음과 수표의 지급인이 환어음의 인수 또는 환어음과 수표의 지급을 하는 원인이 되는 법률관계이다.[1] 이러한 자금관계는 환어음과 수표의 지급인과 발행인 사이에 존재하는 실질관계로서, 약속어음에는 이러한 자금관계가 없다. 또한 환어음과 수표라도 지급인과 발행인이 동일인인 자기앞환어음(수표)에서는($^{어\ 3조\ 2항;}_{수\ 6조\ 3항}$) 자금관계가 존재할 여지가 없다.[2] 위탁어음(수표)의 자금관계는 지급인과 제3자(위탁자) 사이에 발생한다.

자금관계는 발행인이 미리 그 자금을 지급인에게 공급하여 두는 경우가 보통이지만, 지급인이 지급한 뒤에 발행인에 대하여 보상을 구하는 경우가 있는데 이 경우를 특히 보상관계(Revalierungsverhältnis)라고 한다. 그 밖에 자금관계는 자금의 수수 없이 기존채무의 변제를 위하여 또는 신용계약 등에 기하여 존재하는 수도 있으므로, 자금관계를 항상 위임이라고 볼 수는 없고 사무관리·채권의 추심 등 여러 가지 형태가 있다.[3]

이하에서는 환어음의 자금관계와 수표의 자금관계를 나누어서 간단히 살펴본다.

2. 환어음의 자금관계

(1) 어음관계와 자금관계의 분리(어음관계의 추상성)

어음관계와 자금관계가 분리되는 점은 어음관계와 원인관계가 분리되는 점과 같다. 즉, 어음의 유효·무효 또는 어음상의 권리의 발생유무는 자금관계의 유무나 내용에 의하여 아무런 영향을 받지 않는다. 따라서 환어음의 발행인이 지급인과의

1999, 1951)(채권자가 기존채무의 지급을 위하여 그 채무의 변제기보다 후의 일자가 만기로 된 어음을 교부받은 경우 기존채무의 변제기는 어음의 만기일로 변경된 것으로 볼 수 있다); 동 2000. 7. 28, 2000 다 16367(공보 2000, 1942)(채권자가 기존채무의 지급을 위하여 그 채무의 이행기가 도래하기 전에 미리 그 채무의 변제기보다 후의 일자가 만기로 된 어음의 교부를 받은 때에는 묵시적으로 기존채무의 지급을 유예하는 의사가 있었다고 볼 수 있으나, 채무자가 기존채무의 이행기에 채무를 변제하지 아니하여 채무불이행 상태에 빠진 다음에 기존채무의 지급을 위하여 어음이 발행된 경우까지 그와 동일하게 볼 수는 없다).

1) 자금관계 외에 준자금관계가 있는데, 이것은 환어음의 인수인 또는 약속어음의 발행인과 지급담당자의 사이, 참가지급인과 피참가인의 사이, 어음보증인과 피보증인의 사이에 존재하는 관계를 말한다.

2) 동지: 정(희), 112면 주 1.

3) 동지: 서·정, 137~138면; 정(동), 234면.

사이에서 자금관계가 없이 어음을 발행하거나 또는 발행 당시 지급인에게 전연 자금이 없었다 하더라도, 그 환어음의 발행이나 인수는 완전히 유효하다.[1]

(2) 어음관계와 자금관계의 견련

어음관계의 직접 당사자간의 (자금관계에 관한) 인적 항변의 허용($어_{단서}^{17조}$), 발행인이 인수인에 대하여 갖는 지급청구권($어_{2항 단서}^{28조}$), 이득상환청구권($어_{79조}$) 등은 자금관계를 어음관계에 반영한 것이다.

3. 수표의 자금관계

1) 수표의 자금관계는 위의 환어음의 자금관계와 거의 동일하다. 따라서 수표관계와 자금관계는 분리되어 자금관계에 위반하여 발행된 수표도 완전히 유효하나 ($수_{단서}^{3조}$),[2] 다만 수표법상 발행인은 과태료의 제재를 받게 될 뿐이다($수_{67조}$).

한편 수표관계와 자금관계도 견련관계가 있어 수표법에서는 자금관계를 수표관계에 반영하여 규정하고 있는데, 인적 항변의 허용($수_{단서}^{22조}$)·이득상환청구권($수_{63조}$) 등의 규정이 그 예이다. 그러나 수표에는 인수제도가 없으므로 발행인이 인수인에 대하여 갖는 지급청구권($어_{2항 단서}^{28조}$)은 수표에는 인정되지 않는다.

2) 수표의 자금관계가 환어음의 그것과 구별되는 점은 수표의 자금관계에 관한 사항을 수표법에서 명문으로 규정하여 수표의 발행을 제한하고 있는 점이다. 즉, 수표법 제 3 조는 「수표는 제시한 때에 발행인이 처분할 수 있는 자금이 있는 은행을 지급인으로 하고, 발행인이 그 자금을 수표에 의하여 처분할 수 있는 명시 또는 묵시의 계약에 따라서만 이를 발행할 수 있다」고 규정하고 있다. 따라서 수표의 발행인은 수표를 제시한 때에 처분할 수 있는 자금이 있는 은행을 지급인으로 하여야 하므로, 이러한 지급인(은행)과 보통 당좌계정거래계약을 체결한다. 수표의 발행인이 자금관계에서 지급인과 체결하는 당좌계정거래계약의 내용은, (ⅰ) 당좌예금계

---

1) 동지: 정(희), 111면.

2) 동지: 대판 1998. 2. 13, 97 다 48319(공보 1998, 754)(가계수표 용지에 부동문자로 인쇄되어 있는 '100 만원 이하' 등의 문언은 지급은행이 사전에 발행인과의 사이에 체결한 수표계약에 근거하여 기재한 것으로서 이는 단지 수표계약의 일부 내용을 제 3 자가 알 수 있도록 수표 문면에 기재한 것에 지나지 아니한 것이고, 한편 수표법 제 3 조 단서에 의하면 수표자금에 관한 수표계약에 위반하여 수표를 발행한 경우에도 수표로서의 효력에는 영향을 미치지 아니하므로 발행한도액을 초과하여 발행한 가계수표도 수표로서의 효력에는 아무런 영향이 없다. 따라서 수표 표면에 '100 만원 이하'라고 인쇄된 가계수표 용지에 발행인 스스로 발행한도액을 초과하여 '15,000,000'원으로 액면금을 기재하여 제 3 자에게 발행한 수표를 소지인이 배서양도받은 경우, 발행인으로서는 소지인이 당해 수표를 취득함에 있어 발행인에게 발행한도액을 초과한 경위를 확인하지 아니한 것이 중대한 과실에 해당한다는 이유로 수표금의 지급을 거절할 수는 없다).

약 또는 당좌차월계약, (ⅱ) 수표계약, (ⅲ) 상호계산계약[1]의 셋이다.

제 4   어음예약

1. 의   의

원인관계와 어음관계의 중간에서 어음행위의 내용에 관하여(예컨대, 어음금액·) 어음관계 발생의 준비로서 하게 되는 계약을 어음예약(Wechselvorvertrag)이라고 한다. 어음예약이 서면으로 될 때 이를 가어음(Interimwechsel)이라 한다.

2. 효   력

어음행위는 이 계약의 이행으로써 하게 되는데, 어음예약에서 정한 조건에 위반하여 발행된 어음도 완전히 유효하고, 이 위반은 당사자간의 인적 항변사유가 될 뿐이다.

제 6 절   화환신용장의 개설과 화환어음의 할인

제 1   화환신용장의 개설

1. 총   설

은행이 고객의 수입업무를 지원하는 업무 중의 하나에는 화환신용장(상업신용장)을 개설해 주는 업무가 있다. 이러한 화환신용장은 매수인(수입상)의 의뢰에 의하여 매수인의 거래은행이 개설하는데, 보통 매도인(수출상)이 그의 수출대금을 확실하게 수령하기 위하여 매수인에게 요청하고 매수인이 다시 자기의 거래은행에 요청하여 매수인의 거래은행이 개설하여 매도인에게 송부(통지)한다. 신용장개설의뢰인(매수인)과 신용장개설은행은 수입거래약정서에 의하여 담보 등 제반사항에 관하여 특약하고 있다.

은행이 고객인 수입업자를 지원하기 위하여 개설하는 신용장은 화환신용장(Docu-mentary L/C)이고 또 화환신용장이 신용장 중 가장 전형적인 것이므로, 이하에서는 화환신용장에 대해서만 설명하기로 한다.

---

1) 당좌계정거래계약의 내용에 상호계산계약을 포함시키는 견해로는 손(주), 182면; 정(동), 506면 등이 있고, 상호계산계약을 포함시키지 않는 견해로는 정(희), 113~114면; 최(기), 242면 등이 있다.

이러한 화환신용장에 관해서는 국제상관습법이라고 볼 수 있는 「화환신용장통일규칙」(Uniform Customs and Practice for Documentary Credits, UCP)이 있어, 동 신용장통일규칙이 국제적으로 유통되는 화환신용장에 거의 통일적으로 적용되고 있다. 우리나라의 판례에서도 「신용장통일규칙은 모든 화환신용장에 적용되고 당사자를 구속한다」고 하여,[1] 신용장통일규칙을 상관습법($\frac{상}{1조}$)으로 인정하고 있다.[2] 이러한 신용장통일규칙은 1933년 비엔나에서 개최된 국제상업회의소($\substack{\text{International Chamber of} \\ \text{Commerce, ICC}}$) 회의에서 채택되어 그 후 수차에 걸쳐 개정되었다.[3]

2. 화환신용장의 의의

신용장통일규칙(UCP 600) 제 2 조는 화환신용장(보증신용장을 포함함)을 정의하여, 「그 명칭이나 표기에 관계 없이 취소불능이며, (신용장의 문면상) 일치하는 제시에 대하여 지급이행(honour)을 하겠다는 개설은행의 확약(definite undertaking)을 내용으로 하는 모든 약정(any arrangement)을 의미한다」고 규정하고 있다. 이 때 지급이행(honour)이란 (ⅰ) 신용장이 일람출급(sight payment)이면 일람후 지급하는 것, (ⅱ) 신용장이 연지급(deferred payment)이면 연지급 확약을 하고 만기에 지급하는 것, (ⅲ) 신용장이 일람후 정기출급이면 수익자가 발행한 환어음을 인수하고 만기에 지급하는 것을 의미한다(UCP 600 제 2 조).

한마디로 화환신용장이란 「신용장개설은행(issuing bank or opening bank, drawee bank)이 수익자[4](beneficiary)에 대하여 그가 발행하는 환어음(화환어음)이 신용장에 기재된 조건과 서류상 일치하는 한 무조건 지급·인수할 것을 보증하는 서면」이라고 볼 수 있다. 따라서 화환신용장이 개설된 경우에는 신용장개설은행의 인적 보증이 추가된 것이라고 볼 수 있다.

3. 화환신용장의 특성

(1) 신용장거래의 독립·추상성

신용장은 매매계약이나 기타 다른 기본계약에 기하여 발행되더라도 일단 발행된 신용장에 의한 거래는 기본계약과는 별개의 독립된 거래로서 기본계약에 의하여 구속을 받

---

1) 대판 1977. 4. 26, 76 다 956(집 24 ① 민 170).
2) 윤승진, "상업신용장의 법률관계," 법학석사학위논문(서울대, 1982. 7), 8면.
3) 이 책에서 인용되는 신용장통일규칙은 1993. 5. 13에 공포되고 1994. 1. 1부터 시행되고 있는 제 5 차 신용장통일규칙(이하 'UCP 500'으로 약칭함)과 ICC은행위원회가 2006년 10월 파리 총회에서 개정하고 2007. 7. 1부터 시행되는 제 6 차 신용장통일규칙(이하 'UCP 600'으로 약칭함)이다.
4) 매도인(수출상)이며 화환어음의 발행인이다.

지 않는다는 독립성이 있고, 또 신용장에 의한 거래는 상품거래를 하는 것이 아니고 서류
상의 거래라는 추상성이 있다.

신용장통일규칙(UCP 600) 제4조는 「신용장은 본질상 그것이 매매계약이나 기타의
계약에 근거를 두고 있는 것이라 할지라도 이러한 계약과는 별개의 계약이며, 은행은 그
러한 내용이 신용장에 기재되었다 하더라도 그러한 계약과는 하등의 관계가 없고 또한 그
러한 계약에 의하여 구속을 받지도 아니한다」고 하여, 신용장의 독립·추상성에 대하여
규정하고 있다.[1] 이와 같은 신용장의 독립·추상성으로 인하여 신용장거래는 서류만의
거래로서 이루어지고, 그 거래는 매매계약 등과는 완전히 독립하여 이루어지므로 신용장
거래의 원활을 기할 수 있으며, 신용장에 의한 화환어음의 양수인은 매매계약상의 문제를
고려함이 없이 안심하고 취득할 수 있다. 신용장통일규칙은 이러한 신용장의 독립·추상
성에 따라 당사자의 의무와 책임에 관한 규정에서도 이를 명백히 하고 있다. 즉, 동 규칙
(UCP 600) 제5조는 「신용장거래에서 은행은 서류거래를 하는 것이지, 그 서류에 관련될
수 있는 물품·서비스 또는 기타 채무이행으로 거래하는 것은 아니다」고 규정하고 있다.

이러한 신용장거래의 독립·추상성은 영국·미국·독일·프랑스 등 각국의 판례가
이를 인정하고 있으며,[2] 신용장의 이러한 특성으로 인하여 은행은 매도인과 매수인 사이
의 분쟁에 말려들 필요가 없게 된다.

이러한 신용장거래의 독립·추상성과 관련하여 매도인이 계약상의 상품 대신 쓰레기
를 선적하거나 또는 전혀 상품을 선적하지 않고 은행에 위조된 선적서류 등을 제시한 경
우에도, 은행은 동 선적서류 등이 위조된 것이라는 확실한 실증이 가는 경우를 제외하고
는 동 선적서류 등이 진실한가의 여부를 확인할 의무와 책임을 부담하지 않는다.[3]

그런데 이러한 신용장거래의 독립·추상성을 악용하여 매도인(수출상)이 선적서류를
위조·변조 또는 허위작성하여 신용장개설은행에 신용장대금을 청구하거나 또는 이러한
사실을 알고 있는 할인은행이 신용장개설은행에 신용장대금을 청구하는 것은 신용장거래
를 빙자한 사기거래를 한 자이므로 이러한 자는 신용장의 독립·추상성의 원칙에 의하여
더 이상 보호받을 수 없다.[4] 따라서 신용장거래에서는 이러한 양자를 어떻게 조화시킬

---

1) 동지: U. C. C. § 5-108.

2) 이에 관한 영·미의 판례에 관한 소개로는 윤승진, 전게논문, 19~22면 참조.

3) UCP 600 제34조; U. C. C. §§ 5-109(2), 5-114(2)b. 동지판례: 대판 1979. 5. 8, 78 다 2006
(공보 612, 11944); 동 1980. 1. 15, 78 다 1015(집 28 ① 민 1).

4) 동지: 대판 2002. 10. 11, 2000 다 60296(공보 2002, 2663)(화환신용장에 의한 거래는 본질적
으로 서류에 의한 거래이지 상품에 의한 거래가 아니므로, 은행은 상당한 주의로써 그 선적서류가
문면상 신용장의 조건과 일치하는지 여부만 확인하면 되고, 그 선적서류에 대한 실질적인 심사의
무까지 부담하지는 아니하나, 그 선적서류가 위조〈변조 또는 허위 작성을 포함한다〉되었을 경우
은행이 위조에 가담한 당사자이거나 서류의 위조 사실을 사전에 알았거나 또는 그와 같이 의심할
만한 충분한 이유가 있는 경우에는, 이는 신용장거래를 빙자한 사기거래에 지나지 아니하므로 그

것인가가 문제가 된다.

(2) 엄격일치의 원칙

이는 신용장에 의한 거래는 위에서 본 바와 같이 서류상의 거래이므로, 은행은 제출된 모든 서류가 문면상 신용장조건과 일치하는지 여부를 엄격히 심사하여 동 서류가 신용장조건과 문면상 일치하는 경우에 한하여 지급할 수 있다는 원칙이다.[1] 이 원칙은 은행이 특수거래에 관한 전문가가 아니라는 점에 근거하지만, 보다 중요한 이유는 매수인이 지급(인수)을 거절하는 것을 미연에 방지하기 위한 것이다.[2] 신용장통일규칙(UCP 600) 제18조 이하는 이에 관하여 개별적인 선적서류에 대하여 비교적 상세하게 규정하고 있다.[3] 예컨대, 신용장통일규칙(UCP 600) 제18조 c호는 상업송장에 대하여 「상업송장의 상품·서비스 또는 이행의 명세는 반드시 신용장에 명시된 것과 일치하여야 한다」고 규정하고 있다.

이에 관하여 우리 대법원은, 「신용장매입은행은 모든 서류가 문면상 신용장조건과 합치하는지 여부를 상당한 주의를 기울여 점검하여야 하는데(신용장통일 규칙 7조), 이 때의 상당한 주의라 함은 상품거래에 관한 특수한 지식·경험에 의함이 없이 은행원으로서 일반적인 지식경험에 의하여 기울여야 할 객관적이고 합리적인 주의를 가리키며 은행원은 이러한 주의를 가지고 신용장과 기타 서류에 기재된 문언을 형식적으로 엄격하게 해석하여 신용장조건과의 합치여부를 가려낼 의무가 있고, 실질적인 심사의무는 없는 것이다 … 중략 …. 다만 신용장부대서류가 신용장조건과 문언대로 엄격하게 합치하여야 한다고 하여 자구 하나도 틀리지 않게 완전히 일치하여야 한다는 뜻은 아니며, 자구에 약간의 차이가 있더라도 은행이 상당한 주의를 기울이면 그 차이가 경미한 것으로서 문언의 의미에 차이를 가져오는 것이 아니고 또 신용장조건을 전혀 해하는 것이 아님을 문면상 알아차릴 수 있는 경우에는 신용장조건과 합치하는 것으로 보아야 할 것이다」고 판시하고 있다.[4] 또한

은행은 더 이상 이른바 신용장의 독립·추상성의 원칙에 의한 보호를 받을 수 없다); Szetejn v. Henry Schröder Banking Corporation, 31 N. Y. Supp. (2d) 631, 634(1941); U. C. C. § 5-109.

　　이에 관한 상세는 정찬형, "신용장거래에 있어서 Fraud Rule," 「고려법학」(고려대 법학연구원), 제49호(2007. 10), 61~91면 참조.

1) UCP 600 제14조; U. C. C. § 5-109(2).
2) Clive M. Schmidthoff, *Schmidthoff's Export Trade*, 1980, p. 248.
3) 이에 관한 영미판례의 소개로는 윤승진, 전게논문, 23~28면 참조.
4) 대판 1985. 5. 28, 84 다카 696(공보 756, 15). 동지: 대판 2002. 10. 11, 2001 다 29469(공보 2002, 2677)(제5차 개정 신용장통일규칙은 신용장에서 항구간의 선적에 적용되는 선하증권〈Marine/Ocean Bill of Lading 또는 Port-to-Port Bill of Lading, 이하 '해상선하증권'이라 한다〉을 요구하는 경우 신용장 관련 서류로서 갖추어야 할 요건에 대하여는 그 제23조에서 규정하고, 신용장에서 적어도 두 가지 이상의 서로 다른 운송방식에 의한 운송서류〈Multi-modal Transport Document 또는 Combined Transport Document, 이하 '복합운송증권'이라 한다〉를 요구하는 경우 신용장

관련 서류로서 갖추어야 할 요건에 대하여는 그 제26조에서 규정하고 있으면서, 이들의 경우 신용장에서 별도로 명시하고 있지 않는 한 해당 운송서류의 명칭에 관계없이〈however named〉 신용장에서 요구한 각 운송서류에 해당하는 신용장통일규칙에 의한 요건을 모두 갖춘 이상 은행은 이를 수리하도록 규정하고 있으므로, 신용장 개설은행은 신용장에서 요구한 서류가 해상선하증권인데 수익자가 제출한 선하증권이 복합운송선하증권〈Combined Transport Bill of Lading〉 등의 다른 명칭을 사용하고 있다는 사유만으로는 신용장이 규정하고 있는 조건과 제출된 서류가 불일치한다는 이유로 신용장대금의 지급을 거절할 수 없고, 제출된 서류의 명칭과 관계없이 신용장에서 요구하는 운송서류의 종류에 따라 해당 운송서류가 신용장통일규칙이 정하고 있는 수리요건을 갖추었는지 여부를 가려 신용장대금의 지급여부를 판단하여야 한다. 또한 제 5 차 개정 신용장통일규칙 제23조 a항 ii호는 신용장이 항구간 선적에 적용되는 선하증권을 요구하는 경우 선하증권에 미리 인쇄된 문언에 의하여 화물의 선적 사실을 표시할 수 있으나〈선적선하증권, 즉 Shipped Bill of Lading의 경우〉, 화물이 선하증권의 발행 전에 선적되지 아니한 수취선하증권〈Received Bill of Lading〉의 경우에는 그 선하증권에 화물이 지정된 선박에 본선적재 또는 선적되었다는 사실과 그 본선적재일이 명시되어야 한다는 취지를 규정하고 있는바〈본선적재표기〉, 이는 수취선하증권의 경우 화물이 지정된 선박에 정상적으로 선적되었는지 여부를 그 기재만으로 확인할 수 없으므로, 선하증권상으로 그와 같은 사실을 명확히 하여 화물의 선적에 따른 당사자들의 법률관계를 명확히 하고자 하려는 데 그 목적이 있으므로, 신용장통일규칙이 요구하는 본선적재표기가 정당하게 되었는지 여부는 신용장 관련 다른 서류의 기재를 참고하지 아니하고, 해당 선하증권의 문언만을 기준으로 하여 엄격하게 판단되어야 한다. 또한 제 5 차 개정 신용장통일규칙 제23조 a항 iii호는 신용장이 운송서류로서 항대항 운송에 사용되는 해상선하증권을 요구하는 경우 선하증권상의 양륙항은 신용장의 기재와 일치하여야 하고〈신용장에서 항대항 선하증권을 요구한 경우 목적항(for transportation to)이라 함은 양륙항과 같은 의미로 보아야 한다〉, 양륙항의 기재가 일치하는 이상 선하증권에서 최종 목적지를 달리 표시하고 있어도 무방하다는 취지로 규정하고 있는바, 이는 신용장에서 요구하는 운송과정과 운송방법이 그 제시되는 선하증권에서 모두 확인될 수 있어야 한다는 취지이므로, 해당 화물의 선적과 양륙이 신용장에서 요구한 바대로 이루어지는 것으로 선하증권에 기재되었는지 여부는 엄격하게 해석되어야 한다); 동 2002. 11. 26, 2001 다 83715·83722 (공보 2003, 201)(신용장의 개설은행이 매입은행에 대하여 선하증권의 하자로서 선하증권의 연속면에 '환적시 선적될 예정 선박과 그 대체 선박'에 관한 기재가 있다는 것을 통지한 경우, 개설은행의 하자통지에 명시된 '예정선박〈intended vessel〉'은 환적을 하기로 예정된 선박을 뜻하는 것임이 명백하고 선하증권이 신용장에서 요구하는 선적항과 양륙항의 기재 등 다른 조건을 모두 충족하고 있는 한 위와 같은 환적항에서의 선적 예정인 선박 명칭과 그 대체 선박에 관한 기재는 선사〈船社〉가 최초에 선적항에서 선적이 이루어질 때 환적이 이루어진 다음 환적항에서 화물을 선적하고 갈 선박의 이름을 미리 알 수 없고, 신용장에 따로 요구되지 않는 한 그와 같은 세밀한 부분을 선하증권상에서 언급할 필요도 없지만, 선하증권의 수하인에게 최종적인 양륙항에 도착할 선박에 관한 추가적인 정보를 기재한 것으로 신용장의 조건에 위배된 것으로 볼 수 없다); 동 2006. 5. 12, 2004 다 34158(공보 2006, 1017)(상업송장이 신용장조건과 문면상 불일치하다고 본 경우); 동 2007. 5. 10, 2005 다 57691(공보 2007, 849)(제 5 차 개정 신용장통일규칙 제27조 a항 i호에 의하면, 신용장에서 항공운송서류를 요구한 경우에는, 은행은 신용장에 별도로 명시하고 있지 않는 한 그 명칭에 관계없이 문면상 운송인의 이름이 표시되고 운송인 또는 대리인이 서명하거나 기타 다른 방식으로 인증한 서면을 수리하여야 하며, 운송인의 모든 서명 또는 인증에는 반드시 운송인이라는 확인이 있어야 하고, 운송인을 대신하여 서명하거나 인증한 대리인은 반드시 운송인의 명의와 자격도 명시하여야 한다고 규정하고 있는바, 신용장에서 항공화물운송장의 제시를 요구하고 있는 경우, 신용장개설은행은 위 규정에서 정한 요건을 충족하는 서류만을 신용장조건에 합치하는 서류로서 수리하여야 하고, 항공화물운송장이 위와 같은 요건을 충족하고 있는지 여부는 신용장 관련 다른 서류의 기재를 참고하지 아니하고 해당 항공화물운송장의 문언만을 기준으로 하여 형식적으로 엄격하게 판단하여야 한다. 따라서 신용장에 따라 제시된 항공화물운송장의 발행인란에 운송인으로 기재된 자가 운송인의 대리인으로서 서명함으로써 항공화물운송장의 문언만으로는 그 항공화물운송장이 운송인에 의하여 서명·발행되었는지, 운송인의 대리인에 의하여 서명·발행되었는지 신용장개설은행의 입장에서 판단하기 어려운 경우, 항공운송서류에 관한 제 5 차 개정 신용장통일규칙 제27조 a항 i호의 요건을 충족하는 항공화물운송장이 신용장개설은행에 적법하게 제시되었다고 볼 수 없다); 동 2008. 9. 11, 2007 다 74683(공보 2008, 1358)(제 5 차 신용장통일규칙 제13조 (c)항은 "신용장에서 제시되어야 할 서류에 관하여는 명시하지 않으면서 조건만을 명시하고 있을 경우에는 은행은 그러한 조건이 제시되지 않은 것으로 간주하고 이를 무시한다"라고 규정하고 있으나, 신용장 거래에도 원칙적으로 계약자유의 원칙이 적용될 수 있는 이상, 신용장에 기재된 비서류적 특수조건의 내용이 당해 신용장 기재의 문언 자체에 의하여 완전하고 명료한지 여부, 당해 신용장 개설 및 비서류적 특수조건이 삽입된 경위, 비서류적 특수조건의 내용, 수익자가 그 비서류적 특수조건을 응낙하였는지 여부 및 그 특수조건의 성취에 관하여 수익자가 관여할 수 있는 정도 등 여러 사정에 비추어, 신용장에 부가된 이와 같은 비서류적 특수조건이 신용장의 본질에 비추어 바람직하지 않다 하더라도 이를 무효라고 볼 수 없는 경우가 있다. 일단 그 유효성이 인정되는 경우에는 그 후에 그와 같은 조건의 존재를 인식하거나 충분히 인식할 수 있었던 당해 신용장 매입은행에게도 그 특수조건의 효력은 미치므로, 당해 신용장 매입은행이 이와 같은 특수조건이 성취되었다는 사실을 주장·증명하지 못하는 한 신용장 개설은행은 신용장 매입은행에게 신용장 대금을 지급할 의무가 없다); 동 2009. 10. 29, 2007 다 52911·52928(공보 2009, 1972)(신용장 첨부서류가 신용장 조건과 문언대로 엄격하게 합치하여야 한다고 하여 자구 하나도 틀리지 않게 완전히 일치하여야 한다는 뜻은 아니며, 자구에 약간의 차이가 있더라도 그 차이가 경미한 것으로서 문언의 의미에 차이를 가져오는 것이 아니거나 단지 신용장에 표시되어 있는 상품의 기재를 보완하고 특정하기 위한 것으로서 신용장 조건을 전혀 해하는 것이 아님을 문면상 알아차릴 수 있는 경우에는 신용장 조건과 합치하는 것으로 보아야 하고, 그 판단은 구체적인 경우에 신용장 조건과의 차이가 국제적 표준은행거래관습에 비추어 용인될 수 있는지 여부에 따라야 한다. 따라서 신용장의 상품명세와 송장의 상품명세는 '경유 원산지 대만〈gasoil origin Taiwan〉' 또는 '경유 원산지 일본〈gasoil origin Japan〉'으로 상품명세와 원산지의 기재가 모두 일치하고 있으나 반출지시서의 상품명세에는 'Korean gasoil 0.043% Sulphur'라고 기재되어 있는 사안에서, 위 반출지시서의 상품명세의 기재는 신용장의 상품명세와 모순되지 않는 일반 용어로 표시된 것으로 신용장 조건과 일치한다); 동 2009. 12. 24, 2009 다 56221(공보 2010, 234)(신용장 개설은행은 개설의뢰인인 매수인을 대신하여 매도인에게 매매대금을 지급하는 지위에 있는 자로서 은행에 제시된 서류가 형식상 신용장 조건과 엄격하게 합치하는지 여부를 상당한 주의를 기울여 심사할 의무가 있고 이러한 의무를 다함으로써 책임을 면하게 되는바, 여기에서 상당한 주의라 함은 상품거래에 관한 특수한 지식경험이 없는 은행원으로서의 일반적인 지식경험에 의하여 기울여야 할 객관적이고 합리적인 주의를 가리킨다. 다만, 신용장 첨부서류가 신용장 조건과 문언대로 엄격하게 합치하여야 한다고 하여 자구 하나도 틀리지 않게 완전히 일치하여야 한다는 뜻은 아니며, 자구에 약간의 차이가 있더라도 그 차이가 경미한 것으로서 문언의 의미에 차이를 가져오는 것이 아니거나 단지 신용장에 표시되어 있는 상품의 기재를 보완하고 특정하기 위한 것으로서 신용장 조건을 전혀 해하는 것이 아님을 문면상 알아차릴 수 있는 경우에는 신용장 조건과 합치하는 것으로 보아야 하고, 그 판단은 구체적인 경우에 신용장 조건과의 차이가 국제표준은행관행〈ISBP〉에 비추어 용인될 수 있는지 여부에 따라야 한다. 따라서 신용장의 물품명세에 'SIZE 0-100 MM 100PCT'라고 기재되어 있으나 지급요구시 제시된 상업송장에는 'Size Analysis 0-50 MM 75.21%'라고 기재된 사안에서, 위 상업송장에 기재된 물품명세는 75.21%가 0~50mm 사이에 분포한다는 것일 뿐 나머지 24.79%에 해당하는 물품 크기〈SIZE〉에 대하여는 아무런 언급이 없으므로, 그 실질적인 내용에 있어서 신용장 조건과 상업송장의 기재가 일치한다고 할 수 없다); 동 2013. 10. 31, 2011 다 16431·16448·16455(공보 2013, 2116)(신용장에 의한 거래는 서류에 의한 거래이고 직접적인 상품의 거래가 아니므로 신용장거래의 이행은 신용장에 기재된 조건과 형식상 엄격하게 일치함을 요한다. 그러나 신용장개설은행이 신용장을 개설하면서 신용장통일규칙〈UCP〉이나 국제표준은 우리 대법원은, 「신용장매입은행은 부대선적서류가 신용장조건과 일치하는지 여부를 확인하여야 하는 외에, 동 부대선적서류가 정규성과 상태성을 갖추고 있는지 여부도 확인하여야 할 거래상의 의무를 부담한다」고 판시하고 있다.[1]

4. 신용장의 종류

(1) 상업신용장(Commercial L/C)·여행자신용장(Traveler's L/C)

상업신용장은 격지자간의 상품매매에 있어서 매도인(수출상)이 상품대금을 확실하고 신속하게 지급받기 위하여 발행되는 신용장이고, 여행자신용장은 해외여행자가 외국에서 금전을 지급받기 위하여 발행되는 신용장이다. 여행자신용장은 개설은행이 일정한 외국의 거래은행에 대하여 여행자가 발행한 어음 또는 수표를 지급할 것을 지시하고 이에 개설은행이 책임을 부담하는 뜻을 기재한 서면으로,[2] 외국여행자가 외국여행을 함에 있어서 다액의 현금을 휴대함에 따른 불편과 위험을 피하기 위하여 이용된다.[3] 이러한 여행자신용장은 여행자수표(Traveler's Check)와 그 이용목적이 동일한데, 여행자수표가 여행자신용장에 비하여 수수료 등 비용면에서 유리하고 또 이용절차도 간단하기 때문에 여행자수표가 더 널리 이용되고 있다.[4]

(2) 화환신용장(Documentary L/C)·무화환신용장(Clean L/C)

화환신용장이란 신용장에 의하여 발행되는 환어음에 운송증권 등 선적서류가 첨부되는 상업신용장을 말하고, 무화환신용장이란 신용장에 의하여 발행되는 환어음에 운송증권 등 선적서류가 첨부되지 않는 상업신용장을 말한다. 화환신용장이 가장 전형적인 신용장이므로, 단순히 신용장이라고 하면 화환신용장을 의미하는 것이 보통이다.[5] 무화환신용

행관행〈ISBP〉 등과 다른 조건을 신용장에 기재하는 경우에는 신용장의 수익자나 매입은행이 그 객관적인 의미나 취지를 인식할 수 있도록 명확하게 신용장조건을 기재하여야 한다. 만일 그 객관적인 의미나 취지가 불분명하거나 모호하여 신용장통일규칙이나 국제표준은행관행과 다르지 않은 조건을 요구하고 있다고 해석될 수 있는 경우에는, 신용장의 수익자나 매입은행이 그에 따라 요구서류를 갖추어 제시하더라도 신용장개설은행으로서는 자신이 내심으로 의도한 신용장조건과 불일치한다는 이유로 신용장대금의 지급을 거절할 수 없다. 따라서 이 사건 신용장은 운송인의 대리인이 서명하여 발행할 수 있으므로 운송인의 대리인이 서명하여 발행한 선하증권을 신용장개설은행은 신용장조건과 불일치하다는 이유로 신용장대금의 지급을 거절할 수 없다. 또한 운송인의 대리인에게 어떠한 과실이나 위법행위가 있었다고 볼 수도 없다).

1) 대판 1977. 4. 26, 76 다 956(교재, 판결례 [209]); 동 2009. 10. 29, 2007 다 52911·52928(공보 2009, 1972)(신용장에서 수익자가 신용장 대금 청구시 수익자가 발행한 반출지시서 사본을 제출서류로 요구하고 있고, 수익자가 정정 또는 변경을 인증하지 않고 반출지시서 사본상의 상품명세를 일부 정정하였다고 하더라도 반출지시서 사본이 서류로서의 정규성과 상태성을 잃는다고 볼 수 없다).

2) 동지: 田中(誠), 銀行取引法, 242면.

3) 동지: 서·정, 145면 주 1.

4) 동지: 田中(誠), 銀行取引法, 243면 주 1.

장은 주로 무역거래에서 운임·보험료 또는 수수료 등을 결제하기 위하여 이용되는데, 무담보신용장이라고도 한다.[1]

(3) 취소불능신용장(Irrevocable L/C)·취소가능신용장(Revocable L/C)

취소불능신용장이란 신용장의 유효기간 내에는 관계당사자 전원의 동의 없이는 일방적으로 신용장의 취소나 내용을 변경할 수 없는 신용장을 말하고,[2] 취소가능신용장이란 신용장발행은행이 일방적으로 신용장의 취소나 내용을 변경할 수 있는 신용장을 말한다. 무역거래실무에서는 일반적으로 취소불능신용장이 이용되고, 취소가능신용장은 매우 불안정하므로 거의 이용되지 않는다.[3] 신용장통일규칙(UCP 600) 제 2 조는 「신용장은 그 명칭이나 표기에 관계 없이 취소불능이다」고 규정하고, 동 규칙(UCP 600) 제 3 조는 「신용장은 취소불능의 표시가 없어도 취소불능이다」고 규정하고 있다.

(4) 원신용장(Master L/C)·내국신용장(Local L/C)

원신용장이란 국내의 수출상이 외국의 수입상으로부터 받은 제 1 의 신용장을 말하

---

5) 동지: 정(동), 240면; 서·정, 145면 주 1.

1) 동지: 최(기), 254면.

2) 동지: 대판 2011. 1. 13, 2008 다 88337(공보 2011, 300)(국제상업회의소〈International Chamber of Commerce〉의 제 5 차 개정 신용장통일규칙〈The Uniform Customs and Practice for Documentary Credits, 1993 Revision, ICC Publication No. 500, 이하 '신용장통일규칙'이라고 한다〉 제 9 조 d항은 "제48조에 의하여 별도로 규정된 경우를 제외하고는 취소불능신용장은 개설은행, 확인은행(있는 경우) 및 수익자의 합의 없이는 변경되거나 취소되지 아니한다"고 규정하고 있다. 따라서 취소불능신용장에서 규정된 수익자의 권리 또는 권리의 행사요건 등에 영향을 미치는 신용장 조건 등의 변경은 수익자의 동의를 얻지 못하면 효력이 없다. 취소불능신용장의 이러한 조건변경 제한규정은 개설은행이 매입은행 등 지정은행에 대한 지시의 형식을 취하였다고 하더라도 그 지시 내용이 실질적으로 수익자의 권리 또는 권리의 행사요건 등을 변경하는 결과를 초래하는 경우에도 마찬가지로 적용된다고 보아야 하므로 수익자의 동의가 없는 한 그와 같은 지시는 효력이 없다. 왜냐하면 개설은행의 그와 같은 지시가 수익자에 대한 관계에서만 무효이고 매입은행에 대한 관계에서는 그대로 유효하다고 한다면, 매입은행은 개설은행의 지시를 따를 수밖에 없고 그에 따라 수익자는 매입은행에게 변경지시 전의 권리를 사실상 행사할 수 없게 되는 반면, 개설은행은 수익자의 동의 없이 매입은행에 대한 지시를 통하여 취소불능신용장의 신용장 조건을 임의로 변경할 수 있는 부당한 결과가 초래되기 때문이다. 따라서 이러한 경우 개설은행은 수익자뿐만 아니라 매입은행에 대한 관계에서도 그 지시의 유효를 주장할 수 없다. 신용장 개설은행이 어느 은행이나 매입가능하고 지급에 필요한 서류로 상업송장 및 선하증권 전통〈full set〉을 제시하도록 한 취소불능신용장을 개설하면서, 그 부가조건에서 '매입 시점에 선하증권 원본을 제출할 수 없는 경우에는 상업송장 및 수익자가 발행한 보상장〈Letter of Indemnity, LOI〉과 상환으로 대금을 지급할 수 있다'고 규정하였다가 나중에 매입은행에게 '개설은행의 매입은행에 대한 지시의 변경'이라는 형식으로 그 부가조건을 삭제하도록 통보하였는데, 수익자가 매입은행으로부터 그 부가조건 삭제 요청을 통보받고 이를 거절하자, 매입은행이 다시 개설은행에 그 거절의사를 통지하고 그 후 수익자로부터 위 신용장에 기한 환어음과 상업송장 및 보상장 등의 서류를 매입한 다음 개설은행에 신용장 대금의 지급을 구한 경우, 위 부가조건의 삭제는 신용장으로 규정된 수익자의 권리행사요건을 변경시키는 신용장 조건의 변경에 해당하는데 수익자가 그 부가조건 삭제 요청을 거절하였으므로, 신용장 개설은행의 매입은행에 대한 부가조건 삭제 지시는 아무런 효력이 없다).

3) 동지: 정(동), 241면; 최(기), 255면.

고, 내국신용장이란 수출상이 원신용장을 거래은행에 담보로 제출하고 원자재공급자나 제품공급자를 수익자로 하여 동 은행으로부터 발행받는 제 2 의 신용장을 말한다. 내국신용장은 보통 실무에서 금액·단가·유효기간이 원신용장보다 적거나 단기로 발행된다.[1] 그러나 내국신용장이 원신용장의 물품선적기일과 유효기간이 모두 지난 후에 개설되었다 하더라도 그 내국신용장이 무효가 되는 것은 아니다.[2]

(5) 확인신용장(Confirmed L/C)·무확인신용장(Unconfirmed L/C)

확인신용장은 신용장개설은행 이외에 국제적으로 신용 있는 다른 은행이 이중으로 지급을 약속한 신용장을 말하고, 무확인신용장은 다른 은행의 지급약속이 없는 신용장을 말한다.[3]

(6) 제한신용장(Restricted L/C)·일반신용장(General L/C)

제한신용장이란 신용장에 의하여 발행된 환어음의 매입은행이 제한된 신용장을 말하고,[4] 일반신용장이란 이러한 매입은행이 제한되지 않은 신용장을 말한다.[5]

(7) 양도가능신용장(Transferable L/C)

신용장은 개설은행이 특정인인 수익자(수출상)에 대하여 하는 인적 지급(인수)약속으로, 개인적인 신뢰관계가 중시되므로 양도할 수 없는 것이 원칙이다. 그러나 수익자가 매매의 목적물을 인도할 수 없거나 또는 무역업자가 아닌 경우에는, 신용장개설은행의 동의를 받아 매매의 목적물을 인도할 수 있는 무역업자에게 신용장을 양도할 필요성이 있게 된다. 이와 같이 신용장의 수익자가 제 3 자(제 2 의 수익자)에게 신용장의 전부 또는 일부를 양도할 수 있는 신용장을 양도가능신용장이라고 한다.[6] 신용장은 개설은행이 신용장상에 「transferable」이라고 특별히 명시한 경우에 한하여 양도할 수 있고,[7] 1회에 한하여 양도할 수 있다.[8]

---

1) 동지: 최(기), 256면.

2) 동지: 대판 1995. 5. 9, 94 다 38144(공보 994, 2079).

3) 동지: 최(기), 255면.

4) 대판 2008. 11. 13, 2006 다 61567(공보 2008, 1674)(대금의 지급이 특정 기일로 지정되어 있는 연지급신용장의 경우에도, 개설은행에 의하여 선적서류를 매입하는 방법으로 대금을 지급할 수 있는 은행이 지정된 때에는, 특별한 반대의 약정이 없는 한 개설은행의 위 지정은행에 대한 수권 속에는 연지급신용장의 대금지급만기 전에 지정은행이 선적서류를 매입하더라도 개설은행이 만기에 그 대금을 상환하겠다는 취지가 포함되어 있다고 보아야 하고, 연지급신용장의 개설에 환어음의 발행이 수반되지 아니하였다고 하여 선적서류 등과 함께 신용장을 매입하는 것이 불가능한 것은 아니므로, 연지급신용장도 지정은행이 지정되어 있는 한 그 은행에 의한 매입의 대상이 될 수 있다〈대법원 2003. 1. 24. 선고 2001 다 68266 판결 참조〉).

5) 동지: 최(기), 255면.

6) 신용장통일규칙 제48조 a호.

7) 신용장통일규칙 제48조 b호.

8) 신용장통일규칙 제48조 g호.

⑻ 보증신용장(Stand-by L/C)

상품매매대금의 지급을 위하여 발행되는 것이 아니라, 채무자가 금융이나 채무이행의 보증을 위하여 은행에 신청하고 채권자를 수익자로 하여 발행되는 무화환신용장이다. 이와 같은 보증신용장은 주로 해외지사가 현지은행으로부터 금융을 받고자 하는 경우에 보증서로서 발행되거나, 입찰보증금(Bid Bond)이나 계약이행보증금(Performance Bond)을 차입하는 경우에 이용된다.[1]

⑼ 선대신용장(Red Clause L/C)

신용장 개설은행이 신용장을 개설하면서 확인은행 또는 지정된 은행으로 하여금 선적서류의 제시에 앞서 수익자에게 선대금(先貸金)(advance)을 미리 지급할 수 있도록 하는 특수조건을 부가한 신용장을 말한다. 이러한 선대신용장에서의 선대금이 그 특수조건에 따른 용도로 사용되지 않는 경우에는 개설은행에 대한 위 선대금의 청구는 기본적으로 화환신용장인 선대신용장을 남용한 사기적인 청구로서 이에는 신용장의 독립추상성의 원칙에 의하여 보호되지 않는다.[2]

5. 화환신용장의 경제적 기능

국제무역에 있어서는 매수인의 신용에 대한 조사가 용이하지 않고 또 매수인이 지급거절을 한 경우에 국가간의 법률과 관습 등의 차이로 매매대금에 대한 강제집행이 용이하지 않을 뿐만 아니라 실효를 거둘 수 없는 경우도 있다. 따라서 화환신용장은 개설은행이 매도인에 대하여 매매대금의 지급을 담보하는 기능을 하고 있다(담보기능). 화환신용장은 또한 매도인으로 하여금 쉽게 은행으로부터 화환어음을 할인받아 매매대금을 지급받은 것과 동일한 효과를 거두는 기능도 하고 있다(신용기능 및 지급기능). 따라서 화환신용장은 무역거래의 실무에서 상당히 널리 이용되고 있다.

6. 화환신용장의 법적 성질

화환신용장의 법적 성질에 대하여는 다음과 같이 다양하게 설명되고 있는데, 이를 크게 영미법계·대륙법계 및 우리나라에서 주장되는 견해로 나누어서 고찰한다.[3]

⑴ 영미법계

영미법계에서의 화환신용장의 법적 성질에 관하여는 다음과 같은 견해가 있다. 즉, (ⅰ) 매도인에 대한 신용장개설이 청약이고 매도인의 개설은행에 대한 어음과 선적서류의

---

1) 동지: 최(기), 255면. 이 밖에 신용장에 관한 상세는 오세주,「신고 전정판 신용장」, 1984; 임홍근,「무역신용장」, 1981 등 참조.

2) 동지: 대판 2000. 7. 6, 99 다 51258(JURIST 2002. 1, 70~77면).

3) 이에 관한 상세한 소개로는 윤승진, 전게논문, 9~17면 참조.

제시가 승낙이라고 보는 청약·승낙설(Offer and Acceptance Theory), (ii) 개설은행이 매매대금의 지급을 보증하는 계약이라고 보는 보증설(Guarantee Theory), (iii) 개설은행이 신용장의 금액이나 그에 사용하는 것을 매도인이 사용할 수 있도록 수령한 것을 표시하는 것으로서 그와 같은 표시를 믿고 행동한 매도인에 대하여 이를 부인하지 못한다는 금반언설(Estoppel or Trustee Theory), (iv) 매수인과 개설은행이 체결한 계약의 이익이 계약체결과 동시에 매도인에게 이전된다는 양도설(Assignment Theory), (v) 매수인이 신용장거래에서 탈락되고 계약이 개설은행과 매도인 사이에 체결된 것으로 된다는 경개설(Novation Theory), (vi) 매수인은 매도인의 대리인으로서 취소불능신용장의 개설을 의뢰하는 것이라고 보는 대리인설(Buyer the Seller's Agent), (vii) 실제거래의 관행 내지 상인의 확신을 기초로 하여 취소불능신용장은 어음·수표 등의 유통증권과 같이 상업적 특수행위의 하나라고 보는 상업적 특수행위설(Mercantile Speciality Theory) 등이 있다.

(2) 대륙법계

대륙법계에서의 화환신용장의 법적 성질에 관하여는 다음과 같은 견해가 있다. 즉, (i) 매수인과 개설은행 사이에는 위임계약이 존재하고 개설은행과 매도인 사이에는 추상적 채무약속[1]이 존재한다는 위임계약·채무약속병존설, (ii) 매수인과 개설은행 사이에는 매도인을 제 3 자로 하는 계약이 성립한다는 제 3 자를 위한 계약설, (iii) 매수인의 개설은행에 대한 지급지시[2](Anweisung)로 보는 지시설 등이 있다.

(3) 우리나라

우리나라에서의 화환신용장의 법적 성질에 관하여는 다음과 같은 견해가 있다. 즉, (i) 개설은행이 신용장의 문면상의 조건과 합치하면 대금을 지급하기로 확약하는 특수한 법률관계로 보는 견해,[3] (ii) 신용장을 있는 그대로 보아 경제적 필요에서 태어난 하나의 독자적인 법조직으로 보는 견해,[4] (iii) 개설은행이 매도인을 위하여 발행한 지급약속증서로 보는 견해[5] 등이 있다.

생각건대 신용장개설을 실제로 단순한 청약으로 볼 수도 없고 또 청약으로 본다면 취소불능신용장은 청약을 취소할 수 없는 것이 되므로 청약·승낙설은 부당하고, 신용장개설은행은 주채무를 부담하고 또 개설은행과 매도인 사이에 보증계약이 존재한다고 볼 수 없으므로 보증설도 부당하다고 본다. 또 매수인이 개설은행에게 신용장개설을 의뢰하면서 일정한 자금을 미리 예탁하지도 않고 또 개설은행이 이를 표시하지도 않았으므로 금

---

1) 우리 민법에는 규정이 없으나, 독일 민법 제780조가 규정하고 있다.
2) 우리 민법에는 규정이 없으나, 독일 민법 제783조 이하에 규정되어 있다.
3) 정(동), 244면; 임홍근, 전게 무역신용장, 554면.
4) 윤승진, 전게논문, 17면.
5) 정(희), 119면(상업신용장의 본질은 개설은행이 현금지급약속 또는 환어음의 인수·지급약속을 함으로써 담보를 제공하는 서면이라고 한다); 최(기), 252면; 이(기), 296면.

반언설도 부당하고, 또 신용장은 개설은행에 의하여 직접 매도인에게 발행되는 현실에서 양도설 또는 경개설도 부당하며, 매수인과 매도인은 각자 독자적인 독립한 존재라는 점에서 볼 때 대리인설도 부당하고, 신용장은 어음·수표와 같은 엄격한 요식성과 유통성의 보호의 면이 없으므로 신용장을 어음·수표와 같은 상업적 특수행위라고 보는 상업적 특수행위설도 문제가 많다고 본다.

또한 우리 민법에는 없는 개설은행과 매도인의 관계를 추상적 채무약속으로 보는 위임계약·채무약속병존설도 우리에게는 적합하지 않고, 매수인과 개설은행 사이에 매도인을 제3자로 하는 제3자를 위한 계약($\frac{민}{539조}$)이 존재한다고 보면 개설은행은 매도인에 대하여 매수인에 대한 모든 항변사유로써 대항할 수 있으므로($\frac{민}{542조}$) 이는 신용장거래의 실정 및 당사자의 의사에 반하여 부당하며, 또 우리 민법에는 지급지시에 관한 규정이 없는 점에서 볼 때 지시설은 우리에게는 적합하지 않다고 본다.

또 신용장을 개설은행의 단순한 담보증서로 볼 수는 없고, 막연히 특수한 법률관계나 독자적인 법조직으로만 볼 수도 없다. 결국 신용장에서 매수인(개설의뢰인)과 개설은행과의 법률관계는 위임관계이고, 개설은행과 매도인(수익자)과의 법률관계는 지급약속관계[1]라고 볼 수 있다.

7. 당사자간의 법률관계

신용장의 기본당사자는 매수인(신용장개설의뢰인, Applicant), 개설은행(Issuing Bank) 및 매도인[2](수익자, Beneficiary)의 셋이다. 그 외에 통지은행(Advising Bank), 매입은행(Negotiating Bank), 확인은행(Confirming Bank), 결제은행(Settling or Reimbursing Bank) 등이 있다. 신용장의 기본당사자간의 법률관계는 크게 매수인과 개설은행간의 법률관계(위임관계 및 준자금관계)·매수인과 매도인간의 법률관계(매매대금결제관계) 및 개설은행과 매도인간의 법률관계(신용장 자체에 의한 법률관계)가 있는데, 이하에서 차례로 고찰한다.

(1) 매수인과 개설은행간의 법률관계

1) 매수인이 개설은행에 대하여 신용장개설을 의뢰하고 개설은행이 이에 따라 신용장을 개설하는데, 이러한 매수인과 개설은행간의 법률관계에 대하여 우리나라에서는 독일의 학설·판례에 따라 도급계약이 성립한다고 보는 견해가 많으나,[3] 위임계약이 성립한다고

---

1) 이 점에서 약속어음발행인의 지위와 유사하다고 볼 수 있으나, 신용장은 원칙적으로 유통성이 없으므로 약속어음과는 근본적으로 구별된다.

2) 수출대행자인 경우에도 그가 신용장의 수익자로 되어 있고 또한 그가 동 수출의 전과정에 관여하였다면 매도인의 지위에 있고 매도인으로서 담보책임을 부담한다[대판 1993. 11. 23, 92 다 13103(공보 960, 159)].

3) 정(동), 244면; 최(기), 257면; 이(기), 299면; Hefermehl in Schlegelberger, 5. Aufl., § 365 Anh; BGH, WM(1958), 1542.

본다.[1] 또한 매수인은 개설은행에 대하여 비용과 수수료를 지급하는 것이 일반적이므로, 이 위임계약은 유상·쌍무계약이다.[2]

2) 개설은행은 매수인에 대하여 그의 지시에 따라 신용장을 개설하여 매도인에게 통지하고, 매도인 또는 매입은행에 대하여 선적서류 등이 신용장조건과 문면상 일치하는지 여부를 심사하여 일치하는 경우에(엄격일치의 원칙) 화환어음의 금액을 지급(인수)할 의무를 부담한다. 그러나 개설은행은 신용장에 기한 매매계약이 진정하게 이행되었는지 여부에 관한 실질적 심사의무는 없다[3](신용장거래의 독립·추상성). 만일 개설은행이 매수인의 지시를 준수하지 않았거나 또는 형식적 심사의무를 해태하는 등 매수인에 대한 선관주의의무를 이행하지 않은 경우(민 681조)에는, 민법의 일반원칙에 따라 채무불이행에 기한 손해배상책임(민 390조)을 부담한다.[4]

매수인과 개설은행과의 수입거래약정시 선적서류 및 수입화물을 수입환어음이나 선적서류의 원금 또는 이의 결제를 위한 대출금 및 이자·수입과 관련한 비용·지연배상금 기타 개설은행에 대한 지급채무의 이행을 위한 담보로서 개설은행에 양도하고 수입화물대도(貸渡)의 경우에도 같다는 취지로 약정한 경우에는, 개설은행은 그 선하증권 취득시에 그 물품에 대한 양도담보권을 취득한다.[5]

3) 매수인은 개설은행에 대하여 원칙적으로 그가 화환어음의 금액을 지급한 것과 같은 조건으로 개설은행에 무조건 상환하고, 선적서류 등을 수령할 의무를 부담한다. 그러나 신용장거래 관계에 있어서 매수인(개설의뢰인)과 개설은행간의 계약은 개설은행과 수익자간의 관계와는 독립된 별개의 계약이므로, 신용장개설계약시에 매수인(개설의뢰인)과 개설은행 사이에 장차 매수인(개설의뢰인)이 부담하게 되는 신용장대금 상환채무의 효력에 관하여 조건을 붙였다고 하더라도 이는 사적 자치의 영역에 속하는 것으로서 특별한 사정이 없는 한 유효한 것이고, 그와 같은 조건을 붙이는 것이 신용장제도의 본질에 반하

---

1) 동지: 박준서, "신용장거래의 법률관계," 「민사재판의 제문제」, 제2권, 1980, 215면.

2) 동지: 정(동), 244면; 이(기), 299면.

3) 동지: 대판 1993. 12. 24, 93 다 15632(공보 962, 496)(그러나 그 선적서류의 문면 자체에 하자가 있거나 또는 그 선적서류가 위조된 문서라는 사실을 사전에 알았거나 위조된 문서라고 의심할 만한 충분한 이유가 있는 경우에는 그 신용장대금을 지급하여서는 안 된다).

4) 윤승진, 전게논문, 39면.

5) 동지: 대판 1999. 12. 10, 98 다 46587(공보 2000, 163)(따라서 기한부 신용장의 개설의뢰인이 개설은행과의 수입거래약정시 선적서류 및 수입화물을 수입환어음 등 개설은행에 대한 지급채무의 이행을 위한 양도담보로서 제공하기로 약정한 경우, 위와 같은 약정에 따라 양도담보권을 취득한 개설은행은 기한부 신용장 개설의뢰인의 다른 담보가 부족한 경우 자신의 양도담보권의 실효성의 확보를 위하여 개설의뢰인에게 선적서류를 교부하지 않을 수 있다 할 것이며, 기한부 신용장은 그 개설은행에게 신용장 대금의 결제기한을 부여한 것이고 그 개설은행과 개설의뢰인 사이의 선적서류 교부시기는 개설은행과 개설의뢰인 사이의 약정에 의하여 정하여지는 것이지 기한부 신용장 자체나 신용장통일규칙에 의하여 정하여지는 것이 아니므로, 기한부 신용장의 성질상 개설은행은 개설의뢰인의 신용저하를 이유로 선적서류의 교부를 거절할 수 없다고 볼 것이 아니다).

는 것이라고 할 수 없다.[1)]

개설은행과 매수인의 관계는 준자금관계라고 볼 수 있다.[2)] 또한 매수인은 개설은행에 대하여 일반적으로 비용과 수수료 등을 지급할 의무를 부담한다.[3)]

신용장 개설은행이 수익자나 매입은행으로부터 선적서류를 제시받은 후 문면상 신용장 조건과 다른 하자가 있음에도 불구하고 신용장대금을 미리 지급한 다음 매수인(개설의뢰인)에게 서류를 송부한 경우라면, 당사자간에 특약이 없는 한 매수인(개설의뢰인)이 이 서류를 점검하고 상당한 기간 내에 신용장조건과 다른 불일치한 점을 통지하고 이의를 제기할 의무가 없다. 따라서 화환신용장 매수인(개설의뢰인)이 개설은행으로부터 선적서류를 인수한 후 상당한 기간 내에 선적서류의 하자를 통지하지 않았더라도 그 후 개설은행에 대하여 선적서류의 하자를 이유로 신용장대금의 상환을 거절할 수 있다.[4)]

(2) 매수인과 매도인간의 법률관계

1) 매수인과 매도인간에는 매매계약이 존재하고, 동 계약상 매매대금지급은 신용장에 의한다고 특약되어 있다. 이 경우 매수인이 신용장 개설을 거절하면 매도인은 매매계약을 해제할 수 있다.[5)] 이 때에는 매매계약에 의하여 신용장개설은행·개설장소·신용장

---

1) 대판 2002. 4. 26, 2000 다 71074·71081.

2) 최(기), 258면은 이를 자금관계라고 표현하고 있으나, 자금관계는 환어음(수표)의 발행인과 지급인과의 관계에서만 존재하는 특별한 명칭이라는 점에서 볼 때 적절하지 않다고 본다.

3) 최(기), 258면.

4) 대판(전원합의체판결) 2002. 2. 21, 99 다 49750(공보 2002, 668)[이 판결에 대하여 찬성하는 취지의 평석으로는 김선국, "신용장의 추상성과 신용장개설의뢰인의 서류검사 및 하자통지의무(대법원전원합의체판결을 중심으로)," 「상사법연구」, 제21권 1호(2002), 515~536면; 동, 법률신문, 제3061호(2002. 3. 25), 14면; 유중원, 「JURIST」, Vol. 385(2002. 10), 66~71면; 정찬형, "신용장 개설의뢰인의 선적서류조사 및 하자통지의무," 「중재」, 제309호(2003, 가을), 92~105면; 김신, "신용장 개설의뢰인의 서류조사 및 하자통지의무," 「판례연구」(부산판례연구회), 제14집(2003), 751~779면이 있고, 신용장 개설의뢰인에게도 일부 책임을 인정하는 국제관행에 어긋난다는 취지의 평석으로는 박세운, "신용장개설은행의 서류조사의무," 「JURIST」, Vol. 381(2002. 6), 69~74면 참조]. 동지: 대판 2006. 5. 12, 2004 다 34158(공보 2006, 1017)(상품은 선하증권과 상환으로만 인도받을 수 있는데 한 장의 상업송장에 대해서는 한 장의 선하증권이 발행되므로, 신용장 조건과 상업송장의 상품명세가 일부 상품에 대해서는 일치하고 다른 상품에 대해서는 불일치하다고 인정되면 개설은행은 전체금액에 대하여 지급거절을 하여야 하며, 일부에 대한 지급거절을 할 수 없고, 제시된 선적서류가 신용장 조건과 일부 일치하지 아니하여 개설은행으로서는 마땅히 신용장 대금의 지급을 전부 거절하였어야 하는데도 이를 간과하고 대금을 지급해 버린 경우, 그 위험은 개설은행이 부담하여야 하고 신용장 개설의뢰인에게 대지급한 신용장 대금의 상환을 청구할 수 없다). 우리 대법원판례는 종래에는 「매수인이 개설은행으로부터 선적서류 등을 수령한 경우에는 신의성실의 원칙상 선적서류를 점검·확인하고 선적서류가 신용장조건과 불일치하는 경우에는 상당한 기간 내에 이를 개설은행에게 통지하여야 하고, 선적서류 등의 수령후 상당한 기간 내에 이의를 제기하지 않으면 신용장조건의 불일치를 이유로 신용장대금의 상환을 거절하거나 신용장대금 예치금의 반환을 청구할 수 없다」고 판시하였으나[대판 1998. 3. 27, 97 다 16114(공보 1998, 1166)], 본문과 같이 전원합의체판결에서 이를 변경하였다.

5) 동지: 대판 2013. 11. 28, 2011 다 103977(공보 2014, 33)('국제물품매매계약에 관한 국제연합

금액·개설시기 등과 같은 신용장의 대체적인 내용에 관해서도 약정된다.[1]

2) 매수인은 매도인에 대하여 신용장을 사전에 개설하여 줄 의무가 있으며, 매매대금을 신용장에 의하여 지급할 의무를 부담한다. 매수인의 매도인에 대한 신용장개설의무는 매수인의 매매계약상의 이행행위이고, 또한 매매대금지급의 보전에 관한 주채무이고 선이행의무이다.[2] 만일 매수인이 신용장개설의무를 이행하지 않는 경우에는 매도인은 매매계약을 해제할 수 있는데,[3] 일반적으로는 매매계약에서 신용장개설기간이 정하여지므로 그 기간 내에 개설되지 않으면 매도인은 매수인에 대하여 최고하지 않고 매매계약을 해제할 수 있으며($\frac{민}{545조}$), 때에 따라서는 상법상 정기(定期)행위로 인정되어 해제통지조차 필요 없이 신용장개설기간의 경과로 당연히 해제된 것으로 간주된다($\frac{상}{68조}$). 또한 매수인은 매매대금을 우선 신용장($\frac{및 화환}{어음}$)에 의하여 지급할 의무를 부담하고, 신용장에 의하여 지급하지 못하는 경우에 비로소 매매계약(원인행위)에 기하여 지급할 의무를 부담한다. 이렇게 보면 신용장에 의한 화환어음은 어음관계와 원인관계에서 원인채권의 「지급을 위하여」 어음이 수수된 경우이고, 「지급을 담보하기 위하여」 어음이 수수된 경우는 아니다.[4]

3) 매도인은 신용장조건에 일치하여 매매목적물을 매수인에게 인도할 의무를 부담하고, 또 매매대금을 제1차적으로 개설은행을 통하여 신용장에 기하여 수령할 수 있다. 이때 매도인이 개설은행으로부터 신용장에 기한 화환어음의 금액을 수령하면, 매도인의 매매계약에 기한 매매대금지급청구권도 소멸한다.[5]

4) 매도인의 물품대금 채권에 대한 가압류나 압류가 있는 경우 그 가압류 등의 효력이 발생하기 전에 신용장이 발행된 때에는 가압류 등의 효력이 발생한 후에 신용장 대금의 지급이 이루어졌더라도 매수인은 물품대금 채권이 소멸하였다는 것을 가압류채권자 등에게 대항할 수 있으나, 신용장의 유효기간이 경과한 때에 지급한 것은 가압류채권자 등에게 대항할 수 없다.[6]

협약'〈United Nations Convention on Contracts for the International Sale of Goods〉이 준거법으로 적용되는 국제물품매매계약에서 당사자가 대금 지급을 신용장에 의하기로 하였으나 매수인이 계약에서 합의된 조건에 따른 신용장 개설을 거절한 경우, 매도인은 매매계약을 해제할 수 있다).

1) 윤승진, 전게논문, 32~34면 참조.

2) 윤승진, 상게논문, 31면.

3) 동지: U. C. C. §2-325(1).

4) 동지: 최(기), 257면; 윤승진, 전게논문, 35면.

5) 동지: 윤승진, 전게논문, 35면; 정(동), 245면; 이(기), 294면.

6) 동지: 대판 2022. 11. 17, 2017 다 235036(공보 2023, 14)(수입업자가 물품대금 지급을 위하여 은행에 신용장 개설을 의뢰하고 그 은행이 수출업자를 수익자로 하여 신용장을 개설한 경우, 수출업자와 개설은행 사이의 신용장 거래는 직접적 상품의 거래가 아니라 서류에 의한 거래로서 원칙적으로 수입업자와 수출업자 사이의 원인관계로부터는 물론이고 수입업자와 개설은행 사이의 관계로부터도 독립하여 규율된다. 따라서 원인채권인 물품대금 채권에 대한 가압류나 압류의 효력이

(3) 개설은행과 매도인간의 법률관계

1) 개설은행과 매도인간의 법률관계는 매수인과 매도인간의 매매계약과는 전혀 별개의 것으로, 신용장 자체의 법률관계에 불과하다($\substack{\text{신용장거래의}\\\text{독립·추상성}}$).

2) 개설은행은 매도인(수익자)에 대하여 일방적인 지급약속을 한 것이므로, 개설은행의 이러한 채무는 매도인의 승낙을 요하지 아니하고 그의 의사표시가 매도인에게 도달한 때에 그 효력을 발생하며 또한 주채무이다.[1] 따라서 개설은행이 신용장조건에 일치하여 발행한 화환어음을 이유 없이 지급(인수)하지 아니한 경우에는, 매도인($\substack{\text{또는}\\\text{할인은행}}$)에 대하여 채무불이행에 기한 손해배상책임을 부담한다.[2] 그러나 개설은행이 신용장조건에 불합치하다는 이유로 매도인($\substack{\text{또는}\\\text{할인은행}}$)에 대금지급을 거절하여도 채무불이행 또는 신의칙위반이 되지 않는다.[3]

개설은행은 매도인(수익자)에 대하여 신용장 자체에 기한 항변을 주장할 수 있으나, 매수인과 매도인간의 매매관계 및 매수인과 개설은행간의 신용장개설위임관계(준자금관계)에 기한 항변을 주장할 수는 없다[4]($\substack{\text{신용장거래의}\\\text{독립·추상성}}$).

발생하기 전에 물품대금의 지급을 위하여 신용장이 발행된 경우에는 그 가압류나 압류의 효력이 발생한 후에 신용장 대금의 지급이 이루어졌다 하더라도 수입업자는 그 신용장 대금의 지급으로 물품대금 채권이 소멸하였다는 것을 가압류채권자나 압류채권자에게 대항할 수 있다. 반면 원인채권인 물품대금 채권에 대한 가압류나 압류의 효력이 발생한 후에 물품대금의 지급을 위하여 신용장이 발행된 경우에는 수입업자는 가압류채권자나 압류채권자에게 신용장 대금의 지급으로써 물품대금 채권이 소멸하였다는 것을 대항할 수 없다. 제 6 차 개정 신용장통일규칙은 '신용장에는 그 제시를 위한 유효기간을 명시하고, 수익자에 의한 또는 수익자를 위한 제시는 유효기간 이내에 이루어져야 한다'고 규정하고〈제 6 조 d항, e항〉, 특히 '운송서류 등은 어떠한 경우에도 신용장의 유효기간 내에 제시되어야 한다'고 규정하고 있다〈제14조 c항〉. 따라서 신용장에 기재된 필요 서류는 신용장의 유효기간 내에 전부 제시되어야 하므로 유효기간이 경과한 후에 제시된 경우에는 수리될 수 없고, 수익자 등이 일단 서류를 제시하였다가 개설은행 등의 통보에 따라 신용장 조건과의 불일치 사항을 보완하여 서류를 다시 제시하는 경우에도 유효기간을 준수하여야 한다. 신용장의 유효기간 내에 필요 또는 그 하자가 보완된 서류가 제시된 경우에는 유효기간이 지나더라도 신용장 대금이 지급되어야 하겠지만, 신용장의 유효기간 내에 필요 서류가 제시되지 않았거나 서류상 하자로 인한 지급거절 후 하자가 유효기간 내에 보완되지 않았다면 유효기간을 경과한 때부터는 더 이상 신용장에 따른 권리의무가 발생하지 않는다. 따라서 필요 서류가 제시되지 않은 채 유효기간이 경과된 후에는 설령 개설은행을 통하여 수익자에게 신용장 대금 결제방식으로 대금이 지급되었더라도 이를 신용장에 따른 대금 지급이라고 볼 수는 없으므로, 원인채권인 물품대금에 대한 가압류 등의 효력이 발생하기 전에 물품대금의 지급을 위하여 신용장이 발행된 경우라 하더라도 수입업자는 위와 같은 신용장 대금의 지급으로써 가압류채권자 등에게 대항할 수 없다).

1) 동지: 윤승진, 전게논문, 31면, 40면.

2) 동지: 윤승진, 상게논문, 40면; 대판 2003. 11. 28, 2001 다 49302(공보 2004, 28).

3) 동지: 대판 1998. 3. 13, 97 다 54017(공보 1998, 1051)(신용장 개설은행이 '보증도'를 위하여 화물선취보증서를 발급한 선적분까지는 신용장 조건과 불일치한 선적서류를 제시받고도 신용장 대금을 지급하였으나, 화물선취보증서가 발급되지 않은 그 이후의 선적분에 대해서는 선적서류의 신용장 조건 불합치를 이유로 대금의 지급을 거절한 경우에도 신의칙 위반이 되지 않는다).

4) 동지: 정(동), 245면; 최(기), 261면; 이(기), 300면.

개설은행 외에 확인은행이 있는 경우에는 확인은행도 매도인에 대하여 지급(인수)의
무를 부담하는데, 개설은행과 함께 연대채무를 부담한다.[1]

3) 매도인은 (직접 또는 매입은행을 통하여) 개설은행에 대하여 신용장조건과 문면상
합치하는 화환어음 및 선적서류 등을 제시하여야 어음금(매매대금)을 지급받을 수 있다
(엄격일치
의 원칙).

제2   화환어음의 할인

1. 총   설

은행이 고객의 수출업무를 지원하는 업무 중 대표적인 것은 수출상인 고객이 발행한
화환어음(하환어음)을 할인하여 주는 업무이다. 이를 은행실무에서는 「네고」(Nego., Negotiation
의 약칭)
라 부르고 있다. 은행의 화환어음의 할인업무로 인하여 수출상은 선적과 거의 동시에 수
출대금을 회수하는 것이 되어, 은행의 이 업무는 수출상의 자본재생산활동을 왕성하게 하
여 상법의 이념(이념적 기초)에 기여하고 있다. 은행과 수출상은 이 업무와 관련하여 수출
거래약정서에 의하여 여러 가지 사항에 대하여 특약하고 있다. 이하에서는 화환어음과 관
련된 법률문제를 중심으로 살펴보겠다.

2. 화환어음(하환어음)[2]의 의의

화환어음(documentary draft; Dokumentenwechsel)이라 함은 「격지자간의 매매
(특히 국제
간의 매매)에서 물건의 매도인(수출상)이 매수인(수입상)을 지급인으로 하여 발행한 환어음
으로서, 운송 중의 물건(운송증권)에 의하여 그 지급 또는 인수가 담보되어 있는 어음」을
말한다. 이러한 화환어음은 어음금의 지급을 담보하기 위하여 운송증권이 첨부되어 있고,
어음발행의 자금관계가 물건의 매매이며, 어음이용의 범위가 당사자간 및 은행에 한정되
어 있을 뿐, 그 법률상 성질은 보통의 환어음에 다를 바가 없다. 이러한 환어음이 이용되
는 경제적 목적에 착안하여 거래상 화환어음이라고 불리고 있는 것이다.[3]

---

1) 동지: 최(기), 261면; 이(기), 300면.

2) 하환어음이라고 부르는 견해도 있으나[서·정, 139면 주 1; 대판 1985. 5. 28, 84 다 697 등 다
   수의 판례에서], 이하에서는 은행실무 및 다수의 학설에서 부르고 있는 대로 화환어음으로 통일하
   여 쓰기로 한다.

3) 김동건, "화환어음의 법률관계," 「상사법논집」(무애서돈각교수정년기념)(법문사, 1986), 469면;
   이(기), 290면.

3. 화환어음의 종류

(1) 화환어음이 이용되는 장소에 따라 내국화환어음과 외국앞화환어음이 있다. 내국화환어음은 오늘날 운송수단의 발달로 거의 이용되지 않고, 내국신용장(Local L/C)에 의하여 이용되는 화환어음거래는 외국앞화환어음거래의 한 형태로 파악되고 있다.[1] 따라서 화환어음이라고 할 때는 일반적으로 국제거래에서 이루어지는 외국앞화환어음을 의미한다.

(2) 신용장의 개입여부와 관련하여 신용장 있는 화환어음과 신용장 없는 화환어음이 있다. 오늘날 신용장 있는 화환어음이 주류($^{90\%}_{이상}$)를 이루고 있지만, 신용장 없는 화환어음도 점점 증가하는 추세에 있다.[2] 신용장 없는 화환어음은 수출상의 신용을 바탕으로 하거나, 수출보험에의 가입을 전제로 하여 할인된다.[3] 따라서 오늘날 화환어음이라고 할 때는 보통 신용장 있는 화환어음이라고 볼 수 있다.

(3) 대금결제방식에 따라 추심화환어음과 할인화환어음이 있다. 추심화환어음의 경우는 은행이 숨은 추심위임배서의 피배서인이 되거나 이에 준하는 지위를 취득하게 될 뿐 어음상 및 운송증권상 아무런 권리를 취득하지 못하고, 매수인(수입상)이 지급(인수)거절을 하면 은행은 매도인(수출상)에게 어음 및 운송증권을 반환하고 그 동안의 비용 및 수수료를 청구하면 되므로 화환어음과 관련하여 법률상 특별히 문제될 것이 없다.[4] 또한 우리나라에서 실무상에서도 추심화환어음은 거의 이용되지 않고 있으므로, 화환어음이라고 하면 보통 할인화환어음을 의미한다.[5]

(4) (선적)서류인도조건에 따라 지급인도화환어음(D/P, Documents against Payment)과 인수인도화환어음(D/A, Documents against Acceptance)이 있다. 화환어음의 만기와 관련하여 보면 지급인도화환어음은 만기가 일람출급(at sight)이고, 인수인도화환어음은 만기

---

1) 김동건, 전계논문, 468면 및 같은 면 주 8.

2) 김동건, 상계논문, 467면.

3) 김동건, 상계논문, 467면 주 7.

4) 이러한 추심화환어음에도 신용장이 있는 경우가 있는데 이 때에도 신용장통일규칙이 적용된다[대판 2004. 7. 22, 2001 다 58269(공보 2004, 1411)(제 5 차 개정 신용장통일규칙 제10조 b항 i호에 의하면, 자유매입신용장의 경우 모든 은행이 서류를 제시받을 수 있는 지정은행〈Nominated Bank〉이 되고, 같은 조 c항에 의하면, 지정은행이 명시적으로 합의하고 수익자에게 통보한 경우가 아닌 한 그 지정은행이 서류를 수령·조사 또는 발송하였다고 하더라도 그 은행에게 지급·연지급·환어음의 인수 또는 매입의 의무가 발생하는 것이 아닌바, 이러한 규정에 비추어 볼 때, 수익자로부터 신용장 관련 서류를 제시받은 은행으로서는 자신이 직접 이를 매입하여 매입은행으로서 개설은행에 대하여 상환을 구할 수도 있고, 그 서류를 매입하지 않은 채 직접 그 서류를 개설은행에 송부하여 서류 제시은행으로서 수익자를 위하여 신용장대금의 지급을 구할 수도 있으며, 후자의 경우라 할지라도 지정은행이 추심을 구한다는 의사, 즉 개설의뢰인이 대금을 결제하는 경우에 한하여 대금을 지급받겠다는 의사를 명시적으로 밝히지 않는 한 전자의 경우와 마찬가지로 신용장통일규칙이 적용된다고 보아야 한다); 동 2005. 5. 27, 2002 다 3754(공보 2005, 1019)].

5) 김동건, 전계논문, 467면; 정(동), 315면.

가 일람후정기출급(○○ days after sight)이다. 지급인도조건으로 할 것인가 또는 인수인
도조건으로 할 것인가는 개별적으로 화환어음약정시에 정하여지는데, 이에 관한 하등의
약정이 없을 때에는 지급인도조건으로 취급됨이 원칙이다.[1] 은행실무에서는 신용장 없는
화환어음의 추심방식을 일반적으로 D/P·D/A거래로 부르고 있으나,[2] D/P·D/A는 결제
상의 개념으로 신용장의 유무와는 무관하다는 점에서 앞에서 본 신용장 있는 화환어음이
나 신용장 없는 화환어음이나 모두 D/P·D/A거래가 가능하다고 보는 견해도 있다.[3]

4. 화환어음의 경제적 기능

예컨대, 한국에 있는 수출상 A가 미국에 있는 수입상 B에게 자동차를 수출하는 경
우에, 먼저 A·B간에는 수출입계약(매매계약)이 체결된다. 이 때 B는 보통 A의 요청에 의
하여 B의 거래은행인 Bank of America(BOA)를 통하여 신용장을 송부하고, A는 자기의
거래은행인 한국외환은행(KEB)을 통하여 신용장의 통지를 받는다. 이후 A는 수출입계약
및 신용장조건대로 수출상품인 자동차를 제조하여 선적한 후 선박회사로부터 선하증권
(B/L)을 교부받는다. A는 조속히 수출대금을 회수하기 위하여 환어음을 발행하여 선하증
권을 첨부한 후(화환어음) 보통 자기의 거래은행인 한국외환은행으로부터 할인[4]을 받고,
한국외환은행은 동 대금을 BOA 또는 B로부터 추심받게 된다. 이와 같이 화환어음은 격
지자간의 매매에서 대금회수에 관한 시간적·공간적 장애를 극복하는 기능을 하고 있다.

5. 화환어음의 법률관계

위에서 본 바와 같이 화환어음의 할인에 따른 법률관계는 먼저 어음관계가 있고 이
의 자금관계인 매매관계가 있으며, 그 다음으로 어음금의 지급을 담보하는 운송증권관계
및 이에 따른 물건의 운송관계 등이 복잡하게 연결되어 있다. 또한 이와 관련하여 신용장
이 발행된 경우에는 신용장과 관련된 문제도 있으나, 이의 문제는 앞의 수입업무에서 별

---

1) (상업어음)추심에 관한 통일규칙(1979년 개정) 제10조.
2) 신용장 있는 화환어음의 지급인은 신용장 개설의뢰인(수입상)이 될 수 없고 (보통) 신용장 개설
   은행인데[UCP 600 제6조 (c)] 신용장 없는 화환어음의 지급인은 수입상이고, 신용장 있는 화환
   어음의 지급인(신용장 개설은행)은 지급을 확약하나 신용장 없는 화환어음에서 은행은 단지 추심
   과 관련된 업무만을 하는 점 등에서 양자는 구별된다.
3) 김동건, 전게논문, 467면 주 7; 유중원, "화환어음의 법률관계," 「중재」, 제143호(1983. 12), 17면.
4) 화환어음의 할인을 은행실무에서는 「매입」 또는 「네고」(Negotiation의 약칭인 Nego.)로 부르고
   있다. '매입(Negotiation)'에 관한 제6차 개정 신용장통일규칙(UCP 600) 제2조의 규정 내용에
   비추어 보면, 서류의 매입은 매입을 수권받은 지정은행이 현금·구좌입금 등의 방법으로 수익자에
   게 현실적인 대가를 즉시 지급하거나 대금지급 채무를 부담하는 방법 등에 의하여 이루어질 수 있
   고, 여기서 후자의 방법에 의한 매입은 매입은행이 특정 일자에 수익자에게 대가를 확정적으로 지
   급하기로 하는 무조건적이고 절대적인 채무를 부담함으로써 현실적인 대가의 즉시 지급에 갈음할
   수 있는 경우를 의미한다[대판 2012. 1. 27, 2009 다 93817(공보 2012, 318)].

도로 고찰하였다. 이하에서는 이해의 편의를 위하여 화환어음이 이전되는 순서에 따라 매도인(A)과 할인(매입)은행(KEB)과의 법률관계, 할인은행(KEB)과 개설(추심)은행(BOA)과의 법률관계, 개설(추심)은행(BOA)과 매수인(B)과의 법률관계 및 매수인(B)과 매도인(A)과의 법률관계의 순으로 고찰하되, 각각의 경우에 대하여 어음관계와 운송증권관계 등을 분리하여 고찰하겠다.

(1) 매도인(수출상, A)과 할인(매입)은행(KEB)과의 법률관계

1) 어음관계

(가) A는 수출대금을 회수하기 위하여 환어음을 발행하는데, 이 때 발행인은 언제나 A이고, 지급인은 B$\left(\substack{\text{신용장이 발행}\\\text{되지 않은 경우}}\right)$ 또는 BOA$\left(\substack{\text{신용장이}\\\text{발행된 경우}}\right)$이고,[1] 수취인은 A$\left(\substack{\text{자기환}\\\text{지시어음}}\right)$ 또는 KEB이다. A가 자기지시환어음을 발행한 경우에는 KEB에게 배서양도하여 할인을 받고, KEB를 수취인으로 하여 환어음을 발행한 경우에는 단순히 교부하고 할인을 받는다.

(나) KEB는 자기지시환어음의 경우에는 피배서인의 지위에서, 자기를 수취인으로 한 경우에는 수취인의 지위에서 각각 어음상의 권리인 상환청구(소구)권을 취득한다.[2] 그러나 KEB는 수출거래약정서에 의하여 상환청구(소구)권보전절차의 이행여부를 불문하고 A에게 KEB가 지급거절 또는 인수거절의 사실을 통지하는 대로 어음반환 전에도 어음금액 및 그 이자와 기일 후의 소정이율에 의한 연체이자를 지급받을 수 있는 권리(환매청구권)를 취득한다($\substack{\text{동 약정서}\\\text{13조}}$).[3] 따라서 동 환어음이 부도가 된 경우에 KEB는 보통 A에 대하여 어음상의 권리인 상환청구(소구)권을 행사하지 않고 이 약정서에 기한 권리(환매청구권)를 행사하는데, 이 때에는 A가 B에 대하여 매매대금채권을 갖는다.[4]

2) 운송증권관계

(가) A는 자기를 수하인으로 하여 선하증권을 교부받아 KEB에 배서양도하거나

---

1) 이 때 형식상 지급인은 BOA이지만 BOA는 B의 계산으로 지급하는 것이다.

2) 동지: 대판 2000. 1. 21, 97 다 41516(공보 2000, 463)(화환신용장 개설은행에 의한 신용장 금액의 상환이 거절되고 또한 환어음상 지급인에 의한 지급도 거절된 경우, 할인은행은 개설은행의 상환거절이 정당한지 여부에 상관없이 환어음의 발행인 또는 배서인에 대한 소구권을 행사할 수 있다).

3) 동지: 대판 2003. 10. 9, 2002 다 2249(공보 2003, 2154)(신용장에 의한 화환어음 및 선적서류를 매입한 은행이 개설은행에 대하여 신용장 대금의 지급을 구하였는데 개설은행이 그 대금의 지급을 거절한 경우, 위 매입은행은 수익자와 사이의 약정에 의하여 개설은행의 지급거절이 정당한지의 여부와 관계없이 수익자를 상대로 그 신용장 매입대금의 반환을 구할 수 있다).

4) 동지: 대판 2002. 11. 13, 2002 다 42315(공보 2003, 65)(물품을 수출한 매도인이 외환거래약정을 맺은 거래은행에게 수입자로부터 받은 신용장을 담보로 환어음 등을 매도한 뒤 신용장 개설은행이 신용장 대금을 지급하지 아니함으로써 거래은행에 대하여 외환거래약정에 따른 환어음 등 환매채무를 부담하게 되었다고 하더라도, 매매계약상 매도인으로서의 지위나 매매대금채권을 거래은행에 양도하였다는 등의 특별한 사정이 없는 한, 수입자에 대한 매매대금채권은 여전히 매도인이 가진다).

(이것이 보통이며 백지
배서하여 양도한다), KEB를 수하인으로 하여 선하증권을 교부하거나, 또는 수하인을 무기명식으로 하여 선하증권을 KEB에게 교부한다. 때에 따라서는 A는 B를 수하인으로 하여 선하증권을 교부받아 KEB에게 교부하는 일도 있다. 어떠한 경우이든 A는 선하증권을 소지하고 있지 않으므로 선하증권에 기한 권리를 갖지 못한다.

(내) KEB는 위의 선하증권에 기하여 운송물에 대하여 어떠한 권리를 취득하는가. 이것은 제1차적으로 당사자간의 의사와 운송증권의 배서·교부의 형식에 의하여 정하여진다고 보겠다. 따라서 (ⅰ) A가 위 선하증권에 입질배서하여 KEB에게 교부한 경우에는, KEB는 운송물에 대한 동산질권을 취득한다고 본다.[1] (ⅱ) A가 B를 수하인으로 하여 선하증권을 교부받아 KEB에게 교부한 경우에는, 동 선하증권상의 권리자는 B이므로 KEB는 운송물상에 담보권을 취득할 수 없고 단지 선하증권을 유치하여 B의 어음금지급을 간접적으로 강제할 수 있을 뿐이다(통설).[2] (ⅲ) A가 위 선하증권을 양도의 형식으로 KEB에게 배서·교부하고 당사자의 의사가 분명하지 아니한 경우에는, KEB가 선하증권에 기하여 취득하는 권리는 운송물에 대하여 동산질권을 취득하는 것이라고 보는 견해[3]와 신탁적 양도로 보아 양도담보를 취득하는 것이라고 보는 견해(통설)[4]가 있다. 이 두 견해의 차이는 담보물의 임의환가(任意換價)의 허부($\frac{민}{339조}$), KEB가 파산한 경우의 A의 환취권의 유무($\frac{파}{407조}$), 환어음을 재할인하는 경우 재할인은행이 취득하는 담보권의 성질 등에 있는데, 담보권자인 KEB의 지위를 강화하는 입장에서 해석하는 것이 당사자의 의사에도 합치하는 것이라고 보기 때문에 신탁적 양도로 보아 KEB는 양도담보를 취득하는 것으로 추정하는 것이 타당하다고 본다.[5] 따라서 이렇게 보면 KEB는 담보물을 임의로 환가처분할 수 있고, KEB가 파산한 경우에도 A는 환취권을 행사할 수 없으며, 재할인은행이 취득하는 권리도 신탁적 재양도에 의하여 양도담보를 취득한다고 본다.

만일 은행이 비록 수출환어음과 함께 선하증권을 매입하였다고 하더라도 선하증권이 운송물을 수령하지 않고 발행된 선하증권으로 무효인 경우, 은행이 선하증권의 소지인으로서 입은 손해는 반드시 그 수출환어음의 지급거절로 인하여 발생하는 것이 아니라 경우에 따라서는 선하증권이 담보로서의 가치가 없는 것으로 됨으로써 발생할 수도 있다.[6]

---

1) 김동건, 전게논문, 474면.

2) 서·정, 141~142면; 정(희), 117면; 정(동), 237면; 최(기), 248면; 김동건, 전게논문, 475면; 채, 381면 외.

3) 서·정, 141면; 日大判 1931. 7. 22(新聞 306, 7); 동 1934. 3. 29(法學 3, 1199).

4) 정(희), 117면; 정(동), 237면; 양·박, 720면; 양(승), (어) 235면; 김동건, 전게논문, 475면; 채, 381면; 이(기), 293면 외.

5) 정(찬), 300면.

6) 대판 2005. 3. 24, 2003 다 5535(공보 2005, 633).

3) 기타의 법률관계

(가) KEB가 A에 대하여 화환어음을 할인해 주는 법률관계에 대하여는 매매설·소비대차설·혼합설·무명계약설 등이 있으나, 매매설이 타당하다고 본다(통설[1]·판례[2]). 따라서 화환어음의 할인을 어음 자체의 매매로 본다면 어음관계의 성립에 의하여 바로 원인관계상의 목적을 달성할 수 있으므로, 어음관계를 원인관계와 관련하여 특별히 문제삼을 것이 없다. 그러나 화환어음의 할인을 소비대차로 보면 어음관계의 원인관계는 소비대차가 되고, 어음관계는 이러한 원인관계와 관련하여 문제된다(어음관계와 원인 관계와의 관계).

한편 추심화환어음의 경우에는 KEB와 A간에는 위임관계가 존재한다. 즉, A는 KEB에게 B가 환어음을 지급 또는 인수하는 것과 상환으로 운송증권 및 기타 부속서류를 B에게 인도할 것을 위탁하고 KEB는 이를 승낙함으로써 위임계약이 성립한다. 따라서 수임인인 KEB는 위임받은 업무를 위임의 본지에 따라서 선량한 관리자의 주의로써 처리할 의무를 부담하고(민 681조), 필요한 경우 이 업무를 자기의 환거래은행(Corres Bank)에 위탁할 복위임권도 가진다.[3]

(나) KEB는 A가 발행한 화환어음을 할인할 의무는 없으나, 일단 할인에 응한 경우에는 A가 발행한 화환어음·운송증권 및 기타 부속서류 등의 수령에 있어서 어느 정도의 심사의무를 지는가. 이에 대하여는 신용장 있는 화환어음의 경우와 신용장 없는 화환어음의

---

1) 정(찬), 300면; 정(동), 251면; 정(희), 187면 외.
   화환어음의 할인의 법적 성질에 대하여 소비대차설에 의한 견해로는 손(주), 185면; 최(기), 247면(수출거래약정서에 의하는 화환어음의 할인의 경우에 어음의 교부는 소비대차에 의한 지급방법으로 한 것이라고 한다. 그러나 동 교수, 같은 책, 263면은 어음할인의 법적 성질에 대하여 매매설을 취하고 있어 어느 설의 입장인지 일관성이 없다); 김동건, 전게논문, 473면(수출거래약정서에 환매청구권이 없다는 것을 근거로 하나, 동 약정서 제13조는 환매청구권의 약정으로 볼 수 있고 설사 이 규정이 환매청구권의 약정이 아니라고 본다고하더라도 할인의뢰인으로부터는 환매청구권이 규정되어 있는 은행여신거래기본약정서를 다시 징구하므로 어음할인의 그것과 구별할 근거는 없다고 본다).

2) 대판 2002. 10. 11, 2000 다 60296(공보 2002, 2663)(제 5 차 개정 신용장통일규칙 제10조 b항 ii호는 "매입〈negotiation〉이라고 함은 매입을 수권받은 은행이 환어음 및/또는 서류〈이하 '서류'라고만 한다〉에 대한 대가를 지급하는 것〈giving of value〉을 의미한다. 대가를 지급하지 않고 단순히 서류만을 점검하는 것은 매입이 아니다"라고 규정하고 있고, 국제상업회의소 은행기술실무위원회〈ICC Commission on Banking Technique and Practice〉는 1994. 9. 1.자 의견서〈Position Paper No 2〉에서 위 신용장통일규칙 제10조 b항 ii호에 명시된 '대가의 지급〈giving of value〉'이라 함은 현금·수표·은행을 통한 이체·구좌입금 등의 방법으로 즉시 지급하는 것 또는 지급할 채무를 부담하는 것〈연지급확약 또는 환어음의 인수를 제외한다〉으로 풀이될 수 있다고 밝히고 있는 점에 비추어 보면, 서류의 매입은 매입을 수권받은 은행이 현금·구좌입금 등의 방법으로 수익자에게 현실적인 대가를 즉시 지급하거나 대금지급 채무를 부담하는 방법 등에 의하여 이루어질 수 있고, 여기서 후자의 방법에 의한 매입은 매입은행이 특정 일자에 수익자에게 대가를 확정적으로 지급하기로 하는 무조건적이고 절대적인 채무를 부담함으로써 현실적인 대가의 즉시 지급에 갈음할 수 있는 경우를 의미한다).

3) 김동건, 전게논문, 471면; 채, 381면.

경우를 구별하여 설명한다.

① 신용장 있는 화환어음의 경우는 신용장통일규칙에 의하여 할인은행(매입은행)인 KEB는 형식적 심사의무만을 부담한다. 즉, 신용장의 독립·추상성(이에 관하여는)에서 신용장 있는 화환어음의 할인은행인 KEB는 서류만 가지고 그 업무를 처리하며, 그 어음 또는 서류들이 문면상 신용장조건과 일치하는지 여부를 확인하면 되는 것이다. 이에 대하여 신용장통일규칙(UCP 600) 제14조 a호는 「은행은 서류가 (신용장의) 문면상 일치하는 제시인지 여부를 서류만을 기초로 하여 조사하여야 한다」고 규정하고, 동 규칙(UCP 600) 제34조는 「은행은 모든 서류의 형식, 충분성, 정확성, 진정성, 위조 또는 법적 효력에 대하여, 또는 서류상에 명시되었거나 또는 이에 부가된 일반조건 또는 특별조건에 대하여 어떠한 의무 또는 책임을 부담하지 아니하며, …」라고 규정하고 있다.

이에 관하여는 우리나라의 판례도 다수 있는데, 할인은행의 주의의무의 범위에 대하여 「은행이 신용장에 의하여 환어음을 매수함에 있어서 관계당사자, 관계서류에 관하여 단지 외관상으로 신용장조건의 문면과 서류의 문면이 완전히 합치하는지의 여부에 관하여 신중히 조사할 책임이 있는 것이고, 그 밖의 모든 서류의 형식·충분성·진정성·위조 또는 법적 효력 등에 관하여 어떠한 의무나 책임을 지지 아니한다」고 판시하거나,[1] 「화환어음의 매입은행은 그 매입서류를 조사함에 있어서는 제시된 서류가 신용장 문면과 형식상 일치되고 있는 한 그 허위작성여부 또는 상품의 실재여부 등 그 실질적 조사의무까지 지지 아니한다」고 판시하고 있다.[2] 또한 선적서류가 위조된 경우 매입은행의 조사의무에 대하여는 「화환어음의 매입은행이 매입 당시 서류가 위조된 문서임을 알았거나 위조된 문서라고 의심할 만한 충분한 이유가 있었다고 인정되지 않는 한 신용장개설은행은 상환의무를 면할 수 없고 또한 개설의뢰인 또는 그의 보증인도 신용장대금의 지급을 거절할 수 없다」고 판시하고,[3] 「화환어음의 매입은행이 선적서류의 위조사실을 알지 못하고 대출금

---

1) 대판 1979. 5. 8, 78 다 2006(공보 612, 11944). 동지: 대판 2002. 9. 27, 2000 다 52226(공보 2002, 2550)(화환수출신용장조건에 따라 발행된 수출환어음이란 신용장의 수익자로 지정된 수출상이 발행하는 화환어음으로서 그 어음상의 권리가 신용장 및 운송중의 물건을 표창하는 선하증권 등에 의하여 담보되는 환어음이라고 할 것인바, 신용장의 수익자에 대한 대출은행이 그 대출금에 대한 보증기관에 대하여 이러한 수출환어음을 양도담보로 취득할 것을 약정한 경우에는 수출환어음을 취득함에 있어 환어음 자체뿐만 아니라 함께 양도담보로 취득하는 서류가 문면상 신용장조건과 일치하는지 여부 및 관계 서류들간에 모순되거나 불일치되는 점은 없는지 여부를 상당한 주의를 기울여 조사함으로써 이에 관하여도 적법한 양도담보를 취득할 의무가 있다).

2) 대판 1980. 1. 15, 78 다 1015(집 28 ① 민 1).

3) 대판 1997. 8. 29, 96 다 37879(공보 1997, 2832). 동지: 대판 2011. 1. 27, 2009 다 10249(공보 2011, 390)(국제상업회의소〈International Chamber of Commerce〉의 제5차 개정 신용장통일규칙〈The Uniform Customs and Practice for Documentary Credits, 1993 Revision, ICC Publication No. 500〉 제9조 제A항 제iv호, 제10조 제d항, 제14조 제A항 등의 규정을 종합하면, 화환신용장에 의한 거래에서 신용장의 제 조건과 문면상 일치하게 표시된 서류와 상환으로 환어음을 매입한 매입은행이 신용장 개설은행에 대하여 신용장대금의 상환을 청구하는 경우에 특

의 담보로 선적서류를 미리 교부받아 가지고 있다가 그 후 구좌입금 등의 방법으로 서류의 매입이 이루어질 때까지의 사이에 선적서류의 위조사실을 알게 되었다면, 매입은행은 신용장대금을 청구할 수 없다」고 판시하고 있다.[1)]

또한 신용장통일규칙상 은행의 서류조사의 기준$\binom{\text{UCP 600 제14조 a호,}}{\text{UCP 500 제13조 a호}}$에 대하여는, 「상품거래에 관한 특수한 지식·경험에 의함이 없이 은행원으로서의 일반적인 지식·경험에 의하여 기울여야 할 객관적이고 합리적인 주의를 가리키며, 은행원은 이러한 주의를 가지고 신용장과 기타 서류에 기재된 문언을 형식적으로 엄격하게 해석하여 신용장조건과의 합치여부를 가려낼 의무가 있고 실질적인 심사의무는 없는 것이다. … 중략 … 다만 신용장부대서류가 신용장조건과 문언대로 엄격하게 합치하여야 한다고 하여 자구 하나도 틀리지 않게 완전히 일치하여야 한다는 뜻은 아니며, 자구에 약간의 차이가 있더라도 은행이 상당한 주의를 기울이면 그 차이가 경미한 것으로서 문언의 의미에 차이를 가져오는 것이 아니고 또 신용장조건을 전혀 해하는 것이 아님을 문면상 알 수 있는 경우에는 신용장조건과 합치하는 것으로 보아야 할 것이다(신용장에는 상품명칭이 Sketch paper로 되어 있는데 상업송장에는 상품 명칭이 Sketch paper 55cm×40cm로 되어 있는 경우에는 일치하고, 신용장에는 Origin Japan으로 되어 있는데 상업송장에는 상품명세란에 원산지 표시가 없고 선하인〈荷印〉란에 MADE IN JAPAN이라고 기재되어 있는 경우에는 불일치한 것이다)」고 판시하고 있다.[2)]

별한 사정이 없는 한 신용장 개설은행은 상환의무를 면할 수 없다. 따라서 분할 환어음의 발행이 허용된 신용장거래에서 수익자가 신용장 한도금액을 초과하여 분할 환어음을 발행하고 선적서류 중 일부를 위조하여 서로 다른 은행에게 이를 매도한 경우, 위조된 선적서류를 매입한 선행 매입은행의 신용장대금 청구에 대하여 신용장 개설은행이 선적서류에 상당한 주의를 기울였으면 충분히 발견할 수 있었던 신용장조건과 불일치하는 하자가 있음을 간과하고 신용장대금을 상환하였다면, 신용장 개설은행은, 후행 매입은행이 상당한 주의를 기울였음에도 신용장 한도금액을 초과하여 환어음이 발행되었고 다른 은행이 환어음 일부를 선행하여 매입하였다는 사실 등을 알지 못한 채 신용장의 제 조건과 문면상 일치하게 표시된 서류와 상환으로 환어음 등을 선의로 매입한 후 신용장대금의 상환을 구하는 것에 대하여 선행 매입은행에게 신용장대금을 상환한 점을 내세워 신용장 한도금액이 초과하였다는 이유로 이를 거절하지 못한다. 그리고 여기서 신용장 개설은행과 매입은행에게 요구되는 상당한 주의는 상품거래에 관한 특수한 지식경험이 없는 은행원으로서의 일반적인 지식경험에 의하여 기울여야 할 객관적이고 합리적인 주의를 말하며, 은행원은 이러한 주의를 기울여 신용장과 기타 서류에 기재된 문언을 형식적으로 엄격하게 해석하여 신용장조건과의 합치여부를 가려낼 의무가 있다); 동 2011. 1. 13, 2008 다 88337(공보 2011, 300)(화환신용장에 의한 거래에서 서류 등의 매입은행이 신용장 개설은행에 대하여 신용장 대금의 상환을 청구하는 경우에 매입은행이 매입 당시 서류가 위조된 문서임을 알았거나 위조된 문서라고 의심할 만한 충분한 이유가 있었다고 인정되지 않는 한 신용장 개설은행은 상환의무를 면할 수 없다); 동 2012. 1. 27, 2009 다 93817(공보 2012, 318)(화환신용장에 의한 거래는 본질적으로 서류에 의한 거래이지 상품에 의한 거래가 아니므로, 은행은 상당한 주의를 기울여 선적서류가 문면상 신용장의 조건과 일치하는지만 확인하면 되고 선적서류에 대한 실질적인 심사의무까지 부담하지는 않으나, 선적서류가 위조〈변조 또는 허위 작성을 포함한다〉되었을 경우 은행이 위조에 가담한 당사자이거나 또는 서류의 위조 사실을 사전에 알았거나 그와 같이 의심할 만한 충분한 이유가 있는 경우에는, 이는 신용장거래를 빙자한 사기거래에 지나지 아니하므로 은행은 더 이상 이른바 신용장 독립·추상성의 원칙에 의한 보호를 받을 수 없다. 그러나 이 사건에서는 이를 인정할 증거가 없다).

1) 대판 1997. 8. 29, 96 다 43713(공보 1997, 2842).
2) 대판 1985. 5. 28, 84 다카 696(공보 756, 15). 동지: 대판 1987. 6. 23, 86 누 536(월보 204,

168)[이 판결에 찬성하는 평석으로는 임홍근, "신용장조건과 합치되는 선적서류요건,"「판례월보」, 220호, 45~55면]; 동 2002. 6. 28, 2000 다 63691(공보 2002, 1784)(화환신용장의 개설은행의 은행원의 주의의무에 대하여 동지로 판시함); 동 2003. 3. 14, 2002 다 56178(공보 2003, 977)(제 5 차 개정 신용장통일규칙 제13조 A항은 "은행은 신용장에 약정된 모든 서류가 문면상 신용장조건에 일치하는가 아닌가의 여부를 확인하기 위하여 상당한 주의를 기울여 심사하여야 한다. 약정된 서류가 문면상 신용장조건에 일치하는가의 여부는 이 규칙에 반영된 국제적인 표준은행거래관습에 의해 결정된다. 서류가 문면상 다른 서류와 모순이 된다는 것은 그 서류가 문면상 신용장조건에 일 치하지 않는 것으로 간주된다"고 규정하고 있는바, 이는 신용장 첨부서류가 신용장조건과 문언대 로 엄격하게 합치하여야 한다고 하여 자구 하나도 틀리지 않게 완전히 일치하여야 한다는 뜻은 아 니며, 신용장 첨부서류가 신용장의 조건과 약간의 차이가 있더라도 위와 같은 신용장 첨부서류와 신용장조건의 엄격한 합치를 요구하는 것은 신용장대금을 지급하는 은행 및 신용장개설의뢰인의 보호를 위한 것이므로 그 보호에 지장이 없고, 은행이 상당한 주의〈reasonable care〉를 기울이면 그 불일치가 경미한 것으로 신용장조건을 전혀 해하는 것이 아님을 알아차릴 수 있는 경우에는 신 용장조건과 합치하는 것으로 보아야 하고, 그 판단은 구체적인 경우에 신용장조건과의 차이가 국 제적 표준은행거래관습에 비추어 용인될 수 있는지 여부에 따라야 한다. 따라서 신용장에서 요구 하는 제조자 발행 품질검사증명서 3통〈3 COPIES〉 중 사본 2통의 흠결이 신용장조건을 해하는 것 으로 보기 어렵다); 동 2003. 5. 13, 2001 다 58283(공보 2003, 1278)(제 5 차 개정 신용장통일규 칙 제23조 A항 ii호는 만약 선하증권이 선적항과 다른 수령지 또는 수탁자를 명시하고 있는 경우 비록 물품이 선하증권상에 지정된 선박에 적재되었다고 하더라도 본선적재표기는 신용장에 명시된 선적항과 그 물품이 적재된 선박명도 포함하고 있어야 한다고 규정하고 있는바, 과연 신용장 필요 서류인 선하증권상의 수탁지와 선적항에 다른 기재가 있는지 여부는 은행이 형식상 신용장 조건과 엄격하게 합치〈in accordance with〉하는지를 상당한 주의를 기울여〈with reasonable care〉 조 사·점검하여야 할 의무가 있으나, 그와 같이 엄격한 합치는 자구 하나도 틀리지 않게 완전히 일치 하여야 한다는 뜻은 아니며, 약간의 차이가 있더라도 은행이 상당한 주의〈reasonable care〉를 기 울이면 그 차이가 경미한 것으로서 문언의 의미에 차이를 가져오는 것이 아니거나 신용장 조건을 전혀 해하는 것이 아님을 문언상 알아차릴 수 있는 경우에는 신용장 조건과 합치하는 것으로 보아 야 하고, 그 판단에는 구체적인 경우에 신용장 조건과의 차이가 국제적 표준은행거래관습에 비추 어 용인될 수 있는지 여부도 참고로 하여야 한다); 동 2003. 11. 14, 2002 다 7770(공보 2003, 2332)(신용장 첨부서류가 신용장조건과 문언대로 엄격하게 합치하여야 한다고 하여 자구 하나도 틀리지 않게 완전히 일치하여야 한다는 뜻은 아니며, 자구에 약간의 차이가 있더라도 은행이 상당 한 주의를 기울이면 그 차이가 경미한 것으로서 문언의 의미에 차이를 가져오는 것이 아니고 또 신용장조건을 전혀 해하는 것이 아님을 문면상 알아차릴 수 있는 경우에는 신용장조건과 합치하는 것으로 보아야 하고, 그 판단은 구체적인 경우에 신용장조건과의 차이가 국제적 표준은행거래관습 에 비추어 용인될 수 있는지 여부에 따라야 한다. 국제상업회의소가 그 산하 은행위원회의 승인하 에 결정한 국제표준은행관행은 신용장 선적서류의 심사와 관련하여 선적서류상의 철자오류 또는 타자 실수 등에 대한 국제표준은행관행으로서 선적서류에 단어나 문장에 있어서의 철자 오류 또는 타자 실수에 의하여 그 의미에 영향을 주지 않는 기재의 차이가 있는 경우 그러한 오류는 해당 문 서를 하자서류로 만들지 않지만, 상품 명세에 대한 기재의 오류는 타자상의 오류로 간주되지 않을 것이고 동 문서는 하자서류로 인정될 것이라고 규정하고 있는바, 위와 같은 국제표준은행관행에 비추어 신용장에 첨부된 선적서류상에서 신용장 조건과 불일치가 있는 경우 그와 같은 기재상의 불일치가 신용장과 해당 서류의 성격상 요구되는 기본적 사항이 아니거나 문서를 작성하는 과정에 서 발생한 단순하고 명백한 기재상의 실수로 인정되는 경우에는 선적서류와 신용장조건의 불일치 로 볼 수 없으나, 그와 같은 기재상의 불일치에 대하여 서류심사를 하는 은행의 입장에서 오류임이 명백하지 않거나 그 기재상의 차이로 인하여 의미상의 중요한 변화가 있을 수 있는 경우에는 신용 장 조건과 선적서류상의 불일치에 해당한다고 보아야 한다); 동 2006. 5. 12, 2004 다 34158(공보 2006, 1017)(신용장 첨부서류가 신용장 조건과 문언대로 엄격하게 합치하여야 한다고 하여 자구

또한 신용장 있는 화환어음의 매입은행은 실질적 심사의무는 없으나, 문면상의 형식적 일치 이외에 관계서류가 정규성과 상태성을 갖추고 있는지 여부를 조사할 의무는 있다고 하여, 「은행이 하환어음을 매입할 때에는 그 부대선적서류가 정규성과 상태성을 갖추고 또 그것이 신용장의 조건에 일치하는 여부를 확인하여야 할 거래상의 의무를 신용장개설은행 및 그 개설의뢰인에게 부담하고 있는바, 하환어음 매입은행이 그 확인의무를 제대로 이행하지 아니함으로써 신용장개설의뢰인에게 손해가 생겼다면 이를 배상할 책임이 있다(신용장조건변경통지가 있은 후에 선적서류를 완비할 수 있는 시간적 여유가 있었다고 할 수 없다는 이유 등을 들어 부대서류의 정규성 또는 상태성을 갖춘 여부를 제대로 확인하지 못하였다고 판시함 — 저자 주)」고 판시하고 있다.1)

하나도 틀리지 않게 완전히 일치하여야 한다는 뜻은 아니며, 자구에 약간의 차이가 있더라도 그 차이가 경미한 것으로서 문언의 의미에 차이를 가져오는 것이 아니거나 단지 신용장에 표시되어 있는 상품의 기재를 보완하고 특정하기 위한 것으로서 신용장 조건을 전혀 해하는 것이 아님을 문면상 알아차릴 수 있는 경우에는 신용장 조건과 합치하는 것으로 보아야 하고, 그 판단은 구체적인 경우에 신용장 조건과의 차이가 국제표준은행관행〈ISBP〉에 비추어 용인될 수 있는지 여부에 따라야 한다.이러한 점에서 볼 때 상업송장의 상품명세에 기재된 "HAIR TAIL"〈갈치〉, "YELLOW CONVINA, WHITECONVINA"〈조기〉, "CHUB MACKEREL"〈꽁치〉, "COD"〈대구〉, "EASTERN FLAT HEAD"〈양태〉 등은 모두 그 단가가 "$2,200"이어서 신용장에 기재된 "OTHER KIND OF FISH〈단가 $2,800〉"와 일치한다고 볼 수 없고, 또한 이것들은 모두 어류로서 신용장에 기재된 "TOP SHELLS AND OTHERS"의 "OTHERS"에 해당한다고도 볼 수 없으므로, 상업송장이 신용장 조건과 문면상 일치하지 아니한다); 동 2011. 1. 13, 2008 다 88337(공보 2011, 300)(신용장 첨부서류가 신용장 조건과 문언대로 엄격하게 합치하여야 한다고 하여 자구 하나도 틀리지 않게 완전히 일치하여야 한다는 뜻은 아니며, 자구에 약간의 차이가 있더라도 그 차이가 경미한 것으로서 문언의 의미에 차이를 가져오는 것이 아니거나 단지 신용장에 표시되어 있는 상품의 기재를 보완하고 특정하기 위한 것으로서 신용장 조건을 전혀 해하는 것이 아님을 문면상 알아차릴 수 있는 경우에는 신용장 조건과 합치하는 것으로 보아야 하고, 그 판단은 구체적인 경우에 신용장 조건과의 차이가 국제적 표준은행거래관습에 비추어 용인될 수 있는지 여부에 따라야 한다. 따라서 신용장의 각 화물명세서에는 "KL"이라고 기재된 반면 상업송장에는 "KLS"로 기재되어 있는 사안에서, "KL" 또는 "KLS"는 아라비아 숫자 다음에 위치하면서 등유〈KEROSENE〉 또는 석유〈GASOIL〉와 수량을 표시하기 위한 전치사 "OF"로 연결되어 있으므로 "KL" 또는 "KLS"가 상품의 중량단위이지 상품명세의 일부를 이루는 것이 아니라는 점은 문면상 쉽게 알 수 있고, 화물이 원유라는 것을 감안하면 "KL"과 "KLS"는 모두 킬로리터〈Kiloliter〉를 표시하는 단위로 해석될 수밖에 없으므로, 위 단위 기재의 불일치는 같은 단위에 관한 다른 표현을 혼용하여 사용한 것일 뿐 신용장 조건을 해하는 것이 아님을 쉽게 알 수 있는 경우에 해당한다고 보아 신용장 조건과 상업송장이 일치한다고 한 원심판단이 정당하다); 동 2014. 5. 29, 2012 다 113438(공보 2014, 1309)(신용장이 운송서류로서 무결함선적선하증권〈clean on board ocean bill of lading〉의 제시를 요구한 경우, 제시된 선하증권에 물품 또는 포장의 하자상태를 명시적으로 선언하는 조항 또는 부기가 없고 물품이 본선에 적재되었다는 기재가 있으면 비록 '무결함〈clean〉'이라는 기재가 없더라도 '무결함선적'의 요건은 충족된다고 할 것이나, 신용장에서 별도로 용선계약선하증권의 제시를 요구하거나 허용하지 아니하였다면, 그 경우 용선계약선하증권의 제시는 그 자체로 제 6 차 개정 신용장통일규칙〈이하 'UCP 600'이라 한다〉 제20조 a항 vi호의 규정에 위반되는 적극적인 불일치에 해당하고, 신용장개설은행이 이를 이유로 제시자에게 지급거절통지를 하면서 다른 추가적인 기재 없이 '용선계약선하증권이 제시되었다'는 취지만을 기재하더라도 그것은 개설은행이 불일치사항을 명확히 기재한 통지로서 UCP 600 제16조 c항에 부합하는 지급거절통지가 된다).

1) 대판 1977. 4. 26, 76 다 956(교재, 판결례 [209])[이 판지에 찬성하는 견해로는 정(찬), (사례)

만일 KEB의 미국에 있는 지점이 신용장을 개설하면서 한국에 소재하는 지점을 매입은행으로 지정한 경우, 한국에 소재하는 지점이 할인(매입)은행의 지위에서 하는 선적서류 및 환어음의 할인(매입)에 따른 할인(매입)대금의 지급행위를 신용장 개설은행의 환어음의 지급행위로 간주할 수 없다.[1] 또한 화환어음의 할인(매입)은 단지 할인(매입)은행이 '환어음 및 (또는) 서류' 자체를 매수하는 것을 의미하므로, 할인(매입)을 하면서 신용장 원본의 제시나 교부가 반드시 필요하다고 할 수 없다.[2]

498면이 있고, 판지에 반대하는 견해로는 양승규, 「법학(판례회고)」(서울대), 제6호, 81면; 양(승), (사례) 264~265면이 있다]; 동 2002. 5. 24, 2000 다 52202(공보 2002, 1488)(신용장에서 양도불능 선적서류 사본 1부를 물품 선적 후 2일 이내에 DHL로 수입자에게 발송하였음을 증명하는 DHL 영수증 원본을 제출할 것을 요구하고 있는 경우, DHL 영수증 원본을 신용장 필요서류로 하는 이유는 수입자에게 신속하게 선적서류 사본을 송부하여 그 내용을 확인시키려는 목적뿐만 아니라 선적일 전에 발행되는 선하증권의 경우에는 그 위조의 가능성과 실제 선적이 제대로 이행되지 아니할 가능성이 있어 이를 방지하기 위한 취지도 함께 있다고 보여지므로, 정상적인 방법으로는 성립할 수 없는 선적일 전에 선하증권 등의 선적서류를 이미 수입자에게 발송하였다는 내용의 DHL 영수증 원본은 위 신용장 조건에서 필요서류로 요구하고 있는 DHL 영수증 원본에 포함된다고 보기 어렵고, 따라서 위 신용장 조건에 위배하여 선적일 전에 선하증권 등의 선적서류를 발송하였다는 취지의 DHL 영수증 원본을 매입한 은행으로서는 그러한 서류를 매입하여도 무방하다는 개설은행의 동의나 승낙이 있다는 등의 특별한 사정이 있기 전에는 위 신용장 필요서류를 갖추었다고 주장할 수 없고, 이러한 결론은 DHL 영수증 원본이 선하증권 등과 달리 그 자체에 권리가 화체된 것이 아니라거나 혹은 수출보험공사측 직원이 화물이 화물차에 실리는 것까지 확인하였고 그 이후 실제 선적이 이루어진 점을 감안하더라도 달라지지 않는다); 동 2002. 5. 28, 2000 다 50299(공보 2002, 1504)(화환어음 매입은행은 그 매입서류를 조사함에 있어서 실질적 조사의무가 면책되어 있는 것이지만 제시된 서류가 신용장에 기재된 사항과 문면상으로 일치되는지 여부 혹은 관계서류가 상태성과 정규성을 갖추었는지 여부를 조사할 의무까지 면제되는 것은 아니다. 따라서 신용장에 필요서류로서 신용장 개설은행 보관의 것과 일치하는 서명이 된 검사증명서를 요구하고 있는 경우, 매입은행은 그 서명 일치 여부를 확인할 의무가 있다. 이 때 신용장에 필요서류로서 신용장 개설은행 보관의 것과 일치하는 서명이 된 검사증명서를 요구하고 있는 경우, 서명의 일치 부분은 첨부서류 이외에 개설은행에 의뢰하여 그 서명의 일치 여부를 확인하기 전에는 충족 여부를 판별할 수 없는 비서류적 조건에 해당하나, 신용장이 개설된 경위 및 비서류적 조건을 삽입할 필요성·비서류적 조건의 내용·수익자가 그 비서류적 조건을 응낙하였는지 여부·그 조건의 성취에 관하여 매입자가 관여할 수 있는 정도 등에 비추어 보면 신용장에 부가된 이와 같은 비서류적 조건은 신용장의 본질에 비추어 바람직하지 않기는 하지만 이를 무효라고 할 수는 없다)[이 판결에 대하여 반대하는 취지의 평석으로는 김영훈 「JURIST」, Vol. 385(2002. 10), 59~65면]; 동 2002. 7. 26, 2000 다 51414(신문 3102, 12)(화환어음 매입은행은 그 매입서류를 조사함에 있어서 실질적 조사의무는 면책되어 있다고 할 것이지만, 제시된 서류가 신용장에 기재된 사항과 문면상으로 일치되는지 여부 혹은 관계서류가 상태성과 정규성을 갖추었는지 여부를 조사할 의무까지 면제되는 것은 아니라고 할 것이다); 동 2009. 11. 12, 2008 다 24364(공보 2009, 2077)(신용장에 기재된 모든 필요서류는 반드시 서류제시기간 내에 제시되어야 할 뿐 아니라 신용장의 유효기간 내에도 제시되어야 하므로, 서류제시기간과 유효기간 중 어느 하나라도 경과한 후에 제시된 경우에는 수리될 수 없고, 수익자가 일단 서류를 제시하였다가 개설은행의 통보에 따라 신용장 조건과의 불일치 사항을 보완하여 서류를 다시 제시하는 경우에도 서류제시기간과 유효기간을 모두 준수하여야 한다).

1) 동지: 대판 2000. 1. 21, 97 다 41516(공보 2000, 463).
2) 동지: 대판 2012. 1. 27, 2009 다 93817(공보 2012, 318).

② 신용장 없는 화환어음의 경우는 할인은행인 KEB는 형식적 심사의무만을 부담한다고 보는 견해[1]와 실질적 심사의무를 부담한다고 보는 견해[2]로 나뉘어 있다.

생각건대 신용장 없는 화환어음의 할인의 경우에는 신용장통일규칙 등과 같은 특별한 상관습이나 당사자간의 특약이 없는 이상 은행으로서 통상 가지는 지식과 경험에 의한 판단능력과 선량한 관리자의 주의를 가지고 화환어음 및 부대서류의 형식뿐만 아니라 그 실질적 내용에 관해서도 심사의무를 부담한다고 보는 것이 타당하다고 본다. 이 경우 할인은행이 부담하는 심사의무는 자기의 위험을 회피하기 위한 자위적이고 간접적인 의무이고, 그 불이행시에 강제이행이나 손해배상의 제재를 수반하는 보통의 의미의 의무는 아니다.[3]

(2) 할인은행(KEB)과 개설(추심)은행(BOA)과의 법률관계

1) 어음관계

(개) BOA가 신용장을 개설한 경우에는$\left(\begin{smallmatrix}\text{이 때 BOA는 opening bank}\\\text{또는 drawee bank라고 함}\end{smallmatrix}\right)$ KEB는 화환어음의 수취인 또는 피배서인의 지위에서 동 어음의 지급인인 BOA에게 동 어음의 지급$\left(\begin{smallmatrix}\text{D/P 조건}\\\text{인 경우}\end{smallmatrix}\right)$ 또는 인수$\left(\begin{smallmatrix}\text{D/A조건}\\\text{인 경우}\end{smallmatrix}\right)$를 위한 제시를 한다. KEB의 이러한 제시에는 소구요건을 갖추기 위하여는 어음만을 제시하면 되고 선적서류의 제시를 요하지 않는다.[4]

BOA는 매수인인 B의 이행보조자로서 어음상의 지급인인데, BOA가 어음금을 KEB에게 지급하면 B의 (실질적) 자금관계(매매)상의 대금지급채무 및 A의 어음상의 상환채무 등은 모두 소멸한다.

이 때 KEB가 신용장의 유효기간 내에 신용장 및 관련서류를 매입하여 BOA에 대하여 그 서류제시 및 상환청구를 한 이상 BOA는 다른 특별한 사정이 없는 한 그와 같은 KEB의 상환청구가 신용장 및 관련서류의 매입시점으로부터 상당기간 지연하여 이루어졌다는 사정만으로는 신용장대금의 지급을 거절할 수 없고, 또한 KEB로부터 신용장 및 그 관련서류를 제시받은 BOA가 신용장 및 그 서류의 하자를 이유로 신용장대금의 지급을 거절할 경우 BOA는 달리 특별한 약정이 없는 한 신용장통일규칙이 정한 소정의 기간 내에 KEB에게 그 모든 거절 사유를 구체적으로 명시하여 통보하여야 하고 그 기간이 지난 후에는 최초에 명시하지 아니한 새로운 하자를 주장하여 신용장대금 지급을 거절할 수 없다.[5] 그러나 통지 후에 새롭게 추가로 발생한 하자에 대하여는 신용장대금 지급을 거절

---

1) 伊澤, 261면.

2) 김동건, 전게논문, 472면; 浜田一男, 「荷爲替」(總合判例研究叢書 商法(3)), 170면; 日大判 1940. 6. 28(民集 19, 1087).

3) 동지: 김동건, 전게논문, 472면.

4) 동지: 대판 2000. 1. 21, 97 다 41516(공보 2000, 463)(화환신용장 거래에서 발행된 환어음의 소구요건이 적법한 지급제시를 갖추기 위하여는 환어음뿐만 아니라 선적서류도 함께 제시하여야 하는 것은 아니다).

5) 동지: 대판 2002. 10. 11, 2000 다 60296(공보 2002, 2663); 동 2002. 11. 26, 2001 다 8371
5·83722(공보 2003, 201)(따라서 수취선하증권의 양식에 화물의 수취일을 표시하는 일자는 공
란, 선적일을 표시하는 란의 선적일자가 선하증권의 발행일과 같은 날이 스탬프 방식에 의하여 기
재되어 있고, 문면에서 '〈intended〉 vessel'이라는 인쇄문구가 있는 경우, 원칙적으로 선하증권상
의 본선적재표기에 선적일과 함께 선적항에서 선적이 이루어진 선박의 명칭도 기재되어야 할 것으
로 볼 여지가 있지만, 신용장의 개설은행이 그 사유를 신용장통일규칙에서 정한 신용장 관련 서류
의 조사기간중에 매입은행에 대하여 하자로서 통지된 것이 아니어서 더 이상 개설은행으로서는 이
를 문제삼을 수 없다); 동 2003. 10. 9, 2002 다 2249(공보 2003, 2154)(신용장 거래는 직접적
상품의 거래가 아니라 서류에 의한 거래로서 그 기초가 되는 상품의 매매계약과는 전혀 별개의 거
래로 취급된다는 독립 추상성의 원칙이 있으므로 매입은행은 그 기초가 된 상품의 거래대금이 실
제로 결제되었는지 여부와 상관없이 개설은행에 대하여 그 신용장 대금의 지급을 구할 수 있다. 이
때 개설은행이 신용장 대금의 지급을 부당하게 거절하였다고 하더라도 매입은행이 개설은행에 대
하여 가지는 다른 채권으로써 수익자를 위하여 개설은행을 상대로 반드시 상계를 하여야 할 의무
를 부담한다고 할 수 없다. 제 5 차 개정 신용장통일규칙 제14조 d항의 규정 취지에 비추어 신용장
개설은행이 매입은행의 대금지급청구를 거절할 경우 매입은행에 의하여 제시된 서류는 그 은행이
서류반환청구권을 포기하였다고 볼 특별한 사정이 없는 한 원칙적으로 서류제시인인 매입은행에게
반환되어야 한다. 또한 제 5 차 개정 신용장통일규칙 제14조 e항은 "개설은행이 본조의 규정에 따
른 조치를 취하지 않거나 서류제시인이 처분할 수 있도록 서류를 보관하거나 또는 서류를 반송하
지 아니한 경우에는 개설은행은 서류가 신용장조건과 일치하지 않는다는 주장을 할 수 있는 권리
를 상실한다"고 규정하고 있으므로, 개설은행이 신용장 대금의 지급을 거절하면서 그 선적서류를
서류제시은행의 처분지시를 기다려 보관중이라고 통보하였고 이에 서류를 제시한 매입은행이 선적
서류를 자신에게 반환하라는 지시를 하였음에도 불구하고, 이를 반환하지 않고 있다가 개설의뢰인
의 요구에 의하여 이를 임의로 그에게 교부하여 버렸다면 개설은행은 위 매입은행에 대하여 더 이
상 신용장 선적서류상의 하자를 이유로 신용장 대금의 지급을 거절할 수 없다); 동 2003. 11. 14,
2002 다 7770(공보 2003, 2332)(국제상업회의소 제정 제 5 차 개정 신용장통일규칙 제14조 d항 i
호, ii호의 규정의 취지에 비추어 신용장 개설은행이 매입은행의 대금 지급청구를 거절할 경우 매
입은행에 의하여 제시된 서류는 그 은행이 서류반환청구권을 포기하였다고 볼 특별한 사정이 없는
한 원칙적으로 신용장 서류 제시은행에게 반환되어야 할 것이지만, 이와 같이 개설은행이 서류를
제시한 매입은행에 대하여 반환할 의무를 부담하는 선적서류는 다른 특별한 사정이 없는 한 매입
은행으로부터 직접 송부되어 개설은행이 받은 서류에 한하고, 수익자가 개설의뢰인에게 직송한 다
른 서류는 개설은행에게 제시된 바 없는 이상 개설은행이 이 서류를 개설의뢰인으로부터 회수하여
다시 매입은행에 반환할 의무까지 부담하지는 않는다); 동 2003. 11. 28, 2001 다 49302(공보
2004, 28); 동 2004. 7. 22, 2001 다 58269(공보 2004, 1411); 동 2005. 5. 27, 2002 다 3754(공
보 2005, 1019)(서류제시를 위한 신용장의 유효기간과 운송관련 서류의 제시기간에 관한 신용장
통일규칙의 위 각 규정은 일반적인 매입신용장의 경우 그 유효기간과 제시기간의 기준이 되는 신
용장에 규정된 서류제시장소에서 수익자가 매입은행에게 신용장과 그 관련 서류를 제시하는 기간
에 관한 것으로서, 그 서류의 신용장 조건과의 일치 여부에 대한 기준시점은 수익자가 신용장이 정
한 정당한 서류제시은행 혹은 지정은행에 서류를 제시한 시점이 된다); 동 2008. 9. 11, 2007 다
74683(공보 2008, 1358)(제 5 차 신용장통일규칙 제14조 (d)항의 규정에 의하면, 신용장 제시서류
에 하자가 있는 경우 신용장 개설은행은 제시된 서류를 제시인을 위하여 보관하든지 혹은 제시인
에게 반송할 것이 요구되는바, 신용장 매입은행이 신용장 개설은행에게 선적서류 등의 신용장 서
류와 환어음을 제시하였으나 그 신용장에 부가된 특수조건이 불성취되는 것으로 확정되는 등으로
인하여 신용장 대금 지급의무가 발생하지 않는 경우, 신용장 개설은행의 제시서류 반환의무에 관
하여 신용장통일규칙 등에 명문의 규정은 없지만 위 규정 등을 유추하여 그 제시된 서류는 원칙적
으로 신용장 서류 제시인 등에게 반환되어야 할 것으로 봄이 상당하지만, 그와 같은 경우에도 서류
제시인 등이 그 제시된 서류의 반환청구권을 포기하였다고 볼 만한 특별한 사정이 있는 경우에는

할 수 있다.[1]

(내) BOA가 신용장을 개설하지 않은 경우에는 KEB는 자기의 환거래은행인 BOA에게 동 화환어음을 추심의뢰한다. 이 때 미국에 KEB의 지점이 있는 경우에는 그 지점을 통하여 추심의뢰하게 되는데, 이 때에는 동일법인 내부의 사무처리에 불과하다. 그러나 위와 같이 환거래은행을 통하여 추심의뢰하는 경우에는 KEB와 BOA간에는 위임관계

그러하지 아니하다. 또한 제5차 신용장통일규칙 제14조 (e)항이 신용장 개설은행 등이 제시된 서류의 불일치를 이유로 서류의 수리를 거절하고자 하는 경우에 지체 없이 제시인에게 그 불일치 사항을 통지하고 서류를 반송하는 등의 조치를 취하지 아니하면 개설은행은 그 서류가 신용장의 조건과 일치하지 않는다는 주장을 할 수 있는 권리를 상실한다는 취지로 규정한 것은, 신용장 제시서류에 불일치가 있다 하여도 개설은행이 제시인에게 이를 통지하는 등의 조치를 취하지 아니하면 개설은행은 그 불일치를 주장하지 못하고 원래의 신용장 조건에 따른 대금지급의무를 부담한다는 것에 불과하고, 그 불일치 사항을 통지하지 않았다고 하여 신용장 수익자나 그 이후의 신용장 매입은행으로 하여금 종전에 없었던 새로운 권리를 취득하게 하는 것은 아니다); 동 2009. 10. 29, 2007 다 52911·52928(공보 2009, 1972)(매입은행으로부터 신용장 및 그 관련서류를 제시받은 개설은행이 신용장 및 그 서류의 하자를 이유로 신용장 대금의 지급을 거절할 경우, 개설은행은 달리 특별한 약정이 없는 한 위 신용장통일규칙이 정한 소정의 기간 내에 매입은행에게 그 모든 거절 사유를 구체적으로 명시하여 통보하여야 하고, 그 기간이 지난 후에는 최초에 명시하지 아니한 새로운 하자를 주장하여 신용장 대금 지급을 거절할 수 없다. 또한 신용장 개설은행은 신용장에 관하여 은행에 제시된 서류가 문면상으로 신용장 조건과 엄격하게 합치하는지 여부를 상당한 주의를 기울여 조사하면 되는 것이고 신용장 관련서류 자체가 다른 신용장의 관련서류와 바뀐 것인지 여부까지 조사·점검할 의무는 없다. 그러나 신용장 개설은행이 여러 건의 신용장 관련서류를 같은 날 송부받아 심사하는 과정에서 신용장의 관련서류 일부가 뒤바뀐 사실을 알았거나, 조금만 주의를 기울이면 쉽게 알 수 있었음에도 불구하고 오히려 신용장의 조건과 바뀐 관련서류의 명세가 불일치한다는 것을 하자로 내세워 신용장 대금의 지급을 거절하는 것은 신의칙상 허용되지 않는다); 동 2011. 1. 13, 2008 다 88337(공보 2011, 300)(제5차 개정 신용장통일규칙⟨The Uniform Customs and Practice for Documentary Credits, 1993 Revision, ICCPublication No. 500⟩ 제14조 d항 i호는 "개설은행 및/혹은 확인은행⟨있는 경우⟩, 또는 이들을 대리하는 지정은행이 서류를 거절하기로 결정한 경우에는 서류접수일 다음 영업일로부터 기산하여 제7 은행영업일의 마감시간까지 지체 없이 전신 또는 그 사용이 불가능할 경우에는 기타 신속한 방법으로 그 취지를 통지하여야 한다. 이러한 통지는 서류를 송부하여 온 은행에게 또는 서류를 수익자로부터 직접 받은 경우 수익자에게 하여야 한다"고 규정하고 있고, 같은 항 ii호는 "위와 같은 통지를 할 경우 은행은 서류를 거절하게 된 모든 하자사항⟨all discrepancies⟩을 명시하여야 하며, 동시에 그 은행은 서류를 제시인의 지시를 기다리며 보관하고 있는지 아니면 이를 제시인에게 반송 중에 있는지 여부를 기재하여야 한다"고 규정하고 있다. 위 규정들의 취지에 비추어 볼 때 매입은행으로부터 신용장 및 그 관련 서류를 제시받은 개설은행이 신용장 및 그 서류의 하자를 이유로 신용장 대금의 지급을 거절할 경우, 개설은행은 위 신용장통일규칙이 정한 소정의 기간 내에 매입은행에게 그 모든 거절 사유를 구체적으로 명시하여 통보하여야 하고, 그 기간이 지난 후에는 최초에 명시하지 아니한 새로운 하자를 주장하여 신용장 대금 지급을 거절할 수 없다).

1) 대판 2009. 12. 24, 2009 다 56221(공보 2010, 234)(제6차 개정 신용장통일규칙⟨UCP 600⟩ 제16조의 규정 취지에 비추어 매입은행으로부터 신용장 및 그 관련 서류를 제시받은 개설은행이 신용장 및 그 서류의 불일치 등의 하자를 이유로 결제 또는 매입을 거절할 경우 1회에 모든 하자를 통지하여야 하고, 차후에 다른 하자를 이유로 결제 또는 매입을 거절할 수 없는 것이 원칙이다. 그러나 개설은행 등의 일괄하자통지의무는 통지 당시 존재하던 하자에 대해서만 적용되는 것이고 그 후에 새롭게 추가로 발생한 하자에 대해서는 적용되지 않는다).

$\binom{\text{A와 BOA간에는}}{\text{복위임관계}}$가 성립한다. KEB는 BOA에 대하여 화환어음을 추심위임배서하므로 BOA 는 스스로 어음상의 권리를 취득하지 못한다.

2) 운송증권관계

BOA가 신용장을 개설한 경우이거나 개설하지 않은 경우이거나 어떤 경우이든 BOA 는 선하증권을 배서$\binom{\text{기명식 또는}}{\text{지시식의 경우}}$ 또는 교부$\binom{\text{무기명식}}{\text{의 경우}}$받는데, 이 때 BOA는 운송물에 대한 소유권을 신탁적으로 취득한다.[1] 이것은 KEB가 신탁적 양도설에 따라서 운송물에 대하여 양도담보를 취득하는 것과 균형을 이루는 것이라고 볼 수 있다. 그러나 선하증권의 수 하인이 B로 된 경우에는 BOA는 운송물에 대한 소유권을 신탁적으로 취득할 수 없고, KEB의 수임인으로서 동 선하증권을 대금지급시까지 유치할 수 있을 뿐이라고 본다.

참고로 항공운송인이 수하인용 항공화물운송장과 송하인용 항공화물운송장에 수하 인을 달리 기재하여 KEB가 A에 대하여 할인하여 준 화환어음을 BOA가 신용장조건의 불 일치를 이유로 지급거절한 경우, 운송인은 KEB에 대하여 불법행위로 인한 손해배상책임 을 진다.[2]

(3) 개설(추심)은행(BOA)과 매수인(수입상, B)과의 법률관계

1) 어음관계

(가) BOA가 신용장을 개설한 경우에는 화환어음의 지급인은 BOA이므로 B는 어음의

---

1) 김동건, 전게논문, 479면; 鈴木·大隅, 講座(2), 266면. 그러나 BOA가 선하증권을 취득하면 B 가 운송물에 대한 소유권을 취득한다는 견해도 있다(이정한, "하환어음의 법률관계,"「중재」, 제79 호, 1978. 7, 31면; 浜田, 전게서, 186면).

2) 동지: 대판 2015. 1. 29, 2014 다 40237(공보 2015, 439)(1955년 헤이그에서 개정된 국제항공 운송에 있어서 일부 규칙의 통일에 관한 협약 제6조 제1항·제2항, 제11조, 제12조 제1항·제 4항, 제13조 제1항에 비추어 보면, 수출자가 항공화물운송장을 첨부한 수출환어음을 발행하여 국내은행에 매입을 의뢰하고 이를 매입한 국내은행이 신용장 개설은행에 추심하는 방법에 의하여 수출대금이 결제되는 방식의 무역거래에서 항공화물운송장의 수하인을 신용장 개설은행으로 할 경 우, 신용장 개설은행이 도착지에서 화물의 인도청구권을 가지게 되어 인도청구권이 수출대금을 담 보하는 기능을 하게 된다. 그리고 수출환어음을 매입하는 국내은행이 수출자와 사이에 수출환어음 의 매입에 수반하는 화물을 그 거래와 관련하여 수출자가 국내은행에 부담하는 채무의 지급을 위 한 담보로서 양도하기로 약정한 경우에는 국내은행이 화물에 대한 양도담보권을 취득하므로, 위와 같은 방식의 무역거래에서 항공화물운송장의 수하인인 신용장 개설은행이 수출환어음의 지급을 거 절함으로써 항공화물운송장 또는 화물의 수령을 거부한 때에는 화물에 대한 처분권이 송하인인 수 출자에게 회복되어 국내은행이 화물에 대한 양도담보권을 행사할 수 있게 되고, 국내은행은 양도 담보권의 행사를 통하여 수출자에게 지급한 수출환어음 매입대금을 상환받게 된다. 따라서 신용장 이 개설된 무역거래에서 거래의 대상이 된 수출물품의 운송에 관한 항공화물운송장을 작성·발행 하는 업무를 담당하는 자로서는 각 항공화물운송장 원본의 내용이 서로 불일치하지 않도록 하여야 할 의무가 있고, 이러한 의무에 위반하여 각 항공화물운송장 원본의 내용을 서로 다르게 작성·발 행함으로써 송하인용 원본인 항공화물운송장의 기재를 신뢰한 국내은행이 수출자로부터 수출환어 음과 항공화물운송장 등 서류를 매입하고도 신용장 개설은행의 수출환어음 지급거절시 수출물품에 대한 양도담보권을 행사할 수 없게 되었다면, 그러한 불법행위로 인하여 국내은행이 입은 손해를 배상할 책임이 있다).

당사자가 아니다. 그러나 BOA는 B의 계산으로 지급하므로 마치 지급인과 지급담당자와의 사이같이 준자금관계가 성립한다고 볼 수 있다.[1] 이 때 BOA는 B의 이행보조자로서 화환어음의 지급인의 지위를 갖는다고 볼 수 있다.[2] 따라서 B의 의뢰에 의하여 BOA가 신용장을 개설한 경우에는 실질관계에서 BOA와 B의 사이에는 위임관계가 존재한다고 볼 수 있다.

(내) BOA가 신용장을 개설하지 않은 경우에는 BOA와 B의 사이에는 아무런 법률관계가 없고, BOA는 KEB와의 위임관계($^{A에 대해서는}_{복위임관계}$)에 의하여 또는 KEB($^{또는}_A$)의 이행보조자로서 또한 화환어음의 추심위임배서의 피배서인으로서 지급인인 B에게 화환어음을 지급제시 또는 인수제시하는 것이다.

2) 운송증권관계   BOA는 KEB로부터 선하증권을 배서 또는 교부받음으로써 운송물에 대한 소유권을 신탁적으로 취득하므로($^{따라서 운송물의}_{처분권을 취득하므로}$) B가 BOA로부터 동 선하증권을 배서 또는 교부받음으로써 운송물에 대한 소유권을 취득하게 된다.[3] 선하증권의 수하인이 B로 된 경우에도 B는 동 선하증권을 BOA로부터 교부받음으로써 운송물에 대한 소유권을 취득한다고 볼 수 있다.[4]

화환어음이 지급인도조건(D/P)인 경우에는 B는 BOA에게 어음금을 지급하여야 선하증권을 교부받을 수 있고 선하증권을 교부받아야 선박회사로부터 수입상품인 자동차를 수령할 수 있는데, B에게 어음금을 지급할 충분한 자력이 없는 경우에 B는 BOA로부터 우선 선하증권을 대여받아 선박회사로부터 상품을 수령하여 이를 타에 전매처분한 후 그 매각대금으로 어음금을 지급할 수 있다. 이를 운송증권의 선인도(Trust Receipt, T/R)라고 하는데, BOA측으로서도 선하증권을 소지하고 있는 동안에 상품이 도착한 경우에 상품의 양륙·통관·보관 등 번잡한 사무를 하는 것을 바라지 않기 때문에 B로부터 어음금을 지급받기 전에 미리 선하증권을 B에게 교부하는 T/R제도를 이용하는 경우가 있다. 이와 같이 T/R에 의하여 BOA로부터 선하증권을 선인도받은 B는 운송물에 대한 완전한 소유권을 취득한 것으로 볼 수는 없고 단지 신탁적으로 양도받은 것으로 볼 수 있고, 또 자기의 이름으로 매도하나 BOA의 계산으로 매도하는 것이므로 상법상 위탁매매인의 지위($^{상}_{102조}$)에 가깝다고 볼 수 있다.[5]

---

1) 김동건, 전게논문, 472면은 이를 위탁어음의 형식이라고 하나, 위탁어음은 발행인이 제 3 자의 계산으로 어음을 발행하는 것이므로(어 3조 3항) 위탁어음이 될 수 없다고 본다.

2) 김동건, 상게논문, 479면; 이(기), 295면.

3) 김동건, 전게논문, 479면.

4) 이 때 B와 BOA 사이에 B의 BOA에 대한 지급채무의 이행을 위하여 선적서류 및 수입화물을 양도담보로서 제공하기로 약정한 경우, BOA는 선하증권 취득시에 이 양도담보권을 취득하고 B의 신용저하 또는 담보부족을 이유로 선적서류의 인도를 거절할 수 있다[대판 1999. 9. 7, 98 다 62008(공보 1999, 2079)].

5) 김동건, 전게논문, 480~481면.

(4) 매수인(B)과 매도인(A)과의 법률관계

B와 A의 관계는 크게 대금지급관계와 운송물의 소유권이전관계로 분류할 수 있다. 대금지급관계는 어음관계로서 어음금지급관계와 이의 자금관계인 매매대금지급관계가 밀접히 관련되어 있고, 운송물의 소유권이전관계는 운송관계와 운송증권관계가 밀접히 관련되어 있다. 따라서 매수인인 B는 어음관계에서는 지급인$\binom{\text{BOA가 신용장을 개설한 경우에는 형식상}}{\text{지급인은 BOA이나 실질상 지급인은 B임}}$, 자금관계인 매매관계에서는 매수인, 운송관계에서는 수하인, 운송증권관계에서는 운송증권의 정당한 소지인의 지위에 있다. 한편 매도인인 A는 어음관계에서는 발행인, 자금관계인 매매관계에서는 매도인, 운송관계에서는 송하인, 운송증권관계에서는 운송증권발행청구인의 지위에 있다.

1) 대금지급관계(어음관계 및 자금관계)

(개) B가 화환어음의 지급인의 지위에서$\binom{\text{BOA가 신용장을 개설한 경우에는}}{\text{BOA가 지급인의 지위에서}}$ 어음금을 지급하면 어음관계가 종료됨은 물론, 그의 자금관계인 매매관계에서 매수인의 대금지급채무도 소멸하게 된다. 이 때 B는 매매대금의 지급을 화환어음에 의해서 하는데, 이것은 당사자간에 그렇게 하기로 특약하였거나 또는 그러한 상관습이 있기 때문이다.[1] 따라서 이러한 특약 또는 상관습이 있는 경우에는 A는 B에게 화환어음에 의하지 않고 매매대금을 직접 청구할 수 없다.[2]

(내) 위와 같이 B의 매매대금지급채무는 B가 어음금을 실제로 지급한 경우에 한하여 소멸하는 것이지, B가 동 어음을 인수하거나$\binom{\text{D/A의}}{\text{경우}}$ 또는 A가 동 어음을 KEB로부터 할인받은 경우에 소멸하는 것이 아니다$\binom{\text{異說}}{\text{없음}}$.

(대) B의 화환어음의 지급$\binom{\text{D/P의}}{\text{경우}}$ 또는 인수$\binom{\text{D/A의}}{\text{경우}}$와 A$\binom{\text{BOA를}}{\text{통하여}}$의 환어음·선하증권 및 기타 부대서류의 인도는 동시이행의 관계에 있다. 이에 대한 예외로서 지급인도조건(D/P)의 경우 BOA가 화환어음의 대금을 지급받지 않고 선하증권 등을 B에게 인도하는 것으로는 운송증권의 선인도제도(T/R)가 있다 함은 앞에서 본 바와 같다. 따라서 이와 같은 T/R의 특약 등이 있는 경우에는 A는 선하증권을 첨부한 환어음을 BOA 등을 통하여 B에게 먼저 제시하기로 약정하였으므로, A에게 선이행의 의무가 있다고 보겠다.[3]

2) 운송물의 소유권이전관계(운송관계 및 운송증권관계)

(개) B가 화환어음을 인수하거나$\binom{\text{D/A의}}{\text{경우}}$ 어음금을 지급하고$\binom{\text{D/P의}}{\text{경우}}$ 선하증권을 인도받은 경우에 B는 운송물에 대한 소유권을 취득하고, A는 매매관계에 기한 목적물을 이전할 의무를 면하게 된다. (i) 할인화환어음의 경우 신탁적 양도설에 의하면 KEB 및 BOA는 선하증권의 양수에 의하여 운송물에 대한 소유권을 신탁적으로 취득했다가 B에게 소유권을

---

1) 동지: 정(동), 238면.
2) 동지: 김동건, 전게논문, 476면.
3) 동지: 김동건, 상게논문, 477면; 日大判 1965. 6. 25(民集 14, 1261).

이전한 것이 되나, 동산질권설에 의하면 운송물에 대한 소유권은 BOA가 선하증권을 B에게 인도할 때까지는 A에게 귀속했다가 동 선하증권의 인도와 동시에 B에게 귀속하는 것이 된다(할인화환어음이라도 당사자의 명백한 의사에 의하여 입질배서를 한 경우에는 동산질권설의 경우와 같다). (ii) 추심화환어음의 경우에는 KEB 및 BOA는 단순히 A의 수임인(이행보조자 또는 대리인)의 지위에서 운송증권 등을 B에게 인도하는 것이므로 운송물에 대한 소유권은 인도 전까지는 A에게 귀속하고, 인도 후에는 B에게 귀속한다. (iii) 선하증권의 수하인이 B인 경우에는 어떠한 경우에도 KEB 및 BOA는 운송물에 대한 소유권을 취득할 수 없으므로 BOA가 동 선하증권을 B에게 인도하기까지에는 운송물에 대한 소유권은 A에게 귀속했다가 인도 후에는 B에게 귀속한다.

(나) 미국에 선하증권보다 운송물이 먼저 도착한 경우[1]에 B는 BOA로부터 보증서(Letter of Guarantee, L/G)를 발급받아 선박회사로부터 선하증권 없이도 운송물을 수령하는데, 이것을 보증도(保證渡)라고 한다. 이러한 보증도는 운송증권의 상환증권성(상 129조, 861조)에 반하는 것이며 때로는 운송인이 형법상 배임죄의 처벌을 받는 경우도 있을 수 있으나, 무역실무에서는 하나의 상관습으로 형성되었다고 볼 수 있다.[2] 이 때 B가 동 운송물을 선박회사로부터 (선하증권 없이) 현실로 인도받았다고 하여 B가 동 운송물에 대한 소유권을 취득하는 것은 아니다.[3] 그러나 무권리자인 B로부터 동 운송물을 선하증권이 발행된 사실을 모르고 취득한 자는 동 운송물에 대한 소유권을 선의취득한다. 운송증권의 처분증권성(상 132조, 861조)은 운송증권에 의하지 않는 운송물의 처분을 제한하고 한편 운송물의 양수인이 운송증권의 발행의 사실을 알고 있는 경우에는 운송물이 선의취득되지 않는다는 것을 간접적으로 인정하는 것일 뿐, 운송물 자체의 선의취득을 전면적으로 금할 수는 없다. 위와 같은 경우에 운송물에 대한 소유권은 선하증권의 정당소지인에 귀속되므로 선하증권의 정당소지인은 B에 대하여는 운송물의 인도를 청구할 수 있으나, B로부터 동 운송물을 선의취득한 자에 대하여는 운송물의 인도를 청구할 수 없고(운송물의 선의취득자의 소유권이 선하증권의 정당소지인의 소유권에 우선함) 선박회사에 대하여 채무불이행에 기한 손해배상청구권을 행사할 수 있을 뿐이다(선하증권의 채권적 효력).

---

1) 이외에도 B가 수입상품을 전매하지 않으면 화환어음을 지급할 수 없어 선하증권을 인도받을 수 없는 경우 등에도 해당된다. 이 때에 B는 그 후 선하증권을 인도받아 운송인에게 반환한다.

2) 그러나 이와 같은 보증도의 상관습이 있다 하여 이것이 운송증권의 정당한 소지인에 대한 운송인의 책임을 면제하는 것은 결코 아니다.
   동지: 대판 1992. 2. 25, 91 다 30026(공보 918, 1136); 동 1991. 12. 10, 91 다 14123(공보 913, 475); 동 1992. 1. 21, 91 다 14494(공보 916, 878); 동 1992. 2. 14, 91 다 13571(공보 917, 1015); 동 1992. 2. 14, 91 다 4249(공보 917, 1007); 동 1989. 3. 14, 87 다카 1791(보증도의 상관습은 해상운송인 등의 주의의무를 감면하는 사유나 위법성조각사유가 되지 못한다); 채, 265면.
   반대: 최기원, 「신정판 상법학신론(상)」(박영사, 1990), 254면.

3) 동지: 정(동), 238면; 이(기), 295면.

(다) 운송물의 하자에 관하여 매도인인 A는 어떠한 담보책임을 부담하는가. 이는 다음과 같이 경우를 나누어 고찰할 수 있다.

① A가 매매계약에서 약정한 물건을 송부하지 않거나 상위한 물건을 송부하면서 약정한 물건을 송부하는 것처럼 선하증권을 B에게 송부하는 경우에는, A는 매매계약상 매도인으로서 B에 대하여 채무불이행에 기한 손해배상책임을 부담하고($\frac{민}{본문,}\frac{390조}{393조}$) 운송인도 선하증권의 정당소지인인 B에 대하여 채무불이행($\frac{상}{1항,}\frac{795조}{854조}$)에 기한 손해배상책임을 부담하는데, 매도인(A)과 운송인의 B에 대한 이 책임은 부진정연대채무관계에 있다고 볼 수 있다.[1]

② 운송물이 운송인의 귀책사유로 인하여 멸실·훼손된 경우에는, 운송인은 A의 이행보조자라고 볼 수 있고 이행보조자의 고의·과실은 채무자의 고의·과실로 간주되므로($\frac{민}{391조}$) A는 B에 대하여 매매계약상 채무불이행에 기한 손해배상책임이 있고($\frac{민}{본문,}\frac{390조}{393조}$), 운송인도 선하증권의 정당소지인인 B에 대하여 채무불이행에 기한 손해배상책임을 부담하는데($\frac{상}{1항,}\frac{795조}{854조}$), 매도인(A)과 운송인의 B에 대한 이 책임은 부진정연대채무관계에 있다고 볼 수 있다.[2] 그러나 매매계약에서 F.O.B. 또는 C.I.F. 조건의 특약을 한 경우에는 그에 따라 매도인인 A는 선적 후에는 운송물의 멸실·훼손에 대하여 책임을 부담하지 않는다.

③ 운송물이 A·B및 운송인 누구의 과실 없이($\frac{즉,}{으로}\frac{불가항력}{인하여}$) 멸실·훼손된 경우에는 원칙적으로 채무자위험부담주의에 의하여 A는 B에 대하여 매매대금이행청구를 하지 못한다($\frac{민}{537조}$). 그러나 매매계약에서 F.O.B. 또는 C.I.F. 조건의 특약을 한 경우에는, A는 매매대금을 B에게 청구하거나($\frac{F.O.B.\ 조건의\ 경우인데,\ 이\ 때}{에는\ 매수인의\ 위험부담이\ 된다}$) 또는 보험회사에게 청구할 수 있다($\frac{C.I.F.\ 조건}{의\ 경우}$).

---

1) 동지: 김동건, 전게논문, 478면.
2) 동시: 김동건, 상계논문, 478면.

제 4 장 어음법·수표법 각론

제 1 절 어음상의 권리의 의의

제 1 어음상의 권리의 개념

어음상의 권리(the right to enforce an instrument; Recht aus dem Wechsel, Wechselrecht)라 함은 「일정한 금액의 지급이라는 어음의 목적을 직접 달성하기 위하여 부여된 권리와 이에 갈음하는 권리」를 말한다.[1] 이 때 「어음의 목적을 직접 달성하기 위하여 부여된 권리」라 함은 환어음의 인수인 또는 약속어음의 발행인에 대한 어음금지급청구권을 의미한다($어 28조 1항 \atop 78조 1항$). 또한 「어음의 목적을 직접 달성하기 위하여 부여된 권리에 갈음하는 권리」라 함은 배서인에 대한 상환청구권(소구권)($어 15조 1항, 77조 \atop 1항 1호, 18조 1항$), 보증인에 대한 권리($어 32조 1항·77조 \atop 3항, 수 27조 1항$), 참가인수인에 대한 권리($어 58조 \atop 1항$), 피보증인과 그 자의 어음채무자에 대한 보증인의 권리($어 32조 3항, 77조 \atop 3항, 수 27조 3항$), 피참가인 및 그 자의 어음채무자에 대한 참가지급인의 권리($어 63조 1항, \atop 77조 1항 5호$) 등을 의미한다.

지급인이 지급보증을 하지 않은 수표($지급인이 인수를 \atop 하지 않은 환어음$)의 경우에는 수표(환어음)상의 권리란 넓게 지급인으로부터 수표(환어음)금을 지급받을 수 있는 「수표(환어음)금수령권한」과 지급인의 지급거절을 조건으로 하여 발행인 및 배서인 등에 대하여 갖는 「상환청구권(소구권)」을 의미하는 것으로 볼 수도 있으나,[2] 수표(환어음)금수령권한은 소구(訴求)할 수 없기 때문에 그 자체만으로는 수표(환어음)상의 권리라고 볼 수 없으므로 이 경우 일반적으로 수표(환어음)상의 권리라 함은 「상환청구권(소구권)」

---

1) 동지: 정(희), 121면; 서·정, 99면.
2) 양승규, "제시기간경과후의 수표의 양도의 효력," 법률신문, 제1143호(1976. 2. 9), 8면.

만을 의미한다(통설). 그러나 수표의 지급인이 지급보증($^{환어음의}_{경우는 인수}$)한 경우에는 수표 (환어음)상의 권리란 지급보증인(인수인)에 대한 「수표(환어음)금지급청구권」과 발행 인 및 배서인 등에 대한 「상환청구권(소구권)」을 의미한다.

이러한 어음상의 권리란 법률상의 용어가 아니고 강학상의 용어이다.[1] 따라서 어음법에서는 「어음으로부터 생기는 권리」($^{어 14조 1항·32조 3항}_{수 17조 1항·27조 3항}$), 「어음에서 생긴 권리」 ($^{어 79조}_{수 63조}$) 등으로 표현하고 있다.

제 2   어음상의 권리와 어음증권

어음은 완전유가증권으로서 어음상의 권리의 발생·이전·행사에는 원칙적으 로 어음증권을 소지하여야 하므로 어음상의 권리와 어음증권은 밀접히 결합되어 있 다. 이와 같은 점에서 어음증권에 대한 소유권(ownership of an instrument; Recht am Wechsel)을 취득하여야 어음상의 권리(the right to enforce an instrument; Recht aus dem Wechsel)를 취득한다는 어음소유권설이 있다. 이러한 어음소유권설은 독일에 서의 통설이며,[2] 이를 따르는 우리나라[3] 및 일본[4]의 소수설도 있다. 어음소유권설 에 의하면 어음을 배서에 의하여 양도하는 것도 어음증권에 대한 소유권을 양도하 는 것이고, 그 양수인은 어음증권에 대한 소유권을 취득하는 효과로서 어음상의 권 리를 원시취득하는 것이라고 설명한다.

그러나 우리나라의 통설은 위와 같은 어음소유권설을 부인하고, 어음상의 권 리의 취득에는 어음증권에 대한 소유권까지 취득할 필요는 없고, 어음증권의 소지 만이 필요하다고 한다.[5] 이러한 통설이 타당하다고 본다.[6]

제 3   어음상의 권리와 어음법상의 권리

「어음상의 권리」는 어음금의 지급을 직접적인 목적으로 하고 있는 권리임에

---

1) 정(동), 150면.
2) Baumbach/Hefermehl, WG Art. 16 Rdn. 11; Rehfeldt/Zöllner, S. 81; Jacobi, S. 65~66; Hueck/Canaris, § 114, § 81; Stranz, S. 109.
3) 서(정), 185면.
4) 松本, 58면 이하; 竹田, 37면; 升本, 177면.
5) 정(희), 122면; 서·정, 100~101면; 손(주), 114면; 정(동), 151면 외 다수.
6) 정(찬), 354면; 정(찬), (사례) 334면.

반하여, 「어음법상의 권리」는 어음금의 지급을 직접적인 목적으로 하지 않는 권리
로서 어음관계의 원만한 진전을 위하여 보조적·부수적으로 어음법에서 인정된 권
리인 점에서 양자는 구별된다.[1] 이러한 「어음법상의 권리」로는 어음의 악의취득자
에 대한 어음반환청구권($^{어\ 16조\ 2항·77조}_{1항\ 1호,\ 수\ 21조}$), 상환청구(소구)통지를 게을리한 자에 대한 손
해배상청구권($^{어\ 45조\ 6항·77조}_{1항\ 4호,\ 수\ 41조\ 6항}$), 복본 또는 원본반환청구권($^{어\ 66조\ 1항,\ 68조}_{1항,\ 77조\ 1항\ 6호}$), 이득상환청
구권($^{어\ 79조}_{수\ 63조}$) 등이 있다.

이러한 어음법상의 권리는 어음행위에 의하여 발생하는 것이 아니라 「어음법」
에 의하여 그 요건이 성립한 때에 발생하고, 그 권리의 이전은 어음의 양도방법($^{배선}_{또는}$
$^{교}_{부}$)에 의하는 것이 아니라 「지명채권의 양도방법」에 의하며, 그 권리의 행사에도 「증
권의 소지」를 요하지 않는다.[2] 따라서 이러한 점에서도 어음법상의 권리는 어음상
의 권리와 뚜렷이 구별된다.

제 4 어음상의 권리와 어음상의 의무

어음상의 권리는 「권리자」(어음소지인)를 기준으로 본 개념인데, 이의 다른 면
인 「의무자」를 기준으로 본 개념으로 어음상의 의무(어음채무)가 있다.[3]

따라서 어음상의 의무도 어음상의 권리와 같이 인수된 환어음이나 약속어음의
경우에는 환어음의 인수인 또는 약속어음의 발행인의 「어음금지급의무(주채무)」와
환어음의 발행인·배서인 또는 약속어음의 배서인 등의 「상환(소구)의무(종채무)」가
있다. 지급보증이 없는 수표나 인수 안 된 환어음의 경우의 어음상의 의무는 발행
인 및 배서인 등의 「상환(소구)의무」뿐이다.

제 5 어음상의 권리의 변동

어음상의 권리는 발생·이전·행사·소멸이라는 4단계로 변동하는데, 이 중 발
생과 이전($^{소지인출급식}_{수표는\ 제외}$)에는 어음행위를 요한다. 어음상의 권리의 발생을 가져오는 대

---

1) 동지: 정(희), 121~122면; 서·정, 99~100면; 채, 229면 외.
2) 다만 이득상환청구권에 관해서는 그 법적 성질을 어떻게 보느냐에 따라 달라지겠으나, 통설·판
　례인 지명채권설에 의하면 이득상환청구권의 이전은 지명채권의 양도방법에 의하고 그 행사에는
　증권의 소지를 요하지 않는다.
3) 어음상의 의무의 특성에 대한 상세한 소개로는 정(동), 152~153면 참조.

표적인 어음행위는 발행이지만, 그 외에 보증·인수($\frac{환어음의}{경우}$)·지급보증($\frac{수표의}{경우}$) 등의
어음행위도 어음상의 권리의 발생을 가져온다. 어음상의 권리의 이전을 가져오는
대표적인 어음행위는 배서이다. 백지식배서가 있는 어음 또는 소지인출급식수표의
양도방법의 하나인 「단순한 교부」도 어음상의 권리의 이전을 가져오나, 단순한 교
부에는 기명날인 또는 서명이 없으므로 어음행위가 아니다.

　　이하 각론에서는 어음상의 권리의 변동과정에 따라 어음상의 권리의 발생·
이전·행사·소멸 등의 순으로 고찰하겠다. 제2절 어음상의 권리의 발생에서는 모
든 어음(수표)에 공통된 발행을 먼저 설명하고, 다음으로 환어음에 특유하게 어음상
의 권리를 발생시키는 어음행위인 인수와 수표에 특유하게 수표상의 권리를 발생시
키는 수표행위인 지급보증을 비교하여 설명한다. 어음보증·참가인수 등의 어음행
위도 어음상의 권리를 발생시키나 편의상 기타의 제도에서 함께 설명한다. 제3절
어음상의 권리의 이전에서는 배서를 먼저 설명하고, 그 다음으로 단순한 교부를 설
명한 후, 어음상의 권리의 이전에 수반하여 발생하는 선의취득을 설명한다. 제4절
어음상의 권리의 행사에서는 지급제시·지급·지급인의 조사의무·상환청구(소구)의
순으로 설명한 후, 어음상의 권리의 행사시에 어음채무자가 주장할 수 있는 어음항
변을 설명한다. 제5절 어음상의 권리의 소멸에서는 어음시효를 설명한 후, 어음상
의 권리가 소멸한 후에 발생하는 이득상환청구권에 대하여 설명한다. 또한 어음
상의 권리의 소멸과 직접 관련되는 것은 아니나, 이곳에서 어음의 말소·훼손·상실
($\frac{특히 \ 공시최고절차}{및 \ 제권판결}$)을 설명한다. 제6절 기타의 제도에서는 어음보증, 어음참가 및 복본
($\frac{환어음·수표에}{특유한 제도}$)과 등본($\frac{어음에 \ 특유}{한 제도}$)에 대하여 설명한다. 제7절에서는 수표에만 있는 특
유한 제도로서 특수한 수표와 수표에 관한 벌칙에 대하여 설명한다. 제8절에서는
어음·수표에 관한 국제사법상의 규정을 설명한다.

제2절　어음상의 권리의 발생

제1　어음의 발행

1. 발행의 의의

　　어음의 발행(issue; Ausstellung)이란 「어음이라는 유가증권을 작성하여 이를 수
취인에게 교부하는 것」을 말하는 것으로서, 기본적 어음행위이다. 어음이라는 유가

증권을 「작성」한다는 것은 필요적 기재사항을 기재하고 발행인이 기명날인 또는 서명하는 것을 말한다(요식증권성). 이렇게 작성된 어음이 그 자체만으로 어음상의 권리가 발생하는지 여부에 대하여는 어음이론에 있어서 어느 견해를 취하느냐에 따라 그 결과가 달라지겠으나, 일반적인 견해(권리외관설에 의하여 보충된 교부계약설 또는 발행설)에 의하면 어음의 작성만으로는 아직 어음상의 권리가 발생하지 않고 작성된 어음을 수취인에게 「교부」하여야 비로소 어음상의 권리가 발생한다고 본다.[1] 따라서 이렇게 보면 발행이라는 개념에는 당연히 수취인에게 (작성된 어음을) 「교부」하는 것까지를 포함한다.[2]

　　어음을 작성하기 위하여는 발행인이 최소한 기재하여야 할 필요적 기재사항(발행인의 기명날인 또는 서명을 포함)이 있는데 이를 「어음요건」(Formerfordernisse)이라고 하고(어 1조·75조, 수 1조), 이렇게 어음요건을 갖추어 발행된 어음을 「기본어음」(Grundwechsel)이라고 한다.[3] 어음은 이와 같이 이미 존재하는 권리가 증권에 표창된 것이 아니라, 어음요건을 갖추어 증권을 작성하고 수취인에게 교부함으로써 비로소 어음상의 권리가 발생하는 것이기 때문에 어음을 설권증권(設權證券)이라고 한다.

　　이하에서는 발행의 법적 성질, 그 효력 및 어음요건에 관하여 환어음·약속어음 및 수표로 나누어 설명하겠다. 그런데 어음요건 중 기명날인 또는 서명(및 어음이론)에 대해서는 이미 앞에서 설명하였으므로, 이곳에서의 어음요건에 관하여는 기명날인 또는 서명을 제외한 어음요건에 대해서만 설명하겠다.

2. 발행의 법적 성질

(1) 환 어 음

　　환어음에는 발행인이 지급인에게 일정한 금액을 지급할 뜻의 무조건의 「위탁」이 있어야 하는데(어 1조 2호), 이 위탁의 뜻이 무엇인가가 문제된다. 즉, 환어음의 발행의 법적 성질이 무엇인가에 대하여 발행인이 수취인에게 지급인(인수인)으로부터 어음금을 수령할 권한을 취득하게 하는 행위라고 하여 대(對)수취인과의 관계에서만 파악하는 견해도 있으나,[4] 환어음의 발행은 발행인이 지급인에 대하여 지급인의 명

---

1) 동지: 서·정, 178면(이에 관한 설명이 상세하다); 대판 1989. 10. 24, 88 다카 24776(공보 862, 1755)(공증인이 수취인의 기관으로서 어음을 접수한 경우에도 수취인에게 교부한 것과 같이 발행의 효력이 있다고 한다).
　영국 환어음법 및 미국 통일상법전은 이러한 「교부」를 요함을 명문으로 규정하고 있다[B. E. A. § 21; U. C. C. § 3~105(a)].
2) 동지: 정(동), 263면(그러나 실무에서는 어음을 발행·교부한다는 표현을 쓰는 일이 많다고 한다).
3) 동지: 정(동), 263면.
4) 정(희), 126~127면; 강, 464면, 480~481면; 강, (어) 276면; 김(용), 287~289면; 이(철), (어)

의와 발행인의 계산으로 어음금액을 지급할 수 있는 권한을 수여하고 동시에 수취인에 대하여는 수취인 자신의 명의와 발행인의 계산으로 어음금액을 수령할 수 있는 권한을 수여하는($^{즉, \ 이중수권\langle Doppeler-}_{mächtigung\rangle 을 \ 하는}$) 의사표시라고 보는 견해[1](지급지시설)가 타당하다고 본다.[2] 지급지시설은 어음의 발행이라는 어음관계에서 실질관계(자금관계)가 설명되는 점과 우리 민법에는 독일 민법에서와 같은 지급지시에 관한 규정이 없다는 점에서 비판을 받고 있는데,[3] 이 때의 실질관계(자금관계)는 어음금액을 지급할 권한을 단순히 수여하는 것에 불과하고 실질관계에 의하여 지급유무가 좌우되는 것이 아니어서 어음관계의 추상성을 해하는 것이 아니기 때문에 무방하고, 또한 국제적으로 유통되고 또 통일화되어 가고 있는 어음에 있어서 그 어음행위의 법적 성질을 우리나라의 법규정에만 맞게 해석해야 할 필요는 없다고 본다.

(2) 약속어음

약속어음에는 발행인이 일정한 금액을 지급할 뜻의 무조건의 약속이 있어야 하므로($^{어75조}_{2호}$), 약속어음의 발행의 법적 성질은 발행인이 어음의 만기에 (수취인 또는 정당한 어음소지인에게) 어음금액의 지급의무를 부담하는 지급약속[4]의 의사표시라고 볼 수 있다.[5]

(3) 수   표

수표도 환어음의 경우와 같이 발행인이 지급인에게 일정한 금액을 지급할 뜻의 무조건의 「위탁」을 하여야 하므로($^{수1조}_{2호}$), 수표의 발행의 법적 성질은 환어음의 그것과 같다.

205~206면(이 견해에서는 환어음의 발행인은 수취인〈또는 어음소지인〉에 대하여 인수 전에는 인수를 정지조건으로 하는 지급인에 대한 지급청구권을 수여하고, 인수거절 또는 지급거절의 경우에는 자기에 대한 상환청구권을 수여하는 의사표시라고 한다).

1) 서·정, 179~180면; 손(주), 221면; 양(승), (어) 245면; 정(동), 349면; 최(기), 272면; 이(기), 94면 외(우리나라의 다수설). 이 견해는 독일 민법 제783조(지급지시, Anweisung) 이하에 근거하는 것으로서, 독일의 통설이다[Hueck/Canaris, §4; Zöllner, §8 외].

2) 정(찬), 360면.

3) 정(희), 126면.

4) 이에 대하여도 독일 민법 제780조는 채무의 지급약속에 대하여 규정하고 있으나, 우리 민법에는 그와 같은 규정이 없다.

5) 동지: 정(동), 267면.

3. 발행의 효력

(1) 환 어 음

1) 본질적 효력(의사표시상의 효력)

(가) 환어음의 발행의 법적 성질에 대하여 지급지시설에 의하면 환어음의 발행의 본질적 효력은 수취인이 자기의 명의와 발행인의 계산으로 어음금액을 수령할 수 있는 권한을 취득하고, 또 지급인이 자기의 명의와 발행인의 계산으로 지급할 수 있는 권한을 취득하는 것이다.

(나) 이 때 지급인은 자기가 지급인이 되어 어음이 발행되었다는 이유로 당연히 지급의무를 부담하는 것이 아니고, 지급인은 인수한 경우에 한하여 지급할 의무를 부담한다. 따라서 인수 이전의 환어음에 있어서는 확정적인 주채무자는 존재하지 아니하고, 지급인은 인수를 조건으로 하는 이른바 가정적인 채무자로 존재할 뿐이다. 지급인이 그 권한에 기하여 지급을 하였을 때에는 이것을 발행인의 계산으로 돌릴 수 있다. 따라서 지급인은 발행인에 대하여 보통 보상청구권을 취득한다. 이것은 발행에서 발생하는 효력이지만, 어음상의 효력이 아니라 어음의 자금관계(실질관계)상의 효력에 속한다.

2) 부수적 효력(법률상의 효력)

(가) 발행인은 어음을 발행함으로 말미암아 그 어음의 인수와 지급을 담보하게 되는데, 인수 또는 지급이 없는 때에는 스스로 지급할 의무를 부담한다($\frac{\text{어}9조}{1항}$). 이 의무는 발행에 당연히 수반하는 것이 아니라, 어음유통을 보호하기 위하여 특별히 어음법이 인정한 법적 의무이다.

그러나 이 의무 가운데 인수담보책임만은 어음상에 면책문구를 기재하여 이것을 면할 수 있다($\frac{\text{어}9조}{2항 1문}$). 이에 반하여 지급의 무담보는 어떠한 경우에도 허용되지 아니하는 것이며, 이러한 기재를 하여도 그 기재는 하지 아니한 것으로 본다($\frac{\text{어}9조}{2항 2문}$). 따라서 어음상에 단순히 「무담보」라고만 기재되었을 때에는 인수를 담보하지 아니하는 취지의 기재라고 해석하여야 한다.

(나) 발행인은 위와 같은 담보책임 외에도 복본교부의무($\frac{\text{어}}{64조}$)와 이득상환의무($\frac{\text{어}}{79조}$)를 부담하는데, 이것도 어음법의 규정에 의하여 발생하는 어음법상의 의무이다.

3) 지급위탁의 취소(지급지시의 철회)

(가) 환어음의 발행인과 지급인과의 관계는 자금관계(실질관계)로 어음 외의 민사법적 법률관계이므로,[1] 발행인은 지급인이 지급할 때까지 언제든지 어음 외의 의사표시로 그 지급위탁을 취소(철회)할 수 있다.[2] 발행인이 이와 같이 지급인에게 지급위탁을 취소한 후에는 지급인은 발행인의 계산으로 지급할 수 없다.

(나) 수표의 지급위탁의 취소에 관하여는 수표법에 규정이 있는데, 지급제시기간의 경과 전에는 이를 할 수 없도록 규정하고 있다($^{\text{수}32조}_{1항}$). 이 점에 관하여는 뒤의 수표발행의 효력에서 설명한다.

(2) 약속어음

1) 본질적 효력(의사표시상의 효력)

(가) 약속어음의 발행인은 어음금액을 지급약속한 자이므로 수취인($^{또는 어음의}_{정당한 소지인}$)에 대하여 주채무($^{제1차적인}_{채무}$)를 부담한다. 약속어음의 발행인의 이러한 주채무는 의사표시상의 효력이고, 본질적인 효력이기도 하다. 약속어음의 발행인이 이러한 주채무를 부담하는 반사적인 효력으로서, 수취인 등은 발행인에 대하여 어음금지급청구권을 갖는다. 약속어음의 발행인이 부담하는 이러한 주채무는 환어음의 인수인이 부담하는 채무와 같다($^{어}_{1항}$^{78조}).

(나) 약속어음의 발행인의 이러한 주채무는 어음소지인이 상환청구(소구)권보전절차를 취하였는가의 여부에 관계 없이 만기로부터 3년의 시효기간($^{어 70조 1항,}_{77조 1항 8호}$)까지는 지급채무를 부담하는 채무이므로, 상환(소구)채무와 비교하여 보면 절대적인 채무이다. 따라서 어음소지인은 지급제시기간경과 후에도 시효기간 전에는 발행인에게 지급제시하여 어음금액을 지급받을 수 있는데,[3] 이 때 발행인이 어음금액을 지급하지 않으면 발행인은 동 어음의 치급제시일($^{재판상의 청구}_{에는 소장송달일}$) 익일부터 완제에 이르기까지 지연손해금을 지급할 책임을 부담한다[4]($^{상 65조,}_{민 517조}$). 그러나 어음소지인이 지급제시기간 내에 지급제시를 하였음에도 불구하고 발행인이 지급하지 않은 경우에는,

---

1) 환어음상에 지급위탁문구가 기재되는 것은 환어음이 지급위탁증권이라는 성질에 기인하는 것이지, 이로 인하여 자금관계(실질관계)가 어음관계가 되는 것은 아니다.

2) 독일 민법 제790조는 피지시인(지급인)이 인수 또는 지급을 하지 않는 동안은 지시인(발행인)은 피지시인에 대하여 어느 때라도 지시를 철회할 수 있는 것을 규정하고 있다. 우리 민법 및 어음법에서는 이와 같은 규정은 없으나, 통설은 이와 동지로 해석하고 있다[정(희), 128면; 정(동), 266면; 손(주), 223면; 이(기), 95면 외].

반대: 최(기), 276면.

3) 대판 1971. 7. 20, 71 다 1070(교재, 판결례 [355]).

4) 대판 1960. 6. 9, 4292 민상 778(교재, 판결례 [359]) 외.

어음금액 외에도 발행인은 만기$\binom{만기일}{포함}$ 이후의 연 6퍼센트의 이율에 의한 이자를 지급하여야 한다[1]$\binom{어 28조 2항, 48조 1항 2호,}{77조 1항 4호, 78조 1항}$.

(대) 발행인의 이러한 주채무는 어음소지인에 대하여 부담하는 채무일 뿐만 아니라 상환(소구)의무를 이행하고 어음을 환수한 모든 상환(소구)의무자에 대하여도 부담하는 채무이므로, 상환채무와 비교하여 보면 최종적인 채무이다.

2) 부수적 효력(법률상의 효력)

(개) 약속어음의 발행인은 어음상의 채무로서는 제 1 차적이고 절대적이며 최종적인 채무인 주채무를 부담하기 때문에, 이외에 다른 「어음상의 의무」를 부담할 여지는 없다. 이 점이 환어음의 발행인이 부수적으로 어음상의 의무인 상환의무를 부담하는 것과 구별된다.

(내) 그러나 약속어음의 발행인은 환어음의 발행인과 같이 어음상의 의무가 소멸한 후에 발생하는 「이득상환의무」를 부담한다$\binom{어}{79조}$. 또한 약속어음의 발행인이 제 3 자의 대여금채무를 보증할 의사로써 채권자에게 이러한 의사를 표시하고 약속어음(융통어음)을 발행하여 제 3 자에게 교부하고 제 3 자가 채권자에게 배서양도한 경우에는, 발행인은 채권자(어음소지인)에 대하여 어음상의 채무인 주채무를 부담할 뿐만 아니라 민법상 보증인으로서 「보증책임」도 부담한다.[2]

(대) 약속어음의 발행인이 부담하는 주채무는 의사표시상의 효력이므로, 발행인이 어음면상 「지급무담보의 문언」을 기재하면 이것은 발행의 본질적 효력을 다시 부정하는 것이 되어 어음발행의 효력이 없게 된다. 따라서 약속어음의 발행인의 지급무담보문언은 그 문언뿐 아니라 어음 자체를 무효로 하는 유해적 기재사항이다.[3] 그러나 환어음 또는 수표의 발행인의 지급무담보문언은 그 문언만이 무효가 되는 무익적 기재사항이다$\binom{어 9조 2항 2문.}{수 12조 2문}$.

(3) 수   표

수표발행의 효력은 환어음의 그것과 대체로 같다. 다만 환어음과는 몇 가지 다른 점이 있는데, 이는 다음과 같다.

1) 주채무의 부존재

약속어음의 경우에는 발행인이 언제나 주채무를 부담하고$\binom{어}{1항}$78조), 환어음의 경우에는 지급인이 인수를 함으로써 주채무를 부담하나$\binom{어}{1항}$28조), 수표의 경우에는 발행인이 지급약속을 한 것도 아니고 또 지급인의 인수

---

1) 대판 1965. 9. 7, 65 다 1139.

2) 동지: 대판 1985. 11. 26, 84 다카 2275(공보 768, 13).

3) 동지: 정(희), 124면; 정(동), 268면; 최(기), 275면 외.

제도도 없으므로($\frac{수}{4조}$) 주채무는 영원히 존재하지 않는다. 수표의 지급인은 인수 대신에 지급보증을 할 수 있으나($\frac{수}{53조}$), 이러한 지급보증인은 수표가 지급제시기간경과 전에 제시된 때에 한하여 지급할 의무를 부담한다($\frac{수}{1항}$ ^{55조}). 따라서 이러한 지급보증인의 지위는, 지급제시기간경과 전에 환어음이 제시되었는지 여부를 불문하고 시효기간 전에는 지급할 의무를 부담하고 있는 환어음의 인수인($\frac{또는 약속어음}{의 발행인}$)의 지위와는 구별된다. 그러므로 수표에서는 주채무자가 영원히 존재하지 않고, 지급보증인은 최종적인 상환(소구)의무자와 같다고 볼 수 있다. 이러한 법리는 자기앞수표에 있어서도 같다.[1]

2) 지급위탁취소[2](지급지시철회)의 제한

(가) 환어음의 경우에는 발행인은 지급인에 대하여 언제든지 자금관계에서 지급위탁(지급지시)을 취소(철회)할 수 있으나, 수표의 경우에는 수표의 지급을 확보하고 수표소지인의 이익을 보호하기 위하여 수표법은 수표의 지급위탁의 취소는 지급제시기간 경과 후에만 그 효력이 생기는 것으로 규정하고 있다($\frac{수}{1항}$ ^{32조}). 따라서 발행인이 지급제시기간경과 전에 지급위탁의 취소를 한 경우에 지급인은 이를 무시하고 발행인의 계산으로 지급할 수 있으며, 이 때에 지급인이 발행인의 지급위탁취소에 응하여 지급자금이 있음에도 불구하고 지급을 하지 않는 경우에는 수표소지인은 지급인에 대하여는 수표금지급청구권이 없고 발행인에 대하여 상환청구(소구)권을 행사할 수밖에 없다.[3]

(나) 환어음의 경우에는 지급인은 지급제시기간경과 후에는 발행인의 계산으로 지급할 수 없으나, 수표의 경우에는 원인관계상 수표를 발행한 발행인의 결제의사를 존중하여 수표법은 발행인의 지급위탁의 취소가 없는 한 지급제시기간경과 후에도 발행인의 계산으로 지급할 수 있도록 규정하고 있다($\frac{수}{2항}$ ^{32조}).

3) 발행의 제한   환어음의 발행에는 제한이 없으나, 수표는 지급증권으로서 그 지급의 확실을 기하기 위하여 수표법에 의하여 그 발행을 제한하고 있다. 즉, 수표는 제시한 때에 발행인이 처분할 수 있는 자금이 있는 은행을 지급인으로 하고(수표자금), 발행인이 그 자금을 수표에 의하여 처분할 수 있는 명시 또는 묵시의

---

1) 대판 1959. 11. 26, 4292 민상 359.

2) 이 때의 지급위탁취소는 특정된 수표에 대한 지급사무위탁의 철회이지, 수표발행이나 수표계약의 취소가 아니다[정(희), 120면 주 1].

3) 동지: 정(희), 129면; 대판 1959. 11. 26, 4292 민상 359(집 7 민 322); 동 1970. 11. 24, 70 다 2046(집 18 ③ 민 302).

계약(수표계약)에 따라서만 이를 발행할 수 있다($\frac{수}{3조}$). 이러한 수표자금에 관한 계약($\frac{당좌예 또는 당좌}{금계약 차월계약}$)·수표계약 및 상호계산계약[1]은 보통 당좌거래계약에 의하여 동시에 체결된다.

수표자금은 수표의 발행시에는 없어도 제시된 때에 있으면 충분한 점은 수표법 제3조에 의하여 명백하다. 수표가 제3자의 계산으로 발행되는 위탁수표($\frac{수 6조}{2항}$)의 경우에는, 수표자금관계는 지급인과 제3자 사이에 존재하므로 발행인은 수표를 발행하여 제3자의 자금을 처분할 수 있는 권한이 있으면 된다.[2]

수표계약에 의하여 지급인(은행)은 발행인이 발행한 수표를 수표자금으로써 지급할 권한을 취득한다($\frac{그러나 지급할 의무를}{부담하는 것은 아니다}$). 이러한 수표계약의 법적 성질은 발행인이 지급인에게 수표의 지급사무를 위임하는 위임계약으로 보아야 할 것이다(통설).[3]

위와 같이 수표자금과 수표계약의 존재를 전제로 하여 수표를 발행할 수 있도록 수표의 발행을 제한한 것은 수표의 남발을 억제하여 수표의 신용을 증진시키고자 한 것이나, 이러한 제한은 수표발행(수표관계)을 실질관계(자금관계)에 관련시켜 수표의 무인증권성에 반하는 결과를 초래하고 있다. 따라서 수표법은 위의 제한규정에 위반하여 발행된 수표도 수표로서의 효력에는 아무런 영향이 없다고 명문으로 규정하고 있다($\frac{수 3조}{단서}$). 그러나 위의 제한규정에 위반하여 수표를 발행한 자는 수표법에 의하여 과태료의 처벌을 받고($\frac{수}{67조}$), 또 일정한 경우 부정수표단속법에 의하여 부정수표를 발행한 자로서 형사처벌을 받는다($\frac{동법}{2조}$).

4. 어음의 기재사항

(1) 총 설

1) 어음관계는 발행에 의하여 작성되는 어음(기본어음)을 기초로 발전하여 가는 것인데, 기본어음의 내용은 발행시의 어음의 기재사항에 의하여 정하여진다. 어음은 고도의 유통증권으로서 엄격한 요식증권이다. 따라서 발행시에 반드시 기재하여야 어음으로서 성립하는 사항이 있는데, 이를 「필요적 기재사항(어음요건)」이라고 한다. 어음의 기재사항에는 이러한 어음요건 외에도 어음에 기재함으로써 이에 상응하는 어음상의 효력이 발생하는 「유익적 기재사항」, 어음에 기재하여도 아무런

---

1) 이러한 당좌거래계약에 상호계산계약이 포함되는지 여부에 대하여 견해가 나뉘어 있음은 이미 앞에서 본 바와 같다.
2) 동지: 정(동), 505~506면.
3) 정(동), 506면 외.

어음상의 효력이 발생하지 않는 「무익적 기재사항」, 어음에 기재하면 어음 자체를 무효로 하는 「유해적 기재사항」이 있다.[1]

이하에서는 어음의 각 기재사항을 고찰하겠는데, 이해의 편의를 위하여 각각에 대하여 환어음·약속어음·수표로 나누어 설명한다.

2) 이러한 각 기재사항에 대한 개별적인 설명에 들어가기 전에 기재의 일반적인 사항에 대하여 살펴보면 다음과 같다.

(개) **증권의 재료**   어음법은 증권의 재료에 관하여 아무런 제한을 두고 있지 않기 때문에, 지편(紙片)뿐만 아니라 양피[2]이든 포편(布片)이든 또는 고가의 그림의 뒷면이든 상관없다. 실제거래에 있어서는 편의상 부동문자로 인쇄된 어음용지가 이용되고 있다. 또한 지급장소가 은행인 경우에는 그 은행에서 교부받은 통일어음용지가 아니면 지급되지 아니한다.[3]

(내) **기재방법**   기재의 재료는 잉크·볼펜·묵·연필 기타 어떠한 것이라도 상관 없고, 기재는 객관적 진실과 일치할 필요가 없고 형식적으로 존재하면 족하다.[4]

(대) **인　지**   기본어음에는 인지(印紙)세법상 인지를 붙이고 발행인이 소인(消印)하여야 한다. 그러나 인지를 붙이지 않아도 인지세법상 일정한 처벌원인은 되지만, 어음의 효력에는 영향이 없다.[5] 제네바인지세법조약 제1조도 이 점을 명백히 규정하고 있다.

(2) **필요적 기재사항**

어음의 필요적 기재사항(어음요건)에 대하여는 어음법에서 명문의 규정을 두고 있다(어 1조·75조,). 만일 어음요건 중 어느 것을 기재하지 아니한 증권은 원칙적으로 어음으로서의 효력이 없다(어 2조·76조,). 그러나 어음법은 어음의 유통보호를 위하여 어음요건 중 일부(만기·지급)의 기재가 없는 것에 대하여는 예외적으로 구제규정을 두어 어음이 무효가 되는 것을 방지하고 있다(어 2조 단서·1호·2호·3호, 76조 단서·). 또한 어음요건의 일부가 기재되지 아니한 경우에는 백지어음으로 인정될 수도 있다(이에 관하여는 백지어음에서 상술함). 따라서 어음은 어음요건 중 일부가 기재되지 아니한 경우에 구제규정에 의

---

1) 유익적 기재사항·무익적 기재사항 및 유해적 기재사항은 이를 어음에 기재하지 않아도 어음의 효력에 영향이 없는 사항이므로, 이를 합하여 「임의적 기재사항」이라고 한다.

2) Board of Inland Revenue v. Handdock(The Negotiable Cow)(암소의 등과 양 옆에 빨간 잉크로 지급위탁문구를 기재하여 수표를 발행한 사건)[정(동), 384면].

3) 교재, 273면.

4) 동지: 대판 1961. 8. 10, 4293 민상 714(카드 6798).

5) 동지: 서·정, 149~150면; 정(동), 294면.

하여 보충되지도 않고 또 백지어음으로 인정될 수도 없는 경우에는 무효가 되는 것이다.[1] 이와 같이 기본적 어음행위인 발행이 형식적 하자로 인하여 무효가 된 경우에는, 그 뒤에 하는 부속적 어음행위($^{배서·인수}_{보증 등}$)도 전부 무효가 된다. 즉, 어음행위독립의 원칙이 이 경우에는 적용되지 아니한다.

어음요건이 기재되었는지 여부는 어음관계자에게 중대한 영향이 있으므로 무엇을 기준으로 하여 어음요건이 기재되었는지를 판단할 것인가가 문제된다. 이에 대하여는 발행시의 어음 자체의 기재만으로 판단하여야 하고, 어음증권 외의 사정이나 당사자의 의사를 고려하여서는 안 된다고 본다[2]($^{형식적 어음}_{엄정의 원칙}$). 그러나 어음발행인이 의식적으로 어음요건의 일부를 기재하지 않고 뒤에 어음소지인이 어음금을 청구할 때 어음요건이 기재되지 않았음을 주장하거나 또는 어음발행인이 아주 경미한 어음요건이 기재되지 않았음을 어음채무를 회피하는 구실로 주장하는 경우에는 신의칙 또는 금반언칙에 의하여 인정하지 않아야 할 것 이다.[3]

이하에서는 환어음·약속어음 및 수표의 어음요건에 대하여 개별적으로 살펴본다.

1) 환 어 음

⑦ **어음문구**(Wechselklausel; dénomination)   어음에는 「증권의 본문 중에 그 증권을 작성할 때 사용하는 국어로 환어음임을 표시하는 글자」를 기재하여야 한다($^{어}_{1호}$1조). 즉, 「환어음임을 표시하는 글자」가 환어음문구인데, 이를 어음상에 기재하도록 한 이유는 그 증권이 환어음임을 명백하게 나타내어 어음행위자 및 어음취득자에게 그 증권이 환어음임을 자각시키고자 하는 것이다.[4] 환어음문구는 「환어음」이라고 하는 것이 보통이나, 「환어음증권」 또는 「환어음증서」 등의 기재도 무방하다. 그러나 단순히 「어음」·「어음증권」·「어음증서」 등의 기재는 환어음문구로 볼 수 없다.[5]

---

1) 동지: 대판 1967. 9. 5, 67 다 1471(교재, 판결례 [226]·[251]·[252]) 외. 그러나 이 때에도 어음으로서는 무효이지만, 보통의 지시증권으로서의 요건을 구비하고 발행인이 그 무효를 알았더라면 보통의 지시증권을 발행할 것을 의욕하였으리라고 인정될 때에는 지시증권으로 유효하다(민 138조)(교재, 274면).

2) 동지: 서·정, 149면; 정(동), 293면.

3) 동지: 서·정, 149면; 정(동), 293면; Hueck/Canaris §6 Ⅵ; B. E. A. §55.

4) 이와 같이 어음문구를 어음요건으로 한 것은 통일법계 어음법의 특색이고, 영미법계 어음법은 이를 어음요건으로 하고 있지 않다. 그러나 UN 국제환어음·국제약속어음협약 제 1 조는 어음문구를 표제와 본문의 두 곳에 기재하도록 규정하고 있다.

5) 의용(依用) 어음법상의 용어이며 일본의 용어인 「爲替手形」이 현재 우리나라의 환어음문구로서 여전히 적법하다는 견해가 있는데[정(희), 132면; 채, 125면], 타당하지 않다고 본다.

이러한 어음문구는 「증권을 작성할 때 사용하는 국어」로 기재하여야 하는데, 증권의 작성에 사용하는 용어에는 제한이 없으므로 증권이 한국어로 작성된 경우에는 환어음문구도 한국어로 기재하여야 하나, 증권이 외국어로 작성된 경우에는 환어음문구도 그 외국어로 기재하여야 한다. 만일 한 개의 어음이 수 개의 국어로 혼용하여 작성된 경우에는 환어음문언의 핵심인 「지급위탁문구」에 사용된 국어로 환어음문구를 기재하여야 한다.

환어음문구의 기재장소는 어음법 제1조 1호가 명백히 규정하고 있는 바와 같이 「증권의 본문 중」이어야 한다. 이 때 「증권의 본문」이란 환어음문언의 핵심인 지급위탁문구를 의미한다. 보통 환어음문구는 표제와 본문 중의 두 곳에 기재되는데, 표제에만 기재되고 본문 중에 기재되지 않으면 어음요건을 흠결한 것이 되나,[1] 표제에 환어음문구가 없어도 본문 중에 기재되어 있으면 어음요건을 흠결한 것이라 할 수 없다.[2]

(나) **일정금액의 무조건의 지급위탁**(unconditional order to pay a sum certain in money; unbedingte Anweisung, eine bestimmte Geldsumme zu zahlen)

환어음에는 「조건 없이 일정한 금액을 지급할 것을 위탁하는 뜻」을 기재하여야 한다($\frac{어}{2호}$ 1조). 이를 어음금액과 지급위탁으로 나누어서 설명하겠다.

① 어음금액　　환어음은 금전채권을 표창하는 유가증권이므로 금전 이외에 물건의 지급을 목적으로 하는 환어음($\frac{물건어음 또는}{}$)은 무효이다.[3] 표시될 금전은 강제통용력 있는 법화(法貨)에 한하지 아니하고 거래상 화폐의 역할을 하는 것으로 충분하다.[4] 또 유통하는 화폐형태를 갖지 않고 단순히 거래에서 인정되는 가치척도에 불과한 이른바 계산통화($\frac{예컨대, IMF 협정}{에 의한 SDR 등}$)도 무방하다.[5] 또 외국화폐라도 무방한데($\frac{어}{1항}$ 41조), 발행국과 지급국에서 명칭은 같으나 가치가 다른 통화($\frac{同名異價를}{가진 통화}$)로써 환어음의 금액을 정한 경우에는 지급지의 통화로 정한 것으로 추정한다($\frac{어}{4항}$ 41조). 또 금액에 관하여는 특별한 제한규정이 없으므로 최고와 최저에 한계가 없다.

어음금액은 일정하여야 한다. 따라서 「100만원 또는 200만원」이라고 하는 것과 같은 선택적 기재, 「미화 200달러 상당의 한화」라고 하는 것과 같은 부동적(浮

---

1) 교재, 247면.
2) 동지: 日神戸地判 1974. 2. 25(교재, 판결례 [228]).
3) 동지: 대판 1964. 8. 31, 63 다 969(판총 11-2, 974-1)(백미 24 가마니를 지급한다는 약속어음 은 법률상 무효라고 판시함).
4) 동지: 朝高判 1925. 8. 3.
5) 정(희), 133면.

動的) 기재, 또는 「100만원 이상 혹은 이하」라고 하는 것과 같이 최저액 또는 최고액의 기재만을 하는 것은 부적법하다. 또한 어음금액은 원칙적으로 단일하여야 하므로 원금과 이자를 따로따로 분리하여 기재할 수 없다. 따라서 어음상에 이자를 기재하면 기재하지 않은 것으로 본다(어5조 1항 2문). 그러나 일람출급 또는 일람후정기출급의 환어음의 경우에는 미리 이자액을 예측할 수 없으므로 예외적으로 어음에 이자가 생길 뜻의 약정을 기재할 수 있는데(어5조 1항 1문), 이 때에는 반드시 이율을 어음에 기재하여야 한다(어5조 2항).

어음금액은 어음의 어느 부분에라도 기재할 수 있고 또 문자로 표시하든 숫자로 표시하든 상관이 없는데, 오류를 피하거나 변조를 방지할 목적으로 어음의 수 개소에 숫자 혹은 문자나 그 양자로써 어음금액을 중복기재하는 일이 많다. 이러한 경우 그 금액이 일치하지 아니할 때에는 문자와 숫자와의 사이에서는 문자에 의하고, 문자와 문자 또는 숫자와 숫자와의 사이에 있어서는 그 최소금액에 의한다(어6조).

② 지급위탁   환어음에는 보통 「위의 금액을 이 환어음과 상환하여 갑 또는 그 지시인에게 지급하여 주십시오」라고 기재되어 있는데, 이러한 기재가 지급위탁문구이고 환어음의 핵심이 되는 문구이다. 이러한 지급위탁은 어음법에서 명문으로 규정하고 있는 바와 같이 「조건 없이(무조건)」 기재되어야 한다. 따라서 「구입상품에 하자가 없는 경우에 지급함」과 같이 지급에 조건을 붙이거나, 또는 「귀하가 보관중인 갑회사의 예금 중에서 지급하기로 함」과 같이 지급자금을 한정하거나, 또는 「만원권으로 지급함」과 같이 지급방법을 한정하는 경우에는 어음이 무효가 된다.[1] 이와 같이 지급위탁을 조건 없이(무조건) 하도록 규정한 것은 어음관계를 간명하게 하여 어음의 유통성을 높이기 위한 것이다. 이와 같은 조건을 어음 자체에 기재한 경우에는 당연히 어음이 무효가 되는데, 어음에 결합된 보충지에 조건을 기재한 경우에는 어떠한가. 이에 대하여 우리나라의 판례는 「약속어음에 결합된 보충지는 법률상 그 어음면의 연장으로서의 취급을 받는 지편(紙片)이니만큼 이에 기재된 지급의 조건에 관한 문언도 그 어음의 발행을 무효로 하는 것이다」고 판시하고 있는데,[2] 우리 어음법상 보충지에 할 수 있는 어음행위는 배서(어 13조 1항·77조 1항 1호, 수 16조 1항)·보증

---

1) 대판 1994. 6. 14, 94 다 6598(공보 972, 1957)(약속어음의 뒷면에 '갑어음 발행 중 현금지불되었을 때 즉시 47,000,000원을 지불함'이라고 기재된 것은 원인관계의 기재나 지급의 우선적 약속으로 볼 수 없고 어음금의 지급을 제한하는 조건이다).

2) 대판 1971. 4. 20, 71 다 418(교재, 판결례 [231]).

($^{어\ 31조\ 1항·77조}_{3항,\ 수\ 26조\ 1항}$)과 같이 어음법상 명문의 규정이 있어야 그 효력이 발생하는데 발행에는 이러한 규정이 없을 뿐만 아니라 또 기본어음은 확실하고 명백하여야 하기 때문에,[1] 보충지에 한 발행행위 및 이와 동시할 수 있는 지급조건의 기재는 어음 자체를 무효로 하는 것이 아니라 그 보충지에 기재한 것만이 무효라고 본다.[2]

(라) **지급인의 명칭**(drawee; Bezogener; tiré)

① 의   의   환어음은 지급위탁증권이므로 환어음에는 발행인 이외에 「지급인의 명칭」을 기재하여야 한다($^{어}_{3호}$1조). 지급인은 「어음금액을 지급할 자」이다. 이러한 지급인이 기재되지 않으면 어음소지인은 누구한테 인수 또는 지급을 받을 것인가가 확정되지 않으므로, 환어음($^{및}_{수표}$)에서는 약속어음과는 달리 지급인의 기재가 반드시 필요하다.

② 표시방법   지급인의 명칭의 표시방법으로는 자연인은 성명 외에도 동일성을 인식할 수 있는 한 통칭·아호·예명·별명 등을 기재하여도 무방하고, 법인은 법인명만 기재하면 되고 반드시 대표자의 성명($^{및\ 대표}_{관계}$) 또는 대리인의 성명($^{및\ 대리}_{관계}$)을 표시할 필요가 없다($^{이는\ 수취인의\ 표시와\ 같고,\ 발행인·배서인}_{등과\ 같은\ 어음행위자의\ 표시와\ 구별됨}$). 법인격이 없는 사단이나 조합도 지급인의 명칭으로 기재될 수 있다고 본다.[3]

지급인은 실재인이 아니어도 무방하다. 따라서 허무인(虛無人)을 지급인으로 기재한 경우에도 그 환어음은 무효가 아닌데(지하실어음), 그러한 어음의 소지인은 지급인으로부터 인수 또는 지급을 받을 수 없으므로 발행인이나 배서인에게 상환청구(소구)권을 행사할 수밖에 없다.[4]

③ 복수적 기재   환어음의 지급인의 복수적 기재가 가능한가. 이 때 수 인의 지급인이 지급을 분담하는 것과 같은 기재는 당연히 인정되지 아니한다.

(i) 지급인의 선택적 기재($^{갑\ 또}_{는\ 을}$)는 선택 전에 지급인이 확정되지 아니하여 어음관계의 단순성을 해하므로 인정되지 아니한다고 본다(통설).[5]

---

1) 따라서 보충지에 한 발행인의 기명날인 또는 서명을 무효로 보는 것이 통설이다[정(희), 125면; 서·정, 163면; 정(동), 279면; 이(범), 316면; 강, 583면; 강, (어) 275면; 정(무), 393면; 주석, 149면; 주어, 78면 외]. 이를 유효로 보는 견해로는 손(주), 192면.

2) 동지: 주석, 149면.

3) 동지: 정(동), 273면; 주석, 137면(다만 권리능력이 없는 사단이나 재단은 그 대표자 또는 관리인이 정하여져 있는 경우에 지급인으로 기재될 수 있다고 한다); Zöllner, § 12 Ⅰ 1, § 12 Ⅴ 3.

4) 동지: 서·정, 152면; 정(동), 273면; 최(기), 290면; 이(기), 99면; 주석, 137면; B. E. A. § 5(2).

5) 정(찬), 373면; 정(희) 133면; 서·정, 153면; 손(주), 198면; 정(동), 274면; 최(기), 290면; 이(기), 100면 외.

반대: 鈴木, 179면 주 10(어음소지인이 선택권을 갖고 있는 이상 이를 부정할 필요는 없다고 한다); U. C. C. § 3-103(a)(6).

(ii) 지급인의 순차적 기재($\frac{제1지급인 갑}{제2지급인 을}$)는 제 1 지급인만을 지급인으로 하고 제 2 지급인은 예비지급인으로 하는 취지라고 해석할 수 있으므로 인정된다고 본다(통설).[1)]

(iii) 지급인의 중첩적 기재($\frac{갑}{을}$ 및)는 발행인이 모든 지급인에게 합동하여 지급할 권한을 부여한 것이라고 볼 수 있으므로 인정된다고 본다(통설).[2)] 이 때에는 지급인 전원이 지급을 거절하여야 지급거절로 인한 상환청구(소구)를 할 수 있으나, 인수거절로 인한 만기 전의 상환청구(소구)는 지급인 중의 1인만이 인수를 거절하여도 가능하다고 해석한다(통설).[3)] 그러나 이 경우에 수 인의 지급인이 인수한 경우에는 인수인은 각자 전부의 지급의무를 부담하는 합동책임($\frac{어}{47조}$)을 부담한다. 따라서 이 때 수 인의 인수인 중 1인에 대한 지급제시는 다른 인수인에 대하여 효력이 생기지 않는다.[4)]

④ 당사자자격의 겸병   환어음에는 발행인·수취인·지급인의 3당사자가 있어야 하고 이러한 3당사자의 자격은 각각 별개의 인격자인 것이 보통이나, 어음법은 이러한 당사자자격의 두 개를 동일인이 겸병할 수 있는 것을 인정하고 있다. 즉, 발행인자격과 수취인자격과의 겸병(자기지시환어음)($\frac{어}{1항}$3조)과 발행인자격과 지급인자격과의 겸병(자기앞환어음)($\frac{어}{2항}$3조)을 인정하고 있다. 당사자자격의 겸병을 인정하는 이유로는 어음관계의 당사자 사이에는 이해상반하는 관계가 없고 오히려 어음금액의 지급과 어음의 유통성확보라는 협동관계만이 존재하는 점, 어음법의 당사자자격은 순전히 형식적·추상적 관념에 불과하므로 기본어음에 발행인·지급인·수취인의 기재가 설사 동일인으로 기재되어도 기본어음의 형식으로서 위법이 아니고 그 어음은 형식상 유효하다는 점 등을 들 수 있다. 당사자자격의 겸병은 위와

---

1) 서·정, 153면; 손(주), 197면; 정(동), 274면; 최(기), 293면.
  반대: 주석, 136면; 정(무), 382~383면; U. C. C. §3-103(a)(6).

2) 정(찬), 373면; 정(희), 133면; 서·정, 153면; 정(동), 360면; 최(기), 290면; 채, 237면; 주석, 136~137면(지급인의 중첩적 기재를 인정하는 경우 환어음의 만기가 일람출급 또는 일람후정기출급이면 두 개 이상의 만기가 생길 수 있다는 점에서 이 때에는 무효로 보아야 할 것이 아닌가 하는 의문도 있으나, 만기의 단일성은 그 기재의 외관에 의해서만 결정되어야 할 것이므로 이 때에도 지급인의 중첩적 기재는 유효하다고 본다) 외. 동지: B. E. A. §6(2)(중첩적 기재만 인정함); U. C. C. §3-103 (a)(6)(중첩적 기재와 선택적 기재는 인정하나, 순차적 기재는 부정함).

3) 정(찬), 373면; 정(희), 133면; 손(주), 197면; 정(동), 274면; 최(기), 290면; 채, 237면; 주석, 136면 외.
  반대: 서·정, 211면.

4) 동지: 정(동), 334면; 채, 237면.
  반대: 협약 제55조 (b)호(약속어음의 발행인의 경우).

같은 이유에서 이론상 인정될 수 있을 뿐만 아니라, 실제상 이를 인정할 필요도 있다.

어음법에는 명문의 규정이 없으나 수취인자격과 지급인자격의 겸병 및 발행인·수취인·지급인의 3당사자자격의 겸병(단명어음)도 이론상 부정할 이유가 없고, 또 실제상으로도 이를 인정할 필요가 있다(통설).[1]

㈐ 만   기

① 의   의   만기(maturity; Verfall, Verfallzeit; échéance)라고 함은 「어음금액이 지급될 날로 어음상에 기재된 날」이다. 만기는 만기일이라고도하는데, 거래계에서는 일반적으로 지급기일이라고 한다. 만기는 「지급을 할 날」($\frac{어 38조 1항}{44조 3항}$ 등) 또는 「지급하는 날」($\frac{어 41조}{1항}$)과는 다른 개념이다. 즉, 만기와 「지급을 할 날」과는 보통 일치하지만 만기가 법정휴일일 때에는 이에 이은 제1의 거래일이 지급을 할 날이 되므로($\frac{어 72조}{1항}$) 이 경우에는 양자가 구별되고, 또 「지급하는 날」은 현실로 지급이 행하여진 날이므로 양자는 구별된다.

만기는 단일하고 확정할 수 있는 날이어야 한다. 따라서 어음금액의 일부씩에 대하여 각별로 만기를 정하거나($\frac{어 33조}{2항}$) 또는 각 지급인에 대하여 각각 다른 만기를 정할 수 없고,[2] 도래할지 않을지 불확실한 날 또는 언제 도래할지 불확실한 날을 만기로 정할 수 없다. 또한 만기는 어음 자체에 의하여 확정할 수 있는 날이어야 하고 어음 외의 사정에 의하여 확정할 수 있는 날이어서는 안 되므로, 시장개장일을 만기로 하는 시장어음이나 상관습에 따라 만기를 정하는 어음 등은 인정되지 아니한다.[3] 또한 만기는 발행 당시에 확정할 수 있어야 하므로 「갑의 사망시」 등과 같이 불확정기한으로 정한 만기의 기재는 무효이다.[4]

만기는 어음금액이 지급될 날이므로 가능한 날이어야 한다. 따라서 만기는 세력(歲曆, 달력)에 존재하는 날이어야 하는데, 세력에 없는 날($\frac{예컨대, 11월 31일}{또는 2월 30일 등}$)을 만기로 기재한 경우에 그 효력이 어떻게 되는지가 문제된다. 이에 대하여는 말일을 만기로

---

1) 정(찬), 374면; 정(희), 134면; 서·정, 154면; 양(승), (어) 249면; 정(동), 276면; 최(기), 293면; 이(범), 341면; 채, 230면; 정(무), 383~384면; 서(정), 253면; 주어, 90면 외.
   반대: 주석, 161면(3당사자의 자격을 겸병하는 것은 실제상 그 필요성이 인정되지 않으므로 허용되지 않는다고 한다); 日大判 1930. 11. 6(民集 9, 1024).
2) 그러나 영국 환어음법에서는 분할출급의 만기가 인정된다[B. E. A. § 9 (1)(b)].
3) 동지: 정(희), 134~135면; 손(주), 199면; 양(승), (어) 250면; 정(동), 283면; 이(기), 106면; Baumbach/Hefermehl, WG Art. 33 Rdn. 1.
4) 그러나 영국 환어음법은 이를 명문으로 인정하고 있다[B. E. A. § 11(2)].

보아 이를 유효로 보는 견해(우리나라의 통설[1]·판례[2])와 무효로 보는 견해[3]로 나뉘어 있는데, 유효로 보는 견해가 타당하다고 본다.[4] 또한 세력에 있는 날을 만기로 기재하였으나 만기가 발행일 이전의 날로서 불능의 날이 된 경우에는 그러한 만기는 유효한 만기가 될 수 없다(그러나 발행일과 만기일이 같은 것은 무방하다).[5] 이에 대하여 우리나라의 판례는 만기가 무효일 뿐만 아니라 어음 자체가 무효라고 판시하고 있다.[6]

② 종　　류　　　　어음법은 일람출급·일람후정기출급·발행일자후정기출급 및 확정일출급의 4 종의 만기만을 인정하고(어 33조 1항), 그 외의 만기는 환어음을 무효로 한다고 규정하고 있다(어 33조 2항). 이러한 4종의 만기 중 일람출급과 일람후정기출급은 확정할 수 있는 만기이고, 발행일자후정기출급과 확정일출급은 확정된 만기이다. 이하에서 차례대로 설명한다.

(ⅰ) 일람출급　　　지급을 위하여 제시가 있었던 날을 만기로 하는 어음을 일람출급어음(bill payable at sight; Sichtwechsel; belletvue)이라고 한다(어 33조 1항 1호, 34조 1항 1문). 보통 어음에 「일람(청구·제시) 즉시 지급하여 주십시오」 등으로 표시된다. 일람출급어음의 경우에는 만기의 도래가 어음소지인의 지급제시에 달려 있기 때문에 어음채무자를 부당하게 장기간 구속하는 일이 있다. 따라서 이러한 일이 없도록 하기 위하여 어

---

1) 정(희), 137면(만기에 대하여); 서·정, 155면; 교재, 288면(발행일에 대하여); 정(동), 283면; 손(주), 202면; 최(기), 295면; 채, 130면 외. 동지: 鈴木, 183면; 田中(誠), 146면.

2) 대판 1981. 7. 28, 80 다 1295(교재, 판결례 [233]). 동지: 日大判 1930. 7. 14(교재, 판결례 [232])(11월 31일의 만기를 11월 말일의 만기로 보고 있음).

3) Hueck/Canaris, §6 Ⅳ 8; Zöllner, §12 Ⅳ 6; Baumbach/Hefermehl, WG Art. 1 Rdn. 9 외. 동지: 日大判 1931. 5. 22(발행일에 대하여)(교재, 판결례 [255]).

4) 정(찬), 375면.

5) 동지: 정(희), 137면; 정(동), 286면; 日大判 1934. 7. 3(法學 3, 1466).

6) 대판 2000. 4. 25, 98 다 59682(공보 2000, 1256)(어음의 요식증권 내지 문언증권으로서의 성질상 어음요건의 성립 여부는 어음상의 기재만에 의하여 판단하여야 하고, 어음요건의 기재가 그 자체로 불가능한 것이거나 각 어음요건이 서로 명백히 모순되어 함께 존립할 수 없게 되는 경우에는 그와 같은 어음은 무효라고 봄이 상당하고, 한편 약속어음의 발행일은 어음요건의 하나로서 그 기재가 없는 상태에서는 어음상의 권리가 적법하게 성립할 수 없는 것이므로, 확정된 날을 만기로 하는 확정일출급 약속어음의 경우에 있어서 만기의 일자가 발행일보다 앞선 일자로 기재되어 있다면 그 약속어음은 어음요건의 기재가 서로 모순되는 것으로서 무효라고 해석하여야 한다)[이 판결에 대한 평석으로는 이균룡, "만기의 일자가 발행일자보다 앞선 일자로 기재되어 있는 확정일출급 약속어음의 효력(무효)," 「저스티스」(한국법학원), 제33권 제 4 호(2000. 12), 276~292면 참조. 이 평석에서 평석자는 이에 관한 유효설·수정유효설(실제발행일기준설)·수정무효설(지급제시기간기준설) 및 오기·변조이분설에 대하여 비판하고, 대법원판결에 찬성하면서 제한된 범위에서 예외를 인정할 것인지 여부에 대하여 판단하지 않은 것은 아쉬움이 다소 남는다고 한다]; 서울민사지판 1975. 12. 24, 75 가 5759(교재, 판결례 [237]).
　동지(독일의 통설·판례): RGZ 69, 205; BGHZ 53, 13 ff.; Baumbach/Hefermehl, WG Art. 1 Rdn. 12. 반대: Klungzinger, WM 70, 177; Rehfeldt/Zöllner, §12 Ⅴ 8; Zöllner, §12 Ⅴ 6.

음법은 원칙적으로 발행일부터 1년 내에 지급을 위하여 제시를 하여야 한다고 규정하고 있다($^{\text{어}}_{\text{1항}}{}^{34조}_{2문}$). 그러나 예외적으로 발행인은 이 기간을 단축 또는 연장할 수 있고, 배서인은 이 기간을 단축할 수 있다($^{\text{어}}_{\text{1항}}{}^{34조}_{3문}$). 이와 같이 발행인 또는 배서인이 제시기간을 어음상에 기재한 경우, 발행인이 기재한 제시기간은 모든 어음당사자에 대하여 효력이 있으나($^{\text{어}}_{\text{1항}}{}^{53조}_{1호}$), 배서인이 기재한 제시기간은 그 배서인에 한하여 이것을 원용할 수 있다($^{\text{어}}_{\text{3항}}{}^{53조}$).

또 어음법 제34조 제2항 1문은 발행인은 일정한 기일 전에는 일람출급어음의 지급을 받기 위한 제시를 금지할 수 있다고 규정하고 있으므로, 이것에 의하여 실제로는 확정일후 일람출급($^{\text{어}}_{\text{1항}}{}^{34조}$)과 일정기간경과후 일람출급($^{\text{어}}_{\text{2항}}{}^{34조}$)의 2종의 만기가 된다. 일정기간경과후 일람출급에 있어서는 그 기간의 말일로부터 제시기간이 시작된다($^{\text{어}}_{\text{2항}}{}^{34조}_{2문}$). 세력을 달리하는 양지간(兩地間)에서 발행된 어음의 제시기간은 원칙적으로 발행일자를 지급지의 세력의 대응일로 환산하고 이에 의하여 제시기간을 계산한다($^{\text{어}}_{\text{2항}\cdot\text{3항}}{}^{37조}$).

(ⅱ) 일람후정기출급　　인수를 위하여 제시하고 인수가 있은 경우에는 인수일자, 인수가 거절된 경우에는 거절증서의 작성일자로부터 일정한 기간을 경과한 날을 만기로 하는 어음을 일람후정기출급어음(bill payable at a fixed period after sight; Nachsichtwechsel; bille á certain délai de vue)이라고 한다($^{\text{어}}_{\text{2호},}{}^{33조}_{}{}^{1항}_{}{}^{35조}_{}{}^{1항}$). 이 경우에도 만기의 도래는 어음의 인수제시에 달려 있으므로 어음법은 발행한 날부터 1년의 인수제시기간을 규정하였다($^{\text{어}}_{\text{항}}{}^{23조}$). 발행인은 이 기간을 단축 또는 연장할 수 있고, 배서인은 이 기간을 단축할 수 있다($^{\text{어}}_{\text{2항}\cdot\text{3항}}{}^{23조}$). 위에서 본 바와 같이 일람후정기출급어음에서 만기를 정하는 일정기간의 기산일은 지급인의 인수여부에 따라 다르고, 또 지급인의 수가 1인인가 또는 수 인인가에 따라 다르다. 따라서 이하에서는 이에 관하여 좀더 상세히 살펴본다.

(a) 지급인이 인수(引受)를 한 경우　　첫째로 지급인이 인수하고 인수일을 기재한 경우에는 그 「인수한 날짜」를 기준으로 하고($^{\text{어}}_{\text{1항}}{}^{35조}_{\text{전단}}$), 둘째로 지급인이 인수하고 인수일을 기재하지 않았으나 거절증서작성면제가 아니어서 인수일자거절증서를 작성한 경우에는 그 「거절증서의 날짜」를 기준으로 하며($^{\text{어}}_{\text{1항}}{}^{35조}_{\text{전단}}$), 셋째로 지급인이 인수하고 인수일을 기재하지 않고 또한 거절증서도 작성되지 아니한 경우 ($\genfrac{}{}{0pt}{}{\text{거절증서작성면제인 경우 또는 거절증서작성면제가 아닌}}{\text{경우로서 인수일자 거절증서를 작성하지 아니한 경우}}$)에는 인수제시기간의 말일에 인수한 것으로 보아 「인수제시기간의 말일」을 기준으로 하여($^{\text{어}}_{\text{2항}}{}^{35조}$), 각각 이에 일정기간을 계산하여 만기를 정한다.

(b) 지급인이 인수를 거절한 경우　　첫째로 지급인이 인수를 거절하고 인수 거절증서를 작성한 경우에는($\substack{거절증서작성면제\\가\ 아닌\ 경우}$) 그 「거절증서의 날짜」를 기준으로 하고 ($\substack{어\ 1항\\35조후단}$), 둘째로 지급인이 인수를 거절하고 또 인수거절증서를 작성하지 않은 경우에는($\substack{거절증서작성\\면제인\ 경우}$)[1] 지급인에 대한 관계에서는 「인수제시기간의 말일」을 기준으로 하여 ($\substack{어\ 35조\\2항}$),[2] 각각 이에 일정기간을 계산하여 만기를 정한다. 인수가 거절된 경우에는 만기 전의 상환청구(소구)가 가능하므로 만기를 확정할 필요가 없을 것 같지만, 상환청구(소구)금액을 정하는 데 있어서 만기 이후의 이자를 산정해야 할 필요가 있는 점 등에서($\substack{어\ 48조\ 1항\\2호·2항}$) 이 때에도 만기를 확정할 필요가 있다.[3]

(c) 지급인이 수 인인 경우　첫째로 수 인의 지급인 중 1인이 인수한 경우에는 그 「인수한 날짜」를 기준으로 하여 만기를 계산하고, 둘째로 수 인의 지급인 중 1인이 인수를 거절하면 「거절증서의 날짜($\substack{또는\ 인수제시\\기간의\ 말일}$)」를 기준으로 하여 만기를 계산하며, 셋째로 수 인의 지급인이 인수하고 인수의 날짜가 서로 상이한 경우에는 그 중 「빠른 인수의 날짜」를 기준으로 하여 만기를 계산한다.[4]

(iii) 발행일자후정기출급　　발행일자로부터 어음에 기재한 확정기간을 경과한 날을 만기로 하는 어음을 발행일자후정기출급어음(bill payable at a fixed period after date; Datowechsel; billet á uncertain délai de date)이라고 한다($\substack{어\ 33조\\1항\ 3호}$). 예컨대, 발행일자로부터 3개월이라고 하는 것과 같은 만기가 그것이다. 이 때 기간의 계산에 관하여는 민법 제156조 이하의 규정이 적용되지만, 어음법은 다음과 같은 특칙을 두었다.

(a) 기간에는 그 첫날을 산입하지 아니한다($\substack{어\\73조}$).

(b) 발행일자후 1개월 또는 수개월이 될 때 지급할 어음은 지급할 달의 대응일을 만기로 하되, 대응일이 없는 경우에는 그 달의 말일을 만기로 한다($\substack{어\ 36조\\1항}$).

(c) 발행일자후 1개월 반 또는 수개월 반이 될 때 지급할 어음은 먼저 전월을 계산한다($\substack{어\ 36조\\2항}$). 8일 또는 15일이란 1주 또는 2주가 아니고 만 8일 또는 만 15일

---

1) 거절증서작성면제가 아닌 경우에도 이에 해당하여 「인수제시기간의 말일」을 기준으로 하여 만기가 정하여지는 것으로 볼 수 있으나, 이 때에는 만기 전 상환청구(소구)권을 행사할 수도 없고 또 인수제시기간 내의 인수제시가 있었다는 증명도 없어 만기후 상환청구(소구)권도 행사할 수 없어 (어 25조 2항 2문, 53조 1항 2호 참조) 어음소지인은 누구에 대하여도 어음상의 권리를 행사할 수 없으므로 만기를 정하는 것이 무의미하게 된다고 본다.

2) 정(희), 136면은 이 때에 「현실로 제시된 날」을 기준으로 하여 만기를 계산한다고 하나, 어음법 제35조 2항의 취지 및 기준일이 불확실하다는 점 등에서 타당하지 않다고 본다.

3) 동지: 정(동), 285면.

4) 정(찬), 378면. 동지: 정(희), 136면.

을 말하고($_{4항}^{어 36조}$), 「반월」이란 만 15일을 말한다($_{5항}^{어 36조}$).

(d) 세력을 달리하는 양지간(兩地間)에 발행된 어음이 발행일자후정기출급인 때에는 원칙으로 발행일자를 지급지의 세력의 대응일에 바꾸어 이에 따라 만기를 정한다($_{2항}^{어 37조}$). 그러나 환어음의 문구나 그 밖의 기재사항에 의하여 다른 의사를 알 수 있는 경우에는 그에 의한다($_{4항}^{어 37조}$).

(iv) 확정일출급   확정한 날을 만기로 하는 어음을 확정일출급어음(bill payable on a fixed day; Tagwechsel; billet payabel á jour fixé)이라고 한다($_{1항 4호}^{어 33조}$). 예컨대, 2010년 10월 3일과 같이 연월일로써 표시하는 것이 보통이지만, 특정일을 정확하게 알 수 있는 한 2010년 개천절과 같은 기재도 적법하다. 또 만기의 표시로서 월일만을 기재하고 연호를 기재하지 않았을 때라도 어음상의 다른 기재로부터 연을 확정할 수 있는 이상은 유효한 기재가 된다.[1] 월초·월중·월말로 만기를 표시할 경우에는 그 달의 1일·15일 또는 말일을 말한다($_{3항}^{어 36조}$). 발행지와 세력을 달리하는 지에서 확정일에 지급할 환어음에 관하여는, 어음의 문구나 그 밖의 기재사항에 의하여 다른 의사를 알 수 없는 한, 만기일은 지급지의 세력에 따라 정한 것으로 본다($_{1항·4항}^{어 37조}$).

③ 보   충   만기는 필요적 기재사항이므로 그 기재를 하지 아니한 때에는 어음은 원칙적으로 무효이다($_{본문}^{어 2조}$). 그러나 어음법은 단순히 만기의 기재가 없는 경우에 관하여, 특히 구제규정을 두어 「만기가 적혀 있지 아니한 경우: 일람출급의 환어음으로 본다」라고 규정하고 있다($_{1호}^{어 2조}$). 만기가 적혀 있지 아니한 경우라 함은 원래는 전연 만기의 기재가 없든가 또는 어떠한 기재가 있어도 거래의 통념상 만기의 기재로서는 전혀 무의미하여 만기의 기재가 없는 것과 동일시되는 경우라는 것이다. 그런데 만기의 기재가 있어도 부적법한 경우에는 구제될 수 있겠는가에 대하여, 이러한 부적법한 기재는 구제될 수 없다고 보는 견해가 지배적이나,[2] 부적법한 기재도 구제될 수 있다고 본다.

만기의 기재를 하지 않은 어음과 만기를 백지로 발행한 백지어음과는 외관상 구별하기 어렵다. 이것은 원칙적으로 발행인이 백지보충권을 부여하였는가의 여부에 따라서 결정될 것이다. 만기(지급기일)가 공란인 어음을 일률적으로 위의 보충규

---

1) 동지: 서·정, 155면; 손(주), 202면; 日東京高判 1907. 6. 7(만기를 10월 2일로 하고 발행일을 1906년 8월 30일로 한 경우에는, 만기를 1906년 10월 2일로 할 것이라고 한다).
　반대: ROHG 24, 122(만기가 금년인지 내년인지 불분명하므로 허용되지 않는다고 한다).

2) 서·정, 157면; 정(동), 286면; 이균룡, 전게 판례평석(저스티스), 286면; 대판 2000. 4. 25, 98다 59682(공보 2000, 1256); 서울민사지판 1975. 12. 24, 75 가 5759(교재, 판결례 [237]) 외.

정에 의하여 일람출급어음으로 볼 것이 아니라, 백지어음으로 추정하는 것이 타당하다고 본다(이에 관하여는 백지어음 에서 설명하였음).[1]

㈜ 지 급 지

① 의   의   지급지(place of payment; Zahlungsort; lien de paiement)(어 5호 1조)라 함은 「어음금액이 지급될 일정한 지역(Ortschaft)」을 말한다. 지급지는 인수 또는 지급을 위한 제시, 전자에 대한 상환청구(소구)권보전절차, 인수인의 채무이행 등의 지역이 되는 것으로 매우 중요하므로, 어음법은 이를 어음요건의 하나로 규정하고 있다.[2]

지급지는 지급장소(Zahlstelle)와 구별하여야 한다. 지급장소는 지급지 내에 있어서 지급이 행하여질 특정한 장소(지점)를 의미한다(어 4조 27조 2항). 그러나 지급지 외의 장소를 지급장소로 기재한 경우에는 동 지급장소의 기재는 무효가 되나, 지급장소는 어음요건이 아니므로 동 어음은 무효가 되는 것이 아니다.[3] 이 때에 어음소지인이 동 어음을 지급지 외의 지급장소에서 지급제시하면 지급제시의 효력이 없다.[4] 따라서 이러한 어음의 소지인은 동 어음을 지급인의 영업소·주소 또는 거소에서 지급제시하여야 한다.[5]

지급장소가 지급지를 보충할 수 있는가에 대하여는 이를 긍정하는 견해도 있으나,[6] 어음법상 지급지의 보충규정에 대하여 명문의 규정을 두고 있으므로(어 2조 3호) 이를 부정하는 것이 타당하다고 본다.[7]

지급지는 단일하고 확정되어야 한다. 따라서 지급지의 중첩적 기재나 선택적 기재는 인정되지 않는다고 본다(통설).[8] 왜냐하면 지급지의 중첩적 기재를 인정하

---

1) 동지: 대판 1976. 3. 9, 75 다 984(판총 11-2, 1032-15); 日大判 1925. 12. 23(교재, 판결례 [238]).
   반대(일람출급어음으로 본 판례): 日大判 1932. 11. 26(교재, 판결례 [239]).
2) 그러나 영국 환어음법은 지급지를 어음요건의 하나로 규정하고 있지 않다[B. E. A. § 3(4)(c)].
3) 동지: 대결 1959. 8. 27, 4292 민재항 120(판총 11-2, 1030); 동 1970. 7. 24, 70 다 965(교재, 판결례 [241])(지급지가 포항시인데 지급장소를 서울특별시에 있는 ○○은행으로 기재한 경우에 동 어음은 무효가 아니라고 판시함).
4) 동지: 日大判 1924. 12. 5(교재, 판결례 [244]).
5) 동지: 日大判 1924. 12. 5(교재, 판결례 [244]).
6) 정(희), 137면; 손(주), 204면; 日大判 1926. 5. 22(民集 5-6, 428)
7) 정(찬), 381면; 정(찬), (사례) 272면.
8) 정(찬), 381면; 정(희), 138면; 서·정, 158~159면; 손(주), 205면; 정(동), 291면; 최(기), 299면; 이(기), 106면; 채, 113면 외.
   반대: 山尾時三, 「手形法論」(東京: 岩波書店, 1935), 192면(지급지의 중첩적 기재 및 선택적 기재를 인정함); 鈴木, 189면 주 28(선택권이 어음소지인에게 있는 경우에는 어음소지인의 이익을 해하지 않는다고 하여 선택적 기재를 인정함).

면 어음소지인이 상환청구(소구)권보전절차를 이행하기 위하여는 단기의 제시기간 내에 각 지급지에서 전부 지급(인수)제시하여야 하는데 이는 어음소지인을 해하므로 인정될 수 없고, 또한 어음소지인이 선택권을 갖는 선택적 기재는 어음소지인을 해하는 것은 아니나 지급지의 어느 하나에 주소를 갖는 예비지급인을 기재한 어음관계자(발행인·배서인)(어 55조)가 있는 경우에는 어음소지인이 다른 지급지를 선택하면 그러한 어음관계자의 이익을 해하게 되기 때문이다.[1]

② 표시방법   지급지·발행지 등의 「지(地)」라 함은 독립한 최소행정구역, 즉 특별시·광역시·시·군과 같은 것을 말하므로, 지급지로서는 원칙적으로 이것으로 인정될 수 있는 지역을 기재하면 된다.[2] 그러나 최소독립행정구역이 아니라도 사회적으로 통용하는 일정한 지역을 표시하는 명칭을 기재하면 되는 것이다. 따라서 서울·청량리 등의 명칭을 기재하여도 지급지의 기재로서 유효하다. 그러나 지급지의 기재는 지급장소를 찾는 거소이므로, 이 취지를 무시하는 광범한 지역의 기재는 어음을 무효로 할 것이다. 예컨대, 영남·호남 등의 기재와 같다. 이와 반대로 지급지를 번지까지 기재한 경우에는 그 어음의 지급지는 특별시·광역시·시·군과 같은 최소독립행정구역이고, 나머지는 무익적 기재사항이라고 본다.[3] 또한 지급지로서 기재되는 지역은 실재하는 지역임을 요한다고 본다(통설).[4]

③ 지급지를 기준으로 한 어음의 분류   지급지와 발행지가 동일한 어음을 「동지(同地)어음」(Platzwechsel)이라 하고, 지급지와 발행지가 동일하지 않은 어음을 「이지(異地)어음 또는 원거리어음」(Distanzwechsel)이라 한다. 연혁적으로는 지급지와 발행지와의 사이에 격지성(隔地性)이 요구되고 있었으나, 어음법은 이것을 요건으로 하지 아니하므로 구별의 실익은 없다.

지급지와 지급인의 주소지가 동일한 어음을 「동지(同地)지급어음」이라고 하고, 양지가 동일하지 아니한 어음을 「타지(他地)지급어음」(Domizilwechsel)[5]이라 한다

---

1) 예비지급인을 기재한 어음관계자는 어음소지인이 예비지급인에게 어음을 제시하고 그가 참가인수 또는 지급을 거절하는 경우, 이에 관하여 거절증서에 의하여 증명하지 않으면 동어음관계자 및 그 후자는 어음상의 책임을 면하는데, 어음소지인이 다른 지급지를 선택하여 예비지급인에게 어음을 제시하지 않는 경우에는 동 어음관계자의 이와 같은 이익을 해하게 된다(어 56조 2항, 60조 2항).

2) 동지: 대판 1981. 12. 8, 80 다 863(집 29 ③ 민 235)(서울특별시의 경우는 「서울」이라고만 기재하면 되고 반드시 그 구〈區〉까지를 표시하여야 하는 것은 아니다).

3) 동지: 정(동), 380면(그러나 특별시나 광역시는 구〈區〉까지 지급지로 본다); 채, 132면.

4) 정(찬), 382면; 정(희), 138면; 서·정, 158면; 정(동), 291면; 손(주), 204면; 최(기), 299면; 이(기), 106면 외. 또한 이 견해가 독일의 통설이다(Zöllner, S. 71).
   반대: 升本, 54면.

5) 타지지급어음은 지급인의 주소와 다른 어음 자체의 주소를 가지고 있다고 하여 「주소어음」이라

(동지어음과 동지지급어음 및 이지〈異地〉어음과 / 타지지급어음을 혼동하여서는 아니 된다). 타지지급어음인 경우에는 「발행인」이 지급지 내에 지급담당자(지급장소로서 / 보통은 은행)를 기재하는 것이 보통이고(따라서 지급인은 보통 지급지 내에, / 영업소 또는 거래 은행을 갖고 있다), 발행인이 지급담당자를 기재하지 않은 경우에는 「지급인」이 인수를 할 때에 이를 기재할 수 있다(제3자방지 / 급의 기재)(어 27조 / 1항 1문). 따라서 타지지급어음에서는 지급인에게 지급담당자를 기재할 기회를 줄 필요가 있으므로(발행인이 이를 기재 / 하지 않은 경우) 어음법은 발행인이 인수제시를 금할 수 없도록 규정하고(어 22조 / 2항 단서), 만일 발행인 및 인수인이 지급지 내에 지급담당자를 기재하지 않은 경우에는 인수인은 지급지 내에서 직접 지급할 의무를 부담한 것으로 본다(어 27조 / 1항 2문). 또한 타지지급어음에서 발행인이 지급담당자를 기재하지 않고 또 어음소지인이 인수제시도 하지 않아 지급인이 지급담당자를 기재할 수도 없었던 경우에는, 지급인은 지급지 내에서 직접 지급할 수밖에 없다고 본다(어 27조 유추 / 1항 2문 적용).

타지지급어음은 제3자방지급어음과 구별된다. 제3자방지급어음은 지급인의 주소에서가 아니라 제3자의 주소(지급담당자 또는 지급장소 / 로서 보통은 은행임)에서 지급되는 어음을 말한다. 그런데 이러한 지급장소는 지급지 내이기만 하면, 지급인의 주소지에 있든 다른 지에 있든 관계 없으므로(어 / 4조), 제3자방지급어음은 지급지와 지급인의 주소지가 같은 경우(동지지급어음)에도 있을 수 있고, 또 지급지와 지급인의 주소지가 다른 경우(타지지급어음)에도 있을 수 있다.[1]

④ 보 충 지급지가 적혀 있지 아니한 경우, 환어음은 무효가 되는 것이 아니라 구제규정이 있어, 「지급인의 명칭에 부기한 지」가 지급지를 보충한다(어 2조 / 2호). 「지급인의 명칭에 부기한 지」는 또한 지급인의 주소지로 간주되고 있다(어 2조 / 2호).[2] 이 때 「지급지가 적혀 있지 아니한 경우」라 함은 지급지의 기재가 전혀 없거나 또는 어떠한 기재가 있어도 거래의 통념상 지급지의 기재로서 전혀 무의미한 경우뿐만 아니라, 지급지의 기재로서 부적법한 경우를 포함한다고 본다.[3]

㈐ 수 취 인

① 의 의 수취인(payee; Remittent; preneur)이라 함은 「어음에 지급받을 자로 기재된 자」이다. 어음법에는 「지급받을 자 또는 지급받을 자를 지시할 자

고도 한다. 이러한 타지지급어음은 어음소지인이 동 어음을 어디에서 지급제시할 것인가가 불분명하여 그러한 어음의 취득을 기피하므로, 오늘날 거의 이용되지 않고 있다고 한다[정(동), 291~292면].

1) 동지: 정(동), 292면; 이(기), 107면; Zöllner, S. 74.
2) 지급인의 주소지로서 간주되는 의미는 어음소지인이 인수를 위한 어음의 제시지로서 의미가 있다(어 21조).
3) 반대: 주석, 141면.

의 명칭」이라고 규정하고 있다($^{어}_{6호}$^{1조}).[1] 어음법이 수취인이라고 하지 않고 이와 같이 표현한 것은 수취인이 반드시 스스로 어음금액을 수령한다고 볼 수 없고, 타인을 지시하는 경우를 예상하였기 때문이다.[2] 발행인이 「지급받을 자의 명칭」을 기재한 어음을 기명식어음이라고 하고, 「지급받을 자를 지시할 자의 명칭」을 기재한 어음을 지시식어음이라고 한다. 그런데 어음은 법률상 당연한 지시증권이므로 ($^{어}_{1항}$^{11조}), 기명식어음이라도 배서에 의하여 양도할 수 있다. 그러나 어음에는 기명식이건 또는 지시식이건 수취인을 반드시 기재하여야 하므로, 무기명식(소지인출급식)어음은 인정될 수 없다.[3] 어음의 경우 선택무기명식(지명소지인출급식)어음이 인정될 수 있는지 여부에 대하여는,[4] 이를 긍정하는 견해도 있으나,[5] 이는 소지인출급식어음과 동일시할 수 있으므로($^{수}_{2항}$$^{5조}_{참조}$) 인정될 수 없다고 본다.[6] 어음에 무기명식(소지인출급식)어음이 인정되지 않는다고 하더라도 발행인이 수취인의 자격을 겸한 자기지시어음을 발행하여 이에 백지식배서($^{어}_{2항}$^{13조}) 또는 소지인출급식배서($^{어}_{3항}$^{12조})를 하면, 실질적으로 무기명식(소지인출급식)어음을 발행한 것과 동일한 효과를 거둘 수 있다.

② 표시방법   수취인의 명칭의 표시방법은 지급인의 명칭의 표시방법과 같다. 따라서 수취인이 자연인인 경우에는 성명 외에도 상호·통칭·아호·예명·별명·직명 등 무엇이든지 적어도 수취인을 특정할 수 있으면 충분하다(통설[7]·판례[8]). 또한 수취인이 법인인 경우에는 법인명만 기재하면 되고 반드시 대표자의 성명($^{및 대표}_{관계}$) 또는 대리인의 성명($^{및 대리}_{관계}$)을 표시할 필요는 없다($^{이것은 지급인의 표시와 같고,}_{발행인·배서인 등과 같은 어음}$

---

1) 수취인 또는 발행일을 어음의 필요적 기재사항으로 규정하고 이를 흠결한 경우 어음의 효력이 없다는 규정이 헌법 제23조 1항에 위반되는지 여부가 문제되었는데, 우리 헌법재판소는 이러한 규정이 위헌이 아니라고 판시하였다[헌법재판소 2000. 2. 24 선고, 97 헌바 41 결정][이에 찬성하는 취지의 평석으로는 이기수, 법률신문, 제2869호(2000. 3. 20), 15면].

2) 동지: 정(희), 139면; 정(동), 276면.

3) 그러나 수표법에서는 무기명식(소지인출급식)수표를 명문으로 인정하고 있다(수 5조 1항 3호·3항). 또한 영미법에서는 무기명식(소지인출급식)어음을 명문으로 인정하고 있다[U. C. C. § 3-104 (a)(1); B. E. A. §§ 3(1), 83(1)].

4) 수표에서는 선택무기명식(지명소지인출급식)수표를 명문으로 인정하고 있다(수 5조 2항).

5) 정(희), 140면(선택무기명식어음을 지시식어음과 동일시하여 이를 인정함); 손(주), 207면.

6) 정(찬), 384면. 동지: 서·정, 160면; 이(범), 315면(선택무기명식어음은 소지인출급식어음과 동일시할 수 있고 또 수표법에서와는 달리 어음법에서는 이를 명문으로 인정하고 있지 않으므로 어음에서는 선택무기명식어음을 인정하지 않는 것이 타당하다고 함).

7) 정(찬), 384면; 정(희), 139면(또한 수취인의 명칭으로 성명을 기재한 경우에는 오자·탈자가 있더라도 전체로써 수취인을 특정할 수 있으면 유효하다고 한다); 정(동), 276면 외.

8) 대판 1961. 11. 23, 4294 민상 65(교재, 판결례 [248]).

행위자의 표시 와 구별됨).[1] 또한 법인격이 없는 사단이나 조합도 수취인으로 기재될 수 있는데, 이 때에는 그 구성원이 (준총유 또는 준합유적으로) 어음금액을 수령할 수 있는 권한을 갖는다(통설).[2]

수취인도 지급인과 같이 실재인(實在人)이 아니어도 무방하다고 본다.[3] 이는 동 어음이 다시 제 3 자에게 양도된 경우에 그 의미가 크다고 볼 수 있다.

③ 복수적 기재　　환어음의 수취인의 복수적 기재는 지급인의 경우와는 달리 넓게 인정되고 있다. 즉, 수취인은 중첩적 기재(갑 및 을)뿐만 아니라, 선택적 기재(갑 또는 을) 및 순차적 기재(제1수취인 갑 제2수취인 을)도 모두 유효하다고 본다(통설).[4] 왜냐하면 중첩적 기재인 경우에는 모든 수취인이 공동수취인이 되고, 선택적 기재 또는 순차적 기재인 경우에는 발행인으로부터 어음을 교부받은 수취인만이 어음상의 권리를 취득하므로 어음관계를 불명확하게 하지 않기 때문이다. 따라서 중첩적 기재의 경우에는 수취인으로 기재된 전원이 공동으로 어음상의 권리를 행사하여야 하므로 그 전원의 명의로 배서를 하여야 하나,[5] 선택적 기재 또는 순차적 기재의 경우에는 어음을 교부받은 어음소지인만이 어음상의 권리를 행사할 수 있으므로 그가 단독으로 배서할 수 있다.

(사) 발행일과 발행지

어음법은 발행일과 발행지를 어음요건으로 하여 반드시 기재하도록 규정하고 있는데(어 1조 7호),[6] 이것은 어음의 발행이라는 어음행위의 의사표시가 언제·어디에서 있었다는 사실의 표시가 아니고, 어음행위자가 언제·어디에서 어음상의 효과를 발생시킬 것을 의욕하였는가라는 의사표시이다. 따라서 어음상에 기재된 발행일과 발행지는 사실상의 발행일과 발행지와 다른 경우에도 유효하나, 일단 사실상의 발행일과 발행지의 표시로 추정될 수 있을 것이다.[7] 이하에서는 발행일과 발행지를 구별하여 설명한다.

① 발 행 일

（ⅰ) 의　　의　　발행일(Ausstellungsdatum; date d'émission)이라 함은 「어음

---

1) 동지: 대판 1978. 12. 13, 78 다 1567(판총 11-2, 1032-22).

2) 정(찬), 385면; 정(희), 139면; 서·정, 160면; 정(동), 277면 외.

3) 동지: 정(동), 276면.

4) 정(찬), 385면; 정(희), 139면; 서·정, 160면; 정(동), 277면; 손(주), 206면 외.
   미국법은 수취인이 복수인인 경우 선택적 기재 및 비선택적 기재를 명문으로 규정하고 있다[U. C. C. § 3-110(d)].

5) 영미법은 이를 명문으로 규정하고 있다[U. C. C. § 3-110 (d); B. E. A. § 32(3)].

6) 영미법상으로는 이들이 어음요건이 아니다[U. C. C. § 3-104; B. E. A. § 3(4)(a)·(c)].

7) 정(찬), 385면. 동지: 정(희), 140면; 정(동), 287면; 채, 134~135면.

이 발행된 날로서 어음상에 기재된 일자」를 의미하고, 사실상 어음이 발행된 일자를 의미하는 것이 아니다. 발행일은 사실상 어음을 발행한 일자(예컨대, 2010년 2월 1일)보다 후의 일자(예컨대, 2010년 3월 1일)를 어음상에 기재할 수 있는데 이러한 어음을 「선일자어음」이라고 하고, 또는 이전의 일자(예컨대, 2010년 1월 4일)를 어음상에 기재할 수 있는데 이러한 어음을 「후일자어음」이라고 한다.

발행일을 어음요건으로 규정한 것은 발행일자후정기출급어음에서 만기를 정하는 기준이 되고(어 36조 1항·2항), 일람출급어음에 있어서 지급제시기간을 산정하는 기준이 되며(어 34조 1항 2문), 일람후정기출급어음에서 인수제시기간을 산정하는 기준이 되기 때문이다(어 23조 1항). 그러므로 확정일출급어음에 있어서는 발행일은 특별한 의미가 없으므로 이를 어음요건으로 할 필요가 없다는 견해도 있으나,[1] 발행일은 발행인의 능력 및 대리권의 유무를 판단함에 있어서 기준이 되고 또 어음법상 명문으로 이를 어음요건으로 규정하고 있기 때문에 확정일출급어음에 있어서도 이를 어음요건으로 인정하는 의미가 있다고 본다.[2]

(ii) 표시방법　　발행일의 표시방법은 만기의 경우와 같다. 따라서 발행일은 단일의 날로서 확정일 또는 확정할 수 있는 날이어야 한다. 따라서 어음상에 수 개의 발행일을 기재하면 발행일의 단일·확정에 반하므로 그 어음은 무효가 된다고 본다(통설).[3]

또한 발행일은 가능한 날이어야 하므로 세력에 있는 날이어야 한다. 따라서 세력에 없는 날을 발행일로 기재한 경우에는 원칙적으로 그러한 발행일은 무효가 된다. 그러나 예컨대, 2월 30일 또는 11월 31일 등과 같이 발행일을 기재한 경우에는, 만기에서 설명한 바와 같이 이를 무효로 볼 것이 아니라 2월 말일 또는 11월 말일을 발행일로 해석하여 유효로 보는 것이 타당하다고 본다(통설[4]·판례[5]). 발행

---

1) 鈴木, 191면.

2) 동지: 정(동), 288면; 최(기), 308면(발행일과 만기까지의 기간의 장단은 어음신용관계를 추측케 하는 의미도 있다고 설명하나, 이러한 기간의 장단에 의하여 어음의 신용관계가 좌우되는 것은 아니라고 본다).

3) 정(찬), 386면; 정(희), 141면; 서·정, 162면; 정(동), 288면; 손(주), 208면; 서(정), 138면; 강, 265면; 강, (어) 309면 외.
　　이에 반하여 수 인의 발행인이 있거나, 발행일이 만기·제시기간·이자의 발생시기 등에 대하여 의미를 갖는 경우 이외에는, 발행일의 복수기재도 유효하다는 견해가 있다(伊澤, 335면).

4) 정(찬), 387면; 정(희), 141면; 서·정, 161면; 정(동), 288면; 최(기), 309면 외.

5) 대판 1981. 7. 28, 80 다 1295(교재, 판결례 [233]). 동지: 대판 1990. 12. 21, 90 다카 28023 (공보 890, 596)(수표의 표면의 '자기앞수표'라는 표기 바로 옆에 고딕체로 '1989. 4. 15'라고 선명하게 기재되어 있는 경우에는 어음과는 달리 수표상에는 발행일 이외에 다른 날짜가 기재될 수

일이 세력에 있는 날이기는 하나 만기보다 뒤의 날인 경우에는 그러한 발행일은 불능의 날로서 무효라고 본다(통설).[1] 왜냐하면 이 때에는 어음소지인은 적법한 지급제시기간 내($\frac{어}{1항}^{38조}$)에 지급제시를 할 수 없어 상환청구(소구)권을 보전할 수 없기 때문이다.

② 발 행 지

(i) 의   의   발행지(Ausstellungsort; lieu d'émission)라 함은 「어음이 발행된 장소로서 어음상에 기재된 지」를 의미하는 것이지, 사실상 어음이 발행된 지를 의미하는 것이 아니다.

발행지가 어음법에서 갖는 의의는 발행지와 지급지의 세력이 다른 경우에 만기 및 지급제시기간은 이에 관한 다른 의사표시가 없으면 지급지의 세력에 의한다는 점($\frac{어}{37조}$) 및 발행국과 지급국에서 명칭은 같으나 가치가 다른 통화($\frac{同名異價를}{가진\ 통화}$)로써 어음금액을 정한 경우 지급지의 통화로 정한 것으로 추정한다는 점($\frac{어\ 41}{조\ 4항}$) 등에서만 의미가 있다. 또한 발행지는 국제사법에 의하여 어음행위(발행)의 방식을 정하는 법의 기준이 되고($\frac{國私\ 82조}{1항\ 본문}$), 환어음의 발행인 등의 어음채무의 효력을 정하는 법의 기준이 되며($\frac{國私\ 83조}{2항·3항}$), 어음의 소지인이 그 발행의 원인이 되는 채권을 취득하는지 여부를 결정하는 법의 기준이 된다($\frac{國私}{84조}$). 위와 같은 점에서 보면 발행지는 지급지와는 달리 어음이 국제적으로 유통되는 경우에 발행국을 결정하는 표준이 되고 있음을 알 수 있다. 그러나 국제사법상 준거법을 결정하는 표준은 어음상에 기재된 발행지가 아니라 실제로 발행행위를 한 지(地)를 의미하므로, 이러한 점에 있어서는 어음상에 기재된 발행지는 단지 추정의 효력만이 있을 뿐이다.[2]

발행지의 의의가 위와 같다면 과연 발행지를 어음요건으로 할 필요가 있는지에 대하여($\frac{특히\ 어음이\ 국내에서}{만\ 유통되는\ 경우에}$) 의문이 제기되지 않을 수 없다.[3] 발행지의 기능이 위에서 본 바와 같이 어음행위의 준거법을 추정하는 효력밖에 없는 점, 비교법적으로 볼 때도 영미법계의 어음법에서도 발행지를 어음요건으로 규정하고 있지 않은 점 등에서 볼 때, 입법론으로서는 발행지를 어음요건에서 삭제하는 것이 타당하고, 해석론으로서는 발행지의 기재 없는 어음이라도 발행지가 어음행위의 준거법을 정하는 표준으로서 당사자에게 명백한 경우에는 유효한 어음이라고 해석하여야 할 것으

없는 점에 비추어 위 일자를 발행일로 보아야 한다).

1) 정(찬), 387면; 서·정, 161~162면; 정(동), 288면; 최(기), 309면; 강, 265면; 강, (어) 309면; 이(기), 103면 외. 이는 또한 독일의 통설·판례(BGHZ 53, 11)이기도 하다.

2) 동지: 정(동), 288면; 최(기), 300면.

3) 동지: 정(동), 288면.

로 본다.[1] 우리 대법원도 앞에서($^{백지어음에}_{관한 설명}$) 본 바와 같이 1998. 4. 23에 전원합의체 판결로써 종래의 판례를 변경하여 발행지가 기재되지 않은 어음이라도 그 어음이 국내어음임이 명백한 경우에는 유효한 어음이라고 판시하고 있다.[2]

(ⅱ) 표시방법　　　발행지의 기능이 위와 같으므로 발행지의 표시방법은 준거법의 단일·확정의 추정을 해하지 않는 한 어떠한 기재를 하여도 무방하다. 즉, 발행지의 표시는 최소독립행정구역일 필요는 없고($^{지급지의}_{표시방법과 구별}$), 좁게는 호텔명이나 선박명의 기재로부터 넓게는 한국이라는 기재도 적법하다(통설).[3] 또한 수 개의 발행지가 중첩적·선택적 또는 순차적으로 기재되어도 동일법역(法域)에 속하는 경우에는 준거법의 단일·확정의 추정을 해하는 것이 아니므로 유효하다.[4]

(ⅲ) 보　　　충　　　발행지가 적혀 있지 아니한 환어음은 무효가 되는 것이 아

---

1) 정(찬), 388면; 정(찬), (사례) 217~220면; 동, "어음·수표요건으로서의 「발행지」의 재검토," 「민사판례연구(Ⅶ)」, 143~148면. 동지: 양(승), (사례) 239~240면; 서울민사지판 1986. 6. 3, 85 나 2517; 김교창, "발행지의 기재 없는 어음,"「사법행정」, 1986. 7, 22면 이하.

2) 대판(전원합의체판결) 1998. 4. 23, 95 다 36466(공보 1998, 1338)[이 판결에 찬성하는 취지의 평석으로는 정찬형, 법률신문, 제2692호(1998. 5. 11), 14면; 최준선, 「판례월보」, 제333호(1998. 6), 39~46면이 있고, 반대하는 취지의 평석으로는 이기수, 법률신문, 제2694호(1998. 5. 18), 14 면; 최기원, 법률신문, 제2698호(1998. 6. 1), 14면이 있다].
　　수표에 관하여 이와 동지의 판례로는 대판(전원합의체판결) 1999. 8. 19, 99 다 23383(공보 1999, 1856).
　　참고로 발행지의 기재가 없는 수표도 부정수표단속법상의 수표라고 본 판례로는 대판(전원합의체판결) 1983. 5. 10, 83 도 340(교재, 판결례 [535])(그러나 같은 판결의 소수의견은 수표법상의 수표와 부정수표단속법상의 수표를 달리 볼 수가 없다고 하여 다수의견에 반대하고 있다) 참조.

3) 정(찬), 389면; 정(희), 141면; 서·정, 162면; 정(동), 289면; 최(기), 304면 외.
　　그러나 우리나라의 종래의 판례는 발행지의 기재도 지급지와 같이 최소독립행정구역임을 요하고, 다만 이는 어음상의 어디엔가 기재되어 있으면 발행지의 기재로 해석하여 넓게 인정하였다. 즉, 발행인의 명칭란에 「신라체인 점촌지점」 또는 「한남체인 상주슈퍼」라는 상호가 기재되어 있어도 유효한 발행지의 기재로 해석하였다[대판 1984. 7. 10, 84 다카 424·425(교재, 판결례 [517])].
　　이에 반하여 약속어음의 발행지(및 지급지)란에 '삼진기계'라는 업체의 상호표시만 기재되어 있다면 어음법상 요구되는 발행지(및 지급지)의 장소적 개념이 표현된 것이라고 할 수 없으므로 어음의 필요적 기재요건을 갖추었다고 보기 어렵다고 하였다(그러나 소지인에게는 위 업체가 소재한 지명을 보완·기재하여 유효한 어음을 완성하는 보충권이 있다고 하였다)[대판 1991. 7. 23, 91 다 8975(공보 904, 2225)].
　　그런데 발행지의 기재가 없다는 이유로 원심이 X(원고, 어음소지인)의 청구를 (무조건) 기각한 것에 대하여는, 발행지 기재흠결에 대한 Y(피고, 어음발행인)의 주장에 착안하여 이 점을 재판의 기초로 삼으려면 X로 하여금 이 점에 관하여 의견을 진술할 기회를 주었어야 할 것임에도 불구하고 이에 이르지 아니한 채 X가 명백히 간과한 것으로 인정되는 발행지에 관한 점을 재판의 기초로 삼아 당사자가 전혀 예측하지 못하였던 사유로 청구를 기각하였음은 당사자에게 법률사항에 관한 의견진술의 기회를 주지 아니한 것으로 위법하다고 하였다[대판 1995. 11. 14, 95 다 25923(신문 2445, 9)].

4) 동지: 서·정, 162면(중첩적 기재에 관하여); 정(동), 289면(중첩적 기재에 관하여).

니라, 구제규정이 있어 「발행인의 명칭에 부기한 지」가 발행지를 보충한다($\frac{어}{3호}$2조). 이 때에 「발행지가 적혀 있지 아니한 환어음」이라 함은 지급지의 기재가 없는 경우와 같이 환어음상에 발행지의 기재가 전혀 없거나 또는 어떠한 기재가 있어도 거래의 통념상 발행지의 기재로서 전혀 무의미한 경우뿐만 아니라, 발행지의 기재로서 부적법한 경우를 포함한다고 본다.[1]

　따라서 어음상에 발행지의 기재가 없어도 「발행인의 명칭에 부기한 지」의 기재만 있으면, 발행지가 기재되지 않음으로 인하여 그 어음이 무효가 되는 경우는 있을 수 없다. 문제는 어음상에 「발행지」의 기재가 없을 뿐만 아니라 「발행인의 명칭에 부기한 지」의 기재도 없는 경우에(그러나 그 어음이 한국에서 발행된 것이라는 점은 당사자간에 명백한 경우에), 발행지의 기재가 없음으로 그 어음을 무효로 하는 것이 발행지의 기능($\frac{준거법의}{정적\ 효력}$추)과 관련하여 볼 때 과연 타당한가 하는 점이다. 이에 대하여 우리 대법원은 종래에는 발행지의 어음요건을 엄격히 해석하여 「발행지 및 발행인의 명칭에 부기한 지의 기재마저 없는 본건 약속어음은 어음법 제76조에 의하여 어음요건의 흠결로서 약속어음으로서의 효력이 없다」고 판시하고,[2] 또한 「위와 같은 어음이 백지어음으로 추정되어 유통상에서는 완전한 어음과 동일하게 취급된다 하더라도 발행지의 보충 없이 한 권리행사에 대하여는, 권리행사 및 지급제시의 효력($\frac{권리보전절}{차의\ 효력}$)이 없다」고 판시하였으며,[3] 또한 약속어음($\frac{어}{3호}$76조) 및 수표($\frac{수}{3호}$2조)에서는 발행지가 지급지를 보충하는 규정을 두고 있는데 동 규정을 유추해석하여 지급지가 발행지를 보충할 수 있겠는가에 대하여는 「수표법 제 2 조 제 2 호에서 지급지의 기재가 없는 때에는 발행지에서 지급할 것으로 본다는 규정이 있다고 하여서, 반대로 발행지에 관하여 아무런 표시가 없는 때에는 지급지를 발행지로 보아야 하는 것은 아니다」라고 판시하였다.[4] 그러나 위에서 본 바와 같이 1998. 4. 23자 대법원 전원합의체판결은 이러한 종래의 판례를 변경하여 「어음면의 기재 자체로 보아 국내어음으로 인정되는 경우에 있어서는 발행지의 기재는 별다른 의미가 없는 것이고, 발행지의 기재가 없는 어음도 완전한 어음과 마찬가지로 유통·결제되고 있는 거래의 실정 등에 비추어, 그 어음면상 발행지의 기재가 없는 경우라고 할지라도 이를 무효의 어음으로 볼 수는 없다고

---

1) 정(찬), 389면.
2) 대판 1967. 9. 5, 67 다 1471(교재, 판결례 [226]·[251]·[252]). 동지: 대판 1976. 11. 23, 76 다 214(집 24 ③ 민 334); 동 1985. 8. 13, 85 다카 123(공보 761, 11); 동 1990. 5. 25, 89 다카 15540(공보 876, 1363).
3) 대판 1995. 9. 15, 95 다 23071(공보 1002, 3398).
4) 대판 1968. 9. 24, 68 다 1516(판총, 11-2, 1050-1).

할 것이다」고 판시하였다.[1]

(애) **발행인의 기명날인 또는 서명**　　　환어음의 발행에는 발행인(drawer[2]; Aussteller; tireur)의 기명날인 또는 서명이 있어야 하는데($^{9\,1조}_{8호}$), 이러한 기명날인 또는 서명은 모든 어음행위에 공통된 필수불가결의 요건이다. 그런데 모든 어음행위에 공통된 요건인 기명날인 또는 서명에 대하여는 총론에서 이미 상세히 설명하였으므로 이곳에서는 이에 관한 설명은 생략하고, 발행인의 기명날인 또는 서명의 장소와 발행인이 수 인 있는 경우의 공동발행에 대해서만 설명하겠다.

① 기명날인 또는 서명의 장소　　　발행의 기명날인 또는 서명의 장소에 대하여 통설은 반드시 어음 자체에 하여야 하고 이에 결합한 보충지 또는 등본에는 할 수 없다고 하는데,[3] 타당하다고 본다.[4]

② 공동발행

(ⅰ) 의　　　의　　　어음의 발행인은 1인의 경우가 보통이지만 수 인인 경우도 있다. 수 인의 발행인이 있는 경우에도 여러 형태가 있을 수 있는데, 공동발행의 가장 전형적인 표시방법은 「공동발행인 갑 및 을」의 형식이다. 그런데 발행인의 단순한 중첩적 기재($^{발행인\,갑}_{및\,을}$)도 공동발행으로 해석되고 있다(통설).[5] 그러나 발행인의 선택적 기재($^{발행인\,갑}_{또는\,을}$)나 순차적 기재($^{제1\,발행인\,갑}_{제2\,발행인\,을}$)는 어음관계의 단순성을 해하므로 인정될 수 없다고 본다(통설).[6] 수 인의 발행인의 기명날인 또는 서명이 단순히 열기되어 있는 경우($^{발행인\,갑,}$)에는($^{이러할\,경우가}_{오히려\,많음}$) 발행인의 중첩적 기재로 보아 공동발행을 인정할 수 있다고 본다.[7]

---

1) 대판 1998. 4. 23, 95 다 36466(공보 1998, 1338). 동지: 정(찬), 334면, 335면; 정(찬), (사례) 217~220면; 양(승), (사례) 239~240면.

2) 영미에서는 환어음의 발행인을 「drawer」라고 하고, 약속어음의 발행인을 「maker」라고 하여 양자를 구별하고 있다[U. C. C. § 3-105; B. E. A. §§ 21(1), 83(1)].

3) 정(희), 125면; 서·정, 163면; 교재, 306면; 정(동), 279면; 이(범), 316면; 강, 583면; 강, (어) 309면; 정(무), 393면; 주석, 149면; 주어, 78면 외.
　　반대: 손(주), 192면(보충지는 어음의 일부가 되므로 보충지에 발행인의 기명날인 또는 서명이 있어도 기본어음으로서 불확실하거나 의의〈疑義〉가 생길 일은 없으므로 보충지에 발행인이 기명날인 또는 서명한 어음도 유효하다고 한다).

4) 정(찬), 391면; 정(찬), (사례) 26면, 268면.

5) 정(찬), 391면; 정(동), 279면; 주석, 152면; 교재, 289면, 305면 외.

6) 정(찬), 391면; 정(동), 279면; 주석, 153면; 교재, 289면, 305면; 강, 249면; 강, (어) 283면 외.
　　그러나 이를 인정하는 견해로는 최(기), 674면(어음소지인에게 선택권이 있는 것으로 보아 유효라고 함); 서(정), 139면.

7) 동지: 주석, 153면. 이를 소지인에게 유리한 선택적 기재로 보아 공동발행을 인정하는 견해로는 최(기), 674~675면; 서(정), 139면.

이렇게 볼 때 최광의의 공동발행이란 「어음상에 수 인의 발행인이 기재된 경우」를 의미하고, 광의의 공동발행이란 「어음상에 수 인이 공동발행인으로서 기재되거나 또는 단순한 발행인으로서 중첩적으로 기재된 경우」를 의미하며, 협의의 공동발행이란 「어음상에 수 인이 공동발행인으로서 기재된 경우」를 의미한다고 볼 수 있다. 일반적으로 어음의 공동발행이란 광의의 공동발행을 의미한다.

공동지배인($\substack{상\\12조}$) 또는 공동대표이사(업무집행사원)($\substack{상\ 208조,\ 269조,\ 389조\\2항·3항,\ 562조\ 3항·4항}$) 등이 어음을 발행하는 경우에는 반드시 공동으로 하여야 하는데, 이 때에는 공동지배인 또는 공동대표이사(업무집행사원)임을 표시하고 기명날인 또는 서명하여야 한다. 그런데 이 때 어음채무를 부담하는 자는 본인 또는 회사이므로, 이 경우는 위에서 본 공동발행과는 다르다고 볼 수 있다. 그러나 어음행위를 하는 형식에서는 유사하게 볼 수 있다.

(ⅱ) 책임의 성질   공동발행인은 각자 독립하여 기본어음을 내용으로 하는 어음행위($\substack{수 개의\\어음행위}$)를 하였기 때문에, 어음행위의 독립성·어음의 문언증권성·불가분성 등의 결과 각자가 어음금액의 전부를 지급할 의무를 부담하는 합동책임을 진다($\substack{어\ 47조\ 1항\\유추적용}$)(통설[1]·판례[2]).

이와 같이 공동발행인의 책임을 합동책임으로 보는 경우 그러한 합동책임이 연대채무와 구별되는 점은, (ⅰ) 공동발행인 중의 1인에 대한 청구는 다른 공동발행인에게 영향이 없고($\substack{민\\와\ 비교}$416조), (ⅱ) 공동발행인 중의 1인에 대한 시효의 완성·시효의 중단·경개·상계 등은 다른 공동발행인에게 영향이 없으며($\substack{민\ 417조~\\421조와\ 비교}$), (ⅲ) 공동발행인간에 채무의 부담부분이 없고[3]($\substack{민\ 424조와\\비교}$), (ⅳ) 약속어음의 경우 배서인에게 상환청구(소구)권을 행사하려면 공동발행인 전원에 대해 지급제시하고 또 지급거절이 되어야 한다는 점이다.[4] 그러나 공동발행인은 동일한 목적을 위해 존재하는 것이므로 공동발행인 중 1인의 변제(지급)는 모든 공동발행인의 채무를 면하게 한다.[5]

(ⅲ) 기명날인 또는 서명의 장소   공동발행인의 기명날인 또는 서명의 장

---

1) 정(찬), 392면; 정(희), 125면, 142면; 서·정, 163~164면; 교재, 289면 305~306면; 정(동), 279~280면; 최(기), 313면; 강, (어) 284면; 주석, 153면 외.

2) 대판 1970. 8. 31, 70 다 1360(교재, 판결례 [19]). 동지: 日最高判 1961. 7. 31(民集 15-7, 1982).

3) 공동발행인간의 채무의 부담부분은 어음관계에서는 없지만 어음 외의 실질관계에서는 존재하므로, 공동발행인 중의 1인이 변제한 때에는 민법의 연대채무에 관한 규정(민 425조)에 의하여 다른 공동발행인에게 구상할 수 있다고 본다[동지: 정(동), 367면; 주석, 153면].

4) 동지: 정(희), 125면, 142면; 교재, 306면; 정(동), 280면; 주석, 153면 외.

5) 동지: 정(희), 142면; 정(동), 280면.

소도 1인의 어음발행인의 기명날인 또는 서명의 경우와 같이 어음 자체에 하여야 하고, 보충지 또는 등본에 할 수 없다(통설).[1] 따라서 공동발행인 중의 일부만이 어음상에 기명날인 또는 서명하고 다른 공동발행인은 보충지에 기명날인 또는 서명한 경우에는, 보충지에 기명날인 또는 서명한 발행인은 보증인으로서 어음상의 책임을 부담할 수는 있어도($\substack{어\\1항}$31조), 공동발행인으로서 어음상의 책임을 부담할 수는 없다고 본다.

이와 유사하게 공동지배인 또는 공동대표이사(업무집행사원)의 경우에도 전원이 모두 어음 자체에 기명날인 또는 서명을 하여야 하고, 그 중 일부가 보충지에 기명날인 또는 서명한 경우에는 어음발행의 효력이 없으므로 본인 또는 회사는 어음상의 책임을 부담하지 않는다고 본다.[2]

이와 관련하여 조합의 대표조합원이 그 대표자격을 표시하고 어음발행인으로서 기명날인 또는 서명한 경우($\substack{예컨대,\\대표 A}$$\substack{Y조합\\\fbox{A의 인}}$)에는, 대표조합원은 다른 조합원을 대리하여 기명날인 또는 서명한 경우로서 비록 전 조합원의 기명날인 또는 서명이 없다 할지라도 전 조합원의 기명날인 또는 서명이 표시되어 있는 경우와 같이 전 조합원은 어음의 공동발행인으로서 합동책임을 부담한다.[3]

(ⅳ) 기명날인 또는 서명의 시기　　어음이 발행되어 유통되고 있는 동안에 동 어음의 발행인란에 추가로 기명날인 또는 서명한 자가 있는 경우에, 이의 기명날인 또는 서명을 공동발행으로 볼 것인가 또는 어음보증으로 볼 것인가의 문제가 있다. 이에 대하여 어음의 공동발행은 1개의 행위로서 동시에 행하여지는 것이라고 보는 입장에서는 이를 어음보증이라고 보나,[4] 앞에서 본 바와 같이 공동발행은 각각 독립하여 행하여지는 수 개의 어음행위라고 볼 수 있으므로 이를 공동발행으로 보아 각 발행인은 합동책임을 부담한다고 본다.[5]

(ⅴ) 공동발행과 어음보증　　어음용지의 앞면에 (발행인란으로 표시되어 있는 장소에) 기명날인자 또는 서명자의 자격을 표시하는 기재가 없이 단순히 수 개의 기명날인 또는 서명이 존재하는 경우에, 이를 공동발행으로 볼 것인가 또는 이 중 일부를 어음보증으로 볼 것인가의 문제가 있다. 보증의 방식에 대하여 규정한 어음법

1) 정(찬), 392면; 정(희), 125면; 서·정, 163면; 정(동), 280면; 강, 295면; 강, (어) 282면 외.
2) 이에 관한 상세는 정(찬), (사례) 26면 참조.
3) 대판 1970. 8. 31, 70 다 1360(교재, 판결례 [19]). 동지: 정(희), 142면; 서·정, 163~164면.
4) 上柳, 「法學論叢」, 1966. 2, 103면.
5) 동지: 정(동), 282면; 日最高判 1964. 4. 21(民集 18-4, 552).

제31조 3항은 「지급인 또는 발행인이 아닌 자가 어음표면에 한 단순한 기명날인 또는 서명은 보증으로 본다」고만 규정하여 발행인·지급인 이외의 자의 기명날인 또는 서명이 있는 경우에 대하여만 규정하고 있을 뿐, 발행인의 기명날인 또는 서명인지 또는 보증인의 기명날인 또는 서명인지 불분명한 경우에 대하여는 규정이 없다. 따라서 이 때에 누구의 기명날인 또는 서명을 발행인의 기명날인 또는 서명으로 볼 것인지에 대하여는 공동발행인설(통설)[1]·초두(初頭)기명날인 또는 서명한정설[2]·당좌거래기준설[3]·소지인선택권설[4] 등이 있다.

위의 어느 견해를 취하느냐에 따라 기명날인 또는 서명의 형식적 하자에 따른 어음의 효력·기명날인자 또는 서명자 상호간의 구상관계·거래정지처분의 대상 등에서 차이가 있으나,[5] 공동발행인설이 타당하다고 본다.[6] 따라서 1인의 기명날인 또는 서명에 형식적 하자가 있어도 다른 기명날인 또는 서명이 유효하면 동 어음은 유효이고 그 기명날인자 또는 서명자는 발행인으로서 어음상의 책임을 지고, 기명날인자 또는 서명자 상호간의 구상관계는 어음관계에서는 없고 실질관계에서만 존재하며, 동 어음이 부도가 된 경우에는 모든 기명날인자 또는 서명자가 발행인으로서 거래정지처분을 받는다.

2) 약속어음

(가) 약속어음요건이 환어음요건과 구별되는 점으로, 환어음에는 있으나 약속어음에는 없는 것으로는 「지급인의 명칭」이 있다. 이는 발행인 자신이 지급인을 겸하고 있는 약속어음의 성질에서 오는 당연한 결과이다. 또한 약속어음의 성질에서 오는 당연한 결과로서 어음문구가 「약속어음임을 표시하는 글자」이어야 하고($어 \frac{75조}{1호}$), 지급위탁이 아니라 「지급약속」으로 기재되어야 한다($어 \frac{75조}{2호}$).

(나) 약속어음에서 지급인이 없다고 하여 지급지가 없는 것은 아니다. 「지급지」는 약속어음의 어음요건($어 \frac{75조}{4호}$)으로서 반드시 기재되어야 한다. 환어음에서는 지급지를 보충하는 지가 「지급인의 명칭에 부기한 지」인데($어 \frac{2조}{2호}$), 약속어음에서는 지급

---

1) 정(희), 375~376면; 정(동), 281면; 최(기), 676면(은행발행 어음용지와 시중에서 판매하는 어음용지를 구별하여 설명하고 있는데, 법률효과의 차이를 설명하는 데 있어서 양자를 구별하여 설명할 필요는 없다고 본다); 강, 296면; 강, (어) 284면; 주석, 154면 외.

2) 日最高判 1956. 4. 27(民集 10-4, 459); 日東京地判 1953. 5. 21(判決タイムス 31, 86).

3) 神崎克郎, "手形の共同發行と手形保證,"「手形研究」, 62호, 31면 이하; 河本一郎, "手形表面に並記된 複數署名의 效力(2),"「手形研究」, 12호, 6면 이하.

4) 日東京地判 1966. 9. 13(週金判 30, 18); 鈴木·大隅, 講座(2), 98면.

5) 이에 관한 상세는 정(동), 281면; 최(기), 675면; 주석, 153면 등 참조.

6) 정(찬), 394~395면.

인이 없기 때문에 「발행지」가 지급지를 보충하고 또한 지급을 하는 발행인의 주소
지로 간주된다($\frac{어}{2호}$76조). 따라서 약속어음에서 「지급지」및 「발행지」의 기재가 없는
때에도 「발행인의 명칭에 부기한 지」의 기재가 있는 경우에는, 그러한 「발행인의
명칭에 부기한 지」는 발행지를 보충하고($\frac{어}{3호}$76조), 그 발행지는 다시 지급지를 보충하
게 되어($\frac{어}{2호}$76조) 동 어음은 유효한 어음이 된다.

그런데 이 때 「발행인의 명칭에 부기한 지」의 기재가 없고, 「지급장소」의 기
재만이 있는 경우에는 어떠한가. 이에 대하여는 지급장소가 지급지를 보충한다고
보는 견해도 있으나,[1] 지급장소는 지급지를 보충할 수 없으므로 동 어음은 지급지
의 기재가 없음으로 인하여 무효가 된다고 본다.[2]

(대) 약속어음에는 인수제도가 없고 발행인($\frac{겸}{지급인}$)이 발행시부터 인수한 것과 같
으므로, 발행 후에 인수제시의 결과에 의하여 만기가 결정되는 일람후정기출급어음
의 만기의 기산점에 대하여 환어음의 그것과 달리 규정하지 않을 수 없다. 따라서
일람후정기출급어음의 만기의 기산점이 환어음의 경우는 인수한 날짜 또는 거절증
서의 날짜이나($\frac{어}{1항}$35조), 약속어음의 경우는 「발행인이 어음에 일람하였다는 내용을
적고 날짜를 부기하여 기명날인하거나 서명한 날」이다($\frac{어}{2항\ 2문}$78조). 이 때에 어음소지인
은 발행인에 대하여 발행한 날부터 1년 내에 일람을 위하여 그 어음을 제시하여야
하고($\frac{어}{2항\ 1문}$78조), 발행인이 이 때 일람 사실과 날짜의 기재를 거절한 경우에는 거절증서
로써 이를 증명하여야 한다($\frac{어}{2항\ 3문}$78조).

(라) 약속어음의 발행인은 환어음의 발행인과 지급인의 자격을 겸하고 있는 자
(자기앞환어음)에 해당하므로, 약속어음에서 발행인과 수취인의 자격을 겸하는 자기
지시약속어음은 환어음에서 발행인·지급인·수취인의 3당사자의 자격을 겸하는 환

---

1) 정(희), 137면(지급장소의 기재에 의하여 지급지가 인정될 수 있다고 함); 대판 2001. 11. 30,
2000 다 7387(공보 2002, 165)(어음면상 지급지에 관한 특별한 표시가 없다 할지라도 거기에 지
급장소의 기재가 있고 그것이 지의 표시를 포함하고 있어 그로부터 지급지에 해당하는 일정 지역
이 추지될 수 있는 경우에는 지급지의 기재가 이에 의하여 보충되는 것으로 볼 수 있다고 할 것이
다. 따라서 이 사건 약속어음에는 지급장소로서 '중소기업은행 능곡지점'이라고 표시되어 있음을
알 수 있는바, 위 지급장소의 기재 중에는 '능곡'이라는 지역 이름이 포함되어 있고, 위 기재로부
터 능곡 혹은 능곡이 소재하고 있는 경기 고양시가 지급지에 해당하는 것을 쉽게 알 수 있다고 할
것이므로, 이러한 경우에 약속어음상의 지급지란 자체는 백지라고 할지라도 위 지급장소의 기재에
의하여 지급지가 보충되었다고 봄이 상당하다).
2) 정(찬), 395면. 이 때 발행지의 기재가 없는 점에 대하여도 동 어음이 무효가 되는 것으로 생각
될 수도 있으나(어 75조 6호 후단, 76조 3호), 앞에서 본 바와 같이 동 어음의 발행지가 당사자간
에 있어서 한국인 것이 명백한 경우에는 발행지의 기재가 없어도 이를 유효로 볼 수 있으므로(동
지: 대판 1998. 4. 23, 95 다 36466), 이는 지급지의 기재가 없음으로 어음이 무효가 되는 점과
구별된다.

어음과 같은데, 이러한 자기지시약속어음이 인정될 수 있을 것인가의 문제가 있다. 이에 대하여는 이를 부정하는 소수설도 있으나[1]($\frac{소극설}{무효설}$ 또는), 3당사자의 자격을 겸하는 환어음이 인정되는 것과 같이 이를 긍정하는 통설[2]($\frac{적극설}{유효설}$ 또는)이 타당하다고 생각한다.[3]

3) 수　표

(가) 수표요건이 환어음요건과 구별되는 것으로, 환어음요건에는 있으나 수표요건에는 없는 것으로는 「만기」와 「수취인」의 기재이다. 수표는 어음과는 달리 신용증권이 아니고 지급증권인 성질상 만기가 없고 언제나 일람출급이며($\frac{수 28조}{1항 1문}$), 수표의 일람출급성에 반하는 모든 문구는 적지 아니한 것으로 본다($\frac{수 28조}{1항 2문}$)(무익적 기재사항). 또한 수표는 단기간 내에 결제되는 지급증권인 성질상 「수취인」의 기재가 수표요건이 아니어서 소지인출급식수표($\frac{수 5조}{1항 3호}$), 무기명식수표($\frac{수 5조}{3항}$) 또는 지명소지인출급식수표($\frac{수 5조}{2항}$)가 인정된다. 그러나 기명식 또는 지시식의 수취인의 기재는 유효하다($\frac{수 5조}{1항 1호}$)(유익적 기재사항).

그 밖의 수표요건은 환어음요건과 공통되는데, 수표임으로 인한 당연한 결과로서 어음문구 대신에 수표의 본문 중에서 「수표임을 표시하는 글자」(수표문구)를 기재하여야 한다($\frac{수 1조}{1호}$).

(나) 수표에 수표요건으로서 「지급인의 명칭」을 기재하여야 하는 것은($\frac{수 1조}{3호}$) 환어음의 경우와 같으나($\frac{어 1조}{3호}$), 수표의 지급인은 수표를 제시한 때에 발행인이 처분할 수 있는 자금이 있는 「은행」[4]으로 제한되어 있는 점($\frac{수 3조}{본문}$)은 환어음의 경우와 다르다.

(다) 수표에는 지급인이 있으므로 지급지의 기재가 없는 때에는 「지급인의 명칭에 부기한 지」가 지급지를 보충하는 점($\frac{수 2조}{1호}$)은 환어음의 경우($\frac{어 2조}{2호}$)와 같다. 만일 지급인의 명칭에 여러 개의 지를 부기한 경우에는 수표의 맨 앞에 적은 지가 지급지를 보충하고($\frac{수 2조}{1호}$), 지급인의 명칭에 부기한 지나 그 밖의 다른 표시가 없는 경우

---

1) 박(원), 594면. 동지: 日大判 1930. 11. 6; 同 1903. 10. 10(民錄 9, 1097) 등.

2) 서·정, 277~278면; 손(주), 382면; 정(동), 276면; 최(기), 312면 외.

3) 정(찬), 397면.

4) 이 때 「은행」이라 함은 법령에 따라 은행과 같은 것으로 보는 사람 또는 시설을 포함하는 것으로(수 59조), 「수표법 적용 시 은행과 동일시되는 사람 또는 시설의 지정에 관한 규정」(2016. 10. 25, 대통령령 27556호)에 의하여 우체국·지역농업협동조합·지역축산업협동조합·품목별·업종별 협동조합·지구별 수산업협동조합·업종별 수산업협동조합·수산물가공 수산업협동조합·새마을금고중앙회·상호저축은행중앙회·신용협동조합중앙회이다.

에는 제2차로 발행지가 지급지를 보충하는 점($\frac{수}{2호}$ 2조)은 환어음의 경우와 구별된다. 수표의 지급인은 은행이므로 지급인의 명칭에 부기한 지가 실제로 거의 없으므로, 지급지의 기재가 없는 경우에는 발행지가 지급지를 보충하는 경우가 많다.

  (3) 유익적 기재사항

  어음의 유익적 기재사항이란 어음 자체의 효력을 좌우하는 어음요건은 아니나, 어음에 기재함으로써 이에 상응하는 어음상의 효력이 발생하는 기재사항을 말한다. 이러한 어음의 유익적 기재사항에는 먼저 어음법에 규정되어 있는 사항이 있다.

  어음법에 규정되어 있지 않은 사항에 대하여도 유익적 기재사항을 인정할 것인가에 대하여는 긍정설[1]과 부정설[2]이 있는데, 긍정설이 타당하다고 본다.[3] 따라서 이렇게 보면 유익적 기재사항에는 어음법에 규정이 있는 사항과, 어음법에 규정이 없는 사항으로 분류될 수 있다.

  이하에서는 환어음·약속어음 및 수표의 이러한 유익적 기재사항에 대하여 설명하겠다.

  1) 환 어 음

  ⑺ 어음법에 규정이 있는 사항

  ① 지급인의 명칭에 부기한 지($\frac{어}{2호}$ 2조)   지급지를 보충하고, 지급인의 주소로 본다.

  ② 발행인의 명칭에 부기한 지($\frac{어}{3호}$ 2조)   발행지를 보충한다.

  ③ 지급담당자 또는 지급장소(제3자방지급문언)[4]($\frac{어}{27조}$ 4조)

  (ⅰ) 의   의   환어음의 발행인 또는 지급인은 동 어음이 지급인의 영업소 또는 주소 이외에서 지급될 수 있도록 지급담당자 또는 지급장소를 기재할 수 있는데, 이를 제3자방지급문언이라고 하고, 이러한 어음을 제3자방지급어음 (Drittzahlerwechsel, Domizil- und Zahlstellenwechsel) 또는 타소지급어음이라고 한다. 「지급담당자」(Zahlungsleister)라 함은 지급인 또는 인수인에 갈음하여 지급사무만을 집행하는 자로서 이는 인적 관념이고, 「지급장소」(Zahlstelle)라 함은 지급인

---

1) 정(희), 144면; 정(동), 295면; 서(정), 145면; 강, 280면; 강, (어) 310면; 대판 1986. 3. 11, 85 다카 1600(어음보증에 기재한 조건에 대하여); 대판 1986. 3. 25, 84 다카 2438(어음보증에 기재한 조건에 대하여) 외.

2) 손(주), 218면; 최(기), 321면.

3) 정(찬), 398면.

4) 이에 관한 상세는 강위두, "제3자방지급어음," 「상사법의 현대적 과제」(춘강손주찬박사화갑기념)(박영사, 1984), 507면 이하 참조.

또는 인수인이 어음의 지급을 하여야 할 장소로서 이는 장소적 관념인데, 실제로 이 양자는 거의 구별되지 않고 합친 개념으로 사용되고 있다. 어음법에서도 이 양자를 엄격히 구별하지 않고 합친 개념으로「제 3 자방」($\frac{4조,\ 22조}{2항,\ 27조\ 1항}$) 또는「지급장소」($\frac{어\ 27조}{2항}$) 등으로 표현하고 있다. 지급담당자 또는 지급장소는 보통 은행($\frac{또는\ 이와}{사람이나}\frac{동시되는}{시설}$)이다.

제 3 자방지급어음은 동지(同地)지급어음 및 타지(他地)지급어음의 어느 어음에서도 가능한 것으로서, 타지지급어음과 구별되는 점은 이미 설명하였다. 제 3 자방지급어음에 있어서는 원칙적으로 제 3 자($\frac{지급담당자로}{서\ 보통\ 은행}$)가 그 주소에서 지급하나, 지급인 자신이 제 3 자의 주소에서 직접 지급하여도 무방하다.[1]

이러한 제 3 자방지급문언의 기재의 실익은 첫째로 어음의 지급을 용이하게 하고($\frac{특히\ 타지지급}{어음에\ 있어서}$), 둘째로 어음의 결제절차를 간편하게 하며($\frac{특히\ 환어음의\ 지급인이\ 자기의\ 채}{무자를\ 지급담당자로\ 지재한\ 경우}$), 셋째로 어음의 추심 또는 할인을 용이하게 한다[2]($\frac{특히\ 지급인이\ 자기의\ 거래은행을}{지급장소로\ 기재한\ 경우}$).

(ⅱ) 기재권자　　발행인 또는 지급인이다. 그러나 지급인은 동지지급어음의 경우와($\frac{어\ 27조}{2항}$), 타지지급어음의 경우에는 발행인이 아직 제 3 자방지급문언을 기재하지 않은 경우에 한하여($\frac{어\ 27조}{1항\ 1문}$) 인수를 할 때에 제 3 자(지급장소)를 기재할 수 있다. 기재권자가 아닌 자가 제 3 자방지급문언을 기재한 경우에는 어음의 변조가 된다. 그러나 발행인 또는 지급인은 제 3 자방지급문언을 기재한 후에도 어음소지인과의 합의에 의하여 이를 변경할 수 있다고 본다.[3]

(ⅲ) 기재방법　　보통은「지급장소: 한국외환은행 종로지점」또는「지급장소: 서울특별시 종로구 이화동 27 김갑돌 댁」등과 같이 특정한 장소와 특정한 제 3 자인 사람을 함께 표시한다. 이러한 지급장소는 지급지 내이어야 하나,[4] 지급인의 주소지에 있거나 다른 지에 있음을 불문한다($\frac{어}{4조}$). 지급담당자(제 3 자)는 적어도 어음의 기재상 지급인과는 다른 사람이어야 하나, 실질상은 동일인이라도 무

1) 동지: 서 · 정, 166면.
2) 이에 관한 상세는 강위두, 전계논문, 510면; 채, 247면 등 참조.
3) 동지: 정(동), 298~299면.
　　반대: 大森,「手形小切手判例百選(新版)」, 222면.
4) 동지: 지급지 외의 장소를 지급장소로 기재한 경우에는 그 기재는 무효이다[대판 1970. 7. 24, 70 다 965(집 18 ② 민 193)]. 따라서 어음소지인이 이러한 지급장소에서 지급제시하여도 지급제시의 효력이 없다고 보아야 할 것이다[日大判 1924. 12. 5(교재, 판결례 [244])]. 그러나 이 때에 지급지 외의 지급장소가 기재된 어음에 스스로 기명날인 또는 서명한 발행인이나 배서인이 위 지급제시의 무효를 주장하는 것은 금반언칙에 의하여 허용되지 않는다고 보는 견해도 있다[정(동), 299면; 日東京地判 1960. 9. 16(下裁民集 11, 1921)].

방하다.[1]

(iv) 기재의 효력

(a) 지급담당자는 지급인에 갈음하여 어음금액을 지급하고 또 이를 거절할 수 있는 법률상의 지위를 갖기 때문에, 지급담당자가 지급을 하면 어음관계는 종국적으로 소멸되고, 지급담당자가 지급을 거절하면 그가 거절자로 되어 지급거절증서가 작성된다(거령 3조 1항 1호–2호). 한편 어음소지인은 지급담당자에게 지급제시를 하여야 지급제시의 효력이 발생하고, 지급인에 대하여 어음을 제시하여도 지급제시의 효력이 발생하지 않아 전자에 대한 상환청구(소구)권을 행사할 수 없다.[2]

보통 지급장소는 지급담당자를 포함하는데(예컨대, 지급장소가 「한국외환은행 종로지점」이면, 한국외환은행이 지급담당자이고, 한국외환은행 종로지점이 순수한 지급장소가 된다), 지급장소가 인적 개념은 없고 순수한 장소적 개념만을 의미하면 그 장소에서 지급인 자신이 지급하는 뜻으로 보아 어음소지인은 그 장소에서 지급인에 대하여 지급제시를 하고 또 그 지급인에 대하여 지급거절증서를 작성하여야 한다.

(b) 지급담당자가 지급을 하여도 그는 어음상의 권리를 취득하지 못한다. 지급담당자가 지급한 후에 지급인에 대하여 어떠한 권리를 갖느냐의 문제는, 어음 외의 법률관계로서 준자금관계가 존재한다고 볼 수 있다.[3]

지급인이 인수한 후에는 지급담당자는 어음소지인에 대하여 지급할 의무를 부담하나, 지급인이 인수하기 전에는 지급담당자는 지급인의 특별한 위탁이 없는 한 어음소지인에 대하여 지급할 의무를 부담하지 않는다.[4] 따라서 지급인이 인수하기 전에 지급담당자가 지급한 경우에는, 지급인의 특별한 위임이 없는 한 지급담당자는 지급인에 대하여 보상을 청구할 수 없고 발행인에 대하여 구상할 수밖에 없다.[5]

(v) 지급제시기간 경과 후의 제3자방기재문언의 효력　　어음소지인은 지급제시기간 경과 후에도 지급담당자에게 지급제시하여야 주채무자로부터 지급받을 수 있는지 의문이다. 생각건대 지급지 및 제3자방지급문언은 지급제시기간 내에

---

1) 동지: 서·정, 166면.

2) 인수제시는 반드시 지급인에게 하여야 하고, 지급담당자에 대한 인수제시는 그 효력이 없다[동지: 정(희), 166면; 서·정, 211면 외].

3) 동지: 강위두, 전게논문, 517면.

4) 동지: 대판 1993. 8. 24, 92 다 35424(공보 954, 2579)(지급장소를 은행으로 하여 발행한 이른바 은행도 약속어음에서 발행인이 지급장소로 기재한 거래은행은 어음소지인에 대하여 약속어음금의 지급의무 또는 그 약속어음금의 지급과 관련한 어떠한 주의의무를 진다고 할 수 없으므로, 그 은행이 어음발행인의 요청에 따라 〈예금부족으로〉 지급거절을 하였다고 하여 은행의 그와 같은 행위가 곧 불법행위를 구성한다고 보기는 어렵다).

5) 동지: 강위두, 전게논문, 517면.

어음이 지급제시될 것을 전제로 하여 규정된 것으로 볼 수 있으므로, 지급제시기간이 경과하면 지급지 및 제 3 자방지급문언은 그 의미를 잃는다고 본다. 따라서 지급제시기간이 경과하면 어음소지인은 지급지의 내외를 불문하고 주채무자의 영업소 또는 주소에서 지급제시하여 지급받을 수 있다고 본다.[1]

④ 이자문언($\frac{어}{5조}$)　　어음법은 일람출급 또는 일람후정기출급의 어음에만 이자약정의 문언을 기재할 수 있도록 규정하고 있다($\frac{어}{1항}\frac{5조}{1문}$). 이 때에는 이율을 어음에 기재하여야 하고, 이율의 기재가 없으면 이자의 금액을 계산할 수 없기 때문에 이자약정의 문언을 기재하지 아니한 것으로 본다($\frac{어}{2항}\frac{5조}{}$). 이러한 이자의 기산일은 특약이 없으면 어음을 발행한 날이다($\frac{어}{3항}\frac{5조}{}$). 이자의 종기는 만기인데, 만기 이후에는 연 6분의 이율에 의한 법정이자($\frac{어}{1항}\frac{48조}{2호}$)가 약정이자에 갈음하여 발생한다.

확정일출급 또는 발행일자후정기출급의 어음에 있어서는 만기일을 발행한 날부터 확정할 수 있어 이자를 미리 계산하여 어음금액에 산입할 수 있으므로 이자문언을 기재할 필요가 없고, 또 기재하여도 어음상의 효력이 발생하지 아니한다($\frac{어}{5조}\frac{1항}{2문}$)(무익적 기재사항).

⑤ 인수무담보문언($\frac{어}{2항}\frac{9조}{1문}$)　　환어음의 발행인은 인수를 담보하지 아니한다는 내용을 어음에 기재할 수 있다.

⑥ 배서금지문언($\frac{어}{2항}\frac{11조}{}$)　　환어음의 발행인은 배서금지(지시금지)의 문언을 기재할 수 있는데, 이러한 어음을 배서금지어음이라고 한다.

⑦ 인수제시의 명령 또는 금지문언($\frac{어}{22조}$)　　환어음의 발행인($\frac{또는}{배서인}$)은 인수를 위하여 어음을 제시하여야 할 내용을 어음에 기재할 수 있고(인수제시명령문언), 환어음의 발행인은 인수를 위한 어음의 제시를 금지한다는 내용을 어음에 기재할 수 있다(인수제시금지문언).

⑧ 인수제시기간의 단축 또는 연장의 기재($\frac{어}{2항}\frac{23조}{}$)　　일람후정기출급어음의 인수제시기간은 원칙적으로 발행한 날부터 1년인데, 발행인은 이 기간을 단축 또는 연장하여 어음에 기재할 수 있다.

⑨ 지급제시기간의 단축 또는 연장의 기재($\frac{어}{1항}\frac{34조}{}$)　　일람출급어음의 지급제시기간은 원칙적으로 발행일부터 1년인데, 발행인은 이 기간을 단축 또는 연장하여

---

1) 동지: 강위두, 전게논문, 519~520면; 정(동), 392면; 大隅·河本, 639면.
　　반대: 日大判 1932. 7. 26(지급제시기간 경과 후에도 제 3 자방지급문언은 여전히 유효하다고 한다); 日最高判 1967. 11. 8(民集 21-9, 2300)(지급제시기간 경과 후에는 제 3 자방지급문언은 효력을 상실하나, 지급지의 기재는 여전히 유효하다고 한다).

어음에 기재할 수 있다($^{배서인은\ 그\ 기간을}_{단축만을\ 할\ 수\ 있다.}$).

⑩ 일정기일 전의 지급제시금지문언($^{어}_{2항}$^{34조}) 일람출급어음의 발행인은 일정한 기일 전에는 그 어음의 지급을 받기 위한 제시를 금지한다는 내용을 기재할 수 있다.

⑪ 준거세력의 지정($^{어}_{4항}$^{37조}) 발행지와 지급지의 세력이 다른 경우에 발행인은 준거할 세력을 지정할 수 있다.

⑫ 외국통화 환산율의 지정($^{어\ \ 41조}_{2항\ 단서}$) 어음금액이 외국통화인 경우에 발행인은 어음에 외국통화의 환산율을 기재할 수 있다.

⑬ 외국통화 현실지급문언($^{어}_{3항}$^{41조}) 어음금액이 외국통화인 경우에 발행인은 어음에 특종의 통화로 지급할 뜻(외국통화현실지급문언)을 기재할 수 있다.

⑭ 거절증서작성면제(무비용상환)문언($^{어}_{46조}$) 환어음의 발행인($^{배서인\ 또는}_{보증인}$)은 어음에 거절증서작성면제(무비용상환)문언을 기재하여 거절증서의 작성 없이 상환(소구)의무를 부담한다.

⑮ 역어음 발행금지문언($^{어}_{1항}$^{52조}) 상환(소구)의무자인 발행인은 역어음 발행금지문언을 어음에 기재하여 역어음에 의한 상환(소구)의무를 면한다.

⑯ 예비지급인의 지정($^{어}_{1항}$^{55조}) 환어음의 발행인($^{배서인\ 또는}_{보증인}$)은 어음에 예비지급인을 기재할 수 있다.

⑰ 복본 번호의 기재($^{어}_{2항}$^{64조}) 환어음의 발행인이 환어음을 동일한 내용의 수 통으로 발행하는 경우에는 어음의 본문 중에 번호를 기재하여야 하는데, 이를 기재하지 않으면 각각 독립한 환어음으로 간주된다.

⑱ 복본 불발행문언(단일어음문언)($^{어}_{3항}$^{64조}) 환어음의 발행인은 복본 불발행문언을 기재할 수 있는데, 이 경우에 어음소지인은 복본의 교부를 청구할 수 없다.

㈏ **어음법에 규정이 없는 사항** 어음채권에 담보를 설정하였다는 기재,[1] 어음보증인의 책임을 일정한 조건에 결부시키는 기재[2] 등은 어음법에는 규정이 없으나, 유익적 기재사항이라고 볼 수 있다.

2) 약속어음

㈎ **어음법에 규정이 있는 사항**

① 발행인의 명칭에 부기한 지($^{어}_{3호}$^{76조})

② 지급담당자 또는 지급장소(제3자방지급문언)($^{어\ 77조\ 2항,}_{4조,\ 27조}$)

---

1) 정(희), 144면.

2) 대판 1986. 3. 11, 85 다카 1600; 동 1986. 3. 25, 84 다카 2438.

③ 이자문언$\left(\substack{\text{어 }77조 \\ 2항, 5조}\right)$

④ 배서금지문언$\left(\substack{\text{어 }77조 1항 \\ 1호, 11조 2항}\right)$

⑤ 지급제시기간의 단축 또는 연장의 기재$\left(\substack{\text{어 }77조 1항 \\ 2호, 34조 1항}\right)$

⑥ 일정기일 전의 지급제시금지문언$\left(\substack{\text{어 }77조 1항 \\ 2호, 34조 2항}\right)$

⑦ 준거 세력의 지정$\left(\substack{\text{어 }77조 1항 \\ 2호, 37조 4항}\right)$

⑧ 외국통화 환산율의 지정$\left(\substack{\text{어 }77조 1항 3호, \\ 41조 2항 단서}\right)$

⑨ 외국통화 현실지급문언$\left(\substack{\text{어 }77조 1항 \\ 3호, 41조 3항}\right)$

⑩ 예비지급인의 지정$\left(\substack{\text{어 }77조 1항 \\ 5호, 55조 1항}\right)$

약속어음의 발행인이 「거절증서작성면제」의 문언을 기재할 수 있는가에 대하여$\left(\substack{\text{어 }77조 1항 \\ 4호, 46조}\right)$, 이의 기재를 유익적 기재사항으로 보는 견해도 있으나,[1] 약속어음의 발행인은 주채무자이고 환어음의 발행인과 같은 상환(소구)의무자가 아니므로 「거절증서작성면제」의 문언을 기재할 수 없고 또 이를 기재하여도 그 효력이 발생하지 않는다고 본다(무익적 기재사항).[2]

(내) **어음법에 규정이 없는 사항**   환어음의 경우와 같다.

3) 수   표

(개) **수표법에 규정이 있는 사항**

① 지급인의 명칭에 부기한 지$\left(\substack{\text{수 }2조 \\ 1호}\right)$ 지급지를 보충하는데, 이것이 여러 개인 경우에는 수표의 맨 앞에 적은 지가 지급지를 보충한다.

② 발행인의 명칭에 부기한 지$\left(\substack{\text{수 }2조 \\ 3호}\right)$ 발행지를 보충한다.

③ 수취인의 기재$\left(\substack{\text{수} \\ 5조}\right)$ 수표에서는 수취인의 기재가 수표요건이 아니고 유익적 기재사항인 점에서 어음과 구별되고 있다. 따라서 수표에서는 기명식 또는 지시식의 수취인의 기재는 유익적 기재사항이므로$\left(\substack{\text{수 }5조 \\ 1항 1호}\right)$, 무기명식수표$\left(\substack{\text{수 }5조 \\ 3항}\right)$·소지인출급식수표$\left(\substack{\text{수 }5조 \\ 1항 3호}\right)$·지명소지인출급식수표$\left(\substack{\text{수 }5조 \\ 2항}\right)$도 가능하다. 이것은 수표가 단기간 내에 결제되는 지급증권의 성질에서 인정되는 것이다.[3]

④ 제 3 자방지급문언의 기재$\left(\substack{\text{수} \\ 8조}\right)$ 수표에는 지급인의 주소지 내외를 불문하고 제 3 자방에서 지급할 것으로 기재할 수 있는데, 이 때 제 3 자는 은행이어야 한다.

---

1) 손(주), 343면; 최(기), 319면; 서(정), 218면; 강, 423면; 강, (어) 315면; 日大判 1924. 3. 7 (民集 3, 91).

2) 동지: 정(희), 237면; 서·정, 246면; 정(동), 434면.

3) 동지: 최(기), 775면; 주석, 582면.

⑤ 배서금지문언($_{14조\ 2항}^{수\ 5조\ 1항\ 2호.}$)

⑥ 외국통화 환산율의 지정($_{2항\ 단서}^{수\ 36조}$)

⑦ 외국통화 현실지급문언($_{3항}^{수\ 36조}$)

⑧ 횡선의 표시($_{1항}^{수\ 37조}$)　　　수표의 도난 등에 대비하기 위하여 수표의 발행인($_{소지인}^{또는}$)은 수표상에 두 줄의 횡선을 그을 수 있다. 이것은 수표에만 있는 특유한 제도이다.

⑨ 거절증서작성면제(무비용상환)문언($_{1항}^{수\ 42조}$)

⑩ 복본 번호의 기재($_{48조}^{수}$)　　　수표의 발행인은 일정한 경우에 소지인출급식 수표를 제외하고 수표를 동일한 내용의 여러 통의 복본으로 발행할 수 있는데, 이때에는 수표의 본문 중에 번호를 붙여야 한다.

(내) **수표법에 규정이 없는 사항**　　　환어음의 경우와 같다.

(4) 무익적 기재사항

어음의 무익적 기재사항이란 어음에 기재하여도 그 기재의 효력이 발생하지 않는데, 어음 자체의 효력에는 영향이 없는 기재사항을 말한다. 이것도 어음법에 규정이 있는 사항과 어음법에 규정이 없는 사항으로 나누어진다. 이하에서는 이러한 무익적 기재사항을 환어음·약속어음 및 수표로 나누어 설명하겠다.

1) 환 어 음

(개) 어음법에 규정이 있는 사항

① 확정일출급 또는 발행일자후정기출급어음에서의 이자문언($_{1항\ 2문}^{어\ 5조}$)　　　확정일출급 및 발행일자후정기출급어음에 있어서는 만기일을 미리 확정할 수 있어 이에 해당하는 이자가 어음금액에 가산되므로, 이러한 어음에서의 이자문언은 기재하지 아니한 것으로 본다.

② 일람출급 또는 일람후정기출급어음에 있어서의 이율의 기재 없는 이자문언($_{2항}^{어\ 5조}$)　　　일람출급 또는 일람후정기출급어음에 있어서의 이자문언의 기재는 유익적 기재사항이나, 이율의 기재가 없는 경우에는 이자를 계산할 수 없기 때문에 이러한 어음에서 이율의 기재가 없으면 이자문언은 기재하지 아니한 것으로 본다.

③ 위탁어음문언($_{3항}^{어\ 3조}$)　　　환어음은 제3자의 계산으로 발행될 수 있는데, 이것은 실질관계에서 인정되는 것이므로 발행인의 위탁어음문언은 어음상의 효력이 없다.

④ 발행인의 지급무담보문언($_{2항\ 2문}^{어\ 9조}$)　　　환어음의 발행인이 어음에 기재한 지급을 담보하지 않는다는 뜻의 모든 문언은 기재하지 아니한 것으로 본다.

⑤ 지시문언($_{1문}^{어\ 11조}$) 　　환어음은 법률상 당연한 지시증권이므로 지시문언의 기재유무에 불문하고 배서에 의하여 양도할 수 있다.

⑥ 상환문언($_{1항}^{어\ 39조}$) 　　환어음은 법률상 상환증권이므로 어음상에 상환문언이 없어도 어음채무자는 어음과 상환하여서만 어음금액을 지급할 수 있다.

㈏ **어음법에 규정이 없는 사항** 　　어음개서의 특약, 관할법원의 합의, 지연손해금의 약정 등은 어음에 기재하여도 어음상의 효력이 생기지 않는다. 그러나 어음 외의 관계에서는 그 효력이 있다.[1]

2) 약속어음

㈎ **어음법에 규정이 있는 사항** 　　발행인의 지급무담보문언을 제외하고, 환어음의 경우와 같다.

㈏ **어음법에 규정이 없는 사항** 　　환어음의 경우와 같다.

3) 수　　표

㈎ **수표법에 규정이 있는 사항**

① 인수문언($_{4조}^{수}$) 　　수표는 인수하지 못하므로, 수표에 기재한 인수문언은 기재하지 아니한 것으로 본다.

② 위탁수표문언($_{2항}^{수\ 6조}$) 　　수표는 제 3 자의 계산으로 발행될 수 있는데, 이것은 실질관계에서 인정되는 것이므로 발행인의 위탁수표문언은 수표상의 효력이 없다.

③ 이자문언($_{7조}^{수}$) 　　수표는 신용증권이 아니고 지급증권인 성질상($_{구별되는\ 점}^{어음과}$), 수표에 기재한 이자의 약정은 기재하지 아니한 것으로 본다.

④ 발행인의 지급무담보문언($_{2문}^{수\ 12조}$) 　　수표의 발행인이 지급을 담보하지 아니한다는 뜻의 모든 문언은 기재하지 아니한 것으로 본다. 이것은 환어음의 경우와 같고, 약속어음의 경우와 구별되는 점이다.

⑤ 일람출급 이외의 만기의 표시($_{1항\ 2문}^{수\ 28조}$) 　　수표는 지급증권인 성질상 언제나 일람출급이므로, 이에 위반되는 모든 문구는 적지 아니한 것으로 본다.

㈏ **수표법에 규정이 없는 사항** 　　예비지급인의 기재, 관할법원의 합의, 지연손해금의 약정, 수표금의 발행한도[2] 등을 수표에 기재하여도 수표상의 효력이 발생

---

1) 동지: 대판 1955. 4. 7, 4289 민상 312(어음금의 청구에서 어음채무자가 다투지 아니하면 연체이자의 약정에 따라 연체이자를 함께 청구할 수 있다).

2) 대판 1998. 2. 13, 97 다 48319(공보 1998, 754)(가계수표의 용지에 기재된 '100만원 이하' 등의 문언은 수표로서의 효력에는 아무런 영향이 없다).

하지 않는다.

(5) 유해적 기재사항

어음의 유해적 기재사항이란 이를 어음에 기재하면 그 기재의 효력이 발생하지 않을 뿐만 아니라, 어음 자체를 무효로 하는 기재사항을 말한다. 이러한 사항은 어음의 본질에 반하거나 어음요건을 파괴하는 사항인데, 이것도 어음법에 규정이 있는 사항과 어음법에 규정이 없는 사항으로 나뉜다. 이하에서는 이러한 유해적 기재사항을 환어음·약속어음 및 수표로 나누어 설명하겠다.

1) 환 어 음

(개) 어음법에 규정이 있는 사항　　어음법이 규정한 네 가지 이외의 만기를 기재하거나, 분할출급의 만기를 기재하는 것은 어음 자체를 무효로 한다($^{어 33조}_{2항}$).[1] 또한 지급인이 수 인인 경우에 각 지급인에 대하여 각각 상이한 만기를 정하는 경우에도 어음 자체를 무효로 한다.[2]

(내) 어음법에 규정이 없는 사항　　어음채권을 원인관계에 결부시키는 기재, 어음금액의 지급에 대하여 조건을 붙이거나 지급방법을 한정하는 기재 등은 어음의 단순성을 파괴하여 어음의 본질에 반하므로 어음 자체를 무효로 한다(통설[3]·판례[4]).

2) 약속어음

(개) 어음법에 규정이 있는 사항　　환어음의 경우와 같다.

(내) 어음법에 규정이 없는 사항　　환어음의 경우와 같은데, 약속어음의 발행인의 지급무담보문언의 기재가 추가된다. 환어음 및 수표의 발행인은 상환(소구)의 무자이므로 동 발행인의 지급무담보문언의 기재는 무익적 기재사항이나, 약속어음의 발행인은 주채무자이므로 동 발행인의 지급무담보문언의 기재는 어음의 본질에 반하므로 어음 자체를 무효로 하는 유해적 기재사항으로 해석한다(통설).[5]

3) 수　　표

(개) 수표법에 규정이 있는 사항　　수표법에 규정되어 있는 유해적 기재사항은 없다.[6]

(내) 수표법에 규정이 없는 사항　　환어음의 경우와 같다.

---

1) 그러나 영국 환어음법은 분할출급의 만기를 명문으로 인정하고 있다[B. E. A. §9(1)(b)].
2) 동지: 정(동), 283면.
3) 정(찬), 408면; 정(희), 146면 외.
4) 대판 1971. 4. 20, 71 다 418(집 19 ① 민 372).
5) 정(찬), 408면 외.
6) 동지: 정(동), 503면; 주석, 582면.

제 2 인수와 지급보증

인수는 환어음에 특유한 제도이고 지급보증은 수표에 특유한 제도인데, 양자는 모두 지급인의 어음행위로서 어음채무를 발생시키는 점에서 유사하므로, 이 곳에서는 인수와 지급보증을 차례로 설명한 후 양자를 비교하여 본다.

1. 인 수(환어음에 특유한 제도)

(1) 의 의

1) 개 념 인수(acceptation, acceptance; Annahme, Akzept)란 「환어음의 지급인이 어음금액의 지급채무를 부담하는 어음행위」이다. 인수는 환어음에 특유한 제도로서 지급인은 인수에 의하여 약속어음의 발행인과 같이 주채무자가 된다. 약속어음에 있어서는 발행인이 발행과 동시에 환어음의 인수인과 같이 주채무를 부담하므로 발행 후에 있어서 인수제도가 있을 수 없고, 수표는 수표법이 인수제도를 인정하지 않으며($\frac{수}{4조}$) 대신 지급보증제도를 인정하고 있다($\frac{수}{58조~}^{53조~}$). 인수는 모든 종류의 환어음에 인정되므로 이론상은 일람출급의 환어음에도 인수가 인정된다고 볼 수 있으나,[1] 인수를 위해서는 만기까지 인수제시를 하여야 하는데($\frac{어}{21조}$) 일람출급의 환어음은 제시된 때 만기가 되므로($\frac{어 34조}{1항 1문}$) 실제상은 일람출급의 환어음에 인수를 인정할 수도 없고 또 인정할 실익도 없다고 본다.

환어음은 지급위탁증권으로서 발행인이 지급인에게 지급을 위탁하고 이에 따라 지급인이 어음소지인에게 어음금액을 지급하는 증권인데, 발행인이 제 3 자를 지급인으로서 기재하였다고 하여 제 3 자가 지급채무를 부담하는 것은 아니고 제 3 자가 자기의 의사에 기하여 어음채무를 부담하겠다는 의사표시($\frac{즉}{인수}$)를 한 때에 비로소 어음채무를 부담하는 것이다. 따라서 인수에 의하여 주채무를 부담하는 것은 의사표시상의 효력이다(이는 약속어음의 발행과 같고, 환어음의 발행과 구별된다). 제 3 자(지급인)가 인수하기 전에는 환어음의 소지인은 지급인에 대하여는 어음금액의 수령권한만을 취득하고, 지급인의 인수거절 또는 지급거절을 조건으로 하여 발행인 또는 배서인에 대하여 어음금지급청구권(상환청구〈소구〉권)을 취득한다. 환어음의 소지인에 대한 발행인 또는 배서인의 어음금지급채무(상환〈소구〉의무)는 법정의 채무라는 점에서 인수가 의사표시상의 채무라는 점과 구별된다.

---

1) 서·정, 208~209면.

2) **법적 성질**　　인수의 법적 성질에 대하여는 다음과 같이 단독행위설과 계약설이 대립되어 있다.

(가) 단독행위설에서는 인수는 어음소지인과 인수인 사이의 계약도 아니고, 발행인의 지급위탁의 청약에 대한 승낙도 아니어서 발행인과 인수인 사이의 계약도 아니므로, 인수인이 어음채무의 부담을 목적으로 하는 단독행위라고 한다. 따라서 어음소지인 또는 어음발행인의 제한능력·대리권의 흠결 등은 인수의 효력에는 영향이 없고, 인수의 효력은 인수인이 어음을 인수제시인에게 반환하였을 때에 발생한다고 한다(통설).[1]

(나) 계약설에서는 인수인의 어음상의 책임이 발생하기 위하여는 어음에 한 인수의 의사표시 외에 인수인의 어음소지인(발행인·수취인·피배서인 등)에 대한 어음의 반환이 있어야 하므로(어 29조), 인수는 상대방이 승낙할 의사를 가지고 수령함으로써 효력이 생기는 계약이라고 한다. 따라서 인수인은 단순히 인수를 위한 기명날인 또는 서명을 하는 것만으로는 어음채무를 부담하지 않고, 상대방의 승낙의 의사표시가 있어야 한다고 한다(소수설).[2]

생각건대 인수도 어음행위이므로 어음행위 일반에 관한 어음이론에 따라서 설명되어야 할 것이다. 어음이론에 관하여 기본적으로 계약설(교부계약설)과 단독행위설(창조설)이 있으나, 원칙적으로 계약설(또는 발행설)에 의하고 예외적으로 권리외관설에 의하여 보충하고 있으므로(통설) 인수라는 어음행위도 이와 동일하게 해석하여야 할 것이다. 따라서 이렇게 볼 때 원칙적으로 계약설이 타당하다고 본다.[3] 어음법 제29조 1항 1문은 「환어음의 인수를 기재한 지급인이 그 어음을 반환하기 전에 인수의 기재를 말소한 때에는 인수를 거절한 것으로 본다」고 규정하고 있는데, 이는 인수가 어음을 상대방에게 반환하기 전에는 그 효력이 발생하지 않는다는 것으로 계약설에 근거한 것으로 해석할 수 있다.[4] 그런데 앞에서 본 바와 같이 단독행위설에서도 인수의 효력은 어음을 상대방(인수제시인)에게 반환하였을 때에 발생한다고 보면, 인수의 법적 성질에 대하여 어느 설을 취하든 큰 차이는 없다고 보겠다.

3) **인수의 말소(철회)**　　위에서 본 바와 같이 인수의 법적 성질에 대하여 어느 설을 취하든 인수의 효력은 어음을 인수제시인에게 반환하였을 때에 발생한다고

---

1) 서·정, 209면; 박(원), 560면; 서(정), 264면; 손(주), 278면; 양·박, 760~761면; 양(승), (어) 331면; 채, 199면; 강, 656면; 강, (어) 505면; 이(철), (어) 271~272면; 주석, 338면.
2) 정(희), 162면; 정(동), 324~325면; 최(기), 363면; 이(기), 279면.
3) 동지: 정(동), 324~325면; 최(기), 363면.
4) 동지: 정(동), 325면; 최(기), 363면.

해석하면, 지급인은 어음을 인수제시인에게 반환할 때까지는 자기의 인수의 의사표시를 당연히 말소(철회)할 수 있다고 보아야 할 것이다. 어음법은 이 점에 대하여 명문의 규정을 두고 있는데($\frac{어}{1항}\frac{29조}{1문}$), 이 규정은 인수의 법적 성질에 대하여 계약설을 취할 때에는 당연한 사항을 규정한 것이라고 볼 수 있다. 만일 어음을 인수제시인에게 반환하기 전에도 인수의 의사표시를 절대로 철회할 수 없다고 하면, 지급인이 착오로 인수의 기명날인 또는 서명을 한 경우에도 구제할 길이 없어 지급인의 보호에 문제가 있고, 또 어음소지인은 만기에 지급되지 않을 것이 명백한 그러한 어음을 인수가 있기 때문에 만기까지 기다려 지급제시하여야 하고 또 그 때에 지급거절로 인한 상환청구(소구)를 할 수밖에 없어 만기 전의 상환청구(소구)를 할 수 없게 하는 불합리가 있어 어음소지인의 보호에서도 문제가 있게 된다. 그러므로 어음법은 어음을 반환하기 전에는 인수의 의사표시(기명날인 또는 서명)를 철회할 수 있는 것으로 하고, 또 이 때에는 인수를 거절한 것으로 의제하여($\frac{어}{1항}\frac{29조}{1문}$) 어음의 지급인과 소지인의 이익을 보호하고 있다.

또한 어음소지인의 이익을 보호하기 위하여 어음상의 인수의 기재의 말소는 어음의 반환 전에 한 것으로 추정하고 있다($\frac{어}{1항}\frac{29조}{2문}$). 따라서 이 때에 어음소지인은 만기 전의 상환청구(소구)를 할 수 있는데, 그 어음의 상환(소구)의무자인 발행인 또는 배서인은 그 어음이 반환된 후에 인수가 말소되어 말소의 효력이 없음($\frac{따라서~지급인은~인수인으로서}{주채무를~부담한다는~것}$)을 증명하여 만기에 지급제시할 것을 주장할 수 있다.

위와 같이 어음의 반환 전에 인수가 말소된 경우에도 지급인이 어음소지인 또는 그 어음에 기명날인 또는 서명한 자[1]에게 서면으로 인수의 통지를 한 때에는, 인수의 문구에 따라 어음상의 책임을 부담하여야 한다($\frac{어}{2항}29조$). 이것은 그러한 통지를 받은 자의 신뢰의 이익을 보호하기 위한 것인데, 영미법상의 금반언칙과 같은 정신으로 규정된 것이다. 즉, 이 때 그러한 통지를 받은 어음소지인 등이 인수의 통지를 믿고 만기 전의 상환청구(소구)를 하지 않았는데, 그 후 인수의 말소를 이유로 하여 인수거절로 인정하면 어음소지인 등의 이익을 부당하게 침해하게 되기 때문이다. 이 때에는 서면에 의한 통지로 한정하고 있는데, 이것은 후일의 분쟁을 방지하기 위함이다. 그러나 지급인이 환어음에 인수문언의 기재 및 기명날인 등을 하지 아니한 채 소지인 등에게 인수의 통지를 한 경우에는 이러한 책임을 지지 아니한다.[2]

---

1) 예컨대, 인수를 위하여 복본 1 통을 송부하고 다른 복본으로써 어음을 유통시킨 경우에, 그러한 어음에 배서인으로서 기명날인 또는 서명한 자 등이 이에 해당한다.

2) 동지: 대판 2008. 9. 11, 2007 다 74683(공보 2008, 1358)(어음법 제29조 제 2 항은 환어음에

(2) 인수제시[1]

1) 의   의   인수제시(presentment for acceptance; Präsentation od. Vorlegung zur Annahme)란 「환어음을 지급인에게 제시하여 인수를 청구하는 행위」이다. 인수는 이론상 인수제시를 전제로 하지는 않으나, 보통 인수제시에 의하여 행하여진다.[2]

인수제시가 인정되는 주된 이유는 다음과 같다. (ⅰ) 첫째로 어음소지인에 대하여는 지급인이 인수를 하면 인수인은 주채무를 부담하여 어음소지인은 추가로 인수인에 대하여 어음금지급청구권을 갖게 되므로 그 어음의 신용이 증대되고, 지급인이 인수를 거절하면 만기 전에 상환청구(소구)할 수 있는 기능이 있다. (ⅱ) 둘째로 지급인에 대하여는 인수제시를 받음으로써 자기 앞으로 환어음이 발행된 줄 알고 또 인수를 거절하거나 인수하여 지급을 준비할 수 있는 기능이 있다. (ⅲ) 셋째로 일람후정기출급의 환어음에 있어서는 만기를 확정하기 위하여 인수제시가 절대로 필요하다.

2) 당 사 자

㈎ 제시인은 「어음소지인」 또는 「어음의 단순한 점유자」이다(어 21조 전단). 「어음의 단순한 점유자」란 실질적 또는 형식적인 어음소지인이 아니면서 단지 현실로 어음을 소지하는 자(예컨대, 사용자·사자 〈使者〉·은행 등)인데, 이러한 자에게 인수제시의 권한을 인정한 이유는 인수에 의한 권리는 제시인이 아닌 어음소지인에게 귀속하고,[3] 또 실제에 있어서도 수임인을 통하여 인수제시를 하는 일이 많은데 그 때마다 대리권을 수여하는 번잡과 이를 증명하는 곤란을 덜게 하고자 하기 때문이다.[4] 어음의 단순한 점유자는 인수제시를 할 수는 있으나, 지급제시를 할 수는 없다(어 38조 1항). 왜냐하면 어음의 지급제시인은 어음금액을 수령하기 때문이다.

환어음의 발행인이 스스로 지급인에게 인수를 요청하는 일도 있고, 또 발행에

인수를 기재한 지급인이 그 어음을 반환하기 전에 인수의 기재를 말소하였음에도 소지인 등에게 서면으로 인수의 통지를 한 때에는 어음에 기재된 말소 전의 인수문언에 따라 책임을 진다는 취지를 규정한 것으로 해석함이 상당하므로, 만일 지급인이 환어음에 인수문언의 기재 및 기명날인 등을 하지 아니한 채 소지인 등에게 인수의 통지를 한 경우에는 그 지급인에 대하여 어음법 제29조 2항에 따른 어음상의 책임을 물을 수 없다).

1) 이에 관한 상세는 정찬형, "환어음의 인수제시," 「법학논집」(고려대), 제29집(1993), 321~357면.
2) 동지: 서·정, 210면.
3) 동지: 최(기), 365면.
4) 동지: 주석, 341면.

앞서서 백지인수를 하는 경우도 있으나,[1] 어느 경우에도 「발행된 환어음」이라고 볼 수 없으므로 어음법 제21조의 인수제시라고 볼 수는 없다.

(나) 피제시인은 언제나 「어음의 지급인」이고, 지급담당자는 피제시인이 될 수 없다(통설).[2] 왜냐하면 지급담당자는 지급인에 갈음하여 지급사무만을 담당하는 자이기 때문이다. 따라서 인수제시는 지급담당자가 있는 경우에도 지급인에게 하여야 그 효력이 발생하지 지급담당자에게 한 것은 그 효력이 발생하지 않으나, 지급제시는 지급담당자가 있는 경우에는 지급담당자에게 하여야 그 효력이 발생하지 지급인에게 한 것은 그 효력이 발생하지 않는다($\binom{지급담당자의}{기재의 효력 참조}$).

지급인이 중첩적으로 기재된 경우에는 그 전원이 피제시인이다(통설).[3] 그런데 이 때 만기 전의 상환청구(소구)를 위하여는 그 중 1 인만이 인수를 거절하여도 가능하다는 견해(통설)[4]와, 그 전원이 인수거절하여야 가능하다는 견해(소수설)[5]가 대립하고 있다. 어음소지인을 보호하기 위하여 전자의 견해가 타당하다고 본다[6]($\binom{지급}{거절}$로 인한 상환청구〈소구〉는 전원이 지급거절하여야)(이에 관하여는 어음요건 중 지급 상환청구〈소구〉가 가능하다는 점에서 양자는 구별됨)(인의 명칭에 관한 설명을 참조).

3) 시　기

(가) 인수제시는 원칙적으로 어음의 「발행일부터 만기의 전일까지」 하여야 한다($\binom{어}{21조}$). 만기의 날($\binom{지급을}{할 날}$)은 지급제시를 하여야 하므로($\binom{어 38조}{1항}$), 인수제시는 그 전일까지 하여야 한다. 인수제시는 인수제시기간이 있는 때에는 그 기간 내에 하여야 하고, 또한 거래일의 영업시간 내에 한하여 할 수 있다($\binom{어 72조}{1항 2문}$).[7] 인수제시기간의 말일이 법정휴일인 때에는 이에 이은 제 1의 거래일까지 인수제시기간이 연장되나, 그 기간중의 휴일은 그 기간에 산입된다($\binom{어 72조}{2항}$). 인수제시기간은 발행인 또는 배서인에 의하여 지정되기도 하고($\binom{어 22조 1항·4항;}{23조 2항·3항}$) 또는 법정되기도 한다($\binom{어 23조}{1항}$).

(나) 인수제시는 위와 같이 원칙적으로 만기의 전일까지 또는 인수제시기간 내에 하여야 하나, 예외적으로 「만기 후($\binom{만기를}{포함}$) 또는 인수제시기간 경과 후」에도 어음

---

1) 정(동), 328면.

2) 정(찬), 414면; 정(희), 166면; 서·정, 211면; 손(주), 279면; 양(승), (어) 334면; 최(기), 366 면; 주석, 341면 외.

3) 정(찬), 414면; 정(희), 166~167면; 손(주), 279면; 정(동), 328면; 최(기), 366면 외.

4) 정(희), 133면, 167면; 정(동), 328면; 양(승), (어) 334면; 최(기), 366면; 손(주), 279면; 채, 265면; 주석, 136면 외.

5) 서·정, 211면; 정(무), 440면.

6) 정(찬), 414면.

7) 동지: B. E. A. § 41(1)(a). 불합리한 시간에 한 인수제시는 피제시인의 승낙이 없는 한 무효이다 [정(동), 329면].

소지인 및 상환(소구)의무자의 이익을 위하여 지급인은 시효기간 내에는 인수할 수 있다(통설).[1] 만기 후 또는 인수제시기간 경과 후에도 주채무자가 확정되는 것은 어음소지인 및 상환(소구)의무자에게 유리하기 때문이다. 그러나 만기 전의 상환청구(소구)권을 보전하기 위하여는 만기의 전일 또는 인수제시기간 내에 인수제시를 하여야 한다(어 44조 2항 참조). 따라서 만기 후 또는 인수제시기간 경과 후의 인수제시에 대하여 지급인이 인수거절을 하여도 어음소지인은 상환청구(소구)권을 행사할 수 없다.

4) 유예기간

(가) 인수제시에 대하여 환어음의 지급인은 첫 번째 제시일의 다음 날에 두 번째 제시를 할 것을 청구할 수 있는데(어 24조 1항 1문), 이 하루의 기간을 유예기간(숙려기간 또는 고려기간) (time of consideration; Überlegunsfrist, Bedenkzeit)이라고 한다. 이와 같이 지급인에게 하루의 유예기간을 인정한 것은, 지급인이 인수제시를 받았을 때 어음의 발행인에게 발행의 진위 등을 조회할 필요가 있거나 또는 지급자금을 제공받는 등의 절차가 필요한 경우에, 즉시 인수여부를 결정하여야 한다면(즉시인수주의) 인수거절을 하지 않을 수 없게 되어 쓸데없는 만기 전의 상환청구(소구)가 발생하기 때문에 이를 방지하기 위한 것이다.

(나) 지급인이 첫 번째 인수제시일의 다음 날에 두 번째 제시를 할 것을 청구하면, 첫 번째 인수제시에 대하여는 인수거절이기는 하나 지급인의 두 번째 인수제시의 청구가 있기 때문에 두 번째 인수제시에 대하여도 인수거절이 있어야 어음소지인은 인수거절로 인한 만기 전의 상환청구(소구)권을 행사할 수 있다.[2] 이 경우에 어음소지인은 첫 번째의 인수제시에 대하여 인수거절증서를 작성하고,[3] 지급인은 이것에 두 번째의 인수제시를 청구한 뜻을 기재한다(어 24조 1항 2문, 거령 3조 2항).[4] 지급인이 두 번

---

1) 정(찬), 415면; 정(희), 167면; 서·정, 213면; 정(동), 329면; 최(기), 366면; 손(주), 280면; 채, 204면; 주석, 341면; 서(정), 295면 외.

2) 동지: 정(희), 168면; 정(동), 329면; 채, 206면.

3) 제2의 인수제시에 대하여 지급인이 인수하든 또는 인수를 거절하든 어음소지인은 제2의 인수제시에 대한 결과에 따라 어음상의 권리를 취득하므로, 제1의 인수거절증서의 작성은 쓸데없는 비용과 수고를 요하는 것 같으나, 인수제시가 적법한 기간 내에 있었다는 것과 제2의 인수제시를 청구한 뜻이 어음관계자에게 명백하게 나타나야 하기 때문에 필요하다[동지: 서·정, 214면]. 이 때에 제1의 인수제시에 대한 인수거절증서의 작성비용은 유예기간의 이익을 받는 지급인 또는 상환(소구)의무자가 부담한다[동지: 서·정, 214면].

4) 지급인이 제2의 인수제시를 청구하였는지 여부는 상환(소구)의무자 및 지급인 등의 어음관계자의 이해에 중대한 영향이 있으므로, 어음법은 지급인이 제2의 인수제시를 청구하였다는 점이 제1의 인수거절증서에 명백히 기재된 경우에 한하여 어음의 이해관계인은 제2의 인수제시가 없었음을 주장할 수 있도록 규정하고 있다(어 24조 1항 2문). 따라서 만일 제1의 인수거절증서에 제2의 인수제시를 청구하였다는 뜻이 기재되지 않으면 상환(소구)의무자는 어음소지인이 제1의 인

째의 인수제시에 대하여 인수를 하면 동 어음은 인수된 어음이 되나, 지급인이 두 번째의 인수제시에 대하여 인수를 거절하면 어음소지인은 두 번째의 인수거절에 대하여 다시 거절증서를 작성하여야 만기 전의 상환청구(소구)권을 행사할 수 있다. 이 때에 만일 인수제시기간의 말일에 첫 번째의 인수제시가 있고 또 지급인이 그 다음 날에 두 번째의 인수제시를 할 것을 청구하면, 어음소지인은 인수제시기간의 말일의 다음 날에도 두 번째의 인수거절증서를 작성할 수 있다($^{어}_{2항}$ 44조 2문).

(대) 지급인이 두 번째의 인수제시를 청구한 경우에도 어음소지인은 첫 번째의 인수제시시에 어음을 지급인에게 교부할 필요가 없다($^{어}_{2항}$ 24조). 이것은 지급인이 어음을 하루 동안 유치하면 그 동안에 어음을 변조·훼손 또는 횡령할 우려가 있기 때문에 이를 방지하기 위한 것이다.[1]

5) 장 소   인수제시를 하여야 할 장소에 대하여 어음법은 「지급인의 주소」라고 규정하고 있으나($^{어}_{21조}$), 이는 지급인의 영업소·주소 또는 거소라고 해석되고 있다(통설). 이러한 인수제시의 장소는 지급인의 주소가 지급지 외에 있는 타지 지급어음이나 또는 지급장소($^{또는}_{지급담당자}$)가 지급인의 주소가 아닌 장소로 기재되어 있는 제 3 자방지급어음에서도 지급인의 영업소·주소 또는 거소이다.

지급인의 영업소·주소 또는 거소가 어음상에 기재되어 있으면 그 장소에서 인수제시를 하여야 하고, 이러한 장소가 어음상에 기재되어 있지 않으면 사실상의 영업소·주소 또는 거소에서 인수제시를 하여야 하는데, 이러한 사실상의 영업소·주소 또는 거소도 발견할 수 없는 때에는 지급지에서 인수거절증서를 작성하여 만기 전의 상환청구(소구)권을 행사할 수 있다(통설).

6) 방 법

(가) 환어음을 인수제시함에는 지급인에게 어음의 원본 또는 복본 중의 하나를 현실로 제시하여야 한다. 따라서 어음의 등본으로써는 인수제시를 할 수 없다.

(나) 인수제시의 목적물인 환어음은 원칙적으로 기본어음으로서 완성된 환어음이다. 그러나 예외적으로 백지어음으로써도 인수제시를 할 수 있다고 본다. 다만 지급인을 백지로 한 환어음은 지급인이 보충된 후에 한하여 인수제시를 할 수 있을 것이다.[2]

수거절증서에 의하여 만기 전의 상환청구(소구)권을 행사하여도 이를 배척할 수 없다.

1) 영국의 판례에서는 지급인은 인수를 위하여 어음을 24시간 보관할 수 있다고 한다[Bellasis v. Hester(1698) 1 Ld. Raym 280, 281].

2) 동지: 주석, 340면.

7) **인수제시의 자유와 그 제한**　　인수제시를 할 것인가의 여부 및 언제 할 것인가는 원칙적으로 어음소지인의 자유인데($\frac{어}{21조}$), 이를 「인수제시의 자유」라고 한다. 환어음은 인수에 의하여 신용이 증가하는 것이나, 어음소지인은 이를 위하여 인수제시를 하여야 할 의무는 없는 것이다. 그런데 이러한 인수제시의 자유에 대하여 크게 두 가지의 예외가 있는데, 하나는 반드시 인수제시를 하여야 하는 경우와, 다른 하나는 인수제시가 금지 또는 제한되는 경우이다.

　(가) **인수제시를 하여야 하는 경우**　　어음소지인이 반드시 인수제시를 하여야 하는 경우로는 발행인 또는 배서인이 인수제시를 하여야 할 뜻을 어음상에 기재한 경우($\frac{인수제시명령}{의 경우}$)($\frac{어\ 22조}{1항·4항}$)에 이에 따라 인수제시를 하는 경우와, 일람후정기출급어음에서 만기를 정하기 위하여 인수제시를 하는 경우이다($\frac{어}{23조}$).

　① 인수제시명령(Vorlegunsgebot)의 경우

　（ⅰ) 의의 및 인정이유　　환어음의 발행인은 기간을 정하거나 정하지 아니하고 인수를 위하여 어음을 제시하여야 할 뜻을 어음에 기재할 수 있고($\frac{어\ 22조}{1항}$), 배서인은 발행인이 인수제시금지를 기재한 경우를 제외하고 기간을 정하거나 정하지 아니하고 인수를 위하여 어음을 제시할 뜻을 어음에 기재할 수 있다($\frac{어\ 22조}{4항}$).[1] 이와 같이 발행인 또는 배서인에게 인수제시명령의 문언을 어음에 기재할 수 있도록 한 이유는, 발행인은 지급인으로 하여금 자기를 지급인으로 하는 어음이 발행되었음을 알려서 지급의 준비행위를 하게 할 필요가 있고, 또 어음소지인으로 하여금 지급인의 지급의사의 유무를 미리 알 수 있도록 하기 위하여 필요하기 때문이다. 또 발행인이 지급인의 주소지와 다른 지급지를 환어음에 기재하면서(타지지급어음) 지급지 내에 지급장소(제3자)를 기재하지 않은 경우에는 지급인이 인수를 하면서 지급장소를 기재할 수 있으므로($\frac{어\ 27조}{1항\ 1문}$) 인수제시가 필요하다.

　（ⅱ) 위반효과　　발행인의 인수제시명령에도 불구하고 어음소지인이 그에 따른 인수제시를 하지 않은 경우에는 어음소지인은 「모든 상환(소구)의무자」에 대하여 인수거절로 인한 상환청구(소구)권뿐만 아니라 지급거절로 인한 상환청구(소구)권을 잃는다($\frac{어\ 53조}{2항\ 본문}$).[2] 그러나 발행인의 인수제시명령의 문언에 의하여 발행인이 인수담보책임만을 면하고자 하는 의사를 가지고 있었음을 알 수 있었을 때에

---

1) 발행인 또는 배서인이 기간을 정하지 아니하고 인수제시명령의 문언을 어음에 기재한 경우에는 「만기의 전일까지」 인수제시를 하여야 한다(어 21조). 발행인은 아무 제한 없이 인수제시명령의 문언을 기재할 수 있으나, 배서인은 발행인이 기재한 인수제시의 금지와 모순되지 않는 범위 내에서만 인수제시명령의 문언을 기재할 수 있다.

2) 동지: 정(동), 327면; 최(기), 369면; 이(기), 280면; 채, 202면.

는(예컨대, 「2010년 6월 30일까지 인수제시하여야 하고 그 이후에 인수제시를
한 것에 대하여는 인수의 책임을 지지 않음」과 같은 기재가 있는 때에는), 모든 상환(소구)의무자에 대하여 인수거절로 인한 상환청구(소구)권만을 잃을 뿐 지급거절로 인한 상환청구(소구)권을 잃지 않는다($\frac{어}{2항}\frac{53조}{단서}$).

배서인의 인수제시명령에도 불구하고 어음소지인이 그에 따른 인수제시를 하지 않은 경우에는 어음소지인은 「그 배서인」에 대하여만 인수거절로 인한 상환청구(소구)권 및 지급거절로 인한 상환청구(소구)권을 잃는다($\frac{어}{3항}^{53조}$).

(iii) 인수제시의 증명   위와 같이 발행인 또는 배서인의 인수제시명령의 기재에 의하여 일정한 기간 내에 인수제시를 하여야 할 경우에는, 어음소지인은 인수를 제시한 날짜(인수제시일자)의 기재를 청구할 수 있는데(특히 인수제시기간의 말일에 인수
제시하고 지급인이 유예기간을 청
구한 경우에 의미가 있음) 어음소지인이 인수제시일자의 기재를 청구하지 않은 경우에는 지급인은 인수한 날짜(인수일자)(인수의 기명날인
또는 서명을 한 날)를 기재하여야 한다($\frac{어}{2항}\frac{25조}{1문}$). 만일 지급인의 인수제시일자 및 인수일자(인수를
한 경우)의 기재가 없으면 어음소지인은 이를 증명하기 위하여 인수제시기간 내(인수제시기간의 말일에 인수제
시를 한 경우에는 그 다음 날)에 일자거절증서를 작성하여야($\frac{어}{2항}^{44조}$) 발행인 또는 배서인에 대하여 지급거절로 인한 상환청구(소구)권을 보전할 수 있다($\frac{어}{2항}\frac{25조}{2문}$). 만일 위의 경우에 거절증서작성면제인 경우에는 인수제시기간 내에 인수제시가 된 것으로 추정되므로, 상환(소구)의무자가 상환(소구)의무를 면하기 위하여는 인수제시기간 경과 후에 인수제시가 되었음을 증명하여야 한다($\frac{어}{2항}\frac{46조}{2문}$).

② 일람후정기출급어음의 경우

(i) 인수제시기간   일람후정기출급어음의 경우에는 만기를 확정하기 위하여 반드시 인수제시를 하여야 한다.[1] 이 때의 인수제시기간은 원칙적으로 발행한 날부터 1년인데($\frac{어}{1항}^{23조}$), 발행인은 이 기간을 단축 또는 연장할 수 있고($\frac{어}{2항}^{23조}$), 배서인은 이 기간을 단축만을 할 수 있다($\frac{어}{3항}^{23조}$). 발행인 또는 배서인에게 이 기간을 단축할 수 있도록 한 것은 그들이 상환(소구)의무를 빨리 면할 수 있도록 하기 위한 것이고, 발행인이 이 기간을 연장할 수 있도록 한 것은 발행인의 자금관계에서 그 연장이 필요한 경우가 있기 때문이며, 배서인에게 이 기간의 연장을 허용하지 않은 것은 이를 허용한다면 발행인의 의사에 반하기 때문이다.[2]

(ii) 위반효과   어음소지인이 법정의 인수제시기간 내(1년) 또는 발행인이

---

1) 이 때에는 일람을 위한 제시만으로 부족하고, 반드시 인수를 위한 제시를 하여야 만기를 확정하는 효력이 발생한다[동지: 정(희), 165면]. 그러나 약속어음에는 인수제도가 없으므로 어음소지인은 발행인에게 일람을 위한 제시를 한 것만으로 만기를 확정하는 효력이 발생한다(어 78조 2항 1문).

2) 동지: 주석, 344면.

정한 인수제시기간 내에 인수제시를 하지 않으면 「모든 상환(소구)의무자」에 대하여 인수거절로 인한 상환청구(소구)권뿐만 아니라 지급거절로 인한 상환청구(소구)권을 잃는다($\frac{어 53조 1항}{1호·2항 본문}$). 그러나 발행인의 인수제시기간의 기재의 문언에 의하여 발행인이 인수담보책임만을 면하고자 하는 의사를 가지고 있었음을 알 수 있었을 때에는, 모든 상환(소구)의무자에 대하여 인수거절로 인한 상환청구(소구)권만을 잃을 뿐 지급거절로 인한 상환청구(소구)권을 잃지 않는다($\frac{어 53조}{2항 단서}$).[1]

배서인이 정한 인수제시기간 내에 인수제시를 하지 않은 경우에는 어음소지인은 「그 배서인」에 대하여만 인수거절로 인한 상환청구(소구)권 및 지급거절로 인한 상환청구(소구)권을 잃는다($\frac{어 53조}{3항}$).[2]

(iii) 인수제시의 증명　　일람후정기출급어음에서 인수제시기간 내에 인수제시를 하는 것은 만기를 확정하는 효력뿐만 아니라, 어음소지인의 상환(소구)의무자에 대한 상환청구(소구)권을 보전하는 효력도 있으므로 매우 중요하다. 따라서 일람후정기출급어음에 있어서도 인수명령이 있는 어음의 경우와 같이 인수제시기간 내에 인수제시를 하였음을 알기 위하여 어음에는 인수를 제시한 날짜(인수제시일자) 또는 인수한 날짜(인수일자)가 기재되어야 하는데($\frac{어 25조}{2항 1문}$), 이는 어음소지인이 발행인과 배서인에 대하여 상환청구(소구)권을 행사하기 위한 전제가 된다($\frac{어 25조 2항}{2문 참조}$). 또한 인수제시의 결과 어음상에 기재되는 「인수한 날짜(인수일자)」[3]는 일람후정기출급어음의 만기를 정하는 기준이 된다($\frac{어 35조}{1항 전단}$). 그런데 어음상에 인수제시일자 및 인수일자의 기재가 없는 경우에는 거절증서에 의하여 그 법률효과가 발생한다. 즉, 어음소지인의 상환청구(소구)권보전에 관하여는 적법한 시기에 작성된 일자(日字)거절증서에 의하고($\frac{어 25조}{2항 2문}$), 만기에 관하여는 거절증서의 날짜(일자)[4]에 의한다($\frac{어 35조}{1항 후단}$). 그런데 이러한 일자거절증서도 작성되지 않은 경우에는 어떻게 되는가. 이에 대하여 어음소지인의 상환청구(소구)권보전에 관하여는 인수명령의 경우($\frac{일수제시}{의 증명}$)에서 설명한 바와 같고, 만기를 정하는 기준에 관하여는 어음요건 중 만기(일람후정기출급)에서 설명한 바와 같다.

---

1) 동지: 주석, 345면.
2) 동지: 주석, 345면.
3) 지급인이 중첩적으로 기재되어 있어 상이한 수 개의 인수일자가 있는 경우에는 만기의 도래를 가장 빠르게 하는 일자를 기준으로 하여 만기를 정한다(동지: 주석, 377면).
4) 이 때의 거절증서일자는 인수거절이 된 경우에는 「인수거절증서」의 일자이고, 인수를 하였으나 인수일자를 기재하지 아니한 경우에는 「일자거절증서」(어 25조 2항 2문)를 의미한다(동지: 주석, 376면).

(4) **인수제시가 금지 또는 제한되는 경우**　　환어음의 인수제시는 원칙적으로 자유이나, 예외적으로 실제거래의 관행과 편의를 고려하여 어음법은 발행인이 인수제시를 금지(Vorlegunsverbot)하거나 제한할 수 있음을 규정하고 있다. 즉, 환어음의 발행인은 일정한 경우(제3 자방지급어음·타지지급
어음·일람후정기출급어음)를 제외하고는 인수제시를 절대적으로 금지하는 뜻을 어음에 기재할 수 있고(어
2항 22조), 또는 일정한 기일 전에는 인수제시를 금지하는 뜻을 어음에 기재할 수 있다(어
3항 22조). 환어음에서 인수제시를 금지 또는 제한할 수 있는 자는 「발행인」뿐이고, 배서인은 이를 할 수 없다(인수제시명
령과 구별). 이와 같이 발행인에게 인수제시를 금지 또는 제한할 수 있게 한 이유는, 쓸데없는 인수거절로 인한 만기 전의 상환청구(소구)를 미연에 방지하기 위해서이다. 즉, 환어음의 발행인은 예컨대 지급인에게 아직 지급자금을 공급하지 않은 경우에 발행인이 지급자금을 공급할 때까지, 지급인이 여행중이어서 부재중인 경우에는 지급인이 돌아올 때까지, 상품의 매매대금을 추심하기 위하여 매수인을 지급인으로 하여 환어음을 발행하는 경우에는 상품이 매수인에게 도착할 때까지 등으로 인수제시를 금지할 수 있다. 이하에서는 인수제시의 절대적 금지와 인수제시의 제한을 구분하여 설명하겠다.

　　① **인수제시의 절대적 금지**　　발행인은 원칙적으로 인수제시를 절대적으로 금지할 수도 있는데(이러한 어음을 「인수불
능어음」이라고 한다), 이러한 어음은 모든 상환(소구)의무차가 인수를 담보하지 않은 것과 같게 된다(발행인이 인수무담보의 문
언을 기재한 것과 구별됨). 이러한 인수제시의 절대적 금지문언이 있음에도 불구하고 어음소지인이 인수제시를 한 경우에는 어떻게 되는가. 이 때 지급인이 인수를 한 경우에는 그 인수가 유효하게 됨은 물론이나,[1] 지급인이 인수거절을 한 경우에는 어음소지인이 모든 상환(소구)의무자에 대하여 인수거절로 인한 상환청구(소구)권을 행사할 수 없음은 물론 때에 따라서는 발행인에 대하여 손해배상책임을 부담할 수도 있다.[2]

　　그러나 발행인은 예외적으로 제3 자방지급어음·타지지급어음 및 일람후정기출급어음의 경우에는 인수제시를 절대적으로 금지할 수 없다(어
2항 22조 단서). 왜냐하면 제3 자방지급어음(지급인의 주소지가 아닌
지급장소를 지정한 어음)의 경우에는 인수제시가 있어야 지급인에게 미리 지급장소(제3 자)를 알려 지급준비를 하게 할 수 있기 때문이고, 타지지급어음(지급
인의 주소지와 다른 지급
지가 기재된 어음)의 경우에는 발행인이 지급지 내에 지급장소(제3 자)를 기재하지 않은 경우에는 지급인에게 인수할 때에 지급장소를 기재할 기회를 주어야 하므로(어
1항 1문 27조)

---

1) 동지: 협약 50조 3항(당해 인수는 유효하다고 한다).
2) 동지: 주석, 343면; 협약 50조 2항(인수거절이 되지 않는다고 한다).

인수제시가 필요하며, 일람후정기출급어음의 경우에는 만기를 확정하기 위해서는 인수제시가 절대로 필요하기 때문이다.

② 인수제시의 제한   예컨대 「2010년 6월 30일까지 인수제시를 금함」, 「발행인이 지급인에게 지급자금을 공급할 때까지 인수제시를 금함」 등과 같은 기재는 인수제시를 절대적으로 금지한 것이 아니고, 제한한 것으로 볼 수 있다. 그러나 인수제시를 제한하는 기한(기간)이 만기의 전일까지 미치는 경우에는 앞에서 본 인수제시의 절대적 금지와 같다고 볼 수 있다.[1] 인수제시를 제한하는 경우는 모든 어음에 대하여 제한 없이 인정된다($\frac{어}{3항}$ 22조). 인수제시의 제한에 위반하여 한 인수제시의 효력에 대하여는 인수제시의 절대적 금지에 위반한 경우와 같다.

발행인이 일정한 기한(기간)까지 인수제시를 금지한 경우에는 인수제시기간은 그 기일로부터 계산된다($\frac{어}{2문}$ 34조 2항 유추적용).

(3) 인수의 방식

인수도 어음행위이고 어음행위는 요식행위이기 때문에, 인수는 어음법이 규정한 법정의 방식에 따라서 하여야 그 효력이 발생한다. 인수가 그 효력을 발생하기 위하여는 인수에 반드시 기재되어야 하는 법정의 기재사항이 있는데, 이를 인수의 필요적 기재사항(인수요건)이라고 한다. 인수에는 이외에도 유익적 기재사항·무익적 기재사항 및 유해적 기재사항이 있다. 이하에서 차례로 설명한다.

1) 필요적 기재사항(인수요건)

㈎ 인수문언   인수는 지급인이 환어음에 「인수」 또는 그 밖에 이와 같은 뜻이 있는 글자를 기재하여야 하는데($\frac{어}{1문}$ 25조 1항), 이것이 인수문언이다. 이러한 인수문언은 지급인이 어음채무(주채무)를 부담한다는 의사표시인데, 반드시 인수인 자신이 스스로 기재하여야 하는 것은 아니고 인쇄된 문언이라도 무방하다.[2]

이러한 인수문언은 반드시 기재되어야 하는 것은 아니고 기재되지 않을 수도 있다. 따라서 인수문언을 표시하고 지급인이 이에 기명날인 또는 서명하는 방식에 의하여 하는 인수를 「정식인수」라고 하고($\frac{어}{1항}$ 25조 1문), 인수문언이 없이 어음의 앞면에 지급인의 단순한 기명날인 또는 서명만으로써 하는 인수를 「약식인수」라고 한다($\frac{어}{1항}$ 25조 2문).

인수는 보충지나 등본에 할 수는 없고, 반드시 어음 자체에 하여야 한다($\frac{어}{1항}$ 25조 1문). 정식인수는 어음 자체에 하는 이상 앞면이나 뒷면에 모두 할 수 있으나,

---

1) 동지: 주석, 344면.
2) 동지: 주석, 348면.

약식인수는 반드시 어음의 앞면에 하여야 한다[1]($^{어\ 25조}_{1항\ 2문}$).

(내) **인수인의 기명날인 또는 서명**   인수에는 반드시 인수인(지급인)의 기명날인 또는 서명이 있어야 한다.[2] 기명날인 또는 서명과 관련하여 발생하는 여러 가지의 문제에 대하여는 이미 어음법 총론에서 설명하였으므로, 이 곳에서는 인수인에 대해서만 살펴보겠다.

인수는 지급인만이 할 수 있다($^{어\ 25조}_{1문\ 후단}$ ^{1항}). 따라서 지급인 이외의 자가 어음에 인수문언을 기재하고 기명날인 또는 서명을 한 경우에는 참가인수는 될 수 있을지라도($^{어\ 57조}_{1문}$), 인수는 될 수 없다. 발행인이 인수문언을 기재하고 기명날인 또는 서명을 한 경우에는 인수의 효력이 발생하지 아니하나, 어음이 무효가 되는 것은 아니다(무익적 기재사항).[3]

지급인과 인수인은 동일하여야 하는데, 무엇을 기준으로 하여 동일성의 여부를 판단하여야 하는가에 대하여 형식적 동일설[4]과 실질적 동일설[5]로 나뉘어 있다. 생각건대 어음행위는 그 성질상 외관에 의해서만 해석하여야 하므로($^{어음외관해}_{석의\ 원칙}$) 형식적 동일설이 타당하다고 본다.[6]

2) 유익적 기재사항

(개) **인수일자**   인수일자는 인수요건이 아니므로 이를 기재하지 아니하여도 인수의 효력에는 영향이 없다. 그러나 일람후정기출급어음 또는 인수제시명령의 기재가 있는 어음의 경우에는($^{어음소지인이\ 인수제시일자의\ 기재를\ 청구하지\ 않은\ 경우로서\ 인수한}_{경우에는\ 지급거절로\ 인한\ 상환청구⟨소구⟩권을\ 보전하기\ 위하여}$) 인수한 날짜(인수일자)를 기재하여야 한다($^{어\ 25조}_{2항\ 1문}$). 또한 일람후정기출급어음에서는 (지급인이 인수한 경우) 만기를 정하는 기준으로서 인수한 날짜(인수일자)를 기재하여야 한다

---

1) 어음의 앞면에 한 기명날인 또는 서명에 대하여만 약식인수를 인정하고 어음의 뒷면에 한 기명날인 또는 서명에 대하여는 약식인수를 인정하지 않은 것은 백지식배서(어 13조 2항 2문)와의 혼동을 피하기 위해서이다.

2) 동지: 대판 2008. 9. 11, 2007 다 74683(공보 2008, 1358)(대한민국 법인인 신용장 매입은행과 대한민국 법인인 신용장 개설은행 사이에서 외국에서 이루어진 환어음의 인수 방식에 대하여는 우리나라 어음법도 준거법이 될 수 있는바, 대한민국 법인인 신용장 매입은행과 대한민국 법인인 신용장 개설은행 사이에서 이루어진 환어음의 인수가 어음법 제25조 1항에 정한 방식을 갖추지 아니한 경우에는 어음법상의 효력을 주장할 수 없고, 위 환어음의 인수가 신용장 거래 과정에서 이루어졌다고 하여 달리 볼 것은 아니다).

3) 동지: 주석, 349면.

4) 정(희), 169면; 정(동), 330면; 이(기), 281면.

5) 서·정, 215면; 최(기), 372면; 손(주), 285~286면(그러나 실제에 있어서 양설의 차이는 없다고 한다).

6) 정(찬), 422~423면.

($\frac{어 35조}{1항 전단}$). 이에 관하여는 앞에서($\frac{인수제시를 하여야}{하는 경우}$) 상술하였다.

(내) 제3자방지급의 기재

① 타지지급어음($\frac{지급인의 주소지와 다른}{지급지가 기재된 어음}$)의 경우에 발행인이 지급지 내에 지급장소 (제3자)를 기재하지 아니한 때에는 지급인이 인수를 할 때에 이를 기재할 수 있는 데($\frac{어 27조}{1항 1문}$), 인수인이 이를 기재하지 아니한 때에는 인수인이 지급지에서 직접 지급할 의무를 부담한 것으로 본다($\frac{어 27조}{1항 2문}$).

② 동지지급어음($\frac{지급인의 주소지와 같은}{지급지가 기재된 어음}$)의 경우에도 지급인은 인수를 할 때에 지급지 내의 다른 지급장소를 기재할 수 있다($\frac{어 27조}{2항}$). 만일 인수인이 다른 지급장소를 기재하지 않은 경우에는 인수인의 영업소·주소 또는 거소에서 지급하는 것이 된다.

(대) 일부인수 어음금액의 일부를 제한하여 인수하는 일부인수는 유효하다 ($\frac{어 26조}{1항 단서}$).[1] 인수도 어음행위로서 원칙적으로 단순성이 요구되는데($\frac{어 26조}{1항 본문}$), 이러한 일부인수는 단순성이 요구되는 인수에 있어서 예외적으로 인정되는 「부단순인수」라고 할 수 있다. 위와 같이 일부인수가 인정되는 것은 인수된 어음금액의 범위 내에서 어음소지인에게 이익을 주고 또 전자도 인수된 어음금액의 범위 내에서는 상환의무를 면하게 되어 그 부담을 경감할 수 있게 되어 유리하기 때문이다.[2] 이와 같이 일부인수가 있는 경우에는 인수된 어음금액에 대하여는 유효한 인수가 있는 것이 되므로 어음소지인은 그 범위 내에서는 인수거절로 인한 상환청구(소구)권을 행사할 수 없고, 일부인수인은 어음채무(주채무)를 부담한다. 그러나 인수되지 않은 나머지의 어음금액에 대하여는 인수거절의 효력이 생겨 어음소지인은 잔액에 대하여 인수거절로 인한 상환청구(소구)권을 행사할 수 있다($\frac{어 43조}{후단}$). 이 때에 인수되지 아니한 어음금액을 지급하는 상환(소구)의무자는 이를 지급한 뜻을 어음에 기재할 것과 영수증을 교부할 것을 어음소지인에게 청구할 수 있다($\frac{어 51조}{1문}$). 또한 어음소지인은 어음금액을 지급한 상환(소구)의무자가 재상환청구(재소구)를 할 수 있게 하기 위하여, 어음금액을 지급한 상환(소구)의무자에게 어음의 증명등본과 거절증서[3]를 교부하여야 한다($\frac{어 51조}{2문}$).

3) 무익적 기재사항 어음법에는 규정이 없으나, 지급인이 어음금액을 초과하여 인수한 때에는(초과인수) 부단순인수가 아니고 어음금액 한도에서 인수가 있

---

1) 참고로 일부의 어음보증은 유효하나(어 30조 1항), 일부의 배서는 무효이다(어 12조 2항).

2) 동지: 정(희), 170면; 서·정, 217면; 주석, 351면.

3) 이 거절증서는 인수되지 않은 어음금액에 대한 거절증서인데, 이의 작성은 공증인 또는 집행관이 어음의 등본을 작성하고 그 등본 또는 부전(보충지)에 하여야 한다(거령 6조 2항).

는 것으로 볼 것이므로(통설),[1] 어음금액의 초과부분에 대한 인수는 무익적 기재사항이 된다.

4) 유해적 기재사항

(카) 변경인수

① 지급인이 환어음의 다른 기재사항을 변경하여 인수하였을 때에는(부단순인수), 어음행위(인수)의 단순성을 해하게 되므로 그러한 인수는 효력을 발생하지 않고 인수거절이 있는 것으로 본다($\frac{\text{어 26조}}{\text{2항 본문}}$). 따라서 어음소지인은 상환(소구)의무자에 대하여 인수거절로 인한 상환청구(소구)권을 행사할 수 있다($\frac{\text{어 43조}}{\text{1호}}$). 그러나 이러한 부단순인수가 어음 자체의 효력을 상실시키는 것은 결코 아니다.

② 발행과 같은 어음행위가 단순성에 반하여 무효가 되면 그러한 어음행위를 한 자는 어음채무를 부담하지 않으나, 인수의 경우는 이와 구별되어 부단순인수를 한 자도 어음채무를 부담한다. 즉, 인수인이 환어음의 다른 기재사항을 변경하여 인수한 경우에도 인수인은 그 인수문구에 따라 책임을 진다($\frac{\text{어 26조}}{\text{2항 단서}}$). 그 이유는 부단순인수를 한 경우에 그러한 인수인의 책임을 인정하여도 인수인의 의사에 반하지 않을 뿐만 아니라, 오히려 어음소지인에게 이익이 되기 때문이다.[2] 예컨대, 지급인이 만기 또는 지급지를 변경하여 인수하거나 배서금지를 기재한 경우에는 그러한 변경 또는 기재는 지급인 이외의 자에 대하여는 인수를 무효로 하기 때문에 유해적 기재사항이나, 지급인에 대하여는 유효하여 지급인은 자기가 변경 또는 기재한 어음문언에 따라 어음상의 책임을 부담한다. 이러한 지급인의 책임은 인수의 효력으로서 어음상의 책임(주채무)을 부담하는 것과는 구별된다고 본다. 따라서 부단순인수가 있는 경우에는 어음소지인은 상환(소구)의무자에 대하여 인수거절로 인한 상환청구(소구)권을 행사할 수 있을 뿐만 아니라, 부단순인수를 한 인수인에 대하여는 그 변경된 어음문구에 따른 어음상의 책임을 물을 수 있다.

(내) 조건부인수

① 예컨대, 선하증권의 교부를 조건으로 어음금액을 지급하겠다는 것과 같은 조건부인수는, 인수의 무조건성($\frac{\text{어 26조}}{\text{1항 본문}}$)에 반하므로 그러한 인수는 효력이 발생하지 않고 인수거절이 있는 것으로 본다(없음).[3] 따라서 이 경우에 어음소지인은 상환(소

---

1) 정(찬), 424면; 정(희), 170면; 서·정, 217면; 손(주), 288면; 정(동), 332면; 최(기), 375면; 이(기), 282면 외.

2) 동지: 주석, 352면.

3) 참고로 조건부(어음)보증은 유효하나(유익적 기재사항)(대판 1986. 3. 11, 85 다카 1600〈공보

구)의무자에 대하여 인수거절로 인한 상환청구(소구)권을 행사할 수 있다($\substack{\text{어} \ 43조 \\ 1호}$).

② 그런데 이 경우에 인수인은 변경인수의 경우와 같이 그러한 조건에 따라 어음상의 책임을 부담하는가. 이에 대하여 이를 허용한다면 어음채무를 실질관계와 결부시키는 것이 되어 어음채무의 추상성에 반한다고 하여 이를 부정하는 견해도 있으나,[1] 이 때 인수인에게 그 조건에 따른 어음상의 책임을 인정하는 것은 조건부 인수를 유효한 인수로 인정하는 뜻이 아니고($\substack{\text{인수인 이외의 자에 대한 관계에서는 인수거절} \\ \text{로 보아 만기 전의 상환청구(소구)를 인정함}}$) 또 인수인에게 그 기재된 문언에 따른 어음상의 책임을 인정하여도 인수인의 의사에 반하지 않고 오히려 어음소지인에게 이익이 된다는 특수성이 있는 점에서 볼 때, 조건부인수는 부단순인수와 유사하므로 인수인은 어음상에 기재된 조건에 따른 어음상의 책임을 부담한다고 보는 것이 타당하다고 생각한다($\substack{\text{어} \ 26조 \ 2항 \ \text{단} \\ \text{서의 유추적용}}$).[2]

(4) 인수의 효력

1) 인수인의 주채무   환어음의 지급인은 인수하기 전에는 어음소지인에 대하여 아무런 어음채무를 부담하지 않으나,[3] 인수한 후에는 어음소지인에 대하여 어음상의 주채무자가 된다($\substack{\text{어} \ 28조 \\ 1항}$).[4] 이러한 인수인의 주채무의 내용은 약속어음의 발행인의 그것과 같이, 제 1 차적·무조건·절대적·최종적인 의무이다. 이하에서 차례로 간단히 설명한다.

(개) 제 1 차적인 의무   인수인의 의무는 어음소지인이 타자에게 청구하여 지급을 받지 못한 때에 비로소 부담하는 의무가 아니라, 만기가 도래하면 어음소지인이 직접 청구할 수 있는 제 1 차적인 의무이다. 이 점에 대하여 어음법도 「… 인수인에 대하여 환어음으로부터 생기는 직접청구권을 가진다」고 규정하고 있다. 이러한 의미에서 인수인의 의무는 상환(소구)의무자가 부담하는 제 2 차적인 의무와 구별된다.

(내) 무조건의 의무   어음소지인이 지급제시기간 내($\substack{\text{어} \ 34조 \\ 38조 \ 1항}$)에 지급제시를 하

775, 41〉), 조건부배서는 조건을 기재하지 아니한 배서로 본다(무익적 기재사항)(어 12조 1항 2문).

1) 정(동), 333면(특히 변경인수와 조건부인수는 구별된다고 하나, 대외적으로 인수거절로 보는 점 등에서 유사하게 볼 수 있다고 본다); 최(기), 375~376면(조건부인수를 조건부발행이나 조건부배 서와 동일하게 보나, 조건부인수는 이들과 구별된다고 본다); 이(기), 283면.

2) 동지: 서·정, 217면; 손(주), 288면; 채, 207면; 주석, 351면(이를 배서의 경우와 같이 조건이 없는 단순인수로 보는데, 그렇게까지 보는 것은 무리라고 본다); 협약 43조 1항·2항.

3) 어음소지인의 입장에서 볼 때는 단순한 지급인에 대하여는 어음금액의 수령권한만이 있고 어음 금지급청구권이 없다.

4) 지급인이 중첩적으로 기재되어 인수인이 수 인인 경우에는 각자가 인수인으로서 어음금액의 전 부의 지급채무를 부담하는 합동책임(어 47조)을 부담한다.

였음에도 불구하고 인수인이 어음금액을 지급하지 않은 때에는, 어음소지인은 지급거절증서를 작성하지 않아도 인수인에 대하여 어음금액 및 연 6퍼센트의 이율에 의한 만기 이후의 법정이자를 무조건 지급청구할 수 있으므로, 인수인은 무조건의 의무를 부담한다($_{2항}^{어 28조}$). 따라서 인수인의 의무는 상환(소구)의무자가 지급거절증서의 작성 등을 조건으로 어음채무를 부담하는 조건부의무와 구별된다.

(대) **절대적인 의무** 인수인의 의무는 어음소지인이 지급제시기간 내에 지급제시를 하지 않았어도 만기 후 3년의 소멸시효기간 내에는 어음채무를 부담하므로($_{1항}^{어 70조}$), 절대적인 의무이다. 따라서 인수인의 의무는 지급제시기간 내에 지급제시를 하지 않으면 그 의무가 소멸되는 상환(소구)의무자의 의무와 구별된다($_{1항\ 참조}^{어 53조}$).

(라) **최종적인 의무** 인수인은 현재의 어음소지인에 대하여 뿐만 아니라 상환(소구)의무를 이행하고 어음소지인이 된 모든 상환(소구)의무자에 대하여도 어음채무를 부담하므로, 최종적인 의무를 부담한다. 따라서 최종상환(소구)의무자도 인수인에게 어음상의 권리를 행사할 수 있는데, 어음법은 이 점을 명백히 규정하고 있다($_{2항\ 2문}^{어 28조}$).

2) **인수인이 지급할 금액** 인수인이 지급할 금액은, 지급제시기간 내에 지급하는 경우에는 어음금액과 이자액[1]이지만, 지급제시기간 경과 후에 지급하는 경우에는 상환청구(소구)금액($_{49조}^{어 48조}$)과 동일한 금액이다($_{2항\ 1문}^{어 28조}$).

(5) **인수거절의 효력**

지급인이 인수를 할 것인가의 여부는 그의 자유이다. 그러나 지급인이 인수를 거절하면 어음소지인은 만기에도 지급인으로부터 지급받을 수 없는 것이 예상되고, 또 만기에 지급인이 다시 지급거절을 하는 경우에 지급인에 대하여 어음금액을 지급청구할 권리도 없다. 따라서 이러한 어음소지인을 위하여 어음법은 지급인이 인수거절을 하면 만기에 다시 지급인에게 지급제시할 필요 없이 자기의 전자($_{발행인}^{배서인\ 및}$)에 대하여 상환청구(소구)할 수 있는 권리를 인정하고 있다($_{1호}^{어 43조}$). 이것이 인수거절로 인한 상환청구(소구) 또는 만기 전의 상환청구(소구)이다.

2. 지급보증(수표에 특유한 제도)

(1) 의 의

1) **개 념** 지급보증(certification; Bestätigung)이란 「수표의 지급인이 지

---

[1] 이 이자액은 일람출급 또는 일람후정기출급의 환어음에서 이율과 함께 이자문언을 기재한 경우에(어 5조 1항 1문·2항 1문) 그에 따라 계산한 이자액을 의미한다.

급제시기간 내에 수표가 제시된 때에 수표의 문언에 따라서 지급할 것을 약속하는 수표행위」이다. 이러한 지급보증은 수표에 특유한 제도로서 지급인이 지급보증에 의하여 지급채무를 부담하는 점에 있어서는 환어음의 인수와 유사하나, 그 밖의 많은 점에서 환어음의 인수와 구별되는데, 이에 대하여는 후술한다. 또한 수표의 지급보증은 수표보증과는 그 용어에서 유사하여 혼동하기 쉬운데, 다음과 같은 점에서 구별되고 있다.

(가) 첫째로 지급보증은 치급인만이 할 수 있으나($\frac{수}{1항}$53조), 수표보증은 지급인을 제외한 제 3 자가 할 수 있는데($\frac{수}{2항}$25조$_{1문}$) 이러한 제 3 자에 대하여는 제한이 없으므로 수표에 이미 기명날인 또는 서명을 한 자도 수표보증인이 될 수 있다($\frac{수}{2항}$25조$_{2문}$).

(나) 둘째로 지급보증은 지급인이 다른 수표채무와 무관하게 수표채무를 부담하는 것이나($\frac{이\ 점에서는}{인수인과\ 유사함}$), 수표보증은 보증인이 다른 수표채무($\frac{발행인\ 또는\ 배서인의}{상환\langle소구\rangle의무}$)를 전제로 하여 수표채무를 부담한다($\frac{수}{4항}$26조). 수표보증도 어느 정도 독립성이 인정되나 ($\frac{어\ 27조}{2항}$)($\frac{민법상\ 보증}{과\ 다른\ 점}$) 역시 보증채무이므로 종속성($\frac{부종성과}{수반성}$)이 있는 점($\frac{민법상\ 보증}{과\ 같은\ 점}$)에서, 전혀 종속되지 않는 지급보증과 구별된다.

(다) 셋째로 지급보증인은 최종상환(소구)의무차와 같은 지위에 있으므로 그가 수표금을 지급하여도 아무런 수표상의 권리를 취득하지 못하나, 수표보증인은 피보증인의 상환(소구)의무를 보증하는 것이므로 그가 수표금을 지급한 때에는 피보증인과 그의 수표상의 채무자에 대하여 수표상의 권리를 취득한다($\frac{수}{3항}$27조).

2) 인정이유   수표는 신용증권이 아니라 지급증권이므로 항상 일람출급이고($\frac{수}{1항}$28조) 또 지급제시기간도 단기이다($\frac{수}{29조}$). 또한 수표에는 환어음에서와 같은 인수제도가 인정되지 않고($\frac{수}{1문}$4조), 수표에 한 인수의 문언은 무익적 기재사항이다($\frac{수}{2문}$4조). 또한 이러한 인수를 잠탈하는 수단이 될 수 있는 지급인의 배서($\frac{수}{3항}$15조)와 보증 ($\frac{수}{2항}$25조)도 인정되지 않는다. 이것은 모두 수표의 신용증권화를 방지하기 위한 제도이다. 이러한 제도에 의하여 수표의 신용증권화는 방지된다고 하더라도, 지급의 확실성이 보장되지 않으면 수표의 원활한 유통을 기할 수 없게 된다. 따라서 수표의 지급의 확실성을 보장하기 위한 제도가 지급보증제도이다.[1]

---

1) 1931년 제네바수표법통일조약은 이러한 지급보증에 관한 사항을 통일수표법 중에 넣지 않고 그 유보조항에서 「각 체약국은 지급인이 수표에 지급보증·확인·사증(査證)·기타 이것과 동일한 효력을 가진 선언의 기재를 하는 것을 인정하고, 그 법률상의 효과를 정하는 권한을 가진다. 그러나 이러한 기재에 인수의 효력을 인정할 수 없다」고 규정하였다(제 1 조약 제 2 부속서 6조). 이러한 유보조항에 따라 우리나라와 일본은 지급보증제도를 채택하여 수표법에서 규정하고 있다(수 53 조~58조).
　　미국의 U. C. C. §3-409(d)은 「지급보증된 수표는 지급은행에 의하여 인수된 수표를 의미한다」

우리나라의 수표법은 수표의 지급보증에 대하여 규정하고 있으나, 실제로 이 제도가 이용되는 예는 거의 없고 이에 대신하여 지급은행의 자기앞수표가 이용되고 있다.[1] 따라서 수표법상의 지급보증에 관한 규정은 거의 사문화(死文化)되고 있다.[2]

(2) 방　　식

1) 지급보증요건　　지급보증은 수표의 앞면에, (ⅰ)'지급보증'그 밖에 지급을 하겠다는 뜻을 적고(지급보증문언), (ⅱ) 날짜(일자)를 부기하여, (ⅲ) 지급인이 기명날인 또는 서명하여야 한다($\frac{수}{2항}$ 53조).

(가) 지급보증이라는 수표행위의 필요적 기재사항(지급보증요건)은 지급보증문언·지급보증일자·지급보증인의 기명날인 또는 서명이다. 배서·보증·인수의 경우와는 달리「지급보증문언」을 반드시 기재하여야 하므로, 이른바 지급보증문언이 없는 백지식지급보증이란 있을 수 없다.[3] 또한 수표의 지급보증에서는 배서·보증·인수의 경우와는 달리「지급보증일자」가 필요적 기재사항이고, 이의 기재가 없으면 지급보증으로서의 효력이 없다.[4] 지급보증에 지급인의「기명날인 또는 서명」이 있어야 하는 점은 다른 모든 어음행위에 있어서와 같다.

(나) 지급보증의 수표상의 위치는 반드시 수표의「앞면」이어야 한다. 따라서 배

고 규정하여, 우리 수표법상 지급보증에 관한 규정과 대조를 이루고 있다(수 4조, 55조 1항, 56조).
　　독일은 연방은행법 제23조(1957. 7. 26 제정)에 의하여 연방은행이 지급인인 수표에 한하여 지급보증(Bestätigung)이 가능하고, 연방은행 이외의 은행이 지급인인 수표에는 지급보증이 허용되지 않고 수표법 외의 계약에 의하여 지급인이 지급을 약속하는 손해담보계약(Garantievertrag)이 있다(Baumbach/Hefermehl, SchG Art. 4 Rdn. 4, 8 ff.).
　　프랑스에서는 1941. 2. 28의 특별법에 의하여 수표의 지급보증(Certification)을 허용하였고, 1972. 1. 3에 수표법을 개정하여 이를 수표법 안에 규정하게 되었다(Ripert et Roblot, Traité élémentaire de droit commercial, Tome Ⅱ, 2174).

1) 이에 관하여 당초에는 1956. 3. 2 협정된「금융단협정」이 "수표의 지급보증은 반드시 보증은행의 자기앞수표에 의한다"고 규정하고 있었기 때문이었으나, 그 후에는 이러한 금융단협정이 공정거래법에 위반된다고 하여 폐지되고 각 은행이「당좌계정약정서」에 같은 내용을 규정하고 있다가, 그 후「입출금이 자유로운 예금약관」이 제정되면서 이러한 내용은 실무에서 거의 발생하지 않는다고 규정되지 않게 되었다.
2) 은행실무에서 지급보증에 갈음하여 은행의 자기앞수표를 발행하는 이유는 다음과 같다. (ⅰ) 첫째는 지급보증을 한 뒤에 생길지도 모르는 발행인의 재산상태의 악화에 따라 발생하는 지급보증은행의 위험과 번잡을 피하고자 하는 것이다. (ⅱ) 둘째는 지급보증은 고객이 발행한 수표상에 하는 것이므로 위조·변조의 위험이 크므로 이러한 위험을 방지하기 위하여 은행의 자기앞수표에 의하는 것이다. (ⅲ) 셋째는 은행이 지급보증을 하여야 할 정도로 신용이 없는 발행인과는 은행은 당좌거래를 하지 않겠다는 것을 나타내기 위한 것이다.
3) 동지: 서·정, 304면; 정(동), 511면.
4) 동지: 대판 1975. 4. 8, 74 다 2085(판총 11-2, 1059-26-3).

서·보증의 경우와 같이 수표의 뒷면이나 보충지에는 할 수 없다.[1] 이는 정식인수의 경우와 구별되고, 약식인수의 경우와 같다.

2) 조건부 또는 일부의 지급보증　　지급보증은 조건 없이 (무조건) 하여야 하고($\frac{수}{1항}^{54조}$), 지급보증에 의하여 수표의 기재사항을 변경한 부분은 이를 변경하지 아니한 것으로 본다(무익적 기재사항)($\frac{수}{2항}^{54조}$).[2] 수표금액의 일부에 대한 지급보증에 대하여는 수표법에 규정이 없어, 이를 무효의 지급보증으로 볼 것인가 또는 전부에 대한 지급보증으로 볼 것인가의 문제가 있다. 이에 대하여 이를 전부에 대한 지급보증으로 보아야 한다는 견해도 있으나,[3] 이를 전부에 대한 지급보증으로 보면 지급보증인의 의사에 반하여 무거운 책임을 부담시키는 것이 되어 부당하므로 지급보증의 효력이 없는 것으로 보아야 할 것이다.[4] 이렇게 보면 일부의 지급보증은 배서의 그것과 같으나(유해적 기재사항)($\frac{수}{2항}^{15조}$), 수표보증($\frac{수}{1항}^{25조}$)이나 어음인수($\frac{어}{1항}^{26조}_{단서}$)의 그것과(유익적 기재사항)는 구별된다.

3) 청구인·피청구인　　지급보증의 「청구인」에는 제한이 없다. 따라서 발행인·배서인·소지인 등이 지급보증을 청구할 수 있는데, 실제로는 발행인이 청구하는 것이 보통이다.

「피청구인」은 지급인에 한한다($\frac{수}{1항}^{53조}$).

(3) 효　　력

1) 지급보증인의 의무

(개) 지급보증을 한 지급인은 지급제시기간[5] 경과 전에 수표가 제시된 경우에 한하여 수표소지인에게 수표금액의 지급의무를 부담한다($\frac{수}{1항}^{53조}$). 이러한 지급보증인의 의무는 수표 외의 일반사법상의 의무가 아니고, 「수표상의 의무」이다.

그러나 지급보증인이 수표발행인의 채권자의 요구에 의하여 수표발행인의 지급채무를 보증할 목적으로 지급보증을 하는 경우에는, 수표상의 의무인 지급보증인으로서의 채무를 부담하는 외에, 지급보증인은 채권자에 대하여 수표 외의 일반사

---

1) 동지: 대판 1972. 10. 25, 72 도 1976(판총 11-2, 1068-53-4); 동 1975. 4. 8, 74 다 2085(판총 11-2, 1059-26-3).

2) 따라서 지급보증에 붙인 조건은 배서의 그것과 같으나(무익적 기재사항)(수 15조 1항), 발행(유해적 기재사항)(수 1조 2호)·보증(유익적 기재사항)[대판 1986. 3. 11, 85 다카 1600(공보 775, 41)(조건부어음보증을 유익적 기재사항으로 판시함)]의 그것과 구별된다.

3) 정(희), 173면; 손(주), 418면; 정(동), 511면; 채, 213면.

4) 정(찬), 430면. 동지: 서·정, 304면.

5) 국내수표의 경우는 10일, 국외수표의 경우는 20일(동일洲) 또는 70일(다른 洲)이다(수 29조 1항·2항).

법상의 의무인 보증채무도 부담한다.[1)]

지급보증인의 의무는 「제1차적 지급의무」를 부담하는 점에서 환어음의 인수인 또는 약속어음의 발행인의 의무와 유사하나, 타인의 불지급(不支給)을 조건으로 수표채무를 부담하는 배서인 또는 수표보증인의 의무와 구별된다.

지급보증인의 의무는 수표소지인이 지급제시기간 내에 제시한 때에 한하여 지급채무를 부담하는 일종의 「조건부지급의무」를 부담하는 점에서, 지급제시기간 내의 제시유무를 불문하고 시효기간 내에는 무조건의 지급의무를 부담하는 환어음의 인수인 또는 약속어음의 발행인의 지급의무와 구별된다. 따라서 지급보증인은 주채무자가 아니고 최종의 상환(소구)의무자와 같은 지위에 있다. 위와 같이 지급보증인은 지급제시기간 내에 수표를 제시한 경우에 한하여 지급의무를 부담하므로, 지급제시기간 내에 적법한 지급제시를 하였는지 여부는 거절증서 또는 이와 동일한 효력이 있는 선언에 의하여 증명되어야 한다($\frac{수}{2항}$ 55조). 이 때에 지급보증인은 상환(소구)의무자가 아니므로 이러한 거절증서 등의 작성을 면제할 수 없다.[2)] 그러나 불가항력인 사유로 인하여 지급제시기간 내에 지급제시를 할 수 없었을 때에는 지급제시기간이 연장되거나 또는 지급제시가 면제된다($\frac{수}{47조}$ 57조.).

(내) 지급보증인의 지급의무의 법적 성질에 대하여 지급제시기간 내에 지급제시를 정지조건으로 하여 지급의무가 발생한다고 보는 견해(정지조건설)와,[3)] 지급보증인은 지급보증시에 지급의무를 부담하나 지급제시기간 내의 불제시(不提示)를 해제조건으로 한다고 보는 견해(해제조건설)[4)]로 나뉘어 있다. 생각건대 지급보증인은 보증인이나 배서인과는 달리 제1차적인 지급의무를 부담하는데, 지급보증을 하였음에도 불구하고 수표소지인이 아직($\frac{지급제시}{기간 내에}$) 지급제시를 하지 않았다고 하여 수표채무를 부담하지 않는다고 보는 정지조건설은 불합리하므로, 해제조건설이 타당하다고 본다.[5)]

(대) 지급보증인이 지급할 금액은 원래는 수표금액이지만, 지급거절로 인하여 수표소지인이 상환청구(소구)권보전절차를 밟은 경우에는 상환(소구)의무자가 지급할 상환청구(소구)금액 또는 재상환청구(재소구)금액이다($\frac{수}{44조, 45조}$ 55조 3항,).

---

1) 동지: 대판 1957. 10. 21, 4290 민상 318(판총 11-2, 1057); 동 1967. 3. 28, 67 다 108(판총 11-2, 1068-3).

2) 동지: 정(희), 174면.

3) 정(동), 512면; 손(주), 419면; 정(무), 532면; 강, 568면; 강, (어) 540면.

4) 정(희), 174면; 서(정), 298면; 채, 214면.

5) 정(찬), 432면.

(라) 지급보증인에 대한 수표금지급청구권은 상환청구(소구)권과 유사하지만 제 1차적인 지급청구권이라는 점에서 상환청구(소구)권은 아니므로, 수표법은 상환청구(소구)권에 관한 시효기간(수51조1항)과는 별도로 지급보증인에 대한 수표금지급청구권의 시효기간을 규정하고 있다(수58조). 즉, 지급보증인에 대한 수표금지급청구권의 시효기간은 지급제시기간 경과 후 1년이다. 그런데 이 시효기간은 수표소지인이 지급제시기간 내에 수표를 지급제시하여 지급보증인에 대한 수표금지급청구권을 보전한 후에 의미가 있는 것이지만(수55조1항), 지급제시기간 내에 언제 제시되든 또한 거절증서 또는 이와 동일한 효력이 있는 선언이 거절증서의 작성기간 내(수40조) 언제 작성되든 불문하고 언제나 지급제시기간 경과 후 1년이다.

(마) 수표의 지급보증인에 대한 권리가 지급제시기간 내에 지급제시를 하지 않음으로써 소멸하거나(수55조1항) 또는 지급제시기간 내에 지급제시를 하여 그 권리는 보전되었으나 지급제시기간 경과 후 1년간 행사하지 않음으로써 그 권리가 소멸시효로 소멸한 때에는(수58조), 수표소지인은 지급보증인에 대하여 이득상환청구권을 행사할 수 있다(수63조).

2) 다른 수표채무자의 의무   지급인이 지급보증을 하여도 발행인 그 밖의 다른 수표채무자는 이러한 지급보증으로 인하여 그 책임을 면하지 못한다(수56조). 따라서 지급보증인은 다른 수표채무자와 합동책임을 부담한다(수43조). 수표법이 이와 같은 규정을 둔 것은 지급보증은 지급과 동일한 효력을 가져오는 것이 아니라는 점과, 또 지급보증제도의 모체(母體)인 미국법에서는 지급보증으로 인하여 다른 수표채무자는 그 책임을 면하는 것으로 규정하고 있는 점에서,[1] 주의적으로 규정한 것으로 본다.

3. 인수와 지급보증의 비교

위에서 설명한 인수와 지급보증을 다시 정리하는 의미에서 양자의 유사점과 차이점을 보면 다음과 같다.

(1) 유 사 점

1) 지급을 확보하기 위하여 지급인이 하는 어음(수표)행위로서 지급인은 어음(수표)채무를 부담하고, 어음(수표)소지인은 지급인에 대하여 어음(수표)상의 권리를 취득한다.

2) 청구자의 자격에는 제한이 없고 단순한 점유자도 청구할 수 있다.

---

1) 미국 통일상법전에 의하면 지급보증으로 인하여 발행인 및 지급보증 전의 배서인은 책임을 면한다[U. C. C. §§ 3-414 (c), 3-415 (d)].

3) 인수 또는 지급보증이 있다고 하여 지급과 동일한 효과가 생기는 것은 아니므로, 발행인 기타의 어음(수표)채무자가 어음(수표)상의 채무를 면하는 것이 아니다[1]$\left(\substack{수 \, 56조 \\ 참조}\right)$.

(2) 차 이 점

1) 소지인의 권리 환어음의 소지인은 만기 전에 지급인에게 인수제시할 권한이 있으므로$\left(\substack{어 \\ 21조}\right)$ 지급인이 인수를 거절한 경우에는 발행인 등에 대하여 만기 전의 상환청구(소구)가 가능하나$\left(\substack{어 \, 43조 \\ 1호}\right)$, 수표의 소지인은 지급인에게 지급보증을 요구할 권한이 없으므로 지급인이 지급보증을 거절한 경우에도 발행인 등에 대하여 상환청구(소구)권을 행사할 수 없다$\left(\substack{수표의 \, 상환청구〈소구〉는 \, 지급인의 \\ 지급거절로 \, 인한 \, 경우에만 \, 발생한다}\right)\left(\substack{수 \\ 39조}\right)$.

2) 방 식 환어음에는 약식인수$\left(\substack{어 \, 25조 \\ 1항 \, 3문}\right)$나 일부인수$\left(\substack{어 \, 26조 \\ 단서}\right)$가 인정되나, 지급보증에는 약식지급보증이나 일부지급보증이 인정되지 않는다$\left(\substack{수 \, 53조 \, 2항, \\ 54조 \, 참조}\right)$. 또한 환어음에는 인수거절로 인한 상환청구(소구)제도가 있으므로 인수제시에 따른 유예기간제도가 있으나$\left(\substack{어 \, 24조 \\ 1항}\right)$, 수표에는 지급보증거절로 인한 상환청구(소구)제도가 없으므로 유예기간제도가 있을 수 없다.

3) 효 력 환어음의 인수인은 약속어음의 발행인과 같이 주채무를 부담하나$\left(\substack{어 \\ 28조}\right)$, 수표의 지급보증인은 수표소지인이 지급제시기간 경과 전에 수표를 제시한 경우에 한하여 지급할 의무를 부담하므로$\left(\substack{수 \, 55조 \\ 1항}\right)$ 최종의 상환(소구)의무자와 같은 지위에 있거나[2] 또는 지급제시기간 내에서만 채무를 부담하는 인수인과 같은 지위에 있다고 볼 수 있다.[3]

4) 시효기간 환어음의 인수인의 어음채무의 소멸시효기간은 만기 후 3년인데$\left(\substack{어 \, 70조 \\ 1항}\right)$, 수표의 지급보증인의 수표채무의 소멸시효기간은 지급제시기간 경과 후 1년이다$\left(\substack{수 \\ 58조}\right)$.

---

1) 그러나 미국에서는 어음이 은행에 의하여 인수되거나 수표가 지급은행에 의하여 지급보증된 때에는 발행인과 모든 전자인 배서인은 책임을 면한다[U. C. C. §§ 3-414(c), 3-415(d)].

2) 정(희), 173면.

3) 동지: Baumbach/Hefermehl, SchG Art. 4 Rdn. 8.

제3절 어음상의 권리의 이전(배서)

제1 총   설

1. 어음상의 권리의 양도방법

(1) 어음상의 권리의 양도(이전)방법에는 「일반적인 권리의 양도방법」과 「어음에 특유한 양도방법」이 있다.

1) 어음상의 권리는 「일반적인 권리의 양도방법」에 의하여 양도된다. 즉, 합병·상속과 같은 포괄승계와 경매·전부(轉付)명령과 같은 특정승계에 의하여 어음상의 권리가 양도되는 점에 대하여는 아무런 이견(異見)이 없다. 그러나 어음상의 권리가 지명채권양도방법에 의하여 양도될 수 있는지 여부에 대하여는 후술하는 바와 같이 견해가 나뉘어 있다.

2) 어음상의 권리는 일반적으로 「어음에 특유한 양도방법」, 즉 배서 또는 교부에 의하여 양도된다. 다시 말하면 기명식 또는 지시식어음(수표)은 「배서」에 의해서 양도되고, 소지인출급식수표[1]는 단순한 「교부」만에 의해서 양도된다. 기명식어음(수표)이라도 원칙적으로 배서에 의하여 양도될 수 있으나($^{어\ 11조\ 1항·77조}_{1항\ 1호,\ 수\ 14조\ 1항}$), 예외적으로 어음(수표)면상 배서(지시)금지의 문언이 있는 경우에는 배서에 의해서 양도될 수 없고 「지명채권양도방식」에 따라서만 양도될 수 있다($^{어\ 11조\ 2항·77조}_{1항\ 1호,\ 수\ 14조\ 2항}$). 또한 기명식 또는 지시식어음(수표)이라도 수취인(배서인)으로부터 백지식배서($^{어\ 14조\ 2항\ 3호·77조}_{1항\ 1호,\ 수\ 17조\ 2항\ 3호}$) 또는 소지인출급식배서($^{어\ 12조\ 3항·77조}_{1항,\ 수\ 15조\ 4항}$)에 의하여 어음(수표)을 양수한 자는 단순한 「교부」만에 의하여 어음(수표)을 양도할 수 있다.

(2) 이하에서는 총설에서 어음상의 권리를 지명채권양도방법에 의하여 양도할 수 있는지 여부와 배서금지어음에 대하여 먼저 살펴본 후, 배서에 대하여 상세히 설명하겠다. 선의취득은 어음상의 권리의 원시취득의 일종이나 형식상은 무권리자 등으로부터 배서 또는 교부에 의하여 취득하는 것이므로, 어음상의 권리의 이전에서 맨 마지막으로 선의취득을 설명하겠다.

---

1) 이는 무기명식수표(수 5조 3항) 및 지명소지인출급식수표(수 5조 2항)를 포함한다.

2. 지명채권양도방법에 의한 어음의 양도

어음에 특유한 양도방법인 배서 또는 교부에 의하여 양도할 수 있는 어음을 채권의 일반적 양도방법인 지명채권양도방법에 의하여 양도할 수 있는지 여부에 대하여, 학설은 긍정설(통설)[1]과 부정설(소수설)[2]로 나뉘어 있다.

생각건대 지명채권양도방법에 관한 민법의 규정($\substack{민 450조 \\ 451조}$), 지시채권의 양도방법에 관한 민법의 규정($\substack{민 \\ 508조}$), 무기명채권의 양도방법에 관한 민법의 규정($\substack{민 \\ 523조}$), 기명식 또는 지시식 어음의 양도방법에 관한 어음법의 규정($\substack{어 11조 1항·77조 \\ 1항 1호, 수 14조 1항}$) 등은 각각 성질이 다른 증권의 고유한 양도방법에 관한 강행규정으로, 이러한 증권은 해당 증권의 고유한 양도방식에 따라서만 양도될 수 있다고 해석해야지 이를 무시하고 모두 지명채권양도방법에 의하여 양도될 수 있다고 보면 각 증권에 따라 고유한 양도방법을 규정한 법의 취지가 상실된다고 본다. 따라서 부정설이 타당하다고 본다.[3] 만일 지시증권 또는 무기명증권에 대하여 지명채권양도방법에 의한 양도를 인정한다면 그러한 증권의 소지인이 채권자의 자격을 증명하는 배서의 연속 또는 증권의 소지라는 간편한 증명방법을 이용하지 못하는 결과 오히려 증권소지인으로 하여금 간편하게 증권상의 권리를 행사시키고자 하는 법의 취지에도 어긋나고, 또한 실제로도 이러한 증권을 지명채권양도방법에 의하여 양도하는 일은 거의 없기 때문에 그것을 인정할 실익도 거의 없는 것이다.

따라서 이러한 부정설에 의하면 지명채권양도방법에 의하여 어음을 양수한 자는 어음상의 권리를 취득하지 못하고, 또 이로 인하여 그는 다시 제 3 자에 대하여

---

1) 서·정, 184면; 손(주), 239~240면; 정(동), 357~359면; 강, 606면; 강, (어) 348면; 양·박, 734면; 양(승), (어) 285면; 이(범), 323면; 정(무), 411면; 채, 196면. 동지: 日最高判 1974. 2. 28(民集 28-1, 121); Hueck/Canaris, S. 81.

2) 정(희), 177~178면; 김(용), 312면.

3) 정(찬), 436면; 정(찬), (사례) 305~306면.
    결과동지: 대판 1996. 4. 26, 94 다 9764(공보 1996, 1655)(수취인이 제 1 배서인란에 날인 없이 서명만 하여〈1995년 개정 어음법 이전의 법을 적용함 — 저자 주〉어음을 교부한 경우, 어음소지인이 실질적으로 어음상의 권리를 양수한 것으로 인정한 원심은 단순한 어음의 교부만으로 어음상의 권리를 양도한 것으로 인정하였거나 혹은 어음채무자에 대한 대항요건이 갖추어졌는지 여부를 심리하지 아니한 채 지명채권 양도방식에 의한 양도가 이루어졌다고 인정한 잘못이 있다); 동 1996. 12. 20, 96 다 43393(공보 1997, 378)(수취인란이 백지인 어음의 소지인이 수취인란을 보충하지 않고 그 어음을 배서하여 교부하였으나 배서란에 날인 없이 서명만 함으로써〈1995년 개정 어음법 이전의 법을 적용함 — 저자 주〉배서요건을 흠결한 경우에는 어음상의 권리가 적법하게 이전될 수 없다); 동 1997. 7. 22, 96 다 12757(공보 1997, 2616)(수취인이 기명식으로 되어 있는 어음은 단지 교부만으로 양도할 수 없다).

어음상의 권리를 양도할 수도 없다. 다만 예외적으로 배서금지어음에 대하여만 지명채권양도방법에 의하여 어음상의 권리를 양도할 수 있을 뿐이다(어 11조 2항·77조 1항 1호, 수 14조 2항).

3. 배서금지어음

(1) 의   의

1) 배서금지어음(non-negotiable bill; Rektawechsel)이란 「발행인이 기명식어음에 '지시금지'라는 글자 또는 이와 같은 뜻이 있는 문구(예컨대, 배서금지 등)를 기재한 어음」을 말한다(어 11조 2항 전단·77조 1항 1호, 수 14조 2항 전단). 배서금지어음을 지시금지어음 또는 금전(禁轉)어음이라고도 한다.

배서금지어음으로 하기 위하여는 발행인은 보통 어음상에 인쇄된 지시문언을 삭제하는 외에 어음상에 「배서금지」 또는 이와 같은 뜻이 있는 문구를 기재하여야 한다.[1] 따라서 발행인이 지시문언만을 삭제하였다 하여 배서금지어음이 되는 것은 아니고, 이러한 어음은 기명식어음으로 당연한 지시증권성에 의하여 배서에 의하여 양도될 수 있다(어 11조 1항·77조 1항 1호, 수 14조 1항).[2] 이 때 만일 발행인이 지시문언을 삭제하지 않고 배서금지의 문언을 기재하여 어음면상 지시문언과 배서금지문언이 병존하는 경우에는, 지시문언은 인쇄되어 있고 배서금지문언은 발행인이 스스로 기재한 경우라면 발행인의 의사는 배서금지어음을 발행할 의사로 보는 것이 타당하므로 이러한 어음은 배서금지어음이라고 본다.[3]

배서금지의 문언은 발행인이 원인관계에 의하여 자기보호를 목적으로 특별히 기재하는 것인 만큼 제 3 자가 쉽게 식별할 수 있도록 어음면상 명확히 표시되어야 한다.[4] 또한 배서금지의 문언은 반드시 어음면상 기재되어야 어음상의 효력이 발생

---

1) 동지: 대판 1993. 11. 12, 93 다 39012(공보 959, 93)(발행인이 어음의 표면에 '보관용'이라고 기재한 것만으로는 어음법 소정의 배서금지어음이라고 볼 수 없다); 동 1994. 10. 21, 94 다 9948(공보 981, 3068)(약속어음의 뒷면의 배서란 맨 끝부분에 '견질용'이라고 기재된 것만으로는 그 약속어음을 어음법 제11조 2항 소정의 지시금지어음이라고 볼 수 없다).

2) 동지: 대판 1962. 12. 20, 62 다 668(교재, 판결례 [257]).

3) 정(찬), 441면. 동지: 대판 1987. 4. 28, 86 다카 2630(공보 802, 39); 日最高判 1978. 4. 24 (교재, 판결례 [518]).

4) 동지: 대판 1990. 5. 22, 88 다카 27676(공보 876, 25)(따라서 어음발행인이 어음용지의 중앙에 부동문자로 인쇄된 지시문구를 삭제함이 없이 동 약속어음 오른쪽 상단의 아라비아숫자로 기재된 액면금액의 표시와 그 지시문구 사이에 그보다 작은 크기〈세로 약 2밀리미터, 가로 약 1센티미터의 지극히 작은 크기〉의 지시금지라고 새겨진 고무인을 위 숫자 및 지시문구의 문자와 중복되게 희미하게 압날함으로써 통상인이 어음거래를 함에 있어 보통 기울이는 정도의 주의로는 위 지시금지문언을 쉽게 알아보기 어려운 상태인 경우에는 배서금지어음이라는 점을 전달할 만한 기능을 갖지 못한다); 서울민사지판 1985. 11. 5, 85 나 562(신문 1614, 8).

하므로 발행인이 어음상에 이에 관한 기재를 하지 않고 수취인과 특약만을 한 경우에는, 동 어음은 여전히 지시증권로서의 성질을 갖고 있으므로 그와 같은 특약이 있음을 알고서 동 어음을 배서양도받은 자도 어음상의 권리를 취득한다.[1]

2) 발행인이 어음에 배서금지의 문언을 기재하는 이유는 수취인에 대한 항변의 유보를 원하거나, 배서가 계속되어 상환금액이 증대되는 것을 방지하기 위해서이다.[2] 이러한 이유로 실제로 배서금지어음은 담보어음에서 많이 이용된다.

3) 배서금지어음은 발행인이 배서금지의 문언을 어음에 기재하고 또 배서성이 박탈되는 점에서, 배서인이 배서금지의 문언을 어음에 기재하고 또 배서성이 박탈되지 않는 배서금지배서(금전〈禁轉〉배서)($^{어\ 15조\ 2항·77조}_{1항\ 1호,\ 수\ 18조\ 2항}$)와 구별된다.

환어음의 인수인이 배서금지의 문언을 기재한 경우에는 부단순인수가 되어, 어음소지인에 대한 관계에서는 인수를 거절한 것이 되나 인수인은 그 문언에 따라 어음상의 책임을 진다($^{어}_{2항}26조$). 따라서 인수 당시의 어음소지인은 상환(소구)의무자에 대하여 만기 전의 상환청구(소구)권을 행사하거나 또는 배서에 의하여 동 어음을 양도할 수 있는데, 어음소지인이 동 어음을 배서에 의하여 양도한 경우 인수인은 현재의 어음소지인에 대하여 어음상의 책임을 부담하나 인수 당시의 어음소지인에 대하여 가졌던 항변사유로써 현재의 어음소지인에 대항할 수 있다.[3]

보증인이 배서금지문언을 기재한 경우에는(부단순보증) 이를 무효로 보는 견해도 있으나,[4] 인수인의 경우와 동일하게 어음보증인에 대한 관계에서는 유효로 보아야 할 것이다.[5]

(2) 효   력

1) 배서금지어음은 「배서에 의한 양도성」이 박탈된다. 따라서 배서금지어음에도 양도배서 이외의 배서인 추심위임배서[6]($^{어\ 18조·77조\ 1항}_{1호,\ 수\ 23조}$)나 입질배서[7]($^{어\ 19조,\ 77조}_{1항\ 1호}$) 등

---

1) 동지: 대판 1965. 5. 18, 65 다 478(교재, 판결례 [258]).

2) 동지: 정(희), 178면; 서·정, 185면; 정(동), 361면; 대판 1989. 10. 24, 88 다카 20774(월보 223, 75).

3) 동지: 주석, 352면.

4) 정(희), 179면.

5) 정(찬), 442~443면[정(찬), (사례) 312면은 이와 같이 변경됨]. 동지: 정(동), 361면; 주석, 362면, 251면(배서금지배서와 동일하게 해석할 수 있다고 한다).

6) 동지: 정(희), 179면; 서·정, 185면; 정(동), 363면.
   반대: 鈴木, 268면.

7) 동지: 서·정, 185면; 정(동), 363면.
   반대: 최(기), 389면; 주석, 253면.

은 인정된다. 어음상의 권리가 양도되는 기한후배서$\binom{\text{어 } 20조\cdot77조 \ 1항}{1호, \ \text{수 } 24조}$가 인정되는지 여부에 대하여는, 이를 긍정하는 견해도 있으나,[1] 이를 부정하여야 할 것으로 본다.[2]

배서금지어음은 양도성 자체가 박탈되는 것이 아니고 배서에 의한 양도성만이 박탈된다. 따라서 배서금지어음은 지명채권양도방법에 의하여 양도될 수 있다$\binom{\text{어 } 11조 \ 2항 \ 전단\cdot77조}{1항 \ 1호, \ \text{수 } 14조 \ 2항 \ 전단}$. 다만 배서금지어음도 유가증권(기명증권)이므로 어음상의 권리의 양도에는 지명채권양도의 대항요건$\binom{\text{민}}{450조}$을 구비하는 이외에, 증권을 인도(교부)하여야 한다(통설).

2) 배서금지어음의 (지명채권양도방법에 의한) 양도에는 「지명채권양도의 효력」만이 있다$\binom{\text{어 } 11조 \ 2항 \ 후단\cdot77조}{1항 \ 1호, \ \text{수 } 14조 \ 2항 \ 후단}$. 따라서 배서금지어음의 양수인은 인적 항변절단의 효력$\binom{\text{어 } 17조\cdot77조}{1항 \ 1호, \ \text{수 } 22조}$을 갖지 못하고, 양도인이 무권리자 등인 경우에 자격수여적 효력$\binom{\text{어 } 16조 \ 1항\cdot77조}{1항 \ 1호, \ \text{수 } 19조}$을 갖지 못하며, 선의취득$\binom{\text{어 } 16조 \ 2항\cdot77조}{1항 \ 1호, \ \text{수 } 21조}$도 할 수 없다. 또한 양도인은 배서의 경우와 같이 담보책임$\binom{\text{어 } 15조 \ 1항\cdot77조}{1항 \ 1호, \ \text{수 } 18조 \ 1항}$을 부담하지도 않는다. 배서금지어음에 대하여 공시최고에 의한 제권판결이 인정되는지 여부에 대하여는 긍정설[3]과 부정설[4]로 나뉘어 있는데, 기명증권 일반에 대하여 공시최고에 의한 제권판결을 부정하는 것과 같은 이유로 배서금지어음에 대하여도 이를 부정하는 부정설이 타당하다고 본다.[5]

그러나 배서금지어음도 어음이기 때문에 환어음(수표)의 발행인은 상환(소구)의무를 부담한다$\binom{\text{어 } 9조 \ 1항}{\text{수 } 12조}$. 또 어음금의 지급에는 어음금의 지급과 어음을 상환하여야 한다(상환증권성)$\binom{\text{어 } 39조\cdot77조}{1항 \ 3호, \ \text{수 } 34조}$. 배서금지어음의 상환증권성으로 인하여 동 어음의 양도에서 대항요건$\binom{\text{민}}{450조}$을 갖추지 않아도 양도인 또는 제3자가 어음채무자로부터 어음금을 수령할 수 없기 때문에 양수인의 지위는 안전하다고 볼 수 있고, 실무상은 양수인이 대항요건을 갖추는 것보다도 동 어음을 교부받아 계속 점유하는 것이 중요하다고 본다.[6] 동 어음의 소지인이 어음상의 권리를 행사하기 위하여는 어음채무자의 영업소 또는 주소에서 어음을 제시하여야 한다[7](제시증권성 및 추심채

---

1) 정(희), 179면.
2) 정(찬), 443면. 동지: 주석, 252면.
3) 서·정, 185면; 정(무), 413면; 손(주), 243면; 이(철), (어) 288면.
4) 정(희), 179면; 정(동), 363면; 양(승), (어) 289면; 대판 1961. 11. 23, 4293 민상 478(집 9 민 82)(기명증권인 지가증권에 관하여).
5) 정(찬), 443~444면; 정(찬), (사례) 313면.
6) 동지: 주석, 251면.
7) 정(찬), 444면. 동지: 서·정, 185면; 정(동), 363면.
   반대: 정(희), 179면(상환증권성은 인정하나, 제시증권성은 부정하여 지참채무라고 한다).

무)$\left(\begin{smallmatrix}\text{어 } 38조 \cdot 77조 \text{ 1항} \\ 3호, \text{ 수 } 29조 \cdot 31조\end{smallmatrix}\right)$.

제 2   배서의 의의

1. 배서의 개념

(1) 배서(endorsement, indorsement; Indossament)란 「어음의 유통을 조장하기 위하여 법이 특히 인정한 어음의 간편한 양도방법」이다.[1] 이러한 배서는 앞에서 본 바와 같이 어음에 특유한 양도방법이며, 어음상의 권리의 이전의 효력요건이지 대항요건이 아니다. 배서는 어음의 수취인(제 1 배서인) 또는 그 후자가 보통 어음의 뒷면에 피배서인(갑)에게 어음상의 권리를 양도한다는 뜻(앞면에 적은 금액을 갑 또는 그 지시인에게 지급하여 주십시오)을 기재하고 기명날인 또는 서명하여 이를 교부하는 형식으로 하는데, 이를 「양도배서」라고 한다. 배서에는 어음상의 권리의 양도 이외의 목적으로 하는 추심위임배서나 입질배서 등과 같은 「특수배서」도 있으나, 단순히 배서라고 할 때에는 양도배서를 의미한다.

(2) 어음은 법률상 당연한 지시증권이므로, 지시식어음뿐만 아니라 기명식어음[2]도 배서에 의하여 양도될 수 있다$\left(\begin{smallmatrix}\text{어 } 11조 \text{ 1항} \cdot 77조 \\ 1항 1호, \text{ 수 } 14조 \text{ 1항}\end{smallmatrix}\right)$.

(3) 이와 같은 배서에 의하여 어음을 양도할 수 있는 권리(배서권)는 어음상의 권리 자체가 갖는 힘이지 배서인으로부터 피배서인에게 (배서권이) 이전되어 갖는 힘이 아니므로, 어음상의 권리를 갖게 된 원인이 무엇이든(즉, 배서 이외의 방법에 의하여 어음을 취득하더라도) 어음상의 권리를 정당하게 취득한 자는 다시 배서할 수 있다고 보아야 할 것이다(통설).[3]

2. 배서의 법적 성질

배서(양도배서)의 법적 성질에 대하여는 어음상의 권리의 양도를 목적으로 하는 어음행위라고 보는 채권양도설이 타당하다(통설).[4] 이러한 채권양도설은 배서인의 합리적 의사가 어음상의 권리의 양도에 있다는 점과 일치하고 또 현행 어음법의 규

---

1) 「배서」라는 용어는 배서가 보통 어음의 배면(뒷면)에 기재되기 때문에 이렇게 부르게 된 것이다 [정(동), 353면].

2) 발행인의 배서금지문언이 없는 기명식어음을 의미하며, 배서금지문언이 있는 기명식어음은 「배서금지어음」이라고 부른다.

3) 정(찬), 445면; 서·정, 184면; 손(주), 240면; 정(동), 369면; 강, 606면; 강, (어) 353면 외.

4) 정(찬), 445면; 정(희), 177면; 서·정, 183면; 정(동), 356면; 양(승), (어) 286면 외.

정($^{어\ 14조\ 1항·77조}_{1항\ 1호,\ 수\ 17조\ 1항}$)과도 일치한다. 그러나 채권양도설은 어음상의 권리를 원시취득하는 어음의 선의취득·어음항변의 절단·배서인의 담보책임 등을 설명하지 못하는 점은 있으나, 이러한 것은 어음의 유통을 조장하기 위하여 법률정책상 인정된 효과라고 보면 될 것이므로, 이러한 점 때문에 배서의 법적 성질을 채권양도라고 보는 것에 지장을 주는 것은 아니다.[1]

3. 어음과 수표의 배서의 차이

수표의 배서에 관한 규정은 어음의 배서에 관한 규정과 대체로 같으나, 다음과 같은 점은 수표의 배서가 어음의 배서와 차이가 나는 점이다.

1) 어음은 수취인의 기재가 필요적 기재사항($^{어\ 1조\ 6호}_{75조\ 5호}$)이므로 어음을 발행 받은 수취인은 반드시 배서를 하여야 어음상의 권리를 양도할 수 있으나, 수표는 수취인의 기재가 유익적 기재사항($^{수}_{5조}$)이므로 소지인출급식수표($^{무기명식수표\ 또는}_{지명소지인출급식수표}$)가 가능하고 이러한 수표를 발행받은 수취인은 단순한 교부만으로 수표상의 권리를 양도할 수 있다.[2] 그러나 어음의 경우에도 수취인으로부터 백지식배서($^{어\ 13조\ 2항,}_{77조\ 1항\ 1호}$) 또는 소지인출급식배서($^{어\ 12조\ 3항,}_{77조\ 1항\ 1호}$)를 받은 자는 단순한 교부만으로 어음상의 권리를 양도할 수 있다($^{어\ 14조\ 2항\ 3호,}_{77조\ 1항\ 1호}$).

2) 어음에는 소지인출급식어음이 인정되지 않으나, 수표에는 소지인출급식수표가 인정되므로 소지인출급식수표에 한 배서의 효력이 문제된다. 소지인출급식수표는 단순한 교부만에 의하여 수표상의 권리가 이전되므로, 소지인출급식수표에 한 배서에는 권리이전적 효력이 없다. 또 소지인출급식수표의 소지인은 단순한 소지만에 의하여 적법한 권리자로 추정되고 또 동 수표에 배서가 있다 하여 그 수표가 지시식수표로 변하는 것이 아니므로($^{수}_{담서\ 20조}$), 동 수표에 한 배서에는 자격수여적 효력이 없다. 소지인출급식수표에 한 배서에 전혀 아무런 효력을 인정하지 않는다면 그러한 배서의 기명날인 또는 서명을 믿고 수표를 취득한 자를 해하게 되고 또 동 수

---

1) 배서의 법적 성질에 대하여는 이외에도 배서는 발행인을 위한 보증이라고 해석하는 「보증설」, 배서는 구(舊) 어음에 의존하는 신(新) 어음의 발행이라고 해석하는 「발행설」, 배서는 피배서인이 어음소유권을 취득함으로써 어음채권을 원시취득한다고 보는 「소유권취득설」, 배서는 어음소유권을 취득하는 자에 대하여 상환(소구)의무를 부담하고자 하는 자의 채권적 단독행위와 어음소유권 이전의 물권계약과의 두 가지의 행위로 성립한다는 설 등이 있으나[이 외에 배서의 발전과정에 따른 독일의 학설에 대한 소개로는 정(동), 354~357면 참조], 모두 독일 등에서 과거에 주장되었던 학설로서 타당하지 않다고 본다.

2) 따라서 수표법 제2장은 그 제목을 환어음에서와 같이 '배서'로 하지 않고 '양도'라고 하였다. 그러나 수표법은 소지인출급식수표의 양도방법에 대하여는 별도로 규정하고 있지 않다.

표에 배서의 기명날인 또는 서명을 한 자의 의사에도 반하게 되므로, 수표법은 소지인출급식수표에 한 배서에는 담보적 효력만을 인정하고 있다[1]$\left(\substack{수\ 20조 \\ 본문}\right)$.

3) 어음의 경우에는 지급인(인수인)에 대하여도 배서할 수 있고(환배서) 이러한 자는 다시 제 3 자에게 배서할 수 있으나$\left(\substack{어\ 11조\ 3항, \\ 77조\ 1항\ 1호}\right)$, 수표의 경우에는 지급인에 대한 배서는 원칙적으로 영수증의 효력만이 있고[2]$\left(\substack{수\ 15조 \\ 5항\ 본문}\right)$, 지급인이 제 3 자에 대하여 한 배서는 무효이다$\left(\substack{수\ 15조 \\ 3항}\right)$. 수표에 지급인의 배서를 인정하면 지급인이 담보책임(상환〈소구〉의무)을 부담하게 되어 수표의 인수금지$\left(\substack{수 \\ 4조}\right)$의 규정을 탈법하는 것이 되기 때문이다.[3]

4) 수표는 신용증권이 아니고 지급증권$\left(\substack{금전의 \\ 대용물}\right)$이므로 어음의 경우$\left(\substack{어\ 19조,\ 77조 \\ 1항\ 1호\ 참조}\right)$와 같은 입질배서가 인정되지 않는다.

5) 수표에는 어음과는 달리 등본제도가 인정되지 않으므로 등본에 하는 배서는 인정되지 않는다$\left(\substack{어\ 67조\ 3항,\ 77조 \\ 1항\ 6호\ 참조}\right)$.

6) 수표는 어음과는 달리 만기가 없고 언제나 일람출급이므로 수표에 한 배서인은 지급담보책임만을 부담하고$\left(\substack{수 \\ 1항}^{18조}\right)$, 인수담보책임을 부담할 여지가 없다$\left(\substack{어\ 15조 \\ 1항\ 참조}\right)$.

제3 배서의 기재사항

배서도 어음행위로서 요식(要式)의 증권적 법률행위이다. 따라서 배서의 기재사항에도 발행의 경우와 같이 필요적 기재사항(배서요건)·유익적 기재사항·무익적 기재사항·유해적 기재사항이 있다.

1. 필요적 기재사항(배서요건)

배서에는 다음의 사항을 「어음」이나 이에 결합한 「보충지(보전)」에 기재하여야 한다$\left(\substack{어\ 13조\ 1항·77조 \\ 1항\ 1호,\ 수\ 16조\ 1항}\right)$. 배서는 어음의 뒷면에 하는 것이 보통이나, 후술하는 간략백지식배서를 제외하고는 어음의 앞면에도 할 수 있다. 배서에는 그 횟수에 제한이 없기 때문에 어음 자체에 여백이 없을 때에는 이에 결합한$\left(\substack{그\ 접목에\ 반드시\ 간인을 \\ 하여야\ 하는\ 것은\ 아님}\right)$ 보

---

1) 동지: 정(희), 181면.

2) 그러나 지급인의 영업소가 수 개인 경우에 그 수표가 지급될 곳으로 된 영업소 이외의 영업소에 대한 배서는 그러하지 아니하다(수 15조 5항 단서).

3) 동지: 정(희), 181면.

충지(보전)에 할 수 있다. 수표에는 등본제도가 없기 때문에 문제가 되지 않으나, 어음의 경우에는 원본과 동일한 방법과 효력으로 「등본」에도 배서할 수 있다 (어 67조 3항, 77조 1항 6호). 그 이유는 어음의 원본이 인수제시나 할인의뢰 등을 위하여 타인에게 있는 동안에도 어음상의 권리자는 동 어음의 등본에 배서하여 어음상의 권리를 양도할 수 있도록 하기 위해서이다.

(1) 배서문언

배서문언은 배서인의 배서의사의 표시이고, 보통 배서란에 인쇄되어 있는데, 어음상의 권리양도의 문언을 포함하고 있다. 즉, 보통 「앞면에 적은 금액을 … 에게 지급하여 주십시오」 등으로 기재되어 있다. 이러한 배서문언은 다음에서 보는 피배서인과 함께 기재되지 않을 수가 있는데, 이러한 배서를 간략백지식배서라고 한다.

(2) 피배서인

어음상의 권리를 배서에 의하여 양수하는 자이다. 이러한 피배서인은 기재되지 않을 수 있는데, 피배서인의 기재유무에 따라 기명식배서와 백지식배서로 구분된다. 또한 피배서인은 「소지인」 또는 「갑 또는 소지인」 등으로도 표시할 수 있는데, 이러한 배서를 각각 소지인출급식배서(어 12조 3항·77조 1항 1호, 수 15조 4항) 또는 지명소지인출급식배서(선택무기명식배서)라고 한다.

1) 기명식배서

기명식배서(Namenindossament, Vollindossament)는 정식배서 또는 완전배서라고도 하는데, 배서문언·피배서인 및 배서인의 기명날인 또는 서명이 모두 기재된 배서를 말한다.

피배서인의 표시는 거래에서 누구인가를 식별할 수 있을 정도이면 족하고,[1] 수취인의 기재와 같이 중첩적(갑 및)·선택적(갑 또는) 또는 순차적(제1 피배서인 갑, 제2 피배서인 을) 기재도 무방하다.[2] 배서인 자신을 피배서인으로 기재할 수 있는가의 문제가 있으나, 이를 인정할 실익이 없으므로 그러한 배서는 배서 자체가 무효라고 본다.[3]

2) 백지식배서

(가) 의의 및 효용   백지식배서(blank indorsement; Blankoindossament)는 약식배서 또는 무기명배서라고도 하는데, 피배서인의 기재가 없는 배서를 말한다.[4]

---

1) 동지: 대판 1973. 7. 10, 72 다 2551(카드 10474).

2) 동지: 서·정, 186면; 손(주), 225면; 정(동), 364면.

3) 동지: 서·정, 186~187면; 정(동), 364면.

4) 백지식배서는 원칙적으로 완성어음에 하는 유효한 배서로서 동 배서에 의하여 어음을 취득하는 자는 어음상의 권리를 취득하나, 백지배서는 백지어음행위로서 하는 배서로서 동 배서에 의하여 어음을 취득하는 자는 미완성어음을 취득함에 불과하다[동지: 정(동), 365면].

백지식배서에는 다시 두 가지가 있는데, 첫째는 배서문언 및 배서인의 기명날인 또는 서명은 있으나 피배서인의 기재만이 없는 경우이고(어 13조 2항 1문 전단·77조 1항 1호, 수 16조 2항 1문 전단), 둘째는 배서인의 기명날인 또는 서명만이 있고 배서문언 및 피배서인의 기재가 없는 경우이다(간략백지식배서)(어 13조 2항 1문 후단·77조 1항 1호, 수 16조 2항 1문 후단). 간략백지식배서를 어음의 앞면에 하게 되면 기명날인 또는 서명만으로써 하는 어음보증(어 31조 3항 본문·77조 3항, 수 26조 3항 본문) 또는 인수(어 25조 1항 3문) 등과 혼동될 염려가 있기 때문에, 간략백지식배서는 반드시 어음의 뒷면이나 보충지(보전)에 하여야 한다(어 13조 2항 2문·77조 1항 1호, 수 16조 2항 2문).

백지식배서의 경제적 효용은 양도가 편리하여 유통력을 증진시키고, 어음취득자가 배서를 하지 않고 양도할 수 있으므로 배서에 의한 상환(소구)의무를 부담하지 않고자 하는 자로부터 쉽게 어음할인을 받을 수 있으며, 또 배서가 반복됨으로 인하여 발생하는 상환청구(소구)금액의 중대를 방지할 수 있다.

(내) 효   력   백지식배서에 의하여 어음상의 권리를 양수한 자는 다음과 같은 방법으로 어음상의 권리를 행사할 수도 있고, 또 이를 제 3 자에게 양도할 수도 있다(어 14조 2항·77조 1항 1호, 수 17조 2항).

① 백지의 피배서인란에 자기의 명칭 또는 타인의 명칭으로 백지를 보충하여 어음상의 권리를 행사할 수 있는데, 이러한 자가 어음상의 권리를 행사하지 않고 다시 어음을 양도하기 위하여는 보충된 피배서인 명의로 배서(기명식 또는 백지식)를 하여야 한다.[1]

② 백지의 피배서인란을 보충하지 않고 어음상의 권리를 행사할 수 있는데[2] (백지어음의 소지인과 구별), 이러한 자가 다시 어음을 양도하기 위하여는 (백지식으로 또는 기명식으로) 배서할 수도 있고[3] 또는 배서를 하지 않고 단순히 교부만을 할 수도 있다.

백지식배서에 의하여 어음을 취득한 자는 단순한 교부만에 의하여 어음을 양도할 수 있으므로, 이러한 점에서 보면 배서의 담보적 효력은 없어지고,[4] 배서의

---

1) 백지의 피배서인란에 타인의 명칭으로 백지를 보충한 경우에는 백지식배서에 의하여 어음을 양수한 자가 동 어음을 교부만에 의하여 타인에게 양도하고(어 14조 2항 3호·77조 1항 1호, 수 17조 2항 3호), 그 타인이 백지의 피배서인란에 자기의 명칭을 보충하여(어 14조 2항 1호 전단·77조 1항 1호, 수 17조 2항 1호 전단) 어음상의 권리를 행사하거나 양도하는 것과 같다.

2) 동지: 대판 1968. 12. 24, 68 다 2050(집 16 ③ 민 323). 최후의 배서가 백지식인 경우에 어음 소지인은 적법한 권리자로 추정된다(어 16조 1항 2문·77조 1항 1호, 수 19조 2문).

3) 백지식배서의 다음에 다른 배서가 있는 경우에는 그 배서를 한 자는 백지식배서에 의하여 어음을 적법하게 취득한 것으로 본다(어 16조 1항 4문·77조 1항 1호, 수 19조 4문).

4) 그러나 영미법에서는 어음을 단순한 교부만에 의하여 양도하여도 양도인은 어음관계 외에서 무거운 담보책임(warranty liability)을 부담한다[U. C. C. §§ 3-416, 4-202(b); B. E. A. § 58(3)].

권리이전적 효력과 자격수여적 효력은 단순한 교부에 의하여 발생된다고 볼 수 있다. 어음상의 권리의 양도방법은 원칙적으로 배서이나, 예외적으로 백지식배서가 있는 어음은 단순한 교부만에 의하여 어음상의 권리가 양도될 수 있다. 이와 같이 단순한 교부만에 의하여 어음상의 권리가 양도되는 경우에는 수취인이 백지인 백지어음의 경우와 같다.[1)]

3) 소지인출급식배서   소지인출급식배서(endorsement to bearer; Indossament auf den Inhaber)란 피배서인이 어음의 「소지인」인 배서를 말한다.[2)] 이러한 배서는 백지식배서와는 그 형식에 있어서는 차이가 있으나, 특정한 피배서인의 기재가 없는 점에서 그 실질에 있어서는 차이가 없으므로, 어음법은 소지인출급식배서에 대하여 백지식배서와 동일한 효력을 인정하고 있다(어 12조 3항·77조 1항 1호, 수 15조 4항).

4) 지명소지인출급식배서   지명소지인출급식배서(alternatives Inhaber-indossament)는 선택무기명배서라고도 하는데, 「갑 또는 소지인」과 같이 특정인 또는 소지인을 피배서인으로 기재한 배서를 말한다. 이에 대하여는 어음(수표)법에 규정이 없으나, 어음의 배서에는 발행의 경우와는 달리 소지인출급식배서가 명문의 규정으로 인정되고 있는 점에서 볼 때 수표법 제 5 조 2항과 같은 취지로 지명소지인출급식배서를 인정하고 그러한 배서는 소지인출급식배서와 동일한 효력을 갖는다고 본다(통설).[3)] 수취인의 기재를 지명소지인출급식(선택무기명식)으로 기재한 것에 대한 효력에 관하여는 이미 앞에서 설명하였다(어음요건 중 수취인에 관한 설명 참조).

(3) 배서인의 기명날인 또는 서명

다른 모든 어음행위에서와 같이 배서인의 기명날인 또는 서명은 필수의 요건

---

1) 동지: 대판 2006. 12. 7, 2004 다 35397(공보 2007, 113)(수취인이 백지인 백지어음으로 발행된 기업어음〈CP〉 또는 백지식배서에 의하여 취득한 기업어음을 매입한 종합금융회사가 이를 고객에게 매도하면서 실물에 갈음하여 그 기업어음의 내용 및 보관의 취지를 기재한 보관통장을 교부하는 경우, 수취인이 백지인 백지어음 또는 백지식배서에 의하여 취득한 어음은 배서에 의하지 않고 어음의 교부만으로 양도할 수 있고, 또한 유가증권의 교부에도 동산의 경우에 인정되는 간이인도·점유개정·목적물반환청구권의 양도 등의 관념화된 방법이 인정된다는 점에 비추어, 고객은 점유개정의 방법으로 위 기업어음을 교부받은 것이 되어 어음상의 권리를 취득한다); 日最高判 1956. 7. 20(民集 10-8, 1022).

2) 어음의 발행의 경우에는 수취인(기명식 또는 지시식)의 기재가 절대적 기재사항이므로 수취인의 기재가 없으면 그 어음은 무효이나(백지어음이 아닌 한), 배서의 경우에는 피배서인을 기재하지 않을 수도 있고(백지식배서) 「소지인」으로 기재할 수도 있으며(소지인출급식배서) 또는 「갑 또는 소지인」으로 기재할 수도 있다(지명소지인출급식배서)(통설).

3) 정(찬), 450면; 정(희), 184면; 서·정, 188~189면; 손(주), 246면; 정(동), 368면; 이(범), 325면; 이(기), 293면 외.
   반대: 김(용), 315면.

이고, 이의 기재가 없으면 배서는 무효가 된다. 배서인의 기명날인 또는 서명의 방식은 발행인 그 밖의 어음행위자의 그것과 같다.

2. 유익적 기재사항

(1) 무담보문언 $\left(\begin{smallmatrix} 어 15조 1항·77조 \\ 1항 1호, 수 18조 1항 \end{smallmatrix}\right)$

어음의 배서인은 인수무담보[1] 또는(및) 지급무담보를 기재할 수 있고, 수표의 배서인은 지급무담보를 기재할 수 있다.

(2) 배서금지문언 $\left(\begin{smallmatrix} 어 15조 2항·77조 \\ 1항 1호, 수 18조 2항 \end{smallmatrix}\right)$

배서인은 다시 하는 배서를 금지할 수 있다.

(3) 추심위임문언 $\left(\begin{smallmatrix} 어 18조 1항·77조 \\ 1항 1호, 수 23조 1항 \end{smallmatrix}\right)$

배서인은 배서에 「추심하기 위하여」 등의 문언을 기재할 수 있는데, 이러한 배서를 (공연한) 추심위임배서라고 한다.

(4) 입질문언 $\left(\begin{smallmatrix} 어 19조 1항, \\ 77조 1항 1호 \end{smallmatrix}\right)$

어음의 배서인은 배서에 「입질(入質)하기 위하여」 등의 문언을 기재할 수 있는데, 이러한 배서를 (공연한) 입질배서라고 한다.

(5) 배서일자 $\left(\begin{smallmatrix} 어 20조 2항·77조 \\ 1항 1호, 수 24조 2항 \end{smallmatrix}\right)$

배서일자는 배서의 필요적 기재사항이 아니고 유익적 기재사항이다. 따라서 배서일자의 기재가 없거나 발행일과의 관계에서 발행일보다 앞선 모순되는 일자를 기재한 경우에도 배서 자체의 효력에 영향을 미치는 것은 아니다.[2]

날짜(배서일자)를 적지 아니한 배서는 언제 배서를 하였는지가 어음면상 나타나지 않아 기한전배서인지 기한후배서 $\left(\begin{smallmatrix} 지급거절증서작성 후 또는 지급거절 \\ 증서작성기간 경과 후의 배서 \end{smallmatrix}\right)$ 인지를 알 수 없게 된다. 그러므로 이러한 경우를 위하여 배서일자의 기재가 없는 배서는 기한전배서로 추정되고 있다 $\left(\begin{smallmatrix} 어 20조 2항·77조 \\ 1항 1호, 수 24조 2항 \end{smallmatrix}\right)$. 기한후배서인지 여부는 배서일자에 의하지 않고 실제로 배서 또는 교부한 날을 표준으로 하므로,[3] 배서일자가 기재되어 있다고 하더라도 기한후배서인지 여부를 결정하는 데는 추정의 효력밖에 없다.

---

1) 약속어음의 경우에도 만기 전의 소구의무를 인정하면 동 어음의 배서인은 인수무담보문언을 기재할 수 있다고 본다.

2) 동지: 서울민사지판 1984. 1. 25, 83 나 1613 · 1614(교재, 판결례 [519]). 참고로 그러나 만기가 발행일 이전의 일자로 표시된 경우에는, 만기는 어음의 필요적 기재사항이므로 동 어음은 만기의 기재가 없는 것이 되어 무효라고 판시한 판례가 있음은 이미 설명한 바와 같다[대판 2000. 4. 25, 98 다 59682(공보 2000, 1256); 서울민사지판 1975. 12. 24, 75 가 5759(교재, 판결례 [237]).

3) 동지: 대판 1968. 7. 23, 68 다 911(교재, 판결례 [330]) 외.

(6) 인수제시요구문언($^{어\ 22조}_{4항}$)

환어음의 각 배서인은 기간을 정하거나 정하지 않고 발행인이 인수제시를 금지하지 않는 이상 인수를 위하여 어음을 제시하여야 할 뜻을 기재할 수 있다.

(7) 인수제시기간단축문언($^{어\ 23조\ 3항,}_{78조\ 2항}$)

일람후정기출급의 환어음의 인수제시기간($^{약속어음의\ 경우는}_{일람을\ 위한\ 제시기간}$)은 원칙적으로 발행일로부터 1년간인데, 배서인은 이 기간을 단축할 수 있다. 이 때에는 그 배서인에 한하여 단축된 제시기간을 원용할 수 있다($^{어\ 53조\ 3항,}_{77조\ 1항\ 4호}$).

(8) 지급제시기간단축문언($^{어\ 34조\ 1항\ 3문}_{후단,\ 77조\ 1항\ 2호}$)

일람출급어음은 발행일자로부터 1년 내에 지급제시를 하여야 하는데, 배서인인은 이 기간을 단축할 수 있다. 이 때에는 그 배서인에 한하여 단축된 제시기간을 원용할 수 있다($^{어\ 53조\ 3항,}_{77조\ 1항\ 4호}$).

(9) 배서인의 주소($^{어\ 45조\ 3항·77조}_{1항\ 4호,\ 수\ 41조\ 3항}$)

배서인이 자기의 주소를 기재한 때에는 그 주소에 인수거절 또는 지급거절의 통지를 하면 되지만, 이를 기재하지 않거나 그 기재가 분명하지 아니한 경우에는 그 배서인의 직접의 전자에게 통지하면 된다.

(10) 거절증서작성면제문언($^{어\ 46조\ 1항·77조}_{1항\ 4호,\ 수\ 42조\ 1항}$)

어음의 배서인은 인수거절증서 또는 지급거절증서의 작성을 면제할 수 있고, 수표의 배서인은 지급거절증서 또는 이와 동일한 효력이 있는 선언의 작성을 면제할 수 있다.

(11) 예비지급인의 기재($^{어\ 55조\ 1항,}_{77조\ 1항\ 5호}$)

어음의 배서인은 상환청구(소구)를 방지하기 위하여 참가인수 또는 참가지급을 할 예비지급인을 기재할 수 있다.

(12) 등본에만 배서하라는 문언($^{어\ 68조\ 3항,}_{77조\ 1항\ 6호}$)

등본작성 전의 원본에 최후의 배서를 한 자는 최후의 배서의 뒤에 「이후의 배서는 등본에 한 것만이 효력이 있다」는 문언 또는 이와 같은 뜻을 가진 문구를 기재할 수 있다.

3. 무익적 기재사항

배서 자체의 효력에는 영향이 없고 그 기재내용만이 어음상의 효력이 없는 기재로서, 이에는 배서에 붙인 조건($^{배서의}_{단순성}$)($^{어\ 12조\ 1항\ 2문·77조}_{1항\ 1호,\ 수\ 15조\ 1항\ 2문}$)·대가문언·지시문언 등이 있다.

4. 유해적 기재사항

배서 자체를 무효로 하는 기재로서, 이에는 일부배서가 있다[1]$\binom{\text{어 12조 2항·77조}}{\text{1항 1호, 수 15조 2항}}$. 일부배서란 배서인이 어음금액을 분할하고자 하는 뜻이 배서의 문언상 명백히 표현된 경우인데,[2] 이를 인정하게 되면 권리와 증권과의 결합이 해체되어 유가증권의 본질에 반하게 되고, 또 이를 전부배서로서 유효하다고 하면 배서인의 의사에 반하기 때문에 어음법은 이러한 배서를 무효라고 규정하고 있다.[3] 그러나 수 인에게 공유적으로 어음을 양도하는 경우나, 어음금액의 일부가 지급되어$\binom{\text{어 39조 2항·77조}}{\text{1항 3호, 수 34조 2항}}$ 그 잔액에 대하여 배서하는 경우는 일부배서가 아니다.

제 4 배서의 효력

배서의 효력에는 권리이전적 효력, 담보적 효력 및 자격수여적 효력이 있다.

1. 권리이전적 효력

(1) 의   의

1) 배서의 권리이전적 효력(Transporteffekt, Übertragungswirkung)이란 「배서(양도배서)에 의하여 어음상의 권리가 전부 피배서인에게 이전하는 효력」을 말한다$\binom{\text{어 14조 1항·77조}}{\text{1항 1호, 수 17조 1항}}$.

2) 배서의 권리이전적 효력은 배서의 「본질적 효력」이고, 당사자간의 「의사표시상의 효력」이다. 배서의 권리이전적 효력은 배서의 본질적 효력인 점에서, 배서의 자격수여적 효력도 배서의 권리이전적 효력을 바탕으로 하고 있다. 또 어음법은 배서의 권리이전적 효력에 관하여 명문의 규정을 두고 있으나, 민법상의 지시채권의 배서에 있어서는 자격수여적 효력에 대해서만 규정하고 있을 뿐$\binom{\text{민}}{\text{513조}}$ 권리이전적 효력에 대하여는 명문의 규정이 없다. 그러나 권리이전적 효력을 당사자간의 의사표시상의 효력으로 보는 한 명문의 규정이 없어도 당연히 인정된다고 본다.[4]

3) 배서의 권리이전적 효력이 발생하기 위하여는 배서가 그 방식(형식)에 있어

---

1) 동지: B. E. A. §32 (2).
2) 동지: 佛上告判 1956. 3. 5(교재, 판결례 [283]).
3) 동지: 주석, 261면.
4) 동지: 서·정, 191면; 정(동), 370면.

서 유효하여야 하고, 또 배서인이 어음상의 권리자이어야 한다. 따라서 배서가 앞에서 본 바와 같이 필요적 기재사항을 기재하지 않았거나 또는 유해적 기재사항을 기재한 때에는 배서 자체가 무효이므로 권리이전적 효력이 발생할 여지가 없다. 또한 배서인이 무권리자이면 피배서인은 선의취득에 의하여 어음상의 권리를 원시취득할 수는 있으나, 배서의 권리이전적 효력에 의하여 배서인이 가지고 있는 어음상의 권리를 승계취득할 수는 없다.

4) 배서의 권리이전적 효력은 배서인이 가지고 있는 「어음상의 권리」(the right to enforce an instrument; Recht aus dem Wechsel) 그 자체가 피배서인에게 이전되어 피배서인이 이를 직접적으로 승계취득하는 것이지, 피배서인이 어음소유권(ownership of an instrument; Recht am Wechsel)을 취득하여 그의 결과로 어음상의 권리를 원시적으로 취득한다고 볼 수는 없다(통설).[1]

(2) 인적 항변의 절단

1) 배서의 권리이전적 효력은 인적 항변의 절단과 관련되어 배서에 의하여 어음을 양수하는 자는 강력한 보호를 받고 있다. 즉, 어음이 배서에 의하여 피배서인에게 이전되면 어음채무자는 배서인에 대항할 수 있는 인적 항변사유로써 피배서인$\binom{\text{그가 어음채무자를 해할 것을 알고}}{\text{어음을 취득한 경우가 아닌 한}}$에게 대항하지 못하므로$\binom{\text{어 17조·77조 1항,}}{\text{1호, 수 22조}}$, 피배서인은 배서인이 가졌던 권리보다 더 큰 권리를 취득하게 된다. 이를 배서의 권리강화적$\binom{\text{또는}}{\text{권리정화적}}$ 이전력이라고 한다.

2) 배서에는 이와 같이 인적 항변이 절단되는 점에서 어음의 유통은 강력하게 보호되고, (지명채권양도방법에 의한 어음의 양도를 인정하는 견해에서도) 배서에 의한 어음의 양수인이 지명채권양도방법에 의한 어음의 양수인보다 훨씬 강력한 보호를 받는다.[2]

(3) 종된 권리의 이전

배서의 권리이전적 효력과 관련하여 어음상의 권리에 종(從)된 권리$\binom{\text{질권·저당}}{\text{권·보증}}$ $\binom{\text{계약상의}}{\text{권리 등}}$도 이전되는가의 문제가 있다. 이에 대하여 우리나라의 학설은 긍정설[3]과 부정설[4]로 나뉘어 있다. 생각건대 배서의 권리이전적 효력에 의하여 이전되는 권리

---

1) 정(찬), 455면; 정(희), 186면; 서·정, 190면 외.

2) 어음상의 권리가 지명채권양도방법에 의하여도 이전된다고 보는 견해에서는, 이 점에서 배서의 권리이전적 효력은 그 의미가 있다고 한다[정(동), 370면].

3) 정(동), 372면; 주석, 268면; 양·박, 731면; 양(승), (어) 295면; 강, 600면; 강, (어) 367면; 채, 156면; 日最高判 1970. 4. 21(民集 24-4, 283).

4) 정(희), 186면; 서·정, 191면; 서(정), 171면; 손(주), 248면; 최(기), 402면; 이(기), 212면; 이

는 어음상의 권리뿐이고 종된 권리는 당사자간의 계약에 의한 권리이고 어음상의 권리에 화체(化體)된 것으로 볼 수 없으므로, 배서에 의해서는 종된 권리는 이전되지 않는다고 보는 부정설이 타당하다고 본다.[1]

배서에 의하여 배서인이 어음을 취득하게 된 원인채권이 이전되지 않음은 물론이다.[2]

2. 담보적 효력

(1) 의   의

1) 배서의 담보적 효력(Garantieeffekt, Haftungswirkung)이란 「배서(양도배서)에 의하여 원칙적으로 배서인이 피배서인 및 기타 자기의 후자 전원에 대하여 인수($_{해당}^{어음에만}$) 및 지급을 담보하는 효력」을 말한다($_{1항 1호, 수 18조 1항}^{어 15조 1항·77조}$). 즉, 배서인은 만기 전에 인수가 거절되었거나 기타 지급이 불확실하다고 인정되는 일정한 사유가 발생한 경우($_{77조 1항 4호}^{어 43조 단서,}$), 또는 만기에 지급이 거절된 경우에는 피배서인 및 자기의 후자 전원에 대하여 어음금액 또는 기타 일정금액($_{1항 4호, 수 44조·45조}^{어 48조·49조·77조}$)을 상환할 책임을 부담한다.

이러한 배서인의 담보책임은 양도인의 일반사법적 책임($_{하자담보책임}^{민법상 매도인의}$)을 어음법화하여 규정한 것이다.[3]

2) 배서의 담보적 효력은 배서의 「부차적 효력」($_{효력는}^{종되는}$)이라는 점에 대하여는 이론(異論)이 없다. 배서의 담보적 효력이 법정의 효력이냐에 대하여는, 이는 배서인의 의사와 전연 관계가 없는 것이 아니며 오히려 대가관계의 기재가 없는 경우를 예상하여 배서인의 의사를 정책적으로 법이 의제한 것($_{상의 효력}^{의사표시}$)이라고 보는 견해도 있으나,[4] 이는 법이 어음의 유통을 보호하기 위하여 정책적으로 인정한 「법정의 효력」이라고 본다(통설).[5]

(철), (어) 299면.

1) 정(찬), 456면; 정(찬), (사례) 299면 주 2.

2) 동지: 주석, 269면; 최(기), 403면.

3) 동지: 서·정, 192면; 이(범), 345면.

4) 정(희), 187~188면.

5) 정(찬), 456면; 정(찬), (사례) 299면; 서·정, 190면, 192면; 정(동), 378면; 손(주), 247면; 최(기), 404면; 강, 335면; 강, (어) 369면; 채, 163면 외. 배서의 담보적 효력을 이와 같이 법정의 효력이라고 본다면 민법상 지시채권의 배서에 있어서 담보적 효력을 규정하지 않는 이상, 어음의 배서인의 경우와는 달리 민법상 지시채권의 배서인은 다른 특별한 사정이 없는 한 담보책임을 부담하지 않는다[동지: 서·정, 192면].

3) 배서의 담보적 효력이 발생하기 위하여는 배서가 그 방식(형식)에 있어서 유효하여야 하고, 또 원칙적으로 배서의 권리이전적 효력이 발생하여야 한다.[1] 왜냐하면 어음법 제15조 1항의 규정은 어음상의 권리가 배서인으로부터 피배서인에게 이전되는 것을 전제로 하여 배서인에게 담보책임을 부담시킨 것으로 볼 수 있기 때문이다. 그러나 예외적으로 소지인출급식수표에 한 배서($\binom{수표상의 권리는 단순한}{교부에 의하여 이전됨}$)($\binom{수}{20조}$), 무권리자가 한 배서($\binom{이에 대하여 담보적 효력을 인정할 것인지에}{대하여는 견해가 나뉘나, 긍정하는 견해의 경우}$) 및 입질배서($\binom{이에 대하여 담보적 효력을 인정할 것인지에}{대하여는 견해가 나뉘나, 긍정하는 견해의 경우}$) 등의 경우에는 권리이전적 효력을 전제로 하지 않는다.[2] 또한 독일의 통설·판례에서 인정하고 있는 담보배서[3](Garantieindossament)도 배서의 권리이전적 효력을 전제로 하지 않으므로 이러한 예외가 된다고 볼 수 있다.

4) 배서인이 수 인인 때에는(공동배서) 각자가 배서인으로서 어음금액의 전액에 대하여 인수 및 지급의 담보책임을 부담한다(합동책임)($\binom{어 47조 1항·77조}{1항 4호, 수 43조 1항}$).

(2) 독립된 어음채무의 부담

배서인은 피배서인 및 기타 자기의 후자에 대하여 선행하는 어음행위의 실질적 효력 및 배서의 원인관계의 효력과는 관계 없이, 배서 그 자체의 효력에 의하여 담보책임을 진다.[4] 즉, 배서의 담보적 효력은 어음행위독립의 원칙($\binom{어 7조·77조}{2항, 수 10조}$)과 관련되어, 선행하는 어음행위의 실질적 효력과는 무관하게 각 어음행위자(배서인)는 독립적으로 어음채무를 부담하는데, 그 내용으로 배서인은 인수와 지급을 담보한다.[5]

(3) 배제·제한

1) 배서의 담보적 효력은 배서의 본질적 효력이 아니고 부차적 효력($\binom{종되는}{효력}$)에 불과하고 또 배서인의 의사에 반하여서까지 강행성을 갖는 것이 아니므로, 배서인의 의사에 의하여 이를 배제할 수 있는데, 이를 「무담보배서」라고 한다. 환어음의 발행인은 인수담보책임만을 배제할 수 있음에 반하여($\binom{어}{2항}$9조), 환어음의 배서인은 인수담보책임 및 지급담보책임을 배제할 수 있다($\binom{어}{1항}$15조). 그러나 환어음의 배서인은 자기의 의사에 기하여 인수담보책임 또는 지급담보책임 중 하나만을 배제할 수도

---

1) 동지: 주석, 275면; 정(희), 188면.

2) 동지: 정(동), 380면(소지인출급식수표에 한 배서에 대하여).

3) 이에 관한 상세한 소개로는 정(동), 379~380면 및 최(기), 405~407면 참조. 우리나라에서 원인채무를 담보할 목적으로 차용증서에 갈음하여 발행한 어음에 배서한 경우, 이러한 배서는 독일에서의 담보배서와 동일하게 볼 수 있다는 견해가 있다[정(희), 189면].

4) 동지: 주석, 276면.

5) 이에 관한 상세는 정찬형, "어음(수표)행위독립의 원칙," 「월간고시」, 1986. 11, 125면 참조.

있다.[1] 배서인이 단순히 「무담보」라고 기재한 경우에는 인수와 지급의 모두에 대하여 무담보의 문언을 기재한 것으로 해석한다.[2]

2) 배서인은 다시 하는 배서만을 금지할 수 있는데(배서금지배서)$\binom{\text{어 15조 2항 1문·77조}}{\text{1항 1호, 수 18조 2항 1문}}$, 이 경우에는 배서의 담보적 효력이 제한된다. 즉, 이 경우에 배서인은 자기의 직접의 피배서인에 대하여는 담보책임을 부담하지만, 그 피배서인의 후자에 대하여는 담보책임을 부담하지 않는다$\binom{\text{어 15조 2항 2문·77조}}{\text{1항 1호, 수 18조 2항 2문}}$.

3) 배서의 담보적 효력은 어음의 「유통기간 내」[3]에 있어서 어음의 유통성을 보호하기 위하여 법이 정책적으로 인정한$\binom{\text{또는 배서인의 의사를}}{\text{의제하여 규정한}}$ 특수책임이라고 볼 수 있으므로, 어음의 유통기간이 경과하여 어음의 유통성과 지급의 확실성을 고려할 필요가 없는 기한후배서$\binom{\text{어 20조 1항 단서·77조}}{\text{1항 1호, 수 24조 1항}}$에는 담보적 효력이 인정되지 않는다(통설).[4] 또한 추심위임배서에는 그 성질상 담보적 효력이 발생할 여지가 없다.

3. 자격수여적 효력

(1) 의   의

1) 배서의 자격수여적 효력(Legitimationseffekt)이란 「어음소지인이 배서의 연속에 의하여 그 권리(형식적 자격)를 증명한 때에는 적법한 어음상의 권리자로 추정되는 효력」을 말한다$\binom{\text{어 16조 1항·77조}}{\text{1항 1호, 수 19조}}$. 민법의 일반원칙에 의하면 권리가 실질적으로 유효하게 순차적으로 이전하여 자기가 권리자가 되었다는 사실을 증명하여야 권리를 행사할 수 있을 것이나, 배서의 자격수여적 효력에 의하여 어음소지인은 형식적 자격만을 증명하면 실질적 자격을 증명하지 않고도 어음상의 권리를 행사할 수 있다. 또한 배서의 자격수여적 효력은 하나의 배서에만 한정하여 인정되는 효력이 아니라 연속되는 수 개의 배서에 대하여 인정되는 효력이고, 양도배서에 대하여만 인정되는 효력이 아니라 모든 배서에 공통하여 인정되는 효력이다.

2) 배서의 자격수여적 효력은 부차적$\binom{\text{종}}{\text{되는}}$ 효력이고, 또한 법이 어음의 간이·

---

1) 배서인은 일부배서를 할 수 없으나(어 12조 2항), 어음금액의 일부에 대한 무담보배서를 할 수는 있다고 본다(어 26조 1항 2문 참조). 왜냐하면 일부배서는 배서의 권리이전적 효력과 관련하여 어음금액을 분할하면 권리와 증권과의 결합이 해체되므로 이를 무효로 한 것이나, 어음금액의 일부에 대한 무담보배서는 배서의 담보적 효력에만 관련되므로 어음금액의 일부에 대한 부단순인수와 유사하게 볼 수 있기 때문이다.

2) 동지: 주석, 277면.

3) 이는 엄격하게 말하면 「지급거절증서 작성 전 또는 지급거절증서 작성기간 경과 전」을 의미한다(어 20조 1항 단서·77 1항 1호, 수 24조 1항 참조).

4) 정(찬), 459면; 서·정, 192면; 정(동), 378면; 주석, 276면 외.

신속한 유통을 확보하기 위하여 정책적으로 인정한 법정의 효력이다(통설).[1]

　　민법상의 지시채권의 경우에도 배서의 자격수여적 효력에 대하여는 명문의 규정을 두고 있다($^{민}_{513조}$).

　　3) 배서의 자격수여적 효력이 발생하기 위하여는 배서가 그 방식(형식)에 있어서 유효하여야 하고, 또 배서의 연속이 있을 것을 전제로 한다. 배서의 연속에 대하여는 다음에 별도로 설명한다.

　　(2) 배서의 연속

　　1) 개　　념

　　(개) 배서의 연속(ununterbrochene Reihe von Indossamenten)이란 수취인(A)이 제1배서의 배서인(A)이 되고 제1배서의 피배서인(B)이 제2배서의 배서인(B)이 되는 것과 같이 현재의 소지인에 이르기까지 배서가 중단됨이 없이 연속되어 있는 것을 말한다. 배서의 연속에는 수취인이 제1배서의 배서인이 되는 것이므로, 자기지시어음($^{어 3조 1항}_{수 6조 1항}$)의 경우에는 발행인이 제1배서의 배서인이 된다. 이와 같이 발행인이 수취인을 겸한 어음($^{약속어음의}_{경우는 단명어음}$)이 아닌 한, 발행인이 제1배서의 배서인으로서 기명날인 또는 서명을 하여도 이는 어음법상 아무런 의미가 없는 것이므로 배서의 연속에 있어서는 그 기재가 없는 것으로 볼 것이다.[2]

　　(내) 제2배서 이후의 배서에서는 직전의 배서의 피배서인이 직후의 배서의 배서인이 되어 차례로 연속되는데, 최후의 배서가 백지식인 때에는 어음소지인은 적법한 권리자로 추정된다($^{어 16조 1항 2문·77조}_{1항 1호, 수 19조 2문}$).

　　2) 요　　건　　　　배서의 연속이 있기 위하여는 다음의 요건을 갖추어야 한다.

　　(개) 각 배서는 그 형식(방식)에 있어서 유효하여야 한다. 그러나 실질에 있어서 유효하여야 할 필요는 없다. 따라서 배서가 방식에 흠결이 있어서 무효인 때에는 그 배서를 제외하고 배서의 연속 여부를 결정하여야 한다.[3] 그러나 배서가 그 방식에 있어서 유효하여 연속되어 있는 한 그 실질에 있어서 무효·취소의 사유가 있는 경우에도 배서의 연속은 있게 되므로, 허무인(虛無人)의 배서·위조의 배서·무권대리인의 배서·제한능력자의 배서·하자 있는 의사표시에 의한 배서·착오에 의한 배서 등이 있어도 배서의 연속에 있어서는 유효한 배서가 된다.[4]

---

1) 정(찬), 460면; 정(찬), (사례) 300면; 서·정, 190면, 184면 외.
2) 동지: 대판 1965. 9. 7, 65 다 1378(판총 11-2, 990-1).
3) 동지: 日大判 1916. 4. 13(民錄 22, 496).
4) 이에 관한 상세는 정(찬), (선의취득) 39~47면 참조.
　　동지: 대판 1971. 4. 30, 71 다 455(판총 11-2, 990-1)(교부흠결이 있은 경우); 동 1971. 5. 24,

(내) 각 배서에 있어서 수취인($\binom{또는}{피배서인}$)과 배서인의 표시는 어음상의 기재에서 보아 순차적으로 동일성이 인정되어야 한다.

이 때 동일성이 있는지 여부를 결정하기 전에 먼저 배서의 순위가 결정되어야 하는데, 이에 대하여는 어음법에 특별한 규정이 없으므로 배서가 기재된 장소적 순서[1]($\binom{우에서\ 좌,}{위에서\ 아래\ 등}$)·배서일자[2]·명칭적 연속[3] 등을 기준으로 그 순서를 정할 수밖에 없다고 본다.[4] 다만 백지식배서의 다음에 다른 배서가 있는 때에는 그 배서를 한 자는 백지식배서에 의하여 어음을 취득한 것으로 보게 되므로($\binom{어\ 16조\ 1항\ 4문·77조}{1항\ 1호,\ 수\ 19조\ 4문}$), 배서의 연속이 있게 된다.

수취인 또는 피배서인과 배서인의 표시가 어음상의 기재에서 동일성이 인정되어야 하는 점은, 이의 표시가 한 자도 틀리지 않고 똑같아야 한다는 의미는 아니고 그 사이에 차이가 있다고 하더라도 주요한 점에서 틀리지 않으면 충분하다고 본다. 따라서 수취인 명의는 「주식회사 신라체인 남전희」인데 제 1 배서의 배서인인 명의는 「신라체인 점촌지점 남전희」라고 표시한 경우에 배서의 연속이 있고,[5] 수취인 또는 피배서인이 「Y주식회사」인 경우에 그 직후의 배서의 배서인이 「Y주식회사 대표이사 A $\boxed{\text{A의 인}}$」 등으로 표시된 경우에는 동일성이 인정되어 배서의 연속이 있게 된다.[6] 그러나 수취인 또는 피배서인이 「Y주식회사」인 경우에 그 직후의 배서의 배서인이 「Y주식회사 $\boxed{\text{Y주식회사의 인}}$」 등으로 표시된 경우에는 배서의 연속이 없게 된다.[7] 회사의 본지점간의 배서는 동일한 인격자간의 배서이므로 실제로는 무효

---

71 다 570(판총 11-2, 990-2~3); 동 1973. 12. 26, 73 다 1436(판총 11-2, 990-5); 동 1973. 6. 22, 72 다 2026(판총 11-2, 990-6)(허무인의 배서가 있는 경우); 동 1974. 9. 24, 74 다 902(판총 11-2, 990-6)(위조배서가 있는 경우); 동 1976. 6. 8, 76 다 677(판총 11-2, 1038-30); 동 1976. 6. 22, 76 다 668(판총 11-2, 990-6~7); 동 1995. 9. 15, 94 다 54856(공보 1002, 3377)(정당한 어음소지인인 B가 자신의 배서 앞뒤에 임의의 사람인 A, C 및 D를 기재하여 X에게 양도한 경우, X는 적법하게 어음상의 권리를 이전받는다).

1) 그러나 배서는 어음의 앞면·뒷면 및 보충지에 기재될 수 있으므로 배서장소가 다른 경우에는 이것만에 의하여 결정적으로 순서를 정할 수 없다.

2) 그러나 배서일자는 배서요건이 아니고 또 오기(誤記)될 수도 있으므로 이것만에 의하여 결정적으로 순서를 정할 수는 없다.

3) 특히 배서일자의 기재가 없고 어음 앞면에 배서가 기재된 경우에 의미가 있을 것이다.

4) 이에 관한 상세는 주석, 280~282면 참조.

5) 서울민사지판 1984. 1. 25, 83 나 1613·1614(교재, 판결례 [522]).

6) 동지: 대판 1995. 6. 9, 94 다 33156(공보 996, 2375)(수취인이 '한국상사'이고 제 1 배서인이 '주식회사 한국상사 대표이사 배종덕'으로 되어 있는 어음의 경우, 양자는 형식적으로 동일인으로 인정되므로 배서의 연속이 있다); 日最高判 1952. 11. 25(교재, 판결례 [293]).

7) 동지: 대판 1964. 10. 31, 63 다 1168(교재, 판결례 [308]).

가 되나, 배서의 연속에서는 유효한 배서가 된다.[1] 수취인이 「Y회사 이(李) 지점장」
이라고 표시되어 있는데 제1 배서의 배서인은 「李○○ 인」으로 표시된 경우에는,
법인과 자연인은 전혀 별개의 인격이므로 형식상 동일성이 없고 따라서 배서의 연
속이 없다고 본다.[2]

3) 효   과

(개) 배서의 연속의 효과는 어음소지인에게 자격수여적 효력을 갖게 하는데, 이
는 다시 자격수여적 효력의 내용과 연결된다. 즉, 배서가 연속한 어음소지인은 적법
한 권리자로 추정되므로, 자기가 실질적 권리자라는 사실을 증명하지 않고도 어음
상의 권리를 행사할 수 있고(권리추정력)$\binom{어\ 16조\ 1항\ 1문·77조}{1항\ 1호,\ 수\ 19조\ 1문}$, 양도인(배서인)이 무권리자
등인 경우에도 어음상의 권리를 선의취득할 수 있으며(선의취득)$\binom{어\ 16조\ 2항·77조}{1항\ 1호,\ 수\ 21조}$, 그러
한 어음소지인에게 어음금을 지급한 자는 면책될 수 있다(선의지급)$\binom{어\ 40조\ 3항·77조}{1항\ 3호,\ 수\ 35조}$.

(내) 배서의 연속의 존부를 판단하는 시점은 그의 효력과 관련되어 판단되어야
한다. 즉, 어음소지인의 권리행사의 경우에는 「권리행사시」$\binom{소〈訴〉\ 제기에\ 의한}{권리행사에는\ 변론종결시}$, 선의
취득의 경우에는 「어음취득시」, 선의지급의 경우에는 (만기의) 「어음금지급시」이다.[3]
선의취득과 선의지급에 있어서 배서연속의 존부를 판정하는 시점에 관하여는 어음
법상 명문의 규정이 있다.

4) 말소된 배서

(개) 배서의 말소는 특정인에게 양도하기 위하여 일단 배서의 기명날인 또는 서
명을 하였다가 그 양도를 그만두고자 하는 경우, 오류 또는 착오로 인하여 배서의
기명날인 또는 서명을 한 경우, 도난·분실된 어음을 회수한 자가 불법하게 부가된
위조배서를 말소하고자 하는 경우, 상환의무를 이행한 배서인이 자기 이후의 배서
를 말소하는 경우 등에 이용된다.[4] 이러한 말소된 배서는 「배서의 연속에 관하여
는」 배서의 기재가 없는 것으로 본다$\binom{어\ 16조\ 1항\ 3문·77조}{1항\ 1호,\ 수\ 19조\ 3문}$.

배서의 연속(형식적 자격)에 관하여 효력이 있는 배서의 말소는 배서권이 있는
자에 의하든 없는 자에 의하든 불문하고, 고의로 하든 과실로 하든 불문하며, 거절

---

1) 동지: 주석, 284면.
2) 동지: 정(찬), 463면; 정(찬), (사례) 303면.
   반대: 정(동), 375면; 대판 1995. 9. 15, 95 다 7024(공보 1002, 3391)(피배서인이 A이고 그의
   배서인의 명의가 Y주식회사 대표이사 A인 경우, Y회사가 실재하지도 않고 또 어음채무자의 승낙
   을 얻어 사용하였다면 이는 A개인의 명의로서 배서의 연속이 있다); 日最高判 1955. 9. 30(교재,
   판결례 [294]).
3) 동지: 정(동), 377면; 최(기), 410~411면; 주석, 287면.
4) 동지: 주석, 288면.

증서작성기간 경과 전후를 불문하며, 말소의 방법에도 아무런 제한이 없다.[1] 다만 말소권이 없는 자에 의한 말소는 어음의 변조가 된다. 또 배서의 말소는 배서의 전부의 말소이든 일부의 말소이든 불문한다.

배서의 말소는 배서의 연속(형식적 자격)을 깨기도 하고 그것을 회복시켜 주기도 하지만, 실질적 권리(실질적 자격)에 관하여는 아무런 영향을 미치지 않는다. 즉, 배서의 말소는 배서의 자격수여적 효력에만 영향을 미칠 뿐, 배서의 권리이전적 효력이나 담보적 효력에는 아무런 영향을 미치지 않는다. 따라서 말소된 배서가 있는 어음소지인은 그 말소에 의하여 배서의 연속이 깨진 경우에는 자기가 실질적 권리자라는 것을 증명하여 어음상의 권리를 행사할 수 있고, 자기의 배서가 제 3 자에 의하여 권한 없이 말소된 경우에도 그는 정당한 어음상의 권리자에 대하여 상환(소구)의무를 부담한다.

(나) 배서란의 피배서인만이 말소된 경우에 배서의 전부말소로 볼 것인가(전부말소설) 또는 피배서인만의 말소로 볼 것인가(백지식배서설)의 문제가 있다.

이에 대하여 우리나라의 학설은 전부말소설[2]과 백지식배서설[3]로 나뉘어 있다.[4]

생각건대 백지식배서설이 타당하다고 본다. 만일 피배서인을 말소할 권한이 있는 자에 의하여 피배서인이 말소된 경우에는 당연히 백지식배서로 보아야 할 것이다. 그런데 권한이 없는 자에 의한 피배서인의 말소를 어떻게 볼 것인가가 문제인데, 이러한 경우에도 어음외관에 의해서는 알 수 없는 사항이므로 권한이 있는 자에 의한 피배서인의 말소의 경우와 동일하게 보아야 할 것이다. 또한 피배서인의 말소·정정은 어음거래에서 흔히 있는 일이므로, 이를 백지식배서로 보는 것이 어음관계자의 이익을 위해서나 또는 어음행위유효해석의 원칙에서 볼 때에도 타당할 것으로 생각한다.[5]

---

1) 동지: 대판 1995. 2. 24, 94 다 41973(공보 989, 1438)(말소된 배서는 그 말소가 권한이 있는 자에 의하여 행하여진 것인지 여부나 그 방법·시기에 관계 없이 배서의 연속에 관하여는 존재하지 아니하는 것으로 보는 것이다).

2) 정(희), 192면; 양(승), (어) 301면; 정(동), 376면; 이(기), 215면; 이(철), (어) 312면 외. 동지: 日東京高判 1972. 9. 5(교재, 판결례 [306]).

3) 주어, 252면; 최(기), 418면.

4) 이외에 일본에서는 권한고려설(절충설)이 있는데, 이에 의하면 「말소권한의 유무를 고려하여 유권한자에 의한 말소는 백지식배서가 되고, 무권한자에 의한 말소는 말소의 효력이 생기지 않아 당초 기재된 피배서인에 대한 기명식배서가 된다」고 한다(伊澤, 378면; 山尾, 「新手形法論」, 256면). 그러나 권한고려설은 배서연속의 유무는 어음의 기재에 따라 형식적·객관적으로 판단되어야 하는데, 실질적·주관적 권한의 유무에 따라 이를 판단하므로 타당하지 않다고 본다[동지: 정(동), 376면; 최(기), 417면].

5) 정(찬), 466면; 정(찬), (사례) 308면. 동지: 주어, 252면; 최(기), 418면; 日大判 1927. 3. 29

5) 배서의 불연속   배서가 A$\left(\substack{\text{수취인 겸}\\ \text{제1 배서인}}\right)$ → B$\left(\substack{\text{제1 피배서인}\\ \text{겸 제2 배서인}}\right)$ → C$\left(\substack{\text{제2 피배서인}\\ \text{겸 제3 배서인}}\right)$ → D$\left(\substack{\text{제3 피}\\ \text{배서인}}\right)$로 되어 A의 배서에서부터 C까지의 배서는 연속되어 있으나, D의 배서가 단절되고 그 후 E$\left(\substack{\text{제4}\\ \text{배서인}}\right)$ → F$\left(\substack{\text{제4 피배서인}\\ \text{겸 제5 배서인}}\right)$ → G$\left(\substack{\text{제5 피}\\ \text{배서인}}\right)$로 되어 현재의 어음소지인이 G인 경우에 배서의 권리이전적 효력·담보적 효력 및 자격수여적 효력이 각각 어떻게 작용하는가를 검토하여 보기로 한다.

(개) 권리이전적 효력

① 위의 예에서 D와 E 사이의 배서의 연속이 단절되었다고 하여도 E가 상속이나 지명채권양도방법에 의하여 어음상의 권리를 취득하는 경우에는 어음상의 권리는 그 후 F 및 G에게 이전되는 것이다. 이 때에 F 및 G가 취득하는 어음상의 권리는 A로부터 이전되는 어음상의 권리의 승계취득이지 결코 선의취득에 의한 원시취득이 아니다. 즉, 배서의 권리이전적 효력은 배서의 자격수여적 효력을 전제로 하지 않는다. 따라서 어음상의 권리를 배서에 의하여 양수하지 않은 E도 배서에 의하여 어음상의 권리를 양도할 수 있는데, 이 때 E의 배서에는 당연히 권리이전적 효력이 발생하는 것이다.[1] 다만 E는 배서에 의하여 어음상의 권리를 취득한 것이 아니므로 어음채무자는 D에 대하여 대항할 수 있는 인적 항변사유로써 E에게 대항할 수 있게 된다. 그러나 F 및 G는 다시 배서에 의하여 어음을 양수했으므로 어음채무자가 E에 대하여 대항할 수 있는 인적 항변은 F 및 G에 대하여는 절단된다고 본다.

② 위의 예에서 D가 어음을 분실 또는 도난당한 자이고 E가 이를 습득 또는 절취한 자로서 무권리자인 경우에는 E가 어음상의 권리를 취득할 수 없는 것은 말할 나위가 없고, 무권리자인 E로부터 동 어음을 배서양수한 F는 어음상의 권리를 승계취득할 수 없으며$\left(\substack{\text{즉, 권리이전적}\\ \text{효력이 없으며}}\right)$ 또한 E에게 형식적 자격이 없으므로 어음상의 권리를 선의취득할 수도 없다. 또한 무권리자인 F로부터 동 어음을 배서양수한 G도 어음상의 권리를 승계취득하거나 선의취득할 수 없다. 이와 같이 E, F, G는 모두 어음상의 권리를 취득하지 못하므로 인적 항변의 문제는 거론할 필요가 없게 된다.

(내) 담보적 효력

① 위의 예에서 상속이나 지명채권양도방법에 의하여 어음상의 권리를 취득한 E$\left(\substack{\text{형식적 무권리자이나}\\ \text{실질적 권리자}}\right)$가 배서에 의하여 어음상의 권리를 양도한 경우에는, 그 배서에는 담보적 효력이 발생하여 E는 어음소지인에 대하여 상환(소구)의무를 부담한다고 본다. F의 경우에도 같다. 왜냐하면 배서의 담보적 효력은 어음행위독립의 원칙과 관련하여 형식상 유효한 어음

(교재, 판결례 [304]); 日大阪地判 1973. 6. 7(교재, 판결례 [305]).

1) 앞에서 본 바와 같이 배서할 수 있는 권리(배서권)는 어음상의 권리 자체가 갖는 힘이지 배서인으로부터 피배서인에게 이전되어 갖는 힘이 아니므로, 어음상의 권리를 가지게 된 원인이 무엇이든(즉, 배서 이외의 방법에 의하여 어음을 취득하더라도) 어음상의 권리를 정당하게 취득하는 자는 다시 배서에 의하여 어음상의 권리를 양도할 수 있다.

에 배서를 한 이상 독립적으로 발생하는 것이라고 보기 때문이다. 즉, 이 때에 E 및 F의 배서에는 배서의 권리이전적 효력 및 담보적 효력은 있으나, 자격수여적 효력은 없게 된다.[1]

② 위의 예에서 E가 습득자 또는 절취자로서 무권리자인 경우에는 F의 입장에서 보면 형식적 및 실질적 무권리자로부터 어음을 취득한 것이므로 앞에서 본 바와 같이 F는 아무런 어음상의 권리를 취득하지 못한다. G의 경우도 같다. 그런데 이 때 배서의 담보적 효력($\binom{어 15조 1항·77조}{1항 1호, 수 18조 1항}$)이 발생하는지 여부에 대하여는 견해가 나뉘어 있다. 즉, 이 때에 배서의 담보적 효력이 발생하지 않는다고 보는 견해[2]와 발생한다고 보는 견해[3]로 나뉘어 있는데, 어음행위독립의 원칙과 관련하여 볼 때 무권리자가 형식상 완전한 어음에 배서한 경우에도 그 배서에는 담보적 효력이 발생한다고 본다.[4] 그런데 이 때 F 및 G는 무권리자로서 E·F에게 어음상의 권리를 행사할 수 없으므로, 이 경우에는 E·F의 배서에 대하여 담보적 효력이 있는지 여부를 논의할 실익이 없다.

그러나 만일 이 때에 E가 D의 배서를 위조하여 자기를 피배서인으로 하고 E가 다시 F에게 배서하여 E가 형식적 자격을 구비하였다면 F는 어음상의 권리를 선의취득(원시취득)할 수 있는데, 이와 같이 F가 어음상의 권리를 선의취득하였다면, F는 E에게 어음상의 권리자로서 상환청구(소구)권을 행사할 수 있으므로 이 경우에는 E의 배서($\binom{이 때의 배서는}{양도배서의 형식임}$)에 담보적 효력을 인정하는 실익이 있게 된다.

(다) **자격수여적 효력** 위의 예에서 A부터 C가 한 배서에는 배서의 연속이 있어 단절되기 직전의 최후의 피배서인인 D는 자격수여적 효력을 갖는다. 그런데 D의 배서가 없어 D에서 E에게 어음상의 권리가 이전된 사실이 어음상 나타나지 않아 배서의 연속이 단절되어 있는 경우에는, 단절된 이후의 어음소지인인 E·F 및 G는 형식적 자격이 없으므로 자격수여적 효력을 갖지 못한다.[5]

---

1) 동지: 대판 1995. 9. 29, 94 다 58377(공보 1004, 3605)(A가 수취인을 X로 하여 발행한 어음에 Y가 담보목적으로 제 1 배서인란에 배서한 경우, X가 실질적 권리자임이 증명되고 Y의 배서가 배서로서의 유효요건을 구비하고 있는 이상 배서의 담보적 효력은 인정되어야 하고, 그 지급제시는 적법한 지급제시로서 배서인에 대하여 소구권을 행사할 수 있다).

2) 정(희), 191~192면; 정(동), 385면(어음소지인이 어음을 선의취득하는 등 어음상의 권리를 취득한 경우에만 무권리자의 배서에 대하여 담보적 효력을 인정할 것이라고 한다); 최(기), 413면.

3) Baumbach/Hefermehl, WG Art. 15 Rdn. 5; BGHZ 13, 86 f.

4) 이 때에 E 및 F의 배서의 형식이 담보배서인 경우에 담보적 효력이 발생한다고 설명하는 견해도 있으나[정(희), 192면; 정(동), 385면; 최(기), 405면; 이(기), 214면], 후술하는 바와 같이 담보배서는 우리 어음법이 인정하는 특수배서의 일종이 아니고 또 본건의 경우는 양도배서의 형식이므로 이와 같은 설명은 타당하지 않다고 본다.
또한 어음상의 권리의 선의취득을 전제로 하여 형식적 자격이 없는 무권리자의 배서에 담보적 효력을 인정하는 견해[정(동), 495면]가 있는데, 형식적 자격이 없는 무권리자로부터는 선의취득을 할 수 없으므로 이러한 설명도 타당하지 않다고 본다[동지비판: 정(찬), 405면 주 39; 정(희), 192면 주 2].

5) 이 때 E·F 및 G는 형식적 자격이 없다는 의미는, E는 단절 전의 어음채무자(A, B, C를 포함하

① 위의 예에서 E가 D로부터 상속 또는 지명채권양도방법 등과 같은 민사적 권리승계방법에 의하여 어음상의 권리를 양수하고(즉, 실질적 권리자이고) 또 이것이 증명되면 단절된 배서는 가교(架橋)되어(또는 이어져) 배서의 연속이 있고 또 자격수여적 효력이 발생한다고 볼 수 있겠는가의 문제가 있다.

이에 대하여 우리나라의 학설은 대부분 「단절된 배서는 가교되어 배서의 연속을 회복한다」는 등으로 설명하고 있으나,[1] 이 경우 「단절된 배서가 가교된다」는 등의 표현은 타당하지 않다고 본다. 왜냐하면 어음소지인 등이 단절된 배서에 대하여 실질적 권리승계사실을 증명한다고 하여 형식상 배서의 연속이 있거나 또는 이와 동일시할 수는 없기 때문이다.[2] 즉, 단절된 배서가 있는 경우에는 어음소지인 등이 이에 대하여 실질적 권리승계사실을 증명한다고 하여 자격수여적 효력이 발생하지 않는다.

따라서 이러한 어음의 소지인(위의 예에서 E, F 및 G)에게는 권리추정력이 없어 자기가 실질적 권리자임을 증명하여야 어음상의 권리를 행사할 수 있고(권리추정력의 부인),[3] 어음상의 권리를 선의취득할 수도 없으며(선의취득의 부인)[4](예컨대, F가 무권리자인 경우 G는 어음상의 권리를 선의취득할 수 없다), 또 지급인은 선의지급에 따라 면책을 받을 수도 없다(선의지급의 부인)고 본다.[5]

② 위의 예에서 E가 습득자 또는 절취자인 경우에는 위 ①의 경우와 같은 사정도 없으므로 E·F 및 G는 언제나 자격수여적 효력을 갖지 못한다.

(3) 배서의 자격수여적 효력의 내용

앞에서 본 바와 같이 배서의 자격수여적 효력은 배서의 연속을 전제로 하여 발생하는데, 배서의 자격수여적 효력을 전제로 하여 다음과 같은 세 가지의 효력이 발생한다. 이것은 또한 배서의 자격수여적 효력의 내용을 이루고 있다.

1) 권리추정력   어음의 소지인이 배서의 연속에 의하여 그 권리를 증명한

여)에 대하여 자격수여적 효력을 갖지 못하고, F 및 G는 단절 전의 어음채무자에 대하여 뿐만 아니라 단절 후의 어음채무자(F의 경우는 E, G의 경우는 E 및 F)에 대하여도 자격수여적 효력을 갖지 못한다는 의미이다[동지: 서·정, 195면].

1) 정(희), 191면; 정(동), 383면; 최(기), 413면; 채, 166면; 양(승), (어) 302면 외.

2) 정(찬), 468면; 정(찬), (선의취득) 46면. 동지: 鈴木·大隅, 講座(4), 131면.

3) 동지: 대판 1995. 9. 15, 95 다 7024(공보 1002, 3391)(형식상 배서의 연속이 끊어진 경우에 다른 방법으로 그 중단된 부분에 관하여 실질적 권리승계사실이 있음을 증명한 소지인이 한 어음상의 권리행사는 적법하다). 이 때 위의 예에서 E뿐만 아니라 F 및 G도 E가 D로부터 민사적 권리승계방법에 의하여 어음상의 권리를 취득했음을 증명하기만 하면(A로부터 D까지의 권리승계사실 및 E로부터 G까지의 권리승계사실을 증명하지 않더라도) 어음상의 권리를 행사할 수 있다고 본다[동지: 정(동), 383면].

4) 반대: 정(동), 381~382면(배서가 단절된 후의 배서에 의해서도 선의취득이 가능하다고 한다); Hueck/Canaris, S. 95.

5) 반대: 최(기), 412면(어음채무자의 지급에 의하여 면책력이 인정되어야 할 것이라고 한다).

때에는 적법한 권리자로 추정된다$\left(\begin{smallmatrix}어 16조 1항 1문·77조\\1항 1호, 수 19조 1문\end{smallmatrix}\right)$. 따라서 연속된 배서가 있는 어음소지인은 자기가 실질적 권리자라는 것을 증명하지 않아도 어음상의 권리를 행사할 수 있다. 그러나 이것은 어디까지나 추정이지 연속된 배서의 피배서인이 어음상의 권리자라고 확정하는 것은 아니므로, 어음채무자는 연속된 배서에 의하여 권리자로 추정받는 어음소지인이 실질적으로는 무권리자라는 사실을 증명하여 어음상의 책임을 면할 수 있다.

2) **선의취득**   배서의 연속에 의하여 적법한 권리자로 추정을 받는 자(형식적 권리자)로부터 어음을 양수하는 자는 양도인이 실질적으로 무권리자 등인 경우에 (이 사실을 알고 있거나 또는 중대한 과실로 인하여 모른 경우를 제외하고는) 어음상의 권리를 취득한다$\left(\begin{smallmatrix}어 16조 2항·77조\\1항 1호, 수 21조\end{smallmatrix}\right)$. 어음상의 권리의 선의취득은 이와 같이 배서의 자격수여적 효력을 전제로 하여 발생하는 효과이다.

3) **선의지급**(면책력)   어음소지인의 입장에서 본 권리추정력의 효력이 어음채무자(지급인)의 입장에서 보면 선의지급 또는 지급인의 면책력의 형태로 나타난다. 즉, 만기에 지급하는 지급인은 배서가 연속된 어음의 소지인(형식적 권리자)에게 지급하면 그가 실질적으로 무권리자 등인 경우에 (지급인은 그러한 어음소지인이 무권리자 등이라는 사실을 알고 있고 또 용이하게 이를 증명할 수 있는 경우나 중대한 과실로 인하여 이를 간과한 경우를 제외하고는) 면책된다$\left(\begin{smallmatrix}어 40조 3항·77조\\1항 3호, 수 35조\end{smallmatrix}\right)$.[1)]

제5 특수배서

특수배서에는 양도배서에 있어서의 특수배서와 양도 이외의 목적으로 하는 특수배서가 있는데, 전자에는 무담보배서$\left(\begin{smallmatrix}어 15조 1항·77조\\1항 1호, 수 18조 1항\end{smallmatrix}\right)$·배서금지배서$\left(\begin{smallmatrix}어 15조 2항·77조\\1항 1호, 수 18조 2항\end{smallmatrix}\right)$·환(역)배서$\left(\begin{smallmatrix}어 11조 3항·77조 1항 1호.\\수 14조 3항·15조 3항·5항\end{smallmatrix}\right)$·기한후배서$\left(\begin{smallmatrix}어 20조·77조\\1항 1호, 수 24조\end{smallmatrix}\right)$가 있고, 후자에는 추심위임배서$\left(\begin{smallmatrix}어 18조·77조\\1항 1호, 수 23조\end{smallmatrix}\right)$·입질배서$\left(\begin{smallmatrix}어 19조,\\77조 1항 1호\end{smallmatrix}\right)$가 있다. 이하에서 차례로 설명한다.

---

1) 민법의 일반원칙에 의하면 실질적 권리자에게 지급하지 않으면 유효한 지급이 되지 않기 때문에 지급인(채무자)은 어음소지인이 실질적 권리자인지 여부를 조사하여야 하나, 배서의 자격수여적 효력으로 인한 이러한 지급인의 면책력 때문에 지급인은 어음소지인의 배서의 연속(형식적 자격)에 대하여만 조사할 의무를 부담하고 실질적 자격에 대하여는 조사할 의무를 부담하지 않는다. 따라서 지급인의 조사의무는 경감되고, 지급인이 형식적 자격자에게 지급하면 실질적 무권리자에게 지급하더라도 면책된다.

1. 무담보배서

(1) 의　　의

무담보배서(indorsement without recourse; Indossament ohne Obligo)란 「배서인이 어음상에 담보책임(상환〈소구〉의무)을 부담하지 않는다는 뜻을 기재한 배서」를 말한다(어 15조 1항·77조 1항 1호, 수 18조 1항).

배서인은 어음의 경우에는 인수담보책임과 지급담보책임을 부담하고(어 15조 1항, 77조 1항 1호) 수표의 경우에는 지급담보책임만을 부담하는데(수 18조 1항), 배서인은 이 두 책임의 전부 또는 일부에 대하여 「무담보」의 문언을 기재하여 담보책임을 면할 수 있고,[1] 또 어음금액의 전부 또는 일부에 대하여 「무담보」의 문언을 기재하여 담보책임을 면할 수 있다(통설).[2] 어음의 배서인이 단순히 「무담보」라고만 기재한 경우에는 인수와 지급의 모두에 대하여 무담보배서를 한 것으로 해석한다.[3]

(2) 효　　력

1) 무담보배서의 배서인은 자기의 직접의 피배서인에 대하여서 뿐만 아니라 그 후자 전원에 대하여 자기가 기재한 무담보의 문언대로 담보책임을 부담하지 않는다. 자기의 직접의 피배서인에 대하여도 담보책임을 부담하지 않는 점에서 다음에서 보는 배서금지배서와 구별된다.

2) 무담보배서에서 담보책임을 부담하지 않는 자는 무담보문언을 기재한 배서인에 한한다.

무담보배서는 배서인이 담보책임을 부담하지 않는 점에서는 보통의 양도배서와 다르나, 그 이외의 점에서는 보통의 양도배서와 같다. 즉, 무담보배서에는 배서의 담보적 효력은 없으나, 권리이전적 효력 및 자격수여적 효력은 있다. 따라서 권리이전적 효력과 관련되는 인적 항변의 절단의 효력도 있고, 자격수여적 효력과 관련되는 권리추정력·선의취득 및 선의지급도 인정된다.

3) 무담보배서는 어음의 지급이 불확실하다는 것을 공표하는 것이므로 실제로

---

1) 환어음의 발행인은 종국적인 상환(소구)의무자이므로 인수무담보의 문언을 기재할 수는 있으나 (유익적 기재사항) 지급무담보의 문언을 기재할 수는 없고(무익적 기재사항)(어 9조 2항), 수표의 발행인도 종국적인 상환(소구)의무자이므로 지급무담보의 문언을 기재할 수 없으며(무익적 기재사항)(수 12조), 약속어음의 발행인은 주채무자이기 때문에 지급무담보의 문언을 기재하면 어음 자체가 무효가 된다(유해적 기재사항).

2) 정(찬), 471면; 정(희), 193면; 서·정, 196면; 정(동), 387면; 손(주), 256면; 최(기), 419면 외.

3) 이(기), 224면; 채 194면; 주석, 277면; 최(기), 420면.

는 이 방법을 피하고 백지식배서를 받아 단순히 교부만에 의하여 양도하는 경우가 많으나,[1] 할인기관이 매입한 C.P.어음[2](기업어음)을 일반투자가에게 매출할 때에는 거의 예외 없이 무담보배서를 하여 양도하고 있다. 이렇게 할인기관이 무담보배서를 하여 일반투자가에게 C.P.어음을 매출한 경우에는 할인기관은 특단의 사정이 없는 한 어음상 배서인으로서 담보책임(상환〈소구〉의무)이 없을 뿐만 아니라, 매매계약상의 채무불이행책임이나 하자담보책임까지 배제하기로 한 취지라고 보아야 할 것이고, 또 불법행위로 인한 손해배상책임도 없다.[3]

2. 배서금지배서

(1) 의   의

배서금지배서(restrictive indorsement; Rektaindossament)란 금전(禁轉)배서라고도 하는데, 「배서인이 배서를 할 때에 다시 하는 배서를 금지하는 뜻을 기재한 배서」를 말한다(어 15조 2항·77조 1항 1호, 수 18조 2항). 배서인은 기명식배서를 하는 경우뿐만 아니라 백지식배서를 하는 경우에도 배서금지문언을 기재할 수 있다.

발행인이 배서금지문언을 기재하면 「배서금지어음」(어 11조 2항·77조 1항 1호, 수 14조 2항)이 되어 동 어음은 배서에 의하여 양도될 수 없으나(기명증권), 배서인이 배서금지문언을 기재하면 「배서금지배서」가 되어 동 어음은 배서에 의하여 양도될 수 있고 다만 배서인의 담보책임만이 제한된다(지시증권).

(2) 효   력

1) 배서인이 배서금지배서를 하면, 배서인(금전〈禁轉〉배서인)은 자기의 직접의 피배서인(금전피배서인)에 대하여만 담보책임을 부담하고(이 점에서 자기의 직접의 피배서인에 대하여도 담보책임을 부담하지 않는 무담보배서와 구별됨) 그 후의 피배서인에 대하여는 담보책임을 부담하지 않는다(어 15조 2항 2문·77조 1항 1호, 수 18조 2항 2문). 그런데 이 때에 배서인이 「그 후의 피배서인에 대하여 담보책임을 지지 아니한다」는 해석에 대하여는 견해가 나뉘어 있다. 즉, (ⅰ) 조문의 표현에서 보아 배서인은 그 후의 피배서인에 대하여 일체의 상환(소구)의무를 부담하지 않는다는 견해와,[4] (ⅱ) 배서금지배서인의 직접의 피배서인이 배서인에 대하여 갖는 상환

---

1) 동지: 정(동), 388면.

2) C.P.어음은 법률적으로는 약속어음이고, 경제적으로는 융통어음이다.

3) 대판 1984. 11. 15, 84 다카 1227(교재, 판결례 [527]); 동 1984. 11. 15, 84 다카 1227(공보 1985, 28).

4) 손(주), 257면; 최(기), 422면; 이(기), 226면; 채, 192면; 이(철), (어) 341면 외(통설). 이렇게 보는 것이 또한 일본의 통설이다(鈴木, 260면 주 2).

청구(소구)권은 어음에 화체(化體)되어 있으므로 배서양도에 의하여 그 상환청구(소구)권도 그 후의 피배서인에게 이전하므로 그 후의 피배서인은 금전배서인에 대하여 상환청구(소구)권을 행사할 수 있는데, 다만 이 때에는 인적 항변이 절단되지 않아 그 후의 피배서인은 금전피배서인이 금전배서인에게 갖고 있는 상환청구(소구)권 이상의 권리를 행사하지 못한다고 해석하는 견해가 있다.[1]

생각건대 배서인에 대하여 어음소지인이 갖는 상환청구(소구)권은 배서인이 자기가 한 배서의 담보적 효력에 의하여 상환(소구)의무를 부담하기 때문에 이에 대응하여 생기는 효과이지, 어음소지인의 상환청구(소구)권이 먼저 존재하고 배서인이 상환(소구)의무를 부담한다고 볼 수는 없다. 또 금전배서가 있는 경우에는 법의 명문규정에 의하여 금전배서인은 자기의 직접의 피배서인 이후의 어음소지인에게는 담보책임을 부담하지 않으므로, 그 후의 어음소지인에게는 금전배서인에 대한 상환청구(소구)권이 새로이 발생할 수도 없고 또 금전피배서인이 금전배서인에게 갖고 있는 상환청구(소구)권이 이전될 수도 없다고 본다. 따라서 금전배서인은 금전피배서인 이후의 피배서인에게 일체의 상환(소구)의무를 부담하지 않는다고 본다[2][위 (ⅰ)의 견해에 찬성].

2) 배서금지배서에서도 담보책임이 제한되는 자는 배서금지문언을 기재한 배서인에 한한다.

배서금지배서는 배서인의 담보책임이 제한되는 점에서만 보통의 양도배서와 다를 뿐, 그 이외의 점에 있어서는 보통의 양도배서와 같다. 즉, 배서금지배서에는 배서의 담보적 효력만이 제한되고, 권리이전적 효력 및 자격수여적 효력은 있다. 따라서 (배서금지배서인 이외의) 어음채무자는 배서금지배서인에게 대항할 수 있는 인적 항변사유로써 배서금지피배서인에게 대항할 수 없고(권리이전적 효력과 관련됨), 배서금지피배서인은 권리추정력·선의취득의 보호를 받고 어음채무자의 배서금지피배서인에 대한 지급은 선의지급의 보호를 받는다(자격수여적 효력과 관련됨).

3) 금전피배서인 및 그 후자가 (금전배서인의 배서금지문언에 반하여) 하는 배서는 보통의 양도배서와 같다.[3]

---

1) 정(희), 194면; 강, 355면; 강, (어) 383~384면; 양(승), (어) 304~305면; 정(동), 389~390면 (금전피배서인의 후자가 금전배서인에게 어음금의 지급을 청구할 수 있는 것은 금전배서인에 대하여 상환청구〈소구〉권이 있기 때문이라고 이론구성을 할 것이 아니라, 금전피배서인이 금전배서인에 대하여 갖는 상환청구〈소구〉권을 양수한 것이기 때문이라고 이론구성한다).

2) 정(찬), 474면.

3) 동지: 정(동), 390면; 채, 192면.

3. 환(역)배서

(1) 의   의

1) 환배서(reindorsement; Rückindossament)란 역(逆)배서라고도 하는데, 「어음채무자($\binom{인수인 \cdot 발행인 \cdot 배서인 \cdot}{보증인 \cdot 참가인수인}$)를 피배서인으로 하는 배서」를 말한다($\binom{어\ 11조\ 3항 \cdot 77조\ 1항\ 1호,}{수\ 14조\ 3항 \cdot 15조\ 3항 \cdot 5항}$). 그러므로 어음채무자가 아닌 인수하지 않은 지급인에 대한 배서는 환배서가 아니지만, 어음법은 편의상 이러한 배서를 환배서와 함께 규정하고 있다($\binom{어\ 11조}{3항\ 2호}$).

2) 환배서에 의하여 어음채무자가 어음상의 권리를 취득하면, 어음상의 권리와 의무가 동일인에게 귀속하게 된다. 민법의 일반원칙에 의하면 이 때에는 혼동(混同)의 법리에 의하여 채권·채무가 소멸될 것이지만($\binom{민}{507조}$), 어음법은 환배서를 명문으로 인정하고 또 환배서에 의한 피배서인은 다시 어음에 배서할 수 있음을 명백히 규정하여 민법상 혼동의 법리를 배제하고 있다. 이것은 어음의 유가증권으로서의 성질에서 당연한 것을 규정한 주의규정이라고 본다(통설).[1] 즉, 어음소지인의 지위는 개성이 없는 형식적인 것이기 때문에 당사자자격의 겸병이 가능하고, 자기에 대한 유가증권도 하나의 객관적 재산으로서 취득할 수 있는 것은 유가증권의 성질에서 당연하기 때문이다.

3) 환배서에 의하여 어음을 취득한 배서인($\binom{또는 후자에게 상환\langle소구\rangle}{의무를 이행한 배서인}$)이 전자에 대하여 갖는 (재)상환청구(소구)권은 배서인이 종전에 가지고 있었던 어음상의 권리를 회복한 것이냐($\binom{권리회복설 또는}{권리부활설}$)[2] 또는 어음상의 권리를 재취득한 것이냐($\binom{권리재}{취득설}$)[3]에 대하여 견해가 나뉘어 있다. 생각건대, (환)배서의 법적 성질을 채권양도라고 보는 점, 배서인이 재상환청구(재소구)할 수 있는 금액은 종전의 어음소지인으로서 갖는 금액이 아니라 별도로 법정되어 있는 점($\binom{어\ 49조 \cdot 77조}{1항\ 4호,\ 수\ 45조}$) 등에서 볼 때, 어음상의 권리를 재취득한 것으로 보는 견해(권리재취득설)가 타당하다고 본다. 그러나 권리재취득설을 취하는 경우에도 인적 항변사유는 권리회복설과 같이 해석하는 것이 타당하다고 본다($\binom{이에 관하여는 재상환청구권\langle재소구\rangle}{권\rangle의 법적 성질에 관한 설명 참조}$).[4]

---

1) 정(찬), 475면; 정(희), 203면; 서·정, 197면; 정(동), 390~391면; 양(승), (어) 341면; 최(기), 434면; 채, 187면; 이(기), 233면 외.

　반대: 竹田, 118면; 大隅, 121면[이것은 어음의 유통성을 보호하기 위한 정책적인 이유에서 어음의 유통기간 내(지급거절증서 작성 전 또는 지급거절증서 작성기간 경과 전)에서만 적용되는 특별규정이다].

2) 서·정, 244면.

3) 정(동), 444면; 이(기), 233면; 채, 189면.

4) 동지: 대판 2002. 4. 26, 2000 다 42915(공보 2002, 1242)(약속어음 발행인으로부터 인적 항변

(2) 효   력

환배서도 배서이므로 배서의 일반적 효력이 있다. 즉, 배서의 권리이전적 효력, 담보적 효력 및 자격수여적 효력이 있다. 그러나 환배서에 의한 어음상의 권리자가 된 피배서인은 동시에 자기가 어음채무자인 관계상 어음상의 권리의 행사에 일정한 제한이 있게 된다. 이를 각 어음채무자의 지위에서 다음과 같이 개별적으로 살펴본다.

1) 주채무자

(가) 환어음의 인수인이나 약속어음의 발행인과 같이 어음의 주채무자가 환배서에 의하여 어음을 취득한 경우에는 자기가 주채무자인 성질상 누구에 대하여도 어음상의 권리를 행사할 수 없다. 즉, 자기 자신에 대하여도 어음상의 권리를 행사하지 못할 뿐만 아니라, 자기의 모든 전자($\frac{환배서를}{기준}$)에 대하여도 상환청구(소구)권을 행사할 수 없다. 왜냐하면 이 때 주채무자가 자기의 전자에 대하여 상환청구(소구)권을 행사하면, 그 전자는 주채무자에 대하여 다시 상환청구(소구)금액 및 비용과 이자를 청구할 것이기 때문이다.

그러나 환어음의 인수인이 일부인수($\frac{어26조}{1항 단서}$)를 한 경우에는 인수하지 않은 잔액에 대하여는 자기의 전자($\frac{환배서를}{기준}$)에 대하여 상환청구(소구)권을 행사할 수 있다.[1] 그 밖에 인수인이 원인관계상의 사유 등으로 자기의 전자($\frac{환배서를}{기준}$)에 대하여 어음상의 채무를 부담하지 않는 경우에도 그 전자에 대하여 상환청구(소구)권을 행사할 수 있다고 본다.[2]

(나) 어음의 주채무자가 환배서에 의하여 어음을 취득한 경우에 누구에 대하여도 어음상의 권리를 행사할 수 없다고 하더라도 어음상의 권리가 소멸하는 것은 아니므로, 주채무자는 다시 동 어음을 제3자에게 배서양도할 수 있다. 이로 인하여

의 대항을 받는 어음소지인은 당해 어음을 제3자에게 배서·양도한 후 환배서에 의하여 이를 다시 취득하여 소지하게 되었다고 할지라도 발행인으로부터 여전히 위 항변의 대항을 받는다고 할 것이고, 한편 기한후배서는 보통의 배서와는 달리 지명채권양도의 효력밖에 없어 그것에 의하여 이전되는 권리는 배서인이 배서 당시 가지고 있던 범위의 권리라 할 것이므로 어음채무자는 그 배서 당시 이미 발생한 배서인에 대한 모든 항변사실을 피배서인에 대하여도 대항할 수 있다 할 것인데, 이러한 이치는 환배서인 기한후배서라도 마찬가지라고 할 것이다. 따라서 약속어음의 소지인이 그 어음이 지급기일에 지급거절되자 자기의 전자에게 피배서인이 백지인 배서가 되어 있는 상태로 교부하여 전자가 그 어음발행인을 상대로 어음금청구의 소를 제기하였으나 인적 항변의 대항을 받아 패소하자 다시 그 어음을 교부받아 그 어음발행인을 상대로 어음금청구의 소를 제기한 경우, 그 어음발행인은 전자에 대한 인적 항변으로 그 어음소지인에게 대항할 수 있다)[이 판결에 대하여 환배서와 기한후배서의 인적 항변에 대한 관계에 관한 법리를 적용한 것은 부당하다는 취지의 평석으로는 정진세, 법률신문, 제3115호(2002. 10. 17), 15면 참조].

1) 동지: 정(희), 204면; 손(주), 260면.
2) 동지: 정(동), 392면.

주채무자는 신(新)어음을 발행하는 비용(인지세)과 수고를 덜 수 있고, 어음에 부착된 신용(담보의무)을 이용할 수 있다.[1] 이 때 주채무자로부터 그 어음을 배서양수한 제 3 자는 모든 전자에 대하여 아무런 제한이 없이 어음상의 권리를 행사할 수 있다.

그런데 환배서에 의하여 어음을 양수한 주채무자가 어음의 유통기간 후($\binom{\text{지급}}{\text{거절}}$ $\binom{\text{증서작성 후 또는 지급거절}}{\text{증서 작성기간 경과 후}}$)에 동 어음을 제 3 자에게 배서양도한 경우에 대하여는 견해가 나뉘어 있다. 즉, (i) 주채무자는 만기에 있어 어음금을 지급하겠다는 의사표시를 한 자이므로 만기 후에 지급을 하지 않을 뿐 아니라 다시 이것을 제 3 자에게 양도하거나 어음상의 권리를 행사한다는 것은 자기가 한 인수($\binom{\text{또는 약속}}{\text{어음의 발행}}$)의 의사표시와 모순하는 것이므로 만기 후에는 어음상의 권리의 행사 또는 양도를 하지 못하는데, 다만 이 경우 어음채권 자체는 소멸한 것이 아니므로 만기 후 주채무자에 의하여 처분된 줄 모르고 어음을 취득한 자는 어음상의 권리를 취득한다는 견해,[2] (ii) 이 경우 어음상의 권리는 예외적으로 혼동의 법리에 의하여 소멸하므로 유통기간 후에 배서양수한 제 3 자는 아무런 권리도 취득하지 못한다는 견해[3] 등이 있다.

생각건대 위와 같이 설명하는 견해들은 모두 타당하지 않다고 본다. 주채무자의 채무는 어음의 유통기간 후에도 소멸시효기간인 만기로부터 3년까지는 존속하므로($\binom{\text{어 70조 1항;}}{\text{77조 1항 8호}}$) 어음상의 권리가 혼동의 법리에 의하여 소멸한다고 볼 수는 없고 유통기간 후에도 배서양도될 수 있는데, 다만 이 때에는 기한후배서의 효력만이 있다고 본다($\binom{\text{어 20조 1항 단서,}}{\text{77조 1항 1호}}$).[4]

2) 발행인(환어음 및 수표)

⑺ 환어음의 발행인이 환배서에 의하여 어음을 취득하면 인수인에 대하여만 어음상의 권리를 행사할 수 있고, 자기의 모든 전자($\binom{\text{환배서를}}{\text{기준}}$)에 대하여는 그가 종국적인 상환(소구)의무자인 성질상 어음상의 권리를 행사할 수 없다. 그 이유는 (주채무자의 경우와 같이) 발행인이 자기의 전자($\binom{\text{환배서를}}{\text{기준}}$)에 대하여 상환청구(소구)권을 행사하면 그 전자는 다시 발행인에 대하여 상환청구(소구)권을 행사할 수 있게 되어 무의미한 2중의 절차가 되기 때문이다. 따라서 발행인이 전자($\binom{\text{환배서를}}{\text{기준}}$)에 대하여 어음상의 권리를 행사하면 그 전자는 이에 대하여 위의 사유로써 직접 항변을 주장할

---

1) 동지: 정(희), 203면; 주석, 257~258면.
2) 정(희), 204면; 양(승), (어) 316면.
3) 손(주), 261면; 최(기), 434면; 강, (어) 393면.
4) 정(찬), 417면. 동지: 주석, 258면.

수 있다고 본다.[1] 그러나 발행인이 전자(환배서를)에 대하여 어음채무를 부담하지 않으면(어음관계상 및) 그 전자에 대하여 상환청구(소구)권을 행사할 수 있는 것은 주채무자의 경우와 같다. 또한 환어음의 발행인이 다시 동 어음을 제 3 자에게 배서양도한 경우에는 제 3 자는 아무런 제한 없이 모든 전자(환배서를)에 대하여 모든 어음상의 권리를 행사할 수 있다.

(나) 수표에는 주채무자가 없으므로 수표의 발행인이 환배서에 의하여 수표를 양수한 경우에는 (지급인이 지급보증을 하지 않는 한) 누구에 대하여도 수표상의 권리를 행사할 수 없다. 이 점에서 수표의 발행인이 환배서에 의하여 수표를 취득한 경우는 (지급인이 지급보증을 하지 않는 한) 어음의 주채무자가 환배서에 의하여 어음을 취득한 경우와 비슷한 지위에 있다.

3) 배 서 인

(가) 배서인이 환배서에 의하여 어음을 취득한 경우에는 인수인(환어음에), 발행인 및 원칙적으로 자기의 전자(자기의 원래의 배서를 기준)에 대하여만 어음상의 권리를 행사할 수 있다. 그러나 배서인이 무담보배서 또는 배서금지배서를 한 경우에는 배서인은 그가 상환(소구)의무를 부담하지 않는 후자(배서인의 원래의 배서를 기준으로 하면 후자이나, 환배서를 기준으로 하면 전자)에 대하여는 어음상의 권리(상환청구〈소구〉권)를 행사할 수 있다. 또한 배서인이 원인관계상의 사유 등으로 자기의 후자(원래의 배서를 기준으로)에 대하여 어음채무를 부담하지 않는 경우에도 그에 대하여 상환청구(소구)권을 행사할 수 있음은 주채무자 및 발행인의 경우와 같다.[2] 또한 이 배서인이 동 어음을 다시 제 3 자에게 배서양도한 경우에는 그 제 3 자는 아무런 제한 없이 모든 전자(환배서를)에 대하여 어음상의 권리를 행사할 수 있음은 주채무자 및 발행인의 경우와 같다.

(나) 어음항변은 속인적(屬人的)인 것이므로 어음채무자가 특정한 배서인에게 대항할 수 있는 인적 항변은 그 배서인이 다시 환배서에 의하여 어음을 취득한 경우에도 절단되지 않는다.[3] 즉, A가 약속어음을 발행하여 수취인 B에게 교부하였는데 A의 어음발행의 원인관계가 취소된 경우에, 동 어음이 B로부터 C에게 배서양도되었다면 A의 B에 대한 인적 항변은 C에 대하여는 절단되나, B가 C로부터 다시 환배서에 의하여 동 어음을 취득한 경우에는 A는 B에 대하여 원인관계의 취소의 인

---

1) 동지: 정(동), 392면.
2) 동지: 日大判 1933. 5. 5(民集 12-11, 1074).
3) 동지: 정(동), 393면; 손(주), 259~260면; 최(기), 436면; 이(기), 234면; 채, 188면; 日最高判 1965. 4. 9(民集 19-3, 649).

적 항변을 주장할 수 있다.

    4) 보증인 또는 참가인수인   보증인 또는 참가인수인이 환배서에 의하여
어음을 취득한 경우에는 각각 (피보증인 또는 피참가인이 환배서에 의하여 어음을 취득한
경우와 같이) 주채무자 및 피보증인 또는 피참가인의 전자에 대하여 어음상의 권리
를 행사할 수 있다.

    5) 인수를 하지 않은 지급인

    ⑺ 인수를 하지 않은 환어음의 지급인은 어음채무자가 아니므로 이러한 지급
인에 대한 배서는 환배서가 아니다. 따라서 그러한 지급인이 배서를 받아 어음을
취득한 경우에는 보통의 어음소지인과 같다. 즉, 그 지급인은 어음상의 권리를 직접
행사할 수도 있고 동 어음을 다시 제 3 자에게 배서양도할 수도 있는데, 자기의 전
자에 대하여 상환청구(소구)권을 행사하기 위하여는 지급인인 자기에 대하여 지급거
절증서를 작성시킬 수도 있다.[1]

    ⑻ 수표의 경우에는 수표의 지급증권성인 성질과 신용증권화를 방지하기 위하
여, 수표의 지급인에 대한 배서는 원칙적으로 영수증의 효력만이 있고($\frac{수}{5항}^{15조}$), 지급
인의 배서는 무효로 하고 있다($\frac{수}{3항}^{15조}$). 이 점은 환어음의 경우와 구별되는 점이다.

4. 기한후배서

    (1) 의   의

    1) 개   념   기한후배서(negotiation of an overdue bill; Nachindossament)란
후배서라고도 하는데, 「어음의 경우에는 지급거절증서가 작성된 후에 한 배서 또는
지급거절증서작성기간이[2] 지난 후에 한 배서」를 말하고($\frac{어\ 20조\ 1항\ 단서,}{77조\ 1항\ 1호}$), 「수표의 경
우에는 지급거절증서나 이와 동일한 효력이 있는 선언($\frac{지급인의\ 선언\ 또는}{어음교환소의\ 선언}$)($\frac{수}{39조}$)이 작성된
후에 한 배서 또는 지급제시기간($\frac{수}{29조}$)이 지난 후에 한 배서」를 말한다($\frac{수}{24조}$). 따라서
어음의 경우에는($\frac{엄격히\ 말하면\ 확정일출급·발행일자후정기출급}{또는\ 일람후정기출급의\ 어음의\ 경우에는}$) 기한후배서의 개념은 만기후배서
의 개념과 구별된다. 즉, 만기후배서라도 지급거절증서 작성 전 또는 지급거절증서
작성기간 경과 전의 배서는 기한전배서가 된다. 어음법도 이러한 만기후배서는 만
기 전의 배서와 동일한 효력이 있다고 명문으로 규정하고 있다($\frac{어\ 20조\ 1항\ 본문,}{77조\ 1항\ 1호}$).

---

    1) 동지: 정(동), 392면.
    2) 어음의 경우 지급거절증서작성기간이란 확정일출급·발행일자후정기출급 또는 일람후정기출급의
       어음은 「지급을 할 날에 이은 2거래일 내」이고(어 44조 3항 1문, 77조 1항 4호), 일람출급어음은
       「발행일자로부터 1년 내」인데 다만 이 기간의 말일에 제시한 때에는 그 다음 날까지 연장된다(어
       44조 3항 2문, 77조 1항 4호).

2) 인정이유　　　어음은 유통기간 내(지급거절증서 작성 전 또는/지급거절증서 작성기간 경과 전)에 유통된 경우에만 강력한 유통성과 피지급성을 보호받는 것이므로, 어음에 지급거절증서가 작성되어 어음이 부도된 것이 객관적으로 명백히 나타나거나 또는 지급거절증서 작성기간의 경과로 어음의 유통기간이 경과한 후의 배서에 의하여 어음이 유통된 경우에는 유통기간 내의 배서에 대하여 인정한 효력을 그대로 인정할 수 없다. 어음채무자의 입장에서도 어음이 유통기간 내에 유통된 경우에 한하여 어음채무를 부담할 의사로써 어음행위를 하는 것이 보통이므로, 어음이 유통기간 후에 유통된 경우에까지 강력한 지급채무를 부담시킬 수는 없다.[1] 따라서 어음법은 기한후배서에 대하여 특별히 규정하여 어음채무자를 보호하고 있다(어 20조 1항 단서·77조/1항 1호, 수 24조 1항).

3) 지급거절 또는 인수거절과 기한후배서

(개) **지급거절과 기한후배서**　　　지급거절이 되었으나 지급거절증서작성기간 경과 전에 한 배서는 기한후배서인지 여부가 문제된다.

① 지급거절증서작성면제의 문언이 있어 지급거절증서가 작성되지 않은 경우에는 배서인이 지급거절의 사실과 이러한 지급거절 후에 배서한 사실을 증명하면 지급거절증서가 작성되지 않고(그러나 지급거절증서/작성기간 경과 전에) 한 배서라도 기한후배서라고 보아야 할 것이다.[2]

② 지급거절증서작성면제의 문언이 없음에도 불구하고 지급거절증서가 작성되지 않고 지급거절증서 작성기간 경과 전에 한 배서는 물론 기한후배서가 아니다.[3] 그런데 이 때에 어음에 있어서 지급거절증서는 작성되지 않았으나 지급거절의 사실이 어음면상 명백하게 나타나 있는 경우(예컨대, 지급은행 또는 지급담당은행의 부도/문언이 기재되거나 보충지에 첨부된 경우)에도 동일하게 볼 것인가에 대하여는, 적법한 지급거절증서가 작성되어 있지 않으므로 그 배서를 기한후배서로 볼 수 없다는 것이 통설[4]·판례[5]이다. 그러나 지급(담당)은행의

---

1) 동지: 정(희), 206면; 서·정, 199면 외.
2) 정(찬), 481면. 동지: 최(기), 427면; 박찬주, "기한후배서," 어음·수표법에 관한 제문제(하)(재판자료 31)(법원행정처, 1986), 92면(이렇게 하지 않으면 배서인에게 스스로의 비용과 노력으로 거절증서의 작성을 강요함으로써 거절증서작성면제의 이익을 박탈하는 셈이 되기 때문이라고 한다); 이(기), 228면.
　　반대: 정(동), 394면(기준의 불확실성으로 인하여 기한후배서로 볼 수 없다고 한다); 채, 172면.
3) 동지: 서·정, 199면; 주석, 334면 외.
4) 정(희), 207면; 정(동), 394면; 채, 172면 외.
5) 대판 1987. 8. 25, 87 다카 152(공보 1987, 1519); 동 2000. 1. 28, 99 다 44250(공보 2000, 571)(어음법 제20조에 의하면 만기후배서도 그것이 지급거절증서 작성 전 또는 지급거절증서 작성기간 경과 전에 이루어진 것이면 만기 전의 배서와 동일한 효력을 가지고, 비록 만기에 지급제시된 어음에 교환필이라는 스탬프가 압날되고 피사취 또는 예금부족 등의 사유로 지급거절한다는 취

부도선언은 지급거절증서와 같이 신뢰성이 있는 기재라고 볼 수 있으므로, 어음법 제20조 1항 단서의 「지급거절증서가 작성된 후에 한 배서」를 확대해석하여 그 후의 배서를 기한후배서에 준하여 보는 것이 타당하다고 본다(소수설).[1)

(내) 인수거절과 기한후배서

① 인수거절증서($^{어 44조}_{2항}$)가 작성된 후에 한 배서에 대하여는 어음법에 아무런 규정이 없기 때문에 의문이나, 이러한 어음도 어음면상 상환청구(소구)권을 행사할 수 있는 어음이 명백하고 또 그 신용의 정도도 지급거절증서가 작성된 후에 한 배서와 다를 바 없으므로 역시 기한후배서로 보아야 할 것이다(통설).[2) 그러나 이것은 만기 전에 상환청구(소구)권을 행사할 수 있는 경우로서 인수의 전부가 거절되어($^{어 43조}_{1호 전단}$) 인수거절증서가 작성된 경우만을 의미한다($^{인수거절증서작성면제인 경우에는 배서인이 인수의 전부가 거절된}_{사실과 이러한 인수거절 후에 배서한 사실을 증명하면 동일하게 본다}$).

② 인수인 또는 지급인의 지급정지 또는 그 재산에 대한 강제집행부주효(強制執行不奏效)로 인하여 어음소지인이 만기 전에 상환청구(소구)할 수 있고($^{어 43조 2호,}_{77조 1항 4호}$) 또 어음소지인이 (만기 전에) 인수인 또는 지급인에게 지급제시하여 지급거절증서를 작성한 경우에도($^{어 44조 5항,}_{77조 1항 4호}$), 그 후에 한 배서는 인수거절증서가 작성된 후의 배서와 같이 기한후배서로 본다.

③ 인수인 또는 지급인($^{인수제시금지어음의}_{경우에는 발행인}$)의 파산의 경우에 파산결정서의 제시에 의하여 만기 전에 상환청구(소구)권을 행사할 수 있는 경우에는($^{어 43조 2호·}_{3호, 44조 6항}$), 파산개시의 사실($^{파산결정서의}_{작성사실}$)이 어음면상 명료하지 않으므로 그 후의 배서를 기한후배서로 볼 수 없다고 본다.[3)

4) 기한후배서와 배서일자

(개) 어음상에 배서일자의 기재가 없는 경우에는 기한전배서로 추정된다($^{어 20조}_{2항·77조}$ $^{1항 1호, 수}_{24조 2항}$).

(내) 배서일자는 어음의 필요적 기재사항은 아니나 유익적 기재사항으로서 배서

지의 지급은행의 부전〈보충지〉이 첨부되어 있는 등 지급거절의 사실이 어음면에 명백하게 되어 있다 하더라도 이를 가지고 적법한 지급거절증서가 작성되었다고는 할 수 없으므로, 그러한 어음에 한 배서도 그것이 지급거절증서 작성 전으로서 지급거절증서 작성기간 경과 전이기만 하면 이는 기한후배서가 아닌 만기후배서로서 만기 전의 배서와 동일한 효력이 있다). 동지: 日最高判 1980. 12. 18(民集 34-7, 942).

1) 정(찬), 482면. 동지: 최(기), 425면; 日東京高判 1961. 4. 11(下民集 12-4, 745); 日東京地判 1973. 4. 11(判時 704, 95).

2) 정(찬), 482면; 정(희), 206~207면; 정(동), 395면; 최(기), 427면; 손(주), 263~264면 외. 반대: 채, 172면.

3) 정(찬), 482~483면. 동지: 정(희), 207면.

일자가 기재되면 그 날에 배서한 것으로 일응 추정되므로, 어음상에 기재된 배서일자는 기한후배서인지 여부를 결정하는 하나의 기준이 될 수 있다. 그러나 어음상에 기재된 배서일자가 실제로 배서를 한 날과 다른 경우에는, 실제로 배서 또는 교부한 날을 기준으로 기한후배서인지 여부가 결정된다.[1] 실제로 배서한 날은 배서인(어음채무자)이 증명하여야 한다(통설).[2] 백지어음상에 한 배서는 백지보충시가 아니라 그 배서의 성립시에 의하여 기한후배서인지 여부가 결정된다.[3]

(2) 효 력

기한후배서도 양도배서의 일종이나, 다만 유통기간 후의 배서이므로 어음채무자를 보호하기 위하여 어음법은 「지명채권양도의 효력만이 있다」고 규정하고 있다($\binom{어 20조 1항 단서·77조}{1항 1호, 수 24조 1항}$). 이에 대하여 양도배서의 일반적 효력과 관련하여 살펴보면 다음과 같다.

1) 권리이전적 효력

(가) 기한후배서에도 권리이전적 효력은 있다. 따라서 기한후배서만에 의하여 어음상의 권리가 이전되는 것이고, 어음상의 권리의 이전을 위하여 지명채권양도절차를 밟을 필요가 없다.[4] 이 점이 배서금지어음($\binom{어 11조 2항·77조}{1항 1호, 수 14조 2항}$)은 배서만에 의하여 어음상의 권리가 이전하지 않는 점과 다르다.

(나) 기한후배서에 권리이전적 효력이 있다고 하더라도, 이와 관련하여 발생하는 인적 항변의 절단($\binom{어 17조·77조}{1항 1호, 수 22조}$)의 효력은 없다. 어음법 제20조 1항 단서의 「지명채권양도의 효력만이 있다」는 의미는 동법 제17조의 인적 항변의 절단의 효력을 배제하는 데 중요한 의의가 있는 것이다.[5]

---

1) 동지: 대판 1968. 7. 23, 68 다 911(교재, 판결례 [330]); 동 1994. 2. 8, 93 다 54927(공보 965, 1012)(백지식으로 배서가 된 약속어음의 소지인이 지급거절증서 작성기간이 경과되기 전에 배서일이 백지로 된 채 배서에 의하여 그 약속어음을 양도받은 것이라면, 지급거절증서 작성기간이 경과된 후에 배서일을 지급거절증서 작성기간 경과 전으로 보충을 하였다고 하더라도 기한후배서로 볼 수는 없다) 외.

2) 정(찬), 484면; 정(희), 208면; 서·정, 201면; 정(동), 395면; 최(기), 427면 외.

3) 대판(전원합의체판결) 1971. 8. 31, 68 다 1176(교재, 판결례 [101]).

4) 동지: 대판 1962. 3. 15, 4294 민상 1257(교재, 판결례 [339]); 동 1961. 7. 27, 4293 민상 735(판총 11-2, 988); 동 1997. 11. 14, 97 다 38145(공보 1997, 3854).

5) 동지: 대판 1961. 7. 27, 4293 민상 735(판총 11-2, 988); 동 1962. 2. 22, 4294 민상 638(판총 11-2, 1000); 동 1962. 3. 15, 4294 민상 1257(교재, 판결례 [339]); 동 1997. 7. 22, 96 다 12757(공보 1997, 2616)(피배서인이 어음의 지급거절증서 작성기간 경과 후에 피배서인의 명의로 된 배서인란의 기재를 말소하고 그 대신 수취인인 배서인 명의의 기명·날인을 받은 경우, 이는 기한후배서로서 지명채권 양도의 효력만이 있어 어음채무자는 피배서인에 대하여 배서인에 대한 모든 인적 항변으로써 대항할 수 있다).

이 때 기한후배서에 의하여 절단되지 않는 인적 항변사유는 어음법 제17조에 해당하는 인적 항변사유만이고, 어음법 제17조에 해당하지 않는 인적 항변사유(교부흠결의 항변·의사의 흠결 또는 의사표시의 하자의 항변·보충권·남용의 항변·민법 제124조 또는 상법 제398조 위반의 항변 등)는 포함되지 않는다.[1] 따라서 기한후배서에 의하여 어음상의 권리를 취득한 피배서인은 어음법 제17조의 인적 항변이 절단되지 않기 때문에, 배서인이 가지고 있는 어음상의 권리만을 취득한다. 기한후배서에 인적 항변의 절단의 효력이 없어 어음채무자가 배서인에게 대항할 수 있는 인적 항변사유로써 피배서인에게 대항할 수 있다고 하더라도, 이것은 어음채무자가 기한후배서 당시까지 배서인에게 발생한 인적 항변사유로써 피배서인에게 대항할 수 있다는 뜻이지, 기한후배서 이후에 비로소 발생한 배서인에게 대항할 수 있는 인적 항변사유까지를 피배서인에게 대항할 수 있다는 뜻은 결코 아니다.[2]

2) 담보적 효력   기한후배서에는 어음의 유통보호를 위하여 어음의 유통기간 내에 인정되는 어음행위자의 엄격한 어음상의 책임을 인정할 필요가 없으므로, 기한후배서에는 담보적 효력이 없다. 일반적으로 지명채권의 양도인에게는 어음의 배서인에게 인정되는 담보책임(상환〈소구〉의무)(어 15조 1항·77조 1항 1호, 수 18조 1항)이 없으므로, 기한후배서의 효력을 규정한 어음법 제20조 1항 단서의 「지명채권양도의 효력만이 있다」는 의미는 기한후배서에 담보적 효력이 없다는 의미도 포함되어 있다고 볼 수 있다.

그러나 기한후배서의 배서인이 어음 외의 관계에서 피배서인에게 담보책임을 부담하는 것은 완전히 별도의 문제이다.

3) 자격수여적 효력

(개) 기한후배서도 양도배서의 일종으로서 권리이전적 효력이 있는 점에서, 기한후배서에도 자격수여적 효력이 있다고 보는 것이 통설[3]·판례[4]이다.

(내) 기한후배서에 자격수여적 효력이 인정되는 결과로서 배서가 연속되어 있는 어음의 피배서인은 권리추정력이 인정되어 실질적 권리를 증명하지 않고도 어음상

---

1) 정(찬), 485면(그 이유는 만일 어음법 제17에 해당하지 않는 인적 항변사유를 포함한다면 민법·상법 등에 의한 선의의 제 3 자의 보호까지도 배척되는데, 어음법상 기한후배서의 효력이 이러한 취지는 아니기 때문이다). 동지: 정(희), 207면.

2) 동지: 대판 1982. 4. 13, 81 다카 353(교재, 판결례 [525]); 동 1994. 1. 25, 93 다 50543(공보 964, 809)(기한후배서에 의하여 어음채무자는 그 배서 당시 이미 발생한 배서인에 대한 항변사실을 피배서인에 대하여도 대항할 수 있으나, 그 배서 후 비로소 발생한 배서인에 대한 사유는 피배서인에 대하여 주장할 수 없다).

3) 정(찬), 487면; 정(희), 207면; 서·정, 201면; 정(동), 397면; 최(기), 430면; 주석, 336면; 이(기), 231면; 채, 174면 외.

4) 대판 1961. 7. 27, 4293 민상 735(판총 11-2, 988) 외.

의 권리를 행사할 수 있고($_{1항\ 1호,\ 수\ 19조}^{어\ 16조\ 1항·77조}$), 또 선의지급도 인정되어 어음채무자는 기한후배서에 의하여 배서가 연속되어 있는 어음의 피배서인에게 어음금을 지급하면 면책되는 것이다($_{1항\ 3호,\ 수\ 35조}^{어\ 40조\ 3항·77조}$). 다만 기한후배서에 자격수여적 효력이 인정된다고 하여도 선의취득은 인정되지 않는다(통설).[1]

5. 추심위임배서

(1) 의   의

⑺ 추심위임배서(agency or restrictive indorsement; Prokura- od. Voll-machtsindossament)란 대리배서·추심배서(Inkassoindossament)·권한배서(Befug-nisindossament) 또는 위임배서라고도 하는데, 「배서인이 피배서인에게 어음상의 권리를 행사할 권한(대리권)을 부여할 목적으로 하는 배서」를 말한다($_{1항\ 1호,\ 수\ 23조}^{어\ 18조·77조}$).

추심위임배서에는 배서란에 추심위임 등의 문언을 기재한 「공연한 추심위임배서」와, 추심위임 등의 문언을 기재하지 않아 형식은 양도배서이나 실질은 추심위임의 목적인 「숨은 추심위임배서」가 있다. 어음법에는 공연한 추심위임배서에 대하여만 규정하고 있는데, 단순히 추심위임배서라고 하면 이것을 말한다.

⑻ 공연한 추심위임배서는 배서에 「회수하기 위하여」, 「추심하기 위하여」, 「대리를 위하여」, 그 밖에 단순히 대리권수여를 표시하는 문언이 기재된 배서를 말한다 ($_{1항\ 1호,\ 수\ 23조\ 1항\ 전단}^{어\ 18조\ 1항\ 전단·77조}$). 공연한 추심위임배서에는 이와 같이 추심위임문언이 반드시 기재되어야 하므로, 피배서인만을 기재하지 않은 백지식추심위임배서는 가능하나 피배서인과 배서문언을 기재하지 않은 간략백지식추심위임배서($_{1항\ 1호,\ 수\ 16조\ 2항\ 1문\ 후단}^{어\ 13조\ 2항\ 1문\ 후단·77조}$)는 불가능하다. 또한 공연한 추심위임배서에는 권리이전적 효력이 없으므로 배서금지어음($_{1항\ 1호,\ 수\ 14조\ 2항}^{어\ 11조\ 2항·77조}$)에도 공연한 추심위임배서가 가능하다(통설).[2]

⑼ 숨은 추심위임배서란 추심위임의 목적으로 보통의 양도배서의 형식을 취하는 배서를 말한다. 실제로는 공연한 추심위임배서보다도 이러한 숨은 추심위임배서가 훨씬 더 많이 이용되고 있는데, 그 이유는 다음과 같다. (ⅰ) 어음소지인이 공연한 추심위임배서의 방법을 잘 모르거나, 특수한 배서형식의 번잡을 피하여 간편한 양도배서의

---

1) 정(찬), 488면; 정(찬), (사례) 226면; 정(찬), (선의취득) 33면; 정(희), 207면; 정(동), 396면; 최(기), 431면; 손(주), 265면; 서(정), 190면; 김(용), 269면; 양·박, 753면; 양(승), (어) 321면; 주석, 336~337면 외.
   동지: 日最高判 1963. 8. 23(民集 17-6, 851).
   반대(선의취득을 긍정하는 견해): 田中(耕), 395면; 大隅, 114면; 納富, 344면.
2) 정(찬), 488면; 정(희), 195면; 서·정, 202면; 정(동), 398면; 이(기), 236면; 채, 177면 외.

형식을 이용하고자 하거나, (ⅱ) 어음양도인이 자기 자신에게 생기는 항변을 어음소지인에게 절단시키기 위하여 또는 외국인이나 그 대리인이 국내에서 받아야 할 소송상의 불이익 또는 제한을 회피하기 위하여 내국인에 대하여 양도배서의 방법에 의하여 추심위임을 하거나, (ⅲ) 추심위임문언이 배서인의 피배서인에 대한 불신임을 표명하는 것과 같이 생각되어서 피배서인이 추심위임문언을 싫어하는 것 등이 그 이유이다.

(2) 효   력

1) 공연한 추심위임배서의 효력

㈎ 권리이전적 효력   추심위임배서는 피배서인에게 어음상의 권리를 행사할 대리권만을 부여하는 데 그치므로 그 성질상 권리이전적 효력이 없다. 이 점이 보통의 양도배서와 근본적으로 구별되는 점이다. 또한 이 점에서 외부관계로서 피배서인과 배서인의 제 3 자에 대한 지위가 문제되고, 내부관계로서 배서인과 피배서인의 법률관계가 문제된다.

① 외부관계

(ⅰ) 피배서인의 지위

(a) 추심위임배서의 피배서인은 어음상의 권리를 취득하지는 못하지만, 어음상의 권리를 행사할 대리권을 취득한다. 이에 대하여 어음법은 추심위임배서의 피배서인은 「어음으로부터 생기는 모든 권리」를 행사할 수 있다고 규정하고 있는데$\binom{\text{어 18조 1항 본문 후단·77조}}{\text{1항 1호, 수 23조 1항 본문 후단}}$, 이 때에 「어음으로부터 생기는 모든 권리」란 어음상의 권리$\binom{\text{주채무자에 대한 어음금지급청구권·상환〈소〉}}{\text{구〉의무자에 대한 상환청구〈소구〉권 등}}$뿐만 아니라, 어음법상의 권리$\binom{\text{백지보충권·복본교부청구권·}}{\text{이득상환청구권 등}}$를 포함한다(통설).[1] 또한 피배서인이 행사할 수 있는 권리에는 이러한 어음상의 권리 및 어음법상의 권리에 관한 재판상의 행위를 포함한다(통설).[2] 따라서 피배서인은 배서인의 소송대리인으로서 배서인의 명의로 소를 제기할 수 있다. 또한 피배서인이 어음을 분실·도난 등으로 상실한 경우에는, 피배서인은 배서인을 위하여 제권판결을 위한 공시최고를 신청할 수도 있다[3]$\binom{\text{민소}}{\text{493조}}$.

(b) 추심위임배서에 권리이전적 효력이 없으므로 인적 항변의 절단의 효력도 없는 것은 당연하다. 따라서 어음채무자는 배서인에게 대항할 수 있는 모든 인적 항변사유로써 피배서인에게 대항할 수 있다$\binom{\text{어 18조 2항·77조}}{\text{1항 1호, 수 23조 2항}}$. 즉, 어음채무자는 피배

---

1) 정(찬), 489면; 정(희), 195면; 서·정, 202~203면; 양(승), (어) 306면; 정(동), 398면; 최(기), 440면; 이(기), 236면; 채, 177면; 주석, 315~316면 외.

2) 정(찬), 489면; 정(희), 195면; 서·정, 203면; 정(동), 398면; 최(기), 440면; 주석, 316면 외.

3) 동지: 주석, 316면.

서인에 대한 인적 항변사유로써는 피배서인에게 대항할 수 없고, 배서인에 대한 인적 항변사유로써만 피배서인에게 대항할 수 있다(통설).[1]

(c) 추심위임배서의 피배서인은 어음상의 권리자가 아니므로 양도배서를 할 수 없고 또 어음상의 권리에 관한 면제·화해·포기 등과 같은 권리의 처분행위를 하지 못하나(통설),[2] 재추심위임배서를 할 수는 있다(어 18조 1항 단서·77조 1항 1호, 수 23조 1항 단서). 따라서 추심위임배서의 피배서인이 추심위임문언을 기재하지 않고 양도배서의 형식으로 한 배서는 무효로 볼 것이 아니라, 재추심위임배서로 볼 수 있다(통설).[3] 이렇게 추심위임배서의 피배서인이 재추심위임배서를 하는 경우에 이의 법적 성질은 복대리인의 선임이라고 보아야 한다(통설).[4] 이렇게 보면 추심위임배서의 피배서인은 재추심위임배서를 한 경우에도 대리권을 잃지 않는데 이 점에서 보면 민법상 복대리인의 선임의 경우와 같으나, 본인(배서인)의 허락 없이 피배서인은 어음법의 규정에 의하여 당연히 복대리인을 선임할 수 있는 점(어 18조 1항 단서·77조 1항 1호, 수 23조 1항 단서)에서 민법(제120조)의 경우와 구별된다.

(ii) 배서인의 지위   배서인은 추심위임배서를 하여도 어음상의 권리를 잃지 않으므로, 그가 어음을 회수한 경우에는 추심위임배서를 말소하지 않고도 어음상의 권리를 직접 행사할 수도 있고 또는 다시 제3자에게 양도배서를 할 수도 있다. 이 때 배서인은 추심위임배서를 말소하지 않은 경우에도 형식적 자격이 인정되므로 어음상의 권리의 행사에 실질적 자격을 증명할 필요가 없다.

② 내부관계

(i) 추심위임배서의 배서인과 피배서인의 내부관계는 대리권수여의 기본관계로서 이는 민법에 의하여 정하여진다. 이 관계는 또한 추심위임배서의 원인행위가 된다. 이 관계는 위임인 경우가 가장 많으나, 고용 또는 도급 등인 경우도 있다.

(ii) 민법상 대리권은 본인(수권자)의 사망에 의하여 소멸하나(민 127조 1호), 어음의 경우에는 어음거래의 안전과 어음상 나타나지 않은 사정으로부터 어음채무자를 보

---

1) 정(찬), 490면; 서·정, 203면; 정(동), 399면; 최(기), 441면 외.

2) 정(찬), 490면; 서·정, 203면; 양(승), (어) 306면; 정(동), 399면; 주석, 316면 외.
   양도배서 이외의 모든 권리를 행사할 수 있다고 보는 견해로는 Staub/Stranz, *Kommentar zum Wechselgesetz*, Verlag de Gruyter & Co., 1934, WG Art. 18 Anm. 5.

3) 정(찬), 490면; 정(희), 195면; 서·정, 203면; 정(동), 399면; 이(기), 236면 외.
   반대: 채, 179면.

4) 정(찬), 490면; 정(희), 195면; 서·정, 203면; 양(승), (어) 306면; 정(동), 399~400면; 이(기), 236면; 채, 178면; 이(철), (어) 352면 외.
   동지: 日大判 1927. 7. 7(民集 6-8, 380).

호하기 위하여 어음법은 수권자인 배서인의 사망이나 무능력은 추심위임배서에서 대리권의 소멸사유가 되지 않음을 명백하게 규정하고 있다($^{\text{어 18조 3항·77조}}_{\text{1항 1호, 수 23조 3항}}$).

또한 추심위임배서의 배서인이 내부관계에서 피배서인의 대리권을 철회 기타의 사유로 소멸시켜도 추심위임배서를 말소하지 않는 한 어음상의 효력은 발생하지 않는다.

추심위임배서에서 피배서인의 대리권의 범위는 어음법에 의하여 정형성을 갖는 것이므로($^{\text{어 18조 1항 본문 후단·77조}}_{\text{1항 1호, 수 23조 1항 본문 후단}}$), 내부관계에서 이러한 대리권에 제한을 가하여도 그것은 당사자간에서만 효력이 있을 뿐 어음상의 효력은 발생하지 않는다.[1]

(내) **담보적 효력**　추심위임배서는 피배서인에게 어음상의 권리를 행사할 대리권만을 수여하는 것이고 어음상의 권리자는 여전히 배서인이므로, 그 성질상 배서인이 피배서인에 대하여 담보책임을 부담한다는 것은 있을 수 없다. 즉, 추심위임배서에는 담보적 효력이 없다.

(대) **자격수여적 효력**　추심위임배서에는 권리이전적 효력이 없어도 자격수여적 효력은 인정되어 권리추정력과 선의지급이 인정된다(통설).[2] 즉, 추심위임배서의 피배서인이 배서가 연속되어 있는 어음에서 외관상 추심위임배서를 받고 있으면 (추심)대리권인 형식적 자격이 인정되어 그가 실질적 자격을 입증하지 않고도 어음상의 권리를 행사할 수 있고(권리추정력)[3]($^{\text{어 16조 1항·77조}}_{\text{1항 1호, 수 19조}}$), 또 어음채무자가 그러한 피배서인에게 지급하면 그가 실제로 (추심)대리권을 갖지 않았다고 하더라도 사기 또는 중과실이 없는 한 면책된다(선의지급)($^{\text{어 40조 3항·77조}}_{\text{1항 3호, 수 35조}}$). 추심위임배서의 피배서인에게 자격수여적 효력이 인정된다고 하더라도 이것은 권리행사의 면에서만 인정되는 것이고, 권리유통의 면인 선의취득은 인정될 수가 없다. 왜냐하면 추심위임배서에는 권리이전적 효력이 없고 이의 결과 피배서인은 독립된 경제적 이익을 갖지 못하므로 선의취득의 전제요건이 존재하지 않기 때문이다(통설).[4]

2) **숨은 추심위임배서의 효력**　숨은 추심위임배서의 효력을 설명하기 위하여는 먼저 숨은 추심위임배서의 법적 성질이 검토되어야 한다. 왜냐하면 숨은 추심위임배서의 법적 성질을 어떻게 보느냐에 따라서 그 효력이 달라지기 때문이다. 숨은 추심위임배서에

---

1) 동지: 정(동), 400면.

2) 정(찬), 491면; 서·정, 203면; 주석, 316면; 최(기), 438면; 이(기), 237면; 채, 178면 외.

3) 이 때의 권리추정력은 양도배서의 경우와는 달리 피배서인이 어음상의 권리자로 추정되는 것이 아니라, 어음상의 권리자의 (추심)대리권이 있는 것으로 추정되는 것을 의미한다.

4) 정(찬), 491면; 정(찬), (선의취득) 99면; 정(희), 214면; 서(정), 184면; 양·박, 658면; 주석, 296면; 이(기), 238면 외.

대하여 과거에는 통정한 허위표시($\frac{민}{108조}$)로서 어음채무자는 그 배서의 무효를 주장할 수 있다는 견해도 있었으나,[1] 오늘날에는 이를 유효로 보는 데에는 이설(異說)이 없다.[2] 다만 이를 유효로 보는 경우 그 법적 성질이 양도배서인지 또는 추심위임배서인지에 대하여 견해가 나뉘어 있다. 즉 우리나라의 통설[3]·판례[4]는 이를 양도배서의 일종으로 보고 있는데(신탁양도설·신탁배서설), 이를 추심위임배서의 일종으로 보는 소수설[5]도 있다(자격수여설·자격배서설 또는 권한수여설). 생각건대 숨은 추심위임배서는 어음의 문언증권성에서 볼 때 양도배서의 일종으로 보아야 할 것이므로, 신탁양도설이 타당하다고 본다.[6] 따라서 이하에서는 신탁양도설에 따른 숨은 추심위임배서의 효력만을 보기로 한다(자격수여설에 따른 숨은 추심위임배서의 효력은 앞에서 본 공연한 추심위임배서의 효력과 거의 같다).

(카) 권리이전적 효력

① 신탁양도설에 의하면 숨은 추심위임배서에 권리이전적 효력이 있다.[7] 이 때 인적 항변의 절단의 효력이 인정되는지 여부에 대하여는, 원칙적으로 인적 항변의 절단의 효력이 인정되는데, 예외적으로 어음채무자가 숨은 추심위임배서임을 입증하면 인적 항변

---

1) 日大判 1896. 6. 16(民錄 12, 975); 同 1906. 10. 13(民錄 12, 1248).

2) 그러나 소송행위를 목적으로 하는 숨은 추심위임배서는 신탁법 제7조에 위반하여 무효가 되는데[대판 1982. 3. 23, 81 다 540(교재, 판결례 [529]) 외], 신탁법 제7조는 숨은 추심위임배서만을 무효로 하는 것이 아니라 소송행위를 하게 하는 것을 주된 목적으로 하여 재산권의 이전 기타 처분을 하는 것을 금하고 이에 반하는 모든 행위를 무효로 하고 있다.

3) 정(희), 197~198면; 서·정, 205면; 손(주), 270면; 정(동), 402면; 양·박, 747면; 양(승), (어) 309면; 강, 609면; 강, (어) 403면; 이(기), 244면; 채, 180면; 이(철), (어) 359면 외.
   동지: 일본의 통설·판례.

4) 대판 1960. 7. 28, 4292 민상 987(판총 11-2, 995)(어음법에 추심위임배서에는 소위 추심위임문언을 명기하라는 지〈旨〉가 규정되어 있을 뿐만 아니라 일반적으로 어음행위는 서면상의 요식행위임에도 불구하고 본건 어음 중의 배서부에는 추심문언의 기재가 없으니 이를 추심위임배서라고는 할 수 없다); 동 1960. 8. 18, 4292 민상 851(교재, 판결례 [344]); 서울고판 1972. 2. 18, 68 나 2170(교재, 판결례 [345]).

5) 최(기), 448면[동 교수는 숨은 추심위임배서가 자격수여를 위한 배서인가 또는 신탁적 양도를 위한 배서인가는 당사자의 의사에 의하여 결정되는데, 당사자의 의사가 불명한 경우에는 자격수여를 위한 배서로 추정할 것이라고 한다. 그러나 이러한 견해는 근본적으로 어음상에 나타나지도 않는 당사자의 의사를 어음관계에 끌어들인 점에서 타당하지 않다고 보며, 또한 숨은 추심위임배서란 형식상은 양도배서인데 당사자의 의사가 추심위임의 목적인 배서를 말하는데, 당사자의 의사가 신탁적 양도를 위한 것이라든가 또는 불명한 경우라는 것 등은 이러한 숨은 추심위임배서의 개념과 모순된다고 본다].
   동지(자격수여설): 大隅, 190면; Baumbach/Hefermehl, WG Art. 18 Rdn. 10.

6) 정(찬), 492면; 정(찬), (사례) 322면.

7) 동지: 대판 1997. 3. 11, 95 다 52444(공보 1997, 1050)(은행이 정상 영업시간 외에 자기앞수표를 예입받고 교환결제되기 전에 그에 해당하는 금원을 수표예입자에게 지급한 후 예입된 자기앞수표가 지급거절된 경우, 은행은 불법행위책임을 부담한다고 볼 수 없고 또 지급제시 때까지의 추심권만 있다고 볼 수 없으며, 수표상의 권리를 행사할 수 있다)(이 판결은 또한 은행이 타점권으로 입금을 받는 경우에 예금자는 언제 예금채권을 갖느냐에 대하여 '양도설'의 입장에서 판시한 것이다 — 저자 주).

이 절단되지 않는다고 본다.[1]

　② 추심위임배서의 성격과 관련하여 어음채무자는 피배서인에게 대항할 수 있는 인적 항변사유로써 피배서인에게 대항할 수 있는지 여부가 문제된다. 신탁양도설에 의하면 권리이전적 효력이 있으므로 어음채무자는 당연히 피배서인에게 대항할 수 있다고 본다.

　③ 배서의 권리이전적 효력과 관련하여 배서인 또는 피배서인이 파산한 경우에 그 효력이 어떻게 되는지의 문제가 있다. 신탁양도설에 의하면 어음상의 권리가 배서인으로부터 피배서인에게 이전되므로 배서인이 파산한 경우에는 어음상의 권리는 파산재단에 속하지 아니하고, 피배서인이 파산하면 어음상의 권리는 파산재단에 속하게 되어 배서인은 환취권($\frac{파}{407조}$)을 행사할 수 없다.

　④ 숨은 추심위임배서에서 배서인이 추심위임을 해제한 경우에 이에 따른 배서인 또는 피배서인의 권리행사는 어떠한가의 문제가 있다. 신탁양도설의 입장에서 이 문제를 살펴보면 다음과 같다. (ⅰ) 배서인이 추심위임을 해제하고 어음을 회수한 경우에는 배서인은 다시 어음상의 권리를 취득하나, 배서인은 숨은 추심위임배서를 말소하거나 또는 피배서인으로부터 환배서를 받아야 형식적 자격을 취득하여 실질적 자격을 입증하지 않고도 어음상의 권리를 행사할 수 있다[2]($\frac{공연한 추심위임배서의}{경우와 구별되는 점}$). (ⅱ) 그런데 배서인이 추심위임을 해제하였으나 어음을 회수하지 않고 있는 동안에는 배서인은 다시 어음상의 권리를 취득한다고 볼 수는 없고 어음상의 권리는 여전히 피배서인에게 있으므로, 피배서인이 어음상의 권리를 행사하는 경우에는 어음채무자는 피배서인의 청구에 응할 수밖에 없을 것 같다.[3] 그러나 이러한 결론은 부당하므로 피배서인의 권리행사는 권리남용 또는 신의성실의 원칙($\frac{민}{2조}$)에 위반되거나,[4] 또는 어음채무자가 추심위임이 해제된 것을 알면서 피배서인에게 지급하는 것은 배서인에 대하여 불법행위가 되어,[5] 피배서인은 어음상의 권리를 행사할 수 없다고 보아야 할 것이다.

　⑤ 숨은 추심위임배서의 피배서인이 다시 양도배서를 한 경우에 그 양수인의 권리취득여부가 배서의 권리이전적 효력과 관련하여 문제된다. 신탁양도설에 의하면 숨은 추심위임배서의 피배서인은 어음상의 권리자이므로, 양수인은 그의 선의·악의를 불문하고 어음상의 권리를 당연히 취득한다. 다만 어음채무자는 양수인이 이를 알고 양도배서를

---

1) 정(찬), 494면.
　동지: 정(희), 198~199면; 정(동), 403면; 손(주), 271면.
　반대(언제나 인적 항변이 절단되지 않는다는 견해): 서·정, 205~206면; 최(기), 447~448면(숨은 추심위임배서의 법적 성질에 대하여 자격수여설의 입장에서).

2) 동지: 정(희), 199면.

3) 日大判 1925. 7. 2(民集 4, 388).

4) 동지: 大隅·河本, 174면.

5) 동지: 竹田, 155면.

받은 경우에 한하여 악의의 항변을 주장할 수 있다(어 17조 단서·77조 1항 1호, 수 22조 단서). 따라서 이 때에는 어음채무자는 양도인에게 대항할 수 있는 인적 항변사유로써 양수인에게 대항할 수 있다.[1]

(내) **담보적 효력** 신탁양도설에 의하면 권리이전적 효력이 있으므로 배서인은 담보책임을 부담해야 하는 것으로 생각될지 모르나, 배서인과 피배서인간에는 추심위임의 약정이 있으므로 배서인은 피배서인에 대하여 담보책임을 부담하지 않는다.[2] 그러나 숨은 추심위임배서의 피배서인이 제3자에게 양도배서를 한 경우에는 배서인은 그러한 양수인에 대하여는 담보책임을 부담해야 한다고 본다. 따라서 신탁양도설에 의하면 숨은 추심위임배서는 직접의 피배서인에 대하여는 담보적 효력이 없으나, 그 이후의 양도배서를 받은 피배서인에 대하여는 담보적 효력이 있다.

(대) **자격수여적 효력** 신탁양도설에 의하면 숨은 추심위임배서의 피배서인은 어음상의 권리를 취득할 뿐만 아니라 형식적 자격도 취득하므로, 그에게 자격수여적 효력이 인정됨은 말할 나위가 없다.[3] 따라서 피배서인은 자기가 실질적 권리자임을 입증하지 않고도 어음상의 권리를 행사할 수 있고(권리추정력), 어음채무자가 피배서인에게 지급하면 면책된다(선의지급).[4] 그러나 숨은 추심위임배서의 피배서인은 독립된 경제적 이익이 없으므로 선의취득은 인정되지 않는다.[5]

6. 입질배서

(1) 의   의

1) 입질배서(Pfandindossament)란 「배서인이 자기 또는 제3자의 채무를 담보하기 위하여 어음상의 권리에 질권을 설정할 목적으로 하는 배서」를 말한다(어 19조, 77조 1항 1호). 입질배서는 어음에만 인정되고, 수표에는 인정되지 않는다.

입질배서도 추심위임배서와 같이 입질문언을 기재한 「공연한 입질배서」와, 입질문언을 기재하지 않고 양도배서의 형식을 취한 「숨은 입질배서」가 있다. 어음법은 공연한 입질배서에 대하여만 규정하고 있는데, 단순히 입질배서라고 하면 이것을 말한다. 그런데 실제 거래계에서는 공연한 입질배서는 거의 이용되지 않고 숨은 입질배서가 많이 이용되고 있다. 이와 같이 공연한 입질배서는 그 경제적 필요가

---

1) 동지: 정(동), 404면; 주석, 324면.

2) 동지: 정(희), 199면; 정(동), 404면; 채, 178면.

3) 동지: 정(동), 404면.

4) 그러나 피배서인은 실질적 권리자이므로 선의지급의 의미는 없다.

5) 다만 피배서인이 동 어음을 분실·도난당한 경우에는 이러한 자격수여적 효력과 관련하여 선의취득이 있을 수 있으나, 이는 숨은 추심위임배서의 직접적 효력은 아니다.

적기 때문에 이에 관한 규정을 둔 입법례는 극히 드물고, 영미법도 이를 규정하고 있지 않다.[1]

2) 공연한 입질배서는 배서에 「담보하기 위하여」, 「입질하기 위하여」, 그 밖에 질권설정을 표시하는 문구가 기재된 배서를 말한다($^{어\ 19조\ 1항\ 전단}_{77조\ 1항\ 1호}$). 공연한 입질배서에는 입질문언이 반드시 기재되어야 하므로 간략백지식입질배서($^{어\ 13조\ 2항\ 1문\ 후단·77조}_{1항\ 1호,\ 수\ 16조\ 2항\ 1문\ 후단}$)는 불가능하다. 그러나 피배서인만을 백지로 한 백지식입질배서($^{어\ 13조\ 2항\ 1문\ 전단·77조}_{1항\ 1호,\ 수\ 16조\ 2항\ 1문\ 전단}$)는 가능하다고 본다.[2]

일부배서가 무효인 것과 같이 일부의 입질배서도 무효라고 본다[3]($^{어\ 12조\ 2항,\ 77조}_{1항\ 1호\ 참조}$).

배서금지어음에도 입질배서가 가능한가에 대하여, 이를 부정하는 견해도 있으나,[4] 입질은 유통과는 구별되고 또 입질배서에는 권리이전적 효력이 없으므로 배서금지어음에도 입질배서를 긍정하는 것이 타당하다고 본다.[5]

3) 숨은 입질배서는 실질은 입질의 목적이면서 형식은 양도배서의 방식인 배서를 말한다. 숨은 입질배서의 당사자간에는 보통 질권설정의 계약을 체결하고, 질권설정자는 질권자에게 양도배서의 형식에 의하여 어음을 양도한다.

이러한 숨은 입질배서나 어음의 양도담보는 모두 어음상의 권리가 양도의 형식에 의하여 담보로 제공되는 것이므로, 숨은 입질배서는 양도담보의 하나의 형태라고 볼 수 있다.[6]

---

1) 정(희), 200면.
2) 동지: 주석, 327면; 채, 182면.
　　반대: Jacobi, S. 639.
3) 동지: 주석, 326면.
4) 주석, 327면; 최(기), 389면; 채, 150면.
　　동지(부정설): 독일의 통설(Jacobi, S. 648 외).
5) 정(찬), 497면; 정(찬), (사례) 312면.
　　동지: 서·정, 185면; 정(동), 363면.
6) 정(찬), 497면. 동지: 주석, 332면; 최(기), 453면(숨은 입질배서의 법적 성질은 어음의 신탁적 양도라고 한다).
　　반대: 정(희), 202면(담보의 목적으로 양도배서의 방식을 취하지 않고 단순한 교부의 방식으로 담보권자에게 어음을 양도하는 것은 어음의 양도담보이고, 담보의 목적으로 양도배서를 하는 것은 숨은 양도담보〈입질〉배서라고 한다. 그러나 담보의 목적으로 어음을 단순히 교부하는 경우는 어음법적 양도방식을 취한 것이 아니므로 유치권은 될 수 있을지 몰라도 양도담보가 될 수 있을른지는 의문이다).

(2) 효   력

1) 공연한 입질배서의 효력

㈎ 권리이전적 효력

① 입질배서는 어음상의 권리를 이전하는 것이 아니라 어음상의 권리 위에 질권을 설정하는 것이므로, 그 성질상 권리이전적 효력은 없고 그 대신 질권설정의 효력이 있다. 이로 인하여 피배서인은 어음상의 권리를 취득하지는 못하나, 어음상의 권리 위에 질권을 취득한다. 이와 같이 형식적으로 보면 피배서인은 어음상의 권리를 취득하지 못하나, 실질적(내용적)으로 보면 어음상의 권리를 법률의 규정에 의하여 원시취득하여 그 권리를 행사하는 것과 동일하게 된다.[1] 이로 인하여 피배서인은 「어음으로부터 생기는 모든 권리」를 행사할 수 있다(어 19조 1항 본문,후단, 77조 1항 1호). 이 때에 「어음으로부터 생기는 모든 권리를 행사할 수 있다」는 의미는, 어음상의 권리(어음금지급청구권·상환청구권〈소구〉권 등)의 행사를 위하여 재판상·재판 외의 모든 행위를 할 수 있다는 의미이다.[2] 입질배서의 피배서인이 이득상환청구권(어음법상의 권리)을 행사할 수 있느냐에 대하여는 입질배서의 취지에서 볼 때 당사자간에 특약이 없는 한 이를 행사할 수 없다고 보는 견해도 있으나,[3] 입질배서의 피배서인의 권리가 위에서 본 바와 같이 실질적으로 어음상의 권리를 취득한 자와 같다고 볼 때 이를 행사할 수 있다고 보아야 할 것이다.[4](추심위임배서의 피배서인과 구별되는 점은 입질배서의 피배서인은 이를 자신의 이익을 위하여 자기의 이름으로 행사하는 점이다).

입질배서의 피배서인이 어음상의 권리를 행사할 수 있는 점에서는 양도배서의 피배서인 및 추심위임배서의 피배서인의 경우와 유사하다. 그런데 입질배서의 피배서인은 질권차로서 이 권리를 행사하는 것인데, 양도배서의 피배서인은 어음상의 권리자로서 이 권리를 행사하는 것이고, 추심위임배서의 피배서인은 배서인(본인)의 대리인으로서 이 권리를 행사하는 점에서 3자는 구별된다. 또한 입질배서의 피배서인은 어음상의 권리 위에 질권을 원시취득하여 자신의 이익을 위하여 자신의 권리를 행사하는 점에서, 추심위임배서의 피배서인이 타인(배서인)의 이익을 위하여 타인(배서인)의 권리를 행사하는 점과 구별된다.

입질배서에 의하여 어음상의 권리에 질권이 설정된 경우에 피배서인인 질권자가 그 권리를 실행함에는 민법 제353조(질권의 목적이 된 채권의 실행방법)가 적용되지

---

1) 동지: 주석(Ⅰ), 609면.
2) 동지: 정(동), 406면; 주석, 328면.
3) 주석, 328면; 주석(Ⅰ), 609면.
4) 동지: 주석, 511면; 채, 183면.

않는다고 본다(통설).[1] 왜냐하면 어음상의 권리는 일반채권과는 달리 어음법에 규정된 바에 따라 간이하고 신속하게 결제(추심)되어야 하기 때문이다. 따라서 입질배서의 피배서인은 피담보채권액과 그 변제기 여하에 불문하고 질권의 목적인 어음상의 권리가 만기가 도래하면 어음금 전액에 대하여 어음상의 권리를 행사할 수 있다. 이 때 피담보채권액이 질권의 목적인 어음금액보다 적은 경우에는 피배서인은 그 차액을 배서인에게 반환하여야 하고$\binom{민\ 353조}{2항과\ 비교}$$\binom{이\ 차액에\ 대하여는\ 피배서인은\ 배서인으로부터}{마치\ 숨은\ 추심위임배서를\ 받아\ 어음상의\ 권리를\ 행사하여\ 반환한\ 것과\ 같음}$, 피담보채권의 변제기가 도래하지 않았으면 지급받은 어음금액을 공탁하여야 한다$\binom{민\ 353조}{3항과\ 비교}$(통설).[2] 입질배서의 피배서인은 민사집행법이 규정하는 집행방법에 따라 질권을 실행할 수도 있다[3]$\binom{민\ 354조,\ 민집\ 229조·}{243조·210조\ 등}$.

② 입질배서에는 권리이전적 효력이 없으나 동 배서에 의하여 피배서인은 질권을 취득하고 또한 이에 대하여 피배서인은 독립적인 경제적 이익을 갖고 있으므로, 입질배서에는 인적 항변의 절단의 효력이 있다. 그런데 인적 항변의 절단에 관한 어음법의 규정$\binom{어\ 17조,\ 77조}{1항\ 1호}$은 양도배서에 적용되는 규정이므로, 어음법은 입질배서에 관한 조문에서 별도로 규정하고 있다$\binom{어\ 19조\ 2항,}{77조\ 1항\ 1호}$. 따라서 어음채무자는 입질배서의 배서인에게 대항할 수 있는 인적 항변사유로써 피배서인에게 대항할 수 없다. 그러나 피배서인이 어음채무자를 해할 것을 알고 어음을 취득한 경우에는 물론 악의의 항변으로 대항할 수 있다. 또한 어음채무자는 피배서인에 대한 인적 항변사유로써 피배서인에게 대항할 수 있음은 양도배서의 경우와 같다$\binom{그러나\ 추심위임}{배서의\ 경우와는\ 구별되고\ 있다}$.

③ 입질배서에는 권리이전적 효력이 없으므로 입질배서의 피배서인은 양도배서나 입질배서를 할 수 없고(통설),[4] 다만 추심위임배서만을 할 수 있다$\binom{어\ 19조\ 1항\ 단서,}{77조\ 1항\ 1호}$. 입질배서의 피배서인이 설사 양도배서를 하였다고 하여도 그 배서는 추심위임배서의 효력밖에 없다(통설).[5]

---

1) 정(찬), 499면; 정(희), 200~201면; 서·정, 207면; 손(주), 274면; 서(정), 197면; 채, 183면; 최(기), 451면; 정(동), 406면 외.
   반대: 竹田, 117면; 田中(耕), 384면; Jacobi, S. 644.
2) 정(찬), 499면; 정(희), 200~201면; 정(동), 406면; 최(기), 451면; 주석, 328~329면 외.
3) 정(찬), 499면.
   동지: 정(희), 201면; 최(기), 451면; 채, 183면; 주석, 329면.
4) 정(찬), 500면; 정(희), 201면; 서·정, 207면; 정(동), 406면 외.
5) 정(찬), 500면; 정(희), 201면; 서·정, 207면; 정(동), 406면(그러나 입질배서의 피배서인은 배서인〈질권설정자〉에게 어음을 반환하기 위하여는 양도배서를 할 수 있다고 한다) 외.

입질배서의 피배서인은 어음상의 권리자가 아니므로 어음상의 권리에 관한 포기·면제 등과 같은 권리의 처분행위도 할 수 없다.[1]

④ 입질배서의 배서인은 어음상의 권리를 보유하고 있으나 어음 자체를 소지하지 않고 있기 때문에 어음상의 권리를 행사할 수 없고, 그가 어음상의 권리를 행사하기 위하여는 어음을 반환받아야 한다. 이 때 입질배서의 피배서인이 입질배서를 말소한(또는 양도배서를 한) 후 어음을 배서인에게 반환하면 질권은 소멸하여 배서인은 동 어음에 의하여 아무런 제한 없이 어음상의 권리를 행사할 수 있으나, 입질배서의 피배서인이 입질배서를 말소하지 않고(또는 양도배서를 하지 않고) 단순히 어음을 배서인에게 교부만을 한 경우에는 그 자체만에 의해서는 질권이 소멸한다고 할 수 없으므로 배서인은 특히 질권의 소멸을 증명한 경우에 한하여 어음상의 권리를 행사할 수 있다고 본다.[2] 또한 피배서인이 어음을 계속 소지하고 있으면서 입질배서만을 말소한 경우에도 그 자체만에 의하여 질권이 소멸한다고 볼 수 없다.[3]

(나) **담보적 효력**　　입질배서에 담보적 효력이 있느냐에 대하여 학설은 긍정설(통설)[4]과 부정설(소수설)[5]로 나뉘어 있다.

생각건대 입질배서에 담보적 효력이 있다는 긍정설이 타당하다고 본다. 배서인의 입질배서에 의하여 피배서인(질권자)에게 지급책임을 부담하는 자는 배서인(질권설정자)이 아니라 배서인에 대하여 어음채무를 부담하고 있는 자(주채무자·그 전자인 상환〈소구〉의무자 등)이다(이 점은 채권질의 경우와 같다). 그런데 피배서인이 배서인의 어음채무자로부터 어음금을 추심하지 못한 경우에는 배서인에 대하여 어음채권을 갖고 있다고 보아야 할텐데, 이것은 입질배서에 담보적 효력이 있기 때문이라고 본다. 또 이렇게 보는 것은 입질배서의 배서인의 의사에 반한다고도 볼 수 없고 또 배서의 담보적 효력의 일반적 성질에

---

1) 동지: 서·정, 207면; 정(동), 406면.

2) 동지: 정(희), 200면; 주석, 330~331면.

3) 동지: 주석, 331면.

4) 서·정, 208면; 손(주), 275면; 박(원), 548면; 정(동), 407면; 김(용), 330면; 양·박, 749면; 양(승), (어) 312면; 이(범), 331면; 정(무), 434면; 이(기), 246면; 채, 184면; 주석, 331면 외.

5) 정(희), 201~202면(입질배서에 담보적 효력은 없다고 본다. 왜냐하면 배서인의 담보적 효력이란 어음상의 권리의 이전이 있은 후 그것이 지급되지 아니할 때에 어음채무자에 갈음하여 어음금을 지급할 의무가 있음을 말하는 것인데, 입질배서는 권리행사의 자격을 주는 데 지나지 않을 뿐 아니라 입질배서인이 지급책임을 지는 것은 보통의 양도배서의 경우와 달라 바로 어음상의 권리에 질권을 설정한 결과이지 어음법 제15조 1항에 의하여 책임을 지는 것이 아니기 때문이다. 입질배서에 담보책임을 인정하는 긍정설은 입질배서인에 대한 관계에서는 그러한 설명도 가능할지 모르나, 입질피배서인은 입질배서인의 전자에 대해서는 상환청구〈소구〉권을 행사하지 못할 것이므로 어음소지인으로 하여금 모든 전자에 대하여 상환청구〈소구〉할 수 있게 하는 담보적 효력의 일반적 성질에 반한다); 최(기), 453면.

반한다고도 볼 수 없다.[1] 입질배서에 담보적 효력을 인정하면 특히 배서인이 피담보채권의 채무자가 아닌 경우에 실익이 크다고 할 수 있다.[2]

(다) **자격수여적 효력**   입질배서에는 권리이전적 효력이 없어도 자격수여적 효력은 인정되어 권리추정력과 선의지급이 인정된다(통설).[3] 즉, 입질배서의 피배서인이 배서가 연속되어 있는 어음에서 외관상 입질배서를 받고 있으면 질권자로서 형식적 자격이 인정되어 실질적 자격을 증명할 필요 없이 어음상의 권리를 행사할 수 있고(권리추정력)$\left(\substack{\text{어 16조 1항,}\\\text{77조 1항 1호}}\right)$, 또 어음채무자가 그러한 피배서인에게 지급하면 그가 실제로 질권자가 아니라도 사기 또는 중과실이 없는 한 면책된다(선의지급) $\left(\substack{\text{어 40조 3항,}\\\text{77조 1항 3호}}\right)$. 이것이 양도배서의 경우와 다른 점은 피배서인이 어음상의 권리자로 추정되는 것이 아니라, 어음상의 권리의 질권자로 추정되는 점이다. 또한 입질배서의 피배서인은 추심위임배서의 피배서인과는 달리 독립된 경제적 이익을 갖고 있으므로, 어음상의 권리에 대한 질권을 선의취득할 수 있다(통설)[4]$\left(\substack{\text{어 16조 2항,}\\\text{77조 1항 1호}}\right)$. 따라서 배서인이 무권리자 등인 경우에도 피배서인이 선의·무중과실이면 어음상의 권리에 대한 질권을 선의취득한다.

2) 숨은 입질배서의 효력

(가) **권리이전적 효력**

① 숨은 입질배서에는 권리이전적 효력이 있다(통설).[5] 따라서 피배서인은 질권자로서가 아니라 어음상의 권리자로서 어음상의 권리를 행사할 수 있다. 다만 실질관계에서는 배서인과 피배서인간에 입질계약이 있으므로 당사자간에는 이를 항변사유로써 대항할 수 있다. 따라서 피담보채권액이 어음금액보다 적든가 또는 피담보채권의 변제기가 어음의 만기보다 이후인 경우에는 공연한 입질배서의 경우와 같이 당사자간에 처리한다. 숨은 입질배서의 경우에는 숨은 추심위임배서가 있는 경우와는 달리 피배서인은 질권자로서 독립한 경제적 이익을 갖고 있을 뿐만 아니라 자신의 이익을 위하여 어음상의 권리를 행사할 수 있으므로, 숨은 추심위임배서에서와 같은 법률상 어려운 문제는 발생하지 않는다.

---

1) 정(찬), 501면; 정(찬), (사례) 322면 주 4.

2) 동지: 정(동), 407면; 주석, 331면.

3) 정(찬), 501면; 정(희), 201면; 서·정, 208면; 정(동), 406~407면; 최(기), 452면; 이(기), 247면; 채, 183면; 주석, 331면 외.

4) 정(찬), 501면; 정(찬), (선의취득) 100면; 정(찬), (사례) 323면; 정(동), 406면; 최(기), 452면 (선의취득에 관한 규정이 유추적용된다고 한다); 서(정), 184면; 양·박, 658면; 양(승), (어) 312면; 이(범), 291면; 이(기), 247면; 채, 183면; 주석, 331면 외.

5) 정(찬), 502면; 정(희), 202면; 정(동), 407면; 최(기), 453면; 채, 184면; 주석, 322면 외.

② 어음채무자는 숨은 입질배서의 배서인에게 대항할 수 있는 인적 항변사유로써 피배서인에게 대항할 수 없는데$\left(\substack{\text{피배서인이 어음채무자를 해할 것을}\\ \text{알고 어음을 취득하지 않는 한}}\right)$, 이것은 배서의 권리이전적 효력과 관련하여 발생하는 인적 항변의 절단의 효력$\left(\substack{\text{어 17조, 77조}}\right)$이지 입질배서에서 발생하는 인적 항변의 절단의 효력$\left(\substack{\text{어 19조 2항,}\\ \text{77조 1항 1호}}\right)$이 아니다. 왜냐하면 배서인과 피배서인간의 실질관계에서 체결된 입질계약은 제3자인 어음채무자가 이를 원용할 수 없기 때문이다.

③ 숨은 입질배서의 경우에는 권리이전적 효력이 있으므로 배서인이 파산한 경우에는 피배서인은 별제권$\left(\substack{\text{파}\\ \text{411조}}\right)$을 갖고, 피배서인이 파산한 경우에는 배서인은 환취권$\left(\substack{\text{파}\\ \text{407조}}\right)$을 갖지 못한다.

(나) **담보적 효력** 숨은 입질배서에는 담보적 효력이 당연히 인정되어, 배서인은 피배서인 및 그 후자에 대하여 상환(소구)의무를 부담한다. 이 때 공연한 입질배서에서 담보적 효력을 부정하는 견해에서는 배서인은 피배서인에 대하여는 입질목적의 항변을 주장할 수 있으므로 담보책임이 없음을 주장할 수 있다고 볼 수 있으나, 담보적 효력을 긍정하는 견해에서는 이러한 문제가 발생할 여지가 없다.

(다) **자격수여적 효력** 숨은 입질배서에는 자격수여적 효력도 당연히 인정되어, 피배서인은 어음상의 권리자$\left(\substack{\text{질권자가}\\ \text{아님}}\right)$로서의 권리추정력$\left(\substack{\text{어 16조 1항,}\\ \text{77조 1항 1호}}\right)$과 선의지급$\left(\substack{\text{어 40조}\\ \text{3항,}}\right)$ $\left(\substack{\text{77조 1항}\\ \text{3호}}\right)$이 인정된다. 또한 피배서인은 선의취득$\left(\substack{\text{어 16조 2항,}\\ \text{77조 1항 1호}}\right)$도 할 수 있는데, 이 때에 피배서인이 취득하는 권리는 숨은 입질배서를 양도담보로 보면 어음상의 권리라고 보겠으나, 이를 양도담보가 아니라고 보면 질권으로 보아야 할 것이다.

7. 기타의 배서

어음법에는 규정이 없고 실질관계(원인관계)에서 배서하는 목적에 따라 담보배서, 신탁배서 등이 있다. 이러한 배서는 형식상 양도배서로서 배서의 목적은 당사자간의 어음 외의 항변사유에 불과하나, 우리나라에서도 이러한 배서를 마치 특수한 배서의 일종으로 설명하고 있는 견해가 있어 아래에서 간단히 살펴보기로 한다. 그러나 이러한 배서는 어음법에서 인정하고 있는 배서도 아니고, 또 어음 외의 실질관계에 따라 이를 다른 종류의 배서와 구별하는 것은 어음행위의 문언성 및 무인성(추상성)에도 반하기 때문에, 이러한 배서를 특수한 배서로 볼 수는 없다.

(1) 담보배서

담보배서(Garantieindossament)란 「어음의 지급능력을 높이기 위하여 어음을 양도할 의사 없이 오직 담보의 목적으로 하는 배서」를 말한다. 이러한 담보배서는 권리이전적 효력은 없고, 담보적 효력만이 있다고 한다$\left(\substack{\text{이 때 동 배서에는 자격수여적 효력은}\\ \text{당연히 있다고 본다 — 저자 주}}\right)$. 이러한 담보배서는 어음보증과 유사한 기능을 수행하고 있으나, 어음보증을 하게 되면 어음채무자의 지급능력을 불신하는 인상을 주게 되어 어음보증 대신에 담보배서가 이용되고, 또한 그 형식과

효력에서도 담보배서는 어음보증과 구별된다고 한다.[1]

　독일에서는 이러한 담보배서를 부적법하다고 하여 부정하는 설도 있고,[2] 어음보증으로 보는 설도 있으나,[3] 통설[4]·판례[5]는 배서의 권리이전적 효력은 담보적 효력의 전제가 아니라는 이유로 이를 긍정하고 있다. 우리나라에서도 이러한 독일의 통설·판례에 따라 이러한 담보배서를 인정하는 견해가 있다.[6]

　생각건대 담보목적의 담보배서가 어음(수표)법에 규정이 없다고 하여 이러한 배서를 무효로 보는 것은 어음행위는 그 형식에 의해서만 유효여부가 판단되는 점에서나 당사자(배서인)의 의사에도 반한다는 점에서 볼 때 타당하지 않다고 본다. 또 담보배서는 「숨은 어음보증」은 될지라도 어음법상의 어음보증은 그 형식상 될 수 없는 점에서 담보배서를 어음보증으로 보는 것도 타당하지 않다고 본다. 따라서 이러한 담보배서가 인정되는 점은 당연한데, 이는 권리이전적 효력이 없고 담보적 효력만이 있는 특수배서의 일종으로서 인정되는 것이 아니라, 양도배서의 일종으로 인정되어야 할 것이다. 따라서 그러한 배서에는 권리이전적 효력·담보적 효력 및 자격수여적 효력이 모두 인정되고, 담보목적은 당사자간에서 실질관계에 기한 항변사유로써만 대항할 수 있다고 본다. 문제는 이렇게 보는 것이 당사자(배서인)의 의사에 일치하지 않는 점은 있으나, 그렇다고 어음법이 인정하지도 않는 새로운 형태의 배서를 당사자의 의사에 따라서만 인정하는 것은 어음행위의 정형성 내지 유가증권법정주의에도 반한다고 본다.

　(2) 신탁배서

　신탁배서(Treuhandindossament)란 「배서인이 피배서인에게 어음상의 권리를 양도하지만, 피배서인이 배서인과의 실질관계(내부관계)에서 어음상의 권리를 특정한 목적을 위해서만 행사할 의무를 부담하는 배서」를 말한다. 배서인과 피배서인간의 실질관계는 어음상에 나타나지 않고 신탁의 일반원리에 의하는데, 크게 피배서인에게 배서인의 이익을 위

---

1) 어음의 뒷면에 한 단순한 기명날인 또는 서명은 담보배서로 볼 수는 있으나(어 13조 2항 2문·77조 1항 1호, 수 16조 2항 2문) 어음보증으로는 볼 수 없고(어 31조 3항·77조 3항, 수 26조 3항), 발행인을 위한 어음보증인은 모든 어음소지인에 대하여 어음채무를 부담하나 담보배서인은 자기의 후자의 어음소지인에 대하여만 어음채무를 부담한다.

2) Hirsch, NJW 1954, 1568 f.

3) Opitz, *Der Funktionswandel des Wechselindossaments*, 1968, S. 116 ff.

4) Hueck/Canaris, §8 Ⅳ 3b; Baumbach/Hefermehl, WG Art. 15 Rdn. 3 외.

5) BGHZ 13, 87 f.

6) 정(희), 189면(우리나라에도 원인채무의 차용증서에 갈음하여 어음이 발행되고 그 사정을 알면서 원인채무를 담보하는 뜻에서 어음에 배서를 하는 일이 있는데, 이것은 어음의 지급능력을 높이기 위한 독일의 담보배서와는 그 배서의 동기 자체에서는 차이가 있으나, 실질적으로는 매우 흡사한 점이 있다. 그러므로 배서인이 어음을 취득한 것도 아니고 따라서 양도의 뜻도 없이 담보의 목적만으로 한 배서에는, 독일에 있어서와 같이 권리이전적 효력은 없고 담보적 효력만이 있는 특수한 배서라고 풀이하는 것이 옳을 것이다); 정(동), 379~380면.

해서만 어음상의 권리를 행사할 수 있도록 하는 「관리신탁」(수권적 신탁배서 또는 자격수여적 신탁배서)과, 피배서인에게 피배서인의 이익을 위해서(또는 배서인과 피배서인의 이익을 위해서) 어음상의 권리를 행사할 수 있도록 하는 「담보신탁」(양도적 신탁배서)으로 나누어진다.[1]

신탁배서도 형식상 양도배서의 일종이고, 피배서인의 신탁의 목적(추심, 할인, 담보 또는 소송 등)은 어음 외의 실질관계로서 당사자간에 항변사유로써 대항할 수 있을 뿐이다.[2] 따라서 앞에서 본 숨은 추심위임배서와 숨은 입질배서는 모두 신탁배서의 일종으로 볼 수 있는데, 숨은 추심위임배서는 관리신탁의 일종이요 숨은 입질배서는 담보신탁의 일종으로 볼 수 있다.

이상 설명한 배서의 종류와 효력을 간단히 도시하면 다음의 표와 같다.

배서의 종류 / 배서의 효력		권리이전적 효력	인적 항변 절단	담보적 효력	자격수여적 효력(권리추정력·선의지급)	선의 취득
보통의 양도배서(어 14조~17조· 77조 1항 1호, 수 17조~21조)		○	○	○	○	○
특수한 양도배서	무담보배서(어 15조 1항·77조 1항 1호, 수 18조 1항)	○	○	×	○	○
	배서금지배서(어 15조 2항·77조 1항 1호, 수 18조 2항)	○	○	△(피배서인 이후의 자에 대하여 담보책임을 부정함)	○	○
	환(역)배서(어 11조 3항·77조 1항 1호, 수 14조 3항·15조 3항·5항)	○	○	△(어음소지인이 자기의 어음채무자인 경우 항변주장 가능)	○	○
	기한후배서(어 20조·77조 1항 1호, 수 24조)	○	×	×	○	△(부정설이 통설)
특수배서 / 추심위임배서	공연한 추심위임배서(어 18조·77조 1항 1호, 수 23조)	×(추심대리권만 취득)	×	×	○	×
	숨은 추심위임배서(규정 없음)	신탁양도설 ○	△(원칙적으로 긍정함)	△(피배서인 이후의 자에 대하여는 부담)	○	○

1) 신탁배서에 관한 보다 상세한 소개로는 정(동), 408~409면; 최(기), 456면; 이(기), 249면 참조.
2) 정(찬), 505면. 동지: 정(희), 199면.

	자격수여설	×	×	×	○	×
입질배서 (수표에는 없음)	공연한 입질배서(어 19조·77조 1항 1호)	×(질권만 취득)	○	△(긍정설이 통설임)	○	○
	숨은 입질배서(규정 없음)	○	○	○	○	○

△는 제한적으로 인정되는 것이거나 또는 학설이 나뉘는 것임.

제 6 단순한 교부

1. 총   설

수표는 어음과는 달리 수취인이 임의적 기재사항(유익적 기재사항)이므로 소지인출급식수표($\frac{수}{1항}\frac{5조}{3호}$)·무기명식수표($\frac{수}{3항}\frac{5조}{}$) 또는 지명소지인출급식수표($\frac{수}{2항}\frac{5조}{}$)가 가능한데, 이러한 수표는 처음부터 「단순한 교부」만에 의하여 수표상의 권리가 양도된다.[1] 이러한 수표의 양도방법에 대하여 수표법은 특별한 규정을 두고 있지 않으므로, 민법의 무기명증권의 양도방법에 의한다($\frac{민}{523조}$).

어음은 수취인이 필요적 기재사항(어음요건)이므로($\frac{어}{75조}\frac{1조}{5호}\frac{6호,}{}$) 소지인출급식어음 등이 존재할 수 없고, 수취인이 반드시 배서를 하여야 어음상의 권리가 양도된다. 그런데 어음에도 백지식배서가 인정되므로($\frac{어}{77조}\frac{13조}{1항}\frac{2항,}{1호}$) 기명식 또는 지시식어음(수표)의 수취인($\frac{또는 그 후의}{피배서인}$)이 백지식배서를 하여 최후의 배서가 백지식배서인 어음의 소지인은, 소지인출급식수표의 소지인과 같이 「단순한 교부」만에 의하여 어음상의 권리를 양도할 수 있다($\frac{어}{77조}\frac{14조}{1항}\frac{2항}{1호.}\frac{3호,}{}$).

따라서 이하에서는 소지인출급식수표($\frac{무기명식 또는 지명소지}{인출급식수표를 포함}$)의 양도방법인 「단순한 교부」를 배서의 효력과 비교하여 살펴보고, 최후의 배서가 백지식인 기명식 또는 지시식어음(수표)을 「단순한 교부」에 의하여 양도한 경우를 배서의 효력과 비교하여 살펴보겠다.

---

1) 수표에는 이렇게 처음부터 단순한 교부만에 의하여 양도될 수 있는 수표가 인정되므로, 수표법 제 2 장의 표제를 어음법 제 2 장의 그것과 같이 「배서」라고 하지 않고 「양도」라고 하고 있다.

2. 소지인출급식수표의 단순한 교부의 효력

(1) 권리이전적 효력

1) 소지인출급식수표의 소지인이 수표상의 권리를 양도할 의사로써 수표를 단순히 교부하면 권리이전적 효력이 발생한다.

2) 소지인출급식수표의 단순한 교부에 권리이전적 효력이 있는 것과 관련하여 인적 항변의 절단의 효력($^{수\ 22조,\ 민}_{524조·515조}$)이 있다. 따라서 수표채무자는 소지인출급식수표의 양도인에게 대항할 수 있는 인적 항변사유로써 그 양수인에게 대항할 수 없다. 그러나 양수인이 수표채무자를 해할 것을 알고 수표를 취득한 때에는 수표채무자는 그 양수인에게 대항할 수 있다. 그러나 기한후교부의 경우에는 인적 항변의 절단의 효력이 없다.

(2) 담보적 효력

1) 소지인출급식수표의 소지인이 수표를 단순한 교부만에 의하여 수표상의 권리를 양도하는 경우에는, 양도인의 기명날인 또는 서명이 수표상에 없으므로 양도인은 담보책임을 부담할 여지가 없다. 따라서 소지인출급식수표의 단순한 교부에는 담보적 효력이 없다.

2) 그러나 소지인출급식수표에 배서하여 수표를 교부한 자는 수표소지인에 대하여 담보책임을 진다($^{수}_{본문}$20조). 이 때에 수표상의 권리가 이전되는 효력은 배서에 의하여 발생하는 것이 아니라 「단순한 교부」에 의하여 발생하는 것이므로, 소지인출급식수표에 한 배서는 권리이전적 효력은 없고 담보적 효력만이 발생한다고 볼 수 있다.[1] 따라서 소지인출급식수표에 배서가 있다고 하여 동 수표가 지시식수표로 변하는 것이 아니므로($^{수}_{단서}$20조), 동 수표를 배서에 의하여 양수한 자는 배서를 하지 않고 「단순한 교부」만을 하여 수표상의 권리를 양도할 수 있다.

(3) 자격수여적 효력

소지인출급식수표는 단순한 교부만으로 수표상의 권리가 이전되기 때문에 소지인출급식수표의 소지인은 수표의 「단순한 소지」만으로 (기명식 또는 지시식수표에서 배서의 연속이 있는 것과 같이) 형식적 자격을 갖게 되어 권리추정력과 선의지급이 인정된다. 즉, 소지인출급식수표의 단순한 소지인은 적법한 권리자로 추정되어 ($^{수\ 19조\ 1문}_{유추적용}$) 그가 실질적 권리자임을 입증하지 않아도 수표상의 권리를 행사할 수 있

---

1) 동지: 정(희), 210면; 정(동), 516면.

고[1](권리추정력), 또 수표채무자는 소지인출급식수표의 단순한 소지인에게 수표금을 지급하여도 그가 사기 또는 중과실이 없는 한 당연히 면책된다[2](선의지급) $\binom{수\ 35조\ 및\ 어\ 40조\ 3항의}{유추적용,\ 민\ 524조\cdot518조}$. 또한 소지인출급식수표의 소지인은 단순한 소지만으로 자격수여적 효력을 인정받게 되는 결과, 그러한 소지인으로부터 선의·무중과실로 단순한 교부만에 의하여 수표를 양수한 자는 선의취득도 하게 된다$\binom{수}{21조}$. 다만 기한후교부의 경우에는 수표상의 권리를 선의취득할 수 없다.

3. 최후의 배서가 백지식배서인 어음(수표)의 단순한 교부의 효력

(1) 권리이전적 효력

1) 최후의 배서가 백지식배서인 어음(수표)의 소지인은 단순한 교부만으로 어음(수표)상의 권리를 이전할 수 있으므로$\binom{어\ 14조\ 2항\ 3호\cdot77조\ 1항}{1호,\ 수\ 17조\ 2항\ 3호}$, 동 어음(수표)의 단순한 교부에는 권리이전적 효력이 있다. 그러나 동 어음(수표)의 소지인은 배서에 의하여도 어음(수표)상의 권리를 이전할 수 있는데$\binom{어\ 14조\ 2항\ 2호\cdot77조}{1항\ 1호,\ 수\ 17조\ 2항\ 2호}$, 이 점은 소지인출급식수표가 언제나 단순한 교부만에 의하여 수표상의 권리가 이전되는 점과 구별된다.

2) 최후의 배서가 백지식배서인 어음(수표)이 단순한 교부만에 의하여 권리이전적 효력이 인정되는 것과 관련하여 인적 항변의 절단의 효력도 있다$\binom{어\ 17조\cdot77조}{1항\ 1호,\ 수\ 22조}$.

(2) 담보적 효력

1) 최후의 배서가 백지식배서인 어음(수표)의 소지인이 단순한 교부만에 의하여 어음(수표)상의 권리를 양도하는 경우에는, 소지인출급식수표의 경우와 같이 어음(수표)상에 양도인의 기명날인 또는 서명이 없으므로 양도인은 담보책임을 부담할 여지가 없다. 따라서 이러한 어음(수표)의 단순한 교부에는 담보적 효력이 없다.

2) 그러나 이러한 어음에 배서하여 양도한 자$\binom{어\ 14조\ 2항\ 2호\cdot77조}{1항\ 1호,\ 수\ 17조\ 2항\ 2호}$는 당연히 담보책임을 진다. 동 배서에는 담보적 효력뿐만 아니라 권리이전적 효력도 있는 점이, 소지인출급식수표에 한 배서에는 담보적 효력만이 있는 점과 구별된다.

(3) 자격수여적 효력

최후의 배서가 백지식배서인 어음(수표)의 소지인은 동 어음(수표)의 단순한 소지만으로 (기명식 또는 지시식어음에서 배서의 연속이 있는 것과 같이) 형식적 자격을 갖

---

1) 소지인출급식수표에 배서가 있는 경우에도 동 배서에는 담보적 효력만 있고 또 동 배서로 인하여 그 수표가 지시식수표로 변하는 것이 아니므로(수 20조), 그 수표는 다시 단순한 교부만으로 수표상의 권리가 양도된다. 이의 결과 소지인출급식수표에 배서가 있는 경우라도 그 수표의 소지인은 그 후에 배서의 연속이 없더라도 단순한 소지만으로 자격수여적 효력을 인정받게 된다.

2) 동지: 정(희), 209면.

게 되어 권리추정력($^{어 16조 1항 2문·77조,}_{1항 1호, 수 19조 2문}$)과 선의지급($^{어 40조 3항·77조 1항,}_{3호, 수 35조의 유추적용}$)이 인정된다. 또한 최후의 배서가 백지식배서인 어음(수표)의 소지인은 단순한 소지만으로 자격수여적 효력을 인정받게 되므로 그러한 소지인으로부터 선의·무중과실로 단순한 교부만에 의하여 어음(수표)을 양수한 자는 선의취득도 하게 된다($^{어 16조 2항·77조,}_{1항 1호, 수 21조}$).

제7 선의취득[1]

1. 의   의

(1) 어음의 선의취득이란 배서의 자격수여적 효력($^{어 16조 1항·77조,}_{1항 1호, 수 19조}$)의 결과로 인정 되는 것으로서, 어음취득자가 배서의 연속 또는 이것과 동일시되는 형식($^{최후의 배서가}_{백지식인 경우}$ $^{와 소지인출급식수표의}_{경우에는 단순한 소지}$)에 의하여 「형식적 자격」을 갖고 또 악의 또는 중과실이 없는 경우 에는 양도인이 무권리($^{또는 양도행위가}_{실질적으로 무효}$)라 하더라도 어음상의 권리를 취득하는 것을 말 한다($^{어 16조 2항·77조,}_{1항 1호, 수 21조}$).

(2) 어음의 선의취득은 연혁적으로 볼 때 동산의 선의취득($^{민 249조~}_{251조}$)에서 기원하 나, 다만 어음은 유통성을 본질로 하여 거래의 안전이 더욱 요청되므로 민법상 동 산의 선의취득보다 더욱 그 요건을 완화하여 규정함으로써 어음의 선의취득이 동산 의 선의취득보다 훨씬 쉽게 되어 있다. 어음의 선의취득이 동산의 선의취득보다 완 화하여 규정하고 있는 점은 다음과 같다.

1) 동산의 선의취득에는 양수인이 「선의이며 무과실」임을 요건으로 하나, 어 음의 선의취득에는 「선의이며 중대한 과실이 없음」을 요건으로 하고 있어, 취득자 의 「경과실」의 경우에 민법상 동산의 선의취득은 불가능하나 어음법상 어음의 선의 취득은 가능하다.

2) 동산의 선의취득에는 점유위탁물($^{민}_{249조}$)과 점유이탈물($^{민 250조~}_{251조}$)을 구별하여 점유이탈물($^{도품·}_{유실물}$)에 대하여는 원칙으로 선의취득을 인정하고 있지 않다($^{다만 거래의 안전}_{을 위하여 권리자}$ $^{의 반환청구기간 및 대가변상에 대하여 규정함}_{으로써 반환청구권을 제한하고 있을 뿐이다}$). 그러나 어음의 선의취득에서는 「어떤 사유로든 점 유를 잃은 어음」이라고 규정하여 점유위탁물과 점유이탈물을 구별하지 않고 모든 경우에 선의취득을 인정하고 있다.

3) 동산의 선의취득에는 「평온·공연」이란 요건이 법문상 명문으로 있음에 반

---

1) 어음(수표)의 선의취득에 관한 상세는 정찬형, 「어음·수표선의취득연구」, 박영사, 1982 또는 정 찬형, "어음·수표의 선의취득에 관한 연구," 법학박사학위논문(서울대, 1982. 8) 참조.

하여($\frac{민}{249조}$), 어음의 선의취득에는 그러한 요건이 없다. 그러나 이에 대하여 어음법상 그러한 명문규정은 없으나, 어음의 선의취득에서도 그러한 요건이 필요하다고 해석한다.[1]

4) 동산의 선의취득에는 「양도행위의 유효」를 선의취득의 요건으로 하고 있으므로 거래행위가 무능력·착오·사기·강박·대리권의 흠결 등으로($\frac{양도행위}{의 하자}$) 취소 또는 무효가 되는 때에는 선의취득은 있을 수 없다고 설명하나,[2] 어음의 선의취득에서는 양도행위의 하자의 경우에도 선의취득이 가능하다는 견해가 있다($\frac{상세는}{후술함}$).

2. 요 건

(1) 어음법적 양도방법에 의하여 어음을 취득하였을 것

1) 어음법적 양도방법이란 배서금지어음을 제외한 모든 어음 및 기명식수표와 지시식수표에서는 배서, 백지식배서가 있는 어음(수표) 및 소지인출급식수표에서는 교부에 의한 양도를 말한다.[3]

2) 따라서 상속·합병·유증(遺贈) 등의 포괄승계나 지명채권양도방법·전부(轉付)명령 등에 의한 특정승계에 의하여 어음을 취득한 경우에는 선의취득이 인정되지 않는다.

3) 어음법적 양도방법이라도 기한후배서나 추심위임배서에 의하여는 선의취득이 인정되지 않는다(통설). 왜냐하면 기한후배서의 경우에는 지명채권양도의 효력밖에 없어 기한전배서에서와 같은 어음의 유통보호를 인정하지 않고, 추심위임배서의 경우에는 배서의 권리이전적 효력이 없어 피배서인을 보호할 독립된 경제적 이익이 없기 때문이다. 그러나 백지어음은 어음법적 양도방법에 의하여 유통되므로 선의취득이 인정된다.

(2) 어음취득자는 형식적 자격이 있을 것

1) 어음의 선의취득은 배서의 자격수여적 효력의 결과로 인정되는 것이므로

---

1) 동지: 서·정, 103면; 박(원), 505면; 채, 160면.

2) 곽, (물) 195면 외.

3) 참고로 동산이나 주권의 선의취득을 위한 양도에도 이의 점유의 이전행위가 필요한데, 이러한 점유의 이전에는 현실인도 외에 간이인도 및 반환청구권의 양도를 포함하나(주권의 반환청구권양도에 관하여는 대판 2000. 9. 8, 99 다 58471), 점유개정에 관하여는 긍정설[정(동), (회) 282면; 임홍근, 「회사법」, 2000, 305면; 현승종, "동산의 선의취득과 점유개정," 「법조」, 1964. 11, 16면 이하]과 부정설[이(철), (회) 291면; 대판 1977. 8. 24, 77 다 515; 동 1964. 5. 5, 63 다 775]로 나뉘어 있는데, 점유개정과 같은 불확실한 공시방법에 의하여 공신력을 인정할 수 없으므로 부정설이 타당하다고 본다.

어음취득자가 형식적 자격을 가질 것을 요구하는 것은 당연하다. 이러한 형식적 자격이 어음양수인에게 있음을 요구하는 것은 어음양도인에게도 형식적 자격이 있음을 전제로 하는데, 어음양도인의 형식적 자격에 의하여 어음양도인은 일단 적법한 소지인으로 추정받게 되고 이로 인하여 어음양수인의 신뢰의 기초를 제공하게 된다.

2) 어음취득자의 형식적 자격이란 배서에 의하여 양도되는 어음의 경우에는 「배서의 연속」, 교부만에 의하여 양도되는 어음(최후의 배서가 백지식인 경우)(와 소지인출급식수표의 경우)의 경우에는 단순한 「소지」이다.

(3) 양도인은 무권리자이어야 하는가, 또는 양도행위의 하자도 포함되는가

이에 대하여 학설·판례는 크게 양도인은 무권리자이어야 한다는 견해(즉, 양도인의 무권리만이 선의에 의하여 치유된다는 견해)(제 1 설)와 양도인이 권리자라도 양도행위의 하자(대리권·처분권의 흠결, 제한능력, 의사의 흠결 또는 의사표시의 하자, 동일성의 흠결 등)가 있어도 선의취득이 될 수 있다는 견해(즉, 선의에 의하여 무권리뿐만 아니라 양도행위의 하자도 치유된다는 견해)(제 2 설)로 나뉘어 있다.

1) 제 1 설[1]   제 1 설에서는 그 이유를 여러 가지로 설명하고 있는데, 그 대표적인 것은 다음과 같다.

(개) 어음법 제16조 2항의 「어떤 사유로든 어음의 점유를 잃은 자」에서 구(舊)소지인(진정한 권리자)이 어음의 점유를 잃은 경우라고 규정하고 있는 것은 선의에 의하여 치유되는 하자가 양도인의 무권리만임을 전제로 한다. 왜냐하면 어음에 대한 진정한 권리자가 점유를 잃은 때에는 그 소유권까지 잃는 것이 아니므로 양도인은 동 어음의 소유권자가 될 수 없다는 것을 의미하고,[2] 따라서 어음법 제16조 2항은 소유권자의 외관을 스스로 갖고 있는 무권리자로부터 또는 어음을 양도할 수 있는 물권적 권리가 있는 것 같이 보이는 어음상의 무권리자로부터 양수인은 소유권을 취득할 수 있는지 여부를 규정하고 있기 때문이다.

(내) 어음법 제16조 2항의 「소지인이 배서의 연속에 의하여 그 권리를 증명할 때」란, 소지인이 배서에 의하여 어음을 취득하는 외에 양도인이 배서의 연속에 의하여 형식적 자격자(양도인의 무권리를 전제로 하여 — 저자 주)임을 전제로 하는 취지를 나타내는 것이라고 한다.

---

1) 서·정, 104면; 손(주), 117면; 박(원), 506면; 정(무), 346면; 채, 158면; 강, (어) 151면; 이(철), (어) 330면; 田中(誠), 116면, 118~119면; 大隅, 51면; 日大判 1916. 1. 27(民錄 22, 129); Jacobi, S. 58~63.

2) 이 견해를 취하는 일본의 학설은 「점유를 잃은 자」를 양도인 이외의 자로 해석한다[田中(誠), 116면].

2) 제 2 설[1]   제 2 설에서도 그 이유를 여러 가지로 설명하고 있는데, 그 대표적인 것은 다음과 같다.

㈎ 어음법 제16조 2항의 「어떤 사유로든 어음의 점유를 잃은 자」에는, 양도인이 스스로 무효 또는 취소할 수 있는 배서를 하여 점유를 잃은 경우를 포함하므로, 그 결과 현 소지인에 대한 「점유를 잃은 자」에는 양도인 자신의 경우도 해당된다.

㈏ 어음법 제16조 2항의 「소지인이 배서의 연속에 의하여 그 권리를 증명할 때」라고 하는 것도, 현 소지인이 연속하는 배서의 「최종의 피배서인」이면 족한 것이고, 반드시 그에 대한 양도인이 무권리자임을 전제로 하여 양도인에 형식적 자격이 있음을 요하는 것은 아니다.

생각건대 제 2 설의 견해가 타당하다고 본다. 또 이렇게 해석하는 것이 「법의 발전」에 부응하는 해석이요, 「거래의 안전」 내지 「유통의 보호」가 극도로 요청되는 어음의 선의취득에 관한 올바른 해석이라고 생각한다. 또한 이렇게 해석하는 것은 통일법의 기원인 독일 어음조례 제74조의 해석과도 동일하여 연혁적 취지에도 부합하는 해석이 된다고 본다. 제 2 설의 입장에서 양도행위의 하자에 선의취득을 인정하여도 제한능력자·무권대리인의 본인 등은 어음을 상실하는 결과 어음상의 권리를 가질 수는 없지만, 어음상의 책임을 부담하는 것은 아니므로 제한능력자 등의 보호규정이 전혀 무시된다고 볼 수도 없다.[2]

---

1) 정(희), 213~214면(다만 민법의 능력에 관한 규정을 우선할 수는 없으므로 제한능력을 치유하지는 못한다고 한다); 정(동), 156면(다만 양도행위의 하자 중 무권대리와 무처분권만이 치유된다고 한다); 서(정), 182~184면; 이(범), 291면; 김(용), 266면; 이원석, "어음상의 선의자보호제도,"「고시계」, 1971. 10. 22면; 최(기), 461면; 양·박, 658면; 양(승), (어) 165면; 이(기), (어) 256면; 대판 1995. 2. 10, 94 다 55217(공보 988, 1320)(약속어음의 수취인인 회사의 총무부장이 대표이사의 명의로 배서를 위조한 사안에서, 어음의 선의취득으로 인하여 치유되는 하자의 범위, 즉 양도인의 범위는 양도인이 무권리자인 경우뿐만 아니라 대리권의 흠결이나 하자의 경우도 포함된다고 판시함)[이 판결에 대하여 이는 우리 대법원이 제 2 설을 취한 최초의 판결로서 찬성한다는 취지의 평석으로는 정찬형, "배서위조와 어음의 선의취득,"「판례연구」(고려대 법학연구소), 제 7 집(1995), 241~267면(특히 256면); 김교창, 법률신문, 제2443호(1995. 10. 2), 15면이 있고, 그 결과에 있어서만 찬성하는 취지의 평석으로는 최준선, 법률신문, 제2431호(1995. 8. 21), 14면에 있으며, 그 결과에 있어서 반대하는 취지의 평석으로는 최기원, 법률신문, 제2439호(1995. 9. 18), 14면; 정용상, "배서위조와 선의취득,"「상사재판의 전개와 법이론」(상사판례연구 제 7 집)(1996), 262~265면이 있다].
　　동지: 鈴木, 252면; 鈴木·大隅, 講座(3), 144~146면; 日最高判 1960. 1. 12(民集 14-1, 1)(무권대리가 치유된다는 판례); 同 1961. 11. 24(時報 281, 27); Stranz, S. 109~110 외; BGH 1951. 2. 7(LM Scheck G. Art. 21 Nr. 1).

2) 정(찬), 514면; 정(찬), (선의취득) 68~71면.

(4) 어음취득자에게 악의 및 중대한 과실이 없을 것

악의란 「흠결을 아는 것」인데, 흠결의 내용이 무엇이냐에 대하여는 제1설과 제2설에서 달리 설명된다. 즉, 제1설에서는 「양도인의 무권리」이고, 제2설에서는 「양도인의 무권리 또는 양도행위의 하자」를 의미한다.

중과실이란 「거래에서 필요로 하는 아주 간단한 주의를 게을리함으로써 흠결을 간과하는 것」인데, 이러한 중과실은 「조사의무를 게을리한 것」과 관련되고 조사의무는 「의심할 만한 상황」과 관련된다. 특별히 의심스러운 상황에서는 어음취득자는 조사의무를 부담하고, 이의 위반은 중과실이 되어 선의취득이 배제되는데, 조사의무를 지나치게 부과하면 유통증권으로서의 어음의 기능은 상실될 위험이 있다.[1]

---

1) 어음(수표) 취득자의 중과실을 인정한 판례: 대판 1981. 6. 23, 81 다 167(신문 1405, 6)(자기앞수표의 양도인의 인적 사항을 주민등록증 등에 의하여 확인하지 않은 것에 대하여 중과실을 인정함)[이 판결에 반대하는 평석으로는 정찬형, "수표취득의 중과실(서울고판 1980. 12. 9, 80 나 1665에 대한 판례평석)," 법률신문, 제1406호(1981. 7. 27), 12면; 정(찬), (사례) 337면]; 동 1984. 11. 27, 84 다 466(공보 744, 21)(자기앞수표의 뒷면에 적힌 양도인의 전화번호를 확인하지 않은 것에 대하여 중과실을 인정함)[이 판결에 반대하는 평석으로는 정찬형, 법률신문, 제1576호 (1985. 2. 11), 12면; 정(찬), (사례) 338~340면]; 동 1980. 2. 12, 79 다 2108(판총 11-2, 1056-21-2); 동 1988. 10. 25, 86 다카 2026(공보 837, 1469)(신용금고가 어음을 할인하여 주면서 양도인의 어음취득에 관한 원인관계를 확인하지 않은 것에 대하여 중과실을 인정함); 동 1990. 11. 13, 90 다카 23394(공보 887, 86)(자기앞수표의 인적 사항을 주민등록증 등에 의하여 확인하지 않은 것에 대하여 중과실을 인정함); 동 1990. 12. 21, 90 다카 28023(공보 890, 596)(상인이 자기앞수표를 취득하면서 지급은행에 사고신고의 유무를 조회하지 않은 것에 대하여 중과실을 인정함); 동 1993. 9. 24, 93 다 32118(공보 956, 2930)(회사명의의 배서위조에 있어서 대표자의 직인이 아니라 그 대표자 개인의 목도장인 경우, 그 약속어음을 할인하여 주고 취득한 자에 대하여 중과실을 인정함); 동 1995. 8. 22, 95 다 19980(공보 1001, 3252)(분실어음을 할인한 자가 동 어음의 습득자 겸 양도인인 A의 말만을 믿고 더 이상의 추궁도 하지 않았으며 동 어음의 발행인 및 최후의 배서인 내지 지급은행에 확인·조회를 해보지 아니한 채 액면금 약 2억원을 할인하여 준 경우에 대하여 중과실을 인정함); 동 1997. 5. 28, 97 다 7936(공보 1997, 1983)(은행이 어음·수표를 취득함에 있어 양도인의 실질적 무권리성을 의심하게 할 만한 사정이 있었다고 보여짐에도 불구하고 어음의 발행인에게 그 발행경위에 관하여 확인하거나 지급은행에 구체적인 정보조회를 하여 이의 의심을 해소할 만한 상당한 조사를 하여 보지도 아니한 채 이를 취득한 데에는 중대한 과실이 있다).

어음(수표) 취득자의 중과실을 부정한 판례: 대판 1985. 5. 28, 85 다카 192(공보 756, 39)(백지배서된 약속어음을 교부만에 의하여 취득하면서 최후배서인에 대하여 조사·확인하지 않은 것에 대하여 중과실을 부정함); 서울민사지판(합의 2부) 1985. 5. 3, 84 나 2567(신문 1592, 8)(자기앞수표의 양수인이 지급은행에 전화문의를 하거나 양도인이 불러준 전화번호 또는 그의 주민등록증을 확인하지 않은 것에 대하여 중과실을 부정함); 서울민사지판(합의 5부) 1985. 5. 21, 85 나 67 (신문 1592, 8)(자기앞수표의 양수인이 지급은행에 사고유무를 확인하지 않은 것에 대하여 중과실을 부정함); 동 1987. 3. 17, 86 나 392(신문 1679, 10)(100만원의 자기앞수표를 야간에 술값으로 받으면서 지급은행에 조회하지 않은 것에 대하여 중과실을 부정함); 동 1987. 1. 28, 86 나 1366 (신문 1672, 11)(자기앞수표를 받으면서 지급은행에 사고신고의 유무 등을 조회하지 않은 것에 대하여 중과실을 부정함); 대판 1996. 11. 26, 96 다 30731(공보 1997, 55)(Y가 A회사에게 발행한 어음을 A회사의 직원인 B가 C와 공모하여 A회사 명의의 배서를 위조하여 C에게 양도하고, C가 악의 또는 중과실의 대상은 어음취득자의 「직전의 양도인」만을 기준으로 하여 판단한다(통설).[1] 따라서 그 이전의 자가 무권리자 등인 것을 알았더라도 직전의 양도인이 무권리자 등인 경우를 모른 경우에는 어음상의 권리를 선의취득한다.

어음취득자의 선의 유무는 어음의 「취득시」를 기준으로 하므로, 어음의 취득 당시에 어음취득자가 선의이면 그 후에 부도가 나서 악의가 되더라도 악의취득자가 되는 것이 아니다.[2] 또한 백지어음을 선의취득하는 경우에도 어음취득자의 선의 유무는 어음의 「취득시」를 기준으로 하는 것이지, 보충시를 기준으로 하는 것이 아니다.[3]

어음취득자의 악의 또는 중과실에 대한 증명책임은 선의취득을 부정하는 자에게 있다고 본다.[4]

(5) 어음취득자는 독립된 경제적 이익을 가질 것

어음취득자가 어음취득에 관하여 독립된 경제적 이익을 갖지 않는 경우에는 보호할 가치가 없다. 왜냐하면 피배서인을 보호하는 것은 그가 취득한 권리에 그 자신이 고유의 경제적 이익을 갖는 것을 전제로 하기 때문이다. 그러므로 피배서인이 단지 배서인의 대리권한밖에 없는 「추심위임배서」는 피배서인이 독립된 경제적 이익을 갖지 못하므로 선의취득의 규정이 적용되지 않는다. 「숨은 추심위임배서」의 경우에도 추심위임배서의 실질을 갖는 것으로 증명되는 한 피배서인에게 독립된 경제적 이익이 없으므로, 신탁양도설의 입장에서도 선의취득을 부인하는 것이 타당하다고 본다.[5]

그러나 「입질배서」의 피배서인은 독립된 경제적 이익을 갖고 있으므로 선의취

다시 X〈상호신용금고〉에게 배서하여 할인을 받은 경우, 배서상 기재에 문제점이 없으면 X는 동 어음을 선의취득하고 X가 상업어음만을 할인하여야 한다는 규정에 위반하여 담보어음이나 융통어음을 잘못 할인하였다고 하여 곧바로 X에게 중대한 과실이 있다고 볼 수 없다); 동 2007. 1. 11, 2005 다 56940(공보 2007, 280)(무기명채권의 양수인은 그 채권의 관할법원에 공시최고절차가 진행중인지 여부를 조회하여 보아야 할 주의의무가 없다〈민법 524조, 514조〉).

1) 정(찬), 518면; 정(희), 214면; 서·정, 106면; 정(동), 160면 외.

2) 동지: 日最高判 1951. 2. 20(교재, 판결례 [109]); 日大判 1927. 4. 2(民集 6, 118).
   반대: 伊 1950. 11. 15 判決 Mantua (T) F. it. 51 I. 1158(수표취득 후에 악의인 자도 수표상 실자에게 전적으로 책임을 진다고 한다).

3) 동지: 獨 Regenburg 地判 1954. 7. 29(교재, 판결례 [86]).

4) 동지: 정(동), (회) 282면(주권에 관하여); 곽윤직, 「물권법(신정판)」, 1992, 220면(동산에 관하여).
   반대(선의취득을 주장하는 자가 증명책임을 부담한다고 보는 견해): 이인재, 「민법주해(V)(물권 2)」, 463면; 조수현, 「대법원판례해설」, 제24호(1995), 40면; 대판 1962. 3. 22, 4294 민상 1174.

5) 정(찬), 518면; 정(찬), (선의취득) 100면.

득(질권)이 인정된다.

3. 효   과

(1) 어음상의 권리의 취득

선의취득의 효과에 대하여 어음법 제16조 2항은 「그 어음을 반환할 의무가 없다」라고 규정하고 있는데, 이는 어음취득자가 어음상의 권리를 원시취득한다는 의미이다(우리나라 의 통설).[1] 그 결과 어음의 분실자 등은 어음상의 권리를 상실하게 된다.

그런데 독일의 통설[2]과 우리나라[3] 및 일본[4]의 소수설은, 채권(債權)에 대한 선의취득은 발생하지 않는다는 전제에서 「어음소유권(어음증권에 대한 권리)을 취득하고 그 결과 어음상의 권리를 취득한다」고 설명한다(소유권이론). 그러나 어음상의 권리와 증권의 소유권과의 관계에서 볼 때 어음상의 권리의 취득(행사)에는 증권의 소지만을 요할 뿐 증권의 소유권의 취득을 요하지 아니하는 점에서 양자는 구별되고, 또 선의취득되는 권리는 소유권에 한하는 것은 아니고 어음상의 권리도 해당된다는 점에서 볼 때, 우리나라의 소수설은 타당하지 않다고 생각한다.[5]

(2) 인적 항변의 절단과의 관계

선의취득자의 권리는 어음법 제17조의 인적 항변의 절단에 관한 규정에 의하여 보충되기는 하나[6](동조의 요건을 충족하는 한), 양자는 별개의 요건을 구비하여야 하는 것으로 구별된다(통설).[7] 즉, 선의취득이 인정된다 하여 어음상의 기명날인자 또는 서명자가 반드시 어음채무를 부담한다는 의미는 아니고, 이 때에 기명날인자 또는 서명자가 어음채무를 부담하는지 여부는 어음항변의 문제로서 선의취득과는 전혀 별개의 문제이다. 따라서 항변의 부착을 알아도 양도인의 무권리(또는 양도행위의 하자)를 모르고 어음을 취득하는 자는 항변이 부착된 어음을 선의취득한다.[8]

---

1) 정(찬), 519면; 정(희), 214면; 정(동), 161면; 손(주), 119면; 양(승), (어) 170면 외.
2) Rehfeldt/Zöllner, S. 81; Jacobi, S. 65~66; Hueck/Canaris, §8 IV 2b; Stranz, S. 109; Baumbach/Hefermehl, WG Art. 16 Rdn. 11.
3) 서(정), 185면.
4) 松本, 58면 이하; 竹田, 37면; 升本, 177면.
5) 정(찬), 519면; 정(찬), (선의취득) 182면.
6) 동지: Jacobi, S. 67; Stranz, S. 108; Baumbach/Hefermehl, WG Art. 16 Rdn. 11.
7) 정(찬), 519면; 정(희), 215면; 정(동), 161~162면; 손(주), 120면 외.
8) 동지: 서·정, 107면; 양·박, 659면; 양(승), (어) 171면; 서(정), 185면; 채, 162면.
   그러나 영미법에서는 선의취득과 인적 항변의 절단의 주관적 요건이 같기 때문에 선의취득을 하게 되면 어음상의 권리의 모든 하자 및 구(舊)권리자에게 대항할 수 있는 모든 인적 항변이 절단된 권리를 취득하게 된다[U. C. C. §§3-302 (a), 3-306; B. E. A. §29][이에 관한 상세는 정(찬),

선의취득과 어음항변은 다음과 같은 점에서 차이가 있다.

1) 선의취득은 「권리의 귀속」에 관한 문제로서 이에 의하여 희생되는 자는 진정한 권리자임에 반하여, 어음항변은 「채무의 존재(범위)」에 관한 문제로서 이에 의하여 희생되는 자는 어음채무자이다.

2) 선의취득이 되지 않는 주관적 요건은 「어음악의 또는 중대한 과실」임에 반하여, 어음항변이 절단되지 않는 주관적 요건은 「어음채무자를 해함을 아는 것」이다. 이는 선의취득에서는 자기에 대한 「배서인 자신에 관하여 존재하는 사유」임에 반하여, 항변절단에서는 자기에 대한 「배서인과 채무자와의 어음 외의 관계」로 인한 것이기 때문이다.[1]

(3) 제권판결과의 관계

어음을 분실·도난당한 자가 공시최고절차를 거쳐 제권판결을 받은 경우에 어음의 선의취득자와 제권판결취득자 중 누가 실질적 권리자인지가 문제되는데, 이에 대하여 학설은 선의취득자우선설[2]과 제권판결취득자우선설[3]로 나뉘어 있고, 우리나라의 판례는 형식적으로는 선의취득자우선설의 입장인 것 같은데($\substack{\text{제권판결의 적극적 효력에서}\\ \text{형식적 자격의 회복}}$) 실질적으로는 제권판결취득자우선설의 입장에서 판시하고 있다[4]($\substack{\text{이에 관한}\\ \text{상세는 후술함}}$).

제4절 어음상의 권리의 행사

제1 총 설

(1) 어음상의 권리는, 어음소지인 등이 만기에 어음의 지급인($\substack{\text{약속어음의}\\ \text{경우는 발행인}}$) 등에게 지급을 청구하고(지급제시), 지급이 없거나 만기에 지급이 현저하게 불확실하게 되었을 때는 상환(소구)의무자에게 상환을 청구함으로써 행사된다. 즉, 어음상의 권리란 주채무자(지급인)에 대한 「어음금지급청구권」(어음금수령권한)[5]과 상환(소구)의

(선의취득) 183면 이하 참조].

1) 정(찬), 520면; 정(찬), (선의취득) 25~26면. 동지: 정(희), 261면 외.

2) 정(희), (상) 421면; 안동섭, "제권판결과 선의취득과의 관계," 「고시연구」, 1981. 6, 108~110면; 정(동), 210면; 채, 335면; 강, (어) 156면.

3) 서(정), 233면; 이(범), 292면; 이영섭(편집대표), 「학설판례 주석민사소송법」(한국사법행정학회, 1972), 923~924면.

4) 대판 1965. 7. 27, 65 다 1002; 동 1979. 3. 13, 79 다 4 외(판총 15, 1089-1091)[그러나 정(동), 210면은 '우리 대법원판례는 선의취득자우선설을 취함을 명백히 하고 있다'고 한다].

5) 이는 인수 안 된 환어음의 소지인 또는 수표의 소지인이 지급인에 대하여 갖는 권한이다.

무자에 대한 「상환청구(소구)권」을 의미하는 것으로, 어음상의 권리의 행사란 이러한 권리의 내용을 현실화하는 것을 말한다.[1]

(2) 어음상의 권리의 행사는 지급제시에서 출발하여 지급인이 지급을 하면 종결되지만, 지급인이 지급거절을 하면(부도) 다시 상환청구(소구)권의 행사의 절차를 밟게 된다. 이를 단계별로 그 특색을 살펴보면 다음과 같다.

1) 지급제시는 어음의 특수성에 비추어 민법의 일반원칙을 변경하여 어음법에서 특별히 규정한 것이다.

2) 지급은 민법상 변제이나, 어음의 특수성에 맞도록 민법의 일반원칙을 변경하여 어음법에 이에 관한 상세한 규정을 두고 있다. 이 중에서 특별히 문제되는 것은 어음의 피지급성과 유통보호를 위하여 지급인의 조사의무를 경감하고 있는 점이다.

3) 상환청구(소구)는 민법상 매도인의 하자담보책임과 같은 정신으로 입법화된 것인데,[2] 어음법은 이 권리의 행사의 전제가 되는 상환청구(소구)권보전절차에 관하여 상세한 규정을 두고 있다.

4) 어음법은 어음의 피지급성과 유통보호를 위하여 어음채무를 특히 엄격하게 규정하고 있는데, 이것을 어음엄정(rigor cambialis; Wechselstrenge)이라고 한다. 이러한 어음엄정은 형식적 어음엄정과 실질적 어음엄정으로 나누어진다. 형식적 어음엄정이란 특히 어음에 특유한 간이·신속한 어음소송을 인정하는 것을 말하고, 실질적 어음엄정이란 특히 어음채무자에게 (민법상 채무자에 비하여) 엄격한 책임을 부담시키는 것을 말한다. 그런데 형식적 어음엄정에 관한 어음소송에 관하여 우리나라에서는 특별히 규정하고 있지 않고,[3] 민사소송법 등에서 어음소송에 관하여 약간의 특칙을 두고 있을 뿐이다.[4]

---

1) 동지: 정(희), 215면.

2) 이(범), 345면.

3) 그러나 독일 민사소송법에서는 제5편에서 어음소송제도를 두고 있고, 일본에서도 1964년에 민사소송법의 일부를 개정하여 제5편의 2를 신설하여 어음소송제도를 두고 있다(1965. 1. 1부터 시행).

4) 예컨대, 민사소송법 제213조 1항은 어음(수표)금의 청구에 관한 가집행의 선고에서 단서를 두어 「담보를 제공하게 하지 아니하고 가집행의 선고를 하여야 한다」고 규정하고 있다. 또한 어음금청구사건을 단독판사의 사물관할로 하고 있다(민사소송의 사물관할에 관한 규칙 제2조 1호 단서). 또한 공증인은 어음(수표)에 부착하여 강제집행을 인낙하는 취지를 기재한 공정증서를 작성할 수 있는데(이는 원래 1970. 12. 31 제정 간이절차에 의한 민사분쟁사건 처리특례법 제4조에 규정되었으나, 1985. 9. 14에 공증인법이 개정되어 동법 제56조의 2에서 규정되고 있다), 이는 공증된 어음(수표)채무자에 대하여는 채무명의(집행권원)로 보게 되어(공증 56조의 2 4항) 집행증서가 된다(민집 56조 4호 참조). 그러나 공증인이 작성한 어음(수표)공정증서는 채무명의(집행권원)로서 집행력은 있으나, 확정판결과 같은 기판력은 없다. 따라서 어음(수표)채권이 민법 제165조 2항 소정의 채권으로서 10년의 소멸시효에 걸린다고 할 수 없다[대판 1992. 4. 14, 92 다 169(공보 921,

실질적 어음엄정에 관하여는 어음채무의 무인성(추상성)·어음항변의 절단 등이 있는데, 어음채무의 무인성(추상성)에 대하여는 이미 설명했으므로 이곳에서는 특히 어음항변의 절단이 문제된다. 따라서 어음엄정과 관련해서는 어음항변만을 설명하겠다.

이하에서는 어음상의 권리가 현실화되는 순서에 따라 지급제시, 지급, 상환청구(소구) 및 어음항변의 순으로 설명하겠다.

제2 지급제시

1. 지급제시의 의의

(1) 지급제시(presentment for payment; Vorlegung od. Präsentation zur Zahlung)란 「어음소지인이 지급을 청구하기 위하여 지급인($\frac{환어음}{및 수표}$)·인수인($\frac{약속어음의}{경우는 발행인}$)·지급보증인($\frac{수}{표}$) 또는 지급담당자에게, 지급장소 또는 지급지에 있어서의 지급인의 영업소·주소 또는 거소에서($\frac{지급장소의 기재가}{없는 경우}$), 완성어음 자체를 제시하는 것」을 말한다. 어음은 그 성질상 어음소지인($\frac{어음상의}{권리자}$)이 항상 변동되기 때문에 어음소지인이 지급인 등에게 먼저 지급을 청구하여야 하고(추심채무), 또 자기가 권리자라는 것을 증명하는 수단으로 어음 자체를 제시하여야 한다[1](제시증권성). 따라서 지급제시는 지급의 전제요건이 되어 있고 또 지급과 불가분의 관계를 가지고 있다.

이러한 지급제시는 크게 주채무자($\frac{환어음의 인수인 또는}{약속어음의 발행인}$)에 대한 지급제시($\frac{어음금지급청구}{권을 행사하기}$ $\frac{위한 지}{급제시}$)와 단순한 지급인($\frac{인수되지 않은 환어음의 지급인 또는}{지급보증되지 않은 수표의 지급인}$)에 대한 지급제시($\frac{어음금수령권한을 행사}{하기 위한 지급제시}$)의 두 가지로 나누어지는데,[2] 각각에 대하여는 후술하는 바와 같이 그 효력이 다르다.

(2) 지급제시는 인수제시와 유사한 점도 있으나, 다음과 같은 점에서 구별되고 있다.

1) 인수제시는 「환어음」에만 있는 제도이나, 지급제시는 환어음·약속어음 및

1594)].

1) 동지: 주석, 381면.

2) 지급보증된 수표의 지급인에 대한 지급제시는 지급제시기간 내에 지급제시를 하여야 지급보증인에 대한 권리도 보전된다는 점에서(수 55조 1항) 주채무자에 대한 지급제시와 구별되고, 지급제시기간 내에 지급제시하면 지급보증인에 대하여 수표금지급청구권(수표금수령권한이 아님)을 취득하는 점에서 단순한 지급인에 대한 지급제시와 구별되고 있다. 그러나 이러한 지급보증인에 대한 지급제시는 일반적인 경우는 아니다.

수표에 공통된 제도이다.

2) 인수제시인은 어음소지인 또는 어음의 「단순한 점유자」이나($^{어}_{21조}$), 지급제시인은 어음소지인뿐이며 어음의 「단순한 점유자」는 지급제시를 할 수 없다(통설)[1] $\binom{어\ 38조\ 1항\cdot77조,}{1항\ 3호,\ 수\ 29조}$.

3) 어음소지인이 인수제시를 할 것인가의 여부는 원칙적으로 「어음소지인의 자유」이고 어음소지인이 이를 하지 아니하여도 법률상 불이익을 받지 아니하나 $\binom{인수제시자유}{의\ 원칙}\binom{어}{21조}$, 어음소지인은 (지급을 받기 위하여 또는 상환청구〈소구〉권을 보전하기 위하여) 지급제시를 반드시 하여야 한다(제시증권성)$\binom{어\ 38조\ 1항\cdot77조}{1항\ 3호,\ 수\ 29조}$.

4) 어음소지인이 인수제시를 한 경우에 지급인은 「인수할 것인가의 여부를 자유」로 결정할 수 있고 또 이를 위하여 「숙려(熟慮)기간」($^{어}_{24조}$)도 인정되나, 어음소지인이 지급제시를 한 경우에는 인수인$\binom{약속어음의}{경우는\ 발행인}$은 지급할 채무를 부담하고$\binom{인수되지}{않은\ 환어}$ 음 또는 지급보증되지 않은 수표의 경우에는 지급인은 발행인과의 $\binom{자금관계에서\ 어음〈수표〉금을\ 지급하여야\ 할\ 채무를\ 부담함}{}$) 또 즉시 지급하여야 하므로 숙려기간이 인정되지 않는다.

5) 인수제시에 의하여 지급인이 하는 인수는 「어음행위」로서 지급인이 (주채무로서) 어음채무를 부담하나, 지급제시에 의하여 지급인이 하는 지급은 민법상 변제에 해당하는 것으로서 법률행위가 아니고[2] 또 어음채무를 소멸시키는 것이다.

2. 지급제시의 당사자

(1) 제 시 인

지급제시인은 원칙적으로 형식적 자격이 있는 어음소지인이고,[3] 예외적으로 형식적 자격이 없는 어음소지인인 경우에는 그가 실질적 권리자임을 증명한 경우에 한하여 지급제시를 할 수 있다. 또한 이들의 대리인이나 사자(使者)도 당연히 지급제시를 할 수 있고(통설),[4] 거절증서의 작성을 위임받은 공증인이나 집행관도 지급

---

1) 정(찬), 524면; 정(희), 219면; 서·정, 224면; 정(동), 413면 외.

2) 곽, (채총) 391면(변제는 법률행위가 아니라는 데에 우리나라의 학설은 일치되어 있다고 한다).

3) 기명식 또는 지시식 어음(수표)의 경우에는 배서의 연속이 있는 어음(수표)의 최후의 피배서인이고, 소지인출급식수표 또는 최후의 배서가 백지식인 경우에는 어음(수표)의 단순한 소지인(점유자)이다.

4) 정(찬), 525면; 정(희), 219면; 서·정, 224면; 정(동), 413면 외.

동지: 대판 2006. 12. 7, 2004 다 35397(공보 2007, 113)(종합금융회사가 고객에게 보관통장방식으로 기업어음을 매도한 경우, 어음의 제시증권성과 상환증권성 그리고 외관주의가 강조되는 어음거래의 특성에 비추어 볼 때, 보관업무 및 만기시 추심업무와 관련하여 종합금융회사와 고객 사이에 명시적인 계약이 체결되지 아니하였다면, 고객이 종합금융회사에 어음을 보관하다가 만기시에 종합금융회사의 이름으로 어음을 제시하여 어음상의 권리를 행사할 수 있는 권한을 수여하는 내용의 묵시적인 합의가 존재한다고 해석하는 것이 상당하다).

제시를 할 수 있다.[1)]

그러나 인수제시와는 달리 어음의 「단순한 점유자」는 지급제시를 할 수 없다
(통설).[2)] 왜냐하면 인수제시에 의한 인수의 효력은 정당한 어음소지인에 발생하나,
지급제시에 의한 지급은 지급제시인에게 이행되면 어음채무가 소멸하기 때문에 지
급제시인은 (원칙적으로) 형식적 자격이 있는 어음소지인에 한하고 단순한 어음의
점유자는 지급제시인이 될 수 없다.[3)]

(2) 피제시인

지급제시의 상대방(피제시인)은 환어음의 경우는 지급인 또는 인수인, 약속어음
의 경우는 발행인, 수표의 경우는 지급인 또는 지급보증인이다. 이들을 위한 지급담
당자 또는 지급장소의 기재가 있는 경우에는 그 지급담당자 또는 지급장소에서 지
급제시를 하여야 하고[4)]($\binom{제3자방지급}{어음의 경우}$)($\binom{어 4조·27조·77조}{2항, 수 8조}$), 지급담당자 등의 기재가 없는 경
우에는 지급인 등의 영업소·주소 또는 거소에서 지급제시를 하여야 한다($\binom{민 516조}{524조}$).

환어음의 인수인 또는 약속어음의 발행인이 수 인인 경우에는 이러한 공동인
수인 또는 공동발행인은 연대채무를 부담하는 것이 아니라 합동책임을 부담하여 각
자가 독립적으로 어음금 전액에 대하여 지급의무를 부담하는 것이므로, 어음소지인
은 공동인수인 또는 공동발행인의 전원에 대하여 지급제시를 하여야 상환청구(소구)
권을 보전할 수 있다고 본다.[5)]

3. 지급제시기간

지급제시기간(Vorlegungsfrist)은 어음의 지급제시기간과 수표의 지급제시기간으
로 분류할 수 있고, 어음의 지급제시기간은 주채무자에 대한 지급제시기간과 상환청
구(소구)권보전을 위한 지급제시기간으로 분류할 수 있다($\binom{수표의 경우는 주채무자가 없으므}{로 이러한 구별이 있을 수 없다}$).
단순히 지급제시기간이라고 하면 보통 상환청구(소구)권보전을 위한 지급제시기간
을 의미한다.

---

1) 동지: 日大判 1921. 6. 27(民錄 27, 1252).

2) 정(찬), 525면; 정(희), 219면; 서·정, 224면; 정(동), 413면; 주석, 382면 외.

3) 동지: 주석, 382면.

4) 동지: 대판 1988. 8. 9, 86 다카 1858(공보 832, 1207)(어음에 제 3 자방지급문구가 기재되어 있
고 또 그것이 지급담당자를 기재한 것이라면, 지급을 위한 제시는 지급담당자의 영업소 또는 주소
에서 지급담당자에게 하여야 한다).

5) 동지: 정(동), 413면; 주석, 383면; 최(기), 473면.
반대: 日大判 1904. 12. 6(民錄 10, 1557)(공동발행인은 연대채무자이므로, 그 중 1인에 대하여
만 지급제시하면 소구권을 보전할 수 있다고 한다); 협약 55조 (b)호(약속어음의 발행인의 경우).

이러한 지급제시기간은 제척기간이므로 중단·정지 등이 없고, 지급제시는 지급제시기간 중의 거래일에 한하여 할 수 있는데 거래일에는 영업시간 내에 한하여 할 수 있다[1]($\frac{상}{참조}$ 63조).

(1) 어음의 지급제시기간

1) 주채무자에 대한 지급제시기간　　환어음의 인수인 또는 약속어음의 발행인과 같은 주채무자에 대하여 어음소지인이 어음상의 권리를 행사하기 위한 지급제시기간은 「만기일부터 3년간」이다($\frac{어 70조 1항,}{77조 1항 8호}$).

이러한 지급제시기간의 계산에 있어서 첫날(초일)은 산입되지 아니하고($\frac{어 73조}{77조 1항 9호}$), 그 기간의 말일이 법정휴일인 때에는 말일 이후의 제1거래일까지 기간이 연장되나 기간중의 휴일은 그 기간에 산입된다($\frac{어 72조 2항,}{77조 1항 9호}$). 여기에서 거래일이라 함은 법정휴일 이외의 날을 말하는데, 법정휴일이란 국경일[2]·공휴일[3]·일요일·기타의 일반휴일을 말한다($\frac{어}{81조}$). 기타의 일반휴일이란 지방휴일 또는 관습적 휴일[4]을 말하는데, 어음거래의 안전을 위하여 명확하여야 하고,[5] 은혜일[6]은 법률상이거나 재판상임을 불문하고 인정되지 아니한다($\frac{어 74조, 77조}{1항 9호}$).

2) 상환청구(소구)권보전을 위한 지급제시기간

(가) 확정일출급어음·발행일자후정기출급어음·일람후정기출급어음의 경우에는, 「지급을 할 날 또는 그날 이후의 2거래일 내」이다($\frac{어 38조 1항,}{77조 1항 3호}$). 이 때에 「지급을 할 날」이란 법률상 지급을 하여야 할 날로서 만기가 거래일인 경우에는 만기와 일치하나, 만기가 법정휴일인 경우에는 만기 이후의 제1거래일이다($\frac{어 72조 1항 1문,}{77조 1항 9호}$). 그 밖에 거래일의 의미는 위에서 본 바와 같다.

---

1) 동지: 정(동), 414면; 주석, 383면; B. E. A. § 45 (3).

2) 이에 대하여는 「국경일에 관한 법률」(제정: 1949. 10. 1, 법 53호, 개정: 2014. 12. 30, 법 12915호)이 있는데, 이에 의하면 국경일은 3·1절(3월 1일)·제헌절(7월 17일)·광복절(8월 15일)·개천절(10월 3일)·한글날(10월 9일)이다.

3) 이에 대하여는 「관공서의 공휴일에 관한 규정」(전문개정: 1990. 11. 5, 대통령령 13155호, 개정: 2023. 5. 4, 대통령령 33448호)이 있는데, 이에 의하면 공휴일은 일요일·국경일 중 3·1절·광복절, 개천절 및 한글날·1월 1일·설날 전날·설날·설날 다음날·석가탄신일(음력 4월 8일)·5월 5일(어린이날)·6월 6일(현충일)·추석전날·추석·추석 다음날·12월 25일(기독탄신일)·「공직선거법」제34조에 따른 임기만료에 의한 선거의 선거일·기타 정부에서 수시 지정하는 날이다. 이 때 기타 '정부에서 수시 지정하는 날'이란, 예컨대 국무회의에서 제주도 주민투표일을 임시공휴일로 지정한 경우, 제주도에 한하여 그 주민투표일은 이러한 임시공휴일에 해당한다.

4) 토요일 휴무는 근로기준법상 단체협약에 의한 것인데, 이는 이러한 관습적 휴일로서 기타의 일반휴일이라고 본다.

5) 동지: 서·정, 225면; 주석, 383면.

6) 은혜일이란 어음채무자를 위하여 은혜로서 지급유예를 주는 기간을 말한다[정(희), 220면].

(내) 일람출급어음의 경우에는, 「발행일($\frac{발행인이\ 일정한\ 기일\ 전에\ 지급}{제시를\ 금한\ 경우에는\ 그\ 기일}$)부터 1년 내」이다($\frac{어\ 34조\ 1항·2항,}{77조\ 1항\ 2호}$). 발행인은 이 기간을 단축 또는 연장할 수 있고, 배서인은 이 기간을 단축할 수 있다($\frac{어\ 34조\ 1항\ 2문,}{77조\ 1항\ 2호}$). 이 기간의 계산에 관하여는 위에서 본 바와 같다.

(2) 수표의 지급제시기간

수표의 지급제시기간은 지급보증인에 대하여 수표소지인이 수표상의 권리를 행사하기 위한 것이든($\frac{수}{2항}^{55조}$) 상환청구(소구)권보전을 위한 것이든 동일한데, 이는 다음과 같다($\frac{수\ 29조\ 1항·}{2항·3항}$). 즉, 국내수표는 10일[1]($\frac{수}{1항}^{29조}$), 외국수표는 동일주(洲)가 20일이고, 다른 주는 70일이다($\frac{수\ 29조}{2항·3항}$). 수표의 지급제시기간은 어음과는 달리 당사자가 임의로 단축 또는 연장할 수 없다. 수표가 실제로 발행된 날이 수표에 기재된 발행일과 다른 경우에는 수표에 기재된 발행일을 기준으로($\frac{수}{4항}^{29조}$) 지급제시기간을 계산한다.[2] 수표의 지급제시기간의 계산에 있어서도 첫날(초일)은 산입되지 아니하고($\frac{수}{61조}$), 그 기간의 말일이 법정휴일인 때에는 그 말일 이후의 제 1 거래일까지 기간이 연장되나 기간중의 휴일은 그 기간에 산입된다($\frac{수}{2항}^{60조}$).

4. 지급제시의 장소 및 방법

(1) 지급제시의 장소

1) 어음에 지급장소(또는 지급담당자)의 기재가 있는 경우

(가) 지급장소가 지급지 내의 장소로서 적법하게 기재된 경우에는 그 지급장소에서 지급제시를 하여야 하고, 그 지급장소 이외에서 지급제시하여도 지급제시로서의 효력이 없다.[3] 따라서 지급장소로서 제 3 자방지급문언이 기재된 경우에는 ($\frac{어\ 4조·27조·77조}{2항,\ 수\ 8조}$) 언제나 그 제 3 자방에서 지급제시하여야 한다. 그러나 어음에 기재된 지급장소는 지급제시기간 내에 지급제시한 경우에만 그 효력이 있으므로, 이 기간이 경과한 후에는 어음소지인은 지급인의 영업소·주소 또는 거소에서 적법하게 지급제시를 할 수 있다.[4]

(내) 지급장소가 지급지 외의 장소로 기재된 경우에는 그 지급장소의 기재는 무효가 되는 것이므로,[5] 어음소지인이 그 지급장소에서 지급제시하는 것은 지급제시로서

---

1) 동지: 대판 1959. 10. 29, 4292 민상 440(교재, 판결례 [459])(발행인이 자기앞으로 발행한 수표도 역시 수표법 제29조 1항에 의하여 10일 내에 지급을 위하여 이를 제시하여야 한다).

2) 동지: 대판 1982. 4. 13, 81 다 1000, 81 다카 552(교재, 판결례 [541]).

3) 동지: 정(동), 414면; 주석, 384면.

4) 동지: 정(동), 415면; 채, 249면; 주석, 384면.

5) 동지: 대결 1959. 8. 27, 4292 민재항 120(판총 11-2, 1030).

의 효력이 없다.[1] 따라서 이 때 어음소지인은 지급지 내의 지급인의 영업소·주소 또는 거소에서 지급제시를 하여야 하고,[2] 지급지 내에서 지급인의 영업소·주소 또는 거소를 발견할 수 없는 때에는 지급지 내에서 지급거절증서를 작성할 수밖에 없다.[3]

2) 어음에 지급장소(또는 지급담당자)의 기재가 없는 경우   어음에 지급장소의 기재가 없는 경우에는 지급지 내의 지급인의 영업소·주소 또는 거소에서 지급제시를 하여야 한다[4](민 516조. 524조). 그러나 지급지 내에서 지급인의 영업소·주소 또는 거소를 발견할 수 없고 지급지 외에서 지급인의 영업소·주소 또는 거소를 발견한 때에는, 지급지 외의 지급인의 영업소 등에서 지급제시를 할 것이 아니라 지급지 내에서 지급거절증서를 작성하여야 한다.[5]

3) 당사자간의 합의에 의하여 지급장소의 변경이 있는 경우   어음에 기재된 지급장소(그 지급장소가 지급지 내이든 지급지 외이든 불문함) 이외의 장소에서 지급제시를 할 것을 지급인과 어음소지인간에 합의한 경우, 그 장소에서 지급제시한 것이 유효한가의 문제가 있다. 이에 대하여 지급장소는 어음소지인과 지급인간에만 이해관계를 미치는 사항이라는 이유로 이를 긍정하는 견해와,[6] 어음의 요식증권성에서 이를 부정하는 견해[7]로 나뉘어 있다. 생각건대 지급장소는 어음요건이 아니므로 어음상에 기재된 지급장소 이외의 장소에서 지급하기로 합의한 것이 어음의 요식증권성에 반한다고 볼 수도 없고, 또 배서인 기타 어음채무자의 이익을 해하는 것도 아니므로, 그 지급장소가 지급지 내의 장소이면 유효하다고 본다.

4) 어음교환소에서의 지급제시   어음법은 어음교환소에서의 제시는 지급제시로서 유효함을 명백히 규정하고 있다(어 38조 2항·77조 1항 3호, 수 31조 1항). 이러한 어음교환소에서의 지급제시는 어음교환소가 어음상에 지급장소(또는 지급담당자)로서 기재되지 않은 경우에도, 또 지급지 외에 있는 경우에도 언제나 유효하다.[8] 어음소지인은 지급장소

---

1) 동지: 日大判 1924. 12. 5(교재, 판결례 [244]).
   반대: 주석, 384면(지급인 및 그 어음의 배서인에게는 지급제시로서 유효하다고 한다).
2) 동지: 정(동), 415면; 주석, 384면.
3) 동지: 주석, 384면.
4) 이 때 어음상의 기재된 지급지 내의 지급인의 영업소·주소 또는 거소가 현재의 영업소·주소 또는 거소와 틀린 경우에는, 물론 현재의 영업소·주소 또는 거소에서 지급제시를 하여야 한다.
5) 동지: 정(동), 415면; 최(기), 473면; 주석, 384면.
6) 서·정, 226면; 정(동), 415면; 최(기), 475면.
   동지: 日大判 1940. 1. 29(교재, 판결례 [367]).
7) 주석, 385면.
8) 동지: 주석, 385면.

$\binom{수표인 경우}{에는 지급인}$인 은행에 직접 가서 지급제시를 할 수도 있으나(창구제시),[1] 자기의 거래
은행을 통하여 이러한 지급(담당)은행에 지급제시를 하는 것이 일반적이다(교환제
시).[2] 이러한 어음교환소는 법무부장관이 지정한다($\substack{어\ 83조\\수\ 69조}$).

어음소지인이 교환제시를 하는 경우 자기의 거래은행($\substack{추심을\ 위임받은\ 금융\\기관,\ 제시금융기관}$)에 어음
을 입금하면 제시금융기관이 어음의 기재사항을 정보처리시스템에 의하여 전자적
정보의 형태로 작성한 후 그 정보를 어음교환소에 송신하는데, 이 경우 이러한 정
보가 그 어음교환소의 정보처리시스템에 입력된 때에 어음교환소에서의 지급제시가
이루어진 것으로 본다($\substack{어\ 38조\ 3항·77조\\1항\ 3호,\ 수\ 31조\ 2항}$). 이는 어음(수표)정보의 전자적 송·수신에 대
하여 어음(수표)법상 지급제시의 효력을 부여한 것인데, 이를 위하여 2007. 5. 17에
어음법($\substack{법\\8441호}$) 및 수표법($\substack{법\\8440호}$)이 개정되었다($\substack{시행일자는\\2007.\ 11.\ 18일}$).

(2) 지급제시의 방법

지급제시를 함에는 완전한 어음으로써, 원칙적으로 상대방(피제시인)의 면전에
서, 어음 자체를 제시하여야 한다. 지급인이 지급을 거절할 것이 명백한 경우에도
어음소지인은 이러한 방법으로 지급제시를 하여야 한다. 이를 좀더 상세히 살펴보
면 다음과 같다.

1) 지급제시에는 「완전한 어음」으로써 하여야 하므로, 백지어음으로써 한 지
급제시는 그 효력이 없다.[3]

2) 지급제시는 원칙적으로 「피제시인의 면전」에서 하여야 하는데, 다음과 같
은 경우에는 예외적으로 피제시인의 면전에서 하지 않은 경우에도 지급제시가 있다
고 볼 수 있다.

㈎ 어음소지인이 지급제시기간 내에 지급장소 또는 지급인의 영업소·주소
또는 거소에 지급제시를 위하여 어음을 가지고 갔으나, 지급인이 부재하여 지급인
의 면전에서 현실로 지급제시를 할 수 없었던 경우에는 지급제시가 있었다고 볼
수 있다.[4]

---

1) 은행은 과실지급의 위험을 피하기 위하여 가능한 한 창구지급을 피하고 있다.

2) 어음소지인은 교환제시를 위하여 어음에 (숨은)추심위임배서를 하여 거래은행에 추심을 위임하
든가 또는 양도배서를 하여 거래은행에 있는 자기의 예금구좌에 입금시킨다.

3) 동지: 대판 1967. 9. 5, 67 다 1471(교재, 판결례 [226]·[251]·[252]); 동: 1971. 1. 26, 70
다 602(교재, 판결례 [95]); 동 1985. 8. 13, 85 다카 123(공보 761, 11); 동 1986. 9. 9, 85 다카
2011(공보 786, 25); 日最高判 1958. 3. 7(교재, 판결례 [97]).

4) 동지: 정(희), 223면; 서·정, 227면; 정(동), 417~418면; 채, 255면; 日大判 1932. 2. 26(民集
11-3, 218); 日最高判 1958. 9. 12(ジュリスト164, 383).

(내) 지급지 내에 지급인의 영업소·주소 또는 거소가 없어서 지급제시를 할 수 없었던 경우에도, 적법한 지급제시가 있었던 것으로 본다.[1]

(다) 지급담당자가 어음소지인이 된 경우에는, 만기에 어음을 소지하고 있는 것 자체로 적법한 지급제시가 있은 것으로 된다.[2]

3) 지급제시에는 원칙적으로 「어음 자체」로써 하여야 하므로, 등본 등에 의한 제시는 적법한 지급제시로서의 효력이 없다. 그러나 예외적으로 재판상의 청구에는 어음 자체로써 제시하지 않더라도 소장(訴狀) 또는 지급명령의 송달이 있은 때에 적법한 지급제시가 있은 것으로 본다.[3] 또한 어음을 상실(분실·도난)한 경우에도 공시최고에 의한 제권판결을 취득하여 어음상의 권리를 행사할 수 있다(민소 492조~ 497조).

5. 지급제시의 효력

(1) 주채무자에 대한 지급제시의 효력

1) 환어음의 인수인 또는 약속어음의 발행인과 같은 주채무자에 대한 지급제시기간은 「만기일부터 3년간」(시효기간)이므로(어 70조 1항, 77조 1항 8호), 이 기간 내에 지급제시를 하면 주채무자에 대한 어음금지급청구권을 보전할 수 있다.[4] 만일 이 기간을 경과하면 주채무자에 대한 어음상의 권리는 시효소멸한다.

2) 위에서 본 바와 같이 주채무자에 대한 지급제시기간은 「만기일부터 3년간」이므로, 주채무자가 어음소지인에 대하여 지체책임을 지는 것도 어음의 제시증권성과 관련하여 볼 때 만기의 다음 날이 아니라 「지급제시일(재판상의 청구에는 소장 또는 지급명령의 송달일)의 다음 날」이다[5](상 65조, 민 517조).

이와 같이 주채무자에게 지체책임을 지우기 위한 요건으로서의 지급제시의 증명방법에는 아무런 제한이 없다.

(2) 상환청구(소구)권보전을 위한 지급제시의 효력

1) 어음소지인이 상환청구(소구)권을 보전하기 위하여는 「상환청구(소구)권보전

1) 동지: 서·정, 227면; 주석, 386면.
2) 동지: 日大判 1938. 12. 19(民集 17, 2670); 日最高判 1964. 3. 19(民集 8-3, 711).
3) 동지: 대판 1958. 12. 26, 4291 민상 38(교재, 판결례 [358]); 동 1959. 2. 19, 4290 민상 588(교재, 판결례 [357]) 외.
4) 동지: 대판 1971. 7. 20, 71 다 1070(교재, 판결례 [355])(따라서 약속어음의 발행인에게는 어음법 제38조가 적용되지 않는다); 동 1988. 8. 9, 86 다카 1858(공보 832, 1207).
5) 동지: 대판 1960. 6. 9, 4292 민상 778(교재, 판결례 [359]); 동 1960. 11. 17, 4293 민상 102(교재, 판결례 [360]); 동 1964. 11. 24, 64 다 1026(교재, 판결례 [356])(재판상의 청구에서는 소장제출일이 아니라 소장송달의 익일부터 지연손해금이 계산된다고 한다).

을 위한 지급제시기간 내」$\binom{어\,38조\,1항\cdot34조\,1항\cdot2항\cdot77조\,1항}{2호\sim3호,\ 수\,29조\,1항\cdot2항\cdot3항}$에 지급제시를 하여야 한다. 또한 이 기간 내에 적법한 지급제시가 있었다는 사실은 「지급거절증서」에 의하여 증명되지 않으면 안 된다$\binom{어\,44조\,1항\cdot77조,}{1항\,4호,\ 수\,39조}$. 다만 지급거절증서의 작성이 면제된 경우에는 그러하지 아니하다$\binom{어\,46조\,1항\cdot3항,\ 77조,}{1항\,4호,\ 수\,42조\,1항\cdot3항}$.

2) 만일 이 기간 내에 지급제시를 하지 않으면 다음과 같은 효력이 있다.

⑺ **어음의 경우**

① 어음소지인은 상환(소구)의무자에 대한 상환청구(소구)권을 상실한다$\binom{어\,53조,\,77조,}{1항\,4호}$.

② 환어음에서 인수하지 않은 지급인은 발행인의 계산으로 지급할 수 없다. 이 때 지급인이 지급제시기간 경과 후에 발행인의 계산으로 지급하는 것은 만기에 지급하여 줄 것을 지급인에게 위탁한 발행인의 의사와 다르기 때문이다.[1]

③ 어음채무자는 어음소지인의 비용과 위험부담으로 어음금액을 공탁할 수 있다[2]$\binom{어\,42조,\,77조}{1항\,3호}$.

⑻ **수표의 경우**

① 수표소지인이 상환(소구)의무자에 대한 상환청구(소구)권을 상실하는 점은$\binom{수}{39조}$ 어음과 같다. 그런데 이외에 수표소지인은 지급보증인에 대한 권리도 상실한다$\binom{수\,55조}{1항}$. 이 점에서 수표의 지급보증인은 어음의 주채무자와 구별되고, 최종의 상환(소구)의무자와 같은 지위에 있다.

② 수표의 지급인은 지급위탁의 취소가 없는 한 지급제시기간이 지난 후에도 발행인의 계산으로 지급할 수 있는 점도$\binom{수\,32조}{2항}$, 인수되지 않은 환어음의 경우와 다른 점이다. 수표채무자에게는 수표금액을 공탁할 권리를 인정하지 않은 점도 어음의 경우와 다른 점이다.

③ 수표에는 주채무자가 없고 상환청구(소구)권은 지급제시기간의 경과로 소멸되므로, 지급제시기간의 경과로 이득상환청구권이 해제조건부$\binom{또는}{정지조건부}$로 발생하는 점도$\binom{어}{63조}$ 어음의 경우와 다른 점이다.

---

1) 동지: 정(희), 222면.

2) 이 때 인수하지 않은 지급인도 공탁할 수 있다고 해석하는 견해도 있으나[정(동), 419면; 최(기), 486면], 인수하지 않은 지급인은 어음채무자가 아닐 뿐만 아니라 지급제시기간 경과 후에는 발행인의 계산으로 지급할 수 없기 때문에 공탁권을 인정할 필요가 없다고 본다(동지: 채, 257면).

6. 지급제시의 면제

지급제시는 주채무자에 대하여는 지체책임을 묻기 위하여 또 상환(소구)의무자에 대하여는 상환청구(소구)권을 보전하기 위하여(수표의 지급보증인에 대하여는 지급청구권을 보전하기 위하여) 현실적으로 하여야 하는 것이 원칙이다. 그러나 일정한 경우에는 어음법의 규정 등에 의하여 지급제시가 있은 것과 동일한 효력이 인정되는 경우가 있고, 당사자간에 지급제시 면제의 특약을 하는 경우가 있다.

(1) 지급제시가 있은 것과 동일한 효력이 인정되는 경우

1) 재판상 어음금을 청구하는 경우에는 이미 설명한 바와 같이 소장 또는 지급명령의 송달을 지급제시와 동일한 효력이 있는 것으로 본다(통설·판례).

2) 인수거절증서를 작성한 경우에는 지급제시(및 지급거절)를 요하지 않고(어 44조 4항), 상환청구(소구)권을 행사할 수 있다.

3) 어음의 경우 불가항력이 만기부터 30일이 지나도 계속되거나(어 54조 4항, 77조 1항 4호), 수표의 경우에는 수표소지인이 자기의 배서인에 대하여 불가항력을 통지한 날부터 불가항력이 15일이 지나도 계속되는 경우에는(수 47조 4항), 지급제시(및 지급거절)를 요하지 않고 상환청구(소구)권을 행사할 수 있다.

4) 지급지 내에 지급인의 영업소·주소 또는 거소를 발견할 수 없거나 지급인을 발견할 수 없을 때에는, 지급제시를 요하지 않고(그러나 지급거절증서는 작성하여) 상환청구(소구)권을 행사할 수 있다(통설).

(2) 지급제시면제의 특약이 있는 경우

1) 어음의 지급인 등과 어음소지인간에 지급제시면제의 특약을 하는 것은, 어음의 제시증권성(어 38조 1항·77조 1항 3호, 수 29조) 및 상환증권성(어 39조 1항·77조 1항 3호, 수 34조 1항)에 반하는 점에서 의문이 있기는 하나, 당사자간에서는 유효하다고 본다. 또한 지급인 등과 어음소지인간의 지급제시유예 내지 지급제시기간연장의 특약도 이와 동일하게 당사자간에서만 유효하다고 본다.

2) 상환(소구)의무자와 어음소지인간에 지급제시면제의 특약을 하는 것은 당사자간에서만 유효하다고 본다(통설).[1] 또한 상환(소구)의무자와 어음소지인간의 지급제시유예 내지 지급제시기간연장의 특약도 이와 동일하게 당사자간에서는 유효하다고 본다. 따라서 이러한 특약에 의하여 기한후배서를 한 자도 상환(소구)의무를 부

---

1) 정(찬), 534면; 정(동), 419면; 주석, 382면; 서(정), 198면; 강, 383면; 강, (어) 447면 외.
   동지: 서울민사지판 1971. 11. 3, 71 가합 4540(교재, 판결례 [370]).

담할 수 있다.[1]

제3 지 급

1. 의 의

어음관계는 지급(payment; Zahlung)에 의하여 소멸되는데, 이러한 지급이라는 말은 협의와 광의로 사용되고 있다.

(1) 협의의 어음의 지급

협의의 어음의 지급이란 「환어음의 지급인 또는 인수인, 약속어음의 발행인 및 수표의 지급인(및 이들을 위한)이 하는 지급」을 말한다. 단순히 지급이라고 하면 이러한 협의의 지급을 의미한다. 이러한 지급으로 인하여 어음관계는 완전히 소멸된다.

협의의 지급 중 환어음의 인수인 또는 약속어음의 발행인과 같은 어음채무자가 하는 지급은 민법상 변제에 해당하지만, 어음채무자가 아닌 환어음 또는 수표의 지급인이 하는 지급은 민법상 변제에 해당하지 않는다.[2] 어음채무자가 아닌 지급인 또는 지급담당자의 지급은 실질관계에서는 별문제로 하고, 어음소지인과의 관계에서만 보면 임의의 지급이다.

(2) 광의의 어음의 지급

광의의 어음의 지급이란 위와 같은 협의의 지급 이외에 상환(소구)의무자의 지급, 보증인의 지급, 상환(소구)의무자의 지급을 저지하기 위한 예비지급인·참가인수인 또는 제3자의 지급 등을 포함한다. 그러나 이러한 지급은 어음관계를 완전하게 소멸시키지는 못하고, 지급한 자의 구상(求償)을 위하여 어음관계가 잔존하게 된다.

2. 지급의 시기

지급의 시기에 대하여는 만기가 있는 어음과 만기가 없는 수표로 나누고, 어음의 경우는 다시 만기 전의 지급·만기에 있어서의 지급·만기 후의 지급 등으로 나누어서 설명하겠다.

---

1) 동지: 주석, 382면.
2) 동지: 주석, 380면.

(1) 어음의 경우

1) 만기 전의 지급

(카) 민법의 일반원칙에 의하면 기한(만기)은 채무자의 이익을 위한 것으로 추정되므로($\frac{민}{1항}$ 153조) 채무자는 원칙적으로 이 이익을 포기하고($\frac{민}{2항}$ 153조) 기한(만기) 전에 변제(지급)를 할 수 있는데($\frac{민}{468조}$), 어음은 만기에 이르기까지 강력한 유통력을 가지고 또 어음소지인은 만기까지 어음을 유통시키는 데에 대하여 이익을 가지고 있으므로 (환어음의 인수인 또는 약속어음의 발행인과 같은) 어음채무자($\frac{또는}{지급인}$)는 만기 전에는 원칙적으로 지급을 할 수 없고($\frac{어 40조 2항,}{77조 1항 3호}$) 또한 어음소지인도 만기 전에는 그 지급을 받을 의무가 없다($\frac{어 40조 1항,}{77조 1항 3호}$).

어음의 지급인은 어음소지인의 동의가 있으면 만기 전에도 유효하게 지급할 수 있으나, 이 때에는 전적으로 지급인의 위험부담으로 지급하는 것이고 만기에 지급하는 지급인에 대한 보호가 인정되지 않는다($\frac{어 40조 2항,}{77조 1항 3호}$). 또 만기 전에 어음금의 지급을 청구하는 소는 이른바 장래의 이행의 소로서 가능한데, 이것은 만기에 지급을 청구할 수 있는 판결을 받는 것 뿐이고 어음의 제시증권성과 상환증권성에 영향을 미치는 것은 아니다.[1]

(나) 만기 전의 지급이라도 만기 전의 상환청구(소구)가 인정되어 지급하는 경우($\frac{어 43조 단서,}{77조 1항 4호}$)에는 만기에 있어서의 지급과 동일하다(통설).[2]

2) 만기에 있어서의 지급

어음은 원래 만기에 지급될 것이 예정되어 있는 증권이므로 만기는 지급인이 지급을 할 수 있는 시기일 뿐만 아니라, 어음소지인이 지급을 청구할 수 있는 시기이기도 하다. 따라서 만기와 어음의 지급과는 불가분의 관계를 갖고 있다.

(카) 어음금을 지급할 시기인 만기는 만기일(1일)만을 의미하는 것이 아니라, 앞에서 이미 설명한 「지급제시기간」을 의미한다. 이것은 어음소지인을 보호하기 위한 것이다. 따라서 지급제시기간 내에 지급제시를 하였음에도 불구하고 주채무자가 지급하지 않은 경우에는, 만기에 지급제시를 하였음에도 불구하고 지급하지 않은 경우와 같으므로 어음소지인은 어음채무자에게 만기 이후($\frac{만기}{포함}$ 당일)의 연 6퍼센트의 이율에 의한 지연이자를 청구할 수 있다($\frac{어 48조 1항 2호,}{77조 1항 4호}$).

(나) 만기에 지급하는 지급인은 어음법에 의하여 선의지급에 대하여 특별한 보호를 받는다($\frac{어 40조 3항,}{77조 1항 3호}$). 즉, 어음소지인이 무권리자 등인 경우에도 이에 대하여 지

---

1) 동지: 정(희), 264~265면; 주석, 392면.

2) 정(찬), 536면; 정(희), 264면; 주석, 392면 외.

급인이 사기 또는 중과실이 없고 또 어음소지인이 형식적 자격을 갖추고 있으면 지급인은 그러한 어음소지인에게 지급함으로써 면책된다(이에 대하여는 뒤에서 상술함). 또한 환어음의 인수인 또는 지급인이 만기에 지급하는 경우에는 자금관계상 당연히 발행인의 계산으로 지급한다.

(다) 만기에 지급할 채무가 있는 어음채무자(환어음의 인수인 또는 약속어음의 발행인)는 어음소지인이 만기(지급제시기간 내)에 지급제시를 하지 않는 경우에는, 어음소지인의 비용과 위험부담으로 어음금액을 관할관서에 공탁하고 어음채무를 면할 수 있다(어 42조, 77조 1항 3호).

3) **만기 후**(지급제시기간 경과 후)의 **지급**　　만기 후의 지급이란 지급제시기간(또는 지급거절 증서작성기간)[1] 경과 후의 지급을 말하는데, 환어음의 단순한 지급인과 같이 어음채무를 부담하지 않는 자가 지급한 경우와 환어음의 인수인 또는 약속어음의 발행인과 같이 어음의 주채무자가 지급한 경우는 구별되고 있다.

(가) 환어음의 단순한 지급인이 만기 후에 지급하는 것은 발행인의 지급위탁의 취지와 다르므로, 지급인은 지급의 결과를 자금관계상 발행인의 계산으로 돌릴 수 없다. 따라서 환어음의 경우에 발행인은 만기 후에는 지급위탁을 철회(취소)할 필요가 없다[2](수표의 경우와 구별되는 점). 또한 환어음의 지급인이 만기 후에 지급하는 경우에는 만기에 지급하는 경우에 인정되는 선의지급에 따른 보호(어 40조 3항, 77조 1항 3호)도 받지 못한다. 그러므로 환어음의 지급인이 만기 후에 지급하는 것은 민법상 제 3 자의 변제(민 469조)로서의 효력밖에 없다.[3]

(나) 어음의 주채무자는 만기 후에도 시효기간 내에는 어음금을 지급할 채무를 부담하는 것이므로, 만기 후의 지급의 경우에도 만기에 지급하는 경우와 같이 선의지급에 따른 보호를 받는다(어 40조 3항, 77조 1항 3호). 또한 환어음의 인수인은 지급의 결과를 자금관계상 발행인의 계산으로 돌릴 수 있다.[4]

4) **지급의 유예**(또는 연기)　　어음의 지급은 당사자의 의사 또는 법령의 규정에 의하여 다음과 같이 유예되는 경우가 있다.

(가) **당사자의 의사에 의하는 경우**　　당사자간의 합의에 의하여 지급을 유예하는 경우는 다음과 같은 것들이 있다.

① 구(舊)어음에 갈음하여 만기만을 변경(연기)한 신(新)어음을 발행하는 경우가

---

1) 이를 지급제시기간과 비교하면 「지급을 할 날」이 포함되지 않을 뿐, 그의 종기는 지급제시기간과 같다(어 44조 3항, 77조 1항 4호).
2) 동지: 정(희), 265면; 주석, 396면.
3) 동지: 주석, 396면.
4) 동지: 정(희), 265면; 채, 245면.

있다. 이것을 어음의 「개서(改書)」라고 하고, 발행된 신어음을 연기어음이라고 한다. 이러한 개서에는 두 가지의 방법이 있는데, 하나는 어음소지인이 구어음을 반환하는 것과 상환으로 신어음을 소지하는 경우이고,[1] 다른 하나는 어음소지인이 구어음을 반환하지 않고 신·구어음을 모두 소지하는 경우이다. 어떤 경우이든 구어음상에 존재하는 인적 항변이나 담보 등은 신어음을 위하여도 그대로 존속한다고 볼 수 있다.[2]

② 어음관계자의 동의를 받아 만기를 변경하는 경우가 있다. 이 때 어음관계자 전원의 동의를 받아 만기를 변경한 경우에는 구어음을 회수하고 신어음을 발행하는 개서의 경우와 같고, 어음관계자의 일부가 동의하지 않은 경우에는 그에 대하여는 어음의 변조가 되므로 그에게 어음상의 권리를 행사하기 위하여는 변경 전의 만기를 기준으로 한다.

③ 어음소지인과 특정한 어음채무자($또는\atop지급인$)간에 지급유예의 특약을 하는 경우가 있다. 이러한 특약은 어음관계에는 아무런 영향을 미치지 않고 당사자간에서만 어음 외에서 그 효력이 발생하여 인적 항변사유가 됨에 불과하다(통설).[3] 이러한 지급유예의 특약이 있는 경우 당사자간에서 어음상의 권리의 시효는 유예기간이 종료한 때부터 진행한다고 볼 수 있다.[4]

(나) **법령의 규정에 의하는 경우**   전쟁·지진·홍수·공황·기타 전국 또는 어느 지방에 사변이 발생하여 법령에 의하여 어음채무의 지급이 유예되는 경우가 있다. 이것을 어음지급유예(Wechselmoratorium)라고 하는데, 이에는 만기 자체를 연장하는 경우와,[5] 만기 자체에는 변경이 없고 단순히 제시기간과 거절증서작성기간만을 연장하는 경우가 있다. 우리 어음법은 이러한 경우에 상환청구(소구)권보전절차에 관하여 후자, 즉 제시기간 및 거절증서작성기간이 연장됨을 규정하고 있다($어 54조, 77조\atop1항 4호$).

---

1) 이 때에는 구어음상의 권리는 대물변제의 법리(민 446조)에 의하여 소멸하고, 신어음상의 권리만이 존재한다.

2) 동지: 주석, 398면; 대판 2003. 10. 24, 2001 다 61456(공보 2003, 2233)(단순히 어음상 채무의 만기를 연기하기 위한 당사자 사이의 어음개서계약에 따라 구어음을 회수하고 신어음을 발행하여 교부하는 경우 구어음상의 채무는 소멸한다고 할 것이지만 구어음상의 채무와 신어음상의 채무가 실질적으로 동일한 때에는, 특별한 사정이 없는 한, 구어음상의 채무에 대한 담보나 민사상 보증은 신어음상의 채무에 대하여도 그대로 존속한다).

3) 정(찬), 538면; 정(희), 265면; 서·정, 228면; 정(동), 412면; 채, 244면; 주석; 396~397면 외.

4) 동지: 정(동), 412면; 주석; 397면; 日最高判 1980. 5. 30(民集 34-3, 521).

5) 이의 예로는 일본에서 1923년 관동대지진시에 지급유예령이 발동된 바가 있다.

(2) 수표의 경우

수표에는 만기가 없고 언제나 일람출급이므로($수_{1항}^{28조}$) 만기 전의 지급이란 있을 수 없다. 선일자수표의 경우에도 발행일이 도래하기 전에 지급제시된 경우에는 그 제시된 날에 지급하여야 하므로($수_{2항}^{28조}$) 수표의 일람출급성에는 변함이 없다. 따라서 수표의 경우는 지급제시기간 내의 지급과 지급제시기간 경과 후의 지급으로 나누어 볼 수 있는데, 전자의 경우는 어음에서 만기(지급제시기간 내)에 있어서의 지급에 해당하고, 후자의 경우는 만기 후($_{경과 후}^{지급제시기간}$)의 지급에 해당한다.

1) 지급제시기간 내의 지급

(가) 지급제시기간 내에 수표금을 지급하는 경우는 이미 설명한 만기에 있어서 어음금을 지급하는 경우와 같다. 따라서 지급인은 선의지급에 따른 보호를 받고 ($수_{35조}$), 지급인은 지급의 결과를 발행인의 계산으로 돌릴 수 있다. 이 때 수표가 지급증권인 성질에서 발행인은 지급제시기간 내에는 지급위탁의 취소를 할 수 없도록 하였다[1]($수_{1항}^{32조}$)($_{구별되는 점}^{환어음과}$).

(나) 수표에는 언제나 주채무자가 없고[2] 또 수표의 지급인은 지급제시기간이 지난 후에도 (지급위탁의 취소가 없는 한) 지급할 수 있으므로($수_{2항}^{32조}$), 수표소지인이 지급제시기간 내에 지급제시를 하지 않았다고 하여 수표금을 공탁할 수 있는 제도는 없다($어_{1항 3호와 비교}^{42조, 77조}$)($_{구별되는 점}^{어음과}$).

2) 지급제시기간 지난 후의 지급

지급제시기간이 지난 후에 수표금을 지급하는 경우는 이미 설명한 만기 후에 어음금을 지급하는 경우와 같은데, 다음의 점에서 어음의 경우와 구별되고 있다.

(가) 수표의 지급인은 지급제시기간이 지난 후에도 (지급위탁의 취소가 없는 한) 발행인의 계산으로 지급할 수 있다($수_{2항}^{32조}$). 따라서 환어음의 경우와는 달리 발행인이 자금관계를 소멸시키기 위하여는 반드시 지급제시기간이 지난 후에 지급위탁을 취소(철회)하여야 한다.

(나) 수표에는 언제나 주채무자가 없으므로 지급제시기간이 지난 후에도 어음의 경우와 같이 지급채무를 부담하는 수표채무자란 있을 수 없다. 지급인이 지급보증을 한 경우에도 지급보증인의 지급채무는 지급제시기간의 경과로 소멸하므로

---

1) 대판 1993. 8. 24, 92 다 35424(공보 954, 2579)(수표의 지급인 겸 약속어음의 지급담당자인 은행에서 발행인이 당좌예금인출요청을 하면서 아울러 위 약속어음결제자금의 입금연장요청을 한 경우, 위 예금인출요청행위를 수표법 제32조에 정한 지급제시기간 내의 지급위탁의 취소라거나 이 사건 당좌계정약정에 정한 지급정지의뢰라고 할 수 없다).

2) 동지: 정(희), 265면.

$\left(\begin{smallmatrix}수 55조\\1항\end{smallmatrix}\right)$ 이러한 점은 변함이 없다$\left(\begin{smallmatrix}환어음의 인수인과\\구별되는 점\end{smallmatrix}\right)$.

3) 지급의 유예(또는 연기)

(가) 수표의 경우는 만기가 없고 또 수표소지인은 지급제시기간 경과 후에도 (지급위탁의 취소가 없는 한) 지급받을 수 있으므로, 어음에서와 같은 개서·만기의 변경(연장) 또는 지급인과 수표소지인간의 지급유예의 특약 등이 있을 수 없다. 그러나 상환(소구)의무자와 수표소지인간에 지급제시기간의 연장의 특약을 할 수 있는데, 이것은 수표관계에는 영향이 없고 당사자간에서만 수표 외에서 인적 항변사유가 됨에 불과하다.

(나) 법령에 의해서는 어음과 같은 만기 자체를 유예하는 것은 있을 수 없고, 지급제시기간과 지급거절증서작성기간을 연장하는 경우만이 있다. 우리 수표법은 이 경우에 상환청구(소구)권보전절차에 관하여 지급제시기간 및 지급거절증서작성기간이 연장됨을 규정하고 있다$\left(\begin{smallmatrix}수\\47조\end{smallmatrix}\right)$.

3. 지급의 방법

(1) 지급의 목적물

지급의 목적물은 일정액의 금전인데, 어떠한 통화로써 지급하여야 하는가에 관하여는 다음과 같이 나누어서 고찰할 수 있겠다.

1) **내국통화로써 어음금액을 지정한 경우**　　어음금액을 「일백만원」 또는 「오천만원」으로 표시한 경우인데, 이 때에는 지급인의 선택에 따라서 각종의 통화$\left(\begin{smallmatrix}예컨대, 1,000원권,\\10,000원권 등\end{smallmatrix}\right)$로써 지급할 수 있다[1]$\left(\begin{smallmatrix}민 377조\\1항 참조\end{smallmatrix}\right)$. 그러나 강제통용력이 없는 화폐에 관하여는 소지인은 수령을 거부할 수 있다$\left(\begin{smallmatrix}민 377조\\2항 참조\end{smallmatrix}\right)$. 또한 일정한 통화$\left(\begin{smallmatrix}예컨대,\\10,000원권 등\end{smallmatrix}\right)$로만 지급하는 취지를 기재할 수 없다.[2]

2) **외국통화(ausländische Währung)로써 어음금액을 지정한 경우**　　이 경우에도 내국통화(Landeswährung)로써 지급할 수 있는 것을 원칙으로 한다$\left(\begin{smallmatrix}어 41조 1항·77조\\1항 3호, 수 36조\\1항, 민\\377조\end{smallmatrix}\right)$. 그러나 이 경우에는 양 화폐 사이의 환산율과 시기에 관하여 문제가 생긴다.

이 경우에 환산율은 발행인이 어음상에 특별한 환산율을 정하지 않는 한 지급지의 관습에 따라서 이것을 정한다$\left(\begin{smallmatrix}어 41조 2항·77조\\1항 3호, 수 36조 2항\end{smallmatrix}\right)$. 즉, 보통은 환시세에 의하여 정

---

1) 여기에서 화폐의 종류라 함은 그 성질에 기하여 분류한 화폐의 종류, 즉 본위화폐·보조화폐 또는 불환화폐·태환화폐 등을 가리키는 것이 아니라, 화폐의 종류(5,000원권·10,000원권 등)나 지폐 또는 주화 등을 지칭하는 것이다. 왜냐하면 현재 우리나라에서는 모든통화가 강제통용력이 있는 법화인 불환지폐·한국은행권 또는 주화로 단일화되어 있기 때문이다.

2) 왜냐하면 이 때에는 지급에 조건을 붙인 것이 되어 어음 자체가 무효가 된다.

한다. 그리고 환시세는 원칙적으로 만기일(만기가 휴일인 때에는 이에 이은 제1거래일)(수표의 경우에는 지급하는 날)에 있어서의 환시세에 의한다(어 41조 1항 1문·77조 1항 3호, 수 36조 1항 1문). 그러나 채무자가 지급을 지체한 때에는 소지인은 그 선택에 따라서 만기일(수표의 경우에는 제시한 날) 또는 지급하는 날(지급일)의 환시세에 의하여 환산하여야 한다(어 41조 1항 2문·77조 1항 3호, 수 36조 1항 2문). 그렇지 아니하면 채무자가 시세의 변동을 이용하기 위하여 고의로 지급을 지연하는 폐단이 생기는 까닭이다. 또 어음의 경우에는 소지인이 고의로 지급제시를 지연시키는 경우에 채무자는 어음금액을 공탁하여 그 책임을 면할 수 있다(어 42조, 77조 1항 3호).

3) **외국통화현실지급문언이 있는 경우**　　이것은 어음에 특종의 통화, 예컨대 미불화로써 지급하여야 한다는 취지가 기재된 경우이다. 이러한 외국통화현실지급문언(stipulation for effective payment in foreign currency; Effektivmerk)이 기재되었을 때에는, 2)의 방법을 따를 수 없고 기재된 통화로써 현실로 지급하여야 할 것이다. 이러한 기재는 본래 지급방법을 한정하는 것이므로 지급위탁(약속)의 단순성에 반하여 어음을 무효로 하여야 할 것이나, 어음법은 특별히 유효하다고 규정하였다[1](어 41조 3항·77조 1항 3호, 수 36조 3항).

4) **동명이가(同名異價)의 화폐의 표시가 있는 경우**　　발행국과 지급국에서 명칭은 같으나 가치가 다른(同名異價) 통화로써 어음금액을 정한 경우에는, 지급지의 통화로 정한 것으로 추정한다[2](어 41조 4항·77조 1항 3호, 수 36조 4항).

(2) **일부지급**

1) 어음금액의 일부지급도 유효하고, 소지인은 이것을 거절하지 못한다(어 39조 2항·77조 1항 3호, 수 34조 2항). 일부지급(Teilzahlung)은 환어음의 경우에는 일부인수가 있었던 경우뿐만 아니라 전부인수가 있었던 경우에도 허용된다. 일부지급을 인정하는 이유는, 어음금액은 나누어지는 것이고, 또 일부지급을 인정하여도 소지인의 이익을 해하지 아니하며, 또 상환(소구)의무자에게는 부담액이 경감되어서 유리하기 때문이다.

2) 일부지급이 있는 때에는 소지인은 잔액에 대하여 상환청구(소구)권을 행사할 수 있는데, 이를 위하여 소지인은 어음을 소지할 필요가 있으므로 일부지급을 하는 어음의 지급인은 어음소지인에 대하여 어음의 교부를 청구할 수 없고 다만 일부지급한 뜻을 어음에 기재하고 영수증을 교부할 것을 청구할 수 있을 뿐이다(어 39조 3항·77조 1항 3호, 수 34조 3항). 어음소지인이 일부지급을 받고 이를 어음상에 기재하면 이는 물적

---

1) 그러나 이러한 규정은 어느 국가의 화폐정책 또는 환정책을 수행하는 데에 장해가 되어서는 아니되므로, 제네바 통일조약은 각 체약국에 이 규정의 유보를 허용하였다(조약 제2부속서 7조).
2) 예컨대, 프랑스·벨기에·스위스 등의 프랑, 북미합중국과 멕시코에서의 달러화 같은 경우이다.

항변사유($^{증권상의}_{항변}$)가 되지만, 이를 어음상에 기재하지 아니하면 이는 인적 항변사유
가 된다.[1]

3) 어음소지인이 일부지급의 수령을 거부하면 어음소지인은 그 부분에 대하여
상환청구(소구)권을 상실한다(통설).[2] 그러나 지급제시기간 경과 후에는 어음소지인
은 상환청구(소구)권을 모두 상실하고 있으므로 어음소지인은 일부지급을 거절할 수
있다(통설).[3]

(3) 상환증권성

1) 어음의 지급인은 (전부)지급을 할 때에 어음소지인에 대하여 그 어음에 영
수를 증명하는 뜻을 적어서 교부할 것을 청구할 수 있다($^{어\ 39조\ 1항·77조}_{1항\ 3호,\ 수\ 34조\ 1항}$). 이것은 어
음소지인이 어음에 영수문언을 기재할 것과, 지급인은 어음과 상환으로서만 지급할
수 있음을 의미한다. 이와 같은 영수문언의 기재와 상환성은 현실의 지급뿐만 아니
라 상계·면제 등에 의하여 어음상의 권리가 소멸되는 경우에도 적용되고, 또한 강
제집행에 의하여 지급하는 경우에도 적용된다.[4]

2) 영수문언은 단순한 지급증명에 불과하고, 어음소지인이 지급인에 대하여 배
서양도의 성질을 갖는 것은 아니다. 영수문언은 보통 최후의 배서에 연속하여 어음
또는 보충지에 기재되는데, 어음법에 이에 대한 특별한 방식은 규정되어 있지 않다.

3) 어음의 상환성은 어음소지인이 지급인에게 어음을 반환하게 하여 지급인이
이중지급의 위험을 피하게 하고,[5] 또한 환어음 또는 수표에서는 지급인이 발행인과
의 자금관계상 어음 또는 수표를 교부할 필요가 있는 경우에 대비하기 위한 것이
다. 만일 지급인이 어음과 상환하지 않고 어음금을 지급한 경우에는, 이는 당사자간
의 인적 항변사유에 불과하고 어음상의 권리가 소멸하지 않으므로 이를 모르고 어
음을 취득한 제3자에 대하여 지급인은 다시 지급을 하여야 한다(통설[6]·판례[7]).

---

1) 동지: 정(동), 422면; 채, 151면; 주석, 389면.
2) 정(찬), 542면; 서·정, 234면; 정(동), 422면 외.
3) 정(찬), 542면; 서·정, 234면; 정(동), 422면; 주석, 389면 외.
4) 동지: 대판 1991. 12. 24, 80 다카 28405(공보 915, 757).
5) 이러한 점에서 어음채무자가 어음을 점유하고 있는 경우에는 채권자는 어음의 소지 없이 어음상
   의 권리를 행사할 수 있고, 어음채무자는 상환이행의 항변을 주장할 수 없다[대판 2001. 6. 1, 99
   다 60948(공보 2001, 1497)].
6) 정(찬), 543면; 서·정, 112면; 서(정), 179면; 채, 257면 외.
   반대: 정(동), 423면(이 경우에 어음상의 권리는 소멸하고, 이른바 어음채무의 유효성의 항변이
   성립된다고 한다).
7) 대판 1962. 7. 19, 62 다 181(판총 11-2, 1001); 동 1970. 10. 23, 70 다 2042(집 18 ③ 민
   227) 외.

4. 지급인의 조사의무[1]

(1) 서   언

1) 민법의 일반원칙에 의하면, 원래 채무는 진정한 권리자 또는 그 자로부터 권리행사의 권한을 부여받은 자에게 변제하여야 하고, 이 이외의 자에 대한 변제는 민법상 예외규정인 채권의 준점유자에 대한 변제($\frac{민}{470조}$), 영수증소지자에 대한 변제($\frac{민}{471조}$) 등이 아닌 한 채권자가 이익을 받은 한도에서만 그 효력이 있게 된다($\frac{민}{472조}$). 그런데 이러한 민법의 일반원칙을 어음에도 그대로 적용한다면, 어음상의 지급인은 지급시마다 어음소지인이 진정한 권리자인지 여부를 조사하여 지급하여야 한다. 그런데 이렇게 되면 어음거래의 원활한 유통과 신속한 결제가 저해받게 되어 어음의 목적에 반하게 된다. 따라서 어음법은 이와 같이 지급인의 책임을 경감하는 별도의 규정을 두게 된 것이다. 즉, 어음법 제40조 3항은 민법상 예외규정($\frac{민 470조,}{471조}$)보다도 더욱 지급인을 보호하는 방향으로 강화하여 규정하고 있다.[2]

2) 지급인의 조사의무에 대하여, 어음법 제40조 3항($\frac{어 77조 1항 3호에}{의하여 약속어음에 준용}$)은 「만기에 지급하는 지급인($\frac{어음법 38조 3항에 따른 지급제시의 경우에는 지급인}{등의 위임이 있는 경우 제시금융기관인\langle어 40조 4항\rangle}$)은 사기 또는 중대한 과실이 없으면 그 책임을 면한다. 이 경우 지급인은 배서의 연속이 제대로 되어 있는지를 조사할 의무가 있으나 배서인의 기명날인 또는 서명을 조사할 의무는 없다」고 규정하고 있고, 수표법 제35조는 「배서로 양도할 수 있는 수표의 지급인($\frac{수표법 31조}{2항에 따른}$지급제시의 경우에는 지급인의 위임이 있는 경우 제시은행임$\langle$수 35조 2항$\rangle$)은 배서의 연속이 제대로 되어 있는지를 조사할 의무가 있으나 배서인의 기명날인 또는 서명을 조사할 의무는 없다」고 규정하고 있다. 또한 민법상 지시채권의 채무자의 조사권리의무에 관한 민법 제518조($\frac{민 524조에 의하여}{무기명채권에 준용}$)는 「채무자는 배서의 연속여부를 조사할 의무가 있으며 배서인의 서명 또는 날인의 진위(眞僞)나 소지인의 진위를 조사할 권리는 있으나 의무는 없다. 그러나 채무자가 변제하는 때에 소지인이 권리자 아님을 알았거나 중대한 과실로 알지 못한 때에는 그 변제는 무효로 한다」고 규정하고 있다. 이러한 어음법 제40조 3항을 수표법 제35조 및 민법 제518조와 비교하여 보면, 수표법 제35조에서는 「실질적 자격에 대한 지급인의 주의의 정도」($\frac{어 40조}{3항 1문}$)에 대한 규정이 없고, 민법 제518조는 배서인의

---

1) 이에 관한 상세는 정찬형, "어음·수표의 지급인의 조사의무," 「논문집」(충북대), 제22집, 1981. 12, 301~319면 참조.

2) 정(희), 268면은 「어음법은 민법에 있어서의 예외규정을 어음채권의 변제에 있어서는 일반적 원칙으로 하여 지급을 할 자의 조사의무를 경감하였다」고 설명하나, 어음법의 규정을 민법의 예외규정과 비교하여 보면 어음법은 민법의 예외규정을 지급인을 보호하는 방향으로 강화하여 규정하고 있다.

서명 또는 날인 등의 진위에 대한 「조사권」을 인정하고 있으며 또한 지급인이 면책되지 않는 주관적 요소가 사기 또는 중과실이 아니라 「악의 또는 중과실」로 규정되어 있는 점이다.

(2) 형식적 자격의 조사(조사의무의 내용)

1) 조사의무의 내용은 소지인의 형식적 자격에 관한 사항인데, 이에 대하여 어음법 제40조 3항(어 77조 1항, 수 35조)은 「배서의 연속이 제대로 되어 있는지」라고 규정하고 있다. 그런데 이 의무는 보통의 경우와 같이 절대적인 것으로 의무자가 불이행시에 제재를 받는 그러한 의무는 아니고, 지급인이 스스로 위험을 회피하기 위한 자위적이고 간접적인 의무라고 본다.[1] 소지인출급식수표 또는 최후의 배서가 백지식배서인 어음(수표)의 소지인은 어음(수표)의 단순한 소지만으로 형식적 자격을 부여받는다. 따라서 이러한 어음(수표)의 경우에는 어음소지인의 형식적 자격보다도 오히려 위조·변조의 조사에 중점이 주어진다.[2]

2) 지급인의 조사의무의 내용이 법문상으로는 「배서의 연속이 제대로 되어 있는지」뿐이나, 이외에 「자기의 기명날인 또는 서명의 진부(眞否)」 및 「어음(수표)의 방식의 적합여부」에 대하여도 지급인의 조사의무의 내용에 포함된다고 보는 것이 통설이다.[3]

생각건대 「자기의 기명날인 또는 서명의 진부」나 「어음의 방식의 적합여부」 등은 어음소지인의 형식적 자격에 관한 사항으로 볼 수 없어, 어음법 제40조 3항 2문의 형식적 자격의 조사의무의 내용으로 볼 수는 없고 어음법 제40조 3항 1문의 실질적 자격에 관한 사항으로 보아야 할 것이다.[4] 따라서 어음요건의 흠결 등이 지급인에게 인식될 수 있음에도 불구하고 지급인이 지급한 경우에는, 지급인은 어음법 제40조 3항 2문의 (진정하게 발행된 어음의 형식적 자격에 관한) 조사의무 불이행에 의한 책임을 부담한다기보다는 어음법 제40조 3항 1문의 (부진정하게 발행된 어음의 실질적 자격에 관한) 중과실에 의한 책임을 부담한다고 보아야 할 것이다.[5]

---

1) 동지: 정찬형, 전게 논문집(충북대)(제22집), 304면; 안동섭, "지급인의 조사의무," 「고시계」, 1980. 7, 85면; 이범찬, "어음의 선의지급," 「고시계」, 1968. 11, 47면.

2) 정(찬), 545면.
   동지: 정(희), 269면.

3) 정(희), 268면; 정(동), 423면; 손(주), 317면; 양(승), (어) 357면; 서(정), 208면; 이(범), 341면; 최(기), 480면 외.

4) 정(찬), 545면. 이에 관한 상세한 이유는 정찬형, 전게 논문집(충북대)(제22집), 304~305면.

5) 동지: Baumbach/Hefermehl, WG Art. 40 Rdn. 4.

3) 배서가 형식적으로 연속하지 않은 어음소지인인 실질적 권리자는 어음상의 권리를 행사할 수 없는가. 이 때 그러한 어음소지인은 자기가 실질적 권리자임을 증명하여 어음상의 권리를 행사할 수 있는데,[1] 이 때 지급인은 어음소지인이 실질적 권리를 증명하여도 자기의 위험부담하에서만 지급할 수 있다(통설).[2] 따라서 배서가 연속하지 않은 어음을 소지인이 실질적 권리를 증명하여 지급인이 지급하는 경우에도, 지급인에게는 어음법 제40조 3항이 적용되지 않는다.[3]

(3) 실질적 자격의 조사

1) 실질적 자격의 조사권 인정여부   앞에서 본 바와 같이 어음법 제 40조 3항은 민법 제518조와는 달리 어음소지인의 실질적 자격에 대한 지급인 의 조사권에 대하여 규정하고 있지 않고, 이에 대하여 학설은 긍정설[4]과 부정설[5]로 나뉘어 있다.

생각건대, 지급인은 어음의 배서가 연속하는 경우에도 어음소지인의 실질적 자격에 관하여 「사기 또는 중과실」이 없어야 면책을 받게 되는데, 지급인이 이러한 「사기 또는 중과실」이 되지 않기 위하여는 필요한 경우에(예컨대, 어음소지인에게 무권리자라고 의심할 만한 사유가 있는 경우) 어음소지인의 실질적 자격에 관하여 필요한 사항을 조사하여야 할 것이고, 이러한 조사를 하지 않고 지급하면 지급인은 「중과실」에 의한 지급을 한 것이 되어 면책되지 못할 것이다. 그런데 이 때 지급인에게 조사권이 없다면 지급인은 무엇에 근거하여 어음소지인의 실질적 자격에 관하여 조사할 수 있겠는가. 따라서 조사권을 긍정하는 견해에 찬성한다(민 518조의 적용 또는 유추적용). 그러나 이러한 지급인의 조사권은 자기의 위험하에서 주어진다고 보아야 할 것이므로, 조사기간중에 지급인은 원칙적으로 지체책임을 지지 않으나 소지인이 권리자이면 지급제시를 받은 때로부터 지체책임을 부담한다고 보아야 할 것이다.[6]

---

1) 동지: 대판 1969. 12. 9, 69 다 995(판총 11-2, 990-1).
2) 정(찬), 546면; 정(희), 268면; 서·정, 230면; 손(주), 318면; 양(승), (어) 359면; 정(동), 424면 외.
3) 정(찬), 546면; 정찬형, 전게 논문집(충북대)(제22집), 307면.
   반대: 채, 298면.
4) 손(주), 318면; 박원선, "어음·수표의 지급인의 조사의무," 「사법행정」, 1964. 2, 43면; 서(정), 208면.
   동지: 정(희), 269면(지급인은 어음소지인이 실질적 무권리자임을 입증하여 지급을 거절할 수 있다고 한다).
5) 이(범), 전게 고시계(1968. 11), 47면; 서정갑, "지급에 있어서의 조사와 면책," 「월간고시」, 1979. 3, 44면.
6) 정(찬), 547면; 정찬형, 전게 논문집(충북대)(제22집), 308면.

2) 실질적 자격에 대한 지급인의 「사기 또는 중과실」

(개) 지급인은 어음소지인의 실질적 자격에 관하여 조사할 의무는 없으나 조사할 권리는 있으므로, 어음소지인의 실질적 자격에 관하여 지급인에게 「사기 또는 중대한 과실」이 있으면 지급인은 면책되지 않는다. 우리 어음법 제40조 3항은 지급인이 면책되지 않는 주관적 요소로서 「사기 또는 중과실」이라고 규정하고 있는 점은, 어음법 제10조 및 제16조 2항이 「악의 또는 중과실」이라고 규정하고 있는 점 및 어음법 제17조가 「해할 것을 알고」라고 규정하고 있는 점과 구별되고 있다. 또한 민법 제518조가 「악의 또는 중과실」이라고 규정하고 있는 점과도 구별된다. 어음법 제40조 3항이 동법 제16조 2항과는 달리 「악의」 대신에 「사기」라고 규정한 이유는, 어음법 제16조 2항의 선의취득의 경우에는 그 어음을 취득하느냐 않느냐는 양수인의 차유이므로 양도인이 실질적 자격이 없다는 것을 알고 있는(악의) 경우에는 그 자로부터 양수하지 않으면 되는 데 대하여, 어음법 제40조 3항의 지급의 경우에는 지급인에게 형식적 자격자에 대한 지급이 강요되기 때문에 악의와 구별하여 사기라고 규정한 것이다.[1]

어음법 제40조 3항 1문의 「사기 또는 중과실」의 개념에서 사기란 「어음소지인(제시자)에게 변제수령의 권한이 없음을 아는 것만으로는 부족하고, 소송법상 이러한 사실을 증명할 확실한 증거방법이 있는데도 불구하고 지급하는 경우」이고, 중과실이란 「지급인이 보통의 조사를 하기만 하면 어음소지인이 무권리자이고 또 그 무권리자임을 증명할 수단을 확실히 획득하였을 터인데 이 조사를 하지 않았기 때문에 무권리자인 줄을 모르고 지급한 경우」이다(통설).[2]

(내) 앞에서 본 바와 같이 수표법 제35조는 지급인의 수표소지인에 대한 형식적 자격의 조사의무에 대해서만 규정하고 있을 뿐, 지급인의 수표소지인에 대한 실질적 자격에 관한 「사기 또는 중과실」에 대하여는 규정하고 있지 않다. 즉, 어음법 제40조 3항 1문의 규정이 수표법 제35조에는 없다.[3] 따라서 수표의 지급인이 면책을 받기 위하여는 어느 정도의 주의로써 지급하여야 하느냐에 대하여, 「악의 또는 중과실」이 없어야 한다는 견해[4](민518조)와 「사기 또는 중과실」이 없어야 한다는 견해

---

1) 동지: 서(정), 210면; 이(범), 전게 고시계(1968. 11), 309면.

2) 정(찬), 548면; 정(희), 269면; 서·정, 231면; 정(동), 425면; 손(주), 319면; 이(기), 334면; 채, 299면 외.

3) 그 이유는 수표의 지급인은 수표상의 의무자가 아니기 때문에 「… 그 책임을 면한다」라는 표현이 적당하지 않으므로 그러한 규정을 두지 않았다고 한다[서(정), 301면; 주석, 622면].

4) Baumbach/Hefermehl, SchG Art. 35 Rdn. 1.

(통설)[1]$\binom{어 40조}{3항 1문}$로 나뉘어 있다.

생각건대 어음법 제40조 3항 1문의 「지급인」의 범위에 어음채무자 아닌 지급인과 지급담당자를 포함하여 해석하는 이상(통설), 어음법 제40조 3항 1문과 같은 규정이 수표법 제35조에 없는 것은 입법상 과오이고, 해석상 당연히 동 규정을 유추적용하여야 한다고 본다.[2]

(4) 치유되는 하자의 범위

어음법 제40조 3항에 의하여 지급인에게 사기 또는 중과실이 없어 지급인이 면책되는 경우에, 이에 의하여 치유되는 하자는 소지인의 「무권리」라는 하자만이냐 또는 「무권리 이외의 하자」($\binom{예컨대, 소지인의 수령능력의 흠결·}{대리권의 흠결·동일성의 흠결 등}$)도 치유되는가라는 문제가 있다. 이에 대하여 우리나라의 학설은 일반적으로 명확한 언급이 없고, 다만 어음소지인의 실질적 자격의 조사와 같이 어음소지인의 대리권의 흠결, 동일성의 흠결 등에 대하여도 지급인은 조사할 (권리)의무가 없다고만 설명하고 있다.[3]

생각건대 이러한 사항에 대하여 지급인은 조사의무는 없다고 하더라도 조사권은 있으므로 이에 기하여 필요한 조사를 한 후에도 지급인에게 사기 또는 중과실이 없다면, 소지인에게 존재하였던 「무권리 이외의 하자」도 치유된다고 보는 것이 어음의 유통보호와 지급인의 보호를 위하여 타당하다고 생각한다.[4]

---

1) 정(희), 269면; 서·정, 308면; 주석, 695면; 손(주), 426면; 정(동), 527면; 이(기), 458면 외.
2) 정(찬), 549면; 정찬형, 전게 논문집(충북대)(제22집), 317~318면.
    수표의 지급인인 은행에 대하여 수표소지인의 실질적 자격에 대한 조사의무를 인정하고 지급인이 이러한 주의의무를 다하지 못하였다고 본 판례로는 대판 2002. 2. 26, 2000 다 71494·71500 (공보 2002, 794)(수표법 제35조의 취지에 의하면, 수표지급인인 은행이 수표상 배서인의 기명날인 또는 서명, 혹은 수표소지인이 적법한 원인에 기하여 수표를 취득하였는지 등 실권리관계를 조사할 의무는 없다고 할 것이지만, 수표금 지급사무를 처리하는 은행에게 선량한 관리자로서의 주의를 기울여 그 사무를 처리할 의무가 있다고 할 것인 이상, 통상적인 거래기준이나 경험에 비추어 당해 수표가 분실 혹은 도난·횡령되었을 가능성이 예상되거나 또는 수표소지인이 수표를 부정한 방법으로 취득하였다고 의심할 만한 특별한 사정이 존재하는 때에는 그 실질적 자격에 대한 조사의무를 진다. 따라서 20억원의 고액 수표의 전액 현금지급요청은 정상적인 자기앞수표 소지인이라면 매우 이례적인 것이어서 그 수표가 혹시 분실·도난·횡령된 것이거나 혹은 수표제시자가 그 수표를 부정한 방법으로 취득하였다고 의심할 만한 사유가 있었다고 할 것이므로, 초면의 내방객으로부터 고액의 현금 지급을 요청받은 은행으로서는 마땅히 발행지점에 그 수표의 발행경위와 발행의뢰인 등을 확인하고 발행의뢰인 또는 발행지점을 통하여 그 수표를 사용하거나 타에 양도한 경위 등에 관하여 파악하려는 노력을 기울여 보았어야 함에도 불구하고 단지 사고수표인지 여부와 실명 여부만을 확인하여 고액의 현금을 지급한 것은 수표금 지급에 있어서의 지급인으로서의 주의의무를 다하였다고 할 수 없다).
3) 정(희), 268면; 서·정, 230면; 손(주), 318면; 주석, 393면; 이(범), 341면; 최(기), 480면; 채, 299면 외.
4) 정(찬), 550면; 정찬형, 전게 논문집(충북대)(제22집), 312면.
    동지: 정(동), 425면; 이(기), 333면; 鈴木·大隅, 講座(4), 134~135면; Baumbach/Hefermehl,

(5) 적용범위

1) 인적 범위 어음법 제40조 3항 1문은 「만기에 지급하는 지급인은 그 책임을 면한다」고 규정하여, 규정의 문언상 어음채무를 부담하고 있는 지급인(환어음의 경우는 인수인, 약속어음의 경우는 발행인)에 한정되는 것 같으나, 단순한 지급인 및 지급담당자에게도 확장적용되어야 할 것이며(통설),[1] 또한 상환의무자에게도 유추적용되어야 할 것이다.[2]

2) 시적 범위

(가) 어음법 제40조 3항 1문은 「만기」라고 규정하고 있으나, 이 의미는 만기일에 하는 지급을 뜻하는 것이 아니라 「지급제시기간 내」에 하는 지급을 뜻한다.[3]

(나) 만기 전의 지급은 어음법 제40조 2항이 규정하고 있는 바와 같이 「지급인의 위험부담으로만」 지급할 수 있으므로(임의지급) 어음법 제40조 3항이 적용되지 않음은 명백하다. 그러나 만기 전의 지급이라도 만기 전 상환청구(소구)요건(어 43조 2문, 77조 1항 4호)이 갖추어진 경우에는 만기지급과 동일하게 보아야 할 것이다.[4]

(다) 만기 후의 지급, 즉 「지급제시기간 경과 후」의 지급이라도 어음채무자(환어음의 인수인, 약속어음의 발행인)의 지급은 만기지급과 동일하게 보아야 할 것이다. 그러나 어음채무자가 아닌 지급인(인수 안 된 환어음의 지급인)이 만기 후에 지급하는 것은 지급위탁의 취지에 반하므로 별도의 특약이 없는 한 만기지급과 동일하게 볼 수 없다. 만일 이 때 그러한 지급인이 만기 후에 지급하면 민법상 「제 3 자의 변제」(민 469조)로서의 효력만이 있을 뿐이다.[5] 그러나 수표의 지급인은 지급제시기간 경과 후에도 (지급위탁의 취소가 없는 한) 발행인의 계산으로 지급할 수 있으므로(수 32조 2항), 지급제시기간 경과 후의 지급도 동 기간 경과 전의 지급과 동일하게 볼 수 있다.

3) 배서금지어음 배서금지어음이 양도되지 않아 수취인이 지급제시한 경우에는 어음법 제40조 3항이 적용되는 것이 명백하다. 그러나 동 어음이 양도된 경우에는 동 어음의 소지인에게 지급하는 지급인에게는 어음법 제40조 3항이 적용되지 않는다고 본다.[6] 왜냐하면 동 어음의 소지인은 배서(양도)에 의하여 어음을 양수

WG Art. 40 Rdn. 7; Jacobi, S. 130 ff.

1) 정(찬), 550면; 정(희), 270면('만기에 지급하는 자'로 하였어야 한다고 설명한다); 손(주), 320면; 정(동), 544면 외.

2) 동지: Baumbach/Hefermehl, WG Art. 40 Rdn. 3.

3) 동지: 주석, 392면.

4) 동지: 鈴木·大隅, 講座(4), 146면.

5) 동지: 이(범), 전게논문, 51면; 鈴木·大隅, 講座(4), 144면.

6) 정(찬), 551면; 징찬형, 전게 논문집(충북대)(제22집), 315면.

한 자가 아니기 때문이다(어 11조 2항·77조 1항 1호, 수 14조 2항).

(6) 위조·변조된 어음의 지급인의 책임[1]

지급인이 위조·변조된 어음을 지급한 경우에도 어음법 제40조 3항 1문(어 77조 1항 3호, 수표의 경우에도 어음법 40조 3항 1문이 유추적용됨)에 의하여 지급인이 면책되는지 여부가 문제되는데, 이에 관하여는 총론 중 어음의 위조·변조에 관한 부분에서 이미 설명하였으므로 이 곳에서는 결론만을 간단히 재론하기로 한다.

1) 위조·변조된 어음의 지급에도 어음법 제40조 3항 1문이 적용되는지 여부에 대하여 이를 긍정하는 견해도 있으나,[2] 어음법 제40조 3항 1문은 어음 자체는 진정한데 동 어음의 무권리자 등에게 지급한 경우의 지급인의 면책에 관한 규정이므로 (발행위조의 경우에는 부진정한) 어음의 정당한 권리자에게 지급인이 지급한 경우에는 어음법 제40조 3항 1문이 적용되지 않는다고 본다.[3]

2) 그러면 지급인이 위조·변조된 어음을 지급한 경우에는 무엇에 근거하여(근거법원〈法源〉) 어느 정도의 주의로써 지급하여야(주의의 정도) 지급인이 면책되는가가 문제이다. 이 때의 「면책」의 의미는 자금관계(또는 준자금관계)에서 지급인이 면책되는 것으로 보아야 할 것이다.

(가) 지급인이 면책될 수 있는 법원(法源)으로는 제 1 차적으로 당사자간의 면책약관(만일 이에 관한 특별법규가 있으면 그러한 특별법규)에 의하고, 제 2 차적으로 이러한 면책약관이 없으면 상관습에 의한다.[4] 그런데 이러한 면책약관도 없고 또한 상관습도 없는 경우(이는 특히 지급인 또는 지급담당자가 은행이 아닌 경우에 발생한다)에는 지급인은 무엇에 근거하여 면책될 수 있는가. 이 때에는 제 3 차적으로 민법 제470조(채권의 준점유자에 대한 변제)에 의하여야 한다고 보는데, 이렇게 해석하는 것이 상법 제 1 조(상법에 규정이 없으면 상관습법에 의하고, 상관

동지: 이(범), 전게논문, 51면.
반대: 鈴木·大隅, 講座(4), 148~149면.

1) 이에 관한 상세는 정찬형, "위조·변조된 어음·수표를 지급한 지급인의 책임,"「논문집」(경찰대), 제 4 집, 1985, 343~375면 참조.

2) 박(원), 566면; 이(범), 343면.

3) 정(찬), 551면.
동지: 정(희), 270면; 정(동), 426면; 서(정), 211면; 이정한, "판례를 중심으로 본 어음의 위조에 관한 연구," 법학박사학위논문(연세대, 1978. 2), 151~157면.

4) 동지: 대판 1971. 3. 9, 70 다 2895(판총 11-2, 1060-10)(위조수표에 의한 변제가 유효로 되는 것은 특별법규·면책약관 또는 상관습이 있는 경우에 한한다)[이 판결에 대한 평석으로는 손주찬, "위조수표지급의 효력,"「사법행정」, 1972. 7, 6~10면; 정찬형, 전게 논문집(경찰대)(제 4 집), 360면]; 서울고판 1972. 12. 15, 71 다 741(판총 11-2, 1062-16)(거래관습에 의하여 은행의 위조된 국고수표의 지급을 유효라고 판시함).

습법이 없으면 민법의 규정에 의한다)에도 부응하는 해석이라고 본다.[1]

　　(나) 지급인의 주의의 정도는 위 각각의 면책약관·상관습·민법 제470조에 의하되, 일반적으로는 지급인에게 위조·변조된 어음이라는 점에 대하여 고의과실이 없어야 한다고 본다.[2]

　　3) 지급인이 면책약관 등에 의하여 그 지급에 필요한 주의의무를 다하여 위조·변조된 어음을 지급한 경우에(즉, 고의·과실이 없는 경우에) 누가 손실부담을 하는가에 대하여는 지급인부담설[3]과 발행인부담설[4]로 견해가 나뉘어 있다.

　　생각건대 이 때 지급인은 발행인의 과실(귀책사유)의 유무에 불문하고 면책된다고 본다. 이 경우 발행인에게 과실이 있는 경우에는 면책약관 등을 거론하지 않더라도 발행인이 책임을 부담하는 것은 당연하므로 면책약관 등의 의미가 적으나, 발행인에게 과실이 없는 경우에는 동 면책약관 등에 의하여 지급인이 면책되므로 동 면책약관 등의 의미가 크다고 볼 수 있다. 이렇게 보면 결과적으로는 발행인부담설과 같으나 논리의 전개에서는 다르게 된다. 즉, 이 때 지급인이 면책되고 발행인이 그 손실을 부담하는 것은 면책약관 등이 적용되는 결과로서 당연한데, 다시 발행인부담설을 논의하는 것은 무의미한 것으로 본다. 이에 반하여 지급인부담설을 취하는 견해는 지급인은 면책약관 등에 의하여 이미 면책이 되었는데 다시 책임을 부담하는 결과가 되어 그 자체 모순이라고 본다.[5]

　　이 때 발행인(피위조자 또는 변조 전에 기명날인 또는 서명한 자)이 책임을 부담한다는 의미는 자금관계(또는 준자금관계)에서 지급인에 대한 것이지 어음소지인에 대한 것이 아니므로, 이로 인하여 피위조자 또는 변조 전에 기명날인 또는 서명한 자가 어음상의 책임을 지는 결과가 되는 것은 결코 아니다. 따라서 이러한 발행인은 어음소지인에 대하여 부당이득의 법리에 의하여 지급받은 금액의 반환청구권이 있다.[6] 또한 이 때 지급인·발행인 모두에게 과실이 있는 경우에는, 지급인이 원칙적으로 책임을부담하고 발행인의 과실에 대하여는 과실상계(민 396조)하는 것으로 보아야 할 것이다.[7]

---

1) 정(찬), 552면; 정찬형, 전게 논문집(경찰대)(제4집), 360면.
2) 정(찬), 552면.
　동지: 정(희), 270면; 대판 1975. 3. 11, 74 다 53(판총 11-2, 1062-18) 외.
3) 정(희), 271면; 정(동), 426면; 서(정), 211면.
4) 박, 566면; 대판 1977. 4. 12, 76 다 2873(교재, 판결례 [465]).
5) 정(찬), 552면; 정찬형, 전게 논문집(경찰대)(제4집), 356면.
6) 동지: 대판 1992. 7. 28, 92 다 18535(공보 929, 2650)(배서위조가 있는 약속어음에 관한 경우임).
7) 정(찬), 553면; 정찬형, 전게 논문집(경찰대)(제4집), 361면 및 같은 면 주 63.

제4 상환청구(소구)

1. 상환청구(소구)의 의의

(1) 상환청구(소구)의 개념

1) 상환청구(recourse; Rückgriff)는 소구라고도 하는데, 「어음이 만기($^{\text{수표의 경}}_{\text{우는 지급}}$ $^{\text{제시기간}}_{\text{내에}}$)에 지급거절되었거나, 또는 만기 전에 인수거절($^{\text{환어음에}}_{\text{한함}}$) 또는 지급가능성이 현저하게 감소되었을 때에 어음소지인이 전자에 대하여 어음금액 기타 비용을 청구하는 것」을 말한다. 어음은 만기에 지급될 것을 예상하여 유통되고 또 어음소지인은 대가를 지급하고 이를 취득하는 것이 일반적인데, 만기에 지급거절되거나 또 지급가능성이 현저하게 감소된 때에는 어음소지인의 이러한 기대와 대가를 상실시켜 어음소지인의 이익을 현저하게 침해하게 된다. 따라서 이러한 어음소지인의 이익을 보호하기 위하여 민법상 매도인의 하자담보책임과 같은 정신으로 실질관계를 어음관계에 반영하여 어음법에서 규정한 것이 상환청구(소구)제도이다.

2) 어음(수표)법은 환어음의 경우에는 발행인·배서인 등이 인수와 지급을 담보하는 것으로 규정하며($^{\text{어 9조}}_{\text{15조}}$), 약속어음의 경우에는 배서인 등이 지급을 담보하는 것으로 규정하며[1]($^{\text{어 77조 1항}}_{\text{1호·4호}}$), 수표의 경우에는 발행인·배서인 등이 지급을 담보하는 것으로 규정하고 있다($^{\text{수 12조}}_{\text{18조}}$). 이러한 법정담보책임에 기하여 어음소지인이 담보책임의 이행을 청구하는 것이 상환청구(소구)이고, 그 이행을 청구할 수 있는 어음상의 권리를 상환청구(소구)권이라고 한다.

3) 어음의 주채무자와 상환(소구)의무자는 어음소지인에 대하여 합동책임을 부담하지만($^{\text{어 47조 1항}}_{\text{77조 1항 4호}}$), 상환(소구)의무는 주채무에 대하여 종된 성질을 갖고 또 상환(소구)의무자가 주채무자에 대하여 어음상의 권리를 행사하고자 하면 완전한 어음을 반환하여야 하므로($^{\text{어 50조, 77조}}_{\text{1항 4호}}$), 주채무가 지급·상계·시효 등으로 소멸하면 상환(소구)의무도 소멸한다($^{\text{우리나라}}_{\text{의 정설}}$). 따라서 상환(소구)의무자는 주채무가 소멸하였다는 것을 자신의 항변으로 주장할 수 있다.

(2) 상환청구(소구)에 관한 입법주의

1) 이권(二權)주의   인수거절시에는 담보청구권을 인정하고, 지급거절시에는 상

반대: 서정갑, "수표지급인의 지위," 「월간고시」, 1977. 3, 55면(발행인책임부담으로 하고 지급인의 과실에 따라 과실상계한다고 한다).

1) 그러나 학설에 의하여 약속어음의 배서인 등에 대하여도 일정한 경우에는 인수담보책임이 인정되고 있는데, 이에 관하여는 뒤에서 상술한다.

환청구권을 인정하는 입법주의이다. 이 입법주의는 인수거절과 지급거절을 구별하여 인수는 거절하여도 만기에 지급을 하는 일도 있다는 점을 고려한 것이지만, 인수거절이 있으면 보통 지급거절도 있게 되는 실제와 일치하지 않게 되어 불편하다. 이 입법주의는 과거의 독일법계의 입법으로서 독일·이탈리아·일본의 구(舊)법 등이 채택하고 있었다.

2) 일권(一權)주의   지급거절시는 물론이고 인수거절시에도 상환청구권만을 인정하는 입법주의이다. 이러한 입법주의를 만기전 상환주의라고도 하는데, 영미법 및 제네바통일어음법 등에서 채택하고 있다. 이 입법주의는 어음거래에도 부합하고 또 편리하기 때문에 우리나라의 어음법도 일권주의를 채택하고 있다.

3) 선택주의   지급거절시에는 상환청구권을 인정하지만, 인수거절시에는 담보청구권과 상환청구권 중의 하나를 선택권자에게 선택시키는 입법주의이다. 이 선택권은 상환청구(소구)권자에게 부여되기도 하고 상환(소구)의무자에게 부여되기도 하는데, 상환청구(소구)권자에게 부여되는 입법례로는 스칸디나비아 구(舊)법·중남미제국의 구(舊)법이 있고, 상환(소구)의무자에게 부여되는 입법례로는 프랑스구(舊)법 등이 있다. 이 입법주의는 상환청구(소구)권자 또는 상환(소구)의무자에게 편리한 것 같으나, 법제가 복잡하여 오히려 실제상 불편하다.

2. 상환청구(소구)의 당사자

(1) 상환청구(소구)권자

1) 제1차적으로는 최후의 정당한 어음소지인이다[1]$\binom{\text{어 43조·77조}}{\text{1항 4호, 수 39조}}$.

2) 제2차적으로는 상환(소구)의무를 이행하고 어음을 환수하여 새로이 어음소지인이 된 자이다$\binom{\text{어 47조 3항·49조·77조}}{\text{1항 4호, 수 43조 3항·45조}}$. 상환(소구)의무자를 위한 보증인이 보증채무를 이행한 경우$\binom{\text{어 32조 3항·77조}}{\text{3항, 수 27조 3항}}$, 참가지급인이 상환(소구)의무를 이행한 경우$\binom{\text{어 63조 1항,}}{\text{77조 1항 5호}}$, 대리권이 없는 자가 일정한 상환(소구)의무자를 위하여 기명날인 또는 서명하고 상환(소구)의무를 이행한 경우$\binom{\text{어 8조·77조}}{\text{2항, 수 11조}}$ 등도 이에 포함된다.

(2) 상환(소구)의무자

1) 환어음·약속어음 및 수표의 각 상환(소구)의무자는 다음과 같다.

㈎ 환어음의 경우는 발행인·배서인 및 이들을 위한 보증인이다. 환어음의 인수인은 주채무자이지 상환(소구)의무자가 아니다. 환어음의 발행인은 어떠한 경우에도 (지급거절로 인한) 상환(소구)의무를 면할 수 없지만$\binom{\text{어 9조}}{\text{2항 2문}}$, 배서인의 경우에는 자기의 의사에 기하여$\binom{\text{무담보}}{\text{배서 등}}$ 또는 배서의 성질에서$\binom{\text{추심위임배서·}}{\text{기한후배서 등}}$ 상환(소구)의무를 면할

---

1) 동지: 대판 1987. 5. 26, 86 다카 1559(공보 804, 1056)(당좌수표를 예입받은 수입은행도 동 수표가 부도가 난 경우에는 상환청구〈소구〉권자가 된다).

수 있다. 상환(소구)의무자의 무권대리인도 상환(소구)의무를 부담한다($\underset{1문}{어 8조}$).

㈎ 약속어음의 경우는 배서인 및 이를 위한 보증인이다. 약속어음의 발행인은 주채무자이지 상환(소구)의무자가 아니다. 상환(소구)의무자의 무권대리인도 상환(소구)의무를 부담한다($\underset{8조 1문}{어 77조 2항,}$).

㈐ 수표의 경우는 환어음의 경우와 같이 발행인·배서인 및 이들을 위한 보증인이다. 수표의 지급인이 지급보증을 한 경우에는 그러한 지급보증인은 환어음의 인수인과는 달리 주채무자가 되는 것이 아니라, 최종의 상환(소구)의무자와 같은 지위에 있다($\underset{1항 참조}{수 55조}$). 수표의 경우에도 상환(소구)의무자의 무권대리인은 상환(소구)의무를 부담한다($\underset{1문}{수 11조}$).

2) 위의 각 상환(소구)의무자는 주채무자($\underset{약속어음의 발행인}{환어음의 인수인 또는}$)와 함께 어음소지인에 대하여 합동하여(jointly and severally) 어음채무를 부담한다($\underset{1항 4호, 수 43조 1항}{어 47조 1항·77조}$). 이것을 어음채무자의 합동책임(Gesamtschuld)이라고 하는데, 이는 민법상의 연대책임과 다르다($\underset{특성 중 협동성의 부분을 참조}{이에 관하여는 총론 어음행위의}$).

3. 상환청구(소구)요건

(1) 서 언

어음법은 환어음에 관하여 「만기 전의 상환청구(소구)」($\underset{단서, 44조}{어 43조}$)와 「만기 후의 상환청구(소구)」($\underset{본문, 44조}{어 43조}$)를 규정하고 있고, 약속어음에 관하여는 「만기 후의 상환청구(소구)」($\underset{상환청구〈소구〉}{지급거절로 인한}$)($\underset{1항 4호}{어 77조}$)에 대하여만 규정하고 있다. 따라서 약속어음에 대하여는 「만기 전의 상환청구(소구)」가 인정되는지 여부가 문제되겠다. 수표법도 수표의 상환청구(소구)에 대하여 규정하고 있는데, 수표에는 만기가 없고 언제나 일람출급의 성질상($\underset{1항}{수 28조}$), 수표에는 「만기 전의 상환청구(소구)」와 「만기 후의 상환청구(소구)」의 구별은 있을 수 없으므로 「지급거절로 인한 상환청구(소구)」($\underset{청구〈소구〉에 해당}{어음의 만기 후의 상환}$)에 대하여만 규정하고 있다.

따라서 이하에서는 어음의 상환청구(소구)요건과 수표의 상환청구(소구)요건을 구별하여 살펴보고, 어음의 상환청구(소구)요건에서는 「만기 전의 상환청구(소구)요건」과 「만기 후의 상환청구(소구)요건」으로 나누어 살펴보겠다. 또한 상환청구(소구)요건과 밀접히 관련된 불가항력과 거절증서에 대하여 함께 살펴보겠다.

⑵ 어음의 상환청구(소구)요건

1) 만기 전의 상환청구(소구)요건

㈎ 환 어 음

① 실질적 요건

(ⅰ) 인수의 전부 또는 일부의 거절($^{어43조}_{1호}$)　　　어음소지인이 만기 전에 「인수제시」를 하였으나, 지급인이 「인수의 전부 또는 일부를 거절」한 경우이다.

(a) 인수제시는 인수거절로 인한 상환청구(소구)에 필요하지만, 이것을 게을리 하여도 지급거절로 인한 상환청구(소구)권까지 잃는 것은 아니다. 따라서 인수제시를 하지 않아 인수거절로 인한 만기 전의 상환청구(소구)권을 행사할 수는 없으나, 만기에 지급제시하여 지급거절이 된 경우에는 지급거절로 인한 만기 후의 상환청구(소구)권을 당연히 행사할 수 있다. 그러나 인수제시명령이 있는 어음($^{어22조}_{1항·4항}$)과 일람후정기출급어음($^{어}_{23조}$)에서는 반드시 인수제시를 하여야 하므로, 소정의 기간 내에 인수제시를 하지 않으면 모든 상환청구(소구)권을 상실한다($^{어53조}_{1호·2항}$ ^{1항}).

(b) 지급인의 인수거절은 적극적인 거절의 경우뿐만 아니라, 부단순인수($^{어26조}_{2항}$)·지급인이 소재불명 또는 부재의 경우·지급인이 사망하고 그 상속인이 불명한 경우·어음의 반환 전의 인수말소($^{어29조}_{1항}$) 등을 포함한다. 예비지급인의 기재가 있는 경우에는 그의 참가인수거절도 있어야 한다($^{어56조}_{2항}$). 또 지급인이 수 인인 경우에는 그 중 1인의 인수거절만으로도 상환청구(소구)원인이 된다(통설).[1]

인수의 일부거절이 있는 경우에는 그 부분에 한하여 상환청구(소구)할 수 있다. 인수제시금지문언이 기재된 어음의 경우($^{어22조}_{2항·3항}$) 어음소지인이 이에 반하여 인수제시를 하고 따라서 인수가 거절된 경우에는 상환청구(소구)원인이 되지 않는다.

(ⅱ) 지급인의 인수여부와 관계 없이 지급인의 파산($^{어43조}_{2호 전단}$), 인수제시금지어음의 경우는 발행인의 파산($^{어43조}_{3호}$)　　　지급인 또는 인수인 등의 자력이 불확실하게 된 경우로서, 이 때의 파산은 어음발행 후의 것만을 의미하는 것이 아니라 어음발행의 전후를 불문하고, 파산절차가 종료되지 않은 것을 의미한다(통설).[2] 어음발행 후의 파산의 경우에는 파산선고의 결정이 있으면 상환청구(소구)원인이 되는 것이지, 파산절차가 상환청구(소구)권행사시까지 계속되어야 하는 것은 아니다(통설).[3]

---

1) 정(찬), 557면; 정(희), 230면; 정(동), 274면; 채, 265면; 최(기), 507면 외.
　반대(지급인 전원의 인수거절만이 상환청구〈소구〉원인이 된다고 보는 견해): 서·정, 239면.
2) 정(찬), 558면; 정(희), 230면; 서·정, 239면; 손(주), 331면; 정(동), 432~433면 외.
　어음발행 후의 파산만을 의미한다고 보는 견해로는 田中(耕), 460면; 田中(誠), 756면.
3) 정(찬), 558면; 정(희), 230~231면; 서·정, 240면; 손(주), 331면; 정(동), 433면; 최(기), 510면 외.

인수하지 않은 지급인의 파산을 상환청구(소구)원인으로 하는 것은 어음소지인이 만기에 지급인으로부터 지급받을 것을 기대하고 어음을 취득하기 때문이다.

인수제시금지어음의 경우에는 발행인의 신용만으로 유통되기 때문에 발행인의 파산을 상환청구(소구)원인으로 하고 있으며, 지급인의 파산은 상환청구(소구)원인이 아니다. 이 때에도 예비지급인이 있는 경우에는 예비지급인의 참가인수거절까지 있어야 상환청구(소구)원인이 된다$\binom{\text{어 }56\text{조}}{2\text{항}}$.

어음법에 명문의 규정은 없으나 채무자회생절차 등이 개시된 때에도$\binom{\text{파}}{49\text{조}}$ 파산에 준하여 상환청구(소구)원인이 된다고 본다$\binom{\text{獨어 }44\text{조}}{6\text{항 참조}}$(통설).[1)]

(iii) 지급인의 인수여부와 관계 없이 지급인의 지급정지 또는 그 재산에 대한 강제집행부주효$\binom{\text{어 }43\text{조}}{2\text{호 후단}}$　　　이러한 경우도 만기에 지급될 것이 불확실하므로 만기 전의 상환청구(소구)원인으로 하였다. 이 경우에도 예비지급인이 있는 경우에는 그의 참가인수거절까지 있어야 상환청구(소구)원인이 된다$\binom{\text{어 }56\text{조}}{2\text{항}}$. 여기에서의 「지급정지」란 채무자회생 및 파산에 관한 법률상의 지급정지$\binom{\text{파 }305\text{조}}{2\text{항}}$를 표준으로 결정하는데, 채무자의 지급불능을 외부에서 인식할 수 있는 경우를 말한다.[2)] 따라서 채무자가 이행기가 도래한 금전채무를 이행하지 못하는 경우나,[3)] 또는 채무자가 발행한 은행도(銀行渡)어음이 자금부족으로 지급거절된 경우[4)] 등이 이에 속한다. 이러한 지급정지의 사실은 일반에게 알려지지 않아도 상환청구(소구)의 당사자에게만 알려져도 충분하다.[5)] 「강제집행부주효(强制執行不奏效)」는 어음소지인의 강제집행뿐만 아니라 어떠한 채권자에 의한 강제집행이라도 상관이 없는데, 이에 의한 실효를 얻지 못한 사실만 있으면 충분하다.

인수제시금지어음의 경우에는 발행인의 파산만을 상환청구(소구)원인으로 하고 발행인의 지급정지 또는 강제집행부주효를 상환청구(소구)원인으로 하고 있지 않은데, 이것은 발행인의 경우는 파산의 경우를 제외하고는 그 이외의 사항은 거절증서 등과 같은 공적인 증명방법을 작성할 수 없기 때문이다.[6)]

이러한 상환청구(소구)원인도 파산의 경우와 같이 그러한 원인사실의 발생으로

---

1) 정(찬), 558면; 정(희), 230면; 서·정, 239면; 정(동), 433면; 주석, 406면; 손(주), 331면; 강, 628면; 강, (어) 480면; 채, 266면 외.

2) 동지: 정(동), 433면.

3) RGZ 100, 65.

4) 대판 1984. 7. 10, 84 다카 424·425(공보 736, 1423).

5) 동지: 정(동), 433면; RGZ 132, 283.

6) 동지: 정(희), 231면; 주석, 406면.

인하여 상환청구(소구)권이 발생하면 족하고, 그 원인사실이 상환청구(소구)권행사시까지 존속하여야 하는 것은 아니다. 왜냐하면 그러한 원인사실의 발생 자체만으로 지급에 대한 불안감을 충분히 가지게 되므로 상환청구(소구)권을 인정해야 되기 때문이다(통설).[1]

지급정지 또는 강제집행부주효의 상환청구(소구)원인에 대한 증명책임은 상환청구(소구)권자(원고)가 부담하고, 상환(소구)의무자의 청구가 있으면 이 사실을 증명할 증거서류를 교부하여야 한다. 이 때에 상환청구(소구)권자는 지급거절증서의 작성($\frac{어}{5항}$44조)만으로 지급인 또는 인수인의 지급정지 또는 강제집행부주효로 인한 자력불확실이 충분히 증명되었다고 볼 수는 없다(통설).[2]

② 형식적 요건

(i) 인수의 전부 또는 일부의 거절이 상환청구(소구)원인인 경우에는, 어음소지인은 지급인이 인수거절한 사실을 공정증서인 「인수거절증서」에 의하여 증명하여야 한다($\frac{어}{1항}$44조). 인수거절의 증명방법으로 인수거절증서가 작성되어야 하고, 이것이 작성되지 않는 한 다른 방법으로 인수거절의 사실이 증명되더라도 상환청구(소구)권을 행사할 수 없다. 그러나 (i) 인수거절증서의 작성이 면제되거나($\frac{어}{46조}$) 또는 (ii) 불가항력이 30일을 지나도 계속되는 때에는($\frac{어}{4항·5항}$54조), 인수거절증서의 작성 없이 ($\frac{불가항력의 경우는}{인수제시도 불요함}$) 상환청구(소구)권을 행사할 수 있다.

인수거절증서는 인수제시기간 내[3]에 작성되어야 하는데, 이 기간의 말일에 한 인수제시에 대하여 지급인이 숙려(熟慮)기간을 요구한 때에는 인수거절증서는 그 다음 날에도 작성될 수 있다($\frac{어}{2항}$44조). 어음소지인은 인수제시기간 내에는 몇 번이라도 인수제시를 할 수 있으므로, 한 번 인수거절이 되었다고 하여 바로 인수거절증서를 작성하여야 하는 것은 아니다.[4]

인수거절증서가 작성된 때에는 어음소지인은 만기 후의 상환청구(소구)를 위하여 만기가 도래한 후에 다시 지급제시를 하고 지급거절증서를 작성시킬 필요가 없다($\frac{어}{4항}$44조).

---

1) 정(찬), 559면; 정(희), 230~231면; 서·정, 240면; 김(용), 201면; 최(기), 509~510면 외.

2) 정(찬), 559면; 정(희), 231면; 서·정, 240면 외.

3) 인수제시기간은 확정일출급·발행일자후정기출급의 어음의 경우는 발행일로부터 만기의 전일까지이고(어 21조), 일람후정기출급의 어음의 경우는 원칙적으로 발행일로부터 1년이다(어 23조 1항). 일람출급어음의 경우는 제시된 때 만기가 되므로(어 34조 1항 1문), 지급제시기간만이 문제된다(어 34조 1항 2문·3문).

4) 동지: 서·정, 241면.

(ⅱ) 지급인 또는 인수인의 파산($\binom{\text{인수제시금지어음의}}{\text{경우는 발행인의 파산}}$)이 상환청구(소구)원인인 경우에는, 거절증서의 작성을 요하지 아니하고 「파산결정서」($\frac{\text{파}}{310\text{조}}$)를 제출하면 된다($\frac{\text{어}}{6\text{항}}$ $^{44\text{조}}$). 또 채무자회생절차의 개시결정이 있는 경우에는 채무자회생절차 개시결정서($\frac{\text{파}}{2\text{항}}$ $^{49\text{조}}$)를 제출하면 된다(통설).[1]

(ⅲ) 지급인 또는 인수인의 지급정지·강제집행부주효가 상환청구(소구)원인인 경우에는, 만기 전임에도 불구하고 어음소지인은 (일단 지급제시를 한 후)「지급거절증서」를 작성하여야 (만기 전의) 상환청구(소구)권을 행사할 수 있다[2]($\frac{\text{어}}{5\text{항}}$ $^{44\text{조}}$). 그러나 (ⅰ) 지급거절증서의 작성이 면제되거나($\frac{\text{어}}{46\text{조}}$) 또는 (ⅱ) 불가항력이 30일을 지나도 계속되는 때에는($\frac{\text{어}}{4\text{항·5항}}$ $^{54\text{조}}$), 지급거절증서의 작성 없이($\binom{\text{불가항력의 경우에는}}{\text{지급제시도 불요함}}$) 상환청구(소구)권을 행사할 수 있다.

(나) 약속어음　　어음법은 약속어음에 대하여는 지급거절로 인한 상환청구(소구)에 관한 환어음의 규정만을 준용하고 있으므로($\frac{\text{어}}{1\text{항 4호}}$ $^{77\text{조}}$), 「만기 전의 상환청구(소구)」가 약속어음에도 인정되는지 여부가 문제된다.

① 약속어음에는 인수제도가 없으므로 인수거절로 인한 만기 전의 상환청구(소구)가 있을 수 없다는 것은 당연하다.

② 약속어음의 경우에도 만기 전에 발행인이 파산($\binom{\text{채무자회생절차}}{\text{를 포함함}}$)한 경우에는, 만기에 지급이 거절될 것이 확실하므로 해석상 당연히 만기 전의 상환청구(소구)를 인정해야 할 것이다(통설[3]·판례[4]).

③ 약속어음의 경우에 만기 전에 발행인이 지급정지를 받거나, 발행인의 재산에 대한 강제집행이 주효하지 아니하거나, 또는 발행인 명의의 다른 어음이 부도가 되는 등으로 인하여 발행인의 자력에 불확실한 사정이 있는 경우 등에는, 어음소지인이 그 발행인에게 지급제시를 하고 지급거절증서를 작성하면 이는 지급거절로 인한 상환청구(소구)가 되어 법규상으로도 당연히 만기 전의 상환청구(소구)가 가능하다고 본다(통설[5]·판례[6]). 왜냐하면 어음법 제77조 1항 4호의 「지급거절로 인한 상

---

1) 정(찬), 560면; 정(희), 232면; 서·정, 241면; 손(주), 333면; 정(동), 434면; 최(기), 511면; 채, 268면; 이(기), 342면 외.

2) 이 때의 지급거절증서는 어음의 미지급사실을 공증하는 것이지 자력불확실의 사실까지 공증하는 것은 아니므로, 어음소지인은 자력불확실의 사실에 대하여 증명하여야 (만기 전의) 상환청구(소구)권을 행사할 수 있다는 견해가 있다[서·정, 240면].

3) 정(찬), 560면; 정(희), 229면; 정(동), 433면; 채, 266면; 교재, 404면, 406면 외.

4) 대판 1984. 7. 10, 84 다카 424·425(공보 736, 1423).

5) 정(찬), 561면; 정(희), 229면; 정(동), 433면; 교재, 404면, 406면 외.

6) 대판 1984. 7. 10, 84 다카 424·425(공보 736, 1423)(발행인 명의의 다른 약속어음이 모두 만

환청구(소구)」의 의미를 반드시 만기 후에 있어서의 지급거절로 인한 상환청구(소구)만을 의미하는 것으로 해석할 필요는 없고, 만기 전이건 만기 후이건 지급거절로 인한 상환청구(소구)를 의미하는 것으로 해석할 수도 있기 때문이다.

2) 만기 후의 상환청구(소구)요건(환어음·약속어음)

(가) **실질적 요건** 어음소지인이 지급제시기간 내에 적법하게 「지급제시」를 하였으나, 환어음의 지급인(인수인)·약속어음의 발행인 또는 이들의 지급담당자가 「지급거절」을 하여야 한다(어 43조 1문, 77조 1항 4호).

① 지급제시 어음소지인은 지급제시기간 내에 적법하게 지급제시를 하여야 한다. 만일 어음소지인이 지급제시기간 내에 지급제시를 하지 않으면 상환청구(소구)권을 상실한다[1](어 53조 1항 본문, 77조 1항 4호)(지급제시에 관하여는 이미 상세하게 설명한 바 있으므로 그 설명을 참고하기 바란다). 만기후배서의 피

기 전에 부도가 된 경우에 만기 전의 소구를 인정함); 동 1992. 5. 26, 92 다 6471(공보 924, 2016)(약속어음의 소지인이 만기 2 일 전에 지급제시한 경우에는 만기 전의 소구권을 행사하기 위한 것임); 동 1993. 12. 18, 93 다 35254(공보 962, 526)(약속어음에 있어서도 발행인의 파산이나 지급정지 기타 그 자력을 불확실하게 하는 사유로 말미암아 만기에 지급거절이 될 것이 예상되는 경우에는 만기 전의 소구가 가능하다); 동 2003. 3. 14, 2002 다 62555(공보 2003, 985)(어음법상 약속어음에 관하여는 환어음의 경우와 같은 만기 전 소구에 관한 규정을 두고 있지 않으나 약속어음에 있어서도 발행인의 파산이나 지급정지 기타 그 자력을 불확실하게 하는 사유로 말미암아 만기에 지급거절이 될 것이 예상되는 경우에는 만기 전의 소구가 가능하다고 할 것이고, 만기 전의 소구가 가능한 약속어음의 경우에 그 소멸시효에 관하여는 어음법 제77조 8호에 의하여 준용되는 같은 법 제70조 2항이 적용된다고 해석하여야 할 것이다).

1) 어음소지인(채권자)의 고의나 과실로 상환청구(소구)권이 상실되면 그로 인하여 상환받을 수 없는 한도에서 어음금 지급채무에 대한 민사상 보증인도 보증책임을 면하게 된다(민 485조)고 본 판례로는 대판 2003. 1. 24, 2000 다 37937(공보 2003, 691)(민법 제485조는 법정대위권자가 있는 경우에 채권자의 고의나 과실로 담보가 상실되거나 감소된 때에는 대위권자는 그 상실 또는 감소로 인하여 상환을 받을 수 없는 한도에서 그 책임을 면한다고 규정하고 있는바, 약속어음의 소지인이 배서인에 대하여 가지는 소구권은 약속어음이 지급거절된 경우 어음금 지급에 대한 배서인의 담보책임의 이행을 구하는 권리이므로 소구권은 어음금 지급채무에 대한 담보라고 할 수 있고, 어음금 지급채무에 대한 민사상 보증인이 변제를 하게 되면 민법 제481조, 제482조에 따라 채권자인 소지인을 대위하여 담보에 관한 권리인 소구권을 행사할 수 있으며, 만일 채권자의 고의나 과실로 소구권이 상실되면 특별한 사정이 없는 한 그로 인하여 상환받을 수 없는 한도에서 위 보증인은 보증책임을 면하게 된다).

또한 어음소지인이 어음을 지급기일에 적법하게 제시하지 않았다고 하더라도 배서인(환매하는 자)에 대하여 특별한 사정이 없는 한 손해배상책임을 부담하지 않는다고 본 판례로는 대판 2003. 1. 24, 2002 다 59849(공보 2003, 721)(금융기관이 어음할인을 하고 취득한 어음을 지급기일에 적법하게 지급제시를 하지 아니하여 소구권을 보전하지 아니하였다 할지라도, 지급기일 후에 어음 발행인의 자력이 악화되어 무자력이 되는 바람에 어음환매자가 발행인에 대한 어음채권과 원인채권의 어느 것도 받을 수 없게 됨으로 인하여 손해를 입게 된 것이라면, 이러한 손해는 어음의 주채무자인 발행인의 자력의 악화라는 특별 사정으로 인한 손해로서 지급제시의무를 불이행한 금융기관이 그 의무 불이행 당시인 어음의 지급기일에 장차 어음발행인의 자력이 악화될 것임을 알았거나 알 수 있었을 때라야 어음을 환매하는 자에 대하여 손해배상채무를 진다); 동 2010. 7. 29, 2009 다 69692(공보 2010, 1751)(채권자가 기존채무의 이행을 위하여 채무자로부터 교부받은 약

배서인은 만기후배서의 배서인이 지급제시를 하였는지 여부와 관계없이 스스로 적법한 지급제시기간 내에 지급제시를 하여야 상환청구(소구)권을 행사할 수 있다.[1]

예비지급인 또는 참가인수인 등이 존재하는 경우에는 그들의 전원에 대하여도 지급제시기간의 다음 날까지 지급제시를 하여야 한다(어 60조 1항).

지급거절증서작성면제의 경우에도 지급제시는 면제되지 않는다(어 46조 2항 1문, 77조 1항 4호). 그러나 인수거절증서를 작성한 경우(어 44조 1항) 또는 불가항력이 만기(일람출급 또는 일람후 정기출급의 어음의 경우에는 어음소지인이 배서인에게 통지를 한 날)부터 30일이 지나도 계속되는 경우(어 54조 4항·5항, 77조 1항 4호)에는 지급제시가 면제된다. 그러나 지급인 등이 미리 지급거절의 의사를 표시한 경우와 같이 만기에 지급거절될 것이 확실한 경우에도 어음소지인은 반드시 지급제시를 하여야 한다.[2] 지급제시면제의 특약은 어음상의 효력은 없고, 그 특약의 당사자간의 인적 항변사유가 됨에 불과하다.[3]

② 지급거절   지급거절이란 지급인 등이 적극적으로 지급을 거절한 경우뿐만 아니라, 지급인 등의 부재·소재불명 또는 이들이 사망하고 상속이 불명한 경우 등과 같이 소극적인 사유로 인하여 어음소지인이 지급받을 수 없는 경우를 포함한다[4](거령 3조 1항 2호 참조).

속어음을 적법하게 지급제시하였으나 그 후 어음상 권리보전에 필요한 소멸시효 중단의 조치를 취하지 아니함으로써 어음상의 권리에 관한 소멸시효가 완성된 경우 어음을 반환받은 채무자는 약속어음의 주채무자인 발행인, 소구의무자인 배서인 등에 대한 어음상 권리나 원인채무자〈발행인 또는 배서인과 동일인일 수도 있고 어음상 의무자 아닌 제 3 자일 수도 있다〉에 대한 자신의 원인채권을 행사하여 자기 채권의 만족을 얻을 수 있다면 아직 손해가 발생하였다고 하기 어렵다. 다만 채무자는 발행인이나 배서인 등 어음상 의무자가 각 소멸시효 완성 후 무자력이 되고 어음상 의무자 아닌 원인채무자도 현재 무자력이어서 채권자로부터 어음을 반환받더라도 어음상 권리와 자신의 원인채권 중 어느 것으로부터도 만족을 얻을 수 없게 된 때에야 비로소 자신의 채권에 관하여 만족을 얻지 못하는 손해를 입게 되었다고 할 것이다. 한편 이러한 손해는 어음상 의무자와 원인채무자의 자력 악화라는 특별한 사정으로 인한 손해로서 어음상 권리의 보전의무를 불이행한 어음소지인이 장차 어음상 의무자와 원인채무자가 무자력하게 될 것임을 알았거나 알 수 있었을 때에만 채무자는 그에 대하여 위 손해의 배상을 청구할 권리를 가지게 되어서, 이 손해배상채권으로써 상계할 수 있다).

1) 동지: 대판 2000. 1. 28, 99 다 44250(공보 2000, 571)(만기 전의 배서와 동일한 효력을 갖는 만기후배서의 피배서인이 어음의 최종소지인의 지위에서 어음의 배서인 등 소구의무자에 대한 소구권을 보전하기 위하여는 그에게 만기후배서를 한 배서인이 지급제시를 하였는지 여부와 관계없이 다시 스스로 적법한 지급제시기간 내에 지급제시를 하여야 한다. 그러나 만기후배서의 피배서인이 배서인이 지급제시하여 지급거절된 사실을 알고 있었다면, 그 배서인이 지급제시함으로써 보전한 소구권을 지명채권 양도와 같은 효력으로 승계하였음을 주장하여 이를 행사할 수 있다).

2) 동지: 정(희), 233면; 정(동), 431면.

3) 동지: 주석, 405면.

4) 동지: 대판 1998. 3. 13, 98 다 1157(공보 1998, 1062)(어음 발행회사의 회사정리절차에서 단독으로 정리채권자로 신고한 어음소지인이 그 정리채권신고기간 경과 후 배서인에 대하여 소구권을

어음소지인은 일부의 지급을 거절하지 못하므로($^{어 39조 2항,}_{77조 1항 3호}$), 지급인 등이 일부 지급을 하는 경우에는 그 잔액에 대하여만 지급거절로 인한 상환청구(소구)권을 행사할 수 있다.

수 인의 지급인 등이 있는 경우에는 그 전원이 지급거절을 하여야 어음소지인은 상환청구(소구)권을 행사할 수 있다(통설).[1] 왜냐하면 상환(소구)의무자는 그 지급인 중의 어느 한 사람이 지급할 것을 담보한 것이라고 볼 수 있기 때문이다. 또한 예비지급인·참가인수인 등이 존재하는 경우에는, 이들의 참가지급거절까지 있어야 어음소지인은 상환청구(소구)권을 행사할 수 있다($^{어 60조 1항,}_{77조 1항 5호}$).

(나) 형식적 요건　　　지급인 등의 지급거절의 사실은 공정증서인 「지급거절증서」에 의하여 증명되어야 한다($^{어 44조 1항,}_{77조 1항 4호}$). 그 이유는 지급거절은 상환(소구)의무자 이외의 자($^{환어음의 경우는 지급인 또는 인수인,}_{약속어음의 경우는 발행인 등}$)로부터 생긴 사실이므로 어음소지인을 위하여는 간이·신속한 증명방법이 되고, 상환(소구)의무자를 위하여는 공적인 증명방법이므로 확실하고 신뢰할 수 있기 때문이다.[2]

지급거절증서의 작성기간은 확정일출급어음·발행일자후정기출급어음·일람후정기출급어음의 경우에는 「지급을 할 날 이후의 2거래일 내」이고($^{어 44조 3항 1문,}_{77조 1항 4호}$),[3] 일람출급어음의 경우에는 어음법 제34조에서 정하는 지급제시기간 내($^{원칙적으로}_{1년}$)이다[4] $^{(어 44조 3항 2문,}_{77조 1항 4호)}$.

지급거절증서를 작성할 필요가 없는 경우는 (ⅰ) 동 증서의 작성이 면제된 경우($^{어 46조, 77조}_{1항 4호}$), (ⅱ) 인수거절증서를 작성한 경우($^{어 44조}_{4항}$), (ⅲ) 불가항력이 만기($^{또는 소지인이}_{배서인에게 통지한 날}$)부터 30일이 지나도 계속되는 경우이다($^{어 54조 4항·5항,}_{77조 1항 4호}$).

예비지급인·참가인수인 등이 존재하는 경우에는 지급제시기간의 다음 날까지

행사하는 것이 신의칙에 반하는 것은 아니다).

1) 정(찬), 563면, 488면; 정(희), 232면; 서·정, 242면; 정(동), 432면; 주석, 405면 외.

2) 동지: 정(동), 432면.

3) 구(舊)어음법은 「지급을 할 날 또는 이에 이은 2거래일 내」라고 규정하였으나, 우리 어음법은 통일조약에 따라 이렇게 규정하고 있는 것이다. 따라서 「지급을 할 날」에는 거절증서의 작성이 허용되지 않는다[동지: 서·정, 242면; 주석, 408면; 주어, 423면].

4) 동지: 서·정, 242면; 주석(Ⅱ), 190면.
　　어음법 제44조 3항 2문은 「일람출급어음의 지급거절증서는 인수거절증서작성에 관한 전항의 규정에 따라 작성시켜야 한다」고 규정하고 있고, 동법 제44조 2항은 인수거절증서작성기간을 「인수제시기간 내(지급인이 유예기간을 청구한 때에는 그 다음 날)」로 규정하고 있는데, 일람출급어음은 제시한 때에 만기가 되므로 인수제시기간이 있을 수 없으므로(어 21조 참조), 이는 일람후정기출급어음의 인수제시기간에 관한 규정(어 23조)을 유추적용할 수밖에 없는데, 어음법 제44조 3항 2문에서 이와 같이 규정할 것이 아니라 어음법 제34조에서 정하는 지급제시기간 내로 규정하였어야 할 것으로 본다.

필요가 있는 경우에는 참가지급거절증서를 작성하여야 한다($\substack{\text{어} 60조 1항,\\77조 1항 5호}$).

(3) 수표의 상환청구(소구)요건

1) 실질적 요건 수표소지인이 지급제시기간 내에 적법한 「지급제시」를 하였으나, 지급인이 「지급거절」을 하여야 한다($\substack{\text{수}\\39조}$). 수표에 있어서는 지급거절만이 상환청구(소구)원인이 된다.

2) 형식적 요건 지급거절의 증명방법으로 「지급거절증서」가 작성되어야 하는 점($\substack{\text{수} 39조\\1호}$)은 어음의 경우와 같다. 그러나 다음의 점에서는 어음과 구별되고 있다.

(개) 지급거절의 증명방법이 지급거절증서 외에 「지급인($\substack{\text{수표법 31조 2항의 경우에는}\\\text{지급인의 위임을 받은 제시은행}}$)의 선언」 및 「어음교환소의 선언」이 추가되어 있다($\substack{\text{수} 39조\\2호·3호}$). 지급인의 선언 및 어음교환소의 선언도 상환(소구)의무자의 거절증서작성면제가 있으면 이를 작성할 필요가 없다($\substack{\text{수}\\42조}$).

(내) 불가항력에 의하여 상환청구(소구)권보전절차($\substack{\text{지급제시 및}\\\text{지급거절증서작성}}$)를 면제받는 경우는, 그 불가항력이 수표소지인이 배서인에게 통지를 한 날부터 「15」일이 지나도 계속되는 경우이다($\substack{\text{수} 47조\\4항}$).

(대) 지급거절증서의 작성기간은 원칙적으로 지급제시기간 내이나, 예외적으로 제시기간의 말일에 제시한 경우에는 그 날 이후 「제1거래일」에 작성시킬 수 있다($\substack{\text{수}\\40조}$).

(4) 불가항력

1) 서 언 상환청구(소구)절차는 일정기간 내, 특히 지급제시는 3일 내에 하여야 하고 지급거절증서의 작성은 2일 내의 단기간 내에 하여야 하는 것이므로, 이 단기간 내에 불가항력으로 인하여 이 절차를 이행하지 못하는 일이 있다. 이러한 경우에도 과거의 독일법계의 입법은 불가항력의 사정을 고려하지 아니하고 항상 상환청구(소구)권을 상실시키는 데 반하여(채권자위험부담주의), 영미법계와 프랑스법계의 입법은 불가항력이 그친 후에 이 절차를 밟을 수 있다고 한다(채무자위험부담주의). 후자의 경우에는 다시 기간의 종료 후에는 상환청구(소구)절차를 요하지 아니하고 바로 상환청구(소구)권을 행사시킬 것인가(보전절차 면제주의), 또는 불가항력의 종료를 기다려서 상환청구(소구)절차를 밟도록 할 것인가(보전절차 기간연장주의)가 입법상의 문제이다. 통일어음법은 영미법계와 프랑스법계에 따라서 채무자위험부담주의를 채용하여 보전절차 기간연장주의와 보전절차 면제주의를 병용하였

다$\binom{\text{어 54조·77조}}{\text{1항 4호, 수 47조}}$.

2) 불가항력의 의의　　여기에서 불가항력(force majeure; höhere Gewalt; vis major)이라 함은, 법문에는 「피할 수 없는 장애」로 규정하고 있는데, 이것은 불가피한 일반적 장애를 의미한다$\binom{\text{어 54조 1항·77조}}{\text{1항 4호, 수 47조 1항}}$. 일반적 장애라 함은, 예컨대 전쟁·내란·지진·홍수·유행병·기타 천재적 지변으로 인한 거래의 정지나 교통단절 등이 대표적인 것이지만, 파업으로 인한 거절증서 작성기관의 직무휴지, 교통기관의 마비 등 인위적 사유로 인한 경우도 있을 수 있다. 그러나 어음소지인 또는 그로부터 어음의 제시 또는 거절증서작성의 위임을 받은 사람에 관한 단순한 인적 사유(예컨대, 소지인의 급사〈急死〉·수임인의 급병〈急病〉 등)는 불가항력이 되지 아니한다[1] $\binom{\text{어 54조 6항·77조}}{\text{1항 4호, 수 47조 5항}}$.

또한 여기의 불가항력 중에는 국가법령에 따른 금제(禁制)를 포함한다$\binom{\text{어 54조}}{\text{1항·77조}}$ $\binom{\text{1항 4호, 수}}{\text{47조 1항}}$. 이것은 어음이 국제적 유통증권이라는 성격에 비추어 일국(一國)에 있어서의 지급유예령(moratorium)이 타국(他國)을 구속할 수 없는 불편을 완화하고자 하는 것으로서, 지급지의 지급유예령으로 인하여 소정의 기간 내에 보전절차를 취할 수 없어도 타국에 있는 상환(소구)의무자의 책임면제가 생기지 않게 할 필요에 따른 것이다.

이 때의 불가항력은 어음상의 권리보전절차를 할 기간의 종기(終期)에 존재하여야 한다(통설).[2]

3) 불가항력이 권리보전절차에 미치는 영향

㈎ 기간의 연장 또는 보전절차의 면제

① 불가항력이 존재한 때에는 원칙적으로 권리보전절차기간은 연장되어 $\binom{\text{어 54조 1항·77조}}{\text{1항 4호, 수 47조 1항}}$, 소지인은 불가항력이 그친 뒤에 지체 없이 인수제시 또는 지급제시를 하고 필요하면 거절증서를 작성하여 상환청구(소구)할 수 있다$\binom{\text{어 54조 3항·77조}}{\text{1항 4호, 수 47조 3항}}$. 만기에는 영향을 미치지 아니하므로, 시효기간의 기산점$\binom{\text{어 70조 1항,}}{\text{77조 1항 8호}}$, 법정이자의 발생$\binom{\text{어 48조 1항 2호,}}{\text{77조 1항 4호}}$ 등에는 영향이 없다.

② 기간연장의 예외로서 불가항력이 만기부터 30일을 지나도 계속되는 경우에

---

1) 법률상 일반적으로 불가항력의 의의를 결정하는 표준으로서 주관설·객관설·절충설의 3설이 있는데, 어음법에서의 불가항력은 불변기간의 불준수에서 생기는 불이익을 면하게 하는 것이므로 그 의의는 원래 주관설에 의하여 결정되어야 할 것이다. 그런데 어음법은 단순한 인적 사유는 불가항력을 구성하는 것이 아니라고 규정하고 있으므로 주관설에 다소 수정을 가한 것이다[서·정, 245면 주 1].

2) 정(찬), 565~566면; 정(희), 236면; 서·정, 245면; 정(동), 436면; 손(주), 341면 외.

는 어음의 제시와 거절증서의 작성 없이 상환청구(소구)권을 행사할 수 있다(어 54조 4항, 77조 1항 4호). 이 때 일람출급어음과 일람후정기출급어음과 같이 제시에 의하여 비로소 만기가 정하여지는 어음에 있어서는 제시기간 내라도 소지인이 배서인에게 불가항력이 발생하였다고 통지한 날부터 30일을 기산한다(어 54조 5항 1문, 77조 1항 4호). 다시 말하면 통지일이 일람일과 동일시되어, 일람출급어음의 경우에는 통지일로부터 30일을 경과하면 어음의 제시와 거절증서의 작성 없이 상환청구(소구)할 수 있고, 일람후정기출급어음의 경우에는 30일의 기간에 어음에 기재한 일람 후의 기간이 가산되어 그 기간의 경과 후에 비로소 어음의 제시와 거절증서의 작성 없이 상환청구(소구)할 수 있다(어 54조 5항 2문, 77조 1항 4호).

수표의 경우에는 소지인이 자기의 배서인에게 불가항력을 통지한 날부터 불가항력이 15일이 지나도 계속되는 경우에는, 제시기간이 지나기 전에 그 통지를 한 경우에도 수표의 제시와 거절증서나 이와 동일한 효력이 있는 선언을 작성하지 아니하고 상환청구(소구)권을 행사할 수 있다(수 47조 4항).

(내) 소지인의 통지의무 불가항력이 발생하면 어음소지인은 이 사실을 자기의 배서인에게 지체 없이 통지하고, 어음 또는 보충지에 이 통지를 하였다는 내용을 적고 날짜를 부기한 후 기명날인 또는 서명하여야 하며, 후자로부터 통지를 받은 사람은 또 다시 자기의 전자에게 이와 동일한 방법으로 통지하여야 한다(어 54조 2항·77조 1항 4호, 수 47조 2항). 통지의무의 목적은 전자에게 불가항력의 존재에 관하여 반증을 할 기회를 부여하고자 하는 것과, 거절의 경우를 예상하여 전자를 상환청구(소구)에 대비시키고자 하는 데에 있다. 이 통지절차의 상세한 것은 뒤에 설명하는 상환청구(소구)통지의 예에 따른다(어 54조 2항·77조 1항 4호, 수 47조 2항).

(5) 거절증서

1) 의 의

(개) 거절증서는 「어음상의 권리의 행사 및 보전에 필요한 행위를 한 것과 그 결과를 증명하는 증명증서로서, 공정증서이고 요식증서」이다.

(내) 어음법이 규정하고 있는 거절증서 중 가장 중요한 것은 인수거절증서(환어음에 만 해당)와 지급거절증서인데[1](어 44조 1항·77조 1항 4호, 수 39조 1호), 어음법은 거절증서를 작성함을 요한다고만 규정하고 그 밖의 점은 모두 거절증서령(2011. 8. 19, 대통령령 23077호)이 규정하는 바에 미루고 있다(수 70조).

---

1) 어음법은 이 밖에 인수제시일자 또는 인수일자의 기재를 거절한 경우(어 25조 2항, 78조 2항), 복본교부거절의 경우(어 66조 2항), 등본의 정당한 소지인에 대한 원본반환거절의 경우(어 68조 2항) 등에 대하여도 거절증서의 작성에 관하여 규정하고 있다.

2) 작성절차

(개) 거절증서령에 의한 거절증서의 작성절차는 다음과 같다.

① 작성기관은 공증인 또는 집행관이다($\frac{거령}{2조}$).

② 기재사항은, (ⅰ) 거절자 및 피거절자의 성명이나 명칭, (ⅱ) 거절자에 대하여 청구를 한 뜻 및 거절자가 그 청구에 응하지 아니하였거나 거절자의 면회를 할 수 없었던 것 또는 청구를 할 장소를 알 수 없었던 뜻, (ⅲ) 청구를 하였거나 이를 할 수 없었던 장소 및 연월일, (ⅳ) 거절증서작성의 장소 및 연월일, (ⅴ) 법정장소 이외의 곳에서 거절증서를 작성하는 때에는 거절자가 이를 승낙한 것 등이다(요식증권성)($\frac{거령}{1항}$ 3조).

③ 작성용지는 어음 또는 이에 결합한 부전(附箋, 보충지)이다($\frac{거령}{1항}$ 4조). 어음에 이를 작성하는 경우에는 어음의 뒷면(이면)에 기재한 사항에 계속하여 이를 작성하고, 부전에 할 경우에는 공증인 또는 집행관이 그 접목에 간인을 하여야 한다($\frac{거령}{2항}$ 4조).

④ 작성장소는 원칙적으로 「청구를 한 장소」이고, 예외적으로 일정한 사정이 있는 경우에는 「다른 장소」에서 작성할 수 있다($\frac{거령}{8조}$).

(내) 수표의 상환청구(소구)의 형식적 요건으로서 지급거절의 증명방법으로는 「지급거절증서」($\frac{수}{1호}$ 39조) 외에, 「수표에 제시한 날을 적고 날짜를 부기한 지급인($\frac{수표법 31조}{2항의 경우에는}$ $\frac{지급인의 위임을}{받은 제시은행}$)의 선언」($\frac{수}{2호}$ 39조)과 「적법한 시기에 수표를 제시하였으나 지급받지 못하였음을 증명하고 날짜를 부기한 어음교환소의 선언」($\frac{수}{3호}$ 39조)이 추가되어 있다($\frac{어음과 구별}{되는 점}$). 그런데 이 때의 지급인의 선언이나 어음교환소의 선언의 작성방법에 대하여는 수표법에 특별한 규정이 없다. 따라서 이는 학설·판례에 의할 수밖에 없는데, 이를 살펴보면 다음과 같다.

① 지급인의 선언은 반드시 수표 자체[1]에 하여야 하고, 부전(보충지)에 할 수 없다. 따라서 부전에 기재한 지급인의 선언은 무효라고 본다.[2]

참고로 수표(어음)의 거절증서는 수표(어음) 자체에 할 수도 있고($\frac{뒷면에 기재한 사항에}{계속하여 작성함}$), 부전($\frac{공증인 또는 집행관이}{그 접목에 간인하여}$)에 할 수도 있다[3]($\frac{거령}{4조 2항}$). 또한 이 때에 거절증서를 부전에 작성하는 것은 어음(수표)의 뒷면에 여백이 없는 경우에 한하지 않고, 또 이 경우 반드시 뒷면의 기

---

1) 수표 자체인 이상 수표 뒷면에 기재하여도 무방하다[동지: 田中(誠), (下) 862면; 日最高判 1956. 9. 28 등].

2) 정(찬), 568면; 정(찬), (사례) 415면.
   동지: 대판 1982. 6. 8, 81 다 107(교재, 판결례 [543]). 동지의 일본판례로는 日大判 1915. 12. 7; 日東京控判 1917. 4. 25; 日東京地判 1925. 10. 21; 日大阪地判 1913. 9. 5 등.

3) 따라서 어음교환업무규약세칙(2002. 7. 23 개정)에서도 수표를 부도반환하는 경우에는 수표의 앞면에 일정한 사항을 기재하고 지급은행이 기명날인 또는 서명하도록 규정하고 있다(동 세칙 105조 1항 전단). 그러나 환어음·약속어음 및 기타 증서를 부도반환하는 경우에는 앞면 또는 부전에 일정한 사항을 기재하고 지급담당은행이 기명날인 또는 서명하도록 규정하고 있다(동 세칙 105조 1항 후단).

재에 접속하여 첨부하지 않아도 된다.[1]

② 어음교환소의 선언은 수표법이 지급인의 선언과는 달리 수표에 기재할 것을 요구하고 있지 않으므로($\frac{수}{3호}$39조), 수표 자체에 할 필요는 없고 부전에 하여도 무방하다고 본다.[2] 또한 어음교환소의 선언에는 지급인의 선언에서와는 달리 제시일자를 기재할 필요도 없다.

어음교환소에서의 수표의 제시는 지급제시의 효력이 있는 점($\frac{수}{31조}$)과 관련하여 어음교환소의 선언에 지급거절증서와 같은 증명력을 인정한 것이지만($\frac{수}{3호}$39조), 실제로 어음교환소의 선언에 의하여 수표가 부도처리되는 경우는 거의 없고 대부분은 지급은행의 선언에 의하여 부도처리되고 있다.

3) 거절증서작성면제

(가) 인정이유   상환청구(소구)의 형식적 요건의 하나인 거절증서의 작성은 주로 상환(소구)의무자를 위하여 인수 또는 지급거절의 사실을 명확하게 할 목적이므로, 상환(소구)의무자는 이 이익을 임의로 포기하여 다른 간편한 증거방법으로써 만족할 수 있다. 이것을 거절증서작성면제(무비용상환)라고 하는데, 이로써 상환(소구)의무자는 거절증서작성비용의 부담을 면할 수 있고 또 인수 또는 지급거절의 사실이 공표되는 것을 방지하는 실익을 가진다. 그러므로 실제 거래에서도 이 제도는 많이 이용되고 있고, 어음법에서도 이를 명문으로 인정하고 있다($\frac{어\ 46조\cdot77조}{1항\ 4호,\ 수\ 42조}$).

(나) 면제권자   거절증서의 작성을 면제할 수 있는 자는 상환(소구)의무자이다($\frac{어\ 46조\ 1항\cdot77조}{1항\ 4호,\ 수\ 42조\ 1항}$). 어음의 경우 참가인수인($\frac{어}{58조}$) 또는 참가지급인($\frac{어\ 63조,\ 77조}{1항\ 5호}$)은 상환(소구)의무자를 위하여 채무를 이행하는 자이므로, 이들 및 이들을 위한 보증인도 거절증서의 작성을 면제할 수 있다고 본다(통설).[3]

환어음의 인수인 및 약속어음의 발행인은 주채무자이므로 거절증서의 작성을 면제할 수 없다.[4]

(다) 면제의 방법   면제의 방법은 면제권자가 (ⅰ)「무비용상환」·「거절증서불필요」의 문자 또는 이와 같은 뜻을 가진 문구($\frac{거절증서작성면제}{의\ 의사표시}$)를 어음에 적고, (ⅱ) 기명날인 또는 서명하여야 한다($\frac{어\ 46조\ 1항\cdot77조}{1항\ 4호,\ 수\ 42조\ 1항}$).

①「거절증서불필요」등의 문언은 보통 어음상에 인쇄되어 있는데, 환어음에 단순히「거절증서불필요」의 문언만이 기재된 경우에는 인수거절증서 및 지급거절증서의 작성이

---

1) 동지: 日大判 1925. 12. 24(교재, 판결례 [393]).

2) 동지: 주석, 633면; 田中(誠), (下) 862면.

3) 정(찬), 569면; 정(희), 237면; 서·정, 246~247면; 주석, 417면 외.

4) 동지: 서·정, 246~247면; 정(동), 434면; 日大判 1924. 3. 7(民集 3, 91).
   반대(약속어음의 발행인은 거절증서의 작성을 면제할 수 있다고 보는 견해): 손(주), 343면; 최(기), 521면; 강, 423면; 강, (어) 487면; 주석, 417면; 채, 282면.

면제된 것으로 본다(통설).[1]

② 거절증서작성면제를 위하여는 면제권자의 기명날인 또는 서명이 있어야 한다. 그런데 어음의 배서란에 「거절증서작성불필요」의 문언이 인쇄되어 있는 경우에는, 배서의 기명날인 또는 서명만 있으면 이 기명날인 또는 서명은 거절증서작성면제의 기명날인 또는 서명도 겸한다.[2]

③ 거절증서작성은 상환(소구)의무자의 이익을 위하여 인정된 것이고 어음거래의 안전을 위하여 인정된 것이 아니므로, 상환(소구)의무자와 어음소지인간에 별개의 서면이나 구두로 한 경우에도 유효하다. 다만 어음 외에서 당사자간에 한 이러한 거절증서작성면제의 특약은 어음상의 효력은 없고, 당사자간에서만 유효하다 할 것이다(통설).[3] 따라서 이렇게 거절증서작성을 면제한 자는 이러한 사실을 모르고 거절증서를 작성한 선의의 제3자에 대하여 대항할 수 없다(어음의
문언증권성).

(라) 면제의 효력

① 어음소지인은 거절증서를 작성하지 않고도 상환청구(소구)권을 행사할 수 있다. 환어음 또는 수표의 발행인이 거절증서작성면제의 문언을 기재한 경우에는 모든 상환(소구)의무자에 대하여 그 효력이 미치므로(동 어음은 거절증서
작성금지어음이 된다), 어음소지인은 모든 경우에 거절증서를 작성할 필요가 없고 그가 임의로 거절증서를 작성한 때에는 그 비용은 소지인의 부담이 된다(어 46조 3항 1문 전단·2문 전단·77조
1항 4호, 수 42조 3항 1문 전단·2문 전단). 그러나 배서인 또는 보증인이 거절증서작성면제의 문언을 기재한 경우에는 그 상환(소구)의무자에 대하여만 효력이 미치므로, 어음소지인은 다른 상환(소구)의무자에 대하여 상환청구(소구)권을 행사하기 위하여는 거절증서를 작성하여야 하고 또 이러한 거절증서의 작성비용은 모든 상환(소구)의무자가 공동으로 부담하기 때문에 거절증서작성면제의 문언을 기재한 배서인 또는 보증인도 같이 그 비용을 부담한다(어 46조 3항 1문 후단·2문 후단·77조 1항
4호, 수 42조 3항 1문 후단·2문 후단).

② 거절증서작성면제의 문언이 있더라도 어음소지인에 대하여 법정기간 내의 제시 및 상환청구(소구)통지의 의무까지 면제하는 것은 아니나(어 46조 2항 1문·77조
1항 4호, 수 42조 2항 1문), 어음소지인이 법정기간 내에 적법한 제시 및 상환청구(소구)통지를 한 것을 추정하는 효력은 있다.

---

1) 정(찬), 569~570면; 정(희), 238면; 서·정, 247면; 손(주), 344면; 정(동), 435면 외.
   이에 반하여 모든 종류의 거절증서가 작성면제의 대상에 포함될 수 있다고 보는 견해도 있다(주석, 417~418면).

2) 동지: 대판 1962. 6. 14, 62 다 171(교재, 판결례 [392]); 동 1959. 12. 22, 4291 민상 870(교재, 판결례 [390]).

3) 정(찬), 570면; 정(희), 237~238면; 서·정, 247면; 손(주), 343면; 정(동), 435면; 채, 282면 외. 동지: 日大判 1926. 3. 25(교재, 판결례 [397])(당사자간에 구두로써 거절증서작성을 면제한 사실을 인정하여 어음소지인은 그 배서인에 대하여도 소구권을 행사할 수 있다고 함); 스위스 Zürich 控判 1962. 6. 27(교재, 판결례 [403])(거절증서의 작성면제는 일정한 서면형식을 필요로 하나, 어음 외에서 계약에 의하여 합의할 수도 있다).

왜냐하면 제시는 거절증서에 의하여 증명되고, 상환청구(소구)통지는 거절증서작성일을 기준으로 통지기간이 계산되기 때문에, 거절증서의 작성 없이는 법정기간 내에 제시 또는 상환청구(소구)통지가 있었는가를 증명할 수 없기 때문이다. 따라서 이 때 어음소지인이 법정기간 내에 적법한 제시 및 상환청구(소구)통지를 하지 않았음은 이를 주장하는 자(상환〈소구〉의무자)가 증명하여야 한다[1]($\binom{\text{어 46조 2항 2문·77조}}{\text{1항 4호, 수 42조 2항 2문}}$).

4. 상환청구(소구)의 통지

(1) 의의와 입법례

1) 의   의   상환청구(소구)의 통지(notice of dishonour; Notifikation, Notanzeige)는 거절의 통지라고도 한다. 상환청구(소구)권의 행사는 소지인의 전자에게는 예기하지 아니하던 이상적(異狀的) 경과이므로, 상환청구(소구)권자는 전자에 대하여 상환청구(소구)원인의 발생을 통지하고 상환(소구)의무자는 이 통지에 의하여 상환의 준비를 할 필요가 있고 또한 빨리 상환하여 상환금액의 증가를 방지할 필요가 있는데, 이러한 요청에 응하는 제도가 상환청구(소구)통지의 제도이다.

2) 입 법 례   상환청구(소구)통지의 입법례는 영미법계와 통일법계가 상이하다. 즉, 영미법계는 국내어음에 관하여 거절증서의 작성을 상환청구(소구)권보전의 요건으로 하지 아니하고 오히려 이 상환청구(소구)통지를 중시하여 이 통지를 상환청구(소구)요건으로 하고 있다[2]($\binom{\text{엄격주의, strenges}}{\text{Notifikationssystem}}$). 그러나 통일법계는 거절증서를 중시하여 이것을 상환청구(소구)권보전의 요건으로 하므로, 상환청구(소구)통지를 비교적 경시하여 소지인의 단순한 의무로서 통지할 것을 명하고 있다($\binom{\text{통지의무주의, System der}}{\text{Notifikationspflicht}}$). 원래 상환청구(소구)의 통지의무는 어음소지인이 어음관계상 부담하는 유일한 의무로서 형평의 요구에 기하여 인정된 것이다.

(2) 통지를 요하는 경우

1) 인수거절($\binom{\text{환어음}}{\text{에 한함}}$) 또는 지급거절의 경우이다($\binom{\text{어 45조 1항 1문·77조}}{\text{1항 4호, 수 41조 1항 1문}}$). 또 어음법상 규정은 없어도 지급인이 지급정지되거나 그 재산에 대한 강제집행이 주효(奏效)하지 아니한 경우에도, 소지인은 지급제시와 거절증서작성을 요하므로($\binom{\text{어 44조 5항;}}{\text{77조 1항 4호}}$) 역시 통지를 요한다고 본다.[3]

2) 이에 반하여 지급인(인수인) 또는 인수제시금지어음의 발행인이 파산·채무

---

1) 동지: 대판 1984. 4. 10, 83 다카 1411(교재, 판결례 [534]); 동 1969. 3. 31, 68 다 1182(판총 11-2, 1017); 동 1964. 6. 23, 63 다 1171(판총 11-2, 1036).

2) B. E. A. § 48.

3) 서·정, 249면; 정(동), 437면; 채, 276면.

자회생절차가 개시된 경우에는, 이러한 사항이 공고되므로($^{파\ 51조,}_{313조.}$) 통지를 요하지 아니한다(통설).[1] 또한 참가에 의하여 상환청구(소구)가 저지된 경우에도 통지할 필요가 없다.[2]

당사자간에 통지면제의 특약을 하였을 경우에는 그 당사자 사이에서만 통지를 생략할 수 있다(통설).[3]

(3) 통지의 당사자

1) 통지의무자는 「최후의 어음소지인」과 후자로부터 통지를 받은 「배서인」이다. 통지는 최후의 어음소지인으로부터 각 배서인의 직접의 전자를 거쳐 순차로 발행인($^{환어음}_{또는\ 수표}$) 또는 수취인($^{약속}_{어음}$)에 이르는 것이 원칙이지만($^{어\ 45조\ 1항·77조}_{1항\ 4호,\ 수\ 41조\ 1항}$)(순차통지주의), 배서인이 그 처소를 적지 아니하거나 그 기재가 분명하지 아니한 경우에는 예외적으로 그 배서인의 직전의 자에게 통지하면 된다($^{어\ 45조\ 3항·77조}_{1항\ 4호,\ 수\ 41조\ 3항}$). 무담보배서인이 있는 경우에도 그의 직전의 자에게 통지하면 된다. 그러나 자기의 처소를 적지 아니한 배서인 또는 무담보배서인 등이 통지를 받은 때에는 다시 자기의 전자에게 통지할 의무를 부담한다.[4]

또 환어음 또는 수표의 소지인은 자기의 직접의 전자 외에 직접으로 발행인에게도 통지하여야 한다($^{어\ 45조\ 1항\ 1문·77조}_{1항\ 4호,\ 수\ 41조\ 1항\ 1문}$). 왜냐하면 순차로 통지하면 발행인에 이르기까지에 장기간을 요하여 발행인이 적당한 조치를 취할 기회를 상실할 염려가 있는 까닭이다.

통지의무자는 자기의 전자($^{및}_{발행인}$)에 대하여 통지할 의무를 부담하는 이외에, 자기의 전자의 보증인이 있는 경우에는 그에게도 동시에 동일내용의 통지를 하여야 할 의무를 부담한다($^{어\ 45조\ 2항·77조}_{1항\ 4호,\ 수\ 41조\ 2항}$).

2) 통지받을 권리자($^{통지의}_{상대방}$)는 「상환(소구)의무자」이다. 즉, 발행인($^{환어음\ 또는}_{수표에\ 한함}$)·배서인 및 이들을 위한 보증인이다. 이 때 통지받은 배서인은 자기의 전자에 대하여 다시 통지할 의무를 부담하는데, 발행인 및 보증인은 다시 통지할 의무를 부담하지 않는다.[5]

---

1) 정(찬), 573면; 정(희), 239면; 서·정, 249면; 정(동), 437면 외.

2) 동지: 정(희), 239면.

3) 정(찬), 573면; 정(희), 239면; 서·정, 249면; 정(동), 437면; 손(주), 350면 외.

4) 동지: 정(동), 437면; 채, 276면.

5) 동지: 정(동), 438면.

(4) 통지기간

1) 어음소지인은 「거절증서작성일 이후의 4거래일 내」에 통지하여야 하고, 거절증서작성면제의 경우에는 「제시일 이후의 4거래일 내」에 통지하여야 한다(어 45조 1항 1문·77조 1항 4호, 수 41조 1항 1문).

2) 배서인은 「통지를 받은 날 이후 2거래일 내」에 통지하여야 한다(어 45조 1항 2문·77조 1항 4호, 수 41조 1항 2문).

3) 위의 통지기간과 관련하여 통지는 그 기간 내에 도달하여야 한다고 보는 견해[1](도달주의)와 통지는 그 기간 내에 송달하기만 하면 충분하다고 보는 견해[2](발신주의)로 나뉘어 있는데, 어음법 제45조 5항(어 77조 1항 4호, 수 41조 5항)의 취지에서 보아 후자의 견해가 타당하다고 본다.[3]

4) 통지의 유무에 관하여 분쟁이 있는 경우에는 통지의무자에게 증명책임이 있다. 따라서 통지의무자는 적법한 기간 내에 통지를 하였음을 증명하여야 한다(어 45조 5항 1문·77조 1항 4호, 수 41조 5항 1문). 그러나 통지받은 권리자가 거절증서작성을 면제한 경우에는 적법한 기간 내에 통지한 것으로 추정되므로 이 기간의 부준수는 이를 원용하는 자(상환〈소구〉의무자)가 증명하여야 하고(어 46조 2항 2문·77조 1항 4호, 수 42조 2항 2문), 또 통지기간 내에 통지의 서신을 우편으로 부친 때에는 그 기간을 준수한 것으로 간주한다(어 45조 5항 2문·77조 1항 4호, 수 41조 5항 2문). 이 때 우편으로 이러한 서신을 부치는 경우에는 단순한 등기우편으로는 부족하고, 내용증명우편 또는 이와 유사한 것으로 하여야 한다.[4]

(5) 통지의 내용과 방법

1) **통지의 내용**　어음소지인이 통지할 내용에 대하여 어음법은 아무런 규정을 두고 있지 않지만, 인수거절 또는 지급거절이 있었다는 사실을 알리는 정도의 내용이면 된다. 그러나 통지를 받은 각 배서인은 「후자인 통지자 전원의 명칭」과 「그 처소」를 표시하고, 자기가 받은 통지의 내용을 자기의 전자인 배서인에게 통지하여야 한다(어 45조 1항 2문·77조 1항 4호, 수 41조 1항 2문). 그 이유는 이것에 의하여 전자에게 어음의 소재를 알리고 또 그 환수의 기회를 부여하고자 하기 때문이다.

2) **통지의 방법**　통지의 방법에는 제한이 없으므로 어떠한 방법에 의하여도 할 수 있는데, 구두 또는 서면에 의해서도 할 수 있고 단순히 어음의 반환에 의

---

1) 서·정, 250면.

2) 정(희), 240면; 손(주), 351면; 정(동), 438면; 채, 277면 외.

3) 정(찬), 574면.

4) 동지: 정(희), 241면.

해서도 할 수 있다$\binom{\text{어 45조 4항·77조}}{\text{1항 4호, 수 41조 4항}}$.

(6) 통지해태의 효력

1) 통지는 상환청구(소구)권행사의 요건이 아니므로 어음소지인 등이 적법한 기간 내에 통지를 하지 아니하였다고 하더라고 상환청구(소구)권을 잃지 아니한다 $\binom{\text{어 45조 6항 본문·77조}}{\text{1항 4호, 수 41조 6항 본문}}$. 왜냐하면 어음소지인 등에게 통지의무를 지우는 것은 상환(소구)의무자가 상환청구(소구)에 응할 준비 등을 할 수 있도록 하는 데에 그 목적이 있는 것이므로, 이러한 점에서 보면 통지를 하지 않았다고 하여 어음소지인 등의 상환청구(소구)권을 상실시키는 것은 너무 가혹하기 때문이다.[1]

2) 그러나 어음소지인 등이 통지를 하지 않음으로 인하여 상환(소구)의무자에게 손해가 생긴 때에는 어음소지인 등은 어음금액의 범위 내에서 상환(소구)의무자에게 그 손해를 배상할 책임이 있다$\binom{\text{어 45조 6항 단서·77조}}{\text{1항 4호, 수 41조 6항 단서}}$. 이 때 상환(소구)의무자가 통지를 게을리함으로 인하여 입은 손해란, 통지가 없었기 때문에 증대된 상환청구(소구)금액, 통지가 없었기 때문에 갑자기 상환청구(소구)금액을 준비하는 데 따른 비용 등을 의미한다.[2]

이 때 손해배상액을 어음금액의 범위 내로 한정하는 이유는 통지를 게을리 함으로 인하여 어음금액 이상의 손해를 배상할 위험이 있는 때에는 어음의 이용이 회피될 것이기 때문이다.

통지면제의 특약을 당사자간에 어음 외에서 하면 그 당사자만이 면제자에 대하여 통지를 게을리함으로 인한 손해배상책임이 없으나, 이를 어음상에 기재하면 면제자의 후자 전원은 면제자에 대하여 통지를 게을리함으로 인한 손해배상책임이 없다. 이러한 손해배상청구권은 어음상의 권리가 아니므로, 통지면제를 어음상에 기재하여 면제자의 후자 전원이 이 책임을 면하는 것도 어음상의 효력에 의한 것으로 볼 수는 없다.[3]

5. 상환청구(소구)금액

상환청구(소구)제도의 목적은 소지인이 만기에 어음의 지급을 받은 것과 동일한 경제적 효과를 얻도록 하는 데에 있으므로, 소지인이 인수 또는 지급이 없었기

---

1) 동지: 주석, 414면.
2) 동지: 주석, 415면.
3) 정(찬), 575면.
   동지: 정(희), 241면.
   반대: 鈴木, 341면 이하.

때문에 받은 모든 것을 배상하여야 하는 것이다. 그러나 이와 같이 각 경우에 개별적으로 상환청구(소구)금액을 정하는 것은 어음유통의 원활을 해하고 상환청구(소구)관계를 복잡하게 하므로, 어음법은 상환청구(소구)금액을 일정하게 규정하고 있다($^{어\ 48조·49조·77조}_{1항\ 4호,\ 수\ 44조·45조}$). 어음법은 상환청구(소구)금액에 대하여 어음소지인이 상환청구(소구)하는 경우와, 어음을 환수한 자가 재상환청구(재소구)하는 경우로 나누어 각각 달리 규정하고 있다.

(1) 어음소지인의 상환청구(소구)금액

1) 만기 후의 상환청구(소구)금액　　어음소지인의 만기 후의 상환청구(소구)금액은 다음과 같다($^{어\ 48조\ 1항,}_{77조\ 1항\ 4호}$). 수표의 경우는 만기가 없기 때문에 만기 전의 상환청구(소구)금액이란 있을 수 없고, 언제나 (어음에서의) 만기 후의 상환청구(소구)금액만이 있다($^{수}_{44조}$).

(개) **지급되지 아니한 어음금액과 이자가 적혀 있는 경우 그 이자**　　전부거절의 경우에는 어음금액의 전액에 대하여, 일부인수 또는 일부지급의 경우에는 그 잔액에 대하여 청구할 수 있다($^{어\ 48조\ 1항\ 1호,}_{77조\ 1항\ 4호}$). 여기에서의 이자란 일람출급 또는 일람후정기출급어음에서 이율과 함께 이자가 부기된 경우에 그 기재에 따라 계산된 만기까지의 이자를 말한다($^{어\ 5조\ 1항·2항,}_{77조\ 2항}$). 확정일출급 또는 발행일자후정기출급어음에서는 이자가 어음금액에 포함되므로 여기에서의 이자에는 해당하지 않는다($^{어\ 5조\ 2항}_{2문,\ 77조\ 2항}$). 그리고 수표의 경우에는 약정이자가 있을 수 없으므로 언제나 지급되지 아니한 수표금액이다($^{수\ 44조}_{1호}$).

(내) **연 6퍼센트의 이율로 계산한 만기**(수표의 경우는 제시일) **이후의 이자**($^{어\ 48조·}_{77조\ 1항\ 4호.}_{수\ 44조\ 2호}$)　　어음의 경우는 만기 당일을 포함하여 만기 이후의 이자를 의미하는데, 이 이자는 지급제시기간 내에 지급제시만 하면 만기일에 지급제시를 하지 않았어도 청구할 수 있으므로 지연이자가 아니라 법정이자이다(통설).[1] 수표의 경우는 만기가 없으므로 제시일 이후의 연 6 퍼센트의 이율에 의한 법정이자를 청구할 수 있다($^{수}_{2호\ 44조}$). 이 경우에 법정이자의 기산일을 제시일로 본다고 하더라도,[2] 어음의 경우와 균형을 이루기 위하여는 제시일을 포함시켜야 할 것으로 본다($^{수\ 61조와}_{비교}$).

(대) **거절증서의 작성비용**(수표의 경우는 이와 동일한 효력이 있는 선언의 작성비용을 포함)· **통지비용 및 그 밖의 비용**($^{어\ 48조\ 1항\ 3호·77조}_{1항\ 4호,\ 수\ 44조\ 3호}$)　　「거절증서의 작성비용」은 공

---

1) 정(찬), 576면; 정(희), 242면; 서 · 정, 251면; 정(동), 439면; 주석, 421~422면 외.
　　동지판례: 대판 1965. 9. 7, 65 다 1139; 日最高判 1960. 10. 25(民集 14-12, 2755).

2) 동지: 정(희), 242면.

증인수수료규칙 등에 정하여져 있다. 「통지비용」이란 상환청구(소구)의 통지비용($\binom{어 45조·77조 1항}{4호, 수 41조}$)·불가항력의 통지비용($\binom{어 54조 2항·77조}{1항 4호, 수 47조}$)·참가의 통지비용($\binom{어 55조 4항,}{77조 1항 5호}$) 등을 의미한다. 「그 밖의 비용」이란 상환(소구)의무자에 대한 최고비용·역어음의 비용 등과 같이 상환청구(소구)권의 행사·보전에 필요한 비용을 의미하는데, 이에는 소송비용은 포함되지 않고 또 이자가 가산되지 않는다.

　　2) 만기 전의 상환청구(소구)금액　　수표는 만기가 없으므로 만기 전의 상환청구(소구)금액이란 있을 수 없고 어음에만 있는데, 이를 만기 후의 상환청구(소구)금액과 비교하여 보면 다음과 같다.

　　㈎ 인수(환어음에 한함) 또는 지급되지 아니한 어음금액　　확정일출급 또는 발행일자후정기출급어음에서는 만기까지의 이자가 어음금액에 포함되어 있으므로 지급받는 날로부터 만기까지의 이자를 할인에 의하여 어음금액에서 공제한다($\binom{어 48조 2항 1문,}{77조 1항 4호}$). 할인율에는 공정할인율과 시중할인율이 있는데, 시중할인율에 의하는 경우에는 이의 결정과 관련하여 분쟁이 발생하기 쉬우므로 어음법은 공정할인율(은행률)에 의하도록 규정하고 있고, 이 공정할인율은 어음소지인의 주소지에서 상환청구(소구)하는 날의 공정할인율에 의하도록 규정하고 있다($\binom{어 48조 2항 2문,}{77조 1항 4호}$).

　　일람출급 또는 일람후정기출급어음에서 이자부인 경우에는($\binom{어 5조 1항·}{2항, 77조 2항}$) 그 기재에 따라 (특정한 기산일을 기재하지 아니한 때에는) 어음발행 당일부터 지급받는 날까지의 이자가 가산된다($\binom{어 5조 3항,}{77조 2항}$). 따라서 이 때에는 확정일출급 또는 발행일자후정기출급어음에서와 같이 중간이자의 할인의 문제는 있을 수 없다.

　　㈏ 법정이자　　만기 전의 상환청구(소구)이므로 만기 이후의 법정이자가 가산될 여지가 없다.

　　㈐ 거절증서의 작성비용·통지비용 및 그 밖의 비용　　만기 후의 상환청구(소구)의 경우와 같다.

　　(2) 재상환청구(재소구)금액

　　어음을 환수한 자가 그 전자에 대하여 재상환청구(재소구)할 수 있는 금액은 다음과 같다($\binom{어 49조·77조}{1항 4호, 수 45조}$).

　　㈎ 지급한 총금액

　　㈏ 위 금액에 대하여 연 6퍼센트의 이율로 계산한 지급한 날 이후의 이자

　　㈐ 지출한 비용

6. 상환청구(소구)의 방법

(1) 상환청구(소구)권자의 상환청구(소구)방법

1) 상환청구(소구)의 순서 상환청구(소구)권자는 상환(소구)의무자의 채무부담의 순서에 상관 없이 상환청구(소구)권을 행사할 수 있으며($\frac{순차적\ 상환청구(소구)\ 또는}{도약적\ 상환청구(소구)}$) ($\frac{어\ 47조\ 2항\ 전단·77조}{1항\ 4호,\ 수\ 43조\ 2항\ 전단}$), 또 특정한 상환(소구)의무자에게 청구하였다고 하여도 다른 자에 대한 상환청구(소구)권에 영향을 미치지 아니하므로 언제든지 다른 자에 대하여 다시 상환청구(소구)권을 행사할 수 있다(변경권)($\frac{어\ 47조\ 4항\ 1문·77조}{1항\ 4호,\ 수\ 43조\ 4항\ 1문}$). 따라서 이미 청구를 받은 자의 후자에 대하여도 다시 상환청구(소구)권을 행사할 수 있다($\frac{어\ 47조\ 4항\ 2문·77조}{1항\ 4호,\ 수\ 43조\ 4항\ 2문}$).

피청구자의 수에도 제한이 없으므로 상환(소구)의무자의 1인, 수 인 또는 전원에 대하여 동시에 청구할 수 있다($\frac{어\ 47조\ 2항\ 후단·77조}{1항\ 4호,\ 수\ 43조\ 2항\ 후단}$). 이러한 상환청구(소구)권의 행사를 소(訴)로써 주장함에는 1개의 소로 할 수도 있고, 별개의 소로 할 수도 있다.[1]

2) 역(逆)어음의 발행

(개) 역어음의 의의 어음법은 상환청구(소구)의 방법으로 상환청구(소구)권자에게 역어음(redraft; Rückwechsel)의 발행을 인정하고 있다. 즉, 어음소지인 또는 상환(소구)의무를 이행한 배서인은 그 전자의 1인을 지급인으로 한 새로운 환어음을 발행하여 상환청구(소구)할 수 있는데, 이를 역어음이라고 한다($\frac{어\ 52조,\ 77조}{1항\ 4호}$). 약속어음의 소지인 등이 배서인 등에게 상환청구(소구)하는 경우에도 환어음인 역어음을 이용할 수 있다.

이러한 역어음은 상환청구(소구)권자의 주소와 상환(소구)의무자의 주소가 아주 멀리 떨어진 경우($\frac{예컨대,\ 서울과}{뉴욕인\ 경우}$)에 환시세의 영향으로 인한 부당한 결과를 방지하고, 또 할인을 통한 지급의 시간적 장애를 극복하기 위하여 인정되고 있다. 그러나 실제로 이 제도는 거의 이용되고 있지 않다.[2]

(내) 역어음의 발행요건 역어음은 상환(소구)의무자의 1인을 지급인으로 한 일람출급의 환어음이므로 보통의 환어음과 다를 바가 없으나, 다만 그 이용의 목적으로 인하여 그 발행에 있어서 다음과 같은 일정한 제한을 받는다.

① 역어음의 발행이 금지되지 않아야 한다. 역어음에 의한 상환청구(소구)방법은 상환청구(소구)권자에 편리하기는 하나, 이로 인하여 상환청구(소구)금액이 증대

---

1) 동지: 정(희), 243면.
2) 동지: 주석, 429면.

되기 때문에 상환(소구)의무자는 본어음에 역어음의 발행을 금지할 수 있는데, 이 때에는 역어음을 발행할 수 없다($^{어\ 52조\ 1항,}_{77조\ 1항\ 4호}$). 환어음의 발행인이 역어음발행금지의 문언을 기재하면 모든 상환(소구)의무자에 대하여 그 효력이 있으나, 배서인이 이를 기재한 경우에는 그 배서인에 대하여만 효력이 생긴다.[1]

② 발행인은 상환청구(소구)권자이다($^{어\ 52조\ 1항,}_{77조\ 1항\ 4호}$).

③ 지급인은 상환(소구)의무자인데, 상환(소구)의무자가 복수인 경우에는 상환청구(소구)권자는 그 중의 1인을 임의로 정하여 지급인으로 할 수 있다($^{어\ 52조\ 1항,}_{77조\ 1항\ 4호}$).

④ 만기는 언제나 일람출급이다($^{어\ 52조\ 1항,}_{77조\ 1항\ 4호}$). 일람출급 이외의 만기를 인정하는 경우에는 상환(소구)의무자의 부담을 너무나 가중시키기 때문에 일람출급 이외의 만기는 인정되지 않는다.

⑤ 지급지는 지급인인 상환(소구)의무자의 주소지이다($^{어\ 52조\ 1항,}_{77조\ 1항\ 4호}$). 어떠한 경우에도 제 3 자방지급문언의 기재는 허용되지 않는다(통설).[2]

⑥ 수취인은 제한이 없으나, 은행으로부터 할인을 받는 경우에는 보통 은행이다.

⑦ 발행지는 어음소지인이 상환청구(소구)하는 경우에는 본어음의 지급지이고, 재상환청구(재소구)의 경우에는 재상환청구(재소구)권자의 주소지이다($^{어\ 52조\ 1항,}_{77조\ 1항\ 4호}$).

⑧ 어음금액은 상환청구(소구)금액 이외에 중개료 및 인지세를 포함한다($^{어\ 52조\ 2항,}_{77조\ 1항\ 4호}$). 이러한 어음금액은 어음소지인이 상환청구(소구)하는 경우에는 본어음의 지급지에서 그 전자(지급인)의 주소지에 대하여 발행하는 일람출급어음의 환시세에 의하고, 재상환청구(재소구)의 경우에는 재상환청구(재소구)권자의 주소지에서 그 전자(지급인)의 주소지에 대하여 발행하는 일람출급어음의 환시세에 의하여 정한다($^{어\ 52조\ 3항,}_{77조\ 1항\ 4호}$).

(다) 역어음의 양도　　역어음의 소지인이 역어음을 양도하는 경우에는 역어음과 함께 본어음·거절증서 등도 양도하여야 한다.

(라) 역어음의 지급　　역어음의 지급인이 동 어음의 소지인에게 지급한 경우에는 본어음에 대하여 상환(소구)의무를 이행한 것이 된다($^{어\ 52조\ 1항,}_{77조\ 1항\ 4호}$). 이 때 역어음의 지급인이 지급하는 경우에는 지급 후에 다시 본어음에 의하여 상환청구(소구)를 받을 염려가 있으므로, 역어음 및 본어음과의 상환(相換)으로만 지급할 수 있다. 역어음의 지급인이 지급하지 않는 경우에는 동 어음의 소지인은 본어음에 의하여 상환청구(소구)할 수밖에 없는데, 이 때에는 역어음의 발행비용이 상환청구(소구)금액

---

1) 동지: 주석, 430면; 채, 278면.
2) 정(찬), 579면; 정(동), 440면; 채, 279면; 주석, 429면 외.

에 추가된다.

(2) 상환(소구)의무자의 이행방법

1) 이행의 방법　　상환(소구)의무의 이행은 금전채무 이행의 일반원칙과 같이 지급(변제)·상계·기타의 방법으로 할 수 있다. 그런데 일부상환은 일부지급($\frac{어\ 39조\ 2항·77조}{1항\ 3호,\ 수\ 34조\ 2항}$)과는 달리 상환청구(소구)권자가 이를 거절할 수 있다(통설).[1] 일부지급이 있은 후에 그 잔액에 대하여 상환청구를 하는 것은 전부상환이지 일부상환이 아니다.[2]

2) 어음·기타 서류의 교부청구권

⑺ 일반적인 경우　　상환(소구)의무자는 지급과 상환하여 어음·거절증서($\frac{수표의\ 경우는\ 이와\ 동일한}{효력이\ 있는\ 선언을\ 포함함}$) 및 영수를 증명하는 계산서의 교부를 청구할 수 있다($\frac{어\ 50조\ 1항·}{77조\ 1항}$ $\frac{4호,\ 수}{46조\ 1항}$).

① 상환(소구)의무자가 「어음」의 교부를 청구할 수 있게 한 것은 이중으로 상환청구를 받을 위험을 방지하고, 그가 다시 주채무자 또는 전자인 상환(소구)의무자에 대하여 어음상의 권리를 행사할 수 있도록 하기 위해서이다. 따라서 지급인 또는 주채무자가 어음의 교부를 청구하는 것과는 다른 의미를 갖고 있다.[3] 상환(소구)의무자가 어음과 상환하지 않고 상환(소구)의무를 이행한 경우에는 당사자간에 인적 항변사유가 됨에 불과하므로, 어음상의 권리가 당연히 소멸되었다고 볼 수는 없다. 또 이 때 상환(소구)의무자가 환수하는 어음은 건전한 어음이어야 한다. 따라서 예컨대, 주채무자에 대한 어음상의 권리가 시효소멸한 어음이어서는 안 된다. 이러한 경우에는 상환(소구)의무자가 주채무자에 대하여 어음상의 권리를 행사할 수 없기 때문에, 상환(소구)의무자에 대한 상환청구(소구)권도 종된 권리로서 시효소멸한 것으로 본다.

② 상환(소구)의무자가 「거절증서」의 교부를 청구할 수 있게 한 것은 재상환청구(재소구)의 형식적 요건을 구비하기 위해서이다. 그런데 거절증서작성면제의 경우는 이의 교부를 청구할 수 없고, 거절증서작성면제가 아니어서 거절증서가 작성되었는데 이것이 멸실된 경우에는 동 등본의 교부를 청구할 수 있다($\frac{거령}{9조\ 2항}$).

③ 상환(소구)의무자가 「계산서」의 교부를 청구할 수 있게 한 것은 상환청구(소구)금액을 지급한 것을 증명하여 이중상환청구(소구)의 위험을 방지하기 위한 것

1) 정(찬), 580면; 정(희), 244면; 서·정, 253면; 정(동), 440면; 주석, 428면 외.
2) 동지: 주석, 428면.
3) 동지: 주석, 426면.

이다. 이 때의 계산서는 단순히 상환청구(소구)금액의 계산을 분명히 할 목적으로 작성되는 서류로서 각 상환청구(소구)권자가 별개로 작성하고, 어음 및 거절증서와 같이 어음에 부수하여 유통되는 것이 아니다.

(내) **일부인수의 경우**　　환어음에서 일부인수 후 인수되지 않은 잔액에 대하여 상환청구(소구)하는 경우에, 상환(소구)의무자는 어음의 교부를 청구할 수는 없으나 어음상에 그 지급한 뜻을 기재할 것과 영수증의 교부를 청구할 수 있고(어 51조), 또 그가 재상환청구(재소구)를 할 수 있도록 어음의 증명등본과 거절증서의 교부를 청구할 수 있다(어 51조). 이로 인하여 상환(소구)의무자는 이중상환청구(소구)를 받지 않으면서 또 자기의 전자에 대하여 재상환청구(재소구)를 할 수 있으며, 한편 어음소지인은 어음을 소지하고 있으므로 만기에 인수된 어음금액을 인수인에 대하여 청구할 수 있다.

(다) **일부지급의 경우**　　일부지급의 경우에 지급인(약속어음의 경우는 발행인)은 어음소지인에 대하여 그 지급한 뜻을 어음에 기재하고 영수증을 교부할 것을 청구할 수 있을 뿐이므로(어 39조 3항·77조 1항 3호, 수 34조 3항), 어음소지인은 여전히 자기가 소지하고 있는 어음으로써 지급되지 않은 잔액에 대하여 상환청구(소구)권을 행사할 수 있다. 이 때에 어음소지인이 상환청구(소구)하는 것은 보통의 상환청구(소구)와 같으므로, 상환(소구)의무자는 상환청구(소구)권자(어음소지인)에 대하여 지급과 상환으로 어음·거절증서 및 영수를 증명하는 계산서의 교부를 청구할 수 있다(어 50조 1항·77조 1항 4호, 수 46조 1항).

(라) **어음상실의 경우**　　어음소지인이 어음을 상실한 경우에는 공시최고에 의한 제권판결에 의하여 어음상의 권리를 행사할 수 있으므로(민소 497조), 상환(소구)의무자는 어음이 없어도 상환(소구)의무를 이행할 수 있다. 그러나 상환(소구)의무자는 제권판결의 정본의 교부를 청구할 수 있고, 그는 이를 가지고 다시 재상환청구(재소구)할 수 있다. 만일 어음소지인 등이 거절증서를 상실하면 그 등본으로써 갈음할 수 있고(거령 9조), 계산서를 상실하면 재작성하면 된다.

3) 배서말소권　　상환(소구)의무자가 상환(소구)의무를 이행하고 어음을 환수한 경우에는 자기와 후자의 배서를 말소할 수 있는데(어 50조 2항·77조 1항 4호, 수 46조 2항), 이렇게 함으로써 그는 자기의 의무가 소멸되었음을 어음상에 나타내고 다시 어음상의 권리자로서 형식적 자격을 취득하게 된다. 상환(소구)의무자가 이와 같이 배서를 말소하면 다시 상환청구(소구)받을 염려가 없고, 또 어음소지인으로서 형식적 자격을 회복하여 특별한 증명 없이도 당연히 상환청구(소구)권을 행사할 수 있으므로 아주 편리하다.

4) 상 환 권

① 민법상의 채무자가 변제기 이후에는 스스로 변제제공을 하여 채무불이행의 책임을 면할 수 있는 것과 같이, 상환(소구)의무자도 소구의무가 발생한 이후에는 스스로(^즉으로^{적극적}) 자기의 채무를 이행하여 소구의무를 면할 수 있다고 보는데, 이를 상환권(Einlösungsrecht)이라고 한다(통설).[1]

상환(소구)의무자에게 이와 같은 상환권을 인정하는 이유는, 상환청구(소구)의 과정을 될 수 있는 대로 단축하여 상환청구(소구)금액의 증대를 방지하고, 또 전자가 자력(資力)이 있는 동안 일찍 재상환청구(재소구)를 하고자 하는 경우에 실익이 있기 때문이다.

② 이와 같이 상환(소구)의무자에게 상환권을 인정하는 경우에 상환(소구)의무자가 상환권을 행사하는 경우에는, 어음소지인 등은 이를 거절할 수 없고 이를 거절하게 되면 수령지체가 된다고 본다.[2] 수 인의 상환(소구)의무자가 상환권을 행사하는 경우에 어음소지인 등은 가장 많은 상환(소구)의무자의 의무를 면하게 하는 자의 이행에 응하여야 한다(통설).[3]

7. 재상환청구(재소구)

(1) 의 의

재상환청구(재소구)(Einlösungsrückgriff od. Remboursregress)라 함은 「어음소지인 또는 자기의 후자에 대하여 상환(소구)의무를 이행하고 어음을 환수한 자가 다시 자기의 전자에 대하여 상환청구(소구)하는 것」을 말한다.

(2) 재상환청구(재소구)권의 법적 성질

상환(소구)의무를 이행하고 어음을 환수한 자가 취득하는 재상환청구(재소구)권의 법적 성질에 대하여, 다음과 같이 권리회복설과 권리재취득설로 나뉘어 있다.

1) 권리회복설

이 설에 의하면 재상환청구(재소구)권자의 재상환청구(재소구)권은 자기가 배서 이전에 가지고 있었던 어음상의 권리가 회복된 것이라고 한다.[4] 따라서 이 설에서는 배서에 의하여 어음상의 권리가 절대적으로 상실되는 것이 아니라 어음의 환수를 해제조건으로 하여 이전되는 것이므로, 배서인이 어음을 환수

---

1) 정(찬), 582면; 정(희), 246면; 정(동), 442면; 최(기), 548면; 주석, 425면 외.
2) 동지: 정(동), 442~443면; 최(기), 548면.
3) 정(찬), 582면; 정(희), 246면; 정(동), 433면; 최(기), 548면; 채, 280면; 주석, 425면 외.
4) 서·정, 244면.

하면 해제조건이 성취되어 당연히 어음상의 권리를 회복하는 것이라고 설명한다.

이 설에 의하면 재상환청구(재소구)권자는 자기의 전자로부터는 원래의 인적 항변사유로써 당연히 대항을 받게 되나, 후자의 인적 항변사유는 이전되지 않으므로 그의 선의·악의를 불문하고 대항받지 않는다.

2) 권리재취득설　이 설에 의하면 재상환청구(재소구)권자의 재상환청구(재소구)권은 법률의 규정에 의한 어음상의 권리의 재취득이라고 한다.[1] 따라서 이 설에서는 배서에 의하여 어음상의 권리가 확정적으로 피배서인에게 이전되는 것이므로, 배서인이 어음을 환수하면 법률의 규정에 의한 어음채권의 양수에 의하여 어음상의 권리를 재취득하는 것이라고 설명한다.

이 설에 의하면 재상환청구(재소구)권자는 자기의 전자로부터는 원래의 인적 항변사유로써 대항을 받지 않게 되고(선의인 경우가 자기의 후자), 후자의 인적 항변사유는 그가 악의이면 대항을 받는다고 해석할 수 있다.[2] 그러나 이 설을 취하면서도 이에 대하여는 권리회복설과 같이 해석하는 견해가 있다. 즉, 전자와의 관계에서는 원래 인적 관계에 기한 사유를 내용으로 하고 있기 때문에 그 사유로써 대항받을 수 있고, 후자와의 관계에서는 어음을 환수하는 것이 상환(소구)의무의 이행에 의한 강제적 취득이므로 후자의 인적 항변사유는 승계되지 않는다고 한다.[3]

생각건대 이는 배서의 법적 성질과 관련되는데 배서의 법적 성질을 채권양도라고 보는 한 권리재취득설이 타당하다고 본다. 권리재취득설에 의하는 경우에만 환어음의 인수 전에 어음을 양도한 발행인 또는 배서인이 상환청구(소구)의무를 이행한 경우에 인수인에 대하여 어음금지급청구권을 갖는다는 점, 재상환청구(재소구)권의 소멸시효는 상환(소구)의무자가 어음을 환수한 때로부터 진행하는 점(어 70조 3항·77조 1항 8호, 수 51조 2항) 등을 모순 없이 설명할 수 있다.[4] 그러나 권리재취득설을 취하는 경우에도 인적 항변사유는 권리회복설과 같이 해석하는 것이 타당하다고 본다.

(3) 재상환청구(재소구)의 요건

1) 실질적 요건　상환(소구)의무자가 상환청구(소구)권자에게 상환(소구)의무를 유효하게 이행하여야 한다.

---

1) 정(동), 444면; 손(주), 338면; 채, 272면; 이(철), (어) 426면.
2) 鈴木, 234면; 大隅·河本, 319면; 日大阪地判 1960. 1. 22(下裁民集 11-1, 93)(후자의 인적 항변사유에 대하여).
3) 정(동), 444~445면; 大隅, 144면; 石井, 277면.
4) 정(찬), 583~584면.

(가) 상환(소구)의무차가 아닌 자(예컨대, 무담보배서인, 백지식배서에 의하여 어음을 양수한)는 비록 자가 단순한 교부만에 의하여 어음을 양도한 경우 등)는 비록 그가 어음소지인에 대하여 상환청구(소구)에 응하였다고 하더라도 재상환청구(재소구)권을 취득하지 못한다[1](어 47조 3항·77조 1항 4호, 수 43조 3항).

(나) 상환(소구)의무자라도 상환청구(소구)권자에게 유효하게 상환(소구)의무를 이행하여야 하므로, 무권리자 등에게 소구의무를 이행하고 어음을 환수하여도 재상환청구(재소구)권을 취득하지 못한다.[2] 그러나 무권리자가 권리자로서 형식적 자격을 구비하고 있고 상환(소구)의무자가 악의 또는 중과실이 없이 상환(소구)의무를 이행한 경우에는, 상환(소구)의무자는 재상환청구(재소구)권을 취득한다고 본다.[3]

2) 형식적 요건   상환(소구)의무자는 유효한 어음·거절증서(수표의 경우는 이와 동일한 효력이 있는 선언을 포함) 및 영수를 증명하는 기재를 한 계산서를 상환청구(소구)권자로부터 교부받아 소지하고 있어야 한다(어 50조 1항·77조 1항 4호, 수 46조 1항). 왜냐하면 상환(소구)의무자가 이러한 서류들을 자기의 전자에게 교부하여야 재상환청구(재소구)권을 행사할 수 있기 때문이다. 이 때 상환(소구)의무자(재상환청구〈재소구〉권자)는 배서가 연속한 어음의 최후의 소지인임을 요하지 않는다. 그러나 그는 자기와 후자의 배서를 말소하여 형식적 자격

---

1) 동지: 정(동), 446면; 최(기), 525~526면; 채, 272면; 대판 1998. 8. 21, 98 다 19448(공보 1998, 2299)(백지식 배서에 의하여 어음을 양수한 다음 단순히 교부에 의하여 이를 타인에게 양도한 자가 소지인의 소구에 응하여 상환을 하고 어음을 환수한 경우 그 전의 배서인에 대하여 당연히 재소구권을 취득하는 것은 아니라고 하더라도, 그 상환을 받은 소지인이 그 전의 배서인에 대하여 가지는 소구권을 민법상의 지명채권 양도의 방법에 따라 취득하여 행사할 수 있는 것으로 보아야 하고, 다만 그 소구의무자는 이에 대하여 양도인에 대한 모든 인적 항변으로 대항할 수 있을 뿐이다); 日大判 1919. 11. 1(民錄 25, 1943); BGH WM 1976, 75.
   반대: Zöllner, S. 188; RGZ 77, 187.

2) 우리 대법원은 「갑(甲)이 을(乙)에게 약속어음을 발행하고 을(乙)이 지급거절증서 작성의무를 면제하여 병(丙)에게 배서하고 병(丙)이 동 어음을 지급거절증서 작성의무를 면제하지 아니하고 정(丁)에서 배서양도하였는데, 병(丙)이 정(丁)의 지급거절증서 작성 없이 소구의무에 응한 경우에도 (정〈丁〉은 무권리자가 아니므로 ― 저자 주) 병(丙)은 을(乙)에게 재소구권을 행사할 수 있다」고 판시하고 있다[대판 1990. 10. 26, 90 다카 9435(공보 886, 2393)][이 판결에 찬성하는 평석으로는 정찬형, 법률신문, 제2028호, 15면이 있고, 반대하는 평석으로는 최기원, 법률신문, 제2012호, 11면이 있다].
   그러나 종래의 우리 대법원은 「발행지가 보충되지 아니한 약속어음의 어음소지인에 대하여 소구의무를 이행한 배서인은 재소구권을 행사할 수 없다(그러나 그러한 배서인도 발행인에 대하여는 어음상의 권리를 행사할 수 있다)」고 판시하였다(대판 1991. 4. 23, 90 다카 7958〈공보 898, 1453〉)(이 판결에 반대하는 평석으로는 정찬형, 법률신문, 제2070호, 15면). 그런데 앞에서 이미 설명한 바와 같이 대법원은 그 후 전원합의체판결로써(대판 1998. 4. 23, 95 다 36466〈공보 1998, 1338〉) 국내어음인 경우 발행지의 기재 없는 어음도 유효로 보고 있으므로 발행지가 보충되지 않은 국내어음의 소지인에 대하여 상환(소구)의무를 이행한 자도 재상환청구(재소구)권을 갖는다고 보아야 할 것이다.

3) 동지: 정(동), 447면.

을 구비할 수도 있다($\substack{\text{어 50조 2항·77조}\\\text{1항 4호, 수 46조 2항}}$). 상환(소구)의무자가 이와 같이 자기와 후자의 배서를 말소하여 형식적 자격을 구비하지 않은 경우에도, 그가 어음 및 거절증서 등을 소지하고 있으면 재상환청구(재소구)권자로 추정을 받는다고 본다(통설).[1]

(4) 재상환청구(재소구)권의 행사

재상환청구(재소구)권자가 자기의 전자에 대하여 재상환청구(재소구)권을 행사하는 경우에도 보통의 상환청구(소구)권자가 상환청구(소구)권을 행사하는 경우와 같이, 도약적 상환청구(소구) 및 변경권이 인정된다($\substack{\text{어 47조 3항·77조}\\\text{1항 4호, 수 43조 3항}}$).

(5) 재상환청구(재소구)금액

이에 대하여는 이미 설명한 바와 같다. 즉, 지급한 총금액에 연 6퍼센트의 이율에 의한 법정이자를 가산하고, 그 밖에 지출한 비용이 있으면 이를 가산한다 ($\substack{\text{어 49조·77조}\\\text{1항 4호, 수 45조}}$).

8. 환어음·약속어음 및 수표의 상환청구(소구)의 차이점

(1) 환어음의 상환청구(소구)와 약속어음의 상환청구(소구)

환어음의 상환청구(소구)에 대하여는 「만기 전의 상환청구(소구)」($\substack{\text{어 43조}\\\text{단서, 44조}}$)와 「만기 후의 상환청구(소구)」($\substack{\text{어 43조}\\\text{본문, 44조}}$)에 대하여 각각 규정하고 있으나, 약속어음에 대하여는 「만기 후의 상환청구(소구)」($\substack{\text{지급거절로 인한}\\\text{상환청구〈소구〉}}$)에 대하여만 규정하고 있다($\substack{\text{어 77조}\\\text{1항 4호}}$). 그러나 약속어음의 경우에도 (인수거절로 인한 만기 전의 상환청구〈소구〉는 그 성질상 있을 수 없으나) 자력불확실 등을 원인으로 한 만기 전의 상환청구(소구)는 가능하다고 보는 것이 통설·판례라는 점에 대하여는 이미 설명하였다.

(2) 환어음의 상환청구(소구)와 수표의 상환청구(소구)

1) 수표는 만기가 없고 언제나 일람출급이므로 환어음에서와 같이 만기 전의 상환청구(소구)란 있을 수 없고, 지급거절로 인한 상환청구(소구)($\substack{\text{환어음의 만기 후의}\\\text{상환청구〈소구〉에 해당}}$)만이 있다. 따라서 환어음의 만기 전의 상환청구(소구)원인은 수표에는 전혀 해당되지 않는다 ($\substack{\text{어 43조,}\\\text{수 39조}}$).

2) 상환청구(소구)의 형식적 요건에서 지급거절의 증명방법으로 환어음에서는 거절증서만이 인정되나, 수표에서는 이외에 지급인($\substack{\text{수표법 31조 2항의 경우에는}\\\text{지급인의 위임을 받은 제시은행}}$)의 선언과 어음교환소의 선언이 추가되어 있다($\substack{\text{어 44조 1항,}\\\text{수 39조}}$).

3) 지급거절증서($\substack{\text{수표의 경우는 이와 동일한}\\\text{효력이 있는 선언을 포함}}$)의 작성기간에서 환어음의 경우는 제시기간의 말일에 제시한 경우에도 제시기간 내에 작성하여야 하나($\substack{\text{어 44조}\\\text{3항}}$), 수표의 경우에는 제시기간의 말일에 제시한 경우에는 그 날 이후 제1거래일까지 그 작성기간이 연장된다

---

1) 정(찬), 585면; 정(희), 234면; 정(동), 447면; 채, 273면; 주석, 424면 외.

$\left(\substack{수\ 40조 \\ 2항}\right)$.

4) 불가항력에 의하여 보전절차$\left(\substack{지급제시\ 및 \\ 거절증서작성}\right)$가 면제되는 경우는 환어음은 불가항력이 만기부터 30일이 지나도 계속됨을 요하나$\left(\substack{어\ 54조 \\ 4항}\right)$, 수표는 불가항력이 (소지인이 배서인에게) 통지를 한 날부터 15일이 지나도 계속됨을 요한다$\left(\substack{수\ 47조 \\ 4항}\right)$.

5) 상환청구(소구)금액에서 환어음의 경우는 약정이자의 기재가 있으면 그 이자를 포함하나$\left(\substack{어\ 48조 \\ 1항\ 1호}\right)$, 수표의 경우는 이자의 약정은 무익적 기재사항이므로$\left(\substack{수 \\ 7조}\right)$ 약정이자가 포함될 여지가 없다$\left(\substack{수\ 44조 \\ 1호}\right)$. 또 지급되지 아니한 어음(수표)금액의 법정이자의 기산점은 환어음의 경우는 만기$\left(\substack{만기일을 \\ 포함}\right)$이나$\left(\substack{어\ 48조 \\ 1항\ 2호}\right)$, 수표의 경우는 지급제시일$\left(\substack{제시일을 \\ 포함}\right)$이다 $\left(\substack{수\ 44조 \\ 2호}\right)$.

6) 역(逆)어음에 의한 상환청구(소구)방법에서 환어음의 경우는 인정되나$\left(\substack{어 \\ 52조}\right)$, 수표의 경우는 인정되지 않는다.

7) 상환청구(소구)권의 시효기간에서 환어음의 경우는 1년$\left(\substack{재상환청구권〈재소 \\ 구권〉은\ 6개월}\right)$이나 $\left(\substack{어\ 70조 \\ 2항·3항}\right)$, 수표의 경우는 6개월$\left(\substack{재상환청구권〈재소 \\ 구권〉도\ 6개월}\right)$이다$\left(\substack{수\ 51조 \\ 1항·2항}\right)$.

제 5 어음항변

1. 어음항변의 의의

(1) 어음항변의 개념

어음항변(defense; Einwendung od. Einrede)이라 함은 「어음채무자가 어음소지인에 대하여 어음상의 권리의 행사를 거절하기 위하여 제출할 수 있는 모든 항변」을 말한다. 이를 분설하면 다음과 같다.

1) 어음항변은 「어음채무자」가 제출하는 것으로서, 어음채무자가 아닌 환어음의 지급인·지급담당자, 수표의 지급은행이 소지인에게 형식적 자격 또는 실질적 자격이 없다는 이유로 또는 어음(수표)자금이 없다는 이유로 지급을 거절하는 것은 어음항변이 아니다.[1]

2) 어음항변은, (ⅰ) 상대방에 청구권이 있다는 것을 전제로 하여 그 이행을 거절하는 좁은 의미의 항변(Einrede)$\left(\substack{민\ 437조, \\ 536조}\right)$뿐만 아니라, (ⅱ) 상대방의 청구권 자체를 부정하는 넓은 의미의 항변(Einwendung)을 포함한다.[2]

---

1) 동지: 서정갑, "어음항변의 제한," 「고시연구」, 1981. 9, 34면.
2) 동지: 서·정, 108면; 정(동), 163면; 이(기), 263면; 채, 301면 외.
   Einrede(소송법상의 항변, 실체법상의 항변권, 권리항변)와 Einwendung(실체법상의 항변, 사실항변)에 관한 상세는 김상일, "항변(Einwendung)과 항변권(Einrede)," 「비교사법」, 제 8 권 1호

3) 어음항변권은 형성권의 일종이다.[1]

(2) 항변제한의 목적

민법상 채권양도의 일반원칙에 의하면 양수인은 양도인이 갖는 권리 이상을 취득하지 못하므로 채무자는 양도인에 대한 모든 항변사유로써 양수인에게 대항할 수 있다(민451조 2항). 이러한 민법상의 일반원칙을 어음의 경우에도 그대로 적용한다면 어음의 양수인의 권리는 매우 불안정하게 되어 어음의 유통은 매우 침해받게 된다. 따라서 어음법은 어음에 특유한 간편한 양도방법인 배서(교부)를 인정함과 동시에, 어음채무자의 양도인(배서인)에 대한 인적 항변을 제한하여 어음의 유통을 보호하고 피지급성을 확보하고 있다. 그러므로 어음법은 「어음에 의하여 청구를 받은 자는 발행인 또는 종전의 소지인에 대한 인적 관계로 인한 항변으로써 소지인에게 대항하지 못한다」고 규정하여(어 17조 본문·77조 1항 1호, 수 22조 본문), 인적 항변을 절단시키고 있다. 이와 같은 인적 항변의 절단은 배서의 권리이전적 효력과 결합하여 양수인(피배서인)이 양도인 (배서인)의 권리 이상을 취득하게 하는데, 이것을 배서의 권리강화적(또는 권리정화적) 이전력이라고 한다. 또한 이러한 인적 항변의 절단은 이미 설명한 선의취득 및 선의지급과 함께 어음의 유통성과 피지급성을 강력히 보호하고 있다.

(3) 항변제한의 근거

위와 같이 어음법은 어음채무자가 양도인에 대하여 주장할 수 있는 인적 항변사유로써 양수인에 대하여 주장할 수 없도록 규정하고 있는데, 이러한 인적 항변의 제한의 근거가 무엇이냐에 대하여 학설은 나뉘어 있다. 즉, (ⅰ) 어음의 문언성 또는 무인성에서 그 근거를 구하는 견해,[2] (ⅱ) 어음에 표창된 권리외관을 믿고 거래한 자를 보호하기 위하여 법이 정책적으로 특히 인정한 제도라고 하여 권리외관이론에서 그 근거를 구하는 견해(통설),[3] (ⅲ) 어음상의 권리는 각 소지인이 독립하여 취득하는 것이므로 인적 항변은 승계될 여지가 없다고 하여 어음행위의 독립성에서 그 근거를 구하는 견해[4] 등이 있다.

생각건대 민법의 일반원칙과 비교하여 볼 때 인적 항변의 제한에 관한 어음법

(상)(2001. 6), 121~174면 참조.

1) 동지: 정(희), 251면.

2) 서·정, 108~109면.

3) 정(희), 252~253면; 정(동), 165면; 손(주), 134면; 최(기), 550면; 도제문, "어음(수표)항변에 관한 일고(항변의 분류, 선의취득과의 관계, 영미법상의 관련규정)," 「경영법률」(한국경영법률학회), 제12집(2001), 281면 외.

4) 高利一, 「手形·小切手法通論」, 1982, 331~332면; 小橋一郎, 「手形行爲論」, 269~272면.

의 규정은 권리외관의 법리에 근거하여 어음의 유통성을 보호하기 위하여 민법에 대한 예외로서 정책적으로 규정된 것이라고 볼 수 있다. 따라서 통설인 (ii)의 견해에 찬성한다.[1]

2. 어음항변의 분류[2]

(1) 서   언

어음항변의 분류에 대하여, 우리나라의 통설은 크게 물적 항변과 인적 항변으로 분류하고 있다. 그런데 이러한 우리나라의 통설을 비판하면서 이른바 신항변이론이라 하여 어음항변의 새로운 분류방법을 주장하는 견해가 있다(소수설).[3] 이 소수설은, 융통어음의 항변, 교부흠결의 항변, 의사표시의 하자·흠결의 항변, 백지어음의 부당보충의 항변 등은 통설이 말하는 물적 항변과 인적 항변의 어느 것에도 속하지 않는 항변들로서 통설의 2분법은 이를 설명할 수 없다는 점에서 출발하여,[4] 통설을 비판하면서 새로운 어음항변의 분류를 시도하고 있다. 또한 소수설 중에는 물적 항변과 어음법 제17조를 제외한 인적 항변은 민법의 일반원칙에 의하여 주장할 수 있는 항변으로 어음법상 전혀 분류의 의미가 없고 또한 불필요한 것이라고 하여, 어음항변론은 오로지 어음법 제17조의 적용범위에 관한 논의로 제한되어야 한다는 견해도 있다.[5]

생각건대 신항변이론인 새로운 분류방법은 항변절단여부의 근거를 대지 못하면서 어떤 항변은 동일유형의 것인데도 상이한 분류기준을 적용하여 다수의 항변으

---

1) 정(찬), 588~589면.
2) 이에 관한 상세는 정찬형, "어음(수표)항변의 분류," 「상사법논집」(무애서돈각교수정년기념)(법문사, 1986), 437~464면 참조.
3) 정(동), 171면 이하(동 교수는 독일의 Canaris 교수의 분류방법을 따르고 있는데, Canaris 교수의 "직접적 항변"을 제외하고 5분법에 따라 분류하고 있다); 동, "어음항변의 2분법에 대한 반성(이른바 신항변이론과 관련하여)," 「상사법의 현대적 과제」(춘강손주찬박사화갑기념)(박영사, 1984. 7), 481~498면; 정(희), 253면 이하(동 교수는 어음항변을 증권상의 항변·비증권적 유효성의 항변〈위조·변조·무능력의 항변·교부흠결의 항변·의사표시의 하자·흠결의 항변 등〉·인적 항변으로 3분하고 있다).
4) 왜냐하면 이러한 인적 항변을 주장할 수 있기 위하여는 어음취득자가 「악의 또는 중과실」이어야 하는데, 어음법 제17조의 인적 항변을 주장할 수 있기 위하여는 어음취득자가 「채무자를 해할 것을 알고」 어음을 취득해야 하기 때문이다.
5) 채이식, "어음항변론은 과연 필요한가?" 「21세기한국상사법의 진로」(내동우홍구박사 정년기념 논문집), 2002, 569~578면.
    그러나 백지어음(수표)의 부당보충의 항변은 어음(수표)법에 규정되어 있는 항변으로 민법의 일반원칙에 의해서는 설명될 수 없고, 또한 의사표시의 하자·흠결의 항변도 민법의 일반원칙과는 달리 어음행위의 특성에서 수정해석되는 점에서, 이러한 견해는 타당하지 않다고 본다.

로 분류하여, 불필요하게 문제를 복잡하게 하고 어음항변의 이해에 혼란만 가중시
키는 점이 있다. 어음항변의 문제의 고찰에 있어서 무엇보다도 중요한 것은 이론구
성의 상위가 아니라, 어떠한 항변이 모든 어음소지인에 대하여 대항할 수 있고 또
어떠한 항변이 특정한 소지인에 대해서만 대항할 수 있는가를 확정하는 일이라고
본다.[1] 따라서 「절단될 수 있는 항변」을 인적 항변으로 분류하고, 「절단될 수 없는
항변」을 물적 항변으로 분류할 수 있다고 본다(이러한 점에서는 통설의 2분법에 찬성
함). 그러나 이 때의 인적 항변에는 어음법 제17조가 적용되는 인적 항변에 한하지
않고, 그 이외의 절단될 수 있는 항변(예컨대, 교부흠결의 항변, 의사표시의 하자·
흠결의 항변, 백지어음의 부당보충의 항변 등)도 여기의 인
적 항변에 포함된다고 본다(이러한 점에서는 통설에 반대함).[2] 따라서 어음항변을 (통
설과 같이) 물적 항변(절단불능의 항변)과 인적 항변(절단가능의 항변)으로 크게 분류하고, 물적 항변은 편
의상 증권상의 항변과 비증권상의 항변으로 나누어 보며, 인적 항변은 어음법 제17
조가 적용되는 인적 항변과 어음법 제17조가 적용되지 않는 인적 항변으로 나누어
보겠다.[3] 이하에서는 위와 같은 항변의 분류에 따라 개별적인 항변사유에 대하여 살
펴보겠다.[4] 다만 융통어음의 항변은 특수한 면이 있으므로 별도로 설명하겠다.

(2) **물적 항변**(절단불능의 항변 또는 절대적 항변)

1) **증권상의 항변**(어음의 기재로부터 발생하는 항변)   증권의 기재에 의하여
알 수 있는 항변이고 증권상의 기재내용에 따른 항변이므로 내용상의 항변이라고도
한다. 이러한 항변은 어음면상 명백하게 나타나 있기 때문에 이를 물적 항변사유로
하더라도 어음의 유통을 해한다고 볼 수 없다. 이러한 증권상의 항변에 속하는 것
으로는 다음과 같은 것이 있다.

(가) 기본어음의 요건흠결의 항변(어 2조 1항·76조
1항, 수 2조 1항)

(나) 소멸시효완성의 항변[5](어 70조·77조
1항 8호, 수 51조)

---

1) 동지: 김태주, "어음항변에 관한 연구," 법학박사학위논문(경북대, 1974. 8), 12면.
2) 동지: 홍유석, "어음항변에 관한 연구(권리외관이론을 중심으로)," 법학박사학위논문(동국대, 1985. 8), 55면 이하.
3) 정(찬), 590면.
  동지: 도제문, 전게논문(경영법률 제12집), 291~299면(다만 물적 항변을 절대적 항변으로 인적 항변을 상대적 항변으로 부르고, 절대적 항변은 증권상의 항변과 일반원칙의 항변으로 분류하며, 상대적 항변은 항변의 사유가 채무자와 양도인 사이의 원인행위에 있는 인적 관계항변〈원인관계항변〉과 어음행위에 있는 어음관계항변으로 분류하고 있다).
4) 개별적인 항변사유가 각각 어디에 속하는지는(즉, 인적 항변사유 또는 물적 항변사유) 어음법에 규정이 없고, 학설·판례에 맡겨져 있다.
5) 동지: 대판 1962. 10. 11, 62 다 446(민판집 3의 상, 766).

(대) 만기 미도래의 항변

(라) 배서 불연속의 항변$\left(\substack{\text{어 16조 1항·77조} \\ \text{1항 1호, 수 19조}}\right)$

(마) 어음면상 명백한 지급필 또는 일부지급의 항변[1]$\left(\substack{\text{어 39조 1항·3항·77조} \\ \text{1항 3호, 수 34조 1항·3항}}\right)$

(바) 무담보문언이 있다는 항변$\left(\substack{\text{어 9조 2항·15조 1항·77조} \\ \text{1항 1호, 수 18조 1항}}\right)$ 등

2) 비증권상의 항변[2](어음행위의 효력에 관한 항변) 어음면에서는 알 수 없
으나 어음채무자를 보호하기 위하여 인정된 항변이다. 인적 항변은 어음소지인을
보호하나 비증권상의 항변은 어음채무자를 보호하게 되어, 양자의 이익보호에 형
평을 기하고 있다. 이러한 비증권상의 항변에 속하는 것으로는 다음과 같은 것이
있다.

(가) **의사무능력·제한능력의 항변** 의사무능력자가 어음행위를 한 경우에는
누구에 대하여도 그의 어음행위가 무효이므로 어음채무를 부담하지 않음을 항변할
수 있고, 제한능력자가 어음행위를 한 경우에는 자기의 어음행위를 취소하여 어음
채무를 부담하지 않음을 항변할 수 있다$\left(\substack{\text{민 5조 2항,} \\ \text{10조, 13조}}\right)$.

(나) **위조·변조의 항변**$\left(\substack{\text{어 69조·77조} \\ \text{1항 7호, 수 50조}}\right)$ 피위조자·변조 전에 기명날인 또는
서명한 자는 원칙적으로 누구에 대하여도 위조·변조의 사실을 가지고 항변할 수
있다. 그러나 예외적으로 표현책임의 법리가 유추적용될 수 있는 경우나 민법 제
756조의 사용자배상책임의 법리가 적용되는 경우에는 위조·변조의 항변을 주장할
수 없다(통설·판례).

(다) **무권대리의 항변**$\left(\substack{\text{민} \\ \text{130조}}\right)$ 표현대리의 법리가 적용될 수 없는 협의의 무
권대리의 경우에, 추인하지 않은 본인은 누구에 대하여도 어음채무를 부담하지 않
음을 항변할 수 있다.

(라) **제권판결에 의한 항변**$\left(\substack{\text{민소} \\ \text{496조}}\right)$ 어음에 관하여 제권판결이 선고되면 제권
판결의 소극적 효력에 의하여 제권판결된 어음은 제권판결시부터 장래에 향하여 무
효가 된다$\left(\substack{\text{민소} \\ \text{496조}}\right)$. 따라서 제권판결 후에 어음을 취득하는 자는 어음상의 권리를 선
의취득할 수도 없고,[3] 어음채무자는 제권판결의 항변을 누구에게나 주장할 수 있

---

1) 참고로 지급을 위하여 약속어음이 발행된 경우에 어음금의 지급이 동시에 원인채무의 소멸의 항
   변사유가 된다고 판시한 것으로는 대판 1994. 3. 25, 94 다 2374(공보 968, 1334)가 있다.

2) 정(희), 255~256면은 이를 비증권적 유효성의 항변 중에서 「귀책사유가 없는 유효성항변」이라
   고 하고, 정(동), 174~175면은 이를 「귀책가능성에 관한 항변」이라고 하며, 최(기), 557면은 이를
   비증권적인 효력에 관한 항변 중에서 「절대적 항변」이라고 한다.

3) 참고로 이태리의 일부 판례는 제권판결 후에도 어음의 선의취득을 인정하고 있다[이태리 판결 1952.
   10. 11, Cass. (Ⅰ civ.) F. pad. 52 Ⅰ 1281; 동 1953. 7. 2, Cass. (Ⅰ civ.) F. pad. 53 Ⅰ 1147].

다(통설·판례).

(바) **공탁의 항변**(어 42조, 77조
1항 3호)　　어음채무자는 어음소지인이 지급제시기간 내에 어음의 지급제시를 하지 않은 때에는 어음소지인의 비용과 위험부담으로 어음금액을 공탁할 수 있으므로(어 42조, 77조
1항 3호), 이렇게 어음채무자가 어음금액을 공탁한 때에는 누구에 대하여도 이를 항변할 수 있다.

(사) **법령위반의 항변**　　법령위반의 어음행위에 대하여 우리나라의 판례는 어떤 경우는 이를 물적 항변으로 판시하고, 어떤 경우는 이를 인적 항변으로 판시하고 있다. 이 때에 법령에 위반하는 것은 어음행위 자체가 아니라 그의 원인행위를 말하고, 또한 위반되는 법령의 규정은 효력규정임을 전제로 한다. 왜냐하면 동 법령이 단속규정이면 동 법령 위반의 원인행위의 사법상 효력이 유효하므로 어음행위자는 누구에 대하여도 어음행위의 무효를 주장할 수 없어 이는 어음항변과 무관하기 때문이다.[1) 따라서 동 법령의 규정이 효력규정으로서 동 법령 위반의 원인행위의 사법상 효력이 무효임을 전제로 하여, 이 무효를 직접 상대방에 대하여만 주장할 수 있으면 이는 인적 항변사유가 되는 것이요, 이 무효를 누구에 대하여도 주장할 수 있으면 이는 물적 항변사유가 되는 것이다.

우리 대법원이 법령위반의 항변을 물적 항변사유로서 판시한 것으로는 다음과 같은 것들이 있다. 즉, 「농업협동조합법에 위반하여 특수농업협동조합이 중앙회 또는 군조합으로부터 자금을 차입하지 않고 개인으로부터 자금을 차입하고 이의 지급을 확보하기 위하여 약속어음을 발행한 경우」,[2) 「조선수리조합령에 위반하여 도지사의 허가 없이 수표를 발행한 경우」,[3) 「토지개량사업법에 위반하여 토지개량조합이 토지개량조합협의회의 의결과 도지사의 승인 없이 수표를 발행한 경우」,[4) 「상호신용금고법의 채무부담제한에 관한 규정(동법
17조)에 위반하여 채무보증을 위하여 어음에 배서한 경우」,[5) 「새마을금고법에 위반하여 새마을금고의 이사장이 비조합원으로부터 자기 개인 목적으로 사용할 자금차입을 위하여 발행한 약속어음에 이사회의

---

1) 동지: 대판 1995. 9. 15, 94 다 54856(공보 1002, 3377)(융통어음의 할인을 금하는 상호신용금고 업무운용준칙이나 상호신용금고의 대출 및 어음할인규정의 각 규정은 모두 단속규정이므로, 그 규정에 위반하였다고 하여 약속어음 취득의 사법상 효력까지 부인할 수 없다).

2) 대판 1982. 6. 8, 82 다 150(교재, 판결례 [510]).

3) 대판 1962. 4. 18, 4294 민상 1270(교재, 판결례 [143]).

4) 대판 1965. 7. 20, 65 다 992(교재, 판결례 [144]).

5) 대판 1985. 11. 26, 85 다카 122(신문 1617, 6).
　그러나 대법원은 상호신용금고법 제12조(동일인에 대한 일정액을 넘는 대출 등을 원칙적으로 금지함)는 단속규정으로 판시하고 있다[대판 1987. 12. 12, 87 다카 1458(공보 818, 326)].

결의 없이 배서한 경우」[1] 등에는 이를 물적 항변으로 판시하고 있다.

(3) 인적 항변(절단가능의 항변 또는 상대적 항변)

1) 어음법 제17조에 해당하는 인적 항변

(가) 원인관계의 부존재·무효·취소 또는 해제의 항변[2]

(나) 원인관계가 공서양속 기타 사회질서에 반하는 항변[3]$\left(\begin{smallmatrix}민\ 103조,\\104조\end{smallmatrix}\right)$

(다) 법령위반의 항변[4]

(라) 어음과 상환하지 아니한 지급,[5] 면제, 상계(相計) 등의 항변$\left(\begin{smallmatrix}어\ 39조\ 1항·77조\\1항\ 3호,\ 수\ 34조\ 1항\end{smallmatrix}\right)$

(마) 어음금의 지급연기(改書)의 항변[6]

(바) 대가 또는 할인금 미교부의 항변

(사) 어음 외의 특약의 항변[7]

---

1) 대판 1985. 2. 26, 84 다카 527(공보 750, 10).

2) 동지: 대판 1984. 1. 24, 82 다카 1405(교재, 판결례 [509]); 동 1989. 10. 24, 89 다카 1398(공보 862, 1763); 동 2016. 1. 14, 2015 다 233951(약속어음이 수취인 겸 소지인의 발행인에 대한 장래 발생할 구상금채권을 담보하기 위하여 발행된 것이라면, 소지인은 발행인에 대하여 구상금채권이 발생하지 않은 기간 중에는 약속어음상의 청구권을 행사할 수 없고 구상금채권이 현실로 발생한 때에 비로소 이를 행사할 수 있으므로, 약속어음이 일람출급식이고 소지인이 위 약속어음에 관하여 강제집행을 수락하는 취지가 기재된 공정증서를 작성받았다 하더라도, 배당요구의 종기까지 아직 구상금채권이 발생하지 않았다면, 달리 특약이 없는 한 소지인은 위 약속어음공정증서에 기하여 강제집행을 개시할 수도 없고 따라서 배당을 요구할 수도 없다).

3) 어음행위의 원인행위가 민법 제103조에 해당하는 경우에 이를 인적 항변사유로 보는 것이 통설[정(찬), 597면; 정(희), 68~69면; 손(주), 53면 외. 반대: 정(동), 95면; BGH WM 1960, 1381; 동 1973, 66; 동 1974, 774] 및 판례 [朝高判 1923. 10. 2(판총 11-2, 971); 동 1940. 4. 2(판총 11-2, 993)]이다.

4) 대판 1962. 9. 20, 62 다 383(교재, 판결례 [141])(원인관계가 과거 이자제한법<이 법은 1998. 1. 13, 법 5507호로 폐지됨>에 위반한 어음행위에 대하여 이를 인적 항변으로 판시함).
최(기), 557면은 이를 비증권적인 효력에 관한 항변 중에서 상대적 항변(어음법 제17조에 해당하지 않는 인적 항변)으로 분류하고 있다.

5) 대판 2003. 1. 10, 2002 다 46508(공보 2003, 625)(어음에 의하여 청구를 받은 자는 종전의 소지인에 대한 인적 관계로 인한 항변으로써 소지인에게 대항하지 못하는 것이 원칙이지만, 이와 같이 인적 항변을 제한하는 법의 취지는 어음거래의 안전을 위하여 어음취득자의 이익을 보호하기 위한 것이므로 자기에 대한 배서의 원인관계가 흠결됨으로써 어음소지인이 그 어음을 소지할 정당한 권원이 없어지고 어음금의 지급을 구할 경제적 이익이 없게 된 경우에는 인적 항변 절단의 이익을 향유할 지위에 있지 아니하다고 보아야 할 것이다. 따라서 어음의 배서인이 어음과 상환하지 아니한 채 발행인으로부터 지급받은 어음금 중 일부를 어음소지인에게 지급한 경우, 어음소지인은 배서인과 사이에 소멸된 어음금에 대하여는 지급을 구할 경제적 이익이 없게 되어 인적 항변 절단의 이익을 향유할 지위에 있지 아니하므로 어음의 발행인은 그 범위 내에서 배서인에 대한 인적 항변으로써 소지인에게 대항하여 그 부분 어음금의 지급을 거절할 수 있다).

6) 정(동), 176면은 어음개서의 항변을 융통어음의 항변과 같이 「절단이 불필요한 항변」으로 분류하고 있다.

7) 동지: 대판 1987. 12. 22, 86 다카 2769(공보 818, 15)(직접 상대방인 어음소지인에 대하여만

(마) 숨은 추심위임배서의 항변[1] 등

2) 어음법 제17조에 해당하지 않는 인적 항변[2]

(가) **교부흠결의 항변**　　어음이론에 관하여 권리외관설에 의하여 보충된 발행설(통설)[3] 또는 권리외관설[4]에 의하면 어음행위자는 교부흠결의 항변(어음행위자의 의사에 기하지 않고 어음이 교부되었다는 항변)을 선의의 어음취득자에 대하여는 주장할 수 없고(왜냐하면 어음에 기명날인 또는 서명하여 외관을 야기한 점에 대하여 귀책사유가 있기 때문), 「악의 또는 중과실」로 인하여 어음을 취득한 자에 대하여만 주장할수 있다. 이렇게 보면 어음취득자에게 「악의 또는 중과실」이 있으면 어음채무자를 「해할 의사」까지 없어도 교부흠결의 항변을 주장할 수 있으므로, 이것은 어음법 제17조에 해당하지 않는 인적 항변이다.[5]

(나) **의사의 흠결 또는 의사표시의 하자의 항변**(민 107조~110조)　　민법상 의사표시의 흠결(비진의표시·허위표시·착오) 또는 하자(사기·강박에 의한 의사표시)에 관한 규정은 어음행위에도 적용되나(통설),[6] 다만 이러한 민법의 규정은 어음행위에 그대로 적용된다고는 볼 수 없고 어음의 유통보호와 관련하여 수정적용되어야 한다고 본다. 따라서 어음행위의 의사표시에 흠결이나 하자가 있는 경우에 이의 무효 또는 취소를 「선의의 제3자에게 대항하지 못한다」는 의미는, 제3자에게 「악의 또는 과실」이 있는 경우에는 대항할수 있다는 의미로 해석할 수는 없고, 어음법 제10조 단서 또는 제16조 2항 단서와같이 제3자에게 「악의 또는 중과실」이 있으면 대항할 수 있다는 의미로 해석하여야 할 것이다.[7] 이렇게 보면 어음취득자에게 어음법 제17조에 따라 어음채무자를 「해한 의사」까지는 없어도 「악의 또는 중과실」이 있으면 어음채무자는 이의 항변을 주장할 수 있으므로, 이는 어음법 제17조에 해당하지 않는 인적 항변이다.

항변할 수 있다고 판시함); 동 1992. 4. 24, 91 다 25444(공보 922, 1672)(어음을 담보로만 사용하기로 특약한 경우 이는 직접 당사자간에만 항변할 수 있다고 판시함).

1) 숨은 추심위임배서의 법적 성질에 대하여 신탁양도설(신탁배서설)을 따르는 한 당사자간의 추심위임의 합의는 단지 인적 항변사유가 됨에 그친다고 보는 것이 통설[정(찬), 599면; 정(희), 197면; 손(주), 270면; 양·박, 747면; 양(승), (어) 180면 외] 및 판례[대판 1960. 8. 18, 4292 민상 851(교재, 판결례 [344]); 서울고판 1972. 2. 18, 68 나 2170(교재, 판결례 [345])]이다.

2) 정(희), 256면은 이를 비증권적 유효성의 항변 중에서 「귀책사유가 있는 유효성항변」이라고 하고, 정(동), 175면은 이를 「어음의 효력에 관한 항변(또는 어음채무의 유효성에 관한 항변)」이라고하며, 최(기), 557면은 이를 비증권적인 효력에 관한 항변 중에서 「상대적 항변」이라고 한다.

3) 정(찬), 114~115면; 정(희), 71~72면; 서·정, 178면; 손(주), 131면 외.

4) 정(동), 79면(권리외관설에 의하여 보충된 교부계약설이라고 하나, 권리외관설의 개념에서 볼 때권리외관설과 같다고 본다); 최(기), 139면.

5) 그러나 교부계약설에 의하면 물적 항변사유와 같고, 창조설에 의하면 어음항변과 무관하게 된다.

6) 정(찬), 108~112면; 정(희), 68면; 서·정, 71~72면 외.

7) 정(찬), 110~111면; 정(찬), (사례) 35~36면.

(다) **백지어음의 보충권남용의 항변**($^{\text{어 10조·77조}}_{\text{2항, 수 13조}}$) 백지어음행위자는 보충권이 남용되었다는 항변을 선의의 어음취득자에게 대하여는 주장할 수 없고, 「악의 또는 중과실」로 인하여 어음을 취득한 자에 대하여만 주장할 수 있다($^{\text{어 10조·77조}}_{\text{2항, 수 13조}}$). 이 때에도 백지어음행위자가 보충권남용의 항변을 주장하기 위하여는 어음취득자에게 어음채무자를 「해할 의사」까지 있음을 요구하는 것이 아니므로, 이의 항변도 어음법 제17조에 해당하지 않는 인적 항변이다.

(라) **민법 제124조, 상법 제398조**($^{\text{상 199조,}}_{\text{269조, 564조}}$) **위반의 항변** 주식회사의 경우 이사는 이사회의 승인이 있는 때에 한하여 자기 또는 제 3 자의 계산으로 회사와 거래를 할 수 있는데($^{\text{상}}_{\text{398조}}$),[1] 이사가 원인관계에서 이사회의 승인 없이 이러한 거래를 하고 이와 관련하여 어음행위를 하였는데,[2] 동 어음이 전전유통된 경우에 회사는 어음소지인에 대하여 어떠한 항변을 주장할 수 있는가의 문제가 있다. 이에 대하여 상법 제398조를 효력규정으로 보고 동조 위반의 효력을 무효로 보는 무효설에 의하면 물적 항변사유가 되고,[3] 상법 제398조를 단속규정으로 보고 동조 위반의 효력을 유효로 보는 유효설에 의하면 누구에 대하여도 항변을 주장할 수 없으므로 어음항변과 무관하며,[4] 동조 위반의 효력에 대하여 상대적 무효설(통설[5]·판례[6])에 의하면 선의의 어음소지인에 대하여는 항변을 주장할 수 없고 「악의 또는 중과실」의 어음소지인에 대하여만 항변을 주장할 수 있으므로 어음법 제17조에 해당하지 않는 인적 항변이다.

(4) **융통어음의 항변**

융통어음의 항변에 대하여 우리나라의 통설[7]·판례[8]는 어음법 제17조에 해당

---

1) 인적 회사의 경우에는 다른 사원의 과반수의 결의가 있어야 하고(상 199조, 269조), 유한회사의 경우에는 감사(監事가 있는 경우) 또는 사원총회(감사가 없는 경우)의 승인이 있어야 한다(상 564조 3항).

2) 민법 제124조에 위반하여 본인의 허락 없이 자기계약 또는 쌍방대리를 하고 이와 관련하여 어음행위를 한 경우도 같다.

3) 서·정, (상) 445면.

4) 양·박, 383면; 양(승), (어) 122면.

5) 정(찬), (회) 624면; 정(무), (상) 465면; 정(동), (회) 444면; 손(주), (상) 800~801면(종래 무효설을 개설〈改說〉함) 외.

6) 대판 1984. 12. 11, 84 다카 1591(신문 1577, 7) 외(우리나라 대법원의 일관된 판례임).

7) 서·정, 110~111면; 이(범), 294면; 양(승), (어) 180면; 최(기), 567면; 정(무), 350면; 채, 322면 외.

8) 대판 1957. 3. 21, 4290 민상 20(교재, 판결례 [131]); 동 1979. 10. 30, 79 다 479(공보 1979, 12305); 동 1995. 9. 15, 94 다 54856(공보 1002, 3377).
그러나 「피융통자가 융통어음과 교환하여 그 액면금액과 같은 금액의 약속어음을 융통자에게 담보로 교부한 경우에 있어서는 융통어음을 양수한 제 3 자가 그 어음이 융통어음으로 발행되었고 이

하는 인적 항변으로 보고, 융통어음이 제3자에게 양도된 경우에 제3자가 그러한
사정을 알았더라도 그것은 어음법 제17조의 「어음채무자를 해할 것을 알고」 취득
한 것이라고 볼 수 없으므로 어음채무자는 지급을 거절할 수 없다고 설명하고 있
다. 이에 대하여 소수설은 통설을 비판하면서 융통어음의 항변은 제3자에 대한 관
계에서는 항변의 절단이 예정되어 있지 않으므로 「절단이 불필요한 항변」이라고 하
거나,[1] 또는 융통어음의 항변은 호의합의(好意合意)라는 어음 외의 특약에 의하여
생기는 합의당사자의 인적 관계로 인한 항변이므로 어음법 제17조 본문에 의하여
절단되는 항변임에는 틀림이 없다고 하겠으나 다만 동조 단서가 적용되지 않는다는
점에서 「인적 항변이라고 할 수 없다」고 설명한다.[2]

생각건대 어음취득자가 자기의 전자에 대하여 어음채무자가 주장할 수 있는
항변사유를 알고 있는 것은, 어음법 제17조 본문이 적용되지 않는 인적 항변의 부
절단사유, 즉 어음법 제17조 단서에 해당하는 인적 항변의 부절단사유에 해당되는
것이다(즉, 어음채무자를 해할 것을 알고
어음을 취득한 것에 해당한다).[3] 그런데 융통어음에 관해서는 어음취득자가 이러
한 사실을 알고 있는 경우에도 어음채무자는 이를 항변할 수 없으므로, 융통어음
의 항변은 당사자간에서만 주장할 수 있고 어떠한 경우에도 제3자에 대하여는 주
장할 수 없는 항변이라는 점(즉, 인적 항변이 절단되지 않는 사유로서 어음취득자의 악의
또는 채무자를 해하는 의사란 처음부터 존재할 수 없는 점)에서 볼 때, 이
를 일반적인 어음항변의 일유형으로 보지 않는 것이 타당하다고 본다.[4] 즉, 어음

와 교환으로 교부된 담보어음이 지급거절되었다는 사정을 알고 있었다면, 융통어음의 발행자는 그
제3자에 대하여 융통어음의 항변으로 대항할 수 있다」고 판시하고 있다[대판 1994. 5. 10, 93 다
58721(공보 970, 1660); 동 1995. 1. 20, 94 다 50489(공보 986, 896)]. 그러나 이러한 항변은
융통어음 자체의 항변이 아니라, 어음법 제17조에 해당하는 인적 항변으로 본다[동지평석 : 최준
선, "융통어음의 항변과 악의의 항변," 「판례월보」, 제297호(1995. 6), 29~30면]. 동지판례: 대판
2001. 12. 11, 2000 다 38596(공보 2002, 253)(융통인이 피융통인에게 신용을 제공할 목적으로
수표에 배서한 경우, 특별한 사정이 없는 한 융통인과 피융통인 사이에 당해 수표에 의하여 자금융
통의 목적을 달성한 때는 피융통인이 융통인에게 지급자금을 제공하든가 혹은 당해 수표를 회수하
여 융통인의 배서를 말소하기로 합의한 것이라고 보아야 할 것이므로, 피융통인이 당해 수표를 사
용하여 금융의 목적을 달성한 다음 이를 반환받은 때에는 위 합의의 효력에 의하여 피융통인은 융
통인에 대하여 융통인의 배서를 말소할 의무를 부담하고, 이것을 다시 금융의 목적을 위하여 제3자
에게 양도하여서는 아니 된다고 할 것이다. 그럼에도 불구하고, 피융통인이 이를 다시 제3자에게
사용한 경우, 융통인이 당해 수표가 융통수표이었고, 제3자가 그것이 이미 사용되어 그 목적을 달
성한 이후 다시 사용되는 것이라는 점에 관하여 알고 있었다는 것을 입증하면, 융통인이 피융통인
에 대하여 그 재사용을 허락하였다고 볼 만한 사정이 없는 한, 융통인은 위 융통수표 제도사용의
항변으로 제3자에 대하여 대항할 수 있다).

1) 정(동), 176면; 강, (어) 179면.

2) 정(희), 258면.

3) 동지: 日大判 1941. 1. 27(교재, 판결례 [125]); 日最高判 1955. 5. 31(교재, 판결례 [128]).

4) 정(찬), 603면; 정(찬), (사례) 447~448면.

채무자는 융통어음의 항변을 직접 상대방이 아닌 어음취득자에게는 그의 선의·악의를 불문하고 또 기한후배서인지 여부를 불문하고 언제나 주장할 수 없으므로 (다시 말하면 언제나 절단되는 항변이므로), 일반적인 어음항변(인적 항변 또는 물적 항변)의 어디에도 속하지 않는다고 본다.[1]

어음채무자가 융통어음의 항변을 피융통자에게 주장하는 경우 이에 대한 증명책임은 어음채무자가 부담한다.[2]

3. 악의의 항변

(1) 서 언

1) 악의의 항변(Einrede der Arglist)은 인적 항변(절단될 수 있는 항변)에서만 존재하는데, 인적 항변은 위에서 본 바와 같이 「어음법 제17조가 적용되는 인적 항변」과 「어음법 제17조가 적용되지 않는 인적 항변」으로 분류되므로 각각에 대하여 악의의 항변이 존재한다.[3] 즉, 어음법 제17조가 적용되는 인적 항변의 경우에는 동조 단서에 규정된 바와 같이 어음소지인이 어음채무자를 「해할 것을 알고」 어음을 취득한 경우에 어음채무자는 악의의 항변을 주장할 수 있고, 어음법 제17조가 적용되지 않는 인적 항변의 경우에는 어음소지인이 어음채무자의 (양도인에 대한) 인적 항변사유에 대하여 「악의 또는 중과실」로 인하여 어음을 취득한 경우에 어음채무자는 악의의 항변을 주장할 수 있다.

이러한 악의의 항변은 어음채무자가 (어음소지인의) 전자에 대한 인적 항변사유로써 어음소지인에게 대항할 수 있다는 의미이므로, 어음소지인의 권리행사가 신의

동지: 전게 서돈각교수정년기념논문집, 457~458면; 도제문, 전게논문(경영법률 제12집), 301~302면.

1) 융통어음에 관한 그 밖의 문제점에 관한 상세는 정(찬), 524~531면; 동, "융통어음의 항변," 「기업과 법」(도암 김교창변호사 화갑기념논문집)(서울: 한국사법행정학회, 1997), 663~690면 참조.

　참고로 융통어음을 발행한 융통자는 피융통자 이외의 제 3 자에 대한 관계에서 어음금채무를 부담하는 데 그치고 융통어음의 발행으로 인하여 피융통자의 보증인이 되는 것은 아니므로, 융통자가 스스로 융통어음의 어음금을 지급하였다고 하더라도 이는 어디까지나 융통어음의 발행인으로서 자신의 어음금채무를 이행한 것에 불과하고, 피융통자의 보증인의 지위에서 피융통자의 채무를 대신 변제한 것으로는 볼 수 없다(따라서 융통어음의 채무자에 대하여 구상권을 갖지 못한다)[대판 1999. 10. 22, 98 다 51398(공보 1999, 2412). 동지: 대판 1994. 12. 9, 94 다 38106].

2) 대판 2001. 8. 24, 2001 다 28176(공보 2001, 2068)(융통어음의 발행자는 피융통자로부터 그 어음을 양수한 제 3 자에 대하여는 선의이거나 악의이거나, 또한 그 취득이 기한 후 배서에 의한 것이라 하더라도 대가 없이 발행된 융통어음이라는 항변으로 대항할 수 없으나, 피융통자에 대하여는 어음상의 책임을 부담하지 아니한다 할 것이고, 약속어음금 청구에 있어 어음의 발행인이 그 어음이 융통어음이므로 피융통자에 대하여 어음상의 책임을 부담하지 아니한다고 항변하는 경우 융통어음이라는 점에 대한 입증책임은 어음의 발행자가 부담한다).

3) 동지: 정(동), 178~181면.

성실의 원칙에 반하거나 또는 권리남용이 되어 인정될 수 없다고 하는 것과 같은 일반악의의 항변(exceptio doli generalis)과는 구별된다.[1]

2) 어음법이 인적 항변의 절단을 인정한 이유는 위에서 이미 본 바와 같이 어음의 유통보호를 위하여 어음에 표창된 권리외관을 믿고 거래한 자를 정책적으로 보호하고자 하는 것이므로, 이러한 보호를 받을 가치가 있는 자는 선의의 어음취득자에 한한다. 따라서 이미 인적 항변사유가 존재함을 알면서 어음을 취득한 자는 그가 어음 고유의 유통방법에 의하여 어음을 취득한 경우에도 인적 항변의 절단의 이익을 줄 필요가 없으므로, 여기에 악의의 항변이 인정되는 이유가 있다.

인적 항변을 제한(절단)하는 근거를 권리외관의 법리에서 선의의 어음소지인을 보호하여 어음의 유통보호를 기하고자 법이 정책적으로 인정한 것이라고 보면(통설), 악의의 항변은 (어음소지인의) 전자에 대한 어음채무자의 어음항변이 어음소지인에 대하여도 그대로 승계되는 점에서 당연한 것($\frac{즉, 원칙으}{로의 복귀}$)이라고 볼 수 있다.

(2) 악의의 내용

1) 어음법 제17조가 적용되는 인적 항변의 경우

(가) 인적 항변이 절단되지 않는 요건으로서의 어음소지인의 악의를 어떻게 규정할 것인가에 대하여 제네바 통일어음법회의에서는 공모설[2]·단순인식설[3] 및 해의설(害意說)[4]의 세 가지의 입장이 있었는데, 제네바 통일어음법은 해의설에 따라 입법이 되었고, 우리 어음법도 이에 따른 것이다. 따라서 엄격하게 보면 악의의 항변이 아니라, 「해의의 항변」으로 부르는 것이 보다 더 정확할 것이다.[5]

인적 항변이 절단되지 않는 요건으로서의 악의의 항변은 그 규정형식에서, 선의취득이 될 수 없는 어음취득자의 주관적 요건($\frac{어 16조 2항·77조}{1항 1호, 수 21조}$) 및 지급인($\frac{또는}{어음채무자}$)이 면책될 수 없는 주관적 요건($\frac{어 40조 3항·77조}{1항 3호, 수 35조}$)과 구별된다.

---

1) 동지: 정(동), 178면; 주석, 306면.

2) 악의의 내용을 가장 좁게 하여 어음소지인과 전자와의 사이에 「어음채무자를 해할 의사로써 하는 공모」(fraudulent undertaking; arglistige Zusammenwirkung)를 요한다고 하는 입장으로, 헤이그 어음법통일규칙 및 영국 환어음법의 입장이다[B. E. A. § 29(3)].

3) 악의의 내용을 가장 넓게 하여 어음소지인이 「항변의 존재를 아는 것」(bad faith; bloße Kenntnis)으로 충분하다고 하는 입장으로, 제네바 통일어음법의 전문위원회에서 주장되었고, 일본이 통일어음법을 채택하기 이전에 학설과 판례에서 채용하였던 입장이다.

4) 항변의 존재를 인식하는 것만으로는 부족하고 또 사기적 공모까지는 요하지 않는다는 절충적 입장으로, 「어음소지인이 어음을 취득함으로써 항변이 절단되고 따라서 어음채무자가 해를 입는다는 것을 아는 것」(knowingly to the detriment of the debtor; Schädigungsbewußtsein)이라고 하는 입장이다.

5) 동지: 정(동), 179면.

(나) 악의의 항변에 대하여 해의설에 따라 입법이 된 어음법 제17조 단서의 「채무자를 해할 것을 알고」의 의미가 무엇인가가 문제된다.

이에 대하여 우리나라의 통설은 해의(害意)를 악의(惡意)와 구별하여 다음과 같이 설명한다. 예컨대, 상품의 매매에 있어서 매도인이 매수인으로부터 약속어음을 발행받아 동 어음을 제 3 자에게 배서양도하는 경우에, 제 3 자(피배서인)가 매매목적물인 상품에 하자가 있어 매수인(발행인)이 매도인(수취인 겸 배서인)에게 이의 항변을 주장할 수 있을 것을 알았지만(악의), 그러한 항변사유는 매도인과 매수인 사이에서 잘 해결된 줄로 믿고 배서를 받은 경우 등에는 「해의(害意)」가 존재하지 않는다고 한다.[1]

또한 대법원판례도 「이른바 악의의 항변이라 함은 항변사유의 존재를 인식하는 것만으로는 부족하고, 자기가 어음을 취득함으로써 항변이 절단되고 채무자가 손해를 입게 될 사정이 객관적으로 존재한다는 사실까지도 알아야 한다」고 판시하여,[2] 해의를 악의와 구별하고 있다.

생각건대 해의와 악의는 일반적으로 쉽게 구별될 수 없는 점에서 볼 때 어음소지인이 어음채무자의 (어음소지인의) 전자(양도인)에 대한 인적 항변의 존재를 알면서(악의) 어음을 취득한 경우에는, 특별한 사정이 없는 한 어음채무자를 해할 것을 알고(해의) 어음을 취득한 것으로 보아야 할 것이다.[3]

그러나 어음소지인이 항변의 존재를 모르는 데 대하여 「중과실」이 있는 경우에는, 어음법 제17조 단서의 해의가 될 수 없다(통설[4]·판례[5]). 이 점이 다음에서

---

1) 정(희), 259면; 서·정, 114~115면; 양(승), (어) 183면; 정(동), 180면 외.

2) 대판 1996. 5. 14, 96 다 3449(공보 1996, 1852); 동 1996. 5. 28, 96 다 7120(공보 1996, 1995)(갑회사가 수입대금의 결제를 목적으로 을회사에게 발행한 어음을 을회사의 대표이사가 은행으로부터 할인받은 다음 그 대금을 을회사 발행의 수표금 결제에 사용한 경우, 수입대금의 결제를 조건으로 발행되었다는 점에 대한 갑회사의 통지사실이 인정되지 않으며 나아가 은행이 그 어음을 할인하여 대금을 을 회사의 당좌구좌에 입금하여 준 이후에도 을회사와의 어음할인 거래가 계속된 점에 비추어, 을회사가 그 어음할인 대금을 임의로 사용하였다고 하더라도 그러한 점만으로는 은행이 갑회사를 해할 것을 알고 어음을 취득하였다고 보기는 어렵다고 한다); 동 1998. 2. 13, 97 다 48319(공보 1998, 754)(수표법 제22조 단서에서 규정하는 '채무자를 해할 것을 알고 수표를 취득한 때'라 함은 단지 항변사유의 존재를 아는 것만으로는 부족하고 자기가 수표를 취득함으로써 항변이 절단되고 채무자가 손해를 입게 될 사정이 객관적으로 존재한다는 사실까지도 충분히 알아야 하는 것인바, 발행인이 수표에 횡선을 긋고 수표 표면 좌측상단에 '제누디세'라는 자신의 상호와 '기일엄수'라는 기재를 하였다는 사정만으로 소지인이 발행인의 인적 항변을 충분히 알았다고 볼 수 없다).

3) 동지: 정(동), 180면; 日大判 1941. 1. 27(교재, 판결례 [125]); 同 1944. 6. 23(교재, 판결례 [127]); 日最高判 1955. 5. 31(교재, 판결례 [128]); 중국 어음법 13조.

4) 정(찬), 616면; 정(동), 180면; 최(기), 573면; 주석, 308면 외.
  반대: 山尾時三, 「新手形法」, 42면(어음법 제16조 2항과 관련하여 중과실로 인하여 알지 못한 경우도 이에 포함된다고 한다).

보는 어음법 제17조가 적용되지 않는 인적 항변의 경우의 악의의 항변에서 「악의」
의 내용과 구별된다.

2) 어음법 제17조가 적용되지 않는 인적 항변의 경우   어음법 제17조가
적용되지 않는 인적 항변의 경우에는 그 인적 항변이 절단되기 위하여는 이미 앞에
서 본 바와 같이 어음소지인에게 항변의 존재에 대하여 「악의 또는 중과실」이 없어
야 한다. 따라서 어음소지인이 교부흠결·의사의 흠결 또는 하자·백지보충의 남용
등으로 인한 항변의 존재를 알고 있거나(악의) 또는 어음거래상 요구되는 주의를 현
저하게 결하여(중과실) 항변의 존재를 알지 못한 경우에는 어음채무자는 악의의 항
변을 주장할 수 있다.[1]

앞에서 본 바와 같이 여기에서의 악의와 어음법 제17조 단서에서의 해의는 크게
구별되지 않는다고 보면, 중과실이 포함된다는 점에서 양자는 근본적으로 구별된다.

(3) 악의의 존재시기

어음소지인의 항변사유의 존재에 대한 악의의 유무를 결정하는 시기는 어음의
「취득시」이다(통설).[2] 따라서 어음소지인이 이미 발생한 항변사유에 대하여 어음
취득시에는 몰랐으나(선의) 그 후에 안 경우에는(악의) 어음채무자는 그러한 어음소
지인에 대하여 악의의 항변을 주장할 수 없다.[3] 왜냐하면 이러한 경우에 악의의
항변을 인정하게 되면(즉, 항변의 절단을) 어음소지인에게 너무 가혹하고 또 어음의 유
통이 저해되기 때문이다. 또한 어음소지인이 어음취득시에는 존재하지 않았으나 어음
취득 후에 발생한 항변사유에 대하여는, 어음취득시를 기준으로 볼 때 악의가 될 수
있는 여지가 전혀 없으므로 어음채무자는 이로써 악의의 항변을 주장할 수 없다.[4]

어음의 취득시를 기준으로 어음소지인의 항변사유의 존재에 대한 악의의 유무
를 결정한다고 하여 어음의 취득시에 항변사유가 이미 존재하고 있어야 한다는 의

---

5) 대판 1996. 3. 22, 95 다 56033(공보 1996, 1355)(어음채무자는 소지인이 그 채무자를 해할 것
   을 알고 어음을 취득한 경우가 아닌 한, 소지인이 중대한 과실로 그러한 사실을 몰랐다고 하더라도
   종전 소지인에 대한 인적 항변으로써 소지인에게 대항할 수 없다).
   동지: 프랑스 上告判 1964. 6. 29(교재, 판결례 [123]).
1) 따라서 이를 「악의 또는 중과실의 항변」이라고 하고, 어음법 제17조 단서의 항변을 「해의의 항
   변」이라고 하여, 양자를 그 명칭에서 구별하여 부르는 견해도 있다[정(동), 245면 주 67].
2) 정(찬), 617면; 정(희), 260면; 양(승), (어) 184면; 정(동), 180면; 채, 317면; 주석, 308면 외.
3) 동지: 주석, 308면; 프랑스 上告判 1964. 6. 29(교재, 판결례 [123]). 이러한 예로는 어음의 취
   득 후에 원인관계가 소멸된 것을 안 경우나, 어음을 개서(改書)한 경우에 개서 전의 구(舊)어음을
   선의로 취득했으나 그 후에 항변사유의 존재를 알고 개서어음을 취득한 경우 등이 있다.
4) 동지: 대판 1982. 4. 13, 81 다카 353(교재, 판결례 [525])(기한후배서에서 배서 후 비로소 발생
   한 배서인에 대한 항변사유까지도 피배서인에 대하여 이를 주장할 수 있는 것은 아니라고 판시함).

미는 아니다. 왜냐하면 이미 앞에서 본 바와 같이 어음소지인의 악의의 내용은, 어음취득시까지 이미 발생한 항변사유를 알고 있는 것만을 의미하는 것이 아니라, 어음상의 권리를 행사할 때까지 발생할 것이 예상되어 이 때에 어음채무자가 항변을 주장할 것을 인식하고 있는 것을 포함하기 때문이다.[1] 따라서 항변사유는 어음의 취득시까지 존재해야 하는 것이 아니라, 만기 또는 어음상의 권리의 행사시까지 존재하면 된다(통설).[2]

(4) 악의의 증명책임

어음소지인의 악의에 대한 증명책임은 어음채무자에게 있다(통설[3]·판례[4]).

(5) 악의의 항변이 적용되지 않는 경우

1) 어음소지인이 자기의 전전자(前前者)에 대한 항변의 존재를 알고 어음을 취득하였으나 양도인인 자기의 전자가 그러한 항변의 존재를 모르고(선의) 어음을 취득한 경우에는, 어음소지인의 전자에 의하여 이미 인적 항변이 절단되고 또 어음소지인은 양도인의 그러한 권리를 승계취득하므로 어음소지인이 악의인 경우에도 어음채무자의 악의의 항변은 인정되지 않는다.[5]

그러나 어음소지인이 이미 어음채무자로부터 악의의 항변으로 대항을 받고 있는 경우에는, 그가 비록 선의의 어음취득자(양도인)로부터 환배서를 받았더라도 악의의 항변으로 대항을 받게 됨은 환배서의 성질에서 당연하다.

---

1) 동지: 日大判 1944. 6. 23(교재, 판결례 [127]); 日最高判 1955. 5. 31(교재, 판결례 [128]).

2) 정(찬), 618면; 정(희), 260면; 정(동), 181면; 주석, 308면 외.

3) 정(찬), 618면; 정(희), 260면; 정(동), 181면; 채, 317면 외.

4) 대판 1962. 9. 30, 62 다 383(교재, 판결례 [141]) 외.

5) 동지: 정(희), 259면; 정(동), 181면; 대판 1990. 4. 25, 89 다카 20740(공보 874, 1144); 동 1994. 5. 10, 93 다 58721(공보 970, 1660)(어음상 배서인으로서 나타나고 있지는 않지만 현재의 어음소지인에게 어음을 양도한 자가 어음취득 당시 선의였기 때문에 그에게 대항할 수 없었던 사유에 대하여는 현재의 어음소지인이 비록 어음취득 당시 그 사유를 알고 있었다고 하여 그것으로써 현재의 어음소지인에게 대항할 수는 없고, 이는 현재의 어음소지인이 지급거절증서 작성 후 또는 지급거절증서 작성기간 경과 후에 어음을 양도받았다고 하여도 마찬가지이다); 동 1995. 1. 20, 94 다 50489(공보 986, 896); 동 2001. 4. 24, 2001 다 5272(공보 2001, 1209)(백지식 배서에 의하여 어음을 양수한 사람은 백지를 보충하지 아니하고 인도에 의하여 어음을 양도하면 배서인으로서의 소구의무를 부담하지 아니하지만 현재의 어음소지인의 앞사람으로서 권리를 양도한 어음상의 권리자였다는 지위에는 변함이 없으므로, 어음상 배서인으로 나타나 있지는 않지만 현재의 어음소지인에게 어음을 양도한 사람이 어음취득 당시 선의였기 때문에 그에게 대항할 수 없었던 사유에 대하여는 현재의 어음소지인이 비록 어음취득 당시 그 사유를 알고 있었다고 하여 그것으로써 현재의 어음소지인에게 대항할 수 없고, 현재의 어음소지인이 지급거절증서 작성 후 또는 지급거절증서작성기간 경과 후에 어음을 양도받았다고 하더라도 마찬가지이다).

이 원칙을 영미에서는 shelter rule(엄폐물〈掩蔽物〉의 법칙)이라고 한다[U. C. C. § 3-203(b); B. E. A. § 29(3)].

2) 비어음법적 양도방법(예컨대, 상속·합병·경매 등)에 의하여 어음이 양도되는 경우에는 인적 항변의 절단이 인정되지 않으므로, 어음채무자는 언제나 어음소지인에 대하여 전자의 인적 항변을 주장할 수 있다. 따라서 이 때에는 어음소지인의 선의·악의를 불문하고 어음채무자에게 언제나 악의의 항변이 인정되거나 또는 물적 항변이 인정되는 것과 동일한 결과가 된다. 그러나 이는 어음항변과는 무관하고 민법의 일반원칙에 의한 결과이다.

3) 어음법적 유통방법에 의하여 어음이 유통된 경우에도 다음과 같이 어음항변과 무관한 경우가 있다.

㈎ 유통의 예정기간을 경과한 후의 배서인 기한후배서의 경우에는 지명채권양도의 효력만이 있기 때문에(어 20조 1항 단서·77조 1항 1호, 수 24조 1항), 어음항변과 무관하다. 이 경우에는 인적 항변이 언제나 절단되지 않는 결과와 같다.

㈏ 융통어음이 어음법적 유통방법에 의하여 유통된 경우에도 어음채무자(융통의 목적으로 어음행위를 한 자)는 직접 상대방 이외의 자에 대하여는 그의 선의·악의를 불문하고 언제나 융통어음이라는 항변을 주장할 수 없으므로, 이것도 어음항변과 무관하다. 이 경우에는 인적 항변이 언제나 절단되는 결과와 같다.

㈐ 추심위임배서(공연한 추심위임배서 및 숨은 추심위임배서)의 경우에는 피배서인에게 고유한 경제적 이익이 없기 때문에 어음채무자는 추심위임배서의 피배서인에 대하여 그의 선의·악의를 불문하고 배서인에 대한 모든 항변사유로써 대항할 수 있으므로(어 18조 2항·77조 1항 1호, 수 23조 2항), 이것도 어음항변과 무관하다. 이 경우에는 인적 항변이 언제나 절단되지 않는 결과와 같다.

4) 어음소지인이 무권리자라는 항변은 모든 어음채무자가 특정한 어음소지인에 대해서만 (항변의 존재에 관하여 그의 선의·악의를 불문하고) 주장할 수 있는 항변으로, 특정한 어음채무자가 모든 어음소지인에 대하여 (인적 항변의 경우에는 악의의 항변이 인정되는 범위에서) 주장할 수 있는 어음항변과는 구별된다. 그러나 어음항변은 넓은 의미에서 상대방의 청구권 자체를 부인하는 항변(Einwendung)을 포함하므로, 이러한 점에서 보면 어음소지인의 무권리의 항변도 어음항변에 포함될 수 있다. 그러나 이러한 항변사유는 특정한 어음소지인에게만 존재하는 항변사유이고 다시 제3자에게 이전될 수 없는 항변사유이므로(그러나 권리취득의 면에서 제3자의 선의·악의에 따라 어음상의 권리의 선의취득여부가 결정되는 점은 별도의 문제임), 이 때에 악의의 항변은 존재하지 않는다고 본다. 제3자가 무권리자로부터 악의로 어음을 취득하는 경우에는 그가 선의취득을 하지 못하여(즉, 무권리자이므로) 어음채무자로부터 무권리의 항변의 대항을 받기 때문에 어음채무자로부터 어음금을 지급받지 못하

는 것이지, 악의의 항변이 적용되기 때문에 어음채무자로부터 어음금을 지급받지 못하는 것은 아니다.

5) 대리인이 자기 또는 제 3 자의 이익을 위하여(즉, 대리권을 남용하여) 자기의 권한범위 내에서 어음행위를 한 경우(예컨대, 회사의 경리담당 상무이사가 그의 권한범위 내에서 약속어음을 발행하여 자기 개인의 차입금을 상환하기 위하여 대주〈貸主〉에게 교부하고, 그가 다시 제 3 자에게 배서양도 한 경우)에, 어음소지인(제 3 자)이 대리권의 남용에 대하여 알고 있으면(악의·이면) 본인은 이를 증명하여 제 3 자에 대하여 어음채무의 이행을 거절할 수 있는데, 이것은 (대주〈貸主〉가 악의인 것을 전제로 하여) 제 3 자인 어음소지인에게 악의의 항변이 적용되기 때문이라기보다는 그러한 어음소지인이 어음금의 지급을 청구하는 것은 권리남용 내지 신의칙에 반하기 때문이라고 보아야 할 것이다(권리남용설).[1] 이렇게 보면 위와 같은 대리권남용의 항변은 어음항변(인적 항변)에서 절단되지 않는 악의의 항변이 아니라, 민법상의 일반악의의 항변이라고 볼 수 있다.

4. 제 3 자의 항변

(1) 의   의

어음채무자가 자기의 직접의 상대방에 대한 (인적) 항변사유로써 그 상대방으로부터 어음을 취득한 어음소지인에 대하여도 항변을 주장할 수 있는가의 문제가 악의의 항변인데(어음상의 권리자를 중심으로 함), 이와는 반대로 어음항변의 당사자가 아닌 어음채무자가 다른 어음채무자의 항변사유로써 어음소지인에 대하여 항변을 주장할 수 있는가의 문제가 있는데 이것이 제 3 자의 항변이다. 제 3 자의 항변에 대하여 우리나라에서는 어음법에 규정이 없고, 이는 학설·판례에 맡겨져 있다.[2] 제 3 자의 항변에는 「후자의 항변」과 「전자의 항변」이 있다. 예컨대 갑이 약속어음을 발행하여 을에게 교부하고 을이 동 어음을 병에게 배서양도하여 병이 현재의 어음소지인이 된 경우에, 갑이 갑을간의 인적 항변사유로써 병에게 대항할 수 있는 것을 「악의의 항변」이라고 하고, 갑이 을병간의 인적 항변사유로써 병에게 대항할 수 있는 것을 「후자의 항변」이라고 하며, 을이 갑병간의 인적 항변사유로써 병에게 대항할 수 있는 것

---

1) 동지: 정(동), 184~185면; 주석, 310면; 대판 1987. 10. 13, 86 다카 1522(공보 1987, 1699); 동 1990. 3. 13, 89 다카 24360(공보 1990, 880).
    이에 반하여 민법 제107조 단서를 유추적용하여 본인이 어음상의 책임을 지지 않는다는 견해(심리유보설)로는 대판 1988. 8. 9, 86 다카 1858; 日最高判 1969. 4. 3(民集 23-4, 737).
2) 정(동), 183면은 「제 3 자의 항변은 어음의 유통성을 해하지 않는 경우에 한하여 극히 예외적으로 인정되어야 한다」고 한다. 미국의 통일상법전은 일정한 제한적 범위 내에서 제 3 자의 항변을 인정하고 있다[U. C. C. § 3-305 (c)].

을 「전자의 항변」이라고 한다.

후자의 항변에 해당하는 경우는, 위의 예에서 (i) 을병간의 원인관계가 소멸하거나 부존재한 경우, (ii) 을병간의 원인관계가 불법하거나 위법한 경우, (iii) 을이 어음과 상환하지 않고 어음금을 지급·상계하거나 면제받은 경우 등이다.

전자의 항변에 해당하는 경우는, 위의 예에서 (i) 갑의 어음채무가 지급·소멸시효 등으로 소멸하거나 지급유예의 특약이 있는 경우에 을이 병에 대하여 이의 항변을 원용할 수 있는지 여부(상환(소구)의무자의 주채무자의 항변원용), (ii) 갑의 어음보증인(갑')이 갑의 어음채무의 소멸·부존재·무효·취소 등의 항변을 어음소지인(병)에게 원용할 수 있는지 여부(보증인의 피보증인의 항변원용) 등이다.

(2) 제3자의 항변의 인정근거

위와 같은 경우에 제3자의 항변을 인정할 것인지, 인정한다면 무엇에 근거하여 인정할 것인지에 대하여 다음과 같이 세 가지의 견해가 있다.

1) **인적 항변의 개별성론**   이 견해에서는 어음행위의 무인성(추상성)을 전제로 하여, 어음채무자의 인적 항변은 각 어음행위자가 자기의 원인관계에 기하여 주장하는 것이므로 직접당사자간에서만 인적 항변으로써 대항할 수 있고, 타인의 인적 항변을 원용할 수는 없다고 한다.[1] 따라서 이 견해에 의하면 위의 예에서 후자의 항변의 경우 갑은 병에 대하여 을과 병간의 원인관계가 소멸되었음을 주장할 수 없어, 갑은 병에게 어음상의 책임을 부담한다.

2) **권리남용론**   이 견해에서도 어음행위의 무인성(추상성)을 전제로 하나, 다만 어음소지인이 어음을 소지할 하등의 정당한 권한이 없어 어음상의 권리를 행사할 실질적 이유가 없음에도 불구하고 어음을 반환하지 않고 자기가 어음을 소지하고 있는 것을 기화로 자기의 형식적 권리를 이용하여 어음채무자에게 어음상의 권리를 행사하는 것은 권리남용에 해당되어 어음채무자는 (어음법 제17조 단서의 취지에 따라서) 어음소지인에게 어음금의 지급을 거절할 수 있다고 한다.[2]

따라서 이 견해에 의하면 위의 예에서 후자의 항변의 경우 병은 을에게 어음을 반환하여야 하는 형식적 권리자로서 그가 을에게 어음을 반환하지 않고 어음을

---

1) 日大判 1941. 1. 27(民集 20, 25); 日大阪高判 1961. 12. 27(下民 12-12, 3240).
2) 日最高判 1968. 12. 25(民集 22-13, 3548); 日廣島高判 1956. 12. 18(下民 7-12, 3699)(이에 관한 최초의 판례임); 日最高判 1970. 3. 31(民集 24-3, 182)(장래 발생될 채무의 담보를 위하여 발행된 어음에 발행인을 위하여 어음보증을 한 자에 대하여, 발행의 원인채무의 불발생이 확정된 후에 수취인이 어음금의 지급을 청구한 사안에서, 권리남용의 법리에 의하여 수취인의 청구를 배척하였다).

소지하고 있는 것을 기화로 갑에게 어음상의 권리를 행사하는 것은 권리남용이 되어, 갑은 병에게 어음상의 책임을 부담하지 않는다.[1]

3) 유 인 론 이 견해는 어음이론 중 수정창조설에 의하여 어음소지인(병)의 권리행사를 저지하고자 하는 것이다. 따라서 이 견해에 의하면 어음행위는 어음의 작성과 교부라는 2단계의 행위로 이루어지는데, 제 1 단계의 어음의 작성행위는 어음채무부담행위로서 어음행위자의 단독행위에 의하여 일방적으로 이루어지는 무인행위이나, 제 2 단계의 어음의 교부행위는 어음권리이전행위로서 어음행위자와 상대방 사이의 계약으로 이루어지는 유인행위이므로, 제 3 자의 항변사유에 해당하는 경우에는 어음소지인은 무권리자로서 어음상의 권리를 행사할 수 없다고 한다.[2] 즉, 위의 예에서 후자의 항변의 경우 을의 병에 대한 어음의 교부는 유인행위인데 을과 병간의 원인관계가 소멸되었으므로 병은 동 어음상의 권리의 무권리자가 되므로 갑은 병이 어음상의 권리의 무권리자임을 주장하여 어음상의 책임을 부담하지 않는다.

생각건대 인적 항변의 개별성론은 어음행위의 무인성(추상성)을 너무 강조 내지 확대하여 어음을 반환해야 하는 실질적 무권리자에게 어음채무를 이행하도록 하고 있어 부당한 결과가 되어 찬성할 수 없고, 유인론은 무인성에 기초를 두고 있는 통일법의 어음행위의 해석에서 볼 때 무리이고 또 하나의 어음행위를 2원적으로 구분하여 설명하는 것도 부자연스럽기 때문에 찬성할 수 없다.[3] 따라서 권리남용론에 찬성한다.[4] 그러므로 이러한 제 3 자의 항변은 어음항변은 아니고, 민법의 일반원칙에 의한 것이다.

(3) 후자의 항변

권리남용론에 의하여 위 예의 후자의 항변을 다시 정리하면 다음과 같다.

1) 을·병간의 원인관계가 소멸하거나 부존재한 경우(위의 예 (ⅰ)의 경우)

병이 갑에게 어음상의 권리를 행사하는 것은 권리남용이 되어, 갑은 병에게 이의 항변을 주장하여 어음상의 책임을 부담하지 않는다.

2) 을·병간의 원인관계가 위법 또는 불법한 경우(위의 예 (ⅱ)의 경우) 을이 병에게 동 어음을 도박채무의 지급조로 배서양도하였는데 병이 갑에게 어음금지급

---

1) 동지: 정(희), 69면(병이 을의 다른 담보물을 실행하여 을과 병간의 원인관계가 소멸된 경우); 정(동), 181~182면; 채, 321면.

2) 鈴木, 143면; 前田, 32면; 日大阪高判 1962. 11. 27(下民 13-11, 2367); 同 1959. 8. 3(高民 12-10, 455).

3) 동지: 정(동), 78면.

4) 정(찬), 624면; 정(찬), (사례) 425~427면.

을 청구하는 것은 을병간의 원인관계가 소멸된 후에 병이 어음금의 지급을 청구하는 경우(위의 예 (ⅰ)의 경우)보다도 오히려 적극적으로 불법목적을 실현하고자 하는 점에서 더욱 강력한 권리남용이 되기 때문에, 갑은 병에게 이의 항변을 주장하여 어음상의 책임을 부담하지 않는다.[1] 다만 이 때에는 민법 제746조(불법원인급여)와 관련하여 을이 병에 대하여 어음을 반환청구할 수 있는지 여부가 문제된다. 이에 대하여 (ⅰ) 을의 병에 대한 어음의 양도를 민법 제746조의 「급여」로 보아 을의 병에 대한 어음반환청구를 인정할 수 없다는 견해도 있으나,[2] (ⅱ) 을의 병에 대한 어음의 양도는 사실상 종국적 이익을 귀속시키는 민법 제746조의 「급여」는 아니므로 을의 병에 대한 어음반환청구를 인정하여야 할 것으로 본다.[3]

3) 을이 어음과 상환하지 않고 병에게 어음금을 지급·상계하거나 면제받은 경우 등(위의 예 (ⅲ)의 경우)   병이 을에게 상환청구(소구)권을 행사하여 어음금을 지급받고 을이 어음을 환수하지 않아서 병이 동 어음을 소지하고 있는 것을 기화로 병이 다시 갑에 대하여 어음금을 지급청구하는 것은 명백히 권리남용이 되어 인정될 수 없다. 또한 이 때에 어음채무자(갑 또는 을)와 어음소지인(병) 사이에서는 어음금의 지급으로 인하여 어음관계가 종료되어 어음상의 권리·의무가 소멸되었으므로 갑은 병에 대하여 이의 항변(병은 어음상의 권리의 무권리자라는 항변으로서, 갑 자신의 항변)을 주장할 수도 있다고 본다.

(4) 전자의 항변

권리남용론에 의하여 위의 예의 전자의 항변을 다시 정리하면 다음과 같다.

1) 상환(소구)의무자(을)가 주채무자(갑)의 항변을 원용할 수 있는지 여부(위의 예 (ⅰ)의 경우)   병이 갑으로부터 어음금을 지급받고 을에 대하여 다시 상환청구(소구)권을 행사하는 경우에는, 을은 병에 대하여 권리남용의 법리에 의하여 항변할 수도 있으나, 어음금의 지급으로 인하여 어음상의 권리·의무가 소멸되었음을 항변(병이 어음상의 권리의 무권리자라는 항변으로서, 을 자신의 항변)할 수도 있다고 본다.[4] 그러나 어음의 상환증

---

1) 동지: 양(승), (어) 189면; 채, 320~321면; 강, (어) 187면; 日大判 1922. 12. 28(新聞 2084, 21); 日東京控判 1940. 5. 30(新聞 4580, 5). 이러한 판결에서는 병의 갑에 대한 어음상의 권리의 행사를 소송상 인정하면 이는 법원이 반사회질서의 법률행위의 실현에 협력한 결과가 되어 부당하므로, 병의 어음상의 권리행사를 부인하고 병이 갑에게 어음금의 지급을 청구하는 것은 공서양속에 반한다고 하여 병의 청구를 기각하고 있다.

2) 日最高判 1970. 10. 21(民集 24-11, 1560).

3) 정(찬), 625면; 정(찬), (사례) 431면.

4) 동지: 양(승), (어) 188면; 정(동), 448면(주채무가 지급·상계 등에 의하여 어음의 목적이 달성된 경우에는 소구의무도 따라서 소멸한다).

권성$\binom{\text{어 39조 1항·77조}}{\text{1항 3호, 수 34조 1항}}$과 상환청구(소구)권을 행사하기 위하여는 상환청구(소구)요건을 구비하여야 하는 점$\binom{\text{어 43조·44조·77조}}{\text{1항 4호, 수 39조}}$ 등에서 볼 때, 병이 갑으로부터 지급받고 을에 대하여 다시 상환청구(소구)권을 행사하는 경우란 거의 있을 수 없다.

2) 보증인(갑')이 피보증인(갑)의 항변을 원용할 수 있는지 여부(위의 예 (ⅱ)의 경우)   이에 대하여는 다음과 같은 두 가지의 경우가 있다.

(가) 갑의 어음채무가 지급·상계·면제·소멸시효 등으로 인하여 소멸하였음에도 불구하고 병이 보증인인 갑'에게 어음상의 권리를 행사한 경우에는, 갑'는 권리남용의 법리에 의하여 항변을 주장할 수 있으나, 보증채무의 부종성으로 인하여 갑'의 채무도 소멸하였으므로(통설)[1] 자신의 항변으로써 자기의 어음채무가 소멸하였음을 항변할 수도 있다.

(나) 갑을간의 원인관계가 무효·취소가 되고 병이 이러한 사실을 알고 어음을 취득한 경우에 갑은 병에 대하여 악의의 항변을 주장할 수 있는데, 갑'(보증인)는 이러한 갑의 항변을 원용할 수 있는지의 여부가 문제된다. 이것은 어음보증채무의 독립성$\binom{\text{어 32조 2항·77조}}{\text{3항, 수 27조 2항}}$과 관련하여 문제되는데, 이 때에 병이 갑'에게 어음채무(보증채무)의 이행을 청구하는 것은 신의칙에 반하거나 또는 권리남용에 해당하는 것이 되어 갑'는 (어음보증채무를 부담하기는 하나〈어음보증의 독립성〉) 병에게 어음보증채무의 이행을 거절할 수 있다고 본다.[2] 그러나 갑이 원인관계상 갖고 있는 취소권·해제권·상계권 등을 갑이 스스로 행사하고 있지 않는 동안에 갑'가 이를 원용하여 행사하는 것은, 어음보증의 독립성에서 인정되지 않는다.[3]

(5) 2중무권의 항변

갑을간의 원인관계 및 을병간의 원인관계가 모두 소멸되었음에도 불구하고 병이 갑에게 어음금지급청구를 한 경우에는 갑은 자신의 항변으로써 병에게 대항할 수 있는데, 이것을 2중무권(二重無權)(Doppelmangel)의 항변이라고 한다.[4]

2중무권의 항변은 자신의 항변$\binom{\text{갑을간의 원인}}{\text{관계의 소멸}}$을 주장하는 점에서 악의의 항변과 유사하나, 병이 이에 대하여 악의이기 때문에 대항할 수 있는 것이 아니라 그에게

1) 정(찬), 626면; 서·정, 222면; 손(주), 297면; 정(동), 442면 외.
2) 동지: 대판 1988. 8. 9, 86 다카 1858.
3) 동지: 정(동), 346면.
4) 정(동), 184면; Ulmer, S. 247.
　　결과동지: 대판 2012. 11. 15, 2012 다 60015(공보 2012, 2035)[이 판결에 대하여 찬성하는 취지의 평석으로는 김문재, "어음할인을 위한 융통어음의 양도와 이중무권의 항변,"「상사법연구」(한국상사법학회), 제32권 제4호(2014. 2), 167~201면 참조(이 사건의 경우 해석론에 따른 이중무권의 항변을 확정적으로 수용하였다고 한다)].

독립된 경제적 이익이 없기 때문에 대항할 수 있는 점에서 악의의 항변과 구별된다. 또한 2중무권의 항변은 을병간의 원인관계가 소멸되어 병에게 독립된 경제적 이익이 없는 점에서 후자의 항변과 유사하나,[1] 갑 자신의 항변으로 주장하는 점에서 후자의 항변과 구별된다.[2] 또한 2중무권의 항변은 어음소지인(병) 자신에 관한 사유로 인한 항변인 점에서 무권리의 항변과 유사하나, 무권리의 항변은 어음소지인이 어음상의 무권리자라는 항변이나 2중무권의 항변은 어음소지인이 어음상의 무권리자라는 것은 아니고 다만 원인관계의 소멸로 인하여 어음을 보유할 정당한 이익이 없다는 항변인 점에서 무권리의 항변과 구별된다.

5. 항변의 제한과 선의취득과의 관계

이에 관하여는 이미 선의취득의 효과에서 설명한 바와 같다. 즉, 양자는 모두 어음소지인을 보호하여 어음의 유통을 강화하기 위한 제도인 점에서는 공통적이나, 우리나라의 입법 및 해석에서는 양자를 구별하고 있다.[3] 따라서 어음항변이 부착된 어음을 선의취득할 수 있다고 한다(통설).[4]

선의취득은 「권리의 귀속」에 관한 문제로서 이에 의하여 희생되는 자는 진정한 권리자이고 그 주관적 요건은 「악의 또는 중과실」이 없어야 하며 취득하는 권리는 「원시취득」이나, 항변의 제한은 「채무의 존재(범위)」에 관한 문제로서 이에 의하여 희생되는 자는 어음채무자이고 그 주관적 요건은 「채무자를 해할 것을 아는 것」 (어음법 제17조가 적용되지 않는 인적 항변의 경우에는 악의 또는 중과실)이 없어야 하는 점 등에서 양자는 구별되고 있다.

제 5 절   어음상의 권리의 소멸

제 1 총   설

어음상의 권리도 (금전)채권이므로 그 소멸원인에는 민법상 일반채권과 같은

---

1) 高利一,「手形·小切手法通論」, 1982, 379면(2중무권의 항변을 후자의 항변의 일종으로 봄).
2) 동지: 정(동), 184면. 이에 관한 상세는 송진헌, "후자의 항변과 이중무권의 항변," 어음·수표법에 관한 제문제(상)(재판자료 30)(법원행정처, 1986), 453면, 468면 이하 참조.
3) 그러나 영미법에서는 선의취득자는 대체로 항변이 절단된 어음을 취득하는 것으로 규정하고 있다[U.C.C. §3-305(b); B.E.A. §38(2)].
4) 서·정, 107면; 양·박, 659면; 서(정), 185면; 이(기), 277면 외.

일반적 소멸원인과 어음에 특유한 소멸원인이 있다. 또한 어음상의 권리가 소멸한 후에 어음소지인을 보호하기 위한 제도로서 어음법상의 권리인 이득상환청구권이 인정되어 있다.

1. 일반적 소멸원인

어음상의 권리는 민법상 일반채권의 소멸원인인 변제($\frac{\text{민 }460조\sim}{486조}$)·공탁($\frac{\text{민 }487조\sim}{491조}$)· 상계[1]($\frac{\text{민 }492조\sim}{499조}$)·경개(更改)($\frac{\text{민 }500조\sim}{505조}$)·면제[2]($\frac{\text{민}}{506조}$)에 의하여 소멸된다. 다만 어음상 의 권리는 그 성질상 민법상 혼동(混同)($\frac{\text{민}}{507조}$)에 의해서는 소멸되지 않는다[3]($\frac{\text{이에 관}}{\text{하여는}}$ $\frac{\text{서 이미 설명함}}{}$). 어음법은 지급($\frac{\text{어 }38조\sim41조\cdot77조}{1항 3호, 수 28조\sim36조}$)($\frac{\text{민법상}}{\text{변제에 해당}}$)에 관하여는 상세히 규정하 고 있고 또한 공탁($\frac{\text{어 }42조,}{1항 3호}$ 77조)에 관하여도 특별히 규정하고 있으므로, 이렇게 어음법 이 규정하고 있는 범위 내에서는 민법의 해당규정이 적용될 여지가 없다.

2. 어음에 특유한 소멸원인

어음에 특유한 어음상의 권리의 소멸원인으로는 (ⅰ) 상환청구(소구)권보전절차 의 흠결($\frac{\text{어 }53조\cdot77조}{1항 4호, 수 39조}$), (ⅱ) 어음소지인의 일부지급의 거절($\frac{\text{어음소지인이 일부지급의 수령을 거절}}{\text{하면 그 부분에 대하여 상환청구〈소구〉}}$ $\frac{\text{권이}}{\text{소멸함}}$)($\frac{\text{어 }39조 2항\cdot77조}{1항 3호, 수 34조}$), (ⅲ) 어음소지인의 거절할 수 있는 참가인수의 승낙($\frac{\text{피참가인과}}{\text{그 후자에}}$ $\frac{\text{대하여 만기 전에 행사할 수있는}}{\text{상환청구〈소구〉권이 소멸함}}$)($\frac{\text{어 }56조 3항,}{77조 1항 5호}$), (ⅳ) 어음소지인의 참가지급의 거절($\frac{\text{그 지급으로 인하여}}{\text{의무를 면할 수 있}}$ $\frac{\text{었던 자에 대한 상환청}}{\text{구〈소구〉권이 소멸함}}$)($\frac{\text{어 }61조, 77조,}{1항 5호}$), (ⅴ) 참가지급이 경합하는 경우 자기에게 우선하는 참 가지급의 신고인이 있음을 알면서 한 참가지급($\frac{\text{자기에게 우선하는 참가지급이 있었다면 의무를 면할}}{\text{수 있었던 자에 대한 상환청구〈소구〉권이 소멸함}}$) ($\frac{\text{어 }63조 3항,}{77조 1항 5호}$), (ⅵ) 소멸시효($\frac{\text{어 }70조\cdot77조}{1항 8호, 수 51조}$) 등이 있다.

이러한 어음에 특유한 소멸원인에 대하여는 각각 해당되는 곳에서 설명되고 있으므로, 이 곳에서는 어음의 소멸시효에 대해서만 설명한다. 또한 어음상의 권리 가 상환청구(소구)권보전절차의 흠결 또는 소멸시효로 인하여 소멸한 경우에 발생하 는 이득상환청구권도 어음상의 권리가 어음에 특유한 소멸원인으로 인하여 소멸하 는 점과 관련되므로 이 곳에서 설명하고, 마지막으로 어음상의 권리의 소멸과 관련 하여 어음의 말소·훼손·상실에 대하여 설명한다.

---

1) 동지: 대판 1976. 4. 27, 75 다 739(집 24 ① 민 264).
2) 면제에 의한 어음채권의 소멸을 인정한 입법례로는 B. E. A. § 62.
3) 혼동에 의한 어음채권의 소멸을 인정한 입법례로는 B. E. A. § 61.

제2 어음시효

1. 서 언

어음채무는 일반채무에 비하여 엄격하므로 이를 완화할 필요가 있고 또 어음 거래는 신속한 결제를 요하므로, 어음채무에 대하여는 특히 단기의 소멸시효가 인 정되어 있다. 즉, 어음채무의 소멸시효는 상사채무의 소멸시효($^{상}_{64조}$)보다 더 단기로 규정되어 있다($^{어 70조·77조 1항}_{8호, 수 51조·58조}$).

어음법은 어음시효(Wechselverjährung)에 관하여 시효기간($^{어 70조·77조 1항}_{8호, 수 51조·58조}$)·시효 의 시기(始期)($^{어 70조·77조 1항}_{8호, 수 51조·58조}$) 및 시효의 중단($^{어 71조·77조 1항 8호·}_{80조, 수 52조·64조}$)에 대해서만 특칙을 두 고 있을 뿐이므로, 그 이외의 사항에 대하여는 민법의 시효에 관한 규정에 의한다.

2. 시효기간 및 시기(始期)

(1) 어음의 시효기간 및 시기(始期)

어음의 시효기간 및 시기에 대하여는 어음소지인의 주채무자에 대한 청구권, 어음소지인의 상환(소구)의무자에 대한 상환청구권(소구)권 및 상환자의 그 전자에 대한 청구권으로 나뉘어 규정되어 있다. 그러나 어음상의 권리가 확정판결에 의하 여 확정된 때에는, 아래의 시효기간과 관계 없이 그 때부터 10년이 경과하여야 소 멸시효가 완성한다($^{민}_{1항}$165조).

1) 어음소지인의 주채무자에 대한 청구권(3년)　　　환어음의 인수인 또는 약 속어음의 발행인에 대한 어음소지인의 어음상의 청구권은 「만기일」부터 「3년」이 경과하면 소멸시효가 완성한다($^{어 70조 1항, 77조}_{1항 8호, 78조 1항}$). 주채무자의 보증인 및 무권대리인 등 에 대한 어음소지인의 어음상의 권리의 소멸시효도 같다.

시효기간의 산정에 있어서 「만기일」[1](초일)은 산입되지 아니한다($^{어 73조·77조}_{1항 9호, 수 61조}$).

---

1) 「만기의 날」은 확정일출급어음·발행일자후정기출급어음에서는 특정일로 확정되기 때문에 문제 가 없으나, 일람출급어음·일람후정기출급어음에서는 지급제시 또는 인수제시를 언제 하느냐에 따 라 만기가 확정되므로 이와 관련하여 주의할 필요가 있다. 즉, 일람출급어음의 경우에는 제시일이 만기이므로(어 34조 1항 1문, 77조 1항 2호) 제시일이 시효기간의 시기가 되나, 만일 어음소지인 이 지급제시기간 내에 지급제시를 하지 않으면 지급제시기간의 말일(원칙적으로 발행일로부터 1 년)을 만기로 해석하게 되므로 지급제시기간의 말일이 시효기간의 시기(始期)가 된다(어 35조 2항 유추해석). 일람후정기출급의 어음은 인수일자 또는 거절증서일자로부터 일정기간이 경과한 후가 만기이므로(어 35조 1항, 77조 1항 2호) 이 때가 시효기간의 시기(始期)가 되나, 만일 이러한 일 자가 없는 경우에는 (인수제시를 하였는지 여부를 불문하고) 인수제시기간의 말일(원칙적으로 발 행일로부터 1년)에 인수한 것으로 보기 때문에(어 35조 2항, 77조 1항 2호) 이 때로부터 일정기간 이 경과한 후(만기)가 시효기간의 시기(始期)가 된다.

「만기일」은 시효기간의 시기(초일)로 하는 점에 있어서는 만기일이 휴일인지 여부, 만기일에 지급제시를 하였는지 여부, 만기일까지 백지어음이 보충되었는지 여부, 만기 전의 상환청구(소구)가 가능한지 여부 등을 불문한다.

당사자간에 지급유예의 특약을 하고 만기를 변경한 경우에는 그 변경된 만기가 시효기간의 시기가 된다. 그러나 당사자간에 지급유예의 특약을 하고도 어음면상의 만기를 변경하지 않은 경우에는 의문이나, 그 당사자간에는 지급유예의 기간 중에는 시효가 진행되지 않는다고 보아야 할 것이다.[1]

또한 약속어음이 수취인 겸 소지인의 발행인에 대한 장래 발생할 구상채권을 담보하기 위하여 발행된 것이라면, 이 약속어음상의 발행인에 대한 청구권의 소멸시효는 「위 구상채권이 현실적으로 발생하여 그 약속어음상의 청구권을 행사하는 것이 법률적으로 가능하게 된 때」부터 진행된다.[2]

2) 어음소지인의 상환의무자에 대한 상환청구권(1년)   어음소지인의 상환의무자에 대한 상환청구권은 「거절증서작성일자」 또는 「만기일」($^{거절증서작성}_{면제의 경우}$)부터 「1년」이 경과하면 소멸시효가 완성한다($^{어 70조 2항,}_{77조 1항 8호}$). 이것은 만기 전의 상환청구(소구)이든 만기 후의 상환청구(소구)이든 같다.[3] 또한 어음소지인이 상환의무자의 보증인·참가인수인 및 무권대리인 등에 대하여 상환청구권을 행사하는 경우에도 같다.

---

1) 동지: 주석, 466면.
　　반대: 大隅·河本, 379면.

2) 대판 2004. 12. 10, 2003 다 33769(공보 2005, 96)(발행인에 대한 약속어음상의 청구권의 소멸시효는 만기의 날로부터 진행하는 것이 원칙이나, 그 약속어음이 수취인 겸 소지인의 발행인에 대한 장래 발생할 구상채권을 담보하기 위하여 발행된 것이라면, 소지인은 발행인에 대하여 구상채권이 발생하지 않은 기간 중에는 약속어음상의 청구권을 행사할 수 없고, 구상채권이 현실로 발생한 때에 비로소 이를 행사할 수 있게 되는 것이므로, 그 약속어음의 소지인의 발행인에 대한 약속어음상의 청구권의 소멸시효는 위 구상채권이 현실적으로 발생하여 그 약속어음상의 청구권을 행사하는 것이 법률적으로 가능하게 된 때부터 진행된다고 봄이 상당하고 이러한 결과가 민법 제184조 2항의 규정에 반하여 소멸시효를 가중하는 것이라고 할 수는 없다).

3) 동지: 대판 2003. 3. 14, 2002 다 62555(공보 2003, 985)(어음법은 환어음의 경우 만기 전 소구와 만기 후 소구에 관한 규정을 모두 두고 있고, 환어음 소지인의 배서인·발행인에 대한 청구권의 소멸시효에 관한 어음법 제70조 2항은 "소지인의 배서인과 발행인에 대한 청구권은 적법한 기간 내에 작성시킨 거절증서의 일자로부터, 무비용상환의 문언이 기재된 경우에는 만기의 날로부터 1년간 행사하지 아니하면 소멸시효가 완성한다"라고만 규정하고 있을 뿐 만기 후 소구권의 행사의 경우에만 위 조항을 적용한다고는 규정하고 있지 아니하고 있으므로 위 규정은 환어음의 만기 전의 소구권의 행사의 경우에도 당연히 적용된다고 보아야 할 것이고, 한편 어음법상 약속어음에 관하여는 환어음의 경우와 같은 만기 전 소구에 관한 규정을 두고 있지 않으나 약속어음에 있어서도 발행인의 파산이나 지급정지 기타 그 자력을 불확실하게 하는 사유로 말미암아 만기에 지급거절이 될 것이 예상되는 경우에는 만기 전의 소구가 가능하다고 할 것이므로 만기 전의 소구가 가능한 약속어음의 경우에도 역시 만기 전·후의 소구권 행사 여부를 불문하고 그 소멸시효에 관하여는 모두 어음법 제77조 1항 8호에 의하여 준용되는 같은 법 제70조 2항이 적용된다고 해석하여야 한다).

적법한 시기에 작성한 수 개의 거절증서가 있는 경우에는(어 56조 2항, 60조, 66조 2항, 77조 1항 5호) 최후에 작성한 거절증서작성일자가 시효기간의 시기가 된다(통설).[1]

3) 상환자의 그 전자에 대한 상환청구권(6개월)   상환자의 그 전자에 대한 청구권은 그가 어음을 「환수한 날」 또는 「제소된 날」로부터 「6개월」이 경과하면 소멸시효가 완성한다(어 70조 3항, 77조 1항 8호). 상환자가 그 전자의 보증인·참가인수인 및 무권대리인 등에 대하여 상환청구권을 행사하는 경우에도 같다. 참가인수인이 피참가인 및 그의 어음채무자에 대하여 청구권을 행사하는 경우에도 같다(어 63조 1항, 77조 1항 5호).

일부인수에 의하여 인수되지 않은 어음금액을 지급한 상환의무자는 어음을 환수하지 못하므로(어 51조), 그가 전자에 대하여 청구권을 행사함에는 지급으로 인하여 시효가 개시되지 않는다.[2]

어음을 「환수한 날」이라 함은 상환한 날과 구별되며, 어음을 환수하게 된 원인은 그가 현실로 상환한 경우이든 상계(相計)·경개(更改) 등으로 인한 경우이든 불문한다.[3] 「제소된 날」이라 함은 후자로부터 소(訴)의 제기를 받고 소장을 송달받은 날을 말하며, 지급명령의 송달이나 파산채권의 신고 등과 같은 소 이외의 재판상의 청구는 이에 포함되지 않는다.[4]

(2) 수표의 시효기간 및 시기(始期)

수표에는 주채무자가 없으므로 주채무자에 대한 청구권의 시효는 없고, 그 대신 지급보증인에 대한 청구권의 시효가 별도로 규정되어 있다. 그러나 수표상의 권리가 확정판결에 의하여 확정된 때에는 아래의 시효기간과 관계 없이 그 때부터 10년이 경과하여야 소멸시효가 완성한다(민 165조 1항).

1) 수표소지인의 지급보증인에 대한 청구권(1년)   수표소지인의 지급보증인에 대한 청구권은 「지급제시기간 경과일」로부터 「1년」이 경과하면 소멸시효가 완성한다(수 58조). 이 시효는 수표소지인이 지급제시기간 내에 지급제시를 하고 거절증서 또는 이와 동일한 효력이 있는 선언의 작성을 전제로 한다. 만일 지급제시기간 내에 지급제시를 하지 않았거나 또는 거절증서나 이와 동일한 효력이 있는 선언의 작성이 없는 경우에는, 지급보증인의 채무가 없는 것이므로(수 55조) 지급보증인에 대한 청구권의 시효는 있을 수 없다.

---

1) 정(찬), 635면; 정(희), 278면; 정(동), 189면; 채, 328면; 주석, 466면 외.
2) 동지: 정(희), 279면.
3) 동지: 주석, 466면.
4) 동지: 주석, 466~467면.

2) 수표소지인의 상환의무자에 대한 상환청구권(6개월)　　　수표소지인의 발행인·배서인·기타의 채무자($_{보증인 등}^{이들을 위한}$)와 같은 상환의무자에 대한 상환청구권(소구권)은 「지급제시기간 경과일」로부터 「6개월」이 경과하면 소멸시효가 완성한다($_{1항}^{수 51조}$). 수표소지인의 상환의무자에 대한 상환청구권의 이 시효도 수표소지인이 지급제시기간 내에 지급제시를 하고 거절증서 또는 이와 동일한 효력이 있는 선언의 작성을 전제로 한다($_{39조}^{수}$). 만일 수표소지인이 지급제시기간 내에 지급제시를 하지 않았거나 거절증서 등을 작성하지 않은 경우에는, 상환청구권 자체가 발생하지 않으므로 동 청구권에 대한 시효는 있을 수 없다.

지급제시기간의 말일이 법정휴일일 때에는 그 말일 이후의 제 1 거래일까지 지급제시기간이 연장되므로($_{60조}^{수}$), 이에 따라 시효기간의 시기도 연장된다. 수표의 시효기간의 산정에 있어서도 첫날(초일)을 산입하지 아니한다($_{61조}^{수}$).

3) 상환자의 그 전자에 대한 상환청구권(6개월)　　　상환자의 그 전자에 대한 상환청구권은 그가 수표를 「환수한 날」 또는 「제소된 날」부터 「6개월」이 경과하면 소멸시효가 완성한다($_{2항}^{수 51조}$). 이는 그 시효기간과 시기에 있어서 어음의 경우와 같다.

3. 시효중단

(1) 중단사유

어음시효의 중단사유에 대하여 어음법은 소송고지로 인한 시효중단에 관하여만 규정하고 있을 뿐($_{수 64조}^{어 80조}$), 그 외에는 모두 민법의 규정에 의한다($_{이하}^{민 168조}$). 따라서 어음의 시효중단사유에는 (i) 청구($_{1호}^{민 168조}$), (ii) 압류 또는 가압류·가처분($_{2호}^{민 168조}$), (iii) 승인($_{3호}^{민 168조}$) 및 (iv) 소송고지($_{수 64조}^{어 80조}$)가 있는데, 이하에서 각각에 대하여 간단히 살펴본다.

1) 청　　구　　　시효중단사유로서의 청구에 어음의 제시를 요하느냐의 문제가 있다. 시효중단사유로서의 청구는 권리자가 권리 위에 잠자고 있지 않음을 표시하는 사실이 있으면 족하므로 어음시효의 중단의 효력을 발생시키는 청구는 재판상의 청구나 재판 외의 청구를 불문하고 어음의 제시($_{소지}^{및}$)가 필요 없다고 본다(통설).[1] 우리나라의 대법원판례도 백지어음에 의한 어음금의 청구에 어음상의 권리에 관한 시효중단의 효력을 인정하고 있다[2]($_{제시를 요하지 않는 것과 동일함}^{이는 시효중단사유로서의 청구에 어음의}$).

---

1) 정(찬), 638면; 정(찬), (사례) 455면; 정(희), 280면; 서·정, 118면; 손(주), 144면; 정(동), 190면; 이(범), 297면; 이(기), 389~390면; 채, 331면; 주석, 469~470면; 주어, 509~510면 외.
2) 대판(전원합의체판결) 2010. 5. 20, 2009 다 48312(공보 2010, 1143).

재판상의 청구에서 청구원인을 변경한 경우, 처음의 소제기는 그 후의 청구원인에 대하여 시효중단의 효력이 없다.[1]

2) 압류 또는 가압류·가처분   어음상의 권리의 실현을 위하여 어음채무자의 재산에 대하여 압류(집행권원에 기하여 하는 강제집행)(민집 24조, 56조, 188조 이하) 또는 가압류·가처분(강제집행을 보전하는 수단)(민집 276조 이하, 300조 이하)을 하는 경우에는 시효중단이 된다. 압류·가압류·가처분은 재판상의 청구와 같이 법원에 의한 행위이기 때문에, 시효중단의 효력이 있는 압류·가압류·가처분에도 어음의 제시(및 소지)가 필요 없다고 본다.

3) 승   인   어음채무자가 시효완성 전에 하는 승인도 시효중단사유가 되는데, 이 때에도 청구의 경우와 같이 어음소지인의 어음의 제시(및 소지)를 필요로 하지 않는다고 본다(통설).[2] 따라서 백지어음에 의한 승인,[3] 또는 상실어음에 대한 제권판결 전의 승인[4]에도 시효중단의 효력이 있다고 본다.

시효완성 후에 어음채무자가 어음채무를 승인하는 것은 시효중단사유가 될 수 없고, 시효이익을 포기한 것으로 볼 수 있다.[5]

4) 소송고지

(가) 소송고지로 인한 시효중단사유는 어음에 특유한 시효중단사유이다. 환어음 또는 수표의 경우에는 배서인의 다른 배서인[6]과 발행인에 대한 청구권과 약속어음의 경우에는 배서인의 그 전자에 대한 청구권(재상환청구권〈재소구권〉)은 (그가 어음을 환수한 날 또는) 그가 제소된 경우에는 소장(訴狀)의 송달을 받은 날로부터 소멸시효

---

1) 동지: 대판 1993. 3. 23, 92 다 50942(공보 944, 1274).

2) 정(찬), 639면; 정(찬), (사례) 455면; 정(희), 280면; 정(동), 191면; 이(기), 390면; 주석, 470면 외.
   동지: 대판 1990. 11. 27, 90 다카 21541(공보 888, 218); 동 2000. 4. 25, 98 다 63193(공보 2000, 1258)(어음채무는 아니고 공사대금채무이나, 대법원은 "소멸시효 중단사유로서의 승인은 시효이익을 받을 당사자인 채무자가 소멸시효의 완성으로 권리를 상실하게 될 자 또는 그 대리인에 대하여 그 권리가 존재함을 인식하고 있다는 뜻을 표시함으로써 성립한다고 할 것이며, 그 표시의 방법은 아무런 형식을 요구하지 아니하고 또한 명시적이건 묵시적이건 불문한다"고 판시하고 있다); 日大判 1929. 12. 21(교재, 판결례 [158]); 同 1915. 9. 14(교재, 판결례 [157]).

3) 동지: 주석, 470면.
   반대: 대판 1962. 12. 20, 62 다 680(교재, 판결례 [160]).

4) 동지: 정(동), 191면; 이(기), 390면; 채, 331면; 주석, 470면; 日大判 1930. 5. 10(교재, 판결례 [159]).

5) 동지: 주석, 470면; 日大判 1911. 10. 10(民錄 17, 552).

6) 이 때 '다른 배서인'을 「전자인 배서인(재상환청구권〈재소구권〉) 및 인수인(어음금지급청구권)을 의미한다」고 보는 견해도 있으나(주석, 466면), 법문상으로 보아 이와 같이 해석하는 것은 무리라고 본다. 따라서 어음법 제80조 1항의 해석에서 약속어음의 발행인도 제외된다고 본다.

가 진행하므로($\binom{6개월이 경과하면}{소멸시효가 완성함}$)($\binom{어 70조 3항·77조}{1항 8호, 수 51조 2항}$), 그가 전자에 대하여 소송고지를 함으로 인하여 시효중단의 효력이 발생하는 것으로 하고 있다[1]($\binom{어 80조 1항,}{수 64조 1항}$). 이렇게 소송고지를 시효중단사유로 규정한 이유는, 배서인이 어음소지인으로부터 제소를 받아 그의 채무는 시효중단이 되었음에도 불구하고 그 전자에 대한 권리의 소멸시효는 진행하여 그가 아직 어음을 환수하지 못하여 자기의 전자에 대한 어음상의 권리를 행사할 수 없음에도 불구하고 소송절차의 진행중에 자기의 전자에 대한 권리의 소멸시효가 완성하는 것을 방지할 필요가 있기 때문이다.[2]

(내) 배서인의 소송고지로 인하여 중단된 시효는 재판이 확정된 때로부터 다시 진행을 개시한다($\binom{어 80조 2항}{수 64조 2항}$). 따라서 재판확정시부터 6개월의 경과로 배서인의 그 전자에 대한 권리(재상환청구권〈재소구권〉)는 소멸시효가 완성한다. 그러므로 재판이 확정된 경우에는 배서인은 6개월 전에 어음을 환수하여 그 전자에 대하여 어음상의 권리를 행사하든가, 또는 일반원칙에 의한 시효중단을 하여야 한다($\binom{민 168조}{이하}$).

(2) **효력범위**

시효중단의 효력범위는 그 중단사유가 생긴 자에 대해서만 효력이 생긴다($\binom{어}{71조·}$ $\binom{77조 1항 8호,}{수 52조}$). 그 이유는 어음행위는 각각 독립하여 존재하기 때문이다. 따라서 공동발행인의 1인에 대하여 한 시효중단은 다른 발행인에게 영향을 미치지 않으며, 주채무자에 대한 시효중단은 그의 보증인 또는 다른 상환(소구)의무자에 대하여 영향을 미치지 않는다. 그러나 보증인 또는 상환(소구)의무자에 대하여는 시효중단을 하였으나 주채무자에 대하여는 시효중단을 하지 않아 주채무자에 대한 권리가 먼저 시효소멸한 경우에는, 보증인에 대한 권리($\binom{부종성의}{결과}$) 및 상환(소구)의무자에 대한 권리($\binom{이에 대하여는}{후술함}$)도 소멸한다고 본다.

4. 각 시효간의 관계

(1) 상환(소구)의무 등의 시효소멸이 주채무에 미치는 영향

각 어음채무자에 대한 시효는 각각 독립하여 효력을 발생하므로 상환(소구)의무자·보증인 등에 대한 권리가 먼저 시효소멸하여도 주채무자에 대한 권리에 영향을 미치지 않는다.

---

1) 약속어음 및 인수된 환어음이 인수되지 않은 환어음 또는 수표의 경우와 다른 점은, 그 전자인 배서인에 대하여 소송고지를 하지 않아 그에 대한 재상환청구권〈재소구권〉이 6개월의 경과로 시효소멸되더라도 주채무자에 대한 청구권의 시효기간은 3년이므로 주채무자에 대하여 어음상의 권리를 행사할 수 있는 점이다.

2) 동지: 주석, 466면.

(2) 주채무의 시효소멸이 상환(소구)의무 등에 미치는 영향

주채무가 시효소멸한 경우에 상환(소구)의무 등도 소멸하는지 여부에 대하여, 어음채무의 독립성을 강조하여 이의 소멸을 부정하는 부정설($\substack{일본의 \\ 소수설}$)[1]과 상환(소구)의무 등의 종속성(부종성)을 강조하고 상환청구(소구)권을 행사하기 위하여는 유효한 어음을 반환하여야 한다는 점($\substack{어 50조 1항·77조 \\ 1항 4호, 수 46조 1항}$) 등에서 이의 소멸을 긍정하는 긍정설(통설)[2]로 나뉘어 있다. 생각건대 부정설도 일리는 있으나, 상환(소구)의무를 인정한 원래의 취지에서 볼 때 긍정설이 타당하다고 본다.[3] 주채무가 시효소멸된 경우에 주채무의 보증채무도 소멸하는 것은 부종성의 법리에서 당연하다. 이렇게 보면 주채무가 시효소멸하면 다른 어음채무는 모두 소멸되므로 어음소지인은 이득상환청구권만을 갖는다고 볼 수 있다. 이러한 시효소멸의 항변은 물적 항변($\substack{충권상 \\ 의 항변}$)으로 어음채무자는 누구에 대하여도 대항할 수 있다.

제3 이득상환청구권[4]

1. 의   의

(1) 인정이유

어음채무자의 책임의 엄격성($\substack{무인증권성 \\ 등으로 인한}$)을 완화하기 위하여 어음법은 어음상의 권리의 소멸원인으로 단기소멸시효와 상환청구(소구)권보전절차의 흠결을 규정하고 있다. 그 결과 어음채무자가 어음채무를 면하였음에도 불구하고 원인관계상의 대가나 어음자금을 계속 보유하게 되는 불공정한 일이 있다. 이에 어음법은 실질관계를 고려하여 어음채무자가 이익을 받은 한도에서 소지인에게 상환하게 하는 제도를 두었는데, 이것이 이득상환청구권(Bereicherungsanspruch)이다. 이것은 어음법이 형식성을 중시한 데서 생기는 실질상의 불공평을 제거하기 위하여 어음소지인에게 인정된 권리로 어음법상의 권리이고, 독법계 어음법에 특유한 제도이다.

---

1) 伊澤, 223면.

2) 정(희), 281~282면; 서·정, 119면; 양(승), (어) 196면; 정(동), 192면; 손(주), 144면; 최(기), 622면; 강, 175면; 강, (어) 201면; 이(기), 392면; 채, 330면; 주석, 467면, 471면 외.

3) 정(찬), 641면; 정(찬), (사례) 452면.

4) 이득상환청구권에 관한 상세한 논문으로는 정찬형, "이득상환청구권," 법학석사학위논문(서울대, 1977. 2); 양승규, "이득상환청구권,"「법학」(서울대), 제12권 1호(1971. 6), 101면 이하; 오병선, "이득상환청구권,"「사법논집」, 제7집, 305면 이하; 박찬우, "어음·수표의 이득상환청구권에 관한 연구," 법학박사학위논문(연세대, 1998. 2) 참조.

제네바 어음법통일조약 제 1 부속서에는 이득상환청구권에 대하여 아무런 규정이 없고, 동 제 2 부속서는 이득상환청구권에 관하여 각국의 국내법에 일임하고 있다(동_{15조}). 이에 따라 우리나라는 독일·일본 등의 독일법계 국가[1]들과 같이 어음·수표법에 각각 이득상환청구권제도를 규정하게 된 것이다.[2] 그러나 영미법에서는 어음소지인에게 자기의 전자의 모든 양도인에 대하여 담보책임(transfer warranties)을 물을 수 있도록 하여 어음소지인을 보호하고,[3] 특별히 어음소지인에게 이득상환청구권을 인정하지 않는다.[4]

(2) 개   념

이득상환청구권은 위에서 본 바와 같은 이유로 어음법과 수표법에서 각각 규정하고 있는데, 어음법 제79조는 「환어음 또는 약속어음에서 생긴 권리가 절차의 흠결로 인하여 소멸한 때나 그 소멸시효가 완성한 때라도 소지인은 발행인·인수인 또는 배서인에 대하여 그가 받은 이익의 한도 내에서 상환을 청구할 수 있다」고 규정하고 있고, 수표법 제63조는 「수표에서 생긴 권리가 절차의 흠결로 인하여 소멸한 때나 그 소멸시효가 완성한 때라도 소지인은 발행인·배서인 또는 지급보증을 한 지급인에 대하여 그가 받은 이익의 한도 내에서 상환을 청구할 수 있다」고 규정하고 있다.

따라서 환어음의 발행인이 원인관계에서 대가를 받고 어음을 발행하였는데 아직 지급인(인수인)에게 자금을 공급하기 전에 어음소지인의 어음상의 권리가 절차의 흠결 또는 시효로 소멸한 경우, 약속어음 또는 수표의 발행인이 매매대금의 지급조로 약속어음 또는 수표를 발행하였는데 동 어음(수표)의 소지인이 절차의 흠결 또는 시효로 인하여 어음(수표)상의 권리를 상실한 경우 등에는, 각 어음(수표)소지인은 발행인에 대하여 이득상환청구권을 행사할 수 있다.

---

1) 독일과 일본은 통일법을 채용하기 전부터 이득상환청구권제도를 규정하고 있었다[田中(誠) 외 (공편), 「手形法コンメンタール」, 1971, 1092면].

2) 우리 어음·수표법의 이득상환청구권에 관한 규정은 일본의 그것과는 동일하고, 독일의 그것과는 약간 상이하다. 이에 관하여는 정찬형, 전게 석사학위논문, 8~17면 참조.

3) B. E. A. §§ 55(2), 58(3); U. C. C. § 3-416; 협약 45조.

4) 미국통일상법전은 1990 년 개정에 의하여 어음소지인의 어음채무자에 대한 출소기간(出訴期間)에 대하여 특별히 규정하고 있으나(U. C. C. § 3-118), 이 기간은 통일어음법상 어음상의 권리의 시효기간보다 훨씬 장기이다. 또한 미국통일상법전상 환어음의 발행인은 지급은행이 인수한 경우에는 면책되고[U. C. C. § 3-414(c)], 수표의 발행인은 일정한 경우에 지급인에 대하여 가지는 권리를 수표상의 권리자에게 양도함으로써 수표상의 채무를 면하므로[U. C. C. § 3-414 (f)], 이러한 경우에는 발행인의 이득을 문제삼을 여지도 없다.

2. 법적 성질

이득상환청구권의 법적 성질에 대하여 여러 가지로 나뉘어 있는데, 이의 법적 성질을 무엇으로 보느냐에 따라 그 권리의 양도방법·행사방법·담보권의 이전·시효기간 등에서 차이가 있다. 이득상환청구권의 법적 성질을 어떻게 볼 것인가에 대하여는 크게 민법상의 권리와 관련하여 파악하려는 지명채권설과, 어음상의 권리와 관련하여 파악하려는 잔존물설로 나뉘어 있다.

(1) 지명채권설

이득상환청구권은 형평의 관념에서 법이 특히 인정한 특별한 청구권으로서 민법상 지명채권의 일종이라고 한다. 이 견해가 우리나라의 통설이고,[1] 일관된 판례의 입장이다.[2]

생각건대 이득상환청구권은 어음상의 권리와 관련성을 갖고 있음은 사실이나, 어음행위와는 무관하게 발생하고 또 어음상의 권리가 소멸한 후에 발생하므로 어음상의 권리와 동질 또는 유사한 권리가 될 수 없다. 따라서 이득상환청구권을 어음상의 권리와 관련하여 파악하지 않고 민법상의 권리와 관련하여 지명채권으로 보아야 할 것인데, 지명채권이라고 하더라도 민법상 손해배상청구권이나 부당이득반환청구권[3]이 아닌 (어음)법이 특별히 인정하는 지명채권이라고 본다.[4]

(2) 잔존물설

이득상환청구권은 실질관계상 어음상의 권리와 연결되어 있고, 또 어음채무자가 실질관계상 취득한 이득이 아직도 남아 있다는 것을 전제로 하여 어음상의 권리의 소멸로 인한 실질관계상의 불균형을 시정하기 위하여 인정된 제도임을 감안한다면, 이것은 소멸한 어음상의 권리의 잔존물(Residium od. Überbleibsel)이라고 할 수 있고 이러한 의미에서 특별한 청구권이라고 본다. 이 견해는 우리나라에서는 소수설이나,[5] 독일에서는 통설이다.[6]

---

1) 서·정, 125면; 정(동), 195면; 최(기), 631면; 채, 347면; 강, (어) 213면 외.

2) 대판 1970. 3. 10, 69 다 1370(집 18 ① 민 192); 동 1972. 5. 9, 70 다 2994(판총 9-1, 1074-3) 외.

3) 박찬우, 전게 박사학위논문, 35면(민법상의 부당이득반환청구권의 특수한 유형으로 봄); 동, "이득상환청구권의 법적 성질,"「상사법연구」, 제20권 1호(2001), 100~101면; 日大判 1905. 11. 25(金判總〈下〉, 443)(부당이득반환청구권으로 파악함); Hueck/Canaris, S. 156 f.(민법상 부당이득반환청구권의 특수형태로 파악함).

4) 정(찬), 645~646면; 정찬형, 전게 석사학위논문, 32~35면.

5) 정(희), 286면.

6) Ulmer, S. 271 f.; Baumbach/Hefermehl, Art. 89 Rdn. 1 외.

또한 이득상환청구권을 어음상의 권리와 관련하여 파악하는 다른 견해로 변형물설이 있다. 이러한 변형물설에 의하면 이득상환청구권은 어음상의 권리와 비교하여 볼 때 모든 어음채무자에 대하여 청구할 수 있는 권리가 아니라 실질관계상 이익을 본 어음채무자에 대하여만 그 이득의 반환을 청구할 수 있게 되었다는 의미에서 어음상의 권리가 변형한 것이고, 어음상의 권리가 양적 또는 조건적으로 제한된 동질 내지 유사한 다른 권리로 변형하여 성립된 것이라고 한다.[1] 그러나 이러한 변형물설을 잔존물설과 비교하여 볼 때 그 표현만 다르지 그 내용은 본질적으로 잔존물설과 동일 또는 유사하게 볼 수 있으므로, 변형물설을 넓은 의미의 잔존물설에 포함시키는 것이 간명하다고 본다.

3. 당 사 자

(1) 권 리 자

1) 이득상환청구권자는「어음상의 권리가 절차의 흠결 또는 시효로 인하여 소멸할 당시의 정당한 어음소지인」이다. 이 때의 어음소지인은 어음상의 권리를 연속하는 배서에 의하여 취득하거나, 상속 등에 의하여 취득하거나, 배서인이 상환을 하고 어음을 환수하여 취득하는 자 등으로, 어음상의 권리가 소멸할 당시에 어음상의 권리를 행사할 수 있었던 자이다.

어음상의 권리의 소멸 당시에는 실질적인 어음상의 권리자가 그가 소지한 어음이 배서의 연속이 결여되어 형식적으로 어음상의 무권리자가 된 경우에는, 그러한 실질적 권리자는 자기가 실질적 권리자임을 증명하여 어음상의 권리를 행사할 수 있으므로(통설·판례) 이득상환청구권을 취득한다고 본다.[2]

또한 기한후배서에 의하여 어음상의 권리를 양수한 자도 어음상의 권리의 소멸 당시 어음을 소지하고 있으면 물론 이득상환청구권자이다(통설).[3]

---

1) 鈴木, 309~310면 및 311면 주 5; 鈴木·大隅, 講座(5), 131면 및 132면 주 5(잔존물설과 동일시함); 田中誠二·山村忠平·堀口亘(共編),「手形法コンメンタール」(東京: 勁草書房, 1971), 1095면(잔존물설과 구별함); 日大判 1931. 12. 1(基判 936); 日最高判 1967. 3. 31(金法 463, 31) 외.
    양승규, 전게법학, 101면 및 양·박, 602면은 기본적으로 지명채권설의 입장이면서「어음·수표상의 권리가 꼴바꿈을 한 특수한 권리로서의 지명채권에 속하는 것이다」고 설명한다. 그러나 양(승), (어) 202면은「이득상환청구권은 어음상의 권리의 변형이라 할 수 있으므로 어음상의 권리의 잔존물 내지는 변형물로 보는 것이 옳을 것이다」고 한다.

2) 동지: 주석, 511면; 이범찬, 전게 고시계, 31면; 최(기), 632면.
    반대: 박(원), 517면; 日大判 1930. 9. 17.

3) 정(찬), 646면; 정(희), 290면; 양·박, 709면; 양(승), (어) 206면; 주석, 511면 외.

입질배서($^{\text{어} 19조}_{1항 1호}$, 77조)의 피배서인은 어음상의 권리를 질권의 목적으로 취득하여 그에게 독립된 경제적 이익이 있으므로 이득상환청구권을 취득한다고 보고, 또한 숨은 추심위임배서의 피배서인은 신탁양도설에 의하면 어음상의 권리를 취득하므로 이득상환청구권을 취득한다고 본다.[1]

그러나 백지어음의 소지인이 백지보충권의 행사기간까지 백지보충권을 행사하지 않은 경우에는 어음상의 권리를 취득하지 못하므로, 동 어음이 시효기간의 경과 또는 절차의 흠결이 있더라도 동 어음의 소지인은 이득상환청구권을 취득하지 못한다(통설).[2]

2) 어음상의 권리가 소멸할 당시에 어음상의 권리를 행사할 수 없었던 자라도 이득상환청구권자로부터 동 권리를 양수한 자는 이득상환청구권을 행사할 수 있음은 물론이다. 이 때의 이득상환청구권의 양수는 상속·합병 등과 같은 포괄승계에 의하여 양수할 수도 있고, 이득상환청구권의 양도방법에 의하여 양수할 수도 있다. 이득상환청구권의 양도방법에 의한 양수는 동 권리의 법적 성질을 무엇으로 보느냐에 따라 다른데, 동 권리의 법적 성질을 지명채권으로 보면 지명채권의 양도방법에 따라서 양수하여야 하므로 채무자에 대한 대항요건($^{\text{통지}}_{\text{승낙}}$ 또는)을 갖추어야 한다(통설·판례). 그러나 이득상환청구권의 법적 성질을 어음상의 권리의 잔존물로 보는 설에 의하면 민법상 대항요건을 갖추지 않아도 어음의 양도방법만으로 이득상환청구권이 양도된다고 한다(소수설).[3]

(2) 의 무 자

1) 이득상환의무자는 어음의 경우는 (원인관계에서 이득을 얻고 있는) 발행인·배서인 및 인수인($^{\text{환어음에}}_{\text{한함}}$)이고, 수표의 경우는 (원인관계에서 이득을 얻고 있는) 발행인·배서인 및 지급보증인이다. 따라서 인수하지 않은 지급인이나 지급담당자가 이득상환의무자가 될 수 없음은 당연하다. 그런데 이득상환의무자의 어음보증인이나 참가인수인도 이득상환의무자가 절대로 될 수 없는지에 대하여는 의문이 있다. 이에 대하여 이러한 자는 이득상환의무자가 될 수 있다는 견해도 있으나,[4] 현행 어음법·

---

1) 동지: 주석, 511면(입질배서에 대하여); 서(정), 245면(숨은 추심위임배서에 대하여).

2) 정(찬), 646면; 정(동), 200면; 손(주), 154면; 서(정), 244면; 주석, 508면, 656면; 대판 1962. 12. 20, 62 다 680(교재, 판결례 [176]) 외.
   반대: 양승규, 전게법학, 102~103면; 양·박, 709면; 이범찬, "이득상환청구권," 「고시계」, 1970. 3, 32면; 이(범), 302면; 정찬형, 전게 석사학위논문, 42면은 이 입장이었으나 본문과 같이 견해를 바꾼다.

3) 정(희), 290면.

4) 鈴木·大隅, 講座(5), 139면; 日大阪地判 1970. 2. 20; Michaelis, *Wechselrecht*, 1932, Art. 83

수표법의 해석으로는 이득상환의무자가 될 수 없다고 본다(통설).[1]

2) 이득상환의무자는 보통 발행인(및 환어음의 경우는 인수인,)인데, 배서인이 이득상환의무자가 되는 경우는 보통의 양도배서에서는 발생하지 않고 형식적으로는 배서인이지만 실질적으로 발행인과 같은 지위에 있는 경우에 발생한다.[2] 즉, 예컨대 어음의 발행인이 배서인의 어음채무를 보증하는 의미로 어음을 발행하고 동 어음의 수취인 겸 배서인이 동 어음을 제3자에게 배서하여 대가를 취득한 경우에는, 발행인은 이익을 얻지 못하고 배서인이 이익을 얻었으므로 이득상환의무자는 발행인이 아니라 배서인이다.[3] 따라서 배서인이 보통의 양도배서에서 전자에게 지급한 대가와 배서에 의하여 후자로부터 받은 대가와의 차액은 이득상환청구권의 대상인 이득이 아니므로 그러한 배서인은 이득상환의무자가 아니다.

4. 발생요건

(1) 어음상의 권리가 유효하게 존재하고 있었을 것

어음소지인은 형식적으로나 실질적으로나 완전한 어음상의 권리를 취득하고 있었어야 한다. 따라서 불완전어음의 소지인이나, 미완성어음(백지어음)의 소지인은 이득상환청구권을 취득할 수 없다고 본다(통설[4]·판례[5]).

(2) 어음상의 권리가 절차의 흠결 또는 시효로 인하여 소멸하였을 것

어음상의 권리가 「절차의 흠결」 또는 「시효」 이외의 사유(예컨대, 채무의 면제·지급 등)로 인하여 소멸한 경우에는 이득상환청구권이 생기지 않는다. 「절차의 흠결」로 인하여 어음상의 권리가 소멸하는 경우란 상환청구(소구)권을 보전하기 위한 실질적 요건 및 형식적 요건을 흠결한 경우를 의미한다. 따라서 주채무자에 대하여는 절차의 흠결로 인하여 이득상환청구권이 발생하는 경우는 없다. 「시효」로 인하여 어음상의 권리가

Anm. 5.

1) 정(찬), 648면; 정(희), 291면; 양(승), (어) 207면; 정(동), 202면; 채, 353면; 주석, 511면 외.

2) 독일의 어음법은 배서인을 이득상환의무자로 규정하고 있지 않다(Art. 89).

3) 동지: 대판 2000. 5. 26, 2000 다 10376(공보 2000, 1518)(원인관계상의 채무를 담보하기 위하여 어음이 발행되거나 배서된 경우에는 어음채권이 시효로 소멸되었다고 하여도 발행인 또는 배서인에 대하여 이득상환청구권은 발생하지 않는다고 할 것인바, 이러한 이치는 그 원인관계상의 채권 또한 시효 등의 원인으로 소멸되고 그 시기가 어음채무의 소멸시기 이전이든지 이후이든지 관계 없이 마찬가지이다).

4) 정(찬), 649면; 정(동), 195면; 서(정), 244면; 이(기), 400면; 주석, 508면, 656면 외.
   반대: 양(승), 전계법학, 102~103면; 양(승), (어) 203면; 이(범), 302면; 채, 347면.

5) 대판 1962. 12. 20, 62 다 680(교재, 판결례 [160]).

소멸하는 경우란 각 어음채무자에 대한 어음상의 권리의 시효기간($^{어\ 70조·77조\ 1항}_{8호,\ 수\ 51조·58조}$)이
경과함을 의미한다. 어음상의 권리가 절차의 흠결 또는 시효로 인하여 소멸함에는
어음소지인의 과실유무를 불문한다.[1]

(3) 어음소지인은 다른 구제수단을 갖지 아니할 것

어음소지인은 다른 어음채무자에 대하여 어느 정도의 다른 구제수단을 갖지
않아야 하느냐에 대하여 다음과 같이 3개의 견해가 있다. (ⅰ) 첫째는 어음소지인이
모든 어음채무자에 대한 관계에서 어음상의 권리가 소멸되었음은 물론, 타(他)에 민
법상의 구제수단까지 갖지 아니하는 경우에 한하여 이득상환청구권이 발생한다는
견해가 있다.[2] 우리나라의 대법원은 일관하여 이 견해에서 판시하고 있다.[3] (ⅱ)
둘째는 어음소지인이 모든 어음채무자에 대한 관계에서 어음상의 권리가 소멸되면,
타에 민법상의 구제수단을 갖고 있더라도 이득상환청구권이 발생한다는 견해가 있
다.[4] (ⅲ) 셋째는 어음소지인이 이득상환청구를 하는 상대방에 대한 관계에서 어음
상의 권리가 소멸하기만 하면, 타에 민법상의 구제수단을 갖고 있음은 물론 다른
어음채무자에 대한 관계에서 어음상의 권리가 존재하는 경우에도 이득상환청구권이
발생한다는 견해가 있다.[5]

생각건대 첫째의 견해는 이득상환청구권이 어음상의 권리에 기초를 두고 있다
는 점을 너무 소홀히 하고 또 어음소지인(채권자)에게 너무 가혹하다는 점 등에서 타
당하지 않고, 셋째의 견해는 어음상의 권리가 소멸되기 전후에 있어서 어음소지인의
권리에 큰 차이가 없게 되어 (어음상의 권리가 소멸된 후에 비로소 발생하는 권리인) 이득
상환청구권의 인정취지에 어긋나며 또 어음소지인을 불필요하게 너무 과보호하는
점 등에서 타당하지 않다고 본다. 따라서 둘째의 견해가 가장 타당하다고 본다.[6]

---

1) 동지: 정(동), 196면; 양(승), (어) 204면.

2) 박(원), 515~516면; 이(철), (어) 193면.

3) 어음에 관한 판례로는 대판 1959. 9. 10, 4291 민상 717(교재, 판결례 [165])(이 판결은 이득상
    환청구권의 발생요건에 관한 리딩 케이스이다); 동 1963. 5. 15, 63 다 155(집 11 ① 민 320); 동
    1970. 3. 10, 69 다 1370(집 18 ① 민 192) 외. 수표에 관한 판례로는 대판 1962. 2. 15, 4294
    민상 1065(카드 7225); 동 1964. 12. 15, 64 다 1030(교재, 판결례 [175]); 동 1965. 4. 13, 64
    다 1112(카드 1819); 동 1965. 12. 28, 65 다 2163(카드 1515); 동 1965. 8. 31, 65 다 1447(카
    드 1796) 외.

4) 정(희), 289면; 정(동), 193면; 최(기), 638~639면; 김(용), 278면; 서(정), 247면; 이(기), 401
    면; 채, 350면; 강, (어) 220면. 동지: 日大判 1928. 1. 9(基判, 926); 同 1931. 11. 1(鈴木·大
    隅, 講座〈5〉, 151면 주 14).

5) 서·정, 127~128면; 손(주), 154~155면; 양·박, 708면; 양(승), (어) 205면; 이(범), 302면.

6) 정(찬), 651면; 정(찬), 전게 석사학위논문, 81~83면; 정(찬), (사례) 458면.

(4) 어음채무자가 이득하였을 것

1) 어음채무자의 이득이란 어음채무자가 어음채무를 면한 것을 의미하는 것이 아니라, 실질관계에서 현실로 발생한 재산상의 이익을 의미한다. 이러한 이익은 적극적으로 대가 또는 자금을 취득한 경우뿐만 아니라, 소극적으로 기존채무를 면한 경우 등을 포함한다. 판례에 나타난 것을 보면「은행발행의 자기앞수표의 경우에는 은행이 수표금액만큼 이득을 한 것으로 추정한다」고 하나,[1]「원인관계에 있는 채권의 지급을 위하여 약속어음을 발행한 경우에는 그 약속어음이 전전유통되어 최후의 어음소지인이 시효기간의 경과 등으로 어음상의 권리를 상실한 경우라도 발행인의 원인채무는 그대로 존속하는 것이므로, 발행인은 어음금액 상당의 이득을 얻고 있다고 할 수 없다」고 한다.[2] 어음채무자의 이러한 이득은 민법상 부당이득과는 달리 이득이 현존할 필요는 없고, 어음채무자가 일단 이득을 한 이상 그 후에 다른 사정에 의하여 그 이득을 상실하여도 무방하다(통설).[3]

2) 어음소지인의 손해는 요건이 아니다.[4] 따라서 어음소지인은 어음의 취득에 있어서 대가를 제공하지 않았거나 또는 기타의 손해를 입지 않아도 무방하다.[5]

5. 양 도

이득상환청구권의 양도에서는 동 권리의 법적 성질을 무엇으로 보느냐에 따라 다음과 같이 그 양도방법, 선의취득 및 담보이전 등이 달리 설명된다.

(1) 양도방법

1) 지명채권설(통설·판례)   이득상환청구권의 법적 성질을 지명채권으로 보는 견해에 의하면 동 권리의 양도방법도「지명채권의 양도방법」에 의하여야 한다고 한다. 따라서 이득상환청구권을 양도한 경우에는 별도의 채권양도의 대항요건인

---

1) 대판 1961. 7. 31, 4293 민상 841(교재, 판결례 [181]).

2) 대판 1993. 7. 13, 93 다 10897(공보 952, 2271). 동지: 대판 1992. 3. 31, 91 다 40443(공보 920, 1417); 동 1993. 3. 23, 92 다 50942(공보 944, 1274); 동 1993. 10. 22, 93 다 26991(공보 958, 3154).

3) 정(찬), 653면; 서·정, 129면; 양·박, 708면; 양(승), (어) 205면; 정(동), 198면; 최(기), 646면; 채, 352면; 주석, 510면 외.

4) 독일 어음법은 어음소지인의 손해를 요건으로 규정하고 있다(§89 ①). 그러나 이의 해석은「어음상의 권리가 소멸함으로 인하여 어음금지급의 기대를 상실하는 것」(추상적 손해설)으로 해석하기 때문에, 그 결과에 있어서는 우리의 경우와 같다[동지: 정(찬), 전게 석사학위논문, 123~124면; 정(동), 268면].

5) 동지: 朝高判 1933. 2. 3(판총 11-2, 1041).

채무자에 대한 통지 또는 채무자의 승낙이 있어야 채무자 및 기타 제3자에게 대항할 수 있다고 한다($\frac{민}{450조}$)(통설).[1] 또한 이 견해에서는 이득상환청구권의 양도에 증권의 교부를 요하지 않는다고 한다(불요설).[2] 따라서 이 견해에 의하면 어음상의 권리가 소멸되고 이득상환청구권이 발생한 후에 증권상에 한 배서($\frac{또는}{교부}$)는 어음상의 권리의 양도로서의 효력은 없으나 이득상환청구권의 양도의 합의가 있었던 것으로 인정할 수 있으므로, 당사자간에는 동 권리의 양도의 효력이 있으나 다만 채무자 기타 제3자에게 대항할 수 없을 뿐이라고 보아야 할 것이다.[3]

우리나라의 판례도 통설과 동지에서 이득상환청구권은 지명채권의 양도방법에 의하여 양도된다고 일관하여 판시하고 있다.[4] 그런데 후술하는 바와 같이 1976. 1. 13 이후의 대법원판례는 종래의 판례를 변경하여 은행발행의 자기앞수표에서 발생하는 이득상환청구권에 한하여 「수표의 양도방법」에 의하여 이득상환청구권이 양도된다고 판시하고 있다.[5]

2) 잔존물설(소수설)　　　이득상환청구권의 법적 성질을 잔존물로 보는 견해에 의하면 동 권리는 「어음(증권)의 교부」만으로 양도된다고 한다.[6] 이 견해는 이득상환청구권의 양도(및 행사)에 증권의 교부(소지)를 반드시 요하는 것으로 보기 때문에, 어음이 이미 양도인의 수중을 떠난 경우에는 양도인에 대한 채무이행은 있을 수 없다고 한다.[7]

(2) 선의취득

1) 지명채권설(통설·판례)　　　이득상환청구권의 법적 성질을 지명채권으로 보면, 지명채권은 선의취득이 될 수 없으므로 이득상환청구권의 선의취득은 있을 수 없다. 따라서 이득상환청구권의 양도인이 무권리자이면 양수인이 아무리 선의·

---

1) 정(찬), 653면; 이(범), 304면; 최(기), 651면; 양·박, 710면; 채, 354면 외.

2) 이(범), 304면; 최(기), 651면. 동지: 日大判 1930. 7. 4(金判總, 455)(소지인이 일단 이득상환청구권을 취득한 이상 그 후 동 어음의 소지를 상실하여도 이로 인하여 당연히 동 청구권을 상실하는 것이 아님은 물론, 동 청구권의 행사 또는 양도에 있어 어음의 소지를 요하여야 할 것이 아니다). 반대: 鈴木·大隅, 講座(5), 161면 및 162면 주 6.

3) 동지: 교재, 202면(판결례 [183]에 대한 평석) 및 같은면 주 1; 최(기), 651면.

4) 어음에 관한 판례로는 대판 1970. 3. 10, 69 다 1370(집 18 ① 민 192) 외. 수표에 관한 판례로는 대판 1959. 8. 27, 4291 민상 449(집 7 민 197) 외.

5) 대판 1976. 1. 13, 70 다 2462(집 24 ① 민 1) 외.

6) 정(희), 291면('어음의 양도방법'이 아니라 '어음의 교부'라고 한다).

7) 정(희) 292면. 동지: 양·박, 710면(지명채권설의 입장이면서 이득상환청구권의 양도에 증권의 교부를 요한다고 한다); 양(승), (어) 208면.

무중과실이라 하더라도 이득상환청구권을 선의취득하지 못하여, 양수인은 채무자에 대하여 이득상환청구권을 행사하지 못한다.[1]

2) 잔존물설(소수설)　　　이득상환청구권의 법적 성질을 어음상의 권리의 잔존물로 보면, 어음상의 권리와 같이 이득상환청구권은 선의취득의 대상이 될 수 있을 것이다. 따라서 잔존물설에 의하면 이득상환청구권을 무권리자인 양도인으로부터 선의·무중과실로 취득한 양수인은 이득상환청구권을 선의취득하여 동 권리를 행사할 수 있다고 볼 수 있을 것이다.

(3) 담보이전

1) 지명채권설(통설·판례)　　　이득상환청구권의 법적 성질을 지명채권으로 보면 어음상의 권리와 동 권리가 소멸된 후에 발생하는 이득상환청구권은 그 권리의 성질이 다르므로, 어음상의 권리를 위하여 존재하는 보증 또는 담보는 당사자간의 특약이 없는 한 이득상환청구권을 담보하지 않는다고 본다.[2] 따라서 이득상환청구권을 양수한 자는 특약이 없는 한 어음상의 권리를 위하여 존재하는 보증인에 대한 권리 및 물상담보권을 취득하지 못한다.

2) 잔존물설(소수설)　　　이득상환청구권의 법적 성질을 어음상의 권리의 잔존물로 보면 어음상의 권리와 이득상환청구권은 그 권리의 성질이 같으므로, 어음상의 권리를 위하여 존재하는 보증 또는 담보는 당사자간의 특약이 없더라도 이득상환청구권을 담보한다고 볼 수 있다. 따라서 이득상환청구권을 양수한 자는 특약이 없더라도 어음상의 권리를 위하여 존재하는 보증인에 대한 권리 및 물상담보권을 취득하게 된다.

6. 행 사

(1) 증권의 소지문제

이득상환청구권의 행사에 증권의 소지를 요하는가에 대하여 불요설과 필요설로 나뉘어 있다. 이것은 이득상환청구권의 법적 성질을 무엇으로 보느냐와 관련되는데, 동 권리를 지명채권으로 보는 견해에서는 불요설의 입장에서 설명하고(통설),[3] 동 권리를 어음상의 권리의 잔존물(또는 변형물)로 보는 견해에서는 필요설의 입장에서 설

---

1) 동지: 대판 1980. 5. 13, 80 다 537(교재, 판결례 [476]).

2) 서·정, 125면; 채, 346면.

3) 정(찬), 657면; 서돈각, "이득상환청구권과 증권의 소지,"「법정」, 1968. 1, 23면; 정(동), 203~204면; 이(범), 303면; 손(주), 163면; 최(기), 648~649면; 채, 353면 외.

명한다(소수설).[1] 지명채권설($\frac{즉}{물요설}$)에 의하면 어음상의 권리가 존속하는 동안 어음을 도난 등으로 인하여 상실한 자는 어음상의 권리가 절차의 흠결 또는 시효로 소멸하면 어음을 소지하고 있지 않아도($\frac{즉, 제권판결을}{받지 않아도}$) 이득상환청구권을 취득하고 또 동 권리를 행사할 수 있다. 그러나 어음상의 권리의 선의취득자가 있는 경우에는 어음상실자는 이에 대응하여 어음상의 권리를 잃게 되므로 이득상환청구권도 취득하지 못한다.

(2) 채무의 이행지

이득상환청구권을 지명채권으로 보면 민법의 일반원칙에 따라서 채권자의 현주소 또는 현영업소에서 지급해야 하는 지참채무($\frac{민}{2항}$467조)로 생각할 수 있다. 그러나 이렇게 되면 이득상환의무자는 이득상환청구권자가 누구인지 알 수 없는 경우가 발생하고 또 어음상의 채무를 이행하는 경우보다 더 불리한 지위에 있기 때문에, 지명채권설에서도 이득상환채무는 추심채무($\frac{민}{516조}$)라고 하는 점에 대하여 학설은 일치하고 있다.

(3) 증명책임

이득상환청구권자(원고)는 동 권리의 발생요건의 전부를 충족하였고 또 이득상환의무자가 어떠한 한도로 이득하였는가를 증명하여야 한다(통설[2]·판례[3]). 그러나 앞에서 본 바와 같이 은행발행의 자기앞수표에 대하여는 발행은행은 수표금액만큼 이득을 본 것으로 추정되므로 수표소지인(이득상환청구권자)은 발행인이 이득을 보았다는 점을 증명할 책임이 없다.[4]

(4) 채무자의 항변

이득상환의무자는 이득상환청구권자로부터 이득상환의 청구를 받는 경우에 어음채무자로서 어음소지인에게 대항할 수 있었던 모든 항변사유로써 이득상환청구권

---

1) 정(희), 293면; 양·박, 710면(지명채권설을 취하면서 필요설을 취함); 양(승), (어) 207면.

2) 정(찬), 657면; 정(희), 292~293면; 정(동), 202~203면; 최(기), 649면; 양·박, 709면; 양(승), (어) 207면; 이(범), 303면 외.

3) 대판 1994. 2. 25, 93 다 50147(공보 966, 1097)(어음채무자에게 어음법 제79조 소정의 '받은 이익'이 있음과 그 한도에 관하여는 어음소지인인 이득상환청구권자가 이를 주장 입증하여야 한다); 서울고판 1962. 12. 31, 62 다 167(판총 11-2, 1072). 동지: 日大判 1917. 7. 5(金判總, 454).

4) 대판 1961. 7. 31, 4293 민상 841(집 9 민 41); 동 1961. 12. 21, 4294 민상 324(집 9 민 130). 이 두 판결에서 원심은 증명책임을 원고에게 부과하고 피고의 이득에 관하여 하등의 증명이 없다고 원고패소판결을 하였으나, 대법원은 원고에게 증명책임이 없다는 점을 들어 원심을 파기환송하였다.

자에게 대항할 수 있다(통설).[1] 이는 이득상환청구권의 법적 성질에 대하여 잔존물설을 취하는 입장에서는 당연한 법리이나, 지명채권설을 취하는 입장에서도 이득상환의무자는 자기와 무관한 사유로 어음상의 권리가 소멸되었다는 이유로 종전보다 더 불리한 지위에 서야 하는 것이 아니므로 위와 같이 해석한다.

또한 이득상환청구권의 법적 성질을 지명채권으로 보면 동 권리가 양도되더라도 이득상환의무자의 이러한 항변은 절단되지 않으므로 모든 이득상환청구권자에게 대항할 수 있고,[2] 또 이득상환의무자는 이득상환청구권자에게 어음상의 권리가 소멸된 증권과 상환으로만 지급하겠다는 항변을 제출할 수 없다.[3]

7. 소　　멸

(1) 일반적 소멸원인

이득상환청구권의 법적 성질을 지명채권으로 보면 민법상 일반채권의 소멸원인과 동일한 원인으로 소멸한다. 즉, 이득상환청구권은 변제(지급)($\frac{민}{460조}$), 대물변제($\frac{민}{466조}$), 공탁($\frac{민}{487조}$), 상계($\frac{민}{492조}$), 경개($\frac{민}{500조}$), 면제($\frac{민}{506조}$), 혼동($\frac{민}{507조}$) 등으로 인하여 소멸한다.

그러나 잔존물설에 의하면 변제(지급) 및 공탁에 민법상의 규정이 적용되지 않고 어음법상의 규정이 (유추)적용될 수 있는지 여부, 대물변제가 가능한지 여부, 혼동으로 인하여 이득상환청구권이 소멸될 수 있는지 여부 등에 대하여 의문이 남게 된다.

(2) 소멸시효

이득상환청구권의 법적 성질을 어떻게 보느냐에 따라 시효기간에 관하여 견해가 나뉘어 있고,[4] 수표상의 권리를 어떻게 보느냐에 따라 수표의 이득상환청구권의 시효기간의 기산점(발생시기)이 달리 설명되고 있다.

1) 시효기간

(가) **지명채권설**(10년설)　　이득상환청구권의 법적 성질을 지명채권으로 보는 견해에서는 이득상환청구권의 시효기간은 민법상 일반채권의 시효기간($\frac{민}{1항}$162조)과

---

1) 정(찬), 658면; 정(희), 293면; 서·정, 127면; 정(동), 203면; 최(기), 650면 외.

2) 동지: 주석, 513면.

3) 동지: 日大阪高判 1954. 6. 17(基判 949).

4) 참고로 독일 어음법 제89조 1항 2문은 「어음상의 권리가 소멸한 때로부터 3년의 경과로 소멸시효가 완성한다」고 규정하고, 독일 수표법 제58조 2항은 「수표의 발행 후 1년의 경과로 소멸시효가 완성한다」고 규정하여, 시효기간과 기산점에 대하여 명문의 규정을 두고 있다.

같이 10년이라고 한다(통설[1]·판례[2]).

이득상환청구권의 법적 성질을 지명채권으로 보면서 동 청구권의 소멸시효기간을 동 권리를 발생시킨 어음상의 권리의 원인채권의 시효기간과 같게 보는 견해가 있다. 즉, 이 견해에 의하면 원인채권이 민사채권이면 이득상환청구권의 시효기간은 10년이고, 원인채권이 상사채권이면 이득상환청구권의 시효기간은 5년이라는 것이다.[3]

(내) 잔존물설(어음의 경우는 3년, 수표의 경우는 1년)　　이득상환청구권의 법적 성질을 어음상의 권리의 잔존물로 보는 견해에서는 어음에서 발생하는 이득상환청구권의 시효기간은 어음채권의 그것과 같이 3년이요, 수표에서 발생하는 이득상환청구권의 시효기간은 수표채권의 최장시효기간($\frac{수}{58조}$)과 같이 1년이라고 한다.[4]

2) 기 산 점　　이득상환청구권의 시효기간의 기산점은 어음상의 권리가 (절차의 흠결 또는 시효로 인하여) 소멸한 때($\frac{즉, 이득상환청구권이}{발생한 때}$)이다.[5]

(개) 어음의 경우는 절차의 흠결로 인하여 이득상환청구권이 발생한 때에는「지

---

1) 정(찬), 659면; 이(범), 303면; 정(동), 199면; 손(주), 161면; 서(정), 244면; 채, 346면; 강, 193면; 강, (어) 227면 외.

2) 대판 2016. 7. 27, 2016 다 203735(공보 2016, 1231)(갑 은행 직원인 을이 갑 은행에서 양도성 예금증서를 횡령하여 현금화한 다음 병 은행에 정 주식회사 명의의 계좌를 개설하여 횡령금 중 일부를 예금하였다가 그중 일부를 자기앞수표 발행자금으로 병 은행의 별단예금 계좌에 입금하여 자기앞수표를 교부받았는데, 갑 은행이 자기앞수표에 관한 피사취신고를 하여 병 은행이 발행자금에 대한 지급을 정지하였고, 그 후 자기앞수표의 지급제시기간이 경과하고 지급제시기간으로부터 10년이 경과하도록 자기앞수표상 권리나 이득상환청구권을 행사한 자가 없어 병 은행이 발행자금을 그대로 보유하고 있는 경우, 병 은행이 당초 발행자금을 취득한 데에 일반적·형식적으로 정당한 법률상 원인이 있었더라도 이후 병 은행이 갑 은행의 사고신고에 의해 발행자금의 출처가 횡령금이라는 사실을 알게 되었고, 나아가 이 사건 자기앞수표에 관한 이득상환청구권이 시효로 인하여 소멸함으로써 발행자금의 지급을 거절할 수 있는 상태가 되었으며 사실상 이를 지급할 가능성도 없게 된 이상, 발행의뢰인인 정 회사에 대한 관계에서는 발행자금을 취득할 때 존재하던 법률상 원인이 소멸하였다고 볼 수 없지만 손실자인 갑 은행에 대한 관계에서는 발행자금을 계속 보유하는 것이 상대적·실질적인 관점에서 부당하여 법률상 원인이 없으므로 갑 은행에 대한 관계에서 병 은행은 부당이득을 반환하여야 한다); 朝高判 1927. 5. 13(판총 11-2, 1041). 동지: 日大判 1912. 4. 17(基判 938); 同 1921. 2. 16(金法 491, 17).

3) 양·박, 710면(이득상환청구권의 법적 성질을 지명채권으로 보면서 동 권리의 시효기간에 대하여는 이와 같이 설명한다); 양(승), (어) 208면.
　　이 밖에 일본의 판례 중에는 이득상환청구권의 소멸시효기간을 상사채권의 시효기간(상 64조)에 준하여 5년으로 보는 견해도 있으나[日最高判 1967. 3. 31(金法 473, 31)], 우리나라에서는 이러한 견해를 취하는 분은 없다.

4) 정(희), 289~290면.

5) 참고로 독일 어음법 제89조 1항 2문은 어음의 경우 이득상환청구권의 기산점을「어음상의 권리가 소멸한 때」로 규정하고, 독일 수표법 제58조 2항은 수표의 경우 이득상환청구권의 기산점을「수표를 발행한 때」로 규정하고 있다.

급제시기간의 다음 날」이고, 시효로 인하여 이득상환청구권이 발생한 때에는 어음 상의 권리의 「시효기간의 다음 날」이다.[1] 따라서 어음의 경우 이러한 점은 비교적 명확하게 나타나므로, 이에 관하여는 거의 문제가 되지 않는다.

(내) 수표의 경우에는 수표상의 권리를 어떻게 보느냐에 따라 이득상환청구권의 발생시점이 달라진다. 즉, 해제조건설(통설 · 판례)에서는 「지급제시기간의 다음 날」 에 발생하나,[2] 정지조건설(소수설)에서는 「지급위탁을 취소한 날 또는 지급을 거절 한 날의 다음 날」에 발생한다[3](이에 관하여는 뒤에서 상세히 설명함). 따라서 이득상환청구권의 시효기간 의 기산점도 이 때이다.

8. 수표의 이득상환청구권의 특징

수표에서 발생하는 이득상환청구권이 어음의 경우와 다른 특징은 이득상환청 구권의 발생시기와 은행발행의 자기앞수표의 이득상환청구권에 있다.

(1) 수표의 이득상환청구권의 발생시기

수표의 이득상환청구권은 「수표에서 생긴 권리」(수표상의 권리)가 소멸한 때에 발생하 는데(수 63조), 수표상의 권리를 어떻게 보느냐에 따라 수표상의 권리의 소멸시기가 달 라지고 또한 수표의 이득상환청구권의 발생시기가 달라진다. 따라서 이하에서는 수 표상의 권리의 의의를 먼저 살펴본 후에, 수표의 이득상환청구권의 발생시기에 대 하여 설명하겠다.

1) 「수표상의 권리」의 의의   수표는 어음과는 달라 주채무자가 없고,[4] 수 표에 지급보증인이 있는 경우에도 지급보증인은 어음의 주채무자와는 달리 지급제 시기간 내에 지급제시가 있었음을 조건으로 지급채무를 부담한다. 따라서 수표소지 인은 지급제시기간 내에는 상환청구(소구)권(지급보증인이 있는 때에는 지급 보증인에 대한 지급청구권을 포함)만을 갖게 된다. 또한 수표소지인은 지급제시기간 경과 후에도 지급위탁의 취소가 없는 때에는 지급 인으로부터 지급받을 수 있는데[5](수표금수령권한)(수 32조 2항), 이 권한이 수표상의 권리에

---

1) 정(찬), 660~661면; 정(찬), (사례) 459~460면.
   동지: 최(기), 653면.
2) 정(찬), 661면; 정(희), 289면; 정(동), 198~199면; 대판 1972. 5. 9, 70 다 2994(교재, 판결례 [489])(수표소지인이 제시기간 내에 제시를 하지 아니한 때에는 전자에 대한 소구권을 상실하고 소지인은 이득상환청구를 할 수 있을 뿐이다) 외 다수판례.
3) 양(승), (어) 210면; 동, 전계법학, 101면 이하.
4) 약속어음의 경우는 발행인, 환어음의 경우는 인수인이 주채무자이다.
5) 이 점이 환어음과 구별되고 있다. 즉, 환어음에서 지급인은 지급제시기간 경과 후에는 발행인의 계산으로 지급할 수 없다.

포함되는지 여부에 대하여는 긍정설(소수설)[1]과 부정설(통설[2]·판례[3])로 나뉘어 있다.

생각건대 「수표금수령권한」은 지급하면 받는 권한뿐이고 소구(訴求)할 수 있는 권리가 아니므로 「수표상의 권리」로 볼 수는 없다. 또 수표금수령권한은 제시기간 후에만 발생하는 것이 아니라 제시기간 전에도 존재하는 것인데, 만일 동 권한을 권리로 인정하면 제시기간 전에는 두 개의 수표상의 권리가 존재하게 되거나, 또는 두 개를 수표상의 권리의 한 개념에 포함시키면 제시기간 전후에 수표상의 권리의 개념에 차이가 있게 되어 모순된다. 또 수표법 제63조는 수표상의 권리의 개념에 수표금수령권한까지 포함시켜 그것이 소멸하는 경우까지를 예정하고 있다고 볼 수 없다. 따라서 수표상의 권리는 「상환청구(소구)권」(지급보증인이 있는 경우에는 지급보증인에 대한 지급청구권을 포함)만을 의미하는 것으로 보아야 할 것이다.[4]

2) 수표의 이득상환청구권의 발생시기   수표상의 권리를 상환청구(소구)권뿐만 아니라 수표금수령권한도 포함시키는 견해(소수설)에 의하면, 수표법 제63조의 「수표에서 생긴 권리가 … 소멸한 때」란 수표의 지급제시기간이 경과함으로써 수표상의 권리가 당연히 소멸하는 것이 아니라, 수표소지인의 지급제시에 대하여 「지급거절」이 있거나 또는 제시기간이 지난 후에 발행인이 「지급위탁을 취소」한 때에 비로소 수표상의 권리가 소멸한다고 해석하고 이 때에 이득상환청구권이 발생한다고 설명한다(정지조건설).[5]

그러나 수표상의 권리를 상환청구(소구)권만으로 보는 견해(통설·판례)에 의하면, 수표상의 권리는 지급제시기간이 경과하면 확정적으로 소멸하는 것이고, 따라서 이득상환청구권의 발생요건으로서의 이득의 유무도 「지급제시기간 경과시」를 기준으로 하여 그 때에 이득이 있으면 이득상환청구권이 발생하나, 그 후 지급위탁의 취소가 없었기 때문에 지급인에 의한 유효한 지급이 이루어진 때에는 발행인의 이득은 그 때 소멸하여 일단 발생한 발행인의 이득상환의무도 소멸한다고 설명한다(해제조건설).[6]

---

1) 양(승), (어) 209면; 동, "제시기간경과후의 수표의 양도의 효력," 법률신문, 제1143호(1976. 2. 9), 8면; 동, "제시기간경과후의 수표의 양도의 효력," 「법정」, 1976. 7, 31~32면.
2) 정(동), 198~199면; 채, 347~348면 외.
3) 대판 1960. 6. 9, 4292 민상 758(집 8 민 76~77) 외.
4) 정(찬), 662면.
   동지: 정희철, "제시기간경과후의 수표거래의 실정," 법률신문, 제1173호(1976. 9. 27), 8면; 정(동), 269면; 채, 347~348면 외.
5) 양(승), (어) 210면; 동, 전게 법학, 105면; 동, 전게 신문, 8면; 동, 전게 법정, 33면.
6) 정(희), 289면; 정(동), 198~199면; 채, 348면 외.

생각건대 수표상의 권리를 「상환청구(소구)권」만으로 보는 점에서 해제조건설에 찬성한다.[1] 따라서 수표의 지급제시기간의 경과로 수표상의 권리(상환청구〈소구〉권)는 확정적으로 소멸하고 이득상환청구권이 발생하는데, 이는 지급제시기간의 경과 후 수표소지인이 수표법 제32조 2항에 의하여 수표금수령권한을 취득하는 것과 별개의 문제이다. 그러므로 수표소지인이 동 권한에 의하여 지급제시기간 경과 후 수표금을 지급받으면 수표채무자의 이득은 소멸하게 되어, 일단 발생한 이득상환청구권은 소멸하게 된다. 또한 수표법 제24조 1항 후단의 기한후배서의 효력은 수표금수령권한에만 그 효력이 있다고 보기 때문에, 이득상환청구권의 양도에 동 규정을 근거로 삼을 수는 없다고 본다.[2]

(2) 자기앞수표의 이득상환청구권

1) **증명책임의 전환**   앞에서 본 바와 같이 자기앞수표의 발행은행은 수표금액만큼 이득을 한 것으로 추정되고 있으므로,[3] 자기앞수표의 소지인은 발행은행의 이득을 증명하지 않더라도 발행은행에 대하여 이득상환청구권을 행사할 수 있다.

2) **양도방법**   우리나라의 대법원판례는 1976. 1. 13의 전원합의체판결에서 종래의 판례를 변경하여 은행발행의 자기앞수표에서 발생하는 이득상환청구권은 수표의 양도방법에 의하여 양도될 수 있다고 판시하고 있다.[4] 즉, 「은행 기타 금융기관이 발행한 자기앞수표는 거래의 실정에 비추어 볼 때 수표소지인이 수표법상의 보전절차를 취함이 없이 제시기간을 도과하여 수표상의 권리가 소멸된 수표를 양도하는 행위는, 수표금액의 지급수령권한과 아울러 특별한 사정이 없으면 수표상의 권리의 소멸로 인해서 소지인에게 발생한 이득상환청구권까지도 이를 양도하는 동시에 그에 수반해서 이득을 한 발행인인 은행에 대하여 소지인을 대신해서 그 양도에 관한 통지를 할 수 있는 권능을 부여하는 것이다」고 판시하고 있다.[5] 따라서 이

동지: 대판 1960. 6. 9, 4292 민상 758(집 8 민 76); 동 1964. 7. 14, 64 다 63(집 12 ② 민 23); 동 1964. 12. 15, 64 다 1030(교재, 판결례 [175]) 외.

1) 정(찬), 663~664면; 정찬형, 전게 석사학위논문, 183~184면.

2) 정(찬), 664면.
   동지: 정(희), 전게 법률신문, 8면.

3) 대판 1961. 7. 31, 4293 민상 841(교재, 판결례 [181]).

4) 판례는 이득상환청구권의 법적 성질을 지명채권으로 보므로, 은행발행의 자기앞수표에서 발생하는 이득상환청구권은 동 수표의 양도방법에 의하여 양도되는데 이에 의하여 지명채권양도의 대항요건인 「통지권능」도 함께 이전된다고 설명한다. 즉, 은행발행의 자기앞수표에서 발생하는 이득상환청구권의 양도방법을 수표의 양도방법과 지명채권양도방법의 입장에서 다시 이론구성하고 있다.

5) 대판 1976. 1. 13, 70 다 2462(집 24 ① 민 1).

러한 대법원판례에 의하면 자기앞수표에서 발생한 이득상환청구권의 양도방법과 어음 및 자기앞수표 이외의 수표에서 발생한 이득상환청구권의 양도방법이 다르게 되어, 이득상환청구권의 양도방법이 2원화되어 있다.

생각건대 우리나라의 대법원이 (은행발행의) 자기앞수표에 대하여 「지급인의 소지인에 대한 법률상 당연한 지급의무 없음에 관한 법리는 (은행발행의) 자기앞수표에도 동일하다」고 하면서,[1] 이득상환청구권의 양도에 관해서는 일반수표와 은행발행의 자기앞수표를 구별하여 다루고 있는 것은 아무래도 논리의 일관성을 결여하고 있다고 본다. 또 은행발행의 자기앞수표에서 발생한 이득상환청구권의 양도는 수표상의 권리의 양도방법과 같다는(적어도 결과 적으로는) 근거를 「거래의 실정」과 「당사자의 의사해석」에서 찾고 있는데 이러한 근거도 충분한 설득력이 없고, 또한 (이득상환청구권의 법적 성질을 지명채권으로 보는 전제 하에서) 자기앞수표의 발행인에 대한 동 수표의 양도인의 통지권능이 언제·어떻게 동 수표에 화체(化體)되어 동 수표의 양수인(이득상환청구권자)이 통지권능을 갖게 된다는 점도 논리적으로 많은 문제가 있다는 점 등에서, 은행발행의 자기앞수표에 대하여 일반수표와 구별하여 그의 이득상환청구권의 양도방법에 차이를 두는 변경된 판례의 입장에는 찬성할 수 없다.[2]

그런데 우리 대법원판례에서도 자기앞수표의 교부로 이득상환청구권을 양도하고 양도통지 권능을 부여하였다고 볼 수 있는 경우에도 이를 채무자 이외의 제 3 자에게 대항하기 위하여는 민법 제450조 제 2 항에 의하여 확정일자 있는 증서에 의한 통지나 승낙을 요한다고 한다.[3]

1) 대판 1959. 11. 26, 4292 민상 359(집 7 민 322).

2) 이에 관한 상세는 정찬형, 전게 석사학위논문, 204~212면; 동, "어음·수표법상의 판례·학설 및 과제," 「상사법의 과제와 전망」(상사법연구 제10집), 1992, 290~291면.

3) 대판 2023. 11. 30, 2019 다 203286(공보 2024, 85)(수표상의 권리가 절차의 흠결로 인하여 또는 소멸시효의 완성으로 말미암아 소멸될 당시 수표의 정당한 소지인으로서 그 수표상의 권리를 행사할 수 있었던 사람은 수표법 제63조에 따라 발행인 등에 대하여 그가 받은 이익의 한도에서 상환을 구할 수 있다. 이러한 이득상환청구권은 법률의 직접 규정에 의하여 수표의 효력 소멸 당시 정당한 소지인에게 부여된 지명채권에 속하고, 이러한 법리는 그 수표가 은행 등이 자신을 지급인으로 하여 발행한 자기앞수표〈수표법 제 6 조 제 3 항〉의 경우에도 마찬가지이다. 따라서 자기앞수표의 정당한 소지인이 수표법상의 보전절차를 취하지 않고 지급제시기간을 경과하여 수표상의 권리가 소멸됨으로써 수표법 제63조에 따라 취득하게 되는 이득상환청구권〈이하 '자기앞수표의 이득상환청구권'이라고 한다〉 역시 지명채권에 해당한다. 이때 지급제시기간이 경과한 자기앞수표는 이득상환청구권이 화체된 유가증권이 아니라 그 소지자가 이득상환청구권을 취득 또는 양수하였다는 점을 유력하게 뒷받침하는 증거증권으로서의 의미를 갖는다. 그러므로 자기앞수표를 소지하지 않은 상태에서 자기앞수표의 이득상환청구권을 행사하고자 하는 사람은 다른 증거에 의하여 자신이 이득상환청구권자임을 증명하여 이득상환청구권을 행사할 수 있다. 구 국세징수법〈2020. 12. 29. 법률 제17758호로 전부 개정되기 전의 것, 이하 '구 국세징수법'이라고 한다〉에서 정한 체납

제4 어음의 말소·훼손·상실

1. 어음의 말소

(1) 의 의

어음의 말소(Ausstreichen)라 함은 「어음의 기명날인 또는 서명 및 기타의 기재사항을 도말(塗抹)·삭제·첨부 등의 방법에 의하여 제거하는 것」을 말한다. 이러한 말소에 의하여 어음이라고 인정할 수 없게 된 경우에는 어음의 상실(멸실)이 되고, 권한이 없는 자가 한 말소는 변조가 된다.

(2) 효 력

1) 말소 전에 기명날인 또는 서명한 자의 어음상의 책임   말소에 의하여 어음요건이 흠결된 경우에는 어음의 요식성과 관련하여 볼 때 말소 전에 기명날인 또는 서명한 자도 어음상의 책임을 면하는 것 같으나, 어음의 요식성은 어음상의 권리의 성립시에 필요한 것이지 그 존속을 위하여 반드시 필요한 것이 아니므로 일단 유효하게 성립한 어음채무자의 어음상의 책임은 어음의 말소에 의하여 소멸되지 않는다고 본다(통설).[1] 이것은 어음

처분절차에 따라 유가증권을 압류하기 위해서는 세무공무원이 이를 점유하여야 하지만〈제38조〉, 채권을 압류할 때에는 세무서장이 그 뜻을 해당 채권의 채무자에게 통지하여야 하고〈제41조 제1항〉, 그러한 통지를 한 때에 체납액을 한도로 하여 체납자인 채권자를 대위한다〈제41조 제2항〉. 이러한 구 국세징수법 제41조에 의한 채권압류의 효력은 피압류채권의 채권자와 채무자에 대하여 그 채권에 관한 변제·추심 등 일체의 처분행위를 금지하고 체납자를 대신하여 추심할 수 있게 하는 것이므로, 제3채무자는 피압류채권에 관하여 체납자에게는 변제할 수 없고, 압류채권자에게만 이행할 수 있을 뿐이다. 그렇다면 세무서장은 구 국세징수법 제41조 제1항에 따라 자기앞수표를 발행한 은행 등에 체납처분에 의하여 압류한다는 뜻을 통지하는 방식으로 자기앞수표의 이득상환청구권을 압류할 수 있고, 같은 법 제38조에 따라 세무공무원이 그 자기앞수표를 점유하는 방식으로 압류해야 한다고 볼 것은 아니다. 다만 추심권을 행사하는 압류채권자로서는 체납자가 보유한 자기앞수표의 이득상환청구권을 증명하여야 한다. 자기앞수표의 정당한 소지인이 수표법상의 보전절차를 취하지 않고 지급제시기간을 경과하여 수표상의 권리가 소멸된 자기앞수표를 교부하는 경우, 특별한 사정이 없으면 자기앞수표의 이득상환청구권을 양도함과 동시에 그에 수반하여 이득을 얻은 발행인인 은행 등에 대하여 소지인을 대신해서 그 양도에 관한 통지를 할 수 있는 권능을 부여하는 것으로 볼 수 있다. 이는 자기앞수표의 이득상환청구권이 지명채권에 해당하고 그 양도에 대하여는 민법 제450조에서 정한 대항요건을 갖출 것을 전제로 한 것으로서 자기앞수표의 교부로 이득상환청구권을 양도하고 양도통지 권능을 부여하였다고 볼 수 있는 경우에도, 자기앞수표 교부 사실 자체만으로는 당연히 민법 제450조 제2항에서 정한 채무자 이외의 제3자에 대한 대항요건이 갖추어졌다고 볼 수 없고, 그러한 대항요건을 갖출 필요가 없다고 인정되는 것도 아니다. 따라서 자기앞수표의 이득상환청구권 역시 일반 지명채권과 마찬가지로 그 양도에 관하여 양도통지 또는 채무자의 승낙이 확정일자 있는 증서에 의하여 이루어지지 않는 이상, 채무자인 자기앞수표 발행 은행 등은 이득상환청구권의 양도·그에 기한 채무의 변제라는 사정을 들어 양도인의 위 채권에 대한 압류채권자 등 양수인의 지위와 양립할 수 없는 법률상 지위를 취득한 사람에게 대항할 수 없다).

1) 정(찬), 666면; 정(희), 282면; 서·정, 120면; 정(동), 206면; 손(주), 145면; 최(기), 624면;

변조의 경우($\substack{말소할\ 권한이\ 없는\\자가\ 말소한\ 경우}$)에 변조 전의 기명날인자 또는 서명자는 변조 전의 문언에 따라 어음상의 책임을 부담하는 점($\substack{어\ 69조·77조\\1항\ 7호,\ 수\ 50조}$)과 같다고 본다.

어음법은 권한이 없는 자가 말소한 경우(변조)에 대하여만 규정하고 있는데, 권한이 있는 자가 말소한 경우(변경)에도 말소 전에 기명날인 또는 서명한 자의 어음상의 책임은 동일하게 보아야 할 것이다. 그런데 권한이 있는 자가 말소하는 경우 말소 전에 기명날인 또는 서명한 자의 어음상의 책임이 실제로 문제되는 경우는 거의 없다.

2) 말소 후에 기명날인 또는 서명한 자의 어음상의 책임   권한이 있는 자의 말소이든 권한이 없는 자의 말소이든 어음문언이 말소된 후의 어음에 기명날인 또는 서명한 자는 말소 후의 어음문언에 따라 어음상의 책임을 부담한다. 어음법은 권한이 없는 자의 말소(변조)에 대하여만 규정하고 있는데($\substack{어\ 69조·77조\\1항\ 7호,\ 수\ 50조}$), 권한이 있는 자의 말소(변경)의 경우에도 같다.

말소에 의하여 어음요건이 흠결된 경우에는 말소 후의 어음에 기명날인 또는 서명한 자는 어음상의 책임을 부담하지 않는다.

3) 말소한 자의 권리·의무   어음소지인(권리자)이 고의로 어음요건을 말소한 경우에는 그것에 의하여 어음채무의 면제 또는 어음상의 권리의 포기가 있었다고 볼 수 있으므로, 어음소지인의 어음상의 권리는 소멸한다고 볼 수 있다.[1]

말소한 자가 어음상에 기명날인 또는 서명을 한 경우에는 말소 후의 어음문언에 따라서 어음상의 책임을 부담한다. 말소한 자가 어음상에 기명날인 또는 서명을 하지 않은 경우에는 어음의 문언증권성과 관련하여 원칙적으로 어음상의 책임을 부담하지 않는다. 그러나 권한 없이 어음문언을 말소하면서 어음상에 기명날인 또는 서명을 하지 않은 자(변조자)의 어음상의 책임에 대하여는 위조자의 어음상의 책임과 같이 긍정설(소수설)과 부정설(통설)로 나뉘어 있는데, 어음법 제8조를 유추적용하고 또 변조를 방지하기 위하여 어음상의 책임을 인정하는 긍정설이 타당하다고 본다.[2]

(3) 배서의 말소

어음법은 배서의 말소에 대하여는 일정한 경우에 명문의 규정을 두고 있는데 ($\substack{어\ 16조\ 1항·77조\ 1항\ 1호,\ 어\ 19조,\ 어\\50조\ 2항·77조\ 1항\ 4호,\ 수\ 46조\ 2항}$), 이러한 배서의 말소에는 다음과 같은 문제가 있다.

1) 배서의 말소와 배서의 연속   말소된 배서는 배서의 연속에 관하여는 이를 기재하지 아니한 것으로 본다($\substack{어\ 16조\ 1항\ 3문·77조\\1항\ 1호,\ 수\ 19조\ 3문}$). 이것은 권한이 있는 자의 말소이든 권한이 없는 자의 말소이든 불문하고, 말소한 자의 과실유무를 불문하며, 거절증서작성기간 경과 전후를 불문한다.[3] 따라서 이와 같이 말소된 배서에 의하여는 배서가 연속되기도 하고

양·박, 704면; 양(승), (어) 197면; 김(용), 226면 외.

1) 동지: 서·정, 121면; B. E. A. §63.

2) 정(찬), 667면; 정(찬), (사례) 117면.

중단되기도 한다.

2) **피배서인의 말소**   기명식배서에서 피배서인의 명칭만을 말소한 경우에, 이의 효과에 대하여는 전부말소설(다수설)[1]과 백지식배서설(소수설)[2]로 나뉘어 있는데, 백지식배서설이 타당한 점은[3] 이미 앞에서 본 바와 같다.

3) **어음을 환수한 배서인의 배서말소권**   어음을 환배서에 의하여 환수한 배서인은 자기와 후자의 배서를 말소할 권리를 갖는데(어 50조 2항·77조 1항 4호, 수 46조 2항), 이것은 자기의 배서가 남용되어 이중지급이 강요되는 것을 방지하기 위하여 어음법에 의하여 특별히 주어진 권리이다.[4]

4) **환배서에 갈음하는 배서의 말소(소극적 배서)**   어음소지인이 어음에 환배서를 하여 어음상의 권리를 양도하는 대신에 종전에 배서인이었던 자의 배서와 그 후의 배서를 말소하여 그 자에게 단순히 어음을 교부함으로써 어음상의 권리를 양도하는 방법이 있는데, 이러한 방법에 의한 어음상의 권리의 양도는 어음법에 규정되어 있지는 않으나 당사자에게 편리하고 또 제 3 자에게 손해를 주는 것도 아니므로 그 유효성이 인정된다(통설).[5] 이 경우의 배서의 말소를 권리이전적 효력이 있는 배서와 동일하게 볼 수는 없고, 실질과 형식을 일치시키는 단순한 개성이 없는 행위라고 볼 수 있다.[6]

2. 어음의 훼손

(1) 의   의

어음의 훼손(Abreißung)이라 함은 「절단·마멸 기타의 방법에 의하여 어음증권의 일부에 물리적 파손을 일으키는 것」을 말한다. 어음의 훼손도 그로 인하여 어음이라고 인정할 수 없게 된 경우에는 어음의 상실(멸실)이 된다.

(2) 효   력

어음의 훼손이 어음상의 기명날인자 또는 서명자에 대하여 미치는 영향은 어음의 말소의 경우와 같다.

---

3) 정(찬), 667면.
　동지: 정(희), 283면; 정(동), 206~207면; 대판 1964. 5. 12, 63 다 55(집 12 ① 민 67)(거절증서작성기간 전후를 불문함).

1) 정(희), 283면; 정(동), 207면 외.

2) 주어, 252면; 최(기), 418면.

3) 정(찬), 667~668면, 580면; 정(찬), (사례) 308면.

4) 동지: 정(희), 565면; 정(동), 207면.

5) 정(찬), 668면; 정(희), 283면; 서·정, 121면; 정(동), 207면; 손(주), 145~146면; 채, 337면 외.
　동지: 日大判 1933. 11. 20(民集 12-24, 2718).

6) 동지: 정(희), 284면.

3. 어음의 상실

(1) 의   의

어음의 상실이라 함은 절대적 상실($^{물리적}_{멸실}$), 상대적 상실($^{분실}_{도난·등}$) 및 어음의 동일성을 해할 정도의 말소·훼손 등을 포함하는 개념이다. 어음은 권리를 표창하는 수단이지 권리 그 자체는 아니므로, 어음을 상실하더라도 권리 그 자체를 상실하는 것은 아니다.[1] 그러나 어음상의 권리자는 어음을 상실함으로써 어음상의 권리를 행사할 수 없게 되는 동시에 ($^{제시증권성·}_{상환증권성}$), 그 어음이 선의의 제3자에게 취득되어 어음상의 권리를 상실할 우려가 있게 된다. 그러므로 법은 이를 구제하는 수단으로서 공시최고에 의한 제권판결의 제도를 인정하고 있다[2]($^{민소 475조}_{이하}$).

(2) 공시최고절차

1) 공시최고의 의의　　공시최고라 함은「불특정 또는 행방불명된 상대방에 대하여 일정한 기간 내에 신고를 하지 않으면 실권한다고 경고를 하면서 그 권리의 신고를 최고하는 법원의 공고」를 말한다[3]($^{민소}_{495조}$). 공시최고는 민법상 실종선고 등을 하기 위하여도 필요한 것이지만($^{민}_{27조}$), 어음의 분실 등에 하는 공시최고는 특정한 어음이 상실된 것이고 소정의 기간 내에 이해관계인이 신고하지 않으면 그 증권을 무효로 한다는 공고이다.

2) 대   상　　도난·분실 또는 멸실된 증권($^{민}_{521조}$), 상법에 무효로 할 수 있음을 규정한 증서($^{민소 492조}_{1항, 상 360조}$), 또는 기타 법률상 공시최고를 허(許)하는 다른 증서이다($^{민소}_{492조 2항}$). 따라서 증권을 사취(詐取)당한 경우,[4] 자기의 잘못으로 편취(取)당한 경우,[5] 또는 횡령당한 경우[6]에는 공시최고의 대상이 되지 않는다. 또한 증권의 소지를 상실한 자라도 그

---

1) 그러나 권리자가 고의로 어음을 멸각한 때에는 권리의 포기 또는 채무의 면제가 있었다고 할 수 있으므로 어음상의 권리는 소멸한다[동지: 서·정, 122면].

2) 영미에서는 증권의 상실자에게 손실보상금 또는 보증금을 제공시키고 권리를 행사할 수 있도록 한다[U. C. C. § 3-309; B. E. A. §§ 69~70]. 이러한 영미법 및 국제환어음 및 국제약속어음에 관한 UN 협약상의 규정을 간단히 소개하고 입법론상 우리도 이에 관하여 어음법에서 규정하여야 한다는 견해로는 정찬형, "어음상실자의 구제조치와 어음발행인의 사고신고담보금,"「현대법학의 이론」(우제이명구박사화갑기념논문집⟨Ⅲ⟩)(고시연구사, 1996), 437~440면, 463~464면; 동, "어음(수표)을 상실한 어음소지인의 구제조치,"「법정고시」, 1996. 4, 11~15면 참조.

3) 민소 495조: 공시최고에는 공시최고기일까지 권리 또는 청구의 신고를 할 것과 증서를 제출할 것을 최고하고, 이를 게을리하면 실권으로 증서무효의 선고가 있을 것을 경고하여야 한다.

4) 대판 1974. 4. 9, 73 다 1630(교재, 판결례 [119]); 동 1991. 2. 26, 90 다 17620(공보 894, 1080).

5) 대판 1989. 6. 13, 88 다카 7962(공보 853, 1057); 서울민사지판 1990. 6. 14, 89 가합 18042 (신문 1952, 11)(따라서 이러한 자는 증권이 무효로 됨으로 인하여 증권소지인이 입은 손해에 대하여 불법행위로 인한 손해배상책임을 져야 한다고 함).

6) 대판 2016. 10. 27, 2016 다 235091(공보 2016, 1801)(증권이나 증서의 무효선언을 위한 공시최고의 신청권자는 증권 또는 증서를 도난당하거나 증서를 분실·멸실한 사람이므로⟨민법 제521조, 민사소송법 제492조 제1항⟩, 증서를 횡령당한 경우에는 공시최고를 신청할 수 없다).

가 증권의 현 소지인을 알고 있는 경우에는, 그에게 증권의 반환을 청구하여야 하고 이에 대한 공시최고는 허용되지 않는다.[1] 그러므로 법률상 공시최고가 허가되지 않는 경우이거나 또는 사위(詐僞)나 부정한 방법에 제권판결을 받은 경우[2]에는 그 제권판결에 대한 불복의 소를 제기하여 그 제권판결을 취소할 수 있다($^{민소\ 490조}_{2항\ 1호·7호}$).

3) 신청권자　무기명증권 또는 배서로 이전할 수 있거나 약식배서가 있는 경우에는「최종소지인」, 기타 증서에 관하여는 그 증서에 의하여「권리를 주장할 수 있는 자」이다($^{민소}_{493조}$). 우리 대법원은「약속어음의 발행인도 그 어음상의 채무를 면하기 위하여 어음의 도난·분실 등을 이유로 공시최고의 신청을 할 수 있다」고 판시하고 있다.[3]

4) 신청장소　증권에 표시된 이행지(지급지)의 지방법원이 전속관할이다 ($^{민소\ 476조}_{2항\ 본문·3항}$).

5) 신청절차　일정한 소명절차를 거쳐($^{민소}_{494조}$)[4] 공시최고의 신청을 하는데, 이 신청에는 신청의 원인과 제권판결을 구하는 취지를 명시하여 서면으로 하여야 한다($^{민소\ 477조}_{1항·\ 2항}$).

6) 결　정　공시최고법원은「결정」으로 허부(許否)에 대한 재판을 하고

---

1) 대판 1995. 2. 3, 93 다 52334(공보 987, 1144)(따라서 이러한 자가 공시최고를 신청하여 제권판결을 얻었다면 증권의 정당한 소지인에게 불법행위로 인한 손해를 배상할 책임이 있다); 동 1997. 7. 25, 97 다 16985(공보 1997, 2708)(증권 등〈주택채권·수표 등〉의 상실자가 그 소지인을 알면서 모르는 것처럼 공시최고기일에 출석하여 신청의 원인과 제권판결을 구하는 취지를 진술하여 제권판결을 받았다면, 이는 민사소송법 제490조 2항 7호 소정의 '사위 또는 부정한 방법으로 제권판결을 받은 때'에 해당하여 제권판결의 불복의 소의 원인이 된다); 동 1999. 5. 14, 99 다 6463(공보 1999, 1164)(증서의 전 소지인이 그 증서의 현 소지인을 알면서도 그 소재를 모르는 것처럼 법원을 기망하여 제권판결을 받은 경우, 증서의 정당한 소지인이 제권판결불복의 소에서 패소하였는지 여부를 불문하고 전 소지인은 정당한 소지인에게 불법행위로 인한 손해배상책임을 진다); 동 2004. 11. 11, 2004 다 4645(공보 2004, 2003)(증권 또는 증서의 전 소지인이 자기의 의사에 기하지 아니하고 증권 등의 소지를 상실하였다 하더라도 그 후 증권 등을 특정인이 소지하고 있음이 판명된 경우에는 전소지인은 현 소지인에 대하여 반환을 청구하여야 하고, 이에 대한 공시최고는 허용되지 않는다 할 것이고, 전 소지인이 증권 등의 소지인을 알면서도 소재를 모르는 것처럼 공시최고기일에 출석하여 신청의 원인과 제권판결을 구하는 취지를 진술하여 공시최고법원을 기망하고, 이에 속은 공시최고법원으로부터 제권판결을 받았다면 이는 민사소송법 제490조 2항 7호 소정의 '거짓 또는 부정한 방법으로 제권판결을 받은 때'에 해당한다).

2) 동지: 대판 2003. 12. 26, 2003 도 4914(수표를 스스로 교부하고서 제권판결을 받고 그 판결을 제출하여 은행으로부터 수표금 상당액을 수령한 경우, 제권판결을 선고받아 확정된 때에 사기죄가 성립한다); 동 2011. 11. 10, 2009 다 73868(공보 2011, 2538)(주권을 소지한 사실이 없음에도 이를 소지하다가 도난당하거나 분실한 것으로 꾸며 공시최고를 신청하여 제권판결을 받았다면, 이는 민사소송법 제490조 2항 7호에 해당하여, 주권의 소지인은 그가 실질적인 권리자가 아니라 하더라도 이해관계인으로서 주권에 관한 제권판결에 대하여 불복의 소를 제기할 수 있다).

3) 대판 1990. 4. 27, 89 다카 16215(법정 1964, 4).

4) 민소 494조(신청사유의 소명): 1. 증서의 등본을 제출하거나 증서의 존재 및 중요한 취지를 충분히 알 수 있게 함에 필요한 사항을 제시하는 일, 2. 증서의 도난·분실·멸실 등에 관한 사실과 기타 공시최고절차를 신청할 수 있는 원인 등을 소명하는 일.

$\left(\substack{\text{민소}\\478조\ 1항}\right)$, 허한 때에는 신청인·신고최고 및 실권경고·공시최고기일을 표시하여$\left(\substack{\text{민소}\\479조}\right)$ 3월 이상의 기간 동안$\left(\substack{\text{민소}\\481조}\right)$ 대법원규칙이 정하는 바에 따라 공고하여야 한다$\left(\substack{\text{민소}\\480조}\right)$.

(3) 제권판결

1) 절   차 법원은 소정의 절차를 밟은 후$\left(\substack{\text{민소}\ 483조~\\486조}\right)$, 그 신청인의 제권판결의 신청이 이유 있다고 인정한 때에는 제권판결을 선고하고$\left(\substack{\text{민소}\\487조\ 1항}\right)$, 그 요지를 대법원규칙이 정하는 바에 따라 공고할 수 있다$\left(\substack{\text{민소}\\489조}\right)$. 법원은 신청이유로 내세운 권리 또는 청구를 다투는 신고가 있는 때에는 그 권리에 대한 재판이 확정될 때까지 공시최고절차를 중지하거나 신고한 권리를 유보하는 제권판결을 선고하여야 한다$\left(\substack{\text{민소}\\485조}\right)$. 또한 공시최고기일이 끝난 뒤에도 제권판결에 앞서 권리 또는 청구의 신고를 한 자는 그 권리를 잃지 아니한다$\left(\substack{\text{민소}\\482조}\right)$.

2) 효   력

(가) 소극적 효력으로 상실된 증권은 제권판결시부터 장래에 향하여 무효가 된다 $\left(\substack{\text{민소}\\496조}\right)$. 따라서 그 이후에는 증권의 정당한 소지인이라 할지라도 그 증권상의 권리를 행사할 수 없고,[1] 또 선의취득을 할 수도 없다[2]$\left(\substack{\text{따라서 제권판결은}\\\text{물적 항변사유가 된다}}\right)$.

(나) 적극적 효력으로 증권의 상실자는 증권채무자에 대하여 증권 없이도 권리를 주장할 수 있다$\left(\substack{\text{민소}\\497조}\right)$. 여기에서 「권리를 주장할 수 있다」는 뜻은 증권의 실질적 권리자임을 창설하거나 확인하는 것이 아니라, 증권을 점유하고 있는 데 대하여 부여된 형식적 자격을 제권판결이 회복시켜 준다고 보는 것이 판례이다.[3]

3) 선의취득자와 제권판결취득자와의 권리우선관계 제권판결 전에 어음상의 권리를 선의취득한 자는 공시최고신청인의 권리를 다투는 자로 당연히 공시최고내용 및 실권경고에 따라 법원에 권리의 신고나 청구를 하여야 하는데[4]$\left(\substack{\text{민소}\ 479조\\2항\ 2호,\ 495조}\right)$, 이를 하지 않아서 공시최고신청인이 제권판결을 받게 되면 제권판결의 적극적 효력과 관련하여 누구의 권리가 우선하는가에 대하여 학설은 선의취득자우선설[5]과 제권판결취득자우선설[6]로 나뉘어 있다.

---

1) 대판 1976. 6. 22, 75 다 1010(교재, 판결례 [460]); 동 1993. 11. 9, 93 다 32934(공보 959, 81)(제권판결의 효력은 공시최고신청인이 실질상의 권리자임을 확정하는 것은 아니나, 그의 소극적 효력으로서 약속어음으로서의 효력이 상실되는 것이므로 동 어음의 소지인은 무효로 된 어음을 유효한 어음이라고 주장하여 어음금청구를 할 수 없다).

2) 동지: 정(희), 21면(증권이 그 후 선의취득되더라도 그 자는 제권판결 전에 존재한 증권상의 권리를 취득할 수 없다고 한다).

   반대: 프랑스 上告判 1952. 10. 24(교재, 판결례 [118])(제권판결로 인하여 이미 지급을 하였다 하더라도 그 판결이나 지급필을 이유로 증권의 선의취득자의 권리를 해하지 못한다. 뿐만 아니라 그 판결이 관보에 게재되었다고 하여 모든 제 3 자에게 그 무효가 알려졌다고 할 수 없으며, 또 그 것 때문에 선의취득이 방해받는 것이 아니다).

3) 대판 1965. 11. 30, 65 다 1926(카드 1527); 동 1965. 7. 27, 65 다 1002(판총 15, 1089).

4) 이를 하게 되면 법원은 그 권리에 관한 재판의 확정시까지 공시최고절차를 중지하거나, 신고한 권리를 유보하고 제권판결을 하여야 한다(민소 485조).

5) 정(희), 21면(어음·수표에 대하여 선의취득자우선설을 취하고 있는데, 다만 선의취득자가 선

우리나라의 판례는 제권판결의 적극적 효력에 관한 해석(형식적 자격의 회복)에도 충실하면서, 결과적으로는 제권판결을 취득한 자를 우선하는 판결을 하고 있다.[1]

생각건대 선의취득자가 공시최고의 사실을 알면서 권리의 신고를 하지 않은 경우에는 선의취득자에게 실질적 권리를 인정할 필요가 없다고 본다. 그러나 선의취득자가 과실로 그 사실을 알지 못한 경우에는 증권의 유통보호상 그에게 실질적 권리를 인정하여야 할 것이다. 이 때 선의취득자의 공시최고에 대한 악의의 증명책임을 주장자(지급인 또는 증권상실자)에게 부담시키면 증권의 유통도 보호하면서, 선의취득제도를 남용하는 자도 규제될 것으로 생각한다.[2] 참고로 선의취득자우선설 중에는 「선의취득자 가운데 제권판결 선고 전에 적법하게 권리를 행사(예컨대, 은행에 적법한 지급제시를 한 수표소지인, 제권판결전에 약속어음의 발행인에게 어음금의 지급을 청구한 어음소지인 등)한 자만 제권판결취득자에 우선하고, 그렇지 아니한 선의취득자는 제권판결에 의하여 그 권리를 상실하게 된다」고 하는 견해(제한적 선의취득자보호설)도 있으나,[3] 위에서 본 바와 같이 오히려 반대로 해석하여야 할 것으로 본다.

4) 증권의 재발행 어음을 상실하여 공시최고에 의한 제권판결을 받은 자가 어음의 발행인에 대하여 어음의 재발행을 청구할 수 있는가의 문제가 있다. 주권의 경우에는 이를 인정하는 명문규정이 상법에 있어 의문의 여지가 없으나($\frac{상}{2항}$360조), 어음의 경우에는 어디에도 이에 관한 규정이 없어 의문이다.

이에 대하여 재발행을 인정하여도 특별한 불합리가 없고 오히려 편리하다는 이유로 어음의 재발행을 긍정하는 견해도 있으나,[4] 어음은 주권과는 달리 계속적인 권리관계를 표창하는 것이 아니고 금전의 지급이라는 1회적인 권리관계를 표창하는 것인데, 일반적으로 제권판결에 의하여 어음상실자는 충분히 이러한 목적을 달성할 수 있고 또 실제상 재발행을

의·무중과실을 입증하여야 한다고 한다); 정(희), (상) 421면(주권에 대하여 선의취득자우선설을 취함); 정(동), 210면; 최(기), 51~52면(어음·수표에 관하여는 선의취득자우선설을 취하고, 주권에 관하여는 제권판결취득자우선설을 취함); 안동섭, "제권판결과 선의취득과의 관계,"「고시연구」, 1981. 6, 108~110면.

6) 서(정), 233면; 이(범), 292면; 이영섭(편집대표), 「학설판례 주석민사소송법」(한국사법행정학회, 1972), 923~924면.

1) 대판 1965. 7. 27, 65 다 1002; 동 1965. 4. 20, 65 다 1883; 동 1967. 6. 13, 67 다 541·542; 동 1969. 12. 23, 68 다 2186; 동 1977. 4. 22, 76 다 673; 동 1976. 6. 22, 75 다 1010; 동 1979. 3. 13, 79 다 4(이상 판총 15, 1089~1091); 동 1993. 11. 9, 93 다 32934(공보 959, 81); 동 1994. 10. 11, 94 다 18614(공보 980, 2959).
  그러나 정(동), 210면은 「우리 대법원판례는 선의취득자우선설을 취함을 명백히 하고 있다」고 한다.

2) 정(찬), 677면; 정(찬), (사례) 204~205면.

3) 박우동, "제권판결취득자와 선의취득자와의 관계,"「법조」, 제26권 8호, 76면.

4) 정(동), 211면(따라서 상법 제360조 2항은 예외규정이 아니라, 예시규정이라고 한다); 서울민사지판 1985. 4. 9, 84 나 2112.
  영국 환어음법은 어음상실자의 어음의 재발행청구권을 명문으로 인정하고 있다(B. E. A. § 69).

요청할 실익도 없으므로, 원칙적으로 재발행을 부정하는 견해가 타당하다고 본다.[1] 그러나 백지어음의 경우에는 백지를 보충하기 위하여 백지어음을 재발행받을 실익이 충분히 있으므로, 백지어음의 상실자는 예외적으로 백지어음의 재발행을 청구할 수 있다고 본다.[2]

　　5) 백지어음과 제권판결　　백지어음에 관한 부분에서 이미 설명한 바와 같이 백지어음에 대하여도 공시최고에 의한 제권판결이 인정되는데(통설), 다만 제권판결의 효력과 관련하여 문제가 있다. 즉, 제권판결의 소극적 효력에 의하여 제권판결 후에 상실된 백지어음을 선의취득할 수 없는 점에 대하여는 의문의 여지가 없으나, 제권판결의 적극적 효력에 의하여 제권판결취득자가 어떻게 백지를 보충하여 권리주장을 할 수 있는가에 대하여는 문제가 있다. 이 때에 제권판결취득자는 제권판결문에 그의 보충의 의사를 명기한 서면을 첨부받아 어음상의 권리를 행사하든가,[3] 또는 백지어음을 재발행받아 이에 보충하여 어음상의 권리를 행사할 수밖에 없다고 본다.[4]

　　그러나 우리 대법원판례는 백지어음에 관한 부분에서 본 바와 같이 「제권판결을 취득한 자는 백지부분에 대하여 어음 외의 의사표시에 의하여 보충권을 행사하고 그 어음금의 지급을 구할 수 있다」고 판시하고 있다.[5]

제 6 절   기타의 제도

제 1   어음보증[6]

1. 의　　의

(1) 개　　념

어음보증(aval; Wechselbürgschaft)이라 함은 「어음채무를 담보할 목적으로 하

---

1) 정(찬), 677면. 동지: 손(주), 151면; 최(기), 53면; 日最高判 1976. 4. 8(교재, 판결례 [81]).
2) 정(찬), 677~678면.
　동지: 주석, 234면; 日最高判 1970. 2. 17(週判 207, 17).
　반대: 日最高判 1976. 4. 8(교재, 판결례 [81]).
3) 정(찬), 678면; 정(찬), (사례) 207면.
　동지: 이(기), 381면; 강, 310면; 강, (어) 210면; 주석, 234면.
4) 정(찬), 678면; 정(찬), (사례) 207면.
　동지: 정(동), 215면; 이(기), 381면; 주석, 234면; 김태주, "백지어음," 「상사법논집」(무애서돈 각박사정년기념), 1986, 413면, 428면.
5) 대판 1998. 9. 4, 97 다 57573(공보 1998, 2392).
6) 이에 관한 상세는 정찬형, "어음(수표)보증," 「현대상법의 과제와 전망」(송연양승규교수화갑기념)(삼지원, 1994), 449~479면 참조.

는 부속적 어음행위」이다. 이를 분설하면 다음과 같다.

1) 어음보증은 인적 담보를 부가하는 것이고, 주채무의 존재를 전제로 하므로 「종된 채무」이다.[1]

2) 어음보증은 광의로는 어음채무의 담보를 위하여 하는 「모든 보증행위」로서 어음 외의 실질관계에서 특정한 어음채무자를 위하여 하는 보증을 포함하나, 일반적으로는 어음상에 「어음행위」로서 하는 협의의 어음보증만을 의미한다.

3) 어음보증은 「어음채무」를 담보하기 위한 것이므로, 원인채무를 담보하기 위하여 하는 어음행위는 어음보증이 아니다. 즉, 차주(借主)의 차용금반환채무를 담보하기 위하여 제 3 자가 대주(貸主)에게 약속어음을 발행하는 어음행위는 어음보증이 될 수 없는 것이다. 또한 타인이 물품대금 채무의 담보를 위하여 발행·교부하는 약속어음에 어음보증을 한 자는 이러한 사실을 알고 어음보증을 하였다고 하더라도 어음보증인으로서 어음채무만을 부담하고, 특별한 사정이 없는 한 민사상의 원인채무까지 보증하는 것이 아니다.[2]

4) 어음보증은 어음법상 「어음보증으로서의 방식」을 갖추어야 하므로, 어음채무를 담보하기 위하여 한 어음행위라도 어음보증의 방식을 갖추지 않은 숨은 어음보증 또는 공동어음행위는 어음보증이 아니다. 즉, 타인의 어음채무를 담보할 목적으로 어음상에 발행·배서·인수 등의 어음행위를 하는 자는 숨은 어음보증인으로서 어음의 발행인·배서인·인수인 등의 어음상의 책임을 부담하는 것이지,[3] 어음보증인으로서 책임을 부담하는 것이 아니다. 이러한 점은 타인의 어음채무를 담보하기 위하여 공동어음행위를 하는 자의 경우에도 동일한데, 공동어음행위의 경우에는 공동어음행위자가 부담하는 어음채무에 주종(主從)의 구별이 없는 점에서도 어음보증과 구별된다.[4]

어음보증제도는 어음의 불신용을 나타내는 것이 되므로 실제로 사인(私人)간에는 어음보증이 거의 이용되지 않고, 이 대신에 숨은 어음보증 또는 공동어음행위가 많이 이용되고 있다. 이 때 이러한 어음행위자가 실질관계에서 보증목적으로 어음

---

1) 따라서 주채무가 존재하지 않는 경우에는 어음보증도 무효이다. 예를 들어 무담보배서인을 위한 어음보증은 무효이다[동지: 서·정, 218면].

2) 대판 1998. 6. 26, 98 다 2051(공보 1998, 1981).

3) 그러나 이러한 자들이 실질관계상의 채무를 보증할 목적으로 어음행위를 하는 것임을 상대방에게 표시하고 어음행위를 하는 경우에는 어음상의 책임을 부담하는 외에, 민법상 보증인으로서의 책임도 부담하게 된다(어음의 실질관계에 관한 설명 참조).

4) 동지: 서·정, 219면; 주석, 361면; 정(동), 336면.

행위를 하였음은 직접의 당사자간에서만 주장할 수 있는 인적 항변사유가 됨에 불과하다.[1]

(2) 법적 성질

어음보증의 법적 성질에 대하여 단독행위설(통설[2]·판례[3])과 계약설(소수설)[4]로 나뉘어 있다.

생각건대 어음보증($\substack{\text{어음인수의} \\ \text{경우도 동일함}}$)도 어음행위이므로 어음행위의 효력발생시기(어음이론)에 대하여 권리외관설에 의하여 보충된 발행설(절충설)을 취하는 경우에는 이와 동일하게 해석하여야 하고, 어음보증을 별도로 단독행위 또는 계약의 어느 일방에 의해서만 설명할 수는 없다고 본다.

(3) 어음보증과 민법상의 보증과의 차이

어음보증을 민법상의 보증과 비교하면 다음과 같은 점에서 많은 차이가 있다. 어음채무는 민법상의 보증에 의해서도 담보될 수 있으나, 다음과 같은 차이점에서 볼 때 어음보증이 훨씬 유리하다는 점을 알 수 있다.

1) 민법상의 보증은 명백한 계약이지만, 어음보증은 민법상의 보증과 같은 계약은 아니다($\substack{\text{앞에서 본 어음보증의} \\ \text{법적 성질 참조}}$).

2) 민법상의 보증은 대인적 관계에서 반드시 특정한 주채무자를 필요로 하고 주채무자가 불분명한 경우에는 보증이 성립하지 않지만, 어음보증은 대(對)어음적 관계이므로 주채무자가 불분명한 경우에도 어음보증은 성립하는데 이 때에는 발행인이 주채무자인 것으로 간주된다($\substack{\text{어 31조 4항·77조} \\ \text{3항, 수 26조 4항}}$).

3) 민법상의 보증은 주채무의 성립을 보증채무의 성립요건으로 하지만($\substack{\text{부종} \\ \text{성}}$), 어음보증은 주채무가 방식의 하자 이외의 사유로 무효인 경우에도 유효하게 성립한다($\substack{\text{어음행위독립} \\ \text{의 원칙}}$)($\substack{\text{어 32조 2항·77조} \\ \text{3항, 수 27조 2항}}$).

4) 민법상의 보증은 방식의 제한이 없으나, 어음보증은 방식의 제한이 있다(요식행위)($\substack{\text{어 31조·77조} \\ \text{3항, 수 26조}}$).

5) 민법상의 보증인은 특정한 상대방(채권자)에 대하여만 책임을 지나, 어음보증인은 불특정한 어음소지인(어음채권자)에 대하여 책임을 진다.

6) 민법상의 보증인은 최고·검색의 항변권을 가지나($\substack{\text{민} \\ \text{437조}}$), 어음보증인은 피보증인과 동일한 책임을 지므로 민법상의 보증인과 같은 최고·검색의 항변권을 갖지 못한다

---

1) 동지: 주석, 361면.
2) 서·정, 219면; 손(주), 293면; 강, 438면; 강, (어) 420면; 주석, 360면 외.
3) 대판 1986. 9. 9, 84 다카 2310; 동 2002. 12. 10, 2001 다 58443(공보 2003, 331).
4) 정(동), 336면.

$\left(\substack{\text{어 32조 1항·77조}\\ \text{3항, 수 27조 1항}}\right)$.

7) 민법상의 보증인은 주채무자의 모든 항변사유로써 채권자에게 대항할 수 있으나 $\left(\substack{\text{민}\\ \text{433조}}\right)$, 어음보증인은 주채무자의 모든 항변사유로써 어음소지인에게 대항할 수 있는 것은 아니다$\left(\substack{\text{어음보증채무의 독립성과}\\ \text{관련하여 후술함}}\right)\left(\substack{\text{어 32조 2항·77조}\\ \text{3항, 수 27조 2항 참조}}\right)$.

8) 민법상의 공동보증인은 분별의 이익이 있으나$\left(\substack{\text{민}\\ \text{439조}}\right)$, 공동의 어음보증인은 분별의 이익이 없고 어음채무의 전액에 대하여 합동책임을 부담한다(통설)[1]$\left(\substack{\text{어 47조·4호, 수}\\ \text{77조 1항 43조}}\right)$.

9) 민법상의 보증채무의 소멸시효기간은 10년이나$\left(\substack{\text{민 162조}\\ \text{1항}}\right)$, 어음보증채무의 소멸시효기간은 주채무에 따라 3년$\left(\substack{\text{어 70조 1항,}\\ \text{77조 1항 8호}}\right)$·1년$\left(\substack{\text{어 70조 2항,}\\ \text{77조 1항 8호}}\right)$ 또는 6개월$\left(\substack{\text{어 70조 3항·77조 1항}\\ \text{8호, 수 51조 1항·2항}}\right)$이다.

(4) 어음보증과 수표보증과의 차이

수표보증은 어음보증과 대체로 같으나, 다만 「지급인」이 보증인이 될 수 없다는 점에서 어음보증과 구별된다[2]$\left(\substack{\text{수 25조}\\ \text{2항}}\right)$.

가계수표의 경우 수표보증카드제도에 의하여 지급인(은행)이 수표금의 지급을 보증하는 제도가 있는데, 이것은 지급인이 수표상에 하는 수표보증이 아니라 수표 외에서 하는 민법상의 보증이므로, 지급인이 수표보증인이 될 수 없다는 수표법의 규정에 위반되지 않는다[3]$\left(\substack{\text{이에 관하여}\\ \text{는 후술함}}\right)$.

2. 당 사 자

(1) 어음보증인

어음보증인이 될 수 있는 자격에는 아무런 제한이 없다. 따라서 어음관계에 관여하지 않은 「제 3 자」는 물론이고, 이미 어음상에 기명날인 또는 서명을 하여 「어음채무자」가 된 자도 어음보증인이 될 수 있다$\left(\substack{\text{어 30조 2항,}\\ \text{77조 3항}}\right)$. 그러나 수표의 경우에는 이미 앞에서 본 바와 같이 지급인은 수표보증인이 될 수 없다$\left(\substack{\text{수 25조}\\ \text{2항}}\right)$. 어음보증인의 자격에 아무런 제한이 없다고 하여도 주채무자가 어음보증인이 되거나 또는 어음관계에서 전자가 후자를 위하여 어음보증인이 되는 것은 무의미하다. 왜냐하면 이러한 자는 이미 어음채무를 부담하고 있기 때문이다.

---

1) 정(찬), 682면; 서·정, 222면; 손(주), 302면; 정(동), 343면; 최(기), 583면 외.

2) 이것은 수표보증이 환어음보증과 구별되는 점인데, 그 이유는 수표의 지급인에 대하여 배서를 인정하지 않는 점(수 15조 3항)과 지급인의 인수를 금지한 취지를 살려(수 4조) 수표의 신용증권화를 방지하기 위해서이다. 수표의 지급인은 수표보증 대신에 지급보증을 할 수 있다(수 53조~58조). 그런데 수표의 지급보증은 수표보증과는 구별된다. 즉, 수표의 지급보증은 타인의 수표채무의 존부에 불구하고 지급인이 지급을 약속하는 수표행위이나(이 점에서는 인수와 유사함), 수표보증은 타인의 수표채무의 존재를 전제로 하여 이것을 보증하는 수표행위인 점에서 양자는 구별된다 [동지: 서·정, 302면].

3) 동지: 정(희), 295~296면; 대판 1987. 8. 18, 86 다카 1696(공보 809, 1452) 외.

(2) 피보증인

피보증인이 될 수 있는 자는 「어음채무자」이다. 따라서 환어음의 경우는 발행인·배서인·인수인 및 참가인수인이고, 약속어음의 경우는 발행인 및 배서인이며, 수표의 경우는 발행인 및 배서인이다. 어음채무자가 아닌 자를 위하여 하는 어음보증은 무효이다(통설).[1] 따라서 환어음의 지급인, 지급담당자, 무담보배서인 등을 위한 어음보증은 무효이다.

3. 방   식

(1) 기재사항

어음보증도 다른 어음행위와 같이 요식행위이므로, 어음보증에는 「보증문언」 및 「피보증인」을 기재하고 「보증인이 기명날인 또는 서명」을 하여야 한다. 피보증인의 기재유무에 따라 다음과 같이 정식보증과 약식보증으로 나누어진다.

1) 정식보증

(가) 어음보증인이 어음상에 (ⅰ) 보증 또는 이와 같은 뜻이 있는 문구(보증문언) 및 (ⅱ) 피보증인을 표시하고, (ⅲ) 기명날인 또는 서명을 한 경우를, 정식보증이라고 한다($^{어\ 31조\ 2항·4항\ 1문·77조}_{3항,\ 수\ 26조\ 2항·4항\ 1문}$).

(나) 어음보증인은 이외에도 어음보증을 함에 있어서 거절증서작성면제($^{어\ 46조}_{1항·77조}$ $^{}_{1항\ 4호,\ 수}_{42조\ 1항}$), 예비지급인($^{어\ 55조\ 1항,}_{77조\ 1항\ 5호}$) 등을 기재할 수 있다.

2) 약식보증

(가) 어음보증인이 피보증인을 표시하지 않고 어음상에 「보증문언」만을 기재하고 「기명날인 또는 서명」하거나($^{어\ 31조\ 4항\ 2문·77조}_{3항,\ 수\ 26조\ 4항\ 2문}$), 또는 보증문언도 기재하지 않고 단순히 「기명날인 또는 서명」만을 한 경우(간략약식보증)($^{어\ 31조\ 3항\ 1문·77조}_{3항,\ 수\ 26조\ 3항\ 1문}$)를 약식보증이라고 한다. 이와 같이 약식보증이라도 반드시 보증인의 기명날인 또는 서명이 있어야 한다. 따라서 어음보증인이 어음상에 어음보증인으로서 기명날인 또는 서명을 하지 않고 단순히 보증한다고 진술한 데 불과한 경우에는 어음보증인이라고 볼 수 없다.[2]

(나) 약식보증 중에서 보증문언은 있으나 피보증인만의 기재가 없는 약식보증은

---

1) 정(찬), 683면; 정(희), 296면; 서·정, 220면; 정(동), 337면; 손(주), 294면; 최(기), 586면; 채, 217면 외.

2) 대판 1964. 9. 8, 64 다 369(판총 11-2, 1057)(수표보증에 관한 것으로서 이러한 자는 수표보증인이 될 수 없고, 따라서 수표법 제39조의 기타의 소구의무자가 될 수 없다고 판시함); 동 1967. 3. 28, 66 다 2376(판총 11-2, 1059-26-1)(수표보증에 관한 판결임).

어음의 앞면 또는 뒷면의 어디에도 할 수 있는데, 다만 이 때에는 발행인을 피보증 인으로 본다(어 31조 4항 2문·77조 3항, 수 26조 4항 2문). 어음법상 「··· 발행인을 위하여 보증한 것으로 본다」 는 의미에 대하여, 이를 추정규정 내지 해석규정으로 보고 어음보증인이 다른 어 음채무자를 위하여 보증한 것이라는 것을 증명할 수 있다는 견해도 있으나,[1] 법 문의 규정형식으로 보나 또한 어음거래의 안전을 위하여야 한다는 점에서 볼 때 이를 의제규정으로 보아 어음보증인의 반증을 허용하지 않는 것이 타당하다고 본다.[2]

(다) 약식보증 중에서 보증문언도 기재하지 않고 단순히 어음보증인의 기명 날인 또는 서명만을 하는 간략약식보증은 어음의 앞면에만 할 수 있는데(어 31조 3항 1문·77조 3항, 수 26조 3항 1문), 이 때에는 발행인을 피보증인으로 본다(어 31조 4항 2문·77조 3항, 수 26조 4항 2문). 이러한 간략약식보증은 「어 음의 앞면」에만 할 수 있으므로, 어음의 뒷면에 한 단순한 기명날인 또는 서명은 어음보증이 될 수 없고 간략백지식배서가 될 뿐이다[3](어 13조 2항 2문·77조 1항 1호, 수 16조 2항 2문). 어음의 앞 면에 한 단순한 기명날인 또는 서명이라도 발행인의 단순한 기명날인 또는 서명은 백지발행이 되고, (환어음의) 지급인[4]의 단순한 기명날인 또는 서명은 백지인수가 되므로, 발행인 또는 지급인 이외의 자의 기명날인 또는 서명만이 어음보증이 될 수 있다(어 31조 2항 단서·77조 3항, 수 26조 3항 단서).

(2) 기재장소

어음보증은 어음 자체, 그 등본(어음의 경우 에만 인정됨) 또는 보충지에 하여야 한다(어 31조 1항· 77조 3항, 수 26조 1항, 어 67조 3항·77조 1항 6호).

4. 시   기

어음보증의 시기에 대하여 어음법에는 아무런 규정이 없으므로 해석에 의할 수밖에 없다.

1) 어음채무가 존속하는 동안에는 언제든지 어음보증이 가능하다. 따라서 어 음이 지급제시기간이 경과하였으나 소멸시효가 완성하기 전에는 상환(소구)의무자를

---

1) Baumbach/Hefermehl, WG Art. 31 Rdn. 8.

2) 동지: 정(동), 338면; 채, 218면.

3) 동지: 대판 1974. 9. 25, 74 다 507(판총 11-2, 1038-23)(어음이면〈裏面〉에 배서인으로서 기명 날인한 경우에는 어음보증의 요건을 구비하지 못하여 보증의 효력이 없다고 판시함).

4) 수표의 지급인이 수표표면에 단순한 기명날인 또는 서명을 한 경우에는, 수표에는 인수제도가 없고(수 4조) 또 수표의 지급인은 보증인이 될 수 없는 점(수 25조 2항)에서 지급보증이 될 수 있 을 뿐인데, 이러한 경우 수표의 지급보증이 될 수 있겠는지 여부는 지급보증의 방식(수 53조 2항) 에서 볼 때 의문이다.

위한 어음보증은 불가능하나 주채무자를 위한 어음보증은 가능하다. 그러나 어음채무가 보전절차의 흠결 및 소멸시효의 완성으로 소멸한 때에는(즉, 어음채무는 전부 소멸하고 이득상환채무만이 존재하는 때에는), 어음보증의 대상이 없으므로 어음보증은 성립할 여지가 없다(통설).[1]

2) 어음보증은 원칙적으로 어음채무가 성립한 후에만 가능하나, 예외적으로 어음채무가 성립하기 전에도 가능하다고 본다.[2] 이 때에는 어음채무가 후에 성립하였을 때 어음보증의 효력이 발생한다고 본다.[3]

5. 내　용

(1) 일부보증

1) 어음보증은 피보증인의 어음채무의 전부에 대하여 하는 것이 원칙이나, 예외적으로 피보증인의 어음채무의 일부에 대하여도 가능하다(어 30조 1항·77조 3항, 수 25조 1항). 이것은 인수의 경우와 같으나(어 26조 1항 단서), 배서의 경우와는 구별되는 점이다(어 12조 2항·77조 1항 1호, 수 15조 2항). 일부보증을 인정하는 이유는 이것을 전연 무효로 하는 것보다 유효로 하는 것이 어음소지인의 이익이 되기 때문이다.[4]

2) 일부보증의 경우에는 반드시 보증금액을 기재하여야 하는데, 보증금액의 기재가 없으면 전부보증이라고 해석하여야 할 것이다.[5]

(2) 조건부어음보증

어음보증인이 어음보증을 하면서 어음면상 「우기(右記)금액의 지급을 지급기일까지 보증함」이라고 기재한 경우와 같이 조건부보증을 한 경우에, 그 조건 및 어음보증의 효력을 어떻게 볼 것인가에 대하여 어음행위의 단순성과 관련하여 다음과 같이 견해가 나뉘어 있다. 즉, (ⅰ) 어음행위는 특단의 명문규정이 없는 한 조건에 친하지 않는 행위로서 일반원칙에 따라 조건은 보증의 목적을 해하므로 유해적 기재사항으로 그러한 어음보증행위는 전부 무효라고 하는 견해(유해적 기재사항설),[6]

---

1) 정(찬), 686면; 서·정, 221면; 손(주), 296면; 양(승), (어) 327면; 정(동), 341면 외.
　　반대: 정(희), 297면(어음채무의 독립성의 입장에서 보아 소멸된 어음채무의 보증이 이론상 전연 불가능한 것도 아니며 또 전연 무의미하다고 할 수도 없다고 한다).
2) 동지: 서·정, 218면; 주석, 362면.
3) 동지: 서·정, 218면.
4) 동지: 주석, 362면.
5) 동지: 정(동), 339면; 주석, 362면.
6) 田中(誠), 385면; 服部, 163면.
　　독일에서는 조건부 보증문언은 발행인이나 인수인을 위해서는 인정되지 않으나(어 1조 2호, 26조)(유해적 기재사항) 배서인을 위해서는 기재하지 아니한 것으로 본다(어 12조)(무익적 기재사

(ⅱ) 어음의 신용을 높이고 유통성을 강화하기 위하여 보증의 효력은 인정하되 배서의 무조건성을 감안하여 그 조건을 무익적 기재사항으로 보고 무조건의 어음보증으로 취급하는 견해(무익적 기재사항설),[1] (ⅲ) 보증에 붙인 조건을 무익적 기재사항으로 보면 보증인의 명시의 의사에 반할 뿐만 아니라 보증인에게 인수인의 책임보다 더 엄격한 책임을 인정하게 되어 부당하고, 유해적 기재사항으로 보면 보증인의 책임을 면제하게 되는 결과가 되어 어음소지인의 이익을 해하게 되어 부당하므로, 이러한 조건을 조건부인수($\frac{어 26조}{2항 단서}$)와 같이 보증인에 대하여는 유익적 기재사항으로 보는 견해(유익적 기재사항설)[2]가 있다.

이에 관하여 우리나라의 대법원판례는 유익적 기재사항설에 따라서, 「어음법상 보증의 경우에는 발행 및 배서의 경우와 같이 단순성을 요구하는 명문의 규정이 없을 뿐 아니라, 주된 채무를 전제로 하는 부수적 채무부담행위인 점에서 보증과 유사한 환어음의 인수에 조건을 붙인 경우에는 일단 인수거절로 보되 인수인으로 하여금 인수의 문언에 따라 책임을 지도록 함으로써 부단순인수를 인정하고 있음에 비추어 볼 때, 어음보증에 대하여 환어음의 인수의 경우보다 더 엄격하게 단순성을 요구함은 균형을 잃은 해석이라고 하겠고 또 조건부보증을 유효로 본다고 하여 어음거래의 안전성이 저해되는 것도 아니므로, 조건을 붙인 부단순보증은 그 조건부 보증문언대로 보증인의 책임이 발생한다고 보는 것이 타당하다」고 판시하고 있다.[3]

생각건대 어음의 보증에 붙인 조건이나 제한을 유익적 기재사항으로 보는 유익적 기재사항설에 찬성하는데, 그 이유는 다음과 같다. (ⅰ) 보증은 부속적 어음행위로 기본적 어음행위인 발행과는 구별된다고 생각한다. 따라서 조건부보증을 조건

항)는 견해(Baumbach/Hefermehl, WG Art. 31 Rdn. 2)와, 조건부어음보증은 원칙적으로 인정되지 않으나(유해적 기재사항) 어음법 제30조에서 명문으로 규정하고 있는 바와 같은 어음금액의 일부지급의 보증 및 기타의 제한(Beschränkungen), 예컨대 보증인은 주채무자보다 나중에 지급한다는 것과 같은 제한은 인정된다(유익적 기재사항)는 견해(Jacobi, S. 675)가 있다.

1) 손(주), 296면; 박(원), 559면; 중국 어음법 48조.
   순수한 조건은 무익적 기재사항이나 제한보증은 유효라고 보는 견해로는 정(희), 297면; 동, "어음행위의 무조건성(어음보증과 관련하여)," 「고시계」, 1985. 11, 128~137면.
2) 정(동), 340면; 양(승), (어) 327면; 이(기), 357면; 채, 219면; 주석, 362면; 주어, 360면; 이원석, "어음의 보증제도," 「고시계」, 1978. 7, 104면; 鈴木·大隅, 講座⑷, 45면; 前田, 293면; 石井·鴻, 291면.
3) 대판 1986. 3. 11, 85 다카 1600(공보 775, 41).
   동지: [프랑스 판례] Cass. (Com.) (Casset/Jacquin) 1971. 12. 14, Bull cass. 71 Ⅳ 285(어음보증인이 자기의 서명에 '… 의 나의 편지에 따라서만 보증으로서 유효함'이라는 문언을 추가한 경우에, 어음소지인에 대한 어음보증인의 책임은 이 문언의 내용에 따라서 결정된다고 판시함).
   반대: 日東京地判 1953. 2. 18(下民 4月 2日, 225)(유해적 기재사항으로 판시함).

부발행의 경우와 같이 해석하여 그것도 명문의 규정이 없음에도 불구하고 보증 자체를 무효로 볼 수는 없다. 또 이를 무효로 하면 보증인의 의사에도 반하고 소지인의 이익을 해치게 된다. (ⅱ) 또한 보증과 배서는 같은 부속적 어음행위이나 그 성질이 엄격히 구별되는 것이므로 조건부보증을 어음법 제12조 1항의 규정과 같이 무익적 기재사항으로 해석할 수는 없다. 왜냐하면 보증은 채무부담의 의사표시이고 배서는 권리양도($\substack{적어도 제\\1차적으로는}$)의 의사표시이기 때문이다. 이는 어음법에서도 일부배서는 무효로 규정하면서도($\substack{어\\2항}^{12조}$) 일부보증은 유효로 규정하고 있는 점($\substack{어\\1항}^{30조}$)에서도 알 수 있다. (ⅲ) 따라서 보증은 인수와 같이 적어도 채무부담을 목적으로 하는 부속적 어음행위라는 점에서는 그 성격이 유사한데($\substack{물론 다른 점에서는\\차이가 있으나}$), 부단순인수($\substack{어\\2항}^{26조}$)에서 인수인의 책임을 인정하고 있으므로 부단순보증에서도 동 규정을 유추적용하여 부단순보증인의 책임을 인정하여야 한다고 본다.

그런데 이렇게 보면 보증인은 피보증인과 동일한 책임을 부담한다는 규정($\substack{어\\1항}^{32조}$)과 상충되는 것 같은데, 이는 동 규정의 의미를 보증인과 피보증인의 책임은 그 내용에서 동일하면 족하고 범위에서까지 동일함을 요하는 것은 아니라고 보면 상충되지 않을 것이다. 즉, 범위에서 보증인의 책임은 피보증인의 그것보다 넓을 수는 없으나 좁을 수는 있다고 해석하면, 어음보증에 붙인 조건을 유익적 기재사항으로 보는 견해와 일치하는 해석이 될 것이다.[1]

6. 효　력[2]

(1) 어음보증인의 어음소지인에 대한 책임

어음보증인은 한편으로는 피보증인과 동일한 책임을 부담하지만(부종성)($\substack{어\\1항·77조 3항,\\수 27조 1항}^{32조}$), 다른 한편으로는 피보증인의 채무가 그 방식에 하자가 있는 경우 외에는 어떠한 사유로 인하여 무효가 된 때에도 그 책임을 부담한다(독립성)($\substack{어 32조 2항·77조\\3항, 수 27조 2항}$). 어음보증인의 책임의 독립성은 민법상 보증인의 책임에는 없는 것으로서($\substack{민 433조~\\437조}$), 어음보증인의 책임은 이와 같은 어음보증채무의 부종성과 독립성을 어떻게 적절히 조화하여 해석하느냐에 달려 있다.

1) 부종성

(개) 어음보증인의 책임도 보증책임이므로 민법상 보증채무와 같이 부종성과 수반성을 갖는다(통설).[3] 따라서 피보증채무가 부존재하거나 지급·상계·면제·소멸

---

1) 정(찬), 689면; 동, "조건부어음보증(판례연구)," 법률신문, 제1609호(1985. 10. 21), 12면.
2) 이에 관한 상세는 정찬형, "어음(수표)보증의 효력," 「월간고시」, 1993. 9, 136~148면 참조.

시효 등으로 소멸한 때에는 어음보증채무도 부존재하거나 소멸하게 되고(부종성), 피보증인에 대한 어음상의 권리가 이전하면 어음보증인에 대한 어음상의 권리도 원칙적으로 이전한다(수반성).[1] 어음보증인의 책임이 이와 같이 부종성을 갖는다고 하더라도 이것은 다음에서 보는 바와 같이 독립성에 의하여 많이 약화되어 있으므로, 어음보증의 부종성은 민법상의 보증의 부종성과는 다른 개념이다.[2]

(나) 어음보증인의 책임이 부종성이 있는 결과 어음보증인의 책임의 성질과 범위도 원칙적으로 피보증인의 그것과 같다. 어음법은 이 점을 명백히 하여 「보증인은 보증된 자와 같은 책임을 진다」고 규정하고 있다(어 32조 1항·77조 3항, 수 27조 1항).

따라서 어음보증인의 책임은 피보증인이 발행인인가, 배서인인가, 또는 인수인인가 등에 따라 그 책임의 성질과 범위가 결정된다. 어음보증인의 책임의 이러한 부종성의 결과 어음소지인이 피보증인에 대하여 상환청구(소구)권보전절차 또는 시효중단절차를 취하면 어음보증인에 대하여 다시 그러한 절차를 취하지 않더라도 어음보증인에 대한 어음소지인의 권리는 보전된다.[3]

2) 독 립 성   어음보증은 담보된 채무(피보증채무)가 그 방식에 흠(하자)이

---

3) 정(찬), 689면; 정(희), 293면; 서·정, 218면; 정(동), 341면; 채, 220면; 주석, 359면 외. 이에 반하여 어음보증인의 책임의 독립성을 강조하여 어음보증채무의 부종성(종속성)을 부인하는 견해도 있다(Hueck/Canaris, §13 I 5).

1) 어음보증인의 책임의 수반성은 어음보증(어음행위)의 성질에서 당연하고, 굳이 민법상의 보증의 성질에서 오는 것이라고 볼 필요가 없다. 즉, 어음보증인은 피보증인의 상대방에 대해서만 보증책임을 부담할 의사로써 어음보증을 하는 것이 아니라, 모든 정당한 어음소지인에 대하여 보증책임을 부담할 의사로써 어음보증을 하는 것이다. 이것은 어음보증의 피보증인은 민법상 보증의 피보증인과는 달리 모든 정당한 어음소지인에 대하여 어음상의 책임을 부담하는 점에서 부종성의 한 형태라고도 볼 수 있다.

2) 동지: 정(동), 342면; 이(기), 360면; 채, 221면.

3) 동지: 대판 1988. 8. 9, 86 다카 1858(공보 832, 1207)[약속어음의 발행인은 주채무자이므로 그에게 (지급제시기간 내에 — 저자 주) 지급제시를 하지 아니하였다 하여도 어음금을 청구할 수 있는 것이며, 발행인을 위한 어음보증인도 피보증인(발행인)과 동일한 어음상의 책임을 지는 것이므로 이러한 어음보증인에게도 어음소지인은 (지급제시기간 내에 — 저자 주) 지급제시를 하지 않았더라도 어음금을 지급청구할 수 있다]; 동 1989. 10. 24, 88 다카 20774(월보 233, 74)[배서금지 약속어음의 양도의 경우에 어음소지인이 주채무자인 발행인(피보증인)에 대하여 그 대항요건을 갖추었으면 어음보증인에 대하여 별도의 대항요건(통지 또는 승낙)을 갖추지 아니하였어도 주된 채권양도의 효력으로써 어음보증인에 대하여 이를 주장할 수 있다]; 서울민사지판 1987. 12. 4, 87 가단 4804(신문 1716, 8)[피보증인(약속어음의 발행인)이 어음변조에 승낙했다면 변조 전에 보증한 어음보증인은 (그가 별도로 승낙을 하지 않았다 하더라도 — 저자 주) 변조 후의 어음문언에 따라 책임을 진다].
그러나 이 때에 피보증인(약속어음의 발행인)이 어음보증인의 동의 없이 수취인 등을 변경한 경우에는 어음보증인에 대한 관계에서는 「변조」가 되어, 어음보증인은 변조 전의 문언에 따라서만 그 책임을 진다[대판 1981. 11. 24, 80 다 2345(교재, 판결례 [495]) 외].

있는 경우 외에는 어떠한 사유로 무효가 되더라도 그 효력을 가진다($\frac{어 32조 2항·77조}{3항, 수 27조 2항}$). 즉, 피보증채무가 실질적으로 무효이어서 피보증인이 어음채무를 부담하지 않는 경우($\frac{예컨대, 의사무능력자의 기명날인 또는}{서명, 위조의 기명날인 또는 서명 등}$)에도 어음보증은 유효하다는 것이다. 따라서 이것은 어음행위독립의 원칙이 어음보증에도 적용되는 점을 어음법이 분명히 규정하고 있는 것이다. 그러므로 어음보증인의 책임은 어음소지인과의 관계에서는 피보증인의 책임과는 별개로서, 어음보증인은 피보증인과 함께 어음소지인에 대하여 합동책임을 부담한다($\frac{어 47조 1항·77조}{1항 4호, 수 43조 1항}$). 따라서 어음보증인은 민법상의 보증인과는 달리 어음소지인에 대하여 최고·검색의 항변($\frac{민}{437조}$)을 주장할 수 없고 어음금을 지급하여야 하고, 한편 어음소지인은 어음보증인과 피보증인 1인 또는 전원에 대하여 어음금의 지급을 청구할 수 있다($\frac{어 47조 2항·77조}{1항 4호, 수 43조 2항}$). 또한 동일한 어음채무에 관하여 수 인의 어음보증인이 있는 경우에도 민법상의 공동보증인과는 달리 보증인 상호간에 분별의 이익($\frac{민}{439조}$)이 없고, 각자는 어음금 전액에 대하여 합동책임을 부담한다($\frac{어 47조 1항·77조}{1항 4호, 수 43조 1항}$).

3) **종 합** 어음보증인의 책임은 위에서 본 바와 같이 부종성과 독립성이 있어 이것은 상호 상충되는데, 이 양자를 어떻게 조화하여 해석할 것인가가 문제된다. 이의 이해를 위하여 다음의 예에서 구체적으로 살펴본다. 즉, A가 B로부터 상품을 구입하고 그 대금지급조로 약속어음을 발행하여 Y로부터 어음보증을 받아 B에게 교부하고 B는 다시 동 어음을 X에게 배서양도한 경우에, 어음보증인인 Y의 B또는 X에 대한 어음상의 책임이 어떠한가를 살펴본다.

㈎ **Y의 B에 대한 어음상의 책임** A가 피위조자 또는 의사무능력자($\frac{제한능}{력자인}$ $\frac{경우에는 자기의}{어음행위를 취소한 후}$)로서 A가 어음보증 당시에 어음채무를 부담하지 않는 경우($\frac{A의 물적}{항변사유}$) 또는 Y가 A를 위하여 어음보증을 한 후에 A·B간의 매매계약이 해제된 경우($\frac{A의 인적}{항변사유}$)에 Y는 B에 대하여 어음보증채무를 이행하여야 하는가. 이 때 어음보증의 부종성을 강조하면 Y는 어음보증채무의 이행을 거절할 수 있는 것으로 생각되고, 독립성을 강조하면 Y는 어음보증채무를 이행하여야 하는 것으로 생각된다.

① A가 피위조자 등으로 인하여 어음채무를 부담하지 않는 경우에도($\frac{즉, 피보증채무}{가 실질적으로}$ $\frac{부존재한}{경우에도}$) Y의 어음보증채무는 유효하게 성립한다($\frac{어음보증}{의 독립성}$). Y가 어음보증을 한 후에 A·B간의 매매계약이 해제된 경우에는 어음보증의 독립성을 거론하지 않더라도 당연히 어음보증채무는 유효하게 성립한다. 이와 같이 어음보증채무가 유효하게 성립하는 것은 B가 악의인 경우에도 동일하다($\frac{어음행위독립의 원칙이 악의의}{어음취득자에도 적용되는 점}$). 다만 이 때 B가 이러한 사실을 알고 있으면서(악의) 어음보증채무의 이행을 청구하는 것은 권리남용이 되기 때문에 Y는 어음보증채무의 이행을 거절할 수 있다고 본다.[1]

② 그러나 앞에서 본 바와 같이 A의 B에 대한 어음채무가 지급·상계·면제·소멸시효 등으로 소멸한 경우에는 어음보증채무의 부종성에 의하여 Y의 어음보증채무도 소멸하므로 Y는 B에 대하여 어음보증채무가 없음을 항변할 수 있다($\binom{어음보증}{의 부종성}$). 그러나 A가 B에 대하여 매매계약을 해제할 수 있음에도 불구하고 해제하지 않고 있는 동안에는, Y는 B에 대하여 어음보증채무의 이행을 거절할 수 없다고 본다[1]($\binom{어음보증}{의 독립성}$)($\binom{민법상의 보증과의}{차이: 민 435조}$).

(내) Y의 X에 대한 어음상의 책임

① A·B간의 매매계약이 해제된 후에 B가 X에게 배서양도한 경우에는($\binom{A의 인적}{항변사유}$), X가 그러한 사실을 알고 어음을 양수한 경우 외에는 A는 X에 대하여 어음상의 책임을 부담한다($\binom{어 77조 1항}{1호, 17조 본문}$). 따라서 어음보증인인 Y도 피보증인 A와 같이 X가 매매계약이 해제된 사실을 알고 어음을 양수한 경우 외에는 X에 대하여 당연히 어음상의 책임을 부담한다. 그러나 X가 이러한 사실을 알고 어음을 양수한 경우에는 Y의 어음보증채무는 성립하나($\binom{어음보증채무의 독립성과 어음행위독립의 원칙}{이 악의의 어음취득자에게도 적용되는 점에서}$), 이 때 X가 이러한 사실을 알고(악의) Y에게 어음보증채무의 이행을 청구하는 것은 권리남용에 해당되므로 Y는 X에 대하여 어음보증채무의 이행을 거절할 수 있다고 본다.[2]

그러나 A·B간의 매매계약이 B가 어음을 X에게 양도한 후에 해제된 경우에는 X가 그 후에 이러한 사실을 알았다 하더라도 A는 X에 대하여 악의의 항변을 주장할 수 없으므로,[3] Y도 언제나 X에 대하여 어음상의 책임을 부담한다고 본다.

② A의 어음발행이 위조의 어음행위이거나 또는 의사무능력자($\binom{제한능력자인 경우에는 자기}{의 어음행위를 취소한 후}$)의 어음행위로서 무효인 경우에는, A는 B에 대하여는 물론이고 X에 대하여도 (X가 선의이든 또는 악의이든 불문하고) 자기의 어음행위가 무효임을 주장하여 어음채무를 부담하지 않는다($\binom{물적 항변사유 중}{비증권상의 항변}$). 그런데 A의 어음보증인인 Y는 X에 대하여 어음보증채무를 부담하는가. 이 경우에도 Y의 X($\binom{및}{B}$)에 대한 어음보증채무는 유효하게 성립하나($\binom{어음보증}{의 독립성}$), X가 피

---

1) 정(찬), 692면; 동, "배서금지어음과 어음보증," 법률신문, 제1917호(1990. 3. 8), 11면; 동, 전게논문(현대상법의 과제와 전망), 472~473면.
　　동지: 정(희), 298면; 대판 1988. 8. 9, 86 다카 1858(공보 832, 1207)(A·B간에 원인관계가 발생하지 않았음에도 B가 Y에 대하여 보증채무의 이행을 청구하는 것은 권리남용에 해당한다고 판시함)(이 판결에 대한 동지의 평석으로는 정동윤, "어음보증인의 피보증인의 인적 항변원용," 법률신문, 제1802호, 15면).

1) 동지: 정(동), 345면.

2) 정(찬), 693면; 동, 전게논문(현대상법의 과제와 전망), 474면; 동, 전게 법률신문, 11면.
　　동지: 대판 1988. 8. 9, 86 다카 1858(공보 832, 1207)(그 수취인으로부터 동 어음을 배서양도 받은 어음소지인이 어음법 제17조 단서의 요건에 해당되는 때에는 어음보증인은 그러한 악의의 어음소지인에 대하여도 권리남용의 항변으로 대항할 수 있다).

3) 동지: 대판 1982. 4. 13, 81 다카 353(교재, 판결례 [525])(배서 당시에 이미 발생한 배서인에 대한 항변사유로써 피배서인에 대하여도 대항할 수 있는 것이지, 배서 후 비로소 발생한 배서인에 대한 항변사유로써도 피배서인에 대하여 이를 주장할 수 있다는 것은 아니라고 판시함).

보증인(A)의 어음행위가 무효인 사정을 알면서($\frac{즉,}{이면서}$ 악의) Y에 대하여 어음보증채무의 이행을 청구하는 것은 권리남용이 되어 Y는 X에게 어음보증채무의 이행을 거절할 수 있다고 본다.[1]

그러나 기본어음의 요건흠결·피보증채무의 소멸시효완성·만기 미도래·배서불연속·어음면상 명백한 지급필 등과 같이 어음상에 나타난 물적 항변사유($\frac{물적 항변 사유 중}{증권상의 항변}$)로 인하여 A의 피보증채무가 부존재(무효)한 경우에는, Y의 어음보증채무는 성립하지 않으므로($\frac{어음보증}{의 부종성}$)($\frac{어 32조 2항 반대해석·77조}{3항, 수 27조 2항 반대해석}$)[2] Y는 누구에 대하여도 어음보증채무의 이행을 거절할 수 있다.

어음보증인의 책임을 피보증인의 항변사유에 따라 도시(圖示)하면 아래와 같다.

항변사유 \ 어음보증인과 어음소지인과의 관계		보증인과 피보증인의 직접상대방(악의)과의 관계 (Y·B간의 관계)	보증인과 피보증인의 직접 상대방 이외의 자(악의)와의 관계(Y·X간의 관계)
인 적 항변사유	원인관계의 부존재, 무효, 취소	보증채무의 이행거절가능 (권리남용)	보증채무의 이행거절가능 (권리남용)
	기타의 인적 항변 (원인관계상 가지는 취소권·해제권·상계권 등)	보증채무의 이행거절불가 (독립성) (민 433조~435조와 비교)	보증채무의 이행거절불가 (독립성) (민 433조~435조와 비교)
물 적 항변사유	증권상의 항변	보증채무의 불성립(모든 자에 대한 이행거절가능)	보증채무의 불성립(모든 자에 대하여 이행거절가능)
	비증권상의 항변	보증채무의 이행거절가능 (권리남용)	보증채무의 이행거절가능 (권리남용)

(2) 어음보증인의 구상권

1) 피보증채무의 소멸　　어음보증인이 어음채무를 이행[3]하면 자기의 보증채무도 소멸되지만, 이와 동시에 피보증채무도 소멸한다.

2) 어음법상 구상권의 취득　　어음보증인이 보증채무를 이행하면 피보증채무가 소멸하는 결과로 인하여, 보증채무를 이행한 어음보증인은 피보증인 및 그의 전자인 어음채무자($\frac{주채무자}{를 포함}$)에 대하여 어음상의 권리를 취득한다($\frac{어 32조 3항·77조}{3항, 수 27조 3항}$). 이것

---

1) 정(찬), 693~694면; 동, 전게논문(현대상법의 과제와 전망), 475면.
2) 정(찬), 전게 법률신문, 11면은 「어음보증인은 피보증인의 (모든) 물적 항변사유를 모든 어음소지인에 대해서도 원용할 수 있다」고 하였으나, 본문과 같이 변경한다.
3) 이 때의 이행은 어음금의 지급(변제)·상계(相計)·경개(更改) 등으로 인한 어음채무의 소멸을 의미한다.

이 어음법상 인정된 어음보증인의 구상권(Rückgriffsanspruch)이다. 따라서 환어음의 발행인을 위한 어음보증인은 발행인 및 인수인에 대하여 구상권을 취득하고, 약속어음 및 수표의 발행인을 위한 어음보증인은 발행인에 대해서만 구상권을 취득하며, 배서인을 위한 어음보증인은 그 배서인 및 그의 전자인 모든 어음채무자에 대하여 구상권을 취득한다.

어음보증인은 위와 같이 어음법상 인정된 구상권을 취득하는 외에, 어음 외의 실질관계에서 발생하는 민법상 보증인의 구상권($\frac{민\ 441조~}{446조}$)도 취득한다(통설).[1] 따라서 어음보증인은 어음법상의 구상권과 민법상의 구상권 중 어느 것을 선택하여 행사할 수 있다.[2]

3) 어음법상 구상권의 행사　　　어음법상 구상권의 행사는 그 구상권 취득의 법적 성질을 무엇으로 보느냐에 따라 달라진다. 즉, 이에 대하여 (i) 어음보증인이 어음법상 구상권을 취득하는 것은 어음소지인의 권리를 승계취득하는 것이라고 보는 견해(승계취득설)(소수설)도 있으나,[3] (ii) 어음보증인이 어음법상 구상권을 취득하는 것은 법률의 규정에 의하여 독립적·원시적으로 취득하는 것이지 어음소지인의 권리를 승계취득하는 것이 아니라고 보는 견해(법정취득설)(통설)[4]가 타당하다고 본다.[5] 따라서 이와 같이 보면 어음채무자는 원칙적으로 어음소지인에 대하여 가지고 있는 인적 항변사유로써 구상권을 행사하는 어음보증인에게 대항할 수 없다. 그러나 어음보증인이 어음채무자의 어음소지인에 대한 인적 항변사유를 알고 보증채무를 이행한 경우에는 예외적으로 어음채무자는 어음보증인에 대하여 악의의 항변($\frac{어\ 17조\ 단서·77조\ 1항\ 1호,}{수\ 22조\ 단서의\ 유추적용}$)을 주장할 수 있다고 본다(통설).[6] 또한 어음보증인이 구상권을 취득하는 것은 법정취득이므로 어음보증인은 어음의 교부를 받지 않더라도 어음금을 지급하기만 하면 이 권리를 당연히 취득하고, 어음보증인은 이 권리에 기하여

1) 정(찬), 695면; 정(희), 299면; 서·정, 223면; 정(동), 347면 외.
2) 동지: 서·정, 223면; 정(동), 347면; 양(승), (어) 329면.
3) 손(주), 303면; 서(정), 236면; 김(용), 348면; 강, (어) 432면.
4) 정(희), 299면; 서·정, 223면 외.
　　참고로 재상환청구권(재소구권)의 취득에 대하여는「어음소지인이 가지고 있던 권리를 승계취득하는 것이 아니라 다시 어음상의 권리자인 지위를 회복하는 것이다」고 하거나(권리부활설)[서·정, 244면], 또는「법률의 규정에 의하여 어음채권을 재취득하는 것이다」라고 설명하지(권리재취득설)[정(동), 444면], 이를 단순한 승계취득으로 보는 견해는 없다.
5) 정(찬), 695면.
6) 정(찬), 695면; 정(희), 299면; 서·정, 223면; 채, 223면 외.
　　반대: 日最高判 1955. 9. 22(民集 9, 1313)(어음채무자의 어음보증인에 대한 악의의 항변을 인정하지 않는다).

어음의 교부를 청구할 수 있고 또 이렇게 교부받은 어음에 의하여 자기의 어음채무자에 대하여 구상권을 행사할 수 있다. 그러나 피보증채무를 위하여 설정된 담보권은 어음보증인에게 이전되지 않는다.

　　4) 일부보증의 경우　　　　어음보증인이 어음금액의 일부에 대하여 보증하고 그 보증채무를 이행한 경우에는 그 이행한 부분에 한하여 피보증인 및 그의 전자에 대하여 구상권을 취득하고, 잔액에 대한 어음상의 권리는 여전히 어음소지인에게 귀속한다. 이러한 일부보증인은 어음소지인에 대하여 그 지급 사실을 어음에 적고 영수증을 교부할 것을 청구할 수 있고($^{어 39조 3항}_{유추적용}$), 또한 그의 구상권을 행사하기 위하여 어음소지인에게 어음의 증명등본을 청구할 수 있다고 본다($^{어 51조 2문}_{유추적용}$).

　　일부보증인이 위와 같이 어음소지인에게 보증한 어음금액의 일부를 지급하고 어음소지인으로부터 어음의 증명등본을 교부받은 경우에는, 동 증명등본을 가지고 자기의 어음채무자($^{피보증인 또는 그의}_{전자인 어음채무자}$)로부터 구상권을 행사할 수 있다고 본다.[1] 이와 같은 점은 일부인수의 경우에 인수되지 않은 잔액을 지급한 상환(소구)의무자가 자기의 전자에 대하여 어음의 증명등본으로써 재상환청구(재소구)하는 경우와 동일하게 볼 수 있다. 이 외에 일부보증인은 자기의 어음채무자($^{피보증인 또는 그의}_{전자인 어음채무자}$)가 어음소지인에게 어음금의 잔액을 지급하고 어음을 환수하기를 기다려 자기가 지급한 어음금액의 일부에 대하여 구상권을 행사하든가, 또는 일부보증인이 스스로 어음금의 전액을 지급하고 어음소지인으로부터 어음을 환수하여 자기의 어음채무자로부터 어음금의 전액에 대하여 구상권을 행사할 수도 있다(통설).[2]

　　5) 공동보증의 경우　　　　동일한 어음채무를 위하여 수 인이 공동의 어음보증을 한 경우에는 앞에서 본 바와 같이 공동보증인간에 분별의 이익($^{민}_{439조}$)이 없고 공동보증인은 합동책임($^{어 47조 1항·77조}_{1항 4호, 수 43조 1항}$)을 부담하므로, 공동보증인은 각자 어음금의 전액에 대하여 지급할 책임을 부담한다($^{민법상 공동보증}_{과의 차이}$). 따라서 어음보증에서 공동보증인 중의 1인이 그 보증채무를 이행한 때에는 어음법상으로는 다른 공동보증인에 대한 구상권이 없고, 민법의 일반원칙에 의하여 다른 공동보증인에 대한 구상권이 발생할 뿐이다($^{민 448조 2항,}_{425조}$).

---

1) 동지: 정(동), 348면; 최(기), 601면; 채, 223면.

2) 정(찬), 696면; 정(희), 300면; 정(동), 347~348면; 손(주), 304면; 채, 223면; 주석, 369면 외.

제 2   어음참가(어음에 특유한 제도)

1. 총   설

(1) 참가의 의의

1) 참가(intervention, intervention for honour; Ehreneintritt)라 함은 「상환청구(소구)를 저지하기 위하여 제 3 자가 어음관계에 가입하는 것」이다. 어음의 인수가 거절되거나 또는 지급이 거절되었을 때에 어음소지인은 앞에서 말한 상환청구(소구)제도에 의하여 보호된다. 그러나 이 제도는 다른 어음관계자에게는 그 신용을 훼손하는 것이고, 또 완만한 상환청구(소구)절차의 진행중에 차차 상환금액이 증대하며, 때로는 자기의 전자가 무자력하게 되어 재상환청구(재소구)의 기회를 상실하는 등 불리한 점이 많다. 그러므로 이러한 경우에 제 3 자가 어음관계에 가입하여 인수 또는 지급을 하여서 상환청구(소구)권의 행사를 저지하는 방법이 인정되어 있다. 이것이 참가제도이다. 즉, 참가는 어음의 불명예로운 상태(Nichthonorierung)에서 어음의 명예를 회복하는 것이므로, 참가인수 또는 참가지급을 영예인수 또는 영예지급이라고도 한다.[1]

어음참가는 제 3 자가 어음관계에 가입하여 어음의 신용을 유지하는 점에서는 어음보증과 비슷하지만, 어음보증이 예방조치인 데 반하여 어음참가는 사후조치라는 점에서 양자는 서로 다르다.

2) 이러한 참가제도는 수표에는 없고 어음에 특유한 제도이다. 그런데 약속어음에 대하여 어음법은 참가지급에 관한 규정만을 준용하고($\frac{\text{어}}{1\text{항}}\frac{77\text{조}}{5\text{호}}$), 참가인수에 관한 규정을 준용하고 있지 않다. 따라서 약속어음에 관하여 참가인수를 인정할 것인가에 대하여 의문이 있다. 이에 대하여 약속어음에는 인수제도가 없는 점과 어음법이 참가인수에 관한 규정을 준용하고 있지 아니하는 점을 이유로 하여 약속어음에는 참가인수제도를 부정하는 부정설(소수설)도 있으나,[2] 참가인수는 인수거절의 경우뿐만 아니라 소지인이 만기 전에 상환청구(소구)할 수 있는 모든 경우에 그것을 저지하기 위하여 할 수 있는 것이므로 약속어음에도 참가인수제도를 긍정하는 긍정설(통설)[3]이 타당하다고 본다.[4] 따라서 앞에서 설명한 바와 같이 인수거절 이외의 만

---

1) 우리나라에서 참가제도는 실제거래에 있어서 거의 이용되고 있지 아니하나, 독일에서는 참가지급이 많이 이용되고 있다고 한다[Hueck/Canaris(11. Aufl.), § 13 Ⅰ 2 b].

2) 박(원), 595면; 양(승), (어) 342면.

3) 정(희), 303면; 서·정, 283면; 정(동), 450면; 손(주), 386면; 최(기), 602면; 이(범), 358면; 정

기 전의 상환청구(소구)를 인정하는 한, 약속어음에 대하여도 참가인수제도를 긍정하여야 할 것이다. 다만 약속어음에 참가인수제도를 인정하는 경우에도 어음법 제57조 3문의 규정에 의하여 피참가인의 표시가 없는 경우에는 발행인을 위하여 참가인수를 한 것으로 의제할 것이 아니라, 제1의 배서인을 위하여 한 것이라고 보아야 한다. 왜냐하면 약속어음의 발행인은 상환(소구)의무자가 아니기 때문이다.

(2) 참가의 종류

참가에는 참가인수와 참가지급이 있다. 참가인수는 만기 전의 상환청구(소구)를 저지하기 위하여 제3자가 참가하여 상환(소구)의무를 인수하는 경우이고, 참가지급은 만기 전이든 만기 후이든 불문하고 상환청구(소구)를 저지하여 제3자가 참가하여 지급하는 경우이다. 따라서 참가인수는 만기 전의 상환청구(소구)요건이 구비된 때로부터 만기까지의 사이에 할 수 있고($\frac{어}{1항}$ 56조), 참가지급은 만기 전 또는 만기 후의 상환청구(소구)요건이 구비된 때로부터 지급거절증서를 작성시킬 수 있는 최종일의 다음 날까지 할 수 있다($\frac{어 59조 3항,}{77조 1항 5호}$).

(3) 참가의 당사자

1) **참 가 인** 참가를 하는 자를 참가인(intervenant; Honorant, Intervenient)이라고 하고, 참가의 종류에 따라 참가인수인과 참가지급인이 있다. 또 참가는 어음의 기재상 참가할 것이라고 예정된 자가 하는 경우와, 그렇지 아니한 순수한 제3자가 하는 경우가 있다. 전자를 「예비지급인」(referee in case of need; Notadressat)이라고 하고, 후자를 「협의의 참가인」 또는 「고유의 참가인」이라고 한다.

(가) **예비지급인** 예비지급인을 기재하는 목적은 앞에서 설명한 바와 같이 인수거절 또는 지급거절의 경우에 상환청구(소구)를 방지하기 위한 것이다. 예비지급인을 지정할 수 있는 자는 발행인($\frac{환어음의}{경우}$)·배서인($\frac{무담보배서인}{은 제외}$) 또는 보증인($\frac{상환(소}{구)의무}$ $\frac{자를 위한}{보증인}$)이다($\frac{어 55조 1항,}{77조 1항 5호}$). 환어음의 지급인 또는 인수인과 약속어음의 발행인은 상환(소구)의무자가 아니므로 참가인을 지정할 수 없다.

예비지급인이 될 수 있는 자는 어음에 관계 없는 제3자는 물론, 인수를 하지 아니한 지급인[1]·지급담당자·발행인($\frac{환어음의}{경우}$) 및 배서인 등이다($\frac{어 55조 3항,}{77조 1항 5호}$). 그러나

(무), 514면; 김(용), 382면; 이(기), 411면; 채, 287면; 강, (어) 519면 외.

4) 정(찬), 698면.

1) 인수를 하지 않은 지급인은 지급인의 자격에서는 인수 또는 지급을 거절하여도 예비지급인을 지정한 자를 위하여는 참가인수 또는 참가지급을 할 수 있으므로, 그러한 지급인은 예비지급인으로 지정될 수 있다.

환어음의 인수인 및 약속어음의 발행인은 그 성질상 참가인이 될 수 없다($_{77조\ 1항\ 5호}^{어\ 55조\ 3항,}$). 예비지급인은 지급지 내에 주소를 가지는 자이어야 하는 것은 아니지만, 지급지 외에 주소를 가지는 자를 예비지급인으로 지정하여도 그 기재에 따르는 특별한 효과가 발생하지 아니하므로, 실제는 지급지에 주소를 가지는 자를 지정하게 된다($_{60조\ 1항}^{어\ 56조\ 2항,}$).

(내) 협의의 참가인   협의의 참가인일 수 있는 자는 예비지급인으로 어음상에 기재되지 않은 제 3 자·지급인·발행인($_{경우}^{환어음의}$)·배서인·보증인($_{를\ 위한\ 보증}^{상환\langle소구\rangle의무자}$) 등이다. 그러나 환어음의 인수인과 약속어음의 발행인 및 그 보증인은 참가인이 될수 없다. 왜냐하면 주채무자가 참가인이라는 것은 무의미하기 때문이다.

2) 피참가인   모든 상환(소구)의무자와 그 보증인은 피참가인(Honorat, Geehrter)이 될 수 있다($_{77조\ 1항\ 4호}^{어\ 55조\ 2항,}$). 따라서 환어음의 인수인·지급인, 약속어음의 발행인, 무담보배서인 등은 상환(소구)의무자가 아니므로 피참가인이 되지 못한다.[1]

(4) 참가의 통지

참가인은 피참가인에 대하여 참가일로부터 2거래일 내에 그 참가의 통지를 하여야 한다($_{77조\ 1항\ 5호}^{어\ 55조\ 4항\ 1문}$). 왜냐하면 피참가인은 참가인의 구상($_{77조\ 1항\ 5호}^{어\ 63조\ 1항,}$)을 피하기 위하여 자진해서 소지인에 대하여 상환을 하고($_{2항}^{어\ 58조}$) 다시 자기의 전자에 대하여 상환청구(소구)를 할 수 있게 하거나, 또는 참가인에 대하여 상환의 준비를 할 수 있게 하기 위한 것이다. 또한 환어음의 발행인이 피참가인인 경우에는 무자력인 지급인에게 자금을 제공시키지 않게 하고, 이미 제공한 자금을 속히 찾아오게 하기 위한 목적도 있다. 따라서 단순히 인수거절 또는 지급거절의 사실만을 통지하여서는 불충분하다.

통지기간을 준수하지 아니한 경우에 과실로 인한 손해가 발생한 때에는 참가인은 어음금액의 한도 내에서 그 배상책임을 부담한다($_{77조\ 1항\ 5호}^{어\ 55조\ 4항\ 2문}$).

2. 참가인수

(1) 참가인수의 의의와 성질

1) 참가인수(acceptance by intervention for honour; Ehrenannahme)라 함은 「만기 전의 상환청구(소구)를 저지하기 위하여 어음을 지급할 것을 약속하는 어음행위」를 말한다. 참가인수를 할 수 있는 자는 앞에서 본 바와 같이 참가인이 될 수 있는 자($_{배서인·보증인\langle상환의무자를\ 위한\rangle}^{제3자·지급인·발행인\langle환어음\rangle·}$)이다.

---

[1] 따라서 환어음의 인수인·약속어음의 발행인을 위한 참가인수는 무효이고, 이들을 위한 참가지급은 주채무의 지급이 된다[동지: 정(동), 451~452면; 채, 289면].

2) 참가인수의 법적 성질에 관하여 과거에는 보통의 인수의 일종이라는 설도 있었으나,[1] 상환(소구)의무의 인수라고 해석하는 것이 타당하다(통설).[2] 왜냐하면 참가인수인은 피참가인과 동일한 의무를 부담하는데($\frac{어}{1항}$58조), 피참가인은 상환(소구)의무자에 한정되는 것이므로($\frac{어}{2항}$55조) 참가인수인의 의무도 또한 상환(소구)의무를 인수하는 데에 지나지 않기 때문이다. 따라서 참가인수인의 채무는 인수인의 그것과 구별된다. 즉, 참가인수인의 채무의 소멸시효기간은 인수인의 그것과 달라서 3년이 아니라 피참가인의 그것과 동일하고, 참가인수인은 이득상환의무자도 아니며($\frac{어}{79조}$), 참가인수인의 파산은 상환청구(소구)원인($\frac{어}{43조}$)이 되지 아니한다.[3]

(2) **참가인수의 요건**

참가인수는 만기 전에 상환청구(소구)권을 행사할 수 있는 모든 경우에 할 수 있다($\frac{어}{1항}$56조). 따라서 참가인수를 하기 위하여는 실질적으로 만기 전에 상환청구(소구)원인이 발생하여야 하고, 형식적으로 (거절증서의 작성면제의 경우를 제외하고는) 거절의 사실이 인수(지급)거절증서에 의하여 증명됨을 요한다.

참가인수가 만기 전에 상환청구(소구)권을 행사할 수 있는 경우에 인정되는 점에서, 인수제시금지어음($\frac{어}{2항}$22조)에 대하여는 참가인수가 인정되지 아니한다($\frac{어}{1항}$56조).

(3) **참가인수의 방식**

1) 참가인수는 어음 자체에 「참가인수문구」를 기재하고, 참가인수인이 「기명날인 또는 서명」하여야 한다($\frac{어}{1문}$57조). 보통의 인수는 단순히 인수인(지급인)의 기명날인 또는 서명만으로써 할 수 있어도, 참가인수는 참가인수인의 기명날인 또는 서명만으로써는 불충분하고 「피참가인」을 표시하여야 한다($\frac{어}{2문}$57조). 그러나 피참가인의 표시가 없어도 무효가 되는 것은 아니고, 환어음의 경우는 발행인($\frac{약속어음의 경우}{는 제 1 배서인}$)을 위하여 참가인수한 것으로 본다($\frac{어}{2문}$57조). 예비지급인의 참가인수는 그 지정자를 위하여 한 것이라고 보아야 한다.

2) 법문에 의하면 등본 또는 보충지에 하는 것이 허용되지 아니하지만, 참가인

---

1) 1932년 전의 일본의 구법(舊法)하에서는 통설이었다(伊澤, 505면 참조).

2) 정(찬), 700면; 정(희), 303면; 정(동), 453면; 서(정), 277면; 손(주), 362면; 양(승), (어) 341면; 이(기), 363면; 채, 287면 외.

3) 이 밖에 참가인수인의 채무가 인수인의 그것과 구별되는 점으로는 ① 참가인수인의 의무는 조건적인 것으로 지급인이 지급하지 아니하는 경우에만 지급의무를 지는 점, ② 참가인수인은 피참가인의 후자에 대하여서만 의무를 지는 점, ③ 참가인수인은 상환청구(소구)권보전절차의 흠결로 인하여 면책되는 점, ④ 참가인수가 있어도 어음소지인은 피참가인의 전자에 대하여는 여전히 만기 전의 상환청구(소구)를 할 수 있는 점, ⑤ 참가인수인이 지급을 한 때에는 피참가인과 그 채무자에 대하여 어음상의 권리를 취득하는 점 등이다.

수는 배서인 또는 보증인을 위하여도 하는 것이므로 등본 또는 보충지에 기재하는 것도 허용된다고 본다(통설).[1]

3) 참가인수도 그 성질상 인수와 같이 단순하여야 하지만, 일부인수가 있었던 경우에는 그 잔액에 대하여만 참가인수가 인정된다. 그러나 일부참가인수는 허용되지 않는다[2]($\substack{\text{어 59조}\\\text{2항 참조}}$).

4) 참가인수인은 인수인의 경우와는 달리 참가인수를 함에 있어서 지급담당자(제3자) 또는 지급장소를 기재할 수 없으므로($\substack{\text{어 27조}\\\text{참조}}$), 참가인수인의 지급장소는 그의 주소가 된다.[3]

(4) 참가인수의 선택

1) 참가인수의 승낙과 거절　　어음소지인은 원칙적으로 참가인수를 거절할 수 있다($\substack{\text{어 56조}\\\text{3항 1문}}$). 왜냐하면 어음소지인이 자기가 신용할 수 없는 제3자의 참가로 인하여 상환청구(소구)권을 상실하는 것은 부당하기 때문이다.

그러나 지급지에 주소를 가지는 예비지급인의 기재가 있는 경우에는 이러한 예비지급인의 참가는 거절하지 못한다. 왜냐하면 어음소지인은 이러한 예비지급인이 참가하는 일이 있을 것을 알고서 어음을 취득하였기 때문이다. 또 이 경우에 어음소지인은 먼저 그 예비지급인에 어음을 제시하여 참가인수를 청구한 후가 아니면, 예비지급인을 기재한 자와 그 후자에 대한 만기 전의 상환청구(소구)권을 상실한다($\substack{\text{어 56조}\\\text{2항}}$). 예비지급인이 수 인인 경우에는 그 전원에 대하여 위의 인수제시를 하여야 한다. 인수제시기간은 만기일까지이다.

2) 참가인수의 경합　　피참가인을 달리하는 협의의 참가인수인이 경합하는 경우에, 예컨대 어음소지인이 발행인을 위한 참가인수를 승낙한 때에는 그 후자를 위하는 참가인수를 승낙할 수 없게 된다. 왜냐하면 어음소지인은 그 후자에 대한 만기 전의 상환청구(소구)권을 상실하기 때문이다($\substack{\text{어 56조}\\\text{3항 2문}}$). 이에 반하여 예컨대 어음소지인이 최후의 배서인을 위한 참가인수를 승낙한 때에는 그 후에 그 전자($\substack{\text{예컨대,}\\\text{발행인}}$)를 위한 참가인수를 승낙하는 것은 상관없다. 그러므로 어음소지인이 상환(소구)의 무자 전원을 위한 참가인수를 승낙하고자 하면 먼저 최후의 배서인을 위한 참가인수를 승낙하여 순차로 발행인을 위한 참가인수를 승낙하도록 하여야 한다.

1) 정(찬), 701면; 정(희), 303면; 손(주), 365면; 양(승), (어) 342면; 이(범), 305면; 김(용), 305면.
　반대(소수설): 서(정), 278면; 박(원), 487면; 채, 289면.
2) 동지: 양(승), (어) 342면; 정(동), 454면; 채, 289면.
　반대: B. E. A. § 65 (2).
3) 동지: 정(동), 454면.

예비지급인의 참가인수와 예비지급인이 아닌 자(협의의 참가인)의 참가인수가 경합하는 경우에는, 어음소지인은 예비지급인의 참가인수를 선택하여야 한다고 본다.[1]

(5) 참가인수의 효력

1) 참가인수인의 의무   참가인수인은 어음소지인과 피참가인의 후자에 대하여 피참가인과 동일한 의무를 부담한다(어 58조 1항). 참가인수인의 의무는 피참가인의 의무 즉 상환(소구)의무자로서의 의무이므로, 이에 대하여 권리를 주장하는 데에는 먼저 지급인에게 「지급제시」를 하여야 하고 지급거절시에는 지급거절증서작성 등의 「상환청구(소구)권보전절차」(어 38조, 43조, 44조 1항·3항)를 밟아야 한다. 어음소지인이 이러한 절차를 밟지 않으면 그는 참가인수인에 대한 권리를 상실한다. 어음소지인이 인수거절증서를 작성하였더라도 이는 참가인수에 의하여 실효되는 것이므로, 어음소지인은 참가인수인에 대한 권리를 보전하기 위하여 위의 절차를 밟아야 한다(어 44조 4항의 적용배제).

또한 만기에 지급거절이 있는 경우에는, 어음소지인은 지급거절증서를 작성시킬 수 있는 마지막 날의 다음 날까지 지급지에 주소가 있는 참가인수인 및 지급지에 주소가 있는 예비지급인 모두에게 「참가지급을 위한 어음제시」를 하고 필요할 때에는 「참가지급거절증서」를 작성하여 두지 아니하면 예비지급인을 기재한 자 또는 피참가인과 그 후의 배서인에 대한 권리를 상실하고(어 60조), 그 결과 참가인수인에 대한 권리도 상실한다. 그러나 피참가인의 의무가 실질적 이유로 인하여 무효인 때라도 어음행위독립의 원칙상 참가인수인이 어음채무를 부담하는 것은 물론이다(통설).[2]

2) 상환청구(소구)권의 소멸   참가인수가 있는 때에 어음소지인은 피참가인과 그 후자에 대하여 만기 전의 상환청구(소구)권을 상실한다(어 56조 3항 2문). 즉, 참가인수로 인하여 피참가인과 그 후자는 상환(소구)의무를 면하게 된다.

그러나 피참가인의 전자는 참가인수가 있어도 상환(소구)의무를 면할 수 없고, 피참가인도 만기 전에만 상환(소구)의무를 면하는 것이므로 참가인수인이 뒤에 참가지급을 하는 때에는 피참가인은 참가인수인에 대하여 상환을 하여야 한다. 그러므

---

1) 정(찬), 702면.

동지: 정(희), 304면; 양(승), (어) 343면.

이에 반하여 동지(同地)예비지급인만이 어음법상 특별한 효력이 인정되어 있다는 점에서(어 56조 2항, 60조 1항), 동지예비지급인의 참가인수와 그 밖의 참가인수가 경합하는 경우에는 동지예비지급인의 참가인수를 선택하여야 하나, 그 밖의 참가인수가 경합하는 경우(예컨대 타지〈他地〉예비지급인과 협의의 참가인)에는 어음소지인은 그 중의 누구를 선택할 수도 있고 또 이들 전원의 참가인수를 거절할 수도 있다는 견해가 있다[정(동), 455면; 손(주), 364면; 이(기), 364면].

2) 정(찬), 703면; 정(희), 305면; 양(승), (어) 334면; 정(동), 456면; 이(기), 365면; 채, 291면 외.

로 어음법은 피참가인과 그 전자는 참가인수에 불구하고 상환청구(소구)금액을 지급하고 어음을 환수할 수 있다고 규정하고 있다($\text{어}_{2항}^{58조}$).

3) **참가인수인과 피참가인과의 관계**   참가인수인과 피참가인간에는 참가인수로 인하여 직접 아무런 어음상의 관계가 발생하지 아니한다. 참가인수인이 피참가인의 위임에 의하여 참가인수를 하였을 경우에는 위임의 관계가 인정될 수 있고, 그렇지 아니한 경우에는 사무관리의 관계가 인정될 수 있을 뿐이다. 다만 참가인수인이 참가지급을 한 때에는 피참가인과 그의 어음상의 채무자에 대하여 어음상의 권리를 취득한다($\text{어}_{1항 본문}^{63조}$).

3. 참가지급

(1) 참가지급의 의의와 성질

1) 참가지급(payment by intervention for honour; Ehrenzahlung; paiement par intervention)이라 함은 「만기 전 또는 만기 후의 상환청구(소구)를 저지할 목적으로써 하는 지급」이다. 참가지급을 할 수 있는 자는 앞에서 본 바와 같이 참가인이 될 수 있는 자($\text{제 3 자·지급인}^{1)}\text{·발행인〈환어음〉·}_{\text{배서인·보증인〈상환의무자를 위한〉}}$)이다.

2) 참가지급도 지급의 일종이지만 이것은 본래의 지급인이 지급을 하지 아니하는 경우에 제 2 차적으로 지급하는 것이고, 그 결과는 단순히 피참가인의 후자의 의무를 소멸시키는 데에 지나지 못하다는 점에서 본래의 지급과 다르다. 따라서 참가지급의 성질은 본래의 어음의 지급은 아니고, 상환청구(소구)권의 행사를 저지하기 위하여 하는 변제 또는 변제에 유사한 행위라고 볼 수 있다.[2] 또한 참가지급은 어음상의 기명날인 또는 서명을 요하지 아니하므로 참가인수와 같은 어음행위가 아니다.

(2) 참가지급의 요건

참가지급은 만기 전 또는 만기 후에 상환청구(소구)권을 행사할 수 있는 모든 경우에 할 수 있다($\text{어}_{1항}^{59조}$). 따라서 참가지급를 하기 위하여는 실질적으로 만기 전 또는 만기 후의 상환청구(소구)원인이 발생하여야 하고, 형식적으로 (거절증서작성면

---

1) 인수인은 참가지급인이 될 수 없으나, 인수를 하지 않은 지급인은 참가지급인이 될 수 있다. 이 때 이러한 지급인은 발행인을 위하여는 지급을 거절하여도, 피참가인을 위하여는 지급하는 것이 된다.

　반대: 정(동), 457면(그러나 동 교수, 451면은 인수하지 않은 지급인도 참가인이 될 수 있다고 한다).

2) 동지: 정(동), 457면; 양(승), (어) 364면; 이(기), 366면.

제와 파산의 경우를 제외하고는) 지급거절의 사실이 거절증서에 의하여 증명되어야 한다($\frac{어\ 43조~44조,}{77조\ 1항\ 4호}$).

(3) 참가지급인과 참가지급의 경합

참가지급인이 될 수 있는 자는 참가인수인·예비지급인 또는 제 3 자이고, 환어음의 인수인($\frac{약속어음의}{발행인}$)은 참가지급인이 될 수 없다($\frac{어\ 55조}{3항}$).

1) 참가인수인 또는 예비지급인의 참가지급 지급지에 주소를 가지는 참가인수인 또는 예비지급인이 있는 경우에 어음소지인은 이러한 자의 전원에게 어음을 제시하고, 또 필요한 때에는 거절증서를 작성시킬 수 있는 마지막 날의 다음 날까지 지급거절증서를 작성시켜야 한다($\frac{어\ 60조\ 1항,}{77조\ 1항\ 5호}$). 만일 이러한 절차를 밟지 않은 경우에는 예비지급인을 기재한 자 또는 피참가인과 그 후의 배서인은 어음채무를 면하게 된다($\frac{어\ 60조\ 2항,}{77조\ 1항\ 5호}$). 그 결과 참가인수인에 대한 권리도 상실한다.

2) 제 3 자의 참가지급 위에서 설명한 참가인수인 또는 예비지급인이 없는 경우에는 어음소지인은 곧 상환청구(소구)할 수 있다. 그러나 어음소지인은 순수한 제 3 자가 참가지급을 하려고 할 때에는 참가인수의 경우와 달라서 이것을 거절하지 못한다. 만약 이것을 거절하면 그 참가지급으로 인하여 의무를 면할 수 있었던 자에 대한 상환청구(소구)권을 잃는다($\frac{어}{61조}$). 왜냐하면 참가지급의 경우에는 현실로 지급하는 것이므로 참가인의 이러한 개인적 요소를 중요시할 필요가 없기 때문이다.

3) 참가지급의 경합 상이한 피참가인을 위하여 수 인의 참가지급희망자가 있는 경우에는 참가지급희망자가 참가인수인 또는 예비지급인이든 또는 순수한 제 3 자이든 불문하고, 가장 많은 수의 어음채무자의 의무를 면하게 하는 자가 우선한다($\frac{어\ 63조\ 3항\ 1문,}{77조\ 1항\ 5호}$). 예컨대, 환어음의 발행인을 피참가인으로 하는 참가지급인과 배서인을 피참가인으로 하는 참가지급인 사이에서는 전자가 우선하는 것이다. 이 원칙의 순위에 위반한 참가지급도 참가지급 자체는 유효하지만, 자기보다도 선순위에 있는 참가지급인이 있는 것을 알면서 자진하여 참가지급한 참가지급인은 선순위의 참가지급인이 참가지급을 하면 의무를 면할 수 있었던 자에 대한 상환청구(소구)권을 잃는다($\frac{어\ 63조\ 3항\ 2문,}{77조\ 1항\ 5호}$). 그러나 어음소지인은 누구의 참가지급을 수령하여도 무방하다.[1]

(4) 참가지급의 방식·금액 및 시기

1) 방 식 참가지급은 이것을 영수한 어음소지인이 어음상에 영수를 증

---

1) 동지: 정(동), 458면; 이(기), 367면.

명하는 문구를 적고, 또 피참가인을 표시하는 방법으로 한다($^{어\ 62조\ 1항\ 전단,}_{77조\ 1항\ 5호}$). 피참가인의 표시가 없는 참가지급은 가장 많은 사람을 면책시키기 위하여 환어음의 경우는 발행인($^{약속어음의\ 경우는}_{제1배서인}$)을 위하여 지급한 것으로 본다($^{어\ 62조\ 1항\ 후단,}_{77조\ 1항\ 5호}$).

또 어음소지인은 이 어음 및 (거절증서를 작성시킨 때에는) 거절증서를 참가지급인에게 교부하여야 한다($^{어\ 62조\ 2항,}_{77조\ 1항\ 5호}$). 이것은 참가지급인이 상환청구(소구)권을 행사하기 위하여 필요하기 때문이다.

2) 금   액   참가지급인은 피참가인이 지급할 전액을 지급하여야 한다($^{어\ 59조\ 2항,}_{77조\ 1항\ 5호}$). 피참가인은 상환(소구)의무자이므로 참가지급의 금액은 이미 설명한 상환청구(소구)금액, 즉 어음금액·만기 이후의 법정이자와 그 밖의 비용 등이다($^{어\ 48조}_{1항}$). 이 금액의 지급은 전액을 지급하여야 하고, 지급의 경우와는 달리($^{어\ 39조}_{2항}$) 피참가인이 지급할 금액의 일부만의 지급 즉, 일부참가지급은 허용되지 아니한다($^{어\ 59조}_{2항}$). 만일 어음소지인이 일부참가지급을 수령하는 경우에도 이것은 상환청구(소구)권을 저지하기 위한 참가지급의 목적을 달성할 수 없을 뿐만 아니라, 그러한 일부참가지급인은 어음상의 권리($^{어\ 63조\ 1항\ 본문,}_{77조\ 1항\ 5호}$)를 취득하지 못하고 다만 그로 인하여 면책된 자에 대하여 민법상의 청구권을 행사할 수 있을 뿐이다.[1]

3) 시   기   참가인수인은 원칙적으로 지급거절증서를 작성시킬 수 있는 최종일의 다음 날까지 참가지급을 하여야 하나($^{어\ 59조\ 3항,}_{77조\ 1항\ 5호}$), 어음소지인이 참가인수인에 대하여 보전절차($^{참가지급을\ 위한\ 지급제시\ 및}_{참가지급거절증서의\ 작성}$)($^{어\ 60조\ 1항,}_{77조\ 1항\ 5호}$)를 취한 경우에는 참가인수인은 거절증서 작성기간의 다음 날이 경과하여도 지급의무를 면하는 것이 아니므로($^{어\ 60조\ 2항,}_{58조\ 1항\ 참조}$) 피참가인이 지급할 때까지는 언제나 참가지급를 할 수 있다고 본다.[2]

그러나 예비지급인 기타 제 3 자의 참가지급은 만기의 전후를 묻지 않고 할 수 있으나, 지급거절증서를 작성시킬 수 있는 최종일의 다음 날까지는 하여야 한다($^{어\ 59조\ 3항,}_{77조\ 1항\ 5호}$).

(5) 참가지급의 효력

1) 어음소지인의 어음상의 권리소멸   참가지급으로 인하여 어음소지인의 어음상의 권리는 모든 어음채무자에 대한 관계에서 소멸한다.

2) 면책적 효력   피참가인보다 후의 배서인은 상환(소구)의무를 면한다($^{어\ 63조}_{2항}$). 그러나 피참가인은 의무를 면하지 못하고 참가지급인에 대하여 의무를 부담한다($^{어\ 63조\ 1항\ 본문,}_{77조\ 1항\ 5호}$).

---

1) 동지: 정(동), 458면.
2) 동지: 손(주), 368~369면; 양(승), (어) 366면; 정(동), 458면; 이(기), 367면.

3) 참가지급인의 어음상의 권리의 취득   참가지급인은 피참가인과 그의 어음상의 채무자에 대하여 어음으로부터 생기는 권리를 취득한다($\frac{\text{어 63조 1항 본문}}{77조 1항 5호}$). 그러나 다시 어음에 배서하지 못한다($\frac{\text{어 63조 1항 단서}}{77조 1항 5호}$). 이 권리취득은 어음소지인의 권리를 승계 또는 대위하는 것이 아니라, 어음소지인의 피참가인에 대한 항변이 부착하지 아니한 독립된 권리를 법률의 규정에 의하여 원시취득하는 것으로서 마치 어음보증인의 권리취득($\frac{\text{어 32조}}{3항}$)과 같다(통설).[1]

4) 일반사법상의 보상청구권의 취득   참가지급인은 위에 설명한 어음상의 권리를 취득하는 외에, 피참가인 등에 대하여 일반사법상의 관계에 기한 보상청구권을 가질 수 있다. 따라서 참가지급인은 이 두 가지의 권리를 선택하여 행사할 수 있다.

제3   복본과 등본

1. 복 본(환어음·수표에 특유한 제도)

(1) 복본의 의의

복본(bill in a set; Wechselduplikate; pluralite d'exemplaires; duplicata)이라 함은 「한 개의 어음상의 권리를 표창하는 여러 통의 증권」을 말하는데($\frac{\text{어 64조 1항}}{\text{수 48조}}$), 환어음 및 수표에만 있는 특유한 제도이다. 약속어음에는 복본제도가 인정되지 않는다. 복본의 각 통은 평등한 지위를 가지는 완전한 증권이고, 그 사이에 정부(正副)·주종(主從)의 관계는 없고 복본 중 어느 한 통만으로도 어음상의 권리를 행사할 수 있다. 그러나 각 복본은 동일한 어음관계를 표창하는 것이므로 어느 한 통으로 권리를 행사($\frac{\text{배서에 의한 권리의 양도,}}{\text{지급에 의한 권리의 소멸 등}}$)하면 다른 복본도 그 효력을 상실한다. 복본이 있는 경우에는 증권은 복수이지만 권리관계는 하나라는 점에서, 이것은 권리 즉 증권이요, 증권 즉 권리의 관계에 있는 보통의 완전유가증권법상의 일대변칙이라고 할 수 있다.

(2) 복본제도의 존재이유

1) 환어음의 경우   첫째, 복본은 원격지 특히 해외에 어음을 안전하고 확실하게 송부하는 수단으로 이용된다. 즉, 해난 기타의 원인으로 인한 도중의 분실·멸실 또는 연착에 대비하여, 동일한 내용의 여러 통의 복본을 발행하여 경유지를 달리하거나 또는 때를 달리하여 개별적으로 송부하면 더 확실하게 예정한 시기에 목

---

[1] 정(찬), 707면; 정(희), 308면; 손(주), 370면; 양(승), (어) 367면; 정(동), 459면 외.

적지에 송부할 수 있다. 해운이 범선으로 행하여졌던 시기에는 이러한 복본이 불가결한 제도이었는데, 복본은 오늘날에도 해외무역의 어음에서 널리 이용되고 있다.

둘째, 복본은 타지에 있는 지급인에 대하여 인수를 위하여 어음을 지급지에 송부하는 경우에는 한 통은 이것에 이용하고, 다른 한 통으로써 배서양도하는 데에도 이용된다. 이것은 어음의 강력한 유통증권성에 비추어 인수를 위하여 어음을 타지에 송부한 경우에 그 반환이 있을 때까지의 어음유통의 편의를 꾀한 것인데, 오늘날에 있어서는 복본의 이러한 이용도 해외거래에서 의미가 있다.

2) 수표의 경우   수표에는 인수제도가 없기 때문에 인수를 위한 복본제도의 존재이유는 없다. 그러나 특히 국제적으로 유통되는 수표의 경우에는 수표의 송부 도중에 발생하는 분실·멸실 또는 연착에 대비하여 복본제도를 인정할 필요가 있는 것이다.[1] 이러한 존재이유로 인하여 수표의 복본은 원격지에서 유통되는 수표에 대해서만 인정되는데($\frac{수}{48조}$), 이 경우에도 소지인출급식수표에 대해서는 인정되지 않는다($\frac{수}{48조}$). 환어음의 경우와는 달리 수표소지인은 복본교부청구권이 없다($\frac{어\ 64조}{3항\ 참조}$). 왜냐하면 수표의 복본은 수표소지인의 유통상의 편의를 위하여 인정된 것이 아닌 까닭이다.

(3) 복본의 발행

1) 환어음의 경우

(가) 복본의 방식   복본을 발행하는 자는 발행인이다. 복본의 각 통은 동일한 어음관계를 표창하는 것이므로 기재내용은 동일하여야 한다. 언뜻 보아 명료한 오자·탈자로 인한 상위는 별문제이지만, 기재내용이 다를 때에는 각 통은 독립한 단일어음(Solawechsel)이라고 보여질 위험성이 있다.[2] 복본의 표시로서는 복본이라는 기재 또는 발행복본수의 기재를 요하지 아니하고, 다만 그 증권의 문언 중에「번호」를 붙일 것을 요구하며 이것이 없는 때에는 각 통은 각각 별개의 환어음으로 본다($\frac{어\ 64조}{2항}$). 인지는 복본의 한 통에만 붙이면 된다.

(나) 복본교부청구권   어음소지인은 어느 때에라도 자기 비용으로써 복본의 교부를 청구할 수 있다. 그러나 발행인이 한 통만으로 발행한다는 뜻을 어음에 기

---

1) 수표의 복본제도에 관하여는 (종래) 입법례가 다양하였다. 예컨대, 영국법은 널리 이것을 인정하고[B. E. A. § 71 (1)], 독일법은 과거에 기명의 외국출급수표에 관하여서만 이것을 인정하였으며, 오스트리아·일본 등은 과거에 전혀 수표의 복본을 인정하지 아니하였다. 그러나 제네바 통일수표법은 수표의 국제적 성질에 기하여 원격지에 보내는 도중의 분실위험을 방지하기 위하여 대체로 독일법에 따라 일정한 경우에 한하여 복본제도를 인정하였다[동지: 서·정, 316~317면].

2) 동지: 손(주), 373면; 정(동), 462면; 이(기), 384면.

재한 경우를 제외한다($_{3항}^{어}{}^{64조}_{1문}$). 수취인이 아닌 어음소지인이 청구하는 경우에는 자기의 직접 배서인에 대하여 청구하고, 그 배서인은 자기의 배서인에 대하여 또 다시 절차를 밟아 순차적으로 발행인에 미친다($_{3항}^{어}{}^{64조}_{2문}$). 이와 같이 발행인이 원어음과 같이 복본작성의 청구를 받은 때에는 이것을 작성하여 수취인에게 교부하고, 수취인은 새로운 복본의 배서를 재기(再記)하여 이것을 자기의 피배서인에게 교부하며, 피배서인은 또 이것에 배서를 재기하여 이것을 청구자인 어음소지인에게 교부한다($_{3항}^{어}{}^{64조}_{3문}$). 복본의 수 및 복본청구시기에는 제한이 없다. 따라서 어음상의 권리가 절차의 흠결 또는 시효로 소멸한 후에도 이득상환청구권을 행사하기 위하여 어음이 필요한 경우에는 어음소지인은 복본교부청구권이 있다고 본다.[1]

어음소지인의 이러한 복본교부청구권은 어음상의 권리가 아니고 「어음법상의 권리」이다. 또한 어음소지인은 이러한 복본청구를 위하여 원어음을 제시하여야 하는 것은 아니나, 원어음이 없으면 발행된 복본에 번호를 붙일 수 없으므로 실제로 원어음을 상실하면 복본교부청구권을 행사할 수 없게 된다(통설).[2]

2) 수표의 경우

(개) **복본의 방식**　　수표의 경우에도 복본을 발행하는 자는 발행인이고, 각 복본에는 그 증권의 본문 중에 번호를 붙여야 하며, 이러한 번호가 없는 때에는 각 복본은 별개의 수표라고 보는 점($_{2문}^{수}{}^{48조}$)은 환어음의 경우와 같다.

(내) **발행의 요건**　　수표의 복본은 그 존재이유에서 본 바와 같이 수표소지인의 유통상의 편의를 위하여 인정된 것이 아니므로, 환어음의 경우와는 달리 수표소지인에게 복본교부청구권이 인정되지 않고, 그 대신 복본의 발행에 다음과 같은 요건이 있다.

① **원 격 성**　　분실 등의 위험이 있는 경우에는 발행지와 지급지가 원거리인 경우이므로 복본에는 원격성이 필요하다. 어떠한 경우에 원격성이 있는가는 외국출급수표에만 한하지 아니한다. 즉, (i) 한 국가($_{한국}^{예컨대,}$)에서 발행하고 다른 국가($_{미국}^{예컨대,}$)나 발행국의 해외영토에서 지급할 수표, (ii) 한 국가의 해외영토에서 발행하고 그 본국에서 지급할 수표, (iii) 한 국가의 해외영토에서 발행하고 같은 해외영토에서 지급할 수표, (iv) 한 국가의 해외영토에서 발행하고 그 국가의 다른 해외영토

---

1) 정(찬), 709면.
　　동지: 정(희), 310면; 최(기), 612면; 주석, 451면.
　　반대: 정(무), 498면.

2) 정(찬), 709면; 정(희), 310면; 정(동), 462면; 손(주), 372면; 최(기), 612면; 이(기), 384면; 주석, 451면 외.

에서 지급할 수표인 경우에는, 원격성이 있어 복본을 발행할 수 있다(수 48조).

② 비(非)소지인출급식수표   복본은 기명식 또는 지시식수표에만 허용되고, 소지인출급식수표에는 허용되지 아니한다(수문 48조). 왜냐하면 소지인출급식수표의 복본 각 통이 따로따로 양도된 경우에 그 양도인을 알 수 없으므로, 결국 발행인에게 그 각 통에 대하여 책임을 부담시키게 되는 까닭이다.

(4) 복본의 효력

1) 원칙(복본일체의 원칙)   복본의 각 통은 동일한 권리관계를 표창하고 동일한 어음목적을 달성하기 위한 수 통이므로, 증권은 복수라도 권리관계는 하나이다. 그러므로 복본의 한 통에 인수가 있으면 어음소지인은 나머지 복본에 의하여 또 다시 인수를 구할 수 없고, 한 통에 관하여 어음의 지급이 있으면 그 지급복본에 「이 복본의 지급으로 인하여 다른 복본은 무효로 된다」는 뜻의 이른바 「파훼문구」 (Kassationsklausel, kassatorische Klausel)의 기재 유무에 불구하고 다른 복본은 당연히 무효가 된다(어 65조 1항 본문,). 또 발행인(환어음)·배서인은 복본 각 통에 기명날인 또는 서명을 하고 있으나, 어느 한 통에 관하여 상환의무를 이행하면 나머지 복본에 관하여는 당연히 그 책임을 면한다.

2) 예외(각 복본의 독립성)   복본은 각각 완전한 어음(수표)으로서 어음(수표) 상의 권리의 행사는 어느 한 통에 의하여 하면 나머지 복본이 무효로 되는 것은 이미 설명한 바이지만, 각 복본은 어음(수표)으로서 완전하다는 점에서 복본의 이용을 잘못하여 각 통이 독립화하는 점도 있다. 이는 복본일체의 원칙에 대한 예외가 된다.

㈎ 인수의 경우

① 환어음의 지급인은 복본의 한 통에 대하여만 인수하면 되고 두 통 이상에 인수하여서는 아니되는 것이지만, 만약 잘못하여 여러 통에 인수하여 그 각 통이 별개로 유통된 경우에는 2중 3중의 인수책임을 부담하여야 한다(어 65조 1항 단서). 그러나 여러 통이 동일한 어음소지인의 수중에 있거나 어음소지인이 악의인 경우에는 복본일체의 원칙이 적용되어 인수인은 1통에 대해서만 인수책임을 부담한다.[1] 만일 지급인이 수 통의 어음에 인수하면서 제 2 호 이하의 복본에 대하여 조건(예컨대, 제 1 호 복본이 지급되면 지급하지 않음)을 붙인 경우에는, 그러한 조건부인수는 인수 자체가 무효이므로 지급인은 2 중지급의 위험을 부담하지 않게 된다.[2]

② 환어음의 지급인이 복본의 한 통에 인수한 경우에 지급은 그 인수된 복본

---

1) 동지: 정(동), 463면; 이(기), 384면; 채, 341면.
2) 동지: 정(동), 463면.

에 대하여 하여야 하는데, 만약 지급인이 인수되지 않은 복본에 대하여 지급을 하고 다른 인수된 복본을 남긴 때에는 지급인은 2중지급의 책임을 부담하여야 한다($_{1항\ 단서}^{어\ 65조,}$). 이러한 인수인도 악의의 어음소지인에 대하여는 그 책임을 부담하지 않는다.

(나) 배서의 경우 복본은 원래 합일적으로 동일인으로부터 동일인에게 유통되어야 하지만, 복본소지인이 고의 또는 과실로 각 통을 각각 다른 사람에게 배서양도한 때에는 그 배서인은 반환을 받지 아니한 각 통에 대하여 배서인으로서의 어음책임을 부담하여야 하고, 또 그 후에 이러한 복본에 배서한 사람은 그 배서한 복본에 대하여 각각 책임을 부담하게 된다($_{수\ 49조\ 2항}^{어\ 65조\ 2항;}$). 이 때에 「반환받지 아니한 각 통」이라 함은 배서인 자신이 반환받지 않은 것을 의미하는 것이 아니라, 지급인이 반환받지 않은 것을 의미한다.[1] 복본소지인이 각 복본을 다른 사람에게 양도하는 경우에도 배서를 하지 않고 단순히 교부만에 의하여 양도하는 경우($_{지식배서를\ 받은\ 경우}^{예컨대,\ 전자로부터\ 백}$)에는 양도인은 어음상의 책임을 부담할 여지가 없고, 배서인이 피배서인에 대하여는 복본 전부를 합일적으로 배서양도하였는데 그 피배서인이 수 인에게 각각 배서양도한 경우에는 배서인은 복본의 1통과 상환하여 상환(소구)의무를 이행하더라도 상환(소구)의무를 면한다고 본다.[2]

(5) 인수를 위한 복본의 송부

인수하기 위하여 복본의 한 통을 격지에 송부하고($_{Versandtexemplar}^{송부복본,}$), 다른 한 통으로써 배서양도에 이용할 수 있는 것은($_{Umlaufsexemplar}^{유통복본,}$) 이미 위에서 본 바와 같다. 이 경우에는 유통복본에 송부복본의 소지인(Verwahrer)을 기재하여야 하고($_{1항\ 1문}^{어\ 66조}$), 이 기재가 있는 유통복본의 소지인은 송부복본의 소지인에 대하여 그 반환을 청구할 수 있고, 송부복본의 소지인은 이 유통복본의 정당한 소지인에 대하여 그가 소지하는 복본을 교부하여야 한다($_{1항\ 2문}^{어\ 66조}$).

만약 송부복본의 소지인이 그 교부를 거절하는 때에는 유통복본의 소지인은 거절증서(복본반환거절증서)에 의하여 (i) 부복본을 청구하여도 교부되지 아니하였다는 것, (ii) 유통복본으로써 인수 또는 지급을 받을 수 없다는 것을 증명하여 상환청구(소구)권을 행사할 수 있다[3]($_{2항}^{어\ 66조}$). 송부복본소지인의 기재가 없는 때에는, 유통복본소지인은 유통복본에 의하여, 인수 또는 지급의 청구를 하여 상환청구(소

---

1) 동지: 정(동), 463~464면.
2) 동지: 정(희), 311면.
3) 이러한 2종의 거절증서는 1개의 증서로써 작성할 수도 있다(거령 7조).

구)권보전절차를 취하면 복본반환거절증서를 작성하지 아니하여도 곧 상환청구(소구)할 수 있다.

2. 등 본(어음에 특유한 제도)

(1) 등본의 의의

1) 등본(copy; Wechselabschrift, Kopie; copie)이라 함은 「어음 원본을 등사한 것」이다. 이러한 등본 자체는 복본과 같은 어음의 효력이 없고, 다만 그 위에 유효하게 배서 또는 보증을 할 수 있을 뿐이다. 등본은 복본과 같이 어음복제(Wechselvervielfeltigung)의 한 경우에 속하고, 이것은 환어음뿐만 아니라 약속어음에도 존재하는 제도이다($^{어\ 67조~68조,}_{77조\ 1항\ 6호}$). 그러나 수표에는 등본제도가 없다.

2) 등본은 다음과 같은 점에서 복본과 구별되고 있다.[1]

㈎ 등본은 모든 어음소지인이 작성할 수 있으나, 복본은 발행인만이 작성할 수 있다.

㈏ 등본은 배서·보증만을 위하여 이용될 수 있으나, 복본은 완전한 어음으로 모든 어음행위에 이용될 수 있다.

㈐ 등본은 환어음 및 약속어음에서 인정되나, 복본은 환어음 및 수표에서 인정된다.

㈑ 등본의 경우에는 원본에 차단문언을 기재하여 원본에 한 배서를 무효로 할 수 있으나($^{어\ 68조}_{3항}$), 복본의 경우에는 이러한 제한이 없다.

(2) 등본의 존재이유

등본은 다음과 같은 이유로 존재한다.

1) 첫째로, 등본제도는 어음의 유통을 조장하기 위하여 인정된다. 예컨대 환어음의 소지인이 인수를 위하여 어음을 원격지에 송부하였을 때에 복본발행의 번잡을 피하여 등본에 의하여 배서양도하고자 하는 경우에 이용된다.

2) 둘째로, 어음원본(Urschrift, Originalwechsel)의 상실의 위험을 피하기 위하여 이용된다. 즉, 어음원본을 엄중하게 보관하고 등본에 의하여 배서 또는 보증을 하는 편법으로 인정된 것이다. 약속어음의 등본은 이 목적을 위하여만 이용된다.

(3) 등본의 발행

등본은 복본과 달라서 「어음소지인」이 임의로 작성할 수 있다($^{어\ 67조\ 1항,}_{77조\ 1항\ 6호}$). 등본

---

1) 동지: 정(동), 465면.

에는 배서된 사항이나 그 밖에 원본에 적힌 모든 사항을 정확히 다시 적고, 끝부분임을 표시하는 기재를 하여야 한다($^{어\ 67조\ 2항,}_{77조\ 1항\ 6호}$). 이와 같이 끝부분임을 표시하는 기재를 경계문언(Trennungsvermerk)이라고 하는데, 보통 「이상 등사함」 등으로 표시한다. 이러한 경계문언은 그 증서가 등본임을 표시하고 또한 등본상에 하는 새로운 어음행위와 구별하기 위하여 필요하다($^{어\ 67조}_{2항}$).

또 등본에는 원본보유자(Verwahrer, Antreffungsvermerk)를 표시하여야 하나($^{어\ 68조\ 1항\ 1문,}_{77조\ 1항\ 6호}$), 이것은 등본의 유효요건은 아니다.

(4) 등본의 효력

등본은 복본과 달라서 그 자체로는 어음이 아니므로, 이것에 의하여 인수 또는 지급을 청구하지 못한다. 어음상의 권리를 행사하는 데에는 반드시 원본을 제시하여야 한다. 참가인수에 관하여는 이를 등본에 의해서도 할 수 있다고 보는 긍정설도 있으나,[1] 어음법상 등본에 할 수 있는 어음행위는 배서와 보증뿐으로 제한하여 규정하고 있으므로 이를 부정하는 것이 타당하다고 본다.[2] 따라서 등본에는 원본과 같은 방법에 의하여 또 같은 효력으로 배서 또는 보증만을 할 수 있을 뿐이다($^{어\ 67조\ 3항,}_{77조\ 1항\ 6호}$).

그뿐만 아니라 어음법은 등본작성 전에 한 최후의 배서의 뒤에 「이후의 배서는 등본에 한 것만이 효력이 있다」는 문구 또는 이와 같은 뜻의 문구(차단문언)를 원본에 기재한 때에는, 그 후에는 등본에만 배서를 할 수 있고 원본에 한 그 후의 배서는 무효가 된다($^{어\ 68조\ 3항,}_{77조\ 1항\ 6호}$). 그리고 이러한 배서를 금지하는 기재는 단순히 배서만을 금지하는 효력을 가지는 것이 아니라, 원본을 배서 이외의 방법에 의하여 양도하는 것을 금지하는 것이라고 볼 수 있다. 즉, 원본을 단순한 교부에 의하여 양도하거나 민법상 지명채권양도방법에 의하여 양도하는 것도 무효로 하는 효력이 있는 것이다(통설).[3] 왜냐하면 원본에 이와 같이 배서금지문언을 기재한 것은 이후에는 원본에 의한 양도를 금하고, 등본만에 의하여 양도할 수 있게 한 것이라고 해석할 수 있기 때문이다. 따라서 이후에는 원본에 의하여 어음상의 권리를 양수할 수 없고, 등본에 의하여 어음상의 권리를 배서양수한 자는 원본반환청구권이 있다고 본다($^{어\ 68조\ 1항\ 2문,}_{77조\ 1항\ 6호}$).

---

1) 정(희), 313면(배서나 보증을 등본상에 한 때에는 참가인수도 등본상에 할 수 있다고 한다); 양(승), (어) 399면.

2) 정(찬), 714면.

3) 정(찬), 714면; 정(희), 315면; 정(동), 467면; 이(기), 387면; 채, 344면 외.

(5) 원본반환청구권과 등본소지인의 상환청구(소구)권

1) 원본보유자가 기재된 경우　　등본에는 원본보유자를 표시하여야 하므로 ($\substack{어\ 68조 \\ 1항\ 1문}$), 예컨대 인수를 위하여 어음을 송부하고 원본보유자를 등본에 기재하여 등본을 배서양도한 경우에는 등본의 정당한 소지인은 원본보유자에 대하여 그 반환을 청구할 수 있다($\substack{어\ 68조\ 1항\ 2문; \\ 77조\ 1항\ 6호}$). 원본보유자가 원본의 반환을 거절한 때에는 등본소지인은 거절증서(원본반환거절증서)에 의하여 원본이 교부되지 않았음을 증명하여, 등본에 배서 또는 보증을 한 자에 대하여 상환청구(소구)권을 행사할 수 있다($\substack{어\ 68조\ 2항; \\ 77조\ 1항\ 6호}$). 이 경우에는 복본반환청구의 경우와 달라서 등본만으로써 인수 또는 지급을 청구할 수 없으므로, 지급인에 대한 인수 또는 지급의 제시 및 인수 또는 지급거절증서의 작성을 요하지 아니하고 상환청구(소구)할 수 있으나, 등본에 기명날인 또는 서명한 배서인 또는 보증인에 대하여서만 상환청구(소구)할 수 있다.

2) 원본보유자가 기재되지 않은 경우　　등본에 원본보유자의 기재가 없는 경우에도 원본반환거절증서를 작성하여야 등본에 배서 또는 보증을 한 자에 대하여 상환청구(소구)할 수 있는가에 대하여는 학설이 나뉘어 있다. 즉, (i) 이러한 등본소지인에게는 원본반환청구권이 없고 따라서 등본상의 기명날인자 또는 서명자에 대하여 상환청구(소구)권을 행사할 수 없다는 견해(상환청구〈소구〉권부정설),[1] (ii) 이 경우에도 등본소지인은 원본반환청구권을 가지나 등본소지인을 보호하기 위하여 그는 원본반환거절증서를 작성하지 아니하고도 상환청구(소구)권을 행사할 수 있다는 견해(상환청구〈소구〉권전면긍정설),[2] (iii) 이 경우에 등본소지인은 원본반환청구권을 가지고 따라서 등본소지인이 원본보유자를 탐지하여 원본반환거절증서를 작성한 경우에만 상환청구(소구)권을 행사할 수 있다는 견해(상환청구〈소구〉권일부긍정설)(통설)[3] 등이 있다. 생각건대 등본소지인은 정당한 어음상의 권리자이므로 원본반환청구권을 긍정하여야 하고, 원본반환청구권을 긍정하는 이상 원본보유자가 등본상에 기재된 경우와 같게 해석하여야 할 것이므로 등본소지인은 원본반환거절증서를 작성한 경우에만 상환청구(소구)권을 행사할 수 있다고 본다($\substack{어\ 68조\ 2항 \\ 유추적용}$). 따라서 통설에 찬성한다.[4]

---

1) Baumbach/Hefermehl, WG Art. 68 Rdn. 1; 松本, 443면; 田中(耕), 551면.

2) 김(용), 374면.

3) 정(희), 314면; 서·정, 270면; 양(승), (어) 400면; 정(동), 468면; 최(기), 615면; 손(주), 378면; 강, 645면; 강, (어) 445면; 이(기), 387면; 채, 345면 외.

4) 정(찬), 715면.

제 7 절   수표에 특유한 제도

제 1   특수한 수표

수표법상 인정된 특수한 수표로는 자기앞수표($\substack{수 6조 \\ 2항}$), 횡선수표($\substack{수 37조~ \\ 38조}$) 및 선일자수표($\substack{수 28조 \\ 2항}$) 등이 있다. 경제상의 수표의 분류에는 당좌수표, 가계수표, 보증수표, 송금수표, 우편수표, 여행자수표 등이 있다. 수표법상 특수한 수표 중에서 자기앞수표에 대하여는 이미 앞에서 상세히 설명하였으므로, 이 곳에서는 횡선수표와 선일자수표에 대해서만 설명하겠다. 또한 경제상의 수표의 분류에 대하여는 어음·수표의 분류에서 이미 간단히 설명한 바 있으므로 이곳에서는 반복하지 않겠으나, 가계수표는 그의 보증카드(수표카드)와 관련하여 특수한 점이 있으므로 이 곳에서는 이에 대하여만 설명하겠다.

1. 횡선수표

(1) 의의와 존재이유

수표는 일람출급이고 또한 소지인출급식이 일반적이므로, 이것을 분실하거나 절취당한 경우에는 악의의 소지인이 지급을 받을 위험이 대단히 많다. 이러한 위험을 방지하고자 안출된 제도에는 영국에서 장기간 내려온 관습에 기원을 둔 횡선수표(crossed cheque)[1]와 독일에서 창안된 계산수표(Verrechnungsscheck)가 있다. 전자는 수표면상에 2개의 평행선을 긋는 것이므로 이 명칭이 따르게 되었고, 이것에 의하여 수표의 제시인을 은행 또는 지급인의 거래처에 한정하여 절취자나 습득자가 수표의 지급을 받는 것을 방지하고자 하는 것이다. 이에 반하여 후자는 수표면에 「계산을 위하여」(payable in account; nur zur Verrechnung; á porter en compte) 또는 이와 동일한 의의가 있는 문언을 기재하는 것이므로 그 명칭이 생겼고, 이것에 의하여 수표의 지급을 어음교환·이체 등의 기장(記帳)계산방법에 한정하여 현금지급을 금함으로써 같은 목적을 달성하고자 하는 것이다.

제네바통일수표법은 양 제도를 병용하고 있으나, 유보조항($\substack{제 1 조약 제 2 \\ 부속서 제18조 1항}$)에 의하여, 그 하나만을 채용하는 것을 허용하고 있다. 이에 따라 우리나라 수표법은 횡선제도만을 채용하고 있다($\substack{수 37조~ \\ 38조}$). 다만 계산수표(cheque payable in account;

---

1) B. E. A. §§ 76~81.

Verrechnungsscheck; chèque á porter en compte)를 인정하는 외국에서 우리나라를 지급지로 하는 계산수표가 발행된 경우에는, 계산수표를 인정하지 아니하는 우리 나라에서는 이것을 다음에서 설명하는 일반횡선수표와 같이 취급한다고 하였다 $\binom{수\ 65조,\ 國私}{88조\ 5호}$.

(2) 종류와 방식

횡선수표(crossed cheque; gekreuzter Scheck; chèque barré)는 「수표의 앞면에 두 줄의 평행선을 그은 수표」인데($\frac{수\ 37조}{2항}$), 이것에는 일반횡선수표와 특정횡선수표 의 2종이 있다. 전자는 평행선 내에 아무런 지정을 하지 아니하거나 또는 「은행」 또는 이와 같은 뜻이 있는 문구를 적은 수표를 말하고, 후자는 두 줄의 횡선 내에 「은행의 명칭」을 적은 수표를 말한다.

수표에 횡선을 그을 수 있는 자는 발행인 또는 소지인이다($\frac{수\ 37조}{1항\ 1문}$). 일반횡선수 표를 특정횡선수표로 변경할 수 있고 또한 횡선 없는 수표를 일반 또는 특정횡선수 표로 변경할 수 있으나, 반대로 특정횡선수표를 일반횡선수표 또는 횡선 없는 수표 로 변경할 수 없고 또한 일반횡선수표를 횡선 없는 수표로 변경하지 못한다($\frac{수\ 37조}{4항}$). 횡선의 말소 또는 특정횡선에 있어서 지정된 은행명의 말소는 말소를 하지 아니한 것으로 본다($\frac{수\ 37조}{5항}$). 이것은 횡선수표를 절취하거나 습득한 자가 횡선을 말소하여 지급받는 것을 방지하여 수표지급에서 발생하는 분쟁을 피하기 위해서이다.

(3) 효   력

횡선수표의 효력에는 지급제한과 취득제한이 있고, 이러한 제한에 위반한 경 우의 책임의 문제가 있다.

1) 지급제한의 효력

(개) **일반횡선수표의 경우**   일반횡선수표의 지급인은 은행·지급인의 거래처 에만 지급할 수 있다($\frac{수\ 38조}{1항}$). 따라서 은행 또는 지급인의 거래처 이외의 자가 소지 인인 때에는 은행을 거치지 아니하면 지급을 받을 수 없다. 지급받을 수 있는 자를 은행에만 한정하지 아니하고 지급인의 거래처를 포함시킨 것은, 신원이 분명한 거 래처에 대한 지급이 횡선제도의 취지에 반하지 아니하고, 이것을 인정하지 아니할 때에는 지급은행의 거래처가 일반횡선수표를 지급받기 위하여 일일이 다른 은행을 거치게 되어 실제상 불편하기 때문이다.

그런데 여기에서의 「거래처」(customer, client; Kunde)의 의의는 명확하지 아니 하나, 위와 같은 입법목적에서 볼 때 지급은행에 반드시 당좌거래가 있는 자에 한 하는 것이 아니고, 다소 계속적인 거래관계가 있는 자이면 족하다고 해석한다. 예컨대, 정기예금·보통예금 등을 하고 있는 자가 「거래처」에 포함됨은 물론, 단순히 은행으로부터 대부를 받기만 하고 있는 자도 「거래처」에 포함된다고 해석한다.[1] 그러나 횡선수표의 입금으로 인하여 비로소 지급은행과 거래가 개시된 자, 전날 소액의 예금을 한 데 지나지 않는 자, 예금계좌는 있으나 장기간 잔액이 없는 자, 예금은 있으나 그 신원이 확실하지 않은 자 등은 「거래처」라고 할 수 없다고 해석한다.[2]

(ᅟ) **특정횡선수표의 경우**　특정횡선수표의 지급인은 지정된 은행(피지정은행)에 대하여서만 지급할 수 있는데, 지급인이 피지정은행인 때에는 지급인은 자기의 거래처에 대하여서만 지급할 수 있다($\frac{수}{2항}\frac{38조}{본문}$). 그리고 피지정은행은 자기가 현실로 지급을 받는 외에, 추심위임배서를 하거나($\frac{지시식수표}{의 경우}$) 또는 수표의 뒷면에 추심위임의 기재를 하여($\frac{소지인출급}{식의 경우}$) 다른 은행을 시켜서 수표금액을 추심할 수 있다($\frac{수}{2항}\frac{38조}{단서}$).

여러 개의 특정횡선이 있는 경우에는 수표의 지급인은 원칙적으로 지급하지 못한다($\frac{수}{4항}\frac{38조}{본문}$). 왜냐하면 여러 개의 특정횡선이 있는 수표의 경우에는 지급인은 어느 피지정은행에 대하여 지급할 것인가를 알 수 없을 뿐만 아니라, 부정취득자가 추심하기 위하여 다른 특정횡선을 부기하여 악용할 우려도 있기 때문이다. 그러나 예외적으로 어음교환소에 제시하여 추심하게 하기 위하여 제 2 의 특정횡선을 하는 것은 상관 없다($\frac{수}{4항}\frac{38조}{단서}$). 왜냐하면 피지정은행이 어음교환소에 가입하고 있지 않은 경우에 어음교환소에 가입한 다른 은행을 통하여 추심하는 방법을 남긴 것이다.

2) **취득제한의 효력**　은행은 자기의 거래처 또는 다른 은행으로부터만 횡선수표를 취득할 수 있고, 이 이외의 자를 위하여 횡선수표의 추심을 하지 못한다($\frac{수}{3항}\frac{38조}{}$). 그 이유는 이렇게 제한하지 아니하면 횡선수표의 부정소지인은 그 수표를 은행에 양도하거나 또는 은행에 그 추심을 위임하여 용이하게 수표의 지급을 받거나 또는 지급을 받은 것과 동일한 목적을 달성할 수 있기 때문이다.

3) **제한위반의 효력**　위에서 본 지급제한에 위반하여 횡선수표를 지급한 지급인 및 취득제한에 위반하여 횡선수표를 취득한 은행은, 이로 인하여 생긴 손해에 대하여 수표금액의 한도 내에서 배상할 책임을 진다($\frac{수}{5항}\frac{38조}{}$). 이 배상책임은 수표법상 특히 인정된 책임으로서 무과실책임인데, 민법상의 배상책임을 배제하는 것이 아니다. 따라서 위의 제한에 위반하여 발생한 손해액이 수표금액을 초과하는 때에는 피해자는 (채무불이행 또는 불법행위를 원인으로 한) 민법상의 손해배상을 청구할 수

---

1) 동지: 박원선, 「수표·어음법」(한국능률협회, 1967), 181~182면.
2) 동지: 박(원), 상게 수표·어음법, 182면.

있다(통설).[1] 그러나 위의 제한에 위반하여 한 수표의 지급이나 취득이 무효가 되는 것은 아니다.[2] 또한 지급인의 이 책임은 수표법 제35조에 의한 유효지급 여부에 불문하고 발생하는 책임이다.

(4) 횡선배제특약의 효력

횡선수표제도 및 이에 위반한 지급인의 손해배상책임 등은 모두 수표분실자 등의 이익을 보호하기 위한 것인데, 수표소지인이 이러한 이익을 포기하고 지급은행과 일반횡선의 배제의 특약을 하면 유효하게 해석하여야 할 것이다. 이와 같은 경우는 수표의 발행인이 도난·분실 등에 대비하여 수표용지의 전부에 횡선을 그어 놓았는데, 은행과의 거래가 없는 자에게 수표를 교부하여야 하는 경우 등에 발생한다. 이 때 횡선의 말소는 수표법에 의하여 효력이 없으므로($\frac{수}{5항}$37조), 수표발행인은 지급은행과 횡선배제의 특약을 하여 거래처가 아닌 수표소지인이 지급은행으로부터 즉시 수표금을 지급받을 수 있도록 한다. 이와 같이 당사자간에 수표법 제38조 5항의 배제의 특약을 하면 지급은행은 횡선수표를 은행 또는 거래처가 아닌 자에게 지급하고 이로 인하여 횡선을 그은 수표발행인에게 손해가 발생하여도, 지급은행은 수표법 제38조 5항에 의한 손해배상책임이 없다.[3]

2. 선일자(先日字)수표

(1) 의의와 필요성

1) 선일자수표란 「발행일을 현실의 발행일보다 후일의 일로 하는 수표」를 말한다. 이와 반대로 현실의 발행일보다 선일의 일이 기재된 수표를 후일자수표라 한다. 따라서 여기에서의 선일 또는 후일의 의미는 일상의 용어례와 어긋나는 것이나, 이는 하나의 법률용어가 되었다. 이러한 선일자수표는 연수표(延手票)라고도 한다. 선일자수표는 실질적인 면에서 볼 때 특수한 수표의 하나가 될 수 있는 것이고, 형식적인 면에서 보면 보통의 수표이고 특수한 수표가 될 수 없다.

2) 선일자수표는 수표의 지급제시기간을 사실상 연장하고자 하는 경우, 발행

---

1) 정(찬), 719면; 정(희), 277면; 서·정, 314면; 양(승), (어) 447면; 정(동), 542면; 이(기), 468면; 채, 325면 외.

　동지: 대판 1977. 8. 23, 77 다 344(교재, 판결례 [469])(이 판결은 횡선수표를 그 지급제한에 위반하여 지급한 은행의 책임은 아니나, 횡선부분이 잘리워 나간 수표를 지급한 은행에 대하여 사용자책임을 인정함)(이 판결에 대한 평석으로는 서정갑, 법률신문, 1980. 3. 24, 11면).

2) 동지: 정(동), 542면.

3) 동지: 日東京高判 1951. 12. 22(교재, 판결례 [470]); 日最高判 1954. 10. 29(時報 171, 169).

당시에는 자금이 없으나 수표에 기재한 발행일까지는 자금이 마련될 수 있어 수표 상의 발행일까지의 기간 동안 단기신용을 얻고자 하는 경우, 자금은 있으나 지급은 행에 지급할 이자를 경감하고자 하는 경우($^{당좌대월}_{의 경우}$) 등에 이용된다.

(2) 유 효 성

선일자수표는 수표의 형식적인 면($^{형식성과}_{불상}$)에서 보면 유효하나, 실질적인 면 ($^{일람}_{출급성}$)에서 보면 무효가 될 것 같다. 수표의 발행일은 사실상 발행된 날과 일치하지 않아도 무방하고, 또 수표는 그 실질적인 내용과는 관계 없이 수표상의 기재에 의 하여 형식적으로 그 효력이 결정되는 것이므로, 선일자수표가 유효임은 당연하다. 이에 대하여 수표법 제28조 2항은 선일자수표의 유효를 전제로 하여, 발행일 전의 제시도 유효한 제시로서 지급인은 이를 지급하도록 하여 수표의 일람출급성을 관철 하고 있다.[1] 이 때에 지급인이 지급을 하면 지급인은 그 경제적 효과를 발행인에게 돌릴 수 있고, 지급인이 지급을 거절하면 소지인은 전자에 대하여 상환청구(소구)할 수 있다($^{수}_{39조}$).

(3) 법률관계

선일자수표의 법률관계는 지급인과 수표소지인($^{수취인}_{포함}$)과의 관계와 선일자합의 의 당사자인 발행인과 수취인간의 관계로 나누어서 고찰할 수 있다.

1) 지급인과 수표소지인 간의 관계 수표는 법률상 당연한 일람출급증 권($^{수28조}_{1항}$)이므로 수표소지인이 선일자수표의 발행일 전에 지급제시하여도 그 지급 제시는 유효하고, 지급인은 발행인의 계산으로 그 제시한 날에 이를 지급하여야 한 다($^{수28조}_{2항}$). 만일 수표소지인이 발행일 전에 지급을 받을 수 없다면 이는 수표의 일 람출급성에 반하고 또 수표를 신용증권화하는 결과가 되어 지급증권인 수표제도와 모순되는 것이다. 따라서 수표법은 선일자수표의 발행일 전의 지급을 인정하고 있 는 것이다.

그러므로 발행일 전이라도 지급인이 지급을 거절하면 수표소지인은 즉시 전자 에 대하여 상환청구(소구)권을 행사할 수 있다($^{수}_{39조}$). 또한 발행일 전의 지급제시에 발행인의 예금부족 등으로 그 지급이 거절되었다면 발행인은 부정수표단속법($^{2조}_{2항}$)에 의하여 처벌받음은 물론,[2] 수표법상 과태료의 처분을 받고($^{수}_{67조}$), 어음교환소규약에

---

1) 그러나 미국법상 지급인은 원칙적으로 발행일 이전에는 적법한 지급을 할 수 없다[U. C. C. §3-113(a)].

2) 동지: 대판 1967. 5. 2, 67 도 117(형판집 37, 7); 동 1974. 2. 12, 73 도 3445(공보 484, 7752).

의하여 거래정지처분도 받게 된다.

2) 발행인과 수취인 간의 관계   수취인이 선일자수표의 발행에 발행인과 합의한 경우에, 수취인이 이러한 합의에 위반하여 동 수표를 발행일 전에 지급제시하거나 또는 동 수표를 제 3 자에게 양도하고 제 3 자가 발행일 전에 지급제시하여 부도가 되고 따라서 발행인이 이로 인하여 손해를 입은 경우에, 동 수표의 발행인은 수취인에 대하여 합의위반(채무불이행)을 이유로 손해배상을 청구할 수 있는가. 이에 대하여 우리나라의 통설은 그러한 합의는 발행인의 자금형편상 지급제시의 유예를 약정하는 것으로 이는 수표 외의 합의에 불과하고 당사자간에서만 효력이 있는 것으로서 수표법 제28조 2항의 강행규정을 변경하는 것이 아니므로, 수취인은 수표예약의 채무불이행으로서 손해배상책임이 있다고 하는데,[1] 타당하다고 본다.[2]

(4) 발행일의 의미

선일자수표는 수표법 제28조 2항에 의하여 발행일 전에도 지급받을 수 있으므로, 선일자수표의 발행일은 아무런 의미가 없는 것이 아니냐는 의문이 있을 수 있다. 그러나 선일자수표는 그 발행일 이전에 지급제시가 허용된다는 점에 있어서는 발행일이 의미가 없으나, 지급제시기간의 기산점[3]($\frac{수}{4항}^{29조}$)·시효의 기산점[4]($\frac{수}{1항}^{51조}$)과 지급위탁취소기간의 기산점($\frac{수}{1항}^{32조}$)을 정하는 표준이 된다는 점에서는 의미가 있다.

---

1) 정(희), 225면; 손(주), 421면; 양(승), (어) 431면; 정(동), 529~530면; 최(기), 803면; 서(정), 293면; 채, 401면; 교재, 436면.

　　동지: 대판 1985. 5. 28, 84 다카 2451(공보 756, 914)(선일자수표의 추심을 위임하면서 발행일자 이전에 지급제시를 금하는 것은 가능하다); U. C. C. §4-401(c) 3문.

　　반대: 鈴木, 363면(일본에서는 무효설이 다수설이라고 함); 이태리 Cass. (Ⅰ civ.) 1952. 7. 13, F. it. 52 Ⅰ 1357.

2) 정(찬), 723면.

3) 대판 1985. 5. 28, 84 다카 2451(공보 756, 914); 동 1982. 4. 13, 81 다 1000, 81 다카 552(집 30 ① 민 141).

　　우리 헌법재판소는 「선일자수표의 지급제시기간을 실제 발행일이 아닌 수표에 기재된 발행일자로부터 기산하여 10일 이내로 규정한 수표법 제29조 제 1 항 및 제 4 항이 국가가 국민의 기본권을 제한한다던가 또는 사인〈私人〉간의 경제활동에 대해 국가가 규제하는 등 간섭하는 것이라 할 수 없다」고 하여, 이러한 규정을 합헌이라고 판시하고 있다[헌재결 2001. 1. 18, 2000 헌바 29(신문 2954, 9)].

4) 대판 1963. 7. 25, 63 다 305(카드 7481).

3. 가계수표와 수표카드[1]

(1) 서   언

가계수표는 당좌수표와 같이 수표법에서 규정하는 전형적인 형식의 수표이다. 다만 가계수표는 (i) 사업자(기업)가 아닌 개인이 발행하고, (ii) 수표금액에 제한이 있는 점 등이 당좌수표와 구별되기는 하나, 그 법률적 성질은 당좌수표와 완전히 동일하다는 점은 이미 앞에서 본 바와 같다. 이와 같이 가계수표는 개인이 발행하므로 당좌수표보다 그 신용이 약하여 잘 이용되지 않을 염려가 있기 때문에, 가계수표의 피지급성을 증대하기 위하여 가계수표의 지급인이 발행하는 가계수표보증카드(수표카드)의 제도가 있다. 수표의 피지급성을 증대하기 위한 수표법상의 제도로는 앞에서 본 바와 같이 지급보증제도 $\left(\substack{수\ 53조\sim\\58조}\right)$가 있으나, 이 제도는 우리나라에서 현실적으로 이용되지 않고 있다. 따라서 우리나라의 경우 가계수표에 대하여 수표의 피지급성을 증대하기 위하여 수표법 외의 민사법적 차원에서 인정된 제도가 수표카드제도이다.

이러한 수표카드는 수표의 이용을 증대시키기 위하여 1960년대 말경부터 유럽의 은행이 신용 있는 고객(거래처)에게 발급하여 준 것에서부터 시작되었는데, 1972년 1월 1일부터는 유럽수표카드제도(Eurocheque-Karte)가 확립되어 현재 범유럽적으로 시행되고 있다.[2] 수표카드는 미국과 일본에서는 신용카드제도의 광범위한 보급으로 인하여 거의 이용되고 있지 않고, 유럽에서 많이 이용되고 있다.[3] 우리나라에서 가계수표제도는 원래 1977. 4. 21에 가계당좌예금제도에서 비롯하였는데, 1981. 7. 1부터 가계종합예금제도로 발전하면서 가계수표보증카드가 등장하였다.[4] 그런데 오늘날 신용카드제도의 활발한 이용에 비하여 가계수표보증카드제도는 거의 이용되지 않고 있다. 따라서 1993. 11. 27부터는 가계수표보증카드와 병행하여 금융기관의 (정액)보증가계수표제도가 실시되고 있는데 (이는 그 법률적 성질이 수표카드와는 다르고, 수표법상 지급보증제도와 유사함), 그 이용도는 매우 미미하다.

(2) 수표카드의 의의와 경제적 기능

1) 수표는 지급인에 의한 인수 및 보증이 금지되어 있으므로$\left(\substack{수\ 4조,\\25조\ 2항}\right)$, 수표소지인은

---

1) 이에 관한 상세는 정찬형, "수표카드와 신용카드,"「고시계」, 1988. 10, 48~65면 참조.

2) Brox, § 43 II 1; Baumbach/Hefermehl, Anh. Art. 4 SchG. Rdn. I.

3) 독일에서는 수표카드가 1968년에 도입된 이래 급속히 보급되어 오늘날 일반적으로 지급수단으로 인식되고 있고, 1984년 중반 현재 수표카드가 신용카드보다 훨씬 많이 이용되고 있다[Peter Beck, *Einwendungen bei Eurocheque und Kreditkarte*, 38 Bd. (Köln: Druck − + Verlagshaus Wieland, 1986), S. 1].

4) 장형룡, "가계수표의 지급보증,"「어음·수표법에 관한 제문제(하)」(재판자료 제31집)(법원행정처, 1986), 346면.

지급인(은행)이 지급을 거절한 경우에 지급인에 대하여는 수표금청구권이 없고 발행인에 대하여 상환청구(소구)권을 행사할 수 있을 뿐이다. 따라서 수표지급은행이 신용 있는 거래처(수표발행인)에게 수표카드를 발급하여 주고 그 거래처가 발행하는 수표의 수취인에 대하여 그 지급을 담보하여 수표의 피지급성을 높이고자 하는 것이 수표카드제도이다. 우리나라에서 과거에 이용되었던 가계수표 보증카드제도는 은행이 가계종합예금가입자(수표발행인)와 약정된 가계종합예금거래약정서($\frac{\text{일 종}}{\text{보증카드약정}}$ 가계수표)에 의하여 일정한 요건[1]이 갖추어진 가계수표에 한하여 그 지급을 담보하였다.

2) 위와 같은 지급은행의 수표카드에 의한 지급담보책임에 대하여 이는 지급은행의 인수금지 및 보증금지의 수표법상의 규정이 탈법되는 결과가 된다고 보는 견해도 있으나,[2] 이는 수표법상의 책임이 아니라 「민법상의 책임」이므로 수표법 제55조의 지급보증인으로서의 책임도 아니요 또 수표법 제 4 조 인수금지 및 수표법 제25조 2항의 보증금지의 탈법행위도 아니라고 본다.[3]

3) 수표카드는 다음과 같은 점에서 신용카드와 구별된다. 즉, (i) 수표카드는 독립하여 사용될 수 없고 항상 수표와 함께 사용될 수 있으나, 신용카드는 그 자체만으로 독립하여 사용될 수 있는 점, (ii) 수표카드는 수표와 함께 누구에 대하여도 사용될 수 있으나, 신용카드는 카드가맹점에 대하여만 사용될 수 있는 점, (iii) 수표카드의 경우에는 수표수취인과 은행과의 직접적인 계약관계가 없으나, 신용카드의 경우에는 카드발행인과 카드가맹점간에 직접적인 계약관계(가맹점계약)가 체결되는 점 등에서 양자는 구별된다.

(3) **수표카드의 유가증권성**

수표카드는 유가증권이 아니고 증거증권이라고 하는 점에 대하여는 이견(異見)이 없다.[4] 그런데 무엇을 나타내는 증거증권이냐에 대하여는 지급은행의 담보책임의 법적 성질을 어떻게 보느냐에 따라 다른데, 이에 관하여는 후술한다.

(4) **법적 성질**

1) 수표카드발행은행(수표지급은행)이 수표카드에 의하여 발행된 수표의 수취인에 대하여 부담하는 수표금지급책임의 법적 성질이 무엇이냐에 대하여 문제가 된다. 지급은행의 이 책임은 수표상의 책임도 아니요 수표법상의 책임도 아니며, 민법상의 책임이라는

---

1) 가계수표발행인은 수표카드발행은행이 교부한 수표용지를 사용하여 수취인의 면전에서 수표카드를 제시하고, 수표카드상의 기재요건 및 수표카드상의 서명인감과 합치하게 수표를 발행하여야 하며(이 때 발행된 수표뒷면에는 반드시 수표카드번호가 기재되어야 함), 수표수취인은 적법한 지급제시기간 내(수 29조)에 동 수표를 지급제시하여야 한다.

2) 정(희), 321면.

3) 정(찬), 726면.
　동지: 이(기), 539면 외; Brox, S. 354; BGHZ 64, 81.

4) 정(찬), 726면; 정(희), 325면; 장형룡, 전게논문, 350면 외.

점은 이미 앞에서 말하였다. 그렇다면 이 책임은 민법상 어떠한 책임이며 또 언제 발생하는가. 독일에서는 이에 대하여 지급은행의 책임은 손해담보계약(Garantievertrag)에 근거하여 발생한다고 보는 것이 통설이다.[1] 지급은행의 책임을 손해담보계약에서 구하는 근거는 한편으로는 수표카드약관의 문언에서 구하고,[2] 다른 한편으로는 지급은행 자신의 이익에서 수표금을 지급하고자 하는 지급약속의 의미에서 구하고 있다.[3] 그런데 이 때 손해담보계약의 당사자는 지급은행과 수표수취인인데, 실제로는 수표카드소지인(수표발행인)이 지급은행을 대리하여 수표수취인과 손해담보계약을 체결한다고 한다.[4] 왜냐하면 수표카드소지인은 수표발행인으로서 수표금액 및 상대방을 임의로 선택할 수 있는 재량권이 있기 때문이다.[5]

2) 우리나라의 통설은 이에 대하여 독일의 통설에 따라 지급은행은 수표수취인과의 손해담보계약에 근거하여 수표금지급책임을 부담하는데, 이러한 계약은 수표발행인(수표카드소지인)이 지급은행을 대리하여 수표수취인과 체결한다고 설명한다.[6] 그러나 이러한 통설에 대하여 지급은행의 책임은 지급은행과 수표발행인간에 제3자를 위한 계약으로 추상적 지급약속에 근거하여 발생한다고 보는 견해도 있고,[7] 지급은행의 책임은 수표채무와 독립하는 채무가 아니라 수표채무에 부종하면서 수표 밖에서 수표채무를 연대보증하는 수표보증채무라고 하고 이러한 보증은 상대방 없는 단독행위로서 수표발행인이 지급은행을 대리하여 보증하는 것이라고 보는 아주 색다른 견해도 있다.[8]

생각건대 지급은행의 책임은 지급은행과 수표발행인간에 체결되는 제3자를 위한 계약에 의하여 발생한다고 볼 수는 없고, 또한 이를 민법상 보증책임이라고 볼 수도 없다. 따라서 지급은행의 이러한 책임은 지급은행과 수표수취인 사이에 체결되는 지급(손해)담보계약(Garantievertrag)에 의하여 발생하는데, 이는 수표발행인이 지급은행을 대리하여 수표수취인과 체결한다고 본다[9](통설에 찬성).

3) 이와 같이 지급은행의 수표카드에 의한 책임은 (손해담보)계약에 의한 책임이므로, 지급은행은 계약의 당사자인 최초의 수표수취인 또는 그로부터 지명채권양도방식에

1) Brox, § 43 Ⅱ 1; Baumbach/Hefermehl, Anh. Art. 4 SchG. Rdn. 3: BGHZ 64, 81.
2) 유럽카드약관 제4조는 「금융기관은 유럽카드에 의하여 지급을 담보한다 …(In der euro-cheque-Karte garantiert das Kreditinstitut die Zahlung …)」고 규정하고 있다.
3) Brox, § 43 Ⅱ 1.
4) Brox, § 43 Ⅱ 1; Baumbach/Hefermehl, Anh. Art. 4 SchG. Rdn. 4.
5) Brox, § 43 Ⅱ 1.
6) 정(희), 323면; 양(승), (어) 427면; 강, (어) 550면 외.
7) 이(기), 489면; 채, 394면; Zöllner, § 26 Ⅳ. 1.
8) 장형룡, 전게논문, 347~348면, 350~351면.
9) 정(찬), 728면.

의하여 권리(수취인의 지급은행에 대한 수표
카드에 의한 수표금지급청구권)를 양수한 자에 대하여만 책임을 부담한다. 그런데 수
표카드에 의하여 발행된 수표의 뒷면에는 수표카드의 번호가 기재되어 있기 때문에 그러
한 수표를 수취인으로부터 양수한 자는 특별한 사정이 없는 한 수표상의 권리뿐만 아니라
수취인의 지급은행에 대한 수표카드에 의한 수표금지급청구권(지명채권)도 함께 양수한
것으로 볼 수 있고,[1] 이 때 채권양도의 통지는 양수인이 지급은행에 수표를 제시한 때에
양도인을 대리하여 한 것으로 해석할 수 있을 것이다.[2] 이렇게 보면 지급은행은 수표카
드에 의한 책임을 최초로 수표수취인뿐만 아니라, 그 후의 모든 (정당한) 수표양수인(소지
인)에게도 부담하는 결과가 된다. 그러나 이 때 지명채권양도의 효과로서 지급은행은 수
표수취인에게 대항할 수 있는 항변사유로써 수표양수인에게 대항할 수 있다($민_{2항}^{451조}$). 따
라서 수표수취인 또는 수표양도인이 무권리자이면 그러한 수표의 양수인은 지급은행에 대
하여 수표카드에 의한 수표금지급청구권을 취득하지 못한다. 다시 말하여 수표카드에 의
하여 발행된 수표를 선의취득하여도 지급은행에 대한 수표금지급청구권을 선의취득할 수
는 없다.

(5) 지급은행의 수표소지인에 대한 항변

1) 지급은행이 수표카드에 의하여 수표수취인에 대하여 부담하는 책임의 법적 성질
을 손해담보계약에 기한 책임으로 보면, 이 책임은 민법상의 책임이므로 수표발행의 자금
관계·원인관계·수표의 교부흠결 등과 무관하다. 따라서 수표발행인(수표카드소지인)이
수표카드약정에 합치하여 수표를 발행한 경우에는, 지급은행은 수표수취인에 대하여 자금
관계의 흠결·원인관계의 흠결·수표의 교부흠결 등을 이유로 항변을 주장할 수 없다.[3]
만일 수표카드에 의하지 않고 수표가 발행된 경우에는 지급은행은 수표채무자가 아니라
수표발행인의 수임인에 불과하므로, 지급은행에 있는 수표발행인의 예금구좌에 지급자금
이 없거나($수_{3조}$) 또는 수표발행인의 지급위탁취소가 있으면($수_{1항}^{32조}$) 지급은행은 그러한 수표
의 지급을 거절할 수 있다. 그러나 수표카드에 의하여 수표가 발행된 경우에는 지급은행
은 그러한 수표의 수취인에 대하여 수표발행인에게 지급자금이 없다는 등의 이유로 지급
을 거절할 수 없다. 이로 인하여 그러한 수표의 피지급성은 높아지고 수표수취인의 지위
는 강화된다. 그런데 수표카드에 의하여 발행된 수표의 수취인이 수표취득시에 수표발행
인에게 수표자금이 없음을 알면서 그러한 수표를 취득하여 지급은행에 대하여 수표금지급
청구를 하는 것은 민법상 신의성실의 원칙에 반하거나 권리남용에 해당하여($민_{BGB}^{2조;}{}_{\S242}$) 인
정되지 않는다고 본다.[4] 이는 수표법상 수표채무자에게 인적 항변이 인정되는 점($수_{단서}^{22조}$)

---

1) 동지: 이(기), 490면; 서울고판 1984. 12. 11, 84 나 772.
2) 이는 은행 발행의 수표의 양도에 의하여 이득상환청구권(지명채권)이 양도되는 법리와 동일하게
   볼 수 있을 것이다(대판 1976. 1. 13, 70 다 2462 참조).
3) 동지: 이(기), 491면; Brox, §43 Ⅲ 1 등.

과 유사하나, 그 법적 근거에서 차이가 있다고 보겠다.

2) 지급은행의 손해담보계약에 기한 수표금지급책임은 지급은행과 수표발행인간의 수표카드약정에서 규정된 요건을 충족한 경우에만 발생하므로, 이의 요건이 충족되지 않은 경우에는 지급은행은 모든 수표소지인에 대하여 그의 항변을 주장할 수 있다[1] $\left(\begin{smallmatrix}손해담보약정 자체의\\효력에 관한 항변\end{smallmatrix}\right)$. 즉, 지급은행은 수표와 수표카드상의 서명인감의 불일치, 수표의 장당 발행금액의 초과, 수표카드의 유효기간 경과 후의 수표발행일의 기재, 수표의 지급제시기간 경과 후의 지급제시,[2] 수표의 뒷면에 수표카드번호를 기재하지 않거나 허위의 기재를 한 것 등의 항변을 수표수취인에 대하여 주장할 수 있다.

(6) 수표카드의 상실

1) 수표카드는 앞에서 본 바와 같이 유가증권이 아니므로, 이를 분실·도난 등으로 인하여 상실하여도 공시최고에 의한 제권판결의 대상이 될 수도 없고 또 선의취득이 될 수도 없다.

2) 그러나 수표카드를 수표용지와 함께 상실하고 이를 습득하거나 절취한 자가 상실자의 기명날인 또는 서명을 위조하여 수표를 발행하고 또 수표카드를 제시한 경우에, 이를 믿고 수표를 취득한 수취인은 지급은행에 대하여 손해담보계약에 기한 수표금지급청구권이 있는가. 이에 대하여 독일의 통설·판례는 지급은행은 수표카드와 수표용지를 발행한 데에 따른 권리외관책임(Rechtsscheinshaftung)을 부담해야 하므로 그러한 수표의 선의취득자에 대하여도 수표카드에 의한 손해담보계약이 체결된 것과 동일한 책임을 부담하여야 한다고 한다.[3] 우리나라에서도 이러한 독일의 통설에 따르는 학설이 있으나,[4] 이러한 수표취득자는 수표 자체의 선의취득($\begin{smallmatrix}수\\21조\end{smallmatrix}$)에 의하여 보호하면 충분하다고 보고 존재하지도 않은 민법상의 손해담보계약이 있는 것으로 의제하여 지급은행에 대한 수표카드에 기한 책임까지 인정하는 것은 수표카드에 의한 책임발생의 이론구성($\begin{smallmatrix}민법상의 계약에\\의한 책임\end{smallmatrix}$) 및 수표카드의 본질(비유가증권성)에 비추어도 무리가 있을 뿐만 아니라 또 그렇게까지 할 실제상의 필요도 없다고 생각한다.[5]

---

4) 동지: 이(기), 491면; Brox, § 43 Ⅲ 1.

1) 동지: Hueck/Canaris(1986), § 21 Ⅱ 3.

2) 이는 달리 말하면 지급은행은 수표발행인의 이득상환채무에 대하여는 손해담보책임을 지지 않는다는 뜻이다.

3) Brox, § 43 Ⅲ 2; Baumbach/Hefermehl, Anh. Art. 4 SchG. Rdn. 11; BGHZ 83, 28, 32.

4) 정(희), 325~326면(수표카드의 절취범은 수표카드를 소지함으로써 마치 지급은행을 대리하여 지급〈손해〉담보계약을 체결할 수 있는 권한이 있는 듯한 외관을 가지고 있고, 한편 지급은행은 수표카드와 수표용지를 교부함으로써 이러한 외관조작에 대한 귀책사유가 있으므로, 위 외관을 믿고 수표가 위조인 줄 모르고 취득한 자에게는 선의취득이 인정되어야 할 것이다. 따라서 지급은행은 지급담보계약을 체결한 것으로 보아 이 수표에 대한 지급책임이 있다고 할 것이다).

5) 정(찬), 730~731면.

제2 벌 칙

수표가 지급거절(부도)된 경우에 수표소지인이 수표법에 의하여 「상환청구(소구)권」을 행사할 수 있고(수 39조), 또 수표발행인은 어음교환업무규약 시행세칙(2012. 11. 8 개정)에 의하여 「거래정지처분」을 받는 점(통 세칙 89조 이하)은 어음의 경우와 같다. 그러나 수표는 어음과는 달리 현금의 대용물(지급증권)로서 수표의 부도시에는 국민경제에 미치는 영향이 매우 크므로 수표의 부도에 대하여는 수표법 및 부정수표단속법에서 벌칙규정을 두어 수표의 피지급성을 확보하고 있는데, 이는 어음의 경우와 다른 점이다.[1] 수표법에 의한 벌칙은 은행과 수표계약(당좌거래계약)이 없이 수표를 발행하거나 또는 수표가 제시된 때에 처분할 수 있는 자금이 없는 때에는(즉, 수표법 제3조 에 위반한 때에는) 수표발행인은 50만원 이하의 과태료의 처분을 받도록 하고 있다(수 67조, 벌금 등 임시조치법 4조 3항). 부정수표단속법상 수표의 부도에 따른 벌칙은 형법의 문제이므로 그 설명을 생략한다.

제8절 국제사법

제1 총 설

1. 국제사법의 필요성

어음은 수단적 성질과 기술적 성질을 갖고 있기 때문에 그 유통범위가 한 국가 내로 국한되지 아니하고 국제적으로 유통되는 경우가 많다. 이렇게 어음이 국제적으로 유통되는 성질상 어음법은 국제적으로 통일화되어 가는 경향이 있다. 따라서 우리 어음법도 제네바통일조약에 따라 입법화된 것이다. 그런데 (ⅰ) 제네바통일어음법은 영미법계 국가가 채택하고 있지 않기 때문에 진정한 의미에서의 세계적 통일법이라고 볼 수 없는 점, (ⅱ) 제네바통일어음법을 채택한 국가에서도 동법의 유보조항(제네바통일조약)에 의하여 각 국가의 입법이 상이하고, 또 입법이 동일한 사항에 대하여도 각 국가의 법률해석에서 상이한 면

동지: Hueck/Canaris, § 21 Ⅱ 3 d; L. G. Mönchengladbach, *WM* 1973, 797; L. G. Osnabrück, *WM* 1973, 223.

1) 또한 수표의 피지급성을 확보하기 위하여 수표법상 규정된 것으로는 (ⅰ) 지급위탁의 취소를 지급제시기간 경과 후에만 하도록 규정한 점(수 32조 1항), (ⅱ) 수표발행인이 수표를 발행한 후에 사망하거나 제한능력자가 된 경우에도 그 수표의 효력에 영향을 미치지 않도록 한 점(수 33조), (ⅲ) 수표는 제시한 때에 발행인이 처분할 수 있는 자금이 있는 은행을 지급인으로 하도록 한 점(수 3조) 등이 있는데, 이러한 점도 어음과 구별되는 점이다.

이 있는 점, (ⅲ) 어음법은 어음관계 또는 어음거래의 전반에 대하여 규정하지 못하고 많은 부분은 민·상법에 의하여 보충되는데($\substack{\text{예컨대, 어음}\\ \text{능력·대리 등}}$) 이 점에서 각 국가의 어음법의 적용에 있어서 많은 상이한 점이 있다. 따라서 국제적으로 유통되는 어음의 경우에는 각 국가의 법률의 저촉이 필연적으로 따르게 된다. 이에 대하여 우리나라에서는 어음법은 어음에 관한 실체법만을 규정하고, 이에 관한 각 국가의 법률의 저촉에 관하여는 국제사법($\substack{\text{전부개정: 2022.}\\ \text{1. 4, 법 18670호}}$)에서 분리하여 규정하고 있다.[1]

2. 국제환어음 및 국제약속어음에 관한 UN협약과의 구별

어음에 관한 국제사법상의 규정을 국제어음법이라고 하고 이러한 국제어음법은 국제사법의 일부분을 구성한다고 하는데,[2] 이러한 의미의 국제어음법은 국내법이고 어음에 관한 실체법이 아니고 준거법만을 규정한다. 따라서 이러한 의미의 국제어음법은 1988년에 UNCITRAL에서 제정한 「국제환어음 및 국제약속어음에 관한 UN협약」(United Nations Convention on International Bills of Exchange and International Promissory Notes)과는 완전히 구별되는 것이다. 위 UN협약에서 말하는 「국제환어음」이란 "발행지·발행인의 명칭에 부기한 지·지급지의 명칭에 부기한 지·수취인의 명칭에 부기한 지·지급지 중 두 개 이상이 다른 국가에 속하는 경우로서, 표제 및 본문 중에 국제환어음(UNCITRAL협약)이라고 기재된 것"을 말하고($\substack{\text{동 협약 1조}\\ \text{1항, 2조 1항}}$), 「국제약속어음」이란 "발행지·발행인의 명칭에 부기한 지·수취인의 명칭에 부기한 지·지급지 중 두 개 이상이 다른 국가에 속하는 경우로서, 표제 및 본문 중에 국제약속어음(UNCITRAL협약)이라고 기재된 것"을 말한다($\substack{\text{동 협약 1조}\\ \text{2항, 2조 2항}}$). 따라서 이러한 의미의 국제환어음 및 국제약속어음을 규율하는 UN협약은 어음에 관하여 실체법이고, 위의 의미에서 국제적으로 유통되는 어음에 대하여는 어느 국가에서도 통일적으로 적용된다.[3] 만일 우리나라가 위의 UN협약에 가입하게 되면 국내에서 유통되는 어음에 대하여는 현재의 어음법이 적용되고, 위의 의미에서 국제적으로 유통되는 어음에 대하여는 위의 UN협약이 적용되어 어음에 관한 실체법은 이원화가 될 것이다. 위의 UN협약이 세계 모든 국가에서 채택된다면 국제적으로 유통되는 어음에 관한 법률문제는 현재보다 훨씬 더 간편하게 해결되겠으나, 그러한 UN협약이 어음에 관한 모든 점을 규정하고 있지 않으므로($\substack{\text{예컨대,}\\ \text{어음능력 등}}$) UN협약에서 규정하고 있지 않은 사항에 대하여 국제사법적인 문제는 여전히 남는다고 볼 수 있겠다. 따라서 우리나라가 위의 UN협약에 가입한다고 하더라도 동 협약에서 규정하지 않은 사항에 대하여는 국제사법상의 규정이 여전

---

1) 이에 관한 상세는 손경한, "신국제사법상 어음·수표의 국제재판관할과 준거법,"「상법학의 전망」(평성 임홍근교수 정년퇴임기념논문집)(서울: 법문사, 2003), 537~554면 참조.

2) 서·정, 320면.

3) 이의 각 조문을 통일법 및 영미법과 비교하여 설명한 것으로는 주석(Ⅲ), 551~807면 참조.

히 적용되는 것이다.

제 2   어음국제사법

1. 어음행위능력

(1) 원   칙(본국법주의)

어음행위능력은 원칙적으로 어음행위자의 본국법에 의한다($\frac{國私}{1항} \frac{80조}{본문}$). 이 점은 일반 행위능력의 준거법을 정하는 국제사법 제28조 1항과 같다. 만일 어음행위자가 수 개의 국적을 갖고 있는 경우에는 그와 가장 밀접한 관련이 있는 국가의 법을 그 본국법으로 정하고($\frac{그러나 그 국적의 하나가 대한민국일}{때에는 대한민국의 법을 본국법으로 함}$)($\frac{國私}{16조}$ 1항), 무국적이거나 국적을 알 수 없는 경우에는 일상 거소지법(日常居所地法)($\frac{일상거소를 알 수 없는 때에는}{그의 거소가 있는 국가의 법}$)($\frac{國私}{16조}$ 2항), 당사자가 지역에 따라 법을 달리하는 국가의 국적을 가지는 때에는 그 국가의 법 선택규정에 따라 지정되는 법에 의하고 그러한 규정이 없는 때에는 당사자와 가장 밀접한 관련이 있는 지역의 법($\frac{國私}{16조}$ 3항)에 의한다.

(2) 예   외

1) 반   정   본국법이 다른 국가의 법에 의하여야 할 것으로 정한 때에는, 그 다른 국가의 법을 적용한다($\frac{國私}{1항} \frac{80조}{단서}$). 이것은 국제사법상의 반정(反定)의 법칙을 널리 인정한 것이다. 예컨대, 독일에서 미국인이 어음행위를 한 경우에 그 미국인의 어음행위능력이 한국에서 문제가 된 경우에, 그의 어음행위능력은 먼저 미국인의 본국법인 미국법이 적용되나, 미국의 국제사법은 상사계약에 있어서 당사자의 능력은 행위지법에 의하도록 규정하고 있으므로 결국 독일법에 의하여 미국인의 어음행위능력이 판단된다.

2) 행위지법주의   본국법에 의하면 어음행위자가 제한능력자일지라도 다른 국가에서 서명을 하고 그 국가의 법에 의하면 능력이 있는 때에는, 그러한 자는 어음상의 책임을 진다($\frac{國私}{80조}$ 2항). 이것은 본국법에 의하여 어음행위자가 능력자인가 아닌가를 조사하는 것은 매우 어려운 점과, 행위지법에 의하여 능력자라고 믿고 거래한 제 3 자를 보호하기 위한 것이다.

2. 어음행위의 방식

(1) 원   칙(행위지법주의)

어음행위의 방식은 서명지법(행위지법)에 의한다($\frac{國私}{1항} \frac{82조}{본문}$). 이것은 「장소는 행위를 지배한다」는 국제사법상의 대원칙의 하나의 표현이다. 따라서 예컨대, 한국에서 환어음을 발행하고 미국에서 배서하고 영국에서 인수한 경우에는, 발행의 방식에 관하여는 한국법을 적용하고 배서의 방식에 관하여는 미국법을 적용하며 인수의 방식에 관하여는 영국법을 적용한다. 여기에서의 행위지란 사실상의 행위지를 의미하고 어음면상의 행위지를 의미하지 않지만(통설), 어음면상의 행위지는 사실상의 행위지로 추정된다.[1]

(2) 예   외

1) 어음행위독립의 원칙   행위지법에 의한 방식에 위반하여 어음행위가 무효인 경우에도, 그 후에 다른 곳에서 한 어음행위가 행위지법에 의하여 적법한 때에는 전 행위의 무효는 후 행위의 효력에 영향을 미치지 않는다($\substack{國私 \\ 82조 2항}$). 이것은 어음소지인을 보호하기 위하여 국제사법에서도 어음행위독립의 원칙이 적용되는 것이라고 볼 수 있다.

2) 한국 국민간의 특칙   한국 국민이 외국에서 한 어음행위가 그 행위지법에 의하여 무효라고 하더라도 한국법에 의하면 유효한 때에는, 다른 한국 국민에 대하여는 유효하다($\substack{國私 \\ 82조 3항}$).

3. 어음행위의 효력

(1) 주채무자가 한 어음행위의 효력(지급지법)

주채무자가 한 어음행위의 효력은 그 어음의 지급지의 법에 의한다($\substack{國私 \\ 83조 1항}$). 왜냐하면 지급지는 주채무자가 자유로이 그 의무의 이행지로 선정하였을 것이므로, 지급지의 법에 따라 의무를 이행하게 하는 것은 주채무자의 의사에 일치하기 때문이다.[2]

참고로 환어음의 경우 인수하지 않은 지급인도 지급지의 법에 따라 지급하여야 한다고 본다($\substack{國私 85조 1항 \\ 후단 유추적용}$).

(2) 주채무자 이외의 자의 어음행위의 효력(행위지법)

환어음의 발행·배서·보증·참가인수의 효력 및 약속어음의 배서·보증 등의 효력은 서명지법(행위지법)에 의한다($\substack{國私 \\ 83조 2항}$).

(3) 상환청구(소구)권의 행사기간(발행지법)

상환청구(소구)권의 행사기간은 모든 상환(소구)의무자에 대하여 「발행지법」에 의한다($\substack{國私 \\ 83조 3항}$). 왜냐하면 상환청구(소구)권의 행사기간을 상환(소구)의무자의 행위지법(서명지법)에 의하게 하면, 각 상환(소구)의무자마다 상환청구(소구)권의 행사기간이 달라 매우 불편하기 때문이다.

---

1) 동지: 서·정, 322면.
2) 동지: 대판 2000. 6. 9, 98 다 35037(공보 2000, 1593)(신용장 거래에 부수하여 이루어지는 환어음 인수인의 어음법상 의무에 관한 준거법이 환어음 지급지 소재지인 중국의 법이지만 환어음이 지급제시되고 인수될 당시 중국에 어음관계를 규율하는 법이 존재하지 않았던 경우, 그 후 시행된 중국의 어음수표법을 유추적용하는 것이 조리에 부합한다).

4. 실질관계에서의 권리취득

어음의 소지인이 그 발행의 원인이 되는 채권을 취득하는지 여부는 그 어음의 「발행지법」에 의한다($\frac{國私}{84조}$).

5. 일부인수·일부지급

환어음의 인수를 어음금액의 일부에 제한하여 할 수 있는지 여부, 환어음 또는 약속어음의 소지인에게 일부지급을 수락할 의무가 있는지 여부에 대하여는 「지급지법」에 의한다($\frac{國私\ 85조}{1항·2항}$). 어음행위의 효력에 관한 국제사법 제83조 이외에 이러한 규정을 둔 이유는, 어음행위로서 완전한 서명이 아니거나($\frac{일부인수}{의\ 경우}$) 또는 서명과 무관한 것($\frac{일부지급}{의\ 경우}$)이기 때문이다. 이 때에 지급지법을 준거법으로 한 이유는, 지급지가 인수인 또는 지급인의 의무의 이행과 밀접한 관계가 있고, 어음의 주채무자의 의무의 이행도 지급지법에 의하도록 한 점($\frac{國私\ 83조}{1항\ 전단}$)과 균형을 이루도록 하고자 하기 때문이다. 일부인수 또는 일부지급으로 인하여 어음소지인이 상환청구(소구)권을 행사할 수 있는지 여부 및 행사할 수 있는 경우에는 어떠한 방법으로 행사할 것인지는 일부인수·일부지급의 준거법과 같이 「지급지법」에 의한다고 본다.

6. 어음상의 권리의 행사 또는 보전을 위한 방식

거절증서의 방식과 그 작성기간, 기타 어음상의 권리의 행사 또는 보전에 필요한 그 밖의 행위의 방식은 「거절증서를 작성하여야 하는 곳의 법」 또는 「그 밖의 행위를 행하여야 하는 곳의 법」에 의한다($\frac{國私}{86조}$). 어음소지인이 상환청구(소구)권을 보전하기 위한 실질적 요건에 관한 준거법에 대하여는 국제사법 제83조가 적용되나, 형식적 요건에 관한 준거법에 대하여는 국제사법 제86조가 적용된다.

거절증서의 분실·멸실 등의 경우에 어음소지인이 취하여야 할 절차에 관한 준거법도 국제사법 제86조에 의하여야 한다고 본다.

7. 어음의 상실 또는 도난

어음의 상실 또는 도난의 경우에 하여야 할 절차는 「지급지법」에 의한다($\frac{國私}{87조}$). 어음채무는 원래 지급지에서 이행되므로 이러한 점과 균형을 이루어 지급에 관한 법률관계를 일률적으로 해결하기 위해서이다.

제3 수표국제사법

1. 수표행위능력

어음행위능력의 경우와 같다($\substack{國私 \\ 80조}$).

2. 수표행위의 방식

원칙적으로 서명지법에 의하지만($\substack{어음의 경우와 \\ 같은 점}$), 지급지법에 의할 수 있다($\substack{國私 82조 \\ 1항 단서}$)($\substack{어음의 경우와 \\ 다른 점}$). 즉, 수표행위의 방식을 서명지법에 의할 것인가 또는 지급지법에 의할 것인가는 수표행위자의 선택에 달려 있다.

그러나 예외적으로 수표행위의 방식에도 수표행위독립의 원칙 및 한국 국민간의 특칙이 적용되는 점은 어음의 경우와 같다($\substack{國私 82조 \\ 2항·3항}$).

3. 수표행위의 효력

어음의 경우와 같으나 수표에는 주채무자가 없기 때문에 수표행위의 효력($\substack{수표로부터 \\ 생긴 채무}$)은 언제나 「서명지법」(행위지법)에 의한다($\substack{國私 83조 \\ 1항 후단}$).

4. 실질관계에서의 권리

실질관계에서 수표소지인이 수표자금에 대한 특별한 권리를 취득하는지 여부와 그 권리의 성질이 무엇인지에 대하여는 「지급지법」에 의한다($\substack{國私 \\ 88조 6호}$).

5. 일부지급

수표소지인이 일부지급을 청구할 수 있는지 여부와 일부지급을 수락할 의무가 있는지 여부는 「지급지법」에 의한다($\substack{國私 \\ 88조 4호}$).

6. 수표상의 권리의 행사 또는 보전을 위한 방식

발행인·배서인 기타 수표상의 채무자에 대한 상환청구(소구)권보전을 위하여 거절증서 또는 이와 동일한 효력을 가지는 선언을 필요로 하는지 여부에 관하여는 「지급지법」에 의하고($\substack{國私 \\ 88조 8호}$), 거절증서의 방식과 그 작성기간 기타 수표상의 권리의 행사 또는 보전에 필요한 그 밖의 행위의 방식은 「거절증서를 작성하여야 하는 곳의 법」 또는 「그 밖의 행위를 행하여야 하는 곳의 법」에 의한다($\substack{國私 \\ 86조}$).

7. 수표의 상실 또는 도난

수표의 상실 또는 도난의 경우에 행하여야 할 절차는 「지급지법」에 의한다$\binom{國私}{87조}$. 이는 어음의 경우와 같다.

8. 기타의 사항

(1) 지급인의 자격(지급지법)

1) 원 칙 수표의 지급인이 될 수 있는 자는 「지급지법」에 의한다$\binom{國私\ 81조}{1항}$.

2) 특 칙 위의 원칙에 의하여 지급지법에 의하면 지급인이 될 수 없는 자를 지급인으로 하여 수표가 무효가 된 경우일지라도, 발행인 기타의 서명자가 지급지 외의 국가에서 서명을 하고 그 서명지법에 의하면 지급인의 자격에 관하여 지급지법과 같은 규정이 없는 경우에는 발행인 기타의 서명자는 유효하게 수표채무를 부담한다$\binom{國私\ 81조}{2항}$.

(2) 횡선수표·계산수표

수표에 횡선을 표시할 수 있는지 여부와 「계산을 위하여」의 문구 또는 이와 동일한 뜻이 있는 문구의 기재의 효력은 「지급지법」에 의한다$\binom{國私\ 88조}{5호\ 본문}$. 따라서 외국에서 발행하고 우리나라에서 지급할 계산수표는 우리 수표법이 계산수표를 인정하지 않으므로 「계산을 위하여」의 문구의 효력이 없게 된다. 따라서 우리 수표법 및 국제사법은 외국에서 발행되고 우리나라에서 지급하여야 할 계산수표에 대하여는 일반횡선수표의 효력을 인정하고 있다$\binom{수\ 65조,\ 國私}{88조\ 5호\ 단서}$.

(3) 그 밖에 지급지법에 의하는 사항

수표는 지급증권으로 지급지법에 의하는 경우가 많은데, 위에서 설명한 사항 이외에도 다음의 사항은 지급지법에 의한다$\binom{國私}{88조}$.

1) 수표가 일람출급이 필요한지 여부, 일람후정기출급으로 발행할 수 있는지 여부 및 선일자수표의 효력$\binom{이것은\ 모두\ 만기에\ 관한}{사항으로\ 지급에\ 관한\ 사항임}$

2) 제시기간

3) 수표에 인수, 지급보증, 확인 또는 사증(査證)을 할 수 있는지 여부와 그 기재의 효력

4) 발행인이 수표의 지급위탁을 취소할 수 있는지 여부 또는 지급정지절차를 취할 수 있는지 여부

제 1 절 전자어음법의 제정연혁[1]

1. 「전자어음의 발행 및 유통에 관한 법률안」(이하 '전자어음법안' 으로 약칭함)이 2001년 11월 29일 의원입법으로 국회에 제출되었는데, 이러한 전자어음법안은 2001년 7월 31일에 제출된 「전자어음법의 제정에 관한 연구보고서」에 기초한 것이다.[2] 위의 의원입법안인 전자어음법안은 이 연구보고서에 있는 「전자어음의 작성 및 유통에 관한 법률시안」[3]의 내용을 (극히 일부의 사항에 대하여만 추가하거나 문언변경을 하여) 거의 그대로 반영하고 있다.

그런데 이러한 전자어음법안에 대하여 법무부는 (ⅰ) 국제적인 통일법 추세에 맞지 않고, (ⅱ) 현행 어음법과의 법리적인 문제점이 있으며, (ⅲ) 전자어음을 관리하는 중앙관리기구를 둘러싼 신용질서의 붕괴위험성 및 부작용으로 인한 비용증가의 우려가 있고, (ⅳ) 법안의 실효성에도 의문이 있다는 등의 이유로, 이의 도입 여부는 학계와 실무계의 충분한 검토와 숙의를 거쳐 신중히 결정하여야 한다는 의견을 제시하였다.[4] 또한 재정경제부도 이는 (ⅰ) 정부의 어음억제정책에 맞지 않고,

---

1) 이에 관하여는 정찬형, "전자어음법의 제정 필요한가?," 「고려법학」(고려대학교 법학연구원), 제41호(2003. 10), 42~44면; 동, "전자어음법의 문제점에 관한 소고," 「인터넷법률」, 통권 제24호 (2004. 7), 19~20면; 동, "전자어음의 발행 및 유통에 관한 법률의 문제점," 「금융법연구」(한국금융법학회), 제1권 1호(2004), 105~108면 참조.

2) 이철송, 전자어음의 제정에 관한 연구(연구보고서), 2001. 7. 31.

3) 이철송, 상게 연구보고서, 51~56면.

4) 저자도 법무부로부터 이러한 전자어음법안에 대한 검토의견을 요청받고 법무부와 같은 취지로 반대의견을 회신한 바 있다(2001. 12. 13).

(ii) 전자어음이 국내 현실에서 가능한 것인지에 대한 시뮬레이션이 필요하며, (iii) 선진국의 예에도 없다는 등의 이유를 들어 반대하였다.

이러한 이유인지는 몰라도 이 후 전자어음법안에 관한 논의는 잠잠하였다.

2. 그 후 국회 법제사법위원회는 위의 전자어음법안을 부분적으로 손질하여 (즉 전자어음의 등록 등에 관한 규정은 추가하고, 준용규정에 관한 규정은 삭제하며, 나머지는 약간의 문언수정만을 하여) 이 법안을 가지고 2003년 5월 23일에 국회 법제사법위원회 회의실에서 공청회를 개최하였다.[1]

이 공청회에서 전자어음법의 제정에 대하여 찬성하는 견해도 있었지만,[2] 이에 반대하는 견해도 많았다. 즉, 법무부는 전자어음은 기존 (종이)어음의 문제점 (발행 남용, 연쇄부도, 위·변조 등)을 그대로 가지고 있을 뿐만 아니라, 분할배서를 허용하여 기존(종이)어음의 문제점을 확대시키고, 또한 해킹 등으로 인한 혼란 등 새로운 문제점을 발생시킬 우려가 있다는 등의 이유로 법 제정의 필요성에 신중한 검토가 필요하다는 의견을 제시하였다.[3] 또한 재정경제부도 전자어음법안은 연쇄부도로 인한 기존 어음의 문제를 해결하지 못하고 오히려 확대할 가능성이 있고, 2000년 2월 재정경제부·금융감독위원회·한국은행·중소기업청이 공동으로 발표한 어음제도의 점진적 폐지를 골자로 하는 내용의 '어음제도 개선방안'에 정면으로 배치되고, 또한 최근 현금결제의 비중 증대·어음 대체제도의 확대·기업간 결제제도의 변화추세 등에서 볼 때 입법의 필요성이 크지 않다고 하여 반대하였다.[4] 또한 대법원에서도 이는 외국의 입법례가 매우 드문 선도적인 입법으로 예기치 못한 문제의 발생 등을 방지할 필요가 있고, 중앙관리기구의 시스템 장애 등이 발생하는 경우 이에 따른 많은 법률문제가 발생한다는 점 등에서 이의 입법에는 신중한 검토가 필요하다는 의견을 밝혔다.[5]

사견으로는 신용증권인 약속어음에 갈음하는 전자어음의 필요성이 우리 상거래에서 절실하며 또한 이러한 전자어음의 이용에 따른 당사자간의 편의성과 비용절감의 효과가 크게 나타날 것인지 의문인 점, 전자어음의 경우는 원본도 불확실하고 해킹 등의 위험이 크고 또한 대량으로 유통될 수 있어 위조·변조 등 많은 법률문제를 야기할 수 있는 점, 정부의 약속어음의 폐해를 축소하고자 하는 '어음제도개선방안'(기업구매자금대출제도·전자외상매출채권제도·기업구매전용카드제도 등)에 배치되는 점, 유가증권의 전자화의 문제는 약속

---

1) 이 공청회에서 논의된 내용의 자료에 관하여는 국회 법제사법위원회, 전자어음의 발행 및 유통에 관한 법률 제정에 관한 공청회, 2003. 5. 23. 참조.

2) 신양호(한국전자거래협회), 전게 공청회자료, 8~17면; 이철송, 전게 공청회자료, 119~120면.

3) 조정환(법무부), 전게 공청회자료, 51~57면.

4) 변양호(재정경제부), 전게 공청회자료, 73~84면.

5) 민병훈(대법원), 전게 공청회자료, 105~108면.

어음에서 가장 시급한 것이 아니라 수표에 갈음하여 현재 일상생활에서 많이 이용되고 있는 전자자금이체에서 더 시급하며 또한 이는 주권·채권 등의 전자화와 함께 종합적으로 검토되어야 할 사항이라는 점 등에서 전자어음법의 조급한 입법에 반대하였다.[1]

3. 위의 전자어음법안은 위의 공청회 및 관계부처와의 협의를 거쳐 국회 법제사법위원회에서의 심의과정에서 대폭 수정되어 통과된 후, 2004년 3월 2일 제245회 국회(임시회) 제11차 본회의에서 통과되고, 2004년 3월 22일 법률 제7197호로 공포되었다. 동법의 시행을 위한 전자어음법시행령은 2004년 12월 31일 대통령령 제18637호로 공포되었다.[2]

이러한 전자어음법은 외국의 입법례에서도 거의 없는 입법으로 우리나라에서 처음으로 제정되었다고 볼 수 있는데,[3] 현행 어음법과도 상충되고 또한 약속어음에 대체되는 새로운 결제제도($\binom{\text{예컨대, 기업구매자금대출제도·전자외상매출}}{\text{채권담보대출제도·기업구매전용카드제도 등}}$)와도 역행하는 제도이므로 앞으로 이의 해석과 적용에 있어서 매우 신중한 접근이 요망된다고 본다.[4]

4. 전자어음법은 그 후 2009년 1월 30일에 전문 개정되었고($\binom{\text{법 9364호, 시행}}{\text{2009. 1. 30}}$), 다시 동년 5월 8일에 개정되어($\binom{\text{법 9651호, 시행}}{\text{2009. 11. 9}}$) 주식회사의 외부감사에 관한 법률 제 2 조에 따른 외부감사대상 주식회사($\binom{\text{원칙적으로 직전 사업연도말 자산총액이 100억원}}{\text{이상인 주식회사 및 주권상장법인〈동법시행령 2조〉}}$)가 약속어음을 발행할 경우 전자어음을 의무적으로 발행하도록 하였는데($\binom{\text{전어}}{\text{6조의 2}}$), 동법은 다시 2013년 4월 5일 개정되어($\binom{\text{법 11730호,}}{\text{시행 2014. 4. 6}}$) 외부감사대상 주식회사 외에 「직전 사업연도 말의 자산총액 등이 대통령령으로 정하는 기준에 해당하는 법인사업자」($\binom{\text{직전 사업연도 말의 자산총액}}{\text{이 10억원 이상인 법인사업자—}}$ 동법시행령(2014. 8. 6, 대통령령 25532호, 시행 2014. 8. 7) 8조의 2)를 추가하여 전자어음의 의무적인 발행대상범위를 대폭 확대하였다.[5] 이에 위반하는 경우 500만원 이하의 과태료를 부과하고 있다($\binom{\text{전어}}{\text{2항}}\binom{\text{23조}}{\text{1호}}$).

---

1) 반대이유에 관한 상세는 전게 고려법학(제41호), 52~58면; 동, 전게 인터넷법률(통권 제24호), 20~25면; 동, 전게 금융법연구(제 1 권 1호), 111~116면.

2) 전자어음법이 시행된 이후인 2005. 9. 27부터 2006. 11. 30까지 전자어음의 발행업체는 137개이고, 수취업체는 4,168개이다. 또한 발행건수는 7,349건(금액으로는 3,796억원)이고(이 중 기업은행 발행건수의 비중이 55%임), 배서건수는 3,218건(금액으로는 1,504억원)이며, 만기결제건수는 4,651건(금액으로는 2,324억원)이다(금융결제원 제공).

3) 동지: 정(동), 475면.

4) 동지: 정찬형, 전게 인터넷법률(통권 제24호), 18면; 정(동)(2004), 475면.

5) 이에 관하여는 황현영, 「전자어음의 발행 및 유통에 관한 법률 제 6 조의 2(전자어음의 이용)의 입법영향분석(입법영향분석보고서 제 6 호)」(국회입법조사처, 2015. 12. 31)(규제영향분석의 측면에서 전자어음의 의무발행제도의 도입 및 의무발행 대상 확대는 규제의 신설 및 강화임에 틀림없지만, 이를 통해 전자어음제도가 활성화되면서 전자어음에 대한 기업들의 인식이 긍정적으로 변화되었다고 한다. 그러나 기업의 결제수단을 법으로 강제하는 것은 기업에 부담이 되는 규제로 작용

전자어음법은 2016년 5월 29일 다시 개정되어($^{법}_{2018.\ 5.\ 30}$ 시행) 만기를 '발행일로부터 3개월까지'로 단축하면서, 경과조치로 2018. 5. 30.~2019. 5. 29.는 6개월까지, 2019. 5. 30.~2020. 5. 29.는 5개월까지, 2020. 5. 30~2021. 5. 29.는 4개월까지로 하고 있다($^{전어 \ 부칙}_{2조}$). 또한 전자어음법은 전자서명법의 개정에 따라 2020년 6월 9일 다시 개정되었다($^{법 \ 17354호,\ 시행}_{2020.\ 12.\ 10}$).

제 2 절 전자어음법의 내용

제 1 전자어음의 의의와 법적 성질

1. 전자어음의 의의

우리 전자어음법상 「전자어음」이란 '전자문서로 작성되고 전자어음관리기관에 등록된 약속어음'을 말한다($^{전어}_{2조\ 2호}$). 이 때 「전자문서」란 '정보처리시스템에 의하여 전자적 형태로 작성, 송신·수신 또는 저장된 정보'를 말하는데($^{전어\ 2조\ 1호,\ 전자문서\ 및}_{전자거래기본법\ 2조\ 1호}$), 여기에서의 「정보처리시스템」이란 '전자문서의 작성·변환, 송신·수신 또는 저장을 위하여 이용되는 정보처리능력을 가진 전자적 장치 또는 체계'를 말한다($^{전자문서\ 및\ 전자거}_{래기본법\ 2조\ 2호}$).

일반적으로 전자어음이라고 하면 전자문서로 작성되어 관리기관에 등록된 환어음과 약속어음을 말하는데,[1] 우리 전자어음법상 전자어음은 이 중에서 약속어음만을 의미한다. 따라서 이와 같이 환어음을 배제한다면 혼동의 우려가 있으므로 전자어음이라는 용어 대신에 전자약속어음 등으로 표현하는 것이 보다 더 정확하고 오인할 소지를 줄이는 것으로 본다.[2]

2. 전자어음의 법적 성질

전자어음은 사권(私權)인 금전채권을 포함하고 있으나 증권을 작성하지 않고

할 수 있으므로, 전자어음 의무발행 대상을 확대하는 것은 지양하고, 소규모 기업이나 개인사업자들은 자발적으로 전자어음을 선택할 수 있도록 하는 것이 바람직하다고 한다. 전자어음의 의무발행 제도로 인하여 조세의 투명성에 기여하였고 물류비용의 절감 및 디지털환경에 따른 기업간 결제의 효율성 향상이라는 입법목적을 달성하였으나, 국내의 다른 법률〈전자금융거래법 등〉및 국제법과의 관계에서 충돌가능성이 있고 전자어음의 할인·공증 및 강제집행 등에서 제약이 있어 재산권의 행사에 따른 제한을 가져오므로 이러한 문제를 해결하는 제도적 보완이 필요하다고 한다); 동 "전자어음제도의 운영현황과 입법과제," 「법조」(법조협회), 통권 제719호(2016. 10), 151~192면 참조.
1) 정(동), 475~476면.
2) 정찬형, 전게 인터넷법률(통권 제24호), 25면.

전자어음관리기관에 등록되어 관리되며($^{전어}_{16조} {}^{5조}_{2항} {}^{1항}_{}$) 또한 전자어음의 배서·보증 또는 전자어음상의 권리행사는 전자문서로만 할 수 있으므로($^{전어}_{4항} {}^{5조}$), 이의 법적 성질은 (유가증권법상 전형적인) 유가증권으로 볼 수는 없고 장부증권이론에서의 장부증권 또는 전자적 권리표창이론에서의 전자적 등록증권이라고 볼 수 있다.[1] 이러한 점은 주권 또는 채권(債券)을 전자증권화한 전자증권제도(Electronic Securities System)와 동일하다고 본다. 다만 전자적 정보저장장치에 의한 권리의 표창이 전통적 권리표창방식과 동일한 것으로 인정될 수 있을 것인가에 대하여는 의문이 있으나, 오늘날 전자매체에 의하여 기억된 자료가 서면에 의하여 언제든지 일상언어로 재현될 수 있고 또한 정보통신기술의 발달에 따른 전산시스템의 안정성 및 보안성의 정도가 그 진정성을 확보하기에 충분하다면 전자적 등록을 새로운 권리표창의 하나의 방식으로 인정할 수도 있을 것이다. 이러한 점에서 볼 때 전자어음은 종래의 유가증권의 개념을 완전히 벗어난 전혀 다른 새로운 권리라고 보거나 종래의 유가증권에 적용되는 제 원칙이 모두 적용될 수 없다고 보는 것은 무리이고, 어디까지나 종래의 유가증권 개념의 연장선상에서 파악되어야 할 것으로 본다.[2] 따라서 전자어음에 대하여도 그 성질이 허용하는 한 종래의 유가증권에 관한 규정이 적용되는 것으로 보아야 할 것이다($^{전어}_{참조} {}^{4조}$). 또한 전자어음은 형법의 적용에 있어서는 유가증권으로 본다($^{전어}_{4항} {}^{22조}$).

제2 전자어음의 발행

전자어음의 발행은 「전자어음에 필요적 기재사항을 기재하여 동 어음을 전자어음관리기관에 등록하고 수취인에게 교부하는 것」을 말하므로, 이하에서는 전자어음의 필요적 기재사항(전자어음요건)과 전자어음의 교부 및 등록에 대하여 설명하겠다.

1. 전자어음의 필요적 기재사항(전자어음요건)

(1) 전자어음의 필요적 기재사항은 다음과 같다.

① 전자어음의 본문 중에 그 어음의 작성에 사용하는 국어로 약속어음임을 표

---

1) 동지: 정(동), 476면.
2) 전자증권의 법적 성질에 관한 상세는 정찬형, "전자증권제도의 도입에 따른 법적 과제,"「상사법연구」(한국상사법학회), 제22권 3호(2003), 16~20면 참조.

시하는 문자$\left(\substack{전어\ 6조\ 1항\\1호,\ 어\ 75조\ 1호}\right)$ 이는 실물어음의 경우와 같다.

　② 일정한 금액을 지급할 뜻의 무조건의 약속$\left(\substack{전어\ 6조\ 1항\\1호,\ 어\ 75조\ 2호}\right)$ 이는 실물어음의 경우와 같다.

　③ 만기의 표시$\left(\substack{전어\ 6조\ 1항\\1호,\ 어\ 75조\ 3호}\right)$ 전자어음의 만기는 발행일로부터 3개월 $\left(\substack{2018.\ 5.\ 30.\sim2019.\ 5.\ 29.는\ 6개월,\ 2019.\ 5.\ 30.\sim2020.\ 5.\ 29.는\ 5개\\월,\ 2020.\ 5.\ 30.\sim2021.\ 5.\ 29.는\ 4개월,\ 2021.\ 5.\ 30.이후는\ 3개월}\right)$을 초과할 수 없는데$\left(\substack{전어\ 6조\ 5항,\\부칙\ 2조}\right)$, 이 점은 실물어음의 경우와 구별된다. 그러나 전자어음의 만기도 실물어음의 경우와 같이 일람출급, 일람후 정기출급, 발행일자후 정기출급 및 확정일출급이 모두 가능하다고 본다[1]$\left(\substack{어\ 77조\ 1항\\2호,\ 33조}\right)$.

　④ 지급을 받을 자 또는 지급을 받을 자를 지시할 자의 명칭$\left(\substack{전어\ 6조\ 1항\\1호,\ 어\ 75조\ 5호}\right)$ 이는 실물어음의 경우와 같다.

　⑤ 발행일 및 발행지$\left(\substack{전어\ 6조\ 1항\\1호,\ 어\ 76조\ 6호}\right)$ 이는 실물어음의 경우와 같다.

　⑥ 전자어음의 지급을 청구할 금융기관$\left(\substack{전어\ 6조\\1항\ 2호}\right)$ 이는 전자어음에만 있는 필요적 기재사항으로 실물어음의 경우와 구별된다. 실물어음에서 지급담당자 또는 지급장소$\left(\substack{제3자\\방지급문언}\right)$는 유익적 기재사항이다$\left(\substack{어\ 77조\ 2항,\\4조,\ 27조}\right)$. 또한 실물어음의 경우는 「지급지」가 필요적 기재사항인데$\left(\substack{어\ 75조\\1항\ 4호}\right)$, 전자어음의 경우는 지급지가 필요적 기재사항이 아니고 다만 전자어음의 지급을 청구할 금융기관이 있는 지역을 지급지로 간주하는 것으로 규정한 점$\left(\substack{전어\ 6조\\2항}\right)$도, 양자가 구별되는 점이다. 이 때의 금융기관이란 '은행법에 따른 금융기관 및 이에 준하는 업무를 수행하는 금융기관으로 은행법 제32조의 규정에 의한 당좌예금을 취급하는 금융기관'을 말한다$\left(\substack{전어\ 2조\ 6호,\\전어시\ 2조}\right)$.

　⑦ 전자어음의 동일성을 표시하는 정보$\left(\substack{전어\ 6조\\1항\ 3호}\right)$ 이는 전자어음법에만 있는 필요적 기재사항으로 실물어음의 경우와 구별된다. 이 때 전자어음의 동일성을 표시하는 정보란 '어음의 번호 등 전자어음을 다른 전자어음과 구별하여 특정할 수 있는 정보'를 말한다.[2]

　⑧ 사업자고유정보$\left(\substack{전어\ 6조\\1항\ 4호}\right)$ 이는 전자어음법에만 있는 필요적 기재사항으로 실물어음의 경우와 구별된다. 이 때 사업자고유정보란 '전자어음과 관련된 당사자의 상호나 사업자등록번호, 회원번호, 법인등록번호 또는 주민등록번호 등 사업자를 식별할 수 있는 정보'를 말한다$\left(\substack{전어\ 2조\\5호}\right)$.

　⑨ 발행인의 전자서명 발행인이 전자어음에 전자서명을 한 경우에는 어음법 제75조 7호에 따른 기명날인 또는 서명을 한 것으로 본다$\left(\substack{전어\ 6조\\3항}\right)$. 이는 실물

---

1) 동지: 정(동), 477면.

2) 동지: 정(동), 477면.

어음의 경우와 구별되는 점이다. 이 때의 전자서명이란 '(i) 서명자의 신원과 (ii) 서명자가 해당 전자문서에 서명하였다는 사실을 나타내는데 이용하기 위하여 전자문서에 첨부되거나 논리적으로 결합된 전자적 형태의 정보(서명자의 실지명의를 확인할 수 있는 것)'를 말한다(전어 2조 3호, 전자서명법 2조 3호).

(2) 전자어음에서는 백지어음이 인정되지 않고(전어 6조 6항), 또한 실물어음에서와 같은 보충규정(어 76조)이 없다. 따라서 전자어음에서는 위의 전자어음요건의 일부를 기재하지 아니한 경우에는 백지어음으로 추정되거나 보충규정에 의하여 보충되는 경우는 없고 불완전어음으로서 무효어음으로 볼 수밖에 없다.[1]

2. 전자어음의 교부

발행인이 수취인(수신자) 또는 그 대리인이 동 어음을 수신할 수 있는 정보처리시스템에 입력하여 송신하고, 수취인(수신자)이 동 어음을 수신할 정보처리시스템을 지정한 경우에는 지정된 정보처리시스템에 입력된 때이고(다만 동 어음이 지정된 정보처리시스템이 아닌 정보처리시스템에 입력된 경우에는 수신자가 이를 출력한 때를 말함), 수취인(수신자)이 동 어음을 수신할 정보처리시스템을 지정하지 아니한 경우에는 수취인(수신자)이 관리하는 정보처리시스템에 입력된 때에 전자어음을 발행한 것으로 본다(전어 6조 4항, 전자문서 및 전자거래기본법 6조 1항·2항). 이는 실물어음의 경우 발행시기에 대하여 어음법에 규정이 없고 어음이론에 맡겨져 있는 것과 구별되는 점이다. 위의 전자어음법의 규정은 어음이론에서 발행설(교부시설)과 유사하다고 볼 수있다.[2]

3. 전자어음의 등록

전자어음을 발행하려는 자는 그 전자어음을 전자어음관리기관(이하 '관리기관'이라 약칭함)에 등록하여야 한다(전어 5조 1항). 전자어음을 관리기관에 등록하여 발행하고자 하는 자는 전자어음에 기재된 전자어음의 지급을 청구할 금융기관(지급금융 기관)(전어 6조 1항 2호)과 당해 지급금융기관을 제3자방(어 4조)으로 하기로 하는 계약(당좌예금 계약)을 체결하여야 하고(전어시 5조 1항), 전자어음을 수령할 자(수취인)로 하여금 관리기관에 등록하도록 하여야 한다(수취인등록)(다만 전자어음을 수령할 자가 발행인 등록을 한 경우에는 그러하지 아니하다)(전어시 6조 1항). 수취인등록사항은 전자어음을 수령할 자의 명칭·사업자등록번호 또는 주민등록번호 및 주소이고(전어시 6조 2항), 관리기관은 수취인등록을 거부하여서는 아니되며 수취인등록을 한 자가 관리기관의 정

---

1) 동지: 정(동), 477면.
2) 그러나 이를 교부계약설에 따른 것으로 해석하는 견해로는 정(동), 478면.

보조직을 이용하여 배서를 하거나 전자어음의 지급제시를 할 수 있도록 하여야 한다(전어시 6조 3항).

관리기관은 전자어음의 발행인등록 또는 수취인등록을 한 자 외의 자가 권한 없이 등록한 자의 명의를 이용하여 전자어음행위를 할 수 없도록 등록한 자가 등록의 종류에 따라 전자어음행위를 배타적으로 할 수 있는 장치를 제공하여야 하고 (전어시 7조 1항), 또한 모든 전자어음행위가 자신이 관리하는 정보통신망(정보통신망 이용촉진 및 정보보호 등에 관한 법률 제2조 1호의 규정에 의한 정보통신망을 말함)을 통하여 이루어지도록 하여야 하며 다른 정보통신서비스제공자(정보통신망 이용촉진 및 정보보호 등에 관한 법률 제2조 3호의 규정에 의한 정보통신서비스 제공자 및 동법 제18조 1항의 규정에 의한 전자문서 중계자를 말함)의 정보통신망을 통하여 이루어지거나 다른 정보통신서비스 제공자의 정보통신망을 거친 후 관리기관의 정보통신망을 통하여 이루어지도록 하여서는 아니된다(전어시 7조 2항).

관리기관은 이용자가 사용할 전자어음에 관하여 동일한 양식을 정하여야 하고 (전어시 8조 1항), 전자어음에는 복본 또는 사본의 제작이 불가능한 장치를 하여야 하며, 발행된 때에는 발행인의 정보처리조직에는 전자어음이 소멸하거나 전자어음에 이미 발행을 표시하는 문언이 기재되도록 하여야 한다(전어시 8조 2항).

관리기관은 전자어음 발행인에 대하여 신용평가기관 또는 당좌예금계약을 체결한 금융기관의 전자어음 발행한도에 관한 의견 및 발행인의 연간매출액·자본금·신용도·당좌거래실적 등을 종합하여 전자어음 발행한도를 제한할 수 있다(전어 5조 2항, 전어시 5조 2항). 또한 관리기관은 전자어음의 발행인이 (ⅰ) 관리기관 또는 어음교환소로부터 거래정지처분(관리기관이 새로이 전자어음을 발행하고자 하는 자의 전자어음등록을 거부하거나 이미 등록한 발행인의 전자어음 발행을 금지하는 처분을 말함)을 받고 거래정지중에 있는 자, (ⅱ) 전자어음법 또는 동법시행령과 어음법에 위반된 행위를 한 자, 또는 (ⅲ) 그 밖에 금융기관과의 거래에 관하여 신용을 훼손하는 행위를 한 자로서 법무부령이 정한 자의 어느 하나에 해당하면 전자어음의 발행을 위한 등록을 거부할 수 있다(전어 5조 2항, 전어시 5조 3항).

제 3 전자어음의 배서

1. 전자어음의 배서의 방식

전자어음에 배서를 하는 경우에는 전자어음에 배서의 뜻을 기재한 전자문서(배서전자문서)를 첨부하여야 하는데(전어 7조 1항), 이 배서전자문서에는 전자어음의 동일성을 표시하는 정보를 기재하고 배서인이 전자서명을 하여야 한다(전어 7조 2항·6항). 관리기관은 전자어음에 첨부할 이러한 배서전자문서를 전자어음과 일체가 된 문서로 하고 전자어음과 분리할 수 없도록 하여야 한다($^{전어시}_{8조\,4항}$). 피배서인이 다시 배서를 하는 경우에는 전자어음에 이전에 작성된 배서전자문서를 첨부하고 위의 배서를 하여야 한다($^{전어}_{7조\,4항}$).

이와 같이 전자어음에 대한 배서는 전자어음과는 별개의 배서전자문서에 하는 점과 이에 전자어음의 동일성을 표시하는 정보를 기재하고 배서인이 전자서명을 하여야 한다는 점이 실물어음의 배서의 방식($^{어\,77조\,1항}_{1호,\,13조}$)과 구별된다.

2. 배서된 전자어음의 교부

배서인은 전자어음과 배서전자문서를 전자문서 및 전자거래기본법에 따라 피배서인에게 송신하고 또한 피배서인이 이를 수신한 때에 어음법 제13조 1항에 따른 배서 및 교부를 한 것으로 보는데($^{전어}_{7조\,3항}$), 이는 발행의 경우와 같다.

관리기관에는 수취인이 등록되므로($^{전어시}_{6조}$) 이러한 수취인은 관리기관의 정보처리조직을 이용하여 배서를 하는데($^{전어시}_{6조\,3항}$), 배서인이 이와 같이 전자어음을 배서한 때에는 배서인의 정보처리조직에는 전자어음이 소멸하거나 전자어음에 이미 배서되었음을 표시하는 문언이 기재되도록 하여야 한다($^{전어시}_{8조\,2항}$).

3. 배서의 횟수제한

전자어음의 총 배서횟수는 20회를 초과할 수 없다($^{전어}_{7조\,5항}$). 이것은 전자어음의 배서가 너무 많으면 이전의 배서의 진정 여부를 조사하는 것이 번거롭고 또한 시간이 많이 걸리게 되어 전자어음의 유통을 저해하기 때문인 것으로 추측되나,[1] 이러한 제한이 타당한지 또한 20회를 초과한 배서의 효력은 어떠한지 등은 의문이다.[2]

4. 특수배서

전자어음에 한 특수배서의 효력은 전자어음법에 특별히 규정하고 있지 않으므로 실물어음의 경우와 동일하게 볼 수밖에 없다[3]($^{전어}_{4조}$).

---

1) 동지: 정(동), 479면.
2) 정찬형, 전게 인터넷법률(통권 제24호), 28면.
3) 동지: 정(동), 479면.

제4 전자어음의 보증

전자어음에 보증을 하는 자는 전자어음에 보증의 뜻을 기재한 전자문서$\binom{보증전}{자문서}$를 그 전자어음에 첨부하여야 하고$\binom{전어}{8조\,1항}$, 이러한 보증전자문서에는 전자어음의 동일성을 표시하는 정보를 기재하고 보증인이 전자서명을 하여야 한다$\binom{전어\,8조\,2항,}{6조\,3항,\,7조\,2항}$. 관리기관은 전자어음에 첨부할 이러한 보증전자문서를 전자어음과 일체가 된 문서로 하고 전자어음과 분리할 수 없도록 하여야 한다$\binom{전어시}{8조\,4항}$.

보증된 전자어음의 교부는 전자어음의 발행의 경우와 같다$\binom{전어\,8조\,2항,}{6조\,4항}$.

제5 전자어음의 지급

1. 전자어음의 지급제시

(1) 전자어음의 소지인이 전자어음 및 전자어음의 배서에 관한 전자문서를 첨부하여 지급청구의 뜻이 기재된 전자문서$\binom{지급제시}{전자문서}$를 지급금융기관에 송신하고 동 금융기관이 이를 수신한 때에는 어음법 제38조 1항에서 규정한 지급을 위한 제시를 한 것으로 보는데, 다만 관리기관에 대한 전자어음의 제시는 지급을 위한 제시와 같은 효력이 있는데 관리기관이 운영하는 정보처리조직에 의하여 전자어음의 만기일 이전에 자동으로 지급제시되도록 할 수 있다$\binom{전어}{9조\,1항}$. 이러한 지급제시를 하는 소지인은 지급청구의 뜻이 기재된 전자문서에 어음금을 수령할 금융기관의 계좌를 기재하여야 한다$\binom{전어}{9조\,3항}$. 전자어음에 첨부할 이러한 지급제시전자문서는 전자어음과 일체가 된 문서로 하고 전자어음과 분리할 수 없도록 하여야 한다$\binom{전어시}{8조\,4항}$.

(2) 전자어음의 지급제시전자문서의 송신과 수신의 시기는 발행의 경우와 같이 전자거래기본법에 의한다$\binom{전어}{9조\,2항}$.

(3) 전자어음의 소지인이 지급제시를 위하여 전자어음을 지급금융기관에 송신하는 경우에는 전자어음의 소지인의 정보처리조직에서는 전자어음이 소멸하지 아니하고, 지급금융기관에 송부된 전자어음에는 지급제시를 위한 것임을 표시하는 문언이 기재되도록 하여야 한다$\binom{전어시}{8조\,3항}$.

2. 전자어음의 지급

(1) 전자어음의 지급제시를 받은 금융기관이 어음금을 지급할 때에는 관리기관에 지급사실을 통지하여야 하는데, 다만 관리기관에서 운영하는 정보처리조직에 의하여 지급이 완료된 경우에는 그러하지 아니하다($\frac{전어}{9조}$ 4항). 관리기관이 이와 같이 지급사실의 통지를 받거나 그의 정보처리조직에 의하여 지급이 완료된 경우에는 어음채무자가 동 어음을 환수한 것으로 본다($\frac{전어}{10조}$).

(2) 관리기관은 지급제시전자문서에 기재된 어음금을 수령하는 금융기관이 어음금을 수령하는 동시에 소지인이 보관하는 전자어음에 지급이 이루어졌음을 표시하는 문언이 기재되도록 장치하여야 하고($\frac{전어시}{9조}$ 1항), 지급필 문언이 기재된 전자어음을 발행인에게 송신하여야 한다($\frac{전어시}{9조}$ 2항).

(3) 전자어음의 경우에는 지급금융기관 또는 관리기관이 지급을 할 때에 전자어음의 소지인에 대하여 영수를 증명하는 기재를 하여 교부할 것을 청구할 수 없고 ($\frac{전어}{어}$ $\frac{11조}{39조}$ 1항), 또한 일부지급이 허용되지 않는다($\frac{전어}{39조}$ $\frac{11조,}{2항·3항}$ 어). 따라서 전자어음의 소지인은 일부지급을 거절할 수 있다.

3. 전자어음의 지급거절과 상환청구

(1) 지급거절

1) 전자어음의 지급제시를 받은 금융기관이 지급거절을 할 때에는 전자문서 ($\frac{지급거절}{전자문서}$)로 하여야 하는데($\frac{전어}{12조}$ 1항), 이러한 지급거절전자문서는 지급제시를 위하여 송신되는 전자어음의 여백에 지급이 거절되었음을 표시하는 문언을 기재하는 방식으로 작성하거나 전자어음의 일부가 되는 별도의 문서로 작성하여야 한다($\frac{전어시}{10조}$ 1항). 관리기관은 이러한 별도의 지급거절전자문서를 전자어음과 일체가 된 문서로 하고 전자어음과 분리할 수 없도록 하여야 한다($\frac{전어시}{8조}$ 4항).

2) 지급금융기관은 지급거절전자문서를 관리기관에 통보하고 그 기관이 문서내용을 확인한 경우에는 그 전자문서를 어음법 제44조 1항에 따른 공정증서로 보는데($\frac{전어}{12조}$ 2항), 전자어음의 소지인이 지급거절전자문서를 수신한 날을 이러한 공정증서의 작성일로 본다($\frac{전어}{12조}$ 3항). 관리기관은 지급거절전자문서를 통보받은 경우에는 전자어음의 소지인이 적법하게 금융기관에 지급을 위한 제시를 하였는지를 확인하여야 하며, 지급거절을 확인한 경우에는 지급제시를 위한 전자어음의 여백에 지급거절을 확인하였음을 표시하는 문언을 기재한 후 동 전자어음을 즉시 소지인에게

송신하여야 한다($\frac{전어시}{10조\ 2항}$). 관리기관은 이와 같이 지급거절된 지급제시용 전자어음을 소지인에게 송신한 때에는 소지인이 보관하는 전자어음의 원본이 소멸되도록 하여야 하는데, 이 경우 지급거절된 지급제시용 전자어음을 어음의 원본으로 본다($\frac{전어시}{10조\ 3항}$).

(2) 상환청구

1) 지급거절된 전자어음의 소지인은 전자어음과 배서전자문서 및 지급거절전자문서를 첨부하여 상환청구의 뜻을 기재한 전자문서(상환청구전자문서)를 상환의무자에게 송신하여 상환청구권을 행사한다($\frac{전어}{13조\ 1항}$). 이 때 상환청구권을 행사하는 전자어음의 소지인은 상환청구전자문서에 어음금을 수령할 금융기관의 계좌를 기재하여야 한다($\frac{전어\ 13조}{4항,\ 9조\ 3항}$). 또한 이 경우 전자어음에 첨부할 전자문서는 전자어음과 일체가 된 문서로 하고 전자어음과 분리할 수 없도록 하여야 한다($\frac{전어시}{8조\ 4항}$).

2) 상환의무자가 상환금액을 지급한 때에는 관리기관에 지급사실을 통지하여야 하는데($\frac{전어}{13조\ 2항}$), 이러한 통지가 있으면 상환의무자가 전자어음을 환수한 것으로 본다($\frac{전어}{13조\ 3항}$).

제 6 전자어음의 반환 · 수령거부

1. 전자어음의 반환

전자어음을 발행하거나 배서한 자가 착오 등을 이유로 전자어음을 반환받으려면 그 소지인으로 하여금 관리기관에 반환 의사를 통지하게 하여야 한다($\frac{전어}{14조\ 1항}$). 이러한 통지를 하면 전자어음은 발행되거나 배서되지 아니한 것으로 보며, 관리기관은 동 전자어음의 발행 또는 배서에 관한 기록을 말소하여야 한다($\frac{전어}{14조\ 2항}$). 이 때 전자어음의 소지인은 법무부령이 정하는 전자어음의 반환 양식을 기입하고 전자서명($\frac{서명자의\ 실지명의를\ 확인할}{수\ 있는\ 것으로\ 한정한다}$)을 하여 관리기관에 통지한 경우 관리기관은 동 전자어음의 발행 또는 배서에 관한 기록을 말소하여야 한다($\frac{전어시}{11조\ 1항}$).

전자어음법에 명문의 규정은 없으나 전자어음에 배서한 자도 동일하다고 본다.[1]

---

1) 정(동), 482면.

2. 전자어음의 수령거부

전자어음의 수신자는 전자어음의 수령을 거부하려면 관리기관에 수령 거부 의사를 통지하여야 하는데, 수령 거부 의사를 통지한 경우에는 수신자가 전자어음을 수령하지 아니한 것으로 보며 관리기관은 수신자가 청구할 경우 그 수신자가 전자어음의 수령을 거부한 사실을 증명하는 문서를 발급하여야 한다(전어 14조 3항). 이 때 전자어음의 수신자가 법무부령이 정하는 전자어음의 수령거부 양식을 기입하고 공인전자서명 (서명자의 실지명의를 확인할 수 있는 것으로 한정한다)을 하여 관리기관에 통지한 경우 수신자가 전자어음을 수령하지 아니한 것으로 보며, 이 경우 관리기관은 수신자의 신청이 있는 경우 그 수신자가 전자어음의 수령을 거부한 사실을 법무부령이 정하는 양식에 따라 발급한다(전어시 11조 2항).

제7 전자어음관리기관

1. 의   의

전자어음관리기관이란 '전자어음에 관한 사항을 처리하기 위하여 법무부장관의 지정을 받은 기관'을 말한다(전어 2조 4호, 3조 1항).

2. 지정요건

이러한 관리기관의 지정요건은 다음과 같다.

(1) 민법상 법인 또는 상법상 주식회사 요건(전어 3조 2항 1호)

관리기관으로 지정을 받으려는 자는 민법 제32조에 따라 설립된 법인 또는 상법에 따라 설립된 주식회사이어야 한다.

(2) 대통령령으로 정하는 기술능력·재정능력·시설 및 장비요건(전어 3조 2항 2호)

(ⅰ) 기술능력에 있어서는 다음 각 목의 기술인력을 합한 수가 10인 이상이어야 한다.

> (개) 정보통신기사·정보처리기사 및 전자계산기조직응용기사 이상의 국가기술자격 또는 이와 같은 수준 이상의 자격이 있다고 과학기술정보통신부장관이 인정하는 자격을 갖춘 자 1인 이상
>
> (내) 과학기술정보통신부장관이 정하여 고시하는 정보보호 또는 정보통신운영·관리 분야에서 2년 이상 근무한 경력이 있는 1인 이상

㈐ 「정보통신망 이용촉진 및 정보보호 등에 관한 법률」 제52조에 따른 한국인터넷진흥원에서 실시하는 인증업무에 관한 시설 및 장비의 운영·비상복구대책 및 침해사고의 대응 등에 관한 교육과정을 마친 자 1인 이상

㈑ 공인회계사 또는 금융업무나 신용분석업무에 3년 이상 종사한 자 1인 이상

(ⅱ) 재정능력은 100억원 이상의 순자산(총자산에서 부채를 뺀 가액을 말한다)을 보유하여야 한다.

(ⅲ) 시설 및 장비에 있어서는 다음의 시설 및 장비를 갖추어야 한다.

㈎ 이용자가 전자어음의 등록·발행·배서·보증·지급제시·지급·지급거절 및 지급거절증서의 확인 등 권리행사를 할 수 있는 시설 및 장비

㈏ 전자어음의 상환청구·반환 및 수령거부 등을 할 수 있는 시설 및 장비

㈐ 전자어음의 송·수신일시를 확인하고 전자어음거래기록을 생성하고 보존할 수 있는 시설 및 장비

㈑ 전자어음의 발행·유통 관련 시설 및 장비를 안전하게 운영하기 위하여 필요한 보호시설 및 장비

㈒ 그 밖에 전자어음거래를 원활하고 안전하게 하기 위하여 법무부장관이 필요하다고 인정하여 고시한 시설 및 장비

(ⅳ) 위 (ⅲ)에 따른 시설 및 장비의 관리·운영 절차 및 방법을 정한 관리기관의 규정이 있어야 한다.

관리기관으로 지정받으려는 자는 (ⅰ) 법인의 정관, (ⅱ) 안전성확보를 위한 기술능력·재정능력·시설 및 장비와 그 밖에 필요한 사항(전어시 12조 2항)을 갖추었음을 확인할 수 있는 증빙서류, (ⅲ) 사업계획서 및 (ⅳ) 전자어음기술지원사업자와 시설 및 장비사용에 관한 계약을 체결한 경우(전어시 12조 4항) 그 계약사실 및 계약내용을 증명하는 서류를 첨부하여 법무부장관에게 지정신청을 하여야 하는데, 이에 관한 상세는 전자어음법시행령에서 규정하고 있다(전어시 4조).

3. 관리기관의 의무

관리기관은 다음과 같은 의무를 부담한다.

(1) 안전성 확보의무

관리기관은 전자어음의 이용자가 관리기관의 정보처리조직을 이용하여 안전하게 전자어음을 거래할 수 있도록 하기 위하여 일정한 (ⅰ) 기술능력(정보통신기사·정보처리기사 및 전자계산기조직응용기사 이상의 국가기술자격을 갖춘 자 등이 10인 이상일 것), (ⅱ) 재정능력(100억원 이상의 순자산) 및 (ⅲ) 시설 및 장비(이용자가 전자어음의 등

록·발행·배서·보증·지급제시·지급·지급거절 및 지급거절)를 갖추어야 한다(전어 15조, 전어시 3조, 12조 1항·2항). 다만 위
증서의 확인 등 권리행사를 할 수 있는 시설 및 장비 등

(ⅲ)의 시설 및 장비는 그에 관한 권리를 가진 자(전자어음 기술지원사업자)와 시설 및 장비 사용계
약을 체결할 수 있는데, 이 경우에는 관리기관이 이러한 시설 및 장비를 갖춘 것으로
본다(전어시 12조 4항).

(2) 전자어음거래기록의 생성(生成) 및 보존의무

1) 관리기관은 (ⅰ) 전자어음의 발행·배서·보증 및 권리행사 등을 할 때에
그 기관의 전자정보처리조직을 통하여 이루어지도록 하는 조치, (ⅱ) 전자어음별로
발행인과 배서인에 관한 기록·전자어음 소지인의 변동사항 및 그 전자어음의 권리
행사에 관한 기록의 보존, (ⅲ) 전자어음거래를 추적·검색하고 오류가 발생할 경우
그 오류를 확인·정정할 수 있는 기록의 생성 및 보존의 업무를 수행할 의무를 부
담한다(전어 16조 1항).

2) 전자어음 등록에 관한 문서는 발행인이 등록을 말소한 날부터 10년, 지급이
이루어진 전자어음은 지급된 날부터 5년(다만 발행인이 10년간 보존할 것을 요구한 경우에는 10년으로 하고, 발행인의 보존요구에 따라 보존함에 있어서 5년을 초과
초과하는 보존에 따른 비용은 발행인이 부담함), 지급이 이루어지지 아니한 전자어음은 당해 전자어음에 관한 판
결확정일까지의 기간(소가 제기되지 아니한 경우에는 당해 전자어음을 발행한 날부터 3년) 보존하여야 한다(전어 16조 2항, 전어시 13조 1항).

3) 관리기관은 위와 같이 보존하여야 할 기록을 위조 또는 변조가 불가능한 장
치로 보존하여야 하고, 동일한 기록을 2 이상의 장소에 보존하여야 한다. 이 경우
하나의 기록은 타인에게 보존을 위탁할 수 있다(전어 16조 2항, 전어시 13조 2항).

(3) 전자어음거래의 정보제공의무 등

1) 관리기관은 전자어음을 소지한 자가 (ⅰ) 소지한 전자어음의 진위, (ⅱ) 소
지한 전자어음의 발행인이 최근 3년 이내에 지급거절을 한 사실이 있는지 여부,
(ⅲ) 발행인에 관한 정보로서 상법·자본시장과 금융투자업에 관한 법률 그 밖의 법
령에 의하여 공시할 의무가 있는 정보를 요구한 때에는 이를 제공할 의무를 부담한
다(전어 17조 1항, 전어시 14조 1항·2항). 이 때 전자어음 발행인의 허락을 얻은 자가 요청할 수 있는 정
보는 전자어음 발행인이 관리기관에 통보한 범위 내의 정보로 한다(전어시 14조 3항).

관리기관은 전자어음 발행인이 거래정지처분을 받은 경우에는 그 사실을 발행
인이 발행한 모든 전자어음의 이용자들에게 통보하여야 하고, 거래정지처분을 받은
발행자에 관한 사항을 관리기관의 홈페이지 등에 공시하여야 할 의무를 부담한다
(전어시 14조 6항).

2) 관리기관은 건전한 전자어음의 발행·유통과 선의의 거래자 보호를 위하여
(ⅰ) 전자어음의 발행인이 전자어음·어음·수표를 지급거절한 사실이 발생한 경우,

(ii) 전자어음의 발행인이 회생절차개시신청·파산신청 또는 개인회생절차개시신청을 한 경우에는 법무부장관의 사전 승인을 받아 위의 사항 등을 공개할 수 있다 (전어 17조 3항, 전어시 14조 5항).

또한 관리기관은 발행인이 동의한 경우 발행인의 전자어음 발행한도, 유통중인 전자어음 발행총액 등의 정보를 소지인에게 제공할 수 있다(전어시 14조 4항).

또한 관리기관은 지급을 한 금융기관이나 발행인 등의 신청이 있는 경우에는 처리한 전자어음을 열람하게 하거나 그 사본을 제공할 수 있다(전어시 14조 7항).

3) 전자어음거래와 관련하여 업무상 (i) 이용자의 신상에 관한 사항, (ii) 이용자의 거래계좌 및 전자어음거래의 내용과 실적에 관한 정보 또는 자료에 해당하는 사항을 알게 된 자는 이용자의 동의를 받지 아니하고 이를 타인에게 제공하거나 누설하여서는 아니 된다(전어 17조 2항 본문). 다만 금융실명거래 및 비밀보장에 관한 법률 제4조 1항 단서(법원의 제출명령 또는 법관이 발부한 영장에 의한 거래정보 등의 제공 등)에 따른 경우와 그 밖의 법률에서 정한 경우에는 그러하지 아니하다(전어 17조 2항 단서).

(4) 전자어음거래약관의 명시의무 등

1) 관리기관은 전자어음을 등록할 때에 이용자에게 전자어음거래에 관한 약관을 구체적으로 밝히고, 이용자가 전자어음 이용을 위한 약정을 체결하기 전에 관리기관의 약관의 내용을 알 수 있도록 하여야 하며, 출력 및 복사가 가능하도록 하고 그 내용을 설명하여야 할 의무를 부담한다(전어 18조, 전어시 15조 1항). 관리기관은 이용자가 전자어음을 출력한 때에 이러한 전자어음거래약관을 확인할 수 있도록 하여야 한다(전어시 16조 2항).

2) 이러한 전자어음거래약관의 발급과 설명은 전자문서로 할 수 있는데, 다만 이용자가 전자어음의 발행 등의 등록(전어시 5조, 6조)을 위한 전자문서를 작성할 때에 약관의 내용을 알 수 있도록 한 경우에는 약관의 발급과 설명을 한 것으로 본다(전어시 15조 2항).

3) 전자어음거래약관에는 (i) 관리기관이 이용자로부터 징수할 이용료, (ii) 전자어음의 발행등록에 관한 세부적인 사항 및 (iii) 이용자가 전자어음거래에서 입은 손해배상의 절차가 명시되어야 한다(전어시 15조 3항).

(5) 분쟁처리의무

1) 관리기관은 전자어음 이용자가 전자어음을 출력한 상태에서 전자어음거래와 관련하여 이의를 전자문서로 제기할 수 있는 장치를 두어야 하며, 이 장치에 이의에 대한 처리기한 및 처리결과의 통지방법을 명시하여야 한다(전어 19조 1항, 전어시 16조 1항).

2) 관리기관은 이용자들이 제기하는 정당한 의견이나 불만을 반영하고 이용자가 전자어음거래에서 입은 손해의 배상에 관한 사항을 심의하기 위하여 전자어음분

쟁조정위원회를 설치·운영하여야 하는데($\frac{전어}{전어시}$ $\frac{19조,}{16조 3항}$), 관리기관은 전자어음 등록 시 이러한 절차를 명시하여야 한다($\frac{전어}{19조 2항}$). 전자어음분쟁조정위원회의 구성 등에 관한 상세는 전자어음법시행령에서 규정하고 있다($\frac{전어시}{17조}$).[1]

4. 관리기관의 감독 및 검사

(1) 감독 및 검사

1) 법무부장관은 관리기관에 대하여 전자어음법 또는 동법에 따른 명령을 준수하는지를 감독한다($\frac{전어}{20조 1항}$).

2) 법무부장관은 위의 감독을 위하여 필요하면 관리기관에 대하여 그 업무에 관한 보고를 하게 할 수 있다($\frac{전어 20조}{2항 전단}$). 또한 법무부장관은 관리기관($\frac{관리기관이 전자어음기}{술지원사업자와 시설}$ 및 사용계약을 체결한 경우에는 전자어음 기술지원사업자를 관리기관으로 본다)의 기술능력·재정능력·시설 및 장비의 안전운영 여부 등에 관하여 2년마다 정기검사를 하여야 하고 법무부령이 정하는 사유가 발생한 경우에는 관리기관의 시설·장비·서류 그 밖의 물건에 대하여 수시검사를 할 수 있는데, 법무부장관은 이러한 검사업무를 금융위원회에 위탁할 수 있다($\frac{전어 20조 2항 후단,}{전어시 18조 1항·2항}$). 법무부장관은 이러한 검사업무를 수행함에 있어서 (ⅰ) 관리기관이 지정요건을 유지하고 있는지 여부, (ⅱ) 전자어음의 관리가 안전한지 여부, (ⅲ) 발행인의 등록이 법령 및 약관이 정하는 바에 따라 이루어지고 있는지 여부, (ⅳ) 관리기관이 이용자에게 부당한 부담을 과하는지 여부, (ⅴ) 전자어음의 이용상의 장애가 발생하고 있는지 여부, (ⅵ) 관리기관이 법령에 따라 적법하게 이용자의 정보를 제공하고 있는지 여부 및 (ⅶ) 관리기관이 전자어음 관련기록을 법령에 따라 적정하게 보존하고 있는지 여부를 중점적으로 검사하여야 한다($\frac{전어시}{18조 3항}$).

3) 법무부장관은 전자어음제도의 원활한 운영 및 이용자 보호 등을 위하여 필요하면 관리기관에 이용자의 전자어음거래정보 등 필요한 자료의 제출을 명할 수 있다($\frac{전어}{20조 3항}$).

4) 법무부장관은 관리기관이 전자어음법 또는 동법에 따른 명령을 위반하여 전자어음제도의 건전한 운영을 해치거나 이용자의 권익을 침해할 우려가 있다고 인정되는 경우에는 (ⅰ) 해당 위반행위의 시정명령, (ⅱ) 관리기관에 대한 주의·경고 또는 그 임·직원에 대한 주의·경고 및 문책의 요구 또는 (ⅲ) 관리기관의 임원의 해임권고 또는 직무정지의 요구의 조치를 할 수 있다($\frac{전어}{20조 4항}$).

---

1) 전자어음법이 시행된 이후인 2005. 9. 27부터 2006. 11. 30까지 발생한 이러한 전자어음 분쟁사례는 전무하다(금융결제원 제공).

5) 법무부장관은 전자어음제도의 운영 및 관리기관의 감독 또는 검사와 관련하여 필요한 경우 금융위원회에 협의를 요청하거나, 감독·검사업무를 수행함에 있어 필요한 경우 과학기술정보통신부장관·금융위원회 및 한국은행 총재 등에게 협력을 요청할 수 있다(전어 20조 5항, 전어시 19조).

(2) 지정취소

1) 법무부장관은 관리기관이 (ⅰ) 거짓이나 그 밖의 부정한 방법으로 지정받은 경우, (ⅱ) 정당한 사유 없이 1년 이상 계속하여 영업을 하지 아니한 경우, (ⅲ) 법인의 합병·파산·폐업 등으로 사실상 영업을 종료한 경우에는 그 지정을 취소할 수 있다(전어 21조 1항). 법무부장관이 이러한 지정을 취소하려는 경우에는 청문을 하여야 하며, 지정을 취소한 경우에는 지체 없이 그 내용을 관보에 공고하고 컴퓨터통신 등을 이용하여 일반인에게 알려야 한다(전어 21조 3항).

2) 관리기관은 지정이 취소된 경우에도 그 처분이 있기 전에 한 전자어음거래의 지급을 위한 업무를 계속하여 할 수 있다(전어 21조 2항).

제8 벌칙과 과태료

전자어음에 의한 거래의 안전을 보호하고 이용자를 보호하기 위하여 전자어음법은 다음과 같은 벌칙과 과태료에 대하여 규정하고 있다.

1. 벌   칙

(1) 지정을 받지 아니하고 전자어음관리업무를 한 자

법무부장관으로부터 전자어음관리기관으로 지정받지 아니하고 전자어음관리업무를 한 자는 5년 이하의 징역 또는 1억원 이하의 벌금의 처벌을 받는다(전어 22조 1항, 3조).

(2) 등록을 하지 아니하고 전자어음을 발행한 자

전자어음관리기관에 등록을 하지 아니하고 전자어음을 발행한 자는 3년 이하의 징역 또는 5천만원 이하의 벌금의 처벌을 받는다(전어 22조 2항 1호, 5조 1항).

(3) 이용자의 동의를 얻지 아니하고 전자어음거래의 정보를 제공한 자

전자어음거래와 관련하여 업무상 이용자의 신상에 관한 사항이나 이용자의 거래계좌 및 전자어음거래의 내용과 실적에 관한 정보 또는 자료를 알게 된 자가 이용자의 동의를 받지 아니하고 이를 타인에게 제공하거나 누설한 경우에는 3년 이하의 징역 또는 5천만원 이하의 벌금의 처벌을 받는다(전어 22조 2항 2호, 17조 2항).

(4) 검사를 기피하거나 방해한 자

법무부장관은 관리기관에 대하여 그 업무에 관한 보고를 하게 하거나 관리기관의 전자어음관리업무에 관한 시설·장비·서류 그 밖의 물건을 검사할 수 있는데, 이러한 검사를 기피하거나 방해한 자는 1년 이하의 징역 또는 3천만원 이하의 벌금의 처벌을 받는다(전어 22조 3항, 20조 2항).

(5) 전자어음의 위조 등의 행위를 한 자

전자어음은 형법상 유가증권으로 보아 이를 위조 또는 변조·자격모용에 의한 작성·행사할 목적으로 허위전자어음의 작성·위조 또는 변조된 전자어음을 행사한 자 등은 형법상 해당 규정에 의한 처벌을 받는다(전어 22조 4항, 형 214조~217조).

2. 과 태 료

(1) 다음의 자에게는 1,000만원 이하의 과태료를 부과한다.

1) 관리기관이 안전성 기준에 위반한 경우(전어 23조 1항 1호, 15조)

2) 법무부장관이 관리기관에 이용자의 전자어음거래정보 등 필요한 자료의 제출을 명하였음에도 불구하고 관리기관이 정당한 사유 없이 자료를 제출하지 아니하거나 거짓된 자료를 제출한 경우(전어 23조 1항 2호, 20조 3항)

(2) 다음의 자에게는 500만원 이하의 과태료를 부과한다.

1) 전자어음 이용의무를 위반한 경우(전어 23조 2항 1호, 6조의 2)

2) 관리기관이 전자어음거래 기록의 보존의무에 위반한 경우(전어 23조 2항 2호, 16조 1항 2호·3호)

3) 관리기관이 이용자의 신청에 대하여 정당한 사유 없이 결제정보를 제공하지 아니한 경우(전어 23조 2항 3호, 17조 1항)

4) 관리기관이 이용자에 대한 전자어음거래약관의 설명의무에 위반한 경우(전어 23조 2항 4호, 18조 1항)

5) 관리기관이 약관의 제정 또는 변경시 법무부장관에 대한 승인을 받지 아니하거나 법무부장관에게 통보를 하지 아니한 경우(전어 23조 2항 5호, 18조 2항)

3. 관리기관의 금융기관 간주

관리기관은 특정경제범죄 가중처벌 등에 관한 법률 제2조에 따른 금융기관으로 본다(전어 24조).

제 5 편 보   험

520

제1장 서 론

제1절 보험제도

제1 보험의 개념

1. 보험과 경제생활

인간은 최소한의 경제생활이 보장되어야 안정된 삶을 누릴 수 있는데, 이러한 경제생활의 안정을 위협하는 불의의 사고가 살아나가는 중에 끊임없이 발생한다. 그래서 인간은 이러한 불의의 사고에 대비하여 스스로 저축이나 투자를 하기도 하고 국가가 사회보험적 차원에서 지원을 하기도 하나, 개인이 스스로 이에 대비하거나 국가가 지원하는 데에는 한계가 있다. 따라서 같은 위험에 놓여 있는 많은 사람들이 힘을 합쳐 우연한 사고에 대비하기 위한 제도가 발생하게 되었는데, 이것이 보험제도이다.[1] 이러한 보험제도는 인간이 이성(理性)의 힘으로 찾아낸 가장 훌륭한 제도라고 하는데,[2] 이를 통하여 인간은 스스로 단체의 힘으로 불의의 사고에 대비하여 안정된 경제생활을 영위하게 되었다.

2. 보험의 의의

보험(insurance; Versicherung; assurance)이라 함은 「동질의 경제상의 위험(보험사고)에 놓여 있는 다수인이 하나의 단체(위험단체)를 구성하여, 미리 통계적 기초에 의하여 산출된 일정한 금액(보험료)을 내어 일정한 공동자금(기금)을 만들고, 현실적으로 우연한 사고(보험사고)를 입은 사람에게 이 공동자금에서 일정한 금액(보험금)

---

1) 양(승), (보) 20~21면.
2) Patterson, p. 3.

을 지급하여 경제생활의 불안에 대비하는 제도」이다. 이를 나누어 설명하면 아래와
같다.

1) 보험은 「동질의 경제상의 위험(risk; Gefahr, Risiko)」을 전제로 하는데, 이를
보험사고(Versicherungsfall)라고 한다. 보험은 인간의 경제생활을 위협하는 각종의
위험의 산물로서 생겨난 것이고, '위험이 없으면 보험도 없다'(ohne Gefahr, keine
Versicherung)라는 말은 바로 이것을 의미하는 것이다.[1] 위험이란 우연한 사고발생
의 가능성으로서 불확정한 것을 말하는데,[2] 다만 그 위험은 동질성(Gleichartigkeit)
이 있어야 한다.[3]

따라서 보험은 경제상의 위험에 대비하기 위한 제도라는 점에서는 「저축」과
공통되나, 보험은 동질의 경제상의 특정한 위험을 전제로 하는 점에서 이를 전제로
하지 않고 단지 장래의 경제생활의 불안정에 대비하기 위하여 일정한 금액을 비축
하는 「저축」과 구별된다.[4]

또한 보험은 이러한 보험사고가 발생함으로 인하여 생긴 손해를 보상하여 주
거나 또는 경제적인 수요를 충족시켜 주는 제도인 점에서 경제적인 손해의 발생을
미리 방지할 것을 목적으로 하는 「화재의 소방·해난구조·도난예방 등」과 구별되
고, 보험은 손해의 발생이나 경제적인 수요가 우연한 사고로 인하여 생긴 점에서
그렇지 아니한 「상호부금·계(稧) 등」과도 구별된다.[5]

2) 보험은 동질의 경제상의 위험에 놓여 있는 다수인이 하나의 「위험단체」를
구성하여, 이 단체가 위험을 분담하는 제도이다.[6] 즉, 보험은 동질의 경제상의 위
험에 놓여 있는 다수의 경제주체가 하나의 위험단체를 만들어 상호 협조하여 그 위
험을 극복하고자 하는 것인데, 이러한 위험단체를 보험단체라 부른다.[7] 이러한 위
험단체(보험단체)와 그 구성원의 관계는 '만인은 한 사람을 위하여, 한 사람은 만인
을 위하여'(Aller für Einen, Einer für Alle) 존재하는 관계라고 할 수 있다.[8]

---

1) 정(희), 340면.
2) 양(승), (보) 23면.
3) Hoffmann, S. 4, S. 7.
4) 동지: 정(희), 340면; 손(주), 468면.
5) 동지: 정(희), 340면.
6) Prölss/Martin, S. 12[따라서 보험은 위험공동체(Gefahrengemeinschaft)와 대량성의 원칙
   (Massenprinzip)에 근거를 두고 있다고 한다].
7) 동지: 정(희) 340면.
8) Keeton, S. 3.

따라서 보험은 이러한 보험단체성이 없는 「자가보험」(self-insurance),[1] 「도박이나 복권」[2] 또는 「보증」($_{448조}^{민\ 428조\sim}$)[3] 등과 구별된다.

그러나 같은 직장·직업 또는 지역에 속하는 사람들이 상호구제를 목적으로 하는 「공제조합」은 단체의 구성원이 한정적이라는 점에서는 일반 보험과 다른 점도 있으나, 위험단체를 구성하는 점에서는 보험과 아주 유사하다. 따라서 이러한 공제조합은 그 실질이 일종의 보험이라고 할 수 있는데, 농협공제조합·수협공제조합·교원공제조합·자동차운송사업조합이 영위하는 공제조합 등이 대표적인 예이다.[4] 우리 대법원판례도 종래에 이러한 공제조합의 성질을 보험으로 보았는데,[5] 2014년 3월 개정상법은 이 점을 명백히 하여 「상법 제 4 편의 규정은 그 성질에 반하지 아니하는 범위에서 상호보험, 공제(共濟), 그 밖에 이에 준하는 계약에 준용한다」고 규정하였다($_{664조}^{상}$).

3) 보험은 이와 같이 보험단체(위험단체)를 전제로 하므로, 이러한 보험단체의 구성원이 미리 일정한 「금액(보험료)」을 내어 공동자금(기금)을 만들고, 구성원 중

---

1) 「자가보험」이란 많은 건축물을 가진 단체나 다수의 공장·건물을 가진 회사 또는 여러 선박을 가지고 해운산업을 경영하는 선박회사 등이 그가 소유하는 재산에 화재·재난 기타 사고가 생길 것에 대비하여 대수(大數)의 법칙에 의하여 계산된 일정액을 각 사업연도마다 적립하고 현실로 사고가 발생함으로써 손해가 생겼을 때에 그 손해를 보상하는 제도를 말하는데[손(주), 467면], 대수의 법칙에 의하여 계산된 일정액을 적립하는 점에서는 보험과 유사하나 위험단체성이 없는 점에서 보험과 구별된다. 개정전 자배법 제17조에서 규정했던 자동차손해보상 자가보험은 일종의 자가보험이었다.

2) 도박이나 복권은 우연한 사건의 발생에 의하여 당사자 사이에 급여·반대급여의 관계가 발생하는 점에서 보험과 유사한 면도 있고 또한 복권에는 대수의 법칙에 의하여 급여와 반대급여의 금액이 정하여진다는 점에서 보험과 유사한 면도 있으나, 이러한 도박이나 복권에는 위험단체의 개념이 없고 또한 그 목적이 요행을 기대하여 일확천금을 기대하는 점에서 보험과 구별된다[양(승), (보) 26면].

3) 보증은 그 결과에 대하여 책임을 지는 사건이 우연성을 가지는 점에서 보험과 유사한 면도 있으나, 위험단체성이 없고 대수의 법칙에 따라서 급여와 반대급여가 산정되지 않는 점에서 보험과 구별된다[동지: 손(주), 468면].

4) 동지: 양(승), (보) 25면(이것을 조합보험이라고 한다); 손(주) 468면.

5) 대판 1989. 1. 31, 87 도 2172(상조비라는 명목으로 일정한 금액을 출연하고 사고가 발생한 때에 상조부의금 명목으로 일정한 금액을 지급하는 것을 목적으로 하는 상조사업은 보험사업에 해당한다); 동 1990. 6. 26, 89 도 2537; 동 1991. 2. 26, 90 다카 26270; 동 1991. 3. 8, 90 다 1671; 동 1995. 9. 29, 94 다 47261; 동 1998. 3. 13, 97 다 52622(공보 1998, 1048)(수산업협동조합법에 의하여 수산업협동조합중앙회가 회원을 위하여 행하는 선원보통공제는 그 실체가 일종의 보험으로서 상호보험과 유사한 것이다); 동 1999. 8. 24, 99 다 24508(주택사업공제조합이 조합원으로부터 보증수수료를 받고 조합원이 주택건설사업과 관련하여 주택건설자재를 구입하는 경우에 채권자에 대하여 하는 보증은 상호보험으로서 보증보험과 유사한 것이라고 할 것이므로 이에 대하여는 보험에 관한 법리가 적용된다); 동 2014. 10. 27, 2014 다 212926(공보 2014, 2250)(중개업자와 한국공인중개사협회가 체결한 공제계약은 기본적으로 보험계약으로서의 본질을 가지고 있으므로, 적어도 공제계약이 유효하게 성립하려면 공제계약 당시 공제사고 발생 여부가 확정되어 있지 않아야 한다).

우연한 사고를 입은 자가 이 공동자금에서 일정한 「금액(보험금)」을 받는 제도이다. 보험사고의 발생은 개인적으로 보면 아주 우연한 것이지만, 단체구성원 전체에서 대수(大數)적으로 보면 일정한 기간 안에 일정률의 사고가 평균적으로 발생하는 것을 알 수 있다. 따라서 보험단체 내부에서는 일정한 기간 동안에 발생하는 사고의 개연율이 있어 이를 기초로 하여 '대수의 법칙'(principle of large numbers; Gesetz der grossen Zahlen)을 적용하여 보험료수입의 총액과 보험금지급의 총액이 합치하도록 한다(급여·반대급여의 균형의 원칙). 보험에 있어서 이러한 대수의 법칙으로 인하여 보험사업의 합리적인 경영이 가능하고, 보험료와 보험금이 통계학적 기초에 의하여 과학적으로 산출되는 것이다.[1]

3. 보험의 기능과 폐해

(1) 보험의 기능

보험제도는 여러 가지 중요한 기능을 하고 있는데, 그 몇 가지를 간단히 소개하면 다음과 같다.[2]

1) 첫째로 보험은 우연한 사고로 인한 경제적인 손실을 보상하여 주는 기능을 함으로써, 안심하고 생활할 수 있도록 한다.

2) 둘째로 보험은 보험료의 수납으로 인하여 축적된 금융자본이 산업자본화하는 기능을 함으로써, 국민경제발전에 크게 이바지한다.

3) 셋째로 보험은 신용수단으로서의 기능을 함으로써(예컨대, 보증보험·신용보험·저당보험 등), 경제활동을 원활하게 한다.

4) 넷째로 보험은 (국제적인) 위험분산의 기능을 함으로써(예컨대, 재〈再〉보험 등), 위험이 큰 대규모의 경제활동도 가능하게 한다.

(2) 보험의 폐해

보험은 위와 같이 중요한 기능을 수행하지만, 반면에 도덕적 위험(moral risk)을 유발하는 폐해도 있다. 즉, 보험금을 받기 위하여 생명보험에서 피보험자를 살해하거나, 화재보험에서 보험의 목적에 방화하는 것 등이 그것이다.[3] 따라서 보험법은 이러한 폐해를 방지하기 위하여 여러 가지 제도(상 651조, 659조 등)를 두고 있다.

---

1) 동지: 정(희), 341면; 손(주), 466~467면 외. 반대: 한(기), (보) 12면(대수의 법칙을 통한 위험의 분산이 보험의 일반적 특징이지만, 그것이 반드시 보험의 요소라고 볼 수는 없다고 한다).

2) Picard et Besson, pp. 10~15; 정(희), 341~342면 참조.

3) 보험의 폐단에 관한 상세는 양(승), (보) 29~30면 참조.

보험은 이러한 폐해도 있지만 더 중요한 기능을 수행하므로, 오늘날의 경제생활은 이 보험을 떠나서는 거의 생각할 수 없고 또한 보험의 발전은 그 나라의 문화의 척도가 되는 것이다.[1]

제2 보험의 종류

보험은 여러 가지 표준에 따라 여러 가지로 나누어지는데, 그 중 중요한 것만을 보면 다음과 같다.

1. 공보험·사보험

이는 보험업을 운영하는 목적에 의한 구별이다.

(1) 공 보 험

1) 공보험(public insurance; öffentliche Versicherung)이란 「보통 국가나 기타의 공공단체가 공동경제적 목적으로(즉, 사회정책 또는 경제정책의 실현수단으로) 운영하는 보험」이다. 이러한 공보험에는 사회정책의 실현수단으로 운영하는 「사회보험」과, 경제정책(산업정책)의 실현수단으로서 운영하는 「산업보험」 등이 있다. 우리나라에서 사회보험에 속하는 보험으로는 산업재해보상보험·고용보험·국민건강보험·국민연금 등이 있고, 산업보험에 속하는 보험으로는 무역보험·예금보험 등이 있다.

2) 이러한 공보험은 보통 국가나 공공단체가 운영하고, 보험관계자의 사회연대적 사상을 기반으로 하며, 보험관계가 법률에 의하여 설정되는(강제보험) 등의 특색이 있다.[2] 이와 같이 공보험은 보통 국가나 공공단체가 스스로 보험자가 되어 직접 보험을 인수하는데, 경우에 따라서는 특수한 사법인(보험조합)을 설립하여 그를 통하여 간접적으로 보험을 인수(재〈再〉보험의 인수)하는 경우도 있다.

3) 공보험은 보험업을 영위하는 주체가 국가 기타의 공공단체인 「공영보험」과 구별된다. 즉, 공영보험은 국가 기타의 공공단체가 영위하는 보험이라는 점에서는 공보험과 유사한 면도 있으나, 공영보험은 사회연대적 정신을 기반으로 하지 않고 또한 보험관계가 법률에 의하여 설정되는 것이 아니고 사법상의 계약에 의하여 설정되는 점에서 공보험과 구별된다.[3]

---

1) 동지: 정(희), 342면.
2) 동지: 정(희), 342~343면.
3) 공영보험은 그 보험관계의 본질이 사법상의 계약으로 사(私)보험에 속하는데, 그의 영리성이 충

(2) 사 보 험

사보험(private insurance; Privatversicherung)이란 「보통 개인이나 사법인(私法人)이 사(私)경제적 목적으로 운영하는 보험」이다. 공보험이 공영보험과 구별되는 것과 같이, 사보험도 보험업을 운영하는 주체가 단지 사인(私人)인 사영보험과 구별된다. 이러한 사보험은 영리성의 유무에 따라 다시 다음과 같이 영리보험과 상호보험으로 나누어진다.

2. 영리보험·상호보험

이는 사보험 중에서 영리성의 유무에 의한 구별이다.

(1) 영리보험

영리보험(business insurance; handelsgewerbliche Versicherung)이란 「보험자가 보험의 인수를 영업으로 하는 보험」이다($^{상}_{17호}{}^{46조}$). 영리보험을 영위하고자 하는 자는 보험업법에 의하여 금융위원회의 허가를 받은 주식회사·상호회사와 외국보험사업자로 제한된다($^{보업}_{4조}$).

영리보험에서는 보험자와 보험계약자간에 개별적인 보험계약만이 체결되는 것이므로 보험계약자 상호간에는 법률적으로 아무런 관계가 없고, 보험계약자는 보험자를 매개로 하여 간접적으로 보험단체를 구성하게 된다.

(2) 상호보험

상호보험(mutual insurance; Gegenseitigkeitsversicherung)이란 「보험자가 그 구성원 상호의 이익을 위하여 하는 보험」이다[1]($^{보업 2조}_{7호 참조}$). 상호보험을 영위하고자 하는 자는 보험업법에 의하여 금융위원회의 허가를 받은 상호회사로 제한된다($^{보업}_{4조}$). 상호보험에서는 보험계약자가 피보험자인 동시에 보험자인 단체의 구성원이므로, 이의 법률관계는 보험관계를 내용으로 하는 사단관계라고 볼 수 있다. 따라서 이 경우에는 사원관계와 보험관계가 병존하게 되고, 보험계약자는 직접적으로 보험단체를 구성하게 된다[2]($^{보업 2조 7호, 66조}_{1항 2호 참조}$).

분히 보장되지 못하기 때문에 정책적 고려에 의하여 국가 등이 경영하는 보험이다. 우체국예금·보험에 관한 법률에 근거하여 국가가 경영하는 우체국보험은 이에 속한다고 볼 수 있다[동지: 한(기), (보) 23면].

1) 상호보험에는 보험업법에 의한 상호보험 외에, 선주상호보험조합법에 의한 선주상호보험이 있는데 (동법 1조, 2조), 선주상호보험조합을 P & I Club(Protection and Indemnity Club)이라고 부른다.

2) 상호보험관계의 법률적 성질에 관하여는 상호회사와 보험계약자 사이에 보험계약이 체결되는 동시에 입사계약이 체결된다고 하는 「중첩설」, 단일한 보험입사계약이라는 특수행위에 의하여 보험관계와 사단관계가 병립하여 발생한다고 하는 「결합설」 및 보험관계를 내용으로 하는 사단관계라

영리보험과 상호보험은 위와 같이 그 법적 구성에서는 차이가 있으나, 보험의 원리에서는 차이가 없다. 따라서 상법은 영리보험에 관한 규정을 그 성질에 반하지 아니하는 범위에서 상호보험에도 준용하고 있는 것이다($\frac{상}{664조}$). 또한 영리보험에서도 그 이익의 일부를 보험계약자에게 분배하는 경우도 있고, 또 상호보험에서도 사원 이외의 자로부터 보험료를 징수하고 보험계약을 인수하는 경우도 있어, 양자의 접근현상도 발생하고 있다.[1]

3. 재산(물건)보험 · 인보험

이는 보험사고가 발생하는 객체에 의한 구별이다.

(1) 재산(물건)보험

(광의의) 재산보험(Vermögensversicherung)이란 「보험사고의 발생의 객체가 피보험자의 재산인 보험」을 말한다. 이러한 (광의의) 재산보험에는 물건보험과 (협의의) 재산보험이 있다. 즉, 재산보험 중 「보험사고의 발생의 객체가 피보험자의 특정한 물건인 보험」을 물건보험(Sachversicherung)이라고 하고(예컨대, 화재보험·운송보험·해상보험·도난보험·유리보험·항공보험·자동차보험 등), 재산보험 중 「보험사고의 발생으로 인하여 피보험자가 부담하는 비용·채무 등과 같은 간접손해(소극재산)를 보상하는 책임보험」을 (협의의) 재산보험이라고 한다. 따라서 물건보험은 적극보험이고, (협의의) 재산보험은 소극보험이라고 볼 수도 있다.[2]

고 하는 「사단설」 등이 있다. 중첩설과 결합설은 모두 상호보험의 실질을 무시한 의제적 이론구성이고, 상호보험관계를 이처럼 중첩적 내지 병립적으로 파악할 필요가 없다. 상호보험에서는 보험계약자는 사원이 아니 될 수 없고 또 사단은 보험을 위하여서만 존재하는 것이므로, 보험관계 없는 사원관계나 사원관계 없는 보험관계란 있을 수 없으므로, 사원자격과 보험관계는 상호조건이 되어 있는 것이다. 즉, 사원인 자격은 보험관계의 논리적 전제인 것이며, 사단관계의 내용이 보험관계라는 점에 바로 상호보험의 특질이 있다고 할 수 있고, 따라서 사원관계와 보험관계가 상호제약하여 보통의 사단관계 또는 보험계약관계와 다른 취급을 받게 된다. 상호회사에서 사단관계에 고유한 사원의 지위는 일반사단의 경우와 다를 바 없다. 따라서 사원은 사원총회의 결의에 참가하고, 잉여금의 분배에 참여할 권리가 있다. 이것은 사단의 구성원으로서의 지위이고, 원칙으로 보험관계에 의하여 영향을 받지 않는다. 그러나 사단관계는 보험관계를 내용으로 하므로, 사원이 내는 보험료가 주식회사에 있어서와 같이 자본을 구성하는 것이 아니다. 또 사원총회의 다수결에 의한 결의를 가지고 개개의 사원의 보험계약상의 청구권을 특약할 수 없다. 여기에 사단관계에 대한 제약이 있다. 상호회사에서 사원의 보험에 관한 청구권은 보험계약의 그것과 내용이 같다. 감독법규인 보험업법이 보험료와 보험금급여가 몹시 불균형할 때에 보험금액을 삭감하는 데에는 정관에 그 사항을 정하게 한 점(동법 49조), 보험목적의 양도의 경우에 양도인의 권리의무의 승계(동법 51조)와 보험에 있어서의 사원의 권리의무의 승계(동법 50조)에 관하여 회사의 승낙을 요하게 한 점 등은 사단관계와 보험관계의 상호관련성을 고려한 것이다[정(희), 368~369면].

1) 동지: 양(승), (보) 32면; 정(희), 344면.

2) Bruck/Möller, S. 104~195.

(2) 인 보 험

인보험(Personenversicherung)이란 「보험사고의 발생의 객체가 사람의 생명·신체인 보험」을 말하는데, 생명보험·상해보험 등이 이에 해당한다.

4. 손해(부정액)보험·정액보험

이는 보험금의 지급방법에 의한 구별이다.

(1) 손해(부정액)보험

손해보험(Schadenversicherung)이란 「보험사고가 발생한 때에 보험자가 지급할 보험금이 보험사고의 발생으로 인하여 피보험자에게 발생한 실제의 재산상의 손해액에 따라서 결정되는 보험」을 말한다. 따라서 이는 부정액보험이다.[1] 재산보험(특히 물건)은 거의 대부분 손해(부정액)보험이나, (협의의) 재산보험(책임보험) 중 보증보험의 경우 정액보상특약이 있는 경우에는 정액보험인 경우도 있다.

(2) 정액보험

정액보험(Summenversicherung)이란 「보험사고가 발생한 때에 보험자가 지급할 보험금이 피보험자의 실손해액의 유무나 다소를 묻지 않고 보험계약에서 정한 일정한 보험금액을 지급하는 보험」을 말한다. 생명보험은 대표적인 정액보험에 속한다.

5. 해상보험·육상보험·항공보험

이는 보험사고의 발생장소에 의한 구별이다.

(1) 해상보험

해상보험(marine insurance; Seeversicherung)이란 「해상사업에 관한 사고로 인하여 (선박이나 적하 등에 관하여) 생길 손해를 보상하는 보험」을 말한다(상 693조~718조). 해상보험은 해상사업에 부수한 육상위험도 담보한다(상 693조 참조).

(2) 육상보험

육상보험(inland insurance; Landversicherung)이란 「육상에서 발생하는 각종 사고에 대비한 보험」을 말한다. 육상보험에 속하는 것으로는 화재보험(상 683조~687조)·운송보험(상 688조~692조)·자동차보험(상 726조의 2~726조의 4) 등이 있다.

(3) 항공보험

항공보험(air insurance; Luftversicherung)이란 「항공에 관한 사고로 인하여 (항

---

1) 손해보험을 '재산비정액보험' 또는 '재산손해보험'이라고 부르는 것이 바람직하다는 견해도 있다[한(기), (보) 29면].

공기·화물·여객 등에 관하여) 생길 손해를 보상하는 보험」을 말한다. 우리 상법은 항
공보험에 관하여 직접적으로 규정하고 있지는 않다. 따라서 항공보험에 관하여는
그 위험의 특수성에서 해상보험에 준하여 해석할 수도 있으나,[1] 조속히 새로운 입
법을 할 것이 요구된다.[2]

6. 원보험·재보험

이는 보험인수의 순서에 의한 구별이다.

(1) 원 보 험

원보험(original insurance; Hauptversicherung)이란 「제 1 의 보험자가 인수하는
보험」을 말하는데, 이를 원수(元受)보험이라고도 한다. 상법에서 규정하는 보험은
거의 전부 원(原)보험에 관한 것이다.

(2) 재 보 험

재보험(reinsurance; Rückversicherung)이란 「제 1 의 보험자가 입을 손해에 대하
여 다시 제 2 의 보험자가 인수하는 보험」을 말한다($\frac{상}{726조}$ $^{661조.}$). 원보험이 손해보험이든
인보험이든, 재보험은 언제나 손해보험(책임보험)이다($\frac{상}{참조}$ ^{726조}).

7. 개별보험·집단보험(집합보험 및 단체보험)

이는 보험목적의 수(數)에 의한 구별이다.

(1) 개별보험

개별보험이란 「개개의 물건 또는 사람을 보험목적으로 하는 보험」을 말한다.

(2) 집단보험

집단보험이란 「복수의 물건 또는 사람을 집단적으로 보험목적으로 하는 보험」
을 말한다. 이러한 집단보험 중 물건의 집합체를 보험목적으로 한 보험을 「집합보
험」($\frac{상}{687조}$ $^{686조.}$)(Sachinbegriffversicherung)이라고 하고, 사람의 집합체를 보험목적으로 한
보험을 「단체보험」($\frac{상}{의 3}$ ^{735조})(group insurance; Gruppenversicherung)이라고 한다. 집합
보험 중에서 어떤 특정한 집합된 물건을 보험목적으로 하는 보험을 「특정보험」이라
고 하고($\frac{상}{686조}$), 집합된 물건을 수시로 교체하는 것이 예정된 보험을 「총괄보험」[3]이
라고 한다($\frac{상}{687조}$). 단체보험의 경우에는 피보험자인 사람의 교체가 언제나 예정되어

1) 동지: 정(희), 345면; 서·정, 341면; 손(주), 472~473면; 이(원), 270면.
2) 동지: 양(승), (보) 35면.
3) 이를 협의의 총괄보험이라고 하고, 집단보험을 광의의 총괄보험이라고 하기도 한다[정(희), 346면].

있다$\binom{상\ 735조의}{3\ 1항}$.

집단보험과 구별하여야 할 보험으로 「복합보험」이 있다. 복합보험(combined insurance; kombinierte Versicherung)이란 「동일한 보험목적$\binom{예컨대,\ 하나}{의\ 자동차}$에 대하여 여러 개의 보험사고가 복합되어 있는$\binom{예컨대,\ 자기차량손해보험\cdot자기신체사고보험\cdot}{무보험자동차에\ 의한\ 상해보험\cdot책임보험\ 등}$) 보험」을 말하는 것으로서$\binom{상\ 726}{조의\ 2}$, 보험목적이 다수인 집단보험과 구별된다.

8. 기업보험·가계보험

이는 보험계약자의 경제적 목적에 의한 구별이다.

(1) 기업보험

기업보험(business insurance)이란 「기업자가 그의 기업경제활동의 불안정에 대비하여 이용하는 보험」을 말하는데, 재보험·해상보험·기업용건물이나 기계 등의 화재보험 등이 이에 속한다. 기업보험의 경우는 보험자와 보험계약자가 대등하므로 보험계약자 등의 이익보호의 요청이 강하지 않다. 따라서 기업보험의 경우에는 보험계약자 등의 불이익변경금지의 원칙이 적용되지 않는다$\binom{상\ 663조}{단서}$.[1]

(2) 가계보험

가계보험(domestic insurance)이란 「일반인(비기업자)이 그 가계경제활동의 불안정에 대비하여 이용하는 보험」을 말하는데, 보통은 생명보험·주택이나 가구의 화재보험 등이 이에 속한다. 가계보험의 경우에는 약자인 보험계약자 등의 이익보호를 위한 법적 배려가 요구되므로, 보험계약자 등의 불이익변경금지의 원칙이 적용된다$\binom{상\ 663조}{본문}$.

---

1) 동지: 대판 2005. 8. 25, 2004 다 18903(공보 2005, 1551)(상법 제663조 소정의 보험계약자 등의 불이익변경 금지원칙은 보험계약자와 보험자가 서로 대등한 경제적 지위에서 계약조건을 정하는 이른바 기업보험에 있어서의 보험계약체결에 있어서는 그 적용이 배제된다〈대법원 1996. 12. 20. 선고 96 다 23818 판결, 2000. 11. 14. 선고 99 다 52336 판결 참조〉); 동 2006. 6. 30, 2005 다 21531(공보 2006, 1422)(상법 제663조에 규정된 '보험계약자 등의 불이익변경 금지원칙'은 보험계약자와 보험자가 서로 대등한 경제적 지위에서 계약조건을 정하는 이른바 기업보험에 있어서의 보험계약 체결에 있어서는 그 적용이 배제된다).

제 2 절 보험법의 개념

제 1 보험법의 의의

1. 광의의 보험법

광의의 보험법이란 「보험관계(Versicherungsverhältnis)를 규율하는 법규의 전체」를 말하는데, 이에는 보험공법과 보험사법이 있다.[1]

「보험공법」이란 보험에 관한 공법적 법규의 총체인데, 이에는 보험사업감독법·공보험에 관한 법($^{공영보험}_{포함}$) 등이 있다. 우리나라에서 보험사업감독법에는 보험업법[2]이 있다. 공보험에 관한 법에는 다시 사회보험법과 경제정책보험법이 있는데, 우리나라에서 사회보험법에 속하는 것으로는 산업재해보상보험법·어선원 및 어선 재해보상보험법 및 국민건강보험법 등이 있고, 경제정책보험법에 속하는 것으로는 무역보험법 등이 있다.

「보험사법」이란 보험에 관한 사법적 법규의 총체인데, 이에는 보험기업조직법과 보험기업활동법(보험계약법)이 있다. 보험기업조직법에 관한 법규는 보험업법에 규정되어 있고, 보험기업활동법에 관한 법규는 주로 상법 제 4 편에 규정되어 있다. 이러한 보험기업활동법(보험계약법)을 협의의 보험법이라고 한다. 실정보험법으로서 상법의 대상이 되는 것은 협의의 보험법인 보험계약법뿐이다.

2. 협의의 보험법(보험계약법)

(1) 실질적 의의

실질적 의의의 보험계약법(Versicherungsvertragsrecht)이란 「사보험(특히 영리보험)에서 보험관계를 규율하는 법」을 말한다. 이러한 의미의 보험계약법은 사회보험에 관한 것을 제외하고 순수히 사법적인 보험관계를 규율하는 것이나,[3] 많은 부문에서 공법에 속하는 법규를 포함하고 있으므로, 두 가지 성격을 겸하고 있다고 볼 수 있다($^{상\ 663조}_{참조}$).[4]

---

1) 동지: 정(희), 347면.

2) 보험업법은 1962. 1. 15, 법률 제973호로 제정되었고 그 후 많은 개정이 있었는데, 이는 종래의 보험모집단속법·외국보험사업자에 관한 법률을 흡수하여 단행법화 한 것이다.

3) J. v. Gierke, Bd. I, S. 5(사회보험은 사회정책적인 입장에서 노동자 등 일정한 경제적 예속단계의 보호를 목적으로 강제성이 따르는 것이 원칙이라는 점에서 사보험과는 구별되나, 양자는 그 경제적 실체를 같이할 뿐 아니라 그 법률적 성질도 크게 다르지 않다는 점을 주목할 필요가 있다고 한다).

(2) 형식적 의의

형식적 의의의 보험계약법이란 우리나라 「상법전 제4편」 보험에 관한 규정을 말한다.

제2 보험법의 특성

상법상 보험계약은 영업적 상행위(기본적 상행위)의 하나이나($^{상\ 46조}_{17호}$), 보험계약은 다른 상행위와는 구별되는 특성이 있으므로 이러한 보험계약의 특성을 반영하는 보험법도 상행위법과는 다른 여러 가지 특성을 갖고 있는데, 이는 다음과 같다.

1. 윤리성·선의성

보험계약은 우연한 사고(위험)를 전제로 하여 이루어지는 사행(射倖)계약이므로, 자칫하면 투기·도박 등으로 악용될 위험($^{즉,\ 도덕적}_{위험}$)이 있다. 따라서 이러한 위험을 방지하기 위하여 보험계약법에서는 당사자의 윤리성과 선의성을 강하게 요구하고 있다.[1] 상법도 이러한 위험을 방지하기 위하여 많은 규정을 두고 있다($^{상\ 651조,}_{654조,\ 659조,}$ $^{669조\ 4항}_{등\ 참조}$).

2. 기 술 성

보험사고는 개별적으로 보면 우연한 것이나 보험단체에서 보면 어느 정도 규칙적인 것이므로, 이에 의하여 보험제도는 대수(大數)의 법칙에 의하여 위험을 효율적으로 분산시키는 기술적인 제도이다. 따라서 이러한 보험관계를 규율하는 보험계약법도 매우 기술법적인 특성이 있다.

3. 단 체 성

개별적인 보험계약은 주관적으로는 보험자와 보험계약자 간의 개인법적인 채권계약이나, 보험제도는 이러한 모든 보험계약자(가입자)로 하여금 동질의 위험을 종합평균화하는 기술적인 면에서 볼 때 객관적으로는 하나의 단체(보험단체)를 형성하게 된다. 이러한 보험의 단체성은 상호보험에서는 보험관계가 사단관계인 점에서

---

4) 동지: 정(희), 347면; 양(승), (보) 52~53면.

1) 1774년의 영국의 Gambling Act 제1조, 1906년의 영국 해상보험법(MIA) 제4조 등이 도박보험을 무효로 하고 있는 것은 이러한 점을 반영하고 있다.

직접적으로 나타나나, 영리보험에서는 개별적인 보험계약에 의하여 형성된 모든 보험계약자에 대하여 보험의 기술적 성질에 의하여 인정하는 것이므로 간접적으로 나타나는 것이라고 볼 수 있다. 따라서 보험계약법도 이러한 단체법적인 성격을 갖지 않을 수 없는데, 상법상 이를 반영한 규정으로는 고지의무위반으로 인한 계약해지($\frac{상}{651조}$)·위험변경증가의 통지와 계약해지($\frac{상}{652조}$)·보험계약자 등의 고의나 중과실로 인한 위험증가와 계약해지($\frac{상}{653조}$) 등이 있다. 또한 보험업법에서도 보험의 단체성을 반영하여 규정하고 있다.[1]

보험관계가 개별적인 보험계약에 의하여 형성되고 있지만 보험의 기술적인 특성에서 오는 보험의 단체성을 보험법의 해석에 있어서는 항상 고려하여야 한다.[2] 보험의 단체성을 어느 정도로 보험법의 입법면·해석면에서 살릴 것인가는 보험법학의 하나의 과제라고 볼 수 있다.[3]

4. 공공성·사회성

보험자는 다수의 보험계약자로부터 받은 보험료로써 거대한 자본을 축적하고 또한 이를 관리함으로 인하여 국민경제적으로 매우 중요한 역할을 하는 점에서, 보험업은 다른 금융업과 같이 공공성·사회성을 띠고 있다.

이와 같이 보험업은 공공의 이익(public interest)과 밀접한 관련을 가지므로, 이를 규율하는 보험계약법도 단순히 계약당사자간의 이해관계의 조정만을 목적으로 하는 것이 아니라 공공의 이익과도 관련되는 것이다. 따라서 각 나라는 보험업에 대하여 국가의 감독법규를 두고 있다.[4] 우리나라도 보험업법에 의하여 보험자의 자격을 제한함은 물론 그에 대하여 엄격한 감독규정을 두고($\frac{보업}{이하}$ 4조), 보험계약자에게도 법령에 특별한 규정이 있는 경우를 제외하고 보험사업의 허가를 받지 아니한 자와의 보험계약의 체결·중개 또는 대리를 금지하고 이에 위반한 자에 대하여 1,000

---

1) 보험업법 제98조는「보험계약자 또는 피보험자에 대하여 금품의 제공, 보험료의 할인 등 특별한 이익을 제공하는 행위」를 금지하고 있는데, 이것은 단순히 행정적인 단속규정에 지나지 않는 것이 아니라 한 걸음 더 나아가서 보험계약의 단체성을 전제로 하고 있는 규정이라 할 수 있다. 또 보험업법에서 보험계약의 포괄적 이전을 인정하는 것도 그 예라 할 수 있다(동법 140조, 141조).

　 보험법의 단체성과 관련한 쟁점에 관한 상세는 한(기), (보) 56~61면 참조.

2) 동지: 대판 1966. 10. 21, 66 다 1458(교재, 판결례 [11. 1])(보험계약관계는 위험단체적 성질을 가지는 것이므로, 위험충족의 관계에 있어서는 서로 관련성을 가진다는 전제 아래 그 법률적 성격을 관찰하여야 할 것이다).

3) 동지: 정(희), 349면; 한(기), (보) 56면(단체성을 이유로 해서 보험계약의 효력을 변동시키는 입법 또는 해석은 제한적, 소극적으로만 허용되어야 한다).

4) Vance, p. 36; Patterson, p. 1 f.

만원 이하의 과태료에 처하고 있다($^{보업}_{209조}$ $^{3조,}_{5항 1호}$). 또한 보험계약자 등을 보호하기 위하여 보험자가 제정하는 보통보험약관에 대해서는 보험업 허가신청서의 첨부서류로서 금융위원회(금융감독원장)에 제출하도록 하고 보험자가 변경하는 보통거래약관에 대해서는 금융위원회(금융감독원장)에게 신고 또는 제출하도록 하는 등 이에 대한 행정적 감독을 받도록 하며($^{보업시}_{}$ $^{5조 3호·127조,}_{별표 8의 31호}$), 당사자간의 특약으로 보험계약자 등의 이익을 침해하지 못하도록 하고 있다($^{상}_{본문}$ ^{663조}).

5. 상대적 강행법성

보험계약법은 사법(私法)에 속하지만 위에서 본 바와 같이 단체성·공공성 등의 특성이 있으므로, 각 나라는 한편으로는 보험업에 대하여 철저한 국가의 감독을 하면서 다른 한편으로는 보험계약에 있어서도 계약자유의 원칙을 일반대중의 이익보호를 위하여 제한하고 있다.[1] 다시 말하면 보험계약은 부합(附合)계약으로서 보험자가 일방적으로 작성한 보통보험약관에 의하여 계약이 체결되는 점에서 그 내용을 잘 모르는 보험계약자 등의 불이익을 방지하기 위한 법적 배려가 필요하기 때문에, 각 나라는 보험계약법을 강행법화하여 절대적으로 이를 변경할 수 없게 하거나 또는 보험계약자 등에게 불이익하게 변경하지 못하도록 규정하고 있다.[2]

우리 상법에서도 가계보험에서는 「보험계약자 등의 불이익변경금지의 원칙」을 밝히고 있어, 보험계약법을 상대적 강행법성으로 하였다($^{상}_{본문}$ ^{663조}).[3] 그러나 기업보험

---

1) 동지: 정(희), 350면; 양(승), (보) 56~57면.
2) 佛保 L. 111-2조; 獨保 5조, 11조, 14조, 28조, 84조 등; 瑞(스위스)保 97조, 98조; 中華保 54조 등 참조.
3) 동지: 대판 2000. 11. 24, 99 다 42643(공보 2001, 117)(피보험자의 직업이나 직종에 따라 보험금 가입한도나 보상비율에 차등이 있는 생명보험계약에서 그 피보험자의 직업이나 직종에 관한 사항에 대하여 고지의무 위반이 있어 실제의 직업이나 직종에 따른 보험금 가입한도나 보상비율을 초과하여 보험계약이 체결된 경우에 보험회사가 보험금 지급사유의 발생 여부와 관계없이 보험금을 피보험자의 실제 직업이나 직종에 따른 보험금 가입한도나 보상비율 이내로 감축하는 것은 실질적으로 당사자가 의도하였던 보험금 가입한도나 보상비율 중에서 실제 직업이나 직종에 따른 보험금 가입한도나 보상비율을 초과하는 부분에 관한 보험계약을 자동 해지하는 것이라고 할 것이므로, 그 해지에 관하여는 상법 제651조에서 규정하고 있는 해지기간, 고지의무 위반사실에 대한 보험자의 고의나 중과실 여부, 상법 제655조에서 규정하고 있는 고지의무 위반사실과 보험사고 발생 사이의 인과관계 등에 관한 규정이 여전히 적용되어야 하고, 만일 이러한 규정이 적용될 여지가 없이 자동적으로 원래 실제 직업이나 직종에 따라 가능하였던 가입한도나 보상비율 범위 이내로 지급하여야 할 보험금을 감축하는 취지의 약정이 있다면 이는 당사자의 특약에 의하여 보험계약자나 피보험자, 보험수익자에게 불리하게 위 상법의 규정을 변경한 것으로서 상법 제663조에 의하여 허용되지 않는다고 할 것이며, 이러한 결론은 비록 보험회사가 보험계약자 측의 직업 또는 직종에 대한 고지의무 위반이 있는 경우에 이로 인한 계약해지권을 포기하고 있다고 하여도 달리 볼 것은

$\binom{\text{예컨대, 재보험·}}{\text{해상보험 등}}$에 있어서는 보험계약자가 기업인이고 보험계약의 내용을 잘 알고 있을 것이므로, 원래 경제적으로 약한 위치에 있는 일반대중을 보호하기 위하여 인정된 보험계약법의 상대적 강행법성은 기업보험에 있어서는 어느 정도 수정되어 당사자의 계약자유를 인정하는 것이 합리적이라 할 수 있다.[1] 따라서 우리 상법도 기업보험에 속하는 재보험·해상보험·무역보험[2] 및 이와 유사한 보험$\binom{\text{예컨대,}}{\text{항공보험 등}}$의 경우에는 불이익변경금지의 원칙이 적용되지 아니함을 명문으로 규정하여, 이러한 보험에는 계약자유의 원칙을 인정하고 있다$\binom{\text{상 663조}}{\text{단서}}$.[3]

제 3 절 보험법의 상법상의 지위

제 1 형식적 지위

우리 상법상 보험을 영업으로 하는 때에는 기본적 상행위가 되므로$\binom{\text{상 46조}}{\text{17호}}$, 보험법은 형식적으로 보면 상행위법의 일종으로 볼 수 있다.[4] 그런데 보험법은 위에서 본 바와 같이 많은 특성을 가지고 있고 또한 그 규정의 내용이 매우 방대하여 상법전 제 2 편에서 규정하지 않고 편의상 상법전 제 4 편에서 규정하고 있다.[5]

아니다); 동 2010. 12. 23, 2010 다 45753(공보 2011, 219)(전기통신서비스 이용료 채무에 관하여 채무자인 보험계약자가 채권자를 피보험자로 하여 보증보험회사와 체결한 이행보증보험계약의 추가위험부담특약약관 중 '보험계약의 보험기간 안에 연이어 갱신보험계약이 체결된 경우에는 갱신보험계약 직전 보험계약에 대한 보험회사의 보험책임은 종료하며, 갱신보험계약의 보험기간 개시 전에 발생한 채무에 대하여는 갱신보험계약의 보험가입금액을 한도로 보상한다'는 내용의 갱신특약은, 보험계약자와 보험회사 사이에 갱신계약이 체결되었다는 이유만으로 피보험자의 동의 없이 곧바로 이행보증보험계약이 해지되도록 하여 종전 이행보증보험계약에 의한 보험자의 보험금 지급책임을 면하도록 함과 아울러 피보험자가 기존의 이행보증보험계약에 의해 보상받을 수 있었던 보험금청구권을 모두 소멸시키는 것이어서 상법 제649조 제 1 항, 제663조 및 민법 제541조 등의 규정에 위배되어 무효이고, 이와 같이 위 갱신특약이 무효인 이상 기존 이행보증보험계약 체결 당시부터 위 특약이 계약내용에 편입되어 있었다거나 갱신보험계약에서 피보험자의 동의 없이 임의로 위와 같은 취지의 약정을 하였다고 하여 달리 볼 수도 없다).

1) 동지: 정(희), 351면.

2) 동지: 대판 2000. 11. 14, 99 다 52336(공보 2001, 28).

3) 동지: 獨保 209조, 210조; 佛保 L. 111-1 등.

4) 동지: 양(승), (보) 58면; 이(기) 외, (보·해) 13면.

5) 참고로 보험법에 관한 외국의 입법례에 있어서는 육상보험과 해상보험을 함께 상법전에서 규정하는 입법과(일본), 육상보험에 대하여는 별개의 독립된 단행법전으로 하고 있는 입법이 있다(독일·프랑스·스위스 등).

제 2 실질적 지위

보험법은 위에서 본 바와 같이 형식적으로는 상행위법의 일종이나, 보험법의
특성에서 실질적으로는 상행위법과는 다른 특별한 지위를 갖고 있다. 즉, 상행위법
은 원칙적으로 사적자치의 원칙이 지배하고 따라서 원칙적으로 임의법규이다. 그러
나 보험계약의 대부분은 위에서 본 바와 같이 공공성·사회성이 있는 특수한 성격
때문에 그 계약의 체결이 제한되고(보험 3조, 209조
5항 1호 참조), 또한 보험의 단체성으로 인하여 보
험계약은 보험단체 전체의 이익을 고려하여야 하므로 보험법은 원칙적으로 강행법
규이다(상 663조
본문). 이러한 점에서 보험법은 형식적으로 상행위법이지만 실질적으로 특
별한 지위를 차지하고 있다고 볼 수 있다.[1]

보험법이 이와 같이 실질적으로 일반 상행위법과는 다른 특별한 지위를 갖고
있으므로 이러한 점에서 영리보험에 관한 상법의 규정이 영리를 목적으로 하지 않
는 사(私)보험인 상호보험에도 준용되는 것이다(상
664조). 즉, 상호보험은 그 구성에 있
어서나 법률관계에 있어서나 영리보험과 약간의 차이가 있기는 하나, 양자는 경제
적·실질적 작용에서 볼 때 보험의 특성을 갖고 있으므로 영리보험에 관한 규정인
보험법을 상호보험에도 준용하도록 한 것이다.[2]

제 4 절 보험법의 법원

제 1 총   설

보험법의 법원(法源)도 다른 법의 경우와 같이 제정법·관습법 등 여러 가지
형태로 존재하는데, 이곳에서는 이 중 가장 중요한 제정법과 보통보험약관에 관하
여만 간단히 설명하겠다.

또한 보험계약에 적용될 법규의 순서에 관하여는 보험계약이 기본적 상행위로
서 상사(商事)에 속하므로(상 46조
17호) 상사에 적용될 법규의 순서와 같다. 즉, 보험계약

---

1) 동지: 정(희), 352~353면; 손(주), 476면; 양(승), (보) 58면(이로 인하여 보험법을 단행법으로
   독립시키는 것이 옳다고 한다).
   이러한 점으로 인하여 미국의 연방최고법원판례 중에는 「보험은 상이 아니다」(Insurance is not
   commerce)라고 판시하여, 보험계약의 상행위성을 부인한 것도 있다[Paul v. Virginia, 8 Wall(U.
   S.) 168(1868)].
2) 동지: 양(승), (보) 58면; 정(희), 352~353면.

에 관하여는 상법의 규정이 적용되고, 상법의 규정이 없으면 상관습성이 적용되며, 상관습법이 없으면 민법의 규정이 적용된다($\substack{상 \\ 1조}$). 이 때 상법 이외의 상사특별법이 있으면 이것이 상법보다 먼저 적용되고, 보험계약의 부합계약적 성질상 보험계약에서 많이 이용되는 보통보험약관은 상법 중 임의법규에 우선하여 적용된다. 민법은 보험법의 법원은 아니나, 보험계약에서 보충적으로 적용되는 점은 상사에 민법이 적용되는 점과 같다.

제 2 제 정 법

(1) 보험법의 가장 중요한 법원인 제정법은 상법 제 4 편 '보험'의 규정이다. 보험계약에는 상법 제 4 편만이 적용되는 것이 아니라, 보험계약이 상행위인 점에서 상법 제 2 편 '상행위' 제 1 장 '통칙' 중의 상행위 일반에 관한 규정도 당연히 적용된다. 보험계약에 이러한 상법의 규정을 적용함에 있어서 주의할 점은, (i) 보험계약에 관한 규정은 보험계약이 상행위인 보험($\substack{즉, 영업으로 \\ 하는 보험}$)의 인수에 한정되나, (ii) 상법의 보험계약에 관한 이러한 규정은 그 성질이 상반되지 아니하는 한 상호보험에도 준용된다는 점이다($\substack{상 \\ 664조}$).[1]

우리 상법전은 1962년 1월 20일, 법률 제1000호로 제정·공포되어 1963년 1월 1일부터 시행되어 왔는데, 제 4 편 보험편은 제 5 편 해상편과 함께 제정 후 30여 년만인 1991년 12월 31일, 법률 제4470호로 대폭 개정되어 1993년 1월 1일부터 시행되고 있다($\substack{이하 '1991년 개정 \\ 상법'이라 약칭한다}$).[2] 이 후 상법 제 4 편(보험)은 보험산업의 성장과 변화를 반영하여 2014년 3월 11일, 법률 제12397호로 다시 개정되어 2015년 3월 12일부터 시행되고 있다($\substack{이하 '2014년 3월 개정 \\ 상법'이라 약칭한다}$).[3] 이후 상법 제731조의 서면동의의 '서면'에 전자서명법상의 전자서명 또는 공인전자서명 중 대통령령이 정하는 전자문서를 포함하는 내용의 상법 제 4 편(보험)이 2017년 10월 31일, 법률 제14969호로 개정되어 2018년 11월 1일부터 시행되고 있다.

우리 보험법은 육상보험뿐만 아니라 해상보험에 관한 규정도 함께 규정하고 있고, 보험법의 체제는 크게 제 1 장 통칙($\substack{638조~ \\ 664조}$)·제 2 장 손해보험($\substack{665조~ \\ 726조의 7}$)·제 3 장

---

1) 동지: 정(희), 353~354면.

2) 개정된 보험법의 주요 골자에 대하여는 손(주), 479~483면 참조.

3) 이에 관하여는 정찬형, "2007년 확정한 정부의 상법(보험편) 개정안에 대한 의견," 「금융법연구」(한국금융법학회), 제 4 권 제 2 호(2007. 12), 119~163면; 동, "최근 한국 상법(보험편)의 개정내용에 관한 연구," 「금융법연구」(한국금융법학회), 제14권 제 1 호(2017. 4), 79~122면 참조.

인보험($^{727조~}_{739조의 3}$)으로 되어 있다.

(2) 보험법의 법원이 되는 제정법은 상법 외에도 보험업법($^{전문개정: 2003. 5. 29, 법}_{6891호, 개정: 2024. 2. 6,}$ $^{법}_{20242호}$)·자동차손해배상 보장법($^{전문개정: 2008. 3. 28, 법 9065호,}_{개정: 2024. 2. 20, 법 20340호,}$)·원자력 손해배상법($^{제정 1969.}_{1. 24, 법}$ $^{2094호, 개정: 2021.}_{4. 20, 법 18143호}$)·무역보험법($^{개정: 2020. 2.}_{4, 법 16957호}$)·산업재해보상보험법($^{전문개정: 2007. 12. 14, 법 8694}_{호, 개정: 2023. 8. 8, 법 19612호}$)· 국민건강보험법($^{전문개정: 2011. 12. 31, 법 11141호,}_{개정: 2024. 2. 20, 법 20324호}$)·어선원 및 어선 재해보상보험법($^{제정: 2003.}_{3. 19, 법률}$ $^{6866호, 개정: 2024.}_{1. 23, 법 20132호}$) 등과 같은 많은 특별법이 있다. 이 중 보험업법은 보험계약과 관련된 규정(사법)($^{동법 83조,}_{140조 등}$)과 보험감독에 관한 규정(공법)으로 되어 있는데, 전자만이 보험(계약)법의 법원이 된다.

제 3 보통보험약관[1]

1. 의   의

(1) 보통보험약관(policy conditions; allgemeine Versicherungsbedingungen)이란 「보험자가 다수의 동질의 보험계약을 체결하기 위하여 미리 작성한 일반적·정형적·표준적인 계약조항으로, 보통거래약관의 일종」이다.[2]

(2) 보험약관에는 이러한 보통보험약관 외에 특별보통보험약관(부가약관) 및 특별보험약관이 있다.[3] 특별보통보험약관이란 특수한 보험에 있어서 보통보험약관만으로는 불충분하여 보통보험약관에 대하여 보충적으로 보다 상세한 내용을 약정한 약관을 말하는데, 이는 사실상 보통보험약관의 내용의 일부를 이루고 있다.[4] 특별보험약관이란 당사자가 개개의 보험계약을 체결할 때에 개별적인 사정에 의하여 보통보험약관의 내용을 변경하는 내용으로 특별히 약정하는 것을 말하는데, 이는 당사자간의 개별약정으로 보통보험약관과는 구별된다.[5] 이러한 특별보험약관은 주로 해상보험 등과 같은 기업보험에서 이용되는데, 보험단체의 이익을 해하지 않는 범

---

1) 이에 관하여는 정찬형, "보통보험약관," 「고시연구」, 1993. 11, 23~37면 참조.
2) 약관의 규제에 관한 법률(개정: 2024. 2. 6, 법 20240호) 제 2 조 1호는 약관에 대하여 "그 명칭이나 형태 또는 범위에 상관없이 계약의 한쪽 당사자가 여러 명의 상대방과 계약을 체결하기 위하여 일정한 형식으로 미리 마련한 계약의 내용"이라고 정의하고 있다.
3) 보험실무에서는 '특별보통보험약관'이라는 명칭을 잘 쓰지 않고, '특별보험약관'이라 부른다. 따라서 보험실무상 '특별보험약관'은 '특별보통보험약관'과 '특별보험약관'을 의미한다[한(기), (보) 113~114면].
4) 동지: 양(승), (보) 55면 외.
5) 동지: 양(승), (보) 63면; 최(기), (보) 55면; 이(기) 외, (보·해) 19면 외.

위 내에서만 예외적으로 인정된다.[1] 이러한 특별보험약관이 유효한 것으로 인정되는 한, 그러한 특별보험약관은 개별약정우선의 원칙에 의하여 보통보험약관보다 우선하여 적용된다[2]($\substack{약규\ 4조 \\ 참조}$).

2. 존재이유

보통보험약관은 보통거래약관의 존재이유($\substack{성문법의\ 미비를\ 보완하는\ 점\ 및 \\ 성문법의\ 불합리성을\ 교정하는\ 점}$) 외에 다음과 같은 존재이유가 있다.[3]

(1) 첫째로 보험제도는 보험단체(위험단체)를 전제로 하여 기술적으로 그 보험가입자의 위험을 종합평균화하여 위험을 분산하는 제도이므로, 보험가입자를 동일하게 취급하여야 한다. 이러한 점에서 보험자 측에서 보험계약의 체결시에 특히 정형화된 보통보험약관이 필요하게 되는 것이다.

(2) 둘째로 보험제도는 공공성·사회성이 있어 사회적·경제적으로 약하고 보험에 관한 지식이 부족한 보험가입자를 보호할 필요가 있다. 이러한 점에서 국가가 후견적 입장에서 보험가입자의 이익을 보호하기 위하여 보험자로 하여금 보험계약의 내용에 관하여 일반적·정형적·표준적인 약관을 작성하게 하고 이를 감독하는 것이다($\substack{보업\ 5조\ 3호 \\ 및\ 127조\ 참조}$). 따라서 보험가입자는 강자인 보험자와 개별적 약관에 의하여 보험계약을 체결하는 것보다는 국가의 감독을 받은 보통보험약관에 의하여 보험계약을 체결하는 것이 보다 유익하다. 이러한 점에서 보험가입자 측에서도 보험계약의 체결시에 보통보험약관이 필요하게 되는 것이다.

3. 법적 성질(구속력의 근거)

보통보험약관은 위와 같은 존재이유가 있으므로 보통 보험계약의 당사자가 그 내용을 이해하고 그 약관에 따라 계약을 체결하겠다는 명시적인 의사를 가졌느냐 또는 갖지 않았느냐와는 무관하게, 그 약관의 내용이 합리적이고 또 당사자간에 반대의 특약이 없는 한 그 약관은 당사자를 구속하는 것이다.[4] 그런데 이와 같이 보통보험약관이 당사자를 구속하는 근거(즉, $\substack{보통보험약관 \\ 의\ 법적\ 성질}$)가 무엇이냐에 대하여는 견해가 나뉘어 있다. 이것은 또한 보통거래약관의 법원성(法源性)의 인정 여부에 관한 문제

---

1) 동지: 양(승), (보) 63면; 손(주), 485면 외.

2) 동지: 최(기), (보) 55면.

3) 이에 관한 상세는 특히 손(주), 483~484면 및 이(기) 외, (보·해) 19면 참조.

4) 동지: 양(승), (보) 68면.

이기도 한데, 이에 대하여는 대체로 자치법설($^{규범}_{설}$)·제도설·상관습법설($^{백지상관습}_{법설}$) 및 법률행위설($^{의사설 또는}_{계약설}$)로 나뉘어 있다. 그런데 보통보험약관의 법적 성질($^{법원성의}_{인정여부}$)에 관하여는 학설이 크게 규범설과 의사설($^{또는}_{계약설}$)의 두 가지로 나뉘어 있고, 판례는 의사설로 일관하여 판시하고 있다.

(1) 학   설

1) 규 범 설   이 설에 의하면 보통보험약관은 법사회학적으로 볼 때 그 거래권에 있어서의 (법)규범이 된다고 하는데, 이에 의하면 보통보험약관은 법원이 된다.[1] 이 설은 보통보험약관의 구속력을 보다 강하게 인정하려는 객관주의 내지 단체주의적인 이론구성이다.

우리나라에서 보통보험약관의 구속력의 근거를 이 설에 의하여 설명하는 견해는, 다시 「보통보험약관은 그 자체가 법규범($^{보험단체의}_{자치법}$)은 아니고 '보험계약은 보통보험약관에 의하여 체결되는 것'이 하나의 상관습법(백지상관습법)으로 형성되었기 때문에 구속력을 갖는 것($^{다시 말하면 법원}_{성을 갖는 것}$)이다」고 한다.[2]

이 설을 취하는 견해에서는 그 근거를 우리의 상법 제638조의 3 제 2 항에서 구하고 있다.[3] 즉, 우리 상법 제638조의 3 제 2 항은 「보험자가 보험계약 체결시에 보험약관의 교부·설명의무를 위반한 경우 보험계약자는 보험계약이 성립한 날부터 3개월 이내에 그 계약을 취소할 수 있다」고 규정하고 있는데, 이에 의하여 보험계약자가 보험계약을 취소하지 않는 한 보험자의 보험약관의 교부·설명이 없이도 그 약관이 당연히 당사자를 구속하는 점이 규범력의 근거가 될 수 있다고 설명한다.

2) 의사설(또는 계약설)   이 설에 의하면 보통보험약관은 그 자체로서 결코 법규범(법원)이 될 수 없고, 그 약관이 개별계약의 내용을 이루기 때문에 전통적인 법률행위이론에 의하여 당사자를 구속한다고 하는데, 이에 의하면 보통보험약관은 법원이 될 수 없다. 이 설은 보통보험약관의 구속력의 근거를 당사자의 의사에서

1) 보통거래약관에 대하여 규범설을 취하는 견해로는 양·박, 41면(보통거래약관은 사회학적으로는 그 거래권에 있어서의 규범으로서 중요한 법원의 하나가 된다고 한다); 장덕조, "보통보험약관의 구속력," 「보험법연구 3」(보험법연구회 편)(삼지원, 1999), 20~23면(규범설을 지지하는 근거를 상세히 밝히고 있다).
보통보험약관에 대하여 규범설의 입장에서 판시한 것으로는 서울고판 1985. 7. 1, 84 나 4476(신문 1600호)(보통보험약관은 … 법규적 성격을 갖고 보험계약자가 그 내용을 알았거나 몰랐거나 관계 없이 보험계약자를 구속한다)이 있다. 동지: RG 31. I, 1941; BGHZ 7. X, 1949.
2) 정(희), 357면; 양(승), (보) 70~71면. 상관습법설이라는 점에서 결과 동지인 견해로는 서·정, 366면(보통보험약관, 특히 변경조항과 신설조항의 구속력에 관하여는 그것에 의하여 보험계약이 체결되는 것이 상관습법으로 되고 있다고 해석한다).
3) 양(승), (보) 70면 및 같은면 주 28.

구하는 주관주의적인 이론구성이다.

우리나라에서 이 설을 취하는 견해는 보험자가 (일방적으로) 작성하여 사용하는 보통보험약관을 그 자체로서 법규범이라고 보는 것(규범설)은 무리가 있다고 비판하고, 보통보험약관이 당사자를 구속하는 근거는 당사자가 이를 계약의 내용으로 하였기 때문이라고 보는 것이 보다 명확하다고 한다.[1] 그런데 이 설은 보험계약자가 보통보험약관의 내용을 명확하게 알고서 보험계약을 체결하였다면 아무런 문제가 없으나, 당사자가 그 약관의 내용을 모르고 보험계약을 체결한 경우에도 약관의 구속력을 당사자의 의사에서 구할 수 있을 것인가의 문제가 있다. 이에 대하여 이 설을 취하는 견해에서는「보험계약자가 보통보험약관의 내용을 상세히 정확하게 알지 못하였더라도 약관에 따른다는 명시 또는 묵시의 합의가 있었다고 볼 수 있고 (특히 보험청약서에 보통 보험약관에 따른다는 의사표시가 있는 점에서), 비록 보험계약자가 보통보험약관에 따라 보험계약을 체결할 의사가 없었다고 하더라도 이는 바로 착오의 문제이다」고 설명한다.[2]

또한 이 설을 취하는 견해에서는 약관규제법이 의사설에 따라 규정하고 있다고 한다. 즉, 약관규제법 제 3 조는 사업자에게 약관의 명시·교부의무를 규정하면서 사업자가 이에 위반하여 계약을 체결한 때에는 당해 약관을 '계약의 내용으로 주장할 수 없다'고 규정하고 있는데, 이 점은 우리 약관규제법이 의사설에 따라 입법을 한 것이라고 설명한다.[3]

3) 사   견   의사설(계약설 또는 법률행위설)에 찬성하는데, 그 이유는 다음과 같다.[4]

(가) 보통보험약관도 보통거래약관과 같이 그 자체가 법규범이라고 볼 수는 없다. 다시 말하면 보통보험약관은 그 자체가 법규범이기 때문에 당사자를 구속하는

---

1) 한(기), (보) 124~126면(그 논거에 관한 설명이 상세하다); 이(기) 외, (보·해) 22면; 채, 466면; 최(기), (보) 56면[동 교수는 보통보험약관을 포함한 보통거래약관에 대하여는 상관습법설을 취하면서(동, 「제 8 전정판 상법학신론(상)」〈박영사, 1997〉, 34면), 본서에서는 보통보험약관에 대하여 의사설을 취하여, 상호 모순되는 견해를 밝히고 있어 어떠한 견해인지 애매모호하다]. 보통거래약관에 대하여 의사설(법률행 위설)의 입장에서 상세하게 설명한 견해로는 이은영, 「약관규제론」(서울: 박영사, 1984), 93~94면(특히 89면 이하에서는 자치법설과 상관습법설에 대한 비판이 상세하다).

2) 이(기) 외, (보·해) 22면; 채, 466면(동 교수는 일반적으로 보험계약자가 비록 보험약관의 내용을 일일이 몰랐다 하더라도 약관의 내용대로 보험계약을 체결할 의사는 있었다고 볼 수 있다는 점에서, 의사설 중 부합계약설이 가장 타당하다고 한다).

3) 이(기) 외, (보·해) 22면; 최(기), (보) 56~57면.
그러나 이에 반하여「약관규제법이 약관의 명시만 있는 경우에도 약관의 구속력이 인정되고 또 특정한 경우에 설명의무를 면제하고도 약관의 구속력을 인정하고 있는 것은, 순수한 형태의 의사설(법률행위설)은 아니고 당사자의 합의를 추정한 것으로 볼 수 있다(의사추정설)고 설명하는 견해도 있다」[정동윤, 「상법총칙·상행위법(개정판)」(서울: 법문사, 1996), 57면].

4) 정(찬), (상)(제27판) 47면; 정찬형, 전게 고시연구(1993. 11), 29~30면.

것이 아니라, 당사자가 이를 개별계약의 내용으로 하였기 때문에 법률행위의 일반
이론에 의하여 당사자를 구속하는 것이라고 보는 것이 보다 더 합리적인 해석이라
고 본다. 규범설에 의하든 의사설에 의하든 보통보험약관이 당사자를 구속하는 점
은 동일하므로 그 결과에 있어서 큰 차이는 없으나, 의사설에 의하는 것이 보다 더
명확하다고 본다.

　(내) 상법 제638조의 3이 보통보험약관의 교부·명시의무를 규정하고 있는 것은
보험약관이 법규범이기 때문이 아니라, 오히려 개별계약의 내용을 구성하기 때문이
라고 본다. 또한 약관규제법 제 3 조가 사업자(보험자)에게 약관의 교부·명시의무
를 규정한 것도 상법 제638조의 3과 같이 약관의 구속력의 근거를 당사자의 의사
(계약의
내용)에서 구한 것이라고 볼 수 있다. 약관규제법 제 3 조 3항은 이 점을 명백히
하여 「사업자(보험자)가 제 1 항 및 제 2 항의 규정(사업자의 약관의 교부·명시의무)에
위반하여 계약을 체결한 때에는 당해 약관을 계약의 내용으로 주장할 수 없다」고
규정하고 있다.

　(대) 규범설은 원래 보통보험약관 그 자체를 법규범으로 보고 그 보험약관은 보
험거래권에서 하나의 자치법규로서 보험계약의 법원이 된다고 설명한다(따라서 규범
설은 또한
자치법설이
라고도 한다).[1] 그런데 우리나라에서 보통보험약관의 구속력의 근거(법적 성질)에 대하
여 규범설을 취하는 견해는 다시 (앞에서 본 바와 같이) 보통보험약관은 보험단체의
자치법이라고 볼 수는 없고 '그 거래는 약관에 의한다'는 사실인 관습 또는 상관습
법(백지상관습 또는
백지상관습법)이 존재하기 때문이라고(상관습법설) 설명한다.[2] 그런데 상관습법설
은 약관 그 자체의 법규범성(법원성)을 인정하지 않는 견해로 법규범설과는 구별되
는데, 규범설에 의하면서 다시 상관습법설에 의하여 설명하는 것은 상호 모순되는
것이 아닌가 생각된다. 또한 앞에서 본 바와 같이 규범설은 다른 말로 자치법설이
라고도 설명되는데, 위와 같이 규범설에 의하면서 다시 자치법이라고 볼 수 없다고
설명하는 것도 상호 모순되는 것이 아닌가 생각된다.

　(라) 위와 같이 의사설에 의하면 보통보험약관이 당사자를 구속하는 것은 당사
자가 명시적이든 묵시적이든 그 약관의 내용에 동의하였어야 한다는 점이 전제가
되며, 또한 그러한 약관의 해석에는 의사(계약)의 해석원칙이 적용되어야 한다. 이
때 보험계약자가 실제로 보험약관의 내용을 모른 경우에도 보통 보험계약의 청약서
에는 보통보험약관에 따른다는 의사표시가 있으므로 이에 의하여 보험계약자는 보

　1) 손(주), 485면 참조.
　2) 양(승), (보) 71면; 정(희), 357면.

험약관의 내용을 묵시적으로 동의하였다고 볼 수 있다.

(2) 판   례

우리나라의 대법원판례는 앞에서 본 바와 같이 의사설의 입장에서 일관하여
판시하고 있는데,[1] 이에 관한 대표적인 판례만을 소개하면 다음과 같다.

자동차보험 보통약관 제11조 2항 4호는 대인배상에 관한 보험자의 면책사유
중의 하나에 대하여 규정하고 있는데, 이에 의하면 「배상책임의무가 있는 피보험자
의 피용자로서 산업재해보상보험법에 의한 재해보상을 받을 수 있는 사람」에 대하
여는 보험자의 대인배상책임을 면제하고 있다. 보통보험약관상 이 규정의 해석에
대하여 대법원은 다음과 같이 판시하고 있다.[2]

"보통보험약관이 계약당사자에 대하여 구속력을 가지는 것은 그 자체가 법규
범 또는 법규범적 성질을 가진 약관이기 때문이 아니라 보험계약 당사자 사이에서
계약내용에 포함시키기로 합의하였기 때문이라고 볼 것인바, 일반적으로 당사자 사
이에서 보통보험약관을 계약내용에 포함시킨 보험계약(청약)서가 작성된 경우에는
계약자가 그 보험약관의 내용을 알지 못하는 경우에도 그 약관의 구속력을 배제할
수 없는 것이 원칙이다. 다만 당사자 사이에서 명시적으로 약관에 관하여 달리 약
정하거나, 약관의 내용이 일반적으로 예상되는 방법으로 명시되어 있지 않다든가
또는 중요한 내용이어서 특히 보험업자의 설명을 요하는 경우에는 위 약관의 구속
력은 배제된다고 보아야 한 것이다. … 또한 위 약관 제11조 2항 4호의 내용은 상법

---

1) 이에 반하여 우리 대법원은 순수한 형태의 의사설을 취한 것은 아니고 의사추정설을 취한 것이
   라고 설명하는 견해로는 손(주), 485면 주 2 및 정동윤, 전게서(상법총칙·상행위법), 57면.
2) 대판 1990. 4. 27, 89 다카 24070(공보 874, 1141). 동지: 대판 1985. 11. 26, 84 다카 2543(월
   보 184, 79); 동 1989. 3. 28, 88 다 4645(월보 224, 101); 동 1991. 9. 10, 91 다 20432(공보
   907, 2527); 동 1997. 7. 11, 95 다 56859(공보 1997, 2468)(업무용 자동차종합보험계약상의 관
   용차 특별약관이 계약에 편입되기 위하여는 보통약관에 대한 편입 합의 외에 별도의 합의가 있어
   야 하는 것은 아니다); 동 1999. 7. 23, 98 다 31868(공보 1999, 1724); 동 1999. 6. 22, 98 다
   11451(신문 2814, 10); 동 2000. 4. 25, 99 다 68027(공보 2000, 1275); 동 2004. 11. 11, 2003
   다 30807(공보 2004, 1999)(보통보험약관을 포함한 이른바 일반거래약관이 계약의 내용으로 되어
   계약당사자에게 구속력을 갖게 되는 근거는 그 자체가 법규범 또는 법규범적 성질을 갖기 때문은
   아니며 계약당사자가 이를 계약의 내용으로 하기로 하는 명시적 또는 묵시적 합의를 하였기 때문
   이다) 외.
     일본의 판례 중에는 의사설을 완화한 의사추정설의 입장에서, "당사자의 쌍방이 특히 보통보험
   약관에 의하지 않는다는 뜻의 의사를 표시하지 않고 계약을 체결한 때에는, 반증이 없는 한 그 약
   관에 따를 의사로써 계약을 한 것으로 추정한다"고 판시한 것이 있다[日大判 1915. 12. 24(民錄
   21, 2182)][우리나라에서 이 판례와 같이 보통거래약관의 구속력의 근거에 대하여 「의사추정설」
   의 입장에서 설명하는 견해로는 정동윤, 전게서(상법총칙·상행위법), 57면이 있고, 이 견해에서는
   앞에서 본 바와 같이 우리나라의 대법원판례도 의사추정설을 취하고 있다고 설명하는데, 우리나라
   의 판례의 입장은 의사추정설과는 같지 않다고 본다].

제663조에 위반된다고 볼 수 없으며, 약관규제법 제 7 조 2호에도 해당되지 아니하
므로 이를 무효라고 할 수 없다."

4. 교부·설명의무

(1) 상법은 「보험자는 보험계약을 체결할 때에 보험계약자에게 보험약관을 교
부하고 그 약관의 중요한 내용을 설명하여야 한다」고 규정하고 있다($\frac{\text{상}}{\text{의}3}\frac{638조}{1항}$).[1] 이
때 보험자가 설명하여야 할 의무가 있는 「약관의 중요한 내용」이란 '객관적으로
보아 보험계약자가 그러한 사실을 알았더라면 보험회사와 보험계약을 체결하지
아니하였으리라고 인정될 만한 사항'이다.[2] 또한 보험자는 보험계약이 양도된 경

---

1) 1991년 개정상법에서 본조를 신설할 때는 보험자의 보험약관의 '교부·명시의무'를 규정하였는
   데, 2014년 3월 개정상법에서는 선량한 보험계약자를 두텁게 보호하기 위하여 이를 '교부·설명의
   무'로 변경하였다. 그러나 2014년 3월 개정상법 이전에도 보험업법상 보험자의 설명의무 및 위반
   시의 벌칙이 규정되어 있었고(보업 95조의 2, 196조 2항, 209조 2항·3항) 또한 각종 보험의 표준
   약관에도 보험자의 설명의무 및 이에 위반시의 효과를 규정하고 있었으므로, 이에 관한 2014년 3
   월 개정상법이 큰 실익을 갖는 것은 아니라고 본다[동지: 양기진, "개정 보험계약법의 주요내용 검
   토 및 향후 입법방안," (사)한국보험법학회 2014년 춘계학술발표회 자료(2014. 4. 18), 2면]. 또한
   입법론상 보험자의 설명의무 위반시 사법적(私法的) 효과규정을 둘 필요가 있다는 견해가 있다(자
   금 48조 참조)(양기진, 전게자료, 2~3면).

2) 동지: 대판 1994. 10. 25, 93 다 39942(공보 981, 3076)(따라서 약관면책조항의 배우자에 사실
   혼관계의 배우자가 포함된다는 점은 명시의무에 해당하는 '약관의 중요한 내용'에 해당하지 않는
   다); 동 2000. 5. 30, 99 다 66236(공보 2000, 1526)(어떤 면허를 가지고 피보험자동차를 운전하
   여야 무면허운전이 되지 않는지는 보험자의 약관설명의무의 범위에 포함되지 않는다)[이 판결에
   대하여 반대하는 취지의 평석으로는 정진세, 법률신문, 제2912호(2000. 9. 4), 14면]; 동 2000. 7.
   4, 98 다 62909·62916(공보 2000, 1825)(일반적으로 보험자 및 보험계약의 체결 또는 모집에 종
   사하는 자는 보험계약의 체결에 있어서 보험계약자 또는 피보험자에게 보험약관에 기재되어 있는
   보험상품의 내용, 보험요율의 체계 및 보험청약서상 기재사항의 변동사항 등 보험계약의 중요한
   내용에 대하여 구체적이고 상세한 명시·설명의무를 지고 있으므로 보험자가 이러한 보험약관의
   명시·설명의무에 위반하여 보험계약을 체결한 때에는 그 약관의 내용을 보험계약의 내용으로 주
   장할 수 없다고 할 것이나, 보험자에게 이러한 약관의 명시·설명의무가 인정되는 것은 어디까지나
   보험계약자가 알지 못하는 가운데 약관에 정하여진 중요한 사항이 계약내용으로 되어 보험계약자
   가 예측하지 못한 불이익을 받게 되는 것을 피하고자 하는 데 그 근거가 있다고 할 것이므로, 보험
   약관에 정하여진 사항이라고 하더라도 거래상 일반적이고 공통된 것이어서 보험계약자가 별도의
   설명 없이도 충분히 예상할 수 있었던 사항이거나 이미 법령에 의하여 정하여진 것을 되풀이하거
   나 부연하는 정도에 불과한 사항이라면 그러한 사항에 대하여서까지 보험자에게 명시·설명의무가
   인정된다고 할 수 없다); 동 2001. 7. 27, 99 다 55533(공보 2001, 1925)(약관의 규제에 관한 법
   률 제 3 조의 규정에 의하여 보험자는 보험계약을 체결할 때에 보험계약자에게 보험약관에 기재되
   어 있는 보험상품의 내용, 보험료율의 체계, 보험청약서상 기재사항의 변동 및 보험자의 면책사유
   등 보험계약의 중요한 내용에 대하여 구체적이고 상세한 명시·설명의무를 지고 있으므로, 만일 보
   험자가 이러한 보험약관의 명시·설명의무에 위반하여 보험계약을 체결한 때에는 그 약관의 내용
   을 보험계약의 내용으로 주장할 수 없지만, 보험약관의 중요한 내용에 해당하는 사항이라 하더라
   도 보험계약자나 그 대리인이 그 내용을 충분히 잘 알고 있는 경우에는 당해 약관이 바로 계약 내
   용이 되어 당사자에 대하여 구속력을 가지므로 보험자로서는 보험계약자 또는 그 대리인에게 약관

의 내용을 따로 설명할 필요가 없다고 볼 것인바, 이 경우 보험계약자나 그 대리인이 그 약관의 내용을 충분히 잘 알고 있다는 점은 이를 주장하는 보험자측에서 입증하여야 할 것이다. 따라서 보험자에게 약관의 설명의무가 인정되는 것은 어디까지나 보험계약자가 알지 못하는 가운데 약관에 정하여진 중요한 사항이 계약 내용으로 되어 보험계약자가 예측하지 못한 불이익을 받게 되는 것을 피하고자 하는 데 그 근거가 있는 것이므로, 해상보험계약에서 사용하고 있는 약관이라 할지라도 개별적으로 그 내용이 거래상 일반적이고 공통된 것이어서 보험계약자가 별도의 설명 없이도 충분히 예상할 수 있었던 사항이거나 혹은 이미 법령에 의하여 정하여진 것을 되풀이하거나 부연하는 정도에 불과한 사항인지 등을 판별하여 그 경우에 한하여 설명의무의 대상이 아니라고 하여야 한다. 그러나 선박미확정의 해상적하보험계약에서 영국 협회선급약관의 내용은 보험자의 설명의무의 대상이 된다); 동 2001. 9. 18, 2001 다 14917·14924(공보 2001, 2243)(상법 제638조의 3 제 1 항 및 약관의 규제에 관한 법률 제 3 조의 규정에 의하여 보험자 및 보험계약의 체결 또는 모집에 종사하는 자는 보험계약의 체결에 있어서 보험계약자 또는 피보험자에게 보험약관에 기재되어 있는 보험상품의 내용, 보험료율의 체계, 보험청약서상 기재사항의 변동 및 보험자의 면책사유 등 보험계약의 중요한 내용에 대하여 구체적이고 상세한 명시·설명의무를 지고 있다고 할 것이어서, 만일 보험자가 이러한 보험약관의 명시·설명의무에 위반하여 보험계약을 체결한 때에는 그 약관의 내용을 보험계약의 내용으로 주장할 수 없다고 할 것이다. 따라서 '다른 자동차 운전담보 특별약관' 중 보상하지 아니하는 손해인 '피보험자가 자동차정비업, 주차장업, 급유업, 세차업, 자동차판매업 등 자동차 취급업무상 수탁받은 자동차를 운전중 생긴 사고로 인한 손해'조항이 보험계약의 중요한 내용에 대한 것으로서 설명의무의 대상이 된다); 동 2003. 4. 25, 2003 다 12373(공보 2003, 1269)(자동차종합보험계약을 체결함에 있어 만 26세 이상만 운전 가능하다는 운전자의 한정 연령의 특약은 보험계약의 효력에 관한 핵심적인 사항으로서 중요한 내용에 해당하는 것으로서, 이 내용이 타자로 기재 삽입된 보험청약서에 보험계약자가 자필서명하여 상대방에게 교부한 이상, 그 청약서의 내용 특히 타자로 기재하여 삽입한 내용은 특별한 사정이 없는 한 실질적 증명력이 있는 점 등 제반 사정을 고려하여 보험자가 연령한정운전특약에 관한 약관의 명시·설명의무를 다하였거나 보험계약자가 그 특약의 내용을 알고 있었다고 볼 수 있다); 동 2003. 5. 30, 2003 다 15556(공보 2003, 1443)(일반적으로 보험자 및 보험계약의 체결 또는 모집에 종사하는 자는 보험계약의 체결에 있어서 보험계약자 또는 피보험자에게 보험약관에 기재되어 있는 보험상품의 내용·보험료율의 체계 및 보험청약서상 기재사항의 변동사항 등 보험계약의 중요한 내용에 대하여 구체적이고 상세한 명시·설명의무를 지고 있으므로 보험자가 이러한 보험약관의 명시·설명의무에 위반하여 보험계약을 체결한 때에는 그 약관의 내용을 보험계약의 내용으로 주장할 수 없다고 할 것이나, 보험자에게 이러한 약관의 명시·설명의무가 인정되는 것은 어디까지나 보험계약자가 알지 못하는 가운데 약관에 정하여진 중요한 사항이 계약 내용으로 되어 보험계약자가 예측하지 못한 불이익을 받게 되는 것을 피하고자 하는 데 그 근거가 있다고 할 것이므로, 보험약관에 정하여진 사항이라고 하더라도 거래상 일반적이고 공통된 것이어서 보험계약자가 별도의 설명 없이도 충분히 예상할 수 있었던 사항이거나 이미 법령에 의하여 정하여진 것을 되풀이하거나 부연하는 정도에 불과한 사항이라면 그러한 사항에 대하여서까지 보험자에게 명시·설명의무가 인정된다고 할 수 없다. 따라서 "계약자 또는 피보험자가 손해의 통지 또는 보험금청구에 관한 서류에 고의로 사실과 다른 것을 기재하였거나 그 서류 또는 증거를 위조하거나 변조한 경우"를 보험금 청구권의 상실사유로 정한 보험약관은 설명의무의 대상이 아니다); 동 2003. 8. 22, 2003 다 27054(공보 2003, 1926)(약관의 규제에 관한 법률 제 3 조의 규정에 의하여 보험자는 보험계약을 체결할 때에 보험계약자에게 보험약관에 기재되어 있는 보험상품의 내용, 보험료율의 체계, 보험청약서상 기재사항의 변동 및 보험자의 면책사유 등 보험계약의 중요한 내용에 대하여 구체적이고 상세한 명시·설명의무를 지고 있으므로, 만일 보험자가 이러한 보험약관의 명시·설명의무에 위반하여 보험계약을 체결한 때에는 그 약관의 내용을 보험계약의 내용으로 주장할 수 없지만, 보험약관의 중요한 내용에 해당하는 사항이라 하더라도 보험계약자나 그 대리인이 그 내용을 충분히 잘 알고 있는 경우에는 당해 약관이 바로 계약내용이 되어 당사자에 대하여 구속력을 가지므로 보험자로서는 보험계약자 또는 그 대리인에게 약관의 내용을 따로 설명할 필요가 없으며, 이 경우 보험계약자나 그 대리인이 그 약관의 내용을 충분히 잘 알고 있다는 점은 이를 주장하는 보험자측에서 입증하여 야 한다. 그러나 자동차종합보험계약상 가족운전자 한정운전특약은 보험자의 면책과 관련되는 중 요한 내용에 해당하는 사항으로서 일반적으로 보험자의 구체적이고 상세한 명시 · 설명의무의 대상 이 되는 약관이다); 동 2004. 11. 25, 2004 다 28245(공보 2005, 5)(보험자에게 보험약관의 명 시 · 설명의무가 인정되는 것은 어디까지나 보험계약자가 알지 못하는 가운데 약관에 정하여진 중 요한 사항이 계약 내용으로 되어 보험계약자가 예측하지 못한 불이익을 받게 되는 것을 피하고자 하는 데 그 근거가 있으므로, 보험약관에 정하여진 사항이라고 하더라도 거래상 일반적이고 공통 된 것이어서 보험계약자가 별도의 설명 없이도 충분히 예상할 수 있었던 사항이거나 이미 법령에 의하여 정하여진 것을 되풀이하거나 부연하는 정도에 불과한 사항에 대하여서는 보험자에게 명 시 · 설명의무가 인정된다고 할 수 없고, 또 보험계약자나 그 대리인이 이미 약관의 내용을 충분히 잘 알고 있는 경우에는 보험자로서는 보험계약자 또는 그 대리인에게 약관의 내용을 따로이 설명 할 필요가 없다. 그러나 '보험약관에 정한 보험금에서 상대방 차량이 가입한 자동차보험 등의 대인 배상으로 보상받을 수 있는 금액을 공제한 액수만을 자기신체사고 보험금으로 지급한다'는 약관 조항은 자기신체사고보험에 있어서 구체적인 보험금 산정방식에 관한 사항이 아니라 다른 차량과 의 보험사고에 있어서 보험금의 지급 여부 및 지급 내용에 관한 사항으로서, 그 다른 차량의 대인 배상에서 지급받을 수 있는 보상금이 약정 보험금액을 초과하는 경우에는 피보험자의 실제 손해액 이 잔존하고 있는 경우에도 보험금을 지급받지 못하는 것을 내용으로 하고 있으므로 이러한 사항 은 보험계약의 체결 여부에 영향을 미칠 수 있는 보험계약의 중요한 내용이 되는 사항이고, 보험계 약자가 별도의 설명이 없더라도 충분히 예상할 수 있었던 사항이라고는 볼 수 없으므로, 보험자가 보험계약 체결시에 위 약관 조항에 관하여 설명하지 않았다면 보험자로서는 위 약관 조항에 의한 보험금의 공제를 주장할 수 없다); 동 2005. 8. 25, 2004 다 18903(공보 2005, 1551)(보험약관의 중요한 내용에 해당하는 사항이라고 하더라도 보험계약자나 그 대리인이 그 내용을 충분히 잘 알 고 있는 경우에는 당해 약관이 바로 계약 내용이 되어 당사자에 대하여 구속력을 갖는 것이므로, 보험자로서는 보험계약자 또는 그 대리인에게 약관의 내용을 따로 설명할 필요가 없다〈대법원 1998. 4. 14. 선고 97 다 39308 판결, 2003. 8. 22. 선고 2003 다 27054 판결 등 참조〉. 원심은 이 사건 보험계약 일반조건 제 3 조〈이하 '이 사건 약관조항'이라 한다〉는 이 사건 보험계약에 따 른 보험금지급의 선행조건으로서 피보험자가 손해를 발견한 후 어떠한 경우라도 30일 이내에 그 사실을 보험자에게 서면으로 통지하여야 한다고 규정함으로써 피보험자가 이러한 통지를 해태할 경우 보험금을 지급받을 수 없는 불이익을 입게 되므로 이 사건 약관조항은 설명의무의 대상이 되 는 중요한 내용에 해당하고, 1999. 4. 1. 최초 보험계약 체결 당시 중요한 내용의 약관에 대한 설 명이 없었다면 기간연장만을 위한 갱신계약이라고 하더라도 그 약관에 대한 설명의무가 면제되는 것은 아니나, 최초 보험약관의 내용과 이 사건 보험약관의 내용이 같을 뿐만 아니라 원고는 이 사 건 보험계약 체결 직전 보험약관의 내용을 검토하였고, 특히 이 사건 약관조항의 내용에 관하여는 피고에게 별도로 서면질의를 하여 피고로부터 답변을 듣기까지 한 점 등에 비추어, 원고는 이 사건 보험계약 체결 당시 이 사건 약관조항의 내용을 충분히 잘 알고 있었다는 점이 추인된다는 이유로, 보험자인 피고가 이 사건 약관조항의 내용을 따로 설명할 필요는 없었다고 판단하였는바, 위 법리 에 비추어 기록을 살펴보면, 이러한 원심의 사실인정과 판단은 옳고, 거기에 채증법칙을 위배하여 사실을 오인하거나 약관의 설명의무에 관한 법리를 오해한 위법이 있다고 할 수 없다); 동 2005. 10. 7, 2005 다 28808(공보 2005, 1769)(어떤 보험계약에서 무엇을 보험사고로 할 것인지는 보험 금 지급의무의 존부와 직결되는 보험계약의 핵심적 사항이므로, 보험사고의 구체적인 내용이나 그 범위를 정한 보험약관은 원칙적으로 보험자의 명시 · 설명의무의 대상이 되는 보험약관의 중요한 내용으로 보아야 할 것이지만, 이러한 명시 · 설명의무가 인정되는 것은 어디까지나, 보험계약자가 알지 못하는 가운데 약관의 중요한 사항이 계약 내용으로 되어 보험계약자가 예측하지 못한 불이 익을 받게 되는 것을 피하고자 하는 것 등에 그 근거가 있으므로, 만약 어떤 보험계약의 당사자 사 이에서 이러한 명시 · 설명의무가 제대로 이행되었더라도 그러한 사정이 그 보험계약의 체결 여부에 영향을 미치지 아니하였다고 볼 만한 특별한 사정이 인정된다면 비록 보험사고의 내용이나 범위를 정한 보험약관이라고 하더라도 이러한 명시·설명의무의 대상이 되는 보험계약의 중요한 내용으로 볼 수 없다. 따라서 복합화물운송주선업자들이 통상 체결하는 복합화물운송 배상책임보험계약의 보상한계 또는 별도의 부보위험을 담보하는 특약의 구체적인 담보 내용은, 보험모집인이 그에 관하여 구체적이고 상세하게 명시·설명하였다고 하더라도 보험계약자가 거액의 보험료를 추가로 지출하면서까지 위 특약에 가입하였을 것으로는 볼 수 없는 점 등에 비추어 명시·설명의무의 대상이 되는 약관의 중요한 내용에 해당한다고 볼 수 없다); 동 2005. 12. 9, 2004 다 26164·26171(공보 2006, 109)(상법 제638조의 3 제1항 및 약관의 규제에 관한 법률 제3조의 규정에 의하여 보험자는 보험계약을 체결할 때에 보험계약자에게 보험약관에 기재되어 있는 보험상품의 내용, 보험료율의 체계, 보험청약서상 기재사항의 변동 및 보험자의 면책사유 등 보험계약의 중요한 내용에 대하여 구체적이고 상세한 명시·설명의무를 지고 있다고 할 것이어서, 만일 보험자가 이러한 보험약관의 명시·설명의무에 위반하여 보험계약을 체결한 때에는 그 약관의 내용을 보험계약의 내용으로 주장할 수 없고, 다만 보험약관의 중요한 내용에 해당하는 사항이라 하더라도 거래상 일반적이고 공통된 것이어서 보험계약자가 별도의 설명 없이도 충분히 예상할 수 있었던 사항이거나 보험계약자나 그 대리인이 그 내용을 충분히 잘 알고 있는 경우에는 그 약관이 바로 계약내용이 되어 당사자에 대하여 구속력을 가지므로 보험자로서는 보험계약자 또는 그 대리인에게 약관의 내용을 따로 설명할 필요가 없다. 그런데 보험자의 책임은 당사자간에 다른 약정이 없으면 최초의 보험료의 지급을 받은 때로부터 개시한다고 규정하고 있는 상법의 일반조항과 다른 내용으로 보험자의 책임개시시기를 정한 경우, 그 약관내용은 보험자가 구체적이고 상세한 명시·설명의무를 지는 보험계약의 중요한 내용이라 할 것이고, 그 약관의 내용이 거래상 일반적이고 공통된 것이어서 보험계약자가 별도의 설명 없이도 충분히 예상할 수 있었던 내용이라 할 수 없다); 동 2007. 4. 27, 2006 다 87453(공보 2007, 780)(일반적으로 보험자 및 보험계약의 체결 또는 모집에 종사하는 자는 보험계약을 체결함에 있어 보험계약자 또는 피보험자에게 보험약관에 기재되어 있는 보험상품의 내용, 보험료율의 체계 및 보험청약서상 기재사항의 변동사항 등 보험계약의 중요한 내용에 대하여 구체적이고 상세한 명시·설명의무를 지고 있으므로, 보험자가 이러한 보험약관의 명시·설명의무를 위반하여 보험계약을 체결한 때에는 그 약관의 내용을 보험계약의 내용으로 주장할 수 없다. 그러나 약관에 정하여진 사항이라고 하더라도 거래상 일반적이고 공통된 것이어서 보험계약자가 별도의 설명 없이도 충분히 예상할 수 있었던 사항이거나, 이미 법령에 의하여 정하여진 것을 되풀이하거나 부연하는 정도에 불과한 사항이라면, 그러한 사항에 관하여까지 보험자에게 명시·설명의무가 있다고는 할 수 없다. 따라서 피보험자동차의 양도에 관한 통지의무를 규정한 보험약관은 거래상 일반인들이 보험자의 개별적인 설명 없이도 충분히 예상할 수 있었던 사항인 점 등에 비추어 보험자의 개별적인 명시·설명의무의 대상이 되지 않는다); 동 2010. 9. 9, 2009 다 105383(공보 2010, 1884)(보험회사가 영국법 준거약관에 의하여 영국 해상보험법이 적용되는 워런티〈warranty〉 약관 조항을 사용하여 해상운송업자인 보험계약자와 선박에 관한 보험계약을 체결한 사안에서, 보험자는 보험계약자에게 워런티의 의미 및 효과에 관하여 구체적으로 설명할 의무를 부담한다. 따라서 보험회사가 영국법 준거약관에 의하여 영국 해상보험법이 적용되는 워런티〈warranty〉 약관 조항을 사용하여 해상운송업자인 보험계약자와 선박에 관한 보험계약을 체결하면서 보험계약자가 일정 기한까지 선박에 대한 현상검사와 그에 따른 권고사항을 이행할 것을 워런티 사항으로 정한 사안에서, 보험회사가 워런티의 의미와 효과에 관하여 보험계약자가 제대로 이해할 수 있도록 충분히 설명하지 않는 경우 위 약관 조항 전체가 처음부터 보험계약에 편입되지 못하는 것으로 보아야 한다); 동 2011. 7. 28, 2011 다 23743·23750(공보 2011, 1780)(화재보험보통약관에서 '보험계약을 맺은 후 보험의 목적에 아래와 같은 사실이 생긴 경우에는 보험계약자나 피보험자는 지체 없이 서면으로 회사에 알리고 보험증권에 확인을 받아야 한다'고 규정하면서 그 중 하나로 '그 이외에 사고발생의 위험이 현저히 증가한 경우'를 들고 있는 경우, 이러한 위험증가 사실의 통지의무는 상법 제652조 제1항에서 규정하고 있는 통지의무를 되풀이하는 것에 불과하여 이에 관하여 보험자가 보험계약자에게 별도로 설명할 의무가 있다고 볼 수 없다. 또한 화재보험보통약관에서 보험계약자 등의 통지의무 대상으로 '사고발생의 위험이 현저히 증가한 경우'를 규정하고 있는 경우, 위 약관에서 말하는 '사고발생 위험의 현저한 증가'란 그 정도의 위험이 계약 체결 당시에 존재하였다면 보험자가 계약을 체결하지 아니하였거나 또는 적어도 동일한 조건으로는 계약을 체결하지 아니하였으리라고 생각되는 정도의 위험의 증가를 뜻하는 것으로서, 어떠한 상태의 발생이나 변경이 여기에 해당하는지는 구체적인 여러 사정을 종합하여 인정·판단하여야 할 문제이므로, 평균적 고객의 입장에서 예상하기 어려운 사유를 현저한 위험 증가 사유로 약관에 규정하고 있다는 등의 특별한 사정이 없는 한, 무엇이 여기에 해당되는지를 보험자가 보험계약 체결시 보험계약자에게 미리 설명하기는 곤란하므로 보험자에게 이에 관한 설명의무가 있다고 볼 수 없다. 따라서 손해보험회사인 갑 주식회사와 폐기물 처리업자인 을 주식회사가 체결한 공장화재보험계약의 화재보험보통약관에서 보험계약자 등의 통지의무 대상으로 '위험이 뚜렷이 증가할 경우'를 규정하고 있는데, 을 회사가 갑 회사에 대한 통지 없이 다량의 폐마그네슘을 반입하여 보관하던 중 화재가 발생한 사안에서, 갑 회사가 보험계약을 체결하면서 폐마그네슘과 같은 위험품을 취급할 경우 이를 통지해야 한다는 내용을 설명하지 않았더라도, 위 약관규정은 상법 제652조 제 1 항에서 이미 정하여 놓은 통지의무를 화재보험에서 구체적으로 부연한 정도의 규정에 해당하여 보험자에게 별도의 설명의무가 인정되지 않는다고 본 원심판단은 타당하다); 동 2014. 7. 24, 2013 다 217108(공보 2014, 1721)(갑이 자신을 주피보험자, 을을 종피보험자로 하여 병 보험회사와 보험계약을 체결할 당시 병 회사가 '보험계약을 체결한 후 피보험자가 직업 또는 직무를 변경하게 된 때에는 보험계약자 또는 피보험자는 지체 없이 병 회사에 알려야 한다'는 내용의 약관 조항에 관하여 명시·설명의무를 지는지 문제된 사안에서, 보험자가 명시·설명하여야 하는 보험계약의 중요한 내용에 해당하는 것으로 보이는 위 약관 조항은 상법 제652조 제 1 항 및 제653조가 규정하는 '사고발생의 위험이 현저하게 변경 또는 증가된' 경우에 해당하는 사유들을 개별적으로 규정하고 있는 것이어서 상법 제652조 제 1 항이나 제653조의 규정을 단순히 되풀이하거나 부연한 정도의 조항이라고 할 수 없는데도, 이와 달리 보아 병 회사에 명시·설명의무가 인정되지 않는다고 본 원심판결에는 보험약관의 명시·설명의무 등에 관한 법리오해의 위법이 있다); 동 2014. 9. 4, 2013 다 66966(공보 2014, 2008)(가족운전자 한정운전 특별약관에 규정된 가족의 범위에 기명피보험자의 자녀와 사실혼관계에 있는 사람이 포함되는지 문제된 사안에서, 약관의 해석에 관한 법리 및 가족운전자 한정운전 특별약관은 가족의 범위에 관하여 기명피보험자의 배우자·자녀는 사실혼관계에 기초한 경우도 포함된다는 규정을 두고 있으나 기명피보험자의 사위나 며느리는 사실혼관계에 기초한 경우가 포함되는지에 관하여 아무런 규정을 두고 있지 않은 점 등을 종합하여 보면, 위 약관에 규정된 기명피보험자의 사위나 며느리는 기명피보험자의 자녀와 법률상 혼인관계에 있는 사람을 의미한다. 자동차종합보험의 가족운전자 한정운전 특별약관은 보험자의 면책과 관련되는 중요한 내용에 해당하는 사항으로서 일반적으로 보험자의 구체적이고 상세한 명시·설명의무의 대상이 된다. 그러나 보험계약자가 기명피보험자의 사위나 며느리가 될 자가 자동차를 운전하다가 발생하는 사고에 대하여도 종합보험을 적용받기 원하는 의사를 표시하는 등의 특별한 사정이 없는 한, 보험자가 기명피보험자의 자녀가 사실혼관계에 있을 경우를 상정하여 그 자녀와 사실혼관계에 있는 사람은 기명피보험자의 사위나 며느리로서 가족의 범위에 포함되지 않는다고까지 위 약관을 명시·설명할 의무가 있다고 볼 수는 없다); 동 2015. 3. 26, 2014 다 229917·229924(공보 2015, 624)(갑 보험회사와 을이 체결한 상해보험의 특별약관에 '특별약관의 보장 개시 전의 원인에 의하거나 그 이전에 발생한 후유장해로서 후유장해보험금의 지급사유가 되지 않았던 후유장해가 있었던 피보험자의 동일 신체 부위에 또다시 후유장해가 발생하였을 경우에는 기존 후유장해에 대한 후유장해보험금이 지급된 것으로 보고 최종 후유장해상태에 해당되는 후유장해보험금에서 이미 지급받은 것으로 간주한 후유장해보험금을 차감한 나머지 금액을 지급한다'고 정한 사안에서, 정액보험인 상해보험에서는 기왕장해가 있는 경우에도 약정 보험금 전액을 지급하는 것이 원칙이고 예외적으로 감액규정이 있는 경우에만 보험금을 감액할 수 있으므로, 위 기왕장해 감액규정과 같이 후유장해보험금에서 기왕장해에 해당하는 보험금 부분을 감액하는 것이 거래상 일반적이고 공통된 것이어서 보험계약자가 별도의 설명 없이도 충분히 예상할 수 있는 내용이라거나, 이미 법령에 정하여진 것을 되풀이하거나 부연하는 정도에 불과한 사항이라고 볼 수 없어, 보험계약자나 대리인이 내용을 충분히 잘 알고 있지 않는 한 보험자인 갑 회사는 기왕장해 감액규정을 명시·설명할 의무가 있다); 동 2015. 11. 17, 2014 다 81542(공보 2015, 1892)(연금저축보험계약에서 보험회사인 피고가 보험계약자인 원고에게 정액형 연금액이 '1년 만기 정기예금 이율이 변동될 경우 위 연금액이 달라질 수 있다'고 한 내용을 설명하지 않았다고 하더라도 다른 규정에 의하여 동일하게 해석되면 이 사건 보험계약은 유효하고, 원고가 이와 달리 주장하려면 원고가 그 사실을 증명하여야 한다); 동 2016. 9. 23, 2016 다 221023(공보 2016, 1583)(일반적으로 보험자 및 보험계약의 체결 또는 모집에 종사하는 사람은 보험계약의 체결에 있어서 보험계약의 중요한 내용에 대하여 구체적이고 상세한 명시·설명의무를 지고 있다. 그러나 명시·설명의무가 인정되는 것은 어디까지나 보험계약자가 알지 못하는 가운데 약관의 중요한 사항이 계약 내용으로 되어 보험계약자가 예측하지 못한 불이익을 받게 되는 것을 피하고자 하는 데 근거가 있으므로, 만약 약관조항에 관한 명시·설명의무가 제대로 이행되었더라도 그러한 사정이 보험계약의 체결 여부에 영향을 미치지 아니하였다면 약관조항은 명시·설명의무의 대상이 되는 보험계약의 중요한 내용이라고 할 수 없다. 화물운송주선업 등을 영위하는 갑 주식회사가 을 보험회사와 체결한 적재물배상책임보험의 보통약관에서 '보상하는 손해'에 관하여 피보험자가 화주로부터 수탁받은 시점으로부터 수하인에게 인도하기까지의 운송 과정〈차량운송 및 화물운송 부수업무〉동안에 발생한 보험사고로 수탁화물에 대한 법률상의 배상책임을 부담함으로써 입은 손해를 보상한다고 규정한 사안에서, 위 보험계약은 화물자동차 운수사업법에 따라 일정 규모 이상의 화물자동차를 소유하고 있는 운송사업자나 특정 화물을 취급하는 운송주선사업자 등이 반드시 가입하여야 하는 의무보험으로서, 보험계약자인 갑 회사로서는 보험금 지급대상이 되는 보험사고가 '차량운송 및 화물운송 부수업무'가 이루어지는 육상운송 과정 동안에 발생한 보험사고에 한정되고 수탁화물을 적재한 차량이 선박에 선적되어 선박을 동력수단으로 해상구간을 이동하는 경우에는 제외된다는 설명을 들었더라도 보험계약을 체결하였을 것으로 보이므로, 위 약관조항은 명시·설명의무의 대상이 되는 보험계약의 중요한 내용이라고 할 수 없다); 동 2019. 1. 17, 2016 다 277200(공보 2019, 449)(보험자는 보험계약을 체결할 때 보험계약자 또는 피보험자에게 보험약관에 기재되어 있는 보험계약의 중요한 내용에 대하여 구체적이고 상세한 명시·설명의무를 진다. 따라서 거래상 일반적이고 공통된 것이어서 보험계약자가 별도로 설명하지 않아도 충분히 예상할 수 있는 사항이거나 이미 법령에 규정되어 있는 것을 되풀이하거나 부연하는 정도에 불과한 사항이 아니라면, 보험자가 이러한 보험약관의 명시·설명의무에 위반하여 보험계약을 체결한 때에는 그 약관의 내용을 보험계약의 내용으로 주장할 수 없다. 갑 주식회사와 을 보험회사가 임원배상책임보험계약을 체결하면서 약관으로 '회사 또는 피보험자는 피보험자에게 제기된 손해배상청구에 대하여 부당행위 내용, 주장된 내용 등에 관한 정보를 지체 없이 을 회사에 서면 통지하여야 한다'는 내용 등의 통지의무 조항과 '보험약관에서 정한 모든 조건을 이행하지 않는 한 을 회사에 대한 어떠한 청구도 제기할 수 없다'는 내용의 청구 조항 및 '피보험자는 을 회사의 사전 서면동의 없이 방어비용을 지불하여서는 안 되고, 을 회사가 동의한 방어비용만 손해로 보상한다'는 내용의 사전동의 조항을 둔 사안에서, 통지의무 조항은 상법상 통지의무를 구체화하여 기재한 것으로 보험계약의 내용에 편입되었으나, 청구 조항과 사전동의 조항은 상법 제652조·제657조·제720조 제 1 항과 다르게 보험금 청구요건을 피보험자에게 불리하게 강화한 내용이어서 보험자가 구체적이고 상세한 명시·설명의무를 부담하는 보험계약의 중요한 내용인데, 갑 회사가 을 회사의 설명 없이도 이를 충분히 예상하거나 잘 알고 있었다고 보기 어렵고 을 회사가 갑 회사에 이를 구체적으로 설명하였다고 인정할 수도 없으므로, 보험계약에 유효하게 편입되지 못하였다고 본 원심판단은 타당하다. 갑 주식회사와 을 보험회사가 임원배상책임보험계약을 체결하면서 특별약관으로 '증권거래법이나 이와 관련된 규정, 법률 등을 위반한 행위로 배상청구가 발생한 경우 이를 담보하지 않는다.'는 취지의 면책조항을 두었는데, 갑 회사가 자본시장과 금융투자업에 관한 법률〈이하 '자본시장법'이라 한다〉위반죄로 기소되었다가 무죄판결이 선고·확정된 임원 병을 위하여 지출한 변호사보수에 상응하는 손해가 위 조항에 따른 면책의 범위에 포함되는지 문제된 사안에서, 위 특별약관 면책조항은 증권거래

우에 양수인에 대하여도 그와 같은 약관내용의 설명의무가 있다.[1] 이 규정은 약관
의 명시·설명의무를 규정한 약관규제법 제3조 2항·3항과 같은 취지의 규정이
다.[2] 보험업법에서도 보험자가 보험계약자 또는 피보험자에 대하여 보험계약의 계
약조항 중 중요한 사항을 알리지 아니하는 행위를 금지함으로써($\frac{보업}{1항}\frac{97조}{1호}$) 간접적으
로 이러한 내용을 규정하고 있다.

이러한 보험자의 보통보험약관의 교부·설명의무는 보험계약의 유상·쌍무계
약적 성질에서 보거나, 보험약관이 보험자에 의하여 일방적으로 작성되는 점에서
보거나, 보험약관의 구속력의 근거를 위에서 본 바와 같이 당사자가 약관의 내용에
동의하였기 때문이라고 보는 점(의사설)에서 볼 때 그 타당성이 인정된다.

(2) 보험자가 이러한 약관의 교부·설명의무에 위반한 경우에, 상법은 「보험계
약자는 보험계약이 성립한 날부터 3개월 이내에 그 계약을 취소할 수 있다」고 규
정하고 있다($\frac{상}{의 3}\frac{638조}{조 2항}$).[3] 이러한 경우 약관규제법은 「당해 약관을 계약의 내용으로
주장할 수 없다」고 규정하고($\frac{약규}{3조 4항}$), 스위스 보험계약법은 「청약자는 그 청약에 구
속받지 아니한다」고 규정하고 있다($\frac{동법}{2항}$ 제3조). 이러한 점에서 상법은 그 규정의 형식
에서 약관규제법이나 스위스 보험계약법보다 보험계약자에게 불리하게 규정되어 있

법 등을 위반하였다고 주장된 경우까지 보험자를 면책하도록 되어 있어 보험사고 발생 시 피보험
자 등의 고의 또는 중대한 과실이 없는 경우까지 보험자의 면책 범위를 확대하였으므로 보험계약
의 중요한 내용으로 을 회사의 명시·설명의무의 대상인데, 위 면책조항 관련 자료에서 '증권거래
법 등 관련 규정 위반행위'가 '자본시장법 위반행위'로 대체되었고, 보험계약의 안내 자료에 명시
한 대로 설명이 이루어졌다고 하더라도, 관련 자료에 '자본시장법을 위반하였다는 주장에 기인한
손해'에 관하여 을 회사가 면책된다는 부분은 없고 달리 이를 설명하였다는 증거도 없으므로, 위
면책조항 중 '자본시장법을 위반하였다는 주장에 기인한 손해'에 관하여 을 회사를 면책시키는 부
분은 보험계약의 내용으로 편입되지 못하였고, 갑 회사가 병을 위하여 지출한 변호사보수에 상응
하는 손해는 '자본시장법을 위반하였다는 주장에 기인한 손해'에 불과하므로 을 회사의 면책 범위
에 포함되지 않는다고 본 원심판단은 타당하다).

1) 동지: 대판 1994. 10. 14, 94 다 17970(공보 980, 2979); 동 2008. 8. 21, 2007 다 57527(공보
2008, 1277)(금융기관종합보험계약〈Bankers Policy〉에 적용되는 영국 로이드〈Lloyd〉사의 영문
약관〈KFA 1981 Form〉은 보험업계에서 국제적으로 널리 통용되는 약관이고, 위 보험계약의 일반
조건〈General Conditions〉 제12조 (ii)호는 거래상 일반적이고 공통적인 것이어서 금융기관인 보
험계약자가 별도의 설명 없이도 충분히 예상할 수 있었던 사항이므로, 보험자의 설명의무의 대상
이 되지 않는다).
2) 비교법적으로 볼 때 스위스 보험계약법 제3조 1항은 「보통보험약관은 보험자가 교부하는 청약
서에 기재되거나 청약서가 제출되기 전에 청약자에게 교부되어야 한다」고 규정하고 있다.
3) 1991년 개정상법에서 본조를 신설할 때는 보험계약자의 보험계약 취소기간이 '1월 내'이었는데,
2014년 3월 개정상법에서는 선량한 보험계약자를 두텁게 보호하기 위하여 이를 '3개월 이내'로 변
경하였다. 그런데 이러한 개정만으로는 보험계약자의 권익을 실효성 있게 보장하기 어려우므로, 보
험계약자의 권익을 보호하기 위해서는 입법론상 설명의무의 이행에 관한 증명책임을 보험자에게
전환시킬 필요가 있다는 견해가 있다(양기진, 전게자료, 3면).

다.[1] 또한 상법 제638조의 3 제 2 항과 약관규제법 제 3 조 제 4 항과의 사이에는 아무런 모순·저촉이 없으므로 상법 제638조의 3 제 2 항은 약관규제법 제 3 조 제 4 항의 적용을 배제하는 특별규정이라고 할 수 없어 보험약관이 상법 제638조의 3 제 2 항의 적용대상이라 하더라도 약관규제법 제 3 조 제 4 항이 역시 적용된다(경합적용설).[2]

보험자가 이러한 약관의 교부·설명의무에 위반하였음에도 불구하고 보험계약자가 보험계약이 성립한 날부터 3개월 이내에 그 계약을 취소하지 않은 경우 그 약관의 효력은 어떠한가. 이에 대하여 규범설에서는 앞에서 본 바와 같이 그 약관의 내용도 보험계약자를 구속하게 된다고 보아 이를 규범설의 근거로 보고 있으나,[3] 의사설의 입장에서 보험자는 이러한 약관의 내용을 보험계약의 내용으로 주장할 수 없다고 보아야 할 것이다. 우리 대법원판례도 이와 동지로 「보험자가 보험약관의 교부·명시의무(2014년 3월 개정상법에 의하면 '교부·설명의무')에 위반한 경우에는 보험계약자 등이 고지의무(상 651조)를 위반한 경우에도 보험자는 이러한 약관의 내용을 보험계약의 내용으로 주장할 수 없으므로 보험자는 보험계약자 등의 고지의무위반을 이유로 보험계약을 해지할 수 없으며, 또한 상법 제638조의 3 제 2 항에 의하여 보험자가 보험약관의 교부·명시의무(2014년 3월 개정상법에 의하면 '교부·설명의무')를 위반한 때에 보험계약자가 보험계약 성립일로부터 1월 내(2014년 3월 개정상법에 의하면 '3개월 이내')에 행사할 수 있는 취소권은 보험계약자에게 주어진 권리일 뿐 의무가 아니므로 보험계약자가 보험계약을 취소하지 않은 경우에 (보험계약의 무효를 주장할 수는 없지만) 보험계약자는 보험자가 교부·명시의무(2014년 3월 개정상법에 의하면 '교부·설명의무')에 위반한 약관의 내용의 법률효과를 주장할 수 없다거나 보험자의 이러한 의무위반의 하자가 치유되는 것은 아니다」라고 판시하고 있다.[4]

---

1) 동지: 손(주), 489면; 한(기), (보) 135~136면.

2) 동지: 대판 1996. 4. 12, 96 다 4893(공보 1996, 1534); 동 1998. 11. 27, 98 다 32564(공보 1999, 41); 동 1999. 3. 9, 98 다 43342; 한(기), (보) 139면; 정(경), 796면 외.
   반대(단독적용설): 양(승), (보) 70면; 김(성), (보) 190면 외.

3) 양(승), (보) 70면.

4) 대판 1996. 4. 12, 96 다 4893(공보 1996, 1534); 동 1996. 3. 8, 95 다 53546(공보 1996, 1220); 동 1996. 6. 25, 96 다 12009(망인이 제 3 자의 명의로 자동차를 구입운행하면서 보험회사의 모집인과 안전설계보험계약을 체결함에 있어서, 자동차등록원부상의 소유자만이 피보험자가 될 수 있다는 사실을 보험약관에 명시하거나 보험모집인이 설명한 일이 없다면, 피보험자가 자동차등록원부상의 소유자가 아니라는 이유로 보험금의 지급을 거절할 수는 없다); 동 1997. 3. 14, 96 다 53314(공보 1997, 1095)(그러나 보험회사가 주운전자에 관한 보험계약상의 고지의무 등에 관한 보험약관의 명시·설명의무를 다하였다고 하여, 고지의무 위반을 이유로 보험계약을 해지할 수 있다고 판시함); 동 1997. 9. 9, 95 다 45873(공보 1997, 3021)(보험자가 보험약관의 중요한 내용에 대한 명시·설명의무를 위반한 경우, 보험계약자의 고지의무위반을 이유로 보험계약을 해지할 수

5. 규정내용

(1) 보통보험약관은 그 자체가 보험계약의 내용으로서 당사자를 구속하므로(의사설) 계약의 요소 및 이에 따라 생기는 당사자의 권리·의무를 규정하여야 한다. 이에 대하여 보험업 감독규정(금융위원회고시 제2024-9호, 2024. 1. 31. 일부개정)은 보통보험약관이 기재하여야 할 사항을 열거하고 있는데, 이는 다음과 같다(동 규정 제7-59조). 즉, ① 보험회사의 보험금 지급사유, ② 보험계약의 무효 사유, ③ 보험회사의 면책사유, ④ 보험회사의 의무의 범위 및 그 의무이행의 시기, ⑤ 보험계약자 또는 피보험자가 그 의무를 이행하지 아니한 경우에 받는 손실, ⑥ 보험계약의 전부 또는 일부의 해지원인과 해지한 경우의 당사자의 권리의무, ⑦ 보험계약자·피보험자 또는 보험금액을 취득할 자가 이익 또는 잉여금의 배당을 받을 권리가 있는 경우에는 그 범위, ⑧ 적용이율 또는 자산운용 실적에 따라 보험금 등이 변동되는 경우 그 이율 및 실적의 계산 및 공시방법 등, ⑨ 예금자보호 등 보험계약자 권익보호에 관한 사항이다. 이러한 보통보험약관의 내용을 상법 제 4 편(보험계약법)의 규정내용과 관련시켜 보면, (i) 상법

───────────

는 없다); 동: 1997. 9. 26, 97 다 4494(공보 1997, 3227)(보험자가 보험약관을 우송하면서 주운전자를 허위로 기재하면 보험금을 지급받지 못할 수도 있으므로 즉시 수정신고해야 한다는 취지의 안내문을 동봉한 것만으로는 주운전자에 관한 보험약관의 명시·설명의무를 이행할 것으로 볼 수 없고, 따라서 보험자는 보험계약자의 고지의무 위반을 이유로 보험계약을 해지하지 못한다); 동 1998. 4. 10, 97 다 47255(공보 1998, 1283)(보험계약자가 주운전자에 관한 고지의무를 위반하였으나 보험자는 그에 관한 설명의무를 다하지 아니하였으므로 보험계약을 해지할 수 없다); 동 1998. 6. 23, 98 다 14191(공보 1998, 1956)(보험자가 보험약관의 명시·설명의무에 위반하여 보험계약을 체결한 때에는 그 약관의 내용을 보험계약의 내용으로 주장할 수 없다); 동 1998. 11. 27, 98 다 32564(공보 1999, 41)(보험자가 보험약관의 명시·설명의무에 위반하여 보험계약을 체결한 경우 보험자는 그 약관의 내용을 보험계약의 내용으로 주장할 수 없으나, 보험약관의 기재사항이 거래상 일반적이고 공통된 것이어서 보험계약자가 별도의 설명없이도 충분히 예상할 수 있는 것이거나 이미 법령에 의하여 정하여진 것을 되풀이하거나 부연하는 정도에 불과한 경우에는 보험자에게 명시·설명의무가 없다)[이 판결은 보험약관의 구속력의 근거에 대하여 의사설을 고수하고 있던 종래의 판례의 입장을 완화한 것으로서 규범설의 입장에서 찬성하는 취지의 평석으로는 장덕조, 전게 보험법연구 3, 12~26면]; 동 1999. 3. 9, 98 다 43342·43359(공보 1999, 634)(통신판매방식으로 체결된 상해보험계약에서 보험자가 보험약관의 개요를 소개한 안내문과 청약서를 보험계약자에게 우송한 것만으로는 보험자의 면책약관에 대한 설명의무를 다한 것으로 볼 수 없다); 동 1999. 5. 11, 98 다 59842(공보 1999, 1129)(업무용자동차보험계약 체결시 보험자가 유상운송 면책약관에 관한 명시·설명의무를 위반한 경우, 피보험자의 유상운송중 발생한 사고에 대하여 면책을 주장할 수 없다); 동 1999. 6. 22, 98 다 11451(신문 2814, 10); 동 2000. 5. 30, 99 다 66236(공보 2000, 1526)(상법 제638조의 3 제 1 항 및 약관의 규제에 관한 법률 제 3 조의 규정에 의하여 보험자는 보험계약을 체결할 때에 보험계약자에게 보험약관에 기재되어 있는 보험상품의 내용, 보험료율의 체계, 보험청약서상 기재사항의 변동 및 보험자의 면책사유 등 보험계약의 중요한 내용에 대하여 구체적이고 상세한 명시·설명의무를 지고 있다고 할 것이어서, 만일 보험자가 이러한 보험약관의 명시·설명의무에 위반하여 보험계약을 체결한 때에는 그 약관의 내용을 보험계약의 내용으로 주장할 수 없다).

의 규정을 그대로 원용한 원용조항, (ⅱ) 상법의 규정을 변경한 변경조항, (ⅲ) 상법의 규정을 보충한 보충조항이 있다.

(2) 보통보험약관에는 또한 보험증권에 대한 이의(異議)약관을 규정할 수 있다. 즉, 보험계약의 당사자는 보험증권의 교부가 있은 날로부터 일정한 기간($_{이상이어야~함}^{이~기간은~1월}$) 내에 한하여 보험증권의 내용의 정부(正否)에 관하여 이의를 할 수 있음을 약정할 수 있다($_{641조}^{상}$).

6. 적용범위

(1) 보통보험약관은 보험계약의 당사자가 그 약관에 따르지 않겠다는 명백한 의사표시가 있는 경우에는 당연히 당사자에게 적용되지 않는다. 보통보험약관과 특별보험약관이 저촉되는 경우에는 물론 특별보험약관이 우선한다.

이에 관하여 우리 대법원도 동지의 내용으로 판시하고 있다. 즉, 피고회사(보험자)를 대리한 보험대리점 내지 보험외판원이 원고(보험계약자)에게 피고회사 보통보험약관과 다른 내용으로 보험계약을 설명하고 이에 따라 보험계약이 체결된 사안에서, 「일반적으로 당사자 사이에서 보통보험약관을 계약내용에 포함시킨 보험계약서가 작성된 경우에는 계약자가 그 보험약관의 내용을 알지 못한 경우에도 그 약관의 구속력을 배제할 수 없는 것이 원칙이나, 다만 당사자 사이에서 명시적으로 약관의 내용과 달리 약정한 경우에는 위 약관의 구속력은 배제된다」고 판시하고 있다.[1]

(2) 보통보험약관이 개정된 경우에 개정된 보험약관의 효력범위가 문제된다. 보통보험약관은 보험자가 금융위원회에 신고하여($_{분기별로~금융위원회에~제출하여}^{경미한~사항의~변경의~경우는~매}$) 개정할 수도 있고($_{127조}^{보업}$), 금융위원회가 보험자의 업무 및 자산상황 기타 사정의 변경에 의하여 필요하다고 인정하는 때에는 이의 변경(개정)을 명할 수도 있다($_{131조~2항}^{보업}$). 이와 같이 개정된 보험약관은 소급적용될 수 있는지 여부가 특히 문제된다.

1) 원 칙(불소급)   개정된 보통보험약관은 원칙적으로 기존의 보험계약에 대하여 아무런 영향을 미치지 않는다.[2]

---

1) 대판 1989. 3. 28, 88 다 4645(월보 224, 101)[이 판결에 반대하는 취지의 평석으로는 양승규, 법률신문, 제1841호(1989. 5. 4), 11면(보험제도의 특성상 보험계약은 비록 보험자와 보험계약자 사이에 개별적으로 이루어진다고 하더라도 똑같은 계약조건으로 보험계약이 체결되어야 하고 또 보험외판원은 보험계약의 체결권도 가지고 있지 않으므로 보험약관의 내용과 달리 약정할 수도 없다는 점에서 이 판결을 비판하고 있다)]; 동 2017. 9. 26, 2015 다 21521545(피고 보험사도 지게차가 건설기계가 아니어서 자동차손배법의 분류상 담보되는 자동차가 아니라는 점을 알고 있었다면, 이 사건 지게차의 사고로 인한 보험금을 지급할 의무가 있다).

2) 동지: 서울민사지판 1982. 12. 8, 82 가합 5565; 동 1983. 2. 9, 82 가합 4418.

이와 같은 취지에서 일정한 보험기간 종료시마다 보험계약을 갱신하는 계속적 보험계약관계에 있어서 그 중간에 보통보험약관의 내용이 개정된 경우에, 보험자가 개정된 약관내용을 보험계약자에게 알리지 않은 경우에는 새로운 보험계약에는 개정 전의 보험약관이 적용된다.[1]

2) 예 외(소급적용)

(가) 보험계약의 당사자가 기존의 보험계약에 대하여 개정된 보험약관을 적용하기로 합의하면, 기존의 보험계약에 대하여도 개정된 보험약관이 적용된다.

(나) 금융위원회는 보험계약자·피보험자 또는 보험금을 취득할 자의 이익을 위하여 특히 필요하다고 인정하는 경우 보험약관의 변경을 명할 때에 기존의 보험계약에도 개정된 보험약관의 효력이 장래에 향하여 미치게 할 수 있는데($\frac{보업}{131조\ 3항}$), 이 때에는 개정된 보험약관이 소급적용된다. 이와 같이 금융위원회로부터 개정된 보험약관의 소급적용의 명을 받은 보험자는 전국적으로 배포되는 2개 이상의 일간신문에 각각 1회 이상 그 변경(개정)요지를 공고하여야 한다($\frac{보업\ 131조\ 5항,}{보업시\ 73조\ 3항}$).

7. 해 석

보통보험약관의 기본적인 해석원칙은 그의 구속력의 근거(법적 성질)를 어떻게 보느냐에 따라 달리 설명된다. 즉, 약관의 기본적인 해석원칙은 의사설에 의하면 법률행위($\frac{당사자}{의\ 의사}$)의 해석원칙에 의하여야 하고,[2] 규범설에 의하면 법규범의 해석원칙에 의하여야 한다고 설명한다.[3] 그러나 보통보험약관의 구속력의 근거를 어떻게 보든 보험약관은 보통거래약관의 일종으로서 약관규제법의 적용을 받으므로, 동법에 의하여 다음과 같은 해석원칙이 적용된다.[4]

(1) 개별약정우선의 원칙

보통보험약관의 내용과 상충하는 내용의 당사자간의 개별약정이 있으면 그러

---

1) 동지: 대판 1985. 11. 26, 84 다카 2543(월보 184, 79); 동 1986. 10. 14, 84 다카 122(공보 789, 3028).

2) 이(기) 외, (보·해) 26면(보통보험약관의 구속력의 근거를 당사자의 합의에 있다고 보는 이상 이의 해석에는 당연히 법률행위의 해석원칙이 적용된다고 하면서, 이러한 약관에 대하여는 다시 특수한 해석원칙을 인정하는 것이 타당하다고 한다).

3) 양(승), (보) 72~73면(보험약관의 해석에 있어서는 당사자의 개별적인 의사보다도 법률의 일반 해석원칙에 따라 보험계약의 단체성·기술성을 고려하여 그 각 규정의 뜻을 합리적으로 풀이하지 않으면 안 된다고 한다).

4) 정(찬), (상)(제27판) 49~51면 참조.
   이에 관한 상세는 한(기), (보) 158~177면.

한 개별약정이 보통보험약관에 우선하여 적용된다[1]$\binom{\text{약규 4조,}}{\text{민 2조 1항}}$. 이것은 특별보험약관
이 보통보험약관에 우선하여 적용되는 점과 그 취지를 같이 한다.

(2) 신의성실의 원칙

보통보험약관은 신의성실의 원칙에 따라 공정하게 해석되어야 한다$\binom{\text{약규 5조 1항}}{\text{전단, 민 2조 1항}}$.

(3) 객관적 해석의 원칙

보통보험약관은 보험계약자에 따라 다르게 해석되어서는 안 된다$\binom{\text{약규 5조}}{\text{1항 후단}}$. 이
러한 해석원칙은 보험계약의 해석에서 특히 중요하다고 보겠다. 왜냐하면 보험은
보험단체(위험단체)라는 특성이 있으므로 보험자에게는 특히 모든 보험계약자를 평
등하게 대우할 것이 요청되기 때문이다[2]$\binom{\text{보업 98조}}{\text{참조}}$.

---

1) 동지: 대판 1989. 3. 28, 88 다 4645(집 37 ① 민 180); 동 1999. 6. 22, 98 다 11451(신문
2814, 10)(보험자는 보험계약의 체결에 있어서 보험약관에 기재되어 있는 보험상품의 내용·보험
료율의 체계 등 보험계약의 중요한 내용에 대하여 구체적이고 상세하게 명시·설명할 의무가 있고
보험자가 이를 위반하여 보험계약을 체결한 때에는 당해 약관조항을 보험계약의 내용으로 주장할
수 없으며, 보험약관이 계약당사자 사이에 구속력을 갖는 것은 그 자체가 법규범이거나 또는 법규
범적인 성질을 가지기 때문이 아니라 당사자가 그 약관의 규정을 계약내용에 포함시키기로 합의하
였기 때문이므로 당사자가 보험계약을 체결함에 있어 보험약관과 다른 내용의 특별한 약정을 하였
다면 약관의 규정을 이유로 그 약정의 효력을 부인할 수 없다).

2) 동지: 대판 1995. 5. 26, 94 다 36704(공보 995, 2249)(보통거래약관은 보험제도의 특성에서 볼
때 일반 법률행위와는 달리 개개 계약당사자가 기도한 목적이나 의사를 기준으로 하지 않고 평균
적 고객의 이해가능성을 기준으로 하되, 보험단체 전체의 이해관계를 고려하여 객관적·획일적으
로 해석하여야 할 것이므로, 가족운전자 한정운전특별약관 소정의 '배우자'에는 부첩(夫妾)관계 일
방에서 본 타방은 포함되지 아니한다고 해석함이 타당하다); 동 2019. 10. 31, 2016 다 258063(공
보 2019, 2192)(보험약관은 신의성실의 원칙에 따라 해당 약관의 목적과 취지를 고려하여 공정하
고 합리적으로 해석하되, 개개 계약 당사자가 기도한 목적이나 의사를 참작하지 않고 평균적 고객
의 이해가능성을 기준으로 보험단체 전체의 이해관계를 고려하여 객관적·획일적으로 해석하여야
한다. 갑 보험회사가 을을 피보험자로 하여 체결한 보험계약의 보통약관에 '회사는 피보험자가 보
험기간 중에 급격하고도 우연한 외래의 사고로 신체에 상해를 입었을 때에는 그 상해로 인하여 생
긴 손해를 보상한다'고 규정하면서, '피보험자의 임신, 출산〈제왕절개 포함〉, 유산 또는 외과적 수
술, 그 밖의 의료처치를 원인으로 하여 생긴 손해는 보상하지 아니한다. 그러나 회사가 부담하는
상해로 인한 경우에는 보상한다'는 면책조항을 두고 있는데, 을이 피부과의원에서 프로포폴을 투
여받은 후 미용 목적의 시술인 고주파를 이용한 신경차단술에 기한 종아리근육 퇴축술을 받다가
저산소성 뇌손상을 입은 후 사망한 경우, 위 면책조항의 취지는 피보험자에 대하여 보험회사가 보
상하지 아니하는 질병 등을 치료하기 위한 외과적 수술 기타 의료처치〈이하 '외과적 수술 등'이라
고 한다〉가 행하여지는 경우, 피보험자는 일상생활에서 노출된 위험에 비하여 상해가 발생할 위험
이 현저히 증가하므로 그러한 위험을 처음부터 보험보호의 대상으로부터 배제하고, 다만 보험회사
가 보상하는 보험사고인 상해를 치료하기 위한 외과적 수술 등으로 인한 위험에 대해서만 보험보
호를 부여하려는 데 있는데, 위 시술은 갑 회사가 보상하는 보험사고인 상해를 치료하기 위한 외과
적 수술 등이 아니며, 피보험자인 을은 위 시술을 받음으로써 일상생활에서 노출된 위험에 비하여
상해가 발생할 위험이 현저히 증가하는 상태에 처하였고 그 위험이 현실로 나타남으로써 사망하기
에 이르렀으므로, 이는 면책조항에 의하여 보험보호의 대상에서 배제된 상해에 해당한다고 보아야
하는데도, 이와 달리 위 사고에 대하여 면책조항이 적용되지 않는다고 본 원심판단에 법리오해의

(4) 불명확조항해석의 원칙

보통보험약관의 조항 중 명확하지 않은 조항은 보험자에게 불리하게 해석하여야 하고(작성자불이익
의 원칙),[1] 보험자의 면책조항 등은 축소해석하여야 한다[2](축소해석
의 원칙)(약규
5조 2항).

잘못이 있다); 동 2023. 10. 12, 2020 다 232709 · 232716(공보 2023, 1998)(보험약관은 신의성실의 원칙에 따라 당해 약관의 목적과 취지를 고려하여 공정하고 합리적으로 해석하되, 개개의 계약당사자가 기도한 목적이나 의사를 참작함이 없이 평균적 고객의 이해가능성을 기준으로 보험단체 전체의 이해관계를 고려하여 객관적 · 획일적으로 해석하여야 한다. 보험약관이 비록 보험자가 다수의 보험계약자와 계약을 체결하기 위하여 일방적으로 마련한 것이라고 하더라도, 보험약관의 내용 등이 보험계약자의 정당한 이익과 합리적인 기대에 반할 뿐 아니라 사적자치의 한계를 벗어나는 등 무효라고 볼 만한 사정이 없다면, 법원이 이를 함부로 배척하거나 보험약관 내용을 그 목적과 취지 등과 달리 개별 사건마다 임의로 해석하여서는 안 된다. 갑이 을 보험회사와 체결한 보험계약의 약관에는 '피보험자가 보험기간 중 사망할 경우 보험계약은 소멸한다'는 조항과 '신〈新〉장기간병요양진단비 보험금은 피보험자가 보험기간 중 노인장기요양보험 수급대상으로 인정되었을 경우 지급한다'는 조항을 두고 있는데, 갑이 국민건강보험공단에 장기요양인정을 신청하여 장기요양등급 판정을 받았으나 그 판정 전에 사망한 사안에서, 위 보험계약에서 보험금 지급사유로 정한 '피보험자가 보험기간 중 노인장기요양보험 수급대상으로 인정되었을 경우'는 특별한 사정이 없는 한 '피보험자가 보험기간 중 국민건강보험공단 등급판정위원회에 의하여 장기요양등급을 판정받은 경우'를 말하고, 피보험자가 노인장기요양보험 수급대상에 해당할 정도의 심신상태임이 확인되었다고 하더라도 장기요양등급 판정을 받지 않은 상태에서 보험계약이 소멸하였다면 보험기간 중 보험금 지급사유가 발생하였다고 볼 수 없는데도, 이와 달리 보험기간 중 장기요양등급 판정을 받지 못하더라도 그 원인으로서 장기요양이 필요하다는 사실이 확인되면 보험금 지급사유가 발생한다고 본 원심판단에 보험약관 해석에 관한 법리오해의 잘못이 있다).

1) 동지: 대판 1998. 10. 23, 98 다 20752(공보 1998, 2730)(보통거래약관의 내용은 개개 계약체결자의 의사나 구체적인 사정을 고려함이 없이 평균적 고객의 이해가능성을 기준으로 하여 객관적 · 획일적으로 해석하여야 하고, 고객보호의 측면에서 약관 내용이 명백하지 못하거나 의심스러운 때에는 고객에게 유리하게, 약관작성자에게 불리하게 제한해석하여야 한다. 이러한 점에서 볼 때 신용보증약관 제8조 2항의 '채무자가 제3자를 위하여 부담한 보증채무 및 어음상의 채무 등'은 이를 '채무자가 제3자를 위하여 부담한 보증채무, 어음상의 채무 등'으로 해석할 수도 있는 반면에 이를 '채무자가 제3자를 위하여 부담한 보증채무, 채무자가 제3자를 위하여 부담한 어음상의 채무 등'으로 해석할 수 있는 여지가 있고 또한 그러한 해석이 무리라고 보여지지도 아니하며, 더구나 '… 어음상의 채무 등'이라고 함은 채무자가 제3자를 위하여 부담한 보증채무와 같은 종류의 것들이 더 있음을 나타내는 것으로 보여져, 결국 신용보증약관 제8조 2항의 '… 어음상의 채무'라는 규정이 약관작성자인 신용보증기금의 의사와는 달리 해석될 수 있어 그 뜻이 명백하지 아니한 경우에 해당하므로 약관해석원칙에 따라 위 규정의 '… 어음상의 채무'는 위 약관의 작성자에게 불리하게, 고객에게 유리하게 이를 '채무자가 제3자를 위하여 부담한 어음상의 채무'로 해석하여야 한다); 동 2007. 2. 22, 2006 다 72093(공보 2007, 498)(약관의 내용은 개개 계약체결자의 의사나 구체적인 사정을 고려함이 없이 평균적 고객의 이해가능성을 기준으로 하여 객관적 · 획일적으로 해석하여야 하고, 고객보호의 측면에서 약관 내용이 명백하지 못하거나 의심스러운 때에는 고객에게 유리하게, 약관작성자에게 불리하게 제한해석하여야 한다); 동 2016. 10. 27, 2013 다 90891 · 90907(공보 2016, 1752)(보험약관은 신의성실의 원칙에 따라 약관의 목적과 취지를 고려하여 공정하고 합리적으로 해석하되, 개개 계약 당사자가 꾀한 목적이나 의사를 참작하지 않고 평균적 고객의 이해 가능성을 기준으로 객관적 · 획일적으로 해석하여야 하며, 위와 같은 해석을 거친 후에도 약관조항이 다의적으로 해석되고 각각의 해석이 합리성이 있는 등 약관의 뜻이 명백하지 아니한 경우에는 고객에게 유리하게 해석하여야 한다); 동 2019. 1. 17, 2016 다 277200(공보 2019, 449)(보험약관은 신의성실의 원칙에 따라 해당 약관의 목적과 취지를 고려하여 공정하고 합

리적으로 해석하되, 개개 계약 당사자가 기도한 목적이나 의사를 참작하지 않고 평균적 고객의 이해가능성을 기준으로 보험단체 전체의 이해관계를 고려하여 객관적·획일적으로 해석하여야 한다. 위와 같은 해석을 거친 후에도 약관 조항이 객관적으로 다의적으로 해석되고 그 각각의 해석이 합리성이 있는 등 해당 약관의 뜻이 명백하지 아니한 경우에는 고객에게 유리하게 해석하여야 한다. 갑 주식회사와 을 보험회사가 임원배상책임보험계약을 체결하면서 영문과 번역문으로 '피보험회사의 임원이 그 자격 내에서 수행한 업무에 따른 부당행위로 인하여 보험기간 중 그들을 상대로 최초 제기된 청구〈claim, 이하 '클레임'이라 한다〉에 대하여 회사가 해당 임원에게 보상함으로써 발생한 손해를 보상한다. 단, 회사가 법률·강제규정·계약 또는 회사 임원의 손해보상 권리를 규정한 근거에 의거 보상한 경우에 한한다'는 내용의 약관 조항을 두었다. 위 조항 본문에서 말하는 클레임에 민사상 손해배상청구를 당한 경우뿐만 아니라 형사상 기소를 당한 경우도 포함되는지 문제된 사안에서, 클레임이라는 영문 용어가 미국의 임원배상책임보험 관련업계에서 사용된 용례나 분쟁사례에서 결정된 의미를 보면 반드시 손해배상청구만을 의미한다고 보기 어려운 점, 임원의 업무 추진과 경영상 판단을 존중하기 위하여 회사의 비용으로 임원의 법적 책임에 대한 부담을 완화하고자 하는 임원배상책임보험의 취지에 따르면 임원이 업무상 행위로 민사상 손해배상청구를 당한 경우와 형사상 기소를 당한 경우를 달리 평가할 수 없는 점, 국내에 출시된 임원배상책임보험 상품 중 클레임의 범위에 형사 기소가 포함된 예가 있는 등의 사정에 비추어 우리나라 보험업계에서도 손해배상책임을 민사상 손해배상청구에 따른 책임만을 의미하는 것으로 이해하고 있다고 단정하기 어려운 점 등을 들어, 위 '클레임'에는 임원이 직무상 수행한 업무에 따른 부당행위로 형사상 기소를 당한 경우도 포함된다고 본 원심판단은 타당하다. 또한 위 조항 단서에서 말하는 근거규정에 법률규정이나 판례가 포함되는지 문제된 사안에서, 위 조항에서 회사가 근거규정에 의거하여 임원에게 보상한 경우에만 담보하도록 정한 취지는 회사가 정당한 이유 없이 또는 합리적 통제 없이 임원의 이익과 편의만을 도모하고 손해를 떠맡는 것을 방지하기 위한 것이므로, 이러한 취지에 부합하는 근거규정은 회사와 임원 간의 계약이나 회사의 정관 등에 명문을 둔 규정만을 의미하는 것이 아니고 법률상 규정뿐만 아니라 법이론 또는 판례에 근거한 경우도 포함한다고 본 원심판단은 타당하다); 동 2019. 3. 14, 2018 다 260930(공보 2019, 849)(보험약관은 신의성실의 원칙에 따라 해당 약관의 목적과 취지를 고려하여 공정하고 합리적으로 해석하되, 개개 계약 당사자가 기도한 목적이나 의사를 참작하지 않고 평균적 고객의 이해가능성을 기준으로 보험단체 전체의 이해관계를 고려하여 객관적·획일적으로 해석하여야 하며, 위와 같은 해석을 거친 후에도 약관조항이 객관적으로 다의적으로 해석되고 그 각각의 해석이 합리성이 있는 등 해당 약관의 뜻이 명백하지 아니한 경우에는 고객에게 유리하게 해석하여야 한다. 갑 공인중개사협회와 을 보험회사가 피보험자를 '갑 협회 및 소속 회원'으로 하는 전문직업인배상책임보험계약을 체결하면서 '보험금이 지급되어 을 회사가 피보험자의 대위권을 계승하더라도 피보험자 임직원의 부정·사기·범죄 또는 악의적 행위·악의적 탈루로 인한 손해가 아닌 경우 피보험자의 임직원에 대한 대위권 행사를 포기한다'는 내용의 보통약관 조항과 '이 보험은 사고나 손해를 야기한 제 3 자에 대한 대위권을 행사하지 아니한다. 그러나 사고나 손해가 제 3 자의 고의적인 행위나 고의적인 과실에 직·간접적으로 기인한 경우에는 그러하지 아니하다'는 내용의 특별약관 조항을 두었는데, 특별약관 조항이 보통약관 조항에 우선 적용되어 피보험자의 임직원 또한 특별약관 조항의 '제 3 자'에 포함되는지 문제된 사안에서, 보통약관 조항은 제목과 내용에서 적용대상을 '피보험자의 임직원'이라고 명시하고 있는 데 반해 특별약관 조항은 적용대상을 '제 3 자'라고만 하고 있는데, 위와 같이 보통약관 조항에서 이미 '피보험자의 임직원'에 대한 대위권 포기에 관하여 정하고 있는 이상, 특별약관 조항에서 말하는 '제 3 자'는 '피보험자의 임직원을 제외한 제 3 자'를 의미한다고 해석하는 것이 자연스러운 점, 특별약관 조항의 제 3 자에 피보험자의 임직원이 포함된다고 해석할 경우, '고의적인 행위나 고의적인 과실'에 해당하지 않는 '부정·사기·범죄 또는 악의적 행위·악의적 탈루'는 상정하기 어려우므로 보통약관 조항은 사실상 적용대상이 거의 없는 무의미한 조항이 되는 점 등 제반 사정에 비추어 피보험자의 임직원은 특별약관 조항의 '제 3 자'에서 제외됨으로써 피보험자의 임직원에게는 보통약관 조항이 적용되고, 피보험자의 임직원을 제외한 제 3 자에게는 특별약관 조항이 적용된다고 보는 것이 타당함에도 이와 달리 피보험자의 임직원에게도 특별약관 조항이 적용됨을 전제로 판단한 원심판결에 법리오해의 잘못이 있다); 동 2022. 3. 17, 2021 다 284462(공보 2022, 712)(약관의 해석은, 신의성실의 원칙에 따라 당해 약관의 목적과 취지를 고려하여 공정하고 합리적으로 해석하되, 개개 계약 당사자가 기도한 목적이나 의사를 참작함이 없이 평균적 고객의 이해가능성을 기준으로 보험단체 전체의 이해관계를 고려하여 객관적·획일적으로 해석하여야 하며, 위와 같은 해석을 거친 후에도 약관 조항이 객관적으로 다의적으로 해석되고 그 각각의 해석이 합리성이 있는 등 당해 약관의 뜻이 명백하지 아니한 경우에는 고객에게 유리하게 해석하여야 한다. 갑과 그 배우자인 을이 피공제자를 갑으로 하여 병 보험회사와 체결한 각 공제계약의 약관에서 사망공제금과 일반후유장해공제금을 함께 규정하면서 '하나의 사고로 사망공제금 및 일반후유장해공제금을 지급하여야 할 경우 이를 각각 지급한다'고 정하고 있는데, 갑이 교통사고로 '외상성 뇌출혈〈지주막하, 경막하 출혈〉, 오른쪽 팔의 외상성 절단 등'의 상해를 입고 오른쪽 팔에 단단성형술을 시행받은 후 외상성 뇌출혈에 따른 뇌부종으로 사망하자, 을 및 자녀들인 정 등이 병 회사를 상대로 사망보험금과 일반후유장해공제금의 지급을 구한 사안에서, 갑이 위 사고로 '외상성 뇌출혈, 외상성 뇌부종, 오른쪽 팔의 외상성 절단 등'의 상해를 입었고, 다음 날 오후 오른쪽 팔에 대하여는 접합 수술이 불가능하여 단단성형술을 시행한 사실, 갑이 그 다음 날 사망하였는데 직접사인은 외상성 뇌출혈에 따른 뇌부종인 사실에 비추어 보면, 갑은 사고로 오른쪽 팔 절단상을 입고 접합 수술이 불가능하여 단단성형술을 시행받은 직후 '팔의 손목 이상을 잃는 장해상태'에 처하게 되었고, 그 장해상태는 치료의 가능성이 전혀 없이 증상이 고정된 것이며, 그 직후 갑이 사망하였지만 사망 경위가 위 장해상태와는 관련이 없는 외상성 뇌출혈로 인한 뇌부종이었으므로, 위 장해상태를 사망으로의 진행단계에서 거치게 되는 일시적 증상이라고 보기는 어려운데도, 갑이 입은 오른쪽 팔 절단으로 인한 상해를 고정된 상태가 아니라고 보아 일반후유 장해상태에 있었다고 볼 수 없다고 판단한 원심판결에는 법리오해의 잘못이 있다); 동 2023. 7. 13, 2021 다 283742(공보 2023, 1431)(갑이 새마을금고중앙회와 피공제자를 갑의 배우자 을로 하는 상해공제계약을 체결한 후, 을이 화물차량에서 물건 적재 작업을 하다가 바닥으로 떨어져 머리를 다치는 사고가 발생하여 을에게 인지기능저하와 실어증이 남게 되었는데, 이는 위 공제계약 약관 규정에서 정한 '중추신경계에 뚜렷한 장해를 남겨서 평생토록 수시간호를 받아야 하는 장해'〈제 2 급 1호〉와 '말하는 기능을 완전 영구히 잃은 장해'〈제 1 급 2호〉에 해당하여, 위 두 가지 장해가 신체 동일부위에 발생한 장해인지 또는 별개의 장해로 보아 공제금도 각각 지급하여야 하는지 문제 된 사안에서, 위 공제계약 약관에서는 피공제자가 동일한 재해로 두 종목 이상의 장해를 입은 경우 원칙적으로 그 각각에 해당하는 공제금을 합산하여 지급하되, 장해상태가 신체의 동일부위에 발생한 경우에는 최상위 등급에 해당하는 공제금만을 지급한다고 규정하고 있는 점, 위 약관 장해등급분류표에서는 각 신체 장해별 등급에 따라 '말 또는 섭어먹는 기능을 완전 영구히 잃었을 때'를 제 1 급 2호로, '중추신경계 또는 정신에 뚜렷한 장해를 남겨서 평생토록 수시간호를 받아야 할 때'를 제 2 급 1호로 각 구분하여 별도의 공제금 지급사유로 정하고 있는 점, 약관의 일부인 장해등급분류 해설에서는 '장해'의 평가기준으로서 하나의 장해가 두 개 이상의 등급분류에 해당되는 경우 그중 상위등급을 적용하는 것으로 규정하면서, '신체의 동일부위'에 대하여 팔, 다리, 눈 또는 귀, 척추 부위별 각 규정만을 두고 있을 뿐 중추신경계 부위에 대한 규정이나 그 신경계의 장해로 인하여 다른 신체부위에 장해가 발생한 경우에 관한 규정은 두고 있지 않은 점 등에 비추어, 위 공제계약 약관이 정하는 '장해상태가 신체의 동일부위에 발생한 경우'란 문언 그대로 동일한 신체부위에 발생하여 존재하는 장해상태를 의미한다고 보는 것이 평균적 고객의 이해가능성을 기준으로 한 객관적·획일적 해석의 원칙에 부합하고, 신체의 동일부위에서 비롯하였다는 이유로 둘 이상의 다른 신체부위에 발생한 장해까지 포괄하는 의미로 확대할 수는 없으며, 그와 같이 해석할 여지가 있다고 하더라도, 결국 신체의 동일부위에 관한 위 공제계약 약관의 의미가 명백하지 아니한 것으로 볼 수 있어 그 경우 고객에게 유리하게, 약관작성자에게 불리하게 해석하는 것이 약관의 해석에서 작성자 불이익의 원칙에 부합하는데도, 인지기능저하와 실어증을 신체의 동일부위에 발생한 장해로 보고 공제금 지급범위를 산정한 원심판단에 법리오해 등의 잘못이 있다); 동 2024. 1. 25, 2023 다 283913(공

8. 규 제

보통보험약관은 보험자에 의하여 일방적으로 작성되고 또한 이것은 당사자간의 계약의 내용이 되어 당사자를 구속하기 때문에, 이는 자칫하면 보험계약자 등의 이익을 희생시키기 쉽다. 보험은 특히 선의성(윤리성)과 공공성(사회성)이라는 특성을 갖고 있기 때문에, 당사자간의 계약내용을 이루는 보통보험약관은 많은 규제를 받지 않을 수 없다. 보통보험약관에 대한 규제에는 보통거래약관에 대한 규제방법이 그대로 적용되는데, 상법 등에 의한 보통보험약관에 특유한 규제방법도 있다($\frac{\text{상 663조}}{\text{본문 외}}$). 보통보험약관에 대한 규제로서 기본적인 규제방법으로는 입법적 규제·행정적 규제·사법적 규제가 있고, 이외에 공정거래위원회에 의한 규제 및 자율적 규제도 있다.[1]

(1) 입법적 규제

1) 보통보험약관도 보통거래약관의 일종이므로 「약관규제법」의 적용을 받아

보 2024, 469)(약관은 신의성실의 원칙에 따라 해당 약관의 목적과 취지를 고려하여 공정하고 합리적으로 해석하되, 개별 계약 당사자가 의도한 목적이나 의사를 참작하지 않고 평균적 고객의 이해가능성을 기준으로 객관적·획일적으로 해석하여야 한다. 그리고 특정 약관 조항을 그 목적과 취지를 고려하여 공정하고 합리적으로 해석하기 위해서는 특별한 사정이 없는 한 그 약관 조항의 문언이 갖는 의미뿐만 아니라 그 약관 조항이 전체적인 논리적 맥락 속에서 갖는 의미도 고려해야 한다. 위와 같은 해석을 거친 후에도 약관 조항이 객관적으로 다의적으로 해석되고 각각의 해석이 합리성이 있는 등 해당 약관의 뜻이 명확하지 않은 경우에는 고객에게 유리하게 해석하여야 한다. 반면 약관의 목적과 취지를 고려하여 공정하고 합리적으로, 그리고 평균적 고객의 이해가능성을 기준으로 객관적이고 획일적으로 해석한 결과 약관 조항이 일의적으로 해석된다면 약관 조항을 고객에게 유리하게 해석할 여지가 없다. 갑이 을 주식회사와 '질병입원의료비〈갱신형〉보장특약'이 포함된 보험계약을 체결한 후 위 특약에 따라 보험금을 청구하였는데, 을 회사가 국민건강보험법상 본인부담상한액을 초과하는 금액은 국민건강보험공단에서 환급 가능한 금액이라는 이유로 지급을 거부하자, 갑이 을 회사를 상대로 본인부담상한액을 초과하는 금액까지 포함하여 보험금의 지급을 구한 사안에서, 국민건강보험법에 따른 요양급여 중 피보험자가 부담하는 부분은 위 특약에 따른 보험금 지급대상에 해당하고, 요양급여 중 피보험자가 부담하지 않는 부분은 위 특약에 따른 보험금 지급대상에 해당하지 않는 점, 국민건강보험법령 규정에 의하면 본인부담상한액을 초과하는 금액은 피보험자가 부담하는 것이 아니라 국민건강보험공단이 부담하는 비용이 되는 점, 특약에 관한 보험증권의 보상내역과 특별약관 문언의 내용과 의미, 본인부담금 상한제에 관한 국민건강보험법령의 규정 내용, 위 특약이 담보하는 보험목적의 성질 등을 고려하면, 위 특약에 관한 약관 내용은 피보험자가 국민건강보험법에 따른 요양급여 중 본인이 최종적으로 부담하는 부분을 담보한다고 보이므로, 본인부담상한액을 초과하여 국민건강보험공단으로부터 환급받은 부분은 위 특약의 보상대상이라고 할 수 없는데도, 위 특약에 관한 약관 내용이 명확하지 않음을 전제로 위 특약에 관한 약관 내용은 본인부담상한액을 초과하여 지출한 의료비 전액에 관하여 보험금을 지급한다는 의미로 해석된다고 본 원심판단에 법리오해의 잘못이 있다).

2) 동지: 대판 1994. 10. 25, 93 다 39942(공보 981, 3076)(자동차종합보험 보통약관의 문언상 '배우자'에 사실혼관계에 있는 배우자도 포함한다는 것이, 약관규정의 합리적 해석원칙에서 고객에게 불리하다고 볼 수 없다).

1) 정(찬), (상)(제27판) 51~53면 참조.

그 내용이 규제된다.[1] 다만 국제적으로 통용되는 보통보험약관에 대하여는 약관규제법의 일부조항의 적용을 조항별·업종별로 제한할 수 있다(약규 15조).

2) 보통보험약관의 내용은 「상법」에 의해서 제한된다. 즉, 재보험·해상보험 등과 같은 기업보험을 제외하고는, 보험자는 상법 제 4 편(보험계약법)의 규정에 반하여 보험계약자 등에게 불이익하게 약관의 내용을 규정할 수 없다(보험계약자 등의 불이익변경금지의 원칙)(상 663조). 따라서 상법 제 4 편의 규정은 기업보험이 아닌 보험계약에서는 상대적(반면적) 강행법의 성질을 갖게 되어 이 한도에서 보험약관의 내용을 규제한다. 이러한 상법의 규정은 보험계약에서 약관규제법에 우선하여 적용된다(약규 30조 2항).

(2) 행정적 규제

보통보험약관의 체청(보업 5조 3호)에는 보험자가 금융위원회에 보험업 허가신청시 이를 첨부서류로서 제출하고, 보통보험약관의 변경에는 보험자가 이를 금융위원회에 신고 또는 제출하여야 한다. 또 일정한 경우에는 금융위원회가 보험자에 대하여 보험약관의 변경을 명할 수 있다(보업 131조 2항·194조 3항, 보험시 별표 8의 31호). 이러한 점에서 보험약관은 행정적 규제를 받는다. 이와 같이 보험업법은 정부(금융위원회)로 하여금 보통보험약관에 대하여 후견적 감독을 하도록 하여 일반 보험계약자 등의 이익을 보호하고 있다.[2]

(3) 사법적 규제

법원은 보통보험약관의 내용을 구체적인 사건에서 해석·적용할 때에 그 약관의 내용이 불공정하거나 신의칙 또는 강행법규에 반하는 경우 등에는 이를 무효로 하여 내용통제를 하는데, 이에 의하여 보험약관은 사법적 규제를 받는 것이다. 보험약관에 대한 이러한 사법적 규제는 사후적·개별적·소극적·최종적인 규제라는 점에 특색이 있다.

보통보험약관에 대하여 사법적 규제를 한 대법원판례로는, 「자동차종합보험약관 제11조 1항 6호의 무면허운전면책조항이 보험계약자나 피보험자의 지배 또는 관리가능성이 없는 무면허운전의 경우에까지 적용된다고 보는 경우에는, 그 조항은 신의성실의 원칙에 반하여 공정을 잃은 조항으로서 약관규제법의 규정에 비추어 무효라고 볼 수밖에 없다」고 판시한 것 등이 있다.[3]

---

1) 동지: 한(기), (보) 116면 외(통설); 대판 1998. 11. 27, 98 다 32564.
   반대: 양(승), (보) 66면(보통보험약관은 보험제도의 성질상 약관규제법의 적용을 배제하는 것이 합리적이고, 또 실제상 동법의 적용여지는 적다고 한다).

2) 동지: 양(승), (보) 66면.

3) 보험약관의 효력을 부정한 판례: 대판 1991. 12. 24, 90 다카 23899(공보 914, 652); 동 1990. 12. 11, 90 다카 26553(집 38 ④ 민 178)(부당하게 불리한 조항, 예상하기 어려운 조항, 본질적 권리를

⑷ 공정거래위원회에 의한 규제

공정거래위원회는 행정관청(금융위원회)의 인가를 받은 보험약관이 약관규제법 $\binom{6조\sim}{14조}$에 위반한 사실이 있다고 인정될 때에는 당해 행정관청(금융위원회)에게 그 사실을 통보하고 그 시정에 필요한 조치를 요청할 수 있는데$\binom{약규\ 18조}{1항\ 전단}$,[1] 이러한 시정조치를 요청받은 금융위원회는 보험자에게 그 보험약관의 변경명령을 내릴 수 있다$\binom{보업}{131조\ 2항}$.

이러한 공정거래위원회는 준사법적 성격과 동시에 준행정적 성격도 아울러 갖는 약관의 사전·사후의 규제기관이라고 볼 수 있다.

⑸ 자율적 규제

보통보험약관이 소비자단체 등의 의견을 반영하여 또는 중립적인 제3자의 조정에 의하여 제정되거나 개정되는 경우 등은 자율적 규제라고 볼 수 있다. 또한 보험계약자·소비자단체·한국소비자원 등은 보통보험약관이 약관규제법에 위반되는지 여부에 관한 심사를 공정거래위원회에 청구할 수 있는데$\binom{약규}{19조}$, 이러한 점도 보험약관의 자율적 규제의 일종이라고 볼 수 있다.

제5절 보험법의 역사와 각국보험법

⑴ 근대적인 보험이 시작된 것은 중세 지중해연안의 상업도시에서 이용된 모험대차(冒險貸借)에서 발전된 해상보험인데, 이에 관한 가장 오래된 입법은 1435년의 바르셀로나 해상보험조례(Seeversicherungsordnung von Barcelona)이다. 이후 1681년 루이 14세의 해사조례(Marine Ordinances), 1731년의 함부르크 보험·해손조례(Hamburger Assekuranz- und Haverey-Ordnung) 등이 성립되었다.[2]

제한하는 조항 및 기타 신의성실의 원칙에 반하여 공정성을 잃은 보험약관조항은 무효가 된다).

　보험약관의 효력을 긍정한 판례: 대판 2003. 8. 22, 2002 다 31315(공보 2003, 1915)(보험계약의 피보험차량이 교체됨으로써 보험계약 내용의 변경을 초래한 경우 보험자에게 보험계약의 유지나 변경 등의 결정에 관한 기회를 부여할 필요가 있고, 따라서 보험자에게 피보험차량의 대체 사실을 알려 보험자의 승인을 얻은 때로부터 대체된 자동차에 보험계약이 승계된 것으로 본다는 약관규정이 보험계약자나 피보험자에게 부당하게 불리하다고 할 수 없어 이를 무효로 볼 수 없다).

1) 공정거래위원회는 사업자에게 불공정 약관조항(약규 6조~14조)에 대하여 시정권고를 할 수 있고(약규 17조의 2 1항), 일정한 사업자에 대하여는 불공정 약관조항의 시정명령을 할 수 있는데(약규 17조의 2 2항), 공정거래위원회가 당해 행정관청(금융위원회)에게 그 시정조치를 요청한 경우에는 이러한 시정권고 또는 시정명령을 하지 않는다(약규 18조 3항).

2) 양(승), (보) 59면.

(2) 오늘날 각국의 보험법은 다음과 같다.[1]

1) 독일의 보험법은 해상보험에 관하여는 1897년의 독일상법전 제 4 편(해상) 제10장이 있고, 육상보험에 관하여는 1908년의 보험계약법이 있다. 그 후 이러한 법은 수 차의 개정을 거쳐 오늘에 이르고 있다.

2) 프랑스의 보험법은 민법전 제1964조에 사행계약의 일종으로서 보험계약에 관한 규정이 있는 외에, 1807년의 상법전 제 2 편(해상) 제 9 장의 해상보험에 관한 규정과 1930년의 육상보험에 관한 보험계약법 및 보험감독법규까지 포함시켜 단행법으로 집대성한 1976년의 보험법전(Code des Assurances)이 있다.

3) 스위스의 보험법은 1908년에 제정된 보험계약법이 있다.

4) 영국의 보험법은 1906년의 해상보험법(Marine Insurance Act, 1906)이 대표적인 것이다.

5) 미국의 보험법은 보험계약 자체에 관한 연방법은 없고, 각 주에서 주법으로 제정한 보험법전이 있다. 예컨대, 1935년의 캘리포니아 보험법, 1939년의 뉴욕보험법 등이 그것이다. 그런데 미국의 보험법전은 보험계약법뿐만 아니라 보험감독법 등을 포함하고 있다.

---

1) 정(희), 361면; 양(승), (보) 59~60면.
　　각국의 보험법의 번역으로는 법무부, 「보험·해상관계자료집(외국법과 국제협약)」, 법무자료 제 58집(1985)(이에 대하여는 정호열 역, 서독보험계약법; 김성태 역, 영국해상보험법, 프랑스보험법전 등이 있음); 이필규·최병규·김은경(역저), 「2009년 독일 보험계약법(VVG)」(서울: 세창출판사, 2009) 등 참조.

제 **2** 장 보험계약

제 1 절 보험계약의 개념[1]

제 1 보험계약(Versicherungsvertrag)의 의의

1. 보험계약의 의의에 관한 제학설

보험법의 중심은 보험계약인데, 보험계약의 의의는 보험제도의 성질과 관련하여 아래와 같이 다양하게 나뉘어 있다. 즉, 해상보험에 이어 화재보험·생명보험 등 각종의 보험이 발생하게 되었는데, 이들 모든 보험계약에 공통된 정의를 내릴 수 있는가에 대하여 학설이 나뉘게 되었다. 이하에서는 보험계약에 관한 중요한 학설을 간단히 살펴보기로 한다.

(1) 손해보상계약설

이 설은 사(私)보험제도가 발달한 초기에 손해보험제도만이 있던 시대의 보험계약에 관한 학설인데, 이에 의하면 「보험계약은 보험자가 보험계약자로부터 대가를 징수하고 보험사고에 의하여 보험계약자 또는 피보험자에게 생기는 손해를 보상할 것을 인수하는 계약」이라고 한다.[2] 이 설은 손해보험계약에는 타당할는지 모르나, 생명보험계약을 설명하지 못한다는 비판을 받고 있다.[3]

(2) 수요충족설

이 설에 의하면 「보험계약은 보험자가 보험계약자에게 보험사고로 인하여 발생한 경제적 수요의 충족을 목적으로 하거나(객관적 수요충족) 또는 장래의 경제적 수요의 충족을

---

1) 이에 관한 상세는 양승규, "보험계약의 본질,"「보험학회지」, 제 3 집(1966), 46면 이하 참조.
2) Lucena v. Craufurd, 2 Bos. & P.N.R. 260(1806).
3) 양(승), (보) 77면; 손(주), 491면; 채, 420면; 이(기) 외, (보·해) 41면 외.

목적으로 하는(주관적 수요충족) (유상)계약」이라고 한다.[1] 이 설은 수요의 개념이 막연하고, 또 수요가 없어도 보험금을 지급하는 생명보험($\frac{예컨대,}{생존보험}$)을 설명하지 못한다는 비판을 받고 있다.[2]

(3) 금액급여설(재산급여설)

이 설에 의하면 「보험계약은 보험자가 대가를 받고 계약상의 보험사고의 발생을 조건으로 일정한 금액(재산)을 지급할 것을 목적으로 하는 계약」이라고 한다.[3] 이 설은 매우 추상적인 설명으로 보험계약과 다른 급부계약($\frac{예컨대,}{복권}$)과의 구별이 곤란하다는 비판을 받고 있다.[4]

(4) 기 술 설

이 설에 의하면 「보험계약은 보험자가 보험사고의 발생개연율에 따라 산출된 보험료에 대하여 보험계약자에게 보험금을 지급할 것을 약정하는 계약」이라고 한다.[5] 이 설은 보험계약을 보험사업의 경영방법면과 혼동하고 있다는 비판을 받고 있다.[6]

(5) 위험부담설

이 설에 의하면 「보험계약은 보험자가 위험부담(보험보호)의 의무를 지고 보험계약자가 보험료의 지급의무를 지는 채권법적인 쌍무계약」이라고 한다.[7] 이 설은 보험계약을 쌍무계약이라고 보고 있는 점에서, 보험료지급 전의 편무계약적인 보험계약($\frac{상}{참조}$ 656조)을 설명하지 못한다는 비판을 받고 있다.[8]

(6) 이 원 설

이 설은 손해보험과 생명보험을 분리하여 이원적으로 설명하는 학설인데, 이에 의하면 「보험계약은 보험자가 보험사고가 발생한 경우에 그 사고로 인하여 생긴 손해를 보상하거나, 또는 약정한 금액(정기금)을 지급할 것을 약정하는 유상의 독립계약」이라고 한다.[9] 이 설은 오늘날 보험계약의 다양화로 인하여 손해보험과 정액보험의 두 가지의 성질을 가지는 보험($\frac{예컨대,}{상해보험}$)을 설명하지 못한다는 비판을 받고 있다.[10]

---

1) 이 설은 이탈리아의 Ulysses Gobbi가 처음 주장한 이래, A. Manes, Bruck 등이 이에 따르고 있다(Bruck, *Privatversicherungsrecht*, S. 57).

2) 손(주), 492면.

3) Endemann, *Handelsrecht*, S. 727(금액급여설); Gierke, *Versicherungsrecht*, 1937, S. 77~78(재산급여설).

4) 손(주), 492면; 양(승), (보) 79면.

5) Edgar Hofmann, *Privatversicherungsrecht*, 3. Aufl., 1991, S. 8.

6) 손(주), 492면.

7) Hans Möller, *Versicherungsvertragsrecht*, 3. Aufl., 1977, S. 18.

8) 손(주), 493면.

9) Victor Ehrenberg, *Versicherungsrecht*, Bd. Ⅰ, 1893, S. 55, S. 59.

10) 양(승), (보) 78면.

(7) 특수계약설

이 설에 의하면 「보험계약은 보험자가 대수(大數)의 법칙에 따른 위험률에 따라 보험계약자로부터 보험료를 받고, 일정한 목적에 대하여 우연한 사고가 생긴 때에 보험금 기타의 급여를 할 것을 약정한 채권계약으로서 보험제도의 성질상 사법상의 전형계약과는 다른 특수한 계약」이라고 한다.[1] 이 설이 보험계약을 일원적으로 설명하고 있는 점은 의미가 있으나, 보험계약의 특성을 밝히지 못하고 있는 문제가 있다고 본다.

(8) 부 정 설

이 설은 모든 종류의 보험계약에 대하여 공통적인 개념정의를 한다는 것은 매우 어렵다는 이유로, 보험계약에 관한 개념정의를 부정하는 견해이다. 이 설에 의하면 「모든 종류의 보험에 적합한 보험계약의 개념에 관한 정의규정은 빛깔이 없는 평범한 것이 되므로 보험계약의 법적 한정은 매우 어려운 일이다」고 하거나,[2] 「모든 종류의 보험계약에 공통한 정의규정을 하는 것은 빛깔도 내용도 없는 것이 되므로 보험계약의 특징만을 보이면 되지 그 정의를 내리는 것은 불필요하다」고 설명한다.[3] 이 설은 보험계약에 대하여 추상적이나마 통일적인 개념정의를 하는 것은 보험계약의 이해를 위하여 필요하다는 점에서 비판을 받고 있다.[4]

2. 상법상의 의의

우리 상법 제638조는 「보험계약은 당사자의 일방이 약정한 보험료를 지급하고 재산 또는 생명이나 신체에 불확정한 사고가 발생할 경우에 상대방이 일정한 보험금이나 그 밖의 급여를 지급할 것을 약정함으로써 효력이 생기는 것」이라고 규정하여, 손해보험과 인보험에 관하여 통일적인 정의규정을 두고 있다.[5] 이러한 정의규정은 그 형식에 있어서는 일원적으로 규정되어 있으나, 보험의 목적을 재산 또는 생명이나 신체라고 하여 손해보험(재산보험)과 인보험으로 나누어서 규정하고 있는 점에서 볼 때 그 실질에 있어서는 이원적으로 규정하고 있다고 볼 수 있다.[6] 또한

---

1) 양(승), (보) 79~80면.

2) Karl Lehmann, *Lehrbuch des Handelsrechts*, 1908, S. 969.

3) Rudolf Möller-Erzbach, *Deutsches Handelsrechts*, 3. Aufl., S. 697.

4) 양(승), (보) 76면, 79~80면.

5) 이러한 보험계약의 해석에 관하여는 대판 2008. 11. 13, 2007 다 19624(공보 2008, 1678) 참조 (보험계약의 주요한 부분인 보험사고나 보험금액의 확정절차는 보험증권이나 약관에 기재된 내용에 의해 결정되는 것이 보통이지만, 보험증권이나 약관의 내용이 명확하지 않은 경우에는 이에 더하여 당사자가 보험계약을 체결하게 된 경위와 과정, 동일한 종류의 보험계약에 관한 보험회사의 실무처리 관행 등 여러 사정을 참작하여 결정하여야 하고, 특히 법령상의 의무이행을 피보험이익으로 하는 인·허가보증보험에서는 보험가입을 강제한 법령의 내용이나 입법취지도 참작하여야 한다).

6) 동지: 손(주), 494면.

보험금과 관련하여 '보험금이나 그 밖의 급여'라고 규정함으로써 금액급여설의 결함을 보충하고 있다고 볼 수 있다.[1]

상법의 이러한 보험계약에 관한 규정은 매우 추상적인 것으로서 이것만으로 보험계약이 다른 유사한 계약과 명확히 구별되지 않는 면도 있으나, 보험계약법의 적용범위 등을 정하기 위하여는 이러한 통일적인 정의규정이 그 의미가 있다고 본다.[2]

참고로 프랑스 보험법전·스위스 보험계약법 등은 보험계약에 관한 정의규정을 두고 있지 않고, 이탈리아 민법($^{1882}_{조}$)·일본 보험법[3]($^{2조}_{8호}$ ^{6호}·) 등은 손해보험과 인보험으로 나누어 이원적으로 규정하고 있으며, 독일 보험계약법($^{1}_{조}$)은 일원적으로 규정하고 있다.

제 2 보험계약의 특성

보험계약은 다음과 같은 특성을 갖고 있다.

1. 낙성·불요식계약성

(1) 보험계약은 당사자 사이의 의사의 합치만으로 성립하고, 그 계약의 성립요건으로서 특별한 요식행위를 요구하고 있지 아니하므로, 낙성(諾成)·불요식의 계약이다($^{상}_{638조}$). 즉, 보험계약은 요물계약도 아니고 요식계약도 아니므로 보험료의 지급여부와 무관하고 또 보험증권의 작성유무와 무관하여, 보험계약은 당사자 사이의 의사의 합치만으로 성립한다.[4]

---

1) 동지: 양(승), (보) 81면. 상법의 이러한 규정을 금액급여설에 입각한 규정이라고 보는 견해로는 서·정, 353면.

2) 동지: 정(희), 363~364면; 손(주), 494면(보험계약의 의의를 규정한 상법 제638조는 중요한 의미를 가진다고 한다); 양(승), (보) 81면(고정된 법전에서 보험계약의 개념을 완전히 밝힐 수 있는 것은 아니므로 추상적인 통일규정으로 만족할 수밖에 없다고 한다).

3) 일본은 보험계약법을 원래 상법에서 규정하였으나, 2008년 6월 6일에 법률 제56호로 상법에서 분리하여 단행법인 「보험법」으로 제정하였고, 이 보험법은 2010년 4월 1일부터 시행되고 있다.

4) 동지: 대판 1996. 7. 30, 95 다 1019(공보 1996, 2618)(보험계약은 당사자 사이의 의사합치에 의하여 성립되는 낙성계약으로서 별도의 서면을 요하지 아니하므로 보험계약을 체결할 때 작성·교부되는 보험증권이나 보험계약의 내용을 변경하는 경우에 작성·교부되는 배서증권은 하나의 증거증권에 불과한 것이어서, 보험계약의 성립 여부라든가 보험계약의 당사자, 보험계약의 내용 따위는 그 증거증권만이 아니라 계약체결 전후 경위, 보험료의 부담자 등에 관한 약정, 그 증권을 교부받은 당사자 등을 종합하여 인정할 수 있다); 동 1997. 9. 5, 95 다 47398(공보 1997, 3002)(보험계약은 불요식의 낙성계약이므로, 계약내용이 반드시 보험약관의 규정에 국한되는 것은 아니고 당

(2) 상법은 보험계약의 성립에 관하여 보험자에게 낙부(諾否)통지의무를 지움으로써 보험계약자를 보호하고 있다. 즉, 보험자는 보험료 상당액의 전부 또는 일부의 지급을 받고 보험계약의 청약을 받은 때에는 다른 약정이 없으면 30일 내에 상대방(청약자)에 대하여 낙부의 통지를 발송하여야 하며($\frac{\text{상}}{2}\frac{638조의}{1항 본문}$), 낙부통지를 발송하지 않고 30일이 경과하면 승낙한 것으로 보게 된다($\frac{\text{상}}{2}\frac{638조의}{2항}$). 이것은 상법 제53조가 「상시거래관계가 있는 자로부터 영업부류에 속하는 계약의 청약을 받은 경우」에만 적용되는 데 대하여, 보험계약에 관하여 이를 확대한 규정이다. 이것은 보험계약자가 보험료 상당액의 전부 또는 일부를 지급하여 보험계약의 청약을 하였는데도 보험자측에서 승낙을 지연시키는 폐단을 없애기 위한 것이다. 30일의 기간은 청약일로부터 기산하지만, 생명보험계약에서 피보험자가 신체검사를 받아야 하는 경우에는 신체검사를 받은 날로부터 기산한다($\frac{\text{상}}{2}\frac{638조의}{1항 단서}$). 이 조문은 보험계약의 성립을 촉구하는 의미밖에 없고, 보험계약의 낙성계약성을 밝힌 것은 상법 제638조이다. 그러나 실제 거래계에 있어서는 보험계약을 체결함에 있어서 정형화된 보험청약서를 이용하고 또 보험자가 보험인수의 여부를 결정하여 서면으로 승낙통지를 하거나 승낙통지에 갈음하여 보험증권을 교부하는 것이 일반적인데, 이것은 계약의 성립과는 아무런 관계가 없다.

(3) 상법은 보험자의 책임개시의 시기(始期)를 특약이 없는 한 최초의 보험료의 지급을 받은 때($\frac{\text{상}}{656조}$)라고 규정하고 있는데, 이것은 보험계약의 효력발생시기를 의

사자가 특별히 보험약관과 다른 사항에 관하여 합의한 때에는 그 효력이 인정된다); 동 1998. 10. 13, 97 다 3163(공보 1998, 2651)(보험계약은 당사자 일방이 약정한 보험료를 지급하고, 상대방이 재산 또는 생명이나 신체에 관하여 불확정한 사고가 생길 경우에 일정한 보험금액 기타의 급여를 지급할 것을 약정함으로써 효력이 생기는 불요식의 낙성계약이므로, 계약 내용이 반드시 보험약관의 규정에 국한되는 것은 아니고, 당사자가 특별히 보험약관과 다른 사항에 관하여 합의한 때에는 그 효력이 인정된다. 이러한 점에서 볼 때 보험회사가 보험계약자와 사이에 1 종 특수면허가 있어야 운전할 수 있는 차량에 대하여 1종 대형면허 소지자를 주운전자로 한 보험계약을 체결하였다면 보험회사는 주운전자가 소지한 1종 대형면허로 위 차량을 운전하더라도 그 운전이 운전면허가 취소·정지된 상태에서 이루어진 것이 아닌 한 그 운전으로 인한 사고로 인한 손해를 보상하여 주기로 하는 약정을 한 것으로 인정함이 상당하다); 동 2003. 4. 25, 2002 다 64520(공보 2003, 1256)(일반적으로 보험계약은 당사자 사이의 의사 합치에 의하여 성립되는 낙성계약으로서 별도의 서면을 요하지 아니하므로 보험계약을 체결할 때 작성·교부되는 보험증권은 하나의 증거증권에 불과한 것이어서 보험계약의 성립 여부라든가 보험계약의 내용 등은 그 증거증권만이 아니라 계약 체결의 전후 경위 등을 종합하여 인정할 수 있다).

참고로 영국 해상보험법 제22조는 「해상보험계약은 보험증권이 작성되지 아니하면 증거로 인정할 수 없다. 이 증권은 보험계약 성립시 또는 성립 후에 작성하여 발행할 수 있다」라고 규정하여, 보험계약은 반드시 서면에 의하여 표시될 것을 요구하고 있다. 그러나 이러한 보험증권의 작성이 보험계약의 성립요건은 아니다.

미하는 것이 아니고 보험자의 책임기간의 시기(始期)를 정한 것에 지나지 않는다.

2. 유상·쌍무계약성

(1) 보험계약은 보험자가 「보험금액 기타의 급여」를 지급할 것을 약정하고 보험계약자가 「보험료」를 지급할 것을 약정하는 계약이므로($^{상}_{638조}$) 유상계약이고, 이러한 보험금액과 보험료는 서로 대가관계에 있는 채무이므로 쌍무계약이다.

(2) 그런데 보험자의 보험금액 기타의 급여를 지급할 채무는 보험사고의 발생을 조건으로 하므로, 보험사고의 발생이 없이 보험기간이 경과하면 보험자는 보험금액 등의 지급채무를 면하게 된다. 따라서 보험계약의 유상·쌍무계약성에서 보험자가 부담하는 지급책임의 법적 성질이 무엇이냐에 대하여 다툼이 있게 된다. 이에 대하여 독일에서는 보험자의 책임은 보험사고의 발생을 조건으로 하여 금액을 지급하는 것이라는 금액급여설[1](Geldleistungstheorie)과, 위험을 부담하고 담보하는 것이라고 하는 위험부담설[2](Gefahrtragungstheorie)의 두 가지로 크게 나뉘어 있다. 그러나 이들 어느 설에 의하여도 개별적인 보험계약에 있어서의 보험료와 보험금액과의 유상·쌍무계약성을 정확하게 설명할 수 없다. 보험계약은 다수의 보험계약자의 존재를 전제로 하여 대수(大數)의 법칙에 의하여 산출된 보험료의 합계와 지급되는 보험금의 합계의 균형을 전제로 하여 체결되는 것이므로, 개별적인 보험계약을 통하여 보험단체가 성립하는 데 그 특색이 있다. 따라서 보험계약의 유상·쌍무계약성도 이 보험계약의 단체적 특색에서 그 정확한 의미를 찾아야 할 것이고,[3] 보험계약에서는 개별성과 단체성을 조화하도록 하지 않으면 안 된다.[4]

(3) 보험계약에서 보험자의 채무는 보험사고의 발생을 조건으로 하고 있지만 보험계약의 성립과 함께 그 계약의 효력은 완전히 발생하고 있으므로, 조건부계약($^{민\ 147조}_{참조}$)도 아니고 또 편무(片務)계약도 아니다.[5]

---

1) Prölss/Martin, *Versicherungsvertragsgesetz*, 24. Aufl., 1988, S. 37.

2) Bruck/Möller(Bd. I), S. 110.
   동지: 손(주), 497면.

3) 동지: 양(승), (보) 83~84면(보험계약의 유상·쌍무계약성은 보험료와 보험금의 등가성이 유지되고, 급여와 반대급여의 균형이 이루어지는 점에서 나타난다고 한다).

4) 동지: 대판 1966. 10. 21, 66 다 1458(교재, 판결례 [11. 1]).

5) 동지: 양(승), (보) 83면.
   반대(편무계약으로 보는 견해): William R. Vanc, *Law of Insurance*, 3rd ed., 1951, p. 94.

3. 사행(射倖)계약성

(1) 보험계약은 보험자의 보험금지급책임이 우연한 사고(보험사고)의 발생에 달려 있으므로 사행계약(aleatory contract)에 속한다. 이 경우 우연한 사고(보험사고)의 종류는 계약상 확정되어야 하지만, 그 보험사고의 발생은 불확정하여야 한다. 이 불확정성은 사고의 발생여부(화재)·발생시기(사망)·발생형태(상해·질병)의 어느 하나가 불확정한 것을 의미하는데, 이는 또한 반드시 장래의 것만을 의미하는 것이 아니라 과거의 것도 당사자의 주관에서 불확정하면 된다[1](상 644조 단서 참조).

(2) 보험계약의 사행계약성에 대하여는 사행계약이라는 전형계약[2]을 두지 아니한 우리 법제하에서는 논할 실익이 없다는 견해도 있으나,[3] 보험계약을 다른 유상계약과 구별하기 위하여는 보험계약의 중요한 특성의 하나인 사행계약성을 전혀 논하지 않을 수는 없다고 본다.[4] 따라서 우리 상법은 보험계약의 이러한 사행계약성을 반영하여 다른 유상계약에서는 볼 수 없는 많은 특수한 규정(상 651조, 652조, 653조, 659조, 669조, 672조, 680조, 731조, 732조, 733조 등)을 두고 있다.[5]

(3) 보험계약은 우연한 사건에 의하여 재산관계에 변동을 생기게 하는 사행계약이라는 점에서 도박과 유사하다. 그러나 도박에 있어서는 도자(賭者)의 주관적 선택이 반드시 그 자에게 금전적인 이익(pecuniary interest)을 가져다 주는 것이 아닌 데 대하여 보험계약에서는 보험사고의 발생으로 피보험자 또는 보험수익자가 반드시 금전적인 이익을 갖게 되는 점, 또 도박은 선량한 사회질서에 반하여 법률상 허용되지 않으나 보험계약은 법률상 허용되고 있음은 물론 오히려 정책적으로도 장려되고 있는 점 등에서 양자는 차이가 있다.[6] 이와 같이 보험계약이 도박과 구별되는 점에서 손해보험계약에 있어서 피보험자는 보험의 목적에 관하여 반드시 피보험이익을 가져야 하고, 도박의 목적으로 악용한 보험계약은 무효가 된다.[7]

---

1) 동지: 정(희), 366면.

2) 佛(프랑스)民 제1104조 2항, 제1964조, 伊(이태리)民 제1102조, 墺(오스트리아)民 제1267조 등은 사행계약에 관한 규정을 두고 있다. 사행계약에 관한 상세는 김성태, "사행계약에 관한 고찰," 「심태식박사 화갑기념논문집」, 446면 이하 참조.

3) 서·정, 356면.

4) 동지: 정(희), 366면; 채, 427면; 이(기) 외, (보·해) 49면; 최(기), (하) 600면.

5) 손(주), 500면.

6) 동지: 정(희), 366면; 양(승), (보) 86면.

7) 영국의 1794년의 Gambling Act 제 1 조, 1906년의 해상보험법 제 4 조는 도박을 위한 보험계약의 무효를 선언하고 있다.

(4) 보험계약은 개별적으로 보면 사행계약이지만, 보험단체에서 보면 보험사고가 규칙적·반복적으로 발생하므로 사행계약이라고 볼 수 없는 면도 있다.[1]

4. 선의계약성

(1) 보험계약은 사행계약성을 갖기 때문에 필연적으로 선의계약성을 갖는다. 따라서 보험계약이 당사자의 선의(good faith; bonne foi) 또는 최대선의(utmost good faith)에 기초를 둔 계약이라고 하는 것도 보험계약의 사행계약성에서 도박화를 방지하기 위한 데서부터 유래하고 있다.[2] 당사자의 '선의' 또는 '신의성실의 원칙'은 오늘날 보험계약에서만 주장되는 것이 아니고 모든 법에서 요구되는 대원칙이라고 할 것이나,[3] 보험계약에서는 그의 사행계약성의 특성에서 특히 강조되는 것이다.[4]

(2) 상법은 보험계약의 선의계약성을 반영하여 구체적으로 많은 규정을 두고 있다($\binom{\text{상 651조, 652조, 653조, 659조,}}{\text{669조 4항, 672조 3항, 680조 등}}$). 또한 판례도 민법 제103조의 선량한 풍속 기타 사회질서에 반하는 보험계약은 무효라고 판시하고 있다.[5]

---

1) 동지: 양(승), (보) 86~87면.

2) 영국의 1906년의 해상보험법 제17조가 「해상보험계약은 최대선의를 기초로 하는 계약이다」(A contract of marine insurance is a contract based upon the utmost good faith)라고 규정한 것은, 보험계약의 선의계약성을 직접적으로 반영하고 있다. 이에 관하여는 대판 2018. 10. 25, 2017다 272103(공보 2018, 2236)(영국 해상보험법〈Marine Insurance Act 1906〉 제17조는 '해상보험계약은 최대선의〈utmost good faith〉에 기초한 계약이며, 만일 일방당사자가 최대선의를 준수하지 않았을 경우 상대방은 그 계약을 취소할 수 있다'고 규정한다. 영국 해상보험법상 최대선의의무는 해상보험계약의 체결·이행·사고 발생 후 보험금 청구의 모든 단계에서 적용된다. 특히 계약의 체결 단계에서 가장 엄격하게 요구된다. 즉, 이러한 최대선의의 원칙에 기초하여 같은 법 제18조는 피보험자가 계약 체결 전에 알고 있는 모든 중요한 사항을 보험자에게 고지하도록 규정하고, 제20조는 피보험자 등이 보험계약 체결 이전 계약의 교섭 중에 보험자에게 한 모든 중요한 표시는 진실하여야 한다고 규정한다. 여기서 중요한 사항이란 보험자가 보험료를 산정하거나 위험을 인수할지 여부를 결정함에 있어서 그 판단에 영향을 미치는 모든 사항을 의미한다) 참조.
   선의 또는 최대선의에 관한 상세는 한(기), (보) 48~51면.

3) 동지: 정(희), 367면; 서·정, 356면; 손(주), 499면.

4) 동지: 양(승), (보) 87면.

5) 대판 2005. 7. 28, 2005 다 23858(공보 2005, 1421)(보험계약자가 다수의 보험계약을 통하여 보험금을 부정취득할 목적으로 보험계약을 체결한 경우, 이러한 목적으로 체결된 보험계약에 의하여 보험금을 지급하게 하는 것은 보험계약을 악용하여 부정한 이득을 얻고자 하는 사행심을 조장함으로써 사회적 상당성을 일탈하게 될 뿐만 아니라, 또한 합리적인 위험의 분산이라는 보험제도의 목적을 해치고 위험발생의 우발성을 파괴하며 다수의 선량한 보험가입자들의 희생을 초래하여 보험제도의 근간을 해치게 되므로, 이와 같은 보험계약은 민법 제103조 소정의 선량한 풍속 기타 사회질서에 반하여 무효이다. 이 사건에서의 보험계약은 보험계약자의 직업 및 재산상태, 다수의 보험계약의 체결 경위, 보험계약의 규모, 보험계약 체결 후의 정황 등 제반 사정상 보험계약체결이 순수하게 생명·신체 등에 대한 우연한 위험에 대비하기 위한 것이라고 보기는 어렵고, 오히려 보험사고를 가장하거나 혹은 그 정도를 실제보다 과장하여 보험금을 부당하게 취득할 목적으로 체결되었음을 추인할 수 있

5. 상행위성

(1) 상법상 보험의 인수를 영업으로 하는 경우에는 기본적 상행위(영업적 상행위)가 되므로($\frac{\text{상}\ 46조}{17호}$), 보험자는 당연상인($\frac{\text{상}}{4조}$)이 된다. 따라서 영리보험자가 체결하는 보험계약은 상행위성을 갖는다. 그러나 보험계약은 앞에서 본 바와 같이 그 특수성으로 인하여 일반 상행위와는 달리 많은 제약을 받는다. 즉, 보험계약은 금융위원회의 허가를 받은 보험자만이 체결할 수 있고($\frac{\text{보업}\ 3조,\ 4조,}{209조\ 5항\ 1호}$), 또 어느 정도 강제성이 수반되어($\frac{\text{상}\ 663조}{본문\ 참조}$) 계약자유의 원칙이 그만큼 제한을 받는다.[1]

(2) 상호보험계약은 영리보험자가 체결하는 것이 아니므로 상행위성이 없지만, 보험계약관계는 실질적으로 영리보험과 같으므로 그 성질에 반하지 않는 한 영리보험계약에 관한 상법의 규정이 준용된다($\frac{\text{상}}{664조}$).

6. 계속적 계약성

(1) 보험계약은 보험자가 일정한 기간(보험기간) 내에 발생한 보험사고에 대하여 보험금을 지급할 책임을 지는 것으로서, 그 기간 동안 계속하여 계약관계가 존재하므로 계속적 계약(Dauervertrag)의 성질을 갖는다. 보험기간(위험기간)은 보험의 종류에 따라 각각 다른데, 운송보험은 그 기간이 짧고 생명보험은 그 기간이 긴 것이 보통이다.

(2) 보험계약은 계속적 계약의 성질을 갖기 때문에 보험계약자 등은 보험료를 모두 지급한 후에도 일정한 보험계약법상의 의무를 지며($\frac{\text{상}}{등}$ 652조), 또한 보험계약을 해제할 수 있는 경우는 거의 없고 (장래에 대하여만 효력이 있는) 해지할 수 있는 경우가 원칙이다($\frac{\text{상}\ 649조\ 2항;}{669조\ 1항\ 등}$).

7. 독립계약성

보험계약은 민법상의 전형계약의 어디에도 속하지 않는 무명(無名)계약이므로 독립계약성을 갖는다. 따라서 도급계약이나 매매계약의 부대(附帶)협정(Nebenabrede)에 의하여 위험을 인수하거나 위탁매매인이 보증을 서는 것 등은 보험계약이 아니다.[2] 보험계약의 독립계약성은 법률상 그러하다는 의미이므로, 경제상으로는 다른

으므로, 민법 제103조 소정의 선량한 풍속 기타 사회질서에 반하여 무효라고 보아야 할 것이다).

1) 동지: 정(희), 367면.

2) 동지: 정(희), 367면; 양(승), (보) 88면.

계약과 결합하거나 부수하여 성립할 수 있다.[1]

8. 부합(附合)계약성

(1) 보험계약은 보험단체의 개념을 전제로 하여 다수의 보험계약자를 상대로 하여 동일한 내용의 계약이 반복적으로 체결되는 다수계약(Mengengeschäft)에 해당하여 그 계약의 정형화가 요구되므로, 필연적으로 부합계약(contract of adhesion; Unerwerfungsvertrag; contrat d'adhéssion)의 성질을 갖는다. 따라서 보험계약은 보통거래약관인 보통보험약관에 의하여 정형적으로 체결된다.

(2) 보험계약은 보험자가 일방적으로 작성한 보통보험약관에 의하여 정형적으로 체결되므로 보험계약자 등의 이익을 보호하기 위한 법적 배려가 필요하게 된다. 즉 보험자는 보험약관에 대하여 이의 제정의 경우에는 보험업 허가신청시 첨부서류로서 금융위원회에 이를 제출하여야 하고, 이의 변경의 경우에는 금융위원회에 신고 또는 제출하여야 한다($\frac{보업 5조 3호 \cdot 127조,}{보업시 별표 8의 31호}$). 또한 보험자는 보험계약 체결 당시 보험계약자에게 보험약관을 교부하고 그 약관의 중요한 내용($\frac{예컨대, 보험료 \cdot 보험금 \cdot}{보험사고 \cdot 면책조항 등}$)을 설명하여야 한다($\frac{상 638조}{의 3 1항}$). 만일 보험자가 이러한 보험약관의 교부 · 설명의무를 다하지 아니한 때에는 보험계약자는 보험계약이 성립한 때로부터 3개월 이내에 그 계약을 취소할 수 있다($\frac{상 638조}{의 3 2항}$). 또한 보통보험약관상 특약으로도 보험계약자 등의 불이익으로 변경하지 못한다($\frac{상 663조}{본문}$).

제 2 절 보험계약의 요소

보험계약이란 「당사자의 일방이 약정한 보험료를 지급하고 상대방이 피보험자의 재산 또는 생명 · 신체에 관하여 불확정한 사고가 생길 경우에 일정한 보험금액 기타의 급여를 지급할 것을 약정함으로써 효력이 생기는 계약」인데($\frac{상}{638조}$), 이러한 보험계약은 당사자 · 보험의 목적 · 보험사고 · 보험기간 · 보험료와 보험금액 등 여러 가지 요소를 필요로 한다. 이러한 보험계약의 요소는 보험계약의 종류에 따라 다른데($\frac{예컨대, 피보험이익은 손해}{보험계약에만 있는 요소임}$), 이 곳에서는 보험법 통칙의 규정에 관련된 것만을 설명하고, 그 밖의 것은 손해보험과 인보험에 관한 부분에서 별도로 설명하기로 한다.

---

1) 동지: 양(승), (보) 88면.

제 1 보험계약의 관계자

1. 총 설

보험계약의 관계자는 크게 세 가지로 나누어 볼 수 있다. (ⅰ) 첫째는 보험계약의 직접의 당사자인데, 이에는 「보험자」와 「보험계약자」가 있다. (ⅱ) 둘째는 보험계약자가 스스로의 이익을 위한 것이 아니고 타인($\binom{\text{손해보험인 경우에는 피보험자이고}}{\text{인보험의 경우에는 보험수익자}}$)을 위하여 보험계약을 체결하거나 또는 타인(피보험자)의 생명에 대하여 보험계약을 체결하는 경우에 보험자에 대한 직접의 당사자인 보험계약자 이외에 「피보험자」 또는 「보험수익자」라는 특수한 법적 지위를 가진 자가 있다. (ⅲ) 셋째는 보험자의 보조자로서 보험대리상 · 보험중개인 · 보험설계사(모집인) · 보험의(保險醫) 등이 있다.

2. 보험계약의 직접의 당사자

(1) 보험자(insurer, underwriter; Versicherer; asseureur)

1) 보험자는 「보험계약의 직접의 당사자로서 보험사고가 발생한 때에 보험금액을 지급할 의무를 지는 자」이다. 이러한 보험자는 다른 한편 보험사업을 영위하는 자로서 보험을 인수하는 자이다.[1] 보험자는 보험사업의 공공성 · 사회성 등의 특성으로 인하여 보험업법에 의하여 일정한 자격을 가진 자로서 금융위원회로부터 보험사업의 허가를 얻은 자이어야 한다($\binom{\text{보업}}{\text{이하}}$ 4조). 보험자가 이러한 허가를 받지 아니하고 보험사업을 영위하는 경우에는 일정한 처벌을 받고($\binom{\text{보업}}{\text{200조 1호}}$), 또한 허가 없는 자와 보험계약을 체결한 자도 일정한 제재를 받는다($\binom{\text{보업 3조,}}{\text{209조 5항 1호}}$).

2) 하나의 보험계약에서 보험자는 보통 1인이나(단일보험), 수 인의 보험자(mehrere Versicherer)가 공동으로 하나의 보험계약을 체결하는 경우가 있는데 이를 「공동보험」(Mitversicherung)이라고 한다.[2] 예컨대, 보험자가 고가의 보험의 목적에 대한 보험인수를 단독으로 하기가 어려운 때 수 인의 보험자가 이를 공동으로 인수하는 경우에 공동보험이 성립한다. 그러나 이러한 공동보험은 보험자 상호간에 연결이 있는 것이므로 보험자 사이에 연결이 없이 보험계약자가 수 인의 보험자와 보험계약을 체결하는 중복보험(또는 병존보험)과 구별된다.

이러한 공동보험에서 수 인의 보험자는 (영리보험에서 보험자는 상인이므로) 특약

---

1) 동지: 양(승), (보) 91면.
2) 공동보험에 관한 상세는 양(승), (보) 92면 참조.

이 없는 한 각자 연대하여 그 채무를 부담한다($\frac{상}{57조}$).

(2) **보험계약자**(insured, assured; Versicherungsnehmer: VN)

보험계약자는 「보험계약의 직접의 당사자로서 보험자와 보험계약을 체결하는 자」이다. 보험계약자의 자격에는 아무런 제한이 없고, 대리인이 보험계약을 체결할 수도 있다($\frac{상}{646조}$). 대리인에 의하여 보험계약을 체결한 경우에는 대리인이 안 사유는 그 본인이 안 것과 동일한 것으로 한다($\frac{상}{646조}$). 보험가입자 측과 타인이 보험계약자를 타인으로 하기로 합의하고 보험자도 그 타인이 보험계약자라고 알고 있었다면 그 타인이 보험계약자가 된다.[1]

3. 보험계약의 직접의 당사자 이외의 자

(1) **피보험자**(insured, assured; Versicherter)

1) 피보험자는 손해보험과 인보험에 따라 그 의미를 달리하고 있다. 즉, 손해보험에서는 「피보험이익의 주체로서 손해의 보상을 받을 권리를 갖는 자」를 의미하고, 인보험에서는 「생명 또는 신체에 관하여 보험이 붙여진 자」를 의미한다.[2] 따라서 손해보험의 경우 피보험자는 보험금청구권을 가지나, 인보험의 경우 피보험자는 보험의 목적에 불과하여 보험계약에 의하여 아무런 권리를 취득하지 못한다. 이와 같이 손해보험의 경우와 인보험의 경우에 따라 피보험자의 의미에 차이가 있음에도 불구하고, 상법은 보험법 통칙에서 이를 구별하지 않고 사용하고 있으므로 조문의 내용에 따라 피보험자의 의미가 어느 경우에 해당하는가를 이해하여야 한다.[3]

2) 손해보험계약에서 보험계약자와 피보험자가 다른 경우를 「타인을 위한 손해보험」이라고 하고, 인보험계약에서 보험계약자와 피보험자가 다른 경우를 「타인의 인보험」이라고 한다.

(2) **보험수익자**(beneficiary; Bezugberechtigter)

1) 보험수익자는 「인보험계약에 있어서 보험자로부터 보험금을 받을 자로 지정된 자」이다[4]($\frac{상 733조}{734조}$). 인보험에 있어서의 보험수익자는 손해보험에 있어서의 피

---

1) 대판 2016. 12. 29, 2015 다 226519(이에 관한 판례평석은 김선정, 「월간생명보험」, 2017. 3, 27~40면).

2) 동지: 정(희), 371면.

3) 동지: 정(희), 371면.
   피보험자의 의미가 손해보험과 인보험에서 각각 달라 혼란이 있으므로 손해보험계약에서의 피보험자를 인보험의 경우와 같이 보험수익자로 고쳐 쓰는 것이 바람직하다는 견해가 있다[양(승), (보) 90면].

보험자에 해당하는 개념으로 볼 수 있다.

2) 인보험계약에서 보험계약자가 동시에 보험수익자이면 「자기를 위한 인보험」이라고 하고, 보험계약자와 보험수익자가 다르면 「타인을 위한 인보험」이라고 한다. 보험수익자의 지정·변경권은 원칙적으로 보험계약자가 갖는다($\frac{상}{1항}$ 733조).

4. 보험자의 보조자(Hilfspersonen)

보험자는 많은 보험계약자와 보험계약을 체결하여 위험을 효율적으로 분산시킬 필요가 있으므로, 다른 기업의 경우보다 특히 많은 보조자를 필요로 한다. 이러한 보조자에는 보험대리상·보험중개인·보험설계사(모집인)·보험의(保險醫) 등이 있다.

(1) 보험대리상

1) 보험대리상(insurance agent; Versicherungsagenten)이란 「일정한 보험자를 위하여 상시 그 영업부류에 속하는 보험계약의 체결 등을 대리함을 영업으로 하는 자」이다($\frac{상 87조,}{조의2 1항}$ 646). 보험대리상에 관하여는 2014년 3월 개정상법에 의하여 최초로 상법 제 4 편(보험)에서 규정된 것인데, 이는 상법 제 2 편(상행위)에서의 대리상($\frac{상}{87조}$) 중 체약대리상에 대한 특칙인지 또는 체약대리상과 중개대리상에 대한 특칙인지가 명확하지 않다. 보험대리상의 권한($\frac{상 646조의}{2 1항}$)과 보험업법상 보험대리점의 개념[1]과 관련하여 보면 체약대리상에 대한 특칙으로 볼 수 있다.[2] 그러나 중개대리상에 대하여 특별히 규정하지 않고 있는 상법 제646조의 2의 '보험대리상'의 문언에서 볼 때 체약대리상과 중개대리상을 모두 포함하는 의미라고 보는 견해도 있다.[3]

---

4) 동지: 정(희), 372면.

1) 보험업법 제 2 조 10호는 「보험대리점이란 보험회사를 위하여 보험계약의 체결을 대리하는 자(법인이 아닌 사단과 재단을 포함한다)로서 제87조에 따라 금융위원회에 등록된 자를 말한다」라고 규정하고 있다. 여기에서 보험대리점은 상법상 대리상(상 87조) 중 체약대리상만을 의미하는 뜻으로 사용하고 있다.

2) 상법 제646조의 2 제 1 항의 해석에 대하여 "보험계약의 현실을 고려하여 보험계약에 관한 체약대리상이 갖는 대외적인 권한을 포괄적으로 정형화시키고 있다. 다만 제646조의 2 제 1 항에 '법 제87조에도 불구하고'라는 문구를 삽입하는 것이 입법적으로 적절한 조치가 될 것이다"라는 견해가 있다[양기진, "개정보험계약법의 주요내용 검토 및 향후 입법방안," 2014년 보험법학회 춘계학술발표회 자료(2014. 4. 18), 5~6면].

3) 상법 제646조의 2 제 1 항의 해석에 대하여 "2014년 개정상법 제646조의 2 제 1 항의 보험대리상에는 체약대리상과 중개대리상이 포함되어(즉, 개정상법에 의하면 보험대리상의 경우 체약대리상과 중개대리상의 구별이 소멸되어), 이는 상법 제87조에 대한 특별규정이 된다. 이는 보험계약자가 거래하는 대리점이 체약대리점인지 중개대리점인지 알기 어려운 상황에서 보험계약자의 불측의 손해를 방지하기 위하여 보험중개대리상에 대하여도 (체약대리상과 같이) 일정한 권한을 법정한 것인데, 이는 명의대여자의 책임(상 23조)이나 표현지배인(상 14조) 등의 외관법리를 보험대리상에 도입한 것이다"라는 견해가 있다[장덕조, "2014년 개정상법 보험편의 해설 및 연구," 「금융법

상법 제646조의 2 제3항은 「보험대리상이 아니면서 특정한 보험자를 위하여 계속적으로 보험계약의 체결을 중개하는 자」에 대하여 규정하고 있는데, 위의 전자의 견해에서는 이는 보험중개대리상(및 보험설계사)의 권한범위를 규정한 것으로 보고,[1] 위의 후자의 견해에서는 이는 보험설계사에 관한 규정으로 보고 있다.[2]

2014년 3월 개정상법 제646조의 2 제1항의 보험대리상의 개념을 체약대리상 뿐만 아니라 중개대리상을 포함한다고 보는 것은 보험중개대리상도 원칙적으로 보험계약체결권 등이 있다는 것인데, 이는 상법 제87조의 중개대리상의 해석과도 맞지 않고 또한 보험업법 제2조 제10호의 보험대리점의 개념과도 불일치하여 매우 큰 혼란을 줄 수 있는 점, 또한 이와 같이 해석하기 위하여는 '상법 제87조에도 불구하고' 등과 같은 문구를 두어 상법 제87조의 예외라는 명확한 규정을 두었어야 하는데 이러한 규정이 없는 점 등에서, 2014년 3월 개정상법 제646조의 2 제1항을 체약대리상과 중개대리상을 포함하는 뜻으로 객관적으로 해석하기는 무리가 있다고 본다. 2014년 3월 개정상법이 보험대리상 등의 권한($\frac{제646조}{의 2}$)에 관하여 애매하게 규정하여 그 해석상 많은 오해와 혼란을 야기하고 있는데, 입법론적으로는 2007년 8월 10일 법무부가 입법예고한 개정시안과 같이 명확히 규정하였어야 할 것으로 본다. 즉, 동조 제1항에서는 체약대리상의 권한임을 명확히 하고, 제2항에서는 중개대리상의 권한을 규정하면서 선의의 보험계약자를 보호하기 위한 규정을 두고, 제3항에서 보험설계사의 권한에 관한 규정을 두었어야 할 것이다. 또한 이와 함께 상법 제2편 제5장(대리상)과의 관계에 대하여도 명확히 규정하고 또한 보험업법상의 규정도 상법상의 규정과 통일시켜(보험업법 제2조 제10호를 보험체약대리상으로 규정하고, 보험중개대리상에 대하여 별도로 규정하면서 또한 이를 대외적으로 표시하도록 하여, 보험계약자 등이 보험중개대리상을 보험체약대리상으로 오해하는 일이 없도록 하여) 선의의 보험계약자 등을 무리하게 보호하거나 법적용에 있어서 혼

연구」(한국금융법학회), 제11권 제2호(2014), 24~25면].

또한 "상법 제646조의 2가 신설됨으로써, 보험자와 보험대리상의 내부적 관계에서는 2014년 3월 개정상법 이전과 같이 보험체약대리상과 보험중개대리상이 존재하는데, 보험대리상과 보험계약자와의 외부적 관계에서는 보험대리상은 원칙적으로 보험체약대리상인데 제3자가 악의이면 보험중개대리상이다"라고 해석하는 견해도 있다[한(기), (보) 77~79면]. 그런데 보험중개대리상이 보험계약자의 선의·악의에 따라 보험체약대리상이 되기도 하고 보험중개대리상이 되는 것으로 해석하는 것도 문제일 뿐만 아니라, 그와 같이 해석할 수 있도록 하는 입법도 문제가 있다고 본다.

1) 2014년 3월 개정상법 제646조의 2 제3항의 해석에 대하여, "이는 보험중개대리상의 권한범위를 명시하고 있다. 그런데 2014년 개정상법은 보험대리상 이외의 보험모집보조자인 보험중개사 및 보험설계사에 관한 내용은 언급하고 있지 않은데, 보험업법상 보험중개사는 상법상 중개인(상 93조 이하)과 개념상 근접하므로 상법상 중개인에 관한 규정을 적용할 수 있을 것이나, 실무상 분쟁이 가장 많은 보험설계사의 권한범위에 대하여는 입법적으로 명확히 규정할 필요가 있다"고 하는 견해가 있다(양기진, 전게 발표자료, 5~6면).

2) 장덕조, 전게논문(금융법연구 제11권 제2호), 26면.

란이 없도록 하여야 할 것이다.

보험대리상은 각지에 있어서 다수인에게 보험계약을 권유하고 모집할 기회를 가진 사람의 신용이나 경험을 이용하기 위하여 두게 된다.[1] 손해보험에서는 신속하게 계약을 체결할 필요가 있으므로 「보험체약대리상」이 많지만, 인보험에서는 그것이 장기의 계약이고 또 신체검사 기타 계약이 성립할 때까지 시일이 걸리는 점 등에서 계약체결권을 보험자에게 집중시킬 필요가 있기 때문에 「보험중개대리상」인 경우가 많다.[2] 보험대리점이 상법상의 보험대리상인가 아닌가는 구체적으로 보험자와의 계약내용에 따라 결정될 것이지만, 보험대리점은 보통 상법상의 보험대리상으로 보아야 할 것이다.[3]

보험대리상이 보험업법상 보험대리점의 자격을 갖기 위하여는 일정한 자격을 갖추어야 하고 보험협회에 등록하여야 한다(보업 2조 10호·87조·194조 1항, 보업시 30조 이하). 따라서 상법상의 보험대리상 등은 보험업법상 보험대리점 등보다 넓은 개념으로 보험협회에 등록되지 않은 자도 포함된다고 본다.

2) 보험대리상은 일정한 보험자의 위탁을 받아(보험대리점위임계약) 그 자를 위해서만 상시 계속적으로 보조하는 자인 점에서 불특정다수의 보험자를 위하여 보조하는 「보험중개인」과 다르고, 또한 보험대리상은 보험자에게 고용되어 보조하는 것이 아니라 자기의 영업을 하는 독립된 상인인 점에서 보험자의 단순한 「상업사용인」과도 다르다.[4]

3) 보험대리상의 권한에 관하여 2014년 3월 개정상법은 당사자간의 분쟁을 방지하고 보험대리상의 권한을 명확히 하기 위하여 명문규정을 두고 있다. 즉, 보험대리상은 (ⅰ) 보험계약자로부터 보험료를 수령할 수 있는 권한,[5] (ⅱ) 보험자가 작성한 보험증권을 보험계약자에게 교부할 수 있는 권한, (ⅲ) 보험계약자로부터 청약·고지·통지·해지·취소 등 보험계약에 관한 의사표시를 수령할 수 있는 권한 및

---

1) 동지: 정(희), 372면.

2) 동지: 정(희), 372면; 양(승), (보) 94면.
   반대: 한(기), (보) 76면(우리나라 보험실무상으로는 대부분의 보험대리상이 보험중개대리상이라고 한다)

3) 동지: 정(희), 372면.

4) 동지: 정(희), 372~373면.

5) 대판 1987. 12. 8, 87 다카 1793·1794(공보 1988, 271)(보험자의 대리인이 보험회사를 대리하여 보험계약을 체결하고 보험계약자로부터 제1회보험료를 받으면서 2, 3회분 보험료에 해당하는 약속어음을 함께 교부받았다면, 위 대리인이 그 약속어음을 횡령하였다고 하더라도 그 변제수령의 효과는 보험자에 미친다).

(ⅳ) 보험계약자에게 보험계약의 체결·변경·해지 등 보험계약에 관한 의사표시를 할 수 있는 권한을 갖는다($\frac{\text{상 } 646조}{\text{의 } 2\, 1항}$).

보험자는 보험대리상의 이러한 권한을 제한할 수 있는데, 다만 이러한 제한을 선의의 보험계약자에게 대항하지 못한다($\frac{\text{상 } 646조}{\text{의 } 2\, 2항}$). 이는 특히 보험대리상에 체약대리상뿐만 아니라 중개대리상을 포함한다고 보는 견해에서 보험중개대리상의 경우에 의미가 크다고 보고 있다. 이는 지배권 등의 불가제한성(획일성)($\frac{\text{상}}{3항}^{11조}$)과 같은 취지라고 본다.

또한 이러한 점($\frac{\text{상 } 646조의 2}{1항 및 2항}$)은 피보험자나 보험수익자가 보험료를 지급하거나 보험계약에 관한 의사표시를 할 의무가 있는 경우에는 그 피보험자나 보험수익자에게도 적용된다($\frac{\text{상 } 646조}{\text{의 } 2\, 4항}$).

보험대리상의 지(知)·부지(不知)를 보험자의 지·부지와 동일하게 볼 수 있다($\frac{\text{민 } 116조\ 1항,}{\text{상 } 646조}$).

4) 실제로 보험계약자는 상대방이 보험체약대리상인지 또는 보험중개대리상인지를 구별하지 않고 보험계약을 체결하는 경우가 있으므로, 이로 인하여 보험계약자의 이익을 해하는 일이 있을 것이다. 따라서 보험계약자의 이익을 보호하기 위하여 이러한 보험중개대리상에 대하여도 상법에서 그의 권한을 별도로 명확히 규정하고, 보험업법을 개정하여 보험체약대리상과 구별되는 표시를 하도록 입법적으로 해결하여야 할 것으로 본다[1]($\frac{\text{獨保 } 69조}{\text{이하 참조}}$).

(2) 보험중개인[2]

1) 보험중개인(insurance broker; Versicherungsvermittler)이란 「보험자와 보험계약자 사이의 보험계약의 성립을 중개하는 것을 영업으로 하는 자」이다[3]($\frac{\text{상}}{93조}$). 이러

---

1) 동지: 정(희), 373면; 손(주), 505면; 양(승), (보) 95면; 이(기) 외, (보·해) 56면; 유주선, "보험시장질서 정비를 위한 입법적 개선방안—상법과 보험업법을 중심으로—," 「월간생명보험」(생명보험협회), Vol. 463(2017. 9), 10~11면(보험대리상은 보험계약자에게 보험계약체결에 관한 권한이 있음을 알려주어야 할 의무나 중개의 기능만을 가지고 있다는 사실이 인식될 수 있는 조치의 필요성이 있다).

　　2007년 정부(법무부)의 상법(보험편)개정안에서는 보험체약대리상과 보험중개대리상의 권한을 명확히 구별하여 규정하였는데(동 642조의 2 1항 및 2항), 2014년 개정상법에서 반영되지 못하였다.

2) 이에 관한 상세는 한(기), (보) 79~84면; 전우현, "보험중개인의 권한과 보험계약자에 대한 관계," 「보험법연구 3」(보험법연구회 편)(삼지원, 1999), 145~162면; 정준우, "보험중개인의 법적 지위와 그 개선방안," 「비교사법」, 제 7 권 2호(2000. 12), 735~771면; 정용상, "보험중개인의 법적 지위," 「고시계」, 2002. 10, 60~74면; 김은경, "보험중개인의 권한의 범위와 보수청구권에 관한 고찰," 「상사법연구」, 제20권 1호(2001), 475~497면 등 참조.

3) 보험업법 제 2 조 11호는 「보험중개사란 독립적으로 보험계약의 체결을 중개하는 자(법인이 아닌 사단과 재단을 포함한다)로서 제89조에 따라 금융위원회에 등록된 자를 말한다」라고 규정하고 있다.

한 보험중개인이 보험업법상 보험중개사의 자격을 갖기 위하여는 일정한 자격을 갖추어야 하고 금융감독원에 등록하여야 한다(보업 2조 11호·89조·194조 2항, 보업시 34조 이하). 2014년 3월 개정상법(보험편)은 보험중개인에 대하여는 별도의 규정을 두지 않았다.

2) 보험중개인은 특정한 보험자만을 위하여 보조하는 자가 아니라는 점에서 「보험대리상」과 구별되고, 또한 독립된 상인인 점에서 보험자의 「상업사용인」과 구별된다.

3) 보험중개인은 보험계약의 체결권이 없음은 물론, 고지수령 및 보험료수령권도 없다.

(3) 보험설계사(모집인)[1]

1) 보험설계사(모집인)(insurance salesman; Versicherungsgehilfe)란 「보험대리상이 아니면서 특정한 보험자를 위하여 계속적으로 보험계약의 체결을 중개하는 자」를 말한다(상 646조의 2 3항 전단).[2] 보험설계사(모집인)를 보험외판원이라고도 한다. 이러한 보험설계사(모집인)는 보험업법상 일정한 자격을 갖춘 자로서 보험협회에 등록하여야 한다(보업 2조 9호·84조·194조 1항, 보업시 27조 이하).

2) 보험설계사(모집인)는 보험자(보험업법에 의하면 보험회사· 보험대리점 또는 보험중개사)에 고용된 피용자인 점에서, 독립된 상인인 「보험대리상」이나 「보험중개인」과 다르다. 보험자와 보험설계사(모집인) 사이의 내부관계는 고용계약[3] 등에 의하여 정하여진다.

3) 보험설계사(모집인)는 보험계약의 체결을 권유하고 중개하는 사실행위만을 하는 자이므로, 보험자를 대리하여 계약체결권 등을 행사할 권한이 없다.[4] 또한 보험설계사(모집인)는 고지수령권도 갖지 못한다고 본다.[5] 그러나 보험설계사는 2014

---

1) 이에 관한 상세는 정찬형, "보험모집인의 법적 지위," 「현대상사법논집」(서울: 도서출판 두남, 1997), 717~739면; 권기범, "보험모집인의 법적 지위에 관한 소고," 「보험법연구 3」(보험법연구회 편)(삼지원, 1999), 126~144면 등 참조.

2) 동지: 정(희), 373면; 양(승), (보) 96면.
   보험업법 제 2 조 9호는 「보험설계사란 보험회사·보험대리점 또는 보험중개사에 소속되어 보험계약의 체결을 중개하는 자(법인이 아닌 사단 및 재단을 포함한다)로서 제84조에 따라 등록된 자를 말한다」라고 규정하고 있다.

3) 동지: 정(희), 373면; 대판 1989. 11. 28, 88 다카 33367(보험설계사는 고용계약이나 도급적 요소가 가미된 위임계약에 바탕을 둔 보험자의 사용인이다).
   반대: 대판 1990. 5. 22, 88 다카 28112(공보 876, 1336)(보험회사의 외무원은 직원에 대한 보수규정과는 별도의 규정과 기준에 따라 보수가 지급되며, 근무도 회사로부터 직접적이고 구체적인 지휘·감독을 받음이 없이 각자의 재량과 능력에 따라 업무를 처리하고 있으므로, 보험회사에 대하여 민법 제655조에 의한 고용관계에 있지 않다); 동 2000. 1. 28, 98 두 9219.

4) 동지: 정(희), 373면; 양(승), (보) 97면; 대판 1979. 10. 30, 79 다 1234.

5) 동지: 정(희), 385면; 양(승), (보) 97면(그러나 입법론으로는 보험모집인에게 고지수령권을 주

년 3월 개정상법에 의하여 (i) 보험자가 작성한 영수증을 보험계약자 등에게 교부하는 경우만 보험계약자 등으로부터 보험료를 수령할 수 있는 권한과 (ii) 보험자가 작성한 보험증권을 보험계약자 등에게 교부할 권한을 갖는다($^{상\ 646조의}_{2\ 3항·4항}$).

보험자는 보험설계사(모집인)가 보험계약자를 모집함에 있어서 보험계약자에게 가한 손해를 배상할 책임이 있다($^{보험\ 102조}_{1항\ 본문}$).[1] 보험자의 보험업법상 이러한 책임은 민법 제756조의 사용자배상책임에 대한 특칙이라고 볼 수 있다.[2] 따라서 보험업법 제102조는 민법 제756조보다 우선 적용되어야 하는데, 보험자에게 보험업법 제102조를 적용함에 있어서도 보험계약자에게 과실이 있는 때에는 보험자의 손해배상책임 및 그 금액을 정함에 있어 마땅히 이를 참작하여야 한다.[3]

어 보험계약자를 보호하는 것이 바람직하다고 한다); 권기범, 전게 보험법연구 3, 136면; 대판 2006. 6. 30, 2006 다 19672·19689(공보 2006, 1425)(보험모집인은 특정 보험자를 위하여 보험계약의 체결을 중개하는 자일 뿐 보험자를 대리하여 보험계약을 체결할 권한이 없고 보험계약자 또는 피보험자가 보험자에 대하여 하는 고지나 통지를 수령할 권한도 없다).

반대: 서·정, 373~374면.

1) 동지: 한(기), (보) 74면, 88~92면.

2) 보험업법 제102조와 민법 제756조의 관계를 청구권경합관계로 보는 견해로는 권기범, 전게 보험법연구 3, 143면.

3) 동지: 대판 1994. 11. 22, 94 다 19617(공보 983, 68); 동 1995. 7. 14, 94 다 19600(공보 998, 2773); 동 1997. 11. 14, 97 다 26425(공보 1997, 3814)(보험대리점의 사용인이 제2종 보통운전면허로 4.5톤 화물트럭을 운전하여도 보험금을 지급받을 수 있다고 잘못 설명하여 보험계약자 겸 피보험자가 보험금을 지급받지 못한 경우, 보험자는 보험업법 제158조〈2003년 5월 29일 개정 제102조〉에 의하여 보험계약자 겸 피보험자에게 손해배상책임을 진다); 동 1998. 6. 23, 98 다 14191(공보 1998, 1956)(보험사업자의 직원이 보험모집을 함에 있어서 보험계약자에게 손해를 가한 경우, 보험업법 제158조〈2003년 5월 29일 개정 제102조〉가 민법 제756조에 우선하여 적용되어야 한다); 동 1998. 11. 27, 98 다 23690(공보 1999, 39)(보험업법 제158조〈2003년 5월 29 일 개정 제102조〉 1항의 규정은 보험모집에 관하여 보험계약자에게 가한 손해에 대하여 보험사업자에게, 그 손해가 보험사업자의 임원·직원의 행위로 인한 경우에는 무과실책임을 지우고 보험모집인과 보험대리점의 행위로 인한 경우에는 무과실책임에 가까운 손해배상책임을 지움으로써 보험계약자의 이익을 보호함과 동시에 보험사업의 건전한 육성을 기하고자 하는 데 그 의의가 있다. 보험모집인과 영업소장은 보험업에 관한 전문가로서 타인의 사망을 보험사고로 하는 보험계약을 체결할 때에는 피보험자인 타인의 서면에 의한 동의를 얻지 않으면 그 보험계약이 무효로 된다는 사실을 보험계약자에게 설명하여 피보험자의 서면동의를 받아오게 하여 보험계약을 체결하도록 조치할 주의의무가 있음에도 불구하고, 보험모집인이 그와 같은 사실 자체를 모른 채 보험계약자의 말만 믿고 피보험자 동의란에 자신이 직접 피보험자인 타인의 서명을 대신하였으며, 영업소 소장은 그 사실을 알고 있으면서도 이를 방치함으로써 보험계약자가 피보험자의 서면동의가 없어도 보험회사가 보험금지급책임을 지는 것으로 잘못 알고 위 보험계약을 체결한 결과, 그 후 피보험자가 교통사고로 사망하는 보험사고가 발생하였으나 위 보험계약이 피보험자의 서면동의가 없었다는 이유로 보험계약자가 보험금을 지급받지 못하게 된 경우, 위 보험모집인과 영업소장이 보험모집을 하면서 범한 위와 같은 잘못과 보험계약자가 보험금을 지급받지 못하게 된 손해 사이에는 상당인과관계가 있으므로 보험회사는 보험업법 제158조〈2003년 5월 29일 개정 제102조〉 1항 소정의 손해배상책임을 진다); 동 1999. 4. 27, 98 다 54830·54847(공보 1999, 1036)(타인의 사망을 보험사고로

하는 보험계약에 있어서 보험계약 체결시 피보험자인 타인의 서면에 의한 동의를 얻지 아니하면 상법 제731조 1항에 위배되어 그 보험계약이 무효가 되는 것이므로, 보험모집인은 보험계약자에게 피보험자의 서면동의 여부에 대하여 구체적이고 상세하게 설명하여 보험계약자로 하여금 피보험자의 서면동의를 받을 기회를 주어 유효한 보험계약을 체결하도록 조치할 주의의무가 있는바, 보험모집인이 보험계약자에게 타인의 사망을 보험사고로 하는 보험계약을 체결할 것을 권유하면서 그와 같은 설명을 하지 아니한 채 미리 준비하여 간 보험청약서 양식에 직접 그 중요내용을 기재하고 보험계약자로부터 그의 인장을 건네받아 보험계약자란에 날인하여 보험청약서를 작성하고, 착오로 보험청약서의 피보험자 동의란에 피보험자의 도장을 받지 않았고, 보험모집인으로부터 그 청약서를 건네받은 보험회사의 대리점 역시 이를 지적하여 보완하게 하지 아니한 상태에서 피보험자가 사망하는 보험사고가 발생한 경우, 보험모집인의 주의의무 위반으로 인하여 보험계약자가 보험금을 지급받지 못하게 되었으므로 보험회사는 보험계약자에게 그 손해를 배상할 의무가 있고, 그 손해의 범위는 보험금 상당액이다); 동 2001. 11. 9, 2001 다 55499 · 55505(공보 2002, 24)(보험회사의 보험모집인은 보험전문가로서 타인의 사망을 보험사고로 하는 보험계약에는 피보험자의 서면에 의한 동의를 얻어야 하는 사실을 보험계약자에게 설명하고 그 서면동의를 받아 보험계약을 체결하도록 조치를 취할 주의의무가 있음에도 불구하고, 보험계약 체결시 위 사실을 모르고 보험계약자에게 설명하여 주지 않아 보험계약자로 하여금 피보험자 동의란에 피보험자의 서명을 대신하게 하여, 보험계약이 피보험자의 서면동의를 얻지 못하였다는 이유로 무효가 되어 보험계약자가 보험금을 받지 못하게 되는 손해를 입게 되었다면, 보험회사는 보험사업자로서 보험업법 제158조 〈2003년 5월 29일 개정 제102조〉 1항에 의하여 보험모집인이 보험모집을 하면서 보험계약자에게 가한 손해를 배상할 책임이 있다); 동 2006. 4. 27, 2003 다 60259(공보 2006, 883)(타인의 사망을 보험사고로 하는 보험계약의 체결에 있어서 보험모집인은 보험계약자에게 피보험자의 서면동의 등의 요건에 관하여 구체적이고 상세하게 설명하여 보험계약자로 하여금 그 요건을 구비할 수 있는 기회를 주어 유효한 보험계약이 체결되도록 조치할 주의의무가 있고, 그럼에도 보험모집인이 위와 같은 설명을 하지 아니하는 바람에 위 요건의 흠결로 보험계약이 무효가 되고 그 결과 보험사고의 발생에도 불구하고 보험계약자가 보험금을 지급받지 못하게 되었다면 보험자는 구 보험업법〈2003. 5. 29. 법률 제6891호로 전문 개정되기 전의 것〉 제158조 1항에 기하여 보험계약자에게 그 보험금 상당액의 손해를 배상할 의무가 있다); 동 2006. 11. 23, 2004 다 45356(공보 2007, 7)(보험사업자의 보험모집인이 보험모집을 함에 있어서 보험계약자에게 손해를 가한 경우에 그 보험모집인의 소속 보험사업자의 배상책임을 규정하고 있는 구 보험업법〈2003. 5. 29. 법률 제6891호로 전문 개정되기 전의 것〉 제158조는 사용자의 배상책임에 관한 일반규정인 민법 제756조에 우선하여 적용되는 것이므로〈대법원 1994. 11. 22. 선고 94 다 19617 판결, 1998. 6. 23. 선고 98 다 14191 판결 등 참조〉, 구 보험업법 제158조 1항에 정한 '모집을 함에 있어서'라는 규정의 뜻은, 보험모집인의 모집행위 그 자체는 아니더라도 그 행위를 외형적으로 관찰할 때 객관적으로 보아 보험모집인의 본래 모집행위와 밀접한 관련이 있거나 유사하여 마치 그 모집행위 범위 내에 속하는 것과 같이 보이는 행위도 포함하는 것으로 새겨야 한다. 따라서 보험모집인이 그의 처로부터 보험에 가입해 달라는 부탁과 함께 보험료를 받아 그 중 일부를 개인적인 용도로 사용한 경우, 보험모집인의 보험료수령행위가 외형상 그의 보험모집과 상당한 관련성이 있는 것으로서 그 모집행위 범위 내에 속하는 것과 같이 보이는 행위라는 이유로 구 보험업법〈2003. 5. 29. 법률 제6891호로 전문 개정되기 전의 것〉 제158조에 의하여 보험사업자는 배상책임을 부담한다); 동 2007. 9. 6, 2007 다 30263(공보 2007, 1537)(보험업법 제 1 조가 정한 같은 법의 목적 및 제102조 1항의 입법 취지에 비추어 보면, 우체국 예금 · 보험에 관한 법률 제 3 조에 의거하여 보험사업을 경영하는 국가 역시 '국가로부터 허가를 받아 보험업을 영위하는 자'와 마찬가지로 그 소속 직원이 보험모집을 함에 있어 보험계약자에게 가한 손해에 대하여는 보험업법 제102조 1항에 따라 이를 배상할 책임을 진다고 보아야 한다. 또한 타인의 사망을 보험사고로 하는 보험계약의 체결에 있어서 보험모집인은 보험계약자에게 피보험자의 서면동의 등의 요건에 관하여 구체적이고 상세하게 설명하여 보험계약자로 하여금 그 요건을 구비할 수 있는 기회를 주어 유효한 보험계약이 체결되도록 조

(4) 보험의(保險醫)

1) 보험의(medical examiner; Untersuchungsarzt)란 「생명보험계약에 있어서 피보험자의 신체·건강상태 그 밖의 위험측정상의 중요한 사항에 대하여 조사하여 이를 보험자에게 제공하여 주는 의사」이다. 이러한 보험의는 진사의(診査醫)라고도 하

치할 주의의무가 있고, 그럼에도 보험모집인이 위와 같은 설명을 하지 아니하는 바람에 위 요건의 흠결로 보험계약이 무효가 되고 그 결과 보험사고의 발생에도 불구하고 보험계약자가 보험금을 지급받지 못하게 되었다면 보험자는 보험업법 제102조 1항에 기하여 보험계약자에게 그 보험금 상당액의 손해를 배상할 의무가 있다); 동 2008. 8. 21, 2007 다 76696(공보 2008, 1284)(타인의 사망을 보험사고로 하는 보험계약의 체결에 있어서 보험설계사는 보험계약자에게 피보험자의 서면동의 등의 요건에 관하여 구체적이고 상세하게 설명하여 보험계약자로 하여금 그 요건을 구비할 수 있는 기회를 주어 유효한 보험계약이 성립하도록 조치할 주의의무가 있고, 보험설계사가 위와 같은 설명을 하지 아니하는 바람에 위 요건의 흠결로 보험계약이 무효가 되고 그 결과 보험사고의 발생에도 불구하고 보험계약자가 보험금을 지급받지 못하게 되었다면 보험자는 보험업법 제102조 1항에 기하여 보험계약자에게 그 보험금 상당액의 손해를 배상할 의무를 진다. 그런데 피보험자의 서면동의의 유효요건을 결하여 보험계약이 무효가 됨에 따라 보험사고의 발생에도 불구하고 보험계약자가 보험금을 지급받지 못하게 된 것이 전적으로 보험계약자의 책임 있는 사유에 의한 것이고, 보험설계사에게 보험계약자 배려의무위반의 잘못이 있다고 하더라도 손해발생과 인과관계가 없으면 보험자는 책임이 없다); 동 2014. 10. 27, 2012 다 22242(공보 2014, 2225)(보험회사 또는 보험모집종사자는 고객과 보험계약을 체결하거나 모집할 때 보험료의 납입, 보험금·해약환급금의 지급사유와 금액의 산출 기준은 물론이고, 변액보험계약인 경우 투자형태 및 구조 등 개별 보험상품의 특성과 위험성을 알 수 있는 보험계약의 중요사항을 명확히 설명함으로써 고객이 정보를 바탕으로 보험계약 체결 여부를 합리적으로 판단을 할 수 있도록 고객을 보호하여야 할 의무가 있고, 이러한 의무를 위반하면 민법 제750조 또는 구 보험업법⟨2010. 7. 23. 법률 제10394호로 개정되기 전의 것, 이하 같다⟩ 제102조 제 1 항에 따라 이로 인하여 발생한 고객의 손해를 배상할 책임을 부담한다. 여기서 보험회사 또는 보험모집종사자가 고객에게 보험계약의 중요사항에 관하여 어느 정도의 설명을 하여야 하는지는 보험상품의 특성 및 위험도 수준·고객의 보험가입경험 및 이해능력 등을 종합하여 판단하여야 하지만, 구 보험업법 제97조 제 1 항, 제95조 제 1 항, 구 보험업법 시행령⟨2011. 1. 24. 대통령령 제22637호로 개정되기 전의 것⟩ 제42조 등에서 규정하는 보험회사와 보험모집종사자의 의무 내용이 유력한 판단 기준이 된다. 그리고 보험계약의 중요사항은 반드시 보험약관에 규정된 것에 한정된다고 할 수 없으므로, 보험약관만으로 보험계약의 중요사항을 설명하기 어려운 경우에는 보험회사 또는 보험모집종사자는 상품설명서 등 적절한 추가자료를 활용하는 등의 방법으로 개별 보험상품의 특성과 위험성에 관한 보험계약의 중요사항을 고객이 이해할 수 있도록 설명하여야 한다. 보험계약 체결에 설명의무 위반이 있는 경우에 이후 보험약관에 따른 해약환급금이 지급되었다면, 보험계약자가 설명의무 위반으로 입은 손해는 납입한 보험료 합계액에서 지급받은 해약환급금액을 공제한 금액 상당이다. 그런데 갑이 을 보험회사의 보험모집인 병이 보험계약 체결 당시 보험계약의 중요한 내용을 충분히 설명하지 아니하였음을 이유로 을 회사를 상대로 손해배상을 구하였는데, 을 회사가 보험계약이 실효됨에 따라 갑이 해약환급금을 지급받을 수 있으므로 사실심 변론종결 시를 기준으로 인정되는 해약환급금 상당액을 손해액에서 공제하여야 한다고 주장한 사안에서, 해약환급금청구권에 관하여 소멸시효가 완성될 수 있는 점, 발생한 손해 상당액이 납입 보험료 전액임을 기초로 과실상계를 하여 배상액을 산정한 손해배상소송의 사실심 변론종결 후 또는 그와 같은 손해배상금 지급 후에 보험계약자가 보험자를 상대로 해약환급금을 청구하는 경우에는 신의칙상 보험자가 약관에 따른 해약환급금 중 보험자 측의 과실비율에 상응하는 금액의 지급을 거절할 수 있다고 볼 수 있는 점 등을 고려하면, 해약환급금이 실제로 지급되지 않은 이상 손해액에서 공제할 수 없다).

는데, 인보험자의 보조자이다.

　2) 이러한 보험의는 보험자와의 사이에 고용계약 또는 위임계약을 체결하고 이에 의하여 보험자에게 그의 의학적 자료와 정보를 제공하지만, 보험의에게는 보험영업에 관한 대리권이 없으므로 「상업사용인」이 아니다.[1]

　3) 보험의는 상업사용인이나 보험대리상(체약대리상)은 아니나, 고지수령권이 있고 그의 고의 또는 중과실은 보험자의 그것과 같은 효력을 갖는 경우가 있다(통설).

제 2 보험의 목적

　(1) 보험의 목적(versicherte Sache)이란 「보험사고 발생의 객체가 되는 피보험자의 재화(손해보험의 경우) 또는 피보험자의 생명·신체(인보험의 경우)」이다. 보험자는 이러한 객체에 대하여 보험사고가 발생한 경우에 그로 인한 손해의 보상 또는 일정한 보험금액을 지급할 책임을 지는 것이므로, 보험계약에서 보험의 목적이 무엇인가를 구체적으로 정하여야 한다($\frac{상\ 666조}{1호\ 참조}$).

　이러한 보험의 목적은 후술하는 「보험계약의 목적」과 구별된다. 보험계약의 목적은 손해보험에 있어서의 피보험이익($\frac{보험사고가\ 발생하지\ 아니함으로써}{피보험자가\ 갖는\ 경제적\ 이해관계}$)을 말한다($\frac{상}{668조}$).

　(2) 손해보험의 목적은 물건보험($\frac{적극}{보험}$)의 경우는 경제적 이익이 있는 건물·운송물·선박·기계 등이나, 협의의 재산보험($\frac{소극보험,\ 즉}{책임보험}$)의 경우는 채권 또는 피보험자의 책임이다.

　보험의 목적은 물건보험의 경우는 단일물건일 수도 있고(개별보험), 집합된 물건일 수도 있다(집합보험). 보험의 목적이 집합된 물건인 경우(집합보험의 경우)에는 그 물건이 처음부터 확정되어 있는 보험($\frac{특정보험}{상\ 686조}$―)과 그 물건이 보험기간중에 수시로 바뀌는 것이 예정된 보험이 있다($\frac{총괄보험}{상\ 687조}$―).

　(3) 인보험의 목적은 사람의 생명·신체이므로 자연인에 한하는데, 다만 사망보험의 경우 15세 미만자·심신상실자 또는 심신박약자는 보험의 목적인 피보험자가 될 수 없다($\frac{상}{732조}$). 자연인인 이상 개인(개인보험) 또는 단체(단체보험)가 보험의 목적이 될 수 있는데, 단체보험의 경우에는 구성원이 수시로 바뀔 수 있다($\frac{상}{의 3}$735조).

---

1) 동지: 양(승), (보) 98~99면.

제 3 보험사고

1. 의   의

보험사고(accident or risk covered; Versicherungsfall)란 「보험계약에서 보험자의 책임을 구체화시키는 우연한 사고」를 말한다. 보험은 이러한 우연한 사고를 대비하는 것이므로, 보험사고는 보험계약에 있어서 필수불가결한 요소를 이루고 있다$\binom{\text{위험이 없으면}}{\text{보험도 없다}}\binom{\text{666조 2호}}{\text{참조}}$.

우리 상법은 손해보험에서의 보험사고를 「위험」(Gefahr)이라고도 하는데$\binom{\text{상 647조,}}{\substack{652조, \\ 653}}$조), 이 때 「위험」이란 엄격히 말하면 '보험사고 발생의 가능성을 측정하는 상태'$\binom{\text{상 647조}}{\text{참조}}$ 또는 '보험사고 발생의 가능성'$\binom{\text{상 652조,}}{653조.}$을 의미한다고 볼 수 있다.[1]

2. 요   건

개별적인 보험사고의 내용은 보험의 종류에 따라 다르나, 일반적인 요건은 다음과 같다.[2]

1) 보험사고는 「우연한」(불확정한)[3] 것이어야 한다. 이 때 우연이란 '보험계약의 성립 당시에, 그 사고의 발생여부$\binom{\text{예컨대, 화재보험}}{\text{에서의 화재}}$ 또는 발생시기$\binom{\text{예컨대, 사망보험}}{\text{에서의 사망}}$ 등이 확정되어 있지 아니한 것'을 말한다.[4]

---

1) 동지: 정(희), 375면; 양(승), (보) 100면.

2) 정(희), 375~376면; 양(승), (보) 100~101면.

3) 한(기), (보) 6면('우연성'은 보험사고의 불확정성뿐만 아니라 다른 다양한 의미로도 널리 사용되고 있으므로, '우연성' 대신에 보험사고의 '불확정성'이라고 표현하는 것이 바람직하다고 한다).

4) 대판 2001. 7. 24, 2000 다 20878(공보 2001, 1915)(동산종합보험에 의하여 보상되는 '우연한 사고로 입은 손해'라 함은 보험계약의 성립 당시 그 발생 여부나 발생시기 또는 발생방법 등이 객관적으로 확정되지 아니한 사고로 인한 손해를 의미하는데, 리스물건이 리스이용자 측의 처분행위에 의하여 없어진 것이라 할지라도, 보험계약 성립 당시에는 사고의 발생여부나 그 시기와 방법 등이 객관적으로 확정되어 있지 아니하였으므로, 위 사고는 '우연한 사고'에 해당한다; 동 2012. 8. 17, 2010 다 93035(공보 2012, 1548)(공인중개사의 업무 및 부동산 거래신고에 관한 법률 제42조에 의하여 한국공인중개사협회〈이하 '협회'라고 한다〉가 운영하는 공제사업은, 비록 보험업법에 의한 보험사업은 아닐지라도 성질에 있어서 상호보험과 유사하고 중개업자가 그의 불법행위 또는 채무불이행으로 거래당사자에게 부담하게 되는 손해배상책임을 보증하는 보증보험적 성격을 가진 제도로서 협회가 중개업자와 체결하는 공제계약은 기본적으로 보험계약의 본질을 갖고 있으므로, 적어도 공제계약이 유효하게 성립하기 위해서는 공제계약 당시에 공제사고의 발생 여부가 확정되어 있지 않아야 한다는 '우연성'과 '선의성'의 요건을 갖추어야 한다. 여기서 '우연성'이란 특정인의 의사와 관계없는 사고라는 의미의 우연성을 뜻하는 것이 아닐 뿐만 아니라, 특정인의 어느 시점에서의 의도와 장래의 실현 사이에 필연적·기계적인 인과관계가 인정되는 것도 아니므로, 중개업자가 장래 공제사고를 일으킬 의도를 가지고 공제계약을 체결하고 나아가 실제로 고의로 공제사고를 일으켰다고 하더라도, 그러한 사정만으로는 공제계약 당시 공제사고의 발생 여부가 객관적으로

이러한 보험사고의 우연성은 원칙적으로 객관적으로 판단하여야 할 것이므로, 보험계약 당시에 보험사고가 이미 발생하였거나 또는 발생할 수 없는 것인 때에는 그 보험계약은 무효가 된다(상법 644조 본문).[1] 그러나 보험계약의 선의계약성에 비추어 객관적으로는 이미 그 보험사고의 발생여부가(즉, 발생하였거나 발생할 수 없음이) 확정되어 있는 경우에도 보험자와 보험계약자 및 피보험자가 그 사실을 알지 못한 때에는(즉, 주관적으로 알지 못한 때에는) 예외적으로 그 보험계약은 유효하다(상법 644조 단서). 왜냐하면 보험계약의 당사자쌍방과 피보험자가 주관적으로 알지 못하고 있는 한 객관적으로 확정되어 있는 사실을 보험사고로 하는 계약을 유효로 하더라도 그것이 악용될 염려가 없고, 또 소급보험의 경우에는 이것을 인정할 실제상의 필요도 있기 때문이다.

2) 보험사고는 발생이 「가능한」 것이어야 한다. 따라서 발생할 수 없는 사고(예컨대, 항해불능의 선박에 대하여 항해사고를 보험사고로 한 보험계약)나 발생한 사고(예컨대, 이미 소실한 건물에 대하여 화재를 보험사고로 한 보험계약, 암 진단의 확정 및 그와 같이 확진이 된 암을 직접적인 원인으로 한 사망을 보험사고로 하는 보험계약에서 피보험자가 보험계약일 이전에 암 진단이 확정되어 있는 경우[2])를 보험사고로 한 보험계약은 무효가 된다

확정되어 있다고 단정하여 우연성이 결여되었다고 보거나 공제계약을 무효라고 볼 수 없다).

1) 상법 제644조 소정의 보험사고의 객관적 확정에 해당한다고 본 판례: 대판 2010. 4. 15, 2009 다 81623(공보 2010, 878)(상법 제644조의 규정에 의하면, 보험계약 당시에 보험사고가 발생할 수 없는 것인 때에는 보험계약의 당사자 쌍방과 피보험자가 이를 알지 못한 경우가 아닌 한 그 보험계약은 무효로 되는바, 보증보험계약은 기본적으로 보험계약으로서의 본질을 갖고 있으므로, 적어도 계약이 유효하게 성립하기 위해서는 계약 당시에 보험사고의 발생 여부가 확정되어 있지 않아야 한다는 우연성과 선의성의 요건을 갖추어야 한다. 따라서 갑과 을이 통모하여 실제 임대차계약을 체결하거나 임대차보증금을 수수함이 없이 은행으로부터 대출을 받기 위하여 허위로 갑을 임대인, 을을 임차인으로 하는 임대차계약서를 작성한 후, 갑이 보증보험회사와 그 임대차계약을 주계약으로 삼아 임대인이 임대차보증금반환의무를 불이행하는 보험사고가 발생할 경우 보증보험회사가 보험금수령권자로 지정된 은행에 직접 보험금을 지급하기로 하는 내용의 보증보험계약을 체결하고, 은행은 을로부터 그 보증보험계약에 따른 이행보증보험증권을 담보로 제공받고 을에게 대출을 한 사안에서, 위 보증보험계약은 성립할 당시 주계약인 임대차계약이 통정허위표시로서 아무런 효력이 없어 보험사고가 발생할 수 없는 경우에 해당하므로 상법 제644조에 따라 무효이다. 이때 상법 제644조 단서는 보험자와 보험계약자 및 피보험자가 선의인 경우에는 예외적으로 보험사고의 발생이 확정되어 있는 경우라도 보험계약을 유효로 하고 있는데, 이는 예외 사유로서 계약의 관련자들 모두가 선의일 것을 요구하는 것이므로 본 건의 경우는 이에 해당하지 않는다).

상법 제644조 소정의 보험사고의 객관적 확정에 해당하지 않는다고 본 판례: 대판 2000. 6. 9, 98 다 54397(공보 2000, 1603)(피보험자가 생산한 제품으로 인하여 타인의 재물을 손괴하여 법률상 배상책임을 부담함으로써 입는 손해를 보상하기로 하는 영업배상책임보험계약의 보험사고는 제품〈포도봉지〉의 파손사고 자체가 아니라 그 파손으로 인한 타인의 재물〈포도〉의 손괴이므로 상법 제644조 소정의 보험사고의 객관적 확정에 해당하지 않는다); 동 2001. 9. 18, 2001 다 14917·14924(공보 2001, 2243)(제작물공급계약상의 채무자가 부담하는 선금반환의무의 이행을 보증하는 보험계약에서 제작물공급계약상의 채무자가 영업을 폐업하는 신고를 한 것이 이 사건 기계의 제작·설치의무를 이행할 수 없게 되었다고 할 수 없어 상법 제644조에서 규정한 보험사고의 객관적 확정에 해당하지 않는다).

2) 대판 1998. 8. 21, 97 다 50091(공보 1998, 2284)(보험사고의 객관적 확정의 효과에 관하여 규정하고 있는 상법 제644조는 사고발생의 우연성을 전제로 하는 보험계약의 본질상 이미 발생이 확

($\frac{\text{상}}{\text{본문}}$^{644조}). 이러한 상법의 규정은 강행규정이라고 볼 수 있으므로 당사자간의 합의에 의하여 이 규정에 반하는 보험계약을 체결하더라도 그 계약은 무효이다.[1] 그러나 이 때의 보험사고의 발생가능성은 객관적으로 발생할 수 있는 경우뿐만 아니라, 위에서 본 바와 같이 보험계약의 당사자와 피보험자가 주관적으로 보험사고가 이미 발생하였거나 또는 발생할 수 없는 것임을 알지 못한 경우를 포함한다($\frac{\text{상}}{\text{단서}}$^{644조}).

3) 보험사고는 「일정한 보험의 목적에 대한 것으로서 그 범위는 특정」되어야 한다. 예컨대, 건물에 대한 화재보험의 경우에 그 건물은 보험의 목적으로서 특정되어야 하고, 또한 보험사고의 범위는 화재로 특정된다. 이러한 것은 보통 보험계약에 의하여 특정된다.[2] 보험사고를 일정한 보험의 목적에 대한 것으로 제한하는 것은

정된 보험사고에 대한 보험계약은 허용되지 아니한다는 취지에서 보험계약 당시 이미 보험사고가 발생하였을 경우에는 그 보험계약을 무효로 한다고 규정하고 있고, 암 진단의 확정 및 그와 같이 확진이 된 암을 직접적인 원인으로 한 사망을 보험사고의 하나로 하는 보험계약에서 피보험자가 보험계약일 이전에 암 진단이 확정되어 있는 경우에는 보험계약을 무효로 한다는 약관조항은 보험계약을 체결하기 이전에 그 보험사고의 하나인 암 진단의 확정이 있었던 경우에 그 보험계약을 무효로 한다는 것으로서 상법 제644조의 규정 취지에 따른 것이라고 할 것이므로, 상법 제644조의 규정 취지나 보험계약은 원칙적으로 보험가입자의 선의를 전제로 한다는 점에 비추어 볼 때, 그 약관조항은 그 조항에서 규정하고 있는 사유가 있는 경우에 그 보험계약 전체를 무효로 한다는 취지라고 보아야 할 것이지, 단지 보험사고가 암과 관련하여 발생한 경우에 한하여 보험계약을 무효로 한다는 취지〈보험금 지급을 면할 수 있는 취지〉라고 볼 수는 없다. 또한 이러한 약관규정이 약관의 규제에 관한 법률 제 6 조 1항·2항 1호가 규정하고 있는 신의성실의 원칙에 반하거나 고객에 대하여 부당하게 불리하여 공정을 잃은 조항으로서 무효라고 할 수 없고, 같은 법 제 7 조 제 2 호가 규정하고 있는 상당한 이유 없이 사업자의 손해배상범위를 제한하거나 사업자가 부담하여야 할 위험을 고객에게 이전시키는 조항으로서 무효라고 볼 수도 없다).

1) 동지: 대판 2002. 6. 28, 2001 다 59064(공보 2002, 1802)(보험계약이 체결되기 전에 보험사고가 이미 발생하였을 경우, 보험계약의 당사자 쌍방 및 피보험자가 이를 알지 못한 경우를 제외하고는 그 보험계약을 무효로 한다는 상법 제644조의 규정은, 보험사고는 불확정한 것이어야 한다는 보험의 본질에 따른 강행규정으로, 당사자 사이의 합의에 의해 이 규정에 반하는 보험계약을 체결하더라도 그 계약은 무효임을 면할 수 없다).

2) 보험사고의 발생으로 본 판례로는 대판 2003. 1. 24, 2002 다 33496(공보 2003, 714)(손해보험에 있어서 전세금담보에 관한 '보험의 목적이 보통약관 소정의 손해〈화재에 따른 손해·화재에 따른 소방손해·화재에 따른 피난손해〉를 입고 전세계약이 유지될 수 없을 경우에 점포임대자로부터 임차한 점포의 전세금을 돌려받지 못함으로써 발생한 손해를 임대차계약시에 명시된 전세금을 한도로 보상하는 것'을 내용으로 하는 특약은 화재로 인하여 임대차목적물이 소실되는 등의 사유로 임대차계약이 종료되는 경우에 임차인이 임대인으로부터 전세금의 전부나 일부를 반환받지 못하게 되는 손해를 담보하기 위한 것으로서, 이 경우 '전세금을 돌려받지 못한다'라고 함은 임차인이 전세금을 사실상 반환받지 못하는 상태에 있으면 족한 것이고, 임차인이 임대인에 대하여 전세금반환청구권을 가지고 있는지 여부 및 그 전세금을 반환받을 가능성이 있는지 여부 등은 위 특약에 따른 보험금청구권의 행사에 아무런 영향이 없다고 봄이 상당하다); 동 2010. 7. 22, 2010 다 28208·28215(공보 2010, 1659)(갑 보험회사의 보험계약 약관에서 말하는 암 수술급여금의 지급 대상인 '수술'에 폐색전술이 해당하는지 여부가 문제된 사안에서, 보험계약 약관 제 5 조에서는 암보험급여의 대상이 되는 수술을 특정암 또는 일반암의 치료를 직접적인 목적으로 수술을 받는 행위라고만 규정하고 있을 뿐 의료계에서 표준적으로 인정되는 수술이라고 제한하고 있지 않고, 위

보험자는 보험단체에 들어온 경제상의 재화나 사람에 대하여 발생하는 사고에 대하여서만 담보하는 보험의 성질에서 당연하다고 보겠다.

보험사고의 범위는 보험의 종류에 따라 정하여지는데, 한 가지로 한정되는 경우도 있고(화재보험·사망보험 등), 운송이나 항해에 관하여 발생할 수 있는 모든 사고(운송보험·해상보험)라고 하는 것과 같이 포괄적으로 한정되는 경우도 있다.

제 4 보험기간과 보험료기간

1. 보험기간(duration of coverage; Versicherungsperiode, Haftungsbeginn und ende)

(1) 보험기간의 의의

보험기간이란 「보험자의 책임이 시작되어 종료하는 기간, 즉 그 기간 내에 보험사고가 발생함으로써 보험자가 책임을 지게 되는 기간」을 말하는데, 이 기간을 책임기간(위험기간)이라고도 한다. 이러한 보험기간은 개념상 보험계약이 성립하여 존속하는 기간인 보험계약기간과 구별된다. 보험기간은 당사자간에 이에 관한 특약이 없으면 보험계약기간과 일치하지만, 보험자의 책임기간을 명백히 하고 당사자간의 분쟁을 막기 위하여 실제로는 보험기간을 특약하는 것이 보통이다. 예컨대 화재보험약관에서의 보험기간은 보험료를 영수한 날의 오후 4시에 시작하여 보험계약기간의 최종일의 오후 4시에 종료하는 것으로 규정하고 있다.

보험기간은 당사자간에 다른 약정이 없으면 최초의 보험료의 지급을 받은 때로부터 시작한다(상 656조). 그러나 상법에 의하여 보험기간이 정하여지는 경우도 있다(상 688조, 699조, 700조). 보험자는 이 보험기간의 전후에 생긴 보험사고에 대하여는 (보험계약이 성립하고 보험료의 지급이 있었다고 하더라도) 보험금의 지급책임을 지지 않는다. 그러나 이 기간 안에 보험사고가 발생한 이상, 보험기간 경과 후에 손해가 발생하더라도 보험자의 책임은 인정된다.[1]

약관에서 수술의 의미를 구체적으로 명확하게 제한하고 있지도 않으므로, 가는 관을 대동맥에 삽입하여 이를 통해 약물 등을 주입하는 색전술도 넓은 의미의 수술에 포함될 여지가 충분히 있고, 갑 보험회사는 병원에 직접 을의 치료내용을 확인한 후 3년 3개월 동안 19회에 걸쳐 합계 1억 1,400만 원의 암 수술급여금을 지급해 왔으므로, 을이 받은 폐색전술은 보험계약 약관 제 5 조의 수술에 해당한다고 봄이 상당하고, 이러한 해석론이 약관 해석에 있어서의 작성자 불이익의 원칙에도 부합하는 것이라고 하여, 폐색전술이 보험계약 약관상 수술에 해당하지 않는다고 본 원심판결을 파기한다).

1) 동지: 정(희), 377면; 양(승), (보) 105면; 대판 2002. 11. 8, 2000 다 19281(공보 2003, 6)(이행보증보험계약은 그 보험기간의 범위 내에서 주계약에서 정한 채무의 이행기일에 채무를 이행하

(2) 소급보험(Rückwärtsversicherung)

소급보험이란 「보험계약의 성립 전의 어느 시기를 보험기간의 시기(始期)로 한 보험」을 말한다($\overset{상}{643조}$). 보험기간은 위에서 본 바와 같이 보험계약이 성립한 뒤의 어느 시기에 개시하는 것이 보통이지만, 필요에 따라서는 그 계약이 성립하기 전의 어느 시기를 보험기간의 시기(始期)로 하는 경우가 있는데(운송 중의 물건에 대하여 해상적하 보험계약을 체결하면서 하물〈荷物〉의 선적시를 보험기간의 시기〈始期〉로 하거나, 생명보험계약을 체결하면서 청약시를 보험기간의 시기〈始期〉로 하는 경우 등), 이 때 소급보험이 발생한다.

이러한 소급보험은 보험자와 보험계약자 및 피보험자가 보험사고의 발생을 알지 못한 것을 전제로 한다($\overset{상}{단서}$644조).[1] 만일 보험계약자와 피보험자가 보험사고의 발생을 알고 있으면서 보험계약을 체결한 경우에는 그 보험계약은 무효가 되고 ($\overset{상}{본문}$644조), 보험계약자는 보험자로부터 보험료를 반환받을 수 없다($\overset{상}{648조}$).

2. 보험료기간(premium period; Prämienperiode)

(1) 보험료기간의 의의

보험료기간이란 「보험료를 산출하는 단위기간」을 말한다. 보험료는 일정한 기간을 단위로 하여 그 기간 안에 생기는 보험사고의 발생률을 통계적으로 산출하여 그 위험률에 따라 정하여지는데, 이를 보험료기간이라고 한다.[2] 이러한 보험료기간은 이와 같이 보험수리(數理)의 원칙에 의하여 정하여지는데, 보통 1년을 단위로 하여 정하여진다(瑞〈스위스〉保 19조 1항 참조). 보험료기간은 보험기간과는 다른 개념으로 양 기간은 일치하는 경우도 있으나(예컨대, 화재보험), 일치하지 않는 경우도 있다(예컨대, 운송보험의 경우는 보험기간이 보험료기간보다 짧고, 생명보험의 경우는 보험기간이 수 개의 보험료기간으로 나뉘어 있다).

지 아니함으로써 발생한 피보험자가 입은 손해를 보상하기로 하는 보험계약이므로, 주계약의 당사자 사이에서 그 채무 이행기일이 보험기간 경과 후로 연장되었다면 특별한 사정이 없는 한 보험금 지급의무가 발생하지 않을 것이나, 일단 보험기간 내의 이행기일에 채무를 이행하지 아니하여 보험사고가 발생한 이상, 피보험자가 보험기간이 지나도록 보험금 청구를 하지 아니하였다고 하여 보험금청구권이 소멸될 이유는 없다).

1) 이 경우에도 보험기간 이전에 발생한 보험사고에 대하여 보험자는 보험금지급의무가 없다는 판례로는 대판 2004. 8. 20, 2002 다 20889(공보 2004, 1569)(상법 제644조는 "보험계약 당시에 보험사고가 이미 발생하였거나 또는 발생할 수 없는 것인 때에는 그 계약은 무효로 한다. 그러나 당사자 쌍방과 피보험자가 이를 알지 못한 때에는 그러하지 아니하다"라고 규정하고 있는데, 보험계약의 당사자 쌍방 및 피보험자가 모두 선의이어서 위 단서가 적용되는 경우라 할지라도 그 보험계약에서 정한 책임개시시기 이후 발생한 보험사고에 대하여 보험자에게 보험금지급의무가 인정될 수 있을 뿐이고, 보험계약에서 정한 책임개시시기 이전에 보험사고가 발생한 경우 이는 그 보험자가 인수하지 아니한 위험에 해당하므로 보험금지급의무가 인정될 여지는 없다).

2) 동지: 양(승), (보) 106면.

(2) 보험료불가분의 원칙

보험료불가분의 원칙이란 「보험료기간 내의 위험을 불가분적인 것으로 보아 그 기간 내의 보험료도 불가분의 성질을 갖게 된다는 원칙」이다($^{瑞\langle스위스\rangle保}_{을\ 명문으로\ 규정하고\ 있음}$ 제24조는 이것). 우리 상법은 이에 관하여 명문의 규정을 두고 있지는 않으나, 간접적으로 이러한 원칙을 반영한 규정이 있다($^{상\ 669조}_{1항\ 단서\ 등}$). 따라서 이러한 원칙에 의하여 보험자가 보험료기간의 일부에 대하여만 위험을 부담하였다고 하더라도 보험자는 그 기간의 위험을 전부 인수한 것으로 보아, 그 후에 계약이 실효되거나 해지되더라도 보험계약자는 나머지 기간에 대한 보험료의 반환을 청구하지 못한다. 그러나 약관에서는 보험계약이 해지 또는 실효된 경우에 보험자는 일할(日割)계산을 하여 보험료를 반환하도록 정하는 경우가 많다($^{화재보험표준}_{약관\ 15조\ 등}$).

제5 보험금액과 보험료

1. 보험금액(sum insured; Versicherungssumme)

(1) 보험금액이란 「보험자가 보험사고가 발생한 때에 피보험자(손해보험) 또는 보험수익자(인보험)에게 지급하여야 할 금액」을 말한다. 보험액은 원칙적으로 금전으로 지급하지만, 예외적으로 현물급여($^{유리보험에}_{서의\ 유리}$) 또는 그 밖의 급여($^{상해보험에서}_{의\ 치료행위}$)로 할 수도 있다($^{상\ 638조}_{참조}$). 또한 보험금액은 일시에($^{정액보험의\ 경우}_{는\ 일시금보험}$) 지급되기도 하고, 분할하여 ($^{정액보험의\ 경우}_{는\ 연금보험}$) 지급되기도 한다.

(2) 보험금액은 정액보험과 손해보험에 따라 그 의미에 차이가 있다. 즉 보험자는 생명보험과 같은 정액보험의 경우에는 보험계약에서 정한 보험금액을 보험사고 발생시에 지급할 의무를 지나($^{상}_{730조}$), 손해보험의 경우에는 보험사고로 인한 실손해액을 보상하는 것이므로($^{상}_{665조}$) 보험계약에서 예정한 보험금액과 보험사고의 발생시에 보험자가 지급하는 보험금액이 일치하지 않는 경우가 많다. 따라서 손해보험의 경우 보험금액은 보험자의 손해보상책임의 최고한도액(pecuniary limits of liability)을 의미하기도 하고, 그 보험사고로 인한 손해보상액을 의미하기도 한다.[1]

보험자의 보험금액의 지급의무는 보험기간 내에 보험사고가 발생하는 것을 조건으로 하므로, 보험기간 내에 보험사고가 발생하지 아니하고 보험기간이 종료하면 보험자는 보험금액을 지급할 필요 없이 보험계약이 종료한다.[2]

---

1) 동지: 양(승), (보) 104면; 정(희), 378면.
2) 동지: 정(희), 378면.

2. 보험료(premium; Prämie)

(1) 보험료의 의의

보험료란 「보험계약에서 보험자의 보험금지급채무에 대한 대가로서 보험계약자가 지급하는 금액(반대급여)」이다($\frac{상}{638조}$).

(2) 보험료의 산출

1) 보험료는 대수(大數)의 법칙에 따라 보험단체 안에서 발생하는 보험사고의 발생률을 기초로 하여 산출하는데, 보험료총액과 보험금총액이 균형을 유지하도록 계산된다. 따라서 보험사고의 발생률(보험요율)을 w, 보험금액을 S, 보험료를 P라 하면 $P = wS$가 된다. 이 때 $w = \frac{보험금수령자수(r)}{보험계약자수(n)}$이므로 $P = \frac{r}{n}S$가 된다 (따라서 동등한 조건 하에 있는 건물에 대한 보험가입자수가 1,000명이고, 보험금수령자수가 3명이며, 한 건물당 보험금액이 1억원이면 보험료는 1억원×3/1,000=300,000원이다). 이와 같이 계산된 보험료를 순보험료라 하고, 이에 영업비용 등을 부가하여 영업보험료가 산정된다.

2) 적정한 보험료의 산출은 모든 보험계약자를 위하여 필요하므로 보험업법은 보험자가 금융위원회로부터 보험사업의 허가를 받을 때에 그 신청서에 반드시 보험료산출방법서를 첨부하도록 하고($\frac{보업}{5조 3호}$), 보험자는 금융위원회의 인가를 받아 보험요율산출기관을 설립할 수 있도록 하고 있다($\frac{보업}{176조 1항}$).

(3) 제 1 회 보험료(first premium; die erste Prämie)와 제 2 회 이후의 보험료 (further premium; die folgende Prämie), 최초보험료(Erstprämie)와 계속보험료(Folgeprämie)

제 1 회 보험료란 「첫번째 지급하는 보험료」를 말하고, 제 2 회 이후의 보험료란 「그 후에 지급하는 보험료」를 말한다. 이에 반하여 최초보험료란 「보험자의 책임을 시작하게 하는 보험료」이고, 계속보험료란 「일단 시작한 보험자의 책임을 계속 이어지게 하는 보험료」이다. 따라서 최초보험료는 항상 제 1 회 보험료가 되지만, 제 1 회 보험료가 항상 최초보험료가 되는 것은 아니다. 즉, 제 1 회 보험료의 지급을 유예하는 경우에는 먼저 보험자의 책임이 개시되고 난 후에 제 1 회 보험료의 지급이 있게 되므로, 이 경우의 제 1 회 보험료는 최초보험료가 아니고 계속보험료가 된다. 또한 제 2 회 이후의 보험료는 항상 계속보험료가 된다. 이들의 관계는 다음과 같다.[1]

---

1) 이에 관한 상세는 장경환, "보험약관상의 실효약관의 효력," 「사법행정」, 1991. 10, 16~18면 참조.

```
                   ┌─ 지급의 유예가 없는 보통의 경우 ─ 최초보험료
        제 1 회 보험료 ─┤
                   └─ 지급의 유예가 있는 특별한 경우 ─┐
        제 2 회 이후의 보험료 ──────────────────────── 계속보험료
```

(4) 보험료의 감액 또는 반환청구

보험계약의 당사자가 특별한 위험을 예기하여 보험료의 액을 정한 경우에 이 보험기간 중 그 예기한 위험이 소멸한 때에 보험계약자는 그 후의 보험료의 감액을 청구할 수 있고($\frac{상}{647조}$), 보험계약의 전부 또는 일부가 무효인 경우에 보험계약자와 피보험자 또는 보험계약자와 보험수익자가 선의이고 중대한 과실이 없는 때에는 보험자에 대하여 보험료의 전부 또는 일부의 반환을 청구할 수 있다($\frac{상}{648조}$).

제 3 절 보험계약의 체결

제 1 총   설

보험계약은 앞에서 본 바와 같이 불요식·낙성계약이므로 보험자와 보험계약자 사이에 의사의 합치만 있으면 성립하는데, 보험계약의 특성상 상법은 보험계약의 체결시에 보험계약자 측에게는 고지의무를 부과하고($\frac{상}{651조}$), 보험자 측에게는 보험증권의 교부의무($\frac{상}{640조}$)를 부과하고 있다. 이하 보험계약의 체결과 관련하여서는 보험계약의 성립, 고지의무, 보험증권에 관하여 살펴보기로 한다.

제 2 보험계약의 성립

1. 보험계약의 청약

(1) 보험계약은 불요식·낙성계약이므로 보험계약의 청약은 구두에 의하든 서면에 의하든 상관이 없고, 전화에 의한 청약도 가능하다. 그러나 실제의 거래에서 보험청약자는 보험자나 그 대리인이 비치하고 있는 청약서(Antragschein)에 의하여 청약을 한다. 즉, 실제의 보험거래에서 보험계약청약자는 보험설계사(모집인)의 권유에 따라 보험계약청약서에 일정한 사항을 기재하여 이와 함께 제 1 회 보험료상당

액을 납입하고 보험료가수증 또는 보험료영수증을 받게 되는데,[1] 이 경우에 보험설계사(모집인)는 계약체결권이 없으므로 보험설계사(모집인)는 계약체결권자인 보험자 또는 보험대리점에게 그 청약서 등을 송부한다.[2]

이러한 보험계약의 청약은 보험계약자의 대리인이 할 수도 있다($\frac{\text{상 646조}}{\text{참조}}$).[3]

(2) 이러한 보험계약의 청약은 보험자가 승낙여부를 결정할 수 있는 기간 내에는 청약자가 임의로 철회할 수 없는 것으로 본다[4]($\frac{\text{민}}{\text{527조}}$).

2. 보험계약의 승낙

(1) 승낙의 통지

보험계약은 청약에 대하여 보험자가 승낙의 통지를 발송한 때에 성립한다[5] ($\frac{\text{민}}{\text{531조}}$). 승낙의 방법에는 청약의 경우와 같이 제한이 없다. 다만 승낙기간 내($\frac{\text{또는 상당}}{\text{기간 내}}$)에 도달할 것을 조건으로 한다($\frac{\text{민 528조}}{\text{1항, 529조}}$). 그러나 영리보험의 경우 보험자는 상인이므로($\frac{\text{상 4조,}}{\text{46조 17호}}$) 보험계약은 상사계약이 된다. 따라서 이 때에는 상사계약의 성립에 관한 상법의 규정이 적용되어, 대화자간에는 보험자가 즉시 승낙을 하여야 보험계약이 성립한다($\frac{\text{상}}{\text{51조}}$).

(2) 낙부(諾否)통지의무와 승낙의제

보험자는 청약자의 청약서를 검토하고 또 인보험에서는 필요한 경우 피보험자의 건강상태를 검사하여 이러한 사항 등을 기초로 하여 그 보험의 인수 여부를 결정하여 승낙의 통지를 발송하는데, 이 경우 보험자가 상당한 기간이 지나도록 낙부

---

1) 보험업법상 모집행위의 규제에 관한 상세는 이성남, "보험업법상 모집행위의 규제에 관한 연구," 법학박사학위논문(고려대, 2013. 2) 참조.

2) 동지: 정(희), 380면.

3) 동지: 대판 2001. 7. 27, 2001 다 23973(공보 2001, 1949)(상법 제638조의 3 제1항 및 약관의 규제에 관한 법률 제3조의 규정에 의하여 보험자는 보험계약을 체결할 때 보험계약자에게 보험약관에 기재되어 있는 보험상품의 내용, 보험료율의 체계, 보험청약서상 기재사항의 변동 및 보험자의 면책사유 등 보험계약의 중요한 내용에 대하여 구체적이고 상세한 명시·설명의무를 지고 있다고 할 것이어서, 만일 보험자가 이러한 보험약관의 명시·설명의무에 위반하여 보험계약을 체결한 때에는 그 약관의 내용을 보험계약의 내용으로 주장할 수 없다고 할 것임은 물론이라 할 것이나, 그 설명의무의 상대방은 반드시 보험계약자 본인에 국한되는 것이 아니라, 보험자가 보험계약자의 대리인과 보험계약을 체결할 경우에는 그 대리인에게 보험약관을 설명함으로써 족하다. 또한 차량 구입자가 차량판매자에게 보험계약을 체결할 권한을 위임한 경우, 연령에 따른 한정운전 등 특별약관의 적용을 받지 않는 통상적인 자동차보험계약의 체결권한만 수여한 것으로 단정할 수 없고, 보험계약자에게 적합한 보험계약을 체결할 권한을 포괄적으로 위임한 것으로 볼 수 있다).

4) 동지: 양(승), (보) 109면; 한(기), (보) 181면.

5) 대판 1976. 6. 22, 75 다 605(집 25 ③ 민 146) 참조.

통지를 발송하지 아니한 때에는 위에서 본 바와 같이 보험계약은 성립하지 않게 된다. 그런데 보험계약자가 보험설계사(모집인)의 권유에 의하여 보험계약의 청약과 함께 보험료 상당액의 전부 또는 일부를 납입하고 보험료영수증을 받은 경우에는, 보험계약자는 보험계약이 유효하게 성립한 것으로 믿는 경우가 일반적이다. 따라서 이러한 보험계약자를 보호하기 위하여 상법은 제638조의 2의 규정을 두고 있다. 즉, 보험자가 보험계약자로부터 보험료 상당액의 전부 또는 일부의 지급을 받고 보험계약의 청약을 받은 때에는 다른 약정이 없으면 30일 내에 그 상대방에 대하여 낙부의 통지를 발송하여야 하고($\frac{\text{상}}{2}\frac{638조의}{1항\ 본문}$), 이를 게을리한 때에는 승낙한 것으로 본다($\frac{\text{상}}{\text{의}}\frac{638조}{2\ 2항}$). 다만 인보험계약의 피보험자가 신체검사를 받아야 하는 경우에는 그 기간은 신체검사를 받은 날로부터 기산한다[1]($\frac{\text{상}}{2}\frac{638조의}{1항\ 단서}$). 이 규정은 보험자가 보험계약자로부터 보험계약의 청약과 함께 「보험료 상당액의 전부 또는 일부를 지급받은 경우」에 한하여 적용되는 것이므로, 그 이외에는 적용되지 않는다. 이러한 보험자의 낙부통지의무는 임의규정이므로 당사자가 약정을 통하여 배제할 수 있다.[2]

상사계약에서도 상인의 낙부통지의무가 있는데($\frac{\text{상}}{53조}$), 보험계약의 경우는 「상시 거래관계가 있는 자로부터 청약을 받을 것을 요하지 않는 점」및 「승낙기간이 30일로 규정되어 있는 점」에서 상인의 낙부통지의무와 구별되고 있다.

(3) 적격피보험체(適格被保險體)의 보호

상법 제638조의 2 3항은 「보험자가 보험계약자로부터 보험료 상당액의 전부 또는 일부를 받은 경우에는 그 청약을 승낙하기 전에 보험사고가 생긴 때에는 그 청약을 거절할 사유가 없는 한(인보험계약의 경우는 피보험자가 받아야 할 신체검사를 받지 아니한 경우를 제외하고) 보험계약상의 책임을 져야 한다」고 규정하고 있다. 이것은 위의 상법 제638조의 2 1항·2항에 의한 승낙의제가 인정되기 전에(즉 승낙통지기간 의 경과 전에) 보험사고가 발생했을 때 적격피보험체를 보호하기 위한 규정이다.[3]

이 때 '청약을 거절할 사유'가 무엇이냐에 대하여, 우리 대법원판례는 「보험계약의 청약이 이루어진 바로 그 종류의 보험에 관하여 해당 보험회사가 마련하고 있는 객관적인 보험인수기준에 의하면 인수할 수 없는 위험상태 또는 사정이 있는 것으로서 통상 피보험자가 보험약관에서 정한 적격 피보험체가 아닌 경우를 말하고,

---

1) 이에 관하여는 양승규, "생명보험계약의 성립시기,"「민사판례연구(Ⅰ)」(민사판례연구회 편), 206면 이하 참조.

2) 동지: 김(성), (보) 181면; 한(기), (보) 184면.

3) 이에 관한 상세는 한(기), (보) 184~190면. 또한 상법 제638조의 2의 신설취지 및 이에 대한 비판에 관해서는 장경환, "개정 보험계약법의 개관,"「고시계」, 1992. 2, 77~80면.

이러한 청약을 거절할 사유의 존재에 대한 증명책임은 보험자에게 있다. 따라서 이른바 승낙 전 보험사고에 대하여 보험계약의 청약을 거절할 사유가 없어서 보험자의 보험계약상의 책임이 인정되면, 그 사고발생사실을 보험자에게 고지하지 아니하였다는 사정은 청약을 거절할 사유가 될 수 없고, 보험계약 당시 보험사고가 이미 발생하였다는 이유로 상법 제644조에 의하여 보험계약이 무효로 된다고 볼 수도 없다」고 판시하고 있다(이 판례에서는 '청약을 거절할 사유'가 없다고 보고 있다).1)

'청약을 거절할 사유'가 있다고 본 대법원판례로는 「보험회사가 보험설계사(모집인)를 통하여 생명보험가입청약을 받고 제 1 회 보험료를 납부받은 직후 피보험자가 그 소유의 무등록 오토바이를 운전하던 중 교통사고로 사망한 경우, 피보험자가 오토바이 사용자인 위험직종으로서 그 약관에 정한 적격피보험자가 아님을 이유로 보험회사가 그 승낙을 거절한 경우에는 보험계약이 성립되지 않는다」고 판시한 것이 있다.2)

제 3 고지의무3)

1. 고지의무의 개념

(1) 의   의

고지의무(disclosure and representation; Anzeigepflicht)란 「보험계약자 또는 피보험자가 보험계약의 체결 당시에 보험자에 대하여 중요한 사항을 고지하거나 또는 부실고지를 하지 아니할 의무」를 말한다(상 651조). 보험계약이란 일정한 위험을 전제로 이루어지는 사행계약이므로 투기·도박 등으로 악용되지 않도록 하는 당사자의 선의성·윤리성을 요구하는 특성을 갖고 있으므로, 이를 반영하여 보험법에 규정한 것이 보험계약자 등의 고지의무에 관한 규정이다. 따라서 고지의무제도는 보험계약에서 인정되는 특유한 제도라고 볼 수 있다.

보험계약의 선의성의 반영으로 보험계약자 등은 고지의무 외에도 보험기간 중의 위험변경·증가에 따른 통지의무(상 652조) 및 보험사고발생을 안 때의 통지의무(상 657조) 등을 부담하는데, 고지의무는 보험계약의 성립 전에 지는 의무(vorvertragliche

---

1) 대판 2008. 11. 27, 2008 다 40847(공보 2008, 1779)(따라서 승낙 전 보험보호를 소급보험과 다르게 취급하고 있다).

2) 대판 1991. 11. 8, 91 다 29170(공보 911, 82)(이는 1991년 개정전 상법에 의한 것이나, 개정후 상법 제638조의 2 제 3 항과 같은 내용이 보험약관에 규정되어 있어 이에 기하여 판시한 것이다).

3) 이에 관하여는 정찬형, "고지의무," 「월간고시」, 1994. 6, 74~87면; 이상훈, "고지의무에 관한 최근 판례의 동향," 「보험법연구 3」(보험법연구회 편)(삼지원, 1999), 177~192면 등 참조.

Anzeigepflicht)이나 위의 통지의무는 보험계약의 성립 후에 지는 의무라는 점에서 구별된다.

(2) 법적 성질

고지의무의 위반효과로서 보험자는 보험계약자에 대하여 보험계약을 해지할 수 있을 뿐이지($\frac{상}{본문}$651조), 사법상 의무자가 그의 의무를 위반한 경우와 같이 보험자가 보험계약자 등에게 직접 그 이행을 강제하거나 또는 불이행으로 인한 손해배상을 청구할 수는 없다. 따라서 이러한 의무는 보험계약자 등이 자기의 불이익을 방지하기 위한 「자기의무」이고, 또한 보험계약의 효과로서 부담하는 의무가 아니고 단지 보험계약의 전제요건으로서 지는 「간접의무」이다(통설).[1]

또한 고지의무는 보험계약에 의하여 부여되는 의무가 아니고, 보험계약의 밖에서 법률에 의하여 인정되는 「법정의무」이다.[2]

(3) 인정근거(존재이유)

고지의무는 보통 보험계약의 다음과 같은 두 가지 특성에서 그 근거를 찾을 수 있다.

1) 선 의 성   보험계약은 우연한 사고를 전제로 하여 이루어지는 사행계약이므로 보험계약의 당사자에게는 선의성(윤리성)이 요구되는 특성을 갖고 있다. 이러한 보험계약의 특성에서 당사자는 그 우연성을 좌우하는 사실의 인식 및 행동에서 서로 상대방에 대하여 공정한 태도를 취할 것이 요청되고, 또한 상대방에 대하여 자기의 유리한 지위를 부당하게 이용하지 않을 것이 요청된다.[3] 따라서 이러한 점에서 보험계약자 등에게 고지의무가 인정되는 근거가 있고,[4] 보험계약자 등이 이에 위반하면 민법상 신의칙($\frac{민}{1항}$2조)에 위반될 수도 있다.[5] 이러한 근거에서 인정된 고지의무제도는 보험계약자 등에게 성실한 고지를 하게 하여 불량위험을 사전에 배제함으로써 도덕적 위험(moral risk, moral hazard)을 방지하는 기능을 가진다.

2) 기 술 성   보험계약은 보험단체를 기초로 하는 기술성의 특성을 갖고 있다. 따라서 보험단체 내에서는 동질의 위험을 전제로 하여 총보험료와 총보험금은 균형을 유지시키고 있다. 이를 위하여 보험단체에 위험을 달리하는 자가 들어오거나 또는 그러한 자가 다른 자와 동일한 조건으로 들어오는 것을 방지하는 것은 보험단체로서의 당연한 요

---

1) 정(희), 382면; 서·정, 371면; 손(주), 520면; 양(승), (보) 116면; 한(기), (보) 194면 외.

2) 양(승), (보) 116면; 日大判 1917. 12. 14(民錄 23, 2112).

3) 동지: 손(주), 519면; 양(승), (보) 116~117면.

4) 고지의무의 근거를 보험계약의 선의성의 특성에서만 구하는 견해를 「선의계약설」(사행계약설·계약법리설)이라고 한다(西島梅治, 「第二版 保險法」, 1986, 76~79면; 大森忠夫, 「保險法」, 1957, 120면).

5) 동지: 양(승), (보) 117면.

청이다. 따라서 보험자는 보험기술상 요청되는 개별적인 보험에 대하여 정확하게 조사하여 평가하고 또한 그가 책임을 질 위험의 범위를 정하여야 한다. 보험자는 원래 이를 자기의 책임으로 조사하여야 할 것이지만, 보험자가 동질의 위험과 관련하여 모든 중요사항을 적극적으로 조사한다는 것은 사실상 곤란하고 또한 개별적인 보험계약자 측에 존재하는 위험의 개성을 무시할 수도 없다.

　　이로 인하여 법은 보험계약자 측에 이를 고지하도록 하는 고지의무제도를 두게 된 것이다.[1] 이러한 근거에서 인정된 고지의무제도는 불량위험을 사전에 배제함으로써 위험의 종합평균화를 유지시키는 기능을 가진다. 그런데 이러한 고지의무는 보험계약자 측의 능동적인 의무에서 보험자의 질문에 기계적으로 대답하는 수동적인 의무로 변화하고 있다($_{의 2 참조}^{상 651조,}$).

2. 고지의무의 내용

(1) 당 사 자

1) 고지의무자　　고지의무를 부담하는 자는 보험계약상 「보험계약자」와 「피보험자」이다($_{본문}^{상 651조}$).

　　㈎ 보험계약자가 수 인이 있는 경우에는, 각 보험계약자가 고지의무를 부담한다. 보험계약이 대리인에 의하여 체결되는 경우에는 그 대리인도 고지의무를 부담하는데, 이 때에는 본인이 알고 있는 사실뿐만 아니라 대리인이 알고 있는 사실도 고지하여야 한다($_{민 116조 1항}^{상 646조,}$).

　　㈏ 피보험자가 고지의무를 부담하는 경우에는, 손해보험과 인보험에 따라 피보험자의 개념이 다르므로 주의할 필요가 있다. 즉, 손해보험에서의 피보험자는 보험계약상 보험금청구권을 가지는 자이나, 인보험에서의 피보험자는 보험사고발생의 객체가 되는 자이다. 그러나 인보험에서 보험금청구권을 가지는 보험수익자는 고지의무자가 아니다.[2] 이러한 점에서 손해보험에서도 보험금청구권을 가지는 피보험자, 특히 타인을 위한 손해보험계약에서의 피보험자가 고지의무를 부담할 수 있는가에 대하여 의문이 있을 수 있다. 그러나 손해보험과 인보험에서 보험금청구권을 가지는 자의 지위를 언제나 동일하게 볼 수 없으며, 또한 법문의 규정에서 볼 때 손

---

1) 고지의무의 근거를 보험계약의 기술성의 특성에서만 구하는 견해를 「기술설」(위험측정설)이라고 한다[서·정, 372~373면; 최(기), (하) 625면; 채, 453면 외].
　　이 외에 고지의무의 근거를 기술설(기술적 기초설)과 정보비대칭설에서 찾는 견해도 있다[한 (기), (보) 192~194면].
2) 동지: 교재, 67면.

해보험에서의 피보험자를 고지의무자에서 제외할 수는 없다고 본다.[1] 그러나 타인을 위한 손해보험계약에서 피보험자가 자기를 위하여 보험계약이 체결되었음을 알지 못한 경우에는, 피보험자가 고지의무를 부담한다고 할 수 없을 것이다($\substack{獨保\ 47조 \\ 2항\ 참조}$).[2] 그러나 이 경우에는 손해보험계약자가 보험자에게 그 타인(피보험자)의 위임이 없이 보험계약이 체결되었음을 고지하지 않은 것이므로 보험계약자의 고지의무위반이 있다고 본다($\substack{상\ 639조\ 1항 \\ 단서\ 참조}$).[3]

2) 고지의 상대방   고지의 상대방은 「보험자」와, 그를 위하여 고지수령권을 가지는 「대리인」이다.

(가) 보험계약의 체약대리권이 있는 「보험대리점」은 물론 고지수령권을 갖는다.[4] 또한 생명보험에서 피보험자의 신체검사를 하는 「보험의(保險醫)」(診査醫)는 보험계약의 체약대리권을 갖지는 않으나, 고지수령권을 갖는다.[5]

(나) 그러나 보험계약의 체약대리권이 없는 「보험중개인」은 고지수령권을 갖지 않는다. 보험설계사(모집인)가 고지수령권을 갖는지 여부에 대하여는 이를 긍정하는 견해도 있으나(소수설),[6] 보험설계사(모집인)는 보험계약의 체결을 중개하는 사실행위만을 하는 자이므로($\substack{보업 \\ 2조\ 9호}$) 보험중개인과 같이 고지수령권을 갖지 않는 것으로 보아야 할 것이다(통설[7] · 판례[8]).

(2) 고지의 시기와 방법

1) 고지의 시기   고지의 시기는 「보험계약 당시」이다($\substack{상 \\ 651조}$). 즉, 보험계약

1) 동지: 서 · 정, 373면; 손(주), 520면; 양(승), (보) 118면(특히 보증보험의 경우에 보험자는 피보험자로부터 고지를 받아 그 보험인수 여부를 결정하도록 하는 것이 바람직하다고 한다); 채, 454면; 이(기) 외, (보 · 해) 72면 외. 동지의 입법례로는 독일 보험계약법 47조 1항 참조.

2) 동지: 양(승), (보) 184~185면.

3) 동지: 김(성), (보) 349면.

4) 동지: 日大阪控判 1941. 8. 14(교재, [12. 17]).

5) 동지: 日大判 1916. 10. 21(民錄 22, 1959)(교재, [12. 22]); 同 1919. 9. 9(新聞 1610, 20)(교재, [12. 24]); 同 1920. 12. 22(民錄 26, 2062)(교재, [12. 23]).

6) 서 · 정, 373~374면.

7) 정(희), 385면; 양(승), (보) 119면(다만 입법론으로는 이의 인정여부를 신중히 검토할 필요가 있다고 한다); 손(주), 521면; 최(기), (하) 626면; 채, 455면; 이(기) 외, (보 · 해) 72면(입법론은 양승규 교수와 동일함) 외.

8) 대판 1979. 10. 30, 79 다 1234(공보 623, 14)(보험가입청약서에 기왕 병력을 기재하지 아니하고 보험회사의 외무사원에게 이를 말한 것만으로는 보험회사에 대하여 고지하였다고 볼 수 없다); 同 2006. 6. 30, 2006 다 19672 · 19689(공보 2006, 1425)(보험모집인은 특정보험자를 위하여 보험계약의 체결을 중개하는 자일 뿐 보험자를 대리하여 보험계약을 체결할 권한도 없고 보험계약자 등으로부터 고지나 통지를 수령할 권한도 없다).

의 청약시가 아니라, 성립시이다. 따라서 보험계약의 청약 후 성립시까지 발생·변경된 사항이 있으면 이것도 고지하여야 한다.[1)]

2) 고지의 방법   고지의 방법에는 법률상 특별한 제한이 없다. 따라서 서면으로 하든 구두로 하든, 또 명시적이든 묵시적이든 상관이 없다. 그런데 일반적으로 거래계에서는 보험계약청약서에 질문란을 두어 그에 기재하도록 하고 있다(고지의무의 수동화).[2)]

(3) 고지사항

1) 중요한 사항   고지의무자가 보험자에 대하여 고지할 사항은 「중요한 사항」이다($^{상}_{651조}$). 이 때 「중요한 사항」이란 '보험자가 위험을 측정하여 보험계약의 체결여부 또는 보험료액의 여하를 결정하는 데 영향을 미치는 사실'을 말한다. 다시 말하면 '보험자가 그러한 사실을 알았더라면 보험계약을 체결하지 않았거나 또는 적어도 동일조건으로 계약을 체결하지 않을 것으로 객관적으로 인정되는 사실'을 말한다.[3)] 구체적으로 어떠한 사실이 중요한 사항인가는 사실 문제로서 보험의 종

---

1) 동지: 양(승), (보) 119면; 한(기), (보) 197면; 대판 2012. 8. 23, 2010 다 78135·78142(공보 2012, 1573)(갑이 을주식회사에 피보험자를 병으로 하는 보험계약을 청약하고 보험청약서의 질문표에 병이 최근 5년 이내에 고혈압 등으로 의사에게서 진찰 또는 검사를 통하여 진단을 받았거나 투약 등을 받은 적이 없다고 기재하여 을회사에 우송하였는데, 사실은 청약 당일 병이 의사에게서 고혈압 진단을 받은 경우, 보험계약을 청약한 이후 보험계약이 성립하기 전에 병이 고혈압 진단을 받았음에도 갑은 청약서의 질문표를 작성하여 을회사에 우송할 때에 고의 또는 중과실로 그러한 사실이 없다고 기재하는 등 고지의무를 위반하였으므로 을회사의 해지 의사표시에 따라 보험계약이 적법하게 해지되어 이 보험계약에 기한 을회사의 보험금 지급의무는 존재하지 아니한다).
2) 이에 관한 상세는 한(기), (보) 198~202면; 조지현, "수동적 답변의무로서의 고지의무,"「상사판례연구」(한국상사판례학회), 제26집 제 3 권(2013. 9), 89~117면.
3) 동지: 대판 1997. 9. 5, 95 다 25268(공보 1997, 2996)(상법 제651조에서 정한 '중요한 사항'이란 보험계약의 체결여부 또는 보험료나 특별한 면책조항의 부가와 같은 보험계약의 내용을 결정하기 위한 표준이 되는 사항으로서, 객관적으로 보험자가 그 사실을 안다면 그 계약을 체결하지 않든가 적어도 동일한 조건으로는 계약을 체결하지 않으리라고 생각되는 사항을 말하는데, 이는 보험의 기술에 비추어 객관적으로 관찰하여 판단되어야 한다); 同 2001. 2. 13, 99 다 13737(공보 2001, 639)(보험계약자나 피보험자가 보험계약 당시에 보험자에게 고지할 의무를 지는 상법 제651조에서 정한 '중요한 사항'이란, 보험자가 보험사고의 발생과 그로 인한 책임부담의 개연율을 측정하여 보험계약의 체결 여부 또는 보험료나 특별한 면책조항의 부가와 같은 보험계약의 내용을 결정하기 위한 표준이 되는 사항으로서, 객관적으로 보험자가 그 사실을 안다면 그 계약을 체결하지 않든가 적어도 동일한 조건으로는 계약을 체결하지 않으리라고 생각되는 사항을 말하고, 어떠한 사실이 이에 해당하는가는 보험의 종류에 따라 달라질 수밖에 없는 사실인정의 문제로서 보험의 기술에 비추어 객관적으로 관찰하여 판단되어야 한다. 보증보험에서는 고지의무의 대상이 되는 중요한 사항으로서 주계약상의 거래조건·금액·기간·보험계약자의 신용이나 자력 등에 관한 사항을 들 수 있을 것이며, 보증인이 누구인가는 보험사고 발생의 가능성 등과는 관계없이 보험사고가 이미 발생한 후에 보험자가 구상권을 행사하기 위한 대비를 해 두기 위한 것이므로, 보증인에 관한 사항은 일반적으로는 고지의무의 대상이 되지 않는다)[이 판결에 대하여 고지의무제도도 보

류에 따라 다르다. 따라서 이를 판례를 통하여 보면 다음과 같다. 즉, 손해보험에서는「보험사고의 발생사실(화재보험에서 화재의 발생사실·자동차보험에서 사고경력 등)」등이 중요한 사항이다. 생명보험에서는「피보험자의 기왕증(旣往症)·현재증」,「피보험자의 부모의 생존여부」,「피보험자의 나이」,「피보험자의 신분·직업」등이 중요한 사항이다.[1] 또한 암보험에서「피

증보험에는 제한적용된다는 이론구성을 하여야 한다는 취지의 평석으로는 장덕조, "보증보험에서의 고지의무와 기망행위,"「보험법연구 5」(보험법연구회 편)(서울: 삼지원, 2003), 10~25면]; 동 2001. 11. 27, 99 다 33311(공보 2002, 144)(보험계약자나 피보험자가 보험계약 당시에 보험자에게 고지할 의무를 지는 상법 제651조에서 정한 '중요한 사항'이란, 보험자가 보험사고의 발생과 그로 인한 책임부담의 개연율을 측정하여 보험계약의 체결 여부 또는 보험료나 특별한 면책조항의 부가와 같은 보험계약의 내용을 결정하기 위한 표준이 되는 사항으로서, 객관적으로 보험자가 그 사실을 안다면 그 계약을 체결하지 않는가 또는 적어도 동일한 조건으로는 계약을 체결하지 않으리라고 생각되는 사항을 말하고, 어떠한 사실이 이에 해당하는가는 보험의 종류에 따라 달라질 수밖에 없는 사실인정의 문제로서 보험의 기술에 비추어 객관적으로 관찰하여 판단되어야 한다. 따라서 보험자가 생명보험계약을 체결함에 있어 다른 보험계약의 존재 여부를 청약서에 기재하여 질문하였다면 이는 그러한 사정을 보험계약을 체결할 것인지의 여부에 관한 판단자료로 삼겠다는 의사를 명백히 한 것으로 볼 수 있고, 그러한 경우에는 다른 보험계약의 존재 여부가 고지의무의 대상이 된다고 할 것이다. 그러나 그러한 경우에도 보험자가 다른 보험계약의 존재 여부에 관한 고지의무위반을 이유로 보험계약을 해지하기 위하여는 보험계약자 또는 피보험자가 그러한 사항에 관한 고지의무의 존재와 다른 보험계약의 존재에 관하여 이를 알고도 고의로 또는 중대한 과실로 인하여 이를 알지 못하여 고지의무를 다하지 않은 사실이 입증되어야 할 것이다)[이 판결은 상법 제651조보다는 동 제652조의 문제로 접근하여 그 요건을 판단하였어야 한다는 취지의 평석으로는 정경영, "다른 생명보험계약 체결사실에 관한 보험계약자의 통지의무,"「보험법연구 5」(보험법연구회 편)(서울: 삼지원, 2003), 27~47면]; 동 2003. 11. 13, 2001 다 49623(공보 2003, 2300)(보험계약자나 피보험자가 보험계약 당시에 보험자에게 고지할 의무를 지는 상법 제651조에서 정한 '중요한 사항'이란, 보험자가 보험사고의 발생과 그로 인한 책임부담의 개연율을 측정하여 보험계약의 체결 여부 또는 보험료나 특별한 면책조항의 부가와 같은 보험계약의 내용을 결정하기 위한 표준이 되는 사항으로서, 객관적으로 보험자가 그 사실을 안다면 그 계약을 체결하지 않든가 적어도 동일한 조건으로는 계약을 체결하지 않으리라고 생각되는 사항을 말하고, 어떠한 사실이 이에 해당하는가는 보험의 종류에 따라 달라질 수밖에 없는 사실인정의 문제로서 보험의 기술에 비추어 객관적으로 관찰하여 판단되어야 한다. 따라서 상법 제672조 2항에서 손해보험에 있어서 동일한 보험계약의 목적과 동일한 사고에 관하여 수 개의 보험계약을 체결하는 경우에는 보험계약자는 각 보험자에 대하여 각 보험계약의 내용을 통지하도록 규정하고 있으므로, 이미 보험계약을 체결한 보험계약자가 동일한 보험목적 및 보험사고에 관하여 다른 보험계약을 체결하는 경우 기존의 보험계약에 관하여 고지할 의무가 있다고 할 것이나, 손해보험에 있어서 위와 같이 보험계약자에게 다수의 보험계약의 체결사실에 관하여 고지 및 통지하도록 규정하는 취지는, 손해보험에서 중복보험의 경우에 연대비례보상주의를 규정하고 있는 상법 제672조 1항과 사기로 인한 중복보험을 무효로 규정하고 있는 상법 제672조 3항, 제669조 4항의 규정에 비추어 볼 때, 부당한 이득을 얻기 위한 사기에 의한 보험계약의 체결을 사전에 방지하고 보험자로 하여금 보험사고 발생시 손해의 조사 또는 책임의 범위의 결정을 다른 보험자와 공동으로 할 수 있도록 하기 위한 것일 뿐, 보험사고 발생의 위험을 측정하여 계약을 체결할 것인지 또는 어떤 조건으로 체결할 것인지 판단할 수 있는 자료를 제공하기 위한 것이라고 볼 수는 없으므로 중복보험을 체결한 사실은 상법 제651조의 고지의무의 대상이 되는 중요한 사항에 해당되지 아니한다); 서울고판 1974. 7. 11, 74 나 194(교재, [12. 32]); 日大判 1915. 6. 26(民錄 21, 1047)(교재, [12. 33]).

1) 이에 관한 상세는 교재, 77~90면 참조.

보험자에 대한 최종 검사결과에 따른 의사의 암재발 가능에 대한 고지사실」은 보험 계약 청약서상 질문사항에 포함되어 있지 않다고 하더라도 이는 보험자에게 고지하 여야 할 중요한 사항이라고 한다.[1] 「다른 보험자와 다른 보험계약의 존재」는 손해보 험의 경우는 고지의무의 대상인 중요한 사항이 아니라고 보았으나,[2] 인보험의 경우 는 보험청약서에서 질문하였다면 고지의무의 대상인 중요한 사항이라고 보았다.[3]

그러나 「지입차주가 승합차를 렌터카 회사에 지입만 하여 두고 독자적으로 운 행하여 일정지역을 거점으로 통학생들을 등·하교시켜 주는 여객유상운송에 제공하 는 운행형태」는 고지의무의 대상이 되는 중요한 사항에 해당하지 않을 뿐 아니라, 이를 고지하지 않은 것에 중대한 과실이 없다고 한다.[4] 또한 「보증보험에서 보험계 약자(채무자)의 보증인에 관한 사항」은 보험사고가 이미 발생한 후에 보험자가 구상 권을 행사하기 위하여 대비하여 두는 것이므로 일반적으로 고지의무의 대상이 되지 않는다고 한다.[5]

2) 질 문 표   고지의무자는 전문가가 아닌 이상 무엇이 중요한 사항인지 여부를 판단하기 어렵기 때문에, 실제 거래계에선 보험자가 보험계약청약서에 미리 고지할 사항을 기재한 질문표(questionaire; Fragebogen)를 이용하는 것이 보통이다. 따라서 우리 상법도 이러한 거래계의 현실을 반영하여 「보험자가 서면으로 질문한 사항은 중요한 사항으로 추정한다」는 규정을 두고 있다[6]($_{의}^{상}$ 651조 2). 이러한 추정은 법률상 추정으로 보험계약자 측이 반대사실을 증명할 책임이 있다.[7] 그러므로 보험 계약자 등이 질문표에 기재한 질문사항에 사실과 다른 기재를 하였다면 특별한 사 정이 없는 한 이는 고지의무위반이 된다.[8]

---

1) 대판 1999. 11. 26, 99 다 37474[이 판결에 대하여 반대하는 취지의 평석으로는 정진세, "보험 자의 과실과 질문표의 효과," 「JURIST」, 2002. 2(Vol. 377), 61~65면].

2) 대판 2003. 11. 13, 2001 다 49623.

3) 대판 2001. 11. 27, 99 다 33311; 동 2004. 6. 11, 2003 다 18494.

4) 대판 1996. 12. 23, 96 다 27971(공보 1997, 507).

5) 대판 2001. 2. 13, 99 다 13737(공보 2001, 641).

6) 동일의 입법례로는 독일 보험계약법 제19조 제 1 항·제 2 항, 스위스 보험계약법 제 4 조 등이 있다.

7) 동지: 한(기), (보) 211면(따라서 이러한 법률상 추정은 입법적으로 재고되어야 한다고 한다).

8) 동지: 대판 1969. 2. 18, 68 다 2082; 동 1993. 4. 13, 92 다 52085(공보 945, 1389); 동 1997. 3. 14, 96 다 53314(공보 1997, 1095)(자동차보험계약을 다시 체결하면서 보험모집인으로부터 주 운전자란이 있는 보험청약서를 제시받았다면 서면으로 주운전자에 관한 질문을 받은 것으로 볼 수 있다); 동 2004. 6. 11, 2003 다 18494(공보 2004, 1153)(보험계약자나 피보험자가 보험계약 당 시에 보험자에게 고지할 의무를 지는 상법 제651조에서 정한 '중요한 사항'이란 보험자가 보험사 고의 발생과 그로 인한 책임부담의 개연율을 측정하여 보험계약의 체결여부 또는 보험료나 특별한 면책조항의 부가와 같은 보험계약의 내용을 결정하기 위한 표준이 되는 사항으로서 객관적으로 보

3. 고지의무의 위반

(1) 요   건

고지의무자의 고의 또는 중대한 과실로(주관적 요건), 중요한 사항에 관하여 불고지 또는 부실고지를 하여야 한다(객관적 요건)($\frac{상}{651조}$). 따라서 이하에서는 고지의무 위반의 요건에 관하여 주관적 요건과 객관적 요건으로 나누어서 설명한다.

1) 주관적 요건   고지의무자에게 고의 또는 중대한 과실이 있어야 한다.[1]

험자가 그 사실을 안다면 그 계약을 체결하지 아니하든가 또는 적어도 동일한 조건으로는 계약을 체결하지 아니하리라고 생각되는 사항을 말하고, 어떠한 사실이 이에 해당하는가는 보험의 종류에 따라 달라질 수밖에 없는 사실인정의 문제로서 보험의 기술에 비추어 객관적으로 관찰하여 판단되어야 하는 것이나, 보험자가 서면으로 질문한 사항은 보험계약에 있어서 중요한 사항에 해당하는 것으로 추정되고〈상법 제651조의 2〉, 여기의 서면에는 보험청약서도 포함될 수 있으므로, 보험청약서에 일정한 사항에 관하여 답변을 구하는 취지가 포함되어 있다면 그 사항은 상법 제651조에서 말하는 '중요한 사항'으로 추정된다); 동 2010. 10. 28, 2009 다 59688·59695(공보 2010, 2148)(상해보험계약에 있어서 보험청약서에 기재된 "최근 5년 이내에 의사로부터 진찰·검사를 받고 그 결과 입원·수술·정밀검사〈심전도·방사선·건강진단 등〉를 받았거나 계속하여 7일 이상의 치료 또는 30일 이상의 투약을 받은 적이 있습니까?"라는 질문은〈고지의무에 해당하는 중요한 사항으로〉'동일한 병증'에 관하여 7일 이상의 계속 치료 등을 받은 일이 있는지 여부를 묻는 것이라는 취지로 해석되지만, '동일한 병증'인지 여부는 그 병증의 원인·경과·구체적 발현증상·치료방법·그에 대한 의학 등에서의 질병분류 등의 제반 사정을 종합적으로 고려하여 평균적인 보험계약자의 이해가능성을 기준으로 객관적·획일적으로 정하여져야 하므로, 그 증상이 신체의 여러 부위에 나타남으로써 그에 대한 치료가 그 각 발현부위에 대하여 행하여졌다는 것만으로 이를 '동일한 병증'이 아니라고 단정할 수는 없음에도 불구하고, 피보험자에 대한 치료가 '기타 다발성 관절증'이라는 단일한 질병의 진단 아래 이루어졌음을 인정하면서도 단지 치료부위가 여러 곳이라는 이유만으로 그 치료가 고지의무의 대상이 되지 아니한다고 판단한 원심판결을 파기한다).

1) 고지의무자의 고의 또는 중과실을 부정한 판례: 대판 2004. 6. 11, 2003 다 18494(공보 2004, 1153)(보험자가 다른 보험계약의 존재여부에 관한 고지의무 위반을 이유로 보험계약을 해지하려면 보험계약자 또는 피보험자가 다른 보험계약의 존재를 알고 있는 외에 그것이 고지를 요하는 중요한 사항에 해당한다는 사실을 알고도 또는 중대한 과실로 알지 못하여 고지의무를 다하지 아니한 사실을 입증하여야 한다. 따라서 보험계약자가 상해보험계약을 체결함에 있어서 보험자에게 다수의 다른 보험계약이 존재한다는 사실을 알리지 아니한 것만으로 보험계약자에게 고의 또는 중대한 과실이 있다고 보기 어렵다); 동 2011. 4. 14, 2010 다 103349·103356(공보 2011, 903)(보험계약자나 피보험자가 보험계약 당시에 보험자에게 고지할 의무를 지는 상법 제651조에서 정한 '중요한 사항'이란, 보험자가 보험사고의 발생과 그로 인한 책임부담의 개연율을 측정하여 보험계약의 체결 여부 또는 보험료나 특별한 면책조항의 부가와 같은 보험계약의 내용을 결정하기 위한 표준이 되는 사항으로서, 객관적으로 보험자가 그 사실을 안다면 계약을 체결하지 않는가 적어도 동일한 조건으로는 계약을 체결하지 않으리라고 생각되는 사항을 말한다. 보험자가 고지의무 위반을 이유로 보험계약을 해지하기 위해서는 보험계약자 또는 피보험자가 고지의무가 있는 사항에 대한 고지의무의 존재와 그러한 사항의 존재에 대하여 이를 알고도 고의로 또는 중대한 과실로 인하여 이를 알지 못하여 고지의무를 다하지 않은 사실이 증명되어야 한다. 여기서 '중대한 과실'이란 고지하여야 할 사실은 알고 있었지만 현저한 부주의로 인하여 그 사실의 중요성의 판단을 잘못하거나 그 사실이 고지하여야 할 중요한 사실이라는 것을 알지 못하는 것을 말한다. 피보험자 갑이 을 보험회사와 보험계약을 체결하면서 갑상선 결절 등의 사실을 고지하지 않은 경우, 건강검진결과

(개) 이 때 「고의」란 '해의가 아니고 중요한 사실을 알면서 고지하지 않은 것(불고지) 또는 허위인 줄 알면서 고지하는 것(부실고지)'을 말한다.[1] 고의에 의한 고지의무 위반이 있다고 하여, 형법상 사기죄가 될 수는 없다고 본다.[2]

(내) 「중대한 과실」이란 '고지의무자가 거래상 필요로 하는 간단한 주의를 게을리하여(또는 현저한 부주의로 인하여) 불고지 또는 부실고지를 하는 것'을 말한다[3](예컨대, 질문표를 한 번도 읽어보지 않아 그 곳에 기

통보 내용에 비추어 갑으로서는 어떠한 질병을 확정적으로 진단받은 것으로 인식하였다고 보기 어려운 점, 위 검진 이후 2년여 동안 별다른 건강상의 장애나 이상 증상이 없었으며 갑상선 결절과 관련된 추가적인 검사나 치료도 받지 않았던 점 등에 비추어, 피보험자 갑이 고의 또는 중대한 과실로 인하여 중요한 사실을 고지하지 아니한 것으로 단정하기는 어렵다).

1) 동지: 서울민사지판 1975. 3. 19, 74 가합 80(교재, [12. 57]); 서울고판 1982. 1. 19, 81 나 2499·2500(교재, [12. 56]); 日大判 1916. 11. 24(民錄 22, 2309)(교재, [12. 55]).

2) 동지: 장덕조, "고지의무 위반과 보험사기," 「상사법연구」(한국상사법학회), 제37권 제1호 (2018. 5), 273~316면(고지위반의 고의와 사기죄에서의 기망행위는 전혀 별개의 것이라고 한다).

3) 중대한 과실을 인정한 판례: 대판 2012. 11. 29, 2010 다 38663·38670(공보 2013, 1)(보험계약에서 고지의무 위반이 성립하기 위하여는 고지의무자에게 고의 또는 중대한 과실이 있어야 하고, 여기서 말하는 중대한 과실이란 고지하여야 할 사실은 알고 있었지만 현저한 부주의로 인하여 그 사실의 중요성의 판단을 잘못하거나 그 사실이 고지하여야 할 중요한 사실이라는 것을 알지 못하는 것을 말한다. 따라서 갑이 손해보험업을 영위하는 을 주식회사와 냉동창고건물에 관한 보험계약을 체결하였는데, 체결 당시 보험의 목적인 건물이 완성되지 않아 잔여공사를 계속하여야 한다는 사정을 을 회사에 고지하지 않은 사안에서, 위 냉동창고건물은 형식적 사용승인에도 불구하고 냉동설비공사 등 주요 공사가 완료되지 아니하여 잔여공사를 계속하여야 할 상황이었고, 이러한 공사로 인하여 완성된 냉동창고건물에 비하여 현저히 높은 화재 위험에 노출되어 있었으며, 위험의 정도나 중요성에 비추어 갑은 보험계약을 체결할 때 이러한 사정을 고지하여야 함을 충분히 알고 있었거나 적어도 현저한 부주의로 인하여 이를 알지 못하였다고 봄이 타당하므로, 이와 달리 본 원심판결에는 고지의무 위반에 관한 법리오해의 위법이 있다); 日大判 1915. 6. 26(民錄 21, 1044)(교재, [12. 61])(조금만 주의하였다면 생각이 떠오를 수 있는 중요한 사실을 고지하지 아니한 때에는 중대한 과실이 있다); 同 1918. 11. 8(民錄 24, 2153)(교재, [12. 60])(피보험자 또는 보험계약자가 중요한 성질을 가진 병증이라고 생각하지 아니하였다 하더라도 그가 자각한 기왕증상을 고지하지 아니한 때에는 그 불고지에 대하여 중대한 과실이 있다); 同 1918. 4. 27(新聞 1422, 20)(교재, [12. 64])(조금만 주의하였으면 1년 반 전에 몇 번 다량의 객혈을 한 사실을 생각해 낼 수 있는데, 이를 고지하지 아니한 때에는 중대한 과실이 있다).

중대한 과실을 부정한 판례: 대판 2013. 6. 13, 2011 다 54631·54648(공보 2013, 1186)(보험계약 당시에 보험계약자 또는 피보험자가 고의 또는 중대한 과실로 인하여 중요한 사항을 고지하지 아니하거나 부실의 고지를 한 때에는 보험자는 일정 기간 안에 그 계약을 해지할 수 있다〈상법 제651조〉. 여기서 중대한 과실이란 현저한 부주의로 중요한 사항의 존재를 몰랐거나 중요성 판단을 잘못하여 그 사실이 고지하여야 할 중요한 사항임을 알지 못한 것을 의미하고, 그와 같은 과실이 있는지는 보험계약의 내용·고지하여야 할 사실의 중요도·보험계약의 체결에 이르게 된 경위·보험자와 피보험자 사이의 관계 등 제반 사정을 참작하여 사회통념에 비추어 개별적·구체적으로 판단하여야 하고, 그에 관한 증명책임은 고지의무 위반을 이유로 보험계약을 해지하고자 하는 보험자에게 있다. 따라서 피보험자와 보험계약자가 다른 경우에 피보험자 본인이 아니면 정확하게 알 수 없는 개인적 신상이나 신체상태 등에 관한 사항은, 보험계약자도 이미 그 사실을 알고 있었다거나 피보험자와의 관계 등으로 보아 당연히 알았을 것이라고 보이는 등의 특별한 사정이 없는 한, 보험계약자가 피보험자에게 적극적으로 확인하여 고지하는 등의 조치를 취하지 아니하였다는 것만

재된 질문사항에 대하여 불고지).
한 경우 등이 이에 해당한다

그런데 이 때 고지사항인 중요한 사항을 중대한 과실로 인하여 알지 못한 경우(즉, 중대한 과실로 인하여 탐지_{〈探知〉}의무에 위반한 경우)를 주관적 요건인 「중대한 과실」에 포함시킬 것인가가 문제된다. 이에 대하여 이를 긍정하는 견해도 있으나,[1] 고지의무는 고지의무자가 「알고 있는 사실」을 고지하도록 하는 것이지($^{獨保\ 19조}_{1항\ 참조}$) 그에게 (적극적이든 소극적이든) 탐지의무까지 부담시키는 것은 아니므로 이를 부정하는 것이 타당하다고 본다. 따라서 고지의무는 업무상 당연히 알 수 있는 사실에 대하여 중대한 과실로 이를 알지 못한 경우를 제외하고는,[2] 고지사항의 존재를 중대한 과실로 알지 못한 경우는 중대한 과실로 인한 고지의무위반이 될 수 없다.[3]

2) 객관적 요건　　중요한 사항에 대한 불고지 또는 부실고지가 있어야 한다.

(개) 이 때 「불고지」란 '중요한 사항인 줄 알면서 알리지 아니하는 것'을 말한다. 즉, 중요한 사항에 대한 묵비(concealment; Nichtanzeige)를 말한다. 예컨대, 질문표의 기재사항에 아무런 기재를 하지 아니한 경우에는 불고지가 되나,[4] 질문표의 기재사항이 아닌 경우에는 고지의무자의 악의의 묵비가 아니면 이를 고지의무위반으로 볼 수 없다[5]($^{獨保\ 19조}_{3항\ 참조}$).

(내) 「부실고지」란 '중요한 사항에 관하여 사실과 다르게 말하는 것'이다. 즉, 허위진술(misrepresentation; Falschanzeige)을 말한다. 따라서 고지한 사항이 세부적

으로 바로 중대한 과실이 있다고 할 것은 아니다. 더구나 보험계약서의 형식이 보험계약자와 피보험자가 각각 별도로 보험자에게 중요사항을 고지하도록 되어 있고, 나아가 피보험자 본인의 신상에 관한 질문에 대하여 '예'와 '아니오' 중에서 택일하는 방식으로 고지하도록 되어 있다면, 그 경우 보험계약자가 '아니오'로 표기하여 답변하였더라도 이는 그러한 사실의 부존재를 확인하는 것이 아니라 사실 여부를 알지 못한다는 의미로 답하였을 가능성도 배제할 수 없으므로, 그러한 표기사실만으로 쉽게 고의 또는 중대한 과실로 고지의무를 위반한 경우에 해당한다고 단정할 것은 아니다)[이 판결에 대하여 고지의무의 수동화가 요청된다는 취지의 평석으로는 이진수, "판례평석: 고지의무위반의 주관적 요건,"「상사판례연구」(한국상사판례학회), 제26집 제 4 권(2013. 12), 45~87면].

1) 서·정, 375면; 손(주), 528면(중과실은 고의에 가까운 개념이고 법적 효과도 고의와 동일하므로, 이 정도의 주관적 사유로 중요사실의 존재를 알지 못한 경우에는 그로 인한 불고지는 의무위반으로 평가하는 것이 합리적이라고 한다); 최(기), (하) 629면; 이(기) 외, (보·해) 75면; 채, 458면.

2) 영국 해상보험법 제18조 1항은 「통상의 업무상의 과실은 피보험자가 이를 알고 있는 것으로 추정한다」고 규정하고 있다.

3) 동지: 양(승), (보) 121~122면.

4) 동지: 양(승), (보) 122~123면.
　반대: 한(기), (보) 213면(보험계약자가 질문사항에 무응답을 한 경우, 보험자가 보험계약 체결 시에는 문제삼지 않다가 보험사고 발생 후에 문제삼는 것은 신의성실의 원칙〈또는 금반언의 원칙〉에 반하므로 보험자는 이에 대하여 불고지의 책임을 묻지 못한다고 한다).

5) 동지: 서·정, 376면; 양(승), (보) 120면.

인 면에 있어서는 진실과 다르더라도, 전체적인 면에서($\frac{\mbox{즉} \cdot 위험측}{\mbox{정에 있어서}}$) 진실과 부합하는 경우에는 부실고지라 할 수 없다($\frac{英海保 20조}{4항 참조}$). 그러나 질문표의 기재사항에 사실과 다른 기재를 한 경우에는 부실고지가 된다.[1)]

3) **증명책임**   고지의무위반의 요건이 성립한다는 사실은 이를 주장하여 보험계약을 해지하고자 하는 「보험자」가 증명하여야 한다(통설[2)] · 판례[3)]).

(2) **효   과**

보험자는 고지의무위반의 요건이 성립하면 일정한 경우를 제외하고는 원칙적으로 보험계약을 해지할 수 있다($\frac{상 651조}{본문}$).[4)]

1) **보험계약의 해지**(원칙)

(가) 보험자는 보험사고의 발생 전후를 묻지 아니하고 일방적인 의사표시만에 의하여 보험계약을 해지할 수 있다($\frac{상 651조 본문}{655조 본문}$).[5)] 따라서 보험자의 보험계약 해지권은 형성권이다.[6)] 이러한 보험자의 계약해지권은 보험자의 이익을 위하여 인정되는 것이므로 보험자는 모든 사정을 참작하여 그 권리의 행사 여부를 결정하여야 하는데, 그 해지권을 명시적 또는 묵시적으로 포기할 수도 있다. 다만 보험자의 해지권

---

1) 동지: 대판 1969. 2. 18, 68 다 2082(교재, [12. 74]); 동 1992. 10. 23, 92 다 28259(공보 934, 3227)(보험계약자가 보험계약 체결 당시 자동차를 유상운송에 계속적으로 이용할 것을 알면서도 질문표에 사실과 다르게 기재하였다면 보험자는 고지의무위반을 이유로 보험계약을 해지할 수 있다).

2) 서 · 정, 378면; 정(희), 387면; 손(주), 528면; 양(승), (보) 123면; 최(기), (하) 630면; 이(기) 외, (보 · 해) 76면; 한(기), (보) 218면 외.

3) 대판 1973. 12. 26, 73 다 823; 동 1979. 7. 24, 78 다 2416; 동 2004. 6. 11, 2003 다 18494.

4) 참고로 영국 해상보험법상 피보험자가 고지의무 내지 최대선의의 의무를 위반하면 보험자는 보험계약을 취소할 수 있는데, 이에 대하여는 대판 2005. 3. 25, 2004 다 22711 · 22728(공보 2005, 659)(영국 협회선박기간보험약관〈Institute Time Clauses-Hulls, 1983〉이 적용되는 선박보험계약의 체결과정에서 피보험자가 선박의 매수가액 등 선박의 실제 가치에 관한 정보를 제대로 고지하지 아니하였을 뿐만 아니라 사고 발생 이후 보험금을 청구함에 있어서 선박의 매수가액에 관한 사실을 허위로 주장하고 나아가 위조된 선박검사증서를 행사함으로써 영국 해상보험법상의 고지의무 내지 최대선의의 의무를 위반하였으므로 보험자는 이를 이유로 보험계약을 취소할 수 있다. 또한 영국 해상보험법 제17조에 규정된 최대선의의 의무는 같은 법 제18조 및 제20조에 규정된 피보험자의 고지의무 및 부실표시금지의무보다 넓은 개념의 것으로서 보험계약이 체결된 이후 또는 사고 발생 이후라 할지라도 적용되는 것이므로 영국 협회선박기간보험약관이 적용되는 선박보험계약의 피보험자가 사고발생 이후 사기적인 방법으로 보험금을 청구하는 경우에 있어서도 보험자는 최대선의의 의무 위반을 이유로 보험계약을 취소할 수 있다).

5) 수 개의 물건에 대하여 하나의 화재보험계약이 체결되고 보험계약자가 일부 물건에 대한 고지의무를 위반한 경우 보험자는 나머지 부분에 대하여도 동일한 조건으로 그 부분만에 보험계약을 체결하지 아니하였으리라는 사정이 없는 한 그 고지의무 위반이 있는 물건에 대하여만 보험계약을 해지할 수 있다[대판 1999. 4. 23, 99 다 8599(공보 1999, 1022)].

6) 동지: 서울고판 1980. 2. 22, 79 나 2937(교재, [12. 83])(고지의무위반을 이유로 하는 보험계약의 해지는 계약해지의 의사표시만에 의하여 적법하게 해지되었다 할 것이다).

의 포기는 보험계약이 보험단체를 전제로 하는 다수계약인 점에서 보험단체의 이익과 관련하여 고려하여야 한다.[1]

(나) 보험계약의 해지의 의사표시의 상대방은 「보험계약자」 또는 그의 「대리인(상속인)」이다. 따라서 피보험자나 보험수익자는 해지의 상대방이 아니다.[2]

(다) 보험계약의 해지의 효력은 그 의사표시가 상대방에게 도달한 때에 발생하고($\substack{민 543조 \\ 1항, 111조}$), 또 장래에 대하여만 생긴다. 따라서 보험자는 그 때까지의 보험료를 청구할 수 있다.

보험사고의 발생 후에도 보험자는 고지의무위반을 이유로 보험계약을 해지할 수 있는데, 이 때에 보험자가 이미 보험금을 지급한 때에는 이의 반환을 청구할 수 있고, 아직 보험금을 지급하지 아니한 때에는 이를 지급할 책임이 없다($\substack{상 655조 \\ 본문}$). 즉, 상법은 계약해지의 효력에 대하여 보험금의 지급에 관하여는 예외적으로 소급효를 인정하고 있다.[3] 다만 이 경우에도 생명보험의 경우 보험자는 보험수익자를 위하여 적립한 금액(미경과보험료)을 보험계약자에게 반환하여야 한다($\substack{상 736조 \\ 1항 본문}$). 그러나 고지의무 위반의 사실이 보험사고의 발생에 영향을 미치지 아니하였음이 보험계약자 또는 피보험자에 의하여 증명된 경우에는 보험자는 보험금을 지급하여야 한다[4]($\substack{상 655조 \\ 단서}$).

2) 해지의 제한(예외)　　보험자는 다음의 경우에는 고지의무 위반을 이유로 보험계약을 해지할 수 없다.

---

1) 동지: 교재, 113면.

2) 동지: 대판 1989. 2. 14, 87 다카 2973(공보 845, 410)(타인을 위한 인보험계약의 경우 보험수익자는 해지의 상대방이 아니라고 판시함); 동 2002. 11. 8, 2000 다 19281(공보 2003, 6)(보증보험계약은 보험계약자인 채무자의 채무불이행으로 인하여 채권자가 입게 되는 손해의 전보를 보험자가 인수하는 것을 내용으로 하는 타인을 위한 손해보험계약이라고 할 것인바, 이러한 보증보험계약에 있어서 보험계약자의 고지의무 위반을 이유로 한 해지의 경우에 계약의 상대방 당사자인 보험계약자나 그의 상속인〈또는 그들의 대리인〉에 대하여 해지의 의사표시를 하여야 하고, 보험금 수익자에게 해지의 의사표시를 하는 것은 특별한 사정〈보험약관상의 별도기재 등〉이 없는 한 효력이 없다고 할 것이며, 이러한 결론은 그 보증보험계약이 상행위로 행하여졌다거나 혹은 보험계약자의 소재를 알 수 없다는 이유만으로 달라지지는 않는다).

3) 이와 같이 보험자에게 불소급효인 해지권을 인정하면서 다시 보험금액에 관하여는 소급효를 인정하는 것은 모순이라고 하여, 입법론으로 보험자에게 「해제권」을 인정하고 이에 대한 예외로 보험자의 손해에 대비하여 보험료에 관하여는 보험계약자의 부담으로 하여야(불소급효) 한다는 견해가 있다[손(주), 530~531면].

4) 이 때 이러한 인과관계의 부존재의 증명책임을 부담하는 자에 관한 동지의 판례로는 대판 1997. 9. 5, 95 다 25268(공보 1997, 2996)(고지의무 위반사실과 보험사고 발생과의 사이에 인과관계가 부존재한다는 점에 관한 주장·입증책임은 보험계약자측에 있다); 동 1994. 2. 25, 93 다 52082(공보 966, 52); 동 1992. 10. 23, 92 다 28259(공보 934, 3227). 그러나 대법원판례는 당사자간의 특약에 의하여 보험자에게 부담시킬 수 있다고 한다[대판 1997. 10. 28, 97 다 33089(공보 1997, 3640)].

(까) 제척기간의 경과($^{상}_{본문}$ ^{651조})   보험자가 고지의무 위반의 사실을 안 날로부터 「1월」, 계약을 체결한 날로부터 「3년」[1]을 경과하면 보험계약을 해지할 수 없다.[2] 이러한 기간을 둔 이유는 법률관계를 조속히 확정하려는 데에 있으므로 이 기간은 제척기간이고, 이 기간이 경과한 후에는 보험자는 해지권을 행사할 수 없으므로 「불가쟁(不可爭)기간」(incontestable period)이라고도 한다. 또한 이 기간을 둔 약관을 「불가항쟁(不可抗爭)약관」이라고 한다.[3] 이러한 기간은 제척기간으로 그 기간이 도과하였는지 여부는 당사자의 주장이 없어도 법원이 직권으로 조사하여 판단해야 할 사항이다.[4]

보험자가 고지의무 위반의 사실을 안 날로부터 1월이 경과하면 보험자는 그러한 위험을 선택한 것으로 인정할 수 있고, 보험계약을 체결한 날로부터 3년을 경과하고 이 기간 내에 보험사고가 발생하지 않은 경우에는 고지의무 위반이 있더라도 보험관계를 유지시키는 것이 객관적으로 타당하기 때문에, 상법은 이러한 제척기간을 둔 것이다.[5]

(나) 보험자의 악의·중과실($^{상}_{단서}$ ^{651조})[6]   보험자가 보험계약 당시에 고지의무 위반의 사실을 알았거나(악의) 중대한 과실(중과실)[7]로 인하여 알지 못한 때에는 보험자는 보험계약을 해지할 수 없다. 이것은 보험자의 자기과실에 의한 위험선택이라는 점에서 그 해지권을 제한한 것이다.[8] 이 때 보험자는 보험자 자신뿐만 아니라,[9] 보험대리점[10]·보험의(保險醫)[11] 등 고지수령권이 있는 자를 포함한다.

---

1) 1991. 12. 31(법률 제4470호)의 개정상법 이전에는 계약을 체결한 날로부터 「5년」이었다.

2) 동지: 대판 1986. 11. 25, 85 다카 2578(공보 792, 95)(고지의무를 위반하였다 하더라도 보험자가 상법 제651조 소정의 해지권 행사기간을 도과한 후에 한 해지통고는 그 효력이 없다).

3) 불가항쟁약관에서는 상법상의 제척기간보다 단축하여 규정하고 있어야 그 효력이 있다고 본다 [동지: 日東京地判 1938. 2. 21(교재, [12. 96])].

4) 서울중앙지판 2016. 10. 21, 2016 가합 500301.

5) 동지: 정(희), 388면.

6) 이에 관한 상세는 유영일, "고지의무 위반과 보험자의 악의·중과실,"「상사판례연구」(한국상사판례학회), 제27집 제 1 권(2014. 3), 77~111면 참조(93면에서는 입법론상 '중대한 과실'을 '과실'로 개정할 필요가 있다고 한다).

7) 보험자가 보유정보를 인지하지 못한 경우 과실이 있다고 볼 수 있지만 중대한 과실이 있다고 볼 수는 없다는 견해로는 한기정, "보험자의 정보보유와 보험계약자의 고지의무,"「보험법연구 3」(보험법연구회 편)(삼지원, 1999), 163~176면.

8) 그러나 이것은 보험단체의 이익과 보험단체의 구성원을 평등하게 대우하여야 한다는 점에서 볼 때는, 악의 있는 고지의무 위반자에게 특별한 이익을 주는 것이 되므로, 문제점이 있고 입법론상 재검토의 여지가 있다(보업 98조 참조)[동지: 양(승), (보) 126면].

9) 日大判 1916. 10. 21(民錄 22, 1959)(교재, [12. 102]).

보험자측에 중대한 과실이 있는지 여부에 대하여, 우리 대법원판례는 「보험계약 당시에 보험계약자 또는 피보험자가 고의 또는 중대한 과실로 인하여 중요한 사항을 고지하지 아니하거나 부실의 고지를 하였다고 하더라도 보험자가 계약 당시에 그 사실을 알았거나 중대한 과실로 인하여 알지 못한 때에는 그 고지의무 위반을 들어 계약을 해지할 수 없다고 할 것인바, 여기에서 말하는 보험자의 악의나 중대한 과실에는 보험자의 그것뿐만 아니라 이른바 보험자의 보험의(保險醫)를 비롯하여 널리 보험자를 위하여 고지를 수령할 수 있는 지위에 있는 자의 악의나 중과실도 당연히 포함된다고 할 것이나, 보험자에게 소속된 의사가 보험계약자 등을 검진하였다고 하더라도 그 검진이 위험측정자료를 보험자에게 제공하는 보험자의 보조자로서의 자격으로 행해진 것이 아니라면 그 의사가 보험자에게 소속된 의사라는 사유만으로 그 의사가 검진 과정에서 알게 된 보험계약자 등의 질병을 보험자도 알고 있으리라고 보거나 그것을 알지 못한 것이 보험자의 중대한 과실에 의한 것이라고 할 수는 없다고 할 것이며, 이와 같이 해석하는 것이 환자에 대한 비밀의 누설이나 기록의 공개를 원칙적으로 금지하고 있는 의료법의 취지에도 부합한다」고 판시하고 있다.[1] 또한 이에 대하여 우리 하급심판례는 「생명보험에서 피보험자의 건강진단을 실시하지 않은 것이 보험자의 중과실이 될 수 없다」고 판시하거나,[2] 「보험회사가 보험의(保險醫)에게 위임한 진단절차범위 속에 조직검사 등의 정밀검사절차가 포함되어 있지 않은 한 보험계약자가 고지하지 않은 편도암을 발견하지 못한 것은 보험의(保險醫)에게 중대한 과실이 없다」고 판시하고 있다.[3]

그러나 「보증보험에서 보험계약자와 보증인의 관계에 대하여 보험자가 호적등본 등 서면을 통하여 확인하지 않은 것은 보험자에게 '중대한 과실'이 있다」고 판시하였고,[4] 또한 「오토바이를 피보험차량으로 하여 자동차보험에 가입하는 경우, 보험자가 보험계약 체결 당시 그 오토바이에 관한 기(旣) 보험가입에 관한 상황(오토바이 소유 및 탑승여부 등)을 전산망을 통하여 확인하지 않은 것은 보험자에게 '중대한 과실'이 있다」고 판시하였다.[5]

---

10) 英 Pimm v. Lewis [1862], 2 F. & F. 778(교재, [12. 105]).

11) 日大判 1924. 4. 8(新聞 2254, 18)(교재, [12. 6]).

1) 대판 2001. 1. 5, 2000 다 40353(공보 2001, 425)(이 판결에 찬성하는 견해로는 유영일, 전게논문, 100면).

2) 서울민사지판 1982. 10. 12, 82 가단 3246.

3) 춘천지판 1979. 9. 18, 78 가합 33; 서울고판 1975. 12. 17, 73 나 950.

4) 대판 2001. 2. 13, 99 다 13737.

보험자 측의 이러한 사정은 이를 주장하는 고지의무자가 증명하여야 한다.[1]

(다) **보험자의 보험약관의 교부·설명의무 위반**($^{상\ 638조의}_{3,\ 약규\ 3조}$)　　보험자는 보험약관의 교부·설명의무가 있는데($^{상\ 638조의\ 3\ 1항,}_{약규\ 3조\ 2항·3항}$), 이에 위반한 경우 상법상 보험계약자는 보험계약이 성립한 날부터 3개월 이내에 그 계약을 취소할 수 있고($^{상\ 638조}_{의\ 3\ 2항}$) 약관규제법상 보험자는 당해 약관을 계약의 내용으로 주장할 수 없다($^{약규}_{3조\ 4항}$). 이 때 상법 제638조의 3 2항은 약관규제법 제 3 조 4항의 적용을 배제하는 특별규정이라고 할 수 없어 보험약관이 상법 제638조의 3 2항의 적용대상이라 하더라도 약관규제법 제 3 조 4항이 적용되는 점,[2] 상법 제638조의 3 2항에 의하여 보험자가 보험약관의 교부·설명의무를 위반한 때에 보험계약자가 보험계약 성립일로부터 3개월 이내에 행사할 수 있는 취소권은 보험계약자에게 주어진 권리일 뿐 의무가 아니므로 보험계약자가 보험계약을 취소하지 않은 경우에도 보험계약자는 보험자가 교부·설명의무에 위반한 약관의 내용의 법률효과를 주장할 수 있는 점,[3] 보험약관의 법적 성질을 의사설(계약설)에 의하여 보면 그 약관은 개별계약의 내용을 이루기 때문에 당사자를 구속하는 점 등에서 보면, 보험자가 이러한 약관의 교부·설명의무에 위반하였음에도 불구하고 보험계약자가 보험계약이 성립한 날부터 3개월 이내에 그 계약을 취소하지 않은 경우에도($^{상\ 638조의}_{3\ 2항\ 참조}$) 보험자는 교부·설명의무에 위반한 약관의 내용을 계약의 내용으로 주장할 수 없다($^{약규}_{3조\ 4항}$). 따라서 이 때 보험자가 보험약관의 교부·설명의무에 위반하면 보험계약자 등이 고지의무($^{상}_{651조}$)를 위반한 경우에도 보험자는 이러한 약관의 내용을 보험계약의 내용으로 주장할 수 없으므로 보험자는 보험계약자 등의 고지의무 위반을 이유로 보험계약을 해지할 수 없다.

우리 대법원도 이미 앞에서($^{보통보험약관}_{의\ 부분}$) 설명한 바와 같이 이와 동지로 「보험자가 보험계약의 중요한 내용에 대하여 명시·설명의무($^{상\ 638조}_{의\ 3\ 참조}$)에 위반한 경우에는, 보험계약자나 그 대리인이 그 약관에 규정된 고지의무를 위반하였다 하더라도 ($^{또\ 인과관계가\ 존재한다고}_{하더라도\ -\ 저자\ 주}$) 보험자는 이를 이유로 보험계약을 해지할 수 없다」고 판시하고 있다.[4]

(라) **인과관계의 존부**($^{상\ 655조}_{단서}$)　　고지의무를 위반한 사실과 보험사고 발생 사

---

5) 대판 2011. 12. 8, 2009 다 20451.

1) 동지: 日大判 1920. 1. 23(民錄 26, 65)(교재, [12. 114]).

2) 동지: 대판 1998. 11. 27, 98 다 32564(공보 1999, 41).

3) 동지: 1996. 4. 12, 96 다 4893(공보 1996, 1534).

4) 대판 1992. 3. 10, 91 다 31883(공보 919, 1284); 동 1995. 8. 11, 94 다 52492(공보 1000, 3121).

이에 인과관계가 없으면 보험자는 보험계약을 해지할 수는 있으나, 그 보험사고에 대하여는 보험금을 지급하여야 한다($^{상}_{단서}$ ^{655조}).[1] 다시 말하면 고지의무 위반과 보험사고 사이에 인과관계가 없는 경우에도 보험자는 보험계약을 해지할 수 있으므로 양자 사이의 인과관계 부존재는 보험자의 보험계약 해지의 제한사유가 될 수 없다. 이점은 2014년 3월 개정상법이 제655조 단서를 「… 그러하지 아니하다」에서 「… 보험금을 지급할 책임이 있다」고 명백히 규정함으로써 입법적으로 해결하였다.[2]

참고로 2014년 3월 개정상법 이전에는 상법 제655조 단서가 「그러나 고지의무에 위반한 사실이 보험사고의 발생에 영향을 미치지 아니하였음이 증명된 때에는 그러하지 아니하다」고 규정하고 있었다. 그래서 상법 제655조 단서의 '그러하지 아니하다'의 의미를 어떻게 해석할 것인가에 대하여, 보험계약을 해지할 수 없는 것으로 해석하여야 한다는 견해(보험계약해지 부정설)(다수설[3]·판례[4])와, 보험자는 보험계약을 해지할 수는 있되 다

---

1) 상법 제655조 단서에 대하여는 입법론상 유지론[한(기), (보) 237~239면 외]과 삭제론[김(성), (보) 230면 외]이 있다. 또한 유지론을 전제로 이 경우 보험금 지급책임의 범위에 관하여는 이성남, "보험사고 발생 후 고지의무 위반에 따른 보험계약 해지 및 보험금 지급책임의 범위,"「법과 기업연구」(서강대 법학연구소), 제7권 제1호(2017. 4), 105~131면 참조(고지의무 위반 사실과 인과관계 없는 보험사고에 대한 적정한 보상방안을 강구하는 방향의 새로운 제도개선이 필요하다고 한다).

2) 동지: 한(기), (보) 223면.

3) 정(희), 388면; 손(주), 532면; 양(승), (보) 126면; 동, "주운전자의 부실고지와 인과관계(대법원 1994. 2. 25 선고, 93 다 52082 판결에 대한 판례평석),"법률신문, 제2300호(1994. 4. 4), 15면 외.

   그러나 고지의무 위반이 있더라도 인과관계가 있어야 보험자는 보험계약을 해지할 수 있다고 보는 견해에서도, 이는 결과적으로 불량위험을 보호하는 것이 되어 고지의무를 인정하는 취지와 모순된다고 하여, 입법론으로는 상법 제655조 단서를 삭제하여야 한다는 견해가 있었다[양(승), (보) 126면; 정(희), 388면; 채, 461면].

4) 대판 1969. 2. 18, 68 다 2082(보험계약자는 고지의무에 위반한 사실이 있다 하더라도 그 사실이 보험사고의 발생에 영향을 끼치지 아니하였음을 입증함으로써 보험자의 계약해지를 방지할 수 있다); 동 1992. 10. 23, 92 다 28259(공보 934, 3227)(고지의무 위반으로 사고발생의 위험이 현저하게 변경 또는 증가하지 않았다는 이유로 계약해지를 할 수 없다는 점은 보험계약자가 주장·입증하여야 한다); 동 1994. 2. 25, 93 다 52082(공보 966, 52)(보험사고의 발생이 보험계약자가 불고지하였거나 부실고지한 사실에 의한 것이 아니라는 것이 증명된 때에는 상법 제655조 단서의 규정에 의하여 보험자는 위 부실고지를 이유로 보험계약을 해지할 수 없는 것이지만, 위와 같은 고지의무 위반사실과 보험사고 발생과의 인과관계의 부존재의 점에 관한 입증책임은 보험계약자에게 있다)(이에 대한 판례평석으로는 양승규, 법률신문, 제2300호, 15면 및 김성태, 법률신문, 제2333호, 15면이 있다); 동 1997. 10. 28, 97 다 33089(공보 1997, 3640)(운전자가 한쪽 눈이 실명된 사실을 보험자에게 고지하지 않은 채 그의 일방과실에 의한 추돌사고가 발생한 경우에는 고지의무 위반과 사고발생 사이에 인과관계가 있어 해지권이 인정된다); 동 2001. 1. 5, 2000 다 40353(공보 2001, 425)(보험사고의 발생이 보험계약자가 불고지하였거나 불실고지한 사실에 의한 것이 아니라는 것이 증명된 때에는 그 불고지나 불실고지를 이유로 보험계약을 해지할 수 없다).
   인과관계를 요하는 것으로 보는 영국 판례의 소개에 관하여는 최종현, "영국 해상보험법상 고지의무(Pan Atlantic Insurance Co., Ltd. v. Pine Top Insurance Co., Ltd.〈1994〉 사건을 중심으로),"「보험법연구 3」(보험법연구회 편)(삼지원, 1999), 193~204면 참조.

만 발생한 보험사고에 대한 보험금 지급책임만을 부담한다고 해석하여야 한다는 견해(보험계약해지 긍정설)(소수설[1]·판례[2])로 나뉘어 있었다. 이에 대하여 저자는 (ⅰ) 보험계약자의 고지의무 위반으로 인하여 보험자가 보험계약을 해지할 수 있는 권리가 발생하는 것은 상법 제651조인데, 이에 의하면 고지의무 위반사실과 보험사고 발생 사이에 인과관계

1) 최병규, "고지의무에 관한 종합적 검토," 「경영법률」, 제 9 집(1999), 314면, 316면; 동, "고지의무에서의 인과관계," 「고시연구」, 제351호(2003. 6), 271면; 김재걸, "고지의무 위반에 의한 계약해지의 효력에 대한 일고찰," 「21세기 상사법의 전개」(하촌 정동윤선생 화갑기념)(법문사, 1999), 569면; 심상무, "고지의무 위반의 효과," 법률신문, 제2141호(1992. 7. 23), 10면.

2) 대판 2010. 7. 22, 2010 다 25353(공보 2010, 1656)(상법 제651조는 고지의무 위반으로 인한 계약해지에 관한 일반적 규정으로 이에 의하면 고지의무에 위반한 사실과 보험사고 발생 사이에 인과관계를 요하지 않는 점, 상법 제655조는 고지의무 위반 등으로 계약을 해지한 때에 보험금액 청구에 관한 규정이므로, 그 본문뿐만 아니라 단서도 보험금액청구권의 존부에 관한 규정으로 해석함이 상당한 점, 보험계약자 또는 피보험자가 보험계약 당시에 고의 또는 중대한 과실로 중요한 사항을 불고지·부실고지하면 이로써 고지의무 위반의 요건은 충족되는 반면, 고지의무에 위반한 사실과 보험사고 발생 사이의 인과관계는 '보험사고 발생 시'에 비로소 결정되는 것이므로, 보험자는 고지의무에 위반한 사실과 보험사고 발생 사이의 인과관계가 인정되지 않아 상법 제655조 단서에 의하여 보험금액 지급책임을 지게 되더라도 그것과 별개로 상법 제651조에 의하여 고지의무 위반을 이유로 계약을 해지할 수 있다고 해석함이 상당한 점, 고지의무에 위반한 사실과 보험사고 발생 사이의 인과관계가 인정되지 않는다고 하여 상법 제651조에 의한 계약해지를 허용하지 않는다면, 보험사고가 발생하기 전에는 상법 제651조에 따라 고지의무 위반을 이유로 계약을 해지할 수 있는 반면, 보험사고가 발생한 후에는 사후적으로 인과관계가 없음을 이유로 보험금액을 지급한 후에도 보험계약을 해지할 수 없고 인과관계가 인정되지 않는 한 계속하여 보험금액을 지급하여야 하는 불합리한 결과가 발생하는 점, 고지의무에 위반한 보험계약은 고지의무에 위반한 사실과 보험사고 발생 사이의 인과관계를 불문하고 보험자가 해지할 수 있다고 해석하는 것이 보험계약의 선의성 및 단체성에서 부합하는 점 등을 종합하여 보면, 보험자는 고지의무를 위반한 사실과 보험사고의 발생 사이의 인과관계를 불문하고 상법 제651조에 의하여 고지의무 위반을 이유로 계약을 해지할 수 있다. 그러나 보험금액청구권에 관해서는 보험사고 발생 후에 고지의무 위반을 이유로 보험계약을 해지한 때에는 고지의무에 위반한 사실과 보험사고 발생 사이의 인과관계에 따라 보험금액 지급책임이 달라지고, 그 범위 내에서 계약해지의 효력이 제한될 수 있다. 따라서 고혈압 진단 및 투약 사실에 관한 피보험자의 고지의무 위반과 백혈병 발병이라는 보험사고 사이에 인과관계가 인정되지 않지만, 보험자가 고지의무 위반을 이유로 보험계약을 해지할 수 있다)(이 판결에 대하여 "상법 제655조 단서를 보험금액청구권의 존부를 다투는 경우에는 '해지할 수 없다'고 해석하고 보험계약 해지의 효력을 다투는 경우에는 '해지할 수 있다'고 해석하도록 하는 것은 동일한 법조항을 사안에 따라 달리 해석하게 되는 점에서 선뜻 수긍하기 곤란하다"는 취지의 평석으로는 박기억, 법률신문, 제4070호(2012. 10. 11), 13면 참조); 서울고판 2000. 12. 19, 2000 나 35223 (보험계약 청약서상의 질문표에 기재된 질문사항은 보험계약에서 중요한 사항으로 추정되는 것이므로 Y〈보험계약자 겸 주피보험자〉가 위 보험계약 체결시 위 A〈Y의 남편이며 종피보험자〉가 지방간을 앓은 일이 없다는 취지의 기재를 한 것은 고지의무 위반이라 할 것이고 따라서 이를 이유로 X〈보험자〉가 위 보험계약을 해지한 것은 유효한 것이기는 하나, 위 고지의무에 위반한 사실과 보험사고 발생과의 사이에 인과관계가 없는 이상 상법 제655조 단서에 의하여 X는 Y에게 위 보험금을 지급할 채무가 있다 할 것이고, 한편 보험사고와 인과관계 없는 고지의무 위반으로 보험계약이 해지된 경우 암진단확정일로부터 180일 이내에 피보험자가 사망한 때에 한하여 그 때까지 발생한 암으로 인한 해당보험금을 지급한다는 위 보험약관의 규정은 상법 제655조 단서에서 정한 보험자의 보험금지급채무를 제한하여 보험수익자에게 불이익하게 변경하는 것으로서 상법 제663조에 의하여 무효인 것이라 할 것이므로 X의 위 주장은 이유 없고 Y의 위 주장은 이유 있다).

가 있을 것을 요하지 않는 점, (ⅱ) 상법 제655조는 보험계약의 해지 여부와는 무관하고 보험계약 해지의 효력인 보험금의 지급에 관한 것으로만 해석해야 하는 점, (ⅲ) 보험계약해지 부정설에 의하면 보험금을 지급하더라도 계약의 효력에는 아무런 영향을 미치지 않는 자동복원 보험계약(예컨대, 자동차보험 등)에서 고지의무를 위반한 불량보험계약자측에게 (인과관계가 없는 한) 계속적으로 보험금을 지급해야 하는 불합리가 발생하고, 또한 인과관계의 존부는 보험사고가 발생한 후에야 비로소 알 수 있게 되므로 고지의무 위반이 있어도 보험사고 발생 전에는 보험계약을 해지할 수 없는 불합리한 점이 발생하는 점 및 (ⅳ) 보험계약의 선의성 및 단체성에서 볼 때 고지의무를 위반한 불량보험계약자는 당연히 보험단체에서 배제되어야 하는 점 등에서 볼 때, 보험계약해지 긍정설이 타당하다고 주장하였다.[1]

(3) 착오·사기와의 관계

1) 상법상의 고지의무위반의 사실이 동시에 민법상 보험자의 착오($\binom{민}{109조}$)나 보험계약자의 사기($\binom{민}{110조}$)에 해당하는 경우가 있다. 이 경우에 보험자는 상법 제651조에 의하여 보험계약을 해지만을 할 수 있느냐 또는 민법 제109조 또는 제110조에 의하여 보험계약을 취소할 수도 있느냐의 문제가 있다. 만일 상법만이 적용되어 보험계약을 해지할 수 있다고 하면 그 보험계약은 원칙적으로 해지한 때로부터 장래에 대하여만 무효가 되고 또한 보험자는 일정한 제척기간이 경과하면 해지할 수 없으나, 민법도 적용된다고 보면 보험자가 민법에 의하여 보험계약을 취소하면 그 계약은 처음부터 무효가 되고($\binom{민}{141조}$) 또한 보험자는 상법상 일정한 제척기간이 경과한 후에도 보험계약을 취소하여 무효로 할 수 있다. 따라서 이러한 경우에 민법도 적용되는지 여부는 보험자의 이해관계에 중대한 영향을 미친다. 따라서 이에 관하여는 다음과 같은 세 가지의 견해가 있다.

㉮ 상법(단독)적용설(민법적용배제설)   이 설에서는 고지의무 위반의 효력에 관한 상법의 규정은 보험계약의 단체성·기술성의 특성에 기인하여 소급효를 제한하고자 해지에 관하여 규정한 것으로서 이는 민법에 대한 특칙이므로, 이러한 상법이 적용되는 한 민법의 착오 또는 사기에 관한 규정은 적용될 여지가 없다고 한다.[2] 이 설에 의하면 보험료에 관하여는 소급효가 제한되므로 이 점에서는 보험계

---

1) 이에 관한 상세는 정찬형, "암보험에 있어서 보험자의 보험계약의 해지여부 및 보험금지급채무의 범위(보험사고와 인과관계가 없는 사항에 관한 고지의무위반이 있는 경우)," 「법학논집」(목포대 법학연구소), 창간호(2001), 97~117면; 동, "상법 제651조와 동 제655조 단서와의 관계," 「고시연구」, 2000. 4, 73~81면.
   동지: 보험감독원 분쟁조정위원회의 "사건 93 조정-31, 21세기 장수연금보험분쟁" 및 "사건 93 조정-2 건강생활보험(2종) 분쟁(1993. 1. 26)"에서의 판단; 영국 해상보험법 제18조(대판 2001. 5. 15, 99 다 26221〈공보 2001, 1364〉 참조).

약자 측에 불리하나, 상법상 제척기간이 경과하면 보험자는 민법에 의하여 보험계약을 취소할 수 없으므로 이 점에서는 보험계약자 측에 유리하다.

(내) **민·상법적용설**(중복적용설 또는 동시적용설)　　이 설에서는 고지의무위반에 관한 상법의 규정은 착오·사기 등의 의사의 흠결 또는 의사표시의 하자에 관한 민법의 규정과는 그 근거·요건·효과 등에서 완전히 다르므로, 양자는 다 같이 적용된다고 한다. 이 설에서는 상법상 고지의무제도는 본래 보험자를 보호하기 위한 것인데 보험계약에 민법의 착오·사기에 관한 규정의 적용을 배제한다면 보험자에게 현저하게 불리하므로, 민법과 상법을 동시에 적용하는 것이 가장 타당하다고 한다.[1]

(대) **절충설**(착오·사기구별설 또는 착오배제 사기적용설)　　이 설에서는 보험자의 착오의 경우에는 민법의 적용을 배제하나, 보험계약자의 사기의 경우에는 상법 외에 민법의 사기에 의한 의사표시에 관한 규정($^{민}_{110조}$)도 적용된다고 한다. 이 설에서는 고지의무 위반이 보험자로 하여금 객관적인 인식에 착오를 일으키게 하는 경우[2]와 보험자를 일부러 속이는 사기의 경우를 구별하고, 착오의 경우에는 보험계약자 측을 보호하기 위하여 상법만이 적용되나 사기의 경우에는 보험계약자 측의 위법행위에 대하여 보험계약자 측을 보호하는 것은 보험제도의 원리에도 맞지 않으므로 이 때에는 상법 외에 민법의 규정도 적용된다는 것이다(통설).[3]

2) 생각건대 절충설이 가장 타당하다고 본다.[4] 따라서 착오의 경우는 상법 제651조가 민법 제109조 1항을 특수화하여 규정한 것으로 볼 수 있다. 즉, 민법상 「법률행위의 내용의 중요부분의 착오」($^{민}_{1항 본문}^{109조}$)는 상법에서 「고지의무자가 보험계약상 중요한 사항을 불고지 또는 부실고지함으로 인하여 (보험자가 이에 관하여 착오에 빠진 경우)」($^{상}_{본문 전단}^{651조}$)로 규정하였다고 볼 수 있고, 그 착오가 표의자(보험자)의 중대한 과실로 인한 경우는 취소(해지)할 수 없도록 한 점은 민법과 상법이 동일하게 규정하였다고 볼 수 있다($^{상 651조 단서, 민}_{109조 1항 단서}$). 따라서 상법 제651조가 적용되는 범위에서는 처

　　2) 서·정, 379면.
　　1) 채, 462면.
　　　　동지: 日大判 1917. 12. 14(民錄 23, 2112).
　　2) 양(승), (보) 128~129면은 보험계약자가 착오에 빠진 경우에 관하여 설명하고 있으나, 취소의 의사표시를 하는 자는 보험자이므로 고지의무 위반으로 인하여 보험자가 착오에 빠진 경우가 이에 해당한다고 본다[동지: 손(주), 534면].
　　3) 정(희), 388~389면; 손(주), 534면; 양(승), (보) 127~128면; 이(범), 466~467면; 최(기), (하) 634면; 이(기) 외, (보·해) 86면; 장(덕), (보) 137면; 한(기), (보) 243~244면(그 이유가 상세함); 이태근, "보험계약상의 고지의무,"「법학논집」(목포대 법학연구소), 창간호(2001), 483면 외.
　　4) 정찬형, 전게 월간고시, 86면.

음부터 민법 제109조 1항은 적용될 여지가 없는 것이다. 그러므로 이 경우에는 민법의 적용 여부를 처음부터 거론할 필요가 없다고 본다.[1]

그런데 고지의무 위반이 민법상 사기가 되고($\substack{\text{고의에 의한 고지의무 위반이}\\ \text{대부분 이에 해당할 것임}}$) 이에 속아서 보험자가 보험계약을 체결한 경우에는, 그러한 보험계약을 보험자가 취소하여 처음부터 무효로 할 수 있도록 하여야 할 것이다.[2] 따라서 이 경우에 보험자는 상법 제651조에 의하여 그 보험계약을 해지할 수도 있으나, 이것보다는 민법 제110조 1항에 의하여 그 계약을 취소하여 처음부터 무효로 하는 경우가 많을 것이다. 우리 대법원도 이와 동지로 「보험계약자의 고지의무 위반이 사기에 해당하는 경우에는 보험자는 상법의 규정에 의하여 그 계약을 해지할 수 있음은 물론, 민법의 일반원칙에 따라 그 보험계약을 취소할 수 있다」고 판시하고 있다.[3] 실제로 이와 같은 사기에 의한 보험계약은 보통 약관에 의하여 무효사유로 규정하고 있으므로, 이러한 경우는 민법을 원용할 필요 없이 그 약관에 의하여 보험계약을 무효로 하고 있다.[4] 이와 같이 사기에 의한 보험계약을 보험자가 취소하는 경우에도 보험자는 그 사실을 안 때까지의 보험료를 청구할 수 있으므로($\substack{\text{상 } 669조 \ 4항\\ \text{단서 참조}}$), 이 점에서는 보험계약

---

1) 반대: 대판 2002. 7. 26, 2001 다 36450(공보 2002, 2038)(공사도급계약과 관련하여 체결되는 이행〈계약〉보증보험계약이나 지급계약보증보험에 있어 그 보험사고에 해당하는 수급인의 채무불이행이 있는지 여부는 그 보험계약의 대상으로 약정된 도급공사의 공사금액·공사내용 및 공사기간과 지급된 선급금 등을 기준으로 판정하여야 하므로, 이러한 보증보험계약에 있어 공사계약 체결일이나 실제 착공일·공사기간도 공사대금 등과 함께 그 계약상 중요한 사항으로서 수급인측에서 이를 허위로 고지함으로 말미암아 보험자가 그 실제 공사의 진행상황을 알지 못한 채 보증보험계약을 체결한 경우에는 이는 법률행위의 중요한 부분에 관한 착오로 인한 것으로서 민법의 일반원칙에 따라 보험자가 그 보험계약을 취소할 수 있다). 그러나 이는 보증보험계약에 관한 것으로 보증보험계약의 법적 성질이 보험이냐 또는 보증이냐에 관하여 논란이 있는 점에서, 이 판결만을 근거로 우리 대법원이 착오로 인한 고지의무 위반에 대하여 민·상법적용설(중복적용설 또는 동시적용설)을 취한 것으로 단정할 수는 없다고 본다.

2) 참고로 獨保 제22조는 사기에 의한 보험계약의 취소권을 보험자에게 주고 있으며, 佛保 L. 113-8조는 악의에 의한 고지의무 위반의 경우 그 보험계약을 무효로 하고 있다. 또 영미법에서도 고의로 중요한 사항을 고지하지 아니할 경우에는 그 보험계약을 무효로 하고 있다.

3) 대판 1991. 12. 27, 91 다 1165(공보 915, 761); 동 2017. 4. 7, 2014 다 234827(공보 2017, 945)(보험계약을 체결하면서 중요한 사항에 관한 보험계약자의 고지의무 위반이 사기에 해당하는 경우에는 보험자는 상법의 규정에 의하여 계약을 해지할 수 있음은 물론, 보험계약에서 정한 취소권 규정이나 민법의 일반원칙에 따라 보험계약을 취소할 수 있다. 따라서 보험금을 부정취득할 목적으로 다수의 보험계약이 체결된 경우에 민법 제103조 위반으로 인한 보험계약의 무효와 고지의무 위반을 이유로 한 보험계약의 해지나 취소는 그 요건이나 효과가 다르지만, 개별적인 사안에서 각각의 요건을 모두 충족한다면 위와 같은 구제수단이 병존적으로 인정되고, 이 경우 보험자는 보험계약의 무효·해지 또는 취소를 선택적으로 주장할 수 있다).

4) 동지: 서울민사지판 1975. 12. 4, 75 가합 2198(교재, [12. 131]); 서울고판 1984. 8. 24, 83 나 3776; 日大判 1934. 2. 8(新聞 3679, 14).

을 해지한 경우의 효과와 같다고 볼 수 있다. 이러한 점도 보통 보험약관에서 규정
하고 있다.

제 4   보험증권

1. 보험증권의 의의와 이의(異議)약관

(1) 보험증권의 의의

보험증권(insurance policy; Versicherungsschein)이란 「보험계약의 성립과 그 내
용을 증명하기 위하여 계약의 내용을 기재하고 보험자가 기명날인 또는 서명하여 보
험계약자에게 교부하는 증권」이다.[1] 이러한 점에서 보험증권은 보험계약에 관한
「증거증권」이고, 또 보험자가 보험금을 지급함에 있어서 제시자의 자격의 유무를 조
사할 권리는 있으나 그 의무는 없으므로 「면책증권」이며, 또 보험자가 보험금을 지급
할 때에는 보험증권과 상환하는 것이 보통이므로 「상환증권」이다.[2] 그러나 보험증권
은 보험계약이 성립한 후에 계약당사자의 편의를 위하여 발행되는 것이므로 계약성
립의 요건도 아니고, 또 보험자만이 기명날인 또는 서명하므로 계약서도 아니다.[3]

(2) 이의약관

보험증권은 위에서 본 바와 같이 증거증권으로서 사실상의 추정력을 가지는
데 불과하므로 진실한 보험계약이 보험증권의 기재내용과 다른 경우에는 보험계약
자가 보험증권의 내용에 대하여 이의(異議)를 주장할 수 있다.[4] 그러나 보험계약자
의 그러한 주장을 무제한으로 인정하면 보험자를 해하게 되므로 상법 제641조는 이
양자의 이익을 조화하기 위하여 「보험계약의 당사자는 보험증권의 교부가 있은 날
로부터 1월을 내리지 않는 기간 내에 한하여 그 증권내용의 정부(正否)에 관하여 이
의를 주장할 수 있음을 약정할 수 있다」고 규정하고 있다(獨保 5조, 瑞〈스위
스〉保 12조 참조). 이것을 정
한 약관을 「이의약관」(Widerspruchsklausel)이라고 하는데, 이는 명시적으로 정함이
있는 경우에만 그 효력이 있다. 따라서 명시적으로 정함이 없는 경우에는 민법의
일반원칙에 의하여 이의를 주장할 수 있다고 본다.[5]

---

1) 동지: 정(희), 389면.
2) 동지: 정(희), 389면, 391면; 양(승), (보) 131~133면.
3) 동지: 정(희), 389면; 양(승), (보) 131면; 한(기), (보) 256면.
4) 동지: 대판 1988. 2. 9, 86 다카 2933(공보 1988, 493); 동 1992. 10. 27, 92 다 32852(공보
   934, 3293).

이의약관의 정함이 있는 경우에도 약관에서 정한 기간이 경과한 경우에 보험증권상의 기재내용이 절대적으로 효력을 갖는 것은 아니고, 명백한 착오나 오류는 정정할 수 있다고 본다.[1]

2. 보험증권의 작성과 교부

(1) 보험자의 보험증권의 작성·교부의무

보험자는 보험계약이 성립한 때에는 지체 없이 보험증권을 작성하여 보험계약자[2]에게 교부하여야 한다[3]($\frac{\text{상 640조}}{\text{1항 본문}}$). 그러나 보험계약자가 보험료의 전부 또는 최초의 보험료를 지급하지 아니한 때에는 보험자는 보험증권의 작성·교부의무가 없다($\frac{\text{상 640조}}{\text{1항 단서}}$). 이와 같이 보험증권의 발행을 의무화한 것은 보험증권을 발행하는 것이 보험계약의 당사자 쌍방에게 편리하기 때문이다.[4] 기존의 보험계약을 연장하거나 변경한 경우에는, 보험자는 보험증권을 새로 작성하여 교부할 필요 없이 기존의 보험증권에 그 사실을 기재함으로써 보험증권의 교부에 갈음할 수 있다($\frac{\text{상 640조}}{\text{2항}}$). 타인을 위한 보험계약에서는 보험계약자가 보험계약을 해지하기 위하여 보험증권의 소지를 요한다($\frac{\text{상 649조}}{\text{1항 단서}}$).

(2) 보험증권의 기재사항

1) 손해보험증권에는 공통적으로 (ⅰ) 보험의 목적, (ⅱ) 보험사고의 성질, (ⅲ) 보험금액, (ⅳ) 보험료와 그 지급방법, (ⅴ) 보험기간을 정한 때에는 그 시기(始期)와 종기, (ⅵ) 무효와 실권(失權)의 사유, (ⅶ) 보험계약자의 주소와 성명 또는 상호, (ⅷ) 피보험자의 주소와 성명 또는 상호,[5] (ⅸ) 보험계약의 연월일, (ⅹ) 보험증권의 작성지와 그 작성연월일을 기재하고, 보험자가 기명날인 또는 서명하여야 한다($\frac{\text{상}}{\text{666조}}$). 또 각종의 손해보험에 관하여는 이외에 특별한 기재사항($\frac{\text{상 685조, 690조, 695조,}}{\text{726조의 3, 728조}}$)이 추가되어 있다.

---

5) 동지: 양(승), (보) 136면.

1) 동지: 양(승), (보) 136면.

2) 보험증권이 보험계약자의 의사에 반하여 보험계약자의 구상의무에 관하여 담보를 제공한 제3자에게 교부된 경우에는 보험자는 보험증권의 교부의무를 이행한 것으로 볼 수 없다[대판 1999. 2. 9, 98 다 49104(공보 1999, 475)].

3) 1991년의 개정 전에는 '보험계약자의 청구에 의하여' 보험증권을 작성·교부케 하던 것을, 1991년의 개정법에 의하여 계약성립과 더불어 보험자의 의무로 규정하게 되었다.

4) 英海保 제22조(보험계약은 보험증권에 기재하지 아니하면 증거로서 인정되지 않는다), 伊(이태리)民 제1888조 1항 등도 같은 취지로 규정하고 있다.

5) 이는 2014년 3월 개정상법에서 신설되었다.

2) 인보험증권에는 공통적으로 손해보험증권의 기재사항($\frac{상}{666조}$) 외에 (i) 보험
계약의 종류, (ii) 피보험자의 주소·성명 및 생년월일, (iii) 보험수익자를 정한 때
에는 그 주소·성명 및 생년월일을 추가로 기재하여야 한다($\frac{상}{728조}$).

3) 보험증권에는 위와 같이 법정기재사항을 기재하여야 그 효력이 발생하므로
보험증권은 요식증권이나, 어음·수표와 같은 엄격한 요식증권은 아니다. 따라서 어
느 법정기재사항을 기재하지 않거나 또는 법정기재사항 이외의 사항을 기재하여도
보험증권의 효력에는 영향이 없다.[1] 보험증권의 뒷면에는 보통 보통보험약관이 기
재되어 있는데, 이것은 계약의 내용을 정한 것으로서 보험계약은 이 약관의 내용에
따라 체결된 것으로 추정을 받는다.[2]

(3) 보험증권의 멸실·훼손과 재교부

증거증권성만을 갖는 보험증권을 멸실 또는 현저하게 훼손한 때에는 보험계약
자는 자기의 비용부담으로 보험자에 대하여 증권의 재교부를 청구할 수 있다($\frac{상}{642조}$).
보험계약자가 보험증권을 소지하고 있으면 보험계약의 내용을 추정받아 이를 증명
하지 않고도 보험자에 대하여 보험금을 청구할 수 있으므로, 상법은 보험계약자 등
을 위하여 이러한 규정을 둔 것이다.

그러나 후술하는 바와 같이 지시식 또는 무기명식의 손해보험증권 중에서 유
가증권성이 인정되는 것은 공시최고절차에 의한 제권판결을 받아야($\frac{민소}{이하}$ 475조) 보험
자에 대하여 보험증권의 재교부를 청구할 수 있다고 본다.[3]

3. 보험증권의 유가증권성

보험증권은 보험계약의 성질상 유가증권성을 인정할 수 있는가, 또는 보험증
권이 발행된 보험의 목적이 유통의 대상이 될 수 있는가에 따라 그의 유가증권성
여부가 결정될 수 있는가. 이하에서는 이러한 관점에서 보험증권의 유가증권성 여
부를 살펴보기로 한다.

(1) 인보험증권은 그 성질상 유통과 관련하여 지시식 또는 무기명식의 보험증
권으로 발행될 수도 없고,[4] 비록 그러한 형식으로 발행되었다 하더라도 유가증권성

---

1) 동지: 정(희), 390면; 양(승), (보) 132면.
2) 동지: 정(희), 390면.
3) 동지: 양(승), (보) 137면; 한(기), (보) 258면.
4) 그러나 손(주), 536면은 「인보험증권의 법정기재사항에는 보험수익자의 성명이 포함되어 있으므
   로(상 728조 3호) 기명식이 원칙이나, 보험계약자는 보험수익자의 지정권을 보험계약의 성립 후에
   도 행사할 수 있으므로(상 733조 1항·2항) 보험계약의 성립 당시에는 무기명식이 허용된다」고 하

을 인정할 수 없다(통설).[1] 왜냐하면 인보험증권의 하나인 생명보험증권의 경우에
는 보험계약자가 자기의 경제적 수요에 대비하기 위하여 저축하는 대신에 보험에
가입하는 것이므로, 이러한 자기의 경제생활의 안정을 위하여 채권의 양도를 원하
지 않을 뿐만 아니라, 오히려 이러한 보험금지급에 대한 채권은 보험계약자나 보험
수익자를 위하여 확보해 주는 것이 보험제도의 목적에 합치하는 것이기 때문이다.
또한 인보험증권의 다른 하나인 상해보험증권의 경우에도 피보험자 자신의 손해로
인한 경제적 수요에 대비하기 위하여 이용되는 것이므로, 이러한 보험의 경우에 발
행되는 보험증권은 그 유통성을 보호할 필요가 없기 때문이다.

(2) 물건보험에서의 보험증권은 기명식에 한하지 않고 지시식 또는 무기명식으
로 발행될 수 있는데(상 666조), 지시식 또는 무기명식으로 발행되었다고 하여 이러한
보험증권이 반드시 유가증권이라는 근거가 되지는 못한다.[2] 따라서 이러한 지시
식(무기명식을 포함) 보험증권이 유가증권인지 여부에 대하여는 다음과 같이 견해가 나뉜다.

1) 부 정 설   보험금청구권은 그 성질상 증권 외의 사정(보험료의 지급 등)에 달려 있
다는 점 및 손해보험에 있어서는 보험증권의 이전만으로 증권상의 권리를 양도할
수 없고 보험의 목적의 양도에 수반하여 이전되어야 하는 점(상 679조) 등에서, 보험
증권이 비록 지시식으로 발행되었다고 하더라도 그러한 보험증권의 유가증권성을
부인한다.[3] 그러나 이 설은 보험의 목적의 양도에 수반하여 이전되는 보험증권에
대하여도 그의 유가증권성을 부인할 수 있겠는가라는 의문점이 있다.

2) 긍 정 설   거래의 안전의 확보 및 권리의 행사에 증권의 소지를 필요로
하는 것을 이유로 지시식 보험증권의 유가증권성을 전면적으로 긍정하는 견해인데,
이 견해에서는 지시식 보험증권은 보험사고의 발생으로 인하여 생길 보험금청구권
을 표창하는 증권으로서 동 증권의 소지인은 그러한 보험금청구권을 행사할 수 있
다고 한다.[4] 그러나 보험계약의 성질상 보험금청구권만을 유통의 대상으로 할 수는
없고 또 모든 (지시식) 보험증권에 대하여 일률적으로 유가증권성을 인정함으로써
오히려 큰 폐해가 생길 우려가 있다.[5]

나, 이 때의 무기명식은 유통과 관련한 무기명증권과는 구별된다고 본다.

1) 서·정, 370면; 정(희), 392면 외. 그러나 일본에는 지시식의 인보험증권이 발행된 때에는 이것
   에 유가증권성을 인정하는 견해가 있다(伊澤孝平,「保險法」, 1958, 106~107면).

2) 동지: 양(승), (보) 133~134면.

3) 石田, 102면.

4) 野津務,「新保險契約法論」, 176~177면.

5) 동지: 양(승), (보) 135면; 채, 477면.

3) 일부긍정설(절충설)   (지시식) 보험증권의 유가증권성을 전면적으로 인정하지 않고, 일정한 경우에만 인정하는 설이다. 이것이 우리나라의 통설인데, 그 내용은 학자에 따라 약간 달리 설명되고 있다. 즉, (i) 적하보험에 있어서와 같이 보험의 목적인 적하 자체가 선하증권에 의한 거래의 대상이 되며, 또 그것의 경제적 가치의 보충을 목적으로 하는 보험에 의한 보상청구권도 당연히 이에 수반될 필요가 있으며, 또 보험의 목적은 운송인이 점유하고 있기 때문에 보험관계자가 고의로 손해를 발생시킬 염려도 없는 경우에 한하여, 지시식 보험증권에만 유가증권성이 인정된다고 설명하는 견해와,[1] (ii) 화물상환증·선하증권·창고증권과 같은 유통증권과 부수하여 유통성이 인정되는 지시식 보험증권에만 유가증권성이 인정된다고 설명하는 견해가 있다.[2]

생각건대 보험의 목적이 그 성질상 유통성이 있으며 또한 보험목적의 이전에 의하여 위험이 변동되지 않는 경우에는, 보험증권의 양도에 의하여 보험관계의 이전을 인정하여도 무방하다고 본다. 따라서 이렇게 보면 화물상환증, 선하증권, 창고증권 등과 같은 유통증권에 부수하여 그의 유통성이 인정되는 지시식 보험증권에는 유가증권성이 인정된다고 본다[3](위의 3) (ii)의 견해에 찬성).

위와 같이 일정한 보험증권에 대하여 그의 유가증권성을 인정한다고 하더라도, 보험증권은 그 성질상 문언증권이나 무인증권이 아니므로 보험자는 보험계약에 기한 항변(고지의무 위반, 보험료 불지급, 위험의 증가·변경 등에 기한 항변 등)으로써 그 소지인에게 대항할 수 있고, 또 보험증권상의 권리의 발생은 우연한 사고에 의하여 정하여지므로 보험증권은 가장 불완

---

1) 정(희), 391~392면[원래 어떤 증권에 유가증권성을 승인할 것인가는 증권에 의한 권리의 이전이 그 권리의 성질에 반하지 않는가, 또 그 권리의 유통을 조장하는 것이 거래의 요구에 합치하는가를 고려하여 결정할 문제이다. 이 견지에서 고찰하면 생명보험에 관하여는 그 성질상, 또 화재보험 등의 일반손해보험에 관하여는 보험의 목적인 물건(가옥·공장 등)에 보험사고로 생긴 손해의 보상이라는 보험의 성질상 손해보상청구권만이 전전유통할 성질이 아니기 때문에 그 유가증권성을 인정할 필요도 없을 뿐더러 이것을 인정하면 오히려 폐단이 많을 것이다(고의에 의한 손해의 발생 등). 그러나 적하보험에 있어서와 같이 보험의 목적인 적하 자체가 선하증권에 의한 거래의 대상이 되며, 따라서 그것의 경제적 가치의 보충을 목적으로 하는 보험에 의한 보상청구권도 당연히 이것에 수반될 필요가 있는 것에 대하여는 보험증권의 배서 또는 교부에 의하여 이 목적을 실현시키는 것이 실정에 맞는다. 뿐만 아니라 이 경우에는 보험의 목적은 운송자가 점유하고 있기 때문에 보험관계자가 고의로 손해를 발생시킬 염려도 없다. 따라서 이러한 종류의 보험증권에 관하여는 그것이 지시식 또는 무기명식인 것에 한하여 유가증권성을 승인하여도 무방할 것이다]; 서·정, 370면.
2) 손(주), 539면; 양(승), (보) 135~136면; 이(기) 외, (보·해) 94면.
   독일에서는 지시식 운송보험증권의 배서에 의한 양도를 인정하고(獨商 363조 2항), 이러한 보험증권에 대하여 일반적으로 유가증권성을 인정하고 있다(Hans Möller, *Versicherungs-vertragsrecht*, 3. Aufl., 1977, S. 80; Bruck/Möller, S. 172, Anm. 18, 19).
3) 정(찬), 19면.

전한 의미에 있어서의 유가증권이라고 볼 수 있다.[1]

제 4 절 보험계약의 효과

제 1 총 설

보험계약의 효과로서 직접의 계약당사자인 보험자와 보험계약자가 상대방에 대하여 권리·의무를 갖는 것은 물론이고, 직접의 계약당사자가 아닌 피보험자와 보험수익자도 보험자에 대하여 일정한 권리·의무를 갖는다. 피보험자와 보험수익자가 보험자에 대하여 권리를 갖는 것은 후술하는 타인을 위한 보험계약의 효과이고, 그가 보험자에 대하여 의무를 부담하는 것은 법의 규정에 의한 것이다.

보험계약의 효과는 손해보험과 인보험에 있어서 차이가 있는데, 이하에서는 양자에 공통되는 것만을 당사자의 의무를 중심으로 설명한다.

제 2 보험자의 의무

1. 보험증권교부의무

보험자는 보험계약이 성립한 때에는 지체 없이 보험증권을 작성하여 보험계약자에게 교부하여야 하는데(상640조 1항), 이에 관하여는 이미 앞에서 상세히 설명하였다.

2. 보험금지급의무

(1) 보험금지급의무의 발생

보험자는 보험사고가 생긴 경우에 피보험자 또는 보험수익자에게 보험금을 지급할 의무를 진다(상638조). 이것은 보험자가 보험계약에 의하여 부담하는 가장 중요한 의무이다. 여기에서의 「보험금」이란 손해보험의 경우에는 '보험자가 보험계약에서 책임을 지기로 한 보험금액의 한도액에서 그 보험사고로 인하여 피보험자가 실제로 입은 재산상의 손해액'이고, 생명보험과 같은 정액보험의 경우에는 '보험계약에서 정한 보험금액'을 의미한다.

---

1) 동지: 서·정, 370~371면.

보험자가 보험금을 지급하는 경우에 보험계약의 당사자 사이에 계약상 채무의 존부나 범위에 관하여 다툼이 있는 경우가 많은데, 이 때 보험자는 피보험자 또는 보험수익자를 상대로 소극적 확인의 소를 제기할 확인의 이익이 있다.[1]

보험자의 이러한 보험금지급의무의 발생요건은 다음과 같다.

1) 첫째로 「보험계약에서 정한 보험사고가 보험기간 내」에 발생하여야 한다. 이 때의 보험사고는 원칙적으로 보험계약이 성립한 후의 보험기간 중에 발생한 경우를 의미하는데, 예외적으로 소급보험의 경우에는($\frac{상}{643조}$) 보험계약이 성립하기 전의 보험기간 중에 발생한 경우를 포함한다.

2) 둘째로 보험계약자는 보험자에게 「보험료」를 지급하여야 한다. 왜냐하면 보험자의 책임은 당사자간에 다른 약정이 없으면 '최초의 보험료의 지급을 받은 때'로부터 개시하기 때문이다($\frac{상}{656조}$). 따라서 보험계약이 성립한 후에 보험사고가 발생한 경우에도 보험료의 지급 전이면 보험자는 보험금지급의무를 부담하지 않는다.[2]

---

1) 대판(전) 2021. 6. 17, 2018 다 257958 · 257965(공보 2021, 1287)([다수의견] 확인의 소에서는 권리보호요건으로서 확인의 이익이 있어야 하고 확인의 이익은 원고의 권리 또는 법률상의 지위에 현존하는 불안 · 위험이 있고 그 불안 · 위험을 제거하는 데 피고를 상대로 확인판결을 받는 것이 가장 유효적절한 수단일 때에만 인정된다고 할 것이므로 원고의 권리 또는 법률관계를 다툼으로써 원고의 법률상 지위에 불안 · 위험을 초래할 염려가 있다면 확인의 이익이 있다. 그러므로 보험계약의 당사자 사이에 계약상 채무의 존부나 범위에 관하여 다툼이 있는 경우 그로 인한 법적 불안을 제거하기 위하여 보험회사는 먼저 보험수익자를 상대로 소극적 확인의 소를 제기할 확인의 이익이 있다고 할 것이다.
[대법관 이기택, 대법관 김선수, 대법관 노정희의 반대의견] 소극적 확인의 소에서 확인의 이익이 인정되는지 여부를 판단할 때에는 확인의 이익의 공적인 기능이나 소극적 확인의 소가 채권자에게 미치는 영향 등도 고려해야 하므로, 모든 계약 관계에서 계약 당사자들 사이에 다툼이 있다는 사정만으로 항상 채무자가 소극적 확인의 소를 제기할 수 있는 확인의 이익이 인정될 수 있는 것은 아니다. 보험의 공공성, 보험업에 대한 특별한 규제, 보험계약의 내용 및 그에 따른 당사자의 지위 등을 위 법리에 비추어 보면, 보험계약자나 피보험자, 보험수익자 등〈이하 '보험계약자 등'이라 한다〉이 단순히 보험회사를 상대로 보험사고 여부나 보험금의 범위에 관하여 다툰다는 사정만으로는 보험회사의 법적 지위에 현존하는 불안 · 위험이 있다고 볼 수 없을 뿐만 아니라, 보험회사가 이와 같은 사유만으로 보험계약자 등을 상대로 제기한 소극적 확인의 소는 특별한 사정이 없는 한 국가적 · 공익적 측면에서 형평에 반하는 소송제도의 이용에 해당하여 확인의 이익이 결여된 것으로 보아야 한다. 결국 보험계약자 등이 보험금 지급책임의 존부나 범위에 관하여 다툰다는 사정만으로는 확인의 이익이 인정될 수 없고, 그 외에 추가로 보험금 지급책임의 존부나 범위를 즉시 확정할 이익이 있다고 볼만한 '특별한 사정'이 있는 경우에만 비로소 확인의 이익이 인정되어 소극적 확인의 소를 제기할 수 있다. 이때 '특별한 사정'은 예를 들어 보험계약자 등이 보험계약이나 관계 법령에서 정한 범위를 벗어나 사회적으로 상당성이 없는 방법으로 보험금 지급을 요구함으로써 보험계약에서 예정하지 않았던 불안이나 위험이 보험회사에 발생하는 등의 사정이 있는 경우에 인정될 수 있다. 또한 보험계약의 체결이나 보험금 청구가 보험사기에 해당하여 보험회사가 범죄나 불법 행위의 피해자가 되거나 될 우려가 있다고 볼만한 사정이 있는 경우에도 보험계약에서 예정하지 않았던 불안이나 위험이 보험회사에 발생한 경우에 해당하여 '특별한 사정'이 인정될 수 있다).

2) 동지: 대판 1974. 12. 10, 73 다 1591.

이 때 보험료의 지급은 원칙적으로 보험계약이 성립한 후의 경우를 의미하는데, 예외적으로 보험계약이 성립하기 전에 보험자가 보험료를 받은 경우도 의미한다. 즉, 앞에서 본 바와 같이 보험자가 보험계약자로부터 보험계약의 청약과 함께 보험료 상당액의 전부 또는 일부를 받은 경우에 보험자가 그 청약을 승낙하기 전에 보험계약에서 정한 보험사고가 생긴 때에는, 보험자는 그 청약을 거절할 사유가 없는 한 보험계약상의 책임을 진다($^{상}_{2}\,^{638조의}_{3항\,본문}$). 그러나 인보험계약의 피보험자가 신체검사를 받아야 하는 경우에 그 검사를 받지 않은 경우에는 그러하지 아니하다($^{상}_{2}\,^{638조의}_{3항\,단서}$).

보험계약자가 보험자에게 보험료를 지급하여야 보험자는 보험금지급의무를 부담하는 원칙에 대하여는 다음과 같은 예외가 있다. 즉, 보험자와 보험계약자간에 보험기간이 개시된 후에 보험료를 받기로 다른 약정을 한 경우($^{외상보험}_{의\,경우}$)[1]($^{상\,656조}_{참조}$)에는, 그 기간 안에 발생한 보험사고에 대하여는 보험자가 비록 보험료의 지급을 받지 아니하였다 하더라도 보험금지급의무를 부담한다.

3) 셋째로 후술하는 바와 같이 보험자에게는 「면책사유」가 없어야 한다.

(2) 면책사유

보험자는 보험계약에서 정한 보험사고의 발생으로 보험금지급책임을 부담하고 또한 이 때 보험사고의 발생원인이 무엇이냐를 묻지 않는 것이 원칙이나, 다음의 경우에는 예외적으로 보험사고가 발생하더라도 보험자는 보험금을 지급할 책임이 없다. 보험자에게 이러한 면책사유가 있는 경우에는 보험자는 보험금청구권의 양도 또는 질권설정시의 승낙에 이의를 보류하지 않았더라도 그 양수인 또는 질권자에게 대항할 수 있다.[2]

1) 보험사고가 보험계약자 또는 피보험자나 보험수익자의 고의나 중대한 과실로 인하여 생긴 때($^{인위적인}_{보험사고}$)($^{상}_{659조}$)   보험사고가 보험계약자 등의 고의 또는 중대

---

1) 예컨대, 항공보험에서 비행기의 출발을 앞두고 보험계약을 체결하면서 보험료는 뒤에 지급하기로 한 경우는 그 예라고 할 수 있다.

2) 동지: 대판 2002. 3. 29, 2000 다 13887(공보 2002, 972)(보험금청구권은 보험자의 면책사유 없는 보험사고에 의하여 피보험자에게 손해가 발생한 경우에 비로소 권리로서 구체화되는 정지조건부권리이고, 그 조건부권리도 보험사고가 면책사유에 해당하는 경우에는 그에 의하여 조건불성취로 확정되어 소멸하는 것이라 할 것이므로, 위와 같은 보험금청구권의 양도 또는 질권설정에 대한 채무자의 승낙은 별도로 면책사유가 있으면 보험금을 지급하지 않겠다는 취지를 명시하지 않아도 당연히 그것을 전제로 하고 있다고 보아야 하고, 그 양수인 또는 질권자도 그러한 사실을 알고 있었다고 보아야 할 것이며, 더구나 보험사고 발생 전의 보험금청구권 양도 또는 질권설정을 승낙함에 있어서 보험자가 위 항변사유가 상당한 정도로 발생할 가능성이 있음을 인식하였다는 등의 사정이 없는 한 존재하지도 아니하는 면책사유 항변을 보류하고 이의하여야 한다고 할 수는 없으므로, 보험자가 비록 위 보험금청구권 양도 승낙시나 질권설정 승낙시에 면책사유에 대한 이의를 보류하지 않았다 하더라도 보험계약상의 면책사유를 양수인 또는 질권자에게 주장할 수 있다).

한 과실로 인하여 생긴 때(즉, 보험계약자 등의 인위
적인 보험사고인 경우에는) 보험자는 보험금을 지급할 책임이 없다. 그러나 사망보험과 상해보험의 경우에는 보험사고가 보험계약자 또는 피보험자나 보험수익자의 중대한 과실로 인한 경우에도 보험자는 보험금지급책임을 면하지 못한다(상 732조의
2, 739조).

(카) **인정이유**　　(i) 보험사고는 우연한 것이어야 하는데, 그것이 우연히 발생한 것이 아니고 보험계약자 등의 고의나 중대한 과실로 사고를 발생시킨 경우에는 보험사고의 우연성이 결여되고 따라서 보험사고성이 상실된 것이므로 보험자의 책임을 인정할 수 없다.[1] (ii) 또한 보험계약자 등의 고의 또는 중대한 과실로 인한 사고까지 보험사고로 인정하여 보험자의 책임을 인정하는 것은 신의칙에 어긋날 뿐만 아니라 보험사기나 보험의 도박화(도덕적
위험의 발생)로 악용될 염려가 있어 이것을 방지하여야 할 보험정책적인 필요도 있다.[2]

(나) **반대약정의 효력**　　보험계약의 당사자가 이러한 면책사유에 반하는 특약을 할 수 있는가는 그 특약의 내용이 신의성실 또는 공익에 반하느냐 않느냐에 따라 결정할 문제이다. 따라서 후술하는 바와 같이 생명보험계약에서 보험기간 개시 후 일정한 기간(2년) 경과 후의 자살을 면책사유에서 제외하거나,[3] 피보험자가 심신상실 등으로 자유로운 의사결정을 할 수 없는 상태에서(즉, 책임능력이
결여된 상태에서) 자신을 해친 경우를 면책사유에서 제외하거나(2015. 12. 29. 현재 생명보험
표준약관 5조 1호 단서) 또는 보험계약자 등의 중과실을 면책사유로 하지 않는 특약을 하는 경우와 같이 보험계약자 등의 이익을 위하여 보험자의 책임을 확장하는 특약은 유효하다고 보겠으나(상 663조 본문
반대해석),[4] (보험금을 지급받을 목적으로 하는) 보험계약자 등의 악의(고의)로 인한 사고발생(자살의 경우는 보험기
간 개시 후 2년 이내)의 경우에도 보험자는 보험금액을 지급해야 한다는 특약은 무효라고 보아야 할 것이다.[5]

　　그러나 면책약관에서 피보험자의 정신질환을 피보험자의 고의나 피보험자의

---

1) 동지: 정(희), 394면; 양(승), (보) 140면.

2) 동지: 정(희), 394면; 손(주), 545면; 양(승), (보) 141면.

3) 동지: 대판 2016. 5. 12, 2015 다 243347(공보 2016, 758) 외.

4) 동지: 한(기), (보) 286면.

5) 동지: 정(희), 394면; 서·정, 383면; 양(승), (보) 143면; 손(주), 546~547면; 이(기) 외, (보·해) 97면; 최(기), (하) 644면; 한(기), (보) 284~285면; 김(성), (보) 272면; 김성태, "보험계약법상의 고의·중과실면책원칙," 「보험학회지」, 제25집, 239면.

　　반대: 채, 509면(다른 사정이나 원인 때문에 비록 고의이지만 보험사고를 일으키지 아니할 수 없는 경우도 생각할 수 있으므로 고의 또는 악의로 인한 사고를 보험사고로 한 보험계약이 모두 당연히 무효라고 할 수는 없다).

　　피보험자가 고의로 보험사고를 일으키고 보험자로부터 보험금을 지급받아 편취하면 사기죄를 구성한다(대판 1982. 7. 13, 82 도 874).

자살과 별도의 독점된 면책사유로 규정하고 있고 피보험자가 그러한 정신질환(정신
분열증)에 의하여 목을 매어 사망한 경우에는, 그러한 면책약관은 약관의 규제에 관
한 법률상 고객에게 부당하게 불리하여 공정성을 잃은 조항이라고 볼 수 없으므로
보험자는 동 면책조항에 의하여 보험금 지급의무가 면제된다.[1]

　㈐ 고의·중과실의 의미　　　이 때 「고의」라 함은 '보험사고발생을 인식하면서
감히 그 행위를 하는 것'을 말하는데, 미필적 고의를 포함하고,[2] 이러한 행위를 하

---

1) 동지: 대판 2015. 6. 23, 2015 다 5378(공보 2015, 1033)(사망을 보험사고로 하는 보험계약에
　서 자살을 보험자의 면책사유로 규정하고 있는 경우에, 자살은 자기의 생명을 끊는다는 것을 의식
　하고 그것을 목적으로 의도적으로 자기의 생명을 절단하여 사망의 결과를 발생케 한 행위를 의미
　하고, 피보험자가 정신질환 등으로 자유로운 의사결정을 할 수 없는 상태에서 사망의 결과를 발생
　케 한 경우까지 포함하는 것은 아니므로, 피보험자가 자유로운 의사결정을 할 수 없는 상태에서 사
　망의 결과를 발생케 한 직접적인 원인행위가 외래의 요인에 의한 것이라면, 그 사망은 피보험자의
　고의에 의하지 않은 우발적인 사고로서 보험사고인 사망에 해당할 수 있다. 다만 면책약관에서 피
　보험자의 정신질환을 피보험자의 고의나 피보험자의 자살과 별도의 독립된 면책사유로 규정하고
　있는 경우, 이러한 면책사유를 둔 취지는 피보험자의 정신질환으로 인식능력이나 판단능력이 약화
　되어 상해의 위험이 현저히 증대된 경우 증대된 위험이 현실화되어 발생한 손해는 보험보호의 대
　상으로부터 배제하려는 데에 있고 보험에서 인수하는 위험은 보험상품에 따라 달리 정해질 수 있
　는 것이어서 이러한 면책사유를 규정한 약관조항이 고객에게 부당하게 불리하여 공정성을 잃은 조
　항이라고 할 수 없으므로, 만일 피보험자가 정신질환〈정신분열증〉에 의하여 자유로운 의사결정을
　할 수 없는 상태에 이르렀고 이로 인하여 보험사고〈목을 메어 사망함〉가 발생한 경우라면 위 면책
　사유에 의하여 보험자의 보험금지급의무가 면제된다)[이 판결에 대한 평석으로는 김선정, "피보험
　자의 정신질환에 기한 상해사고를 면책사유로 한 약관조항의 해석," 「월간 생명보험」(생명보험협
　회), 2015. 8, 48~63면]; 동 2015. 9. 24, 2015 다 217546.
2) 동지: 정(희), 394면; 양(승), (보) 142면; 한(기), (보) 280면; 대판 2000. 2. 11, 99 다 49064
　(공보 2000, 669)(생명보험계약은 사람의 생명에 관한 우연한 사고에 대하여 금전을 지급하기로
　약정하는 것이어서 금전을 취득할 목적으로 고의로 피보험자를 살해하는 등의 도덕적 위험의 우려
　가 있으므로, 그 계약 체결에 관하여 신의성실의 원칙에 기한 선의〈이른바 선의계약성〉가 강하게
　요청되는바, 당초부터 오로지 보험사고를 가장하여 보험금을 취득할 목적으로 생명보험계약을 체
　결한 경우에는 사람의 생명을 수단으로 이득을 취하고자 하는 불법적인 행위를 유발할 위험성이
　크고, 이러한 목적으로 체결된 생명보험계약에 의하여 보험금을 지급하게 하는 것은 보험계약을
　악용하여 부정한 이득을 얻고자 하는 사행심을 조장함으로써 사회적 상당성을 일탈하게 되므로,
　이와 같은 생명보험계약은 사회질서에 위배되는 법률행위로서 무효이다. 이러한 점에서 피보험자
　를 살해하여 보험금을 편취할 목적으로 체결한 생명보험계약은 사회질서에 위배되는 행위로서 무
　효이고, 따라서 피보험자를 살해하여 보험금을 편취할 목적으로 피보험자의 공동상속인 중 1인이
　상속인을 보험수익자로 하여 생명보험계약을 체결한 후 피보험자를 살해한 경우, 다른 공동상속인
　은 자신이 고의로 보험사고를 일으키지 않았다고 하더라도 보험자에 대하여 보험금을 청구할 수
　없다)[이 판결에 찬성하는 취지의 평석으로는 장덕조, "피보험자의 살인과 보험자의 면책," 「판례
　월보」, 2001. 2(통권 365호), 22~31면]; 서울고판 1988. 12. 6, 88 나 25712(피보험자가 순간적
　으로 구타당한 데 대한 앙갚음을 할 생각으로 자동차를 급히 전진시켜 우측 범퍼와 후사경으로 피
　해자의 다리부위를 충격하여 넘어지게 함으로써 피해자가 그 충격으로 인한 두개골 골절상으로 사
　망한 경우에는 미필적 고의로 생긴 사고로서 고의에 포함된다); 대판 2001. 3. 9, 2000 다 67020
　(공보 2001, 847)(자동차보험약관상 면책사유인 '피보험자의 고의에 의한 사고'에서의 '고의'라 함
　은 자신의 행위에 의하여 일정한 결과가 발생하리라는 것을 알면서 이를 행하는 심리상태를 말하

는 자$\binom{보험계약자 \cdot 피보험}{자 \cdot 보험수익자}$에게 책임능력이 있어야 한다.[1] 또한 보험사고의 발생에 기여

고, 여기에는 확정적 고의는 물론 미필적 고의도 포함된다고 할 것이며, 고의와 같은 내심의 의사
는 이를 인정할 직접적인 증거가 없는 경우에는 사물의 성질상 고의와 상당한 관련성이 있는 간접
사실을 증명하는 방법에 의하여 입증할 수밖에 없고, 무엇이 상당한 관련성이 있는 간접사실에 해
당할 것인가는 사실관계의 연결상태를 논리와 경험칙에 의하여 합리적으로 판단하여야 할 것이다.
따라서 출발하려는 승용차 보닛 위에 사람이 매달려 있는 상태에서 승용차를 지그재그로 운행하여
도로에 떨어뜨려 상해를 입게 한 경우, 운전자에게 상해 발생에 대한 미필적 고의가 있다).

반대: 대판 2010. 11. 11, 2010 다 62628(공보 2010, 2266)(자동차보험약관에서 '보험계약자
또는 피보험자〈이하 '보험계약자 등'이라 한다〉의 고의에 의한 손해'를 보험자가 보상하지 아니하
는 사항으로 규정하고 있는 경우, 이러한 면책약관은 이를 엄격히 제한적으로 해석함이 원칙인 점,
상해와 사망 또는 사망에 준하는 중상해〈이하 이를 '사망 등'이라 한다〉 사이에는 그 피해의 중대
성에 있어 질적인 차이가 있고 손해배상책임의 범위에도 커다란 차이가 있으므로 통상 예상할 수
있는 범위를 넘어서 사망 등과 같은 중대한 결과가 생긴 경우에까지 보험계약자 등이 스스로 초래
한 보험사고로 취급되어 면책약관이 적용되리라고는 생각하지 않는 것이 보험계약자 등의 일반적
인 인식인 점, 보험계약자 등이 적극적으로 사망 등의 결과를 의욕하거나 의도한 것이 아닌 이상,
그에 대하여 위 면책약관이 적용되지 아니하는 것으로 보더라도 인위적인 사고를 조장할 위험성이
크다고는 할 수 없고 오히려 보험의 사회보장적 기능에 부합하는 점 등을 종합적으로 고려하면, 자
동차 운행으로 인한 사고의 경위와 전후 사정 등에 비추어 보험계약자 등이 피해자의 상해에 대하
여는 이를 인식 · 용인하였으나, 피해자의 사망 등 중대한 결과에 대하여는 이를 인식 · 용인하였다
고 볼 수 없는 경우에는, 그 사망 등으로 인한 손해는 위 자동차보험약관에서 정한 '보험계약자 등
의 고의에 의한 손해'에 해당하지 아니하고, 따라서 위 면책약관이 적용되지 아니하는 것으로 봄이
상당하다. 따라서 사람이 승용차 보닛 위에 엎드려 매달리자 그를 차량에서 떨어지게 할 생각으로
승용차를 지그재그로 운전하다가 급히 좌회전하여 위 사람을 승용차에서 떨어뜨려 사망에 이르게 한
사안에서, 위 사고의 경위 · 피해자가 전도된 지점의 도로 여건 · 사고 당시 가해차량 운전자의 음주
상태 · 목격자의 진술 등 여러 사정에 비추어, 가해차량운전자로서는 피해자가 달리던 차에서 떨어지
면서 어느 정도의 큰 상해를 입으리라는 것은 인식 · 용인하였다고 할 것이나, 나아가 피해자가 사망
하리라는 것까지를 인식하고 용인하였다고는 볼 수 없으므로, 피해자의 사망으로 인한 손해는 가해
차량 운전자의 '고의에 의한 손해'라고 할 수 없어 자동차보험의 면책약관이 적용되지 않는다); 서울
고판 2015. 6. 5, 2014 나 2052603(피보험자가 이웃과 몸싸움을 벌이다 부엌칼로 '찔러봐'라고 말
한 것은 술에 상당히 취한 상태에서 한 객기 정도로 볼 수 있는 단순한 감정적 대응이므로, 이로 인
하여 상대방으로부터 가슴 등을 수차례 찔려 사망한 경우에도 이는 미필적 고의가 아닌 우발적 사고
로 인한 사망으로 상법 제659조 1항이 적용되지 않으므로 보험자는 보험금을 지급하여야 한다).

1) 동지: 한(기), (보) 287~288면; 대판 2001. 4. 24, 2001 다 10199(공보 2001, 1219)(책임보험
은 피보험자의 법적 책임 부담을 보험사고로 하는 손해보험이고 보험사고의 대상인 법적 책임은
불법행위책임이므로 어떠한 것이 보험사고인가는 기본적으로는 불법행위의 법리에 따라 정하여야
할 것인바, 책임보험 계약 당사자간의 보험약관에서 고의로 인한 손해에 대하여는 보험자가 보상
하지 아니하기로 규정된 경우에 고의행위라고 구분짓기 위하여는 특별한 사정이 없는 한 구체적인
정신능력으로서의 책임능력이 전제되어 있다고 볼 것이어서 '피보험자의 고의에 의한 손해'에 해
당한다고 하려면 그 피보험자가 책임능력에 장애가 없는 상태에서 고의행위를 하여 손해가 발생된
경우이어야 한다. 따라서 피보험자가 사고 당시 심신미약의 상태에 있었던 경우, 사고로 인한 손해
가 '피보험자의 고의로 인한 손해'에 해당하지 아니하여 보험자가 면책되지 아니한다); 동 2006.
3. 10, 2005 다 49713(공보 2006, 610)(상법 제659조 1항 및 제732조의 2의 입법취지에 비추어
볼 때, 사망을 보험사고로 하는 보험계약에 있어서 자살을 보험자의 면책사유로 규정하고 있는 경
우, 그 자살은 사망자가 자기의 생명을 끊는다는 것을 의식하고 그것을 목적으로 의도적으로 자기
의 생명을 절단하여 사망의 결과를 발생케 한 행위를 의미하고, 피보험자가 정신질환 등으로 자유
로운 의사결정을 할 수 없는 상태에서 사망의 결과를 발생케 한 경우까지 포함하는 것이라고 할

수 없을 뿐만 아니라, 그러한 경우 사망의 결과를 발생케 한 직접적인 원인행위가 외래의 요인에 의한 것이라면 그 보험사고는 피보험자의 고의에 의하지 않은 우발적인 사고로서 재해에 해당한다. 따라서 부부싸움중 극도로 흥분되고 불안한 정신적 공황상태에서 베란다 밖으로 몸을 던져 사망한 경우, 위 사고는 자유로운 의사결정이 제한된 상태에서 망인이 추락함으로써 사망의 결과가 발생하게 된 우발적인 사고로서 보험약관상 보험자의 면책사유인 '고의로 자신을 해친 경우'에 해당하지 않는다)(이 경우 피보험자의 자살은 자유로운 의사결정을 할 수 없는 상태에서 발생하였다고 볼 수 없으므로 보험자의 면책을 인정한 하급심판례로는 대구지판 2015. 6. 5, 2014 가합 207188); 동 2008. 8. 21, 2007 다 76696(공보 2008, 1284)(상법 제659조 1항 및 제732조의 2의 입법 취지에 비추어 볼 때, 사망을 보험사고로 하는 보험계약에 있어서 자살을 보험자의 면책사유로 규정하고 있는 경우, 그 자살은 자기의 생명을 끊는다는 것을 의식하고 그것을 목적으로 의도적으로 자기의 생명을 절단하여 사망의 결과를 발생케 한 행위를 의미하고, 피보험자가 정신질환 등으로 자유로운 의사결정을 할 수 없는 상태에서 사망의 결과를 발생케 한 경우까지 포함하는 것은 아닐 뿐만 아니라, 그러한 경우 사망의 결과를 발생케 한 직접적인 원인행위가 외래의 요인에 의한 것이라면 그 보험사고는 피보험자의 고의에 의하지 않은 우발적인 사고로서 재해에 해당한다. 따라서 보험계약의 피보험자가 술에 취한 나머지 판단능력이 극히 저하된 상태에서 신병을 비관하는 넋두리를 하고 베란다에서 뛰어내린다는 등의 객기를 부리다가 마침내 음주로 인한 병적인 명정으로 인하여 심신을 상실한 나머지 자유로운 의사결정을 할 수 없는 상태에서 충동적으로 베란다에서 뛰어내려 사망한 사안에서, 이는 우발적인 외래의 사고로서 보험약관에서 재해의 하나로 규정한 '추락'에 해당하여 사망보험금의 지급대상이 된다); 동 2011. 4. 28, 2009 다 97772(공보 2011, 1018)(상법 제659조 제 1 항 및 제732조의 2의 입법 취지에 비추어 볼 때, 사망을 보험사고로 하는 보험계약에서 자살을 보험자의 면책사유로 규정하고 있는 경우, 그 자살은 사망자가 자기의 생명을 끊는다는 것을 의식하고 그것을 목적으로 의도적으로 자기의 생명을 절단하여 사망의 결과를 발생케 한 행위를 의미하고, 피보험자가 정신질환 등으로 자유로운 의사결정을 할 수 없는 상태에서 사망의 결과를 발생케 한 경우는 포함되지 않는다. 피보험자가 자살하였다면 그것이 정신질환 등으로 자유로운 의사결정을 할 수 없는 상태에서 사망의 결과를 발생케 한 경우에 해당하지 않는 한 원칙적으로 보험자의 면책사유에 해당하는데, 여기서 말하는 정신질환 등으로 자유로운 의사결정을 할 수 없는 상태의 사망이었는지 여부는 자살자의 나이와 성행〈性行〉, 자살자의 신체적 · 정신적 심리상황, 정신질환의 발병 시기, 진행 경과와 정도 및 자살에 즈음한 시점에서의 구체적인 상태, 자살자를 에워싸고 있는 주위 상황과 자살 무렵의 자살자의 행태, 자살행위의 시기 및 장소, 기타 자살의 동기, 그 경위와 방법 및 태양 등을 종합적으로 고려하여 판단하여야 한다. 공제계약의 피공제자가 직장에 병가를 신청하고 병원에 찾아가 불안, 의욕저하 등을 호소하면서 직장을 쉬기 위하여 진단서가 필요하다고 거듭 요구하여 병명이 '우울성 에피소드'인 진단서를 발급받은 후 주거지 인근 야산에서 처〈妻〉 등에게 유서를 남긴 채 농약을 마시고 자살한 사안에서, 망인이 자살 당일 우울성 에피소드 진단을 받기는 하였으나 발병 시기가 그다지 오래된 것으로 보이지 않고, 망인의 나이, 평소 성격, 가정환경, 자살행위 당일 행적, 망인이 자살하기 전에 남긴 유서의 내용과 그로부터 짐작할 수 있는 망인의 심리상태, 자살행위의 시기와 장소, 방법 등에 비추어, 망인은 정신질환 등으로 자유로운 의사결정을 할 수 없는 상태에서 자살을 한 것으로 보기는 어렵다); 동 2021. 2. 4, 2017 다 281367(공보 2021, 479)(사망을 보험사고로 하는 보험계약에서 자살을 보험자의 면책사유로 규정하고 있는 경우에도 피보험자가 정신질환 등으로 자유로운 의사결정을 할 수 없는 상태에서 사망의 결과를 발생케 한 경우까지 포함하는 것은 아니므로, 피보험자가 자유로운 의사결정을 할 수 없는 상태에서 사망의 결과를 발생케 한 직접적인 원인행위가 외래의 요인에 의한 것이라면, 그 사망은 피보험자의 고의에 의하지 않은 우발적인 사고로서 보험사고인 사망에 해당할 수 있다. 이때 정신질환 등으로 자유로운 의사결정을 할 수 없는 상태에서의 사망이었는지 여부는 자살자의 나이와 성행, 자살자의 신체적 · 정신적 심리상황, 그 정신질환의 발병 시기, 그 진행경과와 정도 및 자살에 즈음한 시점에서의 구체적인 상태, 자살자를 에워싸고 있는 주위상황과 자살 무렵의 자살자의 행태, 자살행위의 시기 및 장소, 기타 자살의 동기, 그 경위와

한 복수의 원인이 존재하는 경우에는 피보험자 등의 고의행위가 보험사고 발생의 유일하거나 결정적인 원인이었음을 보험자가 증명하여야 보험자는 면책될 수 있다.[1] 피보험자 등의 이러한 「고의」의 예로는 피보험자의 자살이나 자해행위·보험수익자에 의한 피보험자의 살해 등이 이에 해당한다(2015. 12. 29. 현재 생명보험 표준약관 5조). 그런데 생명보험약관에서는 일정한 기간(예컨대, 보험계약의 보장개시일부터 2년)이 경과한 후 피보험자가 자살하거나 또는 피보험자가 심신상실 등으로 자유로운 의사결정을 할 수 없는 상태에서 자신을 해친 경우에는 면책사유에서 제외하고 있다(2015. 12. 29. 현재 생명보험 표준약관 5조 1호 단서, 佛〈프랑스〉保 L. 132-7, 일본간이생명보험법 30조 1호 등 참조).

「중대한 과실」이라 함은 '현저하게 주의를 다하지 아니하여 보험사고가 발생한 것'을 말한다. 예컨대, 횡단보도 이외의 도로에서의 무단횡단·신호위반·음주운전 등이 이에 해당한다.[2]

방법 및 태양 등을 종합적으로 고려하여 판단하여야 한다. 갑의 딸 을이 초등학교 교사로 근무하던 중 우울증으로 자살에 이르자, 갑이 병 보험회사 등을 상대로 재해사망보험금을 청구한 사안에서, 주요우울장애와 자살의 관련성에 관한 의학적 판단 기준이 확립되어 있으므로, 을이 주요우울장애로 자유로운 의사결정을 할 수 없는 상태에 이르러 자살하였다고 볼 만한 의학적 견해가 증거로 제출되었다면 함부로 이를 부정할 수 없고, 만약 그러한 의학적 소견과 다르게 인과관계를 추단하려면 다른 의학적·전문적 자료에 기하여 신중하게 판단하여야 하는데, 을을 치료하였던 정신과 전문의의 견해 및 그 바탕에 있는 의학적 판단 기준을 고려하지 않은 채 을이 자살할 무렵 주변 사람들에게 겉으로 보기에 이상한 징후를 보이지 않았다거나 충동적이라고 보이지 않는 방법으로 자살하였다는 등의 사정만을 내세워 을이 우울증으로 자유로운 의사결정을 할 수 없는 상태에서 자살하였다고 보기 어렵다고 본 원심판단에는 법리오해 등의 잘못이 있다).

1) 동지: 대판 2004. 8. 20, 2003 다 26075(공보 2004, 1574)(보험약관에서 '피보험자 등의 고의에 의한 사고'를 면책사유로 규정하고 있는 경우 여기에서의 '고의'라 함은 자신의 행위에 의하여 일정한 결과가 발생하리라는 것을 알면서 이를 행하는 심리상태를 말하는 것으로서 그와 같은 내심의 의사는 이를 인정할 직접적인 증거가 없는 경우에는 사물의 성질상 고의와 상당한 관련성이 있는 간접사실을 증명하는 방법에 의하여 입증할 수밖에 없고, 무엇이 상당한 관련성이 있는 간접사실에 해당할 것인가는 사실관계의 연결상태를 논리와 경험칙에 의하여 합리적으로 판단하여야 할 것임은 물론이지만, 보험사고의 발생에 기여한 복수의 원인이 존재하는 경우, 그 중 하나가 피보험자 등의 고의행위임을 주장하여 보험자가 면책되기 위하여는 그 행위가 단순히 공동원인의 하나이었다는 점을 입증하는 것으로는 부족하고 피보험자 등의 고의행위가 보험사고 발생의 유일하거나 결정적 원인이었음을 입증하여야 할 것이다. 따라서 자신이 유발한 교통사고로 중상해를 입은 동승자를 병원으로 후송하였으나 동승자에 대한 수혈을 거부함으로써 사망에 이르게 한 경우, 수혈거부가 사망의 유일하거나 결정적인 원인이었다고 단정할 수 없다면 수혈거부행위가 사망의 중요한 원인 중 하나이었다는 점만으로는 보험회사가 보험금의 지급책임을 면할 수 없다).

2) 동지: 대판 1991. 7. 12, 91 다 6351(공보 903, 2150)(중대한 과실이라 함은 통상인에게 요구되는 정도의 상당한 주의를 하지 않더라도 약간의 주의를 한다면 손쉽게 위법·유해한 결과를 예견할 수 있는 경우인 데도 불구하고, 만연히 이를 간과함과 같은 거의 고의에 가까운 현저한 주의를 결여한 상태를 말한다); 동 1994. 8. 26, 94 다 4073(공보 977, 2521)(보험계약자인 자동차대여업자가 운전면허 없는 운전자에게 위조된 운전면허증의 복사본을 제시받고 자동차를 대여하는 것은 극히 이례적인 일이라 할 것이므로, 이의 확인을 태만히 한 것은 상법 제659조 1항의 중대한 과실에 속한다); 동 2003. 10. 23, 2002 다 26320(공보 2003, 2231)(수렵보험 보통약관 중 보험자의 면책사유로 규정된 '피보험자의 고의 또는 중대한 과실로 수렵 또는 수렵용품에 관한 법령을 위반하여

동일한 보험사고에 대하여 피보험자가 복수로 존재하는 경우에는 피보험이익도 피보험자마다 개별로 독립하여 존재하는 것이므로 원칙적으로 각각의 피보험자별로 면책조항의 적용 여부를 결정한다.[1]

고의 또는 중과실에 대한 증명책임은 면책을 주장하는 보험자에게 있다.[2]

㈐ **대표자책임이론**　　　보험사고의 발생에 고의 또는 중과실이 있는 자가 보험계약자나 피보험자 또는 보험수익자와 법률상 또는 경제상 특별한 관계에 있는 경우 (예컨대, 그 가족·사용인·대리인 등)에 보험자의 책임을 인정할 것이냐 하는 문제가 발생한다. 이에 대하여는 보험계약자 등과 특수한 관계에 있는 일정한 제 3 자의 행위로 인한 보험사고에 대하여 보험자가 면책된다는 이른바 「대표자책임이론」(Repräsentanthaftungstheorie) 이 독일에서 주장되고 있고,[3] 우리나라의 보험약관에서도 이것을 받아들이고 있는 것이 있다.[4] 우리나라에서는 대표자책임이론에 찬성하는 견해(면책설),[5] 반대하는 견해(보상책임설)[6] 및 보험약관에 이에 관한 규정이 있는 경우에만 이를 인정하자는 견해(절충설)[7]로 나뉘어 있다.

생각건대 보험계약자 등과 특별한 관계에 있는 그 가족·사용인·대리인 등의 고의나 중대한 과실로 인하여 보험사고가 발생한 경우에도 보험계약자 등에게 고의 또는 중대한 과실이 없으면 보험자는 당연히 면책되는 것은 아니라고 해석하는 것이 타당하다고 본다(보상책임설).[8]

생긴 사고'라 함은 피보험자가 수렵 또는 수렵용품에 관한 법령을 위반한 상태에서 피보험자의 고의 또는 중대한 과실로 인하여 생긴 사고를 의미한다고 해석할 것이므로, 비록 피보험자가 수렵 또는 수렵용품에 관한 법령을 위반한 상태에서 사고가 발생하였더라도〈해진 후에 총렵을 함으로써 발생한 사고는〉 피보험자의 고의 또는 중대한 과실로 인하여 생긴 것으로 인정되지 아니하는 사고로서 여기에 해당되지 않는다); 광주고판 1991. 4. 2, 90 나 5244·5251(인화성 물건이 있는 가구가 있는 창고에 건물 내의 습기를 제거하기 위하여 석유난로를 피워놓은 후 이를 완전히 소화한 후 귀가하는 등의 조치를 취하지 아니함으로 인하여 화재가 발생한 것은 피보험자에게 중대한 과실이 있다).

1) 대판 2012. 12. 13, 2012 다 1177(공보 2013, 145).
2) 동지: 한(기), (보) 290면 외; 대판 2012. 4. 13, 2011 다 1828 외.
3) Prölss/Martin, S. 77 f. § 6. Anm. 7, 8.
　동지: 瑞(스위스)保 14조.
　반대: 佛(프랑스)保 L. 121-2조; 伊(이태리)民 1900조 2항.
4) 화재보험표준약관(2002. 6. 28 개정) 8조 1호·2호 참조.
5) 최(기), (하) 642면.
6) 정(희), 395면(보험계약자 등과 특별한 관계에 있는 제 3 자의 보험사고유발에 대하여는 보험계약자 등에게 고의 또는 중대한 과실이 없는 한 보험자는 당연히 면책되는 것이 아니다); 양(승), (보) 144면(보험계약자 등의 법정대리인·지배인 등과 같이 특수한 지위에 있는 자의 고의·중과실로 생긴 경우를 제외하고는, 보험자의 면책을 인정할 수 없다고 한다); 한(기), (보) 291~292면.
7) 손(주), 546면.

(바) **보험자대위**   　　보험자는 보험사고의 발생이 보험계약자나 피보험자 또는 보험수익자 이외의 제 3 자의 고의·과실로 인하여 생긴 경우에는, 손해보험에 있어서는 보험금액을 지급한 후 대위권을 행사할 수 있다($\frac{상}{682조}$).

　　2) **보험사고가 전쟁 그 밖의 변란으로 인하여 생긴 때**($\frac{상}{660조}$)   　　보험사고가 전쟁 그 밖의 변란(變亂)으로 인하여 생긴 때에는 당사자간에 다른 약정이 없는 한 보험자는 보험금을 지급할 책임이 없다. 이 때 「전쟁」이라 함은 선전포고가 있느냐 없느냐를 묻지 않고($\frac{따라서\ 전투훈련중에}{사망한\ 경우도\ 이에\ 해당함}$),[1] 「변란」이라 함은 내란·폭동·소요 등과 같이 통상의 경찰력으로써는 치안을 유지할 수 없는 상태로서 전쟁에 준하는 비상사태를 말한다.[2]

　　이것을 면책사유로 규정한 것은 전쟁 등의 변란은 위험산정의 기초가 된 통상의 사고가 아니고, 또 통상의 보험료로써는 그 위험을 인수할 수 없기 때문이다.[3] 그러나 보험자는 특약에 의하여 이러한 전쟁위험을 인수할 수 있는데, 이와 같이 전쟁위험을 인수하는 보험을 전쟁위험보험(war risk insurance)이라 한다.[4]

　　3) **보험약관의 정함이 있는 사유로 보험사고가 발생한 때**　　각종 보통보험약관은 보험자의 면책사유를 규정하는 것이 보통이다. 이러한 약관의 조항을 면책약관이라 한다. 이러한 보험약관상의 면책사유는 상법 제663조 등 강행법규에 저촉되지 않는 한 유효하므로, 보험사고의 발생이 이러한 면책사유에서 정한 사유로 인한

---

8) 동지: 대판 1984. 1. 17, 83 다가 1940(보험약관 중 '피보험자에게 보험금을 받도록 하기 위하여 피보험자와 세대를 같이하는 친족 또는 고용인이 고의로 사고를 일으킨 손해에 대해서는 보험자가 보상하지 아니한다'는 내용의 면책조항은 피보험자와 밀접한 생활관계를 가진 친족이나 고용인이 피보험자를 위하여 보험사고를 일으킨 때에는 피보험자가 이를 교사 또는 공모하거나 감독상 과실이 큰 경우가 허다하므로 일단 그 보험사고발생에 피보험자의 고의 또는 중대한 과실이 개재된 것으로 추정하여 보험자를 면책하고자 하는 취지에 불과하다고 해석함이 타당하며, 이러한 규정을 추정규정으로 보는 이상 피보험자가 보험사고의 발생에 자신의 고의 또는 중대한 과실이 개재되지 아니하였음을 입증하여 위 추정을 번복할 때에는 위 면책조항의 적용은 당연히 배제된다); 동 1998. 4. 28, 97 다 11898(공보 1998, 1483)(보험계약자나 피보험자 또는 이들의 법정대리인에게 단순히 고용된 자의 고의 또는 중대한 과실로 인한 손해는 상법 제659조 1항에 해당되지 않는다).

1) 동지: 양(승), (보) 145면.

2) 동지: 대판 1991. 11. 26, 91 다 18682(공보 912, 111)(전쟁에 준하는 변란중의 '소요'라 함은 폭동에는 이르지 아니하나 한 지방에서의 공공의 평화 내지 평온을 해할 정도로 다수의 군중이 집합하여 폭행·협박 또는 손괴 등 폭력을 행사하는 상태를 말한다); 동 1994. 11. 22, 93 다 55975(공보 983, 60)(대학생들의 폭력사태는 발생경위와 장소 및 당시에 있어서의 폭력행사의 정도 등에 비추어 그 지방의 평화 내지 평온을 해할 정도의 '소요 기타 이와 유사한 사태'라고 볼 수 없다).

3) 동지: 정(희), 396면; 양(승), (보) 145면.

4) Vance, p. 1053 이하 참조.

경우에는 그 범위 안에서 보험자는 보험금지급책임을 면한다.[1]

보험계약자 또는 피보험자 등이 법인인 경우에는 「법인의 이사 또는 그 업무를 집행하는 기타의 기관」의 고의 또는 중과실에 의한 손해에 대하여 보험자가 면책되도록 한 면책약관이 있는 경우, 고의 또는 중과실의 판단기준이 되는 이사 등은 원칙적으로 법인의 대표권 및 업무집행권을 갖는 대표기관을 의미한다.[2]

(3) 보험금의 지급방법과 지급시기

1) 지급방법   보험자의 보험금의 지급방법은 금전으로 지급하는 것이 원칙이고, 당사자 사이에 특약이 있는 경우에는 현물($\substack{\text{유리보험약관} \\ \text{1조 참조}}$) 또는 기타의 급여($\substack{\text{치료행} \\ \text{위 등}}$)로써 할 수 있다($\substack{\text{상 638조} \\ \text{참조}}$).[3]

보험금의 지급장소에 관하여는 상법에 특별규정이 없으므로 민법의 일반원칙에 의하여 지참(持參)채무가 될 것이나($\substack{\text{민 467조} \\ \text{2항}}$), 보험약관 또는 거래의 관행에 의하여 추심채무로서 보험자의 영업소에서 지급된다.[4]

2) 지급시기   보험자는 보험금의 지급에 관하여 약정기간이 있는 경우에는 그 기간 내에, 약정기간이 없는 경우에는 보험사고 발생의 통지를 받은 후 지체 없

---

1) 동지: 대판 2010. 9. 9, 2007 다 5120(공보 2010, 1863)(외국환은행이 한국무역보험공사가 발급한 수출신용보증서를 담보로 하여 수출기업에 내국신용장을 개설할 당시 수출신용장을 징구하지 않아 그 뒷면에 기재된 다른 은행의 매입사실을 확인하지 않음으로써 융자대상금액을 초과하여 무역금융을 실행하고, 나아가 수출신용장 뒷면에 그 무역금융 취급사실을 기재하지 아니한 것은, '한국은행 총액한도대출관련 무역금융 취급세칙'과 그 세부사항을 정한 '한국은행 총액한도대출관련 무역금융 취급절차'가 규정한 절차적 요건을 위반한 것으로서 이에 기초한 무역금융은 위 수출신용보증서의 신용보증대상에 해당한다고 할 수 없으므로, 한국무역보험공사는 면책약관에 따라 보증책임을 부담하지 않는다. 또한 한국무역보험공사가 설정한 신용보증약관의 면책사유인 '은행이 신용보증조건을 위반한 경우'는 은행의 신용보증조건 위반행위와 보증사고의 발생 사이의 인과관계를 요건으로 하지 않는다고 해석하는 것이 그 문언에 부합하고 제 3 자의 입장에서 객관적인 해석이다).

2) 대판 2005. 3. 10, 2003 다 61580(공보 2005, 543)(보험계약자 또는 피보험자 등이 법인인 경우에는 '법인의 이사 또는 그 업무를 집행하는 기타의 기관'의 고의 또는 중과실에 의한 손해에 대하여 보험자가 면책되도록 한 이 사건 면책약관에 있어 '법인의 이사 또는 그 업무를 집행하는 기타의 기관'은, 원칙적으로 법인의 대표권 및 업무집행권을 가지는 대표기관을 의미한다고 보아야 할 것이고, 주식회사의 대표권이 없는 이사의 경우에는 그 회사의 규모나 구성·보험사고의 발생시에 해당 이사의 회사에 있어서의 업무내용이나 지위 및 영향력·해당 이사와 회사와의 경제적 이해의 공통성 내지 해당 이사가 보험금을 관리 또는 처분할 권한이 있는지 등의 여러 가지 사정을 종합하여, 해당 이사가 회사를 실질적으로 지배하고 있거나 또는 해당 이사가 보험금의 수령에 의한 이익을 직접 받을 수 있는 지위에 있는 등 해당 이사의 고의나 중과실에 의한 보험사고의 유발이 회사의 행위와 동일한 것이라고 평가할 수 있는 경우에 비로소 여기의 '이사'에 해당된다고 보아야 할 것이다〈이 사건에서는 이러한 이사에 해당하지 않는다고 하여 보험자의 면책을 부정함〉).

3) 사기에 의한 보험금청구에 관하여는 한(기), (보) 304~312면 참조.

4) 동지: 양(승), (보) 147면; 한(기), (보) 304면.

이 보험자가 지급할 보험금액을 정하고 그것이 정하여진 날로부터 10일 내에 보험
금액을 피보험자 또는 보험수익자에게 지급하여야 한다($\binom{상}{658조}$). 이것은 보험금지급채
무를 신속히 이행하여 보험의 기능을 다하도록 한 것이지만, 보험금액을 정하는 시
한에 대한 규정이 없어 손해조사기간을 고의로 지연시키는 경우에는 10일 내라는
지급시한이 무의미하게 될 우려는 있다.[1]

(4) 소멸시효

보험자의 보험금지급의무는 3년이 경과하면 소멸시효가 완성하여 소멸한다
($\binom{상}{662조}$).[2] 이 시효기간의 기산점은 보험금지급시기가 정하여지는 경우에는($\binom{상}{658조}$) 그
기간이 경과한 다음 날이라고 본다.[3] 그러나 보험금지급시기가 정하여지지 않는 경
우로서 보험계약자 등이 보험사고 발생을 알고 이를 보험자에게 통지한 때에는 보
험자가 그 통지를 받은 후 지급할 보험금액이 정하여지고 10일의 보험금지급유예기
간이 경과한 다음 날이라고 보아야 할 것이다.[4] 그러나 보험계약자 등이 보험사고

---

1) 동지: 정(희), 396면.
2) 2014년 3월 개정상법은 보험계약자 등의 이익을 위하여 보험금청구권의 소멸시효기간을 개정전
   2년에서 개정후 3년으로 연장하였다.
3) 동지: 대판 2006. 1. 26, 2004 다 19104(공보 2006, 305)(복합운송주선업 인·허가보증보험계
   약상의 보험사고가 발생한 경우에 보험금액청구권을 행사하기 위하여는 화물유통촉진법 등의 관계
   규정에 따라 마련된 '복합운송주선업 영업보증금 및 보증보험가입금 운영규정'에서 정한 보험금의
   확정절차를 마쳐야 하므로, 그 보험금액청구권의 소멸시효는 위 절차를 마쳤거나, 채권자가 그 책
   임 있는 사유로 이를 마치지 못하였다면 위 절차를 거치는 데 필요하다고 볼 수 있는 시간이 경과
   한 때로부터 진행한다); 동 2017. 4. 13, 2016 다 274904(공보 2017, 963)(민법 제166조는 "소멸
   시효는 권리를 행사할 수 있는 때로부터 진행한다"라고 규정하고 있으므로, 기한이 있는 채권의
   소멸시효는 이행기가 도래한 때부터 진행하지만, 이행기가 도래한 후 채권자와 채무자가 기한을
   유예하기로 합의한 경우에는 유예된 때로 이행기가 변경되어 소멸시효는 변경된 이행기가 도래한
   때부터 다시 진행한다. 이와 같은 기한 유예의 합의는 명시적으로뿐만 아니라 묵시적으로도 가능
   한데, 계약상의 채권관계에서 어떠한 경우에 기한 유예의 묵시적 합의가 있다고 볼 것인지는 계약
   의 체결경위와 내용 및 이행경과·기한 유예가 채무자의 이익이나 추정적 의사에 반하는지 여부
   등 제반 사정을 종합적으로 고려해서 판단하여야 한다).
   반대: 대판 2005. 12. 23, 2005 다 59383·59390(공보 2006, 174)(보험약관 또는 상법 제658
   조에서 보험금 지급유예기간을 정하고 있더라도 보험금청구권의 소멸시효는 보험사고가 발생한 때
   로부터 진행하고, 위 지급유예기간이 경과한 다음날부터 진행한다고 볼 수는 없다).
4) 동지(유예기간경과시설): 양(승), (보) 147면; 정진세, "보험금의 지급유예기간과 소멸시효 기산
   점," 「고시연구」, 2002. 5, 155~163면; 최한준, "보험금청구권의 법적 개념에 관한 연구," 「경영
   법률」(한국경영법률학회), 제12집(2001), 397~417면(상법 제662조의 보험금청구권을 확정적 보
   험금청구권으로 보고 이에 따라 시효기간의 기산점은 보험회사에 의한 보험금지급확정시라고 한
   다); 동, "보험금청구권의 소멸시효의 기산점," 「안암법학」(안암법학회 편), 통권 제13호(2001),
   367~386면; 대판 1981. 10. 6, 80 다 2699; 동 1993. 7. 13, 92 다 39822; 서울고판 1976. 6.
   25, 76 나 1016.
   반대(보험사고발생시설): 한(기), (보) 320~321면(보험금청구권을 행사하는데 법률상 장애가
   없고 사실상 장애만 있는 경우는 원칙적으로 보험사고가 발생한 때가 소멸시효의 기산점이다); 정

발생을 알고도 이를 보험자에게 통지를 하지 않은 경우에는 보험사고가 발생한 때이고, 보험금청구권자가 과실 없이 보험사고의 발생을 알 수 없었던 특별한 사정이 있는 경우(또한 보험사고가 발생한 것인지 여부가 _{객관적으로 분명하지 않은 경우})에는 그가 보험사고의 발생을 알았거나 알 수 있었던 때라고 보아야 할 것이다.

이 시효기간의 기산점에 대하여 우리 대법원판례는 거의 일관하여 원칙적으로 '보험사고가 발생한 때'인데, 예외적으로 보험사고가 발생하였는지 여부가 객관적으로 분명하지 아니하여 보험금청구권자가 과실 없이 보험사고의 발생을 알 수 없었던 경우에는 보험금청구권자가 '보험사고의 발생을 알았거나 알 수 있었던 때'라고 보고 있다.[1]

진옥, "책임보험에서 피해자의 직접청구권의 소멸시효,"「경성법학」, 제 4 호(1995. 8), 260~261면(본문과 같이 해석하면 보험자가 보험금을 산정하는 데 필요한 기간에 따라 시효기간도 운명을 같이 하게 되어 시효제도의 취지에 어긋나므로, 보험금청구권자가 보험사고의 발생 또는 보험계약의 존재를 알았는지 여부 또는 보험사고 발생 후에 관계자에 의하여 약관 소정의 절차가 행해지고 유예기간이 경과하였는지 여부는 소멸시효 개시의 문제에는 직접 영향을 미치지 못하고 보험금청구권의 소멸시효는 보험사고의 발생시부터 진행이 개시된다고 한다).

1) 대판 1993. 7. 13, 92 다 39822(공보 952, 2240)(보험금청구권의 소멸시효는 특별한 사정이 없는 한 원칙적으로 '보험사고가 발생한 때'로부터 진행한다고 해석하는 것이 상당하지만, 객관적으로 보아 보험사고가 발생한 사실을 확인할 수 없는 경우에는 보험금청구권자가 '보험사고의 발생을 알았거나 알 수 있었던 때'로부터 보험금청구권의 소멸시효가 진행한다); 동 1997. 11. 11, 97 다 36521(공보 1997, 3772)(보험사고가 발생한 것인지의 여부가 객관적으로 분명하지 아니하여 보험금청구권자가 과실 없이 보험사고의 발생을 알 수 없었던 사정이 있는 경우에는 '보험사고의 발생을 알았거나 알 수 있었을 때'부터 보험금청구권의 소멸시효가 진행하지만, 그러한 특별한 사정이 없는 한 보험금청구권의 소멸시효는 '보험사고가 발생한 때'부터 진행한다); 동 1998. 2. 13, 96 다 19666(공보 1998, 711)(보험금액청구권은 원칙적으로 '보험사고가 발생한 때'로부터 소멸시효가 진행한다); 동 1998. 3. 13, 97 다 52622(공보 1998, 1048)(수협중앙회가 행하는 선원보통공제의 경우 보험금청구권의 소멸시효기간은 상법 제664조에 의하여 동 제662조를 준용하여 2년인데, 그 기산점은 '실종선고 심판이 확정된 때'이다); 동 1998. 5. 12, 97 다 54222(공보 1998, 1610)(보험금청구권의 소멸시효는 원칙적으로 '보험사고가 발생한 때'로부터 진행한다고 해석함이 상당하다); 동 1999. 2. 23, 98 다 60613(공보 1999, 552)(보험금청구권의 소멸시효는 원칙적으로 '보험사고가 발생한 때'부터 진행하나, 보험금청구권자가 과실 없이 보험사고의 발생을 알 수 없었던 특별한 사정이 있는 경우에는 그가 보험사고의 발생을 '알았거나 알 수 있었을 때'부터 진행한다); 동 2000. 3. 23, 99 다 66878(공보 2000, 1034)(보험금액의 청구권 등의 소멸시효기간에 관하여 규정한 상법 제662조는 달리 특별한 규정이 없는 한 모든 손해보험과 인보험에 적용되는 규정이고, 무보험자동차에 의한 상해담보특약에 의한 보험이 실질적으로 피보험자가 무보험자동차에 의한 사고로 사망 또는 상해의 손해를 입게 됨으로써 전보되지 못하는 실손해를 보상하는 것이라고 하더라도 그 보험금청구권은 상법 제662조에 의한 보험금액의 청구권에 다름 아니어서 이를 2년간 행사하지 아니하면 소멸시효가 완성된다고 할 것이고, 보험금청구권은 보험사고의 발생으로 인하여 구체적으로 확정되어 그 때부터 그 권리를 행사할 수 있게 되는 것이므로 그 소멸시효는 달리 특별한 사정이 없는 한 민법 제166조 1항의 규정에 의하여 '보험사고가 발생한 때'로부터 진행한다); 동 2001. 4. 27, 2000 다 31168(공보 2001, 1238)(보험금청구권은 보험사고가 발생하기 전에는 추상적인 권리에 지나지 아니할 뿐 보험사고의 발생으로 인하여 구체적인 권리로 확정되어 그 때부터 그 권리를 행사할 수 있게 되는 것이므로, 특별한 다른 사정이 없는 한 원칙적으로 보험

금액청구권의 소멸시효는 보험사고가 발생한 때로부터 진행한다고 해석해야 할 것이고, 다만 보험사고가 발생한 것인지의 여부가 객관적으로 분명하지 아니하여 보험금청구권자가 과실 없이 보험사고의 발생을 알 수 없었던 경우에도 보험사고가 발생한 때로부터 보험금청구권의 소멸시효가 진행한다고 해석하는 것은 보험금청구권자에게 너무 가혹하여 사회정의와 형평의 이념에 반할 뿐만 아니라 소멸시효제도의 존재이유에 부합된다고 볼 수도 없으므로 이와 같이 객관적으로 보아 보험사고가 발생한 사실을 확인할 수 없는 사정이 있는 경우에는 보험금청구권자가 보험사고의 발생을 알았거나 알 수 있었던 때로부터 보험금액청구권의 소멸시효가 진행한다고 해석할 것이다)[이 판결에 찬성하면서 보험금지급의무의 소멸시효의 기산점에 관한 일본·독일·스위스·프랑스의 각 입법을 소개한 견해로는 정진세, "보험금지급의무소멸시효의 기산점," 「JURIST」, 2002. 5(Vol. 380), 67~73면 참조]; 동 2001. 12. 28, 2001 다 61753(공보 2002, 368)(보험사고가 발생한 것인지의 여부가 객관적으로 분명하지 아니하여 보험금청구권자가 과실 없이 보험사고의 발생을 알 수 없었던 사정이 있는 경우에는 보험사고의 발생을 알았거나 알 수 있었을 때부터 보험금청구권의 소멸시효가 진행하지만, 그러한 특별한 사정이 없는 한 보험금청구권의 소멸시효는 원칙적으로 보험사고가 발생한 때부터 진행한다); 동 2002. 9. 6, 2002 다 30206(공보 2002, 2405)(보험사고가 발생한 것인지의 여부가 객관적으로 분명하지 아니하여 보험금청구권자가 과실 없이 보험사고의 발생을 알 수 없었던 특별한 사정이 없는 한 보험금청구권의 소멸시효는 원칙적으로 보험사고가 발생한 때로부터 진행한다고 볼 것이다. 책임보험의 보험금청구권의 소멸시효는 원칙적으로 상법 제723조 제 1 항이 정하고 있는 변제·승인·화해 또는 재판의 방법 등에 의하여 확정됨으로써 그 보험금청구권을 행사할 수 있는 때로부터 진행된다); 동 2005. 12. 23, 2005 다 59383·59390(공보 2006, 174)(보험금청구권은 보험사고가 발생하기 전에는 추상적인 권리에 지나지 아니할 뿐 보험사고의 발생으로 인하여 구체적인 권리로 확정되어 그 때부터 그 권리를 행사할 수 있게 되는 것이므로, 특별한 다른 사정이 없는 한 원칙적으로 보험금액청구권의 소멸시효는 보험사고가 발생한 때로부터 진행한다고 해석해야 할 것이고, 다만 보험사고가 발생한 것인지의 여부가 객관적으로 분명하지 아니하여 보험금청구권자가 과실 없이 보험사고의 발생을 알 수 없었던 경우에도 보험사고가 발생한 때로부터 보험금청구권의 소멸시효가 진행한다고 해석하는 것은, 보험금청구권자에게 너무 가혹하여 사회정의와 형평의 이념에 반할 뿐만 아니라 소멸시효제도의 존재이유에 부합된다고 볼 수도 없으므로 이와 같이 객관적으로 보아 보험사고가 발생한 사실을 확인할 수 없는 사정이 있는 경우에는 보험금청구권자가 보험사고의 발생을 알았거나 알 수 있었던 때로부터 보험금액청구권의 소멸시효가 진행한다); 동 2008. 11. 13, 2007 다 19624(공보 2008, 1678)(보험금청구권은 보험사고가 발생하기 전에는 추상적인 권리에 지나지 않고 보험사고의 발생으로 인하여 구체적인 권리로 확정되어 그때부터 권리를 행사할 수 있게 되는 것이므로, 보험금청구권의 소멸시효는 특별한 다른 사정이 없는 한 보험사고가 발생한 때부터 진행하는 것이 원칙이지만, 보험사고가 발생하였는지 여부가 객관적으로 분명하지 아니하여 보험금청구권자가 과실 없이 보험사고의 발생을 알 수 없었던 경우에도 보험사고가 발생한 때부터 보험금청구권의 소멸시효가 진행한다고 해석하는 것은 보험금청구권자에게 가혹한 결과를 초래하게 되어 정의와 형평의 이념에 반하고 소멸시효제도의 존재이유에도 부합하지 않는다. 따라서 객관적으로 보아 보험사고가 발생한 사실을 확인할 수 없는 사정이 있는 경우에는 보험금청구권자가 보험사고의 발생을 알았거나 알 수 있었던 때부터 보험금청구권의 소멸시효가 진행한다); 동 2009. 7. 9, 2009 다 14340(공보 2009, 1287)(보험금액의 청구권 등의 소멸시효기간에 관하여 규정한 상법 제662조는 달리 특별한 규정이 없는 한 손해보험과 인보험 모두에 적용되는 규정이고, 무보험자동차에 의한 상해담보특약에 기한 보험이 실질적으로 피보험자가 무보험자동차에 의한 사고로 사망 또는 상해의 손해를 입게 됨으로써 전보되지 못하는 실손해를 보상하는 것이라고 하더라도 그 보험금청구권은 상법 제662조에 의한 보험금액의 청구권에 다름 아니어서 이를 2년간 행사하지 아니하면 소멸시효가 완성된다고 할 것이며, 보험금청구권은 보험사고의 발생으로 인하여 구체적으로 확정되어 그때부터 그 권리를 행사할 수 있게 되는 것이므로 그 소멸시효는 달리 특별한 사정이 없는 한 민법 제166조 1항의 규정에 의하여 보험사고가 발생한 때로부터 진행한다. 또한 채무자가 소멸시효 또한 우리 대법원판례는 보험자가 보험금 지급의무가 있음에도 지급을 거절하고 시효기간이 경과한 경우에도 그 지급을 거절하였다는 사정만으로는 보험자의 소멸시효 항변이 권리남용에 해당하지 않는다고 판시하고 있다.[1]

보험계약자의 보험금채권에 대한 압류에 의한 시효중단은 피압류채권(보험금채권)이 기본계약관계의 해지·실효 또는 소멸시효 완성 등으로 소멸하면 압류명령은 실효되고 또한 시효중단사유도 종료한다.[2]

완성 후에 채권자에 대하여 채무를 승인함으로써 그 시효의 이익을 포기한 경우에는 그때부터 새로이 소멸시효가 진행한다); 동 2009. 11. 12, 2009 다 52359(공보 2009, 2093)(재해장해보장을 받을 수 있는 기간 중에 장해상태가 더 악화된 경우에는 그 악화된 장해상태를 기준으로 장해등급을 결정한다고 보험약관이 규정한 경우, 보험사고가 발생하여 그 당시의 장해상태에 따라 산정한 보험금을 지급받은 후 당초의 장해상태가 악화된 경우 추가로 지급받을 수 있는 보험금청구권의 소멸시효는 그와 같은 장해상태의 악화를 알았거나 알 수 있었을 때부터 진행한다); 동 2021. 2. 4, 2017 다 281367(공보 2021, 479)(구 상법〈2014. 3. 11. 법률 제12397호로 개정되기 전의 것〉 제662조는 보험금청구권은 2년간 행사하지 아니하면 소멸시효가 완성한다고 규정하였다〈위 상법 개정으로 보험금청구권의 소멸시효는 3년으로 변경되었다〉. 보험금청구권의 소멸시효는 특별한 다른 사정이 없는 한 원칙적으로 보험사고가 발생한 때부터 진행한다. 그렇지만 보험사고가 발생한 것인지 여부가 객관적으로 분명하지 아니하여 보험금청구권자가 과실 없이 보험사고의 발생을 알 수 없었던 경우에도 보험사고가 발생한 때부터 보험금청구권의 소멸시효가 진행한다고 해석하는 것은, 보험금청구권자에게 너무 가혹하여 사회정의와 형평의 이념에 반하고 소멸시효 제도의 존재 이유에도 부합하지 않으므로, 이와 같이 객관적으로 보아 보험사고가 발생한 사실을 확인할 수 없는 사정이 있는 경우에는 보험금청구권자가 보험사고의 발생을 알았거나 알 수 있었던 때부터 보험금청구권의 소멸시효가 진행한다).

1) 대판 2016. 9. 30, 2016 다 218713 · 218720(피보험자인 망인의 사망시부터 2년의 경과로 피고의 원고에 대한 이 사건 재해특약에 기한 재해사망보험금 청구권이 소멸시효의 완성으로 소멸하였고, 원고가 이 사건 재해특약에 기한 재해사망보험금 지급의무가 있음에도 그 지급을 거절하였다는 사정만으로는 원고의 소멸시효 항변이 권리남용에 해당한다고 보기 어렵다)[이 판결에 반대하는 취지의 평석으로는 정찬형, "자살의 경우 재해특약에 의한 재해사망보험금 지급 여부 — 대법원 2016. 5. 12. 선고 2015 다 243347 판결에 대한 평석," "법과 기업연구"(서강대 법학연구소), 제6 권 제3 호(2016. 12), 210면].
 반대: 日最高裁 平成 15年(2003年) 12월 11일 판결(民集 57권 11호 2196면)(일본 민법 제166조 제1항〈소멸시효는 권리를 행사할 수 있을 때부터 진행한다〉의 취지를 단순히 권리행사에 대한 법률상의 장애가 없다는 것뿐만 아니라 권리의 성질상 권리행사를 현실적으로 기대할 수 있게 되었을 때부터 소멸시효는 진행한다); 이지연, "일본의 민법 개정과 보험금청구권 소멸시효의 기산점," "월간 생명보험"(생명보험협회), Vol. 478(2018. 12), 49~50면(보험사고가 발생하더라도 실제 보험금청구권자가 보험사고가 발생하였다는 사실이나 보험계약이 존재한다는 것을 인지하지 못하는 경우가 있고, 혹은 본인이 보험금청구권자라는 것조차 인식하지 못하는 경우, 보험사고의 발생원인이 보험자 면책사유에 해당한다고 잘못 인식하고 보험금을 청구하지 않는 경우 등이 있는데, 보험금청구권에 대한 소멸시효 기산점은 보험금청구권자의 권리보호를 위해 현실적으로 권리행사가 가능한지 여부를 하나의 기준으로 판단하는 것이 바람직한 기준이 될 것이라고 한다).
2) 대판 2017. 4. 28, 2016 다 239840(공보 2017, 1110)(시효가 중단된 때에는 중단까지에 경과한 시효기간은 이를 산입하지 아니하고 중단사유가 종료한 때로부터 새로이 진행하는데〈국세기본법 제28조 제2 항, 민법 제178조 제1 항〉, 소멸시효의 중단사유 중 '압류'에 의한 시효중단의 효력은 압류가 해제되거나 집행절차가 종료될 때 중단사유가 종료한 것으로 볼 수 있다. 보험계약자의 보

3. 보험료반환의무

(1) 보험료반환의무의 발생

보험자는 보험계약이 무효 또는 해지된 경우에 일정한 보험료의 반환의무를 진다.

1) 보험계약의 전부 또는 일부가 무효인 경우　보험계약의 전부 또는 일부가 무효인 경우에 보험계약자와 피보험자 또는 보험계약자와 보험수익자가 선의이며 중대한 과실이 없는 때에는 보험자는 보험료의 전부 또는 일부를 보험계약자에게 반환하여 줄 의무를 진다$\left(\substack{\text{예컨대, 도시계획 등으로 건물이 철거되어}\\\text{보험계약이 무효가 된 경우 등이 이에 해당한다}}\right)\left(\substack{\text{상}\\648\text{조}}\right)$. 보험자가 보험약관의 교부·명시의무에 위반하여 보험계약자가 보험계약을 취소하여$\left(\substack{\text{상 638조}\\\text{의 3 2항}}\right)$ 그 보험계약이 무효가 된 때에도, 보험자는 보험계약자에게 그가 받은 보험료를 반환하여야 한다고 본다.[1]

2) 보험사고 발생 전에 보험계약을 해지한 경우　보험계약자는 보험사고의 발생 전에는 언제든지 보험계약의 전부 또는 일부를 해지할 수 있는데$\left(\substack{\text{타인을 위한 보}\\\text{험계약에서는}\\\text{그 타인의 동의를 얻거나 보험증권을 소지}\\\text{하고 있어야 보험계약을 해지할 수 있음}}\right)$, 이 경우에는 다른 약정이 없으면 보험자는 미경과보험료를 반환하여 줄 의무가 있다$\left(\substack{\text{상 649조}\\1\text{항·3항}}\right)$.[2] 이 때 「미경과보험료」라 함은 '보험계약이 해지될 때의 보험료기간 이후의 해당 기간의 보험료'를 말한다.[3]

생명보험의 경우는 일정한 사유에 의하여 보험계약이 해지되거나 보험금의 지급책임이 면제된 때에는 보험자는 보험수익자를 위하여 적립한 보험료적립금을 보험계약자에게 반환하여야 할 의무를 부담한다$\left(\substack{\text{상}\\736\text{조}}\right)$.

험금 채권에 대한 압류가 행하여지더라도 채무자나 제 3 채무자는 기본적 계약관계인 보험계약 자체를 해지할 수 있고, 보험계약이 해지되면 계약에 의하여 발생한 보험금 채권은 소멸하게 되므로 이를 대상으로 한 압류명령은 실효된다. 따라서 체납처분에 의한 채권압류로 인하여 채권자의 채무자에 대한 채권의 시효가 중단된 경우에 압류에 의한 체납처분 절차가 채권추심 등으로 종료된 때뿐만 아니라, 피압류채권이 기본계약관계의 해지·실효 또는 소멸시효 완성 등으로 인하여 소멸함으로써 압류의 대상이 존재하지 않게 되어 압류 자체가 실효된 경우에도 체납처분 절차는 더 이상 진행될 수 없으므로 시효중단사유가 종료한 것으로 보아야 하고, 그때부터 시효가 새로이 진행한다).

1) 동지: 양(승), (보) 148면.

2) 상법 제649조 제 3 항의 해석에서, 임의해지 이외의 기타 해지에 대해서도, 보험자는 다른 약정이 없는 한 미경과보험료를 반환하여야 한다[동지: 한(기), (보) 323면].

3) 동지: 정(희), 397면; 양(승), (보) 149면.
그러나 각종 보험약관에서는 미경과기간에 대한 일할보험료를 정산하여 환급한다는 규정을 두고 있는 것이 보통이다(화재보험 표준약관 15조 참조). 이의 경우에는 보험료 불가분의 원칙이 적용되지 않는 것인데, 이러한 점에서 우리 상법상 보험료 불가분의 원칙은 그 의미가 크게 감소하였거나[김(성), (보) 127면] 또는 그 적용이 없다고 보는 견해[한(기), (보) 328면]가 있다.

(2) 소멸시효

이 보험료 또는 적립금의 반환의무도 3년의 소멸시효기간의 경과로 소멸한다($\frac{상}{662조}$).[1] 이 보험료반환청구권의 소멸시효의 기산점은 '각 보험료를 납부한 때'이다.[2]

4. 이익배당의무

보험자는 보험약관으로써 그 이익의 일부를 보험계약자에게 배당할 것을 정한 경우에는 그 약관에 따라 이익배당을 할 의무를 부담하는데,[3] 이 경우에는 그 지급을 위하여 준비금으로 적립하여야 한다.[4]

---

1) 2014년 3월 개정상법은 보험계약자 등의 이익을 위하여 보험료 또는 적립금의 반환청구권의 소멸시효기간을 개정전 2년에서 개정후 3년으로 연장하였다.

2) 동지: 대판 2011. 3. 24, 2010 다 92612(공보 2011, 821)(상법은 보험료반환청구권에 대하여 2년간 행사하지 아니하면 소멸시효가 완성한다는 취지를 규정할 뿐〈제662조〉 소멸시효의 기산점에 관하여는 아무것도 규정하지 아니하므로, 소멸시효는 민법 일반 법리에 따라 객관적으로 권리가 발생하고 그 권리를 행사할 수 있는 때로부터 진행한다. 그런데 상법 제731조 제 1 항을 위반하여 무효인 보험계약에 따라 납부한 보험료에 대한 반환청구권은 특별한 사정이 없는 한 보험료를 납부한 때에 발생하여 행사할 수 있다고 할 것이므로, 위 보험료반환청구권의 소멸시효는 특별한 사정이 없는 한 각 보험료를 납부한 때부터 진행한다. 따라서 무효인 보험계약에 따라 납부한 보험료에 대한 반환청구권의 소멸시효 기산점이 문제된 사안에서, 보험계약자가 납부한 보험료 전체의 반환청구권 소멸시효가 보험료를 마지막으로 납부한 때부터 진행한다는 전제에서 보험료의 반환청구권이 시효소멸하지 아니하였다고 본 원심판결을 파기한다).

3) 배당부 생명보험에 있어서 계약자배당금의 법적 성질 및 계약자배당의 실시요건에 대하여 우리 대법원은 다음과 같이 판시하고 있다. "주식회사인 보험회사가 판매한 배당부 생명보험의 계약자배당금은 보험회사가 이자율과 사망률 등 각종 예정기초율에 기반한 대수의 법칙에 의하여 보험료를 산정함에 있어 예정기초율을 보수적으로 개산한 결과 실제와의 차이에 의하여 발생하는 잉여금을 보험계약자에게 정산·환원하는 것으로서 이익잉여금을 재원으로 주주에 대하여 이루어지는 이익배당과는 구별되는 것이므로, 계약자배당전잉여금의 규모가 부족한 경우에도 이원(利源)의 분석 결과에 따라 계약자배당준비금을 적립하는 것이 그 성질상 당연히 금지된다고는 할 수 없는 것이나, 사차익(死差益)이나 이차익(利差益) 등 이원별로 발생한 이익이 있다 하여 보험계약자들에게 구체적인 계약자배당금 청구권이 당연히 발생하는 것이라고는 볼 수 없고, 보험회사가 약관에서 정한 바에 따라 그 지급률을 결정하여 계약자배당준비금으로 적립한 경우에 한하여 인정되는 것이며, 계약자배당전잉여금의 규모와 적립된 각종 준비금 및 잉여금의 규모 및 증감 추세를 종합하여 현재 및 장래의 계약자들의 장기적 이익 유지에 적합한 범위 내에서 계약자배당이 적절하게 이루어지도록 하기 위한 감독관청의 규제나 지침이 있는 경우, 보험회사로서는 위 규제나 지침을 넘어서면서까지 계약자배당을 실시할 의무는 없는 것이다"[대판 2005. 12. 9, 2003 다 9742(공보 2006, 104)].

4) 동지: 정(희), 397면.

제3 보험계약자·피보험자·보험수익자의 의무

1. 보험료지급의무

보험계약은 앞에서 본 바와 같이 유상·쌍무계약이므로 보험자가 위험을 담보하는 대가로서 보험계약자는 계약 체결 후 지체 없이 보험료의 전부 또는 제1회 보험료를 지급하여야 한다(상 650조 1항 전단). 이러한 보험료는 보험금에 대한 대가이고 또한 이의 지급은 보험자의 책임발생의 전제가 되는 것으로서, 보험료지급의무는 보험계약자의 의무 중에서 가장 기본적이고 중요하다고 보겠다.[1]

(1) 지급의무자

보험료의 지급의무는 제1차적으로는 「보험계약자」가 부담하는데(상 650조 1항 전단), 타인을 위한 보험의 경우 보험계약자가 파산선고를 받거나 보험료의 지급을 지체한 때에는 제2차적으로 타인인 「피보험자 또는 보험수익자」도 그가 그 권리를 포기하지 않는 한 보험료의 지급의무를 진다(상 639조 3항 단서).

(2) 지급시기

보험계약자가 최초의 보험료를 납입하지 아니한 때에는 다른 약정이 없으면 보험자의 책임이 개시하지 않으므로(상 656조), 보험계약자는 보험계약이 성립한 후 지체 없이 보험료의 전부 또는 제1회 보험료를 지급하여야 한다[2](상 650조 1항 전단). 이 때 「보험료의 전부」란 보험료를 일시에 지급하는 경우이고, 「제1회 보험료」란 보험료를 분할하여 지급하는 경우인데 제2회 이후의 계속보험료는 약정한 납입기일에 지급하여야 한다(상 650조 2항 참조). 보험대리점이 약정한 지급기일에 보험료를 대납하고 그 후에 보험계약자가 보험대리점에 보험료를 지급한 경우에는, 보험계약자는 약정한 지급기일에 보험료를 지급한 것이 된다.[3]

(3) 보험료의 액

보험료액은 보험계약에서 정하여지는데, 당사자간의 합의 없이 어느 당사자가

---

1) 동지: 대판 1974. 12. 10, 73 다 1591(공보 506, 8249).

2) 그러나 실제의 보험거래에서는 보험계약의 청약과 함께 보험료의 전부 또는 일부를 지급하는 것이 일반적이고(상 638조의 2 1항 참조), 보험약관 중에는 「보험료는 다른 약정이 없으면 보험기간이 시작되기 전에 내어야 합니다」라고 규정한 것도 있다(화재보험 표준약관 3조 1항).

3) 동지: 대판 1991. 12. 10, 90 다 10315(공보 913, 472); 동 1995. 5. 26, 94 다 60615(공보 995, 2259)(보험회사를 대리하여 보험료를 수령할 권한이 부여되어 있는 보험대리점이 보험계약자에 대하여 보험료의 대납약정을 하였다면, 그것으로 곧바로 보험계약자가 보험회사에 대하여 보험료를 지급한 것과 동일한 법적 효과가 발생하는 것이고, 실제로 보험대리점이 보험회사에 대납을 하여야만 그 효과가 발생하는 것은 아니다).

일방적으로 이를 변경하지 못한다. 그러나 다음의 경우에는 어느 당사자의 일방만의 청구에 의하여(형성권) 보험료액의 증감의 효력이 생긴다.

1) **보험료 감액청구권** 보험계약의 당사자가 특별한 위험을 예기하여 보험료의 액을 정한 경우에 보험기간 중 그 예기한 위험이 소멸한 때에는 보험계약자는 그 후에 보험료의 감액을 청구할 수 있고($\frac{상}{647조}$), 초과보험의 경우에도 보험계약자는 장래에 대하여 보험료의 감액을 청구할 수 있다($\frac{상 669조}{1항·3항}$).

2) **보험료 증액청구권** 보험자는 보험기간 중에 사고발생의 위험이 현저하게 변경 또는 증가하거나($\frac{위험의 객관적}{변경·증가}$)($\frac{상}{652조}$) 또는 보험계약자 등의 고의 또는 중과실로 인하여 사고발생의 위험이 현저하게 변경 또는 증가한 때에는($\frac{위험의 주관적}{변경·증가}$)($\frac{상}{653조}$), 보험료의 증액을 청구할 수 있다.

(4) 지급방법

보험료의 지급방법에 관하여는 어디에서($\frac{지급}{장소}$) 무엇으로($\frac{금전 또는}{어음·수표}$) 어떻게($\frac{일시지급 또}{는 분할지급}$) 지급할 것인가의 문제가 있는데, 이하에서 차례로 간단히 설명한다.

1) **지급장소** 보험료의 지급장소에 관하여는 상법에 특별히 규정하고 있지 않으므로, 당사자간에 다른 약정이 없으면 민법의 일반원칙에 의한다. 따라서 원칙적으로 보험자(채권자)의 영업소에 납부해야 하는「지참채무」이다. 보험계약자가 보험료를 자기의 거래은행을 통하여 지로(Giro) 또는 온-라인(on-line)으로 납부하는 것은 이러한 지참채무에 의한 납입이라고 볼 수 있다.[1] 그러나 보험자의 수금원이 보험계약자를 방문하여 보험료를 수금하는 일도 많은데, 이것은 예외적으로 당사자간의 묵시적인 합의에 의한 추심채무가 된다고 볼 수 있다.[2]

2) **어음·수표에 의한 지급** 보험료는 금전(현금)으로써 지급하는 것이 원칙이나, 예외적으로 어음이나 수표로써 지급하는 경우도 있다. 보험자는 '최초의 보험료를 지급받은 때'로부터 그 책임이 개시하므로($\frac{상}{656조}$), 이와 관련하여 보험자가 어음이나 수표로써 보험료를 지급받은 때에는 (보험자의 책임이 개시하는 의미로서) 보험료의 지급이 있다고 볼 수 있는지 여부가 문제된다.

이에 대하여 우리나라의 학설은 대체로 보험자는 어음·수표의 결제 전의 보험사고에 대하여 보험금지급채무를 부담한다고 보고 있다. 그런데 이에 관한 이론구성에 대하여는 어음의 경우는 신용증권이라는 성질에서 지급기일까지 보험료의 지급을 유예한 것으로 보고($\frac{유예설 또는}{정지조건부지급설}$) 수표의 경우는 지급증권이라는 성질에서 지급거절

---

1) 동지: 양(승), (보) 153면.
2) 동지: 손(주), 552면. 獨保 제36조 1항은 보험료의 지급은 추심채무가 원칙임을 규정하고 있다.

을 해제조건으로 하여 교부시에 대물변제가 있다고($^{해제조건부}_{대물변제설}$) 보는 견해,[1] 어음·수표에 대하여 모두 유예설을 취하는 견해[2] 및 어음·수표에 관하여 모두 해제조건부 대물변제설을 취하는 견해[3]로 나뉘어 있다. 우리나라의 판례는 선일자수표에서 수표의 결제 전($^{및 보험계약}_{의 승낙 전}$)의 보험사고에 대하여 보험자의 책임을 부정하고 있다.[4]

생각건대 어음·수표에 관한 일반법리에 의하여 해석하는 것이 가장 타당하다고 본다.[5] 따라서 은행발행의 자기앞수표나 은행이 지급보증한 당좌수표(가계수표)를 보험료의 지급으로 교부한 때에는 금전(현금)으로써 보험료를 지급한 경우와 동일하게 볼 수 있으나, 그 이외의 수표나 어음을 보험료의 지급으로 교부한 경우에는 당사자의 다른 의사표시가 없는 한 보험계약자는 보험료의 지급을 위하여 ($^{또는 지급을}_{확보하기 위하여}$) 교부한 것으로 추정하여야 할 것이고 금전(현금)으로써 보험료를 지급한 경우와 동일하게 볼 수는 없다고 생각한다. 따라서 이 때에 보험자는 어음(수표)채권과 보험료채권을 함께 갖게 된다. 보험자가 보험료채권을 갖는 이상 보험자가 보험료를 지급받은 것으로 볼 수는 없고 또한 이 때에 보험자는 그러한 어음(수표)을 교부받은 때부터 책임을 부담하기로 특약하였다고도 볼 수 없다. 따라서 이 때에 보험자가 이러한 어음(수표)을 보험료로서 교부받은 때에는 결제를 정지조건부로 보험료로서 교부받은 것으로 보아야 할 것이다. 이의 결과 그러한 어음(수표)을 교부받은 후 결제 전에 보험사고가 발생한 경우에는 보험자는 원칙적으로 보험금지급책임이 없다고 본다[6]($^{상 656조}_{참조}$). 그러나 보험료의 지급으로 보험자가 어음을 받고 그

---

1) 양(승), (보) 152~153면(다만 선일자수표의 교부 및 소급보험에서의 수표의 교부에는 어음과 같이 다루는 것이 마땅하다고 한다); 손(주), 554면(다만 선일자수표는 일람출급성에 변함이 없으므로 수표와 달리 취급할 근거는 없으나, 어음과 같이 보험료의 지급을 유예한 것으로 보는 것이 업계의 관행과 당사자의 의사에 합치하는 것이라고 한다); 이(기) 외, (보·해) 103면; 김(성), (보) 301~302면.

2) 최(기), (하) 652면; 정동윤, "선일자수표에 의한 보험료지급과 승낙전 사고에 대한 보험자의 책임,"「판례연구」(서울지방변호사회 편), 제 5 집(1992), 299면; 장경환, "보험료납입을 위해 교부된 어음부도의 효과,"「보험조사월보」, 1993. 4, 17~19면; 장(덕), (보) 174면; 한(기), (보) 350면.

3) 채, 489면(동 교수는 이를 '해제조건부개시설'이라고 부른다).

4) 대판 1989. 11. 28, 88 다카 33367(공보 862, 130)(선일자수표는 그 발행자와 수취인 사이에 특별한 합의가 없더라도 일반적으로 수취인이 그 수표상의 발행일 이전에는 자기나 양수인이 지급을 위한 제시를 하지 않을 것이라는 약속이 이루어져 발행된 것이라고 의사해석함이 합리적이며, 따라서 대부분의 경우 당해 발행일자 이후의 제시기간 내에 제시함에 따라 결제되는 것으로 보아야 할 것이다)[이 판결에 찬성하는 취지의 평석으로는 양승규, 법률신문, 제1967호, 11면이 있고, 반대하는 취지의 평석으로는 강위두, 법률신문, 제1978호, 15면이 있다].

5) 이에 관한 상세는 정찬형, "보험계약의 성립과 보험자의 책임개시시기,"「월간고시」, 1990. 12, 37~47면 참조.

6) 동지: 손(주), 554면.

어음의 지급기일 이전에 보험계약자에게 보험기간이 명시된 보험증권을 교부한 경우에는 예외적으로 어음의 교부를 보험료지급에 갈음한다는(즉,대물변제의) 묵시적인 합의가 있는 것으로 추정할 수 있거나 또는 보험료를 지급받기 전에 보험기간이 개시하는 것으로 특약한 것으로 볼 수 있으므로(상 656조참조), 보험자는 어음의 교부 후에 발생한 보험사고에 대하여 책임을 부담하여야 할 것으로 본다.[1]

이렇게 보면 수표에 관하여 해제조건부 대물변제설에 의하면서 선일자수표를 교부하거나 소급보험에서 수표를 교부하는 경우에 대하여 예외를 인정할 필요 없이 일관되게 설명할 수 있다. 이와 같이 보는 경우에 문제는 보험자가 보험료의 지급으로 당좌수표(가계수표)를 교부받은 경우에 언제 지급제시하느냐에 따라 보험자의 책임개시시기가 달라진다는 것이 보험계약자의 보호면에서 심히 부당하다는 점인데, 실제로 보험자가 보험료를 현금 또는 은행발행의 자기앞수표로 받지 않고 당좌수표(가계수표) 등으로 받는 것도 이례(異例)에 속할 뿐만 아니라, 보험자가 보험료로 당좌수표 등을 받은 경우에는 당사자간에 그 결제시에 입금된 것으로 처리한다고 약정하는 것이 보통이므로, 위와 같은 문제는 현실적으로 거의 발생할 여지가 없다고 본다.

3) 신용카드에 의한 지급   신용카드로 보험료를 납부하는 경우 보험료의 지급시기를 언제로 볼 것이냐에 대하여, 보험계약자가 실제로 신용카드대금을 신용카드회사에 결제한 시점이라고 보는 견해도 있으나,[2] 특별한 사정이 없는 한 신용카드 거래승인(매출승인)을 받으면 가맹점인 보험자가 신용카드회사로부터 신용카드대금을 결제받는 데 문제가 없으므로 신용카드 거래승인을 받은 시점이라고 보아야 할 것이다.[3]

4) 분할지급   보험료의 지급방법으로 전 보험기간에 대한 보험료를 일시에 내도록 하느냐(일시지급) 또는 분할하여 내도록 하느냐(분할지급)는 보험계약에 의하여 정하여진다. 보험료는 보험료불가분의 원칙에 의하여 일시에 지급하도록 하는 것이 원칙이나, 보험계약자의 편의를 위하여 예외적으로 분할하여 지급하도록 당사자간에 합의하는 경우도 많다[4](상 650조 1항·2항 참조).

반대: 장경환, 전게논문(보험조사월보), 15~16면, 18면.
1) 동지: 손(주), 554면.
2) 김(성), (보) 302면.
3) 동지: 한(기), (보) 351면.
4) 동지: 양(승), (보) 152면.

(5) 보험료지급해태(懈怠)의 효과

1) 보험료가 계약성립 후 2월 내에 지급되지 아니한 때에는 다른 약정이 없으면 보험계약은 자동해제되고($\substack{상 \ 650조 \\ 1항 \ 후단}$), 계속보험료가 약정한 시기에 지급되지 아니한 때에는 보험자는 상당한 기간을 정하여 보험계약자에게 최고하고 그 기간 내에 지급되지 아니한 때에는 보험자는 계약을 해지할 수 있다($\substack{상 \ 650조 \\ 2항}$).[1] 보험계약자가 제1회의 보험료를 지급하지 아니한 때에는 보험자의 책임이 개시되지 않으므로 ($\substack{상 \\ 656조}$) 보험계약이 자동해제되는 것은 큰 의미가 없으나, 제2회 이후의 계속보험료의 지급이 없는 때에는 보험자가 보험계약을 해지하지 않는 한 보험자는 보험사고가 있는 때에 책임을 지므로 이러한 보험계약의 해지권은 매우 중요한 의미를 갖는다.[2] 특정한 타인을 위한 보험의 경우에 보험계약자가 보험료지급을 지체한 때에는 그 타인에게도 상당한 기간을 정하여 보험료의 지급을 최고한 후가 아니면, 보험자는 그 계약을 해제 또는 해지하지 못한다($\substack{상 \ 650조 \\ 3항}$).[3] 즉, 이 경우에는 1차로 보험계약자에게 최고하고 다시 2차로 피보험자 또는 보험수익자인 제3자에게 최고한 후가 아니면, 보험자는 그 보험계약을 해제 또는 해지하지 못하게 하여 가능한 한 그 보험계약이 유지되도록 하고 있다.[4] 이 때 보험료 지급을 게을리한 귀책사유가 보험계약자 측에 있는 경우만을 의미하므로, 보험자 측의 귀책사유로 보험료가 지급되지 않은 경우는 보험자가 보험료 지급을 게을리한 것이 아니다.[5]

---

1) 동지: 대판 2000. 10. 10, 99 다 35379(공보 2000, 2297)(이 때 보험계약자 또는 피보험자가 주소변경을 통보하지 않으면 보험회사가 종전 주소지를 보험회사 의사표시의 수령장소로 본다고 보험약관에 규정한 경우 그 약관의 규정은 보험자가 과실 없이 보험계약자 또는 피보험자의 변경된 주소 등 소재를 알지 못하는 경우에 한하여 유효하므로 이 경우에만 보험회사의 최고 및 해지의 의사표시가 유효하다).

2) 동지: 양(승), (보) 156면.

3) 동지: 대판 2003. 2. 11, 2002 다 64782(공보 2003, 791)(분할보험료가 약정한 시기에 지급되지 아니한 경우 보험자는 상당한 기간을 정하여 보험계약자에게 최고하고 그 기간 안에 보험료가 지급되지 아니한 때에는 그 보험계약을 해지할 수 있으나, 보험계약자와 피보험자가 다른 때에는 상법 제650조 3항에 따라 피보험자에게도 상당한 기간을 정하여 보험료의 지급을 최고한 뒤가 아니면 그 계약을 해지하지 못한다. 이 때 보험계약자 또는 피보험자가 주소변경을 통보하지 아니하는 한 보험증권에 기재된 보험계약자 또는 피보험자의 주소를 보험회사의 의사표시를 수령할 지정장소로 본다는 개인용 자동차보험 특별약관의 규정은 보험회사가 과실 없이 보험계약자 또는 피보험자의 주소 등 소재를 알지 못한 경우에 한하여 적용된다).

4) 동지: 정(희), 398면.

5) 동지: 대판 1991. 7. 9, 91 다 12875(공보 903, 46)(수금사원이 보험료를 받으러 가지 아니하였거나 보험료액에 대하여 다툼이 있어 지급하지 못한 경우에는 보험자 측에 귀책사유가 있다); 동 1987. 12. 8, 87 다카 1793·1794(보험대리점이 제1회 보험료를 받으면서 제2회 및 제3회의 계속보험료를 약속어음으로 받아 횡령한 경우에는 보험자 측에 귀책사유가 있다).

2) 상법 제650조 2항과 관련하여 보험자는 보험계약자에 대한 최고 및 해지의 번거로움을 피하기 위하여 보험약관에서 제 2 회 이후의 보험료는 그 납입기일부터 일정한 기간의 유예기간을 두고, 그 기간 내에 보험료를 지급하지 않으면 보험계약은 자동적으로 실효(失效)된다고 규정하고 있는 것이 보통인데, 이러한 약관을 「실효(失效)약관」이라 한다. 이러한 실효약관은 최고의 의사표시가 없고 또한 계약의 해지의 의사표시도 없음에도 불구하고 일정한 기간의 경과만으로 계약이 실효되는 것으로 정한 점에서, 상법 제650조에 저촉하는 것이 아니냐 하는 문제가 있다. 그러나 다수의 보험계약을 다루어야 하는 보험거래의 실정과 보험단체의 이익을 보호해야 한다는 점에서 볼 때, 그러한 실효약관의 효력을 인정하는 것이 타당하다고 본다.[1]

우리나라의 판례는 이러한 실효약관의 효력에 대하여 종래에 나뉘어 있었는데,[2] 그 후에는 전원합의체판결로써 이를 유효로 보았던 판례를 변경하여 무효로 판시하였다.[3]

---

1) 동지(유효설): 정(희), 398면; 양(승), (보) 158~160면(그 인정이유에 관한 설명이 상세하다); 이(기) 외, (보·해) 107면(최고와 동시에 실효의 예고를 하는 것은 유효하다); 김(성), (보) 306면; 장경환, "보험약관상의 실효약관의 효력," 「사법행정」, 1991. 10, 23면(다만 개별보험계약자를 위하여 실효약관상의 유예기간이 상법 제650조 2항의 절차를 밟은 때의 기간보다 길어야 한다고 한다); 동, "상법 제650조 제 2 항과 실효약관," 「보험법연구 3」(보험법연구회 편)(삼지원, 1999), 205~223면(실효약관을 무효로 보는 대법원판례는 사전통지를 하는 실무관행을 전혀 도외시하고 상법 제650조 2항의 규정에 얽매여 결과적으로 거듭 통지를 요구하는 문제점이 있다고 한다); 양해환, "상법 제663조 불이익변경금지원칙 적용에 있어서 문제점(최고제도와 관련하여)," 「기업법연구」(한국기업법학회), 제 8 집(2001), 79~100면(상법 제650조 2항에 대한 입법론적 제안으로 상당한 기간을 2주 정도의 구체적 기간으로 정하고, 해지조건부 최고를 인정하며, 민법 제544조 단서규정을 원용하여 추가로 규정할 것을 주장한다); 김상기, "상법 제650조 제 2 항에 대한 쟁점과 개선방안(현행 제 보험약관과 더불어)," 「금감원 금융법연구회」(금융감독원, 2004. 12), 76~77면.

반대(무효설): 채, 486면; 장(덕), (보) 178면; 정(경), 837면; 한(기), (보) 345면.

2) 유효로 보는 판례: 대판 1977. 9. 13, 77 다 329(유예기간을 30일로 한 실효약관의 규정은 상법 제650조에 저촉되는 무효의 것이라고 볼 수는 없다); 동 1987. 6. 23, 86 다카 2995; 동 1992. 11. 27, 92 다 16218(공보 937, 407); 동 1993. 7. 13, 92 다 46820(공보 952, 2252).

무효로 보는 판례: 대판 1992. 11. 24, 92 다 23629(공보 936, 229)(피보험자의 분납보험료 연체시 보험자가 상법 제650조 소정의 최고 및 해지의 절차를 거치지 않고 막바로 보험계약이 해지 또는 실효됨을 규정하고 보험자의 보험금지급책임을 면하도록 규정한 보험약관은 상법 제650조 및 제663조에 위배되어 무효이다); 동 1995. 10. 13, 94 다 19280·19297(공보 1005, 3753).

3) 대판(전원합의체판결) 1995. 11. 16, 94 다 56852(공보 1005, 3778)(분납보험료가 소정의 시기에 납입되지 아니하였음을 이유로 상당기간 최고하지 않고 막바로 보험계약이 해지되거나 실효됨을 규정하고 보험자의 보험금지급책임을 면하도록 규정한 보험약관은 상법 규정에 위배되어 무효이다. 따라서 이와 다른 견해를 취한 대판 77 다 329, 92 다 16218은 이를 변경한다); 동 1996. 12. 10, 96 다 37848(공보 1997, 328)(분납보험료 체납시 상법 제650조 소정의 최고 및 해지절차 없이 곧바로 보험계약이 해지 또는 실효되도록 하는 보험약관은 상법의 규정에 위배되어 무효이

3) 계속보험료의 연체로 인하여 보험자가 상법 제650조 2항에 의하여 보험계약을 해지한 경우, 보험자는 계약해지시로부터 더 이상 보험금을 지급할 의무만을 면할 뿐 계속보험료의 연체가 없었던 기간에 발생한 보험사고에 대하여 이미 보험계약자가 취득한 보험보호를 소급하여 사라지게 하는 것이 아니므로, 보험자는 상법 제655조의 규정을 들어 보험계약자에 대하여 이미 지급한 보험금의 반환을 청구할 수는 없다.[1]

4) 상법 제650조 2항에 따라 제2회 이후의 보험료(계속보험료)의 불지급에 의하여 보험계약이 해지된 경우에도 해지환급금이 지급되지 아니한 경우에는,[2] 보험계약자는 일정한 기간(은혜기간) 내에 연체보험료에 약정이자를 붙여 보험자에게 지급하고 그 계약의 부활을 청구할 수 있다(상 650조의 2 1문).[3] 이와 같은 보험계약의 부활은 생명보험과 같이 장기간 계속되는 보험계약에서 많이 이용될 수 있는데, 이는 해지된 보험계약을 부활하는 특수한 계약이다. 이러한 부활계약에도 새로운 보험계약의 체결과 같이 청약과 승낙이 있어야 하고, 보험자가 30일 내에 낙부통지를 하지 않으면 승낙한 것으로 의제된다(상 650조의 2 2문). 해지환급금을 지급할 필요가 없는 경우에도 보험계약을 부활시킬 수 있다고 본다.[4]

고, 이러한 상법의 규정은 자동차운송사업조합연합회가 하는 공제사업에도 유추적용된다); 동 1996. 12. 20, 96 다 23818(공보 1997, 354)(수산업협동조합중앙회에서 실시하는 어선공제사업에도 상법 제650조 2항 및 제663조가 적용되어 실효약관은 무효이다); 동 1997. 7. 25, 97 다 18479(공보 1997, 2714)(피보험자가 주소변경이나 전화번호변경을 보험회사에 통지하지 아니하였다는 사유만으로는 보험계약의 해지에 필요한 상법 제650조 2항의 최고절차가 면제되는 것으로 볼 수 없다); 동 2002. 7. 26, 2000 다 25002(공보 2002, 2029)(보험료 납입의 연체를 이유로 보험계약이 일정기간 경과 후 당연히 실효된다고 한 보험약관의 규정은 무효이다).

1) 대판 2001. 4. 10, 99 다 67413(공보 2001, 1095)(상법 제655조 본문은 보험사고가 발생한 후에도 보험자가 제650조의 규정에 의하여 계약을 해지한 때에는 이미 지급한 보험금액의 반환을 청구할 수 있다고 되어 있어, 법문의 외양상으로는 계속보험료〈월납분담금〉 미지급에 따른 상법 제650조 2항의 규정에 의한 계약해지의 경우에도 이미 지급한 보험금액의 반환을 청구할 수 있는 것으로 되어 있으나, 상법 제650조 2항이 보험계약자를 보호하기 위하여 계속보험료가 연체된 경우에 상당한 최고기간을 둔 다음 해지하도록 규정하고 있는 점 등에 비추어 볼 때, 계속보험료의 연체로 인하여 보험계약이 해지된 경우에는 보험자는 계약해지시로부터 더 이상 보험금을 지급할 의무만을 면할 뿐, 계속보험료의 연체가 없었던 기간에 발생한 보험사고에 대하여 이미 보험계약자가 취득한 보험보호를 소급하여 사라지게 하는 것이 아니므로, 보험자는 보험계약자에 대하여 이미 지급한 보험금의 반환을 구할 수 없다 할 것이다).

2) 정(희), 398면은 「해지환급금이 지급된 경우에도 이것을 반환하고 계약을 부활시킬 수 있다」고 설명하는데, 이는 상법 제650조의 2에 정면으로 반하여 타당하지 않다고 본다.

3) 이와 반대로 보험계약상의 일부 보험금에 관한 약정지급사유가 발생한 이후에 그 보험계약이 해지·실효되었다는 보험회사 직원의 말만을 믿고 해지환급금을 수령한 경우, 이는 보험계약을 해지하는 의사로써 한 행위라고 할 수 없다[대판 2002. 7. 26, 2000 다 25002(공보 2002, 2029)].

4) 동지: 양(승), (보) 171면.

(6) 소멸시효

보험료지급채무의 소멸시효기간은 2년이다($\frac{상}{후단}$ 662조).[1] 기산점은 최초의 보험료는 (지급시기를 특별히 약정하지 않으면) 보험계약이 성립한 날이고, 제 2 회 이후의 보험료는 각 지급기일의 다음 날이라고 본다.[2] 보험료채권의 지급확보를 위하여 수표를 받은 경우, 수표금에 대한 소송상의 청구는 보험료채권의 소멸시효중단의 효력이 있다.[3]

2. 통지의무

(1) 위험변경·증가의 통지의무[4]

1) 의의 및 목적   보험기간중에 보험계약자 또는 피보험자가 사고발생의 위험이 현저하게 변경[5] 또는 증가된 사실($\frac{객관적 위험변경\cdot}{증가의 사실}$)을 안 때에는 지체 없이 보험자에게 통지하여야 한다($\frac{상}{1항} \frac{652조}{1문}$). 이 때 「위험」이라고 함은 '보험사고 발생의 가능성'을 의미하고, 「현저한 변경 또는 증가」란 '보험계약의 체결 당시에 그러한 사실이 존재하였다면 보험자가 계약을 체결하지 않았거나 또는 적어도 동일한 조건으로는 그 계약을 체결하지 않았을 것으로 생각되는 정도의 위험의 변경 또는 증가'를 말하며,[6] 「이러한 사실을 안 때」란 '특정한 상태의 변경이 있음을 아는 것만으로는 부족하고 그 상태의 변경이 사고발생 위험의 현저한 변경·증가에 해당된다는 것까지 안 때'를 의미한다[7]($\frac{佛保 L. 113-}{4조 참조}$). 자동차보험계약 체결 후 피보험자동차의 구

---

1) 2014년 3월 개정상법은 보험자의 이익을 위하여 보험료청구권의 소멸시효기간을 개정전 1년에서 개정후 2년으로 연장하였다.

2) 동지: 양(승), (보) 160면; 한(기), (보) 351면.

3) 동지: 대판 1961. 11. 9, 4293 민상 748.

4) 이에 관한 상세는 양승규, "손해보험계약에서의 위험의 변경·증가," 「보험학회지」, 제8집, 1971, 13면 이하; 한창희, "보험기간중 위험의 증가," 「상법학의 전망」(평성 임홍근교수 정년퇴임기념논문집)(서울: 법문사, 2003), 327~350면(이에 관한 영국·호주·프랑스·독일·벨기에의 입법례를 검토한 후, 우리 상법의 개선방안을 제시함) 참조.

5) 변경은 증가를 의미하므로 무의미하다[동지: 한(기), (보) 355면 외].

6) 현저한 위험변경·증가라도 일시적인 것에 그치는 경우는 제외한다[동지: 한(기), (보) 356~357면; 대판 1992. 11. 10, 91 다 32503].

7) 동지: 양(승), (보) 161면; 한(기), (보) 362면; 대판 1997. 9. 5, 95 다 25268(공보 1997, 2996)(상법 제652조 및 제653조에 정한 '사고발생의 위험이 현저하게 변경 또는 증가된 사실'이라 함은 그 변경 또는 증가된 위험이 보험계약의 체결 당시에 존재하고 있었다면 보험자가 보험계약을 체결하지 않았거나 적어도 그 보험료로는 보험을 인수하지 않았을 것으로 인정되는 정도의 것을 말한다); 동 2000. 7. 4, 98 다 62909·62916(공보 2000, 1825)(상법 제652조 1항 및 화재보험 보통약관에서 보험계약자 또는 피보험자의 통지의무의 대상으로 규정된 '사고발생의 위험이 현저하게 변경 또는 증가된 사실'이란 그 변경 또는 증가된 위험이 보험계약의 체결 당시에 존재하고

있었다면 보험자가 보험계약을 체결하지 않았거나 적어도 그 보험료로는 보험을 인수하지 않았을 것으로 인정되는 사실을 말한다. 따라서 화재보험에 있어서는 피보험 건물의 구조와 용도뿐만 아니라 그 변경을 가져오는 증·개축에 따라 보험의 인수여부와 보험요율이 달리 정하여지는 것이므로 화재보험계약의 체결 후에 건물의 구조와 용도에 상당한 변경을 가져오는 증·개축공사가 시행된 경우에는 그러한 사항이 계약체결 당시에 존재하고 있었다면 보험자가 보험계약을 체결하지 않았거나 적어도 그 보험료로는 보험을 인수하지 않았을 것으로 인정되는 사실에 해당하여 상법 제652조 1항 및 화재보험 보통약관에서 규정한 통지의무의 대상이 된다고 할 것이고, 따라서 보험계약자나 피보험자가 이를 해태할 경우 보험자는 위 규정들에 의하여 보험계약을 해지할 수 있다); 동 2003. 11. 13, 2001 다 49630(공보 2003, 2304)(보험계약자나 피보험자가 보험기간중에 통지의무를 지는 상법 제652조 및 보험계약자·피보험자 또는 보험수익자가 보험기간중에 위험유지의무를 지는 상법 제653조에 정한 '사고 발생의 위험이 현저하게 변경 또는 증가된 사실'이라 함은, 그 변경 또는 증가된 위험이 보험계약의 체결 당시에 존재하고 있었다면 보험자가 보험계약을 체결하지 않았거나 적어도 그 보험료로는 보험을 인수하지 않았을 것으로 인정되는 정도의 것을 말한다); 동 2014. 7. 24, 2012 다 62318(공보 2014, 1709)(보험기간 중에 보험계약자 또는 피보험자가 사고발생의 위험이 현저하게 변경 또는 증가된 사실을 안 때에는 지체 없이 보험자에게 통지하여야 하는데〈상법 제652조 제 1 항〉, 여기서 '사고발생의 위험이 현저하게 변경 또는 증가된 사실'이란 변경 또는 증가된 위험이 보험계약의 체결 당시에 존재하고 있었다면 보험자가 계약을 체결하지 않았거나 적어도 그 보험료로는 보험을 인수하지 않았을 것으로 인정되는 사실을 말하고, '사고발생의 위험이 현저하게 변경 또는 증가된 사실을 안 때'란 특정한 상태의 변경이 있음을 아는 것만으로는 부족하고 그 상태의 변경이 사고발생 위험의 현저한 변경·증가에 해당된다는 것까지 안 때를 의미한다. 따라서 갑이 을 보험회사와 아들 병을 피보험자로 하여 병이 상해로 후유장해를 입을 경우 보험금을 지급받는 보험계약을 체결한 이후에 병이 운전면허를 취득하여 오토바이를 운전하다가 두개골 골절 등 상해를 입자 후유장해에 대한 보험금 지급을 청구하였는데, 을 회사가 오토바이 운전에 따른 위험의 증가를 통지하지 않았다는 이유로 갑에게 보험계약 해지의사를 표시한 사안에서, 보험청약서에 오토바이 소유 또는 운전 여부를 묻는 질문이 있었던 점 등에 비추어 보험계약 체결 당시 병이 오토바이 운전을 하였다면 을 회사가 보험계약을 체결하지 않았거나 적어도 그 보험료로는 보험을 인수하지 않았을 것이라고 추정되는 점, 병이 위 사고 이전에 오토바이 사고를 당한 적이 있는 점, 갑은 보험청약서의 오토바이 소유 또는 운전 여부를 묻는 질문에 '아니오'라고 대답함으로써 오토바이 운전이 보험인수나 보험료 결정에 영향을 미친다는 점을 알게 되었다고 보이는 점 등에 비추어 보면, 갑은 병의 오토바이 운전 사실과 그것이 보험사고 발생 위험의 현저한 변경·증가에 해당한다는 것을 알았다고 보이고 병의 오토바이 운전 사실을 을 회사에 통지하지 않아 상법 제652조 제 1 항에서 정한 통지의무를 위반하였으므로, 을 회사는 상법 제652조 제 1 항에서 정한 해지권을 행사할 수 있다); 동 2014. 7. 24, 2013 다 217108(공보 2014, 1721)(갑이 자신을 주피보험자, 직업급수 1급의 대학생이던 을을 종피보험자로 하여 병 보험회사와 보험계약을 체결하였는데, 그 후 을이 직업급수 2급의 방송장비대여 등 업종에 종사하면서 업무 수행을 위하여 화물자동차를 운전하다가 보험사고를 일으키자, 병 회사가 통지의무 위반을 이유로 보험계약을 해지한 사안에서, 병 회사가 보험계약 체결 당시 갑 또는 을에게 직업 변경이 통지의무의 대상임을 알렸다거나, 방송장비대여 등 업종이 사업통념상 일반적인 대학생이 졸업 후 취업하는 것을 예상하기 어려운 직업이라거나, 방송장비대여 등 업종이 고도의 위험을 수반하는 직업이라는 등의 사정을 알 수 있는 자료가 없고, 나아가 갑 또는 을이 직업 변경으로 사고발생의 위험이 현저하게 변경 또는 증가된다는 것을 알았다고 볼 자료가 없는데도, 병 회사가 통지의무 위반을 이유로 보험계약을 해지할 수 있다고 본 원심판결에는 상법 제652조 제 1 항의 통지의무에 관한 법리오해 등의 위법이 있다); 광주고판 2016. 4. 8, 2015 나 13309(판공 2016, 333)(갑이 을 보험회사와 갑이 보험기간 중 일반상해로 사망할 경우 을 회사가 보험금을 지급하기로 하는 내용의 보험계약을 체결한 후 원동기장치 자전거를 운전하다가 교통사고로 사망한 사안에서, 보험약관에서 원동기장치 자전거를 계속적으로 사용하게 된 경우에 지체 없이 을 회사에 알려야 한다고 규조가 현저히 변경된 경우에는 이러한 통지의무의 대상이 되나,[1] 피보험자가 서적도 매상에서 일당을 받고 다른 차량과 함께 가끔 피보험자동차를 이용하여 서적을 배달하는 것은 이러한 통지의무의 대상이 되지 않는다.[2] 또한 생명보험계약 체결 후 다른 생명보험에 다수 가입하였다는 사정만으로는 이러한 통지의무의 대상이 되지 않는다.[3] 이는 손해보험계약의 경우에도 같다.[4] 위험변경·증가가 보험계약 체결 이전

정하고, 뚜렷한 위험의 증가와 관련된 계약 후 알릴 의무를 이행하지 아니하였을 때에는 을 회사가 보험계약을 해지할 수 있다고 규정하는데, 갑이 보험계약을 체결한 후 원동기장치 자전거를 구입하여 계속적으로 사용하게 된 것은 상법 제652조에서 정하는 보험기간 중에 보험계약자이자 피보험자인 갑이 사고 발생의 위험이 현저하게 변경 또는 증가된 사실을 안 때에 해당하여 을 회사에 통지할 의무가 발생하는데, 갑이 이를 통지하지 아니하여 약관에서 정한 계약 후 알릴 의무를 위반하였으므로, 을 회사의 해지 의사표시에 따라 보험계약이 적법하게 해지되었다); 대판 2017. 5. 31, 2017 다 215537(보험계약자〈母〉가 처음에 취업 동의를 하면서 오토바이 운전에 반대하면서 주방보조 업무만 시키라고 당부한 것을 보았을 때 오토바이 운전의 위험성에 대하여 인식하고 있었던 것으로 보이는데, 그런데도 출퇴근하거나 기타 필요할 때마다 배달용 오토바이를 운전하는 것에 대하여는 어느 정도 용인해온 것으로 보이는 점 등의 사정을 종합하면, 보험계약자가 피고〈아들, 피보험자〉의 오토바이 운전 사실 및 그것이 보험사고 발생 위험의 현저한 변경·증가에 해당된다는 것을 알았다고 보는 것이 타당하다. 그런데도 보험계약자는 피고의 오토바이 운전 사실을 원고〈보험회사〉에게 통지하지 아니하여 상법 제652조 제 1 항에 따라 해지권이 발생하였다. 원고의 보험계약 해지의 의사표시가 담긴 안내서가 그 사실을 안 때로부터 1개월 내인 2015년 2월 10일 피고에게 도달하였으므로 이 사건 보험계약 해지는 적법하다).

반대: 채, 493면('일반적으로 보험자가 예상할 수 없는 돌발적인 사건의 발생'으로 좁게 해석한다).

1) 대판 1998. 11. 27, 98 다 32564(공보 1999, 41).

2) 대판 1999. 1. 26, 98 다 48682(공보 1999, 361).

3) 동지: 대판 2001. 11. 27, 99 다 33311(공보 2002, 144)(보험계약 체결 당시 다른 보험계약의 존재 여부에 관하여 고지의무가 인정될 수 있는 것과 마찬가지로 보험계약 체결 후 동일한 위험을 담보하는 보험계약을 체결할 경우 이를 통지하도록 하고, 그와 같은 통지의무의 위반이 있으면 보험계약을 해지할 수 있다는 내용의 약관은 유효하다고 할 것이다. 그러나 그와 같은 경우에도 보험자가 통지의무위반을 이유로 보험계약을 해지하기 위하여는 고지의무위반의 경우와 마찬가지로 보험계약자 또는 피보험자가 그러한 사항에 관한 통지의무의 존재와 다른 보험계약의 체결 사실에 관하여 이를 알고도 고의로 또는 중대한 과실로 인하여 이를 알지 못하여 통지를 하지 않은 사실이 우선 입증되어야 할 것이다. 따라서 생명보험계약 체결 후 다른 생명보험에 다수 가입하였다는 사정만으로 상법 제652조 소정의 사고발생의 위험이 현저하게 변경 또는 증가된 경우에 해당한다고 할 수 없다)[이 판결에 대하여 반대하는 취지의 평석으로는 정진세, 법률신문, 제3089호(2002. 7. 8), 15면이 있고, 이 판결은 상법 제651조보다는 동 제652조의 문제로 접근하여 그 요건을 판단하였어야 한다는 취지의 평석으로는 정경영, "다른 생명보험계약 체결사실에 관한 보험계약자의 통지의무," 「보험법연구 5」(보험법연구회 편)(서울: 삼지원, 2003), 27~47면]; 동 2004. 6. 11, 2003 다 18494(공보 2004, 1153)(상법 제652조 1항 소정의 통지의무의 대상으로 규정된 '사고발생의 위험이 현저하게 변경 또는 증가된 사실'이라 함은 그 변경 또는 증가된 위험이 보험계약의 체결 당시에 존재하고 있었다면 보험자가 보험계약을 체결하지 아니하였거나 적어도 그 보험료로는 보험을 인수하지 아니하였을 것으로 인정되는 사실을 말하는 것으로서, 상해보험계약 체결 후 다른 상해보험에 다수 가입하였다는 사정만으로 사고발생의 위험이 현저하게 변경 또는 증가된 경우에 해당한다고 할 수 없다).

에 발생하였는데 보험계약자 등이 보험계약 체결 이후에 안 경우, 보험계약자 등은 이러한 통지의무를 부담한다고 본다.[1]

변경 또는 증가의 원인은 객관적이어야 하므로 보험계약자 또는 피보험자의 행위로 인한 것이 아니어야 한다(상653조).[2]

이러한 상법의 규정은 보험의 목적을 스스로 지배하고 있는 보험계약자 또는 피보험자에게 보험기간중에 객관적으로 생긴 사고발생의 위험이 현저하게 변경 또는 증가한 것에 대한 통지의무를 지움으로써, 보험자로 하여금 그 사실을 알아 그에 대한 대책을 세울 수 있도록 하는 데 그 목적이 있다.[3]

2) 법적 성질 이 의무의 법적 성질은 보험계약자 등이 보험계약의 성립 후에 보험기간중에 지는 의무로서 이를 게을리한 경우에 보험자는 계약해지를 할 수 있어 보험계약자 등은 보험보호를 받을 수 없게 되는 점에서 고지의무와 같이 「간접의무 또는 자기의무」라고 본다.[4]

3) 통지의 시기·방법 및 상대방 통지의 시기는 보험계약자 등이 그 사실을 안 때에 「지체 없이」 하여야 한다. 이 때 「지체 없이」는 '보험계약자 등의 책임 있는 사유로 늦춤이 없이'의 뜻이라고 볼 수 있고(獨民 121조 참조), 통지는 발송하기만 하면 된다고 본다.[5]

통지의 방법에는 상법상 특별한 제한이 없으므로 서면 또는 구두로 하면 된다.[6]

통지의 상대방은 고지의 상대방과 같이 보험자와 그를 위한 통지수령권을 갖는 대리인이고, 통지수령권이 없는 보험중개인이나 보험설계사(모집인)는 상대방이 될 수 없다.[7]

---

4) 대판 2003. 11. 13, 2001 다 49630.

1) 동지: 양(승), (보) 162면.
   반대: 한(기), (보) 361면.

2) 반대: 한(기), (보) 356면, 372면(위험변경·증가가 보험계약자 등의 귀책사유에 의한 경우에도 통지의무가 인정된다고 해석하는 것이 자연스럽고, 이것이 상법 제653조의 효과와 서로 배척하거나 모순되지 않는다고 한다); 대판 1998. 11. 27, 98 다 32564.

3) 동지: 정(희), 399면.

4) 동지: 서·정, 391면; 최(기), (하) 657면; 양(승), (보) 161면; 이(기) 외, (보·해) 108면; Bruck/Möller, Bd Ⅰ. 23 Anm. 19 u. 28[이 통지의무는 법이 보험계약의 성립 후에 인정하는 법률상의 의무(gesetzliche Obliegenheit)이기는 하나, 진정한 법적 의무(Rechtspflicht)에 속하는 것이라고 할 수는 없다고 한다].

5) 동지: 양(승), (보) 163면.
   반대: 한(기), (보) 363면(도달주의 원칙이 적용된다고 한다).

6) 동지: 양(승), (보) 163면; 한(기), (보) 363면.

7) 동지: 대판 2006. 6. 30, 2006 다 19672·19689(공보 2006, 1425)(보험모집인은 통지를 수령할

4) **통지의무 이행의 효과**   보험사고 발생의 위험이 객관적으로 현저하게 변경 또는 증가한 경우로서 보험계약자 등이 지체 없이 통지하여 보험자가 이를 안 경우에는, 보험자는 그 통지를 받은 후 1월 내에 「보험료의 증액」을 청구하거나 또는 「계약을 해지」할 수 있다(사정변경 의 법리)(상652조 2항).¹⁾ 이 때 보험자는 보통 보험료의 증액을 먼저 청구하고, 보험계약자가 이를 거절하면 보험계약을 해지할 것이다.²⁾

5) **통지의무 해태(懈怠)의 효과**   보험계약자 또는 피보험자가 그 위험의 변경·증가의 사실을 알면서 지체 없이 보험자에게 통지하지 아니한 때에는, 보험자는 그 사실을 안 날로부터 1월 내에 한하여 「계약을 해지」할 수 있다³⁾(상652조 1항 2문). 이 때 보험자가 「그 사실을 안 날」이란 '위험의 현저한 증가가 있는 사실을 안 때'가 아니라, '보험계약자 등이 이러한 통지의무를 이행하지 아니한 사실을 알게 된 날'이다.⁴⁾

권한이 없으므로, 그가 통지의무의 대상인 '보험사고 발생의 위험이 현저하게 변경 또는 증가된 사실'을 알았다고 하더라도 이로써 곧 보험자가 이러한 사실을 알았다고 볼 수는 없다).

1) 동지: 佛(프랑스)保 L. 113-4조 3항.

2) 보험료증액청구권은 물론해석상 통지의무 위반의 경우에도 당연히 인정된다고 할 수 있으므로, 법적 효과면에서 통지한 경우와 통지를 게을리한 경우가 사실상 차이가 없고, 이에 대하여는 적지 않은 비판이 제기되고 있다는 견해가 있다[한(기), (보) 364면].

3) 동지: 대판 1992. 7. 10, 92 다 13301(공보 927, 2369)(화재보험계약에서 보험계약자인 피고회사의 근로자들이 폐업신고에 항의하면서 위 화재보험의 목적인 공장건물을 상당기간 점거하여 외부인의 출입을 차단하고 농성하는 행위는 보험목적물 또는 이를 수용하는 건물에 대한 점유의 성질을 변경하거나 또는 그에 영향을 주어 보험료 등을 조정할 필요성이 있게 하는 사정에 해당한다고 할 것이므로 보험계약자가 보험자에게 서면으로 고지하여 승낙을 받지 아니하면 위 보험계약은 효력을 상실한다); 동 2000. 1. 28, 99 다 50712(공보 2000, 573)(보험계약의 해지권은 형성권이고, 해지권 행사기간은 제척기간이며, 해지권은 재판상이든 재판 외이든 그 기간 내에 행사하면 되는 것이나 해지의 의사표시는 민법의 일반원칙에 따라 보험계약자 또는 그의 대리인에 대한 일방적 의사표시에 의하며, 그 의사표시의 효력은 상대방에게 도달한 때에 발생하므로, 해지권자가 해지의 의사표시를 담은 소장 부본을 피고에게 송달함으로써 해지권을 재판상 행사하는 경우에는 그 소장 부본이 피고에게 도달할 때에 비로소 해지권 행사의 효력이 발생한다 할 것이어서, 해지의 의사표시가 담긴 소장 부본이 제척기간 내에 피고에게 송달되어야만 해지권자가 제척기간 내에 적법하게 해지권을 행사하였다고 할 것이고, 그 소장이 제척기간 내에 법원에 접수되었다고 하여 달리 볼 것은 아니다).

4) 동지: 한(기), (보) 365면; 대판 2011. 7. 28, 2011 다 23743·23750(공보 2011, 1780)(화재보험보통약관에서 보험계약자가 계약 후 위험의 현저한 증가가 있음에도 보험자에게 그 사실을 지체 없이 통지할 의무를 이행하지 않았을 때를 보험계약의 해지사유로 규정하는 한편 보험자가 그러한 사실을 안 날부터 1개월이 지났을 때에는 계약을 해지할 수 없도록 규정한 경우, 이는 보험자가 보험계약의 해지 원인이 존재하고 해지하고자 하면 언제든지 해지할 수 있는 상태에 있음에도, 해지 여부를 결정하지 않은 상태를 지속시킴으로써 보험계약자를 불안정한 지위에 처하게 하는 것을 방지하려는 취지로서, 해지권 행사기간의 기산점은 보험자가 계약 후 위험의 현저한 증가가 있는 사실을 안 때가 아니라 '보험계약자가 위와 같은 통지의무를 이행하지 아니한 사실을 보험자가 알게 된 날'이라고 보아야 한다. 나아가 보험계약자가 보험자에 대하여 위험의 현저한 증가가 없었다거나 그러한 사실을 알지 못하였다고 주장하면서 통지의무 위반이 없다고 다투고 있는 경우에는 그때까지 보험자가 보험계약자의 통지의무 위반에 관하여 의심을 품고 있는 정도에 그치고 있었다

따라서 이에 의하여 보험계약을 해지하면 보험자는 향후 보험금액을 지급할 책임이 없고, 이미 지급한 보험금액은 반환청구할 수 있다($\substack{상\ 655조 \\ 본문}$)($\substack{이\ 후단은\ 해지의\ 효과의 \\ 예외가\ 된다고\ 볼\ 수\ 있다}$). 그러나 위험의 현저한 변경이나 증가된 사실이 보험사고의 발생에 영향을 미치지 아니하였음($\substack{즉,\ 인과관계가 \\ 없었음}$)이 증명된 때에는, 보험자는 보험금액의 지급의무를 부담한다($\substack{상\ 655조 \\ 단서}$). 이러한 인과관계가 부존재한다는 증명책임은 보험계약자측에 있다.[1]

(2) 보험사고 발생의 통지의무

1) 의의 및 목적   보험계약자 또는 피보험자나 보험수익자는 보험사고의 발생을 안 때에는 지체 없이 보험자에게 그 통지를 발송하여야 한다($\substack{상\ 657조 \\ 1항}$). 이 때 「통지의무자」에는 해석상 생명보험의 피보험자는 제외된다. 또한 「보험사고」는 보험계약에서 보험자가 책임을 지기로 한 사고만을 의미한다.

이것은 보험자로 하여금 보험사고의 원인을 조사하여($\substack{특히\ 손해보험에\ 있어서는\ 손해의 \\ 종류·범위\ 등을\ 조사하여}$) 이에 대한 손해방지 등의 적절한 조치를 할 수 있게 하기 위해서 보험계약자 등에게 부과시킨 의무이다.[2]

2) 법적 성질   이 통지의무는 보험자에 대한 책임을 묻기 위한 전제조건인 동시에, 고지의무와는 달리 보험자에 대한 「진정한 의무」이다.[3] 따라서 보험계약자

면 그러한 사정만으로 해지권이 발생하였다고 단정할 수 없으므로 이러한 상태에서 곧바로 해지권의 행사기간이 진행한다고 볼 수는 없고, 그 후 보험자가 보험계약자의 통지의무 위반 여부에 관하여 조사·확인절차를 거쳐 보험계약자의 주장과 달리 보험계약자의 통지의무 위반이 있음을 뒷받침하는 객관적인 근거를 확보함으로써 통지의무 위반이 있음을 안 때에 비로소 해지권의 행사기간이 진행한다고 보아야 한다. 따라서 손해보험회사인 갑 주식회사와 폐기물 처리업자인 을 주식회사가 체결한 공장화재보험계약의 화재보험보통약관에서 뚜렷한 위험의 변경 또는 증가와 관련된 통지의무를 이행하지 않은 경우를 해지사유로 규정하는 한편 그 사실을 안 날부터 1개월 이상 지났을 때에는 계약을 해지할 수 없다고 규정하고 있는데, 을 회사가 갑 회사에 대한 통지 없이 다량의 폐마그네슘을 반입하여 보관하던 중 화재가 발생하였고, 갑 회사가 통지의무 위반을 이유로 보험계약을 해지한 사안에서, 을 회사가 마그네슘으로 인하여 화재가 발생한 것이 아니라고 주장하면서 갑 회사에 보험금을 청구한 상태에서는 화재보고서에 마그네슘에 빗물이 유입되면서 화재가 발생한 것으로 추정된다고 기재되어 있는 것만으로는 갑 회사가 그 무렵에 화재가 마그네슘이 자연발화되어 발생한 것이어서 마그네슘으로 인하여 화재발생의 위험성이 현저하게 증가하였다는 사실을 알았다고 보기 어렵고, '추가적인 조사·확인절차를 거쳐 보험계약 해지를 통보한 시점'에 이르러서야 을 회사가 공장에 반입하여 보관한 폐마그네슘이 자연발화가 가능하여 화재발생의 위험성이 현저하게 증가하였다는 사실을 알았다고 보아야 하므로 그 무렵에서야 비로소 갑 회사가 을 회사의 통지의무 위반이 있음을 알게 되었다고 본 원심판단은 타당하다).

1) 동지: 대판 1997. 9. 5, 95 다 25268(공보 1997, 2996).
2) 동지: 정(희), 400면; 양(승), (보) 166~167면.
  獨保 제31조 1항은 이에 더 나아가 보험계약자의 필요한 정보제공에 대하여 규정하고 있다. 또한 보험약관에서는 이외에 보험계약자 등의 증거자료제출을 규정하고 있다(화재보험 표준약관 16조 3항 참조).
3) 동지: 정(희), 400면; 서·정, 391면; 손(주), 559면(그러나 보험계약자 등의 통지가 없어도 보험

등이 보험사고의 발생을 알고 있으면서 이를 통지하지 않은 경우에는 보험자에 대하여 손해배상책임을 부담하나, 그 사실을 알지 못하여 통지하지 않은 경우에는 손해배상책임을 부담하지 않는다.[1]

3) 통지의 시기와 방법   위험변경·증가의 통지의무의 경우와 같다.

4) 통지의무 해태(懈怠)의 효과   보험계약자 등이 보험사고 발생의 통지를 게을리한 경우에 보험자는 보험금지급채무를 면하지 않지만, 그 통지를 게을리함으로 인하여 손해가 증가된 때에는 그 증가된 손해를 보상할 책임이 없다($\frac{상}{2항}$ 657조). 그러나 보험계약자 등이 그의 귀책사유로 보험사고 발생의 통지를 게을리하고 또한 그 증거인멸 등의 조치를 취한 경우에는 보험자는 보험금지급채무를 면한다고 해석할 수 있다.[2] 또한 보험사고 발생의 통지는 보험자의 보험금지급시기의 기준이 되므로($\frac{상}{후단 참조}$ 658조), 이 통지를 받을 때까지 보험자는 보험금지급채무에 대하여 지체책임을 지지 않는다.

3. 위험유지의무

(1) 의의 및 목적

보험계약자, 피보험자 또는 보험수익자는 보험자의 동의 없이 보험기간중에 그의 고의 또는 중대한 과실로 인하여 보험사고 발생의 위험을 현저하게 변경하거나 또는 증가시키지 않을 의무를 부담하는데($\frac{상}{전단}$ 653조), 이를 보험계약자 등의 위험유지의무(Gefahrstandspflicht)라고 한다($\frac{獨保}{1항 참조}$ 23조). 예컨대, 화재보험의 목적인 주택을 보험자의 동의 없이 공장 등으로 변경하지 않을 의무, 생명보험의 피보험자가 보험자의 동의 없이 다른 위험업종에 종사하지 않을 의무[3] 등을 말한다. 이 때의 「위험」

자가 사고발생을 안 때에는 통지를 요하지 않고 보험금청구를 할 수 있으므로, 이 의무는 보험금청구의 전제조건이 아닌 법률상의 진정한 의무라고 한다); 최(기), (하) 656면; 양(승), (보) 167면; 한(기), (보) 377면.

반대: 김(성), (보) 318면(간접의무라고 한다).

1) 동지: 정(희), 400면; 한(기), (보) 378면.

2) 동지: 양(승), (보) 168면; 한(기), (보) 378면(입법론으로).

3) 동지: 대판 2003. 6. 10, 2002 다 63312(공보 2003, 1512)(피보험자의 직업이나 직종에 따라 보험금 가입한도에 차등이 있는 생명보험계약에서 피보험자가 직업이나 직종을 변경하는 경우에 그 사실을 통지하도록 하면서 그 통지의무를 해태한 경우에 직업 또는 직종이 변경되기 전에 적용된 보험요율의 직업 또는 직종이 변경된 후에 적용해야 할 보험요율에 대한 비율에 따라 보험금을 삭감하여 지급하는 것은 실질적으로 약정된 보험금 중에서 삭감한 부분에 관하여 보험계약을 해지하는 것이라 할 것이므로 그 해지에 관하여는 상법 제653조에서 규정하고 있는 해지기간 등에 관한 규정이 여전히 적용되어야 한다).

은 보험계약자 등의 고의 또는 중과실로 인하여 발생한 것으로서 주관적 위험의 변경·증가를 의미한다(상 652조
와 비교).

보험계약자 등에게 이러한 위험유지의무를 부과하는 것은, 보험계약이 우연한 사고에 대하여 보험자가 책임을 지기로 하는 사행계약인 성질상 보험계약자 등이 이러한 위험을 임의로 변경·증가시켜서는 안 된다는 점에서 당연히 요청된다고 볼 수 있다.[1]

(2) 법적 성질

고지의무 또는 위험변경·증가의 통지의무와 같이 「간접의무 또는 자기의무」이다.[2]

(3) 위험유지의무 해태(懈怠)의 효과

보험계약자 등이 이 의무를 위반한 때에는 보험자는 그 사실을 안 날로부터 1월 내에 「보험료의 증액」을 청구하거나 또는 「계약을 해지」할 수 있다(상 653조
후단). 보험자가 계약을 해지하는 경우는 이미 보험금액을 지급한 경우에도 할 수 있는데, 이 때에는 지급한 보험금액의 반환을 청구할 수 있다(해지의 효과
의 예외)(상 655조
본문). 그러나 위험의 현저한 변경이나 증가된 사실과 보험사고의 발생간에 인과관계가 없는 경우에는 보험자는 보험금을 지급할 책임을 부담한다(상 655조
단서).

제5절 보험계약의 무효·변경·소멸·부활

제1 보험계약의 무효

보험계약은 성립한 때부터 당연히 그 효력이 생기지 않는 경우와, 취소에 의하여 처음부터 효력이 생기지 않는 경우가 있는데, 이는 다음과 같다.

1. 보험사고 발생 후의 보험계약

보험계약 당시에 보험사고가 이미 발생하였거나 또는 발생할 수 없는 것인 때에는 그 보험계약은 당연히 무효가 된다(상 644조
본문). 그러나 보험사고의 우연성은 반드시 객관적이어야 할 필요는 없고 주관적이어도 무방하므로, 보험사고가 이미 발생

---

1) 동지: 양(승), (보) 165면; 김(성), (보) 312면.
2) 동지: 양(승), (보) 165면; 정(희), 401면.

한 사정 등을 보험계약의 당사자 쌍방과 피보험자가 알지 못한 경우에는 그 계약은 유효한 것이 된다(상644조
단서).

2. 사기·반사회질서의 보험

계약보험계약자의 사기로 인한 초과보험(상669조
4항 본문) 또는 중복보험(상672조
3항)은 당연히 무효가 된다.[1] 그러나 이 때 보험자는 그 사실을 안 때까지의 보험료를 청구할 수 있다(상669조 4항
단서, 672조 3항).

보험계약이 민법 제103조의 선량한 풍속 기타 사회질서에 반하는 경우에는 무효가 된다.[2] 이 경우 보험자의 보험금에 대한 부당이득반환청구권의 소멸시효기간

---

1) 다른 보험계약의 존재에 대하여 알릴 의무는 상법 제651조 등의 고지의무가 아닌 별도의 의무로 다루어 경우에 따라 사기보험 등으로서 무효로 보아야 한다는 견해로는 김선정, "보험계약의 과도한 누적과 보험금 부당청구에 관한 연구,"「경영법률」(한국경영법률학회), 제12집(2001), 347~396면 참조.

2) 동지: 대판 2005. 7. 28, 2005 다 23858(공보 2005, 1421)(민법 제103조에 의하여 무효로 되는 반사회질서 행위는 법률행위의 목적인 권리의무의 내용이 선량한 풍속 기타 사회질서에 위반되는 경우뿐만 아니라, 그 내용 자체는 반사회질서적인 것이 아니라고 하여도 법률적으로 이를 강제하거나 법률행위에 반사회질서적인 조건 또는 금전적인 대가가 결부됨으로써 반사회질서적 성질을 띠게 되는 경우 및 표시되거나 상대방에게 알려진 법률행위의 동기가 반사회질서적인 경우를 포함하고〈대법원 2000. 2. 11. 선고 99 다 56833 판결, 2001. 11. 27. 선고 99 다 33311 판결 등 참조〉, 보험계약자가 다수의 보험계약을 통하여 보험금을 부정취득할 목적으로 보험계약을 체결한 경우, 이러한 목적으로 체결된 보험계약에 의하여 보험금을 지급하게 하는 것은 보험계약을 악용하여 부정한 이득을 얻고자 하는 사행심을 조장함으로써 사회적 상당성을 일탈하게 될 뿐만 아니라, 또한 합리적인 위험의 분산이라는 보험제도의 목적을 해치고 위험발생의 우발성을 파괴하며 다수의 선량한 보험가입자들의 희생을 초래하여 보험제도의 근간을 해치게 되므로, 이와 같은 보험계약은 민법 제103조 소정의 선량한 풍속 기타 사회질서에 반하여 무효라고 할 것이다〈대법원 2000. 2. 11. 선고 99 다 49064 판결 등 참조〉); 동 2014. 4. 30, 2013 다 69170(공보 2014, 1101)(보험계약자가 보험금을 부정취득할 목적으로 다수의 보험계약을 체결하였는지에 관하여는, 이를 직접적으로 인정할 증거가 없더라도 보험계약자의 직업 및 재산상태, 다수 보험계약의 체결 시기와 경위, 보험계약의 규모와 성질, 보험계약 체결 후의 정황 등 제반 사정에 기하여 그와 같은 목적을 추인할 수 있다. 특히 보험계약자가 자신의 수입 등 경제적 사정에 비추어 부담하기 어려울 정도로 고액인 보험료를 정기적으로 불입하여야 하는 과다한 보험계약을 체결하였다는 사정, 단기간에 다수의 보험에 가입할 합리적인 이유가 없음에도 불구하고 집중적으로 다수의 보험에 가입하였다는 사정, 보험모집인의 권유에 의한 가입 등 통상적인 보험계약 체결 경위와는 달리 적극적으로 자의에 의하여 과다한 보험계약을 체결하였다는 사정, 저축적 성격의 보험이 아닌 보장적 성격이 강한 보험에 다수 가입하여 수입의 상당 부분을 그 보험료로 납부하였다는 사정, 보험계약시 동종의 다른 보험 가입사실의 존재와 자기의 직업·수입 등에 관하여 허위의 사실을 고지하였다는 사정 또는 다수의 보험계약 체결 후 얼마 지나지 아니한 시기에 보험사고 발생을 원인으로 집중적으로 보험금을 청구하여 수령하였다는 사정 등의 간접사실이 인정된다면 이는 보험금 부정취득의 목적을 추인할 수 있는 유력한 자료가 된다. 따라서 갑이 을 주식회사 등 다수의 보험회사와 10건의 보험계약을 체결한 후 입원치료 등을 이유로 을 회사 등으로부터 보험금을 지급받았는데, 을 회사가 동 보험계약이 선량한 풍속 기타 사회질서에 반하여 무효라는 이유로 부당이득반환을 구한 경우, 갑이 보험계약 체결 직후 병원에 입원한 사실이 없음에도 입원한 것처럼 보험금을 허위로 청구하여 을 회사 등으로부터 보험금을 지급받은 행위로 사기죄로 기소되어 유죄판결을 선고받는 등

갑의 재산상태, 다수의 보험계약의 체결 경위, 보험계약의 규모와 성질, 보험계약 체결 후의 정황 등 제반 사정에 비추어 갑이 보험계약을 체결한 것은 순수하게 생명·신체 등에 대한 우연한 위험에 대비하기 위한 것이라고 보기 어렵고, 오히려 보험사고를 빙자하여 보험금을 부정하게 취득할 목적으로 보험계약을 체결한 것으로 볼 여지가 충분한데도, 이와 달리 본 원심판결에는 법리오해 등의 위법이 있다); 동 2015. 2. 12, 2014 다 73237; 동 2017. 4. 7, 2014 다 234827(공보 2017, 945)(보험계약자가 다수의 보험계약을 통하여 보험금을 부정취득할 목적으로 보험계약을 체결한 경우 보험계약은 민법 제103조의 선량한 풍속 기타 사회질서에 반하여 무효이다. 이러한 보험계약에 따라 보험금을 지급하게 하는 것은 보험계약을 악용하여 부정한 이득을 얻고자 하는 사행심을 조장함으로써 사회적 상당성을 일탈하게 될 뿐만 아니라, 합리적인 위험의 분산이라는 보험제도의 목적을 해치고 위험발생의 우발성을 파괴하며 다수의 선량한 보험가입자들의 희생을 초래하여 보험제도의 근간을 무너뜨리기 때문이다. 그리고 보험계약자가 보험금을 부정취득할 목적으로 다수의 보험계약을 체결하였는지를 직접적으로 인정할 증거가 없더라도 보험계약자의 직업과 재산상태, 다수 보험계약의 체결 시기와 경위, 보험계약의 규모와 성질, 보험계약 체결 후의 정황 등 제반 사정에 기하여 그와 같은 목적을 추인할 수 있다. 특히 보험계약자가 자신의 수입 등 경제적 사정에 비추어 부담하기 어려울 정도로 고액인 보험료를 정기적으로 불입하여야 하는 과다한 보험계약을 체결하였다는 사정, 단기간에 다수의 보험에 가입할 합리적인 이유가 없는데도 집중적으로 다수의 보험에 가입하였다는 사정, 보험모집인의 권유에 의한 가입 등 통상적인 보험계약 체결 경위와는 달리 적극적으로 자의에 의하여 과다한 보험계약을 체결하였다는 사정, 저축적 성격의 보험이 아닌 보장적 성격이 강한 보험에 다수 가입하여 수입의 많은 부분을 보험료로 납부하였다는 사정, 보험계약 시 동종의 다른 보험 가입사실의 존재와 자기의 직업·수입 등에 관하여 허위의 사실을 고지하였다는 사정 또는 다수의 보험계약 체결 후 얼마 지나지 아니한 시기에 보험사고 발생을 원인으로 집중적으로 보험금을 청구하여 수령하였다는 사정 등의 간접사실이 인정된다면 이는 보험금 부정취득의 목적을 추인할 수 있는 유력한 자료가 된다); 동 2018. 9. 13, 2016 다 255125(공보 2018, 1967)(보험계약자가 다수의 보험계약을 통하여 보험금을 부정취득할 목적으로 보험계약을 체결한 경우, 이러한 목적으로 체결된 보험계약에 의하여 보험금을 지급하게 하는 것은 보험계약을 악용하여 부정한 이득을 얻고자 하는 사행심을 조장함으로써 사회적 상당성을 일탈하게 될 뿐만 아니라, 합리적인 위험의 분산이라는 보험제도의 목적을 해치고 위험발생의 우발성을 파괴하며 다수의 선량한 보험가입자들의 희생을 초래하여 보험제도의 근간을 해치게 되므로, 이와 같은 보험계약은 민법 제103조 소정의 선량한 풍속 기타 사회질서에 반하여 무효라고 할 것이다. 한편 보험계약자가 그 보험금을 부정취득할 목적으로 다수의 보험계약을 체결하였는지에 관하여는 이를 직접적으로 인정할 증거가 없더라도, 보험계약자의 직업 및 재산상태·다수의 보험계약의 체결 경위·보험계약의 규모·보험계약 체결 후의 정황 등 제반 사정에 기하여 그와 같은 목적을 추인할 수 있다. 또한 보험계약자가 타인의 생활상의 부양이나 경제적 지원을 목적으로 보험자와 사이에 타인을 보험수익자로 하는 생명보험이나 상해보험 계약을 체결하여 보험수익자가 보험금 청구권을 취득한 경우, 보험자의 보험수익자에 대한 급부는 보험수익자에 대한 보험자 자신의 고유한 채무를 이행한 것이다. 따라서 보험자는 보험계약이 무효이거나 해제되었다는 것을 이유로 보험수익자를 상대로 하여 그가 이미 보험수익자에게 급부한 것의 반환을 구할 수 있고, 이는 타인을 위한 생명보험이나 상해보험이 제3자를 위한 계약의 성질을 가지고 있다고 하더라도 달리 볼 수 없다); 동 2020. 10. 29, 2019 다 267020(공보 2020, 2269)(보험계약은 장기간의 보험기간 동안 존속하는 계속적 계약일 뿐만 아니라, 도덕적 위험의 우려가 있어 당사자의 윤리성과 선의성이 강하게 요구되는 특성이 있으므로 당사자 사이에 강한 신뢰관계가 있어야 한다. 따라서 보험계약의 존속 중에 당사자 일방의 부당한 행위〈피보험자 겸 보험수익자인 원고가 보험금 편취로 유죄판결을 받음 — 저자 주〉 등으로 인하여 계약의 기초가 되는 신뢰관계가 파괴되어 계약의 존속을 기대할 수 없는 중대한 사유가 있는 때에는 상대방은 그 계약을 해지함으로써 장래에 향하여 그 효력을 소멸시킬 수 있다. 보험계약자 측이 입원치료를 지급사유로 보험금을 청구하거나 이를 지급받았으나 그 입원치료의 전부 또는 일부가 필요하지 않은 것으로 밝혀진 경우, 입원치료를 받게

은 상사 소멸시효기간이 적용되어 5년이다($상_{64조.}$).[1]

된 경위·보험금을 부정 취득할 목적으로 입원치료의 필요성이 없음을 알면서도 입원을 하였는지 여부·입원치료의 필요성이 없는 입원 일수나 그에 대한 보험금 액수·보험금 청구나 수령 횟수· 보험계약자 측이 가입한 다른 보험계약과 관련된 사정·서류의 조작 여부 등 여러 사정을 종합적으로 고려하여 보험계약자 측의 부당한 보험금 청구나 보험금 수령으로 인하여 보험계약의 기초가 되는 신뢰관계가 파괴되어 보험계약의 존속을 기대할 수 없는 중대한 사유가 있다고 인정된다면, 보험자는 보험계약을 해지할 수 있고, 위 계약은 장래에 대하여 그 효력을 잃는다. 한편 이러한 해지권은 신의성실의 원칙을 정한 민법 제 2 조에 근거한 것으로서 보험계약 관계에 당연히 전제된 것이므로, 보험자에게 사전에 설명할 의무가 있다거나 보험자가 이러한 해지권을 행사하는 것이 상법 제663조나 약관의 규제에 관한 법률 제 9 조 제 2 호를 위반한 것이라고 볼 수 없다. 보험자가 보험금 지급에 관한 심사를 하는 단계에서 지급요건을 충족하지 못한 것을 밝히지 못하고 보험금을 지급했다는 이유만으로, 보험자가 이러한 해지권을 행사하는 것이 보험계약상 신의성실의 원칙 위반이라고 볼 수도 없다. 다만 이러한 해지권은 보험약관에 명시되어 있지 않고 또 구체적 사안에서 해지사유가 있는지 여부가 명확하지 않은 면이 있을 뿐만 아니라, 보험자가 부당한 보험금 청구를 거절하거나 기지급 보험금을 반환받는 것을 넘어서 보험계약 자체를 해지하는 것은 자칫 보험계약자 측에 과도한 불이익이 될 수 있다는 점을 고려할 때, 구체적 사안에서 보험자가 이와 같은 해지권을 행사할 수 있는지는 신중하고 엄격하게 판단하여야 한다. 보험계약은 당사자의 윤리성과 선의성이 강하게 요구되는 특성으로 인하여 당사자 사이에 강한 신뢰관계를 요구한다. 따라서 보험계약이 당사자 일방의 부당한 행위로 계약의 기초가 되는 신뢰관계가 파괴되어 상대방이 그 계약을 해지하는 경우, 신뢰관계를 파괴하는 당사자의 부당한 행위가 해당 보험계약의 주계약이 아닌 특약에 관한 것이라 하더라도 그 행위가 중대하여 이로 인해 보험계약 전체가 영향을 받고 계약 자체를 유지할 것을 기대할 수 없다면, 특별한 사정이 없는 한 해지의 효력은 해당 보험계약 전부에 미친다고 보아야 한다).

1) 대판(전) 2021. 7. 22, 2019 다 277812(공보 2001, 1525)(보험계약자가 다수의 계약을 통하여 보험금을 부정 취득할 목적으로 보험계약을 체결하여 그것이 민법 제103조에 따라 선량한 풍속 기타 사회질서에 반하여 무효인 경우 보험자의 보험금에 대한 부당이득반환청구권은 상법 제64조를 유추적용하여 5년의 상사 소멸시효기간이 적용된다고 봄이 타당하다. 상세한 이유는 다음과 같다. ① 보험계약이 선량한 풍속 기타 사회질서에 반하여 무효인 경우 보험자가 반환을 구하는 것은 기본적 상행위인 보험계약〈상법 제46조 제17호〉에 기초하여 그에 따른 의무 이행으로 지급된 보험금이다. 이러한 반환청구권은 보험계약의 이행과 밀접하게 관련되어 있어 그 이행청구권에 대응하는 것이다. ② 보험계약자가 다수의 계약을 통하여 보험금을 부정 취득할 목적으로 보험계약을 체결한 경우는 보험자가 상행위로 보험계약을 체결하는 과정에서 드물지 않게 발생하는 전형적인 무효사유의 하나이다. 이때에는 사안의 특성상 복수의 보험계약이 관련되므로 여러 보험자가 각자 부당이득반환청구권을 갖게 되거나 하나의 보험자가 여러 개의 부당이득반환청구권을 갖게 되는데, 이러한 법률관계는 실질적으로 동일한 원인에서 발생한 것이므로 정형적으로 신속하게 처리할 필요가 있다. ③ 보험계약자가 보험료의 반환을 청구하려면 상법 제648조에 따라 보험계약자와 피보험자나 보험수익자가 모두 선의이고 중과실이 없어야 하고, 보험계약자의 보험금 청구권이나 보험료 반환채권에는 상법 제662조에 따라 3년의 단기 소멸시효기간이 적용된다. 그러나 상법 제648조나 제662조는 그 문언상 보험자의 보험금 반환청구권에는 적용되지 않음이 명백하고, 위 규정들이 보험계약 무효의 특수성 등을 감안한 입법정책적 결단인 이상 이를 보험자가 보험금 반환을 청구하는 경우에까지 확장하거나 유추하여 적용하는 것은 적절하지 않다. 그렇다고 해서 보험자의 보험금에 대한 부당이득반환청구권에 대해서 민사 소멸시효기간이 적용된다고 볼 수는 없고, 보험계약의 정형성이나 법률관계의 신속한 처리 필요성에 비추어 상사 소멸시효기간에 관한 규정을 유추적용하여야 한다. 통상 보험상품을 만들어 판매한 보험자는 보험계약의 이행에 관한 전문적 지식을 가진 자로서 보험계약자보다 우월한 지위에 있으며, 상법 제662조는 보험계약자의 보험료 반환채권에 관한 것이기는 하지만 보험계약의 무효로 인한 법률관계를 신속하게 해결할 필요가

보험사기행위의 조사·방지·처벌에 관한 사항을 규정하는 「보험사기방지 특별법」($\frac{제정\ 2016.\ 3.\ 29,\ 법\ 14123호}{개정:\ 2024.\ 2.\ 13,\ 법\ 20303호}$)이 제정되었다. 동법상 "보험사기행위"란 보험사고의 발생·원인 또는 내용에 관하여 보험자를 기망하여 보험금을 청구하는 행위를 말하고 ($\frac{동법\ 2조}{1호}$),[1] 이러한 보험사기행위로 보험금을 취득하거나 제 3 자에게 보험금을 취득하게 한 자는 10년 이하의 징역 또는 5,000만원 이하의 벌금의 처벌을 받는다($\frac{동법}{8조}$).

3. 심신상실자 등을 피보험자로 한 사망보험

15세미만자, 심신상실자 또는 심신박약자의 사망을 보험사고로 한 보험계약은 당연히 무효가 된다($\frac{상}{732조}$). ·

4. 보험계약이 취소된 경우

(1) 보험자가 보험약관의 교부·설명의무에 위반한 경우에는 「보험계약자」는 보험계약이 성립한 날부터 1월 내에 그 계약을 취소할 수 있는데($\frac{상\ 638조}{의\ 3\ 2항}$), 이와 같이 보험계약이 취소된 경우에는 그 계약은 처음부터 무효가 된다($\frac{민}{141조}$). 이 경우에 보험자는 보험계약자로부터 받은 보험료를 전부 반환하여야 한다($\frac{상}{648조}$).

(2) 보험계약자 등의 고지의무위반이 민법상 사기가 되는 경우에는 이미 앞에서 본 바와 같이 「보험자」는 보험계약을 취소할 수 있으므로($\frac{민}{1항}\ ^{110조}$), 이와 같이 보험계약이 취소된 경우에는 그 계약은 처음부터 무효가 된다. 다만 보험자는 그 사실을 안 때까지의 보험료를 반환할 필요가 없다고 본다($\frac{상\ 669조\ 4항}{단서\ 유추해석}$)($\frac{따라서\ 이\ 점은}{해지의\ 효력과\ 같다}$).

있음을 전제로 하고 있다. 보험계약이 무효인 경우 보험금 반환청구권에 대하여 10년의 민사 소멸시효기간을 적용하는 것은 보험계약 당사자인 보험계약자와 보험자 사이의 형평에 부합하지 않는다); 대판 2021. 8. 19, 2018 다 258074(공보 2021, 1696)(상행위인 계약의 무효로 인한 부당이득반환청구권은 민법 제741조의 부당이득 규정에 따라 발생한 것으로서 특별한 사정이 없는 한 민법 제162조 제 1 항이 정하는 10년의 민사 소멸시효기간이 적용되나, 부당이득반환청구권이 상행위인 계약에 기초하여 이루어진 급부 자체의 반환을 구하는 것으로서 채권의 발생 경위나 원인, 당사자의 지위와 관계 등에 비추어 법률관계를 상거래 관계와 같은 정도로 신속하게 해결할 필요성이 있는 경우 등에는 상법 제64조가 유추적용되어 같은 조항이 정한 5년의 상사 소멸시효기간에 걸린다. 이러한 법리는 실제로 발생하지 않은 보험사고의 발생을 가장하여 청구·수령된 보험금 상당 부당이득반환청구권의 경우에도 마찬가지로 적용할 수 있다).

1) 이에 관하여는 김은경, "보험사기방지특별법에서 고지의무 위반의 적용," 「상사법연구」(한국상사법학회), 제35권 제 2 호(2016. 8), 159~198면 참조(동 특별법상 보험사기의 범위를 한정하고 세분화하여 고지의무 위반이 동 특별법상 사기가 될 여지를 최소화하고, 또한 수동적 고지의무로 개정하여야 한다고 한다).

5. 기타의 경우

위 4.의 경우 이외에도 의사표시의 무효사유($\substack{민 107조~ \\ 108조}$) 또는 취소사유($\substack{민 109조~ \\ 110조}$)에 의하여 보험계약의 청약의 의사표시 등이 무효이거나 취소된 경우에는 보험계약이 무효가 된다.[1]

제2 보험계약의 변경

보험계약은 그 성질이 평균화되고 정형화된 위험을 예정하여 체결되는 것이므로, 이 평균성·정형성을 깨뜨리는 위험의 변경·증가는 보험계약에 필연적으로 중요한 영향을 미치게 된다. 상법은 이 점에 관하여 특히 규정을 두고 있다.

1. 위험의 감소

위험의 감소는 원칙으로 보험관계에 영향을 미치지 않지만, 다만 당사자가 특히 특별한 위험($\substack{예컨대, 전쟁위험· \\ 폭발위험 등}$)을 예기하여 비싼 보험료를 정한 경우에는 보험기간중에 그 특별위험이 소멸하면 보험계약자는 장래에 향하여 보험료의 감액을 청구할 수 있다($\substack{상 \\ 647조}$).

2. 위험의 변경·증가

위험의 변경·증가도 현저한 경우에만 문제가 된다.

(1) 객관적 위험의 변경·증가

보험계약자 또는 피보험자는 보험기간중에 위험이 현저하게 변경 또는 증가된 사실을 안 때에는 지체 없이 보험자에게 통지하여야 하는데, 보험자가 그 통지를 받은 때에는 1월 내에 (보험계약을 해지하거나) 보험료의 증액을 청구할 수 있다($\substack{상 652조 \\ 1항 1문·2항}$).

---

1) 동지: 대판 1995. 10. 13, 94 다 55385(공보 1005, 3769)(갑이 을명의를 모용하여 보험회사와 보증보험계약을 체결하고 그 보험증권을 이용하여 금융기관으로부터 을명의로 차용한 금원을 상환하지 않아 보험회사가 보험금을 지급한 경우, 그 보험계약은 무효이므로 보험회사는 부당이득반환을 청구할 수 있다); 동 2018. 4. 12, 2017 다 229536(공보 2018, 889)(보험회사 또는 보험모집 종사자가 설명의무를 위반하여 고객이 보험계약의 중요사항에 관하여 제대로 이해하지 못한 채 착오에 빠져 보험계약을 체결한 경우, 그러한 착오가 동기의 착오에 불과하다고 하더라도 그러한 착오를 일으키지 않았더라면 보험계약을 체결하지 않았거나 아니면 적어도 동일한 내용으로 보험계약을 체결하지 않았을 것이 명백하다면, 위와 같은 착오는 보험계약의 내용의 중요부분에 관한 것에 해당하므로 이를 이유로 보험계약을 취소할 수 있다).

(2) 주관적 위험의 변경·증가

보험계약자·피보험자 또는 보험수익자의 고의 또는 중대한 과실로 위험이 현저하게 변경 또는 증가한 때에는, 보험자는 그 사실을 안 날로부터 1월 내에 (보험계약을 해지하거나) 보험료의 증액을 청구할 수 있다(상653조).

제3 보험계약의 소멸

보험계약의 소멸사유는 크게 당연한 소멸사유와 당사자의 계약해지에 의한 소멸사유가 있다.

1. 당연한 소멸사유

(1) 보험기간의 만료

보험자는 보험기간 내에 발생한 보험사고에 대하여만 책임을 지기로 보험계약에서 약정하고 있으므로, 보험기간 내에 보험사고가 발생하지 않은 경우에도 보험기간의 만료로써 보험계약은 소멸하게 된다.

(2) 보험사고의 발생

1) 보험기간중에 보험사고가 발생하면 보험자는 보험금지급책임을 부담하므로 보험계약은 원칙적으로 그 목적의 달성에 의하여 소멸한다.

2) 다만 예외적으로 책임보험의 경우는 그 성질상 보험사고가 발생하였다고 하여 보험계약이 소멸하는 것이 아니며, 화재보험 등의 경우에는 일부손해가 발생한 경우에 당사자의 약정에 의하여 보험계약을 유지시킬 수 있다(화재보험 표준약관 26조 1항 참조).

(3) 보험목적의 멸실

보험목적이 보험사고 이외의 원인으로 멸실한 경우(예컨대, 화재보험의 목적인 건물이 홍수로 멸실한 경우)에는 보험계약의 기본적인 요소인 위험이 부존재하게 되어 보험계약은 소멸하게 된다.

(4) 보험료의 불지급

보험계약자가 계약체결 후 보험료의 전부 또는 제1회 보험료를 지급하지 않으면 다른 약정이 없는 한 계약성립 후 2월이 경과하면 그 보험계약은 해제된 것으로 의제되므로(상650조 1항), 이로 인하여 보험계약은 소멸하게 된다. 다만 특정한 타인을 위한 보험의 경우에는 보험자가 그 타인에게 상당한 기간을 정하여 보험료의 지급을 최고하여야 한다(상650조 3항).

(5) 보험자의 파산

보험자가 파산선고를 받은 후 3월이 경과하면 보험계약은 자동적으로 소멸하게 된다($^{상\ 654조}_{2항}$). 보험자가 파산한 경우에는 해산하게 되어($^{보업\ 137조}_{1항\ 5호}$) 실제로 보험사업을 영위할 수 없으므로, 보험계약의 포괄적 이전($^{보업\ 140조,}_{145조,\ 146조}$) 등에 의하여 보험계약자의 이익을 보호하고 있다.

2. 당사자의 계약해지

(1) 보험계약자에 의한 계약해지

1) 임의해지　　보험계약자는 보험사고가 발생하기 전에는 언제든지 보험계약의 전부 또는 일부를 해지할 수 있다($^{상\ 649조}_{1항\ 본문}$). 이 때 타인을 위한 보험계약에서는 그 타인의 동의를 얻거나 보험증권을 소지하고 있어야 보험계약자는 보험계약을 해지할 수 있다($^{상\ 649조}_{1항\ 단서}$). 보험계약자는 보험계약을 원칙적으로 보험사고가 발생하기 전에 한하여 해지할 수 있는데, 예외적으로 보험사고의 발생으로 보험자가 보험금액을 지급한 때에도 보험금액이 감액되지 아니하는 보험($^{예컨대,}_{책임보험}$)의 경우에는 보험사고의 발생 후에도 보험계약을 해지할 수 있다($^{상\ 649조}_{2항}$). 이와 같이 보험계약자가 보험계약을 해지한 경우에 당사자간에 다른 약정이 없으면 보험계약자는 미경과보험료의 반환을 청구할 수 있다($^{상\ 649조}_{3항}$).

보험계약자의 해약환급금청구권($^{미경과보험료의}_{반환청구권}$)에 대하여 추심명령을 얻은 채권자도 채무자(보험계약자)의 보험계약을 해지할 수 있다.[1]

2) 보험자의 파산으로 인한 해지　　보험자가 파산선고를 받은 때에는 보험계약자는 (3월이 경과하기 전에는) 그 계약을 해지할 수 있다[2]($^{상\ 654조}_{1항}$). 파산선고 후

---

1) 동지: 대판 2009. 6. 23, 2007 다 26165(공보 2009, 1175)(보험계약에 관한 해약환급금채권은 보험계약자가 해지권을 행사할 것을 조건으로 효력이 발생하는 조건부 권리이기는 하지만 금전 지급을 목적으로 하는 재산적 권리로서 민사집행법 등 법령에서 정한 압류금지재산이 아니어서 압류 및 추심명령의 대상이 되며, 그 채권을 청구하기 위해서는 보험계약의 해지가 필수적이어서 추심명령을 얻은 채권자가 해지권을 행사하는 것은 그 채권을 추심하기 위한 목적 범위 내의 행위로서 허용된다고 봄이 상당하다. 그러므로 당해 보험계약자인 채무자의 해지권 행사가 금지되거나 제한되어 있는 경우 등과 같은 특별한 사정이 없는 한, 그 채권에 대하여 추심명령을 얻은 채권자는 채무자의 보험계약 해지권을 자기의 이름으로 행사하여 그 채권의 지급을 청구할 수 있다. 따라서 해약환급금청구권에 대한 추심명령을 얻은 채권자가 추심명령에 기하여 제 3 채무자를 상대로 추심금의 지급을 구하는 소를 제기한 경우 그 소장에는 추심권에 기초한 보험계약 해지의 의사가 담겨 있다고 할 것이므로, 그 소장 부본이 상대방인 보험자에 송달됨에 따라 보험계약 해지의 효과가 발생하는 것으로 해석함이 상당하다).

2) 참고로 보험계약자가 파산선고를 받은 때에는 보험계약의 효력에는 아무런 영향이 없고, 다만 타인을 위한 보험계약에서 그 타인도 보험료지급의무를 부담하는 점만이 있다(상 639조 3항 단서).

3월이 경과하면 그 계약은 당연히 효력을 잃는다($\frac{상}{2항}$654조).

(2) 보험자에 의한 계약해지

1) 고지의무위반으로 인한 해지　　보험계약자 등이 고지의무를 위반한 경우에는 보험자는 그 사실을 안 날로부터 1월 내에, 계약을 체결한 날로부터 3년 내에 그 계약을 해지할 수 있다($\frac{상}{651조}$).

2) 계속보험료의 불지급으로 인한 해지　　보험계약자가 계속보험료를 약정한 지급기일에 지급하지 아니하면, 보험자는 상당한 기간을 정하여 보험계약자에게 최고하고 그 기간 내에도 지급하지 아니하면 보험계약을 해지할 수 있다[1]($\frac{상}{2항}$650조).

3) 위험변경·증가로 인한 해지　　보험기간 중에 객관적 위험의 변경·증가가 있거나($\frac{이는 보험계약자 등이 이를 알고서 적법하게 통지를}{한 경우이거나 또는 통지를 게을리한 경우를 포함한다}$)($\frac{상 652조}{1항·2항}$) 또는 주관적 위험의 변경·증가가 있는 경우에는($\frac{상}{653조}$), 보험자는 보험계약을 해지할 수 있다. 이와 같이 보험자가 보험계약을 해지한 경우 당사자간에 보험료 반환의 약정이 있으면 보험자는 미경과기간의 보험료를 반환할 의무가 있다.[2]

4) 약관에 의한 해지　　보험약관에는 위의 사항 외에 보험계약해지사유를

---

1) 보험료 미납을 이유로 한 해지의 항변은 보험자가 이의를 보류하지 아니하고 양도 또는 질권설정을 승낙한 경우에는 양수인 또는 질권자에 대하여 대항할 수 없고, 또한 보험자가 이의를 보류하지 아니하고 질권설정을 승낙한 이상 당연히 질권자에 대하여 대항할 수 없다고 보아야 할 것이므로, 그러한 경우에 보험료환급청구권에 대하여 질권을 취득하는 질권자로서는 보험료 미납 사실을 알지 못하는 한 당연히 환급청구권에 대하여 어떠한 항변권도 없다고 믿을 수밖에는 없다 할 것이므로 보험료 미납으로 인하여 보험료환급금의 지급이 거절될 수도 있다는 예상을 하지 못한 것에 중과실이 있다고 볼 수도 없다[대판 2002. 3. 29, 2000 다 13887(공보 2002, 972)].

2) 동지: 대판 2008. 1. 31, 2005 다 57806(공보 2008, 277)(보험료불가분의 원칙에 관한 우리 상법의 태도를 고려하여 볼 때, 상법 제652조 2항에 따라 보험자가 피보험자 등으로부터 사고발생의 위험이 변경 또는 증가하였다는 통지를 받고 이를 이유로 보험계약을 해지하는 경우, 보험약관에서 미경과기간에 대한 보험료를 반환하도록 정하고 있다면 그 보험약관은 유효하다. 이는 보험기간중에 보험사고가 발생하여도 보험계약이 종료하지 않고 원래 약정된 보험금액에서 위 보험사고에 관하여 지급한 보험금액을 감액한 잔액을 나머지 보험기간에 대한 보험금액으로 하여 보험계약이 존속하는 경우에도 마찬가지이다. 따라서 보험약관에 "피보험자가 다른 사업체와 합병함으로 인하여 보험자가 위험에 대한 담보를 계속하기를 거부하여 보험계약이 종료된 경우에는, 연간보험료를 비율에 따라 계산하여 미경과기간의 보험료를 반환한다"고 규정되어 있을 뿐이라고 하더라도, 보험료는 원칙적으로 보험자가 위험인수에 대한 대가로서 보험계약자로부터 지급받는 것으로서, 원래 약정된 보험금액에서 이미 발생한 보험사고에 관하여 지급한 보험금액을 감액한 잔액을 나머지 보험기간에 대한 보험금액으로 하여 보험계약이 존속하는 형태의 보험에서, 보험계약의 해지 전에 보험사고가 발생함으로써 보험금이 일부 지급된 경우에는 이미 발생한 보험사고로 인하여 보험자가 담보하는 위험의 크기가 감소하였으므로, 그 후 보험계약이 해지됨으로써 미경과기간에 대한 보험료를 반환하여야 한다고 하더라도 보험자는 이미 보험금을 지급한 부분에 대하여는 미경과기간의 보험료를 반환할 의무가 없고, 실제로 보험자가 위험의 인수를 면하게 된 부분에 상응하는 보험료를 기준으로 하여 미경과기간의 보험료를 산정·반환할 의무가 있다).

상세하게 규정하고 있는데, 그 해지사유가 강행법규($_{약규\ 5조\ 등}^{상\ 663조\ 본문.}$)에 위반되지 않는 한 유효하므로 이에 의하여 보험자는 보험계약을 해지할 수 있다.

제 4   보험계약의 부활

1. 의의 및 목적

(1) 의   의

보험계약의 부활(reinstatement, Wiederinkrafttreten)이란 「보험계약자가 제 2 회 이후의 계속보험료를 지급하지 아니함으로 인하여 보험계약이 해지되었거나 (실효〈失效〉약관에 의하여) 실효되었음에도 해지환급금이 지급되지 아니한 경우에, 보험계약자가 일정한 기간 내에 연체보험료에 약정이자를 붙여 보험자에게 지급하여 그 계약의 부활을 청구하고($_{의\ 청약}^{부활계약}$) 보험자가 이를 승낙함으로써($_{의\ 승낙}^{부활계약}$) 종전의 보험계약을 부활시키는 것」을 말한다($_{의\ 2\ 1문}^{상\ 650조}$).

(2) 목   적

보험계약의 부활은 특히 보험료를 분할하여 지급하는 생명보험계약에서 종래에 약관에 의하여 주로 보험계약자의 이익을 위하여 인정되던 것을 1991년의 상법 개정에서 명문으로 입법화한 것인데, 보험계약이 해지되거나 실효된 경우에 보험계약자가 해지환급금을 받는 것은 손해이고 또 새로이 보험계약을 체결하면 보험료가 할증되거나($_{연령의\ 증가\ 등으로\ 인하여}^{생명보험에서\ 피보험자의}$) 또는 보험계약의 체결 자체가 불가능한 경우에 이용된다.

2. 법적 성질

부활계약의 법적 성질이 무엇이냐에 대하여는, 당사자간의 계약($_{승낙}^{청약과}$)에 의하여 해지 또는 실효 전의 보험계약을 다시 회복시키는 것을 내용으로 하는 「특수한 계약」으로 보아야 할 것이다(통설).[1] 따라서 부활계약은 새로운 보험계약의 체결이 아니고, 또 계약이므로 보험계약자의 일방적인 의사표시만으로 종전의 계약이 부활되는 것도 아니다.

---

1) 정(희), 486면(종래의 보험계약과 동일성을 유지하여 존속하는 것을 목적으로 하는 특수한 계약이라고 한다); 서·정, 396면; 손(주), 566면; 양(승), (보) 170면; 이(기) 외, (보·해) 113면; 최(기), (하) 664면; 한(기), (보) 391~392면 외.

3. 요   건

보험계약을 부활하기 위하여는 다음의 요건을 갖추어야 한다.

(1) 보험료를 분할하여 지급하기로 하는 보험계약에서 보험계약자가 최초의 보험료를 지급하여 보험자의 책임이 개시되었으나($\frac{상}{656조}$), 제 2 회 이후의 계속보험료를 지급하지 않음으로 인하여 보험계약이 해지되었거나 실효(失效)되었을 것을 요한다($\frac{상\ 650조의}{2,\ 650조\ 2항}$). 따라서 보험자의 책임이 개시되지 않은 경우에는 보험계약의 부활은 있을 수 없다.

(2) 보험계약자가 이미 지급한 보험료 가운데 미경과보험료가 있거나 해지환급금을 반환하여야 하는 경우에는, 보험자가 이를 아직 반환하지 않았어야 한다($\frac{상\ 650조}{의\ 2}$).[1] 왜냐하면 보험자가 이러한 해지환급금 등을 반환하면 보험관계는 완전히 종료하기 때문이다. 이 때 보험자가 반환하여야 할 해지환급금 등이 없는 경우에도 보험계약자는 보험계약의 부활을 청구할 수 있다고 본다.[2]

(3) 보험계약자의 부활계약의 청약과 보험자의 승낙이 있어야 한다.

1) 보험계약자가 부활계약을 청약하는 경우에는 일정한 기간[3] 내에 연체보험료에 약정이자를 붙여 보험자에게 지급하여야 한다($\frac{상\ 650조}{의\ 2\ 1문}$). 이러한 부활계약도 보험계약의 체결과 동일한 절차에 의하므로($\frac{상\ 650조}{의\ 2\ 2문}$) 보험계약자 등은 고지의무($\frac{상}{651조}$)를 부담한다($\frac{생명보험\ 표준약관}{13조\ 2항,\ 21조\ 참조}$)(통설).[4]

2) 보험자는 부활계약의 청약에 대하여 보험계약의 그것과 같이 낙부(諾否)통지의무를 부담하고 또 일정한 경우에는 승낙한 것으로 의제된다($\frac{상\ 650조의\ 2}{2문,\ 638조의\ 2}$).

4. 효   과

(1) 보험계약의 부활로 인하여 해지 또는 실효되기 전의 보험계약이 회복된다. 따라서 종래의 보험계약에 존재하는 무효·해지 등의 사유로써 부활 후에도 이를 주장할 수 있으나, 종래의 계약에 대한 고지의무 위반에 대하여는 (부활계약시에 이

---

1) 반대: 정(희), 398면(해지환급금이 지급된 경우에도 이것을 반환하고 계약을 부활시킬 수 있다고 설명하는데, 이는 상법 제650조의 2에 정면으로 반하여 타당하지 않다고 본다).

2) 동지: 양(승), (보) 171면.

3) 이러한 「일정한 기간」은 보험기간 종료 전의 기간을 말하는 것으로 보통 약관에 의하여 정하여지는데, 생명보험의 경우에는 2년(생명보험 표준약관 13조 1항), 자동차보험의 경우에는 30일(보험료분할납입 특별약관)로 규정되어 있다.

4) 정(희), 486면; 손(주), 567면; 양(승), (보) 171면; 최(기), (하) 664면. 동지: 서울지판 1983. 6. 1, 83 가합 488.

를 요구하고 있으므로) 부활 후에 이를 주장할 수 없다고 본다.[1]

(2) 보험계약의 부활로 인하여 보험자의 책임은 부활계약의 승낙시부터 다시 개시된다. 따라서 보험계약의 해지(실효)시부터 부활시까지 발생한 보험사고에 대하여는 보험자는 책임을 지지 않는다.[2] 그러나 보험자가 부활계약을 승낙하기 전에도 연체보험료와 약정이자를 지급받은 후 그 청약을 거절할 사유가 없는 경우에는 발생한 보험사고에 대하여 책임을 진다($\frac{상\ 650조의 2\ 2문,}{638조의 2\ 3항\ 본문}$).

제 6 절 타인을 위한 보험계약[3]

제 1 타인을 위한 보험계약의 개념

1. 의   의

타인을 위한 보험계약(Versicherung für fremde Rechnung; policy for whom it may concern)이란 「보험계약자가 특정 또는 불특정의 타인의 이익을 위하여 자기명의로 체결한 보험계약」을 말한다($\frac{상\ 639조}{본문}$). 즉, 「타인을 위한 보험계약」은 손해보험에 있어서는 '피보험자'가 타인인 경우이고, 인보험에 있어서는 '보험수익자'가 타인인 경우를 말한다. 이에 반하여 보험계약자와 피보험자(손해보험의 경우) 또는 보험수익자(인보험의 경우)가 동일인인 경우에는, 이를 「자기를 위한 보험계약」(Versicherung für eigene Rechnung)이라고 한다. 타인을 위한 보험계약은 피보험자 또는 보험수익자를 특정하지 않고도 체결될 수 있는데, 이러한 보험계약을 특히 「불특정인을 위한 보험계약」(Versicherung für Rechnung wen es angeht; assurance pour compte de qu'il appartiendra)이라고 한다.[4] 우리 상법은 이에 대하여 명문으로 규정하고 있다($\frac{상\ 639조}{1항\ 본문}$).

---

1) 동지: 손(주), 567면; 양(승), (보) 172면; 한(기), (보) 397면.

2) 동지: 대판 1987. 6. 23, 86 다카 2995.

3) 이에 관한 상세는 양승규, "타인을 위한 손해보험계약," 「법률행정논집」(고려대), 제10집(1972), 135면 이하 참조.

4) 동지: 정(희), 404면; 양(승), (보) 181면; Edwin W. Patterson, *Essentials of Insurance Law*, 2nd ed., 1957, p. 123.

2. 효   용

타인을 위한 보험계약은 원래 해상보험에서 고객을 비밀로 하기 위하여 대리인·중개인 등이 상품소유자의 이익을 위하여 자기명의로 보험계약을 체결한 관행에서 유래하였다.[1] 그런데 오늘날 타인을 위한 보험계약은 피보험자가 누구인지 명료하지 않을 때, 타인의 건물을 임차한 임차인이 그 건물주(소유자)를 위하여 보험에 가입하는 경우,[2] 동종의 다수의 타인 소유의 물건을 보관하고 있는 운송주선인·운송인·창고업자 등이 그가 보관중인 물건에 관하여 그 물건의 소유자를 위하여 보험에 가입하는 경우 등에 많이 이용되고 있다. 또한 격지자간의 상품매매에서 매도인이 매수인을 위하여 그 운송중의 상품에 관하여 보험에 가입하는 경우에도 많이 이용되고 있다(CIF약관).[3]

인보험에서도 타인을 위한 보험계약이 많이 이용되고 있다. 기업주가 피용자를 위하여 상해보험계약을 체결하거나, 부모가 자식을 위하여 생명보험계약을 체결하는 경우 등이 이에 해당한다.[4]

보험업법 제2조 3호는 손해보험업에 「매매, 고용, 도급 그 밖의 계약에 의한 채무 또는 법령에 의한 의무의 이행에 관하여 발생할 채권자 그 밖의 권리자의 손해를 보상할 것을 채무자 그 밖의 의무자에게 약속하고, 채무자 그 밖의 의무자로부터 그 보수를 수수하는 것을 포함한다」라고 규정하여, 타인을 위한 보험계약의 일종인 보증보험계약[5]을 명문으로 인정하고 있다.

---

1) 동지: 정(희), 404면; 양(승), (보) 181면; Patterson, *supra* at 123.

2) 대판 1997. 5. 30, 95 다 14800(공보 1997, 1992)(임차인이 임차건물과 그 안의 동산 및 기계 등에 대하여 자신을 소유자로 기재하여 화재보험계약을 체결하였다면, 그 중 건물부분에 관하여는 건물주〈타인〉를 위한 물건보험을 체결한 것으로 볼 것이다)[이 판결에 대하여 보험계약자의 행방 불명 등으로 타인을 위한 의사를 확인할 수 없음에도 불구하고 타인을 위한 보험계약으로 본 점은 타당하지 않다는 취지의 평석으로는 김창준, "보험계약자가 타인 소유의 물건에 대하여 체결한 보험계약의 성질," 「보험법연구 3」(보험법연구회 편)(삼지원, 1999), 224~241면(특히 238면)]; 동 2003. 1. 24, 2002 다 33496(공보 2003, 714)(손해보험에 있어서 보험의 목적물과 위험의 종류만 이 정해져 있고 피보험자와 피보험이익이 명확하지 않은 경우에 그 보험계약이 보험계약자 자신을 위한 것인지 아니면 타인을 위한 것인지는 보험계약서 및 당사자가 보험계약의 내용으로 삼은 약관의 내용, 당사자가 보험계약을 체결하게 된 경위와 그 과정, 보험회사의 실무처리관행 등 제반 사정을 참작하여 결정하여야 한다. 따라서 임차인이 임차건물과 그 안의 시설 등에 대하여 피보험자에 대한 명확한 언급없이 자신을 소유자로 기재하여 보험의 목적물의 화재로 인한 손해 등을 보상하는 보험계약을 체결한 경우, 그 보험계약은 손해보험의 일종인 화재보험으로서의 성격을 가지며, 이러한 화재보험은 특약이 없는 한 책임보험의 성격을 갖는다고 할 수 없다).

3) 동지: 정(희), 404면.

4) 동지: 양(승), 181~182면.

3. 법적 성질

(1) 타인을 위한 보험계약의 법적 성질이 무엇이냐에 대하여 견해가 나뉘어 있다. 즉 (i) 타인을 위한 보험계약에서는 피보험자 또는 보험수익자가 수익의 의사표시를 하지 않더라도 당연히 보험계약상의 권리를 취득하는 점($\frac{상}{2항}\frac{639조}{본문}$)에서, 이는 민법상 제 3 자를 위한 계약으로 볼 수 없고 「상법상의 특수한 보험계약」이라고 보는 견해가 있다.[1] (ii) 그러나 우리나라의 통설[2]·판례[3]는 타인을 위한 보험계약은 민법상 「제 3 자를 위한 계약」($\frac{민}{539조}$)의 일종이라고 하고, 다만 민법상의 제 3 자를 위한 계약에서는 제 3 자가 수익의 의사표시를 함으로써 비로소 그 제 3 자의 권리가 발생하는 데 대하여($\frac{민}{2항}$ 539조) 타인을 위한 보험계약에서는 제 3 자(피보험자 또는 보험수익자)가 수익의 의사표시를 하지 않더라도 당연히 보험상의 권리를 취득하는 점($\frac{상}{2항}\frac{639조}{본문}$)에서 차이가 있다고 한다.

(2) 생각건대 타인을 위한 보험계약이 민법상 제 3 자를 위한 계약에 대하여 가지는 특색은 민법상의 계약이 개성을 중시하는 데 대하여 보험계약은 다수계약으로서 특히 수익자의 의사를 문제삼을 필요가 없다는 점에 기인하는 것뿐이므로, 타인을 위한 보험계약은 본질적으로 민법상 「제 3 자를 위한 계약」이라고 본다.[4] 또한 타인을 위한 보험계약에서도 타인의 의사를 완전히 무시하는 것은 아니다[5] ($\frac{상}{3항}\frac{639조}{단서}$).

---

5) 보증보험계약은 「보험계약자인 채무자가 계약에서 정한 채무를 이행하지 아니함으로써 채권자가 입을 손해를 보상할 것을 목적으로 그 채권자를 피보험자로 하는 보험」이므로, 타인을 위한 보험계약의 성질을 가지는 것이다.

1) 손(주), 508면.

2) 정(희), 405면; 서·정, 399면; 최(기), (하) 667면; 양(승), (보) 182면('다만 제 3 자를 위한 특수한 계약'이라고 하여, 그 표현을 약간 달리 하고 있다); 채, 447면; 이(기) 외, (보·해) 116~117면 외.

3) 대판 1974. 12. 10, 73 다 1591(이행보증보험은 민법상의 제 3 자를 위한 계약의 법적 성질을 갖고 있다).

4) 동지: 정(희), 405면; 양(승), (보) 182면; 한(기), (보) 399~401면(민법상 제 3 자를 위한 계약과의 차이점에 관한 설명이 상세함).

5) 양(승), (보) 183면.

제2 타인을 위한 보험계약체결의 요건

1. 타인을 위한다는 의사표시의 존재

타인을 위한 보험계약을 체결하고자 하면 먼저 「타인을 위한다는 의사표시」가 있어야 한다. 이 때 「타인을 위한다는 것」은 '타인에게 보험상의 이익을 공여하기 위하여'라는 뜻이므로, '타인의 계산으로'(für Rechnung eines Dritten)라는 뜻과 구별된다(이 점에서 보험계약자는 위탁
매매인의 지위와 구별된다).[1] 이 의사표시는 명시적이든 묵시적이든 상관이 없고, 또한 피보험자나 보험수익자를 구체적으로 특정하지 않아도 무방하다(상 639조
1항 본문). 그러나 피보험자 또는 보험수익자를 공란으로 하여 타인을 위한 보험계약인지 아닌지 분명하지 아니한 때에는, 그 보험계약은 보험계약자 자신을 위한 것으로 추정하여야 한다(통설)[2](獨保 43조 3항, 瑞〈스위스〉
保 16조 2항 참조).

2. 타인의 위임여부

(1) 보험계약자는 타인의 위임을 받거나(이 때에 보험계약자와
타인과의 관계는 위임관계) 또는 위임을 받지 아니하고(이 때에 보험계약자와 타인과의
관계는 보통 사무관리관계) 보험계약을 체결할 수 있으므로(상 639조
1항 본문), 타인의 위임은 이 보험계약체결의 요건이 아니다. 그러나 손해보험계약의 경우에 그 타인의 위임이 없는 때에는 보험계약자는 이를 보험자에게 고지하여야 하고, 그 고지가 없는 때에는 타인이 그 보험계약이 체결되었다는 사실을 알지 못하였다는 사유로 보험자에게 대항하지 못한다(상 639조
1항 단서).[3] 이 고지는 보험자가 피보험자에게 그 자를 위한 보험계약이 체결되었음을 알리는 기회를 주어 도박보험의 위험을 방지하고, 또한 그 타인이 피보험자로서 통지의무(상 652조,
657조 등) · 위험유지의무(상
653조) 또는 손해방지의무(상
680조) 등을 이행할 수 있게 하고자 하는 데 그 목적이 있다.[4] 따라서 손해보험

---

1) 동지: 정(희), 405면; 손(주), 508면(그 이유는 보험계약자가 보험료의 지급의무를 부담하고, 타인의 위탁유무 · 타인의 특정여부를 불문하기 때문이라고 한다); 대판 1999. 6. 11, 99 다 489(공보 1999, 1372)(타인을 위한 손해보험계약에서 말하는 타인의 의미는 피보험이익의 주체인 피보험자를 말하는 것이므로, 보험금수취인의 이익을 피보험이익으로 하지 않고 보험계약자의 손실만을 보상하는 단기 수출보험계약은 타인을 위한 보험계약이 아니다); 한(기), (보) 401면.

2) 정(희), 405면; 서 · 정, 400면; 양(승), (보) 183면; 최(기), (하) 667면; 채, 447면; 이(기) 외, (보 · 해) 117면 외.
  반대: 한(기), (보) 402~403면(이는 사회통념에 일치한다고 보기도 어렵고, 또한 추정의 실익도 크지 않다고 한다).

3) 상법 제639조 제1항 단서가 손해보험계약에 대하여만 규정하고 인보험계약에 대하여 규정하지 않은 것은 '입법의 불비'라고 보는 견해로는 한(기), (보) 404면.

4) 동지: 정(희), 406면.

계약자가 보험자에게 이러한 고지를 하지 않은 경우에는 피보험자가 위와 같은 통지의
무 등을 이행하지 못하여 보험자가 보험계약을 해지하여도, 보험계약자는 보험자에게
피보험자가 보험계약체결의 사실을 알지 못하였다는 사유로 대항하지 못하는 것이다.

　(2) 타인을 위한 손해보험계약에서는 보험계약자와 피보험자간에 보통 일정한
법률관계(예컨대, 타인 소유의 물건을 보관하고 있는 창고업자의 경우 타인과 임치계약관계)가 존재하므로 이들 상호간의 이익을 조화하
기 위하여, 상법은 보험계약자가 그 타인에게 보험사고의 발생으로 생긴 손해를 배
상한 때에는 그 타인의 권리를 해하지 않는 범위 안에서 보험계약자는 보험자에게
보험금액의 지급을 청구할 수 있게 하였다($\frac{\text{상}\ 639조}{2항\ 단서}$). 이 경우 보험계약자는 고의(손해
보험 및 인보험) 또는 중과실(손해보험)이 없어야 한다($\frac{\text{상}\ 659조}{732조의\ 2}$).

　또한 타인을 위한 손해보험계약에서 타인은 피보험이익을 가져야 한다.[1] 따라
서 이러한 피보험이익이 없는 담보용으로서 보험금수취인으로 지정된 제 3 자,[2] 책
임보험에서의 피해자[3]는 타인을 위한 손해보험계약에서 타인이 될 수 없다.

제 3 타인을 위한 보험계약의 효과

　타인을 위한 보험계약의 효과로서 보험계약의 직접 당사자인 보험계약자의 권
리 · 의무와 보험계약의 직접 당사자가 아니면서 보험계약상의 이익을 취득하는 타
인(피보험자 또는 보험수익자)의 권리 · 의무에 대하여 살펴보겠다.

1. 보험계약자의 권리 · 의무

(1) 권　　리

　타인을 위한 보험계약의 성질에서 보험계약자는 보험금액 기타의 급여청구권
은 갖지 않으나, 보험계약상의 그 밖의 권리, 예컨대 보험증권교부청구권($\frac{\text{상}}{640조}$) · 보
험료감액청구권($\frac{\text{상}}{647조}$) · 보험료반환청구권($\frac{\text{상}}{648조}$) · 보험사고 발생 전의 보험계약해지권
($\frac{\text{상}\ 649조}{1항\ 본문}$) 등은 일반적인 보험계약자와 동일하게 갖는다. 다만 보험사고 발생 전의
계약해지권은 보험계약자가 보험증권을 소지하고 있지 아니하면 그 타인의 동의를
얻어서만 행사할 수 있다($\frac{\text{상}\ 649조}{1항\ 단서}$).[4] 이는 보험계약자가 임의로 보험계약을 해지하

---

1) 동지: 한(기), (보) 404면; 대판 1999. 6. 11, 99 다 489.
2) 동지: 대판 1999. 6. 11, 99 다 489.
3) 동지: 김(성), (보) 344면; 한(기), (보) 405면.
4) 1991년 개정상법 이전에는 보험계약자는 보험사고 발생 전에는 언제든지 보험계약의 전부 또는

여 이미 발생한 피보험자 또는 보험수익자의 권리를 상실시키는 것을 방지하기 위한 것이다.[1] 타인을 위한 손해보험계약에서는 위에서 본 바와 같이 보험계약자가 그 타인에게 보험사고의 발생으로 생긴 손해를 배상한 때에는 일정한 범위 안에서 보험자에 대한 보험금청구권도 갖는다($\frac{상\ 639조}{2항\ 단서}$).

인보험의 경우에 보험계약자는 보험수익자의 지정·변경권을 갖는다($\frac{상\ 733조}{1항}$).

(2) 의　　무

보험계약자는 보험계약의 직접 당사자로서 보험료지급의무가 있음은 물론이고 ($\frac{상\ 639조}{3항\ 본문}$), 그 밖에 각종의 통지의무($\frac{상\ 652조,}{657조}$)·위험유지의무($\frac{상}{653조}$)·손해보험에 있어서의 손해방지의무($\frac{상}{680조}$) 등을 부담한다.

2. 피보험자·보험수익자의 권리·의무

(1) 권　　리

피보험자 또는 보험수익자는 타인을 위한 보험계약의 성질상 그 수익의 의사표시를 하지 아니한 경우에도 당연히 그 계약상의 이익을 받으므로($\frac{상\ 639조}{2항\ 본문}$), 보험사고가 발생하면 직접 보험자에 대하여 보험금액 기타의 급여를 청구할 수 있다.[2] 그러나 이 경우에도 보험자는 보험계약자와의 관계에 기한 모든 항변사유($\frac{예컨대,\ 보험}{계약자의\ 고지}$ $\frac{의무\ 위반사유가}{있는\ 경우\ 등}$)로써 피보험자 또는 보험수익자에게도 대항할 수 있다($\frac{佛〈프랑스〉保\ L.\ 112-}{1조\ 3항\ 단서\ 참조}$).[3] 그러나 보증보험계약에서 보험자가 보험계약자의 사기를 이유로 보험계약을 취소하는 경우, 피보험자가 그와 같은 기망행위가 있었음을 알았거나 알 수 있었던 경우 등과 같은 특별한 사정이 없는 한 보험자는 보험계약의 취소를 가지고 피보험자에게 대항할 수 없다.[4]

또한 인보험의 경우에 있어서는 보험계약자가 보험수익자의 지정·변경권($\frac{상}{733조}$)을 가지므로, 보험수익자의 권리는 그 한도에서 제한을 받는다.[5]

일부를 해지할 수 있었으나(상 649조 1항)[동지: 대판 1974. 12. 10, 73 다 1591(집 22 ③ 민 118)], 1991년 개정상법은 단서를 신설하여 보험계약자는 그 타인의 동의를 얻거나 또는 보험증권을 소지하고 있어야 타인을 위한 보험계약을 해지할 수 있는 것으로 하였다(상 649조 1항 단서). 그러나 독일 보험계약법 제76조 2항은「보험계약자는 보험증권이 발행된 경우에는 그 증권을 소지하고 있는 때에만, 피보험자의 동의 없이 보험금을 수령하고 피보험자의 권리를 양도할 수 있다」라고 규정하고 있다.

1) 동지: 정(희), 407면.

2) 동지: 대판 1981. 10. 6, 80 다 2699(공보 669, 14432); 동 1992. 11. 27, 92 다 20408(공보 936, 249).

3) 동지: 정(희), 407면; 양(승), (보) 187면.

4) 대판 1999. 7. 13, 98 다 63162(공보 1999, 1612).

(2) 의 무

피보험자 또는 보험수익자는 보험계약의 직접 당사자가 아니므로 원칙적으로 보험료지급의무를 부담하지 않으나, 보험계약자가 파산선고를 받거나 보험료의 지급을 지체한 때에는 예외적으로 그 계약상의 권리를 포기하지 않는 한 보험료지급의무를 부담한다($^{상}_{3항}$$^{639조}_{단서}$). 이는 보험계약의 계속성의 특성에서 보험자와 피보험자 또는 보험수익자의 이익을 위하여 인정한 것이다.[1] 따라서 특정한 타인을 위한 보험의 경우에는 보험계약자가 보험료지급을 지체한 때에는 보험자는 피보험자나 보험수익자($^{즉}_{자}$ $^{제 3}$)에게도 상당한 기간을 정하여 보험료지급을 최고하여야 그 계약을 해제 또는 해지할 수 있다($^{상}_{3항}$^{650조}).

피보험자 또는 보험수익자는 이외에도 상법의 규정에 의하여 각종의 통지의무($^{상}_{657조}$ ^{652조,}) · 위험유지의무($^{상}_{653조}$) 등을 부담한다.

손해보험계약에서의 피보험자는 앞에서 본 바와 같이 타인을 위한 보험계약의 체결시에 보험계약의 체결 사실을 알고 있는 경우에는 고지의무($^{상}_{651조}$)를 부담한다. 그러나 이 의무는 보험계약이 체결된 후에 그 계약의 효과로서 부담하는 의무는 아니고, 보험계약 체결 당시에 부담하는 의무이다.

---

5) 동지: 정(희), 407면; 양(승), (보) 187면.

1) 동지: 양(승), (보) 187면.

제3장 손해보험

제1절 통 칙

제1관 손해보험계약의 의의

손해보험계약(contract of property insurance; Schadensversicherungsvertrag)이란 「당사자의 일방(보험자)이 우연한 일정한 사고(보험사고)에 의하여 생길 수 있는 피보험자의 재산상 손해를 보상할 것을 약정하고, 상대방(보험계약자)이 이에 대하여 보험료를 지급할 것을 약정함으로써 효력이 생기는 보험계약」이다($\frac{\text{상}665조,}{638조}$). 즉, 손해보험계약이란 보험료의 지급에 대하여 우연한 사고에 의하여 생기는 재산상의 손해의 보상을 목적으로 하는 유상계약이라고 볼 수 있다.

1. 손해배상과의 차이

보험자의 손해보상의무는 그 의무의 내용이 손해의 보상에 있다는 의미에서 불법행위자나 채무불이행자가 부담하는 손해배상의무($\frac{\text{민}390조,}{750조}$)와 유사하다. 그러나 양자는 그 성질과 보상(배상)하는 손해의 범위에서 차이가 있다. 즉 (ⅰ) 불법행위자나 채무불이행자의 손해배상의무는 생긴 손해의 배상 그 자체를 본질적 내용으로 하는 의무인 데 대하여, 보험자의 손해보상의무는 보험제도의 본질적 목적인 위험부담의 실현방법으로서 하는 보험계약에 의한 금전지급의무이다.[1] (ⅱ) 불법행위자나 채무불이행자가 부담하는 손해배상액은 그의 행위와 상당인과관계가 있는 모든 손해이나($\frac{\text{민}393조,}{763조}$), 보험자가 부담하는 손해보상액은 보험금액의 한도에서 피보험자

---

1) 동지: 정(희), 409면.

가 보험사고로 입은 재산상의 손해뿐이다.[1]

2. 인보험계약과의 차이

(i) 인보험계약은 피보험자의 손해의 발생을 요소로 하지 않고 또한 원칙적으로 정액보험이나(생명보험의 경우에는 정액보험이나, 상해 보험 등의 경우에는 부정액보험도 많다), 손해보험계약은 반드시 피보험자의 손해의 발생을 요소로 하고 또한 부정액보험이다. (ii) 인보험계약에서는 일반적으로 피보험이익의 관념을 인정하지 않으나(통설)(후술하는 인보험계약의 특성에서 피보험이익 참조), 손해보험계약은 손해의 발생을 그 요소로 하므로 손해발생의 기초가 되는 이익인 피보험이익은 손해보험계약에서만의 요소가 되고 있다. (iii) 인보험계약 중에서 생명보험계약에서의 사람의 생사(生死)는 보험사고 발생 그 자체에는 우연성이 없고 그 시기에만 우연성이 있으나, 손해보험계약에서는 보험사고 발생 그 자체에 우연성이 있다.[2]

제 2 관 손해보험계약의 종류

상법에서 규정하고 있는 손해보험의 종류에는 화재보험($\frac{상\ 683조\sim}{687조}$) · 운송보험($\frac{상\ 688조\sim}{692조}$) · 해상보험($\frac{상\ 693조\sim}{718조}$) · 책임보험($\frac{상\ 719조\sim}{726조}$) · 자동차보험($\frac{상\ 726조의\ 2\sim}{726조의\ 4}$) 및 보증보험($\frac{상\ 726조의\ 5\sim}{726조의\ 7}$)이 있다. 상해보험($\frac{상\ 737조\sim}{739조}$)은 상법에서 인보험의 하나로 규정하고 있으나, 이는 손해보험의 성질도 갖고 있다.

손해보험은 상법에서 규정하고 있는 것 이외에도, 각종의 손해보험의 상품이 실무에서 판매되고 있다(예컨대, 근로자재해보상보험 · 도난보험 · 동물보험 · 건설공사보험 · 항공보험 등). 이러한 손해보험계약에 대하여는 개별적인 보험약관이 있으나, 보험계약법의 통칙규정과 손해보험계약법의 통칙규정이 적용된다.[3]

---

1) 동지: 양(승), (보) 191면; 한(기), (보) 413면.
2) 이에 관한 상세는 손(주), 568~569면.
3) 동지: 양(승), (보) 193면.

제3관 손해보험계약의 요소

제1 총   설

손해보험계약의 요소로서 보험계약의 당사자, 보험의 목적, 보험사고, 보험기간, 보험금과 보험료 등에 관한 약정이 필요한 점은 보험계약 일반의 경우와 같다. 그런데 손해보험계약에만 존재하는 보험계약의 요소가 있는데, 이것이 피보험이익이다(통설).[1] 따라서 이하에서는 손해보험계약의 요소로서 피보험이익만을 설명한후, 이와 관련된 보험가액과 보험금액에 대하여 설명하겠다.

제2 피보험이익[2]

1. 피보험이익의 의의

(1) 손해보험계약이 유효하게 성립하기 위하여는 원칙적으로 보험의 목적에 대하여 보험사고의 발생유무에 의하여 피보험자가 갖는 경제적 손익(또는 손익관계)이 있어야 하는데, 이를 전제로 하여 보험사고가 발생하지 않음으로 인하여 피보험자가 갖는 경제적 이익(또는 경제적 이해관계)을 피보험이익(insurable interest; versicherte Interesse)이라고 한다. 손해보험은 이러한 피보험이익의 개념에 의하여 도박과 구별되는 것이다.[3]

(2) 피보험이익의 개념을 어떻게 이론구성할 것인가에 대하여는 다음과 같이

---

1) 서·정, 404면; 손(주), 571면 외.

　인보험에서도 피보험이익을 인정하여야 한다는 견해로는 정(희), 410면(인보험에 있어서도 그것의 도박화를 방지하기 위한 수단적 개념으로 피보험이익을 인정할 수 있을 것이라고 한다); 양(승), (보) 193~194면(피보험이익의 관념은 손해보험뿐만 아니라 생명보험과 같은 인보험에 있어서도 그것을 인정하는 것이 옳을 것이다); 안귀옥, "생명보험의 피보험이익에 관한 연구," 법학석사학위논문(고려대, 1998. 8) 등.

2) 이에 관한 상세는 양승규, "보험계약법에 있어서의 피보험이익," 「보험학회지」(창간호), 116면이하 참조.

　해상보험에서의 피보험이익에 관한 상세는 한창희, "해상보험에서의 피보험이익," 「보험법연구 5」(보험법연구회 편)(서울: 삼지원, 2003), 106~124면 참조.

3) '이익이 없으면 보험도 없다'(ohne Interesse, keine Versicherung)라는 말이 의미하는 바와 같이 손해보험계약의 필수적인 요소가 되어 있는 피보험이익의 개념은, 사행(射倖)계약으로서의 보험계약을 도박 등과 구별하는 데 중요한 의미를 가지며 또한 보험법상 특별한 의미를 지니고 있는 것이다[동지: 양(승), (보) 193면].

크게 이익설과 관계설이 있다.[1)]

　1) 이 익 설　　이익설은 피보험이익을 「피보험자가 보험의 목적에 대하여 갖는 경제상의 이익」이라고 하거나,[2)] 「손해보험에서 보험사고가 발생함으로써 피보험자가 손해를 입을 염려가 있는 경제적 이익」이라고 한다.[3)]

　2) 관 계 설　　관계설은 피보험이익을 「보험의 목적에 대하여 보험사고가 발생함으로써 피보험자가 손해를 입게 되는 경우에 그 목적에 대하여 피보험자가 갖는 경제적 이해관계」라고 하거나,[4)] 「피보험자가 일정한 목적에 대하여 보험사고가 발생하면 손해를 입게 되는 경우에 피보험자와 그 목적과의 관계」라고 한다.[5)]

　생각건대 어느 설을 취하든 그 결과에 있어서 차이가 있는 것은 아니나, 책임보험에서의 피보험이익과 관련하여 볼 때는 이익설보다는 관계설이 더 적절하다고 본다. 따라서 관계설에 따라 피보험이익이란 「보험의 목적에 대하여 보험사고가 발생함으로써 피보험자가 손해를 입게 되는 경우에 그 보험의 목적에 대하여 피보험자가 갖는 경제적 이해관계」라고 본다.[6)]

　(3) 이러한 피보험이익을 상법에서는 「보험계약의 목적」($\binom{상\ 668조,}{669조}$)으로 규정하고 있다. 「보험계약의 목적」은 「보험의 목적」($\binom{상\ 666조\ 1호,\ 675조,}{678조,\ 679조\ 등}$)과는 구별되는 개념이다. 즉, 「보험의 목적」은 보험사고 발생의 객체가 되는 피보험자의 경제상의 재화($\binom{인보험의\ 경우는\ 피}{보험자의\ 생명\cdot신체}$)를 의미하는 데 반하여, 「보험계약의 목적」은 피보험자가 보험의 목적에 대하여 갖는 경제상의 이해관계를 의미한다. 예컨대, 동일한 운송물에 대하여 송하인과 운송인이 각각 운송보험계약을 체결한 경우에 보험의 목적은 동일한데, 보험계약의 목적은 송하인에게는 소유권자로서의 이익이고 운송인에게는 배상책임의 불발생이라는 소극적 이익이므로 각각 다르다.[7)]

2. 피보험이익의 지위

　피보험이익이 손해보험계약의 요소로서 어떠한 지위를 갖고 있느냐에 대하여

---

1) 피보험이익의 본질에 관한 여러 학설의 소개에 관하여는 안귀옥, 전게 석사학위논문, 11~19면 참조.
2) 최(기), (하) 672면.
3) 손(주), 571면.
4) 정(희), 411면; 양(승), (보) 195면; 이(원), 333면; 안귀옥, 전게 석사학위논문, 17~19면.
5) V. Ehrenberg, *Versicherungsrecht*, Bd. Ⅰ, 1893, S. 286.
6) 동지: 정(희), 411면; 양(승), (보) 195면.
7) 동지: 정(희), 411면; 양(승), (보) 195면.

는 다음과 같이 절대설과 상대설로 나뉘어 있다.

(1) 절 대 설

절대설은 피보험이익을 손해보험계약의 절대적 요소로 본다. 따라서 피보험이익이 없으면 손해보험계약의 성립이나 존속을 인정하지 않는다[1]($\frac{獨商\ 895조,\ 英海保}{4조\ 2항\ 참조}$).

(2) 상 대 설

상대설은 피보험이익을 보험계약의 도박화를 방지하기 위하여 정책적으로 인정되는 것으로 본다. 따라서 피보험이익이 없는 경우에도 손해보험계약의 효력을 인정할 수가 있다고 한다[2]($\frac{상}{단서}$644조).

생각건대 상법 제644조 단서는 보험계약의 선의성에서 오는 극히 예외적인 경우로 보아야 할 것이므로, 피보험이익을 손해보험계약의 절대적 요소로 보는 절대설이 타당하다고 본다.

3. 피보험이익의 요건

손해보험계약이 유효하게 성립하고 존속하기 위하여는 피보험이익이 다음의 요건을 갖추어야 한다.

(1) 적법한 것일 것

피보험이익은 「적법」한 것이어야 한다. 따라서 예컨대, 절도·도박 등에 의하여 얻을 이익 등과 같이 민법 제103조에 위반하거나 금지하는 특정 법률에 위반하는 이익은 피보험이익이 될 수 없다. 그러나 질서법규 위반 등과 관련하여 위법성이 경미한 경우(교통범칙금, 벌금, 형사합의금, 변호사 비용 등) 등에 손실보상을 목적으로 하는 보험계약은 무효가 아니라고 본다.[3]

피보험이익의 적법성 여부는 당사자의 선의·악의, 능력 유무 등에 관계 없이 객관적으로 판단된다.[4]

(2) 금전으로 산정할 수 있는 것일 것($\frac{상}{668조}$)

피보험이익은 「금전으로 산정할 수 있는 이익」이어야 한다($\frac{상}{668조}$). 즉, 피보험이익은 피보험자가 갖는 경제적 이해관계이어야 하는데, 이의 내용은 다음과 같다. (ⅰ) 이러한 경제적 이해관계는 객관적으로 평가될 수 있어야 한다. 따라서 도덕적

---

1) 양(승), (보) 196면; 최(기), (하) 672면; 한(기), (보) 418면 외.

2) 김(성), (보) 383면; 大森, 73면(피보험이익의 존재는 보험계약이 공서양속에 반하지 않는 징표가 되거나 또는 보험자와 보험계약자의 개별적인 관계에 불과하다고 한다).

3) 동지: 한(기), (보) 427~428면.

4) 동지: 양(승), (보) 197면.

인 가치·종교적인 가치 또는 개인적인 특수가치 등과 같이 객관적으로 평가될 수 없는 것은 피보험이익이 될 수 없다.[1] (ii) 이러한 경제적 이해관계는 소유권·채권(債權) 등과 같은 법률상의 이해관계뿐만 아니라, 화재에 의한 영업불능으로 인하여 입은 손실 등과 같은 사실상의 이해관계도 피보험이익이 될 수 있다.[2] (iii) 이러한 경제적 이해관계는 건물의 소유자가 그 건물에 대하여 갖는 이해관계 등과 같이 적극적인 이해관계뿐만 아니라($\binom{예컨대,}{물건보험}$), 타인의 물건을 보관하는 자가 그 물건이 훼손되지 않음으로 인하여 갖는 이해관계 등과 같은 소극적 이해관계($\binom{예컨대,}{책임보험}$)도 피보험이익이 될 수 있다.[3] (iv) 이러한 경제적 이해관계는 피보험자가 현실로 입은 손실이든(적극적 이익상실), 기대이익의 상실로 인하여 입은 손실(소극적 이익상실)이든 불문한다. 다만 피보험자가 얻을 이익이나 보수를 피보험이익으로 하기 위하여는 당사자간에 이에 관한 특약이 있어야 한다[4]($\binom{상\ 667조}{참조}$).

(3) 확정하거나 또는 확정할 수 있는 것일 것

피보험이익은 「보험계약 성립 당시에 그 존재 및 소속이 객관적으로 확정되어 있거나, 또는 적어도 보험사고 발생시까지는 객관적으로 확정될 수 있는 것」이어야 한다.[5] 왜냐하면 보험사고 발생시까지 피보험이익이 확정되지 않으면, 손실도 확정되지 않고 또한 보험자가 보상할 보험금도 확정될 수 없기 때문이다.

피보험이익이 객관적으로 확정될 수 있는 이익도 포함된다는 점에서, 장래 창고에 입고할 물건에 대하여도 보험계약을 체결할 수 있고(총괄보험)($\binom{상}{687조}$), 또한 장래의 희망이익($\binom{예컨대, 해상보험에서 적하의 도착}{으로 인하여 얻을 이익 또는 보수}$)에 대하여도 보험계약($\binom{상}{698조}$)을 체결할 수 있다. 또한 수 개의 피보험이익 중에서 그 어느 하나에 대하여 선택적으로 또는 그 피보험이익의 귀속주체가 미확정인 채로 보험계약을 체결할 수도 있다.[6] 이러한 경우에는 위에서 본 바와 같이 적어도 사고발생시까지는 피보험이익이 확정되어야 한다.

4. 피보험이익의 개념의 효용

손해보험에서의 피보험이익의 개념은 다음과 같은 중요한 효용을 갖는다.

---

1) 동지: 한(기), (보) 426면.
2) 동지: 정(희), 412면; 양(승), (보) 198면.
3) 동지: 정(희), 412면; 양(승), (보) 197면(상법 제668조의 문언만으로 보면 피보험이익은 물건보험에만 국한되는 것으로 보이나, 책임보험을 포함한다고 한다).
4) 동지: 양(승), (보) 198면.
5) 동지: 대판 1989. 8. 8, 87 다카 929(공보 1989, 1338).
6) 동지: 정(희), 412면; 양(승), (보) 198면.

(1) 보험자의 책임범위의 확정

손해보험은 피보험이익의 손실을 보상하는 것이므로($^{\text{상}}_{665조}$), 보험자의 책임범위는 이 피보험이익의 가액(보험가액)을 한도로 하여 정하여진다. 따라서 피보험이익은 보험자의 책임범위를 정하는 표준이 되는 것이다.

(2) 중복보험 및 초과보험의 방지

보험은 피보험이익의 손실을 보상하는 것일 뿐 이득을 주는 제도가 아니다. 따라서 이 피보험이익의 가액(보험가액)을 초과하는 중복보험($^{\text{상}}_{672조}$)·초과보험($^{\text{상}}_{669조}$)의 폐단을 방지할 필요가 있는데, 이러한 중복보험 및 초과보험은 피보험이익의 가액(보험가액)을 표준으로 하여 정하여진다.

(3) 도박보험의 방지

(손해)보험은 피보험이익을 전제로 하고 또 그 이익의 상실에 대하여 상실된 이익만큼만 이를 보상하여 주기 때문에, 이러한 피보험이익이 없는 것은 도박의 대상은 될 수 있겠으나 보험계약의 대상은 될 수 없다. 따라서 이러한 피보험이익의 존재 유무에 의하여 보험이 도박과 구별되고 또한 보험의 도박화를 방지한다.

(4) 보험계약의 동일성을 구별하는 표준

보험은 보험의 목적(재화)에 따라 구별되는 것이 아니라 보험계약의 목적(피보험이익)에 따라 구별되는 것이므로, 피보험이익은 보험계약의 동일성을 구별하는 표준이 된다. 예컨대, 동일한 보험의 목적(건물)에 대하여 소유권자와 저당권자는 각각 다른 피보험이익을 가지므로, 각자는 독립한 보험계약을 체결할 수 있다.[1]

제3 보험가액과 보험금액

1. 보험가액과 보험금액의 의의

(1) 보험가액

1) 의   의   보험가액(insurable value; Versicherungswert)이란 「피보험이익의 평가액」이다.[2] 이러한 보험가액은 언제나 일정한 것이 아니고 경기의 변동에

---

1) 양(승), (보) 200면; 이(기) 외, (보·해) 131면.
2) 동지: 손(주), 573면; 최(기), (하) 674면 외.
　　이에 반하여 양(승), (보) 200면 및 정(희), 414면은 「손해보험 가운데도 책임보험과 같은 재산보험에 있어서는 보험가액의 관념이 없으므로, 보험가액이란 물건보험에 있어서 피보험이익의 평가액이다」고 한다.

따라 수시로 변동하는 피보험이익의 가액에 따라 변동하고,[1] 또한 피보험자는 보험금의 취득에 의하여 손실의 보상을 받는 것일 뿐 이득을 취하여서는 안 되므로 보험가액은 보험자가 보상할 보험금액의 법률상 최고한도이며 지급할 보험금액을 정하는 전제가 된다.[2]

2) 평   가   피보험이익은 보험의 목적에 대하여 피보험자가 갖는 경제적 이해관계라는 의미에서는 주관적인 것이지만, 앞에서 본 바와 같은 피보험이익의 효용에서 볼 때 피보험이익의 평가는 객관적·합리적 표준에 의하여야 한다. 피보험이익의 평가액은 보험기간중 항상 변동하는 가액이므로 그 평가와 관련하여 당사자간에 분쟁이 많다. 따라서 이의 평가에 대하여 우리 상법은 규정을 두고 있는데, 보험가액에 대하여 당사자간에 협정된 경우(기평가보험)와 협정되지 않은 경우(미평가보험)로 나누어 규정하고 있다.

(카) 보험가액이 협정된 경우(기평가보험)

① 기평가보험(valued policy; taxierte schein)이란 「보험계약의 체결시 당사자간에 피보험이익의 평가에 관하여 미리 합의한 보험」을 말한다.[3] 보험가액의 정확한 평가는 쉬운 일이 아니고 또 위에서 본 바와 같이 보험기간중 항상 변동하여 당사자간에 분쟁이 생길 염려가 많으므로 이와 같이 보험자와 보험계약자간에 보험가액을 미리 협정하는 경우가 많다.[4] 이것은 민법상 손해배상액의 예정($\binom{민}{398조}$)과 그 취지를 같이 하는데, 다만 협정보험가액은 반드시 당사자간의 명시적인 합의에 의하여야 하고 또한 보험증권에 이를 기재하여야 한다[5]($\binom{상 685조, 690조,}{695조 등}$).

---

1) 양(승), (보) 200면.

2) 동지: 정(희), 414면; 양(승), (보) 201면.

3) 동지: 양(승), (보) 201면.

4) 동지: 정(희), 414면; 대판 1988. 2. 9, 86 다카 2933·2934·2935(공보 1988, 493)(추가보험계약으로 이러한 평가액을 증감할 수도 있다고 한다).

5) 동지: 대판 2002. 3. 26, 2001 다 6312(공보 2002, 961)(원래 손해보험에 있어서 보험자가 보상할 손해액은 그 손해가 발생한 때와 곳의 가액에 의하여 산정하는 것이 원칙이지만〈상법 제676조 1항 본문〉, 사고발생 후 보험가액을 산정함에 있어서는 목적물의 멸실·훼손으로 인하여 곤란한 점이 있고 이로 인하여 분쟁이 일어날 소지가 많기 때문에 이러한 분쟁을 사전에 방지하고 보험가액의 입증을 용이하게 하기 위하여 보험계약 체결시에 당사자 사이에 보험가액을 미리 협정하여 두는 기평가보험제도가 인정되는바, 기평가보험으로 인정되기 위한 당사자 사이의 보험가액에 대한 합의는, 명시적인 것이어야 하기는 하지만 반드시 협정보험가액 혹은 약정보험가액이라는 용어 등을 사용하여야만 하는 것은 아니고 당사자 사이에 보험계약을 체결하게 된 제반 사정과 보험증권의 기재 내용 등을 통하여 당사자의 의사가 보험가액을 미리 합의하고 있는 것이라고 인정할 수 있으면 충분하다. 따라서 자기차량손해보험계약에서 차량가액을 정하고 이에 따라 자기차량손해금의 보험금액을 정한 경우, 당사자 사이에 보험의 목적물인 차량에 관하여 그 보험가액을 미리 약정

② 당사자간에 보험가액이 협정된 경우 이 협정보험가액은 일단 '사고발생시의 가액'을 정한 것으로 추정한다($\frac{상}{본문}^{670조}$). 그러나 협정보험가액이 사고발생시의 가액을 현저하게 초과할 때에는 사고발생시의 가액을 보험가액으로 한다($\frac{상}{단서}^{670조}$). 이 때 협정보험가액이 사고발생시의 가액을 현저하게 초과하는지의 여부는 거래의 통념이나 사회의 통념에 따라 판단하여야 하고, 이 점에 대한 증명책임은 보험자가 진다.[1] 이것은 피보험자가 보험으로 인하여 발생한 손해를 초과하여 이득을 얻는 것을 금지하고자 하는 것이다. 그러나 기평가보험을 인정한 제도적인 이유에서 볼 때에 보험가액의 협정은 당사자 사이에는 확정적인 효력을 인정하고, 다만 사기 등의 목적으로 이용된 경우에 그 계약 자체를 무효로 하는 것이 타당할 것으로 본다[2]($\frac{英海保}{27조 참조}$).

(내) 보험가액이 협정되지 않은 경우(미평가보험)

① 미평가보험(open policy; offene Schein)이란 「보험계약의 체결시 당사자간에 피보험이익의 평가에 관하여 아무런 합의를 하지 않은 보험」을 말한다.[3] 이와 같이 보험가액을 당사자간의 협정에 의하여 정하지 않은 경우에는 피보험자와 재화와의 관계를 고려하여 객관적 표준에 따라 피보험이익을 평가하여야 할 것이다. 따라서 피보험이익이 보험의 목적인 재화의 소유권이면 그 재화의 교환가액을 표준으로 하여 보험가액을 정하여야 할 것이고, 피보험이익이 재화의 담보권이면 그 재화의 담보가액을 표준으로 하여 보험가액을 정하여야 할 것이다.[4] 그런데 이 때 보험의 목적인 재화에 대하여는 언제·어디에서·어떻게 평가할 것인가가 문제된다. 이

하고 있는 것이므로 그 자기차량손해보험계약은 기평가보험이다); 동 2003. 4. 25, 2002 다 64520 (공보 2003, 1256)(기평가보험으로 인정되기 위한 당사자 사이의 보험가액에 대한 합의는, 명시적인 것이어야 하기는 하지만 반드시 보험증권에 협정보험가액 혹은 약정보험가액이라는 용어 등을 사용하여야만 하는 것은 아니고 당사자 사이에 보험계약을 체결하게 된 제반 사정과 보험증권의 기재 내용 등을 통하여 당사자의 의사가 보험가액을 미리 합의하고 있는 것이라고 인정할 수 있으면 충분하다. 이러한 점에서 볼 때 공장화재보험계약에 관한 보험증권이나 보험청약서에 보험가입금액의 기재만 있고 보험가액의 기재나 보험가액에 해당하는 다른 유사한 기재가 없을 뿐만 아니라 협정보험가액 특별약관도 첨부되어 있지 않은 경우, 이를 보험가액을 협정한 기평가보험으로 보기는 어렵다).

1) 동지: 대판 2002. 3. 26, 2001 다 6312(공보 2002, 961)(상법 제670조 단서에서는 당사자 사이에 보험가액을 정한 기평가보험에 있어서 협정보험가액이 사고발생시의 가액을 현저하게 초과할 때에는 사고발생시의 가액을 보험가액으로 하도록 규정하고 있는바, 양자 사이에 현저한 차이가 있는지의 여부는 거래의 통념이나 사회의 통념에 따라 판단하여야 하고, 보험자는 협정보험가액이 사고발생시의 가액을 현저하게 초과한다는 점에 대한 입증책임을 부담한다).

2) 동지: 양(승), (보) 202면; 한(기), (보) 443면(입법론상).

3) 동지: 양(승), (보) 203면.

4) 동지: 정(희), 415면.

에 대하여 상법은 「사고발생시의 가액을 보험가액으로 한다」고 규정하여($\text{상}_{671조}$), 평가시점에 대하여만 규정하고 있다. 따라서 평가장소와 평가방법이 문제될 수 있겠으나, 평가장소는 사고발생지를 기준으로 하여야 할 것이고, 평가방법은 사회통념에 따른 객관적인 가액을 기준으로 하여야 할 것으로 본다.[1]

② 보험가액이 협정되지 않은 경우에 「사고발생시의 가액」을 보험가액으로 하는 원칙($\text{상}_{671조}$)에 대하여, 보험기간이 짧아 보험가액의 변동이 적은 보험이나 사고발생의 때와 장소를 확정하기가 어려운 보험에서 상법은 예외적으로 평가가 쉬운 일정한 때를 기준으로 하여 정한 보험가액을 전 보험기간의 보험가액으로 정하고 있다($\text{상 689조,}_{696조~698조 등}$). 이것을 「보험가액 불변경(불변동)주의」(법정보험가액)라고 한다.

③ 보험계약시에 당사자간의 특약에 의하여 보험사고의 발생에 따른 손해를 신품(新品)가액에 의하여 보상하도록 하는 「신가(新價)보험」($\text{상 676조}_{1항 단서}$)의 경우도, 보험사고 발생시의 가액에 의하여 보험가액을 정하는 원칙($\text{상}_{671조}$)에 대한 예외가 된다고 볼 수 있다.[2]

(2) 보험금액

1) 보험금액이란 「보험계약에 의하여 약정된 보험자의 급여의무의 최대한도액」이다.[3] 이러한 의미의 보험금액은 손해보험과 인보험에 있어서 공통적인 개념이다. 손해보험에 있어서 보험금액은 보험가액을 계약체결 당시에 정할 수 없다든가 또는 보험가액을 결정하는 데 시일을 요하여 계약체결이 지연되거나 당사자에게 쓸데 없는 비용을 부담시키게 되는 경우, 보험자의 보상책임의 최대한을 정하지 않으면 보험료를 산출할 수 없기 때문에 당사자간에 협정된다. 이 때 보험자의 급여는 보험가액을 최대한으로 하고($\substack{\text{법률상의}\\\text{최고한도}}$), 그 범위 안에서 다시 보험금액을 한도로 하여($\substack{\text{계약상의}\\\text{최고한도}}$) 구체적인 손해액을 산출하여 결정된다. 따라서 보험금액은 보험가액의 한도 안에서 그 이하로 정하는 것은(일부보험) 자유이지만, 그 이상으로(초과보험) 정한 경우에는 특별한 제한을 받는다($\text{상}_{669조}$).

2) 이와 같이 보험가액과 보험금액은 그 개념이 다르지만, 상법은 해상보험의

---

1) 동지: 양(승), (보) 203면; 손(주), 574면; 대판 1991. 10. 25, 91 다 17429(공보 1991, 2820).
2) 동지: 손(주), 576면.
3) 손해보험계약에서 정한 이러한 보험금액은 보험사고로 인하여 발생한 손해 가운데 다른 사유로 전보되지 아니한 금액 범위 내에서 보험자가 피보험자에게 지급하여야 할 금액의 한도를 정한 것으로서, 피보험자에게 보험사고로 인한 손해 가운데 다른 사유를 통하여 전보되고 최종적으로 남은 손해가 있는 경우 그 범위 내에서 보험금액을 한도로 보상한다는 뜻이지, 피보험자가 보험사고로 입은 손해 가운데 보험금액을 넘는 손해가 일단 전보되기만 하면 그 보상책임을 면한다는 취지는 아니다[대판 2002. 5. 17, 2000 다 30127(공보 2002, 1401)].

희망이익보험($^{적하의 도착에 인하여}_{얻을 이익 또는 보수}$)에 대하여는 계약으로 보험가액이 정하여지지 않은 경우(미평가보험의 경우)에는 보험금액을 보험가액으로 한 것으로 추정하고 있다($^{상}_{698조}$).

2. 보험가액과 보험금액과의 관계

앞에서 본 바와 같이 보험자의 보상책임은 법률상의 최고한도(보험가액)와 계약상의 최고한도(보험금액)가 있다. 보험가액과 보험금액은 보통 일치하는 것이 요구되지만(전부보험), 보험가액은 그 결정이 쉽지 않고 항상 변동하는 것이므로 계약체결시에 당사자가 임의로 정하는 보험금액과 일치하지 않는 경우가 있다.[1] 따라서 초과보험·중복보험·일부보험의 문제가 발생하는데, 이에 대하여는 이하에서 차례로 설명한다.

(1) 초과보험

1) 의   의

(개) 초과보험(over insurance; Überversicherung)이란 「보험금액[2]이 보험가액을 현저하게 초과한 보험」을 말한다($^{상}_{669조}$ $^{1항}_{본문 전단}$). 초과보험인지 여부는 원칙적으로 보험계약의 체결시의 보험가액을 기준으로 하나($^{상}_{2항}$^{669조}), 예외적으로 보험기간중에 보험가액이 현저하게 감소된 때에는 그 때의 보험가액을 기준으로 한다($^{상}_{3항}$^{669조}). 손해보험계약을 체결할 때에는 보통 당사자간에 보험금액을 약정하는데, 보험자가 지급할 보상금액은 이 보험금액이 아니고 보험사고의 발생에 의하여 생기는 손해액의 범위 내에서 정하여진다. 따라서 당사자간에 보험금액이 아무리 고액으로 정하여지더라도 보험자가 지급할 보상금액은 발생한 손해액 이상으로 가중되지는 않으나, 만일 이것을 인정하면 보험금액만큼 보상을 받는 것으로 오인하여 보험이 도박화할 우려가 있고 또 고의로 사고를 발생시킬 위험성도 있다.[3] 따라서 우리 상법은 이에 대하여 제한하고 있다($^{상}_{669조}$).

(내) 초과보험은 보험계약 체결 당시부터 존재하는 경우와($^{상}_{1항}$^{669조}), 보험기간 중 물가의 하락으로 인하여 보험가액이 현저하게 감소된 때에 발생하는 경우가 있다($^{상}_{3항}$^{669조}). 또한 초과보험은 당사자의 의사와 무관하게 발생하는 단순한 초과보험과, 사기적 초과보험($^{상}_{4항}$^{669조})이 있다.

---

1) 동지: 정(희), 416면.

2) (단일한 보험자와 체결한 경우이든, 수 인의 보험자와 체결한 경우이든) 동일한 보험계약의 여러 개를 합한 보험금액을 포함한다[동지: 한(기), (보) 447~448면].

3) 동지: 정(희), 416~417면.

2) 효   력   초과보험의 효력에 관한 입법주의에는 그 초과부분을 당연히 무효로 하는 객관주의($\frac{보험법 제정 전}{日商 631조}$)와, 보험계약자의 선의·악의(사기)에 따라 그 효력을 달리하는 주관주의($\frac{獨保 74조, 佛〈프랑스〉保 L. 121-3조,}{瑞〈스위스〉保 51조, 日保 9조}$)로 나뉜다. 우리 상법은 주관주의의 입법을 취하고 있다. 그러므로 보험계약자의 선의·악의(사기)에 따라 초과보험의 효력을 달리 규정하고 있는데, 이는 다음과 같다.

(가) **보험계약자가 선의인 경우**(단순한 초과보험)   보험자 또는 보험계약자는 보험료와 보험금액의 감액을 청구할 수 있다($\frac{상 669조}{1항 본문}$). 당사자의 이러한 감액청구권은 형성권이다.[1] 보험료의 감액청구권은 보험료불가분의 원칙에 의하여 장래에 대하여만 그 효력이 있다($\frac{상 669조}{1항 단서}$). 이 때 당사자가 보험료와 보험금액의 감액을 청구하는 것은 임의에 속하므로, 당사자가 감액을 청구하지 않으면 결과적으로 초과보험을 인정하는 것이 되나 이 경우에 보험자는 발생한 손해액에 대해서만 보상할 책임을 지므로($\frac{상 676조}{1항 본문}$) 보험자에게는 유리하나 보험계약자에게는 불리하게 된다.[2]

(나) **보험계약자가 악의인 경우**(사기에 의한 초과보험)   보험계약자의 사기[3]로 인하여 초과보험계약이 체결된 경우에는 그 보험계약은 전체가 무효가 된다($\frac{상 669조}{4항 본문}$). 이 때 이에 관한 증명책임은 보험자가 부담한다.[4] 따라서 보험자는 보험사고가 발생하더라도 보험금을 지급할 책임을 부담하지 않는다. 그러나 보험계약자는 보험자가 그 사실을 안 때까지의 보험료를 지급할 의무를 부담한다($\frac{상 669조}{4항 단서}$). 이것은 보험계약의 선의성에서 악의의 보험계약자를 제재하려는 데 그 목적이 있는 것으로서, 사기에 의한 의사표시에 관한 민법의 일반원칙($\frac{민}{110조}$)에 대한 예외가 된다.[5]

(2) 중복보험

1) 의   의

(가) 중복보험에는 광의의 중복보험과 협의의 중복보험이 있다. 광의의 중복보험(double insurance; Doppelversicherung)이란 「동일한 보험의 목적에 관하여 피보험이익 및 보험사고가 동일하고, 피보험자와 보험기간을 공통으로 하는 보험계약을

---

1) 동지: 양(승), (보) 207면.

2) 동지: 손(주), 582면.

3) 이 때 사기(詐欺)의 개념에 대하여는 獨保 74조 2항 참조(불법적인 재산상의 이익을 얻을 목적인 경우).

　동지: 이(기) 외, (보·해) 136면; 채, 537면.

4) 동지: 대판 1988. 2. 9, 86 다카 2933·2934·2935(공보 1988, 493)(본조 소정의 초과보험계약이라는 사유를 들어 보험가액의 제한 또는 보험계약의 무효를 주장하는 경우, 그 입증책임은 무효를 주장하는 보험자가 부담한다).

5) 양(승), (보) 207면.

체결함으로써 수 인의 보험자와의 수 개의 손해보험계약이 병존하는 경우」를 말하고,[1] 협의의 중복보험이란 「광의의 중복보험 중에서 각 계약의 보험금액의 합계가 보험가액을 초과하는 중복보험」을 말한다.[2]

광의의 중복보험 중에서 각 계약의 보험금액의 합계가 보험가액을 초과하지 않을 때에는, 수 개의 유효한 일부보험이 병존할 뿐이므로 거의 문제가 없다. 이러한 중복보험은, 예컨대 고가물에 대하여 1인의 보험자와의 보험계약만으로는 보험자의 자력 등에 비추어 불안한 경우 등에 하는 경우가 많다.[3] 그러나 각 계약의 보험금액의 합계가 보험가액을 초과하는 경우인 협의의 중복보험의 경우는, 이를 전부 유효로 하면 결과적으로 초과보험을 제한하는 취지에 어긋나므로 상법은 이에 대하여 제한하고 있다($\frac{\text{상}}{672조}$). 중복보험은 수 인의 보험자와 보험계약을 체결하는 것이므로 동일한 보험자와 위와 같이 보험계약을 수 개 체결한 경우는 단순한 초과보험이고, 또 수 인의 보험자와 개별적으로 보험계약을 체결하는 경우라도 피보험이익·보험사고 또는 보험기간이 다르면 중복보험이 되지 않는다.[4]

(나) 이러한 중복보험에는 보험계약의 체결시에 따라 동시(同時)중복보험과 이

---

1) 이미 앞에서 본 바와 같이 하나의 보험목적에 수 인의 보험자가 있는 경우에 수 인의 보험자가 연결되어 있는 경우(하나의 보험계약을 수 인의 보험자가 공동보험자로서 체결한 경우)에는 공동보험이 되고, 연결되어 있지 않은 경우에는 병존보험과 중복보험이 되는데 피보험이익이나 보험사고 등이 다른 경우에는 병존보험이 되고 이러한 것이 같은 경우에 중복보험이 된다.

2) 동지: 대판 2005. 4. 29, 2004 다 57687(공보 2005, 815)(중복보험이라 함은 동일한 보험계약의 목적과 동일한 사고에 관하여 수 개의 보험계약이 동시에 또는 순차로 체결되고 그 보험금액의 총액이 보험가액을 초과하는 경우를 말하므로 보험계약의 목적 즉 피보험이익이 다르면 중복보험으로 되지 않으며, 한편 수 개의 보험계약의 보험계약자가 동일할 필요는 없으나 피보험자가 동일인일 것이 요구되고, 각 보험계약의 보험기간은 전부 공통될 필요는 없고 중복되는 기간에 한하여 중복보험으로 보면 된다. 따라서 두 개의 책임보험계약이 보험의 목적, 즉 피보험이익과 보험사고의 내용 및 범위가 전부 공통되지는 않으나 상당 부분 중복되고, 발생한 사고가 그 중복되는 피보험이익에 관련된 보험사고에 해당된다면, 이와 같은 두 개의 책임보험계약에 가입한 것은 피보험자·피보험이익과 보험사고 및 보험기간이 중복되는 범위 내에서 상법 제725조의 2에 정한 중복보험에 해당한다).

3) 동지: 정(희), 418면.

4) 동지: 정(희), 418면; 대판 1989. 11. 14, 88 다카 29177(공보 1990, 29)(보험의 목적과 보험사고가 동일하지 않은 경우, 이는 중복보험이 아니다); 동 1997. 9. 5, 95 다 47398(공보 1997, 3002)(임가공업자가 소유자로부터 공급받은 원·부자재 및 이를 가공한 완제품에 대하여 동산종합보험계약을 체결하고 소유자가 동일한 목적물에 대하여 동산 종합보험계약을 체결한 경우, 양 계약은 피보험이익이 다르므로 중복보험이 되지 않는다)[이 때 임가공업자가 자기를 위하여 보험계약을 체결하였으면 피보험이익이 다르므로 중복보험이 되지 않으나 소유자를 위하여 보험계약을 체결하였으면 중복보험이 된다. 이러한 점에서 이 판결이 임가공업자의 책임보험으로 본 것에 대하여 반대하는 취지의 평석으로는 김창준, "보험계약자가 타인 소유의 물건에 대하여 체결한 보험계약의 성질," 「보험법연구 3」(보험법연구회 편)(삼지원, 1999), 224~241면(특히 238면)].

시(異時)중복보험이 있다.

2) 효 력 중복보험의 효력에 관한 입법주의에는 우선책임주의(선계약우선주의)$\left(\substack{\text{동시중복보험의 경우에는 각 보험자의 책임은 각 보험금액의 총 보험금액에 대한 비율에 의하고, 이시중복보험의 경우}\\\text{에는 먼저 체결한 보험자의 책임이 우선하고 후에 체결한 보험자는 부족부분에 대하여만 책임을 부담하는 입법주의}\\\text{— 보험법 제정 전)}}\right)$·비례보상주의$\left(\substack{\text{각 보험자는 동시·이시중복보험을 불문하고 각 보험금액의 비율에 따라}\\\text{책임을 부담하는 입법주의 — 瑞〈스위스〉保 71조, 佛保〈프랑스〉 L. 121-4조}}\right)$ 및 연대책임주의$\left(\substack{\text{각 보험자는 보험금액의 한도에서 연대책임을}\\\text{부담하는 입법주의 — 獨保 78조, 日保 20조}}\right)$가 있는데, 우리 상법은 보험계약자가 선의인 경우에는 연대책임주의와 비례보상주의를 병용하고 있다[1]$\left(\substack{\text{상} 672\text{조}\\1\text{항}}\right)$. 이러한 상법의 규정은 강행규정이 아니라고 본다.[2] 그러나 보험계약자가 악의(사기)인 경우에는 그 보험계약 전체를 무효로 하고 있다$\left(\substack{\text{상} 672\text{조}\\3\text{항}}\right)$. 이를 좀더 상세히 살펴보면 다음과 같다.

㈎ 보험계약자가 선의인 경우(단순한 중복보험)

① 중복보험계약이 동시에 체결된 경우이든 이시(異時)에 체결된 경우이든 묻지 않고 각 보험자는 각자의 보험금액의 한도에서 연대책임이 있고, 이 경우에는 각 보험자는 각자의 보험금액의 비율에 따라 보상할 책임이 있다$\left(\substack{\text{상} 672\text{조}\\1\text{항}}\right)$. 이러한 법률관계를 구체적으로 설명하면 다음과 같다.

（ⅰ) 보험가액 1억원의 건물에 대하여 보험자 갑과의 보험계약에서 7,000만원, 보험자 을과의 보험계약에서 5,000만원을 각각 보험금액으로 한 중복보험계약을 체결하였다고 하면, 보험의 목적이 전부 멸실된 경우 각 보험자의 책임은 다음과 같다. 비례보상주의에 의하여 갑은 5,833만원$\left(1\text{억원}\times\frac{7,000\text{만원}}{7,000\text{만원}+5,000\text{만원}}\right)$, 을은 4,167만원$\left(1\text{억원}\times\frac{5,000\text{만원}}{7,000\text{만원}+5,000\text{만원}}\right)$의 보상책임을 각각 부담한다. 그런데 이 때 갑 또는 을이 이러한 자기의 보상책임을 이행하지 않는 경우에는, 연대책임주의(부진정연대책임)[3]에 의하여 갑은 7,000만원·을은 5,000만원을 한도로 하여 보상책임

---

1) 동지: 손(주), 586면; 양(승), (보) 210면(따라서 우리 상법의 입법주의를 '연대비례보상책임주의'라고 한다); 이(기) 외, (보·해) 139면.

2) 동지: 2002. 5. 17, 2000 다 30127(공보 2002, 1401)(수 개의 손해보험계약이 동시 또는 순차로 체결된 경우에 그 보험금액의 총액이 보험가액을 초과한 때에는 상법 제672조 1항의 규정에 따라 보험자는 각자의 보험의 비율에 따르는 것이 원칙이라 할 것이나, 이러한 상법의 규정은 강행규정이라고 해석되지 아니하므로, 각 보험계약의 당사자는 각개의 보험계약이나 약관을 통하여 중복보험에 있어서의 피보험자에 대한 보험자의 보상책임 방식이나 보험자들 사이의 책임분담방식에 대하여 상법의 규정과 다른 내용으로 규정할 수 있다.

3) 동지: 한(기), (보) 456면; 대판 2016. 12. 29, 2016 다 217178; 동 2024. 2. 15, 2023 다 272883(공보 2024, 521)(피보험자가 무보험자동차에 의한 교통사고로 인하여 상해를 입었을 때 그 손해에 대하여 배상할 의무자가 있는 경우 보험자가 약관에 정한 바에 따라 피보험자에게 그 손해를 보상하는 것을 내용으로 하는 무보험자동차에 의한 상해 담보특약〈이하 '무보험자동차특약보험'이라고 한다〉은 상해보험의 성질과 함께 손해보험의 성질도 갖고 있는 손해보험형 상해보험이다. 그러므로 하나의 사고에 관하여 여러 개의 무보험자동차특약보험계약이 체결되고 그 보험금

을 부담한다.

(ⅱ) 만일 보험의 목적이 절반만 멸실되어 실제의 손해액이 5,000만원인 경우에는, 비례보상주의에 의하여 갑은 2,916만원·을은 2,084만원의 보상책임을 부담하나, 각 보험자가 자기의 보상책임을 이행하지 않는 경우에는 연대책임주의에 의하여 갑은 3,500만원·을은 2,500만원을 한도로 하여 보상책임을 부담한다.[1]

(ⅲ) 피보험자 A가 을 보험회사와 책임보험계약을 체결하고(제1 책임보험계약), A(승낙피보험자)와 B(차주인 기명피보험자)는 갑 보험회사와 책임보험계약을 체결하였는데(제2 책임보험계약) A와 B의 공동불법행위로 피해자 C가 사망하는 보험사고가 발생한 경우, 갑 보험회사가 C에 대한 보험금의 지급으로 A·B가 공동면책이 되어 갑 회사가 을 보험회사를 상대로 그의 중복보험 부담부분을 구상하는 경우에는, C에게 지급한 보험금에 각자의 보험금액의 비율에 따라 산정한 중복보험 부담부분 전액을 구상할 수는 없고 제1 책임보험계약의 보험자(을)의 중복보험 부담부분 중 A의 과실비율에 한하여 구상할 수 있다.[2]

액의 총액이 피보험자가 입은 손해액을 초과하는 때에는 손해보험에 관한 상법 제672조 제1항이 준용되어 보험자는 각자의 보험금액의 한도에서 연대책임을 지고, 이 경우 각 보험자 사이에서는 각자의 보험금액의 비율에 따른 보상책임을 진다. 위와 같이 상법 제672조 제1항이 준용됨에 따라 여러 보험자가 각자 보험금액 한도에서 연대책임을 지는 경우 특별한 사정이 없는 한 그 보험금 지급책임의 부담에 관하여 각 보험자 사이에 주관적 공동관계가 있다고 보기 어려우므로, 각 보험자는 그 보험금 지급채무에 대하여 부진정연대관계에 있다. 이때 피보험자는 여러 보험자 중 한 보험자에게 그 보험금액 한도에서 보험금 지급을 청구할 수 있고, 그 보험자는 그 청구에 따라 피보험자에게 보험금을 지급한 후 부진정연대관계에 있는 다른 보험자에게 그 부담부분 범위 내에서 구상권을 행사할 수 있다. 다만 상법 제672조 제1항은 강행규정이 아니므로 각 보험계약의 당사자는 중복보험에 있어서 피보험자에 대한 보험자의 보상책임 방식이나 보험자들 사이의 책임 분담 방식에 대하여 상법의 규정과 다른 내용으로 정할 수 있다).

1) 분손(分損)인 경우에 각 보험자의 연대책임의 한도액은 각자의 보험금액이 될 수 없는 점에서, 상법 제672조 1항 1문의 보험금액은 손해보상액의 뜻으로 해석하여야 한다고 보는 견해가 있다 [양(승), (보) 211면 주 21].

2) 동지: 대판 2015. 7. 23, 2014 다 42202(공보 2015, 1226)(제1 책임보험계약과 제2 책임보험계약의 피보험자 A와 제2 책임보험계약의 피보험자 B의 공동불법행위로 피해자 C가 사망하는 보험사고가 발생한 경우, 제2 책임보험계약의 보험자⟨갑⟩가 C에 대한 보험금의 지급으로 A·B가 공동의 면책을 얻게 한 후, 제1 책임보험계약의 보험자⟨을⟩를 상대로 C에게 지급한 보험금 전액이 중복보험에 해당한다는 이유로 각자의 보험금액의 비율에 따라 산정한 중복보험 부담 부분 전액을 구상할 수 있다면, 중복보험 부담 부분을 구상당한 제1 책임보험계약의 보험자⟨을⟩는 상법 제682조·제724조 제2항에 의하여 다시 다른 공동불법행위자인 B와 그 보험자인 제2 책임보험계약의 보험자⟨갑⟩를 상대로 과실 비율에 따라 부담 부분의 재구상을 할 수 있는데, 그렇게 되면 순환소송이 되어 소송경제에도 반할 뿐만 아니라, 제2 책임보험계약의 보험자⟨갑⟩는 결국은 보험가입자에게 반환할 것을 청구하는 것이 되어 이를 허용함은 신의칙에 비추어 보더라도 상당하지 아니하므로, 제2 책임보험계약의 보험자⟨갑⟩는 제1 책임보험계약의 보험자⟨을⟩를 상대로 B의 과실 비율 상당액은 구상할 수 없고, 구체적으로는 제1 책임보험계약의 보험자⟨을⟩의 중복보험 부담 부분 중

② 중복보험의 경우에 보험자의 1인에 대한 권리의 포기는 다른 보험자의 권리의무에 영향을 미치지 않는다($\frac{상}{673조}$).[1] 이것은 피보험자가 어느 한 보험자와 통모하여 다른 보험자를 해하는 것을 방지하기 위한 것이다. 위의 예에서 피보험자가 을에 대한 권리를 포기한 경우 갑은 피보험자에 대하여 5,833만원의 보상책임만을 부담한다($\frac{민}{참조}$ 419조). 그러나 갑이 피보험자가 을에 대하여 그의 권리를 포기한 것을 모른 경우에는 갑은 7,000만원의 한도에서 피보험자에게 그 보상책임을 이행할 것이며 이 경우에는 갑은 자기의 부담부분인 5,833만원과 7,000만원과의 차액인 1,167만원에 대하여 을에게 구상할 수 있고($\frac{민}{참조}$ 425조), 을은 피보험자에게 부당이득의 법리($\frac{민}{741조}$)에 의하여 다시 1,167만원을 구상할 수 있을 것이다.

③ 중복보험의 경우에 보험계약자는 각 보험자에 대하여 각 보험계약의 내용을 통지하여야 한다($\frac{상 672조}{2항}$). 상법은 보험계약자의 이러한 통지의무를 협의의 중복보험에 한하지 않고 광의의 중복보험에도 인정하고 있다.[2] 왜냐하면 이러한 사항은 중요한 사항으로서 고지사항이고, (협의의 중복보험의 경우) 각 보험자는 연대책임을 부담하기 때문이다. 이러한 통지의무 위반에 대하여 상법은 규정하고 있지 않으나, 그 통지의무 위반이 상법 제652조 및 제653조의 통지의무의 대상이 되는 보험사고 발생의 위험이 현저하게 변경 또는 증가된 때에는 보험자는 계약해지권을 갖거나($\frac{화재보험 표준약관}{12조 3항 2호 등}$) 또는 사기로 인한 보험계약이 되어 무효가 될 것이다[3]($\frac{상 672조}{3항}$).

재구상의 대상이 되지 않는 A의 과실비율에 한하여 구상할 수 있다).

1) 어떤 연대채무자에 대한 채무면제가 다른 연대채무자의 부담부분을 늘린다는 견해는 없기 때문에, 이 규정은 의미가 없다는 견해로는 한(기), (보) 460면.

2) 동지: 양(승), (보) 211~212면; 손(주), 586면; 한(기), (보) 461면.

3) 동지: 대판 2000. 1. 28, 99 다 50712(공보 2000, 573)(사기로 인하여 체결된 중복보험계약이란 보험계약자가 보험가액을 넘어 위법하게 재산적 이익을 얻을 목적으로 중복보험계약을 체결한 경우를 말하는 것이므로, 통지의무의 해태로 인한 사기의 중복보험을 인정하기 위하여는 보험자가 통지의무가 있는 보험계약자 등이 통지의무를 이행하였다면 보험자가 그 청약을 거절하였거나 다른 조건으로 승낙할 것이라는 것을 알면서도 정당한 사유 없이 위법하게 재산상의 이익을 얻을 의사로 통지의무를 이행하지 않았음을 입증하여야 할 것이고, 단지 통지의무를 게을리하였다는 사유만으로 사기로 인한 중복보험계약이 체결되었다고 추정할 수는 없다)[이 판결에 대하여 찬성하는 취지의 평석으로는 정진세, "중복보험 통지의무," 「JURIST」, Vol. 382(2002. 7), 67~72면]; 동 2003. 11. 13, 2001 다 49630(공보 2003, 2304)(상법 제672조 2항에서 손해보험에 있어서 동일한 보험계약의 목적과 동일한 사고에 관하여 수 개의 보험계약을 체결하는 경우에는 보험계약자는 각 보험자에 대하여 각 보험계약의 내용을 통지하도록 규정하고 있으므로, 이미 보험계약을 체결한 보험계약자가 동일한 보험목적 및 보험사고에 관하여 다른 보험계약을 체결하는 경우 기존의 보험계약의 보험자에게 새로이 체결한 보험계약에 관하여 통지할 의무가 있다고 할 것이나, 손해보험에 있어서 위와 같이 보험계약자에게 다수의 보험계약의 체결사실에 관하여 통지하도록 규정하는 취지는 부당한 이득을 얻기 위한 사기에 의한 보험계약의 체결을 사전에 방지하고 보험자로 하여금 보험사고 발생시 손해의 조사 또는 책임의 범위의 결정을 다른 보험자와 공동으로 할 수

(내) **보험계약자가 악의(사기)인 경우(사기의 중복보험)**   중복보험계약은 전부 무효가 되는데, 보험계약자는 각 보험자가 그 사실을 안 때까지의 보험료를 지급하여야 한다($\frac{상\ 672조\ 3항,}{669조\ 4항}$).

(3) 일부보험

1) 의   의   일부보험(underinsurance; Unterversicherung)이란 「보험금액이 보험가액에 미달한 보험」을 말한다. 즉 보험가액의 일부를 보험에 붙인 보험을 말한다($\frac{상}{674조}$). 이에 반하여 보험금액이 보험가액과 동일한 보험을 전부보험이라고 한다. 이러한 일부보험은 보험계약자가 계약체결시에 보험료를 절약하기 위하여 의식적으로 하는 경우도 있고(의식적 일부보험), 또 보험기간중 물가가 상승하여 자연적으로 발생하는 경우도 있다(자연적 일부보험).

2) 효   력

(개) 일부보험의 경우에는 보험자는 보험금액의 보험가액에 대한 비율에 따라 보상할 책임을 진다($\frac{비례부담〈책}{임〉의\ 원칙}$)($\frac{상\ 674조}{본문}$). 따라서 보험의 목적이 전부멸실된(전손〈全損〉) 경우에는 보험금액의 전액을 지급하지만, 일부멸실된(분손〈分損〉) 경우에는 보험금액의 보험가액에 대한 비율에 따른 손해액의 일부분$\left(손해액 \times \dfrac{보험금액}{보험가액}\right)$을 지급하고, 잔액은 피보험자의 자기부담으로 한다.

(내) 일부보험의 경우에도 당사자간의 특약으로써 보험금액의 범위 내에서 손해액 전액을 지급하는 것은 유효하다($\frac{상\ 674조}{단서}$). 이러한 보험을 「제 1 차 위험보험」(Erstrisikoversicherung) 또는 「실손(實損)보상계약」이라고 하는데, 화재보험에서 많이 이용된다.[1)]

(대) 일부보험과 비슷한 것으로 「비율보험」(Bruchteilversicherung)이 있는데, 이는 보험자의 손해보상한도가 보험가액의 일정비율로 정하여진 보험을 말한다. 그런데 이러한 비율보험은 보험가액의 일정비율이 보험금액이 되는 전액보험인 점에서, 일부보험과 구별된다.[2)]

있도록 하기 위한 것일 뿐, 보험사고발생의 위험을 측정하여 계약을 체결할 것인지 또는 어떤 조건으로 체결할 것인지 판단할 수 있는 자료를 제공하기 위한 것이라고는 볼 수 없으므로, 손해보험에 있어서 다른 보험계약을 체결한 것은 상법 제652조 및 제653조의 통지의무의 대상이 되는 사고발생의 위험이 현저하게 변경 또는 증가된 때에 해당되지 않는다. 따라서 보험자는 보험계약자의 상법 제672조 2항에 의한 통지의무의 위반을 이유로 보험계약을 해지할 수는 없다).

1) 동지: 정(희), 420면; 양(승), (보) 217면. 입법론상 이를 원칙적으로 규정하여야 한다는 견해로는 한(기), (보) 468면.

2) 동지: 정(희), 420면; 양(승), (보) 217면.

제 4 관 손해보험계약의 효과

제 1 총 설

손해보험계약도 보험계약의 일종인 점에서 보험계약 일반에 공통되는 효력이 그대로 해당된다. 따라서 이 곳에서는 손해보험계약에만 존재하는 효과를 설명하겠는데, 이에 대하여는 각종의 손해보험계약에 공통되는 효력으로서 보험자의 손해보상의무, 보험계약자와 피보험자가 부담하는 손해방지 · 경감의무 및 보험금을 지급한 보험자가 취득하는 대위권에 대해서만 살펴보겠다.

제 2 보험자의 손해보상의무(보험금지급의무)

1. 요 건

보험자는 보험사고가 발생한 경우에 이로 인하여 생긴 피보험자의 재산상의 손해를 보상할 의무를 부담한다($\frac{상}{665조}$). 이와 같이 보험자는 보험사고의 발생이라는 조건이 성취되어야 그로 인하여 생기는 손해를 보상할 것을 약정하는 것이므로, 보험기간 내에 보험사고가 발생하지 않더라도 위험부담이라는 급여를 한 것이 된다(쌍무계약성). 따라서 이 경우에도 당사자간에 무사고(無事故)반환의 특약이 없다면 보험자는 그가 취득한 보험료를 보험계약자에게 반환할 필요가 없는 것이다.[1] 이 보험사고 발생 이전에 있어서의 보험자의 위험부담은 보험사고의 발생으로 인하여 구체화되어 일정한 손해액을 보상할 의무로 변하는데($\frac{상}{665조}$), 이 의무는 보험계약의 성질상 가장 주된 의무이다. 보험자의 이러한 보상의무의 발생에는 다음과 같은 요건을 갖추어야 한다.

(1) 보험사고의 발생

보험계약에서 정한 보험사고($\substack{예컨대, 화재보험의 \\ 경우에는 화재}$)가 보험기간 내에 발생하여야 한다. 이에 대한 증명책임은 보험계약자가 부담한다.[2] 보험사고가 보험기간 내에 발생한 이상, 손해가 보험기간 경과 후에 생긴 경우에도 상관이 없다.[3]

---

1) 동지: 정(희), 420~421면.
2) 동지: 양(승), (보) 218면.
3) 동지: 정(희), 421면; 손(주), 588면; 양(승), (보) 219면.

(2) 손해의 발생

피보험자가 위의 보험사고로 인하여 재산상의 손해를 입어야 한다.

1) 이 경우의 손해란 재산상(경제상)의 불이익을 의미하므로, 정신적 손해를 포함하지 않는다.[1] 또한 재산상의 불이익이라고 하더라도 당사자가 보험계약에서 담보하지 않은 손해는 당연히 제외된다. 이러한 점에서 보험자의 보상책임은 채무불이행자나 불법행위자의 배상책임과 구별된다.

2) 보험사고로 인하여 상실된 피보험자가 얻을 이익이나 보수(상실이익)(예컨대, 건물의 소유에 관한 이익을 화재보험계약의 목적으로 한 경우 보험사고의 발생으로 인하여 피보험자가 얻을 임대료수입이나 영업상의 이익을 상실한 경우 등)는 원칙적으로 보험자가 보상할 손해액에 산입되지 아니하나, 당사자간에 특약이 있는 경우에 한하여 보험자가 보상할 손해액에 산입되는데($\frac{상}{667조}$) 이러한 보험을 「이익보험」(Gewinnversicherung)이라고 한다. 이러한 이익보험은 책임보험에는 없고 물건보험에만 인정된다.[2]

(3) 인과관계의 존재

보험사고와 손해와는 상당인과관계가 있어야 한다(통설·판례[3]).

1) 보험자가 보상할 손해는 보험사고로 인하여 필연적으로 발생하는 손해, 즉 보험사고와 상당인과관계 있는 손해만을 의미한다. 이와 같이 상당인과관계가 있는 손해인 이상 다른 원인과 경합한 경우에도 무방하다.[4]

2) 보험의 목적에 관하여 보험자가 부담할 손해가 위와 같은 상당인과관계로 이미 생긴 때에는, 그 후에 보험자가 부담하지 않는 보험사고의 발생으로 인하여 그 보험의 목적이 멸실하더라도 보험자는 이미 생긴 손해를 보상할 책임을 면하지 못한다($\frac{상}{675조}$). 예컨대, 화재보험의 목적이 화재로 일부 훼손된 후, 홍수로 전부 멸실된 경우에는 보험자는 화재로 입은 손해를 보상할 책임을 진다.[5]

---

1) 동지: 양(승), (보) 219면; 장(덕), (보) 232면; 한(기), (보) 471면(다만 당사자가 별도로 약정할 수 있다고 한다).

2) 양(승), (보) 220면; Prölss/Martin, S. 347.

3) 대판 1990. 11. 13, 90 누 3690; 동 1989. 7. 25, 88 누 10947; 동 1999. 10. 26, 99 다 3760 3·37610(공보 1999, 2419)(보험자가 벼락 등의 사고로 농장 내에 있는 돼지에 대하여 생긴 보험계약자의 손해를 보상하기로 하는 손해보험계약을 체결한 경우, 농장 주변에서 발생한 벼락으로 인하여 그 농장의 돈사용 차단기가 작동하여 전기공급이 중단되고 그로 인하여 돈사용 흡배기장치가 정지하여 돼지들이 질식사하였다면, 위 벼락사고는 보험계약상의 보험사고에 해당하고 위 벼락과 돼지들의 질식사 사이에는 상당인과관계가 인정된다)[이 판결에 대하여 반대하는 취지의 평석으로는 정경석, 「JURIST」, Vol. 386(2002. 11), 80~84면].

4) 동지: 대판 1990. 2. 13, 89 누 6990; 동 1989. 10. 24, 89 누 1186.

5) 동지: 채, 504면.

2. 면책사유

손해보험자는 보험계약자 등의 고의나 중대한 과실로 인한 보험사고이거나 $\binom{상}{659조}$ 보험사고가 전쟁 등인 경우에 $\binom{상}{660조}$ 면책되는 경우 이외에, 손해보험(물건보험)에만 있는 특유한 법정면책사유에 의하여 면책되는 경우가 있다. 즉, 손해보험자는 「보험의 목적의 성질 $\binom{과일\ 또는\ 생선}{의\ 부패\ 등}$, 하자 $\binom{포장의\ 흠결로\ 인한}{운송물의\ 파손\ 등}$ 또는 자연소모 $\binom{기계의\ 자연}{소모\ 등}$로 인한 손해에 대하여는 면책된다」 $\binom{상}{678조}$. 이들의 손해는 그것이 우연한 사고로 인한 것이 아니라, 그 목적물 자체에서 필연적으로 발생할 수 있는 것인 점에서 보험자의 면책사유로 한 것이다.[1]

3. 손해의 보상(지급할 금액)

(1) 손해액의 산정

1) 손해액은 원칙적으로 그 손해가 발생한 때와 곳의 보험가액에 의하여 산정된다 $\binom{상\ 676조}{1항\ 본문}$.[2] 그러나 예외적으로 (i) 기평가보험의 경우에는 합의된 보험가액에 의하고 $\binom{상}{670조}$, (ii) 보험가액불변경주의가 인정되는 운송보험 $\binom{상}{689조}$ · 해상보험 $\binom{상\ 696조\sim}{698조}$

---

1) 동지: 정(희), 422면.

2) 금융기관종합보험계약에서 보험사고로 인한 피보험자인 금융기관의 손해액의 산정에 관하여는 대판 2005. 12. 8, 2003 다 40729(공보 2006, 95) 참조(상법 제665조는 "손해보험계약의 보험자는 보험사고로 인하여 생길 피보험자의 재산상의 손해를 보상할 책임이 있다"고 규정하고, 같은 법 제676조 1항은 "보험자가 보상할 손해액의 산정은 그 손해가 발생한 때와 곳의 가액에 의하여 산정한다"고 규정하고 있다. 손해보험에 있어서 보험자의 보험금지급의무는 보험기간 내에 보험사고가 발생하고 그 보험사고의 발생으로 인하여 피보험자의 피보험이익에 손해가 생기면 성립되고, 여기서 손해란 피보험이익의 전부 또는 일부가 멸실됐거나 감손된 것을 말하는데 통상 보험사고 발생 시점을 기준으로 그 전후의 재산상태의 차이에 의해 산정할 수 있으며, 보험자가 보상할 손해가 확정적으로 발생한 이상 그 이후 생긴 사정은 손해액의 일부 상환 또는 충당의 문제로 취급될 수 있을 뿐이어서 보험금지급 시점에 그 때까지 실제 얼마가 상환되고 어디에 충당되었는지 여부를 확인하면 족하다고 할 것이다. 이 사건 금융기관종합보험계약의 경우, 보험약관의 담보조항 제1조에서 정한 보험사고는 '피보험자에게 손해를 입히거나 자신이 재정적 이득을 얻을 명백한 의도로 행한 피용자의 부정직한 행위'이므로 이 사건 보험기간중 발생한 피용자인 A의 세 차례 불법인출행위는 모두 보험사고에 해당하고, 그로 인한 손해는 보험사고 전후의 피보험자 재산상태의 차이라고 할 것이므로 A가 불법인출행위를 한 날인 2001. 1. 8. 10억원, 2001. 1. 27. 40억원, 2001. 3. 20. 5억원의 각 손해가 확정적으로 발생하였다고 할 것이며, 따라서 A가 2001. 1. 27. 40억원을 불법인출한 이후에 그 돈을 어디에 사용하였는지의 문제는 보험사고로 인한 손해 발생의 문제가 아니라 손해 발생 후 그 손해의 일부 상환 내지 충당의 문제에 불과하다고 할 것이다. 그렇다면 A의 2001. 1. 27자 불법인출로 인하여 피보험자인 X에게 40억원의 손해가 발생하였고, A가 그 중 30억원으로 보험기간 전에 불법인출했던 계좌에 상환한 것은 보험기간 전에 이미 발생했던 손해액을 변제한 것일 뿐, 이 사건 보험사고로 인한 손해액을 변제한 것으로 볼 수 없다고 판단한 원심의 조치는 정당하다).

등의 경우에는 상법이 규정하고 있는 보험가액에 의하며, (iii) 당사자간의 특약에 의한 신가(新價)보험의 경우에는 신품(新品)가액에 의한다($\substack{\text{상 676조} \\ \text{1항 단서}}$).

2) 보험자가 피보험자에게 보상할 금액을 정함에 있어 피보험자의 과실은 고려되지 않는다(즉, 과실상계에 해당하는 금액은 보험자가 보상할 손해액에 포함된다). 이는 채무불이행 또는 불법행위로 인한 배상책임액을 정하는 것과 구별되는 점인데, 보험상의 책임은 피보험자의 과실도 보호하고 보험사고에 대하여는 과실상계를 할 수 없다고 해석하기 때문이다.[1]

3) 손해액의 산정은 실제로 손해사정인 또는 감정인에 의하여 이루어지는 것이 보통인데, 이러한 손해액의 산정비용은 보험자가 부담한다($\substack{\text{상 676조} \\ \text{2항}}$). 따라서 보험자는 이러한 손해액의 산정비용을 보험계약자 또는 피보험자를 대위하여 가해자를 상대로 그 비용 상당의 손해배상을 구할 수는 없다.[2] 그러나 보험계약자가 손해액의 결정에 이의(異議)를 제기한 경우, 일부보험 등의 경우에는 보험자와 보험계약자가 손해액의 산정비용을 분담할 수 있다.[3]

(2) 손해보상의 방법

손해보상의 방법에 대하여는 상법상 특별한 규정이 없으나, 원칙적으로 금전으로써 한다. 그러나 당사자간의 특약에 의하여 예외적으로 금전의 지급에 갈음하여 현물로써 보상할 수 있다($\substack{\text{유리보험약관} \\ \text{1조 참조}}$).

(3) 손해보상의 범위

보험자의 손해보상의 범위는 원칙적으로 개별적인 보험계약에서 정한 「보험금액」의 범위 내에서, 피보험자가 보험사고로 입은 「실손해액」이다. 그러나 이에 대한 예외로 보험자는 후술하는 바와 같이 손해방지비용을 부담하고($\substack{\text{상 680조} \\ \text{1항 단서}}$), 보험료의 체납이 있을 때에는 그 지급기일이 도래하지 아니한 때라도 보상액에서 이를 공제할 수 있다($\substack{\text{상} \\ \text{677조}}$).

보험금액의 보험가액과의 관계에 대하여는 이미 앞에서 본 바와 같이 전부보험·초과보험·일부보험이 있고, 실손해액에 대하여는 보험목적이 전부멸실하였느

---

1) 동지: 한(기), (보) 474~476면; 대판(전) 2015. 1. 22, 2014 다 46211.
2) 대판 2013. 10. 24, 2011 다 13838(공보 2013, 2108)(상법 제676조 제 2 항은 '손해액의 산정에 관한 비용은 보험자의 부담으로 한다'고 규정하고 있는바, 보험자가 보험금의 지급범위를 확인하기 위하여 지출한 비용은 보험자의 이익을 위한 것일 뿐 보험계약자 또는 피보험자가 입은 손해라고 할 수 없으므로, 그 비용을 지출한 보험자가 보험계약자 또는 피보험자를 대위하여 가해자를 상대로 그 비용 상당의 손해배상을 구할 수는 없다).
3) 동지: 양(승), (보) 223면.

냐 또는 일부멸실하였느냐에 따라 전손(全損)과 분손(分損)이 있는데, 이하에서 이의 각각에 대하여 좀더 살펴보면 다음과 같다.

　　1) 전부보험인 경우　　보험금액이 보험가액과 일치하는 보험을 「전부보험」이라고 하는데, 이러한 전부보험의 경우 전손과 분손에서 보험자가 지급할 보상액의 범위는 다음과 같다. 즉, (i) 전손인 경우에는 약정한 보험금액의 전액이고, (ii) 분손인 경우에는 원칙적으로 실손해액(보험가액 – 잔존가액)이나, 예외적으로 당사자간의 특약에 의한 신가보험의 경우는 신품가액이다($\frac{상\ 676조}{1항\ 단서}$).

　　2) 초과보험·중복보험인 경우　　초과보험·중복보험의 개념은 이미 앞에서 설명한 바와 같이 보험금액($\frac{중복보험의\ 경우는}{보험금액의\ 합계액}$)이 보험가액을 (현저하게) 초과한 보험을 말하는데($\frac{상\ 669조,}{672조}$), 이러한 보험의 경우 전손과 분손에서 보험자가 지급할 보상액의 범위는 다음과 같다. 즉, 초과보험의 경우 보험자가 지급할 보상액의 범위는 (i) 전손인 경우에는 보험가액을 한도로 하고, (ii) 분손인 경우에는 실손해액이다. 중복보험의 경우 각 보험자가 지급할 보상액의 범위는 중복보험에 관한 설명에서 이미 상술하였다.

　　3) 일부보험인 경우　　보험가액의 일부를 보험금액으로 한 보험을 「일부보험」이라고 하는데, 이러한 일부보험의 경우 전손과 분손에서 보험자가 지급할 보상액의 범위는 다음과 같다. 즉, (i) 전손인 경우에는 약정한 보험금액의 전액이고, (ii) 분손인 경우에는 원칙적으로 실손해액에 보험금액의 보험가액에 대한 비율에 따라 정하여지나($\frac{상\ 674조}{본문}$), 예외적으로 당사자간의 특약에 의하여 보험금액의 한도 내에서 보상할 수 있다($\frac{상\ 674조}{단서}$)(제 1 차위험보험).

4. 손해보상의무의 이행

(1) 보험금의 이행기

　　보험자의 손해보상의무는 보험사고에 의하여 손해가 발생한 때에 구체화된다. 그 이행기에 관하여는 당사자간에 약정기간이 있는 경우에는 그 기간 내에 지급하여야 하고, 약정기간이 없는 경우에는 보험사고의 발생통지를 받은 후 지체 없이 보험자가 지급할 보험금액을 정하고 그 정하여진 날로부터 10일 내이다($\frac{상}{658조}$). 또 보험금은 보험증권과 상환으로 지급하여야 하는데, 보험증권은 절대적인 상환증권은 아니다.

(2) 손해보상의무의 시효기간

　　보험자의 손해보상의무는 3년의 단기시효로 소멸한다($\frac{상}{662조}$).

(3) 담보권자의 보험금청구권에 대한 물상대위

담보권자가 피보험자로 되어 있거나 또는 보험금청구권을 양수받은 경우에는 보험금청구권을 직접 행사할 수 있으므로 아무런 문제가 없으나, 이 이외의 경우로 서 담보물이 멸실·훼손되어 담보권설정자(피보험자)가 보험금청구권을 행사하는 경우에(양도담보 설정자도 피보험이익이 있으므로 자기를 피보험자로 하여 화재보험계약을 체결할 수 있음)[1] 담보권자는 그 보험금청구권에 대하여 물상대위권(민 342조, 355조, 370조)을 행사할 수 있는가. 이에 대하여는 보험금청구권은 보험계약에 의하여 보험료의 대가로 발생하는 권리라는 것을 이유로 이를 부정하는 견해도 있으나,[2] 담보물권은 목적물의 교환가치를 취득하는 것을 목적으로 하는 권리라는 점에서 이를 긍정하여야 할 것으로 본다.[3]

제3 보험계약자·피보험자의 손해방지·경감의무

1. 의 의

보험계약자와 피보험자는 보험사고가 발생한 때에 적극적으로 손해의 방지와

---

1) 동지: 대판 2009. 11. 26, 2006 다 37106(공보 2010, 8)(동산 양도담보 설정자는 담보목적물인 동산의 소유권을 채권자에게 이전해 주지만 이는 채권자의 우선변제권을 확보해 주기 위한 목적에 따른 것으로, 양도담보 설정자는 여전히 그 물건에 대한 사용·수익권을 가지고 변제기에 이르러서는 채무 전액을 변제하고 소유권을 되돌려 받을 수 있으므로, 그 물건에 대한 보험사고가 발생하는 경우에는 그 물건에 대한 사용·수익 등의 권능을 상실하게 될 뿐 아니라 양도담보권자에 대하여는 그 물건으로써 담보되는 채무를 면하지 못하고 나아가 채무를 변제하더라도 그 물건의 소유권을 회복하지 못하는 경제적인 손해를 고스란히 입게 된다. 따라서 양도담보 설정자에게 그 목적물에 관하여 체결한 화재보험계약의 피보험이익이 없다고 할 수 없다).

2) 西島, 262~263면.

3) 동지: 대판 2004. 12. 24, 2004 다 52798(저당권자는 민법 제370조, 제342조에 의하여 저당권설정자의 보험자에 대한 보험금청구권에 대하여 물상대위권을 행사할 수 있다); 동 2009. 11. 26, 2006 다 37106(공보 2010, 8)(동산에 대하여 양도담보를 설정한 경우 채무자는 담보의 목적으로 그 소유의 동산을 채권자에게 양도해 주되 점유개정에 의하여 이를 계속 점유하지만, 채무자가 위 채무를 불이행하면 채권자는 담보목적물인 동산을 사적으로 타에 처분하거나 스스로 취득한 후 정산하는 방법으로 이를 환가하여 우선변제받음으로써 위 양도담보권을 실행하게 되는데, 채무자가 채권자에게 위 동산의 소유권을 이전하는 이유는 채권자가 양도담보권을 실행할 때까지 스스로 담보물의 가치를 보존할 수 있도록 함으로써 만약 채무자가 채무를 이행하지 않더라도 채권자가 양도받았던 담보물을 환가하여 우선변제받는 데에 지장이 없도록 하기 위한 것인바, 이와 같이 담보물의 교환가치를 취득하는 것을 목적으로 하는 양도담보권의 성격에 비추어 보면, 양도담보로 제공된 목적물이 멸실·훼손됨에 따라 양도담보 설정자와 제3자 사이에 교환가치에 대한 배상 또는 보상 등의 법률관계가 발생되는 경우에도 그로 인하여 양도담보 설정자가 받을 금전 기타 물건에 대하여 담보적 효력이 미친다. 따라서 양도담보권자는 양도담보 목적물이 소실되어 양도담보 설정자가 보험회사에 대하여 화재보험계약에 따른 보험금청구권을 취득한 경우에도 담보물 가치의 변형물인 위 화재보험금청구권에 대하여 양도담보권에 기한 물상대위권을 행사할 수 있다); 양(승), (보) 228~229면; 이(기) 외, (보·해) 169면; 채, 519면; 佛(프랑스)保 L. 121-13조; 獨保 94조, 142~143조, 145조; 瑞(스위스)保 57조.

경감을 위하여 노력하여야 하는데($^{\text{상 680조}}_{\text{1항 본문}}$), 이것이 보험계약자 등의 「손해방지의무」 (Rettungspflicht)이다. 보험계약자와 피보험자는 보험사고가 발생하기 전에도 보험자에 대하여 위험변경증가의 통지의무($^{\text{상}}_{\text{652조}}$), 보험자가 인수한 위험을 그대로 유지하여야 할 위험유지의무($^{\text{상}}_{\text{653조}}$), 또 고의 또는 중대한 과실로 보험사고를 일으키지 않아야 하는 의무($^{\text{상 659조}}_{\text{1항}}$) 등을 부담하는 점은 이미 앞에서 본 바와 같다. 그런데 보험계약자 또는 피보험자는 손해보험계약의 경우 이미 보험사고가 발생한 후에도 이를 적극적으로 방지하고 경감할 의무를 부담하는 것이다. 왜냐하면 보험계약자 또는 피보험자가 이미 보험사고가 발생한 후에 고의 또는 중대한 과실로 손해의 방지에 노력하지 아니하고 보험자의 부담을 더하게 한 것은, 부작위에 의한 손해의 확장이라 볼 수 있기 때문이다. 따라서 보험계약자 등의 이러한 손해방지의무는 보험사고 발생 전의 위와 같은 의무와 함께 보험자에 대한 신의성실의 원칙과 손해방지에 노력하여야 할 공익상의 필요에 의하여 인정된 것이다.[1]

2. 법적 성질

손해방지·경감의무는 계약당사자인 보험계약자뿐만 아니라 제 3 자인 피보험자도 부담하는 의무라는 점에서, 계약에 의한 의무가 아니고, 보험계약의 사행계약적 성질에 비추어 보험의 목적에 대한 관리자이며 보험계약상의 이익을 받는 보험계약자 또는 피보험자에게 형평의 견지에서 법이 특히 인정한 의무라고 본다.[2]

이 의무는 보험계약자 등이 고의 또는 중대한 과실로 이 의무에 위반한 때에는 그 의무가 정당하게 이행되었을 때 생긴 손해에 관하여서만 보험자가 손해보상의 책임을 지거나 또는 보험자가 그로 인한 손해배상청구를 할 수 있다는 의미에서 ($^{\text{瑞〈스위스〉保}}_{\text{91조 2항 참조}}$), 고지의무($^{\text{상}}_{\text{651조}}$) 등과 같은 간접의무와는 구별되는 하나의 법적 의무라고 본다.[3]

3. 손해방지·경감의무의 내용

(1) 의무의 발생시기

손해방지·경감의무는 보험사고의 발생을 전제로 하는 의무이므로, 보험계약자 등은 「보험사고가 발생한 때」로부터 이 의무를 진다. 이 때 「보험사고가 발생한

---

1) 동지: 정(희), 424면; 양(승), (보) 230~231면; 한(기), (보) 487면.
2) 동지: 정(희), 424면; 양(승), (보) 231면; 한(기), (보) 488면.
3) 동지: 양(승), (보) 231면; 한(기), (보) 488면.

때」란 '보험사고가 발생한 것과 동일하게 볼 수 있는 상태가 생긴 경우'를 포함한다고 본다[1](예컨대, 화재보험의 경우 옆집에 화재가 발생한 경우 등).

(2) 의무의 범위

손해의 방지·경감은 보험자가 보상하게 될 손해의 발생이나 확대를 방지하거나 손해를 경감할 목적으로 하는 행위이므로, 예컨대 보험자가 전손만을 담보하는 보험계약에 있어서 분손의 위험만이 있는 경우에는 보험계약자 등의 상법상 손해방지·경감의무는 발생하지 않는다.[2] 또한 보험계약자와 피보험자가 손해의 방지와 경감에 노력하여야 한다는 것은, 보험사고로 인한 손해의 발생을 방지하는 것뿐만 아니라 이미 발생한 손해의 확대를 방지하는 행위를 포함하는데, 그것은 직접적인 것인가 간접적인 것인가(예컨대, 보험자의 제3자에 대한 청구권을 확보하거나, 보험자대위권〈상 682조〉의 행사를 용이하게 하는 것 등)를 묻지 않는다.[3] 그러나 그 손해는 피보험이익에 대한 구체적인 침해의 결과로서 생기는 손해만을 의미한다.[4]

또 보험계약자 등은 손해의 방지와 경감을 행위의 목적으로서 하면 되므로, 반드시 보험자를 위한 것임을 의식할 필요도 없고 또 그 효과가 반드시 나타나야 하는 것도 아니다.[5]

(3) 손해방지행위의 정도

손해방지행위의 정도는 보험사고의 종류·상태와 사고발생 당시의 보험계약자 등의 상태를 참작하여 결정할 문제인데, 이를 일률적으로 정할 수는 없고 보험계약자 등이 신의칙에 따라 자신의 일을 처리하는 정도의 주의로써 하면 된다.[6]

---

1) 동지: 양(승), (보) 232면; 한(기), (보) 489~490면.
2) 동지: 정(희), 425면; 양(승), (보) 232면; 한(기), (보) 490면.
3) 동지: 정(희), 425면; 양(승), (보) 233면; 한(기), (보) 491면.
4) 동지: 대판 2018. 9. 13, 2015 다 209347(공보 2018, 1956)(상법 제680조 제1항 본문은 "보험계약자와 피보험자는 손해의 방지와 경감을 위하여 노력하여야 한다"라고 정하고 있다. 위와 같은 피보험자의 손해방지의무의 내용에는 손해를 직접적으로 방지하는 행위는 물론이고 간접적으로 방지하는 행위도 포함된다. 그러나 그 손해는 피보험이익에 대한 구체적인 침해의 결과로서 생기는 손해만을 뜻하는 것이고, 보험자의 구상권과 같이 보험자가 손해를 보상한 후에 취득하게 되는 이익을 상실함으로써 결과적으로 보험자에게 부담되는 손해까지 포함된다고 볼 수는 없다. 따라서 피보험자가 상계적상에 있는 자동채권에 대하여 상계하지 않았다고 하여 상법 제680조 제1항에 위반한 것은 아니다).
5) 동지: 정(희), 425면; 양(승), (보) 233면.
6) 동지: 정(희), 425면[따라서 예컨대 화재보험에 있어서 불이 났을 경우 진화작업은 물론이고 주위에 있는 불타기 쉬운 물건을 치운다든가 하여 가능한 한 최선을 다하여 손해발생이나 확대를 방지하고 손해를 경감하도록 노력하여야 하고, 또 사정이 허락한다면 보험자에게 연락하여 그 지시를 받아 성실하게 수행하여야 한다(獨保 82조, 瑞〈스위스〉保 61조 참조)]; 양(승), (보) 233면; 이(기) 외, (보·해) 158면; 채, 543면; 한(기), (보) 490면.

4. 의무해태(懈怠)의 효과

의무해태의 효과에 대하여 상법에는 규정이 없다. 그러나 보험계약자 또는 피보험자가 고의 또는 중대한 과실로 인하여 이 의무를 게을리한 경우에는, 이것과 상당인과관계가 있는 손해(즉, 그 의무를 성실히 이행하였다면 생기지 아니하였으리라고 예상되는 손해)에 대하여 보험자는 그 배상을 청구할 수 있거나 또는 지급할 손해보상액으로부터 이를 공제할 수 있다(통설)[1](판례)[2] (화재보험 표준약관 17조, 瑞 〈스위스〉保 61조 2항 참조).

보험계약자 등의 이러한 책임의 발생원인에 대하여는 채무불이행 또는 불법행위로 보는 견해도 있으나,[3] 상법이 인정하는 법정의무의 위반으로 본다.[4]

이에 대한 증명책임은 보험계약자 등이 고의·중과실이 아님을 증명해야 한다는 견해가 있으나,[5] 보험자가 보험계약자 등의 고의·중과실로 인한 임무해태를 증명하여야 한다고 본다.

5. 손해방지·경감비용의 부담

손해방지·경감비용이란 '보험자가 담보하고 있는 보험사고가 발생한 경우에 보험사고로 인한 손해의 발생을 방지하거나 손해의 확대를 방지함은 물론 손해를 경감할 목적으로 하는 행위에 필요하거나 유익하였던 비용'을 말한다.[6] 이 비용은

---

1) 정(희), 425면; 서·정, 417면; 손(주), 593면; 양(승), (보) 233~234면; 채, 543면(단순한 과실로 의무를 이행하지 않은 경우를 포함한다); 이(기) 외, (보·해) 160면; 한(기), (보) 492면 외. 그러나 이에 대하여 「보험계약자 등에 고의 또는 중대한 과실이 있으면 보험자는 보상책임을 면하고, 경과실이 있는 경우에 한하여 배상을 청구하거나 손해보상액으로부터 이를 공제할 수 있다」고 보는 견해도 있다[최(기), (하) 689면].

2) 대판 2016. 1. 14, 2015 다 6302(공보 2016, 282)(보험계약자와 피보험자는 손해의 방지와 경감을 위하여 노력하여야 한다〈상법 제680조 1항 전문〉. 보험계약자와 피보험자가 고의 또는 중대한 과실로 손해방지의무를 위반한 경우에는 보험자는 손해방지의무 위반과 상당인과관계가 있는 손해, 즉 의무 위반이 없다면 방지 또는 경감할 수 있으리라고 인정되는 손해액에 대하여 배상을 청구하거나 지급할 보험금과 상계하여 이를 공제한 나머지 금액만을 보험금으로 지급할 수 있으나, 경과실로 위반한 경우에는 그러하지 아니하다. 그리고 이러한 법리는 재보험의 경우에도 마찬가지로 적용된다).

3) 西島, 247면.

4) 동지: 양(승), (보) 234면.

5) 양(승), (보) 234면; 채, 543면; Hoffmann, S. 190; Prölss/Martin, S. 412.

6) 동지: 대판 1995. 12. 8, 94 다 27076(공보 1996, 325); 동 2006. 6. 30, 2005 다 21531(공보 2006, 1422)(상법 제680조 1항에 규정된 '손해방지비용'은 보험자가 담보하고 있는 보험사고가 발생한 경우에 보험사고로 인한 손해의 발생을 방지하거나 손해의 확대를 방지함은 물론 손해를 경감할 목적으로 행하는 행위에 필요하거나 유익하였던 비용을 말하는 것이고, 같은 법 제720조 1항에 규정된 '방어비용'은 피해자가 보험사고로 인적·물적 손해를 입고 피보험자를 상대로 손해배상

언제나 보험자가 전액을 부담하는데, 이 비용과 보상액이 보험금액을 초과한 경우라도 보험자가 이를 부담한다[1]($^{상\ 680조}_{1항\ 단서}$). 왜냐하면 손해방지·경감비용은 보험자가 보험사고 발생으로 인하여 부담하게 될 보상책임의 범위를 줄이기 위하여 지출된 비용으로서 보험자의 이익을 위하여 필요한 비용이므로 보험자가 전액 부담함이 당연하고, 또 손해방지·경감의무를 보험계약자와 피보험자에게 부담시킨 것과 균형을 이루며, 또 손해방지를 장려하는 공익적 이유가 있기 때문이다.[2] 이에 대하여 우리 대법원은 「보험사고 발생시 피보험자의 법률상 책임여부가 판명되지 아니한 상태에서 피보험자가 손해확대방지를 위한 긴급한 행위를 하였다면 이로 인하여 발생한 필요·유익한 비용도 손해확대방지를 위한 비용으로서 보험자가 부담하는 것으로 해석하여야 한다」고 판시하고,[3] 「공동불법행위자 중 1인과 보험계약을 체결

청구를 한 경우에 그 방어를 위하여 지출한 재판상 또는 재판 외의 필요비용을 말하는 것으로서, 위 두 비용은 서로 구별되는 것이므로, 보험계약에 적용되는 보통약관에 손해방지비용과 관련한 별도의 규정을 두고 있다고 하더라도, 그 규정이 당연히 방어비용에 대하여도 적용된다고 할 수는 없다); 동 2022. 3. 31, 2021 다 201085·201092(공보 2022, 799)(상법 제680조 제 1 항은 "보험계약자와 피보험자는 손해의 방지와 경감을 위하여 노력하여야 한다. 그러나 이를 위하여 필요 또는 유익하였던 비용과 보상액이 보험금액을 초과한 경우라도 보험자가 이를 부담한다"라고 정하고 있다. 여기에서 '손해방지비용'이란 보험자가 담보하고 있는 보험사고가 발생한 경우에 보험사고로 인한 손해의 발생을 방지하거나 손해의 확대를 방지함은 물론 손해를 경감할 목적으로 하는 행위에 필요하거나 유익하였던 비용을 말하는 것으로서, 원칙적으로 보험사고의 발생을 전제로 한다. 피보험자의 책임 있는 사유로 제 3 자에게 발생한 손해를 보상하는 책임보험에서는 건축물 등에 누수가 발생하더라도 그것이 피보험자의 책임 있는 사유로 제 3 자에게 손해를 입힌 경우에 비로소 보상 대상이 된다. 누수 부위나 원인은 즉시 확인하기 어려운 경우가 많고, 그로 인한 피해의 형태와 범위도 다양하다. 또한 누수와 관련하여 실시되는 방수공사에는 누수 부위나 원인을 찾는 작업에서부터 누수를 임시적으로 막거나 이를 제거하는 작업, 향후 추가적인 누수를 예방하기 위한 보수나 교체 작업 등이 포함된다. 따라서 방수공사의 세부 작업 가운데 누수가 발생한 후 누수 부위나 원인을 찾는 작업과 관련된 탐지비용, 누수를 직접적인 원인으로 해서 제 3 자에게 손해가 발생하는 것을 미리 방지하는 작업이나 이미 제 3 자에게 발생한 손해의 확대를 방지하는 작업과 관련된 공사비용 등은 손해방지비용에 해당할 수 있다. 구체적인 사안에서 누수로 인해 방수공사가 실시된 경우 방수공사비 전부 또는 일부가 손해방지비용에 해당하는지는 누수나 그로 인한 피해 상황, 피해의 확대 가능성은 물론 방수공사와 관련한 세부 작업의 목적이나 내용 등을 살펴서 개별적으로 판단해야 한다).

1) 1991년 개정전 상법에서는 제680조 2항을 두어 「제674조(일부보험)의 규정은 전항 단서의 경우에 준용한다」고 규정하여, 일부보험의 경우는 보험자가 보험금액의 보험가액에 대한 비율에 따라 부담하고 나머지는 보험계약자가 부담하는 것으로 하였으나, 1991년 개정상법에서는 이를 삭제하여 손해방지·경감비용은 언제나 보험자가 전액 부담하는 것으로 하였다.

2) 동지: 정(희), 425~426면; 양(승), (보) 235면.

3) 대판 1994. 9. 9, 94 다 16663(공보 978, 2616). 동지: 대판 1993. 1. 12, 91 다 42777(공보 939, 687); 동 2002. 6. 28, 2002 다 22106(공보 2002, 1810)(상법 제680조 1항이 규정한 손해방지비용이라 함은 보험자가 담보하고 있는 보험사고가 발생한 경우에 보험사고로 인한 손해의 발생을 방지하거나 손해의 확대를 방지함은 물론 손해를 경감할 목적으로 행하는 행위에 필요하거나 유익하였던 비용을 말하는 것으로서, 이는 원칙적으로 보험사고의 발생을 전제로 하는 것이므로,

한 보험자가 피보험자에게 상법 제680조 1항의 손해방지비용을 모두 상환한 경우, 그 보험자는 다른 공동불법행위자의 보험자가 부담하여야 할 부분에 대하여 직접 구상권을 행사할 수 있다」고 판시하고 있다.[1]

손해보험의 일종인 책임보험에 있어서도 보험자가 보상책임을 지지 아니하는 사고에 대하여는 손해방지의무가 없고, 따라서 이로 인한 보험자의 비용부담 등의 문제도 발생할 수 없다 할 것이나, 다만 사고발생시 피보험자의 법률상 책임 여부가 판명되지 아니한 상태에서 피보험자가 손해확대방지를 위한 긴급한 행위를 하였다면 이로 인하여 발생한 필요·유익한 비용도 위 법조에 따라 보험자가 부담하는 것으로 해석함이 상당하다)[이 판결에 대하여 원칙적으로 찬성하는 취지의 평석으로는 김영선, "손해방지비용과 방어비용," 「보험법연구 5」(보험법연구회 편)(서울: 삼지원, 2003), 49~59면]; 동 2003. 6. 27, 2003 다 6958(공보 2003, 1618)(상법 제680조 1항 또는 보통약관 제 5 조, 제16조 1항이 규정한 손해방지비용이라 함은 보험자가 담보하고 있는 보험사고가 발생한 경우에 보험사고로 인한 손해의 발생을 방지하거나 손해의 확대를 방지함은 물론 손해를 경감할 목적으로 행하는 행위에 필요하거나 유익하였던 비용을 말하는 것으로서, 이는 원칙적으로 보험사고의 발생을 전제로 하는 것이나, 보험사고가 발생한 것과 같게 볼 수 있는 상태가 생겼을 때에도 그 때부터 피보험자의 손해방지의무는 생겨난다고 보아야 한다. 따라서 보험사고 발생시 또는 보험사고가 발생한 것과 같게 볼 수 있는 경우에 피보험자의 법률상 책임 여부가 판명되지 아니한 상태에서 피보험자가 손해확대방지를 위한 긴급한 행위〈하자원인분석의뢰 및 시급한 하자보수공사의뢰〉를 하였다면 이로 인하여 발생한 필요·유익한 비용도 상법 제680조 1항의 규정에 따라 보험자가 부담하여야 한다).

　참고: 대판 2003. 11. 28, 2001 다 75240(공보 2004, 39)(영국법의 적용을 받는 협회적하약관 (A)〈Institute Cargo Clause(A)〉 제16조에 의하여 보험자가 그 비용을 보상하는 이른바손해의 경감 내지 방지를 위하여 피보험자가 지출한 비용이라 함은, 보험자가 보상하는 보험목적 자체에 대하여 부보위험으로 인하여 손해가 발생할 우려가 있는 경우 피보험자가 그 손해를 방지하거나 경감하기 위하여 필요한 조치를 취하는 데에 적절하고 합리적으로 발생한 비용을 의미하는 것으로, 운송인 등을 상대로 손해배상을 청구하는 것이나 보험자를 상대로 보험금을 청구하는 것 모두 보험자가 보상하는 보험목적 자체에 대하여 부보위험으로 인하여 손해가 발생할 우려가 있는 경우에 해당된다고 볼 수 없다).

1) 대판 2007. 3. 15, 2004 다 64272(공보 2007, 531)(상법 제680조 1항에서 말하는 손해방지비용이라 함은 보험자가 담보하고 있는 보험사고가 발생한 경우에 보험사고로 인한 손해의 발생을 방지하거나 손해의 확대를 방지함은 물론 손해를 경감할 목적으로 행하는 행위에 필요하거나 유익하였던 비용으로서, 보험계약자나 피보험자가 손해의 방지와 경감을 위하여 지출한 비용은 원칙적으로 자신의 보험자에게 청구하여야 한다. 다만, 공동불법행위로 말미암아 공동불법행위자 중 1인이 손해의 방지와 경감을 위하여 비용을 지출한 경우에 위와 같은 손해방지비용은 자신의 보험자뿐 아니라 다른 공동불법행위자의 보험자에 대하여도 손해방지비용에 해당하므로, 공동불법행위자들과 각각 보험계약을 체결한 보험자들은 각자 그 피보험자 또는 보험계약자에 대한 관계에서뿐 아니라 그와 보험계약관계가 없는 다른 공동불법행위자에 대한 관계에서도 그들이 지출한 손해방지비용의 상환의무를 부담한다. 또한 이러한 관계에 있는 보험자들 상호간에는 손해방지비용의 상환의무에 관하여 공동불법행위에 기한 손해배상채무와 마찬가지로 부진정연대채무의 관계에 있다고 볼 수 있으므로, 공동불법행위자 중의 1인과 보험계약을 체결한 보험자가 그 피보험자에게 손해방지비용을 모두 상환하였다면, 그 손해방지비용을 상환한 보험자는 다른 공동불법행위자의 보험자가 부담하여야 할 부분에 대하여 직접 구상권을 행사할 수 있다. 또한, 공동불법행위자 중 1인이 다른 공동불법행위자의 보험자로부터 자동차종합보험의 대물배상 한도액인 2,000만 원을 지급받으면서 그 보험자에 대한 '법률상의 배상액'을 포기하기로 합의하였더라도 이로써 위 한도액과는 무관한 손해방지비용의 상환청구권을 포기한 것으로 볼 수 없다).

이러한 손해방지·경감비용을 약관에서 보험자가 부담하지 않는 것으로 하거나 또는 제한하는 내용으로 규정하는 것은 상법 제663조에 의하여 무효라고 본다(편면적 강행규정)(통설).[1]

제 4 보험자의 대위

1. 보험자대위의 의의와 법적 성질

보험자대위(right by subrogation; Subrogation; recours de l'assureur contre le tiers responsable du sinistre)라 함은 「보험자가 보험사고로 인한 손실을 피보험자에게 보상하여 준 때에 보험의 목적이나 제 3 자에 대하여 가지는 피보험자 또는 보험계약자의 권리를 법률상 당연히 취득하는 것」을 말한다($\frac{상}{682조}$). 이러한 보험자대위는 보험의 목적에 대한 것과 제 3 자에 대한 것의 두 가지 형태가 있다. 보험자대위는 원칙적으로 손해보험에 대해서만 인정되고 인보험에 대하여는 허용되지 않는다($\frac{상 729조}{본문}$). 그러나 인보험 중 상해보험의 경우에는 예외적으로 당사자간에 특약이 있는 때에 한하여 피보험자의 권리를 해하지 아니하는 범위에서 제 3 자에 대한 보험자대위를 인정하고 있다[2]($\frac{상 729조}{단서}$).

보험자대위는 민법상의 손해배상자의 대위($\frac{민}{399조}$)와 같은 성질의 것으로서,[3] 이 권리는 법률의 규정에 의하여 당연히 발생하는 권리이다. 따라서 보험자는 보험의 목적에 대한 대위권을 물권변동에 관한 민법의 일반원칙($\frac{민 186조}{188조}$)에 의하지 않고도 행사할 수 있고, 제 3 자에 대한 대위권도 민법상 대항요건($\frac{민}{450조}$)을 밟지 않고도 행사할 수 있다.

2. 보험자대위의 근거

보험자대위의 근거에 대하여는 다음과 같이 크게 손해보험계약의 성질에서 찾는 손해보상계약설(이득방지설)과 보험정책설로 나뉘어 있다.[4]

---

1) 서·정, 417면; 손(주), 592면; 양(승), (보) 235면; 이(기) 외, (보·해) 158면; 한(기), (보) 494면 외.
　반대(유효설): 채, 544면.
2) 인보험에 속하는 선원보험(어선원 및 어선 재해보상보험법 33조)과 산재보험(산업재해보상보험법 87조)의 경우에도 해당 특별법에 의하여 제 3 자에 대한 보험자대위를 인정하고 있다.
3) 동지: 정(희), 426면; 서·정, 418면; 양(승), (보) 238면; 최(기), (하) 693면; 이(기) 외, (보·해) 140면; 채, 544면; 한(기), (보) 497~498면.

(1) 손해보상계약설(이득방지설)

이 설에서는 손해보험계약상 예정된 보험사고의 발생에 의하여 생긴 손해를 보상하는 것은 보험료지급에 대한 반대급여로서의 위험부담이 구체화한 것이므로 보험사고가 피보험자의 재산에 대하여 다른 방면에서 어떠한 영향을 미쳤는가는 보험계약관계와는 아무런 관계가 없는 것이지만, 이로 인하여 만일 피보험자가 어떠한 이득을 얻게 된다면 보험이 불로(不勞)의 이득을 위한 도박적 행위로 악용될 위험성이 있으므로, 손해보험계약의 성질상 피보험자로 하여금 이중의 이득을 얻지 못하도록 하기 위하여 민법상 손해배상자의 대위($\frac{민}{399조}$)와 같은 정신으로 보험자대위가 인정된다는 것이다(통설).[1]

(2) 보험정책설

이 설에서는 보험의 발전과 더불어 오늘날 손해보험계약에서도 신가(新價)보험이 인정되고 있고 또 인보험에서도 보험자대위를 원칙적으로 금지하면서 상해보험계약의 경우에는 약관에 의하여 이를 인정하거나($\frac{상}{729조}$) 또는 의료보험의 경우 이를 허용하는 것($\frac{국민건강보험}{법 53조}$) 등으로 볼 때, 보험정책적인 입장에서 그 근거를 찾는 것이 옳다고 한다.[2]

(3) 사 견

손해보험계약에서 신가보험을 인정하거나 상해보험 등에서 보험자대위를 인정하는 것은 아주 예외적인 것이므로, 피보험자가 이득을 얻을 수 없도록 하기 위하여 보험자대위가 인정된다는 손해보상계약설이 타당하다고 본다.

3. 보험의 목적에 대한 보험자대위(잔존물대위, 보험목적대위)

(1) 의 의

1) 보험의 목적에 대한 보험자대위란 「보험의 목적의 전부가 멸실한 경우에 보험금액의 전액을 지급한 보험자가 피보험자의 보험의 목적에 관한 권리를 법률상 당연히 취득하는 제도」를 말한다($\frac{상}{본문}$681조). 예컨대, 화재보험에서의 타지 않은 석재, 기계보험에서의 파손된 기계, 또는 해상보험에서의 침몰선 등 잔존물에 대한 피보험자의 권리가 보험금액의 전액을 지급한 보험자에게 당연히 이전되는 제도를 말한

4) 이에 관한 상세는 양승규, 「보험자대위에 관한 연구」(삼영사, 1975), 11~36면. 보험자대위를 인정하는 근거에 대하여 일본에서는 이 외에 잔존물(또는 변형물)의 평가가 기술적으로 용이하지 않은 점에서 찾는 견해(기술설)[伊澤孝平, 「保險法」(靑林書院, 1958), 304면]도 있다.

1) 정(희), 426면; 서·정, 418면; 손(주), 595면; 최(기), (하) 693면; 이(기) 외, (보·해) 141~142면; 채, 545면 외.
영미에서는 보험자대위의 원칙이 원래 보증계약과 관련하여 형평법원(courts of equity)에서 발전하여 뒤에 보험계약에까지 확장된 것인데, 이는 손해보상계약(contract of indemnity)으로서의 보험계약의 성격에서 나온 것이라고 한다[Vance, p. 787, Note 2].

2) 양(승), (보) 237면; 양승규, 전게 보험자대위에 관한 연구, 16~18면, 32~36면.

다. 따라서 이를 「잔존물대위」라고도 한다.

2) 보험의 목적에 대한 보험자대위는 이와 유사한 보험위부(保險委付)($\frac{상}{710조}$)와 다음과 같은 점에서 구별된다.[1] (i) 보험자대위는 법률상 당연히 발생하는 권리이나, 보험위부는 피보험자의 특별한 의사표시에 의하여 발생하는 권리이다. (ii) 보험자대위에서 보험자는 그가 피보험자에게 지급한 이상으로 잔존물에 대한 권리를 취득할 수 없으나, 보험위부에서 보험자는 그가 피보험자에게 지급한 보험금액보다 위부목적물의 가액이 큰 경우에도 그 위부목적물을 소유할 수 있다.

(2) 요 건

1) 보험목적의 전부멸실(전손)　　보험의 목적에 대한 보험자대위가 성립하기 위하여는, 첫째로 보험계약의 체결 당시에 보험의 목적이 가지는 경제적 가치가 전부 멸실되어야 한다(전손). 즉, 분손인 경우에는 보험의 목적에 대한 보험자대위가 성립하지 않는다. 이 때 전부멸실이란 잔존물의 일부가 남아 있는 경우에도 경제적인 관념에서 그 이용이 불가능한 경우를 포함하고, 당사자간의 특약에 의하여 예컨대 보험의 목적의 4분의 3 이상을 전손으로 인정하는 것 등은 유효하다고 본다[2]($\frac{상\ 754조\ 1항}{2호\ 참조}$).

2) 보험금액의 전부지급　　보험의 목적에 대한 보험자대위가 성립하기 위하여는, 둘째로 보험자가 보험금액의 전부를 피보험자에게 지급하여야 한다. 즉, 보험자가 보험금액의 일부만을 지급한 경우에는 그 지급부분에 대하여 잔존물에 대한 권리를 취득하는 것이 아니다. 이 점은 제3자에 대한 보험자대위와 구별되는 점이다($\frac{상\ 682조}{단서\ 참조}$). 이 때 보험금액의 전부지급이란 보험의 목적에 대한 손해액뿐만 아니라, 보험자가 지급할 손해방지비용($\frac{상}{680조}$) 등을 포함한다(통설).[3]

(3) 효 과

1) 보험의 목적에 대한 권리의 이전　　위의 요건이 성립하면 피보험자의 보험목적에 대한 모든 권리($\frac{소유권에\ 한하지\ 않고,\ 경제적}{이익이\ 있는\ 모든\ 권리}$)가 보험금액 전액을 지급한 때부터 ($\frac{이에\ 반하여\ 사고발생시부터\ 권리가}{이전된다는\ 입법례로는\ 英海保\ 79조\ 2항}$) 법률의 규정에 의하여 당연히($\frac{민법상\ 물권변동절차}{등을\ 밟을\ 필요\ 없이}$) 보험자에게 이전된다. 따라서 피보험자가 보험금을 지급받기 전에 보험의 목적(잔존물)을 타인에게 처분한 경우에는 보험금에서 이를 공제할 수 있고, 보험금을 지급받은 후

1) 이에 관한 상세는 양(승), (보) 239~240면 참조.
2) 동지: 양(승), (보) 240면; 손(주), 595면.
3) 동지: 양(승), (보) 241면; 손(주), 596면; 최(기), (하) 694면; 이(기) 외, (보·해) 142면 외. 이에 반하여 일본에는 보험자는 보험금액만을 지급하면 손해방지비용 등을 지급하지 않아도 대위권을 취득한다는 견해가 있다(今村 有, 「海上保險論」, 1953, 493면).

에 이를 처분한 경우에는 피보험자는 보험자에 대하여 그에 대한 손해배상책임을 부담한다.[1] 또 이 때 피보험자는 보험자의 잔존물을 점유하고 있으므로 보험자에게 그 권리의 행사에 필요한 통지를 하는 등 신의칙상 요구되는 의무를 부담한다.[2]

2) 일부보험의 경우   일부보험의 경우는 보험자는 보험금액의 보험가액에 대한 비율에 따라 피보험자의 보험목적에 대한 권리를 취득한다($\frac{\text{상}\ 681조}{\text{단서}}$). 따라서 이 경우에 보험자와 피보험자는 지분에 의하여 잔존물을 공유하게 된다.[3]

3) 잔존물에 대한 의무부담과 대위권의 포기   보험자는 대위에 의하여 보험의 목적인 잔존물에 대하여 모든 권리를 취득하는데, 때에 따라서는 이로 인하여 잔존물에 부수하는 의무를 부담하는 경우가 있다. 예컨대 선박보험에 의하여 보험자가 난파선(잔존물)에 대하여 대위권을 취득하는 경우, 보험자는 이로 인하여 그 난파선의 제거의무를 부담한다($\frac{\text{선박의 입항 및 출항}}{\text{등에 관한 법률 40조}}$). 이 때 난파선의 제거비용이 난파선(잔존물)의 가액을 초과하는 경우에 보험자대위를 강요하면 이로 인하여 보험자는 오히려 불이익을 받기 때문에, 이 경우에 보험자는 대위권을 포기할 수 있다고 본다(통설).[4] 이 때에는 잔존물에 대한 모든 권리가 피보험자에게 속하므로, 잔존물에 관한 공법상 또는 사법상의 모든 의무도 피보험자에게 속한다.

4. 제3자에 대한 보험자대위(청구권대위)

(1) 의   의

제3자에 대한 보험자대위란 「피보험자의 손해가 제3자의 행위로 인하여 생긴 경우에 보험금액을 지급한 보험자가 지급한 보험금액의 한도에서 그 제3자에 대한 보험계약자 또는 피보험자의 권리를 법률상 당연히 취득하는 제도」를 말한다($\frac{\text{상}\ 682조}{\text{1항 본문}}$). 예컨대, 피보험자의 보험의 목적이 제3자의 불법행위로 인하여 멸실된 경우에 보험자가 피보험자에게 보험금액을 지급하면, 보험자는 피보험자의 제3자에 대한 불법행위에 기한 손해배상청구권을 대위하게 된다.

보험자에게 이러한 대위권을 인정하는 것은 앞에서 본 바와 같이 피보험자가 이중의 이득을 취득하는 것을 방지하기 위하여 필요할 뿐만 아니라, 보험금의 지급으로 인하여 제3자가 불법행위에 기한 손해배상책임을 면하는 결과가 되는 것을

---

1) 동지: 양(승), (보) 242면.
2) 동지: 양(승), (보) 243면; 채, 547면.
3) 동지: 한(기), (보) 504면.
4) 손(주), 596~597면; 양(승), (보) 244면; 최(기), (하) 694면; 채, 547면; 한(기), (보) 501~502면 외.

방지하기 위하여도 필요하다.[1]

제 3 자에 대한 보험자대위는 보험금을 손익상계로 공제하지 않는 것을 전제로 한다. 즉, 보험금을 손익상계로 공제하는 것은 피해자(피보험자)의 의사에 합치되지 않고 또한 손해배상법의 체계상으로도 가해자의 손해배상의무를 감소시키는 것은 합리적이지 않기 때문에, 보험금은 손익상계의 대상에 포함되지 않는다.[2]

(2) 요   건

1) 제 3 자의 행위로 인한 보험사고의 발생   제 3 자에 대한 보험자대위가 성립하기 위하여는, 첫째로 제 3 자의 행위로 인하여 보험사고가 발생하고 또한 이로 인하여 피보험자가 손해를 입어야 한다. 이 때 「제 3 자」와 제 3 자의 「행위」의 의미가 특히 문제되는데, 이는 다음과 같다.

(개) 「제 3 자」는 보험계약자[3] 및 피보험자 이외의 자를 말한다. 판례에 의하면 자동차보험에서 보험사고를 일으킨 자가 「피보험자의 피용운전사」이거나,[4] 「기명

---

1) 동지: 손(주), 597면; 양(승), (보) 245면; 이(기) 외, (보·해) 144면; 채, 548면; 한(기), (보) 505~506면.

2) 동지: 한(기), (보) 507면; 대판 1998. 11. 24, 98 다 25061.

3) 그러나 판례는 타인을 위한 손해보험에서 보험계약자는 제 3 자에 해당한다고 한다[대판 1989. 4. 25, 87 다카 1669(공보 1989, 801); 동 1990. 2. 9, 89 다카 21965(공보 1990, 726); 동 2000. 11. 10, 2000 다 29769]. 이러한 판례와 동지의 학설로는 이(기) 외, (보·해) 145면(제 3 자라 함은 일반적으로 피보험자 이외의 사람을 말한다고 한다); 채, 551면.
그러나 보험계약자를 제 3 자에 포함시키는 견해에 의하면 (i) 보험계약의 당사자로서 많은 의무를 부담하고 있고 또한 일정한 경우 보험금청구권까지 갖고 있는(상 639조 2항 단서) 보험계약자에게 너무 가혹하고, (ii) 타인을 위한 보험계약자인 운송인이나 임차인 등은 보험자의 대위권 행사에 대비하여 다시 책임보험에 가입해야 하는 실무상 문제점도 발생하는 점 등에서 보험계약자를 제 3 자에 포함시키는 견해는 타당하지 않다고 본다[동지: 장덕조, "타인을 위한 보험계약과 보험자대위,"「고시연구」, 2002. 9, 30~40면; 정동윤, "타인을 위한 보험에서 보험자의 보험계약자에 대한 청구권대위의 가부,"「고려법학」, 제41호(2003), 13~14면; 한(기), (보) 407~408면, 514~515면(그 이유를 상세히 설명함)].

4) 대판 1991. 11. 26, 90 다 10063(공보 1992, 274)(보험계약의 해석상 보험사고를 일으킨 자가 피보험자에 해당할 경우에는 보험자대위권을 행사할 수 없으므로, 자동차종합보험에 가입한 차주의 피용운전사는 '피보험자를 위하여 자동차를 운전중인 자'로서 피보험자일 뿐 제 3 자가 아니다); 동 1993. 6. 29, 93 다 1770(공보 951, 2132); 동 2000. 9. 29, 2000 다 33331(공보 2000, 2218)(보험자대위의 법리에 의하여 보험자가 제 3 자에 대한 보험계약자 또는 피보험자의 권리를 행사하기 위해서는 손해가 제 3 자의 행위로 인하여 생긴 경우라야 하고 이 경우 제 3 자라고 함은 피보험자 이외의 자가 되어야 할 것인바, 자동차종합보험보통약관에 피보험자는 기명피보험자 외에 기명피보험자의 승낙을 얻어 자동차를 사용 또는 관리중인 자 및 위 각 피보험자를 위하여 피보험자동차를 운전중인 자〈운행보조자를 포함함〉 등도 포함되어 있다면, 이러한 승낙피보험자 등의 행위로 인하여 보험사고가 발생한 경우 보험자가 보험자대위의 법리에 의하여 그 권리를 취득할 수 없다); 동 2001. 6. 1, 2000 다 33089(공보 2001, 1506)(보험자대위의 법리에 의하여 보험자가 제 3 자에 대한 보험계약자 또는 피보험자의 권리를 행사하기 위해서는 손해가 제 3 자의 행위로 인하여 생긴 경우라야 하고, 이 경우 제 3 자라고 함은 피보험자 이외의 자가 되어야 할 것인바,

피보험자로부터 굴삭기를 운전기사와 함께 임차하여 사용 또는 관리중인 자」이거나,[1] 또는 「기명피보험자의 승낙을 얻어 자동차를 사용 또는 관리중인 자」[2]는 자동차보험 보통약관 제10조(배상책임)의 피보험자의 범위에 해당하므로, 보험자는 이같은 자에 대하여 보험자대위권을 행사할 수 없다고 한다.

또한 「보험계약자나 피보험자와 생계를 같이 하는 가족」도 고의가 없는 한 제 3 자에 포함되지 않는다($\frac{상}{2항}$682조). 이는 2014년 3월 개정상법에 의하여 명문으로 신설된 것인데, 보험계약자 또는 피보험자의 가족에 대하여도 보험자의 대위권을 인정하면 결과적으로 보험계약자 또는 피보험자가 보험계약에 따른 보호를 받지 못하기 때문에 보험계약자 또는 피보험자를 두텁게 보호하기 위한 것이다. 종래의 통설[3] 및 판례[4]에서도 보험계약자 또는 피보험자와 공동생활을 하는 가족 또는 사용

자동차종합보험보통약관에 피보험자로 기명피보험자 외에 기명피보험자의 승낙을 얻어 자동차를 사용 또는 관리중인 자, 이러한 각 피보험자를 위하여 피보험자동차를 운전중인 자〈운행보조자 포함〉 등도 포함되어 있다면, 이러한 승낙피보험자 등의 행위로 인하여 보험사고가 발생한 경우 보험자가 보험자대위의 법리에 의하여 그 권리를 취득할 수 없다).

1) 대판 1995. 6. 9, 94 다 4813(공보 996, 2365)(자동차종합보험 보통약관 제11조에 의하여 기명피보험자로부터 굴삭기를 운전기사와 함께 임차하여 사용 또는 관리 중인 자는 피보험자에 해당하고, 상법 제682조에서 말하는 제 3 자가 아니어서 보험자는 이같은 자에 대하여 보험자대위권을 행사할 수 없다); 동 1995. 11. 28, 95 다 31195(공보 1996, 175).

2) 대판 2001. 11. 27, 2001 다 44659(공보 2002, 156)(보험자대위의 법리에 의하여 보험자가 제 3 자에 대한 보험계약자 또는 피보험자의 권리를 행사하기 위해서는 손해가 제 3 자의 행위로 인하여 생긴 경우라야 하고, 이 경우 제 3 자라고 함은 피보험자 이외의 자가 되어야 할 것이므로, 자동차책임보험약관이 기명피보험자 외에 기명피보험자의 승낙을 얻어 자동차를 사용 또는 관리중인 자, 이러한 각 피보험자를 위하여 피보험자동차를 운전중인 자〈운전보조자 포함〉 등도 피보험자로 정하고 있다면, 이러한 승낙피보험자 등의 행위로 인하여 보험사고가 발생한 경우 보험자가 보험자대위의 법리에 의하여 그 권리를 취득할 수 없다. 따라서 피보험차량의 소유자로부터 그 주차관리를 위탁받아 관리중에 있는 자나 그 피용자는 보험자가 보험자대위권을 행사할 수 있는 상법 제682조 소정의 '제 3 자'에 해당하지 않는다).

3) 서·정, 421면; 손(주), 598면; 양(승), (보) 248면; 동, 전게 보험자대위에 관한 연구, 75~76면; 최(기), (하) 698면; 이(기) 외, (보·해) 145면 외.
  반대: 채, 551면.

4) 대판 2000. 6. 23, 2000 다 9116; 동 2002. 9. 6, 2002 다 32547(공보 2002, 2411)(피보험자의 동거친족에 대하여 피보험자가 배상청구권을 취득한 경우, 통상은 피보험자는 그 청구권을 포기하거나 용서의 의사로 권리를 행사하지 않은 상태로 방치할 것으로 예상되는바, 이러한 경우 피보험자에 의하여 행사되지 않는 권리를 보험자가 대위취득하여 행사하는 것을 허용한다면 사실상 피보험자는 보험금을 지급받지 못한 것과 동일한 결과가 초래되어 보험제도의 효용이 현저히 해하여진다 할 것이고, 무면허면책약관은 보험약관에 있어서의 담보위험을 축소하고 보험료의 할인을 가능하게 하는 데 그 취지가 있는 것이기는 하나, 그 경우에도 피보험자의 명시적이거나 묵시적인 의사에 기하지 아니한 채 무면허 운전자가 피보험자동차를 운전한 경우에는 면책조항의 예외로서 보험자가 책임을 지는 점에 미루어 무면허 운전자가 동거가족인 경우에도 보험자의 대위권 행사의 대상이 되는 것으로 해석한다면, 무면허 운전자가 가족이라는 우연한 사정에 의하여 면책약관에 위배되지 않은 보험계약자에게 사실상 보험혜택을 포기시키는 것이어서 균형이 맞지 않는 점 등에

인은 제 3 자에서 제외하였는데(佛〈프랑스〉保 L. 121-12조
3항, 獨保 86조 3항 참조) 2014년 3월 개정상법은 이러한 점을 반영하여 명확하게 규정한 것이다.

그러나 보험사고가 피보험자인 파견근로자(업무위탁계약에 따라 업무위탁자가
업무수탁자로부터 파견받은 근로자)의 행위로 발생한 경우 다른 피보험자인 업무위탁자가 보험사고를 유발한 파견근로자의 사용자인 업무수탁자에 대하여 가지는 사용자책임에 기한 손해배상청구권 등에 대하여는 보험자대위가 인정된다.[1] 또한 렌트카회사(기명피보험자)로부터 자동차를 임차한 자(승낙피보험자)가 기명피보험자의 의사에 반하여 다른 사람에게 자동차를 운전하게 한 경우, 그 다른 사람은 운전피보험자가 될 수 없으므로 상법 제682조의 제 3 자가 된다.[2]

이러한 제 3 자는 1인이든 수 인이든 무방하다. 보험자가 공동불법행위자 중 1 인과의 보험계약에 따라 피해자에게 손해보상을 함으로써 공동불법행위자들이 공동면책되는 경우 다른 공동불법행위자들은 보험자에게 제 3 자가 되므로, 보험자는 다른 공동불법행위자들에게 구상권을 대위행사할 수 있다.[3] 또 손해를 발생시킨 제

비추어, 무면허운전 면책약관부 보험계약에서 무면허 운전자가 동거가족인 경우 특별한 사정이 없는 한 상법 제682조 소정의 제 3 자의 범위에 포함되지 않는다고 봄이 타당하다. 또한 무면허운전이 형사처벌의 대상이 되는 범법행위라 할지라도 무면허운전을 한 사실만을 들어 고의로 사고를 야기하여 손해를 발생시킨 것이라고까지 볼 수는 없는 것이므로 동거가족이 무면허운전을 한 경우에는 고의에 의한 손해발생임을 이유로 상법 제682조 소정의 보험자대위를 인정하여야 한다는 원고의 상고이유 역시 받아들일 수 없다 할 것이다); 동 2009. 8. 20, 2009 다 27452(공보 2009, 1538)(갑이 자동차종합보험〈책임보험 포함〉에 가입하지 않은 채 사실상 보유·사용하던 차량을 그 처인 을이 운전하던 중 과실에 의한 사고로 동승인인 딸 병이 부상을 입은 데 대하여 구 자동차손해배상 보장법〈2008. 2. 29. 법률 제8852호로 개정되기 전의 것〉상의 보장사업자가 같은 법 제26조에 따라 치료비와 보상금을 지급한 후 피해자 병이 사고차량의 법률상 운행자인 갑과 을에 대해 가지는 손해배상청구권을 대위행사한 경우, 손해배상채무자가 피해자의 동거친족이므로 그 대위행사가 허용되지 않는다).

1) 대판 2010. 8. 26, 2010 다 32153(공보 2010, 1820)(보험사고가 피보험자인 파견근로자〈업무위탁계약에 따라 업무위탁자가 업무수탁자로부터 파견받은 근로자〉의 행위로 인하여 발생한 경우로서 보험자가 보험자대위의 법리에 따라 피보험자인 업무위탁자가 또 다른 피보험자인 파견근로자 본인에 대하여 가지는 권리를 취득할 수는 없다고 하더라도, 업무수탁자가 피보험자인 업무위탁자에 대하여 파견근로자의 사용자로서 별도로 손해배상책임을 지는 이상, 보험자는 보험자대위의 법리에 따라 피보험자인 업무위탁자가 파견근로자의 사용자에 대하여 가지는 권리를 취득할 수 있으며, 설령 업무수탁자가 파견근로자에 대하여 구상권을 행사할 수 있다고 하더라도 제반 사정에 따라 구상권의 행사가 부인되거나 제한될 수도 있으며, 보험사고에 대하여 과실이 큰 파견근로자에게 일정한 정도의 손해를 분담시키는 것이 반드시 부당하다고 할 수도 없으므로, 업무위탁자가 보험사고를 유발한 파견근로자의 사용자인 업무수탁자에 대하여 가지는 사용자책임에 기한 손해배상청구권 등에 대하여 보험자대위를 인정하는 것이 반드시 불합리하다고 볼 수 없다).

2) 대판 2013. 9. 26, 2012 다 116123(공보 2013, 1947).

3) 동지: 대판 1989. 11. 28, 89 다카 9194(공보 864, 137); 동 1992. 12. 8, 92 다 23360(공보 1993, 424); 동 1994. 10. 7, 94 다 11071(공보 980, 2947)(따라서 피보험자인 불법행위자는 다

른 공동불법행위자에 대하여 구상권을 행사할 수 없다); 동 1995. 7. 14, 94 다 36698(공보 998, 2785)(자동차손해배상책임보험자가 사망한 피해자의 상속인에게 보험금을 지급하였다면 그로써 보험자는 상법 제682조 소정의 보험자대위의 규정에 의하여 피보험자가 다른 공동불법행위자에 대하여 가지는 구상권을 취득한다. 따라서 공동불법행위자의 대리인이 사망한 피해자의 상속인에게 손해배상금을 지급하였더라도 이는 변제수령권한이 없는 자에 대한 변제로서 무효이고, 따라서 보험자가 상법 제682조에서 정한 보험자대위의 규정에 의하여 취득한 권리에 아무런 영향을 미칠 수 없다); 동 1995. 12. 12, 95 다 19195(공보 1996, 362)(자동차종합보험에서 보험자가 피보험자로부터 손해배상청구사실을 통지받고 나아가 소송고지까지 받았음에도 불구하고, 무면허면책조항에 따라 면책된다고 주장하면서 법률적 조언을 하는 등의 아무런 협조도 하지 아니하였다면, 이제 와서 피보험자가 고도의 전문적 법률지식을 요하는 공동불법행위자에 대한 장래의 구상금채권에 대한 보전절차를 이행하지 아니하였음을 들어 보험자가 자신의 보험금채무의 경감을 주장하는 것은 신의칙에 반하여 허용될 수 없다); 동 1998. 9. 18, 96 다 19765(공보 1999, 2506)(공동불법행위자들의 보험자들 상호간에 직접 구상권을 행사할 수 있고, 상법 제724조 2항 소정의 피해자의 직접청구권은 보험자대위의 목적이 될 수 있다); 동 1998. 12. 22, 98 다 40466(공보 1999, 195)(공동불법행위자 중 1인과 체결한 보험계약에 따라 보험자가 손해배상금을 지급하여 공동불법행위자들이 공동면책된 경우 보험계약을 체결한 공동불법행위자는 다른 공동불법행위자에 대하여 구상권을 행사할 수 있다. 이 경우 다른 공동불법행위자에 대하여 구상권을 취득한 공동불법행위자가 상법 제724조 2항에 의하여 다른 공동불법행위자의 보험자에게 직접 구상권을 행사할 수 있고 공동면책시킨 보험자도 보험자대위에 의하여 취득한 위 구상권을 다른 보험자에 대하여 직접 행사할 수 있다. 이러한 공동불법행위자들의 보험자들 상호간의 구상권의 소멸시효기간은 10년이고 그 기산점은 구상권자가 현실로 피해자에게 지급한 때이다); 동 1999. 2. 5, 98 다 22031(공보 1999, 444)(보험자가 자동차 사고의 공동불법행위자 중 1인인 갑과 체결한 보험계약에 따라 피해자에게 손해배상금을 지급한 후 보험자대위에 따라 자사의 책임보험에 가입한 다른 공동불법행위자인 을에게 구상금을 청구한 경우에 을이 부담하는 구상금은 보험자가 지급한 책임보험금과 종합보험금 중 을의 과실비율에 해당하는 부분이므로, 을의 차량이 보험자의 책임보험에 가입함으로 인하여 보험자의 구상금에서 공제할 수 있는 금액은 보험자가 지급한 책임보험금 중 갑측의 과실비율에 해당하는 부분에 한정되어야 하고, 책임보험금 전액을 공제하여서는 아니 된다); 동 1999. 6. 11, 99 다 3143(공보 1999, 1377)(공동불법행위자의 보험자들 상호간에는 그 중 하나가 피해자에게 보험금으로 손해배상금을 지급함으로써 공동면책되었다면 그 보험자는 상법 제682조의 보험자대위의 법리에 따라 피보험자가 다른 공동불법행위자의 부담 부분에 대한 구상권을 취득하여 그의 보험자에 대하여 행사할 수 있고, 이 구상권에는 상법 제724조 2항에 의한 피 해자가 보험자에 대하여 가지는 직접청구권도 포함된다. 또한 보험금을 지급한 보험자가 보험자대위에 의하여 다른 공동불법행위자 및 그의 보험자에 대하여 가지는 구상권의 소멸시효기간은 일반채권과 같이 10년이고, 그 기산점은 구상권이 발생한 시점, 즉 구상권자가 현실로 피해자에게 손해배상금을 지급한 때이다); 동 1999. 11. 9, 99 다 49293(신문 2841, 14)(보험회사가 피해자에게 보험금을 지급하고 대위에 의하여 취득한 구상권은 피해자가 가해자 및 그 보험자에 대하여 가지는 손해배상청구권과는 별개의 권리로서 소멸시효기간은 손해배상금을 지급한 때부터 10년이고, 가해자 및 그 보험자에 대한 피해자의 손해배상청구권이 시효소멸된 뒤에 손해배상금을 지급했더라도 구상권을 행사할 수 있다); 동 2002. 5. 24, 2002 다 14112(공보 2002, 1482)(공동불법행위자 중의 1인과 사이에 체결한 보험계약에 따라 보험자가 피해자에게 손해배상금을 보험금액으로 모두 지급함으로써 공동불법행위자들이 공동면책이 된 경우 보험금액을 지급한 보험자가 상법 제682조 소정의 보험자대위의 제도에 따라 보험계약을 체결한 공동불법행위자 아닌 다른 공동불법행위자에 대하여 취득하는 구상권의 범위는 지급한 보험금액의 범위 내에서 피해자가 불법행위로 인하여 입은 손해 중 다른 공동불법행위자의 과실비율에 상당하는 부분을 한도로 하는 것이므로 보험자가 피해자의 손해액을 초과하여 보험금액을 지급하였다 하더라도 그 초과부분에 대하여는 구상할 수 없다. 그러나 공동불법행위자는 채권자에 대한 관계에서는 부진정연대책임을 지되, 공동불법행위자들 내부관계

3 자와 이로 인하여 피보험자에 대하여 채무를 부담하게 된 제 3 자가 동일인이 아 니어도 무방하다(예컨대, 선장의 행위에 의하여 법률상 발생하는 공동해손〈共同海損〉 의 분담청구권〈상 866조 이하〉에도 보험자대위가 인정된다).

(나) 제 3 자의 「행위」는 불법행위(방화 등)뿐만 아니라, 채무불이행에 의하여 손해 배상의무를 부담하는 경우(임차인의 실화〈失火〉) 또는 적법행위(예컨대, 선장의 공동해손 처분행위 − 상 865조)도 포함된다.[1]

우리 대법원도 이와 동지로 「제 3 자의 행위란 '피보험이익에 대하여 손해를 일으키는 행위'를 뜻하는 것으로서 고의 또는 과실에 의한 행위만이 이에 해당하는 것이 아니다. 따라서 보험사고에 의하여 손해가 발생하고 피보험자가 그 손해에 관 하여 제 3 자에게 손해배상청구권을 갖게 되면 보험금을 지급한 보험자는 제 3 에게 귀책사유가 있음을 입증할 필요가 없이 법률의 규정에 의하여 당연히 그 손해배상 청구권을 취득한다」고 판시하고 있다.[2]

2) 보험자의 보험금지급   제 3 자에 대한 보험자대위가 성립하기 위하여는, 둘째로 보험자는 피보험자에게 보험금을 적법하게 지급하여야 한다. 보험자가 보험 금을 적법하게 지급하여야 하는 점에 대하여 우리 대법원판례를 보면, 「보험약관상 보험자가 면책되는 무면허운전시에 생긴 사고에 대하여 보험회사가 보험금을 지급 한 것은 보험약관을 위배하여 이루어진 적법하지 못한 보험금의 지급이므로 이로 인하여 보험자는 구상권을 대위행사할 수 없다」고 판시하였으나,[3] 「보험자가 보험

에서는 일정한 부담부분이 있고, 이 부담부분은 공동불법행위자의 과실의 정도에 따라 정하여지는 것으로서 공동불법행위자 중 1인이 자기의 부담부분 이상을 변제하여 공동의 면책을 얻게 하였을 때에는 다른 공동불법행위자에게 그 부담부분의 비율에 따라 구상권을 행사할 수 있다); 동 2002. 9. 4, 2002 다 4429(책임보험에 가입되어 있는 2 이상의 자동차가 공동으로 하나의 사고에 관여한 경우 각 보험자는 피해자의 손해액을 한도로 하여 각자의 책임보험 한도액 전액을 피해자에게 지 급할 책임을 진다고 새겨야 할 것이므로, 보험자가 자동차 사고의 공동불법행위자 중 1인과 체결 한 보험계약에 따라 피해자에게 배상한 금액 중 다른 공동불법행위자의 과실비율에 따른 금액이 사고 당시의 책임보험한도액을 초과하는 경우에는, 보험자대위에 따라 다른 공동불법행위자에게 구상금을 청구하는 경우에 그 공동불법행위자 및 보험자가 부담하는 구상금은 책임보험금의 한도 액 전액이 된다).

1) 동지: 정(희), 428면; 양(승), (보) 246면; 한(기), (보) 508~509면.
2) 대판 1995. 11. 14, 94 다 33092(공보 1996, 23).
3) 대판 1994. 4. 12, 94 다 200(공보 969, 51). 동지: 대판 2001. 6. 1, 2000 다 33089(공보 2001, 1506)(보험약관에 배상책임이 있는 피보험자의 피용자로서 근로기준법에 의하여 재해보상 을 받을 수 있는 사람이 죽거나 다친 경우에는 보상하지 아니한다고 규정되어 있고, 보험사고의 피 해자가 승낙피보험자의 피용자이어서 보험자가 그 근로재해 면책조항을 들어 승낙피보험자가 보험 금의 지급청구를 하여 오는 경우 이를 거절할 수 있다고 하더라도, 그 사실만으로 승낙피보험자의 지위마저 상실되는 것은 아니므로, 보험자는 승낙피보험자에 대하여 구상권을 대위행사할 수 없 다); 동 2009. 10. 15, 2009 다 48602(공보 2009, 1856)(상법 제682조에서 정한 제 3 자에 대한 보험자대위가 인정되기 위하여는 보험자가 피보험자에게 보험금을 지급할 책임이 있는 경우여야 하므로, 보험자가 보험약관에 따라 면책되거나 피보험자에게 보험사고에 대한 과실이 없어 보험자 가 피보험자에게 보험금을 지급할 책임이 없는 경우에는 보험자대위를 할 수 없다. 따라서 갑차량

약관에 정하여져 있는 중요한 내용에 해당하는 면책약관에 대한 설명의무를 위반하여 약관의 규제에 관한 법률 제 3 조 제 4 항에 따라 해당 면책약관을 계약의 내용으로 주장하지 못하고 보험금을 지급한 경우에는 이는 보험자가 피보험자에게 보험금을 지급할 책임이 있는 경우에 해당하므로 보험자는 보험자대위를 할 수 있다」고 판시하고 있다.[1] 또한 「교통사고에 있어서 차량소유자(피보험자)의 차량관리상의 과실과 그 차량의 무단운전자(제 3 자)의 과실이 경합된 경우, 보험자가 그 자동차소유자와 체결한 보험계약에 따라 피해자들에게 그 손해배상금을 보험금액으로 모두 지급한 경우, 그 차량소유자는 무단운전자의 부담부분에 대하여 구상권을 행사할 수 있으므로 보험자는 상법 제682조 소정의 보험자대위의 제도에 따라 차량소유자의 무단운전자에 대한 구상권을 취득한다」고 판시하고 있다.[2]

이 때 보험자는 피보험자에게 「보험금을 지급한 때」에 당연히 피보험자의 제 3 자에 대한 권리를 대위한다(이러한 점에서 보험자의 보험금 지급여부와는 무관하고 피보험자의 위부〈委付〉의 의사표시가 보험자에게 도달한 때에 그 효력이 생기는 보험위부와 구별된다.). 보험자가 보험금을 지급하여야 하는 점에 대하여 우리 대법원판례는 「의료보험의 경우에는 피보험자가 보험자 또는 보험자단체가 지정한 요양취급기관에 의하여 질병 또는 부상이 치유되기까지 요양케 하는 현물급여의 형태로 이루어지므로, 피보험자가 요양취급기관에서 치료를 받았을 때 현실적으로 보험급여가 이루어진 것이 된다. 따라서 의료보험조합(보험자)은 그 한도 내에서 상법 제682조에 의하여 제 3 자에 대한 구상권을 취득한다」고 판시하고 있다.[3]

동일한 건물에 대하여 임차인 화재보험과 소유자 화재보험이 중복보험으로 체결되고 임차인의 책임 있는 사유로 임차건물에 화재가 발생하여 소유자 화재보험의 보험자가 소유자에게 건물에 대한 보험금을 지급하였다면, 소유자 화재보험의 보험자는 임차인 화재보험의 보험자로부터 중복보험 분담금($\frac{상}{1항}$672조)을 지급받았다고 하더라도 임차인에 대하여 보험자대위권을 행사할 수 있다.[4]

이 을차량을 들이받아 그 충격으로 을차량이 밀려나가 발생한 병의 손해를 을차량의 보험자가 대물보상보험금을 지급하여 배상한 경우, 위 사고에 대하여 을차량의 운전자에게 아무런 과실도 인정되지 않는다면 을차량의 보험자는 피보험자인 을에게 보험금을 지급할 책임이 없으므로 보험자대위를 할 수 없다).

1) 대판 2014. 11. 27, 2012 다 14562(공보 2015, 3).

2) 대판 1995. 9. 29, 94 다 61640(공보 1004, 3611).

3) 대판 1994. 12. 9, 94 다 46046(이 판결에 대하여 찬성하는 취지의 평석으로는 김성태, "보험자의 현물급여와 대위권발생시기," 법률신문, 제2415호, 14면 참조).

4) 동지: 대판 2015. 1. 29, 2013 다 214529(공보 2015, 301)(건물의 임차인이 임차건물을 보험목적으로 하여 가입한 화재보험〈이하 '임차인 화재보험'이라고 한다〉과 건물의 소유자가 건물을 보험목적으로 하여 가입한 화재보험〈이하 '소유자 화재보험'이라고 한다〉이 소유자를 피보험자로 하

는 중복보험의 관계에 있는 경우, 임차인의 책임 있는 사유로 임차건물에 화재가 발생하여 소유자 화재보험의 보험자가 소유자에게 건물에 관한 보험금을 지급하였다면, 소유자 화재보험의 보험자로서는 임차인 화재보험의 보험자로부터 상법 제672조 제1항에 따라 중복보험 분담금을 지급받았다고 하더라도 상법 제682조에 따라 임차인에 대하여 보험자대위에 의한 청구권을 행사할 수 있고, 다만 그 범위가 소유자에게 지급한 보험금에서 임차인 화재보험의 보험자로부터 지급받은 중복보험 분담금을 공제한 금액 중 보험자대위에 의한 청구권의 상대방인 임차인의 책임비율에 따른 부담 부분으로 축소될 뿐이다. 한편 임차인 화재보험의 보험자가 위 화재에 대한 임차인의 손해배상책임을 보상하는 책임보험자의 지위도 겸하고 있다면, 소유자 화재보험의 보험자는 책임보험 직접청구권에 관한 상법 제724조 제2항에 따라 같은 금액을 임차인 화재보험의 보험자에게 청구할 수 있다). 동지: 대판 2019. 11. 14, 2019 다 216589(공보 2020, 22)(상법 제682조 제1항 본문은 "손해가 제3자의 행위로 인하여 발생한 경우 보험금을 지급한 보험자는 그 지급한 금액의 한도에서 그 제3자에 대한 보험계약자 또는 피보험자의 권리를 취득한다"라고 하여, 보험자대위에 관하여 규정한다. 위 규정의 취지는 피보험자가 보험자로부터 보험금액을 지급받은 후에도 제3자에 대한 청구권을 보유·행사하게 하는 것은 피보험자에게 손해의 전보를 넘어서 오히려 이득을 주게 되는 결과가 되어 손해보험제도의 원칙에 반하게 되고 또 배상의무자인 제3자가 피보험자의 보험금 수령으로 인하여 책임을 면하게 하는 것도 불합리하므로 이를 제거하여 보험자에게 이익을 귀속시키려는 데 있다. 이처럼 보험자대위권의 규정 취지가 피보험자와 보험자 및 제3자의 이해관계를 조정하고 위험을 분배하고자 하는 데에 있음을 고려할 때, 보험자는 보험계약의 목적이 되는 피보험이익을 기준으로 보험목적물에 발생한 손해에 대하여 자신이 지급한 보험금의 한도 내에서 보험계약자나 피보험자의 제3자에 대한 권리를 취득할 수 있다. 따라서 보험자대위권 행사 범위는 보험목적물을 대상으로 산정하여야 한다); 동 2020. 10. 15, 2018 다 213811(공보 2020, 2124)(손해보험의 보험사고에 관하여 동시에 불법행위나 채무불이행에 기한 손해배상책임을 지는 제3자가 있어 피보험자가 그를 상대로 손해배상청구를 하는 경우에, 피보험자는 보험자로부터 수령한 보험금으로 전보되지 않고 남은 손해에 관하여 제3자를 상대로 그의 배상책임을 이행할 것을 청구할 수 있다. 보험자대위에 관한 상법 제682조의 규정은 피보험자가 보험자로부터 보험금액을 지급받은 후에도 제3자에 대한 청구권을 보유·행사하게 하는 것은 피보험자에게 손해의 전보를 넘어서 오히려 이득을 주게 되는 결과가 되어 손해보험제도의 원칙에 반하게 되고 또 배상의무자인 제3자가 피보험자의 보험금 수령으로 인하여 책임을 면하게 하는 것도 불합리하므로 이를 제거하여 보험자에게 이익을 귀속시키려는 데 있다. 그런데 하나의 사고로 보험목적물과 보험목적물이 아닌 재산에 대하여 한꺼번에 손해가 발생한 경우, 보험목적물이 아닌 재산에 발생한 손해에 대해서는 보험계약으로 인한 법률관계를 전제로 하는 상법 제682조의 보험자대위가 적용될 수 없다. 따라서 제3자의 행위로 발생한 사고로 인하여 피보험자에게 보험목적물과 보험목적물이 아닌 재산에 모두 손해가 발생하여, 피보험자가 보험목적물에 관하여 보험금을 수령한 경우, 피보험자가 제3자에게 해당 사고로 인한 손해배상을 청구할 때에는 보험목적물에 대한 손해와 보험목적물이 아닌 재산에 대한 손해를 나누어 그 손해액을 판단하여야 하고, 보험목적물이 아닌 재산에 대한 손해액을 산정할 때 보험목적물에 관하여 수령한 보험금액을 고려하여서는 아니 된다. 갑이 을 보험회사와 매장 내 물품을 보험목적물로 하는 보험계약을 체결한 후 병이 소유한 건물의 지붕 보강공사 중 발생한 화재로 인하여 갑의 매장 내 물품뿐만 아니라 가설창고 내 물품 등이 소훼되는 손해가 발생하였는데, 갑이 을 회사로부터 보험목적물에서 발생한 손해 전액에 대해서 보험금을 지급받은 후 병을 상대로 손해배상을 구한 사안에서, 갑은 보험목적물인 매장 내 물품에서 발생한 손해에 대해서는 보험금을 모두 지급받았으므로, 병에게 더 이상 위 손해의 배상을 청구할 수 없는 반면, 보험목적물이 아닌 재산 등에서 발생한 손해액 중 병의 손해배상책임액만큼 병에게 배상을 청구할 수 있는데도, 보험목적물 여부를 구분하지 않고 갑의 전체 손해액 중 보험금으로 전보되지 않고 남은 손해액이 병의 전체 손해배상책임액보다 많기 때문에 갑이 병에게 전체 손해배상책임액을 청구할 수 있다고 본 원심판단에는 법리오해 등의 잘못이 있다); 동 2021. 1. 14, 2020 다 261776(공보 2021, 376)(피보험자는 보험자로부터 수령한 보험금으로 전보되지 않고 남은 손해에 보험자가 보험금의 일부를 지급한 때에도 피보험자의 권리를 해하지 아니하는 범위 내에서 그 권리를 대위한다(상단서^{682조}). 이 점은 보험금 전액을 지급하여야 대위가 인정되는 보험의 목적에 대한 보험자대위와 구별되는 점이다.

3) 보험계약자 또는 피보험자의 제 3 자에 대한 권리의 존재   제 3 자에 대한 보험자대위가 성립하기 위하여는, 셋째로 보험계약자 또는 피보험자가 제 3 자에 대하여 권리를 갖고 있어야 한다. 이 때 보통은 피보험자가 제 3 자에 대하여 갖고 있는 불법행위 또는 채무불이행으로 인한 손해배상청구권이 보험자대위의 대상이 된다.¹⁾ 따라서 보험계약에서 담보하지 아니하는 손해에 해당하여 보험금 지급의무가 없는데도 보험자가 피보험자에게 보험금을 지급한 경우에는 보험자대위가 성립할 수 없음은 물론이고,²⁾ 제 3 자에 의하여 보험사고가 발생한 후에 보험자가 보험금을 지급하기 전에(즉, 대위권이발생하기 전에) 피보험자 등이 제 3 자에 대한 권리를 행사하거나 처분한 경우에도 피보험자 등의 제 3 자에 대한 권리는 존재하지 않으므로 (이로 인하여 피보험자 등이 그의 손해를 전부 배상받은 경우에는 보험자는 보험금지급채무도 없고) 보험자대위가 성립할 수 없다.³⁾ 또한 피보험자 등의 제 3 자에 대한 권리가 소멸시효 등으로 인하여 소멸한 경우에도 보험자는 이를 대위할 여지가 없다.⁴⁾ 또한 피보험

관하여 제 3 자를 상대로 그의 배상책임〈다만 과실상계 등에 의하여 제한된 범위 내의 책임이다〉을 이행할 것을 청구할 수 있는바, 전체 손해액에서 보험금으로 전보되지 않고 남은 손해액이 제 3 자의 손해배상책임액보다 많을 경우에는 제 3 자에 대하여 그의 손해배상책임액 전부를 이행할 것을 청구할 수 있고, 위 남은 손해액이 제 3 자의 손해배상책임액보다 적을 경우에는 그 남은 손해액의 배상을 청구할 수 있다. 후자의 경우 보험자는 제 3 자의 손해배상책임액과 위 남은 손해액의 차액 상당액을 보험자대위에 따라 취득한다. A와 B가 공동소유하는 A 운전의 가해차량이 중앙선 침범으로 C 운전의 피해차량을 충격하는 교통사고가 발생하여 C가 인적·물적 손해를 입고 피해차량 동승자 D가 인적 손해를 입자, 피해차량의 자동차보험자인 E 보험회사가 C와 D에게 그들이 입은 손해에 관한 보험금을 지급하였고, 그 후 가해차량의 책임보험인 F 보험회사가 E 회사에 C와 D의 손해에 관한 책임보험금으로 지급하였는데, F 회사가 E 회사에 지급한 C의 물적 손해에 관한 책임보험금과 E 회사가 A와 B를 상대로 제기한 종전 소송에서 C의 물적 손해에 관한 구상채권으로 확정된 이행권고결정상의 금액이 E 회사가 보험자대위로 취득하는 D의 인적 손해에 관한 구상채권에서 공제되어야 하는지 문제 된 사안에서, E 회사는 보험자대위에 따라 D의 손해에 관하여 보험금 상당의 구상채권을 취득하였고, 이후 F 회사로부터 그 구상채권 중 일부를 변제받았으므로 A와 B에 대하여 나머지 금액의 지급을 구할 수 있고, F 회사가 E 회사에 지급한 C의 손해에 관한 책임보험금과 E 회사가 A와 B를 상대로 제기한 종전 소송에서 C의 손해에 관한 구상채권으로 확정된 이행권고결정상의 금액은 모두 C의 물적 손해에 관한 것이므로, 그 금액은 C의 물적 손해에 관한 구상채권의 변제에 충당되거나 공제의 대상이 될 수 있을 뿐, 특별한 사정이 없는 한 다른 채권인 D의 인적 손해에 관한 구상채권의 변제에 당연 충당된다거나 공제의 대상이 될 수 없다).

1) 동지: 대판 1988. 12. 13, 87 다카 3166(공보 840, 106).
2) 동지: 대판 2014. 10. 15, 2012 다 88716(공보 2014, 2172).
3) 동지: 대판 1981. 7. 7, 80 다 1643.
4) 동지: 대판 1993. 6. 29, 93 다 1770(공보 951, 2132).

자 등이 제3자에 대한 권리를 미리 포기한 경우에도 보험자는 이를 대위할 수 없다.[1]

보험계약자가 제3자에 대하여 갖는 권리를 포함시킨 것은, 예컨대 타인의 물건의 보관자(예컨대, 창고업자 등)가 타인을 위하여 보험계약을 체결한 경우에 그 물건이 제3자의 행위에 의하여 멸실된 때에는 보관중인 보험계약자가 제3자에 대하여 손해배상청구권을 갖게 되는 것을 예상한 것이다.[2]

피보험자 등의 제3자에 대한 이러한 권리는 피보험자 등이 직접 갖고 있든 또는 그들의 승계인이 갖고 있든 불문하고, 또한 보험사고로 직접 발생한 것이든 간접적으로 발생한 것이든 불문한다.[3]

(3) 효   과

1) 피보험자 등의 제3자에 대한 권리의 이전   위의 요건이 성립하면 피보험자 등의 제3자에 대한 권리는 법률의 규정에 의하여 당연히 보험자에게 이전된다. 즉, 이러한 권리를 이전하기 위하여 당사자간의 별도의 의사표시나 대항요건은 불필요하다. 이 때 제3자는 권리자의 변동으로 불이익을 받을 이유가 없으므로 피보험자 등에 대한 모든 항변사유로써 보험자에게 대항할 수 있고, 소멸시효기간도 합산된다.[4]

이 때 보험자는 「피보험자가 제3자에 대하여 행사할 수 있는 권리」의 한도에서만 대위권을 행사할 수 있고, 또한 자기가 지급한 「보험금액」의 한도에서만 대위권을 행사할 수 있다. 제3자가 수 인이고 또한 불법행위로 인한 손해배상책임을 부담하는 경우에는 보험자 대위에 의하여 피보험자 등의 권리를 취득한 보험자에 대하여도 연대책임을 부담하므로(민760조), 보험자는 그 1인 또는 전원에 대하여 권리

---

1) 동지: 대판 2005. 9. 15, 2005 다 10531(공보 2005, 1599)(자동차종합보험에서 운전자를 피보험자에 포함시킨 것은 보험자의 책임범위를 넓혀 피보험자 및 피해자를 보호하기 위한 것이지 운전피보험자의 면책이 주된 목적이 아니고, 파견사업주가 파견근로자에 대하여 구상권을 행사할 수 있다고 하더라도 제반 사정에 따라 구상권의 행사가 부인되거나 제한될 수 있으며, 자동차사고에 대하여 과실이 큰 파견근로자에게 일정한 정도의 손해를 분담시키는 것이 반드시 부당하다고 할 수는 없을 것이므로, 기명피보험자가 보험사고를 유발한 파견근로자의 사용자인 파견사업주에 대하여 가지는 사용자책임에 기한 손해배상청구권 등에 대하여 보험자 대위를 인정하는 것이 반드시 불합리하다고 볼 수는 없다. 그러나 기명피보험자와 파견사업주 사이에 체결된 근로자 파견계약의 내용 등에 비추어 볼 때, 기명피보험자는 파견근로자가 유발한 피보험자동차에 의한 보험사고에 관하여 파견사업주에게 사용자책임에 기한 손해배상청구권 또는 근로자 파견계약상의 채무불이행에 기한 손해배상청구권을 행사하지 않겠다는 취지가 포함되어 있다고 봄이 상당하므로, 보험자가 보험자 대위에 의하여 취득할 기명피보험자의 파견사업주에 대한 권리는 존재하지 않는다).

2) 동지: 한(기), (보) 517면.

3) 동지: 양(승), (보) 250면; 한(기), (보) 516면.

4) 동지: 서울고판 1976. 2. 25, 75 나 1274(교재, 242면).

를 행사할 수 있다.

피보험자 등은 (보험의 목적에 대한 보험자대위의 경우와 같이) 보험금을 지급받은 후에는 보험자가 대위에 의하여 취득한 권리를 행사할 수 있도록 협조하여야 할 신의칙상의 의무를 부담하고, 이 의무를 이행하지 않으면 손해배상책임을 부담한다.

2) 피보험자 등이 제 3 자에 대한 권리를 처분한 경우의 효력　제 3 자에 의한 보험사고가 발생한 후 보험자가 보험금을 지급하기 전에(즉, 대위권이 발생하기 전에) 피보험자 등이 제 3 자에 대한 권리를 행사하거나 또는 처분한 경우에는, 앞에서 본 바와 같이 피보험자 등이 그의 손해를 전부 배상받으면 보험자에 대하여 보험금청구권을 행사할 수 없다[1](이중이득 의 금지).

그런데 피보험자 등이 보험자로부터 (그의 손해액 전부에 따라) 보험금을 지급받은 후에(즉, 대위권이 발생한 후에) 제 3 자에 대한 권리를 행사하거나 또는 처분한 경우에는, 피보험자 등은 보험자의 대위권을 침해한 것이 되어 부당이득반환 또는 불법행위에 기한 손해배상책임을 부담한다.[2] 이 때 제 3 자는 무권리자에게 변제한 것이 되므로 원칙적으로 그 변제는 무효이나(민472조), 예외적으로 제 3 자가 선의·무과실이면 채권의 준점유자에 대한 변제로서 유효가 될 수는 있다[3](민470조). 또한 피보험자 등이 보험자로부터 (그의 손해액 전부에 대한) 보험금을 지급받은 후에 제 3 자에 대한 손해배상청구권을 포기하는 것은, 무권한자의 처분행위로서 이는 효력이 없고 제 3 자에 대한 보험자대위로 인한 보험자의 권리에는 아무런 영향이 없다.[4]

이에 반하여 피보험자 등이 그의 손해액 일부에 대하여만 보험자로부터 보험

---

1) 동지: 대판 1995. 9. 29, 95 다 23521(공보 1004, 3619)(X〈보험자〉가 A〈피보험자〉에게 보험금을 지급하기 전에 이미 A의 Y〈가해자, 제 3 자〉에 대한 금 46,407,815원의 손해배상채권은 Y와 B의 변제 등으로 금 45,000,000원 범위 내에서 소멸하여 나머지 금액인 금 1,407,815원을 보험금으로 지급하였다면, X는 이에 상당하는 손해배상청구권〈금 1,407,815원〉을 Y에 대하여 대위행사할 수 있다); 동 2000. 11. 10, 2000 다 29769(공보 2001, 19)(손해보험계약에 있어 손해가 제 3 자의 행위로 인하여 생긴 경우 피보험자는 보험자가 보험금을 지급하기 전까지는 자유로이 제 3 자로부터 손해배상을 받을 수 있고, 그 경우 보험자는 그 한도 내에서 면책된다. 그러나 제 3 자의 손해배상에 앞서 보험자가 먼저 보험금을 지급한 때에는 그 보험금의 지급에도 불구하고 피보험자의 제 3 자에 대한 손해배상청구권은 소멸되지 않고 지급된 보험금액의 한도에서 보험자에게 이전될 뿐이다).

2) 동지: 대판 1999. 4. 27, 98 다 61593(공보 1999, 1044)(보험금을 지급한 보험자가 피보험자를 상대로 보험자대위권 침해를 이유로 부당이득반환 또는 손해배상을 청구하기 위하여는 보험자가 피보험자에게 보험금을 지급한 사실, 피보험자가 보험금을 수령한 후 무권한자임에도 불구하고 제 3 자로부터 손해배상을 받은 사실 및 제 3 자의 피보험자에 대한 손해배상이 채권의 준점유자에 대한 변제로서 유효하다는 사실을 주장·입증하여야 한다).

3) 동지: 양(승), (보) 254면; 채, 551면; 이(기) 외, (보·해) 149면.

4) 대판 1997. 11. 11, 97 다 37609(공보 1997, 3780).

금을 지급받으면, 그것이 후술하는 보험금의 일부를 지급받은 경우이든($\frac{\text{상}\ 682\text{조}}{\text{1항 단서}}$) 또는 일부보험이든(차액설) 불문하고, 피보험자 등은 보험자로부터 보험금을 지급받은 후에도 남은 손해액의 범위 내에서 제 3 자에게 손해배상을 청구할 수 있고, 보험자는 제 3 자의 손해배상액과 위의 남은 손해액의 차액 상당액에 대하여만 보험자대위가 인정된다.[1]

---

1) 동지: 대판(전) 2015. 1. 22, 2014 다 46211(공보 2015, 237)(손해보험의 보험사고에 관하여 동시에 불법행위나 채무불이행에 기한 손해배상책임을 지는 제 3 자가 있어 피보험자가 그를 상대로 손해배상청구를 하는 경우에, 피보험자가 손해보험계약에 따라 보험자로부터 수령한 보험금은 보험계약자가 스스로 보험사고의 발생에 대비하여 그때까지 보험자에게 납입한 보험료의 대가적 성질을 지니는 것으로서 제 3 자의 손해배상책임과는 별개의 것이므로 이를 그의 손해배상책임액에서 공제할 것이 아니다. 따라서 위와 같은 피보험자는 보험자로부터 수령한 보험금으로 전보되지 않고 남은 손해에 관하여 제 3 자를 상대로 그의 배상책임〈다만 과실상계 등에 의하여 제한된 범위 내의 책임이다. 이하 같다〉을 이행할 것을 청구할 수 있는바, 전체 손해액에서 보험금으로 전보되지 않고 남은 손해액이 제 3 자의 손해배상책임액보다 많을 경우에는 제 3 자에 대하여 그의 손해배상책임액 전부를 이행할 것을 청구할 수 있고, 위 남은 손해액이 제 3 자의 손해배상책임액보다 적을 경우에는 그 남은 손해액의 배상을 청구할 수 있다. 후자의 경우에 제 3 자의 손해배상책임액과 위 남은 손해액의 차액 상당액은 보험자대위에 의하여 보험자가 제 3 자에게 이를 청구할 수 있다〈상법 제682조〉. 이와 달리 손해보험의 보험사고에 관하여 동시에 채무불이행에 기한 손해배상책임을 지는 제 3 자가 있어 그의 피보험자에 대한 손해배상액을 산정할 경우에 과실상계 등에 의하여 제한된 그의 손해배상책임액에서 위 보험금을 공제하여야 한다는 취지로 판시한 대법원 2009. 4. 9. 선고 2008다27721 판결 등은 이 판결의 견해에 배치되는 범위 내에서 변경하기로 한다. 이 사건에서 원심은, 이 사건 화재로 인한 원고의 전체 손해액을 662,043,106원으로 인정하고 실화책임에 관한 법률 제 3 조 제 2 항에 따라 이 사건 화재로 인한 피고의 손해배상책임을 60%로 경감하여 그 손해배상책임액을 397,225,863원〈= 662,043,106원×60%, 원 미만 버림〉으로 정한 후, 원고가 화재보험계약을 체결한 롯데손해보험 주식회사로부터 이 사건 화재로 인하여 수령한 손해보험금 324,240,778원을 공제한 잔액인 72,985,085원〈= 397,225,863원−324,240,778원〉이 피고가 원고에게 최종적으로 지급하여야 할 손해배상액이라고 판단하여 원고의 청구를 위 금액 범위 내에서 인용하였다. 그러나 원심판결에 의하면, 실화책임에 관한 법률 제 3 조 제 2 항에 따라 경감된 피고의 손해배상책임액은 397,225,863원이고, 이 사건 화재로 인한 원고의 전체 손해액 662,043,106원에서 원고가 롯데손해보험 주식회사로부터 수령한 손해보험금 324,240,778원을 공제한 잔액은 337,802,328원〈= 662,043,106원−324,240,778원〉이므로, 앞에서 본 법리에 따르면 피고는 원고에게 손해배상으로 위 337,802,328원 전액을 지급할 의무가 있다고 할 것이다. 원심이 피고의 최종 손해배상액을 산정함에 있어 이와 달리 피고의 손해배상책임액 397,225,863원에서 원고가 수령한 손해보험금 324,240,778원을 공제한 것은 피보험자가 손해보험금을 지급받은 경우의 손해배상청구의 범위에 관한 법리를 오해하여 판단을 그르친 것이다); 대판 2023. 4. 27, 2017 다 239014(공보 2023, 890)(상법 제682조 제 1 항은 "손해가 제 3 자의 행위로 인하여 발생한 경우에 보험금을 지급한 보험자는 그 지급한 금액의 한도에서 그 제 3 자에 대한 보험계약자 또는 피보험자의 권리를 취득한다. 다만 보험자가 보상할 보험금의 일부를 지급한 경우에는 피보험자의 권리를 침해하지 아니하는 범위에서 그 권리를 행사할 수 있다"라고 규정한다. 위 규정의 취지는 피보험자가 보험자로부터 보험금액을 지급받은 후에도 제 3 자에 대한 청구권을 보유·행사하게 하는 것은 피보험자에게 손해의 전보를 넘어서 오히려 이득을 주게 되는 결과가 되어 손해보험제도의 원칙에 반하게 되고 또 배상의무자인 제 3 자가 피보험자의 보험금 수령으로 인하여 책임을 면하게 하는 것도 불합리하므로 이를 제거하여 보험자에게 이익을 귀속시키려는 데 있다. 따라서 피해자인 피보험자의 이중이득이나 가해자인 제 3 자의 부당한 면책의 우려가 없는 경우에는 보험자의 보

피보험자 등이 보험자의 면책사유에 해당하는 경우에 보험금을 지급받은 때에는 이를 보험자에 대하여 부당이득의 법리에 의하여 반환할 의무가 있으므로, 피보험자 등은 제 3 자에 대하여 불법행위에 기한 손해배상청구권을 갖는다. 따라서 이때 보험자는 제 3 자에 대하여 부당이득 또는 사무관리에 의하여 피보험자에게 지급한 보험금을 반환청구할 수 없다.[1]

3) **보험금을 일부 지급한 경우의 효력**   앞에서 본 바와 같이 보험자가 피보험자 등에게 그 보험금액의 일부를 지급한 때에는 보험계약자 또는 피보험자의 권리를 해치지 않는 범위 내에서만 위의 보험자대위에 의한 권리를 행사할 수 있다[2] $\binom{\text{상 682조}}{\text{1항 단서}}$. 예컨대, 보험가액 1,000만원의 물건에 대하여 전부보험계약을 체결했는데, 그 물건이 제 3 자의 불법행위에 의하여 전손된 경우 보험자가 보험금액의 일부인 600만원을 지급한 경우에는, 보험자는 600만원에 대해서만 대위하고, 보험계약자(피보험자)는 제 3 자에 대하여 400만원에 대한 손해배상청구권을 보유하는 것이다. 이와 같이 상법은 보험금액의 일부를 지급한 경우 보험자대위를 제한하고 있으나, 피보험자가 보험금액의 전액을 지급받은 경우에도 아직 손해가 남아 있으면 역시 피보험자의 권리를 해하지 않는 범위 내에서만 보험자대위는 인정된다고 본다(통설).[3]

4) **일부보험의 경우의 효력**   보험의 목적에 대한 보험자대위($\frac{\text{상 681조}}{\text{단서}}$)와는 달리, 상법은 제 3 자에 대한 보험자대위에서는 일부보험에 관하여 규정하고 있지 않다. 따라서 이에 관하여는 견해가 나뉘어 있다. 즉, (i) 보험자는 보험금액을 지급한 한도에서 대위한다는 견해($\frac{\text{절대설, 보험자}}{\text{우선설, 한도주의}}$),[4] (ii) 상법 제681조 단서를 유추하여

험자대위는 제한될 수 있다. 피보험자가 보험자로부터 보험금을 지급받고도 보상받지 못한 손해액이 남아 있는 경우 보험자가 보험자대위에 의하여 제 3 자에게 직접 청구할 수 있는 범위는 상법 제682조 제 1 항에 따라 피보험자가 제 3 자에 대하여 가지는 전체 손해배상청구권 중 미보상손해액을 공제한 나머지 부분에 한한다고 보는 것도 이러한 취지에서이다. 위와 같은 상법상 보험자대위 제도와 책임보험에서의 피해자의 직접청구권 제도의 취지는 화재보험자가 피보험자에게 보험금을 지급한 다음 보험대위로 가해자의 책임보험자에게 직접청구권을 행사하는 경우에도 마찬가지로 적용되어야 한다. 즉 책임보험계약의 피보험자의 과실로 발생한 화재에 의하여 다수 피해자가 손해를 입었으나 책임보험 한도액이 다수 피해자의 손해 합계액에 미치지 못하는 경우, 피해자들은 책임보험자에 대하여 직접청구권을 행사하여 책임보험 한도액의 범위 내에서 각자 전보받지 못하고 남은 손해의 배상을 청구할 수 있다. 그러나 피해자와 체결한 화재보험계약에 따라 보험금으로 그 피해자의 손해를 전부 보상한 화재보험자가 책임보험자에게 보험대위로 직접청구를 하는 경우, 화재보험자는 직접청구권을 행사하는 다른 피해자들보다 우선하여 책임보험금을 지급받을 수 없고 특별한 사정이 없는 한 피해자들에 대한 책임보험금 지급이 이루어진 다음 책임보험 한도액에 남은 금액이 있다면 이에 대해서 지급받을 수 있을 뿐이라고 보아야 한다).

1) 대판 1995. 3. 3, 93 다 36332(공보 990, 1551).
2) 대판 1988. 4. 27, 87 다카 1012(공보 1988, 904).
3) 서·정, 422면; 손(주), 601면; 양(승), (보) 255면; 채, 552면 외.

보험자는 보험금액의 보험가액에 대한 비율에 따라 대위한다는 견해(상대설, 청구액)^{,1)}
(iii) 상법 제682조 1항 단서의 취지에서 보험자는 피보험자의 권리를 해하지 아니
하는 범위에서 대위한다는 견해(차액설, 피보험자 우선)²⁾가 있다.

생각건대 제 3 자에 대한 보험자대위를 보험목적에 대한 보험자대위와 동일시
할 수는 없고 상법 제682조 1항 단서의 취지에서 피보험자의 이익을 우선 고려하여
야 한다는 점, 보험자대위란 원래 피보험자의 이중이득을 방지하기 위하여 인정된
점 등을 고려할 때, (iii)의 차액설이 타당하다고 본다. 그런데 피보험자에게 과실이
없고 또한 제 3 자에게 손해액 전부에 대하여 배상할 능력이 있다면, 위의 어느 견
해에 의하여도 그 결과는 동일하다. 그런데 피보험자에게 과실이 있거나(따라서 제3자의 불법행위로
인한 손해배상책임의 범위 에 과실상계가 인정되거나) 또는 제 3 자에게 배상할 능력이 부족한 경우에는 위의 어느 견해
에 의하느냐에 따라 차이가 있다. 예컨대, 보험가액 500만원의 물건에 대하여 A가
갑회사에 대하여 보험금액 300만원의 화재보험에 들었는데(일부보험) B의 과실로 그
물건이 전부 불에 타서 A는 갑으로부터 300만원의 보험금을 지급받았다고 하자. 이
때 A에 과실이 없고 또 B에게 전부의 배상능력이 있으면 위의 어느 견해에 의하든
갑은 300만원에 대하여 대위하고, A는 B에 대하여 200만원의 손해배상청구권을 보
유한다. 그런데 이 때 A의 과실이 20%이거나 또는 B의 배상능력이 80%에 불과하
여 B가 A에 대하여 400만원에 대하여만 배상할 수 있다고 하면 위의 어느 견해에
의하느냐에 따라 그 결론이 달라진다. 즉, 절대설에 의하면 갑은 300만원 전액에 대

---

4) 加藤由作, "保險代位について — 一部保險の效果," 「保險學雜誌」, 第440號, 25면 이하.

1) 이(범), 490면; 채, 552면.

2) 손(주), 602면; 양(승), (보) 257면; 동, 전게 보험자대위에 관한 연구, 97~98면; 최(기), (하)
701면; 이(기) 외, (보ㆍ해) 151면; 한(기), (보) 523~524면; 대판 2012. 8. 30, 2011 다 100312
(공보 2012, 1602)(갑이 운영하는 점포에서, 갑과 을의 과실이 경합하여 화재가 발생하였는데, 갑
과 점포 내 시설 및 집기비품에 대하여 보험금액을 각 1억원 및 300만원으로 화재보험계약을 체결
한 X보험회사가 갑에게 보험금〈₩82,653,260 + ₩3,000,000〉을 지급하고, 을과 가스사고배상책임보
험계약 등을 체결한 Y보험회사가 갑을 제외한 피해자들에게 보험금을 지급한 뒤, X회사가 Y회사를 상
대로 보험자대위권을 행사하여 구상금을 청구한 사안에서, 갑이 체결한 화재보험계약은 시설〈시설손해
₩82,653,260〉과 집기비품〈집기비품손해 ₩31,934,332〉 모두를 대상으로 한 하나의 보험계약으로 보아
야 하고, 따라서 X회사는 갑의 전체 손해액〈₩114,587,592〉 중 을의 과실비율〈60%〉에 해당하는 금액
〈₩68,752,555〉에서 전체 손해액 중 갑이 지급받은 보험금〈₩85,653,260〉을 공제한 나머지 부분〈갑의
손해액〉을 공제한 범위[₩114,587,592 × 60% - (₩114,587,592 - ₩85,653,260) = ₩39,818,223]
내에서만 보험자대위를 할 수 있음에도, 이와 달리 본 원심판결〈시설손해 ₩82,653,260 × 60% =
₩49,591,956〉에 법리오해의 위법이 있다)(이는 화재보험약관 제23조 1항 단서에 "다만 회사가
보상한 금액이 피보험자가 입은 손해의 일부인 경우에는 피보험자의 권리를 침해하지 아니하는 범
위 내에서 그 권리〈제 3 자에 대한 보험자대위권〉를 취득합니다"고 규정하고 있는 점을 근거로 판
시한 것임). 대판(전) 2015. 1. 22, 2014 다 46211; 대판 2016. 1. 28, 2015 다 236431.

하여 대위하고 A는 100만원에 대하여만 손해배상청구권을 보유하며$\left(\substack{\text{A는 합계 400만} \\ \text{원을 지급받음}}\right)$, 상대설에 의하면 갑은 240만원$\left(400\text{만원} \times \dfrac{300\text{만원}}{500\text{만원}}\right)$에 대하여 대위하고 A는 160만원 $\left(400\text{만원} \times \dfrac{200\text{만원}}{500\text{만원}}\right)$에 대하여 손해배상청구권을 보유하며$\left(\substack{\text{A는 합계 460만} \\ \text{원을 지급받음}}\right)$, 차액설에 의하면 갑은 200만원에 대하여만 대위하고 A는 200만원의 손해배상청구권을 보유하게 된다$\left(\substack{\text{A는 합계 500만} \\ \text{원을 지급받음}}\right)$. 위에서 본 바와 같이 피보험자의 권리를 해하지 아니하는 범위에서 보험자대위권을 인정하는 차액설이 타당하다고 보는데, 이러한 차액설에 의하여 A는 B에 대하여 200만원의 손해배상청구권을 갖고$\left(\substack{\text{따라서 A는 보험금 300만원과 손해배상청구권} \\ \text{200만원에 의하여 손실액 전액을 보상받게 됨}}\right)$,[1] 갑은 그 차액 200만원(400만원－200만원)에 대해서만 대위하게 된다.[2]

---

1) 이 때 A에게 과실이 20% 있는 경우에는 A가 500만원 전액에 대하여 그 손실액을 보상받게 되는 것이 불합리한 것이 아닌가 하는 의문도 있으나, 이는 보험에 의한 보상의 결과이므로 크게 불합리하지 않다고 본다.

2) 동지: 앞의 대판(전) 2015. 1. 22, 2014 다 46211(공보 2015, 237)(A의 전체 손해액은 662,043,106원이고, 갑회사가 지급한 보험금은 324,240,778원이며, B의 손해배상책임 한도액은 397,225,863원인 경우, A는 갑회사로부터 보험금을 324,240,778원을 지급받고 나머지 손해액 662,043,106－324,240,778＝337,802,328원을 B로부터 배상받을 수 있다. 따라서 갑회사는 B에 대하여 B의 손해배상책임 한도액 397,225,863－337,802,328＝59,423,535원에 대해서만 대위할 수 있다); 대판 2019. 11. 14, 2019 다 216589(공보 2020, 22)(상법 제682조 제 1 항 단서는 "보험자가 보상할 보험금의 일부를 지급한 경우에는 피보험자의 권리를 침해하지 아니하는 범위에서 그 권리를 행사할 수 있다"라고 하여, 피보험자가 보험자로부터 수령한 보험금으로 전보되지 않고 남은 손해에 관하여 우선적으로 제 3 자에게 배상청구할 수 있도록 한다. 이는 일부보험에서 보험자가 보험금 전액을 피보험자에게 지급한 경우에도 마찬가지이다. 따라서 일부보험의 피보험자는 보험자로부터 수령한 보험금으로 전보되지 않고 남은 손해에 관하여 제 3 자를 상대로 그의 배상책임〈다만 과실상계 등에 의하여 제한된 범위 내의 책임이다. 이하 같다〉을 이행할 것을 청구할 수 있다. 즉, 전체 손해액에서 보험금으로 전보되지 않고 남은 손해액이 제 3 자의 손해배상책임액보다 많을 경우에는 제 3 자에 대하여 그의 손해배상책임액 전부를 이행할 것을 청구할 수 있고, 위 남은 손해액이 제 3 자의 손해배상책임액보다 적을 경우에는 그 남은 손해액의 배상을 청구할 수 있다. 후자의 경우에 보험자가 제 3 자의 손해배상책임액과 위 남은 손해액의 차액 상당액을 보험자대위에 의하여 제 3 자에게 청구할 수 있다. 갑 보험회사가 을 주식회사와 피보험자를 을 회사로 하여 그 소유의 건물과 동산을 보험목적물로 하는 보험계약을 체결하였고, 위 보험계약은 보험목적물의 보험금액이 사고발생 시의 가액으로 산정한 총보험가액에 미치지 못하는 일부보험에 해당하였는데, 병이 운영하던 정비공장에 화재가 발생하여 을 회사의 건물 등으로 불길이 옮겨붙는 화재사고가 발생하여 위 보험목적물뿐만 아니라 보험에 가입하지 아니한 별도 가건물 내 보관된 재고자산 등이 소실되는 손해가 발생하였고, 갑 회사가 을 회사에 위 화재로 보험목적물에 발생한 손해에 대하여 보험금을 지급한 후 병과 그 보험자인 정 보험회사를 상대로 구상금 지급을 구한 사안에서, 위 화재로 을 회사가 입은 전체 손해에는 보험목적물에서 발생한 손해와 보험목적물과 무관하게 발생한 손해가 모두 포함되어 있는데, 보험목적물이 아닌 부분과 관련된 손해에 대해서는 갑 회사에 보험금지급의무가 없을 뿐만 아니라 갑 회사가 을 회사에 지급한 보험금에 이 부분 손해액이 포함되어 있지도 않으므로, 갑 회사가 가해자인 병과 그 보험자인 정 회사에 보험자대위를 행사할 수 있는 범위는 보험목적물에 발생한 손해에 한정되고, 위 보험계약은 지급하는 보험금액이 총보험가액보다 적은 일부보험으로서 갑 회사가 보험목적물에 관하여 보험금을 전부 지급하여도 을 회사에 수령한 보험금으로 전보되지 않고 남은 손해가 있으므로, 을 회사는 병과 정 회사에 대하여 보험목적물에 관하여 남은 손해액의 배상을 청구할 수 있고, 갑 회사는 보험목적물에 관한 병과 정

5) **재보험자의 대위의 효력**   재보험의 경우에도 보험자대위가 인정되지만, 이 경우에는 보험자대위에 의한 권리의 귀속과 권리의 행사를 분리하는 관습이 있다. 즉, 재보험자는 원보험자에게 재보험금을 지급한 한도에서 피보험자 등이 제3자에 대하여 가지는 권리를 대위취득하지만,[1] 제3자에 대한 권리의 행사는 원보험자가 자기의 이름으로 재보험자의 수탁자적 지위에서 한다(통설[2]·판례[3]).

6) **보험자대위에 의하여 취득하는 권리의 소멸시효**   보험자가 보험자대위에 의하여 취득하는 권리의 소멸시효의 기산점과 그 기간은 대위에 의하여 이전되는 권리 자체를 기준으로 판단하여야 한다.[4] 그런데 보험자가 공동불법행위자 중의

회사의 손해배상책임액과 을 회사의 남은 손해액의 차액 상당액에 대하여 보험자대위권을 행사할 수 있는데도, 이와 달리 갑 회사가 보험자대위를 행사할 수 있는 범위를 보험목적물이 아닌 부분과 관련된 손해액이 포함된 전체 손해액을 기준으로 산정한 원심판단에는 법리오해의 잘못이 있다).

1) 이 때 원보험자가 피보험자에게 보험금을 지급하면 피보험자의 제3자에 대한 권리를 먼저 대위취득하나, 재보험자가 원보험자에게 재보험금을 지급하면 재보험자는 원보험자가 피보험자의 제3자에 대하여 대위취득한 권리를 다시 대위취득하는 것이다.

2) 서·정, 422면; 손(주), 602면; 양승규, 전게 보험자대위에 관한 연구, 102~105면; 최(기), (하) 702면; 이(기) 외, (보·해) 152면; 채, 554면; 한(기), (보) 534~535면 외. 동지: 서울민사지판 1981. 12. 16, 80 가합 5524(재보험자의 대위의 경우에는 보험자대위에 의한 권리의 귀속과 권리의 행사를 분리하여 재보험자는 스스로 이를 행사하지 않고 원보험자가 자기명의로 재보험자의 수탁자로서의 지위에서 제3자에 대한 권리를 행사하여 회수한 금액을 재보험자에게 교부하는 상관습이 있는바, 원보험자는 재보험자가 취득한 지분에 관하여서도 그의 수탁자의 지위에서 권리를 행사할 수 있다).

3) 대판 2015. 6. 11, 2012 다 10386(공보 2015, 947)(보험자가 피보험자에게 보험금을 지급하면 보험자대위의 법리에 따라 피보험자가 보험사고의 발생에 책임이 있는 제3자에 대하여 가지는 권리는 지급한 보험금의 한도에서 보험자에게 당연히 이전되고〈상법 제682조〉, 이는 재보험자가 원보험자에게 재보험금을 지급한 경우에도 마찬가지이다. 따라서 재보험관계에서 재보험자가 원보험자에게 재보험금을 지급하면 원보험자가 취득한 제3자에 대한 권리는 지급한 재보험금의 한도에서 다시 재보험자에게 이전된다. 그리고 재보험자가 보험자대위에 의하여 취득한 제3자에 대한 권리의 행사는 재보험자가 이를 직접 하지 아니하고 원보험자가 재보험자의 수탁자의 지위에서 자기 명의로 권리를 행사하여 그로써 회수한 금액을 재보험자에게 재보험금의 비율에 따라 교부하는 방식에 의하여 이루어지는 것이 상관습이다. 따라서 재보험자가 원보험자에게 재보험금을 지급함으로써 보험자대위에 의하여 원보험자가 제3자에 대하여 가지는 권리를 취득한 경우에 원보험자가 제3자와 기업개선약정을 체결하여 제3자가 원보험자에게 주식을 발행하여 주고 원보험자의 신주인수대금채무와 제3자의 채무를 같은 금액만큼 소멸시키기로 하는 내용의 상계계약 방식에 의하여 출자전환을 함으로써 재보험자가 취득한 제3자에 대한 채권을 소멸시키고 출자전환주식을 취득하였다면, 이는 원보험자가 재보험자의 수탁자의 지위에서 재보험자가 취득한 제3자에 대한 권리를 행사한 것이라 할 것이므로, 재보험자의 보험자대위에 의한 권리는 원보험자가 제3자에 대한 권리행사의 결과로 취득한 출자전환주식에 대하여도 미친다. 그리고 이러한 법리 및 상관습은 재재보험관계에서도 마찬가지로 적용된다).

4) 동지: 대판 1999. 6. 11, 99 다 3143(신문 2811, 8)(공동불법행위자의 보험자들 상호간에는 그 중 하나가 피해자에게 보험금으로 손해배상금을 지급함으로써 공동면책되었다면 그 보험자는 상법 제682조의 보험자대위의 법리에 따라 피보험자가 다른 공동불법행위자의 부담부분에 대한 구상권을 취득하여 그의 보험자에 대하여 행사할 수 있고, 이 구상권에는 상법 제724조 2항에 의한 피해

일부에 대하여 갖는 구상권에 관한 보험자대위권은 법률에 시효기간을 따로 정한 바가 없으므로 일반원칙으로 돌아가 일반채권과 같이 그 시효기간은 10년이고, 그 기산점은 그 권리가 발생한 시점(즉, 보험자가 현실로 피해자에게 보험금을 지급한 때)이다.[1]

제 5 관 손해보험계약의 변경·소멸

제 1 총   설

손해보험계약도 보험계약의 일반의 변경·소멸사유(예컨대, 당사자에 의한 보험계약의 해지·보험사고의 발생 등)에 의하여 변경·소멸되는데, 이에 관하여는 이미 앞에서 설명하였다. 여기에서는 손해보험계약에 특유한 것(즉, 보험가액의 변동, 피보험이익의 소멸, 보험목적의 양도)만을 설명하겠는데, 이 중에서 보험가액의 변동에 관하여는 초과보험·일부보험의 문제로서 이는 이미 앞에서 설명하였으므로, 이 곳에서는 피보험이익의 소멸과 보험목적의 양도에 관하여만 설명하기로 한다.

제 2 피보험이익의 소멸

(1) 보험계약의 체결 당시 존재하게 될 것으로 예정한 피보험이익이 보험사고 이외의 사유로 소멸한 경우(예컨대, 화재보험의 경우 보험목적이 홍수로 멸실되거나, 운송보험의 경우 보험목적에 대한 운송계약이 취소된 경우, 책임보험의 경우 등 피보험자가 책임을 질 가능성이 없게 된 경우)에는, 그 사실이 보험자의 책임이 개시되기 전에 생긴 것이냐 또는 후에 생긴 것이냐를 묻지 않고 그 보험계약은 무효가 된다. 이 때 피보험이익의 소멸이란 절대적 소멸을 의미하고, 상대적 소멸(예컨대, 도난·분실 등)을 포함하지 않는다. 이와 같이 보험자의 책임개시 이전에 피보험이익의 소멸로 인하여 보험계약이 무효인 경우에는 보험계약자와 피보험자 또는 보험수익자가 선의이며 중대한 과실이 없는 때에는 보험자에 대하여 보험료의 전부 또는 일부의 반환을 청구할 수 있고(상648조), 보험자의 책

자가 보험자에 대하여 가지는 직접청구권도 포함되며, 그리고 보험금을 지급한 보험자가 보험자대위에 의하여 다른 공동불법행위자 및 그의 보험자에 대하여 가지는 구상권의 소멸시효기간은 일반채권과 같이 10년이고 그 기산점은 구상권이 발생한 시점, 즉 구상권자가 현실로 피해자에게 손해배상금을 지급한 때이지만, 한편 상법 제682조에 의하면 손해가 제 3 자의 행위로 인하여 생긴 경우에 보험금액을 지급한 보험자는 그 지급한 금액의 한도에서 제 3 자에 대한 보험계약자 또는 피보험자의 권리를 취득한다고 규정하고 있는바, 이러한 보험자대위에 의하여 피보험자 등의 제 3 자에 대한 권리는 동일성을 잃지 않고 그대로 보험자에게 이전되는 것이므로, 이 때에 보험자가 취득하는 채권의 소멸시효기간과 그 기산점 또한 피보험자 등이 제 3 자에 대하여 가지는 채권 자체를 기준으로 판단하여야 한다).

1) 대판 1994. 1. 11, 93 다 32958(공보 963, 695).

임개시 이후에 피보험이익이 소멸한 경우에는 보험계약자는 미경과보험료기간에 대한 보험료의 반환을 청구할 수 있다.[1)]

(2) 보험계약의 체결 당시 존재하는 것으로 인정된 피보험이익이 사실상 존재하지 않는 경우에는, 보험사고는 발생할 수 없으므로 당사자 쌍방과 피보험자가 이를 알지 못한 경우를 제외하고 그 보험계약은 처음부터 무효이다($^{상644조}_{본문}$). 이 때 보험자에 대한 보험료의 반환청구는 앞의 경우와 같다($^{상648조}_{1문}$).

제 3   보험목적의 양도

1. 보험목적의 양도의 의의 및 인정이유

(1) 의   의

보험목적의 양도란「피보험자가 보험의 대상인 목적물을 개별적으로 타인에게 양도하는 것」인데, 이 때에 양수인은 보험계약상의 권리·의무를 승계한 것으로 추정한다($^{상679조}_{1항}$). 따라서 보험목적의 양도는 보험계약상의 권리의무가 포괄적으로 승계되는 상속이나 합병과 구별되고, 또한 피보험자가 보험사고의 발생으로 인하여 보험자에 대하여 가지는 손해보상(보험금지급)청구권을 타인에게 양도하는 경우($^{이 때에는 피보험자의}_{교체가 있는 것이 아님}$)와도 구별된다.

(2) 인정이유

피보험자가 보험의 대상인 목적물을 타인에게 양도하면 기존의 보험계약에 관하여는 그 물건에 존재하던 피보험이익이 소멸하므로 이론적으로 보면 그 보험계약은 소멸하여야 할 것이고,[2)] 또 양수인은 보험자와 아무런 관계가 없으므로 그 자를 위하여 보험계약이 성립할 수도 없다. 그러나 이와 같이 해석하면 보험계약자가 보험료를 불필요하게 낭비한 것이 될 뿐만 아니라, 보험관계는 보험의 목적의 부속물

---

1) 동지: 양(승), (보) 261면.
2) 그러나 '다른 자동차 운전담보 특별약관'의 적용을 받는 자동차보험계약을 체결한 기명피보험자가 피보험자동차를 양도한 경우 기명피보험자는 피보험자동차에 관한 운행이익·운행지배를 상실하여 피보험자동차의 운행에 관하여 보험계약에 의한 보호를 받을 이익은 상실하게 되나, 그렇다고 하여 피보험자동차의 양도로 인하여 보험계약 자체가 당연히 정지 또는 실효된다고 볼 수는 없고, 특별약관에 의하여 담보하는 위험은 이미 양도된 피보험자동차의 운행을 전제로 하지 아니할 뿐만 아니라 '다른 자동차'가 피보험자동차로 간주되어 그 운행에 관하여 보험계약에 의한 보호를 받을 이익은 여전히 있으므로, 기명피보험자가 피보험자동차를 양도한 후 보험기간 내에 특별약관에 규정된 '다른 자동차'를 운전하다가 사고가 발생한 경우에도 보험회사는 특별약관에 의하여 보험금을 지급할 의무를 부담한다[대판 1998. 12. 23, 98 다 34904(공보 1999, 226)].

로서 보험목적의 양도와 함께 승계된다고 보는 당사자의 일반적인 의사에도 반하고, 또한 그 보험의 목적이 새로운 보험계약이 체결될 때까지 무보험상태에 놓일 위험도 있다. 따라서 한편으로 보험목적의 양수인이 이 점에 관하여 선택할 수 있도록 하면서 다른 한편 보험자도 피보험자의 교체로 인한 불이익을 방지할 수 있도록 하면, 이러한 보험계약을 당연히 무효로 하지 않고 보험목적의 양수인에게 보험계약상의 이익을 승계시키는 것이 타당하며 이는 또한 당사자의 의사에도 합치된다.[1] 이러한 점으로 인하여 많은 입법례[2]는 보험목적의 양도에 따라 보험관계의 이전을 인정하고 있는데, 우리 상법도 이를 인정하여 피보험자가 보험목적을 양도한 때에는 양수인은 보험계약에 의하여 생긴 권리와 의무를 양수한 것으로 추정하는 규정을 두고 있다[3]($\frac{\text{상}679조}{1항}$). 이러한 상법 제679조는 특정승계의 경우에 적용되고, 임의규정으로 볼 수 있다.[4]

2. 권리·의무승계추정의 요건

(1) 보험관계의 존재

보험목적의 양도 당시에 양도인과 보험자간에는 유효한 보험계약관계가 존재하여야 한다.

(2) 보험목적이 물건

보험목적은 특정되고 개별화된 물건이어야 한다. 따라서 보험목적이 물건과 무관한 경우나($\frac{\text{예컨대, 의사·변호사 등}}{\text{의 직업인책임보험 등}}$) 또는 물건이라도 특정되지 않은 집합보험($\frac{\text{상}686조}{687조}$)의 경우에는 그것이 양도된 경우에도 그에 관한 보험관계가 이전될 수 없다. 그러나 책임보험이라도 물건과 관련된 경우에는($\frac{\text{예컨대, 가옥 등과}}{\text{관련된 책임보험}}$) 보험목적의 양도에 관한 규정을 준용할 수 있다고 본다.[5]

---

1) 동지: 정(희), 430면; 양(승), (보) 262~263면; 한(기), (보) 537면(다만 오늘날 승계추정이 번복되는 경우도 흔하다고 한다).

2) 獨保 95조, 佛(프랑스)保 L. 121-10조, 瑞(스위스)保 54조, 英海保 15조 등.

3) 이에 반하여 獨保 제95조는 「보험의 목적을 양도하면 당연히 보험계약상의 권리의무도 이전한다」고 규정하고 있다. 상법 제679조의 규정태도를 추정주의라 하고, 獨保 제95조의 그것을 당연이전주의라고 한다.

　상법 제679조의 추정주의를 비판하고 입법론상 獨保의 예에 따라 당연이전주의로 규정해야 한다는 견해로는 양(승), (보) 267면; 권기범, "상법 제679조에 관한 입법론적 고찰," 「보험·해상법의 개정논점」(법무자료, 제57집), 138~139면; 정호열, "보험목적의 양도," 「고시계」, 1992. 3, 38면; 장경환, "보험목적의 양도(하-1)," 「사법행정」, 1992. 9, 60~61면; 한철, "보험목적의 양도," 「고시연구」, 2002. 12, 69면.

4) 동지: 한(기), (보) 537~538면; 대판 1991. 8. 9, 91 다 1158.

그런데 상법은 이러한 물건 중에서도 선박의 양도에는 보험자의 동의를 받도록 규정하고($\frac{상}{의}2^{703조}$) 자동차의 양도에도 보험자의 승낙을 받아야 보험계약상의 권리·의무를 승계할 수 있는 것으로 규정하고 있으므로($\frac{상}{의}4^{726조}$), 이러한 선박 및 자동차에 관한 보험에는 상법 제679조가 적용($\frac{뜻}{흥}$)될 여지가 없다.

(3) 보험목적의 양도

보험목적은 물권적 양도방법에 의하여 양도되어야 한다. 따라서 양도의 채권계약만으로는 이의 양도에 해당되지 않고, 또한 앞에서 본 바와 같이 상속·합병 등과 같은 포괄승계도 이의 양도에 포함되지 않는다. 그러나 영업양도 및 경락(競落) 등에 의한 경우에는 이의 양도에 포함된다고 본다(통설)[1]($\frac{獨保}{참조}99조$).

3. 보험목적의 양도의 효과

(1) 당사자간의 효과

1) 보험계약상의 권리와 의무의 이전

⑦ 권리의 이전   양수인이 보험계약상의 권리를 취득한다는 의미는 양수인은 보통 보험금청구권을 갖는다는 뜻($\frac{즉 피보험자의 지위}{를 취득한다는 뜻}$)이다. 따라서 타인을 위한 보험계약에서는 피보험자인 타인만의 변경이 있으므로 보험계약의 성질에 변함이 없다. 자기를 위한 보험계약에서는 견해가 나뉘어 있다. 즉 이에 대하여 (i) 양수인은 피보험자의 지위를 갖고 양도인은 여전히 보험계약자의 지위를 가지므로, 이 경우에도 당연히 타인을 위한 보험계약이 된다는 견해가 있다.[2] (ii) 그러나 이 때 양수인은 양도인이 갖고 있는 피보험자의 지위뿐만 아니라 보험계약자의 지위도 취득하고, 양도인은 보험계약관계에서 탈퇴한다고 본다. 따라서 이 경우에는 자기를 위한 보험계약에 변동이 없고, 이로 인하여 양수인은 피보험자로서 갖는 권리인 보험금지급청구권뿐만 아니라 보험계약자로서 갖는 각종 권리($\frac{보험료반환청구권\langle 상\ 648조\rangle,}{보험계약해지권\langle 상\ 649조\rangle\ 등}$)도 행사할 수 있다고 본다(통설).[3]

---

5) 동지: 손(주), 604면; 양(승), (보) 264면; 이(기) 외, (보·해) 162면; 채, 583면; 한철, 전게 고시연구(2002. 12), 67면(이와 같은 경우 상법 제679조를 유추적용할 수 있다고 한다); 한(기), (보) 539면(책임보험이라 하더라도 그 책임이 피보험자가 누구인지보다는 특정한 물건의 위험에서 비롯되는 경우만을 예외로 처리함이 타당하다고 한다).

1) 동지: 정(희), 430~431면; 서·정, 425면; 손(주), 604면; 양(승), (보) 264면; 최(기), (하) 705면; 이(기) 외, (보·해) 163면; 한철, 전게 고시연구(2002. 12), 68면 외.

2) 정(희), 431면.

3) 서·정, 426면; 손(주), 608면; 양(승), (보) 265면; 최(기), (하) 706면; 이(기) 외, (보·해) 165면; 채, 557~558면; 한철, 전게 고시연구(2002. 12), 73면; 한(기), (보) 545면 외.

(내) **의무의 이전**　　　양수인은 피보험자로서 부담하는 각종 의무(예컨대, 위험변경·증가의 통지의무〈상 652조〉, 위험유지의무〈상 653조〉, 보험사고발생의 통지의무〈상 657조〉, 손해방지의무〈상 680조〉 등)를 진다. 앞에서 본 바와 같이 타인을 위한 보험계약으로 보아 양수인이 보험계약자의 지위를 취득하지 못한다고 보면 양수인은 보험계약자(양도인)의 제 1 차적인 의무인 보험료지급에 대하여 제 2 차적인 의무를 지나(상 639조 3항 단서), 자기를 위한 보험계약으로 보아 양수인이 보험계약자의 지위를 취득한 다고 보면 양수인은 보험계약자로서 보험료지급에 대하여 제 1 차적인 의무를 진다.

2) **이전의 추정**　　　양도인의 권리와 의무가 양수인에게 이전되는 관계는 추정 되는 것에 불과하므로(법률상 추정)(상 679조 1항 후단), 당사자가 반대의 증명을 한 때에는 이전 의 효력이 생기지 않는다.[1] 따라서 이 경우에 그 보험계약은 피보험이익이 소멸되 어 당연히 실효(失效)하게 된다.[2]

(2) **보험자 및 기타 제 3 자에 대한 효과**

1) **통지의무**　　　상법은 「보험목적의 양도가 있는 경우에 그의 양도인 또는 양수인은 보험자에 대하여 지체 없이 그 사실을 통지하여야 한다」고 규정하고 있다 (상 679조 2항). 이러한 통지의 방법에는 제한이 없고, 또 통지의무자는 양도인 또는 양수 인인 점에서 지명채권양도의 통지자가 양도인인 점(민 450조 1항)과 구별된다.

양도인 또는 양수인의 이러한 통지를 보험자 기타 제 3 자에 대한 대항요건으 로 보는 견해(대항요건설)와, 대항요건은 아니며 단순히 보험자의 보호를 위한 규정 으로 보는 견해(비대항요건설)로 나뉘어 있다.[3] 즉, (i) 대항요건설에서는 양도인

---

1) 동지: 정(희), 431면; 대판 1991. 8. 9, 91 다 1158(공보 1991, 2314)(당사자간의 계약에 의해 본조의 적용을 배제할 수도 있다고 한다); 동 1996. 5. 28, 96 다 6988(공보 1996, 1991)(상법 제 679조의 추정은 보험목적의 양수인에게 보험승계가 없다는 것이 증명된 경우에는 번복된다고 할 것인데, 보험목적의 양수인이 그 보험목적에 대한 제 1 차 보험계약과 피보험이익이 동일한 보험계 약을 체결한 사안에서, 제 1 차 보험계약에 따른 보험금청구권에 질권이 설정되어 있어 보험사고가 발생할 경우에도 보험금이 그 질권자에게 귀속될 가능성이 많아 제 1 차 보험을 승계할 이익이 거 의 없고, 또한 그 양수인이 그 보험목적에 관하여 손해의 전부를 지급받을 수 있는 필요충분한 보 험계약을 체결한 경우, 양수인에게는 보험승계의 의사가 없었다고 봄이 상당하고, 따라서 제 1 차 보험은 양수인에게 승계되지 아니하였으므로 양수인이 체결한 보험이 중복보험에 해당하지 않는 다); 동 1997. 11. 11, 97 다 35375(공보 1997, 3770)(상법 제679조 1항의 추정은 보험목적의 양 수인에게 보험승계의 의사가 없다는 것이 증명된 경우에는 번복된다).

2) 동지: 손(주), 605면; 양(승), (보) 267면; 이(기) 외, (보·해) 164면.
　　반대: 채, 556면(동 규정의 입법취지를 살려 반대의 특약이 없는 한, 보험계약상의 지위도 동시 에 양도한 것으로 의제하는 것으로 해석함이 타당하다고 한다).

3) 상법 제679조 2항(양도인 또는 양수인의 통지의무)은 1991년 개정상법에서 신설된 것인데, 이러 한 규정이 없는 개정전 상법의 해석에서도 양수인은 민법 제450조의 유추적용에 의하여 보험자에 대한 통지 또는 승낙이 있어야 보험자 기타 제 3 자에 대하여 대항할 수 있다는 대항요건필요설[서 돈각, 「제 3 전정 상법강의(하)」(법문사, 1985), 398면; 이(범), 493면]과, 양수인은 대항요건을 갖 출 필요 없이 당연히 보험자 기타 제 3 자에 대하여 대항할 수 있다는 대항요건불요설[양승규, 「보

또는 양수인은 보험목적의 양도의 사실을 보험자에게 통지함으로써 피보험자의 교체사실을 보험자에게 대항할 수 있다고 한다.[1] (ii) 그러나 비대항요건설에서는 보험목적의 양도에 따른 권리·의무의 이전은 당사자 사이에 그치는 것이 아니라 보험자 기타 제3자에 대하여도 그 효력이 미치는 것이므로, 별도의 대항요건을 갖출 필요 없이 보험자 및 그 밖의 제3자에게도 대항할 수 있다고 한다.[2]

생각건대 상법 제679조 2항이 「대항하지 못한다」고 규정하고 있지 않고 단순히 「통지하여야 한다」라고만 규정하고 있는 점, 또한 상법 제679조 1항의 권리·의무승계의 추정의 효력은 양도인과 양수인의 당사자 사이에만 미치는 것이 아니라 보험자 기타 제3자에 대하여도 그 효력이 미친다고 보아야 실익이 있는 점 등에서 볼 때, 양도인 또는 양수인의 통지의무를 민법 제450조와 같은 대항요건으로는 볼 수 없다고 생각한다. 이렇게 보면 양수인은 보험목적의 양도를 보험자에게 통지하지 않았다 하더라도 보험약관에 다른 정함이 없는 한 보험목적의 양수사실을 증명하여 보험금을 청구할 수 있다고 본다.[3]

2) 통지의무 위반의 효과   통지의무 위반의 효과에 대하여는 상법이 규정하고 있지 않으나, 앞에서 본 바와 같이 통지의무의 성질을 대항요건으로 보느냐 또는 대항요건이 아니라고 보느냐에 따라서 그 효과가 다르다. 즉, (i) 통지의무의 성질을 대항요건으로 보면, 양도인 또는 양수인이 보험목적의 양도사실을 보험자에게 통지하지 않으면 양수인은 보험자에 대하여 보험금청구권을 행사할 수 없다고 본다.[4] (ii) 그러나 통지의무의 성질을 대항요건으로 보지 않으면, 양도인 또는 양수인이 보험목적의 양도사실을 보험자에게 통지하지 않아도 양수인은 보험목적의 양수사실을 증명하여 보험금청구권을 행사할 수 있다. 다만 보험자가 보험목적의 양도사실을 모르고 보험금을 양도인에게 지급하여도 양수인은 이의를 제기할 수 없고, 이로 인하여 보험자가 손해를 입은 때에는 통지의무자는 이를 배상하여야 한다고 본다.[5]

험법」(삼지원, 1987), 227면; 손주찬, 「전정증보판 상법(하)」(박영사, 1985), 391면]이 있었다.

1) 정(희), 431면.

2) 손(주), 606면(상법 제679조 2항의 통지의무는 위험변경통지의무 등과 같이 보험자를 보호하기 위한 의무라고 한다); 양(승), (보) 267~268면; 한(기), (보) 546~548면.
   그러나 실무상 각종 손해보험약관에서는 보험의 목적을 양도한 때에 이를 지체 없이 보험자에게 통지하도록 하고, 이와 함께 보험증권에 확인배서를 받도록 요구하고 있다(화재보험 표준약관 11조 1항 2호 참조).

3) 동지: 양(승), (보) 268면; 한철, 전게 고시연구(2002. 12), 70면.

4) 정(희), 431면(동 교수는 이외에 상법 제652조의 유추적용에 의하여 보험자는 그 사실을 안 날로부터 1월 내에 한하여 계약을 해지할 수 있다고 한다).

우리 대법원판례는 이에 관하여 상법 제679조 2항의 해석보다는 약관의 해석에 의하여 판시하고 있다. 따라서 화재보험의 경우에는 보험목적의 양도에 따른 통지의무에 위반하였다 하더라도 그로 인해 현저한 위험의 변경 또는 증가가 없었다면 화재보험 보통약관상의 해지사유가 되지 않으므로 보험자는 보험금지급의무를 부담한다고 판시하고,[1] 또한 자동차보험의 경우에는 상법 제679조 및 제726조의 4의 규정보다 강화한 자동차 종합보험약관의 규정은 유효하고 따라서 동 약관의 규정에 위반한 보험목적(자동차)의 양도는 보험계약상의 권리·의무가 승계되지 않으므로 보험자는 보험금지급의무를 면한다고 판시하고 있다.[2]

---

5) 동지: 손(주), 606면; 양(승), (보) 268면; 채, 558면; 한철, 전게 고시연구(2002. 12), 71면; 한(기), (보) 549면.

참고로 獨保 제97조는 이러한 통지의무 해태(懈怠)의 효과에 대하여「그 통지가 보험자에게 도달할 때로부터 1월 이후에 보험사고가 발생하고 보험자가 양도인에게 존재하는 보험을 양수인과 체결하지 않았더라면 보험자는 보험금지급책임을 면한다」고 규정하고 있다.

1) 대판 1996. 7. 26, 95 다 52505(공보 1996, 2593)[보험계약자가 보험목적의 양도에 따른 통지의무를 위반하였으나 그로 인해 현저한 위험의 변경 또는 증가가 없었다면 화재보험보통약관(9조, 11조 2항)상의 해지사유가 되지 않는다. 화재보험보통약관상 '위험'이라고 함은 보험사고 발생의 가능성을 가리키는 것이고, '위험의 현저한 변경 또는 증가'라 함은 그 정도의 위험이 계약 체결 당시에 존재하였다고 한다면 보험자가 계약을 체결하지 아니하였거나 또는 적어도 동일한 조건으로는 그 계약을 체결하지 아니하였으리라고 생각되는 정도의 위험의 변경 또는 증가를 말하므로, 화재보험의 목적물의 양도로 인하여 이러한 정도의 위험의 변경 또는 증가가 있었는지 여부를 보험목적물의 사용·수익방법의 변경 등 양도 전후의 구체적인 여러 사정을 종합하여 인정·판단하여야 할 것이지(이에 관한 입증책임은 그 존재사실을 들어 보험계약의 해지를 주장하는 자가 부담한다), 화재보험의 목적물의 양도로 인하여 소유자가 바뀌었다고 하여 당연히 위험의 현저한 변경 또는 증가가 있었다고 볼 수는 없다. 이와 같은 취지에서 화재보험의 목적물이 양도되었으나 그 소유자만 변경되었을 뿐 보험요율의 결정요인인 영위직종과 영위작업, 건물구조 및 작업공정이 양도 전후에 동일한 경우, 보험목적물의 양도로 인하여 위험의 현저한 증가 또는 변경이 있었다고 볼 수 없으므로 그 통지의무 위반을 이유로 보험계약을 해지할 수는 없다].

2) 대판 1996. 5. 31, 96 다 10454(공보 1996, 2026)(피보험자가 보험기간중 자동차를 양도한 때에는 보험계약으로 인하여 생긴 보험계약자 및 피보험자의 권리와 의무는 양수인에게 승계되지 아니하나 보험계약으로 인하여 생긴 권리와 의무를 승계한다는 것을 약정하고 피보험자 또는 양수인이 그 뜻을 회사에 서면으로 통지하여 회사의 승인을 받은 때에는 그 때로부터 양수인에 대하여 보험계약을 적용한다고 규정한 자동차 종합보험약관 제42조가 상법 제663조의 보험계약자 등의 불이익변경금지조항에 위배된다거나 약관의 규제에 관한 법률 제6조에 정한 신의칙에 반한 불공정 약관조항 또는 같은 법 제12조 2호에 정한 고객의 의사표시의 형식이나 요건에 대하여 부당하게 엄격한 제한을 가하는 조항으로서 무효라고 할 수는 없다. 이와 같이 볼 때 지입차주가 차량을 회사에 지입하여 그 회사를 기명피보험자로 하여 보험회사와 사이에 보험계약을 체결하였다가 다시 지입회사를 교체하면서 그 교체된 지입회사로 차량소유권이전등록을 마쳤다면, 설사 지입차주가 이전등록 이후에도 여전히 지입차주로서 그 차량을 실질적으로 운행관리하여 오다가 사고를 일으켰다고 하더라도, 기명피보험자인 교체 전 지입회사로서는 그 차량에 대한 운행이익이나 운행지배권을 이미 상실하고 교체된 지입회사가 새로이 운행지배를 취득하므로 이는 피보험자가 실질적으로 교체되어 예측위험률의 변화 등 보험계약의 기초에 변경을 초래할 가능성이 있는 경우라 할 것이므로, 차량의 양도에 따른 자동차종합보험 보통약관 제42조 1항 단서 소정의 보험승계절차가

참고로 통지의무를 이행한 경우의 효과에 대하여는 상법이 규정하고 있지 않으나, 이로 인하여($\frac{또는 통지를 하지 않은 경우에}{보험자가 이를 안 경우에도 동일함}$) 보험사고의 위험이 현저하게 변경 또는 증가된 때에는 보험자는 그 사실을 안 때부터 1월 내에 보험료의 증액을 청구하거나 또는 보험계약을 해지할 수 있다고 본다(통설)[1]($\frac{상 653조}{유추적용}$).

제2절 각   칙

제1관 총   설

현대사회에서는 보험의 수요가 매우 증가하여 손해보험계약의 종류도 상당히 많은데 우리 상법은 손해보험계약의 대표적인 것으로 화재보험·운송보험·해상보험·책임보험·자동차보험 및 보증보험에 관하여 규정하고 있다. 그러나 이 밖에도 많은 특종보험($\frac{예컨대, 기계보험·유리보험·도}{난보험·신용보험·항공보험 등}$)이 우리나라에서 영위되고 있는데, 이러한 손해보험계약에 대하여도 보험계약법의 통칙규정과 손해보험계약의 통칙규정이 적용된다.[2] 이하에서는 상법상의 손해보험계약을 중심으로 설명하겠다.

제2관 화재보험계약

제1 화재보험계약의 의의

화재보험계약(contract of fire insurance; Feuerversicherungsvertrag)이라 함은 「화재로 인하여 생길 손해를 보상하기로 하는 손해보험계약」이다($\frac{상}{683조}$). 이와 같이 화재보험은 화재만을 보험사고로 하므로, 화재 이외에 각종의 위험을 보험사고로 하는 보험($\frac{예컨대, 가정}{생활보험 등}$)은 화재보험이 아니다. 오늘날 각종 설비에 의한 화재위험의 증가에 따라 화재보험의 수요는 날로 증대되고 그 중요성을 더하고 있다. 화재보험에는 보통화재보험 이외에, 각종의 특수한 화재보험이 있는데 이에 대하여는 「화재로 인

이루어지지 않았다면 보험자는 차량의 양도 후에 발생한 사고에 대하여 면책된다).

1) 손(주), 608면; 양(승), (보) 268면; 최(기), (하) 707면; 이(범), 493~494면; 채, 559면; 이(기) 외, (보·해) 166면; 한(기), (보) 550~551면(다만 구체적·개별적으로 판단해서 상법 제652조의 문제인가, 또는 상법 제653조의 문제인지를 정할 일이라고 한다) 외.
2) 동지: 정(희), 432면.

한 재해보상과 보험가입에 관한 법률」 등이 규율하고 있다.

제2 화재보험계약의 요소

1. 보험사고

화재보험계약에서의 보험사고는 「화재」이다($\frac{상}{683조}$). 화재가 무엇이냐에 대하여는 상법과 화재보험약관에서 특별히 규정하고 있지 않으므로 사회통념에 의하여 정할 수밖에 없다. 따라서 「화재」란 '사회통념상 화재라고 인정할 수 있는 성질과 규모를 가지고 보통의 용법에 의하지 아니하고 독립한 연소력을 가진 화력의 연소작용'이라고 볼 수 있다(통설).[1] 화재보험 표준약관($\substack{개정: 2015. 12. 29, 이하 \\ '표준약관'이라 약칭함}$)에서는 이러한 화재에 '벼락'을 포함한다($\substack{표준약 \\ 관 1조}$). 그러나 화재로 번지지 아니한 단순한 열의 작용이나, 불 또는 백열물질과의 직접적인 접촉으로 인한 것은 화재가 아니다($\substack{예컨대, 난로불의 복사열 \\ 로 가구가 눈 경우 등}$)[2]($\substack{佛〈프랑스〉保 L. \\ 122-1조 단서 참조}$).

2. 보험의 목적

우리 상법은 화재보험의 목적에 대하여 화재보험증권에 기재할 사항으로 건물과 동산에 대하여만 규정하고 있으나($\frac{상}{685조}$), 이에 한하지 않고 불에 탈 수 있는 유체물은 모두 화재보험의 목적이 될 수 있다고 본다.[3] 따라서 유체물이면 동산이든($\substack{예컨대, 가구· \\ 원료 등}$) 부동산이든($\substack{예컨대, 임목· \\ 교량 등}$) 불문하고, 동산인 경우에는 특정된 것이든 집합된 것이든 불문한다. 건물과 동산($\substack{건물 이외 \\ 의 경우}$)을 화재보험의 목적으로 한 경우 그 범위에 대하여는 화재보험약관에서 상세하게 규정하고 있다($\substack{표준약관 3조 \\ 4항 참조}$).

3. 피보험이익

화재보험의 목적에 대한 피보험이익은 피보험자가 누구냐에 따라 다르다. 즉,

---

1) 정(희), 432면; 서·정, 429면; 손(주), 609면; 양(승), (보) 271면; 최(기), (하) 709면; 이(기) 외, (보·해) 172면 외.
  이에 관한 상세는 정호열, "화재보험의 보험사고와 목적," 「21세기 한국상사법의 진로」(내동우 홍구박사 정년기념논문집), 2002, 554~557면; 동, "화재보험의 보험사고와 거래의 실제," 「보험법연구 5」(보험법연구회 편)(서울: 삼지원, 2003), 86~93면 참조.

2) 동지: 정호열, 전게논문(보험법연구 5), 90면.

3) 동지: 정(희), 432면; 손(주), 610면; 양(승), (보) 272면; 한(기), (보) 555면.
  이에 관한 상세는 정호열, 전게논문(내동우홍구박사 정년기념논문집), 557~567면; 동 전게논문 (보험법연구 5), 93~103면 참조.

동일한 화재보험의 목적이라도 소유자로서의 피보험이익, 임차인으로서의 피보험이익,[1] 담보권자로서의 피보험이익[2]이 다른 것이다. 또한 창고업자 등이 보관중인 물건에 대하여 화재보험계약을 체결한 경우의 피보험이익은 그의 손해배상책임의 담보라는 소극적 이익이다.[3] 피보험이익이 불분명한 경우에는 소유자로서의 피보험이익으로 보아야 할 것이다(통설).[4]

제3 화재보험계약에 관한 특칙

1. 화재보험증권

화재보험증권에는 상법 제666조에서 규정한 사항 이외에 (i) 건물을 보험의 목적으로 한 때에는 그 소재지, 구조와 용도(건물보험), (ii) 동산을 보험의 목적으로 한 때에는 그 존치한 장소의 상태와 용도(동산보험), (iii) 보험가액을 정한 때에는 그 가액을 기재하여야 한다($^{\text{상}}_{685조}$). 이러한 사항은 위험측정의 기초가 되거나 당사자간의 분쟁을 사전에 예방하기 위하여 보험증권에 기재하게 한 것이다.

---

1) 대판 2009. 12. 10, 2009 다 56603·56610(공보 2010, 105)(손해보험에 있어서 보험의 목적물과 위험의 종류만이 정해져 있고 피보험자와 피보험이익이 명확하지 않은 경우에 그 보험계약이 보험계약자 자신을 위한 것인지 아니면 타인을 위한 것인지는 보험계약서 및 당사자가 보험계약의 내용으로 삼은 약관의 내용, 당사자가 보험계약을 체결하게 된 경위와 그 과정, 보험회사의 실무처리 관행 등 여러 사정을 참작하여 결정하여야 할 것인바, 임차인이 임차건물과 그 안에 있는 시설 및 집기비품 등에 대하여 피보험자에 대하여는 명확한 언급이 없이 자신을 보험목적의 소유자로 기재하여 화재보험을 체결한 경우, 이러한 화재보험은 다른 특약이 없는 한 피보험자가 그 목적물의 소유자인 타인에게 손해배상의무를 부담하게 됨으로써 입게 되는 손해까지 보상하기로 하는 책임보험의 성격을 갖는다고는 할 수 없다).
　동지: 대판 2011. 2. 24, 2009 다 43355(공보 2011, 633)(보험계약에 편입된 보통약관에 보험회사가 보험에 가입한 물건이 입은 화재에 따른 직접손해·소방손해·피난손해 등을 보상하도록 되어 있는 경우에, 보통약관에 의하여 체결된 보험계약은 손해보험의 일종인 화재보험으로서의 성격을 갖는 것임이 분명하고, 이러한 화재보험은 다른 특약이 없는 한 피보험자가 목적물의 소유자인 타인에게 손해배상의무를 부담하게 됨으로써 입게 되는 손해까지 보상하기로 하는 책임보험의 성격을 갖는다고는 할 수 없다. 따라서 부동산을 매수한 자가 그 부동산에 관하여 자신을 피보험자로 하여 화재보험계약을 체결하였다면, 특별한 사정이 없는 한 이는 자기를 위한 보험계약이라고 보아야 한다).
2) 동지: 대판 1961. 10. 26, 4293 민상 288(은행융자담보물을 화재보험의 목적으로 하는 경우에는 그 보험계약은 융자액의 한도에서 하는 것이 상례이고, 융자담보물의 시가전액을 보험의 대상으로 하는 것이 아니다.)
3) 동지: 양(승), (보) 273면.
4) 동지: 손(주), 611면; 양(승), (보) 273면; 최(기), (하) 709면; 이(기) 외, (보·해) 173면 외.

2. 보험자의 보상책임

(1) 위험보편(普遍)의 원칙

화재로 인하여 생긴 손해에 대하여는 그 화재의 원인이 무엇인지를 묻지 아니하고 보험자는 보상책임을 지는데($\frac{상}{683조}$), 이를 「위험보편의 원칙」이라고 한다. 그러나 이것은 법률 또는 약관에 면책사유가 없는 경우의 일반원칙이다. 실무에서는 보통 법률 또는 약관에 면책사유를 많이 규정하여 위험보편의 원칙을 제한하고 있다($\frac{상법상의\ 면책사유\ 및\ 약관에}{의한\ 면책사유\langle표준약관\ 4조\rangle}$).[1)]

---

1) 동지: 대판 1993. 4. 13, 92 다 45261(공보 945, 1385)(폭발담보특약이 없으면 화재보험약관상의 폭발면책조항에 따라 화재가 폭발에 선행하였는지의 여부에 관계 없이 폭발에 의한 손해는 보험자가 보상할 책임이 없고, 이러한 폭발면책조항은 무효의 규정이라 할 수 없다)[이 판결에 찬성하는 취지의 평석을 하면서 폭발로 인한 화재손해도 보상하지 않는 것은 위험보편의 원칙에 반한다고 지적한 평석으로는 심상무, "화재보험약관상 폭발면책조항의 효력," 「상사판례연구」(한국상사판례학회), 제 9 집(1998), 290~301면]; 동 2007. 2. 22, 2006 다 72093(공보 2007, 498)("보험계약자 또는 피보험자가 손해의 통지 또는 보험금청구에 관한 서류에 고의로 사실과 다른 것을 기재하였거나 그 서류 또는 증거를 위조하거나 변조한 경우 피보험자는 손해에 대한 보험금청구권을 잃게 된다"고 규정하고 있는 보험계약의 약관조항의 취지는 피보험자 등이 서류를 위조하거나 증거를 조작하는 등 신의성실의 원칙에 반하는 사기적인 방법으로 과다한 보험금을 청구하는 경우에는 그에 대한 제재로서 보험금청구권을 상실하도록 하려는 데 있고, 독립한 여러 물건을 보험목적물로 하여 체결된 화재보험계약에서 피보험자가 그 중 일부의 보험목적물에 관하여 실제 손해보다 과다하게 허위의 청구를 한 경우에 허위의 청구를 한 당해 보험목적물에 관하여 위 약관 조항에 따라 보험금청구권을 상실하게 되는 것은 당연하다. 그러나 만일 위 약관 조항을 피보험자가 허위의 청구를 하지 않은 다른 보험목적물에 관한 보험금청구권까지 한꺼번에 상실하게 된다는 취지로 해석한다면, 이는 허위 청구에 대한 제재로서의 상당한 정도를 초과하는 것으로 고객에게 부당하게 불리한 결과를 초래하여 신의성실의 원칙에 반하는 해석이 되므로, 위 약관에 의해 피보험자가 상실하게 되는 보험금청구권은 피보험자가 허위의 청구를 한 당해 보험목적물의 손해에 대한 보험금청구권에 한한다고 해석함이 상당하다); 동 2009. 12. 10, 2009 다 56603·56610(공보 2010, 105)(상법 및 화재보험약관 규정의 형식 및 취지, 화재가 발생한 경우에 보험자에게 면책사유가 존재하지 않는 한 소정의 보험금을 지급하도록 함으로써 피보험자로 하여금 신속하게 화재로 인한 피해를 복구할 수 있게 하려는 화재보험제도의 존재의의에 비추어 보면, 화재보험에서 화재가 발생한 경우에는 일단 우연성의 요건을 갖춘 것으로 추정되고, 다만 화재가 보험계약자나 피보험자의 고의 또는 중과실에 의하여 발생하였다는 사실을 보험자가 증명하는 경우에는 위와 같은 추정이 번복되는 것으로 보아야 한다. 따라서 화재보험계약의 약관에서 "보험계약자나 피보험자의 고의 또는 중대한 과실로 발생한 손해에 대하여는 보상하지 아니한다"고 규정하고 있는 경우에 보험자가 보험금 지급책임을 면하기 위해서는 위 면책사유에 해당하는 사실을 증명할 책임이 있고, 여기에서의 증명은 법관의 심증이 확신의 정도에 달하게 하는 것을 가리키고, 그 확신이란 자연과학이나 수학의 증명과 같이 반대의 가능성이 없는 절대적 정확성을 말하는 것은 아니지만, 통상인의 일상생활에 있어 진실하다고 믿고 의심치 않는 정도의 고도의 개연성을 말하는 것이고, 막연한 의심이나 추측을 하는 정도에 이르는 것만으로는 부족하다. 또한 화재보험약관에서 "계약자 또는 피보험자가 손해통지 또는 보험금청구에 관한 서류에 고의로 사실과 다른 것을 기재하였거나 그 서류 또는 증거를 위조 또는 변조한 경우에는 피보험자는 손해에 대한 보험금청구권을 잃게 된다"고 규정하고 있는 화재보험 약관조항의 취지는 보험자가 보험계약상의 보상책임 유무의 판정·보상액의 확정 등을 위하여 보험사고의 원인·상황·손해의 정도 등을 알 필요가 있으나 이에 관한 자

(2) 보험자의 보상책임의 범위

1) 상당인과관계 있는 손해   화재로 인하여 생긴 손해는 화재와 손해 사이에 상당인과관계가 있는 것이어야 한다.[1] 이 때 상당인과관계가 있는지 여부를 판단함에 있어서는 구체적인 경우를 따져 판단할 사실문제이나,[2] 보험의 성질상 보험계약에서 예정된 보험사고와 피보험이익과의 관계를 고려하여야 한다.[3] 예컨대, 화

료들은 계약자 또는 피보험자의 지배·관리영역 안에 있는 것이 대부분이므로 피보험자로 하여금 이에 관한 정확한 정보를 제공하도록 할 필요성이 크고, 이와 같은 요청에 따라 피보험자가 이에 반하여 서류를 위조하거나 증거를 조작하는 등으로 신의성실의 원칙에 반하는 사기적인 방법으로 과다한 보험금을 청구하는 경우에는 그에 대한 제재로서 보험금청구권을 상실하도록 하려는 데 있다. 다만, 위와 같은 약관조항을 문자 그대로 엄격하게 해석하여 조금이라도 약관에 위배하기만 하면 보험자가 면책되는 것으로 보는 것은 본래 피해자 다중을 보호하고자 하는 보험의 사회적 효용과 경제적 기능에 배치될 뿐만 아니라 고객에 대하여 부당하게 불리한 조항이 된다는 점에서 이를 합리적으로 제한하여 해석할 필요가 있으므로, 위 약관조항에 의한 보험금청구권의 상실 여부는 그 취지를 감안하여 보험금청구권자의 청구와 관련한 부당행위의 정도 등과 보험의 사회적 효용 내지 경제적 기능을 종합적으로 비교·교량하여 결정하여야 한다. 한편, 독립한 여러 물건을 보험목적물로 하여 체결된 화재보험계약에서 위 약관에 의해 피보험자가 상실하게 되는 보험금청구권은 피보험자가 '허위의 청구를 한 당해 보험목적물'의 손해에 대한 보험금청구권만을 의미한다고 해석함이 상당하다).

1) 동지: 대판 1999. 5. 11, 99 다 8155(공보 1999, 1139)(화재보험의 피보험자가 보험사고로 소훼된 보험목적 건물에 대한 수리비 중 부가가치세 부분을 매출세액에서 공제하거나 환급받을 수 있는 경우, 그 부가가치세 상당액은 보험사고로 인한 피보험자의 손해에 해당하지 않는다); 동 2001. 6. 26, 99 다 27972(공보 2001, 1685)(화재보험계약상의 잔존물제거비용담보특별약관에서 보험가입금액의 범위 안에서 실제의 잔존물 제거비용을 보상하기로 약정한 경우, 보험사고 이후 잔존물 제거작업이 완료된 경우에는 위 잔존물제거비용담보특별약관에서 규정하고 있는 '실제의 잔존물 제거비용'이란 단순한 잔존물 제거비용의 추정치나 감정액을 말하는 것이 아니라 실제 소요된 잔존물 제거비용을 말하는 것이다. 또한 화재보험계약상의 잔존물제거비용담보특별약관에서 보상하도록 규정하고 있는 '잔존물 제거비용'이란, 그 문언에서 특별히 사고현장에서의 정리비용이나 상차비용으로 국한하고 있지 아니하고, 위 특별약관을 삽입하면서 별도의 추가보험료를 납입하지는 않았지만 그로 인하여 지급되는 보험금은 항상 보험가입금액 범위 내의 실제비용으로 제한되고 있어 보험자에게 보험가입금액 이상의 예상하지 못한 부담을 주거나 혹은 피보험자나 보험계약자에게 실제 손해 이상의 부당한 이익을 줄 염려가 없게 되어 있는 점에다가, 약관의 뜻이 명백하지 아니한 경우에는 고객에게 유리하게 해석되어야 한다는 약관의 해석원칙〈약관의 규제에 관한 법률 제5조 2항〉을 고려하여 보면, 잔존물에 대한 현장정리 및 상차비용 이외에 운반·처리비용 등 보험사고인 화재로 인하여 발생한 잔존물을 실제로 제거하는 데 소요되는 일체의 비용을 의미하는 것이다); 동 2003. 4. 25, 2002 다 64520(공보 2003, 1256)(화재로 인한 건물 수리시에 지출한 철거비와 폐기물처리비는 화재와 상당인과관계가 있는 건물수리비에 포함된다고 보아야 할 것이고, 이를 손해액에 산입되지 아니하는 별도의 비용으로 볼 것은 아니다. 또한 화재로 손상된 중고의 기계·기구의 원상회복을 위하여 신규의 부품을 구입하여 수리를 한다면 그 복원된 기계·기구의 가액이 손상 이전의 가액을 초과하게 되는 경우를 흔히 예상할 수 있으므로, 위의 경우에 수리비 상당액을 손해액으로 산정함에 있어서는 재조달가액의 산정시와 마찬가지로 감가액을 고려하여야 하는 것이 원칙이고, 다만 신규의 부품으로 교환하더라도 기계·기구의 전체 가치가 손상 이전의 가치를 초과하지 않는다고 인정되는 경우에 한하여 감가공제를 하지 아니하여도 무방하다).

2) 동지: 양(승), (보) 279면.

3) 동지: 정(희), 433면.

재가 발생한 때에 물건이 분실 또는 도난당한 경우에는 상당인과관계가 없어 화재
보험자는 그 물건에 대한 보상책임을 지지 않는다($\frac{표준약관 4조}{2호 참조}$).

2) 소방비용 등의 보상책임   화재보험자는 화재의 소방 또는 손해의 감소
에 필요한 조치로 인하여 보험의 목적에 생긴 손해에 대하여서도 보상책임을 진다
($\frac{상 684조, 표준}{약관 3조 2항}$). 이것은 화재의 감소를 위한 손해로서 당연한 것 같지만 불의 연소에
의한 손해가 아니므로 의문이 없도록 규정한 것이다.[1] 그러나 이 손해도 그 처분과
상당인과관계가 있는 것이어야 한다. 따라서 일단 안전한 곳에 대피시켜 놓은 물건
이 도난당한 경우에는 보험자는 그에 대한 보상책임을 지지 않는다.[2]

상법의 이러한 규정은 보험계약자 등의 손해방지의무($\frac{상}{680조}$)와도 균형을 이루고
있다. 그런데 상법 제684조의 소방비용 등은 보험계약자와 피보험자가 손해방지의
무($\frac{상 680조}{본문}$)의 이행에 의하여 발생한 손해뿐만 아니라, 소방서원 기타의 자의 행위에
의하여 발생한 손해를 포함한다.[3]

3. 집합보험

집합보험(Sachinbegriffs-bzw. Sachgesamtheitsversicherung)이란 「경제적으로 독
립한 다수의 집합물을 보험의 목적으로 한 손해보험」을 말한다.[4] 이에 반하여 하나
의 물건을 보험의 목적으로 한 보험을 개별보험(Einzelsachversicherung)이라 한다.
동산보험의 경우에는 개별보험으로 하는 것보다 집합보험의 형식으로 보험에 가입
하는 경우가 많다($\frac{예컨대, 가구 등을 일괄하여 보험에 가입하거나,}{공장의 물건을 일괄하여 보험에 가입하는 경우 등}$). 이 경우 보험의 목적이 특정되
어 있는 것을 「특정보험」이라 하고($\frac{예컨대, 운송중의}{물건 · 가구 등}$), 보험의 목적의 전부 또는 일부가
보험기간중에 교체될 것이 예정된 것을 「총괄보험」(zusammengefasste Versicherung)
이라고 한다($\frac{예컨대, 창고의 물건 ·}{점포의 상품 등}$). 집합보험에서 보험목적의 일부에 대해서만 고지의무
위반이 있는 경우, 상법 제651조에 의한 해지권은 계약 전체에 미치지 않고 그 보
험목적의 일부에 대해서만 미친다고 본다.[5] 이하에서는 각각에 대하여 설명하겠다.

상법은 동산화재보험에서 집합보험이 가장 많이 이용된다는 점에서 화재보험
의 경우에 그 집합보험에 대하여 규정하고 있으나, 이는 오히려 손해보험통칙에서

---

1) 동지: 정(희), 433면.

2) 동지: 정(희), 433면.

3) 동지: 양(승), (보) 279면; 이(기) 외, (보 · 해) 176면.

4) 이에 대하여 사람의 단체를 보험의 목적(피보험자)으로 한 인보험을 「단체보험」이라고 하고(상
735조의 3), 집합보험과 단체보험을 합하여 「집단보험」이라고 한다.

5) 동지: 장(덕), (보) 131면; 한(기), (보) 561면.

규정하였어야 할 것으로 본다.[1]

(1) 특정보험

집합된 물건을 일괄하여(für einen Inbegriff von Sachen) 보험의 목적으로 한 때에는 피보험자의 가족과 사용인의 물건도 보험의 목적에 포함된 것으로 하고, 그 보험은 그 가족 또는 사용인을 위해서도 체결한 것으로 본다($\frac{\text{상}}{686\text{조}}$). 이것은, 예컨대 주택화재보험에서 그 가옥에 있는 모든 물건에 대하여 화재보험계약을 체결한 경우, 가족 또는 사용인의 물건에 관하여 이른바 타인을 위한 보험계약을 인정한 것으로서, 이 경우 그 가족이나 사용인은 당연히 보험계약상의 이익을 받는다[2]($\frac{\text{상 } 639\text{조}}{\text{참조}}$).

그러나 이 경우에도 보험약관에 의하여 보험증권에 기재하여야만 보험의 목적이 될 수 있는 것으로 특약된 일정한 물건의 경우에는, 보험증권에 기재되지 않으면 보험계약상의 이익을 받을 수 없다[3]($\frac{\text{표준약관 } 3\text{조}}{3\text{항 참조}}$).

(2) 총괄보험

집합된 물건을 일괄하여 보험의 목적으로 한 때, 그 목적에 속한 물건이 보험기간중에 수시로 교체된 경우에도 보험사고 발생시에 현존하는 물건은 보험의 목적에 포함된 것으로 한다($\frac{\text{상}}{687\text{조}}$). 이것은 동산보험의 목적이 집합물로서 보험에 가입된 경우에 그 집합물을 구성하는 개개의 물건의 교체성을 인정하여, 보험계약의 성립시에는 보험의 목적이 특정되지 않더라도 그 보험의 목적의 범위를 정하여 보험계약을 체결할 수 있도록 한 것이다.[4] 예컨대, 창고에 들어 있는 물건이 매일 교체되어 특정되지 않는 경우에도, 집합물로서 보험에 가입하는 경우가 이에 해당한다. 이 경우에는 그 집합물의 내용이 수시로 교체되어 특정되지 않아도 보험계약의 성립이 가능한 점에서, 단체구성원인 피보험자의 교체를 인정하는 단체보험과 유사한데, 이는 이른바 예정보험(open policy; laufende Versicherung)의 하나의 형태이다.[5]

이러한 총괄보험의 경우에 수시로 교체되는 보험의 목적은 보험계약에서 정한 범위 내의 것이어야 하는데, 보험계약에서 정한 범위의 물건인 이상 보험사고 발생시에 현존하는 물건은 모두 보험의 목적에 포함된다. 그러나 보험계약에서 정한 범위의 물건이라도 그 물건이 보험사고 발생 전에 제3자에게 양도된 경우에는 보험

---

1) 동지: 정(희), 434면; 서·정, 430면; 양(승), (보) 281면.
2) 동지: 정(희), 434면; 양(승), (보) 281면.
3) 동지: 양(승), (보) 282면.
4) 동지: 정(희), 435면.
5) 동지: 정(희), 435면; 양(승), (보) 282면.

의 목적에서 제외된다. 이와 같은 물건은 특정하여 보험에 가입된 것이 아니므로, 그러한 물건의 양도는 보험목적의 양도도 아니다.[1]

제 3 관 운송보험계약

제 1 운송보험계약의 의의

운송보험계약(contract of transport insurance; Transportversicherungsvertrag)이란 「육상운송의 목적인 운송물에 관하여 운송인이 그 운송물을 수령한 때부터 수하인에게 인도할 때까지 생길 손해를 보상하기로 하는 손해보험계약」이다($\frac{\text{상}}{688조}$). 광의의 운송보험이라고 하면 해상운송의 운송물에 대한 보험계약도 포함하지만, 상법상 운송보험계약은 육상운송의 운송물에 대한 보험계약만을 의미한다. 해상운송보험계약에 대하여는 상법 제 4 편 제 2 장 제 4 절(해상보험)에서 별도로 규정하고 있다.[2] 상법상 육상운송에서의 육상에는 호천(湖川)·항만이 포함되지만($\frac{\text{상}}{125조}$), 실무에 있어서 항만에서의 보험사고는 보통 해상보험계약에 포함된다.[3]

오늘날 적하해상보험약관에서는 운송약관(transit clause)에 의하여 해상운송뿐만 아니라 내륙운송중에 발생한 사고에 대하여도 담보하고 있고, 또한 컨테이너의 발달로 인한 복합운송(multimodal transport)이 많이 이루어지고 있는 실정에서, 운송보험을 통합하는 것이 바람직하다는 견해가 있다.[4]

제 2 운송보험계약의 요소

1. 보험의 목적

운송보험의 목적은 「운송물」이다. 운송중의 여객의 생명·신체에 생긴 사고를 보험사고로 하는 보험계약은 운송보험이 아니고, 상해보험이나 책임보험에 의하여 담보된다. 또 운송에 이용되는 용구(用具) 자체($\frac{\text{예컨대, 기차}}{\text{나 자동차}}$)를 보험의 목적으로 한 경

---

1) 동지: 양(승), (보) 282면; 이(기) 외, (보·해) 178면.
2) 항공운송보험에 관하여는 상법에 규정이 없고, 이에 관한 당사자간의 권리·의무는 약관에 의하여 규정되고 있을 뿐이다.
3) 동지: 정(희), 435면; 양(승), (보) 283면.
  운송보험약관에서도 육상에 호천만을 포함시키고 있다(동 약관 1조).
4) 양(승), (보) 283면.

우에는 그것은 운송보험이 아니고 차량보험으로서 보험법의 통칙규정 및 자동차보험의 규정이 적용된다.

2. 보험사고

운송보험의 보험사고는 「육상운송중에 운송물에 생길 수 있는 모든 사고」이다(위험보편의 원칙).[1] 따라서 차의 충돌·추락·전복 등 운송에 고유한 사고로 인한 운송물의 멸실·훼손뿐만 아니라, 운송에 부수하여 생길 수 있는 화재·폭발·도난·수해·지진 기타의 모든 사고를 포함한다. 왜냐하면 운송중에는 운송물이 운송인의 점유하에 있으므로 보험자의 포괄적 책임을 인정할 필요가 있고 또 피보험자가 손해발생의 원인을 증명하기가 곤란하기 때문이다. 그러나 약관에서는 보통 특정보험사고를 제외하고 있다(운송보험 약관 4조).

3. 피보험이익

운송보험의 피보험이익은 운송물에 대하여 가지는 피보험자의 경제적 이해관계이다. 그런데 피보험자가 누구이냐에 따라 피보험이익도 다양하게 존재한다. 즉, 「송하인이 운송물의 소유자로서 갖는 이익」, 「송하인 등이 운송물(상품)의 도착으로 인하여 얻을 수 있는 이익(희망이익보험)」(상 689조 2항), 「운송인이 운임에 대하여 갖는 이익」, 「운송인이 송하인 또는 수하인에 대한 손해배상책임의 담보로서 갖는 이익(소극적 이익)」 등이 있다.[2]

4. 보험가액

(1) 기평가보험

운송보험에 있어서의 보험가액은 당사자간에 이에 대한 「합의」가 있으면 그에 따른다(상 670조).

(2) 미평가보험(보험가액 불변경주의)

운송보험에 있어서 당사자간에 보험가액에 대한 합의가 없으면 「발송한 때와 곳에 있어서의 그 가액과 도착지까지의 운임 기타의 비용」을 보험가액으로 하는데[3](상 689조 1항), 이를 「보험가액 불변경주의」라고 한다. 이것은 운송보험의 경우 보통

---

1) 김(성), (보) 533면; 한(기), (보) 562면.
2) 동지: 정(희), 436면; 양(승), (보) 284면.
3) 우리 상법과 동지의 입법례로는 獨保 제136조 1항이 있고, 도착지 가액을 기준으로 한 입법례로

보험기간이 단기이고, 운송 도중의 사고로 인한 손해가 생긴 때와 가격을 정하기가 어렵다는 점에서 이와 같이 규정한 것이다.[1] 운임 기타의 비용(예컨대, 창고 보관료·보험료)은 운송물의 멸실로 인하여 지출하지 않게 된 때($\frac{상}{참조}$ 134조)에는 보험가액에 산입하지 않는다.

운송물의 도착으로 인하여 얻을 이익(희망이익)[2]은 그 자체로서 별도의 피보험이익이 될 수 있기 때문에, 당사자간에 특약이 있는 경우에 한하여 이를 보험가액에 산입한다($\frac{상}{2항}$ 689조).

5. 보험기간

운송보험기간은 당사자간에 다른 약정이 없으면 「운송인이 운송물을 수령한 때로부터 이것을 수하인에게 인도할 때까지」이다($\frac{상}{688조}$). 따라서 당사자간에 다른 약정이 없으면 운송계약이 종료하더라도 운송물을 인도할 때까지 생긴 손해에 대하여 보험자는 보상책임을 면할 수 없으나, 운송물을 수하인에게 인도할 수 없는 등으로 인하여 이것을 공탁 또는 경매한 때에는($\frac{상}{145조}$ 142조~) 인도에 준하여 그 때에 보험기간이 종료한다고 해석한다.[3]

그러나 운송인이 운송물을 수령한 후에 보험계약이 체결된 경우에는 당사자간에 소급보험에 관한 특약이 없는 한($\frac{상}{643조}$), 그 보험계약이 성립한 후 보험자가 최초의 보험료를 지급받은 때부터 보험기간이 개시된다고 본다[4]($\frac{상}{656조}$). 그런데 보통은 운송보험약관에서 보험기간이 특약되어 있다.[5]

는 瑞(스위스)保 제64조 1항이 있다. 우리 상법의 이러한 입법은 (육상)운송인의 손해배상책임이 도착지 가액에 의하여 정하여지고 있는 점(상 137조)과 구별되고 있다. 따라서 이 양자를 일치시키는 것이 바람직하다는 견해도 있으나[양(승), (보) 285면 주 2], 양자는 책임의 성질이 다르므로 일치하지 않아도 무방하다고 본다.

1) 동지: 정(희), 437면; 양(승), (보) 285면; 한(기), (보) 563면.

2) 이러한 희망이익은 도착지 가격에서 발송지 가격 및 운임 기타의 비용을 공제하여 산출된다[양(승), (보) 285면].

3) 동지: 정(희), 436~437면; 양(승), (보) 285~286면.

4) 동지: 양(승), (보) 286면.

5) 운송보험약관에서는 보험기간에 대하여 「보험의 목적을 보험증권에 기재한 발송지의 보관장소(창고를 포함함)에서 반출(적재위험을 포함함)할 때부터 보험증권에 기재된 도착지의 보관장소에 보험의 목적이 반입(하역위험을 포함함)되었을 때 또는 그 보관장소에 반입되기 전이라도 보험증권에 기재된 도착지의 보관장소에 도착한 후 24시간이 경과된 때까지」로 규정하고 있다(동 약관 4조).

제3 운송보험계약에 관한 특칙

1. 운송보험증권

운송보험증권에는 상법 제666조(손해보험증권의 기재사항)에 규정한 사항 이외에, (ⅰ) 운송의 노순(路順)과 방법, (ⅱ) 운송인의 주소와 성명 또는 상호, (ⅲ) 운송물의 수령과 인도의 장소, (ⅳ) 운송기간을 정한 때에는 그 기간, (ⅴ) 보험가액을 정한 때에는 그 가액을 기재하여야 한다($\substack{상\\690조}$).

2. 보험자의 보상책임

(1) 보험자의 손해보상액

운송보험자는 다른 약정이 없으면 운송인이 운송물을 수령한 때로부터 수하인에게 인도할 때까지 생긴 모든 손해를 보상할 책임을 지는데($\substack{상\\688조}$), 이 보상액은 당사자간에 보험가액에 대한 합의가 있으면(기평가보험) 그에 따라서 산출된 보험가액에 의하나($\substack{상\\670조}$), 그렇지 않으면 손해가 발생한 때와 곳의 가액($\substack{상 676조\\1항 본문}$)에 의하지 않고 앞에서 본 보험가액 불변경주의($\substack{상\\689조}$)에 의하여 산출한 보험가액을 기준으로 산출된다.

(2) 보험자의 면책사유

보험자는 앞에서 본 일반면책사유($\substack{상 659조 1항,\\660조, 678조}$)에 의하여 면책되는 것은 물론이나, 운송보험에 특유한 면책사유가 있다. 즉, 보험사고가 송하인 또는 수하인의 고의 또는 중대한 과실로 인하여 발생한 때에는 이로 인한 손해를 보상할 책임이 없다($\substack{상\\692조}$). 송하인이나 수하인은 비록 보험계약자 또는 피보험자가 아니라 하더라도 운송계약상 일정한 권리와 의무를 가지므로($\substack{상 139조~\\141조}$), 이들의 고의·중과실로 인한 보험사고의 발생을 보험자의 면책사유로 한 것이다.[1] 따라서 운송보험에서 운송인이 보험계약자 또는 피보험자가 아닌 경우에는(예컨대, 송하인 등이 보험계약자 또는 피보험자인 경우), 운송인의 고의 또는 중대한 과실로 인하여 보험사고가 발생한 경우에도 보험자는 보상책임을 지고, 다만 운송인에 대하여 대위권을 행사할 수 있을 뿐이다[2]($\substack{상\\682조}$).

운송보험약관은 위의 법정면책사유 이외에 많은 약정면책사유를 규정하고 있다($\substack{동 약관\\5조}$).

---

1) 동지: 정(희), 437~438면; 양(승), (보) 287면.
2) 동지: 양(승), (보) 287면; 한(기), (보) 564면.

3. 운송의 중지·변경과 계약의 효력

운송보험계약은 다른 약정이 없으면 운송의 필요에 의하여 일시 운송을 중지하거나 운송의 노순(路順) 또는 방법을 변경한 경우에도 그 효력을 잃지 아니한다($\frac{상}{691조}$). 상법은 육상운송보험에서 보험자는 그 운송과 관련되는 모든 위험을 담보하는 점과, 운송의 필요에 의하여 일시 운송을 중지하거나 운송의 노순이나 방법을 변경한 경우에도 계약의 효력을 유지시킬 필요가 있는 점을 고려하여 이와 같이 규정한 것이다.[1] 따라서 (육상)운송보험에서의 이러한 점은 해상보험의 경우($\frac{상\ 701조}{참조}$)와 구별되고 있다. 그러나 보험계약자 또는 피보험자의 고의·중과실로 운송을 중지하거나 변경하여 위험이 현저하게 변경되거나 증가한 때에는, 보험자는 보험료의 증액을 청구하거나 그 계약을 해지할 수 있다고 본다($\frac{상\ 653조}{참조}$).[2]

제 4 관 해상보험계약

제 1 해상보험계약의 의의와 성질

1. 해상보험계약의 의의

해상보험계약(contract of marine insurance; Seeversicherungsvertrag)이란 「해상사업에 관한 사고로 인하여 생길 손해를 보상할 것을 목적으로 하는 손해보험계약」이다[3]($\frac{상}{693조}$). 이러한 해상보험은 선박의 운항에 따른 해상위험에 대비하기 위하여 일찍이 지중해연안의 상업도시에서 발달하여 근대보험의 효시를 이루고 있으며, 오늘날 해운에서는 해상보험이 불가분의 일체(integral part)를 이루고 있다.[4] 이로 인하여 외국의 입법례 중에는 해상보험을 일반 해상법의 일부로 규정하고 있는 것도 있으나($\frac{예컨대, 독일상법전·일본}{상법\ 제4편\ 제6장\ 등}$), 우리 상법은 손해보험의 일종으로 보험편에서 규정하고 있다. 상법상 해상보험계약에 관한 규정은 다른 손해보험계약에 비하여 비교적 상세하나, 실제로 보험계약의 내용은 보험약관에 의하여 많이 정하여지고 있다.

---

1) 동지: 양(승), (보) 288면; 한(기), (보) 564면.

2) 동지: 한(기), (보) 564면.

3) 그런데 해상적하보험에서는 운송약관에 의한 특약에 의하여 항해에 부수되는 내수 또는 육상에서의 위험까지 함께 담보하는 경우가 많다.

4) 동지: 양(승), (보) 290면; 정(희), 438면.

2. 해상보험계약의 성질

(1) 기업보험으로서의 성질

해상보험은 주로 해운업자나 무역업자 등과 같은 기업이 이용하는 보험으로 기업보험으로서의 성질을 갖는다. 따라서 이러한 해상보험에서는 당사자간의 사적(私的) 자치의 원칙이 존중되므로 상법은 불필요한 후견적 태도를 버리고 있다 ($\frac{상\ 663조}{단서\ 참조}$).[1)]

(2) 국제적 성질

해상보험은 바다를 무대로 하여 국제적으로 활동하는 해운업자 또는 무역업자 등이 이용하는 보험이므로, 자연히 국제적 성질을 갖는다. 이의 반영으로 해상보험 실무에서는 영국의 Lloyd's Form인 영국의 보험약관에 의하여 해상보험계약이 체결되는 것이 보통이다. 그런데 이 약관에는 「이 보험계약상의 모든 책임문제는 영국의 법과 관습에 따른다」는 준거법조항을 두고 있는데,[2)] 우리나라의 판례는 이러한 준거법조항의 효력을 유효한 것으로 인정하고 있다.[3)] 따라서 해상보험에 관해서

---

1) 동지: 대판 1996. 12. 20, 96 다 23818.

2) All questions of liability arising under this policy are to be governed by the laws and customs of England.

　　그러나 해상적하보험증권상 "이 보험증권에 포함되어 있거나 또는 이 보험증권에 첨부되는 어떠한 반대되는 규정이 있음에도 불구하고, 이 보험은 일체의 전보청구 및 결제에 관해서 영국의 법률과 관습에만 의한다"라는 영국법 준거약관은 보험계약의 보험목적물이 무엇인지 여부에 관한 사항, 즉 보험계약의 성립 여부에 관한 사항에까지 영국의 법률과 실무에 따르기로 한 것으로는 볼 수 없으므로, 이와 같은 사항에는 우리나라의 법률이 적용되어야 한다[대판 1998. 7. 14, 96 다 39707(공보 1998, 2115)][이 판결에 대하여 찬성하는 취지의 평석으로는 한창희, "해상적하보험증권의 영국법 준거조항상 영국법의 적용범위(대판 1998. 7. 14, 96 다 39707)," 「보험법연구 3」(보험법연구회 편)(삼지원, 1999), 75~81면].

3) 대판 1977. 1. 11, 71 다 2116(집 25 ① 민 1); 동 1991. 5. 14, 90 다카 25314(공보 1991, 1620); 동 1996. 3. 8, 95 다 28779(공보 1996, 1199)(따라서 고지의무위반에 대하여 우리 상법 제651조를 적용할 수 없다고 한다); 동 1998. 5. 15, 96 다 27773(공보 1998, 1621)[보험증권과 약관에 그 준거법을 영국의 법률과 관습에 따르기로 하는 규정과 아울러 선급(ship's class)을 유지(maintaining)하기로 하는 내용의 명시적 규정이 있는 경우, 이는 영국 해상보험법 제33조 소정의 명시적 담보(express warranty)에 관한 규정에 해당하고, 명시적 담보는 위험의 발생과 관련하여 중요한 것이든 아니든 불문하고 정확하게(exactly) 충족되어야 하는 조건(condition)으로서 엄격히 지켜져야만 하며, 일단 담보위반이 있는 경우 설사 보험사고가 담보위반과 아무런 관계없이 발생하였다고 하더라도 보험자는 보험증권에 별도의 명시적 규정이 있는 경우를 제외하고는 자동적으로 그 담보특약 위반일에 소급하여 그 보험계약상의 일체의 책임을 면한다(대판 1996. 1. 11, 94 다 60332 참조). 그러므로 보험자가 담보특약에 관한 사항을 알든 모르든 피보험자로서는 담보특약을 정확히 지켜야만 하고, 이를 위반하게 되면 그 사유와 시기에 관계없이 보험자는 바로 그 시점부터 보험계약상의 일체의 책임을 면하게 되므로, 보험자로서는 담보특약에 관한 사항을 구태여 알아야 할 필요가 없고, 피보험자는 보험자에게 담보특약에 관한 사항을 고지할 의무도 없는 것

는 영국의 해상보험법(Marine Insurance Act, 1906)이 사실상 중요한 법원(法源)의 하나가 되고 있다.[1]

제 2 해상보험계약의 종류

1. 피보험이익에 의한 분류

(1) 선박보험

선박보험은 보험의 목적인 선박의 소유자로서의 피보험이익에 관한 보험이다 ($\frac{상\,696조}{참조}$).[2] 선박보험에서는 선박 자체 이외에, 선박의 속구(屬具)·연료·양식 기타

이다. 사정이 이와 같다면, 이 사건 보험증권상의 담보특약은 영국 해상보험법 제33조 소정의 명시적 담보로서 이 사건 선박의 선급이 계속 유지되어야만 그 담보조건을 충족하는 것인데, 이와 같이 선박의 격벽(bulkhead)이 제거되어 그 시점부터 선급이 정지된 이상, 피보험자인 원고는 담보특약을 위반한 것으로 되어 보험자인 피고는 그 담보위반일 이후에 발생한 이 사건 사고로 인한 보험금 지급책임을 면하게 된다]; 동 2005. 11. 25, 2002 다 59528·59535(공보 2006, 4)(영국 협회선박기간보험약관은 그 첫머리에 이 보험은 영국의 법률과 관습에 따른다고 규정하고 있는바, 이러한 영국법 준거약관은 오랜 기간에 걸쳐 해상보험업계의 중심이 되어 온 영국의 법률과 관습에 따라 당사자 사이의 거래관계를 명확하게 하려는 것으로서, 그것이 우리나라의 공익규정 또는 공서양속에 반하는 것이라거나 보험계약자의 이익을 부당하게 침해하는 것이라고 볼 수 없어 유효하다); 동 2015. 3. 20, 2012 다 118846(영국법을 준거법으로 당사자가 합의한 적하보험에서는 한국의 약관규제법이 적용되지 않는다).

1) 동지: 정(희), 439면; 양(승), (보) 292면; 한(기), (보) 566면.

2) 선박관리자(선박이용자)도 선박보험의 피보험이익이 있다고 한 판례로는 대판 2010. 9. 9, 2009 다 105383(공보 2010, 1884)(리스회사 갑과 선박 등에 관한 리스계약을 체결한 리스이용자 을이 그 계약에 따라 리스선박에 대하여 협회선박기간보험약관〈Institute Time Clauses[Hull-1/10/83]〉이 적용되는 선박보험계약을 체결하면서 피보험자를 '소유자〈owner〉 갑, 관리자〈manager〉 을'로 한 사안에서, 을은 리스계약상 선박의 법률상 소유자는 아니지만 리스이용자로서 선박을 사용할 권리를 갖고 있고 그 멸실·훼손에 대하여 위험부담을 지고 선박의 훼손시 이를 복원·수리할 의무를 부담하며 리스기간 종료시 선박을 법률상 소유자인 리스회사로부터 양도받을 수 있는 지위에 있는데, 그렇다면 을은 그 선박에 관하여 법률상 이해관계가 있고 그 결과 선박의 멸실이나 손상 등으로 수리비 등을 지출함으로써 손해를 입거나 그에 관하여 책임을 부담할 수 있는 지위에 있으므로, 위 보험계약의 준거법인 영국 해상보험법상 그 보험계약에 관하여 피보험이익이 있다).

또한 보험증권에 피보험자로 기재되지 않은 선체용선자는 피보험자가 될 수 없다고 한 판례로는 대판 2019. 12. 27, 2017 다 208232·208249(공보 2020, 347)(영국법상 보험계약서에 피보험자로 기재되어 있지 않은 자도 피보험자로 인정될 수 있는 경우가 있다. 즉, 본인으로부터 보험계약 체결의 대리권을 수여받은 대리인이 상대방에게 본인의 신원을 현명하지는 않았으나 본인의 존재를 노출하여 상대방이 본인의 존재를 알고 있는 경우에는 현명되지 않은 본인〈unnamed/unidentified principal〉이 보험계약상 권리·의무를 부담할 수 있다. 또한 대리인과 보험계약을 체결한 상대방이 본인의 존재를 알지 못한 경우에도, 대리인이 그 노출되지 않은 본인〈undisclosed principal〉으로부터 보험계약 체결에 관한 대리권을 수여받아 보험계약 체결 당시 본인을 위하여 보험계약을 체결한다는 의도를 가지고 있었고, 보험계약의 내용상 노출되지 않은 본인이 계약의 당사자가 되는 것을 금지하는 내용이 없다면 노출되지 않은 본인이 보험계약상 권리·의무를 부담할 수 있다

항해에 필요한 모든 물건은 보험의 목적에 포함된 것으로 한다[1]($\frac{\text{상}\,696\text{조}}{2\text{항}}$).

(2) 적하보험

적하보험은 보험의 목적인 적하(운송물)의 소유자로서의 피보험이익에 관한 보험이다[2]($\frac{\text{상}\,697\text{조}}{\text{참조}}$). 적하(화물)는 해상운송의 객체가 될 수 있는 모든 물건을 말한다($\frac{\text{생동물}\langle\text{生動物}\rangle}{\text{을 포함함}}$).

(3) 운임보험

운임보험은 운송인의 운임을 피보험이익으로 한 보험이다($\frac{\text{상}\,706\text{조}}{1\text{호 참조}}$). 운송인이 운임을 받을 수 없는 경우는 운송물의 전부 또는 일부가 송하인($\frac{\text{및 운송인}}{-\text{저자 주}}$)의 책임 없는 사유로 인하여 멸실한 경우에 발생한다($\frac{\text{상}\,815\text{조},}{134\text{조 1항}}$).

(4) 희망이익보험

희망이익보험은 보험의 목적인 적하의 도착으로 인하여 얻을 이익 또는 보수인 희망이익을 피보험이익으로 한 보험이다($\frac{\text{상}}{698\text{조}}$). 희망이익이란 적하의 매도인이 적하의 도착으로 인하여 얻을 이익[3] 또는 운송주선인·중개인·위탁매매인 등이 적

〈이른바 '현명되지 않은 본인 또는 노출되지 않은 본인의 법리'〉. 갑 외국법인이 소유한 선박의 선체용선자인 을 주식회사로부터 선박의 관리를 위탁받은 병 주식회사가 보험증권상 피보험자를 '소유자 갑 법인, 관리자 병 회사'로 하여 정 보험회사와 위 선박에 관하여 선박의 멸실 또는 훼손을 보험사고로 하는 선체보험계약이 포함된 보험계약을 체결하였는데, 보험사고 발생 후 갑 법인과 을 회사가 각각 자신이 정당한 보험금청구권자라며 보험금의 지급을 구하자, 정 회사가 채권자 불확지를 이유로 보험금을 변제공탁한 사안에서, 위 보험계약의 해석에 관하여는 영국법이 준거법인데, 보험계약 체결 당시 병 회사가 정 회사에 대하여 누군가를 대리하여 계약을 체결한다는 취지를 밝혔다거나 정 회사가 이러한 사정을 알고 있었다고 볼 수 없고, 나아가 병 회사가 을 회사로부터 보험계약을 체결할 대리권을 수여받아 계약 체결 당시 을 회사를 위하여 보험계약을 체결할 의도를 가지고 있었다고 보기도 어려워, 보험증권에 피보험자로 기재되지 않은 을 회사는 영국법상 '현명되지 않은 본인 또는 노출되지 않은 본인의 법리'에 따라 위 보험계약의 피보험자가 될 수 없으므로, 같은 취지에서 자신이 보험계약상 피보험자에 해당된다는 을 회사의 주장을 받아들이지 않은 원심판단은 정당하고, 거기에 영국법상 보험계약의 해석에 관한 법리오해 등의 잘못이 없다).
　선박보험에 관한 상세는 김(인), 284~289면 참조.

1) 그러나 선박의 의장품은 선박의 종물이라 할지라도 당사자가 보험의 목적으로 삼지 않기로 합의한 것이라면 보험의 목적이 될 수 없다(대판 1978. 12. 26, 78 다 2028).

2) 동지: 정(희), 439면; 손(주), 618면.
　이에 반하여 양(승), (보) 292면은 「적하보험은 적하에 대한 이익을 피보험이익으로 한 보험이다」라고 한다.

3) 동지: 대판 2018. 3. 15, 2017 다 240496(공보 2018, 679)(운임 및 보험료 포함〈Carriage and Insurance Paid, CIP〉 조건으로 매수인을 수하인으로 하여 항공화물운송인에게 운송물을 위탁하는 방법으로 물품을 인도하기로 하는 수출입매매계약이 체결된 경우, 특별한 사정이 없는 한 물품이 도착지에 도착함으로써 매수인이 운송인에 대하여 물품의 인도청구권을 취득하였을 때에 매도인으로부터 매수인에게 물품의 인도가 이루어지고 그 소유권이 매수인에게 이전된다. 이 경우 매도인으로서는 운송계약의 대상인 수출 물품이 목적지에 손상 없이 도착하여 상대방에게 무사히 인도되는 것에 관하여 기대이익〈expected profit〉을 포함하여 경제적 이익이 없다고 할 수 없으므

하의 도착으로 인하여 받을 수수료 등을 의미하는데($\frac{상}{참조}$698조), 이러한 희망이익은 적하보험에 포함될 수도 있으나,[1] 이를 분리하여 보험에 가입한 경우에 희망이익보험이 된다. 희망이익보험계약은 보통 매도인·운송주선인 등의 이익을 보호하기 위하여 체결된다.

(5) 선비(船費)보험

선비보험은 선박의 의장(艤裝) 기타 선박의 운항에 요하는 모든 비용에 대하여 가지는 피보험이익에 관한 보험이다. 이는 운임보험에 포함될 수도 있으나, 이를 분리하여 보험에 가입한 경우에 선비보험이 된다. 이에 관하여는 우리 상법에 규정이 없다.

(6) 선주책임 상호보험

선주책임 상호보험은 (조합원인) 선박소유자·선박임차인·용선자 기타 선박운항업자가 선박운항으로 인하여 발생하는 책임 및 비용에 관하여 (한국)선주상호보험조합(Korea P&I Club)에 가입하는 보험을 말한다($\frac{선상보}{2조, 3조}$). 이러한 선주책임상호보험은 상법상의 보험이 아니라 특별법인 선주상호보험조합법상의 보험인데, 해상사업을 영위하는 선주(船主)가 기존의 영리해상보험에 의해서는 담보되지 못하는 부분을 담보하여 선주 및 기타 이해관계인의 권익을 보호하고 해운산업의 안정적 성장에 기여하고 있다($\frac{선상보}{1조 참조}$).[2]

2. 보험기간에 의한 분류

(1) 항해보험

항해보험은 항해기간을 보험기간으로 한 보험인데, 적하보험에서 많이 이용된다.

(2) 기간보험(정시보험)

기간보험은 일정한 기간을 보험기간으로 한 보험인데, 선박보험에서 많이 이용되고 그 기간은 1년 또는 6개월로 정하는 것이 보통이다.[3]

로, 매도인과 보험회사 사이에 체결한 보험계약의 피보험이익이 매도인에게 없다고 볼 수 없다).

1) 희망이익보험은 선적지의 적하의 가액에 일정률(가령 10% 정도)의 가액을 더하여 적하보험과 함께 붙이는 것이 일반적이라고 한다[양(승), (보) 293면].

2) 선주책임상호보험에 관한 상세는 박영준, "선주책임상호보험에 관한 연구," 법학박사학위논문(고려대, 2003. 2); 김(인), 290~299면; 김종윤, "한국 P&I 보험 개설,"「보험법연구 5」(보험법연구회 편)(서울: 삼지원, 2003), 125~143면 등 참조.

3) 동지: 정(희), 440면; 양(승), (보) 294면.

(3) 혼합보험

혼합보험은 일정한 기간과 항해기간의 양자를 표준으로 하여 보험기간을 정하는 보험으로서, 선박보험에서 많이 이용된다.

제3 해상보험계약의 요소

1. 보험의 목적

해상보험계약에서의 보험의 목적은 「해상사업에 관한 사고로 인하여 손해를 입게 될 모든 재산」이다. 이는 육상운송보험의 목적이 운송물에 한하는 것과 구별되고 있다($\frac{상}{참조}$688조). 따라서 해상보험계약에 있어서의 보험의 목적은 선박($\frac{상}{696조}$)·적하($\frac{상}{697조}$)·희망이익($\frac{상}{698조}$)·운임($\frac{상}{1호}$706조)·선비(船費) 등이다. 이 때 선박은 영리선($\frac{상}{740조}$)뿐만 아니라 국공유의 선박이나 건조중의 선박($\frac{상}{790조}$)도 보험의 목적이 될 수 있다. 또한 적하는 해상운송의 객체가 되는 물건(운송물·하물)인데, 저하(Ballast)($\frac{운송물이}{없거나}$부족한 경우에 선박의 완전을 위하여 실은 물 등)·선박항해용의 소모품·기타 운송계약의 목적물이 아닌 것은 이에 포함되지 않는다.[1] 여객은 상해보험 등의 목적은 될 수 있으나, 해상보험의 목적은 될 수 없다.[2]

2. 보험사고

해상보험계약에서의 보험사고는 「해상사업에 관한 사고」이다(포괄책임주의). 「해상사업에 관한 사고」라 함은 '해상사업에 고유한 사고($\frac{즉, 항해의 결과 또는 항해에}{부수해서 생기는 모든 위험}$)'뿐만 아니라, 해상사업에 부수하는 육상위험'도 포함한다. 따라서 선박의 침몰·좌초·충돌 등 해상의 위험(perils of the sea)뿐만 아니라, 화재·해적·도난·억류·투하·내수항행에 관한 사고, 부두 또는 하치장에서의 하역 중의 사고, 선원의 악행(barratry) 등을 포함한다.[3] 전쟁위험(war perils)은 우리 상법상 당사자간에 특약이 있어야 비로소 담보하게 되나($\frac{상}{660조}$), 당사자간에 특약이 없는 경우에도 이것을 포함하는 입법례도 있다.[4]

해상보험은 원칙적으로 해상사업에 관한 모든 사고를 담보하는 것이나, 예

---

1) 동지: 정(희), 440면.

2) 동지: 양(승), (보) 298면.

3) 동지: 정(희), 440면; 양(승), (보) 298면.

4) Chalmers', p. 6; MIA §3 참조.

외적으로 복합운송 등의 경우에는 당사자간의 특약에 의한 창고사이약관(from warehouse to warehouse clause) 또는 운송약관(transit clause) 등에 의하여 하물이 보험증권에 지정된 선적지의 창고(보관장소)로부터 보험증권에 지정된 최종의 창고 (보관장소)에서 수하인에게 운송물을 인도할 때까지의 육상위험을 포함한 모든 사고 를 담보할 수도 있다.[1] 또한 선박보험계약에서 협회선박기간보험약관(Institute Time Clauses Hulles, 1983. 10. 1)에 의하여 보험사고를 '해상고유의 위험'(perils of the seas)으로 제한할 수도 있다.[2]

3. 보험기간

해상보험계약의 보험기간에 대하여 기간보험의 경우는 문제가 없으나, 항해보 험의 경우는 보험기간의 개시와 종료에 대하여 문제가 있기 때문에 상법은 다음과 같이 특별규정을 두고 있다.

(1) 선박보험

1) 원칙적으로 보험기간은 「하물 또는 저하의 선적에 착수한 때」에 개시하고 ($\binom{상~699조}{1항}$), 도착항에서 「하물 또는 저하를 양륙한 때」에 종료한다($\binom{상~700조}{본문~전단}$).

2) 예외적으로 보험기간은 하물 또는 저하의 선적에 착수한 후에 보험계약이 체결된 경우에는 「그 계약이 성립한 때」에 개시하고($\binom{상~699조}{3항}$), 양륙이 지연된 경우로 서 그 양륙이 불가항력으로 인하여 지연된 경우가 아니면 「그 양륙이 보통 종료될 때」에 종료된다($\binom{상~700조}{단서}$).

(2) 적하보험

1) 원칙적으로 보험기간은 「적하의 선적에 착수한 때」에 개시하고($\binom{상~699조}{2항~본문}$), 「양 륙항 또는 도착지에서 하물을 인도한 때」에 종료한다[3]($\binom{상~700조}{본문~후단}$).

2) 예외적으로 보험기간은 하물의 선적에 착수한 후에 보험계약이 체결된 경

---

1) 동지: 정(희), 440~441면; 양(승), (보) 299면; 대판 1988. 9. 27, 84 다카 1639 · 1640.

2) 대판 1998. 5. 15, 96 다 27773(공보 1998, 1621)(이 경우 보험사고는 해상에서 보험의 목적에 발생하는 모든 사고 또는 재난을 의미하는 것이 아니라, 해상에서만〈of the seas〉 발생하는 우연 한 사고 또는 재난만을 의미한다)[이 판결에 대하여 찬성하고 이는 영국해상보험법과 그 판례를 수용한 것이라는 평석으로는 김현, 법률신문, 제2867호(2000. 3. 13), 15면].

3) 참고로 협회적하보험약관에 따른 보험기간의 종료로 본 판례로는 대판 2003. 6. 13, 2001 다 42660(공보 2003, 1520)(부보된 화물이 최종 양하항에서 하역이 완료된 후 피보험자인 송하인이 수하인에 대한 화물의 인도를 포기하고 원래의 선적지로 화물을 반송하기로 결정한 경우, 협회적하 보험약관〈Institute Cargo Clauses A〉 제8.1조에 따르면 '통상의 운송과정〈the ordinary course of transit〉'을 벗어난 때에 해당하여 적하보험〈적하보험기간 — 저자 주〉이 종료한다).

우에는 「그 계약이 성립한 때」에 개시하고($\frac{\text{상}}{\text{3항}}699\text{조}$), 양륙이 지연된 경우로서 그 양륙이 불가항력으로 인하여 지연된 경우가 아니면 「그 양륙이 보통 종료될 때」에 종료된다($\frac{\text{상}}{\text{단서}}700\text{조}$).

4. 보험가액

(1) 기평가보험

당사자간에 협정보험가액이 있는 경우에는 원칙적으로 그 가액을 보험가액으로 한다($\frac{\text{상}}{670\text{조}}$).

(2) 미평가보험

당사자간에 협정보험가액에 관하여 정함이 없는 때에는 사고발생시의 가액을 보험가액으로 하여야 할 것이지만($\frac{\text{상}}{\text{참조}}671\text{조}$), 해상보험의 목적물은 항해에 따라 항상 그 장소가 이동되고 또 사고가 발생한 때와 장소에서 보험가액을 산정하는 것이 매우 곤란한 경우가 많으므로 우리 상법은 미리 보험가액의 평가방법을 법정함으로써 이러한 문제를 해결하고 있다(보험가액 불변경주의). 따라서 미평가보험의 경우 우리 상법이 규정하고 있는 각종의 보험목적에 대한 보험가액의 평가방법은 다음과 같다.

　1) **선박보험**　　선박보험에서는 「보험자의 책임이 개시될 때」의 선박가액($\frac{\text{상}}{\text{1항}}696\text{조}$)을 보험가액으로 하는데, 이 경우에는 선박의 속구·연료·양식 기타 항해에 필요한 모든 물건은 보험의 목적에 포함되므로($\frac{\text{상}}{\text{2항}}696\text{조}$) 이러한 물건의 가액도 보험가액에 포함된다. 이 때 「보험자의 책임이 개시될 때」란 보험기간에 관한 부분에서 이미 설명하였다. 즉, 기간보험의 경우는 보험계약에서 정한 '보험기간의 시기(始期)'이나, 항해보험의 경우는 원칙적으로 '하물 또는 저하의 선적에 착수한 때'이다($\frac{\text{상}}{\text{1항}}699\text{조}$).

　　또한 상법은 선박의 보험가액에 대하여는 적하의 경우와는 달리 평가시기만을 규정하고 있고, 평가장소에 관하여는 규정하고 있지 않다. 따라서 이에 대하여는 (i) 보험자의 책임개시시에 그 선박이 존재하는 장소를 기준으로 하여 평가하여야 한다는 견해[1]와, (ii) 영업용 고정자산의 평가방법에 의하여 평가하여야 한다는 견해[2] 등으로 나뉘어 있는데, (ii)의 견해가 타당하다고 본다.

　2) **적하보험**　　적하보험에서는 「선적한 때와 곳」에 있어서의 그 적하의 가액과 선적 및 보험에 관한 비용을 보험가액으로 한다($\frac{\text{상}}{697\text{조}}$). 이 때 「적하의 가액」이란 '그 적하의 거래가액'을 말하고, 「선적에 관한 비용」이란 '포장비·통관수수료·

---

　1) 손(주), 620면.
　2) 양(승), (보) 301면; 이(기) 외, (보·해) 193면.

관세 등'을 말하며, 「보험에 관한 비용」이란 '보험료 등'을 말한다. 상법은 적하의 보험가액에 대하여는 운송보험의 경우($\frac{상}{689조}$)와는 달리 운임을 포함시키지 않고, 또 희망이익도 포함될 수 없는 것으로 규정하고 있다.

　　3) 희망이익보험　　　희망이익보험에서는 보험금액을 보험가액으로 한 것으로 추정하고 있다($\frac{상}{698조}$).

제 4　해상보험계약의 특칙

1. 해상보험증권의 기재사항

해상보험증권에는 일반손해보험증권의 기재사항($\frac{상}{666조}$) 이외에 (ⅰ) 선박보험에서는 선박의 명칭·국적과 종류 및 항해의 범위($\frac{상\ 695조}{1호}$), (ⅱ) 적하보험에서는 선박의 명칭·국적과 종류, 선적항과 양륙항 및 출하지와 도착지를 정한 때에는 그 지명($\frac{상\ 695조}{2호}$), (ⅲ) 보험가액을 정한 때에는 그 가액을 기재하여야 한다[1]($\frac{상\ 695조}{3호}$).

2. 사정변경에 의한 보험관계의 변경·소멸

보험법 통칙에 의하여도 사정변경이 있는 경우에는($\substack{즉,\ 보험계약자\ 등의\ 고의\ 또는\ 중대한 \\ 과실로\ 인하여\ 사고발생의\ 위험이\ 현저 \\ 하게\ 변경\ 또는 \\ 증가된\ 경우에는}$) 보험관계를 변경하거나 소멸시킬 수 있는데($\frac{상}{653조}$), 상법은 해상위험의 특성을 고려하여 해상보험에 있어서 사정변경에 의한 보험관계의 변경·소멸에 관하여 다음과 같이 특칙을 규정하고 있다.

(1) 항해변경의 효과

항해변경이란 '발항항 또는 도착항을 변경하는 것'을 의미하므로, 발항항의 변경과 도착항의 변경으로 나누어서 살펴본다.[2] 이러한 항해변경은 항해보험에서만 인정되는데, 이 경우에는 선박보험이든 적하보험이든 불문한다. 또한 이러한 항해변경은 당사자간에 합의가 없는 경우에만 해당하고, 당사자간에 합의가 있는 경우에는 그 합의된 바에 따라 보험계약은 유효하다($\substack{협회적하보험약관 \\ 10조\ 참조}$).

　　1) 발항항의 변경　　　선박이 계약 체결시에 정하여진 발항항이 아닌 다른 항에서 출항한 때에는 보험자는 책임을 지지 아니한다[3]($\frac{상\ 701조}{1항}$). 이 때 발항항의 변

---

1) 英海保 제22조는 보험증권에 기재된 사항에 한하여 보험계약의 증거로 인정될 수 있음을 규정하고 있다.

2) 英海保는 항해변경을 「위험개시 후 선박의 도착항을 임의로 변경하는 것」으로 규정하고 있다 (동법 45조 1항).

경이 보험계약자 또는 피보험자의 귀책사유에 의한 것인지의 여부는 불문한다.[1]

  2) 도착항의 변경   선박이 계약 체결시에 정하여진 도착항이 아닌 다른 항을 향하여 출항한 때에도 보험자는 책임을 지지 아니한다[2]($\frac{상}{2항}$701조). 이 때 도착항의 변경이 보험계약자 또는 피보험자의 귀책사유에 의한 것인지의 여부는 불문한다.[3] 그런데 보험자의 책임이 개시된 후에 도착항을 변경하였을 때에는 보험자는 변경 이후의 사고에 대하여만 책임을 지지 않는다($\frac{상}{3항}$701조). 이 경우에는 보험계약자 또는 피보험자의 귀책사유에 의한 경우($\frac{보통 그들의 지시}{에 의한 경우}$)에만 보험자는 면책되고, 보험계약자 또는 피보험자의 귀책사유가 없는 경우에는 보험자는 보상책임을 진다고 본다.[4]

  (2) 이로(離路)의 효과

  선박이 정당한 사유 없이 보험계약 체결시 정하여진 항로에서 이탈하였을 때에는 보험자는 그 때부터 책임을 지지 아니한다($\frac{상}{의 2}$701조1문). 선박이 손해발생 전에 원항로로 복귀한 경우에도 보험자는 책임을 지지 아니한다($\frac{상}{의 2}$701조2문). 이 때 「이로」(deviation)란 항해변경과는 달리 '원래의 항해를 그대로 유지하면서 계약에서 정한 예정항로 또는 통상적이고 관행적인 항로를 벗어난 항해'를 의미한다[5]($\frac{英海保}{46조 참조}$). 이러한 이로는 항해를 지연시킬 뿐만 아니라 항해에 따른 위험을 현저하게 변경시키는 것이므로, 실무계의 관행과 영국 해상보험법의 규정에 따라 1991년 개정상법에서 신설한 것이다.

  (3) 발항 또는 항해의 지연의 효과

  피보험자가 정당한 사유 없이 발항이나 항해를 지연시킨 때에는 실제 위험이 증가하였는지의 여부를 묻지 않고 위험이 현저하게 변경 또는 증가된 것으로 인정하여, 보험자는 발항 또는 항해를 지체한 이후의 사고에 관하여 책임을 지지 않는다($\frac{상}{702조}$). 이 때 「정당한 사유」란 '불가항력으로 인한 경우뿐만 아니라, 선적항의 사정으로 하물의 선적이 지연되거나, 그 밖의 항해사고로 발항 또는 항해를 계속할 수 없거나, 인명구조를 위하여 이로한 경우 등'을 의미한다[6]($\frac{英海保}{1항 참조}$49조).

  이것은 해상보험에서는 일정한 시기 및 항로를 표준으로 하여 보험료를 정하

---

  3) 동지: 英海保 43조(보험자의 책임이 개시하지 않는 것으로 규정하고 있다).
  1) 동지: 양(승), (보) 325면.
  2) 동지: 英海保 44조(보험자의 책임이 개시하지 않는 것으로 규정하고 있다).
  3) 동지: 양(승), (보) 325면.
  4) 동지: 양(승), (보) 326면; 이(기) 외, (보·해) 202면.
  5) 동지: 양(승), (보) 331면.
  6) 동지: 양(승), (보) 332면.

고, 또 이러한 경우에 위험의 변경·증가의 증명이 곤란한 점을 고려하여 둔 규정이다. 그러므로 발항 또는 항해의 지연이 사고의 발생에 영향을 미쳤는지의 여부를 묻지 않고 보험자는 책임을 지지 아니한다.

(4) 선박변경의 효과

적하보험의 경우에 보험계약자 또는 피보험자의 책임 있는 사유로 인하여 선박을 변경한 때에는, 보험자는 그 변경 이후의 사고에 대하여 책임을 지지 않는다($\frac{상}{703조}$). 해상보험에 있어서 선박은 보험사고와 밀접한 관련을 갖고 있고 또 보험계약상 중요한 사항으로 그 개성이 중시되기 때문에 상법은 이러한 규정을 둔 것이다. 또한 선박보험에 있어서 선박의 변경은 당연히 보험계약의 종료사유가 되나, 적하보험에 있어서는 문제가 되므로 상법은 적하보험에 대하여만 규정하고 있다. 이때 보험자가 「책임을 지지 않는다」는 의미는 보험자의 책임개시의 전후를 불문하므로, 책임개시의 전에 선박변경을 한 경우에는 책임개시가 발생할 여지가 없고 책임개시 후에 선박변경을 한 경우에는 보험자가 면책된다.

운송인과 송하인 사이에 대선(代船)약관(substitute clause) 또는 환적(換積)약관(transshipment clause)이 있는 것만으로는 이것이 당연히 보험자에게 효력을 미치는 것이 아니므로, 보험자는 이러한 사항을 고지받고 보험을 인수한 경우가 아닌 한 상법 제703조에 의한 면책을 주장할 수 있다.[1]

(5) 선박의 양도 등의 효과

선박보험의 경우에 보험자의 동의 없이 피보험자가 선박의 양도·선급의 변경 또는 선박을 새로운 관리로 옮긴 때에는 보험계약은 종료한다($\frac{상\ 703조}{의\ 2\ 본문}$). 이는 피보험자와 선박의 관계를 중시하는 거래의 실정에 따라, 1991년 개정상법에서 신설한 것이다($\frac{영국의\ 협회선박}{보험약관\ 4조\ 참조}$).

손해보험법 통칙에 의하면 피보험자가 보험의 목적을 양도한 때에는 양수인은 보험계약상의 권리와 의무를 승계한 것으로 추정되는데($\frac{상}{1항}$679조), 선박의 양도에는 위의 특칙에 의하여 이러한 통칙규정이 적용될 여지가 없다. 즉, 선박의 양도에는 보험자의 동의가 있는 경우에만 보험계약이 이전되는 것이다($\frac{상\ 703조}{의\ 2\ 단서}$). 이 때의 선박의 양도는 소유권의 변경을 의미한다($\frac{협회선박기간보험약관}{\langle 1983\rangle\ 4조\ 2항\ 참조}$).[2]

---

1) 동지: 양(승), (보) 329면.

2) 동지: 대판 2004. 11. 11, 2003 다 30807(공보 2004, 1999)(상법 제703조의 2는 제 1 호에서 '선박을 양도할 때'를 자동종료사유의 하나로 규정하고 있는바, 이처럼 선박의 양도를 보험계약의 자동종료사유의 하나로 규정하는 것은 선박보험계약을 체결함에 있어서 선박소유자가 누구인가 하는 점은 보험의 인수여부의 결정 및 보험료율의 산정에 있어서 매우 중요한 요소이고, 따라서 소유

(6) 선장의 변경의 효과

해상보험계약에서 선장의 개성은 중시되지 않으므로(이정이 또한
실무계의 관행임), 선장의 변경은 보험계약의 효력에 영향을 미치지 않는다. 1991년 개정전 상법에서는 이 점을 상법에서 명문으로 규정하였는데[1](개정전
상 705조), 1991년 개정상법은 선장을 보험증권의 기재사항에서 삭제함과 동시에(상 695조
1호), 아무런 의미가 없는 상법 제705조도 삭제하였다.

제 5 해상보험자의 손해보상의무

1. 보험자가 부담하는 손해

해상보험자는 보험기간 중에 발생하는 해상사업에 관한 사고로 인하여 생긴 손해를 보상할 책임이 있다(상 693조). 해상보험자의 손해보상책임은 보험사고와 상당인과관계에 있는 피보험이익에 관한 손해이나, 이러한 손해라도 당사자간에 합의한 손해에 대하여만 그 책임을 부담한다.[2]

해상보험자는 원칙적으로 보험사고와 상당인과관계에 있는 피보험이익에 관한 직접손해에 대하여만 보상할 책임을 부담하나, 예외적으로 상법은 다음과 같은 간접손해에 대하여도 보상할 책임을 부담시키고 있다.

(1) 공동해손으로 인한 손해의 보상

선장의 공동해손처분(상 865조)은 해상사업에 관한 사고이므로 그 처분으로 인하여 피보험자가 직접 손해를 입은 경우에는 보험자는 그 손해를 보상하여 주고, 공동해손분담의무자에 대하여 피보험자가 가지는 공동해손분담청구권을 대위하여 행사할 수 있는 것이다(상 682조).

그러나 공동해손처분으로 인하여 피보험자가 공동해손분담의무를 부담하는 경

자의 변경은 보험계약에 있어서 중대한 위험의 변경에 해당하기 때문이라고 할 수 있는데, 특별한 사정이 없는 한 조업허가를 얻기 위한 목적으로 허위의 매매계약서를 작성하였다는 점만으로는 보험계약상 중대한 위험의 변경이 발생한다고 보기는 어렵다는 점에 비추어 그와 같은 경우를 상법 제703조의 21호의 '선박을 양도할 때'에 해당한다고 새길 수는 없다).

1) 개정전 상법 제705조: 보험계약에서 선장이 지정된 경우에도 선장의 변경은 계약의 효력에 영향을 미치지 아니한다.

2) 참고로 영국 해상보험법 제 3 조 및 관습에 의하면, 보험의 목적에 생긴 손해가 그 부보위험인 해상 고유의 위험으로 인하여 발생한 것이라는 점에 관한 입증책임은 피보험자가 부담한다고 하고, 그 증명의 정도는 이른바 '증거의 우월(preponderance of evidence)'에 의한 증명으로 충분하다고 하며, 또한 영국 협회기간약관 제 6 조 2항 3호 소정의 선원 등의 과실이 부보위험에 해당하기 위하여는 피보험자·선박소유자 또는 선박관리자가 이에 관하여 상당한 주의를 결여하고 있지 않아야 한다고 한다(대판 2001. 5. 15, 99 다 26221〈공보 2001, 1364〉참조).

우에는 이는 목적물에 대한 직접손해가 아니고 일종의 간접손해이므로 이러한 손해를 담보하기 위한 해상보험은 불가능하고, 다만 이러한 손해를 담보하는 보험은 책임보험에 속한다. 따라서 선박 또는 적하 등에 대하여 보험에 가입한 경우에는 선박 또는 적하 그 자체의 손해에 관한 보험 이외에, 이러한 공동해손분담의무로 인한 손해에 관한 보험도 포함시킬 것인가가 문제된다.[1] 따라서 상법은 이것을 선박 또는 적하 그 자체에 관한 피보험이익의 손해와 동일하게 취급하여 이것에 관하여도 보험자의 보상책임을 인정하고 있다($\substack{상 694조 \\ 본문}$). 그런데 공동해손의 분담은 선박 또는 적하의 잔존가액($\substack{도착 또는 양륙한 \\ 때와 곳의 가액}$)을 한도로 하므로[2]($\substack{상 867조, \\ 868조}$), 이 경우 공동해손분담가액이 보험가액을 초과할 때에는 그 초과액에 대한 분담액은 보상하지 아니한다($\substack{상 694조 \\ 단서}$).

(2) 해난구조료의 보상

보험자는 피보험자가 보험사고로 인하여 발생하는 손해를 방지하기 위하여 지급할 구조료($\substack{상 882조~ \\ 887조}$)를 보상할 책임이 있다($\substack{상 694조 \\ 의 2 본문}$). 그러나 보험의 목적물의 구조료분담가액이 보험가액을 초과할 때에는 그 초과액에 대한 분담액은 보상하지 않는다($\substack{의 2 단서}^{694조}$). 이러한 해난구조는 손해방지비용($\substack{상 680조 \\ 1항 단서}$)과는 다르나, 그 해난이 보험사고인 해상위험으로 인한 것인 때에는 공동해손분담액과 같은 성질의 것이므로 보험자가 이를 지급하도록 한 것이다[3]($\substack{英海保 65조 · 73조 2항, 협회적하보험약관 \\ 2조, 협회선박보험약관 11조 1항 참조}$).

(3) 특별비용의 보상

보험자는 보험의 목적의 안전이나 보존을 위하여 지급할 특별비용($\substack{예컨대, 선박 \\ 보험의 경우}$ $\substack{파손된 선박의 회항 또는 \\ 예인에 드는 비용 등}$)을 보험금액의 한도 내에서 보상할 책임이 있다($\substack{상 694조 \\ 의 3}$). 이것은 손해방지비용($\substack{상 680조 \\ 1항 단서}$)에 대한 특칙이라고 볼 수 있다($\substack{英海保 65조 \\ 2항 참조}$).

2. 보상책임의 범위

해상보험자의 보상책임의 범위를 법정보상책임의 범위와 약정보상책임으로 나누어서 살펴보면 다음과 같다.

(1) 법정보상책임의 범위

1) 전손의 경우   선박 · 적하 등에 관한 피보험이익이 전부 멸실한 경우($\substack{즉, 「全損」 \\ 의 경우}$)로서 전부보험의 경우에는 보험가액의 전액이 보험금액이며 손해액이므로

---

1) 동지: 정(희), 444면; 양(승), (보) 306~307면.
2) 공동해손분담액을 산정하기 위한 선박 및 적하의 평가기준(상 867조, 868조)과 보험가액을 산정하기 위한 선박 및 적하의 평가기준(상 696조, 697조)이 다름을 주의할 필요가 있다.
3) 동지: 양(승), (보) 307~308면; 이(기) 외, (보 · 해) 196면.

그것이 곧 보상액이다. 보험자의 보상액에는 이외에도 손해산정비용($\frac{\text{상}}{2\text{항}}$676조)·손해방지비용($\frac{\text{상}}{1\text{항 단서}}$680조) 등이 포함된다. 또한 선박의 존부가 2월간 분명하지 아니한 때에는 그 선박의 행방이 불명한 것으로 하고, 이 경우에는 전손(全損)으로 추정하고 있다(추정전손주의)($\frac{\text{상}}{711\text{조}}$).[1] 적하의 경우에도 선박과 함께 행방불명인 경우에는 전손으로 본다.[2]

  2) 분손의 경우   피보험이익의 일부가 멸실한 경우($\frac{\text{즉, '分損'}}{\text{의 경우}}$)에는 보상액산정이 문제가 된다. 따라서 상법은 선박과 적하의 분손의 경우 및 적하매각의 경우에 대하여, 다음과 같은 특별규정을 두고 있다.

  (개) 선박의 일부손해에 대한 보상   선박의 전부보험의 경우 분손에 대한 수선여부 및 정도에 따라 상법은 다음과 같이 규정하고 있다.

  ① 전부수선의 경우   선박의 일부가 훼손되어 훼손된 부분의 전부를 수선하였을 때에는 보험자는 수선에 따른 비용을 1회의 사고에 대하여 보험금액을 한도로 보상할 책임이 있다($\frac{\text{상}}{\text{의}}$707조 $\frac{}{2\,1\text{항}}$). 보험자의 책임은 각 사고마다 보험금액을 한도로 지는 것이므로 보험기간 중에 수 개의 사고가 발생하여 각 보상액의 합계가 보험금액을 초과하여도 무방하다($\frac{\text{佛〈프랑스〉保 L. 173-12조,}}{\text{선박보험약관 11조 참조}}$).

  ② 일부수선의 경우   선박의 일부가 훼손되어 훼손된 부분의 일부를 수선하였을 때에는 보험자는 수선에 따른 비용과 수선하지 아니함으로 인하여 감가된 액을 보상할 책임이 있다($\frac{\text{상}}{\text{의}}$707조 $\frac{}{2\,2\text{항}}$).

  ③ 미수선의 경우   선박의 일부가 훼손되었으나 수선하지 아니한 경우에는 보험자는 그로 인하여 감가된 액을 보상할 책임이 있다($\frac{\text{상}}{\text{의}}$707조 $\frac{}{2\,3\text{항}}$).

  (내) 적하의 일부손해에 대한 보상   적하가 훼손되어 양륙항에 도착한 때에는 보험자는 적하가 도착항에서 가지는 훼손된 상태의 가액과 훼손되지 않은 상태의 가액과의 비율로써 보험가액의 일부에 대한 손해를 보상할 책임이 있다($\frac{\text{상}}{708\text{조}}$). 따라서 예컨대, 적하가 도착항에서 가지는 훼손된 상태의 가격이 400만원이고 훼손되지 않은 상태의 가격이 1,000만원인 경우에는 감가율이 60%인데, 이에 따른 보험자의 보상액은 다음과 같다. 즉, 전부보험인 경우에는 보상액이 600만원이고(1,000만원×60%), 보험금액이 400만원인 일부보험의 경우에는 보상액이 240만원

---

1) 선박의 추정전손에 관하여는 한창희, "영국 해상보험법상의 추정전손에 관한 연구," 법학박사학위논문(서울대, 1993); 정영석·이광호, "선박추정전손의 성립요건," 「해사법연구」(한국해사법학회), 제14권 2호(2002), 123~147면; 정영석·이광호, "선박추정전손의 성립요건으로서 연속손해와 장래의 구조비," 「해사법연구」(한국해사법학회), 제15권 1호(2003), 81~99면 등 참조.

2) 동지: 대판 1991. 5. 14, 90 다카 25314(공보 899, 1621).

$\left(1,000만원 \times \dfrac{400만원}{1,000만원}\right)$ 이다.

상법은 이 때 적하의 훼손에 대하여만 규정하고 있으나, 일부멸실·중량이나 수량의 감소의 경우에도 동일하게 보아야 할 것이다.[1]

3) 적하매각으로 인한 손해의 보상   항해의 도중에 불가항력에 의하여 보험의 목적인 적하를 매각한 때에는, 그 매각에 의하여 얻은 대가 중에서 운임 기타의 비용을 공제한 것과 보험가액의 차액을 보상하여야 한다($\frac{상}{1항}$709조). 예컨대, 보험가액이 1,000만원, 매각대금이 600만원, 운임 기타 필요비용이 100만원인 경우에 보험자의 보상액은 다음과 같다. 즉, 전부보험의 경우에는 보상액이 500만원[1,000만원−(600만원−100만원)]이고, 보험금액이 400만원인 일부보험의 경우에는 보상액이 200만원이다($500만원 \times \dfrac{400만원}{1,000만원}$). 이 때 「불가항력으로 인하여 적하를 매각한 때」라 함은 '선장의 적하매각권에 의한 적하매각의 경우($\frac{상}{1항}\frac{750조}{3호}$) 등'이 이에 해당한다. 상법이 이와 같은 규정을 둔 것은 불가항력에 의한 적하의 매각가액이 보통 저렴할 것이므로, 이 점을 고려하여 그 저렴한 가액을 훼손손해에 준하여 취급한 것이다.

이 경우 매수인이 대금을 지급하지 아니한 때에는 보험자가 그 금액을 지급하여야 하고, 보험자가 그 금액을 지급한 때에는 피보험자의 매수인에 대한 권리를 취득한다($\frac{대위권의}{인정}$)($\frac{상}{2항}$709조).

(2) **약정보상책임의 범위**

해상사업에 관한 사고가 광범위하기 때문에 해상보험자의 입장에서는 보상책임의 범위를 명확히 한정하여 둘 필요가 있고, 또 보험계약자로서도 보험료를 절약하기 위하여 이것을 한정할 필요가 있기 때문에, 우리나라의 해상보험실무에서는 영국의 관행에 따라 보험약관에 다음과 같이 보험자의 보상책임의 범위를 명확히 한정하는 것이 일반적이다.[2] 이 때 보험사고로 인한 손해는 단독해손·공동해손, 직접손해·간접손해, 전손·분손 등으로 나뉘는데, 보험자가 어떠한 손해를 보상하느냐는 약관에 의하여 당사자가 자유로이 정할 수 있다.[3]

1) **전손만의 담보**   이것은 보험의 목적이 전손(현실전손 및 추정전손) 및 이것에 준할 경우($\frac{즉, 보험위부가}{있은 경우}$)($\frac{상}{710조}$)에만 보험자가 보상책임을 지고, 단독해손·공동해손·손해방지비용 기타 전손 이외의 모든 손해와 비용에 대하여는 책임을 지지 않는다는 약관이다.[4] 영국의 TLO(total loss only)약관[5] 등이 이에 해당하고 선박보험

---

1) 동지: 양(승), (보) 313면; 이(기) 외, (보·해) 200면.

2) 동지: 정(희), 446면; 양(승), (보) 315면.

3) 동지: 양(승), (보) 315면.

에서 이용되었으나, 보험자가 보상하는 범위가 매우 좁아 실무에서는 그 이용도가 많지 않다고 한다.[1]

2) 분손부담보(分損不擔保)   이것은 전손 이외에는 원칙적으로 공동해손에 대하여만 보험자가 보상책임을 지고, 분손 중 단독해손(즉, 선박 또는 적하의 일방만에 관한 손해)에 대하여는 보상책임을 지지 않는다는 약관이다. 영국의 FPA(free from particular average)약관 등이 이에 해당하는데, 이러한 약관 중에는 선박의 침몰·화재·좌초·충돌 등으로 인한 손해에 대하여는 단독해손이라도 보험자가 보상책임을 지도록 하는 약관도 있다[2](이른바 런던약관(London Clause)).

3) 분손담보   이것은 전손뿐만 아니라 공동해손이든 단독해손이든 모든 분손에 대하여 보험자가 보상책임을 지는 약관이다. 이러한 약관은 보통 적하보험에서만 사용되는데, 영국의 AR(all risks)·WA(with average)약관 등이 이에 해당한다.[3]

3. 보험자의 면책사유

해상사업으로 인한 손해는 다른 위험으로 인한 손해보다 그 범위가 광범위하므로 상법은 해상보험자의 면책사유를 별도로 규정하고 있을 뿐만 아니라, 실무에서는 약관에 의하여 해상보험자의 광범위한 면책사유를 규정하고 있다.

(1) 법정면책사유

해상보험자는 보험법 통칙(상 659조, 660조)[4] 및 손해보험법 통칙(상 678조)의 규정에 의하

---

4) 동지: 정(희), 446면; 양(승), (보) 315면.

5) 이는 협회기간선박보험약관(The Institute Time Clauses-Hulls, ITC)(1983. 1. 1부터 발효)에 의하여 선박보험에서의 TLO약관은 폐지되고 있다[양(승), (보) 315면].

1) 양(승), (보) 315면.

2) 동지: 정(희), 446~447면; 양(승), (보) 316면.

3) 동지: 양(승), (보) 316면; 정(희), 447면.

4) 우리 상법상 해상보험자는 전쟁 등의 위험에 대하여 당사자간에 다른 약정이 없으면 면책되나(상 660조), 영국 해상보험법상 해상보험자는 원칙적으로 전쟁 등의 위험을 담보한다(英海保 3조).
  그러나 영국 해상보험법상 피보험자의 고의에 의한 보험사고에 대하여는 보험자는 면책된다[대판 2005. 11. 25, 2002 다 59528·59535(공보 2006, 4)(영국 협회선박기간보험약관 제6조 2항 5호에서 부보위험의 하나로 규정하고 있는 '선장 등의 악행〈barratry of master officers or crew〉'이라 함은 선주나 용선자에게 손해를 끼치는 선장 등에 의하여 고의로 이루어진 모든 부정행위〈wrongful act〉를 말하는 것인바〈영국 해상보험법 제1 부칙 '보험증권의 해석에 관한 규칙' 제11조〉, 보험계약자가 선장 등의 고의에 의한 부정행위에 해당하는 사실을 입증하면 일응 선장 등의 악행은 추정된다 할 것이나, 이 경우 선주 등의 지시 또는 묵인이 있었다는 사실을 보험자가 입증하면 이는 보험자의 면책사유인 피보험자의 고의적 불법행위〈wilful misconduct〉에 해당하여

여 면책됨은 물론, 다음과 같은 해상보험자에 특유한 면책사유에 의하여도 면책된다.

1) 감항능력주의의무해태(懈怠)로 인한 손해　　선박보험 또는 운임보험의 경우에는 발항 당시 안전하게 항해를 하기에 필요한 준비를 하지 아니하거나 필요한 서류를 비치하지 아니함으로 인하여 생긴 손해($\frac{상}{1호}^{706조}$)에 대하여 해상보험자는 면책된다.[1] 이것은 해상항해의 특성을 고려하여 감항능력주의의무($\frac{상}{참조}^{794조}$)를 게을리함으로써 생긴 손해에 대하여는 해상보험자를 면책시킨 것이다.[2] 이는 감항능력 결여와 손해발생 사이에 인과관계를 요구하지만, 당사자간의 합의로 이러한 인과관계를 배제시킬 수 있다.[3]

2) 송하인 등의 고의·중과실로 인한 손해　　적하보험의 경우에는 용선자·송하인 또는 수하인의 고의 또는 중대한 과실로 인하여 생긴 손해($\frac{상}{2호}^{706조}$)에 대하여 해상보험자는 면책된다. 이들은 보험계약의 당사자는 아니나 운송계약의 당사자이거나 운송물을 수령할 권리를 가지는 자이므로, 이들의 고의·중과실을 보험계약자의 그것과 동일하게 본 것이다. 이 점은 (육상)운송보험의 경우($\frac{상}{692조}$)와 그 취지를 같이한다.

결국 보험자는 보험금 지급의무를 면한다)].

1) 동지: 대판 1986. 11. 25, 85 다카 2578(공보 792, 95)(적하를 보험에 붙인 경우에는 본조 제1호는 적용되지 않는다); 동 1995. 9. 29, 93 다 53078(공보 1004, 3582)(어선보통공제약관에서 '공제의 목적인 어선이 발항 당시 통상의 해상위험을 사실상 감내할 수 있을 정도로 적합한 상태에 있을 것을 조건으로 공제계약의 청약을 승낙하여 보상책임을 부담합니다'의 의미는 감항능력〈물적 및 인적 감항능력〉을 갖추고 있는 상태를 뜻한다고 보는 것이 위 약관의 문언과 상법 제706조 1항의 규정에 비추어 정당하다. 이 때에 보험사고가 그 조건의 결여 이후에 발생한 경우에는 보험자는 조건결여의 사실, 즉 발항 당시의 불감항사실만을 입증하면 그 조건결여와 손해발생〈보험사고〉사이의 인과관계를 입증할 필요 없이 보험금지급책임을 부담하지 않게 된다).

2) 동지: 영국 해상보험법 제39조 5항(대판 2001. 5. 15, 99 다 26221〈공보 2001, 1364〉참조). 이러한 영국 해상보험법상의 법리에 의하면, 해상보험의 경우 감항성 또는 감항능력(seaworthiness)은 '특정의 항해에서 통상적인 위험에 견딜 수 있는 능력(at the time of the insurance able to perform the voyage unless any external accident should happen)'을 의미하는 상대적인 개념으로서, 어떤 선박이 감항성을 갖추고 있느냐의 여부를 확정하는 확정적이고 절대적인 기준은 없고, 특정 항해에서의 특정한 사정에 따라 상대적으로 결정되어야 하며, 항해보험의 경우에는 원칙적으로 감항능력 불비로 인한 보험자의 면책을 인정하지만, 기간보험의 경우에는 그러한 묵시적 담보가 인정되지 않는 것을 원칙으로 하되 예외적으로 피보험자가 선박이 감항능력이 없음을 알면서도 항해하게 한 경우에 한하여 보험자가 면책될 수 있으므로, 이 법리에 의하면, 선박 기간보험에서 감항능력 결여로 인하여 보험자가 면책되기 위하여는 손해가 감항능력이 없음으로 인하여 발생한 것이어야 하고, 피보험자가 감항능력이 없음을 알고 있어야 하며, 이러한 감항능력의 결여와 보험사고 사이에 인과관계, 즉 손해의 일부나 전부가 감항능력이 없음으로 인하여 발생한 것이라는 점이 인정되어야 하되, 이러한 요건에 대한 입증책임은 보험자가 부담한다[대판 2002. 6. 28, 2000 다 21062(공보 2002, 1765)][이 판결에 대하여 찬성하는 취지의 평석으로는 최종현, "영국 해상보험법상 선박의 불감항으로 인한 보험자의 면책 및 추정전손법리,"「보험법연구 5」(보험법연구회 편)(서울: 삼지원, 2003), 61~73면].

3) 동지: 한(기), (보) 579면; 대판 1995. 9. 29, 93 다 53078.

3) 항해중의 통상비용   도선료·입항료·등대료·검역료 기타 선박 또는 적하에 관한 항해중의 통상비용($\frac{\text{상}}{3호}^{706조}$)에 대하여 해상보험자는 면책된다. 이와 같은 통상비용은 우연한 사고로 인하여 발생한 손해라고 볼 수 없어 면책사유로 규정하고 있는데, 이는 보험의 목적의 자연소모로 인한 손해를 손해보험자의 면책사유로 하고 있는 점($\frac{\text{상}}{678조}$)과 그 취지를 같이한다.

(2) 약정면책사유

해상보험자는 위와 같은 법정면책사유 이외에도 약관의 규정에 의하여 면책되는 경우가 많다. 이러한 약정면책사유는 실무계의 관행을 반영하고 있는데, 개별 보험약관에 상세히 규정되어 있다($\frac{\text{선박보험약관}}{4조 \text{ 등 참조}}$). 또한 해상보험에 있어서 이러한 약정면책약관에는 불이익변경금지규정이 적용되지 않음은 앞에서 설명한 바와 같다($\frac{\text{상}}{\text{단서}}^{663조}$).

제 6   보험위부

1. 총   설

(1) 의   의

보험위부(abandonment; Abandon)란 「해상보험에서 전손(全損)이 아니라도 전손과 동일하게 보아야 할 경우 또는 전손이 있다고 추정되기는 하지만 그 증명이 곤란한 경우 등에 이것을 법률상 전손과 동일시하여 피보험자가 그 보험의 목적에 대한 모든 권리를 보험자에게 위부(委付)하고 보험자에 대하여 보험금의 전액을 청구할 수 있는 제도」를 말한다. 이러한 보험위부의 제도는 손해보험의 일반원칙에 대한 예외로서, 해상위험의 특수한 성질에서 인정된 것이다. 즉, 손해보험의 일반원칙에 의하면 피보험자가 피보험이익의 전부 또는 일부의 멸실을 증명하지 않으면 보험금을 청구할 수 없는데, 해상보험에서 피보험자가 보험위부를 하면 피보험이익의 멸실을 증명하지 않아도 보험금을 청구할 수 있는 것이다. 피보험자는 이러한 위부권(형성권)을 행사한 후 임의로 철회할 수 없다(통설).[1]

(2) 효   용

보험위부는 피보험자가 이미 보험의 목적을 이용할 수 없는 점에서 그것에 관한 경제상의 이익을 전부 상실한 것과 동일함에도 불구하고 보험사고로 인한 현실적인 손해를 증명하지 못하고 있다 하여 보험금을 수령하지 못하는 것으로 하면 이

---

1) 한(기), (보) 581면 외.

는 당사자간에 매우 불공평하므로, 이러한 불공평을 시정하여 당사자간의 보험계약 관계를 원만하게 종료시키고자 하는 데에 그 효용이 있다.[1] 따라서 이 제도는 피보험자의 편의를 위하여 인정된 제도이다.

(3) 연　혁

보험위부제도는 처음에는 선박이 행방불명 등인 경우에 보험의 목적이 전손된 것으로 추정하여 일단 피보험자에게 보험금의 전액을 지급하나 그 후에 피보험자가 보험의 목적을 회복하면 보험금액을 반환하도록 하였는데(추정주의), 16세기 경에 현재의 보험위부제도가 확립되었다[2](위부주의). 따라서 전손과 동일시할 수 있는 일정한 경우에는 피보험자에게 위부를 인정하여 보험자는 보험의 목적에 관한 모든 권리를 취득하도록 하고, 피보험자는 실제로 전손을 증명하지 아니하고도 보험금을 수령할 수 있도록 하였다.

(4) 법적 성질

보험위부는 불요식의 법률행위이고, 보험자의 승낙을 요하지 않는 단독행위이며, 피보험자의 일방적 의사표시에 의하여 법적 효과가 발생하는 일종의 형성권이다(통설).[3]

2. 보험위부의 원인

보험위부의 원인은 상법 제710조에서 열거하고 있는데($\frac{英海保}{60조 \text{ 참조}}$), 이는 다음과 같다. 그러나 이 규정은 강행법규가 아니므로 약관에 의하여 그것을 제한할 수 있다고 본다.[4]

(1) 선박·적하가 회수불능인 때($\frac{상 \ 710조}{1호}$)

보험사고로 인하여 피보험자가 선박 또는 적하의 점유를 상실하고 그것을 회복할 가능성이 없거나 회복하기 위한 비용이 그 선박 또는 적하를 회복하였을 때의 가액을 초과하리라고 예상될 때에는, 피보험자는 그 선박 또는 적하를 위부할 수 있다. 이 때 피보험자가 선박이나 적하의 점유를 상실한 원인은 묻지 않으므로, 선박이나 적하의 포획($\frac{1991년 \ 개정전}{상법 \ 710조 \ 4호}$)이나 압수($\frac{1991년 \ 개정전}{상법 \ 710조 \ 5호}$)도 이에 포함된다고 본다.[5] 그러나 선박의 행방불명은 1991년 개정전 상법에서는 보험위부의 원인이었으나

---

1) 동지: 정(희), 447면; 양(승), (보) 334면; 손(주), 631면.
2) 동지: 양(승), (보) 335면; 정(희), 447면.
3) 손(주), 632면; 양(승), (보) 335면; 최(기), (하) 726면; 이(기) 외, (보·해) 206면; 채, 575면 외.
4) 동지: 정(희), 448면.
5) 동지: 양(승), (보) 336면; 이(기) 외, (보·해) 207면.

($^{동법}_{710조\ 2호}$), 1991년 개정상법에서는 이를 보험위부의 원인에서 제외하고 전손추정(全損推定)으로 규정하고 있다[1]($^{상\ 711조}_{2항}$).

(2) 선박의 수선비용이 과다할 때($^{상\ 710조}_{2호}$)

선박이 보험사고로 인하여 심하게 훼손되어 그 훼손을 수선할 비용이 수선 후의 선박가액을 초과하리라고 예상될 때에는, 피보험자는 그 선박을 위부할 수 있다($^{동지:\ 英海保}_{60조\ 1항}$).[2] 이 때 수선비용이라 함은 「훼손된 선박을 원상으로 회복하는 데 소요되는 비용을 말하는데, 이에는 선박의 손상 부위와 정도를 감정하기 위한 비용·선박을 수선항으로 예인하기 위한 비용·선급검사인의 검사료·예선증명서의 발급비용·수선감독자의 감독비용·기타 수선에 부수하는 비용도 포함된다」고 본다.[3] 또한 수선비용의 계산에 있어서는 동일한 사고(단일사고)를 기준으로 하여야 하는데, 동일한 사고를 원인으로 뒤이어 계속해서 일어난 사고($^{좌초\ 후}_{의\ 약탈}$)는 동일한 사고로 본다.[4] 수선의 정도는 보험사고 후에도 동일한 적하를 운송할 수 있도록 수리하여야 한다고 본다.[5]

선박이 수선불능인 경우에는 원칙적으로 이에 적재한 적하도 위부할 수 있는데($^{佛<프랑스>保\ L.}_{173-21조\ 1호\ 참조}$), 선장이 지체 없이 다른 선박으로 적하의 운송을 계속한 때에는 피보험자는 그 적하를 위부할 수 없다($^{상}_{712조}$).

(3) 적하의 수선비용이 과다할 때($^{상\ 710조}_{3호}$)

적하가 보험사고로 인하여 훼손되었을 때 그 훼손을 수선하기 위한 비용과 그 적하를 목적항까지 운송할 비용과의 합계액이 도착시에 있어서의 적하의 가액을 초과하리라고 예상될 때에는 피보험자는 그 적하를 위부할 수 있다.

---

1) 이러한 개정상법의 태도에 관해서는 보험금지급 후에 선박의 존재가 판명되면 그 보험금을 반환해야 한다는 견해(추정주의)[최(기), (하) 729면]와, 보험자가 잔존물대위에 의해 그 선박에 대한 권리를 취득한다고 보는 견해[양(승), (보) 336면; 장(덕), (보) 306면]가 대립하고 있는데, 후자의 견해가 타당하다고 본다.

2) 동지: 대판 2002. 6. 28, 2000 다 21062(공보 2002, 1765)(다만 수리비가 선박가액을 초과하지 않는다고 하여 이의 요건에 해당하지 않는다고 판시함); 서울고판 1976. 1. 12, 74 나 1939.

3) 동지: 대판 2001. 2. 23, 98 다 59309(공보 2001, 715)(영국 해상보험법 제60조 및 협회선박기간보험약관 제19조의 수리비의 의미에 대하여 이와 같이 판시함)[이 판결에 대하여 찬성하는 취지의 평석으로는 한창희, "선박보험계약상의 추정전손," 「저스티스」, 통권 제61호(2001. 6), 243~260면].

4) 동지: 대판 1989. 9. 12, 87 다카 3070.

5) 반대: 대판 2002. 6. 28, 2000 다 21062(공보 2002, 1765)(공선상태로 또는 어떠한 적하상태에서 원래의 목적항으로 항해할 수 있도록 하는 수리라고 한다).

3. 보험위부의 요건

보험위부는 피보험자의 편의를 위하여 인정된 제도이므로, 이것에 의하여 보험자의 지위가 부당하게 불안정하게 될 우려가 있다.[1] 따라서 상법은 보험자를 보호하기 위하여 보험위부의 요건을 규정하고 있는데, 이는 다음과 같다.

1) **위부의 통지**   피보험자가 위부를 하고자 할 때에는 위부를 할 수 있는 원인이 생긴 때로부터 상당한 기간 내에 보험자에게 통지를 발송하여야 한다[2] ($\frac{상}{713조}$). 위부의 원인은 이러한 통지시에 존재하면 그 후에 변경이 있는 경우에도 특별한 사유가 없는 한 위부의 효력이 발생한다고 본다. 이 때 「상당한 기간」이란 '피보험자가 위부의 원인을 증명하고 위부권을 행사할 수 있는 합리적인 기간'으로 보아야 할 것이다.[3] 또 통지의 방법에 대하여는 상법상 제한이 없으므로 구두 또는 서면으로 할 수 있고,[4] 위부권은 형성권이므로 일방적인 의사표시만으로 일단 위부의 통지를 한 때에는 이를 철회할 수 없다.[5] 피보험자가 이러한 통지를 하지 않으면 피보험자는 위부권을 잃게 되나, 보험금청구권까지 잃게 되는 것은 아니다. 따라서 피보험자는 통상의 방법에 따라 손해를 증명하여 보험금을 청구할 수 있다.[6]

2) **위부의 무조건성**   위부는 무조건이어야 한다($\frac{상}{1항}$714조). 위부에 조건이나 기한을 붙이는 것을 허용하면 당사자간의 법률관계를 신속·간명하게 종료시키고자 하는 위부제도의 취지에 어긋나기 때문이다.[7]

3) **위부의 범위**   위부는 원칙적으로 보험의 목적의 전부에 대하여 하여야 한다($\frac{상}{2항 본문}$714조). 그러나 예외적으로 위부의 원인이 그 일부에 대하여 생긴 때에는 그 부분에 대하여서만 이를 할 수도 있고($\frac{상}{2항 단서}$714조), 보험가액의 일부를 보험에 붙인 일부보험의 경우에는 보험금액의 보험가액에 대한 비율에 따라서만 위부를 할 수 있다($\frac{상}{3항}$714조). 따라서 이 경우에 피보험자가 위부권을 행사하면 보험의 목적을 보험자와 피보험자가 공유하게 된다.

---

1) 동지: 정(희), 448면.

2) 1991년 개정전 상법에서는 일정한 때로부터 「2월 내」로 규정하였는데(동법 713조), 1991년 개정상법이 위와 같이 개정한 이유는 그 기간 경과 후에 피보험자가 현실적으로 전손 증명을 부담해야 하는 불이익을 배제하기 위한 것이다.

3) 동지: 양(승), (보) 339면; 이(기) 외, (보·해) 210면; 한(기), (보) 583~584면.

4) 동지: 손(주), 633면; 양(승), (보) 340면; 이(기) 외, (보·해) 210면 외.

5) 동지: 손(주), 632면; 양(승), (보) 340면; 최(기), (하) 726면; 한(기), (보) 584면 외.

6) 동지: 손(주), 634면; 양(승), (보) 340면; 이(기) 외, (보·해) 211면; 한(기), (보) 584면.

7) 동지: 양(승), (보) 340면; 이(기) 외, (보·해) 211면; 채, 576면.

4) 다른 보험계약 등에 관한 통지   피보험자는 보험자에 대하여 그 보험의 목적에 관한 다른 보험계약과 그 부담에 속하는 채무의 유무와 그 종류 및 내용을 통지하여야 한다(상 715조). 이것은 보험자에게 중복보험의 유무를 알리고 또 담보물권자의 권리행사에 대비하기 위한 것이다.[1] 이 통지는 앞의 위부의 통지와 구별되는 것으로, 보험금의 지급과 관련이 있을 뿐이다.[2] 따라서 보험자는 이 통지를 받을 때까지 보험금액의 지급을 거절할 수 있고(상 715조2항), 또 보험금액의 지급기간의 약정이 있는 때에는 그 기간은 보험자가 위의 통지를 받은 때로부터 기산한다(상 715조3항).

4. 보험위부의 승인·불승인

(1) 위부의 승인

보험위부는 형성권으로서 피보험자의 일방적 의사표시(단독행위)만으로 그 효력이 발생하지만, 피보험자가 이러한 위부권을 행사하기 위하여는 위부원인을 증명하여야 한다. 그런데 보험자가 위부를 승인한 때에는 위부원인을 증명할 필요가 없고, 또 보험자는 후일 그 위부에 대하여 다시 이의를 하지 못한다(상 716조).[3] 즉, 보험자의 승인은 위부의 효력 자체에 관한 것이 아니고, 위부원인의 증명에 관한 것이다.[4]

(2) 위부의 불승인

보험자가 위부를 승인하지 아니한 때에는 피보험자는 위부원인을 증명하여야 하고, 이를 증명하지 아니하면 보험금액의 지급을 청구하지 못한다(상 717조).

5. 보험위부의 효과

보험위부의 효과로서 보험자는 보험의 목적에 관한 모든 권리를 취득하고, 피보험자는 보험금액의 지급을 청구할 수 있는 권리를 취득하며 이와 함께 보험목적에 관한 모든 서류를 보험자에게 교부하여야 할 의무를 부담하는데, 이에 대하여 보험자 및 피보험자의 권리·의무를 중심으로 정리하면 다음과 같다.

(1) 보험자의 권리·의무

1) 보험자의 권리   보험자는 위부로 인하여 피보험자가 보험의 목적에 대

---

1) 동지: 정(희), 449면; 양(승), (보) 341면.
2) 동지: 양(승), (보) 341면; 이(기) 외, (보·해) 210~211면; 채, 576면.
3) 참고: 대판 2013. 9. 13, 2011 다 81190·81206(공보 2013, 1786)(영국 해상보험법상 보험자의 묵시적 승인은 증거에 의하여 명백히 증명되어야 하고, 보험자 또는 피보험자가 선박의 구조작업에 착수한 것이 위부의 승인이나 포기로 해석될 수 없다).
4) 동지: 정(희), 450면; 한(기), (보) 584면.

하여 갖고 있는 모든 권리를 취득한다($\frac{\text{상}}{\text{1항}}^{718조}$). 이 때 위부원인인 손해가 제 3 자의 행위에 의하여 생긴 경우에 피보험자가 제 3 자에 대하여 취득하는 권리($\frac{\text{예컨대, 선박의}}{\text{충돌로 인한}}$ $\frac{\text{손해배상청구권 또는}}{\text{공동해손분담청구권}}$)도 여기의 모든 권리 중에 포함되느냐에 대하여는, 이를 긍정하는 견해($\frac{\text{적극설 또는}}{\text{포함설}}$)[1]와 이를 부정하는 견해($\frac{\text{소극설 또는}}{\text{제외설}}$)[2]로 나뉘어 있다. 적극설에 의하면 보험자는 보험위부의 효과로서 당연히 제 3 자에 대한 권리를 취득하므로 제 3 자에 대한 보험자대위($\frac{\text{상}}{\text{682조}}$)와 그 결과에 있어서 동일하게 되는데, 소극설에 의하면 보험자는 보험위부의 효과로서 제 3 자에 대한 권리를 취득하지 못하고 보험자는 제 3 자에 대한 보험자대위($\frac{\text{상}}{\text{682조}}$)의 요건을 구비한 경우에만 제 3 자에 대한 권리를 취득할 수 있으므로 이 점에서 보험위부는 보험자대위와 구별된다. 생각건대 보험위부의 제도는 원래 보험의 목적을 보험자에게 이전하고 그 목적에 관한 완전한 손해의 보상을 전손의 증명 없이도 받고자 하는 것이므로, 보험자는 보험의 목적에 관한 직접의 권리뿐만 아니라 보험의 목적의 보충물이라고 볼 수 있는 권리($\frac{\text{예컨대 손해배상}}{\text{청구권 등}}$)도 보험자가 취득하는 모든 권리에 포함된다고 보아야 한다는 점에서 볼 때, 적극설이 타당하다고 본다. 다만 선박보험에서 피보험자의 운임청구권은 운임이 독립하여 보험의 목적이 되고 선박보험의 목적이 아니므로 보험자가 보험위부에 의하여 취득하는 권리에 포함되지 않는다.[3]

보험자의 이러한 권리취득은 피보험자의 위부의 의사표시가 보험자에게 도달한 때에 그 효력이 생긴다(형성권). 이는 보험자의 보험금의 지급여부와는 무관하다. 따라서 이러한 점에서 보험위부는 보험자대위($\frac{\text{상}}{\text{682조}}^{681조,}$)와 구별된다.[4]

2) 보험자의 의무 보험위부는 그 효력이 발생할 때의 상태로($\frac{\text{저당권·우선특권이}}{\text{있는 때에는 부담부로}}$) 그 효력이 생긴다. 따라서 보험자는 보험의 목적에 부수하는 의무를 부담한다($\frac{\text{예컨대, 침몰된 선박을 위부하였을 때에는 보험자는 그 선박을 제거하여야}}{\text{할 의무를 부담한다 — 선박의 입항 및 출항 등에 관한 법률 40조 참조}}$). 이 때 보험자는 보통 약관에 의하여 보험의 목적에 대한 권리를 포기함으로써 이러한 의무를 면할 수도 있으나($\frac{\text{선박보험}}{\text{약관 17조}}$), 보험의 목적에 대한 권리를 취득하고 이러한 의무를 이행하는 데 드는 비용을 보험금에서 공제하는 등으로 피보험자의 부담으로 하여 형평을 기할 수도 있다.[5]

---

1) 정(희), 449면; 손(주), 635면; 양(승), (보) 345면; 이(기) 외, (보·해) 213~214면.
2) 서·정, 457~458면; 이(범), 503면; 채, 577~578면.
3) 동지: 정(희), 449~450면; 양(승), (보) 345면; 김(성), (보) 577면; 한(기), (보) 585면.
4) 동지: 양(승), (보) 345~346면; 정(희), 450면.
5) 동지: 양(승), (보) 346면; 정(희), 450면.

(2) 피보험자의 권리·의무

1) **피보험자의 권리**   피보험자는 원칙적으로 보험금액의 전액을 청구할 수 있다($^{상}_{710조}$). 그러나 예외적으로 위부의 원인이 보험의 목적의 일부에 대하여 생긴 때에는 그 부분에 대한 보험금액만을 청구할 수 있다($^{상 714조}_{2항 단서}$). 또한 일부보험의 경우에는 보험금액의 보험가액에 대한 비율에 따라서만 청구할 수 있다($^{상 714조}_{3항}$).

2) **피보험자의 의무**   위부를 한 때에는 피보험자는 보험금액의 수령여부를 묻지 않고 보험의 목적물에 관한 모든 서류를 보험자에게 교부하여야 한다($^{상 718조}_{2항}$). 피보험자에게 이러한 의무를 부담시키는 것은 보험자의 권리행사를 용이하게 하기 위한 것이다. 보험위부의 효과가 발생한 경우에도 피보험자는 손해방지의무($^{상}_{680조}$) 등을 여전히 부담한다. 따라서 이로 인하여 든 비용은 피보험자가 보험자에게 청구할 수 있다.

제 7   예정보험

1. 의   의

예정보험계약(floating policy; laufende Versicherung)이란 「보험계약의 체결시에 그 계약내용의 전부 또는 일부가 미확정인 보험계약」을 말한다. 이에 대하여 계약내용이 전부 확정된 것을 확정보험이라고 한다. 예정보험은 해상보험뿐 아니라 운송보험·재보험·화재보험($^{특히}_{총괄보험}$)·수출보험·보증보험 등에서도 이용되나,[1] 실제로는 해상보험($^{특히}_{적하보험}$)과 희망이익보험에서 가장 많이 이용되고 있다. 우리 상법은 이러한 예정보험 중에서 선박 미확정의 적하예정보험($^{상}_{704조}$)에 대하여만 규정하고 있다.

이러한 예정보험은 보험계약의 예약[2]이 아니라, 독립된 보험계약이다.[3] 다만

---

1) 동지: 양(승), (보) 295면.

2) 동지: 대판 2000. 11. 14, 99 다 52336(공보 2001, 28)(보험계약자는 포괄보험 적격거래에 대하여 한국수출보험공사에게 보험에 가입하여야 할 의무를 부담하고 한국수출보험공사는 보험계약자의 보험가입 신청에 대하여 그 인수를 거부할 수 없도록 한 단기수출보험포괄보험특약은 보험계약자가 일정기간중에 성립된 수출계약 전부를 보험계약에 부보하겠다는 예약의 성질을 가지고 있어 보험계약자가 개별적 수출계약마다 수출통지라는 예약완결권을 행사함으로써 한국수출보험공사와의 보험계약이 체결되는 것이라고 할 것이므로, 그 조건에 합치하는 모든 수출계약에 대하여 보험자인 한국수출보험공사의 책임이 자동적으로 발생하는 것은 아니라 보험계약자가 한국수출보험공사에게 수출통지를 함으로써 비로소 이에 대한 보험관계가 성립되는 것으로 해석함이 상당하다. 또한 상법 제663조 소정의 보험계약자 등의 불이익변경금지원칙은 보험계약자와 보험자가 서로 대등한 경제적 지위에서 계약조건을 정하는 이른바 기업보험에 있어서의 보험계약의 체결에 있어서는 그 적용이 배제되므로 이러한 해석은 상법 제663조에 위반되는 것이 아니다); 동 2002. 11. 8, 2000 다 19281(공보 2003, 6)(보증보험의 계약자는 피보험자로부터 물품을 계속적으로 공급받는 거래를 담보하기 위하여 보험자와 사이에 계속적·반복적으로 이행보증보험계약을 체결할 필요

보험계약자는 이 계약상의 의무로서 미정의 요건($\frac{예컨대,}{선박}$)이 확정된 때에는 이것을 보험자에게 통지할 의무가 있는데($\frac{상}{1항}$704조), 이 통지가 있는 때에 그 보험계약의 내용이 확정된다.

이러한 예정보험에는 개별적 예정보험과 포괄적(계속적) 예정보험($\frac{일정기간에\ 적재될}{화물에\ 대하여\ 일}$ 정한 조건 하에 포괄적·계속 적으로 체결하는 보험계약)이 있다.[1]

2. 선박미확정의 적하예정보험

(1) 의   의

선박 미확정의 적하예정보험이란 「적하보험계약에서 보험계약의 체결 당시에 하물을 적재할 선박이 미확정인 예정보험」을 말한다($\frac{상}{1항}$704조). 이는 예정보험 중 개별적 예정보험에 속한다. 이러한 선박 미확정의 적하예정보험은 보험계약의 체결장소와 선적지가 다르거나 또는 보험계약 체결시와 선적시가 다른 경우에 무보험의 상태를 방지하기 위하여 많이 이용된다.[2]

(2) 효   과

선박 미확정의 적하예정보험에서 보험계약자 또는 피보험자는 그 하물이 선적되었음을 안 때에는 지체 없이 보험자에게 선박의 명칭·국적과 하물의 종류· 수량과 가액의 통지를 발송하여야 한다($\frac{선박확정의}{통지의무}$)($\frac{상}{1항}$704조 후단). 보험계약자 등의 이러한 통지의무는 그 계약상의 의무로서 계약성립 후에 부담하는 것이므로 계약체결시에 부담하는 고지의무($\frac{상}{651조}$) 등과 구별되고, 또 이러한 의무위반으로 인하여 손해배상책임을 부담하는 것은 아니므로 간접의무이다.[3]

만일 보험계약자 또는 피보험자가 이 통지를 게을리한 때에는 보험자는 그 사

가 있자, 보험자에게 먼저 보험의 종목과 거래한도액, 거래기간 및 제공 담보에 관한 사항을 정하여 보증보험한도액 거래승인신청을 함으로써 양자 사이에 보증보험 포괄약정을 맺은 후, 위 포괄약정에 따라 보험자에게 피보험자와의 사이에 작성된 구체적인 물품매매합의서를 첨부하여 이행보증보험청약서를 제출하고, 보험자가 이에 응낙하여 보험가입금액 및 보험기간, 주계약내용 및 보증내용, 보험료가 각각 독자적으로 기재되어 있는 개별 이행보증보험증권을 발급하게 된 경우, 구체적인 개별 보험기간 내에 결제일이 도래한 물품대금채무의 불이행이라는 구체적인 보험사고의 발생 여부는 위 보증보험포괄약정이 아닌 개별 보험계약별로 나누어 판단하여야 한다. 따라서 보험계약자와 보험자 사이에 이행보증보험 포괄약정을 체결하고 그에 따라 개별이행보증보험증권이 발급된 경우, 그 보증보험 포괄약정에 기한 종전의 개별 보험계약상의 보험사고가 발생한 것을 가지고 그 후 체결된 다른 개별 보험계약에 대하여 보험사고가 이미 발생한 것이라고 볼 수 없다).

3) 동지: 양(승), (보) 295면; 정(희), 451면.

1) 동지: 정(희), 451면.

2) 동지: 양(승), (보) 295면; 이(기) 외, (보·해) 187면.

3) 동지: 양(승), (보) 296면; 이(기) 외, (보·해) 188~189면.

실을 안 날로부터 1월 내에 한하여 계약을 해지할 수 있다[1]($\frac{상}{2항}$704조).

제 5 관 책임보험계약[2)]

제 1 총 설

1. 책임보험계약의 의의

책임보험계약(contract of liability insurance; Haftpflichtversicherungsvertrag)이란 「피보험자가 보험기간중의 사고로 인하여 제 3 자에게 손해배상책임을 진 경우에 보험자가 이로 인한 손해를 보상할 것을 목적으로 하는 손해보험계약」이다($\frac{상}{719조}$). 이것은 피보험자가 보험사고로 인하여 직접 입은 재산상의 손해를 보상하는 것이 아니고, 제 3 자에게 손해배상책임을 짐으로써 입은 간접손해를 보상할 것을 목적으로 하는 점에서 일반손해보험과 다르다.[3)] 이러한 책임보험은 가해자의 제 3 자에 대한 손해배상책임을 보험자에게 돌리는 보험으로서, 손해보험 중에서도 특수한 지위를 갖는 보험이라고 볼 수 있다.[4)]

---

1) 동지: 대판 2001. 7. 27, 99 다 55533(공보 2001, 1925)(영국 구 협회적하약관〈분손부담보〉에 따른 선박미확정의 해상적하보험계약을 체결하면서 협회선급약관을 둔 경우에 보험계약의 최대 선의성이나 위 협회 약관들의 규정 내용에 비추어 볼 때, 보험계약자는 원칙적으로 운송선박이 확정되거나 최소한 선적이 완료되어 협회선급약관상의 표준규격선박 요건을 갖추지 못하게 된 사실을 알게 되었을 때에는 보험자인 원고에게 지체 없이 담보위반의 사실을 통지하고 보험료 등에 관하여 협의하여야 하며, 보험계약자가 계속담보를 받는 사유의 발생을 알았음에도 보험자에게 지체 없이 이를 통지하지 아니한 경우에는 더 이상 계속담보조항에 따른 보험계약의 효력을 주장할 수 없다); 동 1966. 1. 25, 64 다 53(선박미확정의 적하해상보험계약에 있어서 철선을 기준으로 한 보험요율에 의하여 보험료를 지급한 경우에 그 화물을 목선에 적재할 때에는, 선적 전에 보험자에게 통지하고 목선에 해당하는 추가보험료를 지급하여야만 그 보험계약이 유효하게 존속되는 것이다)(이 판결에 대하여 이는 예정보험의 효용을 무시한 것이라는 평석으로는 양승규, "선박미확정의 예정보험," Fides, Vol. XIII, No. 1, 1966 참조).

2) 이에 관하여는 서돈각, "책임보험계약에 관한 약간의 문제,"「법학의 제문제」(고병국박사환력기념), 1969, 351면 이하 등 참조.

3) 동지: 양(승), (보) 347면; 정(희), 452면.
   반대: 한(기), (보) 587면(책임보험은 배상책임뿐만 아니라 보상책임 등에도 〈유추〉적용될 수 있다고 한다)

4) 동지: 양(승), (보) 347면.

2. 책임보험계약의 성질

(1) 손해보험성

책임보험은 보험자가 피보험자의 제 3 자에 대한 배상책임으로 인한 손해를 보상하는 보험이므로, 손해보험에 속한다.[1] 우리 상법이 책임보험을 손해보험의 한절로 규정한 것은 바로 책임보험의 손해보험성을 반영한 것이라고 볼 수 있다.[2]

(2) 재산보험성

책임보험은 특정한 물건에 대한 손해가 아니고 피보험자의 일반재산에 대하여 생기는 손해를 보상하는 보험이므로, 손해보험(물건보험과 협의의 재산보험) 중에서 (협의의) 재산보험(Vermögensversicherung)이다.[3]

(3) 소극보험성

책임보험은 손해보험(적극보험과 소극보험) 중에서 피보험자의 특정한 재산에 대하여 적극적(직접적)으로 발생하는 손해를 보상하는 보험이 아니고 피보험자가 제 3 자에 대한 배상책임을 이행함으로써 발생하는 소극적(간접적) 손해를 보상하는 보험이므로, 소극보험(Passivenversicherung; assurance de dette)이다.[4]

3. 책임보험의 발전과 기능

(1) 책임보험의 발전

책임보험은 역사적으로 보면 다른 보험에 비하여 비교적 늦게 발전한 보험인데, 자본주의경제의 발전과 함께 산업재해가 늘어남으로써 사용자의 책임이 엄격하여짐에 따라 발전한 보험이다.[5] 그런데 오늘날 기계문명의 발달과 인구의 증가에 따른 사회기구의 복잡화는 사회적 위험을 질적으로나 양적으로나 증가시켜 '과실이 없으면 책임이 없다'는 과실책임주의의 법원리로써는 사회의 정의와 안전을 도저히 달성할 수 없고, 경우에 따라서는 기업주에게 무과실책임을 인정하여 그 책임을 엄

---

1) 동지: 정(희), 452면; 양(승), (보) 348면; 손(주), 638면.
2) 동지: 獨保 100조, 佛(프랑스)保 L. 124-1조.
   이에 대하여 책임보험은 제 3 자의 청구에 대한 보험계약자의 권리보호에 그 요소가 있다는 이른바 권리보호보험설(Georgii)도 있다(Johannsen, in Bruck/Möller, Bd. Ⅳ, S. 41, Anm. B2).
3) 동지: 정(희), 452면; 양(승), (보) 348면; 손(주), 638면.
4) 동지: 정(희), 452면; 양(승), (보) 349면; Bruck/Möller, S. 41.
5) 이는 비교적 늦게 성립한 1871년의 독일의 Reichshaftpflichtgesetz, 1880년의 영국의 Employer's Liability Act 등이 이를 반영하고 있다.

격하게 함으로써 피해자를 보호하지 않을 수 없게 되었다. 이에 따라 기업주는 무과실책임으로 인한 손해배상책임을 보험자에게 돌리는 책임보험에 가입하지 않을 수 없게 되었다. 다시 말하면 책임보험의 발전은 불법행위법의 변천과 밀접한 연관을 갖는 것으로서,[1] 책임보험은 최근 경이적으로 발전하고 있는 과학기술과 함께 (특히 도로교통의 증가와 더불어) 발전하여 빠른 시일 안에 가장 중요한 보험분야의 하나가 되어 현대보험의 총아(Wunderkind)가 되고 있다.[2] 우리나라에서도 1963년 이래 산업재해보상보험 · 자동차손해배상책임보험 등이 실시되고 있고, 1964년부터는 일반배상책임보험이 보험시장에서 판매되고 있다. 또한 1969년 이후에는 각종 강제책임보험도 시행되고 있는 실정이다.[3]

(2) 책임보험의 기능

이러한 책임보험은 다음과 같은 두 가지의 기능을 한다.

1) 피보험자의 보호기능   책임보험은 피보험자에게는 제3자에 대한 배상책임을 보험자에게 이전시킴으로써 피보험자가 안정된 경제(기업)생활을 할 수 있게 하는 기능을 한다.[4] 그런데 책임보험의 이러한 기능은 다른 일반손해보험의 경우와 같다.

2) 피해자의 보호기능   책임보험은 피해자인 제3자에게는 손해배상액의 확보를 통하여 안정된 경제생활을 할 수 있게 하는 사회적 기능을 한다.[5] 책임보험의 피해자의 보호기능은 다른 일반손해보험과 구별되는 특유한 기능인데, 이러한 기능에서 책임보험은 실질적으로 타인(피해자)을 위한 보험($\frac{상}{639조}$)의 기능을 수행하고 있다고 볼 수 있다.[6]

4. 책임보험의 종류

책임보험은 여러 가지 표준에 따라 다음과 같이 분류된다.[7]

---

1) 불법행위법은 원래 과실책임주의에 바탕을 두고 있었으나, 엄격책임 내지 무과실책임주의로 변하면서 책임보험이 증대되었다. 따라서 양자의 책임은 원칙적으로 분리되나, 실제로는 매우 밀접하게 결합되어 있다. 즉, 피해자에게 직접적인 보험금청구권을 인정한 점(상 724조 2항, 자배 9조 등), 가해자가 책임보험에 의하여 손해배상책임을 담보하고 있는지 여부는 민사책임관계에 중대한 영향이 있는 점 등은 이를 반영하고 있다.

2) 동지: 양(승), (보) 349면; 정(희), 452~453면.

3) 동지: 양(승), (보) 349~350면.

4) 동지: 정(희), 453면; 양(승), (보) 353면.

5) 동지: 정(희), 453면; 양(승), (보) 353면; 손(주), 637면.

6) 동지: 양(승), (보) 354면; 이(기) 외, (보 · 해) 217면; 채, 580면; 한(기), (보) 589면.

(1) 대인배상책임보험 · 대물배상책임보험

이는 피보험자의 배상책임의 객체에 따른 분류이다. 즉, 피보험자가 타인의 인적 손해에 대하여 배상책임을 부담하는 경우에 이를 보상하는 책임보험이 대인배상책임보험이고(예컨대, 근로자재해보상책임보험·
자동차보험 중에서 대인배상책임 등), 피보험자가 타인의 물건 등을 훼손하여 배상책임을 부담하는 경우에 이를 보상하는 책임보험이 대물배상책임보험이다(예컨대, 자동차보험 중
에서 대물배상책임 등). 이 때 대인배상책임보험에는 보험금액 한도액의 유무에 따라 유한책임보험과 무한책임보험이 있으나, 대물배상책임보험은 언제나 유한책임보험이다.

(2) 사업(영업)책임보험 · 직업인(전문인)책임보험 · 개인책임보험

이는 피보험자에 따른 분류이다. 즉, 피보험자가 사업(영업)을 영위하는 자로서 이로 인하여 타인에게 부담하는 배상책임을 보상하는 책임보험이 사업(영업)책임보험이고(예컨대, 영업용
자동차보험), 피보험자가 전문직업인으로서 이로 인하여 타인에게 부담하는 배상책임을 보상하는 책임보험이 직업인책임보험이며(예컨대, 의사
책임보험 등), 피보험자가 일반 개인으로서 그가 타인에게 부담하는 배상책임을 보상하는 책임보험이 개인책임보험이다(예컨대, 개인용
자동차보험 등).

(3) 임의책임보험 · 강제책임보험

이는 보험가입의 강제성 유무에 따른 분류이다. 즉, 보험계약자가 보험가입의 여부를 결정할 수 있는 책임보험이 임의책임보험이고(예컨대, 자동차손해배상 보장법에 의한 책임
보험〈대인배상 Ⅰ〉을 초과하는 대인배상
Ⅱ 담보 등), 법률에 의하여 보험가입이 강제되어 있는 책임보험이 강제책임보험이다(예컨대, 자동차손해배상 보장법에 의한 책임보험·산업재해보상
보험·신체손해배상특약부화재보험·원자력손해배상책임보험 등).

제 2 책임보험계약의 요소

1. 보험의 목적

책임보험은 일반 손해보험과는 달리 피보험자가 배상책임을 짐으로 입은 피보험자의 재산상의 손해를 보상할 것을 목적으로 하는 보험인 점에서 보험의 목적은 피보험자의 특정재산(적극재산)이 아니고 「피보험자가 제 3 자에 대하여 지는 배상책임(소극재산)」이며, 그 배상책임의 담보가 되는 것이 바로 피보험자의 모든 재산이다.[1] 그런데 피보험자가 「제 3 자의 청구를 막기 위하여 지출한 재판상 또는 재판

---

7) 이에 관한 상세는 양(승), (보) 350~352면 참조.

1) 동지(책임설): 정(희), 453면; 양(승), (보) 355면; 장(덕), (보) 319면; 한(기), (보) 590면.
　　이에 반하여 「피보험자의 전재산」을 보험의 목적으로 보는 견해(전재산설)로는 손(주), 638면;

외의 필요비용」은 피보험자가 제3자에 대하여 배상책임을 지지 않는 경우에도 보험의 목적에 포함된 것으로 한다($\frac{상}{1항}\frac{720조}{전단}$). 또한 사업책임보험의 경우에는 「피보험자의 대리인 또는 사업감독자의 제3자에 대한 배상책임」도 보험의 목적에 포함된 것으로 하고 있다[1]($\frac{상}{721조}$).

2. 피보험이익과 보험가액

(1) 피보험이익

책임보험에 있어서의 피보험이익은 「피보험자가 제3자에 대하여 재산적 급여를 하는 책임을 지는 사고가 발생하지 않음으로 인하여 갖는 경제적 이해관계」라고 할 수 있다.[2] 따라서 책임보험에서도 피보험이익의 개념은 존재한다고 볼 수 있다.[3]

(2) 보험가액

보통 책임보험약관은 보험료의 산정기준으로서 보험금액을 정하여 단일사고에 대하여 적용할 책임한도액을 정하고 있으나, 보험기간 동안에 보험자가 책임을 질 사고의 수를 제한하지는 않는다. 그러므로 책임보험에서는 물건보험에 있어서와 같이 피보험이익을 미리 평가할 수 없으므로, 보험가액은 원칙적으로 존재하지 않는다. 따라서 초과보험($\frac{상}{669조}$)·중복보험($\frac{상}{672조}$)·일부보험($\frac{상}{674조}$)의 관념은 없다.[4] 다만 예외적으로 물건보관자의 책임보험($\frac{상}{725조}$)의 경우와 같이 보험자의 책임이 일정한 목적물에 생긴 손해로 제한되어 있어 보험가액을 측정할 수 있는 경우에는 초과보험·중복보험·일부보험이 인정될 수 있고, 수 개의 책임보험이 동시 또는 순차로 체결되어 보험금액의 총액이 피보험자의 제3자에 대한 손해배상액을 초과하는 경

서·정, 461면; 최(기), 730면; 이(기) 외, (보·해) 220면; 김(성), (보) 587면; 정(경), 891면.

1) 동지: 獨保 102조, 瑞(스위스)保 59조, 墺(오스트리아)保 123조 등.

2) 동지: 정(희), 454면; 양(승), (보) 357면; 한(기), (보) 591면.
   이에 반하여 보험의 목적을 「피보험자의 전 재산」으로 보는 견해에서는 피보험이익을 「피보험자의 전 재산에 관하여 재산의 감소를 가져오는 사고가 발생하지 않는 경우에 피보험자가 갖는 경제적 이익」[최(기), 731면] 등으로 설명하고 있다.

3) 동지: 정(희), 454면; 양(승), (보) 357면; 최(기), (하) 732면 외.
   이에 반하여 피보험이익의 개념을 인정하는 것에 대하여 의문을 제기하는 견해로는 손(주), 639면; 동, "책임보험계약의 문제점," 「상사법의 제문제」, 309~311면.

4) 동지: 정(희), 454면; 양(승), (보) 357면.
   반대: 한(기), (보) 591~593면(책임보험에서 보험가액을 일반적으로 부인할 필요가 없고, 책임보험에서 보험가액은 계약체결시부터 평가할 수 있는 경우와 보험사고 후에 산정할 수 있는 경우가 있다. 따라서 상법 제725조의 2는 불필요한 규정이라고 한다).

우에는 중복보험의 규정이 준용된다($\frac{상}{의 2}$ 725조).1)

3. 보험사고

(1) 학   설

책임보험에서 언제 보험사고가 발생하였다고 볼 것이냐에 대하여는 이론상 여러 설이 있는데, 이를 발생순서에 따라서 보면 다음과 같다. 즉, (ⅰ) 피보험자가 제3자에 대하여 책임을 질 사고의 발생 자체를 보험사고라고 보는 「사고발생설(손해사고설)」,2) (ⅱ) 피보험자가 제3자로부터 그 책임에 관하여 손해배상청구를 받은 것을 보험사고라고 보는 「배상청구설」3)($\frac{상}{참조}$722조), (ⅲ) 피보험자가 법률상의 배상책임을 지게 된 것을 보험사고라고 보는 「책임부담설」4)($\frac{상}{참조}$719조), (ⅳ) 피보험자가 제3자에 대하여 부담할 채무가 확정된 것을 보험사고로 보는 「채무확정설」($\frac{상}{1항 참조}$723조), (ⅴ) 피보험자가 제3자에 대한 손해배상의무를 이행한 것을 보험사고로 보는 「배상의무이행설」5)($\frac{상}{1항 참조}$724조) 등이 있다.

(2) 사   견

이와 같이 책임보험의 보험사고에 대하여 여러 설이 생긴 것은 피보험자가 제3자에 대하여 배상책임을 짐으로 인하여 입게 된 손해를 보험자가 보상한다는 책임보험의 성질과, 상법이 보험사고의 개념을 규정하지 않음은 물론 개개의 규정이 통일적이 아니어서 다양한 해석이 가능한 점에 그 이유가 있다고 본다.6) 즉, 우리 상법 제719조는 「제3자에게 배상할 책임을 진 경우」라고 규정하고, 제720조는 「피보험자가 지출한 방어비용」에 대하여 보험자의 책임을 인정하며, 제722조는 「배상의 청구를 받

---

1) 동지: 대판 2005. 4. 29, 2004 다 57687(공보 2005, 815)(두 개의 책임보험계약이 보험의 목적, 즉 피보험이익과 보험사고의 내용 및 범위가 전부 공통되지는 않으나 상당 부분 중복되고, 발생한 사고가 그 중복되는 피보험이익에 관련된 보험사고에 해당된다면, 이와 같은 두 개의 책임보험계약에 가입한 것은 피보험자·피보험이익과 보험사고 및 보험기간이 중복되는 범위 내에서 상법 제725조의 2에 정한 중복보험에 해당한다).

2) 정(희), 455면; 서·정, 462~463면; 양(승), (보) 358면; 이(기) 외, (보·해) 222면; 김(성), (보) 592면; 장(덕), (보) 322면; 한(기), (보) 594면, 596면(보험사고를 손해사고라고 보는 것이 당사자들의 합리적 의사 또는 기대에 부합한다고 한다); 독일 보통책임보험약관(AHB) 5조 1항.

3) 최(기), (하) 733면; 佛(프랑스)保 L. 124-1조.

4) 손(주), 641면(다만 동 교수는 책임부담설과 책임확정설을 동일하게 보고 이를 '법률상 책임발생설'로 부른다); 채, 584면; 이(범), 507면; 정(경) 893면.

5) 상법 제724조 1항은 「제3자가 그 배상을 받기 전에는 보험금액의 전부 또는 일부를 피보험자에게 지급하지 못한다」고 규정하여, 배상의무이행을 보험금지급의 전제로 하고 있다.

6) 동지: 정(희), 455면; 양(승), (보) 359~360면.

은 때」라고 규정하고, 제723조는 「채무가 확정된 때」라고 규정한 것 등이 그것이다.

보험자는 보험기간중에 일어난 사고에 대하여는 비록 피해자인 제 3 자가 그 기간이 경과한 후에 배상청구를 하더라도 그 배상책임을 지는 것이고, 반대로 보험기간 전에 발생한 사고에 대하여는 보험기간 내에 피보험자가 배상청구를 받는 경우에도 그에 대한 보상책임을 지는 것이 아니다.[1] 이 점에서 볼 때 배상청구설이나 채무확정설은 타당하지 않다. 또한 책임부담설은 보험자가 피보험자의 책임이 없는 경우에도 소송비용을 부담하는($\frac{상}{1항}\frac{720조}{본문}$) 점을 설명하지 못하고, 배상의무이행설은 보험자가 피보험자의 책임이행 전에 직접 피해자에게 보험금을 지급하는 점($\frac{상}{2항},\frac{724조}{725조}$)을 설명하지 못하는 점에서 타당하지 않다. 따라서 책임보험에 있어서도 제 3 자가 피보험자에게 손해배상청구를 할 수 있는 사고($\frac{예컨대,}{에서}\frac{자동차 보험}{자동차사고}$)가 보험기간중 발생한 것을 보험사고로 보아야 할 것이다.[2] 이러한 점에서 볼 때 사고발생설이 가장 타당하다고 본다. 이렇게 보는 것이 피해자인 제 3 자에게 보험금의 직접청구권을 인정하는 점($\frac{상}{2항},\frac{724조}{725조}$) 및 상법 제719조의 보험기간중의 「사고」의 의미에도 합치한다.[3]

4. 손해배상책임

책임보험은 피보험자의 제 3 자에 대한 손해배상책임을 전제로 하여 성립하는 보험계약이므로, 피보험자의 제 3 자에 대한 손해배상책임의 발생원인과 범위·제 3 자의 범위 등이 문제된다. 따라서 이하에서는 이에 관하여 간단히 살펴본다.

(1) 손해배상책임의 발생원인

피보험자의 손해배상책임은 계약상 책임이든 법률상 책임이든 불문하고, 채무불이행에 기한 책임이든 불법행위에 기한 책임이든 불문한다. 또한 피보험자의 손해배상책임은 원칙적으로 민사책임에 한하는 것이나, 예외적으로 예컨대 자동차운전자의 운행과실로 인한 벌과금 등과 같은 형사책임으로 인한 손해(punitive damage)를 포함시키는 경우도 있다[4]($\frac{운전자보험\ 보통약관}{1조\ 2항\ 2호\ 참조}$).

(2) 손해배상책임의 범위

일반적으로 민사상의 손해배상책임은 (때로는 무과실책임을 지는 경우도 있으나)

---

1) 동지: 정(희), 455면; 양(승), (보) 360면; Bruck/Möller, S. 48, Anm. B12.
2) 동지: 정(희), 455면; 양(승), (보) 360면; 동, "책임보험의 성질과 보험사고,"「저스티스」, 제11권 1호(1973), 93면 이하.
3) 동지: 정(희), 455면.
4) 동지: 정(희), 456면; 양(승), (보) 361면; 한(기), (보) 587면, 597면.

행위자의 고의·과실로 인하여 발생한 손해에 대하여 배상책임을 지는데($\frac{민\ 390조,}{750조\ 참조}$), 책임보험에서 보험자가 지는 책임은 피보험자의 제 3 자에 대한 이러한 모든 배상책임을 담보하는 것이 아니고 피보험자의 고의로 인한 손해에 대하여는 보험자는 원칙적으로 책임을 지지 않는다($\frac{상\ 659조\ 1항,\ 자동차보험\ 표준}{약관\ 14조\ 1.\ (1)\ 본문\ 등\ 참조}$). 그러나 책임보험에서 보험자는 피보험자가 고의인 경우에도 예외적으로 (피해자에게) 보상책임을 부담하는 경우가 있다($\frac{자동차보험\ 표준약관}{14조\ 1.\ (1)\ 단서\ 참조}$). 또한 책임보험에서 보험자가 원칙적으로 면책되는 경우는 피보험자($\frac{또는\ 보험}{계약자}$)의 고의로 인한 손해에 한하고, 중대한 과실로 인하여 생긴 손해에 대하여는 일반적으로 보험자의 책임을 인정한다[1]($\frac{獨保\ 103조,\ 배상책임}{보험약관\ 4조\ 1호\ 참조}$).

(3) 제 3 자의 범위

책임보험에서는 그 성질상 피해자인 제 3 자가 존재한다. 이 때 「제 3 자」라 함은 피보험자 이외의 피해자를 말하는데, 피보험자의 동거가족은 제 3 자에 포함되지 않는다고 본다.[2]

제 3   책임보험계약의 효과

1. 보험자와 피보험자와의 관계

(1) 보험자의 손해보상의무

책임보험자는 피보험자가 보험기간중의 사고로 인하여 제 3 자에게 배상책임을 진 경우에 이를 보상할 책임을 진다($\frac{상}{719조}$). 이를 좀더 상세히 보면 다음과 같다.

1) 손해보상의 요건   책임보험자가 손해보상책임을 지기 위하여는 크게 다음의 요건을 갖추어야 한다.

(개) 보험기간중에 손해사고(보험사고)가 발생하여($\frac{예컨대,\ 자동차보험의\ 경우}{자동차사고의\ 발생\ 등}$) 제 3 자가 이로 인하여 인적·물적 손해를 입어야 한다($\frac{상\ 719조}{전단}$).

(내) 피보험자(가해자)는 제 3 자(피해자)에 대하여 법률상 손해배상책임을 부담해야 한다. 이의 의미는 피보험자가 제 3 자에게 손해배상금을 지급하였거나 상법 또는 보험약관이 정하는 방법으로 피보험자의 제 3 자에 대한 채무가 확정되어야 한다.[3] 따라

---

1) 동지: 정(희), 456면; 양(승), (보) 361면; 장(덕), (보) 326면.
　　반대: 한(기), (보) 598면(그러한 약관조항이 없으면 상법 제659조가 책임보험에도 적용된다고 한다).
2) 동지: 정(희), 456면.
3) 동지: 대판 2018. 12. 13, 2015 다 246186(공보 2019, 260)(책임보험의 피보험자가 보험자에게 보험금청구권을 행사하려면 적어도 피보험자가 제 3 자에게 손해배상금을 지급하였거나 상법 또는 보험약관이 정하는 방법으로 피보험자의 제 3 자에 대한 채무가 확정되어야 한다〈대법원 1988. 6.

766 제5편 제3장 손해보험

서 손해사고가 불가항력 등에 의하여 발생한 경우에는 피보험자는 손해배상책임을 부담하지 않으므로, 보험자도 보상책임을 부담할 여지가 없다. 우리 대법원도 이와 동지로 「피보험자가 자동차를 정차시킨 후 자동차열쇠를 그대로 꽂아 둔 채 잠시 부근 약국에 수금을 하러 간 사이에 뒷좌석에 타고 있던 친구가 운전하다가 일으킨 교통사고에 대하여, 피보험자는 자동차운전자로서의 지위를 갖고 있다고 볼 수 없으므로 (즉, 피보험자는 피해자에 대하여 법률상 손해배상 책임을 부담한다고 볼 수 없으므로 — 저자 주) 보험회사는 보상책임이 없다」고 판시하고 있다.[1]

손해배상책임보험에서 동일한 사고로 피해자에 대하여 배상책임을 지는 피보험자가 복수로 존재하는 경우, 각 피보험자별로 손해배상책임 발생요건이나 보험자 면책조항 적용 여부를 가려야 한다.[2]

(대) 보험자에게 면책사유가 없어야 한다. 이 때 면책사유에는 법정면책사유 ($\frac{상\ 659조\ 1항,}{660조,\ 678조}$)이든 약정면책사유이든 불문하나, 법정면책사유 중 피보험자 등의 귀책사유에 의한 경우($\frac{상}{1항}$659조)는 앞에서 본 바와 같이 피보험자 등의 고의에 의한 경우만 해당한다.

2) 손해보상의 범위

(가) 책임보험자의 보상책임의 범위는 보통 당사자간에 약정한 보험금액의 범위 내에서, 피보험자가 피해자(제3자)에게 지급한 손해배상액을 한도로 한다.[3] 이 때

---

14. 선고 87다카2276 판결, 대법원 2017. 1. 25. 선고 2014다20998 판결 등 참조)).

1) 대판 1991. 9. 24, 91 다 19906(공보 908, 2604).

2) 대판 2012. 12. 13, 2012 다 1177(공보 2013, 145)(손해배상책임보험에서 동일한 사고로 피해자에 대하여 배상책임을 지는 피보험자가 복수로 존재하는 경우에는 피보험이익도 피보험자마다 개별로 독립하여 존재하는 것이므로 각각의 피보험자마다 손해배상책임의 발생요건이나 면책조항의 적용 여부 등을 개별적으로 가려서 보상책임의 유무를 결정하는 것이 원칙이다. 따라서 손해배상책임보험약관에 정한 보험사고 해당 여부나 보험자 면책조항의 적용 여부를 판단하는 경우에 특별한 사정이 없는 한 약관에 피보험자 개별적용조항을 별도로 규정하고 있지 않더라도 각 피보험자별로 손해배상책임의 발생요건이나 보험자 면책조항의 적용 여부를 가려 보험사고 해당 여부 또는 면책 여부를 결정하여야 하고, 약관의 규정 형식만으로 복수의 피보험자 중 어느 한 사람에 대하여 보험사고에 해당하지 아니하거나 면책조항에 해당한다고 하여 보험자의 모든 피보험자에 대한 보상책임이 성립하지 아니하거나 모든 피보험자에 대한 보상책임을 면하는 것으로 해석할 것은 아니다. 그리고 이와 같은 법리는 특별한 사정이 없는 한 손해배상책임보험약관에서 보상하는 손해로 우연한 사고로 타인의 신체의 장해 또는 재물의 손해에 대한 법률상의 배상책임을 부담함으로써 입은 손해를 규정하고 있거나 보상하지 아니하는 손해로 피보험자의 고의를 원인으로 하여 생긴 손해를 규정하고 있는 경우에도 마찬가지로 적용된다. 따라서 갑 보험회사와 을이 피보험자를 을·병·정으로 하여 손해배상책임보험을 체결하였는데, 피보험자인 을과 병이 방화를 저지른 자녀 정에 대한 감독의무를 소홀히 하였음을 이유로 민법 제750조의 책임을 부담하게 된 사안에서, 을·병의 책임은 과실에 의한 불법행위책임이므로 갑 회사는 여전히 보험금지급의무가 있고 나아가 보험계약자 또는 피보험자의 고의를 원인으로 하여 생긴 손해는 보상하지 아니한다고 규정한 특별약관 면책사유에도 해당하지 않는다고 본 원심판단은 타당하다).

3) 동지: 대판 1988. 6. 14, 87 다카 2276(공보 1988, 1023)(자동차보험과 같은 이른바 손해배상책

물건보험의 경우는 그 물건이나 매 사고에 따라 일정한 보험금액이 정하여지므로, 언제나 유한책임보험이다. 그러나 인보험의 경우는 피해자 1인이나 매 사고마다 일정한 보험금액이 정하여지는 유한책임보험과, 그 사고와 상당인과관계 있는 피보험자의 모든 손해배상액을 보험자가 보상하는 무한책임보험이 있다.

(나) 위의 약정보상책임의 범위와는 별도로 상법은 일정한 경우에 보험자의 보상책임을 규정하고 있다. 즉, 피보험자가 제 3 자에 대하여 변제·승인·화해 또는 재판으로 인하여 「확정된 채무」($\frac{\text{상 723조}}{\text{1항·3항}}$)[1] 외에, 피보험자가 제 3 자의 청구를 방어하기 위하여 지출한 재판상 또는 재판 외의 「필요비용(방어비용)」을 부담하도록 하고 있다($\frac{\text{상 720조}}{\text{1항 전단}}$). 이러한 필요비용(방어비용)은 '피해자가 보험사고로 인적·물적 손해를 입고 피보험자를 상대로 손해배상청구를 한 경우에 그 방어를 위하여 지출한 재판상 또는 재판 외의 필요비용'을 말한다.[2] 책임보험의 피보험자가 제 3 자로부

임보험에서 보험자의 보상범위는 피보험자의 제 3 자에 대한 법률상의 손해배상책임을 한도로 한다); 동 1981. 7. 7, 80 다 2271(피해자의 과실에 상당하는 부분은 피보험자〈가해자〉의 손해배상액에서 공제되어야 한다); 동 1995. 9. 15, 94 다 17888(공보 1002, 3365)(자동차보험약관상 대인배상책임보험금은 피보험자와 피해자 사이에 확정된 모든 손해액으로서 지연손해금을 포함한다).

1) 동지: 대판 2000. 10. 13, 2000 다 2542(공보 2000, 2317)(보험자는 피보험자와 피해자 사이에 판결에 의하여 확정된 손해액은 그것이 피보험자에게 법률상 책임이 없는 부당한 손해라는 등의 특별한 사정이 없는 한 원본이든 지연손해금이든 모두 피보험자에게 지급할 의무가 있다); 동 2002. 10. 8, 2002 다 39487·39494(공보 2002, 2658)(개인용자동차보험 보통약관에 따르면 약관의 보험금 지급기준에 따라 산출한 금액을 보험금으로 지급하되 소송이 제기되었을 경우에는 확정판결에 의하여 피보험자가 손해배상청구권자에게 배상하여야 할 금액을 지급하도록 되어 있으므로, 보험회사가 보험금 지급채무의 부존재 확인을 구하는 본소청구를 제기하고 교통사고 피해자가 보험금의 지급을 구하는 반소청구를 제기한 경우, 피보험자가 피해자에게 배상하여야 할 손해액을 산정함에 있어서는 피해자측의 과실을 참작하여 산정한 보험금이 치료관계비 해당액에 미달하는 경우에는 그 치료관계비 해당액을 보험금으로 지급하도록 되어 있는 위 약관의 보험금 지급기준을 적용할 수 없다).

2) 동지: 대판 2002. 6. 28, 2002 다 22106(공보 2002, 1810)(상법 제720조 1항에서 규정한 '방어비용'은 피해자가 보험사고로 인적·물적 손해를 입고 피보험자를 상대로 손해배상청구를 한 경우에 그 방어를 위하여 지출한 재판상 또는 재판 외의 필요비용을 말하는 것으로서, 방어비용 역시 원칙적으로는 보험사고의 발생을 전제로 하는 것이므로, 보험사고의 범위에서 제외되어 있어 보험자에게 보상책임이 없는 사고에 대하여는 보험자로서는 자신의 책임제외 또는 면책 주장만으로 피해자로부터의 보상책임에서 벗어날 수 있기 때문에 피보험자가 지출한 방어비용은 보험자와는 무관한 자기 자신의 방어를 위한 것에 불과하여 이러한 비용까지 보험급여의 범위에 속하는 것이라고 하여 피보험자가 보험자에 대하여 보상을 청구할 수는 없다고 할 것이나, 다만 사고발생시 피보험자 및 보험자의 법률상 책임 여부가 판명되지 아니한 상태에서 피해자라고 주장하는 자의 청구를 방어하기 위하여 피보험자가 재판상 또는 재판 외의 필요비용을 지출하였다면 이로 인하여 발생한 방어비용은 바로 보험자의 보상책임도 아울러 면할 목적의 방어활동의 일환으로 지출한 방어비용과 동일한 성격을 가지는 것으로서 이러한 경우의 방어비용은 당연히 위 법조항에 따라 보험자가 부담하여야 하고, 또한 이 때의 방어비용은 현실적으로 이를 지출한 경우뿐만 아니라 지출할 것이 명백히 예상되는 경우에는 상법 제720조 1항 후단에 의하여 피보험자는 보험자에게 그 비용의 선급을 청구할 수도 있다. 이러한 점에서 볼 때 영업배상특약보험계약에 관한 보통약관 제 4 조

터 보험사고로 인한 손해배상청구소송을 당하여 지출한 변호사 보수는 이러한 방어
비용이나, 이와 관련한 부가가치세를 매출세액에서 공제받거나 환급받을 수 있는 경
우 그 부가가치세 상당액은 보험사고로 인하여 피보험자가 지출한 방어비용에 해당
하지 않는다.[1] 또한 피해자로부터 아직 손해배상청구가 없는 경우에는 이러한 필요
비용이 인정될 여지가 없지만, 피해자가 반드시 재판상 청구한 경우에 한하여 이러
한 필요비용이 인정된다고 볼 것은 아니다. 그러나 피해자가 피보험자에게 재판상
청구는 물론 재판 외의 청구조차 하지 않은 이상, 피해자가 제3자를 상대로 제소하
였다 하여 그 소송의 변호사비용이 상법 제720조의 필요비용이 될 수는 없다.[2] 이
필요비용은 일반 손해보험계약에 있어서의 손해방지비용($\frac{680조}{1항\ 단서}$)과는 구별되는 것
으로서,[3] 피보험자는 보험자에 대하여 그 비용의 선급을 청구할 수 있다($\frac{상\ 720조}{1항\ 후단}$).

또 피보험자가 담보의 제공 또는 공탁으로써 재판의 비용을 면할 수 있는 경
우에는, 보험자에 대하여 보험금액의 한도 내에서 그 담보의 제공 또는 공탁을 청
구할 수 있다($\frac{상\ 720조}{2항}$). 그리고 이러한 필요비용의 지출이나 담보의 제공 또는 공탁
행위가 보험자의 지시에 의한 것인 때에는, 그 금액에 손해액을 가산한 금액이 보
험금액을 초과하는 때에도 보험자가 이를 부담하여야 한다($\frac{상\ 720조}{3항}$).

2항 ③은 피보험자가 지급한 소송비용, 변호사비용, 중재, 화해 또는 조정에 관한 비용 중에서 피
보험자가 미리 보험자의 동의를 받아 지급한 경우에만 보험금을 지급하도록 규정하고 있는데, 이
러한 제한 규정을 보험자의 '사전 동의'가 없으면 어떤 경우에나 피보험자의 방어비용을 전면적으
로 부정하는 것으로 해석하는 한에서는 이러한 약관조항으로 인하여 피보험자의 방어비용을 보험
의 목적에 포함된 것으로 일반적으로 인정하고 있는 상법 제720조 1항의 규정을 피보험자에게 불
이익하게 변경하는 것에 해당하고, 따라서 이러한 제한규정을 둔 위 약관조항은 상법 제663조에
반하여 무효라고 볼 것이다)[이 판결에 대하여 원칙적으로 찬성하는 취지의 평석으로는 김영선,
"손해방지비용과 방어비용,"「보험법연구 5」(보험법연구회 편)(서울: 삼지원, 2003), 49∼59면].

1) 동지: 대판 2018. 5. 15, 2018 다 203692(공보 2018, 1064)(책임보험의 피보험자가 제3자로부
터 보험사고로 인한 손해배상청구소송을 당하여 그 소송에서 방어하기 위하여 변호사 보수를 지출
한 경우, 피보험자가 부가가치세 납세의무자인 사업자이고, 변호사 보수와 관련한 부가가치세가 자
기 사업을 위하여 공급받은 재화나 용역에 대한 것으로서 부가가치세법상 매입세액에 해당하여 피
보험자의 매출세액에서 공제받거나 환급받을 수 있다면, 부가가치세 상당액은 보험사고로 인하여
피보험자가 지출한 방어비용에 해당하지 않는다. 그리고 피보험자가 현실적으로 부가가치세액을
공제받거나 환급받은 때에만 위 부가가치세액을 손해액에서 공제하는 것이 아니라, 피보험자가 부
가가치세액을 공제나 환급받을 수 있음에도 자기의 책임으로 공제나 환급을 받지 못하였다면 그로
인한 불이익은 피보험자가 부담해야 하므로, 그 부가가치세도 방어비용에서 공제하여야 한다).

2) 동지: 대판 1995. 12. 8, 94 다 27076(공보 1996, 325)[이 판결에 대하여 상법 제720조의 방지
비용의 요건 판단에는 찬성하나, 상법 제680조의 손해방지비용의 요건 판단에는 찬성할 수 없다는
평석으로는 전우현,「보험법연구 4」(보험법연구회), 73∼102면].

3) 동지: 김(성), (보) 601면; 장(덕), (보) 329면; 한(기), (보) 604∼605면(양자는 무엇보다도 그
취지가 다르다고 함) 외.
　반대(필요비용의 본질은 손해방지비용이라는 견해): 최(기), (보)(2002) 439면.

또 사업(영업)책임보험의 경우에는 「피보험자의 대리인 또는 그 사업감독자의 제 3 자에 대한 책임으로 인한 손해」도 보상하여야 한다($\frac{상}{721조}$).

3) 손해보상의 상대방   책임보험자의 손해보상의 상대방은 「피보험자」($\frac{상 724조}{1항}$) 또는 「피해자」($\frac{상 724조 2항}{본문, 725조}$)이다. 피해자를 손해보상의 상대방으로 규정한 것은 책임보험의 피해자보호기능을 반영한 것이다.

4) 손해보상의 시기   보험자는 특별한 기간의 약정이 없으면, 피보험자의 「채무확정통지를 받은 날로부터 10일 내」에 보험금액을 지급하여야 한다($\frac{상 723조}{2항}$). 그러나 보험자는 피보험자가 책임을 질 사고로 인하여 생긴 손해를 제 3 자에게 배상을 하기 전에는 보험금액의 전부 또는 일부를 피보험자에게 지급하지 못한다($\frac{상 724조}{1항}$).

5) 수 개의 책임보험   피보험자가 동일한 사고로 제 3 자에게 배상책임을 짐으로써 입은 손해를 보상하는 수 개의 책임보험계약이 동시 또는 순차로 체결된 경우에, 그 보험금액의 총액이 피보험자의 제 3 자에 대한 손해배상액을 초과하는 때에는 중복보험에 관한 규정이 준용된다. 따라서 각 보험자는 보험금액의 한도에서 연대책임을 지고, 각자의 보험금액의 손해배상액에 대한 비율에 따른 보상책임을 진다($\frac{상 725조의 2,}{672조 1항}$). 또한 보험계약자의 보험자 1인에 대한 권리의 포기는 다른 보험자의 권리·의무에 영향을 미치지 않는다($\frac{상 725조의 2,}{673조}$). 상법이 이와 같은 규정을 두게 된 것은 책임보험에서는 보험가액을 정할 수 없으므로 중복보험에 관한 규정이 직접 적용되지 않는데, 이 경우에 책임보험이 악용될 우려가 있으므로 중복보험에 관한 규정을 이에 준용하여 그 폐단을 방지하기 위해서이다.[1]

(2) 피보험자의 의무

1) 보험자에 대한 통지의무   피보험자는 제 3 자에게 배상책임을 질 사고(손

---

1) 동지: 대판 2009. 12. 24, 2009 다 42819(공보 2010, 224)(두 개의 책임보험계약이 보험의 목적, 즉 피보험이익과 보험사고의 내용 및 범위가 전부 공통되지는 않으나 상당 부분 중복되고, 발생한 사고가 그 중복되는 피보험이익에 관련된 보험사고에 해당된다면, 이와 같은 두 개의 책임보험계약에 가입한 것은 피보험자, 피보험이익과 보험사고 및 보험기간이 중복되는 범위 내에서 상법 제725조의 2에 정한 중복보험에 해당한다. 이 경우 각 보험자는 각자의 보험금액의 비율에 따른 보상책임을 연대하여 진다. 따라서 제 1 책임보험계약과 제 2 책임보험계약의 피보험자인 갑과 제 2 책임보험계약의 피보험자인 을의 공동불법행위로 피해자 병이 사망하는 보험사고가 발생한 사안에서, 제 1 책임보험계약의 보험자가 병에 대한 보험금의 지급으로 갑의 부담부분 이상을 변제하여 공동의 면책을 얻게 하였다면, 제 1 책임보험계약의 보험자는 지급한 보험금 중 보험약관 및 상법 제672조 1항에 따라 각 보험금액의 비율에 따라 산정한 제 2 책임보험계약의 보험자의 보상책임 부분에 대하여도 구상권을 행사할 수 있는데, 다만 한쪽 구상권으로부터 만족을 얻을 경우 다른 구상권의 범위는 위와 같이 만족을 얻은 부분을 제외한 나머지 출재액 중 다른 구상권에 의한 구상채무자의 부담 부분으로 축소되는 관계에 있을 뿐이다); 정(희), 457면.

해사고)가 발생한 것을 안 때에는 지체 없이 이에 관하여 보험자에게 통지를 발송하여야 한다($\frac{상}{1항}^{657조}$). 그런데 피보험자는 이외에 책임보험의 특성에서 다음과 같은 배상청구통지의무와 채무확정통지의무를 추가로 부담한다. 즉, 피보험자가 제 3 자로부터 배상의 청구를 받은 때($\frac{상}{1항}^{722조}$)와, 제 3 자에 대한 변제·승인·화해 또는 재판으로 인하여 채무가 확정된 때에는, 지체 없이 보험자에게 이에 관하여 통지를 발송하여야 한다($\frac{상}{1항}^{723조}$).

피보험자가 배상청구통지의무를 게을리하여 손해가 증가된 경우 보험자는 그 증가된 손해를 보상할 책임이 없는데,[1] 다만 피보험자가 보험사고발생통지($\frac{상}{1항}^{657조}$)를 발송한 경우에는 그러하지 아니하다($\frac{상}{2항}^{722조}$).[2] 즉, 피보험자가 보험사고발생통지의무($\frac{상}{1항}^{657조}$)도 게을리하고 또한 배상청구통지의무($\frac{상}{1항}^{722조}$)도 게을리하여야 보험자는 그 증가된 손해를 보상할 책임이 없고, 두 개의 통지의무 중 하나만 이행하면 보험자는 그 증가된 손해를 보상할 책임이 있다. 이는 보험자가 개입하여 피보험자의 손해배상액을 줄일 수 있는 사유 등 특별한 사정이 있는 때에는($\frac{예컨대, 자동차}{보험 등에서}$), 보험자는 이로 인하여 증가된 손해를 부담하지 않도록 한 것이라고 볼 수 있다.[3]

그러나 피보험자의 채무확정통지의무는 보험자의 보험금지급시기를 정하는 기준이 될 뿐이므로($\frac{상}{2항}^{723조}$), 이를 게을리한 경우에도 보험자의 손해보상의무에는 변함이 없다.[4]

2) 보험자와의 협의의무   피보험자가 손해사고로 인하여 제 3 자에게 손해를 배상하는 것은 결국 보험자의 부담으로 하는 것이므로, 피보험자는 제 3 자에 대한 변제·승인·화해 등으로 채무를 확정함에 있어서는 보험자와 사전에 협의하여야 한다고 본다(통설).[5] 따라서 피보험자가 제 3 자의 청구에 대하여 일방적으로 변제 또는 승인함으로써 현저히 부당하게 보험자의 책임을 가중시킨 때에는($\frac{즉, 피보험}{자가 고의}$ 또는 중대한 과실로 협조의무 를 이행하지 아니한 때에는) 보험자는 그에 대한 보상을 거절할 수 있다고 본다.[6] 이에 관

---

1) 동지: 대판 1994. 8. 12, 94 다 2145(소송을 제기당한 사실을 통지하지 않은 경우, 적정 손해액 이상으로 판결에서 인용된 손해액에 대하여 보험회사는 보상의무가 없다).
2) 동지: 대판 1994. 8. 12, 94 다 2145.
  2014년 3월 개정상법은 배상청구통지의무(상 722조 1항) 위반효과에 대하여 (대법원 판례의 입장과 같이) 명확히 규정한 것이다.
3) 동지: 양(승), (보) 371면; 채, 586면.
4) 동지: 손(주), 646면; 양(승), (보) 371면.
5) 정(희), 458면; 서·정, 464~465면; 이(기) 외, (보·해) 225면; 양(승), (보) 372면; 동, "책임보험계약에서의 피보험자의 협조의무," 「법학」(서울대), 24-1(1983), 80면 이하 외.
6) 동지: 정(희), 458면; 양(승), (보) 374면; 대판 1994. 4. 12, 93 다 11807(공보 969, 34)(확정

하여는 보통 약관에서 규정되고 있다. 상법은 이에 대하여 직접적으로 규정하고 있지는 않으나, 간접적으로 규정하고 있다. 즉, 피보험자가 보험자의 동의 없이 제 3 자에 대하여 변제·승인 또는 화해를 한 경우에는 보험자가 그 책임을 면하게 되는 합의가 있는 때에도, 그 행위가 현저하게 부당한 것이 아니면 보험자는 그 보상책임을 면하지 못한다($\frac{상}{3항}$723조). 따라서 피보험자가 보험자와의 협의 없이($\frac{즉, 보험자의}{동의 없이}$) 제 3 자에 대하여 변제 등을 한 경우에, 그 행위가 현저하게 부당한 때에는 보험자는 보상책임을 면하게 된다.[1] 이러한 점에서 볼 때 피보험자의 이러한 협의의무는 고지의무($\frac{상}{651조}$) 등과 같이 간접의무라고 볼 수 있다.[2]

2. 보험자와 제 3 자와의 관계

(1) 피보험자(가해자)와 보험자간에는 보험계약관계에 따른 법률문제가 있고, 피보험자(가해자)와 제 3 자(피해자)간에는 배상책임관계에 따른 법률문제가 있으나, 보험자와 제 3 자(피해자)간에는 아무런 법률문제가 없다. 즉, 책임보험계약은 피보험자를 위한 계약이므로, 이러한 책임보험계약으로 인하여 피해자인 제 3 자는 보험자에 대하여는 직접 어떠한 권리의무도 갖지 않는다. 그러나 책임보험은 피보험자가 제 3 자에 대하여 재산적 급여를 함으로써 입은 손해를 보상하는 것으로서 피보험자를 보호하는 기능뿐만 아니라 제 3 자(피해자)를 보호하는 기능을 갖고 있으므로, 이러한 한도 내에서 보험자는 제 3 자와의 관계를 맺게 된다.[3] 따라서 보험자는

판결에 의하지 아니하고 피보험자와 피해자 사이에 서면에 의한 합의로 손해배상액을 결정한 경우에는 보험회사는 위 보험약관에서 정한 보험금지급기준에 의하여 산출된 금액의 한도 내에서 보험금을 지급할 의무가 있다); 동 1992. 11. 24, 92 다 28631(공보 1993, 237).

1) 동지: 대판 2000. 4. 21, 99 다 72293(공보 2000, 1245)(책임보험계약의 피보험자가 보험자의 동의 없이 제 3 자에 대하여 변제, 승인 또는 화해를 한 경우에는 보험자가 그 책임을 면하게 되는 합의가 있는 때에도 그 행위가 현저하게 부당한 것이 아니면 보험자는 보상할 책임을 면하지 못한다고 규정하고 있는 상법 제723조 3항의 취지에 비추어 보면, 피보험자가 제 3 자로부터 재판상 손해배상청구를 받아 그 소송에서 손해배상을 명하는 판결을 선고받고 항소하지 않은 채 이를 확정시켰다고 하더라도 그것이 '현저하게 부당한 경우'로 평가되지 않는 한 보험자는 보상할 책임을 면할 수 없다. 따라서 피해자가 피보험자 및 보험자를 공동피고로 하여 제기한 손해배상청구소송의 제 1 심 판결에 대하여 피보험자는 항소하지 않고 보험자만이 항소하여 항소심에서 제 1 심 판결 금액보다 감액된 금액으로 조정이 성립되었다는 사실만으로 피보험자가 항소를 제기하지 않은 것을 '현저하게 부당한 경우'로 평가하여 보험자가 그 차액 상당의 보험금지급의무를 면한다고 볼 수 없다). 반대: 채, 586면(변제 등이 현저하게 부당하게 이루어진 경우에도 피보험자는 실손해를 증명하여 그 범위 내에서는 보험금을 청구할 수 있다고 한다).

2) 동지: 양(승), (보) 373면.

3) 동지: 정(희), 458면; 양(승), (보) 375면(책임보험계약에서 보험자의 보험금지급은 경제적으로는 피해자인 제 3 자에게 귀속하게 되는 것이므로 피해자는 직접이든 간접이든 보험자와 일정한 관

피보험자가 그 책임을 질 사고로 인하여 생긴 손해에 대하여 제3자가 그 배상을 받기 전에는 보험금액의 전부 또는 일부를 피보험자에게 지급하지 못하도록 하고 있고($\frac{\delta}{18}$724조), 또한 제3자는 피보험자가 책임을 질 사고로 인하여 생긴 손해에 대하여 보험금액의 한도 내에서[1] 보험자에게 직접 보상을 청구할 수 있도록 하고 있다($\frac{\delta}{28}$724조). 이는 피해자를 보호하기 위한 법의 배려이다.

그런데 보험자와 피보험자간에 상법 제724조 1항에 관한 약정을 하지 않고 보험자가 피보험자에게 일정한 경우에 보험금을 지급한다는 약정만을 하였다면 보험자는 상법 제724조 1항의 지급거절권을 포기하였다고 볼 수 있으므로, 이 경우에 피보험자는 제3자에게 손해를 배상하지 않고도 보험자에게 보험금청구권을 행사할 수 있다. 그런데 보험자가 상법 제724조 1항의 내용과 같은 약정을 하였다면 보험자는 상법 제724조 1항 및 이러한 지급거절조항에 의하여 피보험자의 보험금지급청구를 거절할 수 있다.[2]

계를 유지하게 된다고 한다).

1) 참고: 대판 2017. 8. 29, 2016 다 265511(공보 2017, 1846)(교통사고 피해자가 소송을 통하여 보험회사 등에 직접 손해배상을 청구하는 경우, 자동차보험진료수가가 치료비 손해액 산정의 절대적 기준으로 볼 수는 없고, 법원이 제반 사정을 고려하여 합리적인 범위로 치료비 손해액을 산정할 수 있다).

2) 동지: 대판 2007. 1. 12, 2006 다 43330(공보 2007, 294)(보험회사의 자동차보험약관상 상법 제724조 1항의 내용과 같이 피보험자가 제3자에게 손해배상을 하기 전에는 피보험자에게 보험금을 지급하지 않는다는 내용의 지급거절조항을 두고 있지 않다면 보험자는 그 약관에 의하여 상법 제724조 1항의 지급거절권을 포기한 것으로 보아야 하지만, 만약 약관에 명시적으로 지급거절조항을 두고 있다면 달리 지급거절권을 포기하거나 이를 행사하지 않았다고 볼 만한 특별한 사정이 없는 한 보험자는 상법 제724조 1항 및 지급거절조항에 의하여 피보험자의 보험금지급청구를 거절할 권리가 있다. 따라서 피해자가 피보험자들을 상대로 제기한 손해배상청구소송에서 손해배상금을 지급하라는 내용의 화해권고결정이 확정된 경우에도 자동차보험약관상 "보험자는 손해배상청구권자가 손해배상을 받기 전에는 보험금의 전부 또는 일부를 피보험자에게 지급하지 않으며, 피보험자가 지급한 손해배상액을 초과하여 지급하지 않습니다"는 지급거절조항이 있다면, 보험자는 피해자가 피보험자들로부터 실제 배상을 받기 전에는 상법 제724조 1항 및 위 지급거절조항에 따라 피보험자들의 보험금지급청구를 거절할 수 있다); 동 2014. 9. 25, 2014 다 207672(공보 2014, 2108)(상법 제724조 제1항은, 피보험자가 상법 제723조 제1항·제2항의 규정에 의하여 보험자에 대하여 갖는 보험금청구권과 제3자가 상법 제724조 제2항의 규정에 의하여 보험자에 대하여 갖는 직접청구권에 관계에 관하여, 제3자의 직접청구권이 피보험자의 보험금청구권에 우선한다는 것을 선언하는 규정이므로, 보험자로서는 제3자가 피보험자로부터 배상을 받기 전에는 피보험자에 대한 보험금 지급으로 직접청구권을 갖는 피해자에게 대항할 수 없다. 그런데 피보험자가 보험계약에 따라 보험자에 대하여 가지는 보험금청구권에 관한 가압류 등의 경합을 이유로 한 집행공탁은 피보험자에 대한 변제공탁의 성질을 가질 뿐이므로, 이러한 집행공탁에 의하여 상법 제724조 제2항에 따른 제3자의 보험자에 대한 직접청구권이 소멸된다고 볼 수는 없으며, 따라서 집행공탁으로써 상법 제724조 제1항〈제2항-저자 주〉에 의하여 직접청구권을 가지는 제3자에게 대항할 수 없다).

보험자가 상법 제724조 1항에 의한 지급거절권을 포기하였다고 볼 수 있는 경우에 보험자는 상법 제724조 2항에 의하여 제 3 자에게 직접 보험금을 지급함으로써 보험금의 2중지급을 회피하는 방법을 선택할 수 있다.[1] 왜냐하면 상법 제724조 2항에 의한 제 3 자의 보험자에 대한 직접청구권(보험금청구권)이 피보험자의 보험자에 대한 보험금청구권에 우선하기 때문이다.[2]

(2) 상법은 제 3 자는 피보험자가 책임을 질 사고로 입은 손해에 대하여 보험금액의 한도에서 보험자에게 직접 보상을 청구할 수 있도록 하고 있는데($\frac{직접청구권}{의 인정}$)($\frac{상 724조}{2항 본문}$),[3] 이것은 보험자에 대하여 보험관계상 아무런 권리가 없는 피해자를 보호하기 위하여 법이 특별히 인정한 권리이다.[4]

---

1) 동지: 대판 1995. 9. 26, 94 다 28093(공보 1003, 3509); 동 1995. 9. 15, 94 다 17888(공보 1002, 3365); 동 1995. 9. 29, 95 다 24807(공보 1004, 3620).

2) 동지: 대판 1995. 9. 26, 94 다 28093(공보 1003, 3509).

3) 상법 제724조 2항의 직접청구권은 상법부칙(1991. 12. 31) 제 2 조 1항 본문에 의하여 보험사고가 1991년 개정상법 시행(1993. 1. 1) 이전에 발생하였다고 하더라도 인정되고, 동 부칙 제 2 조 1항 단서의 규정(그러나 종전의 규정에 의하여 생긴 효력에는 영향을 미치지 아니한다)이 위와 같은 해석을 방해하는 것이 아니다[대판 1995. 7. 25, 94 다 52911(공보 999, 2940)(이 판결에 반대하는 취지의 평석으로는 김성태, 법률신문, 제2447호〈1995. 10. 16〉, 14면); 동 1998. 7. 10, 97 다 17544(공보 1998, 2067)].
   동지 입법: 자배법 제 9 조 1항.
   1991년 개정전 상법에서는 특별한 책임보험에서만 제 3 자의 보험자에 대한 보험금청구권을 인정하였는데[예컨대 강제책임보험(자배법 제 9 조 1항 등)이나 보관자책임보험(상 725조)의 경우 등], 1991년 개정상법에서는 제 3 자의 보험금직접청구권을 모든 책임보험에서 인정하고 있다.
   개정전 상법에서의 판례는「책임보험의 피해자인 제 3 자가 보험자에 대하여 직접 손해배상금을 청구할 수 있는 경우는 법률 또는 약관에서 이를 인정하는 경우에 한한다」고 판시하였다[대판 1992. 11. 27, 92 다 12681(공보 936, 244)].
   동지(직접청구권을 긍정한 판례): 대판 1981. 1. 13, 80 다 874(자동차종합보험의 약관에 의하여 피해자의 직접청구권을 인정하고 있다); 동 1993. 5. 11, 92 다 2530(공보 948, 1665).
   반대(직접청구권을 부정한 판례): 대판 1999. 4. 9, 98 다 19011(공보 1999, 831)(보험계약자인 가압류 신청인 등의 부당신청으로 인하여 피보험자인 피신청인 등이 손해배상청구권 및 소송비용 상환청구권에 관한 채무명의를 받은 경우 이의 변제를 보험자가 보증하는 공탁보증보험계약은 피보험자가 보험기간중의 약정사고로 인하여 제 3 자에게 손해배상책임을 지게 되는 경우 보험자가 피보험자에게 이를 보상하여 주는 보험계약으로서 책임보험계약과는 그 기본성격·피보험자·담보되는 손해의 종류와 책임의 성질·보험의 주된 목적 등이 상이하여 책임보험계약상 법률의 규정에 의하여 특별히 인정되는 피해자〈제 3 자〉의 직접청구권 규정인 상법 제724조 2항을 위 공탁보증보험에 직접 혹은 유추적용할 수는 없다. 또한 보증보험계약이 실질적으로는 보증의 성격을 가지는 보증계약과 같은 효과를 목적으로 하는 것이어서 보험자는 보험계약자가 주계약에 따른 채무를 이행하지 아니함으로써 피보험자가 입게 되는 손해를 보상하는 것이라 할지라도 그 보상은 보험약관이 정하는 바에 따라 그 보험금액의 범위 내에서 보상하는 것이니 보증보험계약의 보증성에서 곧바로 피보험자가 보험약관이 정한 채무명의 없이도 보험자에 대하여 직접청구권을 취득한다고 볼 수는 없다).

4) 동지: 정(희), 459면; 양(승), (보) 377면; 대판 2023. 4. 27, 2017 다 239014(공보 2023, 890)(책임보험계약은 피보험자가 보험기간 중의 사고로 인하여 제 3 자에게 배상할 책임을 진 경우에

이러한 제 3 자의 보험자에 대한 직접청구권의 법적 성질에 대하여는 손해배상청구권설[1]·보험금청구권설[2] 및 절충설(의무책임보험에서는 손해배상청구권설을 취하고,임의책임보험에서는 보험금청구권설을 취함)[3]로 나뉘어 있다.[4] 우리나라의 대법원판례는 보험금청구권설의 입장에서 「자동차보험 보통약관에 피보험자가 피해자에게 지는 손해배상액이 판결에 의하여 확정되는 등의 일정한 경우에는 피해자가 보험회사에 대하여 직접 보험금의 지급을 청구할 수 있도록 규정되어 있다 하더라도 위 약관에 의하여 피해자에게 부여된 보험회사에 대한 보험금청구권은 상법 제662조 소정의 보험금청구권에 다름아니다(따락서 피해자의 이 청구권은 보험금청구권과 같이 2년간 행사하지 않으면 소멸시효가 완성한다)」고 판시한 것도 있으나,[5] 그 후의 판례는 손해배상청구권설의 입장에서 「피해자(제 3 자)의 보험자에 대한 직접청구권의 법적 성질은 보험금청구권이 아니라 보험자가 피보험자의 피해자에 대한 손해배상채무를 병존적으로 인수한 것이므로 피해자가 보험자에 대하여 가지는 손해배상청구권이다」고 판시하고 있다.[6] 생각건대 피해자와 보험자와의 관계에는 보험관계가 없으므로 이를 보험금청

그로 인한 손해보상을 목적으로 한다. 책임보험제도는 피보험자의 재산상 손해를 전보할 뿐만 아니라 이를 통하여 실질적으로는 피해자를 보호하는 데 주된 취지가 있다. 상법 제724조가 규정하고 있는 피해자의 직접청구권은 책임보험의 보험사고가 발생한 때 피해자가 보험금액의 한도 내에서 책임보험자에 대해 직접 보상을 청구할 수 있도록 특별히 인정된 권리로서, 피해자에게 신속·확실한 구제기회를 부여함으로써 피해자를 두텁게 보호하기 위한 것이다).

　이러한 제 3 자(피해자)의 직접청구권에 대한 상세는 이광복, "책임보험에 있어서 피해자의 직접청구권," 법학석사학위논문(고려대, 1996. 2) 참조.

1) 김성태, "직접청구권의 본질," 「보험법연구 1」(보험법연구회 편)(삼지원, 1995), 183면; 김(성), (보) 623면; 장(덕), (보) 336면; 한(기), (보) 618~619면 외.

2) 정경영, "공동불법행위 피해자의 직접청구권(대법원 1998. 7. 10 선고, 97 다 17544 판결)," 「보험법연구 3」(보험법연구회 편)(삼지원, 1999), 46~49면; 정(경), 900면; 양(승), (보) 377면; 이광복, 전게논문, 64면 외.

3) 장경환, "자동차손해배상책임보험에서의 직접청구권의 성질과 손해배상청구권의 혼동," 「상법학의 전망」(평성 임홍근교수 정년퇴임기념논문집)(서울: 법문사, 2003), 364~367면.

4) 제 3 자의 보험자에 대한 직접청구권의 근거에 대하여 (i) 책임보험의 본래의 성격에 두는 설, (ii) 법규정의 효과로 보는 설 및 (iii) 계약당사자간의 의사표시에 의한 효과라고 보는 설로 분류하는 견해도 있다[양(승), (보) 377~378면].

5) 대판 1993. 4. 13, 93 다 3622.

6) 대판 1994. 5. 27, 94 다 6819(공보 971, 69); 동 1995. 7. 25, 94 다 52911(공보 999, 2941); 동 1998. 7. 10, 97 다 17544(공보 1998, 2067)(상법 제724조 2항에 의하여 피해자에게 인정되는 직접청구권의 법적 성질은 보험자가 피보험자의 피해자에 대한 손해배상채무를 병존적으로 인수한 것으로서 피해자가 보험자에 대하여 가지는 손해배상청구권이라 할 것이다)[피해자의 직접청구권의 법적 성질을 정책적으로 피해자에게 인정한 보험금청구권으로 보아 이 판결에 반대하는 취지의 평석으로는 정경영, 전게 보험법연구 3, 36~59면]; 동 1999. 2. 12, 98 다 44956(공보 1999, 527)(상법 제724조 2항에 의하여 피해자에게 인정되는 직접청구권의 법적 성질은 보험자가 피보험자의 피해자에 대한 손해배상채무를 병존적으로 인수한 것으로서 피해자가 보험자에 대하여 가지는 손해배상청구권이고 피보험자의 보험자에 대한 보험금청구권의 변형 내지는 이에 준하는 권

리가 아니다); 동 2000. 6. 9, 98 다 54397(공보 2000, 1603)(상법 제724조 2항에 의하여 피해자에게 인정되는 직접청구권의 법적 성질은 보험자가 피보험자의 피해자에 대한 손해배상채무를 병존적으로 인수한 것으로서 피해자가 보험자에 대하여 가지는 손해배상청구권이고 피보험자의 보험자에 대한 보험금청구권의 변형 내지는 이에 준하는 권리가 아니다. 그런데 피해자의 보험자에 대한 손해배상채권과 피해자의 피보험자에 대한 손해배상채권은 별개 독립의 것으로서 병존하고, 피해자와 피보험자 사이에 손해배상책임의 존부 내지 범위에 관한 판결이 선고되고 그 판결이 확정되었다고 하여도 그 판결의 당사자가 아닌 보험자에 대하여서까지 판결의 효력이 미치는 것은 아니므로, 피해자가 보험자를 상대로 하여 손해배상금을 직접 청구하는 사건의 경우에 있어서는, 특별한 사정이 없는 한 피해자와 피보험자 사이의 전소판결과 관계없이 피해자의 보험자에 대한 손해배상청구권의 존부 내지 범위를 다시 따져 보아야 하는 것이다); 동 2000. 12. 8, 99 다 37856(공보 2001, 237)(책임보험에 있어 상법 제724조 2항의 규정에 의하여 인정되는 피해자의 보험금 직접청구권의 법적 성질은 보험자가 피보험자의 피해자에 대한 손해배상채무를 병존적으로 인수한 것으로서 피해자가 보험자에 대하여 가지는 손해배상청구권인 점에 비추어, 보험자가 피보험자에게 보험금을 지불하지 아니하고 직접 피해자에게 그 손해를 보상하였다면 이는 위와 같이 보험자가 병존적으로 인수하여 부담하는 피해자에 대한 자신의 손해배상채무를 변제할 의사로 한 것이라고 보아야 할 것이지, 타인의 채무인 피보험자의 피해자에 대한 손해배상채무를 변제할 의사로 한 것이라고 볼 것은 아니다); 동 2001. 12. 28, 2001 다 61753(공보 2002, 368)(피해자가 보험회사에 대하여 가지는 자동차손해배상 책임보험금에 대한 직접청구권의 법적 성질은 자동차손해배상보장법의 손해배상청구권이다); 동 2010. 10. 28, 2010 다 53754(공보 2010, 2172)(상법 제724조 2항에 의하여 피해자에게 인정되는 직접청구권의 법적 성질은 보험자가 피보험자의 피해자에 대한 손해배상채무를 중첩적으로 인수한 결과 피해자가 보험자에 대하여 가지게 된 손해배상청구권이고, 중첩적 채무인수에서 인수인이 채무자의 부탁으로 인수한 경우 채무자와 인수인은 주관적 공동관계가 있는 연대채무관계에 있는바, 보험자의 채무인수는 피보험자의 부탁〈보험계약이나 공제계약〉에 따라 이루어지는 것이므로 보험자의 손해배상채무와 피보험자의 손해배상채무는 연대채무관계에 있다); 동(전) 2017. 5. 18, 2012 다 86895·86901(공보 2017, 1268)(상법 제724조 제 2 항에 의하여 피해자에게 인정되는 직접청구권의 법적 성질은 보험자가 피보험자의 피해자에 대한 손해배상채무를 병존적으로 인수한 것으로서 피해자가 보험자에 대하여 가지는 손해배상청구권이고, 피보험자의 보험자에 대한 보험금청구권의 변형 내지는 이에 준하는 권리가 아니다. 그러나 이러한 피해자의 직접청구권에 따라 보험자가 부담하는 손해배상채무는 보험계약을 전제로 하는 것으로서 보험계약에 따른 보험자의 책임 한도액의 범위 내에서 인정되어야 한다); 동 2017. 10. 26, 2015 다 42599(공보 2017, 2167)(책임보험계약에서 보험자와 제 3 자 사이의 직접청구권에 관한 법률관계는 법적 성질이 법률에 의하여 보험자가 피보험자의 제 3 자인 피해자에 대한 손해배상채무를 병존적으로 인수한 관계에 해당한다); 동 2019. 1. 17, 2018 다 245702(공보 2019, 466)(상법 제724조 제 2 항에 의하여 피해자에게 인정되는 직접청구권의 법적 성질은 보험자가 피보험자의 피해자에 대한 손해배상채무를 병존적으로 인수한 것으로서 피해자가 보험자에 대하여 가지는 손해배상청구권이고, 피보험자의 보험자에 대한 보험금청구권의 변형 내지는 이에 준하는 권리가 아니다. 그러나 이러한 피해자의 직접청구권에 따라 보험자가 부담하는 손해배상채무는 보험계약을 전제로 하는 것으로서 보험계약에 따른 보험자의 책임 한도액의 범위 내에서 인정되어야 한다. 갑〈사고 당시 만 4세〉이 을이 운영하는 놀이방에서 놀이기구를 이용하다가 떨어져 상해를 입자, 갑과 그 부모가 을 및 을과 어린이놀이시설 배상책임 공제계약을 체결한 새마을금고중앙회를 상대로 손해배상을 구한 사안에서, 새마을금고중앙회가 '중앙회는 공제계약의 어린이놀이시설 배상책임 보통약관의 규정에 따라 대인사고 부상과 그로 인해 후유장애가 생긴 경우 상해등급 및 후유장해등급에 따른 공제금 지급한도 내에서 책임을 부담한다'는 취지로 항변하고 있고, 위 약관 규정에서 정한 한도액이 공제계약에 따른 보험자의 책임 한도액에 해당한다면 피해자의 직접청구권에 따라 새마을금고중앙회가 부담하는 손해배상채무는 그 책임 한도액의 범위 내에서 인정되어야 하므로, 위 약관 규정이 공제계약에 따른 보험자의 책임한도액을 규정한 것인지 등을 심리하여

구권으로는 볼 수 없으므로, 손해배상청구권설이 타당하다고 본다.[1]

이와 같이 제 3 자는 보험자에 대하여 직접청구권을 가지므로 제 3 자는 피보험자에 대한 손해배상청구권과 보험자에 대한 직접청구권을 갖고, 이 양자 중 어느 것을 행사하느냐는 제 3 자의 자유이다. 만일 제 3 자가 피보험자에 대한 손해배상청구권을 먼저 행사하면 보험자에 대한 직접청구권을 잃고(이 때 피보험자가 이를 이행하고 보험금청구권을 행사할 수 있다 ─ 상 724조 1항), 제 3 자가 보험자에 대하여 직접청구권을 행사하고 보험자가 제 3 자의 직접청구에 응하여 보험금을 지급하면 피보험자(가해자)는 제 3 자(피해자)에 대하여 손해배상책임을 면하게 된다.[2] 이 때 보험자에 대한 제 3 자의 직접청구권과 피보험자의 보험금청구권이 경합하는 경우에는 제 3 자의 직접청구권이 우선한다는 점은 위에서 본 바와 같다.[3] 만일 제 3 자(피해자)가 국민건강보험공단으로부터 보험금을 지급받으면 국민건강보험공단은 가해자의 책임보험자에 대하여 구상권을 행사할 수

항변의 당부나 인정 범위를 판단하여야 하는데도, 이에 대하여 아무런 판단을 하지 않은 원심판결에는 피해자의 직접청구권에 따라 보험자가 부담하는 손해배상채무의 범위에 관한 법리오해 등 잘못이 있다); 동 2019. 4. 11, 2018 다 300708(공보 2019, 1072)(상법 제724조 제 2 항에 의하여 피해자에게 인정되는 직접청구권의 법적 성질은 보험자가 피보험자의 피해자에 대한 손해배상채무를 병존적으로 인수한 것으로서 피해자가 보험자에 대하여 가지는 손해배상청구권이고 피보험자의 보험자에 대한 보험금청구권의 변형 내지는 이에 준하는 권리는 아니다. 이러한 피해자의 직접청구권에 따라 보험자가 부담하는 손해배상채무는 보험계약을 전제로 하는 것으로서 보험계약에 따른 보험자의 책임 한도액의 범위 내에서 인정되어야 한다는 취지일 뿐, 법원이 보험자가 피해자에게 보상하여야 할 손해액을 산정하면서 자동차종합보험약관의 지급기준에 구속될 것을 의미하는 것은 아니다. 따라서 교통사고 피해차량의 소유인인 갑이 가해차량의 보험자인 을 보험회사를 상대로 차량의 교환가치 감소에 따른 손해에 관해 상법상 직접청구권을 행사하였으나, 을 회사가 자동차종합보험약관의 대물배상 지급기준에 '자동차 시세 하락의 손해'에 대해서는 수리비용이 사고 직전 자동차 거래가액의 20%를 초과하는 경우에만 일정액을 지급하는 것으로 규정하고 있다는 이유로 이를 거절한 사안에서, 피해차량은 교통사고로 통상의 손해에 해당하는 교환가치 감소의 손해를 입었고, 위 약관조항은 보험자의 책임 한도액을 정한 것이 아니라 보험금 지급기준에 불과하여 을 회사가 보상하여야 할 손해액을 산정하면서 법원이 약관조항에서 정한 지급기준에 구속될 것은 아니므로, 을 회사는 갑에게 상법 제724조 제 2 항에 따라 교환가치 감소의 손해를 배상할 의무가 있다); 동 2019. 5. 30, 2016 다 205243(공보 2019, 1282)(상법 제724조 제 2 항에 의하여 피해자에게 인정되는 직접청구권의 법적 성질은 보험자가 피보험자의 피해자에 대한 손해배상채무를 병존적으로 인수한 것으로서 피해자가 보험자에 대하여 가지는 손해배상청구권이고, 피보험자의 보험자에 대한 보험금청구권의 변형 내지는 이에 준하는 권리가 아니므로, 이에 대한 지연손해금에 관하여는 연 6%의 상사법정이율이 아닌 연 5%의 민사법정이율이 적용된다).

1) 학설 중에는 피해자는 가해자인 피보험자의 보험금청구권을 대위행사한다고 보는 견해도 있으나 [고평석, 「책임보험계약법론」(삼지원, 1990), 236면 외], 대위권은 채무를 이행한 자가 제 3 자 등에 대하여 갖는 권리라는 점에서 볼 때 대위라는 용어의 일반 사용례에 반한다고 본다. 또한 직접청구권의 근거에 대하여 법규정의 효과로 해석하는 견해도 있다[양(승), (보) 377면].

2) 동지: 대판 1975. 7. 22, 75 다 153.

3) 동지: 김(성), (보) 625면; 장(덕), (보) 340면; 한(기), (보) 629면; 대판 1995. 9. 26, 94 다 28093.

있다($\substack{\text{국민건강보험} \\ \text{법 58조}}$).1)

제 3 자가 상법 제724조 2항에 의하여 보험자에 직접청구권을 행사하는 경우에 보험자는 피보험자가 그 사고에 관하여 제 3 자에게 대항할 수 있는 항변을 원용할 수 있다($\substack{\text{상 724조} \\ \text{2항 단서}}$). 또한 보험자가 보험계약자나 피보험자에게 대항할 수 있는 항변도 제 3 자에게 주장할 수 있다고 본다. 왜냐하면 보험자와 직접 관계가 없는 제 3 자의 개입으로 보험자가 불리하게 되어서는 안 되기 때문이다.2) 그러나 보험자와 피보험자 사이에 피보험자의 보험자에 대한 보험금청구권이 부존재한다는 판결이 선고되고 또 그 판결이 확정되었다고 하여도 그 판결의 당사자가 아닌 피해자(제 3 자)에 대하여까지 판결의 효력이 미치는 것은 아니므로, 피해자가 그 사유만으로 당연히 직접청구권을 행사하지 못하는 것은 아니다($\substack{\text{이 경우는 피보험자가 실제로 보험금청구권이 있는} \\ \text{데 소송진행상의 절차미숙 등으로 패소판결을 받} \\ \text{은 경우에만 기판력이 피해자에게} \\ \text{미치지 않는다는 의미임 — 저자 주}}$).3)

보험자가 제 3 자로부터 이와 같이 직접청구를 받은 때에는 지체 없이 피보험자에게 이를 통지하여야 하고($\substack{\text{상 724조} \\ \text{3항}}$), 통지를 받은 피보험자는 보험자의 요구가 있을 때에는 필요한 서류·증거의 제출, 증언 또는 증인의 출석에 협조하여야 한다($\substack{\text{상 724조} \\ \text{4항}}$).

(3) 이러한 제 3 자의 보험자에 대한 직접청구권의 소멸시효기간은 제 3 자의 직접청구권의 법적 성질을 무엇으로 보느냐에 따라 다르다. 이를 보험금청구권으로 보면 보험금청구권의 소멸시효기간과 같이 3년으로 보아야 할 것이나,4) 손해배상청구

---

1) 동지: 대판 2004. 8. 20, 2003 다 1878(공보 2004, 1571)(국민건강보험법 제58조 1항의 제 3 자는 당해 사고로 인하여 보험급여를 한 공단과 현실로 보험급여를 받는 피해자인 가입자 및 그 피해자와 건강보험관계가 있는 자 이외의 자로서 피해자에 대하여 손해배상책임 등을 지는 모든 사람을 말하고, 그 제 3 자에는 피해자에 대한 직접의 가해자뿐만 아니라 법률의 규정 또는 계약에 의해 당해 가해자의 행위에 대하여 손해배상책임 등을 지는 자도 포함된다고 보아야 할 것이고, 교통사고의 가해자에 대하여 자동차손해배상보장법 제 3 조에 의한 손해배상책임이 발생한 경우, 같은 법 제 9 조 및 상법 제724조 2항에 의하여 피해자에게 인정되는 책임보험자에 대한 직접청구권은 피해자가 책임보험자에 대하여 가지는 손해배상청구권으로서 가해자에 대한 손해배상청구권과는 별개의 권리라 할 것이므로, 자동차손해배상보장법 제 9 조 1항 및 상법 제724조 2항에 의하여 피해자에 대하여 직접 손해배상책임을 지는 책임보험자는 교통사고의 가해자가 국민건강보험법 제 58조 1항의 제 3 자에 해당되는지 여부와 상관 없이 제 3 자에 포함됨); 동 2017. 10. 12, 2017 다 231119(공보 2017, 2096)(피해자가 책임보험자를 상대로 자동차손해배상 보장법〈이하 '자동차손배법'이라고 한다〉에 의한 직접청구권을 행사하는 경우에 책임보험자가 피해자에게 지급하여야 할 금액은 자동차손배법 시행령 제 3 조 제 1 항 제 1 호에 정한 책임보험금의 한도 내에서 피해자가 실제로 입은 손해액이므로, 근로복지공단이 유족급여와 장의비를 지급한 경우 책임보험자에 대하여 대위할 수 있는 금액은 책임보험금의 한도 내에서 피해자가 실제로 입은 손해액 가운데 위자료를 제외한 나머지 손해액에 한한다).

2) 동지: 정(희), 459면; 양(승), (보) 379면.

3) 동지: 대판 1995. 2. 10, 94 다 4424(공보 988, 1286).

권으로 보면 그 손해배상청구권의 시효기간(불법행위의 경우는 민법 제766조가 적용되어 이를 안 날로부터 3년 또는 그 행위가 있은 날로부터 10년)과 같이 보아야 할 것 같다.[1] 생각건대 제3자(피해자)의 입장에서 보면 손해배상청구권의 시효기간과 같이 보아야 할 것 같고, 보험자의 입장에서 보면 보험금청구권의 시효기간과 같이 보아야 할 것 같은데, 보험자는 그와 직접 관계가 없는 제3자(피해자)의 직접청구권의 인정으로 인하여 더 불리해질 수는 없으므로 제3자의 직접청구권의 법적 성질을 손해배상청구권으로 본다고 하더라도 이의 시효기간은 보험금청구권의 시효기간과 같이 3년으로 보아야 할 것으로 본다[2](상 662조의 유추적용).

그 청구권의 시효기간의 기산점도 피보험자의 그것과 동일하게 해석하여야 할

---

4) 대판 1993. 4. 13, 93 다 3622(공보 945, 1397); 동 1993. 7. 13, 92 다 39822; 동 1997. 11.11, 97 다 36521(공보 1997, 3772); 이광복, 전게논문, 90면.

1) 김성태, 전게논문(보험법연구 1), 188~190면(제3자의 직접청구권의 법적 성질을 손해배상청구권으로 보는 입장에서 이의 시효기간을 사고발생시를 기준으로 3년 또는 10년으로 보면서, 다만 입법론으로 이의 시효기간을 별도로 규정하고 그 기산점을 사고발생시로 할 것을 주장하고 있다); 한(기), (보) 620면.
   동지: 대판 2005. 10. 7, 2003 다 6774(공보 2005, 1765)(상법 제724조 2항에 의하여 피해자가 보험자에게 갖는 직접청구권은 보험자가 피보험자의 피해자에 대한 손해배상채무를 병존적으로 인수한 것으로서 피해자가 보험자에 대하여 가지는 손해배상청구권이므로 민법 제766조 1항에 따라 피해자 또는 그 법정대리인이 그 손해 및 가해자를 안 날로부터 3년간 이를 행사하지 아니하면 시효로 인하여 소멸한다).
   참고로 과거의 판례인 대판 2001. 12. 28, 2001 다 61753(공보 2002, 368)(피해자가 보험회사에 대하여 가지는 자동차손해배상책임보험금에 대한 직접청구권의 법적 성질은 자동차손해배상보장법의 손해배상청구권이므로 구 자동차손해배상보장법〈1999. 2. 5. 법률 제5793호로 전문 개정되기 전〉 제20조에 따라 이를 2년간 행사하지 아니하면 소멸시효가 완성된다)은 상법상의 직접청구권과 자동차손해배상보장법상의 직접청구권을 동일하게 보고 이의 소멸시효기간을 자동차손해배상보장법상의 그것과 같이 2년으로 보았으나, 그 후의 판례인 위의 대판 2005. 10. 7, 2003 다 6774는 양자의 성질을 달리 보고 상법상의 직접청구권에 대하여 자동차손해배상보장법상의 시효에 관한 규정을 적용하지 않고 위에서 본 바와 같이 민법 제766조 1항을 적용하였다(자동차종합보험〈대인배상 Ⅰ 및 Ⅱ 포함〉의 피보험자가 자동차의 사고로 인하여 손해배상책임을 지는 경우에 있어서, 피해자가 상법 제724조 2항에 의하여 보험자에 대하여 행사할 수 있는 손해배상청구권은 자동차손해배상보장법 제9조에 의하여 행사할 수 있는 손해배상청구권과 그 범위를 달리하므로 두 청구권은 별개의 청구라 할 것이어서 자동차손해배상보장법 제9조에 적용되는 같은 법 제33조의 소멸시효의 규정이 상법 제724조 2항에 의한 손해배상청구에 대하여 적용될 수는 없다).

2) 동지: 장경환, 전게논문(상법학의 전망), 367면(강제책임보험의 경우는 자동차손해배상보장법 제33조에 의함); 대판 1997. 11. 11, 97 다 36521(공보 1997, 3772)(자동차종합보험보통약관〈1993. 10. 14.자로 개정되기 전의 것〉에 의하여 피해자가 보험회사에 대하여 갖는 보험금의 직접청구권이나 피보험자가 자손사고로 인하여 갖는 보험금청구권은 모두 상법 제662조의 규정에 의한 보험금액의 청구권에 다름 아니어서 어느 것이나 이를 2년간 행사하지 아니하면 소멸시효가 완성된다. 또한 보험금청구권의 시효기간의 기산점은 보험사고가 발생한 것인지의 여부가 객관적으로 분명하지 아니하여 보험금청구권자가 과실 없이 보험사고의 발생을 알 수 없었던 사정이 있는 경우에는 보험사고의 발생을 알았거나 알 수 있었을 때부터 보험금청구권의 소멸시효가 진행하지만, 그러한 특별한 사정이 없는 한 보험금청구권의 소멸시효는 원칙적으로 보험사고가 발생한 때부터 진행한다).

것이다. 즉, 보험금지급시기가 정하여져 있는 경우에는($\frac{상}{658조}$) 그 기간이 경과한 다음 날이고, 보험금지급시기가 정하여지지 않은 경우에는 책임보험의 특성상 피보험자(가해자)의 배상책임이 확정된 때($\frac{상 \ 723조}{1항 \ 참조}$)라고 보아야 할 것이다($\frac{이에 \ 관하여는 \ 보험계약의}{효과 \ 중 \ 소멸시효에 \ 관한}$
$\frac{설명}{참조}$).[1] 다만 제 3 자가 보험자를 상대로 직접청구권을 소로써 제기한 경우에는 동 청구권의 시효기간의 기산점은 그 소의 확정판결이 있는 때로 보아야 할 것이다.[2] 이 때에 보험금청구권의 소멸시효기간은 10년이다($\frac{민}{1항}$165조).

제 3 자가 보험자에 대하여 직접청구권을 행사한 경우에 보험자가 제 3 자와 손해배상금 등에 대하여 합의를 시도하였다면, 보험자는 그 때마다 이를 승인한 것이 되어 제 3 자의 직접청구권의 시효는 중단되고, 또한 이의 효과는 보험계약자에게도 미친다.[3]

(4) 공동불법행위자 중의 1인과 보험계약을 체결한 보험자가 피해자에게 보험금(손해배상금)을 모두 지급함으로써 다른 공동불법행위자들의 보험자들이 공동면책되었다면, 그 보험금(손해배상금)을 지급한 보험자는 다른 공동불법행위자들의 보험자들이 부담하여야 할 부분에 대하여 구상권을 직접 행사할 수 있다.[4] 이러한 공동

1) 동지: 양(승), (보) 380면; 정진옥, 전게논문(경성법학 제 4 호), 263~264면; 이광복, 전게논문, 91면(보험금지급시기가 정하여지지 않은 경우에는 보험사고가 발생한 때인데, 다만 직접청구권행사의 전제조건으로 가해자의 손해배상책임이 문제될 경우에는 이러한 가해자의 배상책임이 확정될 때를 기산점으로 하여야 한다고 한다); 대판 2002. 9. 6, 2002 다 30206(공보 2002, 2405)(책임보험의 성질에 비추어 피보험자가 보험자에게 보험금청구권을 행사하려면 적어도 피보험자가 제 3 자에게 손해배상금을 지급하였거나 상법 또는 보험약관이 정하는 방법으로 피보험자의 제 3 자에 대한 채무가 확정되어야 할 것이고, 상법 제662조가 보험금의 청구권은 2년간 행사하지 아니하면 소멸시효가 완성한다는 취지를 규정하고 있을 뿐, 책임보험의 보험금청구권의 소멸시효의 기산점에 관하여는 상법상 아무런 규정이 없으므로, "소멸시효는 권리를 행사할 수 있는 때로부터 진행한다"고 소멸시효의 기산점에 관하여 규정한 민법 제166조 1항에 따를 수밖에 없는바, 약관에서 책임보험의 보험금청구권의 발생시기나 발생요건에 관하여 달리 정한 경우 등 특별한 다른 사정이 없는 한 원칙적으로 책임보험의 보험금청구권의 소멸시효는 피보험자의 제 3 자에 대한 법률상의 손해배상책임이 상법 제723조 1항이 정하고 있는 변제·승인·화해 또는 재판의 방법 등에 의하여 확정됨으로써 그 보험금청구권을 행사할 수 있는 때로부터 진행된다고 봄이 상당하다).

반대: 한(기), (보) 620~621면(피해자가 피보험자와 배상책임을 확정해야만 비로소 보험자에게 직접 청구할 수 있다고 하면 직접청구권의 효용을 살리기 어렵기 때문에, 책임보험 이외의 보험에서 취하고 있는 일반적인 기준을 따르는 것이 타당하다고 한다).

2) 동지: 대판 1993. 4. 13, 93 다 3622(공보 945, 1397).

3) 동지: 대판 1993. 6. 22, 93 다 18945(공보 951, 2097).

4) 대판 1999. 2. 12, 98 다 44956(공보 1999, 527). 동지: 대판 1998. 7. 10, 97 다 17544(공보 1998, 2067)(공동불법행위자의 보험자들 상호간에 있어서는 공동불법행위자 중의 1인과 사이에 보험계약을 체결한 보험자가 피해자에게 손해배상금을 보험금으로 모두 지급함으로써 공동불법행위자들의 보험자들이 공동면책되었다면 그 손해배상금을 지급한 보험자는 다른 공동불법행위자들의 보험자들이 부담하여야 할 부분에 대하여 직접 구상권을 행사할 수 있다); 동 1998. 9. 18, 96 다 19765(공보 1998, 2506)(상법 제724조 2항 소정의 피해자의 직접청구권은 보험자대위의 목적

불법행위자 중의 1인의 보험자가 다른 공동불법행위자의 보험자에 갖는 구상권의
직접청구권에 대하여, 우리 대법원판례는 그 소멸시효기간을 일반상사채권의 소멸
시효기간과 같이 5년으로 보기도 하고[1] 민사채권의 소멸시효기간과 같이 10년으로
보기도 하나,[2] 위에서 본 바와 같이 보험금청구권의 소멸시효기간과 같이 3년으로
보아야 할 것이다.

(5) 피해자(子)의 보험자에 대한 직접청구권의 전제가 되는 피해자의 운행자(차
주로서 父)에 대한 손해배상청구권은 가해자(운전자로서 母)가 피해자의 상속인이 되
는 등 특별한 경우를 제외하고는, 상속에 의한 혼동에 의하여 소멸되지 않는다.[3]
이 경우 가해자가 피해자의 상속인이 되는 등 특별한 경우에도 가해자가 적법하게
상속을 포기하면 이러한 손해배상청구권과 이를 전제로 하는 직접청구권은 소멸하
지 않는다.[4]

이 될 수 있으므로 공동불법행위자들의 보험자들 상호간에는 직접 구상권을 행사할 수 있다).

1) 대판 1998. 7. 10, 97 다 17544(공보 1998, 2067)(공동불법행위자들과 각각 상행위인 보험계약
을 체결한 보험자들 상호간에 있어서 공동불법행위자 중의 1인과 사이에 보험계약을 체결한 보험
자가 피해자에게 손해배상금을 보험금액의 범위 내에서 지급하고 다른 공동불법행위자의 보험자가
부담하여야 할 부분에 대하여 직접 구상권을 행사하는 경우, 그 손해배상금 지급행위는 상인이 영
업을 위하여 하는 행위라고 할 것이므로 그 구상금채권은 보조적 상행위로 인한 채권으로서 그 권
리를 행사할 수 있는 때로부터 5년간 행사하지 아니하면 소멸시효가 완성한다).

2) 대판 1998. 12. 22, 98 다 40466(공보 1999, 195).

3) 대판 2003. 1. 10, 2000 다 41653·41660(공보 2003, 574)(자동차 운행중 사고로 인하여 구 자동
차손해배상보장법〈1999. 2. 5. 법률 제5793호로 개정되기 전의 것〉 제3조에 의한 손해배상채권과
채무가 상속으로 동일인에게 귀속하더라도 교통사고의 피해자에게 책임보험 혜택을 부여하여 이를
보호하여야 할 사회적 필요성은 동일하고 책임보험의 보험자가 혼동이라는 우연한 사정에 의하여 자
신의 책임을 면할 합리적인 이유가 없다는 점 등을 고려할 때 가해자가 피해자의 상속인이 되는 등
특별한 경우를 제외하고는 피해자의 보험자에 대한 직접청구권의 전제가 되는 위 법 제3조에 의
한 피해자의 운행자에 대한 손해배상청구권은 상속에 의한 혼동에 의하여 소멸되지 않는다. 이 때
자동차책임보험에 있어서 보험회사에 대한 직접청구권의 전제가 되는 피해자의 손해배상청구권이
운행자와 가해자에게 상속된 경우 가해자의 그 상속분에 상응하는 직접청구권의 행사는 부정되고
운행자의 직접청구권의 행사범위는 책임보험의 한도액 중 그 상속지분에 상응하는 금액이다).

4) 대판 2005. 1. 14, 2003 다 38573·38580(공보 2005, 278)(자동차손해배상보장법 제9조 1항
에 의한 피해자의 보험자에 대한 직접청구권이 수반되는 경우에는 그 직접청구권의 전제가 되는
자동차손해배상보장법 제3조에 의한 피해자의 운행자에 대한 손해배상청구권은 비록 위 손해배상
청구권과 손해배상의무가 상속에 의하여 동일인에게 귀속되더라도 혼동에 의하여 소멸되지 않고
이러한 법리는 자동차손해배상보장법 제3조에 의한 손해배상의무자가 피해자를 상속한 경우에도
동일하지만, 예외적으로 가해자가 피해자의 상속인이 되는 등 특별한 경우에 한하여 손해배상청구
권과 손해배상의무가 혼동으로 소멸하고 그 결과 피해자의 보험자에 대한 직접청구권도 소멸한다.
그런데 상속포기는 자기를 위하여 개시된 상속의 효력을 상속개시시로 소급하여 확정적으로 소멸
시키는 제도로서 피해자의 사망으로 상속이 개시되어 가해자가 피해자의 자신에 대한 손해배상청
구권을 상속함으로써 그 손해배상청구권과 이를 전제로 하는 자동차손해배상보장법 제9조 1항에
의한 보험자에 대한 직접청구권이 소멸하였다고 할지라도 가해자가 적법하게 상속을 포기하면 그

제 4 사업책임보험

1. 의 의

사업(영업)책임보험(Betriebshaftpflichtversicherung)이란 「피보험자가 경영하는 사업(영업)과 관련하여 발생하는 사고로 제 3 자에게 배상책임을 지는 것을 보험의 목적으로 하는 책임보험」을 말한다($^{상}_{전단}$721조).[1] 여기에서 「사업(영업)」이란 '피보험자가 인적·물적 설비를 갖추어 하는 경제활동'을 말하는데, 반드시 이득의 의사($^{즉}_{의사}$,영리)를 필요로 하는 것은 아니라고 본다.[2] 이러한 사업책임보험에는 사업의 종류에 따라 다양하게 있는데, 생산물책임보험·주차장책임보험 등이 그 예이다.[3]

2. 보험목적의 확대

사업책임보험의 경우는 「피보험자의 대리인 또는 그 사업감독자의 제 3 자에 대한 책임도 보험의 목적에 포함된 것으로 한다」고 규정하고 있다($^{상}_{후단}$721조). 이로 인하여 사업책임보험의 경우 보험자의 책임범위는 확대되는데, 이는 기업경영의 안전을 도모하고 당사자간의 분쟁을 사전에 해결하기 위한 것이다.[4] 따라서 이러한 보험자의 책임확장은 대리인이나 사업감독자의 행위에 관하여 사업자 자신이 책임을 져야 하는 경우가 아닌 경우에 적용되어야 할 것인데, 이 때에 이 규정의 의미가 크다고 볼 것이다.

이 때 「대리인」이라 함은 '피보험자가 경영하는 사업을 위하여 법률행위를 할

소급효로 인하여 위 손해배상청구권과 직접청구권은 소급하여 소멸하지 않았던 것으로 되어 다른 상속인에게 귀속되고, 그 결과 '가해자가 피해자의 상속인이 되는 등 특별한 경우'에 해당하지 않게 되므로 위 손해배상청구권과 이를 전제로 하는 직접청구권은 소멸하지 않는다. 이 때 상속포기를 하지 아니하였더라면 혼동으로 소멸하였을 개별적인 권리가 상속포기로 인하여 소멸하지 않게 되었더라도 그 상속포기가 신의칙에 반하여 무효라고 할 수 없다).

1) 동지: 대판 2017. 8. 29, 2017 다 227103.

2) 동지: 정(희), 460면; 양(승), (보) 381면; Prölss/Martin, S. 639.

3) 참고: 대판 2017. 8. 29, 2017 다 227103(공보 2017, 1852)(갑 주식회사가 을 보험회사와 갑 회사 소유의 상가건물 중 '상점-백화점, 창고형 할인매장'으로 사용되는 부분에 관하여 피보험자를 갑 회사로 하는 영업배상책임보험을 체결하고, 위 건물 중 1층을 '상점-백화점, 창고형 할인매장' 용도로 임대하였는데, 1층 천장 겸 2층 바닥으로 사용되는 콘크리트 슬래브에 매설된 상수도 배관이 부식되어 파열되면서 누수가 발생하여 1층에 입점한 점포의 시설과 재고자산 등이 침수피해를 입은 사안에서, 위 콘크리트 슬래브는 상가건물의 특정한 층에 배타적으로 귀속된 것이 아니라 건물 전체에 공동으로 제공되거나 인접한 층들에 공동으로 제공·사용되는 부분이어서 위 건물 1층의 소유에도 필요한 부분이므로, 1층의 소유자인 갑 회사는 이를 유지·관리할 의무가 있고, 1층의 소유자 겸 임대인으로서 위 콘크리트 슬래브에 존재하는 설치·보존상 하자와 관련된 사고가 발생하는 경우 1층의 점유자나 임차인이 입은 손해를 배상할 책임이 있다).

4) 동지: 양(승), (보) 382면.

수 있도록 수권(授權)된 자'인데, 상업사용인도 당연히 이에 포함된다.[1] 「사업감독
자」라 함은 '그 사업의 지휘(Leitung)·감독(Beaufsichtigung)을 담당한 사용인'인데,
사업감독자인지의 여부는 구체적 사정에 따라 결정하여야 한다.[2] 「사업의 경영에
관하여 생긴 책임」이란 '그 책임발생의 원인을 묻지 않으므로, 법률행위로 인하여
발생한 책임 및 불법행위로 인하여 발생한 책임 등'을 의미한다. 이 때 법률행위인
경우에는 대부분 대리이론에 의하여 본인인 사업주가 책임을 부담하는 경우가 많을
것이므로, 오히려 불법행위의 경우에 그 의미가 클 것이다.[3] 이러한 점에서 사업책
임보험은 실질적으로 타인($\frac{대리인·}{감독자}$)을 위한 보험($\frac{상}{639조}$)의 기능을 한다고 볼 수 있다.[4]

제 5 보관자의 책임보험

1. 의   의

보관자의 책임보험이란 「임차인 기타 타인의 물건을 보관하는 자가 그 물건의
멸실 등으로 지급할 손해배상책임을 담보하기 위하여 그 물건에 대하여 보험에 가
입한 책임보험」을 말한다($\frac{상725조}{전단}$). 이러한 보관자는 자기 또는 사용인이 임치물의
보관에 관하여 주의를 게을리하지 않았음을 증명하지 아니하면 임치물의 멸실 등에
대하여 손해배상책임을 지는데($\frac{상}{160조}$), 이러한 보관자의 책임보험은 창고업자 등 타
인의 물건을 보관하는 자가 그 물건의 멸실 등으로 부담하는 손해배상책임을 보험
자에게 이전시킴으로써 사업의 유지·발전을 도모하고, 또한 피해자의 이익을 보호
하는 데 중요한 기능을 하고 있다.[5]

이러한 보관자의 책임보험은 보관자가 그 물건의 소유자인 타인을 위하여
보험계약을 체결하는 것이 아니고 보관자 자신을 위하여 보험계약을 체결하는
것이므로(즉, 그 물건의 소유자를 피보험자로 하는 것이 아니고 보관자 자신을 피보험
자로 하여 보험계약을 체결하는 것이므로), 타인을 위한 보험계약($\frac{상}{639조}$)이 아니다.[6] 그
러나 상법은 보관자의 책임보험에서 소유자의 보험금의 직접청구권을 인정하여

---

1) 동지: 정(희), 460면; 양(승), (보) 381면.
2) 동지: 정(희), 460면; 양(승), (보) 381면.
3) 동지: 정(희), 460면.
4) 동지: 양(승), (보) 381면.
5) 동지: 양(승), (보) 382면; 정(희), 460면.
6) 동지: 양(승), (보) 382면; 정(희), 460~461면.

$\left(\substack{상\\후단}^{725조}\right)$, 실질적으로는 타인(소유자)을 위한 보험$\left(\substack{상\\639조}\right)$의 기능을 하고 있다고 볼 수 있다.[1]

2. 소유자의 보험금의 직접청구권

상법은 보관자의 책임보험에서 「그 물건의 소유자는 보험자에 대하여 직접 그 손해의 보상을 청구할 수 있다」고 규정하고 있다$\left(\substack{상\\후단}^{725조}\right)$. 이로 인하여 그 물건의 소유자는 보험자에 대하여 보험금의 직접청구권을 행사할 수 있는데, 이는 소유자를 보호하기 위하여 인정된 규정이다. 이 규정은 종래부터 있던 규정으로 일반책임보험에서 제 3 자(피해자)에게 보험금의 직접청구권을 인정하지 않았던 1991년 개정전 상법에서는 큰 의미가 있었으나, 1991년 개정상법에서는 모든 책임보험에서 제 3 자(피해자)에게 보험금의 직접청구권을 인정하고 있으므로$\left(\substack{상\\2항 본문}^{724조}\right)$ 거의 그 의미가 없고 다만 주의규정에 불과하다고 본다.[2] 따라서 이 경우에도 일반책임보험에서 제 3 자가 보험금을 직접 청구하는 경우에 적용되는 규정$\left(\substack{상\\724조}\right)$이 적용된다고 본다$\left(\substack{이에 관하여는 이미\\앞에서 설명하였다}\right)$. 이 때 소유자는 자기의 소유권을 피보험이익으로 하여 보험계약을 체결할 수 있는데$\left(\substack{이 때에는 피보험이익이 다르므로 보관자의\\책임보험과 중복보험이 되지 않는다}\right)$, 이 경우에 소유자는 두 보험계약에 의한 청구권을 함께 갖게 된다. 그런데 이중이득금지의 원칙에 의하여 소유자가 소유권에 관한 보험계약에 기하여 보험금을 청구한 경우에는 소유자는 보관자의 책임보험에 기한 보험금청구권을 잃고, 소유권에 관한 보험자가 보관자의 책임보험자에 대하여 소유자의 권리를 대위하게 된다$\left(\substack{상\\682조}\right)$.

제 6 재보험계약[3]

1. 재보험계약의 의의 및 기능

(1) 의　　의

재보험계약(reinsurance; Rückversicherungsvertrag)이란 「어떤 보험자가 그가 인수한 보험계약상의 책임의 전부 또는 일부를 담보하기 위하여 다른 보험자에게 다시 보험에 가입하는 보험계약」을 말한다$\left(\substack{상\\1문}^{661조}\right)$. 이러한 재보험계약에 대하여 원

---

1) 동지: 정(희), 461면.

2) 동지: 양(승), (보) 384면.

3) 이에 관한 상세는 장덕조, "재보험에 관한 연구(재보험관계자의 법적지위를 중심으로)," 법학박사학위논문(서울대, 1998. 2) 참조.

인이 된 최초의 보험계약을 원보험(원수〈元受〉보험) 또는 주보험(original insurance; Hauptversicherung)이라고 하는데,[1] 이는 손해보험이든 인보험이든 무방하다($\frac{상}{2문}$661조).

(2) 기 능

1) 재보험은 위험을 양적·질적 및 장소적으로 재분산하는 기능을 한다. 즉, 재보험은 보험자가 자기만으로 부담할 수 없는 큰 위험(양적 분산)에 관하여 보험계약을 체결하거나, 위험률이 높은 위험(질적 분산)에 관하여 보험계약을 체결하거나, 또는 장소적으로 몰려 있는 다수의 위험에 관하여(장소적 분산) 다수의 보험계약을 체결하는 경우 등에 이용된다.[2] 따라서 재보험은 해상보험·화재보험 등과 같은 손해보험에서 많이 이용되고 있다.

2) 이와 같은 재보험의 위험분산의 기능에서 원보험자는 보험경영의 합리화를 기하고, 재보험자로부터 새로운 보험기술과 정보를 제공받아 시대발전에 적응하는 보험업무를 수행할 수 있는 기능을 담당한다.[3]

3) 재보험이 위험을 지역적으로 분산하는 기능에서, 재보험은 보험을 국제화하는 기능을 담당한다.[4] 따라서 재보험계약은 일반적으로 외국보험회사와 체결하는 경우가 많다.

2. 재보험계약의 법적 성질

재보험계약의 법적 성질에 관하여, 재보험계약의 당사자는 위험의 분산과 이익의 분배를 공동목적으로 하는 조합계약을 체결한 것으로 보는 견해(조합계약설)도 있으나,[5] 우리나라에서는 재보험계약이 위험의 분산이라는 보험의 기능을 갖는 점에서 보험계약으로 보는 점(보험계약설)에 이설(異說)이 없다.

재보험계약을 보험계약으로 보는 경우에도, 원보험계약과 동일한 보험계약으로 볼 것인가 또는 원보험계약과는 별개의 독립한 보험계약으로 볼 것인가에 대하여 문제가 있다. 재보험을 경제적으로 관찰하면 원보험과 동질적인 성격($\frac{위험의}{동질성}$)을 갖는 경우가 많고, 또 법률적으로도 원보험상의 제도가 재보험에 반영되는 경우도 있다[6]($\frac{해상보험의 재보험에서}{보험위부가 인정되는 것 등}$). 그러나 상법이 명문으로 규정하고 있는 바와 같이 원보

---

1) 동지: 양(승), (보) 386면; 정(희), 461면.
2) 동지: 양(승), (보) 386~387면; 정(희), 461면.
3) 동지: 양(승), (보) 387면; 이(기) 외, (보·해) 263면.
4) 동지: 정(희), 462면.
5) Sieveking, *Das deutsche Seeversicherungsrecht*, § 779 Anm. 37.
6) 동지: 정(희), 462면.

험과 재보험은 법률상 별개의 독립한 보험계약이므로($^{상}_{2문}$ ^{661조}), 보험료의 지급을 상호간에 원용할 수 없고 또 원보험의 피보험자는 원칙적으로 원보험자가 보험금을 지급하지 않는다는 이유로 재보험자에게 직접 보험금을 청구할 수도 없다.[1] 따라서 재보험을 언제나 원보험과 동종의 보험이라고 볼 수는 없고, 재보험 자체의 법적 성질을 밝힐 수밖에 없는데, 위에서 본 재보험계약의 의의에서 볼 때 재보험계약은 책임보험의 일종이라고 본다(통설).[2] 따라서 원보험이 손해보험이든 인보험이든 관계 없이 재보험은 책임보험의 성질을 갖는데($^{보업}_{단서}$ $^{10조}_{참조}$), 우리 상법은 이러한 점을 반영하여 「책임보험에 관한 규정을 그 성질에 반하지 아니하는 범위에서 재보험계약에 준용한다」($^{상}_{726조}$)고 규정하고 있다.

3. 재보험계약의 종류

(1) 개별적 (특별)재보험·포괄적 (일반)재보험

이는 재보험계약의 체결방법에 의한 분류이다. 「개별적 (특별)재보험」이란 원보험자가 인수한 개개의 위험에 대하여 개별적으로 재보험에 가입하는 것을 말하고, 「포괄적 (일반)재보험」이란 원보험자가 일정한 기간 안에 인수한 모든 위험에 대하여 포괄적으로 재보험에 붙이는 것을 말한다. 포괄적 (일반)재보험은 예정보험계약의 일종인데, 오늘날 주로 이용되고 있는 재보험의 형태이다.[3] 개별적 재보험을 임의적 재보험이라고도 하고, 포괄적 재보험을 의무적 재보험이라고도 한다.[4]

(2) 전부재보험·일부재보험

이는 재보험자가 인수하는 원보험의 위험의 범위에 따른 분류이다. 「전부재보험」이란 원보험자가 인수한 위험의 전부를 재보험자가 인수하는 재보험을 말하고, 「일부재보험」이란 원보험자가 인수한 위험의 일부를 재보험자가 인수하는 보험을 말한다. 일부재보험이 일반적이다.[5]

(3) 비례적 재보험·비(非)비례적 재보험

위에서 본 바와 같이 일부재보험이 일반적인데, 이 때 원보험자는 그가 인수한 위험에 대한 책임의 일부를 자기가 보유하는 것이 보통이다. 이 자기보유분을 원보

---

1) 동지: 정(희), 462면.
2) 정(희), 462면; 서·정, 468면; 손(주), 654면; 최(기), (하) 754면; 양(승), (보) 388면; 이(원), 399면; 이(기) 외, (보·해) 264면; 채, 593면; 한(기), (보) 635면 외.
3) 동지: 양(승), (보) 390면.
4) 손(주), 653면; 양(승), (보) 390면.
5) 전부재보험을 금지하는 입법례도 있다[New York Insurance Law, § 77(5)].

험자의 보유분(retention)이라고 하는데, 이것을 정하는 방법에 따라 비례적 재보험
과 비(非)비례적 재보험이 있다. 「비례적 재보험」이란 재보험자가 원보험계약에 의
하여 인수된 위험을 일정한 비율에 따라 인수하는 재보험을 말하고, 「비비례적 재
보험」이란 재보험자가 원보험계약과는 전혀 다른 조건으로 원보험계약에 따른 위험
을 인수하는 재보험을 말한다.[1]

비례적 재보험은 다시 원보험계약의 보험금액의 일정한 비율을 재보험에 붙이
는 「비례재보험」(quota share reinsurance), 원보험자의 보유분인 일정액을 초과하는
금액을 재보험에 붙이는 「초과재보험」(surplus reinsurance) 및 양자를 혼합하여 원
보험계약의 보험금액의 일정비율을 재보험에 붙이고 잔여금액이 원보험자의 최고보
유액을 초과하는 경우 그 초과액도 재보험에 붙이는 「비례초과재보험」이 있다.

비비례적 재보험은 위험인수방법에 따라 다시 「초과손해재보험」(excess of loss
reinsurance), 「초과손해비율재보험」(excess of loss ratio reinsurance) 등이 있다.

4. 재보험계약의 체결

원보험자는 그 보험계약이 손해보험이든 인보험이든 관계 없이 보험사고로 인
하여 부담할 책임에 대하여 다른 보험자와 원칙적으로 자유롭게 재보험계약을 체결
할 수 있다($\frac{상\ 661조}{전단}$).

5. 재보험계약의 법률관계

재보험계약의 법률관계에 대하여 우리 상법은 두 개의 조문($\frac{상\ 661조}{726조}$)만을 두고
있을 뿐이므로, 구체적인 사항은 당사자간의 특약 또는 거래의 관행에 의한다. 이하
에서는 상법의 규정에 의한 재보험계약의 각 당사자의 법률관계를 간단히 살펴본다.

(1) 재보험자와 원보험자간의 법률관계

1) 책임보험에 관한 규정의 준용   앞에서 본 바와 같이 재보험계약의 법적
성질은 책임보험계약이므로, 재보험계약에 책임보험에 관한 규정이 그 성질에 반하
지 아니하는 범위에서 적용되는 것은 당연하다고 하겠다. 따라서 우리 상법은 「책
임보험에 관한 규정은 그 성질에 반하지 아니하는 범위에서 재보험계약에 준용한
다」고 규정하여($\frac{상}{726조}$), 이 점을 명백히 하고 있다. 따라서 재보험자는 책임보험의
보험자로서 권리·의무를 갖고, 원보험자는 책임보험의 보험계약자($\frac{겸\ 피보}{험자}$)로서 권

---

1) 동지: 양(승), (보) 389면.

리·의무를 갖는다. 그런데 이 때 재보험의 특성과 관련하여 재보험자의 손해보상의무의 발생시기에 관한 문제와 재보험자의 제 3 자에 대한 대위권행사에 관한 문제가 있으므로, 이 곳에서는 이에 대하여만 간단히 살펴본다.

    (개) 재보험자의 손해보상의무의 발생시기   이에 대하여 우리나라의 학설은 크게 원보험계약상의 보험사고가 발생하여 그 피보험자에게 보험금지급의무를 부담한 때라고 보는 원보험자책임부담설(통설)[1]과, 원보험자가 현실적으로 보험금을 지급한 때라고 보는 원보험금지급시설(소수설)[2]로 나뉘어 있는데, 원보험자책임부담설이 타당하다고 본다.[3]

    (나) 재보험자의 제 3 자에 대한 대위권행사   재보험자가 원보험자에게 보험금을 지급한 때에는 재보험금의 한도에서 원보험자가 가지는 제 3 자에 대한 권리를 대위하는데($\frac{상}{682조}$), 이 때 재보험자는 이 대위권을 자신의 이름으로 행사하지 않고 원보험자가 재보험자의 수탁자로서 이를 자신의 이름으로 행사하여 회수한 금액을 재보험자에게 교부하는 상관습이 있다. 이에 관하여는 보험자대위에서 이미 설명하였다.

    2) 원보험계약과 재보험계약의 독립성   재보험계약은 원보험계약과 법률상 완전히 독립한 계약이므로, 재보험계약은 원보험계약의 효력에 아무런 영향을 미치지 아니한다($\frac{상}{2문}$661조). 따라서 원보험자는 그 보험계약자의 보험료 불지급을 이유로 재보험료의 지급을 거절할 수 없고, 또 재보험자의 재보험금의 지급 불이행을 이유로 보험금의 지급을 거부할 수 없다.[4]

    (2) 재보험자와 원보험계약의 피보험자(보험수익자) 또는 보험계약자와의 법률관계

    1) 재보험자와 원보험계약의 피보험자와의 법률관계   재보험자와 원보험계약의 피보험자와는 직접적인 법률관계는 없으나, 재보험계약에는 그 성질에 반하지 아니하는 범위에서 책임보험에 관한 규정이 준용되고($\frac{상}{726조}$) 책임보험에서 피해자는 보험자에게 보험금을 직접 청구할 수 있는 권리를 갖고 있으므로($\frac{상}{2항}$724조 본문), 원보험계

1) 서·정, 469면; 손(주), 655~656면; 양(승), (보) 391면; 최(기), (하) 754면; 채, 593면; 이(기) 외, (보·해) 267면 외.

2) 이(범), 510면.

3) 재보험에 있어서 보험사고의 발생시기를 원보험계약상의 보험사고가 발생한 때라고 본다고 하더라도, 재보험자의 손해보상의무의 발생시기는 원보험자가 법률상 보험금지급의무를 부담한 때라고 본다[동지: 양(승), (보) 391면].

4) 동지: 정(희), 463면; 양(승), (보) 392면.

약의 피보험자(보험수익자)는 원보험자가 보험금을 지급하지 않으면 재보험자에게 보험금을 직접 청구할 수 있다.[1] 따라서 이 경우에 민법상 채권자대위에 관한 규정 ($\frac{민}{404조}$) 적용할 여지는 없게 된다.

2) 재보험자와 원보험계약의 보험계약자와의 법률관계　　재보험자와 원보험계약의 보험계약자는 직접적인 법률관계가 없으므로, 재보험자는 원보험계약의 보험계약자에게 재보험료의 지급청구를 할 수 없다. 다만 원보험계약의 보험계약자가 원보험료를 지급하지 않음으로 인하여 원보험자가 재보험료를 지급하지 않으면, 재보험자는 민법상 채권자대위에 관한 규정($\frac{민}{404조}$)에 의하여 원보험자의 보험료청구권을 대위행사할 수는 있다(통설).[2]

제7 의무책임보험계약

1. 총　　설

현대사회에서는 기술 및 경제발전에 따른 위험이 급속도로 증가하여 무과실책임의 부분이 확대되고 있으므로 이러한 위험을 담보하기 위하여는 임의적인 일반책임보험에 만 의존할 수는 없고, 피해자의 보호라는 사회정책적인 이유에서 일정한 시설이나 사업을 운영하는 자는 법률에 의하여 의무적으로 책임보험에 가입하여야 할 의무책임보험(Pflicht-Haftpflichtversicherung)이 실시되고 있다.[3] 이러한 점에서 우리나라도 각종의 특별법에 의하여 의무책임보험이 실시되고 있는데, 이의 대표적인 것으로는 자동차손해배상 보장법에 의한 「자동차손해배상책임보험」, 화재로 인한 재해보상과 보험가입에 관한 법률에 의한 「신체손해배상특약부화재보험」, 원자력 손해배상법에 의한 「원자력손해배상책임보험」 및 산업재해보상보험법에 의한 「산업재해보상보험」 등이 있다. 이하에서는 이 중에서 자동차손해배상책임보험·신체손해배상특약부화재보험 및 원자력손해배상책임보험에 대해서만 특별법의 규정을 간단히 소개하고, 동시에 직업인책임보험에 대하여 간단히 언급하겠다.

---

1) 그러나 재보험은 보험자 사이의 위험의 합리적인 분산을 위하여 이용되는 기업보험이라는 점에서 피해자보호기능을 전제한 책임보험계약의 피해자의 보험금청구권에 관한 규정(상 724조 2항)을 그대로 준용하도록 할 수는 없다 할 것이다. 그리하여 재보험거래에서 원보험계약의 피보험자 또는 보험수익자는 재보험자를 상대로 보험금청구권을 행사할 수 있다는 조항이 있는 경우에만 이를 인정하고 있는 것이 실정이라고 한다[양(승), (보) 393면].

2) 손(주), 657면; 채, 594면 외.

3) 동지: 정(희), 470면.

2. 자동차손해배상책임보험[1]

(1) 의   의

이것은 「자기를 위하여 자동차를 운행하는 자[2]가 그 운행으로 말미암아 다른 사람에게 인명피해를 입히거나 다른 사람의 재물을 멸실 또는 훼손한 때에 그 손해를 배상할 책임을 진 경우에 보험자가 이를 보상할 것을 약정하는 일종의 책임보험계약」을 말한다(자배 3조, 5조 참조). 자동차를 운행하고자 하는 자는 자동차의 운행으로 다른 사람이 사망하거나 부상한 경우 또는 다른 사람의 재물이 멸실 또는 훼손된 경우에 피해자에게 대통령령이 정하는 일정한 금액의 지급책임을 지는 책임보험 또는 책임공제(이하 '책임보험 등'이라 한다)에 가입하여야 한다(자배 5조 1항·2항). 따라서 이러한 책임보험 등에 가입하지 아니하면 일정한 경우를 제외하고는 자동차의 운행을 할 수 없으므로(본문 7조), 이 보험은 일종의 의무책임보험으로서 그 가입이 강제된다. 이 보험은 1963년 6월 1일부터 시행되고 있다.

이 때 자동차의 「운행」이라 함은 '사람 또는 물건의 운송 여부에 관계 없이 자동차를 그 용법에 따라 사용 또는 관리하는 것'을 말한다(자배 2조 2호). 그러나 「자동차의 운행으로 인한 손해」는 '교통공학적인 관점에서 운전의 개시로부터 그 종결에 이르는 사이에 일어난 사고로서 그 운전과 상당인과관계에 있는 손해'를 말한다.[3]

(2) 보험자의 보상책임

보험자는 자동차의 운행으로 피보험자가 다른 사람에게 인명피해를 입히거나 다른 사람의 재물을 멸실 또는 훼손한 경우에는 대통령령으로 정한 보험금액을 보상할 책임을 진다[4](자배 5조 1항·2항, 시행령 3조). 그러나 보험자는 승객이 아닌 자가 사망하거나 부상한 경우에는 운

---

1) 이에 관한 상세는 양승규, "자동차강제책임보험의 이론과 실제," 「법학」(서울대), 특별호 제 2 권(1972), 159면 이하 참조.

2) 대판 2009. 10. 15, 2009 다 42703 · 42710(공보 2009, 1847)(자동차손해배상보장법 제 3 조에서 자동차 사고에 대한 손해배상 책임을 지는 자로 규정하고 있는 '자기를 위하여 자동차를 운행하는 자'란 사회통념상 당해 자동차에 대한 운행을 지배하여 그 이익을 향수하는 책임주체로서의 지위에 있다고 할 수 있는 자를 말하고, 이 경우 운행의 지배는 현실적인 지배에 한하지 아니하고 사회통념상 간접지배 내지는 지배가능성이 있다고 볼 수 있는 경우도 포함한다. 여관이나 음식점 등의 공중접객업소에서 주차 대행 및 관리를 위한 주차요원을 일상적으로 배치하여 이용객으로 하여금 주차요원에게 자동차와 시동열쇠를 맡기도록 한 경우에 위 자동차는 공중접객업자가 보관하는 것으로 보아야 하고 위 자동차에 대한 자동차 보유자의 운행지배는 떠난 것으로 볼 수 있다. 그러나 자동차 보유자가 공중접객업소의 일반적 이용객이 아니라 공중접객업자와의 사업·친교 등 다른 목적으로 공중접객업소를 방문하였음에도 호의적으로 주차의 대행 및 관리가 이루어진 경우, 일상적으로는 주차대행이 행하여지지 않는 공중접객업소에서 자동차 보유자의 요구에 의하여 우발적으로 주차의 대행 및 관리가 이루어진 경우 등 자동차 보유자가 자동차의 운행에 대한 운행지배와 운행이익을 완전히 상실하지 아니하였다고 볼 만한 특별한 사정이 있는 경우에는 달리 보아야 한다).

3) 동지: 정(희), 471면.

행자 및 운전자가 자동차의 운행에 관하여 주의를 게을리하지 아니하고 피해자 또는 운행
자 및 운전자 이외의 제 3 자에게 고의 또는 과실이 있으며 또한 자동차의 구조상의 결함
또는 기능에 장해가 없었다는 것을 증명한 때(자배 3조 1호)와, 승객이 사망하거나 부상한 경우에
는 승객 자신의 고의 및 자살행위로 인한 사고(자배 3조 2호)에 대하여는 그 보상책임을 면한다.
자동차손해배상책임보험은 피해자의 보호를 위하여 보험자의 책임을 엄격하게 하고자
하는 것이므로, 피보험자의 고의로 인한 사고에 대하여도 보험자는 피해자에게 보험금을
지급하여야 한다. 이 경우에 보험자는 피보험자에 대하여 그로 인한 금액을 청구할 수 있
다(개인용 자동차보험 보통 약관 15조 1항 참조).

자동차손해배상책임보험은 피보험자를 위한 보험이긴 하나 제 1 차적으로 피해자를
보호하기 위한 사회정책적인 보험이므로(자배 참조 1조), 피해자는 보험자에 대하여 책임보험금
의 한도 안에서 직접 보험금을 청구할 수 있다(자배 9조 1항).

3. 신체손해배상특약부화재보험

(1) 의   의

이것은 「화재로 인한 건물의 손해와, 피보험자가 그 건물의 화재로 인하여 타인이 사
망하거나 부상하여 손해배상책임을 진 경우에, 보험자가 이를 보상할 것을 약정하는 특수
한 보험계약」을 말한다(화재보험 2조 2호). 특수건물의 소유자는 그 건물의 화재로 인하여 타인이 사
망하거나 부상한 때에는 과실이 없는 경우에도 보험금액의 범위 안에서 배상할 책임이 있
는데, 이러한 손해배상책임의 이행을 위하여 그 건물을 손해보험회사가 영위하는 신체손
해배상특약부화재보험에 가입하여야 한다(화재보험 1항 본문 5조). 또한 특수건물의 소유자는 이에 부
가해서 풍재(風災) · 수재(水災) 또는 도괴(到壞) 등으로 인한 손해를 담보하는 보험에 가
입할 수 있다(화재보험 5조 2항). 이 때 손해보험회사는 이러한 보험계약의 체결을 거부하지 못한
다(화재보험 5조 3항). 신체손해배상특약부화재보험은 건물에 대한 일반화재보험에 신체손해배상책
임보험이 추가된 일종의 특수한 의무책임보험에 속한다.[1]

이 때 「특수건물」이라 함은 국유건물 · 교육시설 · 백화점 · 시장 · 의료시설 · 흥행장 ·
숙박업소 · 공장 · 공동주택 기타 다수인이 출입 또는 근무하거나 거주하는 건물로서 대통

---

4) 다른 사람의 인명피해에 대한 보험금액에 대하여 자동차손해배상보장법 시행령은 1963년 시행
당시는 치사의 경우 피해자 1인당 10만원, 치상의 경우는 7만원의 범위로 하였으나, 그 후 동 시
행령을 개정하여 매 번 증액하고 있다. 2014년 12월 30일 개정(대통령령 25940호)으로 사망보험
금을 1억 5천만원의 범위에서 피해자에게 발생한 손해액(다만, 그 손해액이 2천만원 미만인 경우
에는 2천만원)이다.
다른 사람의 재물을 멸실 또는 훼손한 경우에 대한 의무책임보험은 2003년 8월 21일 동법의 개
정에 의하여 신설되었다.
1) 동지: 정(희), 472면. 이러한 화재보험을 강제하고 있는 나라는 독일과 스위스가 있다.

령령으로 정하는 건물을 말한다(화재보험 2조 3호). 이러한 특수건물의 소유자는 그 건물이 준공검사에 합격된 날 또는 그 소유권을 취득한 날로부터 30일 안에 신체손해배상특약부화재보험에 가입하여야 하고, 매년 이 보험계약을 갱신하여야 한다(화재보험 5조 4항·5항).

(2) 보험자의 보상책임

보험자가 부담할 보험금액의 범위는 화재보험은 특수건물의 시가에 해당하는 금액이고, 신체손해배상책임보험 중 사망의 경우에는 피해자 1인당 5천만원 이상으로서 대통령령으로 정하는 금액이며, 부상의 경우에는 피해자 1인당 사망자에 대한 보험금액의 범위 안에서 대통령령이 정하는 금액이다(화재보험 8조 1항). 그리고 특수건물의 화재로 인한 피해자는 대통령령이 정하는 바에 따라 손해보험회사에 대하여 직접 위의 책임보험금의 지급을 청구할 수 있고(화재보험 9조), 신체손해배상책임보험의 청구권은 이를 압류할 수 없다(화재보험 10조).

4. 원자력손해배상책임보험

원자력 손해배상법 제 5 조 1항은 「원자력사업자는 원자력손해를 배상하기 위하여 필요한 조치를 하기 전에는 원자로의 운전 등을 할 수 없다」고 규정하고, 이러한 손해배상조치에 대하여 동조 2항은 「원자력손해배상책임보험계약 및 원자력손해배상보상계약의 체결 또는 공탁」을 규정하고 있다.

원자로의 운전 등(원자배 1항 1호)으로 인한 원자력손해(원자배 1항 2호)가 생긴 때에는 당해 원자력사업자(원자배 1항 3호)가 그 손해를 배상할 책임을 지는데, 이러한 원자력사업자의 손해배상책임은 무과실책임이다(원자배 1항 본문). 그러나 그 손해가 국가간의 무력충돌·적대행위·내란 또는 반란으로 인한 경우에는 그러하지 아니하다(원자배 1항 단서).

(1) 원자력손해배상책임보험계약

원자력손해배상책임보험계약이란 「원자력사업자의 손해배상책임(무과실책임)이 생긴 때에 일정한 사유로 인한 원자력손해를 원자력사업자가 배상함으로써 생기는 손실을 보험자가 이를 보상할 것을 약정하고, 보험계약자는 보험자에게 보험료를 지급할 것을 약정하는 계약」인데(원자배 7조 1항), 이는 의무책임보험의 일종이다. 보험금액은 동법 제 3 조의 2의 규정에 의한 배상책임한도액(1원자력 사고마다 3억 계산단위 한도)의 범위 안에서 원자력 이용시설의 종류·취급하는 핵 연료물질의 성질 및 원자력사고로 발생될 결과 등을 감안하여 대통령령이 정하는 금액이다(원자배 6조 1항). 이 때 원자력사고라 함은 '원자력손해를 발생시키거나 발생하게 할 수 있는 중대하고도 긴박한 위험이 있는 사건(동일한 원인에 의한 일련의 사건을 포함한다)'을 말한다(원자배 1항 4호).

피해자는 손해배상의 청구에 있어서 보험금에 대하여 다른 채권자에 우선하여 변제받을 권리가 있고(원자배 8조 1항), 피보험자는 피해자에 대한 손해배상액에 관하여 자기가 지급한 한도 또는 피해자의 승낙이 있는 한도에서만 보험자에 대하여 보험금의 지급을 청구할 수 있다$\binom{원자배}{8조\ 2항}$).

(2) 원자력손해배상보상계약

원자력손해배상보상계약이란 「원자력사업자의 손해배상책임(무과실책임)이 생긴 때에 보험계약에 의하여 보전할 수 없는 원자력손해를 원자력사업자가 배상함으로써 생기는 손실을 정부가 보상할 것을 약정하고, 원자력사업자는 소정의 보상료를 정부에 납입할 것을 약정하는 계약」을 말한다$\binom{원자배}{9조\ 1항}$). 보상금액의 한도는 보험계약의 경우와 같다$\binom{원자배}{6조\ 1항}$). 이 계약은 책임보험계약은 아니지만, 그 체결이 강제되고 또한 보상자가 정부인 점에서 공보험적 성질을 갖는 것이라고 할 수 있다.[1] 이러한 보상금의 청구에 대하여 다른 채권자에 우선하여 변제받는 점 등은 원자력손해배상책임보험의 경우와 같다$\binom{원자배}{10조}$).

5. 유류오염손해배상책임보험

(1) 의   의

이것은 유류오염손해배상 보장법$\binom{전문개정:\ 2009.}{5.\ 27,\ 법\ 9740호}$)에서 규정하고 있는 의무책임보험인데, 대한민국 국적을 가진 선박으로 200톤 이상의 산적유류를 화물로서 운송하는 선박소유자는 동법 제15조의 규정에 의한 유류오염손해배상보장계약을 체결하여야 한다$\binom{동법}{14조\ 1항}$). 이 때 유류오염손해배상보장계약이란 「선박소유자가 그 선박이 적재한 유류에 의한 오염손해에 대하여 책임을 지는 경우에 그 배상의무의 이행으로 인하여 그 선박소유자가 입은 손해를 전보하는 보험계약 또는 그 배상의무의 이행을 담보하는 계약」을 말한다$\binom{동법}{15조\ 1항}$).

유조선에 의한 유류오염사고는 대형의 피해를 야기하고 피해자인 어민들은 위험을 회피할 수단인 보험 등에 가입하지 않는다는 점에서 일반 해양사고에 비하여 다르다. 이에 국제사회는 1969년$\binom{1992년}{개정}$) 유류오염손해배상을 위한 민사책임협약(CLC) 및 1971년$\binom{1992년}{개정}$) 국제유류오염보상기금(IOPC FUND)협약을 발효시켜 (1992년 개정안에 의하면), (ⅰ) 유조선 선박소유자의 유류오염책임을 무과실책임으로 하고, (ⅱ) 해상법에서 허용하는 선박소유자의 책임제한액수를 일반책임제한제도보다 높게 설정하였으며, (ⅲ) 책임제한을 넘어서는 피해액에 대하여는 국제기금에서 일정한도까지 보상하도록 하고, (ⅳ) 2,000톤 이상의 유조선의 선박소유자에게 강제보험$\binom{의무책임}{보험}$)에 가입하게 하였으며, (ⅴ) 피해자는 보험자에게 직접청구가 가능하게 하였다.[2]

우리나라도 이들 국제조약을 받아들여 유류오염손해배상 보장법이 제정되었는데$\binom{전문개정:\ 2009.}{5.\ 27,\ 법\ 9740호}$), 이에 의하면 200톤 이상의 유조선의 선박소유자는 자신의 선박 톤수에 따

---

1) 동지: 정(희), 473면.
2) 해상법분야에 있어서 선박소유자에게 책임보험을 강제로 가입하게 하는 제도는 유류오염손해뿐만 아니라, 해상 여객운송을 위한 2002년 아테네협약개정의정서, 2007년 난파물제거협약 등에도 도입되어 있다.

라 계산되는 책임제한액($\frac{\text{동법}}{7조}$)을 한도로 하는 유류오염손해배상보장계약을 체결하여야 한다. 이러한 보장계약은 선주책임상호보험조합(P&I Club)이 책임보험자로서 선박소유자와 보험계약을 체결하게 된다. 이러한 책임보험에 가입되지 않은 선박은 입출항을 거부하거나 국내계류시설의 사용을 허가하지 아니할 수 있다($\frac{\text{동법}}{14조\ 4항}$).

(2) 보험자의 보상책임

유류오염손해배상 보장법에 의하여 유조선의 오염사고가 발생하면 유조선 선박소유자는 무과실책임을 부담하게 되는데($\frac{\text{동법}}{4조1항}$), 이 때 선박소유자의 책임은 고의 또는 무모한 행위가 없는 한 동법이 허용하는 한도까지 책임이 제한된다($\frac{\text{동법}}{6조}$). 선박소유자가 강제로 가입하여야 하는 보험금액은 각 선박의 책임한도액까지이다($\frac{\text{동법}}{15조\ 3항}$). 5천톤 이하의 선박은 451만 SDR에 상당하는 금액($\frac{약}{60억원}$)이고, 5천톤을 초과하는 선박은 톤당 631 SDR을 여기에 추가한다. 그러나 최대배상액수는 8,977만 SDR에 상당하는 금액($\frac{약}{1,300억원}$)이다($\frac{\text{동법}}{7조\ 1항}$). 보상이 되는 손해는 유조선의 유류오염으로 인한 오염손해, 방제비용 등이다($\frac{\text{동법}}{2조\ 4호}$). 보험자인 선주책임상호보험조합의 보상한도는 피보험자인 선박소유자가 오염으로 인한 피해자에게 책임을 부담하는 손해액 중에서 보험에 가입된 책임제한액까지이다.[1] 피해자는 보험자에게 직접청구가 가능한데($\frac{\text{동법}}{1항\ 본문}$), 다만 선박소유자의 고의에 의하여 손해가 발생한 경우에는 직접청구가 허용되지 않는다($\frac{\text{동법}}{1항\ 단서}$). 피해자가 직접청구를 하는 경우 보험자 등은 선박소유자가 피해자에 대하여 주장할 수 있는 항변만으로 피해자에게 대항할 수 있다($\frac{\text{동법}}{16조\ 2항}$).

6. 직업인책임보험

위의 의무책임보험 외에 의무책임보험으로 규정하고 있는 외국의 입법례로는 (i) 항공운송업자의 책임보험, (ii) 수렵업자의 책임보험, (iii) 의료업종사자의 책임보험,[2] (iv) 원자력법에 의한 종사자의 책임보험, (v) 회계검사인의 책임보험, (vi) 공증인의 책임보험, (vii) 회사임원의 책임보험[3] 등이 있는데, 이것들을 총칭하여 직업인책임보험

---

1) 2007년 12월 7일 발생한 태안오염사고에 유조선인 허베이 스피리트의 선박소유자의 책임제한액은 1,300억으로 알려졌고, 동 선박은 1,300억을 한도로 P&I Club과 유류오염손해배상보장계약을 체결하고 있다. 이와는 별도로 국제기금의 책임한도액은 2억 3백만 SDR(약 3,000억원)까지이다 (따라서 본 사고의 경우 선박소유자의 배상금을 공제한 1,700억이 국제기금으로부터 지급된다).

2) 이에 관하여는 신인봉, "의사배상책임보험에 관한 연구", 법학박사학위논문(충남대, 1997. 2) 참조.

3) 직업인책임보험으로서 회사의 이사의 책임보험과 관련하여 연구한 논문으로는 김영선, "이사의 책임에 관한 보상제도와 보험에 관한 연구," 법학박사학위논문(서울대, 1989); 동, "이사의 책임보험(약관을 중심으로)," 「보험법연구 3」(보험법연구회 편)(삼지원, 1999), 242~288면(미국의 이사의 책임보험제도에 대하여 면밀한 조사와 연구분석을 하여 이를 제도화하여야 한다고 한다); 김건식·최문희, "이사의 배상책임보험(임원배상책임보험 약관의 면책사유를 중심으로)," 「상장협」, 제45호(2002. 3), 123~139면 등 참조.

(professional liability insurance; Berufshaftpflichtversicherung)이라고 할 수 있다.[1]

오늘날 모든 전문직과 관련한 위험과 사고가 급격히 증가하는 추세에 있는데, 피해자는 이러한 전문직에 종사하는 자의 과실을 입증하여 손해배상을 청구하는 것이 쉽지 않고 또한 이러한 전문직에 종사하는 자의 과실로 인한 손해는 매우 커서 전문직에 종사하는 자로 하여금 발생한 모든 손해를 배상하도록 하면 전문직에 종사하는 자의 사회기여의 면을 매우 위축시킨다. 따라서 전문직에 종사하는 자의 과실로 인한 피해자를 보호함은 물론 전문직에 종사하는 자도 보호하기 위하여 일정한 전문직에 종사하는 자(특히 의사 등)에 대하여는 이러한 직업인책임보험의 가입을 강제하고 또한 이를 확대하는 것이 바람직하지 않은가 한다. 우리나라의 현행법상 직업인책임보험의 가입강제가 전혀 없는 것은 아니다. 예컨대, 주식회사 등의 외부감사에 관한 법률 제31조 8항에 의하면 「(외부)감사인이 그 임무를 게을리하여 회사 또는 제3자에게 손해배상책임을 부담하는 경우에 이러한 손해배상책임을 보장하기 위하여 (외부)감사인은 총리령이 정하는 바에 따라 손해배상공동기금의 적립 또는 보험가입 등 필요한 조치를 하여야 한다」고 규정하고 있는데, 이는 직업인책임보험의 가입강제를 어느 정도 반영하고 있다고 본다.[2]

제 6 관   자동차보험계약[3]

1. 자동차보험계약의 의의

자동차보험계약(car insurance; Kraftfahrzeugversicherung)이란 「피보험자가 자동차를 소유·사용·관리하는 동안에 발생한 사고로 인하여 피보험자에게 생긴 손해를 보험자가 보상할 것을 약정하는 보험계약」이다($\frac{\text{상}}{\text{의}2}$ 726조). 이것은 자동차사고로 인한 피보험자 자신이 직접 입은 피해를 보상하는 자기차량손해·자기신체사고·무보험자동차에 의한 상해와, 자동차사고로 인한 타인의 피해를 보상하는 대인배상 Ⅰ·대인배상 Ⅱ·대물배상 등의 6가지 보장종목과 특별약관으로 구성되어 있다($\frac{\text{2019. 4. 24. 개정 개인용 자동차보험 표준}}{\text{약관〈이하 '약관'으로 약칭함〉 2조 1항}}$).[4]

---

1) 동지: 정(희), 473면.

2) 공인회계사의 배상책임보험에 관한 상세는 이영철, "공인회계사의 전문직업인배상책임보험에 관한 연구," 「기업법연구」(한국기업법학회), 제9집(2002), 105~138면 참조.

3) 자동차보험에 대하여는 1991년 개정상법에서 손해보험의 하나로 신설한 것인데, 3개의 규정만을 두고 있다. 따라서 자동차보험에 관하여 상법에 규정이 없는 사항에 대하여는 자동차보험약관 및 손해보험에 관한 규정이 적용된다.
   자동차보험법·자동차보험약관 및 이에 관한 대법원판례 및 학설을 정리하여 소개한 것으로는 박세민(편저), 「자동차보험법론」(서울: 세창출판사, 2003) 참조.

4) 자동차사고를 포함한 모든 인적 손해배상사고를 하나의 법체계하에 두는 인적 보상제도에 관하

보험계약자는 이들 6가지 담보종목 중 한 가지 이상을 선택하여 가입할 수 있다. 다만 자동차손해배상 보장법 제5조 1항 및 2항의 규정에 의하여 자동차보유자가 의무적으로 가입하여야 하는 대인배상 Ⅰ(책임보험) 및 대물배상(책임보험)은 의무보험으로서 반드시 가입하여야 한다(자배 5조 1항·2항, 약관 2조 2항).

자동차보험에서 「자동차」라 함은 '자동차관리법의 적용을 받는 자동차와 건설기계관리법의 적용을 받는 건설기계 중 대통령령이 정하는 것'을 말한다(자배 2조 1호). 자동차의 「소유」란 '자동차등록부에 소유자로 등재된 것'을 말하고, 「사용」이란 '소유자 자신 또는 다른 운전자에 의한 운행'1)을 말하며, 「보관」이란 '소유자 자신 또는 다른 운전자 기타 임차인이나 수리업자 등에 의한 보관'을 말한다.

2. 자동차보험계약의 종류

자동차보험 표준약관(2019. 4. 24. 개정)상 자동차보험계약의 종류 및 가입대상에는 다음과 같은 것이 있다.

(1) 개인용자동차보험

법정정원 10인승 이하의 개인 소유 자가용 승용차를 가입대상으로 하는 보험이다.

(2) 업무용자동차보험

개인용 자동차를 제외한 모든 비사업용자동차를 가입대상으로 하는 보험이다.

(3) 영업용자동차보험

사업용 자동차를 가입대상으로 하는 보험이다.

여는 이홍욱·김세돈, "자동차사고로 인한 인적 보상제도의 발전방향," 「상사법연구」(한국상사법학회), 제22권 2호(2003), 239~268면 참조.

1) '운행'의 의미에 대하여는 대판 2000. 1. 21, 99 다 41824(공보 2000, 479)(자동차보험약관상의 '운행'이라 함은 자동차를 당해 장치의 용법에 따라 사용하고 있는 것을 말하고, '당해 장치'라 함은 자동차에 계속적으로 고정되어 있는 장치로서 자동차의 구조상 설비되어 있는 자동차의 고유의 장치를 뜻하는 것인데, 위와 같은 각종 장치의 전부 또는 일부를 각각의 사용목적에 따라 사용하는 경우에는 운행중에 있다고 할 것이나, 자동차에 타고 있다가 사망하였다 하더라도 그 사고가 자동차의 운송수단으로서의 본질이나 위험과는 전혀 무관하게 사용되었을 경우까지 자동차의 운행중의 사고라고 보기는 어렵다. 따라서 승용차를 운행하기 위하여 시동과 히터를 켜놓고 대기하고 있었던 것이 아니라 잠을 자기 위한 공간으로 이용하면서 다만 방한 목적으로 시동과 히터를 켜놓은 상태에서 잠을 자다 질식사한 경우, 자동차 운행중의 사고에 해당하지 않는다); 동 2000. 12. 8, 2000 다 46375·46382(공보 2001, 266)(자동차종합보험의 계약자 겸 피보험자가 주차된 피보험자동차에 들어가 시동을 켜고 잠을 자다가 담배불로 인하여 발화된 것으로 추정되는 화재로 사망한 경우, 이는 보험약관에서 정한 보험사고에 해당하지 않는다); 홍승인, "보험에서의 자동차 '운행'개념(각국의 태도와 우리 나라의 해석기준," 「상사법연구」(한국상사법학회), 제22권 4호(2003), 267~293면.

(4) 이륜자동차보험

이륜자동차 및 원동기장치자전거를 가입대상으로 하는 보험이다.

(5) 농기계보험

동력경운기·농용트랙터 및 콤바인 등 농기계를 가입대상으로 하는 보험이다.

3. 자동차보험계약의 보장과 보상내용

자동차보험계약은 보상하는 담보에 따라 다음과 같이 분류되는데, 이하에서는 이에 따라 개별적으로 설명한다.

(1) 자기차량손해

피보험자자동차가 파손된 경우에 보상한다($\frac{약관}{21조}$).

(2) 자기신체사고

피보험자가 사상(死傷)한 경우에 보상한다($\frac{약관}{12조}$).

(3) 무보험자동차에 의한 상해

피보험자가 피보험자동차 이외의 무보험자동차에 의하여 사상(死傷)한 때에 그로 인한 손해에 대하여 배상의무자가 있는 경우에 보상한다($\frac{약관}{17조}$).

(4) 배상책임담보

피보험자의 제3자에 대한 배상책임(소극재산)이 발생하게 된 대상에 따라 대인배상과 대물배상으로 나뉜다.

1) 대인배상 이는 피보험자가 자동차사고로 인하여 제3자를 사상(死傷)하게 함으로써 부담하는 배상책임을 담보하는 것인데, 이에는 대인배상Ⅰ과 대인배상Ⅱ가 있다. 대인배상Ⅰ은 피보험자가 자동차사고로 인하여 제3자를 사상(死傷)하게 한 경우에 자동차손해배상보장법에서 정한 한도 내에서 보상하는 것이고($\frac{약관}{3조}$), 대인배상Ⅱ는 그 손해가 대인배상Ⅰ에서 지급하는 금액을 초과하는 경우에 그 초과손해를 보상하는 것이다($\frac{약관}{6조}$1항).

2) 대물배상 이는 피보험자가 자동차사고로 인하여 제3자의 재물을 멸실하거나 훼손한 경우에 보상하는 것이다($\frac{약관}{6조}$2항).

4. 자기차량손해

(1) 보상내용

피보험자동차($\frac{그 \, 자동차의 \, 부속품과}{부속기계장치를 \, 포함함}$)를 소유·사용·관리하는 동안에 피보험자동차에 직접적으로 생긴 손해를 보험증권에 기재된 보험가입금액을 한도로 보상한다($^{약관}_{21조}$). 이 때 「손해」의 경우에는 자손(自損)과 타손(他損)이 있는데, 자손의 경우는 피보험자의 과실로 인한 경우에 한하고, 타손인 경우에는 피해자(피보험자)의 보험자가 보상하고 가해자 또는 가해자의 보험자에게 구상할 수 있다. 그런데 타손의 경우 실무에서는 보통 가해자의 보험자가 보상하고 있다.

(2) 보험가액

보험개발원이 정한 차량기준가액표에 따라 보험계약을 체결하였을 때에는 사고발생 당시의 보험개발원이 정한 최근의 차량기준가액을 보험가액으로 하고, 이러한 차량기준가액이 없거나 또는 이와 다른 가액으로 보험계약을 체결하였을 경우 보험증권에 기재된 가액이 손해가 생긴 곳과 때의 가액을 현저하게 초과할 때에는 그 손해가 생긴 때와 곳의 가액을 보험가액으로 한다($^{약관}_{21조}$).

(3) 보험자의 보상책임

1) 보험자는 '피보험자동차에 생긴 손해액'과 '비용'을 합한 액수에서 보험증권에 기재된 '자기부담금'을 공제한 후 보험금으로 지급한다(2015. 6. 1. 개정 삼성화재 개인용 애니카자동차보험 보통약관 〈이하 '삼성약관'이라 약칭함〉 24조 1항 본문).

2) '피보험자동차에 생긴 손해액'은 보험가액을 기준으로, 보험증권에 기재된 보험금액을 한도로 보상하고, 보험금액이 보험가액보다 많은 경우에는 보험가액을 한도로 보상한다($^{삼성약관 24조}_{1항 1. 가.}$). 보험자가 보상한 손해가 전손(全損)일 경우 또는 보험자가 보상한 금액이 보험금액 전액 이상인 경우에는 자기차량손해의 보험계약은 사고 발생시에 종료한다($^{삼성약관}_{24조 3항}$). 피보험자동차의 손상을 고칠 수 있는 경우에는 사고가 생기기 전의 상태로 만드는데 드는 수리비를 보상하는데, 잔존물이 있는 경우에는 그 값을 공제한다($^{삼성약관 24조}_{1항 1. 나.}$). 또한 보험회사는 피보험자동차에 생긴 손해에 대하여 보험회사가 필요하다고 인정하는 경우에는 피보험자의 동의를 얻어 수리 또는 대용품 교부로써 보험금의 지급을 대신할 수 있다($^{삼성약관}_{24조 2항}$). 이 때 교환가격보다 높은 수리비(손해액)를 요하는 경우에는, 특별한 사정이 없는 한 그 수리비 가운데 교환가격을 넘는 부분은 피보험자의 부담으로 한다.[1]

3) '비용'이란 손해의 방지와 경감을 위하여 지출한 비용 등을 말하는데, 이는 보험금액과 관계 없이 보상한다($^{삼성약관 24조 1항 2.}_{상 680조 1항 단서}$).

4) '자기부담금'은 피보험자동차에 전부손해가 생긴 경우 또는 보험회사가 보

---

1) 동지: 대판 1990. 8. 14, 90 다카 7569.

상하여야 할 금액이 보험금액 전액 이상인 경우에는 공제하지 않는다(삼성약관 24조 1항 3.).

(4) 보험자의 면책사유

자기차량담보의 경우 보험자의 면책사유에 대하여는 보험약관에 상세히 규정되어 있다(약관 23조, 삼성약관 23조). 이러한 면책사유 중에서 특히 중요한 것은 피보험자 등의 고의로 인한 손해와 무면허운전[1] 또는 음주운전[2]으로 인한 손해라고 볼 수 있다.

5. 자기신체사고

(1) 보상내용

피보험자가 피보험자동차를 소유·사용·관리하는 동안에 생긴 피보험자동차의 사고로 인하여 사상(死傷)한 때 그로 인한 손해를 보상한다(약관 12조, 삼성약관 12조).[3] 따라서

---

1) 동지: 대판 1990. 6. 22, 89 다카 32965(이 때 무면허운전과 사고 사이에는 인과관계의 존재를 요하지 않는다).

2) 대판 1998. 12. 22, 98 다 35730(공보 1999, 190)(자기차량 손해에 있어서의 음주운전 면책조항은 유효하다); 동 2000. 10. 6, 2000 다 32130(공보 2000, 2290)(보험계약자 등이 음주운전을 하였을 때에 생긴 자기차량의 손해에 대하여는 음주운전 면책조항의 문언 그대로 아무런 제한 없이 면책된다).

　음주운전의 경우는 자기차량손해보험의 경우는 전부 면책사유로 규정하고 있는데(약관 45조 15호), 책임보험에서는 대인배상의 경우는 200만원의 범위에서(약관 11조 1항 8호) 대물배상의 경우는 50만원의 범위에서만(약관 22조 1항 8호) 면책사유로 규정하고 있다.

3) 대판 2014. 6. 26, 2013 다 211223(공보 2014, 1460)(자동차종합보험약관에서 자기신체사고에 관하여 피보험자가 피보험자동차를 소유·사용·관리하는 동안에 생긴 피보험자동차의 사고로 죽거나 다친 때 그로 인한 손해를 보상한다고 하면서 기명피보험자의 부모·배우자 및 자녀가 피보험자에 포함된다고 정한 경우, 피보험자인 기명피보험자의 부모〈처〉이 피보험자동차를 소유·사용·관리하는 동안에 생긴 피보험자동차의 사고로 다른 피보험자인 기명피보험자의 부모〈딸〉 등이 죽거나 다친 경우는 자기신체사고에 해당한다); 대구지판 2016. 4. 21, 2015 가단 129059(판공 2016, 371)(갑이 을 보험회사와 자동차보험계약을 체결하면서 피보험자가 피보험자동차의 운행으로 인한 사고로 죽거나 상해를 입은 경우 손해를 보상받는 내용의 자동차상해 특별약관에 가입하였는데, 승낙피보험자인 병이 피보험자동차가 주차단속 견인차에 의하여 한쪽이 들어올려져 다른 쪽 두 바퀴만 도로 위를 구르는 상태로 견인되는 것을 보고 이를 제지하기 위하여 견인차와 피보험자동차 사이에서 견인차 뒷부분을 잡고 달리다가 넘어지면서 피보험자동차에 치여 사망한 경우, 위 사고는 피보험자동차의 운행 중 사고라고 볼 수 없다. 따라서 을 보험회사는 보험금 지급의무가 없다); 대판 2023. 2. 2, 2022 다 266522(공보 2023, 513)(자동차보험계약상 자기신체사고로 규정된 "피보험자가 피보험자동차를 소유·사용·관리하는 동안에 생긴 피보험자동차의 사고로 인하여 상해를 입었을 때"라고 함은, 피보험자가 피보험자동차를 그 용법에 따라 소유, 사용, 관리하던 중 그 자동차에 기인하여 피보험자가 상해를 입은 경우를 의미하고, 이때 자동차를 그 용법에 따라 사용한다는 것은 자동차의 용도에 따라 그 구조상 설비되어 있는 각종의 장치를 각각의 장치목적에 따라 사용하는 것을 말하며, 한편 자동차를 그 용법에 따른 사용 이외에 그 사고의 다른 직접적인 원인이 존재하거나, 그 용법에 따른 사용의 도중에 일시적으로 본래의 용법 이외의 용도로 사용한 경우에도 전체적으로 위 용법에 따른 사용이 사고발생의 원인이 된 것으로 평가될 수 있다면 역시 자동차의 사고라고 보아야 한다. 갑이 을 보험회사와 체결한 영업용자동차보험계약의 피보험차량인 트럭의 적재함에 화물을 싣고 운송하다가 비가 내리자 시동을 켠 상태로 운전석 지붕에 올

자기신체사고보험계약의 법적 성질은 상해보험이다.[1]

(2) 보험금액

인보험인 점에서 보험가액은 있을 수 없고 보험금액만이 있는데, 이 보험금액은 사망보험금·부상보험금 및 후유장애보험금으로 나뉘어 매 사고마다 지급된다(삼성약관 15조).

(3) 보험자의 보상책임

보험자는 '실제 손해액'에서 '공제액'을 공제한 후 보험금으로 지급한다(삼성약관 16조 1항 본문).[2] 이 때 '실제 손해액'이란 〈별표〉 1의 대인배상·무보험자동차에 의한 상해지

라가 적재함에 방수비닐을 덮던 중 미끄러져 상해를 입은 사안에서, 위 사고는 전체적으로 피보험차량의 용법에 따른 사용이 사고발생의 원인이 되었으므로 보험계약이 정한 보험사고에 해당하는데도, 갑이 차량 지붕에서 덮개작업을 한 것은 차량 지붕의 용법에 따라 사용한 것이 아니고, 방수비닐이 차량의 설비나 장치에 해당하지 아니한다는 이유 등으로 위 사고를 갑이 차량을 소유, 사용, 관리하는 동안 생긴 사고에 해당하지 아니한다고 본 원심판결에 법리오해 등의 잘못이 있다).

1) 동지: 대판 2004. 7. 9, 2003 다 29463(공보 2004, 1321)(자동차상해보험은 피보험자가 피보험자동차를 소유·사용·관리하는 동안에 생긴 피보험자동차의 사고로 인하여 상해를 입었을 때에 보험자가 보험약관에 정한 사망보험금이나 부상보험금 또는 후유장애보험금 등을 지급할 책임을 지는 것으로서 인보험의 일종이기는 하나, 피보험자가 급격하고도 우연한 외부로부터 생긴 사고로 인하여 신체에 상해를 입은 경우에 그 결과에 따라 보험약관에 정한 보상금을 지급하는 보험이어서 그 성질상 상해보험에 속한다); 동 2023. 6. 15, 2021 다 206691(공보 2023, 1216)(자동차상해보험은 피보험자가 피보험자동차를 소유·사용·관리하는 동안에 생긴 피보험자동차의 사고로 인하여 상해를 입었을 때에 보험자가 보험약관에 정한 사망보험금이나 부상보험금 또는 후유장해보험금 등을 지급할 책임을 지는 인보험의 일종으로서 그 성질상 상해보험에 속한다. 갑의 배우자 을이 병 보험회사와 체결한 업무용자동차보험계약에는 갑을 피보험자로 하는 자동차상해 담보특약이 포함되어 있고, 위 보험계약에 편입된 자동차상해 특별약관에는 피보험자가 피보험자동차 운행으로 인한 사고로 죽거나 상해를 입은 경우 '실제손해액'에서 비용을 더하고 공제액을 뺀 금액을 보험금으로 지급하며, 이때 '실제손해액'은 '〈별표1〉 대인배상, 무보험자동차에 의한 상해보험금 지급기준에 따라 산출한 금액' 또는 '소송이 제기되었을 경우에는 법원의 확정판결 등에 따른 금액으로서 과실상계 및 보상한도를 적용하기 전의 금액'을 의미한다고 규정되어 있는데, 갑이 피보험자동차 운행 중 발생한 사고로 상해를 입자 병 회사를 상대로 자동차상해 담보특약에 따른 보험금의 지급을 구하는 소를 제기한 사안에서, 자동차상해 특별약관상 '법원의 확정판결 등에 따른 금액으로서 과실상계 및 보상한도를 적용하기 전의 금액'을 '실제손해액'으로 볼 수 있게 되는 '소송이 제기된 경우'란 보험사고에 해당하는 자동차사고 피해에 관하여 손해배상청구 등 별개의 소가 제기된 경우를 의미하는 것이지 위 특별약관에 따라 자동차상해보험금을 청구하는 소 그 자체가 제기된 경우는 포함되지 않는다고 해석함이 타당하므로, 갑이 위 사고와 관련하여 일반적인 손해액 산정 기준에 따라 갑의 손해액을 인정해야 할 다른 소송이 계속되거나 그에 관한 확정판결 등이 존재하지 않는 상태에서 자동차상해보험금 지급을 구하는 소를 제기한 이상, 위 특별약관상 '실제손해액'은 '〈별표1〉 대인배상, 무보험자동차에 의한 상해보험금 지급기준'에 따라 계산되어야 하는데도, 이와 달리 본 원심판결에는 보험약관의 해석에 관한 법리오해의 잘못이 있다).

2) 대판 2009. 12. 24, 2009 다 46811(공보 2010, 228)(자동차종합보험의 '피보험자가 자기신체사고로 인하여 사망한 경우로서 사고가 주말에 발생한 때에는 그 사망보험금을 사망보험가입액의 2배로 한다'는 주말사고 추가보상특약은, 자기신체사고인 사망사고가 주말에 발생한 경우 실제 손해액과 상관 없이 무조건 사망보험가입금액의 2배액을 지급한다는 취지가 아니라, 사망보험가입금

급기준에 따라 산출한 금액 및 소송이 제기된 경우 확정판결금액으로써 과실상계 및 보상한도를 적용하기 전의 금액을 의미하고, '공제액'이란 대인배상 I ($\frac{정부보장사업}{을 포함함}$) 및 대인배상 II에 의하여 보상받을 수 있는 금액·배상의무자 이외의 제3자로부터 보상받은 금액 및 무보험자동차에 의한 상해에 따라서 지급될 수 있는 금액을 말한다($\frac{삼성약관 16조}{1항 1. 및 2.}$).

(4) 보험자의 면책사유

자기신체사고의 경우 보험자의 면책사유에 대하여는 보험약관에 상세히 규정되어 있다($\frac{약관 14조}{삼성약관 14조}$). 즉, 피보험자의 고의로 그 본인이 상해를 입은 때,[1] 피보험자동차를 시험용·경기용 또는 경기를 위해 연습용으로 사용하던 중 생긴 손해 등을 면책사유로 규정하고 있다.

6. 무보험자동차에 의한 상해[2]

(1) 보상내용

피보험자가 무보험자동차에 의하여 생긴 사고로 사상(死傷)한 때 그로 인한 손해에 대하여 배상의무자가 있는 경우에 자동차보험약관에서 정한 바에 따라 보상한다($\frac{약관 17조,}{삼성약관 17조}$).

이 때 '무보험자동차'란 피보험자동차[3] 이외의 자동차로서 피보험자를 사상

액을 2배로 하여 그 보상범위를 확대하는 취지이므로 이를 한도로 하여 소정의 공제액을 공제하여야 한다).

1) 동지: 대판 2017. 7. 18, 2016 다 216953(공보 2017, 1711)(자기신체사고 자동차보험〈자손사고보험〉은 피보험자의 생명 또는 신체에 관하여 보험사고가 생길 경우에 보험자가 보험계약이 정하는 보험금을 지급할 책임을 지는 것으로서 그 성질은 인보험의 일종이다. 보험계약 약관에서 자기신체사고에 관하여 '피보험자의 고의'로 손해가 발생한 경우에는 보험자를 면책하도록 규정하고 있는 경우, 사망이나 상해를 보험사고로 하는 인보험에서 피보험자의 고의는 보험사고가 전체적으로 보아 고의로 평가되는 행위로 인한 것이어야 한다).

2) 이에 관한 상세는 박세민, "무보험자동차에 의한 상해보험에 관한 해석(개정된 약관을 중심으로),"「상법학의 전망」(평성 임홍근교수 정년퇴임기념논문집)(서울: 법문사, 2003), 375~400면; 정진옥, "무보험자동차에 의한 상해보험에 관한 연구,"「상사판례연구」(한국상사판례학회) 제28집 제4권(2015. 12), 55~94면 등 참조.

3) 피보험자동차의 사용과 동일시되는 '다른 자동차 운전담보 특약'상「대체자동차(다른 자동차)」의 의미에 관하여는 대판 2008. 10. 9, 2007 다 55491(공보 2008, 1530) 참조(개인용자동차보험 중 무보험자동차에 의한 상해보험에 가입한 경우에 자동으로 적용되는 '다른 자동차 운전담보 특약'의 취지는, 피보험자동차를 운전하는 피보험자가 임시로 다른 자동차를 운전하는 경우 그 사용을 피보험자동차의 사용과 동일시할 수 있어 사고 발생의 위험성이 피보험자동차에 관하여 상정할 수 있는 위험의 범위 내에 있다고 평가될 때에는 피보험자동차에 관한 보험료에 소정의 보험료를 증액하여 다른 자동차에 관한 사고 발생의 위험도 담보할 합리성이 인정되므로, 그 한도에서는 다른 자동차의 사용에 의한 위험도 담보하려는 것이다. 따라서 교통사고를 당한 피보험자동차를 수리하지 않은 채 길가 공터에 방치해 두고 다른 자동차를 구입하여 운행하던 중 교통사고가 발생한 사안에서, 기존차량이 폐차에 준하는 상태에 이르러 그에 대한 운행지배와 운행이익을 상실함으로

(死傷)하게 한 (i) 자동차보험 대인배상 Ⅱ나 공제계약이 없는 자동차, (ii) 자동차보험 대인배상 Ⅱ나 공제계약에서 보상하지 아니하는 경우에 해당하는 자동차, (iii) 자동차보험약관에서 보상될 수 있는 금액보다 보상한도가 낮은 자동차보험의 대인배상 Ⅱ나 공제계약이 적용되는 자동차, (iv) 피보험자를 사상(死傷)하게 한 자동차가 명확히 밝혀지지 않은 경우에 그 자동차를 의미한다(약관 1조 4호, 삼성약관 17조 관련 별도 정의).¹⁾ 또한 '배상의무자'란 무보험자동차의 사고로 인하여 피보험자를 사상(死傷)하게 함으로써 피보험자에게 입힌 손해에 대하여 법률상 손해배상책임을 지는 자를 말한다

써 기존차량에 의한 보험사고 발생의 위험이 완전히 소멸하였다고 볼 수 없으므로 새로 구입하여 운행한 다른 자동차가 다른 자동차 운전담보 특약상의 '대체자동차'에 해당한다고 볼 수 없고, 새로운 자동차의 소유권을 사실상 취득하여 이를 상시 아무런 제한 없이 자유로이 사용할 수 있는 상태에 있었으므로 부보 대상에서 제외되는 '통상적으로 사용하는 자동차'에 해당한다).

1) 대판 2003. 12. 26, 2002 다 61958(공보 2004, 211)(자동차보험약관의 용어풀이상 무보험자동차라고 함은 자동차보험 대인배상 Ⅱ나 공제계약이 없는 자동차·자동차보험 대인배상 Ⅱ나 공제계약에서 보상하지 아니하는 경우에 해당하는 자동차·피보험자를 죽게 하거나 다치게 한 자동차가 명확히 밝혀지지 않은 경우에 그 자동차 등을 의미한다고 할 것인데, 교통사고를 일으킨 가해차량을 피보험자동차로 하여 자동차보험 대인배상 Ⅱ 계약을 체결한 보험회사가 피해자에게 대하여 예컨대 그 사고가 무면허운전중에 일어난 사고라는 이유 등으로 면책약관을 내세워 보험금의 지급을 거절한 관계로 당해 교통사고에 대한 가해차량 보험회사의 면책 여부가 문제로 되어 결과적으로 가해차량 보험회사의 보상책임 유무가 객관적으로 명확히 밝혀지지 않은 경우에 있어서의 가해차량 역시 위 약관에서 말하는 무보험차에 해당한다고 보아 피해자가 자신의 보험회사에 대하여 위 특약에 따른 보험금의 지급을 청구할 수 있다고 보는 것이 피해자에 대한 신속한 피해보상을 목적으로 하는 자동차보험정책은 물론이고, 약관의 뜻이 명백하지 아니한 경우에는 고객에게 유리하게 해석되어야 한다는 약관의 규제에 관한 법률 제 5 조 2항 소정의 약관 해석 원칙에도 부합한다); 동 2014. 5. 29, 2011 다 95847(공보 2014, 1300)(자동차보험의 담보종목 중 무보험자동차에 의한 상해〈이하 '무보험자동차 상해보험'이라고 한다〉에서 의미하는 '무보험자동차'에는, 교통사고를 일으킨 가해차량을 피보험자동차로 하여 자동차보험 대인배상 Ⅱ 계약을 체결한 보험회사〈이하 '가해차량 보험회사'라고 한다〉에 의하여 보험계약자의 분납 보험료 연체로 자동차보험 대인배상 Ⅱ 계약이 적법하게 해지되었는지가 문제 된 경우의 가해차량도 포함된다. 따라서 위와 같은 경우 피해자가 자신의 보험회사〈이하 '피해자 보험회사'라고 한다〉에 대하여 무보험자동차 상해보험에 따른 보험금의 지급을 청구하면 피해자 보험회사로서는 피해자가 입은 손해에 대하여 가해차량 보험회사가 궁극적으로 보상의무를 질 것인지가 법률상 객관적으로 명확히 밝혀지지 아니한 이상 피해자의 보험금청구를 거절할 수는 없고 우선 피보험자인 피해자에게 무보험자동차 상해보험에 따른 보험금을 지급하여야 한다. 이 경우 피해자 보험회사가 피해자인 피보험자에게 무보험자동차 상해보험에 따른 보험금을 지급하는 것은 자기의 보험계약상 채무를 이행한 것에 불과한 것이므로, 이를 채무자 아닌 자가 착오로 인하여 타인의 채무를 변제한 경우 또는 가해차량 보험회사를 위한 사무관리에 해당한다고 볼 수 없다. 또한 피해자 보험회사가 피보험자에게 보험금을 지급한 이후 가해차량 보험회사가 자동차보험 대인배상 Ⅱ에 의한 보상의무를 부담하여야 하는 것으로 법률상 객관적으로 명확히 밝혀진 경우라 하더라도, 약관에서 정한 바에 따라 피해자 보험회사가 피보험자에게 지급한 보험금의 한도 내에서 피보험자가 제 3 자에 대하여 가지는 권리를 취득하는 경우 가해차량 보험회사가 사고로 인한 손해배상의무를 면한 것이라고 할 수 없으므로 가해차량 보험회사가 피해자 보험회사의 보험금 지급으로 법률상 원인 없이 이익을 얻었다고 할 수 없고, 피해자 보험회사가 보험금 지급으로 피보험자의 가해차량 보험회사에 대한 손해배상청구권을 취득하는 이외에 가해차량 보험회사에 대한 별도의 구상금채권을 취득한다고 볼 수도 없다).

(약관 17조, 삼성약관
(17조 별도 정의   ).

(2) 보험자의 보상책임

보험자는 자동차보험약관의 '보험금지급기준에 의해 산출한 금액'과 '비용'을 합한 액수에서 '공제액'을 공제한 후 보험금으로 지급한다(삼성약관 20조 본문). 이 때 보험자가 지급할 보험금(지급보험금)은 피보험자 1인당 보험증권에 기재된 보험금액을 한도로 하고, 비용 및 공제액은 보험약관에 상세하게 규정되어 있다(삼성약관 20조).[1] 이것도 자기

---

1) 이에 관하여는 대판 1999. 7. 23, 98 다 31868(공보 1999, 1724)(무보험자동차에 의한 상해조항에 따른 보험금의 산정시 과실상계에 관한 약관규정이 적용된다); 동 2003. 11. 13, 2002 다 31391(공보 2003, 2307)(당사자 사이에서 보험약관을 기초로 하여 보험계약이 체결된 때에는 특별한 사정이 없는 한 그 보험약관은 계약 내용에 포함시키기로 합의된 것으로서 계약당사자에 대하여 구속력을 갖는다고 할 것이므로, 개인용자동차종합보험 보통약관 중 무보험자동차에 의한 상해조항에서, 보험회사가 무보험자동차에 의한 사고로 지급책임을 지는 보험금을 그 보험약관 [별표 1]의 보험금 지급기준에 따라 사업소득자의 경우에는 급여소득자와 마찬가지로 제세공과금을 제외한 현실 소득액을 기준으로 산정된 금액에서 자동차손해배상보장법에 의한 대인배상 Ⅰ 또는 책임공제에 의하여 지급될 수 있는 금액 등을 공제하기로 규정되어 있다면, 일반적인 불법행위에 기한 손해배상액을 산정함에 있어서 소득세 등을 공제하는 것과 달리 위 보험금을 산정함에 있어서 사업소득자의 현실 소득액을 계산하기 위하여 소득세 및 소득세할 주민세를 공제하는 것은 정당하다 할 것이고, 한편 공제하기로 되어 있는 자동차손해배상보장법에 의한 대인배상 Ⅰ 또는 책임공제에 의하여 지급될 수 있는 금액은 현실적으로 지급된 액수가 아니라 규정에 의하여 지급될 액수 전액을 공제하여야 한다); 동 2004. 4. 27, 2003 다 7302(공보 2004, 875)(일반적으로 보험자 및 보험계약의 체결 또는 모집에 종사하는 자는 보험계약의 체결에 있어서 보험계약자 또는 피보험자에게 보험약관에 기재되어 있는 보험상품의 내용, 보험료율의 체계 및 보험청약서상 기재사항의 변동사항 등 보험계약의 중요한 내용에 대하여 구체적이고 상세한 명시·설명의무를 지고 있으므로 보험자가 이러한 보험약관의 명시·설명의무에 위반하여 보험계약을 체결한 때에는 그 약관의 내용을 보험계약의 내용으로 주장할 수 없다고 할 것이나, 이러한 명시·설명의무가 인정되는 것은 어디까지나 보험계약자가 알지 못하는 가운데 약관의 중요한 사항이 계약내용으로 되어 보험계약자가 예측하지 못한 불이익을 받게 되는 것을 피하고자 하는 데 그 근거가 있으므로, 약관에 정하여진 사항이라고 하더라도 거래상 일반적이고 공통된 것이어서 보험계약자가 별도의 설명 없이도 충분히 예상할 수 있었던 사항이거나 이미 법령에 의하여 정하여진 것을 되풀이하거나 부연하는 정도에 불과한 사항이라면, 그러한 사항에 대하여까지 보험자에게 명시·설명의무가 있다고는 할 수 없다〈대법원 2003. 5. 30. 선고 2003 다 15556 판결 등 참조〉. 그런데 무보험자동차에 의한 상해보상특약의 보험자는 피보험자의 실제 손해액을 기준으로 위험을 인수한 것이 아니라 보통약관에서 정한 보험금 지급기준에 따라 산정된 금액만을 제한적으로 인수하였을 뿐이어서〈대법원 2001. 12. 27. 선고 2001 다 55284 판결 참조〉 그 특약에 따른 보험료도 대인배상 Ⅱ에 비하여 현저히 저액으로 책정되어 있고, 이 사건 보험금 산정기준이 급부의 변경·계약의 해제사유·보험자〈피고〉의 면책·보험계약자 겸 피보험자〈원고〉측의 책임 가중·보험사고의 내용 등에 해당한다고 보기 어려울 뿐만 아니라 보험자에게 허용된 재량을 일탈하여 사회통념상 용인할 수 있는 한도를 넘어섰다고 보기도 어려우며, 만약 보험계약자가 이 사건 보험계약 체결 당시 그 구체적인 산정기준이나 방법에 관한 명시·설명을 받아서 알았다고 하더라도 이 사건 특약을 체결하지 않았을 것으로는 보이지 않고, 나아가 이러한 산정기준이 모든 자동차 보험회사에서 일률적으로 적용되는 것이어서 거래상 일반인들이 보험자의 설명 없이도 충분히 예상할 수 있었던 사항이라고도 볼 수 있는 점 등에 비추어 보면, 위의 무보험자동차에 의한 상해보상특약에 있어서 그 보험금액의 산정기준이나 방법은 약관의 중요한 내용이 아니어서 명시·설명의무의 대상이 아니라고 보는 것이 옳

신체사고의 경우와 같이 인보험의 일종이나, 자기신체사고는 보험사고가 피보험자동차에 의하여 발생한 것이나 무보험자동차에 의한 상해는 보험사고가 피보험자동차 이외의 무보험자동차에 의하여 발생한 것이라는 점에서 구별된다.

　하나의 사고에 관하여 여러 개의 무보험자동차 특약보험계약이 체결되고 그 보험금액의 총액이 피보험자가 입은 손해액을 초과하는 때에는, 손해보험에서의 중복보험에 관한 규정($\frac{상}{1항}$672조)이 준용되어 보험자는 각자의 보험금액 한도에서 연대책임을 진다.[1)]

다); 동 2009. 12. 24, 2009 다 46811(공보 2010, 228)(자동차종합보험의 '무보험차사고 특약에 의해 보상받을 수 있는 때에는 피보험자로 보지 않는다는 규정을 둔 자기신체사고 특약'과 '무보험차사고 보험금에서 자기신체사고에 의해 지급될 수 있는 금액을 공제한다는 규정을 둔 무보험차사고 특약'에 가입한 경우, 피보험자는 무보험차사고보험에 의하여 보상을 받을 수 있는 때라도 자기신체사고의 보험금을 청구할 수 있을 뿐만 아니라, 무보험자동차사고의 보험금도 자기신체사고보험으로 지급받을 수 있는 금액 등을 공제한 잔액이 있는 경우에는 이를 청구할 수 있다).

1) 대판 2006. 11. 10, 2005 다 35516(공보 2006, 2068)(피보험자가 무보험자동차에 의한 교통사고로 인하여 상해를 입었을 때에 그 손해에 대하여 배상할 의무자가 있는 경우 보험자가 약관에 정한 바에 따라 피보험자에게 그 손해를 보상하는 것을 내용으로 하는 무보험자동차에 의한 상해담보특약〈이하 '무보험자동차특약보험'이라 한다〉은 상해보험으로서의 성질과 함께 손해보험으로서의 성질도 갖고 있는 손해보험형 상해보험이라고 할 것이므로, 이 사건에서와 같이 하나의 사고에 관하여 여러 개의 무보험자동차 특약보험계약이 체결되고 그 보험금액의 총액이 피보험자가 입은 손해액을 초과하는 때에는, 손해보험에 관한 상법 제672조 1항이 준용되어 보험자는 각자의 보험금액의 한도에서 연대책임을 지고, 이 경우 각 보험자 사이에서는 각자의 보험금액의 비율에 따른 보상책임을 진다고 할 것이다); 동 2016. 12. 29, 2016 다 217178(공보 2017, 225)(피보험자가 무보험자동차에 의한 교통사고로 인하여 상해를 입었을 때에 손해에 대하여 배상할 의무자가 있는 경우 보험자가 약관에 정한 바에 따라 피보험자에게 손해를 보상하는 것을 내용으로 하는 무보험자동차에 의한 상해담보특약〈이하 '무보험자동차특약보험'이라 한다〉은 상해보험의 성질과 함께 손해보험의 성질도 갖고 있는 손해보험형 상해보험이므로, 하나의 사고에 관하여 여러 개의 무보험자동차특약보험계약이 체결되고 보험금액의 총액이 피보험자가 입은 손해액을 초과하는 때에는 손해보험에 관한 상법 제672조 제 1 항이 준용되어 보험자는 각자의 보험금액의 한도에서 연대책임을 지고, 이 경우 각 보험자 사이에서는 각자의 보험금액의 비율에 따른 보상책임을 진다. 위와 같이 상법 제672조 제 1 항이 준용됨에 따라 여러 보험자가 각자의 보험금액의 한도에서 연대책임을 지는 경우 특별한 사정이 없는 한 보험금 지급책임의 부담에 관하여 각 보험자 사이에 주관적 공동관계가 있다고 보기 어려우므로, 각 보험자는 보험금 지급채무에 대하여 부진정연대관계에 있다); 동 2023. 6. 1, 2019 다 237586(공보 2023, 1125)(피보험자가 무보험자동차에 의한 교통사고로 상해를 입었을 때에 그 손해에 대하여 배상할 의무자가 있는 경우에 보험자가 약관에 정한 바에 따라 피보험자에게 그 손해를 보상하는 것을 내용으로 하는 무보험자동차에 의한 상해담보특약은 손해보험으로서의 성질과 함께 상해보험으로서의 성질도 갖고 있는 손해보험형 상해보험으로서, 상법 제729조 단서에 따라 당사자 사이에 다른 약정이 있는 때에는 보험자는 피보험자의 권리를 해하지 아니하는 범위 안에서 피보험자의 배상의무자에 대한 손해배상청구권을 대위행사할 수 있다. 한편 무보험자동차에 의한 상해담보특약의 보험자는 피보험자의 실제 손해액을 기준으로 위험을 인수한 것이 아니라 보험약관에서 정한 보험금 지급기준에 따라 산정된 금액만을 제한적으로 인수한 것이므로, 무보험자동차에 의한 상해담보특약을 맺은 보험자가 피보험자에게 보험금을 지급한 경우 상법 제729조 단서에 따라 피보험자의 배상의무자에 대한 손해배상청구권을 대위행사할 수 있는 범위는 피보험자가 배상의무자에 대하여 가지는 손해배상청구권의 한도 내에서 보험약관에서 정한

(3) 보험자의 면책사유

무보험자동차에 의한 상해담보의 경우 보험자의 면책사유에 대하여는 보험약관에 상세히 규정되어 있다($\substack{약관 19조, \\ 삼성약관 19조}$). 즉, 보험계약자 또는 피보험자의 고의로 인한 손해, 전쟁·혁명·내란·사변·폭동·소요 및 이와 유사한 사태로 인한 손해, 지진·분화·태풍·홍수·해일 등 천재지변으로 인한 손해 등에는 보험자는 면책된다.[1]

보험금 지급기준에 따라 정당하게 산정되어 피보험자에게 지급된 보험금액에 한정된다. 하나의 사고에 관하여 여러 개의 무보험자동차에 의한 상해담보특약이 체결되고 그 보험금액의 총액이 피보험자가 입은 손해액을 초과하는 때에는 손해보험에 관한 상법 제672조 제1항이 준용되어 보험자는 각자의 보험금액의 한도에서 연대책임을 지고, 이 경우 각 보험자 사이에서는 각자의 보험금액의 비율에 따른 보상책임을 진다. 이러한 경우 중복보험자 중 1인이 단독으로 피보험자에게 보험약관에서 정한 보험금 지급기준에 따라 정당하게 산정된 보험금을 지급하였다면 상법 제672조 제1항에 근거하여 다른 중복보험자를 상대로 각자의 보험금액의 비율에 따라 산정한 분담금의 지급을 청구할 수 있다. 그리고 이러한 청구권은 상법 제729조 단서에 근거하여 당사자 사이에 다른 약정이 있어 피보험자의 권리를 해하지 아니하는 범위 안에서 피보험자에 대한 배상의무자를 상대로 행사할 수 있는 보험대위에 의한 청구권과 별개의 권리이므로, 그 중복보험자는 각 청구권의 성립 요건을 개별적으로 충족하는 한 어느 하나를 먼저 행사하여도 무방하고 양자를 동시에 행사할 수도 있다. 따라서 보험금을 단독으로 지급한 중복보험자가 다른 중복보험자로부터 분담금 전부 또는 일부를 지급받아 만족을 얻었다고 하더라도 피보험자에 대한 배상의무자를 상대로 보험자대위에 의한 청구권을 행사할 수 있고, 다만 그 범위는 보험약관에 따라 정당하게 산정되어 지급된 보험금 중 그 보험금에서 위와 같이 만족을 얻은 부분을 제외한 나머지 금액의 비율에 상응하는 부분으로 축소된다고 봄이 타당하다); 동 2024. 2. 15, 2023 다 272883(공보 2024, 521)(피보험자가 무보험자동차에 의한 교통사고로 인하여 상해를 입었을 때 그 손해에 대하여 배상할 의무자가 있는 경우 보험자가 약관에 정한 바에 따라 피보험자에게 그 손해를 보상하는 것을 내용으로 하는 무보험자동차에 의한 상해 담보특약〈이하 '무보험자동차특약보험'이라고 한다〉은 상해보험의 성질과 함께 손해보험의 성질도 갖고 있는 손해보험형 상해보험이다. 그러므로 하나의 사고에 관하여 여러 개의 무보험자동차특약보험계약이 체결되고 그 보험금액의 총액이 피보험자가 입은 손해액을 초과하는 때에는 손해보험에 관한 상법 제672조 제1항이 준용되어 보험자는 각자의 보험금액의 한도에서 연대책임을 지고, 이 경우 각 보험자 사이에서는 각자의 보험금액의 비율에 따른 보상책임을 진다. 이와 같이 상법 제672조 제1항이 준용됨에 따라 여러 보험자가 각자 보험금액 한도에서 연대책임을 지는 경우 특별한 사정이 없는 한 그 보험금 지급책임의 부담에 관하여 각 보험자 사이에 주관적 공동관계가 있다고 보기 어려우므로, 각 보험자는 그 보험금 지급채무에 대하여 부진정연대관계에 있다. 이때 피보험자는 여러 보험자 중 한 보험자에게 그 보험금액 한도에서 보험금 지급을 청구할 수 있고, 그 보험자는 그 청구에 따라 피보험자에게 보험금을 지급한 후 부진정연대관계에 있는 다른 보험자에게 그 부담부분 범위 내에서 구상권을 행사할 수 있다. 다만 상법 제672조 제1항은 강행규정이 아니므로 각 보험계약의 당사자는 중복보험에 있어서 피보험자에 대한 보험자의 보상책임 방식이나 보험자들 사이의 책임 분담 방식에 대하여 상법의 규정과 다른 내용으로 정할 수 있다).

1) 2000년 개정 전 금융감독원의 표준약관에서는 자기신체사고보험(개정 전 약관 33조 1항 3호) 및 무보험자동차에 의한 상해보험(개정 전 약관 39조 2항 3호)의 경우에도 무면허운전 및 음주운전중 생긴 사고로 인한 손해에 대하여 보험자를 면책하였다. 그런데 2000년 개정 금융감독원의 표준약관에서는 이를 면제사유에서 삭제하였으나, 2002년 12월 13일 개정 표준약관에서는 무보험자동차에 의한 상해의 경우 피보험자 본인의 무면허운전 사고를 다시 면책사유로 하였다. 무보험자동차에 의한 상해보험의 경우 (보험실무에서는) 무보험자동차에 의한 상해는 손해배상의무자의 존재를 전제로 하는 점, 보험금의 결정에서 피보험자의 실손해액을 산출하는 점, 보험자대위를 인정

7. 배상책임

(1) 보상내용

피보험자가 피보험자동차를 소유·사용·관리하는 동안에 생긴 피보험자동차의 사고로 인하여 타인을 사상(死傷)하게 한 때(대인배상) 또는 타인의 재물을 멸실하거나 훼손한 때(대물배상)에 법률상 손해배상책임을 짐으로써 입은 손해를 보상한다(약관 3조·6조, 삼성약관 3조·6조).

(2) 보험금액

이는 책임보험인 점에서 보험가액은 없고 보험금액만이 있다. 책임보험에서 이러한 보험금액은 대인배상과 대물배상에 따라 다르고, 또 대인배상의 경우는 자동차손해배상보장법에 의한 강제책임보험(대인배상 Ⅰ)과 자동차보험약관에 의한 임의책임보험(대인배상 Ⅱ)에 따라 다르다. 즉, 대인배상에서의 보험금액은 먼저 강제책임보험(대인대상 Ⅰ)에 의하여 정하여지고(이는 자동차손해배상보장법시행령 제3조에 의하여 정하여지는데, 2014. 12. 30. 개정된 동 시행령에 의하면 사망보험금은 1억5천만원 범위에서 피해자에게 발생한 손해액인데, 다만 그 손해액이 2,000만원 미만인 경우에는 2,000만원이다), 이 보험금액을 초과하는 임의책임보험(대인배상 Ⅱ)의 보험금액은 보험증권에 기재된 보험금액을 한도로 하는데 선택에 따라 유한 또는 무한이다.[1] 그러나 대물배상은 원칙적으로 한 사고당 보험증권에 기재된 보험금액을 한도로 하므로 언제나 유한책임이다(삼성약관 10조 1항).

(3) 보험자의 보상책임

1) 강제책임보험에 대하여는 자동차손해배상보장법 및 동법 시행령에서 정하여진다. 이 때 강제책임보험에 가입되어 있는 둘 이상의 자동차가 공동으로 하나의 사고에 관여하였다면, 각 보험자가 피해자에게 지급할 보험금은 피해자의 손해액을 한도로 하여 각자의 책임보험금 한도액 전액이다.[2] 또한 동일한 사고로 부상한 자

하는 점(대판 2000. 2. 11, 99 다 50699 참조) 등에서 형식은 상해보험이나 실질은 손해보험의 성격을 가지고 있는 면이 있다.

　그런데 무면허운전 면책조항에 대하여 우리 대법원은 「무보험자동차에 의한 상해보험은 인보험으로서, 그의 무면허운전 면책조항이 과실(중과실 포함)로 평가되는 행위로 인한 경우까지 보상하지 아니한다는 취지라면 이는 상법 제732조의 2에 위반하여 과실로 평가되는 행위로 인한 사고에 관한 한 무효이다」고 판시하고 있다[대판 1999. 2. 12, 98 다 26910(공보 1999, 523)].

1) 무한배상책임보험에 대한 비판으로는 양(승), (보) 414~415면(고액소득자가 피해를 입은 때에 그 소득액을 기준으로 무한보상책임을 지도록 하는 책임보험은 사회적 형평에 맞는다고 볼 수 없고, 최고한도를 설정하여야 한다고 주장한다).

　이와 관련하여 초과전보보험(超過塡補保險)에 관한 논문으로는 장덕조, "초과전보보험의 법률관계에 관한 연구,"「상사법연구」, 제21권 3호(2002), 441~474면 참조.

2) 동지: 대판 2002. 4. 18, 99 다 38132(공보 2002, 1206)(책임보험 또는 책임공제에 가입되어 있

에게 후유장애가 생긴 경우의 책임보험금은 부상보험금($_{\text{1항 2호}}^{\text{자배시 3조}}$)과 후유장애보험금 ($_{\text{1항 3호}}^{\text{자배시 3조}}$)의 합산액이다.[1]

기명피보험자로부터 피보험차량을 빌려 운행하던 자(운행자)가 대리운전자에게 차량을 운전하게 하고 자신은 동승하였다가 교통사고로 상해를 입은 경우, 그 운행자는 기명피보험자와의 관계에서 자동차손해배상보장법 제3조의 '다른 사람'에 해당한다고 볼 수 없어 피보험차량의 책임보험자는 그 운행자에게 책임보험금 지급의무를 부담하지 않는다.[2]

2) 임의책임보험에서는 대인배상 Ⅱ와 대물배상에 따라 보험자의 보상책임의 범위가 정하여진다.

대인배상 Ⅱ의 경우 피해자 1인당 보험자가 보상할 금액은 보험약관의 '보험금지급기준에 의해 산출한 금액'($_{\text{피보험자가 배상하여야 할 금액}}^{\text{또는 법원의 확정판결 등에 따라}}$)과 '비용'을 합한 액수에서 '대인배상 Ⅰ로 지급되는 금액'($_{\text{가입되어 있는 경우}}^{\text{피보험자가 대인배상 Ⅰ에}}$) 또는 '지급될 수 있는 금액'

는 2 이상의 자동차가 공동으로 하나의 사고에 관여한 경우, 각 보험자는 피해자의 손해액을 한도로 하여 각자의 책임보험 또는 책임공제 한도액 전액을 피해자에게 지급할 책임을 지는 것이라고 새겨야 한다)[이 판결에 대하여 자배법상 책임보험취지를 과도하게 확장하고 있다고 하여 반대하는 취지의 평석으로는 백승재, "하나의 자동차사고에 관여한 불법행위자와 보험회사간의 법률관계," 법률신문, 제3112호(2002. 10. 7), 14면]; 동 2002. 7. 23, 2002 다 24461·24478(공보 2002, 2024)(책임보험에 가입되어 있는 2 이상의 자동차가 공동으로 사고를 일으킨 경우 각 보험자는 피해자의 손해액을 한도로 하여 각자의 책임보험 한도액 전액을 피해자에게 지급할 책임을 진다. 따라서 갑과 을이 공동으로 하나의 교통사고에 관여하고 을에 대한 자동차종합보험 및 책임보험의 보험자인 동시에 갑에 대한 책임보험의 보험자인 병이 을의 보험자로서 피해자들에게 손해배상금을 지급한 경우, 병은 갑의 책임보험자의 지위에서 책임보험금 한도액 전액을 피해자들에게 지급할 책임이 있고, 따라서 병의 갑에 대한 구상금에서 공제되어야 할 금액은 병이 지급한 책임보험금 중 갑의 과실비율에 해당하는 금액이 아니라 병이 지급하여야 할 책임보험금 전액이다); 동 2002. 9. 4, 2002 다 4429(공보 2002, 2324).

1) 대판 2014. 10. 30, 2012 다 67177(공보 2014, 2253).
2) 대판 2009. 5. 28, 2007 다 87221(공보 2009, 993)(자동차손해배상보장법 제3조에 정한 '다른 사람'은 자기를 위하여 자동차를 운행하는 자 및 당해 자동차의 운전자를 제외한 그 외의 자를 지칭하는 것이므로, 동일한 자동차에 대하여 복수로 존재하는 운행자 중 1인이 당해 자동차의 사고로 피해를 입은 경우에도 사고를 당한 그 운행자는 다른 운행자에 대하여 자신이 같은 법 제3조에 정한 '다른 사람'임을 주장할 수 없는 것이 원칙이다. 다만, 사고를 당한 운행자의 운행지배 및 운행이익에 비하여 상대방의 그것이 보다 주도적이거나 직접적이고 구체적으로 나타나 있어 상대방이 용이하게 사고의 발생을 방지할 수 있었다고 보이는 경우에 한하여 비로소 자신이 '다른 사람'임을 주장할 수 있을 뿐이다. 따라서 자동차책임보험계약의 기명피보험자로부터 피보험차량을 빌려 운행하던 자가 대리운전자에게 차량을 운전하게 하고 자신은 동승하였다가 교통사고가 발생하여 상해를 입은 경우, 그 운행자는 공동운행자인 대리운전자와의 내부관계에서는 단순한 동승자에 불과하여 자동차손해배상보장법 제3조에 정한 '다른 사람'에 해당하지만, 기명피보험자와의 관계에서는 '다른 사람'에 해당한다고 볼 수 없어, 피보험차량의 책임보험자가 그 운행자에 대하여 책임보험금 지급의무를 부담하지 않는다).

$\binom{\text{피보험자가 대인배상 I 에}}{\text{가입되어 있지 아니한 경우}}$을 공제한 액수로 하는데,[1] 그 한도는 보험증권에 기재된 보험금액으로 한다[2]$\binom{\text{삼성약관}}{\text{10조}}$. 그런데 보통 보험증권상 대인배상 II 에서는 보험금액이 기재되지 않고 무한으로 기재되고 있으므로, 보험자의 보상액은 피해자의 소득금액에 따라 피해자마다 다르게 지급된다. 이 때 보험자가 보상할 피보험자의 「법률상 손해배상책임」의 범위는 민법상의 일반불법행위책임·사용자배상책임 등을 포함하므로, 예컨대 택시회사의 택시에 폭발물이 설치되어 승객이 다친 경우 보험자는 피보험자인 택시회사가 피해자(승객)에 대하여 부담하는 사무집행상의 과실로 말미암아 발생한 손해에 대하여 배상할 책임이 있다.[3]

또한 대인배상에서도 보험자가 보상책임을 부담하기 위하여는 보험사고와 피해자의 손해 사이에는 상당인과관계가 있어야 하는데, 이와 관련하여 우리 대법원은 피해자의 피보험자에 대한 민법 제750조에 의한 손해배상청구에서 「교통사고로 왼쪽 다리가 부서지고 골수염이 생기는 상해를 입은 피해자가 병원에서 입원치료를 받던 중 다리가 약해지는 현상이 생겨 담당의사의 지시에 따라 목발보행을 하다가 넘어지면서 추가상해를 입게 된 경우, 교통사고와의 사이에 상당인과관계가 있다」고 판시하고 있다.[4]

대물배상의 경우 매 사고에 대하여 보험자가 보상할 금액은 보험약관의 '보험금지급기준에 의해 산출한 금액'$\binom{\text{또는 법원의 확정판결 등에 따라}}{\text{피보험자가 배상하여야 할 금액}}$과 '비용'을 합한 액수에서 사고차량을 고칠 때에 부득이 엔진·변속기(트랜스미션) 등 부분품을 새 부분품으로 교체한 경우 '그 교체된 기존 부분품의 감가상각에 해당하는 금액'을 공제한 후 보험금으로 지급하는데, 보험증권에 기재된 보험금액을 한도로 한다$\binom{\text{약관}}{\text{10조}}$.

피해자는 보험자에 대하여 직접 보험금을 청구할 수 있다[5]$\binom{\text{상 724조}}{\text{2항}}$.

보험자는 피보험자가 복수인 경우에 그 중 한 사람이라도 손해배상책임을 지는 경우에는 그 피보험자의 손해를 보상하여야 한다.[6] 그런데 책임발생요건이나 면

---

1) 동지: 대판 2000. 10. 6, 2000 다 32840(공보 2000, 2293)(이는 피보험자동차가 대인배상 I 에 가입되어 있는지를 묻지 않고 보험자가 보상할 금액에서 이를 공제하고 그 나머지만을 보상한다는 취지이다).

2) 동지: 대판 1995. 11. 7, 95 다 1675(공보 1006, 3899)(확정판결에 의하지 아니하고 피보험자와 피해자 사이의 서면에 의한 합의로 배상액이 결정된 경우에는 보험회사는 그 보험약관에서 정한 보험금지급기준에 의하여 산출된 금액의 한도 내에서 보험금을 지급할 의무가 있다); 동 1998. 3. 24, 96 다 38391(공보 1998, 1136).

3) 동지: 대판 1997. 6. 10, 95 다 22740(공보 1997, 2117).

4) 대판 1995. 7. 28, 95 다 1187(공보 999, 2972).

5) 동지: 상게 대판 1997. 6. 10, 95 다 22740.

6) 동지: 대판 1997. 3. 14, 95 다 48728(공보 1997, 1074)(보험자는 피보험자동차의 운전자가 누

책약관의 적용 여부 등은 피보험자마다 개별적으로 가려 그 보상책임의 유무를 결정하여야 한다.[1]

(4) 보험자의 면책사유[2]

1) 강제책임보험의 경우 자동차손해배상 보장법은 「자기를 위하여 자동차를 운행하는 자는 그 운행으로 다른 사람을 사망하게 하거나 부상하게 한 경우에는 그 손해를 배상할 책임을 진다. 다만 승객이 고의나 자살행위로 사망하거나 부상한 경우에는 그러하지 아니하다」고 규정하고($\frac{자배}{3조}$),[3] 자동차보험 표준약관은 보험자의 면책사유에

구이든지간에 업무용 자동차보험 보통약관 제11조〈1999. 9. 현재 약관 제12조〉 소정의 복수의 피보험자 중에서 한 사람이라도 자동차손해배상보장법 등에 의한 자동차운행자로서 손해배상책임을 지게 되는 자가 있는 경우에 그 피보험자의 손해를 보상하여야 한다).

1) 동지: 대판 2010. 12. 9, 2010 다 70773(공보 2011, 119)(자동차종합보험과 같은 이른바 손해배상책임보험은 피보험자가 보험사고로 인하여 제3자에게 손해배상책임을 지는 경우에 이를 보상하는 것이므로, 보험자의 보상의무는 피보험자의 제3자에 대한 손해배상책임의 발생을 그 전제로 하는 것이고, 한편 자동차보험에서 동일 자동차사고로 인하여 피해자에 대하여 배상책임을 지는 피보험자가 복수로 존재하는 경우에는 그 피보험이익도 피보험자마다 개별로 독립하여 존재하는 것인 만큼 각각의 피보험자마다 손해배상책임의 발생요건이나 면책약관의 적용 여부 등을 개별적으로 가려 그 보상책임의 유무를 결정하여야 한다. 따라서 자동차종합보험의 기명피보험자인 갑의 아들 을이 자신이 고용되어 근무하던 사용자의 점포 앞에서 갑의 승낙을 받아 운전하던 피보험차량을 후진하다가 피해자들 소유의 오토바이 3대를 파손한 사안에서, 피보험차량의 소유자일 뿐 가해자가 아닌 갑은 대물사고인 위 보험사고로 피해자들에 대하여 배상책임을 부담한다고 볼 수 없으므로 보험자는 갑에 대한 관계에서는 약관상 면책조항의 적용 여부를 따질 필요 없이 보험계약에 따른 보상의무를 부담하지 않고, 보험자가 승낙피보험자인 을에 대한 관계에서 약관상 면책조항이 적용되지 않아 보험금 지급책임을 면할 수 없다고 하더라도, 그와 같은 사정은 기명피보험자인 갑에 대한 보험금 지급책임의 유무에 아무런 영향을 미칠 수 없다).

2) 이에 관한 논문으로는 맹수석, "자동차보험약관상의 면책사유에 관한 연구," 법학박사학위논문(충남대, 1996. 2); 임충규, "자동차보험자의 면책사유,"「상사법의 기본문제」(해암이범찬교수화갑기념)(삼영사, 1993); 정홍규, "자동차종합보험의 면책사유," 법학석사학위논문(고려대, 1995. 8) 등 참조.

3) 대판 2021. 11. 11, 2021 다 257705(공보 2022, 49)(자동차손해배상 보장법 제3조는 '자기를 위하여 자동차를 운행하는 자는 그 운행으로 다른 사람을 사망하게 하거나 부상하게 한 경우에는 그 손해를 배상할 책임을 진다. 다만 승객이 고의나 자살행위로 사망하거나 부상한 경우에는 그러하지 아니하다'라고 규정하고 있다. 위 조항은 승객이 사망하거나 부상한 경우를 승객이 아닌 자와 구별하여 더욱 보호하고 있다. 이는, 승객은 자동차에 동승함으로써 자동차의 위험과 일체화되어 승객 아닌 자에 비하여 그 위험이 더 크다고 할 수 있으므로, 자동차 사고로 승객이 부상한 경우 운행자는 승객의 부상이 고의 또는 자살행위로 인한 것임을 주장·증명하지 못하는 한 운전상의 과실 유무를 가릴 것 없이 승객의 부상에 따른 손해를 배상할 책임이 있다는 취지이다. 갑 주식회사가 운행하는 시내버스가 승객을 승하차시키기 위해 정류장에 정차하는 과정에서 승객 을이 일어나 가방을 메다가 정차 반동으로 넘어져 부상을 입자, 국민건강보험공단이 치료비 일부를 부담한 다음 갑 회사 등을 상대로 구상권을 행사한 사안에서, 위 사고가 승객 을의 고의 또는 자살행위로 인한 것이 증명되었다고 보기 어려워 을의 부상에 따른 손해에 대하여 갑 회사 등의 책임이 면제되었다고 볼 수 없는데도, 위 사고가 전적으로 승객 을의 과실로 발생하였다는 이유만으로 갑 회사 등이 면책되었다고 보아 국민건강보험공단의 청구를 모두 배척한 원심판단에는 법리오해 등 잘못이 있다).

대하여 「보험계약자 또는 피보험자의 고의로 인한 손해」에 대하여만 규정하고 있다 (약관 5조 본문).[1] 이 때에 피해자는 직접 보험자에 대하여 보험금을 청구할 수 있으므로 (자배 9조 1항, 약관 5조 단서), 보험자가 이에 응하여 보험금을 피해자에게 지급한 경우에는 보험자는 지급한 날부터 3년 이내에 고의로 사고를 일으킨 보험계약자나 피보험자에게 그 금액의 지급을 청구할 수 있도록 하고 있다(약관 5조 단서).[2]

2) 임의책임보험의 경우 보험자의 면책사유에 관하여 자동차보험 표준약관 및 개별 보험회사의 보험약관은 상세히 규정하고 있는데(약관 8조, 삼성약관 8조), 그 사유 및 이에 관한 우리나라 판례는 다음과 같다.

이러한 자동차보험 약관에서는 대인배상 Ⅱ와 대물배상에 대하여, 양자에 공통한 면책사유와 각각에 특유한 면책사유를 규정하고 있는데(약관 8조, 삼성약관 8조) 이를 살펴보면 다음과 같다.

(가) **공통면책사유**(약관 8조 1항, 삼성약관 8조 1항)

① 보험계약자 또는 피보험자의 고의로 인한 손해(약관 8조 1항 1호·2호, 삼성약관 8조 1항 1호·2호)　　　　이 때 '피보험자'란 (i) 보험증권에 기재된 피보험자(기명피보험자), (ii) 기명피보험자와 같이 살거나 살림을 하는 친족으로서 피보험자동차를 사용 또는 관리하고 있는 자(친족피보험자), (iii) 기명피보험자의 승낙을 얻어 피보험자동차를 사용하거나 관리하고 있는 자(승낙피보험자)(다만 대인배상 Ⅱ나 대물배상의 경우 자동차정비업3)·주차장업·급유업·세차업·자동차판매업·자동차탁송업·대리운전업〈대리운전자 포함〉 등 자동차를 취급하는 것을 업으로 하는 자〈이들의 피용자 및 이들이 법인인 경우에는 그 이사와 감사를 포함〉가 업무로서 위탁받은 피보험 자동차를 사용 또는 관리하는 경우에는 피보험자에서 제외됨), (iv) 기명피보험자의 사용자 또는 계약에 따라 기명피보험자의 사용자에 준하는 지위를 얻은 자(사용피보험자)(다만 기명피보험자가 피보험자동차를 사용자의 업무에 사용하고 있는 때에 한함), (v) 위 (i) 내지 (iv)에서 규정하는 피보험자를 위하여 피보험자동차를 운전중인 자(운전보조자 포함)(운전피보험자)(다만 대인배상 Ⅱ나 대물배상의 경우 자동차정비업·주차장업·급유업·세차업·자동차판매업·자동차탁송업·대리운전업〈대리운전자 포함〉 등 자동차를 취급하는 것을 업으로 하는 자〈이들의 피용자 및 이들이 법인인 경우에는 그 이사와 감사를 포함〉가 업무로서 위탁받은 피보험자동차를 사용 또는 관리하는 경우에는 피보험자에서 제외됨)를 말한다(약관 7조, 1조 13호).[4]

---

1) 이에 관하여는 이병석, "보험계약자·피보험자의 고의에 의한 자동차사고와 보험자면책에 관한 고찰(일본에서의 논의에 편승하여)," 「상사법연구」, 제21권 3호(2002), 475~509면 참조.

2) 미국에서의 징벌적 손해배상의 보험보호에 관한 논의의 소개로는 장덕조, "징벌적 손해배상의 보험보호에 관한 논의와 그 시사," 「상사법연구」, 제22권 2호(2003), 269~298면 참조.

3) 대판 2005. 4. 14, 2004 다 68175(공보 2005, 727)(자동차의 소유자로부터 수리를 의뢰받은 수리업자가 다시 다른 수리업자에게 수리를 의뢰하여, 다른 수리업자가 자동차를 운전하여 자신의 작업장으로 돌아가던 중 교통사고를 일으킨 사안에서, 자동차 소유자의 의사를 확인하지 않고 다시 수리를 의뢰한 점 등 제반 사정에 비추어 원래의 수리업자도 다른 수리업자와 공동으로 위 자동차의 운행지배와 운행이익을 가지고 있었다고 본다〈따라서 보험자의 구상금청구를 인정함〉).

4) 이와 같이 피보험자가 복수로 존재하는 경우 면책약관 등을 피보험자 각별로 적용하는 점에 대하여는 장덕조, "피보험자 개별적용론에 대한 비판적 고찰(그 확대해석을 우려하며)," 「상사법연구」, 제20권 1호(2001), 455~474면; 김광국, "손해보험약관 해석에 있어서의 피보험자 개별적용의 이론(자동차보험을 중심으로)," 「상사법연구」, 제19권 3호(2001), 313~338면 참조.

이 때 동 약관상 '기명피보험자의 승낙을 얻어 피보험자동차를 사용하거나 관리중인 자'(승낙피보험자)에 관하여 우리 대법원판례는 「기명피보험자로부터 피보험자동차인 기중기를 그 소속 기사와 함께 임대받아 이를 사용하여 자신의 관리와 책임 아래 중기작업을 한 자는 자동차종합보험약관상 기명피보험자의 승낙을 얻어 피보험자동차를 사용 또는 관리중인 자(이른바 승낙피보험자)에 해당한다」고 판시하고 있고,[1] 「차량 매수인이 매도인의 승낙을 얻어 기명피보험자를 매도인으로 하고 주운전자를 매수인으로 하여 보험회사와 사이에 체결한 자동차종합보험계약이 유효하게 성립하였다 하더라도, 매도인이 차량에 대한 운행지배관계 및 피보험이익을 상실한 것으로 인정되는 경우에 있어서는 매수인을 약관에 정한 기명피보험자의 승낙을 얻어 자동차를 사용 또는 관리중인 자로 볼 수 없고 매도인이 매수인에게 차량을 인도하였을 뿐 아니라 당해 차량사고 이전에 그 소유명의까지 이전해 주었다면 특별한 사정이 없는 한 매도인은 사고 당시 차량에 대한 운행지배 및 피보험이익을 상실한 것으로 보아야 한다」고 판시하고 있으며,[2] 또한 동 약관상 '관리'에 관하여는 「자동차를 빌려 주면서 포괄적인 관리를 위임한 경우에는 전대(轉貸)까지 승낙한 것을 의미한다」고 판시하고 있다.[3] 또한 동 약관상 '승낙'에 관하여 우리 대법원판례는 「반드시 명시적이거나 개별적인 승낙일 필요는 없고 묵시적 또는 포괄적인 승낙도 가능하지만 특별한 사정이 없는 한 피보험자로부터 직접적인 승낙임을 요하고, 승낙받은 자로부터 다시 승낙받은 자는 이러한 피보험자에 해당하지 않는다」고 판시하고 있다.[4] 또한 동 약관상 '기명피보험자의 승낙을 얻어 피보험자동차를 사용 또는 관리중인 자'가 복수인 경우에 대하여 「피해자가 콘크리트 타설작업을 위해 차주로부터 콘크리트펌프를 운전사와 함께 임차하여 사용하던 중 다친 경우, 피해자는 영업용 자동차보험 보통약관 제

---

1) 대판 2000. 4. 25, 99 다 68027(공보 2000, 1275). 동지: 대판 2000. 2. 25, 99 다 40548(공보 2000, 821)(기명피보험자의 승낙을 받아 자동차를 사용하거나 운전하는 자로서 보험계약상 피보험자로 취급되는 자〈이른바 승낙피보험자〉의 승인만이 있는 경우에는 자동차종합보험계약상 21세 이상 한정운전 특별약관 소정의 도난운전에 대한 보험계약자나 피보험자의 묵시적인 승인이 없으나, 21세 이상 한정운전 특별약관부 자동차종합보험의 기명피보험자인 렌터카회사의 영업소장이 운행자격이 없는 만 21세 미만자 또는 자동차 운전면허가 없는 자를 임차인으로 하여 자동차를 대여해 준 경우에는 자동차보험 약관 소정의 도난운전에 대한 기명피보험자의 묵시적 승인이 있다).

2) 대판 1996. 7. 30, 96 다 6110(공보 1996, 2648).

3) 대판 1993. 1. 19, 92 다 32111(공보 939, 725). 동지: 대판 2000. 10. 6, 2000 다 32840(공보 2000, 2293)(기명피보험자로부터 피보험자동차를 임대받아 운행하는 자는 영업용자동차보험 보통약관상 '기명피보험자로부터 허락을 얻어 피보험자동차를 운행하는 자'에 해당한다).

4) 대판 1995. 4. 28, 94 다 43870(공보 993, 1966); 동 1997. 6. 10, 97 다 6827(공보 1997, 2135). 그러나 「자동차보험계약에서 만 26세 이상 한정운전 특별약관에 가입된 기명피보험자가 타인에게 피보험자동차의 운전을 허락하는 경우에는 운전자의 연령을 확인할 의무가 있는데, 이러한 확인을 게을리하여 운전가능연령 미달자에게 자동차를 빌려 준 경우에는, 그 승낙피보험자의 지시 또는 승낙을 받은 다른 운전가능연령 미달자의 운전에 대하여도 묵시적 승인이 있었다고 볼 것이다」고 판시하고 있다[대판 2006. 1. 13, 2005 다 46431(공보 2006, 232)].

11조 3호(^{2014. 6. 현재}
약관 7조 3호)의 '기명피보험자의 승낙을 얻어 피보험자동차를 사용 또는 관리중인 자'에 해당한다. 그러나 동일한 자동차 사고로 손해배상책임을 지는 피보험자가 복수로 존재하고 그 중 1인이 그 자동차 사고로 스스로 피해를 입어 다른 피보험자를 상대로 손해배상을 청구하는 경우, 사고를 당한 피보험자의 운행지배 및 운행이익에 비하여 상대방 피보험자의 그것이 보다 주도적이거나 직접적이고 구체적으로 나타나 있어 상대방 피보험자가 용이하게 사고의 발생을 방지할 수 있었다고 보여진다면, 사고를 당한 피보험자는 그 상대방 피보험자에 대하여 자동차손해배상보장법 제 3 조 및 영업용 자동차보험 보통약관 제 9 조(^{2014. 6. 현재}
약관 6조 1항) 소정의 '타인'(다른 사람)임을 주장할 수 있다」고 판시하고 있다.[1]

동 약관상 '위 각호의 피보험자를 위하여 피보험자동차를 운전중인 자'에 관하여는 「통상 기명피보험자 등에 고용되어 피보험자동차를 운전하는 자를 의미하고, 이와 같이 기명피보험자 등에 고용된 운전자의 경우에는 당해 운행에 있어서의 구체적이고 개별적인 승낙의 유무에 관계 없이 위 약관상의 피보험자에 해당한다고 보아야 한다. 그러나 어떤 피용자가 운전업무 외의 업무를 위하여 고용되었을 뿐 아니라 자동차 운전면허를 갖고 있지 못하여 그 피용자가 피보험자동차를 운전하는 것이 기명피보험자 등의 의사에 명백히 반하는 것으로 보이는 경우에 무면허인 그 피용자가 기명피보험자인 사용자 등의 개별적 또는 포괄적, 명시적 또는 묵시적 승낙 없이 무단으로 자동차를 운전하였다면 설사 그 피용자가 기명피보험자 등을 위하여 운전한다는 의사로 그 자동차를 운전하였다고 하더라도 그 피용자는 운전피보험자에 해당하지 않는다」고 판시하고 있다.[2] 그러나 「콜센터를 운영하는 A주식회사와 협력관계에 있는 B대리운전업체의 운영자가 B업체를 기명피보험자

---

1) 대판 1997. 8. 29, 97 다 12884(공보 1997, 2861).

2) 대판 2002. 3. 26, 2001 다 78430(공보 2002, 963); 동 2005. 9. 15, 2005 다 10531(공보 2005, 1599)(자동차종합보험 보통약관에서 말하는 '각 피보험자를 위하여 피보험자동차를 운전중인 자〈운행보조자를 포함함〉'라 함은 통상 기명피보험자 등에 고용되어 피보험자동차를 운전하는 자를 의미하며, 한편 자동차종합보험 보통약관에서 위와 같이 피보험자를 위하여 당해 피보험자동차를 운전하는 자까지 피보험자의 범위를 확대하여 규정하고 있는 취지와 위와 같은 운전자와 '기명피보험자의 승낙을 얻어 자동차를 사용 또는 관리중인 자'를 별도의 항목에서 피보험자로 보고 있는 점 등에 비추어 본다면, 위와 같은 운전자의 경우에는 당해 운행에 있어서의 구체적이고 개별적인 승낙의 유무에 관계 없이 위 약관상의 피보험자에 해당한다고 보아야 한다. 따라서 기명피보험자가 근로자 파견계약에 의하여 근로자 파견회사로부터 파견받아 피보험자동차의 운전업무에 종사하도록 한 자도 당해 피보험자동차의 운행에 관하여 기명피보험자의 구체적이고 개별적인 승낙을 얻었는지를 불문하고 자동차종합보험계약상 운전피보험자에 해당한다. 이와 같은 파견근로자가 운전하는 자동차의 운행으로 인한 운행이익은 사용사업주에 귀속하는 것이지 파견사업주에게 귀속하는 것이 아니고, 파견사업주는 파견근로자가 일으킨 사고에 있어 피보험자동차의 운행에 관하여 지휘·감독할 여지가 없기 때문에 피보험자동차를 지배하거나 지배할 가능성이 없으며, 파견사업주의 운행자성을 인정하게 되면 사용사업주가 자동차종합보험에 가입하지 않은 경우 파견근로자에 대한 선임·감독상의 과실이 없는 경우에도 자동차손해배상보장법상의 배상책임을 부담하게 되어 부당하므로, 피보험자동차에 대하여 운행자의 지위를 갖지 않는 파견사업주를 승낙피보험자로 의제할 수는 없다).

로 하고 B업체 등 A회사의 협력업체 소속 대리운전기사들을 운전자명세서에 기재하여 X
보험회사와 보험계약을 체결하였는데, C대리운전업체 소속으로 위 운전자명세서에 등재
된 대리운전기사 Y가 C업체와 협력관계인 D주식회사의 콜센터로부터 대리운전기사 배정
을 통보받아 자동차를 운행하던 중 교통사고를 일으킨 경우, Y는 보험계약에서 정한 '기
명피보험자를 위하여 피보험자동차를 운전하는 자'에 해당한다」고 판시하고 있다.[1]

　　동 약관상 '피보험자'가 복수인 경우에 관하여 우리 대법원판례는 「자동차종합보험
에 있어서 동일 자동차 사고로 인하여 피해자에게 대하여 보상책임을 지는 피보험자가
복수로 존재하는 경우에는 그 피보험이익도 피보험자마다 개별로 독립하여 존재하므로
각자의 피보험자마다 손해배상책임의 발생요건이나 면책조항의 적용여부 등을 개별적으
로 가려서 보상책임의 유무를 결정하는 것이 원칙이므로, 특별한 사정이 없는 한 약관에
피보험자 개별적용 조항을 별도로 규정하고 있지 않더라도 각 피보험자별로 위 면책조항
의 적용여부를 가려 보험자의 면책여부를 결정하여야 하고, 그 약관의 규정 형식만으로
배상책임이 있는 복수의 피보험자 중 어느 한 사람이라도 피해자와의 사이에 면책조항 소
정의 인적 관계가 있기만 하면 모든 피보험자에 대한 보상책임을 면하는 것으로 해석할
것은 아니다」고 판시하고 있다.[2]

　　동 약관상 '고의'에 관하여 우리 하급심판례는 「피보험자가 순간적으로 구타당한 데
대한 앙갚음을 할 생각으로 자동차를 급히 전진시켜 우측 범퍼와 후사경으로 피해자의 다
리부위를 충격하여 넘어지게 함으로써 피해자가 그 충격으로 인한 두개골 골절상으로 사
망한 경우에는, 미필적 고의로 생긴 사고로서 고의에 포함된다(따라서 보험자는 이 약관 8조 1항)
에 의하여 면책된다 — 저자 주)」
고 판시하고 있다.[3] 그러나 우리 대법원판례는 「자동차보험의 피보험자인 갑이 을 등 직
장 동료들과의 모임을 마치고 그들을 귀가시켜 주기 위해 가해 차량을 운전하여 우선 을
을 그가 사는 아파트 앞 도로에서 내려 주었는데, 을이 가해 차량을 가로막고 '술 한잔 더
하자'며 보닛 위에 올라타자, 갑이 그를 떼어 놓기 위해 가해 차량을 서서히 움직이다가
급제동하는 바람에 을이 가해 차량에서 떨어지면서 도로 바닥에 머리를 부딪쳐 외상성 경

1) 대판 2014. 7. 10, 2012 다 26480(공보 2014, 1547).
2) 대판 1996. 5. 14, 96 다 4305(공보 1996, 1855); 동 1998. 2. 27, 96 다 41144(공보 1998,
856); 동(전원합의체판결) 1998. 4. 23, 97 다 19403(공보 1998, 1349)(따라서 갑이 기명피보험
자인 중기대여업자 을로부터 덤프트럭을 운전병인 병과 함께 임차하여 갑의 지휘·감독 하에 병으
로 하여금 운전토록 하다가 병의 부주의로 인하여 갑이 사용·관리하던 재물이 파손된 경우, 을에
대한 자동차보험약관상의 면책조항은 적용되지 않는다)[이러한 면책사유는 담보위험 제외사유를
규정한 것으로서 대인배상과 대물배상 모두에서 개별적용을 부정하는 것이 타당하다는 점에서, 이
판결에 반대하는 취지의 평석으로는 유영일, "자동차대물배상책임보험과 복수 피보험자에 대한 면
책약관의 개별적용(대법원 1998. 4. 23 선고, 97 다 19403 전원합의체판결)," 「보험법연구 3」(보
험법연구회 편)(삼지원, 1999), 60~74면].
3) 서울고판 1988. 12. 6, 88 나 25712.

막하출혈 등의 상해를 입었고, 그로 인해 하지부전마비 및 인지기능저하 등으로 노동능력을 일부 상실하는 영구장해와 매일 8시간 개호가 필요한 중증 의존 상태에 처하게 된 경우에는, 제반 사정에 비추어 갑은 을이 위와 같은 중상해를 입게 되리라는 것까지 인식·용인하였다고 볼 수는 없으므로, 을의 손해는 갑의 고의에 의한 손해라고 할 수 없어 위 사고에 대하여는 '피보험자의 고의에 의한 손해'를 보험자가 보상하지 아니하는 사항으로 정한 자동차보험의 면책약관이 적용되지 않는다」고 판시하고 있다.[1)]

② 전쟁, 혁명, 내란, 사변, 폭동, 소요 또는 이와 유사한 사태로 인한 손해(약관 8조 1항 3호, 삼성약관 8조 1항 3호)   이 때 '소요'에 관하여 우리 대법원판례는 「대학생들의 폭력사태는 그 발생경위와 장소 및 당시에 있어서의 폭력행사의 정도 등에 비추어 그 지방의 평화 내지 평온을 해할 정도의 '소요 또는 이와 유사한 사태'라고 볼 수 없다(따라서 보험자는 이 약관에 의하여 면책되지 않는다 — 저자)」고 판시하고 있다.[2)]

③ 지진, 분화, 태풍, 홍수, 해일 등의 천재지변에 의한 손해(약관 8조 1항 4호, 삼성약관 8조 1항 4호)

④ 핵연료물질의 직접 또는 간접적인 영향으로 인한 손해(약관 8조 1항 5호, 삼성약관 8조 1항 5호)

⑤ 영리를 목적으로 요금이나 대가를 받고 피보험자동차를 반복적으로 사용하거나 빌려준 때에 생긴 손해(다만 30일을 초과하는 임대차계약에 의하여 임차인이 피보험자동차를 전속적으로 사용하는 경우는 보상하나, 임차인이 피보험자동차를 영리를 목적으로 요금이나 대가를 받고 반복적으로 사용하는 경우)(약관 8조 1항 6호, 삼성약관 8조 1항 6호)에는 보상하지 아니함   이는 비사업용자동차를 유상운송에 제공하는 경우에 보험자를 면책하는 것인데, 이에 대하여 우리 대법원판례는 「이러한 보험자 면책규정은 사업용자동차 이외의 자동차를 유상에 제공하는 행위가 자동차운수사업법상의 처벌대

---

1) 대판 2020. 7. 23, 2018 다 276799(공보 2020, 1667)(자동차보험의 특별약관 및 보통약관에서 '피보험자의 고의로 인한 손해'를 보험자가 보상하지 아니하는 사항으로 규정하고 있지만, 자동차 운행으로 인한 사고의 경위와 전후 사정 등에 비추어 피보험자가 피해자의 상해에 대하여는 이를 인식·용인하였으나, 피해자의 사망 등 중대한 결과에 대하여는 이를 인식·용인하였다고 볼 수 없는 경우에는, 그 사망 등으로 인한 손해는 위 면책약관에서 정한 '피보험자의 고의로 인한 손해'에 해당하지 아니하고, 따라서 위 면책약관이 적용되지 아니하는 것으로 봄이 타당하다. 이때 사망 등과 같은 중대한 결과는 단순히 그 결과만으로 판단할 것은 아니고, 당시 가해 차량 운전자가 의도한 결과와 피해자에게 실제 발생한 결과 간의 차이, 가해 차량 운전자와 피해자의 관계, 사고의 경위와 전후 사정 등을 함께 고려하여 종합적으로 판단하여야 한다. 자동차보험의 피보험자인 갑이 을 등 직장 동료들과의 모임을 마치고 그들을 귀가시켜 주기 위해 가해 차량을 운전하여 우선 을을 그가 사는 아파트 앞 도로에서 내려 주었는데, 을이 가해 차량을 가로막고 '술 한잔 더하자'며 보닛 위에 올라타자, 갑이 그를 떼어 놓기 위해 가해 차량을 서서히 움직이다가 급제동하는 바람에 을이 가해 차량에서 떨어지면서 도로 바닥에 머리를 부딪쳐 외상성 경막하출혈의 상해를 입었고, 그로 인해 하지부전마비 및 인지기능저하 등으로 노동능력을 일부 상실하는 영구장해와 매일 8시간 개호가 필요한 중증 의존 상태에 처하게 된 사안에서, 가해 차량 운전자가 의도한 결과와 피해자에게 실제 발생한 결과의 차이, 가해 차량 운전자와 피해자의 관계, 사고 경위와 전후 사정 등에 비추어 갑은 을이 영구장해와 중증 의존 상태에 이르는 중상해를 입게 되리라는 것까지 인식하고 용인하였다고 볼 수는 없으므로, 을의 손해는 갑의 고의에 의한 손해라고 할 수 없어 위 사고에 대하여는 '피보험자의 고의에 의한 손해'를 보험자가 보상하지 아니하는 사항으로 정한 자동차보험의 면책약관이 적용되지 않는다).

2) 대판 1994. 11. 22, 93 다 55975(공보 983, 60).

상이 되는 범법행위일 뿐만 아니라 사업용자동차와 비사업용자동차는 보험사고의 위험률
에 큰 차이가 있어 보험료의 액수도 다르기 때문에 보험자면책의 제외사유를 규정한 위
조항의 단서의 적용범위도 비사업용자동차가 임차인의 비사업용으로 사용될 경우로만 한
정된다고 풀이할 것이므로, 비록 1개월 이상의 기간을 정한 자동차임대차계약에 의한 임
차인이 그 고유의 운송사업(영업행위 ─ 저자 주)에 전속적으로 사용하던 중 발생한 사고에 대하여는
보험자의 책임이 없다」고 판시하고,[1] 또한 「자동차보험 보통약관 제11조 1항 7호 및 제
22조 1항 7호(2014. 6. 현재 약관 8조 1항 6호)는 유효한 조항으로 유상운전과 직접 관계가 없는 피해자가
입은 손해에 대하여도 적용된다」고 판시하고 있다.[2] 그러나 「자동차보험 보통약관 면책
조항인 제11조 1항 7호 및 제22조 1항 7호(2014. 6. 현재 약관 8조 1항 6호) 본문의 유상운송에는 1회의 유
상운송은 포함되지 않는다」고 판시하고 있고,[3] 「피보험자인 법인이 운영하는 학교에 소
속된 학생 중 이용료를 내는 특정된 인원만이 승차하여 일정한 시간에 일정한 경로를 주
행하는 통학버스의 운행은, 유상운송 위험담보특약요율에 의하여 할증보험료를 징수하는
유상운송의 경우와 비교하여 볼 때 그 운행의 목적과 빈도·운행경로나 이용승객수 등 그
운행형태가 여러 가지 면에서 차이가 있어, 그 사고발생의 위험률이 유상운송의 경우에
비하여 낮고 또 학생들의 실비분담 차원에서 이용료를 받는 점 등 그 전체적인 운행형
태에 비추어 볼 때, 자동차보험 보통약관 면책조항인 제11조 1항 7호 및 제22조 1항 7호
(2014. 6. 현재 약관 8조 1항 6호)의 유상운송의 범주에 들어가지 않는다」고 판시하고 있다.[4] 또한 「업무용
자동차보험 보통약관이 요금이나 대가를 목적으로 반복적으로 피보험자동차를 사용하거
나 대여하는 이른바 유상운송중의 사고에 관하여 보험자의 면책을 규정하고 있는 것은 유
상운송의 경우가 그렇지 않은 경우보다 보험사고의 위험이 훨씬 큰 만큼 별도의 위험담보
특약에 의하여 보험료를 추가로 납부하지 않는 한 그로 인한 위험을 인수하지 않겠다는
데 주된 취지가 있으므로, 피보험자동차의 운행이 위 약관에서 말하는 유상운송에 해당되
려면 단순히 운행과 관련하여 반복적으로 금원을 지급받았다는 것만으로는 부족하고, 그
운행의 형태가 당초 예정한 것과 달라져 위험이 보험자가 예상한 것 이상으로 커지는 정

---

1) 대판 1993. 2. 23, 92 다 49508(공보 942, 1075).

2) 대판 1992. 5. 22, 91 다 36642(공보 924, 1961).

3) 대판 1992. 9. 22, 92 다 28303(공보 932, 2983). 동지: 대판 1999. 1. 26, 98 다 48682(공보
1999, 361)(피보험자가 서적도매상에서 일당을 받고 다른 차량과 함께 가끔 피보험자동차를 이용
하여 서적을 배달하는 것은 업무용자동차보험 보통약관상의 면책사유인 유상운송제공행위에 해당
하지 않는다).

4) 대판 1995. 5. 12, 94 다 54726(공보 994, 2110). 동지: 대판 1999. 9. 3, 99 다 10349(공보
1999, 2029)(피보험자가 단체구성원 또는 소속원을 위하여 사용할 목적으로 업무용자동차보험에
가입하여 공동사용 특별요율에 의한 보험료를 납부하고 그 운행과 관련하여 단체구성원으로부터
반복적으로 금원을 수수하였으나 그것이 운행경비의 분담차원에서 행해진 것에 불과한 경우, 유상
운송에 해당하지 않는다).

도에까지 이르러야 한다」고 판시하고 있다.[1]

⑥ 피보험자가 손해배상에 관하여 제3자와의 사이에 다른 계약을 맺고 있을 때에 그 계약으로 말미암아 늘어난 손해(약관 8조 1항 7호,/삼성약관 8조 1항 7호)

⑦ 피보험자 본인이 무면허운전을 하였거나 기명피보험자의 명시적·묵시적 승인 하에서 피보험자동차의 운전자가 무면허운전을 하였을 때에 생긴 사고로 인한 손해(다만 대물배상의 경우 자동차손해배상 보장법 제5조 2항의 규정에 따라 자동차/보유자가 의무적으로 가입하여야 하는 대물배상 보험금액 한도 내에서는 보상함)(약관 8조 1항 8호,/삼성약관 8조 1항 8호) 이 때의 '무면허운전'에 대하여 자동차보험 약관은 「도로교통법 또는 건설기계관리법의 운전(조종)면허에 관한 규정에 위반하는 무면허 또는 무자격운전(조종)을 말하며, 운전(조종)면허의 효력이 정지된 상황이거나 운전(조종)이 금지된 상황에서 운전(조종)하는 것을 포함한다」고 정의하고 있다(약관 1조 4호, 삼성약관/11조 관련 별도 정의). 이에 관하여 우리 대법원판례는 「자동차보험 보통약관 면책조항 제11조 1항 6호 및 제22조 1항 6호(2014. 6. 현재/약관 8조 1항 8호)의 무면허운전에는 자동차운전면허 취소처분 이후 적법한 통지 또는 공고가 없는 동안의 자동차운전은 해당되지 않고, 또한 운전면허증을 회수당하여 소지하지 아니하는 동안의 운전도 이에 해당하지 아니한다」고 판시하고 있다.[2]

무면허운전에 의한 보험자의 면책과 관련한 우리 대법원판례는 위의 판례 이외에도 상당히 많은데, 이를 정리하여 보면 다음과 같다.

먼저 보험사고가 무면허운전과의 사이에 인과관계를 요하느냐에 대하여, 우리 대법원은 「약관에서 '무면허운전을 하였을 때 생긴 손해'라고 규정하고 있지 '무면허운전으로 인하여 생긴 손해'라고 규정하고 있지 않으며, 위 약관조항의 취지는 무면허운전의 경우 사고의 위험성이 통상의 경우보다 극히 증대되는 것이어서 그러한 위험은 보험의 대상으로 삼을 수 없다는 취지 외에도, 보험자로서는 무면허운전과 사고 사이의 인과관계의 존재여부를 입증하기가 곤란한 경우에 대비하여 사고가 무면허운전 중에 발생한 경우 인과관계의 존부에 상관 없이 보험자는 면책되어야 한다는 취지도 포함되었다 할 것이므로, 이러한 약관의 규정이 결코 불합리하다고 할 수 없고 또 위 면책조항을 무면허운전과 보험사고 사이에 인과관계가 있는 경우에 한하여 적용되는 것으로 제한적으로 해석할 수 없다」고 판시하였다.[3] 이러한 대법원판결의 입장은 무면허운전의 면책사유를 보험계약에서 정한 보험사고의 범위에서 제외시킨 것으로 보는 담보위험제외사유(exclusions)로 보면 이해할 수 있으나, 보험사고의 원인과 관련하여 보험자의 책임을 면하는 사유로 보는 책임면제사유(exceptions)로 보면 의문을 갖게 된다. 따라서 이러한 대법원판결에 대하여는 찬성하는 견해[4]와 반대하는 견해[5]로 나뉘어 있는데, 무면허운전이 법규위반은 될지라도

이와 무관한 보험사고까지도 보험자를 면책시키는 것은 보험제도의 효용을 크게 해하는 것이 된다는 점에서 볼 때 이 판결에 반대하는 견해가 타당하다고 본다.

그 후에도 우리 대법원은 같은 취지로 「자동차보험약관의 배상책임조항에서 무면허운전중에 발생한 사고를 면책사유로 규정한 취지는 무면허운전이 위험발생의 개연성이 큰 행위로 그 운전 자체를 금지한 법규의 중대한 위반행위에 해당하므로 이와 같은 법규위반의 상황에서 발생한 사고에 관하여는 그 운전의 주체가 누구이든 보험의 보상대상에서 제외하려는 데에 있으므로, 이는 손해발생시의 상황에 의한 면책사유에 해당하는 것으로서 손해의 발생원인에 의한 면책사유를 규정한 상법 제659조 1항과는 그 취지를 달리한다」고 판시하였다.[1)]

그런데 그 후에는 대법원전원합의체판결로써 「자동차보험약관 제11조 1항 6호 및 제22조 1항 6호($^{2014.\ 6.\ 현재}_{약관\ 8조\ 1항\ 8호}$) 소정의 책임보험조항의 '자동차의 운전자가 무면허운전을 하였을 때에 생긴 사고로 인한 손해를 보상하지 아니한다'는 이른바 무면허운전면책조항은 사고발생의 원인이 무면허운전에 있음을 이유로 한 것이 아니라 사고발생시 무면허운전중이었다는 법규위반상황을 중시하여 이를 보험자의 보상대상에서 제외하는 사유로 규정한 것이므로, 상법 제659조 1항의 적용대상이라고 보기 어렵다. 그러나 보험계약자나 피보험자의 지배 또는 관리가능성이($^{이는\ 보험계약자나\ (기명)피보험자}_{의\ 명시적\ 또는\ 묵시적\ 승인이}$) 없는 무면허운전의 경우에까지 적용된다고 보는 경우에는 그 조항은 신의성실의 원칙에 반하여 공정을 잃은 조항으로서 약관규제법의 규정에 비추어 무효라고 볼 수밖에 없다」고 판시하여,[2)] 종래의 기본

---

4) 양승규, "무면허운전면책 보험계약의 효력과 그 적용한계," 「상사법의 기본문제」(해암이범찬교수화갑기념)(삼영사, 1993), 696면; 박세민, "현행 자동차보험계약상 무면허·음주운전 면책약관의 해석론(대인배상Ⅱ와 자기신체사고보험을 대상으로)," 「경영법률」(한국경영법률학회), 제13집 1호(2002. 9), 8~10면.

5) 김종대, "보험자의 무면허·음주운전면책에 관한 보통보험약관의 효력," 「사법논집」, 제22집(1991), 350면; 홍복기, "보험계약에 있어서 무면허운전조항의 해석," 「동아법학」, 제13호(1992), 325면; 심상무, "자동차보험에 있어서 무면허운전면책조항," 「사법행정」, 1992. 6, 95면; 맹수석, 전게논문, 79면.

1) 대판 1990. 6. 26, 89 다카 28287(공보 878, 1571)[이 판결에 반대하는 취지의 평석으로는 홍복기, 전게논문(동아법학), 328~329면; 맹수석, 전게논문, 79면].

2) 대판 1991. 12. 24, 90 다카 23899(공보 914, 652). 동지: 대판 1992. 1. 21, 90 다카 20654(공보 916, 870); 동 1993. 12. 21, 91 다 36420; 동 1993. 12. 28, 93 다 39997(공보 962, 529)(제3자의 무면허운전이 피보험자의 지배 또는 관리가능한 상황하에서 이루어진 경우에는 자동차보험보통약관 면책조항 제11조 1항 6호 및 제22조 1항 6호의 무면허운전조항에 따라 보험자의 책임이 없다); 동 1994. 5. 10, 93 다 20313(공보 970, 1632); 동 1994. 5. 24, 93 다 41211(공보 971, 1796); 동 1994. 8. 26, 94 다 4073(공보 977, 2521); 동 1995. 7.28, 94 다 47087(공보 999, 2968)(피보험자가 무면허운전을 묵시적으로 승인한 것으로 볼 수 없다고 하여 보험자의 책임을 인정한 경우); 동 1995. 9. 15, 94 다 17888(공보 1002, 3365)(중기에 관하여 지입회사를 기명피보험자로 하여 보험에 가입한 이상 지입차주는 승낙피보험자에 불과하여, 지입차주의 승낙 아래 무면허로 중기를 운전하다가 사고를 낸 경우에는 무면허면책조항이 적용되지 않아 보험자의 책임을 인정한 경우); 동 1995. 9. 29, 95 다 24807(공보 1004, 3621)(무면허운전이 피보험자의 지배 또

는 관리가 가능한 상황에서 이루어진 것으로 볼 수 없다고 하여 보험자의 책임을 인정한 경우); 동 1995. 11. 7, 95 다 1675(공보 1006, 3899)(피보험자가 무면허운전을 명시적·묵시적으로 승인하지 않았다고 하여 보험자의 책임을 인정한 경우); 동 1995. 12. 12, 95 다 19195(공보 1996, 362)(피보험자의 묵시적인 승인에 의한 무면허운전이라고 볼 수 없다고 하여 보험자의 책임을 인정한 경우); 동 1996. 2. 23, 95 다 50431(공보 1996, 1070)(무면허운전이 피보험자의 묵시적 승인이 없이 이루어진 것으로서 보험자의 책임을 인정한 경우); 동 1996. 11. 15, 96 다 33242·33259(공보 1997, 18)(정기적성검사 통지나 정기적성검사 미필로 인한 운전면허취소 통지를 받지 못하여 자신의 면허가 취소된 사실을 알지 못한 택시 운전기사의 무면허운전에 대하여 택시회사는 묵시적 승인을 하였다고 볼 수 없으므로, 보험자는 이를 면책사유로 주장할 수 없다); 동 1997. 6. 10, 97 다 6827(공보 1997, 2135)(무면허운전 면책조항이 적용되기 위한 피보험자 등의 명시적 또는 묵시적 승인은 피보험자 등으로부터 직접 승인받은 자에 한하고 승인받은 자가 다시 승인하여 그가 무면허운전인 경우는 포함되지 않는다); 동 1997. 7. 8, 97 다 15685(공보 1997, 2460)(무면허운전 면책조항은 무면허운전이 보험계약자나 피보험자의 지배 또는 관리가능한 상황에서 이루어진 경우에 한하여 적용되고, 이 경우에 있어서 묵시적 승인은 명시적으로 표현되는 경우와 동일시할 수 있을 정도로 그 승인의도를 추단할 만한 사정이 있는 경우로 한정된다); 동 1997. 9. 9, 97 다 9390(공보 1997, 3048)(명절을 지내러 온 삼촌 소유의 자동차를 조카가 무면허로 운전하다가 사고를 낸 경우, 이전에도 무면허운전을 묵인한 적이 있다고 하여 당해 무면허운전에 대하여 보험계약자 등의 묵시적 승인이 있었던 것으로 볼 수는 없다); 동 1997. 9. 12, 97 다 19298(공보 1997, 3096)(자동차보험계약에서 무면허운전 면책조항은 법규위반 상황을 중시하여 이를 보험자의 보험대상에서 제외하는 사유로 규정한 것이므로 상법 제659조 1항의 적용대상이라고 보기 어렵고, 따라서 무면허운전과 보험사고 사이에 인과관계가 있는 경우에 한하여 적용되는 것으로 제한적으로 해석할 수는 없다. 그러나 이러한 무면허운전 면책조항은 그 무면허운전이 보험계약자나 피보험자 등의 명시적 또는 묵시적 승인하에 이루어진 경우에 한하여 보험자의 면책을 정한 규정이라고 해석하는 한도 내에서만 상법 제663조 등에 위반되지 않고 유효하다); 동 1998. 1. 23, 97 다 38305(공보 1998, 597); 동 1998. 2. 13, 96 다 55525(공보 1998, 724); 동 1998. 3. 24, 96 다 38391(공보 1998, 1136); 동 1998. 3. 27, 97 다 6308(공보 1998, 1162)(운전면허가 적법하게 정지되거나 취소되고 이러한 사실을 운전자가 인식하지 못한 경우에도 무면허운전이 되는데, 다만 무면허운전이 보험계약자나 피보험자 등의 명시적 또는 묵시적 승인하에 이루어진 경우에 한하여 보험자의 면책을 정한 규정이라고 해석하는 한도 내에서 무면허운전 면책약관은 유효하다); 동 1998. 4. 28, 97 다 11898(공보 1998, 1483)(보험계약자가 그의 피용자로 하여금 중장비를 무면허로 운전하도록 한 경우에는, 무면허운전 면책약관에 해당하여 보험자는 면책된다); 동 1998. 7. 10, 98 다 1072(공보 1998, 2075)(무면허인 미성년자가 부가 출타한 사이에 바지 호주머니에 넣어 둔 열쇠를 꺼내어 무단운행한 경우, 부의 그 자동차에 대한 지배 또는 관리가 가능한 상태〈묵시적인 승인〉라고 볼 수 없다); 동 1999. 4. 23, 98 다 61395(공보 1999, 1010)(이 때 무면허운전이 보험계약자나 피보험자의 지배 또는 관리가 가능한 상황에서 이루어진 경우라 함은 보험계약자 또는 피보험자의 명시적 또는 묵시적 승인하에 이루어진 경우를 말하며, 자동차 소유자의 사고차량에 대한 운행지배와 제3자의 무면허운전에 대한 명시적·묵시적인 승인을 하지 아니하였다는 판단은 양립할 수 있다); 동 2000. 5. 30, 99 다 66236(공보 2000, 1526)(자동차종합보험 보통약관상의 무면허운전 면책조항은 사고발생의 원인이 무면허운전에 있음을 이유로 한 것이 아니라 사고발생시에 무면허운전중이었다는 법규위반 상황을 중시하여 이를 보험자의 보험대상에서 제외하는 사유로 규정한 것으로서, 운전자가 그 무면허운전 사실을 인식하지 못하였다고 하더라도 면책약관상의 무면허운전에 해당된다. 그런데 이러한 무면허운전 면책약관은 피보험자의 명시적·묵시적 승인하에서 피보험자동차의 운전자가 무면허운전을 하였을 때 생긴 사고로 인한 손해에 대하여는 보상하지 않는다는 취지이고 이는 무면허운전 면책약관은 무면허운전이 보험계약자나 피보험자의 지배 또는 관리가능한 상황에서 이루어진 경우에 한하여 적용되는 것으로서, 이 경우에 있어서 묵시적 승인은 명시적 승인의 경우와 동일하게 면책약관이 적용되므로 무면허운전에 대한 승인의도가 명시적으로 표현되는 경우와 동일시할 수 있는 정도로 그 승인의도를 추단할 만한 사정이 있는 경우에 한정되어야 하고, 무면허운전이 보험계약자나 피보험자의 묵시적 승인하에

입장을 유지하면서 무면허운전의 경우 보험자가 무조건 면책되는 것이 아니라 그 무면허
운전이 보험계약자나 피보험자의 지배 또는 관리가 가능한 경우에만 보험자가 면책되는
것으로 하여 종래의 입장을 일부 변경하고 있다.

　참고로 우리 대법원은 위와 같은 자동차책임보험의 경우와는 달리 상해보험(인보험)
의 경우에는 과실(중과실을 포함)로 평가되는 무면허운전에 대한 면책약관의 효력을 부인
하고 있다. 즉, 「무면허운전이 형사처벌까지 받는 고의적인 범죄행위이긴 하나 무면허운전
의 경우 그 고의는 특별한 사정이 없는 한 무면허운전 자체에 관한 것이고, 직접적으로 사
망이나 상해에 관한 것이 아니므로 자살이나 고의적인 자상행위 또는 보험수익자에 의한
피보험자 살인이나 상해행위의 비윤리성과는 달라서 그 정도가 결코 그로 인한 손해보상을
가지고 보험계약에 있어서 당사자의 선의성·윤리성에 반한다고 할 수 없을 것이다. 그러
므로 상법 제732조의 2($^{1991년\ 개정전}_{상법\ 659조\ 2항}$)와 제663조의 규정에 비추어 무면허운전 사고면책에
관한 상해보험약관의 규정이 보험사고가 전체적으로 보아 고의로 평가되는 행위로 인한

이루어졌는지 여부는 보험계약자나 피보험자와 무면허운전자의 관계·평소 차량의 운전 및 관리상
황·당해 무면허운전이 가능하게 된 경위와 그 운행 목적·평소 무면허운전자의 운전에 관하여 보
험계약자나 피보험자가 취해 온 태도 등의 제반사정을 함께 참작하여 인정하여야 한다. 따라서 기
명피보험자의 승낙을 받아 자동차를 사용하거나 운전하는 자로서 보험계약상 피보험자로 취급되는
자〈이른바 승낙피보험자〉의 승인만이 있는 경우에는 보험계약자나 피보험자의 묵시적인 승인이
있다고 할 수 없어 무면허운전 면책약관은 적용되지 않는다. 이러한 점에서 회사명의로 차량을 등
록하고 보험계약을 체결한 후 그 업무수행을 위해 차량을 제공하되 운전사의 고용 및 급여지급 등
일체의 사항에 대하여 자신이 책임을 지기로 약정한 자동차 소유자의 승낙하에 그 피용자가 무면
허로 운전하다가 사고를 낸 경우, 무면허운전 면책조항이 적용되지 않는다); 동 2000. 10. 13,
2000 다 2542(공보 2000, 2317)(이 때 피보험자가 과실로 운전자가 무면허임을 알지 못하였다거
나 무면허운전이 가능하게 된 데에 과실이 있었다거나 하는 점은 묵시적 승인으로 볼 수 없다); 동
2002. 9. 24, 2002 다 27620(공보 2002, 2528)(자동차보험에 있어서 피보험자의 명시적·묵시적
승인하에서 피보험자동차의 운전자가 무면허운전을 하였을 때 생긴 사고로 인한 손해에 대하여는
보상하지 않는다는 취지의 무면허운전 면책약관은 무면허운전이 보험계약자나 피보험자의 지배 또
는 관리가능한 상황에서 이루어진 경우에 한하여 적용된다. 따라서 피보험자가 식당을 운영하면서
가정용 및 개인업무용으로 자신만이 운전하던 피보험자동차의 열쇠를 평소 본인이 직접 관리하여
왔으나 사고 당일 오후 친구들과의 계모임으로 외출하면서 식당관리를 처제 및 종업원에게 맡기고
식당열쇠와 같이 묶여 있던 차량열쇠를 방안에 있던 바구니에 넣어 두었는데, 만 15세이며 무면허
인 피보험자의 아들이 이 열쇠를 몰래 들고 나와 운전하다가 이 사건 사고를 발생시킨 경우, 피
보험자는 묵시적 승인을 하였다고 볼 수 없으므로 보험자는 무면허운전의 면책항변을 주장할 수 없
다); 동 2003. 11. 13, 2002 다 31391(공보 2003, 2307)(무보험자동차에 의한 상해담보특약과 같
이 자동차보험 대인배상 Ⅱ에 가입된 자동차에 의하여 사고를 당한 피해자가 그 자동차보험계약의
무면허운전 면책약관이나 21세 한정운전특약에 의하여 대인대상 Ⅱ에서 정한 손해배상을 받지 못
하는 경우에 그 손해를 보전하기 위하여 상해담보특약에서 정한 보험금을 지급하는 것을 내용으로
하는 보험계약에 있어서 무면허운전 면책약관에 해당되어 대인배상 Ⅱ에서 정한 손배배상을 받지
못하는지는 무면허운전 면책약관은 무면허운전이 보험계약자나 피보험자의 지배 또는 관리가능한
상황에서 이루어진 경우에 한하여 적용되므로 그 자동차보험의 보험계약자나 피보험자와 무면허운
전자의 관계·평소 차량의 운전 및 관리 상황·당해 무면허운전이 가능하게 된 경위와 그 운행 목
적·평소 무면허운전자의 운전에 관하여 보험계약자 또는 피보험자가 취해 온 태도 등의 제반 사
정을 함께 참작하여, 그와 같은 무면허운전에 대하여 보험계약자 또는 피보험자의 승인 의도를 추
단할 만한 사정이 있는지에 따라 판단하여야 한다).

경우뿐 아니라 과실($\frac{중과실}{포함}$)로 평가되는 행위로 인한 경우까지 포함하는 취지라면, 과실로 평가되는 행위로 인한 사고에 관한 한 무효이고 이는 그 보험약관이 재정경제부장관($\frac{현 금융}{위원회}$)의 인가를 받았다 하여 달라지는 것은 아니다」고 판시하고 있다.[1]

⑧ 피보험자동차를 시험용·경기용 또는 경기를 위해 연습용으로 사용하던 중 생긴 손해($\frac{다만 운전면허시험을 위한 도로주행시험용}{으로 사용하던 중 생긴 손해는 보상함}$)($\frac{약관 8조 1항 9호,}{삼성약관 8조 1항 9호}$).

⑨ 피보험자 본인이 음주운전이나 무면허운전을 하는 동안에 생긴 사고 또는 기명보험자의 명시적·묵시적 승인하에서 피보험자동차의 운전자가 음주운전이나 무면허운전을 하는 동안에 생긴 사고로 인하여 보험회사가 대인배상 Ⅰ·대인배상 Ⅱ 또는 대물배상에서 보험금을 지급하는 경우에는, 피보험자[2]는 보험자에 대하여 음주운전 사고부담금($\frac{2015. 4. 9.부터 자동차손해배상 보장법 시행규칙의 개정에 의하여}{1사고당 대인배상 Ⅰ·Ⅱ 의 경우는 300만원, 대물배상의 경우는 100만원}$) 또는 무면허운전사고부담금($\frac{2015. 4. 9.부터 자동차손해배상 보장법 시행규칙의 개정에 의하여 1사고당 대인배상 Ⅰ의 경우는 300만원, 대물배상의 경우는 100만원}$)을 납입하여야 하는데, 다만 피보험자가 경제적인 사유 등으로 동 사고부담금을 미납하였을 때 보험자는 피해자에게 동 사고부담금을 포함하여 손해배상액을 우선 지급하고 피보험자에게 동 사고부담금의 지급을 청구할 수 있다($\frac{약관 11조,}{삼성약관 11조}$).[3] 이는 음주운전 및 무면허운전을 제재할 목적으로 규정된 것인데, 일정한 금액 범위 내에서 피보험자의 부담으로 하고 나머지는 보험자가 보상책임을 지는 것으로 위 ①~⑧의 면책사유와는 구별된다. 이 때의 음주운전은 '도로교통법에서 정한 술에 취한 상태에서 운전(조종)하거나 음주측정에 불응하는 행위를 하는 것'이고($\frac{약관}{1조 9호}$), 무면허운전에 대하여는 앞에서 본 바와 같다. 이 경우 기명피보험자의 명시적·묵시적 승인의 대상은 운전행위에 한정되는 것이 아니라 음주운전행위를 포함하는 것으로 보아야 할 것

---

1) 대판 1990. 5. 25, 89 다카 17591(공보 876, 1364)[이 판결에 대하여 반대하는 취지의 평석으로는 양승규, 전게논문(상사법의 기본문제), 695면; 동, "상해보험의 무면허운전면책약관의 효력," 법률신문, 제1946호(1990. 6. 25), 15면]. 동지: 대판 1998. 3. 27, 97 다 27039(공보 1998, 1173)(상해보험의 경우 무면허운전 면책약관에 대하여 동지의 내용으로 판시하고 있다); 동 1998. 3. 27, 97 다 48753(공보 1998, 1185)(상해보험의 경우 음주운전 면책약관에 대하여 무면허운전 면책약관과 동지의 내용으로 판시하고 있다); 동 1998. 4. 28, 98 다 4330(공보 1998, 1493)(자기신체사고 자동차보험계약에서의 음주운전 면책약관에 대하여도 동지의 내용으로 판시하고 있다).

2) 대판 2013. 3. 14, 2012 다 90603(공보 2013, 653)(자동차종합보험의 약관 중 '피보험자가 음주운전 또는 무면허운전을 하는 동안의 사고로 인하여 보험회사가 보험금을 지급하게 되는 경우 피보험자는 약관에 정한 금액을 자기부담금으로 부담하여야 한다'는 내용의 자기부담금 조항에서 정한 '피보험자'가 기명피보험자에 한정되는지가 문제된 사안에서, 특별한 사정이 없는 한 위 약관조항에서 말하는 '피보험자'는 자동차손해배상보장법〈이하 '법'이라 한다〉 제29조 제1항에서 정한 '법률상 손해배상책임이 있는 자'와 동일한 의미라고 보아야 하는데, 이에는 기명피보험자뿐만 아니라 그로부터 사용 승낙을 받은 친족피보험자 등도 포함되는 점 등 여러 사정에 비추어 '피보험자'를 기명피보험자로 한정하여 해석할 것은 아님에도, 이와 달리 본 원심판결에는 법 제29조 제1항 및 이에 따른 위 약관의 자기부담금 조항에 대한 해석을 잘못하여 판결에 영향을 미친 위법이 있다).

3) 음주운전사고 등에 대한 자기부담금제에 관한 상세는 장경환, "자동차의무책임보험에서의 음주운전사고 등에 대한 구상방식에 의한 자기부담금제의 도입에 관하여,"「보험법연구 5」(보험법연구회 편)(서울: 삼지원, 2003), 167~193면 참조.

이다.[1)]

 (내) **대인배상 Ⅱ에 있어서 특유한 면책사유**$\left(\substack{약관 8조 2항, \\ 삼성약관 8조 2항}\right)$ 다음의 자가 사상(死傷)한 경우에 보험자는 면책된다.

 ① 피보험자 또는 그 부모, 배우자 및 자녀 동 약관은 이 때의 피보험자의 부모라 함은 '피보험자의 부모와 양부모'를 말하고, 피보험자의 배우자는 '법률상의 배우자 또는 사실혼관계에 있는 배우자'를 말하며, 피보험자의 자녀라 함은 '법률상의 혼인관계에서 출생한 자녀, 사실혼관계에서 출생한 자녀, 양자 또는 양녀'라고 정의하고 있다$\left(\substack{약관 1조 \\ 15호}\right)$. 또한 우리 대법원판례도 이 때의 '배우자'에 대하여 「이러한 면책조항은 사회통념에 따른 규정이므로, 이러한 '배우자'라 함은 반드시 법률상의 배우자만을 의미하는 것이 아니라 사실혼관계의 배우자도 이에 포함된다」고 판시하고 있다.[2)] 또한 「기명피보험자와 동거중인 형이 기명피보험자로부터 자동차를 빌려 여행목적으로 사용하다가 사고로 사망한 경우, 그 형은 자동차보험 보통약관 제12조 3호$\left(\substack{2014. 6. 현재 \\ 약관 1조 13호 나.}\right)$에 의하여 피보험자에 해당하므로 그 형의 사망에 대하여는 보험자는 동 약관 제11조 2항 1호$\left(\substack{2014. 6. 현재 \\ 약관 8조 2항 1호}\right)$에 의하여 면책된다」고 판시하고 있다.[3)]

 ② 배상책임이 있는 피보험자의 피용자로서 산업재해보상보험법에 의한 재해보상을 받을 수 있는 사람$\left(\substack{그가 입은 손해가 동법에 의한 보상범위를 \\ 넘어서는 경우 그 초과손해는 보상함}\right)$ 이에 대하여 우리 대법원판례는 「자동차보험 보통약관 제11조 2항 4호$\left(\substack{2014. 6. 현재 \\ 약관 8조 2항 2호}\right)$의 규정은 노사관계에서 발생하는 재해보상에 대하여는 산재보험에 의하여 전보받도록 하고 제 3 자에 대한 배상책임을 전보하는 것을 목적으로 한 자동차보험의 대인배상범위에서는 이를 제외한 취지라고 보는 것이 타당하고, 그 면책조항이 상법 제659조에 규정된 면책사유보다 보험계약자에게 불이익하게 변경한 규정이라고 볼 수 없어 상법 제663조에 위반되지 않으며 또 이 규정이 신의성실의 원칙에 반하거나 또는 약관의 규제에 관한 법률의 취지에 위배되어 무효라고 볼 수

---

1) 동지: 박세민, 전게논문(경영법률 제13집 1호), 26면.
2) 대판 1994. 10. 25, 93 다 39942(공보 981, 3076).
 동지: 대판 1997. 2. 28, 96 다 53857(공보 1997, 931)(피보험자의 '계모'는 민법상 모〈母〉가 아니나 자동차보험의 가족운전자 한정운전 특별약관상의 모에 포함된다).
 반대: 대판 2004. 1. 15, 2003 다 53404(신문 3239, 10)(자동차종합보험약관의 해석은 보험단체 전체의 이해관계를 고려하여 객관적·획일적으로 해석해야 할 것이므로, 가족운전자 한정운전 특별약관 소정의 기명피보험자의 부〈父〉에는 법률상 부가 아닌 기명피보험자의 모의 사실상 배우자는 포함되지 않는다); 동 2009. 1. 30, 2008 다 68944(공보 2009, 250)(보통거래약관 및 보험제도의 특성에 비추어 볼 때 약관의 해석은 일반 법률행위와는 달리 개개 계약 당사자가 기도한 목적이나 의사를 기준으로 하지 않고 평균적 고객의 이해가능성을 기준으로 하되 보험단체 전체의 이해관계를 고려하여 객관적·획일적으로 해석하여야 하므로, 자동차종합보험의 가족운전자 한정운전 특별약관에 정한 기명피보험자의 모에 기명피보험자의 법률상의 모가 아닌 기명피보험자의 부의 사실상의 배우자는 포함되지 아니한다).
3) 대판 1992. 3. 13, 91 다 33285(공보 919, 1301).

없다. 또 사용자가 산업재해보상보험과 자동차종합보험에 함께 가입하였다고 하여도 이는 보험의 목적과 보험사고가 동일하다고 볼 수 없으므로 상법 제672조 소정의 중복보험에도 해당한다고 할 수 없다」고 판시하여,[1] 이러한 면책조항의 유효성을 인정하고 있다.

그러나 우리 대법원판례는 이러한 면책조항은 산업재해보상보험법에 의하여 보상을 받을 수 없는 경우는 면책사유의 대상에서 제외된다는 취지로 다음과 같이 판시하고 있다. 즉, 「자동차보험 보통약관 제11조 2항 4호(2014. 6. 현재 약관 8조 2항 2호)에서 피해자가 배상책임 있는 피보험자의 피용자로서 산업재해보상보험법에 의한 재해보상을 받을 수 있는 사람인 경우를 보험자의 면책사유로 규정한 것은 사용자와 근로자의 노사관계에서 발생한 업무상 재해로 인한 손해에 대하여는 노사관계를 규율하는 근로기준법에서 사용자의 각종 보상책임을 규정하는 한편, 이러한 보상책임을 담보하기 위하여 산업재해보상보험법으로 산업재해보상보험제도를 설정하고 있음에 비추어 노사관계에서 발생하는 재해보상에 대하여

---

1) 대판 1989. 11. 14, 88 다카 29177(공보 863, 29). 동지: 대판 1990. 4. 27, 89 다카 24070(공보 874, 1141); 동 1992. 1. 21, 90 다카 25499(공보 916, 871); 동 1995. 11. 24, 95 다 39540 (공보 1996, 148); 동 2000. 4. 25, 99 다 68027(공보 2000, 1275)(사용자와 근로자의 노사관계에서 발생한 업무상 재해로 인한 손해에 대하여는 노사관계를 규율하는 근로기준법에서 사용자의 각종 보상책임을 규정하는 한편 이러한 보상책임을 담보하기 위하여 산업재해보상보험법으로 산업재해보상보험제도를 설정하고 있으므로, 대인배상에 관한 보험회사의 면책사유의 하나로 피해자가 배상책임 있는 피보험자의 피용자로서 근로기준법에 의한 재해보상을 받을 수 있는 사람인 경우를 들고 있는 자동차종합보험보통약관은 노사관계에서 발생하는 재해보상에 대하여는 산업재해보상보험에 의하여 전보받도록 하고 제3자에 대한 배상책임을 전보하는 것을 목적으로 한 자동차보험의 대인배상 범위에서는 이를 제외한 취지라고 보는 것이 타당하며, 위와 같은 면책조항이 상법 제659조에서 정한 보험자의 면책사유보다 보험계약자 또는 피보험자에게 불이익하게 면책사유를 변경함으로써 같은 법 제663조에 위반된다고 볼 수 없으며, 약관의 규제에 관한 법률 제7조 제2호에서 정한 '상당한 이유 없이 사업자〈즉 보험회사〉의 손해배상 범위를 제한하거나 사업자가 부담하여야 할 위험을 고객에게 이전시키는 조항'에도 해당되지 아니하므로 이를 무효라고 할 수 없다); 동 2000. 9. 29, 2000 다 19021(공보 2000, 2204); 동 2002. 9. 4, 2002 다 4429(공보 2002, 2324)(자동차사고의 피해자가 배상책임 있는 피보험자의 피용자로서 근로기준법에 의한 재해보상을 받을 수 있는 사람인 경우에 그 사고로 인하여 피보험자가 입게 된 손해를 보험자가 보상하지 아니하기로 정한 자동차종합보험 보통약관상의 면책조항은 노사관계에서 발생하는 재해보상에 대하여는 원칙적으로 산업재해보상보험에 의하여 전보받도록 하고 제3자에 대한 손해배상책임을 전보하는 것을 목적으로 한 자동차보험의 대인배상 범위에서는 이를 제외하려는 데 그 취지가 있는 것이므로, 피해자가 산업재해보상보험법에 의한 재해보상을 받을 수 있는 사람인 경우에는 보험자는 위의 면책약관에 따라 피보험자에 대하여 보상책임을 지지 아니하게 되는 것이고, 한편 구산업재해보상보험법〈1994. 12. 22. 법률 제4826호로 전문 개정되기 전의 것〉 제6조 1항, 제7조의 각 규정에 의하면, 사업의 사업주는 동법 제4조 단서, 동법시행령 제2조의 사업이 아닌 한 당연히 산업재해보상보험의보험가입자가 되어 당해 사업개시일에 보험관계가 성립하는 것으로 규정하고 있으므로 위와 같이 당연 가입되는 사업주가 사업을 개시한 후에 그 사업에 소속한 근로자가 업무상 재해를 입은 때에는 그는 당연히 위 법 소정의 보험급여의 지급을 청구할 수 있다고 할 것이고, 사업주가 동법시행령 제4조 1항 소정의 보험관계 성립의 신고를 하거나 보험료를 납부하는 등의 절차를 밟은 후에 발생한 업무상 재해에 한하여 보험급여의 지급을 청구할 수 있는 것은 아니므로, 재해를 입은 근로자가 보험급여를 실제로 지급받은 경우에 한하여 위 면책조항이 적용되는 것은 아니다).

는 원칙적으로 산업재해보상보험에 의하여 전보받도록 하려는 데에 그 취지가 있는 것
이므로, 근로기준법상의 업무상의 재해라고 할지라도 산업재해보상보험법에 의하여 보
상을 받을 수 없는 경우는 위 면책사유의 적용대상에서 제외하여야 할 것이다」고 판시하
고 있다.1)

③ 피보험자동차가 피보험자의 사용자의 업무에 사용되는 경우 그 사용자의 업무에
종사중인 다른 피용자로서 산업재해보상보험법에 의한 재해보상을 받을 수 있는 사람
(그가 입은 손해가 동법에 의한 보상범위를 넘는 경우 그 초과손해는 보상함).

⒟ 대물배상에 있어서 특유한 면책사유(약관 8조 3항, 삼성약관 8조 3항)

① 피보험자 또는 그 부모, 배우자나 자녀가 소유·사용·관리하는 재물에 생긴 손
해   이에 대하여 우리 대법원판례는 「기명피보험자로부터 그 소속 중기(重機) 기사와
함께 피보험자동차인 기중기(起重機)를 임대받아 이를 사용하여 그 관리와 책임 아래 중
기작업을 한 경우에는, 피보험자의 승낙을 얻어 피보험자동차를 사용 또는 관리중인 자에
해당하여(도급관계라는 원심을 파기환송함)(그 임차인 등이 소유·사용 또는 관리하는 재물에 손해가 생긴 경우
에도 — 저자 주) 보험자는 자동차보험 보통약관 제22조 2항 1호(및 동 약관 제23조 3호)(2014. 6. 현재 약관 8조 3항 1호)
에 의하여 면책된다」고 판시하고 있다.2)

---

1) 대판 1991. 5. 14, 91 다 6634(공보 895, 1151). 동지: 대판 1994. 1. 11, 93 다 5376(공보
936, 679); 동 1994. 3. 11, 93 다 58622(공보 967, 1190); 동 1995. 2. 10, 94 다 4424(공보
988, 1286); 동 1999. 3. 23, 98 다 63773(공보 1999, 746)(배상책임 의무 있는 피보험자의 피용
자가 피해자인 경우에 보험자가 약관의 면책조항에 의하여 면책되려면, 그 피용자가 근로기준법에
따라 재해보상을 받을 수 있을 뿐만 아니라 산업재해보상보험법에 따라 보험급여를 지급받을 수
있어야 한다); 동(전원합의체 판결) 2005. 3. 17, 2003 다 2802(공보 2005, 586)(업무상 자동차종
합보험약관 중 대인배상 Ⅱ에서 '배상책임 있는 피보험자의 피용자로서 산업재해보상보험법〈이하
'산재보험법'이라 한다〉에 의한 재해보상을 받을 수 있는 사람에 대하여는 보상하지 아니한다'는
면책조항을 규정한 취지는, 사용자와 근로자의 노사관계에서 발생한 업무상 재해로 인한 손해에
대하여는 노사관계를 규율하는 근로기준법에서 사용자의 각종 보상책임을 규정하는 한편, 이러한
보상책임을 담보하기 위하여 산재보험법으로 산재보험제도를 설정하고 있으므로, 산재보험 대상인
업무상 자동차사고에 의한 피해 근로자의 손해에 대하여도 산재보험에 의하여 전보받도록 하고,
이처럼 산재보험에 의한 전보가 가능한 범위에서는 제3자에 대한 배상책임을 전보하는 것을 목적
으로 하는 자동차보험의 대인배상 범위에서 이를 제외하려는 데 있는 것으로 해석함이 상당하며,
그렇지 아니하고 업무상 자동차사고에 의한 피해근로자의 손해가 산재보험법에 의한 보상범위를
넘어서는 경우에도 면책조항에 의하여 보험자가 면책된다고 한다면 자동차보험의 피보험자인 사업
주의 피해 근로자에 대한 자동차손해배상보장법 또는 민법 등에 의한 손해배상책임이 남아 있음에
도 불구하고 보험자의 면책을 인정하여 피보험자에게 실질적으로 손해배상책임을 부담하게 하는
것이 되는바, 이는 피보험자동차의 사고로 인하여 피보험자가 타인에 대하여 부담하는 손해배상책
임을 담보하기 위한 자동차보험의 취지에 어긋나는 것으로서, 약관의 규제에 관한 법률 제6조 1
항, 2항 1호 및 제7조 2호 소정의, 고객인 보험계약자 및 피보험자에게 부당하게 불리할 뿐만 아
니라, 사업자인 보험자가 부담하여야 할 위험을 고객에게 이전시키는 것이 되므로, '산재보험법에
의한 보상범위를 넘어서는 손해가 발생한 경우에도 보상하지 아니한다'는 면책조항의 '괄호 안 기
재 부분'은 위 같은 법률의 각 조항에 의하여 효력이 없다).

2) 대판 1995. 4. 28, 94 다 56791(공보 993, 1969).

② 피보험자가 사용자의 업무에 종사하고 있을 때 피보험자의 사용자가 소유·사용·관리하는 재물에 생긴 손해

③ 피보험자동차에 싣고 있거나 운송중인 물품에 생긴 손해   이러한 손해에 대하여는 운송보험에 의하여 보상된다($\frac{상}{688조}$).

④ 다른 사람의 서화, 골동품, 조각물 그 밖에 미술품과 탑승자와 통행인의 의류나 휴대품에 생긴 손해

⑤ 탑승자와 통행인의 분실 또는 도난으로 인한 소지품에 생긴 손해(그러나 훼손된 소지품에 한하여는 피해자 1인당 200만원의 한도 내에서 실제 손해를 보상함)

3) 자동차보험약관상 보험사고가 위와 같은 면책사유에 해당되어 보험자가 보험금을 지급할 의무가 없음에도 불구하고 보험자가 이를 모르고 피해자에게 보험금을 지급하였다면, 보험자는 피해자에 대하여 그 반환을 청구할 수 있고 이의 결과 피해자는 보험자에 대하여 부당이득반환의무가 있으므로, 피해자의 피보험자에 대한 손해배상청구권도 그대로 존속하게 되어 피보험자는 이로 인하여 이득을 한 것으로 볼 수 없다.[1]

또한 하나의 보험사고로 인하여 배상책임을 지는 피보험자가 복수로 존재하는 경우, 자동차보험약관상의 면책조항은 각 피보험자별로 그 적용요건의 유무를 개별적으로 가려 적용하여야 한다.[2] 이는 면책약관의 개별적용론을 긍정하는 입장인데, 이에 의하면 갑 렌트카 회사($\frac{기명피}{보험자}$)로부터 차량을 임차하여 운행하는 A($\frac{승낙피}{보험자}$)가 그의 과실로 갑 소유의 차량을 파손시킨 경우 A는 피해자인 갑에게 손해를 배상한 후 보험금을 청구하거나 또는 갑이 피해자로서 보험금을 직접 청구할 수 있다($\frac{상}{2항}$ 724조)고 본다.[3]

8. 자동차보험계약의 특칙

(1) 자동차보험증권의 기재사항

자동차보험증권에는 손해보험증권에 기재할 사항($\frac{상}{666조}$) 외에 다음의 사항을 기재하여야 한다($\frac{상}{의 3}$ 726조).

1) 자동차소유자와 그 밖의 보유자의 성명·생년월일 또는 상호   이 때 「보유자」라 함은 '자동차의 소유자 또는 자동차를 사용할 권리가 있는 자로서 자기를 위하여 자동차를 운행[4]하는 자'를 말한다($\frac{자배}{2조 3호}$).

---

1) 동지: 대판 1995. 11. 7, 94 다 53327(공보 1006, 3898).

2) 대판 1999. 5. 14, 98 다 58283(공보 1999, 1157).

3) 동지: 장덕조, "동일인소유 차량간의 충돌사고와 대물배상책임보험," 「저스티스」, 통권 제60호 (2001. 4), 98~114면.

4) '운행'의 의미에 대해서는 대판 1994. 4. 29, 93 다 55180(공보 970, 40) 참조(자동차 운전중 졸음이 와 방조제 도로변에 차를 세워놓고 자다가 차가 호수에 빠져 숨진 경우 보험사고인 '운행'

2) 피보험자동차의 등록번호, 차대번호, 차형연식과 기계장치   이러한 사항
은 자동차검사증에 보통 기재된다.

3) 차량가액을 정한 때에는 그 가액   이 차량가액은 신차의 경우에는 그
신차 현금구입가격이 될 것이고, 중고차의 경우에는 중고차시장의 시세에 따라 결
정될 것이다.

(2) 자동차의 양도

1) 피보험자가 보험기간중에 자동차를 양도한 때에는 양수인은 보험자의 승낙
을 얻은 경우에 한하여 보험계약으로 인하여 생긴 권리와 의무를 승계할 수 있다
($\frac{\text{상}\ 726조}{\text{의}\ 4\ 1항}$). 이것은 자동차보험의 보험료산출기준이 자동차 중심에서 운전자 내지 보
유자(피보험자), 즉 사람 중심으로 옮겨가고 있으므로($\frac{\text{연령·건강}}{\text{상태 등}}$) 자동차의 양도로 보험
계약관계도 함께 양수인에게 이전한다고 하면 불합리하기 때문에 둔 규정으로서,
이 경우에는 원칙적으로 보험관계는 승계되지 않고 보험자의 승낙이 있는 경우에만
보험관계의 승계가 가능하도록 한 것이다. 따라서 물건보험의 경우 보험목적이 양
도된 때에는 양수인이 보험계약상의 권리와 의무를 승계한 것으로 추정하는 것
($\frac{\text{상}\ 679조}{1항}$)과는 달리, 자동차보험의 경우는 보험자의 승낙이 있어야 양수인은 보험계
약상의 권리와 의무를 승계하는 것으로 특칙을 둔 것이다. 그러므로 피보험자가 자
동차를 양도하고 양수인이 보험자의 승낙을 받지 않고 그 자동차의 운행중 발생한
사고로 인한 손해에 대하여는 보험자는 보상책임을 지지 않는다[1]($\frac{\text{약관 48조 1항,}}{\text{삼성약관 48조 1항}}$).

그러나 자동차의 양수인이 자동차등록명의를 변경받지 않고 있는 동안에 보험
자의 승낙을 얻어 피보험자를 양도인으로 하였더라도 실질적인 피보험자는 양수인
이므로 보험자는 양수인의 보험사고에 대하여 보상책임을 지고,[2] 또한 양도인이 자
동차등록명의만을 양수인으로 변경하고 실제로 자동차에 대한 운행지배를 하고 있

중 사고라 볼 수 없다).

1) 동지: 대판 1992. 4. 10, 91 다 44803(공보 921, 1546)(이 때 양수인을 약관이 정한 기명피보험
자의 승낙을 얻어 자동차를 사용 또는 관리 중인 자에 해당한다고 할 수 없다); 동 1992. 4. 10,
91 다 44803(공보 921, 1545); 동 1992. 12. 22, 92 다 30221(공보 938, 569); 동 1993. 4. 13,
92 다 8552(공보 945, 1371)(차량의 양수인이 양도인에게 대금을 모두 지급하고 차량을 현실적으
로 인도받은 다음 차량을 운전하던 중에 사고를 냈다면 양도인은 차량의 운행이익이나 운행지배권
을 상실하였다 할 것이므로, 양수인은 '기명피보험자의 승낙을 얻어 자동차를 사용 또는 관리 중인
자'에 해당하지 아니하므로 양도인의 보험자는 책임이 없다); 동 1996. 5. 31, 96 다 10454(공보
1996, 2026)(자동차의 지입차주를 변경한 후 보험약관상 보험승계절차가 이루어지지 않았다면 보
험자는 자동차의 양도 후에 발생한 사고에 대하여 면책된다).

2) 대판 1993. 4. 13, 92 다 6693(공보 945, 1370); 동 1993. 2. 23, 92 다 24127(공보 942,
1059).

는 도중에 발생한 사고에 대하여도 보험자는 보상책임을 진다.[1]

자동차손해배상보장법에 의한 의무(책임)보험에 가입된 자동차가 양도된 경우에는 당해 자동차의 양도일($\substack{양수인이 매매대금을 지급하고 현실적으로 \\ 자동차의 점유를 이전받은 날을 말함}$)부터 자동차관리법 제12조의 규정에 의한 자동차소유권 이전등록신청기간이 만료되는 날($\substack{자동차소유권 이전등록 신청 \\ 기간 만료 전에 양수인이 새}$ $\substack{로운 책임보험 등의 계약을 \\ 체결한 경우에는 그 계약체결일}$)까지의 기간 동안은 상법 제726조의 4의 규정에 불구하고 자동차의 양수인[2]이 의무(책임)보험의 계약에 관한 양도인의 권리의무를 승계한다($\substack{자배 \\ 26조 1항}$).

2) 자동차의 양도가 있을 때 이 사실을 보험자에게 알리고 승낙을 얻고자 할 때에 보험자측에서 이를 지연시키는 경우에는, 양도인과 양수인 사이에 이루어진 보험관계의 이전이 불확정인 채로 남게 되어 불안정하다. 따라서 보험자는 양수인으로부터 양수사실을 통지받은 때에는 지체 없이 승낙여부를 통지하여야 하고, 통지받은 날로부터 10일 내에 낙부(諾否)의 통지를 하지 않으면 승낙한 것으로 본다($\substack{상 726조의 4 2항 \\ 약관 48조 2항}$). 즉, 보험계약의 성립의 경우와 같이($\substack{상 638조 \\ 의 2 1항}$) 보험자의 낙부통지의무와 승낙의제를 인정한 것이다.

이 때 통지 또는 승낙의 방법에 대하여는 상법상 제한이 없으나, 보험약관에 의하면 서면 등에 의한 통지로써 승인청구를 요구하고 있다($\substack{약관 \\ 48조 1항}$).

제 7 관 보증보험계약[3]

1. 총 설

(1) 보증보험의 의의

보증보험계약이란 「채무자인 보험계약자가 채권자인 피보험자에게 계약상의 채무불이행 또는 법령상의 의무불이행으로 입힌 손해를 보험자가 보상할 것을 약정

---

1) 대판 1993. 6. 29, 93 다 1480(공보 951, 2130).
2) 참고: 대판 2015. 12. 24, 2015 다 200838(공보 2016, 222)(자동차보험 특별약관에서 '보험회사는 피보험자동차가 양도된 날로부터 15일째 되는 날의 24시까지 그 자동차를 피보험자동차로 간주하고 양수인을 보험계약자 및 기명피보험자로 본다'고 정한 경우, 위 약관에서 말하는 '자동차의 양도'에 자동차에 대한 사실상의 운행지배를 취득한 양수인이 소유권이전등록을 하지 아니한 채 다시 제 3 자에게 양도하고 현실적으로 자동차의 점유를 이전함으로써 운행지배를 상실한 경우도 포함되고 이러한 법리는 피보험자가 자동차를 양도하고 보험자의 승인을 얻어 기존 자동차보험계약의 피보험자동차를 새로 구입한 자동차로 교체한 경우에도 마찬가지로 적용된다).
3) 상법(제 4 편 보험)상 보증보험에 관한 규정은 2014년 3월 개정상법에서 제 2 장 제 7 절(제726조의 5~제726조의 7)에 신설되었다.

하는 보험계약」이다($^{\text{상}}_{\text{의}} \, 5^{726조}$).[1] 보증보험은 그 성질상 보험성과 보증성의 양면이 있어 상법상 손해보험에 관한 규정의 적용이 적절하지 않는 경우가 많은데, 종래에 이에 관한 규정이 상법에 없어 이에 관한 분쟁은 주로 판례에 맡겨졌다. 그런데 2014년 3월 개정상법은 이에 관한 권리의무관계를 명확히 하기 위하여 상법에 신설규정을 두었는데($^{\text{상 726조의 5~}}_{\text{726조의 7}}$), 이는 종래의 판례를 많이 반영하여 입법한 것이다.

이러한 보증보험을 보험업법은 손해보험상품의 하나로 규정하고 있다($^{\text{보업}}_{\text{1. 나.}} \, 2^{조}$).

(2) 보증보험제도의 효용

채권자가 채무자의 채무불이행으로 손해를 보게 되는 것을 예방하기 위하여는 채권자는 채무자로 하여금 보증인을 세우게 하거나 또는 물적 담보를 제공하게 하는 방법이 있으나 이 경우에 채권자는 보증인에게 보증채무를 이행시키거나 물적 담보를 집행하는 절차가 매우 복잡하여 어려움이 있고, 또한 채무자는 이러한 인적·물적인 담보를 구하는 데 어려움이 있다. 따라서 채권자 및 채무자에게 이러한 어려움을 해결하기 위하여 보증보험이 발생하게 된 것인데, 이는 보증제도와 보험제도가 혼합된 제도라고 할 수 있다($^{\text{상 726조}}_{\text{의 7 참조}}$).[2]

(3) 보증보험계약의 법적 성질

보증보험계약은 보험계약자(채무자)가 계약상의 채무불이행 또는 법령상의 의무불이행으로 인하여 생긴 피보험자(채권자)의 손해를 보험자가 보상할 것을 목적으로 하는 것으로서 이는 보험성과 보증성의 양면의 성질을 가지고 있으나($^{\text{상 726조}}_{\text{의 7 참조}}$),[3]

---

1) 동지: 양(승), (보) 420면; 대판 1990. 5. 8, 89 다카 25912; 동 1999. 9. 3, 99 다 23055(공보 1999, 2047)(보증보험계약은 보험계약자가 주계약에 따른 채무를 이행하지 않음으로써 피보험자가 입게 되는 손해를 보험약관이 정하는 바에 따라 보험계약금액의 범위 내에서 보상하는 것이다).

2) 동지: 정(희), 467면; 양(승), (보) 421면.

3) 동지: 대판 1992. 5. 12, 92 다 4345(공보 1992, 1847); 동 1995. 7. 14, 94 다 10511(공보 998, 2768)(리스보증보험은 보증에 갈음하는 기능을 가지고 있어 보험자의 보상책임은 본질적으로 보증책임과 같은 것이므로 리스물건의 인도 전에 발생한 손해〈이른바 공리스의 경우에 발생하는 손해〉에 대하여는 이를 보증대상에서 제외하는 뜻의 특약을 둘 수 있다. 또한 리스보증보험은 보험계약의 일종이므로 일반적으로 상법상 보험에 관한 통칙규정이 적용되는 것이나, 이 보증보험에서 보험자는 보험금액의 한도에서 리스이용자의 채무불이행이 고의에 의한 것이든 과실에 의한 것이든 그 손해를 보상할 책임을 지는 보증에 갈음하는 기능을 가지고 있어 보험자의 보상책임의 법률적 성질은 본질적으로 보증책임과 같다고 할 것이므로, 상법 제659조 1항은 리스보증보험계약이 보험계약자의 사기행위에 피보험자인 리스회사가 공모하였다든지 적극적으로 가담하지는 않았더라도 그러한 사실을 알면서도 묵인한 상태에서 체결되었다고 인정되는 경우를 제외하고는 원칙적으로 그 적용이 없다); 동 1995. 9. 29, 93 다 3417(공보 1004, 3580); 동 1997. 10. 10, 95 다 46265(공보 1997, 3380)(보증보험계약은 형식적으로는 손해보험계약이나, 실질적으로는 보증의 성격을 갖는다고 한다); 동 1999. 6. 8, 98 다 53707(공보 1999, 1335)(보증보험은 채무자의 채무불이행으로 인하여 채권자가 입게 될 손해의 전보를 보험자가 인수하는 것을 내용으로 하는 손해보험으로서 형식

전체적으로 볼 때 「특수한 손해보험」이라고 볼 수 있다($\frac{상}{의} \frac{726조}{5 참조}$).[1] 그러나 보증보험

적으로는 채무자의 채무불이행을 보험사고로 하는 보험계약이나 실질적으로는 보증의 성격을 가지고 보증계약과 같은 효과를 목적으로 하므로 민법의 보증에 관한 규정이 준용되고, 따라서 보증보험이 담보하는 채권이 양도되면 당사자 사이에 다른 약정이 없는 한 보험금청구권도 그에 수반하여 채권양수인에게 함께 이전된다고 보아야 한다); 동 2000. 12. 8, 99 다 53483(공보 2001, 242)(보증보험은 손해보험으로 형식적으로는 채무자의 채무불이행을 보험사고로 하는 보험계약이나, 실질적으로는 보증의 성격을 가지고 보증계약과 같은 효과를 목적으로 하는 것이다); 동 2018. 10. 25, 2014 다 232784(공보 2018, 2201)(주택분양보증계약은 시행주체가 분양계약상의 주택공급의무를 이행할 수 없게 되는 경우 보증기관이 수분양자가 이미 납부한 계약금과 중도금의 환급이나 주택의 분양에 대하여 이행책임을 부담하기로 하는 조건부 제 3 자를 위한 계약으로서, 성질상 보증보험과 유사하다. 보증보험은 보험계약자의 채무불이행으로 피보험자가 입게 될 손해의 전보를 보험자가 인수하는 손해보험으로서 형식적으로는 채무자의 채무불이행을 보험사고로 하는 보험계약이나 실질적으로는 보증의 성격을 가지고 보증계약과 같은 효과를 목적으로 한다. 따라서 보증보험은 보증의 성격과 보험의 성격을 함께 가지고 그 성질에 반하지 않는 범위에서 보험과 보증의 규정이 모두 적용되며, 이는 성질상 보증보험과 유사한 주택분양보증계약에서도 마찬가지이다).

1) 동지: 대판 2010. 4. 15, 2009 다 81623(공보 2010, 878)(보증보험계약은 기본적으로 보험계약으로서의 본질을 갖고 있으므로, 적어도 계약이 유효하게 성립하기 위해서는 계약 당시에 보험사고의 발생 여부가 확정되어 있지 않아야 한다는 우연성과 선의성의 요건을 갖추어야 한다. 민법의 보증에 관한 규정이 그 성질에 반하지 않는 한 보증보험계약에도 적용되기는 하나, 이는 성질상 허용되는 범위 내에서 보증의 법리가 보증보험에도 적용될 수 있다는 것에 불과할 뿐 이로써 보험계약이 민법상 순수한 보증계약과 같게 된다거나 보증계약으로 전환된다는 의미로 볼 수는 없으므로, 보증보험계약이 보험계약으로서 효력이 없다면 이는 그 자체로 무효이고 이를 보증계약으로나마 유효하다고 할 수는 없다); 동 2014. 10. 27, 2014 다 212926(공보 2014, 2250)(구 공인중개사의 업무 및 부동산 거래신고에 관한 법률〈2013. 3. 23. 법률 제11690호로 개정되기 전의 것〉은 부동산중개업을 건전하게 지도·육성하고 공정하고 투명한 부동산거래질서를 확립함으로써 국민경제에 이바지함을 목적으로 제정된 법으로서〈제 1 조〉, 중개업자가 중개행위를 하면서 고의 또는 과실로 인하여 거래당사자에게 발생하게 한 재산상의 손해에 대한 배상책임을 보장하기 위하여 보증보험이나 국토해양부장관의 승인을 얻은 공제규정에 기초하여 공인중개사협회가 하는 공제사업에 의한 공제에 가입하거나 공탁을 하여야 한다고 규정하고〈제30조 제 3 항, 제42조〉 있다. 이와 같이 위 공제는 비록 보험업법에 의한 보험사업은 아닐지라도 성질이 상호보험과 유사하고 중개업자가 그의 불법행위 또는 채무불이행으로 인하여 거래당사자에게 부담하게 되는 손해배상책임을 보증하는 보증보험적 성격을 가진 제도로서, 중개업자와 한국공인중개사협회 사이에 체결된 공제계약은 기본적으로 보험계약으로서의 본질을 가지고 있으므로, 적어도 공제계약이 유효하게 성립하기 위하여는 공제계약 당시에 공제사고의 발생 여부가 확정되어 있지 않아야 한다); 동 2016. 1. 28, 2013 다 74110(공보 2016, 331)(보증보험계약은 기본적으로 보험계약으로서의 본질을 갖고 있으므로, 적어도 계약이 유효하게 성립하기 위해서는 계약 당시에 보험사고의 발생 여부가 확정되어 있지 않아야 한다는 우연성과 신의성의 요건을 갖추어야 한다. 그리고 계약보증계약은 주계약상 채무자가 귀책사유로 계약상 의무의 전부 또는 일부를 이행하지 아니하는 경우 채권자에게 귀속하는 계약보증금의 납부의무의 이행을 보증하는 보험계약이므로, 보험사고가 발생하였는지는 특별한 사정이 없는 한 주계약 전체를 대상으로 판단하여야 한다. 따라서 주계약 전체를 대상으로 판단할 때 보험사고가 발생한 것으로 볼 수 있어, 보증보험자는 보험금을 지급할 의무가 있다); 동 2021. 2. 25, 2020 다 248698(공보 2021, 710)(보증보험이란 피보험자와 어떠한 법률관계를 가진 보험계약자〈주계약상의 채무자〉의 채무불이행으로 인하여 피보험자〈주계약상의 채권자〉가 입게 될 손해의 전보를 보험자가 인수하는 것을 내용으로 하는 손해보험으로서, 피보험자가 보험자를 상대로 보험금청구권을 행사하기 위하여는 보험계약자의 주계약상의 채무불이행이라고 하는 '보험사고의 발생'과 이에 기한 '피보험자의 재산상 손해의 발생'이라는 두 요건을 필요로 한다. 즉 보험자는 보

을 손해보험의 일종으로 본다고 하더라도, 이는 보증성이 있는 점($\frac{\text{상 726조}}{\text{의 7 참조}}$), 보험계약자의 채무불이행이라는 인위적인 사고에 의하여 발생한 손해를 보험자가 보상하는 점 등과 같은 특성이 있어 보험계약법의 규정이 그대로 적용될 수 없는 특수한 손해보험인 것이다($\frac{\text{상 726조}}{\text{의 6 참조}}$).[1] 이하에서는 보증보험의 보험성과 보증성에 관하여 좀더 상세히 살펴보겠다.

  1) 보 험 성   보증보험의 보험성은 다음과 같은 세 가지의 면에서 나타난다.

  (가) 손해보험성   보증보험에서 보험자는 피보험자(채권자)의 재산상의 손해를 보상할 책임이 있으므로($\frac{\text{상}}{\text{665조}}$), 보증보험은 손해보험성을 갖는다. 그런데 이 때 피보험자의 재산상의 손해는 보험계약자의 고의·과실로 인한 손해라는 점($\frac{\text{즉, 보험사고}}{\text{의 인위성}}$)에서, 이는 보험이 보험사고의 우연성을 전제로 하고 또한 보험계약자 등의 고의·중과실의 경우에는 보험자가 면책되는 점($\frac{\text{상 659조}}{\text{1항}}$)과 모순되어 보증보험을 (손해)보험으로 볼 수 있을 것인가에 대하여 의문이 제기된다. 따라서 이에 대하여 이러한 모순점을 강조하여 보증보험은 보험이 아니라 일종의 보증사업($\frac{\text{다만 편의상 보험회사에}}{\text{서 취급하는 데 불과함}}$)이라고 볼 수 있는 점도 있으나, 보험사고의 우연성을 보험계약 성립시의 사고발생의 불

험계약자가 주계약에 따른 채무를 이행하지 아니함으로써 피보험자가 입게 되는 손해를 약관이 정하는 바에 따라 그리고 그 보험계약금액의 범위 내에서 보상하는 것이다. 보증보험에서 보험사고란 보험계약에서 보험자의 보험금 지급책임을 구체화하는 불확정한 사고를 의미하는 것으로서, 보증보험에서 보험사고가 구체적으로 무엇인지는 당사자 사이의 약정으로 계약 내용에 편입된 보험약관과 보험약관이 인용하고 있는 보험증권 및 주계약의 구체적인 내용 등을 종합하여 결정하여야 한다. 그리고 보증보험증권에 보험기간이 정해져 있는 경우에는 보험사고가 그 기간 내에 발생한 때에 한하여 보험자가 보험계약상의 책임을 지는 것이 원칙이지만, 보증보험계약의 목적이 주계약의 하자담보책임기간 내에 발생한 하자에 대하여 보험계약자의 하자보수의무 불이행으로 인한 손해를 보상하기 위한 것임에도 보험기간을 주계약의 하자담보책임기간과 동일하게 정한 경우 특단의 사정이 없으면 위 보증보험계약은 그 계약의 보험기간, 즉 하자담보책임기간 내에 발생한 하자에 대하여는 비록 보험기간이 종료한 후 보험사고가 발생하였다고 하더라도 보험자로서 책임을 지기로 하는 내용의 계약이라고 해석함이 타당하다).

  보증보험의 법적 성질에 관한 상세는 정찬형, "보증보험의 보증성과 보험성에 관한 연구," 「보증보험의 법적 제문제」(서울보증보험), 2005. 6. 17, 1~82면; 동, "보증보험의 보증성과 보험성에 관한 연구," 「금융법연구」(한국금융법학회), 제 4 권 제 1 호(2007. 9), 55~127면 참조.

 1) 동지: 정(희), 468면; 양(승), (보) 422면; 한기정, "보증보험의 법적 성질에 대한 연구," 「상사법연구」, 제21권 1호(2002), 579~625면(보증보험의 법적 성질은 완전한 보험의 형식을 갖춘 것으로서 보증성을 부인하는 것이 바람직하다고 한다); 동, "보험계약자의 사기에 의하여 체결된 보증보험계약의 효력," 「상사법연구」(한국상사법학회), 제22권 1호(2003), 501~504면(보증보험계약의 실질을 판단하여 보험계약 또는 보증계약 중 어느 하나로 처리하는 것이 간명한데, 일정한 보험의 실질을 갖추고 있으면 순수한 보험계약으로 운용하는 것이 순리이다).
  반대: 장덕조, "보증보험의 법적 성질에 대한 의문의 제기," 「보험법연구 4」(보험법연구회), 175~195면(보증보험을 보험으로 보는 점에 대하여는 재론이 필요하며 또한 기존의 견해를 대신하는 보다 정교한 논리가 필요하다고 한다).

확정성을 의미하는 것으로 보고 상법 제659조 1항에 의한 보험자의 면책도 절대적인 것이 아니고 신의칙에 따라 융통성 있게 해석할 수 있다고 보면, 보증보험을 (손해)보험으로 보는데 그러한 점이 크게 문제가 되지는 않을 것으로 본다.[1] 2014년 3월 개정상법은 보증보험을 손해보험의 하나로 규정하면서($\frac{상\ 726조의\ 5\sim}{726조의\ 7}$) 보증보험의 성질상 보증보험계약에 맞지 않는 상법(보험편)의 일부 규정($\frac{상\ 639조\ 2항\ 단서,\ 피보험자에게\ 귀책사}{유가\ 없는\ 한\ 보험계약자에게\ 사기\cdot고의\cdot}$ 중과실이 있는 경우 상 651조· 652조·653조 및 659조 1항)을 보증보험계약에는 그 적용을 배제하고 있다($\frac{상\ 726조}{의\ 6}$).

(내) 책임보험성 보증보험은 보험계약자의 배상책임을 보험자가 부담하는 점에서 손해보험 중에서도 책임보험성을 갖는다($\frac{상\ 719조}{참조}$). 그러나 보증보험과 책임보험은 배상책임의 당사자와 발생원인에서 각각 구별된다. 즉, (i) 배상책임의 당사자에서 보증보험은 「보험계약자의 피보험자에 대한 배상책임」이나 책임보험은 「피보험자의 제 3 자에 대한 배상책임」이고, (ii) 배상책임의 발생원인에서 보증보험은 「계약상의 채무불이행 및 법령상의 의무불이행」이나 책임보험은 특별한 「제한이 없다」.[2] 이러한 점에서 2014년 3월 개정상법은 보증보험을 책임보험과는 별도로 규정하였다($\frac{상법\ 제4\ 편}{제2장\ 제7절}$).

(대) 타인을 위한 보험성 보증보험은 형식상 보험계약자와 피보험자가 언제나 분리되므로 타인을 위한 보험($\frac{상}{639조}$)이다. 그러나 보험계약자는 인적·물적 담보를 제공하는 대신에 보증보험에 가입하는 것이므로, 실질적으로 자기를 위한 보험의 성격도 있다. 따라서 보증보험은 실질적으로 엄격히 보면 자기를 위한 보험과 타인을 위한 보험의 결합형태라고 볼 수도 있다.[3] 이러한 점에서 보증보험의 성질상 보증보험계약에 맞지 않는 상법(보험편)상 타인을 위한 보험계약에 관한 규정의 일부($\frac{보험계약자가\ 예외적으로}{보험금청구권을\ 갖는\ 경우}$)를 보증보험계약에는 그 적용을 배제하고 있다($\frac{상\ 726조의\ 6\ 1항,}{639조\ 2항\ 단서}$).

2) 보 증 성

(가) 보증보험은 보험계약자(채무자)가 채무를 이행하지 않는 경우(또는 법령상 의무를 이행하지 않은 경우)에 보험자가 보상책임(담보책임)을 지는 점에서($\frac{즉,\ 채권담보적\ 기}{능을\ 하는\ 점에서}$) 민법상 보증과 같이 보증성을 갖는다. 이러한 점에서 2014년 3월 개정상법은 보증보험에 관한 규정을 신설하면서($\frac{상\ 제4편\ 제2}{장\ 제7절}$) 보증보험계약에 관하여는 그 성질에 반하지 아니하는 범위에서 보증채무에 관한 민법의 규정을 준용한다는 규정을 두고

---

1) 동지: 양(승), (보) 424면; 이(기) 외, (보·해) 271면.

2) 동지: 정(희), 468면.

3) 동지: 양(승), (보) 425면.
  반대: 한기정, "보증보험의 법적 성질에 대한 연구," 「상사법 연구」, 제21권 1호(2002), 591~593면.

있다(상 726조). 따라서 보험자(보증채무자)가 하는 주채무(보험계약자의 채무)를 소멸시
키는 행위는 주채무의 존재를 전제로 하므로, 보험자(보증인)의 출연행위 당시에는
주채무가 유효하게 존속하고 있었다 하더라도 그 후 주계약이 해제되어 소급적으로
소멸하는 경우에는 보험자(보증인)는 변제를 수령한 채권자를 상대로 이미 이행한
급부를 부당이득으로 반환청구할 수 있다.[1] 또한 보증보험은 민법상 보증과 같이

---

1) 대판 2004. 12. 24, 2004 다 20265(공보 2005, 191)(보증보험이란 피보험자와 어떠한 법률관계를
가진 보험계약자〈주계약상의 채무자〉의 채무불이행으로 인하여 피보험자〈주계약상의 채권자〉가 입
게 될 손해의 전보를 보험자가 인수하는 것을 내용으로 하는 손해보험으로서, 형식적으로는 채무자
의 채무불이행을 보험사고로 하는 보험계약이나 실질적으로는 보증의 성격을 가지고 보증계약과 같
은 효과를 목적으로 하는 것이므로, 보증보험계약은 주계약 등의 법률관계를 전제로 하고 보험계약
자가 주계약에 따른 채무를 이행하지 아니함으로써 피보험자가 입게 되는 손해를 약관의 정하는 바
에 따라 그리고 그 보험계약금액의 범위 내에서 보상하는 것이고〈대법원 2000. 12. 8. 선고 99 다
53483 판결 등 참조〉, 그 성질에 반하지 않는 한 민법의 보증에 관한 규정이 보증보험계약에도 적
용된다〈대법원 2002. 5. 10. 선고 2000 다 70156 판결 등 참조〉. 그리고 보증채무는 주채무와 동일
한 내용의 급부를 목적으로 함이 원칙이지만 주채무와는 별개 독립의 채무이고〈대법원 2002. 8. 27.
선고 2000 다 9734 판결 등 참조〉, 한편 보증채무자가 주채무를 소멸시키는 행위는 주채무의 존재
를 전제로 하므로, 보증인의 출연행위 당시에는 주채무가 유효하게 존속하고 있었다 하더라도 그 후
주계약이 해제되어 소급적으로 소멸하는 경우에는 보증인은 변제를 수령한 채권자를 상대로 이미 이
행한 급부를 부당이득으로 반환청구할 수 있다 할 것이다); 동 2005. 8. 25, 2004 다 58277(공보
2005, 1554)(보증보험이란 피보험자와 어떠한 법률관계를 가진 보험계약자의 채무불이행으로 인하
여 피보험자가 입게 될 손해의 전보를 보험자가 인수하는 것을 내용으로 하는 손해보험으로 형식적
으로는 채무자의 채무불이행을 보험사고로 하는 보험계약이나 실질적으로는 보증의 성격을 가지고
보증계약과 같은 효과를 목적으로 하는 것이다. 납세보증보험사업자가 세법상 근거 없이 제공하여
〈공법상〉 과세관청에 대하여 무효인 납세보증보험에 기한 피보험자의 보험금지급청구에 기하여 보
험금 명목의 급부를 이행한 경우 그 급부의 귀속자는 법률상 원인 없이 이득을 얻고 그로 인하여 납
세보증보험사업자에게 손해를 가하였다 할 것이어서, 납세보증사업자는 직접 그 급부의 귀속자를 상
대로 이미 이행한 급부를 부당이득으로 반환을 청구할 수 있다); 동 2022. 12. 15, 2019 다
269156(공보 2023, 241)(대법원은 종래부터 보증보험이 피보험자와 특정 법률관계가 있는 보험계
약자〈주계약상의 채무자〉의 채무불이행으로 인하여 피보험자〈주계약상의 채권자〉가 입게 될 손해
의 전보를 보험자가 인수하는 것을 내용으로 하는 손해보험으로서, 형식적으로는 채무자의 채무불
이행을 보험사고로 하는 보험계약이나 실질적으로는 보증의 성격을 가지고 보증계약과 같은 효과
를 목적으로 하는 것이라고 판시해 왔다. 입법자 역시 2014. 3. 11. 법률 제12397호로 상법을 일
부 개정하면서 보증보험에 관한 규정〈제726조의 5부터 제726조의 7까지〉을 신설하여, 보증보험계
약의 보험자는 보험계약자가 피보험자에게 계약상의 채무불이행 또는 법령상의 의무불이행으로 입
힌 손해를 보상할 책임이 있다고 정하는 한편〈제726조의 5〉, 보증보험계약에 관하여는 그 성질에
반하지 아니하는 범위에서 보증채무에 관한 민법의 규정을 준용하도록 하였다〈제726조의 7〉. 이
처럼 보증보험계약이 체결된 경우 보험자의 피보험자에 대한 보험금지급채무는 보험계약자가 피보
험자에 대하여 보험약관이 정한 주계약 등에 따른 채무를 부담한다는 것을 전제로 하므로, 보험금
이 아직 지급되지 않은 상태에서 주계약의 당사자인 보험계약자와 피보험자 사이에 주계약에 따른
채무의 존부와 범위에 관하여 다툼이 있는 경우, 이는 보험자의 피보험자에 대한 보험금지급채무
존부와 범위에도 영향을 미칠 수 있다. 따라서 그러한 경우 주계약의 채무자이기도 한 보험계약자
로서는 우선 그 계약상 채권자인 피보험자를 상대로 주계약에 따른 채무 부존재 확인을 구하는 것
이 분쟁을 해결하는 가장 유효적절한 방법일 수 있다. 갑이 을 주식회사로부터 공사를 하도급받고
을 회사에 병 보험회사와의 이행보증보험계약에 따라 발급된 보증보험증권을 제출하였는데, 그 후

수반성을 갖고,[1] 보험자는 민법 제434조($\substack{보증인의 \ 주채무자의 \\ 채권에 \ 의한 \ 상계권}$)를 준용하여 보험계약자의 (채권자에 대한) 채권에 의한 상계로 피보험자에게 대항할 수 있다.[2]

(나) 그러나 보증보험과 민법상의 보증은 계약의 당사자와 효력에서 각각 구별된다. 즉, (i) 계약의 당사자에서 보증보험은 「보험자와 보험계약자(채무자)」이나 민법상 보증은 「보증인과 채권자(피보험자)」이고, (ii) 계약의 효력에서 보증보험은 보험자가 보험료를 받고 「독립된 채무」를 부담하므로 부종성도 없고 최고·검색의 항변권도 없으나 민법상 보증에서 보증인은 「종된 채무」를 부담하므로 부종성이 있고 최고·검색의 항변권($\substack{민 \\ 437조}$)이 있다.[3]

2. 보증보험계약의 종류

보증보험은 보험자가 인수하는 위험의 종류에 따라 여러 가지로 나뉘는데, 앞에

공사가 지연되던 중 갑이 공사를 포기하였고, 을 회사가 병 회사에 갑의 공사포기를 청구사유로 하여 보증보험계약에 따른 보험금을 청구하자, 갑이 병 회사에 보험금 지급 보류를 요청한 후 을 회사를 상대로 하도급 약정에 따른 채무의 부존재 확인을 구한 사안에서, 갑은 병 회사에 대하여 보증보험계약의 보험계약자이기도 하지만 원칙적으로 을 회사에 대하여 하수급인으로서의 법률상 지위를 갖는 사람이므로 갑이 위 약정에 따른 채무의 부존재 확인을 구할 이익이 있는지는 갑이 하수급인으로서 갖는 지위를 근거로 가려야 하고, 을 회사가 병 회사에 대하여 보증보험계약에 따른 보험금청구권을 보유한다는 것은 갑이 을 회사에 대하여 약정에 따른 채무를 부담한다는 것을 의미하므로, 을 회사가 보험금을 청구한 것은 약정에 따른 채권을 주장하는 것과 다르지 않다는 사정들을 고려하면, 갑에게는 위 약정에 따른 하수급인이라는 법률상 지위에서 을 회사에 대하여 손해배상 등의 채무를 부담할 가능성이라는 법적 불안 또는 위험이 존재하고 있고, 분쟁의 핵심 당사자인 갑과 을 회사가 소송으로 해당 채무의 존부를 가리는 것은 갑의 을 회사에 대한 법률상 지위에 존재하는 법률관계의 불안 또는 위험을 해소할 수 있는 가장 유효적절한 방법이라고 볼 수 있는데도, 확인의 이익을 부정한 원심판결에 법리오해의 잘못이 있다).

1) 동지: 대판 2002. 5. 10, 2000 다 70156(공보 2002, 1355)(보증보험은 채무자의 채무불이행으로 인하여 채권자가 입게 되는 손해의 전보를 보험자가 인수하는 것을 내용으로 하는 손해보험으로서 형식적으로는 채무자의 채무불이행을 보험사고로 하는 보험계약이나 실질적으로는 보증의 성격을 가지고 보증계약과 같은 효과를 목적으로 하므로, 민법의 보증에 관한 규정이 준용되고, 따라서 보증보험이 담보하는 채권이 양도되면 당사자 사이에 다른 약정이 없는 한 보험금청구권도 그에 수반하여 채권양수인에게 함께 이전된다고 보아야 한다. 또한 피보험자가 변경되었을 때 보험자의 승인을 받지 않으면 보험계약은 효력이 상실된다고 규정한 이행〈상품판매대금〉보증보험약관의 규정은 약관의 규제에 관한 법률에 위배되어 무효이다).

2) 대판 2002. 10. 25, 2000 다 16251(공보 2002, 2804)(이행보증보험은 보험계약자인 채무자의 주계약상 채무불이행으로 인하여 피보험자인 채권자가 입게 되는 손해의 전보를 보험자가 인수하는 것을 내용으로 하는 손해보험으로서 실질적으로는 보증의 성격을 가지고 보증계약과 같은 효과를 목적으로 하는 점에서 보험자와 채무자 사이에는 민법상의 보증에 관한 규정이 준용되므로, 이행보증보험의 보험자는 민법 제434조를 준용하여 보험계약자의 채권에 의한 상계로 피보험자에게 대항할 수 있고, 그 상계로 피보험자의 보험계약자에 대한 채권이 소멸되는 만큼 보험자의 피보험자에 대한 보험금 지급채무도 소멸된다).

3) 동지: 양(승), (보) 422~423면.

서 본 바와 같이 상법은 계약상의 채무불이행을 보증하는 보험과 법령상의 의무이
행을 보증하는 보험으로 나누고 있다($\frac{상}{5}$ $726조$). 이행보증보험·할부판매보증보험·지
급계약보증보험·사채보증보험 등은 전자에 속하고, 납세보증보험·인허가보증보험[1]
등은 후자에 속한다.[2]

이외에 신용을 보증하는 보험에 속하는 것으로 신원보증보험·신용카드보증보
험 등이 있다.[3]

3. 보증보험계약의 법률관계

(1) 보증보험계약의 당사자

보험자, 보험계약자 및 피보험자의 3당사자이다. 보험계약자는 채무자이고 피
보험자는 채권자로서, 이 양자는 상호 이해가 대립되는 자이므로 동일인이 될 수
없다. 따라서 보증보험계약은 앞에서 본 바와 같이 언제나 형식상 타인을 위한 보
험계약($\frac{상}{639조}$)이 된다.

그러나 보증보험의 성질상 일반적인 타인을 위한 보험계약과는 달리 보증보험
계약에서는 보험계약자(채무자)가 그 타인(채권자)에게 계약상의 채무를 이행하거나
또는 법령상의 의무를 이행한 경우 보험계약자(채무자)는 보험자에게 언제나 보험금
의 지급을 청구할 수 없다($\frac{상 726조의 6 1항;}{639조 2항 단서}$). 보증보험계약은 그 성질상 보험계약자(채무
자)의 피보험자(채권자)에 대한 채무(의무)불이행을 보험자가 담보하는 것이므로 보

---

1) 대판 2008. 11. 13, 2007 다 19624(공보 2008, 1678)(구 화물유통촉진법〈1999. 2. 5. 법률 제
5801호로 개정되기 전의 것〉 제 8 조 3항, 같은 법 시행령 제11조 2항 및 [별표 1]에 의하여 복합
운송주선업자로서의 등록기준을 갖추기 위하여 건설교통부 장관이나 시·도지사를 피보험자로 하
여 체결한 인·허가보증보험의 보통약관 제 1 조는 "회사는 출원자인 보험계약자가 인가, 허가, 특
허, 면허, 승인, 등록 기타 명칭 여하를 불문하고 특정한 영업설비 또는 행위에 대하여 권리의 설
정, 금지의 해제 기타 행위에 따른 조건을 이행하지 아니함으로써 피보험자 또는 제 3 자가 입은
재산상의 손해를 보험증권에 기재된 사항과 이 약관에 따라 보상하여 드립니다"고 규정하고 있는
바, 이에 의하면 위 보증보험은 복합운송주선업자가 복합운송주선업 영업보증금 및 보증보험가입
금 운영규정〈1994. 5. 26. 제정 교통부 고시 제94-34호〉에 열거된 일정 채무의 변제가 불가능하
게 됨으로써 채권자들에게 손해를 입게 한 경우 그 손해를 보상하기 위하여 체결된 이른바 타인을
위한 손해보험계약이라고 할 수 있으므로, 복합운송주선업자의 영업행위로 인하여 재산상 손해를
입은 채권자들은 당연히 그 계약의 이익을 받아 보험자에게 보험금을 청구할 수 있다. 다만, 위 보
험은 채권자단이 위 운영규정에 따라 2회의 신문 공고를 하고 그 공고기간이 만료하여 채권신고가
마감됨으로써 보험금을 지급받을 채권자들 및 그 보험금액이 확정된다는 것이므로 보험금청구권을
행사하려면 위와 같은 보험금액 확정절차를 마쳐야 할 것이나, 보험금을 청구하고 있는 채권자 외
에 위 운영규정 제 5 조에서 정한 다른 채권자가 없음이 확정된 경우에는 위와 같은 절차를 밟지
않더라도 보험금액이 확정되어 있는 것이어서 보험자에게 보험금을 청구할 수 있다).
2) 동지: 양(승), (보) 425면; 정(희), 468면.
3) 동지: 양(승), (보) 425면.

험계약자(채무자)가 피보험자(채권자)에게 채무(의무)를 이행하면(민법상 보증인의 보증채무가 그의 부종성으로 인하여 주 채무의 소멸과 동시에) 보험자의 보험금지급채무도 소멸되었다고 볼 수 있으므로, 이 경우 보험계약자는 언제나 보험자에게 보험금의 지급을 청구할 수 없도록 한 것이다(상 726조 의 7 참조).[1]

(2) 보증보험의 목적

보험계약자와 피보험자 사이에서 계약 또는 법률에 의하여 발생하는 무형의 채권이다.[2] 따라서 피보험자가 제 3 자에 대하여 부담하는 배상책임으로 인한 손해를 담보하는 책임보험(상 719조)과 구별된다.

보험계약자와 피보험자 사이의 이러한 계약(주계약)은 반드시 보증보험계약을 체결할 당시 이미 확정적으로 유효하게 성립되어 있어야 하는 것은 아니고, 장차 체결될 주계약을 전제로 하여서도 유효하게 보증보험계약이 체결될 수 있다.[3] 또한 보증보험계약의 전제가 되는 주계약이 무엇인지와 피보험자가 누구인지는, 보험계약서와 당사자가 보험계약의 내용으로 삼은 보험약관의 내용 및 당사자가 보험계약을 체결하게 된 경위와 과정 등 제반사정을 종합하여 판단하여야 한다.[4] 또한 보험자는 보증보험계약을 체결함에 있어서 일반적으로 보증대상인 주계약의 부존재나 무효 여부 등에 관하여 조사·확인할 의무가 없다.[5]

---

1) 정찬형, "2007년 확정한 정부의 상법(보험편) 개정안에 대한 의견," 「금융법연구」(한국금융법학회), 제 4 권 제 2 호(2007. 12), 147면 참조.

2) 동지: 양(승), (보) 429~430면; 이(기) 외, (보·해) 272면.

3) 대판 1999. 2. 9, 98 다 49104(공보 1999, 475).

4) 대판 2014. 9. 4, 2012 다 67559(공보 2014, 1990)(보증보험은 피보험자와 특정 법률관계가 있는 보험계약자〈주계약상의 채무자〉의 채무불이행으로 피보험자〈주계약상의 채권자〉가 입게 될 손해의 전보를 보험자가 인수하는 것을 내용으로 하는 손해보험으로서, 형식적으로는 채무자의 채무불이행을 보험사고로 하는 보험계약이나 실질적으로는 보증의 성격을 가지고 보증계약과 같은 효과를 목적으로 하는 것이므로, 보증보험계약은 주계약 등의 법률관계를 전제로 하여 보험계약자가 주계약 등에 따른 채무를 이행하지 아니함으로써 피보험자가 입게 되는 손해를 보험약관이 정하는 바에 따라 그리고 보험계약금액의 범위 내에서 보상하는 것이다. 따라서 보증보험계약이 효력을 가지려면 보험계약자와 피보험자 사이에 주계약 등이 유효하게 존재하여야 하는데, 보증보험계약의 전제가 되는 주계약이 무엇인지와 피보험자가 누구인지는, 보험계약서와 당사자가 보험계약의 내용으로 삼은 보험약관의 내용 및 당사자가 보험계약을 체결하게 된 경위와 과정 등 제반 사정을 종합하여 판단하여야 한다. 따라서 물류회사인 갑 주식회사 등이 자동차 제조·판매회사인 을 주식회사와 자동차매매계약을 체결하면서 병 보증보험회사와 할부판매보증보험계약을 체결한 다음 보험증권을 담보로 할부금융사인 정 주식회사와 할부금융대출약정을 체결한 사안에서, 보증보험계약 체결 당시 제출되거나 발급된 할부판매보증보험 청약서와 보험증권에는 피보험자가 을 회사로, 보증내용이 할부판매대금 지급보증으로 각각 기재되어 있지만, 갑 회사 등과 병 회사의 약정에 따라 할부금융특별약관이 적용됨으로써 병 회사는 보험계약자인 갑 회사 등이 금융기관인 정 회사와 체결한 금전소비대차계약에서 정한 할부금융채무를 이행하지 아니할 경우 정 회사가 입게 될 손해를 보상하도록 되어 있는 점 등 제반 사정에 비추어 위 보증보험계약은 할부금융대출약정을 보증대상인 주계약으로 하고 할부금융사인 정 회사를 피보험자로 하여 체결된 것이다).

(3) 보험자의 보상책임

1) 보험자는 피보험자가 보험기간중에 생긴 보험사고[1]로 인하여 입은 실제의 손해를 보상할 책임을 지는데($\frac{\text{상}\ 665조,}{726조의 5}$),[2] 이 보상액은 보험금액을 한도로 한다.[3] 그러

---

5) 대판 2014. 9. 25, 2011 다 30949(공보 2014, 2094)(갑 주식회사가 을 주식회사와 버스구매계 약을 체결하고 매매대금 대부분을 지급하였는데, 그 후 을 회사에서 받은 자동차판매계약서 사본을 이용하여 병 보증보험회사와 버스에 관한 할부판매보증보험계약을 체결한 다음 보험증권을 담보로 할부금융사인 정 주식회사와 할부금융대출약정을 체결한 사안에서, 갑 회사가 할부금융대출 약정을 체결하면서 매매대금 대부분이 지급된 상태의 자동차판매계약서 사본을 제출하는 방법으로 자동차 매매계약이 새롭게 체결된 것과 같은 외관만 만들었을 뿐 실제로 을 회사에서 버스를 새로 매수한 것이 아니므로, 위 대출약정은 갑 회사가 을 회사와 자동차 매매계약을 체결하고 매매대금 을 지급하기 위하여 금융기관과 체결한 할부금융대출약정이라고 할 수 없어 할부판매보증보험계약 의 보증대상인 주계약에 해당하지 않는다. 또한 보증보험회사는 보증보험계약을 체결함에 있어서 일반적으로 보증대상인 주계약의 부존재나 무효 여부 등에 관하여 조사·확인할 의무가 없고, 다만 보증보험청약서 등 보험계약자가 제출하는 서류에 보증대상인 주계약의 부존재나 무효 등을 의심 할만한 점이 발견되는 등의 특별한 사정이 있는 경우에 위와 같은 조사·확인 의무가 면제되지 않 는다).

1) 리스보증보험에서의 보험사고에 대하여 우리 대법원은「리스료의 연체 사실 그 자체만으로는 보 험사고가 발생한 것으로 볼 수 없고, 리스료 연체를 이유로 리스계약이 해지된 때 비로소 보험사고 가 발생한 것으로 보아야 한다」고 판시하고 있다[대판 1998. 2. 13, 96 다 19666(공보 1998, 711)].

동지: 대판 2006. 4. 28, 2004 다 16976(공보 2006, 908)(계약이행보증보험계약에 있어서 보험 약관 등 제반 사정에 비추어 볼 때, 주계약에서 정한 채무의 불이행 그 자체만으로는 아직 보험사 고가 발생한 것으로 볼 수 없고, 피보험자가 보험기간 안에 채무불이행을 이유로 보험계약자에 대 하여 주계약을 해제하여 계약이행보증금반환채권을 가지게 된 때에 비로소 보험사고가 발생한 것 으로 봄이 상당하다).

반대: 서울민사지판 1995. 9. 26, 95 가합 54773(신문 2448, 13)(리스보증보험에 있어서 보험사 고란 보험계약자가 리스료를 1회라도 지체하는 것을 말하고, 리스회사의 선택에 의해 좌우되는 리스 계약의 해지여부나 해지일자에 의해 보험사고의 발생여부를 판단할 수 없다).

이행보증보험에서의 보험사고에 대하여 우리 대법원은「보증보험계약이 형식적으로는 채무자의 채 무불이행을 보험사고로 하는 보험계약이지만 실질적으로는 보증의 성격을 가지고 보증계약과 같은 효과를 목적으로 하는 것인 점에 비추어 보면, 이행보증보험의 보통약관 제1조에 '피고는 채무자 인 보험계약자가 보험증권에 기재된 계약에서 정한 채무(이행기일이 보험기간 안에 있는 채무에 한 합니다)를 이행하지 아니함으로써 채권자인 피보험자가 입은 손해를 보험증권에 기재된 사항과 이 약관에 따라 보상하여 드립니다'라고 규정하고 있는 것은, 보험기간이 경과하기 전에 이행기가 도래 하는 채무가 그 이행기일까지 이행되지 아니하면 피고는 보험금을 지급한다는 의미로 해석되고, 피 고가 상고이유로 주장하는 바와 같이 늦어도 보험기간 만료일의 전날까지 채무의 이행기가 도래하여 보험기간 만료일에는 채무자가 이행지체에 빠져야 보험기간 내에 보험사고가 발생한 것으로 볼 수 있는 것은 아니다」고 판시하고 있다[대판 2002. 12. 10, 2000 다 12204(신문 3131, 9)].

2) 대판 1999. 6. 22, 99 다 3693(공보 1999, 1469)(보증보험에서 보험자의 보상책임의 발생요건 은 채무불이행이라는 보험사고의 발생과 이에 기한 피보험자의 재산상 손해의 발생이라는 두 요건 인데, 이 두 요건은 서로 별개이다); 동 2001. 5. 29, 2000 다 3897(공보 2001, 1455)(제작물공급 계약상의 채무자가 부담하는 선급반환의무의 이행을 보증하는 보험계약에서 '보험기간 내에 지급 된 선급금만 담보함'이라는 특약이 있는 경우 보험자는 보험기간 내에 지급된 선급금에 대하여는 비록 보험기간이 종료된 후 보험사고가 발생하였다 하더라도 보험금을 지급하여야 한다).

나 당사자간에 정액보상특약이 있는 경우에는 그 금액을 정액으로 보상하여야 한다.[1]
이 때 보증보험에서의 보험사고는 앞에서 본 바와 같이 인위적인 사고라는 점과 보험
사고가 발생하여도 손해가 생기지 않는 경우가 있는 점[2](예컨대, 입찰보증보험에서 피보험자가 동액으로 다시 계약을 체결한 경우 등)
등에 특징이 있다. 보험자는 피보험자가 보험사고의 발생사실을 통지하고 보험증권
이나 그 사본과 손해액을 증명하는 서류를 제출하여 보험금지급을 청구한 때에는,
약관에 따라 보험금지급에 따른 절차를 마치면 즉시 보험금을 지급하여야 한다.[3]
보증보험의 이러한 특징으로 인하여 종래의 우리 대법원판례는 「보험자는 보험계약
자의 사기를 이유로 보증보험계약을 취소하는 경우에도, 피보험자가 그와 같은 기
망행위가 있었음을 알았거나 알 수 있었던 경우 등과 같은 특별한 사정이 없는 한
보험자는 보험계약의 취소를 가지고 피보험자에게 대항할 수 없다」고 판시하였다.[4]

---

3) 동지: 1994. 9. 9, 94 다 2725(공보 978, 2604)(리스보증보험계약이 리스물건 등 일부 세부적인
사항이 확정되지 아니한 상태에서 차차 이를 확정할 것을 전제로 리스계약에 기한 일정액의 손해
배상채무를 담보하기로 하고 그에 기하여 보험기간 및 보험료율 등을 정한 것이라면, 그 후 리스변
경계약에 따라 리스물건을 추가한 경우에도 보험자는 보증보험책임이 있다. 또한 리스보증보험계
약상의 보험사고가 발생하여 보험금까지 지급된 이상 보험기간 미경과분에 해당하는 보험료의 반
환을 구하는 것은 보험계약의 본질에 비추어 허용될 수 없다).

1) 정액보상특약은 당사자간에 손해액의 증명 등의 불편을 방지하기 위하여 보상액을 정액으로 특
약하는 것인데, 민법상의 손해배상액의 예정(민 398조 1항)과 그 취지를 같이 한다[양(승), (보)
432면].

2) 보험자는 보험사고와 상당인과관계가 있는 손해만을 보상하므로, 이 때에는 물론 보상책임을 지
지 않는다.

3) 동지: 정(희), 469면; 양(승), (보) 432면.

4) 대판 1999. 7. 13, 98 다 63162(공보 1999, 1612)[이 판결에 대하여 찬성하는 취지의 평석으로
는 홍성주, 「판례연구」(부산판례연구회), 제13집(2002), 131~171면]. 동지: 대판 2001. 2. 13, 99
다 13737(공보 2001, 639)(보증보험은 보험계약자인 채무자의 채무불이행으로 인하여 채권자가
입게 되는 손해의 전보를 보험자가 인수하는 것을 내용으로 하는 손해보험으로서, 형식적으로는
채무자의 채무불이행을 보험사고로 하는 보험계약이지만 실질적으로는 보증의 성격을 가지고 보증
계약과 같은 효과를 목적으로 하고, 이행보증보험과 같은 경우 피보험자는 보증보험에 터잡아 물
품공급계약을 체결하거나 이미 체결한 물품공급계약에 따른 물품인도의무를 이행하는 것이 보통이
므로, 일반적으로 타인을 위한 보험계약에서 보험계약자의 사기를 이유로 보험자가 보험계약을 취
소하는 경우 보험사고가 발생하더라도 피보험자는 보험금청구권을 취득할 수 없는 것과는 달리,
보증보험계약의 경우 보험자가 이미 보증보험증권을 교부하여 피보험자가 그 보증보험증권을 수령
한 후 이에 터잡아 새로운 계약을 체결하거나 이미 체결한 계약에 따른 의무를 이행하는 등으로
보증보험계약의 채권담보적 기능을 신뢰하여 새로운 이해관계를 가지게 되었다면 그와 같은 피보
험자의 신뢰를 보호할 필요가 있으므로, 주채무자에 해당하는 보험계약자가 보증보험계약을 체결
함에 있어서 보험자를 기망하였다는 이유로 보험자가 보증보험계약 체결의 의사표시를 취소하였다
하더라도, 이미 그 보증보험계약의 피보험자인 채권자가 보증보험계약의 채권담보적 기능을 신뢰
하여 새로운 이해관계를 가지게 되었다면, 피보험자가 그와 같은 기망행위가 있었음을 알았거나
알 수 있었던 경우이거나, 혹은 피보험자와 보험자 사이에 피보험자가 보험자를 위하여 보험계약
자가 제출하는 보증보험계약 체결 소요 서류들이 진정한 것인지 등을 심사할 책임을 지고 보험자
는 그와 같은 심사를 거친 서류만을 확인하고 보증보험계약을 체결하도록 미리 약정이 되어 있는

2014년 3월 개정상법(보험편)은 보증보험의 이러한 특징을 반영하여 「보증보험
계약에 관하여는 보험계약자의 사기·고의 또는 중대한 과실이 있는 경우에도 이에
대하여 피보험자에게 책임이 있는 사유가 없으면 상법 제651조($\substack{고지의무 위반으로 \\ 인한 계약해지}$)·제
652조($\substack{위험변경증가의 \\ 통지와 계약해지}$)·제653조($\substack{보험계약자의 고의·중과실로 \\ 인한 위험증가와 계약해지}$) 및 제659조 제1항($\substack{보험계약자의 고의· \\ 중과실로 인한 보}$
$\substack{보험자의 면책}$)을 적용하지 아니한다」고 명문으로 규정하였다($\substack{상 726조 \\ 의 6 2항}$). 따라서 보증보험
계약에서는 보험계약자가 고의 또는 중대한 과실로 인하여 중요한 사항을 고지하지
아니하거나 부실의 고지를 한 때에도 이에 대하여 피보험자에게 책임이 있는 사유
가 없으면 보험자는 보험계약을 해지할 수 없고($\substack{상 726조의 6 \\ 2항, 651조}$), 보험기간중에 보험계약
자가 사고발생의 위험이 현저하게 변경 또는 증가된 사실을 알고 지체 없이 이를
보험자에게 통지하지 아니한 때에도 피보험자에게 책임이 있는 사유가 없으면 보험
자는 보험계약을 해지할 수 없으며($\substack{상 726조의 6 \\ 2항, 652조 1항}$) 보험자가 보험계약자로부터 이러한
위험변경증가의 통지를 받은 때에도 피보험자에게 책임이 있는 사유가 없으면 보험
계약을 해지할 수 없고($\substack{이때 해석상 보험계약자에게 보험료의 \\ 증액은 청구할 수 있다고 본다}$)($\substack{상 726조의 6 \\ 2항, 652조 2항}$), 보험기간중에 보험계
약자의 고의 또는 중대한 과실로 인하여 사고발생의 위험이 현저하게 변경 또는 증
가된 때에도 피보험자에게 책임이 있는 사유가 없으면 보험자는 보험계약을 해지할
수 없으며($\substack{이때 해석상 보험계약자에게 보험료의 \\ 증액은 청구할 수 있다고 본다}$)($\substack{상 726조의 6 \\ 2항, 653조}$), 보험계약자의 고의 또는 중대한
과실로 인하여 보험사고(채무불이행 또는 의무불이행)가 생긴 때에도 피보험자에게
책임이 있는 사유가 없으면 보험자는 피보험자에게 보험금액을 지급할 책임이 있다
($\substack{상 726조의 6 \\ 2항, 659조 1항}$).

2) 보험자는 법률상 또는 보험약관상 면책사유에 의하여 그 보상책임을 면한
다. 그러나 위에서 본 바와 같이 상법 제659조의 적용에 있어서 보증보험의 성질
상 보험계약자의 고의·중과실로 인한 보험사고는 보험자의 면책사유가 아니고
($\substack{상 726조의 6 \\ 2항, 659조 1항}$),[1] 피보험자의 고의·중과실로 인한 보험사고만이 보험자의 면책사유이

데, 피보험자가 그와 같은 서류심사에 있어서 필요한 주의의무를 다하지 아니한 과실이 있었던 탓
으로 보험자가 보증책임을 이행한 후 구상권을 확보할 수 없게 되었다는 등의 특별한 사정이 없
한 그 취소를 가지고 피보험자에게 대항할 수 없다)[이 판결의 결론에는 찬성하나 고지의무제도를
보증보험에는 제한적용되는 것으로 이론구성하여야 한다는 취지로의 평석은 장덕조, "보증보험에
서의 고지의무와 기망행위," 「보험법연구 5」(보험법연구회 편)(서울: 삼지원, 2003), 10~25면].

1) 동지: 대판 1997. 1. 24, 95 다 12613(공보 1997, 619)(상법 제659조 1항은 특별한 사정이 없
는 한 보증보험에는 그 성질상 적용되지 않는다); 동 1998. 3. 10, 97 다 20403(공보 1998, 977);
동 2001. 2. 13, 99 다 13737(공보 2001, 639)(보증보험의 성질상 상법 제659조의 규정은 보증보
험계약이 보험계약자의 사기행위에 피보험자가 공모하였다든지 적극적으로 가담하지는 않았더라
도 그러한 사실을 알면서도 묵인한 상태에서 체결되었다고 인정되는 경우를 제외하고는 원칙적으
로 보증보험에는 그 적용이 없다); 동 2002. 11. 8, 2000 다 19281(공보 2003, 6)(보증보험계약에

다.[1] 또한 피보험자가 정당한 사유 없이 보험자의 손해조사에 협조하지 아니함으로써 증가된 손해에 대하여도 보험약관에 의하여 보험자는 면책되는 경우가 많다.[2]

(4) 보험자의 대위와 구상

1) 보증보험계약에서 보험계약자는 보험계약의 당사자이지 제3자로 볼 수 없고 또 보험계약자의 채무(의무)불이행으로 인하여 생긴 피보험자의 손해를 보험자가 보상하였으면 보험계약자가 피보험자와의 계약에서 생긴 채무(의무)불이행으로 인한 손해배상책임은 이행된 것이므로,[3] 보험자의 제3자에 대한 대위권에 관한 상법 제682조의 규정은 보증보험계약의 보험자에게는 적용될 수 없다고 본다.[4] 그러나 후술하는 바와 같이 보험금을 지급한 보험자에게 보험계약자(채무자)에 대한 구상권($\frac{민}{441조}$)을 인정하거나 또는 변제자의 법정대위권($\frac{민}{481조}$)을 인정하면 결과적으로 보험계약자를 제3자에 포함시키면서 보험자의 제3자에 대한 대위권($\frac{상}{682조}$)을 인정한 것과 유사하게 된다.

2) 보증보험계약에서 보험자는 보험계약자로부터 보험료를 받고 피보험자에 대하여 보증을 한 것이라 할 수 있으므로, 보험금을 지급한 보험자는 채무자의 부탁에 의한 보증인에 준하여 민법 제441조(수탁보증인의 구상권)에 따라 보험계약자(채무자)에게 구상할 수 있고 이러한 구상권은 보험금을 지급한 날 이후의 법정이자 및 피할 수 없는 비용 기타 손해배상을 포함한다($\frac{상\ 726조의\ 7,}{민\ 441조}$).[5] 왜냐하면 보험계약자

서 주채무자에 해당하는 보험계약자가 계약체결 과정에서 보험자를 기망하였다는 이유로 보험자가 보증보험계약 체결의 의사표시를 취소한 경우에, 보험자가 이미 보증보험증권을 교부하여 피보험자가 그 보증보험증권을 수령한 후 이에 터잡아 새로운 계약을 체결하거나 이미 체결한 계약에 따른 의무를 이행하는 등으로 보증보험계약의 채권담보적 기능을 신뢰하여 새로운 이해관계를 가지게 되었다면 원칙적으로 그 취소로써 피보험자에게 대항할 수 없는 것이나, 이 경우에도 피보험자가 그와 같은 기망행위가 있었음을 알았거나 알 수 있었다는 등의 특별한 사정이 있는 때에는 보험자가 보험계약자의 기망을 이유로 한 취소를 가지고 피보험자에게 대항할 수 있다).

1) 대판 1999. 6. 22, 99 다 3693(공보 1999, 1469)(이행보증보험의 약관상 '보험자는 피보험자의 책임있는 사유로 생긴 손해는 보상하지 아니한다'는 규정은 상법 제659조 제1항, 제663조에 위반되거나 약관규제법 제6조, 제7조에 위반되어 무효라고 볼 수 없다).

2) 동지: 양(승), (보) 431~432면; 정(희) 469면.

3) 이는 마치 보증인이 보증채무를 이행하면 주채무가 소멸되는 경우와 같다.

4) 동지: 정(희), 469면; 양(승), (보) 433면(상법 제682조는 보증보험에도 적용되나, 위와 같은 보증보험의 특성상 보험자가 피보험자의 보험계약자에 대한 권리를 취득한다는 것은 뜻이 없다고 한다); 이(기) 외, (보·해) 274면; 한(기), (보) 687면; 최기민, "보증보험에 관한 연구," 법학석사학위논문(2014. 8, 고려대), 77면.

5) 동지: 정(희), 469면; 양(승), (보) 433면; 최기민, 전게 석사학위논문, 70~80면; 대판 1978. 3. 14, 77 다 1758; 동 1997. 10. 10, 95 다 46265(공보 1997, 3380); 동 2012. 2. 23, 2011 다 62144.

의 보험료지급과 보험자의 위험부담이 대가적으로 연결되어 있다고 하더라도 보증
보험계약의 보험사고가 인위적 사고라는 특수한 점을 감안할 때(특히 고의적인 채무불이행과 관련하여 볼 때),
보험계약자의 신의성실이나 보험계약의 선의성이 요청되기 때문이다(이로 인하여 보험계약자의 고의로 인한
채무불이행을 제재)하는 의미도 있다).1)

그러나 보증보험자와 다른 보증인 사이에는 보증보험의 성질상 공동보증인관
계가 성립한다고 보기가 어렵기 때문에, 공동보증인 사이의 구상권에 관한 민법 제
448조(공동보증인간의 구상권)가 당연히 준용된다고 볼 수는 없다고 본다.2)

3) 보증보험계약에서 보험금을 지급한 보험자에게 민법 제481조의 변제자의
법정대위에 관한 규정이 (유추)적용될 수 있을지 여부가 문제된다. 이에 대하여 우
리 대법원판례는 구상권과 변제자대위권을 별개의 권리라고 보면서「보증보험에서
보험금을 지급한 보험자는 민법 제481조의 변제자의 법정대위의 법리에 따라 피보

---

1) 동지: 정(희), 469면; 양(승), (보) 434면.
2) 동지: 대판 2001. 2. 9, 2000 다 55089(공보 2001, 619)(이행〈지급〉보증보험은 보험계약자인
채무자의 주계약상의 채무불이행으로 인하여 피보험자인 채권자가 입게 되는 손해의 전보를 보험
자가 인수하는 것을 내용으로 하는 손해보험으로서 실질적으로는 보증의 성격을 가지고 보증계약
과 같은 효과를 목적으로 하는 점에서 보험자와 채무자 사이에는 민법의 보증에 관한 규정이 준용
된다고 할 것이나, 이와 같은 보증보험계약과 주계약에 부종하는 보증계약은 계약의 당사자·계약
관계를 규율하는 기본적인 법률 규정 등이 상이하여 보증보험계약상의 보험자를 주계약상의 보증
인과 동일한 지위에 있는 공동보증인으로 보기는 어렵다 할 것이므로, 보험계약상의 보험자와 주
계약상의 보증인 사이에는 공동보증인 사이의 구상권에 관한 민법 제448조가 당연히 준용된다고
볼 수는 없다); 동 2001. 11. 9, 99 다 45628(공보 2002, 1)(이행보증보험은 보험계약자인 채무자
의 주계약상의 채무불이행으로 인하여 피보험자인 채권자가 입게 되는 손해의 전보를 보험자가 인
수하는 것을 내용으로 하는 손해보험으로서 실질적으로는 보증의 성격을 가지고 보증계약과 같은
효과를 목적으로 하는 점에서 보험자와 채무자 사이에는 민법의 보증에 관한 규정이 준용된다고
할 것이나, 이와 같은 보증보험계약과 주계약에 부종하는 보증계약은 계약의 당사자, 계약관계를
규율하는 기본적인 법률 규정 등이 상이하여 보증보험계약상의 보험자를 주계약상의 보증인과 동
일한 지위에 있는 공동보증인으로 보기는 어렵다 할 것이므로, 보험계약상의 보험자와 주계약상의
보증인 사이에는 공동보증인 사이의 구상권에 관한 민법의 규정이 당연히 준용된다고 볼 수가 없
고, 또한 보험자가 위험부담의 대가로 보험료를 지급받고 다시 보험계약자에게 구상권을 행사하는
것은 보험의 일반적인 원리에 반하는 것으로 특별한 약정이 없는 한 인정될 수 없는 것이므로, 보
증보험약관상의 특약에 따라 보험계약자에 대하여 구상할 수 있는 것으로 규정되어 있다고 하더라
도, 달리 다른 특별한 약정이 없는 한 위와 같은 특약만으로 보험자가 주계약의 보증인에 대하여도
구상권을 가지는 것으로 해석할 수는 없으므로, 이러한 보증보험계약상 보험자와 주계약상의 보증
인과의 관계에 관한 법리는 보험자와 주계약상 채무자를 위해 자기의 재산을 담보로 제공한 자〈물
상보증인〉에 대한 관계에서도 마찬가지로 적용되어야 할 것이다)[이 판결에 대하여 반대하는 취지
의 평석으로는 김창준,「보험법연구 4」(보험법연구회), 55~72면].
반대: 대판(전) 2008. 6. 19, 2005 다 37154(건설공제조합과 주계약상 보증인은 채권자에 대한
관계에서 채무자의 채무이행에 관하여 공동보증인의 관계에 있다고 보아야 할 것이므로, 그들 중
어느 일방이 변제 기타 자기의 출재로 채무를 소멸하게 하였다면 그들 사이에 구상에 관한 특별한
약정이 없다 하더라도 민법 제448조에 의하여 상대방에 대하여 구상권을 행사할 수 있다)[이 판결
에 찬성하는 견해로는 최기민, 전게 석사학위논문, 87~88면]; 한(기), (보) 688면.

험자가 보험계약자에 대하여 갖는 채권 및 그 담보에 관한 권리를 대위하여 행사할 수 있다」고 판시하고 있다.[1)]

　　그러나 우리 대법원판례는 구상권과 변제자대위권을 별개의 권리로 보면서도 「물상보증인은 자기의 권리에 의하여 구상할 수 있는 범위에서 민법 제481조의 변

[1)] 대판 1997. 11. 14, 95 다 11009(공보 1997, 3783)(리스보증보험계약에서 보험금을 지급한 보험자는 민법 제481조의 변제자의 법정대위의 법리에 따라 피보험자인 리스회사가 리스이용자에 대하여 가지는 채권 및 그 담보에 관한 권리를 대위하여 행사할 수 있다).

동지: 대판 2000. 1. 21, 97 다 1013(공보 2000, 451)(리스이용자의 계약상 채무불이행으로 인한 손해의 보상을 목적으로 한 리스보증보험은 보험금액의 한도 안에서 리스이용자의 채무불이행으로 인한 손해를 담보하는 것으로서 보증에 갈음하는 기능을 가지고 있어 보험자의 보상책임은 본질적으로 보증책임과 같으므로 그 보증성에 터잡아 보험금을 지급한 리스보증보험의 보험자는 민법 제481조가 정하는 변제자대위의 법리에 따라 피보험자인 리스회사가 리스이용자에 대하여 가지는 채권 및 그 담보에 관한 권리를 대위하여 행사할 수 있고, 이와 같은 변제자대위에서 말하는 '담보에 관한 권리'에는 질권이나 저당권 또는 보증인에 대한 권리 등과 같이 전형적인 물적 · 인적 담보뿐만 아니라, 채권자와 채무자 사이에 채무의 이행을 확보하기 위한 특약이 있는 경우에 그 특약에 기하여 채권자가 가지게 되는 권리도 포함된다); 동 2009. 2. 26, 2005 다 32418(공보 2009, 523)(납세보증보험은 보험금액의 한도 안에서 보험계약자가 보증 대상 납세의무를 납기 내에 이행하지 아니함으로써 피보험자가 입게 되는 손해를 담보하는 보증보험으로서 보증에 갈음하는 기능을 가지고 있어, 보험자의 보상책임을 보증책임과 동일하게 볼 수 있으므로, 납세보증보험의 보험자가 그 보증성에 터잡아 보험금을 지급한 경우에는 변제자대위에 관한 민법 제481조를 유추적용하여 피보험자인 세무서가 보험계약자인 납세의무자에 대하여 가지는 채권을 대위행사할 수 있다. 또한 채무를 변제할 이익이 있는 자가 채무를 대위변제한 경우에 통상 채무자에 대하여 구상권을 가짐과 동시에 민법 제481조에 의하여 당연히 채권자를 대위하나, 위 구상권과 변제자대위권은 그 원본 · 변제기 · 이자 · 지연손해금의 유무 등에 있어서 그 내용이 다른 별개의 권리이므로, 대위변제자와 채무자 사이에 구상금에 관한 지연손해금 약정이 있더라도 이 약정은 구상금을 청구하는 경우에 적용될 뿐, 변제자대위권을 행사하는 경우에는 적용될 수 없다); 동 2015. 11. 12, 2013 다 214970(어느 연대채무자가 자기의 출재로 공동면책이 된 때에는 민법 제425조 제 1 항의 규정에 의하여 다른 연대채무자의 부담부분에 대하여 구상권을 가짐과 동시에 민법 제481조와 제482조 제 1 항의 규정에 의한 변제자대위에 의하여 당연히 채권자를 대위하여 채권자의 채권 및 그 담보에 관한 권리를 행사할 수 있는데, 위 구상권과 변제자대위권은 그 원본 · 변제기 · 이자 · 지연손해금의 유무 등에 있어서 그 내용이 다른 별개의 권리이다〈대법원 1997. 5. 30. 선고 97다1556 판결 등〉. 그리고 채무자에 대해 회생절차가 개시된 경우 회생채권자가 자신의 구상권을 회생채권으로 신고하지 아니하여 채무자가 채무자회생법 제251조 본문에 따라 책임을 면하더라도 회생채권자가 채무자에 대하여 이행을 강제할 수 없을 뿐 구상권 자체는 그대로 존속한다고 봄이 타당하므로, 회생채권자가 민법상 변제자대위에 의하여 채권자를 대위하여 채권자의 채권 및 그 담보에 관한 권리를 행사하는 데에는 영향이 없다 할 것이다. 원고를 비롯해서 공동이행방식의 공동수급체 구성원들이 연대하여 하자담보책임을 부담하고 있으므로, 원고가 회생채무자의 부담부분에 대하여도 하자보수의무를 이행함으로써 구상권을 취득함과 동시에 민법상 변제자대위에 의하여 보증채권자인 도급인을 대위하여 도급인의 피고에 대한 하자보수보증계약에 따른 보증금청구권을 행사할 수 있고, 비록 원고가 회생절차에서 장래의 구상권을 회생채권으로 신고하지 아니하여 인정받지 못하더라도, 원고가 보증채권자인 도급인을 대위하여 피고를 상대로 하자보수보증계약에 기한 보증금청구권을 행사하는 데에는 영향이 없다 할 것이다).

이러한 대법원 판례에 찬성하는 견해로는 김창준, "보증보험자의 타 보증인에 대한 구상권,"「보험법연구 4」(서울: 삼지원, 2002), 65~66면; 최기민, 전게 석사학위논문, 82~83면.

제자 법정대위가 인정되므로 물상보증인이 채무를 변제한 때에도 다른 사정에 의하여 채무자에 대하여 구상권이 없는 경우에는 채권자를 대위하여 채권자의 채권 및 담보에 관한 권리를 행사할 수 없다」고 판시하고 있어,[1] 민법 제481조에 의한 변제자 법정대위권은 보험자에게 구상권($\frac{민}{441조}$)이 있음을 전제로 하고 있다. 따라서 구상권이 있는 보증인에게 당연히 변제자의 법정대위($\frac{민}{481조}$)가 인정된다고 해석하면 보증보험계약의 보험자에게도 변제자의 법정대위가 인정된다고 볼 수 있겠으나, 보증보험계약의 보험자에게 수탁보증인의 구상권($\frac{민}{441조}$)이 있는데 이외에 이중으로 변제자의 법정대위권($\frac{민}{481조}$)까지 인정하여 채권자(피보험자)의 채무자(보험계약자)에 대한 담보에 관한 권리까지 인정할 필요가 있는지는 의문이다. 보증보험계약이 보증으로서의 성격이 있다고 하더라도 이는 일반보증계약과는 구별되는데, 보험계약의 외부적인 관계인 피보험자(채권자)의 물상담보권 등까지 취득한다고 볼 수는 없다.

---

1) 대판 2014. 4. 30, 2013 다 80429·80436(공보 2014, 1105).

제4장 인보험

제1절 총   설

제1 인보험계약의 의의

인보험계약(contract of person insurance; Personenversicherungsvertrag)이란 「보험자가 피보험자의 생명 또는 신체에 관하여 보험사고가 발생할 경우에 보험계약으로 정하는 바에 따라 보험금이나 그 밖의 급여를 할 것을 약정하고, 보험계약자가 이에 대하여 보험료를 지급할 것을 약정함으로써 효력이 생기는 보험계약」을 말한다($\frac{\text{상 638조,}}{\text{727조 1항}}$). 이러한 인보험은 보험의 목적이 사람(피보험자)의 생명·신체인 점에서, 보험의 목적이 물건 기타의 재산인 손해보험과 근본적으로 구별된다. 이러한 인보험에 대하여 우리 상법은 인보험이라는 별도의 장을 두고 그것의 통칙규정과 인보험 중의 대표적인 것으로서 생명보험과 상해보험 및 질병보험에 관한 규정을 두고 있다.[1]

이러한 인보험의 경우 보험금은 당사자간의 약정에 따라 분할하여 지급할 수 있다($\frac{\text{상 727조}}{\text{2항}}$).[2] 보험금의 분할지급은 모든 인보험의 공통적인 특질이므로 2014년 3월

---

1) 1960년 이전의 의용(依用)상법에서는 이 인보험 중 생명보험에 관하여서만 규정하고 있었으나, 사람에 관한 보험사고는 생사(生死)뿐만 아니라 신체에 관한 보험사고(예컨대, 질병·상해 등)도 있을 수 있고, 그 이외에 교육·혼인·퇴직·양로 등의 목적을 가진 보험도 있어 그 종류가 점점 늘어나고 복잡해져 가고 있기 때문에, 1962년 제정상법은 상해보험을 추가하였고, 2014년 개정상법(보험편)은 질병보험을 추가하였다.

2) 상법 제727조 제2항의 개정시안에서는 "제1항의 보험금은 당사자 사이의 약정에 따라 '연금으로' 분할하여 지급할 수 있다"고 규정하였는데, 개정안에서는 '연금으로'를 삭제하였다[개정시안과 같이 입법되었어야 한다는 견해로는 정찬형, "2007년 확정한 정부의 상법(보험편) 개정안에 대한 의견," 「금융법연구」(한국금융법학회), 제4권 제2호(2007. 12), 150면].

개정상법(보험편)은 인보험 통칙에서 보험금 분할지급의 근거조항을 신설하였다.[1)] 따라서 보험금의 분할지급은 사람의 사망·생존·상해·질병 등을 보장하는 모든 인보험에서 인정된다.

제2 인보험계약의 특성

인보험계약을 손해보험계약과 비교하여 보면 다음과 같은 특성이 있다. 이를 중요한 보험계약의 요소에 따라 비교하여 본다.

1. 보험의 목적

인보험의 목적은 「사람(피보험자)의 생명 또는 신체」이나, 손해보험의 목적은 「피보험자의 물건 기타의 재산」이다.

2. 보험사고

인보험의 「보험사고는 사람(피보험자)의 생명·신체에 관한 사고」이나, 손해보험의 보험사고는 「피보험자의 물건 기타의 재산에 관한 사고」이다. 인보험의 보험사고에서 사망은 발생여부가 확정적이나 발생시기만이 불확정적인 점에서, 손해보험의 보험사고는 언제나 발생여부도 불확정적인 점과 구별된다. 그러나 인보험의 보험사고라도 상해·질병 등은 그 발생여부도 불확정적인 점에서 손해보험의 보험사고와 같다.

3. 보험금액

인보험에서도 보험금액이 있는 점은 손해보험의 경우와 같으나, 인보험에는 정액보험이 있는 점이 손해보험의 경우와 다르다. 즉, 인보험 중에서 생명보험의 경우는 원칙적으로 보험사고가 발생하면 보험자가 보험계약에서 정한 보험금액을 지급하는데(정액보험), 이 점은 손해보험의 경우 보험사고가 발생하면 보험자가 보험금액을 지급하는 것이 아니라 보험금액의 한도 내에서 피보험자가 실제로 입은 손해액만을 보상하는 점(부정액보험)과 구별된다. 그러나 인보험 중에서 상해보험이나 질병보

---

1) 2014년 3월 개정상법(보험편) 이전에는 생명보험에 관한 규정에서 연금보험을 규정함으로써 (2014 개정전 상 735조의 2) 우리 상법이 생존연금만을 인정하고 그 외의 다양한 형태의 연금은 상법상 인정되지 않는 것과 같은 오해를 유발시켜, 2014년 3월 개정상법(보험편)은 이를 삭제하고 신설된 보험금 분할지급(상 727조 2항)에 이를 포함시켰다.

험 등은 부정액보험의 형식으로 체결되는 경우도 많은데, 이 경우에는 손해보험과 같게 된다.[1] 또한 생명보험 중에서도 보험금액이 자산운용의 성과에 따라 변동하는 변액보험(variable life insurance)이 있다($\frac{보업 108조}{1항 3호}$).[2] 한 마디로 인보험에는 정액보험과 부정액보험이 있으나, 손해보험은 언제나 부정액보험인 점에서 양자는 구별된다.

4. 피보험이익

인보험에 피보험이익의 관념을 인정할 수 있을 것인가에 대하여는, 이를 부정하는 견해(통설)[3]와 이를 긍정하는 견해(소수설)[4]로 나뉘어 있다.

---

1) 이러한 점으로 인하여 손해보험형 상해보험이나 실손의료보험을 중복보험의 대상으로 하여야(이를 위하여 상법 제672조 1항에 '보상액의 총액이 손해액을 초과하는 경우'를 추가하여야 함) 한다는 견해로는 박세민, "중복보험과 상해보험계약에서의 법적 쟁점 분석과 상법 제672조의 개정방향에 관한 연구," 「상사판례연구」(한국상사판례학회), 제31권 제 1 호(2018. 3), 327~358면 참조.

2) 변액보험이란 「보험회사에서 보험계약자가 납입한 보험료의 일부로 자금을 조성하여 특별계정으로 운영하고(보업 108조 1항 3호), 이 특별계정의 운용실적에 따라 보험계약자에게 투자이익을 분배함으로써 보험기간중에 보험금액 등이 변동하는 보험」을 말한다(무배당 삼성변액종신보험 약관 3조 1호 등 참조). 우리나라에서 이러한 변액보험은 2001년 7월부터 보험상품으로 판매되기 시작하였는데, 사망보험금액에는 최저보증이 있으나 해약환급금에는 최저보증이 없는 것이 일반적이다 [김지환, "변액보험과 설명의무," 「상사법연구」, 제21권 2호(2002), 563~566면].

변액보험에 대하여는 김종선, "변액보험(Variable Life Insurance)에 관한 연구," 법학석사학위논문(고려대, 2007. 2); 김대연, "변액보험(부당권유로 인한 보험회사의 책임을 중심으로)," 「비교사법」, 제 9 권 1호(2002. 4), 419~450면 등 참조.

3) 서·정, 404면, 474면; 손(주), 571면; 채, 605면; 한(기), (보) 695면 외.

4) 정(희), 475면[인보험도 손해보험과 같이 보험제도의 본질적·궁극적 기능으로서 '우연한 사고'로 인한 경제생활의 불안정을 제거 또는 경감함을 목적으로 하는 것이며, 또 보험수익자는 피보험자에 대한 보험사고와 경제적인 이해관계가 얽혀 있다고 할 수 있다. 따라서 인보험에 있어서도 보험계약의 체결에 어떠한 제한을 가하지 않는다면, 그것이 도박으로 악용되거나 인위적인 사고를 일으킬 우려가 있는 것이다. 그러므로 인보험에 있어서도 손해보험의 그것과는 그 개념구성에 차이는 있으나, 피보험이익의 관념을 인정하는 것이 타당할 것이다. 물론 인보험에 있어서 피보험이익의 관념을 인정한다 하여도 보험가액의 관념을 인정할 수는 없다. 그러나 인보험에서 피보험이익을 인정하면 보험의 도박화를 방지하기 위하여 보험계약의 체결에 어떠한 제한을 가하는 데 도움이 될 수는 있을 것이다. 타인의 사망보험의 경우 피보험자의 동의를 얻도록 하는 것(상 731조)은 그 예라 할 수 있다]; 양(승), (보) 194면, 439~440면[인보험계약에서 피보험이익이란 '피보험자에 대한 보험사고로 불이익을 받게 되는 자가 가지는 이해관계'라고 하고, 이 점에서 피보험이익의 관념은 보험수익자와 피보험자와의 혈연관계·부양관계 그 밖의 실제적인 경제적 이익을 전제로 한다고 해석한다); 안귀옥, "생명보험의 피보험이익에 관한 연구," 법학석사학위논문(고려대, 1998. 8), 68~70면; 이재복, "보험범죄의 방지를 위한 법률적 대처방안(생명보험계약을 중심으로)," 「기업법연구」(한국기업법학회), 제 8 집(2001), 111~143면(생명보험에서 피보험이익은 보험계약에 내재된 본질적이고 필수적인 요건이다).

영미에서도 인보험에 있어서 피보험이익의 관념을 인정한다(Patterson, p. 154 f.; Vance, p. 183 f.). 영국 생명보험법상 피보험이익을 인정한 판례는 대판 2019. 5. 30, 2017 다 254600(공보 2019, 1307)(보험계약자가 상당한 기간 동안에 발생한 불특정 다수인의 사망 또는 상해에 관하여 정액의 보험금을 지급받기로 하는 보험계약에서, 보험계약자가 그들의 사망 또는 상해와 관련하여 생각건대 인보험은 사람의 생명·신체에 관한 것이므로 이에 대한 금전적인 평가는 있을 수 없다. 따라서 인보험에서는 피보험이익 및 보험가액이란 있을 수 없고, 따라서 초과보험·중복보험·일부보험의 문제도 생길 여지가 없다고 본다.[1]

제3 인보험증권

인보험증권에는 상법 제666조(손해보험증권)에 규정한 기재사항 이외에, (i) 보험계약의 종류, (ii) 피보험자의 주소·성명 및 생년월일, (iii) 보험수익자를 정한 때에는 그 주소·성명 및 생년월일을 기재하여야 한다($\frac{상}{728조}$). 보험계약자는 보험수익자를 보험계약체결 당시에 정하지 않고, 후에 정할 수도 있다($\frac{상}{참조}\frac{733조}{}$).

제4 보험자대위의 금지

손해보험에 있어서는 보험자대위제도를 두어 보험금액을 지급한 보험자는 보험의 목적에 대한 피보험자의 권리($\frac{상}{681조}$)와 제3자에 대한 보험계약자 또는 피보험자의 권리($\frac{상}{682조}$)를 법률상 당연히 취득하는 것으로 하였다. 인보험에 있어서는 보험의 목적의 멸실이란 있을 수 없으므로 보험의 목적에 대한 보험자대위는 있을 수 없다. 그러나 제3자에 대한 보험자대위는 이론상 성립할 수 있지만, 보험계약의 의의를 손해보상계약설에서 찾는 연혁적인 이유에서 인보험에서는 원칙적으로 이를 금지하고 있다.[2] 즉, 상법은 「보험자는 보험사고로 인하여 생긴 보험계약자 또는 보험

금전적인 책임을 부담할 수 있는 지위에 있고, 보험계약을 체결한 의도가 그러한 법적 책임을 부보하기 위한 것인 때에는 보험계약자에게 1774년 제정된 영국 생명보험법〈Life Assurance Act 1774〉 제1조에 따른 피보험이익을 인정할 수 있다. 갑 주식회사와 을 보험회사가 보험사고의 지역적 범위를 남극으로 한정하고 갑 회사가 운항·관리하는 헬기에 탑승하게 되는 다수의 승무원 및 승객을 피보험자로 하여 보험기간 동안 그들이 탑승 및 비행 중에 발생한 사고로 사망하거나 상해를 입을 경우 갑 회사가 을 회사로부터 정액의 사망보험금 또는 상해보험금을 지급받는 내용의 보험계약을 체결하면서 영국법을 준거법으로 정하였는데, 위 헬기가 보험기간 중 남극 지방에서 착륙하다 전복되면서 탑승하고 있던 승객이 상해를 입는 보험사고가 발생하자, 을 회사가 갑 회사에 보험금 전액을 지급하여 완불확인서를 교부받은 다음, 갑 회사를 상대로 위 보험계약은 갑 회사에 피보험이익이 없어 무효라고 주장하면서 위 보험금 상당의 부당이득반환을 구한 사안에서, 위 보험계약의 내용·헬기의 운항·관리자로서 사고 발생 시 손해배상 등 책임을 부담하여야 할 갑 회사의 지위 등 제반 사정에 비추어 보험계약자인 갑 회사에 피보험이익이 인정되므로 위 보험계약이 영국법상 유효하다고 본 원심판단에 영국 생명보험법〈Life Assurance Act 1774〉상 피보험이익에 관한 법리오해 등 잘못이 없다).

1) 이에 관한 상세는 정찬형, "미국법상 생명보험에서의 피보험이익," 「보험법연구 3」(송연양승규 교수정년기념호)(보험법연구회편: 삼지원, 1999), 393~412면.

수익자의 제 3 자에 대한 권리를 대위하여 행사하지 못한다」고 규정하였다(상^{729조}_{본문}). 예컨대, 사망보험의 경우 피보험자가 제 3 자의 불법행위로 사망한 경우에 그 가해자에 대하여 가지는 손해배상청구권은 보험자가 보험금액을 지급한 뒤라 할지라도 이를 취득하지 못한다는 것을 밝힌 것이다. 이 때 상법 제729조 본문은 특별한 사정이 없는 한 피보험자 등이 보험자와의 다른 원인관계나 대가관계 등에 기하여 자신의 제 3 자에 대한 권리를 보험자에게 양도하는 것까지 금하는 것은 아니다.[1]

그러나 상해보험계약의 경우 예외적으로 보험자와 보험계약자 사이에 다른 약정이 있는 때에는 보험자는 피보험자의 이익을 해하지 아니하는 범위 안에서 그 권리를 대위하여 행사할 수 있다[2](상^{729조}_{단서}). 이것은 상해보험계약이 손해보험의 성격

---

2) 동지: 양(승), (보) 441면.

1) 동지: 대판 2007. 4. 26, 2006 다 54781(공보 2007, 767)(상법 제729조 전문이나 보험약관에서 보험자대위를 금지하거나 포기하는 규정을 두고 있는 것은, 손해보험의 성질을 갖고 있지 아니한 인보험에 관하여 보험자대위를 허용하게 되면 보험자가 보험사고 발생시 보험금을 피보험자나 보험수익자〈이하 '피보험자 등'이라고 한다〉에게 지급함으로써 피보험자 등의 의사와 무관하게 법률상 당연히 피보험자 등의 제 3 자에 대한 권리가 보험자에게 이전하게 되어 피보험자 등의 보호에 소홀해질 우려가 있다는 점 등을 고려한 것이므로, 피보험자 등의 제 3 자에 대한 권리의 양도가 법률상 금지되어 있다거나 상법 제729조 전문 등의 취지를 잠탈하여 피보험자 등의 권리를 부당히 침해하는 경우에 해당한다는 등의 특별한 사정이 없는 한, 상법 제729조 전문이나 보험약관에서 보험자대위를 금지하거나 포기하는 규정을 두고 있다는 사정만으로 피보험자 등이 보험자와의 다른 원인관계나 대가관계 등에 기하여 자신의 제 3 자에 대한 권리를 보험자에게 자유롭게 양도하는 것까지 금지된다고 볼 수는 없다).

2) 동지: 대판 2000. 2. 11, 99 다 50699(공보 2000, 675)(피보험자가 무보험자동차에 의한 교통사고로 인하여 상해를 입었을 때에 그 손해에 대하여 배상할 의무자가 있는 경우 보험자가 약관에 정한 바에 따라 피보험자에게 그 손해를 보상하는 것을 내용으로 하는 무보험자동차에 의한 상해담보특약은 손해보험으로서의 성질과 함께 상해보험으로서의 성질도 갖고 있는 손해보험형 상해보험으로서, 상법 제729조 단서의 규정에 의하여 당사자 사이에 다른 약정이 있는 때에는 보험자는 피보험자의 권리를 해하지 아니하는 범위 안에서 피보험자의 배상의무자에 대한 손해배상청구권을 대위행사할 수 있다); 동 2001. 9. 7, 2000 다 21833(공보 2001, 2178)(인보험에 관한 상법 제729조는 보험자가 보험사고로 인하여 생긴 보험계약자 또는 보험수익자의 제 3 자에 대한 권리를 대위하여 행사하지 못하도록 규정하면서, 다만 상해보험계약의 경우에 당사자간에 다른 약정이 있는 때에는 피보험자의 권리를 해하지 아니하는 범위 안에서 그 권리를 대위하여 행사할 수 있도록 규정하고 있고, 한편 자기신체사고 자동차보험은 피보험자가 피보험자동차를 소유·사용·관리하는 동안에 생긴 피보험자동차의 사고로 인하여 상해를 입었을 때에 약관이 정하는 바에 따라 보험자가 보험금을 지급할 책임을 지는 것으로서 인보험의 일종이기는 하나, 피보험자가 급격하고도 우연한 외부로부터 생긴 사고로 인하여 신체에 상해를 입은 경우에 그 결과에 따라 정해진 보상금을 지급하는 보험이어서 그 성질상 상해보험에 속한다고 할 것이므로, 그 보험계약상 타 차량과의 사고로 보험사고가 발생하여 피보험자가 상대차량이 가입한 자동차보험 또는 공제계약의 대인배상에 의한 보상을 받을 수 있는 경우에 자기신체사고에 대하여 약관에 정해진 보험금에서 위 대인배상으로 보상받을 수 있는 금액을 공제한 액수만을 지급하기로 약정되어 있어 결과적으로 보험자대위를 인정하는 것과 같은 효과를 초래한다고 하더라도, 그 계약 내용이 위 상법 제729조를 피보험자에게 불이익하게 변경한 것이라고 할 수는 없다); 동 2002. 3. 29, 2000 다 18752·18769(공

보 2002, 978)(상해보험의 경우 보험금은 보험사고 발생에 의하여 바로 그 지급조건이 성취되고, 보험자와 보험계약자 또는 피보험자 사이에 피보험자의 제 3 자에 대한 권리를 대위하여 행사할 수 있다는 취지의 약정이 없는 한, 피보험자가 제 3 자로부터 손해배상을 받더라도 이에 관계없이 보험자는 보험금을 지급할 의무가 있고, 피보험자의 제 3 자에 대한 권리를 대위하여 행사할 수도 없다); 동 2003. 11. 28, 2003 다 35215 · 35222(공보 2004, 46)(교통상해 의료비 담보와 같이 손해보험으로서의 성질과 함께 상해보험으로서의 성질도 갖고 있는 손해보험형 상해보험에 있어서는 보험자와 보험계약자 또는 피보험자 사이에 피보험자의 제 3 자에 대한 권리를 대위하여 행사할 수 있다는 취지의 약정이 없는 한, 피보험자가 제 3 자로부터 손해배상을 받더라도 이에 관계없이 보험자는 보험금을 지급할 의무가 있다); 동 2003. 12. 26, 2002 다 61958(공보 2004, 211)(피보험자가 무보험자동차에 의한 교통사고로 인하여 상해를 입었을 때에 그 손해에 대하여 배상할 의무자가 있는 경우 보험자가 약관에 정한 바에 따라 피보험자에게 그 손해를 보상하는 것을 내용으로 하는 무보험자동차에 의한 상해담보특약은 손해보험으로서의 성질과 함께 상해보험으로서의 성질도 갖고 있는 손해보험형 상해보험으로서, 상법 제729조 단서의 규정에 의하여 당사자 사이에 다른 약정이 있는 때에는 보험자는 피보험자의 권리를 해하지 아니하는 범위 안에서 피보험자의 배상의무자에 대한 손해배상청구권을 대위행사할 수 있다); 동 2004. 11. 25, 2004 다 28245(공보 2005, 5)(자기신체사고에 대하여 약관에 정한 보험금에서 상대방 차량이 가입한 자동차보험 등의 대인배상으로 보상받을 수 있는 금액을 공제한 액수만을 지급하기로 한 약관조항은 상법 제729조 및 약관의 규제에 관한 법률 제 6 조에 위배되지 않는다); 동 2008. 6. 12, 2008 다 8430(공보 2008, 966)(자기신체사고 자동차보험은 인보험의 일종인 상해보험으로서 상법 제729조 단서에 의하여 보험자는 당사자 사이에 다른 약정이 있는 때에는 피보험자의 권리를 해하지 아니하는 범위 안에서 그 권리를 대위하여 행사할 수 있는바, 상법 제729조의 취지가 피보험자의 권리를 보호하기 위하여 인보험에서의 보험자대위를 일반적으로 금지하면서 상해보험에 있어서 별도의 약정이 있는 경우에만 예외적으로 허용하는 것인 이상, 이러한 약정의 존재 및 그 적용 범위는 보험약관이 정한 바에 따라 이를 엄격히 해석하여야 하는 것이 원칙이므로, 보험자는 특별한 사정이 없는 한 보험약관이 예정하지 아니하는 피보험자의 손해배상청구권을 대위할 수 없다); 동 2014. 10. 15, 2012 다 88716(공보 2014, 2172)(상법 제682조 제 1 항에서 정한 보험자의 제 3 자에 대한 보험자대위가 인정되기 위하여는 보험자가 피보험자에게 보험금을 지급할 책임이 있는 경우라야 하고, 보험계약에서 담보하지 아니하는 손해에 해당하여 보험금지급의무가 없는데도 보험자가 피보험자에게 보험금을 지급한 경우에는 보험자대위의 법리에 따라 피보험자의 손해배상청구권을 대위행사할 수 없는데, 이러한 이치는 상법 제729조 단서에 따른 보험자대위의 경우에도 마찬가지로 적용된다. 따라서 무보험자동차에 의한 상해담보특약의 보험자는 피보험자의 실제 손해액을 기준으로 위험을 인수한 것이 아니라 보통약관에서 정한 보험금 지급기준에 따라 산정된 금액만을 제한적으로 인수한 것이므로, 무보험자동차에 의한 상해담보특약을 맺은 보험자가 피보험자에게 보험금을 지급한 경우 상법 제729조 단서에 따라 피보험자의 배상의무자에 대한 손해배상청구권을 대위행사할 수 있는 범위는 피보험자가 배상의무자에 대하여 가지는 손해배상청구권의 한도 내에서 보통약관에서 정한 보험금 지급기준에 따라 정당하게 산정되어 피보험자에게 지급된 보험금액에 한정된다); 동 2022. 8. 31, 2018 다 212740(공보 2022, 2011)(자동차상해보험은 그 성질상 상해보험에 속하므로, 자동차상해보험계약에 따른 보험금을 지급한 보험자는 상법 제729조 단서에 따라 보험자대위를 허용하는 약정이 있는 때에 한하여 피보험자의 권리를 해치지 않는 범위에서 그 권리를 대위할 수 있다. 갑이 을 보험회사와 자동차보험계약을 체결하면서 자동차상해 특약을 가입하였는데, 갑이 운전하던 피보험차량이 병 지방자치단체가 설치·관리하는 도로에서 중앙선을 침범하여 다른 차량과 충돌하는 바람에 갑이 사망하고 동승자인 그의 처〈妻〉정이 상해를 입자, 을 보험회사가 위 특약의 피보험자인 갑과 정에게 자동차상해보험금을 지급한 다음 사고지점 도로가 설치·관리상 하자로 통상 갖추어야 할 안전성을 갖추지 못하였다며 병 지방자치단체를 상대로 갑과 정의 손해에 관하여 보험자대위청구를 한 사안에서, 위 보험계약의 보통약관 조항에서 보험자대위가 허용되지 않는 경우로 정한 '자기신체사고'는 보통약관에서 정하는 위 보험계약의 담보종목 중 하나인 '자기신을 가지고 있는 점에서 보험관계의 형평을 기하기 위하여, 손해보험의 성질을 갖는 치료비 기타의 실비를 대위하여 행사할 수 있게 할 필요가 있어서 인정된 것이다. 따라서 정액보험의 성질을 갖는 상해보험에는 상법 제729조 단서가 적용되지 않는다고 본다.[1] 이와 같이 상해보험계약에서 예외적으로 보험자의 제 3 자에 대한 대위가 인정된다 하더라도, 이것은 손해보험에서와 같은 법정대위는 아니고 당사자간의 약정(보험약관)에 의한 대위이다.[2]

제 2 절 생명보험계약

제 1 생명보험계약의 의의와 기능

1. 의   의

생명보험계약(life insurance; Lebensversicherung)이란 「보험자는 피보험자의 사망·생존·사망과 생존에 관한 보험사고가 발생할 경우에 약정한 보험금을 지급하

체사고보험'을 가리키는 것으로 보이는데, 위 보험계약의 특별약관에는 '자동차상해 특약에 가입할 경우 자기신체사고보험에 가입할 수 없고, 자기신체사고보험에 적용되는 보통약관을 자동차상해 특약에 적용되는 특별약관으로 대체하여 적용한다'고 기재되어 있기는 하나, 보험자대위에서도 '자기신체사고'를 '자동차상해'로 간주하여 적용한다는 내용은 존재하지 않는 점, 자동차상해보험은 자기신체사고보험을 대체하는 보험으로서 그 보장범위를 확대한 것이므로 자동차사고로 인하여 전혀 피해보상을 받지 못하는 피보험자의 구제가 가장 주된 목적이지 실손해를 초과하여 중복보상을 하기 위한 목적으로 개발된 것이 아닌데, 위 보험계약의 자동차상해 특약에는 배상의무자 또는 제 3 자로부터 아직 지급받지 않은 손해배상금 등을 공제하는 규정이 없어 보험자대위를 허용하지 않을 경우 피보험자에게 중복보상이 이루어질 가능성이 있는 점 등 제반 사정을 살펴보면, 위 보험계약의 보통약관 조항에서 보험자대위를 배제하는 '자기신체사고'에 자동차상해 특약으로 담보되는 사고가 포함되어 있다고 보기 어렵고, 보통약관의 다른 조항에서 위 조항의 경우를 제외하고는 보험자대위를 허용하고 있으므로, 자동차상해 특약에 의하여 보험금을 지급한 경우에도 보험자대위가 허용된다고 봄이 타당한데도, 이와 달리 보아 을 회사의 보험자대위청구를 기각한 원심판단에는 법리오해 등의 잘못이 있다).

독일에서도 손해보험의 방법으로 영위되는 인보험(상해보험)의 경우에는 獨保 제86조(보험자대위)의 적용을 인정하는 것이 지배적이다(Karl Sieg, §67 Anm. 20, in Bruck/Möller, Bd. Ⅱ, 1970, S. 713). 우리나라의 경우 상법 제729조 단서가 신설되기 이전에도 손해보험의 성격을 가지는 인보험에서는 보험정책적인 관점에서 약관에 의하여 보험자대위를 인정하여야 한다는 견해로는 양승규, 「보험자대위에 관한 연구」(삼영사, 1975), 42~44면.

1) 동지: 한(기), (보) 778면.
2) 동지: 양(승), (보) 442면; 장(덕), (보) 437면 외.
　반대: 한(기), (보) 698면(제729조 단서에 의한 보험자대위는 상법 제682조와 같이 법정대위이고, 다만 그 실시 여부를 당사자의 약정에 맡긴 것일 뿐이라고 한다).

기로 하는 인보험계약」을 말한다($\frac{\text{상}}{730\text{조}}$).[1] 생명보험은 인보험의 일종이나 사람의 사
망·생존·사망과 생존을 보험사고로 하는 점에서 사람의 신체에 관한 상해를 보험
사고로 하는 상해보험 및 사람의 신체에 관한 질병을 보험사고로 하는 질병보험과
구별되고, 또 보험자가 지급할 금액이 사람의 생사(生死)에 의하여 발생하는 구체적
인 손해의 유무나 그 액수와는 무관하게 계약에 의하여 정하여진 일정한 금액(정액
보험)인 점에서 손해보험과 구별된다. 이와 같이 생명보험계약은 정액보험으로서 당
사자가 정한 보험금액 이외에 보험가액의 개념이 없는 점에서 초과·중복·일부보
험의 문제는 있을 수 없다. 그러나 생명보험계약에서도 보험사고가 언제 발생하느
냐에 따라 보험금액에 차이를 두는 약정을 할 수는 있다.

보험업법에서 규정하는 생명보험상품에는 생명보험과 연금보험(퇴직보험을 포
함)이 있다($\frac{\text{보업 2조 1호 가,}}{\text{보업시 1조의 2 2항}}$).

2. 기　　능

이러한 생명보험계약은 보험자가 보험료에 의하여 축적된 자산을 금융기관 또
는 기관투자가와 같이 운용하는 기능을 하므로 「저축적 기능」을 수행하고, 또한 보
험사고가 발생할 경우에 보험수익자로 하여금 안정된 경제생활을 영위할 수 있도록
하므로 「보장적 기능」을 수행한다.[2]

제 2 생명보험계약의 종류

1. 보험사고에 따른 종류

(1) 사망보험(Todesfallversicherung)

사망보험은 피보험자의 사망을 보험사고로 하여 보험금을 지급하는 보험계약
이다($\frac{\text{상}}{730\text{조}}$). 사망보험은 다시 보험기간을 피보험자의 종신에 걸치는 것으로 한 「종
신보험」(lebenslängliche Todesfallversicherung)과, 보험기간을 일정한 기간으로 한정
한 「정기보험」(temporäre Todesfallversicherung)으로 나뉜다.

사망보험에서는 15세 미만자, 심신상실자 또는 심신박약자를 피보험자로 한

---

1) 2014년 3월 개정상법(보험편)은 생명보험에서의 보험사고를 '사망·생존·사망과 생존'으로 구
　체적으로 규정하였다. 따라서 개정전에 생사혼합보험으로 규정된 양로보험(개정전 상 735조)은 불
　필요한 조항이 되어 삭제되었다.
2) 동지: 양(승), (보) 441~445면.

경우에는 그 보험계약은 원칙적으로 무효가 된다($\frac{\text{상}}{\text{본문}}$732조). 왜냐하면 이러한 제한능력자의
사망보험을 인정한다면 능력이 제한되는 피보험자가 살해되는 등 그것이 악용될 우려가
있기 때문이다.[1] 그러나 심신박약자가 보험계약을 체결하거나 단체보험($\frac{\text{상}}{\text{의}3}$735조)의
피보험자가 될 때에 의사능력이 있는 경우에는 그러하지 아니하다($\frac{\text{상}}{\text{단서}}$732조). 이는 경
제활동을 하여 가족을 부양하는 심신박약자가 그를 피보험자로 하는 사망보험에 가입
하거나 또는 가입될 수 있도록 함으로써 그 유족의 생활안정을 기할 수 있도록 하기
위하여, 2014년 3월 개정상법(보험편)에서 신설된 것이다. 이 때 심신박약자는 일반적
으로 피한정후견인과 같은 제한능력자일 것인데, 이러한 제한능력자가 보험계약을 체
결하는 경우에는 한정후견인의 동의를 얻어야 하고($\frac{\text{민}}{\text{13조}}$), 단체보험의 피보험자가 되는
경우로서 피보험자 또는 그 상속인을 보험수익자로 하는 경우에는 해당 단체보험계약
의 체결시에 해당 심신박약자가 의사능력이 있음을 요하고 피보험자 또는 그 상속
인이 아닌 자를 보험수익자로 지정할 때에는 단체의 규약에서 명시적으로 정하는 경
우($\frac{\text{이 경우에는 해당 단체보험계약의 체결시에}}{\text{해당 심신박약자가 의사능력이 있음을 요함}}$) 외에는 그 피보험자인 제한능력자의 서면 동의를
받아야 하는데($\frac{\text{상}}{\text{의}3}$735조$_{\text{3항}}$) 그 피보험자인 제한능력자는 (의사능력이 있음을 전제로 하여) 한
정후견인의 동의를 받아($\frac{\text{민}}{\text{13조}}$) 위의 서면 동의를 할 수 있다고 본다.[2]

(2) 생존보험(Erlebensfallversicherung)

생존보험은 피보험자가 일정한 보험기간까지 생존할 것을 보험사고로 하는 보
험계약이다($\frac{\text{상}}{\text{730조}}$). 생존보험(저축성보험)에는 연금보험·교육보험·학자(學資)보험 등
이 있다.

(3) 생사혼합보험(gemischte Versicherung)

생사혼합보험은 일정한 보험기간까지의 생존과 사망의 모두를 보험사고로 하
는 보험계약이다($\frac{\text{상}}{\text{730조}}$). 사람의 사망시기는 일정하지 아니하므로 일정한 보험기간까
지 피보험자의 사망을 보험사고로 한 경우에 보험사고의 발생 없이 보험기간이 끝
난 때에도 보험자의 보험금액의 지급책임을 인정한 이른바 양로보험이 이에 해당한
다.[3] 이러한 혼합보험은 노후의 경제적인 안정을 위하여 많이 이용되는 보험인데,
생명보험계약의 일종이다.[4]

---

1) 동지: 정(희), 478면; 양(승), (보) 446면.
2) 동지: 양기진, "개정 보험계약법의 주요내용 검토 및 향후 입법방안," 2014년 보험법학회춘계학
   술발표회 자료(2014. 4. 18), 12~13면.
3) 동지: 정(희), 478면; 양(승), (보) 446면[그러나 우리나라의 종래의 실정에서 양로보험의 경우
   사망보험금을 생존보험금(만기보험금)보다 더 높게 지급하여 보험성을 강화하고 있어, 엄격한 의
   미에서 양로보험은 순수한 혼합보험은 아니라고 한다]; 한(기), (보) 704면.

2. 피보험자의 수에 따른 종류

(1) 단독(단생 또는 개인)보험(Einzellebensversicherung)

단독(개인)보험은 피보험자 1인의 사망·생존·사망과 생존을 보험사고로 하는 보험계약이다.

(2) 연생보험(Versicherung auf verbundene Leben)

연생(連生)보험은 피보험자 2인($^{부부·}_{제등}$형) 중 1인의 사망을 보험사고로 하는 보험계약이다. 이러한 연생보험 중에는 2인 가운데 특정한 1인이 사망하면 다른 1인이 생존할 것을 조건으로 보험금액을 지급하기로 특약한 보험계약이 있는데, 이를 생잔(生殘)보험이라고 한다.

(3) 단체보험(Gruppenlebensversicherung)

단체보험은 단체($^{예컨대, 어느 특정}_{회사 또는 공장}$)의 구성원의 전부 또는 일부를 포괄적으로 피보험자로 하는 생명보험계약이다($^{상}_{의}$ $^{735조}_{3 1항}$).[1] 이러한 단체보험에서는 구성원이 단체에 가입·탈퇴함으로 인하여 당연히 피보험자의 자격을 취득하거나 상실하고,[2] 이러

---

4) 정(희), 478면; 양(승), (보) 446면.

1) 단체보험을 생명보험과 관련하여 규정하고 있으나, 단체보험은 상해보험과 질병보험에도 가능하고(상 739조, 739조의 3), 이러한 단체보험의 목적은 구성원과 단체의 경제적 수요 대비이다[동지: 한(기), (보) 740~741면].

2) 동지: 대판 2007. 10. 12, 2007 다 42877·42884(공보 2007, 1768)(단체가 구성원의 전부 또는 일부를 피보험자로 하고 보험계약자 자신을 보험수익자로 하여 체결하는 생명보험계약 내지 상해보험계약은 단체의 구성원에 대하여 보험사고가 발생한 경우를 부보함으로써 단체 구성원에 대한 단체의 재해보상금이나 후생복리비용의 재원을 마련하기 위한 것이므로 피보험자가 보험사고 이외의 사고로 사망하거나 퇴직 등으로 단체의 구성원으로서의 자격을 상실하면 그에 대한 단체보험계약에 의한 보호는 종료되고, 구성원으로서의 자격을 상실한 종전 피보험자는 보험약관이 정하는 바에 따라 자신에 대한 개별계약으로 전환하여 보험보호를 계속 받을 수 있을 뿐이다. 또한, 위와 같은 단체보험약관에서 보험회사의 승낙 및 피보험자의 동의를 조건으로 보험계약자가 구성원으로서의 자격을 상실한 종전 피보험자를 새로운 피보험자로 변경하는 것을 허용하면서 종전 피보험자의 자격상실 시기를 피보험자변경신청서 접수시로 정하고 있다고 하여도 이는 보험회사의 승낙과 피보험자의 동의가 있어 피보험자가 변경되는 경우 단체보험의 동일성을 유지하기 위하여 피보험자변경신청서 접수시까지 종전 피보험자의 자격이 유지되는 것으로 의제하는 것이므로 위 약관조항이 피보험자변경이 없는 경우에까지 적용되는 것으로 볼 수는 없다. 원심은 그 채용 증거들을 종합하여 판시와 같은 사실을 인정한 다음, 망 소외인은 피고회사를 퇴사한 2004. 12. 22.에 이 사건 단체보험의 피보험자의 지위를 상실하고, 이 부분 단체보험계약은 종료되었으며, 단체가 소속 근로자가 퇴사한 이후에도 이를 보험회사에 알리지 아니하고 계속 해당 피보험자에 대한 보험료를 납입하였다는 사정은 퇴사와 동시에 단체보험의 해당 피보험자 부분이 종료되는 데 어떠한 영향을 미치지 아니하므로 그 후에 소외인이 사망하는 보험사고가 발생하였다고 하여도 원고 회사가 피고회사에 위 사고와 관련된 보험금을 지급할 의무가 존재하지 아니한다고 판단하였는바, 위 법리와 기록에 비추어 살펴보면 원심의 사실인정과 판단은 정당하고, 거기에 상고이유 주장과 같은 심리미진으로 인한 사실오인 내지 법리오해 등의 위법이 없다).

한 피보험자의 교체에도 불구하고 보험계약은 동일성을 갖는 점에 특성이 있다.[1] 단체보험에서는 보통 단체의 구성원이 피보험자 겸 보험수익자이고 단체의 대표자가 구성원의 복리후생을 위하여 보험계약을 체결하므로 타인을 위한 생명보험계약이 일반적이라고 볼 수 있는데,[2] 보험계약자가 피보험자의 동의 없이 자신을 보험수익자로 하여 자기를 위한 생명보험계약으로도 체결할 수 있는지 여부가 종래에 문제되었다. 이에 대하여 우리 대법원 및 헌법재판소는 이를 긍정하였고,[3] 학설은 긍정설[4]과 부정설[5]로 나뉘어 있었다. 2014년 3월 개정상법(보험편)은 이러한 점을 명백히 하고 단체구성원(및 그의 유족)의 이익을 보호하기 위하여 「단체보험계약에서 보험계약자가 피보험자 또는 그의 상속인이 아닌 자를 보험수익자로 지정할 때에는 단체의 규약에서 명시적으로 정하는 경우 외에는 그 피보험자의 제731조 제1항에 따른 서면동의를 받아야 한다」고 명문으로 규정하였다(상 735조 의 3 3항).

단체보험의 경우에는 단체가 규약(단체협약·취업규칙·정관)에 따라 구성원의 전부

---

1) 동지: 정(희), 478면. 이러한 단체보험의 실무와 관련하여서는 진홍기, "단체보험을 둘러싼 몇 가지 법적 고찰," 「보험법연구 3」(보험법연구회 편)(삼지원, 1999), 413~426면 참조.

2) 동지: 양(승), (보) 449면.

3) 동지: 대판 1999. 5. 25, 98 다 59613(공보 1999, 1253)(단체보험의 경우 보험수익자의 지정에 관하여는 상법 등 관련 법령에 별다른 규정이 없으므로 보험계약자는 단체의 구성원인 피보험자를 보험수익자로 하여 타인을 위한 보험계약으로 체결할 수도 있고, 보험계약자 자신을 보험수익자로 하여 자기를 위한 보험계약으로 체결할 수도 있을 것이며, 단체보험이라고 하여 당연히 타인을 위한 보험계약이 되어야 하는 것은 아니므로 보험수익자를 보험계약자 자신으로 지정하는 것이 단체보험의 본질에 반하는 것이라고 할 수 없다)[이 판결에 대하여 기업을 보험수익자로 하는 단체보험계약은 단체보험의 취지에 어긋난다고 하여 반대하는 취지의 평석으로는 김문재, "단체보험의 귀속," 「상사판례연구」(한국상사판례학회편), 제10집(1999), 103~122면; 동, 법률신문, 제2822호(1999. 9. 20), 13면]; 헌법재판소 1999. 9. 16, 98 헌가 6(전원재판부 결정)(상법 제735조의 3 제1항은 헌법 제10조에 위반하지 않는다); 대판 2006. 4. 27, 2003 다 60259(공보 2006, 883)(단체보험의 경우 보험수익자의 지정에 관하여는 상법 등 관련 법령에 별다른 규정이 없으므로 보험계약자는 단체의 구성원인 피보험자를 보험수익자로 하여 타인을 위한 보험계약'으로 체결할 수도 있고, 보험계약자 자신을 보험수익자로 하여 '자기를 위한 보험계약'으로 체결할 수도 있을 것이며, 단체보험이라고 하여 당연히 타인을 위한 보험계약이 되어야 하는 것은 아니므로 보험수익자를 보험계약자 자신으로 지정하는 것이 단체보험의 본질에 반하는 것이라고 할 수 없다).

4) 긍정설: 정호열, "자기를 위한 단체생명보험에 관한 법적 문제," 「현대상사법논집」(우계강희갑박사화갑기념논문집), 2001, 351~355면(상법 제735조의 3 제1항의 입법과정이나 문언상 피보험자의 서면동의가 없는 보험계약을 무효로 볼 수는 없다고 한다); 고평석, "단체보험금 귀속의 법리에 관한 검토," 「기업법연구」(한국기업법학회), 제8집(2001), 101~109면(단체보험계약은 종업원 개개인을 위하여 체결할 수도 있고, 사업자 자신을 위해서도 체결할 수 있다).

5) 부정설: 장경환, "단체보험의 보험수익자," 「고시계」, 1998. 5, 123면; 주기종, "단체보험계약의 기본적 법률관계," 「상사법연구」, 제20권 2호(2001), 520~526면(보험계약자를 보험수익자로 하는 단체보험에는 피보험자의 서면동의가 필요하다고 한다); 김문재, 전게 상사판례연구(제10집), 103~122면; 동, 전게 법률신문(제2822호), 13면.

또는 일부를 피보험자로 하는 생명보험계약을 체결하는 때에도 피보험자의 제731조
제 1 항에 따른 서면(전자서명법 제 2 조 제 2 호에 따른 전자서명 또는 제 2 조 제 3 호에 따른 공인전자서명이 있는 경우로 서 대통령령으로 정하는 바에 따라 본인 확인 및 위조·변조 방지에 대한 신뢰성을 갖춘 전자문서를 포함함. 이하 같음.)동의를 필요로 하지 않는다($\frac{상}{의 3}$ 735조).[1] 그러나 단체가 이러한 규약을 갖추지
아니한 경우에는 피보험자인 구성원의 제731조 제 1 항에 따른 서면에 의한 동의를
받아야 한다($\frac{상}{1항}$ 735조의 3).[2] 따라서 단체보험계약에서 단체가 이러한 규약을 갖추지
아니한 경우에는 타인을 위한 보험계약이든 자기를 위한 계약이든 언제나 피보험
자인 구성원의 제731조 제 1 항에 따른 서면에 의한 동의를 받아야 하고, 단체가 이
에 관한 규약이 있는 경우에도 자기를 위한 보험계약(또는 피보험자 또는 그의 상속인이 아닌 자를 보험수익자로 하는 보험계약)을
체결할 때에는 이에 관하여 단체의 규약에서 명시적으로 정하지 아니하면[3] 피보험
자의 제731조 제 1 항에 따른 서면동의를 받아야 한다($\frac{상}{의 3}$ 735조 3항).

---

1) 이러한 상법 제735조의 3 제 1 항이 단체구성원의 인간의 존엄성과 국가의 기본권 보호의무에
위배된다고 하여 위헌제청이 있었는데, 우리 헌법재판소의 다수의견은 위헌이 아니라고 결정하였
다[헌법재판소 1999. 9. 16 선고, 98 헌가 6][그러나 소수의견은 헌법 제10조에 위반되어 위헌이
라고 하였다].

2) 동지: 대판 2006. 4. 27, 2003 다 60259(공보 2006, 883)(상법 제735조의 3은 단체가 규약에
따라 구성원의 전부 또는 일부를 피보험자로 하는 생명보험계약을 체결하는 경우에는 제731조를
적용하지 아니한다고 규정하고 있으므로 위와 같은 단체보험에 해당하려면 위 법조 소정의 규약에
따라 보험계약을 체결한 경우이어야 하고, 그러한 규약이 갖추어지지 아니한 경우에는 강행법규인
상법 제731조의 규정에 따라 피보험자인 구성원들의 서면에 의한 동의를 갖추어야 보험계약으로
서의 효력이 발생한다. 이 때 상법 제735조의 3에서 단체보험의 유효요건으로 요구하는 '규약'의
의미는 단체협약·취업규칙·정관 등 그 형식을 막론하고 단체보험의 가입에 관한 단체내부의 협
정에 해당하는 것으로서, 반드시 당해 보험가입과 관련한 상세한 사항까지 규정하고 있을 필요는
없고 그러한 종류의 보험가입에 관하여 대표자가 구성원을 위하여 일괄하여 계약을 체결할 수 있다
는 취지를 담고 있는 것이면 충분하다 할 것이지만, 위 규약이 강행법규인 상법 제731조 소정의 피
보험자의 서면동의에 갈음하는 것인 이상 취업규칙이나 단체협약에 근로자의 채용 및 해고, 재해부
조 등에 관한 일반적 규정을 두고 있다는 것만으로는 이에 해당한다고 볼 수 없다. 또한 이러한 규
약을 구비하지 못한 단체보험의 유효요건으로서의 피보험자의 동의의 방식은 강행법규인 상법 제
731조가 정하는 대로 서면에 의한 동의만이 허용될 뿐 묵시적·추정적 동의는 허용되지 아니한다).

3) 대판 2020. 2. 6, 2017 다 215728(공보 2020, 612)(구 상법〈2017. 10. 31. 법률 제14969호로
개정되기 전의 것, 이하 같다〉 제735조의 3 제 3 항은 '단체보험계약에서 보험계약자가 피보험자
또는 그 상속인이 아닌 자를 보험수익자로 지정할 때에는 단체의 규약에서 명시적으로 정하는 경
우 외에는 그 피보험자의 서면 동의를 받아야 한다'고 규정하고 있는바, 단체의 규약에서 피보험자
또는 그 상속인이 아닌 자를 보험수익자로 명시적으로 정하였다고 인정하기 위해서는 피보험자의
서면 동의가 있는 경우와 마찬가지로 취급할 수 있을 정도로 그 의사가 분명하게 확인되어야 한다.
따라서 단체의 규약으로 피보험자 또는 그 상속인이 아닌 자를 보험수익자로 지정한다는 명시적인
정함이 없음에도〈단체협약에는 보험계약자나 피보험자가 보험수익자로 지정될 수 있다는 내용이
기재되어 있을 뿐임〉 피보험자의 서면 동의 없이 단체보험계약에서 피보험자 또는 그 상속인이 아
닌 자를 보험수익자로 지정하였다면 그 보험수익자의 지정은 구 상법 제735조의 3 제 3 항에 반하
는 것으로 효력이 없고, 이후 적법한 보험수익자 지정 전에 보험사고가 발생한 경우에는 피보험자
또는 그 상속인이 보험수익자가 된다).

단체보험계약이 체결된 때에는 보험자는 보험계약자(단체의대표)에 대하여서만 보험증권을 교부한다(상 735조의 3 2항).

3. 보험금액의 지급방법에 따른 종류

(1) 일시금지급보험

일시금지급보험은 보험사고가 발생한 때에 보험자가 보험금액의 전부를 일시에 지급하는 보험계약이다. 당사자간에 다른 약정이 없으면 일시금지급보험이 일반적이다.

(2) 분할지급보험

분할지급보험은 당사자간의 약정에 따라 보험사고가 발생한 때에 보험자가 보험금액을 분할하여 지급하는 보험계약이다(상 727조2항).[1] 연금보험(Rentenversicherung)은 생존이라는 보험사고와 생존기간동안 보험금액의 분할지급방식이 결합된 보험인데,[2] 보험금액을 지급하는 기간에 따라 종신연금보험과 정기연금보험이 있다.

4. 기타의 기준에 따른 종류

보험회사가 보험계약자에게 이익배당을 하는지(보험료와 상계) 여부에 따라 이익배당부보험과 무이익배당보험(무배당보험)이 있고, 피보험자의 표준체 여부에 따라 표준체(標準體)보험과 표준하체(標準下體)보험이 있으며, 신체검사의 유무에 따라 진사(診査)보험과 무진사(無診査)보험이 있다.

제3 타인의 생명보험

1. 총 설

(1) 의 의

타인의 생명보험(Lebensversicherung auf fremdes Leben)이라 함은 「보험계약자가 자기 이외의 제3자를 피보험자로 한 생명보험」을 말하는데, 이 경우 특히 자기 이외의 제3자의 사망을 보험사고로 한 생명보험을 협의의 타인의 생명보험이라고 한다. 이에 대하여 보험계약의 당사자인 보험계약자 자신을 피보험자로 한 생명보

---

1) 상법 제727조 제2항은 확인적 규정으로 특별한 의미를 갖지 못한다는(즉, 이러한 규정이 없는 손해보험에서도 분할지급이 가능하다는) 견해로는 한(기), (보) 705면.
2) 동지: 한(기), (보) 705면.

험을 '자기의 생명보험'이라고 한다.

(2) 제   한

보험계약자는 생명보험계약을 체결할 때에 누구를 피보험자로 할 것인가를 정하여야 한다($\binom{상\ 728조}{2호\ 참조}$). 그러나 타인의 생명보험($\binom{특히\ 타인의\ 사망을\ 보험사고}{로\ 하는\ 타인의\ 생명보험}$)을 무제한으로 인정하면 보험이 도박화할 우려가 있고 또 피보험자의 생명을 해할 위험이 있으므로, 이에 대한 어떠한 제한이 필요하게 된다.[1] 따라서 어느 나라에서나 타인의 생명보험에는 모두 일정한 제한을 두고 있는데, 이에는 피보험자인 타인의 생사(生死)에 관하여 어떠한 이익을 갖는 자만이 이 보험계약을 체결할 수 있도록 하는 입법례(이익주의)($\binom{영·미}{벨기에\ 등}$)와, 타인의 사망을 보험사고로 하는 타인의 생명보험계약을 체결함에는 이러한 이익을 불문하고 그 타인인 피보험자의 동의를 요구하는 입법례(동의주의)($\binom{독일·스위스}{프랑스\ 등}$)로 나뉘어 있다.

우리 상법은 동의주의의 입법례에 따라, 타인의 사망을 보험사고로 하는 보험계약은 보험계약 체결시에 그 타인의 서면($\binom{전자서명법\ 제2조\ 제2호에\ 따른\ 전자서명이\ 있는\ 경우로서}{대통령령으로\ 정하는\ 바에\ 따라\ 본인\ 확인\ 및\ 위조·변조}$방지에 대한 신뢰성을 갖춘 전자문서를 포함함. 이하 같음)[2]에 의한 동의를 얻어야 한다고 규정하고 있다($\binom{상\ 731조\ 1항,}{상시\ 44조의\ 2}$).[3] 이 동의서에는 그 타인의 진정한 서명이나 기명날인이 있어야 한다.[4] 그러나 15세 미만자·심신상실자 또는 심신박약자를 피보험자로 하는 경우에는 이들의 자유로운 의사에 기한 동의를 기대할 수 없고 또 이들의 법정대리인에 의한 대리동의를 인정하면 보험금의 취득을 위하여 이들이 희생될 위험성이 있으므로,[5] 이러한 자들을 피보험자로 하는 사망보험계약은 원칙적으로 무효로 하고 있다($\binom{상\ 732조}{본문}$).[6] 다만 심

---

1) 동지: 정(희), 479면; 양(승), (보) 451면; 대판 2006. 4. 27, 2003 다 60259(공보 2006, 883)
(타인의 사망을 보험사고로 하는 보험계약에 피보험자의 서면동의를 얻도록 되어 있는 상법 제731조 1항이나 단체가 구성원의 전부 또는 일부를 피보험자로 하는 생명보험계약을 체결하는 경우 피보험자의 개별적 동의에 갈음하여 집단적 동의에 해당하는 단체보험에 관한 단체협약이나 취업규칙 등 규약의 존재를 요구하는 상법 제735조의 3의 입법 취지에는 이른바 도박보험이나 피보험자에 대한 위해의 우려 이외에도 피해자의 동의 없이 타인의 사망을 사행계약상의 조건으로 삼는 데서 오는 공서양속의 침해의 위험성을 배제하고자 하는 고려도 들어 있다 할 것인데, 이를 위반하여 위 법조 소정의 규약이나 서면동의가 없는 상태에서 단체보험계약을 체결한 자가 위 요건의 흠결을 이유로 그 무효를 주장하는 것이 신의성실의 원칙 또는 금반언의 원칙에 위배되는 권리행사라는 이유로 이를 배척한다면 위 입법 취지를 몰각시키는 결과를 초래하므로 특단의 사정이 없는 한 그러한 주장이 신의성실 등의 원칙에 반한다고 볼 수는 없다).
2) 2020년 개정상법(2020. 6. 9, 법 17354호, 시행: 2020. 12. 10)에 따라 '서면'에 전자서명법에 따른 전자서명 중 대통령령으로 정하는 전자문서를 포함시키고 있다.
3) 우리 상법의 입법론으로 이익주의를 병용하는 것이 필요하다는 견해가 있다[양(승), (보) 433면].
4) 동지: 정(희), 480면.
5) 동지: 정(희), 480면.

신박약자가 보험계약을 체결하거나 단체보험($\frac{상}{의}$ 3^{735조})의 피보험자가 될 때에 의사능력이 있는 경우에는 그러한 심신박약자를 피보험자로 하는 사망보험계약은 유효하다($\frac{상}{단서}$ ^{732조}).

2. 피보험자(타인)의 동의

(1) 동의를 요하는 경우

우리 상법상 타인의 생명보험의 경우 피보험자(타인)의 동의를 얻어야 하는 경우는 다음과 같다. 즉, (i) 타인의 사망을 보험사고로 한 사망보험 또는 생사혼합보험의 보험계약을 체결하는 경우($\frac{상}{1항}$^{731조}), (ii) 타인의 사망을 보험사고로 한 타인의 생명보험계약에서 그 보험계약으로 인하여 생긴 권리(보험금청구권)를 피보험자(타인)가 아닌 자에게 양도하는 경우($\frac{상}{2항}$^{731조}), 및 (iii) 타인의 사망을 보험사고로 한 타인의 생명보험계약에서 보험기간중 보험계약자가 보험수익자를 지정·변경하는 경우($\frac{상}{731조}$ $\frac{734조}{1항}$ ^{2항})이다.

그러나 단체보험의 경우에는 앞에서 본 바와 같이 원칙적으로 피보험자의 동의를 요하지 아니한다($\frac{상}{의}$ 3^{735조} 1항).

(2) 동의의 성질

타인의 사망을 보험사고로 한 타인의 생명보험계약에서 피보험자의 서면동의를 요하도록 하는 상법의 규정은, 당사자 사이의 특약으로도 배제할 수 없는 강행법적 성질을 가진다(통설[1]·판례[2]). 피보험자의 이러한 동의는 그 보험계약에 이의

---

6) 대판 2013. 4. 26, 2011 다 9068(공보 2013, 918)(상법 제732조는 15세 미만자 등의 사망을 보험사고로 인한 보험계약은 무효라고 정하고 있다. 위 법규정은, 통상 정신능력이 불완전한 15세 미만자 등을 피보험자로 하는 경우 그들의 자유롭고 성숙한 의사에 기한 동의를 기대할 수 없고, 그렇다고 해서 15세 미만자 등의 법정대리인이 이들을 대리하여 동의할 수 있는 것으로 하면 보험금의 취득을 위하여 이들이 희생될 위험이 있으므로, 그러한 사망보험의 악용에 따른 도덕적 위험 등으로부터 15세 미만자 등을 보호하기 위하여 둔 효력규정이라고 할 것이다. 따라서 15세 미만자 등의 사망을 보험사고로 한 보험계약은 피보험자의 동의가 있었는지 또는 보험수익자가 누구인지와 관계없이 무효가 된다. 그런데 갑과 을 보험회사가 피보험자를 만 7세인 갑의 아들 병으로 하고 보험수익자를 갑으로 하여, 병이 재해로 사망하였을 때는 사망보험금을 지급하고 재해로 장해를 입었을 때는 소득상실보조금 등을 지급하는 내용의 보험계약을 체결하였는데, 병이 교통사고로 보험약관에서 정한 후유장해진단을 받은 사안에서, 갑이 보험계약을 체결한 목적 등에 비추어 갑과 을 회사는 보험계약 중 재해로 인한 사망을 보험금 지급사유로 하는 부분이 상법 제732조에 의하여 무효라는 사실을 알았더라도 나머지 보험금 지급사유 부분에 관한 보험계약을 체결하였을 것으로 봄이 타당하므로, 위 보험계약이 그 부분에 관하여는 여전히 유효하다고 본 원심판단은 정당하다).

1) 정(희), 480면; 서·정, 483면; 손(주), 691면; 양(승), (보) 453면; 이(기) 외, (보·해) 290면; 채, 608면; 한(기), (보) 714면 외.

(異議)가 없다는 의사표시로서 준법률행위이다.[1] 그러나 피보험자의 이러한 동의는 보험계약의 성립요건으로 볼 수는 없고, 효력요건으로 보아야 할 것이다(통설[2]).

(3) 동의의 시기·방식

피보험자의 동의를 언제 얻어야 하고, 어떠한 방식으로 얻어야 하는가의 문제가 있다. 실제 거래계에서는 피보험자의 동의는 계약체결 전에 하는 것이 일반적이므로 상법은 「계약체결시」에 그 동의를 얻어야 하는 것으로 규정하고, 또 그 동의는 「서면」(앞에서 본 바와 같이 일정한 '전자문서'를 포함함)에 의하여 하여야 하는 것으로 규정하였다(상 731조 1항; 상시 44조의 2). 그러나 피보험자의 이러한 동의의 법적 성질은 앞에서 본 바와 같이 보험계약의 효력요건이므로, 계약체결시에 이를 얻지 못하여도 보험계약은 상법 제638조의 2의 규정에 의하여 성립하고 다만 서면(앞에서 본 바와 같이 일정한 '전자문서'를 포함함)동의를 얻어야 그 효력이 발생한다고 본다.[3]

---

2) 대판 1989. 11. 28, 88 다카 33367(공보 1990, 130); 동 1996. 11. 22, 96 다 37084(공보 1997, 36)(이로 인하여 보험계약자도 그 보험계약의 무효를 주장할 수 있다고 한다); 동 1999. 12. 7, 99 다 39999(신문 2852, 11)(상법 제731조 1항에 위반하여 계약을 체결한 경우에는 계약을 체결한 자가 스스로 무효를 주장하는 것도 신의성실 또는 금반언의 원칙에 반한다고 할 수 없다); 동 2003. 7. 22, 2003 다 24451(공보 2003, 1780)(상법 제731조 1항은 타인의 사망을 보험사고로 하는 보험계약에 있어서 도박보험의 위험성과 피보험자 살해의 위험성 및 공서양속 침해의 위험성을 배제하기 위하여 마련된 강행규정이고, 보험계약 체결시에 피보험자인 타인의 서면에 의한 동의를 얻도록 규정한 것은 그 동의의 시기와 방식을 명확히 함으로써 분쟁의 소지를 없애려는 데 그 취지가 있으므로, 피보험자인 타인의 동의는 각 보험계약에 대하여 개별적으로 서면에 의하여 이루어져야 하며, 포괄적인 동의 또는 묵시적이거나 추정적 동의만으로는 부족하다); 동 2010. 2. 11, 2009 다 74007(공보 2010, 535)(상법 제731조 1항은 타인의 사망을 보험사고로 하는 보험계약에 있어서 도박보험의 위험성과 피보험자 살해의 위험성 및 선량한 풍속 침해의 위험성을 배제하기 위하여 마련된 강행규정인바, 제3자가 타인의 동의를 받지 않고 타인을 보험계약자 및 피보험자로 하여 체결한 생명보험계약은 보험계약자 명의에도 불구하고 실질적으로 타인의 생명보험계약에 해당한다).

1) 동지: 양(승), (보) 453면; 한(기), (보) 714면.

2) 정(희), 480면; 서·정, 483면; 손(주), 691면; 양(승), (보) 453면; 최(기), (하) 770면; 이(기) 외, (보·해) 290면; 채, 608면; 한(기), (보) 714면 외.

3) 동지: 정(희), 480면; 양(승), (보) 454면; 한(기), (보) 714면.
반대: 대판 1996. 11. 22, 96 다 37084(공보 1997, 36)(피보험자가 서면으로 동의의 의사표시를 하여야 하는 시점은 보험계약 체결시까지라고 한다); 동 1998. 11. 27, 98 다 23690(공보 1999, 39)(타인의 사망을 보험사고로 하는 보험계약에는 보험계약 체결시 피보험자인 타인의 서면에 의한 동의를 얻지 아니하면 강행법규인 상법 제731조 제1항의 규정에 위배되어 그 보험계약은 무효가 된다); 동 2001. 11. 9, 2001 다 55499·55505(공보 2002, 24)(타인의 사망을 보험사고로 하는 보험계약은 그 피보험자의 서면동의를 얻지 못하면 무효이다); 동 2006. 4. 27, 2003 다 60259(공보 2006, 883); 동 2006. 9. 22, 2004 다 56677(공보 2006, 1790)(상법 제731조 1항에 의하면 타인의 생명보험에서 피보험자가 서면으로 동의의 의사표시를 하여야 하는 시점은 '보험계약 체결시까지'이고, 이는 강행규정으로서 이에 위반한 보험계약은 무효이므로, 타인의 생명보험계약 성립 당시 피보험자의 서면동의가 없었다면 그 보험계약은 확정적으로 무효가 되고, 피보험자가 이미 무효가 된 보험계약을 추인하였다고 하더라도 그 보험계약이 유효로 될 수는 없다);

또한 이러한 동의는 각 보험계약에 대하여 개별적으로 서면으로 하여야 하므로 포괄적인 동의 또는 묵시적이거나 추정적 동의는 이러한 동의로 볼 수 없다.[1) 그러나 타인으로부터 특정한 보험계약에 관하여 서면동의를 할 권한을 구체적·개별적으로 수여받은 사람이 타인을 대리 또는 대행하여 서면동의를 한 경우에는, 그 서면동의는 유효하다.[2)

(4) 동의의 철회

피보험자가 한번 한 동의는 보험계약의 성립 전에는 언제나 이를 철회할 수 있으나, 일단 서면으로 동의하여 보험계약의 효력이 생긴 때에는 피보험자는 원칙적으로 이를 임의로 철회할 수 없고 보험계약자와 보험수익자의 동의가 있어야 철회할 수 있다고 본다(통설).[3) 그러나 피보험자가 서면동의를 할 때 기초로 한 사정

동 2010. 2. 11, 2009 다 74007(공보 2010, 535)(상법 제731조 1항에 의하면 타인의 생명보험에서 피보험자가 서면으로 동의 의사표시를 하여야 하는 시점은 '보험계약 체결시까지'이고, 이는 강행규정으로서 이를 위반한 보험계약은 무효이므로, 타인의 생명보험계약 성립 당시 피보험자의 서면동의가 없다면 그 보험계약은 확정적으로 무효가 되고, 피보험자가 이미 무효가 된 보험계약을 추인하였다고 하더라도 그 보험계약이 유효로 될 수는 없다).

1) 동지: 한(기), (보) 715면; 대판 2006. 9. 22, 2004 다 56677(공보 2006, 1790)(상법 제731조 1항이 타인의 사망을 보험사고로 하는 보험계약의 체결시 그 타인의 서면동의를 얻도록 규정한 것은 동의의 시기와 방식을 명확히 함으로써 분쟁의 소지를 없애려는 데 취지가 있으므로, 피보험자인 타인의 동의는 각 보험계약에 대하여 개별적으로 서면에 의하여 이루어져야 하고 포괄적인 동의 또는 묵시적이거나 추정적 동의만으로는 부족하다); 동 2015. 10. 15, 2014 다 204178(공보 2015, 1660)(상법 제731조 제 1 항이 타인의 사망을 보험사고로 하는 보험계약의 체결 시 타인의 서면동의를 얻도록 규정한 것은 동의의 시기와 방식을 명확히 함으로써 분쟁의 소지를 없애려는 데 취지가 있으므로, 피보험자인 타인의 동의는 각 보험계약에 대하여 개별적으로 서면에 의하여 이루어져야 하고 포괄적인 동의 또는 묵시적이거나 추정적 동의만으로는 부족하다. 그리고 상법 제731조 제 1 항에 의하면 타인의 생명보험에서 피보험자가 서면으로 동의의 의사표시를 하여야 하는 시점은 '보험계약 체결 시까지'이고, 이는 강행규정으로서 이에 위반한 보험계약은 무효이므로, 타인의 생명보험계약 성립 당시 피보험자의 서면동의가 없다면 보험계약은 확정적으로 무효가 되고, 피보험자가 이미 무효로 된 보험계약을 추인하였다고 하더라도 보험계약이 유효로 될 수는 없다. 또한 보험계약자와 보험수익자가 다른 타인을 위한 보험계약은 제 3 자를 위한 계약의 일종인데, 위 보험계약이 강행규정인 상법 제731조 제 1 항을 위반하여 무효로 된 경우에, 보험수익자는 보험계약자가 아니므로 특별한 사정이 없는 한 보험회사를 상대로 보험계약의 무효로 인한 손해에 관하여 불법행위를 원인으로 손해배상청구를 할 수 없다).

2) 동지: 대판 2006. 12. 21, 2006 다 69141(공보 2007, 195)(타인의 사망을 보험사고로 하는 보험계약에 있어 피보험자인 타인의 동의는 각 보험계약에 대하여 개별적으로 서면에 의하여 이루어져야 하고 포괄적인 동의 또는 묵시적이거나 추정적 동의만으로는 부족하나, 피보험자인 타인의 서면동의가 그 타인이 보험청약서에 자필 서명하는 것만을 의미하지는 않으므로 피보험자인 타인이 참석한 자리에서 보험계약을 체결하면서 보험계약자나 보험모집인이 타인에게 보험계약의 내용을 설명한 후 타인으로부터 명시적으로 권한을 수여받아 보험청약서에 타인의 서명을 대행하는 경우와 같이, 타인으로부터 특정한 보험계약에 관하여 서면동의를 할 권한을 구체적·개별적으로 수여받았음이 분명한 사람이 권한 범위 내에서 타인을 대리 또는 대행하여 서면동의를 한 경우에도 그 타인의 서면동의는 적법한 대리인에 의하여 유효하게 이루어진 것이다).

에 중대한 변경에 있는 경우에는 보험계약자 또는 보험수익자의 동의나 승낙 여부에 관계 없이 피보험자는 그 동의를 철회할 수 있다고 본다.[1] 또한 동의 자체에 하자가 있는 때에는 의사표시의 일반원칙에 의하여($^{민\ 107조\sim}_{110조}$) 그 동의의 무효 또는 취소를 주장할 수 있음은 물론이다.

(5) 동의의 능력

　15세미만자·심신상실자 또는 심신박약자는 원칙적으로 동의능력이 없으므로, 이러한 자의 동의에 의하여 그의 사망을 보험사고로 한 보험계약은 원칙적으로 무효가 된다($^{상\ 732조}_{본문}$). 그러나 심신박약자(제한능력자)가 단체보험의 피보험자가 되는 경우($^{상\ 732조}_{단서\ 후단}$), 피보험자 또는 그 상속인을 보험수익자로 지정하면 동의를 요하지 않으나, 피보험자 또는 그 상속인이 아닌 자를 보험수익자로 지정할 때에는 단체의 규약에서 명시적으로 정하는 경우 외에는 그 피보험자인 심신박약자(제한능력자)의 서면동의를 받아야 하는데($^{상\ 735조}_{의\ 3\ 3항}$) 심신박약자는 (의사능력이 있음을 전제로 하여) 한정후견인의 동의를 얻어($^{민}_{13조}$) 이러한 동의를 할 수 있다고 본다. 또한 15세 이상의 미성년자는 원칙적으로 법정대리인의 동의를 얻어($^{민\ 5조}_{1항\ 본문}$) 이러한 동의를 할 수 있다.

---

3) 정(희), 481면; 손(주), 692면; 양(승), (보) 455면; 최(기), (하) 771면; 이(기) 외, (보·해) 291면; 채, 608면; 한(기), (보) 720면 외.

1) 동지: 한(기), (보) 720면; 대판 2013. 11. 14, 2011 다 101520(공보 2013, 2199)(상법 제731조, 제734조 제2항의 취지에 비추어 보면, 보험계약자가 피보험자의 서면동의를 얻어 타인의 사망을 보험사고로 하는 보험계약을 체결함으로써 보험계약의 효력이 생긴 경우, 피보험자의 동의 철회에 관하여 보험약관에 아무런 규정이 없고 계약당사자 사이에 별도의 합의가 없었다고 하더라도, 피보험자가 서면동의를 할 때 기초로 한 사정에 중대한 변경이 있는 경우에는 보험계약자 또는 보험수익자의 동의나 승낙 여부에 관계 없이 피보험자는 그 동의를 철회할 수 있다. 그리고 피보험자가 서면동의를 할 때 기초로 한 사정에 중대한 변경이 있는지는 보험계약자 또는 피보험자가 보험계약을 체결하거나 서면동의를 하게 된 동기나 경위, 보험계약이나 서면동의를 통하여 달성하려는 목적, 보험계약 체결을 전후로 한 보험계약자 또는 보험수익자와 피보험자 사이의 관계, 보험계약자 또는 보험수익자가 고의로 피보험자를 해치려고 하는 등으로 피보험자의 보험계약자 또는 보험수익자에 대한 신뢰가 깨졌는지 등의 제반 사정을 종합하여 사회통념에 비추어 개별적·구체적으로 판단하여야 한다. 따라서 갑 주식회사가 임직원으로 재직하던 을 등이 재직 중 보험사고를 당할 경우 유가족에게 지급할 위로금 등을 마련하기 위하여 을 등을 피보험자로 한 보험계약을 체결하고 을 등이 보험계약 체결에 동의한 사안에서, 을 등이 갑 회사에 계속 재직한다는 점은 보험계약에 대한 동의의 전제가 되는 사정이므로 을 등이 갑 회사에서 퇴직함으로써 보험계약의 전제가 되는 사정에 중대한 변경이 생긴 이상 을 등은 보험계약에 대한 동의를 철회할 수 있다).

제4 타인을 위한 생명보험

1. 총   설

(1) 의   의

타인을 위한 생명보험이란 「보험계약자가 자기 이외의 제 3 자를 보험수익자로
한 생명보험」을 말한다. 이러한 타인을 위한 생명보험은 보험법 통칙에서 이미 설
명한 타인을 위한 보험($\frac{상}{639조}$)의 일종이다. 이에 대하여 보험계약자가 자신을 보험수
익자로 한 생명보험을 '자기를 위한 생명보험'이라고 한다. 또한 타인을 위한 생명
보험이란 보험계약자와 보험수익자가 다른 경우로서, 앞에서 본 보험계약자와 피보
험자가 다른 '타인의 생명보험'과 구별된다. 타인을 위한 생명보험을 타인의 생명보
험과 결부하여 보면 다음과 같다. 예컨대, 갑이 정 보험회사와 생명보험계약을 체결
하는 경우, (i) 을을 피보험자로 하고 병을 보험수익자로 하면 '타인을 위한 타인의
생명보험'이 되고($\frac{이 때에는 을의 서면동의를}{얻어야 한다 - 상 734조 2항}$), (ii) 갑 자신을 피보험자로 하고 병을 보험
수익자로 하면 '타인을 위한 자기의 생명보험'이 되며, (iii) 을을 피보험자로 하고
갑 자신을 보험수익자로 하면 '자기를 위한 타인의 생명보험'이 되고[1]($\frac{이 때에는 을의}{서면동의를 얻}$
$\frac{어야 한다 - 상}{731조 1항}$), (iv) 갑 자신을 피보험자 및 보험수익자로 하면 '자기를 위한 자기의

---

[1] 이 경우 갑이 그의 딸인 을에게 '연금보험금'을 유증한 것은 연금보험상 보험계약자 지위를 말하
는 것이 아니라 연금보험계약에 기초한 연금보험금청구권을 증여한다는 의미이다[동지: 대판
2018. 7. 12, 2017 다 235647(공보 2018, 1586)(생명보험은 피보험자의 사망·생존 또는 사망과
생존을 보험사고로 하는 보험으로〈상법 제730조〉, 오랜 기간 지속되는 생명보험계약에서는 보험
계약자의 사정에 따라 계약 내용을 변경해야 하는 경우가 있다. 생명보험계약에서 보험계약자의
지위를 변경하는 데 보험자의 승낙이 필요하다고 정하고 있는 경우, 보험계약자가 보험자의 승낙
이 없는데도 일방적인 의사표시만으로 보험계약상의 지위를 이전할 수는 없다. 보험계약자의 신용
도나 채무 이행능력은 계약의 기초가 되는 중요한 요소일 뿐만 아니라 보험계약자는 보험수익자를
지정·변경할 수 있다〈상법 제733조〉. 보험계약자와 피보험자가 일치하지 않는 타인의 생명보험
에 대해서는 피보험자의 서면동의가 필요하다〈상법 제731조 제 1 항, 제734조 제 2 항〉. 따라서 보
험계약자의 지위 변경은 피보험자·보험수익자 사이의 이해관계나 보험사고 위험의 재평가, 보험
계약의 유지 여부 등에 영향을 줄 수 있다. 이러한 이유로 생명보험의 보험계약자 지위 변경에 보
험자의 승낙을 요구한 것으로 볼 수 있다. 유증은 유언으로 수증자에게 일정한 재산을 무상으로 주
기로 하는 단독행위로서 유증에 따라 보험계약자의 지위를 이전하는 데에도 보험자의 승낙이 필요
하다고 보아야 한다. 보험계약자가 보험계약에 따른 보험료를 전액 지급하여 보험료 지급이 문제
되지 않는 경우에도 마찬가지이다. 유언집행자는 유증의 목적인 재산의 관리 기타 유언의 집행에
필요한 행위를 할 권리·의무가 있다. 유언집행자가 유증의 내용에 따라 보험자의 승낙을 받아서
보험계약상의 지위를 이전할 의무가 있는 경우에도 보험자가 승낙하기 전까지는 보험계약자의 지
위가 변경되지 않는다)(이 판결에 대하여 찬성하는 취지의 평석으로는 김선정, "보험계약자로부터
수익자 지위를 유증받은 자가 계약자 사망 후 계약자로 변경될 수 있는지 여부," 「월간 생명보험」
〈생명보험협회〉, Vol. 475〈2018. 9〉, 38~49면)].

생명보험'이 된다. 이 때 타인의 생명보험에서($\substack{위의 \ 예에서 \ (i) \\ 및 \ (ii)의 \ 경우}$) 보험수익자를 지정하지
않은 경우에는($\substack{위의 \ 예에서 \ 보험수익자로 \ 병 \ 또는 \\ 갑이 \ 지정되지 \ 않은 \ 경우에는}$), '타인(피보험자)($\substack{위의 \ 예 \\ 에서 \ 을}$)을 위한 보험'으로 보
아 타인(피보험자)이 사망하면 그의 상속인이 보험수익자가 되고, 자기의 생명보험
에서($\substack{위의 \ 예에서 \ (ii) \\ 및 \ (iv)의 \ 경우}$) 보험수익자를 지정하지 않은 경우에는($\substack{위의 \ 예에서 \ 보험수익자로 \ 병 \ 또는 \\ 갑이 \ 지정되지 \ 않은 \ 경우에는}$)
'자기($\substack{위의 \ 예 \\ 에서 \ 갑}$)를 위한 보험'으로 보아 보험계약자 자신이 보험수익자가 되고 보험계
약자가 사망하면 그의 상속인이 보험수익자가 된다.[1]

이 때 보험수익자란에 다만 '상속인'이라고만 기재된 경우에는, 타인의 생명보
험에서는 피보험자의 상속인을 보험수익자로 한 것이고, 자기의 생명보험에서는 보
험계약자의 상속인을 보험수익자로 한 것으로 해석하여야 할 것이다. 따라서 이 경
우에는 언제나 타인을 위한 보험계약이 되고, 상속인은 상속의 효과로서가 아니라
그러한 보험계약의 효과로서 보험자에게 보험금청구권을 행사할 수 있다고 본다.[2]

보험수익자를 법정상속인이라고만 지정하고 법정상속인이 수 인인 경우, 각
상속인은 원칙적으로 자기의 (법정)상속분의 범위 내에서 보험자에 대하여 보험금을
청구할 수 있다.[3]

(2) 보험수익자의 권리·의무

1) 보험수익자의 권리   타인을 위한 생명보험계약에서 보험수익자를 지정
하거나 변경할 수 있는 권리는 보험계약자에게 있는데($\substack{상 \ 733조 \\ 항}$), 보험계약자가 이렇게
보험수익자를 지정하거나 변경하면 보험수익자는 당연히 그 보험계약상의 권리(이
익)를 취득하므로($\substack{상 \ 639조 \\ 2항 \ 본문}$) 보험자에 대하여 직접 보험금청구권을 행사할 수 있다.[4]

---

1) 동지: 양(승), (보) 456면.

2) 동지: 정(희), 481~482면.

3) 대판 2017. 12. 22, 2015 다 236820·236837(공보 2018, 287)(상해의 결과로 피보험자가 사망
한 때에 사망보험금이 지급되는 상해보험에서 보험계약자가 보험수익자를 단지 피보험자의 '법정
상속인'이라고만 지정한 경우, 특별한 사정이 없는 한 그와 같은 지정에는 장차 상속인이 취득할
보험금청구권의 비율을 상속분에 의하도록 하는 취지가 포함되어 있다고 해석함이 타당하다. 따라
서 보험수익자인 상속인이 여러 명인 경우, 각 상속인은 특별한 사정이 없는 한 자신의 상속분에
상응하는 범위 내에서 보험자에 대하여 보험금을 청구할 수 있다).

4) 이의 결과 보험계약자 또는 피보험자의 상속인은 보험자에 대하여 보험금청구권을 행사할 수 없
다[동지: 서울고관 1974. 7. 4, 73 나 2464; 서울민사지판 1975. 12. 23, 75 가합 1771].
   또한 보험수익자가 보험계약자(겸 피보험자)의 상속인이면 보험사고가 발생한 경우 그 상속인의
보험금청구권은 고유재산이지 상속재산이 아니다[대판 2001. 12. 28, 2000 다 31502(공보 2002,
365); 동 2001. 12. 24, 2001 다 65755(신문 3044, 8)]. 동지: 대판 2004. 7. 9, 2003 다 29463
(공보 2004, 1321)(보험계약자가 피보험자의 상속인을 보험수익자로 하여 맺은 생명보험계약에
있어서 피보험자의 상속인은 피보험자의 사망이라는 보험사고가 발생한 때에는 보험수익자의 지위
에서 보험자에 대하여 보험금 지급을 청구할 수 있고, 이 권리는 보험계약의 효력으로 당연히 생기
는 것으로서 상속재산이 아니라 상속인의 고유재산이라고 할 것인데, 이는 상해의 결과로 사망한

보험수익자의 이러한 권리는 확정된 경우에는 양도할 수 있으나, 확정되기 전의 경

때에 사망보험금이 지급되는 상해보험에 있어서 피보험자의 상속인을 보험수익자로 미리 지정해 놓은 경우는 물론, 생명보험의 보험계약자가 보험수익자의 지정권을 행사하기 전에 보험사고가 발생하여 상법 제733조에 의하여 피보험자의 상속인이 보험수익자가 되는 경우에도 마찬가지라고 보아야 한다. 보험수익자의 지정에 관한 상법 제733조는 상법 제739조에 의하여 상해보험에도 준용되므로, 결국 상해의 결과로 사망한 때에 사망보험금이 지급되는 상해보험에 있어서 보험수익자가 지정되어 있지 않아 위 법률규정에 의하여 피보험자의 상속인이 보험수익자가 되는 경우에도 보험수익자인 상속인의 보험금청구권은 상속재산이 아니라 상속인의 고유재산으로 보아야 한다); 동 2020. 2. 6, 2017 다 215728(공보 2020, 612)(보험계약자가 피보험자의 상속인을 보험수익자로 하여 맺은 생명보험계약이나 상해보험계약에서 피보험자의 상속인은 피보험자의 사망이라는 보험사고가 발생한 때에는 보험수익자의 지위에서 보험자에 대하여 보험금 지급을 청구할 수 있고, 이 권리는 보험계약의 효력으로 당연히 생기는 것으로서 상속재산이 아니라 상속인의 고유재산이다. 이때 보험수익자로 지정된 상속 중 1인이 자신에게 귀속된 보험금청구권을 포기하더라도 그 포기한 부분이 당연히 다른 상속인에게 귀속되지는 아니한다. 이러한 법리는 단체보험에서 피보험자의 상속인이 보험수익자로 인정된 경우에도 동일하게 적용된다); 동 2023. 6. 29, 2019 다 300934(공보 2023, 1271)(생명보험은 피보험자의 사망, 생존, 사망과 생존을 보험사고로 하는 보험이다〈상법 제730조〉. 생명보험의 보험계약자가 스스로를 피보험자로 하면서 자신이 생존할 때의 보험수익자로 자기 자신을, 자신이 사망할 때의 보험수익자로 상속인을 지정한 후 피보험자가 사망하여 보험사고가 발생한 경우, 이에 따른 보험금청구권은 상속인들의 고유재산으로 보아야 하고 이를 상속재산이라고 할 수는 없다. 상속인들은 보험수익자의 지위에서 보험자에 대하여 보험금 지급을 청구할 수 있고 이러한 권리는 보험계약의 효력으로 당연히 생기는 것이기 때문이다. 보험계약이 피보험자의 사망, 생존, 사망과 생존을 보험사고로 하는 이상 이는 생명보험에 해당하고, 보험계약에서 다액인 보험료를 일시에 납입하여야 한다거나 사망보험금이 일시 납입한 보험료와 유사한 금액으로 산출되도록 설계되어 있다 하더라도 특별한 사정이 없는 한 생명보험으로서의 법적 성질이나 상속인이 보험수익자 지위에서 취득하는 사망보험금청구권의 성질이 달라지는 것은 아니다. 갑이 을 보험회사와 자신을 피보험자로 하는 상속연금형 즉시연금보험계약을 체결하고 보험료 1억 원을 일시에 납입하였는데, 위 보험계약은 보험수익자가 매월 생존연금을 지급받다가 만기가 도래하면 납입 보험료와 동일한 액수의 만기보험금을 지급받지만, 만기가 도래하기 전 피보험자가 사망하면 만기보험금 지급을 위해 적립된 금액과 일정 금액을 합산한 액수의 사망보험금을 받는 내용의 보험으로, 갑은 자신이 생존할 경우의 보험수익자를 자기 자신으로, 사망할 경우의 보험수익자를 상속인으로 지정하였고, 그 후 갑이 생존연금을 지급받다가 만기가 도래하기 전 사망하여 공동상속인인 병 등이 보험수익자로서 보험계약에 따른 사망보험금을 수령한 사안에서, 위 보험계약은 보험자가 보험수익자에게 매월 생존연금을 지급하다가 만기가 도래하면 만기보험금을 지급하고 만기가 도래하기 전에 피보험자가 사망하면 사망보험금을 지급하는 내용이므로 사람의 사망과 생존 모두를 보험사고로 하는 생명보험계약에 해당하는데, 피보험자가 만기까지 생존할 경우 납입 보험료 상당액을 만기보험금으로 지급하도록 약정되어 있으므로 보험자는 일시 납입된 보험료 중 상당 부분을 적립금으로 계상해 두어야 하지만, 만기 이전에도 생존연금을 지급해야 하므로 재원 마련을 위해 적립금을 운용할 수밖에 없고, 만기 이전에 피보험자가 사망한 경우 당시까지 적립금으로 계상된 금액뿐만 아니라 일정 액수를 더하여 사망보험금을 지급하게 되므로 사망보험금이 납입 보험료와 액수가 유사하게 산출된다 하여 피상속인의 생전 보유 재산인 보험료 납입 재원과 동일한 것이라고 평가하기는 어렵고, 생명보험계약으로서의 법적 성질이 달라진다고 보기도 어려울 뿐만 아니라, 위 보험계약에 따른 사망보험금청구권은 갑의 사망이라는 보험사고가 발생하여 보험수익자로 지정된 병 등이 보험계약의 효력에 따라 고유한 권리로 취득한 것이지 갑으로부터 상속한 것이 아니므로, 병 등이 위 보험계약에 따라 사망보험금을 수령한 행위는 고유재산인 자신들의 보험금청구권을 추심하여 만족을 얻은 것으로 보아야 하고, 상속재산에 대한 처분행위로 평가할 수는 없는데도, 이와 달리 본 원심판단에 법리오해의 잘못이 있다).

우에는(즉, 유보부〈留保附〉) 양도할 수 없다.[1] 이 때 보험수익자가 이러한 권리를 포기하면 이 권리는 보험계약자에 돌아간다고 본다[2](獨保 160조 3항 참조).

2) 보험수익자의 의무 보험수익자는 보험사고발생의 통지의무(상657조 1항) 등을 부담한다. 보험수익자가 이 통지의무를 게을리한 경우에도 보험수익자의 권리(보험금청구권)에는 영향이 없으나, 다만 이로 인하여 증가된 손해에 대하여는 보험자는 보상의무를 부담하지 않는다(상657조 2항).

2. 보험계약자의 보험수익자의 지정·변경권

(1) 의의 및 법적 성질

1) 의 의 생명보험계약은 그 성질상 타인을 위한 계약의 형식으로 체결되는 경우가 많고 또한 장기계약이므로, 사정변경 및 보험계약자의 의사(애정·신뢰)에 따라 보험수익자를 새로 지정·변경하고자 하는 경우가 생길 수 있다. 자기를 위한 생명보험계약에서도 보험계약자는 후에 제3자를 보험수익자로 지정·변경할 수 있다. 따라서 상법은 보험계약자에게 보험수익자의 지정·변경권을 인정하고 있다(상733조 1항). 이 때 보험계약자가 보험수익자를 지정·변경하는 경우에는 구체적으로 특정인을 지정·변경할 수도 있으나, 피보험자의 상속인 또는 보험계약자의 가족 등과 같이 추상적으로 지정·변경할 수도 있다. 이와 같이 추상적으로 정하여진 경우에는 보험사고 발생시를 기준으로 하여야 할 것이다.[3] 또한 보험계약자는 이러한 지정·변경권을 보험기간 내에 또한 보험사고발생 전에 행사하여야 한다(상733조 4항 참조).

2) 법적 성질 보험계약자의 보험수익자의 지정·변경권은 일종의 형성권이다. 따라서 보험계약자의 일방적인 의사표시(단독행위)만으로 그 효력이 발생한다.[4]

---

1) 동지: 김(성), (보) 844면; 장(덕), (보) 458면; 한(기), (보) 728면.
2) 동지: 양(승), (보) 457면; 이(기) 외, (보·해) 294면; 한(기), (보) 727~728면(다만 보험사고 발생 전에는 보험계약자가 다시 보험수익자를 지정할 수 있고, 보험사고가 발생한 후에는 보험자는 보험금 지급의무를 면한다고 한다).
3) 동지: 日最高判 1965. 2. 2(民集 19-1, 1); 동 1973. 6. 29(民集 27-6, 737).
4) 동지: 정(희), 481면; 양(승), (보) 458면; 한(기), (보) 729면; 대판 2020. 2. 27, 2019 다 204869(공보 2020, 686)(보험계약자는 보험수익자를 변경할 권리가 있다〈상법 제733조 제1항〉. 이러한 보험수익자 변경권은 형성권으로서 보험계약자가 보험자나 보험수익자의 동의를 받지 않고 자유로이 행사할 수 있고 그 행사에 의해 변경의 효력이 즉시 발생한다. 다만 보험계약자는 보험수익자를 변경한 후 보험자에 대하여 이를 통지하지 않으면 보험자에게 대항할 수 없다〈상법 제734조 제1항〉. 이와 같은 보험수익자 변경권의 법적 성질과 상법 규정의 해석에 비추어 보면, 보험수익자 변경은 상대방 없는 단독행위라고 봄이 타당하므로, 보험수익자 변경의 의사표시가 객관적으로 확인되는 이상 그러한 의사표시가 보험자나 보험수익자에게 도달하지 않았다고 하더라도 보험수익자 변경의 효과는 발생한다).

(2) 보험수익자의 지정·변경의 대항요건

1) 보험수익자의 지정·변경권은 형성권이므로 보험계약자의 일방적인 의사표시만으로 그 효력이 발생하나, 이것을 보험자에게 '대항'하기 위하여는 보험자에게 통지를 하여야 한다($\frac{상}{1항}$ 734조). 이것은 보험자의 보험금의 이중지급의 위험을 방지하기 위한 것이다.[1] 통지의 방법에는 제한이 없으나, 약관에서는 보통 보험증권에 보험자에 의한 '승인의 배서'를 받아야 한다고 규정하는 일이 많다. 이것은 지정·변경의 효력과는 관계가 없으며, 대항요건을 갖추기 위한 한 방법을 정한 것 뿐이다.

2) 보험계약자가 보험수익자를 지정하거나 변경하는 경우 타인의 생명보험(사망보험)에서 그 타인을 보험수익자로 하지 않은 때에는 그 타인의 서면동의를 얻어야 한다($\frac{상}{2항}$ 734조).

3. 지정·변경과 보험수익자의 지위

(1) 보험수익자를 지정하고 이의 변경을 유보하지 않은 경우

이 경우에는 지정된 보험수익자의 권리는 보험계약자와의 사이에서 확정되지만, 지정된 보험수익자 등이 사망한 경우에 누가 보험수익자가 될 것인가가 문제된다. 이는 다음의 세 경우로 나누어 고찰할 수 있다.

1) 보험수익자가 사망한 경우   보험수익자($\frac{동시에 피보험자가}{아닌 경우에 한함}$)가 보험존속 중에 사망한 때에는, 보험계약자는 다시 보험수익자를 「지정」할 수 있다($\frac{상}{3항}$ 733조). 이것은 보험계약자가 무상으로 보험금을 특정인에게 수여하고자 하는 개별적 의사를 존중한 것이다.[2]

2) 보험계약자가 사망한 경우   위 1)의 경우 보험계약자가 미처 보험수익자를 지정하지 못하고 사망한 때에는, 원칙적으로 「보험수익자의 상속인」을 보험수익자로 한다($\frac{상}{3항}$ 733조). 이 때 새로운 보험수익자가 되는 사망한 보험수익자의 상속인이 결정되는 시점은 보험계약자의 사망시라고 보는 견해도 있으나,[3] 보험수익자의 사망시라고 본다.[4] 그러나 예외적으로 보험계약에서 보험계약자의 승계인($\frac{예컨대, 법정상속인이나 유언으로 보험계약}{자의 지위를 승계받은 자 등 그 밖의 승계인}$)[5]이 보험수익자를 지정하거나 변경하는 권리를 갖

---

1) 동지: 양(승), (보) 459면; 한(기), (보) 736면.

2) 동지: 양(승), (보) 461면; 한(기), (보) 733면.

3) 장경환, "보험수익자 재지정권 불행사시의 보험수익자의 확정시점," 「보험학회지」, 제41집 (1993), 234~237면.

4) 동지: 양(승), (보) 461면; 한(기), (보) 734면(A의 상속인을 A의 사망시점이 아닌 다른 시점을 기준으로 하는 것은 부자연스럽고 통상의 언어관용과도 합치하지 않는다고 한다).

는 것으로 「특약」한 경우에는 그에 따른다(상 733조 2항)[1].

3) 피보험자가 사망한 경우　　위 1)의 경우 보험계약자가 보험수익자를 지정하기 전에(보험계약자가 보험수익자를 다시 지정 하지 아니하고 사망한 경우를 포함) 피보험자가 사망한 경우(즉, 보험사고가 발생한 경우)에는 「보험수익자의 상속인」을 보험수익자로 한다(상 733조 4항). 이 경우에 보험수익자의 상속인이 결정되는 시점은 피보험자의 사망시라고 보는 견해도 있으나,[2] 보험수익자의 사망시라고 본다.[3]

(2) 보험수익자의 지정·변경을 유보한 경우

보험계약자가 보험수익자의 지정·변경권을 유보하고 있는 경우에는(상 733조 1항), 보험계약자는 언제든지 보험수익자를 지정·변경할 수 있으므로 보험수익자는 불확정하게 된다.[4] 따라서 이 경우에 보험수익자는 다음과 같이 정해진다.

1) 보험계약자가 사망한 경우　　원칙적으로 보험계약자가 그 지정권을 행사하지 아니하고 사망한 때에는 「피보험자」가 보험수익자가 되고, 보험계약자가 보험수익자를 지정한 후 변경권을 행사하지 아니하고 사망한 때에는 「그 보험수익자」의 권리가 확정된다(상 733조 2항 본문). 그러나 예외적으로 보험계약자의 승계인이 지정·변경권을 행사할 수 있다고 「특약」한 경우에는 그에 따른다(상 733조 2항 단서).

2) 피보험자가 사망한 경우　　보험계약자가 보험수익자의 지정·변경권을 행사하기 전에(보험계약자가 보험수익자를 지정 하지 아니하고 사망한 경우를 포함) 피보험자가 사망한 경우(즉, 보험사고가 발생한 경우)에는 「피보험자의 상속인」을 보험수익자로 한다(상 733조 4항).

제5 보험자의 의무

모든 보험계약에 공통되는 보험자의 의무 일반에 관하여는 이미 앞에서 설명하였으므로, 이하에서는 생명보험계약의 효과로서 보험자의 의무에 관하여 생명보험의 특유한 사항을 중심으로 간단히 살펴보기로 한다.

---

5) 동지: 한(기), (보) 731면.
1) 동지: 양(승), (보) 461면; 한(기), (보) 734면.
2) 장경환, 상게논문, 237~238면.
3) 동지: 양(승), (보) 461면.
4) 보험계약자가 보험수익자의 변경권을 유보한 경우에도 보험계약자는 상법 제733조 제3항 제1 문의 보험수익자 재지정권을 갖는 것으로 해석하여야 한다는 견해로는 한(기), (보) 732~733면.

1. 보험금지급의무

(1) 보험자의 의무내용

생명보험계약의 보험자는 보험사고가 생긴 경우에 약정한 보험금을 지급하여야 하는 점은 보험계약 일반의 경우와 같다. 그런데 생명보험계약에서는 손해보험계약의 경우와는 달리 보험가액의 관념이 없고 보험금만이 있으며, 보험기간중에 보험사고가 발생하면 이 보험금을 지급하는 정액보험이다. 이 보험금액은 보험자와 보험계약자간의 개별적인 합의에 의하여 정하여지는데,[1] 인위적인 사고를 방지하기 위하여 최고한도가 정하여지는 것이 일반적이고, 또한 보험사고가 발생한 기간$\left(\begin{smallmatrix}예컨대, 계약체결\\후 2년 내 등\end{smallmatrix}\right)$이나 보험사고의 종류$\left(\begin{smallmatrix}예컨대,\\재해 등\end{smallmatrix}\right)$에 따라 차등을 두는 경우도 많다.

보험금의 지급에 있어서도 양로보험과 같은 생사혼합보험에서는 보험기간중에 피보험자가 사망하면 사망보험금을 지급하고 보험기간중에 피보험자가 사망함이 없이 보험기간이 종료하면 만기보험금을 지급하는 경우가 있고, 보험금을 지급하는 방법도 일시금으로 지급하는 방법(일시금지급보험)과 분할하여 지급하는 방법(분할지급보험)$\left(\begin{smallmatrix}상 727조\\2항\end{smallmatrix}\right)$이 있다.

(2) 중과실로 인한 보험사고와 보험자의 지급의무

1) 사망을 보험사고로 한 보험계약에는 그 보험사고가 보험계약자 또는 피보험자나 보험수익자의 중대한 과실로 인하여 생긴 경우에도 보험자는 보험금액을 지급할 책임을 면하지 못한다$\left(\begin{smallmatrix}상 732조\\의 2 1항\end{smallmatrix}\right)$.[2] 이는 사법상(私法上) 중대한 과실은 고의 또는 악의와 동일하게 다루어지는 원칙을 사망보험에 관하여 수정한 규정이다. 이는 상법 제659조 1항(보험계약자 등의 고의·중과실로 인한 보험자의 면책사유)에 대한 특칙이다. 따라서 상법상 사망보험의 경우 보험자는 보험사고가 보험계약자 또는 피보

---

1) 대판 2001. 7. 10, 2001 다 16449(공보 2001, 1834)(보험계약의 체결에 있어서 보험약관상의 이율에 의한 보험금을 초과하는 이익을 지급하기로 한 초과이자 지급약정은 무효이고, 그 약정에 따라 지급하는 금전은 보험금이 아니라 사례금이다).

2) 이러한 상법 제732조의 2에 대하여 보험자의 영업의 자유·계약의 자유와 보험계약자의 계약의 자유를 제한하는 것으로서 기본권을 침해하고 또한 보험계약자의 평등권을 침해한다는 이유로 위헌제청과 위헌소원이 있었는데, 이에 대하여 우리 헌법재판소는 위헌이 아니라고 판시하였다[헌법재판소 1999. 12. 23 선고, 98 헌가 12].

　이와 같은 입법태도에 대하여, 이는 도덕적 위험을 유발할 우려가 있다는 이유로 반대하는 견해로는 양(승), (보) 471면(보험계약자 등의 중과실로 인한 보험사고에 대하여는 보험자의 면책사유로 하고, 일정한 기간이 경과한 후에는 피보험자의 중과실로 인한 보험사고에 대하여 보험자가 책임을 지도록 하는 것이 바람직하다고 한다)이 있고, 중과실 면책을 상해보험 및 질병보험에도 일률적으로 금지하는 현행법의 태도에는 의문이라는 견해로는 한(기), (보) 696면 등이 있다.

험자나 보험수익자의 고의로 인하여 보험사고가 생긴 경우에만 면책되고, 이의 증
명책임은 보험자가 부담한다.[1]

---

1) 보험계약자 등의 고의를 부정한 판례: 대판 1998. 10. 20, 98 다 34997(공보 1998, 2687)(상해보
험계약의 피보험자가 운전면허 없이 혈중알콜농도 0.13%의 주취상태에서 시동열쇠가 꽂혀 있는
채로 골목길에 주차되어 있던 타인의 차량을 훔쳐 무단운행을 하던 중 신호대기로 정차중이던 차
량을 추돌하여 사망한 경우, 위 사고가 비록 피보험자가 타인의 차량을 절취하여 무면허·음주 상
태로 운전을 하던 중에 발생한 것이라고 하더라도 그 고의는 특별한 사정이 없는 한 차량의 절취
와 무면허·음주운전 자체에 관한 것이고 직접적으로 사망이나 상해에 관한 것으로 볼 것은 아니
며, 피보험자가 무면허라고 하여도 그가 차량을 절취한 장소로부터 사고 지점까지 약 10km를 운
전한 점에 비추어 운전기능이 없었다고 추정할 수는 없을 뿐만 아니라 술김에 열쇠가 꽂혀 있는
차량을 절취하여 운행하게 된 점 등에 비추어 보더라도, 다른 특별한 사정이 없는 한, 위 사고는
피보험자가 사고발생 가능성을 인식하면서도 이를 용인하고 감행한 미필적 고의에 의한 사고라기
보다 피보험자의 과실로 평가되는 행위로 인하여 발생하였다고 보는 것이 타당하므로 이와 달리
피보험자의 미필적 고의에 의한 사고이므로 면책약관에 따라 보험자에게 보험금 지급의무가 없다
고 본 원심판결을 파기한다)[자기신체사고보험과 상해보험약관상의 무면허와 음주운전 면책조항의
효력을 상법 제732조의 2에 의하여 부인하는 것은 보험계약의 본질·도덕적 위험문제·상해보험의
해석원리 및 외국법과의 비교법적 관점에서 볼 때 많은 의문점이 존재한다고 보는 견해로는 박세
민, "현행 자동차보험계약상 무면허·음주운전 면책약관의 해석론(대인배상Ⅱ와 자기신체사고보험
을 대상으로)," 「경영법률」(한국경영법률학회), 제13집 1호(2002. 9), 27~35면 참조]; 동 2001.
1. 30, 2000 다 12495; 동 2001. 11. 27, 99 다 33311(공보 2002, 144)(다수의 생명보험계약이
체결되었고 그 보험료나 보험금이 다액이며 발생경위가 석연치 않은 교통사고로 보험계약자가 사
망하였다는 사정만으로는 생명보험계약 체결의 동기가 자살에 의하여 보험금의 부정취득을 노린
반사회질서적인 것이라고 단정하기 어렵다); 동 2001. 11. 9, 2001 다 55499·55505(공보 2002,
24)(인보험계약에 의하여 담보되는 보험사고의 요건 중 '우연한 사고'라 함은 사고가 피보험자가
예측할 수 없는 원인에 의하여 발생하는 것으로서, 고의에 의한 것이 아니고 예견치 않았는데 우연
히 발생하고 통상적인 과정으로는 기대할 수 없는 결과를 가져오는 사고를 의미하는 것이며, 이러
한 사고의 우연성에 관해서는 보험금청구자에게 그 입증책임이 있다. 이러한 점에서 볼 때 피보험
자가 술에 취한 상태에서 출입이 금지된 지하철역 승강장의 선로로 내려가 지하철역을 통과하는
전동열차에 부딪혀 사망한 경우, 피보험자에게 판단능력을 상실 내지 미약하게 할 정도로 과음을
한 중과실이 있더라도 보험약관상의 보험사고인 우발적인 사고에 해당한다고 볼 수 있다); 동
2002. 3. 29, 2001 다 49234(공보 2002, 999)(보험계약의 보통보험약관에서 '피보험자가 고의로
자신을 해친 경우'를 보험자의 면책사유로 규정하고 있는 경우 보험자가 보험금 지급책임을 면하
기 위하여는 위 면책사유에 해당하는 사실을 입증할 책임이 있는바, 이 경우 자살의 의사를 밝힌
유서 등 객관적인 물증의 존재나, 일반인의 상식에서 자살이 아닐 가능성에 대한 합리적인 의심이
들지 않을 만큼 명백한 주위 정황사실을 입증하여야 한다. 따라서 피보험자가 달리는 기차에 부딪
혀서 사망하였으나 그가 자살하였다고 추단할 만한 물증이나, 자살할 만한 동기가 있었다는 점에
관한 자료가 없으므로, 일반인의 상식에서 자살이 아닐 가능성에 대한 합리적인 의심이 들지 않을
만큼 명백한 주위 정황사실이 입증되었다거나, 피보험자가 달리는 기차에 쉽게 치어 죽을 수도 있
다는 가능성을 인식하고서도 그 결과를 스스로 용인함으로써 사고가 발생하였다고 단정하여 '피보
험자가 고의로 자신을 해친 경우'에 해당한다고 할 수 없다); 동 2014. 9. 4, 2012 다 204808(공
보 2014, 1995)(상법 제732조의 2, 제739조, 제663조의 규정에 의하면 사망이나 상해를 보험사고
로 하는 인보험에 관하여는 보험사고가 고의로 인하여 발생한 것이 아니라면 비록 중대한 과실에
의하여 생긴 것이라 하더라도 보험금을 지급할 의무가 있다고 할 것인바, 위 조항들의 입법 취지
등에 비추어 보면, 피보험자의 사망이나 상해를 보험사고로 하는 보험계약에서는 보험사고 발생의
원인에 피보험자에게 과실이 존재하는 경우뿐만 아니라 보험사고 발생시의 상황에 있어서 피보험
자에게 안전띠 미착용 등 법령위반의 사유가 존재하는 경우를 보험자의 면책사유로 약관에 정한

2) 이 때 둘 이상의 보험수익자 중 일부가 고의로 피보험자를 사망하게 한 경우 보험자는 다른 보험수익자에 대한 보험금 지급책임을 면하지 못한다($_{의 2 2항}^{상 732조}$). 이는 해석상 의문이 있는 사항으로서, 우리 대법원 판례는 손해보험에서 피보험자가 복수일 경우 그 피보험이익도 피보험자마다 개별적으로 독립하여 존재하므로 복수의 피보험자에 대한 면책사유도 개별적으로 판단하여야 한다고 판시하여 왔는데,[1] 생명보험에서 이러한 점을 명확히 하기 위하여 2014년 3월 개정상법(보험편)이 이를 신설하였다. 이 경우 약관에서는 피보험자를 해친 보험수익자가 보험금의 일부 보험수익자인 경우에는 다른 보험수익자에 대한 보험금은 지급하는 것으로 규정하고 있다($_{표준약관 5조 2. 단서}^{2015. 12. 29. 현재 생명보험}$). 이 경우 보험자는 고의가 있는 보험수익자의 부담부분만큼 보상책임이 감액된다고 보아야 할 것이다.[2] 그러나 보험수익자의 일부의 고의로 인하여 보험계약 자체가 무효로 되는 경우에는 이 규정이 적용될 여지가 없다.[3]

3) 일반적으로 약관에 의하여 보험자는 피보험자가 고의로 자신을 해친 경우를 면책사유로 규정하면서($_{책조항}^{자살면}$), 피보험자가 보험기간 개시일부터 2년(또는 일정기간)이 지난 후에 자살하거나 피보험자가 심신상실(정신질환) 등으로 자유로운 의사결정을 할 수 없는 상태에서 자신을 해친 경우에는 면책되지 않는 것으로 규정하고 있다($_{〈예외〉조항}^{자살면책 제한}$)($_{표준약관 5조 1. 참조}^{2015. 12. 29. 현재 생명보험}$).

이와 같이 보험자는 보험기간 개시일부터 2년(또는 일정기간)이 경과하면 피보험자의 자살의 경우에도 보험금을 지급한다는 약관의 규정($_{〈예외〉조항}^{자살면책 제한}$)은, 보험기간 개시일부터 근접한 일정기간 내에는 보험금 수령 목적의 자살이 발생할 가능성이 상대적으로 높은 반면 어느 정도의 기간이 지난 뒤에는 그러한 위험성이 상대적으로 낮아진다는 점을 고려하고 또한 자살이 보험금 수령을 목적으로 한 자살인지 여부를 증명한다는 것이 사실상 어려우므로 정책적인 판단 아래 기간을 2년(또는 일정기간)으로 설정하여 그 기간 내의 자살은 일률적으로 보험금 수령 목적의 자살로 보아 보험자가 면책되는 것으로 하고 그 이후의 자살은 보험금 수령 목적의 자살이 아닌 것으로 보아 보험자가 보험금의 지급의무를 부담하도록 한 것인데, 이것은 강행법규나 보험의 기본원리에 반하지 않고 보험계약자 측에 유리한 조항으로 이는

경우에도 그러한 약관은 그러한 법령위반행위가 보험사고의 발생원인으로서 고의에 의한 것이라고 평가될 정도에 이르지 아니하는 한 위 상법 규정들에 반하여 무효이다).

1) 대판(전) 1998. 4. 23, 97 다 19403; 동 2012. 12. 13, 2012 다 1177.
2) 동지: 서울고판 1985. 11. 7, 85 나 1266.
3) 동지: 대판 2000. 2. 11, 99 다 49064.

약관의 해석은 작성자에게 불리하게 해석해야 한다는 원칙에도 맞으므로 사적자치의 원칙상 유효하다는 것이다.[1)]

4) 재해사망특약 약관에도 위와 같은 자살면책조항과 자살면책 제한조항이 있는 경우 보험자는 재해사망보험금을 지급해야 하는지 여부가 실무에서 많이 문제되었고, 이에 대하여 하급심판례는 나뉘어 있었다. 즉, 재해사망특약 약관에서 정한 자살면책 제한조항은 '잘못된 표시'이므로 약관의 규제에 관한 법률상 '작성자 불이익 해석의 원칙'이 적용될 여지가 없고 이는 재해 외 사망으로 주계약에 의한 사망보험금만 지급되어야 한다는 판례[2)]와, 위에서 본 바와 같은 이유로 재해사망특약 약관에 따라 재해사망보험금이 지급되어야 한다는 판례[3)]로 나뉘어 있었다.

생각건대 재해사망특약은 본계약과는 별도의 보험계약이라는 점($_{\text{보험료를 별도로}}^{\text{따라서 이에 따른}}$ $_{\text{함}}$), 이 특약상의 자살면책 제한규정이 아무런 의미가 없다면 재해사망특약 약관상 자살면책조항($_{\text{와 중복됨}}^{\text{상법 제659조}}$) 및 자살면책 제한조항은 아무런 의미가 없는 규정이 되는 점, 자살은 처음부터 재해가 될 수 없음에도 불구하고 재해사망특약 약관에서 자살면책 제한조항을 둔 것은 당사자간에 이에 관하여 별도의 보험사고로 인정하는 합의가 있었다고 볼 수 있고 이는 강행법규나 보험의 본질에 반하지 않는 점, 보험자가 작성한 자살면책 제한조항을 보험자가 '잘못된 표시'라고 주장하는 것은 명백히 약관의 규제에 관한 법률상 '작성자 불이익 해석의 원칙'에 반하는 점 등에서 보험자는 이 특약에 따른 사망보험금을 지급하여야 한다고 본다.[4)]

위와 같이 하급심판례에서 결론이 나뉘어진 사례에서 우리 대법원은 "이는 당

---

1) 서울중앙지판 2015. 11. 20, 2015 가합 505927; 동 2015. 10. 13, 2015 가합 512529; 대구지판 2015. 10. 30, 2014 가합 205069 · 205622 외.

2) 서울중앙지판 2015. 10. 7, 2015 나 14876; 부산고판 2015. 11. 26, 2015 나 21526 · 1195 외.

3) 위 주 1)의 판례.

4) 동지: 대판 2007. 9. 6, 2006 다 55005(약관상 자살면책 제한조항은 특별히 보험사고에 포함시키기로 하는 당자자간의 별도의 합의가 있다고 볼 수 있으므로, 보험자는 재해사망보험금을 지급하여야 한다.

금융감독원도 재해사망특약 약관상 자살면책 제한조항을 이와 같이 해석하여 보험회사가 보험수익자에게 지급되지 않은 보험금을 조속히 지급할 수 있는 방안을 마련하도록 하고(2014. 8. 29.) 금융위원회는 이러한 보험금을 지급하지 않은 보험회사에 대하여 과징금을 부과·고지하였는데(2014. 8. 28.), 보험회사는 이러한 조치를 취소하라는 행정소송을 제기하였고, 이에 대하여 서울행정법원은 금융위원회 등의 이러한 조치는 적법하다고 판시하였다(서울행판 2015. 11. 13, 2014구합 71993). 참고로 금융감독원이 2015. 12. 29. 현재 개정한 생명보험 표준약관에서는 피보험자가 심신상실(정신질환)로 인하여 사망한 경우에는 재해사망보험금을 지급하도록 하면서 계약의 보장개시일부터 2년이 지난 후에 자살한 경우에는 '재해 이외의 원인에 해당하는 사망보험금'만 지급하는 것으로 개정하여 규정하고 있다(동 약관 5조 1. 단서). 따라서 이와 같이 개정된 표준약관에 따르지 않은 종래의 자살면책 제한조항에 의해서는 보험자는 재해사망보험금을 지급하여야 한다고 본다.

사자 간에 보험사고에 포함시켜 보험금 지급사유로 본다는 취지이고, 또한 약관 해석에 관한 작성자 불이익의 원칙상 보험자는 재해사망보험금을 지급하여야 한다"고 판시하였다.[1]

　　재해사망특약 약관에 의하여 위의 대법원판례와 같이 보험자는 재해사망보험금을 보험수익자에게 지급할 의무가 있음에도 불구하고 이의 지급을 거절하고 있다가 보험수익자의 재해사망보험금 청구권이 소멸시효의 완성으로 소멸하였다고 항변하는 경우가 많다. 이에 대하여 보험수익자는 보험자의 그러한 소멸시효 항변은 권리남용에 해당한다고 주장하는데, 이러한 보험수익자의 주장에 대하여 우리 대법원은 "보험자가 특약에 기한 재해사망보험금 지급의무가 있음에도 지급을 거절하였다는 사정만으로는 보험자의 소멸시효 항변이 권리남용에 해당하지 않는다"고 판시하고 있다.[2]

---

1) 대판 2016. 5. 12, 2015 다 243347(공보 2016, 758)(갑이 을 보험회사와 주된 보험계약을 체결하면서 별도로 가입한 재해사망특약의 약관에서 피보험자가 재해를 직접적인 원인으로 사망하거나 제 1 급의 장해상태가 되었을 때 재해사망보험금을 지급하는 것으로 규정하면서, 보험금을 지급하지 않는 경우의 하나로 "피보험자가 고의로 자신을 해친 경우. 그러나 피보험자가 정신질환상태에서 자신을 해친 경우와 계약의 책임개시일부터 2년이 경과된 후에 자살하거나 자신을 해침으로써 제 1 급의 장해상태가 되었을 때는 그러하지 아니하다"라고 규정한 사안에서, 위 조항은 고의에 의한 자살 또는 자해는 원칙적으로 우발성이 결여되어 재해사망특약의 약관에서 정한 보험사고인 재해에 해당하지 않지만, 예외적으로 단서에서 정하는 요건, 즉 피보험자가 정신질환상태에서 자신을 해친 경우와 책임개시일부터 2년이 경과된 후에 자살하거나 자신을 해침으로써 제 1 급의 장해상태가 되었을 경우에 해당하면 이를 보험사고에 포함시켜 보험금 지급사유로 본다는 취지로 이해하는 것이 합리적이고, 약관 해석에 관한 작성자 불이익의 원칙에 부합한다)[이 대법원 판결에 대하여 찬성하는 취지의 상세한 평석으로는 정찬형, "자살의 경우 재해특약에 의한 재해사망보험금 지급여부 — 대법원 2016. 5. 12. 선고 2015 다 243347 판결에 대한 평석,"「법과 기업연구(서강대 법학연구소), 제 6 권 제 3 호(2016. 12), 171~214면].

　　동지: 대판 2016. 10. 13, 2016 다 216731 · 216748.

2) 대판 2016. 9. 30, 2016 다 218713 · 218720(공보 2016, 1616)(채무자의 소멸시효에 기한 항변권의 행사도 우리 민법의 대원칙인 신의성실의 원칙과 권리남용금지의 원칙의 지배를 받는 것이어서, 채무자가 시효완성 전에 채권자의 권리행사나 시효중단을 불가능 또는 현저히 곤란하게 하였거나, 그러한 조치가 불필요하다고 믿게 하는 행동을 하였거나, 객관적으로 채권자가 권리를 행사할 수 없는 장애사유가 있었거나, 또는 일단 시효완성 후에 채무자가 시효를 원용하지 아니할 것 같은 태도를 보여 권리자가 그와 같이 신뢰하게 하였거나, 채권자 보호의 필요성이 크고 같은 조건의 다른 채권자가 채무의 변제를 수령하는 등의 사정이 있어 채무이행의 거절을 인정함이 현저히 부당하거나 불공평하게 되는 등의 특별한 사정이 있는 경우에는 채무자가 소멸시효의 완성을 주장하는 것이 신의성실의 원칙에 반하여 권리남용으로서 허용될 수 없다. 다만 실정법에 정하여진 개별 법제도의 구체적 내용에 좇아 판단되는 바를 신의칙과 같은 일반조항에 의한 법원칙을 들어 배제 또는 제한하는 것은 중요한 법가치의 하나인 법적 안정성을 후퇴시킬 우려가 있다. 특히 소멸시효 제도는 법률관계의 주장에 일정한 시간적 한계를 설정함으로써 그에 관한 당사자 사이의 다툼을 종식시키려는 것으로서, 누구에게나 무차별적 · 객관적으로 적용되는 시간의 경과가 1차적인 의미를 가지는 것으로 설계되었음을 고려하면, 법적 안정성의 요구는 더욱 선명하게 제기된다. 따라서 소멸시효 완성의 주장이 신의성실의 원칙에 반하여 허용되지 아니한다고 평가하는 것은 신중을

5) 피보험자가 심신상실(정신질환) 등으로 자유로운 의사결정을 할 수 없는 상태에서 자신을 해친 경우는 피보험자의 책임능력에서 고의성을 부정하여 면책사유에서 배제한 것으로, 우리 대법원은 「피보험자가 부부싸움 중 극도로 흥분되고 불안한 정신적 공황상태에서 아파트 베란다 밖으로 몸을 던져 사망한 경우」,[1] 「피보험자가 술에 취한 나머지 판단능력이 극히 저하된 상태에서 신병을 비관하는 넋두리를 하고 베란다에서 뛰어내린다는 등의 객기를 부리다가 마침내 음주로 인한 명정(酩酊)으로 인하여 심신을 상실한 나머지 자유로운 의사결정을 할 수 없는 상태에서 충동적으로 베란다에서 뛰어내려 사망한 경우」[2] 등이 이에 해당한다고 판시하였다. 이에 반하여 우리 대법원은 「'우울성 에피소드'인 진단서를 발급받은 피보험자가 주거지 인근 야산에서 처 등에게 유서를 남긴 채 농약을 마시고 자살한 경우는 정신질환 등으로 자유로운 의사결정을 할 수 없는 상태에서 자살을 한 것으로 보기는 어렵다」고 판시하였다.[3]

그런데 위의 경우와는 달리 (상해보험에서) 피보험자의 정신질환을 면책약관상 별도의 면책사유의 하나로 규정하고 있고 피보험자의 자살이 이러한 면책사유인 정신질환으로 인한 것이면(즉, 피보험자가 정신분열증으로 목을 매어 사망함) 그러한 면책약관은 약관의 규제에 관한 법률상 고객에게 부당하게 불리한 공정성을 잃은 조항이라고 볼 수 없으므로 보험자의 보험금 지급의무는 면제된다.[4]

2. 보험료적립금반환의무

(1) 반환의무의 부담

1) 원   칙   보험사고 발생 전의 보험계약자에 의한 보험계약의 임의해지

기할 필요가 있다. 갑 보험회사와 보험계약을 체결한 을이 계약의 책임개시일로부터 2년 후 자살하였는데 수익자인 병이 갑 회사를 상대로 재해사망특약에 기한 보험금의 지급을 구한 사안에서, 병의 재해사망보험금 청구권은 소멸시효의 완성으로 소멸하였고, 갑 회사가 특약에 기한 재해사망보험금 지급의무가 있음에도 지급을 거절하였다는 사정만으로는 갑 회사의 소멸시효 항변이 권리남용에 해당하지 않는다고 본 원심판단은 정당하다)[이 대법원판결에 대하여 반대하는 취지의 평석으로는 정찬형, 상게논문(법과 기업연구, 제6권 제3호), 210면].

1) 대판 2006. 3. 10, 2005 다 49713(공보 2006, 610).

2) 대판 2008. 8. 21, 2007 다 76696(공보 2008, 1284).

3) 대판 2011. 4. 28, 2009 다 97772(공보 2011, 1018).

4) 대판 2015. 6. 23, 2015 다 5378(공보 2015, 1033)[이 판결에 반대하는 취지의 평석으로는 김은경, "피보험자의 정신질환 면책조항의 효력에 관한 고찰," 「고려법학」(고려대 법학연구원), 제83호(2016. 12), 1~25면(정신질환 면책약관은 상법 제663조에 반하여 무효라고 한다)]; 동 2015. 9. 24, 2015 다 217546.

$\left(\substack{\text{상} \\ 649조}\right)$, 보험료불지급으로 인한 보험계약의 해제·해지$\left(\substack{\text{상} \\ 650조}\right)$, 고지의무위반으로 인한 보험계약의 해지$\left(\substack{\text{상} \\ 651조}\right)$, 위험의 변경·증가로 인한 보험계약의 해지$\left(\substack{\text{상 652조,} \\ 653조}\right)$, 보험자의 파산으로 인한 보험계약의 해지$\left(\substack{\text{상} \\ 654조}\right)$ 및 보험자의 면책사유$\left(\substack{\text{상 659조,} \\ 660조}\right)$로 인하여 보험자가 보험금액의 지급책임이 면제된 때에는, 보험자는 보험수익자를 위하여 적립한 금액을 보험계약자에게 지급하여야 한다$\left(\substack{\text{상 736조} \\ 본문}\right)$. 이 때 「보험수익자를 위하여 적립한 금액」이라 함은 '보험자가 결산기마다 계상하여야 할 책임준비금'[1] $\left(\substack{\text{보험료적립금과} \\ \text{미경과보험료}}\right)\left(\substack{\text{보업 120조 1항, 보험시} \\ \text{63조, 보업시규 29조}}\right)$을 말한다.[2] 그러나 보험실무에서는 이를 보통 납입보험료 또는 해지환급금 등의 명칭으로 부르고,[3] 약관에 의하여 이 가운데에서 비용의 배상으로서 특정금액을 공제한 잔액을 반환하도록 하고 있다.[4] 보험자는 보험계약이 해지된 경우에는 원칙적으로 미경과보험료만을 반환하거나$\left(\substack{\text{상 649조} \\ 3항}\right)$ 또는 보험료반환의무를 부담하지 않으나$\left(\substack{\text{상 650조~} \\ 655조}\right)$, 생명보험계약은 장기보험계약으로서 저축기능을 아울러 갖고 있으므로 이에 대한 예외로 보험료적립금을 반환하도록 한 것이다.[5]

2) 예 외 보험자는 예외적으로 다른 약정이 없으면 보험사고의 발생이 보험계약자의 고의 또는 중대한 과실로 인하여 발생하여 보험자가 보험금지급책임을 면한 때에는$\left(\substack{\text{사망보험의 경우는 보험계약자 등의 고의에 의하여} \\ \text{보험금지급책임을 면한 때에는 — 상 732조의 2 참조}}\right)$, 보험자는 보험료적립금반환의무를 면한다$\left(\substack{\text{상 736조} \\ 단서}\right)$. 따라서 피보험자 또는 보험수익자의 고의 또는 중대한 과실로 인하여 보험사고가 발생한 경우에는 보험자는 보험료적립금반환의무를 면하지 못한

---

1) 생명보험계약에 있어서 보험료는 사망생잔율(이것은 사망생잔표에 의함)에 의하여 산출된다. 따라서 이론적으로는 해가 거듭될수록 사망률이 증가하므로 당초의 1년의 보험료를 최저로 하여 그 후 차차로 보험료가 늘어가야 할 것이지만(자연보험료) 이것은 실제상의 요구에 역행한다. 따라서 실제로는 매년 일정한 평균보험료를 징수하는 방식을 쓰고 있다. 이 경우 처음에 여분으로 징수된 보험료는 후년도에 있어서 생기는 보험금지급의무의 이행확보를 위하여 축적되는데, 이것을 「보험료적립금」(Prämienreserve)이라고 하고 이는 생명보험의 기초가 되는 것이다. 이것의 적립에 관하여는 순보험료 중 후년도분을 전부 적립하는 방법(순보험료식)과 그 일부분을 신계약의 비용으로 쓰고 수 년에 걸쳐 이것을 상환하는 방법이 있다. 「미경과보험료」(즉, 일 사업연도 말에 수령한 보험료 중 그 연도 이후에 걸친 보험료기간에 대한 보험료)에 해당하는 것을 적립하여야 하는 것은 손해보험에 있어서와 같다[정(희), 484면]. 생명보험에 있어서는 보험료적립금·미경과보험료 등이 책임준비금이 된다(보업시 63조 1항). 보험회사는 결산기마다 보험계약의 종류에 따라 책임준비금과 비상위험준비금을 계상하고, 따로 작성한 장부에 각각 기재하여야 한다(보업 120조 1항).

2) 동지: 정(희), 484면; 손(주), 696면; 최(기), (하) 777면.
　그러나 양(승), (보) 473면; 이(기) 외, (보·해) 302면은 「책임준비금 중 보험료적립금」만이 이에 해당한다고 한다.

3) 동지: 양(승), (보) 473면.

4) 동지: 정(희), 484면.

5) 동지: 양(승), (보) 473면.
　이러한 보험료적립금 반환청구권의 귀속문제·양도 및 압류에 관한 상세는 정진옥, "해지환급금 청구권에 관한 연구," 「기업법연구」(한국기업법학회), 제 8 집(2001), 499~526면 참조.

다. 이외에 해석상 보험계약자의 사기로 인한 고지의무위반이 있는 경우에도, 보험
자는 보험료적립금의 반환의무를 면한다는 견해가 있는데,[1] 상법 제736조 단서의
해석과 관련하여 의문이다.[2]

(2) 시효기간

보험자의 보험료적립금의 반환의무는 3년간 행사하지 아니하면 소멸시효가 완
성한다($\frac{상}{662조}$).

3. 약관에 의한 의무

(1) 보험증권대부(貸付)의무

생명보험약관에서 보험자는 보험계약자에게 해지환급금의 범위 내에서 대출할
것을 약정하는 일이 있는데(보험계약대출, 보험증권대부)($\frac{통 약관}{21조}$), 이 경우에 보험계약자
가 보험자가 정한 방법에 따라 대출을 청구하면 보험자는 이에 따를 의무를 부담한
다. 이것의 법률적 성질에 대하여, 특수한 (금융)소비대차라고 보는 견해(다수설),[3] 상
환의무가 존재하는 약관대출은 소비대차이고 상환의무가 존재하지 않는 약관대출은
(해지환급금의) 선급으로 보는 견해(절충설)[4] 등이 있으나, 해지환급금의 일부 선급이
라고 본다.[5] 이러한 보험증권대부제도는 보험계약자에게 유리한 조건을 제시하여

---

1) 양(승), (보) 474면; 채, 610면.

2) 동지: 한(기), (보) 750면(상법 제736조 1항 단서의 문리를 넘어서서 보험계약자에게 불리하게
   해석자가 법형성을 하는 것은 의문이므로, 사기로 인한 고지의무 위반에 대해서는 적용하지 않는
   것이 옳다고 한다).

3) 손(주), 698면; 양(승), (보) 474면; 최(기), (하) 778면; 이(기) 외, (보·해) 303면; 김(성),
   (보) 830면 외.

4) 한(기), (보) 754~756면.

5) 동지: 정(희), 485면; 대판(전) 2007. 9. 28, 2005 다 15598(공보 2007, 1659)(생명보험계약의
   약관에 보험계약자는 보험계약의 해약환급금의 범위 내에서 보험회사가 정한 방법에 따라 대출을
   받을 수 있고, 이에 따라 대출이 된 경우에 보험계약자는 그 대출 원리금을 언제든지 상환할 수 있
   으며, 만약 상환하지 아니한 동안에 보험금이나 해약환급금의 지급사유가 발생한 때에는 위 대출
   원리금을 공제하고 나머지 금액만을 지급한다는 취지로 규정되어 있다면, 그와 같은 약관에 따른
   대출계약은 약관상의 의무의 이행으로 행하여지는 것으로서 보험계약과 별개의 독립된 계약이 아
   니라 보험계약과 일체를 이루는 하나의 계약이라고 보아야 하고, 보험약관대출금의 경제적 실질은
   보험회사가 장차 지급하여야 할 보험금이나 해약환급금을 미리 지급하는 선급금과 같은 성격이라고
   보아야 한다. 따라서 위와 같은 약관에서 비록 '대출'이라는 용어를 사용하고 있더라도 이는 일반적
   인 대출과는 달리 소비대차로서의 법적 성격을 가지는 것은 아니며, 보험금이나 해약환급금에서 대
   출 원리금을 공제하고 지급한다는 것은 보험금이나 해약환급금의 선급금의 성격을 가지는 위 대출
   원리금을 제외한 나머지 금액만을 지급한다는 의미이므로 민법상의 상계와는 성격이 다르다. 결국,
   생명보험계약의 해지로 인한 해약환급금과 보험약관대출금 사이에서는 상계의 법리가 적용되지 아
   니하고, 생명보험회사는 생명보험계약 해지 당시의 보험약관대출 원리금 상당의 선급금을 뺀 나머

다수의 보험가입자를 모집하고자 하는 생명보험자의 영업상 요청에 의한 것이다.[1]

(2) 배당의무

보험자는 보험경영에서 이익금이 생기는 경우 이를 보험계약자에게 배당할 것을 약정하는 일이 있는데(이익배당부보험), 이 때에 보험자는 이익이 있는 경우에 이를 보험계약자에게 배당하여야 할 의무를 부담한다[2]$\left(\begin{smallmatrix} 보험 \ 95조 \\ 3항 \ 참조 \end{smallmatrix}\right)$.

제 3 절 상해보험계약

제 1 상해보험계약의 의의

상해보험계약(contract of personal accident insurance; Unfallversicherungs-vertrag)이란 「보험자는 피보험자의 신체의 상해에 관한 보험사고가 생길 경우에 보험금액 기타의 급여를 하기로 하는 인보험계약」을 말한다($\begin{smallmatrix} 상 \\ 737조 \end{smallmatrix}$).[3] 여기에서 「기타

지 금액에 한하여 해약환급금으로서 반환할 의무가 있다고 할 것이므로, 생명보험계약이 해지되기 전에 보험회사에 관하여 구 회사정리법〈2005. 3. 31. 법률 제7428호 채무자 회생 및 파산에 관한 법률 부칙 제 2 조로 폐지〉에 의한 회사정리절차가 개시되어 정리채권신고기간이 만료하였다고 하더라도 같은 법 제162조 1항의 상계제한 규정은 적용될 여지가 없다)[이 판결에 대하여 '다수의견이 선급설에 따른 것은 보험계약자 도산시 도산법상의 상계제한규정의 적용을 회피하기 위한 것으로, 이는 보험실무상의 약관대출의 운용실제와 맞지 않는 의제적인 해석이다'라고 평석한 것으로는 오창수, "보험약관대출의 법적 성격," 법률신문, 제3679호(2008. 9. 4), 15면].

1) 동지: 정(희), 485면.

2) 동지: 양(승), (보) 475면.
   이에 대하여 우리 대법원에서는 「배당부생명보험의 계약자배당금은 대수의 법칙에 의하여 보험료를 산정함에 있어 예정기초율을 보수적으로 개산한 결과 실제와의 차이에 의하여 발생하는 잉여금을 보험계약자에게 정산·환원하는 것으로서, 이익잉여금을 재원으로 주주에 대하여 이루어지는 이익배당과는 구별되는 것이므로, 계약자배당준비금으로 적립한 경우에 한하여 인정된다」고 판시하고 있다[대판 2005. 12. 9, 2003 다 9742(공보 2006, 104)].

3) 대판 2013. 10. 11, 2012 다 25890(공보 2013, 2065)(이 경우 보험금의 지급범위와 보험요율 등 보험상품의 내용은 보험자의 정책에 따라 결정된다. 따라서 피보험자에게 보험기간개시 전의 원인에 의하거나 그 이전에 발생한 신체장해가 있는 경우에 그로 인한 보험금지급의 위험을 인수할 것인지 등도 당사자 사이의 약정에 의하여야 할 것이다); 동 2019. 3. 28, 2016 다 211224(공보 2019, 959)(상해보험계약을 체결할 때 약관 또는 보험자와 보험계약자의 개별 약정으로 태아를 상해보험의 피보험자로 할 수 있다. 그 이유는 다음과 같다. 상해보험은 피보험자가 보험기간 중에 급격하고 우연한 외래의 사고로 인하여 신체에 손상을 입는 것을 보험사고로 하는 인보험이므로, 피보험자는 신체를 가진 사람〈人〉임을 전제로 한다〈상법 제737조〉. 그러나 상법상 상해보험계약 체결에서 태아의 피보험자 적격이 명시적으로 금지되어 있지 않다. 인보험인 상해보험에서 피보험자는 '보험사고의 객체'에 해당하여 그 신체가 보험의 목적이 되는 자로서 보호받아야 할 대상을 의미한다. 헌법상 생명권의 주체가 되는 태아의 형성 중인 신체도 그 자체로 보호해야 할 법익이

의 급여」라 함은 치료 또는 의약품의 급여와 같은 현금 이외의 급여를 말한다.[1] 이 때 보험자는 보험금액을 생명보험의 경우와 같이 일시금$\binom{\text{예컨대,}}{\text{사망의 경우}}$ 또는 당사자간의 약정에 따라 분할하여$\binom{\text{예컨대,}}{\text{질병의 경우}}$ 지급할 수 있다$\binom{\text{상 727조}}{\text{2항}}$.[2]

상해보험계약은 피보험자의 상해를 보험사고로 하는 것이므로 보험계약자는 제 3 자를 피보험자로 하는 「타인의 상해보험계약」을 체결할 수는 있으나, 피보험자와 보험수익자를 달리하는 「타인을 위한 상해보험계약」은 피보험자의 동의 없이는 체결할 수 없다고 본다[3]$\binom{\text{獨保 179조}}{\text{2항 참조}}$.

상해보험은 비교적 늦게 발생한 보험이나,[4] 오늘날 각종 교통수단의 발달과 더불어 그 수요가 증가하여 중요한 보험분야가 되고 있다.[5]

제 2 상해보험계약의 특성

1. 인보험의 성질

상해보험계약은 보험의 목적이 「사람(피보험자)의 신체」라는 점에서 인보험계약$\binom{\text{상 727조}}{\text{1항}}$에 속하고,[6] 피보험자의 재산상의 손해를 보상할 것을 목적으로 하는 손해보험계약$\binom{\text{상}}{\text{665조}}$과 구별된다. 상해보험계약은 생명보험계약과 같이 인보험계약에 속하나, 상해보험계약은 「사람의 신체에 관한 상해」를 보험사고로 하나 생명보험

존재하고 보호의 필요성도 본질적으로 사람과 다르지 않다는 점에서 보험보호의 대상이 될 수 있다. 이처럼 약관이나 개별 약정으로 출생 전 상태인 태아의 신체에 대한 상해를 보험의 담보범위에 포함하는 것이 보험제도의 목적과 취지에 부합하고 보험계약자나 피보험자에게 불리하지 않으므로 상법 제663조에 반하지 아니하고 민법 제103조의 공서양속에도 반하지 않는다. 따라서 계약자유의 원칙상 태아를 피보험자로 하는 상해보험계약은 유효하고, 그 보험계약이 정한 바에 따라 보험기간이 개시된 이상 출생 전이라도 태아가 보험계약에서 정한 우연한 사고로 상해를 입었다면 이는 보험기간 중에 발생한 보험사고에 해당한다).

1) 동지: 정(희), 487면.

2) 동지: 정(희), 487면.

3) 동지: 양(승), (보) 484면(이외에 보험계약자를 보험수익자로 하는 경우에도 피보험자의 동의가 있어야 한다고 한다); 이(기) 외, (보·해) 311면.
 반대: 정(희), 487면(타인의 동의여부에 불문하고 타인을 위한 상해보험계약은 체결할 수 없다고 한다).

4) 영국에서 1846년에 실시된 철도사고로 인한 피해자에 대한 손해보상을 위한 보험제도가 상해보험의 최초라고 한다[양(승), (보) 479면].

5) 동지: 양(승), (보) 479면.

6) 상법 제739조가 상해보험에 관하여 원칙적으로 생명보험에 관한 규정을 준용하도록 규정한 것은, 상해보험의 인보험성을 반영한 규정이라고 볼 수 있다.

계약은 「사람의 사망·생존·사망과 생존」을 보험사고로 하는 점에서 양자는 구별된다. 또한 상해보험계약에서는 사람의 신체에 관한 상해를 보험사고로 하는 점에서 사람의 신체에 관한 질병을 보험사고로 하는 질병보험($\text{상}^{739}_{\text{조의}2}$) 및 사람(국민)의 질병·부상에 대한 예방·진단·치료·재활·출산 또는 사망 등을 보험사고로 하는 국민건강보험($\text{국민건강보}_{\text{험법 1조}}$) 등과도 구별된다. 또한 상해보험은 사(私)보험이나 국민건강보험은 공(公)보험(사회보험)인 점에서도 양자는 구별된다.

2. 손해보험의 성질

상해보험계약에서는 피보험자의 보험사고로 인한 실질손해를 산정할 수 없으므로, 이러한 점에서는 손해보상성을 본질로 하는 손해보험의 성질은 없다($^{\text{따라서 보험}}_{\text{가액의 관념}}$ $_{\text{도 없고, 초과·중복·일부}}^{}$ $_{\text{보험의 문제도 없다}}^{}$). 그런데 상해보험약관에서 규정하고 있는 보험금($^{\text{사망보험금·후유장해보}}_{\text{험금 및 의료비보험금}}$)[1]

---

1) 대판 2005. 10. 27, 2004 다 52033(공보 2005, 1839)(상해보험의 약관에 피보험자의 기왕증의 영향으로 상해가 중하게 된 때에는 보험금을 감액한다는 규정이 있는 경우, 보험자는 그 약관에 따라 보험금을 감액하여 지급할 수 있다); 동 2013. 5. 23, 2011 다 45736(공보 2013, 1106)(하나의 보험계약에서 장해보험금과 사망보험금을 함께 규정하고 있는 경우, 사망보험금은 사망을 지급사유로 하는 반면 장해보험금은 생존을 전제로 한 장해를 지급사유로 하는 것이므로, 동일한 재해로 인한 보험금은 당해 보험계약에서 중복지급을 인정하는 별도의 규정을 두고 있는 등 특별한 사정이 없는 한, 그 중 하나만을 지급받을 수 있을 뿐이라고 보아야 한다. 따라서 재해로 인한 장해상태가 회복 또는 호전을 기대하기 어렵거나 또는 호전가능성을 전혀 배제할 수는 없지만 기간이 매우 불확정적인 상태에 있어 증상이 고정되었다면 장해보험금의 지급을 청구할 수 있고, 그 증상이 고정되지 아니하여 사망으로의 진행단계에서 거치게 되는 일시적 장해상태에서 치료를 받던 중 재해와 인과관계가 있는 원인으로 사망한 경우에는 그 사이에 장해진단을 받았더라도 장해보험금이 아닌 사망보험금을 지급받을 수 있을 뿐이다. 이때 재해 이후 사망에 이르기까지의 상태가 증상이 고정된 장해상태인지 사망으로의 진행단계에서 거치게 되는 일시적 상태인지는 장해진단으로부터 사망에 이르기까지의 기간, 재해로 인한 상태의 종류와 정도, 장해부위와 장해율, 직접사인과 장해의 연관성 등 관련사정을 종합적으로 고려하여 판단하여야 한다); 동 2014. 7. 24, 2013 다 43956·43963(공보 2014, 1718)(갑 보험회사와 을이 체결한 상해보험계약의 피보험자 병이 버스 하차 중 사고로 상해를 입어 사고일로부터 180일이 지나기 전 복합부위통증 증후군에 따른 좌측 하지 기능 장해가 시작되었고, 사고일로부터 약 3년 6개월 후에 신체감정을 통해 노동능력상실률 40%라는 진단을 받았는데, 보험약관에서 정한 후유장해보험금 등의 지급이 문제된 사안에서, 보통약관에서는 '사고일로부터 180일 내에 신체 일부를 상실하거나 그 기능을 영구히 상실할 것'〈이하 신체 일부 또는 그 기능의 영구적 상실을 '장해'라고 한다〉을 후유장해보험금의 지급사유로 규정하고 있을 뿐 장해의 진단확정까지 위 기간 내에 이루어질 것을 요구하고 있지 않으므로, 사고와 상당인과관계가 있는 장해로서 사고일로부터 180일 내에 발생한 장해이기만 하면 후유장해보험금을 지급할 의무가 발생하고, 특별약관과 이에 준용되는 보통약관을 종합하여 보면, 사고일로부터 180일 내에 사고로 장해가 발생하고 보험기간 내에 후유장해지급률이 50% 이상에 이를 정도로 장해상태가 악화된 경우 특별약관에 따른 재활연금 지급의무가 발생하는데, 진단확정은 보험기간 만료 후에 이루어져도 무방하므로, 병의 장해가 위 사고로 인한 것이라면 보통약관에 따른 후유장해보험금 청구권과 특별약관에 따른 재활연금 청구권이 발생할 여지가 충분한데도, 이와 달리 본 원심판결에 심리미진의 위법이 있다).

중 사망보험금은 (순)정액보험의 성질을 갖고 후유장해보험금은 준정액보험의 성질을 가지나, 의료비보험금($\substack{예컨대, 치료비 \cdot \\ 입원비 등}$)은 손해보험의 성질을 갖는다($\substack{동 약관 \\ 13조~14조}$).[1] 또한 상해보험계약에서의 보험사고는 그 발생시기는 물론 발생여부도 불확정한데, 이것은 생명보험계약에서의 보험사고는 발생시기만이 불확정한 점과 구별되고 오히려 손해보험계약의 그것과 유사하다고 볼 수 있다. 따라서 상해보험계약은 그 성질이 생명보험(정액보험)계약과 동일하다고는 볼 수 없고, 생명보험(정액보험)계약과 손해보험계약의 중간에 속한다고 볼 수 있다.[2]

상해보험의 이러한 성질로 인하여 보험업법은 상해보험을 제3 보험상품(상해보험·질병보험·간병보험)의 하나로 규정하고($\substack{보업 2조 1호 다., \\ 보업시 1조의 2 4항 1호}$), 생명보험회사나 손해보험회사가 모두 제3 보험상품인 상해보험상품을 판매할 수 있도록 하였다($\substack{보업 \\ 10조 3호}$).

제3 상해보험계약에 있어서의 보험사고[3]

상해보험계약의 요소 중에서 가장 중요하고 상해보험계약에만 특유한 것이 보험사고이다($\substack{상해보험계약의 요소 중 나머지는 보험계약의 \\ 요소 및 인보험계약의 요소를 참고하면 된다}$). 따라서 이 곳에서는 상해보험계약에 있어서의 보험사고만을 설명한다. 상해보험계약에서의 보험사고에 대하여 상법은 「피보험자의 신체의 상해」라고만 규정하고 있고($\substack{상 \\ 737조}$), 보통 상해보험계약의 보험약관에서 규정하고 있다.[4] 장기손해보험 표준약관(금융감독원 제정)은 「급격하고도 우연

---

1) 동지: 한(기), (보) 758면.

2) 보험업법은 보험회사는 생명보험업과 손해보험업을 겸영하지 못하도록 하면서(보업 10조 본문) 상해보험(제3 보험업)은 겸영할 수 있도록 하고 있는데(보업 4조 2항), 이 점은 이를 반영한 것으로 볼 수 있다.

　국내 보험실무상 손해보험사업자는 상해보험을 독립된 보험상품으로 다루고 있고, 생명보험사업자는 상해보험을 생명보험약관에서 재해담보를 추가하여 다루고 있다. 금융감독원이 2004. 11. 26에 개정한 보험업감독업무시행세칙(2005. 1. 1 시행) 별표 15에서는 상해보험을 손해보험의 하나인 장기손해보험 표준약관에서 다루고 있다.

3) 이에 관한 상세는 김영선, "상해보험사고에 관한 고찰(판례를 중심으로)," 「현대상법의 과제와 전망」(송연양승규교수 화갑기념)(서울: 삼지원, 1994), 404~428면 참조.

4) 참고: 대판 2015. 1. 29, 2014 다 73053(공보 2015, 443)(갑을 피보험자로 하는 상해보험계약의 보험약관에서 보험금 지급사유로 '운행 중인 자동차에 운전을 하고 있지 않는 상태로 탑승 중이거나 운행 중인 기타 교통수단에 탑승하고 있을 때에 급격하고도 우연한 외래의 사고〈탑승 중 교통사고〉로 인한 상해의 직접결과로써 사망한 경우'를 규정하고 있는데, 갑이 고소작업차의 작업대에 탑승하여 아파트 10층 높이에서 외벽도장공사를 하던 중 고소작업차의 와이어가 끊어지면서 추락하여 사망한 사안에서, 고소작업차는 자동차관리법 시행규칙 제2조에 따른 특수자동차로 등록된 차량으로, 보험약관에서 '운행 중인 자동차'로 규정한 특수자동차에 해당하는 점 등에 비추어, 위 사고는 고소작업차의 당해 장치를 용법에 따라 사용하던 중에 발생한 사고로서 보험약관에서

한 외래의 사고로 피보험자가 신체에 입은 상해」라고 규정하고 있다($\frac{동 약관}{13조 1항}$). 이 때 상해를 원인으로 한 사망(상해사망)은 보험사고에 포함되고,[1] 이러한 사고의 외래성 및 상해 또는 사망이라는 결과와 사이의 인과관계에 대해서는 보험금청구자에게 그 증명책임이 있다.[2] 외래의 사고 이외에 피보험자의 질병 기타 기왕증이 공동원인이 되어 상해에 영향을 미친 경우에도 사고로 인한 상해와 그 결과인 사망이나 후유장해 사이에 인과관계가 인정되면 보험자는 보험금을 지급할 의무가 있으나, 피보험자의 질병 등이 보험사고의 발생 또는 확대에 기여하였다면 약관에 따라 보험금을 감액할 수 있다.[3]

이하에서는 상해보험약관상의 보험사고를 나누어서 좀더 상세히 살펴본다.

1. 급격한(violent; plötzlich) 사고

이는 원인이 되는 사실이 돌발적으로 발생하여 그 사실의 직접적인 결과로서 상해가 발생한 경우로서, 피보험자가 예견하지 아니하였거나 예견할 수 없는 순간에 생긴 사고임을 의미한다.[4] 예컨대, 자동차사고로 인하여 입은 상해, 달리는 말을 세우려다 입은 상해, 순간적으로 무거운 것을 들어올리다가 입은 상해 등은 급격성이 있다고 하여 보험사고에 포함시키고 있다.[5]

정한 자동차 운행 중의 교통사고에 해당한다).

1) 따라서 상해사망보험을 상해보험으로 해석한다(통설)[양(승), (보) 485면; 장(덕), (보) 478면; 한(기), (보) 760~761면(그러나 상해사망보험에도 상법 제732조를 준용해야 한다고 한다) 외].

2) 동지: 대판 2001. 8. 21, 2001 다 27579(공보 2001, 2048)(상해보험에서 담보되는 위험으로서 상해란 외부로부터의 우연한 돌발적인 사고로 인한 신체의 손상을 말하는 것이므로, 그 사고의 원인이 피보험자의 신체의 외부로부터 작용하는 것을 말하고 신체의 질병 등과 같은 내부적 원인에 기한 것은 제외되며, 이러한 사고의 외래성 및 상해 또는 사망이라는 결과와 사이의 인과관계에 관해서는 보험금청구자에게 그 입증책임이 있다)[이 판결에 대하여 찬성하는 취지의 평석으로는 최윤성, 「판례연구」(부산판례연구회), 제14집(2003), 571~604면]; 동 2001. 11. 9, 2001 다 55499·55505; 동 2003. 11. 28, 2003 다 35215·35222.

3) 동지: 대판 2007. 10. 11, 2006 다 42610(공보 2007, 1742)(상해보험은 피보험자가 보험기간중에 급격하고 우연한 외래의 사고로 인하여 신체에 손상을 입는 것을 보험사고로 하는 인보험으로서, 일반적으로 외래의 사고 이외에 피보험자의 질병 기타 기왕증이 공동 원인이 되어 상해에 영향을 미친 경우에도 사고로 인한 상해와 그 결과인 사망이나 후유장해 사이에 인과관계가 인정되면 보험계약 체결시 약정한 대로 보험금을 지급할 의무가 발생하고, 다만 보험약관에 계약체결 전에 이미 존재한 신체장애, 질병의 영향에 따라 상해가 중하게 된 때에는 그 영향이 없었을 때에 상당하는 금액을 결정하여 지급하기로 하는 내용이 있는 경우에 한하여 그 약관 조항에 따라 피보험자의 체질 또는 소인 등이 보험사고의 발생 또는 확대에 기여하였다는 사유를 들어 보험금을 감액할 수 있다).

4) 동지: 김(성), (보) 862면.

5) 김영선, 전게논문, 408~409면; 한(기), (보) 762면.

2. 우연한(accident; unfreiwillig) 사고

이는 피보험자의 고의로 한 것이 아니고 뜻하지 않게 입은 상해로서, 그 원인 또는 결과의 발생이 우연한 사고임을 의미한다.[1] 예컨대, 건물의 붕괴로 입은 상해, 재해로 입은 상해 등이 이에 해당한다. 그러나 대법원은 「피보험자가 겨드랑 밑의 악취방지를 위한 수술중에 급성심부전증에 의하여 사망한 경우는, 우연성이 없는 것으로서, 보험사고에 포함되지 않는다」고 판시하고,[2] 또한 「승용차를 운전하여 주행하던 중 피보험자가 그의 휴대전화기가 차량 조수석 앞 바닥에 떨어져 이를 줍다가 클러치를 밟고 있던 왼발이 떨어지면서 오른 발로 브레이크를 밟으려다가 잘못하여 액셀러레이터를 밟아 차량이 급가속되었다가 급정지되는 바람에 운전석과 조수석 사이에 있는 체인지 레버에 피보험자의 오른쪽 가슴 부위를 부딪힘으로써 상해를 입은 경우, 이는 우연한 사고에 해당하지 아니하여 교통상해나 일반상해에 해당하지 않는다」고 판시하고 있다.[3] 상해보험약관에서는 「유독가스 또는 유독물질을 우연하게도 일시에 흡입·흡수 또는 섭취한 결과로 생긴 중독증상은 보험사고에 포함되나, 세균성 음식물중독과 상습적으로 흡입·흡수 또는 섭취한 결과로 생긴 중독증상은 보험사고에 포함되지 않는다」고 규정하고 있다(장기손해보험 표준약관 13조 2항).

---

1) 동지: 양(승), (보) 486면; 한(기), (보) 764면.

2) 대판 1980. 11. 25, 80 다 1109(공보 648, 13402). 동지: 대판 2001. 7. 24, 2000 다 25965(공보 2001, 1918)(피보험자가 욕실에서 페인트칠 작업을 하다가 뇌교〈腦橋〉 출혈을 일으켜 장애를 입게 되었으나, 뇌교출혈이 페인트나 시너의 흡입으로 발생한 것이 아니라 피보험자가 평소 가지고 있던 고혈압증세로 인하여 발생한 것으로 보아 보험계약에서 정한 우발적인 외래의 사고가 아니다); 동 2010. 8. 19, 2008 다 78491·78507(공보 2010, 1773)(상해보험의 피보험자가 병원에서 복막암 진단을 받고 후복막강 종괴를 제거하기 위한 개복수술을 받았으나 그 과정에서 의료진의 과실로 인한 감염으로 폐렴이 발생하여 사망한 사안에서, 위 사고는 보험자가 보상하지 않는 질병인 암의 치료를 위한 개복수술로 인하여 증가된 감염의 위험이 현실화됨으로써 발생한 것이므로 그 사고발생에 의료진이 과실이 기여하였는지 여부와 무관하게 상해보험약관상 면책조항이 적용된다).

3) 대판 2003. 11. 28, 2003 다 35215·35222(공보 2004, 46)(인보험계약에 의하여 담보되는 보험사고의 요건 중 '우연한 사고'라 함은 사고가 피보험자가 예측할 수 없는 원인에 의하여 발생하는 것으로서, 고의에 의한 것이 아니고 예견치 않았는데 우연히 발생하고 통상적인 과정으로는 기대할 수 없는 결과를 가져오는 사고를 의미하는 것이며, 이러한 사고의 우연성에 관해서는 보험금청구자에게 그 입증책임이 있고 사고의 외래성 및 상해라는 결과와 사이의 인과관계에 대해서도 보험금청구자에게 그 입증책임이 있다)(상해보험에서는 우연성을 추정하여 이에 대한 보험자의 반증이 없으면 보험사고는 발생한 것으로 판단하는 것이 합리적이라는 견해로는 김은경, "상해보험에서 우연성에 대한 증명책임," 「기업법연구」(한국기업법학회), 제32권 제 2 호(2018. 6), 75~96면).

3. 외래의(external; von außen) 사고

이는 상해의 원인이 (피보험자의 신체적 또는 체질적 요인 등 내부적 원인이 아닌) 외부적인 사고임을 의미한다.[1] 이 점에서 상해보험과 질병보험이 구별되고 또한 상해사망보험과 일반사망보험이 구별된다.[2] 예컨대 피보험자가 술에 만취되어 잠을 자던 중 구토물이 기도로 흘러 들어 호흡장애를 일으켜 사망한 경우도 외래의 사고에 해당한다고 하여 보험사고에 포함시키고 있다.[3]

---

1) 동지: 한(기), (보) 766면.

2) 동지: 한(기), (보) 760면.

3) 동지: 대판 1998. 10. 13, 98 다 28114(공보 1998, 2674)('급격하고도 우연한 외래의 사고'를 보험사고로 하는 상해보험에 가입한 피보험자가 술에 취하여 자다가 구토로 인한 구토물이 기도를 막음으로써 사망한 경우, 보험약관상의 급격성과 우연성은 충족되고, 나아가 보험약관상의 '외래의 사고'란 상해 또는 사망의 원인이 피보험자의 신체적 결함 즉 질병이나 체질적 요인 등에 기인한 것이 아닌 외부적 요인에 의해 초래된 모든 것을 의미한다고 보는 것이 상당하므로, 위 사고에서 피보험자의 술에 만취된 상황은 피보험자의 신체적 결함 즉 질병이나 체질적 요인 등에서 초래된 것이 아니라 피보험자가 술을 마신 외부의 행위에 의하여 초래된 것이어서 이는 외부적 요인에 해당한다고 할 것이고, 따라서 위 사고는 위 보험약관에서 규정하고 있는 '외래의 사고'에 해당하므로 보험자로서는 수익자에 대하여 위 보험계약에 따른 보험금을 지급할 의무가 있다); 동 1998. 10. 27, 98 다 16043(공보 1998, 2761)(평소 술을 좋아하고 주벽이 심한 편이었던 피공제자가 술에 취한 상태에서 타고 있던 택시를 세워 내린 후 교량 난간을 타고 넘어 도합 8.32m의 다리 아래로 뛰어 내려 강물에 빠져 익사한 경우, 피공제자가 사고 직전 택시 안에서 뒷좌석에 타고 있는 여자 승객들에게 강에 떨어뜨려 죽이겠다고 욕설을 하였다고 하여 사고 당시 사람이 강물에 뛰어 들면 사망할 수도 있음을 분별할 수 있을 정도로 변별능력을 갖추고 있었다고 보기보다는, 기억 및 판단 등의 능력이 미약한 상태에서 아무런 사고작용 없이 단순히 반사적으로 반응하다가 급기야 명정상태〈酩酊狀態〉에서 목적성을 상실한 나머지 충동적으로 다리 아래로 뛰어내려 익사한 것으로 봄이 상당하고, 이와 같이 피공제자가 추락 당시 병적인 명정상태에 있었던 이상 그 사고는 위 망인이 예견하지 못한 우발적인 사고에 해당한다고 할 것이고, 또한 사망의 직접적인 원인이 된 것은 물에 의한 기도의 폐쇄이므로 그 자체로 외래의 사고임이 명백하므로, 비록 위 망인에게 평소 주벽이 심한데도 불구하고 명정에 이를 정도로 과음한 중대한 과실이 있다고 하더라도, 위 익사사고는 농업협동조합에서 시행하는 새생활공제 및 재해보장공제의 각 공제약관에서 사망공제금의 지급 대상으로 열거하고 있는 재해의 하나인 '익수'에 해당하는 사고로서, 위 공제금의 지급 대상에서 제외될 수 없다); 서울민사지판 1993. 3. 26, 92 가합 65079.

생명보험약관상 「재해」의 해석에 관하여 동지로 판시한 것으로는 대판 1991. 6. 25, 90 다 12373(공보 1991, 1997)(생명보험약관에 특약보험금의 지급사유인 재해를 '우발적인 외래의 사고'라고 정의하고 있는 경우에 있어, 피보험자가 방안에서 술에 취하여 선풍기를 틀어놓고 자다가 사망한 것을 우발적인 외래의 사고로 보지 아니한 원심판결에 심리미진 등의 위법이 있다).

반대: 대판 2010. 9. 30, 2010 다 12241·12258(공보 2010, 1975)(피보험자가 원룸에서 에어컨을 켜고 자다 사망한 경우, 사고의 외래성 및 인과관계에 관한 법리와 한국배상의학회에 대한 사실조회 결과에서 알 수 있는 최근의 의학적 연구와 실험 결과에 비추어 볼 때, 문과 창문이 닫힌 채 방안에 에어컨이 켜져 있었고 실내온도가 차가웠다는 사정만으로 망인의 사망 종류 및 사인을 알 수 없다는 검안 의사의 의견과 달리 망인의 사망 원인이 '에어컨에 의한 저체온증'이라거나 '망인이 에어컨을 켜 둔 채 잠이 든 것'과 망인의 '사망' 사이에 상당한 인과관계가 있다고 볼 수 없다).

참고: 울산지판 2015. 8. 26, 2014 가합 18571(판공 2016, 63)(갑이 을 보험회사 등과 체결한 보

4. 신체의 상해

이는 상해가 질병, 신체적인 결함(예컨대, 간질 등), 자연발생적인 것 및 정신적 충동에 기인한 것이 아님을 의미한다.[1] 따라서 일사병(日射病)으로 인한 사망이나 용변을

험계약의 약관에 '재해분류표에서 정한 재해로 피보험자가 장해상태가 되었을 때 보험금을 지급한 다'는 취지로 규정하고 있는데, 갑이 골프장에서 드라이버 티샷을 하던 중 목 부위가 젖혀지면서 통증이 발생하였고, MRI 촬영 결과 경추부 추간판탈출증을 진단받자 보험금 지급을 구한 사안에 서, 위 사고는 골프라는 반복적인 운동 동작에서 비롯되었는데, 보험약관의 재해분류표에서 기타 불의의 사고 중 '과로 및 격심한 또는 반복적 운동으로 인한 사고'를 명시적으로 재해사고의 유형 에서 제외하고 있고, 여기서 반복적 운동이란 운동 횟수의 반복은 물론 동일한 동작의 반복을 의미 하므로, 동일한 스윙 동작을 반복하면서 발생한 사고는 보험금 지급대상인 재해사고에 해당하지 아니한다).

1) 동지: 대판 1999. 8. 20, 98 다 40763·40770(공보 1999, 1869)(상해보험의 경우 피보험자의 체질 또는 소인 등이 보험사고로 인한 후유장애에 기여하였다는 사유는 특별한 경우를 제외하고는 상해보험금의 지급에 있어서 감액사유가 아니다); 동 2000. 3. 28, 99 다 67147(공보 2000, 1059) (민사분쟁에 있어서의 인과관계는 의학적·자연과학적 인과관계가 아니라 사회적·법적 인과관계 이고, 그 인과관계는 반드시 의학적·자연과학적으로 명백히 입증되어야 하는 것은 아닌바, 보험약 관상의 '상해의 직접 결과로 사망하였을 때'의 의미도 이와 같은 견지에서 이해되어야 한다. 따라 서 좌측 대퇴부에 산탄총알을 맞아 심한 연부조직 결손과 출혈 등의 증상이 있었고 사고 발생일로 부터 20일 사이에 응급수술과 두 차례의 수술을 받았으며 마지막 수술일로부터 5일 만에 심근경색 으로 갑자기 사망한 경우, 위 사고로 인한 상해의 직접 결과로 사망한 것으로 볼 수 있다); 동 2001. 8. 21, 2001 다 27579(상해보험에서의 상해란 그 사고의 원인이 피보험자의 신체의 외부로 부터 작용하는 것을 말하고 신체의 질병 등과 같은 내부적 원인에 기한 것은 제외되며, 이러한 사 고의 인과관계에 대하여는 보험금청구자에게 그 입증책임이 있다)[이 판결에 대하여 찬성하는 취 지의 평석으로는 최윤성, 「판례연구」(부산판례연구회), 제14집(2003), 571~604면]; 동 2002. 3. 29, 2000 다 18752·18769(공보 2002, 978)(상해보험은 피보험자가 보험기간중에 급격하고도 우 연한 외래의 사고로 인하여 신체에 손상을 입는 것을 보험사고로 하는 인보험으로서, 보험사고가 발생하기 전에 피보험자가 고지의무에 위배하여 중대한 병력을 숨기고 보험계약을 체결하여 이를 이유로 보험자가 상법의 규정에 의하여 보험계약을 해지하거나, 상해보험약관에서 계약체결 전에 이미 존재한 신체장해 또는 질병의 영향에 따라 상해가 중하게 된 때에는 보험자가 그 영향이 없 었을 때에 상당하는 금액을 결정하여 지급하기로 하는 내용의 약관이 따로 있는 경우를 제외하고 는 보험자는 피보험자의 체질 또는 소인 등이 보험사고의 발생 또는 확대에 기여하였다는 사유를 들어 보험금을 감액할 수 없다. 또한 상해보험계약에 적용된 임시생활비담보 특별약관에 정한 '사 고로 상해를 입고 그 직접 결과로서 생활기능 또는 업무능력에 지장을 가져와 입원하여 치료를 받 은 경우'나 의료비담보 특별약관에 정한 '사고로 상해를 입고 그 직접 결과로서 요양기관에서 치료 를 받은 경우'라 함은, 사고로 입은 상해가 주요한 원인이 되어 생활기능 또는 업무능력에 지장을 가져와 피보험자가 입원하여 치료를 받게 되거나, 요양기관에서 치료를 받은 경우를 말하고 사고 로 입은 상해 이외에 피보험자가 가진 기왕의 질환 등이 공동원인이 되었다 하더라도 사고로 인한 상해와 〈입원〉치료 사이에 통상 일어나는 원인 결과의 관계가 있다고 인정되는 이상 여기서 말하 는 직접 결과에 해당한다고 봄이 상당하다); 동 2002. 10. 11, 2002 다 564(공보 2002, 2695)(상 해보험의 보통약관에 '피보험자가 약관 소정의 상해를 입고 이미 존재한 신체장해 또는 질병의 영 향으로 약관 소정의 상해가 중하게 된 경우 보험자는 그 영향이 없었던 때에 상당하는 금액을 결 정하여 지급한다'고 규정되어 있는 경우, 그 취지는 보험사고인 상해가 발생하였더라도 보험사고 외의 원인이 부가됨에 따라 본래의 보험사고에 상당하는 상해 이상으로 그 정도가 증가한 경우 보

보던 중 자발적 뇌실질내출혈(腦室窒內出血)로 인한 사망은 보험사고에 포함되지 않는다.[1]

제 4 상해보험계약에 관한 특칙

1. 상해보험증권

상해보험증권에는 상법 제666조(손해보험증권 기재사항) 및 제728조(인보험증권 기재사항)에 규정한 사항을 기재하여야 하는데, 다음과 같은 특칙이 있다. 즉, 피보

험사고 외의 원인에 의하여 생긴 부분을 공제하려는 것이고, 따라서 여기의 '약관 소정의 상해가 이미 존재한 신체장해 또는 질병의 영향으로 중하게 된 경우'에서 '중하게 된 경우'에는 피보험자가 사망에 이른 경우가 포함되지 않는다고 볼 수 없다); 동 2023. 4. 27, 2022 다 303216(공보 2023, 933)(보험계약 약관에서 정하는 상해의 요건인 '급격하고도 우연한 외래의 사고' 중 '외래의 사고'는 상해 또는 사망의 원인이 피보험자의 신체적 결함, 즉 질병이나 체질적 요인 등에 기인한 것이 아닌 외부적 요인에 의해 초래된 모든 것을 의미하고, 이러한 사고의 외래성 및 상해 또는 사망이라는 결과와 사이의 인과관계에 관하여는 보험금청구자에게 증명책임이 있다. 민사 분쟁에서의 인과관계는 의학적·자연과학적 인과관계가 아니라 사회적·법적 인과관계이므로, 그 인과관계가 반드시 의학적·자연과학적으로 명백히 증명되어야 하는 것은 아니고, 망인이 보험계약 약관에 정한 '우연한 외래의 사고'로 인하여 사망하였는지를 판단함에 있어서도 마찬가지이나, 문제 된 사고와 사망이라는 결과 사이에는 상당한 인과관계가 있어야 한다. 갑의 배우자였던 을이 병 보험회사와 사이에, 피보험자를 갑, 보험수익자를 피보험자의 법정상속인으로 하여 피보험자가 상해의 직접 결과로 사망하는 경우 일반상해사망보험금을 지급하는 내용의 보험계약을 체결하였는데, 갑이 계단에서 미끄러져 넘어지는 사고로 병원에서 입원치료를 받다가 식사 중 의식을 잃고 쓰러져 사망하자, 갑의 상속인 정이 병 회사를 상대로 일반상해사망보험금의 지급을 구한 사안에서, 위 보험계약의 약관에서 상해를 '보험기간 중에 발생한 급격하고도 우연한 외래의 사고로 신체에 입은 상해'로 정하면서 일반상해사망보험금은 피보험자가 보험기간 상해의 직접 결과로써 사망한 경우〈질병으로 인한 사망은 제외〉에 지급하도록 정하고 있는데, 갑의 사인에 관해 ① 질식과 급성 심근경색증이 모두 가능성이 있다는 무 의료원 원장에 대한 진료기록감정촉탁 결과와 ② 급성 심근경색증이라는 기 대학병원 원장에 대한 진료기록감정촉탁 및 사실조회 결과가 각 제출되었으므로, 법원으로서는 갑에게 질식이라는 외래의 사고로 상해가 발생하였고 상해가 갑의 사망과 상당인과관계가 있다는 사정에 관한 증명책임이 정에게 있음을 감안하여, 갑에게 질식이 발생하였고 이로써 사망하였다는 사정을 쉽게 추정하여 보험금청구권을 인정하는 것에는 신중하여야 하고, 특히 무 의료원 원장에 대한 진료기록감정촉탁 결과에 배치되는 진료기록감정촉탁 및 사실조회 결과와 국립과학수사연구원의 부검의견이 반증으로 제시되어 있을 뿐만 아니라 무 의료원 원장에 대한 진료기록감정촉탁 과정에 일부 절차상 미비점까지 존재하므로, 무 의료원 원장에 대한 진료기록감정촉탁 결과를 채택하려면 감정촉탁 결과의 보완을 명하거나 증인신문, 사실조회 등 추가적인 증거조사를 통해 갑이 의식을 잃고 사망하는 과정에서 질식이 발생하였다고 볼만한 사정이 있었는지, 부검감정서에 질식이 발생한 경우 특징적으로 보이는 내용이 있었고 이러한 내용을 근거로 질식 발생 여부에 관한 의견을 제시한 것인지 등에 관한 각 감정기관의 견해를 구체적으로 심리·파악하여 감정촉탁 결과의 신빙성 여부를 판단하였어야 하는데도, 위와 같은 사정을 면밀히 살펴보거나 심리하지 않은 채 갑에게 질식이 발생하였고 질식이 갑의 사망에 원인이 되었음을 완전히 배제할 수 없다는 이유로 정의 청구를 일부 받아들인 원심판단에 법리오해 등의 잘못이 있다).

1) 서울고판 1985. 12. 4, 85 나 2788 등 참조.

험자와 보험계약자가 동일인이 아닌 때($\binom{\text{타인의}}{\text{상해보험}}$)에는 인보험증권의 기재사항 중 피보험자의 주소와 성명($\binom{\text{상}^{728조}}{\text{2호}}$) 대신에 피보험자의 직무 또는 직위만을 기재할 수 있다 ($\binom{\text{상}}{\text{738조}}$). 이것은 타인의 상해보험에서($\binom{\text{예컨대, 공장의 근로자 또는 자동차의 운전자와 같이}}{\text{일정한 직무 또는 직위에 있는 자를 피보험자로 한 경우}}$), 그 직무 또는 지위에 있는 자가 누구이든 불문하고 그 직무 또는 직위에 있는 자에게 보험 사고가 발생하면 보험자가 책임을 부담하는 계약을 체결하는 경우를 예상하여 둔 규정이다.[1]

2. 생명보험에 관한 규정의 준용

상해보험에 관하여는 상법 제732조의 규정($\binom{\text{15세 미만자 · 심신상실자 또는 심신박약자를 피보험}}{\text{자로 하는 사망보험계약은 원칙적으로 무효로 함}}$)을 제외하고, 생명보험에 관한 규정이 준용된다($\binom{\text{상}}{\text{739조}}$).[2] 이것은 상법이 상해보험을 생명보험과 함께 인보험에 속하는 것으로 규정한 점을 반영하고 있다고 볼 수 있다.

그러나 앞에서 본 바와 같이 상해보험은 단순한 정액보험이 아니고($\binom{\text{따라서 생명보}}{\text{험과 구별됨}}$) 손해보험의 성질을 갖는 경우도 있으므로,[3] 생명보험에 관한 규정의 준용만으로는

---

1) 동지: 정(희), 487면; 양(승), (보) 488면.

2) 상해사망의 경우 면책약관의 해석에 관하여는 대판 2023. 2. 2, 2022 다 272169(공보 2023, 516)(갑 보험회사가 을과 체결한 보험계약 중 상해사망 담보는 피보험자인 을이 보험기간 중 상해 사고로 사망한 경우 보험가입금액을 지급하는 것을 보장 내용으로 하고, 면책약관으로 '선박승무 원, 어부, 사공, 그 밖에 선박에 탑승하는 것을 직무로 하는 사람〈이하 이들을 통틀어 '선박승무원 등'이라고 한다〉이 직무상 선박에 탑승하고 있는 동안 상해 관련 보험금 지급사유가 발생한 때에 는 보험금을 지급하지 않는다'는 내용을 규정하고 있는데, 을이 선박에 기관장으로 승선하여 조업 차 출항하였다가 선박의 스크루에 그물이 감기게 되자 선장의 지시에 따라 잠수장비를 착용하고 바다에 잠수하여 그물을 제거하던 중 사망한 사안에서, 위 면책약관은 선박의 경우 다른 운송수단 에 비하여 운행 과정에서의 사고발생 위험성이나 인명피해 가능성이 높은 점을 고려하여 규정된 것으로, '선박승무원 등이 직무상 선박에 탑승하고 있는 동안'을 면책사유로 정하고 있을 뿐 특정 한 행위를 면책사유로 정하고 있지 않고, 이러한 면책약관의 문언이나 목적 · 취지 등을 종합하여 보면, 선박승무원 등이 선박에 탑승한 후 선박을 이탈하였더라도 선박의 고장 수리 등과 같이 선박 운행을 위한 직무상 행위로 일시적으로 이탈한 경우로서 이탈의 목적과 경위, 이탈 거리와 시간 등 을 고려할 때 전체적으로 선박에 탑승한 상태가 계속되고 있다고 평가할 수 있는 경우에는 면책약 관이 적용될 수 있는데, 위 사고는 선원인 을이 선박에 탑승하고 있는 동안 발생한 선박의 고장 혹 은 이상 작동을 점검 · 수리하기 위하여 선장의 지시에 따라 일시적으로 선박에서 이탈하여 선박 스크루 부분에서 작업을 하다가 발생한 것으로 전체적으로 을이 직무상 선박에 탑승하고 있는 동 안 발생한 사고라고 할 것이므로 면책약관이 적용된다고 볼 여지가 충분한데도, 이와 달리 본 원심 판결에 심리미진 등의 잘못이 있다).

3) 이러한 점에서 서울민사지판 1990. 10. 31, 90 가단 15905(보험계약자가 이미 상해보험계약을 체 결하고 다시 상해보험계약을 체결하면서 보험자에 대하여 그 보험계약의 내용을 통지하지 아니하 였다면 보험계약상의 고지의무에 위반한 것으로 보험자는 이를 이유로 보험계약을 해지하여 보험금지 급채무를 면할 수 있다)는 상해보험에 손해보험(중복보험)에 관한 규정을 유추적용하고 있다.

　　그러나 獨保 제178조~제191조는 상해보험에 손해보험에 관한 규정인 제82조~제83조(손해방 지 및 감소의무 등) 등의 규정을 준용하고 있지 않다.

부족하고 입법론상 상해보험에 관한 보다 상세한 규정을 둘 필요가 있다고 본다.[1]

제 4 절 질병보험계약

제 1 질병보험계약의 의의

질병보험계약(contract of personal sickness insurance; Krankenversicherungs-vertrag)이란 「보험자는 피보험자의 질병에 관한 보험사고가 발생할 경우에 보험금이나 그 밖의 급여를 지급하기로 하는 인보험계약」을 말한다($상_의 2^{739조}$). 여기에서 「질병」이라 함은 상해 이외의 내부적 원인에 기하여 피보험자의 신체에 발생하는 사고로서 이의 결과 입원·수술 등의 치료를 요하는 것이라고 볼 수 있다.[2] 또한 「그 밖의 급여」란 치료 또는 의약품의 급여 등과 같은 현금 이외의 급여를 말한다.

질병보험은 사람의 신체에 발생하는 사고를 보험사고로 하는 점에서 상해보험과 같고, 사람의 생명(사망·생존·사망과 생존)을 보험사고로 하는 생명보험과 구별된다. 그런데 질병보험은 사람의 신체에 관한 질병을 보험사고로 하는 점에서, 사람의 신체에 관한 상해($피보험자의 질병이나 체질적 요인에 기인하지 않은 외래성을 전제로 함$)를 보험사고로 하는 상해보험과 구별된다. 또한 질병보험은 사(私)보험인 점에서 공(公)보험(사회보험)인 국민건강보험과도 구별된다.[3] 질병의 치료비 등은 공보험(사회보험)인 국민건강보험에 의해서도 일정

---

1) 동지: 정(희), 488면; 양(승), (보) 493면.

2) 정찬형, "2007년 확정한 정부의 상법(보험편) 개정안에 대한 의견," 「금융법연구」(한국금융법학회), 제 4 권 제 2 호(2007), 158면.
   동지: 한(기), (보) 781면; 대판 2015. 5. 28, 2012 다 50087(공보 2015, 836)(갑이 을 보험회사와 체결한 보험계약의 특정질병보장특약 약관에서 당뇨병 등을 '9대질환'으로 규정하면서, '보험기간 중 피보험자가 책임개시일 이후에 9대질환으로 진단확정되고, 9대질환의 치료를 직접목적으로 하여 수술을 받았을 때 수술급여금을 지급한다'고 규정하고 있는데, 갑이 당뇨병 진단을 받고 당뇨합병증인 당뇨망막병증을 치료받기 위하여 레이저 광응고술을 받은 사안에서, 특정질병보장특약의 보장대상인 '9대질환 중 당뇨병'에는 한국표준질병사인분류의 '당뇨병〈E10-E14〉'이라는 항목군에 속하는 세분류 단위에 기재된 질병도 포함된다고 보아야 하고, 당뇨망막병증은 한국표준질병사인분류 '당뇨병〈E10-E14〉' 항목군의 4단위, 5단위분류에 기재되어 있고, 갑은 당뇨망막병증의 치료를 직접적인 목적으로 레이저 광응고술을 받은 것이 분명하며, 특정질병보장특약 약관에서 수술의 의미를 구체적으로 명확하게 제한하고 있지 않고 레이저 광응고술도 넓은 의미의 수술에 포함될 여지가 충분히 있으므로, 갑이 받은 레이저 광응고술은 특정질병보장특약 약관에서 규정한 '9대질환의 치료를 직접목적으로 받은 수술'에 해당한다).

3) 그러나 질병보험(및 상해보험)은 사람의 건강의 손상에 따른 경제적 손실을 보상하는 보험인 건강보험의 일부가 된다고 볼 수 있다[장덕조, "2014년 개정상법 보험편의 해설 및 연구," 금융법학회 2014년 춘계학술대회 발표자료(2014. 5. 23), 31면; 맹수석, "상법 보험편 개정안에 있어서 새

한 급여를 받지만, 국민건강보험에 의하는 경우 보상수준이 낮거나 보상대상 손해 항목도 적어서 사보험인 민영보험회사의 다양한 질병보험에 의하여 보상을 받는 다.[1] 따라서 민영보험회사의 다양한 질병보험상품의 판매는 계속 증가하는 추세 이다.

종래에는 상법(보험편)에 질병보험에 관한 규정이 없어 질병보험계약에 따른 분쟁에서는 이에 관한 약관에 의존하였는데, 2014년 3월 개정상법(보험편)에서 질병 보험에 관한 규정을 신설하여 두게 되어($\frac{상}{739조의3}$ $\frac{739조의}{2\sim}$), 질병보험에 관한 법률관계를 명확히 하고 또한 이에 관한 법적 분쟁의 해결에도 크게 도움을 줄 것으로 본다. 그런데 질병보험에 관하여 상법은 단지 두 개의 조문인 질병보험자의 책임($\frac{상}{조의2}^{739}$)과 질병보험에 대한 생명보험 및 상해보험에 관한 규정의 준용규정($\frac{상}{조의3}^{739}$)만을 두고 있어 이는 상법이 질병보험에 관한 근거규정을 두고 또한 기본적인 사항만을 규정하고 있다고 볼 수 있으므로,[2] 질병보험에 관한 구체적인 내용은 실무상의 보험약관에 의하여 정하여진다고 볼 수 있다.[3] 앞으로 질병보험에 관하여 보다 상세한 입법이 필요하다고 본다.[4]

질병보험도 상해보험과 같이 인보험이지만 손해보험의 성질도 갖고 있다. 즉, 암보험과 같이 보험사고가 발생하면 약정보험금을 지급하는 정액보험은 인보험의 성질을 갖고 있지만, 의료실비보상보험과 같이 질병에 의하여 현실적으로 발생한 치료실비의 범위 내에서 보험금을 지급하기로 하는 부정액의 실손보험은 손해보험의 성질을 갖는다.[5] 따라서 질병보험의 이러한 성질로 인하여 보험업법은 질병보험을 제3 보험상품(상해보험·질병보험·간병보험)의 하나로 규정하고($\frac{보업}{보업시}$ $\frac{4조1항3호나.}{1조의24항2호}$), 생명보험회사나 손해보험회사가 모두 제3 보험상품인 질병보험상품을 판매할 수 있도록 하였다($\frac{보업}{10조3호}$).

로운 유형의 보험계약(보증보험 및 질병보험에 관한 규정을 중심으로),"「법조」(법무부), Vol. 613(2007. 10), 104면].

1) 동지: 김(성), (보) 880면, 맹수석, 상게논문, 105면.

2) 2014년 3월 개정상법 이전에는 상법에 질병보험에 관한 규정이 없었기 때문에 질병보험에는 상 해보험에 관한 규정이 준용되지 않는다는 하급심판례도 있었으나(수원지판 2010. 9. 16, 2009 가합 24265·2010 가합 15748), 2014년 3월 개정상법 이후에는 이러한 주장(판결)이 있을 수 없게 되었다.

3) 동지: 박(세), (보) 870면; 양기진, "개정 보험계약법의 주요내용 검토 및 향후 입법방안," 2014 년 한국보험법학회 춘계학술발표회 자료(2014. 4. 18), 15면.

4) 동지: 장덕조, 전게 발표자료 32면.

5) 동지: 맹수석, 전게논문(법조 Vol. 613), 106면; 양기진, 상게 발표회자료, 14~15면.

제 2 생명보험 및 상해보험에 관한 규정의 준용

질병보험에 관하여는 그 성질에 반하지 아니하는 범위에서 생명보험 및 상해 보험에 관한 규정을 준용한다($^{상}_{조의3}{}^{739}$). 이로 인하여 타인의 질병보험계약을 체결하거나 질병보험계약으로 인하여 생긴 권리를 피보험자가 아닌 자에게 양도하는 경우에는 피보험자의 제731조 제 1 항에 따른 서면에 의한 동의를 얻어야 한다($^{상\ 739조의}_{3,\ 731조}$). 사망보험과는 달리 15세미만자·심신상실자 또는 심신박약자의 질병을 보험사고로 한 질병보험계약은 유효하다($^{상\ 739조의\ 3,}_{739조,\ 732조}$). 질병보험계약에서 질병이 보험계약자 등의 중과실로 인하여 발생한 경우에도 보험자는 보험금을 지급하여야 한다($^{상\ 739조의\ 3,}_{732조의\ 2\ 1항}$). 질병보험계약에서도 보험계약자는 보험수익자를 지정 또는 변경할 권리가 있고($^{상\ 739조의}_{3,\ 733조}$), 보험계약자가 질병보험계약 체결 후에 보험수익자를 지정 또는 변경할 때에는 보험자에 대하여 통지하여야 한다($^{상\ 739조의}_{3,\ 734조}$). 질병보험의 경우에도 단체보험이 가능한데, 이때 보험계약자가 피보험자 또는 그 상속인이 아닌 자를 보험수익자로 지정할 때에는 단체의 규약에서 명시적으로 정하는 경우 외에는 그 피보험자의 제731조 제 1 항에 따른 서면 동의를 받아야 한다($^{상\ 739조의\ 3,}_{735조의\ 3}$). 질병보험의 경우에 피보험자와 보험계약자가 동일인이 아닐 때에는 그 보험증권 기재사항 중 피보험자의 주소·성명 및 생년월일에 갈음하여 피보험자의 직무 또는 직위만을 기재할 수 있다($^{상\ 739조의}_{3,\ 738조}$).

질병보험의 경우에도 상해보험과 같이 원칙적으로 제 3 자에 대한 보험자대위가 금지되지만, 예외적으로 당사자간에 다른 약정이 있으면 (상해보험에서와 같이 손해보험의 성질을 갖는 질병보험에서) 피보험자의 권리를 해하지 아니하는 범위 안에서 보험자는 제 3 자에 대하여 대위권을 행사할 수 있다고 본다($^{상}_{729조}$). 질병보험의 경우 일반 제 3 자의 불법행위는 예상하기 어려우나, 병원 등의 과실로 질병이 발생하는 경우를 예상할 수 있으므로 이때 보험자의 제 3 자에 대한 대위를 인정하는 실익이 있을 것이다.[1]

질병보험에서 보험사고가 발생한 후 피보험자 등의 귀책사유로 질병이 악화된 경우 그 악화된 부분에 대하여 보험자를 면책시킬 수 있을 것인지 여부가 문제된다. 이에 대하여 2007년 정부의 상법(보험편) 개정안에서는 "피보험자가 질병을 악화시켜 보험금을 취득한 목적으로 통상적으로 받아야 할 치료를 받지 아니하여 질병이 악화된 경우, 보험자는 그로 인하여 악화된 부분에 대하여는 보험금을 지급할

---

1) 동지: 맹수석, 전게논문(법조 Vol. 613), 111~112면.

책임이 없다"는 규정을 두었다. 그런데 이 규정 중 '통상적으로 받아야 할 치료를 받지 아니하여 질병이 악화된 경우'에 대한 해석과 그 증명에 있어서 객관적인 기준이 마련되지 않아 계약당사자간에 많은 분쟁이 야기될 것이라는 이유로 2014년 3월 개정상법(보험편)에서는 삭제되었다.[1] 따라서 이에 관하여는 당사자간에 체결된 질병보험계약에 관한 보험약관의 해석에 의할 수밖에 없게 되었다.[2]

---

1) 박(세), (보), 870면.
2) 이에 대하여 상법 제659조 및 제732조의 2, 제653조, 제680조의 적용 및 유추적용이 가능한가의 문제가 있는데, '보험사고 발생 후의 문제'에 대하여 이러한 규정의 적용 또는 유추적용은 곤란하다고 본다[동지: 맹수석, 전게논문(법조 Vol. 613), 108~110면]. 따라서 이에 관한 입법이 필요하다고 본다.

제 6 편 해   상

888

제1장 서론

제1절 해상법의 의의 및 지위

제1 해상법의 의의

해상기업을 규율하는 법인 해상법의 의의는 다른 법의 경우와 같이 실질적 의의의 해상법과 형식적 의의의 해상법이 있으므로, 이하에서도 이 양자를 나누어 살펴보겠다.

1. 실질적 의의의 해상법

실질적 의의의 해상법(admiralty law; Seehandelsrecht; droit maritime)은 「해상기업에 특유한 사법적(私法的) 규정」을 말한다. 이러한 실질적 의의의 해상법은 주로 상법전 제5편 「해상」($^{형식적\ 의의}_{의\ 해상법}$)에 규정되어 있으나, 이외에도 많은 특별법 등에서 이에 관련된 사항이 규정되어 있다. 즉, 이러한 특별법에는 선박법($^{전문개정:\ 1982.}_{12.\ 31,\ 법\ 3641호,}$ $^{개정:\ 2022.\ 6.}_{10,\ 법\ 18957호}$), 선박안전법($^{전문개정:\ 2007.\ 1.\ 3,\ 법\ 8221호,}_{개정:\ 2022.\ 12.\ 27,\ 법\ 19134호}$), 선원법($^{전문개정:\ 2011.\ 8.\ 4,\ 법\ 11024호,}_{개정:\ 2024.\ 1.\ 23,\ 법\ 20127호}$), 선박직원법($^{전문개정:\ 1983.\ 12.\ 31,\ 법\ 3715호,}_{개정:\ 2023.\ 7.\ 25,\ 법\ 19573호}$), 도선법($^{개정:\ 1986.\ 12.\ 31,\ 법\ 3908호,}_{개정:\ 2023.\ 12.\ 29,\ 법\ 19867호}$), 해양사고의 조사 및 심판에 관한 법률($^{전문개정:\ 1971.\ 1.\ 22,\ 법\ 2306호,}_{개정:\ 2023.\ 7.\ 25,\ 법\ 19573호}$), 해운법($^{전문개정:\ 2007.\ 4.\ 11,\ 법\ 8381호,}_{개정:\ 2023.\ 10.\ 31,\ 법\ 19807호}$), 수상에서의 수색·구조 등에 관한 법률($^{전문개정:\ 2012.\ 2.\ 22,\ 법\ 11368호,}_{개정:\ 2024.\ 1.\ 2,\ 법\ 19911호}$), 선박소유자 등의 책임제한 절차에 관한 법률($^{제정:\ 1991.\ 12.\ 31,\ 법\ 4471호,}_{개정:\ 2009.\ 12.\ 29,\ 법\ 9833호}$) 등과 이러한 법의 시행령 등이 있고, 이 외에 국제법이나 국제사법에도 실질적 의의의 해상법과 관련된 규정이 있다.

이러한 실질적 의의의 해상법을 좀더 구체적으로 살펴보면 다음과 같다.

1) 해상법은 「해상기업」의 생활관계를 규율하는 법이다. 기업에 특유한 생활관계를 규율하는 법이 상법이므로, 기업 중에서 해상기업에 특유한 생활관계를 규

율하는 해상법은 자연히 상법의 일부가 된다.

2) 해상법은 해상기업에 「특유한」 생활관계를 규율하는 법이다. 해상기업이란 「바다에서 선박에 의하여 영위되는 기업」인데, 이러한 해상기업에는 해상운송업·어업·해난구조업·해상예선(曳船)업·준설업 등이 있다. 이와 같은 해상기업 중에서도 가장 중요하고 특유한(^{공유}_의) 해상기업은 해상운송업이라고 볼 수 있다. 따라서 해상법은 해상운송기업의 생활관계를 규율하는 법이 그 중심이라고 볼 수 있다.

3) 해상법은 해상기업의 생활관계를 규율하는 「사법적(私法的) 규정」이다. 바다에서 선박에 의한 항해에 대하여는 단순한 각 해상기업주체간의 사법적인 규제뿐만 아니라 선박공동체의 질서유지를 비롯한 항해의 안전을 도모하기 위한 많은 공법적인 규제도 있는데, 이 중 사법적인 규정이 해상법에 해당한다.[1]

2. 형식적 의의의 해상법

형식적 의의의 해상법은 우리나라의 현행 상법 제 5 편 「해상」을 말한다. 이러한 해상법은 해상기업조직(_{절 선박공유·제4절 선박소유자 등의 책임제한}^{제1장 해상기업 제1절 선박·제2절 선장·제3}), 해상기업활동(^{제2장 운}_{송과 용선}), 해상기업위험(^{제3장}_{해상위험}) 및 해상기업금융(^{제1장 해상기업}_{제5절 선박담보})에 관하여 규정되어 있으므로, 이하에서도 이러한 내용에 대하여 설명한다.

3. 양자의 관계

실질적 의의의 해상법은 이론적인 통일성에 따른 것이고, 형식적 의의의 해상법은 입법정책에 따른 것이므로, 양자는 일치하지 않는다. 즉, 실질적 의의의 해상법에 속한다고 볼 수 있는 사항이 형식적 의의의 해상법에 규정되지 않은 것이 있고(^{1991년 개정상법 이전에는 실질적 의의의 해상법에 속하는 정기용선계약에 관하여}_{형식적 의의의 해상법에서 규정하지 않았으나, 1991년 개정상법에서는 이를 규정하였다}), 형식적 의의의 해상법에 규정되어 있는 사항(^{선박저당권에 관한 규정}_{─ 상 787조, 789조})이 실질적 의의의 해상법에 속하지 않는 것이 있다.

그러나 실질적 의의의 해상법은 새로운 제도(^{특히}_{조약})에 의하여 발전하므로 이는 형식적 의의의 해상법의 제정 및 개정에 영향을 미치고, 형식적 의의의 해상법은 실질적 의의의 해상법의 이론에 영향을 미치므로, 양자는 상호 밀접한 관계를 갖고 있다고 볼 수 있다.

---

1) 동지: 정(희), 491면.
    반대(해상기업에 특유한 법규의 전체라고 보는 견해): 서·정, 493면; 손(주), 705면(그러나 주로 사법적 성질의 규정으로 되어 있다고 한다).

제 2 해상법의 지위

해상법의 지위에서는 해상법과 가장 밀접한 관계를 갖고 있는 법인 해법(海法) 및 상법과의 관계를 고찰한다.

1. 해상법과 해법과의 관계

해법($^{광의의}_{해법}$)(maritime law; Seerecht; droit maritime)이란 「해상 항행(航行)에 관한 특별법으로서, 해사(海事)에 관한 법규의 전체($^{해사공법 및}_{해사사법}$)」라고 할 수 있다.[1] 이러한 광의의 해법 중 「해사공법」이란 항행질서를 유지하고 인명의 안전 및 해상기업의 건전한 발전을 도모하기 위한 필요에서 행정적 감독을 목적으로 한 법인데, 선박법·선박안전법·해운법·도선법·선박의 입항 및 출항 등에 관한 법률·선원법·선박직원법·해양사고의 조사 및 심판에 관한 법률 및 각종 해사국제법 등이 이에 속한다. 위의 광의의 해법 중 「해사사법」($^{협의의}_{해법}$)이란 해상기업의 이익조정을 목적으로 하는 법인데, 일반적으로 해상법이 그 중심을 이루고 있다.[2] 이렇게 보면 해상법은 (광의의) 해법의 일부분으로 볼 수도 있다. 그러나 해상법의 규율대상인 해상기업은 선박에 의한 해상항행을 필수불가결의 요소로 하고 있으므로, 해상기업은 또한 (광의의) 해법의 규율을 받지 않을 수 없다. 따라서 해상법과 해법을 엄격하게 구별하기는 곤란하고, 해상법을 해법으로 부르기도 한다.

2. 해상법과 상법과의 관계

(1) 해상법은 해상기업에 관한 법으로서 형식적으로 상법의 일편(一編)이 되어 있을 뿐 아니라, 실질적으로도 기업법인 상법의 일부문을 이루고 있다. 따라서 해상법은 원칙적으로 상행위를 중심으로 하는 상법일반의 태도를 좇아 「상행위 기타 영

---

1) 이러한 의미의 광의의 해법은 통일적인 이념이 없으며 이론적으로 독립한 법역을 이루고 있다고도 할 수 없기 때문에, 그 자체로서는 독립된 연구대상이 될 가치가 없다.

2) 그러나 해상법의 규율대상은 입법례에 따라 다르다. 즉, 1807년의 프랑스 상법전은 광의의 해법을 규율하였고, 독일 해상법은 해운과 어업을 포함한 일반영리항해법으로 규율하고 있으며, 네덜란드의 해상법은 일반항해법의 내용으로 규율하고 있고, 프랑스 및 일본의 해상법은 상행위선에 한정하여 규정하고 있다. 대체로 현재의 추세는 해상법에서 변질하여 공사법(公私法)을 포함한 광의의 해법으로 발전하여 가는 경향에 있다고 볼 수 있다. 공사법적 성격을 띤 해상법분야로서 최근에 해수유탁(海水油濁)(oil pollution at sea)의 규제문제가 발생하고 있다. 그러나 현행 우리 해상법은 해상기업의 기업활동에 관한 경제적 이익의 조화를 도모하고자 하는 것이고, 상법의 일부를 이루면서 어느 정도 자족적인 특수영역을 이룩하고 있다(협의의 해법)[동지: 정(희), 492면].

리를 목적으로 항해에 사용하는 선박」(ocean-going ship)을 그 적용대상으로 하고 있다($\frac{\text{상}}{740조}$). 그러나 해상법은 항해용 선박에 대하여는 상행위 기타 영리를 목적으로 하지 아니하더라도 적용되고, 국유 또는 공유의 선박에 대하여도 (대통령령으로서 배제되는 경우가 아닌 한) 적용될 수 있다($\frac{\text{상}}{741조}$).

(2) 해상법은 민법·상법의 다른 규정에 대하여 특별법의 지위에 있는데, 이것은 다음과 같다. 즉, 법률사실의 면에서 보면 (i) 선장·해상운송에 관한 규정 등과 같은 것은 상법상의 상업사용인·운송업 등의 규정에 대하여 특별법의 지위에 있으며, (ii) 선박·선박소유자·선박공유·선체용선·선박우선특권·선박저당권에 관한 규정 등과 같은 것은 민법상의 동산·소유권·공유·임대차·담보물권 등의 규정에 대하여 특별법의 지위에 있고, (iii) 해난구조·공동해손 등과 같은 것은 해상기업에 특유한 기술적 제도를 반영한 규정이다.[1]

제 2 절 해상법의 변천

제 1 해상법의 특색

1. 해상법의 자주성

해상법은 상법의 일부문이지만 그 상법과는 구별되는 자주성($\frac{\text{독자성 또는}}{}$)을 갖고 있다. 또한 해상법은 민법에 대하여도 자주적인 법역을 형성하고 있다. 이러한 해상법의 자주성은 해상기업이 연혁적으로 육상기업보다 먼저 발달하였기 때문에 해상기업을 규율하는 법규인 해상법이 민법·상법과는 달리 자주적인 법역을 갖게 된 것이다. 따라서 민법·상법 등은 원칙적으로 해상기업에 그대로 적용되지 않는다. 그러나 오늘날 민법상의 제도가 해상법에서도 채택되며($\frac{\text{선박채}}{권 등}$), 해상법상의 제도가 육상법에서도 채택되며($\frac{\text{선하증권,}}{\text{해상보험 등}}$), 또한 해륙복합운송 등의 발달로 인하여 해상법의 자주성은 절대적인 것이 되지 못하고 상대적인 의미에서만 인정된다고 볼 수 있다. 이로 인하여 해상법의 규정이 없는 경우에는 민법 또는 상법의 규정이 보충적으로 적용될 수는 있으나, 이 경우에도 해상법의 자주성을 고려하여 필요한 경우에는 변경하여 적용하여야 할 것이다.[2]

---

1) 동지: 정(희), 493면.
2) 동지: 손(주), 707면.

2. 해상법의 특수성[1]

(1) 해상기업은 바다를 무대로 하여 선박에 의하여 활동하는 기업이므로 이를 규율하는 생활관계는 일반기업을 규율하는 생활관계에 비하여 특수성을 갖는다. 이러한 해상기업의 특수성으로는 (ⅰ) 바다에서 선박이라는 특수용구를 수단으로 하는 점에서 오는 기술적 특수성, (ⅱ) 바다를 무대로 하여 활동하는 점에서 오는 해상위험(기업위험)의 특수성, (ⅲ) 바다에서 활동하는 기업인 점에서 오는 국제성의 특수성이 있다.[2]

(2) 위와 같은 해상기업의 특수성으로 인하여 해상법은 많은 특수한 규정을 두고 있는데, 이것이 해상법의 특수성이다. 해상법의 특수성의 주요내용은 다음과 같다. (ⅰ) 해상기업주체의 면에서 해상기업의 해상위험(기업위험)의 특수성으로 인하여 해상기업을 보호할 필요가 있으므로, 상법과는 다른 별도의 이념에 의하여 선박공유관계·선주유한책임제도 등에 대하여 규정하고 있다. (ⅱ) 해상기업활동(해상운송)의 면에서 해상기업의 기술적 특수성을 반영하여, 용선계약·선하증권 등과 같이 육상운송의 경우와는 다른 기술적 규정을 두고 있다. (ⅲ) 해상기업위험의 면에서 이의 특수성을 반영하여, 공동해손$\left(\substack{상\ 865조\sim \\ 875조}\right)$·선박충돌$\left(\substack{상\ 876조\sim \\ 881조}\right)$·해난구조$\left(\substack{상\ 882조\sim \\ 895조}\right)$ 등에 대하여 규정하고 있다.[3]

3. 해상법의 통일성

해상기업의 국제성의 특수성에서 해상법도 통일화되고 있는데, 이는 해상법에 관한 국제적 통일조약에 의하여 이룩되고 있다. 이러한 해상법의 통일운동은 19세기 영국을 중심으로 일어났다. 즉, 1860년 영국의 사회과학진흥협회(National Association for the Promotion of Social Science)에 의하여 소집된 글라스고회의에서 「공동해손에 관한 통일규칙」을 정한 것을 비롯하여, 국제법협회(International Law Association)·국제해사기구(International Maritime Organization: IMO)·국제(만국)해법회(Comité Maritime International: CMI) 등을 중심으로 한 꾸준한 노력으로 다음과 같은 통일조약이 성립되었다. 이러한 통일조약을 우리 해상법의 순서에 따라서 보면 다음과 같다.[4]

(1) 선박소유자의 책임제한에 관한 조약

우리 상법 제5편 제1장 제4절의 선박소유자 등의 책임제한에 관한 규정은 1991년 개정상법 이전에는 1924년의 「항해선소유자의 책임제한에 관한 조약」(International

---

1) 자주성과 특수성은 개념적으로 구별될 수 있는 것이기는 하지만, 특수성은 자주성의 원인이 되는 생활관계를 의미한다.

2) 동지: 정(희), 494면; 서·정, 496~497면.

3) 동지: 정(희), 494~495면.

4) 이에 관한 상세는 손(주), 708~710면 참조.

Convention for the Unification of certain Rules relating to the Limitation of the Liability of Owners of Sea-going Vessels, Brussels)($^{1993.\ 6.\ 2}_{발효}$)에 따라 선가(船價)책임주의($^{1991년}_{개정전\ 상법\ 746조}$)와 금액책임주의($^{1991년\ 개정전}_{상법\ 774조,\ 750조}$)를 병행하였다. 그런데 1924년의 통일조약은 1991년 개정상법 이전의 상법이 1962년에 제정될 당시에는 이미 1957년의 「항해선소유자의 책임제한에 관한 조약」(International Convention relating to the Limitation of the Liability of Owners of Sea-going Ships, Brussels)($^{1968.\ 5.\ 31}_{발효}$)으로 대치되어 있었다. 따라서 1962년 상법 제정시에는 1957년 통일조약에 대하여 금액책임주의에 관한 부분에서 그 금액과 책임원인을 정하는데 참고만을 하였다. 1991년 개정상법은 1976년의 「해사채권에 대한 책임제한에 관한 조약」[1](Convention on Limitation of Liability for Maritime Claims) ($^{1986.\ 12.\ 1}_{발효}$) 및 1979년의 「1957년 항해선소유자의 책임제한에 관한 국제조약에서 (책임제한 액의 표시단위에 관한 특별인출권에 관한) 개정의정서」(Protocol Amending the International Convention Relating to the Limitation of the Liability of Owners of Sea-Going Ships, 1957〈SDR Protocol〉, Brussels, Dec. 21, 1979)를 수용하여 금액책임주의로 일원화하였다 ($^{상\ 769조,}_{770조}$).

2007년 개정상법도 1991년 개정상법의 내용을 원칙적으로 그대로 이어받았으나, 다만 여객운송인의 책임한도액은 1996년의 「1976년 해사채권에 대한 책임제한에 관한 조약의 개정의정서」(Protocol of 1996 to Amend the Convention on Limitation of Liability for Maritime Claims, 1976, London, May 2, 1996)에 따라 상향조정하였다 ($^{즉,\ 여객의\ 정원에\ 46,666계산단위를\ 곱하여\ 얻은\ 금액을,}_{175,000계산단위를\ 곱하여\ 얻은\ 금액으로\ 상향함}$). 이는 인권존중의 사상에서 인적 사상(死傷)의 경우 책임제한을 인정하지 아니하는 세계적인 추세를 고려한 것이다.[2]

(2) 해상물건운송 및 선하증권에 관한 조약

우리 상법 제 5 편 제 2 장 제 1 절(개품운송)의 해상물건운송인의 책임제한에 관한 규정은 1991년 개정상법 이전에는 1924년의 「선하증권에 관한 통일조약」(International Convention for the Unification of certain Rules of Law relating to Bills of Lading, Brussels)(Hague Rules)($^{1931.\ 6.\ 2}_{발효}$)의 일부에 근거한 것이었다. 그런데 1991년 개정상법은 1924년의 선하증권에 관한 통일조약을 충실히 수용하고, 이외에 1968년의 「동 조약의 개정의정서」(Protocol done at Brussels on Feb. 23, 1968 to amend the International Convention for the Unification of certain Rules of Law relating to Bill of Lading, signed

---

1) 1991년 개정상법은, 당초 개정안의 제정당시에는 1957년 통일조약을 수용하는 방향으로 기울어 졌으나, 그 후 1976년 통일조약이 발효하게 되고 또 국제적인 해운실무에 부응한다는 의미에서 1976년 통일조약을 수용하게 된 것이다[이에 관한 상세는 송·김, (해) 123면 참조]. 그런데 1976 년 통일조약은 1996. 5. 2 IMO런던회의에서 그 일부를 개정하는 1996년 개정안이 채택되었다.
2) 2007년 개정상법(2007. 8. 3, 법 8581호) 개정이유 및 주요내용.

at Brussels, Aug. 25, 1924)(Visby Rules)($\frac{1977.\ 6.\ 23}{발효}$) · 동년의 「선하증권에 관한 개정통일조약」(Convention as amended by the Protocol, Brussels)(Hague-Visby Rules) · 1978년의 「UN해상물건운송조약」(U.N. Convention on the Carriage of Goods by Sea)(Hamburg Rules)($\frac{1992.\ 11}{발효}$) 및 1979년의 「1924년 선하증권에 관한 통일조약에서 (책임제한액의 표시단위에 관한 특별인출권에 관한) 개정의정서」(Protocol Amending the International Convention for the Unification of Certain Rules of Law Relating to Bills of Lading, 1924〈SDR Protocol〉, Brussels, Dec. 21, 1979)($\frac{1984.\ 2.\ 14}{발효}$)를 반영하여 규정하였다.[1] 그런데 1991년 개정상법은 해상물건운송인의 책임한도액에 대하여는 Hague-Visby Rules에 충실하지 못하고 미국이 취하고 있는 미화 500달러를 기준으로 500계산단위로 책임한도액을 정하였다($\frac{1991년\ 개정상법\ 789조}{의\ 2\ 제1항\ 본문}$). 그런데 이는 오늘날 너무 저액이라는 지적이 있어 왔고 특히 중량에 따른 책임제한제도를 채택하지 않아 자동차 · 기계 등을 선적하는 화주에게 크게 불리하여 2007년 개정상법에서는 Hague-Visby Rules의 내용을 충실히 도입하여 '666.67계산단위의 금액과 중량 1킬로그램당 2계산단위의 금액 중 큰 금액'으로 상향조정하였다.

컨테이너의 발달로 운송구조에 큰 변화가 발생하여 물건운송(개품운송)에서는 해상운송뿐 아니라 육상운송 또는 항공운송과의 연결이 가능하게 되어 복합운송의 운송형태가 출현하였는데, 이에 따라 전술한 국제해법회(CMI)와 국제해사기구(IMO) 등의 노력으로 1980년에 「UN국제복합운송조약」(United Nations Convention on International Multimodal Transport of Goods, Geneva)이 성립되었다. 이러한 복합운송조약 등을 참조하여 2007년 개정상법은 복합운송인의 책임에 대하여 규정하게 되었다($\frac{상}{816조}$).

(3) 공동해손에 관한 조약

우리 상법 제 5 편 제 3 장 제 1 절(공동해손)의 규정과 관련된 것으로 1890년의 「요크 안트워프규칙」(York – Antwerp Rules)[2]이 있는데, 이는 공동해손에 관한 한 거의 완벽한 자족적 규약이다. 이 규칙은 통일조약이 아니고 당사자의 계약상의 원용에 의하여 효력이 생기는 계약규범(Lex Contractus)에 불과하고, 그 채용여부는 각 관계당사자의 자유에 맡겨져 있다. 그러나 영국의 로이드(Lloyd's) 회사가 이 규칙을 채택한 이래, 이 규칙은 국제적인 보통거래약관으로서 널리 이용되게 되었는바, 현재 세계 대부분의 해운업자 · 보험업자들은 이 규칙에 의거한 약관을 제공하고 있다.

(4) 선박충돌에 관한 조약

우리 상법 제 5 편 제 3 장 제 2 절(선박충돌)의 규정은 1910년의 「선박충돌에 관한 규정의 통일을 위한 조약」(International Convention for the Unification of certain Rules of Law with respect to Collision between Vessels, Brussels)($\frac{1913.\ 3.\ 1}{발효}$)에 근거하고 있다.

---

1) 동지: 이균성, "해상운송인의 손해배상책임," 「사법행정」, 1992. 4, 12~13면.
2) 이 규칙은 1877년, 1924년, 1949년, 1950년, 1974년, 1994년에 각각 새로 제정되었다.

(5) 해난구조에 관한 조약

우리 상법 제 5 편 제 3 장 제 3 절(해난구조)의 규정은 1910년의 「해상구원구조(海上 救援救助)에 관한 통일조약」(Convention for the Unification of certain Rules of Law relating to Assistance and Salvage at Sea, Brussels)($\binom{1913.\ 3.\ 1\ 발효,}{1967년\ 개정}$)에 근거하고 있다. 해난 구조에 관하여는 1989년에 「구조에 관한 국제조약」(International Convention on Salvage, London)이 다시 제정되었다.

(6) 선박채권에 관한 조약

우리 상법 제 5 편 제 1 장 제 5 절(선박담보)의 규정은 1926년의 「선박우선특권 및 저당권에 관한 통일조약」(International Convention for the Unification of certain Rules relating to Maritime Liens and Mortgages, Brussels)($\binom{1931.\ 6.\ 2\ 발효,}{1967년\ 개정}$)에 근거하고 있다.

(7) 기타 조약

이 밖에도 많은 통일조약이 성립하였는데, 이 중 중요한 것은 다음과 같다. 1961년 의 「해상여객운송에 관한 통일조약」(International Convention for the Unification of certain Rules relating to the Carriage of Passengers by Sea and Protocol, Brussels) ($\binom{1965.\ 6.\ 4}{발효}$), 1967년의 「해상여객수하물운송에 관한 통일조약」(International Convention for the Unification of certain Rules relating to Carriage of Passenger Luggage by Sea, Brussels)($\binom{미발}{효}$), 1974년의 「해상여객 및 그 수하물의 운송에 관한 아테네조약」(Athens Convention relating to the Carriage of Passengers and their Luggage by Sea, Athens) ($\binom{1987.\ 4.\ 28\ 발효,}{1976년\ 개정}$), 1952년의 「항해선의 압류에 관한 통일조약」(International Convention for the Unification of certain Rules relating to the Arrest of Sea-going Ships, Brussels) ($\binom{1956.\ 2.\ 24}{발효}$) 등이 있다.

또한 유류오염손해에 관한 조약으로 1969년의 「유류오염손해에 대한 민사책임에 관 한 국제조약」(International Convention on Civil Liability for Oil Pollution Damage [CLC], Brussels)($\binom{1975.\ 6.\ 19\ 발효,\ 1976년,}{1984년\ 및\ 1992년\ 개정}$), 1971년의 「유류오염손해배상을 위한 국제기금의 설 치에 관한 국제조약」(International Convention on the Establishment of an International Fund for Compensation for Oil Pollution Damage [IOPC], Brussels)($\binom{1978.\ 10.\ 16\ 발효,}{1976년,\ 1984년,}$ $1992년\ 및\ 2003년$ 개정1)) 등이 있다.

또한 국제해사기구의 노력으로 1996년에는 「유해·위험물질해상운송책임조약」 (International Convention on Liability and Compensation for Damage in connection with the Carriage of Hazardous and Noxious Substances by Sea, 1996: HNS)이 성립되

---

1) 2003년 개정의정서에 관한 소개로는 채이식, "1992년 국제유류오염손해보상기금에 대한 추가기 금의 설치를 위한 2003년 개정의정서에 관한 연구(그 제정경위, 이유 및 효과를 중심으로),"「해 사법연구」(한국해사법학회), 제15권 1호(2003), 1~21면 참조.

었다.[1]

제 2 각국해상법

1. 독 일

1897년의 상법전 제4편 「해상」이 독일의 해상법이다. 독일의 해상법은 그 후 수 차의 개정이 있었는데, 이 중 중요한 것은 1937년에 선하증권에 관한 통일조약을 수용한 점, 1972년에 선주책임제한에 대하여 1957년 조약을 채택하여 금액책임주의를 채용한 점 등이다. 그 후 1986년의 개정에서는 1976년의 해사채권책임제한조약, 1968년의 Visby 규 칙 및 1974년의 해상여객 및 그 수하물의 운송에 관한 아테네조약 등을 수용하고 있다.[2]

2. 프 랑 스

1807년의 상법전 제2편 「해상」이 프랑스의 해상법이다. 프랑스의 해상법은 그 후 수 차의 개정이 있었는데, 이 중 중요한 것은 1949년에 선박우선특권에 관한 부분을 통일 조약에 따라 개정한 점, 1984년에 1976년의 해사채권책임제한조약에 따라 선주책임제한 에 대하여 개정한 점 등이다.[3]

3. 영 국

불문법국가인 영국은 원래 해상법을 성문법으로 제정하지 않았으나, 1854년에 기본 법이라고 할 수 있는 상선(商船)법(The Merchant Shipping Act)을 제정하였다. 이 법은 그 후 수 차의 개정이 있었는데, 이 중 중요한 것으로는 1894년에 공법과 사법을 통합정 리하여 전면 개정한 점, 1979년에 1976년의 해사채권책임제한조약에 따라 선주책임제한 에 대하여 개정한 점, 1995년에 개정한 점 등이다. 그 외의 성문법으로는 1885년의 선하 증권법, 1906년의 해상보험법, 1911년의 해상조약법(선박충돌 및 해난구조에 관한 통일조약을 국내법화한 것), 1924년의 해 상물건운송법(Carriage of Goods by Sea Act: 약칭 Cogsa, 이것은 선하증권통일조약을 국내법 화한 것으로 1971년에 개정되었는데 1968년의 Visby Rules를 수용하고 있다) 등이 중요하다.[4]

---

1) 이러한 통일적 경향에서 세계해상법은 차차로 영·미법화하여 가고 있는데, 이것은 영·미법 의 원리가 실천적 타당성을 가지고 있고 또 영·미의 해운실력이 탁월한 결과라고 한다[정(희), 498면].

2) 손(주)(제9판, 2001년), 682~683면.

3) 손(주)(제9판, 2001년), 682면.

4) 손(주)(제9판, 2001년), 683~684면.

4. 미   국

미국의 해상법으로 중요한 연방성문법으로는 1936년의 해상물건운송법(Carriage of Goods by Sea Act), 1916년의 선하증권법(Pomerence Act), 1912년의 해난구조법, 1910년의 해사우선특권법, 1851년의 선주유한책임법, 1952년의 외국선박저당법 등이 있다.[1]

제 3 절 해상법의 법원

제 1 제 정 법

1. 상 법 전

상법전 제 5 편 「해상(海商)」은 형식적 의의의 해상법으로서 실질적 의의의 해상법의 대표적인 법원(法源)이다. 이러한 상법전 제 5 편 「해상」은 제 4 편 「보험」과 함께 제정($^{1962.}_{1.\ 20}$) 이후 1991년 12월 31일에 대폭 개정되었고($^{1993.\ 1.\ 1}_{부터\ 시행}$), 또한 2007년 8월 3일에 다시 대폭 개정되었다($^{2008.\ 8.\ 4}_{부터\ 시행}$). 1991년 해상편의 개정내용 중 가장 중요한 부분은 선박소유자 등의 책임제한에 관한 규정과 해상운송인의 손해배상책임에 관한 규정인데, 이는 상법제정 후 성립하였거나 개정된 통일조약을 반영하여 개정한 것이다. 2007년 해상편의 개정내용 중 가장 중요한 부분은 규정체제를 전면 개편하였고, 여객에 대한 선박소유자의 책임한도액을 상향조정하였으며($^{상}_{770조}$), 물건운송인(개품운송인)의 책임한도액을 Hague-Visby Rules에 따라 상향조정하였고($^{상\ 797조}_{1항}$), 복합운송인의 책임에 대하여 규정하였으며($^{상}_{816조}$), 전자선하증권에 대하여 규정하고($^{상}_{862조}$), 해상화물운송장에 대하여 규정한 점($^{상\ 863조}_{864조}$) 등이다.

2. 특별법령

해상법에 관한 특별법령은 대부분 행정법령에 속하는 것인데, 이는 다음과 같다. 선박법($^{전문개정:\ 1982.\ 12.\ 31,\ 법\ 3641호,}_{개정:\ 2022.\ 6.\ 10,\ 법\ 18957호}$), 선박등기법($^{제정:\ 1963.\ 4.\ 18,\ 법\ 1331호,}_{개정:\ 2020.\ 2.\ 4,\ 법\ 16912호}$), 선박안전법($^{전문}_{개정:}$ 2007. 1. 3, 법 8221호, 개정:$^{}_{}$ 2022. 12. 27, 법 19134호), 선원법($^{전문개정:\ 2011.\ 8.\ 4,\ 법\ 11024호,}_{개정:\ 2024.\ 1.\ 23,\ 법\ 20127호}$), 선박직원법($^{전문개정:\ 1983.\ 12.\ 31,\ 법}_{3715호,\ 개정:\ 2023.\ 7.\ 25,\ 법}$

---

1) 손(주)(제 9 판, 2001년), 684면.

19573호), 도선법(전문개정: 1986. 12. 31, 법 3908호.), 항만법(전문개정: 2009. 6. 9, 법 9773호.), 항만운송사업법(제정: 1963. 9. 19, 법 1404호.개정: 2023. 6. 20, 법 19501호.), 선박의 입항 및 출항 등에 관한 법률(개정: 2015. 2. 3, 법 13186호.개정: 2023. 7. 25, 법 19573호.), 해양사고의 조사 및 심판에 관한 법률(전문개정: 1971. 1. 22, 법 2306호.개정: 2023. 7. 25, 법 19573호), 수상에서의 수색·구조 등에 관한 법률(전문개정: 2012. 2. 22, 법 11368호.개정: 2024. 1. 2, 법 19911호), 해운법(전문개정: 2007. 4. 11, 법 8381호.개정: 2023. 10. 31, 법 19807호.), 해양환경관리법(제정: 2007. 1. 19, 법 8260호.개정: 2024. 1. 2, 법 19910호)(이 법 부칙 제 2 조에 의하여 '해양오염방지법'은 폐지됨) 및 상법시행령(4조.46조)(4. 10, 대통령령 전문개정: 2012.23720호, 개정: 2023. 12.19, 대통령령 33968호.) 등이 있다.

3. 조 약

헌법 제 6 조 1항은 「헌법에 의하여 체결·공포된 조약과 일반적으로 승인된 국제법규는 국내법과 같은 효력을 가진다」고 규정하고 있으므로, 해상기업에 관한 조약은 해상법의 법원(法源)이 된다. 앞에서 본 바와 같이 해상법에 관한 통일조약은 그 수가 상당히 많으나, 우리나라가 가입한 조약은 많지 않고, 또한 중요한 조약은 상법 중 해상편에서 대폭 도입되어 국내법이 되었다.[1]

제 2 상관습법

해상법에서는 상관습법이 현저하게 발달하였는데(예컨대, 하도지시서·적하수령서 등에 관한 상관습 등), 이는 해상법의 법원(法源)으로 민법에 우선하여 적용된다(상 1조)(이에 관한 상세는 상법의 법원 중 상관습법을 참고하기 바란다.).

제 3 운송약관

대표적인 해상기업활동인 해상운송에서는 보통 운송약관에 의하여 그 거래가 이루어진다. 이러한 운송약관은 보통거래약관의 일종이므로 운송약관이 해상법의 법원(法源)인지 여부는 보통거래약관이 상법의 법원인지 여부의 문제가 된다. 약관에 대하여 법원성을 인정할 것인지 여부에 대하여는 크게 긍정설(자치법설·제도설)과 부정설(상관습법설·법률행위설)이 있는데, 약관 그 자체는 법규범이 될 수 없고 개별계약의 내용이 됨에 불과하므로 약관의 법원성을 부정한다.[2]

---

1) 동지: 손(주), 710면.
2) 정(찬), (상)(제27판) 46~47면.

제2장 해상기업조직

제1절 총 설

해상기업은 앞에서 본 바와 같이 바다를 무대로 하여 선박에 의하여 활동하는 기업을 말하는데, 이러한 해상기업의 중심이 되는 것은 해상운송기업이다.[1] 이러한 의미의 해상기업의 조직은 물적 조직(선박)과 인적 조직(해상기업의 주체 및 해상기업의 보조자)으로 구성되어 있다. 따라서 이하에서는 해상기업조직의 법적 규제에 대하여 그 물적 조직과 인적 조직의 순으로 설명하고, 해상기업에 특유한 해상기업주체의 책임제한에 대하여 설명하겠다.

제2절 물적 조직(선박)

제1 선박(ship; Schiff)의 의의

해상기업조직에서 물적 조직의 중심을 이루는 것은 선박이다. 선박이 무엇인가는 실질적 의의의 해상법에 속하는 각 법률이 그 법률의 적용상 선박의 범위를 한정하고 있으므로, 그 법률이 정한 선박의 의의를 각각 고찰하지 않으면 아니 된다[2]($\binom{상\ 740조,\ 선박\ 1조의}{2,\ 선적\ 2조\ 참조}$). 따라서 이하에서는 해상법상의 선박의 의의와 해상법의 적용

---

1) 해상기업에는 해상운송기업 외에도 해난구조기업·해상예선(曳船)기업 또는 어업기업도 있다. 그런데 해상매매업이나 해상보험업 등은 해상기업과 관련된 기업으로서 해상기업적 특색을 지니고는 있으나, 직접 바다에서 선박에 의하여 영위되는 기업이 아니므로 고유한 의미에서의 해상기업이 아니다. 따라서 해상매매법이나 해상보험법은 해상법에 속하지 않는다[동지: 정(희), 500면].

2) 그러나 영미에서는 선박의 개념을 정하는 실익은 특정사건이 연방법원과 주(州)법원간에서 또는

— 900 —

범위에 대하여 설명한다.

1. 해상법상의 선박의 의의

해상법에서 선박이라 함은 「상행위 기타 영리를 목적으로 항해에 사용하는 선박」을 말한다($\frac{상}{740조}$). 이를 좀더 구체적으로 살펴보면 다음과 같다.

(1) 상행위 기타 영리를 목적으로 하는 선박(영리선)일 것

이 요건은 우리 상법이 상행위 기타 영리행위에 대하여 상법을 적용하도록 규정하고 있는 점($\frac{상 4조, 5조,}{169조 등}$)과 균형을 이루고 있다. 상행위를 목적으로 한 선박(商船)은 주로 해상운송을 영위하는 선박이고($\frac{상 46조}{13호}$), 기타 영리를 목적으로 하는 선박은 어선 등이 그 예이다.[1] 상행위 기타 영리의 목적이라 함은 선박의 운항에 의하여 해상기업을 영위하는 것을 말한다.

스포츠선·학술탐험선 등은 영리성이 없으므로 현행 해상법상의 선박이 아니다.[2] 그러나 이러한 비영리선은 해상법상의 선박은 아니나, 다음에서 보는 바와 같이 해상법이 준용된다($\frac{상 741조}{1항}$).

(2) 항해에 사용하는 선박(항해선)일 것

항해라 함은 「해상(海上)의 항행」을 말한다.[3] 해상이라 함은 호천·항만 이외의 수면인데, 호천·항만은 평수(平水) 항행구역에 의하여 정하여진다($\frac{상시 4조, 선안시}{2조 1항 3호 가}$). 따라서 영리선이라도 내수만을 항행하는 내수선은 해상법상의 선박이 아니다. 그러나 항해선과 내수선이 충돌한 경우 등에 일방에는 상법(해상법)을 적용하고, 타방에는 민법을 적용하면 불편이 많다. 따라서 해상법은 내수선과 항해선과의 충돌이나, 해난구조의 경우에는 모두에 대하여 상법을 적용하는 것으로 규정하고 있다($\frac{상 876조,}{882조}$).[4]

해사(海事)법원과 보통법원간에서 어느 법원의 관할에 속할 것인가를 결정하는 데 있다고 한다[정(희), 501면].

1) 선하증권통일조약은 해상물건운송에 관한 것이므로 그 조약에서 사용하는 선박은 「any vessel used for the carriage of goods by sea」라고 정의하여, 여객운송을 제외하고 있다.

2) 동지: 정(희), 501면.

3) 동지: 정(희), 501면; 서·정, 508면.

4) 일본에는 해상물품운송에 관하여 상법의 해상편의 규정 이외에 국제해상물품운송법이 있어 선적항이나 양륙항이 국외에 있는 외항선에는 이것이 적용되고 양자가 모두 국내에 있는 내항선에는 상법의 규정이 적용되는 것으로 하여(동법 1조) 외항선과 내항선의 구별을 하고 있으며, 독일에는 내수항행법(Binnenschiffahrtsgesetz)이 따로 있으나, 우리나라에는 평수(平水)구역내외에 따른 구별밖에 없다[정(희), 502면 주 1].

(3) 사회통념상 선박이라고 인정되는 것일 것

상법은 상법을 적용하기 위한 선박의 의의에 대하여만 규정하고 있을 뿐 구체적으로 선박이 무엇이냐에 대하여는 규정하고 있지 않으므로, 구체적으로 선박이 무엇이냐에 대하여는 사회통념에 따라 정하여질 수밖에 없다. 사회통념상 선박($^{광의의}_{선박}$)이란 「수상(水上) 또는 수중(水中)을 항행하는 데 사용하는 구조물」이라고 볼 수 있다($^{선박법 1조}_{의 2 참조}$).[1] 따라서 잠수선은 선박이 되나, 비행선은 선박이 아니다. 또한 항행용구가 아닌 부표, 부선거(浮船渠), 해상호텔, 인양불능의 침몰선 등은 선박이 아니다.[2] 또한 준설선도 특정한 장소에서 준설작업을 위하여만 사용되는 것이므로 선박이 아니다.[3]

(4) 단정(短艇) 또는 노(또는 상앗대)로 운전하는 선박이 아닐 것

단정 또는 주로 노(또는 상앗대)로 운전하는 선박(櫓櫂船)[4]은 해상법상의 선박에서 제외되는데($^{상 741조}_{2항}$), 해상법의 적용대상이 되는 선박은 기술적으로 일정규모 이상의 선박이어야 하기 때문이다. 그러나 이러한 노도선과 해상법상의 선박과의 선박충돌·해난구조에 대하여는 해상법을 적용하여야 할 것으로 본다.[5]

2. 해상법의 적용범위

상법 제 5 편 해상에 관한 규정은 위의 해상법상의 선박에 대하여 적용될 뿐만 아니라, 상행위 기타 영리를 목적으로 하지 아니하더라도 항행용으로 사용되는 선박에 대하여도 준용된다($^{상 741조}_{1항 본문}$). 따라서 다른 선박에 의하여 끌리거나 밀려서 항행되는 국유 또는 공유 아닌 부선은 상행위 기타 영리를 목적으로 항행하는지에 상관없이 상법 제 5 편에 규정된 선박소유자 책임제한의 대상이 되는 선박에 해당한다.[6] 다만 국유 또는 공유의 선박에 대하여는 선박법 제29조 단서에도 불구하고 항

---

1) 동지: 손(주), 713면.
2) 동지: 정(희), 502면; 서·정, 508면.
3) 동지: 손(주), 713면; 채, 627면.
4) 주로 노 또는 상앗대로 운전하는 선박을 노도선(櫓櫂船)이라고 하는데, 이는 추진기구로서 기관이나 돛(帆)을 사용하지 않는 선박을 말한다[손(주), 715면].
5) 동지: 정(희), 502면.
6) 동지: 대결 2012. 4. 17, 2010 마 222(공보 2012, 827)(구 상법〈2007. 8. 3. 법률 제8581호로 개정되기 전의 것, 이하 '구 상법'이라고 한다〉 제740조는 선박이란 상행위 기타 영리를 목적으로 항해에 사용하는 선박을 이른다고 규정하고 있는데, 구 선박법〈2007. 8. 3. 법률 제8621호로 개정되기 전의 것〉 제 1 조의 2는 자력항행능력이 없어 다른 선박에 의하여 끌리거나 밀려서 항행되는 부선도 선박이라고 규정하고 있고, 제29조는 상법 제 5 편 해상에 관한 규정은 상행위를 목적으로 하지 아니하더라도 항행용으로 사용되는 선박〈단 국유 또는 공유의 선박은 제외〉에 관하여는 이를

해의 목적·성질 등을 고려하여 해상법을 준용하는 것이 적합하지 아니한 경우로서 대통령령이 정하는 경우에는 해상법을 준용하지 아니한다($\substack{상\ 741조\\1항\ 단서}$).[1]

따라서 비영리선인 스포츠선·학술탐험선에도 해상법이 준용되고, 이에 더 나아가 국유 또는 공유의 선박에도 (대통령령으로 정하는 경우를 제외하고는) 해상법이 준용되어 해상법의 적용범위는 크게 확대되어 있다.[2]

제 2 선박의 성질

선박은 원래 동산($\substack{민\\99조}$)의 일종이나, 민법상의 단순한 동산과는 다른 다음과 같은 성질이 있다.

1. 합성물성

선박은 동체·갑판·추진기·기관 등의 각 부분이 유기적으로 결합된 합성물로서($\substack{단일물이\\아님}$) 1개의 독립한 물건이다.

선박 자체와 구별할 것으로 그 속구(屬具)(appurtenances; Schiffszubehör; accessoires du navire)가 있다. 속구라 함은 선박의 일부분으로서가 아니라 선박의 상용(常用)에 제공되는 것을 목적으로 하여 선박에 부속된 물건을 말하는데, 나침반·측정기·닻·닻줄·돛·보트·신호기·구명대·해도(海圖) 등이 그것이다.[3] 이러한 속구는 선박의 부품과는 달라 선박에 부속되면서 그 자체 독립한 물건이다.[4] 또한 속구는 민법상의 종물($\substack{민\\100조}$)은 아니지만, 속구목록에 기재한 물건은 선박의 종물로 추정되므로($\substack{상\\742조}$) 특약이 없는 한 선박의 처분에 따른다($\substack{민\ 100조\\2항}$).

준용한다고 규정하고 있다. 따라서 다른 선박에 의하여 끌리거나 밀려서 항행되는 국유 또는 공유 아닌 부선은 상행위 기타 영리를 목적으로 항행하는지에 상관 없이 구 상법 제 5 편에 규정된 선박소유자 책임제한의 대상이 되는 선박에 해당한다).

1) 선박법 제29조 단서에 의하면 모든 국·공유선에 대하여 해상법이 준용되지 않는데, 상법 제741조 1항 단서에 의하여 국·공유선에 대하여도 대통령령이 정하는 경우를 제외하고는 해상법이 준용된다. 이는 종래 학설로서 인정되어 오던 것을 입법한 것인데, 이로써 선박법 제29조 단서는 그 의미가 없다고 본다. 따라서 선박법 제29조는 삭제되어야 할 것으로 본다.

2) 2007년 개정상법에 의하여 상법 제741조 1항은 선박법 제29조를 반영하여 입법한 것인데, 상법 제741조 1항은 선박법 제29조보다 해상법의 적용범위를 더 확대하고 있다고 볼 수 있다.

3) 동지: 정(희), 503면; 서·정, 510면; 손(주), 717면.

4) 동지: 정(희), 503면; 서·정, 510면.

2. 부동산 유사성

(1) 법적 취급

선박은 사법상(私法上) 유체동산에 불과하지만, 그 가격이 고가이고 또 그 용적이 크다는 이유 등으로 법적으로 부동산과 유사하게 취급되는 경우가 많 다. 즉, 일정한 규모(총톤수 20톤 이상의 기선〈機船〉과 범선〈帆船〉/및 총톤수 100톤 이상의 부선〈艀船〉) 이상의 선박에 대하여는 등기하도록 하고(선박 8조·26조,/선등 2조), 이러한 선박에 대하여는 부동산과 동일한 방법으로 강제집행을 할 수 있도록 하며(민집/이하 172조), 형법상 선박을 건조물과 같게 취급하고(형/319조), 국제법상 선박을 영토의 연장으로 보는 것 등은 이를 반영하고 있다고 볼 수 있다.

(2) 선박등기·등록[1]

1) 등 기   선박등기라 함은 (i) 군함·경찰용선박, (ii) 총톤수 5톤 미만인 범선 중 기관을 설치하지 아니한 범선, (iii) 총톤수 20톤 미만인 부선, (iv) 총톤수 20톤 이상인 부선 중 선박계류용·저장용 등으로 사용하기 위하여 수상에 고정하여 설치하는 부선(다만 해당 법률에 의하여 점용 또는 사용허가를 받은 수상호텔·수상/식당 또는 수상공연장 등 부유식 수상구조물형 부선은 제외한다),[2] (v) 노와

---

1) 이에 관한 상세는 최세련, "선박의 등기 및 등록에 관한 연구 — 현행법상 문제점 검토를 중심으로 —,"「상사법연구」(한국상사법학회), 제36권 제4호(2018. 2), 151~178면(선박의 등기·등록에 대한 통일적인 법제를 마련하고, 등기·등록의 이원주의를 등록으로 일원화하며, 소유권 이전은 민법과 같이 성립요건주의에 따라야 한다고 한다).

2) 대판 2015. 3. 12, 2014 다 21410(공보 2015, 577)(선박법이 2009. 12. 29. 법률 제9870호로 개정되면서 제26조 제4호의 단서가 신설되어 그동안 등기대상이 아니었던 '부유식 수상구조물형 부선'도 등기대상이 되었는데, 개정 선박법에서 이미 발생하여 존재하는 기존의 권리관계에 관한 효력규정이나 경과규정을 두지 않은 이상, 선박법 개정 전에 부유식 수상구조물형 부선에 관하여 설정된 양도담보권은 선박법 개정 후에도 등기와 상관없이 그대로 존속하고, 양도담보설정자가 선박법 개정 후 자기 앞으로 소유권보존등기를 마친 다음 제3자에게 소유권이전등기를 마쳐 주더라도 이는 대외적으로 무권리자의 처분행위로서 원인 무효의 등기이다); 동 2020. 9. 3, 2018 다 273608(공보 2020, 1931)(선박등기법 제2조는 "이 법은 총톤수 20톤 이상의 기선과 범선 및 총톤수 100톤 이상의 부선에 대하여 적용한다. 다만 선박법 제26조 제4호 본문에 따른 부선에 대하여는 적용하지 아니한다"라고 정하고 있다. 선박법 제26조 제4호 본문은 '총톤수 20톤 이상인 부선 중 선박계류용·저장용 등으로 사용하기 위하여 수상에 고정하여 설치하는 부선'을 선박의 등기와 등록에 대해 정한 선박법 제8조 등 일부 규정이 적용되지 않는 선박으로 정하면서, 단서에서 "공유수면 관리 및 매립에 관한 법률 제8조에 따른 점용 또는 사용 허가나 하천법 제33조에 따른 점용허가를 받은 수상호텔, 수상식당 또는 수상공연장 등 부유식 수상구조물형 부선은 제외한다"라고 정하고 있다. 선박법 제26조 제4호 단서는 수상레저의 수요 증가 등으로 수상구조물의 설치가 활성화될 것에 대비하여 수상호텔, 수상식당 또는 수상공연장 등 부유식 수상구조물형 부선을 선박법상 등록 대상에 포함시키고 등기가 가능하도록 하는 데 그 취지가 있다. 위와 같은 선박법 제26조 제4호 단서의 문언과 취지 등을 종합하면, 선박법 제26조 제4호 단서에서 정한 수상호텔, 수상식당 또는 수상공연장은 부유식 수상구조물형 부선의 종류를 예시한 것으로 보아야 한다. 갑 주식회사가 총톤수 144t의 부선인 선박을 매수하여 소유권이전등기를 한 후 하천법 제33조 제1항에 따른 하천점용허가를 받아 위 선박에서 수상레저사업을 하였고, 을이 유체동산 강제

상앗대만으로 운전하는 선박, (ⅵ) 어선법 제 2 조 제 1 호 각목의 어선, (ⅶ) 건설기계관리법 제 3 조에 따라 건설기계로 등록된 준설선, (ⅷ) 수상레저안전법상 수상레저기구로 등록된 수상오토바이·모터보트·고무보트 및 요트를 제외한,[1] 모든 선박$\left(\begin{smallmatrix}즉, 총톤수 20톤 이상의 기선과 범선 및 총톤수 100톤 이상의 부선으로서, 해당 법률에 의하여 점용\\또는 사용허가를 받은 수상호텔·수상식당 또는 수상공연장 등 부유식 수상구조물형 부선을 포함함\end{smallmatrix}\right)\left(\begin{smallmatrix}선등 2조,\\선박 26조\end{smallmatrix}\right)$에 대하여 선박등기부에 소유권·저당권·임차권의 설정, 보존, 이전, 변경, 처분의 제한 또는 소멸에 관하여 기재하는 것을 말한다$\left(\begin{smallmatrix}선등\\3조\end{smallmatrix}\right)$.

등기의 효력은 등기사항에 따라 다르다. 즉, 소유권 이전등기에서는 대항요건 $\left(\begin{smallmatrix}상\\743조\end{smallmatrix}\right)\left(\begin{smallmatrix}부동산소유권이전등기와\\구별되는 점 — 민 186조\end{smallmatrix}\right)$, 저당권등기에서는 효력요건이 되고$\left(\begin{smallmatrix}상 787조 3항,\\민 186조\end{smallmatrix}\right)$, 선체용선등기는 제 3 자에 대한 효력요건이 된다$\left(\begin{smallmatrix}상 849조\\2항\end{smallmatrix}\right)$. 선박저당권등기는 건조중인 선박에도 할 수 있다$\left(\begin{smallmatrix}상 790조,\\787조\end{smallmatrix}\right)$.

선박등기는 등기할 선박의 선적항을 관할하는 지방법원·동 지원 또는 등기소에서 한다$\left(\begin{smallmatrix}선등\\4조\end{smallmatrix}\right)$. 선박등기에는 그 밖에 부동산등기법의 규정이 많이 준용되고 있다 $\left(\begin{smallmatrix}선등\\5조\end{smallmatrix}\right)$.

2) 등 록 한국선박의 소유자는 선박의 등기를 한 후, 선적항을 관할하는 지방해양항만청장에게 당해 그 선박의 등록을 신청하여 선박원부에 등록하고 선박국적증서를 교부받아야 한다$\left(\begin{smallmatrix}선박\\8조\end{smallmatrix}\right)$.

3. 인격자 유사성

(1) 선박의 개성

선박은 선명(船名)·국적·선적항·선급·톤수 등에 의하여 그 개성이 식별되

경매절차에서 위 선박을 매수하여 인도받았으나 소유권이전등기를 하지 않은 상태에서 병 주식회사가 을로부터 위 선박을 매수하여 인도받은 후 갑 회사로부터 수상레저사업과 허가권 일체를 양수하여 위 선박에서 수상레저사업을 하고 있었는데, 그 후 갑 회사가 정에게 위 선박에 관하여 근저당권설정등기를 해 주었고, 근저당권자인 정의 신청에 따라 위 선박에 관하여 임의경매절차가 개시되자 병 회사가 선박의 소유자라는 이유로 임의경매의 불허를 구한 사안에서, 병 회사가 선박 위에 10cm 두께의 콘크리트를 타설하여 수상레저사업에 사용하기 위한 난간대, 사무실, 탈의실과 몽고천막 4동 등 구조물을 설치한 점 등에 비추어 위 선박은 선박법 제26조 제 4 호 단서에서 정한 부유식 수상구조물에 해당하므로, 그 강제집행은 부동산 강제경매에 관한 규정에 따라야 하고, 따라서 을이 유체동산 강제경매절차에서 위 선박을 매수한 것은 민사집행법 제172조에 반하여 무효이고, 을로부터 위 선박을 매수한 병 회사는 적법하게 소유권을 취득하지 못하였다고 본 원심판결은 정당하다).

1) 등기될 선박이 아닌 것으로 본 대법원판례로는 대판 1973. 5. 30, 73 다 142(집 21 ② 민 37) (그 자체로서 항해능력이 없어 다른 선박에 의하여 예인되는 데 불과한 선박은 독립된 선박으로서 등기될 선박이 아니다); 동 1975. 11. 11, 74 다 112·113(공보 526, 8721); 대결 1998. 5. 18, 97 마 1788(공보 1998, 1843)(그 자체로서 항진능력이 없는 예인부선은 압항부선·해저조망부선을 제외하고는 그 톤수 여하에 관계 없이 등기할 선박에 해당하지 아니한다).

므로 사람과 비슷한 인격자 유사성이 있다.

1) 선 명 총톤수 20톤 이상의 기선 및 범선 등인 한국선박은 선명을 붙여야 한다($\frac{선박}{26조}$ 11조).

2) 국 적 선박의 국적(선적)은 선박이 어느 국가에 속하는가 하는 것인데, 이에 따라 국내선박과 외국선박으로 구별된다. 선박의 국적은 공해상에서 선적국의 영토로 보게 되어 그 본국법이 적용되고, 포획·해적·중립 등의 취급을 받는 결정기준이 되고, 또 항세부담의 표준이 되는 등 국제법 및 행정법상 그 의의가 크다.[1]

선박의 국적취득의 요건에 대한 입법주의에는 선박 제조지주의($\frac{1793년의}{프랑스항해법}$)·승선원 국적주의($\frac{순수하게 이 입법주의만을 취하는 국가는 없고, 이와 선박소유자}{국적주의를 결합한 입법례로는 미국·프랑스·이탈리아 등}$)·선박소유자 국적주의($\frac{독·영·스페인·}{포르투갈 등}$) 등이 있는데,[2] 우리 선박법은 선박소유자 국적주의에 따라, 다음과 같은 선박을 한국선박으로 규정하고 있다($\frac{선박}{2조}$). 즉, (i) 국유 또는 공유의 선박, (ii) 대한민국 국민이 소유하는 선박, (iii) 대한민국의 법률에 의하여 설립된 상사법인이 소유하는 선박, (iv) 대한민국에 주된 사무소를 둔 위 (iii)호 이외의 법인으로서 그 대표자($\frac{공동대표인 경우}{에는 그 전원}$)가 대한민국 국민인 경우에 그 법인이 소유하는 선박이 한국선박이다. 한국선박의 소유자는 선박의 등기를 한 후, 선적항을 관할하는 지방청장에게 등록신청을 하고 선박국적증서를 교부받아야 한다($\frac{선박}{8조}$).

한국선박의 특권으로서는 (i) 대한민국 국기를 게양할 수 있고($\frac{선박}{5조}$), (ii) 불개항장에 기항하거나 국내 각 항간에서 여객 또는 화물의 운송을 할 수 있는 것($\frac{선박}{6조}$) 등이다.

한국선박의 국적상실을 방지하기 위하여 공유선박에 대한 상법상 특칙이 있다($\frac{상}{760조}$).

3) 선 적 항 총톤수 20톤 이상의 기선 및 범선 등의 한국선박의 소유자는 대한민국에 선적항을 정하여야 하는데($\frac{선박 7조}{1항 전단}$), 이러한 선적항은 그 선박소유자의 주소지에 이를 정하는데 선박이 항행할 수 있는 수면에 접한 시·읍·면의 명칭에 의한다($\frac{선박시령}{2조}$). 이러한 선적항은 선박의 등기 또는 등록을 관할하는 등기소 또는 지방청장을 정하는 기준이 되고($\frac{선등 4조}{선박 8조 1항}$), 민사소송법상 선원 또는 선박에 관한 특별재판적의 기준이 된다($\frac{민소}{13조}$ 10조).

4) 자격(資格)·선급(船級) 해양수산부의 정기검사에 의하여 선박의 구조·재료·공사 및 현황에 따라 구별된 선박의 항행능력을 「자격」이라고 하고, 이를 선

---

1) 동지: 손(주), 718면; 정(희), 505면.
2) 이에 관한 상세는 손(주), 718면.

급협회에서 검사하여 등록증명한 것을 「선급」이라고 한다.[1) 이 선급증명은 또한
선체·기관 기타 선박시설에 관하여 해양수산부의 검사에 합격한 것을 증명한다.
현재 세계에서 가장 오래되고 권위 있는 선급협회는 영국 로이드 선급협회이다. 이
러한 선급협회가 엄격한 검사를 하는 목적은 선체보험을 위한 자료를 제공하는 점,
선주에게 그 배의 질과 급을 알려 주는 점 등에 있다.[2)

  5) 톤수·흘수(吃水)·속력   선박의 톤수에는 우리나라의 해사에 관한 법
령의 적용에 있어서 선박의 크기를 나타내기 위하여 사용되는 지표인 「총톤수」
($\binom{\text{선박 3조}}{\text{1항 2호}}$), 여객이나 화물의 운송용으로 제공되는 선내 안의 장소의 크기를 나타내기
위하여 사용되는 지표인 「순톤수」($\binom{\text{동조}}{\text{동항 3호}}$) 및 항행의 안전을 확보할 수 있는 한도
내에서 선박의 여객 및 화물 등의 최대 적재량을 나타내기 위하여 사용되는 지표인
재화중량(載貨重量)톤수($\binom{\text{동조}}{\text{동항 4호}}$) 등이 있다. 총톤수에는 1969년 선박톤수측정에 관
한 국제협약과 그 부속서의 규정에 따라 주로 국제항해에 종사하는 선박에 대하여
그 크기를 나타내기 위하여 사용되는 지표인 「국제총톤수」와, 우리나라의 해사(海
事)에 관한 법령의 적용에 있어서 선박의 크기를 나타내기 위하여 사용되는 지표인
「총톤수」의 두 가지가 있다($\binom{\text{선박 3조}}{\text{1항 1호·2호}}$). 길이 24미터 이상의 한국선박의 소유자는 해
양수산부장관으로부터 국제톤수증서를 교부받아 선박 내에 비치하여야 당해 선박을
국제항해에 종사시킬 수 있다($\binom{\text{선박}}{\text{13조 1항}}$). 한국선박의 소유자는 선적항 또는 선박의 소
유지를 관할하는 지방해양항만청장에게 선박의 총톤수의 측정을 신청하여야 한다
($\binom{\text{선박}}{\text{7조 1항}}$).

  「흘수(吃水)」는 하해(河海)·항만·운하의 수심과 밀접한 관계가 있으며, 「속력」
은 평온한 해상에서의 만재시의 1시간 평균속력으로 정한다.[3)

  (2) 선박의 법인성

  과거에는 선박을 법인시하는 사상이 있어 선박을 권리객체인 동시에 권리주체
라고 하거나, 또는 권리능력이 있는 목적재산이라고 하거나, 또는 법인은 아니어도
권리주체성을 갖는다는 견해($\binom{\text{선박법인설 또는}}{\text{권리주체설}}$)가 있었다. 그러나 선박은 위에서 본 바와
같이 법률상 인격자 유사성을 갖는 것이기는 하지만 그 자체 독립한 인격자(법인)로
볼 수는 없고, 인격자($\binom{\text{자연인 또는}}{\text{법인}}$)에 소속된 재산에 불과하다.[4) 그러나 영미에서는 현

---

  1) 동지: 정(희), 506면.
  2) 동지: 정(희), 506면.
  3) 동지: 정(희), 506면.
  4) 동지: 손(주), 717면.

재에도 해사(海事)소송에서 선박을 소송당사자(action in rem)로 취급하고 있다.[1]

제3   선박소유권의 득상(得喪)변경

1. 선박소유권의 득상

선박소유권의 득상(得喪)원인은 일반동산의 경우와 대체로 같다. 다만 공법상 포획(국제법상)·몰수·수용(행정법상), 사법상 보험위부($\frac{상}{710조}$)·선박공유자의 지분매수 또는 경매청구($\frac{상 760조}{761조}$)·선장의 매각 또는 경매($\frac{상 752조,}{753조, 754조}$) 등이 선박에 특유한 것이다. 또한 등기선박은 부동산취급을 받으므로 선의취득($\frac{민}{249조}$)의 규정이 적용되지 않는다. 선박의 절대적 상실원인으로는 침몰·해철(解撤)(해체) 등이 있다.

2. 선박소유권의 양도

선박소유권의 양도에 관하여는 양도요건과 양도효과로 나누어서 설명하겠는데, 양도요건은 비등기선과 등기선에 따라서 다르다.

(1) 양도요건

1) 비등기선   비등기선($\frac{총톤수 20톤 미만의 기선과 범선 및 총톤수 100톤 미만의 부선〈선박계류용··}{저장용 등으로 사용하기 위하여 수상에 고정하여 설치한 부선을 포함함〉}$)의 양도는 민법의 동산물권변동의 일반원칙에 따라 인도에 의하여 그 양도의 효력이 발생한다[2]($\frac{민}{188조}$).

2) 등 기 선   등기선박의 소유권양도에 대하여 상법은 그 효력요건으로서 양도의 의사표시만을 요하고,[3] 이전등기와 선박국적증서의 명의개서를 제 3 자에 대한 대항요건으로 규정하고 있다($\frac{상}{743조}$). 이것은 민법의 부동산물권변동에 관한 형식주의($\frac{민}{186조}$)에 대한 중대한 예외를 인정한 것이다($\frac{獨船舶}{2조도 동지}$). 이와 같이 등기선박의 양도요건에 대하여 민법상 동산양도의 요건(인도)과는 달리 양도의 의사표시만으로 그 효력이 발생하도록 하는 것은, 선박은 항해중인 경우가 많을 것이므로 인도를 이전의 효력요건으로 하면 항행중의 선박은 이전하지 못하는 불편을 고려한 것이고, 등기를 제 3 자에 대한 대항요건으로 한 것은 선박의 공시제도를 믿고 거래한

---

1) 동지: 정(희), 503면.
2) 동지: 대판 1966. 12. 20, 66 다 1554(집 14 ③ 민 321)(비등기선은 이를 인도하여야 소유권취득이 인정된다); 동 1967. 12. 19, 67 다 1591(집 15 ③ 민 394); 동 1969. 7. 29, 68 다 2236(집 17 ② 민 391)(비등기선의 매수인은 그 선박의 소유권확인을 구함은 모르되, 소유권변경등록절차의 이행을 청구할 수는 없다).
3) 이는 구 민법상 부동산물권변동의 효력요건과 같다(구민〈舊民〉 176조).

제 3 자를 보호하기 위한 것이다.

(2) 양도효과

1) 선박소유권 양도의 일반효과로서 선박소유권의 이전과 함께, 다른 의사표시가 없는 한 속구목록에 기재된 속구의 소유권도 이전한다($\substack{\text{상 742조, 민} \\ \text{100조 2항}}$).

2) 선박소유권 양도의 특수효과로서 양도선박이 항행중인 때에는, 특약이 없는 한 그 항해에서 생긴 손익은 양수인에게 귀속된다($\substack{\text{상} \\ \text{763조}}$). 이 때「항해에 의하여 생긴 손익」이라 함은 '그 항해[1]에 의하여 취득한 총수입과 총지출의 차액인 이익 또는 손실'을 말한다.

3) 선박소유권 양도의 특수효과로서 양도인과의 선원근로계약은 종료되고, 그 때부터 양수인과 선원간에 종전의 선원근로계약과 같은 조건의 새로운 선원근로계약이 체결된 것으로 의제되는데, 다만 양수인 또는 선원은 72시간 이상의 예고기간을 두고 서면으로 알림으로써 선원근로계약을 해지할 수 있다($\substack{\text{선원} \\ \text{36조}}$).

제 3 절   인적 조직

제 1 관   해상기업의 주체

상법은 해상기업의 주체를 단독으로 선박을 소유하는 자가 해상기업을 영위하는 것을 일반적인 것으로 보아 선박소유자 중심으로 규정하고 있으나($\substack{\text{상} \\ \text{등 769조}}$)($\substack{\text{협의} \\ \text{의} \\ \text{선박} \\ \text{소유자}}$),[2] 이 때의 선박소유자에는 선박공유자·선체용선자·정기용선자 등을 포함한다($\substack{\text{광의의} \\ \text{선박소유자}}$).[3] 이러한 (광의의) 선박소유자에는 자기소유의 선박을 해상기업에 이용하는 (협의의) 선박소유자 및 선박공유자($\substack{\text{자선의장자〈自船艤〉} \\ \text{裝者〉, Reeder}}$)와, 타인소유의 선박을 해상기업에 이용하는 선체용선자와 정기용선자($\substack{\text{타선의장자〈他船艤〉} \\ \text{裝者〉, Ausrüster}}$)가 있다.[4] 이하에서는 이

---

1) 이 때 항해라 함은 경영상의 일(一) 항해를 말하며, 일 항해의 범위는 항해의 수지계산이 다른 항해와 구별되어 결제되는 계산구간을 뜻하는 것이 보통이다.

2) 선박소유자란 이외에 선박소유권을 물권법상 가지는 자를 총칭하는 경우도 있으나(광의의 선박 소유자), 이러한 선박소유자는 해상기업의 주체가 될 수 없으므로 해상법상 선박소유자가 아니다. 이러한 의미의 선박소유자가 선체용선계약이나 정기용선계약을 체결한 경우에는 그러한 선박소유 자는 선체용선자나 정기용선자의 이행보조자의 구실을 할 뿐이다.

3) 김(인), 35~44면은 이 외에도 해상기업주체로서「항해용선자」·「운송인으로서 운송주선인」· 「스로트(스페이스) 용선자」·「운항수탁자」및「전문선박관리회사」를 소개하고 있다. 또한 이러한 광의의 선박소유자의 법률관계에 관한 상세는 김인현, "다양한 해상기업주체의 활동과 법률관계," 「기업법연구」(한국기업법학회), 제10집(2002), 29~45면 참조.

들 각각에 대하여 차례로 설명한다.

제1 선박소유자

이 때의 선박소유자는 위에서 본 바와 같이 협의의 선박소유자를 의미한다. 즉, 선박에 대하여 물권법상 소유권을 갖는 자로서, 그 소유 선박을 상행위 기타 영리의 목적으로 자기의 해상기업에 이용하는 자(Shipowner; Reeder; Armateur)를 의미한다. 이러한 의미의 선박소유자는 선박의 소유와 그 이용의 두 요건을 합한 개념이다.[1] 따라서 이러한 의미의 선박소유자는 물권법상 선박소유자인 동시에, 해상기업자로서 해상기업의 주체인 것이다.

제2 선박공유자

1. 총 설

1) 의 의 선박공유자라 함은 「선박을 공유하고 이것을 공동의 해상기업에 이용하는 자」를 말한다.[2]

2) 연 혁 선박공유제도는 대자본이 필요하고 해상위험이 크면서 해상교통이 발달하지 못한 범선에 의한 부정기 항해시대에는 대표적 기업형태이었다. 그러나 자본의 용이한 증대·해상위험의 감소 및 해상교통의 발달로 인하여 선박의 단독소유가 가능하게 되었고 또한 주식회사제도의 발달로 인하여 오늘날 선박공유제도는 거의 그 중요성을 잃게 되었다($\binom{\text{다만 어선 등에 미미하게}}{\text{그 예가 있는 실정이다}}$). 그러함에도 불구하고 상법이 선박공유에 관하여 많은 규정을 두고 있는 것은 이와 같은 연혁적인 면의 반영에 불과하고, 실제로 이러한 규정이 적용되는 경우는 거의 없다.[3]

3) 성 질 선박공유의 법적 성질은 단순한 민법상 소유권 등의 공유관계($\binom{\text{민 262조}}{\text{이하}}$)가 아니라, 공동기업형태의 하나이다. 선박공유자 상호간에 조합관계가 있는 경우에도($\binom{\text{상 759조}}{\text{참조}}$) 이는 민법상의 조합과는 다른 것이고, 선박공유관계는 전체적

---

4) 동지: 손(주), 723면.

1) 동지: 정(희), 508면.

2) 선박공유자란 선박소유자의 경우와 같이 이외에 물권법상 선박을 단순히 공유하는 자를 총칭하는 경우도 있으나(광의의 선박공유자), 이러한 선박공유자는 해상기업의 주체가 될 수 없으므로 해상법상 선박공유자가 아니다.

3) 동지: 정(희), 509면; 손(주), 768면; 이(기) 외, (보·해) 364면; 채, 649면.

으로 볼 때 인적 요소보다는 물적 요소가 농후하여$\left(\begin{smallmatrix}상\ 756조\ 1항,\\759조,\ 761조\end{smallmatrix}\right)$ 조합이나 인적 회사보다는 물적 회사에 가깝다고 볼 수 있다.

2. 내부관계

선박공유의 내부관계에 관한 상법의 규정은 원칙적으로 임의규정이다. 따라서 선박공유의 내부관계에 대하여는 정관이 제일 먼저 적용되고, 그 다음에 상법이 적용되며, 상법에 규정이 없으면 민법의 조합에 관한 규정이 적용된다.

(1) 업무집행

1) 업무집행에 관한 사항의 결정　　선박공유에 있어서 공유선박의 이용 기타의 업무집행에 관한 사항은 각 공유자의 지분의 가액에 따라 그 과반수로써 결정한다$\left(\begin{smallmatrix}상\ 756조\\1항\end{smallmatrix}\right)$. 이것은 민법상 조합의 업무집행에 관한 사항은 원칙적으로 「조합원의 과반수」로써 결정되는 점$\left(\begin{smallmatrix}민\ 706조\\2항\ 1문\end{smallmatrix}\right)$, 인적 회사의 업무집행에 관하여 사원의 의사결정이 있어야 하는 경우에는 원칙적으로 「총사원의 과반수」로써 결정되는 점$\left(\begin{smallmatrix}상\ 195조,\ 민\ 706조\\2항,\ 상\ 269조\end{smallmatrix}\right)$과 구별되고, 물적 회사의 경우$\left(\begin{smallmatrix}상\ 369조\ 1항,\\575조\ 본문\end{smallmatrix}\right)$와 유사하다. 그러나 선박공유에 관한 계약을 변경하는 사항은 공유자 전원의 일치로 결정하여야 한다$\left(\begin{smallmatrix}상\ 756조\\2항\end{smallmatrix}\right)$.

2) 업무집행의 실행

㈎ 공유선박의 업무집행은 원칙적으로 「선박관리인」이 실행한다. 따라서 선박공유자는 선박관리인(ship's husband)을 선임하여야 하는바$\left(\begin{smallmatrix}상\ 764조\\1항\ 1문\end{smallmatrix}\right)$, 선박공유자 중에서 선임할 때에는 공유자의 지분의 과반수로써 하고$\left(\begin{smallmatrix}상\ 756조\\1항\end{smallmatrix}\right)$, 그 외의 자에서 선임하는 경우에는 전 공유자의 동의가 있어야 한다$\left(\begin{smallmatrix}상\ 764조\\1항\ 2문\end{smallmatrix}\right)$.

㈏ 선박관리인의 선임과 그 대리권의 소멸은 등기사항이다$\left(\begin{smallmatrix}상\ 764조\\2항\end{smallmatrix}\right)$.

㈐ 선박관리인은 업무집행에 관한 장부를 비치하고 그 선박의 이용에 관한 모든 사항을 기재하여야 한다$\left(\begin{smallmatrix}상\\767조\end{smallmatrix}\right)$. 선박관리인은 매 항해의 종료 후에는 항해의 경과상황과 계산에 관한 서면을 작성하여 선박공유자에게 보고를 하고 그 승인을 얻어야 한다$\left(\begin{smallmatrix}상\\768조\end{smallmatrix}\right)$. 이것은 민법상 수임인은 위임인의 청구가 있는 때에 한하여 보고의무를 지는 점$\left(\begin{smallmatrix}민\\683조\end{smallmatrix}\right)$과 구별된다.

(2) 재산조직

1) 재산공유　　각 선박공유자는 그의 지분의 가격에 따라 선박 및 그 속구를 공유하고, 또 공유선박 이외의 다른 재산$\left(\begin{smallmatrix}예컨대,\ 점포·조달품,\\식량·연료·은행예금\ 등\end{smallmatrix}\right)$을 공유한다.

2) 비용(채무)부담　　각 선박공유자는 그의 지분의 가격에 따라 선박의 이용에 관한 비용과 이용에 관하여 생긴 채무를 부담한다$\left(\begin{smallmatrix}상\\757조\end{smallmatrix}\right)$.

3) 손익분배   손익의 분배는 매 항해의 종료 후에 있어서 선박공유자의 지분의 가격에 따라서 한다($\frac{상}{758조}$). 이는 민법상 조합의 손익의 분배는 원칙적으로 당사자가 정한 분배비율에 의하고, 이러한 정함이 없는 경우에 각 조합원의 출자가액에 비례하여 하는 점($\frac{민}{711조}$)과 구별되고 있다.

(3) 지분의 양도

1) 원   칙   각 선박공유자는 자기의 지분을 자유로이 양도할 수 있다($\frac{상}{본문 759조}$). 이것은 해상기업의 위험성을 고려하여 선박공유자를 보호하기 위하여 인정된 것인데, 민법상 조합이나 인적 회사의 경우와 구별되고, 주식회사에서의 주식양도의 경우($\frac{상 335조}{1항 본문}$)와 유사하다.

2) 예   외   선박공유자의 지분양도의 자유에 대하여 다음과 같은 예외가 있다. 즉, (ⅰ) 선박관리인인 공유자는 자유로이 그의 지분을 양도할 수 없고[1]($\frac{상 759조}{단서}$), (ⅱ) 지분양도에 의하여 선박이 한국의 국적을 상실하게 될 때에는 타공유자에게 지분매수권 또는 경매청구권이 인정된다($\frac{상}{760조}$).

(4) 지분매수청구권

1) 신 항해 또는 대수선의 결의가 있는 경우   선박공유자가 신 항해를 개시하거나 선박을 대수선(大修繕)할 것을 결의한 때에는 그 결의에 이의(異議)가 있는 공유자는 다른 공유자에 대하여 상당한 가액으로 자기의 지분을 매수할 것을 청구할 수 있다($\frac{상 761조}{1항}$). 이 청구를 하고자 하는 자는 그 결의가 있은 날로부터, 결의에 참가하지 아니한 경우에는 결의통지를 받은 날로부터 3일 내에 다른 공유자 또는 선박관리인에게 그 통지를 발송하여야 한다($\frac{상 761조}{2항}$).

2) 공유자인 선장이 해임된 경우   선박공유자인 선장이 그의 의사에 반하여 해임된 경우에는 다른 공유자에 대하여 상당한 가액으로 그 지분을 매수할 것을 청구할 수 있다($\frac{상 762조}{1항}$). 이 경우에 선장은 지체 없이 다른 공유자 또는 선박관리인에 대하여 그 통지를 발송하여야 한다($\frac{상 762조}{2항}$).

3. 외부관계

(1) 선박관리인의 대표권

선박관리인은 대내적으로는 업무집행권을 갖고 대외적으로는 대표권을 갖는데, 이러한 대표권의 범위는 다음과 같다.

---

1) 이 때에는 다른 공유자 전원의 승낙이 있어야 그 지분을 양도할 수 있다고 본다[동지: 손(주), 770~772면].

1) 원   칙   선박관리인은 선박의 이용에 관한 재판상·재판 외의 모든 행위를 하는 데 대한 대표권을 갖는다($^{765조}_{1항}$). 선박관리인의 이러한 대표권에 대한 제한은 이로써 선의의 제 3 자에게 대항하지 못한다($^{765조}_{2항}$).

2) 예   외   선박관리인의 위와 같은 대표권에 대하여 예외적으로 다음과 같은 제한이 있다. 즉, 선박관리인은 (i) 선박을 양도·임대 또는 담보에 제공하는 일, (ii) 신 항해를 개시하는 일, (iii) 선박을 보험에 붙이는 일, (iv) 선박을 대수선 하는 일, 또는 (v) 차재(借財)하는 일 등은, 선박공유자의 서면에 의한 특별수권이 없는 한 이를 할 수 없다($^{상}_{766조}$).

(2) 선박공유자의 책임

1) **책임범위**   각 선박공유자는 앞에서 본 바와 같이 그의 지분의 가격에 따라 선박의 이용에 관한 비용과 이용에 관하여 생긴 채무를 부담한다($^{상}_{757조}$). 이 책 임은 민법상 조합원의 균일분담주의($^{민}_{712조}$)와 구별되고, 다수당사자의 상행위에 의한 채무로서 연대책임주의($^{상 57조}_{1항}$)와도 구별되며, 주주와 같은 (간접)유한책임주의($^{상}_{331조}$) 와도 구별되는 선박공유에 독특한 지분책임주의이다.[1] 상법이 이와 같이 선박공유 자의 책임에 대하여 지분책임주의를 취한 이유는, 해상기업의 특수성을 고려하여 각 공유자의 책임을 경감하여 해상기업을 보호·육성하고자 하기 때문이다.

2) **책임제한**   선박공유자의 위의 책임에 대하여는 선박소유자와 같이 상법 제769조 이하의 규정에 의하여 그 책임제한을 주장할 수 있다.[2]

4. 해산 및 청산

선박공유의 해산과 청산에 관하여는 상법에 규정이 없다. 따라서 이에 관하여 는 민법상 조합에 관한 규정에 의하여야 할 것이나, 앞에서 본 바와 같이 선박공유 는 물적 요소에 중점을 두고 있으므로 물적 회사에 관한 규정을 유추적용하여야 할 경우가 많을 것으로 본다.[3]

선박공유는 선박의 침몰·멸실·양도 또는 이용의 폐지 등과 같은 선박에 특유 한 사유로써 해산된다. 해산의 경우에는 청산을 하게 되는데, 청산인은 원칙적으로 선박관리인이 된다고 본다.[4]

---

1) 동지: 정(희), 510면; 서·정, 555~556면.
2) 동지: 손(주), 770면.
3) 동지: 손(주), 755면.
4) 동지: 정(희), 511면.

제3 선체용선자

1. 총 설

(1) 의 의

선체용선자란 「선체용선계약상의 용선자」를 말하는데, 선체용선계약이란 「용선자의 관리·지배하에 선박을 운항할 목적으로 선박소유자가 용선자에게 선박을 제공할 것을 약정하고 용선자가 이에 따른 용선료를 지급하기로 약정함으로써 그 효력이 생기는 계약」이다($^{\text{상}\ 847조}_{\text{1항}}$). 따라서 이러한 선체용선자는 해상기업의 주체가 되는데, 이러한 선체용선자가 정기용선자 및 항해용선자와 구별되는 점은 다음의 정기용선자에 관한 설명에서 살펴보겠다.

(2) 종 류

1) 선체용선계약에는 위에서 본 바와 같이 용선자가 선박소유자로부터 순수하게 선박(선체)만을 용선하는 경우($^{\text{상}\ 847조}_{\text{1항}}$)와, 선박소유자로부터 선원과 함께 선박(선체)을 용선하는 경우($^{\text{선원부선체}}_{\text{용선계약}}$)($^{\text{상}\ 847조}_{\text{2항}}$)가 있다. 이 후자에 대하여 우리 상법은 「선박소유자가 선장 그 밖의 해원을 공급할 의무를 지는 경우에도 용선자의 관리·지배하에서 해원이 선박을 운항하는 것을 목적으로 하면 이러한 계약도 선체용선계약으로 본다」고 규정하고 있다($^{\text{상}\ 847조}_{\text{2항}}$). 선원부선체용선계약($^{\text{상}\ 847조}_{\text{2항}}$)은 정기용선계약($^{\text{상}}_{\text{842조}}$)과 유사한데, 전자는 용선자가 선박을 관리·지배(점유)하면서 선박수선의무 등을 부담하고 또한 선박충돌 등에 따른 책임을 지나 후자는 용선자가 선박을 관리·지배(점유)하지 못하고 선박수선의무 및 선박충돌에 따른 책임 등은 선박소유자가 지는 점에서 양자는 구별된다.

2) 선체용선계약에는 용선계약이 종료된 후에 용선자가 선박을 매수 또는 인수할 권리를 갖는 경우와($^{\text{국적취득조건부}}_{\text{선체용선계약}}$)($^{\text{상}\ 848조}_{\text{2항 전단}}$), 그렇지 않은 단순 선체용선계약의 경우($^{\text{상}\ 847조}_{\text{1항}}$)가 있다.

3) 선체용선계약에는 금융의 담보를 목적으로 채권자를 선박소유자로 하여 선체용선계약을 체결한 경우($^{\text{예컨대, 한국의 선박회사가 금융기관으로부터 자금을 차용하여 선박을 건조하고 그}}_{\text{금융기관이 채권자로서 파나마 등에 자신의 선박회사를 설립하여 선박소유자로 한}}$ $^{\text{다음(편의치적) 선박소유자가 그 선박을 선체}}_{\text{용선자에게 용선을 주는 형식을 취하는 경우}}$)와, 그렇지 않은 단순 선체용선계약의 경우($^{\text{상}\ 847조}_{\text{1항}}$)가 있다.

(3) 법적 성질

선체용선계약의 법적 성질은 민법상 「임대차계약」이라고 볼 수 있다($^{\text{민}}_{\text{618조}}$). 따라서 선체용선계약에는 그 성질에 반하지 아니하는 한 민법상 임대차에 관한 규정이 준용된다($^{상}_{848조}$).

2. 내부관계(선박소유자에 대한 관계)

(1) 임대차계약관계

선체용선자와 선박소유자와의 관계는 위에서 본 바와 같이 민법상 임대차계약관계이므로 선체용선자는 용선한 선박을 사용·수익할 수 있고, 선박소유자는 용선료를 청구할 수 있다($^{민}_{618조}$). 따라서 당사자간의 구체적인 권리의무관계는 그 성질에 반하지 아니하는 한 민법상 임대차에 관한 규정($^{민\,618조\sim}_{654조}$)에 의한다($^{상}_{848조}$).

(2) 선체용선 등기청구권

민법상 부동산임차인의 임대차등기청구권은 당사자간에 반대의 약정이 없는 경우에 한하여 인정되는데($^{민}_{1항}$^{621조}), 선체용선자의 선체용선 등기청구권은 당사자간에 반대의 약정이 있는 경우에도 상법의 특칙에 의하여 당연히 인정된다($^{상}_{1항}$^{849조}).

3. 외부관계(제 3 자에 대한 관계)

(1) 선체용선자의 제 3 자에 대한 관계

선체용선자는 선박의 이용에 관한 사항에 관하여 제 3 자에 대하여 선박소유자와 동일한 권리를 갖고 의무($^{또는}_{책임}$)를 진다($^{상}_{1항}$^{850조}). 상법 제850조 1항에서 「선박소유자와 동일한 권리의무가 있다」라는 의미는, 선박의 이용에 관하여 선체용선자가 선박소유자와 동일한 권리의무가 있다는 의미이다. 따라서 선체용선자는 그 선박을 항해에 사용한 때에는 선체용선의 등기유무를 묻지 아니하고 제 3 자에게 가한 손해배상책임은 선체용선자에게 있고, 선박소유자에게는 없다.[1] 이 때 선체용선자는 채권자에 대하여 선박소유자와 같은 조건으로 책임제한을 주장할 수 있다($^{상\,769조\sim771}_{조,\,774조\,1항}$$^{1호의\,선박}_{운항자}$). 그러나 선박의 양도·저당권의 설정 등에 관한 권리는 물론 선박소유자에게 속한다.

(2) 선체용선등기의 효력

선체용선을 등기한 때에는 그 때부터 제 3 자에 대하여 효력이 생기므로($^{상}_{2항}$^{849조}), 그 후 그 선박에 대하여 물권을 취득한 자에 대하여도 효력이 있다. 또한 선체용선의 등기가 있으면 선박의 양수인·경락인에게도 대항할 수 있다.

---

1) 동지: 대판 1975. 3. 31, 74 다 847(집 23 ① 민 152).

(3) 선박소유자와 제 3 자와의 관계

선박소유자와 제 3 자는 직접적인 법률관계가 없지만, 선박의 이용에 관하여 발생한 우선특권은 선박소유자에게도 그 효력이 있다($^{상}_{2항}$ $^{850조}_{본문}$). 이것은 선박채권자를 보호하고 선체용선의 효용을 증대하기 위한 것이다. 다만 우선특권자가 선박의 이용이 선체용선계약에 반함을 안 때에는 그러하지 아니하다($^{상}_{2항}$ $^{850조}_{단서}$).

제 4 정기용선자

1. 총 설

(1) 의 의

정기용선자란 「정기용선계약상의 용선자」를 말하는데, 정기용선계약이란 「선박소유자가 용선자에게 선원이 승무하고 항해장비를 갖춘 선박을 일정한 기간 동안 항해에 사용하게 할 것을 약정하고, 용선자가 이에 대하여 기간으로 정한 용선료를 지급할 것을 약정함으로써 그 효력이 생기는 계약」이다($^{상}_{842조}$). 따라서 정기용선자는 「일정기간 선박소유자의 선원부선박의 사용권을 얻어 이것을 자기의 해상기업에 이용하는 자」라고 볼 수 있다.[1]

이러한 정기용선계약에 의하여 선박소유자는 자기가 거느리고 있는 선장·해원을 선박과 함께 보유하고 있다가 후일 자기 경영시에 대비할 수 있고 또 자기 사람을 통하여 어느 정도 선박을 관리할 수 있으며, 정기용선자는 거액을 투자하여 기업조직을 확대하지 아니하고 그때 그때의 선박의 수급사정에 따라 신축성 있게 경영할 수 있다. 따라서 정기용선계약은 실무상 많이 이용되고 있다.[2]

정기용선계약에 따른 법률관계는 주로 국제적으로 통용되는 약관[3]에 의하

---

1) 동지: 대판 2010. 4. 29, 2009 다 99754(공보 2010, 1004)(타인의 선박을 빌려 쓰는 용선계약에는 기본적으로 선박임대차계약·정기용선계약 및 항해용선계약이 있는데, 이 중 정기용선계약은 선박소유자 또는 선박임차인(이하 통칭하여 '선주'라 한다)이 용선자에게 선원이 승무하고 항해장비를 갖춘 선박을 일정한 기간 동안 항해에 사용하게 할 것을 약정하고 용선자가 이에 대하여 기간으로 정한 용선료를 지급할 것을 약정하는 계약으로서 용선자가 선주에 의해 선임된 선장 및 선원의 행위를 통하여 선주가 제공하는 서비스를 받는 것을 요소로 하는바, 선박의 점유·선장 및 선원에 대한 임면권 그리고 선박에 대한 전반적인 지배관리권이 모두 선주에게 있는 점에서, 선박 자체의 이용이 계약의 목적이 되어 선주로부터 인도받은 선박에 통상 자기의 선장 및 선원을 탑승시켜 마치 그 선박을 자기 소유의 선박과 마찬가지로 이용할 수 있는 지배관리권을 가진 채 운항하는 선박임대차계약과는 본질적으로 차이가 있다).

2) 동지: 손(주), 775면.

3) 이러한 약관으로 실제거래에서 사용되는 국제용선계약에는 1905년의 발틱 백해회의(Baltic and

고 있으나, 1991년 개정상법에서는 정기용선계약이 이용되는 경우가 많음을 고려하여 이러한 약관과 실무내용을 감안한 최소한의 규정을 상법에 명문화하였다 ($\binom{\text{상 842조~}}{\text{846조}}$).

(2) 선체용선 및 항해용선과의 구별[1]

정기용선계약은 「선체용선계약」과 다르다. 즉, 선체용선에서는 일반적으로 용선자가 선박을 점유하면서 선장의 선임·감독권 등을 갖고 해상기업을 영위하는 것인데, 정기용선에서는 선박의 점유가 용선자에게 인도되는 것이 아니라 점유는 여전히 선박소유자 등이 선장·해원을 통하여 간접점유를 하고 정기용선자는 그 선박의 자유사용권만을 갖는다.[2] 그러나 선원부선체용선계약은 정기용선계약과 아주 유사하게 된다.

정기용선계약은 또한 「항해용선계약」과도 다르다. 즉, 항해용선에서는 선박소유자가 특정한 항해를 할 목적으로 용선자에게 선원이 승무하고 항해장비를 갖춘 선박의 전부 또는 일부를 물건의 운송에 제공하고 용선자가 이에 대하여 운임을 지급하는 것이므로($\binom{\text{상 827조}}{\text{1항}}$), 선박소유자가 해상기업의 주체로서 항해 및 운송의 사항을 모두 관장하고 용선자는 다만 이에 대하여 운임을 지급하는 것인데, 정기용선자는 선박의 자유사용권을 얻어 스스로 해상기업의 주체로서 활동한다.[3] 따라서 정기용선계약은 선체용선계약과 항해용선계약과의 중간에 속하는 것으로 볼 수 있다.[4]

(3) 법적 성질

정기용선계약의 법적 성질에 대하여는 (ⅰ) 선박소유자 등이 운송물을 인수받아 자기의 관리·점유하에 운송을 실행하는 것이므로 운송계약의 일종이라고 보는 「운송계약설」,[5] (ⅱ) 선박임대차계약(선체용선계약)과 노무공급계약과의 혼합으로

White Sea Conference)에서 제정되고 1950년에 Baltic and International Maritime Conference에서 개정된 Baltime Form(Uniform Time-Charter)과 1913년에 뉴욕물품거래소가 제정하고 1946년에 개정된 미국의 Produce Form(New York Produce Exchange Charter: NYPE)이 있는데, 현재 99% 이상은 미국의 Produce Form이 이용되고 있다. 또 각국의 사설해운단체에서 표준형을 정하고 있는 일도 있다[동지: 정(희), 513면; 서·정, 560면; 손(주), 776면].

1) 이에 관한 상세는 양승규, "정기용선계약의 법적 성질,"「법학」(서울대), 제 9 권 2호, 89면 이하 참조.

2) 동지: 대판 2010. 4. 29, 2009 다 99754(공보 2010, 1004); 정(희), 513면; 서·정, 561면; 손(주), 775면.

3) 동지: 정(희), 513면; 서·정, 561면; 손(주), 775면.

4) 동지: 손(주), 775면.

5) 정(희), 513~514면; 이(기) 외, (보·해) 355면; 채, 643면; 채, (보·해) 246~247면(선박을 용

보는 「혼합계약설」,[1] (iii) 통상의 용선계약(운송계약)과는 달리 선박임대차계약(선체용선계약)에 근접하면서 근로공급계약을 수반하는 특수계약이라고 보는 「특수계약설」,[2] (iv) 선박임대차계약(선체용선계약)과 유사한 계약으로 보는 「선박임대차(선체용선)유사계약설」[3] 등이 있다.

생각건대 정기용선계약에서 운송물은 선박소유자 등의 점유·관리하에 장소적으로 이동되는 점 및 정기운송계약에 관한 규정이 상법에서 운송에 관한 부분에서 규정되고 있는 점 등에서 볼 때, 정기용선계약의 법적 성질에 대하여는 운송계약설이 타당하다고 본다. 그러나 정기용선계약에는 선체용선계약의 성질도 일부 있음을 부인할 수는 없다.[4]

2. 내부관계(선박소유자에 대한 관계)

정기용선자와 선박소유자와의 내부관계에 관한 법률관계는 상법의 규정에 의하고, 상법에 규정이 없으면 당사자간의 약관에 의하며, 이것도 없으면 해사관습에 의하고, 이것도 없으면 민법의 임대차에 관한 규정에 의한다. 이하에서는 상법의 규정을 중심으로 설명한다.

(1) 정기용선자의 권리

1) 선장지휘권($\frac{상}{843조}$)　　정기용선자는 약정한 범위 안의 선박의 사용을 위하여 선장을 지휘할 권리가 있다($\frac{상}{1항}$843조). 선장, 해원 기타의 선박사용인이 정기용선자의 정당한 지시에 위반하여 정기용선자에게 손해가 생긴 경우에는 선박소유자가 이를 배상할 책임이 있다($\frac{상}{2항}$843조).[5] 지시의 부당성에 관한 증명책임은 선박소유자

선자가 점유한다는 것을 전제로 한 혼합계약설은 타당하지 않고, 특수계약설은 그 내용으로 특수성에 관한 설명이 결여되어 학설로서의 가치가 거의 없다고 한다).

1) 서·정, 563면; 손(주), 777면; 최(기), (하) 812면; 정(무), 157면; 김(용), 152면; 日大判 1922. 6. 2.

2) 양·박, 587면. 해상 구난업무를 위하여 선장 및 선원이 딸린 채로 예인선을 빌린 경우에는, 그 이용기간·이용료·해상 구난업무의 성격 및 작업중 사고를 용선자가 책임지기로 한 점 등에 비추어 위 선박이용계약은 항해용선계약이 아니라 선박임대차와 유사하게 선박사용권과 아울러 선장과 선원들에 대한 지휘·감독권을 가지는 노무공급계약적 요소가 수반된 「특수한 계약」이라고 본 판례가 있다[대판 1999. 2. 5, 97 다 19090(공보 1999, 432)][이러한 판결의 취지에 반대하고 이를 항해용선계약으로 보아야 하며 해상구조를 위한 전문기술이 필요하다고 하여 달리 볼 것은 아니라는 평석으로는 김현, 법률신문, 제2895호(2000. 6. 26), 15면].

3) 김(인), (해상) 34~36면.

4) 동지: 채, (보·해) 246~247면.

5) 정기용선계약하에서 선장의 항로선정권은 정기용선계약에 명문규정이 없으면 상사(商事)사항에 해당한다[김인현, "정기용선계약하에서 선장의 항로선정권(2000년 12월 7일 영국 귀족원의 힐하

등에게 있다.

2) **채권의 제척기간**($\frac{상}{846조}$)　　　정기용선계약에 관하여 발생한 정기용선자의 선박소유자에 대한 이러한 채권은 선박이 선박소유자에게 반환된 날로부터 2년 이내에 재판상 청구를 하지 않으면 소멸한다($\frac{상}{1항}\frac{846조}{1문}$). 그러나 이 기간은 당사자의 합의에 의하여 연장할 수 있다($\frac{상}{1항}\frac{846조}{2문}$). 이는 당사자간의 법률관계를 조속히 종결시키기 위하여 제척기간으로 하고, 그 연장합의를 허용한 것이다. 또한 이 기간은 선박소유자와 정기용선자의 약정에 의하여 단축할 수도 있는데, 이는 정기용선계약에 명시적으로 기재하여야 그 효력이 있다($\frac{상}{2항}\frac{840조}{}$).

(2) **정기용선자의 의무**

1) **용선료지급의무**($\frac{상}{후단}\frac{842조}{}$)　　　정기용선자는 선박을 일정기간 항해에 사용한 대가로 선박소유자에게 약정한 용선료를 지급할 의무를 부담한다($\frac{상}{후단}\frac{842조}{}$). 만일 정기용선자가 이러한 용선료를 약정한 기일에 지급하지 않는 경우에는 선박소유자에게 다음과 같은 권리가 인정되고 있다.

㈎ **계약해제·해지권**　　　정기용선자가 용선료를 약정기일에 지급하지 아니하는 때에는 선박소유자는 계약을 해제 또는 해지할 수 있다($\frac{상}{1항}\frac{845조}{}$).

정기용선자가 제3자와 운송계약을 체결하여 운송물을 선적한 후 선박의 항해 중에 선박소유자가 위와 같이 계약을 해제 또는 해지한 때에는 선박소유자는 적하이해관계인에 대하여 정기용선자와 동일한 운송의무가 있다($\frac{상}{2항}\frac{845조}{}$). 적하이해관계인을 보호하기 위하여 선박소유자에게 이러한 의무를 부담시키고 있다.

선박소유자가 정기용선계약을 해제 또는 해지하고 운송의 계속을 적하이해관계인에게 서면으로 통지한 때에는, 선박소유자의 정기용선자에 대한 용선료·체당금 그 밖에 이와 유사한 정기용선계약상의 채권을 담보하기 위하여 정기용선자가 적하이해관계인에 대하여 갖는 용선료 또는 운임의 채권을 목적으로 질권을 설정한 것으로 본다($\frac{상}{3항}\frac{845조}{}$). 이는 선박소유자 등에게 운송의무를 부담시키는 대신에 정기용선자에 대한 채권을 확보시켜 주기 위한 것이다.

선박소유자가 정기용선계약을 해제 또는 해지하고 계속운송을 하는 경우에도, 선박소유자나 적하이해관계인은 위의 권리와는 별도로 정기용선자에 대하여 손해배상청구를 할 수 있다($\frac{상}{4항}\frac{845조}{}$).

㈏ **운송물의 유치권·경매권**($\frac{상}{844조}{}$)　　　정기용선자가 선박소유자에게 용선료·

모니호 사건에 대한 판례평석),"「해사법연구」(한국해사법학회), 제13권 1호(2001. 6), 31~43면].

체당금 그 밖에 이와 유사한 정기용선계약상의 채무를 이행하지 아니하는 경우에는, 선박소유자는 그 금액의 지급과 상환하지 아니하면 운송물을 인도할 의무가 없다($^{상\ 844조\ 1항}_{본문,\ 807조\ 2항}$). 즉, 운송물을 유치할 수 있다. 그러나 선박소유자는 정기용선자가 발행한 선하증권을 선의로 취득한 제3자에게 대항하지 못한다($^{상\ 844조}_{1항\ 단서}$).

선박소유자는 위 금액의 지급을 받기 위하여 법원의 허가를 얻어 운송물을 경매하여 우선변제를 받을 권리가 있다($^{상\ 844조\ 1항}_{본문,\ 808조\ 1항}$). 이 때 선박소유자는 선장이 수하인에게 그 운송물을 인도한 후에도, 운송물이 인도된 후 30일을 경과하였거나 제3자가 그 운송물의 점유를 취득한 경우를 제외하고는 법원의 허가를 얻어 그 운송물을 경매하여 우선변제를 받을 권리가 있다($^{상\ 844조\ 1항}_{본문,\ 808조\ 2항}$). 그러나 선박소유자는 정기용선자가 발행한 선하증권을 선의로 취득한 제3자가 있는 경우에는 이러한 경매권을 행사할 수 없다($^{상\ 844조}_{1항\ 단서}$).

선박소유자의 이러한 유치권과 경매권은 정기용선자가 운송물에 관하여 약정한 용선료 또는 운임의 범위를 넘어서 행사하지 못한다($^{상\ 844조}_{2항}$).

(ㄷ) **채권의 제척기간**($^{상}_{846조}$)   정기용선계약에 관하여 선박소유자가 정기용선자에 대하여 갖는 채권은 당사자간의 별도의 연장의 특약이 없는 한 선박이 선박소유자에게 반환된 날로부터 2년 이내에 재판상 청구를 하지 않으면 소멸한다(제척기간). 선박소유자와 정기용선자는 약정에 의하여 이 기간을 단축할 수 있는데, 이는 정기용선계약에 명시적으로 기재되어야 한다($^{상\ 846조\ 2항,}_{840조\ 2항}$).

2) **선박반환의무**   상법에는 명문의 규정이 없으나 정기용선계약의 성질상 정기용선자는 용선기간이 만료하면 용선기간이 개시한 때에 선박을 인수한 상태로 선박을 선박소유자에게 반환하여야 할 의무를 부담한다.

3. 외부관계(제3자에 대한 관계)

(1) **정기용선자의 제3자에 대한 관계**

정기용선자의 제3자에 대한 관계에 관하여는 상법이 규정하고 있지 않다. 정기용선계약의 법적 성질을 무엇으로 보든 정기용선자는 해상기업의 주체로서 활동하고 정기용선계약에는 선체용선계약의 성질도 일부 있으므로, 선체용선자와 제3자에 대한 법률관계를 규정한 상법 제850조를 정기용선자에게 유추적용할 수 있다고 본다(통설[1]·판례[2]). 따라서 정기용선자는 선박의 이용에 관한 사항에는 제3자

---

1) 서·정, 565면; 손(주), 780면; 정(희), 516면; 양·박, 588면; 이(기) 외, (보·해) 358면; 채, 646면 외.

2) 대판 1992. 2. 25, 91 다 14215(공보 918, 1120); 대결 2019. 7. 24, 2017 마 1442(공보 2019, 1636)(선박의 이용계약이 선체용선계약·정기용선계약 또는 항해용선계약인지 여부는 계약의 취지 및 내용, 특히 이용기간의 장단〈長短〉, 사용료의 고하〈高下〉, 점유관계의 유무 기타 임대차 조건 등을 구체적으로 검토하여 결정하여야 한다. 선박우선특권에 대해서는 그 성질에 반하지 않는 한 민법의 저당권에 관한 규정을 준용하므로〈상법 제777조 제 2 항〉, 선박우선특권을 가진 채권자는 그 채권을 발생시킨 선박에 대한 경매를 청구하여 채권의 우선변제를 받을 수 있다. 선체용선에서 제 3 자에 대한 법률관계에 관하여 상법 제850조 제 1 항은 "선체용선자가 상행위나 그 밖의 영리를 목적으로 선박을 항해에 사용하는 경우에는 그 이용에 관한 사항에는 제 3 자에 대하여 선박소유자와 동일한 권리의무가 있다"라고 규정하고, 제850조 제 2 항은 "제 1 항의 경우에 선박의 이용에 관하여 생긴 우선특권은 선박소유자에 대하여도 그 효력이 있다. 다만 우선특권자가 그 이용의 계약에 반함을 안 때에는 그러하지 아니하다"라고 규정한다. 따라서 선체용선자의 경우에도 선박의 이용에 관하여 생긴 우선특권을 가지는 채권자는 선박소유자에 대한 효력을 주장하여 해당 선박에 대하여 경매를 청구할 수 있다. 정기용선의 경우 제 3 자에 대한 법률관계에 관하여 상법은 아무런 규정을 두지 않고 있다. 그러나 다음과 같은 이유로 선체용선에 관한 상법 제850조 제 2 항의 규정이 정기용선에 유추적용되어 정기용선된 선박의 이용에 관하여 생긴 우선특권을 가지는 채권자는 선박소유자의 선박에 대하여 경매청구를 할 수 있다고 봄이 타당하다. ① 정기용선계약은 선체용선계약과 유사하게 용선자가 선박의 자유사용권을 취득하고 그에 선원의 노무공급계약적인 요소가 수반되는 특수한 계약관계로서 정기용선자는 다른 특별한 사정이 없는 한 화물의 선적·보관 및 양하 등에 관련된 상사적인 사항의 대외적인 책임관계에 선체용선에 관한 상법 제850조 제 1 항이 유추적용되어 선박소유자와 동일한 책임을 부담한다. ② 선체용선에서 선박의 이용에 관한 사항에 대하여는 선체용선자만이 권리·의무의 주체가 되고 선박소유자와 제 3 자 사이에는 원칙적으로 직접적인 법률관계가 발생하지 않는 것이나, 상법은 선박채권자를 보호하기 위하여 제850조 제 2 항을 두어 선박우선특권은 선박소유자에 대하여도 효력이 발생하고 그러한 채권은 선박을 담보로 우선변제를 받을 수 있도록 하였다. 이와 같은 선박채권자 보호의 필요성은 선체용선과 정기용선이 다르지 않다. 특히 상법 제777조 제 1 항 제 1 호에 규정된 예선료 채권을 보면, 채무자가 선박소유자 또는 선체용선자인지, 정기용선자인지를 구별하지 않고 우선적으로 보호하여야 할 필요성이 크다. 예선업자는 특별한 사정이 없는 한 예선의 사용 요청을 거절하지 못하고〈선박의 입항 및 출항 등에 관한 법률 제29조 제 1 항〉, 정당한 이유 없이 이를 위반하여 예선의 사용 요청을 거절한 때에는 형사처벌을 받는다〈같은 법 제55조 제 4 호〉. 이처럼 예선업자는 대상 선박을 이용하는 자가 누구인지 여부와 상관없이 예선계약의 체결이 사실상 강제될 뿐만 아니라 현실적으로 예선계약 체결 당시 예선료 채무를 부담하는 자가 선박소유자인지 여부 등을 확인하기도 곤란하다. ③ 상법 제777조 제 1 항에서는 선박우선특권이 인정되는 채권을 한정적으로 열거하고 있으므로, 정기용선자에 대한 그와 같은 채권에 관하여 선박우선특권을 인정하더라도 선박소유자나 선박저당권자에게 예상치 못한 손해가 발생한다고 볼 수 없다).

참고로 해기상사구별설(海技商事區別說)의 입장에서 선박충돌과 같은 해기사항에 대하여는 선주가 책임을 진다는 리딩케이스로는 대판 2003. 8. 22, 2001 다 65977(공보 2003, 1912)(정기용선계약에 있어서 선박의 점유·선장 및 선원에 대한 임면권 그리고 선박에 대한 전반적인 지배관리권은 모두 선주에게 있고, 특히 화물의 선적·보관 및 양하 등에 관련된 상사적인 사항과 달리 선박의 항행 및 관리에 관련된 해기적인 사항에 관한 한 선장 및 선원들에 대한 객관적인 지휘·감독권은 달리 특별한 사정이 없는 한 오로지 선주에게 있다고 할 것이므로, 정기용선된 선박의 선장이 항행상의 과실로 충돌사고를 일으켜 제 3 자에게 손해를 가한 경우 용선자가 아니라 선주가 선장의 사용자로서 상법 제845조 또는 제846조에 의한 배상책임을 부담하는 것이고, 따라서 상법 제766조 1항이 유추적용될 여지는 없으며, 다만 정기용선자에게 민법상의 일반 불법행위책임 내지는 사용자책임을 부담시킬 만한 귀책사유가 인정되는 때에는 정기용선자도 그에 따른 배상책임을 별도로 부담할 수 있다)[이 판결에 대하여 찬성하는 취지의 평석으로는 김인현, 법률신문, 제3233호(2004. 1. 8), 15면; 동, 「한국해법학회지」, 제26권 2호(2004. 11), 213~216면].

에 대하여 선박소유자와 동일한 권리의무가 있다($^{\text{상 850조 1항}}_{\text{유추적용}}$). 또한 이 때 정기용선자는 그의 채권자에 대하여 선박소유자와 동일하게 책임제한을 주장할 수 있다($^{\text{상 769조~771조, 774조}}_{\text{1항 1호의 용선자}}$).

(2) 선박소유자와 제 3 자와의 관계

1) 앞에서 본 바와 같이 선박소유자가 일정한 경우에 적하이해관계인 등에 대하여 정기용선자와 동일한 운송의무를 부담하는 경우나($^{\text{상 845조}}_{\text{2항}}$),[1] 정기용선자가 적하이해관계인에 대하여 가지는 운임 등의 채권에 대하여 선박소유자의 정기용선자에 대한 채권을 위하여 질권이 설정된 것으로 의제하는 경우($^{\text{상 845조}}_{\text{3항}}$)에는, 선박소유자와 제 3 자(적하이해관계인)는 관계를 갖게 된다.

2) 정기용선자가 선박을 이용하는 중에 생긴 우선특권은 그 우선특권자가 그이용이 정기용선계약에 반함을 알지 못한 경우에는 우선특권자를 보호하기 위하여선박소유자에게도 그 효력이 미친다고 볼 수 있는데($^{\text{상 850조 2항}}_{\text{유추적용}}$), 이 때에도 선박소유자와 제 3 자(우선특권자)는 관계를 갖게 된다.

제 2 관 해상기업의 보조자

제 1 총 설

해상기업의 보조자에는 크게 해상보조자와 육상보조자가 있는데, 「해상보조자」(servants on board a ship; préposés maritimes)는 선박의 운항에 관한 보조자로서 선장과 해원 등의 선원 · 예선업자(tug operator) · 도선사(pilot) · 적하감독인 또는 검수인(tally man) 등을 말하고, 「육상보조자」(servants and agents on shore; préposés terrestres)는 상사에 관한 보조자로서 지배인 기타 상업사용인 · 운송주선인(forwarder) · 선박중개인(shipbroker) 및 선박대리점(agent) 등을 말한다.[2] 이 중 육상보조자에 대

---

1) 동지: 대판 2010. 4. 29, 2009 다 99754(공보 2010, 1004)(예인선이 철골구조물을 실은 무동력 부선을 예인하던 중 강한 조류에 떠밀리는 바람에 철골구조물이 다리 상판과 충돌한 후 해저로 추락하고 그 과정에서 부선이 파손된 사안에서, 위 예인선 용선계약은 예인선 소유자가 영업의 일환으로 예인선을 용선자의 철골구조물 운반 작업에 제공하고 이를 위하여 자신의 피용자인 선장과 선원들로 하여금 예인선을 운항하도록 한 정기용선계약으로 봄이 상당하므로, 예인선 소유자는 예인선 선장의 항행상 과실로 인하여 파손된 부선의 손해를 배상할 책임이 있다).

2) 이러한 여러 형태의 해상기업의 보조자 중 어떤 것은 새로운 기술의 도입과 해상운송의 컨테이너화로 말미암아 그 존재이유 또는 재래의 역할에 커다란 영향을 받게 되고, 또한 개품운송 및 유통과정의 변화에 응한 신규업종의 진출[예컨대, 혼재업(consolidater), 선박비운항운송업(Non-Vessel Operating Common Carrier by Water: 이는 NVOCC로 약칭되는데, 우리나라에서 운송

하여는 상법총칙과 상행위편에서 이미 설명하였으므로, 이 곳에서는 해상보조자에 대하여만 설명한다. 해상보조자 중에서도 상법은 선장에 대하여만 규정하고 있으므로, 이하에서는 이를 중심으로 하여 설명한다. 선장 등의 선원에 관하여는 상법 이외에도 행정법적 및 노동법적 규정인 선원법이 있다. 선장 이외의 해상보조자는 개별적인 특별법에 의하여 규율된다(예컨대, 적하감독인 등에 관하여는 항만운송사업법이 있고, 도선사에 관하여는 도선법이 있다).

제 2 선장(Master; Kapitän Schiffer; Capitaine)

1. 총 설

(1) 의 의

광의의 선장이란 「특정선박의 항해지휘자」를 말하는데, 이러한 의미에서의 선장에는 선박소유자 또는 선박공유자로서 동시에 선장인 자(즉, 동시〈同時〉선장 또는 자선〈自船〉선장)를 포함한다. 협의의 선장이란 「선박소유자의 피용자로서 특정선박의 항해를 지휘하고, 또 그 대리인으로서 공법상·사법상의 법정권한을 가진 자」를 말한다. 상법에서 선장이라 함은 협의의 선장을 말한다.[1]

(2) 지배인 등과의 구별

선장의 법정권한은 그 대리권이 포괄정형성(상 749조 1항)이 있고 또 불가제한성(상 751조)이 있는 점에서 지배인·(대표)이사·선박관리인의 그것과 같으나, (i) 특정선박의 항해지휘자로서 선박의 운항관리에 책임을 지고(선원 2조 3호), (ii) 선박권력(船舶權力)을 가지며, (iii) 대리권의 범위가 항해단위로 정하여지는 점에서, 지배인·(대표)이사·선박관리인의 그것과 다르다.[2]

2. 선임과 종임

(1) 선 임

선장은 선박소유자가 선임한다. 이 때 「선박소유자」는 선박공유자·선체용선

인으로서 기능을 하는 운송주선인과 유사하다)]에 의해서도 어떤 것은 크게 영향을 받고 있다[정(희), 531면].

1) 그러나 선원법상의 선장은 「해원을 지휘·감독하며 선박의 운항관리에 대하여 책임을 지는 선원」이라고 하여, 광의의 선장을 의미한다(선원 2조 3호). 또한 상법상의 대선장(代船長)(상 748조)은 상법상의 선장으로서 대리권을 가지나, 선박직원법상의 대행선장(代行船長)(선직 11조 2항 1호 단서)은 상법상의 선장이 아니므로 대리권을 갖지 아니한다고 본다.

2) 동지: 정(희), 532면; 서·정, 567면; 손(주), 782면.

자를 포함한다. 그런데 선장이 불가항력으로 인하여 그 직무를 집행하기가 불가능한 때에는, 법령에 다른 규정이 없으면 선장이 자기의 책임으로 대선장(代船長)을 선임할 수 있다($\frac{상}{748조}$). 선장의 자격은 상법상 제한은 없으나, 선박직원법상 해당선박과 항행구역에 맞는 해기사(海技士)면허를 가진 자이어야 한다($\frac{선직}{11조}$ 4조).

선장의 선임계약의 법적 성질은 고용과 위임의 혼합계약인 경우가 많다.[1]

(2) 종 임

선장의 선임계약의 법적 성질을 고용과 위임의 혼합계약으로 보면 고용과 위임의 일반적 종료원인($\frac{민\ 658조 \sim 663조,}{689조 \sim 690조}$)에 의하여 선장은 종임된다. 즉, 고용기간의 만료, 선장의 사임·사망·파산·성년후견 등에 의하여 종임되나, 해상법의 특수성으로 인하여 선박의 멸실·침몰·수선불능·운항불능·포획·1개월 이상의 재부불명(在否不明)에 의하여도 종임된다.

선장은 선박소유자의 해임에 의하여도 종임되는데($\frac{상}{745조}$), 이 때 선박소유자가 정당한 사유 없이 선장을 해임한 경우에는 선장은 이로 인하여 생긴 손해의 배상청구를 할 수 있다($\frac{상}{746조}$). 또한 선장이 항해중에 해임 또는 임기만료된 경우에도, 다른 선장이 그 업무를 처리할 수 있을 때 또는 그 선박이 선적항에 도착할 때까지 그 직무를 집행할 책임이 있다($\frac{상}{747조}$).

3. 공법상의 지위

선장은 선박소유자의 기업보조자에 그치는 것이 아니라, 특정선박의 항해지휘자로서 일반항행법상($\frac{특히}{선원법상}$)의 여러 가지 권리의무를 갖는다.

(1) 권 리

선장은 특정선박의 항해지휘자로서 일반항행법상 많은 권리를 갖는데, 이 권리를 총칭하여 「선박권력」(Schiffsgewalt)이라고 한다. 이 권리의 내용은 (i) 선박에 급박한 위험이 있는 경우에 인명·선박 및 화물을 구조하는 데 필요한 조치를 취할 수 있는 가택권적 지배권($\frac{선원}{11조}$), (ii) 해원·여객 기타 선박에 있는 사람에 대한 명령권($\frac{선원\ 6조,\ 23조}{2항·3항,\ 24조}$), (iii) 선박을 영토의 연장으로 하여 선장에게 부여된 일부 국권(國權)의 행사($\frac{사법경찰관리의\ 직무를\ 수행할\ 자와}{그\ 직무범위에\ 관한\ 법률\ 7조\ 1항}$) 등이다.[2]

(2) 의 무

1) 해원(海員) 감독의무　　선장은 해원에 대하여 지휘·감독권이 있으므로

---

1) 동지: 정(희), 532면; 김(인), (해상) 244면.
2) 동지: 정(희), 532~533면; 김(인), 77면.

($\frac{선원}{6조}$), 해원이 그 직무를 행함에 있어 타인에게 손해를 가한 경우에 그 선임·감독에 과실이 없음을 증명하지 않으면 그 손해를 배상할 책임이 있다($\frac{민}{756조}$). 그 해원은 선장이 스스로 고용하였거나 그렇지 않거나를 불문하는데, 스스로 고용한 경우에는 선임에 대한 책임도 진다.[1]

2) 감항능력 검사의무　선장은 출항 전 선박이 항해에 지장이 없겠는지 여부, 기타 항해에 필요한 준비가 되어 있는지 여부 등을 검사하여야 한다. 즉, 선장은 출항 전에 (ⅰ) 선박이 항해에 견딜 수 있는가와, (ⅱ) 화물이 실려 있는 상태 및 항해에 적합한 장비·인원·식료품·연료 등이 갖추어져 있는지를 검사하여야 한다($\frac{선원}{7조}$). 그러나 이러한 일을 선장 스스로 할 필요는 없고, 보통 신용 있는 선급협회의 검사증명은 감항능력의 구비 및 상당한 주의로써 검사하였다는 사실상의 추정력을 생기게 한다.[2] 이 의무는 운송계약에 있어서의 운송인의 감항능력주의의무($\frac{상}{794조}$)·선하증권 면책약관의 효력문제·보험계약에 있어서의 보험자의 손해보상책임의 전제($\frac{상\ 659조\ 1항,}{678조,\ 706조\ 1호}$) 등과 관련해서도 문제가 되지만, 여기에서는 항해안전을 위하여 선장이 항행법상 부담하는 의무이다. 선장이 이에 위반하면 벌금의 제재가 있다($\frac{선원}{164조\ 1호}$).

3) 선박서류 비치의무　선장은 배 안에 (ⅰ) 선박국적증서 또는 선적증서, (ⅱ) 승무원명부, (ⅲ) 항해일지, (ⅳ) 화물에 관한 서류 및 (ⅴ) 그 밖에 해양수산부령이 정하는 서류($\frac{선박검사증서,\ 항해하는\ 해역의\ 해도,\ 기관일지,\ 속구목록,\ 선박의}{승무정원증서,\ 선원을\ 피보험자로\ 한\ 재해보상보험\ 가입증서\ 원본}$)를 비치하여야 한다($\frac{선원\ 20조\ 1항,}{선원시규\ 13조}$). 이들 서류는 선박과 선박의 항행에 관한 여러 가지 사항을 증명할 수 있는 것으로서, 선장이 이들 서류를 거짓 내용으로 작성하여 비치한 때에는 벌금의 제재를 받는다($\frac{선원}{164조\ 8호}$). 또한 선장은 해양수산부령이 정하는 서식에 따라 승무원명부 및 항해일지 등을 기록·유지하여야 하고($\frac{선원}{20조\ 2항}$), 속구목록도 비치하여야 한다($\frac{속구목록에}{관한\ 규정}$).

4) 재선(在船)의무　선장은 질병 또는 부상의 치료가 필요한 경우 등 해양수산부령이 정하는 부득이한 사유로 직원 중 선장의 직무를 대행할 자를 지정한 때를 제외하고는, 화물을 싣거나 여객이 타기 시작할 때부터 화물을 모두 부리고 여객이 다 내릴 때까지 그 선박을 떠나서는 아니 된다($\frac{선원}{10조}$). 이 이외에도 선장은 선박이 항구를 출입할 때 또는 선박이 좁은 수로를 지나갈 때 그 밖에 선박에 위험이 생길 염려가 있는 때에는 선박의 조종을 직접 지휘하여야 하고($\frac{선원}{9조}$), 선박에 급한

---

1) 동지: 정(희), 533면.
2) 동지: 정(희), 533면.

위험이 있을 때에는 인명·선박 및 화물을 구조하는 데 필요한 조치를 다하여야 한다($^{선원}_{11조}$).

5) 항해성취의무   선장은 항해의 준비가 끝난 때에는 지체 없이 발항하여야 하고(발항의무), 또 부득이한 사유가 있는 경우를 제외하고는 예정항로를 따라 도달항까지 항행하여야 한다(직항의무)($^{선원}_{8조}$). 선박소유자·여객·화주들은 이에 대하여 시간적 이해관계가 크기 때문이다.[1]

6) 구조의무   선장은 선박이 서로 충돌한 경우에는 인명과 선박을 구조하는 데 필요한 조치를 다하여야 하고, 또한 선박의 명칭·소유자·선적항·출항항 및 도착항을 상대방에게 통보하여야 한다. 다만 자기가 지휘하는 선박에 급박한 위험이 있는 경우에는 예외로 한다($^{선원}_{12조}$). 선장이 이에 위반하면 처벌을 받는다($^{선원}_{162조}$).

선장은 다른 선박 또는 항공기의 조난을 안 경우에는 인명의 구조에 필요한 조치를 다하여야 한다. 다만 자기가 지휘하는 선박에 급박한 위험이 있을 경우와 해양수산부령이 정하는 경우는 예외로 한다($^{선원}_{13조}$). 선장이 이에 위반하면 처벌을 받는다($^{선원}_{163조 1호}$).

7) 항해에 관한 보고의무   선장은 (ⅰ) 선박의 충돌·침몰·멸실·화재·좌초·기관의 손상·그 밖의 해난이 발생한 경우, (ⅱ) 무선통신에 의하여 안 경우를 제외하고 항행중 다른 선박의 조난을 안 경우, (ⅲ) 인명 또는 선박의 구조에 종사한 경우, (ⅳ) 배 안에 있는 자가 사망하거나 행방불명이 된 경우, (ⅴ) 예정항로를 변경한 경우, (ⅵ) 선박이 억류되거나 포획된 경우, (ⅶ) 그 밖에 선박에 관하여 중대한 사고가 일어난 경우에는, 해양수산부령으로 정하는 바에 따라 지체 없이 그 사실을 해양항만관청에게 보고하여야 한다($^{선원}_{21조}$). 선장이 이에 관한 보고를 거짓으로 한 때에는 처벌을 받는다($^{선원}_{164조 9호}$).

8) 재외국민의 송환의무   선장은 외국에 주재하는 대한민국의 영사가 법령의 정하는 바에 의하여 대한민국 국민의 송환을 명한 때에는 정당한 사유 없이 이를 거부하지 못한다($^{선원}_{19조}$). 선장이 정당한 사유 없이 이를 거부한 때에는 처벌을 받는다($^{선원}_{164조 7호}$).

9) 기타의 의무   선박의 항행중에 배 안에 있는 자가 사망한 때에는 선장은 해양수산부령이 정하는 바에 의하여 이를 수장할 수 있으며($^{선원}_{17조}$), 또 배 안에 있는 자가 사망하거나 행방불명이 된 때에는 법령에 특별한 규정이 있는 경우를 제외

---

1) 동지: 정(희), 534면.

하고는 해양수산부령이 정하는 바에 의하여 배 안에 있는 유류품에 대하여 보관 그
밖에 필요한 조치를 하여야 한다($\frac{선원}{18조}$).

4. 사법상(私法上)의 지위

선장의 사법상의 지위는 보통 대리인의 지위인데,[1] 선장의 이러한 대리인의
지위에는 선박소유자의 대리인으로서의 지위뿐만 아니라, 적하이해관계인·여객·
구조료채무자 등의 대리인으로서의 지위 등이 있다. 이하에서는 각각에 대하여 차
례로 설명한다.

(1) 선박소유자에 대한 관계

1) 내부관계   선장과 선주와의 내부관계는 선장의 선임계약($\frac{고용계약·}{위임계약}$ 등)에 따
라 원칙적으로 민법의 규정이 적용되는데, 해상법의 특수성 또는 선장의 지위의 특
수성으로 인하여 이러한 민법의 규정은 상법·선원법 등에 의하여 많은 변경·보충
을 받는데, 이는 다음과 같다.

(가) 상법의 규정에 의한 경우   선장은 상법의 규정에 의하여 선박소유자에
대하여 다음과 같은 의무(책임)를 부담한다. 즉, (ⅰ) 선장이 대선장(代船長)을 선임
한 경우에는 그 선임에 관하여 선박소유자에 대하여 책임을 진다($\frac{상}{748조}$). (ⅱ) 선장은
항해에 관한 중요사항($\frac{충돌·해손·}{구조·선박수선}$)을 지체 없이 선박소유자에게 보고하고, 또 매 항
해를 종료한 때는 그 항해에 관한 계산서를 지체 없이 선박소유자에게 제출하여 그
승인을 얻어야 하며, 선박소유자의 청구가 있을 때에는 언제든지 항해에 관한 사항
과 계산의 보고를 하여야 한다($\frac{상}{755조}$).

(나) 선원법의 규정에 의한 경우   선장은 선원법의 규정에 의하여 선박소유
자에 대하여 다음과 같은 권리를 갖는다. 즉, 선장은 선박소유자에 대하여 선원의
급식청구권($\frac{동}{76조}$), 상병보상(傷病補償) 등의 청구권($\frac{동 \ 96조\sim}{102조}$), 선원의 송환비용 또는 송
환수당청구권($\frac{동 \ 38조}{39조}$) 등을 갖는다.

2) 외부관계   선장은 선박소유자 등의 임의대리인이지만, 선박소유자 등을
위하여 법률에서 정한 범위의 대리권을 갖는다($\frac{이 \ 점은 \ 지배인의}{경우와 \ 유사하다}$). 그런데 선장의 대리권
의 법정범위를 어떻게 정할 것인가에 대하여는 대체로 다음과 같은 세 가지 입법주

---

1) 선장의 대리인으로서의 지위는 기업경영형태의 발달단계에 따라 변천되고 있다. 선장의 지위가
   뚜렷해진 것은 15세기 이후 하주인 상인이나 선주의 대리인이 승선하지 않게 된 뒤의 일이었는데,
   이 경우에도 선장은 운임의 일부를 취득하여 기업의 공동경영자인 지위에 있었다. 선장이 현재와
   같은 지위를 갖게 된 것은 근세에 들어 증기선에 의한 정기항해를 하게 된 이후의 일이다[정(희),
   535면].

의가 있다. 즉, (i) 첫째로 선박이 선박소유자 또는 그 대리인의 소재지에 있는지 여부에 따라 대리권의 범위를 구별하여 그 소재지에서는 특별수권을 요한다는 「선박소유자 소재지주의」(불법〈佛法〉주의)($\frac{佛商}{232조}$), (ii) 둘째로 선박의 선적항의 내외에 따라 대리권의 범위를 구별하는 「선적항주의」(독법〈獨法〉주의)($\frac{獨商\ 526조}{527조}$), (iii) 셋째로 선장의 행위의 종류에 따라 구별하여 중요한 행위 이외의 선박이용에 관한 모든 행위에 대리권이 미치도록 하는 「선장행위주의」(영법〈英法〉주의)가 있다. 우리 상법은 대체로 선적항주의(독법〈獨法〉주의)에 따른 규정을 하고 있는데, 그 내용은 다음과 같다.

(개) **선적항(등록항)에서의 대리권**   선적항[1]에서는 선장은 특히 위임을 받은 경우 외에는 해원(海員)의 고용과 해고를 할 권한만을 가진다[2]($\frac{상}{2항}$749조). 선적항에서는 선장은 선박소유자의 직접 지휘를 받을 수 있기 때문에 항해활동에 종사하는 해원의 고용과 해고에 관한 사항 이외에는 대리권을 인정하지 않는 것이다. 그러나 선장은 선박소유자의 위임에 의하여 (선적항 내외를 묻지 않고) 선하증권의 발행($\frac{상}{3항}$852조), 적하의 인도, 운임 기타 체당금의 수령, 운송물의 유치($\frac{상}{2항}$807조) 및 운송물의 공탁($\frac{상}{1항}$803조) 등의 행위를 할 권한을 갖는다.

(내) **선적항 외에서의 대리권**

① **원   칙**   선적항 외에서는 선장은 그가 지휘하는 선박의 항해에 필요한 재판상·재판 외의 모든 행위를 할 권한을 갖는다($\frac{상}{1항}$749조). 즉, 선장은 선적항 외에서는 항해와 관련한 포괄적이고 정형적인 대리권을 갖는다($\frac{포괄}{정형성}$). 따라서 이러한 대리권에 대한 제한은 선의의 제3자에게 대항하지 못한다($\frac{불가}{제한성}$)($\frac{상}{751조}$). 여기에서 「항해」라 함은 선장의 임기 동안의 전 항해를 말하는 것이 아니라, 특정항해에서 '선적항을 떠나서 그 곳에 귀항할 때까지의 전 항해과정'을 말한다.[3] 「항해에 필요한 재판상의 행위」라 함은 '원고 또는 피고로서 하는 소송행위'를 말하고, 「항해에 필

---

1) 이러한 선적항의 의미에 대하여는 대판 1991. 12. 24, 91 다 30880(집 39 ④ 민 394)(상법 제773조〈2007년 개정상법 749조〉소정의 선적항은 선박의 등기 또는 등록을 한 등록항의 뜻 외에 해상기업의 본거항의 뜻도 갖는 것이므로, 선박소유자인 건조업자가 발주자에게 인도하기 위하여 계선(繫船)관리중인 미등록선박은 관리하고 있는 항구를 본거항으로 보아야 할 것이다) 참조.

2) 동지: 대판 1968. 5. 28, 67 다 2422(상법 제773조〈2007년 개정상법 749조〉에 의하면 선박에 승무하는 해원의 고용은 선장의 고유의 대리권에 속하므로, 선장이 일등항해사와 승선계약을 체결하고 부산해운국의 공인을 받은 후 소속공사 총재의 정식발령이 있은 경우에는, 그 항해사의 입사는 선장에 의하여 고용된 때이며 원심이 판결한 것과 같이 총재〈선주〉에 의하여 발령된 날이 아니다).

3) 동지: 손(주), 789면; 정(희), 537면.

요한 재판 외의 모든 행위」라 함은 '항해를 하는 데 필요한 모든 행위'를 말한다[1]
$\left(\substack{\text{예컨대, 도선사의 사용, 선박의 의장<纜裝>,}\\\text{항해필수품의 조달, 선박의 수선 등}}\right).$

　　다만 선장의 선적항 외에서의 대리권에는 운송계약에 관한 권한이 포함되느냐에 대하여는 견해가 나뉘어 있다. 즉, 운송계약에 관한 권한은 항해를 위하여 필요한 경우가 아니면 체결할 수 없다는 견해[2]가 있으나, 선장의 해상기업의 보조자적지위에서 보아 그 권한을 인정하는 것이 타당하다고 본다.[3]

　　② 예　　외　　　선장의 선적항 외에서의 위와 같은 대리권은 다음과 같은 예외에 의하여 제한되거나 확장되고 있다.

　　(i) 제한되는 경우　　　선장의 위와 같은 광범위한 대리권은 선박소유자에게 부담을 주는 행위(신용행위)나 적하를 처분하는 행위(적하처분행위)에 대하여는 원칙적으로 제한을 받는다. 즉, 선장은 원칙적으로 선박 또는 속구(屬具)를 담보에 제공하거나$\left(\substack{\text{상 750조}\\\text{1항 1호}}\right)$ 차재(借財)하는 일$\left(\substack{\text{상 750조}\\\text{1항 2호}}\right)$과 같은 신용행위를 하지 못하고, 또한 적하의 전부나 일부를 처분하는 일$\left(\substack{\text{상 750조}\\\text{1항 3호}}\right)$과 같은 적하처분행위를 하지 못한다.

　　그러나 선장은 예외적으로 선박수선료·해난구조료 그 밖에 항해의 계속에 필요한 비용$\left(\substack{\text{예컨대, 입항세·속구 또는 연료}\\\text{등과 같은 필수품의 매입비용 등}}\right)$을 지급하기 위하여는, 위와 같은 신용행위$\left(\substack{\text{다른 방법}\\\text{으로는 도}}\right)$ 저히 항해의 계속에 필요한 비용을 조달할 수 없는$\left(\substack{\\\text{경우 등에 선박을 담보로 제공하고 차재하는 경우 등}}\right)$나 적하처분행위$\left(\substack{\text{예컨대, 적하를 매각 또는 입질하거나 적하}\\\text{자체를 항해를 위하여 사용하는 경우 등}}\right)$를 할 수 있다$\left(\substack{\text{상 750조}\\\text{1항 본문}}\right)$. 이 때 선장이 예외적으로 하는 적하처분행위는 선박소유자의 대리인으로서 하는 것이므로$\left(\substack{\text{적하이해관계인의 대리인으로서}\\\text{처분하는 경우<상 752조>와 구별}}\right)$, 이로 인하여 선박소유자는 적하이해관계인에게 손해배상책임을 부담한다. 이를 위한 손해배상액은 법정되어 있는데, 이는 그 적하가 도달할 시기의 양륙항의 가격에서 지급을 요하지 아니하는 비용$\left(\substack{\text{예컨대, 운임·관세·}\\\text{양륙비용 등}}\right)$을 공제한 금액이다$\left(\substack{\text{상 750조}\\\text{2항}}\right)$. 이 때 만일 선장이 적하를 처분하여 얻은 금액이 적하의 양륙항에서의 가액을 초과하면 그 차액은 화주(貨主)에게 귀속되는 것으로 보아야 할 것이다.[4]

　　(ii) 확장되는 경우　　　선장은 선적항 외에서 선박이 수선하기 불능한 때에는 해무관청의 인가를 얻어 이를 경매할 수 있다$\left(\substack{\text{선박경매권 또는}\\\text{긴급매각권}}\right)\left(\substack{\text{상}\\\text{753조}}\right)$. 선장의 대리권은 원래 안전하게 항해를 계속하는 데 있는데, 이와 같은 선박경매권은 이에 대한 중대한 예외로서 대리권을 확장한 것이다. 이 때 선박의 「수선불능」은 구체적인 경

---

1) 동지: 손(주), 789면; 정(희), 537면.
2) 손(주), 789면.
3) 동지: 정(희), 537면; 서·정, 570~571면; 채, 658면; 대판 1975. 12. 23, 75 다 83(집 23 ③ 민 141)(선적항 외에서 선장은 개품운송계약을 체결할 수 있는 법률상의 대리권이 있다).
4) 동지: 권기훈, "선장의 적하처분," 「고시연구」, 2002. 11, 92면.

우에 따라 판단하여야 할 사실문제인데, 선장의 주관적 판단에 맡길 수 없으므로 상법은 객관적인 기준을 규정하고 있다. 즉, 선박이 그 현재지에서 수선을 받을 수 없고 또 그 수선을 할 수 있는 곳에 도달하기 불가능한 경우($\binom{\text{사실상의}}{\text{불능}}$)($\binom{\text{상 754조}}{\text{1항 1호}}$)와, 수선비가 선박의 가액의 4분의 3을 초과하는 경우($\binom{\text{경제적}}{\text{불능}}$)($\binom{\text{상 754조}}{\text{1항 2호}}$)를 수선불능으로 의제하고 있다. 이 때 경제적 불능의 경우 선박의 가액은 선박이 항해중 훼손된 경우에는 그 발항한 때의 가액으로 하고, 기타의 경우에는 그 훼손 전의 가액으로 한다($\binom{\text{상 754조}}{\text{2항}}$).

(2) 적하이해관계인에 대한 관계

선장은 원래 적하를 그 목적항까지 안전하게 운송하여야 할 임무를 갖고 적하이해관계인과는 아무런 법률관계가 없지만, 항해위험과 적하사고의 불측성으로 인하여 경우에 따라서는 항해중 적하에 대하여 임기응변의 처분을 할 필요가 있어 선장에게 적하이해관계인을 위한 적하처분권인 일종의 법정대리권을 인정하고 있다.[1]

1) 적하처분권   선장은 항해중 항해위험 또는 적하사고로 인한 적하의 손실방지 또는 경감을 위하여 급박한 필요가 있는 경우에 적하를 처분할 수 있는데[2]($\binom{\text{적하처분권}}{\text{의 인정}}$), 이 경우에는 적하이해관계인의 이익을 위하여 가장 적당한 방법으로 하여야 한다($\binom{\text{상}}{\text{1항}}$752조). 이러한 선장의 적하처분권은 적하이해관계인을 위한 일종의 법정대리권인데, 동시에 이는 선장의 의무이기도 하다.[3]

선장이 적하이해관계인의 이러한 대리인으로서 하는 적하처분권($\binom{\text{상}}{\text{1항}}$752조)은 선박소유자의 대리인으로서 하는 적하처분권($\binom{\text{상 750조}}{\text{1항 3호}}$)과 비슷한데, 전자는 비상시에 적하에 관해서만 인정되는 것인 데 반하여, 후자는 선박의 보존 또는 항해의 계속을 위하여 인정되는 것이라는 점에서 차이가 있다.[4]

이 때 「적하이해관계인」이란 '적하소유자뿐만 아니라 용선자·송하인·수하인·선하증권소지인 등'을 말하고, 「적하이해관계인의 이익을 위하여 가장 적당한 방법」이란 '운송중의 모든 적하이해관계인의 이익을 위하여 가장 적당한 방법'을 말하는 것으로서 충돌하는 이익은 비교형량하여야 하며,[5] 「적하의 처분」이란 '매

---

1) 동지: 정(희), 538면; 손(주), 791면.
2) 참고로 선장은 항해를 종료한 후에 수하인이 운송물의 수령을 게을리한 때에는 이를 공탁하거나 세관 그 밖에 법령이 정한 관청의 허가를 받은 곳에 인도할 수 있다(상 803조 1항 1문).
3) 동지: 권기훈, 전게 고시연구(2002. 11), 95면.
4) 동지: 정(희), 538면.
5) 동지: 권기훈, 전게 고시연구(2002. 11), 97~98면.

각 등과 같은 법률행위뿐만 아니라 투기 등과 같은 사실행위'를 말한다.

선장의 적하처분권에 대한 특수한 경우로 상법은 위험물처분권을 규정하고 있다. 즉, 선장은 인화성·폭발성·그 밖의 위험성이 있는 운송물($\frac{물리적으로 위험성이 있는}{물건에 한하고, 법률상 선박}$ 또는 적하에 위험을 미칠 운송물은 제외함)을 운송인이 그 성질을 알고 선적한 경우에도 그 운송물이 선박이나 다른 운송물에 위해를 미칠 위험이 있는 때에는, 언제든지 이를 양륙·파괴 또는 무해조치를 할 수 있다($\frac{상}{1항}$801조). 선장의 이러한 처분에 의하여 그 운송물에 발생한 손해에 대하여는 공동해손분담책임($\frac{이 때의 공동해손분담책임은 그 위험물로 인한 것이}{아니고, 다른 원인에 의하여 생긴 경우를 의미함}$)을 제외하고 그 배상책임이 없다($\frac{상}{2항}$801조).

2) 적하처분의 효과   선장은 적하이해관계인의 법정대리인의 지위에 있으므로 그가 한 행위($\frac{법률행위이든 사실}{행위이든 불문함}$)의 효과는 적하이해관계인에게 귀속한다.[1] 따라서 선장의 이러한 처분행위로 인하여 적하이해관계인이 채무를 부담하는 경우에는 그 적하의 가액을 한도로 하여 책임을 진다($\frac{상}{2항 본문}$752조). 그러나 적하이해관계인에게 과실이 있는 경우에는($\frac{예컨대, 적하의 포장의 잘못으로}{인하여 다른 적하를 손상시킨 경우 등}$) 그 책임은 무한이다($\frac{상}{2항 단서}$752조).

(3) 여객에 대한 관계

선장은 여객운송중 여객이 사망하거나 행방불명된 경우에는, 법령에 특별한 규정이 있는 경우를 제외하고는 해양수산부령이 정하는 바에 의하여 배 안에 있는 유류품에 대하여 보관 그 밖에 필요한 조치를 하여야 할 의무가 있다($\frac{선원}{18조}$). 또한 선장은 여객이 사망한 때에는 그 여객의 법정대리인으로서 그 상속인에게 가장 이익이 되는 방법으로 사망자가 휴대한 수하물을 처분하여야 한다($\frac{상}{824조}$). 이러한 선장의 사망자의 휴대수하물의 처분권은 앞에서 본 적하처분권과 같이 권리이면서 또한 동시에 의무이기도 하다.

(4) 구조료채무자에 대한 관계

선장은 해난구조가 있는 경우에는 구조료채무자에 갈음하여 그 지급에 관한 재판상·재판 외의 모든 행위를 할 권한이 있다($\frac{상}{1항}$894조). 따라서 선장은 그 구조료에 관한 소송에서 당사자가 될 수 있고, 그 확정판결은 구조료채무자에 대하여도 효력이 있다($\frac{상}{2항}$894조). 여기에서 「구조료채무자」라 함은 '구조된 선박 및 적하의 소

---

1) 선장의 적하처분행위가 법률행위이면 그 효과가 적하이해관계인에게 당연히 귀속하지만 그 처분이 사실행위인 때에는 사실행위에는 대리가 성립할 수 없어 이는 순전히 선장의 독자적인 행위에 지나지 않는 것으로 보아야 할 것 같으나, 적하처분권의 연혁적 이유와 해상운송의 특수성에 비추어 선장의 적하처분으로 인한 법률효과는 그것이 법률행위이든 사실행위이든 불문하고 상법 제752조의 효과로서 적하이해관계인에게 귀속하는 것이라고 본다[동지: 정(희), 538면 주 1; 권기훈, 전게 고시연구(2002. 11), 97~98면].

유자 등'을 말하는데, 구조료채권자는 이들에게 개별적으로 권리를 행사할 필요 없이 구조료채무자를 위하여 법정대리권을 가진 선장에 대하여 청구하면 되는 것이다. 이와 같이 상법이 선장에게 구조료채무자의 법정대리인으로서의 지위를 인정한 것은 선장이 보통 해난구조의 실제상의 사정을 가장 잘 알고 있다는 점, 집단적 처리를 하는 것이 당사자들에게 편리하다는 점, 구조료채무자가 누구인지 알 수 없는 경우에도(특히 선하증권이 발행된 경우 구조료 채무자인 증권소지인을 알 수 없는 경우) 채권자의 권리행사를 용이하게 해 줄 필요가 있는 점 등이 있기 때문이다.[1]

제3 해   원

선원법상 선원이라 함은 「임금을 받을 목적으로 배 안에서 근로를 제공하기 위하여 고용된 자」를 말하는데, 이러한 선원은 선장·해원 및 예비원(숭무 중이 아닌 자를 말한다)으로 구분된다(선원 2조 1호). 이 때 해원은 「배 안에서 근무하는 선장이 아닌 선원」을 말하는데(선원 2조 4호), 이는 선박직원법상 선박직원이고 선박직원이란 「해기사로서 선박에서 항해사·기관장·기관사·통신장·통신사·운항장 및 운항사의 직무를 행하는 자」를 말한다(선직 2조 3호).

이러한 해원은 해상기업주체의 선박의 운항에 속한 단순한 해상보조자에 불과하고, 육상보조자나 선장에서와 같은 대리권이 없다. 따라서 해원의 행위는 기업활동으로서의 효과는 발생하지 않는다. 또 해원의 고용계약의 본질은 노동법 내지 행정법적인 요소가 많기 때문에, 해원에 관해서는 특별법인 선원법 및 선박직원법에서 규율되고 있다.[2]

제4 선박사용인

선박사용인이라 함은 「임시로 선박상의 노무에 종사하기 위하여 고용된 자」를 말한다. 광의의 선박사용인은 해원을 포함하나, 협의의 선박사용인은 해원을 제외한다. 이 곳에서의 선박사용인은 임시로 고용되어 선박상의 노무에 종사하는 자를 의미하므로, 협의의 선박사용인을 의미한다. 상법은 도선사를 그 예로 들고 있으나, 그 이외에도 선적·양륙·계선(繫船)·이선(離船) 등에 관한 작업에 종사하는 자는

---

1) 동지: 정(희), 539면; 손(주), 906면.
2) 동지: 정(희), 539면.

모두 선박사용인이다.[1]

선박사용인은 선박소유자 또는 선장에 의하여 고용되며, 이들의 일정한 행위로 인하여 생긴 채무에 대하여 선박소유자가 책임을 지는 경우가 있는데, 이때 선박사용인은 선박소유자의 경우와 동일하게 책임제한을 주장할 수 있다($\frac{상}{1항}\frac{774조}{3호}$). 또 선박사용인의 고의·과실로 인하여 운송인이 운송계약상 운송물에 관하여 손해배상책임을 지는 경우가 있는데($\frac{상}{1항}795조$), 이 때에도 선박사용인에게 고의 또는 이에 준하는 사정이 없으면 선박사용인은 운송인이 주장할 수 있는 항변과 책임제한을 주장할 수 있다($\frac{상}{2항}798조$).

제5 도선사(導船士)[2] 등

도선사라 함은 「일정한 도선구에서 도선업무를 할 수 있는 도선사의 면허를 받은 자」를 말한다($\frac{도선}{2조}2호$). 도선이라 함은 「도선구에서 도선사가 선박에 탑승하여 당해 선박을 안전한 수로(水路)로 안내하는 것」을 말하는데($\frac{도선}{2조}1호$), 강제도선구에서는 도선사의 승선이 의무화되어 있다. 도선사는 선장에 의하여 고용된 선박사용인의 일종인데, 다른 한편 독립된 도선업의 영업자이기도 하다.[3] 도선사는 도선중 발생한 손해배상책임에 대하여 책임제한을 주장할 수 있다($\frac{상}{1항}\frac{774조}{3호}$).

제4절 해상기업주체의 책임제한

제1 총 설

앞에서 본 바와 같이 해상기업은 바다를 무대로 하여 활동하므로 해상기업의 해상위험(기업위험)은 특수하고, 이로 인하여 해상기업을 보호하고자 하는 별도의 이념이 발생하게 되었는데,[4] 이러한 이념이 해상법에 반영된 대표적인 예가 공동해

---

1) 동지: 정(희), 540면.
2) 도선사에 관한 상세는 이원석, "도선사의 과실과 대외책임의 귀속," 「법학논총」(한양대), 제6집(1989), 5면 이하; 김인현, "도선사의 민사상·행정법상 책임과 그 보호," 「해사법연구」(한국해사법학회), 제14권 1호(2002), 99~120면 등 참조.
3) 동지: 정(희), 540면.
4) 선박소유자의 책임제한의 근거(이유) 및 이의 비판에 관한 상세는 손(주), 726~727면 참조(오늘날 선박소유자의 책임제한의 근거로는 오래 전부터 승인되어 온 제도라는 연혁적인 사정 외에,

손과 선박소유자의 책임제한이론이다. 해상기업주체($\binom{\text{선박소유자·선박공유자·}}{\text{선체용선자·정기용선자 등}}$)가 해상기업을 영위함에 있어서 부담하는 채무에 대하여 그 책임을 어떻게 규제할 것인가는 과거부터 해상법에서 중요한 과제가 되어 왔다. 따라서 선박소유자의 책임제한에 대하여는 다음에서 보는 바와 같이 각국의 특수한 사정과 역사적인 배경에 따라 많은 입법주의가 있다. 이하에서는 선박소유자의 책임제한에 관한 이러한 과거의 입법주의에 대하여 간단히 살펴본 후, 우리 상법상의 규정내용을 설명하겠다.

제 2 선주책임제한에 관한 입법주의[1]

선주책임제한에 관한 입법주의에는 과거에 아래와 같은 것들이 있었는데, 영국·독일·프랑스·일본 등과 같은 주요해운국이 모두 1976년의 「해사채권에 대한 책임제한에 관한 조약」에 따라서 국내법을 제정하였으므로, 아래의 입법주의는 현재 그 의미가 거의 없고 다만 연혁적인 의미밖에 없다고 볼 수 있다.

(1) **위부(委付)주의(프랑스법주의)(Abandonsystem)**

선박소유자는 원칙적으로 인적 무한책임을 부담하지만, 해산(海産)($\binom{\text{선박·}}{\text{운임 등}}$)을 채권자에 위부(委付)($\binom{\text{일방적 의사표시에}}{\text{의한 소유권의 이전}}$)하여 자기의 책임을 제한할 수 있는 제도이다. 이 때 선박소유자의 책임은 매 항해의 종료시의 해산으로 하므로, 항해주의이다.

이것은 과거에 프랑스($\binom{\text{개정전 佛商}}{\text{216조 2항}}$) 및 일본($\binom{\text{개정전}}{\text{日商 690조}}$)을 포함한 거의 모든 해운국의 입법이었고, 지금도 라틴 아메리카 여러 나라가 취하는 입장이다. 그 후 프랑스는 수 백년동안 고수하던 위부주의를 버리고 1967년에 드디어 1957년의 통일조약에 의거한 입법을 하였다. 또 일본도 1975년에 선주책임제한법을 제정하여 1957년의 통일조약을 따르고, 그 후 1976년의 통일조약에 따른 개정을 하였다.

(2) **집행주의(독일법주의)(Exekutionssystem)**

선박소유자는 채무의 전액을 부담하지만, 그의 책임은 해산(海産)에 제한되는 물적 유한책임이고 강제집행은 해산에 대하여서만 하게 되고 육산(陸産)에 대하여는 하지 못하는 제도이다. 집행주의는 위부행위가 없어도 책임이 처음부터 해산에 한정되는 물적 유한책임이라는 점이 위부주의와 다르지만, 선박이 멸실되면 채권이 없어지는 점은 위부주의와 같다. 이것도 항해주의이다.

이것은 과거에 독일($\binom{\text{개정전}}{\text{獨商 486조}}$) 및 스칸디나비아제국이 취하던 입법이었으나, 독일은

───────────────

해상위험·손해의 거액 및 해운업의 보호라는 국가적인 차원에서의 정책적인 이유에 있다고 한다).
1) 이에 관하여는 정(희), 519~521면; 서·정, 521~524면; 손(주), 726~732면(각 입법주의의 장단점에 대하여도 설명하고 있다) 등 참조.

1972년의 법에서는 1957년의 통일조약에 따른 입법을 하였으며, 1986년에는 다시 1976년의 통일조약에 따른 개정을 하였다.

(3) 선가(船價)책임주의(미국법주의)(Werthaftungssystem)

선박소유자는 원칙으로 항해종료시의 해산(선박의 가액 및 그 선박에 의하여 생긴 채권액)의 가액을 한도로 하여 인적 책임을 부담하고, 이것을 면하려면 해산을 위부하여 이것을 일반채권자를 위하여 선정된 수탁자에게 이전하는 제도(선가주의에 선택적 위부권을 인정하는 제도)이다. 이는 또한 항해주의이다.

이는 1935년 이전의 미국 선주책임제한법의 기본입장이었는데, 선박이 멸실한 경우에 일어나는 불합리한 점을 시정하고자 1935년에 인명사상(人命死傷)이 생긴 경우에는 선택적 위부권을 폐지하고 금액책임주의에 따르도록 하는 개정하였다. 따라서 미국법은 1924년의 통일조약과 유사한 입법을 한 결과가 되었지만, 선가책임주의와 위부주의 및 금액책임주의가 혼용된 입법이라고 할 수 있다.

(4) 금액책임주의(영국법주의)(Summenhaftungssystem)

선박소유자의 책임을 항해마다 정하지 않고 매 사고에 따라 정하고(사고주의), 채권을 발생시킨 선박의 적량톤수에 따라 물적 손해와 인적 손해에 관하여 각기 1 톤당 법정액의 비례로 산출된 금액에 그 책임을 제한하는 제도이다.

이것은 1854년의 영국 상선법(商船法)과 1924년의 네덜란드 상법이 채택한 입법인데, 1957년의 통일조약과 1976년의 통일조약은 이 입법주의에 따르고 있다. 영국은 1957년의 통일조약과 1976년의 통일조약을 비준하고 있으나, 네덜란드는 1957년의 통일조약만을 비준하고 있다.

(5) 선택주의

선박소유자는 원칙적으로 무한책임을 지는데, 다만 선박소유자는 예외적으로 위부주의·선가책임주의 또는 금액책임주의에 대한 선택권을 가지는 입법주의이다. 이는 또한 항해주의이다.

이것은 1908년의 벨기에의 해상법, 1928년의 그리스법이 채택한 입법이다.

(6) 통일조약

1924년의 통일조약은 선가책임주의와 금액책임주의를 병용하였는데, 1957년의 통일조약은 영국법의 금액책임주의로 단일화시켰고, 1976년의 통일조약1)은 1957년 조약의 금액책임주의를 유지하면서 선주 등의 책임한도액을 선박톤수의 증가에 따라 체감방식으로 인상하고 IMF의 SDR을 계산단위로 채택하며 또한 구조선을 떠나서 구조작업에 종사하는 해난구조에도 책임제한을 인정한 것이 특색이다. 한편 동 조약은 책임제한배제의 주관적 요건을 강화하는 등 화주(貨主)와 선주(船主)의 이익을 조화시키는 동시에, 선박경영의 합

---

1) 이 1976년 통일조약은 1996. 5. 2. IMO런던회의에서 일부 개정안이 채택되었다.

리화를 촉진시키고, 사고율을 감소시키고자 하는 데 중점을 둔 것도 그 특징이다.[1] 1991
년의 우리 개정상법은 이 조약에 따라 규정하였고,[2] 2007년의 개정상법은 이를 유지하면
서 다만 여객의 사망에 대한 책임제한액을 국제조약에 맞추어 상향조정하였다.[3]

제 3 우리 상법상 선주책임제한의 내용[4]

1. 서 설

우리 상법이 규정하고 있는 선주유한책임제도에 관한 연혁을 보면, 의용(依
用)상법은 개정전 프랑스상법과 같이 위부주의에 의한 입법이었고(의용⟨依用⟩ 상법 690조), 1962
년 상법은 1924년의 통일조약을 수용하여 선가책임주의와 금액책임주의를 병용
한 입법이었으나(1962년 상법 746조, 747조), 1991년 개정상법은 1976년의 통일조약을 수용하여 금
액책임주의로 일원화한 입법을 하고 있으며[5](1991년 상법 747조), 2007년 개정상법도 1991
년 개정상법을 이어 받았으나 다만 여객의 사망에 대한 책임제한액을 상향조정하
였다(상 770조). 이하에서는 2007년 개정상법에 따른 선주유한책임주의의 내용을 설명
하겠다.

우리 대법원은 선주책임제한에 관한 규정(상 769조)은 임의규정으로 당사자 사이의
합의에 의하여 이를 배제할 수 있다고 본다.[6]

---

1) 동지: 정(희), 520면.

2) 대부분의 국가는 1976년의 통일조약에 따른 입법을 하고 있는데, 싱가포르는 아직도 1957년의
통일조약에 따른 입법을 하고 있다. 1957년 통일조약에 따른 입법을 한 경우 선박소유자의 책임제
한액수는 1976년 조약에 따른 입법을 한 경우보다 4분의 1 수준이므로 가해자측에서는 가능한 한
싱가포르에서 재판받기를 원할 것이고, 피해자측에서는 1976년 통일조약에 따른 입법을 한 국가에
서 소송을 제기할 것을 원할 것이다. 따라서 이 경우 재판관할권에 관한 다툼이 발생하는데, 이를
법정지(法廷地)쇼핑(forum shopping)이라고 한다[이에 관한 상세는 김(인), 57면 참조].

3) 1991년 개정상법에 여객의 사망 또는 신체의 상해로 인한 손해에 관한 채권에 대한 책임의 한도
액은 그 선박의 선박검사증서에 기재된 여객의 정원에 46,666 SDR을 곱하여 얻은 금액과
25,000,000 SDR에 상당하는 금액 중 적은 금액으로 하였는데(1991년 개정상법 747조 1항 1호),
2007년 개정상법에서는 그 선박의 선박검사증서에 기재된 여객의 정원에 175,000 SDR을 곱하여
얻은 금액으로 하고 있다(2007년 개정상법 770조 1항 1호).

4) 이에 관하여는 손주찬, "개정해상법상의 선박소유자의 책임제한(비책임제한채권을 중심으로)," 「사
법행정」, 1992. 4, 5~11면; 이균성, "개정해상법과 해상기업관계자의 총체적 책임제한," 「현대상
법의 과제와 전망」(송연양승규교수 화갑기념)(삼지원, 1994), 429~446면; 홍승인, "해상기업주체
의 책임제한 제도에 관한 문제점 소고," 「기업법연구」(한국기업법학회), 제 8 집(2001), 321~337
면(1976년의 통일조약의 내용을 충실하게 수용하여 상법상 이에 관한 문제점 및 불명확한 점 등을
수정하여야 한다고 한다) 등 참조.

5) 우리 상법은 1976년의 통일조약에 가입하지는 않았으나, 1991년 상법개정에서 이 조약의 내용
을 수용하고 있다[손(주), 731면].

2. 책임제한의 주체(책임제한권자 또는 책임제한채무자)

(1) 선박소유자 등($\frac{상\ 769조,}{774조\ 1항\ 1호}$)

책임제한을 주장할 수 있는 자는 선박소유자뿐만 아니라($\frac{상}{769조}$), 용선자·선박관리인 및 선박운항자이다($\frac{상\ 774조}{1항\ 1호}$). 이 때 만일 동일한 사고에서 발생한 선박소유자의 책임과 용선자·선박관리인 및 선박운항자의 책임이 경합하는 경우에는, 그 책임의 총액은 선박마다 법정책임한도액($\frac{상}{770조}$)을 초과하지 못한다($\frac{상\ 774조}{2항}$). 이하 차례로 간단히 검토한다.

1) 선박소유자　　　이는 소유선박을 해상기업에 이용하는 해상기업주체($\frac{협의의\ 선박소유자}{또는\ 이용선주}$)만을 의미한다.[1] 또한 이 때 선박소유자가 상법의 규정($\frac{상}{770조}$)에 의하여 손해배상책임을 부담하는 경우에는 민법의 규정($\frac{민}{756조}$)은 적용되지 않는다.[2]

2) 용 선 자　　　이 때 용선자는 해상기업주체로서의 정기용선자($\frac{상}{842조}$)뿐만 아니라, 재운송계약의 용선자($\frac{항해용선자\ 또}{는\ 정기용선자}$)($\frac{상}{809조}$)를 포함한다($\frac{자기명의로\ 재운송\ 등을\ 하는\ 자이므}{로\ 손해배상책임을\ 부담하기\ 때문이다}$).[3]

3) 선박관리인　　　선박관리인은 해상기업주체는 아니지만 감독자로서 손해배상책임을 부담하는 경우($\frac{민\ 756조}{2항}$)가 있기 때문에 책임제한권자에 포함시키고 있다.

4) 선박운항자　　　상법상 해상기업주체로서 선체용선자($\frac{상}{847조}$)뿐만 아니라, 이외에 타인선박의 점유를 취득하여($\frac{사용대차·사무관리}{등을\ 원인으로}$) 이것을 운항하는 주체인 선박운항의 수탁자·어선운항자 등도 이에 포함된다.[4]

(2) 무한책임사원($\frac{상\ 774조}{1항\ 2호}$)

위 (1)의 자가 법인으로서 무한책임사원이 있는 경우($\frac{인적\ 회사}{등의\ 경우}$) 이러한 무한책임사원도 책임제한을 주장할 수 있다.[5] 이 때 무한책임사원이 책임제한을 주장하기

---

6) 대판 2015. 11. 17, 2013 다 61343(상법 제769조 본문은 그 규정 형식과 내용 및 입법취지 등에 비추어 임의규정으로 보아야 하므로, 당사자 사이의 합의에 의하여 선박소유자 등의 책임제한의 적용을 배제할 수 있다).

1) 동지: 대판 1972. 6. 13, 70 다 213(집 20 ② 민 98)(피고가 이용〈利用〉선주이지만 선주의 유한책임을 규정한 상법 제747조의 적용을 받는다).

2) 동지: 대판 1970. 9. 29, 70 다 212(집 18 ③ 민 90); 朝高判 1935. 3. 5.

3) 이외에 기업형 항해용선자·스페이스 차터러(space charterer; slot charterer)·운항수탁자 등도 해상기업주체라고 보는 견해로는 김(인), (해상) 38~43면.

4) 동지: 정(희), 540면(상법은 도선업·예선업·어업 등과 같이 선박을 운항하여 영업을 하는 자를 선박운항자라고 표기하고 있다고 한다); 손(주), 733면, 773면.

5) 입법론상 이와 함께 주식회사의 대표이사·유한회사의 이사 및 기타 법인의 대표기관도 피해자에 대하여 불법행위책임을 부담하는 경우(상 389조 3항·567조, 민 35조 1항 단서)에 책임제한의 주체에 포함시켜야 한다는 견해가 있다[이균성, 전게논문(현대상법의 과제와 전망), 433면].

위하여는 회사법상 무한책임사원이 회사채무에 대하여 책임을 부담하게 된 경우이다($\frac{상}{269조}$ 212조). 이 때 동일한 사고에서 발생한 무한책임사원과 그가 속한 법인의 책임의 총액은 선박마다 법정한도액($\frac{상}{770조}$)을 초과하지 못한다($\frac{상 774조}{2항}$).

(3) 선장·해원·도선사 기타 선박사용인 등($\frac{상 774조}{1항 3호}$)

자기의 행위로 인하여 선박소유자·용선자·선박관리인 및 선박운항자($\frac{이하 '선박}{소유자 등}$ 이라 한다)에 대하여 책임을 생기게 한 선장·해원·도선사 그 밖의 선박소유자 등의 사용인 또는 대리인($\frac{이하 '선장 등}{이라 한다}$)도 책임제한을 주장할 수 있다. 선장 등에 대하여도 이와 같이 책임제한을 주장할 수 있도록 한 이유는 피용자인 선장 등의 행위로 사용자인 선박소유자 등이 책임을 지고($\frac{민 756조 1항}{등에 의하여}$) 또 이 때 선장 등도 책임을 지는 경우에($\frac{민 750조, 756조,}{2항 등에 의하여}$), 선박소유자 등은 책임제한을 주장할 수 있는데 그보다 자력이 약한 선장 등이 책임제한을 주장할 수 없다면 불합리하기 때문이다. 이 때 동일한 사고에서 발생한 선박소유자 등의 책임과 선장 등의 책임의 총액은 선박마다 법정한도액($\frac{상}{770조}$)을 초과하지 못한다($\frac{상 774조}{2항}$).

(4) 구 조 자($\frac{상}{775조}$)

구조자가 구조활동과 직접 관련하여 과실 등으로 제3자에게 손해를 입혀 손해배상책임을 부담하는 경우에, 이 책임에 대하여도 책임제한을 주장할 수 있다($\frac{상 775조}{1항}$).

이 때 구조자란 「구조활동에 직접 관련된 용역을 제공한 자」를 말하고, 구조활동이란 「해난구조시의 구조활동은 물론 침몰·난파·좌초 또는 유기, 그 밖의 해양사고를 당한 선박 및 그 선박 안에 있거나 있었던 적하 기타 물건의 인양·제거·파괴 또는 무해조치 및 이와 관련된 손해를 방지 또는 경감하기 위한 모든 조치」를 말한다($\frac{상 775조}{4항}$).

이러한 구조활동은 (ⅰ) 구조선에 의하여 하는 경우,[1] (ⅱ) 피구조선에서 하는 경우 및 (ⅲ) 선박에 의하지 아니하는 구조 등이 있는데, 이 때 (ⅰ)의 경우는 선박소유자 등의 책임제한을 주장할 수 있으므로($\frac{상 769조,}{774조 1항 1호}$), 구조자가 책임제한을 주장할 수 있도록 한 상법의 규정은 특히 (ⅱ) 및 (ⅲ)의 경우에 그 의미가 크다고 본다($\frac{상 775조}{2항 참조}$).[2] 그런데 (ⅲ)의 경우는 선박과 무관한데도 이러한 구조자까지 선주유한책임의 책임제한주체에 포함시키는 것은 특수한 면이라고 볼 수 있다. 이 때 구조선에 의한 구조자뿐만 아니라 구조선 이외의 구조자의 사용자 등($\frac{이행보조자나}{피용자 등}$)도 책임

---

1) 동지: 1976년 통일조약 제1조 4항(구조선에 대하여).

2) 동지: 정(희), 522면(선박에 의하여 해난구조를 영업으로 하는 자는 선박운항자로서 책임제한의 주체가 되므로 여기의 해난구조자는 해난구조업자가 아닌 구조자를 가리키는 것이라고 한다).

제한을 주장할 수 있다고 보아야 할 것이다[1]($\substack{상\ 774조\ 1항 \\ 3호\ 유추적용}$).

(5) 책임보험자

선박소유자 등의 배상책임을 보험으로 인수한 책임보험자는 선박소유자 등이 주장할 수 있는 책임제한을 제 3 자(채권자)가 보험자에게 직접 보험금청구를 하는 경우에 주장할 수 있는가. 이에 대하여 우리 해상법상 명문규정은 없으나, 보험법상 제 3 자에게 보험자에 대한 직접청구권을 인정하고 있고($\substack{상\ 724조 \\ 2항\ 본문}$) 또 이 때 보험자는 피보험자가 그 사고에 관하여 가지는 항변으로써 제 3 자에게 대항할 수 있도록 규정한 점($\substack{상\ 724조 \\ 2항\ 단서}$) 등에서 볼 때, 이러한 책임보험자도 책임제한을 주장할 수 있다고 보아야 할 것이다.[2] 이렇게 보면 이것도 선박과 무관한 자에 대하여 책임제한주체를 인정한 것으로서 특수한 면이라고 볼 수 있다.

3. 책임제한채권

(1) 책임제한채권의 범위

1) 원 칙(제한채권)

(가) 일반책임제한채권 선박소유자 등($\substack{상\ 769조, \\ 774조\ 1항\ 1호}$), 법인의 무한책임사원($\substack{상\ 774조 \\ 1항\ 2호}$) 및 선장 등($\substack{상\ 774조 \\ 1항\ 3호}$)이 주장할 수 있는 책임제한채권은 다음과 같다.

① 선박에서 또는 선박의 운항에 직접 관련하여 발생한 사람의 사망·신체의 상해(인적 손해) 또는 그 선박 이외의 물건의 멸실 또는 훼손으로 인하여 생긴 손해(물적 손해)에 관한 채권($\substack{상\ 769조 \\ 1호}$)   손해는 선박 내에서 발생하거나 또는 선박의

---

[1] 동지: 손(주), 735면(해상기업주체를 대상으로 하는 전통적인 해상법의 체제에서는 이례적인 제도라고 한다).

[2] 동지: 대판 2009. 11. 26, 2009 다 58470(공보 2010, 31)(구 상법〈2007. 8. 3. 법률 제8581호로 개정되기 전의 것〉제750조 1항에 선박소유자의 경우와 동일하게 책임을 제한할 수 있는 자로 선박소유자의 책임보험자가 규정되어 있지는 않으나, 같은 법 제724조 2항에서 "제 3 자는 피보험자가 책임을 질 사고로 입은 손해에 대하여 보험금액의 한도 내에서 보험자에게 직접 보상을 청구할 수 있다. 그러나 보험자는 피보험자가 그 사고에 관하여 가지는 항변으로써 제 3 자에게 대항할 수 있다"고 규정하고 있을 뿐 아니라, 책임보험자는 피보험자의 책임범위 내에서만 책임을 부담하는 것이 보험법의 일반원리에도 충실하고, 같은 피해자라도 상대방이 보험에 가입하였느냐 여부 및 선박소유자 또는 보험자 어느 쪽에 대하여 청구권을 행사하느냐에 따라 그 손해전보의 범위가 달라지는 것은 합리적이지 못하며, 해상사고의 대규모성에 비추어 해상보험자에 대하여만 그 보호를 포기할 이유가 없다는 점 등을 고려하여 보면, 책임보험자도 피보험자인 선박소유자 등의 책임제한의 항변을 원용하여 책임제한을 주장할 수 있다. 따라서 책임보험자가 선박소유자 등의 책임제한절차에 관한 법률에서 규정한 책임제한절차 외에서 선박소유자의 책임제한 항변을 원용하는 경우, 법원으로서는 책임제한절차의 폐지 또는 책임제한절차 개시결정의 취소를 조건으로 제한채권자의 청구를 인용할 수 있다); 1976년 통일조약 제 1 조 6항; 손(주), 735면; 이(균), 107면 이하; 송·김, (해) 128면; 이(기) 외, (보·해) 395면; 김(인), 48면 외.

운항과 직접 관련하여 발생한 것이어야 하므로, 어로(漁撈)활동에 의한 손해나 침몰선에 의한 손해는 해당되지 않는다.

인적 손해는 다시 여객에 관한 인적 손해($\frac{사망 \cdot}{상해}$)와 여객 이외의 사람에 관한 인적 손해($\frac{사망 \cdot}{상해}$)로 나뉘는데, 각각에 대하여는 책임한도액과 기금설정을 달리한다($\frac{상\ 770조\ 1항\ 1호 \cdot}{2호,\ 3항,\ 4항\ 참조}$). 「여객」이라 함은 '운송계약을 체결하고 그 선박에 탑승한 여객 또는 이에 준하는 자'를 말하고, 「여객 이외의 사람」이라 함은 '전송하러 나온 사람 또는 하역작업인이나 충돌상대선박의 여객·선원 등'을 말한다.

물적 손해의 경우에는 그 선박의 선체에 생긴 손해는 포함되지 않고, 그 선박상의 운송물에 관한 멸실 또는 훼손으로 인한 손해[1]와 충돌상대선박의 선체와 적하에 관하여 생긴 손해를 포함한다.[2]

그런데 물적 손해에서 항(港)의 구축물, 정박시설, 수로(水路) 또는 항로시설 등이 포함되는가는 문제이다. 이에 대하여 이러한 채권은 제한채권이 아니라고 보는 견해도 있으나,[3] 현행 상법의 해석으로서도 항의 구축물 등은 「그 선박 이외의 물건」에 해당하여 책임제한채권에 포함된다고 본다.[4] 그러나 침몰선박($\frac{그\ 안의\ 적하}{를\ 포함함}$)

---

1) 운송물의 멸실·훼손 또는 연착으로 인한 손해에 관하여는 상법 제789조의 2의 규정에 의하여도 운송인은 책임제한을 주장할 수 있으므로, 이 경우에 선박소유자 겸 운송인은 이중으로 책임제한을 받게 된다(상 797조 4항).

2) 동지: 대결 1995. 6. 5, 95 마 325(공보 997, 2492)(선박충돌로 인한 손해배상채권은 상법 제746조 제 1 호의 '그 선박의 운항에 직접 관련하여 발생한 그 선박 이외의 물건의 멸실 또는 훼손으로 인하여 생긴 손해에 관한 채권'에 해당하고, 그러한 채권은 불법행위를 원인으로 하는 것이라 하여도 '청구원인의 여하에 불구하고' 책임을 제한할 수 있는 것으로 규정하고 있는 같은 법 제746조 본문의 해석상 책임제한의 대상이 된다); 동 1998. 3. 25, 97 마 2758(공보 1998, 1147)(예인선과 피예인선이 예선열을 이루어 운항하던 중 타선박과 충돌한 경우, 그로 인하여 상대방이 가지는 손해배상채권은 상법 제746조 제 1 호가 정하는 '선박의 운항에 직접 관련하여 발생한 그 선박 이외의 물건의 멸실 또는 훼손으로 인하여 생긴 채권'으로서 선박소유자의 책임제한 대상채권에 해당한다).

3) 정(희), 523면[1976년의 통일조약 제 6 조 3항은 항의 축조물, 정박시설, 수로 또는 항로시설에 관한 채권이 물적 손해에 관한 채권에 우선한다는 국내법을 정할 수 있다는 유보조항이 있으나 상법은 이것을 규정하고 있지 않으므로, 이 채권은 제한채권이 아니라고 보아야 할 것이다. 왜냐하면 우선한다는 것은 같은 제한채권간에서 있을 수 있는 것이기 때문이다. 그러나 섭외사법적인 면으로 보아도 선장과 해원의 행위에 대한 선박소유자 등의 책임범위를 선적국법에 의하도록 한 것이 보통이므로(涉私 44조 5호 참조), 한국선박이 외국항구에서 그러한 사고를 생기게 한 때에 무한책임을 지게 하는 것은 오히려 불리한 것이다. 입법론으로는 영국의 1958년 상선법처럼 이것을 제한채권으로 하는 명문의 규정을 두어야 할 것이다].

4) 동지: 손(주), 736면; 송·김, (해) 129면; 이(기) 외, (보·해) 396면. 입법론으로 이러한 채권을 명문의 규정으로 책임제한채권에서 배제하든가, 또는 책임제한채권에 포함시킨다면 1976년 통일조약과 같이 다른 물적 손해에 대한 채권에 우선시킨다는 규정을 두는 것이 바람직하다는 견해가 있다[이균성, 전게논문(현대상법의 과제와 전망), 437~438면].

의 제거에 관한 채권은 책임제한채권에서 제외된다.[1)]

② 운송물, 여객 또는 수하물의 운송의 지연으로 인하여 생긴 손해에 관한 채권($\frac{상}{2호}$ 769조) 운송계약상의 채무불이행으로 인한 지연손해에 관한 채권이다. 여객의 사상(死傷)이나 운송물의 멸실·훼손으로 인한 손해에 대한 채권은 위 ①에 포함되므로, 이 곳에서는 이에 대하여만 규정한 것이다.

③ 위 ① 및 ② 이외에 선박의 운항에 직접 관련하여 발생한 계약상의 권리 외의 타인의 권리의 침해로 인하여 생긴 손해에 관한 채권($\frac{상}{3호}$ 769조) 「계약상의 권리 외의 타인의 권리의 침해로 인하여 생긴 손해」라 함은 '불법행위 또는 법률의 규정에 의한 경우'가 이에 해당한다. 예컨대, 타선박 내의 매점의 영업권의 침해로 발생한 손해 또는 타인의 어업권의 침해로 인한 손해 등이 이에 해당한다.

④ 위 ① 내지 ③의 채권의 원인이 된 손해를 방지 또는 경감하기 위한 조치에 관한 채권 또는 그 조치의 결과로 인하여 생긴 손해에 관한 채권($\frac{상}{4호}$ 769조) 「손해방지경감조치에 따른 손해」란 선박에서 기름이 흘러나와 어장에 손해를 입힐 경우에 이를 방지하기 위하여 기름을 제거하거나 선박을 수선하는 데 드는 비용 등을 말하고, 「손해방지경감조치의 결과로 인하여 생긴 손해」란 위의 예에서 기름을 제거하거나 선박을 수선함에 따라 어장이나 선박 또는 적하에 준 손해 등을 말한다.[2)]

그러나 당해 선박소유자 등이나 사용인이 스스로 조치한 때의 비용이나, 이들과의 계약에 따른 보수나 비용 등은 제외된다.[3)] 또 침몰·난파 또는 유기된 선박 및 그 선박 내에 있는 물건의 인양·제거·파괴 또는 무해조치에 관한 채권도 제외된다($\frac{상}{4호}$ 773조).

(내) 구조자에 대한 책임제한채권 구조자에 대한 책임제한채권에 대하여 상법은 「구조자 또는 그 피용자의 구조활동과 직접 관련하여 발생한 사람의 사망·신체의 상해 또는 재산의 멸실이나 훼손, 또는 계약상 권리 이외의 타인의 권리의 침해로 인하여 생긴 손해에 관한 채권 및 그러한 손해를 방지 혹은 경감하기 위한 조치에 관한 채권 또는 그 조치의 결과로 인하여 생긴 손해에 관한 채권」이

---

1) 개정 전의 상법에서는 이를 책임제한채권에 포함시켰으나(개정전 상법 746조 5호), 1991년 개정상법에서는 이를 책임제한채권에서 삭제하고 비제한채권에서 명문으로 규정하고 있다(상 748조 4호). 그 이유는 공익의 견지에서 또한 외국선박이 우리나라의 영역 내에서 침몰·좌초 등의 해난을 당한 경우에 그 잔해제거에 대한 국고부담의 곤란과 민간구조업자의 구조의 장려 등을 고려한 것이라고 한다[김현, "개정상법상 선박소유자의 책임제한," 한국해법회 1992년도 학술발표회자료, 1992. 2. 14, 80~81면; 이균성, 전게논문(현대상법의 과제와 전망), 437면 주 20; 채, 665면].

2) 동지: 손(주), 738면 참조.

3) 동지: 손(주), 738면; 이(기) 외, (보·해) 398면.

라고 규정하고 있는데($^{상}_{1항}$^{775조}), 이의 해석에서는 다음의 두 가지 점을 주의하여야 할 것이다.

① 책임제한채권의 의의   이는 앞의 책임제한의 주체에서 설명한 바와 같이 구조자가 그의 구조활동과 직접 관련하여 과실 등으로 제 3 자에게 손해를 입혀 손해배상책임을 부담하는 경우에, 제 3 자가 구조자에 대하여 갖는 채권을 의미한다. 따라서 이는 해난구조자의 구조료채권($^{상}_{882조}$)과 구별된다. 이러한 구조료채권은 책임제한채권이 아니다($^{상}_{2호}$^{773조}).

② 책임제한채권의 범위   이에 대하여는 위에서 본 바와 같이 상법 제775조 1항에서 규정하고 있는데, 이를 다시 분류하여 보면 다음과 같다. 구조자에 대한 책임제한채권은 (ⅰ) 구조자 또는 그 피용자의 구조활동과 직접 관련하여 발생한 사람의 사상(死傷) 또는 재산의 멸실·훼손으로 인하여 생긴 손해에 관한 채권, (ⅱ) 구조활동과 직접 관련하여 발생한 계약상의 권리 이외의 타인의 권리의 침해로 인하여 생긴 손해에 관한 채권, (ⅲ) 위 (ⅰ) 내지 (ⅰ)의 손해를 방지 혹은 경감하기 위한 조치에 관한 채권 또는 그 조치의 결과로 인하여 생긴 손해에 관한 채권이다. 따라서 구조자에 대한 채권에는 운송물·여객 또는 수하물의 운송의 지연으로 생긴 손해에 관한 채권($^{상}_{2호}$^{769조}) 및 여객의 사망 또는 신체의 상해로 인한 손해에 관한 채권($^{상}_{1항 1호}$^{770조})은 발생할 여지가 없다($^{따라서 \, 상법 \, 제775조에서는}_{이를 \, 명문으로 \, 배제하고 \, 있다}$).

(대) **책임보험자의 책임제한채권**   이 때 책임보험자가 주장할 수 있는 책임제한채권은 피보험자(책임제한채무자)의 그것과 같으므로($^{상}_{2항 \, 단서}$^{724조}), 위 (가) ① 내지 ④의 경우와 같다. 다만 이 경우 책임보험자는 책임제한채권자로부터 청구를 받은 때에는 지체 없이 피보험자(책임제한채무자)에게 이를 통지하여야 하고($^{상}_{3항}$^{724조}), 이 때 피보험자(책임제한채무자)는 책임보험자의 요구가 있으면 책임제한절차의 개시에 필요한 서류나 증거의 제출·증언 또는 증인의 출석에 협조하여야 한다($^{상}_{4항}$^{724조}).

2) 예 외(비제한채권)   다음의 각 채권에 관하여는 책임제한을 주장할 수 없다.

(가) **책임제한을 주장하는 자**($^{앞의 \, 2의 \, 책임제한의 \, 주체가 \, 전부 \, 이에}_{해당하는데, \, 이 \, 중 \, 책임보험자는 \, 제외됨}$)**의 고의에 의하여 또는 손해발생의 염려가 있음을 인식하면서 무모하게 한 작위 또는 부작위로 인하여 생긴 손해에 관한 채권**($^{상}_{단서}$^{769조})

① 이러한 책임에 대하여까지 유한책임을 인정하면 불합리하므로, 책임제한채권에서 이를 배제한 것이다. 이 때 「손해발생의 염려가 있음을 인식하면서 무모하게」[1](recklessly and with knowledge that such loss would probably result)라 함은 '중

과실보다는 고의에 더 가까운 개념'이라고 하거나,[1] 또는 '소극적(미필적) 고의'라고
하거나,[2] 또는 '손해의 발생을 인식하고 한 행위뿐만 아니라 중대한 과실로 손해가
발생하지 않을 것으로 믿거나 혹은 중대한 과실로 손해발생가능성에 대한 인식이
미치지 못하고 행한 모든 행위'를 의미한다고 한다.[3] 생각건대 1976년 통일조약은
「손해를 발생시킬 의도로써 또는 그러한 손해가 발생하리라는 것을 인식하면서 무
모하게」라고 규정하고 있는데, 이러한 규정의 취지에서 보면 이를 중과실보다는 고
의에 준하는 것으로 해석하여야 할 것으로 본다.[4] 구체적으로 「손해발생의 염려가

---

1) 1991년 개정전 상법은 선박소유자의 (고의 또는) 과실로 인한 채무를 선주유한책임에서 배제하
　였는데(개정전 상법 748조 1호), 1991년 개정상법은 1976년 통일조약 제 4 조에 따라 이와 같이
　규정하여 선박소유자 등을 보호하고 있다(동지: 채, 669면).

1) 손(주), 739면; 송·김, (해) 142면; 채 669면(중과실보다 더욱 그 범위가 축소된 것이다).

2) 이균성, 전게논문(현대상법의 과제와 전망), 438면 주 22; 동, (연구) 245면; 김효신, "해상기업
　주체에 대한 책임제한의 조각사유로서 '고의 또는 손해발생의 염려가 있음을 인식하면서 무모하게
　행한 작위 또는 부작위'의 의미," 「기업법연구」(한국기업법학회), 제10집(2002), 121~137면(이는
　영국 형법상의 용어에서 유래한 것인데 '미필적 고의'로 해석하는 것이 옳다고 한다).

3) 이(기) 외, (보·해) 399면.

4) 동지: 대결 2012. 4. 17, 2010 마 222(공보 2012, 827)(구 상법〈2007. 8. 3. 법률 제8581호로
　개정되기 전의 것〉 제746조 단서가 선박소유자 책임제한이 배제되는 사유로 정한 '손해발생의 염
　려가 있음을 인식하면서 무모하게 한 작위 또는 부작위'란 손해발생의 개연성이 있다는 것을 알면
　서도 이를 무시하거나 손해가 발생하지 않을 수도 있다고 판단하였지만 판단 자체가 무모한 경우
　를 의미하므로, 단지 선박소유자 등의 과실이 무겁다는 정도만으로는 무모한 행위로 평가할 수 없
　다. 허베이 스피리트호 유류오염사고로 피해를 입은 주민 등이 예인선과 부선을 임차하였던 갑 주
　식회사에 관한 책임제한절차개시결정에 대하여 즉시항고를 제기한 사안에서, 갑 회사가 선박들의
　운항을 포괄적으로 관리·감독하는 지위에 있었던 것으로 보이고, 갑 회사로부터 선박 관리를 위탁
　받은 을 주식회사 또는 위 선박들의 선장·선두〈船頭〉가 갑 회사의 대표기관에 갈음하여 예인선
　단의 관리·운항에 관하여 회사의 의사결정 등 권한을 행사하는 대표기관에 준하는 지위에 있었던
　것으로 볼 수 없으므로, 을 회사의 대표기관 행위나 위 선장·선두 행위를 기준으로 해상사고 당시
　갑 회사가 무모한 행위를 하였는지를 판단할 수 없고, 또한 갑 회사가 항행에 필요한 충분한 안전
　조치 등을 강구했는지에 관하여 의문을 가지게 하는 사정이 있었더라도 제반 사정에 비추어 책임
　제한절차개시결정을 위하여 필요한 범위 내에서는 책임제한 배제사유의 부존재에 대해서 소명이
　되었다고 할 수 있다); 대판 2004. 7. 22, 2001 다 58269(공보 2004, 1411)(국제항공운송에 있어
　서의 일부 규칙의 통일에 관한 협약〈개정된 바르샤바협약〉 제22조 2항 a호 전문에서는 "탁송 수
　하물 및 화물의 운송에 있어서 운송인의 책임은 1kg당 250프랑의 금액을 한도로 하고, 나만 승객
　또는 송하인이 운송인에게 탁송 수하물 및 화물을 인도할 당시 도착지에서의 이익을 특히 신고하
　고 또한 필요로 하는 추가금을 지급한 경우에는 그러하지 아니하다"고 규정하고 있고, 제25조
　전단에서는 "제22조의 책임제한규정은 운송인, 그의 사용인 또는 대리인이 손해를 가할 의사로써 또
　는 손해가 생길 개연성이 있음을 인식하면서도 무모하게 한〈done with intent to cause damage
　or recklessly and with knowledge that damage would probably result〉 작위 또는 부작위로
　부터 손해가 발생하였다고 증명된 경우에는 적용되지 아니한다"고 규정하고 있는바, 위 제25조에
　규정된 '손해가 생길 개연성이 있음을 인식하면서도 무모하게 한 작위 또는 부작위'라 함은 자신의
　행동이 손해를 발생시킬 개연성이 있다는 것을 알면서도 그 결과를 무모하게 무시하면서 하는 의
　도적인 행위를 말하는 것으로서, 그에 대한 입증책임은 책임제한조항의 적용배제를 구하는 자에게

있음을 인식하면서 무모하게 한 행위」의 예로는, 아주 노후화하여 또는 자격이 없는 선원의 승선 등으로 인하여 감항능력이 없는 선박을 항해에 사용하거나, 당해 선박으로는 태풍이 심한 야간에 출항하는 것이 위험하다는 것이 명백한데도 감히 출항시키는 경우, 또는 선장이 충돌의 염려가 있다고 생각은 하였지만 자기의 조선(操船)기술로써 충분히 그것을 피할 수 있다고 판단하고 선박의 왕래가 아주 많은 좁은 수로를 전속력으로 항해하다가 충돌한 경우 등이다.[1]

② 책임제한이 배제되는 이러한 주관적 요건은 각 책임제한의 주체별로 판단한다. 따라서 이러한 주관적 요건이 선박소유자에게는 없는데 선장 등에게는 있는 경우에는 선박소유자는 책임제한을 주장할 수 있으나 선장 등은 이를 주장할 수 없다.[2]

③ 책임제한이 배제되는 이러한 주관적 요건은 채권자가 증명하여야 한다.[3]

있고 그에 대한 증명은 정황증거로써도 가능하다 할 것이나, 손해발생의 개연성에 대한 인식이 없는 한 아무리 과실이 무겁더라도 무모한 행위로 평가될 수는 없다고 할 것이다).

1) 동지: 이균성, 전게논문(현대상법의 과제와 전망), 438면 주 22.

2) 동지: 대결 1995. 3. 24, 94 마 2431(공보 991, 1734)(선박소유자 등의 피용자에게 고의 또는 무모한 행위가 있었다고 하더라도 선박소유자 본인에게 그와 같은 고의 또는 무모한 행위가 없는 이상 선박소유자는 상법 제746조〈2007년 개정상법 제769조〉 본문에 의하여 책임제한을 주장할 수 있다); 동 1995. 6. 5, 95 마 325(공보 997, 2492)(선박소유자 또는 용선자에게 고의 또는 무모한 행위가 없는 이상 그의 피용자에게 그와 같은 고의 또는 무모한 행위가 있다고 하여도 선박소유자 또는 용선자는 책임제한을 주장할 수 있다); 동 2012. 4. 17, 2010 마 222(공보 2012, 827)(구 상법〈2007. 8. 3. 법률 제8581호로 개정되기 전의 것, 이하 '구 상법'이라고 한다〉 제746조 단서는 '채권이 선박소유자 자신의 고의 또는 손해발생의 염려가 있음을 인식하면서 무모하게 한 작위 또는 부작위로 인하여 생긴 손해에 관한 것인 때'에는 선박소유자의 책임을 제한할 수 없도록 규정하고 있다. 따라서 위 규정에 의하여 책임제한이 배제되기 위하여는 책임제한 주체가 선박소유자인 경우에는 선박소유자 본인의 '고의 또는 손해발생의 염려가 있음을 인식하면서 무모하게 한 작위 또는 부작위'가 있어야 하고, 선장 등과 같은 선박소유자의 피용자에게 무모한 행위가 있었다는 이유만으로는 구 상법 제746조 본문에 의한 선박소유자의 책임제한이 배제된다고 할 수 없다. 또한 구 상법 제750조 제1항 제1호에 의하여 선박임차인 또는 선박운항자가 책임제한 주체인 경우에도 선박임차인 또는 선박운항자 자신에게 무모한 행위가 없는 한 피용자에게 무모한 행위가 있다는 이유만으로 책임제한이 배제된다고 할 것은 아니다. 그러나 선박소유자 등 책임제한 주체가 법인인 경우에 대표기관의 무모한 행위만을 법인의 무모한 행위로 한정한다면 법인 규모가 클수록 선박의 관리·운항에 관한 실질적 권한이 하부구성원에게 이양된다는 점을 감안할 때 위 단서조항의 배제사유는 사실상 사문화되고 당해 법인이 책임제한의 이익을 부당하게 향유할 염려가 있다. 따라서 법인의 대표기관뿐만 아니라 적어도 법인의 내부적 업무분장에 따라 당해 법인의 관리 업무 전부 또는 특정 부분에 관하여 대표기관에 갈음하여 사실상 회사의 의사결정 등 권한을 행사하는 사람의 행위는 그가 이사회의 구성원 또는 임원이 아니더라도 선박소유자 등 책임제한 배제 규정을 적용할 때 책임제한 주체 자신의 행위로 보아야 한다).

3) 동지: 대결 2012. 4. 17, 2010 마 222(공보 2012, 827)(선박소유자 책임제한절차와 별도로 선박소유자 등에게 손해배상 등을 청구하는 소송이 제기된 경우, 그 소송에서는 책임제한의 배제를 주장하는 채권자가 구 상법〈2007. 8. 3. 법률 제8581호로 개정되기 전의 것, 이하 '구 상법'이라고

(내) 선장·해원 기타의 사용인으로서 그 직무가 선박의 업무에 관련된 자 또는 그 상속인·피부양자 기타의 이해관계인의 선박소유자에 대한 채권($\substack{상 773조 \\ 1호}$)   이러한 자의 채권은 계약($\substack{고용계약 \\ 등}$)에 의한 것이든 불법행위에 의한 것이든 불문한다.[1] 이것은 사회보장적 측면을 고려한 규정이다.[2]

(대) **해난구조로 인한 구조료채권 및 공동해손의 분담에 관한 채권**($\substack{상 773조 \\ 2호}$)

해난구조로 인한 구조료채권 및 공동해손의 분담에 관한 채권에 대하여는 각각 상법에서 책임한도를 정하는 별도의 규정을 두고 있으므로 이를 제한채권에서 제외한 것이다.[3] 즉, 「해난구조로 인한 구조료채권」은 다른 약정이 없으면 구조된 목적물의 가격을 한도로 한다($\substack{상 884조 \\ 1항}$). 「공동해손의 분담에 관한 채권」은 공동의 위험을 면한 선박의 도달시 또는 적하의 인도시에 현존하는 선박이나 적하의 가액을 한도로 한다($\substack{상 \\ 868조}$). 또한 책임제한채권에서 이러한 채권을 배제한 이유는 구조료채권의 경우는 구조활동을 촉진시키고자 하는 점도 있고, 공동해손의 분담에 관한 채권의 경우는 선주에 관한 것만 제한하면 적하이해관계인에 관한 것과 균형이 맞지 않는 점도 있기 때문이다.[4]

(라) **유류오염손해에 관한 채권**($\substack{상 773조 \\ 3호}$)   기름을 화물로서 적재하여 운송하는 선박(유조선)의 경우는 1969년에 성립하고 1992년에 개정된 「유류오염손해에 대한 민사책임에 관한 국제조약」(International Convention on Civil Liability for Oil Pollution Damage: CLC)[5]과 1971년에 성립하고 1992년에 개정된 「유류에 의한 오염손해의 보상을 위한 국제기금의 설립에 관한 국제조약」(International Convention on the Establishment of an International Fund for Compensation for Oil Pollution Damage: IOPC)이 적용되어 선박소유자가 보호되고, 우리나라는 이러한 조약의 발효와 함께 특별법인 「유류오염손해배상 보장법」($\substack{전문개정: 2009. 5. 27, 법 9740호, \\ 개정 2020. 2. 18, 법 17051호}$)을 제정하여 선박소유자의 책임을 제한하고 있다.[6] 동법의 특색은 (i) 선주의 책임이 무과실책임이고

한다〉 제746조 단서에서 정한 책임제한 배제사유의 존재에 대한 증명책임을 부담한다).

1) 동지: 손(주), 740면; 대판 1971. 3. 30, 70 다 2294(집 19 ① 민 267); 동 1987. 6. 23, 86 다카 2228(공보 1987, 1219)(선박소유자의 책임제한에 관한 규정은 피해자가 선장·해원·기타의 선박사용인일 때는 적용이 없으므로, 선주는 피해자인 선원에 대하여는 무제한의 책임을 진다).

2) 동지: 정(희), 525면; 김(인), 49면.

3) 1976년 통일조약 제 2 조 2항 단서에서도 구조료채권을 책임제한채권에서 배제하고 있다.

4) 동지: 이(기) 외, (보·해) 402면; 김(인), 50면.

5) 1992년에 개정된 CLC는 1995년 5월 30일에 발효요건이 충족되었고, 우리나라는 1997년에 이 조약을 비준하였다[손(주), 757면].

6) 유류오염손해배상책임에 관한 상세는 윤효영, "유류오염 손해배상책임에 관한 연구(그 성립과

($\frac{동법}{5조 1항}$), 두 척 이상의 선박이 관련된 사고로 인한 손해의 경우에는 연대책임이 되며($\frac{동법}{5조 2항}$), (ii) 피해자의 과실이 있는 경우에는 과실상계가 인정되고($\frac{동법}{6조}$), (iii) 선주의 책임은 선박의 톤수에 따른 금액책임주의에 의하여 제한되며($\frac{동법}{8조}$ 7조), (iv) 200톤 이상의 선박은 이 책임한도액까지는 배상보장을 위한 보장계약의 체결이 의무이고($\frac{동법}{14조}$), (v) 피해자는 선박소유자가 고의가 아닌 한 (선박소유자의) 보험자 등에 대하여도 직접 손해배상의 지급을 청구할 수 있으며($\frac{동법}{16조 1항}$), (vi) 이 의무위반에 대하여는 형사처벌을 받는 것으로($\frac{동법}{60조}$) 규정된 점이다.[1] 따라서 이러한 유조선에 대하여는 상법에서 다시 책임제한을 할 필요가 없으므로 책임제한채권에서 이를 배제한 것이다.

㈐ 침몰·난파·좌초·유기 그 밖의 해난을 당한 선박 및 그 선박 안에 있거나 있었던 적하 기타의 물건의 인양·제거·파괴 또는 무해조치에 관한 채권($\frac{상}{4호}$ 773조)[2]

이것은 1976년 통일조약 제18조의 유보조항에 따라 규정한 것이다.[3] 선박의 항행을 방해할 우려가 있거나 항행에 위험을 미칠 우려가 있는 침몰물 등이 있는 경우에는 해양수산부장관이 그 장애물 등의 소유자 또는 점유자에게 그 제거명령을 할 수 있고, 그 물건의 소유자 또는 점유자를 알 수 없는 경우에는 소유자 또는 점유자의 비용부담으로 이를 제거할 수 있다($\frac{선박의 입항 및 출항 등에}{관한 법률 40조 참조}$). 이러한 점에서 이 규정은 외국선박이 국내해안에 침몰 등의 해상사고로 해상교통에 장애가 되어 이를 제거할 필요가 있을 때에 이 비용을 국내예산과 기술로 하는 경우에 대비하여 책임제한채권에서 제외한 것인데, 이것은 손해방지경감조치에 관한 채권이 제한채권으로 되어 있는 것($\frac{상}{4호}$ 769조)에 대한 예외로 둔 정책적 규정이다.[4]

이러한 책임제한이 배제되는 경우는 선박소유자가 법령상 제거의무 등을 부담하는 경우에 한하고, 피해선박소유자의 가해선박소유자에 대한 손해배상채권은 이에 해당되지 않는다.[5]

범위를 중심으로)," 법학박사학위논문(고려대, 2002. 8); 동, "유류오염 손해배상책임의 성립요건," 「안암법학」(안암법학회), 제16호(2003), 139~158면.

1) 이 법에 관한 상세한 설명에 대하여는 손(주), 757~767면; 김(인), 248~253면 등 참조.

2) 1991년 개정상법 이전에는 이를 책임제한채권에 포함시켰으나(개정전 상법 746조 5호), 1991년 개정상법에서는 이를 책임제한채권에서 배제하고 있다. 동지: 1976년 통일조약 제3조 (c)호. 난파물의 처리에 관한 상세는 김(인), 253~259면 참조.

3) 1976년 통일조약 제2조 1항 (d)호는 이를 책임제한채권으로 규정하면서, 동 제18조 1항은 이를 유보조항으로 규정하고 있다.

4) 동지: 정(희), 526면; 손(주), 742면.

5) 동지: 대판 2000. 8. 22, 99 다 9646·9653·9660·9677(공보 2000, 1993)(상법 제748조 4호

(바) **원자력손해에 관한 채권**($\frac{\text{상}773조}{5호}$)　원자력손해에 관하여는 「원자력 손해 배상법」($\frac{\text{제정: 1969. 1. 24, 법 2094호,}}{\text{개정: 2021. 4. 20, 법 18143호}}$)이라는 특별법에 의하여 별도로 규율되고 있으므로, 상법은 이를 책임제한채권에서 배제하고 있다.

(2) 책임제한채권의 발생원인 및 단위

1) 발생원인　상법은 책임제한채권의 발생원인에 대하여 「청구원인의 여하에 불구하고」라고 규정하고 있으므로($\frac{\text{상}769조}{\text{본문}}$), 채무불이행으로 인한 채권이든 불법행위로 인한 채권이든 불문하고 책임제한채권이 된다.[1]

2) 단　위

(가) 책임제한채권은 사고마다 또 선박마다 하게 된다(사고주의)[2]($\frac{\text{상}770조 2항,}{774조 2항}$). 즉, 동일한 사고에서 발생한 모든 채권에 대한 선박소유자 등의 책임제한의 총액은, 선박마다 상법 제770조의 규정에 의한 책임한도액을 초과하지 못한다. 구조자의 책임의 한도액도 사고마다 구조선단위로 정하여지나($\frac{\text{상}775조}{3항 전단}$), 다만 구조활동을 선박에 의하지 않고 하거나 피구조선에서만 한 구조자에 관하여는 구초자단위로 정하여진

〈2007년 개정상법 773조 4호〉에서 "침몰, 난파, 좌초, 유기 기타의 해양사고를 당한 선박 및 그 선박 안에 있거나 있었던 적하 기타의 물건의 인양, 제거, 파괴 또는 무해조치에 관한 채권〈이하 '난파물 제거채권'이라 한다〉"에 대하여 선박소유자가 그 책임을 제한하지 못하는 것으로 규정하고 있는바, 이 규정의 의미는 선박소유자에게 해상에서의 안전, 위생, 환경보전 등의 공익적인 목적으로 관계법령에 의하여 그 제거 등의 의무가 부과된 경우에 그러한 법령상의 의무를 부담하는 선박소유자에 한하여 난파물 제거채권에 대하여 책임제한을 주장할 수 없는 것으로 봄이 상당하고, 위와 같은 법령상의 의무를 부담하는 선박소유자가 자신에게 부과된 의무나 책임을 이행함으로써 입은 손해에 관하여 그 손해발생에 원인을 제공한 가해선박 소유자에 대하여 그 손해배상을 구하는 채권은 이 조항에 규정된 난파물 제거채권에 해당된다고 볼 수 없다)[이 판결에 찬성하면서 난파선 소유자가 가해선박에 대하여 가지는 구상채권도 비제한채권으로 하여야 한다는 평석으로는 김현, 법률신문, 제2947호(2001. 1. 15), 13면이 있고, 이 판결에 찬성하면서 유류오염방제비용에 관한 채권부분에 대하여 확대해석한 점은 논리적 일관성을 상실하고 있다는 취지의 평석으로는 이영동, 「판례연구」(부산판례연구회), 제13집(2002), 753~797면이 있으며, 또한 이 판결에 대하여 침몰·난파 등의 원인제공자에 대한 구상채권도 비제한채권으로 하여야 한다는 평석으로는 김(인), (해상) 127~141면 참조].

1) 동지: 손(주), 740면; 채, 669면. 개정전 상법에서는 이와 같은 규정이 없어서 책임제한채권은 채무불이행으로 인한 채권에 한하느냐 또는 불법행위로 인한 채권을 포함하느냐에 대하여 논의가 있었다. 이에 대하여 우리 대법원은 선주유한책임에 관한 상법의 규정은 채무불이행으로 인한 채권에만 적용된다고 판시하였으나(대판 1987. 6. 9, 87 다 34; 동 1989. 4. 11, 88 다카 11428; 동 1989. 11. 24, 87 다카 73; 동 1990. 8. 28, 88 다카 30085 외), 1991년 개정상법에 의하여서는 상법의 명문규정으로 인하여 이러한 입장이 변경되지 않을 수 없게 되었다[동지: 이균성, 전계논문(현대상법의 과제와 전망), 435면].

2) 예컨대, 한국에서 미국까지의 한 항차(航次)에서 두 번의 사고가 발생한 경우 하나의 항차에서 하나의 기금을 만들 수도 있고(항차주의) 각 사고에 대하여 기금을 만들 수도 있는데(사고주의) 우리 상법은 1976년 통일조약에 따라 사고주의로 하였다. 따라서 채권자에게 유리하게 되었다[김(인), 55면].

다($\frac{상 775조}{3항 후단}$).

(ᄂ) 동일한 선박의 동일한 사고에서 발생한 손해라도 책임한도액은 다시 책임 제한채권의 내용에 따라 정하여진다. 즉, 책임제한채권은 (i) 「여객의 사상(死傷) 으로 인한 손해에 관한 채권」, (ii) 「여객 이외의 사람의 사상(死傷)으로 인한 손해 에 관한 채권」, 및 (iii) 양자를 제외한 「기타의 손해($\frac{물적}{손해 등}$)에 관한 채권」으로 3분이 되어, 각각 별도의 책임한도액이 정하여진다($\frac{상 770조}{3항 전단}$). 이 때 채권자는 각 책임한도 액에 대하여 각 채권액의 비율로 경합한다($\frac{상 770조}{3항 후단}$).

4. 책임한도액

(1) 일반책임제한채권의 경우

1) 일반책임제한채권의 경우 선주의 책임한도액은 위에서 본 바와 같이 여객 의 사상(死傷)으로 인한 손해, 여객 이외의 사람의 사상(死傷)으로 인한 손해, 및 기 타의 손해로 3분하여 계산된다.

(가) **여객의 사상(死傷)으로 인한 손해**　　여객의 사망 또는 신체의 상해로 인 한 손해에 관한 채권에 대한 책임의 한도액은, 그 선박의 선박검사증서에 기재된 여객의 정원(법정여객정원)에 175,000 계산단위($\frac{국제통화기금의 1 특별인출권에}{상당하는 금액을 말한다. 이하 같다}$)를 곱하여 얻은 금액으로 한다[1]($\frac{상 770조}{1항 1호}$). 이 때 「여객」이라 함은 여객운송계약에 따라 운송되 는 자 또는 운송인의 동의를 얻어 물건운송계약에 따라 운송되는 차량 또는 생(生) 동물을 호송하는 자를 말한다[2]($\frac{1976년 조약}{7조 2항 (a)·(b)}$). 여객의 정원을 기재하는 「선박검사증서」 는 해양수산부장관이 발급한다($\frac{선안}{9조}$).

(나) **여객 이외의 사람의 사상(死傷)으로 인한 손해**　　여객 이외의 사람의 사망 또는 신체의 상해로 인한 손해에 관한 책임한도액은 다음과 같이 선박의 총톤수에

---

1) 1996년에 IMO회의에서 채택한 1996년 통일조약의 개정안(이하 '1996년 개정조약'으로 약칭함) 에 의하면 여객의 손해에 대한 책임제한은 여객의 정원에 대하여 175,000 SDR로 인상하면서 최대 책임한도는 삭제하였는데(동 조약 7조), 2007년 개정상법은 이에 따른 입법을 하였다. 또한 1996 년 개정조약은 체약국의 국내법이 이러한 책임한도를 초과하는 경우 이를 따를 수 있게 하였다(동 조약 15조).

　여객의 사상(死傷)으로 인한 손해에 대하여는 이와 같이 여객의 정원에 의하여 책임한도액이 정 하여지므로, 여객의 정원이 많은데 피해자가 적은 선박의 경우는 선주는 사실상 무한책임을 지는 결 과가 되고, 또 정원초과의 위법운송의 선주일수록 더 두터운 보호를 받는 결과가 되었다. 따라서 이 경우 입법론상 여객운송인의 손해배상책임의 개별적 제한에 관한 1974년 「해상여객·수하물운송조 약」(아테네조약)(제7조 1항)을 수용하여, 매 운송에 대하여 여객 1인당 46,666계산단위의 금액을 책임한도액으로 하여야 한다는 견해가 있다[이균성, 전게논문(현대상법의 과제와 전망), 441면].

2) 동지: 이균성, 전게논문(현대상법의 과제와 전망), 441~442면.

따라 비례하여 증가하는 금액으로 정하여진다($^{상\ 770조}_{1항\ 2호}$). 그러나 이 경우 선박의 톤수의 증가에 따라 한도액의 증가비율이 낮아지는 체감방식으로 하였는데, 이는 한도액이 거액이 되는 경우 사실상 책임제한을 부인하는 것과 동일한 결과가 되는 것을 피하기 위해서이다.[1] 이 때 「여객 이외의 사람」이란 여객을 제외한 모든 사람을 말하는데, 여객을 전송하기 위하여 나온 사람·하역작업인 등이 그 예이다. 또한 「선박의 톤수」는 국제항해에 종사하는 외항선($^{발항항이나\ 도착항이}_{외국에\ 있는\ 경우}$)의 경우는 선박법에서 규정하는 '국제총톤수'로 하고, 그 밖의 선박인 내항선($^{발항항\ 및\ 도착항이}_{모두\ 국내에\ 있는\ 경우}$)의 경우는 동법에서 규정하는 '총톤수'로 한다($^{상}_{772조}$).

① 300톤 미만의 선박의 경우에는 일률적으로 167,000 계산단위에 상당하는 금액을 한도로 한다($^{상\ 770조\ 1항}_{2호\ 단서}$). 이 경우에는 톤수의 증가에 따른 비례방식이 아니다.

② 500톤 이하의 선박의 경우에는 일률적으로 333,000 계산단위에 상당하는 금액을 한도로 한다($^{상\ 770조}_{1항\ 2호\ 가}$). 이 경우에도 톤수의 증가에 따른 비례방식이 아니다.

③ 500톤을 초과하는 선박의 경우에는 위 ②의 금액에 500톤을 초과하여 3,000톤까지의 부분에 대하여는 매 톤당 500 계산단위, 3,000톤을 초과하여 30,000톤까지의 부분에 대하여는 매 톤당 333 계산단위, 30,000톤을 초과하여 70,000톤까지의 부분에 대하여는 매 톤당 250 계산단위, 및 70,000톤을 초과한 부분에 대하여는 매 톤당 167계산단위를 각 곱하여 얻은 금액을 순차로 가산한 금액을 한도로 한다[2]($^{상\ 770조}_{1항\ 2호\ 나}$).

㈐ 기타의 손해　　여객 및 그 밖의 사람의 사상(死傷)으로 인한 손해에 관한 채권 이외의 채권에 관한 책임한도액은 다음과 같이 선박의 톤수에 따라 비례하여 증가하는 금액으로 한다($^{상\ 770조}_{1항\ 3호}$). 이 경우에도 선박의 톤수의 증가에 따라 한도액의 증가비율이 낮아지는 체감방식으로 하였다. 그러나 그 금액은 여객 이외의 사람의 사상(死傷)으로 인한 손해의 경우보다 적게 하였다.

① 300톤 미만의 선박의 경우에는 일률적으로 83,000 계산단위에 상당하는 금액을 한도로 한다($^{상\ 770조\ 1항}_{3호\ 단서}$).

② 500톤 이하의 선박의 경우에는 일률적으로 167,000 계산단위에 상당하는 금액을 한도로 한다($^{상\ 770조}_{1항\ 3호\ 가}$).

---

1) 동지: 손(주), 745면.

2) 1996년 개정조약에 의하면 2,000톤까지는 200만 SDR, 2,001톤~30,000톤은 매 톤당 800 SDR을 추가하고, 3,001톤~70,000톤은 매 톤당 600 SDR을 추가하며, 70,000톤 초과의 경우는 매 톤당 400 SDR을 추가하는 것으로 개정하였다(동 조약 6조).

③ 500톤을 초과하는 선박의 경우에는 위 ②의 금액에 500톤을 초과하여 30,000톤까지의 부분에 대하여는 매 톤당 167 계산단위, 30,000톤을 초과하여 70,000톤까지의 부분에 대하여는 매 톤당 125 계산단위, 및 70,000톤을 초과한 부분에 대하여는 매 톤당 83 계산단위를 각 곱하여 얻은 금액을 순차로 가산한 금액을 한도로 한다[1]($\frac{상\ 770조}{1항\ 3호\ 나}$).

2) 위의 책임한도액은 동일사고에서 선박마다 위와 같이 세 가지로 분류되어 정하여지고($\frac{상\ 770조}{2항}$),[2] 각 책임한도액에 대하여는 해당되는 각 채권액의 비율로 경합한다($\frac{상\ 770조}{3항}$). 이 때 여객 이외의 사람의 사상(死傷)으로 인한 손해에 대한 책임한도액($\frac{위\ 1)}{경우}$ ㈏의)이 그 채권의 변제에 부족한 때에는 기타의 손해에 대한 책임한도액($\frac{위\ 1)}{경우}$ ㈐의)에서 그 잔액채권을 변제할 수 있는데, 기타의 손해에 관한 채권이 있는 경우에는 이 채권과 여객 이외의 사람의 사상(死傷)으로 인한 손해에 대한 잔액채권이 각 채권액의 비율로 경합한다($\frac{상\ 770조}{4항}$). 또한 선박소유자 등 책임제한채무자가 책임제한채권자에 대하여 동일사고로 인하여 생긴 손해에 관한 채권을 가지는 경우에는 ($\frac{예컨대,\ 쌍방과실로\ 인한}{선박충돌의\ 경우에는}$), 그 채권액을 공제한 잔액에 한하여 책임제한을 받는다($\frac{상}{771조}$). 즉, 책임제한 이전의 금액에 대하여 상계하도록 함으로써 책임제한채권자를 보호하고 있다.[3]

(2) 구조자의 책임제한채권의 경우

1) 구조선에 의한 구조의 경우   이 경우는 앞에서 본 책임제한채권($\frac{상\ 775조}{1항}$)에 따라 책임한도액이 정하여진다. 즉, 이 때 (ⅰ) 구조자 또는 그 피용자의 구조활동과 직접 관련하여 발생한 사람의 사상(死傷)으로 인하여 생긴 손해[4] 및 (ⅱ) 기타의 손해($\frac{재산의\ 멸실이나\ 훼손\ 또는\ 계약상\ 권리\ 이외의\ 타인의\ 권리의\ 침해로\ 인하여\ 생긴\ 손해\ 및\ 그러한}{손해를\ 방지\ 혹은\ 경감하기\ 위한\ 조치에\ 관한\ 채권\ 또는\ 그\ 조치의\ 결과로\ 인하여\ 생긴\ 손해}$)로 구분

---

1) 1996년 개정조약에 의하면 2,000톤까지는 100만 SDR, 2,001톤~30,000톤은 매 톤당 400 SDR을 추가하고, 30,001톤~70,000톤은 매 톤당 300 SDR을 추가하며, 70,000톤 초과의 경우는 매 톤당 200 SDR을 추가하는 것으로 개정하였다(동 조약 6조).

2) 이에 반하여 예인선(A선)(99t)과 피예인선(B선)(1,195t)이 예선열을 이루어 운항하던 중 A선의 선장과 B선의 선원의 과실로 인하여 타선박(C선)과 충돌하여 C선에게 손해를 입힌 경우, A선이 B선을 임차하여 영리를 목적으로 항해에 사용하였다면 A선주의 책임한도액은 (A선과 B선을 단일한 선박으로 간주하지 않고) A선과 B선 두 선박에 대하여 각각 상법 제747조 제1항 제3호 본문 단서와 같은 호 ㈎목, ㈏목에 따라 산정한 금액을 합한 금액이 된다. 따라서 A선주의 책임한도액은 83,000계산단위(A선의 책임한도액)+283,065계산단위(B선의 책임한도액)[167,000계산단위+(1,195t－500t)×167계산단위]이다[대결 1998. 3. 25, 97 마 2758(공보 1998, 1147)].

3) 동지: 김(인), 56면(특히 이에 관한 구체적인 예를 참조).

4) 1976년 통일조약도 여객에 대한 손해배상의 책임제한은 원칙적으로 여객운송인에게만 인정된다고 함으로써(동 조약 7조 2항), 구조자의 책임제한은 여객 이외의 손해에 관한 규정만이 적용되는 점을 명백히 하고 있다.

되어, 각각 별도의 책임한도액이 정하여진다. 또한 구조자의 피용자가 구조활동을 함에 있어서 그의 과실로 위의 제 3 자가 손해를 입고 이에 대하여 구조자가 책임을 질 뿐만 아니라($\frac{민}{동}$ 756조) 그의 피용자도 책임을 지는 경우에($\frac{민}{동}$ 750조) 이러한 피용자도 책임제한을 주장할 수 있다($\frac{상}{774조}$ 775조 1항; 774조 1항 3호).

2) 구조선에 의하지 않은 구조의 경우

(개) 구조선에 의하지 않은 구조의 경우란 피구조선에 의한 구조의 경우와 선박에 의하지 않은 구조의 경우(예컨대, 헬리콥터에 의한 구조, 잠수부에 의한 구조 등)를 의미하는데, 이 경우에는 1,500톤의 선박을 사용한 구조자로 본다($\frac{상}{2항}$ 775조). 이 때에도 책임제한채권의 내용에 따라 구분되어 개별적으로 책임한도액이 정하여지는데, 이는 다음과 같다.

① 사람의 사상(死傷)으로 인한 손해   1,500톤의 선박을 사용한 구조자로 보므로 333,000 계산단위(500톤)+1,000톤×500 계산단위=833,000 계산단위가 책임한도액이 된다($\frac{상}{2호 나 참조}$ 770조 1항). 그 밖의 사항은 전부 일반책임제한채권과 같다.

② 기타의 손해   1,500톤의 선박을 사용한 구조자로 보므로 167,000 계산단위(500톤)+1,000톤×167 계산단위=334,000 계산단위가 책임한도액이 된다($\frac{상}{3호 나 참조}$ 770조 1항). 그 밖의 사항은 전부 일반책임제한채권과 같다.

(내) 이 때 구조활동이 구조선에 의한 경우와 구조선에 의하지 않은 경우가 경합하는 경우에는 무엇에 의하여 책임한도액을 정할 것인가가 문제된다. 이는 원칙적으로 실제에 있어 어느 쪽이 주도적으로 구조활동을 하였느냐에 따라 정하여야 할 것이나, 이러한 사정이 명확하지 않으면 예외적으로 구조선에 의한 구조로 보아 책임한도액을 정할 수밖에 없다고 본다.[1]

(3) 책임보험자의 책임제한채권의 경우

피보험자의 책임한도액과 같으므로($\frac{상}{2항}$ 724조 단서), 피보험자가 누구이냐에 따라 위 (1) 또는 (2)의 경우와 같다.

이상 책임제한주체의 책임한도액을 도시(圖示)하면 다음과 같다.

---

1) 동지: 손(주), 748면.

책임제한주체의 책임한도액

	여객 이외의 사람의 사상(死傷)으로 인한 인적 손해(I)(상 770조 1항 2호)	물적 손해(II) (상 770조 1항 3호)	총책임 제한기금 (I+II)	여객의 사상(死傷)으로 인한 인적 손해(상 770조 1항 1호)
300톤 미만	167,000SDR	83,000SDR	250,000SDR	사고선박의 선박검사증서에 기재된 여객정원(법정여객정원)×175,000SDR
300톤~500톤	333,000SDR	167,000SDR	500,000SDR	
500톤~3,000톤	333,000 +(T−500) ×500SDR	167,000 +(T−500) ×167SDR	500,000 +(T−500) ×667SDR	
3,000톤~30,000톤	1,583,000 +(T−3,000) ×333SDR		2,167,500 +(T−3,000) ×500SDR	
30,000톤~70,000톤	10,574,000 +(T−30,000) ×250SDR	5,093,500 +(T−30,000) ×125SDR	15,667,500 +(T−3,000) ×375SDR	
70,000톤 초과	20,574,000 +(T−70,000) ×167SDR	10,093,500 +(T−70,000) ×83SDR	30,667,500 +(T−70,000) ×250SDR	
구조자의 경우(구조선에 의하지 않은 구조의 경우) (상 775조 2항)	833,000SDR ⌈333,000SDR⌉ ⌊+1,000톤 ×500SDR⌋	334,000SDR ⌈167,000SDR⌉ ⌊+1,000톤 ×167SDR⌋	1,167,000SDR	

＊T=외항선의 경우는 선박법에서 규정하는 '국제총톤수'이고, 내항선의 경우는 선박법에서 규정하는 '총톤수'임(상 772조).

5. 책임제한절차

책임제한절차에 관하여는 상법상 한 개의 실체법적 규정(상 776조)과 절차법인 「선박소유자 등의 책임제한절차에 관한 법률」(제정: 1991. 12. 31, 법 4471호; 개정: 2009. 12. 29, 법 9833호)이 있다. 상법은 「책임제한절차개시의 신청·책임제한의 기금의 형성·공고·참가·배당, 기타 필요한 사항은 따로 법률로 정한다」고 규정하고 있으므로(상 776조 2항), 이에 의하여 위의 절차법이 제정된 것이다. 책임제한사건에 관하여는 위의 절차법 외에도 민사소송법 및 민사집행법의 규정이 준용된다(제한절차 4조). 책임제한절차는 대별하여 제한절차개시의 신청과 결정, 제한채권의 신고와 조사, 기금의 형성과 사용(배당)의 3단계로 진행된다. 이하에서는 제한절차개시의 신청과 결정 및 기금의 형성과 사용에 관하여만 간단히 살펴본다.[1]

(1) 제한절차개시의 신청과 결정

1) 신 청 책임제한을 주장하고자 하는 자(책임제한채무자)는 책임제한채

---

1) 책임제한절차에 관한 상세한 소개로는 손(주), 749~757면 참조.

권자로부터 책임한도액을 초과하는 청구금액을 명시한 서면에 의한 청구를 받은 날로부터 1년 내에 법원에 책임제한절차개시의 신청을 하여야 한다($\frac{\text{상}}{\text{1항}}$776조). 따라서 책임제한채무자의 책임제한권 행사의 요건으로 반드시 법원에 책임제한절차개시의 신청을 하도록 하고 있다.[1] 그런데 이러한 책임제한절차개시의 신청은 책임한도액을 초과한 책임제한채권자들의 채권의 존부나 범위가 책임제한절차개시 신청사건에서 직접 재판의 대상이 되는 것이 아니고, 또 모든 책임제한채권자들의 채권은 선박소유자 등의 책임제한절차에 관한 법률이 정하는 바에 따라 장차 조사 및 확정의 절차를 거쳐야 비로소 배당을 받을 수 있게 되는 것으로서, 책임제한절차개시 신청시를 기준으로 할 때 신청인이 직접 받게 될 경제적 이익을 객관적으로 평가할 수 없다 할 것이므로 그 신청사건이 소가(訴價)를 산출할 수 없는 재산권상의 신청에 해당한다.[2]

관할법원은 제한채권이 발생한 선박의 선적소재지·신청인의 보통재판적소재지·사고발생지·사고 후에 사고선박이 최초로 도달한 곳 또는 신청인의 재산에 대한 압류($\frac{\text{또는}}{\text{가압류}}$)가 집행된 곳을 관할하는 지방법원이다(전속관할)($\frac{\text{제한절차}}{\text{2조}}$).

2) 결　정　　책임제한절차는 법원이 개시결정을 한 때로부터 그 효력이 생기고, 법원이 이 결정을 한 때에는 지체 없이 일정한 사항을 공고하여야 한다($\frac{\text{제한절차}}{\text{19조, 21조}}$). 법원이 개시결정을 함에 있어서는 동시에 관리인을 선임하고, 또한 제한채권의 신고기간 및 조사기일을 정하여야 한다($\frac{\text{동법}}{\text{20조}}$).

책임제한절차에 관한 재판에 대하여는 이해관계인은 「선박소유자 등의 책임제한절차에 관한 법률」에 특별한 규정이 있는 경우에만 즉시항고를 할 수 있는데($\frac{\text{제한절차}}{\text{6조 1항}}$), 책임제한절차 개시의 신청에 관한 재판에 대하여는 즉시항고를 할 수 있다($\frac{\text{제한절차}}{\text{23조 1항}}$).[3]

---

1) 이로 인하여 선박소유자 등의 보호에 문제가 있으므로, 입법론상은 1976년 통일조약 제10조 1항 본문과 같이 선박소유자 등이 일반 항변으로써도 책임제한을 주장할 수 있도록 하여야 한다는 견해가 있다[이균성, 전게논문(현대상법의 과제와 전망), 442~443면].

2) 동지: 대결 1998. 4. 9, 97 마 832(공보 1998, 1431).

3) 참조: 대결 2012. 4. 17, 2010 마 222(공보 2012, 827)('선박소유자 등의 책임제한절차에 관한 법률' 제6조 제1항, 제23조 제1항은 '이해관계인'에 한하여 책임제한절차개시결정에 대하여 즉시항고를 할 수 있다고 규정하고 있다. 여기서 이해관계인은 책임제한절차개시결정으로 인하여 직접적이고 구체적인 법률상 이해관계를 갖게 되는 자를 말하고, 법률상 이해관계란 당해 결정의 효력이 직접 미치거나 또는 결정의 효력이 직접 미치지는 아니한다고 하더라도 적어도 그 결정을 전제로 하여 항고하려는 자의 법률상 지위가 결정되는 관계에 있는 경우를 말하고 사실상 또는 간접적인 이해관계를 가지는 데 불과한 경우는 이해관계인에 포함되지 않는다. 따라서 '허베이 스피리트호 유류오염사고 피해주민의 지원 및 해양환경의 복원 등에 관한 특별법' 제7조 제1항에 따라

선박소유자 또는 기타 책임제한채무자(수익채무자)의 1인이 책임제한절차개시의 결정을 받은 때에는 책임제한을 주장할 수 있는 다른 자도 이를 원용할 수 있다($\substack{상 \\ 3항}$774조). 따라서 이 때 제한채권자가 이러한 자의 재산에 대하여 강제집행을 하는 경우에는 이의의 소를 제기할 수 있다($\substack{제한절차 \\ 2항, 29조}$27조).

(2) 기금의 형성과 사용

1) 기금의 형성　　법원은 책임제한절차개시의 신청이 상당하다고 인정한 때에는 신청인에 대하여 14일을 넘지 아니하는 일정한 기일(공탁지정일) 내에 책임한도액($\substack{상 770조 1항 \\ 각호 및 4항}$)에 상당한 금액 및 이에 대한 사고발생일 기타 법원이 정하는 기산일부터 공탁지정일까지 연 6퍼센트의 비율에 의한 이자를 가산하여 법원에 공탁할 것을 명하여야 한다($\substack{제한절차 \\ 11조 1항}$). 즉, 책임제한액에 상당한 금액과 이자가 공탁됨으로써 그 기금이 형성된다. 이 경우 책임한도액에 상당한 금액은 국제통화기금의 특별인출권(SDR)에 대한 한화(韓貨)표시금액에 의하여 산정한다($\substack{동조 \\ 2항}$).

2) 기금의 사용　　기금은 공익비용과 제한채권의 변제(배당)에만 사용된다($\substack{제한절차 \\ 65조 참조}$). 책임제한채권자는 이 기금으로부터만 지급을 받게 되고, 이 기금 이외의 신청인 또는 수익채무자의 재산에 대하여는 권리를 행사하지 못한다($\substack{제한절차 \\ 27조}$).

조직된 갑 피해대책위원회 등이 책임제한절차개시결정에 대하여 즉시항고를 제기한 사안에서, 갑 위원회 등은 피해 어업인 등이 권익보호를 위하여 조직한 단체이기는 하지만 구성원들에게서 유류오염사고로 인한 손해배상채권을 양도받은 것이 아니라 단지 손해배상을 청구하거나 손해배상액을 수령할 권한 등만을 위임받은 것에 불과하여 책임제한절차개시결정으로 인하여 법률상 권리를 취득하거나 의무 또는 법률상 부담을 진다고 볼 수 없으므로, 그 결정에 대하여 즉시항고를 제기할 수 있는 이해관계인에 해당하지 않는다).

제 1 절 총 설

제 1 해상운송의 의의

2007년 개정상법 이전에는 해상운송이란 (항해)용선과 개품운송을 포함하는 것으로 규정하였으나($\frac{상}{780조}^{2007년\ 개정전}$), 2007년 개정상법에서는 해상운송은 개품운송만을 의미하는 것으로 규정하고($\frac{상\ 791조\ 이하,}{817조\ 이하}$), 항해용선에 대하여는 정기용선 및 선체용선과 같이 용선으로 별도로 규정하고 있다. 따라서 협의의 해상운송은 개품운송만을 의미하나, 광의의 해상운송은 항해용선을 포함한다고 볼 수 있다. 따라서 이하에서 단순히 해상운송이라고 표현한 것은 개품운송만을 의미하는 것으로 사용하고, 개품운송과 항해용선을 포함하는 개념으로는 광의의 해상운송이라고 표현하겠다.

(광의의) 해상운송(carriage by sea; Seebeförderung)이라 함은 「해상에서 선박에 의하여 물건 또는 여객을 운송하는 것」을 말한다. 운송에는 운송지역($\frac{및}{운송수단}$)에 따라 육상운송·해상운송 및 공중(항공)운송이 있는데, 해상운송은 해상에서 선박에 의한 운송이라는 점에서 육상운송이나 공중운송과 구별된다. 이 때 「해상」이라 함은 호천(내수)과 항만을 제외한 수면이다. 따라서 호천·항만에서 하는 내수운송은 상법상 육상운송에 속한다($\frac{상}{참조}^{125조}$). 「선박」이 무엇이냐에 대하여는 이미 앞에서 상세히 설명하였다($\frac{상}{740조}$). (광의의) 해상운송은 이와 같이 그 운송의 수단이 선박이고 운송의 장소가 해상이라는 점에서, 육상운송과 비교하여 그 위험성·운송기간·운송방법·비용 등에서 많은 차이점이 있기 때문에 상법은 이를 구별하여 규정하고 있다[1]($\frac{육상운송은\ 상법\ 제\ 2\ 편\ 상행위편에서\ 규정하고,}{해상운송은\ 상법\ 제\ 5\ 편\ 해상편에서\ 규정하고\ 있다}$).

---

1) 육상운송에 관하여는 정(찬), (상)(제27판) 352~400면 참조.

(광의의) 해상기업에는 해상운송업 외에도 예선(曳船)업(예선운송업)[1] · 해난구조업 등이 있으나, 그 중심이 되는 것은 해상운송업(협의의 해상기업)이다. 따라서 상법도 해상기업활동에서는 주로 해상운송업에 관하여 규정하고 있다.

이하에서는 2007년 개정상법의 순서에 따라서 설명하겠다. 즉, 제2절에서는 해상물건운송계약(개품운송계약)에 대하여 설명하고, 제3절에서는 해상여객운송계약에 대하여 설명한 후, 제4절에서는 항해용선계약에 대하여 설명하고(정기용선과 선체용선에 대하여는 해상기업주체에서 이미 설명하였음), 제5절에서는 운송증서에 대하여 설명하겠다.

제2   해상운송계약의 성질

1. 도급계약성

(광의의) 해상운송계약은 육상운송계약과 같이 운송이라는 일의 완성을 목적으로 하는 계약이므로, 민법상 「도급계약」($\frac{민}{664조}$)이다(통설[2] · 판례[3]). 따라서 민법의 도급에 관한 규정이 해상운송계약에 적용될 수 있으나, 상법은 해상운송에 관하여 상세한 규정을 두고 있기 때문에 민법의 도급에 관한 규정이 적용될 여지는 거의 없다.[4]

2. 기본적 상행위성

(광의의) 해상운송인은 육상운송인과 같이 운송의 인수를 영업으로 함으로써 기본적 상행위를 하므로($\frac{상 46조}{13호}$), 이를 자기명의로 하면 당연상인이 된다($\frac{상}{4조}$). 이러한 해상운송인이 운송의 인수를 한 후(즉, 해상운송계약을 체결한 후)에 하는 운송은 '물건 또는 여객을 공간적으로 이동시키는 것'으로서 사실행위이고, 운송계약의 이행행위이다. 따라서 이러한 운송행위는 상행위도 아니고, 또 이를 함으로써 운송인이 상인자격을 취득하는 것도 결코 아니다.[5]

---

1) 이에 관한 상세는 김(인), 167~168면 참조.
2) 정(찬), (상)(제27판) 356면; 정(희), 542면; 손(주), 794면; 채, 673면; 이(기) 외, (보 · 해) 413면 외.
3) 대판 1983. 4. 26, 82 누 92(공보 706, 898).
4) 동지: 정(희), 542면; 손(주), 794면.
5) 정(찬), (상)(제27판) 356면.

3. 부합(附合)계약성

(광의의) 해상운송계약은 약관에 의하여 체결되는 경우가 일반적이므로 부합계약성을 갖는다. 이는 특히 개품운송계약과 여객운송계약에서 가장 농후하고, 항해용선계약에서는 가장 약하다.[1] 이러한 부합계약성은 개품운송계약에서는 일정한 제한을 받는다($\frac{상}{799조}$).

4. 기타의 성질

(광의의) 해상운송계약은 「낙성계약성」을 갖고($\frac{따라서\ 운송계약의\ 성립에서}{운송물의\ 인도를\ 요하지\ 않는다}$), 「불요식계약성」을 가지며($\frac{따라서\ 운송계약의\ 성립에\ 선하증권이나,}{해상화물운송장의\ 작성을\ 요하지\ 않는다}$), 「유상·쌍무계약성」을 갖는다[2]($\frac{따라서\ 민}{법의\ 매매}$에 관한 규정이 성질이 허용하는 한 적용된다).

제3 해상운송업의 주체

상법상 해상운송업의 주체는 「운송인」이다.[3] 따라서 해상운송업의 주체가 될 수 있는 자(운송인)는 선박소유자뿐만 아니라, 선체용선자 및 정기용선자(타선의장자〈他船艤裝者〉) 등도 포함된다.[4] 이로 인하여 1991년 개정전 상법이 「선박소유자」로 규정한 것을 1991년 개정상법은 모두 「운송인」으로 규정하였고, 2007년 개정상법은 개품운송계약의 경우에만 「운송인」으로 규정하고 항해용선계약의 경우에는 다시 「선박소유자」로 규정하고 있다. 본서에서는 이러한 「운송인」을 육상운송인($\frac{상}{125조}$)과 구별하기 위하여 이를 원칙적으로 해상운송인이라고 표현하겠다.

---

1) 동지: 손(주), 795면.

2) 동지: 정(찬), (상)(제27판) 356면; 이(기) 외, (보·해) 413면; 채, 673면.

3) 해운법은 해운업을 해상여객운송사업·해상화물운송사업·해운중개업·해운대리점업·선박대여업 및 선박관리업으로 나누고, 어느 것이나 해양수산부장관의 면허를 받아 영위하도록 규정하고 있다(동법 2조, 4조, 26조). 따라서 해상운송업은 해운업의 일종이라고 볼 수 있다.

4) 동지: 김(인), 130면(선박소유자·선체용선자·정기용선자·항해용선자·운송주선인 등이 운송을 인수하면 운송인이 된다고 한다).
   상법의 해상운송법의 모법인 통일조약은 'owner or the charterer who enters into a contract of carriage with a shipper'라고 정의하고 있다. 동 조약이 용선자를 운송인에 포함시킨 것은 용선자도 선하증권을 발행할 수 있음을 정식으로 인정하여 종래의 의문을 입법적으로 해결하기 위한 것이다[정(희), 542면 주 1].

제4   해상운송법

(1) 해상법의 중심은 해상운송법인데, 해상운송법은 해상기업조직에 관한 법이 정적인 법인데 반하여 '해상기업활동에 관한 법'으로서 동적인 법이다.

우리 상법은 해상운송의 현실과 국제적 통일경향을 고려하여 국제해상운송에 관한 통일조약을 대폭 수용하여 1991년에 해상운송법을 많이 개정하였다. 즉, 앞에서 본 바와 같이 1991년 개정상법은 해상운송에 관한 규정에서 1924년의 Hague Rules를 충실히 수용하고, 1968년의 Hague-Visby Rules 및 1978년의 Hamburg Rules를 반영함으로써, 운송인의 손해배상책임 등에 관하여는 국제적 해운실무에 맞추어 규정하였다고 볼 수 있다.

(2) 우리 상법은 2007년 개정상법에서 해상운송이 개품운송을 중심으로 이루어지고 있는 현실을 반영하여 제2장 운송과 용선에서는 먼저 개품운송에 대하여 규정하고($^{제1}_{절}$), 그 다음 여객운송에 대하여 규정하였으며($^{제2}_{절}$), 용선을 규정한 후 ($^{제3절\ 항해용선,\ 제4절}_{정기용선,\ 제5절\ 선체용선}$), 운송증서($^{제6}_{절}$)에 대하여 규정하고 있다. 개품운송에서는 해상운송인의 책임한도액에 대하여 1968년의 Hague-Visby Rules을 충실히 반영하여 포장당 책임한도액을 높이고 또한 중량에 따른 책임제한제도를 도입하였다. 또한 2007년 개정상법에서는 해운실무를 반영하여 복합운송인의 책임에 대하여도 규정하고 있다($^{상}_{816조}$).

제2절   해상물건운송계약(개품운송계약)

제1관   총   설

제1   해상물건운송계약의 의의

(1) 해상물건운송계약이란 2007년 개정상법상 개품운송계약을 의미하는데, 이러한 개품운송계약은 「운송인이 개개의 물건을 해상에서 선박으로 운송할 것을 인수하고, 송하인이 이에 대하여 운임을 지급하기로 약정함으로써 그 효력이 생기는 계약」이다($^{상}_{791조}$). 이와 관련하여 참고로 항해용선계약은 「특정한 항해를 할 목적으로 선박소유자가 용선자에게 선원이 승무하고 항해장비를 갖춘 선박의 전부 또는 일부를 물건의 운송에 제공하기로 약정하고, 용선자가 이에 대하여 운임을 지급하

기로 약정함으로써 그 효력이 생기는 계약」이다($상\frac{827조}{1항}$). 이 때 운송물인 「물건」은 운송할 수 있는 모든 유체동산을 말하는데, 이는 재산적 가치의 유무 또는 거래의 대상이 될 수 있는지 여부를 불문한다. 이러한 물건에는 생(生)동물도 포함되고, 또 물건이 컨테이너 등의 운송용기에 들어 있거나 포장되어 있는 경우에는 그 운송용기나 포장도 포함되지만(함부르크 규칙 1조 5항), 저하(ballast)($상\frac{699조}{1항 참조}$)는 운송물이 아니다.[1]

(2) 해상물건운송계약도 물건의 운송계약이므로 운송인인 선박소유자 등이 운송물을 수령하여 보관하여야 함은 육상물건운송의 경우와 같다. 따라서 예선(曳船)계약은 피예선이 예선의 보관감독 하에 있으면 해상운송계약이 되지만, 이와 반대로 피예선이 예선을 지휘사용하는 경우에는 단순히 고용 또는 도급관계에 불과하다.[2]

(3) 해상물건운송계약의 체결에 관하여는 원칙적으로 계약자유의 원칙이 지배하고, 그 방식에 있어서도 아무런 제한이 없다. 다만 운송인은 송하인의 청구에 의하여 선하증권(또는 해상 화물운송장)을 교부하여야 하지만($상\frac{852조}{863조}$), 이는 계약의 성립요건은 아니다.[3]

제 2 해상물건운송계약의 종류

1. 개품운송계약(carriage in a general ship; Stückgüterfrachtvertrag)

(1) 의 의

개품운송계약이란 위에서 본 바와 같이 「운송인이 개개의 물건을 해상에서 선박으로 운송할 것을 인수하고, 송하인이 이에 대하여 운임을 지급하기로 약정함으로써 그 효력이 생기는 해상운송계약」이다($상\frac{}{791조}$).[4] 개품운송계약은 선박 또는 선복(船腹)의 개념에 중점을 두지 않으므로 임대차성이 없고, 운송물건의 개성(종류·성질· 용적 등)과 운송의 결과에 중점을 두는 것이므로 항해용선계약에서보다도 더 강하게 도급계약성이 인정된다.[5] 따라서 개품운송계약에서는 선하증권에 대선(代船)약관 등이 기

---

1) 동지: 정(희), 544면; 손(주), 796면.
2) 동지: 정(희), 544~545면; 서 · 정, 581면; 손(주), 796면.
3) 동지: 정(희), 545면.
4) 대결 2012. 10. 11, 2010 마 122(공보 2012, 1810)(매도인과 매수인이 본선인도조건〈F.O.B.〉으로 수출입매매계약을 체결하면서 운임후불로 된 선하증권을 발행받은 경우에는 특별한 사정이 없는 한 매수인이 매도인에게 자신을 대리하여 운송계약을 체결하는 권한을 부여한 것이므로 운송계약의 당사자는 해상운송인과 매수인이다).
5) 동지: 정(희), 546면; 손(주), 798면.

재되는 경우가 많다.[1]

(2) 항해용선계약과의 차이

항해용선계약과 개품운송계약과의 경제적 작용의 차이를 비유적으로 표현하여 「전자는 물건이 선박을 부르는 관계이고, 후자는 선박이 화물을 부르는 관계」라고 하는데, 양자간에는 다음과 같은 경제상 뚜렷한 차이가 있다.[2] 즉, (ⅰ) 항해용선계약은 불특정항로에서 임시적 필요에 의하여 이용되는 데 대하여, 개품운송계약은 특정항로에서 정기적으로 이용되는 것이 보통이다. (ⅱ) 항해용선계약에는 선박 한 척에 대하여 선박소유자와 용선자간에 보통 하나의 계약관계가 존재하는데, 개품운송계약에는 보통 운송인과 다수의 송하인간에 다수의 계약관계가 존재한다. (ⅲ) 항해용선계약에서는 대등한 협상력을 바탕으로 그 계약내용이 각 계약마다 정하여지는 것이 보통인 데 대하여, 개품운송계약에서는 운송인이 작성한 보통거래약관에 의한 부합계약성을 갖는 것이 보통이므로 그 계약내용이 통일되어 있다(따라서 개품 운송계약에서 는 선하증권소지인의 보호문제가 생긴다). (ⅳ) 항해용선계약(또는 정기 용선계약)에서는 재운송계약이 인정되는 데 대하여(상 809조), 개품운송계약에서는 재운송계약이 인정되지 않는 점 등이다.

2. 재운송계약(sub-charter; Unterfrachtvertrag)

(1) 의   의

1) 용선자[3](항해용선자 또 는 정기용선자)는 (용선계약에서 다른 약정이 없거나 선박소유자를 해하지 않는 한) 자기의 명의로 다시 제3자와 개품운송계약을 체결할 수 있는데, 이와 같이 「용선자가 자기의 명의로 제3자와 체결한 제2의 운송계약(개품운송 계약)」을 재운송계약

---

1) 동지: 정(희), 546면; 서·정, 583면.

2) 이에 관하여는 정(희), 546면; 손(주), 798면; 김(인), (해상) 518~525면; 방희석, "용선계약 선하증권의 보통법상 적용사례에 관한 고찰,"「중재」, 제304호(2002, 여름), 27~29면 등 참조.

3) 2007년 개정상법 이전에는 제806조(2007년 개정상법 제809조)의 용선자에는 항해용선자만을 의미하느냐 또는 정기용선자를 포함하느냐의 문제가 있었는데, 정기용선자가 포함되는지 여부는 정기용선계약의 법적 성질을 어떻게 보느냐에 달려 있었다. 정기용선계약의 법적 성질을 운송계약으로 보는 운송계약설에 의하면 상법 제806조에서의 용선자에는 정기용선자가 포함된다고 보나[채, 736면; 동, (보·해) 341면; 배병태, "해상법개정안과 그 취지,"「경제법·상사법논집」(손주찬 교수정년기념), 1989, 750면; 부산지판 1998. 6. 3, 96 가합 17786], 선박임대차에 유사한 것으로 보는 선박임대차유사설에 의하면 정기용선자는 포함되지 않고 항해용선자만을 의미한다고 보았다[김(인), 126면; 동, (해상) 506면; 서·정, 584면; 서울민사지판 1990. 8. 23, 89 가합 48654]. 저자도 정기용선계약의 법적 성질에 대하여 운송계약설에 의하므로, 상법 제806조에서의 용선자에는 정기용선자를 포함한다고 보았다.

그런데 2007년 개정상법 제809조에서는 정기용선자를 포함하는 것으로 규정하여 이를 입법적으로 해결하였다.

이라 한다($\frac{상}{809조}$).[1] 이에 대하여 용선자($\frac{항해용선자 또}{는 정기용선자}$)가 선박소유자와 체결한 용선계약은 주운송계약(용선계약)이라고 볼 수 있다.

이 때 제 3 자에 대한 운송인은 선박소유자가 아니라 용선자($\frac{항해용선자 또}{는 정기용선자}$)라고 볼 수 있다.[2]

2) 이러한 재운송계약에 의하여 용선자($\frac{항해용선자 또}{는 정기용선자}$)는 선박소유자에게 지급할 용선료($\frac{정기}{용선자}$) 또는 운임($\frac{항해}{용선자}$)과 자기가 재운송계약에 의하여 취득할 운임과의 차액을 이득하게 된다.[3]

3) 재운송계약은 법률상 주운송계약(용선계약)과는 독립한 제 2 의 운송계약이므로, 재운송계약의 형태 및 조건은 주운송계약(용선계약)과 일치할 필요가 없고 또한 재운송계약에 의하여 선박소유자의 권리의무를 불이익하게 변경하는 것은 선박소유자에 대하여 아무런 구속력이 생기지 않는다.[4]

4) 실무상 재운송계약은 운송주선인(freight forwarder)에 의한 운송계약과 구별하기 어려운 경우가 많은데, 재운송계약에서 용선자($\frac{항해용선자 또}{는 정기용선자}$)는 화물의 운송 자체를 인수하는 자이나 운송주선인은 단지 주선행위를 하는 자($\frac{운송주선인은 자기의 명의로}{송하인인 제 3 자의 계산으로}$ $\frac{}{을 체결하는 자}$)인 점에서 양자는 구별된다.[5]

(2) 효 력

1) **주운송계약(용선계약)의 당사자간의 관계**($\frac{선박소유자와}{용선자와의 관계}$) 선박소유자와 용선자($\frac{항해용선자 또}{는 정기용선자}$)와의 관계는 용선계약이 정하는 바에 의하는데, 용선자($\frac{항해용선자 또}{는 정기용선자}$)는 선박소유자와의 계약에서 다른 약정이 없거나 선박소유자를 해하지 않는 한 선박소유자의 승낙이 없어도 재운송계약을 당연히 체결할 수 있다.[6]

2) **재운송계약의 당사자간의 관계**($\frac{용선자와 송하인}{과의 관계}$) 용선자($\frac{항해용선자 또}{는 정기용선자}$)와 그 상

---

1) 재운송계약에 관한 상세는 김(인), (해상) 493~517면 참조.

2) 동지: 대판 2004. 10. 27, 2004 다 7040(공보 2004, 1910)(재용선계약의 경우, 선주와 용선자 사이의 주된 용선계약과 용선자와 재용선자 사이의 재용선계약은 각각 독립된 운송계약으로서 선주와 재용선계약의 재용선자와는 아무런 직접적인 관계가 없다 할 것인바, 재용선계약 등에 의하여 복수의 해상운송 주체가 있는 경우 운송의 최종 수요자인 운송의뢰인에 대한 관계에서는, 용선계약에 의하여 그로부터 운송을 인수한 자가 누구인지에 따라 운송인이 확정되는 것이고, 선하증권의 발행자(선박임차인)가 운송인으로 인정될 개연성이 높다 하겠지만, 그렇다고 하여 선하증권의 발행사실만으로 당연히 운송인의 지위가 인정되는 것은 아니다)(따라서 용선자를 운송인으로 봄 — 저자 주).

3) 동지: 정(희), 547면; 서·정, 584면; 손(주), 798면.

4) 동지: 정(희), 547면; 손(주), 799면.

5) 동지: 손(주), 799면.

6) 동지: 정(희), 547면; 손(주), 799면.

대방인 송하인과의 관계는 재운송계약이 정하는 바에 의한다. 따라서 용선자(항해용선자 또는 정기용선자)는 그 상대방인 송하인에 대하여 재운송계약상 운송인으로서의 권리(특히 운임의 청구권)를 취득하고, 재운송계약상 운송인으로서의 의무(특히 운송의무)를 부담한다. 이때 용선자(항해용선자 또는 정기용선자)가 그의 의무를 이행하지 않아 상대방에 대하여 손해배상책임을 부담하는 경우에는 운송인으로서 책임제한을 주장할 수 있을 뿐만 아니라(상 797조), 또한 선박에서 또는 선박의 운항과 직접 관련하여 상대방 또는 제3자에게 인적·물적 손해를 입힌 경우에는 이러한 손해를 배상하여야 하는데 이 경우에 용선자(항해용선자 또는 정기용선자)는 선주책임제한의 경우와 동일하게 자기의 책임제한을 주장할 수 있다(상 774조 1항 1호의 용선자).

3) 선박소유자와 재운송계약의 상대방과의 관계

선박소유자와 재운송계약의 상대방인 송하인과는 원칙적으로 아무런 법률관계가 없다. 따라서 선박소유자는 재운송계약의 송하인에 대하여 운임(또는 용선료)의 청구를 할 수 없고,[1] 재운송계약의 송하인이 용선자(항해용선자 또는 정기용선자)에게 운임을 지급한 경우에도 선박소유자는 용선계약상 운임(항해용선자) 또는 용선료(정기용선자)를 지급받을 때까지 운송물을 유치할 수 있다(상 807조 2항).

그러나 이에 대한 예외로 용선자(항해용선자 또는 정기용선자)가 자기명의로 상대방과 운송계약을 체결한 경우에는, 그 운송계약의 이행이 선장의 직무에 속하는 범위[2] 안에서 선박소유자[3]도 재운송계약의 상대방인 송하인에 대하여 감항능력주의의무(상 794조) 및

---

1) 동지: 대판 1998. 1. 23, 97 다 31441(공보 1998, 592)(선박이 재용선된 경우 이 재운송계약은 독립된 계약으로서 선주와 재운송계약의 운송의뢰인과의 관계에서는 아무런 직접적인 관계가 없으므로 선주가 직접 재운송계약의 운송의뢰인이나 수하인에 대하여 주된 운송계약상의 운임 등을 청구할 수는 없다).

2) 이 때 운송계약의 이행이 '선장의 직무에 속하는 범위'라는 것은 상법 제794조 및 제795조와 관련하여 볼 때 선장이 감항능력을 유지하기 위하여 안전에 대한 검사의무·보급품신청의무, 운송물의 수령·선적·적부·운송·양륙·인도 등의 의무를 말한다[동지: 채, (보·해) 341면; 김(인), (해상) 510면].

3) 이 때 '선박소유자'란 소유의 개념으로서의 선박소유자가 아니라 선박의 점유와 사용의 개념으로서의 선박소유자를 의미한다고 본다[동지: 김(인), (해상) 509면]. 따라서 선체용선자는 상법 제809조에서의 선박소유자에 포함되나 정기용선자는 이에 포함되지 않는다고 본다. 동지: 대판 2004. 10. 27, 2004 다 7040(공보 2004, 1910)(선박의 소유자가 선박임대차계약에 의하여 선박을 임대하여 주고, 선박임차인은 다른 자와 항해용선계약을 체결하여, 그 항해용선자가 재용선계약에 의하여 선복을 제3자인 재용선자에게 항해용선하여 준 경우에, 선장과 선원에 대한 임면·지휘권을 가지고 선박을 점유·관리하는 자는 선박의 소유자가 아니라 선박임차인이라 할 것인바, "선박임차인이 상행위 기타 영리를 목적으로 선박을 항해에 사용하는 경우에는 그 이용에 관한 사항에는 제3자에 대하여 선박소유자와 동일한 권리의무가 있다"고 규정한 상법 제766조〈2007년 개정상법 850조〉 1항의 취지에 따라, 선박임차인은 재용선자인 제3자에 대하여 상법 제806조〈2007년 개정상법 809조〉에 의한 책임, 즉 자신의 지휘·감독 아래에 있는 선장의 직무에 속한 범위 내에서 발생한 손해에 관하여 상법 제787조〈2007년 개정상법 794조〉 및 제788조〈2007년 개정상법

운송물에 관한 주의의무($\overset{상}{795조}$)를 부담한다1)($\overset{상}{809조}$). 선박소유자가 이러한 의무위반을 한 경우에는 재운송계약의 상대방에 대하여 실제운송인으로서 손해배상책임을 부담하는데($\overset{상\ 794조,}{795조}$), 이 때에 선박소유자는 주운송계약(용선계약)상 항변사유뿐만 아니라 재운송계약상 항변사유로도 제 3 자에게 대항할 수 있다고 본다.2) 따라서 이러한 선박소유자는 선박소유자로서 책임제한을 주장할 수 있을 뿐만 아니라($\overset{상}{770조}$), 운송인으로서 책임제한을 주장할 수 있다($\overset{상}{797조}$). 또한 이 때 용선자도 앞에서 본 바와 같이 운송인으로서 책임제한을 주장할 수 있을 뿐만 아니라($\overset{상}{797조}$), 선주유한책임의 경우와 동일하게 자기의 책임제한을 주장할 수 있다($\overset{상\ 774조\ 1항}{1호의\ 용선자}$). 따라서 선박소유자 및 용선자가 선주유한책임을 주장하는 경우 동일한 사고에서 발생한 선박소유자 및 용선자의 책임제한의 총액은 선박마다 법정한도액($\overset{상}{770조}$)을 초과하지 못한다($\overset{상\ 774조}{2항}$). 이러한 선박소유자의 책임은 법정책임으로 재운송인($\overset{항해용선자\ 또}{는\ 정기용선자}$)과 연대책임을 진다.3)

3. 통(연락)운송계약(contract of through carriage; Durchfrachtvertrag; transport maritime successif)

(1) 의   의

1) 통(연락)운송계약4)은 「해상운송인이 자기 담당 구간의 운송뿐만 아니라, 전 운임을 받고 자기와 연락이 있는 다른 운송인(실제운송인)5)의 운송수단($\overset{선박·철도·자동}{차·항공기\ 등}$)에 의하여 목적지에 이르기까지의 전 운송을 인수하는 계약」을 말한다. 이는 복수

795조)의 규정에 의한 책임을 진다 할 것이고, 이는 재용선자가 전부 혹은 일부 선복을 제 3 자에게 재용선하여 줌으로써 순차로 재재재용선계약에 이른 경우에도 마찬가지라 할 것이다. 또한 선박이 선박임차인으로부터 순차 재재재항해용선되었다고 하더라도, 선박임차인은 자신의 지휘·감독하에 있는 위 선박에 의하여 운송계약을 실제로 이행한 자이므로 화물이 자신의 관리하에 있는 동안 자기 또는 선박사용인의 고의·과실로 인하여 손해가 발생하였다면 불법행위로 인한 손해배상책임을 져야 한다).

이에 반하여 정기용선자도 상법 제809조의 선박소유자에 포함된다고 보는 견해로는 김(인), (해상) 509면.

1) 이 때 선박소유자를 실제운송인(actual carrier), 용선자를 계약운송인(contracting carrier)이라고 한다[손(주), 799면]. 그런데 상법 제809조에서 용선자(재운송인)를 계약운송인이라 하는 것은 1978년의 Hamburg Rules에서의 계약운송인보다는 좁은 개념이다.

2) 동지: 채, 736면; 동, (보·해) 341면.

3) 동지: 채, 736면; 동, (보·해) 341면.

4) 통(연락)운송은 법전상의 용어는 아니다.

5) 함부르크규칙 제11조는 「운송인 이외의 지명된 사람에 의하여 이행되는 …」이라고 하고, 동 규칙 제10조는 「운송인의 운송의 전부 또는 일부의 실행이 실제운송인에 위탁된 때」라고 하고 있어, 통운송시 운송인과 실제운송인의 책임관계를 규율하고 있다.

운송인에 의한 연락운송인 점에서 상법상의 순차운송($^{상}_{138조}$)과 유사하고, 또한 복수의 운송수단에 의하여 운송하는 점에서 환적약관(換積約款)(transshipment clause)부단순운송(附單純運送)과 비슷하다.[1] 그러나 통운송계약은 하나의 계약에 의하여 복수의 운송수단이 예정되어 있는 점에서, 순차운송이나 환적약관부단순운송과는 구별된다.[2]

2) 통운송계약의 경제적 효용성은 (ⅰ) 각 운송구간마다 운송계약을 변경함으로 인한 시간낭비나 환적으로 인한 적하의 손상을 방지할 수 있고, (ⅱ) 중간운송주선인에 의한 운송주선을 면할 수 있어 그 비용이 절약되며, (ⅲ) 송하인이 전운송과정에 소요되는 일체의 비용을 미리 알 수 있으므로 특히 CIF 매매계약의 경우에 편리하고, (ⅳ) 이 경우에 보통 발행되는 통선하증권(through bill of lading)을 당사자가 이용할 수 있다는 점 등이다.[3]

(2) 종   류

1) 통운송계약의 종류에는 (ⅰ) 제1운송인만이 계약당사자인 「단독통운송계약」과, (ⅱ) 전 운송인이 공동계약당사자인 「공동통운송계약」이 있다. 이 각각에 대하여는 선하증권이 발행되지 않는 경우와, 선하증권이 발행되는 경우가 있다. 선하증권이 발행되는 경우 단독통운송계약에서는 단독선하증권이 발행되고, 공동통운송계약에서는 공동통선하증권이 발행된다.[4]

2) 선하증권이 발행되지 않는 경우에 단독통운송계약에서는 제1운송인만이 전 운송구간에 대하여 송하인 및 수하인에 대하여 책임을 지고, 공동통운송계약에서는 순차운송의 경우와 같이 공동운송인은 전 운송구간에 대하여 연대책임을 진다($^{상\ 815조,}_{138조}$). 그러나 선하증권이 발행되는 경우에는 보통 책임한도약관($^{자기의\ 운송담당구간}_{에\ 대하여만\ 책임을}_{진다는}$약관)이나 분할책임약관이 있어 실제로 각 운송인은 그 담당운송구간에서 생긴 손해에 대해서만 책임을 진다.[5] 함부르크규칙 제10조는 전 운송에 대한 운송인의 책임을 원칙으로 정하고, 제11조는 실제운송인(중간운송인 또는 하수〈下受〉운송인)의 담당운송구간에 대한 책임을 정하고 있다.

---

1) 동지: 정(희), 548면, 손(주), 800면.
2) 동지: 손(주), 800면.
3) 동지: 손(주), 800~801면; 정(희), 548면; 서·정, 586면.
4) 동지: 정(희), 548면; 손(주), 801면.
5) 동지: 정(희), 548면; 손(주), 802면.

4. 복합운송계약[1](contract combined or multimodal transport; transport combiné)

(1) 의　　의

1) 복합운송계약이란 「통운송계약 중 해륙(海陸) 또는 해륙공(海陸空)운송과 같이 2개 이상의 운송수단에 의하여 실행되는 운송을 내용으로 하는 운송계약」을 말한다.[2] 이러한 복합운송이 단순통운송과 다른 점은 상이한 운송수단에 의한 운송이라는 점에 있다.[3]

2) 종래에는 해상운송과 육상운송을 효율적으로 연결하는 방법이 거의 없었고, 또 해상운송법과 육상운송법은 운송인의 책임원칙에 관하여 서로 다른 독자적인 법규정을 갖고 있어서 법률관계를 획일적으로 처리할 수 없었으므로, 이러한 운송형태를 이용할 실익이 적었다. 그러나 컨테이너가 해운에 이용되는 것과 함께 복합운송의 경제적 효용이 매우 증대되었다.[4]

(2) 복합운송인의 책임

1) 우리 상법은 2007년 개정상법에서 복합운송인의 책임[5]에 관하여 입법을 하였다.[6] 즉, 운송인이 인수한 운송에 해상 이외의 운송구간이 포함된 경우, 운송

---

1) 복합운송에 관한 상세는 김창준, "복합운송주선업자의 법적 지위에 관한 연구," 법학박사학위논문(경희대, 2004. 2); 서헌제, "복합운송인의 책임에 관한 연구," 법학박사학위논문(서울대, 1985); 김(인), 196~202면 참조.

2) 동지: 대판 2019. 7. 10, 2019 다 213009(공보 2019, 1540)(복합운송계약이란 운송물을 육상운송, 해상운송, 항공운송 중 적어도 두 가지 이상의 서로 다른 운송수단을 결합하여 운송을 수행하는 것을 말한다. 구 화물유통촉진법에서 2007. 8. 3. 법률 제8617호로 전부 개정된 물류정책기본법은 물류의 범위를 기존에 재화의 운송·보관·하역 등을 중심으로 하는 물적 유통에 한정하였던 것을 재화의 조달·생산·소비 및 회수·폐기에 이르기까지의 전 과정을 포괄하는 것으로 확장하고〈법 제 2 조 제 1 항 제 1 호〉, 구 화물유통촉진법상 복합운송주선인을 국제물류주선업자로 본다고 규정하고 있다〈부칙 제 7 조 제 1 항〉. 그리고 이 법 시행규칙에 의하면 국제물류주선업자는 자기의 이름으로 선하증권과 항공화물운송장을 발행할 수 있으므로〈제 5 조 제 2 항 제 2 호 참조〉, 국제물류주선업자가 자기 명의로 운송계약을 체결하고 운송을 인수하는 경우에는 복합운송인의 지위를 취득하여 해당 운송계약에 따른 권리·의무의 주체가 된다. 이처럼 당사자 사이에 복합운송뿐만 아니라 항만 양·적하, 보관 및 이동, 나아가 물류정보의 활용 등 일체의 물류 관련 활동을 포함하는 내용의 종합물류운영에 관한 계약을 체결한 경우에 가장 핵심이 되는 요소는 복합운송으로 보아야 한다).

3) 동지: 손(주), 802면.

4) 동지: 정(희), 549면.

5) 복합운송인의 책임과 상법상 순차운송인의 책임에 관한 상법 제815조(제138조)와의 관계 및 그 해석문제에 관하여는 서헌제, 전게논문 참조.

6) 1991년 상법개정원안(原案)은 국제적 추세에 맞추어 복합운송에 관한 규정을 두었으나, 복합운송의 법률관계를 1개 조문으로 규정한다는 것은 거의 무의미하고 오히려 문제를 혼란하게 할 염려가 있어, 개정안에서는 그 규정을 삭제하고 국제해상관행에 맡기기로 하였다[정(희), 550면]. 그런

인은 손해가 발생한 운송구간에 적용될 법에 따라 책임을 진다($\frac{상}{1항}$816조). 이 때 어느 운송구간에서 손해가 발생하였는지 불분명한 경우 및 손해의 발생이 성질상 특정한 지역으로 한정되지 아니하는 경우에는 운송인은 운송거리가 가장 긴 구간에 적용되는 법에 따라 책임을 지는데, 다만 운송거리가 같거나 가장 긴 구간을 정할 수 없는 경우에는 운임이 가장 비싼 구간에 적용되는 법에 따라 책임을 진다($\frac{상}{2항}$816조).1)

따라서 복합운송인은 사고가 해상에서 발생하였으면 해상운송법에 의한 책임을 부담하고, 육상에서 발생하였으면 육상운송법에 의한 책임을 부담한다. 그런데 당사자간에 상법 제816조와 다른 약정을 한 경우, 그 약정의 효력이 있는지 여부가 문제된다. 동조를 임의규정으로 보아 이러한 특약을 언제나 유효로 볼 수는 없다고 본다. 그러한 특약에 의하여 운송인의 책임을 경감 또는 면제하는 당사자간의 특약은 효력이 없다고 본다($\frac{상}{유추적용}$799조 1항).2)

데 2007년 개정상법에서는 오늘날 컨테이너에 의한 복합운송이 국제운송의 대부분을 이루고 있는 상황에서 이를 통일적으로 규율할 필요성이 증가하고 있는 점을 감안하여 1980년 국제복합운송조약 등을 참조하여 복합운송인의 책임에 관하여 입법을 하게 된 것이다.

1) 동지: 대판 2009. 8. 20, 2007 다 87016(공보 2009, 1509)(복합운송의 경우에는 일반적으로 해상운송을 주로 하여 육상운송이나 항공운송이 결합되어 운송이 이루어지고 있는데, 만일 복합운송에서 발생한 운송인의 손해배상책임에 대하여, 손해발생구간이 명확히 육상운송구간임이 밝혀진 경우에는 별론으로 하더라도 적어도 그 손해발생구간이 어느 구간인지 불분명한 경우에도 불구하고 상법 제146조 1항이 적용된다고 하면, 실질적으로 손해발생이 해상운송구간에서 발생되었을 가능성이 있음에도 강행규정인 구 상법〈2007. 8. 3. 법률 제8581호로 개정되기 전의 것〉제800조의 2〈2007년 개정상법 제804조〉제 1 항·제 2 항의 적용이 배제되어 수하인으로서는 운송인에게 귀책이 있는 사유로 하자가 발생한 것을 증명하여 운송물이 멸실 또는 훼손 없이 수하인에게 인도되었다는 추정을 번복할 수 있는 기회를 박탈당하고 운송인의 책임을 추궁할 수 없게 되어 불합리하므로, 손해발생구간이 불분명한 경우에는 상법 제146조 1항은 적용이 되지 않는 것으로 해석하여야 한다); 동 2019. 7. 10, 2019 다 213009(공보 2019, 1540)(복합운송 과정에서 운송물의 멸실·훼손 등으로 인하여 손해가 발생한 경우에 운송인에게 어느 운송수단에 적용되는 법에 따라 책임을 물을 것인지가 문제 된다. 복합운송인의 책임에 관하여 상법은 손해가 발생한 운송구간에 적용될 법에 따라 책임을 지도록 규정한다〈상법 제816조 제 1 항〉. 그리고 어느 운송구간에서 손해가 발생하였는지 불분명한 경우 또는 손해의 발생이 성질상 특정한 지역으로 한정되지 아니하는 경우에는 운송인은 운송거리가 가장 긴 구간에 적용되는 법에 따라 책임을 지되, 운송거리가 같거나 가장 긴 구간을 정할 수 없는 경우에는 운임이 가장 비싼 구간에 적용되는 법에 따라 책임을 진다고 규정한다〈제2 항〉. 따라서 손해가 발생한 운송구간이 불분명하거나 그 성질상 특정한 지역으로 한정할 수 없는 경우, 해상운송 구간이 가장 길다면 해상운송에 관한 규정을 적용하여야 한다).

2) 참고: 대판 2009. 8. 20, 2008 다 58978(공보 2009, 1522)(해상운송의 경우에는 구 상법〈2007. 8. 3 법률 제8581호로 개정되기 전의 것〉제811조〈2007년 개정상법 제814조〉에서 운송인의 송하인 또는 수하인에 대한 채무는 운송인이 수하인에게 운송물을 인도한 날 등으로부터 1년 내에 재판상 청구가 없으면 소멸하도록 하고 이를 당사자의 합의에 의하여 연장할 수 있으나 단축할 수는 없도록 규정하고 있는 반면에, 육상운송의 경우에는 상법 제147조, 제121조에 따라 운송인의 책임은 수하인이 운송물을 수령한 날로부터 1년을 경과하면 소멸시효가 완성하고 이는 당사자의 합의에 의하여 연장하거나 단축할 수 있다고 볼 것인 점, 복합운송의 손해발생구간이 육상운송구간임

2) 참고로 복합운송에 관한 국제조약으로는 1980년에 성립한 국제연합국제복합운송조약(U.N. Convention on International Multimodal Transport of Goods)이 있다. 동 조약의 제 1 조 1항은 「국제복합운송이라 함은 복합운송인이 물건을 자기의 보관 아래 인수한 한 국가의 지점에서 다른 국가에 있는 지정인도지점까지 복합운송계약에 의하여 적어도 두 종류 이상의 운송수단에 의한 물건운송을 뜻한다」라고 규정하고, 제14조에서 「복합운송인의 책임은 물건을 복합운송인의 보관 아래 인수한 때로부터 인도할 때까지의 기간에 미친다」라고 규정하여 전 운송구간에 걸쳐 단일책임을 지는 것을 원칙으로 하고 있다. 또한 복합운송인은 사고 및 그 결과방지에 필요한 조치를 취하였음을 증명하지 아니하면 그 책임을 면하지 못하고($\frac{동\ 조약}{16조}$), 운송물의 멸실·훼손 등의 손해에 대하여는 포장방식 및 중량방식에 의한 책임을 제한하고 있다($\frac{동\ 조약}{18조}$).

5. 계속운송계약(Dauerfrachtvertrag)

계속운송계약이라 함은 「해상운송인이 송하인에 대하여 일정한 기간 일정한 운임률로써 일정한 종류의 적하의 불특정다수량을 수시로 또는 부분적으로 계속하여 운송할 것을 약정하고, 그 매 회의 적하의 수량·선적의 때와 장소·양륙항의 결정 등을 보통 송하인에게 유보하는 것을 내용으로 하는 운송계약」을 말한다. 이러한 운송계약은 주로 정기항해업자가 운송을 독점하여 경쟁을 배제하고, 송하인은 비교적 저율의 운임으로써 계속적으로 안정된 운송을 하기 위하여 이용된다.[1]

6. 혼합선적계약(Meng- od. Bulklandungsvertrag)

혼합선적계약이라 함은 「해상운송에서 서로 다른 송하인이 자기의 적하를 다른 동종·동질의 운송물과 혼합하여 운송할 것을 승인하고 체결하는 물건운송계약」이다. 이를 산화적(散貨積)계약이라고도 하는데, 이는 곡물 또는 유조선에 의한 원유 등의 운송에서 많이 이용되고 있다. 선박소유자 등은 이러한 운송계약에 의하여 선복을 완전히 이용할 수 있고 또 운송물의 보관·관리를 단일화할 수 있는 이익이

이 명백한 경우에도 해상운송에 관한 규정을 적용하면 복합운송인이 그 구간에 대하여 하수급운송인으로 하여금 운송하게 한 경우에 하수급운송인과 복합운송인 사이에는 육상운송에 관한 법률이 적용되는 것과 균형이 맞지 않게 되는 점 등을 고려하면, 복합운송에서 손해발생구간이 육상운송구간임이 명백한 경우에는 복합운송증권에서 정하고 있는 9개월의 제소기간은 강행법규에 저촉되지 아니하는 것으로서 유효하다).

1) 동지: 손(주), 803면; 정(희), 551면; 서·정, 590면.

있고, 송하인은 저렴한 운임으로써 운송할 수 있는 이익이 있다.[1]

제 2 관   해상물건운송계약의 성립

제 1   계약의 당사자

1. 기본당사자

해상물건운송계약의 기본당사자는 「해상물건운송인」과 「송하인」이다. 이 때 해상에서의 물건운송을 인수하는 자를 「해상물건운송인」(carrier; Verfrachter; fréteur)이라고 하고, 이 해상물건운송인에게 운송을 부탁하는 계약의 상대방을 「송하인」[2](shipper)이라고 한다. 해상물건운송인에는 선박소유자 이외에도 선체용선자·정기용선자 등이 있고, 재운송계약에서의 용선자(항해용선자 또는 정기용선자)도 해상물건운송인에 해당한다.[3]

2. 그 밖의 당사자

해상물건운송계약에서 계약의 기본당사자는 아니지만, 계약에 관계되는 자에는 운송주선인·선적인 및 수하인이 있다. 「운송주선인」은 '자기명의로 물건운송의 주선을 영업으로 하는 자'인데(상114조), 이에 관하여는 상행위편에서 이미 상세히 설명하였다.[4] 「선적인」(船積人, loader; Ablader)이라 함은 '운송인과 송하인 사이의 운송계약에 기하여 자기명의로 물건을 선적하는 자'를 말한다. 선적인은 보통 송하인 또는 그의 대리인이지만, 때에 따라서는 상품의 매도인·운송주선인·위탁매매인 기타 단순한 수탁자 등인 경우도 있다.[5] 「수하인」은 '양륙항에서 운송물을 수령

---

1) 동지: 손(주), 803면; 정(희), 551면; 서·정, 590면.
2) 운임포함조건(C&F)으로 체결된 수출입매매계약에 있어서는 매도인이 운송계약의 당사자(송하인)이고, 본선인도조건(F.O.B.)의 수출입매매계약에 있어서는 매수인이 운송계약의 당사자이다. 따라서 F.O.B.의 수출입매매계약에서 매도인이 운송인과 운송계약을 체결하는 것은 매도인이 매수인을 대리하여 하는 것이다[대판 1996. 2. 9, 94 다 27144(공보 1996, 866); 동 2000. 8. 18, 99 다 48474(신문 2916, 9)].
   또한 선하증권의 송하인란을 기재함에 있어서는 반드시 운송계약의 당사자만을 송하인으로 기재하여야 하는 것은 아니고, 넓은 의미의 하주(荷主)를 송하인으로 기재할 수도 있으므로 선하증권상에 송하인으로 기재되어 있다는 것만으로 그 선하증권에 의한 운송계약의 상대방이라고 단정할 수는 없다[대판 2000. 3. 10, 99 다 55052(공보 2000, 930)].
3) 동지: 손(주), 804면; 채, (보·해) 277면; 김(인), 130면.
4) 정(찬), (상)(제27판) 335~352면 참조.

할 수 있는 자로 선하증권상 지정된 자 또는 운송물을 수령할 수 있는 자'인데, 이에 관하여는 이미 육상운송에서 상세히 설명하였다.

제 2 계약의 체결

1. 계약체결의 자유

해상물건운송계약은 특별법령에 의한 제한이 없는 한 원칙적으로 자유롭게 체결할 수 있다. 해상운송계약은 운송인이 스스로 체결하는 경우도 있으나, 운송인의 대리점 또는 선박중개인이 운송계약을 체결하는 경우가 많다.[1] 이 때 대리점은 상법상의 대리상이다($^{상}_{87조}$). 선박중개인은 주로 운송인을 위하여 운송계약의 중개업무를 하는 상사중개인이지만($^{상}_{93조}$), 그 이외에 선박소유자 등의 대리인인 경우도 있고 (중개대리상) 또한 선장에 갈음하여 법률행위의 대리권을 갖는 경우도 있다. 이러한 선박중개인에는 개품운송계약을 중개하는 적하중개인도 있다.[2]

연안무역($^{一國의 연안 각}_{항구간의 화물운송}$)의 경우는 국제법의 원칙상 연안국의 자국선에만 인정된다($^{선박}_{6조}$).

2. 계약체결의 방식

상법상 운송계약은 앞에서 본 바와 같이 불요식·낙성계약이다. 따라서 당사자 간의 청약과 승낙의 합치로써 계약은 성립하고, 특별한 서면이나 방식을 요하는 것이 아니다. 그런데 실무상은 선하증권($^{또는 해상}_{화물운송장}$) 등의 증서방식으로 하게 되는 경우가 많은데, 이러한 선하증권($^{또는 해상}_{화물운송장}$)이 계약의 성립요건이 되는 것은 아니고 이는 단순히 유가증권(면책증권)에 불과하다. 그런데 우리 상법은 선하증권($^{또는 해상}_{화물운송장}$)의 작성·교부에 대하여 규정하고 있으므로, 이하에서는 이에 대하여 간단히 살펴본다.

운송인은 개품운송계약의 경우에는 운송물을 수령한 후 송하인의 청구에 의하여 1통 또는 수 통의 선하증권을 교부하여야 하고($^{상}_{1항}$852조), 이러한 선하증권은 운송계약성립 후에 작성되는 것이므로, 선하증권의 작성이 운송계약의 성립요건이 될 수 없음은 당연하다. 이러한 선하증권은 유가증권이다.

운송인은 송하인의 청구가 있으면 위와 같은 선하증권을 발행하는 대신 해상

---

5) 동지: 손(주), 804~805면; 정(희), 552면.

1) 동지: 정(희), 552면.

2) 동지: 정(희), 552면.

화물운송장(sea waybill)을 발행할 수 있는데($^{상}_{1항}{}^{863조}$), 이러한 해상화물운송장도 운송계약 성립 후에 작성되는 것이므로 운송계약의 성립요건이 될 수 없다. 해상화물운송장은 양도성도 없고 상환증권성도 없으므로 선하증권과는 달리 유가증권은 아니고 면책증권으로 볼 수 있다($^{상}_{참조}{}^{864조}$).

제3관 해상물건운송계약의 효력

제1 총   설

해상물건운송계약의 효력에 관하여는 해상물건운송인의 의무·책임 및 권리에 관한 사항을 설명한다. 해상물건운송인의 의무에 대하여는 해상운송의 진행과정에 따라 크게 선적에 관한 의무, 항해에 관한 의무 및 양륙에 관한 의무로 분류하여 설명하겠다. 해상물건운송인의 책임에 관한 규정은 앞에서 본 바와 같이 통일조약($^{1924년의\ Hague\ Rules,\ 1968년의\ Hague-}_{Visby\ Rules\ 및\ 1978년의\ Hamburg\ Rules}$)에 따라 1991년 개정상법 및 2007년 개정상법에서 개정되었으므로, 이를 중심으로 설명하겠다. 해상물건운송인의 권리는 운임청구권이 대표적인 것이므로, 이를 중심으로 설명하겠다.

제2 해상물건운송인의 의무

1. 선적에 관한 의무

(1) 선박제공의무

해상물건운송인은 운송계약에서 정한 선박을 선적지에서 송하인에게 제공하여야 한다.[1] 운송계약에서 선박이 특정된 경우에는 운송인은 송하인의 동의가 있어야 선박을 변경할 수 있다고 본다($^{獨商}_{1항\ 참조}{}^{566조}$).

개품운송계약의 경우에는 운송인 측에서 선적하므로 송하인은 당사자 사이의 합의 또는 선적항의 관습에 의한 때와 곳에서 운송인에게 운송물을 제공하여야 한다($^{상}_{1항}{}^{792조}$). 송하인이 이러한 때와 곳에서 운송물을 운송인에게 제공하지 아니한 경

---

1) 해상운송인은 약정한 선적항에 상당히 신속하게(with due dispatch) 선박을 회항하여 약정된 또는 관습상 적당한 선적장소에 선박을 정박시켜야 한다. 이 의무를 위하여 계약에 'with reasonable dispatch' 또는 'with all convenient speed'라는 문구를 넣거나 또는 선박이 어느 확정일자까지 선적항에 도착하여야 하고 이를 어기면 계약을 파기할 수 있다는 조항을 넣기도 하는데, 이를 취소약관(cancelling clause)이라고 한다[정(희), 558~559면].

우에는 송하인은 운송계약을 해제한 것으로 보고($\frac{상}{2항}\frac{792조}{1문}$), 선장은 즉시 발항할 수 있으며 송하인은 운임의 전액을 지급하여야 한다($\frac{상}{2항}\frac{792조}{2문}$).

이 때 송하인은 선적기간 내에 운송에 필요한 서류를 선장에게 교부하여야 한다($\frac{상}{793조}$).

(2) 운송물수령·적부(積付)의무

1) 수령의무   운송인은 운송계약에 따라 인도된 운송물을 수령할 의무가 있다($\frac{상}{1항}\frac{795조}{}$). 운송물의 인도와 수령은 개품운송계약에 따라 또는 매매계약의 조건($\frac{CIF\cdot}{FOB\ 등}$)이나 선적항의 관습에 따라 적당한 시기에 적당한 방법으로 하여야 한다.[1] 다만 위법(違法)선적물($\frac{상}{800조}$)이나 위험물($\frac{상}{801조}$) 등에 대하여서는 수령을 거절하거나 포기할 수 있다.

2) 적부의무   운송인은 수령한 운송물을 적부(積付)할 의무를 부담하는데 ($\frac{상}{1항}\frac{795조}{}$),[2] 적부란 운송물을 배에 실어서 선창(hold) 내에 적당히 배치하는 것을 말한다.[3]

운송인은 특약 또는 다른 관습이 없는 한 갑판적(甲板積)을 하지 못한다. 왜냐하면 갑판적은 위험이 크고 또 공동해손의 경우 불이익을 받기 때문이다[4]($\frac{상}{2항}\frac{872조}{참조}$). 무유보(無留保)선하증권(clean bill of lading)은 운송물이 선내(under deck)에 적부되어 운송되고 있음을 의미한다. 운송계약에서 적부장소에 관한 규정이 없으면, 이는

---

1) 동지: 정(희), 560면.

2) 동지: 대판 2003. 1. 10, 2000 다 70064(공보 2003, 588)(운송계약이 성립한 때 운송인은 일정한 장소에서 운송물을 수령하여 이를 목적지로 운송한 다음 약정한 시기에 운송물을 수하인에게 인도할 의무를 지는데, 운송인은 그 운송을 위한 화물의 적부에 있어 선장·선원 내지 하역업자로 하여금 화물이 서로 부딪치거나, 혼합되지 않도록 그리고 선박의 동요 등으로부터 손해를 입지 않도록 하는 적절한 조치와 함께 운송물을 적당하게 선창 내에 배치하여야 하고, 가사 적부가 독립된 하역업자나 송하인의 지시에 의하여 이루어졌다고 하더라도 운송인은 그러한 적부가 운송에 적합한지의 여부를 살펴보고, 운송을 위하여 인도받은 화물의 성질을 알고 그 화물의 성격이 요구하는 바에 따라 적부를 하여야 하는 등의 방법으로 손해를 방지하기 위한 적절한 예방조치를 강구하여야 할 주의의무가 있다).

3) 오늘날 운송물의 적재(stowage)와 양륙(discharging)은 하역업자(stevedore)들이 운송인과 도급계약을 맺고(independent contractor) 작업을 담당하고 있는 실정이다. 따라서 이들의 과실은 운송인의 과실이 된다(상 795조 1항). 불량한 적재(bad stowage)에는 세 가지 형태가 있을 수 있으니, 첫째는 이것이 불량하게 적부된 화물 그 자체에 영향을 미치는 경우이고, 둘째는 한 화물의 불량적재가 다른 화물에 영향을 미치는 경우이고, 셋째는 이것이 선박의 안정성을 위태롭게 하는 경우이다. 첫째의 경우는 순수한 불량적재의 원형이고, 셋째의 경우는 감항능력에 관한 주의의무위반(unseaworthiness)에 해당된다. 둘째의 경우에는 이것이 과연 불량적재인지, 감항능력주의의무위반인지 구별하기 어려운 경우가 대부분이므로, 실무상 많은 난점이 있다[정(희), 561면].

4) 동지: 정(희), 561면; 서·정, 597면; 손(주), 808면.

곧 화물은 선내에 적부되어 운송되어야 하는 것으로 본다. 따라서 당사자간의 특약 등이 없이 갑판적을 하게 되면 운송인은 그의 계약상 의무를 위반한 것으로 추정되어 그의 책임에 관한 면책규정 기타 면책약관 등이 적용되지 않는다.[1]

그런데 컨테이너의 출현으로 갑판적이 증가하고 또한 컨테이너 전용선은 처음부터 갑판적을 예정하여 건조된 것이므로 이러한 선박에 의한 운송인에게 갑판적에 대한 엄격책임이 부과될 수는 없으므로, 보통 선하증권에 갑판적 자유약관(general liberty to carry on deck clause)에 관하여 규정하는 것이 거래의 실정이다.[2] 이에 따라 우리 상법도 선하증권 기타 운송계약을 증명하는 문서의 표면에 갑판적으로 운송할 취지를 기재하여 갑판적으로 행하는 운송에 대하여는 운송인의 책임을 감경할 수 있음을 규정하고 있다($\frac{상}{2항}$ 799조).

(3) 선하증권 교부의무

1) 운송인은 송하인의 청구에 의하여 운송물의 수령 후 또는 선적 후 1통 또는 수 통의 선하증권을 교부하여야 한다($\frac{상}{1항\cdot2항}$ 852조). 선하증권에는 운송물의 수령 후 발행하는 「수령선하증권」($\frac{상}{1항}$ 852조)과 선적 후 발행하는 「선적선하증권」($\frac{상}{2항\ 전단}$ 852조)이 있는데, 선적선하증권은 수령선하증권에 '선적'의 뜻을 표시하여 발행할 수도 있다[3] ($\frac{상\ 852조}{2항\ 후단}$).

2) 선하증권을 작성·교부하는 자는 원칙적으로 「운송인」인데($\frac{상}{1항\cdot2항}$ 852조), 운송인은 예외적으로 「선장 또는 기타의 대리인」에게 선하증권의 교부 또는 선적의 표시를 위임할 수 있다($\frac{상}{3항}$ 852조). 현재의 해운실무상 선하증권은 보통 운송인의 육상의 대리인에 의하여 작성·교부되고 있고, 내국항간의 운송에서는 일반적으로 화물수령증을 교부하고 선하증권은 교부하지 않는다.[4]

운송인은 증거를 보전하기 위하여 선하증권의 등본의 교부를 (용선자 또는) 송

---

1) 동지: 정(희), 561면.
2) 동지: 정(희), 561~562면; 함부르크규칙 제9조(운송인과 송하인의 합의로 갑판적으로 운송할 수 있는데 이 때에는 그 뜻을 선하증권에 기재하여야 하는 것으로 규정하고, 선내적송에 관한 명시적 합의를 위반한 갑판적운송은 손해발생을 인식하면서 무모하게 하는 작위 또는 부작위로 본다고 규정하고 있다).
3) 물건운송계약, 특히 개품운송계약에서는 대량적인 화물이 선박에 기계적으로 적재되기 때문에 그 과오가 없기를 기하기 위하여 선적지시서와 본선수령증을 발행한다. 선적지시서는 운송인이 선장에 대하여 송하인이 제공한 운송물을 선적하도록 지시하는 서면이고, 송하인이나 그 대리인은 이것을 첨부하여 운송물을 선적한다. 본선수령증은 선적 후 선장이 운송물의 종류 등을 기재하여 송하인에게 교부하는 증서인데, 송하인은 이것과 교환하여 선하증권을 청구할 수 있다[정(희), 562면].
4) 동지: 정(희), 562~563면; 서·정, 598면.

하인에게 청구할 수가 있다($상_{856조}$).

2. 항해에 관한 의무

항해에 관한 의무는 해상운송인의 가장 중요한 의무인데, 이에는 항해의 진전에 따라 감항능력주의의무·발항의무·직항의무 및 운송물에 관한 의무 등이 있다. 차례로 설명한다.

(1) 감항능력주의의무

1) 의   의   감항능력주의의무(seaworthiness; See- und Ladungstüchtigkeit; navigabilité)란 「해상운송인이 송하인에 대하여 선적항을 발항할 당시 예정된 항해를 안전하게 완성할 수 있는 선박을 제공함에 있어서 자기 또는 선원 기타의 선박사용인이 상당한 주의(due diligence; diligence raisonnable)를 다하여야 할 의무」를 말한다[1]($상_{794조}$). 이러한 해상운송인의 감항능력주의의무는 당사자간의 특약으로 감경 또는 면제할 수 없으므로($\frac{상}{1항}799조$), 강행규정이라고 볼 수 있다.[2] 또한 해상운송인의 이 의무는 절대적 의무(무과실책임주의)가 아니고 상대적 의무(과실책임주의)이다. 따라서 특정항해의 제반상황을 검토하여 보통의 신중한 운송인(ordinary and prudent carrier)이 발항 당시에 자기 선박이 갖추어야만 되겠다고 판단할 정도의 항해적합성(fitness)이므로, 선박의 특성·계약상의 예정된 항해·계절 등에 따라서 달라질 수 있다.[3] 입법례 중에는 절대적인 감항능력담보의무(absolute warranty)를 규정하고 이를 위반한 선주는 무과실책임을 지도록 한 것도 있으나($의용\langle 依用\rangle 상법 \atop 738조, 559조$), 1924년 Hague Rules($4조 \atop 1항$)($3조 \atop 1항$) 및 1968년 Hague-Visby Rules($4조 \atop 1항$)($3조 \atop 1항$)는 상대적인 감항능력주의의무를 규정하여 이를 위반한 선주는 과실책임을 지도록 하는 동시에 이 주의의무를 다한 데 대한 증명책임을 운송인에게 부담시켰다. 따라서 우리나라($상_{794조}$)를 비롯한 영국($1981년 해상 \atop 물건운송법$)·미국($COGSA \atop 3조$)·독일($獨商 \atop 559조 1항$) 등은 이를 그대로 받아들여 국내 입법화하였다.

감항능력주의의무는 공법상으로는 선장에게도 부여되어 있다($선원 \atop 7조$).

2) 내   용

(가) 상법은 앞에서 본 통일조약에 따라 감항능력주의의무의 내용에 대하여 다음과 같이 규정하고 있다($상_{794조}$). 즉, (i) 선박이 안전하게 항해를 할 수 있게 할 것

---

1) 동지: 정(희), 555면; 서·정, 592면.

2) 동지: 채, 693면.

3) 동지: 정(희), 555면.

(항해능력)($\frac{상}{1호}$794조), (ii) 필요한 선원의 승선, 선박의장(艤裝)과 필요품의 보급(운행능력)($\frac{상}{2호}$794조), (iii) 선창·냉장실 기타 운송물을 적재할 선박의 부분을 운송물의 수령·운송과 보존을 위하여 적합한 상태에 둘 것(감하능력)($\frac{상}{3호}$794조)으로 규정하고 있다. 이와 같은 감항능력은 선박의 특정한 항해감당능력뿐만 아니라 운송물을 안전하게 운송할 수 있는 화물창고능력을 포함한다.[1]

　(내) 감항능력주의의무에 관하여 우리 대법원판례에 나타난 구체적 내용을 보면 다음과 같다. 「바다를 예정된 항로를 따라 항해하는 선박은 통상 예견할 수 있는 위험을 견딜 수 있을 만큼 견고한 선체를 유지하여야 하므로, 발항 당시 감항능력이 결여된 선박을 해상운송에 제공한 선박소유자는 항해중 그 선박이 통상 예견할 수 있는 파랑(波浪)이나 해상부유물의 충격을 견디지 못하고 파열되어 침몰하였다면, 선박소유자는 선박의 감항능력유지의무를 게을리함으로써 운송물을 멸실하게 한 과실이 있다」고 판시하고 있다(항해능력에 관한 감항
능력주의의무의 해태).[2]

　또한 「선박이 안전하게 항해를 하는 데 필요한 자격을 갖춘 인원수의 선장과 선원을 승선시켜야 할 의무는 감항능력주의의무에 포함된다」고 판시하고,[3] 따라서 「약 2개월의 경험밖에 없는 항해사는 안전항해능력이 부족하여 그의 항해상 과실로 인한 사고에 대하여 선박소유자는 감항능력주의의무 위반으로 인한 손해배상책임을 면할 수 없다」고 판시하고 있다(운행능력에 관한 감항
능력주의의무의 해태).[4] 그러나 「선원이 해기사(海技士) 면허가 없다 하더라도 사실상 특정항해를 안전하게 수행할 수 있는 우수한 능력을 갖춘 선원이 승선하였다면 이러한 경우까지 선박이 인적 감항능력을 결여하였다고 할 수는 없다」고 판시하고 있다.[5]

　또한 「선박의 선창 밑에 설치된 유조탱크와 갑판 사이에 직립으로 부착하여 시설한 유류검량관에 생긴 틈과 구멍으로 새어나온 기름에 운송물이 오염되어 훼손된 경우에는, 운송인은 검량관(檢量管)의 노후여부를 조사하지 않았으므로 감항능력주의의무를 다하였다고 할 수 없다」고 판시하고(감하능력에 관한 감항
능력주의의무의 해태),[6] 또한 「화물창구 덮개의 노후 등 하자를 발견하여 안전성을 확보할 수 있었는데도 이를 다하지 아니함으로써 선박의 화물창구 덮개 일부가 파손되고 거기로 해수가 유입되어 운송물이 침수되는 사고가 발생하였다면 운송인은 감항능력주의의무를 위반한 것이다」고 판

---

1) 동지: 정(희), 555~556면.
2) 대판 1985. 5. 28, 84 다카 966(공보 756, 901).
3) 대판 1989. 11. 24, 88 다카 16294.
4) 대판 1975. 12. 23, 75 다 83(집 23 ③ 민 141).
5) 대판 1995. 8. 22, 94 다 61113(공보 1001, 3240).
6) 대판 1976. 10. 29, 76 다 1237(공보 549, 9463).

시하고 있다($^{감항능력에 관한 감항}_{능력주의의무의 해태}$).[1)]

3) **주의시기**   감항능력에 관하여 운송인이 주의를 하여야 할 시기는 선적항에서의 「발항 당시」인데[2)]($^{상}_{794조}$), 이는 '선적개시시부터 발항시까지'를 의미한다.[3)] 따라서 운송인이 선적항에서 전 항해에 소요되는 연료를 전부 구입하지 못한 경우에는 후일의 부족분을 위하여 선적항을 출항하기 전에 사전수배나 예약 또는 구체적 계획을 수립해야 하는데, 이를 하지 않고 그대로 떠난 경우에는 감항능력주의의무위반이 된다.[4)]

4) **주의정도**   우리 상법은 감항능력에 관한 주의의무에 대하여 단순히 「주의」라고만 규정하고 있는데($^{상}_{794조}$), 이 경우의 주의는 「상당한 주의」를 의미하고,[5)] 무엇이 상당한 주의(due diligence; diligence raisonnable)인가는 구체적인 경우에 따라 객관적으로 결정하여야 할 사실문제이다.[6)] 따라서 예컨대, 콘덴서 튜브나 보일러 튜브가 과거에 고장이 많았다면 운송인은 그러한 부속품을 검사함에 있어서 보통의 주의나 평소의 테스트 방법만을 써서는 안 된다.[7)] 이러한 점에서 감항능력주의의무의 정도는 특정선박의 특정항해에 관하여 상대적으로 결정되는 문제라고 볼 수 있다.[8)]

운송인은 상당한 주의를 다하기 위하여 타인을 고용할 수 있는데, 이 때에는 그 대리인이나 사용인을 고용함에 있어서 상당한 주의를 다하였다고 하여($^{예컨대, 한국}_{선급협회의}$ $^{공인받은 자격자를 검사인으로}_{선정하였다는 사실만으로}$) 운송인이 감항능력에 관한 주의를 다하였다고 볼 수는 없고, 운송인의 대리인 또는 사용인 자신도 상당한 주의를 다하여야 한다.[9)]

5) **증명책임**   이에 대하여 상법은 「운송인」에게 무과실의 증명책임을 부담시키고 있다($^{상}_{794조}$). 운송인이 감항능력주의의무를 다하였다는 것을 스스로 증명한다는 것은 증거법상 무리일 수도 있으나, 비전문가인 피해자($^{주로 송하인·}_{수하인 등}$)에게 운송인의 과실을 증명시키는 것보다 전문가인 동시에 증명에 관한 정보를 많이 갖고 있는 운송인에게 자신의 무과실을 증명하도록 함이 형평에 맞기 때문이다.[10)]

---

1) 대판 1998. 2. 10, 96 다 45054(공보 1998, 667).
2) 통일조약은 이에 대하여 "before and at the beginning of the voyage"라고 규정하고 있다.
3) 동지: 정(희), 556면. 손(주), 811면; 이(기) 외, (보·해) 435면.
4) 동지: 정(희) 557면.
5) 통일조약은 이에 대하여 "exercise due diligence to …"라고 규정하고 있다.
6) 동지: 정(희), 557면; 손(주), 811면.
7) 대판 1976. 10. 29, 76 다 1237(집 24 ③ 민 259).
8) 동지: 정(희), 557면; 손(주), 811면.
9) 동지: 정(희), 557면.

6) 의무위반효과   운송인은 자기 또는 선원 기타의 선박사용인이 감항능력
주의의무를 게을리하지 아니하였음을 증명하지 아니하면 운송물의 멸실, 훼손 또는
연착으로 인한 손해를 배상할 책임이 있다($\frac{상}{794조}$). 이 의무 또는 책임을 경감 또는
면제하는 당사자간의 특약은 무효이고, 운송물에 관한 보험의 이익을 운송인에게
양도하는 약정 또는 이와 유사한 약정도 무효이다($\frac{상}{1항}$799조). 그러나 산 동물의 운송
및 선하증권 기타 운송계약을 증명하는 문서의 표면에 갑판적으로 운송할 취지를
기재하여 갑판적으로 운송할 것을 당사자간에 특약한 경우에는, 이 의무 또는 책임
을 경감 또는 면제하는 당사자간의 특약은 유효하다($\frac{상}{2항}$799조).

운송인이 감항능력주의의무에 위반하여 손해를 발생시킨 경우로서 송하인이
운송인의 감항능력주의의무위반을 증명한 경우에는, 운송인은 일정한 면책사유에
해당하는 사고로 인하여 발생한 손해의 경우에도 이에 따른 면책을 주장할 수 없다
($\frac{상}{단서}$796조). 또한 상법에는 명문규정이 없으나 이러한 감항능력주의의무는 항해과실의
면책 등($\frac{상}{2항}$795조)을 주장할 수 있는 전제가 되는 우선적(상위의) 의무(overriding duty)
이다. 따라서 운송인은 감항능력주의의무의 위반이 있으면 항해과실 등으로 인한
면책을 주장할 수 없다.[1] 그러나 운송인이 감항능력주의의무를 위반한 경우에도 운
송인이 선주인 경우 선주책임제한은 주장할 수 있다.[2]

(2) 발항의무

해상운송인은 운송물의 선적이 종료한 경우에는 지체 없이 발항하여야 할 의
무를 부담한다.

해상운송인의 이러한 발항의무는 당사자간의 합의 또는 선적항에서의 관습에
의하는데($\frac{상}{1항 참조}$792조), 정기개품운송의 경우 해상운송인은 보통 미리 공시된 발착시간표
에 의한 발항의무를 부담한다.

(3) 직항의무

1) 원   칙   해상운송인은 발항하면 원칙적으로 예정항로에 따라 도착항
(양륙항)까지 직항하여야 할 의무를 부담한다. 즉, 이로(離路)(deviation)를 하여서는
안 된다는 의무이다. 왜냐하면 이로(離路)는 선박의 항행을 지연시켜 운송물의 연
착이나 이에 대한 위험을 증대시키기 때문이다. 이에 대하여 상법에는 규정이 없
으나, 해상운송인은 운송계약상 당연히 이러한 의무를 부담한다고 본다.[3] 그런데

---

10) 동지: 정(희), 558면.

1) 동지: 채, 693면; 김(인), 137면.

2) 동지: 김(인), 137면.

선장에 대하여는 공법상 「부득이한 사유가 있는 경우를 제외하고는 예정항로를 따라 도착항까지 항행하여야 한다」고 규정하여, 직항의무를 명문으로 규정하고 있다($\frac{선원 8조}{후단}$).

2) 예　　외　　해상운송인은 해상에서의 인명이나 재산의 구조행위로 인한 이로나 기타 정당한 이유가 있는 이로(離路)는 할 수 있다($\frac{상 796조}{8호 참조}$). 이 때 「기타 정당한 이유가 있는 이로(離路)」란 적하의 이익보호($\frac{예컨대, 양륙항이 총파업중}{이어서 다른 항구로 간 경우}$) 등 합리적인 이유가 있는 경우를 의미한다.[1] 합리적인 이유가 있는지 여부는 사실의 문제로서 이로(離路)가 각 운송당사자 전부에게 이익이 되었으면 합리적인 이유가 있다고 할 수 있다.[2]

(4) 운송물에 관한 의무

1) 운송물의 보관의무 등　　운송인은 운송을 인수한 자이므로 운송물의 수령시부터 인도시까지 선량한 관리자의 주의로써 이것을 「보관」하여야 할 의무를 부담한다.[3] 또한 운송인은 송하인 또는 선하증권소지인의 지시에 따라 「운송의 중지, 운송물의 반환, 기타의 처분」을 하여야 할 의무를 부담한다($\frac{상 815조}{139조}$).

2) 위법·위험운송물에 대한 조치　　운송인(선장)은 법령 또는 계약에 위반하여 선적한 운송물($\frac{즉, 위법}{선적물}$)을 언제든지 양륙할 수 있고, 그 운송물이 선박 또는 다른 운송물에 위해를 미칠 염려가 있는 때에는 이를 포기할 수 있다($\frac{상 800조}{1항}$). 이 때 운송인이 그러한 물건을 운송하는 때에는 선적한 때와 곳에서의 동종운송물의 최고운임을 청구할 수 있다($\frac{상 800조}{2항}$). 이는 어느 경우에나 운송인 기타 이해관계인의 손해배상청구에 영향이 없다($\frac{상 800조}{3항}$).

인화성·폭발성·기타의 위험성이 있는 운송물(위험운송물)은 그 운송인이 그 성질을 알고 선적한 경우에도 그 운송물이 선박이나 다른 운송물에 위해를 미칠 위험이 있는 때에는 운송인(선장)은 언제든지 이를 양륙·파괴 또는 무해조치를 할 수 있다($\frac{상 801조}{1항}$). 운송인은 이 처분에 의하여 그 운송물에 발생한 손해에 대하여는 공

---

3) 부당한 이로에 관한 미국 판례의 소개로는 김(인), (해상) 673~683면 참조.

1) 정당한 이유로 인한 이로(離路)에 해당하지 않는다고 본 판례로는 대판 1998. 2. 10, 96 다 45054(공보 1998, 667)(발항 당시 레이더에 관한 감항능력 주의의무의 이행을 다하지 아니한 선박이 출항한지 하루도 지나지 않은 상태에서 레이더의 수리 점검 및 선용품의 공급을 위하여 예정된 항로를 변경한 것은 정당한 이유로 인한 이로(離路)에 해당한다고 할 수 없다).

2) 일반적으로 합리성이라는 판단기준을 해석하는 태도가 미국법에 있어서는 영국법보다 더 엄격하다[정(희), 566~564면].

3) 동지: 대판 1978. 3. 28, 77 다 1401(민판집 243, 510).

동해손분담책임을 제외하고는 그 배상책임을 지지 아니한다($\frac{상}{2항}$^{801조}).

3. 양륙에 관한 의무

해상운송인의 양륙에 관한 의무는 운송채무이행의 최종단계에서 부담하는 의무인데, 최초단계에서 부담하는 선적에 관한 의무와 대응된다. 다만 양륙에 있어서는 운송계약의 당사자가 아닌 수하인 또는 선하증권소지인에 대하여 그의 의무를 이행하고 또 이 의무의 이행으로 운송계약은 종료된다는 점에서 특색이 있다.

(1) 입항의무

해상운송인은 운송물의 양륙·인도를 위하여 운송계약상 정하여진 양륙항 또는 송하인이 지정하는 양륙항에 입항하여, 특약 또는 관습에 의하여 정하여지는 양륙장소에 정박하여야 할 의무를 부담한다.

운송인이 양륙항에 입항하여 양륙장소에 정박하게 되면 수하인에게 운송물의 도착을 통지하여야 한다($\frac{상}{참조}$^{802조}). 그러나 실제로는 선하증권이 발행되는 경우가 많고 이 때에 운송인은 선하증권소지인이 누구인지를 알 수 없으므로, 이러한 통지에 갈음하여 광고를 한다.[1]

(2) 양륙의무

운송인은 개품운송계약에서 이러한 양륙의무를 부담한다[2]($\frac{상}{참조}$^{802조}). 따라서 이 경우에 해상운송인은 자기의 비용과 위험으로 운송물을 선창에서 인도장소까지 반출하여야 한다.

(3) 인도의무

해상운송인은 양륙항에서 운송물을 정당한 수하인에게 인도할 의무를 부담한다. 우리 상법상 해상운송인의 의무는 운송물의 수령시부터 인도시까지이므로[3]

---

1) 동지: 손(주), 814면.
2) 1991년 개정전 상법에서는 「개품운송계약에서는 수하인이 선장의 지시에 따라 지체 없이 운송물을 양륙하여야 한다」고 규정하여(개정전 상법 799조) 개품운송계약에서도 양륙의무를 송하인에게 부담시켜 결국 운송인은 어떤 경우에도 양륙의무를 부담하지 않았으나, 1991년 개정상법은 해운실무의 관행에 따라 개품운송계약에서는 양륙의무를 운송인에게 부담시키고 있다(상 799조 참조).
3) 통일조약의 적용범위는 원래 화물이 선적을 위하여 배의 삭구(索具)에 걸린 때로부터 양륙하여 삭구의 갈구리에서 벗겨진 때까지(tackle to tackle rule)이다[통일조약 1조(b)·(e)와 2조 및 7조 참조]. 이에 따른 영국법 하에서의 송하인의 의무는 양륙함으로써 종료되고(discharge), 그 이후 또는 선적 이전의 법률관계를 규율하기 위하여는 당사자는 계약에서 이를 임의로 약정할 수 있다. 그러나 통일조약을 그대로 받아들인 미국법(1936년법)에서는 선적 전과 양륙 후의 법률관계를 규제하는 1893년의 하터법(Harter Act) 때문에, 양륙 후 인도 전에는 운송인의 책임이 생기지 아니한다는 약관(non-responsibility clause)은 무효가 된다[정(희), 565면]. 영미법상의 Cogsa는 양

(상 795조), 해상운송인의 이러한 인도의무의 이행으로 인하여 해상운송계약은 완전히 종료하게 된다. 따라서 해상운송인의 이 의무는 최종의 의무가 된다. 개품운송계약의 경우에는 양륙 후에 인도가 있게 된다. 이 때 운송인 자신이 직접 인도하는 경우는 드물고, 대리점·운송주선인·창고업자·부두경영자 등이 운송인의 대리인으로서 인도하는 경우가 많다. 우리 상법은 해상운송인의 인도의무와 관련하여 수하인에 대하여도 일정한 의무를 부담시키고 있다. 따라서 이하에서는 해상운송인의 인도의무에 대하여, 운송인의 의무와 수하인의 의무로 나누어서 설명한다. 또한 운송인의 의무에 대하여는 선하증권이 발행된 경우와 선하증권이 발행되지 않은 경우로 나누어서 설명한다.

1) 운송인의 의무   해상운송인은 운송물을 정당한 수하인에게 인도하여야 하는데, 이 때 정당한 수하인이 누구이냐는 선하증권이 발행된 경우와 선하증권이 발행되지 않은 경우에 따라 다르다.

(개) **선하증권이 발행된 경우**   선하증권이 발행된 경우에는 선하증권의 정당한 소지인이 정당한 수하인이다(상 861조,132조). 따라서 해상운송인은 선하증권의 정당한 소지인에게 운송물을 인도할 의무를 부담한다. 그런데 이 경우에는 선하증권의 유가증권성과 관련하여 운송물의 인도에 관하여 몇 가지 특수한 점이 있는데, 이는 다음과 같다.[1]

① 상환증권성   선하증권이 발행된 경우에는 운송물의 인도청구권은 이 증권에 표창되므로, 운송인은 이와 상환하여서만 운송물을 인도할 수 있다(상환증권성)[2](상 861조,129조). 그러나 해상운송인이 선하증권 소지인의 인도지시 내지 승낙에 따라 운송물을 제 3 자에게 인도한 경우에는 그 제 3 자가 선하증권을 제시하지 않았다 하더라도 해상운송인이 그와 같은 인도지시 내지 승낙을 한 선하증권 소지인에 대하여 운송물인도의무 불이행이나 불법행위로 인한 손해배상책임을 지지 않는다.[3] 또

류시까지 적용되므로 운송인은 운송물을 부두의 뚝(quay)에 올려 놓음으로써 그 책임을 면한다는 London Clause가 선하증권에 잘 삽입되어 이용되는 형편이다. 수하인이 수령하지 아니하면 그 때부터 그는 체선료를 물어야 되지만, 운송인의 입장에서는 체선료가 그의 다음 항해예정이나 운송계약이행을 지체함으로써 입는 손해를 완전히 커버할 수 없는 이상 실제에 있어서는 수하인의 비용으로 양륙항의 창고에 보관하도록 조치하고 출항한다. 물론 이 때 운송인은 미수운임을 위하여 그 보관된 운송물 위에 유치권을 갖는다[정(희), 565면 주 2].

1) 육상운송에 있어서 이에 관한 사항은 정(찬), (상)(제27판) 360~362면 참조.

2) 동지: 대판 2007. 6. 28, 2007 다 16113(공보 2007, 1164)(기한부 신용장〈Usance credit〉 거래에 있어 수입업자가 선하증권 없이 화물을 먼저 반출하는 것이 관행이라고 인정할 수 없다).

3) 동지: 대판 1997. 6. 24, 95 다 40953(공보 1997, 2258).

한 이 경우에는 운송물의 처분도 선하증권으로써만 하여야 한다(처분증권성)($\frac{상}{132조}^{861조}$). 이 때 해상운송인은 원칙적으로 선하증권의 실질상 정당한 소지인에게 인도하여야 면책되지만, 예외적으로 형식상 정당한 소지인에게 운송물을 인도한 경우에도 운송인에게 악의 또는 중대한 과실이 없는 한 면책된다($\frac{상}{민}^{65조}_{518조}$).

이 때 선하증권의 정당한 소지인이 신용장 개설은행인 경우 신용장 개설은행이 신용장대금의 지급과 관련하여 별도의 담보나 수입보증금을 제공받지 않았다거나 선적서류를 송부받고도 화물의 소재를 파악하지 않았다고 하더라도 이는 과실상계사유에 해당하지 않고 또한 기한부신용장을 발행한 신용장 개설은행에게 일반 신용장을 발행한 경우와 다른 특별한 주의의무가 있는 것도 아니다.[1]

② 수 통의 선하증권이 발행된 경우 수 통의 선하증권이 발행된 경우에는 2인 이상의 선하증권소지인이 각자 운송물의 인도를 청구하는 일이 있을 수 있는 바, 상법은 이 경우에 양륙항에서 인도를 청구한 경우($\frac{상}{857조}$)와 양륙항 외에서 청구한 경우($\frac{상}{858조}$)에 따라 달리 규정하고 있다. 즉, (i) 양륙항에서는 운송인은 1통의 소지인의 인도청구에도 이에 응하여야 한다($\frac{상}{1항}^{857조}$). 이 경우에는 그 자가 정당한 권리자가 아닌 경우에도 운송인은 책임을 면한다. 따라서 다른 소지인의 선하증권은 실효된다($\frac{상}{2항}^{857조}$). 이와 같이 규정한 이유는 양륙항에서 운송물의 인도를 청구하는 자는 보통 정당한 소지인이고, 이 때 1통의 소지인에 대한 운송물의 인도를 부정하는 것은 수 통의 선하증권의 발행을 인정한 취지가 무의미해지기 때문이다. 따라서 이 때 해상운송인은 다른 선하증권소지인이 있음을 알고 있는 경우에도 운송물의 인도를 거절하지 못한다.[2] (ii) 그러나 양륙항 외에서 인도청구가 있는 경우에는 운송인은 선하증권의 각통의 반환을 받지 않으면 운송물을 인도할 의무가 없다($\frac{상}{858조}$).

③ 보증도 · 가도(假渡) 선하증권이 발행된 경우에는 앞에서 본 바와 같이 운송인은 이것과 상환하지 않으면 운송물을 인도할 의무가 없다($\frac{상}{129조}^{861조}$). 그러나 실

---

1) 동지: 대판 2004. 3. 25, 2001 다 53349(공보 2004, 683)(선하증권과 상환 없이 화물이 인도됨으로써 정당한 선하증권의 소지인인 신용장 개설은행이 손해를 입은 경우, 신용장 개설은행이 신용장대금 지급과 관련하여 별도의 담보를 제공받지 아니하였거나 수입보증금을 징수하지 않았다고 하더라도 그것이 손해 발생 또는 확대의 원인이 되었다고 할 수 없고, 신용장 개설은행이 선적서류를 송부받고도 화물의 행방을 알아보지 아니하였다는 사실만으로는 신용장 개설은행에게 사회통념상 또는 신의성실의 원칙상 주의의무를 게을리한 잘못이 있다고 보기 어렵다고 할 것이며, 또한 신용장 개설은행이 기한부신용장을 발행하였다는 사유만으로 화물에 관하여 일반 신용장을 발행한 경우와 다른 주의의무가 있다고 할 수 없다).

2) 동지: 손(주), 816면.

무에서는 운송인이 수하인(매수인) 등을 신뢰하여 그에게 선하증권과 상환하지 않고 운송물을 인도하거나(가도〈假渡〉또는 공도〈空渡〉) 또는 은행(매수인의 거래은행) 또는 기타 제 3 자의 보증서를 받고 선하증권과 상환하지 않고 운송물을 인도하는(보증도) 관습이 있다.[1] 그러나 운송인의 이러한 보증도 또는 가도의 상관습이 있다 하여, 이것이 선하증권의 정당한 소지인에 대한 운송인의 책임을 면제하는 것은 결코 아니다. 따라서 이러한 보증도 또는 가도에 의하여 수하인이 선하증권 없이 운송물을 수령하고 제 3 자가 수하인으로부터 그 운송물을 선의취득한 경우에는 운송인은 선하증권의 정당한 소지인에 대하여 상법상 채무불이행으로 인한 손해배상책임[2] 및 민법상 불법행위로 인한 손해배상책임[3]을 지고, 경우에 따라서는 형법상 횡령죄 또는 배임

---

1) 동지: 정(희), 568면; 서·정, 602면; 대판 1974. 12. 10, 74 다 376(공보 505, 8235)(해상물건 운송인은 상법 제129조·제820조에 의하여 선하증권과 상환하여 화물을 인도하여야 할 것이나, 그 선하증권상에 수하인으로 표시되어 있고 그 증권을 소지한 보증은행의 인도지시가 있는 경우에는 위 법조는 적용될 여지가 없다).

2) 동지: 대판 1990. 2. 13, 88 다카 23735(공보 1990, 625); 동 2007. 6. 28, 2007 다 16113(공보 2007, 1164)(운송인이 운송물을 선하증권과 상환하지 아니하고 타인에게 인도함으로써 선하증권 소지인이 입은 손해는 그 인도 당시의 운송물의 가액 및 이에 대한 지연손해금 상당의 금액이다. 또한 신용장 개설은행이 선하증권의 소지인으로서 운송인에 대하여 갖게 된 선하증권에 관한 손해배상채권과 신용장 개설은행으로서 신용장 개설의뢰인에 대하여 갖는 신용장 거래상의 채권은 법률상 별개의 권리이므로, 신용장 개설의뢰인의 신용장 개설은행에 대한 신용장 거래상의 채무가 일부 변제 등으로 소멸한다고 하더라도 운송인을 상대로 한 선하증권에 기한 손해배상청구에서 이를 공제하여야 할 것은 아니며, 선하증권의 소지인으로서 운송인에 대하여 가지는 권리가 신용장 개설은행으로서 개설의뢰인에 대하여 가지는 권리를 담보하기 위한 것이라 하여 운송인의 선하증권 소지인에 대한 손해배상채무가 신용장 개설의뢰인의 개설은행에 대한 신용장 거래상의 채무액 범위 내로 제한된다고 할 수도 없다); 동 2009. 5. 28, 2007 다 24008(공보 2009, 991)(보증도의 방법에 의하여 운송물의 회수가 사회통념상 불가능하게 됨으로써 그것이 멸실된 후에 운송인이 송하인에 대하여 배상하여야 할 손해액은 그 운송물의 멸실 당시의 가액 및 이에 대한 지연손해금 상당의 금액이다).

3) 동지: 대판 1991. 4. 26, 90 다카 8098(집 39 ② 민 118); 동 1991. 8. 27, 91 다 8012(공보 1991, 2420); 동 1992. 2. 14, 91 다 13571(집 40 ① 민 91); 동 1992. 2. 25, 91 다 30026(공보 918, 1136); 동 1999. 4. 23, 98 다 13211(공보 1999, 989)(운송인 등이 선하증권과 상환하지 아니하고 운송물을 선하증권의 정당한 소지인이 아닌 자에게 인도함으로써 선하증권소지인의 운송물에 대한 권리를 침해한 경우, 고의 또는 중과실에 의한 불법행위가 성립한다); 동 2001. 4. 10, 2000 다 46795(공보 2001, 1102)(선하증권을 발행한 운송인이 선하증권과 상환하지 아니하고 운송물을 선하증권 소지인 아닌 자에게 인도함으로써 선하증권 소지인에게 운송물을 인도하지 못하게 되어 운송물에 대한 그의 권리를 침해하였을 때에는 고의 또는 중대한 과실에 의한 불법행위가 성립한다고 할 것인데, 이 경우 운송물을 인수한 자가 운송물을 선의취득하는 등 사유로 선하증권 소지인이 운송물에 대한 소유권을 상실하여야만 운송인의 불법행위가 성립하는 것이 아니라 운송인이 선하증권 소지인이 아닌 자에게 운송물을 인도함으로써 선하증권 소지인의 운송물에 대한 권리의 행사가 어렵게 되기만 하였으면 곧바로 불법행위가 성립한다); 동 2004. 10. 15, 2004 다 2137(공보 2004, 1821)(해상운송에 있어서 선하증권이 발행된 경우 운송인은 수하인, 즉 선하증권의 정당한 소지인에게 운송물을 인도함으로써 그 계약상의 의무이행을 다하는 것이 되고, 그와 같은 인도의무의 이행방법 및 시기에 대하여는 당사자간의 약정으로 이를 정할 수 있음은 물론이

죄를 지는 경우도 있을 수 있다.[1] 운송인이 선하증권 소지인(또는 송하인)에게 이와 같이 손해배상책임을 이행한 경우에, 은행 기타 제3자의 보증서(화물선취보증서)를 받은 때에는 그 보증서의 발행인에 대하여 보증책임을 물을 수 있다.[2]

며, 만약 수하인이 스스로의 비용으로 하역업자를 고용한 다음 운송물을 수령하여 양륙하는 방식 〈이른바 '선상도'〉에 따라 인도하기로 약정한 경우에는 수하인의 의뢰를 받은 하역업자가 운송물을 수령하는 때에 그 인도의무의 이행을 다하는 것이 되고, 이 때 운송인이 선하증권 또는 그에 갈음하는 수하인의 화물선취보증서 등〈이하 '선하증권 등'이라고 한다〉과 상환으로 인도하지 아니하고 임의로 선하증권상의 통지처에 불과한 실수입업자의 의뢰를 받은 하역업자로 하여금 양하작업을 하도록 하여 운송물을 인도하였다면 이로써 선하증권의 정당한 소지인에 대한 불법행위는 이미 성립하는 것이고, 달리 특별한 사정이 없는 한 위 하역업자가 운송인의 이행보조자 내지 피용자가 된다거나 그 이후 하역업자가 실수입업자에게 운송물을 전달함에 있어서 선하증권 등을 교부받지 아니하였다 할지라도 별도로 선하증권의 정당한 소지인에 대한 불법행위가 성립하는 것은 아니다. 또한 운임 이외의 운송과 관련된 비용과 하역비용을 수하인이 부담하기로 한 해상운송계약에서 운송인이 선하증권과 상환 없이 하역과 보세운송을 담당한 실수입업자의 이행보조자에게 화물을 인도하였다면, 이로써 선하증권의 정당한 소지인에 대하여 불법행위가 성립하고, 위 이행보조자가 선하증권과 상환 없이 화물을 실수입업자의 자가 보세장치장까지 보세운송한 행위는 선하증권의 정당한 소지인에 대한 관계에서 별도로 불법행위가 된다고 할 수 없다); 동 2023. 8. 31, 2018 다 289825(공보 2023, 1715)(운송인이 송하인에게 선하증권을 발행·교부하는 경우 송하인은 선하증권 최초의 정당한 소지인이 되고, 그로부터 배서의 연속이나 그 밖에 다른 증거방법에 의하여 실질적 권리를 취득하였음을 증명하는 자는 그 정당한 소지인으로서 선하증권상의 권리를 행사할 수 있다. 이때 그 소지인이 담보의 목적으로 선하증권을 취득하였다고 하더라도 선하증권의 정당한 소지인이 되는 데에는 아무런 지장이 없으므로, 송하인으로부터 담보의 목적으로 선하증권을 취득한 자는 그 정당한 소지인으로서 선하증권에 화체된 권리를 행사할 수 있다. 그리고 송하인과의 법률관계, 선하증권의 문언 등에 따라 송하인을 대신하여 운송인으로부터 선하증권을 교부받을 권한이 있는 자가 선하증권에 관하여 실질적 권리를 취득하였다면 특별한 사정이 없는 한 이 경우에도 위와 같은 법리가 동일하게 적용되고, 그로부터 담보의 목적으로 선하증권을 취득한 자도 정당한 소지인으로서 선하증권상의 권리를 행사할 수 있다. 한편 선하증권을 발행한 운송인이 선하증권과 상환하지 아니하고 운송물을 선하증권 소지인이 아닌 자에게 인도함으로써 운송물에 관한 선하증권 소지인의 권리를 침해하였을 때에는 고의 또는 중대한 과실에 의한 불법행위가 성립하고, 이때 불법행위로 인한 손해배상청구권은 선하증권에 화체되어 그 선하증권의 소지인에게 이전된다. 따라서 선하증권의 정당한 소지인은 선하증권과의 상환 없이 운송물이 인도됨으로써 불법행위가 성립하는 경우, 운송인 또는 운송인과 함께 그와 같은 불법행위를 저지른 공동불법행위자를 상대로 손해배상청구를 할 수 있다).

1) 이에 관한 상세는 정(찬), (상)(제27판) 360~362면 참조.
　　반대: 정(희), 568면(보증도는 횡령죄를 구성하지 않으며 또 당연히 배임죄를 성립시키는 것도 아니고, 가도〈假渡〉의 경우에는 운송인의 자력·의향 기타 구체적인 사정을 고려하여 배임의 목적이 있었는가 없었는가를 결정하여야 한다고 한다); 손(주), 818면(가도〈假渡〉의 경우 운송인은 수하인을 신뢰하여 운송물을 인도한 것이므로 범의가 없고 따라서 범죄를 구성하는 것은 아니라고 한다).
2) 동지: 대판 2009. 5. 28, 2007 다 24008(공보 2009, 991)(화물선취보증서 발행은행이 상업송장 사본 등에 운송물의 가액으로 기재된 금액의 범위 내에서 보증책임을 부담하고자 하는 의사로 상업송장 가액을 그 금액으로 기재한 화물선취보증서를 발행하였다고 하더라도, 이는 내심의 의사에 불과하여 그러한 사정을 알고 있었다고 볼 수 없는 운송인에 대하여는 아무런 효력도 미칠 수 없는 점 등 여러 사정을 종합하면, 화물선취보증서에 기한 발행은행의 보증책임의 범위가 그 보증서에 기재된 상업송장 가액으로 제한되지 않는다).

또한 이러한 경우 운송물의 인도를 담당하는 보세장치장 설영자(보세창고업자) 등도 선하증권의 정당한 소지인에 대하여 불법행위로 인한 손해배상책임을 진다.[1] 운송인이 이러한 영업용 보세창고에 운송물을 입고시킨 경우에는 보세창고업자를 통하여 운송물에 대한 지배를 계속하고 있다고 할 것이므로 보세창고업자가 실수입자와 공모하여 보세창고에 입고된 화물을 무단반출함으로써 화물이 멸실되었다고 하더라도 운송인의 중과실에 의하여 선하증권 소지인의 운송물에 대한 소유권이 침해된 것이라 할 수 없고, 또한 이러한 보세창고업자는 일반적으로 독립된 사업자로서 자신의 책임과 판단에 따라 화물을 보관하고 인도하는 업무를 수행하는 점에서

---

1) 동지: 대판 2000. 11. 14, 2000 다 30950(공보 2001, 31)(해상운송화물은 선하증권과 상환으로 그 소지인에게 인도되어야 하는 것이고 선하증권 없이 화물이 적법하게 반출될 수는 없는 것이므로, 선하증권을 제출하지 못하여 운송인으로부터 화물인도지시서를 발급받지 못한 통지처의 요구에 따라 운송물을 인도하면 이 화물이 무단반출되어 선하증권의 소지인이 운송물을 인도받지 못하게 될 수 있음을 예견할 수 있음에도 불구하고, 보세장치장 설영자가 화물인도지시서나 운송인의 동의를 받지 않고 화물을 인도함으로 말미암아 선하증권의 소지인이 입은 손해에 대하여 불법행위에 기한 손해배상책임을 진다고 할 것이다); 동 2004. 1. 27, 2000 다 63639(공보 2004, 378)(항공화물이 통관을 위하여 보세창고에 입고된 경우에는 운송인과 보세창고업자 사이에 항공화물에 관하여 묵시적 임치계약이 성립한다고 볼 것이고, 따라서 보세창고업자는 운송인과의 임치계약에 따라 운송인 또는 그가 지정하는 자에게 화물을 인도할 의무가 있고, 한편 운송인은 항공화물운송장상의 수하인이나 그가 지정하는 자에게 화물을 인도할 의무가 있으므로, 보세창고업자로서는 운송인의 이행보조자로서 항공운송의 정당한 수령인인 수하인 또는 수하인이 지정하는 자에게 화물을 인도할 의무를 부담하게 되는바, 보세창고업자가 화물을 인도함에 있어서 운송인의 지시 없이 수하인이 아닌 사람에게 인도함으로써 수하인의 화물인도청구권을 침해한 경우에는 그로 인한 손해를 배상할 책임이 있다. 이와 같이 보세창고업자가 운송인의 이행보조자로서 수하인 또는 수하인이 지정하는 자에게 화물을 인도할 의무를 부담하는 이상, 관세행정법규에 의한 화물의 반출에 대한 절차 및 통제는 관세징수 또는 수입화물관리의 효율성 등 관세행정을 위한 것일 뿐이므로, 그에 따라 화물을 반출하였다는 사정은 운송인과 보세창고업자 사이에 성립된 임치계약에 의한 보세창고업자의 주의의무에는 영향이 없다); 동 2004. 7. 9, 2002 다 16729(공보 2004, 1313)(항공화물에 대하여 동지로 판시함); 동 2009. 10. 15, 2009 다 39820(공보 2009, 1837)(보세창고업자가 선하증권과 상환하지 아니하고 운송인 등의 지시 없이 운송선사발행의 마스터 화물인도지시서〈Master D/O〉만을 확인한 채 해상운송화물을 수입업자에 인도한 행위는, 하우스 선하증권〈House B/L〉 소지인의 화물인도청구권을 위법하게 침해한 것으로 불법행위를 구성한다); 동 2023. 12. 14, 2022 다 208649(공보 2024, 175)(해상운송화물이 통관을 위하여 보세창고에 입고된 경우에는 운송인과 보세창고업자 사이에 해상운송화물에 관하여 묵시적 임치계약이 성립하고, 보세창고업자는 운송인과의 임치계약에 따라 운송인 또는 그가 지정하는 자에게 화물을 인도할 의무가 있다. 해상화물운송에 있어서 선하증권이 발행된 경우 운송인은 선하증권의 소지인에게 화물을 인도할 의무를 부담하므로, 운송인의 이행보조자인 보세창고업자도 해상운송의 정당한 수령인인 선하증권의 소지인에게 화물을 인도할 의무를 부담한다. 나아가 보세창고업자는 화물 인도 과정에서 운송인이 발행한 화물인도지시서가 화물을 인도할 수 있는 근거서류로 적법하게 발행되었는지 등을 확인할 주의의무를 부담한다. 이와 같이 보세창고업자가 화물 인도에 관하여 부담하는 주의의무는 선하증권 소지인의 권리 기타 재산상의 이익을 보호하고 손해를 방지하는 것을 목적으로 할 뿐, 선하증권을 취득하지 못한 신용장 개설은행에 대해서까지 이러한 주의의무를 부담한다고 보기 어렵다).

운송인의 피용자가 아니므로 보세창고업자의 불법행위에 대하여 운송인은 사용자배상책임을 지지 않는다.[1]

④ 하도지시서(荷渡指示書)   선하증권이 발행된 운송물에 대하여 다시 그 증권소지인 또는 운송인이 (운송물을 수 인에게 분할양도하기 위하여, 보증도·가도〈假渡〉를 하기 위하여, 또는 매도인을 비밀로 하기 위하여) 하도지시서(delivery order: D/O)를 발행하는 경우가 있다. 이것은 운송계약상의 운송물의 인도를 지시하는 증권인데, 운송물의 매도인인 「선하증권소지인」이 운송인 또는 양륙항에 있어서의 하역업자에게 그의 운송물의 인도를 지시하여 발행하는 경우와, 「운송인」이 선장·부두경영자·하역업자 또는 창고업자에게 운송물의 인도를 지시하여 발행하는 경우가 있다.[2]

하도지시서가 발행된 경우 운송물의 인도시점은 이러한 하도지시서에 의하여 운송물이 하역업자의 보세장치장에서 출고된 때이다.[3]

---

1) 동지: 대판 2005. 1. 27, 2004 다 12394(공보 2005, 305)(해상화물운송에 있어서 선하증권이 발행된 경우 그 화물은 선하증권과 상환으로 선하증권의 소지인에게 인도되어야 하는 것이므로 운송인 또는 그 국내 선박대리점이 선하증권의 소지인이 아닌 자에게 화물을 인도함으로써 멸실케 한 경우에는 선하증권의 소지인에 대하여 불법행위에 기한 손해배상책임을 진다고 할 것이지만, 운송인의 국내 선박대리점이 실수입자의 요청에 의하여 그가 지정하는 영업용 보세창고에 화물을 입고시킨 경우에는 보세창고업자를 통하여 화물에 대한 지배를 계속하고 있다고 할 것이어서 운송인의 국내 선박대리점이 선하증권의 소지인이 아닌 자에게 화물을 인도한 것이라거나, 선하증권의 소지인에게 인도되어야 할 화물을 무단반출의 위험이 현저한 장소에 보관시킨 것이라고 할 수는 없으므로, 영업용 보세창고업자가 실수입자와 공모하여 보세창고에 입고된 화물을 무단반출함으로써 화물이 멸실되었다고 하더라도 선박대리점의 중대한 과실에 의하여 선하증권 소지인의 운송물에 대한 소유권이 침해된 것이라고는 할 수 없다. 또한 영업용 보세창고업자가 수입화물의 실수입자와의 임치계약에 의하여 수입화물을 보관하게 되는 경우, 운송인 또는 그 국내 선박대리점의 입장에서는 수입화물이 자신들의 지배를 떠나 수하인에게 인도된 것은 아니고 보세창고업자를 통하여 수입화물에 대한 지배를 계속하고 있다고 볼 수 있으므로, 보세창고업자는 수입화물에 대한 통관절차가 끝날 때까지 수입화물을 보관하고 적법한 수령인에게 수입화물을 인도하여야 하는 운송인 또는 그 국내 선박대리점의 의무이행을 보조하는 지위에 있다고 할 수 있으나, 영업용 보세창고업자는 일반적으로 독립된 사업자로서 자신의 책임과 판단에 따라 화물을 보관하고 인도하는 업무를 수행하고 운송인 또는 그 국내 선박대리점의 지휘·감독을 받아 수입화물의 보관 및 인도업무를 수행하는 것이라고는 할 수 없으므로 특별한 사정이 없는 한 운송인 및 그 국내선박대리점이 영업용 보세창고업자에 대하여 민법상 사용자의 지위에 있다고 볼 수는 없다).

2) 동지: 정(희), 568~569면; 서·정, 603~604면; 손(주), 818면.

3) 동지: 대판 2000. 11. 14, 2000 다 30950(공보 2001, 31)(선하증권이 발행된 경우 해상운송화물의 하역작업이 반드시 선하증권 소지인에 의하여 수행되어야 하는 것이 아니고 선하증권의 제시가 있어야만 양하작업이 이루어지는 것도 아닌바, 운송인은 화물을 선하증권 소지인에게 선하증권과 상환하여 인도함으로써 그 의무의 이행을 다하는 것이므로 선하증권 소지인이 아닌 선하증권상의 통지처의 의뢰를 받은 하역회사가 양하작업을 완료하고 화물을 하역회사의 일반보세창고에 입고시킨 사실만으로는 화물이 운송인의 지배를 떠난 것이라고 볼 수 없고, 이러한 경우 화물의 인도시점은 운송인 등의 화물인도지시서에 의하여 화물이 하역회사의 보세장치장에서 출고된 때라고 할 것이다); 동 2004. 1. 27, 2000 다 63639(공보 2004, 378)(항공화물의 운송에 있어서 운송인이

이러한 하도지시서에 의한 운송물의 인도도 엄격하게 보면 선하증권의 상환증권성($\frac{상 861조}{129조}$)의 예외라고 볼 수 있다.[1] 그러나 운송인이 선하증권소지인이 발행한 하도지시서에 의하여 운송물을 인도한 경우에는 선하증권의 상환증권성에 반하는 인도라는 이유로 손해배상책임을 부담할 여지는 없다.[2] 또한 수하인이 보세장치장 설영자에게 운송물 전체에 대한 화물인도지시서를 제시하여 그 운송물 중 일부만을 출고하고 나머지는 자신의 사정으로 후에 출고할 의사로 그대로 둔 경우, 그 시점에서 운송인은 운송물 전체의 인도의무를 다하였다고 본다.[3]

(ㅙ) **선하증권이 발행되지 않은 경우**　　선하증권이 발행되지 않은 경우에는 운송계약에서 지정된 수하인이 정당한 수하인이다. 따라서 해상운송인은 이러한 수하인에게 운송물을 인도할 의무를 부담한다.[4] 수하인은 운송계약의 기본당사자는 아니지만, 운송물이 도착지에 도착한 때에는 송하인과 동일한 권리를 취득하고 ($\frac{상 815조}{140조 1항}$), 수하인이 그 운송물의 인도를 청구한 때에는 수하인의 권리가 송하인의

공항에 도착한 수입항공화물을 통관을 위하여 보세창고업자에게 인도하는 것만으로 항공화물이 운송인이나 운송주선인의 지배를 떠나 수하인에게 인도된 것으로 볼 수는 없다); 동 2004. 7. 9, 2002 다 16729(공보 2004, 1313)(항공화물에 대하여 동지로 판시함).

그러나 보세창고업자가 국제항공화물을 정당한 수하인에게 인도하지 못함으로써 발생하는 손해배상책임에 관하여는 바르샤바협약이 적용되지 아니하여 이 협약상 운송인은 책임이 없다[대판 2004. 7. 22, 2001 다 67164(공보 2004, 1422)(국제항공운송에 관한 법률관계에 대하여는 일반법인 민법이나 상법에 대한 특별법으로서 국제항공운송에 있어서의 일부규칙의 통일에 관한 협약〈개정된 바르샤바협약〉이 우선 적용되는데, 위 협약은 제18조 1항에 따라 손해의 원인이 된 사고가 항공운송중에 발생한 경우에 적용되고, 제18조 2항에 따르면 항공운송중이란 수하물 또는 화물이 비행장 또는 항공기 상에서 운송인의 관리하에 있는 기간을 말한다고 규정하고 있는바, 항공화물이 공항을 벗어나 보세장치장에 반입됨으로써 항공운송은 종료된 것이므로, 보세창고업자들이 화물을 항공화물운송장 원본이나 운송주선업체가 발행하는 화물인도지시서를 받지 아니하고 인도함으로써 수하인이 입게 된 손해는 항공운송중에 발생한 손해라고 볼 수 없고, 결국 손해배상책임에 관하여는 위 협약이 적용되지 아니한다)].

1) 동지: 손(주), 817면.

2) 동지: 전게 대판 1997. 6. 24, 95 다 40953.

3) 대판 2005. 2. 18, 2002 다 2256(공보 2005, 461)(수하인이 보세장치장 설영자에게 운송물 전체에 대한 화물인도지시서를 제시하여 그 운송물 중 일부만을 출고하고 나머지는 자신의 사정으로 후에 출고할 의사로 그대로 둔 경우, 그 시점에서 운송인은 운송물 전체의 인도의무를 다하였다고 본다).

4) 동지: 대판 1999. 7. 13, 99 다 8711(공보 1999, 1615)(국제항공운송에 있어서 운송인이 수하인의 지시없이 제 3 자에게 수하인용 항공화물운송장을 교부하고 화물을 인도한 경우, 수하인에 대하여 불법행위를 구성한다); 동 2006. 4. 28, 2005 다 30184(공보 2006, 921)(국제항공운송에 관한 법률관계에 대하여는 1955년 헤이그에서 개정된 '국제항공운송에 있어서의 일부규칙의 통일에 관한 협약'〈바르샤바 협약〉이 일반법인 민법이나 상법에 우선하여 적용된다. 따라서 동 협약 제13조에 의하여 국내 운송취급인이 운송인으로부터 아무런 지시도 받지 않고 수하인에게는 화물 도착의 통지도 하지 아니한 채 수입회사의 청구에 따라 수출회사에 화물을 반송한 경우에는, 수하인의 화물인도청구권을 침해하였으므로 그로 인하여 수하인이 입은 손해를 배상할 책임이 있다).

권리보다 우선한다($\substack{상 815조, \\ 140조 2항}$).[1] 이러한 수하인의 지위에 관한 그 밖의 상세한 사항은 육상운송에서 설명한 바와 같다.[2]

2) 수하인의 의무   상법은 운송인의 운송물인도의무와 관련하여 다음과 같이 수하인의 수령의무와 통지의무를 규정하고 있다.

(카) 수하인의 수령의무   개품운송계약의 경우에는 앞에서 본 바와 같이 해상운송인이 운송물의 양륙의무와 수하인에 대한 도착통지의무를 부담하는데, 이 때 운송물의 도착통지를 받은 수하인은 당사자간의 합의 또는 양륙항의 관습에 의한 때와 곳에서 지체 없이 운송물을 수령하여야 할 의무를 진다[3]($\substack{상 \\ 802조}$). 이것은 선적의 경우에 송하인이 운송물을 제공할 의무를 부담하는 것($\substack{상 \\ 792조}$)에 대응되는 것이고, 또한 정기선에 의한 개품운송에 있어서는 운송인이 모든 화물을 양륙하는 총양(總揚)이 관습화되어 있는 실무에 따른 규정이다.[4]

(나) 수하인의 통지의무   수하인이 운송물의 일부 멸실 또는 훼손을 발견한 때에는 수령 후 지체 없이 그 개요에 관하여 운송인에게 서면에 의한 통지를 발송하여야 한다($\substack{상 804조 \\ 1항 본문}$). 그러나 그 멸실 또는 훼손이 즉시 발견할 수 없는 것인 때에는 수령한 날로부터 3일 내에 그 통지를 발송하여야 한다[5]($\substack{상 804조 \\ 1항 단서}$). 이 때 「수하인」은 선하증권이 발행된 경우에는 그의 정당소지인을 의미하므로, 보증도 또는 가도(假渡)에 의하여 운송물을 인도받은 자라도 그가 선하증권을 취득하지 못하면 그는 이 통지의무를 부담하지 않는다.[6]

이 통지가 없는 경우에는 운송물이 멸실 또는 훼손 없이 수하인에게 인도된 것으로 추정한다($\substack{상 804조 \\ 2항}$). 그러나 운송인 또는 그 사용인이 운송물이 멸실 또는 훼

---

1) 수하인이 운송물의 인도청구를 한 후 선하증권이 발행된 경우에는 그 선하증권의 소지인은 운송물의 인도청구권이 없다는 취지의 판례로는 대판 2003. 10. 24, 2001 다 72296(공보 2003, 2239)(선하증권이 발행되지 아니한 해상운송에 있어 수하인은 운송물이 목적지에 도착하기 전에는 송하인의 권리가 우선되어 운송물에 대하여 아무런 권리가 없지만, 운송물이 목적지에 도착한 때에는 송하인과 동일한 권리를 보유하고, 운송물이 목적지에 도착한 후 수하인이 그 인도를 청구한 때에는 수하인의 권리가 송하인에 우선하게 되는바, 그와 같이 이미 수하인이 도착한 화물에 대하여 운송인에게 인도 청구를 한 다음에는 비록 그 운송계약에 기한 선하증권이 뒤늦게 발행되었다고 하더라도 그 선하증권의 소지인이 운송인에 대하여 새로이 운송물에 대한 인도청구권 등의 권리를 갖게 된다고 할 수는 없다).
2) 정(찬), (상)(제27판) 362~363면 참조.
3) 대판 1966. 4. 26, 66 다 28(집 14 ① 민 208).
4) 동지: 정(희), 566면.
5) 이것은 Hague Rules 제3조 6항을 수정하여 규정한 것이다.
6) 동지: 손(주), 820면.

손되었음을 알고 있는(악의) 경우에는, 수하인의 이러한 통지의무 및 멸실·훼손이 없다는 추정에 관한 위의 규정은 적용되지 않는다($\frac{상}{3항}^{804조}$). 따라서 통지 자체는 적극적인 효력이 생기지 않고, 이러한 추정력을 생기지 않게 하는 효력이 있을 뿐이다. 즉, 불통지에는 증명책임을 부담하는 불이익이 따르게 된다.[1]

운송물의 멸실 또는 훼손이 발생하였거나 그 의심이 있는 경우에는, 운송인과 수하인은 서로 운송물의 검사를 위하여 필요한 편의를 제공하여야 한다(상호편의제공의무)($\frac{상}{4항}^{804조}$). 이상의 규정에 반하여 수하인에게 불리한 당사자간의 특약은 무효이다($\frac{상}{5항}^{804조}$)(상대적 강행법규성).

㈐ **수하인의 운임 등 지급의무**　　수하인이 운송물을 수령하는 때에는 운송계약 또는 선하증권의 취지에 따라 운임·부수비용·체당금·운송물의 가액에 따른 공동해손 또는 해난구조로 인한 부담액을 지급하여야 한다($\frac{상}{1항}^{807조}$).

(4) 공탁의무

1) **수하인의 수령거절 등**　　해상운송인(선장)은 수하인을 확실히 알 수 없거나 수하인이 운송물의 수령을 거부한 때에는, 이를 공탁하거나 세관 그 밖의 관청의 허가를 받은 곳에 인도하고 지체 없이 송하인 및 알고 있는 수하인에게 그 통지를 발송하여야 할 의무를 부담한다($\frac{상}{2항}^{803조}$). 이는 해운실무를 반영한 규정인데, 해상운송인을 보호하기 위한 규정이다. 왜냐하면 수하인이 불명하거나 수하인의 수령의사가 없는 것이 명백함에도 불구하고 운송인에게 운송물을 보관시키는 것은 운송인에게 불리하기 때문이다. 이 때 「수하인을 확실히 알 수 없는 경우」란 현재 누가 선하증권의 소지인인지 알 수 없는 경우 또는 후술하는 바와 같이 수 통의 선하증권이 발행된 경우 2인 이상의 선하증권소지인이 운송물의 인도를 청구한 경우($\frac{상}{1항}^{859조}$) 등이다.

이와 같이 해상운송인이 운송물을 공탁하거나 세관 기타 관청의 허가를 받은 곳에 인도한 때에는, 선하증권소지인 또는 그 밖의 수하인에게 운송물을 인도한 것으로 의제하고 있다($\frac{상}{3항}^{803조}$). 이는 1991년 개정상법에서 신설된 것인데, 운송인과 선하증권소지인과의 분쟁을 방지하기 위하여 해운실무를 반영하여 규정한 것이다.[2]

2) **수하인의 수령해태**(懈怠)　　수하인이 운송물의 수령을 게을리한 때에는

---

1) 동지: 손(주), 821면; 대판 1988. 9. 27, 87 다카 2131(공보 1988, 1331)(추정한다는 것은 입증책임을 전환시킨 것에 불과하고, 수하인이 통지를 게을리하였다 하여 운송인에게 지워질 운송계약상의 책임이 면제된다고 할 수 없다).

2) 동지: 손(주), 820면; 채, 686면.

해상운송인(선장)은 이를 공탁하거나 세관 그 밖에 법령이 정한 관청의 허가를 받은 곳에 인도할 수 있는데, 이 경우에는 지체 없이 수하인에게 그 통지를 발송하여야 한다($\frac{\text{상}}{\text{1항}}\text{803조}$). 이것도 해운실무를 반영한 규정인데, 수하인의 수령거부 등의 경우와 같이 해상운송인을 보호하기 위한 규정이다. 이 경우는 수하인의 수령거부 등의 경우와는 달리 해상운송인(선장)이 공탁 등의 의무를 부담하는 것은 아니므로, 이를 할 것인지 여부를 해상운송인이 임의로 결정하여야 한다. 만일 해상운송인이 공탁 등을 하지 않고 운송물을 계속 보관한 경우에는 수하인에 대하여 초과양륙기간에 대한 체선료를 청구할 수 있다($\frac{\text{상}}{\text{3항}}\frac{\text{838조}}{\text{참조}}$).

그러나 해상운송인이 운송물을 공탁 등을 한 경우에는 수하인의 수령거부 등의 경우와 같이 선하증권소지인 그 밖의 수하인에게 운송물을 인도한 것으로 의제하고 있다($\frac{\text{상}}{\text{3항}}\text{803조}$).

3) 수 통의 선하증권이 발행된 경우   수 통의 선하증권이 발행된 경우 2인 이상의 선하증권소지인이 운송물의 인도를 청구한 때에는, 해상운송인(선장)은 지체 없이 운송물을 공탁하고 각 청구자에게 통지를 발송하여야 할 의무를 부담한다($\frac{\text{상}}{\text{1항}}\text{859조}$). 이 때에 해상운송인은 보통 어느 선하증권소지인이 정당한 소지인인지 알 수 없고, 또 이 경우에 정당한 권리자가 확정될 때까지 해상운송인에게 그 운송물을 계속하여 보관시키는 것은 해상운송인에게 불리하기 때문이다. 또 양륙항에서 1통의 선하증권소지인에게 운송물의 일부를 인도한 경우에는, 인도하지 아니한 운송물에 대하여 다른 2인 이상의 선하증권소지인이 인도를 청구한 경우에도 같다($\frac{\text{상}}{\text{2항}}\text{859조}$). 위와 같이 공탁한 운송물에 대하여는 수 인의 선하증권소지인에게 공통되는 전자로부터 먼저 교부를 받은 증권소지인의 권리가 다른 소지인의 권리에 우선한다($\frac{\text{상}}{\text{1항}}\text{860조}$).

제3 해상물건운송인의 책임[1]

1. 총   설

(1) 해상물건운송인의 책임에 관한 우리 상법의 규정은 1991년 개정상법 및

---

1) 이에 관하여는 이균성, 「국제해상운송법연구」(삼영사, 1984); 동, "해상운송인의 손해배상책임," 「사법행정」, 1992. 4, 12~22면; 정찬형, "운송인의 손해배상책임," 「법학논집」(고려대), 제26집 (1991. 9), 296~312면(이 논문은 특히 육상운송인·해상운송인 및 항공운송인의 손해배상책임을 종합적으로 비교하여 설명하고 있다); 한철, "해상운송인의 책임과 법정선택조항," 「해사법연구」 (한국해사법학회), 제12권 2호(2000. 12), 65~81면 등 참조.

2007년 개정상법에서 이에 관한 국제적 통일조약에 따라 개정되었다. 즉, 이미 앞에서 설명한 바와 같이 1991년 개정상법은 1924년의 Hague Rules를 비교적 충실히 수용하고 1968년의 Hague-Visby Rules 및 1978년의 Hamburg Rules를 반영하여 규정하였으나, 해상운송인의 책임한도액에 대하여는 Hague-Visby Rules에 충실하지 못하고 미국이 취하고 있는 미화 500달러를 기준으로 500계산단위로 책임한도액을 정하였다($^{1991년 \ 개정상법}_{789조의 \ 2 \ 제1항 \ 본문}$). 그런데 이는 오늘날 너무 저액이라는 지적이 있어 왔고 특히 중량에 따른 책임제한제도를 채택하지 않아 자동차·기계 등을 선적하는 화주에게 크게 불리하였다. 따라서 2007년 개정상법에서는 Hague-Visby Rules의 내용을 충실히 도입하여 책임한도액을 상향함과 동시에($^{666.67}_{계산단위}$) 중량에 따른 책임제한제도를 도입하였다($^{중량 \ 1킬로그램당}_{2계산단위}$).

(2) 해상물건운송인의 손해배상책임을 육상물건운송인의 그것과 비교하여 보면, 해상운송의 특수성에서 운송인을 더 보호하는 방향으로 규정되어 있다. 즉, 양자 모두 과실책임주의에 입각하여 책임을 부담시키고, 증명책임을 운송인 측에 부담시키고 있는 점은 동일하다. 그러나 해상물건운송인의 책임은 감항능력주의의무위반($^{상}_{794조}$) 및 상사과실(상업과실)($^{상}_{1항}$^{795조})이 있는 경우에만 발생하고 항해과실 또는 선박화재가 있는 경우($^{상}_{2항}$^{795조})에는 원칙적으로 발생하지 않는 점($^{상 \ 135조}_{와 \ 비교}$), 손해배상액이 정액배상주의에서 다시 제한되어 있는 점($^{상 \ 797조·815조}_{와 \ 137조의 \ 비교}$) 등에서 육상물건운송인의 책임보다 훨씬 경감되어 있다.

이하에서는 해상물건운송인의 손해배상책임에 대하여 원칙적으로 육상물건운송인의 그것의 설명기준[1]에 따라서 설명하겠는데, 이미 앞에서 설명한 선주유한책임에 관한 설명기준도 참고하여 설명하겠다.

2. 책임발생원인

해상물건운송인의 책임발생원인에 대하여는 상법 제794조에서 제796조까지 특별규정을 두고 있으므로, 동조에 의하여 해상물건운송인의 책임이 정하여진다.[2] 즉, 해상물건운송인은 감항능력주의의무에 위반하거나 상사과실($^{운송물의 \ 취급과}_{보관에 \ 관한 \ 과실}$)이 있는 경우에는 책임을 부담하나, 항해과실이 있거나 선박화재의 경우에는 원칙적으로 면책된다.

---

1) 정(찬), (상)(제27판) 363~372면.
2) 따라서 해상물건운송인의 책임발생원인에 대하여는 상법 제135조가 준용될 여지가 없다[대판 1972. 6. 13, 70 다 213(집 20 ② 민 98)].

(1) 책임부담의 주체(책임주체)

1) 해상물건운송인   해상물건운송과 관련하여 발생한 손해에 대한 책임부담의 주체는 「해상물건운송인」이다[1]($\frac{상}{795조},\frac{794조,}{796조}$). 따라서 해상물건운송을 하는 해상기업주체는 모두 책임주체가 된다. 즉, 선박소유자뿐만 아니라, 선체용선자 및 정기용선자가 책임주체가 된다.[2] 재운송계약의 용선자(항해용선자)는 해상기업주체는 아니지만, 이러한 책임주체가 된다고 본다. 다만 재운송계약의 경우 용선자가 자기명의로 제 3 자와 운송계약을 체결한 경우에는, 그 계약의 이행이 선장의 직무에 속한 범위 안에서 선박소유자도 책임부담의 주체가 된다($\frac{상}{809조}$).[3] 책임부담의 주체인 이러한 해상물건운송인은 또한 후술하는 책임제한을 주장할 수 있는 자이기도 하다($\frac{상}{1항}^{797조}$).

2) 해상물건운송인의 사용인 등   상법은 해상물건운송인의 사용인 또는 대리인 등이 다른 법률상 원인($\frac{민}{틀}^{750조}$)에 의하여 적하이해관계인에 대하여 손해배상책임을 부담하는 경우에,[4] 이러한 사용인 또는 대리인 등도 해상물건운송인이 주장할 수 있는 면책사유나 책임제한을 주장할 수 있음을 특별히 규정하고 있다. 즉, 「운송물에 관한 손해배상청구가 운송인의 사용인 또는 대리인에 대하여 제기된 경우에 그 손해가 그 사용인 또는 대리인의 직무집행에 관하여 생긴 때에는 그 사용인 또는 대리인은 운송인이 주장할 수 있는 항변과 책임제한을 원용할 수 있다」고

---

1) 1991년 개정상법 이전에는 책임부담의 주체를 「선박소유자」로 규정하였으나, 1991년 개정상법에는 Hague Rules에 따라 「운송인」 중심으로 개정하였다.

2) 동지: 대판 2002. 5. 28, 2001 다 12621(공보 2002, 1510)(선박의 운행중 사고로 인한 손해배상에 대하여 그 선박의 이용자가 손해배상을 부담하기 위하여는 그 이용자가 사고 선박의 선장·선원에 대한 실질적인 지휘·감독권이 있어야 하고, 그와 같은 권한이 있는지 여부는 그 선박의 이용계약이 선박임대차계약인지 정기용선계약인지 아니면 이와 유사한 성격을 가진 제 3 의 특수한 계약인지 여부 및 그 계약의 취지·내용에 선박의 선장·선원에 대한 실질적인 지휘·감독권이 이용권자에게 부여되어 있는지 여부 등을 구체적으로 검토하여 결정하여야 할 것이다〈대법원 1999. 2. 5. 선고 97 다 19090 판결 참조〉. 따라서 예인선의 선장의 과실로 인한 사고에 대하여 예인선의 선주는 위와 같은 사정이 없으므로 손해배상책임이 없다).

3) 이와 관련하여 우리 대법원판례는 「정기용선자로부터 선복을 용선받은 재용선자가 송하인과 운송계약을 체결한 사안에서, 재용선자가 발행한 선하증권의 이면약관상 재용선자가 위 운송계약의 운송인이 됨을 명시하고 있으며, 재용선자는 정기용선자에게 일정한 선복용 선료만 지급할 뿐이고 위 운송계약에 따른 운임은 모두 재용선자의 수입으로 되는 사정 등이 있으면, 위 정기용선자는 운송계약상 책임을 지는 운송인의 지위에 있지 않다」고 판시하고 있다[대판 2001. 7. 10, 99 다 58327(공보 2001, 1819)].

4) 피예인선의 선장 및 기관책임자의 과실로 그 선박에 실려 있던 장비가 유실되는 등의 사고가 발생한 경우, 그 선장은 불법행위로서, 선주는 선장 등의 사용자 겸 소유자로서 각자 손해배상책임이 있다[대판 1992. 9. 8, 92 다 23292(공보 9312, 849)].

규정하고¹⁾($\substack{상\ 798조 \\ 2항\ 본문}$), 「이 경우에 운송인과 그 사용인 또는 대리인의 운송물에 대한 책임제한금액의 총액은 제797조 1항의 규정에 의한 한도($\substack{운송인의\ 책임한도 \\ -\ 저자\ 주}$)를 초과하지 못한다」고 규정하고 있다²⁾($\substack{상\ 798조 \\ 3항}$). 이것은 운송인의 사용인 또는 대리인이 운송인보다 더 큰 책임을 부담하는 것이 불합리하기 때문에 둔 규정이다. 이 때의 「운송인의 사용인 또는 대리인」이란 원칙적으로 고용계약 또는 위임계약 등에 따라 운송인의 지휘·감독을 받아 그 업무를 수행하는 자를 말하고, 그러한 지휘·감독에 관계 없이 스스로의 판단에 따라 자기 고유의 사업을 영위하는 독립적인 계약자는 포함되지 아니한다.³⁾ 그러나 예외적으로 당사자간의 특약(히말라야 약관)으로 이러한 독립적인 운송관련자⁴⁾나 운송인과 직접적인 계약관계가 없는 자⁵⁾도 운송인의 책

---

1) 이는 Hague-Visby Rules 제4조의 2 2항에 따른 규정이며, 상법 제774조 1항 3호와도 그 취지를 같이 하는 규정이다. 이러한 내용의 선하증권조항을 「히말라야 약관」(Himalaya clause)이라고 하는데, 이는 영국의 Adler v. Dickson 사건에서 지중해를 항해하는 여객선 히말라야호가 발행한 승선권에 이러한 내용의 면책약관이 기재되지 않은 것이 문제가 된 점에서 기원하고 있다. 이 때 영국법원은 승선권에 선박회사의 사용인 또는 대리인에게도 운송인의 면책약관이 적용된다는 사실이 명시되어 있지 않는 한 선박회사의 사용인 등은 이를 주장할 수 없다고 판시하였다[이에 관한 상세는 송·김, (해) 290~291면 및 같은면 주 참조].

2) 이는 Hague-Visby Rules 제4조의 2 3항에 따른 규정이고, 상법 제774조 2항과도 그 취지를 같이 하는 규정이다.

3) 대판 2004. 2. 13, 2001 다 75318(공보 2004, 460)(상법 제789조의 3 2항〈2007년 개정상 법 제798조 2항〉 소정의 '사용인 또는 대리인'이란 고용계약 또는 위임계약 등에 따라 운송인의 지휘감독을 받아 그 업무를 수행하는 자를 말하고, 그러한 지휘감독에 관계 없이 스스로의 판단에 따라 자기 고유의 사업을 영위하는 독립적인 계약자는 포함되지 아니한다); 동 2004. 5. 14, 2001 다 33918; 동 2009. 8. 20, 2007 다 82530(공보 2009, 1506)(구 상법〈2007. 8. 3. 법률 제8581호로 개정되기 전의 것〉 제789조의 3〈2007년 개정상법 제798조〉 제2 항에서 운송인이 주장할 수 있는 항변과 책임제한을 원용할 수 있는 '사용인 또는 대리인'이란 고용계약 또는 위임계약 등에 따라 운송인의 지휘·감독을 받아 그 업무를 수행하는 자를 말하고, 그러한 지휘·감독과 관계 없이 스스로의 판단에 따라 자기 고유의 사업을 영위하는 독립적인 계약자는 포함되지 아니하므로, 그러한 독립적인 계약자는 위 법 제789조의 2에 기한 운송인의 책임제한 항변을 원용할 수 없다. 따라서 해상운송에 있어서 컨테이너 적재작업을 하던 도중에 화물이 손상된 경우, 항만에 화물집하소를 두고 컨테이너 적재작업을 하는 자는 운송인의 면책항변을 원용할 수 있는 이행보조자가 아니다).

4) 대판 2007. 4. 27, 2007 다 4943(공보 2007, 783)(상법 제789조의 3 제2 항〈2007년 개정상법 제798조 2항, 이하 이 판례에서 같음〉은 "운송물에 관한 손해배상 청구가 운송인의 사용인 또는 대리인에 대하여 제기된 경우에 그 손해가 그 사용인 또는 대리인의 직무집행에 관하여 생긴 것인 때에는 그 사용인 또는 대리인은 운송인이 주장할 수 있는 항변과 책임제한을 원용할 수 있다. 그러나 그 손해가 그 사용인 또는 대리인의 고의 또는 운송물의 멸실, 훼손 또는 연착이 생길 염려가 있음을 인식하면서 무모하게 한 작위 또는 부작위로 인하여 생긴 것인 때에는 그러하지 아니하다"고 규정하고 있는바, 여기에서 '사용인 또는 대리인'이란 고용계약 또는 위임계약 등에 따라 운송인의 지휘·감독을 받아 그 업무를 수행하는 자를 말하고 그러한 지휘·감독과 관계 없이 스스로의 판단에 따라 자기 고유의 사업을 영위하는 독립적인 계약자는 포함되지 아니하므로, 그러한 독립적인 계약자는 상법 제811조〈2007년 개정상법 제814조〉에 기한 항변을 원용할 수 없다고 할

임제한을 원용할 수 있도록 하고 있다.

또한 사용인 등이 운송인의 항변을 원용할 수 있는 경우는 사용인 등의 「직무
집행에 관하여 생긴 손해」에 한한다. 그러나 「그 손해가 그 사용인이나 대리인의

것이다〈대법원 2004. 2. 13. 선고 2001 다 75318 판결 참조〉. 그러나 선하증권 뒷면에 "운송물에
대한 손해배상청구가 운송인 이외의 운송관련자〈anyone participating in the performance of
the Carriage other than the Carrier〉에 대하여 제기된 경우, 그 운송관련자들은 운송인이 주장할
수 있는 책임제한 등의 항변을 원용할 수 있고, 이와 같이 보호받는 운송관련자들에 하수급인
〈Subcontractors〉, 하역인부, 터미널 운영업자〈terminals〉, 검수업자, 운송과 관련된 육상·해상·
항공 운송인 및 직·간접적인 하청업자가 포함되며, 여기에 열거된 자들에 한정되지 아니한다는 취
지"의 이른바 히말라야 약관〈Himalaya Clause〉이 기재되어 있다면, 그 손해가 고의 또는 운송물
의 멸실, 훼손 또는 연착이 생길 염려가 있음을 인식하면서 무모하게 한 작위 또는 부작위로 인하
여 생긴 것인 때에 해당하지 않는 한, 독립적인 계약자인 터미널 운영업자도 위 약관조항에 따라
운송인이 주장할 수 있는 책임제한을 원용할 수 있다고 할 것이다〈대법원 1997. 1. 24. 선고 95
다 25237 판결 참조〉. 상법 제789조의 3 제 2 항은 '운송인이 주장할 수 있는 책임제한'을 원용할
수 있는 자를 '운송인의 사용인 또는 대리인'으로 제한하고 있어 운송인의 사용인 또는 대리인 이
외의 운송관련자에 대하여는 적용되지 아니한다고 할 것이므로 당사자 사이에서 운송인의 사용인
또는 대리인 이외의 운송관련자의 경우에도 운송인이 주장할 수 있는 책임제한을 원용할 수 있다
고 약정하더라도 이를 가리켜 상법 제789조의 3의 규정에 반하여 운송인의 의무 또는 책임을 경감
하는 특약이라고는 할 수 없고, 따라서 상법 제790조〈2007년 개정상법 제799조〉 1항에 따라 그
효력이 없다고는 할 수 없다고 할 것이다. 한편, 이른바 히말라야 약관은 운송인의 항변이나 책임
제한을 원용할 수 있는 운송관련자의 범위나 책임제한의 한도 등에 관하여 그 구체적인 내용을 달
리 하는 경우가 있으나, 해상운송의 위험이나 특수성과 관련하여 선하증권의 뒷면에 일반적으로
기재되어 국제적으로 통용되고 있을 뿐만 아니라, 간접적으로는 운송의뢰인이 부담할 운임과도 관
련이 있는 점에 비추어 볼 때, 약관의 규제에 관한 법률 제 6 조 1항에서 정하는 '신의성실의 원칙
에 반하여 공정을 잃은 조항'이라거나 같은 법 제 6 조 2항의 각 호에 해당하는 조항에 해당한다고
도 할 수 없다. 원심이 같은 취지에서, 고려해운과의 용역계약에 따라 이 사건 화물을 인도받아 보
세창치장에 보관하고 있던 터미널 운영업자인 피고 허치슨터미널은 이 사건 화물에 대한 선하증권
의 이면에 기재된 이른바 히말라야 약관에 따라 운송인의 책임제한에 관한 항변을 원용할 수 있다
고 판단한 것은 정당하고, 원심의 이러한 판단에는 이른바 히말라야 약관이 약관의 규제에 관한 법
률 제 6 조에 위반하여 효력이 없다는 원고의 주장을 배척한 취지가 포함되어 있다고 할 것이므로
원심판결에 상고이유의 주장과 같이 판결에 영향을 미친 이른바 히말라야 약관의 유효성 및 그 적
용범위 등에 관한 법리오해나 판단누락 등의 위법이 있다고 할 수 없다).

5) 대판 2016. 9. 28, 2016 다 213237〈공보 2016, 1592〉(운송물에 대한 손해배상청구가 '운송인의
이행보조자·대리인 또는 하위계약자〈any servant, agent or Sub-contractor of the Carrier〉'에
대하여 제기된 경우에 그들이 운송인이 주장할 수 있는 책임제한 등의 항변을 원용할 수 있고, 이
와 같이 보호받는 하위계약자〈Sub-contractor〉에 '선박소유자 및 용선자, 운송인 아닌 선복제공
자, 하역업자, 터미널 운영업자 및 분류업자, 그들을 위한 이행보조자와 대리인 및 누구든지 운송
의 이행을 보조하는 사람이 포함된다'는 취지의 이른바 '히말라야 약관〈Himalaya Clause〉'이 선
하증권의 이면에 기재되어 있는 경우에, 손해가 고의 또는 운송물의 멸실·훼손 또는 연착이 생길
염려가 있음을 인식하면서 무모하게 한 작위 또는 부작위로 인하여 생긴 것에 해당하지 않는다면,
하위계약자인 하역업자도 선하증권에 기재된 운송과 관련하여 운송인이 선하증권 약관조항에 따라
주장할 수 있는 책임제한을 원용할 수 있다. 그리고 여기에서 말하는 '누구든지 운송의 이행을 보
조하는 사람'에는 위 약관에서 운송인과 직접적인 계약관계가 있을 것을 요구하는 등의 특별한 사
정이 없는 한, 운송인과 직접적인 계약관계 없이 운송인의 선하증권에 따른 업무범위 및 책임영역
에 해당하는 작업의 일부를 대행한 하역업자도 포함된다).

고의 또는 운송물의 멸실·훼손 또는 연착이 생길 염려가 있음을 인식하면서 무모하게 한 작위 또는 부작위로 인하여 생긴 것인 때에는 운송인이 주장할 수 있는 항변과 책임제한을 원용할 수 없다」고 규정하고 있다[1]($\substack{상 798조 \\ 2항 단서}$).

또한 운송인의 책임제한 등의 규정이 운송인의 불법행위에도 적용된다는 규정 및 그 사용인 또는 대리인에 대하여도 적용된다는 규정은, 운송물에 관한 손해배상청구가 운송인으로부터 다시 운송을 인수한 실제운송인 또는 그 사용인이나 대리인에 대하여 제기된 경우에도 적용된다[2]($\substack{상 798조 \\ 4항}$).

3) **책임보험자**　　책임보험자는 보험법의 규정에 의하여 피해자(적하이해관계인)가 보험자에게 보험금을 직접 청구하는 경우에는 피보험자(운송인)의 항변을 원용할 수 있으므로($\substack{상 \\ 724조}$), 이러한 책임보험자도 운송인의 면책사유나 책임제한을 주장할 수 있다고 본다.

(2) **책임을 부담하는 경우**

1) **감항능력주의의무위반이 있는 경우**($\substack{상 \\ 794조}$)　　해상물건운송인은 감항능력에 관한 주의의무를 부담하는데, 이 의무에 위반하는 경우에는 운송인은 손해배상책임을 부담한다. 즉, 운송인은 발항당시 자기 또는 선원 기타의 선박사용인이, (i) 선박이 안전하게 항해를 할 수 있게 할 것, (ii) 필요한 선원의 승선·선박의장(艤裝)과 필요품의 보급, (iii) 선창·냉장실 기타 운송물을 적재할 선박의 부분을 운송물의 수령·운송과 보존을 위하여 적합한 상태에 둘 것 등에 관한 사항에 대하여 주의를 게을리하지 아니하였음을 증명하지 아니하면, 운송물의 멸실·훼손 또는 연착으로 인한 손해를 배상할 책임을 면하지 못한다($\substack{상 \\ 794조}$). 이러한 운송인의 감항능력에 관한 주의의무에 관하여는 이미 앞에서 상세히 설명하였으므로, 그 설명을 생략한다.

---

1) 이는 상법 제797조 1항 단서 및 제769조 단서와 같은 취지이다.

2) 이는 Hamburg Rules 제10조 5항에 따른 규정이다.

　　참고로 실제운송인의 불법행위책임을 부정한 대법원판례로는 대판 2001. 7. 10, 99 다 58327 (공보 2001, 1819)(해상운송중 환적된 화학물질이 부적절한 포장과 적입에 기인한 화학반응으로 고열과 연기 및 가스를 분출하고 이로 말미암아 인접한 화물이 훼손된 사안에서, 실제운송인이 하주적입〈하주적입, Shipper's Load and Count〉의 방법으로 위 화학물질이 적입된 컨테이너를 환적받을 당시 그 컨테이너는 외관상 아무런 이상이 없었고 또한 위 화학물질이 '위험물 선박운송 및 저장규칙'이나 '국제 해상위험물 규칙'상 위험물로 분류되어 있지 아니하므로, 통상적인 방법으로 위 컨테이너를 적절하게 선적·적부하였다면, 비록 실제운송인이나 선장·선원들이 이를 받아 선적·적부하면서 컨테이너를 열고 그 안에 화물이 적절한 용기에 적절한 방법으로 포장·적입되었는지를 살피지 아니하였다고 하더라도 이를 잘못이라고 할 수 없고, 따라서 실제운송인은 위 인접 화물의 훼손에 대하여 불법행위책임을 부담하지 아니한다).

2) 상사과실이 있는 경우($\frac{상}{1항}$795조)

(가) 해상물건운송인은 상사과실($\frac{상업상의}{과실}$)이 있는 경우 손해배상책임을 부담한다. 즉, 운송인은 자기 또는 선원 기타의 선박사용인이 운송물의 수령·선적·적부(積付)[1]·운송·보관[2]·양륙과 인도[3]에 관하여($\frac{그러나 운송인은 여기에 열거된 모든}{용역이 아니라, 인수한 용역에 관하여만}$)[4] 주의를 게을리하지 아니하였음을 증명하지 아니하면, 운송물의 멸실·훼손 또는 연착으로 인한 손해를 배상할 책임이 있다($\frac{상}{1항}$795조). 이러한 해상물건운송인의 책임은 육상물건운송인의 책임($\frac{상}{135조}$) 및 채무자의 채무불이행으로 인한 민사책임($\frac{민 390조,}{391조}$)과 같이 과실책임주의를 원칙으로 하고, 또 무과실의 증명책임을 운송인(채무자)측에 부담시키고 있다. 따라서 상법 제795조 1항의 규정은 민법상 채무불이행으로 인한 손해배상책임의 예외규정이 아니라, 예시규정이라고 본다. 이렇게 보면 운송인은 상법 제795조 1항에서 예시하지 않은 채무불이행이 있거나 또는 동조에서 예시하지 않은

---

1) 대판 1983. 3. 22, 82 다카 1533(공보 704, 735)(해상운송에 있어서 운송물의 선박적부시에 고박〈固縛〉·고정장치를 시행하였으나 이를 튼튼히 하지 아니하였기 때문에 항해 중 그 고박〈固縛〉·고정장치가 풀어져서 운송물이 동요되어 파손되었다면 특단의 사정이 없는 한 불법행위〈운송계약의 불이행도 동일함 — 저자 주〉의 책임조건인 선박사용인의 과실을 인정할 수 있고, 불법행위〈운송계약의 불이행도 동일함 — 저자 주〉로 인한 손해배상청구에 대하여 운송인이 불가항력에 의한 사고라는 이유로 그 불법행위책임〈채무불이행책임도 동일함 — 저자 주〉을 면하려면 그 풍랑이 선적 당시 예견불가능한 정도의 천재지변에 속하고 사전에 이로 인한 손해발생의 예방조치가 불가능하였음이 인정되어야 한다).

2) 대판 1978. 3. 28, 77 다 1401(민판집 243, 510)(그 자체 습기와 열이 있는 찹쌀을 열대지방에서 온대지방으로 운송하는 경우 운송인으로서는 운송도중이거나 정박중이거나를 불문하고 부패·변질되지 아니하도록 환기장치를 세심히 사용하거나 상당한 주의를 하여야 한다).

3) 대판 1981. 12. 22, 81 다카 656(민판집 228의 하, 215)(일반적으로 해상물건운송인의 책임의 시기와 종기는 운송계약 또는 선하증권에 기재된 운송약관에 의하여 정하여지는 것이나, 선하증권상에 물품인도장소가 컨테이너 야적장으로 명기되어 있는 본건과 같은 경우에 있어서 그 인도장소를 콘테이너 야적장으로 정한 것이 운송인 책임하에 위 인도장소까지 운반하여 여기에서 인도하기로 하는 특약의 취지로 된 것이라면, 특단의 사정이 없는 한 운송인은 위 인도장소에서 수하인 또는 선하증권소지인에게 물품을 인도함으로써 책임이 종료되는 것이고, 그 인도를 위하여 법령 또는 약정에 의한 상당기간 운송물품을 인도장소에서 보관하는 일은 위 운송인의 책임 중에 포함된다고 보아야 할 것이다).

4) 동지: 대판 2010. 4. 15, 2007 다 50649(공보 2010, 869)(구 상법〈2007. 8. 3. 법률 제8581호로 개정되기 전의 것〉제788조 1항은 해상운송인에게 위 조항에 열거된 모든 용역을 해야 할 의무를 부과하는 규정이 아니라 위 조항에 열거된 용역 중 일정한 범위의 용역을 인수한 경우에 그 인수한 용역에 대하여 상당한 주의를 기울여 이행할 의무를 부과하는 규정이다. 따라서 선적·적부·양륙작업에 관하여 화주가 위험과 책임을 부담하기로 하는 약정〈Free In and Out, and Stowed: F.I.O.S.〉은 운송인이 인수할 용역의 범위를 한정하는 약정으로서 용선계약에 따라 선하증권이 발행된 경우 용선자 이외의 선하증권소지인에 대하여 구 상법 제788조 1항에 규정된 운송인의 의무 또는 책임을 경감 또는 면제하는 당사자 사이의 특약을 무효로 하는 구 상법 제790조 1항 전문, 3항 단서에 위반되지 아니하여 유효하다. 또한 선박안전법은 운송계약상 이러한 약정의 사법상 효력에 영향을 미치지 않는다).

손해가 발생한 경우에도 손해배상책임을 부담하는 것이다.[1]

(나) 「과실의 주체」는 운송인 자신뿐만 아니라 해상물건운송채무를 이행하기 위하여 '운송인이 사용하는 모든 자'(운송인과 고용관계에 있든 없든, 또는 계속적 사용인이든 일시적 사용인이든 불문함)를 의미하고,[2] 운

---

1) 정(찬), (상)(제27판) 363~365면 참조. 선장 기타 해원이 직무를 수행함에 있어서 고의 또는 과실로 제 3 자에게 손해를 끼친 경우에 운송인이 책임을 지는 것은 상법상의 책임이므로, 이 때에는 민법 제756조의 적용이 배제된다(대판 1970. 9. 29, 70 다 212).

2) 보세창고업자는 운송인의 운송물의 인도업무에 관하여 운송인의 이행보조자라고는 할 수 있으나 (따라서 운송인은 보세창고업자의 과실로 상법 제795조 1항에 의한 책임을 부담할 수는 있으나 — 저자 주) 운송인의 피용자적인 지위에 있다고는 볼 수 없으므로 운송인은 보세창고업자의 불법행위에 대하여 민법 제756조의 사용자배상책임을 부담하지는 않는다[대판 1997. 9. 9, 96 다 20093(공보 1997, 3037)]. 그러나 보세창고업자가 운송인의 지시 없이 수하인이 아닌 사람에게 화물을 인도함으로써 수하인의 화물인도청구권을 침해한 경우에는 수하인에게 불법행위에 기하여 그로 인한 손해를 배상할 책임이 있다[대판 2009. 10. 15, 2009 다 39820(공보 2009, 1837); 동 2015. 4. 23, 2012 다 115847].

또한 항공화물운송에 관하여도 동지의 판례로는 대판 2004. 7. 9, 2002 다 16729(공보 2004, 1313); 동 2004. 7. 22, 2001 다 67164(공보 2004, 1422)(영업용 보세창고업자는 공항에 도착한 항공화물이 수하인에게 인도되기 전까지 운송인을 위하여 화물을 보관하는 자로서 운송인 및 그 국내대리점인 운송취급인에 대하여 통관이 끝날 때까지 화물을 보관하고, 적법한 화물의 수령인에게 화물을 인도하는 등 운송인의 의무이행을 보조하는 지위에 있으나, 원심이 인정한 바와 같은 우리의 항공화물인도절차에 비추어 보면 통상의 경우 그와 같은 항공화물이 입고될 영업용 보세창고의 지정에 운송인 및 운송취급인은 관여하지 아니하고, 세관 혹은 실수입업자에 의하여 보세창고가 지정되며 각 영업용 보세창고는 독립적인 사업자로서의 지위에서 자신의 책임과 판단에 따라 화물을 보관하고 인도하는 업무를 수행할 뿐 일반적으로는 운송인 및 운송취급인으로부터 지휘·감독을 받아 그와 같은 화물의 보관 및 인도 업무를 수행하는 것으로 볼 수 없으므로, 특별한 사정이 없는 한 우리의 항공화물인도절차상 운송인 및 그 국내대리점인 운송취급인은 영업용 보세창고업자에 대하여 민법상 사용자의 지위에 있다고는 볼 수 없다).

또한 보세창고업자가 운송인의 지시가 없는 한 수입업자에게 운송물을 인도하지 않아야 할 의무는 운송인의 주의촉구나 그러한 내용의 약정에 의하여 비로소 발생하는 것이 아니라 임치계약에 의하여 수치인인 창고업자에게 부과된 자기의 고유한 의무라 할 것이므로, 운송인의 국내대리점이 보세창고업자에게 화물인도지시 없이 반출하지 않도록 하는 내용의 약정 또는 지시를 하지 아니하였다고 하여 운송인이 선하증권소지인에 대하여 불법행위의 책임을 지는 것은 아니다[대판 2004. 5. 14, 2001 다 33918].

또한 컨테이너 야드가 운송인을 위하여 운송계약의 이행을 보조하거나 대행하고 있더라도 운송인으로부터 직접 지휘·감독을 받지 않고 독립하여 영업활동을 수행하고 있을 뿐이라면 그러한 자를 운송인의 피용자라고 할 수는 없는 것이므로, 운송인은 그러한 자의 불법행위에 대하여 사용자로서의 손해배상책임을 지지 아니한다[대판 2000. 3. 10, 99 다 55052(공보 2000, 930)].

또한 선박대리점은 해상운송사업을 영위하는 자를 위하여 그 사업에 속하는 거래의 대리를 업무로 하는 자로서 운송인과의 계약에 따라 화물의 교부와 관련한 일체의 업무를 수행하는 것인데, 이러한 업무를 수행하는 선박대리점이 운송물에 대한 점유를 이전받기 이전에 실제 운송인 및 터미널 운영업자의 과실로 인하여 화물이 소훼되었다면, 선박대리점에게 운송물의 멸실에 대한 불법행위책임을 물을 수는 없다[대판 2007. 4. 27, 2007 다 4943(공보 2007, 783)]. 이와 동지로 선박대리점의 책임을 인정하지 않은 판례로는 대판 2006. 12. 21, 2003 다 47362(공보 2007, 177)(선하증권이 발행된 화물의 해상운송에 있어서 운송인 또는 그 선박대리점은 선하증권과 상환하여 화물을 인도함으로써 그 의무의 이행을 다하는 것이므로, 선하증권상의 통지처에 불과한 화주의 의뢰를 받은 하역회사가 화물을 양하하여 통관을 위해 지정장치장에 입고시켰다면, 화물이 운송인 등

송인 등의 「주의의 정도」는 '상당한 주의'를 의미하며, 「멸실」은 절대적(물리적) 멸실뿐만 아니라 보증도 또는 가도(假渡)로 인하여 선의취득자가 있어 회수할 수 없는 경우 등과 같은 '상대적 멸실'을 포함한다.[1] 또한 운송물의 멸실 등과 손해 사이에는 상당인과관계가 있어야 한다.[2]

(다) 운송인은 이러한 책임을 면하기 위하여는 자기 또는 선원 기타 선박사 용인에게 과실이 없음을 증명하여야 한다($\frac{상}{1항}$795조). 따라서 운송인 측은 과실추정이 되어 무과실의 증명책임을 부담하는 것이다. 운송인 측의 과실을 적하이해관계인이 증명한다는 것은 사실상 거의 불가능하고 또한 적하이해관계인에게 가혹하므로, 운송인의 책임제한과 함께 이의 증명책임을 운송인 측에 부담시킨 것이다.

(3) 책임을 부담하지 않는 경우

1) 항해과실이 있는 경우($\frac{상}{1문}$ 795조 2항$_{전단}$)

(가) 해상물건운송인은 선장·해원·도선사 기타의 선박사용인의 항해 또는 선

의 지배를 떠나 화주에게 인도된 것으로 볼 수는 없고, 운송인 등은 그 지정장치장 화물관리인을 통하여 화물에 대한 지배를 계속하고 있고 지정장치장 화물관리인 입장에서도 운송인 등으로부터 점유를 이전받았다고 할 것이므로, 결국 운송인 등과 지정장치장 화물관리인 사이에는 화물에 관하여 묵시적인 임치계약관계가 성립하게 되며, 지정장치장 화물관리인은 운송인 등의 지시에 따라서 임치물을 인도할 의무가 있게 된다〈대법원 2004. 5. 14. 선고 2001 다 33918 판결 등 참조〉. 그리고 해상운송화물은 선하증권과 상환으로 그 소지인에게 인도되어야 하고 선하증권 없이 화물이 적법하게 반출될 수는 없으므로, 선하증권을 제출하지 못하여 운송인 등으로부터 화물인도지시서를 발급받지 못한 화주에게 화물을 인도하면 그 화물이 무단 반출되어 선하증권 소지인이 화물을 인도받지 못하게 될 수 있음을 예견할 수 있다고 할 것이고, 따라서 지정장치장 화물관리인이 화물인도지시서나 운송인의 동의를 받지 않고 화물을 인도하였다면 그로 말미암아 선하증권 소지인이 입은 손해에 대하여 불법행위에 기한 손해배상책임을 진다고 할 것이다〈대법원 2000. 11. 14. 선고 2000 다 30950 판결 등 참조〉. 한편, 운송인으로부터 화물의 인도업무를 위임받은 선박대리점이 선하증권 소지인이 아닌 자에게 화물을 인도함으로써 멸실케 한 경우에는 선하증권 소지인에 대하여 불법행위에 기한 손해배상책임을 지는 것이 당연하지만, 앞서와 같은 경위로 화물을 지정장치장에 입고시킨 경우에는 선박대리점은 지정장치장 화물관리인을 통하여 화물에 대한 지배를 계속하고 있다고 할 것이어서, 특별한 사정이 없는 한 선박대리점이 선하증권의 소지인이 아닌 자에게 화물을 인도한 것이라거나 선하증권의 소지인에게 인도되어야 할 화물을 무단반출의 위험이 현저한 장소에 보관시킨 것이라고 할 수는 없으므로, 그 후 지정장치장 화물관리인이 보관중이던 화물을 화주에게 무단반출함으로써 화물이 멸실되었다고 하더라도, 선박대리점의 중대한 과실에 의하여 선하증권 소지인의 운송물에 대한 소유권이 침해된 것이라고 할 수는 없다〈대법원 2005. 1. 27. 선고 2004 다 12394 판결 등 참조〉).

1) 동지: 손(주), 824면.

2) 동지: 1999. 12. 10, 98 다 9038(공보 2000, 154)(운송인이 운송계약에 따라 화물을 운송하던 도중에 화물이 멸실되었다면 특단의 사정이 없는 한 수하인에게는 당연히 그에 따른 손해가 발생하였다고 할 것이어서 화물의 멸실과 손해의 발생 사이에는 상당인과관계가 있다고 할 것이고, 화물의 멸실이 제3자의 강도 등 행위에 의하여 야기되었다고 하더라도 그로써 운송행위와 손해발생 사이의 인과관계가 단절된다고 볼 수는 없다).

박의 관리에 관한 과실(항해과실)로 인하여 생긴 운송물에 관한 손해에 대하여는 책임을 지지 아니한다[1](상 795조 1문 전단 2항). 이와 같이 선원 등의 항해과실(해기〈海技〉과실)에 대하여 운송인의 책임을 면제하는 이유는, 항해에 관한 사항은 선박의 조종에 관한 것으로 순기술적인 사항이므로 운송인이 직접 관여할 수 없는 사항이라는 점, 선원 등의 경과실로 인하여도 선박충돌 등의 경우와 같이 종종 막대한 손해가 생기는 경우가 있어 운송인을 보호할 필요가 있는 점, 비록 이 경우에 운송인을 면책하더라도 선원 등의 과실에 대하여는 형벌·행정벌 등의 벌칙규정이 있어 손해의 발생을 조장할 염려는 없는 점 등이다.[2] 그러나 이와 같이 선원 등의 항해과실에 대하여 운송인을 면책하는 상법 제795조 2항은 (운송인의 책임을 가중하는 점에서는 강행규정이 아니므로) 당사자간에 이를 배제하는 특약을 한 경우에는 운송인은 손해배상책임을 부담한다.[3]

(나) 위의 항해과실에는 「항해에 관한 과실」과 「항해관리에 관한 과실」이 있는데, 전자는 선박의 항해·조종·정박 등과 같은 순수한 항해기술에 관한 것으로서 보통 선박안전법의 준수여부가 과실유무를 결정할 것이고,[4] 후자는 안전한 항해를 위하여 직접 선박에 대하여 취하여지는 조치라고 볼 수 있다.[5] 이러한 항해과실에 관한 증명책임은 운송인이 부담한다고 본다.[6]

(다) 앞에서(감항능력주의의무) 본 바와 같이 해상물건운송인의 감항능력주의의무의 위반이 사고와 인과관계가 있으면 운송인은 항해과실의 면책을 받지 못한다.[7]

2) 선박화재가 있는 경우(상 795조 1문 후단 2항)

(가) 해상물건운송인은 선장·해원·도선사 기타의 선박사용인의 과실로 인한 선박에서의 화재로 인하여 생긴 운송물에 관한 손해에 대하여도 책임을 지지 아니한다[8](상 795조 1문 후단 2항). 이 때 「선박에서의 화재」란 '운송물의 운송에 사용된 선박 안에

---

1) 이는 Hague Rules 제 4 조 2항에 따른 입법인데, Hamburg Rules에서는 이러한 항해과실에 대하여 면책을 인정하지 않고 있다.

2) 동지: 서·정, 612~613면; 손(주), 825면; 이(기) 외, (보·해) 461면; 채, 700면.

3) 동지: 대판 1971. 4. 30, 71 다 70(민판집 162, 506)(운송인의 면책사유에 해당하는 항해과실로 인한 손해라 하더라도 특약에 의하여 운송인의 면책을 배제한 경우에는 운송인은 그로 인한 손해배상책임이 있다); 동 1975. 12. 23, 75 다 83(공보 529, 8864); 동 2015. 11. 17, 2013 다 61343.

4) 동지: 서울지판 1998. 4. 9, 96 가합 80830.

5) 손(주), 825면; 이(기) 외, (보·해) 462면.
그러나 이러한 항해과실과 상사과실 또는 감항능력주의해태와의 구별은 쉽지 않은데, 이에 관한 미국법상의 판례에 관하여는 송·김, (해) 302~304면 참조.

6) 동지: 정(희), 573면.

7) 동지: 채, 693면; 김(인), 137면, 142면(이에 관하여 명문의 규정은 없지만 학설과 판례상 인정되는 해상법상의 확고한 원칙이라고 한다); 대판 1998. 12. 10, 96 다 45054; 戶田·中村, 77면.

발화원인이 있는 화재 또는 직접 그 선박 안에서 발생한 화재에만 한정되는 것이
아니고, 육상이나 인접한 다른 선박 등 외부에서 발화하여 당해 선박으로 옮겨 붙
은 화재'도 포함한다.1) 이와 같이 선박화재에 대하여 운송인의 책임을 면제하는 이
유는, 항해과실에 대하여 운송인의 책임을 면제하는 것과 같은 이유이다. 즉, 선박
화재는 해상위험 중에서도 가장 전형적인 것으로 극히 사소한 실화(失火)로 적하를
소실(燒失)시키기 쉬운데 이러한 경우까지 운송인에게 책임을 지우는 것은 운송인
에게 너무 가혹하고, 또한 이러한 화재에 대하여는 보통 적하보험에 가입되어 있으
므로 운송인을 면책하여도 적하이해관계인에게 불이익하지도 않기 때문이다.2) 이
와 같이 선박화재에 대하여 운송인을 면책하는 것은 해상물건운송인에게만 부여된
하나의 특전이다.

　　(나) 해상물건운송인은 위에서 본 바와 같이 자신이 아닌 선장·해원·도선사
기타의 선박사용인의 과실로 인한 화재의 경우에 면책되는 것이고, 해상물건운송인
자신의 고의 또는 과실로 인한 화재의 경우에는 면책되지 않는다3)(상795조
2항 단서). 이러한
점에서 선박화재에 관한 증명책임은 운송인이 부담하고, 운송인은 자기의 무과실을
증명하여야 면책된다고 본다.4)

----

8) 이것도 Hague Rules 제4조 2항에 따른 입법인데, Hamburg Rules에서는 이러한 선박화재에
　　대하여 면책을 인정하지 않고 있다.
1) 동지: 대판 2002. 12. 10, 2002 다 39364(공보 2003, 340).
2) 동지: 정(희), 574면; 서·정, 613면.
3) 대판 1973. 8. 31, 73 다 977(민판집 189, 438)(원심은 본건 선박에서의 화재는 난방용 난로를
　　고정시키지 않고 피워놓은 견습선원이나 위 난로를 잘못하여 넘어뜨린 승객에게만 과실이 인정되
　　고 선박소유자인 피고회사 자신의 과실로는 볼 수 없다고 판시하였으나, 피고는 법령에 의하여 소
　　방시설을 하게 되어 있고 또 선박에 곤로를 설치할 경우에는 이동하지 아니하도록 고정할 것을 소
　　방시설로서 요구하고 있음에도 불구하고 본건 선박에 따로 고정시켜 놓은 난로 등이 있음에도 이
　　를 이용하지 아니하고 따로 난방용 난로를 고정시키지 않고 피워놓은 것인지의 여부도 조사하지
　　아니하고 선박소유자인 피고의 과실이 아니라고 판시한 원심판단은 상법 제788조 2항 단서에 규
　　정된 선박소유자의 과실에 관한 법리를 오해하였다 할 것이다); 동 1977. 12. 13, 75 다 107; 동
　　2002. 12. 10, 2002 다 39364(공보 2003, 340)(상법 제788조 2항 단서에 따라 화재로 인한 손해
　　배상책임의 면제에서 제외되는 사유인 고의 또는 과실의 주체인 '운송인'이란, 상법이 위 2항 본문
　　에서는 운송인 외에 '선장, 해원, 도선사 기타의 선박사용인'을 명시하여 규정하고, 같은 조 1항 및
　　제787조에서도 각 '자기 또는 선원 기타의 선박사용인'을 명시하여 규정하고 있는 점과 화재로 인
　　한 손해에 관한 면책제도의 존재이유에 비추어 볼 때, 그 문언대로 운송인 자신 또는 이에 준하는
　　정도의 직책을 가진 자만을 의미할 뿐이고, 선원 기타 선박사용인 등의 고의 또는 과실은 여기서의
　　면책제외사유에 해당하지 아니한다고 해석하여야 할 것이며, 위 조항이 상법 제789조의 2 제1항
　　단서처럼 '운송인 자신의 고의'라는 문언으로 규정되어 있지 않다고 하여 달리 해석할 것이 아니
　　다); 서울민사지판 1984. 2. 23, 82 가합 6826.
4) 동지: 정(희), 574면; 戶田·中村, 76면.
　　반대: 채, 701면(선박화재의 경우 운송인의 고의나 과실은 상대방이 입증하여야 한다); 김(인),

(대) 감항능력주의의무와의 관계는 항해과실의 경우와 같다.

3) 고가물의 불고지 및 운송물의 부실고지　　고가물인 경우 송하인이 해상물건운송인에게 운송을 위탁할 때에 이를 불고치한 경우에는, 그 고가물의 멸실·훼손 또는 연착으로 인한 손해에 대하여 운송인은 자기 또는 그 사용인이 악의인 경우를 제외하고는 면책된다($\frac{상\ 815조,\ 136조}{의\ 반대해석}$). 또한 송하인이 해상물건운송인에게 운송물의 종류 또는 가액을 고의로 현저하게 부실고지한 때에는, 운송인은 자기 또는 그 사용인이 악의인 경우를 제외하고는 그 운송물의 손해에 대하여 책임을 면한다[1]($\frac{상\ 797조}{3항\ 단서}$).

4) 기타의 면책사유가 있는 경우($\frac{상\ 796조}{본문}$)

(개) 해상물건운송인은 다음 각호의 사실이 있었다는 것과 운송물에 관한 손해가 그 사실로 인하여 보통 생길 수 있는 것임을 증명한 때에는 이를 배상할 책임을 면한다[2]($\frac{상\ 796조}{본문}$).

① 해상 그 밖에 항행할 수 있는 수면에서의 위험 또는 사고(perils, dangers and accident of the sea or other navigable waters)($\frac{상\ 796조}{1호}$)　　여기에서 「위험」이라 함은 운송인 또는 그 사용인이 예방 또는 방지할 수 없었던 해상에 특유한 자연력에 의한 위험을 말하는데, 폭풍·좌초 또는 다른 선박의 과실로 인한 충돌 등이 이에 해당하는 대표적인 예이다.[3]

② 불가항력(act of God)($\frac{상\ 796조}{2호}$)　　여기에서 「불가항력」이라 함은 천재(天災)로서 자연력에 의한 항거할 수 없는 위험을 말하는데, 해상 고유의 위험이라고 볼 수 없는 낙뢰·결빙 등이 대표적인 예이다.[4]

144면(선박화재의 경우 송하인측이 운송인의 고의·과실을 입증하여야 한다).

1) 이는 Hague Rules 제 4 조 5항 4문 및 Hague-Visby Rules 제 4 조 5항 (h)호에 따른 규정 이다.

2) 이는 Hague Rules 제 4 조 2항에 따른 규정이다. 이 때 운송인은 이러한 사실 등에 대하여 증명하여야 면책되기는 하나, 감항능력주의의무위반이나 상사과실의 경우 운송인이 무 과실을 증명하여야 면책되는 점과는 크게 완화되어 있다. 따라서 이러한 법정사유가 있 는 경우에는 운송인의 면책을 위한 증명책임이 그만큼 경감되어 있다고 볼 수 있다[동지: 손(주), 826면]. 이러한 면책사유의 각각에 대한 미국관례의 소개로는 송·김, (해) 307~320면 참조.

3) 미국법의 태도는 본호의 위험을 정의함에 있어서 가장 엄격하게 해석하여, 조우(遭遇)한 기후가 항해 당시 그 지역에서 예견할 수 없었고 우수선(優秀船)으로서도 견딜 수 없을 만큼 심한 경우라야만이 위험에 해당한다고 하고, 선박 자체의 심한 피해는 위험의 한 징표가 된다고 한다[정(희), 575면].
　　그러나 영국과 호주는 예견불가능을 요건으로 하지 않는다[이에 관한 상세는 김(인), (해상) 630~645면 참조].

4) 인위적 요소가 개입되지 아니하고(without human intervention) 예견가능성이 없을 것이 영미법의 개념인 데 대하여, 프랑스법에서는 이에 대한 개념상의 한계가 없으므로 많은 경우에 운송인

③ 전쟁·폭동 또는 내란(act of war, riots and civil commotions)($\frac{상}{3호}$796조) 제1호·제2호가 자연력에 의한 사유인 데 대하여, 이것은 제3자의 행위에 의한 인위적 사유라고 하겠다.[1] 예컨대, 전시중의 군함에 의한 충돌, 폭도에 의한 적하의 강제투척, 내란시의 선박 등의 강제침탈 등이 이에 해당한다.

④ 해적행위 그 밖에 이에 준한 행위($\frac{상}{4호}$796조) 이것은 통일조약(1924년의 HagueRules $\frac{4조}{2항}$ ⑦)의 공적(公敵)의 행위(act of public enemies)에 해당하는 것을 구체화시킨 것인데, 이에 준하는 행위란 강도 등의 행위를 의미한다.[2] 일반인 내지 선원들의 절도는 이에 해당하지 않는다.[3]

⑤ 재판상의 압류, 검역상의 제한 기타 공권(公權)에 의한 제한(arrest of restraint of princes, rulers or people or seizure under legal process, and quarantine restriction) ($\frac{상}{5호}$796조) 여기에서 「압류」는 운송인의 귀책사유로 인한 것이 아니어야 한다. 그러므로 운송인의 무자력 등으로 인하여 압류를 당한 경우에는 이에 해당하지 않는다. 「검역상의 제한」이란 전염병 등을 예방하기 위한 제한 등을 말한다(검역법15조 참조). 「기타 공권(公權)에 의한 제한」이란 운송인이나 운송물에 대하여 항구의 출입·선적·양륙 등을 금지 또는 제한하는 것을 말한다.

⑥ 송하인 또는 운송물의 소유자나 그 사용인의 행위(act or omission of the shipper or owner of the goods, his agent or representative)($\frac{상}{6호}$796조) 이는 다음의 제9호와 함께 송하인 등의 귀책사유로 인한 것이기 때문에, 운송인이 이에 대하여 책임을 지지 않는 것은 사법의 일반원칙상 당연하다.

⑦ 동맹파업 기타의 쟁의행위 또는 선박폐쇄(strikes or lock-outs or stoppage or restraint of labor)($\frac{상}{7호}$796조) 이는 노사관계의 당사자가 그 주장을 관철할 목적으로 하는 행위 및 이에 대항하는 행위로서 업무의 정당한 운영을 저해하는 모든 행위를 말하는데, 동맹파업·태업·직장폐쇄 등이 대표적인 예이다. 다만 파업이 본호에 해당하기 위해서는 운송인 측에 귀책사유가 없어야 함은 물론이다.

⑧ 해상에서의 인명이나 재산의 구조행위 또는 이로 인한 항로이탈 기타 정당

은 이 항변을 원용하고 있다[정(희), 575면].

1) 동지: 정(희), 575면.

2) 동지: 대판 1999. 12. 10, 98 다 9038(공보 2000, 154)(해상운송에 있어서 해상강도로 인한 운송물의 멸실이 운송인의 손해배상책임을 면하게 하는 면책사유의 하나로서 인정되는 것과는 달리 육상에서의 강도로 인한 운송물의 멸실은 반드시 그 자체로서 불가항력으로 인한 면책사유가 된다고 할 수 없으므로, 다시 운송인이나 피용자에게 아무런 귀책사유도 없었는지 여부를 판단하여야 할 것이고, 그 경우 운송인이나 피용자의 무과실이 경험칙상 추단된다고 할 수도 없다).

3) 동지: 정(희), 575면; 서·정, 615면.

한 이유로 인한 항로이탈(saving or attempting to save life or property at sea or deviation)($\frac{상}{8호}$796조) 「항로이탈」이라 함은 선박이 예정항로를 변경하는 것을 말하는데, 공법상으로는 정당한 이유 없이 이를 하지 못하고($\frac{선원}{8조}$) 사법상으로는 해상보험계약상 보험자의 법정면책사유의 하나가 되고 있다($\frac{상}{의 2}$701조). 다만 그 항로이탈이 정당한 사유로 인한 것인 때(예컨대, 구조·해상위험의 도피·감항능력회복·선박에 대한 급박한 위험으로부터의 도피 등을 위한 것인 때)에는 연착 등으로 인한 손해를 배상할 책임을 면하는데, 본호에서 예시하고 있는 것은 모두 정당한 이유 있는 항로이탈이 된다.[1]

⑨ 운송물의 포장의 불충분 또는 기호의 표시의 불완전(insufficiency of packing or insufficiency of marks)($\frac{상}{9호}$796조) 이는 제 6 호를 더 구체화한 것으로서 송하인 등의 귀책사유에 속하므로, 이로 인한 손해에 대하여 운송인을 면책하고 있다.

⑩ 운송물의 특수한 성질 또는 숨은 하자(inherent defect, quality or vice of the goods and latent defects)($\frac{상}{10호}$796조) 이것도 운송인의 귀책사유가 아니므로 이를 운송인의 면책사유로 하고 있다. 여기에서 「특수한 성질」로 인한 손해란 운송물의 고유한 특성으로 인한 손해로서 예컨대, 과일의 부패·액체의 누실(漏失)·충해(虫害)·발효 등으로 인하여 발생하는 손해를 말하고, 「숨은 하자」라 함은 운송인이 상당한 주의를 하여도 발견할 수 없는 하자를 말한다.[2] 다만 운송인의 불량적부(不良積付)로 인하여 발생한 손해나 운송물의 숨은 하자로 인하여 다른 운송물을 손상시킨 경우 그 손해에 대하여는 면책되지 아니한다.[3]

⑪ 선박의 숨은 하자[4](latent defects of the ship)($\frac{상}{11호}$796조) 운송인의 귀책사유가 없는 선박의 숨은 하자에 대하여 운송인이 면책되는 것으로 한 것이다.[5] 제10

---

1) 정당한 이유로 인한 항로이탈에 해당하지 않는다고 본 판례로는 대판 1998. 2. 10, 96 다 45054(공보 1998, 667)(발항 당시 레이더에 관한 감항능력 주의의무의 이행을 다하지 아니한 선박이 출항한 지 하루도 지나지 아니한 상태에서 레이더의 수리점검 및 선용품 공급을 위하여 예정된 항로를 변경한 것은 정당한 이유로 인한 이로〈항로이탈〉에 해당한다고 할 수 없다).

2) 동지: 정(희), 577면; 서·정, 617면; 손(주), 829면; 대판 2006. 5. 12, 2005 다 21593(공보 2006, 1027)(운송물인 페놀의 변색이 그 자체의 특수한 성질이나 제조과정에서 생성된 부산물의 존재 등 숨은 하자로 인하여 생긴 것이고, 그와 같은 변색은 그 특수한 성질이나 숨은 하자로 인하여 보통 생길 수 있는 것이라고 봄이 상당하므로, 상법 제789조 2항의 규정에 의하여 해상운송인의 책임이 면책된다).

3) 동지: 정(희), 577면.

4) 이는 1991년 개정상법에서 Hague Rules 및 Hague-Visby Rules(제4 호 2항 p호)를 수용하여 신설한 것이다.

5) 운송인의 귀책사유로 인한 선박의 하자는 감항능력주의의무위반(상 787조)이 될 것이다. 그러나 선박의 숨은 하자로 인한 운송인의 면책사유는 운송인의 감항능력주의의무위반과의 관계에서 문제가 되는 경우가 있을 것이다[동지: 손(주), 830면].

호가 운송물에 관한 숨은 하자인 데 대하여, 이것은 선박에 부착된 숨은 하자이다. 이러한 숨은 하자는 운송인이 상당한 주의를 하여도 발견할 수 없는 하자이므로 운송인을 면책한 것이다.

(내) 위와 같은 법정면책사유가 있는 경우에도 적하이해관계인이 해상물건운송인에게 감항능력주의의무위반 또는 상사과실이 있었고 이로 인하여 손해가 생겼다는 점을 증명하면, 운송인은 그 책임을 면하지 못한다($\frac{상}{단서}$796조). 이렇게 보면 위의 법정면책사유는 항해과실 등의 경우와 같이 운송인의 책임을 종국적으로 면책시키는 것이 아니라, 상사과실 등에 대한 증명책임을 적하이해관계인에게 부담시키고 또한 운송인에게는 상사과실 등에 대한 무과실까지는 증명할 필요 없이 법정면책사유에 해당하는 사실이 있었다는 것 등만을 증명하면 면책된다는 점에서, 운송인의 책임이 경감되는 데 그 의미가 있다고 볼 수 있다.[1]

3. 손해배상액

(1) 정액배상주의

해상물건운송인의 손해배상액에 대하여 상법은 육상물건운송인의 그것과 같이 정액배상주의의 특칙을 규정하였다($\frac{상\ 815조}{137조}$). 즉, 운송물의 전부멸실 또는 연착의 경우의 손해배상액은 「인도할 날」의 도착지의 가격에 의하고($\frac{상\ 815조}{137조\ 1항}$), 운송물의 일부멸실 또는 훼손의 경우의 손해배상액은 「인도한 날」의 도착지의 가격에 의한다 ($\frac{상\ 815조}{137조\ 2항}$). 운송인의 손해배상액에 관한 이러한 정액배상주의의 특칙은 운송인을 보호하고자 하는 정책적 이유에서 둔 규정으로, 채무자의 손해배상액에 관한 민법의 일반원칙($\frac{민}{393조}$)에 대한 예외규정이 된다. 따라서 이러한 특칙은 운송인의 경과실 ($\frac{및\ 그의\ 선원\ 기타}{선박사용인의\ 주의해태}$)로 인하여 손해가 발생한 경우에만 적용되고, 운송인의 고의나 중과실로 인하여 손해가 발생한 경우에는 적용되지 않는다($\frac{상\ 815조}{137조\ 3항}$). 또한 운송인이 위와 같이 손해배상책임을 부담하는 경우에 운송물의 멸실 또는 훼손으로 인하여 지급을 요하지 아니하는 운임 기타 비용은 손해배상액에서 공제된다[2]($\frac{상\ 815조}{137조\ 4항}$).

(2) 손해배상액의 제한(운송인의 개별적 책임제한)

해상물건운송인의 손해배상액에 대하여 2007년 개정상법은 Hague-Visby

---

1) 동지: 정(희), 574~575면; 서·정, 614면; 손(주), 826면; 이(기) 외, (보·해) 464면; 채, 702면; 김(인), 145면.

2) 이에 관한 상세는 정(찬), (상)(제27판) 366면 참조. 이러한 정액배상주의는 미국의 해상물건운송법의 내용과 동일한데, 미국법에서의 이에 관한 판례의 소개로는 송·김, (해) 321~323면 참조.

Rules의 내용을 충실히 도입하여,[1] 다음과 같이 제한하고 있다.

1) 책임한도액 해상물건운송인의 운송물의 「멸실·훼손 또는 연착」[2]으로 인한 손해배상책임에 대하여, 그 운송물의 매 포장당 또는 선적단위당 666.67계산 단위의 금액과 중량 1킬로그램당 2계산단위의 금액 중 큰 금액을 한도로 이를 제한할 수 있다($\frac{상\ 797조}{1항\ 본문}$).

2) 포장·선적단위 여기에서 운송물의 「포장 또는 선적단위의 수」는 다음과 같이 정하여진다. 즉, (ⅰ) 컨테이너 그 밖에 이와 유사한 운송용기가 운송물을 통합하기 위하여 사용되는 경우에 그러한 운송용기에 내장된 운송물의 포장 또는 선적단위의 수를 선하증권 그 밖에 운송계약을 증명하는 문서에 기재한 때에는 그 각 포장 또는 선적단위를 하나의 포장 또는 선적단위로 본다($\frac{상\ 797조}{2항\ 1호\ 1문}$). 이 때 선하증권상에 대포장(pallet)과 그 속의 소포장(unit)이 모두 기재된 경우에는 달리 특별한 사정이 없는 한 소포장을 책임제한의 계산단위가 되는 포장으로 보아야 한다.[3]

---

1) 1968년의 Hague-Visby Rules 제4조 5항 및 SDR Protocol 제2조 1항은 운송인의 포장당 책임한도액을 매 포장당 또는 선적단위당 666 SDR과 kg당 2 SDR의 무게당 책임한도액 중에서 큰 금액으로 규정하고 있다. 또한 Hamburg Rules 제6조 1항은 운송인의 책임한도액을 선적단위당 835 SDR 또는 총중량 kg당 2.5 SDR의 무게당 책임한도액 중에서 큰 금액으로 하고, 지연손해는 운임의 2배 반을 한도로 규정하고 있다. 또한 미국의 1936년 해상물건운송법(COGSA) 제4조 5 항은 운송인의 책임한도액을 U\$ 500로 규정하고 있다[미국의 해상물건운송법상 운송인의 개별적 책임제한에 관한 소개로는 송·김, (해) 325~328면 참조].

앞에서 본 바와 같이 1991년 개정상법은 미국법을 참조하여 500 SDR로 규정하였으나(1991년 개정상법 789조의 2 제1항), 2007년 개정상법은 Hague-Visby Rules의 내용을 충실히 도입하여 매 포장당 또는 선적단위당 666.67 SDR과 중량 1킬로그램당 2 SDR의 금액 중 큰 금액을 한도로 운송인의 책임을 제한하는 것으로 하였다.

2) 해상물건운송인은 이미 앞에서 설명한 바와 같이 상법 제795조 1항을 예시규정으로 보는 이상 운송물의 「멸실·훼손 또는 연착」이외의 손해가 발생한 경우에도 손해배상책임을 부담하나, 그 책임이 제한되는 경우는 운송물의 「멸실·훼손 또는 연착」으로 인한 손해를 배상하는 경우에 한한 다[정(찬), (상)(제27판) 365~367면 참조].

3) 동지: 대판 2004. 7. 22, 2002 다 44267(공보 2004, 1428)[운송인인 Y는 A주식회사와 사이에 개인용 컴퓨터(품명: Micro PC Station) 400B기종 1,872대, 433ID기종 624대 도합 2,496대(이하 '이 사건 화물'이라고 한다)에 관하여, 송하인인 A가 컨테이너에 이 사건 화물을 직접 적입·적재·계량하는 조건(Shipper Load Stowage & Count)하에, 부산항에서 일본 요코하마항까지 운송하기로 하는 계약을 체결한 후, 선하증권을 작성함에 있어 A가 제시한 선적의뢰서에 따라 '컨테이너 또는 포장의 수'(Number of Containers or Package)란에 '40×4(104 plts)', '포장의 종류 및 화물의 내역'(Kind of Package: Description of Goods)란에 'Shipper Load Stowage & Count, Said to be: 104 plts(2,496units) of micro pc station 400B 1,872units, 433ID 624units'라고 기재하였고, 한편 A는 모니터·키보드를 포함하여 컴퓨터 한 세트마다 1개의 종이상자(1 unit/carton)로 포장한 다음, 운송의 편의 등을 위하여 1개의 팰리트(pallet) 위에 24개의 위 종이상자를 올려놓은 후(한 층에 네 상자씩 여섯층을 쌓았다.) 사방에 모서리 보호용 섬유판을 대고 투명한 비닐(shrink wrap)로 감싼 다음 1개의 컨테이너당 26개의 팰리트씩 4개의 컨테이너에 나누어 적재하였다. 그런데 운송 도중 1개의 컨테이너 안에 든 화물 전체(26팰리트=624상자)가 침수되어 이 사

(ii) 위 (i)의 경우를 제외하고는 이러한 운송용기 내의 운송물 전부를 하나의 포장 또는 선적단위로 본다¹⁾($\substack{상 \ 797조 \\ 2항 \ 1호 \ 2문}$). (iii) 운송인이 아닌 자가 공급한 운송용기 자체가 멸실 또는 훼손된 경우에는 그 용기를 별개의 포장 또는 선적단위로 본다 ($\substack{상 \ 797조 \\ 2항 \ 2호}$).

건 화물의 적하보험자인 X가 선하증권의 소지인에게 그로 인한 손해를 배상하고 Y에 대하여 손해배상을 청구하였다. 이에 대하여 원심은 책임제한의 기준이 되는 포장이 무엇인지 결정함에 있어 가장 중요한 객관적 증거자료는 선하증권상에 나타난 포장의 기재(그 중에서도 특히 '포장의 수')라고 전제하고, 위와 같은 선하증권의 작성경위 및 기재 내용에 비추어 보면, 이 사건 화물의 포장단위는 위 선하증권의 포장의 종류 및 화물의 내역(Kind of package: Description of goods)란에 'shipper Load Stowage & Count, Said to be'라는 유보문구와 함께 기재된 유니트라기보다는 위 선하증권의 컨테이너 또는 포장의 수(Number of Containers or package)란에 기재된 팰리트라고 보고 Y의 손해배상이 손상된 팰리트의 숫자에 상응한 13,000 계산단위(＝26팰리트×500 계산단위)로 제한된다고 판단하였다. 그런데 상법 제789조의 2에서 '포장'이란 운송물의 보호 내지는 취급을 용이하게 하기 위하여 고안된 것으로서 반드시 운송물을 완전히 감싸고 있어야 하는 것도 아니며 구체적으로 무엇이 포장에 해당하는지 여부는 운송업계의 관습 내지는 사회통념에 비추어 판단하여야 할 것이고, 선하증권의 해석상 무엇이 책임제한의 계산단위가 되는 포장인지의 여부를 판단함에 있어서는 선하증권에 표시된 당사자의 의사를 최우선적인 기준으로 삼아야 할 것이며, 그러한 관점에서 선하증권에 대포장과 그 속의 소포장이 모두 기재된 경우에는 달리 특별한 사정이 없는 한 최소포장단위에 해당하는 소포장을 책임제한의 계산단위가 되는 포장으로 보아야 할 것인바, 비록 '포장의 수'란에 최소포장단위가 기재되어 있지 아니하는 경우라 할지라도 거기에 기재된 숫자를 결정적인 것으로 본다는 명시적인 의사표시가 없는 한 선하증권의 다른 난(欄)의 기재까지 모두 살펴 그 중 최소포장단위에 해당하는 것을 당사자가 합의한 책임제한의 계산단위라고 봄이 상당하다. 그리고 포장의 수와 관련하여 선하증권에 'Said to Contain' 또는 'Said to Be'(… 이 들어 있다고 함 또는 … 라고 함)와 같은 유보문구가 기재되어 있다는 사정은 포장당 책임제한 조항의 해석에 있어서 아무런 영향이 없다. 따라서 이 사건 선하증권의 '포장의 종류 및 화물의 내역'(Kind of package: Description of goods)란에 기재된 '유니트'는 운송물의 개체 수를 세는 단위에 불과할 뿐 그 자체가 포장에 해당하는 것은 아니지만, 다른 한편 '포장의 수'란의 옆에 기재된 봉인번호(Seal No.)란에 'P/NO. 1-104, C/NO. 1-2,496'이라고 기재되어 있고 여기서 'P'는 팰리트(pallet)를, 'C'는 종이상자(carton)를 의미하는 것이 분명하므로, 결국 이 사건에서 유니트의 숫자가 기재된 것은 당사자의 의사해석상 포장(carton)의 숫자로 볼 수 있고, 그 숫자 대신에 팰리트의 숫자가 '컨테이너 또는 포장의 수'란에 컨테이너의 수와 함께 병기(괄호 안에)되어 있다 할지라도 거기에 기재된 숫자를 다른 난의 기재보다 우선하여 결정적인 것으로 본다는 명시적인 의사표시가 있었다는 특별한 사정이 인정되지 아니하는 이 사건에 있어서는 종이상자의 숫자가 최소포장단위로의 숫자로서 책임제한의 계산단위가 됨에는 영향이 없고, 또한 종이상자의 숫자와 관련하여 'Said to Be'와 같은 유보문구가 들어 있다는 사정 역시 결론을 달리할 사정이 되지 못한다. 그렇다면 이 사건에 있어서 포장당 책임제한액은 손상된 유니트의 숫자를 기준으로 계산하여야 함에도, 이와 달리 손상된 팰리트의 숫자를 계산단위로 보고 그에 따라 Y의 책임을 제한한 원심의 판단에는 해상운송인의 포장당 책임제한에 관한 법리를 오해한 나머지 판결에 영향을 미친 위법이 있다. 이 점을 지적하는 상고이유의 주장은 이유 있다].

1) 컨테이너 운송에서 책임제한의 단위가 되는 1 포장이 무엇을 의미하느냐에 대하여는 여러 가지의 견해가 있는데, 우리 상법은 이는 선하증권기재설과 컨테이너 1 포장설(독일 BGH판례)에 따라 입법한 것이다. 이에 관한 상세는 손(주), 832~833면 참조.
　또한 포장당 책임제한에서 포장의 의미에 관한 영국판례의 소개로는 김(인), (해상) 657~672면 참조.

3) 계산단위   여기에서의 「계산단위」라 함은 국제통화기금의 특별인출권 (SDR)에 상당하는 금액을 말하고[1]$\left(\substack{\text{상 770조 1항} \\ \text{1호 후단 참조}}\right)$, 이를 국내통화로 환산하는 시점은 사실심 변론종결일이다.[2]

4) 손해배상액의 제한배제(개별적 책임제한의 배제)   해상물건운송인의 손해 배상액이 위와 같이 제한되는 것은 운송인에게 「과실」이 있는 경우에 한하고, 또한 손해의 발생유형이 「운송물의 멸실·훼손·연착」인 경우에 한한다. 따라서 이 이외 의 경우에는 상법에 의하여 운송인의 손해배상액이 제한되지 않고, 민법의 일반원 칙($\substack{\text{민} \\ \text{393조}}$)에 의하여 손해배상액의 범위가 정하여진다. 송하인이 운송인에게 운송물의 내용을 고지하고 선하증권 또는 운송계약을 증명하는 문서에 이를 기재한 경우에도 운송인의 책임제한이 배제된다($\substack{\text{상 797조} \\ \text{3항 본문}}$).

(가) 운송인에게 고의 등이 있는 경우   운송물의 멸실·훼손 또는 연착으로 인한 손해가 운송인 자신의 고의 또는 운송물의 멸실·훼손 또는 연착으로 인한 손 해발생의 염려가 있음을 인식하면서 무모하게 한 작위 또는 부작위로 인하여 생긴 때에는, 운송인은 이로 인하여 발생한 모든 손해를 배상하여야 한다[3]($\substack{\text{상 797조} \\ \text{1항 단서}}$). 운송 인에게 이러한 고의 등이 있음은 손해배상청구권자가 증명하여야 한다.

이는 운송인 자신에게 고의 등이 있는 경우에 한하므로, 운송인 이외의 선원 기타의 선박사용인의 고의 등으로 인하여 발생한 손해에 대하여는 책임제한이 인정 된다.[4]

---

1) 2004년 12월 10일 현재 1SDR＝U$1.52419×@1,0675⁵⁰(기준율)＝1,627원이다.

2) 동지: 대판 2001. 4. 27, 99 다 71528(공보 2001, 1232)(상법 제789조의 2에 규정된 국제통화 기금의 1 특별인출권〈SDR〉에 상당하는 금액인 계산단위를 국내통화로 환산하는 시점에 관하여 상법상 명문의 규정이 없는바, 운송인의 손해배상책임을 제한하는 입법취지와 1978년의 함부르크 규칙을 비롯한 관련 국제조약 및 독일·일본 등 여러 나라에서 실제 배상일이나 판결일 등을 국내 통화로 환산하는 기준일로 삼고 있는 점, 선박소유자 등의 책임제한절차에 관한 법률 제11조 2항 에서 공탁지정일에 가장 가까운 날에 공표된 환율에 의하도록 규정하고 있는 점 등에 비추어 볼 때, 상법 규정에 의한 계산단위를 소송상 국내통화로 환산하는 시점은 실제 손해배상일에 가까운 사실심 변론종결일을 기준으로 하여야 할 것이다).

3) 이는 Hague-Visby Rules 제4조 5항 (e)호에 따른 규정이다. 운송인의 이러한 책임제한의 배제 에 관한 상세는 이주흥, "면책약관 적용배제사유로서의 중과실,"「민사판례연구」, 제12집, 280~ 290면.

4) 동지: 대판 1996. 12. 6, 96 다 31611(공보 1997, 197)(상법 제789조의 2 제1항 단서에 의한 운송인의 책임제한이 배제되기 위하여는 운송인 본인에게 고의 등이 있어야 하고 운송인의 피용자 에게 고의 등이 있다 하더라도 운송인 본인에게 그와 같은 고의 등이 없는 이상 운송인은 책임제 한을 주장할 수 있다); 동 2001. 4. 27, 99 다 71528(공보 2001, 1232)(상법 제789조의 2〈2007년 개정상법 797조〉 제1항 단서에 의하여 운송인의 책임제한이 배제되기 위하여는 운송인 본인의 고의 또는 손해발생의 염려가 있음을 인식하면서 무모하게 한 작위 또는 부작위〈이하 '고의 또는

또한 운송인이 법인(회사)인 경우에는 이러한 고의 등의 유무를 결정하는 기준이 되는 자는 법인의 대표기관뿐만 아니라 적어도 법인의 내부적 업무분장에 따라 당해 법인의 관리업무의 전부 또는 특정 부분에 관하여 대표기관에 갈음하여 사실상 법인(회사)의 의사결정 등 모든 권한을 행사하는 자(관리직 담당직원 등)를 포함한다.[1]

(내) 멸실·훼손 또는 연착 이외의 손해의 경우　　운송인의 운송에 관한 임무해태(채무불이행)로 인하여 「운송물의 멸실·훼손 또는 연착」 이외의 원인으로 인하여 발생한 손해에 대하여는, 민법의 일반원칙(민393조)에 의하여 운송인의 손해배상의 범위가 정하여진다.[2]

(대) 운송물의 내용을 고지한 경우　　송하인이 운송인에게 운송물을 인도할 때에 그 종류와 가액을 고지하고 선하증권 기타 운송계약을 증명하는 문서에 이를 기재한 경우에는, 당해 문서에 기재된 가액에 따라 배상하여야 하므로 책임제한이 인정되지 않는다[3](상 797조 3항 본문).

4. 고가물에 대한 특칙

송하인이 고가물의 운송을 위탁할 때에는 그 종류와 가액을 명시한 경우에 한하여 운송인은 손해배상책임을 부담하고(상 815조 136조), 불고지한 경우에는 앞에서 본 바

무모한 행위'라고 한다〉가 있어야 하는 것이고, 운송인의 피용자인 선원 기타 선박사용인에게 고의 또는 무모한 행위가 있다 하더라도 운송인 본인에게 그와 같은 고의나 무모한 행위가 없는 이상, 운송인은 상법 제789조의 2〈2007년 개정상법 797조〉 제 1 항 본문에 의하여 책임을 제한할 수 있으며, 이는 운송인의 운송이 해상운송의 성질을 가지는 한, 해상에서의 피용자뿐만 아니라 보세창고업자와 같은 육상에서의 피용자에게 고의 또는 무모한 행위가 있었다 하더라도 마찬가지로 보아야 할 것이다).

반대: 대판 1983. 3. 22, 82 다카 1533(운송인의 운송물의 멸실·훼손에 대한 불법행위책임에 대하여 운송인 또는 그의 보조자에게 고의 또는 중과실이 있는 경우에는, 배상액의 제한약관이 적용되지 않는다)(그러나 이는 1991년 개정상법 이전의 판례이다 — 저자주).

1) 동지: 대판 2006. 10. 26, 2004 다 27082(공보 2006, 1964)(해상운송인의 책임제한의 배제에 관한 상법 제789조의 2〈2007년 개정상법 797조〉 제 1 항의 문언 및 입법 연혁에 비추어, 단서에서 말하는 '운송인 자신'은 운송인 본인을 말하고 운송인의 피용자나 대리인 등의 이행보조자를 포함하지 않지만, 법인 운송인의 경우에 그 대표기관의 고의 또는 무모한 행위만을 법인의 고의 또는 무모한 행위로 한정한다면 법인의 규모가 클수록 운송에 관한 실질적 권한이 하부의 기관으로 이양된다는 점을 감안할 때 위 단서조항의 배제사유가 사실상 사문화되고 당해 법인이 책임제한의 이익을 부당하게 향유할 염려가 있다. 따라서 법인의 대표기관뿐만 아니라 적어도 법인의 내부적 업무 분장에 따라 당해 법인의 관리업무의 전부 또는 특정 부분에 관하여 대표기관에 갈음하여 사실상 회사의 의사결정 등 모든 권한을 행사하는 사람〈관리직 담당직원〉은 그가 이사회의 구성원 또는 임원이 아니더라도 그의 행위를 운송인인 회사 자신의 행위로 봄이 상당하다).

2) 육상물건운송인에 대하여는 정(찬), (상)(제27판) 364~365면 참조.

3) 이는 Hague Rules 제 4 조 5항 후단 및 Hague-Visby Rules 제 4 조 5항 (a)호에 따른 규정이다.

와 같이 운송인은 면책된다. 이 때 운송인은 그 고가물에 대하여는 보통물로서의 주의의무도 부담하지 않는데, 우연히 고가물임을 안 경우에는 보통물로서의 주의의 무와 고가물로서의 책임이 있다고 본다.[1)]

송하인이 고가물에 대하여 고의로 부실고지한 경우에는 앞에서 본 바와 같이 운송인 측에 악의가 없는 한 운송인은 면책된다($\substack{\text{상 797조} \\ \text{3항 단서}}$).

5. 불법행위책임과의 관계

해상운송에 있어서 상법은 운송인의 면책사유나 책임제한에 관한 규정을 운송 인의 불법행위책임에도 적용한다는 명문규정을 두고 있다. 즉, 「이 절의 운송인의 책임에 관한 규정은 운송인의 불법행위로 인한 손해배상의 책임에도 이를 적용한다」 고 규정하고 있다[2)]($\substack{\text{상 798조} \\ \text{1항}}$). 이 때 '운송인의 책임'에 관한 규정에는 증명책임의 분 배에 관한 상법 제795조 1항이 포함되지 아니하므로(다시 말하면 상법 798조 1항이 '이 절의 운송인의 책임에 관한 규정'으로 규정하고 있으나, 이는 Hague-Visby Rules 4조의 2에서 보는 바와 같이 '운 송인의 항변사유 및 책임의 한도'에 관해서만 적용되는 것이다) 운송인 등에게 불법행위책임을 묻는 경우에는 청구인이 운송인의 귀책사유를 증명하여야 한다.[3)]

운송인 등의 채무불이행책임과 불법행위책임과의 관계에 대하여 육상물건운송 인의 경우에는 청구권경합설(통설·판례)과 법조경합설(소수설)이 대립하고 있는데,[4)] 해상물건운송인의 경우에는 결과적으로 법조경합설에 따른 입법을 한 것과 동일하 게 되었다.[5)]

---

1) 이에 관한 상세는 정(찬), (상)(제27판) 368면 참조.

2) 이는 Hague-Visby Rules 제 4 조의 2 및 Hamburg Rules 제 7 조 1항(이 협약에 규정된 항변사 유 및 책임의 한도는 소가 계약에 의한 것이든 불법행위 또는 그 밖의 사유에 의한 것이든 묻지 아니하고, 해상운송계약에 의하여 배상하는 운송물의 멸실·훼손 또는 인도지연에 관하여 운송인 에 대하여 제기된 모든 소에 적용된다)에 따른 규정이다.

3) 동지: 대판 2001. 7. 10, 99 다 58327(공보 2001, 1819)(상법 제789조의 3〈2007년 개정상법 798조〉 제 4 항은 운송물에 관한 손해배상청구가 운송인 이외의 실제운송인 또는 그 사용인이나 대리인에 대하여 제기된 경우에도 제 1 항 내지 제 3 항의 규정을 적용한다고 규정하고 있고, 같은 조 제 1 항은 이 장의 운송인의 책임에 관한 규정은 운송인의 불법행위로 인한 손해배상의 책임에 도 이를 적용한다고 규정하고 있는데, 같은 조 제 1 항에서 말하는 '운송인의 책임에 관한 규정'에 입증책임의 분배에 관한 상법 제788조〈2007년 개정상법 795조〉 제 1 항은 포함되지 아니하므로, 운송인에게 불법행위로 인한 손해배상책임을 묻기 위해서는 청구인이 운송인에게 귀책사유가 있음 을 입증하여야 한다)[이 판결에 대하여 찬성하는 취지의 평석으로는 김인현, 「한국해법학회지」, 제 24권 2호(2002. 11), 275~283면].

4) 이에 대하여는 정(찬), (상)(제27판) 341~342면, 369~370면 참조.

5) 결과 동지: 대판 1983. 3. 22, 82 다카 1533(선하증권에 기재된 면책약관은 운송계약상의 채무 불이행책임뿐 아니라 그 운송물의 소유권침해로 인한 불법행위책임에도 적용키로 한 당사자의 숨 은 합의도 포함되어 있다). 손(주), 835면은 이를 「다수설인 청구권경합설의 입장에서 불법행위가

6. 선주유한책임과의 관계

상법 제769조부터 제774조까지 및 제776조는 선주유한책임에 대하여 규정하고 있는데, 이러한 선주유한책임에 관한 규정과 운송인의 책임제한에 관한 규정은 상호 어떠한 관계에 있는가가 문제된다. 이에 대하여 상법은 명문으로 「운송인의 운송물에 관한 손해배상책임의 제한을 규정한 상법 제797조는 선박소유자 등의 유한책임을 규정한 상법 제769조부터 제774조까지 및 제776조의 적용에 영향을 미치지 아니한다」고 규정하고 있다($\frac{상}{4항}$797조). 따라서 상법 제797조의 책임한도액은 운송물 하나하나에 대한 것이고(개별적 책임제한), 운송인은 그 한도에서 부담할 채무액을 포함하여 그가 부담할 채무의 전체에 관하여 다시 선주유한책임규정에 의한 책임제한을 받는다(총체적 책임제한). 따라서 해상물건운송인은 이중으로 책임제한을 받게 된다.[1] 이렇게 보면 운송인의 책임제한에 관한 상법의 규정은 선주유한책임에 관한 상법의 규정에 대하여 운송인을 보호하기 위한 특별규정이라고 볼 수 있다.

7. 면책약관[2]

해상물건운송인이 면책약관 등에 의하여 자기의 의무 또는 책임을 경감 또는 면제하는 특약을 하는 경우에, 그러한 특약의 효력은 어떠한가. 육상물건운송인의 경우에는 이를 금지하는 상법상의 규정도 없고 또 운송인의 의무 또는 책임을 규정한 상법의 규정은 강행법규가 아니고 임의법규로 볼 수 있는 점에서, 그러한 당사자간의 특약을 규정한 면책약관은 신의칙에 반하지 않고 또 약관규제법에 저촉되지 않는 한 유효라고 해석하고 있다.[3] 그러나 해상물건운송인의 경우는 상법에서 이러한 면책약관을 금지하는 명문규정을 두고 있는데($\frac{상}{799조}$),[4] 이는 다음과 같다.

(1) 원 칙

1) 책임감면의 특약금지   해상물건운송인의 책임($\frac{상\ 794조\sim}{796조}$) 및 이의 제한

성립하는 경우에도 운송인의 해상법상의 책임제한 및 책임면제를 인정한다는 점을 명백히 하고 있다」고 설명하고 있는데, 타당하지 않다고 본다(동지: 양·박, 615면).

1) 이와 같은 이중적 책임제한에 대한 비판으로는 손(주), 725~726면; 이(균), (연구) 246면; 홍승인, "해상기업주체의 책임제한에 관한 연구," 법학박사학위논문(한국외국어대, 1991), 14면.
2) 이에 관한 상세는 이주홍, "선하증권상 배상액제한약관," 「사법논집」, 제20집 참조.
3) 정(찬), (상)(제27판) 370~371면.
4) 1991년 개정상법 이전의 우리 대법원판례는 이러한 면책약관이 유효하다는 전제 하에 그 면책약관의 효력은 운송인의 불법행위에도 미친다고 판시하였다[대판 1983. 3. 22, 82 다카 1533(공보 704, 735)(이 판결은 종래의 판례를 변경한 전원합의체판결임)].

$\left(\substack{상\ 797조,\\ 798조}\right)$에 관한 상법의 규정에 반하여 운송인의 의무 또는 책임을 경감 또는 면제하는 당사자 사이의 특약은 무효이다[1]$\left(\substack{상\ 799조\\ 1항\ 1문}\right)$. 그러나 운송인의 책임을 확장 또는 가중하는 당사자간의 특약은 유효하다고 본다.[2] 따라서 해상물건운송인의 책임 및 그의 제한에 관한 상법의 규정은 상대적 강행규정이라고 볼 수 있다.

2) 보험금청구권의 양도금지　　운송물에 관한 보험의 이익을 해상물건운송인에게 양도하는 약정 또는 이와 유사한 약정도 무효이다$\left(\substack{상\ 799조\\ 1항\ 2문}\right)$. 즉, 운송물에 대하여 보험에 가입한 송하인이 운송인으로부터 손해배상을 받고, 그의 보험금청구권을 운송인에게 양도하거나 또는 송하인(보험계약자)이 보험자로부터 보험금을 지급받고 보험자와 사이에, 보험자가 제 3 자(운송인)에 대한 대위권$\left(\substack{상\\ 682조}\right)$을 행사하지 않기로 특약을 하면, 운송인은 결과적으로 손해배상책임을 부담하지 않는 것과 같으므로 이를 금지시킨 것이다.[3]

---

1) 그러나 우리 대법원은 선하증권상의 배상액산정기준에 관한 약관이나 해상운송인의 책임결과의 일부를 감경하는 배상액제한약관은 원칙적으로 상법 제790조〈2007년 개정상법 제799조〉에 저촉되지 않는다고 판시하고 있다. 즉, 이에 관하여는 대판 1975. 12. 30, 75 다 1349(민집집 216, 966)(배상금액을 원선적지에서의 선적 당시의 상품가격과 실제 지급된 제비용의 합계액으로 한정한다고 정한 것은 본법 제787조〈2007년 개정상법 794조〉 내지 제789조〈2007년 개정상법 796조〉에 반하여 선박소유자의 책임을 경감하는 특약이라고 볼 수 없다); 동 1987. 10. 13, 83 다카 1046(공보 1987, 1690)(본조는 책임제외약관과 책임변경약관 등에 적용되고, 책임결과의 일부를 경감하는 배상액제한약관에는 그것이 신의성실의 원칙에 반하고 공서양속에 반하는 정도의 소액이 아닌 한 적용되지 않는다); 동 1995. 4. 25, 94 다 47919(공보 993, 1944)(복합운송증권통일규칙〈FIATA〉에 따라 운송인의 책임을 멸실된 운송물의 총 중량에 매 kg당 2 SDR〈특별인출권〉을 곱한 금액을 한도로 규정한 배상액제한약관은 구 상법〈1991. 12. 31, 법률 제4470호로 개정되기 전의 것〉 제790조〈2007년 개정상법 799조〉에 위반된다고 볼 수 없다); 동 2009. 8. 20, 2007 다 82530(공보 2009, 1506)(해상운송인이 선하증권의 이면약관으로 운송인이 선적항에서 운송물을 수령하여 단독으로 관리하게 되는 때부터 운송인으로서의 책임을 부담하도록 정하더라도 구 상법 제790조〈2007년 개정상법 제799조〉에 반하는 무효의 약관이라고 할 수 없고, 이 경우 해상운송인의 책임은 운송인이 선적항에서 화물을 단독으로 관리하는 때로부터 개시된다) 등 다수의 판례가 있다.

　　오늘날 석탄·광석·시멘트·비료 등의 살(撒)화물(bulk 화물)의 운송에서 운송인의 부담 없이 운송물이 선적되고 양하되기로 하는 운송계약상의 FIO(Free IN OUT)조항이 해운실무상 많이 이용되고 있고, 이러한 FIO조항이 상법 제788조 1항〈2007년 개정상법 795조 1항〉 및 제790조〈2007년 개정상법 799조〉에 위반하여 무효인지 여부가 문제되는데, 이는 헤이그규칙이 성립된 후 해운환경의 변화에 따라 발생한 제도로서 운송인과 화주 양 당사자에게 모두 유리한 조항이므로 그 유효성을 인정하여야 할 것으로 본다(동지: 대판 2004. 10. 15, 2004 다 2137; 서울민사지판 1986. 12. 26, 86 가합 506).

2) 동지: 대판 1971. 4. 30, 71 다 70(해상물건운송인이 항해과실에 대하여 책임을 진다는 당사자간의 특약은 유효하다); 동 1973. 8. 21, 72 다 1520(당사자간의 특약이 있으면 그 사고의 원인이 상사과실이든 항해과실이든 묻지 아니하고 해상물건운송인은 그 책임을 지게 되고, 그러한 특약은 강행법규에 위반되는 것이 아니다).

3) 동지: 손(주), 837면.

(2) 예   외

1) 산 동물의 운송   산 동물의 운송의 경우에는 해상물건운송인의 책임을 상법상의 규정보다 경감 또는 면제하는 당사자간의 특약은 유효하다[1]($\frac{상 799조}{2항 전단}$). 산 동물의 운송에는 여러 가지 항해상 위험이 크므로 운송인의 책임을 감면하는 특약을 금지하면, 운송인이 이의 운송을 기피하거나 또는 운임이 높아질 것이기 때문이다.[2]

2) 갑판적(甲板積)화물   선하증권 기타 운송계약을 증명하는 문서의 표면에 갑판적으로 운송할 취지를 기재하여 갑판적으로 운송하는 화물의 경우에는, 해상물건운송인의 책임을 상법상의 규정보다 경감 또는 면제하는 당사자간의 특약은 유효하다[3]($\frac{상 799조}{2항 후단}$). 갑판적화물은 산 동물의 경우와 같이 해상위험이 크기 때문에 이에 따른 운송인의 책임면책특약을 유효로 한 것이다.

8. 순차해상물건운송인의 책임

수 인이 순차로 해상에서 운송할 경우에 각 운송인은 운송물의 멸실·훼손 또는 연착으로 인한 손해에 대하여 「연대책임」이 있고, 운송인 중 1인이 이러한 손해를 배상한 때에는 그 손해의 원인이 된 행위를 한 운송인에 대하여 구상권이 있다($\frac{상 815조,}{138조 1항·2항}$). 이 때 그 손해의 원인이 된 행위를 한 운송인을 알 수 없을 때에는 각 운송인은 그 운임의 비율로 손해를 분담하는데, 그 손해가 자기의 운송구간 내에서 발생하지 아니하였음을 증명한 때에는 손해분담의 책임이 없다($\frac{상 815조,}{138조 3항}$). 이 때 순차운송은 수 인의 운송인이 서로 운송상의 연락관계를 가지고 있을 경우 송하인이 최초의 운송인에게 운송을 위탁함으로서 다른 운송인을 동시에 이용할 수 있는 「협의의 순차운송」(공동운송)을 의미한다.[4]

9. 책임의 소멸

(1) 단기제척기간

해상물건운송인의 송하인 또는 수하인 등에 대한 책임은 그 청구원인의 여하를 불구하고 운송인이 수하인에게 운송물을 인도한 날 또는 인도할 날로부터 1년 이내에 재판상 청구가 없으면 소멸하는데, 이 기간은 당사자의 합의에 의하여 연장

---

1) 이는 Hamburg Rules 제1조 c 및 제5조 5항에 따른 규정이다.
2) 동지: 손(주), 838면.
3) 이는 Hamburg Rules 제1조 c 및 제9조에 따른 규정이다.
4) 이에 관한 상세는 정(찬), (상)(제27판) 388~391면 참조.

할 수 있다[1]($\substack{상\ 814조\\1항}$). 따라서 육상물건운송인의 책임의 소멸[2]과는 달리 특별소멸사유($\substack{상\\146조}$)가 없고, 원칙적으로 1년의 제척기간으로 되어 있는데 해상물건운송인은 제척기간 경과로 인한 권리소멸의 이익을 포기할 수 있다.[3]

---

1) 1991년 개정상법 이전에는 육상물건운송인의 책임과 같이 1년의 단기소멸시효기간으로 하고 또한 특별소멸사유가 인정되었으나(개정전 상법 812조, 121조, 146조), 1991년 개정상법에서는 이를 모두 폐지하고 Hague Rules에 따라서 1년의 단기제척기간으로 하였다(미국해상물건운송법 제3조 6항도 이와 동일하게 규정함). 이와 동시에 재판상의 청구를 그 요건으로 가중하고, 기산점을 명문으로 규정하였으며, Hague-Visby Rules 제3조 6항에 따라 이 기간은 당사자의 합의로 연장할 수 있도록 하였다(1991년 개정상법 811조).

 2007년 개정상법은 1991년 개정상법의 내용을 그대로 승계함과 동시에(2007년 개정상법 814조 1항), 이에 추가하여 운송인이 인수한 운송을 다시 제3자에게 위탁한 경우에 대한 특칙규정을 두었다(2007년 개정상법 814조 2항·3항).

2) 이에 관한 상세는 정(찬), (상)(제27판) 371면 참조.

3) 동지: 대판 2022. 6. 9, 2017 다 247848(공보 2022, 1333)(상법 제814조 제1항은 "운송인의 송하인 또는 수하인에 대한 채권 및 채무는 그 청구원인의 여하에 불구하고 운송인이 수하인에게 운송물을 인도한 날 또는 인도할 날부터 1년 이내에 재판상 청구가 없으면 소멸한다. 다만 이 기간은 당사자의 합의에 의하여 연장할 수 있다"라고 정하고 있다. 이러한 해상운송인의 송하인이나 수하인에 대한 권리·의무에 관한 소멸기간은 제척기간에 해당한다. 상법 제814조 제1항에서 정한 제척기간이 지난 뒤에 그 기간 경과의 이익을 받는 당사자가 기간이 지난 사실을 알면서도 기간 경과로 인한 법적 이익을 받지 않겠다는 의사를 명확히 표시한 경우에는, 소멸시효 완성 후 이익의 포기에 관한 민법 제184조 제1항을 유추적용하여 제척기간 경과로 인한 권리소멸의 이익을 포기하였다고 인정할 수 있다. 그 이유는 다음과 같다. ① 법적 규율이 없는 사안에 대하여 그와 유사한 사안에 관한 법규범을 적용하기 위해서는 양 사안 사이에 공통점 또는 유사점이 있어야 하고 법규범의 체계, 입법의도와 목적 등에 비추어 유추적용이 정당하다고 평가되어야 한다. 상법 제814조 제1항에서 정한 제척기간은 청구권에 관한 것으로서 그 권리가 행사되지 않은 채 일정한 기간이 지나면 권리가 소멸하거나 효력을 잃게 된다는 점에서 소멸시효와 비슷하다. 소멸시효가 완성된 후 시효이익을 받을 채무자는 시효 완성으로 인한 법적 이익을 받지 않겠다는 의사표시를 하여 시효이익을 포기할 수 있다〈민법 제184조 제1항〉. 한편 어떠한 권리에 대하여 제척기간이 적용되는 경우에 그 기간이 지나면 권리가 소멸하고 의무자는 채무이행을 면하는 법적 이익을 얻게 된다. 제척기간을 정한 규정의 취지와 목적, 권리의 종류·성질 등에 비추어, 당사자들이 합의하여 그 기간을 연장할 수 있는 경우와 같이 기간 경과로 인한 이익 포기를 허용해도 특별히 불합리한 결과가 발생하지 않는 경우라면, 시효이익 포기에 관한 민법 제184조 제1항을 유추적용하여 당사자에게 그 기간 경과의 이익을 포기할 수 있도록 하여 법률관계에 관한 구체적인 사정과 형평에 맞는 해결을 가능하게 하는 것이 부당하다고 할 수 없다. ② 제척기간은 일반적으로 권리자로 하여금 자신의 권리를 신속하게 행사하도록 함으로써 법률관계를 조속히 확정하려는 데 그 제도의 취지가 있으나, 법률관계를 조속히 확정할 필요성의 정도는 개별 법률에서 정한 제척기간마다 다를 수 있다. 상법 제814조 제1항은 해상운송과 관련한 법률관계에서 발생한 청구권의 행사기간을 1년의 제소기간으로 정하면서도 위 기간을 당사자의 합의에 의하여 연장할 수 있도록 하고 있다. 운송인과 송하인 또는 수하인 사이의 해상운송을 둘러싼 법률관계를 조속히 확정할 필요가 있으나, 해상운송에 관한 분쟁 가운데는 단기간 내에 책임소재를 밝히기 어려워 분쟁 협의에 오랜 시간이 걸리는 경우가 있다. 이 조항은 이러한 사정을 감안하여, 당사자들에게 제소기간에 구애받지 않고 분쟁에 대한 적정한 해결을 도모할 기회를 부여하고자 당사자들이 기간 연장을 합의할 수 있도록 한 것이다. 상법 제814조 제1항에서 정한 제척기간은 해상운송과 관련하여 발생하는 채권·채무에 적용되는데 해상운송인을 보호하고 시간의 경과에 따른 증명곤란의 구제를 도모하기 위한 것이지만, 당사자들이 합의하여 제척기간을 연장할 수 있도록 하였다는 점에서 일반적인 제척기간과

이 때의 수하인은 선하증권이 발행된 경우 그 선하증권의 정당한 소지인을 포함하고, 운송인 또는 그의 사용인의 선의·악의는 이 제척기간에 영향을 미치지 못한다.[1]

이 제척기간의 준수 여부에 관하여는 법원이 직권으로 조사하여야 한다.[2]

이 제척기간의 기산점은 상법에 명문규정이 있는 바와 같이 「운송물을 인도한 날 또는 인도할 날」이다. 이 때 「운송물을 인도할 날」이란 '통상 운송계약이 그 내용에 좇아 이행되었으면 인도가 행하여져야 했던 날'을 말한다.[3]

는 구별되는 특성이 있다. 이와 같이 이 조항에서 제척기간을 정한 취지와 목적, 권리의 성질 등 여러 사정을 고려하면, 당사자에게 그 기간 경과의 이익을 포기할 수 있도록 하여 법률관계에 관한 구체적인 사정과 형평에 맞는 해결을 가능하게 하더라도 특별히 불합리한 결과가 발생하는 경우라고 볼 수 없다.

1) 동지: 대판 1997. 4. 11, 96 다 42246(공보 1997, 1424)(선하증권의 정당한 소지인은 상법 제811조〈2007년 개정상법 814조〉에서 말하는 '수하인'에 해당하며, 같은 법 같은 조는 '그 청구원인의 여하에 불구하고' 운송인의 수하인 등에 대한 채권 및 채무에 대하여 적용하도록 되어 있으므로 운송인의 악의로 인한 불법행위채무에 대하여도 적용된다); 동 1997. 9. 30, 96 다 54850(공보 1997, 3261); 동 1999. 10. 26, 99 다 41329(공보 1999, 2423)(해상운송계약에 따른 선하증권이 발행된 경우에는 그 선하증권의 정당한 소지인이 상법 제811조〈2007년 개정상법 814조〉의 '수하인'이고, 상법 제811조〈2007년 개정상법 814조〉는 운송인의 해상운송계약상의 이행청구 및 채무불이행에 따른 손해배상청구의 경우뿐만 아니라 운송인의 불법행위에 따른 손해배상청구 등 청구원인의 여하에 관계없이 적용되므로, 상법 제811조〈2007년 개정상법 814조〉는 선하증권의 소지인이 운송인에 대하여 운송물에 대한 양도담보권을 침해한 불법행위에 따른 손해배상책임을 묻는 경우에도 적용된다); 동 2019. 6. 13, 2019 다 205947(공보 2019, 1384)(해상운송계약에서 운송인은 운송물의 수령·선적·적부·보관·운송·양륙 및 인도의무를 부담하므로〈상법 제795조 제1항〉, 운송인은 운송채무의 최종 단계에서 운송물을 정당한 수하인에게 인도함으로써 운송계약의 이행을 완료하게 된다. 여기서 운송물의 인도는 운송물에 대한 점유, 즉 사실상의 지배·관리가 정당한 수하인에게 이전되는 것을 말한다. 선하증권이 발행된 경우에는 선하증권의 정당한 소지인에게 인도하여야 한다〈상법 제861조, 제132조〉. 따라서 운송인이 운송계약상 정해진 양륙항에 도착한 후 운송물을 선창에서 인도 장소까지 반출하여 보세창고업자에게 인도하는 것만으로는 그 운송물이 운송인의 지배를 떠나 정당한 수하인에게 인도된 것으로 볼 수 없다).

2) 동지: 대판 2007. 6. 28, 2007 다 16113(공보 2007, 1164)(운송인의 용선자·송하인 또는 수하인에 대한 채권·채무는 그 청구원인의 여하에 불구하고 운송인이 수하인에게 운송물을 인도한 날 또는 인도할 날부터 1년 이내에 재판상 청구가 없으면 소멸하는 것이고〈상법 제811조, 2007년 개정상법 제814조〉, 위 기간은 제소기간으로서 법원은 그 기간의 준수 여부에 관하여 직권으로 조사하여야 하므로 그 기간 준수 여부에 대하여 의심이 있는 경우에는 필요한 정도에 따라 직권으로 증거조사를 할 수 있으나, 법원에 현출된 모든 소송자료를 통하여 살펴보았을 때 그 기간이 도과하였다고 의심할 만한 사정이 발견되지 않는 경우까지 법원이 직권으로 추가적인 증거조사를 하여 기간 준수의 여부를 확인하여야 할 의무는 없다); 동 2019. 6. 13, 2019 다 205947(공보 2019, 1384)(상법 제814조 제1항의 제척기간을 도과하였는지는 법원의 직권조사사항이므로 당사자의 주장이 없더라도 법원이 이를 직권으로 조사하여 판단하여야 한다. 또한 당사자가 제척기간의 도과 여부를 사실심 변론종결 시까지 주장하지 아니하였다 하더라도 상고심에서 이를 새로이 주장·증명할 수 있다).

3) 동지: 대판 1997. 11. 28, 97 다 28490(공보 1998, 68); 동 2007. 4. 26, 2005 다 5058(공보

2007, 754)(상법 제811조〈2007년 개정상법 814조〉에서 정한 '운송물을 인도할 날'은 통상 운송계약이 그 내용에 좇아 이행되었으면 인도가 행하여져야 했던 날을 말하는데, 운송물이 멸실되거나 운송인이 운송물의 인도를 거절하는 등의 사유로 운송물이 인도되지 않은 경우에는 '운송물을 인도할 날'을 기준으로 위 규정의 제소기간이 도과하였는지 여부를 판단하여야 한다); 동 2019. 6. 13, 2019 다 205947(공보 2019, 1384)(운송물이 멸실되거나 운송물의 인도가 불가능하게 된 경우에는 '운송물을 인도할 날'을 기준으로 제척기간이 도과하였는지를 판단하여야 한다. 여기서 '운송물을 인도할 날'이란 통상 운송계약이 그 내용에 좇아 이행되었으면 인도가 행하여져야 했던 날을 의미한다. 따라서 갑 주식회사가 송하인〈Shipper〉을 위해 을 주식회사에 운송물을 양륙항〈Port of Discharge〉인 터키 내 항구까지 운송할 것을 위탁하였고, 송하인과 수하인〈Consignee〉 사이에는 위 운송물을 양륙항에서 하역한 다음 환승하여 최종 목적지인 시리아로 운송할 것이 예정되었는데, 운송물이 양륙항에 입항한 후 터키 당국이 자국을 경유하여 시리아로 들어가는 것을 허용하지 않아 통관이 불허되자, 갑 회사와 을 회사가 통관이 이루어질 때까지 잠정적으로 터키 내 보관장소에 운송물을 임치하고 해결책을 찾기로 하였으나, 결국 통관이 이루어지지 않아 운송물이 시리아로 운송되지 못한 사안에서, 운송계약에 따른 운송물의 목적지는 양륙항인 터키 내 항구로 보아야 하나, 을 회사의 인도의무는 운송계약에서 정한 양륙항에 입항한 시점에 종료되는 것이 아니라 정당한 수하인에게 인도되어야 완료되는 것이므로, 을 회사가 운송물을 정당한 수하인에게 인도한 날을 기준으로 상법 제814조 제 1 항의 제척기간을 계산하거나, 만약 운송물의 인도가 불가능하게 된 경우에는 운송물을 인도할 날을 기준으로 위 제척기간이 도과하였는지를 판단하여야 하는데도, 이와 달리 운송물이 양륙항인 터키 내 항구에 입항한 시점에 을 회사의 운송이 종료되었다고 보아 그날로부터 제척기간을 계산한 원심판단에는 제척기간 기산점에 관한 법리오해 등 잘못이 있다); 동 2019. 7. 10, 2019 다 213009(공보 2019, 1540)(해상운송인의 송하인 또는 수하인에 대한 채권 및 채무는 그 청구원인의 여하에 불구하고 운송인이 수하인에게 운송물을 인도한 날 또는 인도할 날부터 1년 이내에 재판상 청구가 없으면 소멸한다〈상법 제814조 제 1 항〉. 여기서 '운송물을 인도할 날'이란 통상 운송계약이 그 내용에 좇아 이행되었으면 인도가 행하여져야 했던 날을 말한다. 운송물이 물리적으로 멸실되는 경우뿐만 아니라 운송인이 운송물의 인도를 거절하거나 운송인의 사정으로 운송이 중단되는 등의 사유로 운송물이 인도되지 않은 경우에도 '운송물을 인도할 날'을 기준으로 하여 제소기간이 도과하였는지를 판단하여야 한다. 본건의 소는 이러한 제소기간이 도과하여 부적법하다); 동 2022. 12. 1, 2020 다 280685(공보 2023, 156)(해상운송인의 송하인 또는 수하인에 대한 채권 및 채무는 그 청구원인의 여하에 불구하고 운송인이 수하인에게 운송물을 인도한 날 또는 인도할 날부터 1년 이내에 재판상 청구가 없으면 소멸한다〈상법 제814조 제 1 항〉. 이러한 해상운송인의 송하인이나 수하인에 대한 권리·의무에 관한 소멸기간은 제척기간에 해당하고, 그 기산일은 '운송물을 인도한 날 또는 인도할 날'인데, '운송물을 인도할 날'이란 통상 운송계약이 그 내용에 좇아 이행되었으면 인도가 행하여져야 했던 날을 의미한다. 해상운송인의 송하인 또는 수하인에 대한 채권 및 채무는 그 청구원인이 계약인 경우뿐만 아니라 불법행위인 경우에도 위 제척기간이 적용된다. 제척기간은 일반적으로 권리자로 하여금 자신의 권리를 신속하게 행사하도록 함으로써 법률관계를 조속히 확정하려는 데 그 제도의 취지가 있고, 그 제척기간의 경과로 권리가 소멸한다. 따라서 제척기간은 적어도 권리가 발생하였음을 전제하는 것이고, 아직 발생하지 않은 권리에까지 그 제척기간에 관한 규정을 적용하여 권리가 소멸하였다고 볼 수는 없다. 복합운송주선인인 갑 주식회사가 운송계약에 따라 해상운송인인 을 외국회사에 운송을 의뢰한 화물은 폐기물처리업자가 수출 화물인 것처럼 가장하여 반출하려 한 폐기물이었는데, 이를 갑 회사 및 갑 회사가 지정한 수하인이 수령하지 않아 컨테이너 초과사용료·터미널 보관료 등 손해가 계속 발생하자, 을 회사가 화물 도착 후 약 2년이 지난 시점에 갑 회사를 상대로 손해배상을 구한 사안에서, 컨테이너 초과사용료 및 터미널 보관료에 관한 을 회사의 손해배상채권은 '화물의 인도가 행하여져야 했던 날'을 지나서도 발생할 수 있으므로, 상법 제814조 제 1 항에서 정한 제척기간의 기산점으로서 '화물의 인도가 행하여져야 했던 날'을 지나서 발생하는 위 손해배상채권의 제척기간 기산일은 그 채권의 발생일이라고 해석함이 타당하고, 그날부터 상법 제814조 제 1 항에

이러한 단기제척기간에 관한 규정을 원용할 수 있는 자는 해상물건운송인 및 그의 사용인 또는 대리인 등인데($\frac{상}{2항}$798조), 이 때의 '사용인 또는 대리인'은 운송인과 고용계약 또는 위임계약 등에 따라 그의 지휘감독을 받아 그 업무를 수행하는 자를 말하므로 이러한 지휘감독에 관계 없이 스스로의 판단에 따라 자기 고유의 사업을 영위하는 독립적인 계약자는 상법 제814조 1항에 기한 항변을 원용할 수 없다.[1]

(2) 재운송 등에 대한 특칙

운송인이 인수한 운송을 다시 제3자에게 위탁한 경우(운송인이 재운송계약을 체결하거 나, 계약운송인〈운송주선인〉과 실제운송인〈해상운송 인〉이 있는 경우 등)에 송하인 또는 수하인이 위의 1년(또는 당사자의 합의에 의하여 연장된 기간에)의 단기제척기간 이내에 운송인과 배상합의를 하거나 운송인에게 재판상 청구를 하였다면, 그 합의 또는 청구가 있은 날로부터 3월이 경과하기 이전에는 그 제3자에 대한 운송인의 채권·채무는 1년(또는 당사자의 합의에 의하여 연장된 기간)의 단기제척기간에도 불구하고 소멸하지 아니한다($\frac{상}{2항}$814조). [2] 따라서 예컨대, 송하인 등이 1년의 제척기간 마지막 날에 운송인에게 청구를 한 경우 운송인의 그 제3자에 대한 구상채권의 제척기간은 최장 3개월이 늘어나게 되었다. 이로 인하여 운송인은 보호받을 수 있게 되었다.

또한 운송인과 제3자 사이의 합의로 1년의 제척기간을 연장한 경우에도 송하인 또는 수하인이 그 연장된 기간 이내에 운송인과 배상합의를 하거나 운송인에게 재판상 청구를 하였다면, 그 합의 또는 청구가 있은 날로부터 3월이 경과하기 이전에는 그 제3자에 대한 운송인의 채권·채무는 위 연장된 기간에도 불구하고 소멸하지 아니한다($\frac{상}{2항}$814조).

위의 경우 운송인이 재판상 청구를 받은 경우 그로부터 3개월 이내에 그 제3자에 대하여 소송고지를 하면 3개월의 기간은 그 재판이 확정 그 밖의 종료된 때

서 정한 권리의 존속기간인 1년의 제척기간이 적용된다고 보아야 하는데도, 위 손해배상청구 중 소제기 1년 안에 발생한 부분까지도 제척기간을 도과하여 부적법하다고 본 원심판단에 법리오해의 잘못이 있다).

1) 동지: 대판 2004. 2. 13, 2001 다 75318(공보 2004, 460).

2) 동지: 대판 2018. 12. 13, 2018 다 244761(공보 2019, 283)(상법 제814조 제2항 전단에서 규정한 '제1항의 기간'이란 상법 제814조 제1항 본문에서 정한 운송물을 인도한 날 또는 인도할 날부터 1년의 기간은 물론, 상법 제814조 제1항 단서에 따라 당사자의 합의에 의하여 연장된 기간을 포함한다고 보아야 한다. 그 이유는 다음과 같다. 상법 제814조 제1항에서 정한 제척기간은 '운송물을 인도한 날 또는 인도할 날부터 1년의 기간'〈본문〉과 '당사자의 합의에 의하여 연장된 기간'〈단서〉이다. 상법 제814조 제2항 전단은 '제1항 단서'라고 규정한 같은 항 후단과 달리 '제1항의 기간'이라고만 규정하여 상법 제814조 제1항의 본문과 단서를 구분하거나 적용 범위를 제한하고 있지 않다. 따라서 위 '제1항의 기간' 부분을 그 문언의 통상적 의미로 충실하게 해석하면 상법 제814조 제1항 본문과 단서에 정해진 기간을 모두 의미한다고 해석할 수 있다).

부터 기산한다($\frac{상}{3항}^{814조}$). 이는 운송인이 구상채권을 확보하기 위하여 다시 그 제 3 자에 대하여 소송을 제기하는 경우 인지대 등 막대한 비용이 필요한 점을 고려하여 제소 대신에 소송고지를 할 수 있도록 하고, 이 때 운송인을 위하여 3개월의 기간의 기산점은 그 재판의 확정시($\frac{또는 그 밖의}{종료된 때}$)로 하고 있다.

제 4 해상물건운송인의 권리

1. 기본적 권리

해상물건운송인의 기본적 권리에는 가장 대표적인 것으로 운임청구권이 있고($\frac{상}{791조}$), 이외에 운송에 부수하여 생기는 부수비용청구권 등이 있다. 또한 이러한 청구권을 담보하기 위한 담보권이 있다. 이하에서 차례로 설명한다.

(1) 운임청구권

1) 운임의 의의 해상물건운송인은 운송계약에 의하여 물건의 운송을 인수한 보수로서 운임을 청구할 권리가 있다. 이 때 「운임」(freight; Fracht)이란 '운송이라는 일의 완성에 대한 대가로서 받는 보수'를 말한다. 이러한 운임에는 비율운임($\frac{상~810조~2항,}{811조~2항}$) 등을 포함한다.

2) 운임지급의무자 운임지급의무자는 운송계약의 상대방인 송하인인데, 운송물 수령 후에는 수하인도 의무자(부진정연대채무자)가 되는 것은 육상운송의 경우와 같다[1]($\frac{상}{1항}^{807조}$).

3) 운임청구권의 발생요건

㉮ 원 칙 운송계약은 이미 앞에서 본 바와 같이 도급계약이므로 운임청구권은 원칙적으로 운송물이 목적지에 도착하여야($\frac{즉, 운송이라는 일의}{완성이 있어야}$) 발생한다. 따라서 운송물이 목적지에 도착하지 않은 때에는 운임청구권은 원칙적으로 발생하지 않는다. 이로 인하여 운송물의 전부 또는 일부가 송하인의 책임 없는 사유로 인하여 멸실한 때에는 운송인은 그 운임을 청구하지 못하고, 운송인이 이미 그 운임의 전부 또는 일부를 받은 때에는 이를 반환하여야 한다($\frac{상~815조,}{134조~1항}$). 그러나 해운실무상 운임은 보통 선급(先給)되고 있다.

---

1) 동지: 대판 1977. 12. 26, 76 다 2914(집 25 ② 민 186)(운임미결제사실을 알면서 하물〈荷物〉을 수령한 선하증권소지인 등은 운임지급의무가 있다); 동 1996. 2. 9, 94 다 27144(공보 1996, 866)(수하인이 운송인으로부터 화물의 도착을 통지받고 이를 수령하지 아니한 것만으로 바로 운송물을 수령한 수하인으로 취급할 수는 없으므로, 이러한 수하인은 상법 제800조 1항〈2007년 개정 상법 807조 1항〉 소정의 운임 등을 지급할 의무가 없다).

(나) 예   외

① 운송인은 예외적으로 다음과 같은 경우에는 운송물이 목적지에 도착하지 않은 경우에도 운임청구권을 행사할 수 있다. 즉, (i) 운송물의 전부 또는 일부가 그 성질이나 하자 또는 송하인의 과실로 인하여 멸실한 때에는 운송인은 운임의 전액을 청구할 수 있다(전액운임)($^{\,상\,815조,}_{\,134조\,2항}$). (ii) 선장이 항해계속비용 등을 지급하기 위하여 또는 선박과 적하의 공동위험을 면하기 위하여 운송물을 처분한 경우에는 운송인은 운임의 전액을 청구할 수 있다(전액운임)($^{\,상}_{813조}$). (iii) 항해중에 선박의 침몰 또는 멸실·수선불능·포획 등의 사유가 발생하여 운송을 계속하지 못한 경우에는, 운송인은 송하인에 대하여 운송물의 가액을 한도로 하여 운송의 비율에 따른 운임을 청구할 수 있다(비율운임)($^{\,상\,810조}_{\,2항}$).

② 운송인은 예외적으로 운송계약이 해제 또는 해지된 경우에도 전부운임 또는 비율운임을 청구할 수 있는데($^{\,상\,792조\,2항,}_{\,811조\,2항}$), 이에 대하여는 후술한다.

4) 운 임 액   운임액은 계약 또는 관행에 의하지만,[1] 상법은 해상운송의 기술적 성격을 고려하여 특히 다음과 같은 보충규정을 두고 있다($^{\,상\,805조,}_{\,806조}$). 즉, (i) 운송물의 중량 또는 용적으로 운임을 정한 때에는 운송물을 「인도하는 때」의 중량 또는 용적에 의하여 운임액을 정한다($^{\,상}_{805조}$). (ii) 기간으로 운임을 정한 때에는 원칙적으로 운송물의 「선적을 개시한 날로부터 그 양륙을 종료한 날」까지의 기간에 의하여 운임액을 정한다($^{\,상\,806조}_{\,1항}$). 따라서 이 경우에는 기간계산에 있어서의 민법상의 원칙($^{\,민\,156조,\,157조,}_{\,159조\sim161조}$)은 적용되지 않는다. 그러나 예외적으로 이 기간에는 (i) 불가항력으로 인하여 선박이 선적항이나 항해도중에서 정박한 기간 및 (ii) 항해도중에서 선박을 수선한 기간은 위의 기간에 산입하지 아니한다($^{\,상\,806조}_{\,2항}$). 이 경우는 실제로 운송을 실행한 기간이 아니므로 송하인의 이익을 위하여 제외한 것이다.

(2) 부수비용청구권 등

해상물건운송인은 운송계약 또는 선하증권의 취지에 따라 부수비용($^{\,예컨대,\,창고보}_{\,관료,\,운송물공}$ $^{\,탁비용,\,검사}_{\,비용,\,관세\,등}$)·체당금·운송물의 가액에 따른 공동해손 또는 해난구조로 인한 부담액을 송하인에게 청구할 수 있는데, 수하인이 운송물을 수령한 때에는 수하인에게도 이를 청구할 수 있다($^{\,상\,807조}_{\,1항}$).

---

1) 거래의 실제에 있어서는 상품시장과 똑같이 운임시장(freight market)이 있어서 항상 특정항로에 있어서 특정한 시기의 운임을 알 수 있다. 또 해상운송에는 일정항로에 취항하는 정기운송인들이 상호간의 불필요한 경쟁을 피하고 공동이익을 증진시키기 위하여 해상화물의 운임률 및 운송조건을 규정하는 국제운임 카르텔을 형성하고 있는 경우가 있는데, 이에 속한 배를 동맹선이라 하고 그러하지 아니한 배를 비동맹선(non-conference line)이라 하여 경쟁이 치열하다[정(희), 569면 주 1].

(3) 담 보 권

1) 유 치 권　　해상물건운송인(선장)은 수하인이 운송물을 수령하는 때에 운임·부수비용·체당금·운송물의 가액에 따른 공동해손 또는 해난구조로 인한 부담액을 지급하지 않으면, 운송물을 인도하지 않고 이를 유치할 수 있는 권리(해상유치권)를 갖는다($^{상\,807조}_{2항}$). 이 유치권은 피담보채권과 유치목적물(운송물)과의 견련(牽聯)관계를 요하고, 또한 유치목적물이 운송물로 제한되며, 그 운송물은 채무자 소유인지 여부를 불문하는 점에서, 민사유치권($^{민}_{320조}$)과 같고 일반상사유치권($^{상}_{58조}$)과 구별된다.[1]

2) 경 매 권　　해상물건운송인은 운임·부수비용·체당금·운송물의 가액에 따른 공동해손 또는 해난구조로 인한 부담액을 지급받기 위하여, 법원의 허가를 얻어 운송물을 경매하여 우선변제를 받을 권리가 있다[2]($^{상\,808조}_{1항}$). 또한 해상물건운송인(선장)은 수하인에게 운송물을 인도한 후에도 그 운송물에 대하여 위의 경매권을 행사할 수 있는데, 다만 인도한 날로부터 30일을 경과하거나 또는 제 3 자가 그 운송물의 점유를 취득한 때에는 그러하지 아니하다($^{상\,808조}_{2항}$). 이와 같이 해상물건운송인의 경매권은 「법원의 허가」를 그 권리의 행사요건으로 하고 있으며 또한 「운송물의 인도 전후」를 불문하는 점에서, 민법상 유치권자의 경매권($^{민\,322조\,1항:\,유치권자}_{는\,채권의\,변제를\,받기}$ $_{위하여\,유치물을}^{경매할\,수\,있다}$)과 구별된다. 이와 같이 해상물건운송인에게는 운송물을 인도한 후에도 경매권을 인정한 것은 해상위험의 방지 또는 운송물의 수량검사 등을 위하여 운송물을 수하인에게 부득이 먼저 인도할 필요가 있는 경우에 해상물건운송인을 보호하기 위한 것이다.

2. 부수적 권리

해상물건운송인은 운송과 관련하여 송하인에 대하여 다음과 같은 부수적 권리를 갖는다. 이에 관하여는 해상물건운송인의 의무와 관련하여 이미 거의 모두 설명

---

1) 이에 관한 상세는 정(찬), (연습) 103~109면(사례 18) 참조.
　　이러한 해상유치권(shipowner's general and active lien)은 오직 상대방의 운송물반환청구에 대한 항변이지 운송인이 물권자로서 운송물을 직접 대세적으로 지배하고 또 이를 경매하여 채권의 변제를 받을 수 있는 민·상법상의 유치권과는 구별되고, 따라서 해상유치권은 독립한 담보권이라기보다는 대인적 급여거절권이라고 보는 견해가 있다[정(희), 570면; 동, "해상운송인의 유치권," 「사법행정」, 1971, 3~4월호].

2) 이러한 경매신청의 요건과 관련하여서는 대결 1983. 8. 1, 82 마카 77(공보 1983, 1404)(중재계약이 있는 경우 다툼이 있는 채권에 관해 중재판결을 거치지 않고 한 선박소유자의 경매허가신청은 허용될 수 없다) 참조.

하였으므로, 이 곳에서는 이미 설명한 부분 중에서 해상물건운송인의 권리에 관한 부분만을 간단히 발췌하여 본다. 즉, 해상물건운송인은 운송물제공청구권($\frac{상}{1항}$ $\frac{792조}{참조}$), 송하인이 당사자간의 합의 또는 선적항의 관습에 의한 때와 곳에서 운송인에게 운송물을 제공하지 않은 때의 발항권($\frac{상}{2항}$ 792조), 송하인에 대한 선적기간 내에 운송에 필요한 서류의 교부청구권($\frac{상}{793조}$), 위법선적물 또는 위험물에 대한 조치권($\frac{상}{801조}$ 800조), 송하인이 운송물의 전부 또는 일부를 선적하고 운송계약을 해제 또는 해지한 경우 선적비용과 양륙비용의 청구권($\frac{상}{835조}$), 송하인에 대한 선하증권등본의 교부청구권($\frac{상}{856조}$) 등을 갖는다.

3. 채권의 제척기간

해상물건운송인의 송하인 또는 수하인에 대한 채권은 그 청구원인의 여하에 불구하고 운송인이 수하인에게 운송물을 인도한 날 또는 인도할 날로부터 1년 내에 재판상 청구가 없으면 소멸하는데, 이 기간은 당사자간의 합의에 의하여 연장할 수 있다[1]($\frac{상}{1항}$ 814조). 이 제척기간의 기산점은 상법에 명문규정이 있는 바와 같이 「운송물을 인도한 날 또는 인도할 날」이다.

운송인이 인수한 운송을 다시 제3자에게 위탁한 경우에 송하인 또는 수하인이 위의 제척기간 이내에 운송인과 배상합의를 하거나 운송인에게 재판상 청구를 하였다면, 그 합의 또는 청구가 있은 날로부터 3월이 경과하기 이전에는 그 제3자에 대한 운송인의 채권($\frac{구상채권}{등}$)은 위의 기간에도 불구하고 소멸하지 아니한다($\frac{상}{2항}$ 814조). 2007년 개정상법 이전의 우리 대법원판례는 재운송계약이 있는 경우 원수운송인이 선하증권 소지인에게 배상한 금액에 대하여 재운송인에게 구상권을 행사하는 경우에 상법 제811조($\frac{2007년 개정}{상법 814조}$)가 적용되지 않는다고 판시함으로써 이 문제를 해결하였으나,[2] 2007년 개정상법은 위와 같은 내용으로 입법함으로써 이러한 문제는 해결

---

1) 1991년 개정상법 이전에는 이를 1년의 단기소멸시효기간으로 하였으나, 1991년 개정상법에는 Hague Rules에 따라 제척기간으로 하고, 이의 기산점을 명문으로 규정하였으며, 동시에 재판상의 청구를 그 요건으로 가중하고, 또한 당사자간의 합의로 이 기간을 연장할 수 있도록 하였다.

2) 대판 2001. 10. 30, 2000 다 62490(공보 2001, 2557)(해상물건운송계약에 있어 계약운송인과 실제운송인과의 관계와 같이 복수의 주체가 운송물의 멸실·훼손으로 인하여 선하증권소지인에 대하여 연대하여 손해배상책임을 부담하는 경우, 어느 일방이 선하증권 소지인에 대하여 먼저 손해액을 배상한 후 다른 일방에 대하여 그 배상금액을 구상하는 경우에는, 운송인의 채권·채무의 소멸을 규정하고 있는 상법 제811조〈2007년 개정상법 814조〉 소정의 단기제척기간에 관한 규정은 적용되지 않는다고 할 것이다. 따라서 재운송인의 고의·과실로 운송물이 멸실되어 원수운송인이 선하증권 소지인에게 손해를 배상한 후 재운송인에 대하여 손해배상을 청구하는 소송을 제기한 경우, 그 청구원인에는 불법행위에 의한 손해배상책임을 구하는 취지뿐만 아니라 선하증권 소지인에

되었다고 본다.

이 때 운송인이 송하인 등으로부터 재판상 청구를 받은 경우에는 그로부터 3개월 이내에 그 제 3 자에 대하여 소송고지를 하면 3개월의 기간은 그 재판이 확정 그 밖의 종료된 때부터 기산한다($\frac{상}{3항}^{814조}$).

제 4 관   해상물건운송계약의 종료

해상물건운송계약은 운송의 완료라는 운송계약의 목적의 달성에 의하여 정상적으로 종료하는 것이 일반적이나, 계약의 해제 기타의 원인에 의하여 운송의 진행중에 비정상적으로 종료하는 경우도 있다. 운송의 진행중에 종료하는 원인에 계약의 일반종료원인($\frac{해제}{등}$) 외에, 해상운송의 특이성($\frac{선박에 의한 운송인 점, 대량의 운송으로 송하인}{이 아주 다수인 점, 해상위험의 특이성 등}$)에 비추어 육상운송의 경우와는 달리 상세한 특별규정을 두고 있다.

제 1   송하인의 임의해제(해지)

송하인은 언제나 운송계약을 임의로 해제(해지)할 수 있지만, 발항 전후에 따라 그 효과를 달리하므로 이를 나누어서 설명한다.

1. 발항 전의 임의해제(해지)

(1) 요   건

1) 개품운송계약에서의 송하인은 다른 송하인 전원과 「공동으로 하는 경우」에 한하여, 단일항해의 경우에는 운임의 반액을 지급하고 발항 전에 계약을 해제하거나, 왕복항해의 경우에는 운임의 3분의 2를 지급하고 회항 전에 계약을 해지할 수 있다($\frac{상}{1항}^{833조}$).

2) 다른 송하인 전원과 「공동으로 하는 경우가 아니면」, 송하인은 발항 전에 계약을 해제 또는 해지한 때라도 운임의 전액을 지급하여야 한다($\frac{상}{2항}^{833조}$). 이 때에는 전부용선계약의 경우와 같이 해상물건운송인이 자유롭게 선박을 이용할 수 없는 점에서 운임의 전액을 지급하도록 한 것이다. 그러나 발항 전에 운임의 전액을 지급하는 경우라 할지라도 송하인이 운송물의 전부 또는 일부를 선적한 경우에는, 다

게 배상한 금액에 관한 구상권 행사의 취지도 포함되어 있으므로 상법 제811조〈2007년 개정상법 814조〉가 적용되지 않는다).

른 송하인의 동의를 얻지 않으면 계약을 해제 또는 해지하지 못한다($\frac{상}{3항}$833조). 이 때에는 선적한 운송물을 양륙함으로 인하여 초과정박을 요하거나 또는 환적(換積)으로 인하여 다른 운송물에 위험($\frac{멸실·훼손·}{연착 등}$)을 줄 우려가 있기 때문이다. 따라서 이 경우에는 운임의 전액 및 선적비용과 양륙비용을 지급하는 동시에 다른 송하인의 동의를 얻어야 한다.

(2) 효 과

송하인이 다른 송하인 전원과 공동으로 운송계약을 해제 또는 해지하는 경우에는 전부용선계약의 경우와 같다. 즉, 단일항해의 경우에는 위의 운임 이외에도 「부수비용이나 체당금」을 지급하여야 하고($\frac{상}{1항}$834조), 왕복항해의 경우에는 위의 운임 및 부수비용이나 체당금 이외에도 운송물의 가액에 따라 「공동해손 또는 해난구조로 인하여 부담할 금액」을 지급하여야 한다($\frac{상}{2항}$834조). 또한 운송물의 전부 또는 일부를 선적한 때에는 그 「선적비용과 양륙비용」은 송하인이 부담한다($\frac{상}{835조}$).

2. 발항 후의 임의해지

(1) 요 건

송하인은 발항 후에도 운송계약을 해지할 수 있다. 이 때 해지의 요건은 발항 전의 해지의 경우와 같으나, 이를 위한 법정위약금으로는 언제나 「운임의 전액」을 지급하여야 한다($\frac{상}{837조}$).

(2) 효 과

발항 후에 송하인이 운송계약을 해지하는 경우에는 해상물건운송인 등에게 주는 불이익이 더 크기 때문에, 상법은 발항 전의 해제나 해지보다 그 효과를 엄하게 규정하고 있다.[1] 즉, 송하인이 발항 후에 운송계약을 해지하는 경우에는 운임의 전액(공적〈空積〉운임) 이외에, 체당금·체선료와 공동해손 또는 해난구조의 부담액을 지급하고, 그 양륙하기 위하여 생긴 손해를 배상하거나 이에 대한 상당한 담보를 제공하여야 한다($\frac{상}{837조}$). 이 때 「양륙하기 위하여 생긴 손해」란 '양륙비용 외에 양륙을 위한 회항비용·체선료·기타 양륙과 상당인과관계에 있는 모든 손해'를 의미한다.

---

1) 동지: 정(희), 584면; 손(주), 845면.

제 2 불가항력에 의한 임의해제(해지)

1. 발항 전의 임의해제

(1) 발항 전에 항해 또는 운송이 법령을 위반하게 되거나($\substack{\text{예컨대, 항해금지, 해상봉쇄,}\\\text{운송물의 수출입금지 등}}$) 기타 불가항력($\substack{\text{예컨대, 천재}\\\text{지변·전쟁 등}}$)으로 인하여 운송계약의 목적을 달할 수 없게 된 때에는, 각 당사자는 운송계약을 해제할 수 있다($\substack{\text{상 811조}\\\text{1항}}$). 이 경우에 송하인은 공적(空積)운임을 지급할 필요가 없다.

(2) 불가항력으로 인하여 운송물이 멸실된 때 또는 불가항력의 사유($\substack{\text{항해 또는}\\\text{운송이 법}}$ $\substack{\text{령위반이거나 기타 불가항력으로 인하여}\\\text{운송계약의 목적을 달할 수 없게 된 때}}$)가 운송물의 일부에 대하여 생긴 때에는, 송하인은 운송인의 책임을 가중하지 않는 범위 안에서 다른 운송물을 선적(대하〈代荷〉선적)할 수 있다($\substack{\text{상 812조}\\\text{1항}}$). 이 때 송하인은 지체 없이 운송물을 양륙 또는 선적하여야 하고, 이를 게을리한 때에는 운임의 전액을 지급하여야 한다($\substack{\text{상 812조}\\\text{2항}}$).

2. 발항 후의 임의해지

발항 후 운송중에 항해 또는 운송이 법령에 위반하거나 기타 불가항력으로 인하여 운송계약의 목적을 달할 수 없게 된 때에도, 각 당사자는 운송계약을 해지할 수 있다($\substack{\text{상 811조}\\\text{2항 전단}}$). 이 때 송하인은 운송의 비율에 따른 운임을 지급하여야 한다($\substack{\text{상 811조}\\\text{2항 후단}}$).

제 3 법정원인에 의한 당연종료

(1) 요 건

해상물건운송계약은 발항 전이든 발항 후이든 불문하고 다음의 사유로 인하여 당연히 종료한다($\substack{\text{상 810조}\\\text{1항}}$). 즉, (i) 선박이 침몰 또는 멸실한 때, (ii) 선박이 수선할 수 없게 된 때, (iii) 선박이 포획된 때, (iv) 운송물이 불가항력으로 인하여 멸실된 때이다($\substack{\text{상 810조}\\\text{1항}}$).

(2) 효 과

위 (i) 내지 (iii)의 사유가 항해 도중에 생긴 때에는 송하인은 운송의 비율에 따라 현존하는 운송물의 가액의 한도에서 운임을 지급하여야 하고($\substack{\text{상 810조}\\\text{2항}}$), (iv)의 경우에는 송하인은 운임을 전혀 지급하지 않아도 무방하다($\substack{\text{상 815조,}\\\text{134조 1항}}$).

제3절   해상여객운송계약

제1관 총   설

제1   해상여객운송계약의 의의

해상여객운송계약이라 함은 「운송인이 특정한 여객을 출발지에서 도착지까지 해상에서 선박으로 운송할 것을 인수하고, 이에 대하여 상대방(여객)이 운임을 지급하기로 약정함으로써 그 효력이 생기는 계약」이다($\frac{상}{817조}$).

해상여객운송계약은 운송의 객체가 「사람」이고 이로 인하여 운송인의 「보관」에 들어갈 수 없는 점이 해상물건운송계약과 다를 뿐, 그 계약의 성질 등은 양자가 같다. 따라서 해상여객운송에 관하여는 해상법에 약간의 특별규정을 두고 있을 뿐이고($\frac{상}{825조}$ 817조~), 그 밖의 사항에 대하여는 육상여객운송의 규정과 해상물건운송에 관한 규정을 많이 준용하고 있다($\frac{상}{826조}$).

제2   해상여객운송에 관한 국제조약[1]

해상여객운송인의 책임을 제한하기 위한 통일조약에 관하여는 이미 앞에서($\binom{해상법의 특}{색 중 통일성}$) 본 바와 같이 다음과 같은 통일조약이 있다. 즉, 해사법외교회의에 의하여 1961년에 「해상여객운송에 관한 통일조약」이 성립되었고,[2] 1967년에는 「해상여객수하물운송에 관한 통일조약」이 성립되었다.[3] 전자는 과실책임주의에 의하여 운송인의 배상책임을 최고 250,000금프랑으로 제한하였고, 후자도 역시 과실책임원칙 하에 항해과실은 면책사유로 하고 수하물의 손해에 대하여 여객 1인당 10,000금프랑으로 책임을 제한하였으며 고가물에 대하여는 특별규정을 두고 있었다. 그러나 해상여객운송에 관하여 이와 같이 두 개의 조약이 병존하는 데서 오는 상위(相違)와 불편을 제거하여 하나의 통합조약으로 만들 필요가 생겨, 해사법외교회의에 의하여 1974년에 아테네에서 「해상여객 및 그 수하물의 운송에 관한 아테네 조약」이 성립되었다($\binom{2002년}{개정}$).[4] 이는 위 두 조약의 과실책임주의와 운송

---

1) 이에 관하여는 손(주), 862면; 정(희), 593면 등 참조.

2) 이에 관하여는 손주찬, "해상여객운송인의 손해배상책임," 「상사법의 제문제」, 494면 이하 참조.

3) 1961년의 통일조약은 현재 9개국이 비준하여 발효되었으나 영·미·일·독 등 주요 국가가 비준하지 않고 있고, 1967년 통일조약은 아직 비준한 나라가 없다.

4) 이에 관한 소개로는 김인현, "해상여객 및 수하물운송에 관한 2002년 개정 아테네협약," 「상사

인의 과실추정을 기초로 하여 운송인의 책임한도를 사상(死傷)여객 1인당 700,000금프랑으로 하였고, 여객의 휴대수하물에 대한 손해는 여객 1인당 12,000금프랑으로 하였으며, 자동차의 손해에 대하여는 매 차량당 50,000금프랑으로 각각 인상조정하였다(동 조약 7조, 8조).

제 2 관   해상여객운송계약의 성립

제 1   계약의 당사자

해상여객운송계약의 기본당사자는 여객의 해상운송을 인수하는 「해상여객운송인」과, 이에 대하여 운임을 지급하는 「여객」이다. 이러한 여객운송계약의 경우는 보통 여객 자신이 계약의 당사자가 되는데, 부모가 아이의 운송을 부탁하는 경우 등과 같이 그렇지 않은 경우도 있다.[1)]

제 2   계약의 체결

(1) 해상여객운송계약은 해상물건운송계약과 같이 도급계약으로서 불요식·낙성계약이다. 또한 원칙적으로 유상계약이지만, 예외적으로 무상계약(예컨대, 6세 미만의 소아 등)인 경우도 있다. 그러나 실무상 해상여객운송인은 계약의 효력을 확보하고 법률관계를 간단하게 처리하기 위하여, 운임을 선급시키고 이에 대하여 승선표를 기명식으로 발행하는 것이 보통이다.[2)] 그러나 이러한 것이 운송계약의 성립요건이 되는 것은 아니다. 승선권(승선표)의 법적 성질은 승차권의 그것과 같다.[3)] 다만 해상여객운송의 경우는 육상운송의 경우보다 여객의 개성이 중시되므로, 상법은 기명식 승선권을 타인에게 양도하지 못하도록 규정하고 있다(상 818조).

(2) 해상여객운송계약의 체결방법도 개품운송의 경우와 같이 보통거래약관에 의하여 정형적으로 체결되고 또한 부합계약성을 갖는다. 따라서 상법은 면책약관의 제한에 관한 규정을 여객운송인에게도 준용하고 있는데(상 826조 2항, 799조 1항), 여객은 상인이 아닌 점에서 면책약관을 제한할 필요성이 더욱 크므로 상법의 규정에 반하여 여객운송인의 의무 또는 책임을 경감 또는 면제하는 면책약관은 무효이다.[4)]

법연구」(한국상사법학회), 제22권 1호(2003), 525~548면 참조.

1) 정(찬), (상)(제27판) 354면, 392면 참조.

2) 동지: 정(희), 594면; 서·정, 638면; 손(주), 863면.

3) 이에 관한 상세는 정(찬), (상)(제27판) 392~393면; 정(찬), 12~15면 참조.

제3관　해상여객운송계약의 효력

제1　해상여객운송인의 의무

해상여객운송인의 의무는 한편으로는 육상여객운송인의 그것과 같고 다른 한 편으로는 해상물건운송인의 그것과 같으므로, 상법은 해상여객운송인의 의무에 관하여 이들 규정을 많이 준용하고 있다($^{상}_{826조}$).

해상여객운송인의 의무에 관하여 해상물건운송인의 그것과 동일하게 규정한 것으로 주목할 사항은 선박에 대한 감항능력주의의무이다($^{상}_{1항,}$ $^{826조}_{794조}$). 따라서 해상여객운송인이 이러한 감항능력주의의무를 게을리하여 여객의 사상(死傷)이 있는 경우에는 후술하는 바와 같이 그 여객에 대하여 손해배상책임을 부담하는 것이다.

그러나 해상여객운송의 경우는 그 객체가 「사람」이고 또한 「선박」에 의한 장기간의 운송이라는 특색에서 다음과 같은 몇 가지의 특별규정을 두고 있다. 즉, 해상여객운송인은 여객에 대하여 승선의무·식사제공의무($^{상}_{1항}$ ^{819조})·선박수선중의 거처·식사제공의무($^{상}_{2항}$ ^{819조})·휴대수하물 무임운송의무($^{상}_{820조}$)·사망한 여객의 휴대수하물처분의무($^{상}_{824조}$) 및 상륙의무 등을 부담한다.

제2　해상여객운송인의 책임

해상여객운송인의 손해배상책임에 대하여 상법은 여객 자신의 손해에 대한 손해배상책임과 탁송수하물 및 휴대수하물의 손해에 대한 손해배상책임에 대하여 각각 구별하여 규정하고 있으며, 수하물의 손해에 대한 손해배상책임에 대하여는 육상물건운송인 및 해상물건운송인의 책임에 관한 규정을 준용하는 것으로 규정하고 있다.

1. 여객에 대한 책임

(1) 해상여객운송인의 책임발생원인

해상여객운송인의 여객 자신의 손해에 대한 손해배상책임은 육상여객운송인의 여객 자신의 손해에 대한 손해배상책임과 같다($^{상}_{1항,}$ $^{826조}_{148조}$). 즉, 해상여객운송인은 자기 또는 사용인이 운송에 관한 주의를 게을리하지 아니하였음을 증명하지 아니하면 여객이 운송으로 인하여 받은 손해를 배상할 책임을 부담한다[1]($^{상}_{148조}$ $^{826조}_{1항}$ ^{1항,}).

---

4) 동지: 정(희), 594면.

이 때 「여객이 운송으로 인하여 받은 손해」란 보통 '여객의 사상(死傷)으로 인한 손해'를 의미하는데, 이러한 여객에 대한 운송인의 손해배상의 액을 정함에 있어서 법원은 피해자와 그 가족의 정상을 참작하여야 한다[1]($\frac{상\ 826조\ 1항,}{148조\ 2항}$). 다만 해상여객운송인은 감항능력주의의무도 부담하기 때문에 이에 위반하여 여객이 입은 손해에 대하여도 이를 배상할 책임을 부담하고($\frac{상\ 826조}{1항,\ 794조}$), 해상물건운송인의 책임에 관한 상법의 규정($\frac{상\ 794조\sim}{798조}$)에 반하여 운송인의 책임을 경감 또는 면제하는 당사자간의 특약은 무효인 점($\frac{상\ 826조\ 1항,}{799조\ 1항}$)은 육상여객운송인의 그것과 다르다.

(2) 해상여객운송인의 책임제한

우리 상법은 해상여객운송인의 개별적 책임제한에 대하여는 규정하지 않고, 운송인이 선박소유자 등인 경우에 총체적 책임제한에 대하여만 규정하고 있다. 즉, 여객의 사망 또는 신체의 상해로 인한 선박소유자 등의 손해배상책임의 한도액은 그 선박의 선박검사증서에 기재된 여객의 정원에 175,000 SDR을 곱하여 얻은 금액으로 한다($\frac{상\ 770조}{1항\ 1호}$).[2]

2. 수하물에 대한 책임

(1) 탁송수하물에 대한 책임

탁송수하물의 손해에 대한 해상여객운송인의 손해배상책임은 해상물건운송인의 손해배상책임과 같다($\frac{상\ 826조\ 2항,\ 794조\sim801조,}{804조,\ 807조,\ 809조,\ 811조,\ 814조}$). 또한 해상여객운송인의 탁송수하물의 손해에 대한 손해배상책임에 대하여도 육상물건운송인의 경우와 같이 운송물의 멸실과 운임에 관한 규정($\frac{상}{134조}$) 및 고가물에 대한 책임에 관한 규정($\frac{상}{136조}$)이 준용되고($\frac{상\ 826조}{2항}$), 육상여객운송인의 경우와 같이 도착한 수하물에 대한 운송인의 공

---

1) 동지: 대판 1987. 10. 28, 87 다카 1191(공보 814, 1788)(상법 제830조〈2007년 개정상법 826조〉에 의하여 준용되는 동법 제148조의 규정은 여객이 해상운송 도중 그 운송으로 인하여 손해를 입었고 또 그 손해가 운송인이나 그 사용인의 운송에 관한 주의의무의 범위에 속하는 사항으로 인하였을 경우에 한하여 운송인은 자기 또는 사용인이 운송에 관한 주의를 게을리하지 아니하였음을 증명하지 아니하는 한 이를 배상할 책임을 면할 수 없다는 것이지, 여객이 피해를 입기만 하면 그 원인을 묻지 않고 그 책임을 지우는 취지는 아니라 할 것이므로, 여객이 입은 손해라도 그것이 운송인 또는 그 사용인의 운송에 관한 주의의무의 범위에 속하지 아니하는 한 운송인은 그로 인한 손해를 배상할 책임이 없다. 따라서 운송인이 승선자의 수와 하선자의 수를 확인하지 아니하였다고 하여, 그것이 인명사고의 원인이 될 운송에 관한 주의의무의 범위에 속한다고 할 수 없다).

1) 이에 관한 상세는 정(찬), (상)(제27판) 394~395면 참조.

2) 그러나 1974년 아테네조약에 의하면 해상여객운송인은 여객 1인당 46,666 SDR을 한도로 개별적 책임제한을 주장할 수 있고(동 조약 7조), 이와는 별도로 총체적 책임제한도 주장할 수 있다(동 조약 19조)[이에 관한 상세는 김(인), 205~209면 참조].

탁·경매권에 관한 규정($^{상}_{2항}$149조)이 준용된다($^{상}_{2항}$826조).

(2) 휴대수하물에 대한 책임

휴대수하물의 손해에 대한 해상여객운송인의 손해배상책임은 육상여객운송인의 손해배상책임과 같다($^{상}_{3항, 150조}$826조). 다만 해상여객운송인의 이 책임에 대하여는 해상물건운송인의 그것과 같이 유한책임에 관한 규정($^{상}_{1항}$797조), 선주유한책임에 관한 규정에 의한 책임의 이중제한에 관한 규정($^{상}_{4항}$797조), 운송인의 유한책임에 관한 규정이 불법행위책임 등에 대하여도 적용된다는 규정($^{상}_{798조}$), 운송인의 책임경감금지규정($^{상}_{1항}$799조), 재운송계약과 선박소유자의 책임에 관한 규정($^{상}_{809조}$), 운송인의 이러한 책임은 원칙적으로 1년의 단기제척기간에 의하여 소멸한다는 규정($^{상}_{814조}$)이 준용된다($^{상}_{3항}$826조).

제3 해상여객운송인의 권리

(1) 운임청구권

해상여객운송인은 여객의 운송에 대한 보수로서 운임을 청구할 수 있다($^{상}_{817조}$). 운임의 지급시기는 운송계약이 도급계약이라는 점에서 보면 착급(着給)이어야 하겠으나 관행상 선급(先給)이며, 또한 운임은 당사자간의 약정에 의하여 정하여지는 것이 아니라 운임표에 의하여 정형화되어 있는 것이 보통이다.

(2) 발 항 권

해상여객운송인(선장)은 여객이 승선시기까지 승선하지 아니한 때에는 즉시 발항할 수 있고, 항해중도의 정박항에서도 같다($^{상}_{1항}$821조). 이 경우에 여객은 운임의 전액을 지급하여야 한다($^{상}_{2항}$821조).

(3) 채권의 소멸

1) 해상여객운송인의 여객에 대한 운임청구권의 행사기간 및 이에 관한 담보권에 대하여는 상법에 특별한 규정이 없다. 따라서 그 행사기간은 일반상사채권과 같이 5년간으로 이 기간 동안 행사하지 않으면 소멸시효가 완성한다고 보고($^{상}_{본문}$64조), 이에 대한 담보권은 민법과 상법의 일반원칙에 의한다. 다만 여객의 탁송수하물이 있으면 이에 대하여 특별상사유치권을 갖는다고 본다[1]($^{상}_{유추적용}$807조 2항). 그러나 위에서 본 바와 같이 운임의 지급은 선급이므로, 이러한 문제는 거의 발생할 여지가 없다고 본다.

2) 그런데 해상여객운송인의 수하물에 관하여 발생한 채권은 해상물건운송인

---

1) 정(찬), (상)(제27판) 400면 참조.

의 채권과 같이 그 수하물을 인도한 날 또는 인도할 날로부터 원칙적으로 1년의 제 척기간의 경과로 소멸한다($\frac{\text{상}}{3\text{항}}\frac{826\text{조 }2\text{항}\cdot}{814\text{조}\cdot}$).

제 4 관　해상여객운송계약의 종료

해상여객운송계약은 운송의 완료라는 운송계약의 목적의 달성에 의하여 정상 적으로 종료하는 것이 일반적이나, 운송의 진행중에 비정상적으로 종료하는 경우도 있다. 운송의 진행중에 종료하는 원인에는 계약의 일반종료원인에 의하여 종료되는 외에, 상법은 다음과 같은 특유한 종료원인을 규정하고 있다.

(1) 여객의 임의해제

여객은 발항 전에는 운임의 반액, 발항 후에는 운임의 전액을 지급하고 계약을 해제할 수 있다($\frac{\text{상}}{822\text{조}}$).

(2) 불가항력에 의한 임의해제

여객이 발항 전에 사망·질병이나 기타의 불가항력으로 인하여 항해할 수 없 게 된 경우에는 여객은 계약을 해제할 수 있는데, 이 경우에 운송인은 발항 전에는 운임의 10분의 3을 청구할 수 있고, 발항 후에는 운송인의 선택으로 운임의 10분의 3 또는 운송의 비율에 따른 비례운임을 청구할 수 있다($\frac{\text{상}}{823\text{조}}$).

(3) 법정원인에 의한 당연종료

선박이 침몰 또는 멸실한 때, 선박이 수선할 수 없게 된 때 및 선박이 포획 된 때($\frac{\text{상}}{1\text{항}}\frac{810\text{조}}{1\text{호~}3\text{호}}$)에는 발항 전후를 불문하고 운송계약은 당연히 종료되는데, 그 사유 가 항해도중에 생긴 때에는 여객은 운송의 비율에 따른 비례운임을 지급하여야 한 다($\frac{\text{상 }810\text{조}}{\text{유추적용}}$). 이는 육상물건운송인의 경우와 다른 점이다($\frac{\text{상}}{1\text{항}}\frac{134\text{조}}{\text{참조}}$).

제 4 절　항해용선계약

제 1 관　총　　설

제 1　항해용선계약의 의의

1) 2007년 개정상법은 제 2 장에서 운송과 용선에 대하여 규정하고 있는데, 운

송에 대하여는 제1절 개품운송과 제2절 여객운송에 대하여 규정하고, 용선에 대하여는 제3절 항해용선·제4절 정기용선 및 제5절 선체용선에 대하여 규정하고 있다. 그런데 선체용선과 정기용선에 대하여는 이 책 제2장 해상기업조직에 관한 부분 중 선체용선자와 정기용선자에서 이미 설명하였으므로, 이곳에서는 항해용선에 대하여만 설명하겠다.

  2) 항해용선계약이란 「특정한 항해를 할 목적으로 선박소유자가 용선자에게 선원이 승무하고 항해장비를 갖춘 선박의 전부 또는 일부를 물건의 운송에 제공하기로 약정하고, 용선자가 이에 대하여 운임을 지급하기로 약정함으로써 그 효력이 생기는 계약」이다($\frac{\text{상}}{1\text{항}}$827조). 따라서 항해용선계약은 선복(船腹)운송계약(Raumfrachtvertrag)이라고 볼 수 있다.[1]

  3) 이러한 항해용선계약은 용선자가 선박의 점유를 취득하지 못하고 선박소유자가 선장을 점유보조자로 하여 선박의 점유를 보유하고 있는 점에서, (정기용선계약과 같으나) 선체용선계약과는 다르다.

  또한 항해용선계약에서 용선자는 해상기업의 주체가 되지 못하고 항해의 지휘·해상기업의 경영은 해상기업의 주체인 선박소유자가 하는 점에서, 항해용선계약은 용선자가 해상기업의 주체가 되는 정기용선계약과도 다르다. 즉, 선박소유자의 입장에서 볼 때 항해용선계약에서 선박소유자는 물건운송을 약정하나, 정기용선계약에서 선박소유자는 선박의 사용을 약정하는 점에서 항해용선계약과 정기용선계약은 구별된다.

제2 항해용선계약의 종류

1. 전부용선계약과 일부용선계약

항해용선계약에는 운송에 제공하는 선복(船腹)이 선박의 전부이면 전부용선계약이고, 일부이면 일부용선계약이다. 상법은 이 양자를 달리 취급하여 규정하고 있는 경우가 있으나($\frac{\text{상}}{833\text{조}}$832조), 대체로 전부용선계약을 중심으로 규정하고 있다($\frac{\text{상}}{831\text{조}}$828조~).

2. 항해용선계약과 기간용선계약

용선계약의 존속이 특정한 항해에 한정되는 것을 항해용선계약이라고 하는데

---

1) 동지: 정(희), 545면; 손(주), 797면.

($\substack{상 \\ 1항}$ 827조), 우리 상법 제 2 장 제 3 절은 이에 대하여 규정하고 있다.

　　이에 반하여 용선계약의 존속이 일정기간에 한정되는 것을 기간용선계약이라고 하는데, 이러한 기간용선은 거의 정기용선화되어($\substack{상 \\ 842조}$) 순 기간용선계약은 거의 존재하지 않는다.[1] 다만 2007년 개정상법에 의하여 선박소유자가 일정한 기간 동안 용선자에게 선박을 제공할 의무를 지지만 항해를 단위로 운임을 계산하여 지급하기로 약정한 경우에는, 항해용선계약에 준하는 것으로 보아 그 성질에 반하지 아니하는 한 항해용선에 관한 제 2 장 제 3 절의 규정을 준용하는 것으로 하고 있다($\substack{상 \\ 3항}$ 827조). 따라서 오늘날 이 양자의 구별은 크게 실익이 없다고 볼 수 있다.

3. 물건용선계약과 여객용선계약

　　항해용선계약에는 선박소유자가 운송에 제공하는 선복(船腹)을 용선자가 물건의 운송에 이용하는 경우에는 물건용선계약이고($\substack{상 \\ 1항}$ 827조), 여객의 운송에 이용하는 경우에는 여객용선계약이다($\substack{상 \\ 2항}$ 827조). 2007년 개정상법 제 2 장 제 3 절은 물건용선계약으로서 항해용선계약에 대하여 규정하고 있는데, 이러한 규정은 그 성질에 반하지 아니하는 한 여객운송을 목적으로 하는 항해용선계약에도 준용되므로($\substack{상 \\ 2항}$ 827조), 양자는 법규정의 적용에 있어서 거의 차이가 없다고 볼 수 있다. 따라서 이하에서는 물건용선계약으로서 항해용선계약에 대하여만 설명하겠다.

제 2 관　항해용선계약의 성립

제 1　계약의 당사자

1. 기본당사자

　　항해용선계약의 기본당사자는 「선박소유자」와 「용선자」이다. 「선박소유자」는 특정한 항해를 할 목적으로 용선자에게 선원이 승무하고 항해장비를 갖춘 선박의 전부 또는 일부를 물건의 운송에 제공하기로 약정한 자이고, 「용선자」는 이에 대하여 운임을 지급하기로 약정한 자이다($\substack{상 \\ 1항}$ 827조).

2. 그 밖의 당사자

　　항해용선계약에서 계약의 기본당사자는 아니지만, 계약에 관계되는 자에는 운

---

1) 동지: 정(희), 545면.

송주선인·선적인(船積人)이 있다. 「운송주선인」은 '자기명의로 항해용선의 주선을 영업으로 하는 자'인데($\overset{상}{114조}$), 이에 관하여는 상행위편에서 이미 상세히 설명하였다.[1] 「선적인」(loader; Ablader)이라 함은 '선박소유자와 용선자 사이의 용선계약에 기하여 자기명의로 물건을 선적하는 자'를 말한다. 선적인은 보통 용선자의 대리인이지만, 때에 따라서는 상품의 매도인·운송주선인·위탁매매인 기타 단순한 수탁자 등인 경우도 있다.[2]

제2 계약의 체결

1. 계약체결의 자유

항해용선계약은 특별법령에 의한 제한이 없는 한 원칙적으로 자유롭게 체결할 수 있다. 항해용선계약은 선박소유자가 스스로 체결하는 경우도 있으나, 선박소유자의 대리점 또는 선박중개인이 체결하는 경우도 있다.[3] 이 때 대리점은 상법상의 대리상이다($\overset{상}{87조}$). 선박중개인은 주로 선박소유자를 위하여 용선계약의 중개업무를 하는 상사중개인이지만($\overset{상}{93조}$), 그 이외에 선박소유자의 대리인인 경우도 있고(중개대리상) 또한 선장에 갈음하여 법률행위의 대리권을 갖는 경우도 있다. 용선계약을 중개하는 선박중개인을 용선중개인이라 한다.[4]

2. 계약체결의 방식

상법상 항해용선계약은 불요식·낙성계약이다. 따라서 당사자간의 청약과 승낙의 합치로써 계약은 성립하고, 특별한 서면이나 방식을 요하는 것이 아니다. 그런데 실무상은 용선계약서 등의 증서방식으로 하게 되는 경우가 많은데, 이러한 용선계약서가 계약의 성립요건이 되는 것은 아니고 이는 단순히 증거증권에 불과하다.

항해용선계약에 있어서 각 당사자는 상대방의 청구에 의하여 용선계약서를 교부하여야 한다($\overset{상}{828조}$). 따라서 상대방의 청구가 없으면 각 당사자는 이를 교부하지 않아도 된다. 이러한 점에서 볼 때도 이는 계약성립의 요건이 될 수 없으며, 단순한 증거증권에 불과하다.

---

1) 정(찬), (상)(제27판) 335~352면 참조.
2) 동지: 손(주), 804~805면; 정(희), 552면.
3) 동지: 정(희), 552면.
4) 동지: 정(희), 552면.

제 3 관 항해용선계약의 효력

제 1 총 설

항해용선계약의 효력에 관하여는 선박소유자의 의무·책임 및 권리에 관한 사항을 설명한다. 선박소유자의 의무에 대하여는 해상운송의 진행과정에 따라 크게 선적에 관한 의무, 항해에 관한 의무 및 양륙에 관한 의무로 분류하여 설명하겠다.

선박소유자의 권리는 운임청구권이 대표적인 것이므로, 이를 중심으로 설명하겠다.

제 2 선박소유자의 의무

1. 선적에 관한 의무

(1) 선박제공의무

선박소유자는 용선계약에서 정한 선박을 선적지에서 용선자에게 제공하여야 한다. 항해용선계약에서 선박이 특정된 경우에는 선박소유자는 용선자의 동의가 있어야 선박을 변경할 수 있다(獨商 566조 1항 참조). 선박의 특정은 항해용선계약에서 특히 문제되는데, 이 경우에도 실무에서는 용선계약상에 대선(代船)약관 또는 환적(換積)약관을 규정하고 있으므로 거의 문제가 되지 않는다.

(2) 선적준비완료통지의무

항해용선계약의 경우에는 용선자 측에서 선적하므로, 선박소유자는 운송물을 선적함에 필요한 준비가 완료된 때에는 지체 없이 용선자에게 그 통지를 발송하여야 한다(상 829조 1항). 이 때 「선적준비완료」란 해석상 논의의 여지가 많을 것이나, '배가 단순히 선적항에 정박한 때가 아니라, 운송물을 수령하여 적재할 준비가 완료되고 또 그 부두 내의 선적지점이 특정되어 곧 선적이 개시될 수 있는 때'라고 하여야 할 것이다.

이러한 통지의 상대방은 원칙적으로 「용선자」이지만, 예외적으로 제 3 자를 선적인으로 지정한 때에는 그 「제 3 자」에게 통지하여야 한다. 그러나 선장이 그 제 3 자를 확지(確知)할 수 없거나 그 제 3 자가 운송물을 선적하지 아니한 때에는 선장은 지체 없이 용선자에게 그 통지를 발송하여야 하고, 이를 통지받은 용선자는 선적기간 이내에 한하여 운송물을 직접 선적할 수 있는데($^{\text{상}}_{830\text{조}}$), 용선자가 이 기간 내에 운송물을 선적하지 아니한 때에는 용선계약을 해제 또는 해지한 것으로 본다($^{\text{상}}_{836\text{조}}$).

선박소유자의 이러한 선적준비완료의 통지는 선적기간의 기산점이 된다($^{\text{상}}_{\text{2항}}$ $^{829\text{조}}$).

(3) 정박(待泊)의무

항해용선계약의 경우 선박소유자는 용선자가 운송물의 전부를 선적하는 데 필요한 기간만큼 선박을 정박시킬 의무가 있다. 이 때 선적하는 데 필요한 기간을 「선적기간」이라고 하는데,[1] 이는 보통 당사자간의 약정에서 정하여지고 이러한 약정이 없으면 선적항의 관습에 의한다. 선적기간이 당사자간의 약정에 의하여 정하여지는 경우 그 기간은 선적준비완료의 통지가 오전에 있은 때에는 그 날의 오후 1시부터 기산하고, 오후에 있은 때에는 다음날 오전 6시부터 기산한다($^{\text{상}}_{\text{2항}}$ $^{829\text{조}}_{1\text{문}}$). 이 기간에는 불가항력으로 인하여 선적할 수 없는 날과 그 항의 관습상 선적작업을 하지 아니하는 날을 산입하지 아니한다($^{\text{상}}_{\text{2항}}$ $^{829\text{조}}_{2\text{문}}$). 이는 해운실무의 관행을 입법화한 것이다.

만일 용선자가 위와 같은 선적기간 내에 선적을 완료하지 않은 경우에는 기간경과 후 선장은 즉시 발항할 수도 있고($^{\text{상}}_{\text{2항}}$ $^{831\text{조}}$), 선적의 완료를 위하여 선적기간 경과 후에도 정박할 수 있는데, 이 경우에는 초과정박기간에 상당하는 정박료(체선료)를 청구할 수 있다($^{\text{상}}_{\text{3항}}$ $^{829\text{조}}$).[2] 이 경우 선박소유자의 청구가 있는 때에는 용선자는 상당한 담보를 제공하여야 한다($^{\text{상}}_{\text{3항}}$ $^{831\text{조}}$).

용선자가 선적기간 내에 운송물의 선적을 완료한 경우에는, 선적기간 내에 운송에 필요한 서류를 선장에게 교부하여야 한다($^{\text{상}}_{\text{1항, }793\text{조}}$ $^{841\text{조}}$).

(4) 운송물수령 · 적부(積付)의무

1) 수령의무   선박소유자는 용선계약에 따라 인도된 운송물을 수령할 의무가 있다($^{\text{상}}_{795\text{조 }1\text{항}}$ $^{841\text{조 }1\text{항}}$). 운송물의 인도와 수령은 용선계약에 따라 또는 매매계약의 조건($^{\text{CIF·FOB}}_{\text{등}}$)이나 선적항의 관습에 따라 적당한 시기에 적당한 방법으로 하여야 한다.[3]

---

1) 이러한 선적기간과 양륙기간을 합하여 정박기간이라고 한다. 이러한 선적기간은 선적하는 속도에 따라(예컨대 하루에 200톤의 비율) 정하는 수도 있고, 24시간을 하루로 계산하여 일정한 일수(예: ten weather working days)로 정하는 경우도 있다. 또 선적에 9일 2시간이 소요되었으면 이는 10일로 계산한다[정(희), 559면].

2) 동지: 대판 1994. 6. 14, 93 다 58547(공보 972, 73)(소위 정박료 또는 체선료는 체선기간 중 선박소유자가 입는 선원료 · 식비 · 체선비용 · 선박이용을 방해받음으로 인하여 상실한 이익 등의 손실을 전보하기 위한 법정의 특별보수이므로, 선박소유자의 과실을 참작하여 약정한 정박료 또는 체선료를 감액하거나 과실상계를 할 수 없다).

3) 동지: 정(희), 560면.

다만 위법선적물($\substack{\text{상 841조} \\ \text{1항, 800조}}$)이나 위험물($\substack{\text{상 841조} \\ \text{1항, 801조}}$) 등에 대하여서는 수령을 거절하거나 포기할 수 있다.

　　2) 적부(積付)의무　　선박소유자는 수령한 운송물을 적부할 의무를 부담하는데($\substack{\text{상 841조 1항,} \\ \text{795조 1항}}$),[1] 적부란 운송물을 배에 실어서 선창(hold) 내에 적당히 배치하는 것을 말한다.[2]

　　선박소유자는 특약 또는 다른 관습이 없는 한 갑판적(甲板積)을 하지 못한다. 왜냐하면 갑판적은 위험이 크고 또 공동해손의 경우 불이익을 받기 때문이다[3] ($\substack{\text{상 872조} \\ \text{2항 참조}}$). 그런데 컨테이너의 출현으로 갑판적이 증가하고 또한 컨테이너 전용선은 처음부터 갑판적을 예정하여 건조된 것이므로 이러한 선박에 의하여 운송하는 선박소유자에게 갑판적에 대한 엄격책임이 부과될 수는 없다. 따라서 우리 상법도 용선계약을 증명하는 문서의 표면에 갑판적으로 운송할 취지를 기재하여 갑판적으로 행하는 운송에 대하여는 선박소유자의 책임을 감경할 수 있음을 규정하고 있다($\substack{\text{상 839조 2항,} \\ \text{799조 2항}}$).

2. 항해에 관한 의무

　　항해에 관한 의무는 선박소유자의 가장 중요한 의무인데, 이에는 항해의 진전에 따라 감항능력주의의무·발항의무·직항의무 및 운송물에 관한 의무 등이 있다. 차례로 설명한다.

---

1) 동지: 대판 2003. 1. 10, 2000 다 70064(공보 2003, 588)(운송계약이 성립한 때 운송인은 일정한 장소에서 운송물을 수령하여 이를 목적지로 운송한 다음 약정한 시기에 운송물을 수하인에게 인도할 의무를 지는데, 운송인은 그 운송을 위한 화물의 적부에 있어 선장·선원 내지 하역업자로 하여금 화물이 서로 부딪치거나, 혼합되지 않도록 그리고 선박의 동요 등으로부터 손해를 입지 않도록 하는 적절한 조치와 함께 운송물을 적당하게 선창 내에 배치하여야 하고, 가사 적부가 독립된 하역업자나 송하인의 지시에 의하여 이루어졌다고 하더라도 운송인은 그러한 적부가 운송에 적합한지의 여부를 살펴보고, 운송을 위하여 인도받은 화물의 성질을 알고 그 화물의 성격이 요구하는 바에 따라 적부를 하여야 하는 등의 방법으로 손해를 방지하기 위한 적절한 예방조치를 강구하여야 할 주의의무가 있다).

2) 오늘날 운송물의 적재(stowage)와 양륙(discharging)은 하역업자(stevedore)들이 운송인과 도급계약을 맺고(independent contractor) 작업을 담당하고 있는 실정이다. 따라서 이들의 과실은 운송인의 과실이 된다(상 795조 1항). 불량한 적재(bad stowage)에는 세 가지 형태가 있을 수 있으니, 첫째는 이것이 불량하게 적부된 화물 그 자체에 영향을 미치는 경우이고, 둘째는 한 화물의 불량적재가 다른 화물에 영향을 미치는 경우이고, 셋째는 이것이 선박의 안정성을 위태롭게 하는 경우이다. 첫째의 경우는 순수한 불량적재의 원형이고, 셋째의 경우는 감항능력에 관한 주의의무위반(unseaworthiness)에 해당된다. 둘째의 경우에는 이것이 과연 불량적재인지, 감항능력주의의무 위반인지 구별하기 어려운 경우가 대부분이므로, 실무상 많은 난점이 있다[정(희), 561면].

3) 동지: 정(희), 561면; 서·정, 597면; 손(주), 808면.

(1) 감항능력주의의무

이에 대하여는 앞에서 본 개품운송계약의 경우와 같다($\frac{상}{1항}\frac{841조}{,\ 794조}$).

(2) 발항의무

선박소유자는 운송물의 선적이 종료한 경우에는 지체 없이 발항하여야 할 의무를 부담하는데, 이는 다음과 같다. 선장도 공법상 항해의 준비가 끝난 때에는 지체 없이 출항하여야 할 의무를 부담한다($\frac{선원}{전단}$ 8조).

1) 선박소유자는 원칙적으로 선적기간 내에 운송물의 전부가 선적된 경우에만 발항하여야 한다.

2) 선박소유자는 다음의 경우에는 선적기간 내에 운송물의 전부가 선적되지 않은 경우에도 예외적으로 발항할 수 있다. (ⅰ) 용선자는 (선적기간 내에) 운송물의 전부를 선적하지 아니한 경우에도 선박소유자(선장)에게 발항을 청구할 수 있다($\frac{상}{1항}$831조). 이것은 거래상의 제반 사정을 고려하여 용선자에게 발항청구권을 인정한 것인데, 이 때에 용선자는 운임전액과 운송물의 전부를 선적하지 않음으로 인하여 생긴 비용($\frac{예컨대,}{정박료\ 등}$)을 지급하여야 하고 또한 선박소유자의 청구가 있으면 상당한 담보를 제공하여야 한다($\frac{상}{3항}$831조).

(ⅱ) 선박소유자는 선적기간 경과 후에는 용선자가 운송물의 전부를 선적하지 아니한 경우에도 즉시 발항할 수 있다($\frac{상}{2항}$831조). 이 때에도 용선자는 발항청구의 경우와 같이 운임전부 및 비용을 지급하여야 하고, 또한 선박소유자의 청구가 있으면 상당한 담보를 제공하여야 한다($\frac{상}{3항}$831조).

(3) 직항의무

선박소유자는 발항하면 원칙적으로 예정항로에 따라 도착항(양륙항)까지 직항하여야 할 의무, 즉 이로(離路)(deviation)를 하여서는 안 된다는 의무를 부담하는데($\frac{상\ 841조\ 1항,\ 796조}{2항\ 8호\ 참조}$), 이는 개품운송계약에서 설명한 바와 같다.

(4) 운송물에 관한 의무

선박소유자는 운송물을 보관할 의무가 있고($\frac{상\ 841조\ 1항,}{795조\ 1항}$), 위법운송물을 양륙 또는 포기할 수 있으며($\frac{상}{1항}\frac{841조}{,\ 800조}$), 위험운송물을 양륙·파괴 또는 무해조치를 할 수 있는데($\frac{상}{1항}\frac{841조}{,\ 801조}$), 이는 개품운송계약에서 설명한 바와 같다.

3. 양륙에 관한 의무

항해용선계약에서 선박소유자의 양륙에 관한 의무는 운송채무이행의 최종단계에서 부담하는 의무인데, 최초단계에서 부담하는 선적에 관한 의무와 대응된다. 다만 양륙에 있어서는 용선계약의 당사자가 아닌 수하인에 대하여 그의 의무를 이행하고 또 이 의무의 이행으로 용선계약은 종료된다는 점에서 특색이 있다.

(1) 입항의무

선박소유자는 운송물의 양륙·인도를 위하여 용선계약상 정하여진 양륙항 또는 용선자가 지정하는 양륙항에 입항하여, 특약 또는 관습에 의하여 정하여지는 양륙장소에 정박하여야 할 의무를 부담한다.

(2) 양륙준비완료통지의무

항해용선계약의 경우에는 운송물의 양륙준비완료 후 선박소유자(선장)는 지체 없이 수하인에게 그 통지를 발송하여야 한다[1]$\left(\substack{\text{상} 838조 \\ 1항}\right)$. 이는 약정된 양륙기간의 기산점이 된다$\left(\substack{\text{상} 838조 \\ 2항}\right)$.

(3) 정박(待泊)의무

선박소유자는 용선자가 운송물의 전부를 양륙하는 데 필요한 기간만큼 선박을 정박시킬 의무가 있다. 이 때 양륙하는 데 필요한 기간을 「양륙기간」이라고 하는데, 이러한 양륙기간은 보통 당사자간의 약정에서 정하여지고, 이러한 약정이 없으면 양륙항의 관습에 의한다. 양륙기간이 당사자간의 약정에 의하여 정하여지는 경우 그 기간은 양륙준비완료의 통지가 오전에 있은 때에는 그 날의 오후 1시부터 기산하고, 오후에 있은 때에는 다음날 오전 6시부터 기산한다$\left(\substack{\text{상} 838조 2항, \\ 829조 2항 1문}\right)$. 그런데 이 기간에는 불가항력으로 인하여 양륙할 수 없는 날과 양륙항의 관습상 양륙작업을 하지 아니하는 날을 산입하지 아니한다$\left(\substack{\text{상} 838조 2항, \\ 829조 2항 2문}\right)$. 이것도 해운실무의 관행을 입법화한 것이다.

만일 용선자가 위의 양륙기간을 경과한 후 운송물을 양륙한 때에는 선박소유자는 초과정박기간에 상당하는 정박료(체선료)를 청구할 수 있다$\left(\substack{\text{상} 838조 \\ 3항}\right)$.[2]

(4) 양륙의무

항해용선계약에서는 보통 용선자 측에서 양륙하는데, 당사자간의 특약 등에 의하여 선박소유자가 양륙의무를 부담하는 경우도 있다$\left(\substack{\text{상} 841조 1항, \\ 795조 1항 참조}\right)$.

---

1) 동지: 대판 1966. 4. 26, 66 다 28(집 14 ① 민 208).

2) 동지: 대판 2005. 7. 28, 2003 다 12083(공보 2005, 1406)(양륙기간을 약정한 용선계약에 있어서 용선자가 약정한 기간 내에 양륙작업을 완료하지 못하고 기간을 초과하여 양륙한 경우에 운송인이 그 초과한 기간에 대하여 용선자에게 청구할 수 있는 소위 정박료 또는 체선료는 체선기간 중 운송인이 입는 선원료·식비·체선비용·선박이용을 방해받음으로 인하여 상실한 이익 등의 손실을 전보하기 위한 법정의 특별보수라고 할 것이므로, 체선료의 약정이 용선자의 채무불이행으로 인한 손해배상의 예정이라는 전제하에서 운송인의 과실을 참작하여 체선료를 감액하거나 과실상계를 할 수 없다).

(5) 인도의무

1) 선박소유자는 양륙항에서 운송물을 정당한 수하인에게 인도할 의무를 부담한다($\frac{상\ 841조\ 1항,}{795조\ 1항\ 참조}$). 선박소유자의 이러한 인도의무의 이행으로 항해용선계약은 완전히 종료하게 된다. 따라서 선박소유자의 이 의무는 최종의 의무가 된다. 항해용선계약의 경우 인도는 원칙적으로 양륙과 동시에 이루어진다. 이 때 선박소유자 자신이 직접 인도하는 경우는 드물고, 대리점·운송주선인·창고업자·부두경영자 등이 선박소유자의 대리인으로서 인도하는 경우가 많다. 이 때 정당한 수하인이란 용선계약에서 지정한 수하인이다. 따라서 선박소유자는 이러한 수하인에게 운송물을 인도할 의무를 부담한다.[1] 수하인은 용선계약의 기본당사자는 아니지만, 운송물이 도착지에 도착한 때에는 용선자와 동일한 권리를 취득하고($\frac{상\ 841조\ 1항,}{140조\ 1항}$), 수하인이 그 운송물의 인도를 청구한 때에는 수하인의 권리가 용선자의 권리보다 우선한다($\frac{상\ 841조\ 1항,}{140조\ 2항}$).[2] 이러한 수하인의 지위에 관한 그 밖의 상세한 사항은 육상운송에서 설명한 바와 같다.[3]

수하인이 운송물의 일부 멸실 또는 훼손을 발견한 때에는 수령 후 지체없이 그 개요에 관하여 선박소유자에게 서면에 의한 통지를 발송하여야 한다($\frac{상\ 841조\ 1항,}{804조\ 1항\ 본문}$). 그러나 그 멸실 또는 훼손이 즉시 발견할 수 없는 것인 때에는 수령한 날로부터 3일 내에 그 통지를 발송하여야 한다[4]($\frac{상\ 841조\ 1항,}{804조\ 1항\ 단서}$).

---

1) 동지: 대판 1999. 7. 13, 99 다 8711(공보 1999, 1615)(국제항공운송에 있어서 운송인이 수하인의 지시 없이 제3자에게 수하인용 항공화물운송장을 교부하고 화물을 인도한 경우, 수하인에 대하여 불법행위를 구성한다); 동 2006. 4. 28, 2005 다 30184(공보 2006, 921)(국제항공운송에 관한 법률관계에 대하여는 1955년 헤이그에서 개정된 '국제항공운송에 있어서의 일부규칙의 통일에 관한 협약'〈바르샤바 협약〉이 일반법인 민법이나 상법에 우선하여 적용된다. 따라서 동 협약 제13조에 의하여 국내 운송취급인이 운송인으로부터 아무런 지시도 받지 않고 수하인에게는 화물 도착의 통지도 하지 아니한 채 수입회사의 청구에 따라 수출회사에 화물을 반송한 경우에는, 수하인의 화물인도청구권을 침해하였으므로 그로 인하여 수하인이 입은 손해를 배상할 책임이 있다).

2) 수하인이 운송물의 인도청구를 한 후 선하증권이 발행된 경우에는 그 선하증권의 소지인은 운송물의 인도청구권이 없다는 취지의 판례로는 대판 2003. 10. 24, 2001 다 72296(공보 2003, 2239)(선하증권이 발행되지 아니한 해상운송에 있어 수하인은 운송물이 목적지에 도착하기 전에는 송하인의 권리가 우선되어 운송물에 대하여 아무런 권리가 없지만, 운송물이 목적지에 도착한 때에는 송하인과 동일한 권리를 보유하고, 운송물이 목적지에 도착한 후 수하인이 그 인도를 청구한 때에는 수하인의 권리가 송하인에 우선하게 되는바, 그와 같이 이미 수하인이 도착한 화물에 대하여 운송인에게 인도 청구를 한 다음에는 비록 그 운송계약에 기한 선하증권이 뒤늦게 발행되었다고 하더라도 그 선하증권의 소지인이 운송인에 대하여 새로이 운송물에 대한 인도청구권 등의 권리를 갖게 된다고 할 수는 없다).

3) 정(찬), (상)(제27판) 362~363면 참조.

4) 이것은 Hague Rules 제3조 6항을 수정하여 규정한 것이다.

이 통지가 없는 경우에는 운송물의 멸실 또는 훼손 없이 수하인에게 인도된 것으로 추정된다(상 841조 1항, 804조 2항). 그러나 선박소유자 또는 그 사용인이 운송물이 멸실 또는 훼손되었음을 알고 있는(악의의인) 경우에는, 수하인의 이러한 통지의무 및 멸실·훼손이 없다는 추정에 관한 위의 규정은 적용되지 않는다(상 841조 1항, 804조 3항). 따라서 통지 자체는 적극적인 효력이 생기지 않고, 이러한 추정력을 생기지 않게 하는 효력이 있을 뿐이다. 즉, 불통지에는 증명책임을 부담하는 불이익이 따르게 된다.[1]

운송물의 멸실 또는 훼손이 발생하였거나 그 의심이 있는 경우에는, 선박소유자와 수하인은 서로 운송물의 검사를 위하여 필요한 편의를 제공하여야 한다(상호편의제공의무)(상 841조 1항, 804조 4항).

수하인이 운송물을 수령하는 때에는 용선계약에 따라 운임·부수비용·체당금·체선료, 운송물의 가액에 따른 공동해손 또는 해난구조로 인한 부담액을 지급하여야 한다(상 841조 1항, 807조 1항).

2) 항해용선계약에서 선박소유자는 운송물을 수령한 후에 용선자의 청구가 있는 경우 선하증권을 발행하여야 하는데(상 855조 1항), 이와 같이 선하증권을 발행한 선박소유자는 이 선하증권을 선의로 취득한 제 3 자에 대하여 (개품운송계약에서의) 운송인으로서의 권리와 의무가 있다(상 855조 3항 1문). 또한 이는 용선자의 청구에 따라 선박소유자가 제 3 자에게 선하증권을 발행한 경우에도 같다(상 855조 3항 2문).

따라서 이와 같이 항해용선계약에서 선박소유자가 선하증권을 발행한 경우에는 선박소유자는 이러한 선하증권의 정당한 소지인에게 운송물을 인도할 의무를 부담하는데, 이에 대하여는 개품운송계약에서 설명한 바와 같다.

(6) 공탁의무

1) 수하인의 수령거절 등   선박소유자(선장)는 수하인을 확실히 알 수 없거나 수하인이 운송물의 수령을 거부한 때에는, 이를 공탁하거나 세관 그 밖의 관청의 허가를 받은 곳에 인도하고 지체 없이 용선자 및 알고 있는 수하인에게 그 통지를 발송하여야 할 의무를 부담한다(상 841조 1항, 803조 2항). 이는 해운실무를 반영한 규정인데, 선박소유자를 보호하기 위한 규정이다. 왜냐하면 수하인이 불명하거나 수하인의 수령의사가 없는 것이 명백함에도 불구하고 선박소유자에게 운송물을 보관시키는 것은 선박소유자에게 불리하기 때문이다.

---

1) 동지: 손(주), 821면; 대판 1988. 9. 27, 87 다카 2131(공보 1988, 1331)(추정한다는 것은 입증책임을 전환시킨 것에 불과하고, 수하인이 통지를 게을리하였다 하여 운송인에게 지워질 운송계약상의 책임이 면제된다고 할 수 없다).

이와 같이 선박소유자가 운송물을 공탁하거나 세관 기타 관청의 허가를 받은 곳에 인도한 때에는, 수하인에게 운송물을 인도한 것으로 의제하고 있다(상 841조 1항, 803조 3항). 이는 1991년 개정상법에서 신설된 것인데, 선박소유자와 용선자간의 분쟁을 방지하기 위하여 해운실무를 반영하여 규정한 것이다.[1]

2) 수하인의 수령해태(懈怠)   수하인이 운송물의 수령을 게을리한 때에는 선박소유자(선장)는 이를 공탁하거나 세관 그 밖에 법령이 정한 관청의 허가를 받은 곳에 인도할 수 있는데, 이 경우에는 지체 없이 수하인에게 그 통지를 발송하여야 한다(상 841조 1항, 803조 1항). 이것도 해운실무를 반영한 규정인데, 수하인의 수령거부 등의 경우와 같이 선박소유자를 보호하기 위한 규정이다. 이 경우는 수하인의 수령거부 등의 경우와는 달리 선박소유자(선장)가 공탁 등의 의무를 부담하는 것은 아니므로, 이를 할 것인지 여부를 선박소유자가 임의로 결정하여야 한다. 만일 선박소유자가 공탁 등을 하지 않고 운송물을 계속 보관한 경우에는 수하인에 대하여 초과 양륙기간에 대한 체선료를 청구할 수 있다(상 838조 3항).

그러나 선박소유자가 운송물을 공탁 등을 한 경우에는 수하인의 수령거부 등의 경우와 같이 수하인에게 운송물을 인도한 것으로 의제하고 있다(상 841조 1항, 803조 3항).

3) 수 통의 선하증권이 발행된 경우   항해용선계약의 경우에도 선박소유자는 선하증권을 발행할 수 있는데(상 855조), 이 때 선박소유자가 수 통의 선하증권을 발행한 경우 2인 이상의 선하증권소지인이 운송물의 인도를 청구한 때에는 선박소유자(선장)는 지체 없이 운송물을 공탁하고 각 청구자에게 통지를 발송하여야 할 의무를 부담하는데(상 859조 1항), 이 점은 개품운송계약에서 설명한 바와 같다.

제3 선박소유자의 책임

1) 항해용선계약의 경우 선박소유자의 책임은 개품운송계약의 경우 운송인의 책임과 거의 같다(상 841조 1항, 136조, 137조, 794조 내지 797조, 798조 1항부터 3항까지).

2) 그런데 선박소유자의 책임경감금지에 대하여는 항해용선계약의 경우는 별도로 규정하고 있다. 즉, 항해용선계약에서 선박소유자는 감항능력주의의무(상 794조)에 반하여 상법에서 규정하고 있는 항해용선에서 선박소유자의 의무 또는 책임을 경감 또는 면제하는 당사자 사이의 특약은 효력이 없는데(상 839조 1항 1문), 이러한 점은 운송물에

---

1) 동지: 손(주), 820면; 채, 686면.

관한 보험의 이익을 선박소유자에게 양도하는 약정 또는 이와 유사한 약정을 한 경우에도 같다($\frac{상}{1항}\frac{839조}{2문}$). 감항능력주의의무에 관한 상법의 규정($\frac{상}{794조}$)은 공익의 목적상 규정된 것으로 강행법규라고 볼 수 있으므로 항해용선계약이라 할지라도 이러한 규정에 반하는 특약을 할 수 없도록 한 것이다. 그러나 개품운송계약의 경우와는 달리 항해용선계약에서는 상법 제795조($\frac{운송물에 관한}{주의의무}$)·제796조($\frac{운송인의}{면책사유}$)·제797조($\frac{운송인의}{책임의}$ $\frac{}{한}$) 및 제798조($\frac{비계약적 청구에}{대한 적용}$)의 규정에 반하여 선박소유자의 의무 또는 책임을 경감 또는 면제하는 당사자 사이의 특약은 효력이 있다($\frac{상 839조 1항과}{799조 1항의 비교}$). 따라서 항해용선계약에서는 개품운송계약에 비하여 사적 자치의 범위를 많이 확대하고 있다. 그러나 항해용선계약에서도 선박소유자가 선하증권을 발행한 경우에는 이 선하증권을 선의로 취득한 제 3 자에 대하여 선박소유자는 운송인으로서 권리와 의무가 있으므로 ($\frac{상}{3항}\frac{855조}{}$), 이 때에는 개품운송계약의 경우와 동일하게 상법 제794조 내지 제798조의 규정에 반하여 선박소유자의 의무 또는 책임을 경감 또는 면제하는 특약을 하지 못한다($\frac{상}{5항}\frac{855조}{}$).

그러나 산 동물의 운송 및 용선계약을 증명하는 문서의 표면에 갑판적(甲板積)으로 운송할 취지를 기재하여 갑판적으로 하는 운송에 대하여는 상법 제794조($\frac{감항능력}{주의의무}$)에 반하여 상법이 규정하고 있는 항해용선에서 선박소유자의 의무 또는 책임을 경감 또는 면제하는 당사자 사이의 특약은 효력이 있다($\frac{상 839조 2항,}{799조 2항}$). 이 점은 개품운송계약의 경우와 동일하다.

3) 또한 선박소유자의 책임의 소멸에 대하여도 항해용선계약에서는 별도로 규정하고 있다. 즉, 선박소유자의 용선자 또는 수하인에 대한 채무는 그 청구원인의 여하에 불구하고 선박소유자가 (수하인에게) 운송물을 인도한 날 또는 인도할 날부터 2년 내에 재판상 청구가 없으면 소멸한다($\frac{상}{1항}\frac{840조}{1문}$). 개품운송계약의 경우는 제척기간이 1년인데($\frac{상}{1항}\frac{814조}{본문}$) 항해용선계약의 경우는 제척기간이 2년이라는 점에서 차이가 있다.

이러한 제척기간은 당사자간의 합의로 연장할 수도 있고($\frac{상}{1항}\frac{840조}{2문}$), 단축할 수도 있는데, 단축하는 경우에는 당사자간의 합의를 용선계약에 명시적으로 기재하여야 그 효력이 있다($\frac{상}{2항}\frac{840조}{}$). 개품운송계약의 경우와는 달리 항해용선계약에서는 이 제척기간을 2년으로 연장하면서 당사자간의 합의로 (용선계약에 명시적으로 기재함으로써) 단축할 수 있도록 하고 있다.

4) 항해용선계약에는 그 성질상 개품운송계약에 관한 규정의 준용을 배제한

경우가 있다. 즉, 항해용선계약에서 선박소유자에게는 제798조 4항(실제운송인 또는 그 사용인이나 대리인에 대하여 손해배상청구가 제기된 경우에도 책임제한이 인정됨)이 준용되지 않는 점, 제804조 5항(수하인에게 불리한 당사자 사이의 특약은 효력이 없음)이 준용되지 않는 점, 제138조(순착운송 인의 책임)가 준용되지 않는 점 등이다(상 841조 1항 참조).

제4 선박소유자의 권리

1. 기본적 권리

선박소유자의 기본적 권리에는 가장 대표적인 것으로 운임청구권이 있고(상 827조 1항), 이외에 운송에 부수하여 생기는 정박료청구권·부수비용청구권 등이 있다. 또한 이러한 청구권을 담보하기 위한 담보권이 있다. 이하에서 차례로 설명한다.

(1) 운임청구권

1) 운임의 의의   선박소유자는 항해용선계약에 의하여 선박을 물건의 운송에 제공하기로 약정하고, 이에 대하여 운임을 청구할 권리가 있다. 이러한 운임에는 해제운임(상 832조, 833조), 비율운임(상 841조 1항, 810조 2항, 811조 2항) 등을 포함한다.

2) 운임지급의무자   운임지급의무자는 항해용선계약의 상대방인 용선자인데, 운송물 수령 후에는 수하인도 의무자(부진정연대채무자)가 되는 것은 육상운송의 경우와 같다[1](상 807조 1항).

3) 운임청구권의 발생요건

㈎ 원   칙   항해용선계약은 이미 앞에서 본 바와 같이 도급계약이므로 선박소유자의 운임청구권은 원칙적으로 운송물이 목적지에 도착하여야(즉, 운송이라는 일의 완성이 있어야) 발생한다. 따라서 운송물이 목적지에 도착하지 않은 때에는 선박소유자의 운임청구권은 원칙적으로 발생하지 않는다. 이로 인하여 운송물의 전부 또는 일부가 용선자의 책임 없는 사유로 인하여 멸실한 때에는 선박소유자는 그 운임을 청구하지 못하고, 선박소유자가 이미 그 운임의 전부 또는 일부를 받은 때에는 이를 반환하여야 한다(상 841조 1항, 134조 1항). 그러나 해운실무상 운임은 보통 선급(先給)되고 있다.

㈏ 예   외

① 선박소유자는 예외적으로 다음과 같은 경우에는 운송물이 목적지에 도착하

---

1) 동지: 대판 1977. 12. 26, 76 다 2914(집 25 ② 민 186)(운임미결제사실을 알면서 하물〈荷物〉을 수령한 선하증권소지인 등은 운임지급의무가 있다); 동 1996. 2. 9, 94 다 27144(공보 1996, 866)(수하인이 운송인으로부터 화물의 도착을 통지받고 이를 수령하지 아니한 것만으로 바로 운송물을 수령한 수하인으로 취급할 수는 없으므로, 이러한 수하인은 상법 제800조 1항 소정의 운임 등을 지급할 의무가 없다).

지 않은 경우에도 운임청구권을 행사할 수 있다. 즉, (ⅰ) 운송물의 전부 또는 일부가 그 성질이나 하자 또는 용선자의 과실로 인하여 멸실한 때에는 선박소유자는 운임의 전액을 청구할 수 있다(전액운임)$\left(\substack{\text{상 } 841조 1항,\\ 134조 2항}\right)$. (ⅱ) 선장이 항해계속비용 등을 지급하기 위하여 또는 선박과 적하의 공동위험을 면하기 위하여 운송 물을 처분한 경우에는 선박소유자는 운임의 전액을 청구할 수 있다(전액운임)$\left(\substack{\text{상 } 841조\\ 1항, 813조}\right)$. (ⅲ) 항해 중에 선박의 침몰 또는 멸실·수선불능·포획 등의 사유가 발생하여 운송을 계속하지 못한 경우에는, 선박소유자는 용선자에 대하여 운송물의 가액을 한도로 하여 운송의 비율에 따른 운임을 청구할 수 있다(비율운임)$\left(\substack{\text{상 } 841조 1항,\\ 810조 2항}\right)$.

② 선박소유자는 예외적으로 항해용선계약이 해제 또는 해지된 경우에도 전부운임 또는 비율운임을 청구할 수 있는데$\left(\substack{\text{상 } 832조, 833조 2항, 837조,\\ 841조 1항·811조 2항}\right)$, 이에 대하여는 후술한다.

4) 운 임 액   운임액은 계약 또는 관행에 의하지만,[1] 상법은 해상운송의 기술적 성격을 고려하여 특히 다음과 같은 보충규정을 두고 있다$\left(\substack{\text{상 } 841조 1항·805조·\\ 806조, 841조 2항}\right)$. 즉, (ⅰ) 운송물의 중량 또는 용적으로 운임을 정한 때에는 운송물을 「인도하는 때」의 중량 또는 용적에 의하여 운임액을 정한다$\left(\substack{\text{상 } 841조\\ 1항, 805조}\right)$. (ⅱ) 기간으로 운임을 정한 때에는 원칙적으로 운송물의 「선적을 개시한 날로부터 그 양륙을 종료한 날」까지의 기간에 의하여 운임액을 정한다$\left(\substack{\text{상 } 841조 1항,\\ 806조 1항}\right)$. 따라서 이 경우에는 기간계산에 있어서의 민법상의 원칙$\left(\substack{\text{민 } 156조, 157조,\\ 159조~161조}\right)$은 적용되지 않는다. 그러나 예외적으로 이 기간에는 (ⅰ) 불가항력으로 인하여 선박이 선적항이나 항해중에 정박한 기간$\left(\substack{\text{상 } 841조 1항,\\ 806조 2항 전단}\right)$, (ⅱ) 항해중에 선박을 수선한 기간$\left(\substack{\text{상 } 841조 1항,\\ 806조 2항 후단}\right)$ 및 (ⅲ) 초과정박기간 중 운송물을 선적 또는 양륙한 일수를 제외한다$\left(\substack{\text{상 } 841조\\ 2항 전단}\right)$. (ⅰ) 및 (ⅱ)의 경우는 실제로 운송을 실행한 기간이 아니고, (ⅲ)의 경우는 정박료(체선료)에 포함되기 때문에$\left(\substack{\text{상 } 841조\\ 2항 후단}\right)$, 용선자의 이익을 위하여 제외한 것이다.

(2) 정박료(체선료)청구권

항해용선계약의 경우 약정한 선적기간 또는 양륙기간을 경과한 후 선적 또는 양륙을 한 때, 이 초과정박기간에 대하여 선박소유자는 정박료(체선료)를 청구할 수

---

1) 거래의 실제에 있어서는 상품시장과 똑같이 운임시장(freight market)이 있어서 항상 특정항로에 있어서 특정한 시기의 운임을 알 수 있다. 또 해상운송에는 일정항로에 취항하는 정기운송인들이 상호간의 불필요한 경쟁을 피하고 공동이익을 증진시키기 위하여 해상화물의 운임률 및 운송조건을 규정하는 국제운임 카르텔을 형성하고 있는 경우가 있는데, 이에 속한 배를 동맹선이라 하고 그러하지 아니한 배를 비동맹선(non-conference line)이라 하여 경쟁이 치열하다[정(희), 569면 주 1].

있다($\substack{상\ 829조\ 3항.\\838조\ 3항}$). 이는 손해배상청구권의 일종이라고 볼 수 있다.[1] 수하인이 운송물을 수령한 때에는 수하인도 이러한 정박료(체선료)를 지급하여야 할 의무를 부담한다($\substack{상\ 841조\ 1항.\\807조\ 1항}$).

(3) 부수비용청구권 등

선박소유자는 용선계약의 취지에 따라 부수비용($\substack{예컨대,\ 창고보관료,\ 운송물\\공탁비용,\ 검사비용,\ 관세\ 등}$)·체당금·운송물의 가액에 따른 공동해손 또는 해난구조로 인한 부담액을 용선자에게 청구할 수 있는데, 수하인이 운송물을 수령한 때에는 수하인에게도 이를 청구할 수 있다($\substack{상\ 841조\ 1항.\\807조\ 1항}$).

(4) 담 보 권

1) 유 치 권   선박소유자(선장)는 수하인이 운송물을 수령하는 때에 운임·부수비용·체당금·체선료·운송물의 가액에 따른 공동해손 또는 해난구조로 인한 부담액을 지급하지 않으면, 운송물을 인도하지 않고 이를 유치할 수 있는 권리(특별상사유치권, 해상유치권)를 갖는다($\substack{상\ 841조\ 1항.\\807조\ 2항}$). 이 유치권은 피담보채권과 유치목적물(운송물)과의 견련(牽聯)관계를 요하고, 또한 유치목적물이 운송물로 제한되며, 그 운송물은 채무자소유인지 여부를 불문하는 점에서, 민사유치권($\substack{민\\320조}$)과 같고 일반상사유치권($\substack{상\\58조}$)과 구별된다.[2]

2) 경 매 권   선박소유자는 운임·부수비용·체당금·체선료·운송물의 가액에 따른 공동해손 또는 해난구조로 인한 부담액을 지급받기 위하여, 법원의 허가

---

1) 동지: 송·김, (해) 767면.
  반대: 이(기) 외, (보·해) 425면(법이 형평의 관념에서 인정한 특별보수라고 한다); 최(기), 879면; 김(인), 161면(체선은 용선자의 과실유무에 상관 없이 발생하는 것이므로 법정보수라고 한다); 대판 1994. 6. 14, 93 다 58547(공보 972, 74)(이러한 정박료 또는 체선료는 특별보수이므로 감액하거나 과실상계를 할 수 없다); 동 2005. 7. 28, 2003 다 12083(공보 2005, 1406)(양륙기간을 약정한 용선계약에 있어서 용선자가 약정한 기간 내에 양륙작업을 완료하지 못하고 기간을 초과하여 양륙한 경우에 있어, 운송인이 그 초과한 기간에 대하여 용선자에게 청구할 수 있는 소위 정박료 또는 체선료는 체선기간중 운송인이 입는 선원료·식비·체선비용·선박이용을 방해받음으로 인하여 상실한 이익 등의 손실을 전보하기 위한 법정의 특별보수라고 할 것이므로, 체선료의 약정이 용선자의 채무불이행으로 인한 손해배상의 예정이라는 전제하에서 원고의 과실을 참작하여 체선료를 감액하거나 아니면 과실상계를 하여야 한다는 상고이유의 주장은 받아들일 수 없다〈대법원 1994. 6. 14. 선고 93 다 58547 판결 참조〉).

2) 이에 관한 상세는 정(찬), (연습) 103~109면(사례 18) 참조.
  이러한 해상유치권(shipowner's general and active lien)은 오직 상대방의 운송물반환청구에 대한 항변이지 운송인(선박소유자)이 물권자로서 운송물을 직접 대세적으로 지배하고 또 이를 경매하여 채권의 변제를 받을 수 있는 민·상법상의 유치권과는 구별되고, 따라서 해상유치권은 독립한 담보권이라기보다는 대인적 급여거절권이라고 보는 견해가 있다[정(희), 570면; 동, "해상선박소유자의 유치권," 「사법행정」, 1971, 3~4월호].

를 얻어 운송물을 경매하여 우선변제를 받을 권리가 있다¹⁾($^{상\ 841조\ 1항,}_{808조\ 1항}$). 또한 선박소유자(선장)는 수하인에게 운송물을 인도한 후에도 그 운송물에 대하여 위의 경매권을 행사할 수 있는데, 다만 인도한 날로부터 30일을 경과하거나 또는 제 3 자가 그 운송물의 점유를 취득한 때에는 그러하지 아니하다($^{상\ 841조\ 1항,}_{808조\ 2항}$). 이와 같이 선박소유자의 경매권은 「법원의 허가」를 그 권리의 행사요건으로 하고 있고 또한 「운송물의 인도전후」를 불문하는 점에서, 민법상 유치권자의 경매권($^{민\ 322조\ 1항:\ 유치권자는\ 채권의\ 변}_{제를\ 받기\ 위하여\ 유치물을\ 경매할\ 수\ 있다}$)과 구별된다. 이와 같이 선박소유자에게는 운송물을 인도한 후에도 경매권을 인정한 것은 해상위험의 방지 또는 운송물의 수량검사 등을 위하여 운송물을 수하인에게 부득이 먼저 인도할 필요가 있는 경우에 선박소유자를 보호하기 위한 것이다.

2. 부수적 권리

선박소유자는 운송과 관련하여 용선자에 대하여 다음과 같은 부수적 권리를 갖는다. 이에 관하여는 선박소유자의 의무와 관련하여 이미 거의 모두 설명하였으므로, 이 곳에서는 이미 설명한 부분 중에서 선박소유자의 권리에 관한 부분만을 간단히 발췌하여 본다. 즉, 선박소유자는 용선자에 대한 용선계약서의 교부청구권($^{상}_{828조}$), 용선자에 대한 선적청구권($^{상\ 829조}_{1항\ 참조}$), 선적기간 내에 선적이 완료되지 않은 때의 발항권($^{상\ 831조}_{2항}$), 용선자에 대한 선적기간 내에 운송에 필요한 서류의 교부청구권($^{상\ 841조}_{1항,\ 793조}$), 위법선적물 또는 위험물에 대한 조치권($^{상\ 841조\ 1항,}_{800조,\ 801조}$), 용선자가 운송물의 전부 또는 일부를 선적하고 용선계약을 해제 또는 해지한 경우 선적과 양륙비용의 청구권($^{상}_{835조}$), 용선자에 대한 선하증권등본의 교부청구권($^{상}_{856조}$) 등을 갖는다.

3. 채권의 제척기간

선박소유자의 용선자 또는 수하인에 대한 채권은 그 청구원인의 여하에 불구하고 선박소유자가 (수하인에게) 운송물을 인도한 날 또는 인도할 날로부터 2년 내에 재판상 청구가 없으면 소멸하는데, 이 기간은 당사자간의 합의에 의하여 연장할 수 있다²⁾($^{상}_{1항\ 840조}$)이 제척기간은 당사자간의 합의에 의하여 단축할 수 있는데, 이 경

---

1) 이러한 경매신청의 요건과 관련하여서는 대결 1983. 8. 1, 82 마카 77(공보 1983, 1404)(중재계약이 있는 경우 다툼이 있는 채권에 관해 중재판결을 거치지 않고 한 선박소유자의 경매허가신청은 허용될 수 없다) 참조.

2) 1991년 개정상법 이전에는 이를 1년의 단기소멸시효기간으로 하였으나, 1991년 개정상법에는 Hague Rules에 따라 제척기간으로 하고, 이의 기산점을 명문으로 규정하였으며, 동시에 재판상의 청구를 그 요건으로 가중하고, 또한 당사자간의 합의로 이 기간을 연장할 수 있도록 하였다.

우에는 용선계약에 이러한 약정을 명시적으로 기재하여야 한다($\frac{상}{2항}$840조).

제4관 항해용선계약의 종료

항해용선계약은 운송의 완료라는 목적의 달성에 의하여 정상적으로 종료하는 것이 일반적이나, 계약의 해제 기타의 원인에 의하여 운송의 진행중에 비정상적으로 종료하는 경우도 있다. 운송의 진행중에 종료하는 원인에 계약의 일반종료원인(해제 등) 외에, 항해용선의 특이성에 비추어 육상운송의 경우와는 달리 상세한 특별규정을 두고 있다.

제1 용선자의 임의해제(해지)

용선자는 언제나 용선계약을 임의로 해제(해지)할 수 있지만, 발항 전후에 따라 그 효과를 달리하므로 이를 나누어서 설명한다.

1. 발항 전의 임의해제(해지)

(1) 전부용선계약의 경우

1) 요 건

(가) 단일항해의 경우 발항 전에는 전부용선자는 「운임의 반액」(공적〈空積〉운임 또는 공〈空〉운임)을 지급하고 계약을 해제할 수 있다($\frac{상}{1항}$832조). 그러나 용선자가 선적기간 내에 운송물을 선적하지 아니한 때에는 운송계약을 해제 또는 해지한 것으로 본다($\frac{상}{836조}$). 이러한 「운임의 반액」은 공적운임(공선〈空船〉운임 또는 공운임)이라고 하는데, 용선계약상의 운임도 아니고 손해배상금이나 위약금도 아닌 일종의 법정해약금이다.[1] 따라서 이의 지급은 계약해제(해지)의 성립요건은 아니고, 용선자가 선박소유자의 손해의 증명을 요하지 아니하고 당연히 지급하여야 할 채무이다.

(나) 왕복항해의 경우에는 「운임의 3분의 2」를 지급하고 계약을 해지할 수 있다. 즉, 왕복항해의 용선계약인 경우에 전부용선자가 그 회항 전에 계약을 해지하는 때에는 「운임의 3분의 2」를 지급하여야 하고($\frac{상}{2항}$832조), 선박이 다른 항에서 선적항에 항행하여야 할 경우에 전부용선자가 선적항에서 발항하기 전에 계약을 해지한 때에

---

1) 동지: 정(희), 584면; 서·정, 628~629면.

도 「운임의 3분의 2」를 지급하여야 한다($\frac{상}{3항}$834조).

2) 효 과 　전부용선자가 발항 전에 운임의 반액을 지급하고 계약을 해제한 때에는 「부수비용이나 체당금」을 지급할 책임을 부담하고($\frac{상}{1항}$834조), 왕복항해에서 운임의 3분의 2를 지급하고 계약을 해지한 경우에는 위의 부수비용이나 체당금 이외에도 운송물의 가액에 따라 「공동해손 또는 해난구조로 인하여 부담할 금액」을 지급하여야 한다($\frac{상}{2항}$834조). 또한 이 때 전부용선자는 「선적비용과 양륙비용」을 부담한다($\frac{상}{835조}$).

(2) **일부용선계약의 경우**

1) 요 건

(가) 일부용선계약에서의 일부용선자 또는 송하인(선박소유자가 선하증권을 발행한 경우 이 선하증권을 선의로 취득한 제 3 자를 의미 하는데, 이하 같다 - 상 855조 4항)은 다른 용선자와 송하인 전원과 「공동으로 하는 경우」에 한하여, 전부용선자의 경우와 같이 단일항해의 경우에는 운임의 반액을 지급하고 발항 전에 계약을 해제하거나, 왕복항해의 경우에는 운임의 3분의 2를 지급하고 회항 전에 계약을 해지할 수 있다($\frac{상}{1항}$833조). 이 때에도 용선자가 선적기간 내에 선적하지 아니한 때에는 운송계약을 해제 또는 해지한 것으로 본다($\frac{상}{836조}$).

(나) 다른 용선자와 송하인 전원과 「공동으로 하는 경우가 아니면」, 발항 전에 계약을 해제 또는 해지한 때라도 운임의 전액을 지급하여야 한다($\frac{상}{2항}$833조). 이 때에는 전부용선계약의 경우와 같이 선박소유자가 자유롭게 선박을 이용할 수 없는 점에서 운임의 전액을 지급하도록 한 것이다. 그러나 발항 전에 운임의 전액을 지급하는 경우라 할지라도 일부용선자 또는 송하인이 운송물의 전부 또는 일부를 선적한 경우에는, 다른 용선자와 송하인의 동의를 얻지 않으면 계약을 해제 또는 해지하지 못한다($\frac{상}{3항}$833조). 이 때에는 선적한 운송물을 양륙함으로 인하여 초과정박을 요하거나 또는 환적(換積)으로 인하여 다른 운송물에 위험(멸실·훼손· 연착 등)을 줄 우려가 있기 때문이다. 따라서 이 경우에는 운임의 전액 및 선적과 양륙비용을 지급하는 동시에 다른 용선자와 송하인의 동의를 얻어야 한다.

2) 효 과 　일부용선자나 송하인이 다른 용선자나 송하인 전원과 공동으로 운송계약을 해제 또는 해지하는 경우에는 전부용선계약의 경우와 같다. 즉, 단일항해의 경우에는 위의 운임 이외에도 「부수비용이나 체당금」도 지급하여야 하고($\frac{상}{1항}$834조), 왕복항해의 경우에는 위의 운임 및 부수비용이나 체당금 이외에도 운송물의 가액에 따라 「공동해손 또는 해난구조로 인하여 부담할 금액」을 지급하여야 한다($\frac{상}{2항}$834조). 또한 운송물의 전부 또는 일부를 선적한 때에는 그 「선적비용과 양륙비

용」은 용선자나 송하인이 부담한다($\frac{상}{835조}$).

2. 발항 후의 임의해지

(1) 요   건

용선자 또는 송하인은 발항 후에도 용선계약을 해지할 수 있다. 이 때 해지의 요건은 발항 전의 해지의 경우와 같으나, 이를 위한 법정위약금으로는 언제나 「운임의 전액」 등을 지급하여야 한다($\frac{상}{837조}$). 이 때에도 전부용선계약의 경우와 일부용선계약의 경우가 있다.

(2) 효   과

발항 후에 용선자나 송하인이 용선계약을 해지하는 경우에는 선박소유자 등에게 주는 불이익이 더 크기 때문에, 상법은 발항 전의 해제나 해지보다 그 효과를 엄하게 규정하고 있다.[1] 즉, 발항 후에는 용선자나 송하인은 운임의 전액(공적〈空積〉 운임) 이외에, 체당금·체선료와 공동해손 또는 해난구조의 부담액을 지급하고, 그 양륙하기 위하여 생긴 손해를 배상하거나 이에 대한 상당한 담보를 제공하여야 한다($\frac{상}{837조}$). 이 때 「양륙하기 위하여 생긴 손해」란 '양륙비용 외에 양륙을 위한 회항비용·정박비용·기타 양륙과 상당인과관계에 있는 모든 손해'를 의미한다.

제2 불가항력에 의한 임의해제(해지)

1. 발항 전의 임의해제

(1) 발항 전에 항해 또는 운송이 법령을 위반하게 되거나($\frac{예컨대, 항해금지, 해상봉쇄,}{운송물의 수출입금지 등}$) 기타 불가항력($\frac{예컨대, 천재}{지변·전쟁 등}$)으로 인하여 운송계약의 목적을 달할 수 없게 된 때에는, 각 당사자는 운송계약을 해제할 수 있다($\frac{상 841조 1항.}{811조 1항}$). 이 경우에 용선자는 공적(空積) 운임을 지급할 필요가 없다. 그러나 다음에 보는 바와 같이 발항 후에 그렇게 된 때에는 용선자는 비례운임을 지급하여야 한다($\frac{상 841조 1항.}{811조 2항}$).

(2) 불가항력의 사유($\frac{운송물이 불가항력으로 인하여 멸실된 때, 항해 또는 운송이 법령위반이}{거나 기타 불가항력으로 인하여 운송계약의 목적을 달할 수 없게 된 때}$)가 운송물의 일부에 대하여 생긴 때에는, 용선자($\frac{전부용선자 또}{는 일부용선자}$)는 선박소유자의 책임을 가중하지 않는 범위 내에서 다른 운송물을 선적(대하〈代荷〉선적)할 수 있다($\frac{상 841조 1항.}{812조 1항}$). 이 때 용선자는 지체 없이 운송물을 양륙 또는 선적하여야 하고, 이를 게을리한 때에는

---

1) 동지: 정(희), 584면; 손(주), 845면.

운임의 전액을 지급하여야 한다($\substack{상\ 841조\ 1항,\\812조\ 2항}$).

2. 발항 후의 임의해지

발항 후 운송중에 항해 또는 운송이 법령에 위반하거나 기타 불가항력으로 인하여 운송계약의 목적을 달할 수 없게 된 때에도, 각 당사자는 운송계약을 해지할 수 있다($\substack{상\ 841조\ 1항,\\811조\ 2항\ 전단}$). 이 때 용선자는 운송의 비율에 따른 운임을 지급하여야 한다($\substack{상\ 841조\ 1항,\\811조\ 2항\ 후단}$).

제3 법정원인에 의한 당연종료

(1) 요 건

항해용선계약은 발항 전이든 발항 후이든 불문하고 다음의 사유로 인하여 당연히 종료한다($\substack{상\ 841조\ 1항,\\810조\ 1항}$). 즉, (i) 선박이 침몰 또는 멸실한 때, (ii) 선박이 수선할 수 없게 된 때, (iii) 선박이 포획된 때, (iv) 운송물이 불가항력으로 인하여 멸실된 때이다($\substack{상\ 841조\ 1항,\\810조\ 1항}$).

(2) 효 과

위 (i) 내지 (iii)의 사유가 항해 도중에 생긴 때에는 용선자는 운송의 비율에 따라 현존하는 운송물의 가액의 한도에서 운임을 지급하여야 하고($\substack{상\ 841조\ 1항,\\810조\ 2항}$), (iv)의 경우에는 용선자는 운임을 전혀 지급하지 않아도 무방하다($\substack{상\ 841조\ 1항,\\134조\ 1항}$).

제5절 해상운송증서

제1관 총 설

2007년 개정상법은 해상운송증서에 대하여 선하증권($\substack{상\ 852조\sim\\862조}$)과 해상화물운송장($\substack{상\ 863조\sim\\864조}$)에 대하여 규정하고 있는데, 선하증권에 대하여는 전자선하증권에 대하여도 규정하고 있다($\substack{상\\862조}$). 해상화물운송장은 선하증권 대신에 발행되는데, 양도성과 상환증권성이 없는 점에서 유가증권으로 볼 수는 없고 일종의 면책증권으로 볼 수 있는데, 당사자 사이의 합의에 따라 전자식으로도 발행될 수 있다.

이하에서는 선하증권과 해상화물운송장에 대하여 차례로 설명하겠다.

제2관   선하증권[1]

제1 총   설

1. 의   의

선하증권(Bill of Lading, B/L; Konnossement; connaissement)이란 「해상물건운송 계약에 있어 선박소유자가 운송물을 수령 또는 선적하였음을 증명하고, 목적지에서 운송물을 증권소지인에게 인도할 의무($\frac{증권소지인측에서 보면}{운송물인도청구권}$)를 표창하는 유가증권」이다. 해상운송에서의 선하증권은 육상운송에 있어서의 화물상환증에 해당하는 것이나, 연혁적으로 선하증권이 먼저 발달하였고, 또 실무에서 이용도도 선하증권이 화물상 환증에 비하여 비교할 수 없을 정도로 높다. 이것은 해상운송의 기술적 성격($\frac{장시일에}{걸친 대}$ $량_송$)과 해상운송을 이용하는 상품거래($\frac{CIF 약관, 화환}{어음의 이용}$)가 선하증권을 이용하도록 하기 때 문이다.[2] 다만 상법에서 화물상환증이 선하증권 보다 먼저 규정되므로 입법의 기술 상 선하증권에 대하여는 몇 가지의 특별규정($\frac{상 852조\sim}{860조}$)만을 두고, 이외는 모두 화물 상환증에 관한 규정을 준용하도록 하고 있다($\frac{상 861조, 129조,}{130조, 132조, 133조}$). 따라서 이 곳에서는 주 로 선하증권에 관하여 특히 문제되는 것만을 설명한다.

그런데 이러한 선하증권은 해상운송에 컨테이너가 도입되면서 선박의 운항속 도는 빨라졌으나 선적서류의 흐름은 전통적인 방식에서 크게 벗어나지 못하여 운송 물이 선적서류보다 먼저 도착함으로 인하여 많은 문제점을 발생시켰다. 이러한 문 제점을 해결하기 위하여 선하증권에 대하여 선하증권 원본 1부의 선장탁송(船長託 送)·보증도·수하인에 대한 선하증권 직송·선하증권의 원지(元地)회수·선하증권 의 목적지나 제3지 발행 등을 이용하는 경우도 있으나, 이는 선하증권의 법적 성 질이나 기능에 대한 탈법행위적 요소가 있고 또한 이에 따른 본질적인 문제점을 해 결하지 못하고 있다. 따라서 실무에서는 해상화물운송장(Sea Waybill)[3]의 사용빈도 가 점차 증대하였으며, 또한 선하증권의 전자화[4]의 요구가 높았다. 따라서 2007년

---

1) 이의 입법론적인 의견으로는 정찬형, "선하증권에 관한 입법론적 고찰,"「보험해상법의 개정논 점」(법무자료), 제57집(1984. 12), 265~308면 참조.

2) 동지: 정(희), 586면; 서·정, 630면.

3) 이에 관한 상세는 김(인), 194~195면; 정영석, "선하증권의 위기와 해상운송장 이용의 효과,"「해 상법연구」(한국해사법학회), 제14권 1호(2002), 73~98면; 동, "해상운송장의 이용활성화를 위한 입법방향,"「해사법연구」(한국해사법학회), 제14권 2호(2002), 59~85면 참조.

4) 선하증권의 전자화라고 볼 수 있는 볼레로 전자선하증권에 관하여는 김(인), 193~194면; 동, (해상) 596~616면; 권재열, "볼레로형 전자선하증권에 관한 법적 연구,"「상사법연구」(한국상사

개정상법은 이를 반영하여 이에 관한 입법을 하였다($\frac{상\ 862조\sim}{864조}$).

2. 성 질

선하증권은 위에서 본 바와 같이 운송물인도청구권을 표창하는 유가증권으로서, 화물상환증의 경우와 같이 다음과 같은 법률적 성질을 갖는다. 즉, 선하증권은 법률상 당연한 지시증권성($\frac{상\ 861조}{130조}$), 요식증권성($\frac{상}{853조}$), 상환증권성[1]($\frac{상\ 861조}{129조}$), 문언증

법학회), 제21권 4호(2003), 289~323면; 박복재, "전자식선하증권에 관한 CMI 통일규칙과 Bolero Project에 관한 연구,"「해사법연구」(한국해사법학회), 제14권 2호(2002), 35~58면; 최진이, "선하증권의 전자화에 관한 고찰―Bolero형 전자선하증권을 중심으로,"「해사법연구」(한국해사법학회), 제15권 1호(2003), 179~208면 등 참조.

1) 동지: 대판 1992. 2. 25, 91 다 30026(선하증권의 상환성은 보증도의 상관습에도 불구하고 인정되며, 운송인 등이 선하증권의 정당한 소지인에게 운송물을 인도하지 못한 때에는 그에 대하여 채무불이행 또는 불법행위상의 손해배상책임을 진다).
　그러나 Surrender B/L은 상환증권성이 없다[대판 2016. 9. 28, 2016 다 213237(공보 2016, 1592)(운송거리가 단거리인 경우에 운송품보다 선하증권 원본이 뒤늦게 도착하면 수하인이 신속하게 운송품을 인도받을 수 없다는 불편함을 해소하기 위한 무역실무상의 필요에 따라, 출발지에서 선하증권 원본을 이미 회수된 것으로 처리함으로써 선하증권의 상환증권성을 소멸시켜 수하인이 양륙항에서 선하증권 원본 없이 즉시 운송품을 인도받을 수 있도록 하는 경우가 있다. 이 경우에 송하인은 운송인으로부터 선하증권 원본을 발행받은 후 운송인에게 선하증권에 의한 상환청구 포기〈영문으로 'surrender'이며, 이하 '서렌더'라 한다〉를 요청하며, 운송인은 선하증권 원본을 회수하여 그 위에 '서렌더〈SURRENDERED〉' 스탬프를 찍고 선박대리점 등에 전신으로 선하증권 원본의 회수 없이 운송품을 수하인에게 인도하라는 서렌더 통지〈surrender notice〉를 보내게 된다. 이와 같은 이른바 '서렌더 선하증권〈Surrender B/L〉'은 유가증권으로서의 성질이 없고 단지 운송계약과 화물인수 사실을 증명하는 일종의 증거증권으로 기능하는데, 이러한 효과는 송하인과 운송인 사이에 선하증권의 상환증권성을 소멸시키는 의사가 합치됨에 따른 것으로서, 당사자들 사이에 다른 의사표시가 없다면 상환증권성의 소멸 외에 선하증권에 기재된 내용에 따른 운송에 관한 책임은 여전히 유효하다); 동 2019. 4. 11, 2016 다 276719(공보 2019, 1045)(선박대리점은 해상운송사업을 영위하는 자를 위하여 그 사업에 속하는 거래의 대리를 업무로 하는 자로서 운송인과의 계약에 따라 화물의 교부와 관련한 일체의 업무를 수행한다. 따라서 해상운송인의 요청에 따라 운송인이 부담하는 운송업무의 일부를 그의 보조자로서 수행하는 선박대리점은 운송계약상 운송인의 이행보조자라고 할 수 있다. 운송계약에 따른 도착지의 선박대리점은 운송인의 이행보조자로서 수입화물에 대한 통관절차가 끝날 때까지 수입화물을 보관하고 해상운송의 정당한 수령인인 수하인 또는 수하인이 지정하는 자에게 화물을 인도할 의무를 부담한다. 해상운송화물은 선하증권과 상환으로 그 소지인에게 인도되어야 하므로, 선박대리점이 운송물을 선하증권 소지인이 아닌 자에게 인도하여 선하증권 소지인에게 운송물을 인도하지 못하게 된 경우에는 선하증권 소지인의 운송물에 대한 권리를 위법하게 침해한 것으로 불법행위가 된다. 그러나 무역실무상 필요에 따라 출발지에서 선하증권 원본을 이미 회수된 것으로 처리함으로써 선하증권의 상환증권성을 소멸시켜 수하인이 양륙항에서 선하증권 원본 없이 즉시 운송품을 인도받을 수 있도록 하는 경우가 있다. 이 경우 송하인은 운송인으로부터 선하증권 원본을 발행받은 후 운송인에게 선하증권에 의한 상환청구 포기〈영문으로 'surrender'이며, 이하 '서렌더'라 한다〉를 요청하고, 운송인은 선하증권 원본을 회수하여 그 위에 '서렌더〈SURRENDERED〉' 스탬프를 찍고 선박대리점 등에 전신으로 선하증권 원본의 회수 없이 운송품을 수하인에게 인도하라는 서렌더 통지〈surrender notice〉를 보내게 된다. 이처럼 서렌더 선하증권〈Surrender B/L〉이 발행된 경우 선박대리점은 다른 특별한 사정이 없는 한 선하증권 원

권성($\substack{상\\854조}$), 요인증권성1)($\substack{상\\852조}$), 인도증권성(물권적 효력)($\substack{상 861조,\\133조}$), 처분증권성($\substack{상 861조,\\132조}$) 등을 갖는다. 다만 이곳에서 주의할 점은 선하증권의 문언증권성에 대하여 해상법 은 화물상환증의 이에 관한 규정($\substack{상\\131조}$)을 준용하지 않고($\substack{1991년 개정상법 이전\\에는 이를 준용하였음}$), 통일조약 에 따라($\substack{Hague-Visby\\Rules 13조 4항}$) 별도로 규정한 점이다($\substack{상\\854조}$).

제2 선하증권의 종류

선하증권은 여러 가지의 기준에 따라 다음과 같이 분류된다.

1. 수령선하증권(received B/L)·선적선하증권(shipped B/L)

이는 선하증권의 발행시기가 운송물의 수령 후인가 또는 선적 후인가에 따른 구별이다. 즉, 선박소유자가 운송물을 수령한 후에 발행하는 선하증권을 「수령선하 증권」이라 하고2)($\substack{상 852조\\1항}$), 운송물을 선적한 후에 발행하는 선하증권을 「선적선하증 권」이라 한다3)($\substack{상 852조\\2항 전단}$). 운송인은 수령선하증권에 「선적」의 표시를 하여 선적선하 증권으로 할 수도 있다($\substack{상 852조\\2항 후단}$).4)

본의 회수 없이 운송인의 지시에 따라 운송계약상의 수하인에게 화물인도지시서〈Delivery Order〉를 발행하여 수하인이 이를 이용하여 화물을 반출하도록 할 수 있다)]. 서렌더 선하증권에 관한 상세는 양석완, "서렌더(surrendered) 선하증권의 법적 지위와 당사자 관계," 「상사판례연구」(한국상사판례학회), 제28집 제3권(2015. 9), 113~155면 참조.

1) 동지: 대판 1982. 9. 14, 80 다 1325(집 30 ③ 민 1)(운송물의 수령 없이 발행된 선하증권은 무효이다).

2) 일본에는 수령선하증권을 무효로 보는 견해도 있었다(일본판례). 그러나 선하증권은 운송물의 인도청구권을 표창하는 유가증권으로서 운송물의 수령을 증명하고 또 도착지에서 권리자에게 인도할 채무의 존재를 나타내면 되는 것이고, 반드시 선적의 사실을 증명할 필요가 없으므로 증권상 선박이 특정되어 있지 않다고 이것을 무효로 볼 필요는 없다. 따라서 상법 제852조는 선하증권통일조약 제3조 7항에 따라 선하증권을 선적 전에 발행할 수 있음을 원칙으로 하여, 선적선하증권과 구별하여 규정하고 있다[동지: 정(희), 589면].

3) 참고로 항공화물운송장(항공운송증권)(Air Waybill)에서 운송인에 의한 '화물의 수취'란 현실인도만을 의미하고, 'on board'는 해상운송과는 달리 현실적인 적재 전이라도 화물이 공항에 설치된 보세창고 등에 입고되어 언제든지 항공운송인의 운항계획에 따라 항공기에 적재될 수 있는 준비를 마친 상태도 이에 포함된다[대판 1995. 6. 13, 92 다 19293(공보 996, 2384)].

4) 동지: 대판 2002. 11. 26, 2001 다 83715·83722(공보 2003, 201)(제5차 개정 신용장통일규칙 제23조 a항 ii호는 신용장이 항구간 선적에 적용되는 선하증권을 요구하는 경우 선하증권에 미리 인쇄된 문언에 의하여 화물의 선적사실을 표시할 수 있으나〈선적선하증권(Shipped Bill of Lading)의 경우〉, 화물이 선하증권의 발행 전에 선적되지 아니한 수취선하증권〈Received Bill of Lading〉의 경우에는 그 선하증권에 화물이 지정된 선박에 본선적재 또는 선적되었다는 사실과 그 본선적재일이 명시되어야 한다는 취지를 규정하고 있는바〈본선적재표시, On Board Notation〉, 이는 수취선하증권의 경우 화물이 지정된 선박에 정상적으로 선적되었는지 여부를 그 기재만으로 확인할 수 없

2. 기명식 선하증권(straight B/L)[1] · 지시식 선하증권(order B/L) · 무기명식 (소지인출급식) 선하증권(bearer B/L)

이는 수하인의 표시방법에 따른 구별이다. 즉, 기명식 선하증권은 수하인의 성명만이 선하증권상 기재된 선하증권이고, 지시식 선하증권은 선하증권상 수하인 또는 그 지시인에게 운송물을 인도할 것으로 한 선하증권이다. 그러나 기명식 선하증권도 법률상 당연한 지시증권으로서($\frac{861조}{130조}$ 본문) 배서에 의하여 양도할 수 있으므로, 양자를 구별할 실익은 없다. 또한 무기명식 또는 소지인출급식 선하증권은 수하인의 기재가 없거나 또는 소지인을 수하인으로 한 선하증권을 말한다.

3. 통선하증권(through B/L) · 중간선하증권(local B/L) · 복합선하증권(combined transport B/L)

이는 통운송계약에서 선하증권의 발행인에 따른 구별이다. 통선하증권은 통운송계약에서 전(全) 선박소유자(공동통선하증권) 또는 최초의 선박소유자(단독 통선하증권)가 서명 또는 기명날인하여 발행한 선하증권을 말하고, 중간선하증권은 단독 통운송계약에서 중간의 선박소유자가 발행하는 선하증권을 말하며, 복합선하증권이란 통선하증권의 일종으로 복합선박소유자가 전 구간의 운송에 대하여 발행하는 선하증권을 말한다.[2]

4. 무유보(無留保)선하증권(clean B/L) · 사고(事故)선하증권(foul or dirty B/L)

이는 선하증권상 운송물에 대한 사고유무의 기재에 따른 구별이다. 즉, 선박소

으므로, 선하증권상으로 그와 같은 사실을 명확히 하여 화물의 선적에 따른 당사자들의 법률관계를 명확히 하고자 하려는 데 그 목적이 있으므로, 신용장통일규칙이 요구하는 본선적재표기가 정당하게 되었는지 여부는 신용장 관련 다른 서류의 기재를 참고하지 아니하고, 해당 선하증권의 문언만을 기준으로 하여 엄격하게 판단되어야 한다); 동 2003. 5. 13, 2001 다 58283(공보 2003, 1278).

1) "straight B/L"은 미국의 Federal Bills of Lading Act(Pomerene Bills of Lading Act)(1916)에서 사용된 용어인데, 특정인을 수하인으로 한 선하증권을 말한다. 그런데 미국법상 이러한 기명식 선하증권은 우리 상법(상 861조, 130조 본문)과 달리 법률상 당연한 지시증권이 아니므로 "non-negotiable"이라는 문구를 반드시 기재하도록 하고 있다(동법 제6조). 그런데 동법은 1994년에 개정되어 "straight bill"이라는 용어를 폐기하고, "non-negotiable"이라는 명칭으로 통일하도록 하였다[USCA, Title 49, Ch. 801 Sec. 80103(b)].

2) 동지: 손(주), 850면.
복합선하증권에 대하여는 신용장통일규칙 제26조의 특칙이 있다(이 특칙을 적용하여 복합선하증권을 신용장에서 요구하는 조건을 충족하는 것으로 본 판결로는 서울고판 2001. 4. 3, 2000 나 59083 참조).

유자가 송하인의 부탁이 있는 경우 운송물의 포장·수량 등에 대하여 선하증권상
아무런 유보 없이(즉, 부지〈不知〉약관의 기재에 의한 유보 없이) 발행하는 선하증권을 무유보선하증권이라 하고,
운송물에 사고가 있어서 그것이 선하증권상 고장요지(remarks)가 기재된 경우에는
사고선하증권이라 한다. 무유보선하증권의 경우에는 보통 송하인이 운송물의 수량
부족 등 사고로 인하여 운송인이 입게 될 손해를 전보하기 위한 보증장(letter of
guarantee)을 제출한다. 무유보선하증권은 보통 대량의 상품운송에서 일일이 점검하
는 불편을 덜기 위하여, 화환어음의 할인을 용이하게 하기 위하여 또는 송하인이
운송물의 내용에 대하여 확신이 있을 때에 이용된다.[1]

5. 적(赤)선하증권(red B/L)

이는 운송인이 보험계약체결의 편의를 위하여 보험자의 대리인으로서 보험계
약을 체결하거나, 또는 운송인이 일정한 손해(법령 또는 약관에 의하여 면책되는 손해)에 대하여 배상책임까
지 부담하기로 특약한 선하증권을 말한다. 전자의 선하증권은 보험증권의 성질을
겸하고 있다. 이러한 특약이 보통 적색으로 인쇄되어 있는 점에서 이와 같은 명칭
이 붙여진 것이다.[2]

6. 기타의 종류

이 밖에 선하증권상의 약관의 전부 또는 일부에 갈음하여 증권 이외의 다른 서
면 등에 근거하기로 하여 발행되는 「약식선하증권」(short form B/L), 2인 이상의 화주
(貨主)의 운송물을 통합하여 하나의 선하증권으로 발행되는 「통합선하증권」(groupage
B/L), 환적(換積)조건이 기재된 「환적선하증권」(transshipment B/L) 등이 있다.[3]

제3 선하증권의 발행

1. 발 행 자

선하증권의 「발행청구권자」는 송하인(상 852조 1항·2항) 또는 항해용선자(상 855조)이고, 「발
행자」는 해상운송인(상 852조) 또는 선박소유자[4](상 855조)이다.[5] 해상운송인(항해용선계약의 경우 선박소유자를

---

1) 동지: 정(희), 590면; 손(주), 851면.
2) 동지: 정(희), 765면; 손(주), 852면.
3) 이에 관한 상세는 손(주), 850~852면 참조.
4) 이 때 선박소유자는 선체용선자(상 847조)·정기용선자(상 842조)·(재용선계약의 경우) 항해용

포함한다._{이하 같다.})은 선하증권을 1통 또는 수 통 발행할 수 있는데(상 852조 1항, 855조 1항), 수 통을 발행하는 경우에는 그 수를 선하증권에기재하여야 한다(상 853조 1항 10호, 855조 1항). 해상운송인은 이러한 선하증권을 직접 발행할 수도 있으나, 선장 또는 기타의 대리인에게 위임하여 발행하도록 할 수도 있다[1](상 852조 3항; 855조 1항).

2. 기재사항(형식)

(1) 법정기재사항

상법은 선하증권의 법정기재사항으로, (ⅰ) 선박의 명칭·국적과 톤수, (ⅱ) 송하인이 서면으로 통지한 운송물의 종류·중량 또는 용적 및 포장의 종별·개수와 기호, (ⅲ) 운송물의 외관상태(apparent order and condition of goods), (ⅳ) 용 선자 또는 송하인의 성명·상호, (ⅴ) 수하인 또는 통지수령인의 성명·상호, (ⅵ) 선적항, (ⅶ) 양륙항, (ⅷ) 운임, (ⅸ) 발행지와 그 발행연월일, (ⅹ) 수 통의 선하증권을 발행한 때에는 그 수, (ⅺ) 운송인의 성명 또는 상호 및 (ⅻ) 운송인의 주된 영업소 소재지를 규정하고 있다. 또한 선하증권에는 운송인이 기명날인 또는 서명을 하여야 한다(요식증권성)(상 853조 1항; 855조 1항).

(2) 효 력

1) 선하증권의 요식증권성은 화물상환증의 그것과 동일하여 엄격한 것이 아니다(완화된 요식증권성). 즉, 운송물·해상운송인 및 양륙항 등과 같이 운송에 관한 기본적인 사항이 특정되면 된다.[2] 따라서 어음과는 달리 선하증권에 유효하게 임의사항을 기재할 수 있으므로, 선하증권에 기재된 운임에 관한 특약은 그 증권의 소지인에게도 효력이 미친다.[3] 또한 운송인은 선하증권에 면책약관을 기재할 수 있는데, 그 면책

선자(상 809조)를 포함한다.

5) 선적과정을 보면 송하인의 출하신청(application for space)을 받은 운송인은 각 송하인의 신청서에 의거하여 적하목록(booking list, manifest)을 작성하여 본선 선적업자(shipping agent)에게 통지한다. 선복에 대한 수배가 끝나면 등록된 검량업자에의뢰하여화물의용적·중량에 대한 증명서를 받고 세관에서 수출허가서를 교부받는다. 출하신청을 인수한 선박회사는 송하인이나 선적업자에게 선적지시서(shipping order: S/O)를 교부하는데, 이는 본선선장에게 인수화물의 선적을 명령하는 서류이다. 선적이 종료되면 본선은 검수인(tally man)의 tally sheet에 의하여 본선수취증(mate's receipt: M/R)을 발행하여 송하인이나 선적업자에게 교부한다. 선적으로부터 화물에 대한 책임은 본선이 지므로 본선의 화물책임자인 일등항해사는 선적지시서의 기재사항과 화물현황을 외관상 상세히 대조하여 본선수취증에 결과를 기입한다. 원칙적으로는 선적완료 후 본선에서 교부한 본선수취증을 선박회사에 제출하여 다른 필요한 절차를 마치고 선하증권을 받는다[정(희), 587면].

1) 동지: 대판 1997. 6. 27, 95 다 7215(공보 1997, 2292)(선하증권은 대리인에 의하여 발행될 수 있어도 운송계약상의 운송인은 그 대리인이 아니라 본인이다).

2) 동지: 정(희), 588면; 서·정, 632면.

약관의 기재가 법에 의하여 금지되는 경우에는($\frac{상}{799조}$) 그러한 면책약관의 기재는 무효이다.

2) 송하인(용선자)이 서면으로 통지한 운송물의 중량·용적·개수 또는 기호가 운송인이 실제 수령한 운송물을 정확하게 표시하고 있지 아니하다고 의심할 만한 상당한 이유가 있는 때 또는 이를 확인할 적당한 방법이 없는 때에는 운송인(선박소유자)은 선하증권상에 그 기재를 생략할 수 있다[1]($\frac{상\ 853조\ 2항}{855조\ 1항}$). 그러나 선하증권상에 송하인(용선자)이 서면으로 통지한 운송물의 종류·중 량 또는 용적·포장의 종별·개수와 기호가 일단 기재된 경우에는 송하인(용선자)은 그 기재사항이 정확함을 운송인(선박소유자)에게 담보한 것으로 보기 때문에[2]($\frac{상\ 853조\ 3항}{855조\ 1항}$), 만일 실제 수령한 운송물과 선하증권의 기재가 상이하여 운송인(선박소유자)이 선하증권의 선의취득자에게 손해배상책임을 지는 경우에는 송하인(용선자)은 운송인(선박소유자)에게 운송인(선박소유자)이 입은 모든 손해와 비용을 배상하여야 한다[3]($\frac{상\ 854조}{2항\ 참조}$).

3) 운송인(선박소유자)이 선하증권에 기재된 통지수령인에게 운송물에 관한 통지를 한 때에는 송하인(용선자) 및 선하증권소지인과 그 밖의 수하인에게 통지한 것으로 본다[4]($\frac{상\ 853조}{4항}$). 이 규정에 의하여 선하증권소지인은 운송인(선박소유자)에 대하여 자기에게 직접 통지의무를 이행하지 아니하였다는 항변을 주장하지 못한다.[5]

제4 선하증권의 양도

1. 양도방법

기명식[6] 또는 지시식 선하증권은 「배서」에 의하여 양도된다($\frac{상\ 861조·130조\ 본}{문·65조,\ 민\ 508조}$). 그

---

3) 동지: 대판 1972. 2. 22, 71 다 2500(집 20 ① 민 109)(원심은 이 사건 트럭운송물의 선적에 관하여 발행된 선하증권을 피고가 교부받아 소지인이 된 사실과 그 선하증권상에 기재된 운임에 관한 특약사실을 인정한 다음 상법 제131조·제820조〈2007년 개정상법 제861조〉의 규정에 의하여 그 선하증권상의 운임에 관한 특약의 기재는 그 소지인인 피고에 대하여도 효력이 미친다고 하였는바, 이는 선하증권에 관한 법률적용에도 법리를 오해한 불법이 없다)(이는 1991년 개정상법 이전에 있어서의 선하증권의 문언증권성을 선언한 판례이다 — 저자 주).

1) 이는 Hague Rules 제3조 3항 (c) 단서를 수용한 것이다.

2) 이는 Hague Rules 제3조 5항을 수용한 것이다.

3) 동지: 정(희), 588면; 손(주), 854면.

4) 이는 Hague Rules에는 없으나, 해운실무관행을 참작하여 규정한 것이다.

5) 동지: 정(희), 588~589면.

6) 기명식 선하증권의 양도의 효력에 관한 판례로는 대판 2003. 1. 10, 2000 다 70064(공보 2003, 588)(선하증권상에 특정인이 수하인으로 기재된 기명식 선하증권의 경우 그 증권상에 양도불능의

러나 기명식 선하증권으로서 증권상에 배서를 금지하는 뜻의 기재가 있는 경우에는 그러하지 아니하다($\frac{상\ 861조,}{130조\ 단서}$).[1] 무기명식 또는 소지인출급식 선하증권은 단순한 「교부」만에 의하여 양도된다($\frac{상\ 65조,}{민\ 523조}$).

2. 배서(교부)의 효력

선하증권의 배서의 효력에는 권리이전적 효력($\frac{상\ 65조,\ 민}{508조\cdot523조}$)과 자격수여적 효력($\frac{상\ 65조,\ 민}{513조\cdot524조}$)은 있으나, 담보적 효력은 없다. 이 점은 화물상환증의 경우와 같다.[2]

제 5 선하증권의 효력

1. 채권적 효력과 물권적 효력

선하증권이 채권적 효력과 물권적 효력을 갖는 점은 화물상환증의 경우와 같다.[3] 선하증권의 효력에 관하여는 이미 화물상환증의 효력에서 상세히 설명하였으

뜻 또는 배서를 금지한다는 취지의 기재가 없는 한 법률상 당연한 지시증권으로서 배서에 의하여 양도가 가능하다고 할 것이고, 그 증권의 소지인이 배서에 의하지 아니하고 권리를 취득한 경우에는 배서의 연속에 의하여 그 자격을 증명할 수 없으므로 다른 증거방법에 의하여 실질적 권리를 취득하였음을 입증하여 그 증권상의 권리를 행사할 수 있다고 할 것이며, 이러한 경우 운송물의 멸실이나 훼손 등으로 인하여 발생한 채무불이행으로 인한 손해배상청구권은 물론 불법행위로 인한 손해배상청구권도 선하증권에 화체〈化體〉되어 선하증권이 양도됨에 따라 선하증권 소지인에게 이전된다.

1) 동지: 대판 2001. 3. 27, 99 다 17890(공보 2001, 989)(선하증권은 기명식으로 발행된 경우에도 법률상 당연한 지시증권으로서 배서에 의하여 이를 양도할 수 있지만, 배서를 금지하는 뜻〈non negotiable unless consigned to order〉이 기재된 경우에는 배서에 의해서는 양도할 수 없고, 일반 지명채권의 양도방법에 의해서만 이를 양도할 수 있다).

2) 정(찬), (상)(제27판) 381면 참조.

3) 화물상환증의 효력에 관하여는 정(찬), (상)(제27판) 381~388면 참조.
    선하증권의 효력에 관한 판례로는 대판 1998. 9. 4, 96 다 6240(공보 1998, 2373)(선하증권은 해상운송인이 운송물을 수령한 것을 증명하고 양륙항에서 정당한 소지인에게 운송물을 인도할 채무를 부담하는 유가증권으로서, 운송인과 그 증권소지인간에는 증권 기재에 따라 운송계약상의 채권관계가 성립하는 채권적 효력이 발생하고, 운송물을 처분하는 당사자간에는 운송물에 관한 처분은 증권으로서 하여야 하며 운송물을 받을 수 있는 자에게 증권을 교부한 때에는 운송물 위에 행사하는 권리의 취득에 관하여 운송물을 인도한 것과 동일한 물권적 효력이 발생하므로 운송물의 권리를 양수한 수하인 또는 그 이후의 자는 선하증권을 교부받음으로써 그 채권적 효력으로 운송계약상의 권리를 취득함과 동시에 그 물권적 효력으로 양도 목적물의 점유를 인도받은 것이 되어 그 운송물의 소유권을 취득한다. 수출자가 선하증권을 첨부한 화환어음을 발행하여 국내 거래은행으로부터 할인을 받거나 또는 추심위임을 하고 그 국내은행이 신용장 개설은행에 추심하는 방법에 의하여 수출대금이 결제되는 방식의 무역거래에 있어서는, 다른 특별한 사정이 없는 한 수입자가 그 수출대금을 결제할 때까지는 운송증권에 의하여 표창된 운송중인 수출품이 위 화환어음의 담보가 되는 것이고, 수출자가 신용장 발행은행을 수하인으로 한 운송증권을 첨부하여 환어음을 발행

므로, 이하에서는 선하증권의 효력에 관하여 선하증권에 특유한 사항만을 중심으로 간단히 정리하여 본다.

(1) 채권적 효력

1) 요인증권성($\frac{상\ 852조, 854조}{1항, 855조\ 1항·2항}$)　　선하증권은 당사자간($\frac{운송인과\ 송하인}{또는\ 용선자간}$)의 운송계약($\frac{또는}{용선계약}$)에 기초하여 발행되는 것이므로, 당사자간에는 운송계약($\frac{또는}{용선계약}$) 이상의 구속력이 없다.[1]

한 경우에는 신용장 발행은행이 운송 목적지에서의 수출품의 반환청구권을 가지게 되고 수입자가 신용장 발행은행에 수출대금을 결제하고 그로부터 이러한 반환청구권을 양수받지 않는 한 수출품을 인도받을 수 없게 되고, 신용장 발행은행이 수출대금의 결제를 거절하는 경우에는 수출대금 추심을 위하여 수출자가 발행한 환어음과 함께 운송증권 등 선적서류를 반환함으로써 위 반환청구권이 국내 거래은행 또는 수출자에게 이전되어 결과적으로 위 반환청구권이 수출대금을 담보하는 기능을 하게 되므로, 신용장 발행은행이 수출대금의 결제를 거부하고 자신이 수취인으로 기재된 운송증권을 다른 서류와 함께 반환한 경우, 이를 반환받은 국내 거래은행 또는 수출자는 운송증권을 그 수하인으로부터 적법하게 교부받은 정당한 소지인으로서 그 증권이 표창하는 운송물에 대한 권리를 취득한다)(이 판결에 대하여 운송인이 운송물을 점유하지 않는 경우에는 선하증권의 채권적 효력만을 인정하는 것이 바람직하다는 취지의 평석으로는 전삼현, 법률신문, 제2732〈1998. 10. 12〉호, 13면); 동 2003. 1. 10, 2000 다 70064(공보 2003, 588)(선하증권은 해상운송인이 운송물을 수령한 것을 증명하고 양륙항에서 정당한 소지인에게 운송물을 인도할 채무를 부담하는 유가증권으로서, 운송인과 그 증권소지인 사이에서 증권 기재에 따라 운송계약상의 채권관계가 성립하는 채권적 효력이 발생하고, 운송물을 처분하는 당사자 사이에는 운송물에 관한 처분은 증권으로서 하여야 하며 운송물을 받을 수 있는 자에게 증권을 교부할 때에는 운송물 위에 행사하는 권리의 취득에 관하여 운송물을 인도한 것과 동일한 물권적 효력이 발생하므로 운송물의 권리를 양수한 수하인 또는 그 이후의 자는 선하증권을 교부받음으로써 그 채권적 효력으로 운송계약상의 권리를 취득함과 동시에 그 물권적 효력으로 양도 목적물의 점유를 인도받은 것이 되어 그 운송물의 소유권을 취득한다); 동 2010. 9. 30, 2010 다 41386(공보 2010, 2004)(국제운송업자의 국내 운송취급인 갑 회사의 피용자 을이 수입업자로부터 선하증권을 회수하지 않은 채 수입물에 대한 화물인도지시서를 발행하여 줌으로써 수입업자가 그 화물인도지시서를 창고업자에게 제시하여 물품보관증을 발급받은 다음 이를 금융기관인 병 금고에게 교부하여 점유개정의 방법으로 수입물에 대한 양도담보계약을 체결하고 대출을 받았으나, 선하증권을 소지한 신용장개설은행이 제기한 수입물 인도소송에서 양도담보권의 선의취득 항변이 배척되어 병 금고가 양도담보권을 상실하는 손해를 입은 사안에서, 을이 선하증권을 제시받지 않은 채 화물인도지시서를 발행한 것은 그 자체로 위법한 행위이고, 나아가 수입업자가 수입물에 대한 정당한 처분권한이 있는 것처럼 병 금고를 기망하여 이를 양도담보로 제공하고 대출을 받은 불법행위에 대하여 공모하거나 적어도 방조한 행위로서 공동불법행위에 해당한다고 보아야 하고, 갑 회사가 을에 대한 선임 및 그 사무감독에 상당한 주의를 하였거나 상당한 주의를 하였어도 손해가 발생하였으리라고 볼 증거가 없으므로, 을은 공동불법행위자로서, 갑 회사는 을의 사용자로서, 각자 병 금고에게 위 대출로 인하여 병 금고가 입은 손해를 배상할 책임이 있다고 한 원심의 판단은 정당하다).

1) 동지: 대판 2005. 3. 24, 2003 다 5535(공보 2005, 633)(선하증권은 운송물의 인도청구권을 표창하는 유가증권인바, 이는 운송계약에 기하여 작성되는 유인증권으로 상법은 운송인이 송하인으로부터 실제로 운송물을 수령 또는 선적하고 있는 것을 유효한 선하증권 성립의 전제조건으로 삼고 있으므로 운송물을 수령 또는 선적하지 아니하였는데도 발행된 선하증권은 원인과 요건을 구비하지 못하여 목적물의 흠결이 있는 것으로서 무효라고 봄이 상당하고, 이러한 경우 선하증권의 소지인은 운송물을 수령하지 않고 선하증권을 발행한 운송인에 대하여 불법행위로 인한 손해배상을

2) 문언증권성($\frac{상}{854조}$)

㈎ 선하증권이 법정기재사항($\frac{상}{1항}$ 853조)을 기재하여 발행된 경우에는, 개품운송계약의 경우에는 운송인과 송하인 사이에 선하증권에 기재된 대로 개품운송계약이 체결되고 운송물을 수령 또는 선적한 것으로 추정하며($\frac{상}{1항}$ 854조), 항해용선계약의 경우에는 선박소유자는 선하증권에 기재된 대로 운송물을 수령 또는 선적한 것으로 추정한다($\frac{상}{2항}$ 855조). 따라서 이 경우 운송인(선박소유자)은 악의의 선하증권소지인에 대하여 운송물을 수령하지 않았거나 운송물이 다름을 증명하여 주장할 수 있다. 이와 같이 선하증권에 기재되어 추정을 받는 운송물의 외관상태는 상당한 주의를 기울여 검사하면 발견할 수 있는 외관상의 하자에 대하여만 적용되는 것이지, 상당한 주의를 기울이더라도 발견할 수 없는 운송물의 내부상태에 대하여는 위 추정규정이 적용될 수 없다.[1]

청구할 수 있다); 동 2008. 2. 14, 2006 다 47585(공보 2008, 567)(선하증권은 운송물의 인도청구권을 표창하는 유가증권인바, 이는 운송계약에 기하여 작성되는 유인증권으로 상법은 운송인이 송하인으로부터 실제로 운송물을 수령 또는 선적하고 있는 것을 유효한 선하증권 성립의 전제조건으로 삼고 있으므로 운송물을 수령 또는 선적하지 아니하였는데도 발행한 선하증권은 원인과 요건을 구비하지 못하여 목적물의 흠결이 있는 것으로서 무효이다. 따라서 운송물의 수령·선적 없이 발행되어 담보로서 가치가 없는 무효인 선하증권을 담보로서 가치가 있는 유효한 것으로 기망을 당한 나머지 그 소지인으로부터 수출환어음과 함께 매입한 은행으로서는, 운송물을 수령하지 않고 선하증권을 발행함으로써 위와 같은 기망행위에 가담한 운송인에 대하여 달리 특별한 사정이 없는 한 수출환어음의 매입대금액 상당의 손해배상을 청구할 수 있다. 설사 함께 매입한 수출환어음의 지급인이 사후에 이를 인수하였다 하더라도 위 불법행위와 그로 인한 손해의 발생 사이의 인과관계가 단절된다고 할 수는 없고, 또한 현실적으로 위 수출환어음의 지급이 이루어지지 아니하는 한 위 불법행위로 인한 은행의 손해가 전보되어 손해배상채권이 소멸하게 되는 것도 아니다); 동 2015. 12. 10, 2013 다 3170(B/L은 운송물의 인도청구권을 표창하는 유가증권인데, 이는 운송계약에 기하여 작성되는 유인증권으로 상법은 운송인이 송하인으로부터 실제로 운송물을 수령〈선적〉하고 있는 것을 유효한 B/L 성립의 전제조건으로 삼고 있으므로, 운송물을 수령하지 아니하였음에도 발행된 B/L은 원인과 요건을 구비하지 못하여 목적물의 흠결이 있는 것으로서 무효이고, 이러한 법리는 운송물이 이미 수하인에게 적법하게 인도된 후에 발행된 B/L의 경우에도 마찬가지이다. 수하인이 목적지에 도착한 화물에 대하여 운송인에게 인도청구를 한 다음에는 비록 그 후 운송계약에 기하여 B/L이 송하인에게 발행되었다고 하더라도 B/L을 소지한 송하인이 운송인에 대하여 새로 운송물에 대한 인도청구권 등의 권리를 갖는다고 할 수 없다. 이 사건 선박의 B/L은 화물이 목적지에 도착하여 운송계약상의 정당한 수하인에게 인도된 후에 비로소 발행되었으므로 무효이고, 운송계약의 당사자인 원고는 상법 제854조 제 2 항에서 정한 "B/L을 선의로 취득한 소지인"에 해당하지 않으므로, 원고가 B/L을 소지하고 있다 하더라도 피고는 원고에게 무효인 이 사건 B/L에 따라 이 사건 화물을 인도하여야 할 의무를 지지 아니한다).

1) 동지: 대판 2001. 2. 9, 98 다 49074(공보 2001, 589)(상법 제814조의 2〈2007년 개정상법 제854조〉의 규정에 의하면, 운송인은 선하증권에 기재된 대로 운송물을 수령 또는 선적한 것으로 추정되므로, 선하증권에 운송물이 외관상 양호한 상태로 선적되었다는 기재가 있는 무고장선하증권이 발행된 경우에는 특별한 사정이 없는 한 운송인은 그 운송물을 양호한 상태로 수령 또는 선적한 것으로 추정된다 할 것이고, 따라서 무고장선하증권의 소지인이 운송물의 훼손으로 인한 손해를 입증함에 있어서는 운송인으로부터 운송물을 수령할 당시의 화물의 손괴사실만 입증하면 되는 것이고 나아가 이러한 손해가 항해중에 발생된 것임을 입증할 필요는 없으나 선하증권에 기재되어

그러나 선하증권을 선의로 취득한 소지인에 대하여는 운송인(선박소유자)은 선하증권에 기재된 대로 운송물을 수령 또는 선적한 것으로 보고 선하증권에 기재된 바에 따라 책임을 진다1)($^{상\ 854조\ 2항,}_{855조\ 3항}$). 따라서 이 경우 운송인(선박소유자)은 운송물을 선하증권에 기재된 바에 따라 수령 또는 선적한 것으로 간주되므로, 운송물을 수령하지 않았거나 운송물이 다름을 선의의 선하증권소지인에게 주장할 수 없다.

선하증권의 문언증권성에 관한 이러한 규정은 화물상환증의 문언증권성에 관한 규정($^{상}_{131조}$)과 같다.

(내) 선하증권의 경우 운송인(선박소유자)과 송하인(용선자)간의 관계는 직접적인 운송계약의 당사자이므로 이들간에는 요인증권성의 효력만이 있고 문언증권성의 효력은 없다. 또한 위에서 본 바와 같이 선하증권을 선의로 취득한 소지인에게는 운송인(선박소유자)은 반증에 의하여 달리 주장할 수 없다. 따라서 운송인(선박소유자)이 선하증권의 문언에 의하여 추정적 효력을 받는 경우는 악의의 증권소지인에 한한다고 볼 수 있다.2) 이렇게 보면 공권(空券) 또는 수령한 운송물이 다른 경우 운송인(선박소유자)은 송하인(용선자)에 대하여는 요인증권성에서 그 무효 등을 주장할 수 있고($^{상}_{852조}$), 악의의 증권소지인에 대하여는 추정적 효력에서 이를 반증하여 주장할 수 있으며($^{상\ 854조\ 2항,}_{855조\ 2항}$), 선의의 증권소지인에 대하여는 문언증권성에서 이를 반증

추정을 받는 '운송물의 외관상태'는 상당한 주의를 기울여 검사하면 발견할 수 있는 외관상의 하자에 대하여서만 적용되는 것이지 상당한 주의를 기울이더라도 발견할 수 없는 운송물의 내부상태에 대하여서는 위 추정규정이 적용될 수 없다. 송하인측에서 직접 화물을 컨테이너에 적입〈積込〉하여 봉인한 다음 운송인에게 이를 인도하여 선적하는 형태의 컨테이너 운송의 경우에 있어서는, 상법 제814조 1항〈2007년 개정상법 제853조 1항〉 소정의 선하증권의 법정기재 사항을 충족하기 위하여 혹은 그 선하증권의 유통편의를 위하여 부동문자로 '외관상 양호한 상태로 수령하였다'는 문구가 선하증권상에 기재되어 있다고 할지라도, 이와 동시에 '송하인이 적입하고 수량을 셈〈Shipper's Load & Count〉' 혹은 '……이 들어 있다고 함〈Said to Contain……〉' 등의 이른바 부지〈不知〉 문구가 선하증권상에 기재되어 있고, 선하증권을 발행할 당시 운송인으로서 그 컨테이너 안의 내용물 상태에 대하여 검사·확인할 수 있는 합리적이고도 적당한 방법이 없는 경우 등 상법 제814조 2항에서 말하는 특별한 사정이 있는 경우에는 이러한 부지문구는 유효하고, 위 부지문구의 효력은 운송인이 확인할 수 없는 운송물의 내부상태 등에 대하여도 미친다고 할 것이어서 선하증권상에 위와 같은 부지문구가 기재되어 있다면, 이와 별도로 외관상 양호한 상태로 선적되었다는 취지의 기재가 있다 하여 이에 의하여 컨테이너 안의 내용물의 상태에 관하여까지 양호한 상태로 수령 또는 선적된 것으로 추정할 수는 없다고 할 것이므로, 이러한 경우 선하증권 소지인은 송하인이 운송인에게 운송물을 양호한 상태로 인도하였다는 점을 입증하여야 한다).

1) 이는 Hague-Visby Rules 제3조 4항에 따라 이와 같이 규정하였다. 이때 은행(선하증권을 선의로 취득한 제3자)의 부주의를 이용하여 허위의 선하증권으로 은행으로부터 금원을 편취한 경우, 선하증권 발행인(운송인)은 은행의 손해배상청구에 대하여 은행의 부주의를 이유로 과실상계를 주장할 수 없다[대판 1997. 9. 5, 97 다 17452(공보 1997, 3011)].

2) 동지: 손(주), 856면.

하여 주장할 수 없다($\substack{상\ 854조\ 2항,\\855조\ 3항}$).

(2) 물권적 효력

선하증권에 의하여 운송물을 받을 수 있는 자에게 선하증권을 교부한 때에는 운송물 위에 행사하는 권리의 취득에 관하여 운송물을 인도한 것과 동일한 효력이 있다[1]($\substack{상\ 861조,\\133조}$). 따라서 선하증권을 발행한 경우에는 운송물에 관한 처분은 선하증권으로써 한다($\substack{상\ 861조,\\132조}$). 이는 화물상환증의 경우와 완전히 동일하므로 그 설명을 생략한다.[2] 다만 선하증권의 경우는 송하인(용선자)의 청구에 의하여 운송인(선박소유자)은 수 통의 선하증권을 발행할 수 있으므로($\substack{상\ 852조\ 1항\cdot\\2항,\ 855조\ 1항}$), 이 경우에 운송인(선박소유자)은 누구에게 운송물을 인도할 것인가에 대하여 상법은 특별규정을 두고 있다($\substack{상\ 857조~\\860조}$). 그런데 이에 관하여는 운송인의 의무(인도의무)에 관한 부분에서 이미 상세히 설명하였으므로, 그 설명을 생략한다.

2. 선하증권의 효력과 용선계약과의 관계

선하증권이 발행되는 운송계약은 통일조약에 따른 상법의 적용을 받고 선하증권이 발행되지 않는 (항해)용선계약은 그러하지 아니하므로, 양자의 법률관계에는 차이가 있다. 즉 (항해)용선자가 자기의 화물을 운송하기 위하여 선박소유자와 용선자간에 (항해)용선계약이 체결된 경우에는 선하증권이 발행되어도 이는 선박소유자와 (항해)용선자간의 영수증에 불과하다. 그러나 용선자가 자기 물건을 운송하지 아니하고 제 3 자(송하인)의 물건을 운송하는 경우에는 용선계약과 용선자(재운송인)가 송하인에게 발행한 선하증권이 병존하게 되므로, 두 계약조건($\substack{즉,\ 용선계약과\\재운송계약의\ 조건}$)이 상이한 데 따른 법률상 취급에 차이가 있어 문제가 발생한다. 따라서 이러한 경우에는 실무상 보통 용선계약 중에 우월(至上)약관(paramount clause)[3]이나 책임중지약관

---

1) 동지: 대판 1997. 7. 25, 97 다 19656(공보 1997, 2717)(은행이 수입물품에 양도담보를 설정하기 위하여 수입업자로부터 선하증권을 취득한 경우, 그 수입물품에 대한 동산 양도담보는 은행이 물품의 인도를 받은 것과 동일한 효력이 있는 선하증권을 취득한 날에 성립되고 제 3 자에게 대항하기 위하여 따로 확정일자에 의한 대항요건을 갖출 필요가 없다).

2) 정(찬), (상)(제27판) 383~388면 참조.

3) 이는 용선계약과 선하증권의 문언을 일치시켜 동일한 법률효과를 얻을 목적으로 용선계약 중에 모든 용선계약조건과 선하증권조건은 통일조약에 따라야 한다는 취지의 약관을 말한다.
   용선계약상의 중재조항이 선하증권에 편입되는지 여부에 관하여는 대판 2003. 1. 10, 2000 다 70064(공보 2003, 588)(용선계약상의 중재조항이 선하증권에 편입되어 선하증권의 소지인과 운송인 사이에서도 효력을 가지는지 여부는 선하증권의 준거법에 의하여 판단하여야 할 것인데, 구 섭외사법〈2001. 4. 7. 법률 제6465호 국제사법으로 전문 개정되기 전의 것〉제 9 조는 '법률행위의 성립 및 효력에 관하여는 당사자의 의사에 의하여 적용할 법을 정한다. 그러나 당사자의 의사가 분

(cesser clause)[1]의 규정을 둔다.[2] 표준용선계약서도 일반적으로 통일조약을 용선계약에 명시적으로 편입하고 있다.[3]

정기용선자가 선하증권을 발행하는 경우($\binom{\text{NYPE}\langle1946\rangle\ \text{제8조 및}}{\text{NPYE}\langle1993\rangle\ \text{제30조}}$)에는 선장이 선박소유자 등의 대리인으로서 선하증권을 발행하는 것이 일반적인 관행이기 때문에 선박소유자 등이 선하증권상 운송인으로서 책임을 지나, 용선계약상 선장에게 '용선자의 대리인으로서(as agent on behalf of the charterers)' 선하증권에 서명할 권리가 수권된 경우나 또는 용선자가 '선장과 선주의 대리인으로서(as agent of the master and owners)' 한다는 기재 없이 단지 선하증권에 서명한 경우에는 용선자가 운송인으로서 책임을 진다.[4]

명하지 아니한 때에는 행위지법에 의한다'고 규정하고 있는바, 따라서 선하증권이 그 약관에서 명시적으로 적용할 나라의 법을 정하고 있는 경우에는 그 정한 법률에 의하여, 선하증권의 발행인이 선하증권에 적용될 법을 명시적 혹은 묵시적으로 지정하지 않은 경우에는 선하증권이 발행된 나라의 법에 의하여 이를 판단하여야 한다〈이 사건 선하증권은 선적국에서 입법화한 헤이그규칙 및 일정한 경우 헤이그－비스비규칙이 적용된다는 paramount clause 외 달리 명시적으로 선하증권의 준거법을 정하지 않았으므로 선적국인 미국에서 입법화된 헤이그규칙 등이 적용됨〉. 일반적으로 용선계약상의 중재조항이 선하증권에 편입되기 위하여는 우선, 용선계약상의 중재조항이 선하증권에 '편입'된다는 규정이 선하증권상에 기재되어 있어야 하고, 그 기재상에서 용선계약의 일자와 당사자 등으로 해당 용선계약이 특정되어야 하며〈다만, 위와 같은 방법에 의하여 용선계약이 특정되지 않았더라도 선하증권의 소지인이 해당 용선계약의 존재와 중재조항의 내용을 알았던 경우는 별론으로 한다〉, 만약 그 편입 문구의 기재가 중재조항을 특정하지 아니하고 용선계약상의 일반 조항 모두를 편입한다는 취지로 기재되어 있어 그 기재만으로는 용선계약상의 중재조항이 편입 대상에 포함되는지 여부가 분명하지 않을 경우는 선하증권의 양수인〈소지인〉이 그와 같이 편입의 대상이 되는 중재조항의 존재를 알았거나 알 수 있었어야 하고, 중재조항이 선하증권에 편입됨으로 인하여 해당 조항이 선하증권의 다른 규정과 모순이 되지 않아야 하며, 용선계약상의 중재조항은 그 중재약정에 구속되는 당사자의 범위가 선박 소유자와 용선자 사이의 분쟁뿐 아니라 제3자 즉, 선하증권의 소지인에게도 적용됨을 전제로 광범위하게 규정되어 있어야 할 것이다〉; 강이수, "용선계약상의 중재조항과 선하증권에 관한 분쟁," 「상법학의 전망」(평성 임홍근교수 정년퇴임기념논문집)(서울: 법문사, 2003), 465~482면.

1) 이는 용선된 선복을 제3자(송하인)에게 양도한 용선자는 자신의 이익이 보장될 것을 전제로 거래에서 빠져 나오고자 하는 점에서 용선계약 중에 화물이 완전히 선적·운송되면 선박소유자는 운임을 담보하기 위하여 화물상에 유치권을 갖게 됨과 동시에 용선자의 책임은 종료된다는 취지의 약관을 말한다.
    이에 관한 영국 판례의 소개로는 김(인), (해상) 537~546면 참조.
2) 동지: 정(희), 591~592면.
3) 방희석, "용선계약 선하증권의 보통법상 적용사례에 관한 고찰,"「중재」, 제304호(2002, 여름), 30면.
4) 방희석, 상게 중재, 30~33면.

제 6   전자선하증권

2007년 개정상법은 앞에서 본 바와 같이 선하증권의 전자화라는 실무계의 요청에 의하여 전자선하증권에 관한 규정을 새로 두게 되었는데($\frac{상}{862조}$), 상법에서는 이에 대하여 최소한의 규정만을 두었다.

1. 전자선하증권의 발행

운송인(선박소유자)은 운송물을 수령(선적)한 후 종이 선하증권을 발행하는 대신에 송하인(용선자)의 동의를 얻어 법무부장관이 지정하는 등록기관[1]에 등록을 하는 방식으로 전자선하증권을 발행할 수 있다($\frac{상}{1항}\frac{862조}{1문}$). 전자선하증권의 등록기관의 지정요건, 발행 및 배서의 전자적인 방식, 운송물의 구체적인 수령절차 그 밖에 필요한 사항은 대통령령으로 정한다($\frac{상}{5항}\frac{862조}{}$).

이러한 전자선하증권에는 종이 선하증권의 기재사항($\frac{상}{1항}\frac{853조}{}$)인 정보가 포함되어야 하고, 운송인(선박소유자)이 전자서명을 하여 송신하고 송하인(용선자)이 이를 수신하여야 그 효력이 생긴다($\frac{상}{2항}\frac{862조}{}$).

이러한 전자선하증권은 상법상 종이 선하증권과 동일한 법적 효력을 갖는다 ($\frac{상}{862조}$).

2. 전자선하증권의 양도

전자선하증권의 권리자는 배서의 뜻을 기재한 전자문서를 작성한 다음 전자선하증권을 첨부하여 지정된 등록기관을 통하여 상대방에게 송신하는 방식으로 그 권리를 양도할 수 있다($\frac{상}{3항}\frac{862조}{}$).

이러한 방식에 따라서 배서의 뜻을 기재한 전자문서를 상대방이 수신하면 이는 종이 선하증권을 배서하여 교부한 것과 동일한 효력이 있고, 또 이러한 방식에 의한 전자문서를 수신한 자는 종이 선하증권을 (배서에 의하여) 교부받은 소지인과 동일한 권리를 취득한다($\frac{상}{4항}\frac{862조}{}$).

---

1) 법무부는 2008. 9. 26.에 전자선하증권(e-B/L)의 발행과 유통·관리·보관을 담당할 등록기관으로 (주)한국무역정보통신(KTNET)을 지정하였다. 등록기관으로 지정된 (주)한국무역정보통신은 1991년 무역협회의 전액출자로 설립되어 2007년 매출이 620억원에 이르는 중견기업으로 전자무역거래 전문업체이다(신문 3685, 10).

제3관 해상화물운송장

제1 총 설

1. 의 의

해상화물운송장의 사용빈도가 점차 증대되고 있는 실무를 반영하여 2007년 개정상법은 해상화물운송장에 대하여 규정을 새로 두게 되었다($^{상\ 863조\sim}_{864조}$).

이러한 해상화물운송장(Sea Waybill)이란 「운송인(선박소유자)이 송하인(용선자)의 청구에 의하여 선하증권 대신에 발행하는 증서로서, 운송인(선박소유자)이 운송물을 수령 또는 선적하였음을 증명하고 동 증서에 기재된 수하인 또는 그 대리인에게 인도함으로써 그 책임을 면하는 증서」라고 볼 수 있다($^{상\ 863조,}_{864조\ 참조}$).

2. 성 질

해상화물운송장은 요인증권성($^{상\ 863조}_{1항}$)·요식증권성($^{상}_{863조}$)·면책증권성($^{상\ 864조}_{2항}$)은 있으나, 선하증권과 같은 법률상 당연한 지시증권성($^{상\ 861조,}_{130조}$)·상환증권성($^{상\ 861조,}_{129조}$)·문언증권성($^{상}_{854조}$)·인도증권성($^{물권적}_{효력}$)($^{상\ 861조,}_{133조}$)·처분증권성($^{상\ 861조,}_{132조}$)은 없다. 따라서 해상화물운송장은 선하증권과 같은 유가증권은 아니고 면책증권(서)이라고 볼 수 있다.

제2 해상화물운송장의 발행

1. 발 행 자

해상화물운송장의 「발행청구권자」는 송하인($^{개품운송계}_{약의\ 경우}$) 또는 용선자($^{항해용선계}_{약의\ 경우}$)이고, 「발행자」는 운송인($^{개품운송계}_{약의\ 경우}$) 또는 선박소유자($^{항해용선계}_{약의\ 경우}$)이다($^{상\ 863조}_{1항\ 1문}$). 운송인 또는 선박소유자는 이러한 해상화물운송장을 보통 서면으로 발행하는데, 당사자 사이의 합의에 따라 전자식으로도 발행할 수 있다($^{상\ 863조}_{1항\ 2문}$).

2. 기재사항(형식)

(1) 해상화물운송장에는 해상화물운송장임을 표시하는 외에 선하증권의 기재사항($^{상\ 853조}_{1항}$)을 전부 기재하고, 운송인(선박소유자)이 기명날인 또는 서명하여야 한다($^{상\ 863조}_{2항}$).

(2) 송하인(용선자)이 서면으로 통지한 운송물의 중량·용적·개수 또는 기호가 운송인(선박소유자)이 실제로 수령한 운송물을 정확하게 표시하고 있지 아니하다고 의심할 만한 상당한 이유가 있는 때 또는 이를 확인할 적당한 방법이 없는 때에는 운송인(선박소유자)은 해상화물운송장상에 그 기재를 생략할 수 있다($^{상\ 863조\ 3항;}_{853조\ 2항}$).

(3) 운송인(선박소유자)이 해상화물운송장에 기재된 통지수령인에게 운송물에 관한 통지를 한 때에는, 송하인(용선자) 및 해상화물운송장 소지인과 그 밖의 수하인에게 통지한 것으로 본다($^{상\ 863조\ 3항;}_{853조\ 4항}$).

제 3 해상화물운송장의 효력

1. 추정적 효력

해상화물운송장이 법정기재사항($^{상\ 863조\ 2항;}_{853조\ 1항}$)을 기재하여 발행된 경우 운송인(선박소유자)은 그 운송장에 기재된 대로 운송물을 수령 또는 선적한 것으로 추정한다($^{상\ 864조}_{1항}$).

선하증권의 경우에는 이러한 추정력이 운송인과 수하인간 및 운송인과 악의의 선하증권 소지인간에만 적용되고 선하증권을 선의로 취득한 소지인에 대하여는 적용되지 않으나($^{상\ 854조}_{1항·2항}$), 해상화물운송장의 경우에는 이러한 추정력이 누구에 대하여도 적용된다고 본다. 따라서 해상화물운송장을 발행한 운송인(선박소유자)은 선의의 운송장 소지인에 대하여도 그가 운송물을 수령하지 않았거나 또는 수령한 운송물과 다름을 증명하여 대항할 수 있다고 본다.

2. 면책적 효력

운송인(선박소유자)이 운송물을 해상화물운송장에 기재된 수하인 또는 그 대리인에게 인도한 때에는, 그가 정당한 권리자가 아니라고 하더라도 운송인(선박소유자)에게 그를 정당한 권리자라고 믿을 만한 정당한 사유가 있는 때에는 운송인(선박소유자)은 그 책임을 면한다($^{상\ 864조}_{2항}$).

해상화물운송장의 이러한 면책적 효력에 의하여 운송장에 인도장소를 기재하지 아니한 때에는 운송인은 그의 현영업소(또는 현주소)에서 운송물을 인도하여야 하고($^{민\ 526조;}_{517조}$), 운송인은 운송장의 소지인이 운송장을 제시하여 인도를 청구한 때부터 지체책임을 지며($^{민\ 526조;}_{517조}$), 운송인(선박소유자)은 운송장의 소지인에 대하여 운송물을 인도한 때에는 운송장에 영수를 증명하는 기재를 할 것을 청구할 수 있고 운송물의 일부를 인도한 경우에는 운송인(선박소유자)의 청구가 있으면 운송장 소지인은 운송장에 그 뜻을 기재하여야 한다($\genfrac{}{}{0pt}{}{민\ 526조,}{520조}$).

제 **4** 장 해상기업위험

제 1 절 총 설

해상기업활동을 하기 위하여는 반드시 해상항행을 하여야 하고, 이러한 해상항행에는 각종의 해상위험(자연적 위험 및)이 필연적으로 발생하게 된다. 이와 같이 해상항행에 불가피하게 발생하는 각종의 해상위험에 대하여 이를 어떻게 극복하고 각 이해관계인의 경제적 손실을 어떻게 적정하게 조정할 것인가가 문제인데, 이에 대하여 상법은 공동해손·선박충돌·해난구조·해상보험에 관하여 특별규정을 두고 있다. 이 중에서 공동해손과 해난구조는 적극적으로 해상위험을 극복하는 제도이고,[1] 선박충돌과 해상보험은 소극적으로 해상위험을 극복하는 제도이다. 해상보험에 관한 것은 이미 보험법에서 설명하였으므로, 이곳에서는 공동해손·선박충돌 및 해난구조에 대하여만 설명하겠다.

제 2 절 공동해손

제 1 총 설

1. 공동해손의 의의

(1) 해손의 의의

해상항행에 의하여 선박 및 적하에 발생하는 모든 손해와 비용을 총칭하여

---

1) 김(인), 246~295면은 이 외에도 일반해상위험으로서 「유류오염사고」와 「난파물의 처리」에 대하여 설명하고 있다.

「해상손해」(해손)라고 한다. 이러한 해손에는 광의의 해손과 협의의 해손이 있다.
「광의의 해손」이란 '항해상 선박이나 적하에 보통 생긴 손해·비용$\binom{소\langle 小 \rangle 해손}{또는 통상해손}$
$\binom{선박의\ 자연소모·연료비·}{도선료·입항세\ 등}$과 비상사고로 인하여 생긴 손해·비용$\binom{협의의\ 해손}{또는\ 비상해손}$'을 말하고, 「협
의의 해손」이란 '위의 광의의 해손에서 소해손(petty average; kleine Haverei)을 제외
한 해손'을 말한다. 그런데 소해손은 해상운송인이 운임으로써 지급하게 되므로 이
에 대하여는 아무런 문제가 없다. 협의의 해손에는 다시 선박과 적하의 공동의 위
험을 면하기 위한 처분으로 생긴 손해와 비용을 수 인이 분담하는 공동해손(general
average; gemeinschaftliche Haverei)과, 그 손해를 이에 관여한 특정인만이 부담하는
단독해손(particular average)이 있다. 상법은 공동해손에 관하여는 제3장 제1절에
서 특별히 규정하고 있고, 단독해손 중 선박충돌에 관하여는 제3장 제2절 선박충
돌에서 특별히 규정하고 있다.

해손 중에서 해상법상 특수한 규제의 대상이 되는 것은 이와 같이 공동해손과
단독해손 중 선박충돌에 관한 것이다. 왜냐하면 이들은 선박에 의한 해상항행에 수
반하여 발생하는 손해로서 그 기술적 성격으로 인하여 누가 이를 부담하고 또 이를
부담하는 자는 어떻게 분담할 것인가에 대하여 민법의 일반원칙과는 다른 특수한
취급을 할 필요가 있기 때문이다.[1]

(2) 공동해손의 의의

공동해손이란 「선박과 적하의 공동위험을 면하기 위한 선장의 선박 또는 적하
에 대한 처분으로 인하여 생긴 손해 또는 비용」을 말한다($\substack{상 \\ 865조}$). 위에서 본 바와 같
이 이러한 공동해손은 협의의 해손의 일종으로, 이러한 손해와 비용을 모든 이해관
계인에게 분담시키는 제도가 공동해손제도이다.

2. 공동해손의 법적 성질

공동해손의 해상법상 법적 성질에 대하여 공동대리설(미국법)·부당이득설(프랑
스법) 및 사무관리설 등과 같이 민법상의 제도의 일종으로 설명하는 견해가 있으나,
우리나라에서는 일반적으로 공동해손을 「해상법상의 특수한 법률요건」이라고 설명
한다(통설).[2] 따라서 공동해손은 해상기업의 기술적 성격 및 연혁적 이유에서 발생

---

1) 동지: 정(희), 607면.
2) 정(희), 609면; 서·정, 649면(공동해손은 해상법의 특수한 법률요건으로서 하나의 사건인 성질
을 가지는 것이라고 한다); 손(주), 878면(공동해손을 부당이득으로 보면 이에 관하여 특별규정을
둘 필요가 없으므로, 이것은 해상법상의 특수한 법률관계라고 한다); 양·박, 619면; 최(기), (하)
908면; 이(기) 외, (보·해) 507면 외.

한 해상법상의 특수한 법률요건으로서, 이 요건이 충족하면 당연히 일정한 법률효과가 발생하는 것으로 볼 수 있다.[1]

그러나 공동해손제도는 공동위험단체의 내부관계를 보호하고 조정하는 것이므로, 이에 관한 규정은 임의법규라고 볼 수 있다.[2]

3. 공동해손제도의 근거

공동해손제도의 근거에 대하여는 종래에 여러 학설이 있었으나, 오늘날은 보통 특정 항해에서의 선박과 적하는 공동위험단체를 구성한다는 「공동위험단체설」에 의하여 설명되고 있다. 즉, 선박이 항행 도중 해상위험을 당한 경우에는 그 위험은 선박만의 위험에 그치지 않고 적하에 대한 위험도 되므로 선주와 적하소유자는 공동피해자가 된다. 따라서 공동해손제도는 이러한 선박 및 적하의 공동의 위험을 면하기 위하여 선박과 적하의 보관자인 선장이 공동의 이익을 위하여 선박 또는 적하를 자유롭게 처분할 수 있고, 이로 인하여 생긴 손해를 이 처분에 의하여 이익을 얻은 선박 및 적하로 하여금 공평하게 분담시키고자 하는 것이다.[3] 이러한 공동위험단체의 일부에 대한 손해는 마치 상호보험에서와 같이 전체에서 공평하게 이를 분담하여야 한다는 것이다.[4] 또한 공동해손제도는 해상기업에 필연적으로 수반하는 현상을 합리적으로 해결하는 방법으로서 해상법 중 가장 오랜 역사를 가진 제도의 하나이다.[5]

4. 공동해손에 관한 「요크 안트워프규칙」

종래 공동해손에 관한 각국의 입법에 심한 차이가 있어 해상기업의 실무에 많은 불편을 가져왔으므로 공동해손에 관한 통일법의 제정운동이 전개되었다. 이로 인하여 1890년에는 리버풀 국제통일회의에서 이의 통일을 위한 노력의 일환으로 「요크 안트워프규칙」(York-Antwerp Rules)이 성립되었고, 그 후에 수 차례 새로 제정되었다. 이 규칙은 앞에서 본 바와 같이 국가간의 조약도 아니고 또 세계적 관습

이러한 통설에 대하여 채, 747면은 "이는 공동해손의 본질 또는 성질에 관해 특별한 견해를 제시하는 것이 아니므로 학설로서 큰 의미가 없다"고 한다.

1) 동지: 정(희), 609면.
2) 동지: 서·정, 650면.
3) 동지: 정(희), 607면; 서·정, 649면; 손(주), 878면.
4) 동지: 손(주), 877면.
5) 동지: 정(희), 607면.

법이라고 인정할 수 있는 것도 아니지만, 세계 각국의 해운업자 및 보험업자에 의하여 국제적인 보통거래약관으로서 이용되고 있으므로, 실제로는 실정 해상법에 갈음하는 중요한 작용을 하고 있다.[1] 이 규칙은 1974년 Hamburg회의에서 대폭적으로 개정되어 간소화되었으며, 1994년에 다시 대폭 개정되었다.[2]

공동해손에 관한 우리 상법의 규정은 이러한 「요크 안트워프규칙」에 따른 것이다.[3]

제 2 공동해손의 요건

공동해손이라 함은 앞에서 본 바와 같이 선장이 선박과 적하의 공동위험을 면하게 하기 위하여 선박 또는 적하에 대하여 한 처분에 의하여 생긴 손해와 비용인데($\frac{상}{865조}$), 이것을 분설하면 다음과 같다.

1. 위험요건(공동위험⟨common danger⟩의 존재)

공동해손은 선박과 적하의 공동위험을 면하기 위하여(extrication from peril) 한 것이어야 한다.

1) 「선박과 적하의 공동위험」을 면하기 위한 것이어야 한다. 따라서 선박과 적하가 아닌 인명의 위험을 면하기 위한 선장의 처분으로 인하여 생긴 손해는 공동해손이 아니다.[4] 또 이 위험은 선박과 적하에 공동의 원인으로 인한 공동의 위험임을 요하므로, 어느 한쪽만의 위험인 경우나 또는 각각에 대하여 위험의 원인이 다른 경우에는 이에 해당하지 않는다.[5] 그러나 위험의 정도는 반드시 선박과 적하에 대하여 동일함을 요하지 않는다.[6] 또 공동위험의 존부는 선장이 처분을 한 때를 기준으로 하여 이를 결정하여야 한다.[7]

2) 위험은 「현실적으로 절박한(imminent)」 것이어야 한다. 따라서 장래에 위험

---

1) 공동해손제도의 연혁에 관하여는 손(주), 876면; 서·정, 646~648면; 정(희), 607~608면 등 참조.
2) 1994년에 개정된 「요크 안트워프규칙」의 주요내용에 관하여는 손(주), 876~877면 참조.
3) 동지: 서·정, 647면; 손(주), 876면.
4) 동지: 정(희), 610면; 손(주), 880면.
5) 동지: 손(주), 879면.
6) 동지: 정(희), 609면.
7) 동지: 정(희), 609면.

이 있을 것을 예상하여 처분하는 것은 공동해손이 아니다.[1]

3) 위험은 「객관적」으로 존재하여야 한다. 따라서 위험이 객관적으로 전혀 존재하지 않는데도 선장이 오신(誤信)하여 처분한 것은 공동해손이 아니다.[2]

4) 위험의 「발생원인」은 불문한다. 따라서 위험이 선박 또는 적하의 하자나 기타 이해관계인의 과실에 의한 경우에도 공동해손이 된다.[3] 다만 선박과 적하의 공동위험이 선박 또는 적하의 하자나 기타 과실 있는 행위로 인하여 생긴 경우에는, 공동해손분담자는 그 과실 있는 자에 대하여 구상권을 행사할 수 있다($\frac{상}{870조}$).

5) 위험을 「면하기 위하여」 생긴 손해이어야 한다. 따라서 그 목적은 소극적이어야 하고, 적극적으로 공동의 이익을 위한 것은 공동해손이 아니다.[4]

2. 처분요건(자발적 처분〈voluntary jettison〉)

선박 또는 적하에 대한 선장의 고의·비상의 처분이어야 한다.

1) 처분의 목적물은 「선박 또는 적하」이어야 한다. 그러나 양자를 모두 처분하여야 하는 것은 아니고, 어느 한쪽만을 처분하여도 무방하다($\frac{공동위험}{과 구별}$).

2) 「선장」에 의한 처분이어야 한다. 이 때 선장은 선박소유자에 의하여 선임된 선장($\frac{상}{745조}$)뿐만 아니라, 대(代)선장($\frac{상}{748조}$) 또는 선장의 수임인을 포함한다. 따라서 선장 이외의 자가 한 처분에 의한 손해는 공동해손이 되지 않는다.[5]

3) 선장이 「고의」로 한 처분이어야 한다. 이 때 고의로 한 처분이란 그 의사에 기하여 선박 또는 적하에 대하여 한 처분을 말한다($\frac{예컨대, 돛의}{절단·투하 등}$). 따라서 선장이 고의로 한 것이 아니고 우연히 한 처분 또는 불가항력에 의한 처분 등은 공동해손이 아니다.[6]

---

1) 동지: 정(희), 610면; 손(주), 878면.
   반대: 서·정, 650면.

2) 동지: 정(희), 610면.
   반대: 서·정, 650면(객관적으로 위험이 없어도 선장이 그 합리적 판단에 따라서 위험이 있다고 생각하여 처분한 경우에는 공동해손이 성립한다고 한다); 이(기) 외, (보·해) 510면; 채 749면.

3) 동지: 정(희), 610면; 서·정, 650면; 손(주), 878면.

4) 동지: 정(희), 610면; 서·정, 650면.

5) 동지: 정(희), 610면.
   반대: 서·정, 650~651면.

6) 동지: 정(희), 610면; 서·정, 650면; 손(주), 880면.
   일본상법(799조)은 선박이 불가항력으로 발항항 또는 항해의 도중에 정박을 하기 위하여 드는 비용에 관하여는 공동해손에 관한 규정을 준용하는 것으로 규정하고 있으나(준공동해손), 통일규칙 제10조가 극히 좁은 범위에서 이것을 인정하고 있는 취지에 따라서 우리 상법은 이를 전혀 인정하

4) 선장의 「비상」의 처분이어야 한다. 즉, 항해 중 적하에 불이 난 경우 등에 피난항에의 입항을 비상적 수단으로 한 때에는 이에 따른 도선료·입항세 등도 공동해손이 된다. 그러나 선장이 운송계약 등에 의하여 한 처분으로 생긴 손해나 통상의 항해비용 등은, 비상의 처분에 의한 것이 아니므로 공동해손이 아니다.[1]

5) 선장의 「처분」이 있어야 한다. 이 때 선장의 처분행위에는 사실행위($\substack{투하·\\ 돛의}$ $\substack{절단\\ 등}$)뿐만 아니라, 법률행위($\substack{예선(曳船)계약\\ 의 체결 등}$)를 포함한다.[2]

3. 손해(비용)요건(손해 또는 비용의 발생)

선장의 처분으로 인하여 손해 또는 비용이 발생하여야 한다.

1) 「손해 또는 비용」이 발생하여야 한다. 이 때 「손해」라 함은 선박 또는 적하의 어느 일방 또는 그 양자에 처분으로 인하여 생긴 실손해를 말한다.[3] 그러나 갑판적(甲板積)의 투하는 갑판적의 관습이 있는 경우가 아니면 공동해손이 아니다.[4] 「비용」이라 함은 피난항에의 입항비·도선료, 예선(曳船)료 또는 구조료($\substack{이 때 구조료는\\ 선장이 선박소유}$ 자 등을 위하여 구조계약을 체결하여 선박소유자 등이 지급한 구조료 등을 말하는 것이고, 해난구조를 계약에 의하지 않고 한 때의 구조료 등을 말하는 것이 아니다) 등을 말한다.[5]

2) 손해 또는 비용은 선장의 처분과 「상당인과관계」가 있는 것이어야 한다($\substack{상\\ 865조}$). 따라서 풍랑으로 인한 적하의 유실 등은 이에 해당하지 않는다.

이 때 어떠한 범위의 손해 또는 비용이 공동해손이 되는가에 관한 입법주의에는 공동안전주의(common safety system)($\substack{공동의 안전을 도모하기 위하여 생긴 손해 또는\\ 비용만을 공동해손으로 하는 것 — 영국법주의}$)·공동이익주의(common benefit system)($\substack{공동의 안전을 도모하기 위한 것에 한하지 않고 항해의 속행에 필요한〈즉,〉\\ 공동의 이익을 위한〉 공동의 손해 또는 비용을 공동해손으로 하는 것}$)·희생주의(Opfersystem)($\substack{공동의 안전 또는 공동의 이익의 어느 것도 증진하지 않더라도 선장의 처분과\\ 상당인과관계 있는 손해 또는 비용을 공동해손으로 하는 것 — 독일법주의}$)의 세 가지가 있다. 우리 상법은 희생주의에 의한 입법이다($\substack{상\\ 865조}$). 따라서 선장이 선박 및 적하의 안전을 위하여 한 처분에 의하여 생긴 손해 또는 비용은 그 처분과의 사이에 상당인과관계가 있어야 공동해손이 되는 것이다. 예컨대, 피난항에 입항한 경우 공동안전주의에 의하면 입항비만이 공동해손이 되지만, 희생주의에 의하면 입항비뿐만 아니라 정박비·출항비 등도 공동해손이 된다. 그러나 공동이익주의에 의하면 선장

지 않는다. 외국의 입법례에서 보면 이를 인정하고 있는 국가는 일본 외에도 독일 및 프랑스 등이 있고, 이를 인정하지 않는 국가에는 영국·미국 등이 있다.

1) 동지: 정(희), 611면; 손(주), 880면.
2) 동지: 서·정, 650면.
3) 동지: 정(희), 611면; 손(주), 881면.
4) 동지: 정(희), 611면.
5) 동지: 정(희), 611면; 손(주), 881면.

의 처분과 상당인과관계가 없는 수선비까지 공동해손이 된다.[1]

4. 잔존요건(선박 또는 적하의 보존)($\frac{상}{866조}$)

선장의 처분 후에 적어도 선박 또는 적하의 일부가 존재하여야 한다($\frac{상}{866조}$). 따라서 선장의 처분으로 인하여 선박 또는 적하의 전부가 멸실되어 잔존물이 전혀 없는 경우에는, 공동해손분담의 문제는 있을 수 없게 된다.

1) 처분과 보존 사이에 「인과관계」를 요하는지 여부에 관한 입법주의에는 인과주의(효과주의)($\substack{처분과 보존 사이에 인과관계의 \\ 존재를 요하는 것 — 프랑스법주의}$)와 잔존주의($\substack{처분과 보존 사이에 인과관계의 존재를 요하 \\ 지 않고 처분의 주효(奏效) 유무에 불구하고 \\ 처분 후에 선박 또는 적하가 잔존하면 \\ 무방하다는 것 — 독일법주의·영국법주의}$)가 있는데, 우리 상법은 잔존주의에 따른 입법이다[2] ($\frac{상}{866조}$). 따라서 선박 또는 적하의 보존은 선장의 처분과 아무런 인과관계를 요하지 않는다.

2) 「잔존물의 범위」에 대한 입법주의에는 선박잔존주의($\substack{적어도 선박이 잔존할 것을 \\ 요하는 것 — 프랑스법주의}$)·병존주의($\substack{선박과 적하의 양자가 잔존할 \\ 것을 요하는 것 — 독일법주의}$) 및 종류불문주의($\substack{선박 또는 적하의 전부 또는 일부가 \\ 잔존하면 무방하다는 것 — 영미법주의}$)의 세 가지가 있다. 우리 상법은 종류불문주의에 따른 입법이다($\frac{상}{866조}$). 따라서 선박 또는 적하의 어느 한쪽만이라도 잔존하면 공동해손분담을 할 수 있다.

제3 공동해손의 효과

공동해손의 효과로서는 공동해손채권 및 공동해손채무를 확정하고 이를 정산하는 것이므로, 이하에서 차례로 설명한다.

1. 공동해손채권

(1) 채 권 자

공동해손에 있어서의 「채권자」는 선장의 처분으로 인하여 공동해손인 손해를 입거나 비용을 지출한 해상운송인($\substack{선박소유자·선체용선자·정 \\ 기용선자 또는 재운송인 등}$) 또는 적하이해관계인($\substack{항해용선 \\ 자·송하 \\ 인 또는 \\ 수하인}$)이다. 이러한 공동해손의 채권자는 공동위험단체를 전제로 하는 것이므로, 예컨대 공동해손의 비용을 제3자가 지출한 경우에 그 제3자는 채권자가 아니다. 공동해손의 채권자는 공동위험단체에서 이익을 본 다른 이해관계인에게 배상청구권을

---

1) 동지: 정(희), 611~612면; 서·정, 651면; 손(주), 881면.
2) 그러나 의용상법 제789조는 인과주의에 따른 입법이었다(즉, 공동해손은 '이로 인하여 보존하게 된 선박 또는 적하'라고 규정하였다).

갖는데, 이러한 청구권을 「공동해손분담청구권」이라 한다. 이러한 공동해손분담청 구권에는 선박우선특권이 부여되고 있다($\frac{상}{3호\ 후단}\frac{777조\ 1항}{}$).

(2) **채권액의 범위**

1) 원   칙   공동해손채권액($\frac{공동해손분담}{청구권의\ 범위}$)은 원칙적으로 선장의 처분으로 인 하여 생긴 선박 또는 적하에 대한 손해 또는 비용의 전액이다($\frac{상}{865조}$).

2) 예   외   상법은 공동해손채권액의 범위를 명확하게 하기 위하여 예외 적으로 다음의 경우에는 채권액의 범위에서 제외하고 있다.

(가) 속구(屬具)목록에 기재하지 않은 「속구」, 선하증권 기타 적하의 가격을 정 할 수 있는 서류 없이 선적한 「하물」, 또는 종류와 가액을 명시하지 아니한 화폐나 유가증권 기타의 「고가물」은 채권액의 범위에서 제외된다($\frac{상}{1항\ 후단}\frac{872조}{}$). 이를 제외한 이 유는 이러한 물건이 손실된 경우에는 그 손해액의 범위를 확정하기가 아주 곤란하 며, 특히 고가물인 경우에는 신고되었으면 선장이 이를 처분하지 않았을 것이 기대 되기 때문이다.[1]

(나) 「갑판적(甲板積)하물」은 관습상 허용되는 경우와 그 항해가 연안항행에 해 당되는 경우를 제외하고는 채권액범위에서 제외된다($\frac{상}{2항}\frac{872조}{}$). 이를 제외한 이유는 해상위험이 있는 경우 갑판적하물을 먼저 투기하는 것이 일반적이기 때문이다.[2]

(3) **채권액(손해액)의 산정**

1) 원   칙

(가) 손해액의 산정에서 비용은 그 금액이 명백하므로, 상법은 선박과 적하에 대한 손해의 산정에 대하여만 규정하고 있다. 즉, 「선박」의 경우에는 '도달의 때와 곳의 가액'으로 하고, 「적하」의 경우에는 '양륙의 때와 곳의 가액'으로 한다($\frac{상}{본문}\frac{869조}{}$). 즉, 항해종료시의 선박과 적하의 가액으로 하고 있다. 이 때 적하의 경우에는 그 손 실로 인하여 지급을 면하게 된 모든 비용을 공제하여야 한다($\frac{상}{단서}\frac{869조}{}$). 그러나 공동 해손에서 하주(荷主)는 전 운임을 지급하여야 하기 때문에($\frac{상}{2호}\frac{813조}{}$) 이 경우에 운임 은 공제되지 않는다.

(나) 공동해손인 손해 또는 비용을 산정함에 있어서는 공동해손의 정산중의 법 정이자를 가산하여야 한다.[3]

2) 예   외   선하증권 기타 적하의 가격을 정할 수 있는 서류에 적하의

---

1) 동지: 서·정, 653면; 손(주), 884면.
2) 동지: 서·정, 653면; 손(주), 884면.
3) 동지: 양·박, 623면.

실가(實價)보다 저액을 기재한 경우에는 그 기재액을 공동해손의 채권액으로 하고 ($\frac{상}{1항}$ 873조$_{후단}$), 또한 적하의 가격에 영향을 미칠 사항에 관하여 허위의 기재를 한 경우에도 같다($\frac{상}{2항}$873조). 이것은 금반언칙(禁反言則)을 반영한 규정으로 부당이득을 방지하고자 하는 제재적인 의미도 있다.

(4) 채권의 소멸

공동해손으로 인하여 생긴 채권 및 공동위험의 책임 있는 자에 대한 구상권은 그 계산이 종료한 날로부터 1년 내에 재판상 청구가 없으면 소멸하는데, 이 기간은 당사자의 합의에 의하여 연장할 수 있다($\frac{상}{875조}$). 즉, 이 채권은 1년의 단기제척기간으로 소멸한다.

2. 공동해손채무

(1) 채 무 자

공동해손에 있어서의 「채무자」는 선장의 처분으로 인하여 그 위험을 면한 해상운송인 또는 적하이해관계인이다.

(2) 채무액의 범위

1) 원   칙   공동해손채무액($\frac{공동해손분담청구권의}{대상이 되는 잔존물의 범위}$)은 원칙적으로 그 위험을 면하여 잔존하게 된 선박 또는 적하의 가액과 운임의 반액이다($\frac{상}{866조}$). 운임을 반액으로 한 것은 정산의 편의를 위한 것이다.[1]

2) 예   외   상법은 공익상 또는 사회정책상의 이유로, 예외적으로 다음과 같은 채무액($\frac{잔존물의}{가액}$)은 채무액의 범위에서 제외하고 있다. 즉, 선박에 비치한 무기·선원의 급료·선원과 여객의 식량과 의류는 그것이 보존된 경우에도 공동해손채무액의 범위에서 제외된다($\frac{상}{전단}$871조). 이를 제외한 이유는 이러한 물건은 공동위험 방지 또는 생활필수품에 관한 것이기 때문이다.[2] 그러나 이러한 물건이 손실된 경우에는 공동해손채권액의 범위에 포함된다($\frac{상}{후단}$871조).

(3) 채무액(분담액)의 산정

1) 원   칙   채무액을 어느 시기를 표준으로 하여 정할 것인가에 대하여 입법례로는 즉시주의($\frac{선장의 처분 즉시 그}{가액을 확정하는 것}$)와 항해종료주의($\frac{항해종료시에 그}{가액을 확정하는 것}$)가 있는데, 우리 상법은 항해종료주의에 따라 규정하고 있다($\frac{상}{867조}$). 즉, 「선박」의 경우에는 '도달의 때와 곳의 가액'으로 하고, 「적하」의 경우에는 '양륙의 때와 곳의 가액'으로 한다

---

1) 동지: 서·정, 655면; 손(주), 885면.
2) 동지: 손(주), 885면.

($\frac{상}{본문}$867조). 그러나 적하의 경우에는 그 가액 중에서 멸실로 인하여 지급을 면하게 된 운임($\frac{채권액의 산정에서는}{공제되지 않는 점과 비교}$) 기타의 비용을 공제하여야 한다($\frac{상}{단서}$867조).

2) 예　　외　　　선하증권 기타 적하의 가격을 정할 수 있는 서류에 적하의 실가(實價)보다 고액을 기재한 경우에는 그 기재액을 공동해손의 채무액으로 하고 ($\frac{상}{1항 전단}$873조), 또한 적하의 가격에 영향을 미칠 사항에 관하여 허위의 기재를 한 경우에도 같다($\frac{상}{2항}$873조). 이것도 금반언칙(禁反言則)을 반영한 규정으로 부정(不正)기재에 대한 제재적인 의미도 있다.

(4) 채무자(분담자)의 유한책임

공동해손을 분담할 책임이 있는 자(공동해손채무자)는 선박이 도달하거나 적하를 인도한 때에 「현존하는 가액」의 한도에서 그 책임을 진다($\frac{상}{867조}$). 즉, 공동해손채무자는 잔존물의 가액범위 내에서 유한책임을 지는 것인데, 이는 공동해손제도가 공동위험단체의 관념을 전제로 하고 있는 점에서 보면 쉽게 이해할 수 있다.

3. 공동해손의 정산

(1) 분담의 비율

공동해손은 그 위험을 면한 선박 또는 적하의 가액 및 운임의 반액(공동해손채무액)과 공동해손의 액(공동해손채권액)과의 비율에 따라 각 이해관계인이 이를 분담한다($\frac{상}{866조}$).

공동해손분담액의 산출을 수식으로 표시하면 다음과 같다.

잔존선박의 가액이 S, 잔존적하의 가액이 C, 운임액이 F, 공동해손액이 L인 경우, 공동해손분담률 $K = \dfrac{L}{S + C + \dfrac{F}{2} + L}$ 이다. 따라서 선박소유자의 분담액은 $S \times K$ 이고, 운임권리자의 분담액은 $\dfrac{F}{2} \times K$ 이며, 적하이해관계인의 분담액의 $C \times K$ 이고, 공동해손채권자의 분담액은 $L \times K$ 이다.[1]

(2) 정　산　자

공동해손의 정산자에 대하여는 상법에 명문의 규정이 없으므로 다른 특약 또는 관습이 없으면 선장이 이를 담당한다고 본다(통설).[2] 따라서 선장은 항해가 종료한 후 공동해손정산서(general average statement)를 작성하여야 한다($\frac{상}{참조}$755조). 이 때

---

1) 허상수, "공동해손," 해상·보험법에 관한 제문제(상)(재판자료 제52집)(법원행정처, 1991), 650면.

2) 동지: 정(희), 614면; 손(주), 886면 외.
　　반대: 서·정, 655~656면(공동해손의 정산의무자는 선장이 아니라 해상운송인이라고 한다).

「정산」(adjustment)이란 공동해손채무액과 공동해손채권액을 확정하여 각 이해관계인에게 분담시키는 일련의 절차를 말하는데, 정산 그 자체는 복잡한 전문적·기술적 사무이므로 선장은 이러한 사무를 전문가인 공동해손정산인(average adjuster or stater)에게 위임하는 것이 보통이다.[1] 이러한 정산은 구속력이 있는 것이 아니므로, 당사자가 이를 수용하지 아니할 수도 있다.[2]

(3) 정 산 지

공동해손의 정산지는 특약이 없는 한 항행종료의 지, 즉 선박과 적하가 분리하는 장소인 최후의 적하의 양륙항이다(통설)[3]($\frac{상\ 867조,}{869조\ 참조}$). 그러나 항해가 중단된 경우에는 그 곳이 정산지가 된다고 본다.[4]

(4) 정산시기

정산은 늦어도 양륙항에서 운송물을 수하인에게 인도할 때까지는 종료하여야 할 것이나($\frac{상\ 807조}{참조}$), 실제에 있어서 공동해손의 정산에는 상당한 시일이 소요되므로 선장은 공동해손분담액의 지급과 상환하지 않고 일정한 공탁금을 예치하도록 하거나 또는 적하의 보험자의 보증서를 받고 운송물을 인도하는 것이 보통이다[5]($\frac{상\ 807조}{2항\ 참조}$).

4. 공동해손인 손해의 회복과 분담금반환의무

선박소유자·(항해)용선자·송하인 기타의 이해관계인(공동해손채무자)이 공동해손의 액을 분담한 후 선박·속구 또는 적하의 전부나 일부가 소유자(공동해손채권자)에게 복귀된 때에는, 그 소유자는 공동해손의 상금(償金)으로 받은 금액에서 구조료와 일부손실로 인한 손해액을 공제하고 그 잔액을 반환하여야 한다($\frac{상}{874조}$). 이는 형평의 관념에서 인정된 것이다. 여기에서의 「상금」은 그 사람이 분담한 금액을 포함한 전 손해액을 의미한다.[6] 반환된 금액에 대하여는 다시 분담률($\frac{상\ 866조}{참조}$)에 따라 이해관계인 전원($\frac{소유자를}{포함}$)에게 분배되어야 한다.[7]

---

1) 동지: 정(희), 614면; 서·정, 656면; 손(주), 887면.
2) 동지: 정(희), 614면.
3) 동지: 정(희), 614면; 서·정, 656면; 손(주), 887면 외.
4) 동지: 서·정, 656면.
5) 동지: 정(희), 614면; 손(주), 887면.
6) 동지: 서·정, 657면.
7) 동지: 손(주), 887면.

제3절 선박충돌

제1 총 설

1. 선박충돌의 의의

(1) 선박충돌(collision; Schiffszusammenstoss; abordage)이란 「항해선 상호간 또는 항해선과 내수항행선간에 어떠한 수면에서 충돌하여 선박 또는 선박 내에 있는 물건이나 사람에 관하여 손해가 발생하는 것」을 말한다($\frac{상}{1항}$876조). 이러한 선박충돌은 민법상 불법행위의 일종인데, 해상항행의 기술적 성격으로 인하여 선박의 충돌원인이 매우 다양하고 복잡하여 쌍방의 과실유무·경중(輕重)의 판단이 매우 어렵고 또한 빈번한 선박충돌로 인한 인적·물적 손해가 매우 큰 점 등에서 상법은 이에 관하여 특별규정을 둔 것이다.[1] 상법은 선박충돌에 관하여 선박충돌이 불가항력으로 인한 경우($\frac{상}{877조}$), 일방의 과실로 인한 경우($\frac{상}{878조}$), 쌍방의 과실로 인한 경우($\frac{상}{879조}$), 도선사(compulsory pilot)의 과실로 인한 경우($\frac{상}{880조}$)에 관하여 규정하고 있다.

(2) 선박충돌에 관하여는 이러한 사법상의 규정 외에도 많은 공법상의 규정이 있는데, 이의 대표적인 예로는 해사안전기본법($\frac{전문개정: 2023. 7. 25, 법}{19572호, 시행: 2024. 1. 26.}$)·선박안전법($\frac{전문}{개정:}$ 2007. 1. 3, 법 8221호, 개정: 2022. 12. 27, 법 19134호) 등이 있다. 또한 선원법에도 선박충돌시의 선장의 구조의무를 규정하고 있다($\frac{선원}{12조}$).

2. 선박충돌에 관한 통일조약

선박의 충돌은 영해의 내외·선박국적의 내외를 불문하고 빈번히 발생하는 섭외적 현상이므로 이 점에 관한 법적 규제를 국제적으로 통일할 필요가 있어, 19세기 말부터 각종의 국제회의에서 이의 통일을 위한 노력이 시도되었는데 1910년에는 「선박충돌에 관한 규정의 통일을 위한 조약」(International Convention for the Unification of Certain Rules of Law with respect to Collisions between Vessels, signed

---

1) 동지: 정(희), 615면; 손(주), 888면.
　　선박충돌로 인한 손해배상책임과 민법상 공동불법행위로 인한 손해배상책임을 비교한 것으로는 김인유, "공동불법행위로 인한 손해배상책임과 선박충돌로 인한 손해배상책임에 관한 비교연구," 「해사법연구」(한국해사법학회), 제15권 1호(2003), 53~80면 참조.
　　또한 선박충돌과 해상보험과의 관계에 대하여는 이균성, "선박충돌의 법률관계와 해상보험," 「상법학의 전망」(평성 임홍근교수 정년퇴임기념논문집)(서울: 법문사, 2003), 504~517면 참조.

at Brussels, Sep. 23, 1910)이 성립하였고, 1952년에는 「충돌 및 항해상의 기타의 사고에 관한 형사재판관할에 관한 약간의 규정을 통일하기 위한 조약」(International Convention for the Unification of Certain Rules relating to Penal Jurisdiction in Matters of Collision or Other Incidents of Navigation, signed at Brussels, May 10, 1952)과 「충돌에 관한 민사재판관할에 관한 약간의 규정을 통일하기 위한 조약」(International Convention on Certain Rules concerning Civil Jurisdiction in Matters of Collision, signed at Brussels, May 10, 1952)도 성립하였다.[1] 우리 상법의 위의 규정은 이러한 통일조약에 따른 것이다.

제 2 선박충돌의 요건

선박충돌이라 함은 위에서 본 바와 같이 「항해선 상호간 또는 항해선과 내수항행선간에 어떠한 수면에서 충돌하여 손해가 발행하는 것」을 말하는데($\frac{상}{1항}$876조), 이를 중심으로 선박충돌의 요건을 다시 정리하여 보면 다음과 같다.

1. 충돌요건(2척 이상의 선박의 충돌)

(1) 「2척 이상의 선박」이란 '항해선 상호간 또는 항해선과 내수항행선간'을 말한다. 따라서 충돌선박의 일방은 적어도 항해선이어야 한다. 상법상의 선박이란 항해선 중에서도 '상행위나 그 밖의 영리를 목적으로 항해에 사용하는 선박'($\frac{즉}{영리선}$)을 말하는데($\frac{상}{740조}$), 선박충돌의 대상이 되는 선박은 모든 항해선($\frac{영리선 및}{비영리선}$)뿐만 아니라 ($\frac{상\,741조}{1항\,참조}$) 이러한 항해선과 충돌하는 내수항행선까지 포함하므로 상법상의 선박보다 훨씬 그 범위가 넓다. 상법이 이와 같이 항해선과 내수항행선간의 충돌에도 상법을 적용하도록 규정한 이유는 항해선과 내수선이 충돌한 경우에 항해선에는 상법을 적용하고 내수선에는 민법을 적용하면 법률관계가 복잡하므로, 양자에 모두 상법을 적용하여 법적용의 일원화를 기할 필요가 있기 때문이다.

따라서 이렇게 볼 때 내수항행선간의 충돌이나 노도선(櫓櫂船) 상호간의 충돌 ($\frac{상\,741조}{2항\,참조}$)은 상법상의 선박충돌이 아니다. 또한 상법이 적용되지 않는 국·공유선 ($\frac{상\,741조}{1항\,단서}$) 상호간의 충돌도 상법상 선박충돌이 아니다.

(2) 선박의 「충돌」이란 "2척 이상의 선박이 그 운용상 작위 또는 부작위로 선

---

1) 이에 관하여는 손(주), 888~889면; 서·정, 658면; 정(희), 615면 등 참조.

박 상호간에 다른 선박 또는 선박 내에 있는 사람 또는 물건에 손해를 생기게 하는 것을 말하며, 직접적인 접촉의 유무를 묻지 아니한다"($\frac{상}{2항}$876조). 따라서 선박간의 충돌이 아니라 부두·수문·암벽 등에 충돌하거나, 해상위험을 피하기 위하여 좌초하는 것은 선박충돌이 아니다.[1] 그러나 예선(曳船)과 피예선(被曳船)과의 충돌도 피예선이 예선의 보관하에 있지 않으면($\frac{운송계약의}{이행이 아닌 경우}$) 선박충돌이라고 본다.[2]

이러한 충돌은 직접적인 접촉의 유무를 묻지 아니한다. 따라서 선박의 조종의 부실 또는 규칙위반 등으로 인하여 다른 선박 또는 그 선박 내의 사람이나 물건에 손해를 끼친 경우에도 선박충돌에 해당하는 것이다[3]($\frac{선박충돌에 관한 조약}{13조, 獨商 738조 참조}$).

충돌의 장소는 「어떠한 수면」이라도 무방하다($\frac{상}{항}$876조). 따라서 해상이든 평수(平水)구역 내(內水)이든 상관이 없고, 항행 중의 충돌이든 정박 중의 충돌이든 무방하다. 또한 수중(水中)이어도 무방하다고 본다.[4]

2. 손해요건(손해의 발생)

(1) 충돌로 인하여 「손해」가 발생하여야 한다. 만일 충돌이 있어도 손해가 없으면 당사자간에 사법상 문제가 될 여지가 없기 때문이다.[5] 이 때 충돌로 인한 손해는, 예컨대 선박이 완전히 침몰된 경우에는 그 선박의 시장가격과 운임이고, 일부 피해를 입은 경우에는 수리비용과 수리기간 동안 선박을 사용하지 못하여 상실한 예상수익이다.[6]

(2) 이 때 손해와 충돌간에는 「상당인과관계」가 있어야 한다.[7]

---

1) 동지: 정(희), 616면; 서·정, 659면; 손(주), 890면.
2) 동지: 대판 2010. 4. 29, 2009 다 99754(공보 2010, 1004)(선박의 충돌이란 2척 이상의 선박이 그 운용상 작위 또는 부작위로 선박 상호간에 다른 선박 또는 선박 내에 있는 사람 또는 물건에 손해를 생기게 하는 것으로 직접적인 접촉의 유무를 묻지 아니하며, 예인선과 자력항행이 불가능한 부선인 피예인선 상호간의 경우에도 마찬가지로 적용된다); 정(희), 616면.
   반대: 서·정, 659면; 이(기) 외, (보·해) 523면; 채, 756면.
3) 동지: 채, 756면; 서·정, 659면; 최(기), (하) 914면.
4) 동지: 손(주), 890면; 정(희), 616면.
5) 동지: 서·정, 659면; 손(주), 890면.
6) 동지: 정(희), 617면; 대판 1972. 6. 13, 70 다 213(집 20 ② 민 98)(원고는 정부소유의 이 사건 비료를 운송하는 소외 대한통운주식회사와 연안운송계약을 맺고 동 회사로부터 그 운임으로 돈 52,020원을 지급받기로 약정한 사실을 넉넉히 인정할 수 있고, 원고의 동 수익상실은 이 사건 선박충돌사고와 상당인과관계가 있는 소극적 손해라 할 것인즉, 피고들은 원고에게 이를 배상할 책임이 있다).
7) 동지: 전게 대판 1972. 6. 13, 70 다 213(충돌사고로 인한 손해배상책임을 회피하기 위하여 소송제기를 변호사에게 위임하고 보수금을 지급하기로 약정한 경우, 이 보수금채무도 충돌사고와 상

제3 선박충돌의 효과(선박충돌과 손해배상관계)

선박충돌의 효과는 과실 있는 선박소유자와 피해자간의 손해배상책임관계인데,[1] 이에 대하여 이하에서는 충돌선박의 선박소유자간의 관계, 제3자에 대한 관계 및 선박충돌채권의 소멸로 나누어 설명하겠다.

1. 선박소유자간의 관계

(1) 불가항력으로 인한 충돌

선박의 충돌이 불가항력(inevitable accident)으로 인하여 발생하거나, 충돌이 원인불명(inscrutable accident)으로 인하여 발생한 때에는 피해자는 충돌로 인한 손해의 배상을 청구하지 못한다($\frac{상}{877조}$). 이는 「천재(天災)는 소유자의 부담으로 한다」(res perit domino)는 일반원칙에 따라 규정한 통일조약($\frac{제}{2조}$)을 국내법화한 것이다.[2] 따라서 피해자는 이러한 충돌로 인한 손해를 상대방에게 배상청구하지 못하고, 피해자 자신의 부담으로 하여야 한다. 충돌원인이 불가항력으로 인한 것인지 또는 과실로 인한 것인지가 명백하지 않은 경우에는 불가항력의 경우와 동일하게 볼 수밖에 없다고 본다[3]($\frac{통일조약 3조,}{獨商 734조}$).

(2) 일방과실로 인한 충돌

선박의 충돌이 일방의 선원의 과실로 인하여 발생한 때에는 일반원칙에 따라 과실이 있는 선박소유자가 상대방의 선박소유자에게 그가 입은 손해를 배상하여야 한다[4]($\frac{상}{878조}$). 이 때 선박의 일방의 과실은 그 선박의 선원의 과실에 의한 경우가 보

당인과관계가 있는 손해라고 할 것이므로 이 보수금도 충돌사고 쌍방의 과실 정도에 따라 분담지급하여야 한다).

1) 선박의 충돌사고는 해난심판법 제2조 소정의 해난에 해당하는 것이나, 이로 인한 손해의 배상을 소구함에 있어서는 반드시 동법에 정한 해난심판절차를 거쳐야 하는 것은 아니다[동지: 대판 1970. 9. 29, 70 다 212(집 18 ③ 민 90); 동 1972. 6. 13, 70 다 213(집 20 ② 민 98)].

2) 동지: 손(주), 891면; 서·정, 660면; 정(희), 617면.

3) 동지: 손(주), 891면.

4) 일방과실에 의한 충돌을 부정한 판례로는 대판 1973. 1. 16, 72 다 1468(월보 30, 15)[항해 또는 어로에 당하는 선박은 해상충돌예방법(이 법은 그 후 해상교통안전법으로 됨)을 준수하고 그 선장 자신 또는 해원을 지휘·감독하여 다른 선박과 접촉충돌하는 일이 없도록 항상 신호 및 주위 해역을 경계하여야 하며, 특히 안개 기타에 의하여 시계가 방해되어 투시가 곤란할 경우에는 일층 감시를 엄중히 하고 정규의 신호를 취명하여 다른 선박에 대하여 자선의 항행 중 또는 어로중임을 경고함과 아울러 적당한 속력으로 항행하여야 하고 절박한 충돌의 위험이 있을 때에는 임기응변의 적절한 조치를 강구하여서 사고의 발생을 미연에 방지하여야 할 의무가 있는 것이라 할 것이므로, 무중〈霧中〉 등에서 동력선이 정횡〈正橫〉의 전방으로부터 다른 선박 등의 신호를 들은 경우 그 위

통이나[1]($^{\text{상}}_{878\text{조}}$), 그 선박의 도선사에 의한 과실도 이에 포함된다($^{\text{상}}_{880\text{조}}$). 과실 있는 선박소유자가 손해배상을 하는 경우에는 선주유한책임을 주장할 수 있고($^{\text{상}}_{769\text{조}}$), 과실 있는 선원 등에게는 구상권을 행사할 수 있다($^{\text{민}}_{3\text{항}}$ 756조). 또한 선원 등이 손해배상을 하는 경우에도($^{\text{민}}_{750\text{조}}$) 선주유한책임을 주장할 수 있다($^{\text{상}}_{1\text{항}}$ 774조 3호). 이 때 일방선박의 과실은 피해자가 증명하여야 한다.

(3) 쌍방과실로 인한 충돌

1) 쌍방선박의 선원에 과실이 있는 경우에는 각자의 과실의 경중(輕重)에 따라 손해배상의 책임을 분담하고($^{\text{상}}_{1\text{항}}$ 879조 1문), 그의 경중을 판정할 수 없는 때에는 각 선박소유자가 균분하여 손해배상책임을 부담한다[2]($^{\text{상}}_{1\text{항}}$ 879조 2문). 이 때 선박충돌이 쌍방선박의 도선사의 과실에 의한 경우에도 같다($^{\text{상}}_{880\text{조}}$).

2) 이 경우 과실 있는 각 선박소유자가 부담하는 책임의 성질이 무엇이냐에 대하여 두 가지의 견해가 대립하고 있다. 즉, (ⅰ) 과실의 경중에 따라 혹은 균분하여 손해를 부담하는 경우에 있어서의 손해배상책임은 각 선박소유자가 그가 분담할 손해에 비례하여 상호 불법행위를 원인으로 하여 각자 그 책임을 지는데 이는 상호 상계할 수 있다고 보는 견해(교차책임설)(예컨대, Y소유의 선박과 S소유의 선박이 Y의 과실 3과 S의 과실 2의 비율인 쌍방과실로 충돌하여 각각 5억원의 피해를 입은 경우, 교차책임설에 의하면 Y는 5억원의 5분의 3을 자기의 선박의 손해에서 공제한 2억원의 청구권을 S에 대하여 갖고, S는 5억원의 5분의 2를 자기의 선박의 손해에서 공제한 3억원의 청구권을 Y에 대하여 갖기 때문에 이를 대등액으로 상계하면 S는 Y에 대하여 1억원의 손해배상 청구권을 갖는다)와, (ⅱ) 이 경우 충돌이라는 불법행위를 하나로 보고 따라서 그것에서 생기는 손해도 하나로 보아 그 어느 일방($^{\text{과실이}}_{\text{많은}}$)의 선박소유자만이 하나의 손해배상 책임을 진다고 보는 견해(단일책임설)(위의 예에서 단일책임설에 의하면 전체의 손해가 10억원으로서 이의 5분의 3인 6억원은 Y가 부담할 부분이고 이의 5분의 2인 4억원은 S가 부담할 부분으로 Y는 자기의 선박에 대한 손해인 5억원에서 1억원을 더 부담하고 S는 자기의 선박에 대한 손해보다 1억원을 덜 부담하므로 이 차액인 1억원은 Y가 S에게 배상하여야 한다)가 있다. 생각건대

치를 확인할 수 없어 충돌의 위험이 있을 때를 제외하고는 정선〈停船〉까지 할 의무는 없는 것이라 할 것인바(해상충돌예방법 16조 1항 · 2항 참조), 무중시계반경 20 내지 30미터인 사고해양에서 제일수전호의 항진속력 3마일은 만일 원고의 선박인 위 홍덕호가 해상충돌예방법 제15조 3항 8호 소정의 무중신호 등을 이행하였더라면 당시 해양의 상황(조류 · 풍속 · 파도) 등에 비추어 해상충돌을 피하기 위하여 적정한 속력인가 여부를 확정하지 아니하고서는 피고측의 위 제일수전호의 과실 여부를 가려낼 수 없을 것이므로 원심은 위의 점에 관하여 심리판단해야 옳았을 것이다. 그럼에도 불구하고 원심이 위 설시와 같이 위 충돌이 제일수전호의 과실에 기인하여 발생한 것이라 단정하였음은 위 해상충돌예방법의 규정에 의한 무중신호 등에 관한 주의의무를 간과하여 심리를 다하지 아니한 위법이 있다][이 판결을 대법원이 구체적으로 우리나라에 있어서의 fog rule에 관하여 판단한 첫 케이스라고 하는 견해가 있다 — 정(희), 611면 주 1].

1) 이러한 과실이 있다고 하기 위하여서는 1972년 국제해상충돌예방규칙이나 국내의 해상교통안전법 등에 위반된 행위가 있어야 할 것이다.

2) 미국법에 있어서는 쌍방의 과실이 있는 경우에는 언제나 손해를 균분하여 계산상의 어려움을 피하였으나, 1975년 United States v. Reliable Transfer Co. Inc.사건 이후 미국 연방대법원은 이를 폐기하고 비례배분의 원칙을 확립하였다.

충돌이라는 사실은 하나이지만, 사실상 과실 있는 쌍방에 별도로 불법행위책임이 성립하는 것이므로 교차책임설이 타당하다고 본다(통설).[1]

2. 제 3 자에 대한 관계

(1) 일방과실로 인한 충돌

선박충돌이 일방선박의 과실로 인한 경우에는 (i) 과실이 없는 선박상의 적하·여객에 손해가 생긴 때에는 과실선(船)의 선박소유자 등이 불법행위상의 손해배상책임을 부담하고($\frac{민}{750조}$), (ii) 과실선의 적하·여객에 손해가 생긴 때에는 과실선의 선박소유자 등이 운송계약상의 채무불이행에 의한 손해배상책임($\frac{상 794조, 795조}{1항, 826조}$)을 부담한다($\frac{상}{878조}$). 이 때 자선(自船)적하의 손해가 항해과실 등에 의한 경우에 과실선의 선박소유자가 면책되는 점은 해상물건운송인의 손해배상책임에서 본 바와 같다($\frac{상 795조}{2항}$).

(2) 쌍방과실로 인한 충돌

선박충돌이 쌍방선박의 과실로 인하여 생기고 그 어느 선박상의 적하·여객이 손해를 입은 경우에 각 선박소유자의 책임은 어떠한가. 이 경우 민법의 일반원칙에 따르면 각 선박소유자는 연대하여 손해배상책임을 지게 된다($\frac{민}{760조}$). 그러나 상법은 통일조약에 따라 특칙을 두고 있는데, 이를 인적 손해와 물적 손해로 나누어 살펴보겠다.

1) 인적 손해   쌍방과실로 인하여 선박충돌이 있고 이로 인하여 제 3 자의 사상(死傷)이 있는 경우, 각 선박소유자는 연대하여 제 3 자에 대하여 손해배상책임을 진다($\frac{상 879조}{2항}$). 이 때 각 선박소유자는 원래는 자선(自船)여객에 대하여는 채무불이행책임을 지고 타선(他船)여객에 대하여는 불법행위책임을 지는 것이나, 자선여객 또는 타선여객을 불문하고 언제나 공동불법행위자로서 책임을 부담하는 경우($\frac{민}{760조}$)와 결과적으로 동일하게 되었다. 그러나 과실선박 쌍방의 내부관계에서는 과실의 경중(輕重)에 따르고, 이를 판정할 수 없을 때에는 균분하여 부담한다($\frac{상 879조}{1항}$).

2) 물적 손해

㈎ 제 3 자의 물적 손해에 대하여는 상법에 명문규정이 없다. 따라서 이에 상법 제879조 1항을 제 3 자의 물적 손해에도 적용할 수 있는지에 대하여 긍정설[2]과

---

1) 정(희), 618면; 서·정, 661면; 손(주), 892면; 양·박, 627면(현재 영국·일본 등 여러 나라의 해상보험실무에서는 교차책임설을 취하고 있다고 한다); 이(기) 외, (보·해) 530면; 채, 764면 외.
2) 우리나라의 통설·판례: 정(희), 619면; 서·정, 661면; 손(주), 894면; 양·박, 628면; 최(기),

부정설[1]로 나뉘어 있는데, 긍정설이 타당하다고 본다. 이렇게 보면 각 선박소유자는 과실의 경중에 따라 책임을 지고, 이를 판정할 수 없을 때에는 균분하여 부담한다($\substack{상 879조 \\ 항}$). 따라서 이 경우에는 민법상 공동불법행위자의 연대책임의 법리($\substack{민 \\ 760조}$)는 적용되지 않는다.[2]

 (내) 이 때 충돌선박의 일방(A선)이 피해를 입은 그의 적하소유자(제3자)와 면책약관을 체결한 경우에 타방(B선)은 이를 원용할 수 있는지 여부가 문제되는데, 앞에서 본 바와 같이 제3자의 물적 손해에 대하여 상법 제879조 1항을 적용하는 긍정설에 의하면 A선주와 B선주는 각각 자기의 부담부분에 대하여만 책임을 지므로 A선주는 제3자에 대하여 면책약관의 내용을 주장할 수 있고 B선주는 이를 주장할 수 없으나,[3] 민법상 공동불법행위자의 연대책임의 법리($\substack{민 \\ 760조}$)가 적용되는 부정설에 의하는 경우에는 B선주가 이를 원용할 수 없다고 하면 그가 전액을 지급하고 다시 A선주에게 그의 과실에 따른 부담부분을 구상하게 되면 A선주가 그의 적하소유자와 체결한 면책약관은 아무런 의미가 없으므로 B선주는 이를 원용할 수 있다고 보아야 할 것이다.[4] 운송선박과 비운송선박이 충돌한 경우 운송선박소유자가 항해과실로 인하여 면책이 되는 경우에도 이와 동일한 이치라고 본다.[5]

3. 선박충돌채권의 소멸

 선박충돌로 인하여 생긴 손해배상청구권은 그 충돌이 있은 날로부터 2년 내에 재판상 청구가 없으면 소멸하는데, 이 기간은 당사자의 합의에 의하여 연장할 수 있다($\substack{상 \\ 881조}$). 2년의 단기제척기간을 두고 있어, 이는 민법상 불법행위로 인한 손해배

(하) 916면; 이(기) 외, (보·해) 531면; 채, 761면; 이(균), 412면; 김(인), 231면; 대판 1972. 6. 13, 70 다 213(집 20 ② 민 98).

1) 일본의 통설·판례: 田中誠二, 「海商法詳論」, 521면 외.

2) 동지: 대판 1972. 6. 13, 70 다 213(집 20 ② 민 98); 동 1975. 6. 24, 75 다 356(쌍방과실로 인한 선박충돌의 경우 제3자의 재산에 대한 손해배상책임에는 상법 제879조 1항이 적용되고, 민법상 공동불법행위의 법리에 따른 손해배상의 연대책임이 인정될 여지가 없다).

3) 동지: 양·박, 628면(이 때 A선주 및 B선주의 책임은 연대책임이 아니라 분할책임이므로 이에 민법 제419조〈면제의 절대적 효력〉를 유추적용하는 것은 문제가 있다고 함); 김(인), 234면.

4) 결과 동지: 정(희), 619면; 서·정, 662면(민법 제419조의 취지를 원용하여 면책약관의 원용을 인정하여야 한다고 함); 손(주), 894면(이에 민법 제419조를 유추적용함); 이(기) 외, (보·해) 532면.
 반대: 채, 761면(상대선박소유자는 운송계약의 당사자가 아니므로 반대의 특약이 없는 한 운송계약상 면책사유를 주장할 수 없고, 연대채무에서도 면제는 그 채무자의 부담부분에 한하여 절대적 소멸의 효력이 있는 점〈민 419조〉 등에 비추어 찬성할 수 없다고 한다).

5) 결과 동지: 손(주), 894면.

상청구권의 시효기간($\frac{민}{766조}$)보다 훨씬 짧다.

제 4 절 해난구조[1]

제 1 총   설

1. 해난구조의 의의

(1) 해난구조의 의의

해난구조(salvage; Bergung u. Hilfsleistung)에는 광의의 해난구조와 협의의 해난구조의 두 가지의 뜻이 있다. 「광의의 해난구조」라 함은 '해난을 당한 선박 또는 적하를 구조하는 모든 경우'를 의미한다. 따라서 광의의 해난구조에는 당사자간에 미리 구조에 관한 계약이 있는 경우와($\frac{상}{1항}$887조), 이에 관한 아무런 계약이 없이($\frac{즉,}{없이}\frac{의무}{}$) 구조를 하는 경우가 있다($\frac{상}{882조}$). 「협의의 해난구조」라 함은 '구조계약이 없이($\frac{즉,}{없이}\frac{의무}{}$) 해난을 당한 선박 또는 적하를 구조하는 경우'를 의미하는데, 상법이 규정하는 해난구조는 이러한 협의의 해난구조이다. 즉, 상법상 해난구조라 함은 「항해선 상호간 또는 항해선과 내수항행선간에 선박 또는 그 적하 그 밖의 물건이 어떠한 수면에서 위난을 당한 경우에 의무 없이 이를 구조하는 것」을 말한다($\frac{상}{882조}$).[2] 이러한 해난구조의 대표적인 예는 조난을 당한 선박의 구조요청을 받고 지나가던 선박이 구조계약을 체결함이 없이 구조하는 경우이다.[3] 그러나 당사자가 미리 구조계약을 체결하고 그 계약에 따라 구조가 이루어진 경우에도 그 성질에 반하지 아니하는 한 구조계약에서 정하지 아니한 사항은 상법의 해난구조에 관한 규정이 적용된다($\frac{상}{887조}$ $\frac{1}{항}$).

---

1) 이것을 종래에는 해난구조라고 하였으나, 1999. 2. 5, 제5809호로 개정된 해난심판법 중 개정법률('해난심판법'을 '해양사고의 조사 및 심판에 관한 법률'로 개정함) 부칙 제 6 조 7항에 의하여 상법 중 '해난구조'를 '해양사고 구조'로 개정하였다. 그 후 2007년 개정상법에서는 다시 해난구조로 변경하였다.

2) 이에 반하여 해난을 당한 선박의 소유자와 구조자 사이에 체결되는 구조계약에 의한 구조를 「계약구조」라고 하는데, 이에는 실무상 Lloyd's Open Form이란 표준서식을 사용한다.

3) Margate Shipping Co. v. M/V Ja Oregeron, 1998 AMC 2383(우주왕복선의 연료탱크를 끌고 가던 예인선이 폭풍으로 조난을 당하여 조난신호를 받은 유조선의 선장이 이를 구조하고 구조료로서 미국사상 최대인 약 미화 4백만 달러를 수령함).

(2) 해난(해양사고)

해난(해양사고)이 무엇인지에 대하여는 해양사고의 조사 및 심판에 관한 법률[1] 이 정의하고 있는데, 이에 의하면 해양 및 내수면에서 발생한 (i) 선박의 구조·설비 또는 운용과 관련하여 사람이 사망 또는 실종되거나 부상을 입은 사고, (ii) 선박의 운용과 관련하여 선박 또는 육상·해상시설에 손상이 생긴 사고, (iii) 선박이 멸실·유기되거나 행방불명된 사고, (iv) 선박의 충돌·좌초·전복·침몰이 있거나 조종이 불가능하게 된 사고 및 (v) 선박의 운용과 관련하여 해양오염피해가 발생한 사고를 말한다($\frac{동법}{2조}$ 1호).

(3) 구원(救援)과 구조

대륙법은 구원(assistance; Hilfsleistung)과 구조(salvage; Bergung)를 구별하여, 구원은 '선박 또는 적하를 선원이 점유하는 경우에 이를 구출하기 위하여 선원에 협력하는 것'이라고 하고, 구조는 '선원의 점유를 떠난 선박 또는 적하를 구출하는 것'이라고 한다. 이 양자의 차이는 구조료액에 차이를 두는 데 실익이 있었으나, 이 양자의 구별이 명확한 것도 아니고 또 양자의 구조료액에 차이를 두는 것도 불합리하므로 영미법에서는 양자를 구별하지 않고 있다.[2] 따라서 우리 상법도 영미법에 따른 통일조약과 같이 이 양자를 구별하여 규정하지 않고 있다.

2. 해난구조의 법적 성질

협의의 해난구조의 법적 성질에 대하여는 사무관리설·준계약설·부당이득설·법적 행위설 등 여러 가지 학설이 있으나, 공동해손의 경우와 같이 「해상법상의 특수한 법률요건」이라고 본다(통설).[3] 그러나 구조계약에 의한 해난구조($\frac{상}{1항}$ 887조)는 구조라는 일의 완성에 대하여 구조료를 지급하므로 도급계약이다.[4]

---

1) 이 법률의 개선방안에 관하여는 황석갑·정영석, "해양사고의 조사 및 심판에 관한 법률의 개선방안," 「상법학의 전망」(평성 임홍근교수 정년퇴임기념논문집)(서울: 법문사, 2003), 483~503면 참조.

2) 동지: 정(희), 620면; 서·정, 665면; 손(주), 897면.

3) 정(희), 621면; 서·정, 665면(해상법상의 특수한 법률요건으로서 하나의 사건이라고 한다); 손(주), 897면(해상법상의 특수한 제도라고 한다) 외.

4) 동지: 손(주), 897면; 양·박, 630면; 채, 767면.

3. 해난구조에 관한 통일조약[1]

해난의 경우 19세기 이래 약탈금지의 소극적 입장에서 해난구조를 장려하는 적극적 입장으로 이전되었고, 또한 해상법의 다른 부분과 같이 이의 국제적 통일이 절실히 필요하게 되었다. 따라서 해난구조에 관한 각국의 입법을 통일하기 위하여 1910년의 국제해법회(CMI) 브뤼셀회의에서 「해난에 있어서의 구원·구조에 관한 규정의 통일을 위한 조약」(Convention for the Unification of Certain Rules of Law respecting Assistance and Salvage at Sea, signed at Brussels, Sep. 23, 1910)이 성립하였다. 이 통일조약은 그 후 1967년에 개정되었고, 해난구조에 관하여는 1989년에 「구조에 관한 국제조약」(International Convention on Salvage, London)이 다시 제정되었다.

우리 상법은 1910년의 통일조약에 따라 입법하고는 있으나, 이에 완전히 일치하는 것은 아니다. 상법은 해난구조를 공동해손 등과 같은 차원에서 해상기업에 수반하는 사고의 하나로 보아 해산(海産)구조에 중점을 두어 규정하고 있고, 인명구조 기타는 선원법·선박안전법·수상에서의 수색·구조 등에 관한 법률($^{전문개정: 2012. 2.}_{23, 법 11368호, 개정:}$ $^{2022. 12. 27,}_{법 19134호}$) 등과 같은 일반항행법에서 규정하고 있다.

제 2 해난구조의 요건

협의의 해난구조라 함은 위에서 본 바와 같이 「(항해선 상호간 또는 항해선과 내수항행선간에) 선박 또는 그 적하 그 밖의 물건이 어떠한 수면에서 위난을 당한 경우에 의무 없이 이것을 구조하는 것」을 말하는데($^{상}_{882조}$), 이를 분설하면 다음과 같은 요건으로 나누어 볼 수 있다.

1. 해난요건(해난〈danger; Seenot〉을 당하였어야 한다)

(1) 「해난」이라 함은 '항해에 관한 위난으로서, 선박이 자력만으로써 극복할 수 없는 위험, 즉 선박 또는 적하의 전부 또는 일부를 멸실 또는 훼손할 염려가 있는 경우'를 의미한다.[2] 이러한 해난은 반드시 급박함을 요하지 않고($^{공동해손의}_{경우와 구별}$), 구조시

---

1) 해양사고 구조의 연혁에 관하여는 손(주), 897~899면; 서·정, 663~664면; 정(희), 619~620면 등 참조.

2) 동지: 서·정, 665면; 정(희), 621면; 손(주), 899면.

에 예견할 수 있는 것이면 무방하다.[1]

(2) 해난의 「발생원인」에는 제한이 없다. 따라서 자연적 원인(폭풍)이든 인위적 원인(선원의 반란 등)이든 상관 없고, 적극적 원인이든 소극적 원인이든 무방하다.[2] 또 해난의 발생원인이 선박 및 적하에 공통하여 있을 필요도 없다[3](공동해손의 경우와 구별).

(3) 해난의 「발생장소」에도 제한이 없다. 따라서 호천·항만이라도 무방하다.[4] 상법이 '어떠한 수면에서'라고 규정한 것(상 882조)은 이를 의미한다(이 점은 선박충돌의 경우와 같다 — 상 876조 1항 참조).

2. 목적물요건(선박 또는 그 적하 그 밖의 물건이 구조되었어야 한다)

(1) 구조의 목적물은 「선박 또는 그 적하 그 밖의 물건」이다. 이 때 「선박」은 원칙적으로 항해선인데(상 882조 본문), 구조선이 항해선이면 피구조선이 내수항행선이어도 무방하고 또한 구조선이 내수항행선이면 피구조선은 항해선이어야 한다(상 882조 단서). 이 때 동일소유자에 속한 이러한 선박 상호간의 구조도 상법상의 해난구조가 된다(상 891조 참조). 그러나 내수항행선 상호간의 구조, 노도선(櫓櫂船) 상호간의 구조(상 741조 1항 참조) 또는 상법이 적용되지 않는 국·공유선(상 741조 단서) 상호간의 구조는 상법상 해난구조가 아니다(이 점은 선박충돌의 경우에도 같다 — 상 876조). 「적하」란 반드시 운송계약의 목적물뿐만 아니라, 선박장비·선원과 여객의 식량 등도 포함한다.[5] 「그 밖의 물건」이란 속구·여객의 수하물 등을 말한다.[6] 이와 같이 구조의 목적물은 해산(海産)에 한한다.

(2) 구조의 목적물이 해산에 한하는 점에서 선박 또는 그 적하 그 밖의 물건이 구조되지 않은 한 인명만이 구조된 경우에는 해난구조가 아니다. 그 이유는 인명의 구조는 도덕적 의무에 의한 것으로서 이는 보수와 직접 관련시킬 수 없는 것인데, 상법상의 해난구조의 보수는 구조된 해산으로부터 변제되어야 하기 때문이다.[7] 그러나 재산구조와 함께 인명구조가 있은 경우에는 인명구조에 대한 보수를 청구할 수 있다(상 888조 2항).

---

1) 동지: 서·정, 665~666면; 정(희), 621면.
2) 동지: 손(주), 899면; 정(희), 621면; 서·정, 666면.
3) 동지: 손(주), 899면.
4) 동지: 정(희), 621면; 서·정, 666면; 손(주), 899면.
5) 동지: 손(주), 900면.
6) 동지: 손(주), 900면; 朝高判 1927. 8. 19.
7) 동지: 서·정, 666면; 정(희), 622면.

3. 구조요건(의무 없이 자의로 구조를 하였어야 한다)

(1) 해난구조가 성립하기 위하여는 구조자가 의무 없이 구조활동을 하여야 하는데($\frac{\text{상}}{882조}$), 이 때 「의무 없이」(voluntary)라 함은 '사법상의 의무 없이' 구조활동을 한 것을 의미한다.[1] 따라서 조난선의 선원이 당해 선박 또는 적하를 구조하는 행위, 도선사가 인도하는 선박을 구조하는 행위, 또는 예선(曳船)이 피예선(被曳船)을 구조하는 행위 등은 원칙적으로 해난구조가 아니다[2]($\frac{\text{상}}{890조}$). 그러나 예외적으로 예선계약이나 도선(導船)계약의 이행이라고 볼 수 없는 특수한 노력을 제공한 경우에는 해난구조로 볼 수 있다($\frac{\text{상 890조}}{\text{반대해석}}$).

(2) 구조자에게 사법상의 의무가 없는 한 선원법이나 수상에서의 수색·구조 등에 관한 법률 등과 같은 공법상의 구호의무를 부담하는 자($\frac{\text{예컨대}}{\text{선장 등}}$)가 하는 구조도 해난구조이다(통설).[3] 그러나 해상감시선이 하는 구조는 그 선박 및 선원의 특수사명에 비추어 해난구조가 되지 않는다고 본다.[4]

(3) 해난구조로서 보수청구권이 발생하자면 구조의 결과가 발생하여야 한다($\frac{\text{상}}{882조}$). 해난구조에서 구조료청구권이 발생하기 위한 요건으로는 결과주의[5]와 노력주의가 있는데, 우리 상법은 제882조의 보수청구권에 대하여는 결과주의에 따라 입법을 하였다. 이것은 구조의 가장(假裝) 등에 따른 폐단을 방지하기 위한 것이다.[6] 그러나 일단 구조의 결과가 있으면 또 다시 발생한 해난으로 인하여 손해가 발생하여도 보수청구권에는 영향이 없다.[7] 이에 반하여 환경손해방지작업에 대한 특별보상에 대하여는 노력주의에 따른 입법을 하고 있다($\frac{\text{상 885조}}{\text{1항}}$). 이는 환경손해방지작업을 장려하기 위한 것이다.

---

1) 동지: 정(희), 621면; 서·정, 667면; 손(주), 901면; 朝高判 1927. 8. 19.

2) 동지: 서·정, 667면; 정(희), 621~622면.

3) 정(희), 622면; 서·정, 667면; 손(주), 901면; 채, 770면 외.

4) 동지: 정(희), 622면.

5) 이는 통일조약(제 2 조)과 '효과 없으면 보수 없다'(no cure no pay)는 영국법의 입장이다.

6) 동지: 정(희), 622면.

7) 동지: 서·정, 667면; 朝高判 1927. 8. 19(판총 11-1〈A〉, 960).

제3 해난구조의 효과

1. 보수청구권

(1) 보수청구권의 발생

위와 같은 해난구조의 요건을 갖추면 구조자에게는 상당한 보수청구권이 발생
한다[1]($\stackrel{상}{882조}$). 이러한 보수청구권은 해난구조의 결과 발생을 조건으로 하여 구조작
업을 시작한 때에 발생한다고 본다.[2] 보수액의 산정에는 구조자가 지출한 비용도
가산된다($\stackrel{상}{883조}$). 인명구조의 경우에는 앞에서 본 바와 같이 원칙적으로 피구조자에
대한 보수청구권을 인정하지 않고 있으나,[3] 재산구조와 경합하는 경우에는 보수청
구권을 갖는다($\stackrel{상\ 888조}{2항}$).

(2) 보수청구권자

1) 원   칙   보수청구권을 갖는 자는 원칙적으로 해난구조에 종사한 모든
자이다($\stackrel{상}{882조}$). 선박소유자는 스스로 구조에 종사하지는 않았으나 구조에 출연한 자
이므로 선박의 손해액과 구조비용에 대한 청구권을 인정하고 있다($\stackrel{상\ 889조}{1항\ 참조}$). 또한 앞
에서 본 바와 같이 동일소유자에 속한 선박 상호간에 있어서도 구조에 종사한 자에
대하여 보수청구권을 인정하고 있다($\stackrel{상}{891조}$).

2) 예   외   그러나 예외적으로 다음의 자에게는 그가 해난구조에 종사한
경우에도 보수청구권이 없다($\stackrel{상}{892조}$). 즉, (i) 구조받은 선박에 종사하는 자, (ii) 고
의 또는 과실로 인하여 해난을 야기한 자, (iii) 정당한 거부에도 불구하고 구조를
강행한 자, (iv) 구조된 물건을 은닉하거나 정당한 이유 없이 처분한 자는, 보수를
청구하지 못한다.

---

1) 민법상 사무관리의 경우에는 관리자에게 보수청구권을 인정하지 않고 있다(민 734조)[곽윤직, 「전
   정판 채권각론」(박영사, 1980), 507면, 513면]. 그러나 해난구조의 경우에는 상법이 보수청구권을
   당연히 인정하고 있다(상 882조 본문 후단).
   2007년 개정상법은 제882조에 해당하는 것을 보수로 표현하고(상 883조, 884조 제목 참조), 환
   경손해방지작업에 대한 특별보상(상 885조)을 포함하는 경우에는 구조료로 표현하고 있다(상 886
   조 참조).

2) 동지: 정(희), 623면.

3) 동지: 통일조약 9조 1항; 朝高判 1927. 8. 19(여객을 구조한 경우에 피구조선의 선주에게 보수
   청구권을 갖지 못하고, 다만 구조선 선주에 대하여 보수청구권만을 갖는다). 그러나 영국에서는 상
   선기금(merchant marine fund)에 의하여 인명구조자에게 일정률의 구조료를 지급하고 있으며,
   입법론으로 인명구조를 장려하기 위하여 인명구조만을 한 자에 대하여도 보수청구권을 인정하여야
   한다는 주장이 있다[이에 대한 입법론적 비판으로는 서·정, 666면; 양·박, 535면; 채, 768면; 이
   (기) 외, (보·해) 541면].

(3) 보 수 액

1) 보수액의 결정

협의의 해난구조의 경우에는 보통 보수액에 대하여 당사자간에 미리 약정이 없을 것이므로, 이 때에는 먼저 그 액에 관하여 「당사자간의 합의」에 의한다($\frac{\text{상}\,883조}{\text{전단}}$). 그러나 그 액에 관하여 당사자간에 합의가 성립하지 아니한 때에는, 다음으로 「법원」이 당사자의 청구에 의하여 구조된 선박 및 재산의 가액·위난의 정도·구조자의 노력과 비용·구조자나 그 장비가 조우했던 위험의 정도·구조의 효과·환경손해방지를 위한 노력·그 밖의 제반사정을 참작하여 그 액을 정한다($\frac{\text{상}\,883조}{\text{후단}}$).

구조계약이 있는 경우에는 보수액에 대하여 당사자간에 미리 약정을 할 것이므로 그 약정에 의한다. 그러나 그 약정이 해난 당시에 성립하여 그 액이 현저하게 부당한 때에는 법원은 위와 같은 제반사정을 참작하여 그 액을 증감할 수 있다($\frac{\text{상}\,887조}{2\text{항}}$). 이것은 해난이라는 급박한 사정하에서 부당하게 성립한 계약의 내용을 시정하기 위한 것이다.[1]

2) 보수액의 한도

보수액은 다른 약정이 없으면 구조된 목적물의 가액을 초과하지 못하고($\frac{\text{상}\,884조}{1\text{항}}$), 선순위의 우선특권이 있는 때에는 그 우선특권자의 채권액을 공제한 잔액을 초과하지 못한다($\frac{\text{상}\,884조}{2\text{항}}$). 이것은 피구조물의 소유자의 일반적인 의사와 합치하는 점 및 보수청구권은 구조의 결과가 발생한 경우에 한하여 생긴다는 점에 따른 것이다. 따라서 구조자가 아무리 많은 비용과 수고를 한 경우에도 구조의 결과가 없으면 보수청구권이 발생하지 않는다.

2. 환경손해방지작업에 대한 특별보상

(1) 특별보상청구권의 발생

2007년 개정상법은 1989년 국제해난구조협약 제14조의 특별보상제도를 수용하여 환경손해방지작업에 대한 특별보상에 대하여 규정하였다. 즉, 선박 또는 그 적하로 인하여 환경손해가 발생할 우려가 있는 경우에 손해의 경감 또는 방지의 효과를 수반하는 구조작업에 종사한 구조자는 구조의 성공 여부 및 구조료액의 한도와 상관 없이 구조에 소요된 비용을 특별보상으로 청구할 수 있다($\frac{\text{상}\,885조}{1\text{항}}$).

환경오염의 위험이 있는 경우에 환경손해방지작업을 장려하기 위하여 구조의

---

1) 동지: 손(주), 906면; 정(희), 623면.

성공 여부에 상관 없이 구조에 소요된 비용을 특별보상으로 청구할 수 있도록 하는 노력주의에 의한 입법을 하고 있다. 또한 이러한 구조자는 구조료액의 한도($\frac{상}{884조}$)와 상관 없이 구조에 소요된 비용을 특별보상으로 청구할 수 있다.

(2) 특별보상액

특별보상액에 해당하는 「구조에 소요된 비용」이란 구조작업에 실제로 지출한 합리적인 비용 및 사용된 장비와 인원에 대한 정당한 보수를 말한다($\frac{상}{2항}^{885조}$).

구조자는 발생할 환경손해가 구조작업으로 인하여 실제로 감경 또는 방지된 때에는 보상의 증액을 청구할 수 있는데, 이 때 법원은 구조된 선박 및 재산의 가액·위난의 정도·구조자의 노력과 비용·구조자나 그 장비가 조우했던 위험의 정도·구조의 효과·환경손해방지를 위한 노력 그 밖의 제반사정을 참작하여 증액 여부 및 그 금액을 정하는데, 이 경우 증액된 금액은 위의 구조에 소요된 금액인 특별보상액의 배액을 초과할 수 없다($\frac{상}{3항}^{885조}$).

이에 반하여 구조자의 고의 또는 과실로 인하여 손해의 감경 또는 방지에 지장을 가져온 경우, 법원은 위의 구조에 소요된 금액인 특별보상액 및 이에 대한 증액을 감액하거나 부인할 수 있다($\frac{상}{4항}^{885조}$).

(3) 보수청구권과 특별보상청구권이 경합하는 경우

하나의 구조작업을 시행한 구조자가 보수청구권도 갖고 또한 특별보상청구권도 갖는 경우에는, 그 중 큰 금액을 구조료로 청구할 수 있다($\frac{상}{5항}^{885조}$).

3. 구조료[1]의 분배

(1) 공동구조의 경우

1) 각 선박간의 구조료의 분배　　　수 척의 독립한 선박에 의하여 공동으로 구조를 한 경우에는 당사자간의 공동의 합의가 없어도 공동구조가 된다.[2] 이 때 각 선박공동체[3]간의 구조료분배의 비율에 관하여는 (i) 당사자간에 미리한 「약정」이

---

1) 이 때의 구조료는 앞에서 본 바와 같이 해난구조에 대한 보수(상 882조~884조)와 환경손해방지 작업에 대한 특별보상(상 885조)을 포함하는 개념이다(상 886조 참조).

2) 상법 제888조 1항은 「수 인이 공동으로 구조에 종사한 경우」라고 규정하고 있는데, 이 때 '수 인'은 '수 척'으로 해석하여야 할 것으로 본다. 왜냐하면 동법 제889조와의 관계상 일 선박 내의 수 인은 이에 해당되지 않고 또한 해상에서 일 선박과 그 선박 외의 수 인의 자연인이나 선박을 배제한 수 인의 자연인은 거의 예상할 수 없기 때문이다.

3) 일 선박에 의하여 타선의 해난을 구조한 경우에는 선박을 구조용구로 하여 선장을 중심으로 하는 해원의 공동행위에 의하여 통일적인 활동을 하게 되므로, 해난구조는 하나의 선박공동체에 의하여 수행된다고 말할 수 있다. 따라서 이 선박공동체를 구성하는 선박소유자·선장·해원 등이 구

있는 경우에는 그에 의하고, (ⅱ) 당사자간에 이러한 약정이 없는 경우에는 먼저 「당사자간의 합의」에 의하며, 다음으로 당사자간에 합의가 성립하지 않으면 「법원」이 당사자의 청구에 의하여 구조된 선박 및 재산의 가액·위난의 정도·구조자의 노력과 비용·구조자나 그 장비가 조우했던 위험의 정도·구조의 효과·환경손해방지를 위한 노력 그 밖의 제반사정을 참작하여 이를 정한다($\frac{상\ 888조}{1항,\ 883조}$). 이렇게 하여 정하여진 각 선박공동체가 가질 구조료는 다시 그 선박공동체 내에서의 분배비율($\frac{상}{889조}$)에 따라 분배된다.

2) 인명구조자의 구조료청구권　　공동구조의 경우 선박 또는 적하와 동일한 해난사고에서 재산구조와 경합하여 인명구조에 종사한 자는, 선박 또는 적하의 구조의 결과를 전제로 하여 재산구조자의 구조료와 독립된 구조료의 분배를 받을 수 있다($\frac{상\ 888조}{2항}$). 이 구조료청구권은 인명이 구조된 결과 재산의 구조가 보다 잘 수행되었다고 할 수 있는 점에서, 재산의 피구조자에 대하여 직접 인정된다.[1] 따라서 인명구조자가 분배받을 구조료는 피구조자가 부담하는 것이 아니라, 구조된 물건의 소유자가 부담한다고 본다.[2] 또한 이 때 두 조 이상의 구조자가 공동으로 구조하되 한편은 인명만 구조하고 다른 한편은 해산(海産)만 구조한 경우에도, 인명구조자에게 소정의 구조료가 지급되어야 할 것이다.[3]

(2) 선박 내에서의 구조료의 분배

1) 선박 내에서의 구조료의 분배는 먼저 선박소유자에게 선박의 손해액과 구조에 요한 비용을 지급하고, 잔액을 절반하여 선장과 해원에게 지급하여야 한다($\frac{상\ 889조}{1항}$).

2) 이 때 해원에게 지급할 구조료의 분배는 선장이 각 선원의 노력·그 효과와 사정을 참작하여 그 항해의 종료 전에 분배안을 작성하여 선원에게 고시하여야 한다($\frac{상\ 889조}{2항}$).

조료를 취득하게 된다.

1) 동지: 정(희), 624면.

2) 동지: 손(주), 907면; 정(희), 625면; 통일조약 제 9 조 1항.
　반대: 서·정, 670면(인명구조자는 재산의 구조자, 즉 구조료 채권자에 대하여 이 청구권을 갖는다고 한다).

3) 동지: 정(희), 624면.

4. 구조료의 지급

(1) 구조료 채무자

구조료 채무자는 구조된 선박의 소유자 그 밖에 구조된 재산의 권리자이다 ($\frac{상}{전단}^{886조}$). 선박소유자는 특약이 없는 한 운송물에 관하여 구조료를 지급할 필요가 없다.[1] 재산구조와 함께 인명구조가 있는 경우 인명구조자는 구조료청구권을 갖는데($\frac{상}{2항}^{888조}$), 이 때 구조료 채무자는 앞에서 본 바와 같이 피구조자가 아니라 구조된 물건의 소유자이다.[2]

(2) 구조료 지급비율

위의 구조료 채무자는 그 구조된 선박 또는 재산의 가액에 비례하여 구조에 대한 보수를 지급하고 특별보상을 하는 등 구조료를 지급할 의무를 부담한다($\frac{상}{후단}^{886조}$).

(3) 구조료 지급에 관한 선장의 권한

1) 해난구조가 있은 경우에 피구조선의 선장은 구조료 채무자에 갈음하여 그 지급에 관한 재판상·재판 외의 모든 행위를 할 권한이 있다($\frac{상}{1항}^{894조}$). 구조료에 관한 소(訴)에 있어서 선장은 스스로 원고 또는 피고가 될 수 있고, 이 경우 그 소에 관하여 선고한 확정판결은 구조료 채무자에 대하여도 그 효력이 있다($\frac{상}{2항}^{894조}$). 이와 같이 선장에게 구조료 지급에 관하여 법률상 특별권한을 인정하는 것은 해난구조가 먼 바다에서 일어나고 또 선장이 구조시의 실제의 사정에 가장 밝으므로 채무자로서는 선장에게 이러한 것을 맡기는 것이 편리하고, 또 채권자로서도 채무자가 다수인 경우에 권리행사를 단일화할 수 있어 편리하기 때문에 인정된 것이다.[3]

2) 이러한 선장의 권한은 구조선(구조료 채권자)의 선장에게도 인정되는가. 이에 대하여 상법은 명문규정을 두고 있지는 않으나, 피구조선의 선장의 권한에 관한 규정($\frac{상}{894조}$)을 유추적용하여 구조선의 선장에게도 이러한 권한이 인정된다고 본다.[4] 이렇게 보면 구조선의 선장은 모든 구조료청구권자에 갈음하여 그 청구에 관한 재판상·재판 외의 모든 행위를 할 수 있다.

---

1) 동지: 정(희), 625면.
2) 동지: 손(주), 907면; 정(희), 625면; 통일조약 제9조 1항.
3) 동지: 정(희), 625면; 서·정, 671면; 손(주), 908면.
4) 동지: 서·정, 671면; 양·박, 633면.

5. 구조료청구권의 담보

(1) 우선특권

상법은 해난구조자의 구조료청구권을 담보하기 위하여 우선특권을 인정하고 있다. 즉, (ⅰ) 선박의 구조에 종사한 자는 그 구조료청구권을 담보하기 위하여 피구조선·그속구·운임 등에 대하여 우선특권을 갖는데($^{\text{상 777조 1항}}_{\text{3호 전단}}$), 이 우선특권은 그 선박소유권의 이전으로 인하여 영향을 받지 않는다($^{\text{상}}_{\text{785조}}$). (ⅱ) 적하의 구조에 종사한 자는 그 구조료청구권을 담보하기 위하여 구조된 적하에 대하여 우선특권을 갖는데($^{\text{상 893조}}_{\text{1항 본문}}$), 채무자가 그 적하를 제 3 취득자에게 인도한 후에는 구조료청구권자는 그 적하에 대하여 우선특권을 행사하지 못한다($^{\text{상 893조}}_{\text{1항 단서}}$). 그러나 그 이외의 사항에 관하여는 적하에 대한 우선특권에도 선박채권자의 우선특권에 관한 규정이 준용된다($^{\text{상 893조}}_{\text{2항}}$).

(2) 유 치 권

해난구조자는 그가 구조물을 점유하고 있는 동안에는 구조료청구권을 담보하기 위하여 구조물에 대하여 민사유치권을 행사할 수 있다($^{\text{민}}_{\text{320조}}$).

6. 구조료청구권의 소멸

구조료청구권은 구조가 완료된 날로부터 2년 이내에 재판상 청구가 없으면 소멸하는데, 이 기간은 당사자간의 합의에 의하여 연장할 수 있다($^{\text{상}}_{\text{895조}}$). 선박충돌로 인한 채권과 같이 2년의 단기제척기간을 두고 있다.

제 1 절 총   설

(1) 해상기업의 경영에는 선박의 건조·수선·운항 등에 많은 자금이 필요한 관계로 과거에 해상기업조직의 형태로는 「코멘다」·「선박공유」 또는 「조합」 등을 채택하였고, 해상기업금융의 형태로는 대표적인 것으로 모험대차(冒險貸借)가 있었다. 모험대차는 선박 또는 적하를 담보로 하는 금전소비대차로서, 안전한 항해의 종료를 변제의 조건으로 하는 대신에 해상위험이 크므로 이율이 매우 높았다. 이제도는 19세기까지 많이 이용되었으나, 그 후 해상보험의 발달·금융기관의 정립·해외대리점의 보급 등에 의하여 이 제도는 소멸하게 되고, 19세기 후반 이후 이에 갈음하는 해상기업금융의 형태로 발생한 것이 선박우선특권과 선박저당권이다.[1] 따라서 이하에서는 현대의 해상기업금융의 대표적인 형태이며 법정담보물권인 선박우선특권과 약정담보물권인 선박저당권에 대하여 설명하겠다.

(2) 근세 각국의 선박우선특권 및 선박저당권에 관한 입법에는 커다란 차이가 있게 되어 매우 불편하였으므로,[2] 이러한 각국의 법을 통일하고자 하는 노력이 있

---

1) 동지: 정(희), 596면; 서·정, 672면.

2) 참고로 영미에서는 선박우선특권과 관련하여 선박의 의인화(擬人化)이론(personification of the ship)이 발달하였으니, 미국의 경우에는 선박을 선주로부터 분리하고 이를 의인화하여 선주 자신에게 인적 책임을 추궁하는 것과는 별도로 선박 자체를 피고로 한 대물(對物)소송(action in rem)이 선박우선특권을 실행하기 위한 방법으로 이용되고 있다. 따라서 선주는 결백하더라도 선박은 죄를 범한 물건(offending thing)으로서 독자적으로 피소될 수 있으며, 선주에 대한 대인(對人)소송(action in personam)과 선박에 대한 대물소송간에는 중복제소나 기판력에 관한 상충의 문제는 발생하지 않는다. 그러므로 미국법의 경우 선박우선특권의 존재는 대물소송이 가능하다는 말과 거의 동일하다. 이와 반대로 영국의 우선특권에 관한 이론은 오로지 절차법적 측면만이 강조된다. 즉, 선박 자체를 상대로 한 대물절차는 한 법원의 관할구역 내에 있는 선주의 재산을 그 법원의 구

었다. 이러한 노력의 결과 1926년에 「선박우선특권 및 저당권에 관한 통일조약」 (International Convention for the Unification of certain Rules relating to Maritime Liens and Mortgages, Brussels)이 성립하게 되었다. 동 조약은 1967년에 개정되었고, 1993 년에는 이에 대체할 새로운 조약인 「선박우선특권 및 저당권에 관한 국제조약」 (International Convention on Maritime Liens and Mortgages)이 성립하였다.[1] 우리 상 법은 대체로 1926년의 통일조약에 따라 입법이 되었는데, 1991년 개정상법은 1967 년에 개정된 통일조약에 따라 일부규정($\frac{\text{피담보채권의}}{\text{범위에 관한 규정}}$)을 개정하였다.[2]

제 2 절   선박우선특권[3]

제 1   선박우선특권의 의의

(1) 선박우선특권(maritime lien)이란 「일정한 법정채권($\frac{\text{상 777조}}{\text{1항 1호~4호}}$)을 가진 채권자 가 선박·그 속구·그 채권이 생긴 항해의 운임 및 그 선박과 운임에 부수한 채권에 대하여 다른 채권자보다 우선하여 변제를 받을 수 있는 해상법상의 특수한 담보물 권」이다($\frac{\text{상}}{\text{777조}}$). 이러한 선박우선특권은 선박소유자를 보호하는 선주유한책임($\frac{\text{상 769조}}{\text{이하}}$) 과의 형평상 선박채권자를 보호할 필요가 있는 점, 해상기업의 위험성과 관련하여 볼 때 해상기업금융조달의 편의를 위하여 특별한 담보권의 존재가 요구된 점 등에 서 인정된 것이다.

(2) 이러한 선박우선특권의 법적 성질은 위에서 본 바와 같이 「해상법상의 특 수한 담보물권」이다.[4] 이 선박우선특권은 담보물권이고 또한 우선변제권이 있는 점에서는 민법상의 저당권과 같다. 따라서 선박우선특권에는 그 성질에 반하지 아

속력에 복종하도록 하여 선주의 출두 내지 응소를 강제하기 위한 채권압류의 성질을 띠는 것이다 [정(희), 596~597면].

1) 이에 관하여는 손(주), 909~910면; 정(희), 597면; 서·정, 672~673면 등 참조.

2) 동지: 정(희), 597면; 서·정, 673면.

3) 선박우선특권에 관한 상세는 정완용, "선박우선특권제도에 관한 연구," 법학박사학위논문(경희 대, 1988. 2); 김인유, "선박우선특권에 기한 물상대위와 권리질권의 우선순위에 관한 연구," 「해 사법연구」(한국해사법학회), 제14권 2호(2002), 179~199면 등 참조.

4) 이 우선권은 일정한 채권자가 그 채무자의 재산으로부터 우선적 변제를 받는 것을 본질로 하 는 권리라는 점에서, 구(舊) 민법상의 선취특권(先取特權)(구〈舊〉민 302조 이하)과 유사하다[동 지: 정(희), 598면].

니하는 한 민법의 저당권에 관한 규정이 준용된다($\frac{상}{2항}\frac{777조}{2문}$). 그러나 선박우선특권은 법정담보물권이고 공시되지 않으며 피담보채권이 제한되고 또한 언제나 저당권($\frac{또는}{질권}$) 보다 선순위인 점에서($\frac{상}{788조}$), 약정담보물권이고 공시되며 피담보채권에 제한이 없고 또한 언제나 선박우선특권보다 후순위인 저당권과 구별된다.[1]

제2   선박우선특권을 발생시키는 채권(피담보채권)

선박우선특권을 발생시키는 채권[2](피담보채권)은 상법에 의하여 다음과 같이 제한되어 있다.[3] 이와 같이 상법이 피담보채권을 제한한 이유는 선박우선특권은 공시를 하지 않아도 공시를 한 저당권이나 질권에 우선하므로, 다른 선박담보권자의 이익을 보호하고 나아가서 선박소유자의 금융의 원활을 도모할 필요가 있기 때문이다.

1. 유익비(有益費)채권($\frac{상}{1항}\frac{777조}{1호}$)

채권자의 공동이익을 위한 소송비용, 항해에 관하여 선박에 과한 제세금, 도선료와 예선료,[4] 최후 입항 후의 선박과 그 속구의 보존비와 검사비 등이 이에 해당한다.[5] 이러한 채권은 전형적인 선박채권자의 공동의 이익을 위한 채권이므로 피담보채권으로 한 것이다.

---

1) 동지: 손(주), 910면.

2) 이러한 피담보채권에 대하여, 우리 대법원은 「선박소유자 또는 선박운항자가 선박에 관하여 상법 제861조(2007년 개정상법 제777조) 1항 각 호에 정한 노력·물품 또는 비용의 제공을 받고, 그로 인한 채무를 이행하지 아니한 경우에 그 선박을 담보로 다른 채권보다 우선하여 변제받을 수 있는 채권이다」고 한다[대판 1978. 5. 23, 77 다 1679].

3) 1991년 개정상법은 앞에서 본 바와 같이 1967년의 개정된 통일조약에 따라 피담보채권의 범위에 관한 규정을 개정하였는데, 개정 전의 내용과 비교하여 보면 다음과 같다. 즉, 1991년 개정상법은 개정 전의 상법 제861조(2007년 개정상법 제777조) 4호의 「적하 및 수하물에 대한 손해의 배상채권」과 동조 5호의 「선박의 보존 또는 항해계속의 필요로 인하여 선장이 선적항 외에서 그 권한에 의하여 체결한 계약 또는 그 이행으로 인한 채권」 및 동조 6호의 「최후의 항해준비에 요한 선박의 장비·식량과 연료에 관한 채권」을 삭제하였는데, 이는 국제적 추세를 감안하고 이론상 문제가 있는 부분을 제외하여 그 범위를 축소한 것이다[동지: 손(주)(제9판, 2001년), 873면]. 또한 1991년 개정상법은 개정 전의 상법에 없던 「항만시설에 대한 손해의 배상채권」을 피담보채권의 범위에 추가하였는데, 이것은 공익적인 필요에 따른 것이다[동지: 손(주)(제9판, 2001년), 873면].

4) 대결 2019. 7. 24, 2017 마 1442(공보 2019, 1636)(정기용선계약에 상법 제850조 제2항을 유추적용하여, 예선료 채권에 대한 선박우선특권을 갖는 예선업자에게 선박소유자의 선박에 대한 경매청구권을 인정함).

5) 2007년 개정상법은 "선박과 속구의 경매에 관한 비용"은 민사집행법 제53조에서 경매절차상 경락내금에서 우선변제를 인정하는 채권이기 때문에 선박우선특권의 피담보채권으로 인정할 필요가 없다 하여 삭제하였다.

유익비채권에서 「최후 입항 후의 선박보존비 등」을 피담보채권으로 한 것은 이러한 채권이 없으면 다른 채권자들도 선박 경매대금으로부터 변제를 받기가 불가능하게 될 것이기 때문이다. 따라서 여기에서의 「최후 입항 후」라는 의미는 목적하는 항해가 종료되어 돌아온 항해뿐만 아니라 선박이 항해 도중에 경매 또는 양도처분으로 항해가 중지되어 경매되는 경우의 선박보존비용도 포함하므로, '항해를 폐지한 시기에 있어서 선박이 존재하는 항'도 포함한다.[1] 또한 「최후 입항 후의 선박과 그 속구의 보존비용과 검사비」에는 '항해를 위한 선박의 속구의 상태 및 기능을 유지하기 위한 선박의 수리공사비 및 검사비' 등이 있다.[2] 그러나 연근해를 운행하는 유류운송선이 출항 준비중에 발생한 화재로 인한 수리를 마친 후 항해를 계속한 경우, 그 수리비는 선박의 상태 및 가치를 유지·보존하기 위한 비용일지라도 최후의 입항 후에 발생한 것이 아니므로 그 「수리비채권」은 여기의 피담보채권에 포함되지 않는다.[3]

2. 임금(賃金)채권($\frac{상\ 777조}{1항\ 2호}$)

선원 기타의 선박사용인의 고용계약으로 인한 채권이 그것인데,[4] 이러한 채권은 선원 등을 보호하기 위한 사회정책적인 이유에서 선박우선특권의 피담보채권으로 한 것이다. 이러한 채권은 또한 같은 목적에서 선주유한책임에서도 배제되고 있다($\frac{상\ 773조}{1호}$).

3. 위급(危急)채권($\frac{상\ 777조}{1항\ 3호}$)

선박의 구조에 대한 보수(구조료채권)와 공동해손의 분담에 대한 채권(공동해손분담채권)이 이에 해당한다. 이러한 채권을 선박우선특권으로 한 것은 구조료채권은 구조활동을 촉진시키고자 하는 점이 있고, 공동해손분담채권은 유익비채권과 같이 선박 및 적하의 공동의 위험을 면한 채권이기 때문이다.

이 때의 해난구조료채권은 광의의 해난구조료채권을 의미한다고 보기 때문에, 계약에 의한 해난구조료채권을 포함한다.[5] 같은 취지에서 이러한 채권은 또한 선주

---

1) 동지: 대판 1996. 5. 14, 96 다 3609(공보 1996, 1854); 대결 1998. 2. 9, 97 마 2525·2526(공보 1998, 835).

2) 동지: 대판 1980. 3. 25, 78 다 2032.

3) 동지: 대결 1998. 2. 9, 97 마 2525·2526(공보 1998, 835).

4) 그러나 선박대리점이 선주를 위하여 지급한 비용에 관한 선주에 대한 구상권은 선박우선특권의 피담보채권이 되지 않는다[대판 1978. 5. 23, 77 다 1679].

5) 동지: 양·박, 635면; 이(기) 외, (보·해) 552면; 채, 777면.

유한책임에서 배제된다($\frac{상}{2호}$ 773조).

4. 사고(事故)채권($\frac{상\ 777조}{1항\ 4호}$)

사고채권에는 (ⅰ) 선박의 충돌 그 밖의 항해사고로 인한 손해, (ⅱ) 항해시설·항만시설 및 항로에 대한 손해와 (ⅲ) 선원이나 여객의 생명·신체에 대한 손해의 배상채권이 있다.[1] 이러한 채권은 채무자를 보호하기 위하여 인정된 선주유한책임의 대상이 되는 채권이므로($\frac{상\ 769조}{이하\ 참조}$) 형평의 원칙상 다시 채권자를 보호하기 위하여 채권자에게 그 권리의 실현에 우선특권을 인정한 것이다.

선박충돌로 인한 과실선에 대한 손해배상채권($\frac{상}{878조}$) 등은 (ⅰ)의 경우에 해당하고, 부두의 손상·외항 방파제나 부표를 파손시켜 발생한 손해배상채권 등은 위 (ⅱ)의 경우에 해당하며, 선박침몰로 인하여 선원이 사망하여 발생한 손해배상채권 등은 위 (ⅲ)에 해당한다.[2]

선박충돌로 인한 화물의 손상에서 발생하는 손해배상채권은 선박우선특권에 해당하나($\frac{위\ (i)에}{해당함}$), 항해과실로 인한 화물의 손상에 대하여는 운송인이 책임을 지지 아니하므로($\frac{상\ 795조}{2항}$) 이에 대하여는 선박우선특권이 발생할 여지가 없다고 본다.

제3 선박우선특권의 목적물

선박우선특권의 목적물에 대하여는 상법 제777조 내지 제780조가 다음과 같이 규정하고 있다.

1. 선박과 그 속구

이 때「선박과 그 속구(屬具)」는 선박의 이용에 관하여 위의 피담보채권이 발생한 그 선박과 그 속구이다. 선박소유자의 다른 선박에 대하여는 선박우선특권이 미치지 않는다.[3]

---

1) 2007년 개정상법은 1926년 선박우선특권과 저당권에 관한 규칙의 통일에 관한 국제조약(제2조 제4호)에 충실하게 그 표현을 수정하였다.

2) 동지: 김(인), 271면.

3) 동지: 김(인), 272면.

2. 운 임

이 때 「운임」은 위의 피담보채권이 생긴 항해의 운임을 말하는데[1]($^{상}_{1항}$777조), 이 운임은 지급을 받지 아니한 운임(미수〈未收〉운임)과 지급을 받은 운임(기수〈旣收〉운임)으로서 선박소유자나 그 대리인이 소지한 금액에 한한다($^{상}_{779조}$).

3. 부수채권

이 때 「부수채권」이란 그 선박과 운임에 부수한 채권을 말하는데($^{상}_{1항}$777조), 이에는 다음과 같은 것이 있다($^{상}_{778조}$). 즉, (ⅰ) 선박이 손실된 경우 또는 운임이 손실된 경우에 그것을 원인으로 하여 선박소유자가 제 3 자에 대하여 갖는 손해배상청구권($^{선박충돌로 인한 손해배상청구}_{권 등 — 상 878조, 879조}$), (ⅱ) 공동해손으로 인한 선박 또는 운임의 손실에 대하여 선박소유자가 갖는 보상청구권($^{공동해손분담청구권 등}_{— 상 865조 이하}$), (ⅲ) 해난구조로 인하여 선박소유자가 갖는 보수청구권($^{해난구조로 인한 선박의 손해액과 구조}_{비용의 청구권 등 — 상 889조 1항 참조}$)이 부수채권이다. 그러나 선박소유자가 수령할 보험금과 기타의 장려금이나 보조금은 부수채권이 아니다($^{상}_{780조}$).

제 4 선박우선특권의 순위

1. 선박우선특권 상호간의 순위($^{상}_{784조}$ 782조~)

일반해법(general maritime law)상의 일반원칙으로, 나중에 발생한 우선특권일수록 선순위이고, 불법행위로 생긴 채권이 계약으로 생긴 채권보다 선순위이며, 선원 등의 임금과 해난구조비용의 채권이 다른 채권보다 선순위이다.[2] 우리 상법은 대체로 이러한 원칙에 따라 다음과 같이 규정하고 있다.

(1) 수 회의 항해에 관한 채권의 우선특권이 경합하는 때에는 뒤의 항해에서 생긴 채권의 선박우선특권이 앞의 항해에서 생긴 것에 우선한다($^{상}_{1항}$783조). 동일사고로 생긴 채권은 동시에 발생한 것으로 보고($^{상}_{2항 2문}$782조), 고용관계로 인한 채권의 우선특권은 최후의 항해에 관한 다른 채권과 동일한 순위로 한다($^{상}_{2항}$783조).

(2) 동일항해에서 생긴 채권의 우선특권이 경합하는 때에는 상법 제777조 1항 각호의 순서에 의한다($^{상}_{1항}$782조). 그러나 동조 동항 3호의 채권($^{구조료채권 및}_{공동해손분담채권}$)의 우선특

---

1) 그러나 피담보채권이 선원 기타의 선박사용인의 고용계약으로 인한 채권(상 777조 1항 2호)인 경우에는, 「고용계약 존속중의 모든 항해로 인한 운임」이 우선특권의 목적이 된다(상 781조).

2) 동지: 정(희), 600면.

권이 경합하는 때에는 뒤에 생긴 채권이 우선한다($\frac{상}{2항}\frac{782조}{1문}$).

(3) 동일순위의 우선특권이 경합하는 때에는 각 채권액의 비율에 따라 변제를 받는다($\frac{상}{784조}$).

2. 다른 채권 또는 담보물권과의 순위

(1) 선박우선특권은 다른 일반채권에 우선함은 물론, 선박저당권이나 선박질권에도 우선한다($\frac{상}{788조}$). 선박우선특권을 저당권이나 질권과 같은 담보물권에 우선시키는 것은 저당권이나 질권의 목적인 선박도 우선특권을 가진 채권에 의하여 그 가치를 보존할 수 있었다고 볼 수 있는 점과, 저당권이나 질권은 선박우선특권과는 달리 당사자가 임의로 설정할 수 있는 약정담보물권이므로 저당권이나 질권을 우선시켜서는 선박우선특권을 인정한 의미가 거의 없게 되는 점 때문이다.[1]

그러나 선박우선특권은 근로기준법상의 임금우선특권에 우선하지 못한다.[2]

선박우선특권과 국세와의 관계에서는, 선박우선특권이 질권과 저당권에 우선하는데($\frac{상}{788조}$) 일정한 경우 질권이나 저당권에 의하여 담보된 채권이 국세보다 우선하는 점($\frac{국세기본법}{35조 1항 3호}$)에서 볼 때, 선박우선특권이 국세보다 우선한다고 본다.

(2) 선박우선특권과 유치권이 경합하는 때에는 법률상은 유치권자에게는 우선변제권이 없으므로 선박우선특권이 유치권에 우선한다고 볼 수 있으나, 사실상은 유치권자가 자기의 채권의 변제를 받을 때까지 그 선박을 유치할 수 있으므로 유치

---

1) 동지: 정(희), 600~601면; 서·정, 676면.
2) 동지: 대판 2005. 10. 13, 2004 다 26799(공보 2005, 1783)(선박우선특권 제도는 원래 해상기업에 수반되는 위험성으로 인하여 해사채권자에게 확실한 담보를 제공할 필요성과 선박소유자에게 책임제한을 인정하는 대신 해사채권자를 두텁게 보호해야 한다는 형평상의 요구에 의하여 생긴 제도임에 비하여, 임금우선특권 제도는 근로자의 생활안정, 특히 사용자가 파산하거나 사용자의 재산이 다른 채권자에 의해 압류되었을 경우에 사회·경제적 약자인 근로자의 최저생활보장을 확보하기 위한 사회정책적 고려에서 일반 담보물권자 등의 희생 아래 인정되어진 제도로서 그 공익적 성격이 매우 강하므로, 양 우선특권제도의 입법 취지를 비교하면 임금우선특권을 더 강하게 보호할 수밖에 없고, 나아가 상법 제861조〈2007년 개정상법 제777조〉 2항에 의하면, 선박우선특권 있는 채권을 가진 자는 다른 채권자보다 우선변제를 받을 권리가 있되 이 경우에 그 성질에 반하지 아니하는 한 민법상의 저당권에 관한 규정을 준용하도록 되어 있는 점, 조세채권우선 원칙의 예외사유를 규정한 국세기본법 제35조 1항 단서나 지방세법 제31조 2항에서 임금우선특권은 그 예외사유로 규정되어 당해세보다도 우선하는 반면에 선박우선특권은 예외사유에서 빠져 있는 점, 구 근로기준법〈2005. 1. 27. 법률 제7379호로 개정되기 이전의 것〉 제37조 2항은 임금우선특권 있는 채권은 조세·공과금 채권에도 우선한다는 취지로 규정하고 있음에 반하여 상법에는 선박우선특권 있는 채권과 조세채권 상호간의 순위에 관하여 아무런 규정이 없을 뿐만 아니라, 오히려 상법 제861조〈2007년 개정상법 제777조〉 1항은 '항해에 관하여 선박에 과한 제세금'을 제1호 소정의 채권에 포함시켜 선박우선특권 내부에서 가장 앞선 순위로 규정하고 있는 점 등을 감안하면, 임금우선특권을 선박우선특권보다 우선시키는 것이 합리적인 해석이라고 할 것이다).

권이 선박우선특권에 우선한다고 볼 수 있다.[1]

제5 선박우선특권의 효력

(1) 선박우선특권은 위의 여러 권리에 우선하여 그 목적물에 대한 경매권[2] $\binom{민집\ 274조}{269조}$과 우선변제권이 있다($\binom{상\ 777조}{2항\ 1문}$).

(2) 선박우선특권은 추급권(追及權)이 있으므로 그 선박소유권의 이전으로 인하여 영향을 받지 아니한다[3]($\binom{상}{785조}$). 이 선박우선특권의 추급권은 그 선박이 등기선·비등기선인지의 구별 없이 인정되고, 선박양수인이 선의·무과실인 경우에도 언제나 대항할 수 있다.[4]

제6 선박우선특권의 소멸

1. 단기제척기간에 의한 소멸

선박채권자의 우선특권은 그 채권이 생긴 날로부터 1년 이내에 실행하지 아니하면 소멸한다[5]($\binom{상}{786조}$). 그러나 이 제척기간은 정기용선계약상의 채권($\binom{상}{846조}$)·운송인

---

1) 동지: 정(희), 600면; 서·정, 677면; 손(주), 913면; 이(기) 외, (보·해) 555면; 채, 780면; 김(인), 276면.

2) 동지: 대결 1976. 6. 24, 76 마 195(공보 543, 9295)(선박우선특권자는 채무명의 없이 경매청구권을 행사할 수 있으므로, 채권보전을 위하여 그 선박에 대한 가압류를 하여 둘 필요가 없다); 대판 1982. 7. 13, 80 다 2318(공보 688, 742); 동 1988. 11. 22, 87 다카 1671(공보 1989, 17); 동 2008. 8. 21, 2008 다 26360(공보 2008, 1296)(선박우선특권자의 신청에 의하여 담보권 실행을 위한 경매절차가 진행중인 선박이 사해행위로 타에 이전되고 그 후 변제 등으로 피담보채권이 소멸하여 그 경매신청이 취하된 경우, 채권자취소권 행사로 인한 원상회복으로 가액배상의 금액을 산정함에 있어 그 경매절차에서 우선적으로 변상받을 수 있었던 집행비용액을 공제하여야 한다).

3) 동지: 대판 1974. 12. 10, 74 다 176(공보 505, 8234)(선박우선특권자는 그 선박의 양수인에게 채무의 변제를 청구할 수 없고, 다만 선박우선특권의 추급성에 의하여 그 목적물에 대하여 우선특권을 가질 뿐이다).

4) 동지: 정(희), 601면.
  선박우선특권의 추급력에 대하여 「선박양수인의 이익보호에 관하여 아무런 규정도 하지 않은 것은 입법상의 과오였다고 아니할 수 없다」고 비판하는 견해로는 서·정, 677~678면.

5) 1991년 개정상법 이전에는 1년의 소멸시효기간으로 규정하였으나, 1991년 개정상법에서는 1년의 제척기간으로 개정하였다.
  개정상법 이전의 이에 관한 판례로는 대판 1978. 6. 13, 78 다 314(공보 591, 10948)(선박우선특권은 선박에 대한 권리이므로 선박우선특권자가 선박소유자 등에 대하여 그 채권이 우선특권이 있음을 확인하려고 재판상 청구를 하였다 하더라도 그 우선특권 자체를 행사한 것이 아닌 경우에는 그 우선특권의 시효중단사유가 되지 않는다)가 있었으나, 개정상법은 이를 제척기간으로 하였

의 채권·채무($\frac{상}{814조}$)·공동해손채권($\frac{상}{875조}$)·선박충돌채권($\frac{상}{881조}$)·해난구조료채권($\frac{상}{895조}$)의 경우와는 달리, 당사자간의 합의에 의하여 이 기간을 연장할 수 없다.[1]

상법이 이와 같이 선박우선특권에 대하여 1년의 단기제척기간을 둔 이유는 선박에 관하여는 항해를 할 때마다 다수의 우선특권이 발생하므로 그것이 누적됨으로 인하여 선박의 매매나 저당권의 설정 등에 지장을 주는 것을 방지하고, 또한 선박우선특권자로서도 항해시마다 뒤의 선박우선특권자가 우선하므로($\frac{상}{783조}$) 이것을 오랫동안 존속시키더라도 실질상의 이익이 적기 때문이다.[2]

2. 저당권소멸원인에 의한 소멸

선박우선특권에는 그 성질에 반하지 아니하는 한 민법의 저당권에 관한 규정이 준용되므로($\frac{상 777조}{2항 2문}$), 선박우선특권은 저당권의 소멸원인에 의해서도 소멸한다. 따라서 피담보채권이 소멸하면 이를 위한 선박우선특권도 소멸한다.

제7 건조중의 선박에 대한 선박우선특권

선박우선특권에 관한 상법의 규정은 건조중의 선박에도 준용된다($\frac{상}{790조}$). 건조중의 선박은 선박으로 완성하고 있지 않으므로 상법상 선박으로 취급될 수 없기 때문에, 건조중의 선박의 금융편의를 도모하기 위하여 이에 선박우선특권에 관한 규정을 준용하는 규정을 특별히 두고 있다.[3]

제3절 선박저당권

제1 선박저당권의 의의

(1) 선박저당권(ship mortgage; Schiffshypothek)이라 함은 「등기선박을 목적으로

으므로 이 판례는 개정상법 하에서는 의미가 없다.

1) 이에 대하여 손(주), 914면은 「이것은 상법 제812조의 6(2007년 개정상법 제846조)·제842조 (2007년 개정상법 제875조)·제848조(2007년 개정상법 제881조)의 경우와 균형이 맞지 않는 것이다」라고 한다.

2) 동지: 정(희), 600~601면; 서·정, 678면.

3) 동지: 정(희), 602면; 서·정, 678면.

하여 계약에 의하여 설정되는 상법상 특수한 저당권」이다($^{상}_{1항}$787조). 저당권은 민법에 의하면 부동산에만 설정할 수 있고, 동산에는 설정하지 못한다. 그런데 선박은 동산임에도 불구하고 부동산 유사성이 있고 또 부동산등기부에 해당하는 선박등기부가 있어 저당권의 설정·소멸 등을 이것에 의하여 공시할 수 있으므로, 상법은 등기선박에 한하여 선박저당제도를 인정하고 있다.[1] 따라서 선박저당권에 대하여는 부동산의 저당권에 관한 규정이 준용된다($^{상}_{3항}$787조). 그러므로 선박저당권에 있어서 그 순위·효력·물상대위·소멸 등은 부동산의 저당권의 경우와 같다. 선박저당권의 등기는 선박등기법($^{제정: 1963. 4. 18, 법 1331호,}_{개정: 2020. 2. 4, 법 16912호}$)에 의한다.

비등기선은 동산질의 규정($^{민}_{이하}$329조)에 의하여 질권을 설정할 수 있을 뿐이고, 이에 반하여 등기선은 질권의 목적으로 하지 못한다($^{상}_{789조}$).

(2) 해상기업의 경영에는 앞에서 본 바와 같이 많은 자금이 소요되는데, 이러한 자금조달에 필요한 중요한 담보물은 선박이다. 따라서 이러한 선박에 대하여 담보권을 설정하는 것은 앞에서 본 바와 같이 법률상 점유를 이전하는 질권밖에 없으나, 선박의 점유를 이전하면 해상기업을 영위할 수 없으므로 등기선박인 경우 부동산과 유사한 점이 있는 점을 고려하여 점유를 이전하지 않고도 담보권을 설정할 수 있는 선박저당권제도를 인정한 것이다.[2]

그런데 선박저당권은 담보물이 운항의 용구인 선박이기 때문에 많은 문제점이 있다. 왜냐하면 담보물인 선박 그 자체가 멸실의 위험이 크고, 항해마다 물질적 손상이 생기며, 또한 선박우선특권의 대항을 받아 그 담보가치가 감소되기 때문이다.[3] 또한 해상기업금융의 담보물권 중에서도 이 선박저당권제도는 그 경제성에 있어서는 선박우선특권보다 우수하다고 볼 수 있으나, 언제나 선박우선특권보다 후순위인 점에서($^{상}_{788조}$) 그 담보가치에 있어서는 문제가 있다고 볼 수 있다.

제 2 선박저당권의 목적물

1. 선 박

선박저당권의 목적물은 「등기할 수 있는 선박으로서 등기한 선박」에 한한다

---

1) 동지: 정(희), 603면; 서·정, 679면; 손(주), 915면.

2) 동지: 서·정, 679면.

3) 동지: 정(희), 602면.

($\substack{상 787조 \\ 1항}$). 따라서 등기할 수 없는 선박($\substack{선등 \\ 2조}$)(비〈非〉등기선) 또는 등기하지 않은 선박(미〈未〉등기선)은 질권의 목적물이 될 수 있을 뿐이고, 선박저당권의 목적물은 될 수 없다. 이에 반하여 위에서 본 바와 같이 등기선박은 질권의 목적물이 될 수 없다($\substack{상 \\ 789조}$).

2. 속 구

선박저당권은 그 속구(屬具)에도 미친다($\substack{상 787조 \\ 2항}$). 이 속구는 선박의 종물(從物)인지 여부를 불문하고($\substack{또한 속구목록에 기재된 것이든 \\ 기재되지 않은 것이든 불문하고}$)[1] 선박저당권의 목적물이 되는데,[2] 선박의 속구목록에 기재된 물건(속구)은 선박의 종물로 추정되고($\substack{상 \\ 742조}$) 또한 민법상 종물에는 당연히 저당권의 효력이 미치므로($\substack{민 358조 \\ 본문}$), 선박의 종물이 아닌 속구($\substack{속구목록 \\ 에 기재되 \\ 지 않은 \\ 속구 등}$)에 그 의미가 있다고 본다. 이러한 속구의 범위를 결정하는 시기는 실제상의 편의를 위하여 저당권실행시로 본다.[3]

3. 공유지분

선박공유에 있어서 공유지분은 선박관리인의 지분을 제외하고는 선박저당권의 목적물이 될 수 있다($\substack{상 759조 \\ 유추적용}$). 이 때에는 지분의 비율에 따른 그 선박과 속구가 선박저당권의 목적물이 되는 것이다.

제3 선박저당권의 순위

1. 선박저당권 상호간의 순위

선박저당권 상호간의 순위는 등기의 전후에 의한다($\substack{상 787조 3항, \\ 민 370조·333조}$).

2. 다른 채권 또는 담보물권과의 순위

(1) 선박저당권은 선박우선특권보다 언제나 후순위이다($\substack{상 \\ 788조}$).[4]

---

1) 동지: 손(주), 916면; 양·박, 640면.
2) 동지: 정(희), 603면; 서·정, 680면; 손(주), 916면.
3) 동지: 양·박, 640면.
4) 동지: 대판 2014. 7. 24, 2013 다 34839(공보 2014, 1716)(파나마국에 편의치적 되어 있는 선박의 선장 갑 등이 선박의 근저당권자인 주식회사 을 은행을 상대로 '선박에 관한 임의경매절차에서 을 은행의 근저당권이 갑 등의 임금채권보다 선순위임을 전제로 작성된 배당표'의 경정을 구한 사안에서, 선박우선특권의 성립 여부 등과 가장 밀접한 관련이 있는 법은 선적국인 파나마국 법이

(2) 선박저당권은 법률상은 유치권에 우선하나, 사실상은 유치권이 저당권에 우선한다.[1] 이 점은 선박우선특권과 유치권과의 관계와 같다.

(3) 선박저당권과 선체용선권($\frac{상}{849조}$)간에는 등기의 전후에 의한다. 그러나 선박 저당권이 다른 일반채권에 언제나 우선함은 담보물권 일반의 경우와 같다.

제 4 선박저당권의 효력

선박저당권의 효력은 부동산저당권의 그것과 같다($\frac{상787조}{3항}$). 따라서 선박저당권 자는 담보된 선박과 속구에 대하여 경매권($\frac{민}{363조}$)과 우선변제권($\frac{민}{356조}$)을 갖는다.

제 5 건조중의 선박에 대한 선박저당권

건조중의 선박에 대하여도 선박저당권의 설정이 인정된다[2]($\frac{상}{790조}$). 이는 조선업 자의 금융의 편의를 도모하고 또 그 채권자를 보호하기 위하여 특히 인정된 것이 다.[3] 이 경우에는 선박이 아직 미완성이어서 소유권보존등기가 있을 수 없으므로 선박저당권의 등기는 특별등기부에 하게 되고, 선박소유권의 등기 없이 선박저당권 의 등기만을 하게 된다($\frac{선박등기규칙}{23조 이하}$). 선박의 건조가 완성되었을 때에는 선박저당권의 등기의무자가 소유권의 보존등기를 하여야 하는데, 이 등기는 저당권의 등기를 한 등기소에 신청하여 저당권의 등기를 한 등기기록에 하여야 한다($\frac{선박등기}{규칙 24조}$).

아니라 대한민국 상법이고, 국제사법 제 8 조 제 1 항에 따라 대한민국 상법을 적용하면 갑 등의 임 금채권이 선박우선특권 있는 채권으로서 을 은행의 근저당권보다 우선하므로, 위 배당표가 위법하 다고 본 원심판단은 정당하다).

1) 동지: 서·정, 680면; 손(주), 916면.
   정(희), 603~604면은 단지 「선박저당권은 유치권에 우선한다」고만 설명한다.
2) 건조중인 선박에서의 권리에 관한 등기의 규정을 통일하기 위하여는 1967년에 「건조중인 선박 에서의 권리의 등기에 관한 조약」(Convention relating to Registration of Rights in respect of Vessels under Construction, Brussels)이 제정되었다[서·정, 681면; 손(주)(제 9 판, 2001년), 880면 주 1].
3) 동지: 정(희), 604면; 서·정, 681면.

제4절 선박에 대한 강제집행

제1 선박에 대한 강제집행절차

선박에 대한 강제집행절차에 대하여는 민사집행법이 별도로 규정하고 있다($\frac{민집\ 172조\sim}{186조}$). 이에 따라 등기할 수 있는 선박($\frac{총톤수\ 20톤\ 이상의\ 기선\langle機船\rangle과\ 범선\langle帆船\rangle\ 및\ 총톤수}{100톤\ 이상의\ 부선\langle艀船\rangle으로서\ 등기할\ 수\ 있는\ 선박인데,}$
다만 선박계류용·저장용 등으로 사용하기 위하여 수상(水上)에
고정하여 설치하는 부선은 이에서 제외된다 — 상 741조 2항, 선등 2조)에 대한 강제집행은 사물의 성질에 의한 차이나 특별한 규정이 있는 경우를 제외하고는, 부동산의 강제집행에 관한 규정에 따라서 한다($\frac{민집}{172조}$).[1]

제2 선박의 압류·가압류

1. 선박의 압류·가압류의 절차

선박에 대한 강제집행은 압류 당시의 정박항을 관할하는 지방법원을 집행법원으로 한다($\frac{민집}{173조}$). 법원은 강제경매개시결정을 한 때에는 집행관에게 선박국적증서 기타 항행에 필요한 문서를 선장으로부터 수취하여 제출할 것을 명하고($\frac{민집}{174조}$), 선박을 집행절차중 압류항에 정박하게 하여야 한다($\frac{민집}{176조\ 1항}$). 다만 법원은 영업상의 필요 기타 상당한 이유가 있다고 인정한 때에는 채무자의 신청에 의하여 선박의 항행을 허가할 수 있다($\frac{민집}{2항\ 1문}$176조). 선박에 대한 가압류집행은 등기할 수 있는 선박의 경우 가압류등기를 하는 방법이나 집행관에게 선박국적증서 등을 선장으로부터 받아 집행법원에 제출하도록 명하는 방법으로 한다($\frac{민집}{1항\ 1문}$295조). 법원은 채권자의 신청에 의하여 선박의 감수와 보존에 필요한 처분을 할 수 있는데($\frac{민집}{178조\ 1항}$), 법원의 이러한 처분은 경매개시결정의 송달 전에도 압류의 효력이 있다($\frac{민집}{178조\ 2항}$).

2. 선박의 압류·가압류의 금지

(1) 원 칙

선박의 압류 및 가압류는 총톤수 20톤 미만의 선박을 제외하고($\frac{상}{2항}$744조), 항해

---

1) 해운의 실정에 맞는 새로운 선박저당권의 실행을 위한 입법론을 제시한 견해로는 나윤수, "선박집행 — 선박저당권의 실행을 중심으로," 「기업법연구」(한국기업법학회), 제11집(2002), 171~204면 참조.

의 준비를 완료한 선박과 그 속구에 대하여는 항해를 종료할 때까지 원칙적으로 압류 또는 가압류를 하지 못한다[1]($\frac{^{\text{상}} 744조}{1항 본문}$). 이와 같이 항해의 준비를 완료한 선박에 대하여 우리 상법은 압류와 가압류를 금지시키고 있는데, 그 이유는 선박소유자·선원·여객·적하이해관계인 등과 같은 다수의 이해관계인을 보호하고 또 실질적으로 권리행사를 게을리한 채권자측을 보호할 필요가 없기 때문이다.[2] 다시 말하면 항해의 준비를 완료한 선박의 경우에는 선박소유자 이외에도 여객·적하이해관계인 등 일반공중의 이해에 중대한 영향이 있는데, 소수의 채권자의 이익을 위하여 이러한 다수의 일반공중의 이익을 희생할 수는 없다는 것이고, 또한 그러한 채권자는 많은 시일과 비용을 요하며 또 공시되는 발항준비의 종료 전에 충분히 자기의 채권담보를 위하여 선박을 압류할 수 있었음에도 불구하고 이를 게을리한 경우에 그러한 채권자까지 보호할 필요는 없다는 것이다.

이 때 「항해준비를 완료한 선박」이란 감항능력, 항해에 적응한 장비·인원·식량·연료 등의 준비를 완료하고, 적하의 선적 및 여객 등의 승선이 완료된 상태를 말한다($\frac{^{\text{선원}}}{참조} 7조$). 즉, 선박이 사실상 및 법률상 발항하는 데 필요한 모든 준비를 완료한 상태를 말한다.[3] 이와 같이 항해준비를 완료한 선박에 대하여는 「항해의 종료시」까지 압류 또는 가압류를 하지 못하므로, 이러한 선박이 중간항 또는 피난항에 기항하여도 압류 또는 가압류를 하지 못한다.[4]

(2) 예   외

항해의 준비를 완료한 선박과 그 속구라고 하더라도, 항해를 준비하기 위하여 생긴 채무에 대하여는 예외적으로 채권자가 그 선박과 속구를 압류 또는 가압류할 수 있다($\frac{^{\text{상}} 744조}{1항 단서}$). 이러한 채무에 대하여 선박을 압류할 수 있도록 허용한 이유는, 그 채무에 의하여 선박이 비로소 발항할 수 있게 된 점, 그러한 채무는 항해준비의 종료시가 보통 변제기이므로 그 이전에는 압류할 수 없는 점 및 선박소유자에게 항해

---

1) 이와 같이 항해의 준비를 완료한 선박에 대하여 압류와 가압류를 금지한 것은 독일 상법 제482조와 같은 취지이다. 그러나 프랑스에서는 1967년에 선박법 부칙에 의하여 압류를 금지하는 프랑스 상법 제215조가 폐지되어 압류금지가 없어졌으며, 영·미 및 1952년의 항해선박의 가압류에 관한 통일조약 등도 이러한 압류금지를 인정하지 아니하고 명문으로 압류를 인정하고 있다[동지: 정(희), 605면; 서·정, 683~684면; 손(주), 918~919면].

    입법론상 선박의 압류·가압류의 금지에 대하여 선박금융의 편의를 위하여 반대하는 견해로는 정(희), 605면; 박홍진, "선박담보권의 실행,"「기업법연구」(한국기업법학회), 제 7 집(2001), 119~148면.

2) 동지: 정(희), 605면; 서·정, 682면; 손(주)(제 9 판, 2001년), 881면.

3) 동지: 서·정, 683면; 손(주), 918면; 이(기) 외, (보·해) 562면.

4) 동지: 서·정, 683면; 양·박, 643면; 이(기) 외, (보·해) 562면.

준비를 위한 금액의 편의를 제공할 필요가 있는 점 등을 들고 있다.[1) 이 때 「항해 준비를 위하여 생긴 채무」란 그 항해를 위한 연료·식량 등의 대금을 말한다.[2) 이러한 점에 비추어 발항 전에는 권리행사의 여지가 없고 또 항해상 예정되는 일종의 위험이라고도 할 수 있는 공동해손·선박충돌·해난구조에 의한 청구권 등에 대하여도 선박을 압류 또는 가압류할 수 있다고 본다.[3) 또한 20톤 미만의 선박의 경우에는 상법의 이러한 압류금지의 규정이 적용되지 않으므로, 아무런 제한 없이 이러한 선박을 압류 또는 가압류할 수 있다(상 744조 2항).

---

1) 동지: 서·정, 683면; 손(주), 919면; 양·박, 643면.
2) 동지: 서·정, 683면.
3) 동지: 서·정, 683면.

제1 선적국법에 의하는 경우

국제사법은 해상에 관한 다음의 사항은 선적국법에 의하는 것으로 규정하고 있다.

1) 선박의 소유권 및 저당권, 선박우선특권,[1] 그 밖의 선박에 관한 물권($\frac{國私}{94조\ 1호}$)

2) 선박에 관한 담보물권의 우선순위($\frac{國私}{94조\ 2호}$)

---

1) 동지: 대결 1994. 6. 28, 93 마 1474(공보 973, 2079)(선박우선특권의 성립여부는 선적국법에 의하여야 할 것이고, 따라서 외국선적의 선박이 화물을 운송하던 중 그 화물의 손상 또는 멸실로 인하여 화물소유자가 선박소유자에 대하여 손해배상채권을 취득하는 경우에 그 채권이 선박우선특권에 의하여 담보되는지의 여부 및 그 선박우선특권이 미치는 대상은 그 선적국법에 의하여 결정하여야 할 것이지만, 그러한 선박우선특권이 우리나라에서 실행되는 경우에는 그 실행방법은 우리나라의 절차법〈민사소송법 및 민사소송규칙〉에 의하여 규율되어야 한다); 대판 2011. 10. 13, 2009 다 96625(공보 2011, 2323)(국제사법 제60조 제 1 호는 해상에 관한 '선박의 소유권 및 저당권, 선박우선특권 그 밖의 선박에 관한 물권'은 선적국법에 의한다고 규정하고 있으므로 선박우선특권의 성립 여부는 선적국법에 의하여야 할 것이나, 선박우선특권이 우리나라에서 실행되는 경우에 실행기간을 포함한 실행방법은 우리나라의 절차법에 의하여야 한다); 동 2014. 7. 24, 2013 다 34839(공보 2014, 1716)(국제사법 제 8 조 제 1 항, 제60조 제 1 호, 제 2 호의 내용과 취지에 비추어 보면, 선원의 임금채권을 근거로 하는 선박우선특권의 성립 여부나 선박우선특권과 선박저당권 사이의 우선순위를 정하는 준거법은 원칙적으로 선적국법이라고 할 것이나, 선박이 편의치적이 되어 있어 그 선적만이 선전국과 유일한 관련이 있을 뿐이고, 실질적인 선박소유자나 선박 운영회사의 국적과 주된 영업활동장소, 선박의 주된 항해지와 근거지, 선원들의 국적, 선원들의 근로계약에 적용하기로 한 법률, 선박저당권의 피담보채권을 성립시키는 법률행위가 이루어진 장소 및 그에 대하여 적용되는 법률, 선박경매절차가 진행되는 법원이나 경매절차에 참가한 이해관계인 등은 선전국이 아닌 다른 특정 국가와 밀접한 관련이 있어 앞서 본 법률관계와 가장 밀접한 관련이 있는 다른 국가〈한국〉의 법이 명백히 존재하는 경우에는 다른 국가의 법을 준거법으로 보아야 한다); 대결 2014. 10. 2, 2013 마 1518(공보 2014, 2117)(러시아가 선박우선특권에 관한 국제조약에 가입하고 있는 경우, 러시아 국적선에 대한 선박우선특권에 관하여 국제조약이 러시아 국내법에 우선하여 적용된다. 따라서 '선박우선특권 및 저당권에 관한 1993년 국제협약'의 해석상 선체용선자를 제외한 정기용선자와 항해용선자에 대한 채권자에 관하여는 선박우선특권이 인정되지 않는다).

3) 선장과 해원의 행위에 대한 선박소유자의 책임범위($\frac{國私}{94조 \; 3호}$)

4) 선박소유자·용선자·선박관리인·선박운항자 그 밖의 선박사용인이 책임제한을 주장할 수 있는지 여부 및 그 책임제한의 범위($\frac{國私}{94조 \; 4호}$)[1]

5) 공동해손($\frac{國私}{94조 \; 5호}$)

6) 선장의 대리권($\frac{國私}{94조 \; 6호}$)

7) 공해에서의 선박충돌에 관한 책임은 각 선박이 동일한 선적국에 속하는 때에는 그 선적국법에 의하고, 각 선박이 선적국을 달리하는 때에는 가해선박의 선적국법에 의한다($\frac{國私}{95조 \; 2항}$).

8) 해난구조로 인한 보수청구권은 그 구조행위가 공해에서 있는 때에는 구조선박의 선적국법에 의한다($\frac{國私}{후단}$ 96조).

제2 행위지법에 의하는 경우

국제사법은 해상에 관한 다음의 사항은 행위지법에 의하는 것으로 규정하고 있다($\frac{國私}{96조 \; 전단}$ 95조 1항,).

1) 개항(開港)·하천 또는 영해에서의 선박충돌에 관한 책임은 그 충돌지법($\frac{행위}{지법}$)에 의한다($\frac{國私}{95조 \; 1항}$).

2) 해난구조로 인한 보수청구권은 그 구조행위가 영해에서 있는 때에는 행위지법에 의한다($\frac{國私}{전단}$ 96조).

---

1) 참고: 대판 2018. 3. 29, 2014 다 41469(공보 2018, 798)(국제계약에서 준거법 지정이 허용되는 것은 당사자자치〈party autonomy〉의 원칙에 근거하고 있다. 선하증권에 일반적인 준거법〈영국〉에 대한 규정이 있음에도 운송인의 책임범위에 관하여 국제협약이나 그 국제협약을 입법화한 특정 국가〈미국〉의 법을 우선 적용하기로 하는 이른바 '지상약관〈Clause Paramount〉'이 준거법의 부분지정〈분할〉인지 해당 국제협약이나 외국 법률규정의 계약 내용으로의 편입인지는 기본적으로 당사자의 의사표시 해석의 문제이다. 일반적 준거법 조항〈영국〉이 있음에도 운송인의 책임범위에 관하여 국제협약을 입법화한 특정 국가〈미국〉의 법을 따르도록 규정하고, 그것이 해당 국가 법률의 적용요건을 구비하였다면, 특별한 사정이 없는 한 운송인의 책임제한에는 그 국가〈미국〉의 법을 준거법으로 우선적으로 적용하는 것이 당사자의 의사에 부합한다).

제 7 편　항공운송

1112

제**1**장 총 설

(1) 우리나라의 항공운송산업의 규모는 세계 8위권에 이르러 항공운송을 둘러싼 사법적 분쟁도 신속히 증가하고 있음에도 불구하고 항공운송에 관한 사법적 법률관계를 규율하는 법이 없어서 이에 관한 입법의 필요성이 절실하여,[1] 정부는 상법 제6편에 항공운송편을 신설하는 상법 일부개정법률안을 제정하여 국회에 제출하였고,[2] 국회는 이를 2011년 4월 29일 본회의에서 통과시켰으며, 정부는 이를 2011년 5월 23일 법률 제10969호로 공포하였다(이하 '2011년 5월 개정 상법'으로 약칭함)(이 법은 공포 후 6개월이 경과한 날〈2011. 11. 24〉부터 시행함).

상법 제6편(항공운송)은 2014년 5월 20일 법률 제12591호로 개정되어(2014년 5월 20일부터 시행함) 국제협약에 맞추어 항공운송인의 책임한도액을 상향조정하였다(이하 '2014년 5월 개정 상법'이라 약칭한다).

상법 제6편 항공운송편은 제1장 통칙·제2장 운송·제3장 지상 제3자의 손해에 대한 책임의 3개의 장을 두고, 제2장은 다시 제1절 통칙·제2절 여객운송·제3절 물건운송·제4절 운송증서의 4개의 절을 두었다. 이하에서 이러한 순서에 따라 설명하겠다.

(2) 항공운송과 관련하여서는 기존에도 항공법(전문개정: 1991. 12. 14, 법 4435호,)(일부개정: 2016. 3. 29, 법 14114호),[3] 항공기저당법(제정: 1961. 12. 23, 법 867호,)(폐지: 2009. 3. 25, 법 9525호)(자동차 등 특정동산 저당법〈제〉(정: 2009. 3. 25, 법 9525호〉), 항공운송사업 진흥법(제정: 1971. 1. 12, 법 2275호, 개정:)(2014. 5. 21, 법 12655호)[4] 등이 있었으나, 이들 법령은 주로 국가와 사인간의 공법적 관계를 규율

---

1) 최종현, "상법 항공운송편 제정 시안에 관한 해설," 상법 총칙 및 상행위편 개정안·상법 항공운송편 제정안 공청회 자료집(법무부)(이하 '법무부공청회자료'로 약칭함), 2008. 6. 25, 93면.

2) 정부(법무부)는 상법 제6편 항공운송편의 제정을 위하여 2008년 1월 28일 상법개정 특별분과위원회를 구성하여 이에 관한 개정시안을 마련한 후, 2008년 6월 25일에 이에 관한 공청회를 개최하였다.

3) 항공법은 그 후 폐지되고(항공안전법 부칙 2조), 항공안전법(제정: 2016. 3. 29, 법 14116호, 개정: 2024. 3. 19, 법 20396호)으로 대체되었다.

4) 항공운송사업 진흥법은 그 후 폐지되고(항공사업법 부칙 2조), 항공사업법(제정: 2016. 3. 20, 법 14115호, 개정: 2023. 8. 16, 법 19688호)으로 대체되었다.

하였고 항공운송인과 여객 또는 송하인간의 사법적 관계를 규율하지는 않았다. 따라서 그 동안 항공운송에 관한 사법적 법률관계에 관하여는 항공운송인의 운송약관과 민법 및 상법상의 유사규정을 유추하여 해결할 수밖에 없었고,[1] 항공운송에 관한 사법적 관계를 규율하기 위한 특별법의 제정이 필요하다는 주장이 여러 번 제기되어 왔었다. 이러한 과정에서 1990년대 초반에는 정부(법무부)에서 항공운송계약법 시안을 제정하였는데, 이 시안은 국제운송에 관한 바르샤바조약과 대한항공의 운송약관의 내용을 그대로 수용한 것으로서 바르샤바조약과 운송약관상의 문제점을 그대로 내포하고 있어서 국회에 상정되지 못하였고,[2] 2011년 5월 개정상법에서 비로소 항공운송에 관한 사법적 규정이 제정되게 된 것이다.[3] 항공운송에 관한 사법적 규정의 입법형태에 관하여는 상법의 일부로서 규정하는 방안 · 항공운송법과 같은 특별법으로 제정하는 방안 · 행정규제법인 항공법(항공안전법 2017. 3. 30. 이후는) 내에 두는 방안 등이 논의되었는데, 육상운송 및 해상운송에 관한 규정을 두고 있는 상법전에 항공운송편을 추가함으로써 운송에 관하여 종합적이고 완결된 법전을 가질 수 있고 또한 유사한 규정은 준용에 의하여 조문의 구성을 단순화 할 수 있다는 점 등으로 인하여 상법 제 6 편으로 항공운송편을 신설하게 된 것이다.[4]

(3) 항공운송에 관한 사법상 법률관계를 규율하는 국제협약으로는 「1929년 국제항공운송에 관한 일부 규칙의 통일에 관한 협약(바르샤 바협약)」, 1929년 바르샤바협약을 개정하기 위한 「1955년 헤이그 의정서」, 기존 5개의 협약(1929년 바르샤바협약, 1955년 헤이그 의정서, 1961년 과달라하라협약, 1971 년 과테말라 의정서 및 1975년 몬트리올 추가의정서 1-4⟨1975⟩)을 하나로 통합 · 현실화한 「1999년 국제항공운송에 관한 일부 규칙의 통일에 관한 협약(몬트리 올협약)(이하에서는 이를 '몬트리올 협약'으로 약칭하여 인용한다)」이 있다.[5] 우리나라는 1967년 7월 13일에 「1955년 헤이그 의정서」에 가입하였고(1955년 헤이그 의정서에 의하여 개정된 1929년 바르샤바협약⟨개 정 바르샤바협약⟩은 1967년 10월 11일에 국내에서 발효됨), 2007년 9월 20일에 몬트리올협약에 가입하였다(이 몬트리올협약은 2007년 12월 29일에

---

1) 그러나 항공사고는 육상이나 해상사고와는 다른 특수성(전손성 · 순간성 · 거액성 · 지상종속성 · 국제성 등)으로 인하여 민법 및 상법상의 유사규정을 유추적용하는 것이 적절하지 않은 면이 많았고, 항공운송약관은 언제든지 그 유효성이 다투어질 수 있기 때문에 항공운송약관의 적용에는 법적 안정성에 문제가 있었다(최종현, 전게 법무부공청회자료, 94면).

2) 정준우, "상법 항공운송편 제정안에 대한 토론문(2)," 전게 법무부공청회자료, 146면.

3) 2011년 개정상법(항공운송편)상 항공운송인 및 항공기운항자의 손해배상책임제도의 문제점과 개선방안에 대하여는 김지훈, "항공운송인 및 항공기운항자의 손해배상책임제도에 관한 연구(문제점과 개선방안을 중심으로)," 법학박사학위논문(고려대, 2013. 8); 동, "항공물건운송에 관한 상법 항공운송편 규정의 문제점 및 개선방안," 「상사판례연구」(한국상사판례학회), 제26집 제 4 권 (2013. 12), 143~200면 등 참조.

4) 최종현, 전게 법무부공청회자료, 96~97면.

5) 이에 관하여는 황성연, "상법 항공운송편 제정안에 대한 토론문(1)," 전게 법무부공청회자료, 136면.

국내에서
발효됨).[1] 따라서 우리나라와 위 두 조약의 체약국들 사이의 국제항공운송과 관련된 분쟁에는 위 두 조약이 적용되나, 위 두 조약의 체약국이 아닌 국가와 우리나라 사이에서 발생하는 분쟁 및 국내항공운송에서 발생하는 분쟁에 대하여는 위 두 조약이 적용되지 않으므로 2011년 5월 개정상법이 적용되는 의미가 특히 클 것으로 본다.[2]

   2011년 5월 개정상법은 위의 몬트리올협약 등 국제조약을 대부분 그대로 수용하였고, 상법 내의 육상운송 및 해상운송 규정과의 일관성을 많이 유지하였으며, 항공법(2017. 3. 30. 이후는 항공안전법) 등 이에 관한 다른 법령과 중복 또는 충돌되지 않도록 하였다.[3]

---

1) 최종현, 전게 법무부공청회자료, 94~95면.
2) 동지: 최종현, 상게 법무부공청회자료, 95면.
3) 최종현, 상게 법무부공청회자료, 97~98면.

제1절 항공운송법상 항공기의 의의 및 항공운송법의 적용범위

항공운송법 제1장 통칙에서는 항공기의 의의·항공운송법의 적용범위·운송인 및 항공기 운항자의 책임감면에 대하여 규정하고 있는데, 이하에서 차례로 살펴본다.

1. 항공운송법상 항공기의 의의

항공운송법에서 항공기라 함은 「상행위나 그 밖의 영리를 목적으로 운항에 사용하는 항공기」를 말한다($\frac{\text{상}}{\text{본문}}$896조). 이를 좀 더 구체적으로 살펴보면 다음과 같다.

(1) 상행위나 그 밖의 영리를 목적으로 하는 항공기일 것

이 요건은 우리 상법이 상행위 기타 영리행위에 대하여 상법을 적용하도록 규정하고 있는 점($\frac{\text{상}4\text{조},\ 5\text{조}}{169\text{조}\ \text{등}}$)과 해상편의 선박에 관한 정의 규정($\frac{\text{상}}{740\text{조}}$)과도 균형을 이루고 있다. 상행위를 목적으로 한 항공기는 주로 항공운송을 영위하는 항공기이다 ($\frac{\text{상}46\text{조}}{13\text{호}}$). 상행위나 그 밖의 영리의 목적이라 함은 항공기의 운항에 의하여 항공기업을 영위하는 것을 말한다.

영리성이 없는 운항용 항공기에 대하여는 일정한 경우를 제외하고 다음에서 보는 바와 같이 상법 항공운송편이 준용되는데, 이는 선박의 경우와 유사하다($\frac{\text{상}}{741\text{조}}$ 1항 참조).

(2) 운항에 사용하는 항공기일 것

운항이라 함은 「공중의 운항」을 말한다. 따라서 영리를 목적으로 하는 항공기라도 운항하고 있지 않은 항공기에 대하여는 상법 항공운송편이 적용되지 않는다.

(3) 사회통념상 항공기라고 인정되는 것일 것

상법은 상법을 적용하기 위한 항공기의 의의에 대하여만 규정하고 있을 뿐 구체적으로 항공기가 무엇이냐에 대하여는 규정하고 있지 않으므로, 구체적으로 항공기가 무엇이냐에 대하여는 사회통념에 따라 정하여질 수밖에 없다. 사회통념상 항공기(광의의 항공기)란 「공중을 운항하는 데 사용되는 구조물」이라고 볼 수 있다.

참고로 항공안전법이 적용되기 위한 항공안전법상의 항공기란 「비행기·헬리콥터·비행선·활공기(滑空機) 그 밖에 대통령령으로 정하는 기기(機器)」를 말한다(항공 2조 1호).

(4) 대통령령으로 정하는 초경량 비행장치가 아닐 것

영리를 목적으로 하는 항공기라도, 기구류·행글라이더 등 초경량 비행장치에 의한 운송까지 상법 항공운송편을 적용하는 것은 입법취지에 맞지 않으므로, 대통령령으로 정하는 이러한 초경량 비행장치에 대하여는 상법이 적용되는 항공기에서 배제하고 있다(상 896조 단서, 상시 47조). 이 때 대통령령으로 정하는 초경량 비행장치란 항공안전법상 초경량 비행장치를 말하는데, 항공안전법상 초경량 비행장치란 「항공기와 경량항공기 외에 공기의 반작용으로 뜰 수 있는 장치로서 자체중량, 좌석 수 등 국토교통부령으로 정하는 기준에 해당하는 동력비행장치·행글라이더, 패러글라이더, 기구류 및 무인비행장치 등」을 말한다(상시 47조, 항공 2조 3호).

2. 항공운송법의 적용범위

상법 제 6 편 항공운송에 관한 규정은 위의 항공운송법상의 항공기(상행위나 그 밖의 영리를 목적으로 운항에 사용하는 항공기)에 대하여 적용될 뿐만 아니라, 상행위나 그 밖의 영리를 목적으로 하지 아니하더라도 운항용으로 사용되는 항공기에 대하여도 준용된다(상 897조 본문). 즉, 운항용 항공기에 대하여는 영리(유상)든 비영리(무상)든 불문하고 모든 항공기에 대하여 상법 제 6 편 항공운송편이 적용(준용)된다.[1] 다만 국유 또는 공유의 항공기에 대하여는 운항의 목적·성질 등을 고려하여 상법 제 6 편 항공운송편을 준용하는 것이 적합하지 아니한 경우로서 대통령령으로 정하는 경우에는 그러하지 아니하다(상 897조 단서). 이 때 "대통령령으로 정하는 경우"란 (ⅰ) 군용·경찰용·세관용 항공기, (ⅱ) 「항공안전법」 제 2 조 제 4 호 각 목의 용도(① 재난·재해 등으로 인한 수색·구조, ② 산불의

---

1) 동지: 몬트리올협약 제 1 조 1항(이 조약은 항공기에 의하여 유상으로 수행되는 승객·수하물 또는 화물의 모든 국제운송에 적용된다. 이 조약은 항공기 운송기업이 항공기에 의하여 무상으로 수행되는 운송에도 동일하게 적용된다).

진화 및 예방, ③ 응급환자의 후송 등 구조·구급활동, ④ 그 밖에 공공의 안녕과 질서유지를 위하여 필요한 업무)로 사용되는 항공기, (iii) 그 밖에 영리행위에 사용되지 아니하는 항공기로서 비상용·인명구조용 항공기 등 사실상 공용(公用)으로 사용되는 항공기의 어느 하나에 해당하는 국유 또는 공유의 항공기인 경우를 말한다(상식_{48조}).

따라서 상법 제6편 항공운송편은 영리목적의 항공기뿐만 아니라, 비영리목적의 항공기 및 국유 또는 공유의 항공기(상법 제6편 항공운송편의 규정을 준용하는 것이 적합하지 아니한 경우로서 대통령령으로 정하는 경우를 제외함)에도 준용되어 항공운송법의 적용범위가 크게 확대되어 있다.

제2절 항공운송인 및 항공기 운항자의 책임감면

(1) 상법 제6편 항공운송편에서 정한 운송인이나 항공기 운항자의 손해배상책임과 관련하여 운송인이나 항공기 운항자가 손해배상청구권자의 과실 또는 그 밖의 불법한 작위나 부작위가 손해를 발생시켰거나 손해에 기여하였다는 것을 증명한 경우에는, 그 과실 또는 그 밖의 불법한 작위나 부작위가 손해를 발생시켰거나 손해에 기여한 정도에 따라 운송인이나 항공기 운항자의 책임을 감경하거나 면제할 수 있는데, 이는 항공기에 의한 여객운송중 여객의 사망 또는 신체의 상해로 인한 손해에 대하여는 여객 1명당 113,100 계산단위의 금액까지 운송인의 배상책임이 면제되거나 제한될 수 없는 경우(상_항905조)에도 적용된다(상_{898조}).

이는 민법상의 과실상계에 관한 규정(민_{763조}396조)과 같은 취지의 규정이므로 주의적인 규정이라고 볼 수 있는데, 상법 제905조 1항에서 여객운송중 여객의 사망 또는 신체의 상해로 인한 손해에 대하여는 여객 1명당 113,100 계산단위의 금액까지 운송인의 배상책임이 면제되거나 제한될 수 없는 경우에도 여전히 과실상계를 할 수 있도록 한 점에 큰 의미가 있다고 볼 수 있다.[1]

(2) 위 규정에서 운송인이란 '여객운송인(상_{904조}) 및 물건운송인(상_{914조}913조)'을 의미하고, 항공기 운항자란 '지상 제3자에 대하여 손해배상책임을 지는 항공기 운항자(상_{930조})'를 말한다.

항공운송인 및 항공기 운항자에 대하여 이러한 과실상계권을 인정한 것은 몬트리올협약 제20조 및 로마협약(1952년) 제6조에 따른 것이다.

---

1) 동지: 최종현, 전게 법무부공청회자료, 101면.

제3장 운 송

항공운송법 제2장 운송에서는 제1절 통칙·제2절 여객운송·제3절 물건 운송 및 제4절 운송증서에 대하여 규정하고 있는데, 이하에서 차례로 살펴보겠다.

제1절 통 칙

항공운송법 제2장 제1절 통칙에서는 비계약적 청구에 대한 적용 등($\frac{상}{899조}$)· 실제운송인에 대한 청구($\frac{상}{900조}$)·순차운송($\frac{상}{901조}$)·운송인 책임의 소멸($\frac{상}{902조}$)·계약조 항의 무효($\frac{상}{903조}$)에 대하여 규정하고 있는데, 이하에서 차례로 살펴보겠다.

1. 비계약적 청구에 대한 적용

항공운송법 통칙은 「항공운송법 제2장의 항공운송인의 책임에 관한 규정은 항 공운송인의 불법행위로 인한 손해배상의 책임에도 적용한다」고 규정하여($\frac{상}{1항}\frac{899조}{}$),[1] 항공운송인의 채무불이행책임과 불법행위책임과의 관계에 대하여 해상물건운송인 의 경우($\frac{상}{1항}\frac{798조}{}$)와 같이 결과적으로 법조경합설에 따른 입법을 하였다.[2] 따라서 항 공운송법 제2장의 운송($\frac{여객운송 및}{물건운송}$)에 관한 규정상 운송인의 면책사유나 책임제한에 관한 규정 등이 항공운송인의 불법행위책임에도 적용된다.

---

1) 이는 몬트리올협약 제29조(승객·수하물 및 화물의 운송에 있어서, 손해에 관한 어떠한 소송이 든지 이 협약·계약·불법행위 또는 어떠한 사항에 근거하는지 여부를 불문하고, 이 협약에 규정되 어 있는 조건 및 책임한도에 따르는 경우에만 제소할 수 있다)에 따른 규정이다.

2) 육상운송인에 대하여는 이러한 규정이 없기 때문에 청구권경합설(통설·판례)에 의하여 육상운 송인의 채무불이행책임이 면책이 되었음에도 불구하고 불법행위책임을 별도로 물을 수 없다.

2. 운송인의 사용인 등에 대한 청구에 적용

(1) 항공운송법 통칙은 「여객·수하물 또는 운송물에 관한 손해배상청구가 운송인의 사용인이나 대리인에 대하여 제기된 경우에 그 손해가 그 사용인이나 대리인의 직무집행에 관하여 생겼을 때에는 그 사용인이나 대리인은 운송인이 주장할 수 있는 항변과 책임제한을 원용할 수 있다」고 규정하여($\frac{\text{상}}{\text{2항}}$899조), 해상법상의 규정($\frac{\text{'히말라}}{\text{야조항'}}$)($\frac{\text{상}}{\text{2항 본문}}$798조)과 동일한 취지로 규정하고 있다.[1] 이러한 규정을 둔 이유는 항공운송인의 사용인이나 대리인이 민법상 불법행위($\frac{\text{민}}{\text{750조}}$) 등에 의하여 여객 등에 의하여 손해배상청구를 받는 경우에, 이러한 규정이 없다면 항공운송인의 사용인 또는 대리인이 항공운송인보다 더 큰 책임을 부담하는 불합리한 점이 발생하기 때문이다.

이 때의 「항공운송인의 사용인 또는 대리인」은 고용계약 또는 위임계약 등에 의하여 항공운송인의 지휘·감독을 받아 그 업무를 수행하는 자를 말하고, 그러한 지휘·감독에 관계 없이 스스로의 판단에 따라 자기 고유의 사업을 영위하는 독립적인 계약자는 포함되지 아니한다.[2] 그러나 당사자간의 특약으로 이러한 독립적인 운송관련자라도 항공운송인의 책임제한을 원용할 수 있도록 할 수 있다.[3]

또한 항공운송인의 사용인 등이 항공운송인의 항변을 원용할 수 있는 경우는 그 사용인 등의 「직무집행에 관하여 생긴 손해」에 한한다.

(2) 항공운송인의 사용인이나 대리인이 항공운송인의 항변과 책임제한을 원용할 수 있다고 하여도, 여객 또는 수하물의 손해($\frac{\text{화물에 대한}}{\text{손해는 배제됨}}$)가 항공운송인의 사용인이나 대리인의 고의로 인하여 발생하였거나 또는 여객의 사망·상해·연착($\frac{\text{수하물의 경우}}{\text{멸실·훼손·연착}}$)이 생길 염려가 있음을 인식하면서 무모하게 한 작위 또는 부작위로 인하여 발생하였을 때에는 그 사용인이나 대리인은 항공운송인이 주장할 수 있는 항변과 책임제한을 원용할 수 없다($\frac{\text{상}}{\text{3항}}$899조). 상법 제899조 3항은 항공화물운송의 경우 몬트리올협약 제22조 5항, 제30조 3항에 따라 항공운송인의 사용인이나 대리인에게 이른바 고의적 악행(wilful misconduct)이 있는 경우에도 책임제한이 배제되지 않는다는 점을 간접적으로 규정하고 있다.[4] 따라서 이 점은 해상운송의 경우, 개품

---

1) 이는 몬트리올협약 제30조 1항에 따른 입법이다.
2) 해상운송에서 이와 동지의 판례로는 대판 2004. 2. 13, 2001 다 75318 외.
3) 해상운송에 이와 동지의 판례로는 대판 2007. 4. 27, 2007 다 4943.
4) 법무부, 「선진상사법률연구」, 통권 제55호(2011. 7) 별책부록(상법 항공운송편 조문별 해설자료), 16면.

운송인의 운송물에 대한 책임($\frac{상}{2항}^{798조}$)과 구별되고, 여객운송인의 위탁받은 여객의 수하물(위탁수하물)에 대한 책임($\frac{상 826조 2항}{798조 2항}$ ·)과 같으며, 여객운송인의 여객의 사망 · 상해 · 연착에 대한 책임($\frac{상}{1항, 148조}^{826조}$)과는 구별된다.

(3) 위 (1)에 의하여 항공운송인과 그 사용인이나 대리인의 여객 · 수하물 또는 운송물에 대한 책임제한금액의 총액은 각각의 항공운송인의 책임한도액(항공운송인의 여객의 사망 또는 신체의 상해로 인한 손해에 대한 책임한도액은 상 905조, 항공운송인의 여객의 연착으로 인한 손해에 대한 책임한도액은 상 907조, 항공운송인의 여객의 위탁수하물의 멸실 · 훼손 · 연착으로 인한 손해에 대한 책임한도액은 상 910조, 항공운송인의 물건운송에서 운송물의 멸실 · 훼손 · 연착으로 인한 손해에 대한 책임한도액은 상 915조)을 초과하지 못한다($\frac{상}{4항}^{899조}$).[1]

3. 실제운송인 및 그의 사용인 등에 대한 청구

(1) 항공운송계약을 체결한 운송인(계약운송인)의 위임을 받아 운송의 전부 또는 일부를 수행한 운송인(실제운송인)이 있을 경우, 순차운송에 해당하는 경우를 제외하고는 실제운송인이 수행한 운송에 관하여 실제운송인에 대하여도 항공운송인의 책임에 관한 규정을 적용한다($\frac{상}{1항}^{900조}$).[2] 또한 이 경우 여객 · 수하물 또는 운송물에 관한 손해배상청구가 실제운송인의 사용인이나 대리인에 대하여 제기된 경우에, 그 손해가 그 사용인이나 대리인의 직무집행에 관하여 생겼을 때에는 실제운송인의 사용인이나 대리인은 실제운송인이 주장할 수 있는 항변과 책임제한을 원용할 수 있다($\frac{상 900조 3항,}{899조 2항}$). 그러나 여객 또는 수하물의 손해(화물에 대한 손해는 배제됨)가 실제운송인의 사용인이나 대리인의 고의로 인하여 발생하였거나 또는 여객의 사망 · 상해 · 연착(수하물의 경우 멸실 · 훼손 · 연착)이 생길 염려가 있음을 인식하면서 무모하게 한 작위 또는 부작위로 인하여 발생하였을 때에는 실제운송인의 사용인이나 대리인은 실제운송인이 주장할 수 있는 항변과 책임제한을 원용할 수 없다($\frac{상 900조 3항,}{899조 3항}$). 상법 제900조 3항은 항공화물운송의 경우 몬트리올협약 제22조 5항, 제30조 3항에 따라 항공운송인의 사용인이나 대리인에게 이른바 고의적 악행(wilful misconduct)의 경우에도 책임제한이 배제되지 않는다는 점을 간접적으로 규정하고 있다.[3] 이 점은 해상운송의 경우, 개품운송인의 운송물에 대한 책임($\frac{상}{4항}^{798조}$)과 다르고, 여객운송인의 위탁수하물에 대한 책임($\frac{상 826조 2항,}{798조 4항}$)과 같으며, 여객운송인의 여객의 사망 · 상해 · 연착에 대한 책임($\frac{상 826조}{1항, 148조}$)과는 구별된다.

(2) 실제운송인이 여객 · 수하물 또는 운송물에 대한 손해배상책임을 지는 경우

---

1) 이는 몬트리올협약 제30조 2항에 따른 입법이다.

2) 이는 몬트리올협약 제39조에 따른 입법이다.

3) 법무부, 전게 선진상사법률연구 통권 제55호 별책부록, 16면.

계약운송인과 실제운송인은 연대책임을 지고($\substack{상 \\ 2항}$900조), 실제운송인과 계약운송인의 여객·수하물 또는 운송물에 대한 책임제한금액의 총액은 각각의 항공운송인의 책임한도액($\substack{상 \ 905조, 907조, \\ 910조 \ 및 \ 915조}$)을 초과하지 못한다($\substack{상 \ 900조 \ 3항, \\ 899조 \ 4항}$).[1]

(3) 항공운송의 장($\substack{제6편 \\ 제2장}$)에서 정한 항공운송인의 책임과 의무 외에 항공운송인이 책임과 의무를 부담하기로 하는 특약 또는 항공운송의 장에서 정한 항공운송인의 권리나 항변의 포기는, 실제운송인이 동의하지 아니하는 한 실제운송인에게 영향을 미치지 아니한다($\substack{상 \\ 4항}$900조). 항공운송인의 책임을 상법 제6편 제2장보다 가중하는 당사자간의 특약은 유효한데($\substack{상 \ 903조 \\ 반대해석}$)($\substack{상대적 \\ 강행법규성}$), 다만 이 경우 계약운송인의 특약이 당연히 실제운송인에게 미치는 것은 아니고 실제운송인이 동의를 한 경우에 한하여 그러한 계약운송인의 특약의 효력이 실제운송인에게 미친다.

4. 순차운송

(1) 항공운송에서 순차운송의 의의

항공운송에서 순차운송이란 「동일 운송의 객체($\substack{여객·수하물 \\ 또는 \ 운송물}$)에 대하여 둘 이상의 (항공)운송인이 순차로 운송을 하는 것」이라고 볼 수 있는데, 이에 대하여 상법은 여객·수하물 또는 운송물로 나누어 각 (항공)순차운송인의 책임과 구상권에 대하여 규정하고 있다($\substack{상 \\ 901조}$).

육상화물운송에서와 같이 항공운송에서도 광의의 순차운송은 아래의 운송을 모두 포함하는 개념이나, 협의의 순차운송은 공동운송(연대운송)만을 의미하고 상법 제901조에서 의미하는 순차운송이란 협의의 순차운송만을 의미한다고 본다.[2]

1) 부분운송   이는 둘 이상의 운송인이 각자 독립하여 각 특정구간의 운송을 인수하는 것이다. 이 경우에는 각 운송구간마다 별개의 운송계약이 성립하므로, 상법 제901조 1항의 「… 운송계약의 당사자로 본다」고 할 필요가 없는 점에서, 이는 상법 제901조의 순차운송이라고 볼 수 없다.

2) 하수운송   이는 제1의 운송인(원수⟨元受⟩운송인)이 전 구간의 운송을 인수하고, 그 전부 또는 일부를 제2의 운송인(하수⟨下受⟩운송인)에게 운송시키는 것이다. 이 때 운송계약의 당사자는 제1의 운송인이고 제2의 운송인은 제1의 운송인의 이행보조자에 불과하므로, 제2의 운송인을 상법 제901조 1항의 운송계약의 당사자로 볼 수 없는 점에서, 이는 상법 제901조의 순차운송이라고 볼 수 없다.

---

1) 이는 몬트리올협약 제44조에 따른 입법이다.
2) 육상운송에서 동지의 견해로는 정(찬), (상)(제27판) 388~390면.

3) 동일운송   이는 둘 이상의 운송인이 공동으로 전 구간의 운송을 인수하는 계약을 체결하고, 내부관계로서 각 운송인의 담당구간을 정하는 것이다. 이 경우 모든 운송인은 운송계약의 당사자이고 또한 상법상 당연히 연대책임을 부담하므로($\frac{상}{1항}^{57조}$), 상법 제901조 1항 및 5항이 적용될 여지가 없는 점에서, 이는 상법 제901조의 순차운송이라고 볼 수 없다.

4) 공동운송(연대운송)   둘 이상의 운송인이 서로 운송상의 연결관계를 가지고 있을 때, 여객 또는 송하인은 최초의 운송을 위탁함으로써 다른 운송인을 동시에 이용할 수 있는 것이다. 즉, 여객 또는 송하인과 제 1 의 운송인간에 전 구간에 관한 운송계약이 체결되지만, 제 1 의 운송인은 자기의 운송구간만의 운송을 실행하고 나머지 구간에 대하여는 제 2 의 운송인 등과 자기의 명의와 여객 또는 송하인의 계산으로 운송계약을 체결함으로써, 제 2 의 운송인이 제 1 의 운송인의 운송구간을 제외한 나머지의 구간의 운송을 인수하는 등 둘 이상의 운송인이 법률상 하나의 운송관계에 순차적으로 참가하는 것을 말한다. 이러한 공동운송을 「협의의 순차운송」이라고 하는데, 상법 제901조에서의 항공운송에서 순차운송은 이러한 협의의 순차운송을 의미한다. 따라서 항공운송에서 (협의의) 순차운송의 경우에는 각 운송인의 운송구간에 관하여 그 운송인도 (여객 또는 송하인에 대한) 운송계약의 당사자로 간주한다($\frac{상}{1항}^{901조}$).[1]

(2) 여객의 손해에 대한 순차운송인의 책임

1) 여객의 사망·상해 또는 연착으로 인한 손해배상   순차항공운송에서 여객의 사망·상해 또는 연착으로 인한 손해배상은 그 사실이 발생한 구간의 운송인에게만 청구할 수 있는데, 다만 최초 운송인이 명시적으로 전 구간에 대한 책임을 인수하기로 약정한 경우에는 최초 운송인과 그 사실이 발생한 구간의 운송인이 연대하여 그 손해를 배상할 책임이 있다($\frac{상}{2항}^{901조}$).[2][3] 육상 및 해상의 순차여객운송에 대하여는 규정이 없다. 이 때 최초의 운송인이 여객에 대하여 손해배상을 한 경우에는 사고가 발생한 구간의 운송인에 대하여 구상권을 행사할 수 있다($\frac{상}{6항}^{901조}$).

이는 사고가 발생한 구간의 운송인도 운송계약의 당사자로 보기 때문에($\frac{상}{1항}^{901조}$)

---

1) 이는 몬트리올협약 제36조 1항에 따른 입법이다.

2) 이는 몬트리올협약 제36조 2항에 따른 입법인데, 동 협약에서는 「명시적 합의에 의하여 최초의 운송인이 모든 운송구간에 대한 책임을 지는 경우를 제외하고, 사고가 발생한 구간의 운송인에게 손해배상을 청구할 수 있다」고 규정하여 상법 제901조 2항과 구별되고 있다.

3) 이는 계약운송인과 실제운송인이 연대책임을 부담하는 것(상 900조 2항)과 유사하다고 볼 수 있다[법무부, 전게 선진상사법률연구 통권 제55호 별책부록, 20면].

최초 운송인이 명시적으로 전 구간에 대한 책임을 인수한 경우에도 사고가 발생한 구간의 운송인에 대하여 책임을 지우고, 두 운송인의 책임을 연대책임으로 규정한 것으로 생각된다. 그러나 최초의 운송인이 명시적으로 전 구간에 대한 책임을 인수하기로 약정한 경우에는 그러한 약정을 중시하여 여객은 최초의 운송인에 대하여만 손해배상을 청구할 수 있도록 하고, 최초의 운송인은 사고가 발생한 구간의 운송인에 대하여 구상권을 행사하도록 하는 것이, 여객에게도 편리하고 또한 몬트리올협약 제36조 2항의 취지에도 맞는다고 본다.

손해를 발생시킨 운송인이나 운송구간이 증명되지 않거나 각 운송인의 과실이 경합하는 경우에는 각 운송인은 연대하여 그 손해를 배상할 책임이 있다고 본다($\frac{상}{유추적용}$ 901조 5항).[1]

2) **여객의 수하물에 대한 손해배상**   순차항공운송에서 여객의 수하물의 멸실·훼손 또는 연착으로 인한 손해배상은 최초 운송인·최종 운송인 및 그 사실이 발생한 구간의 운송인에게 각각 청구할 수 있는데($\frac{상}{3항}$ 901조),[2] 각 운송인은 연대하여 그 손해를 배상할 책임이 있다($\frac{상}{5항}$ 901조). 이 때 최초 운송인 또는 최종 운송인이 그 손해를 배상한 경우에는 수하물의 멸실·훼손 또는 연착이 발생한 구간의 운송인에 대하여 구상권을 가진다($\frac{상}{6항}$ 901조).

이는 순차항공운송에서 여객의 수하물이 어느 운송구간에서 사고가 발생하였는지 확인되지 않은 경우에, 여객은 최초의 운송인과 최종의 운송인에 대하여 손해배상을 청구할 수 있도록 함으로써 여객을 보호하고자 하는 규정이다.[3]

순차육상운송에서는 이러한 경우 각 운송인은 여객에 대하여 연대하여 배상할 책임이 있고($\frac{상}{138조}$ $\frac{149조}{1항}$ $\frac{1항}{}$), 순차해상운송에서는 이러한 경우에 대하여 규정이 없다.

(3) **물건운송에서 운송물의 손해에 대한 순차운송인의 책임**

1) 순차항공운송에서 운송물의 멸실·훼손 또는 연착으로 인한 손해배상은 송하인은 최초 운송인 및 그 사실이 발생한 구간의 운송인에게 각각 청구할 수 있고, 수하인이 운송물의 인도를 청구할 권리를 가지는 경우에는($\frac{상}{2항}$ 140조 참조) 수하인은 최종 운송인 및 그 사실이 발생한 구간의 운송인에게 그 손해배상을 각각 청구할 수 있다($\frac{상}{4항}$ 901조).[4] 이 경우 각 운송인은 연대하여 그 손해를 배상할 책임이 있고

---

1) 육상여객운송에 관하여 동지의 견해로는 정(찬), (상)(제27판) 390~391면.
2) 이는 몬트리올협약 제36조 3항에 따른 입법이다.
3) 법무부, 전계 선진상사법률연구 통권 제55호 별책부록, 20면.
4) 이는 몬트리올협약 제36조 3항에 따른 입법이다.

$\left(\substack{\text{상} 901조 \\ 5항}\right)$,[1] 최초 운송인 또는 최종 운송인이 손해를 배상한 경우에는 운송물의 멸실·훼손 또는 연착이 발생한 구간의 운송인에 대하여 구상권을 가진다$\left(\substack{\text{상} 901조 \\ 6항}\right)$.[2] 이는 어느 운송구간에서 사고가 발생하였는지 확인되지 않은 경우에도 송하인 또는 수하인으로 하여금 최초 운송인 또는 최종 운송인에 대하여 손해배상을 청구할 수 있도록 함으로써 화주측을 보호하고자 하는 규정이다.[3]

2) 순차육상운송에서는 각 운송인이 연대하여 손해를 배상할 책임이 있고$\left(\substack{\text{상} 138조 \\ 1항}\right)$, 이 경우 손해를 배상한 운송인은 그 손해의 원인이 된 행위를 한 운송인에 대하여 구상권이 있는데$\left(\substack{\text{상} 138조 \\ 2항}\right)$, 손해의 원인이 된 행위를 한 운송인을 알 수 없는 때에는 각 운송인이 운임액의 비율로 그 손해를 분담한다$\left(\substack{\text{상} 138조 \\ 3항}\right)$.

순차해상운송에서는 위와 같은 경우에 규정을 두고 있지 않다.

5. 항공운송인의 책임의 소멸

(1) 항공운송인의 여객·송하인 또는 수하인에 대한 책임은 그 청구원인에 관계 없이 여객 또는 운송물이 도착지에 도착한 날, 항공기가 도착한 날 또는 운송이 중지된 날 가운데 가장 늦게 도래한 날부터 2년 이내에 재판상 청구가 없으면 소멸한다(2년의 제척기간)$\left(\substack{\text{상} \\ 902조}\right)$.

(2) 육상물건운송인의 손해배상책임은 (운송인이 악의가 아닌 한) 수하인 또는 화물상환증소지인이 유보 없이 운송물을 수령하고 운임 기타의 비용을 지급한 때에 소멸하는데$\left(\substack{\text{특별소} \\ \text{멸사유}}\right)$$\left(\substack{\text{상} \\ 146조}\right)$, 운송인이 운송물의 인도 후에 손해배상책임을 부담하는 경우에도 (운송인이나 그 사용인이 악의가 아닌 한) 이 책임은 수하인 등이 운송물을 수령한 날로부터 1년을 경과하면 소멸시효가 완성한다$\left(\substack{\text{상} 147조 \\ 121조}\right)$. 육상여객운송인의 손해배상책임의 시효기간(또는 제척기간)에 대하여는 상법이 특별히 규정하고 있지 않으므로, 일반상사시효와 같이 그 시효기간은 5년이다$\left(\substack{\text{상} \\ 64조}\right)$. 그러나 여객운송인의 탁송수하물에 관한 손해배상책임의 소멸에 관하여는 물건운송인의 경우와 같다$\left(\substack{\text{상} 149조 \\ 1항}\right)$.

해상물건운송인의 송하인 또는 수하인에 대한 손해배상책임은 그 청구원인의 여하를 불문하고 운송인이 수하인에게 운송물을 인도한 날 또는 인도할 날로부터 1년 이내에 재판상 청구가 없으면 소멸하는데, 이 기간은 당사자의 합의에 의하여 연장할 수 있다$\left(\substack{\text{상} 814조 \\ 1항}\right)$. 해상물건운송인의 경우에는 운송인이 인수한 운송을 다시

---

1) 이는 몬트리올협약 제36조 3항에 따른 입법이다.
2) 이는 상법 제138조 2항에 따른 입법이다.
3) 법무부, 전게 선진상사법률연구 통권 제55호 별책부록, 21면.

제3자에게 위탁한 때에 제3자에 대한 운송인의 구상채권을 보호하기 위한 특별 규정이 있다($\frac{상}{2항}\frac{814조}{\cdot 3항}$). 해상여객운송인의 여객 자신의 손해에 대한 손해배상책임은 육상여객운송인의 경우와 같다($\frac{상}{1항}\frac{826조}{,148조}$). 해상여객운송인의 탁송수하물에 대한 손해 배상책임은 해상물건운송인의 경우와 같다($\frac{상}{2항}\frac{826조}{,814조}$).

(3) 항공운송인의 책임의 소멸을 육상운송인 및 해상운송인의 경우와 비교하여 보면, (ⅰ) 여객운송인과 물건운송인의 책임의 소멸에서 동일하게 규정한 점, (ⅱ) 제척기간을 2년으로 규정한 점, (ⅲ) 당사자의 합의에 의하여 제척기간을 연장할 수 없는 점, (ⅳ) 제척기간의 기산점에 대하여 다양하게 제시하고 선택할 수 있도록 한 점 등에서 구별되고 있다.

6. 항공운송에 관한 규정의 상대적 강행법규성

상법의 항공운송에 관한 규정에 반하여 항공운송인의 책임을 감면하거나 책임 한도액을 낮게 정하는 특약은 효력이 없다($\frac{상}{903조}$). 이는 항공운송에 관한 상법의 규정 이 상대적 강행법규성임을 의미하고, 이 점은 보험계약에 관한 상법의 규정($\frac{상}{1문}\frac{663조}{}$) 및 해상물건운송인·해상여객운송인의 의무 또는 책임에 관한 상법의 규정($\frac{상}{1항}\frac{799조}{1문}$ $\frac{826조}{1항}$)의 취지와 같다. 따라서 당사자간의 면책약관에 의하여 항공운송인의 책임을 상법의 규정보다 확장 또는 가중할 수는 있으나, 감면하거나 책임한도액을 낮게 정 할 수는 없다. 육상운송인에 대하여는 위와 같은 규정이 없고 또한 운송인의 의무 또는 책임에 관한 상법의 규정은 강행법규가 아니고 임의법규로 볼 수 있는 점에 서, 운송인의 책임을 면제 또는 경감하는 특약이나 면책약관은 신의칙에 반하지 않 고 또 약관규제법에 저촉되지 않는 한 유효라고 해석하고 있다.[1]

제2절 항공여객운송인의 책임

제1 총 설

항공여객운송인의 손해배상책임은 크게 여객에 대한 책임과 수하물에 대한 책 임으로 나뉘고, 여객에 대한 책임은 여객의 사망 또는 신체의 상해로 인한 손해와 여객의 연착으로 인한 손해로 나뉘며, 여객의 수하물에 대한 책임은 위탁(탁송)수하

---

1) 정(찬), (상)(제27판) 370~371면; 대판 1983. 3. 22, 82 다카 1533(공보 704, 735).

물에 대한 책임과 휴대수하물에 대한 책임으로 나뉜다.

상법은 위 각각에 대하여 책임발생원인·책임한도액·운송인의 면책 등에 대하여 규정하고 있는데, 이하에서 살펴보겠다.

제 2 여객에 대한 책임

1. 여객의 사망 또는 신체의 상해로 인한 손해에 대한 책임

(1) 책임발생원인

항공운송인은 여객의 사망 또는 신체의 상해(bodily injury)로 인한 손해에 관하여는 그 손해의 원인이 된 사고가 항공기상에서 또는 승강(乘降)을 위한 작업중에 발생한 경우에만 책임을 진다($\frac{상}{904조}$).[1]

육상운송인 및 해상운송인의 여객에 대한 책임에 대하여는 (운송인의 수하물에 대한 책임을 제외하고) 「여객이 운송으로 인하여 받은 손해」로 규정하고($\frac{상\ 148조\ 1항,}{826조\ 1항}$), 이러한 「여객이 운송으로 인하여 받은 손해」란 보통 '여객의 사상(死傷)으로 인한 손해'를 의미하는데, 이 외에 '여객의 피복 등에 발생한 손해' 또는 '연착으로 인한 손해'를 포함한다고 보고 있다.[2] 그러나 상법 제148조 2항이 적용되는 여객의 손해는 그 성질상 '여객의 사상(死傷)으로 인한 손해'만을 의미한다. 또한 '여객의 사상(死傷)으로 인한 손해'에는 재산적 손해뿐만 아니라 정신적 손해를 포함한다고 본다.[3]

항공운송인의 여객에 대한 책임에 대하여는 위에서 본 바와 같이 「여객의 사망 또는 신체의 상해로 인한 손해」라고만 규정하고 있어 이 이외의 손해는 배제되고,[4] 이러한 손해에는 이 규정의 근거인 몬트리올협약 제17조의 해석상 정신적 손해를 배제하고 있는 점에서 육상운송인 등의 책임과 구별되고 있다.[5] 또한 항공운송인의 「여객의 사망 또는 신체의 상해로 인한 손해」에 대한 책임에서는 손해의 원인이 된 사고가 「항공기상에서 또는 승강을 위한 작업중에 발생한 경우에만」 책임

---

1) 이는 몬트리올협약 제17조 1항에 따른 입법이다.

2) 정(찬), (상)(제27판) 394면.

3) 정(찬), (상)(제27판) 394면.

4) 항공운송인의 여객에 대한 책임에서 「여객의 사망 또는 신체의 상해로 인한 손해」 이외의 손해 중 '연착으로 인한 손해'는 별도로 규정하고 있으므로(상 907조), 배제되는 이 이외의 손해는 '여객의 피복 등에 발생한 손해'뿐이다.

5) 법무부, 전게 선진상사법률연구 통권 제55호 별책부록, 27~28면 참조.

을 지는 것으로 제한하여 규정하고 있는 점도, 육상운송인 등의 책임과 구별되고
있다.

(2) 책임한도액

항공운송인은 여객 1명당 최저 책임한도액($\substack{113,100 \\ 계산단위}$)[1] 범위 내에서는 무과실 책
임이고, 이 최저한도액을 초과하는 부분에 대하여는 과실책임인데, 무과실의 증명
책임을 항공운송인에게 부과하고 있다.[2] 즉, 항공운송인의 「여객의 사망 또는 신체
의 상해로 인한 손해」 중 여객 1명당 113,100 계산단위의 금액까지는 항공운송인
의 배상책임을 면제하거나 제한할 수 없다($\substack{상 905조 \\ 1항}$).[3] 항공운송인은 이러한 손해 중
여객 1명당 113,100 계산단위의 금액을 초과하는 부분에 대하여는 (i) 그 손해가
항공운송인 또는 그 사용인이나 대리인의 과실 또는 그 밖의 불법한 작위나 부작위
에 의하여 발생하지 아니하였다는 것, 또는 (ii) 그 손해가 오로지 제3자의 과실
또는 그 밖의 불법한 작위나 부작위에 의하여만 발생하였다는 것을 증명하면 배상
책임을 지지 아니한다($\substack{상 905조 \\ 2항}$).[4]

항공여객운송인은 위에서 본 바와 같이 여객 1명당 113,100 계산단위의 금액
까지는 무과실책임이고, 113,100 계산단위의 금액을 초과하는 부분에 대하여는 과
실책임을 부담하는 점에서, 육상여객운송인 및 해상여객운송인의 여객에 대한 손해
배상책임이 전부 과실책임인 점($\substack{상 148조 \\ 826조 1항}$)과 구별되고 있다.

(3) 선급금의 지급

항공운송인은 여객의 사망 또는 신체의 상해가 발생한 항공기사고의 경우에
손해배상청구권자가 청구하면 지체 없이 선급금(先給金)을 지급하여야 하는데($\substack{상 906조 \\ 1항 \\ 1문}$), 이와 같이 지급한 선급금은 항공운송인이 손해배상으로 지급하여야 할 금액에
충당할 수 있고($\substack{상 906조 \\ 2항}$), 항공운송인이 이와 같이 선급금을 지급한다고 하여 이것만

---

1) 2011년 개정상법에서는 여객 1명당 최저 책임한도액을 100,000 계산단위로 규정하였는데, 2014
   년 5월 개정상법(2014. 5. 20, 법 12591호, 시행 2014. 5. 20)에서 우리나라도 가입한 「국제항공
   운송에 있어서의 일부 규칙 통일에 관한 협약」상 2010년 1월 1일부터 상향조정된 항공운송인의
   책임한도액을 반영하여 113,100 계산단위로 상향조정하였다. 이러한 항공운송인의 책임한도액과
   함께, 항공운송인의 책임한도액을 여객연착시 여객 1명당 4,150 계산단위에서 4,694 계산단위로
   (국내항공운송의 경우 여객 연착시 여객 1인당 500 계산단위에서 1,000 계산단위로), 수하물의 멸
   실·훼손·연착시 여객 1명당 1,000 계산단위에서 1,131 계산단위로, 운송물의 멸실·훼손·연착
   시 1킬로그램당 17 계산단위에서 19 계산단위로 각각 상향조정하였다.
2) 이는 몬트리올협약 제21조 1항에 따른 입법이다.
3) 법무부, 전게 법무부공청회자료, 105면.
4) 이는 몬트리올협약 제21조 2항에 따른 입법이다.

으로 항공운송인이 책임이 있는 것으로 간주되지 않는다$\left(\begin{smallmatrix}상\ 906조 \\ 1항\ 2문\end{smallmatrix}\right)$.[1] 이러한 선급금의 지급액, 지급절차 및 방법 등에 관하여는 대통령령으로 정한다$\left(\begin{smallmatrix}상\ 906조\ 3항, \\ 상시\ 49조\end{smallmatrix}\right)$.[2]

이는 항공기사고로 인하여 여객들의 사망과 부상이 발생한 경우 시급을 요하는 유족들의 장례비용과 부상자들의 치료비 및 시급한 경제적 곤란을 해결하기 위하여 일정한 금액을 선급할 수 있도록 하는 법적 근거를 마련한 것인데,[3] 육상운송인 및 해상운송인의 책임에는 없고 항공운송인의 책임에만 있는 특유한 규정이다.

2. 여객의 연착에 대한 책임

(1) 책임발생원인

항공운송인은 여객의 연착으로 인한 손해에 대하여 책임을 지는데$\left(\begin{smallmatrix}상\ 907조 \\ 1항\ 본문\end{smallmatrix}\right)$, 항공운송인 자신과 그 사용인 및 대리인이 손해를 방지하기 위하여 합리적으로 요구되는 모든 조치를 하였다는 것 또는 그 조치를 하는 것이 불가능하였다는 것을 증명한 경우에는 그 책임을 면한다$\left(\begin{smallmatrix}상\ 907조 \\ 1항\ 단서\end{smallmatrix}\right)$.[4] 항공운송인의 여객의 연착으로 인한 손해배상책임도 과실책임인데, 그 무과실의 증명책임은 항공운송인측에 있다.

육상운송인 및 해상운송인의 경우에는 「여객이 운송으로 인하여 받은 손해」에 '연착으로 인한 손해'가 포함되는 것으로 해석하는데$\left(\begin{smallmatrix}상\ 148조\ 1항, \\ 826조\ 1항\end{smallmatrix}\right)$,[5] 항공운송인의 경우에는 여객의 연착으로 인한 책임에 대하여 별도로 규정하고 또한 항공운송인의 면책사유를 규정하고 있는 점에 특색이 있다.

---

1) 이는 몬트리올협약 제28조에 따른 입법이다.
2) 상법 시행령 제49조(항공기 사고로 인한 선급금의 지급액 등) ① 상법 제906조 제 1 항 전단에 따라 운송인이 지급하여야 하는 선급금은 다음 각 호의 구분에 따른 금액으로 한다.
 1. 여객이 사망한 경우: 1인당 1만 6천 계산단위의 금액
 2. 여객이 신체에 상해를 입은 경우: 1인당 8천 계산단위의 금액 범위에서 진찰·검사, 약제·치료재료의 지급, 처치·수술 및 그 밖의 치료, 예방·재활, 입원, 간호, 이송 등 명칭에 상관 없이 그 상해의 치료에 드는 비용 중 상법 제906조 제 1 항에 따른 손해배상청구권자(이하 이 조에서 "손해배상청구권자"라 한다) 또는 「민법」에 따라 부양할 의무가 있는 사람이 실제 부담한 금액
 ② 상법 제906조 제 1 항 전단에 따라 손해배상청구권자가 선급금을 청구할 때에는 운송인에 대하여 선급금을 청구한다는 취지와 청구금액을 분명히 밝힌 서면 또는 전자문서에 다음 각 호의 서류를 첨부하여 청구하여야 한다.
 1. 가족관계등록부 또는 그 밖에 법률에 따른 권한이 있는 청구권자임을 증명할 수 있는 서류
 2. 여객이 신체에 상해를 입은 경우에는 그 상해의 치료에 드는 비용을 실제 부담하였음을 증명할 수 있는 서류
3) 법무부, 전게 선진상사법률연구 통권 제55호 별책부록, 32면.
4) 이는 몬트리올협약 제20조에 따른 입법이다.
5) 정(찬), (상)(제27판) 394면.

(2) 책임한도액

항공운송인이 여객의 연착에 대하여 책임을 지는 경우, 그 책임액은 원칙적으로 여객 1명당 4,694 계산단위의 금액을 한도로 하는데($\frac{상}{2항}\frac{907조}{본문}$),[1] 다만 여객과의 운송계약상 그 출발지·도착지 및 중간 착륙지가 대한민국 영토 내에 있는 운송의 경우에는 여객 1명당 1,000 계산단위의 금액을 한도로 한다($\frac{상}{2항}\frac{907조}{단서}$).[2] 여객의 연착에 대하여 항공운송인의 책임한도액이 적용되는 경우는 항공운송인에게 (경·)과·실·이 있는 경우에 한하고, 항공운송인 또는 그 사용인이나 대리인의 고의로 또는 연착이 생길 염려가 있음을 인식하면서 무모하게 한 작위 또는 부작위에 의하여 손해가 발생한 것이 증명된 경우에는 책임한도액이 적용되지 않고 여객에 발생한 모든 손해를 배상하여야 한다($\frac{상}{3항}907조$).

육상운송인의 경우에는 '여객의 연착으로 인한 손해'에 대하여 상법 제148조 2항도 적용되지 않고 또한 책임한도액에 관한 규정도 없으므로, 이에 대하여는 민법의 일반원칙($\frac{민}{750조}\frac{390조 이하,}{이하}$)에 의하여 운송인의 손해배상액이 결정된다.[3] 따라서 이 점에서 여객의 연착에 대한 항공운송인의 책임과 육상운송인의 책임은 구별되고 있다.

제3 여객의 수하물에 대한 책임

1. 위탁(탁송)수하물에 대한 책임

(1) 책임발생원인

1) 위탁수하물의 멸실·훼손에 대한 책임

(가) 항공운송인은 위탁수하물의 멸실 또는 훼손으로 인한 손해에 대하여는 그 손해의 원인이 된 사실이 항공기상에서 또는 위탁수하물이 항공운송인의 관리하에 있는 기간중에 발생한 경우에만 책임을 지고($\frac{상}{1항}\frac{908조}{본문}$), 그 손해가 위탁수하물의 고유한 결함·특수한 성질 또는 숨은 하자로 인하여 발생한 경우에는 그 범위에서 책임을 지지 아니한다($\frac{상}{1항}\frac{908조}{단서}$).[4] 이러한 항공운송인의 위탁수하물에 대한 책임은 과실책임이고, 무과실의 증명책임은 항공운송인측에 있다고 볼 수 있다. 항공운송인이

---

1) 이는 몬트리올협약 제20조 1항에 따른 입법이다.
2) 이는 국회 심의과정에서 국제운송에 비하여 상대적으로 운송구간이 단거리인 국내운송의 특성 등을 고려하여 책임한도액을 하향할 필요가 있다는 항공업계의 의견을 수용하여 입법한 것이다(법무부, 전게 선진상사법률연구 통권 제55호 별책부록, 34면).
3) 정(찬), (상)(제27판) 394면.
4) 이는 몬트리올협약 제17조 2항 1문에 따른 입법이다.

면책되는 「위탁수하물의 고유한 결함·특수한 성질 또는 숨은 하자로 인하여 발생한 손해」는 물건운송인의 경우($\frac{\text{상 913조}}{\text{1항 1호}}$)와 같은데, 과일 또는 생선의 부패 등이 대표적인 예라고 볼 수 있다($\frac{\text{상 678조}}{\text{참조}}$).

육상운송인 및 해상운송인의 경우에는 위탁수하물에 대한 책임을 별도로 규정하지 않고 물건운송인의 책임과 동일하다고 규정하고 있다($\frac{\text{상 149조 1항, 826조}}{\text{2항·794조~801조}}$).

(내) 여객이 위탁수하물의 일부 멸실 또는 훼손을 발견하였을 때에는 위탁수하물을 수령한 후 지체 없이 그 개요에 관하여 항공운송인에게 서면 또는 전자문서로 통지를 발송하여야 하는데, 다만 그 멸실 또는 훼손이 즉시 발견할 수 없는 것일 경우에는 위탁수하물을 수령한 날부터 7일 이내에 그 통지를 발송하여야 한다($\frac{\text{상 911조}}{\text{1항}}$).[1] 여객의 이러한 통지가 없으면 위탁수하물이 멸실 또는 훼손 없이 여객에게 인도된 것으로 추정된다($\frac{\text{상 911조 3항,}}{\text{916조 3항}}$).[2] 따라서 여객이 이러한 통지를 하지 않으면 여객은 항공운송인 또는 그 사용인이나 대리인이 악의인 경우를 제외하고 항공운송인에 대하여 제소할 수 없다($\frac{\text{상 911조 3항,}}{\text{916조 5항}}$).[3] 따라서 여객이 이러한 통지를 하지 않으면 여객측에서 항공운송인 또는 그의 사용인 등의 악의를 증명하여야 위탁수하물의 일부 멸실 또는 훼손에 대하여 손해배상을 청구(제소)할 수 있다.

운송물에 멸실 또는 훼손이 발생하였거나 그러한 것으로 의심되는 경우에는 항공운송인과 여객은 서로 위탁수하물의 검사를 위하여 필요한 편의를 제공하여야 한다($\frac{\text{상 911조 3항,}}{\text{916조 4항}}$).

여객의 위탁수하물의 일부 멸실·훼손에 대하여 통지가 없는 경우 운송물의 멸실·훼손 없이 여객에게 인도된 것으로 추정한다는 규정($\frac{\text{상 911조 3항,}}{\text{916조 3항}}$), 항공운송인과 여객은 서로 운송물의 검사를 위하여 필요한 편의를 제공하여야 한다는 규정($\frac{\text{상}}{\text{911조}}$ $\frac{\text{3항, 916조}}{\text{4항}}$) 및 항공운송인 등의 악의가 없는 경우 여객이 통지기간 내에 운송물의 일부 멸실·훼손에 대하여 이의를 제기하지 않으면 여객은 항공운송인에 대하여 제소할 수 없다는 규정($\frac{\text{상 911조 3항,}}{\text{916조 5항}}$)에 반하여 여객에게 불리한 당사자 사이의 특약은 효력이 없다($\frac{\text{상 911조 3항,}}{\text{916조 6항}}$).

육상여객운송의 경우는 여객이 유보 없이 위탁수하물을 수령한 때에($\frac{\text{운송물에 즉}}{\text{시 발견할 수}}$ 없는 훼손 또는 일부 멸실이 있는 경우에는 여객이 운송물을 수령한 날부터 2주 내에 운송인에게 그 통지를 발송하지 않으면) 운송인이 악의가 아닌 한 운송인의 책

---

1) 이는 몬트리올협약 제31조 2항·3항에 따른 입법이다.

2) 이는 몬트리올협약 제31조 1항에 따른 입법이다.

3) 이는 몬트리올협약 제31조 4항에 따른 입법이다(다만 몬트리올협약은 항공운송인측이 "사기"인 경우에는 제소할 수 있는 것으로 규정하고 있다).

임이 소멸하고($\frac{\text{상}}{149조}$), 해상여객운송인의 경우는 여객이 위탁수하물을 수령한 후 지체 없이 운송물의 일부 멸실·훼손에 관한 개요에 관하여 운송인에게 서면에 의한 통지를 발송하지 않으면($\frac{\text{그 멸실·훼손이 즉시 발견할 수 없는 것인 때에는}}{\text{수령한 날부터 3일 이내에 그 통지를 발송하지 않으면}}$) 운송인이 악의가 아니면 운송물이 멸실 또는 훼손 없이 여객에게 인도된 것으로 추정한다($\frac{\text{상 826조, 804}}{\text{조 1항~3항}}$). 여객의 최장통지기간은 육상여객운송의 경우가 가장 길고(2주), 해상여객운송의 경우가 가장 짧으며(3일), 항공여객운송의 경우가 중간이다(7일). 그러나 이 기간 내에 통지하지 않을 경우 그 효과에 대하여는 해상여객운송보다 육상여객운송과 항공여객운송에서 운송인이 면책되는($\frac{\text{또는 제소}}{\text{할 수 없는}}$) 것으로 명확히 규정하고 있다.

2) 위탁수하물의 연착에 대한 책임

(개) 항공여객운송인은 위탁수하물의 연착으로 인한 손해에 대하여 책임을 지는데($\frac{\text{상 909조}}{\text{본문}}$), 다만 항공운송인이 자신과 그 사용인 및 대리인이 손해를 방지하기 위하여 합리적으로 요구되는 모든 조치를 하였다는 것 또는 그 조치를 하는 것이 불가능하였다는 것을 증명한 경우에는 그 책임을 면한다($\frac{\text{상 909조}}{\text{단서}}$).[1] 즉, 항공여객운송인의 위탁수하물의 연착에 대한 책임은 과실책임인데, 무과실의 증명책임은 항공여객운송인측에 있다고 볼 수 있다.

(내) 위탁수하물이 연착된 경우 여객은 위탁수하물을 처분할 수 있는 날부터 21일 이내에 이의를 제기하여야 한다($\frac{\text{상 911조}}{\text{2항}}$).[2] 여객이 이러한 기간 내에 이의를 제기하지 않으면 항공운송인 또는 그 사용인이나 대리인이 악의인 경우를 제외하고 여객은 항공운송인을 제소할 수 없는데($\frac{\text{상 911조 3항,}}{\text{916조 5항}}$),[3] 이러한 규정에 반하여 여객에게 불리한 당사자 사이의 특약은 효력이 없다($\frac{\text{상 911조 3항,}}{\text{916조 6항}}$).

(대) 육상여객운송인 및 해상여객운송인의 위탁수하물에 대한 책임은 물건운송인의 책임과 같으므로($\frac{\text{상 149조 1항,}}{\text{826조 2항}}$), 육상여객운송인 및 해상여객운송인도 위탁수하물의 연착에 대하여 (무과실을 증명하지 않는 한) 책임을 진다($\frac{\text{상 135조,}}{\text{795조 1항}}$).

육상물건운송인의 운송물의 연착으로 인한 책임은 수하인이 유보 없이 운송물을 수령하고 운임 기타의 비용을 지급한 때에는 운송인 또는 그 사용인이 악의가 아니면 즉시 소멸하고(특별소멸사유)($\frac{\text{상 149조 1항, 146조}}{\text{1항 본문·2항}}$), 해상물건운송인의 책임은 운송인 또는 그의 사용인의 선의·악의를 불문하고 원칙적으로 1년의 단기제척기간의 경과로 소멸한다($\frac{\text{상 826조 2항,}}{\text{814조 1항}}$). 따라서 육상여객운송 및 해상여객운송의 경우에는 항

---

1) 이는 몬트리올협약 제19조에 따른 입법이다.
2) 이는 몬트리올협약 제31조 2항에 따른 입법이다.
3) 이는 몬트리올협약 제31조 4항에 따른 입법이다.

공여객운송의 경우와 같이 위탁수하물의 연착에 따른 여객의 이의제기기간 내의 이
의제기의무는 없다.

(2) **책임한도액**

1) 위탁수하물의 멸실·훼손 또는 연착으로 인한 항공운송인의 손해배상책임
은 원칙적으로 여객 1명당 1,131 계산단위의 금액을 한도로 한다($\frac{\text{상}}{\text{1항}}\frac{910조}{\text{본문}}$).[1] 그러나
다음의 두 경우에는 이러한 원칙이 적용되지 않는다. 즉, (ⅰ) 여객이 항공운송인에
게 위탁수하물을 인도할 때에 도착지에서 인도받을 때의 예정가액을 미리 신고한 경
우에는 항공운송인은 신고가액이 위탁수하물을 도착지에서 인도할 때의 실제가액을
초과한다는 것을 증명하지 않는 한 신고가액을 한도로 책임을 지고($\frac{\text{상}}{\text{1항}}\frac{910조}{\text{단서}}$),[2] (ⅱ)
항공운송인 또는 그 사용인이나 대리인의 고의로 수하물의 멸실·훼손 또는 연착이
생길 염려가 있음을 인식하면서 무모하게 한 작위 또는 부작위에 의하여 손해가 발
생한 것이 증명된 경우에는 위의 책임한도액이 적용되지 않고 발생한 손해의 전부
를 배상하여야 한다($\frac{\text{상}}{\text{2항}}\frac{910조}{}$).[3]

2) 육상여객운송인의 위탁수하물에 대한 책임한도액은 위탁수하물의 전부멸실
또는 연착의 경우에는 「인도할 날」의 도착지의 가격에 의하고($\frac{\text{상}}{\text{137조}}\frac{149조}{\text{1항}}\frac{\text{1항;}}{}$), 위탁수하
물의 일부멸실 또는 훼손의 경우에는 「인도한 날」의 도착지의 가격에 의한다($\frac{\text{상}}{\text{149조}}$
$\frac{\text{1항; 137}}{\text{조 2항}}$). 그러나 위탁수하물의 멸실·훼손 또는 연착이 육상여객운송인의 고의나 중
대한 과실로 인한 때에는 육상여객운송인은 모든 손해를 배상하여야 한다($\frac{\text{상}}{\text{137조}}\frac{149조}{\text{3항}}\frac{\text{1항;}}{}$).

해상여객운송인의 위탁수하물에 대한 책임핸도액은 당해 위탁수하물의 매 포
장당 또는 선적단위당 666.67 계산단위의 금액과 중량 1 킬로그램당 2 계산단위의
금액 중 큰 금액을 한도로 한다($\frac{\text{상}}{\text{797조}}\frac{826조}{\text{1항}}\frac{\text{2항;}}{\text{본문}}$). 그러나 해상여객운송인은 (ⅰ) 위탁수
하물의 멸실·훼손 또는 연착으로 인한 손해가 해상여객운송인 자신의 고의 또는
위탁수하물의 멸실·훼손 또는 연착으로 인한 손해발생의 염려가 있음을 인식하면
서 무모하게 한 작위 또는 부작위로 인하여 생긴 때에는 해상여객운송인은 이로
인하여 발생한 모든 손해를 배상하여야 하고($\frac{\text{상}}{\text{797조}}\frac{826조}{\text{1항}}\frac{\text{2항;}}{\text{단서}}$), (ⅱ) 여객이 해상여객운
송인에게 위탁수하물을 인도할 때에 그 종류와 가액을 고지하고 수하물표에 이를
기재한 때에는 해상여객운송인은 수하물증에 기재된 가액에 따라 배상하여야 한다
($\frac{\text{상 826조 2항;}}{\text{797조 3항 본문}}$).

---

1) 이는 몬트리올협약 제22조 2항 본문에 따른 입법이다.
2) 이는 몬트리올협약 제22조 2항 단서에 따른 입법이다.
3) 이는 몬트리올협약 제22조 5항에 따른 입법이다.

항공여객운송인의 위탁수하물에 대한 책임을 육상여객운송인 및 해상여객운송인의 책임과 비교하여 보면 책임한도액에 있어서 차이가 있고, 이러한 책임한도액의 적용이 배제되는 경우는 유사하다고 볼 수 있다.

2. 휴대수하물에 대한 책임

(1) 책임발생원인

1) 항공여객운송인은 휴대수하물에 대하여 다른 약정이 없으면 별도로 운임을 청구하지 못한다($\frac{상}{912조}$). 항공여객운송인은 이러한 휴대수하물의 멸실 또는 훼손으로 인한 손해에 대하여는 그 손해가 자신 또는 그 사용인이나 대리인의 고의 또는 과실에 의하여 발생한 경우에만 책임을 진다($\frac{상}{2항}$908조).

항공여객운송인의 휴대수하물에 대한 책임은 여객측에서 항공여객운송인 또는 그 사용인이나 대리인의 과실을 증명한 경우에만 발생한다는 점에서,[1] 항공여객운송인의 위탁수하물에 대한 책임은 항공여객운송인측에서 그의 무과실을 증명하지 못하면 발생한다는 점($\frac{상\ 908조\ 1항\ 단서,}{909조\ 단서\ 참조}$)과 구별된다.

2) 항공여객운송인의 휴대수하물에 대한 책임이 여객측에서 항공여객운송인 또는 그 사용인의 과실을 증명한 경우에 발생한다는 점은, 육상여객운송인 의 휴대수하물에 대한 책임($\frac{상}{150조}$) 및 해상여객운송인의 휴대수하물에 대한 책임($\frac{상\ 826조}{3항,\ 150조}$)과 같다. 항공여객운송인의 휴대수하물에 대한 무임운송의무는 해상여객운송인의 책임($\frac{상}{820조}$)과 같다.

(2) 책임한도액

1) 항공여객운송인의 휴대수하물에 대한 책임한도액이 여객 1명당 1,131 계산단위인 점은 위탁수하물의 경우와 같다($\frac{상\ 910조\ 1항}{본문,\ 908조\ 2항}$). 그러나 항공여객운송인 또는 그 사용인이나 대리인의 고의로 또는 휴대수하물의 멸실·훼손 또는 연착이 생길 염려가 있음을 인식하면서 무모하게 한 작위 또는 부작위에 의하여 손해가 발생한 것이 증명된 경우에는 항공여객운송인은 발생한 모든 손해를 배상하여야 한다($\frac{상\ 910조\ 2항,}{908조\ 2항}$).[2]

2) 육상여객운송인의 휴대수하물에 대한 책임한도액에 관하여는 상법에 규정이 없기 때문에 민법의 일반원칙($\frac{민}{393조}$)에 따라 정할 것으로 해석할 수도 있고 또는

---

1) 육상여객운송인의 휴대수하물에 대한 책임에 관하여 동지의 견해로는 정(찬), (상)(제27판) 398면.

2) 상법 제910조 1항 단서는 법문에서도 명백한 바와 같이 휴대수하물에 대하여는 적용될 여지가 없다.

위탁수하물과 동일하게 해석할 수도 있는데, 위탁수하물과 같이 해석하는 것이 타당하다고 본다.[1]

해상여객운송인의 휴대수하물에 대한 책임한도액은 위탁수하물에 대한 경우와 같고($\frac{상\ 826조\ 3항,}{797조\ 1항\ 본문}$), 또한 항공여객운송인의 휴대수하물에 대한 책임한도액의 입법형식과 같다.

제 3 절   항공물건운송인의 책임

제 1   총   설

항공물건운송인의 운송물에 관한 손해배상책임에 대하여 2011년 5월 개정상법은 몬트리올협약[2]·육상물건운송인의 책임에 관한 규정·해상물건운송인의 책임에 관한 상법의 규정 및 항공물건운송의 실무상 관행 등을 참조하여 규정하였다.

항공물건운송인의 운송물에 관한 손해배상책임에 대하여는 크게 책임발생원인과 책임한도액을 규정하고, 이와 함께 송하인의 운송물처분청구권·수하인의 운송물인도청구권·운송인의 채권의 소멸시효기간 및 항공운송에 대한 육상물건운송과 해상물건운송에 관한 준용규정에 대하여 규정하고 있다. 항공물건운송인의 책임발생원인에 대하여는 운송물의 멸실·훼손에 대한 책임과 운송물의 연착에 대한 책임을 규정하고 있는데, 이는 이미 설명한 항공여객운송인의 위탁수하물에 대한 책임과 유사하다. 이하에서 차례대로 살펴보겠다.

제 2   책임발생원인

1. 운송물의 멸실·훼손에 대한 책임

(1) 항공물건운송인은 운송물의 멸실 또는 훼손으로 인한 손해에 대하여 그 손해가 항공운송중($\frac{항공물건운송인이\ 운송물을}{관리하고\ 있는\ 기간을\ 포함한다}$)에 발생한 경우에만 책임을 진다($\frac{상\ 913조}{1항\ 본문}$).

이 때 「항공운송중」에는 공항 외부에서 한 육상·해상 운송 또는 내륙 수로운송은 포함되지 아니하나, 다만 그러한 운송이 운송계약을 이행하면서 운송물의 적

---

1) 정(찬), (상)(제27판) 398면.
2) 몬트리올협약 제12조~제15조, 제18조~제19조, 제22조 3항·4항, 제31조 등.

재(積載) · 인도 또는 환적(換積)할 목적으로 이루어졌을 경우에는 항공운송중인 것으로 추정한다($\frac{\text{상}}{\text{2항}}$$^{913\text{조}}$). 또한 항공물건운송인이 송하인과의 합의에 따라 항공운송하기로 예정된 운송의 전부 또는 일부를 송하인의 동의 없이 다른 운송수단에 의한 운송으로 대체하였을 경우에는 그 다른 운송수단에 의한 운송은 항공운송으로 본다($\frac{\text{상}}{\text{3항}}$$^{913\text{조}}$).[1]

항공물건운송인의 손해배상책임에서 항공화물 운송계약이 항공화물운송장의 이면약관보다 우선한다.[2]

(2) 항공물건운송인이, 운송물의 멸실 또는 훼손이 (i) 운송물의 고유한 결함 · 특수한 성질 또는 숨은 하자, (ii) 항공물건운송인 또는 그 사용인이나 대리인 외의 자가 수행한 운송물의 부적절한 포장 또는 불완전한 기호 표시, (iii) 전쟁 · 폭동 · 내란 또는 무력충돌, (iv) 운송물의 출입국 · 검역 또는 통관과 관련된 공공기관의 행위 또는 (v) 불가항력으로 인하여 발생하였음을 증명하였을 경우에는, 항공물건운송인은 그 책임을 면한다($\frac{\text{상}}{\text{1항}}$$^{913\text{조}}$$_{\text{단서}}$).[3] 항공물건운송인의 운송물의 멸실 또는 훼

---

1) 상법 제913조 2항 및 3항은 몬트리올협약 제18조 4항에 따른 입법이다.

2) 동지: 대판 2018. 3. 15, 2017 다 240496(공보 2018, 679)(갑 주식회사가 파라과이 소재 을 외국법인과 운임 및 보험료 포함〈Carriage and Insurance Paid, CIP〉 조건으로 수출계약을 체결하여 병 주식회사에 운송을 위탁한 수출화물이 운송 중 도난당하는 사고가 발생하자, 그로부터 3일 후 '도난당한 화물은 회수가능성이 없으니 손해배상을 청구한다'는 내용의 서면을 병 회사에 보냈는데, 갑 회사와 병 회사가 체결한 항공화물 운송계약에는 '병 회사는 화물의 도난 등으로 인한 갑 회사와 제 3 자의 모든 손해를 배상하여야 한다. 손해배상액은 갑 회사가 산정하여 서면통보하고 병 회사는 통보일로부터 15일 이내에 전액 현금으로 갑 회사에 지급하여야 한다'는 내용의 조항이 있고, 병 회사가 수출화물을 선적하면서 송하인을 갑 회사, 수하인을 을 법인으로 하여 발행한 항공화물운송장의 이면약관〈Conditions of Contract on Reverse Side of the Air Waybill〉에는 '화물이 멸실 · 손상 · 지연된 경우 인도받을 권리를 가지는 자〈the person entitled to delivery〉에 의해 운송인에게 서면으로 이의가 이루어져야 한다. 항공화물운송장이 발행된 날 또는 화물을 인수한 날로부터 120일 이내에 서면으로 된 이의가 이루어지지 않는 경우에는 운송인을 상대로 소를 제기할 수 없다'는 내용의 조항이 있는 사안에서, 화물의 출발지와 도착지가 모두 '국제항공운송에 있어서의 일부 규칙 통일에 관한 협약〈이하 '몬트리올 협약'이라 한다〉의 당사국이므로 위 국제항공운송에 관한 법률관계에는 몬트리올 협약이 민법이나 상법보다 우선적으로 적용되는데, 몬트리올 협약 제11조 · 제12조 제 1 항 및 제 4 항 · 제13조의 체계와 내용을 종합하면, 항공화물운송에서 운송인이 화물을 분실하거나 화물이 도착하지 아니하였을 때에 수하인은 운송인에 대하여 운송계약으로부터 발생한 권리를 행사할 권한이 있고 송하인에게 부여된 권리는 수하인의 권리가 발생한 때에 소멸하므로, 위 이면약관 조항에서 화물이 멸실 · 손상 · 지연된 경우에 운송인에게 일정한 기간 내에 서면으로 이의를 제기할 수 있는 '인도받을 권리를 가지는 자'는 운송 도중 송하인인 갑 회사가 몬트리올 협약 제12조 제 1 항에서 정한 처분권을 행사하지 아니하는 한 수하인인 을 법인을 의미하고, 다만 위 이면약관 조항은 운송계약 조항의 내용에 배치되는 한도 내에서는 효력이 없으므로, 갑 회사가 운송계약 조항에 따라 손해배상을 청구하는 서면을 병 회사에 보낸 이상, 병 회사는 이면약관 조항에서 정한 부제소특약을 주장할 수 없다).

3) 이는 몬트리올협약 제18조 2항에 따른 입법인데, 다만 "(v) 불가항력"을 규정한 것은 천재지

제 3 장 운 송 1137

손으로 인한 손해배상책임은 몬트리올협약과 동일하게 무과실책임이다.[1]

운송물의 멸실·훼손으로 인한 손해에 대하여 육상물건운송인($\frac{상}{135조}$)과 해상물건운송인($\frac{상}{1항}$795조)은 과실책임을 지는데, 항공물건운송인은 무과실책임을 지는 점에서 항공물건운송인의 책임은 육상물건운송인 및 해상물건운송인의 책임과 구별되고 있다. 또한 해상물건운송인의 경우에는 위와 같은 면책사유가 있는 경우에도 적하이해관계인이 해상물건운송인에게 감항능력주의의무위반 또는 상사과실이 있었고 이로 인하여 손해가 생겼다는 점을 증명하면 해상물건운송인은 그 책임을 면하지 못하나($\frac{상}{단서}$796조), 항공물건운송인은 위의 사실을 증명하면 종국적으로 면책되는 점에서 양자는 구별된다.

(3) 항공물건운송에서 수하인은 운송물의 일부 멸실 또는 훼손을 발견하면 운송물을 수령한 후 지체 없이 그 개요에 관하여 항공물건운송인에게 서면 또는 전자문서로 통지를 발송하여야 하는데, 다만 그 멸실 또는 훼손이 즉시 발견할 수 없는 것일 경우에는 수령일부터 14일 이내에 그 통지를 발송하여야 한다($\frac{상}{916조}$).[2] 이러한 수하인의 통지가 없는 경우에는 운송물이 멸실 또는 훼손 없이 수하인에게 인도된 것으로 추정하고($\frac{상}{3항}$916조),[3] 항공물건운송인 또는 그 사용인이나 대리인이 악의가 아닌 한 수하인은 항공물건운송인에 대하여 제소할 수 없다($\frac{상}{5항}$916조).[4] 따라서 수하인이 이러한 통지를 하지 않으면 수하인측에서 항공물건운송인측의 악의를 증명하여야 운송물의 일부 멸실 또는 훼손에 대하여 손해배상을 청구(제소)할 수 있다. 운송물에 멸실 또는 훼손이 발생하였거나 그런 것으로 의심되는 경우에는 항공물건운송인과 수하인은 서로 운송물의 검사를 위하여 필요한 편의를 제공하여야 한다($\frac{상}{4항}$916조). 위의 규정에 반하여 수하인에게 불리한 당사자 사이의 특약은 효력이 없다($\frac{상}{6항}$916조). 따라서 위의 규정은 상대적 강행법규이다.

(4) 항공물건운송의 경우 수하인의 운송물의 일부 멸실 또는 훼손에 대한 이러한 통지의무와 그 위반시 제소할 수 없는 점에 관하여, 육상물건운송 및 해상물건운송의

변·기상악화 등 불가항력적인 사유에 의한 손해는 항공물건운송인의 통제가 불가능한 영역에 해당하는 점, 또한 해상물건운송의 경우에는 이를 운송인의 면책사유로 규정한 점(상 796조 2호) 등을 고려하여 항공업계의 의견을 반영하여 국회 심의과정에서 추가한 것이다(법무부, 전게 선진상사법률연구 통권 제55호 별책부록, 45면).

1) 법무부, 상게 선진상사법률연구 통권 제55호 별책부록, 44면; 동, 전게 법무부공청회자료, 109면.
2) 이는 몬트리올협약 제31조 2항·3항에 따른 입법이다.
3) 이는 몬트리올협약 제31조 1항에 따른 입법이다.
4) 이는 몬트리올협약 제31조 4항에 따른 입법이다(다만 몬트리올협약은 항공운송인측에 "사기"인 경우에는 제소할 수 있는 것으로 규정하고 있다).

경우와의 비교는 항공여객운송인의 위탁수하물에 대한 책임에서 설명한 바와 같다.

2. 운송물의 연착에 대한 책임

(1) 항공물건운송인은 운송물의 연착으로 인한 손해에 대하여 책임을 지는데, 다만 항공물건운송인이 자신과 그 사용인 및 대리인이 손해를 방지하기 위하여 합리적으로 요구되는 모든 조치를 하였다는 것 또는 그 조치를 하는 것이 불가능하였다는 것을 증명한 경우에는 그 책임을 면한다($\frac{상}{914조}$).[1] 항공물건운송인의 운송물의 연착으로 인한 책임은 몬트리올협약 제19조에 따라 과실추정주의 책임으로 규정하여,[2] 항공물건운송인측에 무과실의 증명책임이 있다고 볼 수 있다.

이는 육상물건운송인($\frac{상}{135조}$) 및 해상물건운송인($\frac{상}{1항}^{795조}$)의 책임에 관한 규정과 유사하다.

(2) 수하인은 운송물이 연착된 경우 운송물을 처분할 수 있는 날부터 21일 이내에 이의를 제기하여야 하고($\frac{상}{2항}^{916조}$),[3] 수하인이 이 기간 내에 이의제기를 하지 않는 경우에는 항공물건운송인 또는 그 사용인이나 대리인이 악의인 경우를 제외하고 항공물건운송인에 대하여 제소할 수 없다($\frac{상}{5항}^{916조}$).[4]

(3) 항공물건운송인의 운송물의 연착으로 인한 책임은 앞에서 본 바와 같이 과실추정주의 책임으로서 운송인이 무과실을 증명하지 못하면 책임을 지는 것으로서, 이는 육상물건운송인의 책임($\frac{상}{135조}$) 및 해상물건운송인의 책임($\frac{상}{1항}^{795조}$)과 유사하다고 볼 수 있다.

육상물건운송인의 책임은 수하인이 유보 없이 운송물을 수령하고 운임 기타의 비용을 지급한 때에는 운송인 또는 그의 사용인이 악의가 아니면 즉시 소멸하고(특별소멸사유)($\frac{상}{본문, 2항}^{146조 1항}$), 해상물건운송인의 책임은 운송인 또는 그의 사용인의 선의·악의를 불문하고 원칙적으로 1년의 단기제척기간의 경과로 소멸한다($\frac{상}{1항}^{814조}$). 따라서 육상물건운송 및 해상물건운송의 경우에는 항공물건운송의 경우와 같이 운송물의 연착에 따른 수하인의 이의제기기간 내의 이의제기의무는 없다.

---

1) 이는 몬트리올협약 제19조에 따른 입법이다.
2) 법무부, 전게 선진상사법률연구 통권 제55호 별책부록, 48면.
3) 이는 몬트리올협약 제31조 2항에 따른 입법이다.
4) 이는 몬트리올협약 제31조 4항에 따른 입법이다.

제 3 책임한도액

1. 원 칙

(1) 송하인과의 운송계약상 그 출발지·도착지 또는 중간착륙지가 대한민국 영토 외에 있는 운송(국제운송)의 경우에는, 운송물의 멸실·훼손 또는 연착으로 인한 항공물건운송인의 손해배상책임은 손해가 발생한 해당 운송물의 1킬로그램(kg)당 19 계산단위(SDR)의 금액을 한도로 한다($_{본문\ 전단}^{상\ 915조\ 1항}$).[1] 이는 민법상 채무자의 손해배상액을 규정한 민법 제393조에 대한 예외라고 볼 수 있다.

육상운송과 결합된 약관으로서 항공화물운송장에 기재된 운송인의 책임제한에 관한 계약조건은, 적용범위를 제한하는 특별한 규정이 없는 한, 육상운송구간을 포함한 운송계약 전반에 적용된다.[2]

이는 또한 육상물건운송인의 손해배상액에 대하여는 정액배상주의의 특칙이 규정되고 있는 점($_{137조}^{상}$), 해상물건운송인의 손해배상액에 대하여는 정액배상주의의 특칙이 적용될 뿐만 아니라($_{137조}^{상\ 815조}$) 또한 매 포장당 또는 선적단위당 666.67계산단위의 금액과 중량 1킬로그램당 2계산단위의 금액 중 큰 금액을 한도로 하는 점과 대비되고 있다.

(2) 위의 항공물건운송인의 책임한도를 결정할 때 고려하여야 할 「중량」은 해당 손해가 발생된 운송물의 중량을 말한다($_{2항\ 본문}^{상\ 915조}$). 그러나 운송물의 일부 또는 운송물에 포함된 물건의 멸실·훼손 또는 연착이 동일한 항공화물운송장($_{전산정보처리조직에\ 의하여\ 전자적\ 형태로\ 저장하거나\ 그\ 밖의\ 다른}^{항공화물운송장의\ 기재사항을}$ 방식으로 보존함으로써 항공화물운송장의 교부에 대체되는 경우를 포함함) 또는 화물수령중에 적힌 다른 운송물의 가치에 영향을 미칠 때에는 운송인의 책임한도를 결정할 때 그 다른 운송물의 중량도 고려하여야 한다($_{2항\ 단서}^{상\ 915조}$).[3]

---

1) 이는 몬트리올협약 제22조 3항 본문에 따른 것인데, 몬트리올협약은 물가인상률을 감안하여 정기적으로 책임한도액을 인상하도록 규정되어 있어, 2009년 12월 30일자로 항공화물운송인의 책임이 종래 17SDR/kg에서 19SDR/kg으로 인상되었다(법무부, 전게 선진상사법률연구 통권 제55호 별책부록, 49면 주 10 참조).

2) 대판 2014. 11. 27, 2012 다 14562(공보 2015, 3)(운송인 갑 외국법인이 수하인 을 주식회사와 운송계약을 체결하고, 을 회사가 송하인 병 주식회사에서 수입하는 귀금속을 병 회사의 중국 공장에서 을 회사의 서울 사무실까지 항공 및 육상으로 운송하던 중 귀금속 일부를 도난당한 사안에서, 운송계약 당시 작성하여 송하인에게 교부한 항공화물운송장에 기재된 갑 법인의 책임제한에 관한 계약조건은 약관으로서 항공운송과 육상운송이 결합된 위 운송계약의 내용을 이루므로, 적용 범위를 제한하는 특별한 규정이 없는 한 위 책임제한 규정이 육상운송구간을 포함한 운송계약 전반에 적용된다).

3) 이는 몬트리올협약 제22조 4항에 따른 입법이다.

2. 예 외

(1) 국내운송의 경우

송하인과의 운송계약상 그 출발지·도착지 및 중간착륙지가 대한민국 영토 내에 있는 운송(국내운송)의 경우에는 (멸실·훼손 또는 연착으로 인한) 손해가 발생한 해당 운송물의 1킬로그램당 15 계산단위의 금액을 한도로 한다($^{상\ 915조\ 1항}_{본문\ 후단}$). 순수한 국내항공운송의 경우 운송구간이 단거리인 국내운송의 특성 등을 감안하여 항공물건운송인의 책임한도액을 하향하였다.[1]

(2) 예정가액을 미리 신고한 경우

송하인이 운송물을 항공물건운송인에게 인도할 때에 예정가액을 미리 신고한 경우에는, 운송인은 신고가액이 도착지에서 인도할 때의 실제가액을 초과한다는 것을 증명하지 아니하는 한 신고가액을 한도로 책임을 진다($^{상\ 915조}_{1항\ 단서}$).[2]

이는 해상물건운송인의 책임과 유사하다. 즉, 해상물건운송인의 경우에도 송하인이 해상물건운송인에게 운송물을 인도할 때에 그 종류와 가액을 고지하고 선하증권 기타 운송계약을 증명하는 문서에 이를 기재한 경우에는, 운송인은 당해 문서에 기재된 가액에 따라 손해를 배상하여야 하므로 책임한도액에 관한 규정이 적용되지 않는다($^{상\ 797조}_{3항\ 본문}$). 다만 송하인이 현저하게 부실고지한 경우에는 해상물건운송인측에 악의가 없는 한 운송인은 면책된다($^{상\ 797조}_{3항\ 단서}$).

제4절 항공물건운송인의 의무

제1 총 설

상법(항공운송법)은 항공물건운송인의 의무에 대하여, 화물수령증의 교부의무($^{상\ 924조\ 2항,}_{923조\ 3항}$)·운송물의 관리($^{상\ 913조\ 1항·}_{2항\ 단서·3항}$) 및 처분의무($^{상}_{917조}$)·위험물 처분의무($^{상\ 920조,}_{801조}$) 및 운송물 인도의무($^{상\ 920조,}_{141조~143조}$) 등에 대하여 규정하고 있다.

이하 각각에 대하여 간단히 살펴본다.

---

1) 법무부, 전게 선진상사법률연구 통권 제55호 별책부록, 50면(이는 국회 심의과정에서 항공업계의 의견을 수용하여 규정한 것이다).
2) 이는 몬트리올협약 제22조 3항 단서에 따른 입법이다.

제 2 화물수령증의 교부의무

(1) 항공물건운송에서 송하인은 운송인의 청구를 받아 일정한 사항을 적은 항공화물운송장 3부를 작성하여 운송인에게 교부하여야 하는데($^{상}_{1항}$^{923조}), 이러한 항공화물운송장 중 제 1 원본은 "운송인용"이라고 적고 송하인이 기명날인 또는 서명하여야 하고, 제 2 원본에는 "수하인용"이라고 적고 송하인과 운송인이 기명날인 또는 서명하여야 하며, 제 3 원본에는 "송하인용"이라고 적고 운송인이 기명날인 또는 서명하여야 한다($^{상}_{3항}$^{923조}). 이 때 운송인은 송하인으로부터 운송물을 수령한 후 송하인에게 항공화물운송장 제 3 원본을 교부하여야 할 의무를 부담하는데($^{상}_{5항}$^{923조}), 운송인은 항공화물운송장의 기재사항을 전산정보처리조직에 의하여 전자적 형태로 저장하거나 그 밖의 다른 방식으로 보존함으로써 제 3 원본 항공화물운송장의 교부에 대체할 수 있다($^{상}_{1항}$^{924조}).

(2) 이와 같이 운송인이 항공화물운송장의 기재사항을 전산정보처리조직에 의하여 전자적 형태로 저장하는 등으로 제 3 원본 항공화물운송장의 교부에 대체하는 경우, 운송인은 송하인의 청구에 따라 송하인에게 항공화물운송장의 기재사항을 적은 「화물수령증」을 교부하여야 한다($^{상}_{2항}$^{924조}).

제 3 운송물의 관리 및 처분의무

1. 운송물의 관리의무

항공물건운송인은 운송물의 수령 후 「항공운송 중」($^{운송인이 \ 운송물을 \ 관리}_{하고 \ 있는 \ 기간을 \ 포함함}$) 운송물을 선량한 관리자의 주의로써 관리하여야 한다($^{상}_{본문 \ 참조}$$^{913조 \ 1항}$). 이 때 항공물건운송인이 관리의무를 부담하는 「항공운송 중」이란 운송인이 운송계약을 이행하면서 운송물의 적재·인도 또는 환적할 목적으로 이루어졌을 경우에는 항공운송 중인 것으로 추정하고($^{상}_{2항 \ 단서}$^{913조}), 운송인이 송하인과의 합의에 따라 항공운송하기로 예정된 운송의 전부 또는 일부를 송하인의 동의 없이 다른 운송수단에 의한 운송으로 대체하였을 경우에는 그 다른 운송수단에 의한 운송은 항공운송으로 본다($^{상}_{3항}$^{913조}).

2. 운송물의 처분의무

(1) 송하인은 항공물건운송인에게 운송의 중지·운송물의 반환·그 밖의 처분

을 청구(처분청구권)할 수 있는데, 이 때 운송인은 이에 따라야 한다($\frac{상}{1항}\frac{917조}{1문}$). 이 경우에 운송인은 운송계약에서 정한 바에 따라 운임·체당금과 처분으로 인한 비용의 지급을 청구할 수 있다($\frac{상}{1항}\frac{917조}{2문}$).[1]

이는 육상물건운송인($\frac{상}{1항}\frac{139조}{}$) 및 해상물건운송인($\frac{상}{139조}\frac{815조}{1항}$)의 경우와 같다.

(2) 송하인은 항공물건운송인 또는 다른 송하인의 권리를 침해하는 방법으로 이러한 처분청구권을 행사하여서는 아니 되며, 운송인이 송하인의 청구에 따르지 못할 경우에는 지체 없이 그 뜻을 송하인에게 통지하여야 한다($\frac{상}{2항}\frac{917조}{}$).[2]

육상물건운송인 및 해상물건운송인에 대하여는 이러한 규정이 없다.

(3) 항공물건운송인이 송하인에게 교부한 항공화물운송장 또는 화물수령증을 확인하지 아니하고 송하인의 이러한 처분청구에 따른 경우, 운송인은 그로 인하여 항공화물운송장 또는 화물수령증의 소지인이 입은 손해를 배상할 책임을 진다($\frac{상}{3항}\frac{917조}{}$).[3] 이 때 운송인이 항공화물운송장 등의 소지인에게 손해를 배상하면 송하인에게 구상권을 행사할 수 있다고 본다($\frac{몬트리올협약}{3항 단서}\frac{12조}{참조}$).

(4) 운송물이 도착지에 도착한 때에는 수하인은 항공물건운송인에게 운송물의 인도를 청구할 수 있는데($\frac{상}{1항}\frac{918조}{본문}$), 수하인이 이와 같이 운송물의 인도를 청구할 권리를 취득하였을 때에는 송하인의 처분청구권은 소멸한다($\frac{상}{4항}\frac{917조}{본문}$). 그러나 수하인이 운송물의 수령을 거부하거나 수하인을 알 수 없을 경우에는 송하인의 처분청구권은 회복한다.[4]

육상물건운송 및 해상물건운송의 경우에는 (ⅰ) 운송물이 도착지에 도착한 때에는 수하인은 송하인과 동일한 권리를 취득하고, (ⅱ) 운송물이 도착지에 도착한 후 '수하인이 그 인도를 청구한 때'에는 수하인의 권리가 송하인의 권리에 우선한다($\frac{상}{815조}\frac{140조}{}$). 항공물건운송의 경우에는 수하인이 운송물의 인도청구권을 취득하였을 때($\frac{즉, 운송물이 도착}{지에 도착한 때}$)에 송하인의 처분청구권이 소멸하는 점에서 육상물건운송 및 해상물건운송의 경우와 차이가 있다고 볼 수 있다.

---

1) 이는 몬트리올협약 제12조 1항에 따른 입법이다.
2) 이는 몬트리올협약 제12조 2항에 따른 입법이다.
3) 이는 몬트리올협약 제12조 3항 본문에 따른 입법이다.
4) 이는 몬트리올협약 제12조 4항에 따른 입법이다.

제 4 위험물의 처분의무

인화성·폭발성·기타의 위험성이 있는 운송물(위험운송물)은 그 운송인이 그 성질을 알고 운송물을 항공기에 적재한 경우에도 그 운송물이 항공기나 다른 운송물에 위해를 미칠 위험이 있는 때에는 운송인은 언제든지 이를 양륙·파괴 또는 무해조치를 할 수 있다($\substack{상 920조, \\ 801조 1항}$). 항공물건운송인은 이 처분에 의하여 그 운송물에 발생한 손해에 대하여는 그 배상책임을 지지 아니한다($\substack{상 920조, \\ 801조 2항}$).

제 5 운송물의 인도의무

(1) 항공물건운송인은 운송물이 도착지에 도착하면 다른 약정이 없는 한 지체 없이 수하인에게 통지하여야 하고($\substack{상 918조 \\ 2항}$),[1] 이와 같이 운송물의 도착통지를 받은 수하인은 당사자 사이의 합의 또는 양륙항의 관습에 의한 때와 곳에서 지체 없이 운송물을 수령하여야 한다($\substack{상 920조, \\ 802조}$).

(2) 운송물이 도착지에 도착한 때에는 수하인은 운송인에게 운송물의 인도청구권을 행사할 수 있는데, 다만 송하인이 이미 운송물의 처분청구권을 행사한 경우에는 그러하지 아니하다($\substack{상 918조 \\ 1항}$).[2] 운송물이 도착지에 도착하여 수하인이 이와 같이 운송물의 인도청구권을 취득하였을 때에는 송하인의 운송물 처분청구권은 소멸하는데, 수하인이 운송물의 수령을 거부하거나 수하인을 알 수 없는 경우에는 송하인의 처분청구권이 부활한다($\substack{상 917조 \\ 4항}$).

(3) 항공물건운송인은 수하인을 알 수 없거나 수하인이 운송물의 수령을 거부하거나 수령할 수 없는 경우에는 운송물을 공탁할 수 있다($\substack{상 920조, 142조 \\ 1항, 143조 1항}$). 항공물건운송인이 수하인을 알 수 없는 경우에는 송하인에 대하여 상당한 기간을 정하여 운송물의 처분에 대한 지시를 최고하여도 그 기간 내에 지시를 하지 아니한 때에는 운송물을 경매할 수 있고, 수하인이 운송물의 수령을 거부하거나 수령할 수 없는 경우에는 먼저 수하인에 대하여 상당한 기간을 정하여 운송물의 수령을 최고하였음에도 불구하고 수령하지 않고 또한 그 후 송하인에게 상당한 기간을 정하여 위와 같은 운송물에 대한 처분의 지시를 최고하여도 그 기간 내에 지시를 하지 아니한 때에는 운송물을 경매할 수 있다($\substack{상 920조, 142조 \\ 2항, 143조 2항}$). 항공물건운송인이 위와 같이 운송물을

---

1) 이는 몬트리올협약 제13조 2항에 따른 입법이다.
2) 이는 몬트리올협약 제13조 1항에 따른 입법이다.

공탁 또는 경매한 때에는 지체 없이 송하인에게 그 통지를 발송하여야 한다($\frac{상\ 920조,}{142조\ 3항}$).

제 5 절 항공물건운송인의 권리

제 1 총 설

상법(항공운송법)은 항공물건운송인의 권리에 대하여, 운송물을 제공받을 권리($\frac{상\ 920조,}{792조}$)·운송에 필요한 서류를 교부받을 권리($\frac{상\ 920조,}{793조}$)·운송물에 대한 유치권($\frac{상\ 920조,}{120조}$) 및 운임청구권($\frac{상\ 920조,}{134조}$) 등에 대하여 규정하고 있다.

이하 각각에 대하여 간단히 살펴본다.

제 2 운송물을 제공받을 권리(운송물인도청구권)

(1) 항공물건운송계약은 육상물건운송계약[1] 및 해상물건운송계약과 같이 낙성계약이므로, 운송계약을 체결한 후 송하인은 운송인에게 당사자 사이의 합의 또는 출발지 공항의 관습에 의한 때와 곳에서 운송인에게 운송물을 제공하여야 할 의무가 있고, 항공물건운송인은 송하인에게 운송물을 인도하도록 청구할 수 있는 권리를 갖는다($\frac{상\ 920조,}{792조\ 1항}$). 상법이 이와 같이 항공물건운송인(및 해상물건운송인)에게 이러한 운송물인도청구권을 인정한 것은 항공물건운송계약(및 해상물건운송계약)이 낙성계약임을 전제로 한다.

(2) 위와 같은 항공물건운송인의 운송물인도청구에 대하여 송하인이 지체 없이 운송물을 인도하지 않으면 채권자지체의 책임을 져야 할 것이다($\frac{민\ 400조\sim}{403조,\ 538조}$).

제 3 운송에 필요한 서류를 교부받을 권리(항공화물운송장 등의 교부청구권)

항공물건운송인은 송하인에 대하여 항공화물운송장($\frac{상\ 923조\sim}{925조}$)·운송물의 성질을 명시한 서류($\frac{상}{926조}$) 등 운송에 필요한 서류를 교부할 것을 청구할 수 있다($\frac{상\ 920조,}{793조}$).

이에 관하여는 후술하는 운송증서에 관한 부분에서 상세히 설명하겠다.

---

1) 이에 관하여는 정(찬), (상)(제27판) 356면.

제4 운임 및 기타 비용청구권

1. 운임청구권

(1) 운임청구권의 발생시기

1) 항공물건운송인의 운임은 일의 완성에 대한 보수로서 보통 운송계약에서 정하여지는데, 운송계약에서 정하여지지 않은 경우에도 항공물건운송인은 상인이므로($\frac{상 4조,}{46조 13호}$) 당연히 상당한 운임(보수)청구권을 갖는다($\frac{상}{61조}$).

2) 항공물건운송계약은 도급계약이므로 운송인의 운임청구권의 발생시기는 원칙적으로 수급인의 보수청구권의 발생시기($\frac{민}{665조}$)와 같이, 수하인 등에게 「운송물을 인도한 때」($\frac{일을 운송이라는}{일을 완성한 때}$)이다($\frac{즉, 원칙적으로}{후급(後給)}$).[1] 그러나 예외적으로 당사자간의 특약에 의하여 운송인은 송하인으로부터 운임을 선급(先給)받을 수 있다.

(2) 운송물의 멸실과 운임청구권

1) 운송물의 전부 또는 일부가 「송하인의 책임 없는 사유」로 인하여 멸실하였을 때에는 항공물건운송인은 그 운임을 청구하지 못하고, 만일 항공물건운송인이 이미 운임의 전부 또는 일부를 받았으면 이를 반환하여야 한다($\frac{상 920조,}{134조 1항}$). 그러나 운송물이 훼손 또는 연착한 경우에는 운송이 완료된 것이므로, 항공물건운송인은 손해배상책임을 부담하는 점은 별론으로 하고 「운임청구권」을 갖는다.

운송물의 전부 또는 일부가 「송하인의 책임 없는 사유」로 인하여 멸실된 경우는, 다시 「항공물건운송인의 책임 없는 사유」로 인한 경우($\frac{즉, 불가항력에}{의한 경우}$)와 「항공물건운송인의 책임 있는 사유」로 인한 경우가 있다.

(가) 「항공물건운송인의 책임 없는 사유」로 인한 경우($\frac{즉, 불가항력에}{의한 경우}$)는 민법의 일반원칙($\frac{채무자위험부담주}{의 - 민 537조}$)에 의하여도 항공물건운송인은 운임청구권을 갖지 못하므로 상법 제920조에 의하여 준용되는 상법 제134조 1항은 다만 주의규정에 불과하다. 그런데 상법 제920조에 의하여 준용되는 상법 제134조 1항은 임의규정이므로 항공물건운송인은 특약에 의하여 운임청구권을 가질 수 있다고 본다.[2]

(나) 「항공물건운송인의 책임 있는 사유」로 인하여 운송물이 멸실된 경우에 항공물건운송인이 운임청구권을 갖지 못하는 것은 당연하고, 오히려 항공물건운송인은 송하인에 대하여 운송물의 멸실로 인한 손해배상책임을 부담한다.

---

1) 동지: 대판 1993. 3. 12, 92 다 32906(공보 943, 1161).
2) 동지: 대판 1972. 2. 22, 71 다 2500.

2) 운송물의 전부 또는 일부가 「그 성질(예컨대, 과일 또는 생선의 부패 등)이나 하자(로 인한 운송물의 포장의 흠결 파손 등) 또는 송하인의 과실」로 인하여 멸실한 때에는 항공물건운송인은 운임의 전액을 청구할 수 있다(상 920조, 134조 2항). 이는 송하인의 귀책사유로 인한 것이므로 항공물건운송인에게 운임의 전액을 청구할 수 있도록 한 것이고, 또한 이는 민법 제538조 1항(쌍무계약에서 채권자 귀책사유로 인한 이행불능)에 대한 보충적 의미를 갖는다.

2. 비용 등의 상환청구권

항공물건운송인은 운임 외에도 운송에 관한 비용과 체당금의 상환청구권을 갖는다(상 920조, 141조 참조). 이 때 「운송에 관한 비용」이란 운임으로 보상되지 않는 운송에 관한 비용(예컨대, 통관비용·창고 보관료·보험료 등)을 말하고, 「체당금」이란 송하인 등을 위하여 항공물건운송인이 채무의 변제로서 지출하는 것을 말한다(상 55조 2항).

제5 유 치 권

항공물건운송인에게는 민사유치권(민 320조) 및 일반상사유치권(상 58조) 이외에 특별상사유치권(상 920조, 120조)이 인정된다. 즉, 항공물건운송인은 운임 기타 송하인을 위하여 한 체당금 또는 선대금(先貸金)에 관해서만 그 운송물을 유치할 수 있다. 항공물건운송인에게 인정된 특별상사유치권은 이와 같이 피담보채권이 제한되어 있는데(이는 민사 유치권과 유사하다), 이는 수하인을 보호하기 위한 것이다.

제6 항공물건운송인의 채권의 시효

(1) 항공물건운송인의 송하인 또는 수하인에 대한 채권(예컨대, 운임 청구권 등)은 2년간 행사하지 아니하면 소멸시효가 완성한다(상 919조).[1]

(2) 참고로 육상물건운송인의 송하인·수하인 또는 화물상환증소지인에 대한 채권은 1년간 행사하지 않으면 소멸시효가 완성하고(1년의 소멸 시효기간)(상 147조, 122조), 해상물건운송인의 송하인 또는 수하인에 대한 채권은 그 청구원인 여하에 불구하고 운송인이 수하인에게 운송물을 인도한 날 또는 인도할 날부터 1년 이내에 재판상 청구가 없

---

1) 바르샤바협약과 몬트리올협약에는 항공물건운송인의 채권의 소멸시효에 관한 규정이 없는데, 이는 국내 육상운송 및 해상운송의 경우와 균형을 맞추기 위하여 규정한 것이다(법무부, 전게 선진상사법률연구 통권 제55호 별책부록, 62면).

으면 소멸한다($^{1년의}_{제척기간}$)($^{상 814조}_{1항 본문}$). 항공물건운송인의 채권의 시효기간이 육상물건운송인 및 해상물건운송인의 시효기간(제척기간)보다 장기임을 알 수 있다.

제 6 절 불가항력에 의한 항공물건운송계약의 임의해제(해지)

제 1 이륙 전의 임의해제

(1) 이륙 전에 항공기의 운항 또는 운송물의 운송이 법령을 위반하게 되거나 ($^{예컨대, 운항금지·운송}_{물의 수출입금지 등}$) 그 밖의 불가항력($^{예컨대, 천재}_{지변·전쟁 등}$)으로 인하여 항공물건운송계약의 목적을 달할 수 없게 된 때에는, 각 당사자는 운송계약을 해제할 수 있다($^{상 920조,}_{811조 1항}$). 이 경우 송하인은 공적(空積)운임을 지급할 필요가 없다.

(2) 불가항력으로 인하여 운송물이 멸실된 때 또는 불가항력의 사유($^{항공기의 운항}_{또는 운송물의}$ $^{운송이 법령을 위반하게 되거나 그 밖의 불가항력으로}_{인하여 운송계약의 목적을 달할 수 없게 된 때}$)가 운송물의 일부에 대하여 생긴 때에는, 송하인은 항공물건운송인의 책임을 가중하지 않는 범위 안에서 다른 운송물을 항공기에 적재할 수 있다($^{상 920조,}_{812조 1항}$). 이 때 송하인은 지체 없이 운송물을 항공기에서 내리거나 또는 항공기에 적재하여야 하고, 이를 게을리한 때에는 운임의 전액을 지급하여야 한다($^{상 920조,}_{812조 2항}$).

제 2 항공기 이륙 후의 임의해지

항공기 이륙 후 운송중에 항공기의 운항 또는 운송물의 운송이 법령을 위반하게 되거나 그 밖의 불가항력으로 인하여 항공물건운송계약의 목적을 달할 수 없게 된 때에는, 각 당사자는 항공물건운송계약을 해지할 수 있다($^{상 920조, 811조}_{2항 전단}$). 이 때 송하인은 운송의 비율에 따른 운임을 지급하여야 한다($^{상 920조, 811조}_{2항 후단}$).

제 7 절 항공운송증서

제 1 총 설

2011년 5월 개정상법은 항공운송인의 항공운송증서에 대하여 통합하여 규정하고 있다($\frac{상}{929조}$ $\frac{921조~}{}$). 항공여객운송에서는 「여객항공권」과 「수하물표」에 관하여 규정하고 있고, 항공물건운송에서는 「항공화물운송장」·「화물수령증」 및 「운송물의 성질을 명시한 서류」에 관하여 규정하고 있다.

이하에서는 각 항공운송증서에 관하여 살펴보겠다.

제2 여객항공권

1. 의   의

(1) 항공여객운송인이 여객운송을 인수하면 여객에게 일정한 사항을 적은 개인용 또는 단체용[1] 「여객항공권」[2]을 교부하여야 하는데($\frac{상}{1항}$ $\frac{921조}{}$), 이러한 여객항공권은 「운임의 선급(지급)을 증명하고 항공운송채권(항공운송청구권)을 표창하는 증서」라고 볼 수 있다.[3]

(2) 이러한 여객항공권은 유가증권인가의 문제가 있다. 이에 대하여 여객항공권은 기명식으로 발행되고 이렇게 기명식으로 발행된 여객항공권은 양도할 수 없는 것으로 특약되어 있으므로 이러한 여객항공권은 유가증권이 아니고 증거증권 또는 면책증권으로서의 성질만 갖는다고 보는 견해도 있고,[4] (기명식)승차권(승선권)이 획일적이고 신속하게 수행되어야 할 현대의 운송거래에서 필수불가결한 제도인 점에서 이를 유가증권으로 볼 수 있다고 한다면[5] 여객항공권도 이와 동일하게 유가증권으로 볼수 있는 여지도 있다.[6] 그러나 2011년 5월 개정상법에 의하여 항공여객운송인이 여객항공권을 교부하지 않아도 항공여객운송계약 및 상법의 다른 규정의 적용에 영향을 미치지 않는 것으로 규정하고 있으므로($\frac{상}{927조}$) (기명식)여객항공권이 유가증권이라고 보기는 어렵게 되었다고 본다. 따라서 (기명식)여객항공권은 증거증권 또는 면책증권이다.[7]

---

1) 이는 몬트리올협약 제3조 1항에 따라 단체여객의 경우에는 단체용 여객항공권을 교부하도록 규정한 것이다.

2) 개정 바르샤바협약은 「여객항공권(passenger ticket)」이라는 용어를 사용하고 있는데, 몬트리올협약은 「운송서류(document of carriage)」라는 용어를 사용하고 있다.

3) 승차권에 관하여는 정(찬), (상)(제27판) 393면.

4) 정(동), 25면; 김두환, "항공운송인의 책임과 그 입법화에 관한 연구," 법학박사학위논문(경희대, 1984. 2), 20면.

5) 정(찬), (상)(제27판) 393면.

6) 정(찬), (하)(제13판) 8면.

7) 이 책 8면.
   동지: 법무부, 전게 선진상사법률연구 통권 제55호 별책부록, 79면.

2. 기재사항

(1) 여객항공권에는 (i) 여객의 성명 또는 단체의 명칭, (ii) 출발지와 도착지, (iii) 출발일시, (iv) 운항할 항공편, (v) 발행지와 발행연월일 및 (vi) 항공여객운송인의 성명 또는 상호를 적어야 한다($\frac{\text{상}}{\text{1항}}^{921조}$).[1]

(2) 항공여객운송인은 위 (1)의 정보를 전산정보처리조직에 의하여 전자적 형태로 저장하거나 그 밖의 다른 방식으로 보존함으로써 여객항공권 교부를 갈음할 수 있는데, 이 경우 항공여객운송인은 여객이 청구하면 이러한 정보를 적은 서면을 교부하여야 한다($\frac{\text{상}}{\text{2항}}^{921조}$). 이는 최근 전통적인 여객항공권에 대신하여 전자여객항공권이 사용되고 있는데, 이에 대한 근거규정을 둔 것이다.[2]

3. 효   력

항공여객운송인이 상법 제921조에 위반하는 경우에도 운송계약의 효력 및 상법의 다른 규정의 적용에 영향을 미치지 않는다($\frac{\text{상}}{\text{927조}}$).[3] 즉, 항공여객운송인이 여객항공권의 기재사항에 달리 기재하였거나 또는 여객항공권을 발행하지 않았다 하더라도 여객은 항공여객운송인에게 운송청구권을 갖고 항공여객운송인은 상법에 따라 책임제한을 주장할 수 있다.[4]

제 3 수하물표

(1) 항공여객운송인은 여객에게 개개의 위탁수하물마다 「수하물표」[5]를 교부하여야 한다($\frac{\text{상}}{\text{922조}}$).[6] 이는 위탁수하물에 대하여 항공여객운송인이 여객에게 수하물표

---

1) 이는 몬트리올협약 제 3 조 1항에 따른 입법인데, 몬트리올협약에서는 (ii) 「출발지와 도착지」에 대하여만 규정하였으나 상법은 실무상 관행과 선하증권에 관한 상법의 규정을 참조하여 (i)·(iii)~(iv)를 규정하게 된 것이다(법무부, 상게 선진상사법률연구 통권 제55호 별책부록, 66면).

2) 이는 몬트리올협약 제 3 조 2항 및 상법 제862조(전자선하증권)·제863조 1항(전자식 해상화물운송장)을 참조하여 규정한 것이다.

3) 이는 몬트리올협약 제 3 조 5항 및 제 9 조에 따른 입법인데, 개정 바르샤바협약은 여객항공권 등이 발행되지 않거나 특정기재사항이 기재되지 아니한 경우에는 운송인이 책임제한을 원용하지 못하는 것으로 규정하였다(동 협약 3조 2항, 4조 2항 및 9조).

4) 법무부, 전게 선진상사법률연구 통권 제55호 별책부록, 79면.

5) 개정 바르샤바협약은 「수하물표(baggage check)」라는 용어를 사용하고 있고, 몬트리올협약은 「수하물인식표(baggage identification tag)」라는 용어를 사용하고 있다.

6) 이는 몬트리올협약 제 3 조 3항에 따른 입법이다.

를 발행하는 데 대한 근거규정이다. 위탁수하물이 수 개인 경우에는 항공여객운송인은 개개의 위탁수하물에 대하여 수하물표를 교부하여야 한다.

(2) 항공여객운송인이 여객에게 수하물표를 발행하지 않거나 또는 위탁수하물과 다른 내용의 수하물표를 교부하였다고 하여도 이는 위탁수하물에 대한 운송계약의 효력 및 상법의 다른 규정의 적용에 영향을 미치지 아니한다($\frac{상}{927조}$). 따라서 이 경우에 여객은 실제의 위탁수하물에 따라서 운송물의 멸실·훼손 등에 따른 손해배상을 청구할 수 있다.

위와 같은 점으로 인하여 이러한 수하물표는 유가증권도 아니고 또한 면책증권도 아니며, 증거증권이라고 볼 수 있다.

제4 항공화물운송장 등

1. 의 의

(1) 「항공화물운송장」의 의의

1) 항공물건운송에서 송하인은 항공물건운송인의 청구를 받아 일정한 사항을 적은 「항공화물운송장」을 3부 작성하여 항공물건운송인에게 교부하여야 하는데 ($\frac{상}{1항}$923조),[1] 이러한 항공화물운송장은 「운송에 관한 중요사항과 운송의 당사자 등 법정사항을 기재하고 송하인이 기명날인 또는 서명한 증서」라고 볼 수 있다. 항공물건운송에서의 이러한 항공화물운송장은 육상물건운송에서 화물명세서($\frac{상}{127조}$126조~)에 해당되는 것이라고 볼 수 있다.

상법은 이러한 항공화물운송장 등과 후술하는 화물수령증 및 운송물의 성질을 명시한 서류를 포괄하여 「항공운송증서」라는 용어를 사용하고 있다($\frac{상}{927조}$).

2) 송하인이 항공화물운송장을 발행하지 않거나 또는 운송물과 다른 내용의 항공화물운송장을 교부하였다고 하여도 이는 운송물에 대한 운송계약의 효력 및 상법의 다른 규정의 적용에 영향을 미치지 아니하므로($\frac{상}{927조}$), 항공화물운송장도 여객항공권 등과 같이 증거증권이라고 볼 수 있다.

(2) 「화물수령증」의 의의

1) 항공물건운송인은 항공화물운송장에 기재하여야 할 정보를 전산정보처리조직에 의하여 전자적 형태로 저장하거나 그 밖의 다른 방식으로 보존함으로써 항공화

---

1) 이는 몬트리올협약 제4조 1항 및 제7조 1항에 따른 입법이다.

물운송장의 교부에 대체할 수 있는데, 이 경우 항공물건운송인은 송하인의 청구에 따라 송하인에게 항공화물운송장에 기재하여야 할 정보를 적은 「화물수령증」을 교부하여야 한다($\stackrel{상}{2항}$924조).[1] 따라서 이러한 화물수령증은 「항공화물운송장의 교부가 항공물건운송인의 전산정보처리조직에 저장·보존으로 대체되는 경우, 송하인의 청구에 따라 항공물건운송인이 운송물의 수령을 증명하기 위하여 항공물건운송인의 전산정보처리조직에 저장·보존된 항공화물운송장의 기재사항을 적은 문서」라고 볼 수 있다.

2) 항공물건운송인이 송하인에게 이러한 화물수령증을 교부하지 않거나 또는 운송물과 다른 내용의 화물수령증을 교부하였다고 하여도 이는 운송물에 대한 운송계약의 효력 및 상법의 다른 규정의 적용에 영향을 미치지 아니하므로($\stackrel{상}{927조}$), 화물수령증도 항공화물운송장 등과 같이 증거증권이라고 볼 수 있다.

(3) 「운송물의 성질을 명시한 서류」의 의의

1) 운송물의 성질을 명시한 서류란 「세관·경찰 등 행정기관이나 그 밖의 공공기관의 절차를 이행하기 위하여 필요한 경우, 송하인이 항공물건운송인의 요청을 받아 항공물건운송인에게 교부하여야 하는 운송물의 성질을 명시한 서류」이다($\stackrel{상}{926조}$).[2]

해상물건운송에서도 송하인은 선적기간 이내에 운송에 필요한 서류를 선장에게 교부하여야 하는 의무를 부담하고 있다($\stackrel{상}{793조}$).

2) 송하인이 항공물건운송인에게 이러한 운송물의 성질을 명시한 서류를 교부하지 않거나 또는 운송물과 다른 내용의 서류를 교부하였다고 하여도 이는 운송물에 대한 운송계약의 효력 및 상법의 다른 규정의 적용에 영향을 미치지 아니하므로($\stackrel{상}{927조}$), 이러한 운송물의 성질을 명시한 서류도 항공화물운송장이나 화물수령증 등과 같이 증거증권이라고 볼 수 있다.

2. 작 성

(1) 기재사항

1) 항공화물운송장의 기재사항　　항공화물운송장의 기재사항은 (i) 송하인의 성명 또는 상호, (ii) 수하인의 성명 또는 상호, (iii) 출발지와 도착지, (iv) 운송물의 종류·중량·포장의 종별 및 개수와 기호, (v) 출발일시, (vi) 운송할 항공편, (vii) 발행지와 발행연월일 및 (viii) 운송인의 성명 또는 상호이다($\stackrel{상}{1항}$923조).[3]

---

1) 이는 실무관행에 관한 근거규정이라고 볼 수 있는데, 몬트리올협약 제 4 조 2항에 따른 입법이다.
2) 이는 몬트리올협약 제 6 조에 따른 입법이다.
3) 이는 몬트리올협약 제 5 조에 현행 항공화물운송의 실무를 반영하여 규정한 것이다(법무부, 전계

2) **화물수령증의 기재사항**   항공화물운송장의 기재사항과 같다($\frac{상}{2항}$ 924조).[1]

3) **운송물의 성질을 명시한 서류의 기재사항**   이에 관하여는 상법에 특별히 규정하고 있지는 않으나, 세관·경찰 등 행정기관이나 그 밖의 공공기관의 절차를 이행하기 위하여 필요한 사항을 기재하면 된다($\frac{상}{1항}$ 926조).[2]

(2) 작성자와 수령인

1) **항공화물운송장**   송하인이 항공물건운송인의 청구를 받아 항공화물운송장 3부를 작성하여[3] 항공물건운송인에게 교부하여야 한다($\frac{상}{항}$ 923조). 이 때 항공물건운송인이 송하인의 청구에 따라 항공화물운송장을 작성한 경우에는 송하인을 대신하여 작성한 것으로 추정한다($\frac{상}{2항}$ 923조).[4] 이러한 3부의 항공화물운송장 중 제1 원본에는 "운송인용"이라고 적고 송하인이 기명날인 또는 서명하여야 하고, 제2 원본에는 "수하인용"이라고 적고 송하인과 운송인이 기명날인 또는 서명하여야 하며, 제3 원본에는 "송하인용"이라고 적고 운송인이 기명날인 또는 서명하여야 한다($\frac{상}{3항}$ 923조).[5] 이 때 서명은 인쇄 또는 그 밖의 적절한 방법으로 할 수 있다($\frac{상}{4항}$ 923조).[6]

항공물건운송인은 송하인으로부터 운송물을 수령한 후에는 송하인에게 항공화물운송장 제3 원본을 교부하여야 한다($\frac{상}{5항}$ 923조).[7]

2) **화물수령증**   항공물건운송인이 송하인의 청구에 따라 화물수령증을 작성하여 송하인에게 교부하여야 한다($\frac{상}{2항}$ 924조).[8]

3) **운송물의 성질을 명시한 서류**   송하인이 항공물건운송인의 요청을 받아 운송물의 성질을 명시한 서류를 작성하여 항공물건운송인에게 교부하여야 한다($\frac{상}{1항}$ 926조).[9]

선진상사법률연구 통권 제55호 별책부록, 72면).

1) 이는 몬트리올협약 제4조 2항을 수정하여 입법한 것이다.

2) 이는 몬트리올협약 제6조 1문에 따른 입법이다.

3) 이는 몬트리올협약 제7조 1항에 따른 입법인데, 이 경우 작성(make out)과 서명(몬트리올협약 제7조 2항·3항)을 분리하여 규정함으로써 이 때 「작성」의 의미는 완성된 항공화물운송장을 작성하는 것이 아니라 항공화물운송장의 초안을 작성한다는 의미로 보고 있다. 따라서 송하인이 항공화물운송장을 작성하더라도 반드시 송하인이 항공화물운송장의 발행 주체가 되는 것은 아니라고 본다(법무부, 전게 선진상사법률연구 통권 제55호 별책부록, 72면).

4) 이는 몬트리올협약 제7조 4항에 따른 입법이다.

5) 이는 몬트리올협약 제7조 2항에 따른 입법이다.

6) 이는 몬트리올협약 제7조 3항에 따른 입법인데, "stamp"라는 용어 대신에 "그 밖의 적절한 방법"으로 수정하여 규정한 것이다.

7) 이는 몬트리올협약 제7조 2항 3문 후단을 분리하여 규정한 것이다.

8) 이는 몬트리올협약 제4조 2항 2문에 따른 입법이다.

(3) 작성형식

1) 항공화물운송장 송하인은 항공화물운송장을 서면으로 3 부 작성하여 항공물건운송인에게 교부할 수도 있으나($\frac{\text{상}}{1\text{항}}$ 923조), 항공물건운송인이 항공화물운송장의 기재사항에 관한 정보를 운송인의 전산정보처리조직에 의하여 전자적 형태로 저장하거나 그 밖의 다른 방식으로 보존함으로써 항공화물운송장의 교부에 대체할 수 있다($\frac{\text{상}}{1\text{항}}$ 924조).[1]

2개 이상의 운송물이 있는 경우에는 항공물건운송인의 청구에 의하여 송하인은 각 운송물마다 항공화물운송장을 작성하여 운송인에게 교부할 수 있다($\frac{\text{상}}{1\text{항}}$ 925조).[2]

2) 화물수령증 항공화물운송장의 기재사항이 항공물건운송인의 전산정보처리조직 등에 저장·보존됨으로써 항공화물운송장의 교부가 대체되는 경우에 한하여, 항공화물운송장의 기재사항에 관한 정보를 적은 화물수령증을 교부하여야 한다($\frac{\text{상}}{2\text{항}}$ 924조).

2개 이상의 운송물이 있는 경우에는 항공물건운송인은 송하인의 청구에 의하여 각 운송물마다 화물수령증을 작성하여 송하인에게 교부할 수 있다($\frac{\text{상}}{2\text{항}}$ 925조).[3]

3) 운송물의 성질을 명시한 서류 상법상 특별한 제한이 없다($\frac{\text{상}}{1\text{항}}$ 926조 참조).

3. 효 력

(1) 항공운송증서에 관한 규정 위반의 효과

항공물건운송인 또는 송하인이 항공화물운송장·화물수령증 또는 운송물의 성질에 관한 서류를 작성·교부하지 않거나, 또는 필요적 기재사항을 기재하지 않거나 또는 다르게 기재하는 등으로 인하여 상법을 위반하는 경우에도 이는 항공물건운송계약의 효력 및 상법의 다른 규정의 적용에 영향을 미치지 아니한다($\frac{\text{상}}{927\text{조}}$). 즉, 위에서 본 바와 같이 이러한 항공운송증서는 증거증권에 불과하므로 그 증서에 관한 상법 위반이 운송계약 등에 영향이 없는 것으로 하고 있다.

(2) 항공운송증서 기재의 효력

1) 항공화물운송장 등이 위에서 본 바와 같이 증거증권이라고 하더라도, 항공화물운송장 또는 화물수령증이 교부된 경우 그 운송증서에 적힌 대로 운송계약이

---

9) 이는 몬트리올협약 제 6 조 1문에 따른 입법이다.

1) 이는 몬트리올협약 제 4 조 2항 1문에 따른 입법이다.

2) 이는 몬트리올협약 제 8 조 (a)호에 따른 입법이다.

3) 이는 몬트리올협약 제 8 조 (b)호에 따른 입법이다.

체결된 것으로 추정한다($\frac{\text{상}}{1\text{항}}929$조).[1] 또한 항공물건운송인은 항공화물운송장 또는 화물수령증에 적힌 운송물의 중량, 크기, 포장의 종별·개수·기호 및 외관상태대로 운송물을 수령한 것으로 추정한다($\frac{\text{상}}{2\text{항}}929$조).[2] 그런데 운송물의 종류, 외관상태 외의 상태, 포장 내부의 수량 및 부피에 관한 항공화물운송장 또는 화물수령증의 기재내용은 송하인이 참여한 가운데 항공물건운송인이 그 기재내용의 정확함을 확인하고 그 사실을 항공화물운송장이나 화물수령증에 적은 경우에만 그 기재내용대로 운송물을 수령한 것으로 추정한다($\frac{\text{상}}{3\text{항}}929$조).[3]

2) 항공운송증서에 대하여는 세 가지 사항에 대하여 추정규정을 두고 있는데, (ⅰ) 항공화물운송장 또는 화물수령증이 교부된 경우에는 그 운송증서에 적힌 대로 운송계약이 체결된 것으로 추정하고, (ⅱ) 운송물의 중량·크기 등 외관상태로 알 수 있는 사항은 그러한 외관상태대로 수령한 것으로 추정하며, (ⅲ) 포장 내부의 수량 등 외관상태로 알 수 없는 사항은 항공물건운송인이 그 기재내용을 확인하고 그 사실을 항공운송증서에 적은 경우에만 그 기재내용대로 운송물을 수령한 것으로 추정하고 있다.

육상물건운송에서 화물상환증의 경우에도 육상물건운송인과 송하인 사이에는 화물상환증에 적힌 대로 운송계약이 체결되고 운송물을 수령한 것으로 추정한다($\frac{\text{상}}{1\text{항}}131$조). 또한 해상물건운송에서 선하증권의 경우에도 해상물건운송인과 송하인 사이에는 선하증권에 기재된 대로 운송물을 수령 혹은 선적한 것으로 추정하고($\frac{\text{상}}{1\text{항}}854$조), 해상화물운송장의 경우에도 해상물건운송인은 그 운송장에 기재된 대로 운송물을 수령 또는 선적한 것으로 추정한다($\frac{\text{상}}{1\text{항}}864$조). 그런데 항공화물운송장 또는 화물수령증은 증거증권에 불과하여 화물상환증($\frac{\text{상}}{2\text{항}}131$조) 및 선하증권($\frac{\text{상}}{2\text{항}}854$조)에서와 같은 문언증권성에 대하여는 규정하고 있지 않다.

(3) 항공운송증서 기재사항에 관한 책임

1) 송하인의 책임   송하인은 항공화물운송장에 적었거나 항공물건운송인에게 통지한 운송물의 명세 또는 운송물에 관한 진술이 정확하고 충분함을 운송인에게 담보한 것으로 본다($\frac{\text{상}}{1\text{항}}928$조).[4] 해상물건운송에서도 송하인은 선하증권에 기재한 「운송물의 종류, 중량 또는 용적, 포장의 종별·개수와 기호」가 정확함을 해상물건운송인에게 담보한 것으로 보고 있다($\frac{\text{상}}{3\text{항}}853$조).

---

1) 이는 몬트리올협약 제11조 1항에 따른 입법이다.
2) 이는 몬트리올협약 제11조 2항 1문에 따른 입법이다.
3) 이는 몬트리올협약 제11조 2항 2문에 따른 입법이다.
4) 이는 몬트리올협약 제10조 1항에 따른 입법이다.

송하인은 이러한 운송물의 명세 또는 운송물에 관한 진술이 정확하지 아니하거나 불충분하여 항공물건운송인이 손해를 입은 경우에는 항공물건운송인에게 배상할 책임이 있다($\frac{\text{상}}{2\text{항}}\text{928조}$).[1] 송하인의 이러한 책임은 무과실책임으로 보고 있다.[2]

2) 운송인의 책임　　　항공물건운송인은 항공화물운송장의 기재사항에 관한 정보를 그의 전산정보처리조직에 의하여 전자적 형태로 저장하거나 그 밖의 다른 방식으로 보존하는 경우, 그 저장 또는 보존되는 운송에 관한 기록이나 화물수령증에 적은 운송물의 명세 또는 운송물에 관한 진술이 정확하지 아니하거나 불충분하여 송하인이 손해를 입은 때에는 송하인에게 배상할 책임이 있다($\frac{\text{상}}{3\text{항 본문}}\text{928조}$).[3] 이는 송하인의 책임과의 형평상 운송인에게도 유사한 책임을 부담시킨 것인데, 이 때 운송인의 책임도 무과실책임이다.[4]

그러나 송하인이 항공물건운송인에게 담보한 것으로 보는 경우에는, 항공물건운송인은 송하인에게 손해를 배상할 책임이 없다($\frac{\text{상}}{3\text{항 단서}}\text{928조}$).[5] 또한 송하인이 항공물건운송인의 요청을 받아 항공물건운송인에게 「운송물의 성질을 명시한 서류」를 교부한 경우에, 항공물건운송인은 이러한 서류와 관련하여 어떠한 의무나 책임을 부담하지 아니한다($\frac{\text{상}}{2\text{항}}\text{926조}$).[6]

---

1) 이는 몬트리올협약 제10조 2항에 따른 입법이다.
2) 법무부, 전게 선진상사법률연구 통권 제55호 별책부록, 81면.
3) 이는 몬트리올협약 제10조 3항에 따른 입법이다.
4) 법무부, 전게 선진상사법률연구 통권 제55호 별책부록, 81면.
5) 이는 몬트리올협약 제10조 3항에 따른 입법이다.
6) 이는 몬트리올협약 제6조 2문에 따른 입법이다.

제4장 지상 제3자의 손해에 대한 책임

제1절 총 설

항공기의 돌연한 추락 등으로 지상의 제3자가 사망하거나 상해를 입거나 또는 재산상의 손해를 입은 경우에, 항공기 운항자는 그의 과실 유무를 묻지 않고 엄격한 책임을 지도록 하고(무과실
책임) 다만 그의 책임범위를 제한하고 있다.[1] 따라서 항공기 운항자의 이러한 지상 제3자에 대한 손해배상책임은 불법책임의 일종이 아니라, 상법이 인정한 법정책임이라고 볼 수 있다.[2]

이하에서는 책임의 주체, 손해발생의 원인, 책임의 면책사유, 책임의 제한 및 책임의 소멸에 대하여 각각 살펴본다.

제2절 책임의 주체

(1) 비행중인 항공기 또는 항공기로부터 떨어진 사람이나 물건으로 인하여 사망하거나 상해 또는 재산상의 손해를 입은 지상(지하, 수면 또는
수중을 포함함)의 제3자에 대하여 손해배상책임을 지는 주체는 「항공기 운항자」이다(상 930조
1항).

(2) 이 때 「항공기 운항자」는 '사고 발생 당시 항공기를 사용하는 자'를 말하는데, 항공기의 운항을 지배하는 자(운항지배자)가 타인에게 항공기를 사용하게 한 경우에는 운항지배자를 항공기 운항자로 본다(상 930조
2항). 만일 운항지배자의 승낙 없이

---

1) 이는 1978년 로마협약의 원칙을 수용한 것이다.
2) 동지: 법무부, 전게 선진상사법률연구 통권 제55호 별책부록, 85~86면.

항공기가 사용된 경우에는, 운항지배자는 이를 막기 위하여 상당한 주의를 하였음을 증명하지 못하는 한 승낙 없이 항공기를 사용한 자와 연대하여 책임을 진다($_{6항}^{상\ 930조}$).[1] 이 때 항공기 운항지배자의 승낙 없이 항공기를 사용하는 불법사용자는 재정능력이 충분하지 않고 또한 보험에도 가입하지 않았을 것이므로 제 3 자를 보호하기 위하여 항공기 운항지배자에게 연대책임을 지운 것이다.[2]

상법 제 6 편 항공운송편을 적용할 때에 항공기 등록원부에 기재된 항공기 소유자는 항공기 운항자로 추정한다($_{3항}^{상\ 930조}$).[3]

항공기 운항자를 확정하는 중심개념은 사고 당시 '항공기를 사용하는 자'와 '비행통제권(control of the navigation of the aircraft)을 갖는 자'로 볼 수 있는데, 상법 제930조 2항 및 3항은 이에 대하여 규정한 것이다.[4]

제 3 절 손해발생의 원인

(1) 지상($_{수중을\ 포함함}^{지하,\ 수면\ 또는}$)의 제 3 자에게 손해가 발생한 원인은 항공기 운항자의 「비행중인 항공기 또는 항공기로부터 떨어진 사람이나 물건으로 인하여」 사망하거나 상해 또는 그의 재산상 손해를 입은 경우이다($_{1항}^{상\ 930조}$).

(2) 이 때 「비행중」이란 '이륙을 목적으로 항공기에 동력이 켜지는 때부터 착륙이 끝나는 때($_{종료한\ 때}^{착륙활주가}$)까지'를 포함한다($_{4항}^{상\ 930조}$).[5] 따라서 이륙을 목적으로 활주를 시작하였으나 아직 이륙하지 못한 상태에서 지상의 사람이나 물건을 충격한 경우도 비행중에 해당하고, 비행선이 이륙을 목적으로 동력을 켰는데 아직 지상에서 떨어지지 않은 상태에서 지상의 사람이나 물건을 충격한 경우도 비행중에 해당한다고 본다.[6]

(3) 2대 이상의 항공기가 관여하여 지상의 제 3 자에게 손해를 발생시킨 경우에

---

1) 이는 1952년 로마협약 제 4 조에 따른 입법이다.
2) 법무부, 전게 선진상사법률연구 통권 제55호 별책부록, 87면.
3) 항공기 운항자에 관한 상법 제930조 2항 및 3항은 1952년 로마협약 제 2 조와 1978년 로마협약 제 2 조 수정조항에 근거한 것인데, 지나치게 상세한 규정·해석에 의하여 포괄되는 규정·우리 법 체계와 맞지 않는 규정 등은 조문에 반영하지 않았다(법무부, 상게 선진상사법률연구 통권 제55호 별책부록, 86면, 88면 참조).
4) 법무부, 상게 선진상사법률연구 통권 제55호 별책부록, 86면.
5) 이는 1952년 로마협약 제 1 조 2항에 따른 입법이다.
6) 동지: 법무부, 전게 선진상사법률연구 통권 제55호 별책부록, 86~87면.

는 각 항공기 운항자는 연대하여 책임을 진다($\frac{상}{5항}$930조). 즉, 사고에 대한 책임의 비율을 불문하고 각 항공기 운항자는 자기의 책임제한의 범위 내에서 전체 손해에 대하여 책임을 지도록 하였다.[1]

제 4 절 책임의 면책사유

(1) 항공기 운항자는 지상의 제 3 자의 사망·상해 또는 재산상의 손해의 발생이 (i) 전쟁·폭동·내란 또는 무력충돌의 직접적인 결과로 발생하였다는 것, (ii) 항공기 운항자가 공권력에 의하여 항공기 사용권을 박탈당한 중에 발생하였다는 것, (iii) 오로지 피해자 또는 피해자의 사용인이나 대리인의 과실 또는 그 밖의 불법한 작위나 부작위에 의하여서만 발생하였다는 것 또는 (iv) 불가항력을 증명하면 책임을 지지 아니한다($\frac{상}{931조}$).[2] 이러한 경우에는 항공기 운항자는 엄격책임(무과실책임)을 지지 않고, 과실에 따른 과실책임만을 진다.[3]

(2) 테러행위[4]로 인한 경우에도 항공기 운항자가 면책되는지 여부에 대하여 국회 심의과정에서 논의되었는데, 항공안전 및 보안에 관한 법률 등에 의하면 항공사도 보안책임을 분담하고 있고 또한 테러행위의 개념도 불분명하며, 또한 '테러위험협약'에서는 테러로 인한 피해에 대하여 항공사가 무과실책임을 부담하는 것으로 규정하고 있는 점 등을 고려하여 면책사유로 규정하지 않았다. 따라서 테러행위로 인한 경우는 항공기 운항자가 엄격책임(무과실책임)을 부담한다.[5]

---

1) 법무부, 상게 선진상사법률연구 통권 제55호 별책부록, 87면.
2) 상법 제931조 1호 및 2호는 1952년 로마협약 제 5 조에 따른 것이다.
3) 법무부, 전게 선진상사법률연구 통권 제55호 별책부록, 90면.
4) 현재 개정 논의중인 로마협약에서는 테러행위를 '불법적인 간섭(unlawful interference)'로 표현하고 있다.
5) 이에 관하여는 법무부, 전게 선진상사법률연구 통권 제55호 별책부록, 90~91면 참조.

제 5 절   책임의 제한

제 1   서   언

항공기 운항자의 지상의 제 3 자에 대한 책임에 대하여 엄격책임($^{무과실}_{책임}$)으로 규정함에 따라 그의 책임범위를 제한하고 있는데, 이에 대하여는 선주의 책임한도액($^{상}_{770조}$)과 같은 형식으로 규정하고 있다.

이하에서는 항공기 운항자의 책임한도액 및 책임제한의 절차에 관하여 살펴보겠다.

제 2   책임한도액(유한책임)

항공기 운항자의 책임한도액은 항공기의 중량에 따른 총체적 책임한도액과 총체적 책임한도액 내에서 사망 또는 상해를 입은 사람 1명당($^{인적 손해}_{에 대한}$) 개별적 책임한도액으로 나누어 규정하고 있는데, 이하에서 차례로 살펴보겠다. 또한 이와 함께 손해배상의 기준 및 책임한도액(유한책임)의 배제에 관하여 살펴보겠다.

1. 총체적 책임한도액

항공기 운항자의 지상의 제 3 자에 대한 책임은 하나의 항공기가 관련된 하나의 사고에 대하여 항공기의 이륙을 위하여 법으로 허용된 최대중량($^{이하 '최대}_{중량'이라 함}$)에 따라 다음에서 정한 금액을 한도로 한다($^{상}_{1항}$^{932조}).$^{1)}$

(1) 최대중량이 2,000킬로그램 이하의 항공기는 300,000 계산단위의 금액으로 한다.

(2) 최대중량이 2,000킬로그램을 초과하는 항공기의 경우 2,000킬로그램까지는 300,000 계산단위, 2,000킬로그램 초과 6,000킬로그램까지는 매 킬로그램당 175 계산단위, 6,000킬로그램 초과 30,000킬로그램까지는 매 킬로그램당 62.5 계산단위, 30,000킬로그램을 초과하는 부분에는 매 킬로그램당 65 계산단위를 각각 곱하여 얻은 금액을 순차로 더한 금액으로 한다.

이상 항공기 운항자의 총체적 책임한도액을 도시(圖示)하면 아래와 같다.

---

1) 이는 1978년 로마협약 제11조 1항에 따른 입법이다.

항공기 운항자의 총체적 책임한도액

책임한도액(SDR) 최대중량(kg)	책임한도액(SDR)
2,000kg 이하	300,000SDR
2,000kg 초과~6,000kg	300,000SDR + (T－2,000kg) × 175SDR
6,000kg 초과~30,000kg	1,000,000SDR + (T－6,000kg) × 62.5SDR
30,000kg 초과	2,500,000SDR + (T－30,000kg) × 65SDR

T = 항공기의 이륙을 위하여 법으로 허용된 최대중량

2. 인적 손해에 대한 개별적 책임한도액

하나의 항공기가 관련된 하나의 사고로 인하여 사망 또는 상해가 발생한 경우 항공기 운항자의 지상의 제3자에 대한 책임은 총체적 책임한도액의 범위에서 사망하거나 상해를 입은 사람 1명당 125,000 계산단위의 금액을 한도로 한다($\frac{상}{2항}$932조).[1] 따라서 인적 손해를 입은 사람이 많을수록 그러한 사람 1명당 배상액이 125,000 계산단위를 최고금액으로 하여 줄어들게 된다.

3. 손해배상의 기준

(1) 하나의 항공기가 관련된 하나의 사고로 인하여 여러 사람에게 생긴 손해의 합계가 총체적 책임한도액을 초과하는 경우에는, 각각의 손해는 총체적 책임한도액에 대한 비율에 따라 배상한다($\frac{상}{3항}$932조).[2] 이는 총체적 책임한도액이 다수의 손해배상채권을 만족시키지 못하는 경우 비율적으로 배상을 받도록 한 것이다.

(2) 하나의 항공기가 관련된 하나의 사고로 인하여 사망·상해 또는 재산상의 손해가 발생한 경우, 총체적 책임한도액에서 사망 또는 상해로 인한 손해를 먼저 배상하고 남은 금액이 있으면 재산상의 손해를 배상한다($\frac{상}{4항}$932조).[3] 이는 하나의 사고로 인하여 인적 손해와 물적 손해가 함께 발생한 경우, 총체적 책임한도액에서 인적 손해에 대하여 먼저 배상하고 나머지가 있는 경우에 물적 손해에 대하여 배상

---

1) 이는 1978년 로마협약 제11조 2항에 따른 입법인데, 이러한 로마협약에는 인적 손해의 한도액이 총체적 책임한도액의 범위 내에서 제한된다는 점이 분명하지 않으나, 상법 제932조 2항은 이 점을 분명히 하여 규정하고 있다.
2) 이는 선주유한책임에서 상법 제770조 3항과 유사한 규정이다.
3) 이는 선주유한책임에서 상법 제770조 4항 1문과 유사한 규정이다.

하도록 한 것이다.

4. 책임한도액(유한책임)의 배제

다음의 경우에는 항공기 운항자의 책임한도액(유한책임)에 관한 규정이 적용되지 않는다.

(1) 항공기 운항자 또는 그 사용인이나 대리인이 손해를 발생시킬 의도로 사고를 발생시켜 지상의 제 3 자가 손해를 입은 경우에는 총체적 책임한도액 및 인적 손해에 대한 개별적 책임한도액에 관한 규정이 적용되지 않는다($\frac{상\,933조}{1항\,1문}$). 이 경우에 항공기 운항자의 사용인이나 대리인의 행위로 인하여 사고가 발생한 경우에는 그가 권한범위 내에서 행위하고 있었다는 사실이 증명되어야 한다($\frac{상\,933조}{1항\,2문}$).[1] 따라서 이 경우에는 항공기 운항자는 지상의 제 3 자에 대하여 그에게 발생한 손해를 전부 배상하여야 한다. 항공기 운항자의 사용인이나 대리인이 항공기 운항자(운항지배자)의 승낙 없이 항공기를 사용한 경우에는, 항공기 운항자(운항지배자)는 이를 막기 위하여 상당한 주의를 하였음을 증명하면 면책이 되나, 이를 증명하지 못하면 승낙 없이 항공기를 사용한 자와 연대하여 책임을 지는데, 이 때에는 책임한도액(유한책임)의 규정이 적용된다($\frac{상\,930조}{6항}$).

(2) 항공기를 사용할 권한을 가진 자의 동의 없이 불법으로 항공기를 탈취(奪取)하여 사용하는 중 사고를 발생시켜 지상의 제 3 자에게 손해를 입힌 경우에는 책임한도액(유한책임)에 관한 규정을 적용하지 아니한다($\frac{상\,933조}{2항}$).[2] 즉, 항공기의 운항지배자의 승낙 없이 항공기를 사용한 자는 그의 사고로 지상의 제 3 자가 손해를 입은 경우에는 책임한도액(유한책임)의 규정이 적용되나($\frac{상\,930조}{6항}$), 항공기를 사용할 권한을 가진 자의 동의 없이 불법으로 항공기를 탈취하여 사용한 자의 사고로 인한 지상의 제 3 자에 대한 손해배상책임은 무한이다. 따라서 항공기의 운항지배자의 동의가 없더라도 불법이 아닌 경우($\frac{예컨대,\,생명이\,위급한\,응급환자를\,후송}{하기\,위하여\,항공기를\,사용하는\,경우\,등}$)에는 책임한도액(유한책임)에 관한 규정이 적용된다.[3]

---

1) 상법 제933조 1항은 1978년 로마협약 제12조 1항에 따른 입법이다.
2) 이는 1978년 로마협약 제12조 2항에 따른 입법이다.
3) 동지: 법무부, 전게 선진상사법률연구 통권 제55호 별책부록, 95면.

제 3 책임제한의 절차

(1) 항공기 운항자의 지상 제 3 자의 손해에 대한 책임제한은 개별적 책임제한이 아니라 (선주유한책임과 같이) 총체적 책임제한이므로 책임제한절차를 규정할 필요가 있어, 상법은 이에 대하여 규정하고 있다. 즉, 상법 제 6 편(항공운송) 제 3 장 (지상 제 3 자의 손해에 대한 책임)의 규정에 따라 책임을 제한하려는 자($^{항공기}_{운항자}$)는 채권자($^{지상의}_{제3자}$)로부터 책임한도액을 초과하는 청구금액을 명시한 서면에 의한 청구를 받은 날부터 1년 내에 법원에 책임제한절차 개시의 신청을 하여야 한다($^{상}_{1항}$^{935조}). 이는 선주유한책임에서 책임제한절차 개시의 신청을 하는 경우($^{상}_{1항}$^{776조})와 같다.

(2) 책임제한절차 개시의 신청, 책임제한 기금의 형성·공고·참가·배당, 그 밖에 필요한 사항에 관하여는 성질에 반하지 아니하는 범위에서 「선박소유자 등의 책임제한절차에 관한 법률」의 예에 의한다($^{상}_{2항}$^{935조}). 이 점도 선주유한책임에서의 책임제한절차의 경우($^{상}_{2항}$^{776조})와 같다.[1]

제 6 절 책임의 소멸

항공기 운항자의 지상 제 3 자에 대한 책임은 사고가 발생한 날부터 3년 이내에 재판상 청구가 없으면 소멸한다($^{상}_{934조}$).[2] 지상 제 3 자의 항공기 운항자에 대한 청구권이 법정인 권리인 점에서 시효기간 또는 제척기간을 특별히 규정할 필요가 있는데, 상법은 간명하게 3년의 제척기간으로 규정하고 있다.

이는 해상물건운송인의 책임이 원칙적으로 1년의 단기 제척기간으로 소멸되는 점($^{상}_{814조}$)과 대비되고 있다.

---

1) 이에 관한 상세는 이 책 952~954면 참조.
2) 이에 관하여 1952년 로마협약 제21조 1항은 기본적으로 2년의 시효기간을 규정하고, 동조 2항은 시효기간의 정지·중단 등은 법정지국의 법에 의하도록 하면서 다시 어떤 경우에도 사고일로부터 3년을 넘으면 제소하지 못하도록 규정하고 있다.

부　록

어음·手票法

1. 煥 어 음

1) 國內去來(內國信用狀用)

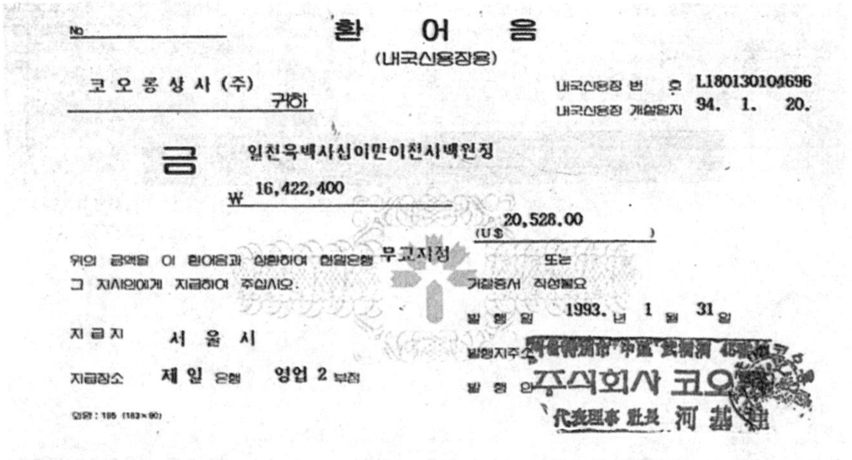

No

환 어 음

(내국신용장용)

코 오 롱 상 사 (주) 귀하

내국신용장 번 호 L180130104696

내국신용장 개설일자 94. 1. 20.

금 일천육백사십이만이천사백원정

₩ 16,422,400

(US$ 20,528.00)

위의 금액을 이 환어음과 상환하여 한일은행 무교지점 또는 그 지시인에게 지급하여 주십시오.

거절증서 작성불요

발 행 일 1993. 년 1 월 31 일

지 급 지 서 울 시

지급장소 제 일 은행 영업 2 부점

발행지주소

발 행 인 주식회사 코오롱

代表理事 社長 河 基 拍

2) 國際去來(外國信用狀用)

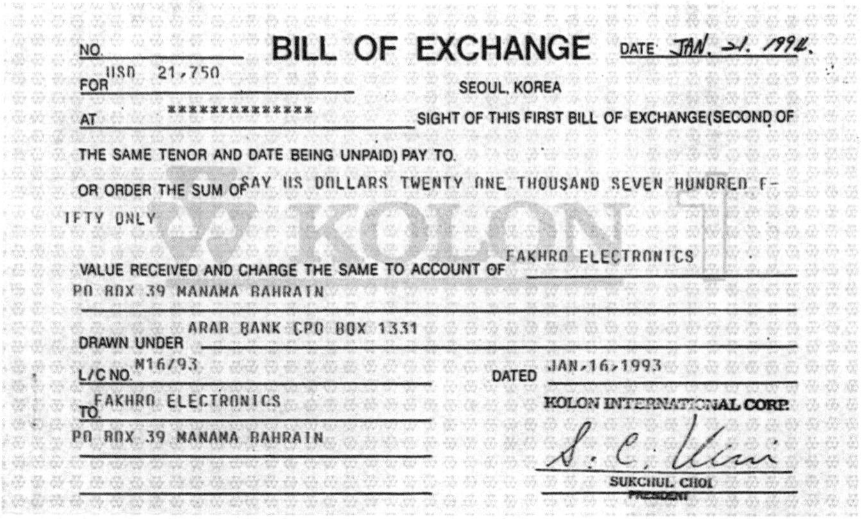

NO. BILL OF EXCHANGE DATE JAN. 31. 1994.

FOR USD 21,750 SEOUL, KOREA

AT ************** SIGHT OF THIS FIRST BILL OF EXCHANGE(SECOND OF THE SAME TENOR AND DATE BEING UNPAID) PAY TO.

OR ORDER THE SUM OF SAY US DOLLARS TWENTY ONE THOUSAND SEVEN HUNDRED FIFTY ONLY

VALUE RECEIVED AND CHARGE THE SAME TO ACCOUNT OF FAKHRO ELECTRONICS

PO BOX 39 MANAMA BAHRAIN

DRAWN UNDER ARAB BANK CPO BOX 1331

L/C NO. M16/93 DATED JAN,16,1993

TO. FAKHRO ELECTRONICS

PO BOX 39 MANAMA BAHRAIN

KOLON INTERNATIONAL CORP.

S. C. Choi

SUKCHUL CHOI

PRESIDENT

2. 約束어음

1) 表 面

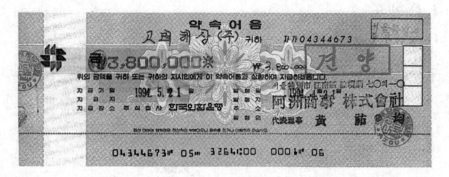

2) 裏 面

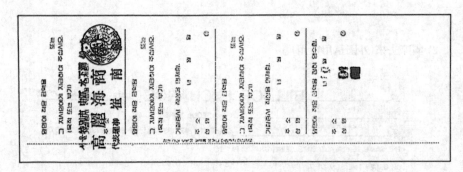

3. 手　票

1) 當座手票

2) 自己앞手票

3) 家計手票(表面과 裏面)

4) 送金手票

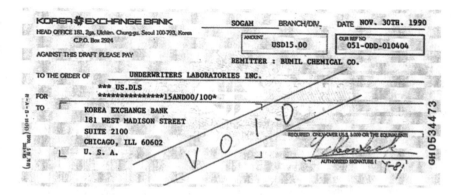

5) 旅行者手票(T/C)

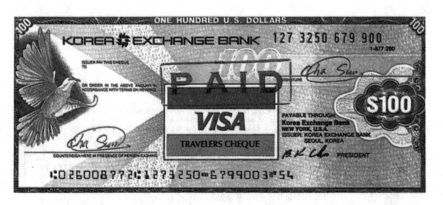

4. 讓渡性預金證書

1) 表　面

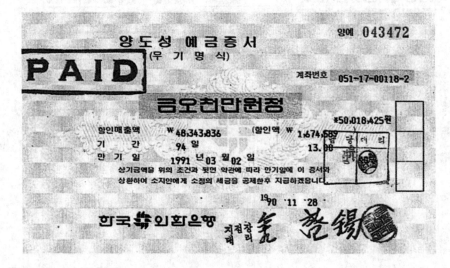

2) 裏　面

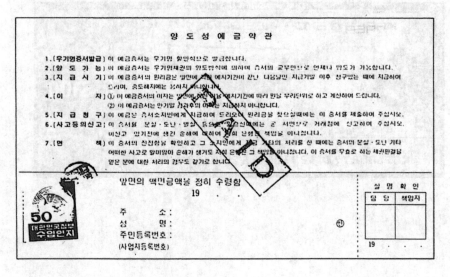

5. 商業信用狀

1) 內國信用狀

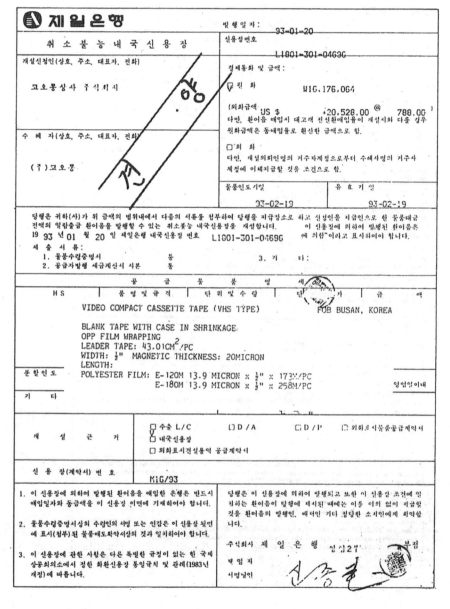

제일은행

취소불능내국신용장

발행일자: 93-01-20

신용장번호 L1801-301-0469G

개설신청인(상호, 주소, 대표자, 전화)

　코오롱상사 주식회사

결제통화 및 금액:

☑ 원 화　₩16,176,064

외화금액 US $　20,528.00 @　788.00
다만, 환어음 매입시 대고객 전신환매입율이 개설시와 다를 경우
외화금액은 동매입율로 환산한 금액으로 함.

수 혜 자(상호, 주소, 대표자, 전화)

　(주)코오롱

☐ 외 화
다만, 개설의뢰인명의 거주자계정으로부터 수혜자명의 거주자
계정에 이체지급할 것을 조건으로 함.

물품인도기일 93-02-19 ／ 유효기일 93-02-19

당행은 귀하(사)가 위 금액의 범위내에서 다음의 서류를 첨부하여 당행을 지급장소로 하고 신청인을 지급인으로 한 물품대금
전액의 일람출급 환어음을 발행할 수 있는 취소불능 내국신용장을 개설합니다.　이 신용장에 의하여 발행된 환어음은
19 93 년 01 월 20 일 제일은행 내국신용장 번호 L1801-301-0469G　에 의함"이라고 표시되어야 합니다.
제출서류:
1. 물품수령증명서　　　통
2. 공급자발행 세금계산서 사본　　통
3. 기　타:

공 급 물 품 명 세					
HS	품 명 및 규 격	단 위 및 수 량	단　가	금　액	
	VIDEO COMPACT CASSETTE TAPE (VHS TYPE)		FOB BUSAN, KOREA		

BLANK TAPE WITH CASE IN SHRINKAGE
OPP FILM WRAPPING
LEADER TAPE: 43.01CM^2/PC
WIDTH: ½" MAGNETIC THICKNESS: 20MICRON
LENGTH:
POLYESTER FILM: E-120M 13.9 MICRON × ½" × 173M/PC
E-180M 13.9 MICRON × ½" × 258M/PC

분할인도

기 타

개 설 근 거
☑ 수출 L/C　☐ D/A　☐ D/P　☐ 외화표시물품공급계약서
☑ 내국신용장
☐ 외화표시견설용역 공급계약서

신 용 장(계약서) 번 호　M1G/93

1. 이 신용장에 의하여 발행된 환어음을 매입한 은행은 반드시
매입일자와 동금액을 이 신용장 이면에 기재하여야 합니다.

2. 물품수령증명서상의 수령인의 서명 또는 인감은 이 신용장 뒷면
에 표시(첨부)된 물품매도확약서상의 것과 일치하여야 합니다.

3. 이 신용장에 관한 사항은 다른 특별한 규정이 없는 한 국제
상공회의소에서 정한 화환신용장 통일규칙 및 관례(1983년
개정)에 따릅니다.

당행은 이 신용장에 의하여 발행되고 또한 이 신용장 조건에 일
치하는 환어음이 당행에 제시된 때에는 이들 이의 없이 지급할
것을 환어음의 발행인, 배서인 기타 정당한 소지인에게 확약합
니다.

주식회사 제 일 은 행 성십27 부점
책임자
서명날인

No. 378979

(총35) (21.0×29.7) NCR 70g/m² (89.8.31 개설) (3-1)

2) 外國信用狀

Arab Bank plc

ORIGINAL

Branch ......MANAMA.....

Tlx. ....8232, 8264 ARABNK BN

P.O. Box .....395.................

☐ In confirmation of our today's teletransmission

Irrevocable Documentary Credit | Number M16/93

We have issued the documentary credit as detailed herein- It is subject to the Uniform Customs and Practice for Documentary Credits (1983 Revision, International Chamber of Commerce, Paris, France Publication No. 400) insofar as these are applicable. We request you to advise the credit to the beneficiary.

☒ without adding your confirmation. ☐ adding your confirmation.

Date of Issue	Date and place of expiry
16th JANUARY, 1993	15th MARCH, 1993 IN SOUTH KOREA

Account of
M/S. FAKHRO ELECTRONICS W.L.L,
P.O. BOX 39,
MANAMA, BAHRAIN.   301 00 541

Beneficiary
M/S. KOLON INTERNATIONAL CORPORATION,
KOLON BLDG. 45 MUGYO-DONG, JUNG-GU SEOUL,
SOUTH KOREA.

Advising Bank   Ref. No.
ARAB BANK PLC,
C.P.O. BOX 1331,
DAEWOO CENTER BLDG. 17th FLOOR, 541 5-KA,
NAMDAEMOON-RO, CHUNG-KU, SEOUL, KOREA

Amount not/not exceeding   US$21,750/-
In words US DOLLARS TWENTYONE THOUSAND SEVEN
HUNDRED FIFTY ONLY********************

Partial Shipments   **Transhipment**
☐ allowed ☒ not allowed   ☐ allowed ☐ not allowed
                              except at Karachi

Credit available with   ADVISING BANK

☒ by sight payment   ☐ by acceptance

☐ by deferred payment at ....

Loading on board/dispatch by STEAMER
from ANY SOUTH KOREAN PORT
not later than 28th FEBRUARY, 1993
for transportation to BAHRAIN.

| ☐ FOB | ☒ C&F BAHRAIN |
| ☐ CIF | ☐ |

against the documents detailed herein

☒ and beneficiary's   sight draft(s)

drawn on.. BUYERS.

Documents required marked ☒ (Please refer overleaf for special conditions concerning required documents).

☒ Signed commercial invoice in ...FIVE............. copies.

☒ Full set of "CLEAN ON BOARD" MARINE Bill(s) of lading in long form plus one non-negotiable copy issued or endorsed to the order of Arab Bank Ltd. showing freight ☒ prepaid ☐ payable at destination and "notify buyers"

☐ Rail Consignment Note/Truck Co's Bill(s) showing, goods consigned to the order of Arab Bank Ltd., account buyers and showing freight ☐ prepaid up to ☐ collect.

☐ Postal Receipt(s)/Airway Bill(s) showing Arab Bank Ltd. as consignee, account buyers. Airway Bill(s) must show flight number and date and marked freight ☐ prepaid ☐ collect.

☒ A certificate issued by Vessel Owners/Agents/Captain stating that the carrying vessel is a conference line vessel and/or is sailing on regular liner services.

☐ Insurance Policy or Certificate issued in negotiable form for invoice amount plus ....%
(Insurance covered locally if not called for above).

☒ Certificate of Origin stating that goods are of ...SOUTH KOREAN.. origin, showing that goods:
  ☐ do not contain industrial component materials from other countries, otherwise the certificate must state the name of relevant countries and percentage of parts or components relative to total shipment.
  ☐ are not of Israeli origin, have not been exported from Israel and do not contain any Israeli material/labour.

☒ Separate Certificate of Weight. ☐ Certificate of Surveillance.

☐ Health or Veterinary Certificate issued by a competent authority.

☒ Packing List showing number of packages/cartons and the contents of each package/carton separately.

☐

Goods "NETWORK" BLANK VIDEO CASSETTES.
ALL OTHER DETAILS AS PER OPENERS PURCHASE ORDER NO. FE/1032/1/93/1 DATED 13.01.93.

Documents to be presented within ...15.................... days after the date of issuance of the transport document (s) but within the validity of the credit.
You are kindly requested to forward original set of documents and duplicates directly to us in two sets by consecutive registered airmail, or special courier.
All your charges and commissions including courier charges should be paid by Beneficiaries.

Kindly acknowledge receipt by airmail.

Reimbursement for the value of documents which comply with credit terms, kindly:

☐ Send us instructions concerning the method of reimbursement.

☐ Debit.

☒ Reimburse on ..OUR A/C NO. UID 14920 WITH ARAB BANK PLC, NEW YORK, U.S.A........

☐ Remittance will be made by us by telex/mail upon receiving the documents strictly in compliance with D/C terms

All reimbursement commission should be paid by ☐ Buyers ☒ Beneficiaries.

PLEASE TURN OVER
1/6 DCO 003-EE-89   00744   ARAB BANK

6. 公示催告 및 除權判決

1) 公示催告의 公告

2) 除權判決의 正本

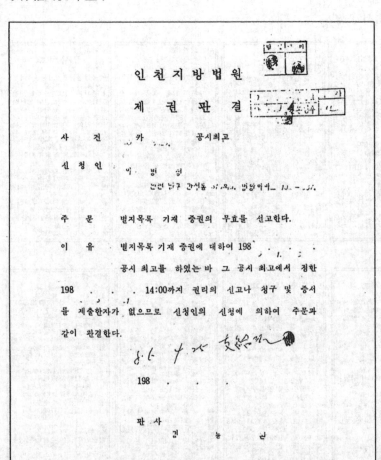

인천지방법원

제권판결

사 건   ..카..   공시최고

신청인   이 법 성

주 문   별지목록 기재 증권의 무효를 선고한다.

이 유   별지목록 기재 증권에 대하여 198

공시 최고를 하였는 바 그 공시 최고에서 정한

198   14:00까지 권리의 신고나 청구 및 증서

를 제출한자가 없으므로 신청인의 신청에 의하여 주문과

같이 판결한다.

198

판 사   김 능 난

1. 종   류   지기념4표 1 매
1. 수표의 번호   4483035
1. 액   면   금 409.325 원
1. 발행일   1988. 11. 8.
1. 발행인   단국외원논련 식마지점

Ⅰ. 판례색인

II. 사항색인

어음법·수표법

저자약력
서울대학교 법과대학(법학과) 졸업
서울대학교 대학원(법학석사)
법학박사(서울대학교)
미국 워싱턴대학교 Law School 및 듀크대학교 Law School에서 상법연구(Visiting Scholar)
독일 뮌스터대학교 법과대학에서 상법연구(Gastprofessor)
충북대학교 법학과 전임강사 및 국립경찰대학 법학과 조교수·부교수
사법시험위원·공인회계사시험위원, 대한상사중재원 중재인
법무부 법무자문위원회 위원
고려대학교 법과대학 및 법학전문대학원 교수(상법 및 금융법 담당)
현 고려대학교 법학전문대학원 명예교수

저   서
어음·수표선의취득연구(박영사)
사례연구 어음·수표법(법문사)
어음법·수표법(공저)(서울대출판부)
EC 회사법(박영사)
주석어음·수표법(Ⅰ)(Ⅱ)(Ⅲ)(공저)(한국사법행정학회)
주석 상법(제 5 판)(회사 Ⅲ)(회사 Ⅴ)(회사 Ⅵ)(공저)(한국사법행정학회)
회사법강의(제 4 판)(박영사)
어음·수표법강의(제 7 판)(박영사)
상법판례평석(홍문사)
상법개론(제18판)(법영사)
객관식 상법(제 5 판)(법영사)
판례상법(상)·(하)(제 2 판)(박영사)
상법강의(상)(제27판)(박영사)
상법사례연습(제 4 판)(박영사)
상법강의요론(제20판)(박영사)
영미어음·수표법(고려대출판부)
은행법강의(제 3 판)(공저)(박영사)
주석 금융법 Ⅰ(은행법)·Ⅱ(보험업법)·Ⅲ(자본시장법)(공저)(한국사법행정학회)
백산상사법논집 Ⅰ·Ⅱ(박영사)
로스쿨 금융법(공저)(박영사)
금융법강의(공저)(제 2 판)(박영사)
로스쿨 회사법(제 2 판)(박영사)
로스쿨 어음·수표법(박영사)
로스쿨 상법총칙·상행위법(공저)(박영사)
주식회사의 집행임원제도(박영사)

제24판
상법강의(하)

초판발행	1998년 9월 23일
제24판발행	2025년 1월 10일
지은이	정찬형
펴낸이	안종만·안상준
편 집	이승현
기획/마케팅	조성호
표지디자인	이수빈
제 작	우인도·고철민
펴낸곳	(주) **박영사**
	서울특별시 금천구 가산디지털2로 53, 210호(가산동, 한라시그
	등록 1959. 3. 11. 제300-1959-1호(倫)
전 화	02)733-6771
f a x	02)736-4818
e-mail	pys@pybook.co.kr
homepage	www.pybook.co.kr
ISBN	979-11-303-4795-0 94360
	979-11-303-4793-6(세트)

copyright©정찬형, 2025, Printed in Korea

정 가   69,000원